1993

The Italian Madrigal and Related Repertories

Indexes to Printed Collections, 1500–1600

HARRY B. LINCOLN

Yale University Press

New Haven and London

To Betty

Designed by Jo Aerne.
Printed in the United States of America by Braun-Brumfield, Inc., Ann Arbor, Michigan

Library of Congress catalog card number: 87–51189
International standard book number:
0–300–03683–3

The paper in this book meets the guidelines for permanence and durability of the Committee on Production Guidelines for Book Longevity of the Council on Library Resources.

10 9 8 7 6 5 4 3 2 1

Contents

Preface

This book offers a comprehensive thematic index to several large repertories of sixteenth-century music. The main repertory indexed is the Italian madrigal. Its predecessor, the frottola, as well as contemporary genres such as the lauda are also included. More than nine thousand pieces found in printed collections have been indexed, yielding a total of some thirty-eight thousand melodic incipits presented in music notation.

These important Renaissance repertories have long presented research challenges to indexers and bibliographers for reasons derived from the circumstances of their creation and dissemination. The invention of music printing at the beginning of the sixteenth century led to a vast increase in the amount of music available to performers. In the earliest publications of multi-voiced music the voices were arranged on one page or on facing pages. Later the voices were separated into partbooks: the Cantus (soprano) book, the Alto book, and so forth. These books were frequently reprinted, often with a slight change in contents: substitutions might be made in one or two pieces or a particular piece attributed to a different composer. Thousands of these partbooks are now found in European libraries and archives (and more than a few in the United States). Many partbooks were lost or scattered, so that it is not unusual, for example, to find three voices of a set of madrigals in Italy and the fourth voice in a library in England.

This bewildering profusion of printed collections has been a major research challenge to musicologists and music librarians for over one hundred years. The term *printed collections* requires precise definition as it has had different meanings in different publications. A short history of indexes to the madrigal will help clarify the selection criteria used in this book. Five names or titles come to mind in surveying the predecessors of the present index: Eitner, Vogel, Einstein, RISM, and Nuovo Vogel.

Robert Eitner published his great multivolume bio- and bibliographical dictionary between 1899 and 1904.[1] This is the earliest publication one can consult to find the collections to which a particular composer contributed and the names of at least some of the pieces the composer wrote.

Emil Vogel's bibliography of the Italian madrigal, published in 1892, describes the printed sources, listing composers and first lines of text.[2] His work is in two parts. The first lists only sources in which a composer's name appears in the title (for example, *Di Archadelt il primo libro de madrigali*). In most cases the source contains only works by that composer, although others are often represented. The second part describes collections of works by a number of different composers, collections whose titles (for example, *De Diversi autori*) may not mention a composer's name.

In the early 1940s Alfred Einstein published a greatly expanded and corrected version of the second part of Vogel's work in several issues of the Music Library Association's journal *Notes*. This bibliography was included in a reprint of Vogel published in 1962 by G. Olms of Hildesheim. Neither the Vogel nor the Einstein publication includes an index to first lines.

The *Repertoire internationale des sources musicales* (RISM) is a cooperative effort by music librarians and musicologists to gain better bibliographic control of the music holdings of libraries and archives. The particular volume relevant to this project lists collections of sacred and secular music from 1500 to 1700, including composers' names and the locations of libraries and archives holding each collection.[3] The RISM volume does not list the first lines of pieces. The definition of collection used by RISM is more rigid and consistent than that used by Vogel: If more than one composer is represented, the work is treated as a collection, whatever the title. In some cases this can mean that there are, for example, twenty-nine pieces by a well-known master and just one by a little-known composer. Often the latter is assumed to be a pupil of the master composer or one included, perhaps, for honorific reasons. (Works devoted entirely to one composer appear in the multivolume *Einzeldrucke vor 1800* part of the RISM series.)

In 1977 the first part of Vogel's bibliography was expanded a second time by François Lesure and Claudio Sartori.[4] In their preface they explain that they did not deal with the second part of the early Vogel because it had already been updated by Einstein. This joint effort by Lesure and Sartori, generally referred to as the "Nuovo Vogel," was the first publication to present an index of first lines.

All of the indexes noted above are concerned only with bibliographic information that can be communicated in ordinary print. None makes use of music notation on a staff or otherwise describes the melodies themselves. Until recently the expense involved in preparing musical incipits prohibited such an endeavor. This problem has been partly alleviated by new techniques in music printing developed in the past twenty years. The researcher now has the ability to prepare camera-ready copy of incipits in staff notation and to automatically format, alphabetize, or otherwise arrange text materials. The first published thematic index produced by computer-generated printing was that of the *Tenorlied,* prepared by Norbert Böker-Hall.[5]

The present project has, since its beginning in 1965, depended on a constantly evolving computer technology for its completion.[6] Early efforts were a product of the keypunch and data card era, a stage that is ancient history to the present college generation.

This index accepts the definition of collection used by RISM. With few exceptions every piece of music in the following genres is included: aria, bicinium, canzona, canzonetta, giustiniana, greghesca, lauda, madrigal, moresca, napolitana, oda, sonetto, strambotto, villanella, and villotta. It is regretted that, for various reasons, the following materials could not be examined:

Cantus and Tenor parts of 1573/17.
Quintus and Sesto parts of 1586/15.
Cantus and Tenor parts of 1590/13.
All parts of 1594/04.
Il quarto libro delle canzonette a tre voci di Valerio Bona. Milan, 1599. (Not cited in RISM. Contains thirteen pieces by Bona and two by Antonio Mortaro. All except three by Bona are found in other editions.)

This work is designed to complement but not supplant the various Vogel catalogs. Because it is primarily a thematic index, it cannot offer the range of bibliographical material found in the Vogel indexes. Vogel can be used with this index to provide complete details of the contents of a particular collection or to give more information about the contents of a poem when only one *parte* is cited in the comment line of the Composer Index.

In his article "Thematic catalog" in the *New Harvard Dictionary of Music,* Harold E. Samuel has written that "the use of data processing for thematic catalogs has enormous potential."[7] I hope that some of this potential has been realized in the present index and that this publication will offer a research tool comparable to the large concordances and indexes to first lines enjoyed by our colleagues in literary fields.

A project of this scope would not have been possible without the help of various funding agencies and numerous individuals. Early stages (1965–1975) were supported by grants from the IBM Corporation, the U.S. Office of Education, and the Research Foundation of the State University of New York. Later work (1977–1980) was supported by two grants from the National Endowment for the Humanities under the Research Materials, Tools and Reference Works program. The financial support of these agencies was essential for development of computer procedures and special typographies, purchase of microfilms, and hiring of student help.

The generous support of my university and especially of the directors and the staff of the Computer Center over a period of twenty years is gratefully acknowledged. To list any individual would mean omitting many helpful persons, especially programmers who serve as academic consultants on the staff of the Computer Center.

I am indebted to Lewis Lockwood for suggesting the frottola repertory (about one thousand pieces and four thousand incipits) as material for a pilot project in thematic indexing by computer. The incipits for this repertory as well as for the remainder of the index were encoded in DARMS *(Digital Alternate Representation of Musical Scores)*, invented by Stefan Bauer-Mengelberg, whose encouragement of this project has been much appreciated.

Various stages of the work included: a program to read the DARMS encoding and compute the intervallic order of the incipits, written by Kay Gill; a large and complicated program to permit printing the incipits in staff notation on the line printer (for proofreading), written by Christian Granger; an expansion of Granger's program by James Snell; a program to expand the abbreviated DARMS encoding into "canonical" DARMS by Barbara Zabinsky; and, finally, the extended program needed to translate the data into staff notation on the Nicolet Zeta plotter, written by William Heinemann. To all these talented and dedicated professionals I extend my heartfelt thanks.

Much of the indexing was accomplished by using microfilms obtained from libraries in Europe and the United States. The helpfulness of many librarians in securing these materials has been greatly appreciated. I am especially indebted to the Music Department of Harvard University for access to the vast holding of microfilms in the Isham Memorial Library, where I received much help from Larry Mowers and his successor, John Howard.

Finally, I want to express my gratitude to my wife and family, who shared the pendulum swings of excitement and discouragement, to say nothing of the time and energy such a project requires, over too many years. I am sure they share with me the hope that the usefulness of this publication will repay the effort needed to produce it.

Harry B. Lincoln
State University of New York at Binghamton

Notes

1. Robert Eitner, *Biographisch-bibliographisches Quellen-Lexicon der Musiker und Musikgelehrten der christlichen Zeitrechnung bis zur Mitte des neunzehnten Jahrhunderts* (Leipzig, 1900–1904; reprinted, Graz: Akademische Druck- u. Verlagsanstalt, 1959).

2. Emil Vogel, *Bibliothek der gedruckten weltlichen Vocalmusik Italiens, aus den Jahren 1500 bis 1700* (Berlin: A. Haack, 1892).

3. *Recueils imprimés XVI–XVII Siècles*, ed. François Lesure. *I. Liste chronologique* (Munich and Duisburg: G. Henle, 1960).

4. François Lesure and Claudio Sartori, *Bibliografia della musica vocale profana pubblicata dal 1500 al 1700* (Staderini spa, Pomezia: Minkoff, 1977).

5. Norbert Böker-Hall, Harald Heckmann, and Ilse Indermann, eds., *Das Tenorlied: Mehrstimmige Lieder aus deutschen Quellen, 1450–1580.* Catalogus musicus 9 (Kassel: Bärenreiter, 1979).

6. See my "Thematic Index: A Computer Application to Musicology," *Computers and the Humanities* 2, no. 5 (May 1968), 184–192, and "A Description of the Database in Italian Secular Polyphony Held at SUNY-Binghamton, New York," *Fontes Artis Musicae* 31, no. 3 (July-September, 1984), 159–162.

7. Don M. Randal, ed., *The New Harvard Dictionary of Music* (Cambridge: Harvard University Press, 1986), 844.

How to Use This Book

The index is in four parts:

I. Composer Index with Incipits. This index is the longest in the book and offers the most complete information on any given work: composer, first line of text, page or folio number, source (RISM number), genre, and, if needed, a comment line. Composers are listed in alphabetical order, with anonymous composers at the end. Each composer's pieces are arranged in alphabetical order and the incipits for all voices are given in staff notation.

The comment line consists of two components: material quoted from the source appears in upper case; editorial comments appear in upper and lower case. These comments may include information on missing voices, citations to possible borrowings or duplications of other pieces in the index, or other information of interest to the user. The following example illustrates these principles:

Rore, Cipriano de Ond'io spero ch'insin al ciel
1548/09, p. 10 Madrigal
SECONDA PARTE. (Quintus voice is labeled Contratenor.)

S 

When the same piece is attributed to several composers, the incipits appear only once, with cross-references to other attributions. When one of the attributions is to "Anonymous," the main citation will usually be to the known composer.

II. Index to First Lines. Information in this index, including composers' names and RISM numbers, is derived from the Composer Index. Composers are identified by initials and surnames, and first lines are arranged alphabetically.

III. Thematic Locator Index. This index permits the user to locate melodies that have a particular melodic contour or interval sequence. Each line of information describes one melody and includes the interval sequence as well as indicating the composer, first line of text, and source. The interval sequence of each incipit has been computed and printed using signed digits: an ascending second is +2, a descending second is −2, an ascending third is +3, and so on. Repeated notes are ignored. The interval sequences are listed in numerical order. This thematic locator will prove useful to the researcher who wishes to ascertain whether a given melody in his research materials has been borrowed from one of the sources in this publication. The first lines have been truncated to provide room for other material. Complete information on any entry is given in the Composer Index.

IV. Index to Sources. Sources are listed in RISM entry order, with indication of the particular library or archive holding the copy examined (directly or on microfilm). The *sigla* used to indicate source locations are defined in RISM and in each volume of the *New Grove Dictionary of Music and Musicians* (London, 1980).

PART I

Composer Index with Incipits

Composer Index with Incipits

Acci, Camillo. Chi vuol veder l'Aurora
1585/35, p. 22 Madrigal

Acelli, Cesare. Chiudea al sonno le luci
1588/18, p. 20 Madrigal

Acelli, Cesare. Come cristallo in monte
1598/10, p. 10–11 Madrigal

Acelli, Cesare. Donna mia casta e bella
1586/09, p. 22 Madrigal

Acelli, Cesare. O piu bella del sol
1592/12, p. 16 Madrigal

Acelli, Cesare. Porgimi un bacio Amore
1598/10, p. 20 Madrigal

Adriani, Francesco. Gia la vaga sorella i freddi rai
1568/12, p. 21 Madrigal

Adriani, Francesco. Hor che spolgi'ha di te
1568/16, p. 13 Madrigal

Adriani, Francesco. Ma tu come di lor te stess'e lei
1568/16, p. 14 Madrigal
SECONDA PARTE.

Adriani, Francesco. Onde i lumi maggior dal ciel
1568/12, p. 22 Madrigal
SECONDA PARTE.

Agostini, Agostino. Deh salvator de l'anime smarite
1572/07, p. 10 Madrigal

Agostini, Lodovico. A quel strano apparire
1572/07, p. 5 Madrigal
QUINTA PARTE.

Agostini, Lodovico. Ah piu ch'assentio amara
1581/05, p. 16 Madrigal
TERZA PARTE.

Agostini, Lodovico. Ah vita trista, e frale
1581/05, p. 17 Madrigal
QUARTA PARTE.

Agostini, Lodovico. Alma d'amor gioiso
1581/05, p. 20 Madrigal
DIALOGO A 7.

Agostini, Lodovico. Amar un sol amante e vero amore
1572/07, p. 9 Madrigal

Agostini, Lodovico. Anzi'l cor preso liberta
1581/05, p. 4 Madrigal
SECONDA PARTE.

Agostini, Lodovico. Che dolce piu che piu giocando stato
1572/07, p. 18 Madrigal

Agostini, Lodovico. Cosi mirando in te spirto gentile
1581/05, p. 13 Madrigal
SECONDA PARTE.

Agostini, Lodovico. Deh dimmi car mio ben
1572/07, p. 29 Madrigal

Agostini, Lodovico. Dolce vaga mia Clori
1586/10, p. 11 Madrigal

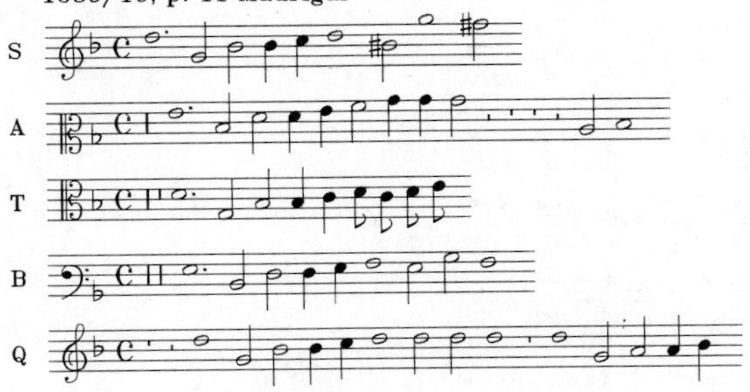

Agostini, Lodovico. Donna felice e bella
1572/07, p. 22 Madrigal

Agostini, Lodovico. Donne mie care chi non sa ch'Amore
1572/07, p. 24 Madrigal

Agostini, Lodovico. Dunque il giorno inchiniamo
1572/07, p. 6 Madrigal
SESTA PARTE.

Agostini, Lodovico. E la mia vit'e ria
1581/05, p. 15 Madrigal
SECONDA PARTE.

Agostini, Lodovico. E s'io veggio un bel sol
1572/07, p. 19 Madrigal

Agostini, Lodovico. E tu per cortesia prega canzone
1572/07, p. 7 Madrigal
SETTIMA E ULTIMA PARTE.

Agostini, Lodovico. Ecco l'eterna luce
1572/07, p. 3 Madrigal
TERZA PARTE.

Agostini, Lodovico. Ecco'l mio vivo sole
1572/07, p. 13 Madrigal

Agostini, Lodovico. Echo che cos'e il fin d'Amore
1581/05, p. 9 Madrigal
ECHO. (In Sixth voice.)

Agostini, Lodovico. Gioiscan gl'anni a fortunati
1581/05, p. 1 Madrigal
CONCERTO. PRIMA PARTE.

Agostini, Lodovico. Hor che lungi da voi almo mio sole
1572/07, p. 20 Madrigal
SECONDA PARTE.

Agostini, Lodovico. I piango & ella il volto
1572/07, p. 17 Madrigal

Agostini, Lodovico. I vo fuggend'in questa parte
1572/07, p. 27 Madrigal

Agostini, Lodovico. In cosi dura sorte.
1572/07, p. 28 Madrigal

Agostini, Lodovico. In questo di si bello
1572/07, p. 4 Madrigal
QUARTA PARTE.

Agostini, Lodovico. Lasso non e morir l'uscir di vita
1591/09, p. 15 Madrigal
Cantus partbook missing. Alto voice missing.

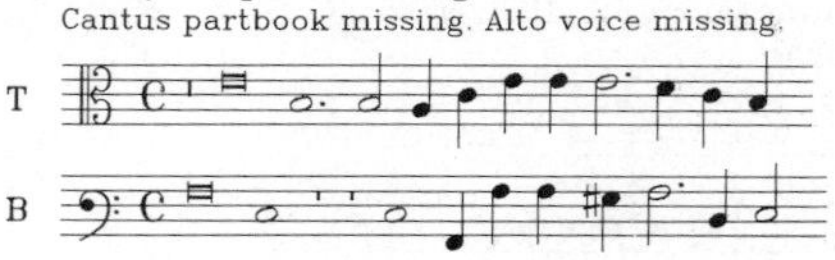

Agostini, Lodovico. Mentre mia luce cara
1581/05, p. 18 Madrigal
QUINTA & ULTIMA PARTE.

Agostini, Lodovico. Nasce la gioia mia
1581/05, p. 2 Madrigal

Agostini, Lodovico. Nasce la pena mia
1581/05, p. 14 Madrigal
CANZONE AD IMITAZIONE DI NASCE LA PENA MIA DEL SIG. STRIGGIO.

Agostini, Lodovico. Nel bel terreno della donna mia
1572/07, p. 25 Madrigal

Agostini, Lodovico. Nel la Beata vespa
1581/05, p. 19 Madrigal
ENGIMA RESOLUTIONE. (Fifth voice.)

Agostini, Lodovico. L'occhi le mani e le chiome d'Amore
1572/07, p. 23 Madrigal

Agostini, Lodovico. Occhi soav'et belli, occhi sereni
1562/07, p. 23 Madrigal

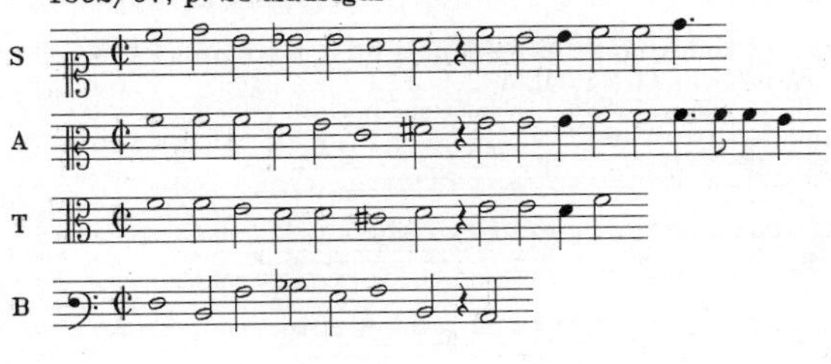

Agostini, Lodovico. Ond'e'l lume gentil di paradiso
1581/05, p. 21 Madrigal
DIALOGO A 7.

Agostini, Lodovico. Porgettemi la lira vaghi fanciulli
1572/07, p. 1 Madrigal
CANZONE PRIMA PARTE.

Agostini, Lodovico. Quando sara ch'io possa
1572/07, p. 21 Madrigal

Agostini, Lodovico. Questa che'l cor m'accende
1572/07, p. 15 Madrigal

Agostini, Lodovico. Queste care Viole
1581/05, p. 22 Madrigal
CANONE. FUGA DI DUA TEMPI ALLA QUINTA. (Bass voice.)

Agostini, Lodovico. S'io veggio in altra donna
1572/07, p. 19 Madrigal
PRIMA PARTE.

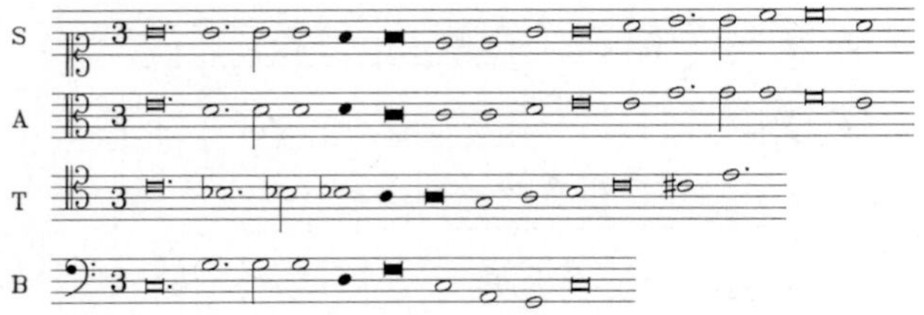

Agostini, Lodovico. S'ivie d'Amor lo strale
1581/05, p. 6 Madrigal

Agostini, Lodovico. Scendete Muse del sacratro monte
1581/05, p. 5 Madrigal
ENIGMA & RISOLUTIONE. (Risolutione in Sixth voice.)

Agostini, Lodovico. Se gioioso mi fanno
1572/07, p. 14 Madrigal

Agostini, Lodovico. Se la mia diva
1581/05, p. 8 Madrigal
AD ECHO. (In Sixth voice.)

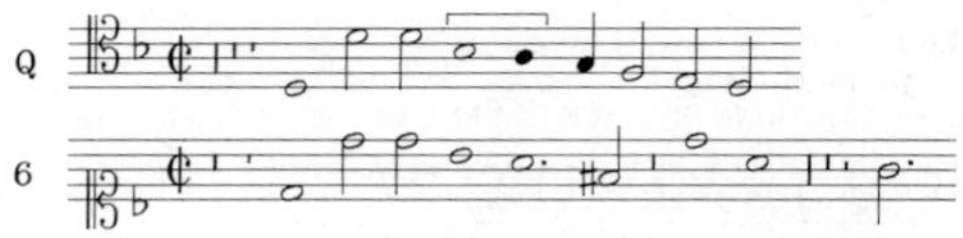

Agostini, Lodovico. Se quanto in voi si vede
1572/07, p. 11 Madrigal

Agostini, Lodovico. Si amaramente piansi
1572/07, p. 26 Madrigal

Agostini, Lodovico. Si chiara e pelegrina e la mia luce
1572/07, p. 8 Madrigal

Agostini, Lodovico. Tanto puo de begli occhi
1581/05, p. 3 Madrigal
CONCERTO. PRIMA PARTE.

Agostini, Lodovico. Una si chiara luce mostromav'Amor
1581/05, p. 11 Madrigal
ENIGMA & RISOLUTIONE. (Risolutione in Sixth voice.)

Agostini, Lodovico. Vago augelin, che si soave piagni
1581/05, p. 7 Madrigal
RISOLUTIONE. (In Sixth voice.)

Agostini, Lodovico. Vieni soave e dilettoso Maggio
1581/05, p. 10 Madrigal

Agostini, Lodovico. Voi che del puro fiume
1572/07, p. 2 Madrigal
SECONDA PARTE.

Agostini, Lodovico. Il vostro vago vis'il dolce aspetto
1572/07, p. 12 Madrigal

Aichinger, Gregor. Amorosetti augelli lasciate homai
1597/13, no. 29 Madrigal

Aichinger, Gregor. Occhi quella pieta che mi mostrate
1597/13, no. 28 Madrigal

Aichinger, Gregor. Vaga ghirlanda
1597/13, no. 30 Madrigal
SECONDA PARTE.

Aiolli, Alamanno. Chi cantera la bella canzonetta
1582/08, p. 3 Madrigal

Aiolli, Alamanno. Lasso la rete che mi legh'il core
1582/08, p. 18–19 Madrigal

Aiolli, Alamanno. O d'oscura prigion ultimo fine
1582/08, p. 20–21 Madrigal

Aiolli, Alamanno. S'io potessi mirar
1582/08, p. 12–13 Madrigal

S B T

Aiolli, Alamanno. Si dolc'l cant'e si soave il viso
1582/08, p. 23–24 Madrigal

S T B

Aiolli, Alamanno. Il veder voi madonna
1582/08, p. 14 Madrigal

S T B

Alardi. Passa la nave mia colma d'oblio
1561/16, p. 5 Madrigal

S A T B Q 6

Alberti, Innocenzo. A Dio bella Stringa
1586/10, p. 5 Madrigal

S A T B Q

Alberti, Innocenzo. Dal mio bel lauro
1582/05, p. 17 Madrigal

S A T B

Q

Alberti, Innocenzo. Et s'io son lunge poi dal mio bel
1560/20, p. 19 Madrigal
SECONDA PARTE.

S A T B Q

Alberti, Innocenzo. In qual parte mi spron'Amore
1560/20, p. 20 Madrigal

S A T B Q

Alberti, Innocenzo. Mia vit'io non so dire
1591/09, p. 13 Madrigal
Cantus partbook missing.

A T B

Alberti, Innocenzo. Parto da voi ben mio
1592/14, p. 13 Madrigal

S A T B Q

Alberti, Innocenzo. Se da begli occhi di mia donna
1560/20, p. 18 Madrigal

S A T B Q

Alberti, Innocenzo. La verginella e simile a la rosa
1560/20, p. 15 Madrigal

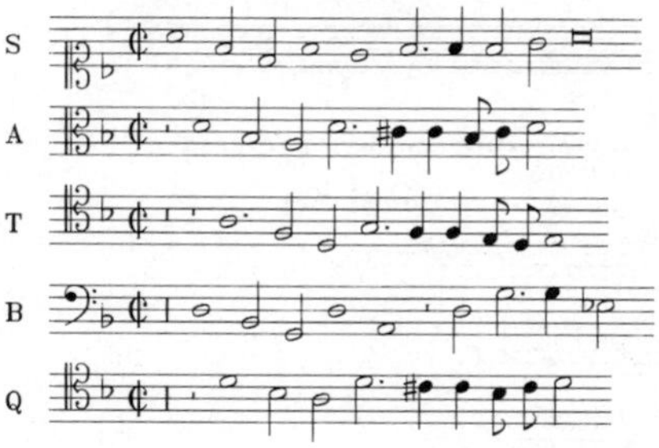

Alberti, Innocenzo. Vorrei fuss'alhor fermo'il pensier
1560/20, p. 21 Madrigal
SECONDA PARTE.

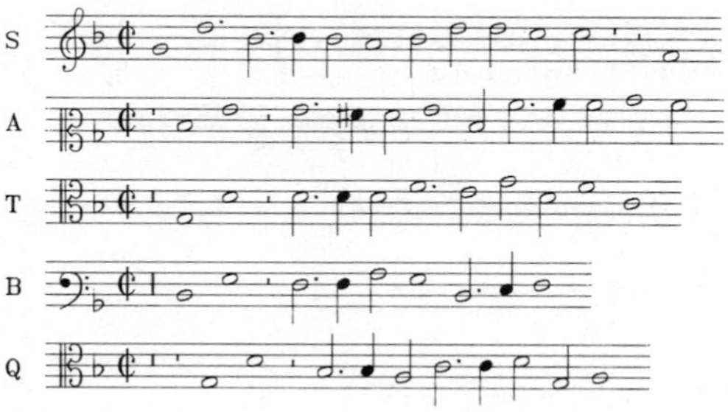

Alberti, Nocentio Ape che si soave mormorando
1598/14, p. 8–9 Madrigal
Cantus partbook missing.

Alberti, Nocentio Che giova saettar un che si more
1557/23, p. 15 Madrigal

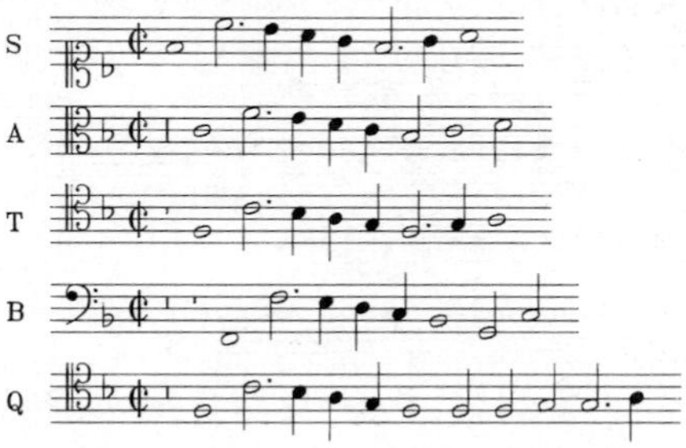

Alberti, Nocentio Nova bellezza in habito gentile
1557/23, p. 16 Madrigal

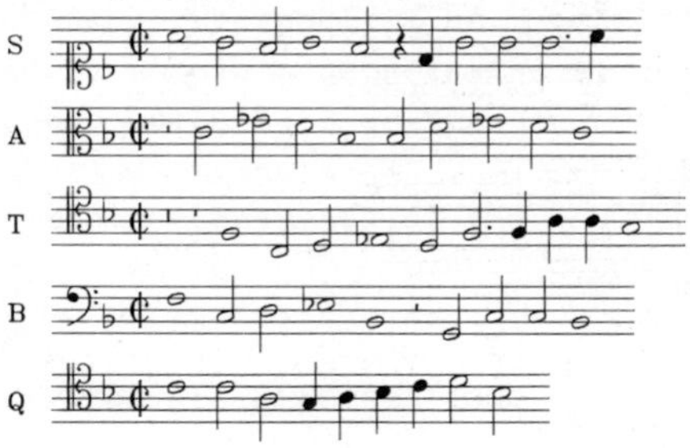

Alberti, Nocentio Quel che nel proprio sangue
1594/11, p. 22 Madrigal

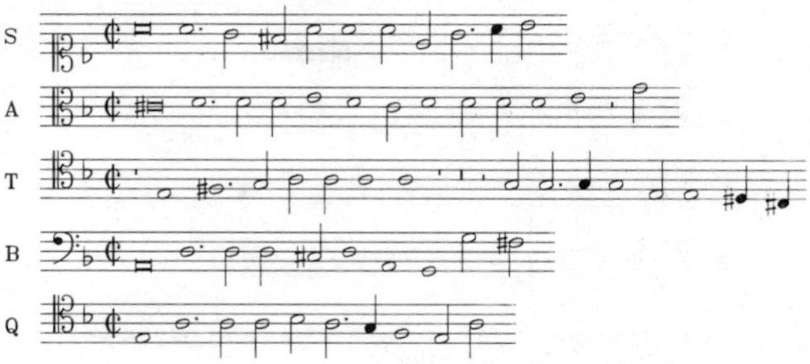

Aleoti, Vittoria. Di pallide viole
1591/09, p. 21 Madrigal
Cantus partbook missing. Alto voice missing.

Alexandrino, Venetiano. Sia vil a gl'altri e da quel sol
1559/18, p. 20 Madrigal

Ameyden, Cristofero. Quel dolce suon per cui chiaro
1563/11, p. 17 Madrigal

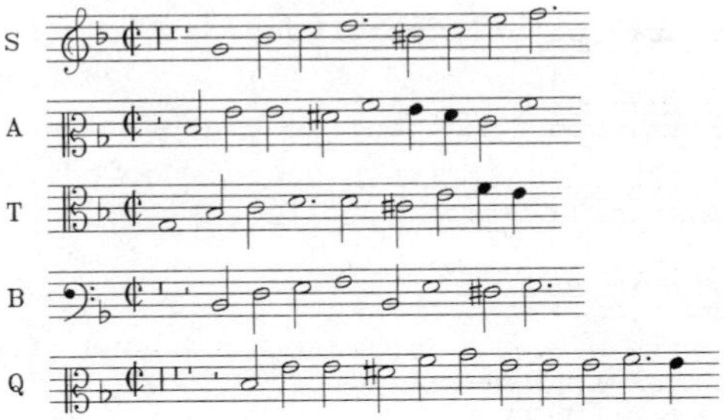

Ana, Francesco. A tuo modo affligi e stratia
1505/03, f. 3v–4 Frottola
SECUNDA PARS

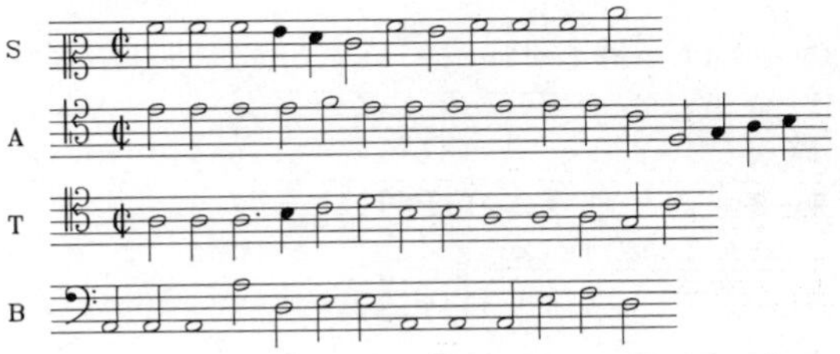

Ana, Francesco. Ama pur donna spietata
1505/06, f. 41v–42 Frottola

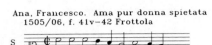

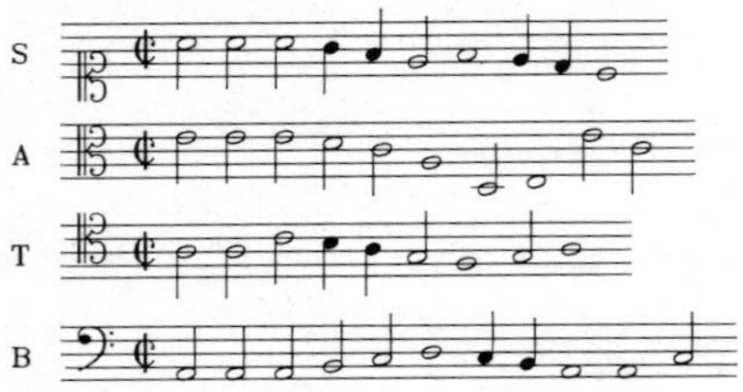

Ana, Francesco. Amor a chi non val forza ne ingegno
1505/05, f. 21v Strambotto

Ana, Francesco. Amor con le tue faze
1505/05, f. 22 Strambotto

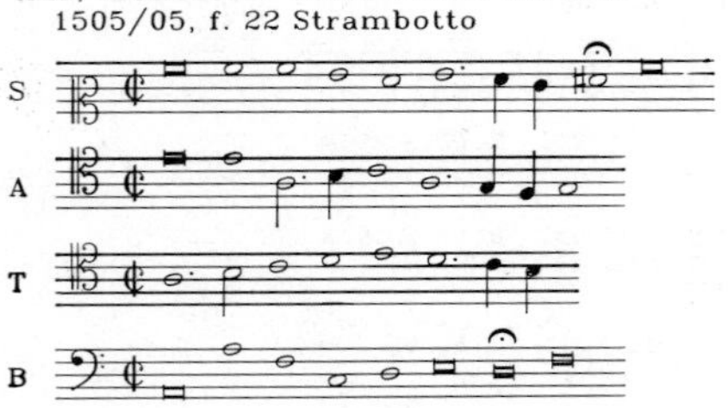

Ana, Francesco. Ben cognosco el tuo cor finto
1506/03, f. 33 Frottola

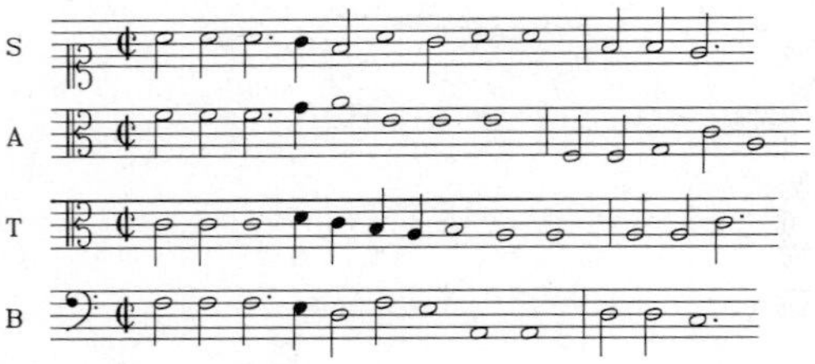

Ana, Francesco. Chi vi dara piu luce
1509/03, f. 25 Frottola
Voice and lute.

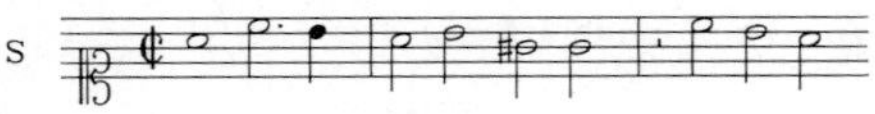

Ana, Francesco. Con la rete cogli
1505/03, f. 8v–9 Frottola

Ana, Francesco. El cor un altra volta me fugito
1505/05, f. 23v Strambotto

Ana, Francesco. Da ciel crudo impio e perverso
1505/06, f. 26 Frottola
Composer identified only in Table of Contents.

Ana, Francesco. Dal ciel descese amor per darme pace
1505/05, f. 31v Strambotto

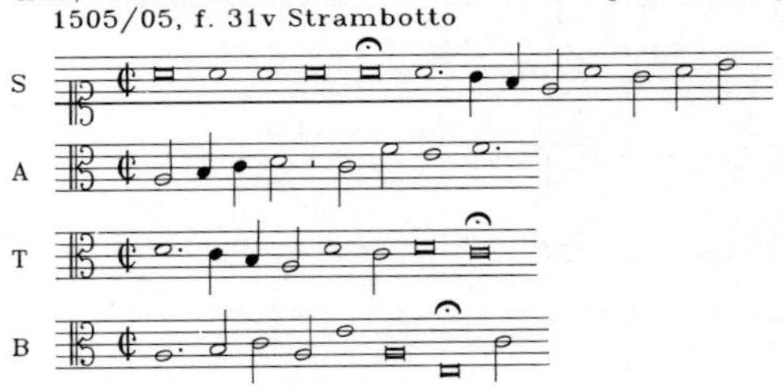

Ana, Francesco. Ligiermente o cor credesti
1505/03, f. 12v–13 Frottola
SECUNDA PARS

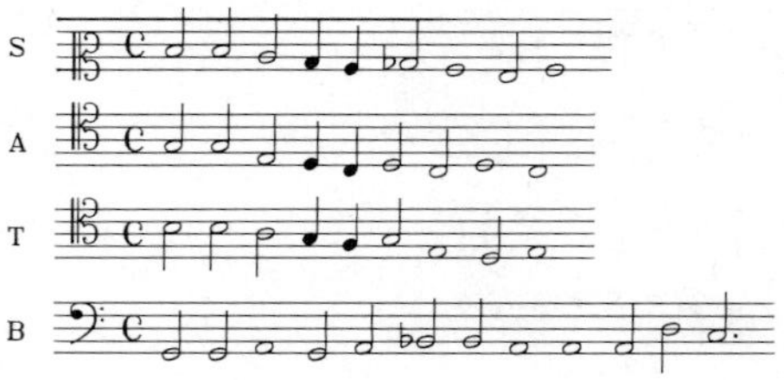

Ana, Francesco. Ma de cancher le pur vero
1505/06, f. 10v Frottola

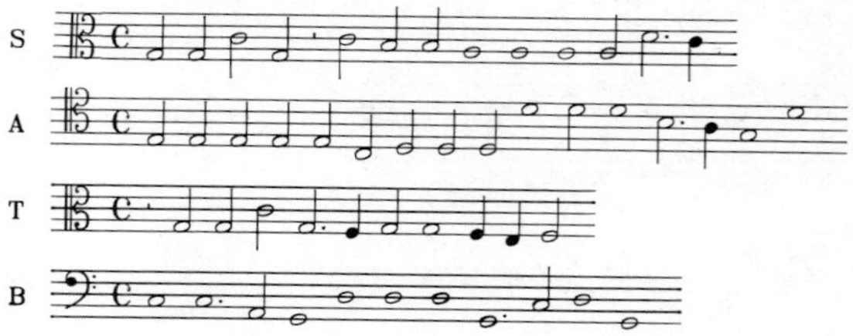

Ana, Francesco. La mia vita liberale
1505/03, f. 2v–3 Frottola

Ana, Francesco. Naqui al mondo per stentare
1504/04, f. 52v–53 Frottola
SECONDA PARTE

Ana, Francesco. Nasce l'aspro mio tormento
1505/03, f. 9v–10 Frottola

Ana, Francesco. Non biancho marmo non candida pietra
1505/05, f. 20v Strambotto

Ana, Francesco. Non pigliar madonna a sdegno
1507/04, f. 34v–35 Frottola

Ana, Francesco. Occhi dolci ove prendesti
1505/03, f. 13v–14 Frottola

Ana, Francesco. Occhi mei troppo guardasti
1505/03, f. 11v–12 Frottola

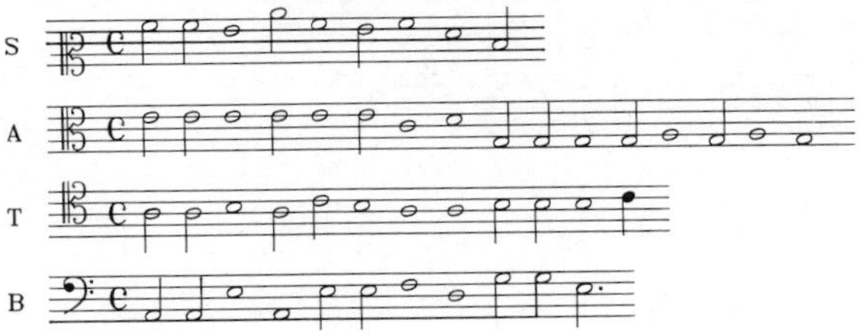

Ana, Francesco. Gli ochi toi m'accese'l core
1505/03, f. 16v–17 Frottola

Ana, Francesco. Passo passo pian pian a poco a poco
1505/05, f. 23 Strambotto

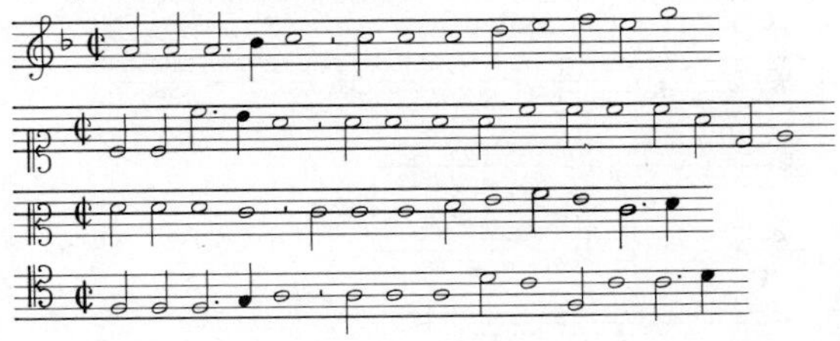

Ana, Francesco. Queste quel loco amore se te ricorda
1505/03, f. 4v–5 Frottola

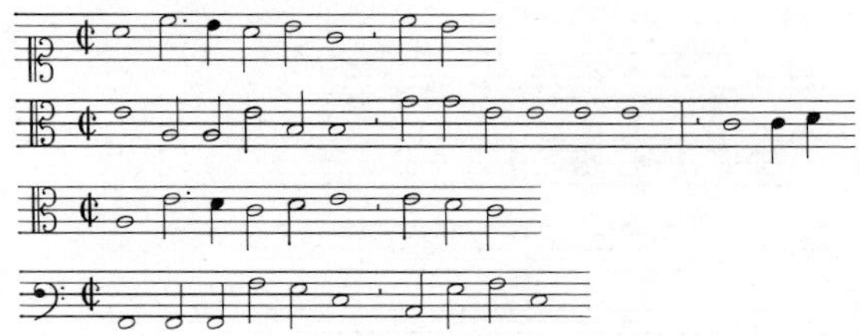

Ana, Francesco. S'el mio ben da voi deriva
1505/03, f. 14v–15 Frottola
SECUNDA PARS

Ana, Francesco. Se l'affanato core
1505/05, f. 22v Strambotto

Ana, Francesco. Se le carti me son contra
1506/03, f. 27v–28 Frottola

Ana, Francesco. Se non m'ami a che stentarmi
1505/06, f. 28v–29 Frottola
Composer identified only in Table of Contents.

Ana, Francesco. Se per humidita d'aque facoblie
1505/05, f. 21 Strambotto

Ana, Francesco. Tanto po quel fare trato
1505/04, f. 6v–7 Frottola

Ana, Francesco. Usciro de tanti affanni
1507/04, f. 35v Frottola

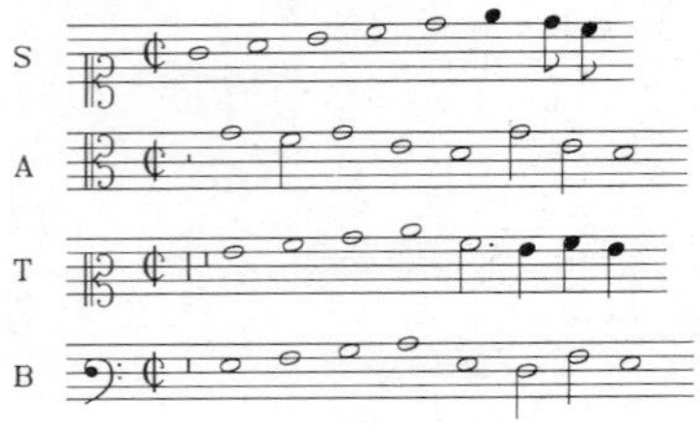

Ana, Francesco. Vedo sdegnato amor crudel e fiero
1505/05, f. 13v Strambotto

Ancina, P. Giovanale Angel dal Ciel disceso
1599/06, p. 146 Lauda
ALLA NUNCIATA DI FOSSANO.

Ancina, P. Giovanale Sacra Vergin di stelle incoronata
1599/06, p. 148 Lauda
A S. MARIA DETTA L'INCORONATA DI FOSSANO.

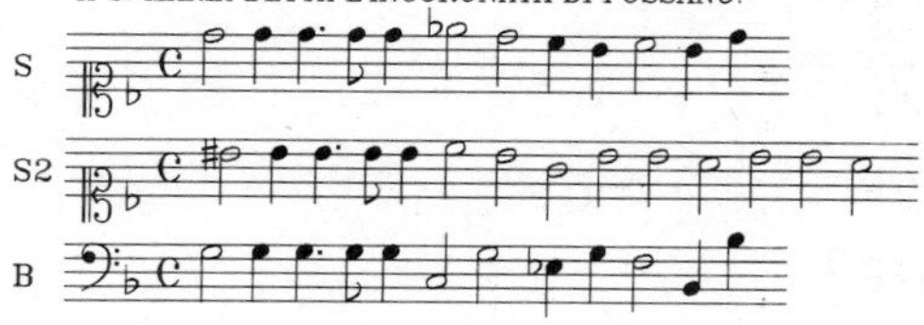

Ancina, P. Giovanale Salce son'io ch'in aspra e dura
1599/06, p. 147 Lauda
A S. MARIA DEL SALICE DI FOSSANO.

Ancina, P. Giovanale Se dal freddo Aquilon
1599/06, p. 149 Lauda
ALLA DIVOTISSIMA MADONNA DE'CAMPI, DI FOSSANO.

Ancina, P. Giovanale Stendi al popol Roman benigna
1599/06, p. 150 Lauda
A SANTA MARIA DEL POPOL, PER PRESERVARCI DALLA PESTE.

Anerio, Felice. L'amoroso delfino
1595/06, f. 14v–15 Madrigal

Anerio, Felice. A miei si giusti prieghi
1597/15, p. 13 Madrigal
Tenor part labeled Canto Secondo.

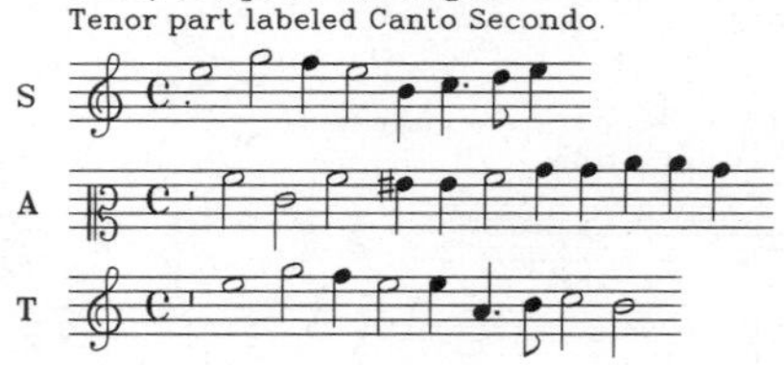

Anerio, Felice. Al suon non posa il core
1589/11, p. 15 Madrigal

Anerio, Felice. Al tremolar de l'onde
1595/06, f. 13v–14 Madrigal

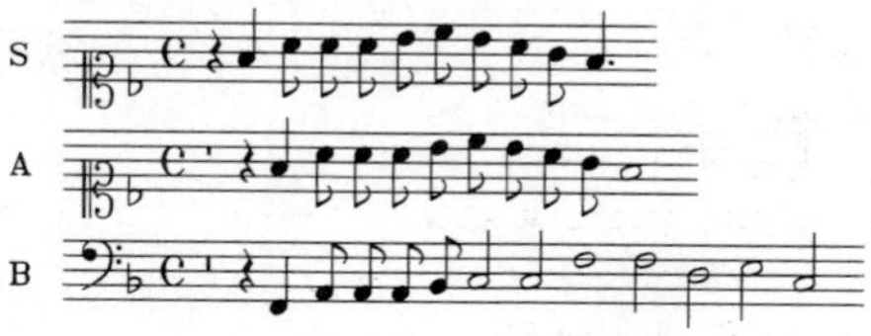

Anerio, Felice. Al'hor ch'io penso a voi
1599/06, p. 96 Lauda
IL PENSARE SPESSO, E CANTAR DELLA BEATISSIMA VERGINE...

Anerio, Felice. All'hor ch'io penso a voi Vergine
1592/05, no. 11 Lauda
Only Alto partbook extant.

Anerio, Felice. Chiedei piangendo a la mia Flori
1592/13, p. 3 Madrigal
Attributed to G. Nanino in 1585/16.

Anerio, Felice. Cosi soave stile
1591/12, f. 3v–4 Madrigal

Anerio, Felice. D'un si bel foco e d'un si nobil
1593/05, p. 14 Madrigal

Anerio, Felice. Da questa Tragge invisibil foco
1596/10, p. 38 Madrigal

Anerio, Felice. Da questa pietra Amore
1589/07, p. 17 Madrigal
Page missing in Alto partbook.

Anerio, Felice. De la mia donna in seno
1598/10, p. 7 Madrigal

Anerio, Felice. Donna se il cor legasti
1589/11, p. 22 Madrigal

Anerio, Felice. Ella vezzos'e lieta
1593/03, p. 13 Madrigal
TERZADECIMA PARTE.(Compare Ardesi "La Pastorella.")

Alto, Tenor, and Bass partbooks missing.

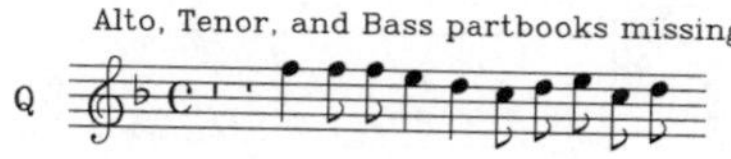

Anerio, Felice. Fiamme che da begl'occhi
1589/11, p. 18 Madrigal

Anerio, Felice. Fuggi Filli mia cara
1598/08, p. 3–4 Madrigal

Anerio, Felice. Fuggi dal petto fuore
1590/18, p. 6 Madrigal

Anerio, Felice. Giesu de penitenti unica
1599/07, p. 4 Madrigal

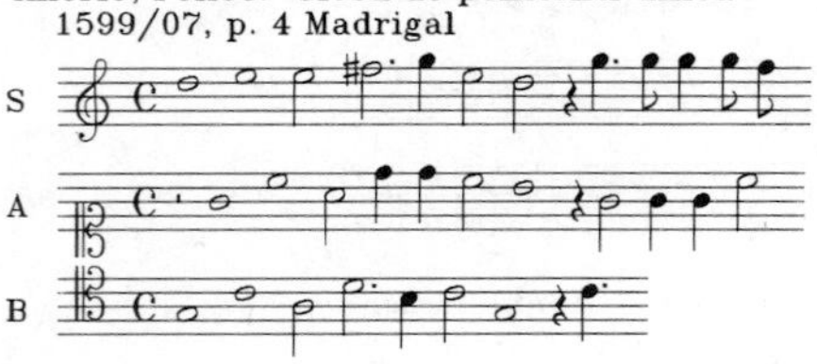

Anerio, Felice. Il giovenil mio core s'albergo
1594/07, f. 20 Madrigal

Anerio, Felice. Hor che vezzosa e bella
1591/12, f. 2v–3 Madrigal

Anerio, Felice. Hor co'l canto hor coi guardi
1596/11, p. 8 Madrigal
Cantus and Tenor partbooks missing.

Anerio, Felice. Mentr'il mio miser core
1589/11, p. 23 Madrigal

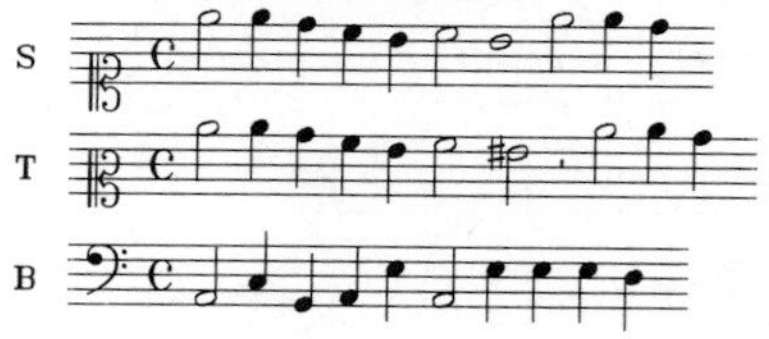

Anerio, Felice. Mio cor se vera sei Salamandra
1600/08, f. 22 Madrigal

Anerio, Felice. O tu che mi dai pene
1597/15, p. 5 Madrigal
Tenor part labeled Canto Secondo.

Anerio, Felice. Pensando che volete
1589/07, p. 3–4 Madrigal

Anerio, Felice. Quelle rose che colt'in paradiso
1589/07, p. 6 Madrigal
Page missing in alto partbook.

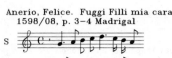

Anerio, Felice. Scorgo tanto alto il lume
1593/05, p. 15 Madrigal
SECONDA PARTE.

Anerio, Felice. Se i lustr'avvolt'in mill'e mille
1592/13, p. 11 Madrigal
Attributed to Anonymous in 1585/16.

Anerio, Felice. Se'l mio bel fior che spira
1596/08, p. 1 Madrigal
Quintus and Bass II partbooks missing.

Anerio, Felice. Sotto l'ombroso speco
1592/11, p. 21 Madrigal
PAROLE DI F. MARTIALE DI CATANZARO.

Anerio, Felice. Il suon di cornamusa
1595/06, f. 11v–12 Madrigal

Anerio, Felice. Temo ch'altri si goda il mio bel
1586/09, p. 10 Madrigal

Anerio, Giovanni. Alta armonia gentile
1599/06, p. 153–154 Lauda

Anerio, Giovanni. Capir non puoi come l'ardenti
1599/06, p. 124 Lauda
NONA PARTE.

Anerio, Giovanni. Che se non fosse hoggi'l mio
1599/06, p. 123 Lauda
SETTIMA PARTE.

Anerio, Giovanni. Credan sia questo
1599/06, p. 122 Lauda
SESTA PARTE.

Anerio, Giovanni. Di che t'ammiri stolto
1599/06, p. 120 Lauda
GRAVE RISPOSTA TREMENDA DELLA BEATISSIMA VERGINE...

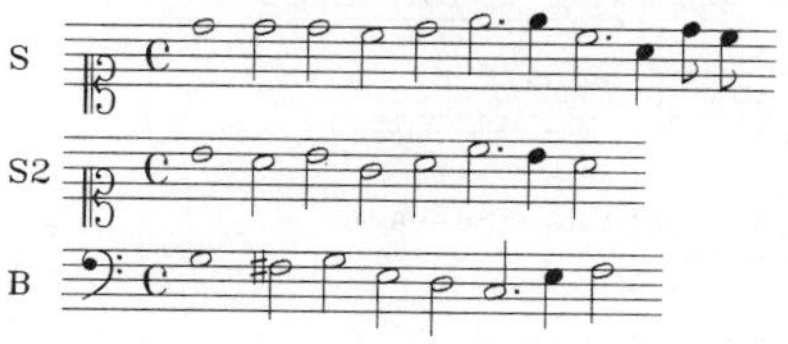

Anerio, Giovanni. Dopp'Osea i tre maggior leggi
1599/06, p. 121 Lauda
TERZA PARTE.

Anerio, Giovanni. Due grandi abissi
1599/06, p. 120 Lauda
SECONDA PARTE.

Anerio, Giovanni. E perche lungi son dal vero albergo
1599/06, p. 145 Lauda
QUARTA & ULTIMA PARTE.

Anerio, Giovanni. Grida qual Giona a la superba
1599/06, p. 122 Lauda
QUINTA PARTE.

Anerio, Giovanni. Nasce ogni ben da puro amor
1599/06, p. 124 Lauda
DUODECIMA & ULTIMA PARTE.

Anerio, Giovanni. Non temer tu se vivra i puro
1599/06, p. 123 Lauda
OTTAVA PARTE.

Anerio, Giovanni. Odor ch'india o Sabea
1599/06, p. 143 Lauda
SECONDA PARTE.

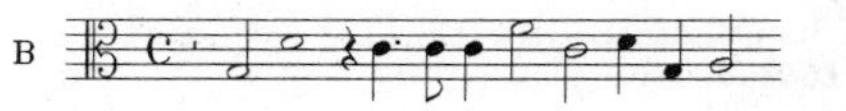

Anerio, Giovanni. L'Opre di meraviglia e di stupore
1599/06, p. 144 Lauda
Terza parte.

Anerio, Giovanni. Per la Citta che torna
1599/06, p. 121 Lauda
QUARTA PARTE.

Anerio, Giovanni. Piu larga a poveri
1599/06, p. 125 Lauda
DECIMA PARTE.

Anerio, Giovanni. Sentovi di lontano Alma Regina
1599/06, p. 142 Lauda
ALLA MIRACOLOSA MADONNA DEL MONDOVI IN PIE MONTE.

Anerio, Giovanni. Vien'ogni'mal d'alta radice
1599/06, p. 125 Lauda
UNDECIMA PARTE.

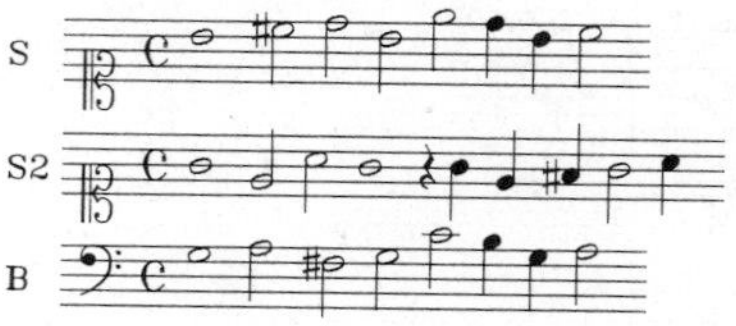

Angelini, Horatio. Questa sera gentil che scherza
1594/08, f. 18v Madrigal

Angeli, Horatio. Tra le chiome de l'or nascoste
1594/08, f. 15v Madrigal

Angelio, Tulio. Se le stelle e l'empia forte
1585/21, p. 11 Madrigal

Angelio, Tulio. Un tempo piansi & hor giubilo
1585/21, p. 8 Madrigal

Angelo, Paolo d'. Ne fior si ved'o frondi
1570/27, p. 31 Villanella

Animuccia, Giovanni. Beato il ciel che mill'e mille
1574/04, p. 29 Madrigal
Bass partbook missing and 6th voice missing.

Animuccia, Giovanni. Fra mille & mille gigli et mille
1582/06, p. 14 Madrigal

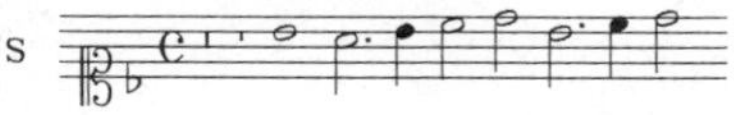

Animuccia, Giovanni. Lodate Dio co'l cor'humil e pio
1599/06, p. 2 Lauda
ECCITAMENTO DE'CUORI LAUDAR.. (Attrib. to Anon in 1583/03.)

Animuccia, Giovanni. Qual e maggior la fiamma
1582/06, p. 18 Madrigal

Animuccia, Giovanni. Sempr'il mio signor pregho
1582/06, p. 1 Madrigal

Animuccia, Paola. Alla dolc'ombra della belle frondi
1566/03, p. 3 Madrigal

Animuccia, Paola. Alto signor, cui donn'altier
1562/05, p. 10 Madrigal

Animuccia, Paola. Donna felic'e bella dal cui felice
1560/10, p. 25 Madrigal

Animuccia, Paola. Et s'io'l consento a gran torto
1563/11, p. 11 Madrigal
SECONDA PARTE.

Animuccia, Paola. La fiamm'ove tutt'ardo e giunto
1560/10, p. 19–20 Madrigal
Attributed to O. Lasso in 1558/13.

Animuccia, Paola. In dubbio di mio stat'hor piango
1559/23, p. 18 Madrigal

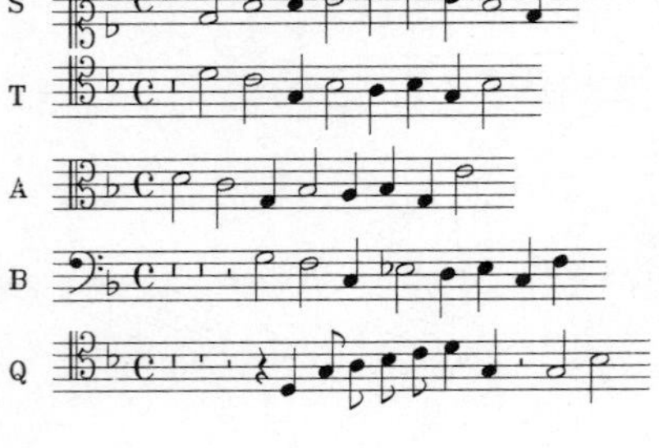

Animuccia, Paola. Non vid'il mondo si leggiadri rami
1566/03, p. 4 Madrigal
SECONDA PARTE (Compare Stivori "Non vidde.. "

Animuccia, Paola. Piangeano i padr'i figl'empi
1570/15, p. 12 Madrigal
QUARTA STANZA.

Animuccia, Paola. S'all'hor che piu sperai da voi
1559/18, p. 30 Madrigal
Labeled "Lauda" in 1600/05.

Animuccia, Paola. S'amor non e che
1563/11, p. 10 Madrigal

Animuccia, Paola. Tu mi ponest'innanz'a gli'occhi
1560/10, p. 30 Madrigal

Animuccia, Paola. Valle vicini e rupi
1561/11, p. 11 Madrigal

Ansano Senese. Chi volessi turchi siamo
1515/02, f. 29v–30 Frottola

Ansano Senese. Come la nieve al sol
1515/02, f. 18v–19 Frottola

Ansano Senese. Fuggo donna il mio tormento
1515/02, f. 45v–46 Frottola

Ansano Senese. Ingrata gelosia ben sei cruda
1515/02, f. 12v–13 Frottola

Ansano Senese. Logiamenti noi cerchiamo
1515/02, f. 31v–32v Frottola

Ansano Senese. El mostrarsi lieto fuore
1515/02, f. 35v–36v Frottola

Ansano Senese. Noi siamo galeotti
1515/02, f. 7v–8 Frottola

Ansano Senese. Non domandar pieta
1515/02, f. 8v Frottola
Attributed to "A." Ansano Sienese assumed.

Ansano Senese. Non piu promisse non piu sua fece
1515/02, f. 29 Frottola

Ansano Senese. Se fixo miri el suo leggiadro aspeto
1515/02, f. 45 Frottola

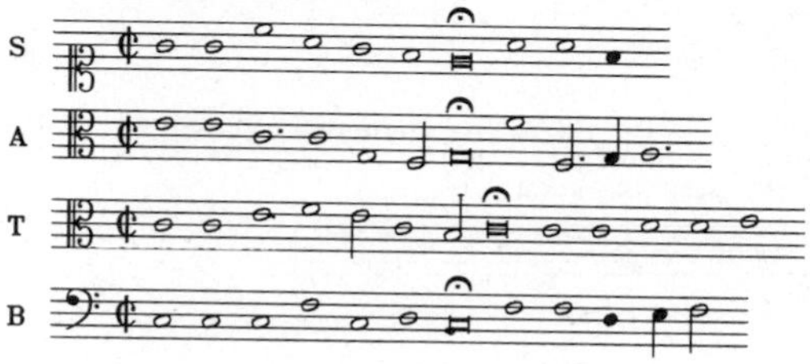

Ansano Senese. Spiriti gentili se mai vi strinse
1515/02, f. 2v–4 Frottola

Ansano Senese. Tu vuoi ch'io dica si
1515/02, f. 33 Frottola

Ansano Senese. La virtu si e nostra stella
1515/02, f. 23v–24v Frottola

Ansano Senese. Volge fortuna im pace
1515/02, f. 33v–35 Frottola

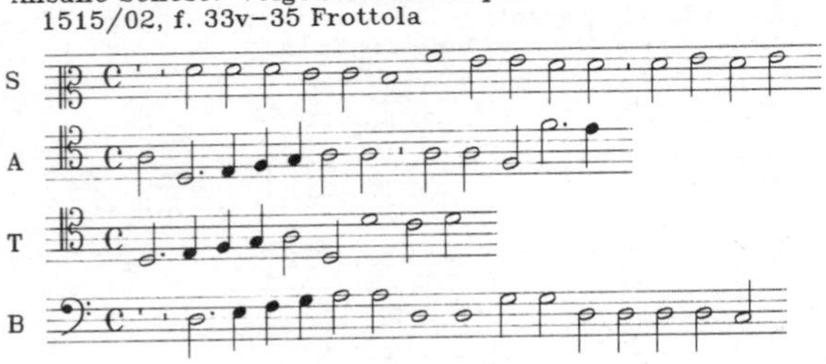

Antegnati, Constatio. Ahi che turbato
1585/08, p. 6 Madrigal
Only Cantus partbook extant.

Antegnati, Constatio. L'alta pia clemenza
1585/08, p. 19 Madrigal
Only Cantus partbook extant.

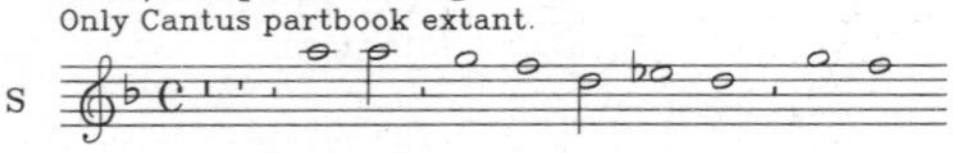

Antegnati, Constatio. Clemenza santa e pia
1585/08, p. 4 Madrigal
Only Cantus partbook extant.

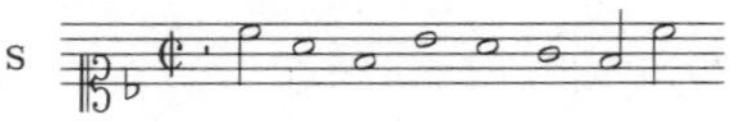

Antegnati, Constatio. La divina clemenza
1585/08, p. 9 Madrigal
Only Cantus partbook extant.

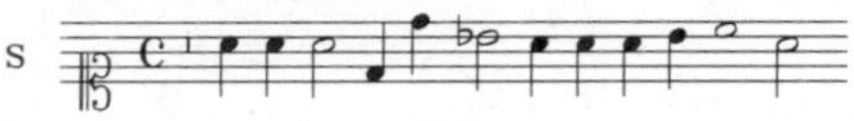

Antegnati, Constatio. Dolce mio ben riposo de mie affanni
1589/08, no. 62 Madrigal

Antegnati, Constatio. Fuggi fuggi o cor mio
1585/08, p. 11 Madrigal
Only Cantus partbook extant.

Antegnati, Constatio. Ma Dea clemente non sdegnar
1585/08, p. 5 Madrigal
Only Cantus partbook extant.

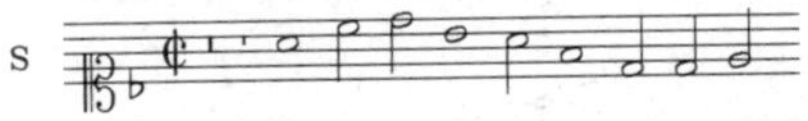

Antegnati, Constatio. Pungi di santi Amori
1585/08, p. 15 Madrigal
Only Cantus partbook extant.

Antegnati, Constatio. Quell'anima gentile e pelegrina
1585/08, p. 13 Madrigal
Only Cantus partbook extant.

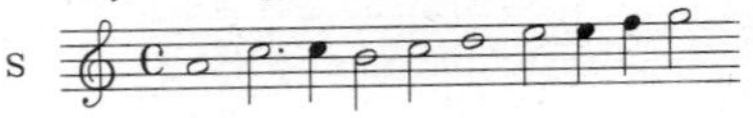

Antegnati, Constatio. Sacra mia fiamma e cara
1585/08, p. 7 Madrigal
Only Cantus partbook extant.

Antegnati, Constatio. Scorgo prospera e fida fortuna
1585/08, p. 21 Madrigal
Only Cantus partbook extant.

Antegnati, Constatio. Spiega l'ali o pensier
1585/08, p. 20 Madrigal
Only Cantus partbook extant.

Antico, Andrea. De chi potra piu mai
1513/01, f. 52 Frottola

Antico, Andrea. S'il focho in chui sempre
1513/01, f. 2v–3 Frottola

Antico, Andrea. Voi che ascoltate in rime sparse
1510/ , f. 14v–15 Canzona

T
B

Antinori, Cavaliere. Giovan real se pensa humano ingegno
1589/08, no. 25 Madrigal
A 6.

S
A
T
B
Q
6

Antinori, Cavaliere. Son lasso ne piu sento ne veggio
1589/08, no. 58 Madrigal

S
A
T
B
Q

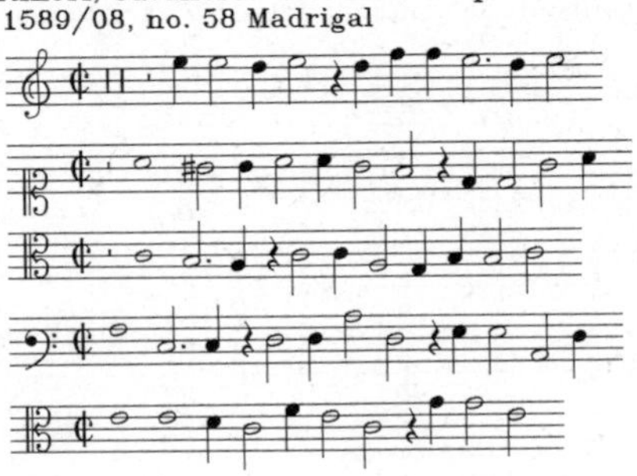

Antinori, Onorio. Ben che a me si fiera e dura
1507/04, f. 18v–19 Frottola

S
A
T
B

Antinori, Onorio. Crudel amore tu hai pur il tuo
1507/04, f. 17v–18 Frottola

S
A
T
B

Antinori, Onorio. E questa quella fede
1505/03, f. 48 Frottola

S
A
T

B

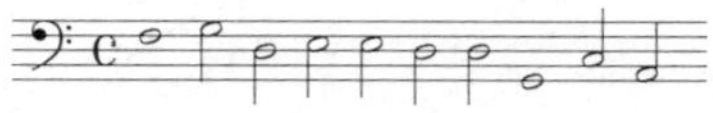

Antinori, Onorio. El te par che manchi in ede
1505/03, f. 42v–43 Frottola

S
A
T
B

Antinori, Onorio. Mi parto a dio a dio
1505/03, f. 47v Frottola

S
A
T
B

Antinori, Onorio. Questo viver asperanza
1506/03, f. 8v Frottola

S
A
T
B

Antinori, Onorio. Resta in pace o diva mia
1505/03, f. 43v–44 Frottola

S
A
T
B

Antinori, Onorio. Se io ti dico el mio gran danno
1507/04, f. 23v–24 Frottola

S
A
T
B

Antinori, Onorio. Se un pone un fragil vetro
1514/02, f. 2v Frottola

Antinori, Onorio. Sed libera nos a malo
1506/03, f. 49v–50 Frottola

Antinori, Onorio. Segua pur seguir chi vole
1505/03, f. 45v–46 Frottola

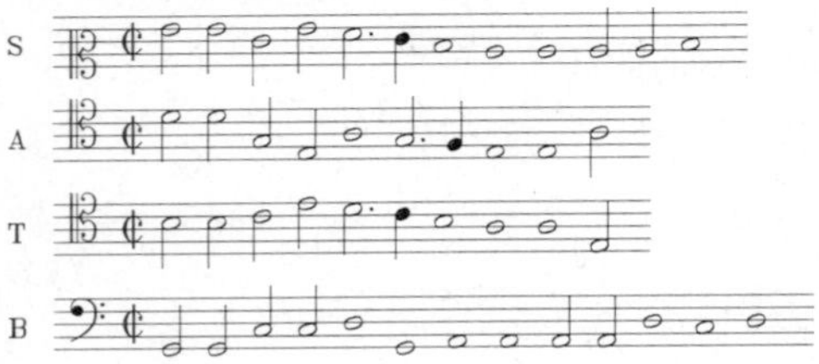

Antinori, Onorio. Servo haime senza mercede
1506/03, f. 6v–7 Frottola

Antinori, Onorio. Viva e morta voglio amarte
1505/03, f. 41v–42 Frottola

Antiqui, Andrea Degli. A ti sola ho dato el core
1505/06, f. 34v–35 Frottola

Antiqui, Andrea Degli. La insuportabil pena
1509/02, f. 50v–51 Frottola

Antiqui, Andrea Degli. Io mi parto el cor vi lasso
1509/02, f. 48v–49 Frottola

Antiqui, Andrea Degli. Io son quel doloroso e tristo amante
1505/06, f. 33 Frottola

Antiqui, Andrea Degli. Non tardar o diva mia
1509/02, f. 31v–32 Frottola

Antiqui, Andrea Degli. Ochi mei mai non restati
1507/03, f. 19v–20 Frottola

Antiqui, Andrea Degli. Poi che son si sfortunato
1505/04, f. 2 Frottola

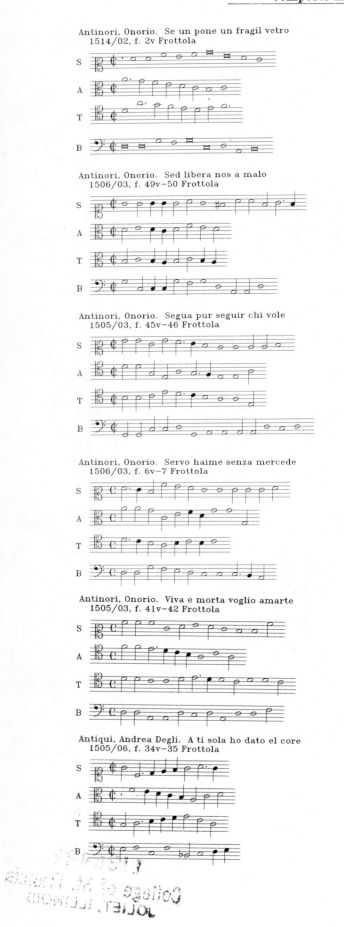

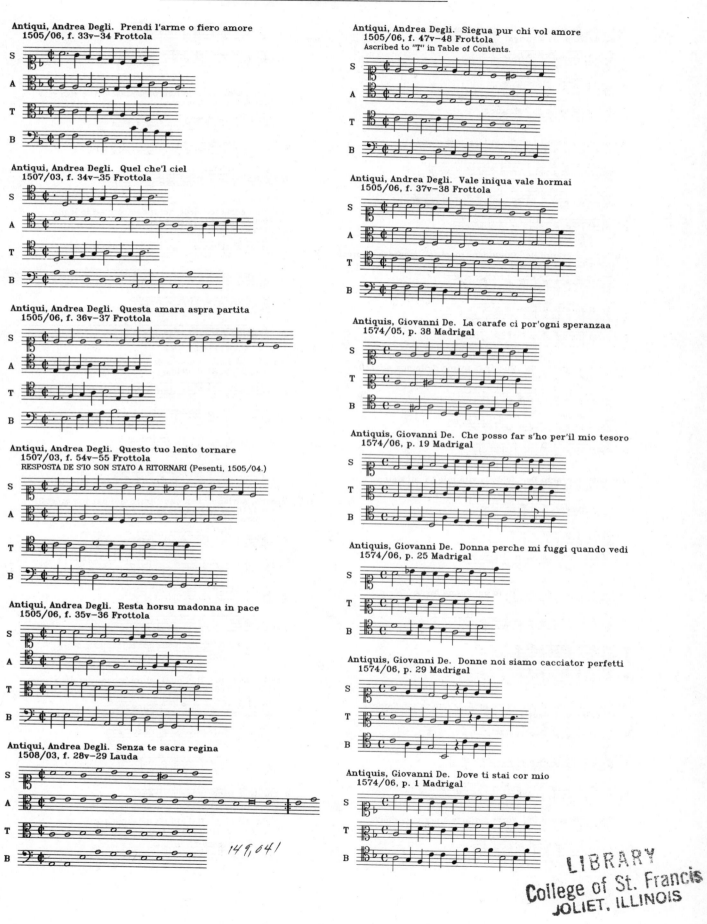

Antiqui, Andrea Degli. Prendi l'arme o fiero amore
1505/06, f. 33v–34 Frottola

Antiqui, Andrea Degli. Quel che'l ciel
1507/03, f. 34v–35 Frottola

Antiqui, Andrea Degli. Questa amara aspra partita
1505/06, f. 36v–37 Frottola

Antiqui, Andrea Degli. Questo tuo lento tornare
1507/03, f. 54v–55 Frottola
RESPOSTA DE S'IO SON STATO A RITORNARI (Pesenti, 1505/04.)

Antiqui, Andrea Degli. Resta horsu madonna in pace
1505/06, f. 35v–36 Frottola

Antiqui, Andrea Degli. Senza te sacra regina
1508/03, f. 28v–29 Lauda

Antiqui, Andrea Degli. Siegua pur chi vol amore
1505/06, f. 47v–48 Frottola
Ascribed to "T" in Table of Contents.

Antiqui, Andrea Degli. Vale iniqua vale hormai
1505/06, f. 37v–38 Frottola

Antiquis, Giovanni De. La carafe ci por'ogni speranzaa
1574/05, p. 38 Madrigal

Antiquis, Giovanni De. Che posso far s'ho per'il mio tesoro
1574/06, p. 19 Madrigal

Antiquis, Giovanni De. Donna perche mi fuggi quando vedi
1574/06, p. 25 Madrigal

Antiquis, Giovanni De. Donne noi siamo cacciator perfetti
1574/06, p. 29 Madrigal

Antiquis, Giovanni De. Dove ti stai cor mio
1574/06, p. 1 Madrigal

Antiquis, Giovanni De. Madonna non so far tante parole
1574/05, p. 34 Madrigal

Antiquis, Giovanni De. Occhi leggiadri e cari
1574/06, p. 9 Madrigal

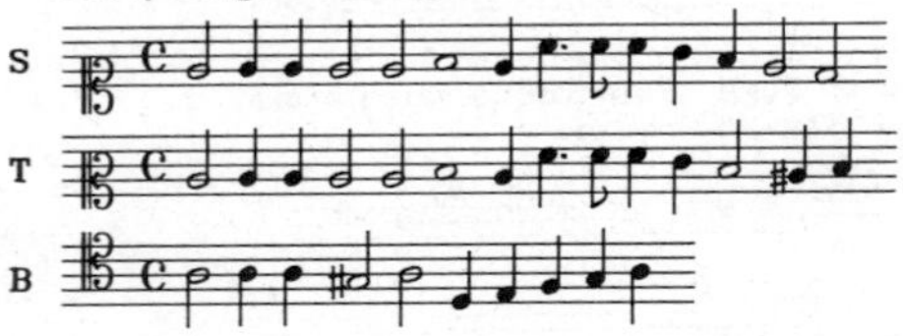

Antiquis, Giovanni De. Qualunche giostr'all amorosa impresa
1574/05, p. 2 Madrigal

Antiquis, Giovanni De. Queste la prima delle mie querelle
1574/05, p. 1 Madrigal

Antiquis, Giovanni De. Se de la vita mia tu sei signora
1574/05, p. 30 Madrigal

Antiquis, Giovanni De. Tu m'hai donna ferito
1574/05, p. 26 Madrigal

Antiquis, Giovanni De. Tutto lo male che va fand'amore
1574/05, p. 4 Madrigal

Antiquis, Giovanni De. Voria per arte,o per natur'havere
1574/06, p. 21 Madrigal

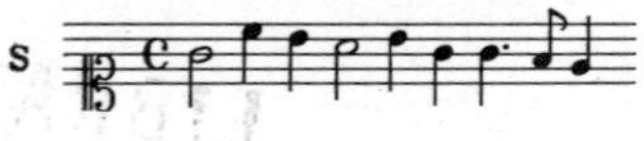

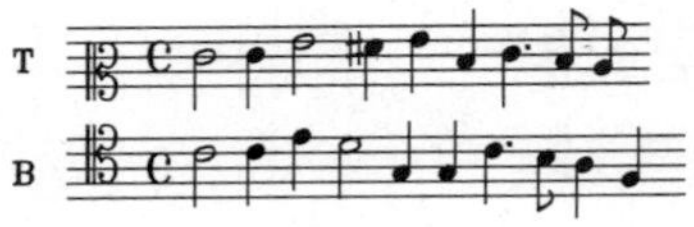

Antonio, Giovanni. Io non posso lasciarti o vita mia
1566/09, p. 27 Canzona

Anvilla, Adriano. Ardo nel fuoco com'arido legno
1566/02, p. 20–21 Madrigal
SECONDA PARTE.

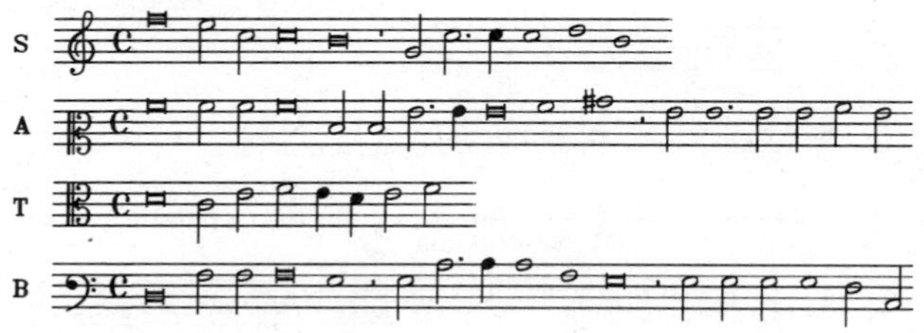

Anvilla, Adriano. Come potro narrav'il dolor mio
1566/02, p. 21 Madrigal

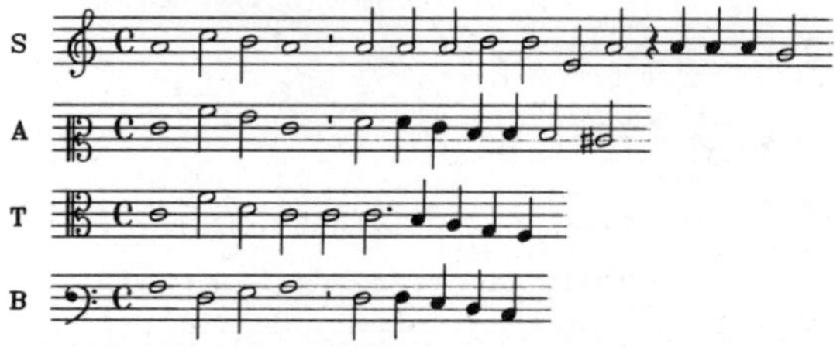

Anvilla, Adriano. Deh che simil'a noi nacque mortali
1568/16, p. 12 Madrigal
SECONDA PARTE.

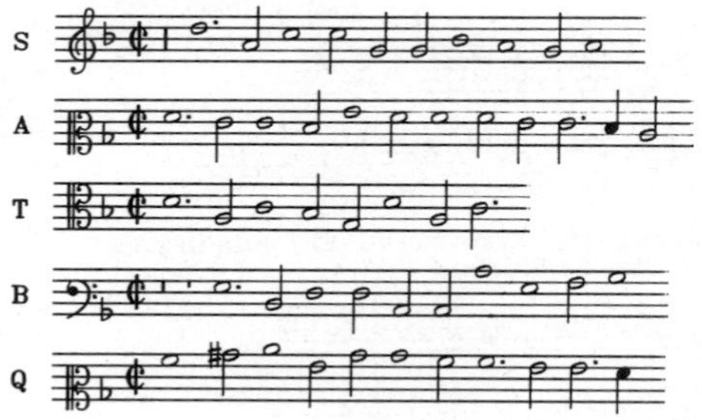

Anvilla, Adriano. Deh qual nuove speranz'al desir mio
1566/02, p. 6–7 Madrigal

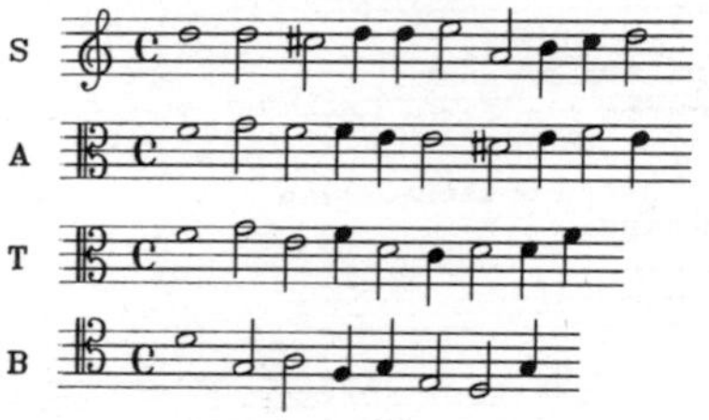

Anvilla, Adriano. Hai chi mi da consiglio
1566/02, p. 18–19 Madrigal

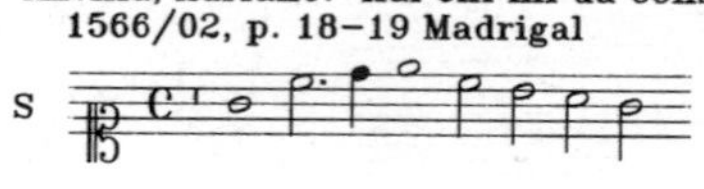

Anvilla, Adriano. Misero me ch'alle mie spes'imparo
1565/18, p. 22 Madrigal

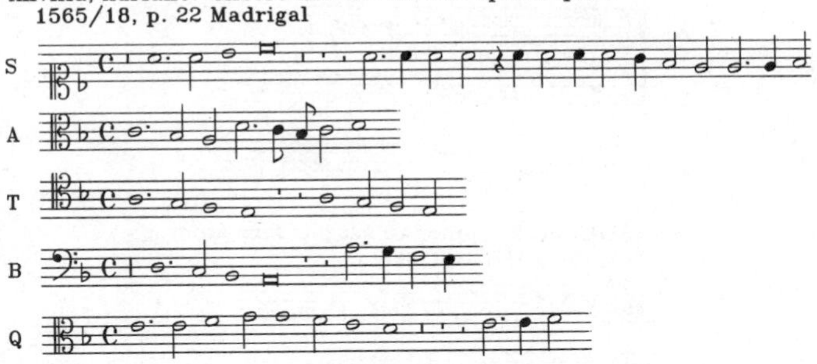

Anvilla, Adriano. Piangea madonna & era'seco Amore
1566/02, p. 22–23 Madrigal

Anvilla, Adriano. Queste fur le tue doti
1568/16, p. 11 Madrigal

Anvilla, Adriano. Se per un sguard'& un sol rider
1566/02, p. 19–20 Madrigal

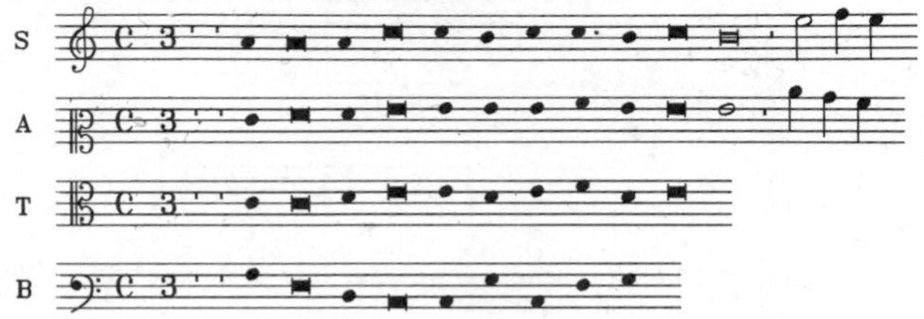

Aranda, Sessa, SEE Sessa d'Aranda

Arcadelt, Jacob. A pie d'un chiaro fonte
1544/16, p. 28 Madrigal

Arcadelt, Jacob. L'aer gravato'e l'importuna nebbia
1559/18, p. 5 Madrigal
Compare Bass with G. Califano in 1584/07.

Arcadelt, Jacob. L'alma mia donna e bella
1554/28, p. 9 Madrigal

Arcadelt, Jacob. Ahi se la donna mia qualhor lasso
1539/22, p. 34 Madrigal

Arcadelt, Jacob. Ahime dov'e il bel viso in cui solea
1539/22, p. 51 Madrigal

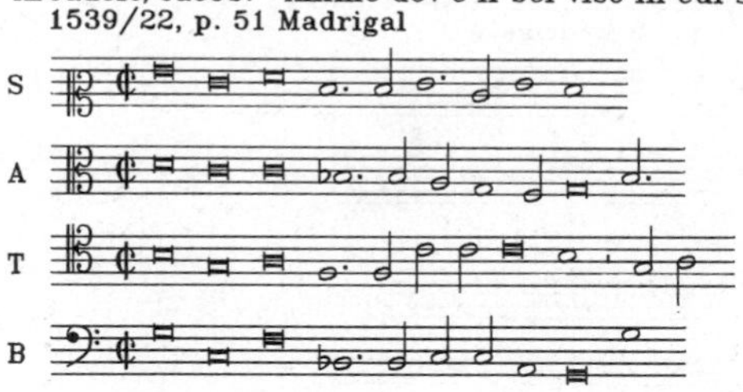

Arcadelt, Jacob. Alma mia luce pura
1552/21, p. 29 Madrigal

Arcadelt, Jacob. Alma perche si trist'ogni hor
1539/22, p. 28 Madrigal
Attributed to Corteccia in 1546/17 and Anonymous in 1550/16.

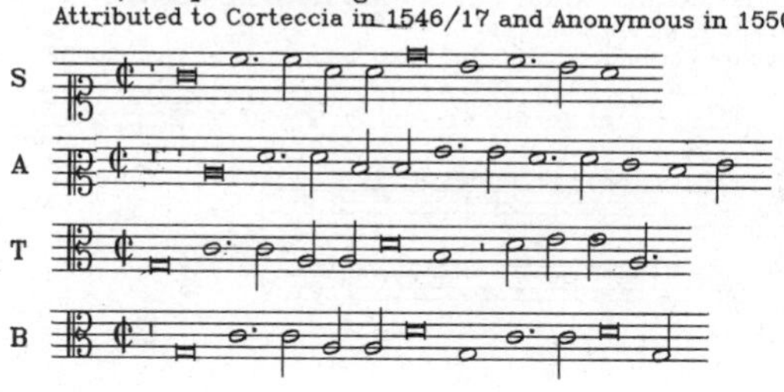

Arcadelt, Jacob. Altri che voi so ben
1549/32, p. 29 Madrigal
Table of Contents reads "Altri so ben che voi"

Arcadelt, Jacob. Altro non e'l mio amor che canto
1542/18, p. 8 Madrigal

Arcadelt, Jacob. Amanti tutt'il bel che voi vedete
1539/23, p. 35 Madrigal
A voci mudate

Arcadelt, Jacob. Amanti, o liet'amanti
1540/19, p. 25 Madrigal

Arcadelt, Jacob. Amor a talla gioia che tua mercede
1544/16, p. 19 Madrigal

Arcadelt, Jacob. Amor quanto piu lieto mi stavo
1539/24, p. 14 Madrigal
Compare Verdelot in 1543/15. Text "allor quante" in 1530/02.

Arcadelt, Jacob. Amor s'al primo squardo
1543/20, p. 17 Madrigal
Attributed to Festa in 1541/11 and 1539/23.

Arcadelt, Jacob. Amor tu sai pur fare amor
1539/22, p. 47 Madrigal

Arcadelt, Jacob. Amorosetto fiore in cui si pasce
1544/16, p. 6 Madrigal

Arcadelt, Jacob. Amorosetto fiore in cui si pasce
1544/22, p. 43 Madrigal

Arcadelt, Jacob. Amorosi pensier che di dolore
1545/18, p. 25 Madrigal

Arcadelt, Jacob. Ancidetimi pur grievi martiri
1539/22, p. 9 Madrigal

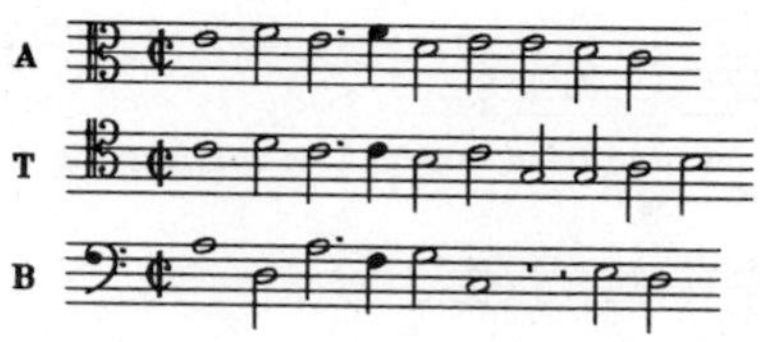

Arcadelt, Jacob. Angela assai via piu ch'un angiol
1539/23, p. 45 Madrigal

Arcadelt, Jacob. Apri'l mio dolce carcer le porte
1539/24, p. 4–5 Madrigal

Arcadelt, Jacob. Ardenti miei desiri com'aver
1539/24, p. 10 Madrigal

Arcadelt, Jacob. Bella Fioretta, io vorrei pur
1539/22, p. 42–43 Madrigal

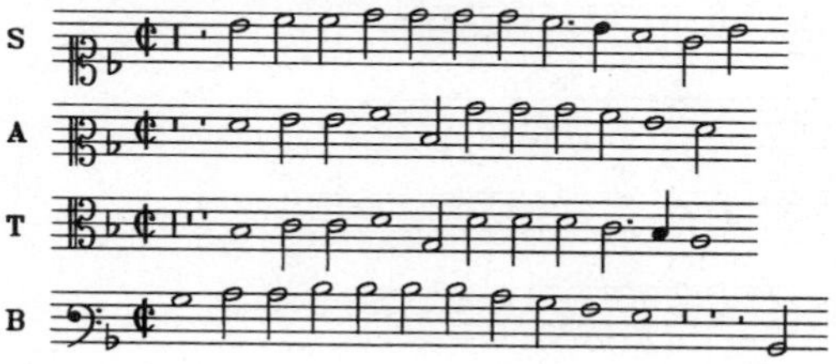

Arcadelt, Jacob. Benedett'i martiri ch'io sostegno
1539/22, p. 24–25 Madrigal

Arcadelt, Jacob. Benedetto sia'l di che gli occhi
1541/11, p. 12 Madrigal

Arcadelt, Jacob. Bianch'e vermiglia rosa
1539/23, p. 30 Madrigal

Arcadelt, Jacob. Il bianco e dolce cigno
1539/22, p. 2 Madrigal

Arcadelt, Jacob. Il bianco et dolce cigno
1544/22, p. 10 Madrigal
Quodlibet. Only Cantus voice is by Arcadelt.

Arcadelt, Jacob. Bramo morir per non patir'piu morte
1541/11, p. 26 Madrigal
Attributed to Anonymous in 1543/20 and C. Festa in 1556/22.

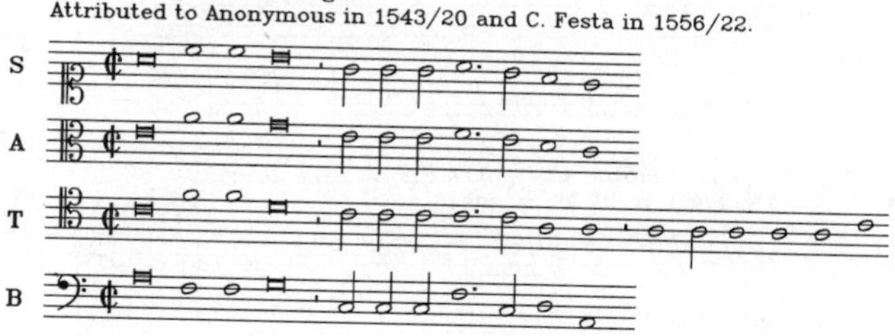

Arcadelt, Jacob. Il capo d'Hydra·in me diping'amore
1543/17, p. 7 Madrigal
Alto from 1557/16. attributed to Anonymous in 1542/17.

Arcadelt, Jacob. Carissima Isabella il vincer
1552/21, p. 16 Madrigal

Arcadelt, Jacob. Che cosa al mondo far
1541/11, p. 3 Madrigal

Arcadelt, Jacob. Che piu foc'al mio foc'o fiamma
1539/22, p. 16 Madrigal

Arcadelt, Jacob. Che poss'io piu s'el cielo
1540/18, p. 19 Madrigal

Arcadelt, Jacob. Chi potra dir quanta dolcezza
1539/22, p. 37 Madrigal

Arcadelt, Jacob. Chi puo fisso mirar la donna mia
1539/23, p. 44 Madrigal

Arcadelt, Jacob. Chiare fresch'e dolci acque
1555/25, p. 1 Madrigal
CANZONA PRIMA PARTE. (cANTUS TACET.)

Arcadelt, Jacob. Il ciel che rado virtu tanta mostra
1539/22, p. 42 Madrigal
Text reads "Al ciel che rado" in 1557/21.

Arcadelt, Jacob. Col pensier mai non maculai
1539/24, p. 7 Madrigal
Attributed to Anonymous in 1545/18.

Arcadelt, Jacob. Com'esser puo ch'io viva
1552/21, p. 11 Madrigal

Arcadelt, Jacob. Com'esser puot'amore
1546/19, p. 17 Madrigal

Arcadelt, Jacob. Come donna poss'io senza voi
1542/18, p. 4–5 Madrigal

Arcadelt, Jacob. Come piu amar potrei
1549/31, p. 2 Madrigal

Arcadelt, Jacob. Come potro fidarmi di te giamai
1539/24, p. 30 Madrigal

Arcadelt, Jacob. Come purpureo fior vinto dal gielo
1552/20, p. 12 Madrigal

Arcadelt, Jacob. Con lachrim'e sospir
1541/18, no. 47 Madrigal

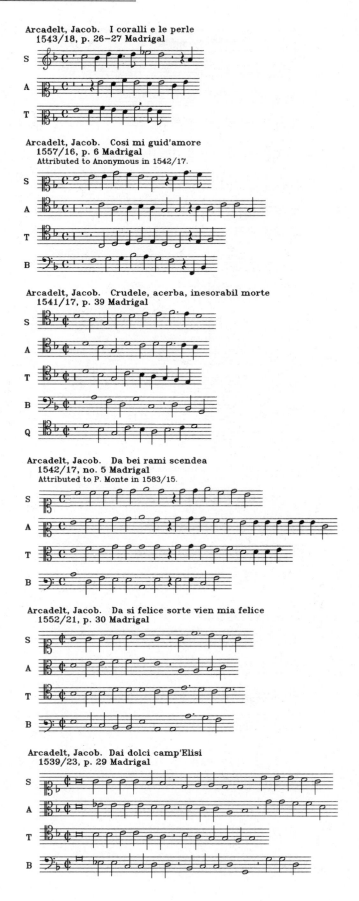

Arcadelt, Jacob. I coralli e le perle
1543/18, p. 26–27 Madrigal

Arcadelt, Jacob. Cosi mi guid'amore
1557/16, p. 6 Madrigal
Attributed to Anonymous in 1542/17.

Arcadelt, Jacob. Crudele, acerba, inesorabil morte
1541/17, p. 39 Madrigal

Arcadelt, Jacob. Da bei rami scendea
1542/17, no. 5 Madrigal
Attributed to P. Monte in 1583/15.

Arcadelt, Jacob. Da si felice sorte vien mia felice
1552/21, p. 30 Madrigal

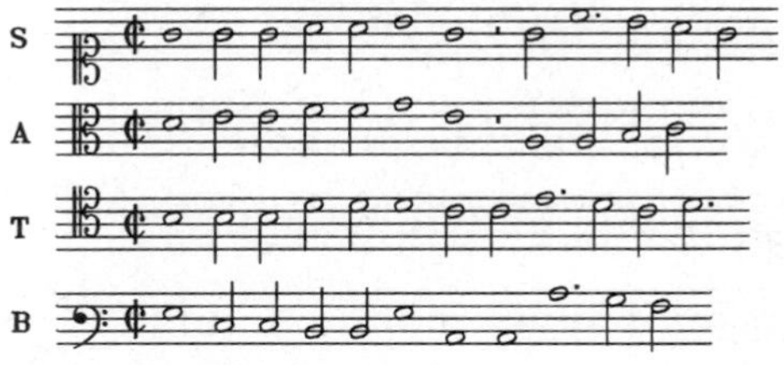

Arcadelt, Jacob. Dai dolci camp'Elisi
1539/23, p. 29 Madrigal

Arcadelt, Jacob. Dal bel suave ragio scendeva
1539/24, p. 5 Madrigal
Attributed to Layolle in 1541/12.

Arcadelt, Jacob. Deh come pur al fin lassa vegg'io
1539/22, p. 10 Madrigal

Arcadelt, Jacob. Deh come trista dei esser fiorenza
1544/16, p. 10–11 Madrigal
Attributed to Anonymous in 1544/16.

Arcadelt, Jacob. Deh dimm'amor se l'alma di costei
1539/22, p. 31 Madrigal

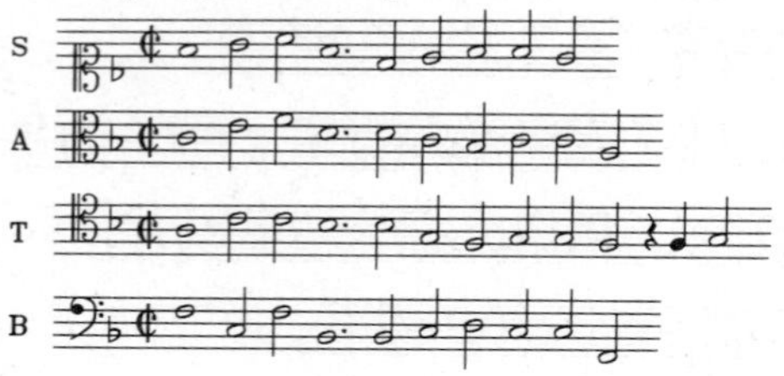

Arcadelt, Jacob. Deh fuggite o mortali
1552/21, p. 5 Madrigal

Arcadelt, Jacob. Deh fuss'il ver che quei bei santi
1539/24, p. 31 Madrigal

Arcadelt, Jacob. Deh perche si ribella
1545/18, p. 29 Madrigal

Arcadelt, Jacob. Deh quanto fu pietoso degli amanti
1539/23, p. 26 Madrigal

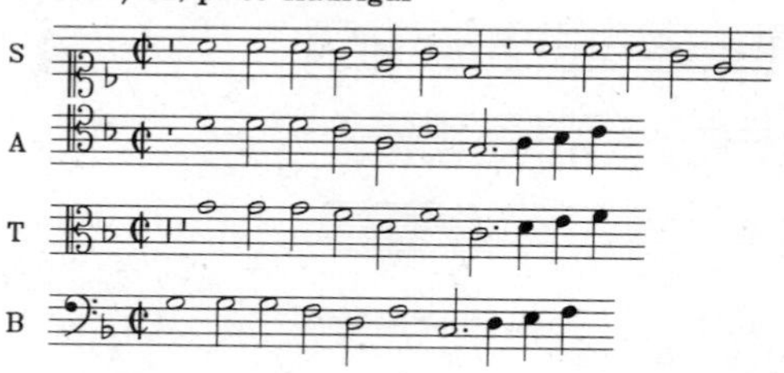

Arcadelt, Jacob. Deh sara mai spiriti miei gia lassi
1552/21, p. 22 Madrigal

Arcadelt, Jacob. Deh se lo sdegno altiero
1539/22, p. 26 Madrigal

Arcadelt, Jacob. Del piu leggiadro viso
1552/21, p. 14 Madrigal

Arcadelt, Jacob. Desio perche mi meni a dir
1552/21, p. 28 Madrigal

Arcadelt, Jacob. Dolce nimica mia benche per voi
1539/24, p. 22 Madrigal

Arcadelt, Jacob. Dolci rime leggiadre
1544/16, p. 1 Madrigal

Arcadelt, Jacob. Dolcemente s'adira la donna mia
1539/24, p. 24 Madrigal
Attributed to Anonymous in 1545/18.

Arcadelt, Jacob. Dolci parole morte anch'io son morto
1552/21, p. 9 Madrigal

Arcadelt, Jacob. Donna beata e bella d'amor
1539/23, p. 3 Madrigal

Arcadelt, Jacob. Donna fra piu bei volti honesti
1539/24, p. 25 Madrigal

Arcadelt, Jacob. Donna grav'e la doglia ch'io sento
1539/24, p. 27 Madrigal

Arcadelt, Jacob. Donna, i vostri belli occhi
1539/24, p. 18 Madrigal

Arcadelt, Jacob. Donna per amarv'io piu che me stesso
1540/18, p. 34 Madrigal

Arcadelt, Jacob. Donna quando pietosa
1552/21, p. 26 Madrigal

Arcadelt, Jacob. Donna se'l mio servire
1539/23, p. 42 Madrigal

Arcadelt, Jacob. Donna, s'ogni beltade il ciel
1539/24, p. 34 Madrigal
Attributed to Anonymous in 1545/18.

Arcadelt, Jacob. Dormendo un giorno a baia
1542/18, p. 5 Madrigal
Compare Anonymous in 1537/11 and Verdelot in 1541/17.

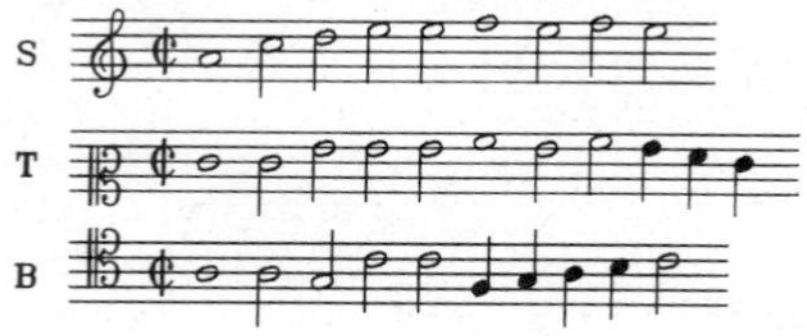

Arcadelt, Jacob. Dov'ito son, chi m'ha tolt'a me
1540/19, p. 17 Madrigal

Arcadelt, Jacob. Dunque credete ch'io o voglia
1539/22, p. 39 Madrigal

Arcadelt, Jacob. E morta la speranza e vive'l bel
1539/23, p. 10 Madrigal
Attributed to Festa in 1556/22 and Anonymous in 1543/20.

Arcadelt, Jacob. Ecco che pur doppo si lungh'affani
1539/23, p. 6 Madrigal

Arcadelt, Jacob. Ecco d'oro l'eta pregiata bella
1544/16, p. 4 Madrigal

Arcadelt, Jacob. Fatto son esca de la donna mia
1544/16, p. 13 Madrigal

Arcadelt, Jacob. Felice me se dei bei lumi un raggio
1539/22, p. 40 Madrigal

Arcadelt, Jacob. Felici alme contrade in cui la vaga
1554/28, p. 14 Madrigal

Arcadelt, Jacob. Felici amanti voi che d'amor lieti
1541/15, p. 22 Madrigal

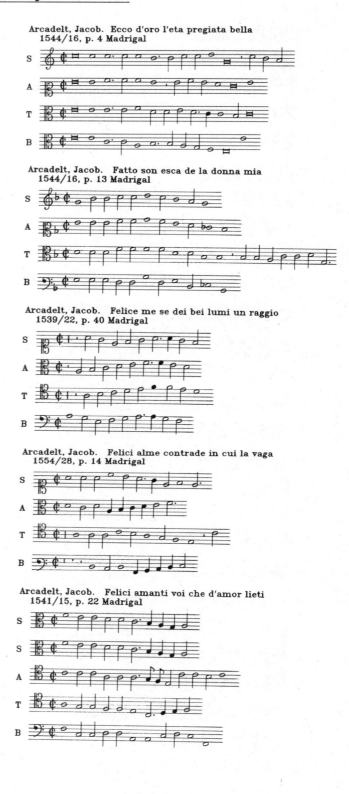

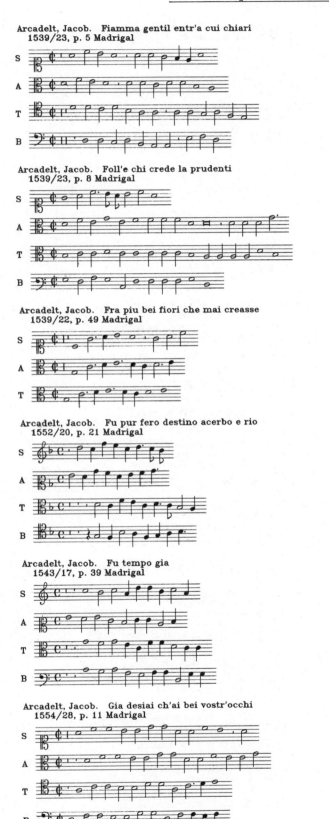

Arcadelt, Jacob. Fiamma gentil entr'a cui chiari
1539/23, p. 5 Madrigal

Arcadelt, Jacob. Foll'e chi crede la prudenti
1539/23, p. 8 Madrigal

Arcadelt, Jacob. Fra piu bei fiori che mai creasse
1539/22, p. 49 Madrigal

Arcadelt, Jacob. Fu pur fero destino acerbo e rio
1552/20, p. 21 Madrigal

Arcadelt, Jacob. Fu tempo gia
1543/17, p. 39 Madrigal

Arcadelt, Jacob. Gia desiai ch'ai bei vostr'occhi
1554/28, p. 11 Madrigal

Arcadelt, Jacob. Giovenetta regal pur innocente
1539/22, p. 36 Madrigal

Arcadelt, Jacob. Gite rime dolenti gite sospiri
1542/16, p. 24 Madrigal

Arcadelt, Jacob. Gite sospir dolenti del mio bel arno
1541/15, p. 9 Madrigal

Arcadelt, Jacob. Giurando'l dissi amore che sol
1539/24, p. 15 Madrigal

Arcadelt, Jacob. Gravi pene in amor
1542/18, p. 2 Madrigal

Arcadelt, Jacob. Honorata mia donna s'amor mi disse
1544/16, p. 15 Madrigal

Arcadelt, Jacob. Hor che piu far potete donna
1539/se, no. 6 Madrigal

Arcadelt, Jacob. Hor che'l ciel'e la terr'el vento
1539/23, p. 38 Madrigal

Arcadelt, Jacob. Hor tregu'havran i miei caldi
1544/16, p. 5 Madrigal

Arcadelt, Jacob. Hor ved'amor che giovenetta donna
1539/24, p. 29 Madrigal

Arcadelt, Jacob. Hor ved'amor che giovenetta donna
1540/19, p. 23 Madrigal

Arcadelt, Jacob. Hor vedete madonna
1552/21, p.15 Madrigal

Arcadelt, Jacob. In me sol regna fede & fed'il mio
1544/16, p. 11 Madrigal

Arcadelt, Jacob. In un boschetto adorno
1539/22, p. 42 Madrigal

Arcadelt, Jacob. Iniustissim'amore che val'l'unico
1539/22, p. 3 Madrigal
Attributed to Anonymous in 1545/18.

Arcadelt, Jacob. Iniustissimo Amor perche si raro
1542/18, p. 3 Madrigal
Attributed to Anonymous in 1537/07 and 1537/08.

Arcadelt, Jacob. Io che di viver sciolto
1540/18, p. 22 Madrigal

Arcadelt, Jacob. Io dico che fra voi, potenti dei
1539/22, p. 32 Madrigal

Arcadelt, Jacob. Io ho nel cor un gielo che quanto
1539/22, p. 13 Madrigal

Arcadelt, Jacob. Io mi pensai che spento fuss'l foco
1539/22, p. 46 Madrigal

Arcadelt, Jacob. Io mi rivolgo indietro a ciascun
1552/21, p. 6 Madrigal

Arcadelt, Jacob. Io nol dissi giamai
1539/24, p. 21 Madrigal
Text reads "Io non dissi giamai" in 1544/18.

Arcadelt, Jacob. Io non ardisco di levar
1541/15, p. 17 Madrigal

Arcadelt, Jacob. Io non vo gia per voi
1552/21, p. 4 Madrigal

Arcadelt, Jacob. Io potrei forsi dire
1539/23, p. 32 Madrigal

Arcadelt, Jacob. Io vo piangend'i miei passati tempi
1554/28, p. 5–6 Madrigal

Arcadelt, Jacob. Io vorrei pur fuggir crudel'amore
1539/22, p. 6 Madrigal
Attributed to Corteccia in 1568/14.

Arcadelt, Jacob. Ite, tristi sospiri alle chiar'onde
1552/21, p. 7 Madrigal
A VOCE PARI.

Arcadelt, Jacob. Languir non mi fa amore
1539/23, p. 38 Madrigal
Attributed to F. Corteccia in 1543/20.

Arcadelt, Jacob. Lasciar il velo o per sol
1539/22, p. 22 Madrigal
Attributed to F. Layole in 1585/20.

Arcadelt, Jacob. Lasso che giova poi che poi quando
1539/24, p. 28 Madrigal

Arcadelt, Jacob. Lasso che pur hormai
1543/20, p. 19 Madrigal

Arcadelt, Jacob. Lasso quand'io gli occhi alzo
1543/20, p. 30 Madrigal

Arcadelt, Jacob. Liet'e seren'in vista
1539/23, p. 24 Madrigal

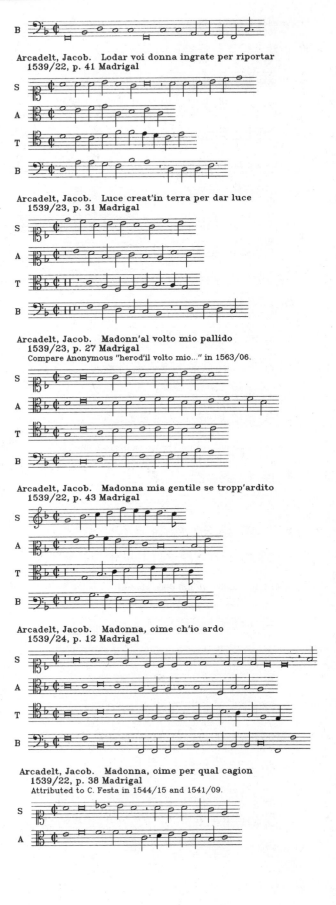

Arcadelt, Jacob. Lodar voi donna ingrate per riportar
1539/22, p. 41 Madrigal

Arcadelt, Jacob. Luce creat'in terra per dar luce
1539/23, p. 31 Madrigal

Arcadelt, Jacob. Madonn'al volto mio pallido
1539/23, p. 27 Madrigal
Compare Anonymous "herod'il volto mio..." in 1563/06.

Arcadelt, Jacob. Madonna mia gentile se tropp'ardito
1539/22, p. 43 Madrigal

Arcadelt, Jacob. Madonna, oime ch'io ardo
1539/24, p. 12 Madrigal

Arcadelt, Jacob. Madonna, oime per qual cagion
1539/22, p. 38 Madrigal
Attributed to C. Festa in 1544/15 and 1541/09.

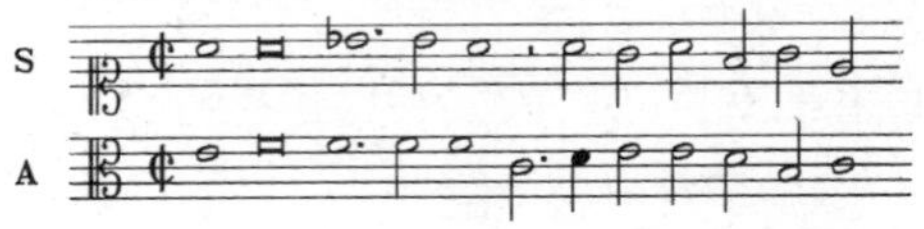

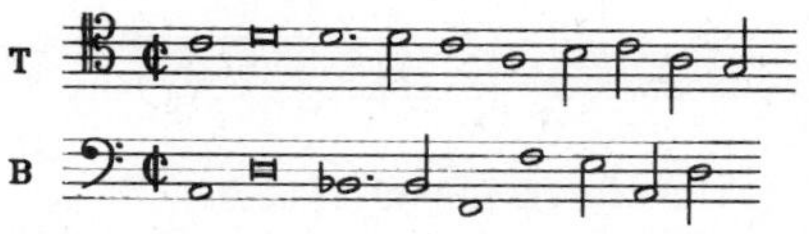

Arcadelt, Jacob. Madonna per oltraggi'o per martire
1539/24, p. 6 Madrigal

Arcadelt, Jacob. Madonna, s'io credessi ch'in voi
1541/11, p. 29 Madrigal

Arcadelt, Jacob. Madonna s'io v'offendo
1539/22, p. 11 Madrigal

Arcadelt, Jacob. Mentre gli ardenti rai cercai fuggir
1540/19, p. 24 Madrigal

Arcadelt, Jacob. Ne dolenti occhi & nell'aspetto
1541/15, p. 31 Madrigal

Arcadelt, Jacob. Non ch'io non voglio mai altro
1539/22, p. 5 Madrigal

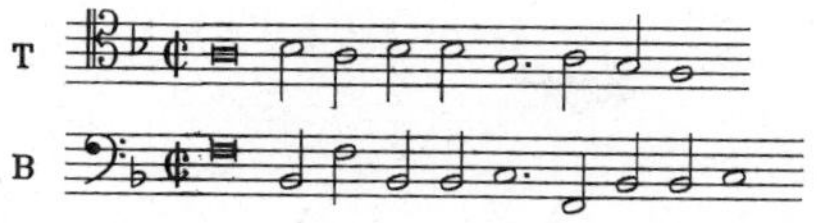

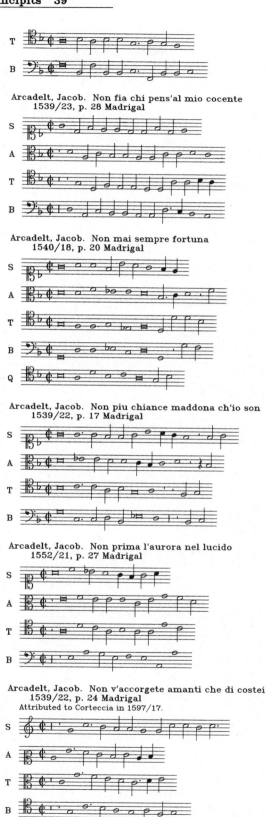

Arcadelt, Jacob. Non fia chi pens'al mio cocente
1539/23, p. 28 Madrigal

Arcadelt, Jacob. Non mai sempre fortuna
1540/18, p. 20 Madrigal

Arcadelt, Jacob. Non piu chiance maddona ch'io son
1539/22, p. 17 Madrigal

Arcadelt, Jacob. Non prima l'aurora nel lucido
1552/21, p. 27 Madrigal

Arcadelt, Jacob. Non v'accorgete amanti che di costei
1539/22, p. 24 Madrigal
Attributed to Corteccia in 1597/17.

Arcadelt, Jacob. Nova donna m'apparve di belta tale
1539/22, p. 12 Madrigal

S A T B

Arcadelt, Jacob. Novo piacer che nelli humani
1557/16, p. 32 Madrigal
"Novo pensier..." in some editions.

S A T B

Arcadelt, Jacob. O felici occhi miei felici voi
1539/22, p. 45 Madrigal
Attributed to Berchem in 1546/17.

S A T B

Arcadelt, Jacob. Occhi miei lassi ch'io vi giro
1539/22, p. 8 Madrigal

S A T B

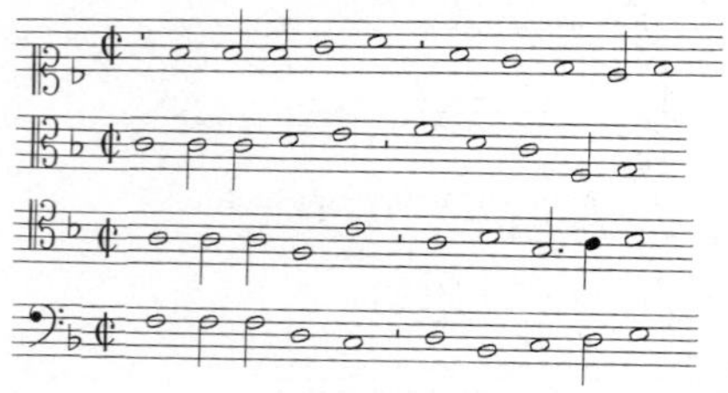

Arcadelt, Jacob. Parole estreme anzi ultimi sospiri
1544/16, p. 17 Madrigal

S A T B

Arcadelt, Jacob. Per folti boschi e per alpestre
1543/18, p. 2 Madrigal

S A T

B

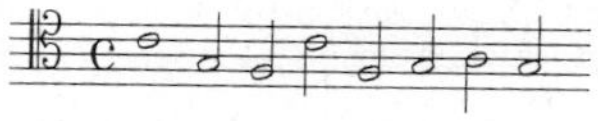

Arcadelt, Jacob. Per non saperti ringratiar amore
1539/23, p. 43 Madrigal
Attributed to Berchem in 1543/20.

S A T B

Arcadelt, Jacob. Perch'al viso d'amor portav'insegna
1549/32, p. 30 Madrigal

S A T B Q

Arcadelt, Jacob. Perche la vit'e breve
1559/19, p. 11 Villota
Canto & Alto from 1563/15. (Compare N. Dorati in 1561/14.)

S A T B

Arcadelt, Jacob. Perche non date voi, donna crudele
1539/22, p. 18 Madrigal

S A T B

Arcadelt, Jacob. Pietose rime & voi freddi sospiri
1544/16, p. 2 Madrigal

S A T B

Arcadelt, Jacob. Poi ch'ogni spem'ho persa
1541/15, p. 6 Madrigal

Arcadelt, Jacob. Poi che'l fiero destin del mondo
1539/23, p. 39 Madrigal
Attributed to Berchem in 1541/11.

Arcadelt, Jacob. Posando le mie membra
1539/23, p. 21 Madrigal

Arcadelt, Jacob. Posso io morir di mala morte
1539/22, p. 30–31 Madrigal

Arcadelt, Jacob. Gli prieghi miei tutti gli porti
1539/24, p. 3 Madrigal

Arcadelt, Jacob. Puro ciel, Phillide
1552/21, p. 25 Madrigal

Arcadelt, Jacob. Quai pomi mai, qual'oro
1539/22, p. 27 Madrigal

Arcadelt, Jacob. Qual Clitia sempr'al maggior lume
1539/22, p. 25 Madrigal

Arcadelt, Jacob. Qual ingegno o parole porrian
1544/16, p. 10 Madrigal

Arcadelt, Jacob. Qual mai piu vagh'e bella
1555/31, p. 18 Madrigal

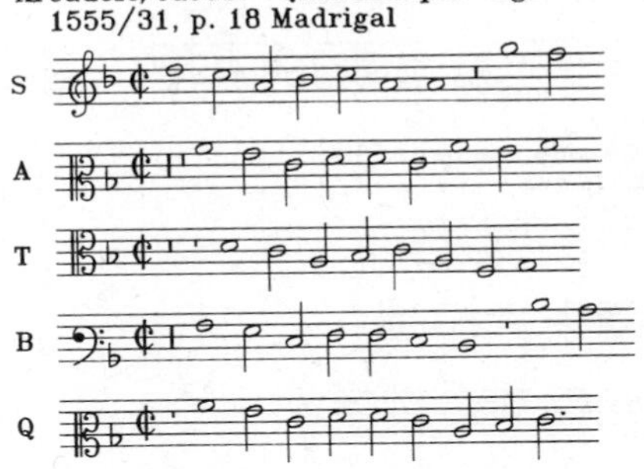

Arcadelt, Jacob. Qual paura ho quando mi torn'a mente
1543/20, p. 25 Madrigal
Attributed to Festa in 1556/22.

Arcadelt, Jacob. Qual senza mot'et senza razza
1539/24, p. 11 Madrigal

Arcadelt, Jacob. **Qual'hor m'assale Amore**
1541/17, p. 40 Madrigal

Arcadelt, Jacob. **Quand'io penso al martire**
1539/22, p. 53 Madrigal
Compare F. Rosselli (1555/31) & H. Waelrant (1561/16).

Arcadelt, Jacob. **Quando col dolce suono s'accordon**
1539/22, p. 14 Madrigal

Arcadelt, Jacob. **Quando i vostri belli occhi**
1539/24, p. 19 Madrigal

Arcadelt, Jacob. **Quando tal volta fra perle et viole**
1552/21, p. 8 Madrigal

Arcadelt, Jacob. **Quando talhor il mio unico sole**
1539/23, p. 2 Madrigal

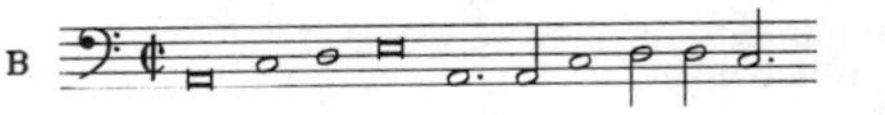

Arcadelt, Jacob. **Quant'e madonna mia foll'el pensiero**
1539/22, p. 36–37 Madrigal

Arcadelt, Jacob. **Quanta belta, quanta gratia e splendore**
1539/22, p. 30 Madrigal

Arcadelt, Jacob. **Quante volte diss'io**
1555/25, p. 4 Madrigal
QUINTA PARTA A 5

Arcadelt, Jacob. **Quanti travagli e pene**
1539/22, p. 48 Madrigal

Arcadelt, Jacob. **Quanto dolce e'l conforto**
1552/21, p. 13 Madrigal

Arcadelt, Jacob. Quanto fra voi mortali
1539/23, p. 23 Madrigal

Arcadelt, Jacob. Quanto piu di lasciar donna
1539/24, p. 32 Madrigal

Arcadelt, Jacob. Quel si grave dolore ch'io sentiro
1557/16, p. 24 Madrigal

Arcadelt, Jacob. Quest'e la fede amanti che haver
1539/24, p. 26 Madrigal

Arcadelt, Jacob. Ragion e ben che alcuna volta
1539/22, p. 4 Madrigal
Attributed to Berchem in 1568/15.

Arcadelt, Jacob. S'advien che la beltade da gli occhi
1544/16, p. 21 Madrigal

Arcadelt, Jacob. S'altrui d'amor sospira
1541/11, p. 43 Madrigal

Arcadelt, Jacob. S'amante fu giamai di sperar privo
1544/22, p. 9 Madrigal

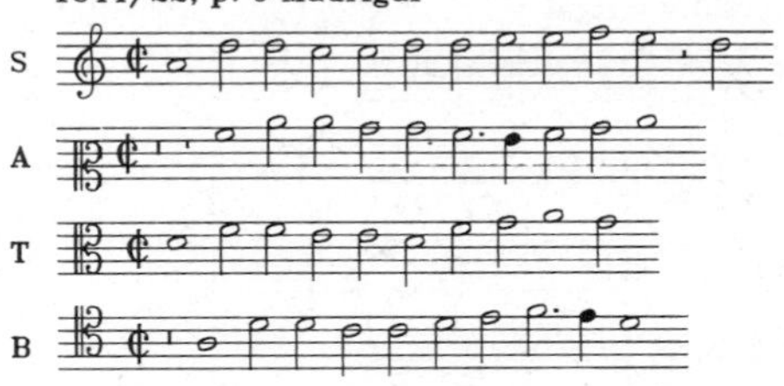

Arcadelt, Jacob. S'egli e pur mio destino
1555/25, p. 2 Madrigal
SECUNDA PARTE. CANTUS TACET.

Arcadelt, Jacob. S'era forsi ripreso il pensier
1539/24, p. 36 Madrigal

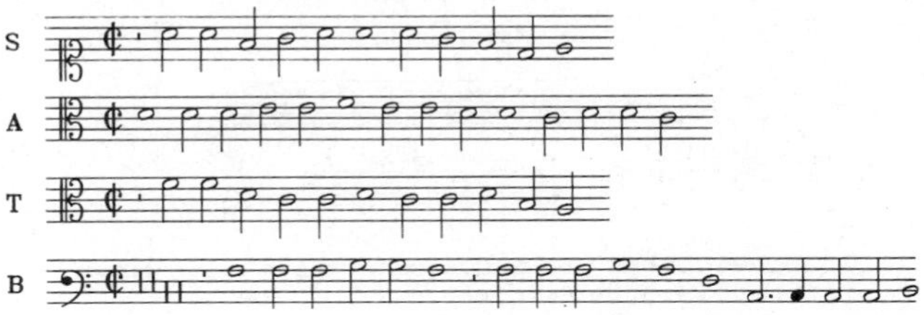

Arcadelt, Jacob. S'infinita bellezza e leggiadria
1544/17, p. 30 Madrigal
Attributed to Anonymous in 1563/14. See 4v setting in 1558/13

Arcadelt, Jacob. S'io non lodo madonna'l vostro volto
1539/24, p. 17 Madrigal

Arcadelt, Jacob. S'io pensasse che morte
1552/21, p. 20 Madrigal

Arcadelt, Jacob. S'io vi potessi dire madonna
1542/18, p. 6–7 Madrigal

Arcadelt, Jacob. Sapete amanti perch'amor'e cieco
1539/22, p. 10–11 Madrigal

Arcadelt, Jacob. Se contra vostra voglia di me donna
1539/24, p. 35 Madrigal

Arcadelt, Jacob. Se gli occhi non temprat'ov'entr'io
1539/22, p. 29 Madrigal

Arcadelt, Jacob. Se i vostri bei sembianti
1539/23, p. 11 Madrigal

Arcadelt, Jacob. Se la dura durezza in la mia donna
1539/22, p. 21 Madrigal

Arcadelt, Jacob. Se la durezz'in voi fosse men dura
1539/23, p. 24–25 Madrigal

Arcadelt, Jacob. Se mort'in me potesse quanto piu
1539/23, p. 15 Madrigal
Attributed to C. Festa in 1539/23.

Arcadelt, Jacob. Se nel mirarvi con dolce contento
1541/15, p. 28 Madrigal

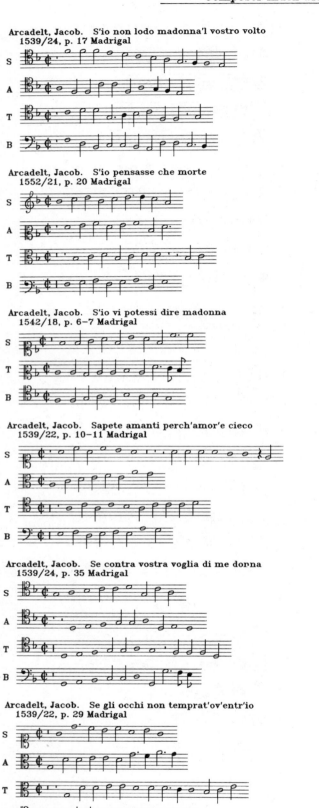

Arcadelt, Jacob. Se non fosse nel volto di costei
1539/23, p. 7 Madrigal

Arcadelt, Jacob. Se per amar vostra belta infinita
1552/21, p. 19 Madrigal

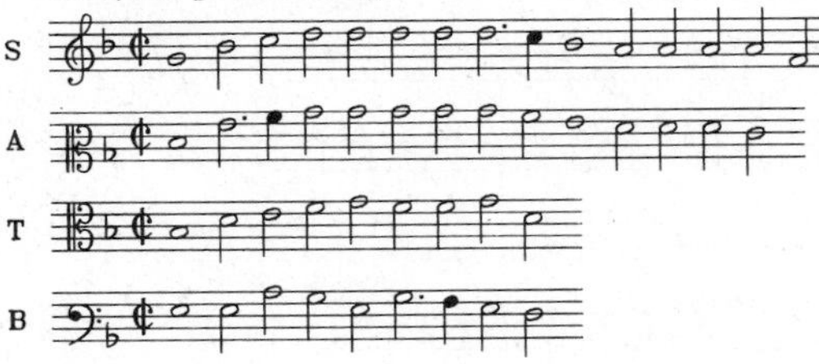

Arcadelt, Jacob. Se per colpa del vostro fiero sdegno
1539/22, p. 50 Madrigal

Arcadelt, Jacob. Se tanta gratia amor mi concedesse
1544/16, p. 12 Madrigal

Arcadelt, Jacob. Se tolto m'el veder quel vivo sole
1544/16, p. 26 Madrigal

Arcadelt, Jacob. Se tutto'l bell'ingrata
1539/23, p. 25 Madrigal

Arcadelt, Jacob. Se vi piace signora il mio dolore
1539/22, p. 15 Madrigal

Arcadelt, Jacob. Se'l chiar'almo splendore
1542/16, p. 38 Madrigal

Arcadelt, Jacob. Se'l foc'in cui sempr'ardo
1539/24, p. 36 Madrigal

Arcadelt, Jacob. Se'l foco in cui sempr'ardo
1541/17, p. 20 Madrigal

Arcadelt, Jacob. Se'l mio bel sol e spento
1539/23, p. 1 Madrigal

Arcadelt, Jacob. Se'l pensier amoroso
1545/18, p. 28 Madrigal
Text reads "Del pensier..." in some editions.

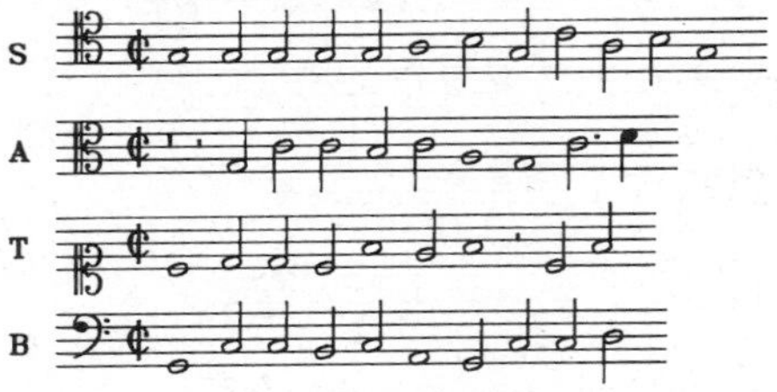

Arcadelt, Jacob. Se'l superchio splendore
1552/21, p. 12 Madrigal

Arcadelt, Jacob. Se'l tuo partir mi spiacque
1539/22, p. 25 Madrigal

Arcadelt, Jacob. Se'l volto donna di morte dipinto
1552/21, p. 31 Madrigal

Arcadelt, Jacob. Si com'el sol da luce
1552/21, p. 10 Madrigal

Arcadelt, Jacob. Si come d'ogni donna sei piu bella
1539/23, p. 34 Madrigal

Arcadelt, Jacob. Si come dit'ogn hor bella vi paio
1539/23, p. 37 Madrigal

Arcadelt, Jacob. Si grand'e la pieta che ho da me
1539/24, p. 4 Madrigal

Arcadelt, Jacob. Si liet'alcun giamai ne l'amoroso
1539/23, p. 28 Madrigal
Attributed to C. Festa in 1543/20.

Arcadelt, Jacob. Solo & pensoso i piu deserti campi
1540/19, p. 16 Madrigal

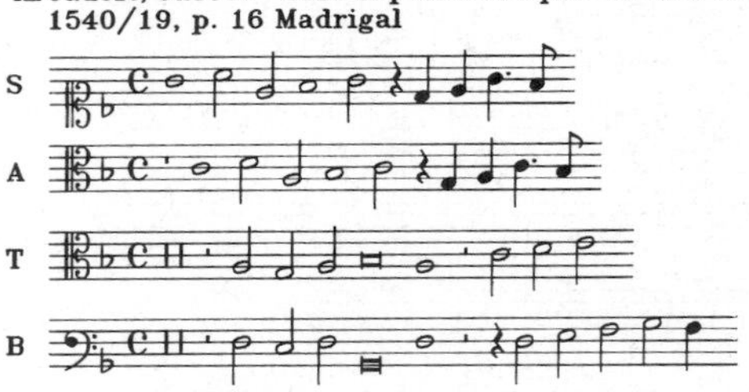

Arcadelt, Jacob. Sostenete quei di fugace & rei
1544/16, p. 20 Madrigal

Arcadelt, Jacob. Standomi un giorno solo
1552/20, p. 12 Madrigal
Compare J. Gero "Standomi un giorno" in 1543/18.

Arcadelt, Jacob. Tante son le mie
1544/16, p. 29 Madrigal

Arcadelt, Jacob. Tempo verra anchor forse
1555/25, p. 2 Madrigal
TERZA PARTE A 3. (For 5 v. in 1559/20.)

Arcadelt, Jacob. Tengan dunque ver me lusato
1539/24, p. 13 Madrigal
Attributed to L. Barre in 1545/18.

Arcadelt, Jacob. Tra freddi monti & luogh'alpe
1549/31, p. 17 Madrigal

Arcadelt, Jacob. Tronchi la Parca ogn'hora
1539/24, p. 33 Madrigal
Attributed to Anonymous in 1545/18.

Arcadelt, Jacob. Un di lieto giamai
1540/19, p. 26 Madrigal

Arcadelt, Jacob. Il vagh'e dolce sguardo
1539/22, p. 35 Madrigal

Arcadelt, Jacob. I vaghi fiori & l'amorose fronde
1552/20, p. 22 Madrigal

Arcadelt, Jacob. Vaghi pensier che cosi passo
1539/23, p. 40 Madrigal

Arcadelt, Jacob. Ver'inferno e'l mio petto
1539/22, p. 52 Madrigal

Arcadelt, Jacob. Viddi fra l'herbe verde
1539/24, p. 16 Madrigal

Arcadelt, Jacob. Viva nel pensier vostr'il bel desio
1552/21, p. 17 Madrigal

Arcadelt, Jacob. Vivace amor che negl'affanni cresce
1541/15, p. 23 Madrigal

Arcadelt, Jacob. Vôi che prendete gioia
1539/23, p. 35 Madrigal

Arcadelt, Jacob. Voi la mia vita siete da voi dipende
1539/22, p. 36 Madrigal

Arcadelt, Jacob. Voi mi poneste in foco
1542/18, p. 7 Madrigal

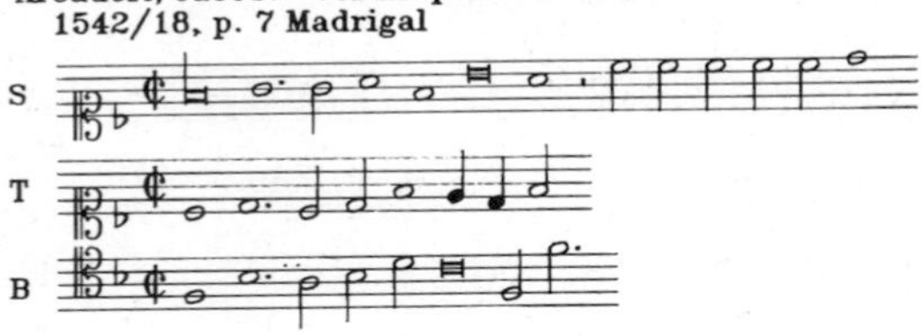

Arcadelt, Jacob. Voi non m'amat'ed io pur troppo
1552/21, p. 23 Madrigal

Arcadelt, Jacob. Voi sapete ch'io v'am0 anzi v'adoro
1539/22, p. 21 Madrigal

Arcadelt, Jacob. Voi ve n'andat'al cielo occhi beati
1539/22, p. 7 Madrigal

Arcadelt, Jacob. Vostra fui e saro mentre ch'io viva
1539/22, p. 20 Madrigal

Arcadelt, Jacob. Vostra merce madonna che cosa
1542/17, no. 32 Madrigal

Ardesi, Carlo. Celeste donna in bel sembiant'humano
1597/19, p. 9 Madrigal

Ardesi, Carlo. Chi crederia tal cosa
1597/19, p. 19 Madrigal
SECONDA PARTE. (Tenor voice missing.)

Ardesi, Carlo. D'una rosa una spina
1597/19, p. 18 Madrigal
CANZONETTA. PRIMA PARTE.

Ardesi, Carlo. Fiamma son fatto o mio felice stato
1597/19, p. 1 Madrigal
Tenor voice missing.

Ardesi, Carlo. Fra le tepide brine
1597/19, p. 10 Madrigal

Ardesi, Carlo. Hor che vedere le mie pene amare
1597/19, p. 14 Madrigal
SECONDA PARTE.

Ardesi, Carlo. Io ben il veggio certo
1597/19, p. 21 Madrigal
QUARTA, & ULTIMA PARTE. (Tenor voice missing.)

Ardesi, Carlo. Mentre io parto il mio Sole
1597/19, p. 6 Madrigal

Ardesi, Carlo. Nascer di spina rosa
1597/19, p. 20 Madrigal
TERZA PARTE. (Tenor voice missing.)

Ardesi, Carlo. Nova Angioletta sovra l'ale accorta
1597/19, p. 2 Madrigal
Tenor voice missing.

Ardesi, Carlo. La Pastorella mia a vezzosa e cara
1597/19, p. 5 Madrigal
Compare F. Anerio "Ella vezzosa.." in 1593/03.

Ardesi, Carlo. Perche incredula sete
1597/19, p. 3 Madrigal

Ardesi, Carlo. Quando han piu sete i campi
1597/19, p. 7 Madrigal

Ardesi, Carlo. Quanta invidia vi porto
1597/19, p. 13 Madrigal
PRIMA PARTE.

Ardesi, Carlo. Vagho pensier che con Amor
1597/19, p. 11 Madrigal

Ardesi, Carlo. Voi bramate sapere
1597/19, p. 15 Madrigal

Ardesi, Giovanni Paolo. L'anguisce dentr'al petto
1597/19, p. 12 Madrigal

Ardesi, Giovanni Paolo. Deh resta anima mia e il cor mio
1597/19, p. 16 Madrigal

Ardesi, Giovanni Paolo. Io me ne vo la notte
1597/19, p. 4 Madrigal

Ardesi, Giovanni Paolo. Lego benigno Amore
1597/19, p. 17 Madrigal

Ardesi, Giovanni Paolo. Mentre il ciel d'ogn'intorno
1597/19, p. 8 Madrigal

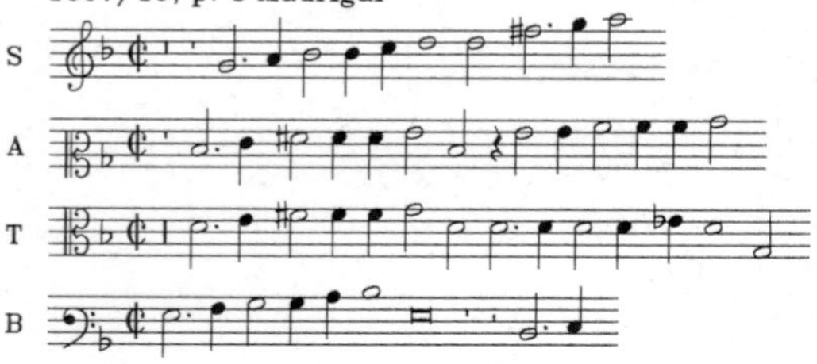

Argentil, Charles. Moneta signor mio non piu padre
1542/16, p. 9 Madrigal

Arnoldo. Rose bianch'e vermiglie
1542/16, p. 30 Madrigal

Arnoldo. Se l'interna mia doglia potesse
1542/16, p. 17 Madrigal

Aron. Io non posso piu durare
1505/06, f. 53v–54 Frottola

Arpa, Leonardo Del. Amor lasciami stare
1565/17, p. 15 Canzona
Attributed to Anonymous in 1570/33.

Arpa, Leonardo Del. Con ceppi e con catene
1570/18, p. 48 Napolitana

S
T
B

Arpa, Leonardo Del. Correte tutti quanti
1570/18, p. 26 Napolitana
Attributed to Anonymous in 1570/33.

S
T
B

Arpa, Leonardo Del. Credeva che la fiamma si stutasse
1570/18, p. 46 Napolitana
Attributed to Anonymous in 1570/33.

S
T
B

Arpa, Leonardo Del. Da poi che tu crudel mi desti
1570/27, p. 8 Villanella

S
T
B

Arpa, Leonardo Del. Le donne a Roma portano le perle
1566/09, p. 8 Canzona

S
T
B

Arpa, Leonardo Del. Dormendo mi sonnava
1565/17, p. 11 Canzona
Tenor missing Linkoping coppy. Found in Bologna copy.

S
T
B

Arpa, Leonardo Del. Giva cogliendo fiori
1570/18, p. 28 Napolitana

S
T
B

Arpa, Leonardo Del. Gran pena sente l'huomo innamorato
1566/09, p. 3 Canzona

S
T
B

Arpa, Leonardo Del. Io persi lo mio cor'ad un'impresa
1566/09, p. 4 Canzona

S
T
B

Arpa, Leonardo Del. Lucretia gentil lucretia bella
1565/17, p. 24 Canzona

S
T
B

Arpa, Leonardo Del. O bella man ch'avanzi di valore
1566/09, p. 6 Canzona

S
T
B

Arpa, Leonardo Del. O belle trezze d'oro io per voi
1566/09, p. 5 Canzona

S
T
B

Arpa, Leonardo Del. O core di diamante
1570/18, p. 40 Napolitana
Attributed to Anonymous in 1570/33.

S
T
B

Arpa, Leonardo Del. Parti canzona mia e va a fare
1566/09, p. 7 Canzona

S
T
B

Arpa, Leonardo Del. La persona che va per dove
1570/18, p. 16 Napolitana

Arpa, Leonardo Del. La prima volta ch'io ti risguardai
1570/31, p. 6 Villotta

Arpa, Leonardo Del. Tanti migliara dipen'e marti
1565/17, p. 27 Canzona

Arpa, Leonardo Del. Un temp'ogn'hor piangeva
1565/17, p. 23 Canzona
Compare setting by Anonymous in 1566/09.

Arpa, Leonardo Del. Voria crudel tornare pianellett'e
1570/18, p. 56 Napolitana

Arras, Adam Berbet d'. A voi Dea Marina che con soave
1574/09, p. 23–24 Madrigal

Arras, Adam Berbet d'. O d'Adria chiara luce
1574/09, p. 23 Madrigal

Arras, Giovanni. Due rose fresche & colt'in Paradiso
1570/28, p. 12 Madrigal
PRIMA PARTE.

Arras, Giovanni. Non ved'un simil par d'amante
1570/28, p. 13 Madrigal

Ascanio, Gioseffo. Ardo si ma non t'amo
1585/17, no. 24 Madrigal

Ascanio, Gioseffo. Ardo si ma non t'amo
1585/17, no. 23 Madrigal

Asola, Giovanni. Adopra l'arc'amore
1584/04, p. 33 Madrigal
A 12. (Incomplete---two voices missing.)

1 2 3 4 5 6 7 8 9 10

Asola, Giovanni. Cantan fra i rami gli augellette
1590/19, f. 20 Bicinium
FUGA DI MEZO TEMPO UNA OTTAVA PIU ALTO (Sign C above note 4)

S

Asola, Giovanni. Gioiva gioiv'alcime donte
1588/19, p. 2 Madrigal
Tenor and Alto partbooks missing.

S

Asola, Giovanni. Hor che la terra di fioretti
1590/19, f. 16 Bicinium
FUGA DI DOI TEMPI, IN UNISONO (Sign C above note 8)

S

Asola, Giovanni. In questa carne morta
1598/06, p. 13 Madrigal

S A T B Q

Asola, Giovanni. In una verde piaggia
1592/11, p. 13 Madrigal
PAROLE DI ANDREA LITEGATO.

S A T B

Q 6

Asola, Giovanni. Vezzosi augelli infra le verdi
1598/10, p. 3 Madrigal

S T B

Asola, Matteo. Mentr'empia mano tenta
1590/18, p. 3 Madrigal

S T B

Asola, Matteo. Signor fra tutte l'opre
1586/01, p. 19 Lauda

S A T B Q

Asola, Matteo. Vergine che di pianto
1586/01, p. 20 Lauda
SECONDA PARTE.

S A T B Q

Azzaiolo, Filippo. Al di dolce ben mio
1557/18, p. 1 Madrigal

S A T B

Azzaiolo, Filippo. Ascolta che dolc'armonia
1569/24, p. 2 Villota
Canto and Alto missing.

Azzaiolo, Filippo. Asendu far dei vegnu de bergamasca
1569/24, p. 3 Villota
BERGAMASCA (Canto & Alto missing.)

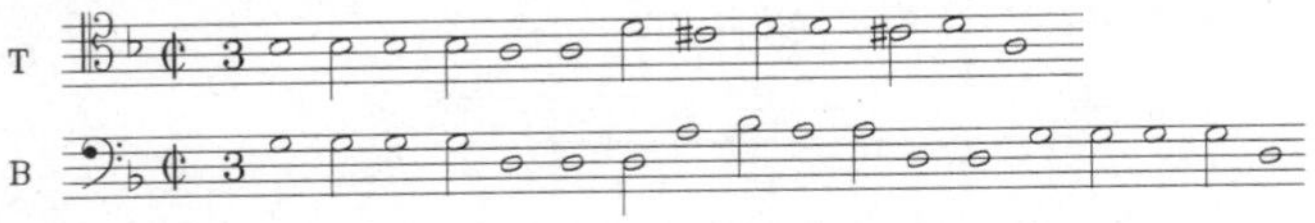

Azzaiolo, Filippo. Ben staga tutta questa bella briga
1557/18, p. 20 Villota

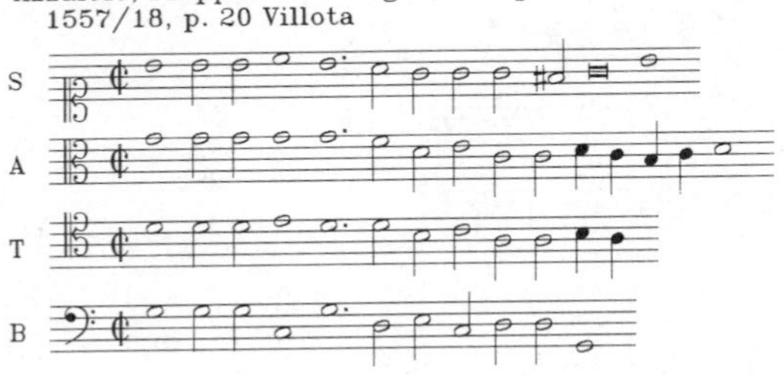

Azzaiolo, Filippo. Bernarde non puo stare care patrone
1559/19, p. 8 Villota
Canto and Alto parts from 1564/15.

Azzaiolo, Filippo. Bona via faccia barca
1559/19, p. 7 Villota
(Canto and Alto parts from 1564/15.)

Azzaiolo, Filippo. Chi passa per sta strada
1557/18, p. 9 Madrigal

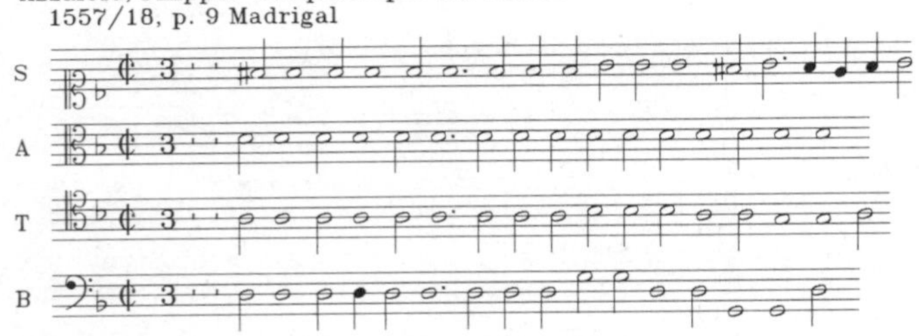

Azzaiolo, Filippo. Chi vuol vegni a bergam
1569/24, p. 7 Villota
BERGAMASCA (Canto and Alto missing.)

Azzaiolo, Filippo. Chi'l credera s'il diro
1559/19, p. 1 Villota
Canto and Alto parts from 1564/15.

Azzaiolo, Filippo. D'in su'l verde fiorire
1569/24, p. 5 Villota
VILLOTTA (Canto and Alto missing.)

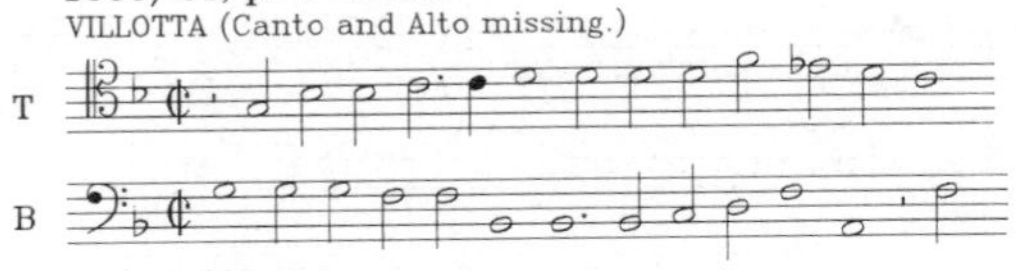

Azzaiolo, Filippo. Da l'horto se ne vien la vilanella
1557/18, p. 6 Madrigal

Azzaiolo, Filippo. E d'una viduella
1557/18, p. 3 Madrigal

Azzaiolo, Filippo. E lev'aime d'una bella mattina
1559/19, p. 6 Villota
(Canto and Alto parts from 1564/15.)

Azzaiolo, Filippo. E me levai d'una bella mattina
1557/18, p. 5 Madrigal
Compare Azzaio (Villota) in 1569/24.

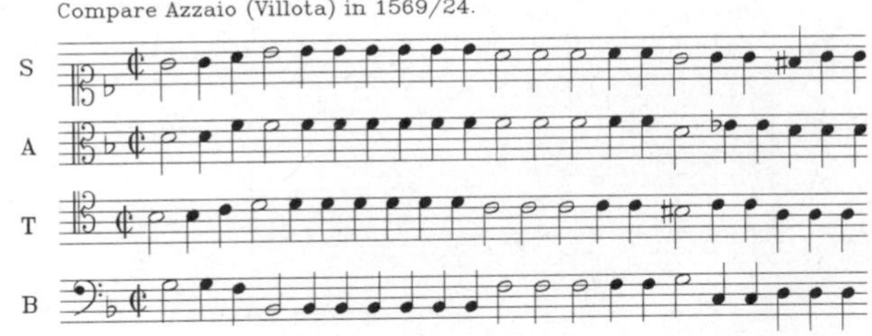

Azzaiolo, Filippo. E me levai, e me scontrai
1569/24, p. 12 Villota
VILLOTA. (Canto & Alto missing. Compare 1557/18).

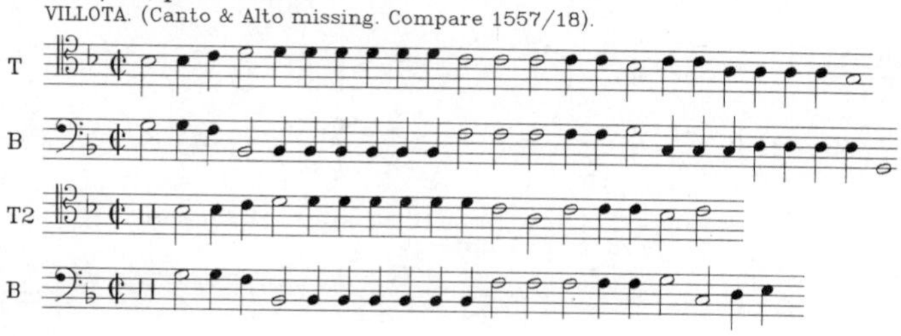

Azzaiolo, Filippo. E per amor di donna
1557/18, p. 2 Madrigal

Azzaiolo, Filippo. Gentil madonna
1557/18, p. 8 Madrigal

Azzaiolo, Filippo. Gia cantai allegramente
1557/18, p. 11 Villota

Azzaiolo, Filippo. Girometta senza te non vivero
1559/19, p. 4 Villota
Canto and Alto parts from 1564/14.

Azzaiolo, Filippo. La manza mia si chiama saporitta
1557/18, p. 10 Madrigal

Azzaiolo, Filippo. Mille gentil saluti e da tutti sta
1559/19, p. 3 Villota
(Canto and Alto parts from 1564/15.)

Azzaiolo, Filippo. Non t'aricordi quando me dicevi
1569/24, p. 11 Villota
NAPOLITANA. (Canto and Alto missing.)

Azzaiolo, Filippo. O pur donne belle sel busugnosse
1559/19, p. 2 Villota
(Canto and Alto parts from 1564/15.)

Azzaiolo, Filippo. O spazza camin chi vuol belle madon'
1557/18, p. 17 Villota

Azzaiolo, Filippo. O vilanella quand'a'l'acqua vai
1559/19, p. 5 Villota
NAPOLITANA. (Canto & Alto from 1564/15.)

Azzaiolo, Filippo. Occhio non fu giamai
1557/18, p. 19 Villota

Azzaiolo, Filippo. Poi che volse de la mia stella
1557/18, p. 21 Villota

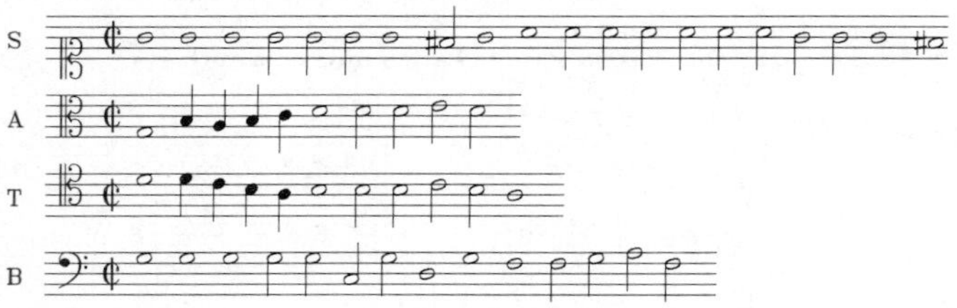

Azzaiolo, Filippo. Prima hora della notte
1557/18, p. 4 Madrigal

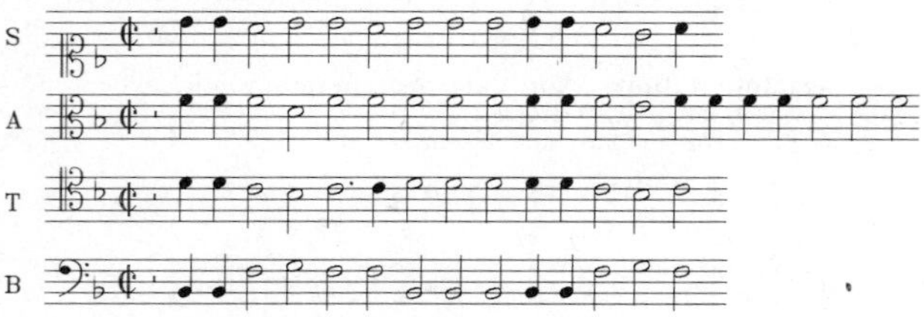

Azzaiolo, Filippo. Primo di della se della settimana
1569/24, p. 1 Villota
Canto and Alto missing.

Azzaiolo, Filippo. Qual segno piu maggior da me volete
1557/18, p. 23 Villota

Azzaiolo, Filippo. Quando la sera canta il griolin
1557/18, p. 7 Madrigal

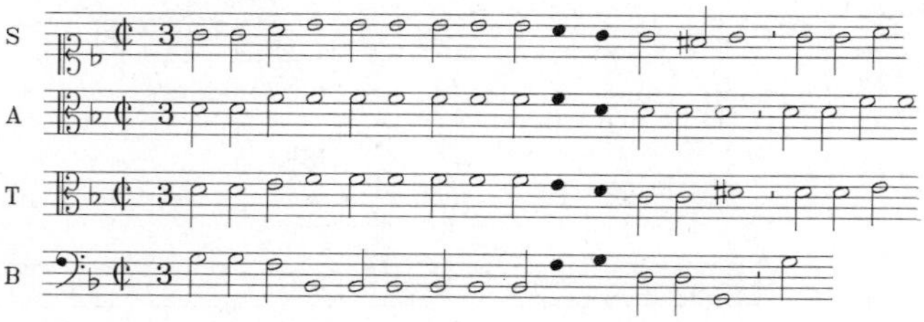

Azzaiolo, Filippo. Sentomi la formicula su la gambetta
1557/18, p. 16 Villota

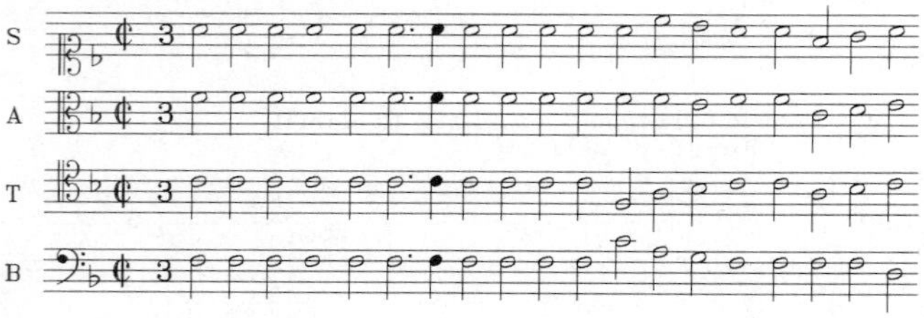

Azzaiolo, Filippo. Tanto sai fare con l'innamorati
1557/18, p. 13 Villota

Azzaiolo, Filippo. Ti parti cor mio caro mi lassi
1557/18, p. 15 Villota

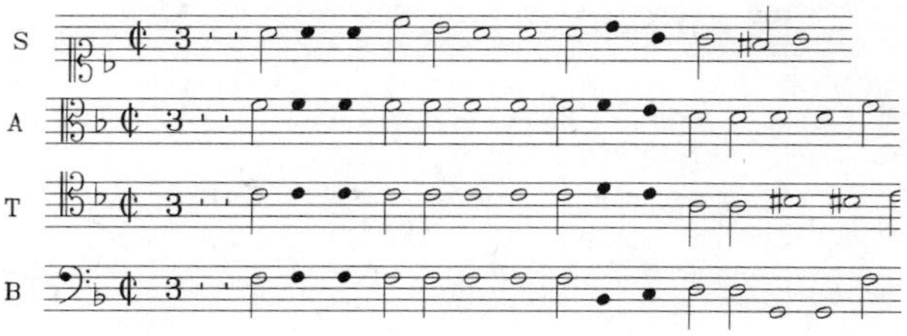

Azzaiolo, Filippo. Vorrei che tu cantassi
1557/18, p. 12 Villota

B.(?)B. Donna s'in questa cruda
1530/01, f. 6–6v Frottola
Only Alto partbook extant. Composer identified only as BB.

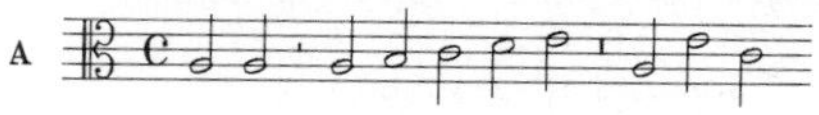

Bacchino, Gio. Maria. Piu che Diana e bella
1592/12, p. 12–13 Madrigal

Baccusi, Ippolito. Alma gloria del Sile de la figlia
1572/09, p. 18–19 Madrigal
Only Tenor partbook extant.

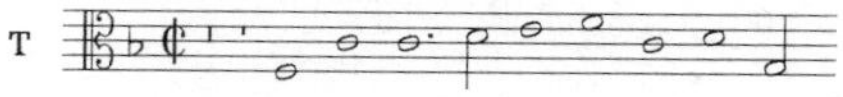

Baccusi, Ippolito. Apri i thesori tuoi
1572/09, p. 4 Madrigal
SECONDA PARTE (Only Tenor partbooks extant.)

Baccusi, Ippolito. Caro dolce ben mio chi mivi toglie
1572/08, p. 18 Madrigal
Tenor and Quinto partbooks missing.

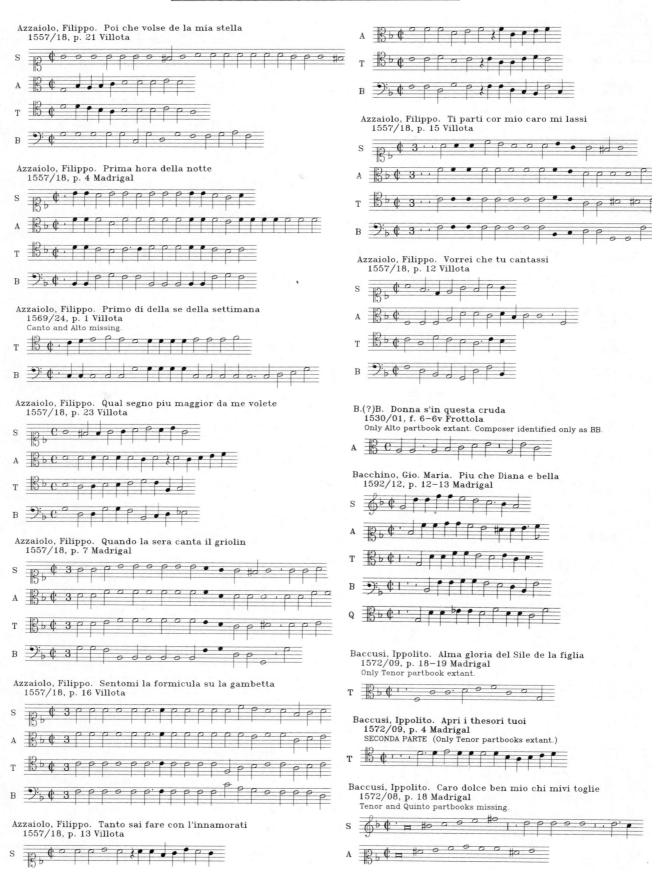

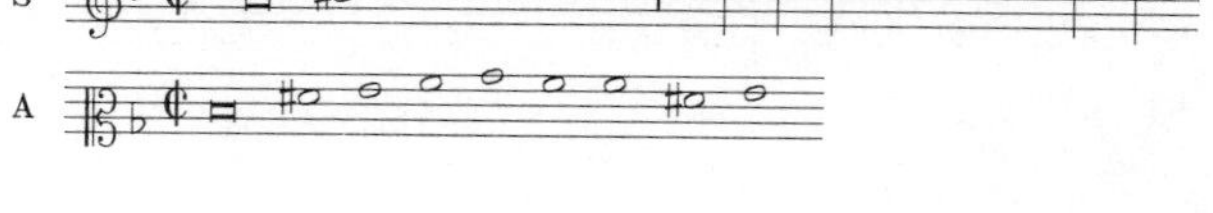

Baccusi, Ippolito. Che debb'io far poi che son giunto
1572/08, p. 17 Madrigal
Tenor and Quinto partbooks missing.

Baccusi, Ippolito. Chi vol dunque esser felice
1572/09, p. 23 Madrigal
MASCHERATA. QUARTA PARTE.(of (Dir si suol")(Only Tenor ext

Baccusi, Ippolito. Chiudi mi pur le luci
1572/08, p. 4 Madrigal
SECONDA PARTE. (Tenor & Quinto partbooks missing.)

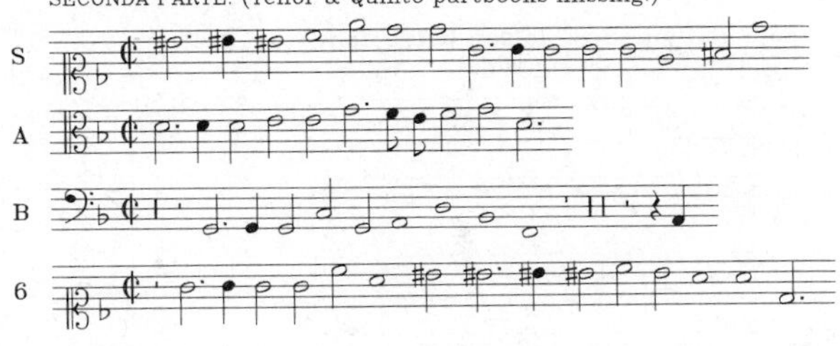

Baccusi, Ippolito. Come venir poss'io
1598/06, p. 7 Madrigal

Baccusi, Ippolito. Cosi tu'l freno in man benigno
1572/08, p. 8 Madrigal
SESTA PARTE. (Tenor & Quinto partbooks missing.)

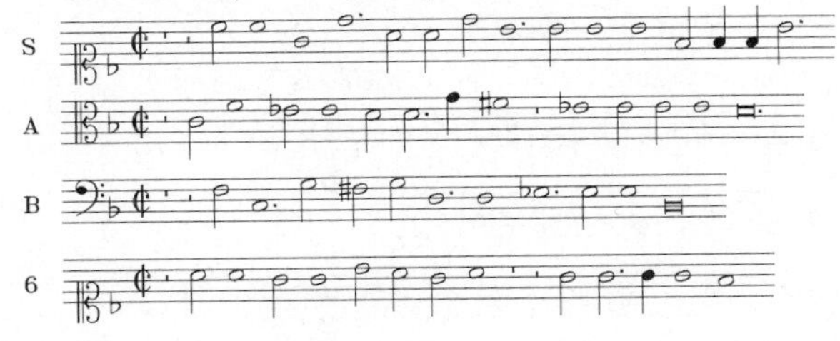

Baccusi, Ippolito. Cruda e bella guerriera
1588/18, p. 12 Madrigal

Baccusi, Ippolito. De l'amato chi ama
1592/13, p. 8 Madrigal

Baccusi, Ippolito. Deh per pieta cessate
1588/18, p. 13 Madrigal
SECONDA PARTE.

Baccusi, Ippolito. Deh s'io sentisi un di men caldi
1572/08, p. 13 Madrigal
QUINTA STANZA. (Tenor & Quinto partbooks missing.)

Baccusi, Ippolito. Deh torna a me mio sol
1590/18, p. 10 Madrigal

Baccusi, Ippolito. Dir si suol felicita
1572/09, p. 22 Madrigal
MASCHERATA. PRIMA PARTE. (Only Tenor partbook extant.)

Baccusi, Ippolito. Dolce mia pastorella
1596/10, p. 8 Madrigal

Baccusi, Ippolito. E tu Ninfa gentile
1572/09, p. 7 Madrigal
QUINTA PARTE. A 5 (Only Tenor partbook extant.)

T

Baccusi, Ippolito. Ecco che pur dopo l'assenza amara
1572/08, p. 21 Madrigal
Canto voice & Tenor & Quinto partbooks missing.

A
B
6

Baccusi, Ippolito. Ecco i lupi rapaci
1572/09, p. 5 Madrigal
TERZA PARTE. A 3. (Only Tenor partbook extant.)

T

Baccusi, Ippolito. Et a voi restera fra sdegn'et ire
1572/09, p. 17 Madrigal
SECONDA PARTE (of "Volgi cor mio")(Only tenor extant.)

T
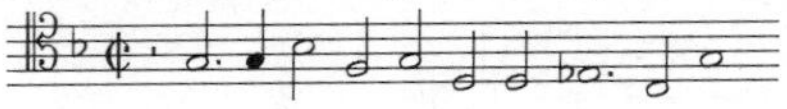

Baccusi, Ippolito. Felice in braccio a la mia Dea
1594/08, f. 32v Madrigal

S
A
T
B
Q
6

Baccusi, Ippolito. Fuggendo i rai cocenti
1594/06, p. 6–7 Madrigal
PAROLE DI LODOVICO GALEAZZI.

S
A
T
B
Q
6

Baccusi, Ippolito. Fuor fuori o Muse
1572/08, p. 3 Madrigal
CANZONE...VITTOR.CONTRA...TURCHESCHA. (Lacks Quinto & Tenor)

S
A
B

6

Baccusi, Ippolito. Gentil mia Donn'i veggio
1572/09, p. 18 Madrigal
Only Tenor partbook extant.

T

Baccusi, Ippolito. Hai lasso io mi credea fuggendo
1572/08, p. 9 Madrigal
Tenor and Quinto partbooks missing.

S
A
B
6

Baccusi, Ippolito. Io me ne vo la notte
1588/19, p. 1 Madrigal
Tenor and Alto partbooks missing.

S

Baccusi, Ippolito. Io son bell'e delicata
1594/08, f. 30 Madrigal

S
A
T
B
Q
6

Baccusi, Ippolito. Ma che squallido e scuro
1598/10, p. 5 Madrigal
SECONDA PARTE.

S
T
B

Baccusi, Ippolito. Ma in queste
1572/08, p. 5 Madrigal
QUARTA PARTE. (Tenor & Quinto partbooks missing.)

S
A
B
6

Baccusi, Ippolito. Ma piu tosto vorei
1572/08, p. 12 Madrigal
QUARTA STANZA. (Tenor & Quinto partbooks missing.)

S
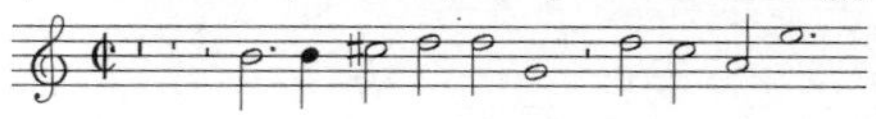

Baccusi, Ippolito. Ma prego et parlo a chi e'l giorno
1572/09, p. 15 Madrigal
CAPITOLO SESTA E ULTIMA PARTE. (Only tenor partbook extant.)

Baccusi, Ippolito. Ma s'io non posso piu fuggir'
1572/08, p. 11 Madrigal
TERZA PARTE. (Tenor & Quinto partbooks missing.)

Baccusi, Ippolito. Ma se fu amor ch'il freddo cor
1572/09, p. 12 Madrigal
CAPITOLO TERZA PARTE. (Only Tenor partbook extant.)

Baccusi, Ippolito. Madonna poi ch'veder mi volete
1572/08, p. 20 Madrigal
Canto voice and Tenor and Quinto partbooks missing.

Baccusi, Ippolito. Misera non credea ch'agli occhi miei
1598/10, p. 4 Madrigal

Baccusi, Ippolito. Ninfe leggiadr'e belle
1597/13, no. 57 Madrigal

Baccusi, Ippolito. O che letitia m'e per te contesa
1572/09, p. 13 Madrigal
CAPITOLO QUARTA PARTE. (Only Tenor partbook extant.)

Baccusi, Ippolito. O di fausto
1572/09, p. 6 Madrigal
QUARTA PARTE. (No music. Tenor tacet; Only Tenor extant.)

Baccusi, Ippolito. O incivile e barbaro costume
1572/09, p. 14 Madrigal
CAPITOLO QUINTA PARTE. (Only tenor partbook extant.)

Baccusi, Ippolito. O miracol d'amor che queste fiamme
1572/08, p. 20 Madrigal
seconda parte. (Tenor & Quinto partbooks missing.)

Baccusi, Ippolito. O nemici piu ch'el giorno chiara
1572/09, p. 10 Madrigal
CAPITOLO PRIMA PARTE. (Only Tenor partbooks extant.)

Baccusi, Ippolito. Occhi miei che vedesti
1591/23, p. 13 Madrigal

Baccusi, Ippolito. La pastorella mia
1572/08, p. 15 Madrigal
(Tenor and Quinto partbooks missing.)

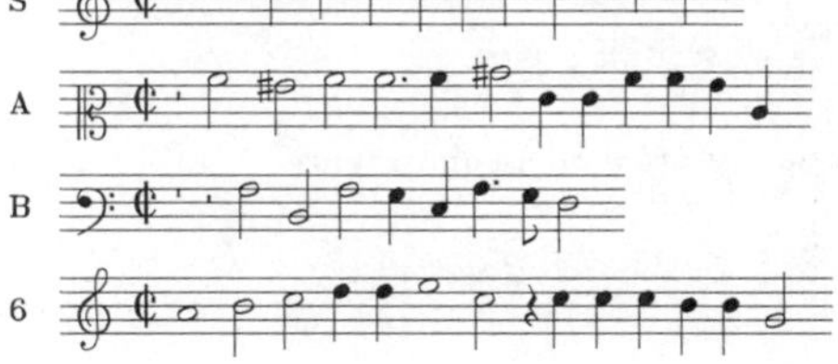

Baccusi, Ippolito. Poi che'l mio largo pianto
1583/14, f. 28 Madrigal

Baccusi, Ippolito. Qual presso a bel Rubino
1596/10, p. 29 Madrigal

Baccusi, Ippolito. Quanto sarei felice tra quest'ombra
1572/08, p. 14 Madrigal
SESTA ET ULTIMA STANZA.(Tenor & quinto partbooks missing.)

Baccusi, Ippolito. Questa mia pastorella
1572/08, p. 16 Madrigal
SECONDA PARTE. (Tenor & Quinto partbooks missing.)

Baccusi, Ippolito. Questa schiera d'accricati
1572/09, p. 22 Madrigal
MASCHERATA. SECONDA PARTE of "Dir si suol"(Only Tenor exta

Baccusi, Ippolito. Questo e quel chiaro fonte
1592/12, p. 4 Madrigal

Baccusi, Ippolito. Questo e quel di
1572/08, p. 4 Madrigal
TERZA STANZA.(Bass tacet.Tenor & Quinto partbooks missing.)

Baccusi, Ippolito. Rimembrati il piacer ch'alhor
1572/09, p. 11 Madrigal
CAPITOLO SECONDA PARTE. (Only Tenor partbook extant.)

Baccusi, Ippolito. Se fra quest'herb'e fiori
1572/09, p. 20 Madrigal
Only Tenor partbook extant.

Baccusi, Ippolito. Se per te mal s'adombra
1572/09, p. 9-10 Madrigal
SETTIMA PARTE. (Only Tenor partbook extant.)

Baccusi, Ippolito. Il sol si part'ohime
1594/08, f. 32 Madrigal

Baccusi, Ippolito. Son le labbr'infiammate
1593/03, p. 11 Madrigal
UNDECIMA PARTE. (Alto, Tenor, & Bass partbooks missing.)

Baccusi, Ippolito. Stolto e sciocco e bench'al grave
1572/09, p. 23 Madrigal
Mascherata. terza parte (OF "Dir si suol")(Only Tenor exta

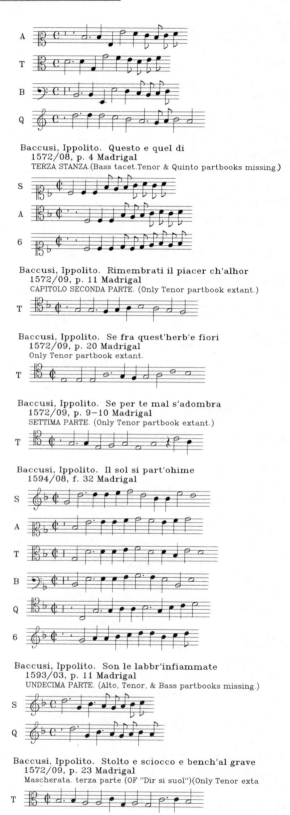

Baccusi, Ippolito. Un giorno a Pale sacro
1592/11, p. 1 Madrigal
PAROLE DI D. MAURITIO MORO.

Baccusi, Ippolito. Vag'Angeletta e spirt'alma
1572/09, p. 21 Madrigal
Only Tenor partbook extant.

Baccusi, Ippolito. Volgi cor mio la tua speranza
1572/09, p. 16 Madrigal
Only Tenor partbook extant.

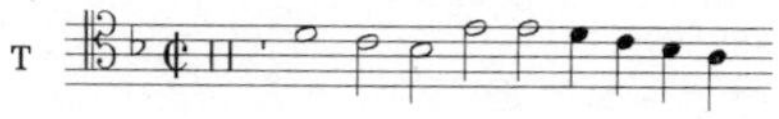

Baccusi, Ippolito. Zeffiro torn'el bel tempo rimena
1572/08, p. 19 Madrigal
Tenor and Quinto partbooks missing.

Balabusca, Fr. Benedictus. Ave verum corpus christi
1508/03, f. 55v Lauda
Altus labeled Tenor in print.

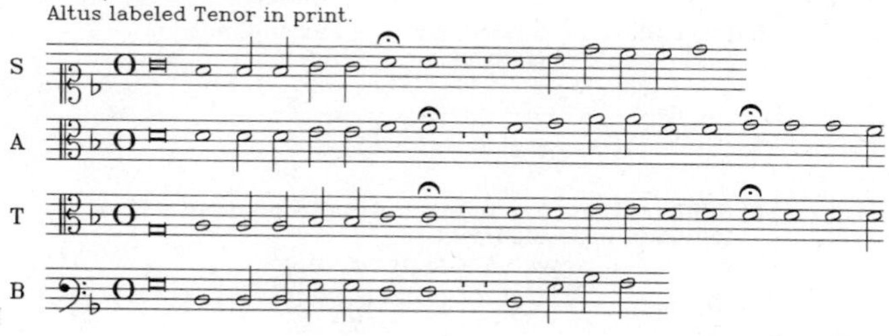

Balbi, Ludovico. A chi del piu famoso e degn'Augusto
1570/23, p. 25 Madrigal
Only Alto partbook extant.

Balbi, Ludovico. Alla dolc'ombra d'una verde riva
1594/06, p. 13 Madrigal
PAROLE DI GIO. BATTISTA GIUSTI.

Balbi, Ludovico. Amor mi affligge e mi tormenta
1570/23, p. 1 Madrigal
Only Alto partbook extant.

Balbi, Ludovico. Amore mi fa morire
1589/12, p. 2 Madrigal
CANON IN DIAPENTE REMISSUM. (Cantus from Willaert.)

Balbi, Ludovico. Ancor che col partire
1589/12, p. 3 Madrigal
Cantus from C. Rore.

Balbi, Ludovico. Bella vi fece il ciel e la natura
1589/12, p. 21 Madrigal
Cantus from G. Cardillo.

Balbi, Ludovico. Il bianc'e dolce Cigno
1589/12, p. 23 Madrigal
Cantus from J. Arcadelt.

Balbi, Ludovico. Cesare poi che'l traditor d'Egitto
1570/23, p. 13 Madrigal
PRIMA PARTE. (Only Alto partbook extant.)

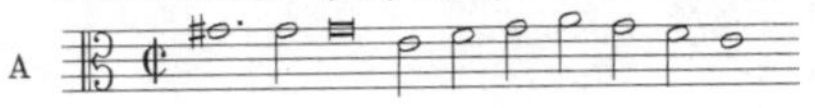

Balbi, Ludovico. Che val esser nudita
1589/12, p. 10 Madrigal
Cantus from B. Donato.

Balbi, Ludovico. Chi salira per me madonn'in cielo
1589/12, p. 6 Madrigal
Cantus from G. Wert.

Balbi, Ludovico. Chiara si chiaro e de vostr'occhi
1570/23, p. 20 Madrigal
Only Alto partbook extant.

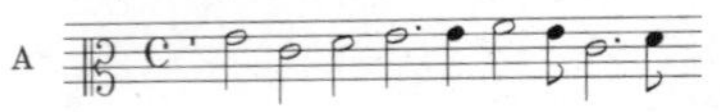

Balbi, Ludovico. Come va'l mondo hor mi diletta
1570/23, p. 21 Madrigal
PRIMA PARTE. (Only Alto partbook extant.)

Balbi, Ludovico. Con lei foss'io da che si parte
1589/12, p. 7 Madrigal
Cantus from A. Padoano.

Balbi, Ludovico. Dolce madre d'amor Venere bella
1570/23, p. 9 Madrigal
Only Alto partbook extant.

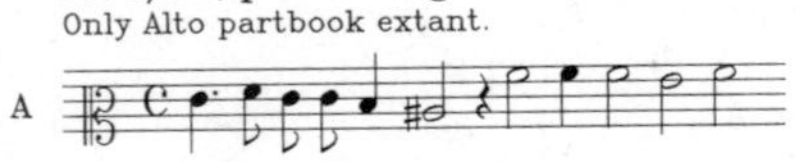

Balbi, Ludovico. Il dolce sonno mi promise pace
1589/12, p. 27 Madrigal
Compare Lupacchino "Il dolce sonno.." in 1559/18.

Balbi, Ludovico. Donna gentil i bei vostr'occhi
1589/12, p. 19 Madrigal
Cantus from V. Ruffino.

Balbi, Ludovico. Donna l'imagin vostra
1590/11, p. 22 Madrigal

Balbi, Ludovico. E cosi aven che l'animo ciascua
1570/23, p. 14 Madrigal
Only Alto partbook extant.

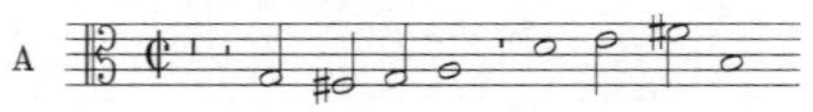

Balbi, Ludovico. Fra monti hormai repieno di dolore
1570/23, p. 15 Madrigal
PRIMA PARTE. (Only Alto partbook extant.)

Balbi, Ludovico. Fresco ombroso fiorito e verde colle
1570/23, p. 3 Madrigal
PRIMA PARTE. (Only Alto partbook extant.)

Balbi, Ludovico. In bianco lett'all'apparir
1589/12, p. 15 Madrigal
Cantus from G. Nasco "in bianco lett.." in 1593/05.

B
Q

Balbi, Ludovico. Ingrat'e disteal gia'l mio servi
1570/23, p. 16 Madrigal
Only Alto partbook extant.

A

Balbi, Ludovico. Io piango & ella il volto
1570/23, p. 2 Madrigal
Only Alto partbook extant.

A

Balbi, Ludovico. Io vivo di dolore
1589/12, p. 17 Madrigal
Cantus from G. Renaldi.

S
A
T
B
Q

Balbi, Ludovico. Io vorrei pur fuggir crudel amore
1589/12, p. 24 Madrigal
Cantus from F. Corteccia (1568/14, attrib. Arcadelt(1539/22)

S
A
T
B
Q

Balbi, Ludovico. Lieto augelletto che scherzando
1570/23, p. 5 Madrigal
Only Alto partbook extant.

A

Balbi, Ludovico. Liverono gentil quando Amor volse
1570/23, p. 12 Madrigal
Only Alto partbook extant.

A
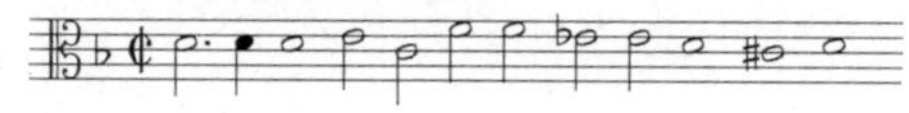

Balbi, Ludovico. M'l cieco amor e la mia' sorda mente
1570/23, p. 22 Madrigal
SECONDA PARTE. (Only Alto partbook extant.)

A
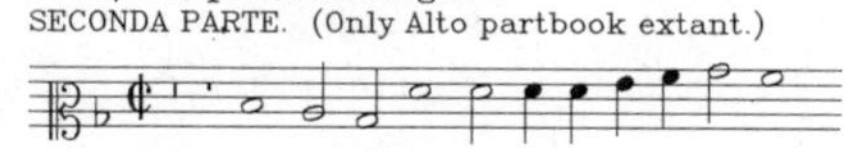

Balbi, Ludovico. Ma per melasso tornano i piu gravi
1570/23, p. 7 Madrigal
SECONDA PARTE. (Only Alto partbook extant.)

A

Balbi, Ludovico. Madonna poi ch'uccider mi volete
1589/12, p. 8 Madrigal
Cantus from C. Merulo da Coreggio.

S
A
T
B
Q

Balbi, Ludovico. Mentre ch'al Mar descenderanno
1589/12, p. 16 Madrigal
Cantus from G. Palestrina.

S
A
T
B
Q

Balbi, Ludovico. Mentre pastori e ninfe
1592/11, p. 26 Madrigal
PAROLE DI MARTINO PALMA.

S
A
T
B
Q
6

Balbi, Ludovico. Nave afflitta son'io
1598/06, p. 5 Madrigal

S
A
T
B
Q

Balbi, Ludovico. Non fie'l debito poi
1570/23, p. 19 Madrigal
SECONDA PARTE. (Only Alto partbook extant.)

A

Balbi, Ludovico. Non mi toglia il ben mio
1589/12, p. 14 Madrigal
Cantus from M. Ingegneri.

Balbi, Ludovico. Non v'ammirat'alma gentile e bella
1589/12, p. 25 Madrigal
Cantus from H. Camatero.

Balbi, Ludovico. Nov'Angeletta sovra l'ale accorta
1589/12, p. 12 Madrigal
Cantus from P. Monte.

Balbi, Ludovico. O chiara dolce desiata morte
1570/23, p. 10 Madrigal
Only Alto partbook extant.

Balbi, Ludovico. Occhi serene
1589/12, p. 9 Madrigal
Cantus from A. Gabrieli.

Balbi, Ludovico. Per pianto la mia carne si distilla
1589/12, p. 13 Madrigal
Cantus from O. Lasso.

Balbi, Ludovico. I piu secreti boschi
1589/12, p. 26 Madrigal
Cantus from B. Perissone.

Balbi, Ludovico. Pivi di stratio e sangue
1589/12, p. 26–26v Madrigal
(Second part of Balbi "I piu secreti." Cantus from Perisso

Balbi, Ludovico. Pungente dardo che'l mio cor consumi
1589/12, p. 28 Madrigal
RESOLUTIO. (Cantus from G. Berchem in 1539/33.)

Balbi, Ludovico. Quanto sia liet'il giorno
1589/12, p. 22 Madrigal
Cantus from P. Verdelot.

Q
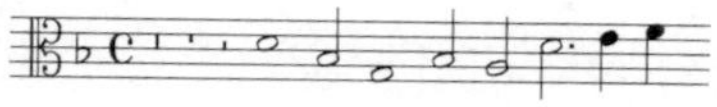

Balbi, Ludovico. Quello da cui ogni principio viene
1570/23, p. 18 Madrigal
PRIMA PARTE. (Only Alto partbook extant.)

A
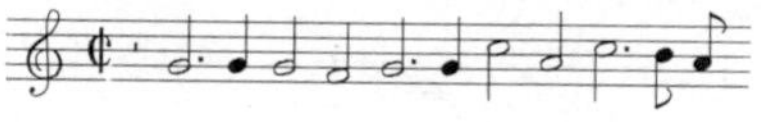

Balbi, Ludovico. Sapete amanti per ch'amor'e cieco
1589/12, p. 11 Madrigal
Cantus from G. Contino.

S
A
T
B
Q

Balbi, Ludovico. Sara forsi ripreso il pensier mio
1570/23, p. 8 Madrigal
Only Alto partbook extant.

A

Balbi, Ludovico. Se da vostri begl'occhi
1589/12, p. 5 Madrigal
Cantus from A. Striggio.

S
A
T
B
Q

Balbi, Ludovico. Seco si stringe e dicea
1570/23, p. 4 Madrigal
SECONDA PARTE. (Only Alto partbook extant.)

A
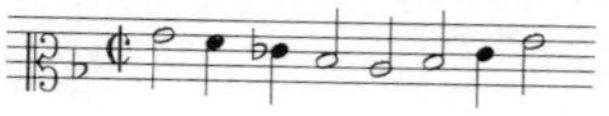

Balbi, Ludovico. Segui l'usato stile
1598/09, p. 2 Madrigal

S
A

Balbi, Ludovico. Spontando lieto fuora Lucifer
1589/12, p. 4 Madrigal
Cantus from C. Porta.

S
A
T

B
Q

Balbi, Ludovico. Tra bei rubini e perle
1589/12, p. 20 Madrigal
Cantus from T. Massaino.

S
A
T
B
Q

Balbi, Ludovico. Vedi le valli e i campi
1589/12, p. 18 Madrigal
Cantus from L. Marenzio.

S
A
T
B
Q

Balbi, Ludovico. Vivo non piacqui
1570/23, p. 11 Madrigal
Only Alto partbook extant.

A
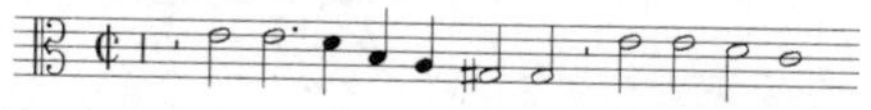

Balbi, Ludovico. Vorrei quelche non vuoi
1570/23, p. 17 Madrigal
Only Alto partbook extant.

A

Balbi, Ludovico. Zefiro torna e'l bel tempo rimena
1570/23, p. 6 Madrigal
PRIMA PARTE. (Only Alto partbook extant.)

A

Baldasar. O Jesu dolce o signor benigno
1508/03, f. 24v Lauda

S
A
T
B

Baldassari, Baldassare. Amor io sento un respirar si d
1591/09, p. 5 Madrigal
Cantus partbook missing.

A
T
B

Baldis, Simon De. Guerra guerra cercam'o donne belle
1574/06, p. 43–44 Villanella

Baldis, Simon De. Nel principio ch'io fui di te
1574/06, p. 3 Villanella

Baldis, Simon De. Non ti maravigliar Donna s'io canto
1574/05, p. 32 Villanella

Baldis, Simon De. Il prim'assalto che mi died'amore
1574/05, p. 6 Villanella

Balla, Luigi Dalla. Amor che debbo far che mi consigli
1589/10, p. 17 Canzonetta

Balla, Luigi Dalla. Godiam adesso o cara mia speranza
1589/10, p. 9 Canzonetta

Balla, Luigi Dalla. Perche piangi o mio core
1584/04, p. 21 Madrigal
A 9. (Incomplete---two voices missing.)

Ballis, Oliviera. Se Giove se Pluton
1598/07, p. 18 Madrigal

Baratto, F. Vidde lontano o li parve vedere
1562/07, p. 15 Madrigal

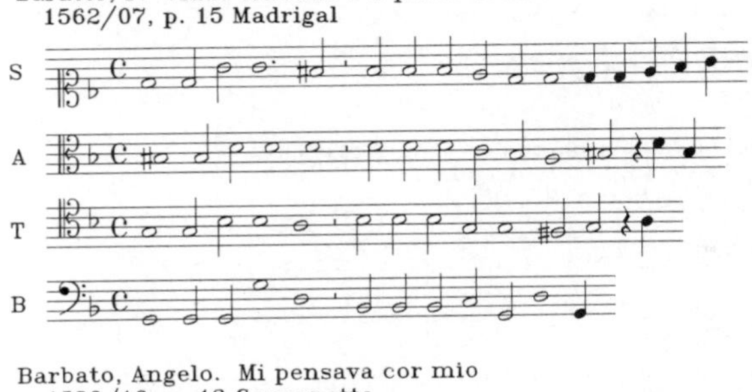

Barbato, Angelo. Mi pensava cor mio
1589/10, p. 13 Canzonetta

Barbato, Angelo. Un giorno passeggiando
1589/10, p. 5 Canzonetta

Barbieri, Fabritio. Ardite e dolce labia
1590/13, p. 13 Madrigal
Bass partbook missing.

Bardi, Giovanni. Cantai un tempo et se fu dolce
1586/20, p. 15 Madrigal
PRIMA PARTE.

Bardi, Giovanni. Lauro ohime, lauro
1582/05, p. 30 Madrigal

Barera, Rodiano. Ero cosi dicea
1588/17, p. 11 Madrigal

Barera, Rodiano. Nemica mia d'Amore
1596/11, p. 21 Madrigal
Cantus and Tenor partbooks missing.

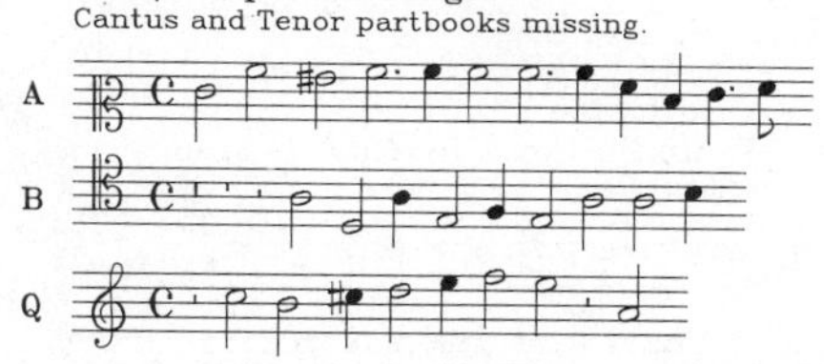

Barera, Rodiano. Non puo scoprir'amore
1596/11, p. 16 Madrigal
Cantus and Tenor partbooks missing.

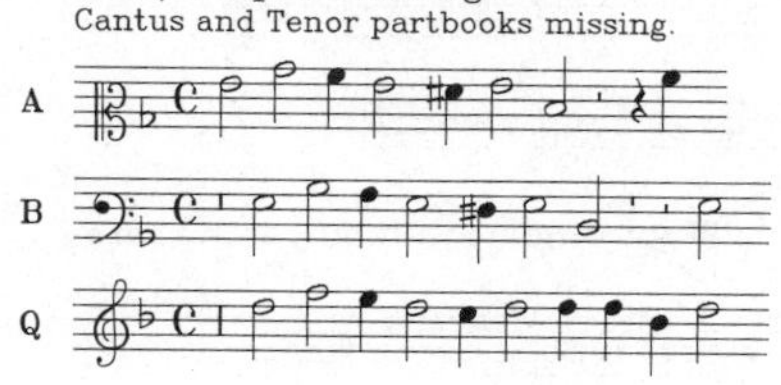

Barera, Rodiano. Ohime crudele Amore
1591/12, f. 10v–11 Madrigal

Barges, Antonio. L'amore si m'ha fico d'un vereton
1550/18, p. 9 Villanella
VILLOTTA ALLA PADOANNA

Barges, Antonio. L'Amore si m'hanno fatto traimento
1550/18, p. 9 Villanella
VILLOTTA ALL PADOANNA

Barges, Antonio. Hormai son quasi morto
1550/18, p. 14 Villanella

Barges, Antonio. Io grido sempre haime ma non son
1550/18, p. 2 Villanella

Barges, Antonio. Lacciat'all fenestra amor mio fino
1550/18, p. 16 Villanella

Barges, Antonio. Madonn'io t'haggi'amat'et amo assai
1550/18, p. 5 Villanella

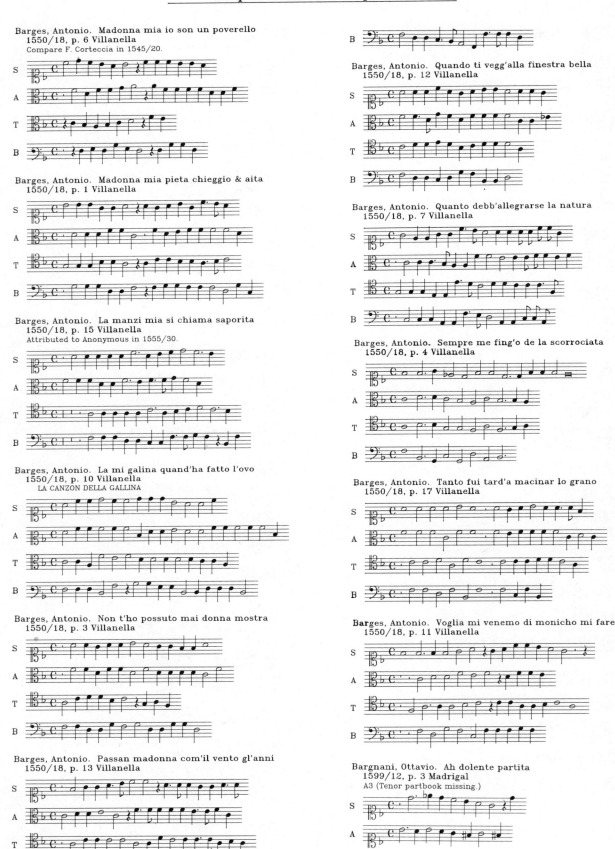

Barges, Antonio. Madonna mia io son un poverello
1550/18, p. 6 Villanella
Compare F. Corteccia in 1545/20.

Barges, Antonio. Madonna mia pieta chieggio & aita
1550/18, p. 1 Villanella

Barges, Antonio. La manzi mia si chiama saporita
1550/18, p. 15 Villanella
Attributed to Anonymous in 1555/30.

Barges, Antonio. La mi galina quand'ha fatto l'ovo
1550/18, p. 10 Villanella
LA CANZON DELLA GALLINA

Barges, Antonio. Non t'ho possuto mai donna mostra
1550/18, p. 3 Villanella

Barges, Antonio. Passan madonna com'il vento gl'anni
1550/18, p. 13 Villanella

Barges, Antonio. Quando ti vegg'alla finestra bella
1550/18, p. 12 Villanella

Barges, Antonio. Quanto debb'allegrarse la natura
1550/18, p. 7 Villanella

Barges, Antonio. Sempre me fing'o de la scorrociata
1550/18, p. 4 Villanella

Barges, Antonio. Tanto fui tard'a macinar lo grano
1550/18, p. 17 Villanella

Barges, Antonio. Voglia mi venemo di monicho mi fare
1550/18, p. 11 Villanella

Bargnani, Ottavio. Ah dolente partita
1599/12, p. 3 Madrigal
A3 (Tenor partbook missing.)

Bargnani, Ottavio. Ardenti miei sospiri e dolorosi
1599/12, p. 7 Madrigal
A3 (Tenor partbook missing.)

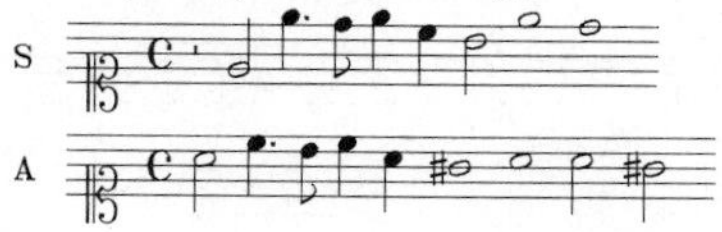

Bargnani, Ottavio. Crudelissima Ninfa
1599/12, p. 20 Madrigal
Tenor and Bass partbooks missing.

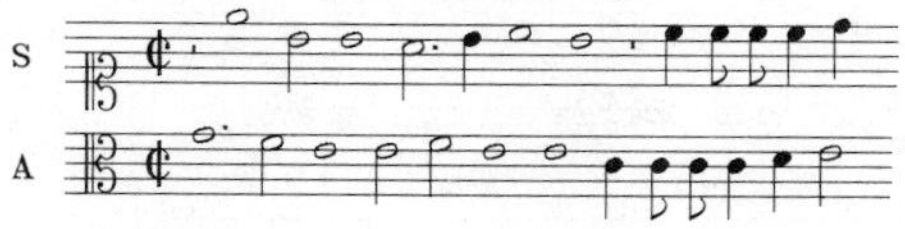

Bargnani, Ottavio. Debbo dunque morir si sconsolato
1599/12, p. 1 Madrigal
A3 (Only Alto voice extant.)

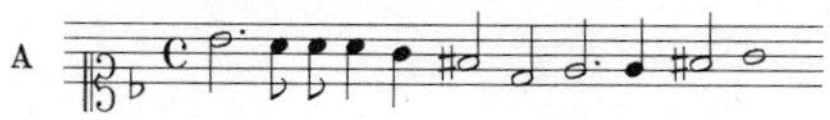

Bargnani, Ottavio. Deggio partir
1599/12, p. 2 Madrigal
A3 (Only Alto voice extant.)

Bargnani, Ottavio. Dolcissima mia vita
1599/12, p. 10 Madrigal
Tenor and bass partbooks missing.

Bargnani, Ottavio. Donna gentil voi sete
1599/12, p. 14 Madrigal
Tenor and Bass partbooks missing.

Bargnani, Ottavio. Donna vostr'occhi gai
1599/12, p. 8 Madrigal
A3 (Tenor partbook missing.)

Bargnani, Ottavio. Fuggite amanti
1599/12, p. 6 Madrigal
A3 (Only Alto partbook extant.)

Bargnani, Ottavio. Leggiadre Ninfe che la notte
1599/12, p. 12 Madrigal
Tenor and Bass partbooks missing.

Bargnani, Ottavio. Ma che bisogna
1599/12, p. 21 Madrigal
SECONDA PARTE. (Tenor and Bass partbooks missing.)

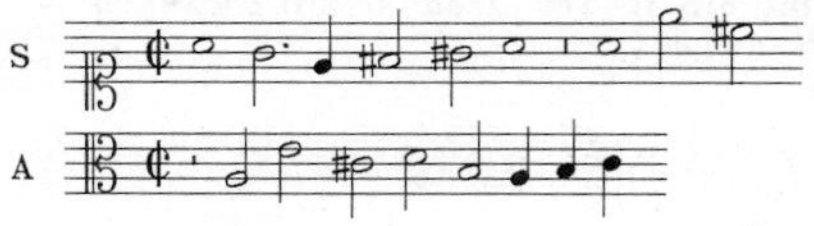

Bargnani, Ottavio. O crudele Amarilli
1599/12, p. 19 Madrigal
Tenor and Bass partbooks missing.

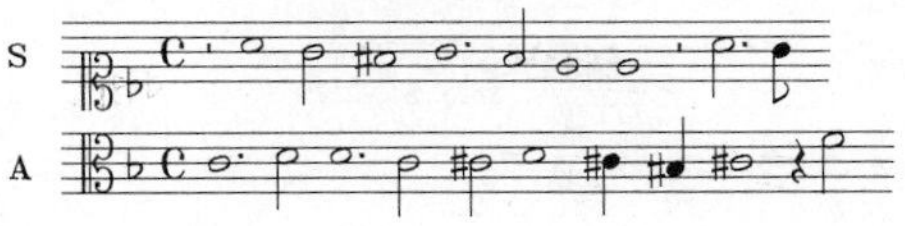

Bargnani, Ottavio. Occhi miei lassi
1599/12, p. 17 Madrigal
Tenor and Bass partbooks missing.

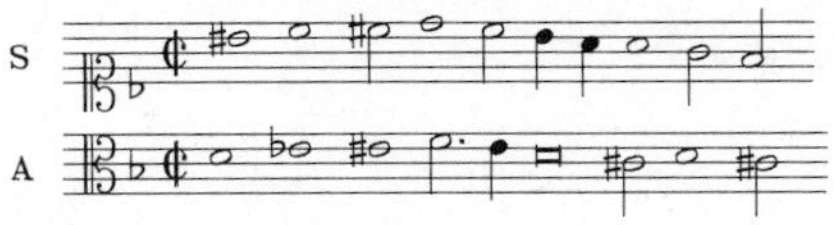

Bargnani, Ottavio. Occhi stelle mortali
1599/12, p. 22 Madrigal
Tenor and Bass paratbooks missing.

Bargnani, Ottavio. Porto celato il mio
1599/12, p. 11 Madrigal
Tenor and Bass partbooks missing.

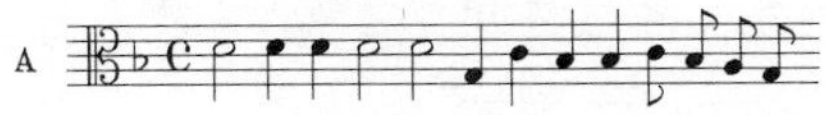

Bargnani, Ottavio. Quelli occhi ladri
1599/12, p. 4 Madrigal
A3 (Tenor partbook missing.)

Bargnani, Ottavio. S'io fuggo ogn'hor da te
1599/12, p. 13 Madrigal
RISPOSTA A NON TI FUGGIR DA ME. (Tenor & Bass books missing

Bargnani, Ottavio. S'io miro il tuo bel viso
1599/12, p. 5 Madrigal
A3 (Tenor partbook missing.)

Bargnani, Ottavio. S'io parto i moro
1599/12, p. 9 Madrigal
Tenor and Bass partbooks missing.

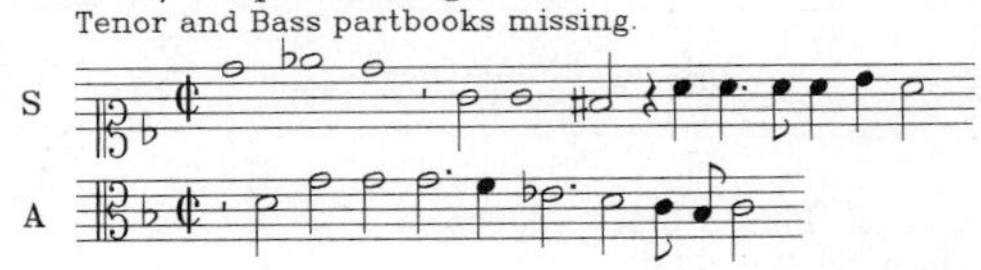

Bargnani, Ottavio. Se voi sete il mio sole
1599/12, p. 18 Madrigal
Tenor and Bass partbooks missing.

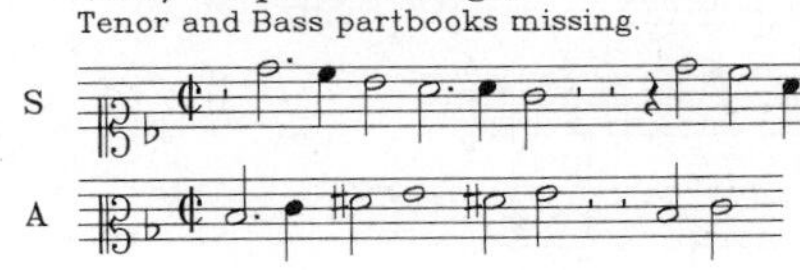

Bargnani, Ottavio. Viva i cantori
1599/12, p. 16 Madrigal
Tenor and Bass partbooks missing.

Bargonio, Thomaso. Alma mia fiamma et donna
1544/22, p. 16 Madrigal

Bariola, Ottavio. All'arme all'arme a la vittoria
1596/11, p. 17 Madrigal
Cantus and Tenor partbooks missing.

Barre, Antonio. Gli alti e divin pensieri
1555/25, p. 23 Madrigal
TERZA PARTE A 4.

Barre, Antonio. Amor la bella face
1555/25, p. 19–20 Madrigal
CANZON PRIMA PARTE. A 5

Barre, Antonio. Ben io tosto m'accorsi
1555/25, p. 24 Madrigal
QUARTA PARTE A 4. (Tenor from 1555/26.)

Barre, Antonio. S'alcun m accusa
1555/25, p. 27 Madrigal
SETTIMA PARTE A 6.

Barre, Antonio. Corro la fresca e matutina rosa
1558/13, p. 21 Madrigal

Barre, Antonio. Cosi havess'io com'hann'i miei
1562/08, p. 15–16 Madrigal
Only Bass partbook extant.

Barre, Antonio. Deh ferm'amor costui che cosi
1559/18, p. 3 Madrigal
TERZA STANZA.

Barre, Antonio. Deh fusse il ver che miei fusser
1555/25, p. 28 Madrigal
DIALOGO A 6.

Barre, Antonio. Dunque fia ver dicea che mi convegna
1559/18, p. 1 Madrigal
PRIMA STANZA.

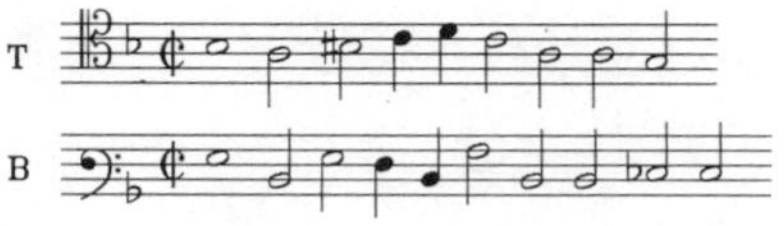

Barre, Antonio. Eccoti pur che la Felice Rosa
1555/27, p. 27 Madrigal
STANZA TERZA. (Tenor tacet.)

Barre, Antonio. Era il bel viso suo qual esser suole
1558/13, p. 24 Madrigal

Barre, Antonio. Et nella face de begli occh'accende
1560/10, p. 12 Madrigal
SECONDA PARTE.

Barre, Antonio. Et simil'ai parent'a gl'Av'al Zio
1555/27, p. 28 Madrigal
STANZA QUARTA A VOCI PARI. (Canto tacet.)

Barre, Antonio. Felice poi ch'in cosi degno stelo
1555/27, p. 29 Madrigal
STANZA QUINTA.

Barre, Antonio. Foco son di desio di tema ghiaccio
1562/08, p. 12–13 Madrigal
Only Bass partbook extant.

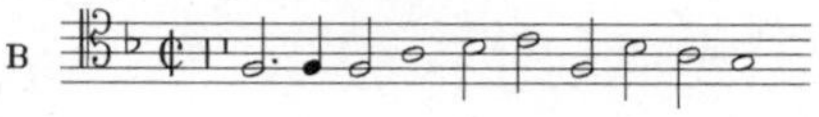

Barre, Antonio. Ma ci volo che volse
1555/25, p. 26 Madrigal
SESTA PARTE A 5.

Barre, Antonio. Ma di che debbo lamentarm'hai lassa
1559/18, p. 4 Madrigal
QUARTA STANZA

Barre, Antonio. Madonna hor che direte
1555/25, p. 29 Madrigal
Compare Veggio in 1544/22.

Barre, Antonio. Madonna se con morte in un momento
1562/07, p. 3 Madrigal

Barre, Antonio. Manda le Nymfe tue
1555/27, p. 26 Madrigal
STANZA SECONDA. (Tenor tacet.)

Barre, Antonio. Mentre la donna, anzi la vita mia
1562/08, p. 35–36 Madrigal
Only Bass partbook extant.

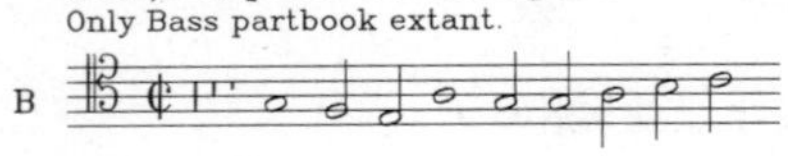

Barre, Antonio. Non e pena maggior cortesi amanti
1559/18, p. 11 Madrigal

Barre, Antonio. Non so qual maggior fede
1562/07, p. 9–10 Madrigal

Barre, Antonio. O fortunata cice il cui bel viso
1560/10, p. 24 Madrigal

Barre, Antonio. Onde sempre rivolto verso l'amata
1555/25, p. 25 Madrigal
QUINTA PARTE A 5.

Barre, Antonio. Poi che per te con si leggiadri nodi
1555/27, p. 31 Madrigal
SECONDA PARTE.

Barre, Antonio. Porgimi quella man ch'avanz'il late
1562/08, p. 27–28 Madrigal
Only Bass partbook extant.

Barre, Antonio. Quando la bell'aurora
1562/08, p. 18–19 Madrigal
Only Bass partbook extant.

Barre, Antonio. Quando piu sper'oime quando
1562/07, p. 2–3 Madrigal

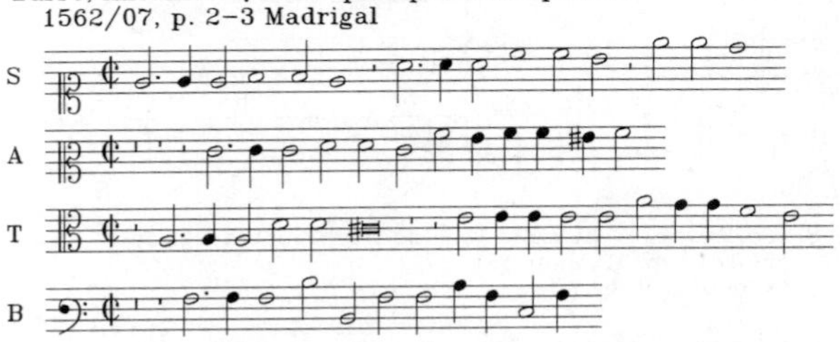

Barre, Antonio. Quanto piu v'am'ogn'hor piu bella
1559/23, p. 10 Madrigal
PRIMA PARTE.

Barre, Antonio. Sa quest'altier ch'io l'amo
1559/18, p. 2 Madrigal
SECONDA STANZA.

Barre, Antonio. Sorgi superbo Tebr'e fuor dell'onde
1555/27, p. 24–25 Madrigal
Composed for wedding of Marcantonio Colonna & Felice Ursina

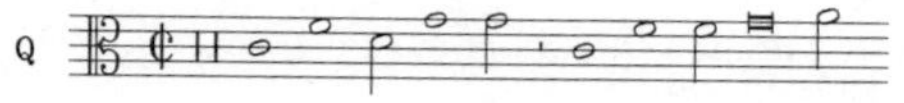

Barre, Antonio. Spirto gentil ch'in questo mondo
1555/27, p. 30 Madrigal
AL CARD. S. FIORE

Barre, Antonio. Tu vedi ben hor come
1555/25, p. 21–22 Madrigal
SECONDA PARTE A 5.

Barre, Leondardo. Come potro fidarmi di te giamai
1541/17, p. 12 Madrigal

Barre, Leondardo. Come potro fidarmi di te giamai
1544/16, p. 7 Madrigal

Barre, Leondardo. Cosi di ben amar porto tormento
1542/16, p. 37 Madrigal

Barre, Leondardo. Lachrime meste & voi sospir dolenti
1544/16, p. 14 Madrigal

Barre, Leondardo. Oime'l bel viso
1541/18, no. 34 Madrigal

Barre, Leondardo. Se l'alto duol m'ancide
1541/17, p. 16 Madrigal

Barre, Leondardo. Se sovr'ogn'uso humano
1541/17, p. 28 Madrigal

Barre, Leondardo. I sospiri amorosi che'l mio core
1541/17, p. 14 Madrigal

Barre, Leondardo. Vaghe faville angeliche beatrici
1544/17, p. 12 Madrigal

Baseo, Francesco Antonio. Altro sol, altro cor et altra vita
1573/17, p. 16 Canzona
Alto partbook missing. Canto & Tenor unavailable Zwickau.

Baseo, Francesco Antonio. Che debbio far che mi consigli amore
1573/17, p. 5 Canzona
Alto partbook missing. Canto & Tenor unavailable Zwickau.

Baseo, Francesco Antonio. Deh s'io fusse nato
1573/17, p. 12 Canzona
Alto partbook missing. Canto & Tenor unavailable Zwickau.

Baseo, Francesco Antonio. Dunque fia ver ch'io faccia
1573/17, p. 18 Canzona
Alto partbook missing. Canto & Tenor unavailable Zwickau.

Baseo, Francesco Antonio. Hor poi che d'altre cure
1573/16, p. 2 Madrigal

Baseo, Francesco Antonio. Io non so vita mia se per mia forte
1573/17, p. 20 Canzona
Alto partbook missing. Canto & Tenor unavailable Zwickau.

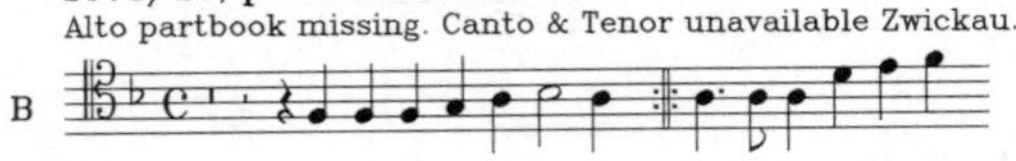

Baseo, Francesco Antonio. La nel felice monte
1573/16, p. 1 Madrigal

Baseo, Francesco Antonio. Non fu si dura e grave
1573/16, p. 10 Madrigal

Baseo, Francesco Antonio. Non mi duol il morire Donna per voi
1573/16, p. 21 Madrigal

Baseo, Francesco Antonio. Non mi potevi amore
1573/17, p. 3 Canzona
Alto partbook missing. Canto & Tenor unavailable Zwickau.

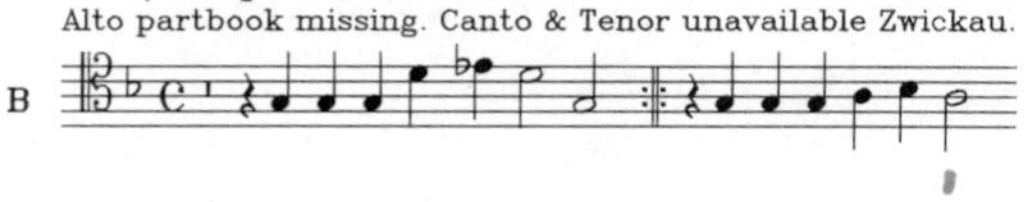

Baseo, Francesco Antonio. Non piu non piu sospiri e pianti
1573/16, p. 9 Madrigal

Baseo, Francesco Antonio. Non so non so che
1573/17, p. 9 Canzona
Alto partbook missing. Canto & Tenor unavailable Zwickau.

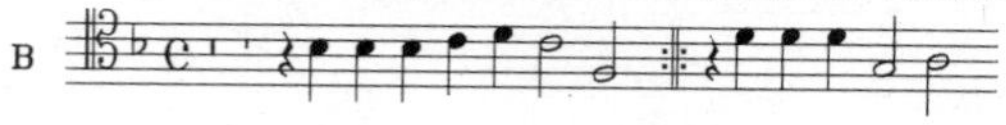

Baseo, Francesco Antonio. Perduto ha il scetro amore
1573/17, p. 26 Canzona
Alto partbook missing. Canto & Tenor unavailable Zwickau.

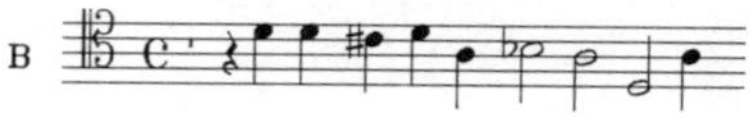

Baseo, Francesco Antonio. Questa nova serena
1573/17, p. 6 Canzona
Alto partbook missing. Canto & Tenor unavailable Zwickau.

Baseo, Francesco Antonio. Questo tiranno amore
1573/17, p. 24 Canzona
Alto partbook missing. Canto & Tenor unavailable Zwickau.

Baseo, Francesco Antonio. S'amor m'ha pres'a
1573/17, p. 17 Canzona
Alto partbook missing. Canto & Tenor unavailable Zwickau.

B

Baseo, Francesco Antonio. S'io sospiro e mi lamento
1573/17, p. 4 Canzona
Alto partbook missing. Canto & Tenor unavailable Zwickau.

B

Baseo, Francesco Antonio. S'io t'hagio amata
1573/17, p. 10 Canzona
Alto partbook missing. Canto & Tenor unavailable Zwickau.

B
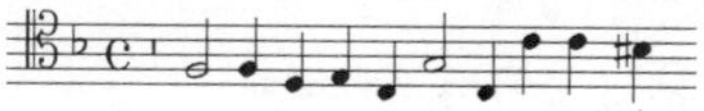

Baseo, Francesco Antonio. Se gl'occhi tuoi non miro
1573/17, p. 14 Canzona
Alto partbook missing. Canto & Tenor unavailable Zwickau.

B

Baseo, Francesco Antonio. Tu sei madonna l'arco e l'empio
1573/17, p. 15 Canzona
Alto partbook missing. Canto & Tenor unavailable Zwickau.

B

Baseo, Francesco Antonio. Vita del viver mio
1573/17, p. 21 Canzona
Alto partbook missing. Canto & Tenor unavailable Zwickau.

B
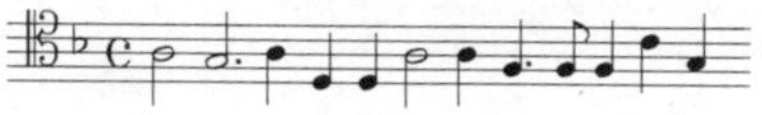

Baseo, Francesco Antonio. Vita non voglio poiche cosi voi tu
1573/17, p. 7 Canzona
Alto partbook missing. Canto & Tenor unavailable Zwickau.

B

Baseo, Francesco Antonio. Viva viva eternamente il re nostro
1573/17, p. 28 Canzona
Alto partbook missing. Canto & Tenor unavailable Zwickau.

B
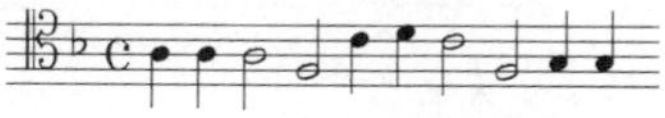

Bassano, Giovanni. Amore mi sforz'a dirvi
1571/11, p. 30 Canzona

S
T
B

Bassano, Giovanni. O dolce servitu dolce tormento
1571/11, p. 31 Canzona

S
T
B

Bassano, Giovanni. Questi gigli novelli
1592/13, p. 17 Madrigal

S
A

T
B
Q

Bassani, Oratio. Poi che mi prieg'ancor
1594/07, f. 18v Madrigal

S
A
T
B
Q

Baselli, Costantino. Amor la Donna mia
1600/12, p. 12 Madrigal
For Canto, Canto II, and Basso.

S
C2
B

Baselli, Costantino. Clorinda ard'il mio core
1600/12, p. 17 Madrigal
For Canto, Canto II, and Basso.

S
C2
B

Baselli, Costantino. Come fa della ritrosa
1600/12, p. 20 Madrigal
For Canto, Canto II, and Basso.

S
C2
B

Baselli, Costantino. Di questo vago e diletoso prato
1600/12, p. 10 Madrigal
For Canto, Canto II, and Basso.

S
C2
B

Baselli, Costantino. Donna gloria d'Amore
1600/12, p. 1 Madrigal
For Canto, Canto II, and Basso.

S
C2
B

Baselli, Costantino. Donna vorrei saper se voi m'amate
1600/12, p. 14 Madrigal
For Canto, Canto II, and Basso.

Baselli, Costantino. Faggi Pini & Abeti
1600/12, p. 21 Madrigal
For Canto, Canto II, and Basso.

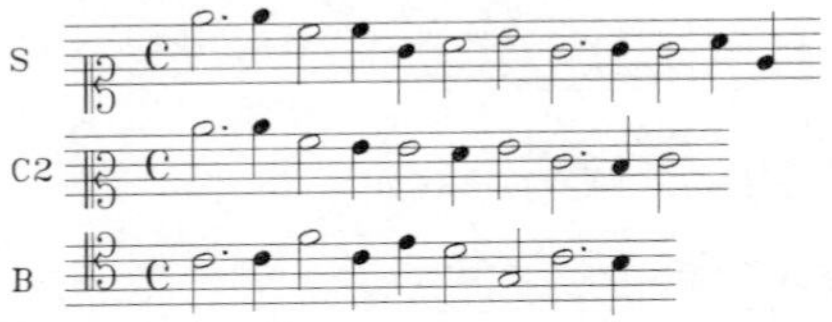

Baselli, Costantino. Le tue dorate chiome
1600/12, p. 13 Madrigal
For Canto, Canto II, and Basso.

Baselli, Costantino. Questi fiori spiranti arabo odore
1600/12, p. 4 Madrigal
For Canto, Canto II, and Basso.

Baselli, Costantino. Vidi tra spine la vermiglia rosa
1600/12, p. 3 Madrigal
For Canto, Canto II, and Basso.

Bati, Luca. A pena potev'io bella Licori
1594/11, p. 5 Madrigal
PRIMA PARTE.

Bati, Luca. Alle pene di dolore
1598/11, p. 14 Madrigal
Alto partbook missing.

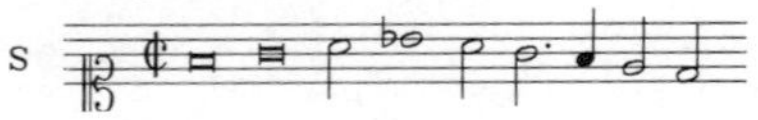

Bati, Luca. Altri da voi s'affreni
1598/11, p. 9 Madrigal
Alto partbook missing.

Bati, Luca. Altro da te non cerco
1594/11, p. 19 Madrigal
SECONDA PARTE.

Bati, Luca. Assai viss'io se si misura gl'anni
1594/11, p. 15 Madrigal
SECONDA PARTE.

Bati, Luca. Baciami vita mia baciami ancora
1594/11, p. 4 Madrigal

Bati, Luca. Ben sei Tirinto mio piu ch'il sol
1594/11, p. 20 Madrigal
PRIMA PARTE.

Bati, Luca. Ceda la terra e non s'agguagli
1598/11, p. 23 Madrigal
Alto partbook missing.

Bati, Luca. Cessate il piant'ormai cari Pastori
1594/11, p. 14 Madrigal
PRIMA PARTE.

Bati, Luca. Chi sa che il bel Tirinto
1598/11, p. 4 Madrigal
Alto partbook missing.

Bati, Luca. Cosi vivo felice e rimirando
1598/11, p. 8 Madrigal
Alto partbook missing.

Bati, Luca. Da begl'occhi ch'adoro
1594/11, p. 24 Madrigal

Bati, Luca. Da voi da me disgiunto
1594/11, p. 16 Madrigal

Bati, Luca. D'una antica Elce alla negra ombra
1598/11, p. 15 Madrigal
Alto partbook missing.

Bati, Luca. Dolorosi martir fieri tormenti
1598/11, p. 18 Madrigal
Alto partbook missing.

Bati, Luca. Ed io l'antica e si profonda piaga
1598/11, p. 20 Madrigal
SECONDA PARTE. (Alto partbook missing.)

Bati, Luca. Filli deh non fuggir deh Filli
1594/11, p. 9 Madrigal
PRIMA PARTE.

Bati, Luca. Gia viss'io presso a te felice
1594/11, p. 6 Madrigal
SECONDA PARTE.

Bati, Luca. Intenerite voi lagrime mie
1598/11, p. 17 Madrigal
Alto partbook missing.

Bati, Luca. Ma ecco gia che la Diana spare
1598/11, p. 5 Madrigal
SECONDA PARTE. (Alto partbooks missing.)

Bati, Luca. Mentre l'armento mio la sera cingo
1594/11, p. 18 Madrigal
PRIMA PARTE.

Bati, Luca. Mille fiate mosso Aminta Egone
1598/11, p. 16 Madrigal
SECONDA PARTE. (Alto partbook missing.)

Bati, Luca. Misero che faro piangero sempre
1594/11, p. 7 Madrigal

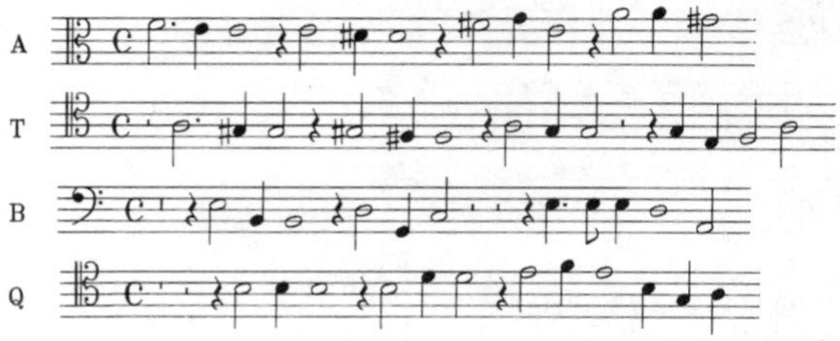

Bati, Luca. O Amarilli che si bella in vista
1594/11, p. 8 Madrigal

Bati, Luca. Occhi un tempo mia vita
1594/11, p. 3 Madrigal

Bati, Luca. Oh se per mia ventura alto destino
1598/11, p. 19 Madrigal
PRIMA PARTE. (Alto partbook missing.)

Bati, Luca. Il pianto che per gl'occhi
1598/11, p. 7 Madrigal
Alto partbook missing.

Bati, Luca. Il piu bel Pastorello e'l piu
1594/11, p. 11 Madrigal
PRIMA PARTE.

T
B
Q

Bati, Luca. Prendi ti prego questi fiori
1594/11, p. 21 Madrigal
SECONDA PARTE.

S
A
T
B
Q

Bati, Luca. Questo e Tirsi quel fonte
1598/11, p. 12 Madrigal
PRIMA PARTE. (Alto partbook missing.)

S
T
B
Q

Bati, Luca. Questo fonte gentil non versa
1594/11, p. 1 Madrigal
PRIMA PARTE.

S
A
T
B
Q

Bati, Luca. Questo legato in oro
1598/11, p. 6 Madrigal
Alto partbook missing.

S
T
B
Q

Bati, Luca. Qui con si dolce squardo
1594/11, p. 2 Madrigal
SECONDA PARTE.

S
A
T

B
Q

Bati, Luca. Rallenta Filli ohime rallenta
1594/11, p. 10 Madrigal
SECONDA PARTE.

S
A
T
B
Q

Bati, Luca. Se da quel vago viso
1594/11, p. 25 Madrigal

S
A
T
B
Q

Bati, Luca. Se di cener'il volto
1594/11, p. 17 Madrigal

S
A
T
B
Q

Bati, Luca. Se gli occhi a'vostri io giro
1598/11, p. 3 Madrigal
Alto partbook missing.

S
T
B
Q

Bati, Luca. Se mi negate ahi lasso
1598/11, p. 2 Madrigal
Alto partbook missing.

Bati, Luca. Se pur v'addoglia e me lasciar
1598/11, p. 1 Madrigal
Alto partbook missing.

Bati, Luca. Se quel ardente e garrulo augellino
1598/11, p. 10 Madrigal
Alto partbook missing.

Bati, Luca. Sotto questo antro al fin
1598/11, p. 13 Madrigal
SECONDA PARTE. (Alto partbook missing.)

Bati, Luca. Tirsi che sola te nott'e di
1594/11, p. 12 Madrigal
SECONDA PARTE.

Bati, Luca. Vago monte fiorite e ombrose
1594/11, p. 13 Madrigal

Bati, Luca. Vezzosetta fugace
1598/11, p. 11 Madrigal
Alto partbook missing.

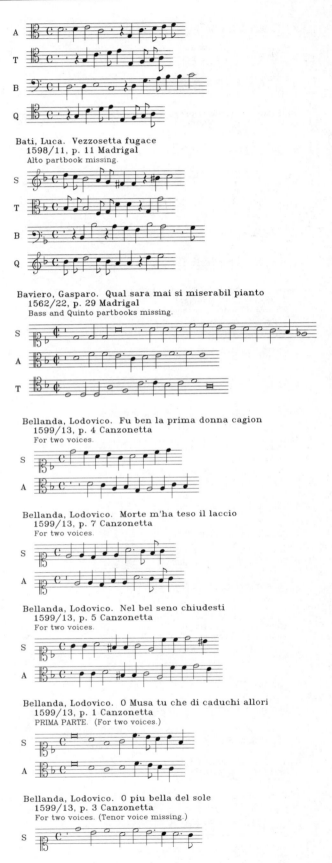

Baviero, Gasparo. Qual sara mai si miserabil pianto
1562/22, p. 29 Madrigal
Bass and Quinto partbooks missing.

Bellanda, Lodovico. Fu ben la prima donna cagion
1599/13, p. 4 Canzonetta
For two voices.

Bellanda, Lodovico. Morte m'ha teso il laccio
1599/13, p. 7 Canzonetta
For two voices.

Bellanda, Lodovico. Nel bel seno chiudesti
1599/13, p. 5 Canzonetta
For two voices.

Bellanda, Lodovico. O Musa tu che di caduchi allori
1599/13, p. 1 Canzonetta
PRIMA PARTE. (For two voices.)

Bellanda, Lodovico. O piu bella del sole
1599/13, p. 3 Canzonetta
For two voices. (Tenor voice missing.)

Bellanda, Lodovico. O piu rara del Sole piu della Luna
1599/13, p. 11 Canzonetta
For two voices.

Bellanda, Lodovico. Scori'l mio debil legno
1599/13, p. 6 Canzonetta
For two voices.

Bellanda, Lodovico. Sola tu fosti eletta
1599/13, p. 10 Canzonetta
SECONDA PARTE. (For two voices.)

Bellanda, Lodovico. Tu che l'interno effetto scorgi
1599/13, p. 8 Canzonetta
For two voices.

Bellanda, Lodovico. Tu spira al petto mio cele
1599/13, p. 2 Canzonetta
SECONDA PARTE. (For two voices. Tenor voice missing.)

Bellanda, Lodovico. Vergine pura d'ogni parte intera
1599/13, p. 9 Canzonetta
PRIMA PARTE. (For two voices.)

Bellasio, Paolo. A mezzo del suo giro
1578/21, p. 23 Madrigal

Bellasio, Paolo. Al piant'a quei sospir viv'e cocenti
1595/07, p. 6 Madrigal

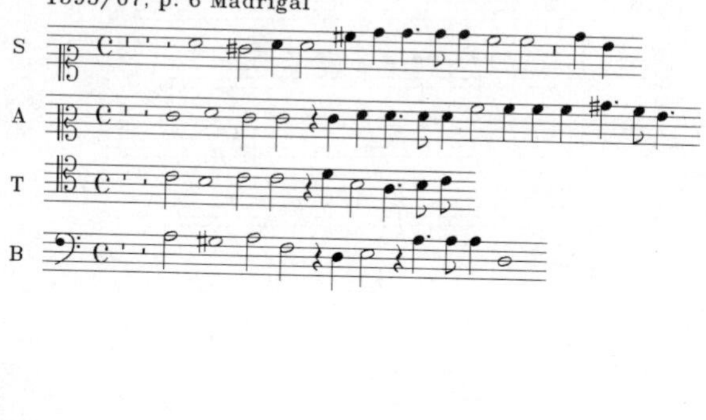

Bellasio, Paolo. Alba serena e sola
1590/15, p. 9 Madrigal
NONA PARTE.

Bellasio, Paolo. All'apparir del vostro chiaro
1578/21, p. 16 Madrigal

Bellasio, Paolo. Alla bell'ombra de la nobil pianta
1595/07, p. 9 Madrigal
PRIMA PARTE.

Bellasio, Paolo. Alla profonda piaga aspra e mortale
1578/21, p. 28 Madrigal

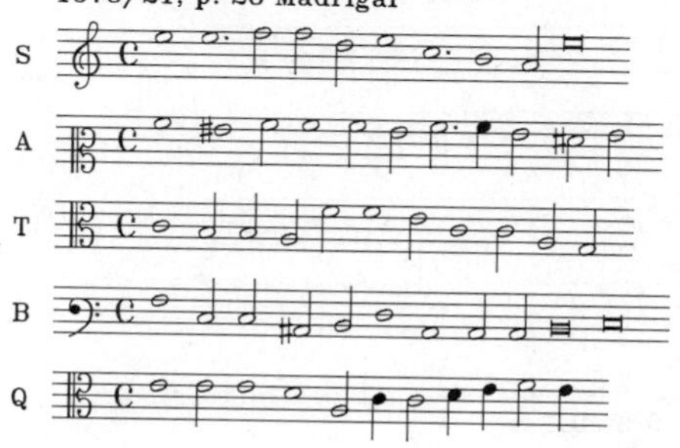

Bellasio, Paolo. Amor che vide un giorno
1583/10, f. 32 Madrigal

Bellasio, Paolo. Amor mi strugge il cor fortuna
1578/21, p. 18 Madrigal

Bellasio, Paolo. Amor non te'l diss'io
1595/07, p. 4 Madrigal

Bellasio, Paolo. Cari & amati fiori
1578/21, p. 19 Madrigal

Bellasio, Paolo. Caro dolce ben mio perche fuggir
1578/21, p. 6 Madrigal

Bellasio, Paolo. Cosi sol per virtu di questo lume
1578/21, p. 11 Madrigal
QUINTA PARTE.

Bellasio, Paolo. Donna gentil se mi volete morto
1578/21, p. 5 Madrigal

Bellasio, Paolo. Donna i begli occhi vostri
1585/29, p. 22 Madrigal

Bellasio, Paolo. Donna nel vostro volto
1591/12, f. 20-21 Madrigal

Bellasio, Paolo. E con lei poiche dritta
1595/07, p. 10 Madrigal
SECONDA PARTE.

Bellasio, Paolo. E poich'egli per se l'anima
1595/07, p. 7 Madrigal
SECONDA PARTE.

Bellasio, Paolo. E s'indi vuoi cor mio
1592/14, p. 16 Madrigal
SECONDA PARTE.

Bellasio, Paolo. E se per morte non restai di gire
1578/21, p. 26 Madrigal

Bellasio, Paolo. Ecco Amarilli mia che s'apparechia
1579/04, p. 12 Madrigal
Alto voice part damaged.

Bellasio, Paolo. Et mentre piu m'assiso luci serene
1578/21, p. 24 Madrigal

Bellasio, Paolo. Et prima fia di stelle ignudo
1578/21, p. 12 Madrigal
SESTA & ULTIMA PARTE.

Bellasio, Paolo. Farai le belle rive d'Adria
1590/15, p. 12 Madrigal
DUODECIMA PARTE.

Bellasio, Paolo. Felice che vi mira
1595/07, p. 14 Madrigal

Bellasio, Paolo. Foco son di desio di tema ghiaccio
1578/21, p. 10 Madrigal
QUARTA PARTE.

Bellasio, Paolo. Forse sia questo aventuroso tempo
1578/21, p. 8 Madrigal
SECONDA PARTE.

S A T B Q

Bellasio, Paolo. Fu morte il mio patire
1578/21, p. 25 Madrigal

S A T B Q

Bellasio, Paolo. Gelo ha madonna il seno & fiamma
1578/21, p. 13 Madrigal

S A T B Q

Bellasio, Paolo. Hor che non s'odon per le selvei
1578/21, p. 7 Madrigal
CANZON PRIMA PARTE.

S A T B Q

Bellasio, Paolo. Hor dico che di me
1578/21, p. 9 Madrigal
TERZA PARTE.

S A T B

Q

Bellasio, Paolo. La dove inonda e bagna
1578/21, p. 20 Madrigal

S A T B Q

Bellasio, Paolo. Martir, dolor ne morte
1595/07, p. 18 Madrigal

S A T B Q

Bellasio, Paolo. Mentre filid'a l'aura pellegrina
1595/07, p. 11 Madrigal

S A T B Q

Bellasio, Paolo. Mentre il gran Giov'irato
1595/07, p. 8 Madrigal

S A T B Q

Bellasio, Paolo. Mentre mia stella miri
1578/21, p. 22 Madrigal

S A T B

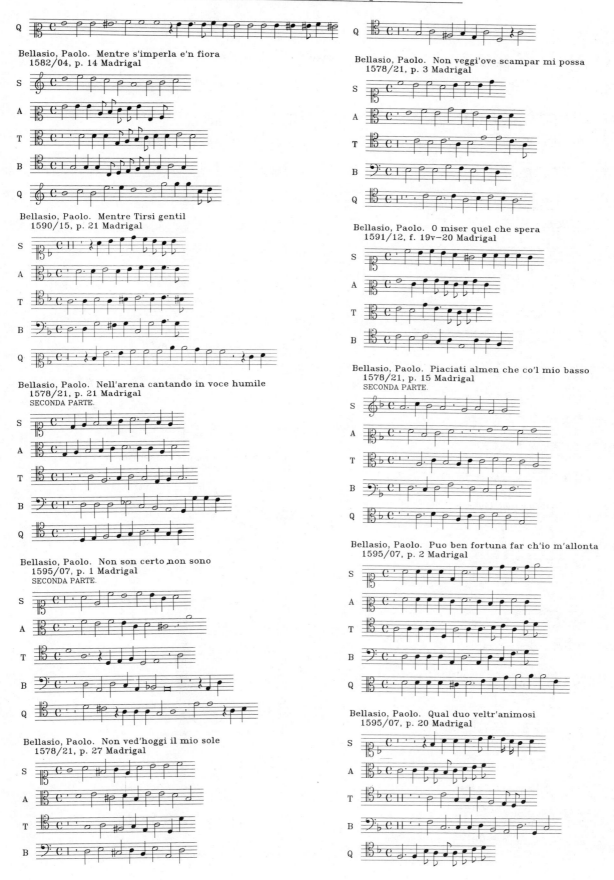

Bellasio, Paolo. Mentre s'imperla e'n fiora
1582/04, p. 14 Madrigal

Bellasio, Paolo. Mentre Tirsi gentil
1590/15, p. 21 Madrigal

Bellasio, Paolo. Nell'arena cantando in voce humile
1578/21, p. 21 Madrigal
SECONDA PARTE.

Bellasio, Paolo. Non son certo non sono
1595/07, p. 1 Madrigal
SECONDA PARTE.

Bellasio, Paolo. Non ved'hoggi il mio sole
1578/21, p. 27 Madrigal

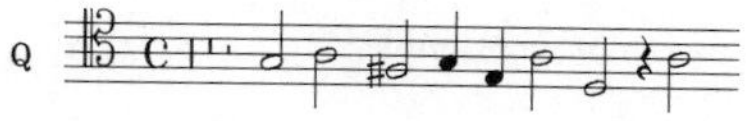

Bellasio, Paolo. Non veggi'ove scampar mi possa
1578/21, p. 3 Madrigal

Bellasio, Paolo. O miser quel che spera
1591/12, f. 19v–20 Madrigal

Bellasio, Paolo. Piaciati almen che co'l mio basso
1578/21, p. 15 Madrigal
SECONDA PARTE.

Bellasio, Paolo. Puo ben fortuna far ch'io m'allonta
1595/07, p. 2 Madrigal

Bellasio, Paolo. Qual duo veltr'animosi
1595/07, p. 20 Madrigal

Bellasio, Paolo. Quant'in me cresce Amore
1578/21, p. 17 Madrigal

Bellasio, Paolo. Quel dolcissimo bacio
1592/14, p. 15 Madrigal

Bellasio, Paolo. Questi capelli d'oro
1591/12, f. 4v–5 Madrigal

Bellasio, Paolo. Ritorno almo mio sole
1578/21, p. 29 Madrigal

Bellasio, Paolo. S'altra fiamma gia mai
1590/18, p. 16 Madrigal

Bellasio, Paolo. S'humano foco v'arse
1595/07, p. 3 Madrigal

Bellasio, Paolo. Saggio Signor che di valor pareggi
1578/21, p. 14 Madrigal

Bellasio, Paolo. Se l'anime piu belle
1578/21, p. 4 Madrigal
ALL'ILLUSTRE SIGNORE IL S. CONTE MARIO BEVILACQUA

Bellasio, Paolo. Se voi per non ferirmi
1597/15, p. 14 Madrigal

Bellasio, Paolo. Suggi da queste labbia che gia fin
1595/07, p. 5 Madrigal

Bellasio, Paolo. Tacete bella Don'ohime tacete
1595/07, p. 13 Madrigal

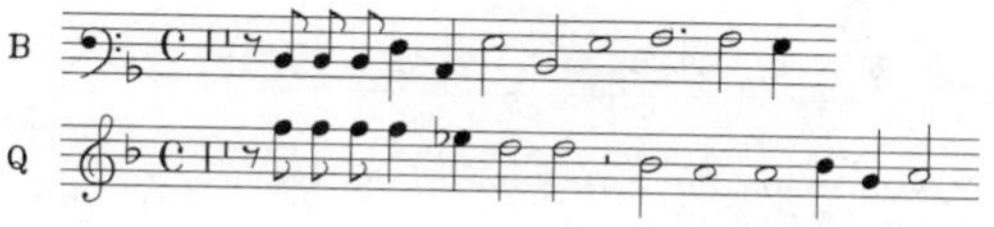

Bellasio, Paolo. Una candida mano
1595/07, p. 16 Madrigal

Bellhaver, Vincenzo. Amo sol chi mi fugge
1592/13, p. 6 Madrigal

Bellhaver, Vincenzo. La bella pargoletta
1590/18, p. 4 Madrigal
PRIMA PARTE.

Bellhaver, Vincenzo. Cantemo zazerin
1570/17, p. 34–35 Giustiniana

Bellhaver, Vincenzo. Cinto d'ardenti voglie in bianco
1579/02, p. 9 Madrigal

Bellhaver, Vincenzo. E ti Cuffetto cantemo
1566/07, p. 30–31 Canzona

Bellhaver, Vincenzo. Fia mia cara d'oro e de velunuo
1570/17, p. 30–31 Giustiniana

Bellhaver, Vincenzo. Franceschine bella e color fin
1570/17, p. 28–29 Giustiniana

Bellhaver, Vincenzo. Habbi pieta fia bellea
1570/17, p. 40–41 Giustiniana

Bellhaver, Vincenzo. In un picciol boschetto
1593/03, p. 4 Madrigal
QUARTA PARTE. (Alto, Tenor & Bass partbooks missing.)

Bellhaver, Vincenzo. L'e pur forza che i viseti
1570/17, p. 42–43 Giustiniana

Bellhaver, Vincenzo. Ma questa bella
1586/11, p. 7 Sonetto
SECONDA PARTE.

Bellhaver, Vincenzo. Non e cusi gran fuogo
1570/17, p. 36–37 Giustiniana

Bellhaver, Vincenzo. Non rumor di tamburi o suon
1590/11, p. 21 Madrigal

Bellhaver, Vincenzo. Nu semo tre vecchieti inamorai
1566/07, p. 28–29 Canzona

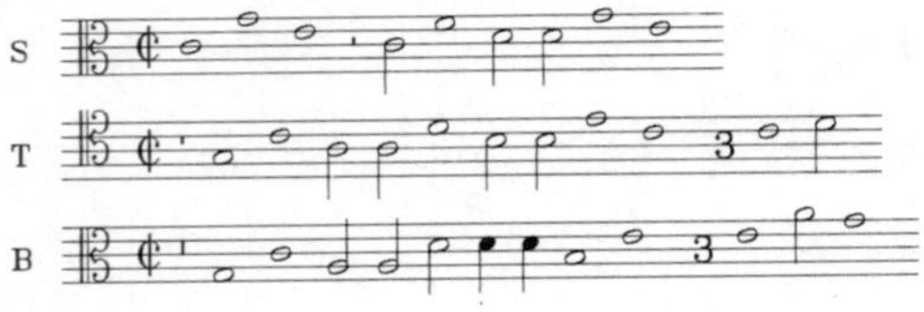

Bellhaver, Vincenzo. O selve amiche ombrosi e folti
1584/04, p. 22 Madrigal
A 9. (Incomplete---one voice missing.)

Bellhaver, Vincenzo. Ogni stratio mi fia dolce morendo
1568/16, p. 17 Madrigal

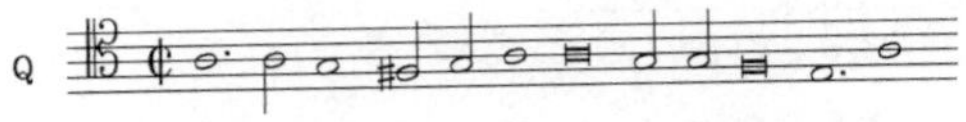

Bellhaver, Vincenzo. Pur cosi vuol mia stella
1568/16, p. 18 Madrigal
SECONDA PARTE.

Bellhaver, Vincenzo. Qual colp'ha nel morire
1590/18, p. 5 Madrigal
SECONDA PARTE.

Bellhaver, Vincenzo. Qual ragion vuol'amore
1584/04, p. 10 Madrigal
A 8. (Incomplete---two voices missing.)

Bellhaver, Vincenzo. Quando sara mai quel zonorno
1570/17, p. 24–25 Giustiniana

Bellhaver, Vincenzo. Questo Re glorioso
1584/04, p. 31 Madrigal
A 12. (Incomplete---two voices missing.)

7
8
9
10

Bellhaver, Vincenzo. S'alza nel Ocean
1586/11, p. 6 Sonetto

S
T
B
Q

Bellhaver, Vincenzo. Semo bel'e desperai
1570/17, p. 26–27 Giustiniana

S
T
B

Bellhaver, Vincenzo. Signor l'antica legge
1586/01, p. 13 Lauda

S
A
T
B
Q

Bellhaver, Vincenzo. Sparve ogni Nume
1579/03, p. 6 Madrigal
SECONDA PARTE.

S
A
T
B
Q
Q
6

Bellhaver, Vincenzo. Tutto'l di ti te sbampoli
1570/17, p. 38–39 Giustiniana

S

T
B

Bellhaver, Vincenzo. Vergine ahi com'al tuo figliolo
1586/01, p. 14 Lauda
SECONDA PARTE.

S
A
T
B
Q

Bellhaver, Vincenzo. Vu la vedev madonna
1564/16, p. 29 Greghesca

S
A
T
B
Q

Belli, Girolamo. Ahi perche l'uccidete?
1592/14, p. 6 Madrigal
SECONDA PARTE.

S
A
T
B
Q

Belli, Girolamo. All'aura d'un dolcissimo sospiro
1598/10, p. 9 Madrigal

S
T
B

Belli, Girolamo. Amor con l'arbor mio
1582/05, p. 25 Madrigal

S
A
T
B
Q

Belli, Girolamo. Dolcissimo bacio quanto piu desiato
1590/18, p. 19 Madrigal

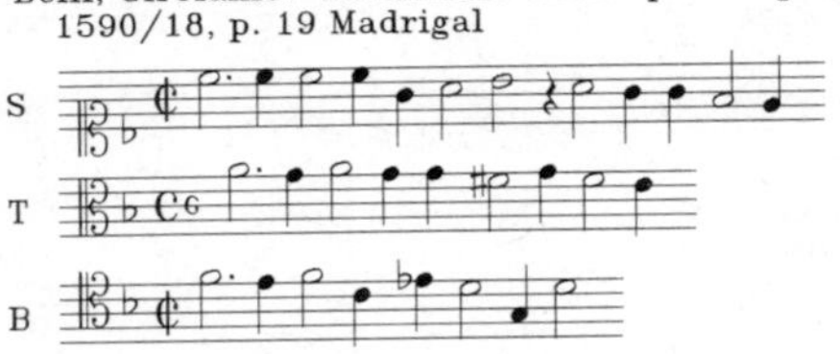

Belli, Girolamo. In due corone io miro
1598/06, p. 10 Madrigal

Belli, Girolamo. Oime se nelle vostre fresche rose
1586/09, p. 5 Madrigal

Belli, Girolamo. Rosa d'amor
1598/10, p. 9 Madrigal

Belli, Girolamo. Vola calda d'Amor la Zanzaretta
1592/14, p. 5 Madrigal

Belli, Giulio. Ha Laura il crin dorato
1592/14, p. 12 Madrigal

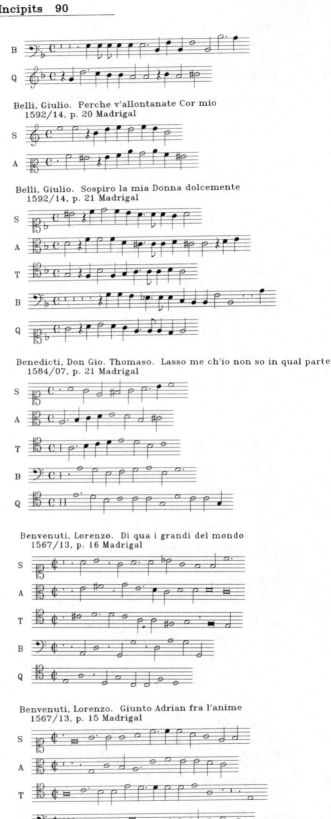

Belli, Giulio. Perche v'allontanate Cor mio
1592/14, p. 20 Madrigal

Belli, Giulio. Sospiro la mia Donna dolcemente
1592/14, p. 21 Madrigal

Benedicti, Don Gio. Thomaso. Lasso me ch'io non so in qual parte
1584/07, p. 21 Madrigal

Benvenuti, Lorenzo. Di qua i grandi del mondo
1567/13, p. 16 Madrigal

Benvenuti, Lorenzo. Giunto Adrian fra l'anime
1567/13, p. 15 Madrigal

Berchem, Jachet. A la dolc'ombra de le belle frondi
1544/22, p. 27 Madrigal

Berchem, Jachet. Altro non e'l mio amor ch'l proprio
1539/24, p. 8 Madrigal

Berchem, Jachet. Amar un sol'amant'e ver'amore
1557/16, p. 29 Madrigal

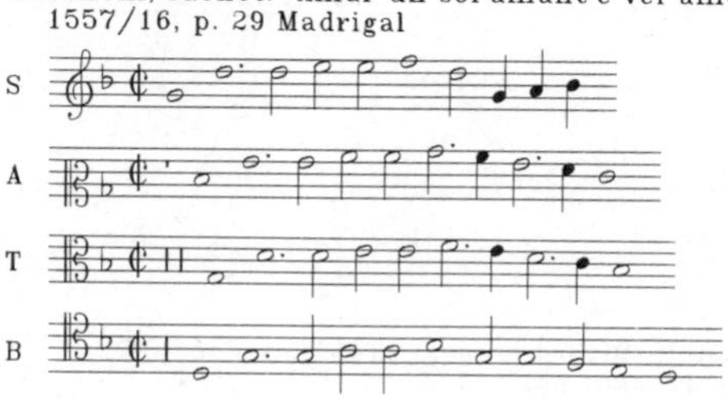

Berchem, Jachet. Aspro cor'e selvaggio e cruda voglia
1561/15, p. 12 Madrigal
PRIMA PARTE.

Berchem, Jachet. Che giova saettar un che si more
1569/20, p. 42 Madrigal
Attributed to Anonymous in 1557/16.

Berchem, Jachet. Chi vuol veder crin d'oro
1557/16, p. 25 Madrigal

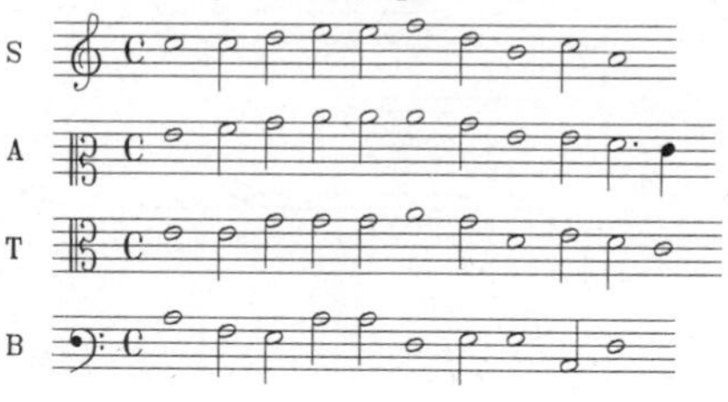

Berchem, Jachet. Cogliete da lei spin'hormai le rose
1567/15, p. 18 Madrigal

Berchem, Jachet. Consumando mi vo di piaggi
1541/17, p. 36 Madrigal

Berchem, Jachet. Deh s'io sentiss'un di men caldo
1555/25, p. 17 Madrigal
QUINTA PARTE A 5.

Berchem, Jachet. Et beato colui ch'a donna pia
1560/10, p. 14 Madrigal
SECONDA PARTE.

Berchem, Jachet. Hai lasso io mi credea fuggendo
1555/25, p. 13 Madrigal
SESTINA. PRIMA PARTE A 5

Berchem, Jachet. Ite caldi sospiri al freddo core
1540/18, p. 29 Madrigal

Berchem, Jachet. Lasso che desiando va quel ch'esser
1544/17, p. 9 Madrigal

Berchem, Jachet. Un lauro mi difese all'hor dal cielo
1544/22, p. 28 Madrigal
A TRE VOCI.

Berchem, Jachet. Ma piu tosto vorrei fra questi
1555/25, p. 16 Madrigal
QUARTA PARTE.

Berchem, Jachet. Ma s'io non posso piu fuggir'
1555/25, p. 15 Madrigal
TERZA PARTE.

Berchem, Jachet. Madonna poi ch'uccider mi volete
1563/11, p. 9 Madrigal

Berchem, Jachet. Madonna se volete del mio fedel
1541/16, p. 5 Madrigal

Berchem, Jachet. Misero lui sopra tutti'altri'amanti
1560/10, p. 13 Madrigal

Berchem, Jachet. Non vid'il mondo si leggiadri rami
1555/25, p. 6 Madrigal
SECONDA PARTE A 5.

Berchem, Jachet. O amorose mamelle degne di piu mille
1541/17, p. 37 Madrigal

Berchem, Jachet. O miracolo d'amor che queste fiamme
1555/25, p. 14 Madrigal
SECONDA PARTE A 5.

Berchem, Jachet. O s'io potesi donna
1585/20, p. 15 Madrigal
Attributed to Arcadelt in 1627/07.

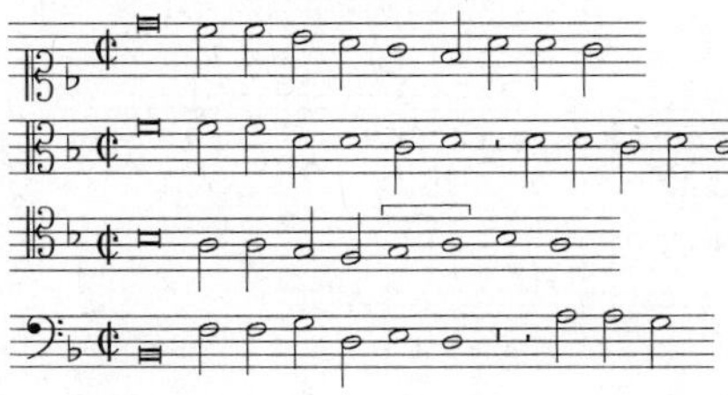

Berchem, Jachet. Pero piu ferm'ogn'hor di tempo
1544/22, p. 29 Madrigal

Berchem, Jachet. Pungente dardo che'l mio cor consumi
1539/22, p. 2 Madrigal
Attrib. to Arcadelt in 1541/09. See also L.Balbi in 1589/12

Berchem, Jachet. Qual iniquia mia sorte o qual mio
1542/16, p. 14 Madrigal

Berchem, Jachet. Quante lagrime lasso
1540/20, no. 7 Madrigal

Berchem, Jachet. Quanto sarei felice tra quest'ombre
1555/25, p. 18 Madrigal
SESTA PARTE A 5.

Berchem, Jachet. Quell'ardente desir ch'amor mi diede
1557/16, p. 30 Madrigal

Berchem, Jachet. Ragion'e ben ch'alcuna volt'io
1592/17, p. 4 Madrigal
Canto partbook missing.

Berchem, Jachet. S'amor non e ma se gli e amor
1546/19, p. 25 Madrigal

Berchem, Jachet. S'una fed'amorosa un cor non finto
1542/16, p. 5 Madrigal

Berchem, Jachet. Se foste voi dal mondo alm'honorata
1542/16, p. 4 Madrigal

Berchem, Jachet. Selve sassi campagne fiumi et poggi
1555/25, p. 7 Madrigal
QUINTA PARTE A 5.

Berchem, Jachet. Il sol giamai non vidde
1546/19, p. 20 Madrigal

Berchem, Jachet. Tanto mi piacque prima il dolce
1555/25, p. 8 Madrigal
SESTA PARTE A 6.

Berchem, Jachet. Vivo sol di speranza rimembrando
1561/15, p. 13 Madrigal
SECONDA PARTE.

Berchem, Jachet. Volgendo gli occhi al mio nuovo
1541/17, p. 10–11 Madrigal

Berchem, Jachet. Vostre dolce parole
1537/10, no. 18 Madrigal
Attributed to Verdelot in 1541/18.

Bergamasco, Arcangelo. Donna la bella mano
1582/04, p. 19 Madrigal

Bertani, Lelio. Al matutino vento
1593/03, p. 17 Madrigal
DECIMASETTIMA PARTE. (Alto, Tenor, & Bass partbooks missin

Bertani, Lelio. L'ali via piu che mai ardita
1585/08, p. 12 Madrigal
Only Cantus partbook extant.

Q

Bertani, Lelio. Ardo si ma non t'amo
1585/17, no. 7 Madrigal

S A T B Q

Bertani, Lelio. Ardo si ma non t'amo
1585/17, no. 7 Madrigal

S A T B Q

Bertani, Lelio. Aurora che ti pensi esser l'Aurora
1596/10, p. 5 Madrigal

S A T B Q

Bertani, Lelio. Bella Maga d'Amore
1596/11, p. 19 Madrigal
Cantus and Tenor partbooks missing.

A B Q

Bertani, Lelio. Cara mia Dafne a Dio
1588/21, no. 17 Madrigal

S A T B Q
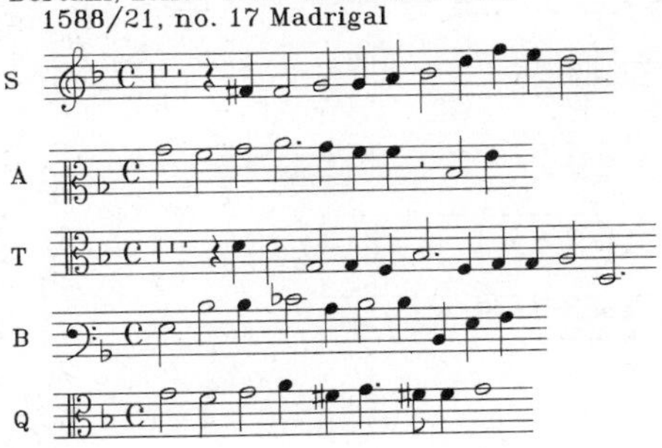

6

Bertani, Lelio. Ch'ami la vita mia nel tuo bel nome
1583/11, p. 3 Madrigal

S A T B Q

Bertani, Lelio. Chiare celesti stelle
1585/08, p. 18 Madrigal
Only Cantus partbook extant.

S
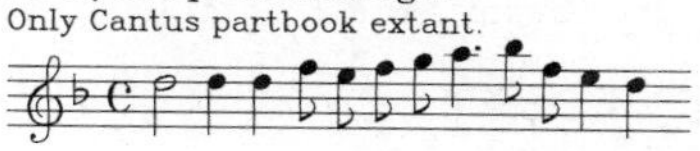

Bertani, Lelio. De li accesi sospiri
1585/08, p. 8 Madrigal
Only Cantus partbook extant.

S

Bertani, Lelio. Diva fiamma del cielo
1585/08, p. 3 Madrigal
Only Cantus partbook extant.

S

Bertani, Lelio. Dori a quest'ombre
1592/11, p. 25 Madrigal
PAROLE DI CAMILLO CAMILLI.

S A T B Q 6

Bertani, Lelio. Ero cosi dicea
1588/17, p. 2 Madrigal

S A T B

Bertani, Lelio. Fortunato terren cui dat'e in forte
1588/21, no. 18v Madrigal
SECONDA PARTE. A 6.

S A

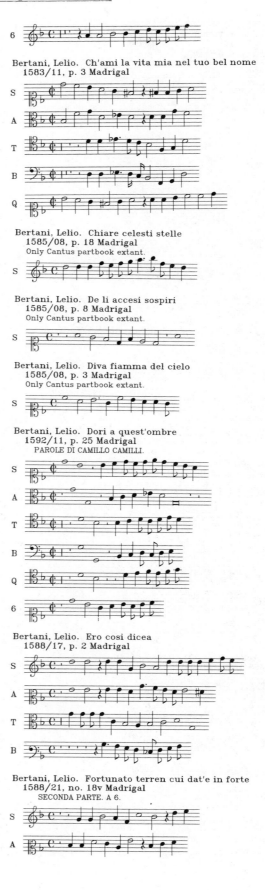

T
B
Q
6

Bertani, Lelio. La giovinetta scorza
1583/10, f. 10 Madrigal

S
A
T
B
Q
6

Bertani, Lelio. Ite voland'o miei sospiri ardenti
1585/08, p. 2 Madrigal
Only Cantus partbook extant.

S

Bertani, Lelio. Leva dal oprar mio
1585/08, p. 10 Madrigal
Only Cantus partbook extant.

S

Bertani, Lelio. Mia vita non so dire ove s'anni
1588/21, no. 16 Madrigal

S
A
T
B
Q
6

Bertani, Lelio. Movi il tuo plettro Apollo
1582/05, p. 5 Madrigal

S
A
T
B
Q

Bertani, Lelio. O angelica schiera
1585/08, p. 16 Madrigal
Only Cantus partbook extant.

S

Bertani, Lelio. O con ragione piu d'altro fortunato
1586/11, p. 20 Sonetto
SECONDA PARTE.

S
A
T
B
Q

Bertani, Lelio. Prospera vita in terra
1585/08, p. 17 Madrigal
Only Cantus partbook extant.

S

Bertani, Lelio. Qui nacque'l gran Maron
1588/21, no. 18 Madrigal
PRIMA PARTE.

S
A
T
B
Q
6

Bertani, Lelio. S'io vi dico il mio male
1592/20, p. 22 Madrigal

S
T
B

Bertani, Lelio. Santo spirto del ciel
1585/08, p. 1 Madrigal
Only Cantus partbook extant.

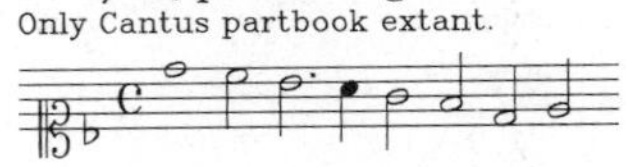
S

Bertani, Lelio. Sdegno la fiamma estinse
1586/10, p. 21 Madrigal

S
A
T
B
Q
6

Bertani, Lelio. S'io vi dico il mio male
1592/20, p. 22 Madrigal

Bertani, Lelio. Se vago di morire
1592/13, p. 20 Madrigal

Bertani, Lelio. Si dolce e de vostr'occhi
1598/09, p. 5 Madrigal

Bertani, Lelio. Siede negl'occh'amore
1594/06, p. 14 Madrigal
PAROLE DI IACOMO BELLONI.

Bertani, Lelio. Signor che per dar vita
1586/01, p. 25 Lauda

Bertani, Lelio. Signor se mai pietosi
1585/08, p. 14 Madrigal
Only Cantus partbook extant.

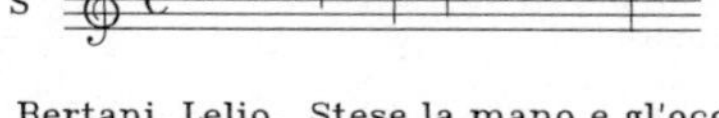

Bertani, Lelio. Stese la mano e gl'occhi a terra
1588/21, no. 15 Madrigal

Bertani, Lelio. Tre gratiosi amanti
1584/04, p. 28 Madrigal
A 11. (Parts 6, 8 9, 11 and 12 from 1590/11.)

Bertani, Lelio. Tu moristi in quel seno
1588/21, no. 20 Madrigal

Bertani, Lelio. Vergine albergo sacro
1586/01, p. 26 Lauda
SECONDA PARTE.

Bertani, Lelio. Virtu, ch'a par del
1586/11, p. 19–20 Sonetto

Bertoldo, Spero in Dio. Chie val cu la candari
1564/16, p. 7 Greghesca

Bertoldo, Spero in Dio. Cosi dunque va il mondo
1561/15, p. 27 Madrigal

Bertoldo, Spero in Dio. Dillo tu dunque homai
1569/20, p. 50 Madrigal
SECONDA PARTE.

Bertoldo, Spero in Dio. Misero me che parlo & chi m'ascolta
1568/16, p. 22 Madrigal
SECONDA PARTE.

Bertoldo, Spero in Dio. Tu tu Caro sei morto
1568/16, p. 21 Madrigal

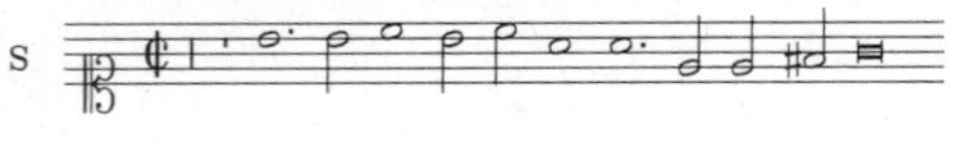

Bertoldo, Spero in Dio. Vorrei pur di amore
1569/20, p. 49 Madrigal

Bertolussi, Vincenzo. Cara mia bella vita
1598/09, p. 11 Madrigal

Bevilaqua, Alessandro. Donna che saggia gia quanto bella
1582/11, p. 7 Madrigal

Bevilaqua, Alessandro. Non puo dolce mia vita
1582/11, p. 9 Madrigal
Attrib. to Masnelli in 1583/14.(Ingegneri in Table Contents

Bianchi, Pier'Antonio. Al'apparir dell'alba un pastorello
1572/10, p. 24 Canzona

Bianchi, Pier'Antonio. All'hora i pastor tutti
1582/09, p. 14 Canzona
TERZA PARTE.

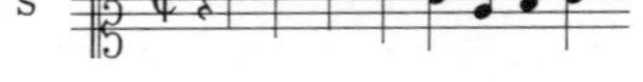

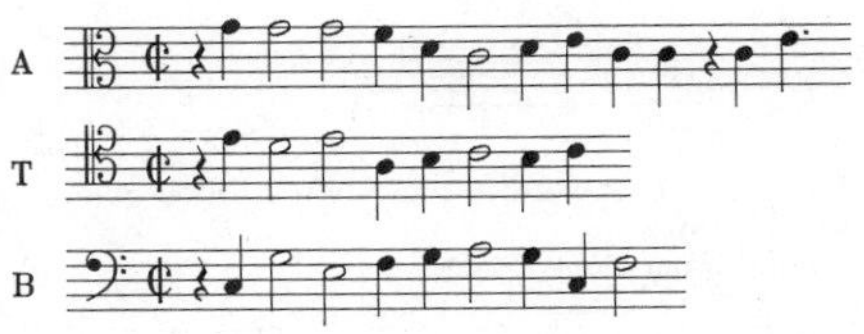

Bianchi, Pier'Antonio. Almo divino raggio
1582/09, p. 13 Canzona
SECONDA PARTE. A 3.

Bianchi, Pier'Antonio. Altra tanta e la gioia
1582/09, p. 7 Canzona
SECONDA PARTE.

Bianchi, Pier'Antonio. Amara vita e quella de gl'amanti
1572/10, p. 26 Canzona

Bianchi, Pier'Antonio. Come havra fin se chi puomi
1582/09, p. 2 Canzona
SECONDA PARTE. (of Come havra vita amor.)

Bianchi, Pier'Antonio. Come havra vita amor
1582/09, p. 2 Madrigal

Bianchi, Pier'Antonio. Correte oscuri amanti
1572/10, p. 4 Canzona

Bianchi, Pier'Antonio. Deh torna a me mio sol
1582/09, p. 1 Madrigal

Bianchi, Pier'Antonio. Di cosi freddo adamantino
1582/09, p. 18 Canzona
SECONDA PARTE.

Bianchi, Pier'Antonio. Donna se mirar brami che sia spento
1572/10, p. 10 Canzona

Bianchi, Pier'Antonio. E vinta l'amorosa inpresa
1572/10, p. 20 Canzona

Bianchi, Pier'Antonio. Era la mia virtu quasi smarita
1582/09, p. 11 Madrigal

Bianchi, Pier'Antonio. Fu mia la pastorella
1582/09, p. 12 Canzona
PRIMA PARTE.

Bianchi, Pier'Antonio. Fuggimi quanto vuoi
1572/10, p. 6 Canzona

S T B

Bianchi, Pier'Antonio. Fuggit'amore o voi che donne amate
1572/10, p. 21 Canzona

S T B

Bianchi, Pier'Antonio. Gia fiammeggiava
1582/09, p. 19 Canzona

S A T B

Bianchi, Pier'Antonio. Gionto m'havea tra belle
1582/09, p. 3 Madrigal

S A T B

Bianchi, Pier'Antonio. Infermi frutti gite al divin
1572/10, p. 3 Canzona

S T B

Bianchi, Pier'Antonio. Intorno al bianco tuo petto
1572/10, p. 8 Canzona

S T B

Bianchi, Pier'Antonio. Io piango & ella il volto
1582/09, p. 16 Canzona

S A T
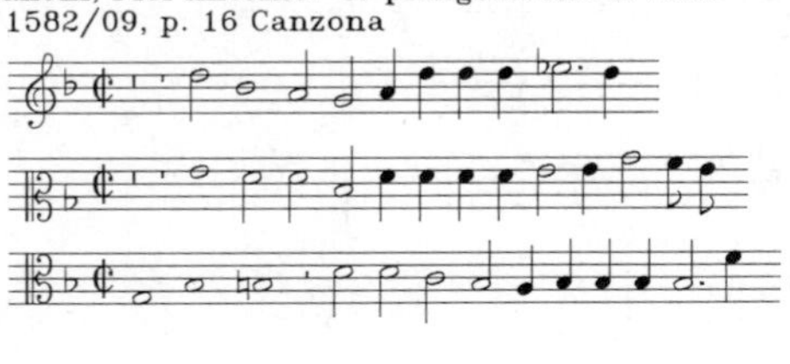

B
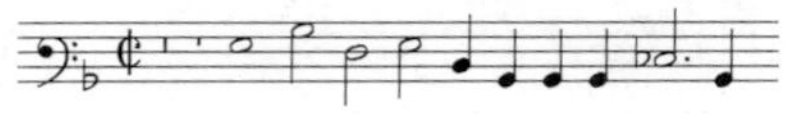

Bianchi, Pier'Antonio. Lasso ch'io ard'e voi non lo credete
1572/10, p. 7 Canzona
Page missing in Canto partbook (Vienna copy).

T B

Bianchi, Pier'Antonio. Lavinia se non sete
1582/09, p. 21 Canzona

S A T B

Bianchi, Pier'Antonio. Mille sospir da l'alma
1572/10, p. 5 Canzona

S T B

Bianchi, Pier'Antonio. Morir voria'l mio core
1582/09, p. 9 Madrigal

S A T B

Bianchi, Pier'Antonio. Non posso piu durare
1572/10, p. 30 Canzona

S T B

Bianchi, Pier'Antonio. O come pazzo sete creder
1572/10, p. 13 Canzona

S T B

Bianchi, Pier'Antonio. O travaglio infinito
1582/09, p. 6 Madrigal

S A

Bianchi, Pier'Antonio. Perche mi date ogn'hor tormento
1572/10, p. 11 Canzona

Bianchi, Pier'Antonio. Piangea cantando
1582/09, p. 4 Madrigal

Bianchi, Pier'Antonio. Quando mia speme
1582/09, p. 20 Canzona
SECONDA PARTE.

Bianchi, Pier'Antonio. Queta era l'aria
1582/09, p. 5 Madrigal

Bianchi, Pier'Antonio. Regna ne gl'occhi tuoi Donna
1572/10, p. 9 Canzona

Bianchi, Pier'Antonio. Se grava fu la doglia
1582/09, p. 7 Madrigal

Bianchi, Pier'Antonio. Se pur non ti contenti
1582/09, p. 10 Madrigal

Bianchi, Pier'Antonio. Solo e pensoso e fuor
1572/10, p. 16 Canzona

Bianchi, Pier'Antonio. Sospir cessate homai che la vittoria
1572/10, p. 18 Canzona

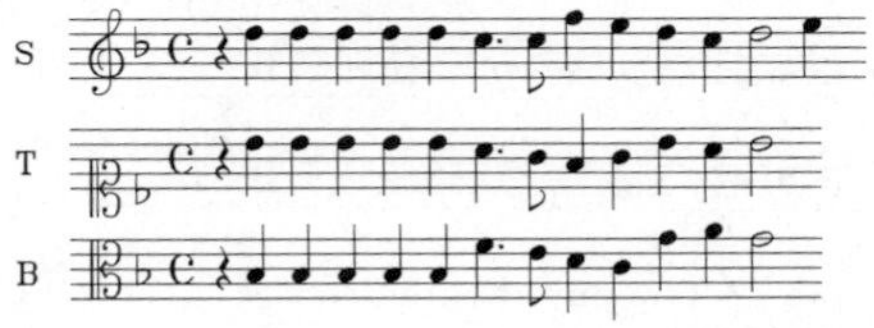

Bianchi, Pier'Antonio. Strale fiamme e catene
1572/10, p. 28 Canzona

Bianchi, Pier'Antonio. Tendi pur l'arco Amore
1582/09, p. 17 Canzona

Bianchi, Pier'Antonio. Il tuo leggiadro volto
1572/10, p. 22 Canzona

Bianchi, Pier'Antonio. Vane per cortesia dolce canzona mia
1572/10, p. 27 Canzona

Bianchi, Pier'Antonio. Vanne vanne o pensiero
1572/10, p. 29 Canzona

Bianchi, Pier'Antonio. Vidi l'altr'hier sedend'in su
1572/10, p. 12 Canzona

Bianchi, Pier'Antonio. Vidi una Pastorella
1572/10, p. 14 Canzona

Bianchi, Pier'Antonio. Voi pur altrui mirate
1582/09, p. 8 Madrigal

Bicci, Antonio. Basciatemi cor mio che cosi dolce
1594/11, p. 23 Madrigal

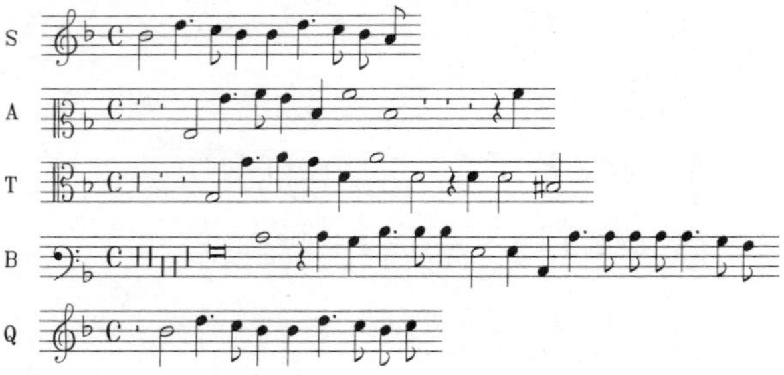

Bicci, Antonio. Candide perle e voi labbra ridenti
1591/21, p. 4 Madrigal

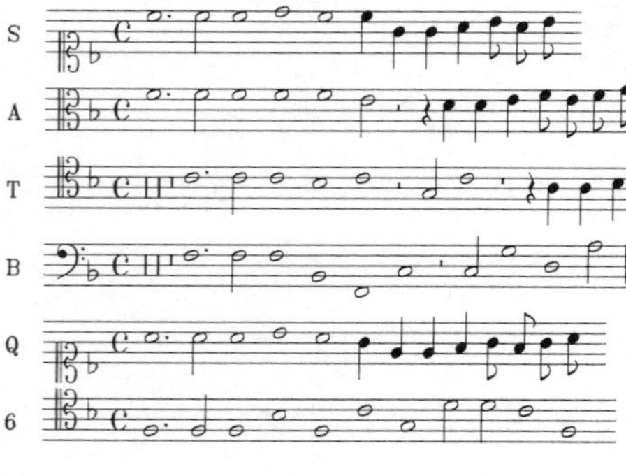

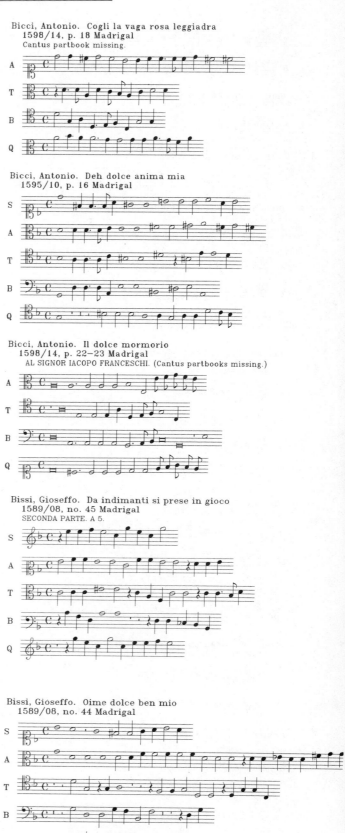

Bicci, Antonio. Cogli la vaga rosa leggiadra
1598/14, p. 18 Madrigal
Cantus partbook missing.

Bicci, Antonio. Deh dolce anima mia
1595/10, p. 16 Madrigal

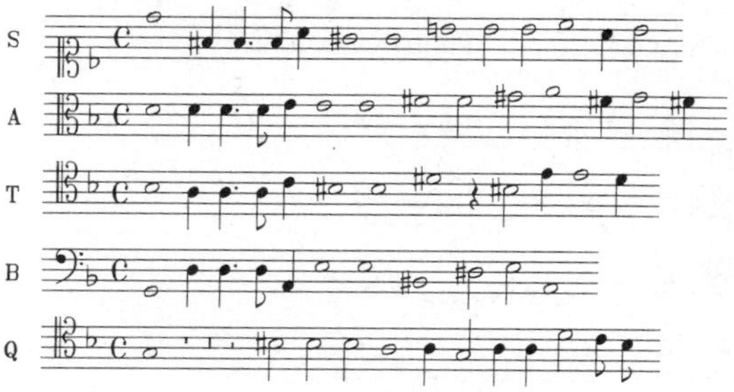

Bicci, Antonio. Il dolce mormorio
1598/14, p. 22–23 Madrigal
AL SIGNOR IACOPO FRANCESCHI. (Cantus partbooks missing.)

Bissi, Gioseffo. Da indimanti si prese in gioco
1589/08, no. 45 Madrigal
SECONDA PARTE. A 5.

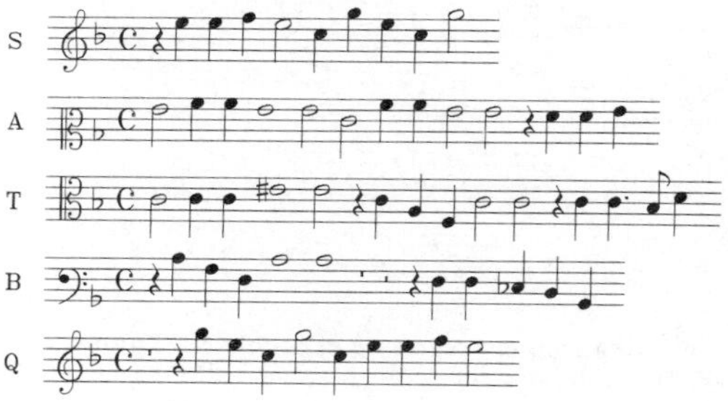

Bissi, Gioseffo. Oime dolce ben mio
1589/08, no. 44 Madrigal

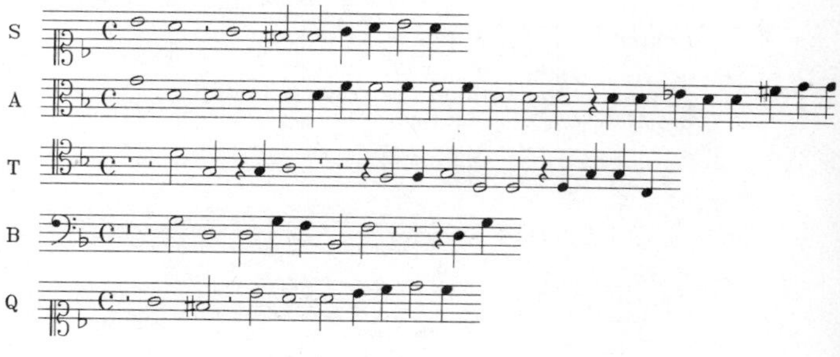

Bissi, Gioseffo. Tra bei rubini e perle
1589/08, no. 45 Madrigal

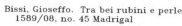

Blotagrio, Guglielmo. Amor io non potrei
1594/07, f. 13v Madrigal

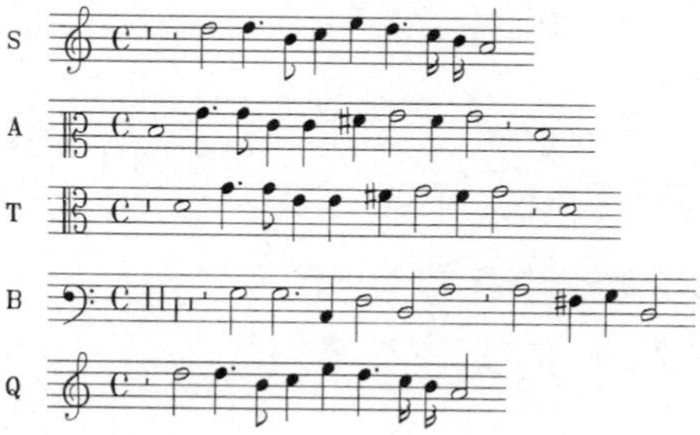

Blotagrio, Guglielmo. Amor io sent'un respirar si dolce
1594/07, f. 9 Madrigal

Bodeo, Joan. Come fanciul ch'a pena volge
1554/28, p. 13 Madrigal

Bodeo, Joan. Se fussi si pietosa quanto siate
1554/28, p. 8 Madrigal

Boldon, Tomaso. Volse Giove saper da gli altri
1598/07, p. 12 Madrigal

Bolognese, Anibale Cantare voglio sempre per amore
1573/17, p. 13 Canzona
Alto partbook missing. Canto & Tenor unavailable Zwickau.

Bologna, Hieronomo da. No text.
1540/22, no. 20 Madrigal
Only Bass partbook extant.

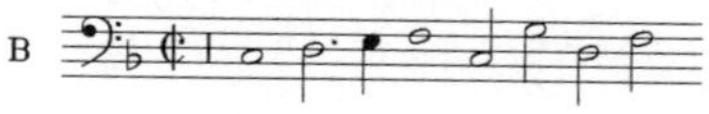

Bona, Valerio. Amor solo l'altr'hier scherzando
1599/14, p. 1 Canzonetta

Bona, Valerio. L'arco il dardo un riso
1599/14, p. 19 Canzonetta

Bona, Valerio. Ben giusto che d'armi sue ferito
1599/14, p. 3 Canzonetta

Bona, Valerio. D'honor vago da lei volato
1599/14, p. 2 Canzonetta

Bona, Valerio. Dite in cortesia un nuvo oltraggio
1599/14, p. 6 Canzonetta

Bona, Valerio. Ditemi o vita mia non sete voi
1599/14, p. 11 Canzonetta

Bona, Valerio. Dolci e cari sospir ch'usciti fuore
1599/14, p. 16 Canzonetta

Bona, Valerio. Dunque se fu cagion de l'ardo mio
1599/14, p. 19 Canzonetta

Bona, Valerio. Foco se non bramate e faci e dardi
1599/14, p. 5 Canzonetta

Bona, Valerio. Hor con parlar che tace
1599/14, p. 10 Canzonetta
RISPOSTA

Bona, Valerio. Lieto god'egli e lo nutrice Amore
1599/14, p. 17 Canzonetta
RISPOSTA

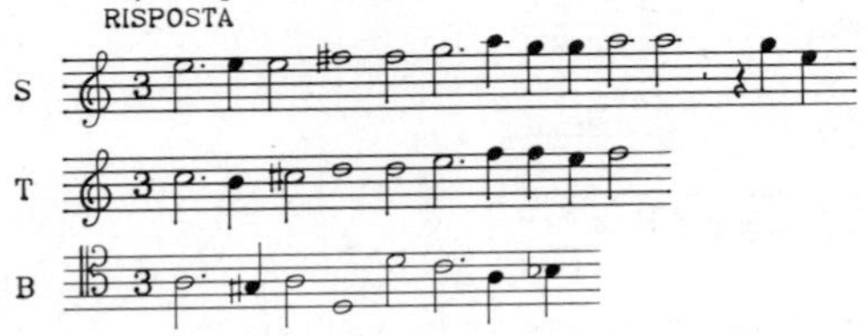

Bona, Valerio. Mentre dun'prigion si trova
1599/14, p. 4 Canzonetta

Bona, Valerio. Mentre mia lingua tace a sua voglia
1599/14, p. 9 Canzonetta

Bona, Valerio. Ove ne vai pastore
1599/14, p. 13 Canzonetta

Bona, Valerio. S'all'apparir de vostri lumi
1599/14, p. 7 Canzonetta

Bona, Valerio. Se dimostrarvi a pieno
1599/14, p. 20–21 Madrigal
MADRIGALE

Bona, Valerio. Se fu grand'il dolore
1599/14, p. 14 Canzonetta

Bona, Valerio. Se l'empia gelosia tormento
1599/14, p. 15 Canzonetta

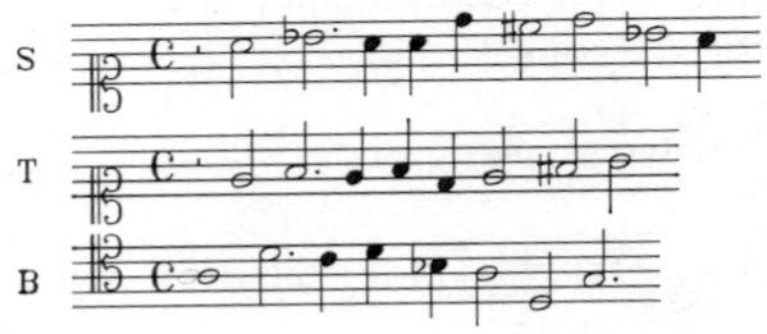

Bona, Valerio. Se lo splendor de miei lucenti
1599/14, p. 8 Canzonetta

Bona, Valerio. Tirommi un dardo dolcemente Amore
1599/14, p. 18 Canzonetta

Bona, Valerio. Vorrei parlar e dire quanto e grande
1599/14, p. 12 Canzonetta

Bonagiunta, Giulio. A cas'un giorno mi guido la scorta
1565/12, p. 7 Canzona

Bonagiunta, Giulio. L'amore non si trova a comparare
1566/07, p. 6 Canzona

Bonagiunta, Giulio. Con quel poco di spirito
1565/12, p. 9 Canzona

Bonagiunta, Giulio. Corr'al bel fuoco mio ch'e fred'
1566/03, p. 5 Madrigal

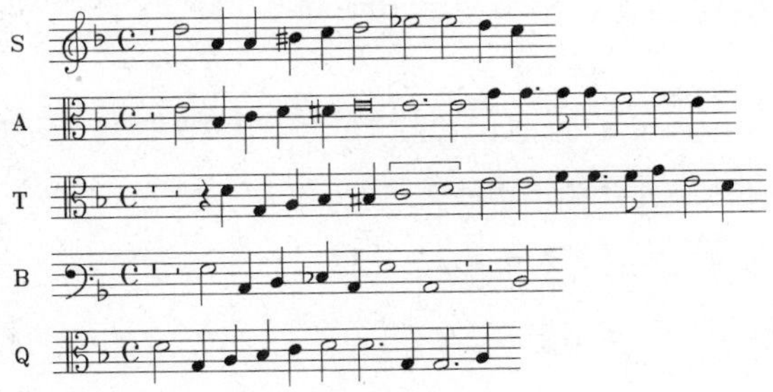

Bonagiunta, Giulio. Daspuo ch'al mio dolor no ghe ceroto
1565/12, p. 31–35 Canzona
Tenor voice missing.

Bonagiunta, Giulio. E vorave saver colonna mia
1565/12, p. 36–38 Canzona

Bonagiunta, Giulio. Gia non mi duol mentre sanar desio
1566/07, p. 14 Canzona

Bonagiunta, Giulio. Mentre ch'ella le piaghe
1565/12, p. 10 Canzona

Bonagiunta, Giulio. No no non si po piu durar
1566/07, p. 5 Canzona

Bonagiunta, Giulio. O bocca dolce piu che Canna Mele
1565/12, p. 3 Canzona

Bonagiunta, Giulio. O tu che mi da quai quanto poi
1566/07, p. 16 Canzona

Bonagiunta, Giulio. Parmi di star la notte in paradiso
1566/07, p. 4 Canzona

Bonagiunta, Giulio. Li Saracini adorano lo sole
1566/07, p. 8 Canzona

Bonagiunta, Giulio. Se pur ti voi cavar fa fantasia
1566/07, p. 3 Canzona

Bonagiunta, Giulio. Se tu non voi che mora disperato
1566/07, p. 15 Canzona

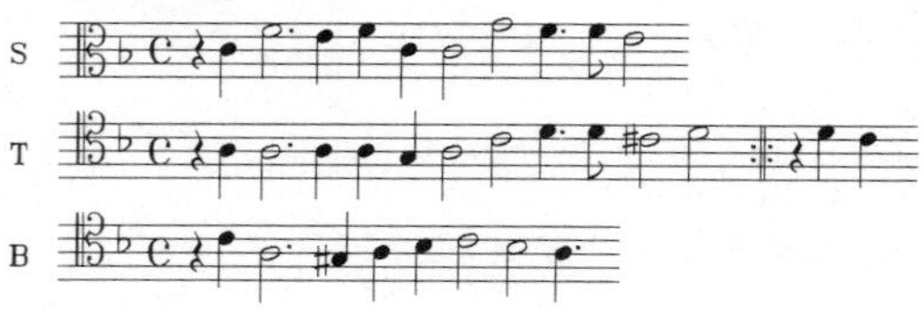

Bonagiunta, Giulio. Un tempo sospirava piangeva
1566/07, p. 17 Canzona

Bonagiunta, Giulio. Tu mi rubasti al primo sguardo
1566/07, p. 7 Canzona

Bonagiunta, Giulio. Vaga d'udir come ogni donna suole
1565/12, p. 8 Canzona

Bonaldi, Francesco. Amur se mi tel dao tutti'l prim'anni
1564/16, p. 4 Greghesca
PRIMA PARTE.

Bonaldi, Francesco. Denime plio san protta cavagliero
1564/16, p. 5 Greghesca

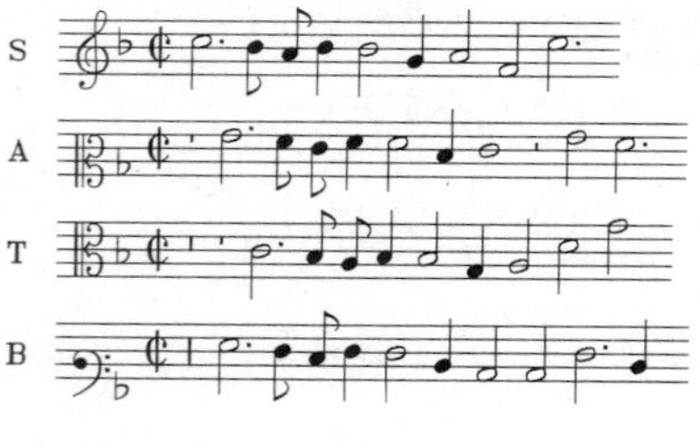

Bonardo, Francesco. Ho inteso dir che le virtu si trova
1565/12, p. 11 Canzona

Bonardo, Francesco. Ier'sera andai dalla mia manza
1565/12, p. 4 Canzona

Bonardo, Francesco. Madonna tu te lo bechi lo cerviello
1565/12, p. 12 Canzona

Bonardo, Francesco. Proverbio ama chi t'ama
1586/12, p. 12 Madrigal
TERZA PARTE.

Bonardo, Francesco. Quatro sospiri te voria mandanare
1570/17, p. 10–11 Giustiniana

Bonardo, Francesco. Se la na na bellezza fusse persa
1570/17, p. 8–9 Giustiniana

Bonardo, Francesco. Son stato cacciator cinque'anni
1565/12, p. 13 Canzona

Boni, Girolamo. Chi sei fanciul
1598/07, p. 20 Madrigal
DIALOGO A 7

Boni Girolamo. Con vostri irati sguardi
1598/09 p. 19 Madrigal
Tenor and Bass partbooks missing.

Boni, Girolamo. Lodi ogni Ninfa
1598/07, p. 2 Madrigal

Boni, Girolamo. Sta notte mi sognava con dolcezza
1589/10, p. 11 Canzonetta

Bonini, Pietro Andrea. Amor festi partire
1591/17, p. 6 Madrigal

Bonini, Pietro Andrea. Amor l'alma m'allaccia
1591/17, p. 1 Madrigal

Bonini, Pietro Andrea. Amor se tu sei
1591/17, p. 20 Madrigal
DIALOGO A 7.

Bonini, Pietro Andrea. Baci sospiri e voci
1591/23, p. 12 Madrigal

Bonini, Pietro Andrea. Ben fu dolce
1594/06, p. 20 Madrigal
PAROLE DI GIORGIO MUSCORNO. A 7.

Bonini, Pietro Andrea. Bevea Fillide mia
1591/17, p. 2 Madrigal

Bonini, Pietro Andrea. Chi mi dara piu vita
1591/17, p. 7 Madrigal

Bonini, Pietro Andrea. Chiara leggiadra fiamma
1591/17, p. 13 Madrigal

Bonini, Pietro Andrea. Com'al partir del sol si fa maggiore
1591/17, p. 15 Madrigal

Bonini, Pietro Andrea. Come vag'augelletto
1589/10, p. 21 Canzonetta

Bonini, Pietro Andrea. Cosi Natura tu madr'imperfetta
1591/17, p. 12 Madrigal
Seconda parte.

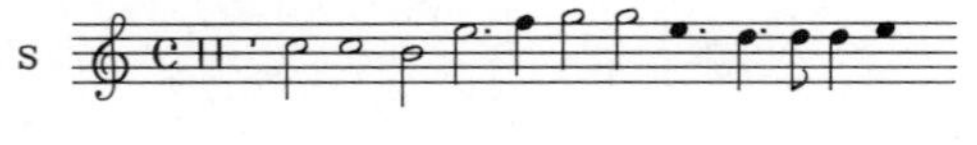

Bonini, Pietro Andrea. Crudel, ah non chiudete
1591/17, p. 3 Madrigal

Bonini, Pietro Andrea. Da le rosate labbia
1591/17, p.18 Madrigal

Bonini, Pietro Andrea. Deh ponete homai freno
1591/17, p. 14 Madrigal
ALL ILL. SIG. CESARE PILLOVI, IN MORTE DI DUE FIGLIOLI.

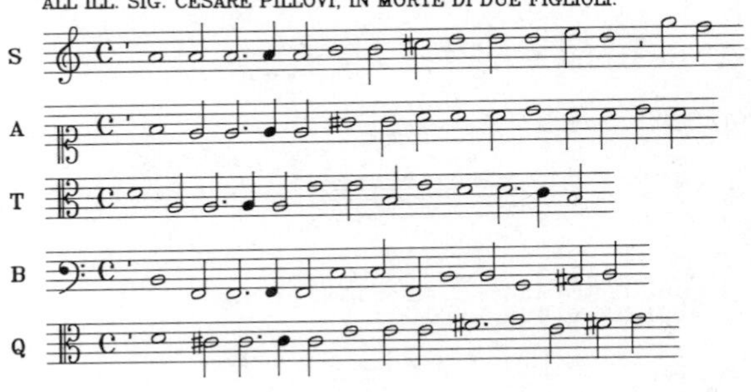

Bonini, Pietro Andrea. Devresti esser pietosa
1598/09, p. 6 Madrigal
Tenor and Bass partbooks missing.

Bonini, Pietro Andrea. Gia tu volasti quattro volte
1591/17, p. 17 Madrigal

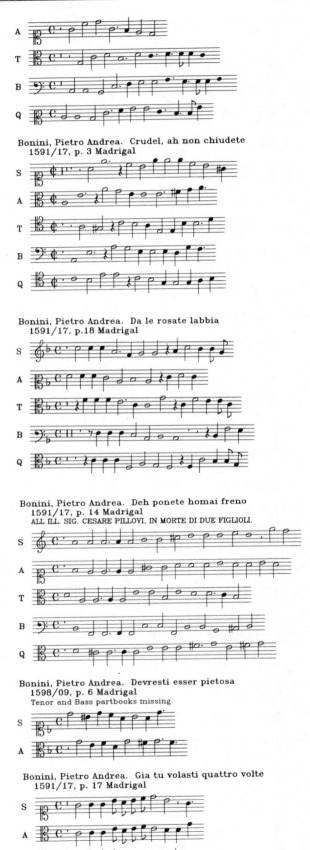

Bonini, Pietro Andrea. Lasso, perche mi fuggi
1591/17, p. 4 Madrigal

Bonini, Pietro Andrea. Non cosi strettamente
1591/17, p. 16 Madrigal

Bonini, Pietro Andrea. Occhi miei che vedeste
1591/17, p. 19 Madrigal

Bonini, Pietro Andrea. Piango si ma non di sdegno
1591/17, p. 5 Madrigal

Bonini, Pietro Andrea. Quando lieta e vezzosa
1592/11, p. 17 Madrigal
PAROLE DI P. FRANCESCO CORAZZINI.

Bonini, Pietro Andrea. Se delle dolci labbia
1591/17, p. 8 Madrigal

Bonini, Pietro Andrea. Sta il crudo cor quasi affamata
1591/17, p. 11 Madrigal
Prima parte.

Bonizzoni, Eliseo. Amor tu sai ch'a voglia di coste
1569/25, p. 3 Madrigal

Bonizzoni, Eliseo. Anchor che vita mia
1569/25, p. 13 Madrigal

Bonizzoni, Eliseo. Che far mi deggio amor
1569/25, p. 28 Madrigal
Alto voice missing.

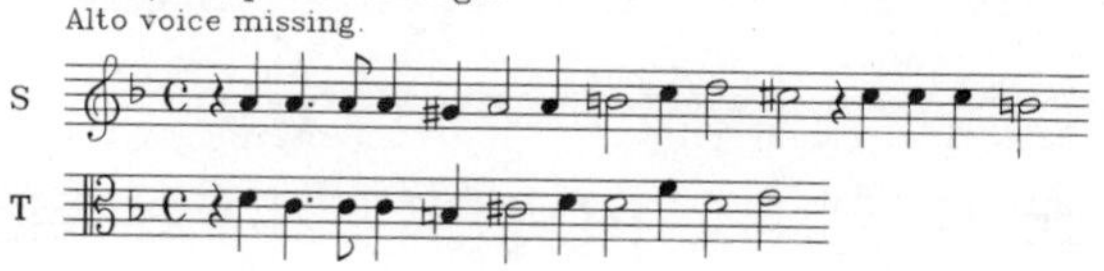

Bonizzoni, Eliseo. Chi vede mai tal caso
1569/25, p. 30 Madrigal
Alto voice missing.

Bonizzoni, Eliseo. Crudel lascia sto core
1569/25, p. 9 Madrigal

Bonizzoni, Eliseo. Dolci colli fioriti a me si cari
1569/25, p. 24 Madrigal
Alto voice missing.

Bonizzoni, Eliseo. Donna l'altr hier un tuo vicin
1569/25, p. 10 Madrigal

Bonizzoni, Eliseo. Mia buona sorte un giorno veder
1569/25, p. 11 Madrigal

Bonizzoni, Eliseo. Misero me che mi convien
1569/25, p. 20 Madrigal
Alto voice missing.

Bonizzoni, Eliseo. Non e non fu ne mai sara possibile
1569/25, p. 8 Madrigal

Bonizzoni, Eliseo. O quanto deve ringratiare cielo
1569/25, p. 5 Madrigal

Bonizzoni, Eliseo. Oime dolce ben mio
1569/25, p. 18 Madrigal
Alto voice missing.

Bonizzoni, Eliseo. Piu volte t'haggio detto
1569/25, p. 6 Madrigal

Bonizzoni, Eliseo. Poi che madonna non mi fa piu
1569/25, p. 16 Madrigal

Bonizzoni, Eliseo. Poi che sola vi state a la finestra
1569/25, p. 17 Madrigal
Alto voice missing.

Bonizzoni, Eliseo. Quando il gran Giove fulminando
1569/25, p. 15 Madrigal

Bonizzoni, Eliseo. S'io dico il vero
1569/25, p. 12 Madrigal

Bonizzoni, Eliseo. S'ogn'hor ti veggio Donna
1569/25, p. 14 Madrigal

Bonizzoni, Eliseo. Se quel che regge l'amoroso choro
1569/25, p. 4 Madrigal

Bonizzoni, Eliseo. Seguir mi piace amor ne mai ribella
1569/25, p. 23 Madrigal
RISPOSTA DEL BONIZZONI. (Alto voice missing.)

Bonizzoni, Eliseo. Son'hoggi al mondo certi innamorati
1569/25, p. 7 Madrigal

Bonizzoni, Eliseo. Venga quei bel Narciso
1569/25, p. 26 Madrigal
Alto voice missing.

Bonzanino, Agostino. De vieni amor cagion d'ogni mio bene
1579/04, p. 3 Madrigal

Bonzanino, Agostino. Dhe vien dolc'apsettat'e gratioso
1579/04, p. 24 Madrigal

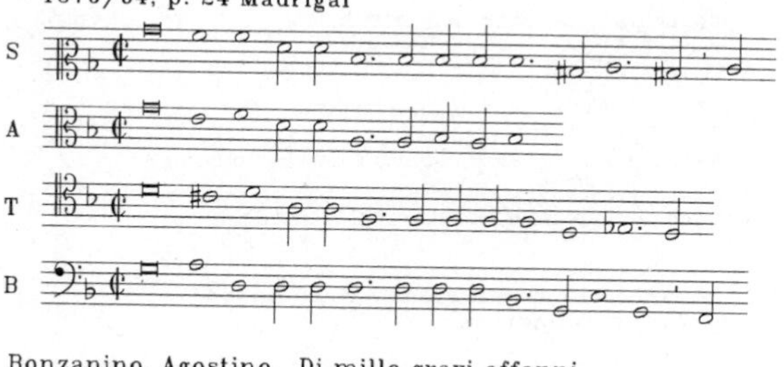

Bonzanino, Agostino. Di mille gravi affanni
1579/04, p. 22–23 Madrigal

Borelli, Hippolito. Questa bella Guerriera
1592/12, p. 24–25 Madrigal

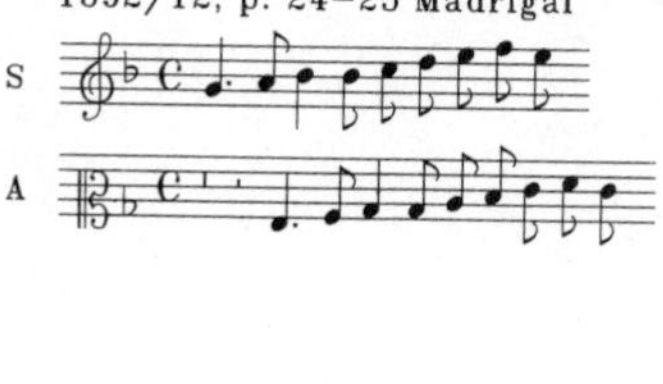

Borghese, Camillo. La pastorella di dormir gia stanca
1586/12, p. 6–7 Madrigal

Borghese, Camillo. Misero a che piu spero
1568/12, p. 19 Madrigal

Borghese, Camillo. Morte non m'ode
1568/12, p. 20 Madrigal

Borgo, Cesare. Se mai si vide il Sole
1596/11, p. 22–23 Madrigal
Cantus and Tenor partbooks missing.

Bortolusi, Vincenzo Alma d'amor gioiosa hor che sospiri
1584/04, p. 6 Madrigal
A 7. (Incomplete---one voice missing.)

Bortolusi, Vincenzo. Donna non ho piu core
1577/07, p. 29 Madrigal
Tenor, Bass & Quinto partbooks missing.

Bottegari, Cosmo. L'altr'hier Amor di duo braccia
1575/11, p. 28–29 Madrigal

Bottegari, Cosmo. Ben fate torto a Giove
1575/11, p. 27 Madrigal

Boyleau, Simon. In questo di giocondo
1599/06, p. 135–136 Lauda
TERZA PARTE. (Compare Lassus, "In questo.." in 1560/18.)

Boyleau, Simon. Nascan herbette e fiori
1599/06, p. 134–135 Lauda
SECONDA PARTE.

Bozi, Paolo. A l'ombra d'un bel faggio
1592/11, p. 11 Madrigal
PAROLE DI BARTOLOMEO RONACGLIA.

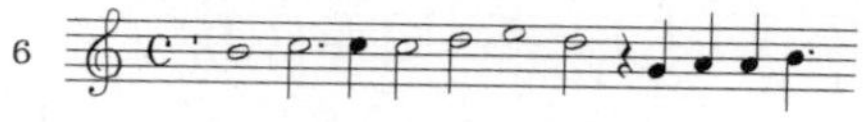

Bozi, Paolo. Ardo Donna per voi
1593/05, p. 51 Madrigal

Bozi, Paolo. Ardo Signor non meno
1593/05, p. 52 Madrigal
RISPOSTA.

Bozi, Paolo. Canta bel rossignuolo
1588/19, p. 18 Canzonetta
STANZA QUARTA, E ULTIMA.(Tenor and Alto partbooks missing.)

Bozi, Paolo. Chi vuol sentir cantare
1588/19, p. 15 Madrigal
CANZONE DE MENON. STANZA PRIMA. (Alto & Tenor missing.)

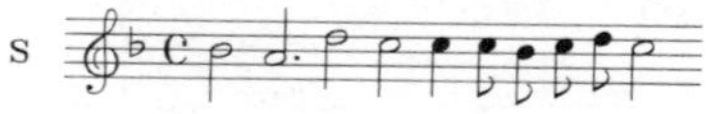

Bozi, Paolo. Cri cri critu ch'a droma
1588/19, p. 16 Madrigal
STANZA SECONDA. (Tenor and Alto partbooks missing.)

Bozi, Paolo. Deh spegni Amor la face'l nodo
1588/18, p. 5 Madrigal

Bozi, Paolo. E'l poveretto pon
1588/19, p. 17 Madrigal
STANZA TERZA. (Tenor and Alto partbooks missing.)

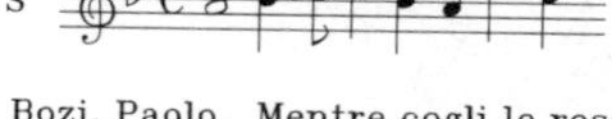

Bozi, Paolo. Mentre cogli le rose
1598/06, p. 3 Madrigal

A T B Q

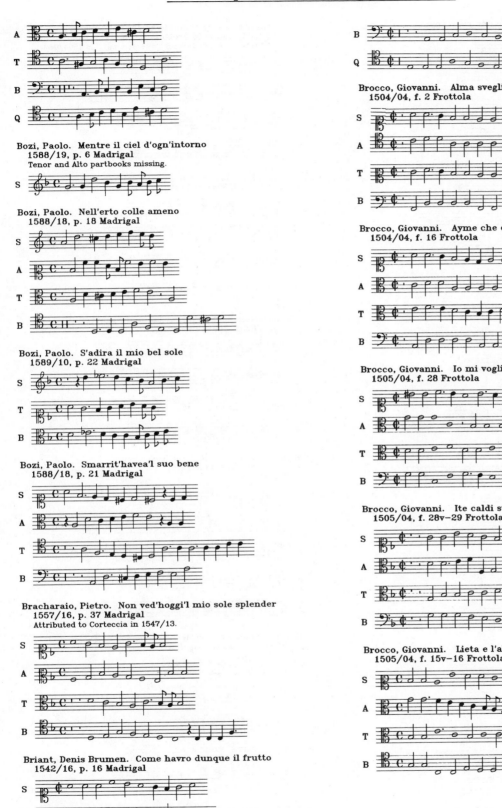

Bozi, Paolo. Mentre il ciel d'ogn'intorno
1588/19, p. 6 Madrigal
Tenor and Alto partbooks missing.

S

Bozi, Paolo. Nell'erto colle ameno
1588/18, p. 18 Madrigal

S A T B

Bozi, Paolo. S'adira il mio bel sole
1589/10, p. 22 Madrigal

S T B

Bozi, Paolo. Smarrit'havea'l suo bene
1588/18, p. 21 Madrigal

S A T B

Bracharaio, Pietro. Non ved'hoggi'l mio sole splender
1557/16, p. 37 Madrigal
Attributed to Corteccia in 1547/13.

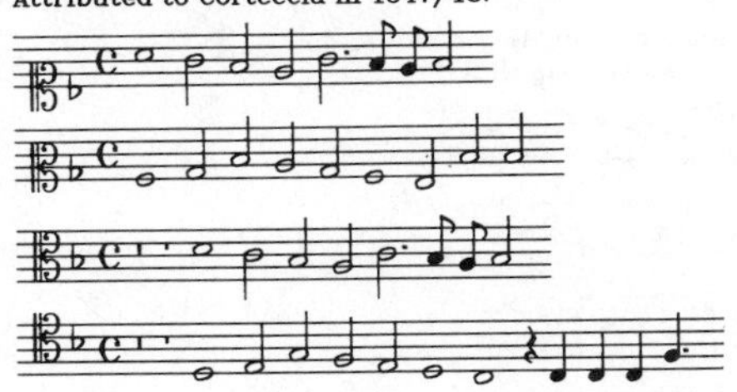
S A T B

Briant, Denis Brumen. Come havro dunque il frutto
1542/16, p. 16 Madrigal

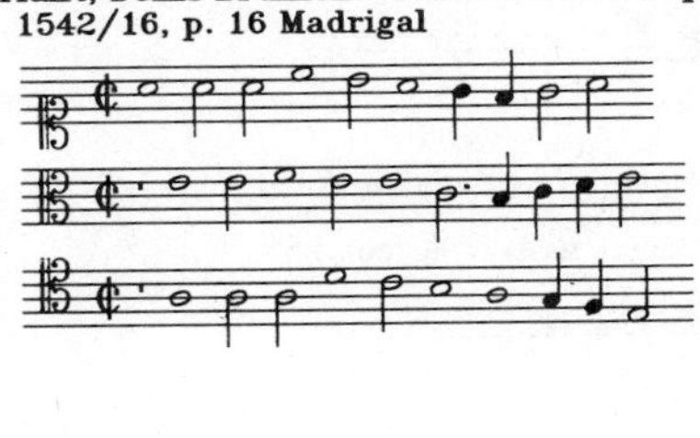
S A T

B Q

Brocco, Giovanni. Alma svegliate hormai
1504/04, f. 2 Frottola

S A T B

Brocco, Giovanni. Ayme che doglia e questa
1504/04, f. 16 Frottola

S A T B

Brocco, Giovanni. Io mi voglio lamentare
1505/04, f. 28 Frottola

S A T B

Brocco, Giovanni. Ite caldi suspiri
1505/04, f. 28v–29 Frottola

S A T B

Brocco, Giovanni. Lieta e l'alma poi che sciolta
1505/04, f. 15v–16 Frottola

S A T B

Brocco, Giovanni. La mia fe non vene ameno
1505/04, f. 14v–15 Frottola

Brocco, Giovanni. Oyme che io sento al core
1505/04, f. 13v–14 Frottola

Brocco, Giovanni. Se non son degno donna
1505/04, f. 27v Frottola

Brocco, Niccolo. Me levava una matina
1517/02, f. 31v–33 Frottola

Brocco, Niccolo. O tiente a lora
1507/04, f. 44v Frottola

Brocco, Niccolo. Per servirte perdo i passi
1507/04, f. 42v–43 Frottola

Brocco, Niccolo. Poi che in te donna speravi
1507/04, f. 43v–44 Frottola
RESPOSTA (Compare Josquin "In te domine.." in 1504/04.)

Brocco, Niccolo. Se ben fatto o del mio resto
1517/02, f. 22v–24 Frottola

Brocco, Niccolo. Se mia trista e dura sorte
1517/02, f. 20v–22 Frottola

Bruno, Francesco. Non son ris'avicenda
1598/08, p. 13 Madrigal
Risposta

Bruno, Francesco. Son le ris'avicenda
1598/08, p. 12 Madrigal

BT/MC Sancta Maria ora pro nobis
1508/03, f. 19v Lauda
Compare Anon., "Sancta Maria.." in 1508/03.

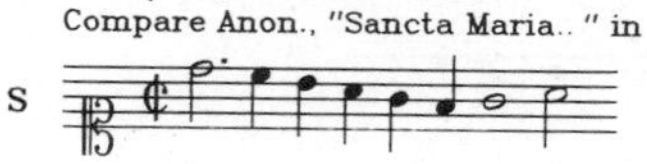

Bucca, Ferrante. Caro dolc'alt'e fatti cosi pregio
1563/10, p. 21 Madrigal
Cantus & Bass partbooks missing.

Burno, Rinaldo. Fugimi quanto voi fuggi
1546/18, p. 3 Napolitana
Two partbooks (Cantus/Tenor?) missing.

Burno, Rinaldo. Madonna io te vorria
1546/18, p. 5 Napolitana
Two partbooks (Cantus/Tenor?) missing.

Burno, Rinaldo. Madonna mia la vostra alma bellezza
1546/18, p. 5 Napolitana
Two partbooks (Cantus/Tenor?) missing.

Burno, Rinaldo. Madonna mia madonna non dico ciance
1546/18, p. 7 Napolitana
Two partbooks (Cantus/Tenor?) missing.

Burno, Rinaldo. Mill'anni sono ch'io non t'haggio
1546/18, p. 7 Napolitana
Only Bass partbook extant.

Burno, Rinaldo. Mo grido ad alta voce
1546/18, p. 3 Napolitana
Only Bass partbook extant.

Burno, Rinaldo. Noi tre madonne simo giostratori
1546/18, p. 4 Napolitana
Only Bass partbook extant.

Burno, Rinaldo. Non ho passio mai donna mostrare
1546/18, p. 4 Napolitana
Only Bass partbook extant.

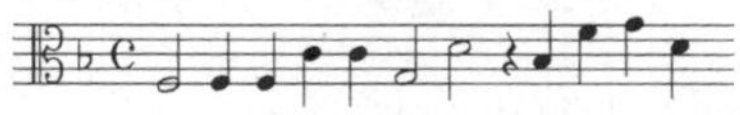

Burno, Rinaldo. Poveri siamo tutti d'ogni bene
1546/18, p. 10 Napolitana
Only Bass partbook extant.

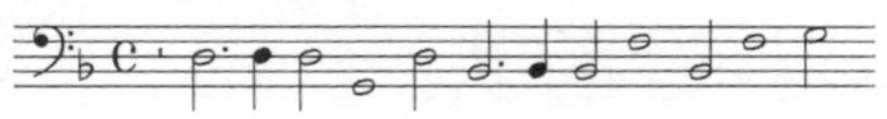

Burno, Rinaldo. Si havessi tantillo di speranza
1565/17, p. 16 Canzona

Burno, Rinaldo. Stato me detto ca te sei parata
1546/18, p. 14 Napolitana
Only Bass partbook extant.

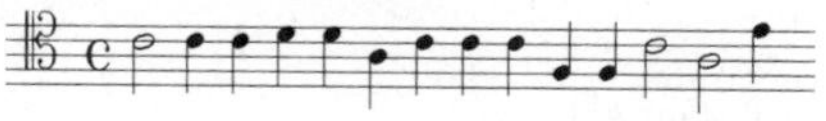

Burno, Rinaldo. Tu pur te credi che per te
1546/18, p. 8 Napolitana
Only Bass partbook extant.

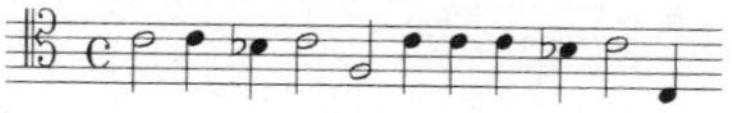

Burno, Rinaldo. Tu sai como minganni o traditora
1546/18, p. 6 Napolitana
Only Bass partbook extant.

Burno, Rinaldo. Vecchia malvasa che la gelosia
1546/18, p. 8 Napolitana
Only Bass partbook extant.

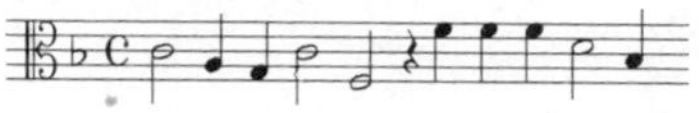

Buus, Jacques. Con lei fuss'io da che si parte
1543/17, p. 36 Madrigal
Attrib.to Ponte(1557/16),Corteccia(1542/17),Arcadelt(1547/13

Buus, Jacques. Questi soavi fiori quest'herbe
1542/17, no. 34 Madrigal

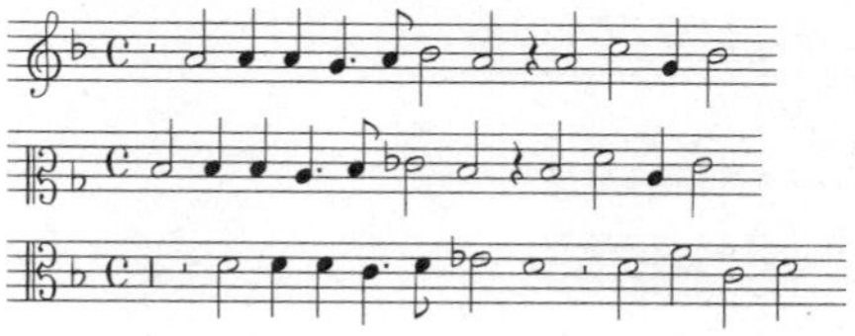

Buus, Jacques. Questi soavi fiori quest'herbe
1542/17, no. 34 Madrigal

Caccino, Oratio. Amor che debbo far che mi consigli
1585/21, p. 5 Madrigal
Music missing in Tenor partbook.

Caccino, Oratio. Amor ecco colei
1585/21, p. 18 Madrigal

Caccino, Oratio. Bene mio tu h'hai lasciato
1585/21, p. 20 Madrigal

Caccino, Oratio. Bianca e vermiglia rosa
1585/21, p. 1 Madrigal
ALLA...GRAN DUCHESSA DI TOSCANA. (Tenor part missing.)

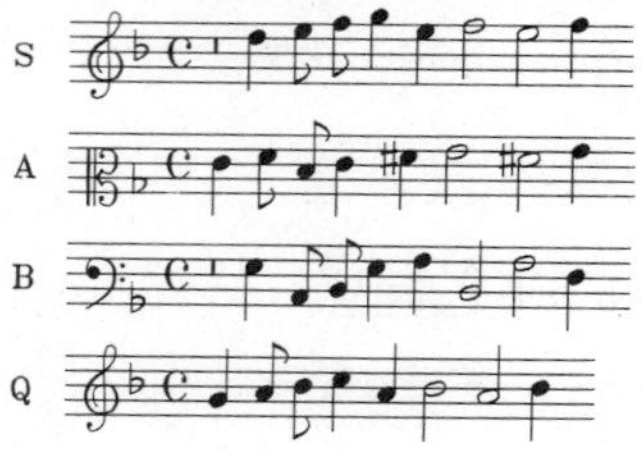

Caccino, Oratio. Credo ben che la note vi pensate
1585/21, p. 3 Madrigal
Music missing in Tenor partbook.

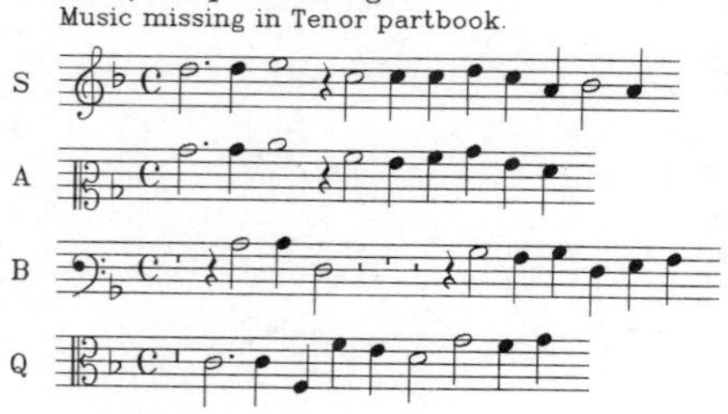

Caccino, Oratio. Deh parla ardito amante
1585/21, p. 6 Madrigal
ALLA...GRAN DUCHESSA DI TOSCANA. (Tenor part missing.)

Caccino, Oratio. Di perle e di rubin la bocca amena
1585/21, p. 7 Madrigal
ALLA ILLUSTRE SIGNORA BEATRICE TORELLA.

Caccino, Oratio. L'hora ch'io non ti vedo
1585/21, p. 17 Madrigal

Caccino, Oratio. Ne laccio ne catene mai mi cinse
1585/21, p. 4 Madrigal
Music missing in Tenor partbook.

Caccino, Oratio. Per cittade per vila e per castella
1585/21, p. 10 Madrigal

Caccino, Oratio. Quel di ch'io remirai
1585/21, p. 15 Madrigal

T B Q

Caccino, Oratio. Rallegrano il mio cor
1585/21, p. 16 Madrigal

S A T B Q

Caccino, Oratio. Se gli occhi tuoi
1585/21, p. 21 Madrigal

S A T B Q

Caccino, Oratio. Se quanto piu m'appresso
1585/21, p. 2 Madrigal
Music missing in Tenor partbook.

S A B Q

Caccino, Oratio. Tanti martir mi date
1585/21, p. 14 Madrigal

S A T B Q

Caccino, Oratio. Tutto il di piango e mai trovo
1585/21, p. 9 Madrigal

S A T

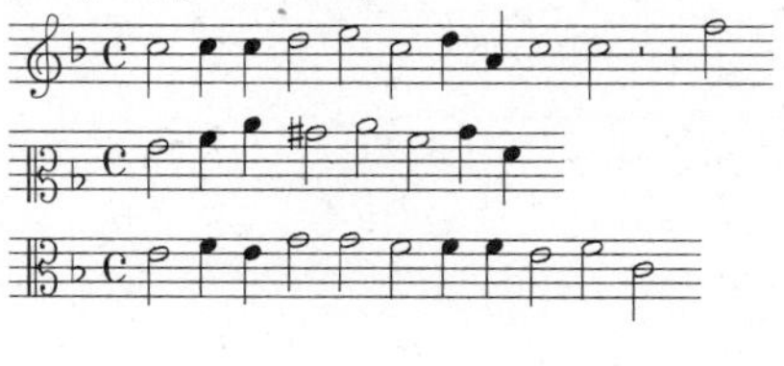

B Q

Caccino, Oratio. Un duro scoglio al mar constante
1585/21, p. 12 Madrigal

S A T B Q

Caccino, Oratio. Una fiammella viva
1585/21, p. 19 Madrigal

S A T B Q

Caimo, Gioseppe. Bene mio tu m'hai lasciato
1586/19, p. 5 Madrigal

S A T B Q

Caimo, Gioseppe. Con tue lusinghe Amore
1586/19, p. 20 Madrigal

S A T B Q

Caimo, Gioseppe. Il cor e l'alma creppa di dolore
1586/19, p. 14 Madrigal
SECONDA PARTE.

Caimo, Gioseppe. Lo core mio e fatt'un mongibello
1586/19, p. 9 Madrigal

Caimo, Gioseppe. Date la vel'al vento
1586/19, p. 4 Madrigal

Caimo, Gioseppe. Dolci sospir o donna e dolci pianti
1586/19, p. 8 Madrigal

Caimo, Gioseppe. Forz'e ch'io parti e non posso
1586/19, p. 15 Madrigal
TERZA PARTE.

Caimo, Gioseppe. Gia l'hora e tarda e le minute
1597/15, p. 4 Madrigal

Caimo, Gioseppe. Gioia mia dolc'e cara
1586/19, p. 7 Madrigal

Caimo, Gioseppe. Haime meschino mi sento morire
1586/19, p. 16 Madrigal
QUARTA, & ULTIMA PARTE.

Caimo, Gioseppe. Mirate che m'ha fatto sto cor
1586/19, p. 3 Madrigal

Caimo, Gioseppe. Na volta m'hai gabat'o ladroncella
1586/19, p. 19 Madrigal

Caimo, Gioseppe. Occhi leggiadri e cari
1586/19, p. 17 Madrigal

Caimo, Gioseppe. Partomi donna e teco lascio il core
1586/19, p. 13 Madrigal

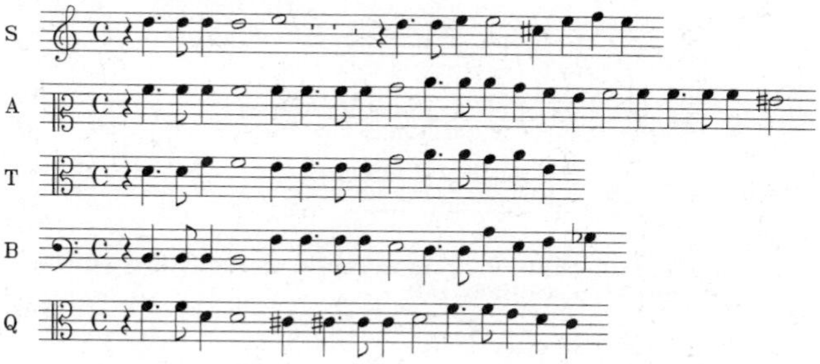

Caimo, Gioseppe. Questa crudel ch'adoro
1586/19, p. 18 Madrigal

Caimo, Gioseppe. Torna torna pensier
1586/19, p. 11 Madrigal
RISPOSTA.

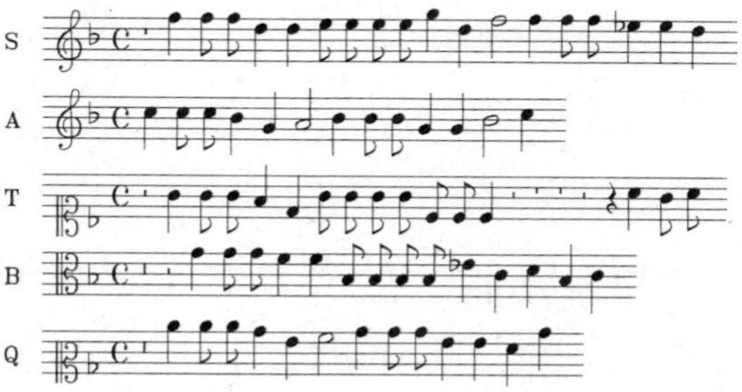

Caimo, Gioseppe. Tutte l'offese che m'hai fatto
1586/19, p. 12 Madrigal

Caimo, Gioseppe. Un'ape esser vorrei
1586/19, p. 6 Madrigal

Caimo, Gioseppe. Vola vola pensier fuor del mio petto
1586/19, p. 10 Madrigal

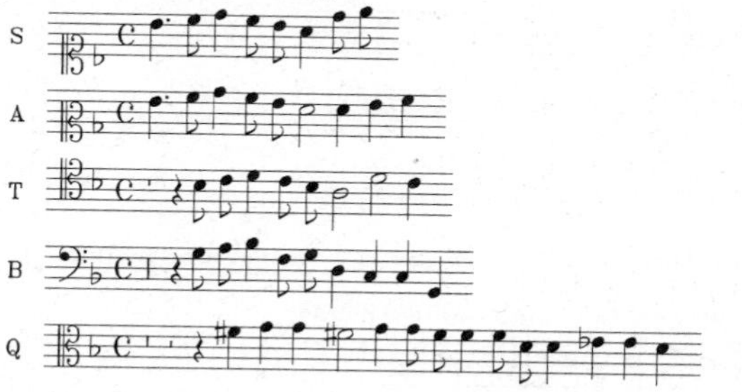

Calabrese, Scipione. Ben scorgi di lontano alta Regina
1599/06, p. 141 Lauda
A SANTA MARIA MAGGIORE.

Calabrese, Scipione. Hor'eccoti presente Anima mia
1599/06, p. 33 Lauda
ALLA MADONNA SANTISSIMA DI MONTE VERGINE.

Caldarino. Anchor che co'l partire
1559/19, p. 10 Villota
(Canto and Alto parts from 1564/15.)

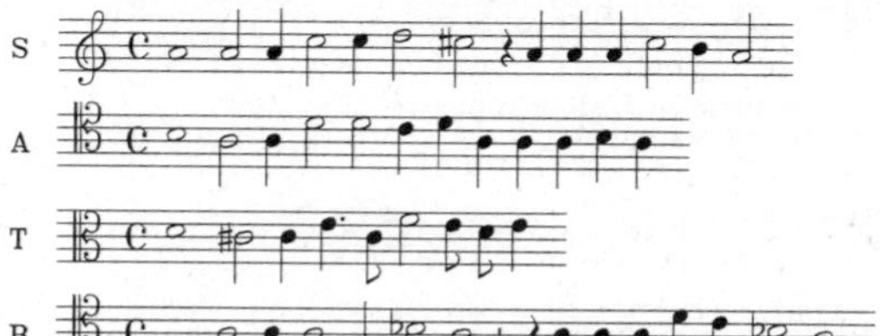

Caldarino. Cosi soav'e'l fuoco e dolc'il
1559/18, p. 29 Madrigal

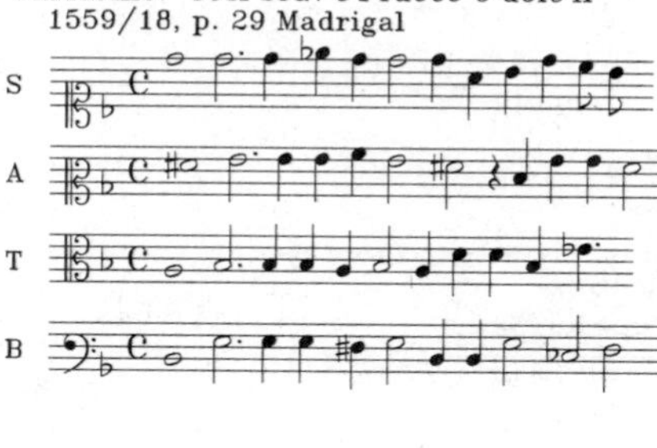

Caldarino. Io son si vago de li miei sospiri
1557/18, p. 22 Villota

Caldarino. Mentre con suoi begli occhi
1560/10, p. 7 Madrigal

Califano, Giovanni B. L'aer gravat'e l'importuna nebbia
1584/07, p. 6 Madrigal
Compare Bass with J. Arcadelt in 1559/18.

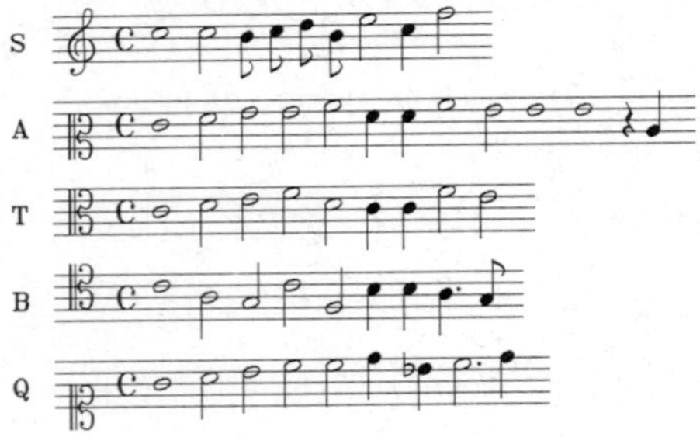

Califano, Giovanni B. All'assalir della bramata rocca
1584/07, p. 1 Madrigal

Califano, Giovanni B. L'altre maggior di tempo
1584/07, p. 12 Madrigal
SECONDA PARTE.

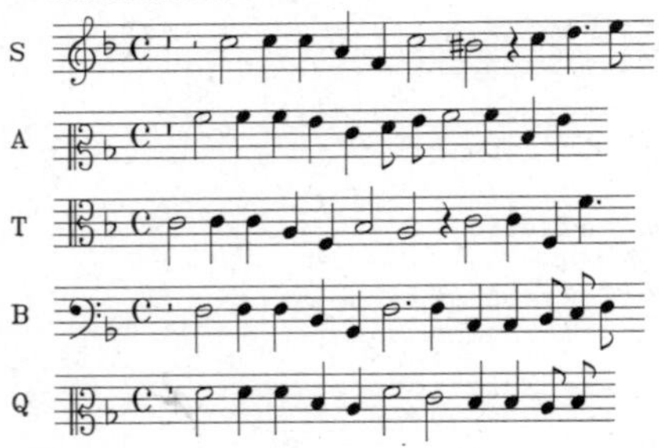

Califano, Giovanni B. Donna non fu ne fia
1584/07, p. 4 Madrigal

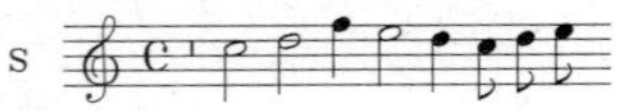

Califano, Giovanni B. Ecco l'aurora con l'aurata fronte
1584/07, p. 7 Madrigal

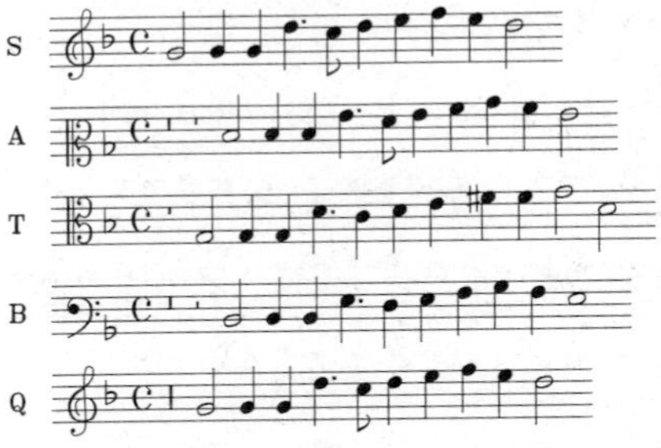

Califano, Giovanni B. Fammi sentir di quell'aura gentile
1584/07, p. 19 Madrigal

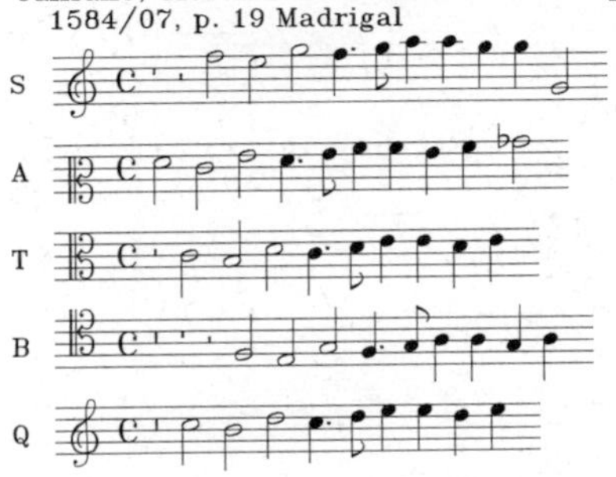

Califano, Giovanni B. Fuggi'l sereno e'l verde
1584/07, p. 13 Madrigal

Califano, Giovanni B. Lasciat'hai morte senza sol il mondo
1584/07, p. 10 Madrigal

Califano, Giovanni B. Liete verde fiorite e fresche valli
1584/07, p. 18 Madrigal

Califano, Giovanni B. Ma i pomi un tempo a lui
1584/07, p. 9 Madrigal
SECONDA PARTE.

Califano, Giovanni B. Ma poiche chiar comprende
1584/07, p. 5 Madrigal
SECONDA PARTE.

Califano, Giovanni B. Non mi toglia il ben mio
1584/07, p. 2 Madrigal

Califano, Giovanni B. O del mio navigar fidata scorta
1584/07, p. 3 Madrigal

Califano, Giovanni B. O dolorosa vita degl'amanti
1584/07, p. 20 Madrigal

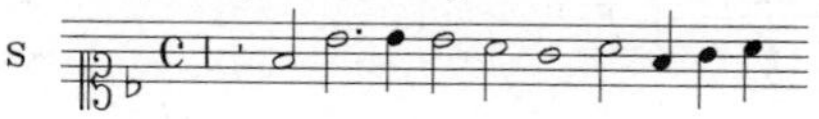

Califano, Giovanni B. Pero s'io temo e vo col cor gelate
1584/07, p. 17 Madrigal
SECONDA PARTE.

Califano, Giovanni B. Port'il buon villanel da strana rioa
1584/07, p. 8 Madrigal
PRIMA PARTE.

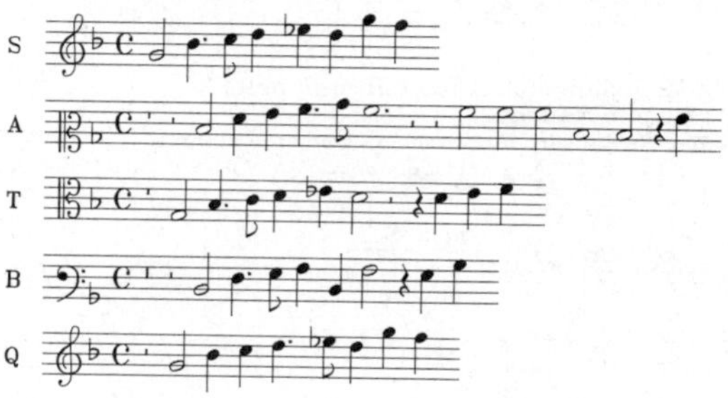

Califano, Giovanni B. Qual donna cantera se non cant'io
1584/07, p. 14 Madrigal

Califano, Giovanni B. Real natura angelico intelletto
1584/07, p. 11 Madrigal

Califano, Giovanni B. Se'l dolce sguardo di costei
1584/07, p. 16 Madrigal
PRIMA PARTE.

Califano, Giovanni B. Spirto gentil ch'ingioven il etade
1584/07, p. 15 Madrigal

Cancino, Michelangelo. A Dio Filli mia bella
1590/21, p. 6 Madrigal
(Listed as "A dio caro mio tirsi" in Table of Contents)

Cancino, Michelangelo. A che Donna porta cosa nel seno
1590/21, p. 24 Madrigal

Cancino, Michelangelo. A le caste fiammelle
1590/21, p. 11 Madrigal

Cancino, Michelangelo. Al germ onde s'eterna
1590/21, p. 1 Madrigal

Cancino, Michelangelo. All'hor bench'io sentissi interna
1590/21, p. 3 Madrigal

Cancino, Michelangelo. Ardo lungi e dappresso
1590/21, p. 26 Madrigal

Cancino, Michelangelo. Ave del Ciel Regina
1600/05, p. 58 Lauda
L'ANTIFONA AVE REGINA COELORUM.

Cancino, Michelangelo. Ave del Mare Stella
1600/05, p. 57 Lauda
L'HINNO AVE MARIS STELLA.

Cancino, Michelangelo. Canzon di sera in oriente
1590/21, p. 20 Madrigal
SETTIMA & ULT. PARTE.

Cancino, Michelangelo. Che poi che'l sol coi raggi
1590/21, p. 4 Madrigal

Cancino, Michelangelo. Chi mi terra poi ch'io son sol
1590/21, p. 34–35 Madrigal
A OTTO.

Cancino, Michelangelo. Come notturn'augel nemico al sole
1590/21, p. 14 Madrigal
SESTINA PRIMA PARTE.

Cancino, Michelangelo. Cresce la fiamma & io
1590/21, p. 21 Madrigal

Cancino, Michelangelo. Dal di e'l letticiol lasciai
1590/21, p. 17 Madrigal
QUARTA PARTE.

Cancino, Michelangelo. Date pace al mio core
1590/21, p. 30 Madrigal

Cancino, Michelangelo. Era ne la stagion che Febo
1590/21, p. 2 Madrigal

Cancino, Michelangelo. Fuggi il sereno e'l verde
1590/21, p. 9 Madrigal

Cancino, Michelangelo. Fugite homai pensier noiosi
1590/21, p. 19 Madrigal
SESTA PARTE.

Cancino, Michelangelo. Imparin gl'altri a non alzar le luci
1590/21, p. 22 Madrigal

Cancino, Michelangelo. In bel mattino il sole
1590/21, p. 27 Madrigal

Cancino, Michelangelo. Lunge dagl'occhi vostri
1590/21, p. 12 Madrigal

Cancino, Michelangelo. Madonna Sua merce pur una fera
1590/21, p. 18 Madrigal
QUINTA PARTE.

Cancino, Michelangelo. Mentre nubi di sdegno
1590/21, p. 7 Madrigal

Cancino, Michelangelo. Non e si chiara l'Alba
1590/21, p. 22–23 MADRIGAL

Cancino, Michelangelo. O madre universal benigna terra
1590/21, p. 16 Madrigal
TERZA PARTE.

Cancino, Michelangelo. Poiche dunque puo l'ira
1590/21, p. 8 Madrigal
SECONDA PARTE.

Cancino, Michelangelo. Pur mi pensai ch'in breve spatio
1590/21, p. 5 Madrigal

Cancino, Michelangelo. Qui cadd'un bel pastore
1590/21, p. 29 Madrigal

Cancino, Michelangelo. Se mai quest'occhi tra boschett'o
1590/21, p. 15 Madrigal
SECONDA PARTE.

Cantino, Paolo. Un bel vis'e un bel semo
1588/18, p. 4 Madrigal

Cantino, Paolo. Perche la mia Diana
1592/12, p. 14–15 Madrigal

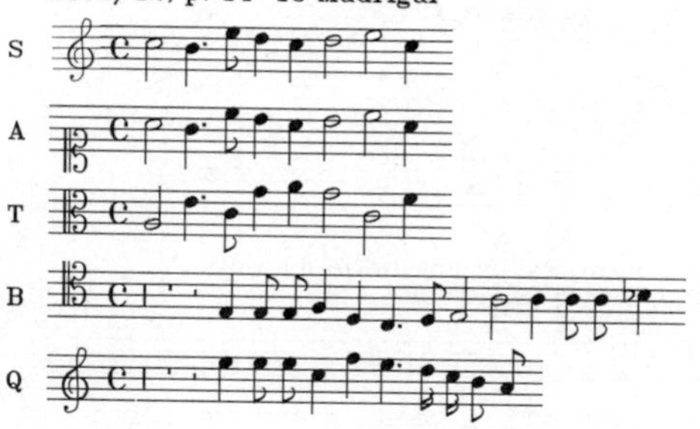

Cantino, Paolo. Vidi spuntar l'Aurora in orienta
1588/18, p. 16–17 Madrigal

Capilupi, Gemigniano. A l'acqua a l'aria a le tempeste
1597/21, p. 13 Madrigal

Capilupi, Gemigniano. Amanti correte tutti quanti
1597/21, p. 32 Madrigal

Capilupi, Gemigniano. Amar Donna che strugge
1597/21, p. 24 Madrigal

Capilupi, Gemigniano. L'amara dipartita a lagrimar
1597/21, p. 4 Madrigal

Capilupi, Gemigniano. Care amorose gradite rose
1597/21, p. 31 Madrigal

Capilupi, Gemigniano. Chi brama di veder quanto piu amore
1597/21, p. 21 Madrigal

Capilupi, Gemigniano. La fiamma che m'incende
1597/21, p. 9 Madrigal

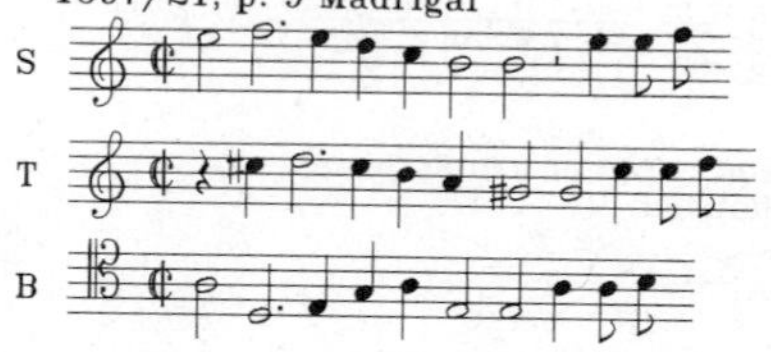

Capilupi, Gemigniano. Mentre l'Aquila affisa
1597/21, p. 6 Madrigal

Capilupi, Gemigniano. Nisa dolce ben mio
1597/21, p. 5 Madrigal

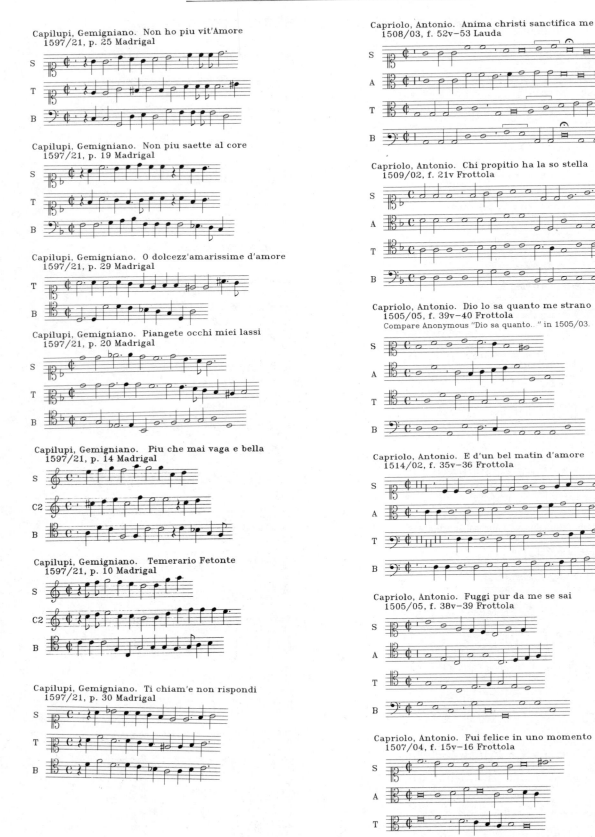

Capilupi, Gemigniano. Non ho piu vit'Amore
1597/21, p. 25 Madrigal

Capilupi, Gemigniano. Non piu saette al core
1597/21, p. 19 Madrigal

Capilupi, Gemigniano. O dolcezz'amarissime d'amore
1597/21, p. 29 Madrigal

Capilupi, Gemigniano. Piangete occhi miei lassi
1597/21, p. 20 Madrigal

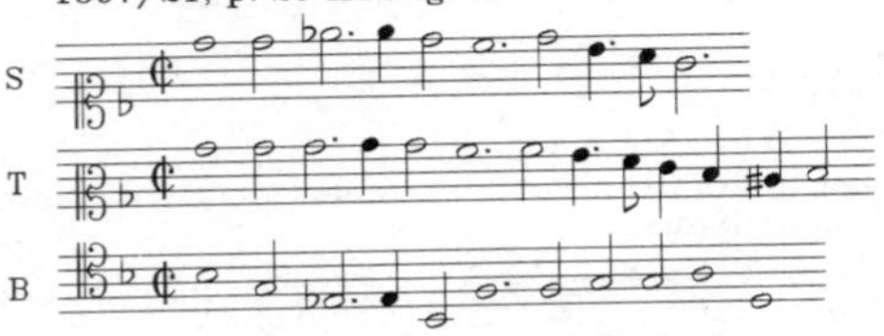

Capilupi, Gemigniano. Piu che mai vaga e bella
1597/21, p. 14 Madrigal

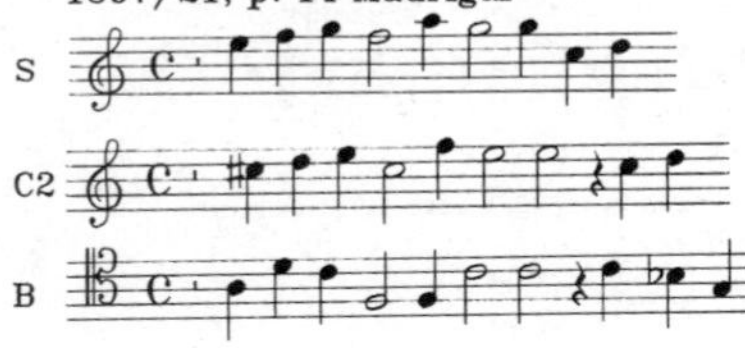

Capilupi, Gemigniano. Temerario Fetonte
1597/21, p. 10 Madrigal

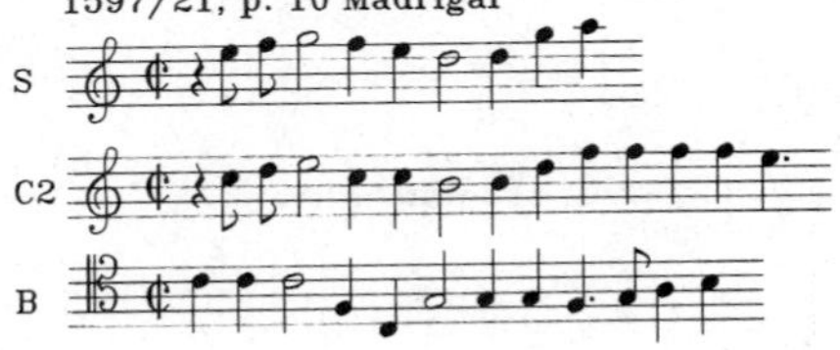

Capilupi, Gemigniano. Ti chiam'e non rispondi
1597/21, p. 30 Madrigal

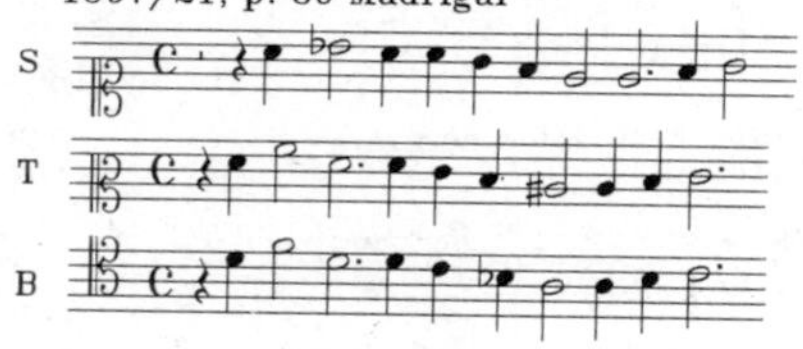

Capriolo, Antonio. Anima christi sanctifica me
1508/03, f. 52v–53 Lauda

Capriolo, Antonio. Chi propitio ha la so stella
1509/02, f. 21v Frottola

Capriolo, Antonio. Dio lo sa quanto me strano
1505/05, f. 39v–40 Frottola
Compare Anonymous "Dio sa quanto.." in 1505/03.

Capriolo, Antonio. E d'un bel matin d'amore
1514/02, f. 35v–36 Frottola

Capriolo, Antonio. Fuggi pur da me se sai
1505/05, f. 38v–39 Frottola

Capriolo, Antonio. Fui felice in uno momento
1507/04, f. 15v–16 Frottola

Capriolo, Antonio. Una leggiadra nimpha
1509/02, f. 13v–14 Frottola

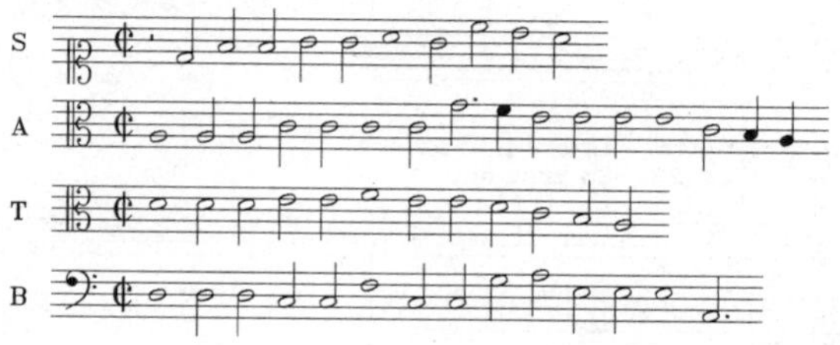

Capriolo, Antonio. Non si vedra giamai stanca
1507/03, f. 8v–9 Frottola

Capriolo, Antonio. O bone Jesu exaudi me
1508/03, f. 53v–54 Lauda
SECUNDA PARS.

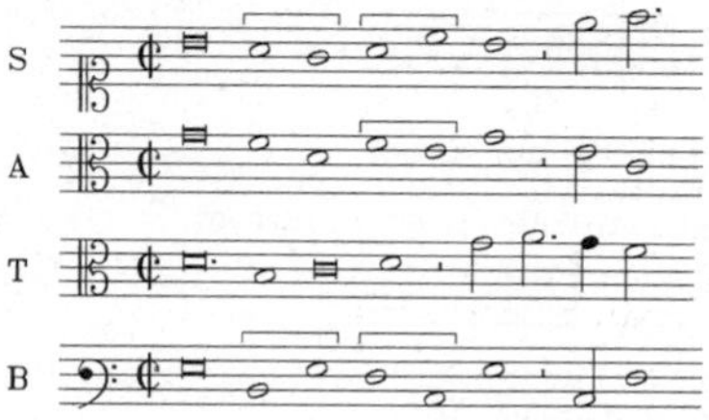

Capriolo, Antonio. Ogni amor vol esser vero
1505/05, f. 2v–3 Frottola

Capriolo, Antonio. Ognun fuga amore
1505/05, f. 36v–37 Frottola

Capriolo, Antonio. Poi che mia sincera fede
1505/05, f. 4v–5 Frottola

Capriolo, Antonio. Poi che per fede mancha
1504/04, f. 55v Frottola

Capriolo, Antonio. Quella bella e biancha mano
1507/04, f. 14v–15 Frottola

Capriolo, Antonio. Questo oime pur mi tormenta
1505/05, f. 3v–4 Frottola

Capriolo, Antonio. Ritornata e la speranza
1505/05, f. 5v–6 Frottola

Capuano, Giovanni F. Amor tu che poi vincer ogn'impresa
1574/06, p. 7 Madrigal

Capuano, Giovanni F. Chi vol veder la dea de la bellezza
1574/06, p. 13 Madrigal

Capuano, Giovanni F. Fuggi donna quanto voi
1575/05, p. 22 Madrigal

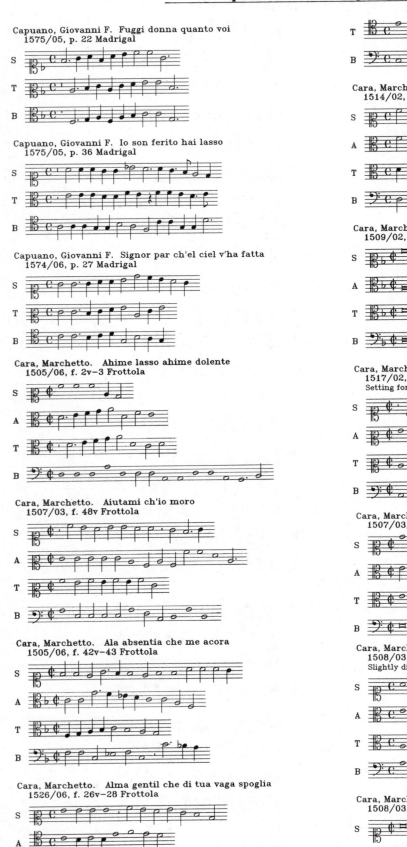

Capuano, Giovanni F. Io son ferito hai lasso
1575/05, p. 36 Madrigal

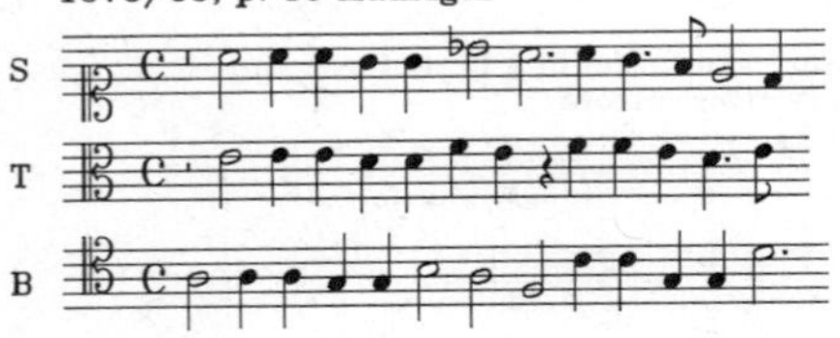

Capuano, Giovanni F. Signor par ch'el ciel v'ha fatta
1574/06, p. 27 Madrigal

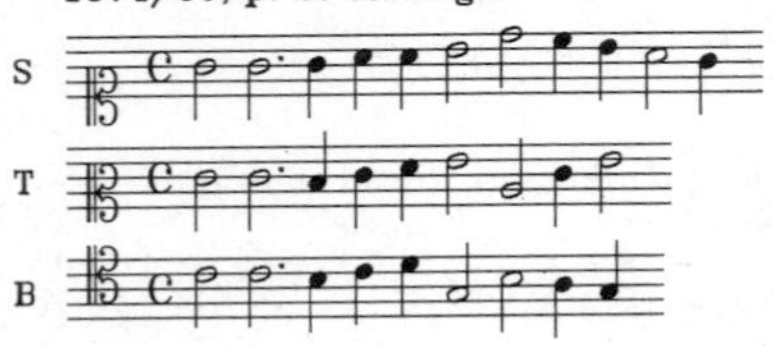

Cara, Marchetto. Ahime lasso ahime dolente
1505/06, f. 2v–3 Frottola

Cara, Marchetto. Aiutami ch'io moro
1507/03, f. 48v Frottola

Cara, Marchetto. Ala absentia che me acora
1505/06, f. 42v–43 Frottola

Cara, Marchetto. Alma gentil che di tua vaga spoglia
1526/06, f. 26v–28 Frottola

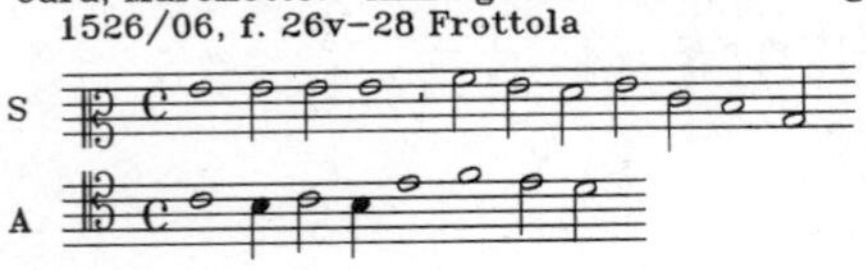

Cara, Marchetto. Amero non amero
1514/02, f. 22v–23 Frottola

Cara, Marchetto. Amor del mio valor gia fidel scorta
1509/02, f. 16v Frottola

Cara, Marchetto. Amor se de hor in hor
1517/02, f. 26v–27 Frottola
Setting for voice and lute, attributed to B.T. in 1520/07.

Cara, Marchetto. L'ardor mio grave e assimiliante
1507/03, f. 30v Frottola

Cara, Marchetto. Ave maria gratia plena
1508/03, f. 17v–18 Lauda
Slightly different version, F.47v–48, attrib. to Tromboncino.

Cara, Marchetto. Ave maria gratia plena
1508/03, f. 41v–42 Lauda

Cara, Marchetto. Ave victorioso e sancto legno
1508/03, f. 16v–17 Lauda

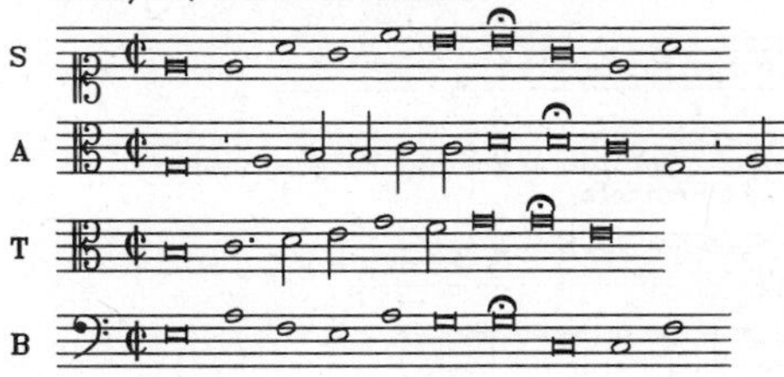

Cara, Marchetto. Bona dies bona sera
1507/03, f. 41v–42 Frottola

Cara, Marchetto. Cangia spera mia voglia
1517/02, f. 11v–13 Frottola
Same text incipit (lacks music) Anon. in voice/lute, 1520/07.

Cara, Marchetto. Cantai mentre nel core lieto fioria
1513/01, f. 45v–46 Frottola
Lute version in 1507/03.

Cara, Marchetto. Caro sepulchro mio
1517/02, f. 28v–29 Frottola

Cara, Marchetto. Chi l'aria mai creduto
1509/02, f. 17 Frottola

Cara, Marchetto. Chi la castra la porcella
1509/02, f. 9v–10 Frottola

Cara, Marchetto. Chi me dara piu pace
1504/04, f. 13v Frottola

Cara, Marchetto. Cholei che amo cosi
1509/02, f. 23v Frottola

Cara, Marchetto. Credo ben puro che me
1505/04, f. 40v–41 Frottola
SECUNDA PARS.

Cara, Marchetto. Crudel cor per che credesti
1507/03, f. 14v–15v Frottola

Cara, Marchetto. D'ogni altra haria pensato
1507/03, f. 38 Frottola

S
A
T
B

Cara, Marchetto. De che`parlera piu la lingua
1509/03, f. 49 Frottola
Voice and lute.

S

Cara, Marchetto. Defecerunt donna hormai
1504/04, f. 4v–5 Frottola

S
A
T
B

Cara, Marchetto. Deh dolce mia signora
1507/03, f. 31 Frottola

S
A
T
B

Cara, Marchetto. Deh non fugir de no
1513/01, f. 44v–45 Frottola
Attributed to M. Cara in 1507/03.

S
A
T
B

Cara, Marchetto. Deh non piu deh non piu mo
1507/03, f. 44v–45 Frottola
Lute version in 1509/03.

S
A
T
B

Cara, Marchetto. Deh si deh no deh si
1504/04, f. 14v–15 Frottola
Lute version in 1509/03.

S
A
T
B

Cara, Marchetto. Del mio si grande & del mio amor
1526/06, f. 14 Frottola

S
A
T
B

Cara, Marchetto. Dela impresa mia amorosa
1509/02, f. 10v–11 Frottola

S
A
T
B

Cara, Marchetto. Dilecto albergo e tu beato nido
1505/05, f. 29 Strambotto

S
A
T
B

Cara, Marchetto. Discalza e discalzetta
1526/06, f. 26 Frottola

S
A
T
B

Cara, Marchetto. Donna habiati voi pietate
1507/04, f. 37v–38 Frottola

S
A
T
B

Cara, Marchetto. E da poi ch'el sol dal morte
1526/06, f. 31v Frottola

Cara, Marchetto. Ecco colui che m'arde
1517/02, f. 42v–44 Frottola
Setting for voice/lute in 1520/07.

Cara, Marchetto. Fiamma amorosa e bella
1513/01, f. 8v–10 Frottola

Cara, Marchetto. Forsi che si forsi che no
1505/04, f. 33v–34 Frottola

Cara, Marchetto. Forsi chi ode non
1505/04, p. 34v–35 Frottola
SECUNDA PARS.

Cara, Marchetto. La fortuna vol cosi
1504/04, f. 15v Frottola

Cara, Marchetto. Fugga pur chi vol amore
1507/04, f. 40v–41 Frottola

Cara, Marchetto. Fuggitava mia speranza
1505/04, f. 37v–38 Frottola

Cara, Marchetto. Fugi se sai fugir che fugir tanto
1509/02, f. 22 Frottola

Cara, Marchetto. Gli e pur gionto el giorno aime
1504/04, f. 11v–12 Frottola
See note on borrowings in Index to First Lines.

Cara, Marchetto. Ho che aiuto o che conforto
1513/01, f. 5v–7 Frottola

Cara, Marchetto. Hor venduto ho la speranza
1504/04, f. 6v–7 Frottola
Lute version in 1509/03.

Cara, Marchetto. In eterno io voglio amarte
1504/04, f. 10v–11 Frottola

Cara, Marchetto. Io non compro piu speranza
1504/04, f. 9v–10 Frottola
Lute version in 1509/03.

Cara, Marchetto. Io non l'ho perche non l'ho
1507/03, f. 40v–41 Frottola

Cara, Marchetto. Io so ben che al tuo
1505/04, f. 38v–39 Frottola
SECUNDA PARS.

Cara, Marchetto. Io son l'ocel che sopra i rami
1505/05, f. 2 Strambotto

Cara, Marchetto. La non vol perche non me ama
1517/02, f. 14v–15 Frottola
Same text incipit (no music) attrib. to Anon. in 1520/07.

Cara, Marchetto. Liber fui un tempo in foco
1505/04, f. 39v–40 Frottola

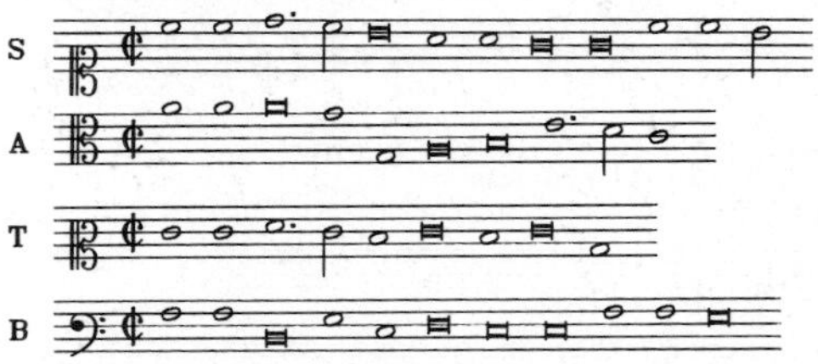

Cara, Marchetto. Lor fur quelli che
1505/04, f. 36v–37 Frottola
SECUNDA PARS.

Cara, Marchetto. Mai non persi la spera
1507/04, f. 41v–42 Frottola
SECUNDA PARS.

Cara, Marchetto. Mal un muta per effecto
1507/03, f. 32v Frottola

Cara, Marchetto. Mentre che a tua belta fisso dimora
1505/05, f. 16 Sonetto
SONETTO.

Cara, Marchetto. Mia crudele e iniqua
1505/04, f. 32v–33 Frottola
SECUNDA PARS.

Cara, Marchetto. Nasce la speme mia da un dolce riso
1509/02, f. 2v Frottola

Cara, Marchetto. Non al suo amante piu diana piacque
1526/06, f. 12v–13v Frottola
Attrib. to Cara on one page and to Tromboncino on the other.

Cara, Marchetto. Non e tempo d'aspectare
1504/04, f. 3v–4 Frottola

Cara, Marchetto. Non peccando altro che'l core
1507/03, f. 26v–27 Frottola

Cara, Marchetto. O bon egli bon
1505/06, f. 4v–5 Frottola

Cara, Marchetto. O caldi mei suspiri fidi compagni
1505/05, f. 14v Strambotto

Cara, Marchetto. O celeste anime sancte
1509/02, f. 24v Frottola

Cara, Marchetto. O mia cieca e dura sorte
1504/04, f. 5v–6 Frottola
Lute version in 1509/03.

Cara, Marchetto. O se havesse la mia vita
1517/02, f. 11v–12 Frottola

Cara, Marchetto. Occhi dolci o che almen scorto
1509/02, f. 15v–16 Frottola

Cara, Marchetto. Occhi mei lassi poiche perso haveti
1505/05, f. 11v–12 Strambotto

Cara, Marchetto. Ogni ben fa la fortuna
1505/04, f. 29v–30 Frottola

Cara, Marchetto. Oime el cor oime la testa
1504/04, f. 2v–3 Frottola
Lute version in 1509/03.

Cara, Marchetto. Pensati se fu doglie
1530/01, f. 10–10v Frottola
Only Alto partbook extant.

Cara, Marchetto. Per dolor mi bagno il viso
1514/02, f. 24v–25 Frottola
Setting for organ in 1507/03.

Cara, Marchetto. Per fuggir d'amor le ponte
1516/02, f. 8v–10 Frottola

Cara, Marchetto. Per fuggir la mia morte
1520/07, f. 7v Frottola
Voice and lute.

Cara, Marchetto. Perche piangi alma se dal pianto
1531/04, f. 7v–8 Madrigal

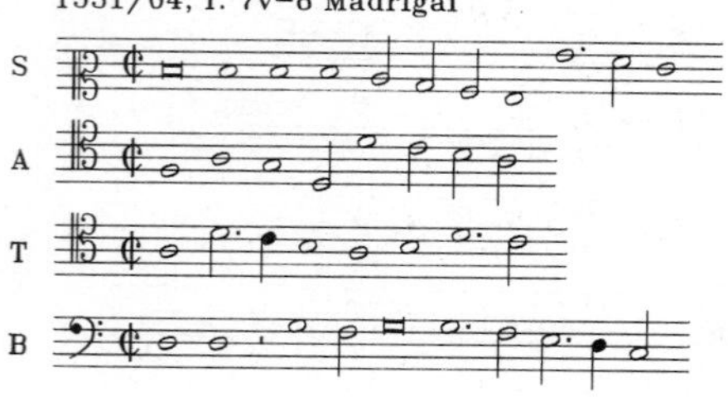

Cara, Marchetto. Perche son tutto foco
1530/01, f. 6v–7v Frottola
Only Alto partbook extant.

Cara, Marchetto. Perso ho in tutto hormai la vita
1505/04, f. 31v–32 Frottola

Cara, Marchetto. Piangea la donna mia
1526/06, f. 8v–10 Frottola

Cara, Marchetto. Pieta cara signora
1504/04, f. 14 Frottola
Compare Rasmo "La pieta ha chiuso" in 1509/02.

Cara, Marchetto. Piu non t'amo aibo
1509/02, f. 18v–19 Frottola
Lute version in 1509/03.

Cara, Marchetto. Poich'io vedo
1516/02, f. 24v–25v Frottola

Cara, Marchetto. Poiche in van mia mente sogna
1526/06, f. 14v–15 Frottola

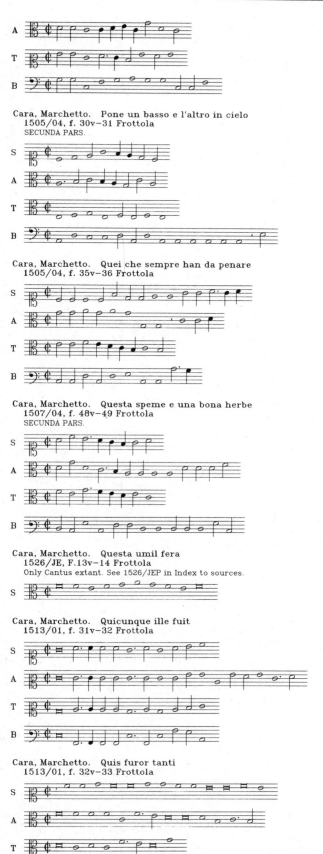

Cara, Marchetto. Pone un basso e l'altro in cielo
1505/04, f. 30v–31 Frottola
SECUNDA PARS.

Cara, Marchetto. Quei che sempre han da penare
1505/04, f. 35v–36 Frottola

Cara, Marchetto. Questa speme e una bona herbe
1507/04, f. 48v–49 Frottola
SECUNDA PARS.

Cara, Marchetto. Questa umil fera
1526/JE, F.13v–14 Frottola
Only Cantus extant. See 1526/JEP in Index to sources.

Cara, Marchetto. Quicunque ille fuit
1513/01, f. 31v–32 Frottola

Cara, Marchetto. Quis furor tanti
1513/01, f. 32v–33 Frottola

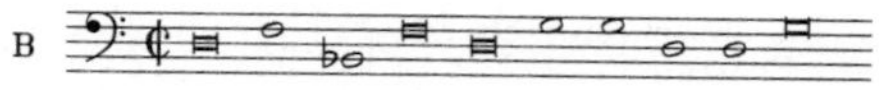

Cara, Marchetto. Rinforzi ognhor piu mia dura sorte
1505/05, f. 24v Strambotto

Cara, Marchetto. Rocta e l'aspra mia cathena
1505/06, f. 44v–45 Frottola

Cara, Marchetto. S'io sedo al ombra amor
1505/06, f. 53 Sonetto
SONETTO. Ascribed to "BT" in Table of Contents.

Cara, Marchetto. Salve sacrato et triomphante legno
1517/02, f. 37v–39 Frottola

Cara, Marchetto. Se alcun tempo da voi
1513/01, f. 42 Frottola
Setting for voice and lute in 1520/07.

Cara, Marchetto. Se amor non e che
1517/02, f. 5v–6 Frottola
Setting for voice and lute in 1520/07.

Cara, Marchetto. Se ben el fin de la mia vita
1506/03, f. 42v Frottola

Cara, Marchetto. Se de fede hor vengo
1504/04, f. 8–9 Frottola

Cara, Marchetto. Se gli'l dico che dira
1520/07, f. 3v–4v Frottola
Voice and lute.

Cara, Marchetto. Se non fusse la speranza
1507/04, f. 47v–48 Frottola

Cara, Marchetto. Se non hai perseveranza
1504/04, f. 7v–8 Frottola

Cara, Marchetto. Se non soccorri amore la vita mia
1531/04, f. 3v–4 Madrigal

Cara, Marchetto. Se per chieder merce gratia
1507/04, f. 10v–11 Frottola

Cara, Marchetto. Se quanto in voi si vede
1530/0 , f. 7v–8v Frottola
Only Alto partbook extant.

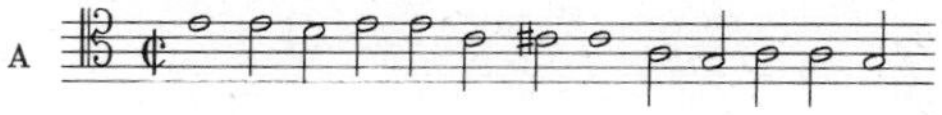

Cara, Marchetto. Si bella e la mia donna
1531/04, f. 11v–12 Madrigal

Cara, Marchetto. Si ben sto lontano
1509/02, f. 34v–35 Frottola

Cara, Marchetto. Si che la vo seguire
1514/02, f. 2 Frottola

Cara, Marchetto. Si come che'l biancho cigno
1504/04, f. 13 Frottola

Cara, Marchetto. Si trovase una donna
1530/01, f. 10v–11 Frottola
Only Alto partbook extant.

Cara, Marchetto. Signora un che v'adora
1519/04, f. 32v–33 Frottola
Music missing in Florence copy (voice/lute) of 1520/07.

Cara, Marchetto. Sonno che gli animali
1513/01, f. 5 Frottola

Cara, Marchetto. Le sontre fantinelle
1526/06, f. 20 Frottola

Cara, Marchetto. Su su su su mia speme prendi
1506/03, f. 23v–24 Frottola

Cara, Marchetto. Sum piu tua che non sum mia
1507/04, f. 33v–34 Frottola
Lute version (as "Son piu tua.. ") in 1509/03

Cara, Marchetto. Sventurati amanti
1516/02, f. 18v–19v Frottola

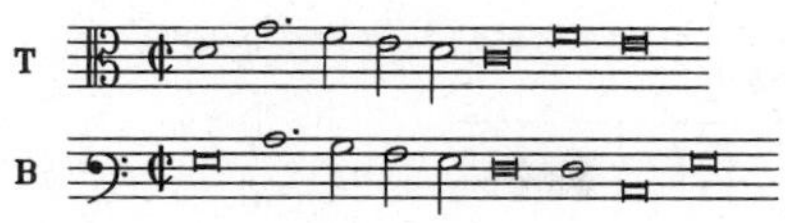

Cara, Marchetto. Tante volte si si si
1514/02, f. 25v–26 Frottola

Cara, Marchetto. Udite voi finestre
1504/04, f. 12v Frottola

Cara, Marchetto. Vedo ogni selva rivestir le frondi
1507/04, f. 53v Frottola

Cara, Marchetto. Veramente ogni doglia e gravosa
1531/04, f. 9v–10 Madrigal

Cara, Marchetto. Vergine inmaculata alma regina
1508/03, f. 49v–50 Lauda

Cara, Marchetto. Voi che ascoltate idolo cosi pianti
1526/06, f. 2 Frottola

Caracciolo, Paolo. Mi pung'il dardo'e m'onge
1583/20, p. 22 Madrigal

Caracciolo, Paolo. Sopr'un'ameno et ellevato colle
1590/25, p.19 Madrigal
PRIMA PARTE.

Carduccio, Cola. Perche fuggi da me
1574/05, p. 16 Villanella

Caritheo, Don. Havea parata un di tutta
1546/18, p. 9 Napolitana
Two partbooks (Cantus/Tenor?) missing.

Caritheo, Don. Mi stava no vilano di riquesta
1546/18, p. 12 Napolitana
Two partbooks (Cantus/Tenor?) missing.

Caritheo, Don. O Dio che fosse
1546/18, p. 12 Napolitana
Two partbooks (Cantus/Tenor?) missing.

Caritheo, Don. O dio che fosse alla tua massaria
1546/18, p. 9 Napolitana
Two partbooks (Cantus/Tenor?) missing.

Caritheo, Don. Ogniuno dice ca chi cerca trova
1546/18, p. 13 Napolitana
Two partbooks (Cantus/Tenor?) missing.

Caritheo, Don. Se non mi dissi tante
1546/18, p. 13 Napolitana
Two partbooks (Cantus/Tenor?) missing.

Cariteo. Amando e desiando io vivo
1509/02, f. 55v Frottola

Carletto. Un'altra volta vegno dolce
1577/10, p. 17 Madrigal

Carletti, Cesare. Versin gioia dal ciel
1596/08, p. 4 Madrigal
Quintus and Bass II partbooks missing.

Carlo. Madonna io mi pensava quando
1534/15, p. 5v–6 Madrigal
Tenor missing. Alto from 1530/02.

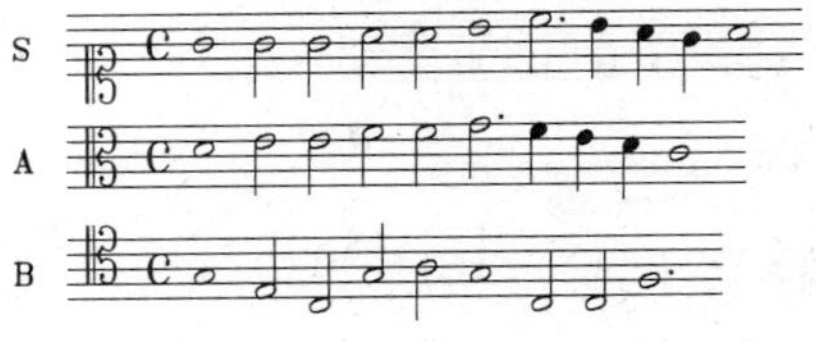

Carmeni, Gio. De. Ma perch'il mio voler
1570/23, p. 24 Madrigal
SECONDA PARTE. (Only Alto partbook extant.)

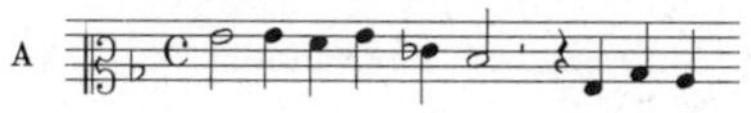

Carmeni, Gio. De. Piu che rea sorte al mio desir
1570/23, p. 23 Madrigal
PRIMA PARTE. (Only Alto partbook extant.)

Carpentras. Hor vedi amor che giovenetta
1513/01, f. 14v–16 Frottola

Carpentras. Nova belleza in habita gentil
1513/01, f. 10v–12 Frottola

Carpentras. Per che quel che mi trassi
1519/04, f. 17v–20 Frottola

Carpentras. S'il pensier che mi strugge
1513/01, f. 18v–20 Frottola

Carrara, Michele. Le fiamme accese da cotanti sguardi
1586/09, p. 12 Madrigal

Carrara, Michele. Gli occhi della mia diva accesi
1598/10, p. 18 Madrigal

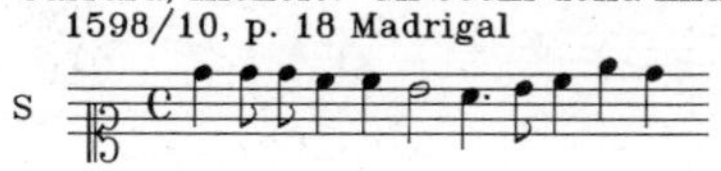

Carrara, Michele. Se la mia bella donna anzi mia Dea
1598/10, p. 19 Madrigal

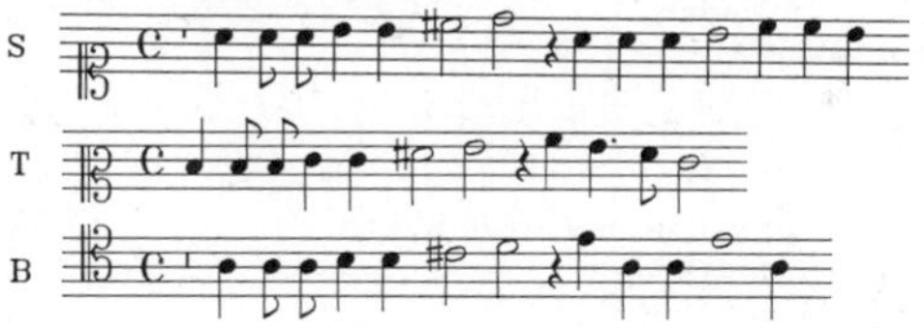

Carrozza, Giov. Dom. All'hor la dea gentile
1598/12, p. 2 Madrigal
SECONDA PARTE. (Only Tenor extant.)

Carrozza, Giov. Dom. A che tanto fuggire
1598/12, p. 17 Madrigal
PRIMA PARTE. (Only Tenor extant.)

Carrozza, Giov. Dom. Ahi me forz'il partire
1598/12, p. 21 Madrigal
Only Tenor extant.

Carrozza, Giov. Dom. All'hor la dea gentile
1598/12, p. 2 Madrigal
SECONDA PARTE. (Only Tenor extant.)

Carrozza, Giov. Dom. Cinto di ferro
1598/12, p. 1 Madrigal
PRIMA PARTE. (Only Tenor extant.)

Carrozza, Giov. Dom. Cosi contra tua voglia
1598/12, p. 18 Madrigal
SECONDA PARTE. (Only Tenor extant.)

Carrozza, Giov. Dom. Desio furarti un bacio
1598/12, p. 11 Madrigal
Only Tenor extant.

Carrozza, Giov. Dom. Di lascivetti sguardi
1598/12, p. 6 Madrigal
SECONDA PARTE. (Only Tenor extant.)

Carrozza, Giov. Dom. Di leggiadretta Ninfa
1598/12, p. 12 Madrigal
Only Tenor extant.

Carrozza, Giov. Dom. Donna piu giorni sono
1598/12, p. 9 Madrigal
PRIMA PARTE. (Only Tenor extant.)

Carrozza, Giov. Dom. Donne corret'a volo
1598/12, p. 5 Madrigal
PRIMA PARTE. (Only Tenor extant.)

T 

Carrozza, Giov. Dom. Fier padre cruda madre
1598/12, p. 16 Madrigal
Only Tenor extant.

T 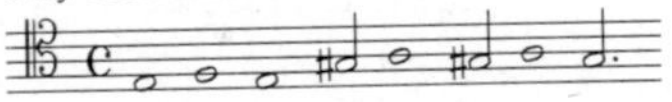

Carrozza, Giov. Dom. Ma ben arde nel core
1598/12, p. 4 Madrigal
SECONDA PARTE. (Only Tenor extant.)

T 

Carrozza, Giov. Dom. La mia celeste Dea
1598/12, p. 7 Madrigal
Only Tenor extant.

T 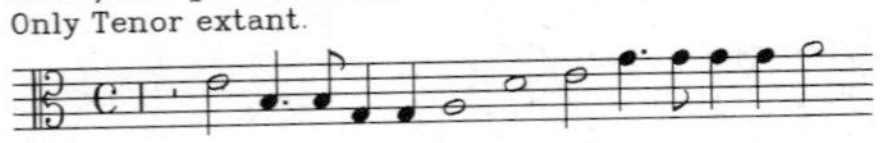

Carrozza, Giov. Dom. Non son ris'avicenda
1598/08, p. 22 Madrigal
Risposta

S 

A 

T 

B 

Q 

Carrozza, Giov. Dom. Poiche dal petto l'alma
1598/12, p. 10 Madrigal
SECONDA PARTE. (Only Tenor extant.)

T 

Carrozza, Giov. Dom. Quand'impossibil sia che mortal velo
1598/12, p. 8 Madrigal
SECONDA PARTE. (Only Tenor extant.)

T 

Carrozza, Giov. Dom. Quell'augellin che canta
1598/12, p. 3 Madrigal
Only Tenor extant.

T 

Carrozza, Giov. Dom. Ritien dunque ritiene
1598/12, p. 19 Madrigal
TERZA PARTE. (Only Tenor extant.)

T 

Carrozza, Giov. Dom. Son le ris'avicenda
1598/08, p. 21 Madrigal

S 

A 

T 

B 

Q 

Carrozza, Giov. Dom. Sul'Ippogriffo hor vanne
1598/12, p. 12–13 Madrigal
Only Tenor extant.

T 

Carrozza, Giov. Dom. Tirsi caro & amato
1598/12, p. 15 Madrigal
RISPOSTA DELL'AUTORE. (Only Tenor extant.)

T 

Carrozza, Giov. Dom. Tra dilettosa gente di ninfe
1598/12, p. 20 Madrigal
Only Tenor extant.

T 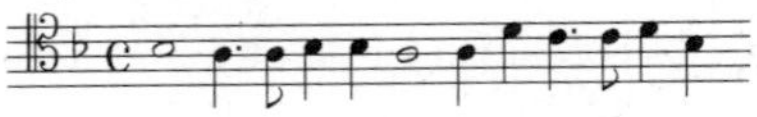

Cartari, Giulio. La piaga Amor che mi donasti
1590/13, p. 14 Madrigal
Bass partbook missing.

A 

Q 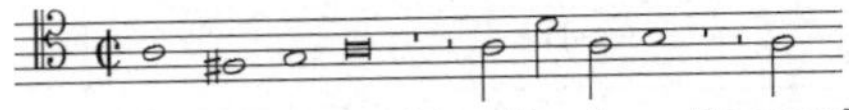

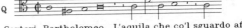

Carteri, Bartholomeo. L'aquila che co'l sguardo affiso'
1579/04, p. 19 Madrigal

S 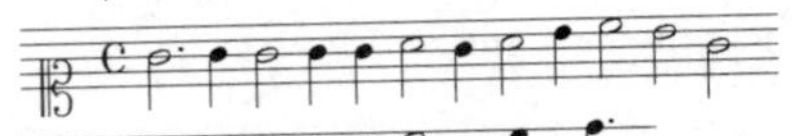

A 

T 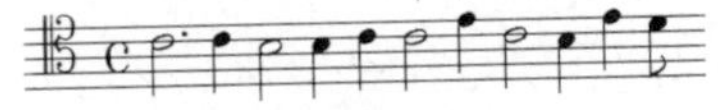

B 

Cartolaio, Giovanni. Com'in piu negre tenebr'et piu
1570/16, p. 5 Madrigal

S 

A 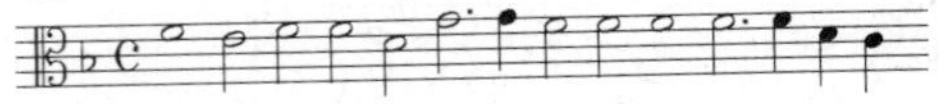

T 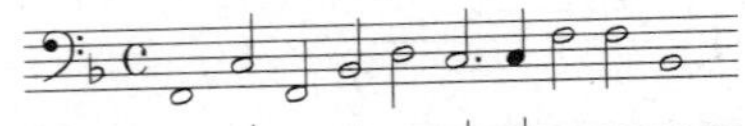

B 

Q 

Casa, Nicolo Dalla. Donne il sommo e celeste
1586/01, p. 32 Madrigal
DIALOGO D'HUOMINI E DONNE. A 10. (see proof for voices)

S 

S2 

A 

A2 

T 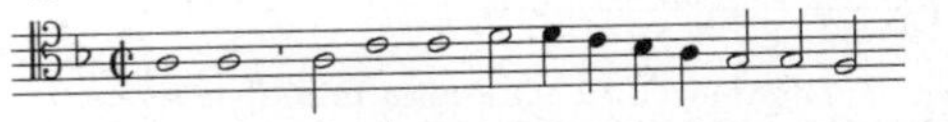

T2 

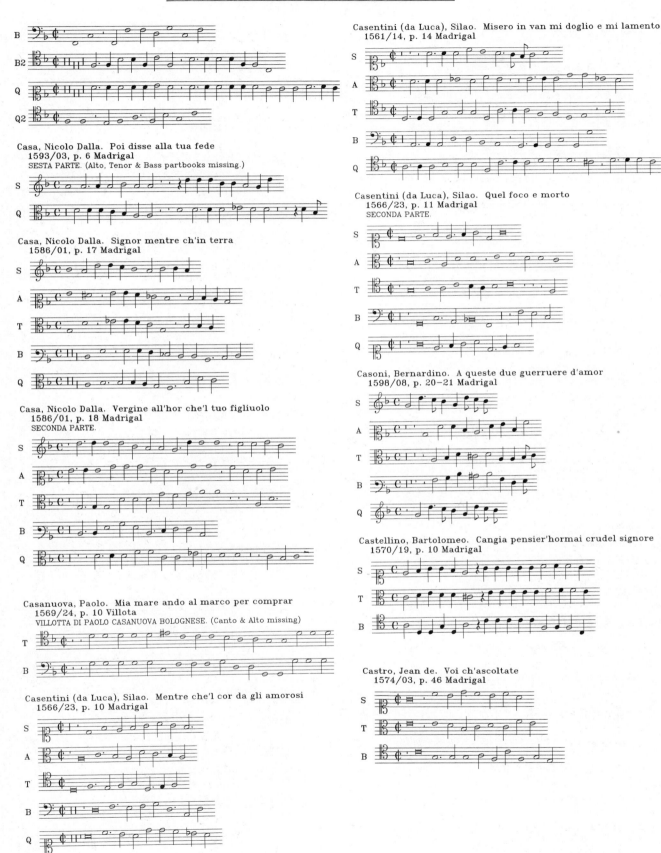

Casa, Nicolo Dalla. Poi disse alla tua fede
1593/03, p. 6 Madrigal
SESTA PARTE. (Alto, Tenor & Bass partbooks missing.)

Casa, Nicolo Dalla. Signor mentre ch'in terra
1586/01, p. 17 Madrigal

Casa, Nicolo Dalla. Vergine all'hor che'l tuo figliuolo
1586/01, p. 18 Madrigal
SECONDA PARTE.

Casanuova, Paolo. Mia mare ando al marco per comprar
1569/24, p. 10 Villota
VILLOTTA DI PAOLO CASANUOVA BOLOGNESE. (Canto & Alto missing)

Casentini (da Luca), Silao. Mentre che'l cor da gli amorosi
1566/23, p. 10 Madrigal

Casentini (da Luca), Silao. Misero in van mi doglio e mi lamento
1561/14, p. 14 Madrigal

Casentini (da Luca), Silao. Quel foco e morto
1566/23, p. 11 Madrigal
SECONDA PARTE.

Casoni, Bernardino. A queste due guerruere d'amor
1598/08, p. 20-21 Madrigal

Castellino, Bartolomeo. Cangia pensier'hormai crudel signore
1570/19, p. 10 Madrigal

Castro, Jean de. Voi ch'ascoltate
1574/03, p. 46 Madrigal

Casulana, Madelena. A Dio lidia
1570/24, p. 10 Madrigal
SECONDA PARTE.

Casulana, Madelena. Ahi possanza d'amor com'in un tempo
1570/24, p. 6 Madrigal

Casulana, Madelena. Amor per qual cagion mi mandia
1570/24, p. 4 Madrigal

Casulana, Madelena. Amorosetto fiore che'l bel sen
1567/16, p. 16 Madrigal
Only Cantus partbook extant.

Casulana, Madelena. Ben venga il pastor mio anz'il mio
1570/24, p. 9 Madrigal
CANZON PRIMA PARTE.

Casulana, Madelena. Cinta di fior'un giorno
1570/24, p. 11 Madrigal
TERZA PARTE.

Casulana, Madelena. Come fra verd'erbette
1570/24, p. 19 Madrigal

Casulana, Madelena. La dea che nel mar nacque
1570/24, p. 13 Madrigal
QUINTA ET ULTIMA PARTE.

Casulana, Madelena. Gran miracol d'amore quel che uccide
1570/24, p. 22 Madrigal

Casulana, Madelena. Io d'orate frond'e de ben fiori
1570/24, p. 5 Madrigal

Casulana, Madelena. Io felice pastore
1570/24, p. 14 Madrigal

Casulana, Madelena. Monti selve fontane piagg'e sassi
1570/24, p. 16 Madrigal

Casulana, Madelena. Morir non puo il mio core
1566/02, p. 5–6 Madrigal

Casulana, Madelena. Morte te chiamo eccom'appresso
1570/24, p. 8 Madrigal
SECONDA PARTE.

Casulana, Madelena. O notte o ciel'o mar'o piaggie
1570/24, p. 7 Madrigal

Casulana, Madelena. Gli occhi lucent'e belli
1570/24, p. 12 Madrigal
QUARTA PARTE.

Casulana, Madelena. Per lei pos'in oblio
1570/24, p. 15 Madrigal

Casulana, Madelena. Ridon'hor per le piaggie herbette
1570/24, p. 3 Madrigal

Casulana, Madelena. S'alcun vi mira fiso
1570/24, p. 18 Madrigal

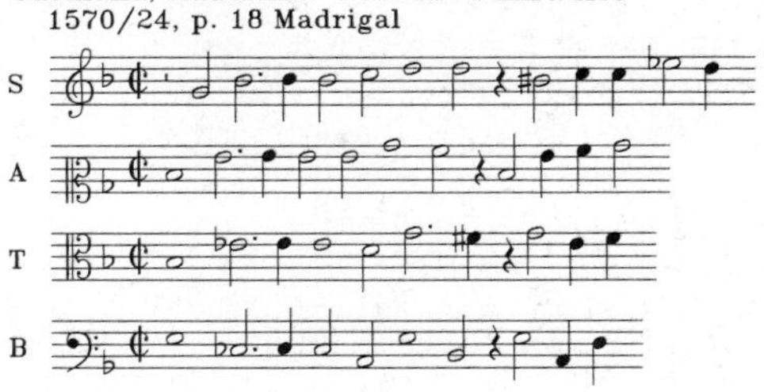

Casulana, Madelena. Sculpio ne l'alm'amore l'immagin
1566/02, p. 5 Madrigal

Casulana, Madelena. Se scior si ved'il laccio
1566/02, p. 23 Madrigal

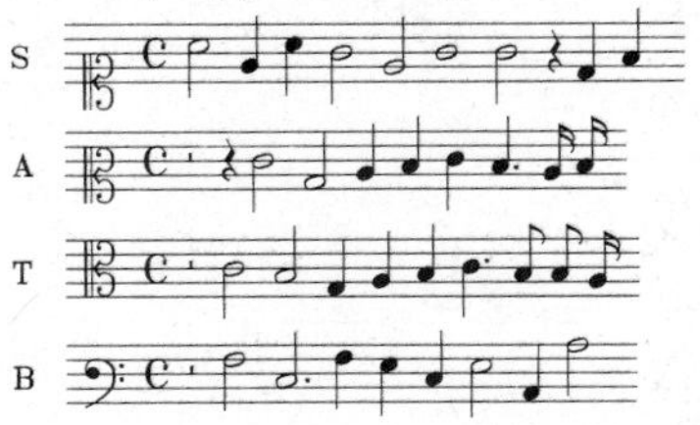

Casulana, Madelena. Stavai il mio bel sol
1586/12, p. 6 Madrigal

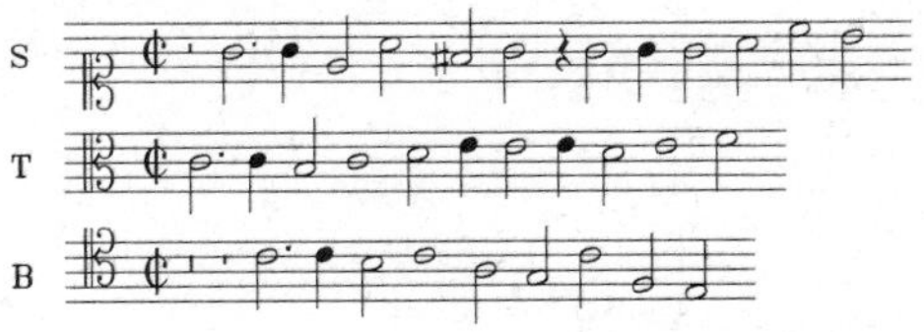

Casulana, Madelena. Vagh'amorosi augelli
1570/24, p. 17 Madrigal

Casulana, Madelena. Vedesti amor giamai di si bel sole
1566/02, p. 4 Madrigal

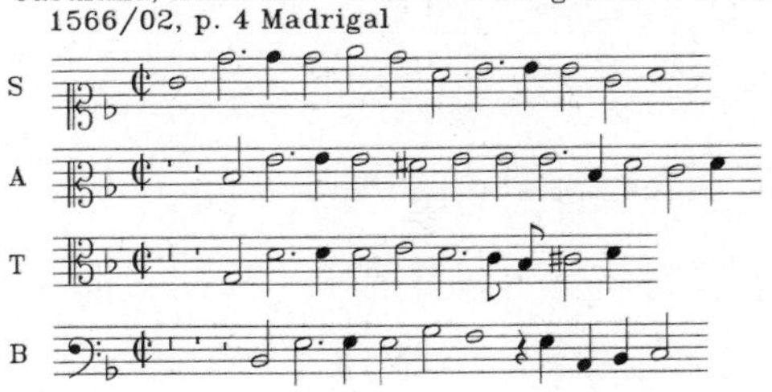

Casulana, Madelena. Viv'ardor viva fiamma
1570/24, p. 20 Madrigal

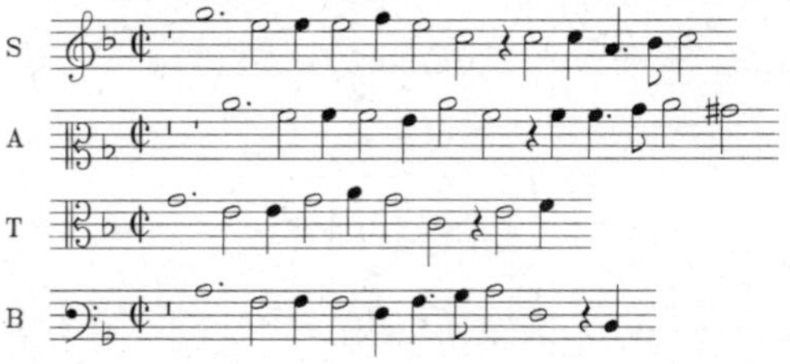

Casulana, Madelena. Il vostro di partir donna mi diede
1570/24, p. 21 Madrigal

Cavaccio, Giovanni. Al mormorio sedean di chiare linfe
1594/06, p. 11 Madrigal
PAROLE DI VICENZO TAFFELLO.

Cavaccio, Giovanni. Ardo si ma non t'amo
1585/17, no. 9 Madrigal

Cavaccio, Giovanni. D'un novo e verde Lauro
1583/10, f. 30 Madrigal

Cavaccio, Giovanni. Ero cosi dicea
1588/17, p. 3 Madrigal

Cavaccio, Giovanni. Fui vicino al cader e tremo anchora
1583/11, p. 18 Madrigal

Cavaccio, Giovanni. Giunta qui dori
1592/11, p. 9 Madrigal
PAROLE DI GIACOMO SEMPREVIVO.

Cavaccio, Giovanni. Languisce dentr'al petto
1588/19, p. 9 Madrigal
Tenor and Alto partbooks missing.

Cavaccio, Giovanni. Ma come augel che fugga a tempo
1583/11, p. 19 Madrigal
SECONDA PARTE.

Cavaccio, Giovanni. Per mirar la bellezza
1596/11, p. 20 Madrigal
Cantus and Tenor partbooks missing.

Cavaccio, Giovanni. Signor che vivo torni
1586/01, p. 27 Madrigal

Cavaccio, Giovanni. Vergine etera e madr'e figlia
1586/01, p. 28 Madrigal
SECONDA PARTE.

Cavaccio, Giovanni. La verginella Clori
1600/08, f. 26 Madrigal

Cavalieri, Paolo. Ahi che gran tempo in vano
1590/13, p. 16 Madrigal
Bass partbook missing.

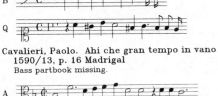

Cavalli, Paolo. Mentre sola benevi
1590/13, p. 10 Madrigal
Bass partbook missing.

Cavi, Paolo da. Al tuo bel tempio Santo Vergin
1599/06, p. 137–138 Lauda
A S.MARIA DI LORETO PER IL FELICE RIPASSO DI N.S...

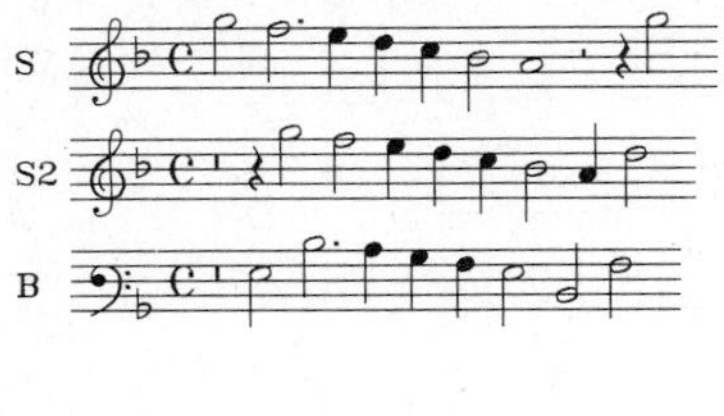

Cedraro, Francesco Dal. Gentil mia Donn'il dissi e diro
1571/12, p. 23 Madrigal
DI FRANCESCO DAL CEDRARO DISCIPULO DEL SESSA

Cedraro, Francesco Dal. Non puo'l mio basso stil
1571/12, p. 22 Madrigal
DI FRANCESCO DAL CEDRARO DISCIPULO DEL SESSA

Celano, Don Francesco. Come poss'io morir si non ho vita
1566/09, p. 14 Canzona
Compare G. Ferretti "Come poss'io.. " in 1589/08.

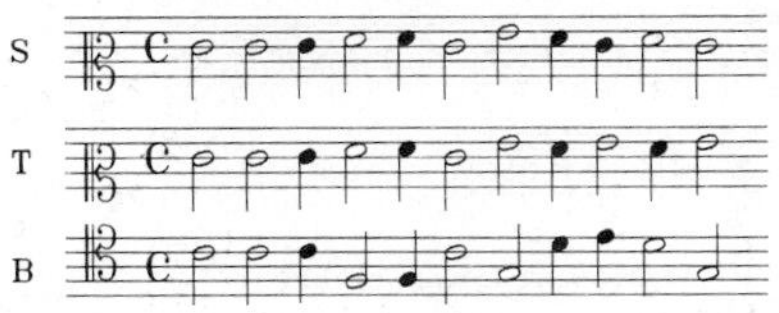

Celano, Don Francesco. Cosi scolpita
1566/09, p. 13 Canzona

Celano, Don Francesco. Donna quando ti veggio a la finestra
1566/10, p. 16 Canzona

Celano, Don Francesco. Donna tanto mi fai lo spanticato
1566/10, p. 14 Canzona

Celano, Don Francesco. Non mi pensava mai o faccia bella
1566/10, p. 12 Canzona

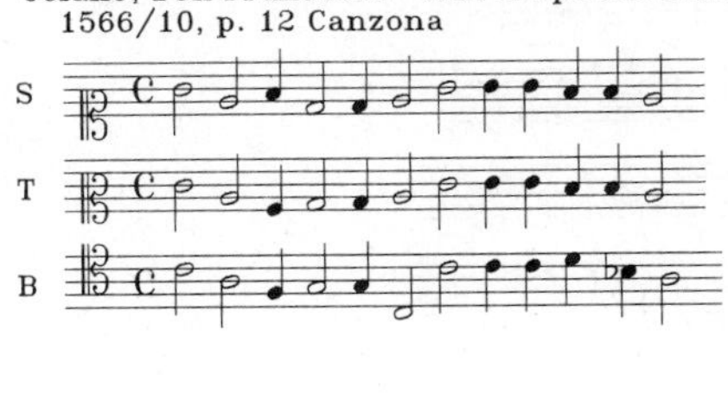

Celano, Don Francesco. Nuovo e strano mira colo d'amore
1566/10, p. 21 Canzona

Celano, Don Francesco. Poiche non spero pace del mio pianto
1566/10, p. 15 Canzona

Ceruti, Cesare. Caro dolce mio Amore
1585/22, p. 16 Madrigal

Ceruti, Cesare. Dolce nemica mia non ricercar
1585/22, p. 17 Madrigal

Ceruti, Cesare. Senza voi non son'io
1592/12, p. 5 Madrigal

Ceruto, Hercule. Dell'Aurora del Sole
1592/12, p. 10–11 Madrigal

Ceruto, Hercule. Quanto della tua fronte il bel
1588/18, p. 19 Madrigal

Cervia, Corsino. Com'esser puo ch'io viva
1579/04, p. 21 Madrigal

Cesena, Pelegrinus. A la fe per la mia fe
1505/06, f. 5v–6 Frottola

Cesena, Pelegrinus. Ben ben ben tu mhai lasa
1507/03, f. 39v–40 Frottola

Cesena, Pelegrinus. Hai lassa me meschina
1505/03, f. 26v Frottola

Cesena, Pelegrinus. Non bisogna che contrasta
1505/04, f. 11v–12 Frottola

Cesena, Pelegrinus. Non pensar che mai te lassi
1509/02, f. 32v–33 Frottola

Cesena, Pelegrinus. Non posso abandonarte
1505/04, f. 24v–25 Frottola

Cesena, Pelegrinus. Non so perche non mora
1505/03, f. 7v–8 Frottola

Cesena, Pelegrinus. O dolce diva mia
1505/03, f. 27v Frottola

Cesena, Pelegrinus. Ochii mei frenati el pianto
1505/03, f. 25v–26 Frottola

Cesena, Pelegrinus. Oyme che ho perso il core
1505/03, f. 27 Frottola

Chamatero, Hippolito. A qualunqe animal alberga in terra
1569/26, p. 3 Madrigal

Chamatero, Hippolito. Al'ultimo bisogno o miser alma
1561/13, p. 5 Madrigal
QUINTA PARTE.

Chamatero, Hippolito. Alza Adige altier alza la fronte
1569/26, p. 19 Madrigal
ALLI ... SIG. IL SIG CONTE FEDERICO & SIG.CONTE ANTO. SAREGI.

Chamatero, Hippolito. Amor con quali altr'arme
1569/26, p. 17 Madrigal
PRIMA PARTE.

Chamatero, Hippolito. Amor io son si lieto
1561/13, p. 12 Madrigal

Chamatero, Hippolito. Ben riconosco in voi l'usae forme
1569/26, p. 23 Madrigal

Chamatero, Hippolito. Chi vuol veder opra celeste et rara
1561/13, p. 13 Madrigal

Chamatero, Hippolito. Con lei foss'io da che si parte
1569/26, p. 8 Madrigal
SESTA STANZA.

Chamatero, Hippolito. Con lei foss'io da che si parte
1561/13, p. 17–18 Madrigal

Chamatero, Hippolito. Consumando mi vo di piaggia
1569/26, p. 10 Madrigal

Chamatero, Hippolito. Da begli occhi di quell'ond'io
1561/13, p. 19 Madrigal

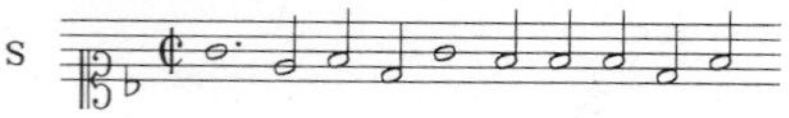

Chamatero, Hippolito. Dhe hor foss'io col vago de a luna
1561/13, p. 27 Madrigal

Chamatero, Hippolito. Dir si puo ben per voi non sia pieno
1569/26, p. 21 Madrigal
SECONDA PARTE.

Chamatero, Hippolito. Dolci alprestre parole
1561/13, p. 14 Madrigal

Chamatero, Hippolito. Dove son quelle lacrime che finte
1561/13, p. 20 Madrigal

Chamatero, Hippolito. Et io da ch'incomincia
1569/26, p. 4 Madrigal
SECONDA STANZA.

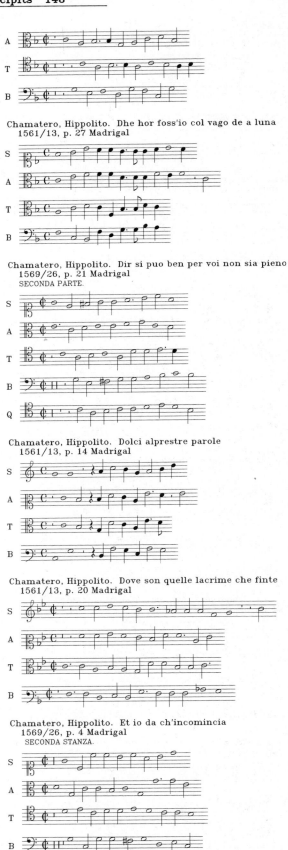

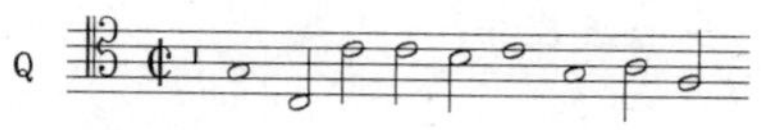

Chamatero, Hippolito. Gia con altre non puoi
1569/26, p. 18 Madrigal
SECONDA PARTE.

Chamatero, Hippolito. Gioisce all'apparir del Sol
1569/26, p. 13 Madrigal

Chamatero, Hippolito. Giovan Francesco honor dal secolo
1569/26, p. 11 Madrigal
AL MOLTO ILL. SIG. GIO. FRANCESCO DI COLORNE.

Chamatero, Hippolito. Huomin'e Dei solea vincer per forza
1561/13, p. 4 Madrigal
QUARTA PARTE.

Chamatero, Hippolito. Io piango & ella il volto
1561/13, p. 22 Madrigal

Chamatero, Hippolito. Io vo la notte al lume de la luna
1561/13, p. 15 Madrigal

Chamatero, Hippolito. Ite caldi sospiri al freddo core
1569/26, p. 20 Madrigal
PRIMA PARTE.

Chamatero, Hippolito. La dove fanno i sacri studi e l'armi
1569/26, p. 12–1 Madrigal
AL MOLTO ILLUS. SIG. IL SIG. CONTE LUDOVICO CANOSSA.

Chamatero, Hippolito. La ver l'aurora che se dolce
1561/13, p. 1 Madrigal
CANZON PRIMA PARTE.

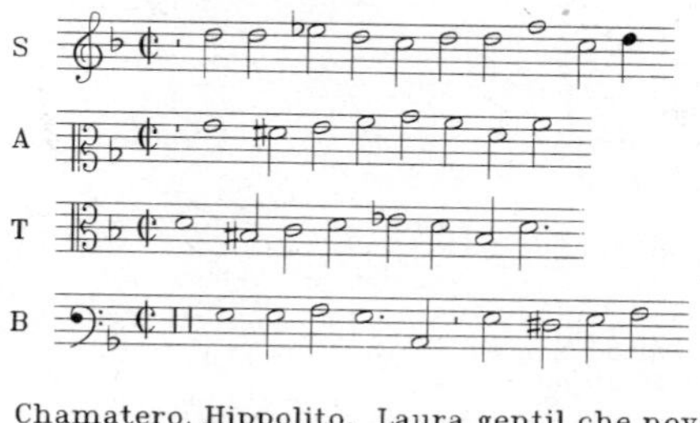

Chamatero, Hippolito. Laura gentil che novamente spira
1569/26, p. 24 Madrigal

Chamatero, Hippolito. Livia se all'apparire
1561/13, p. 28 Madrigal

Chamatero, Hippolito. Ma voi strade amorose
1569/26, p. 25 Madrigal

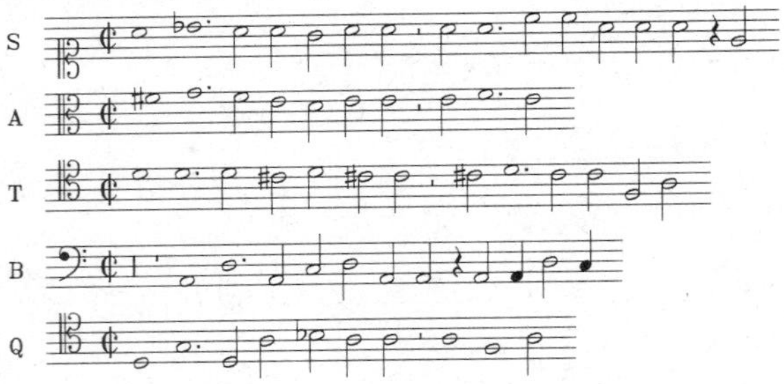

Chamatero, Hippolito. Mentre Lutio crudel dicea Isabella
1561/13, p. 21 Madrigal

Chamatero, Hippolito. Non credo che pasce se mai per selva
1569/26, p. 6 Madrigal
QUARTA STANZA.

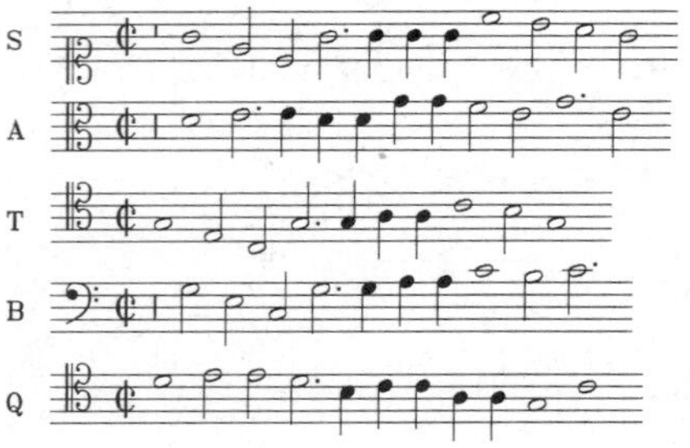

Chamatero, Hippolito. Non v'amirate alma gentile e bella
1561/13, p. 10 Madrigal

Chamatero, Hippolito. Non vedi amor che questa mortal
1561/13, p. 11–12 Madrigal

Chamatero, Hippolito. I piu soavi & riposati giorni
1569/26, p. 14 Madrigal

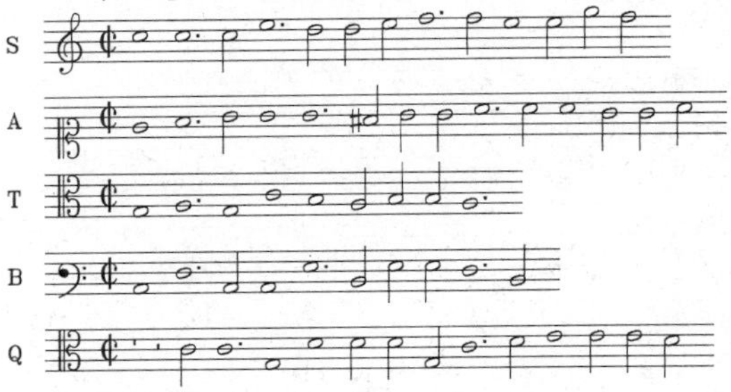

Chamatero, Hippolito. Prima ch'io torni a voi lucenti
1569/26, p. 7 Madrigal
QUINTA STANZA.

Chamatero, Hippolito. Prosperina gentile perche gli occhi
1561/13, p. 18 Madrigal

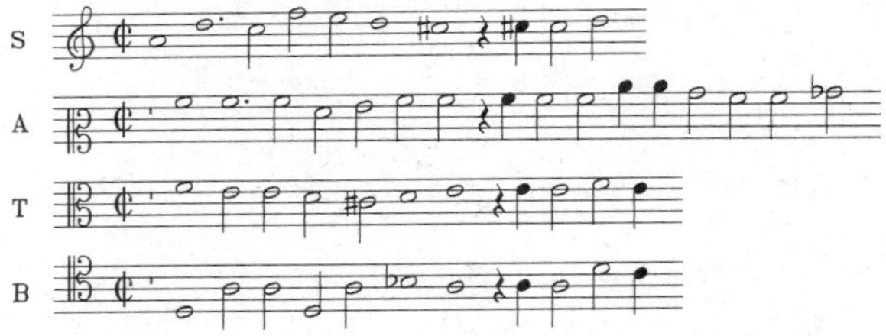

Chamatero, Hippolito. Quando a sera scaccia il chiaro
1569/26, p. 5 Madrigal
TERZA STANZA

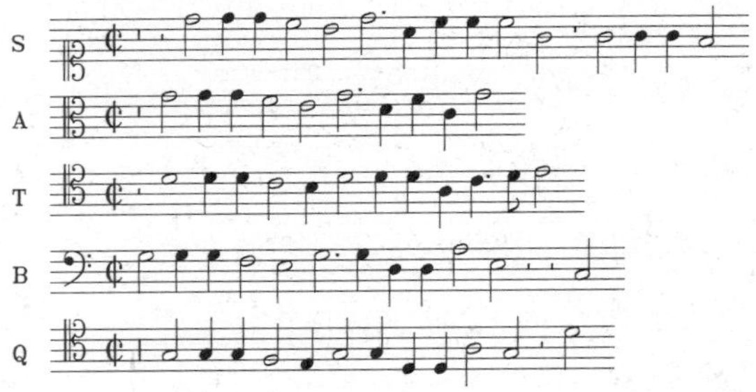

Chamatero, Hippolito. Quante lagrime lasso e quanti versi
1561/13, p. 3 Madrigal
TERZA PARTE.

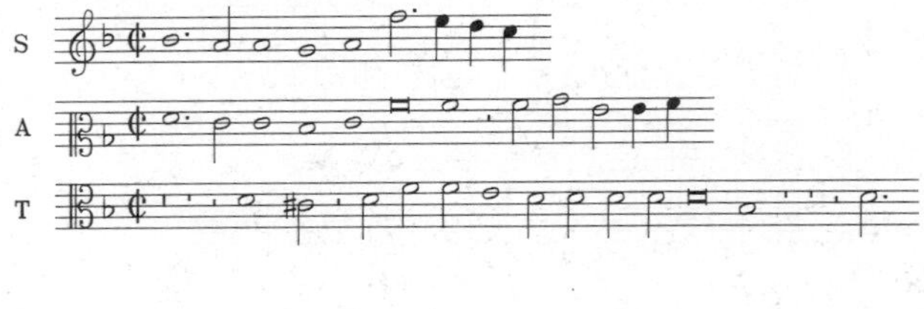

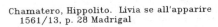

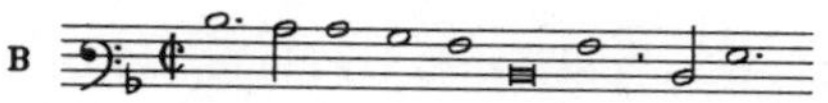

Chamatero, Hippolito. Ragion e ben ch'alcuna volta
1561/13, p. 26 Madrigal

Chamatero, Hippolito. Ridon'hor per le piagge herbette
1561/13, p. 6 Madrigal
SESTA PARTE.

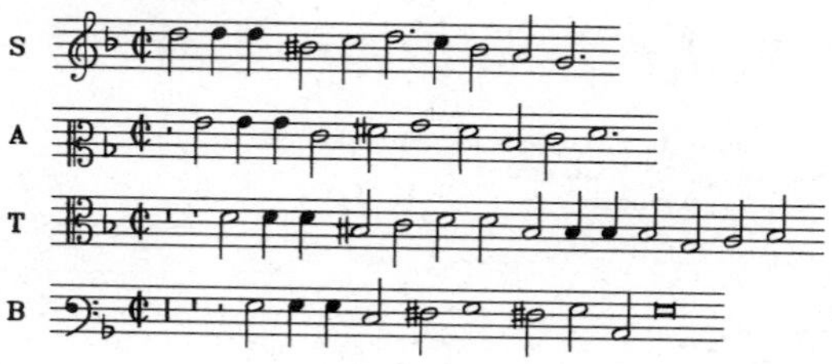

Chamatero, Hippolito. S'un miracol d'amore
1561/13, p. 24 Madrigal

Chamatero, Hippolito. Se d'Helicon o muse il bel
1569/26, p. 27 Madrigal

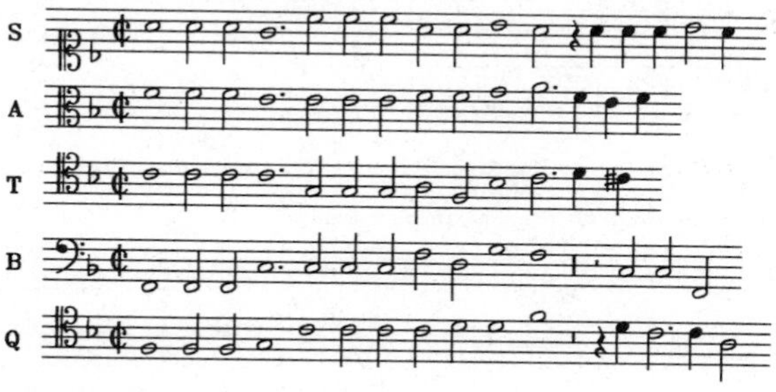

Chamatero, Hippolito. Si dolce e quest'amor ch'il cor
1561/13, p. 23 Madrigal

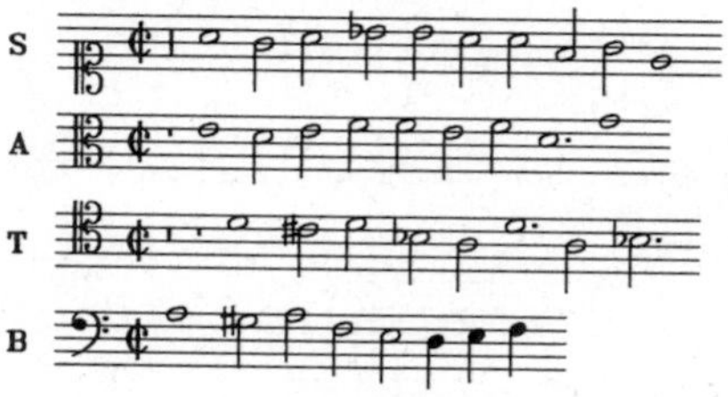

Chamatero, Hippolito. Sia benedetto amore che col fedel
1561/13, p. 16 Madrigal

Chamatero, Hippolito. Tempo'e ben di gioire
1561/13, p. 7–8 Madrigal

Chamatero, Hippolito. Temprar potess'io in si soavi
1561/13, p. 2 Madrigal
SECONDA PARTE.

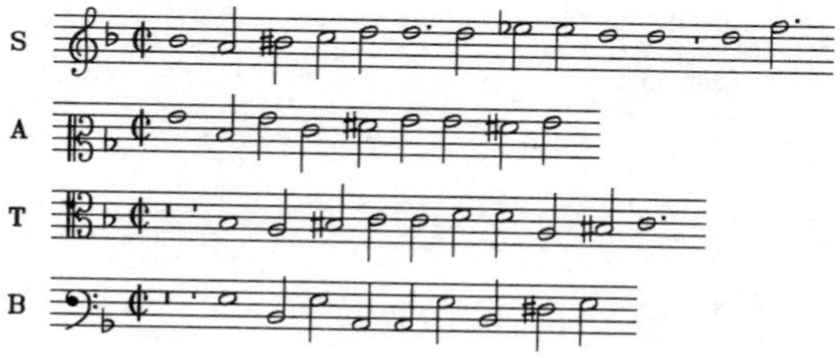

Chamatero, Hippolito. Unica speme mia unico bene
1561/13, p. 9–10 Madrigal

Chamatero, Hippolito. Valle che di lamenti miei sei piena
1569/26, p. 22 Madrigal
PRIMA PARTE.

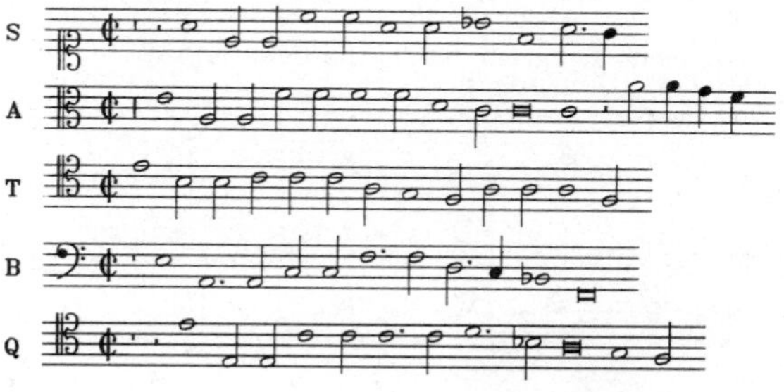

Chamatero, Hippolito. Vieni soav'dilettoso maggio
1569/26, p. 26–27 Madrigal

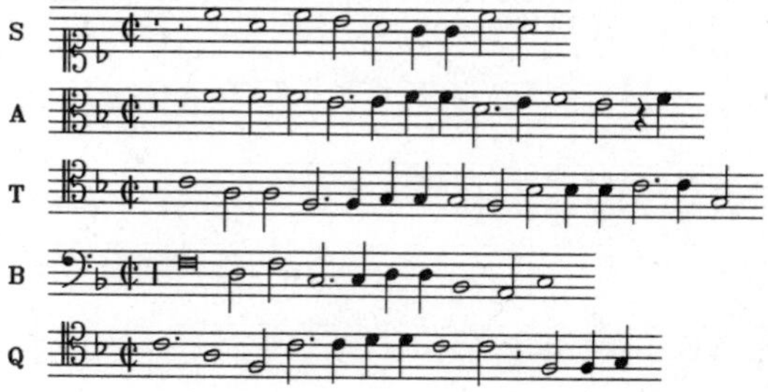

Chamatero, Hippolito. Zefiro torna e'l bel tempo remena
1569/26, p. 9 Madrigal

Cimelli, Filesio. Un pastore chiese ad una ninfa amore
1577/09, p. 26 Canzona
Only Canto partbook extant. Compare G. Ferretti in 1594/08.

Clerico, Paolo da Parma. Al dolce vostro canto
1562/15, p. 2 Madrigal
Bass partbook missing.

Clerico, Paolo da Parma. Almo paese ov'hor il mio bel sole
1562/15, p. 20–21 Madrigal
Bass partbook missing.

Clerico, Paolo da Parma. Altri'a cui nota fia vostra
1562/15, p. 8 Madrigal
Bass partbook missing.

Clerico, Paolo da Parma. I cari bac'ond'io sol vita prendo
1562/15, p. 17–18 Madrigal
Bass partbook missing.

Clerico, Paolo da Parma. Che debb'io far che mi consigl'
1562/15, p. 21 Madrigal
DIALOGO A 8 (basso 2 partbook missing.)

Clerico, Paolo da Parma. Chi vol veder fra noi
1562/15, p. 15 Madrigal
Bass partbook missing.

Clerico, Paolo da Parma. Cosi volete voi donna crudele
1562/15, p. 11–12 Madrigal
SECONDA PARTE. (Bass partbook missing.)

Clerico, Paolo da Parma. Deh perche'l ciel che si larg'
1562/15, p. 1–2 Madrigal
SECONDA PARTE. (Bass partbook missing.)

Clerico, Paolo da Parma. Deh sciogl'homai cor mio
1562/15, p. 3 Madrigal
Bass partbook missing.

Clerico, Paolo da Parma. Dhe perche tanto dur'almo mio sole
1562/15, p. 17 Madrigal
Bass partbook missing.

Clerico, Paolo da Parma. La dolce vista de vostr'occh'ardenti
1562/15, p. 11 Madrigal
Bass partbook missing.

Clerico, Paolo da Parma. Dura legge d'Amore
1562/15, p. 4 Madrigal
Bass partbook missing.

Clerico, Paolo da Parma. Figlia di Giov'e voi lucenti stelle
1562/15, p. 5 Madrigal
Bass partbook missing.

Clerico, Paolo da Parma. Gravi sospiri miei lagrim'amare
1562/15, p. 6 Madrigal
Bass partbook missing.

Clerico, Paolo da Parma. Ma perche cruda sete
1562/15, p. 12 Madrigal
SECONDA PARTE. (Bass partbook missing.)

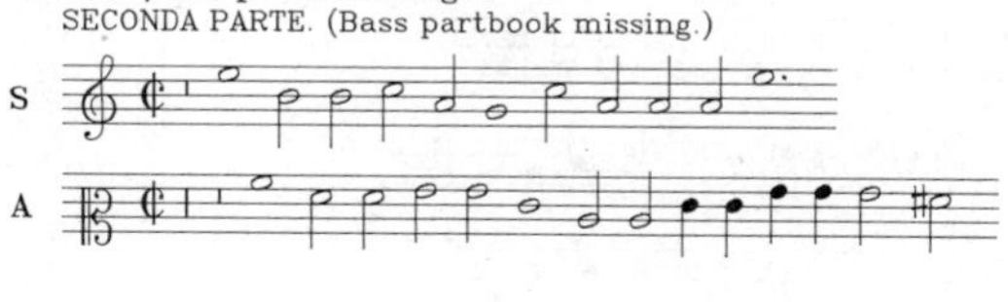

Clerico, Paolo da Parma. Mentre cingo con l'un, e l'altro
1562/15, p. 18 Madrigal
SECONDA PARTE. (Bass partbook missing.)

Clerico, Paolo da Parma. Ond'i piu dotti, & honorti spirti
1562/15, p. 13–14 Madrigal
SECONDA PARTE. (Bass partbook missing.)

Clerico, Paolo da Parma. Qual focoso desio ch'in me s'accese
1562/15, p. 19–20 Madrigal
Bass partbook missing.

Clerico, Paolo da Parma. Qual prova Donna vi puo far
1562/15, p. 12 Madrigal
Bass partbook missing.

Clerico, Paolo da Parma. Quand'il tempo ch'el ciel
1562/15, p. 7 Madrigal
Bass partbook missing.

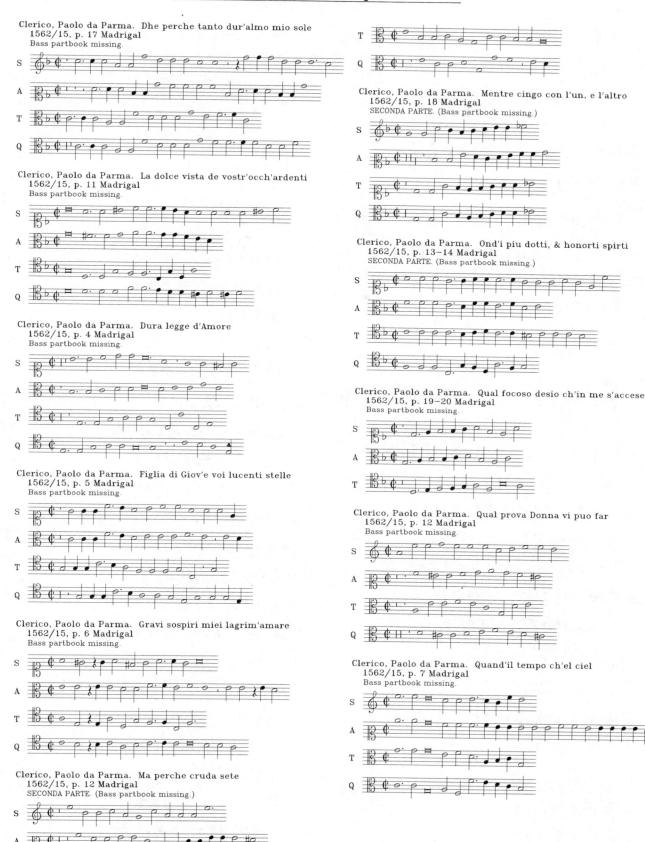

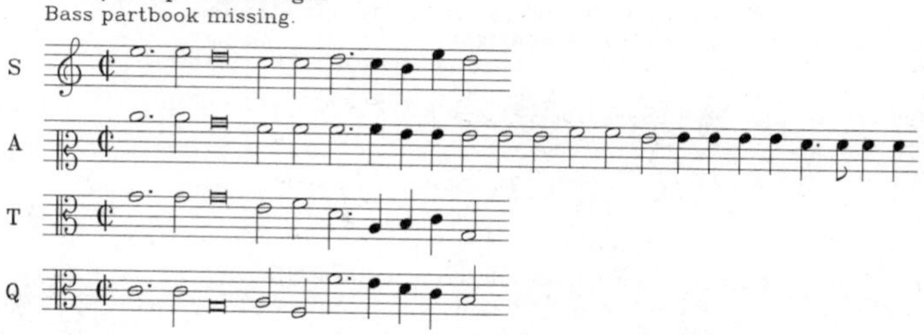

Clerico, Paolo da Parma. S'in quest'humane spoglie
1562/15, p. 16 Madrigal
Bass partbook missing.

Clerico, Paolo da Parma. Se di tanto tropheo se d'honor tanto
1562/15, p. 1 Madrigal
Bass partbook missing.

Clerico, Paolo da Parma. Se grav'il peso fu
1562/15, p. 13 Madrigal
Bass partbook missing.

Colombano, Orazio. A l'apparir di dori
1592/11, p. 8 Madrigal
PAROLE DI GIORGIO MUSCOMO.

Colombano, Orazio. Al fin le braccia stende
1593/03, p. 9 Madrigal
NONA PARTE. (Alto, Tenor, & Bass partbooks missing.)

Colombano, Orazio. Dolce mia cara vita
1598/09, p. 3 Madrigal

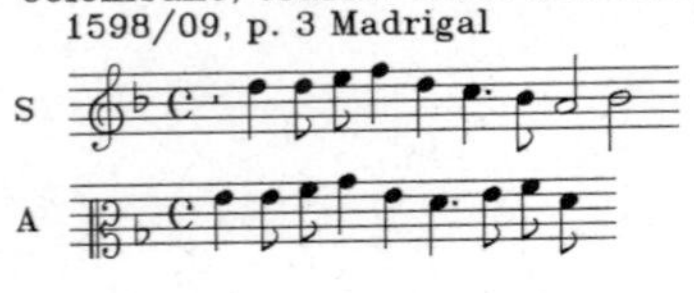

Colombano, Orazio. Fatto il mesto Giacinto
1588/18, p. 2 Madrigal

Colombano, Orazio. Sete Angela il mio sole
1588/19, p. 8 Madrigal
Tenor and Alto partbooks missing.

Coma, Annibale. Canta il candido
1585/22, p. 3 Madrigal

Coma, Annibale. Cantavan tre leggiadre Pastorelle
1588/18, p. 8 Madrigal
PRIMA PARTE.

Coma, Annibale. Caro dolce mio Amore
1586/09, p. 19 Madrigal

Coma, Annibale. Caro laccio d'amore
1585/22, p. 2 Madrigal

Coma, Annibale. Come si m'accendete
1585/22, p. 4 Madrigal

Coma, Annibale. Come tutto m'ardete
1592/12, p. 9 Madrigal

Coma, Annibale. Da te chieggio pietate
1592/13, p. 14 Madrigal

Coma, Annibale. Donna fu il frutto amaro
1585/22, p. 1 Madrigal

Coma, Annibale. Donna non sono fiori
1585/22, p. 13 Madrigal
PRIMA PARTE.

Coma, Annibale. Donna voi sete giaccio
1585/22, p. 9 Madrigal

Coma, Annibale. Dormian Damon e Dori
1585/22, p. 10 Madrigal

Coma, Annibale. Fiori pregiati e cari
1585/22, p. 14 Madrigal

Coma, Annibale. Io ch'altre volte fui ne l'amorose
1585/22, p. 6 Madrigal

Coma, Annibale. I lieti amanti e le fanciulle
1585/22, p. 12 Madrigal

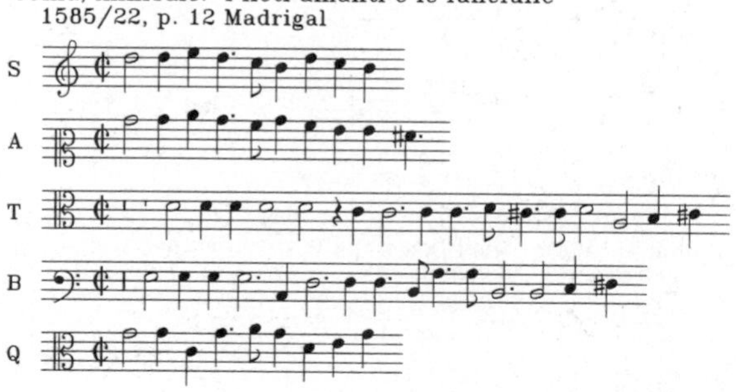

Coma, Annibale. Ma non han esca
1585/22, p. 20 Madrigal
SECONDA PARTE.

Coma, Annibale. Mi sfidate guerriera
1585/22, p. 21 Madrigal

Coma, Annibale. Non fu gia mai Amanti
1590/18, p. 13 Madrigal

Coma, Annibale. Non fu senza vendetta
1585/22, p. 15 Madrigal

Coma, Annibale. Ond'io per meglio udire
1588/18, p. 9 Madrigal
SECONDA PARTE.

Coma, Annibale. Quel labro che le rose han colori
1585/22, p. 5 Madrigal

Coma, Annibale. Rugiadose vid'io Violette stamane
1585/22, p. 8 Madrigal

Coma, Annibale. Simile a questa selce e lo mio core
1585/22, p. 19 Madrigal
PRIMA PARTE.

Coma, Annibale. Sorge il pastor d'amorose ire
1585/22, p. 11 Madrigal
SECONDA PARTE.

Coma, Annibale. Sperando haver la vita
1585/22, p. 18 Madrigal

Coma, Annibale. Tirsi son io quel misero pastore
1585/22, p. 7 Madrigal

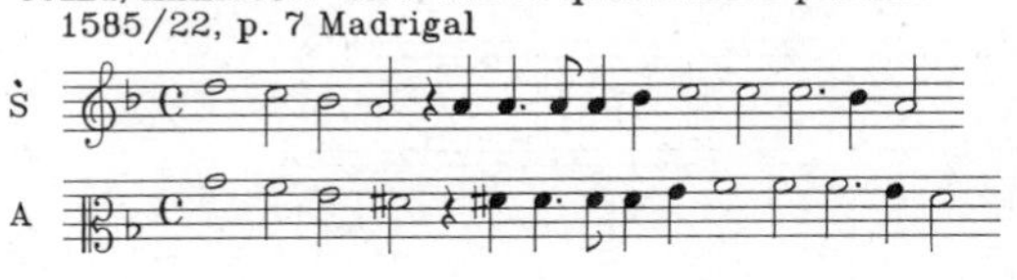

T B Q

Coma, Annibale. Vidi da duo bei lumi
1598/10, p. 10 Madrigal

S T B

Comis, Michel de Chi nol sa di ch'io vivo
1568/12, p. 18–19 Madrigal

S A T B Q

Comis, Michel de Cosi cangia costei co'l vivo
1594/08, f. 26 Madrigal
SECONDA PARTE.

S A T B Q 6

Comis, Michel de Depon Orsa crudel
1568/13, p. 12 Madrigal

S A T B

Comis, Michel de Gioia al mondo non e intiera
1594/08, f. 25v Madrigal

S A T B Q
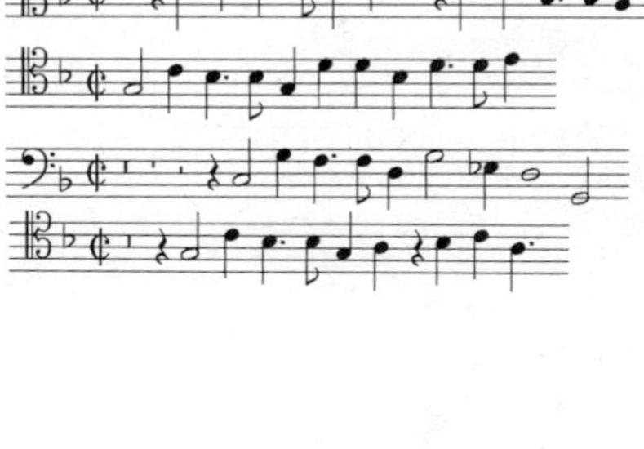

6

Comis, Michel de Mirabil art'et peregrin ingegno
1568/16, p. 9 Madrigal

S A T B Q

Comis, Michel de Oime ch'in tutt'io son fuor
1567/13, p. 14 Madrigal

S A T B Q
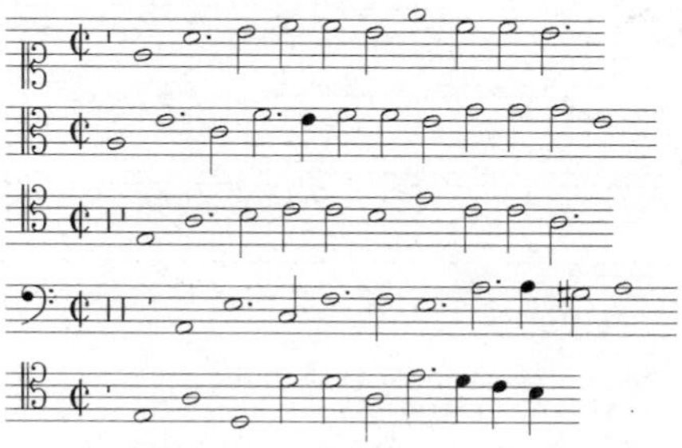

Comis, Michel de Quando fuori del mar la prima luce
1568/12, p. 16 Madrigal
AL REVERENDISS. MONSIG. DE CENEDA

S A T B Q

Comis, Michel de Questi ch'inditio fan del mio
1568/13, p. 11 Madrigal

S A T B

Comis, Michel de Si ferma'l ciel con ogni sua dolcezz
1568/12, p. 17 Madrigal
SECONDA PARTE.

S A T B Q

Comis, Michel de Valor senno bonta desir'honesti
1568/16, p. 10 Madrigal
SECONDA PARTE.

Compere, Loyset. Che fa la ramacina
1505/05, f. 47 Frottola

Compere, Loyset. Scaramella fa la galla
1505/05, f. 47v–48 Frottola

Conforti, Giov. Luca. Amara vita e quella de gl'amanti
1588/26, p. 15 Canzonetta

Consilium. Signora Iulia il dissi e'l diro
1542/16, p. 13 Madrigal

Consoni, P. Gia l'alma ti donai
1590/13, p. 11 Madrigal
Bass partbook missing.

Contino, Giovanni. A si bella e gentil copia ben nota
1566/23, p. 8 Madrigal
SECONDA PARTE.

Contino, Giovanni. Ah forsenat'e forse oscur'e humile
1570/15, p. 15 Madrigal
SETTIMA STANZA.

Contino, Giovanni. Anz'in voi come'l sol
1562/05, p. 20–21 Madrigal

Contino, Giovanni. Ardo nel ghiaccio et tremo in mezzo
1562/06, p. 7–8 Madrigal
SECONDA PARTE.

Contino, Giovanni. Il capo levi sotto l'onde ascosa
1561/15, p. 17 Madrigal
SECONDA PARTE.

Contino, Giovanni. Chi brama di veder belta divina
1569/20, p. 38 Madrigal

S A T B

Contino, Giovanni. Col seno pien di rose & di viole
1561/15, p. 16 Madrigal

S A T B

Contino, Giovanni. Da mille gravi affanni
1569/20, p. 33 Madrigal

S A T B

Contino, Giovanni. Dal gran pastor Ideo vista
1557/23, p. 19 Madrigal

S A T B Q

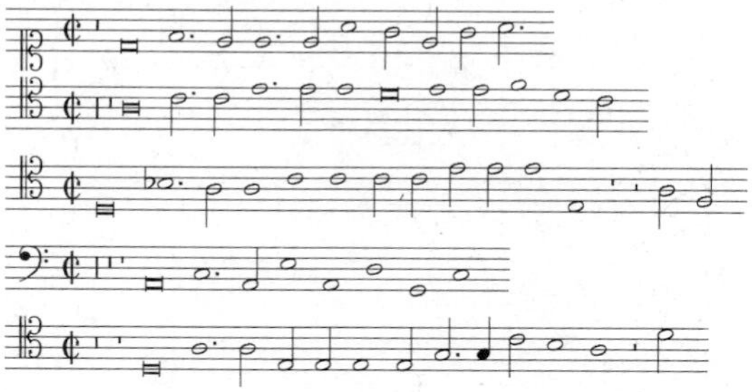

Contino, Giovanni. Dio cio cor mio nessun timor
1549/31, p. 7 Madrigal

S A T B

Contino, Giovanni. Dolce mio ben dolce colomba mia
1549/31, p. 23 Madrigal

S A T

B

Contino, Giovanni. Dolci son le catene il fuoco
1569/20, p. 37 Madrigal

S A T B

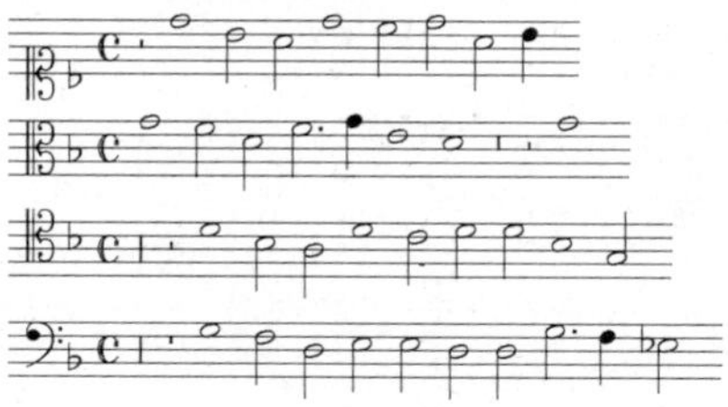

Contino, Giovanni. Gloria e vita verra
1569/20, p. 41 Madrigal
SECONDA PARTE.

S A T B

Contino, Giovanni. Mentre io vengo pur gl'occhi
1562/05, p. 20 Madrigal

S A T B Q

Contino, Giovanni. Non mi duol di morire o sol mio ben
1569/20, p. 39 Madrigal

S A T B

Contino, Giovanni. O chiaro nodo o lucido contesto
1562/06, p. 8 Madrigal

S A T B Q

Contino, Giovanni. Qual ad hor ters'e fin gemma lucente
1566/23, p. 7 Madrigal

Contino, Giovanni. Qual duo veneni uniti
1562/06, p. 7 Madrigal

Contino, Giovanni. Qual e'l dolce concento
1562/06, p. 9 Madrigal
SECONDA PARTE.

Contino, Giovanni. Quando sia mai quel giorno
1569/20, p. 34 Madrigal
CANZON. PRIMA PARTE.

Contino, Giovanni. Sarra s'io resto vivo
1569/20, p. 36 Madrigal

Contino, Giovanni. Sdegna l'idalio verde el dolce
1557/25, p. 9–10 Madrigal

Contino, Giovanni. Se quel lieto e gentil
1566/03, p. 7 Madrigal

Contino, Giovanni. Se voi sete cuor mio quanto ben
1569/20, p. 35 Madrigal

Contino, Giovanni. Sempre ch'irato giove
1566/23, p. 9 Madrigal

Contino, Giovanni. Vivete lieti & se viver volete
1569/20, p. 40 Madrigal

Contino, Giovanni. Voi mi dite madonna
1561/15, p. 20 Madrigal

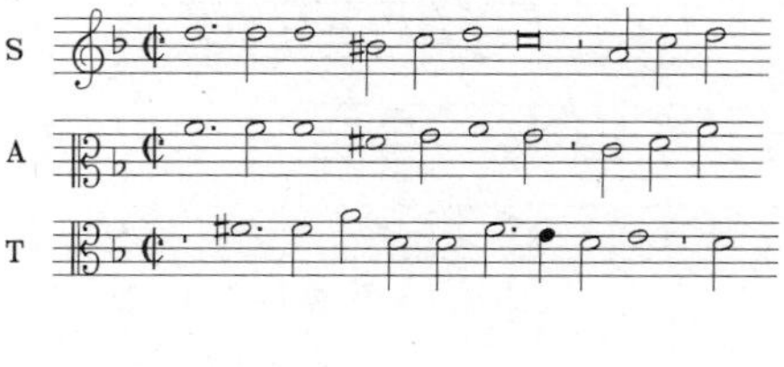

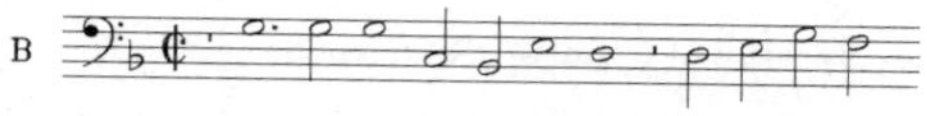

Conversi, Girolamo. Alma guidott'amar colei
1589/08, no. 49 Madrigal

Conversi, Girolamo. Ben poss'Amor Natura
1594/08, f. 16v Madrigal
SECONDA PARTE.

Conversi, Girolamo. Io cantero di quell'almo splendore
1594/08, f. 16 Madrigal

Conversi, Girolamo. Io vo gridando come spiritato
1583/14, f. 22v Madrigal

Conversi, Girolamo. Ma se tempo giamai vera
1589/08, no. 49 Madrigal
SECONDA PARTE.

Conversi, Girolamo. Poi che m'hai tolto la tua dolce
1589/08, no. 50 Madrigal

Conversi, Girolamo. Quando mi miri con questi occhi
1583/14, f. 21 Madrigal

Conversi, Girolamo. Se vi spiace ch'io v'ami
1589/08, no. 53 Madrigal

Conversi, Girolamo. Sola soletta
1583/15, f. 20 Madrigal

Conversi, Girolamo. Sta nott'io mi sognava con dolcezza
1589/08, no. 52 Madrigal

Coppola, Giovanni Jacopo. Benedetto sta il giorno
1588/23, p. 22 Madrigal
Tenor partbook missing.

Corfini, Giacopo. Amor se tua merce d'una secco Lauro
1583/10, f. 29 Madrigal

Corfini, Giacomo. Et voi lagrime amare
1561/10, p. 26 Madrigal
SECONDA PARTE.

Corfini, Giacomo. Lasso s'anchor la mia penosa vita
1561/10, p. 25 Madrigal

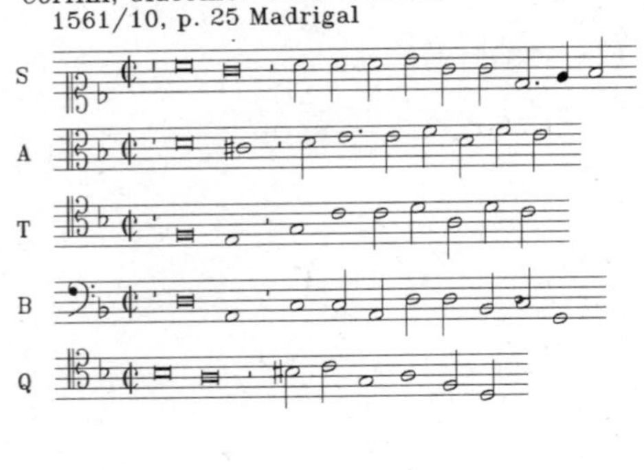

Corfini, Giacomo. Morte o morte morir voglio
1596/08, p. 9 Madrigal
DIALOGO (Quintus and Bass II partbooks missing.)

Corigliano, Marino Da. Vergin del vero Sol
1600/05, p. 2 Lauda
PER LA MATUNITA... (Attrib. Anon.Vergin che Luna (1599/06)

Cornazzani, Fileno. Ardo si ma non t'amo
1585/17, no. 25 Madrigal

Cornazzani, Fileno. Io vissi un tempo in dolce foco
1575/11, p. 20–21 Madrigal

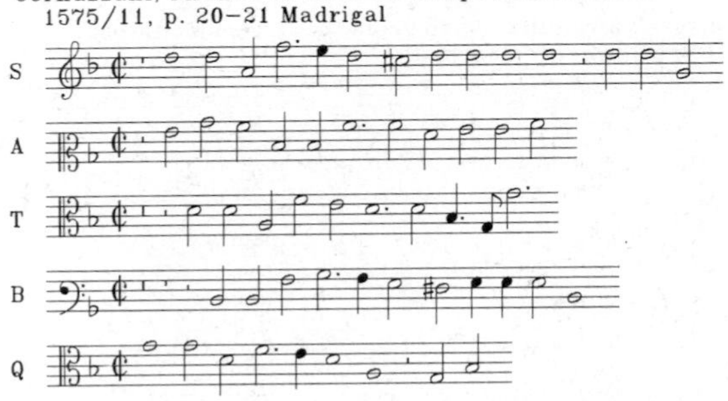

Cornazzani, Fileno. Qual nave scorta da celeste lume
1569/19, p. 7 Madrigal
QUARTA PARTE.

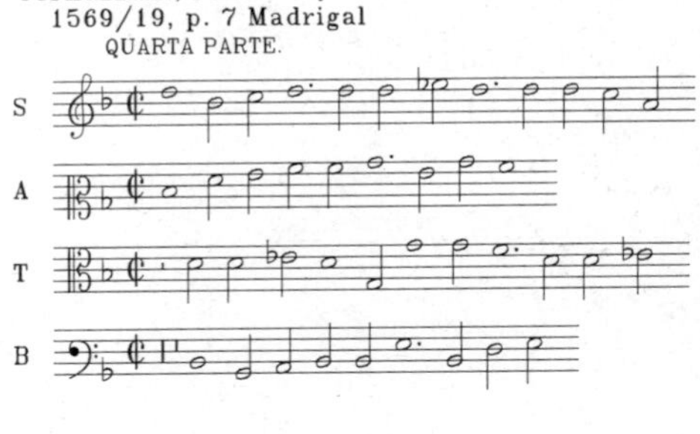

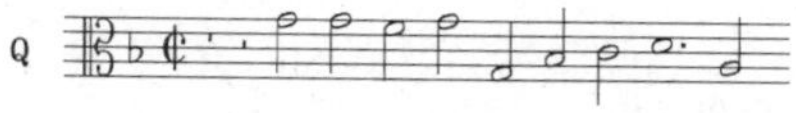

Cornazzani, Fileno. Stella non e nel ciel che dimostrar
1575/11, p. 22 Madrigal

Corneti, Severino. Almen poi ch'ai mia libertate
1581/07, p. 29 Madrigal
Quinto partbook missing.

Corneti, Severino. Anchor ch'io possa dire
1581/07, p. 12–13 Madrigal
Quinto partbook missing.

Corneti, Severino. Anchor che col partire
1581/07, p. 40–41 Madrigal
Quinto partbook missing.

Corneti, Severino. Bella colomba mia
1581/07, p. 26–27 Madrigal
Quinto partbook missing.

Corneti, Severino. Che non segu'il suo corso
1581/07, p. 5 Madrigal
Quinto partbook missing.

Corneti, Severino. Come d'ogni virtu
1581/07, p. 14–15 Madrigal
Quinto partbook missing.

Corneti, Severino. Cosi venuti son d'ambi due fuore
1581/07, p. 16–17 Madrigal
Quinto partbook missing.

Corneti, Severino. Crudel tu dormi, & io con grave
1581/07, p. 38 Madrigal
Quinto partbook missing.

Corneti, Severino. Devota a te s'inchina
1581/07, p. 11 Madrigal
Quinto partbook missing.

Corneti, Severino. Dolci sospir che m'usite dal petto
1581/07, p. 36–37 Madrigal
Quinto partbook missing.

Corneti, Severino. Donna crudel tu m'hai robat'il core
1581/07, p. 47 Madrigal
Quinto partbook missing. Canto voice missing.

Corneti, Severino. Et s'io'l consento a gran torto
1581/07, p. 8–9 Madrigal
Quinto partbook missing.

Corneti, Severino. Gionto m'amor fra belle cruda
1581/07, p. 39 Madrigal
Quinto partbook missing.

Corneti, Severino. Havrei giurato Amor
1581/07, p. 28 Madrigal
Quinto partbook missing.

Corneti, Severino. Io son dell'aspettar homai
1581/07, p. 42 Madrigal
Quinto partbook missing.

Corneti, Severino. Ite caldi sospiri al freddo core
1574/03, . 50 Madrigal

Corneti, Severino. Ite caldi sospiri al freddo core
1581/07, p. 46 Madrigal
Quinto partbook missing.

Corneti, Severino. Ma'l bel viso leggiadro
1581/07, p. 43 Madrigal
Quinto partbook missing.

Corneti, Severino. Nasci d'Agnelo y padre
1581/07, p. 32–33 Madrigal
Quinto partbook missing.

Corneti, Severino. Ne Marte, ne Bellona hanno potenza
1581/07, p. 4 Madrigal
Quinto partbook missing.

Corneti, Severino. Non mi togli il ben mio
1574/03, p. 94 Madrigal

Corneti, Severino. O del chiar'Arno tuo chiara
1581/07, p. 30–31 Madrigal
Quinto partbook missing.

Corneti, Severino. O voi ha la bella
1581/07, p. 20–21 Madrigal
Quinto partbook missing.

Corneti, Severino. Occhi piangete, accompagnate il core
1581/07, p. 25 Madrigal
Quinto partbook missing.

Corneti, Severino. Perche mi fai languir
1581/07, p. 34–35 Madrigal
Quinto partbook missing.

Corneti, Severino. Quel ben di tutti e beni huomo
1581/07, p. 18–19 Madrigal
Quinto partbook missing.

Corneti, Severino. Quel partirl'altre e quel rimaner
1581/07, p. 24 Madrigal
Quinto partbook missing.

Corneti, Severino. S'Amor non e, che dunque e quel
1581/07, p. 6–7 Madrigal
Quinto partbook missing.

Corneti, Severino. S'un'animo gentil
1581/07, p. 22–23 Madrigal
Quinto partbook missing.

Corneti, Severino. Se per sentir dolor
1581/07, p. 44–45 Madrigal
Quinto partbook missing.

Corneti, Severino. Veramente in amor si prova
1581/07, p. 52 Madrigal
A 8. (Four voices missing.) Quinto partbook missing.

Corneti, Severino. Vergine in tutto altissima Regina
1581/07, p. 10 Madrigal
Quinto partbook missing.

Corneti, Severino. Vola di voi piu gloriosa fama
1581/07, p. 48–51 Madrigal
Quinto partbook missing.

Corona, Agostino. Fra le mie braccie nuda
1590/25, p.14 Madrigal
PRIMA PARTE.

Corona, Agostino. Furando a Fili un fiore
1593/07, p. 13 Madrigal
Only Bass partbook extant.

Corona, Agostino. Spargend'iva d'intorno
1593/07, p. 17 Madrigal
Only Bass partbook extant.

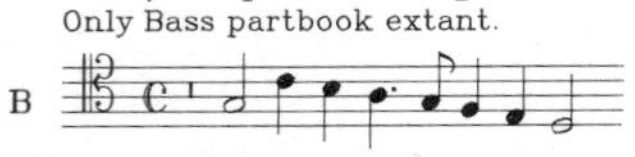

Corona, Giovanni. Alle fiorite guancie et amorose
1569/26, p. 15 Madrigal
PRIMA PARTE.

Coronetta, Rinaldo. Al grato suon de liquidi cristalli
1598/07, p. 10 Madrigal
PRIMA PARTE.

Coronetta, Rinaldo. Ch'io ti lasci e non t'ami
1598/09, p. 13 Madrigal

Coronetta, Rinaldo. Il pastor che da un canto
1598/07, p. 11 Madrigal
SECONDA PARTE.

Corteccia, Francesco. Amanti il vo pur dire
1541/15, p. 27 Madrigal

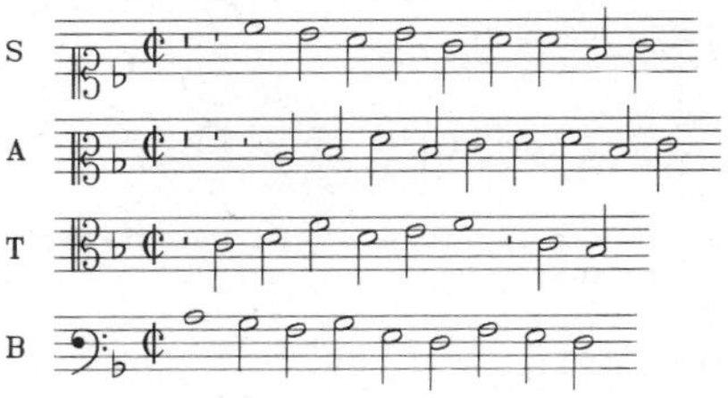

Corteccia, Francesco. Bacco, bacco e v o e
1539/25, p. 30 Madrigal
BALLO DI SATIRI ET BACANTE.

Corteccia, Francesco. Che son io senza lei tu'l ved'amore
1540/18, p. 26 Madrigal

Corteccia, Francesco. Chi ne l'a tolt'oyme
1539/25, p. 26 Madrigal

Corteccia, Francesco. Come divers'et strano
1540/18, p. 27 Madrigal

Corteccia, Francesco. Con molt'altere gratie adorn'
1540/18, p. 28 Madrigal

Corteccia, Francesco. Donna quel fedel servo che tanto
1539/24, p. 20 Madrigal

Corteccia, Francesco. Donna vostra belta s'a dir lo
1542/17, no. 33 Madrigal

Corteccia, Francesco. Fammi pur guerra amor
1539/22, p. 33 Madrigal
Attributed to Arcadelt in 1585/20.

Corteccia, Francesco. Gitene bei fiori & honorate'l seno
1543/18, p. 18 Madrigal

Corteccia, Francesco. Giunto m'ha amor
1543/18, p. 25 Madrigal

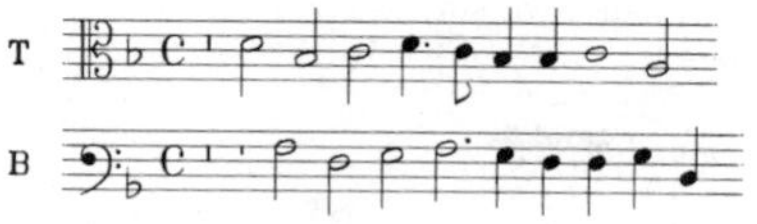

Corteccia, Francesco. Guardane almo pastore
1539/25, p. 25 Madrigal

Corteccia, Francesco. Hor chi mai cantera
1539/25, p. 28 Madrigal
LE NIMPHE.

Corteccia, Francesco. Ingredere felicissimis auspiciis
1539/25, 25 Madrigal

Corteccia, Francesco. Lagrimando dimostro quanto sì dolga
1541/15, p. 24 Madrigal

Corteccia, Francesco. Lasso dove son io oime che vuol dir
1552/21, p. 21 Madrigal
Attrib. to Anon. in 1539/SE. (See Index to Sources.)

Corteccia, Francesco. Madonn'io t'haggi'amat'et amo assai
1545/20, p. 13 Madrigal
Compare A. Barges "Madonn'io t'haggi" in 1550/18.

Corteccia, Francesco. Madonna mia io son un poverello
1545/20, p. 13 Madrigal
Compare Cantus with Tenor by A. Barges in 1550/18.

Corteccia, Francesco. Non so per qual
1552/21, p. 18 Madrigal
Attrib. to Anon. in 1539/SE. (See Index to Sources.)

Corteccia, Francesco. O begli anni de l'oro
1539/25, p. 27 Madrigal

Corteccia, Francesco. Oyme mort'el bel viso
1541/15, p. 32 Madrigal

Corteccia, Francesco. Perche la vita e breve
1542/17, no. 31 Madrigal

Corteccia, Francesco. Pietosi mei lamenti pontate
1542/16, p. 22 Madrigal

Corteccia, Francesco. Quel fuoco ch'io pensai che fusse
1542/16, p. 19 Madrigal

Corteccia, Francesco. Sacro e santo Himeneo il ciel
1539/25, p. 5 Madrigal
FOR 9 VOICES.

Corteccia, Francesco. Se per honesti preghi al'altrui
1543/18, p. 12 Madrigal

Corteccia, Francesco. Sola la donna mia mi fa viver
1541/15, p. 30 Madrigal

Corteccia, Francesco. Un di lieto giamai non hebb'Amor
1543/18, p. 8–9 Madrigal

Corteccia, Francesco. Vatten'almo riposo ecco ch'io torno
1539/25, p. 24 Madrigal

Corteccia, Francesco. Vivace fiamma che con dubbia
1542/17, no. 30 Madrigal

Corteccia, Francesco. Vivace fiamma che con dubbia
1542/17, no. 30 Madrigal

Cortolaino. Non mi lasciar morir ti prego
1571/09, p. 18 Napolitana

Cossuino, Antonio. Eolo crudel come turbasti l'onde
1569/19, p. 10 Madrigal
SETTIMA PARTE.

Cossuino, Antonio. Qual meraviglia se mi piacque
1569/19, p. 24 Madrigal
QUINTA PARTE.

Costa, Gasparo. Ardo si ma non t'amo
1585/17, no. 11 Madrigal

Costa, Gasparo. Mentre a quest'ombre
1592/11, p. 24 Madrigal
PAROLE DI CLAUDIO FORZATE.

Costa, Gasparo. Se fredda e la mia donna
1589/11, p. 19 Madrigal

Coudenno, Giovanni. Acceso infiamma di se stesso amore
1584/11, p. 14–15 Madrigal

Coudenno, Giovanni. Donna la rimembranza
1584/11, p. 12 Madrigal
AL ILLUSTRE SIG./SIGNORA DONNA ISABELLA LONDONIA TRIVULTIA.

Coudenno, Giovanni. Et se ben la beltade in voi
1584/11, p. 13 Madrigal
SECONDA PARTE.

Courtoys, Henry. Donna l'ardente fiamma e la pena
1580/10, p. 13 Madrigal
PRIMA PARTE. (Canto & Alto partbooks missing.)

Courtoys, Henry. Signor la vostra fiamma
1580/10, p. 14 Madrigal
SECONDA PARTE. (Canto & Alto partbooks missing.)

Courtoys, Lambert. Assai vo fe matira alt'e cortese
1543/18, p. 6–7 Madrigal

Courtoys, Lambert. La bella Flora il ricco lembo
1580/10, p. 9 Madrigal
Canto & alto partbooks missing.

Courtoys, Lambert. Com'in novel Paradiso, od Helicona
1580/10, p. 4 Madrigal
SECONDA PARTE. (Canto & Alto partbooks missing.)

Courtoys, Lambert. Consumandomi vo per poggi
1580/10, p. 11 Madrigal
Canto & alto partbooks missing.

Courtoys, Lambert. Crudele di voi stessa e di natura
1580/10, p. 17 Madrigal
TERZA PARTE. (Canto & Alto partbooks missing.)

Courtoys, Lambert. Cura che di timor ti nutri
1580/10, p. 7 Madrigal
PRIMA PARTE. (Canto & Alto partbooks missing.)

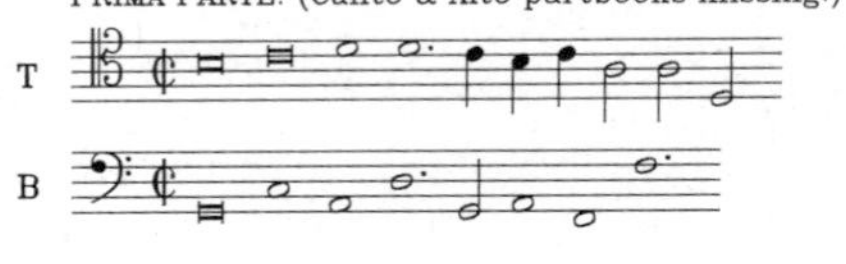

Courtoys, Lambert. Destra di quel amor
1563/07, p. 9 Canzona
CANZON PRIMA PARTE. LAMBERTO CURTOYS.

Courtoys, Lambert. Donna gloria del secol che vi vede
1580/10, p. 16 Madrigal
SECUNDA PARTE. (Canto & Alto partbooks missing.)

Courtoys, Lambert. Fresco fiorito adorno
1580/10, p. 10 Madrigal
Canto & alto partbooks missing.

Courtoys, Lambert. Hor che del Tebro su l'herbose
1580/10, p. 15 Madrigal
CANZONE. PRIMA PARTE. (Canto & Alto partbooks missing.)

Courtoys, Lambert. In somm'amor suprem'
1563/07, p. 11–12 Madrigal
SESTA PARTE.

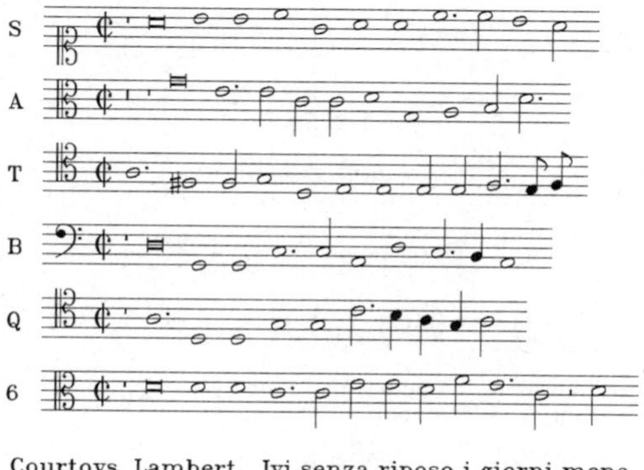

Courtoys, Lambert. Ivi senza riposo i giorni mena
1580/10, p. 8 Madrigal
SECONDA PARTE. (Canto & Alto partbooks missing.)

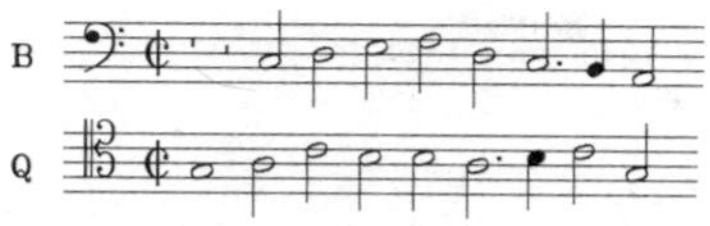

Courtoys, Lambert. Locar sovra gli abissi fondamenti
1580/10, p. 5 Madrigal
PRIMA PARTE. (Canto & Alto partbooks missing.)

Courtoys, Lambert. Non restar dice amor di me pietoso
1580/10, p. 21 Madrigal
SETTIMA PARTE. (Canto & Alto partbooks missing.)

Courtoys, Lambert. O destr'amabil pie
1563/07, p. 10–11 Madrigal
TERZA PARTE. A 3.

Courtoys, Lambert. Oltre quell'alpi, ove'l mio
1580/10, p. 22 Madrigal
ULTIMA PARTE. A 7. CANZON. (Canto & Alto partbooks missing.)

Courtoys, Lamberto. Perche crudel amor quando da prima
1580/10, p. 19 Madrigal
QUARTA PARTE. A 3. (Only Bass partbook extant.)

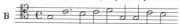

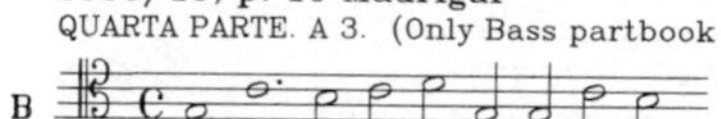

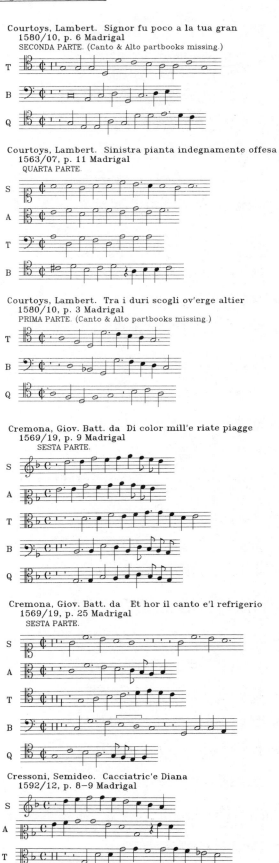

Courtoys, Lambert. Piagata man del mio fattor sinistra
1563/07, p. 10 Madrigal
SECONDA PARTE. A 5.

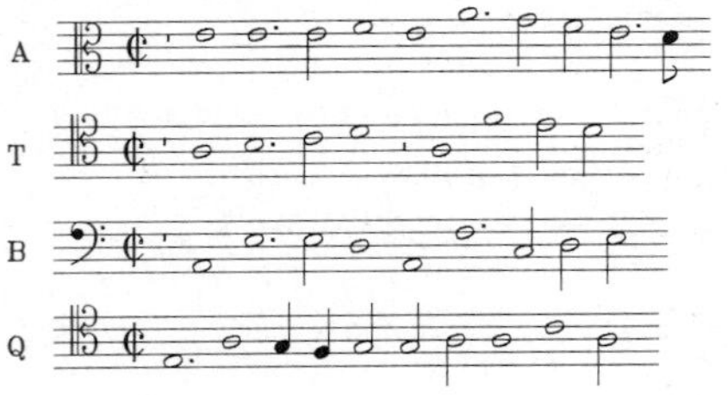

Courtoys, Lambert. Pieno d'amoroso in estinguibil fuoco
1563/07, p. 11 Madrigal
QUINTA PARTE.

Courtoys, Lambert. Qual novo Augel di Giove ai raggi
1580/10, p. 20 Madrigal
SESTA PARTE. (Canto & Alto partbooks missing.)

Courtoys, Lambert. Quando fia mai che'l foco
1543/18, p. 16 Madrigal

Courtoys, Lambert. Questo non promettean quegli occhi
1580/10, p. 19 Madrigal
QUINTA PARTE. (Canto & Alto partbooks missing.)

Courtoys, Lambert. Quivi sospiri pianti
1580/10, p. 12 Madrigal
Canto & Alto partbooks missing.

Courtoys, Lambert. Signor fu poco a la tua gran
1580/10, p. 6 Madrigal
SECONDA PARTE. (Canto & Alto partbooks missing.)

Courtoys, Lambert. Sinistra pianta indegnamente offesa
1563/07, p. 11 Madrigal
QUARTA PARTE.

Courtoys, Lambert. Tra i duri scogli ov'erge altier
1580/10, p. 3 Madrigal
PRIMA PARTE. (Canto & Alto partbooks missing.)

Cremona, Giov. Batt. da Di color mill'e riate piagge
1569/19, p. 9 Madrigal
SESTA PARTE.

Cremona, Giov. Batt. da Et hor il canto e'l refrigerio
1569/19, p. 25 Madrigal
SESTA PARTE.

Cressoni, Semideo. Cacciatric'e Diana
1592/12, p. 8–9 Madrigal

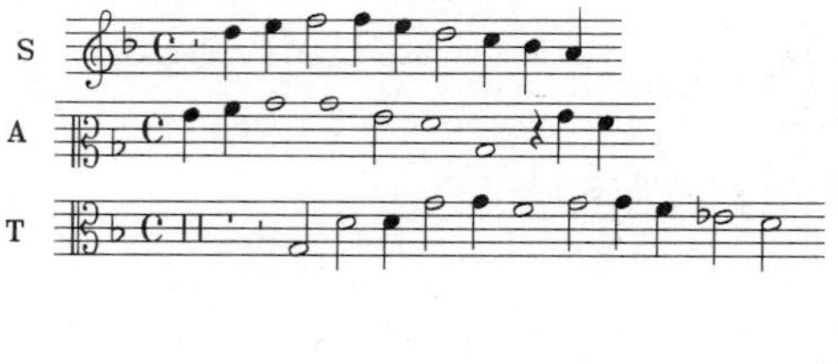

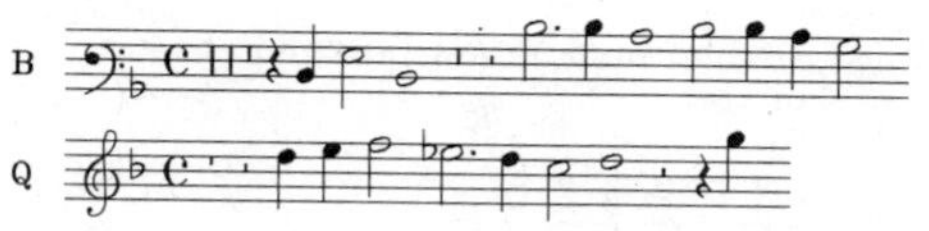

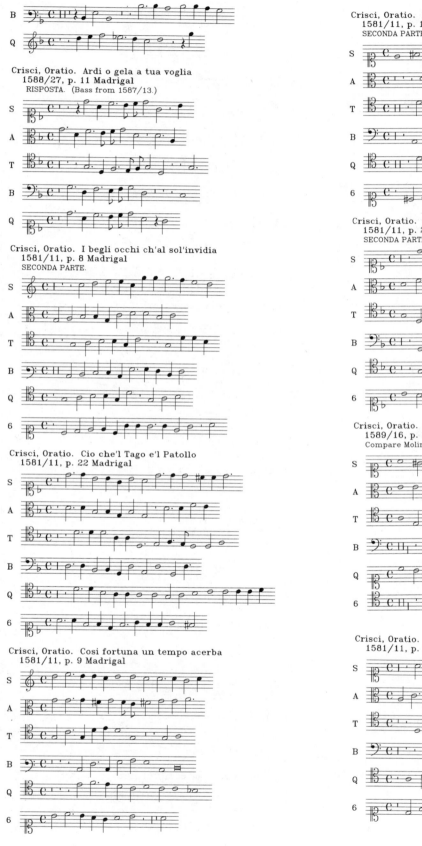

Crisci, Oratio. Ardi o gela a tua voglia
1588/27, p. 11 Madrigal
RISPOSTA. (Bass from 1587/13.)

Crisci, Oratio. I begli occhi ch'al sol'invidia
1581/11, p. 8 Madrigal
SECONDA PARTE.

Crisci, Oratio. Cio che'l Tago e'l Patollo
1581/11, p. 22 Madrigal

Crisci, Oratio. Cosi fortuna un tempo acerba
1581/11, p. 9 Madrigal

Crisci, Oratio. Duo cervi nite a un parto
1581/11, p. 15 Madrigal
SECONDA PARTE.

Crisci, Oratio. E nel pensar io dico a che ti sfaci
1581/11, p. 25 Madrigal
SECONDA PARTE.

Crisci, Oratio. Occhi perche piangete
1589/16, p. 21 Madrigal
Compare Molinaro "Dolci soavi e cari" in 1599/15.

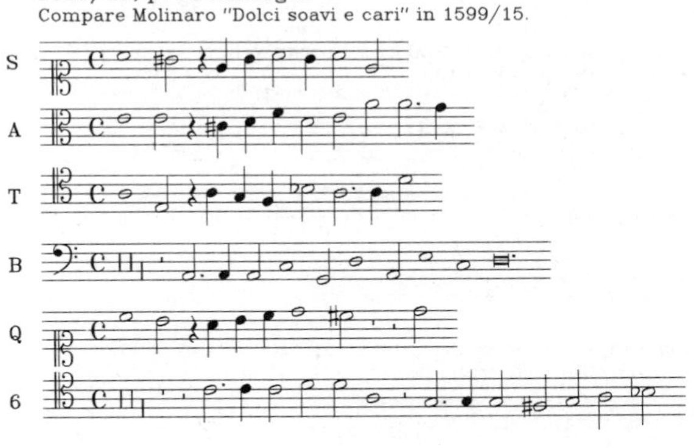

Crisci, Oratio. Se quei begli occhi onde mille alme
1581/11, p. 14 Madrigal

Crisci, Oratio. Tu piangevi il tuo amor io piango
1581/11, p. 24 Madrigal

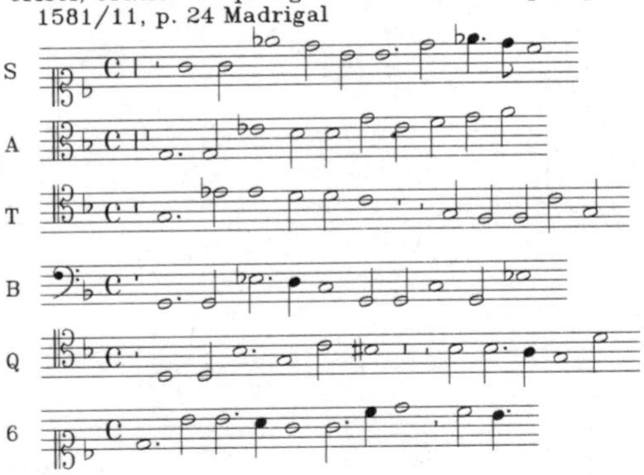

Crivelli, Arcangelo. Da ch'a noi riscopristi
1599/06, p. 47 Lauda
A SANTA MARIA DELLA COLONNA, IN SAN PIETRO.

Crivelli, Arcangelo. Io me n'avvedo Amore
1589/11, p. 8 Madrigal

Crivelli, Arcangelo. Qual chi di gran febre
1599/06, p. 48 Lauda
A SANTA MARIA DELLA FEBRE IN SAN PIETRO.

Crivelli, Arcangelo. Se la stessa belta de Stella Diana
1595/05, p. 6 Madrigal

Crivelli, Arcangelo. Se la stessa belta de Stella Diana
1597/15, p. 23v Villota

Crivelli, Arcangelo. Sol di lume immortal Titon di zelo
1590/15, p. 5 Madrigal
QUINTA PARTE.

Crivelli, Arcangelo. Sovr'una verde riva
1589/07, p. 10 Madrigal

Crivelli, Arcangelo. Tra duo coralli fini
1585/29, p. 14 Madrigal

Croce, Giovanni. Basciami vita mia sol una volta
1590/18, p. 9 Madrigal

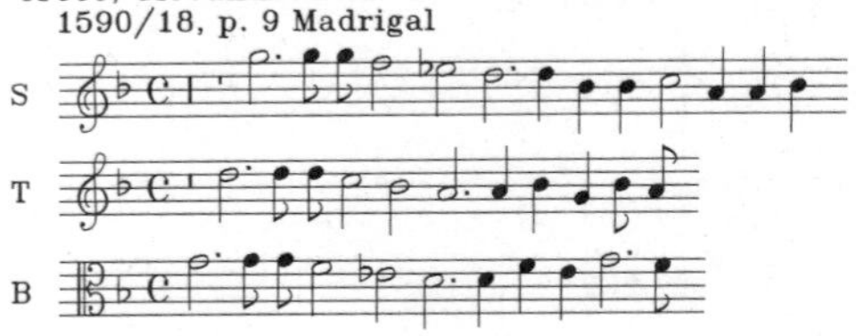

Croce, Giovanni. La bella Ninfa sua
1594/07, f. 29v Madrigal
TERZA PARTE.

Croce, Giovanni. Ben mio quando da voi feci partita
1590/15, p. 17 Madrigal
PROPOSTA.

Croce, Giovanni. Cosi moriro i fortunati amanti
1594/07, f. 30 Madrigal

Croce, Giovanni. Ecco l'alma beata
1586/01, p. 31 Madrigal
DIALOGO DE CHORI D'ANGELI. A 10. (See version in 1589/08.)

Croce, Giovanni. Era presso al morire
1597/15, p. 26v Villota

Croce, Giovanni. Freno Tirs'il desio
1594/07, f. 29 Madrigal
SECONDA PARTE.

Croce, Giovanni. Giva pascendo il gregge
1594/06, p. 18 Madrigal
PAROLE DI D'INCERTO.

Croce, Giovanni. Occhi mentre mirate la trafitta
1598/06, p. 16 Madrigal

Croce, Giovanni. Ove tra l'herbe e i fiori
1592/11, p. 16 Madrigal
PAROLE DI IACOMO BELLONI.

Croce, Giovanni. La pastorella mia vezzosa e cara
1588/19, p. 13 Madrigal
Tenor and Alto partbooks missing.

Croce, Giovanni. Quand'il cor mi lasciasti la partita
1590/15, p. 18 Madrigal
RISPOSTA.

Croce, Giovanni. Regina Alma del ciel
1586/01, p. 30 Madrigal
SECONDA PARTE.

Croce, Giovanni. Rimaser le parole, nel cor chiuse
1593/03, p. 8 Madrigal
OTTAVA PARTE. (Alto, Tenor, & Bass partbooks missing.)

Croce, Giovanni. Se da voi m'allontano Cor mio
1592/14, p. 2 Madrigal

Croce, Giovanni. Signor cui il padr'ha datto
1586/01, p. 29 Madrigal

Croce, Giovanni. Tirsi morir volea
1594/07, f. 28v Madrigal
PRIMA PARTE.

Croce, Giovanni. Voi bramate ben mio che m'ucida
1598/10, p. 14 Madrigal

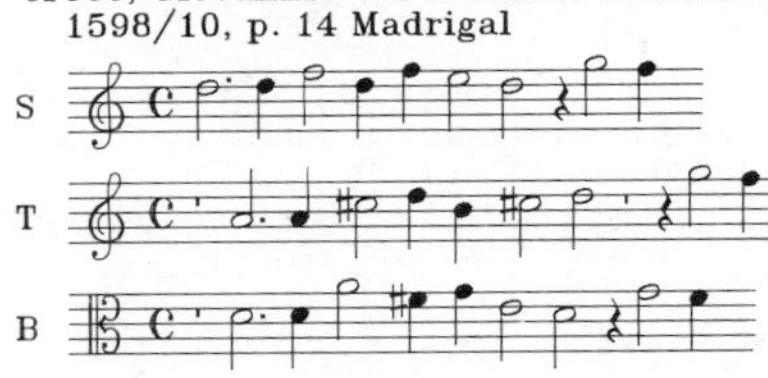

Dancherts, Ghiselo. Fedel qual sempre fui tal esser
1559/18, p. 7 Madrigal
PRIMA PARTE.

Dancherts, Ghiselo. Scarpello si vedra di piomb'o lima
1559/18, p. 8 Madrigal
SECONDA PARTE.

Dattaro, Ghinolfo. Resta cor mio d'amar costei
1570/19, p. 8 Madrigal
AL MOLTO MAG. S. GIOV. PAOLO CORRELLI

Dattaro, Ghinolfo. Se tu sapessi che cos'e vecchiezza
1569/24, p. 8 Villota
NAPOLITANA DI GHINOLFO DATTARO BOLOGNESE. (Canto & Alto mis

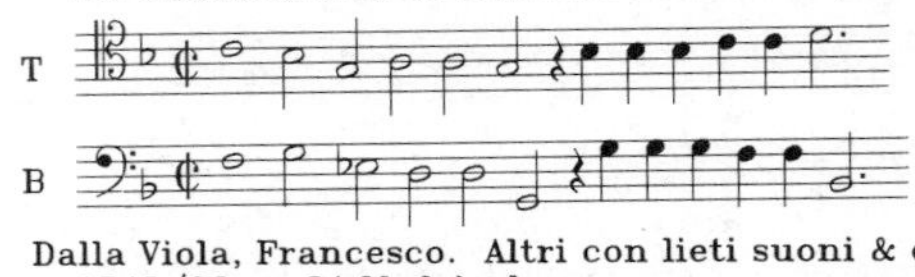

Dalla Viola, Francesco. Altri con lieti suoni & dolci
1548/08, p. 21 Madrigal

Dalla Viola, Francesco. Altro che lagrimar gli occhi
1548/08, p. 7 Madrigal

Dalla Viola, Francesco. Chi non conosce Amore
1548/08, p. 17 Madrigal

Dalla Viola, Francesco. Cibo dolce et soave
1548/08, p. 1 Madrigal
PRIMA PARTE.

Dalla Viola, Francesco. Come poss'io scoprirv'il mio desio
1548/08, p. 3 Madrigal

Dalla Viola, Francesco. Deh perche non credete
1548/08, p. 26 Madrigal

Dalla Viola, Francesco. Et come in terso & chiaro vetro
1548/08, p. 1 Madrigal
SECONDA PARTE.

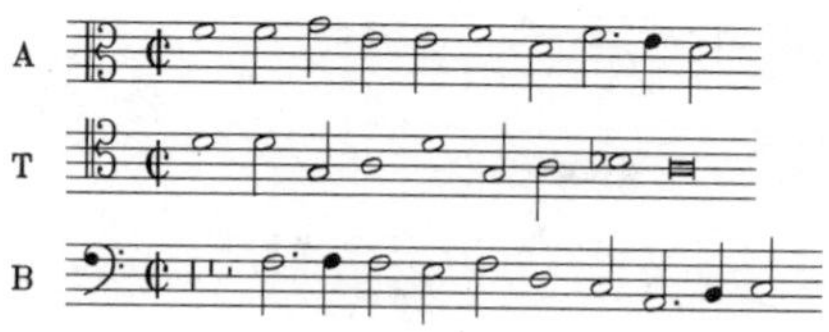

Dalla Viola, Francesco. Felice chi dispensa il bel don
1548/08, p. 14 Madrigal

Dalla Viola, Francesco. In picciol tempo passa'ogni gran
1548/08, p. 13 Madrigal

Dalla Viola, Francesco. Lasso s'io tremo
1548/08, p. 10 Madrigal

Dalla Viola, Francesco. Mirando vostr'angelica bellezza
1548/08, p. 33 Madrigal

Dalla Viola, Francesco. O quante volt'avien ch'io pregh'
1548/08, p. 12 Madrigal

Dalla Viola, Francesco. Occhi sopr'al mortal corso sereni
1548/08, p. 16 Madrigal

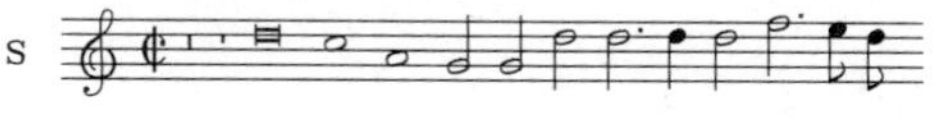

Dalla Viola, Francesco. Pensai ch'ad ambi havesse tes'amore
1548/08, p. 19 Madrigal

Dalla Viola, Francesco. Poiche nostro servir ha per merce
1548/08, p. 25 Madrigal

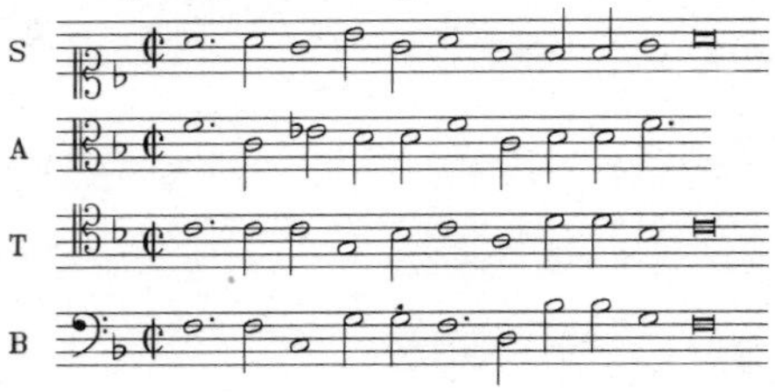

Dalla Viola, Francesco. Se da vostr'occhi nasce'l Paradiso
1548/08, p. 27 Madrigal
SECONDA PARTE.

Dalla Viola, Francesco. Si vaga pastorella la veddi
1548/08, p. 22 Madrigal

Dalla Viola, Francesco. Siepi ch'il bel giardin
1548/08, p. 27 Madrigal

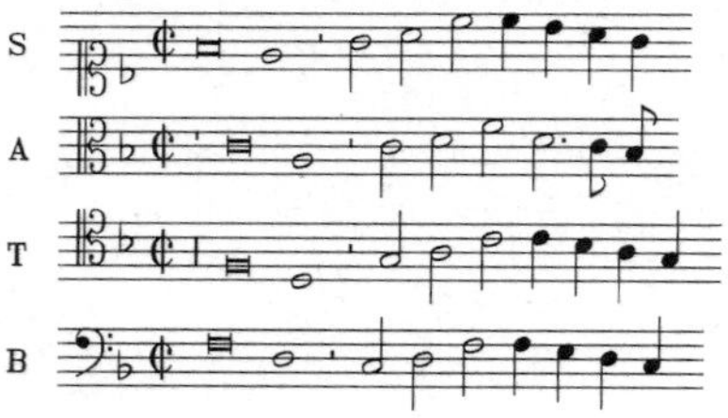

Dalla Viola, Francesco. La verginella e simil a la rosa
1548/08, p. 29 Madrigal

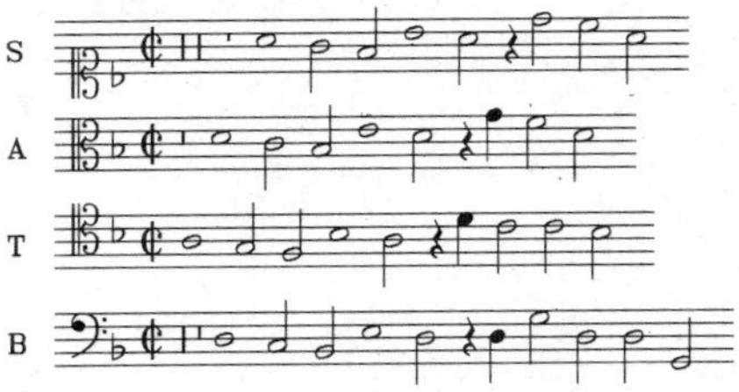

Dalla Viola, Francesco. Vivo sol di speranza rimembrando
1548/08, p. 23 Madrigal

Dalla Viola, Francesco. Voi provedete Amore
1548/08, p. 27 Madrigal
SECONDA PARTE.

Demophon, Alex. A che son hormai conducto
1507/03, f. 16v–17 Frottola

Demophon, Alex. Vidi hor cogliendo rose hor gigli
1507/03, f. 49v–50 Frottola

Demophon, Alex. Vogli gli ochio o madre pia
1508/03, f. 27v–28 Lauda

Dentice, Fabritio. Ahi crudel stato mio
1594/07, f. 19 Madrigal

Dentice, Fabritio. Empio cor cruda voglia e fiera
1577/08, p. 23 Madrigal
Tenor partbook missing.

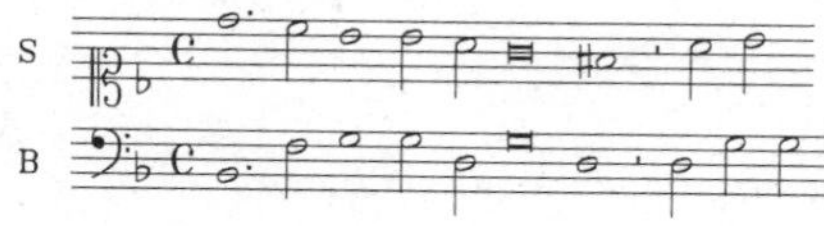

Dentice, Scipione. Alto principio e Monte
1599/06, p. 17 Lauda
ALLA MADONNA SANTISS.. IN SANTA RESTITUTA DI NAPOLI.

Dentice, Scipione. Amor ch'e quel ch'io miro
1591/18, p. 16 Madrigal

Dentice, Scipione. Baci soavi e cari
1587/12, p. 17 Madrigal

Dentice, Scipione. Cantai un tempo et se fu dolce
1577/08, p. 5 Madrigal
Alto and Tenor partbooks missing.

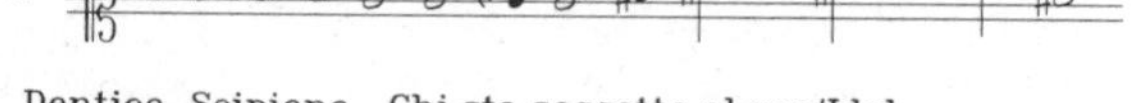

Dentice, Scipione. Chi sta soggetto al van'Idol
1600/05, p. 35 Lauda
CHI STA SOGGETTO AL VAN'IDOL D'AMORE.

Dentice, Scipione. Del Sol e d'ogni stella
1599/06, p. 57 Lauda
A SANTA MARIA DEL SOLE IN ROMA SOTTO CAMPODOGLIO.

Dentice, Scipione. Non veggio al mondo cosa
1599/06, p. 36 Lauda
A S. MARIA DELLA PACE.

Dentice, Scipione. Tu ch'el passato mio buon tempo sai
1577/08, p. 2 Madrigal
Alto and Tenor partbooks missing.

Dentice, Scipione. Vergine dolc'e pia
1600/05, p. 1 Lauda
ALLA MADONNA S'MA DEL ROSARIO NELLA MINERVA DI ROMA.

Dentice, Scipione. Vorrei Vergine bella
1599/06, p. 60 Lauda
A SANTA MARIA DELLO SPLENDORE.

Devigne. Fortuna d'un gran tempo
1503/03, f. 35v–36 Madrigal
Two simul.texts: Franc coeur, qu'as tu & Fortuna d'un gran

Dinarelli, Nadalino. Caro dolce mio bene
1589/10, p. 20 Madrigal

Diomedes Di gravi errori
1508/03, f. 22v–23 Lauda
No meter signature given in Altus and Bassus.

Diomedes Dolores mortis
1508/03, f. 22 Lauda
Cantus and Tenor partbooks missing.

Diomedes Sempre haro quel dolce focho
1509/02, f. 53v–54 Frottola

Domi. Se per seguire el gregie
1515/02, f. 39v–40 Frottola

Donato, Baldassare. Amore io son si lieto
1557/23, p. 22 Madrigal

Donato, Baldassare. Anchor ch'io possa dire che d'haver
1569/20, p. 6 Madrigal

Donato, Baldassare. Baciami vita mia baciami anchora
1550/19, p. 24 Madrigal

Donato, Baldassare. Cantiam dunque cantiamo
1584/04, p. 15 Madrigal
Incomplete---one voice missing.

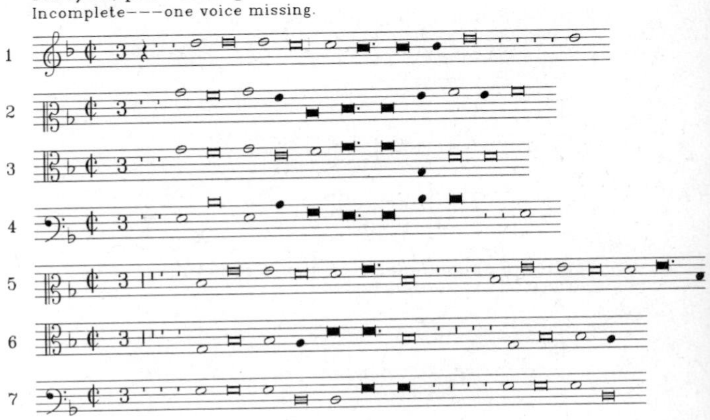

Donato, Baldassare. Che val peregrinar di loc'in loco
1589/06, p. 23 Madrigal

Donato, Baldassare. Chi dira mai ch'in donna
1550/19, p. 19 Villanella
Compare Anonymous in 1566/05 (where labeled a Villotto).

Donato, Baldassare. Chi la gagliarda donna vo imparare
1550/19, p. 13 Villanella

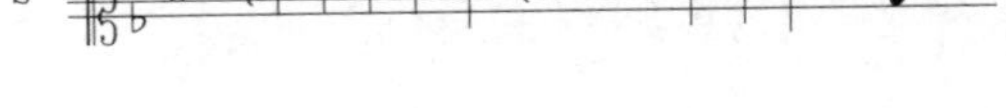

Donato, Baldassare. Credime vita mia credime questo
1550/19, p. 11 Villanella

Donato, Baldassare. Da que'bei crin che tanto piu sempre
1593/05, p. 45 Madrigal

Donato, Baldassare. E tu faccia che nacesti a darmi
1550/19, p. 12 Villanella

Donato, Baldassare. E voio criar tanto con la bose
1570/17, p. 4–5 Giustiniana

Donato, Baldassare. Fuggi se sai fuggir che fuggir
1569/20, p. 9 Madrigal

Donato, Baldassare. Gloriosa felic'alma Vinegia
1550/19, p. 25–26 Madrigal

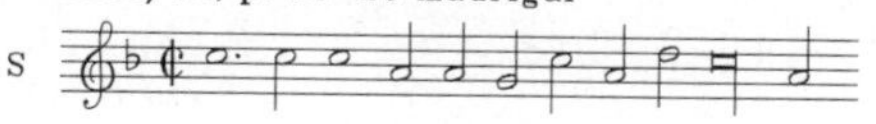

Donato, Baldassare. Guarda sciagura ch'haggio
1550/19, p. 14 Villanella

Donato, Baldassare. Ho na doglia nel core che m'attera
1550/19, p. 10 Villanella

Donato, Baldassare. Io non trovo me stesso stella
1550/19, p. 23 Madrigal

Donato, Baldassare. Madonna io son constretto
1550/19, p. 17 Villanella

Donato, Baldassare. Mill'anni sono ch'io non t'haggio
1550/19, p. 19–20 Villanella

Donato, Baldassare. No pulice no pulice m'entrato
1550/19, p. 6 Villanella

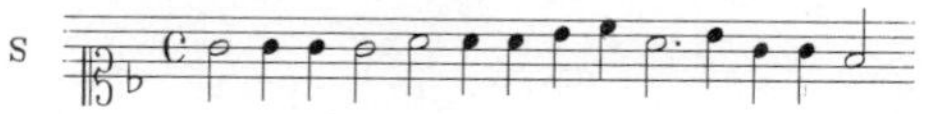

Donato, Baldassare. Non t'ho possuto mai non t'ho
1550/19, p. 9 Villanella

Donato, Baldassare. O dolce servitu dolce tormento
1569/20, p. 5 Madrigal

Donato, Baldassare. O dolce vita mia non mi fa guerra
1550/19, p. 8 Villanella

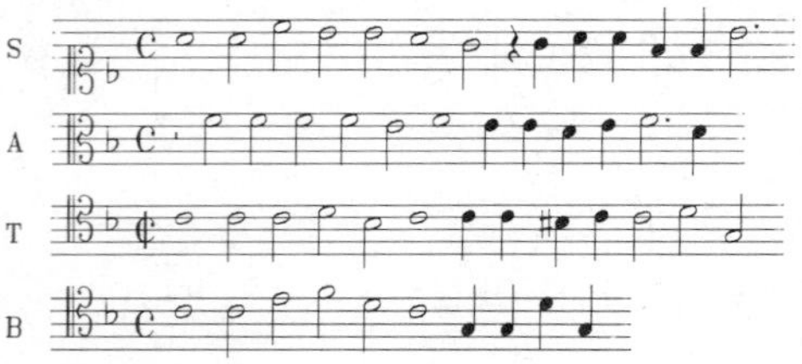

Donato, Baldassare. O felice colui ch'al suo volere
1561/11, p. 14 Madrigal

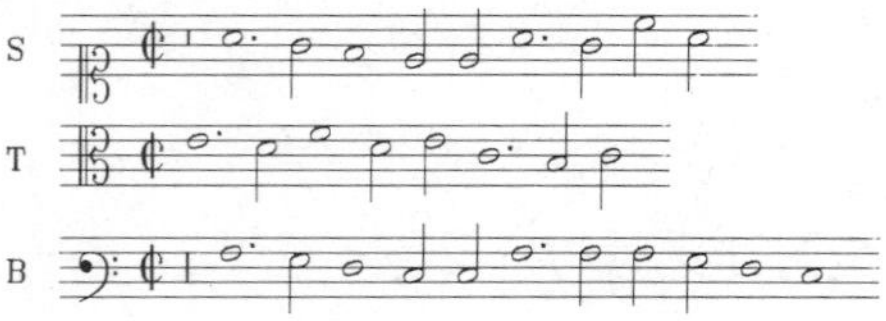

Donato, Baldassare. O quant'amore
1550/19, p. 7 Villanella

Donato, Baldassare. Occhi lucenti assai
1550/19, p. 1 Villanella

Donato, Baldassare. Ohime che'l mio languire
1598/09, p. 4 Madrigal

Donato, Baldassare. Pensier dicea ch'el cor m'aggiacci
1561/10, p. 24 Madrigal

Donato, Baldassare. Piu leggiadr'e piu bella donna
1550/19, p. 18 Villanella

Donato, Baldassare. Piu potente e piu forte
1600/05, p. 66 Lauda
ALLA MIRACOLOSA MADONNA DEL MONDOVI.

Donato, Baldassare. Quando madonna ii cosi dolcemente
1570/21, p. 43 Villota

Donato, Baldassare. Quando nascesti Amore
1584/04, p. 32 Madrigal
A 12. (Incomplete---three voices missing.)

Donato, Baldassare. Quanto debb'allegrarse la natura
1550/19, p. 17 Villanella

Donato, Baldassare. Quattro Dee ch'el mond'honora
1550/19, p. 25 Madrigal

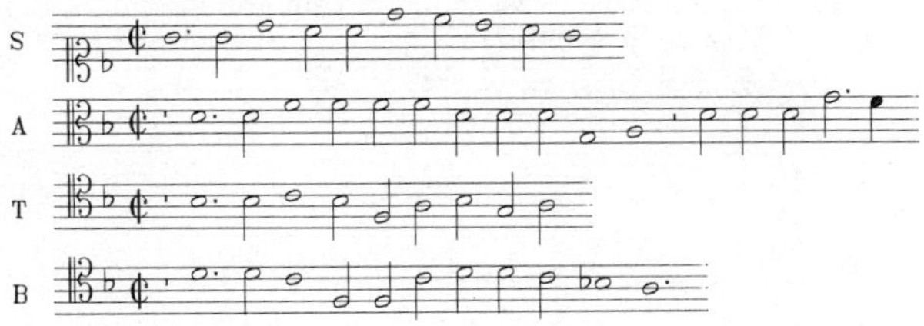

Donato, Baldassare. Questo si ch'e felice e lieto giorno
1570/15, p. 8–9 Madrigal
PRIMA STANZA.

Donato, Baldassare. S'haver altrui piu caro
1548/09, p. 13 Madrigal
SECONDA PARTE. (Quintus voice is labeled contratenor.)

Donato, Baldassare. S'io veggio in altra donna
1569/20, p. 8 Madrigal

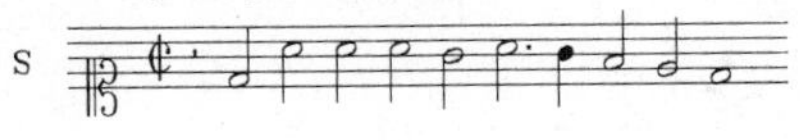

Donato, Baldassare. S'una fede amorosa
1548/09, p. 12–13 Madrigal
Quintus voice is labeled contratenor.

Donato, Baldassare. Se mai fu crud'a miei dolci pensieri
1550/19, p. 22 Madrigal

Donato, Baldassare. Se pur ti guardo
1550/19, p. 2 Villanella

Donato, Baldassare. Se quel dolor che va innanzi
1569/20, p. 7 Madrigal

Donato, Baldassare. Se sai ch'io t'amo
1550/19, p. 5 Villanella

Donato, Baldassare. Te parlo tu me ridi & pur stai citto
1550/19, p. 15 Villanella

Donato, Baldassare. Tratto fuora del Mar, Apollo
1579/03, p. 8 Madrigal
QUARTA PARTE.

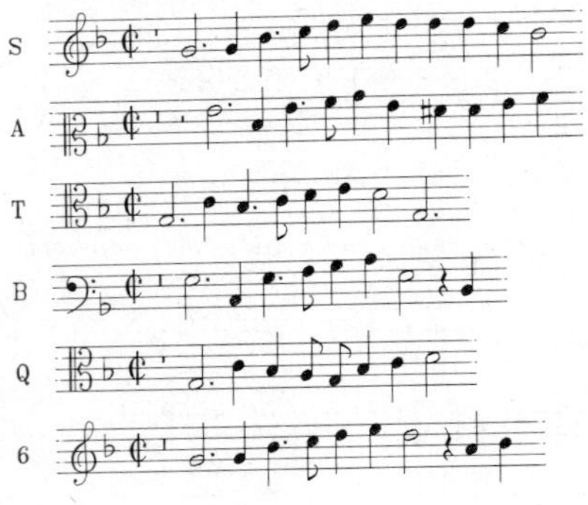

Donato, Baldassare. Tu mi farai morrir ch'io men aveggio
1550/19, p. 16 Villanella

Donato, Baldassare. Tutta saressi bella donna mia
1550/19, p. 20 Villanella

Donato, Baldassare. Vaghi pensier che cosi passo
1550/19, p. 21 Madrigal

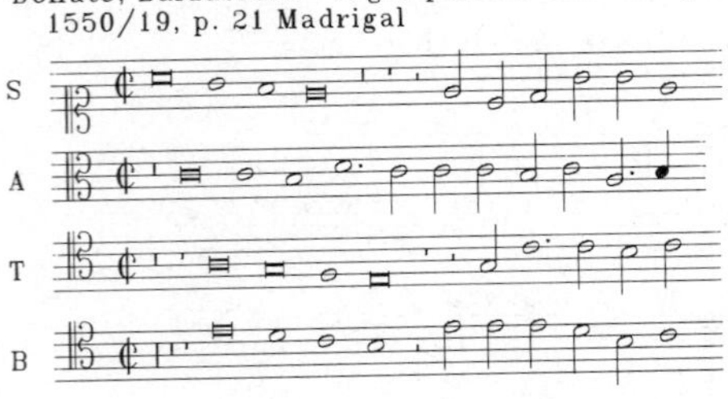

Donato, Baldassare. Vergin Dea, che'l Ciel adora
1600/05, p. 30 Lauda
PER L'ASSUNTA.

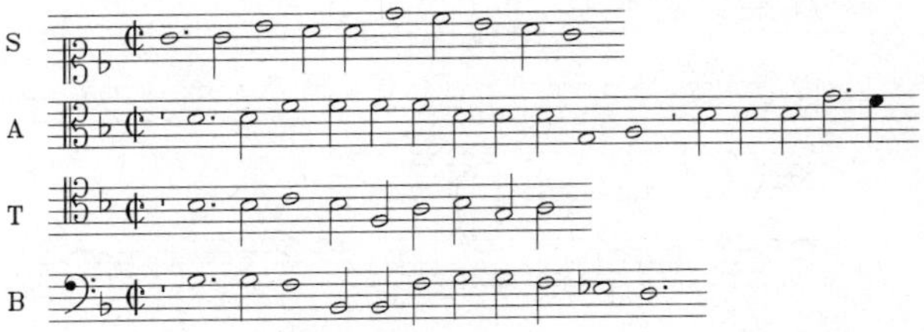

Donato, Baldassare. Vergine dolc'e pia, Vergine Madre
1600/05, p. 51 Lauda
ALLA MADONNA SANCTISSIMA DEL BECATO IN PIEMONTE.

Donato, Baldassare. Viva sempr'in ogni etate
1550/19, p. 26 Madrigal

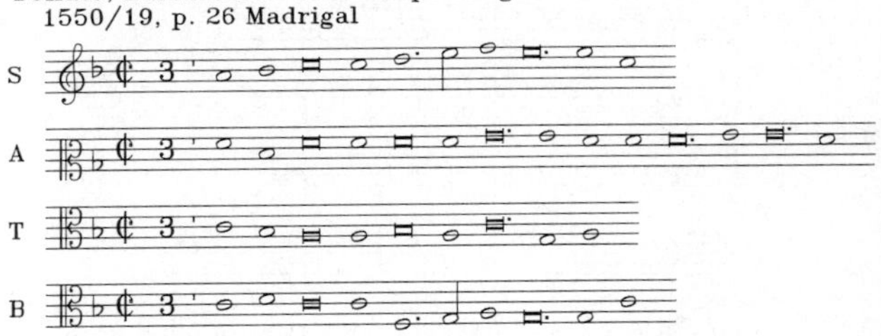

Doni, Antonfrancesco. Chiaro leggiadro lume
1544/22, p. 22 Madrigal

Doni, Antonfrancesco. Di tre rare eccellenze adorne
1544/22, p. 17 Madrigal

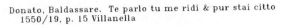

Dorati, Nicolo. A voi rivolgo il mio debile stile
1561/14, p. 27 Madrigal
SECONDA PARTE.

B
Q

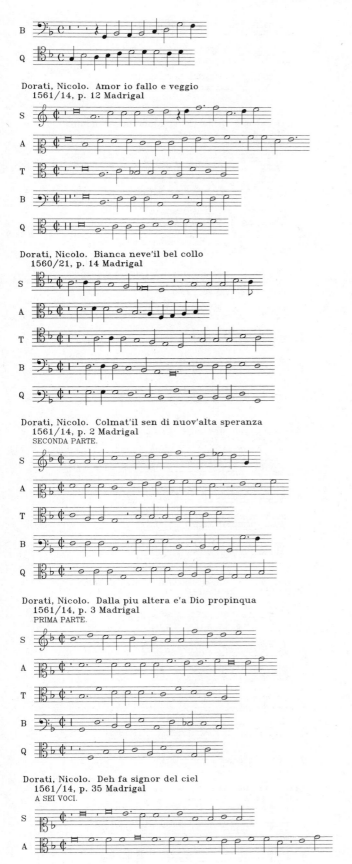

Dorati, Nicolo. Amor io fallo e veggio
1561/14, p. 12 Madrigal

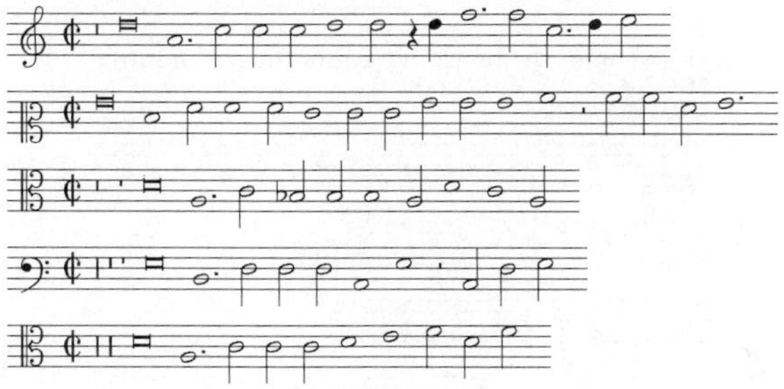

S
A
T
B
Q

Dorati, Nicolo. Bianca neve'il bel collo
1560/21, p. 14 Madrigal

S
A
T
B
Q

Dorati, Nicolo. Colmat'il sen di nuov'alta speranza
1561/14, p. 2 Madrigal
SECONDA PARTE.

S
A
T
B
Q

Dorati, Nicolo. Dalla piu altera e'a Dio propinqua
1561/14, p. 3 Madrigal
PRIMA PARTE.

S
A
T
B
Q

Dorati, Nicolo. Deh fa signor del ciel
1561/14, p. 35 Madrigal
A SEI VOCI.

S
A

T
B
Q
6

Dorati, Nicolo. Delle gratie maggiori ond'e cortese
1561/14, p. 24 Madrigal

S
A
T
B
Q

Dorati, Nicolo. Dhe ferm'amor costui che cosi
1561/14, p. 37 Madrigal
A SETTE VOCI.

S
A
T
B
Q
6
7

Dorati, Nicolo. Dhe perche non poss'io trovarmi
1561/14, p. 5 Madrigal

S
A
T
B
Q

Dorati, Nicolo. Dico ch'ad hora ad hora vostra
1561/14, p. 34–35 Madrigal
SETTIMA PARTE.

S
A
T
B
Q

Dorati, Nicolo. Il dolce sonno mi promise pace
1561/14, p. 9 Madrigal

Dorati, Nicolo. Dolor perche mi meni fuor del camin
1561/14, p. 30–31 Madrigal
QUINTA PARTE.

Dorati, Nicolo. Dunque ch'io non mi sfaccia
1561/14, p. 29 Madrigal
QUARTA PARTE. A TRE VOCI.

Dorati, Nicolo. Ecco che spunt'il sol da l'oriente
1561/14, p. 1 Madrigal
PRIMA PARTE.

Dorati, Nicolo. Ecco l'ingrato et empio
1561/14, p. 19 Madrigal
SECONDA PARTE. A5.

Dorati, Nicolo. Eran'i capei d'oro al'avra sparsi
1561/14, p. 20 Madrigal
PRIMA PARTE. A4.

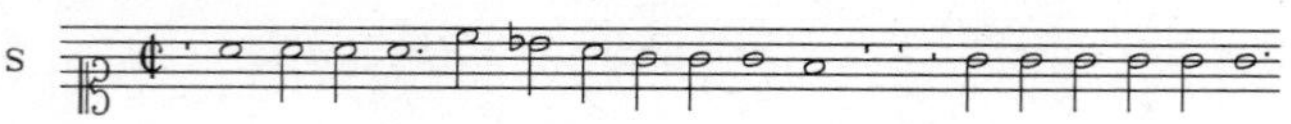

Dorati, Nicolo. Grate alla vita mia luce tranquille
1561/14, p. 22 Madrigal
A QUATTRO VOCI.

Dorati, Nicolo. Hor che di piu leggiadro e degno
1561/14, p. 18 Madrigal
PRIMA PARTE. A4. A VOCE PARI.

Dorati, Nicolo. Hor chi vide giamai piu grav'errore
1561/14, p. 16 Madrigal
PRIMA PARTE. A4.

Dorati, Nicolo. Imperio havrai da me ricchezza
1561/14, p. 36 Madrigal
A sei voci.

Dorati, Nicolo. Ma se l'antico regno ancor possiede
1561/14, p. 7 Madrigal
SECONDA PARTE.

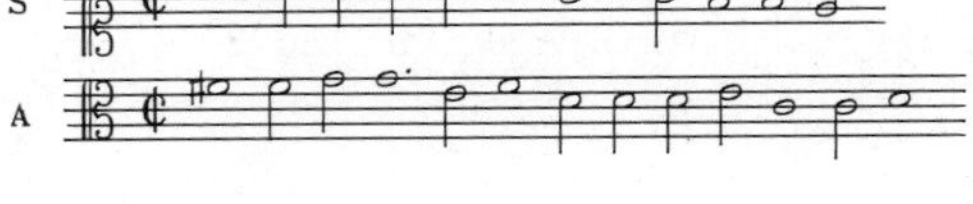

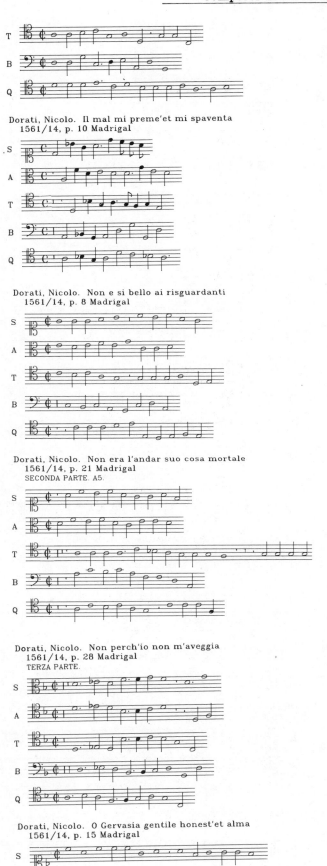

Dorati, Nicolo. Il mal mi preme'et mi spaventa
1561/14, p. 10 Madrigal

Dorati, Nicolo. Non e si bello ai risguardanti
1561/14, p. 8 Madrigal

Dorati, Nicolo. Non era l'andar suo cosa mortale
1561/14, p. 21 Madrigal
SECONDA PARTE. A5.

Dorati, Nicolo. Non perch'io non m'aveggia
1561/14, p. 28 Madrigal
TERZA PARTE.

Dorati, Nicolo. O Gervasia gentile honest'et alma
1561/14, p. 15 Madrigal

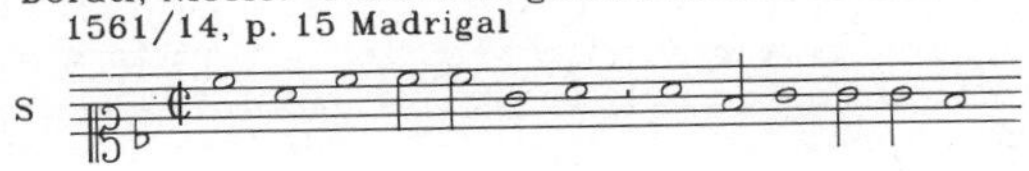

Dorati, Nicolo. O di vera virtude o di novella
1561/14, p. 6 Madrigal
PRIMA PARTE.

Dorati, Nicolo. O sventurato amante che di te stesso
1561/14, p. 17 Madrigal
SECONDA PARTE. A5.

Dorati, Nicolo. Per mirar Policleto a prova fiso
1561/14, p. 23 Madrigal

Dorati, Nicolo. Perche la vit'e breve
1561/14, p. 26 Madrigal
CANZON PRIMA PARTE. A 5.(Compare Arcadelt in 1559/19.)

Dorati, Nicolo. Pianga ciascun l'angeliche parole
1561/14, p. 4 Madrigal
SECONDA PARTE.

Dorati, Nicolo. Piccola pietra mia dolce mia vita
1561/14, p. 25 Madrigal

Dorati, Nicolo. Quant'e van'il pensiero
1561/14, p. 11 Madrigal

Dorati, Nicolo. S'a voi fusse si nota
1561/14, p. 32-33 Madrigal
SESTA PARTE.

Dorati, Nicolo. Sia vil a gli altri et da quel sol'
1561/14, p. 13 Madrigal

Dragone, Giov. Andrea. Alba crud'alba ria
1582/06, p. 13 Madrigal

Dragone, Giov. Andrea. Credi tu per fuggire
1588/22, p. 3 Madrigal

Dragone, Giov. Andrea. Crudel m'uccidi
1588/22, p. 15 Madrigal
See setting for 3 voices by P. Quagliati in 1588/26.

Dragone, Giov. Andrea. Dolenti sospiri che dal core
1598/08, p. 26 Madrigal

Dragone, Giov. Andrea. Donna se lo mio core
1588/22, p. 6 Madrigal

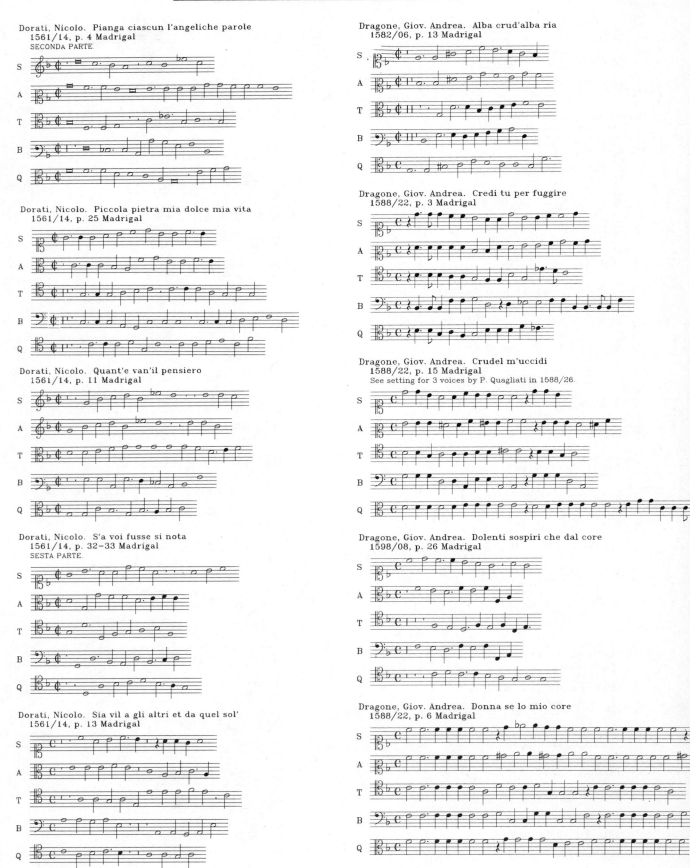

Dragone, Giov. Andrea. Donna tu sei si bella
1588/22, p. 5 Madrigal

Dragone, Giov. Andrea. Gia s'apre il sacro Tempio
1599/06, p. 111 Lauda
SECONDA PARTE.

Dragone, Giov. Andrea. Io mi sento morire
1588/22, p. 21 Madrigal

Dragone, Giov. Andrea. Io son pastore
1588/22, p. 16 Madrigal

Dragone, Giov. Andrea. M'ha punto amor
1588/22, p. 18 Madrigal

Dragone, Giov. Andrea. Mentr'io fuggivo l'amorosi lacti
1591/12, f. 7v–8 Madrigal

Dragone, Giov. Andrea. Meraviglia non e donna gentil
1588/22, p. 11 Madrigal
Version (Canzona) for 3v attrib. P. Quagliati in 1588/26.

Dragone, Giov. Andrea. Mi parto ahi sorte ria
1588/22, p. 23 Madrigal

Dragone, Giov. Andrea. Un mondo solo
1590/15, p. 11 Madrigal
UNDECIMA PARTE.

Dragone, Giov. Andrea. Non ved'hog'il mio sole
1588/22, p. 12 Madrigal

Dragone, Giov. Andrea. O bel viso leggiadro
1599/06, p. 110 Lauda
ALLA MADONNA DIVOTISS. DI S. GIO. LATERANO.

Dragone, Giov. Andrea. O rossignol
1588/22, p. 20 Madrigal

Dragone, Giov. Andrea. Occhi de l'alma mia
1588/22, p. 22 Madrigal

Dragone, Giov. Andrea. Partisi ahi dur a forte
1588/22, p. 10 Madrigal

Dragone, Giov. Andrea. Pastor li tuoi lamenti
1588/22, p. 17 Madrigal
RESPOSTA.

Dragone, Giov. Andrea. Pensai fra queste ripe & valli
1583/11, p. 23 Madrigal

Dragone, Giov. Andrea. Per uscir di martire
1586/09, p. 1 Madrigal

Dragone, Giov. Andrea. Perche m'affliggi tanto
1588/22, p. 7 Madrigal

Dragone, Giov. Andrea. La prima volta ch'io viddi tanta
1588/22, p. 8 Madrigal

Dragone, Giov. Andrea. Qual pena e qual dolore
1589/07, p. 14 Madrigal

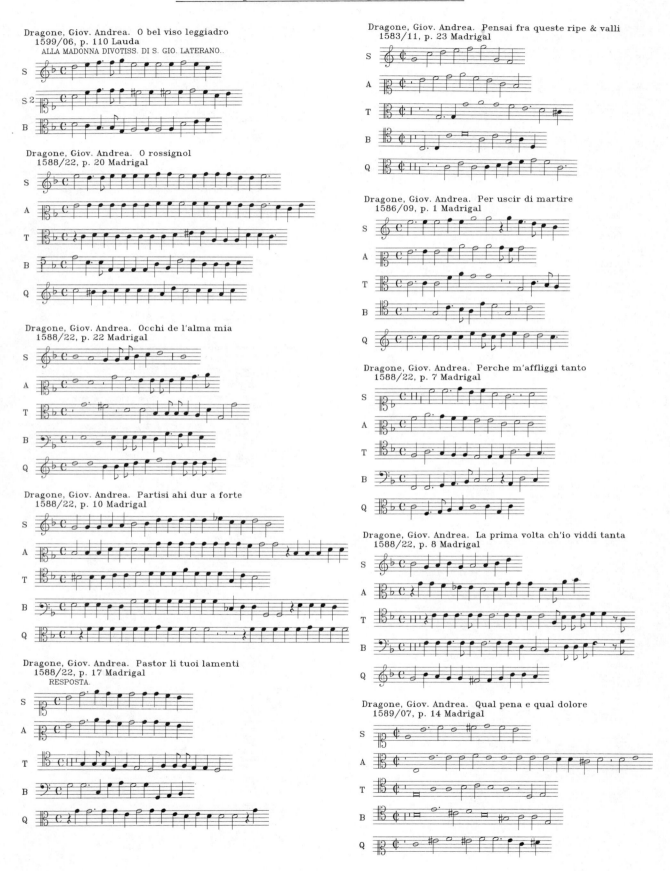

Dragone, Giov. Andrea. Sapete amanti
1585/29, p. 24 Madrigal

Dragone, Giov. Andrea. Scherzando l'aura intorno ad un bel
1586/09, p. 14 Madrigal

Dragone, Giov. Andrea. Scopriro l'ardor mio
1588/22, p. 14 Madrigal

Dragone, Giov. Andrea. Se dal soave & amoroso sguardo
1582/04, p. 12 Madrigal

Dragone, Giov. Andrea. Se del fedel servir
1588/22, p. 9 Madrigal

Dragone, Giov. Andrea. Se la mia donna altiera
1583/11, p. 20 Madrigal

Dragone, Giov. Andrea. Se la mia vita trista
1588/22, p. 13 Madrigal

Dragone, Giov. Andrea. Se partendo
1588/22, p. 19 Madrigal
Compare Anonymous "Se pendando.. " in 1599/06.

Dragone, Giov. Andrea. Lo spirto afflitto e stanco
1585/07, p. 14 Canzona

Dragone, Giov. Andrea. Tanto v'ama
1588/22, p. 4 Madrigal

Dragone, Giov. Andrea. Tu dunque o Madre pia
1599/06, p. 112 Lauda
TERZA PARTE.

Duc, Filippo. Dite signori miei
1590/20, no. 4 Madrigal
DIALOGO.

Duc, Filippo. Sacre Muse beate
1590/20, no. 5 Madrigal
DIALOGO.

Dueto, Antonio. Ardi e gela a tua voglia
1597/15, p. 10v Madrigal

Dueto, Antonio. Di diletto in diletto la Donzella
1597/15, p. 26 Villota

Dueto, Antonio. Ecco gia l'Alb'appare
1597/15, p. 7v Madrigal
SECONDA PARTE.

Dueto, Antonio. Ecco mormorar l'onde
1597/15, p. 7 Madrigal
PRIMA PARTE.

Dueto, Antonio. Nel mezzo del giardin
1590/17, f. 7 Madrigal

Dueto, Antonio. Non sia chi pensi di poter fuggire
1590/17, f. 4 Madrigal

Dueto, Antonio. Vede nel prim'entrare un arbor
1597/15, p. 4v Madrigal

Dupre, Eneas. Che si fa cosi misto
1509/02, f. 35v–36 Frottola

Dupre, Eneas. Chi a martello dio gli l toglia
1507/03, f. 33v–34 Frottola

Dupre, Eneas. Chi lo sa e chi nol sa
1507/03, f. 33 Frottola

Dupre, Eneas. Finira giamai mia sorte
1509/02, f. 36v–37 Frottola

Dupre, Eneas. La mia vaga tortorella
1509/02, f. 5v–6 Frottola

Dupre, Eneas. Se conviene a un cor villano
1505/04, f. 62v–63 Frottola

Dupre, Eneas. La virtu mi fa guerra
1507/03, f. 39 Frottola

Effrem, Alessandro. Non sia ch'in donna mai
1574/05, p. 42 Villanella

Effrem, Mutio. A che Ninfa gentil pianger si forte
1582/12, p. 19 Madrigal
PRIMA PARTE.

Effrem, Mutio. Caro amoroso Neo
1591/18, p. 18 Madrigal

Effrem, Mutio. No no che d'ogni loco
1582/12, p. 20 Madrigal
SECONDA PARTE.

Effrem, Mutio. Perche non m'ami o vita mia
1574/06, p. 5 Villanella

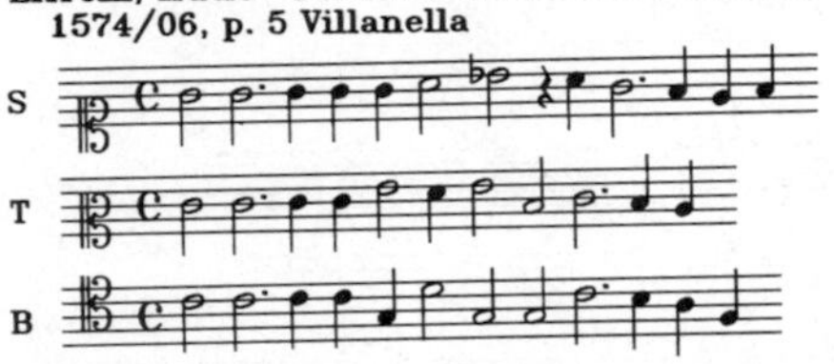

Egidis, Laurentius De. Deh fermatev'al suon di queste voci
1569/29, p. 24 Canzona

Ena, Adam. Mentre col dolce canto
1590/13, p. 12 Madrigal
Bass partbook missing.

Eremita, Giulio. Arsi del vostr'amor si dolcemente
1594/07, f. 35 Madrigal

Eremita, Giulio. Le belle guancie che natura pinse
1596/10, p. 16 Madrigal

Eremita, Giulio. Cara la vita mia chi l'altrui morte
1592/14, p. 22 Madrigal

Eremita, Giulio. Fuggi se fai fuggire
1590/20, no. 36 Madrigal

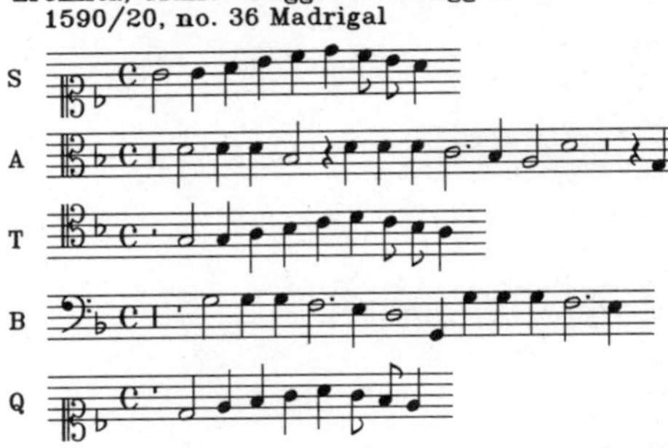

Eremita, Giulio. Io seguo ardente fiamma che mi fugge
1590/20, no. 33 Madrigal

Eremita, Giulio. M'e pur stato dal
1582/05, p. 7 Madrigal

Eremita, Giulio. O misero mio core
1596/08, p. 35 Madrigal
Quintus and Bass II partbooks missing.

Eremita, Giulio. O vaga Tortorella
1590/20, no. 34 Madrigal

Q

Eremita, Giulio. Poi che il mio largo pianto
1594/07, f. 34v Madrigal

S, A, T, B, Q, 6

Eremita, Giulio. Questa vostra pietate
1600/08, f. 34 Madrigal

S, A, T, B, Q

Eremita, Giulio. S'una fiamm'un desio
1583/12, p. 13 Madrigal

S, A, T, B, Q

Eremita, Giulio. Smeraldi eran le rive
1592/11, p. 14 Madrigal
PAROLE DI LUDOVICO GALEAZZI.

S, A, T, B, Q, 6

Eremita, Giulio. I vostri biondi crini
1590/20, no. 35 Madrigal

S

A, T, B, Q

Essenga, Salvador. Amo donna gentil piu che me stesso
1566/08, p. 17 Madrigal
Cantus and Altus partbooks missing.

T, B

Essenga, Salvador. Aspro feroce & indurato core
1566/08, p. 23 Madrigal
QUARTA STANZA. (Cantus and Altus partbooks missing.)

T, B
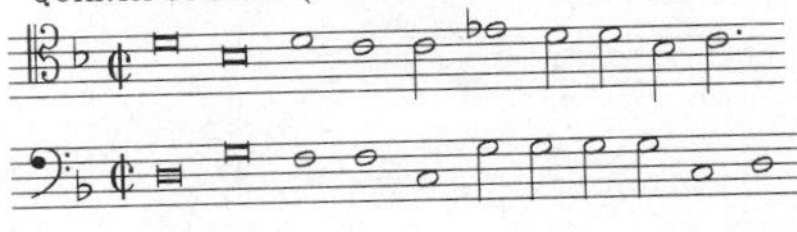

Essenga, Salvador. Cagion non sia giamai che spenga
1566/08, p. 5 Madrigal
SESTA & ULTIMA STANZA. (Only Tenor partbook extant.)

T

Essenga, Salvador. Che mi si mostri un di cortese
1566/08, p. 4 Madrigal
QUINTA STANZA. (Only Tenor partbook extant.)

T
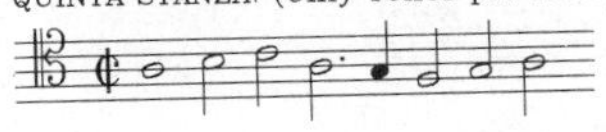

Essenga, Salvador. Cor mio da che gioite di mia morte
1575/12, p. 20 Madrigal

S, A, T, B, Q

Essenga, Salvador. Cosi di tutto tema'e tutto gelo
1566/08, p. 19 Madrigal
Cantus and Altus partbooks missing.

T, B

Essenga, Salvador. Credimi vita mia credimi questo
1570/19, p. 31 Madrigal
AL S. HORATIO AMADUCI

S, T, B

Essenga, Salvador. Deh foss'almen verme pietosa morte
1566/08, p. 2 Madrigal
SECONDA STANZA. (Only Tenor partbook extant.)

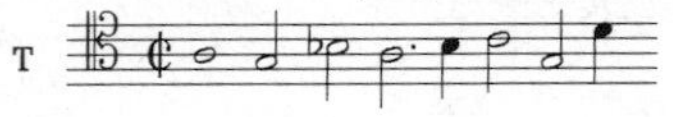

Essenga, Salvador. Deh hor foss'io col vago
1566/08, p. 16–17 Madrigal
Cantus and Altus partbooks missing.

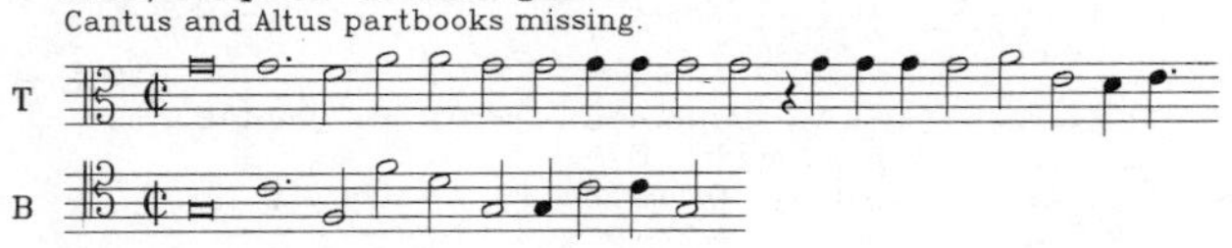

Essenga, Salvador. Dhe cosi fuss'io sol in amar
1559/16, p. 18 Madrigal

Essenga, Salvador. Donna felice che dal ciel partendo
1566/08, p. 10–11 Madrigal
Cantus and Altus partbooks missing.

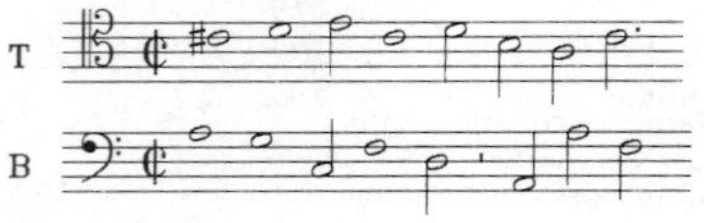

Essenga, Salvador. Donna mi fere il core
1566/08, p. 27 Madrigal
Cantus and Altus partbooks missing.

Essenga, Salvador. Doppo l'aspra partita occhi miei
1566/08, p. 28 Madrigal
DIALOGO A 8. (Cantus & Altus partbooks missing.)

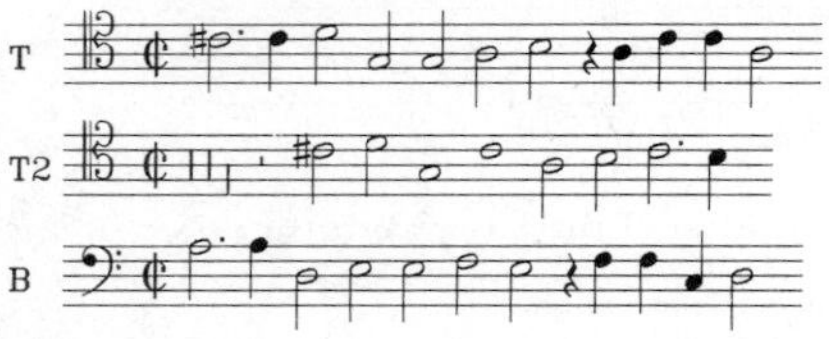

Essenga, Salvador. E gli e ben vero che mi par
1566/08, p. 25 Madrigal
SESTA & ULTIMA STANZA.(Cantus and Altus partbooks missing.)

Essenga, Salvador. Et se v'aggrada pur ch'io pena
1566/08, p. 21 Madrigal
SECONDA STANZA. (Cantus and Altus partbooks missing.)

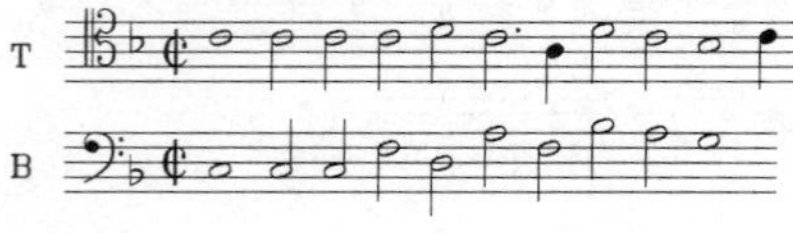

Essenga, Salvador. Fuggi l'alma da me
1566/08, p. 18 Madrigal
Cantus and Altus partbooks missing.

Essenga, Salvador. Hor pensat'al mio mal qual esser
1566/08, p. 8 Madrigal
Cantus and Altus partbooks missing.

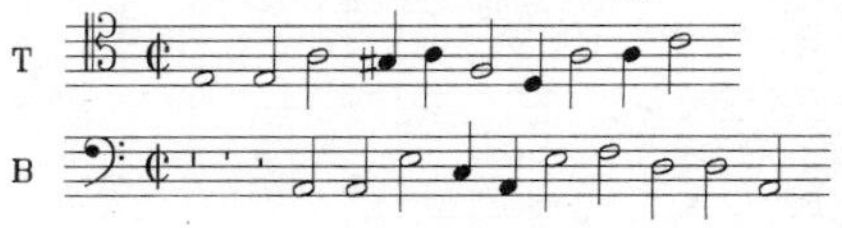

Essenga, Salvador. Ingrata il non sia ver
1566/08, p. 14 Madrigal
PRIMA PARTE. (Cantus and Altus partbooks missing.)

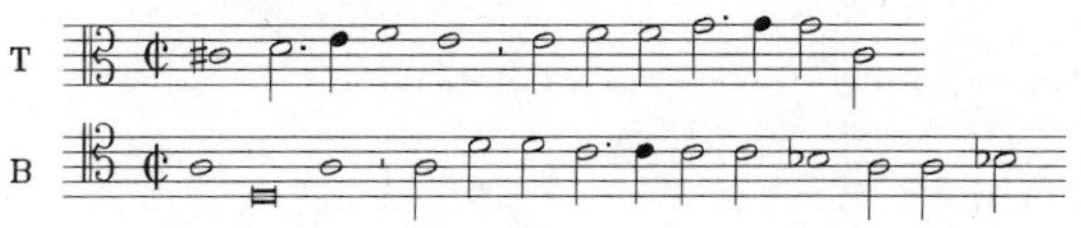

Essenga, Salvador. Le chiome vostre sembrano fin'oro
1566/08, p. 16 Madrigal
Cantus and Altus partbooks missing.

Essenga, Salvador. Ma temo pria non chiuda questi lumi
1566/08, p. 6 Madrigal
SESTA & ULTIMA STANZA. (Only Tenor partbook extant.)

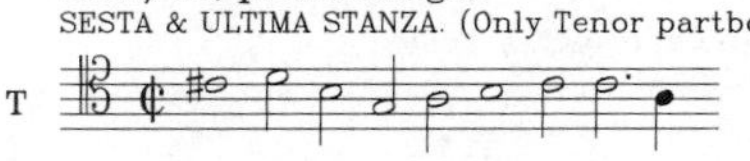

Essenga, Salvador. Misero me ch'alle mie spese'imparo
1566/08, p. 9 Madrigal
Cantus and Altus partbooks missing.

Essenga, Salvador. Non son si vil ne si deforme
1566/08, p. 15 Madrigal
SECONDA PARTE. (Cantus and Altus partbooks missing.)

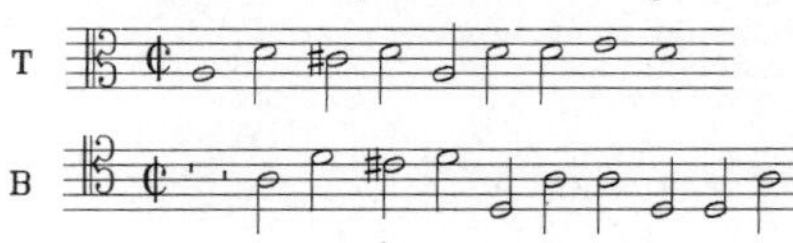

Essenga, Salvador. Non son'io quel che paio in viso
1575/12, p. 7 Madrigal

Essenga, Salvador. O crude pene mie viu sol per quest'
1566/08, p. 11 Madrigal
Cantus and Altus partbooks missing.

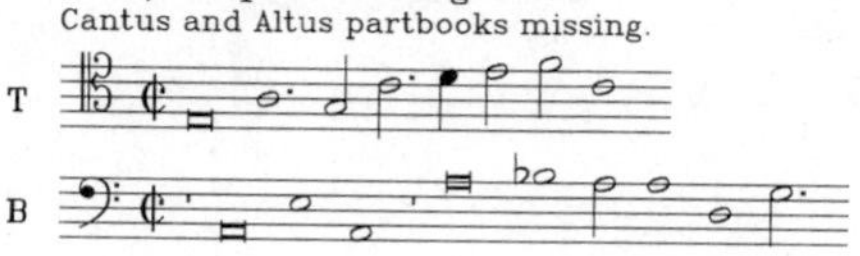

Essenga, Salvador. Quand'io penso signor all'inifinite
1566/08, p. 18–19 Madrigal
Cantus and Altus partbooks missing.

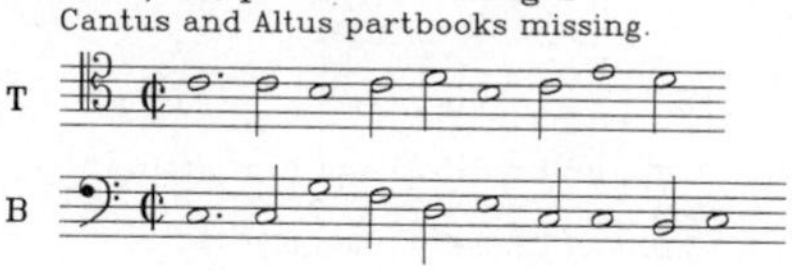

Essenga, Salvador. Quel nodo ch'io vi dissi
1566/08, p. 22 Madrigal
TERZA STANZA. (Cantus and Altus partbooks missing.)

Essenga, Salvador. S'io'l dico mai ch'io venga'in odio
1566/08, p. 24 Madrigal
QUINTA STANZA. (Cantus and Altus partbooks missing.)

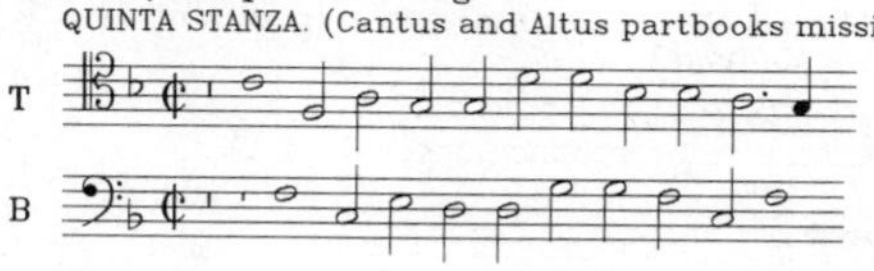

Essenga, Salvador. S'un cor che langue & che mercede
1566/08, p. 20 Madrigal
CANZON. PRIMA STANZA. (Cantus & Altus partbooks missing.)

Essenga, Salvador. Se di tanto gioir di piacer tanto
1566/08, p. 12 Madrigal
Cantus and Altus partbooks missing.

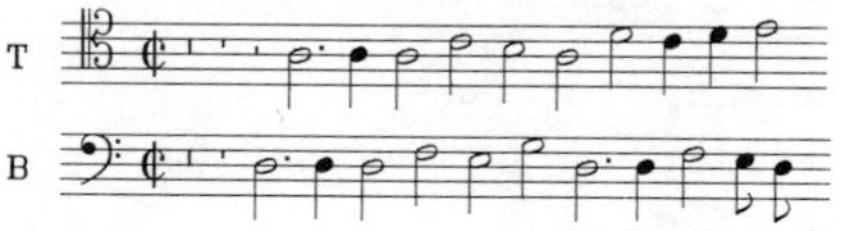

Essenga, Salvador. Se voi sete il mio cor la vita mia
1566/08, p. 26 Madrigal
Cantus and Altus partbooks missing.

Essenga, Salvador. Se volete saper donna gentile
1566/08, p. 13 Madrigal
Cantus and Altus partbooks missing.

Essenga, Salvador. Subita fiamma in non pensata parte
1566/08, p. 1 Madrigal
SESTINA. PRIMA STANZA.(Only Tenor partbook extant.)

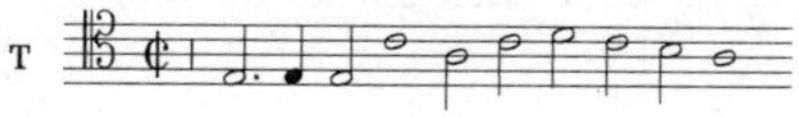

Essenga, Salvador. Tacito stomm'il giorno & alla luna
1566/08, p. 3 Madrigal
TERZA STANZA. (Only Tenor partbook extant.)

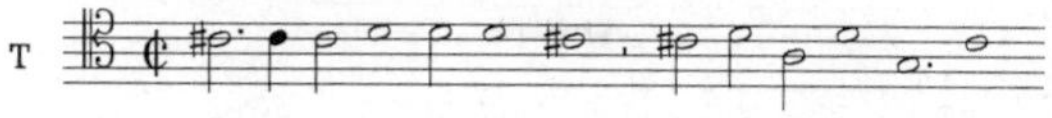

Eustachio de Monte Regali. Candida rosa natal
1514/02, f. 14v–15 Frottola

Eustachio de Monte Regali. Cerchato ho sempre solitaria
1514/02, f. 23v–24 Frottola

Eustachio de Monte Regali. Chiare fresche e dolce aque
1514/02, f. 15v–16v Frottola

Eustachio de Monte Regali. De porgi mano alla fannato
1514/02, f. 8v–10 Frottola

Eustachio de Monte Regali. Di tempo in tempo mi si fa men dura
1514/02, f. 20v–22 Frottola

Eustachio de Monte Regali. Es de tal metal mi gloria
1514/02, f. 17 Frottola

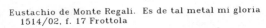

Eustachio de Monte Regali. O bella man che me destrugi el core
1514/02, f. 18v–19 Frottola

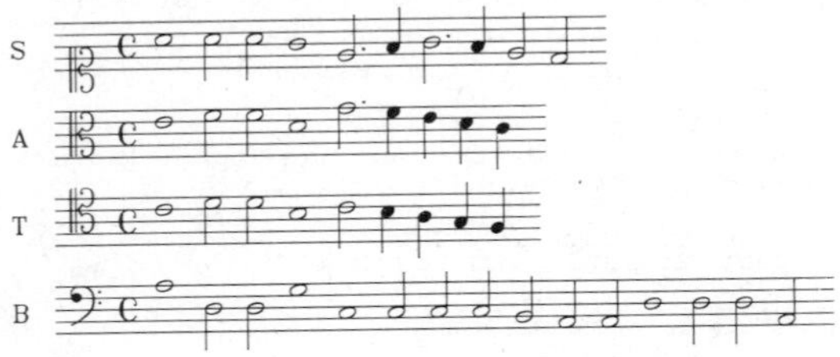

Eustachio de Monte Regali. O gloriosa colonna in cui sapoggia
1514/02, f. 19v–20 Frottola

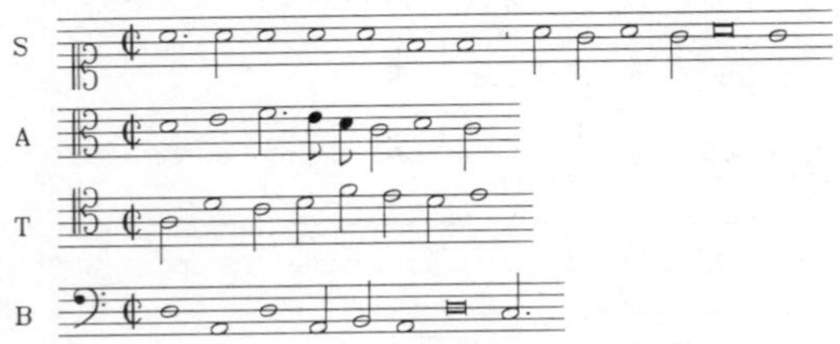

Eustachio de Monte Regali. Oime il bel viso
1514/02, f. 32v Frottola

Eustachio de Monte Regali. Pace non trovo e non ho da fa guerra
1514/02, f. 10v–11 Frottola

Eustachio de Monte Regali. Voi mi ponesti in foco
1514/02, f. 17v–18 Frottola

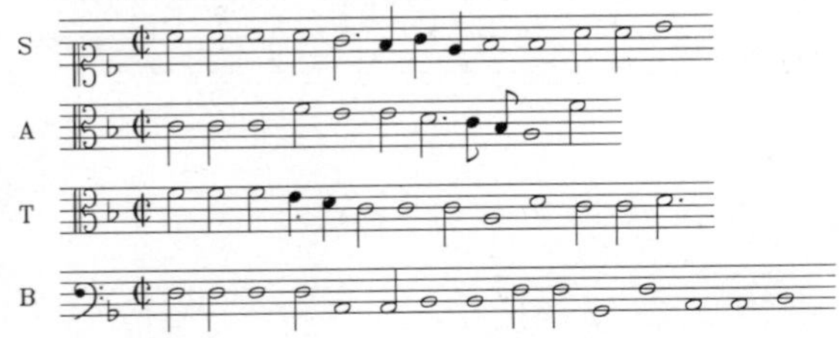

FF. Valle risposte e sole deserte
1510/ 5, f. 30v–31 Canzona
Composer identified only as FF.

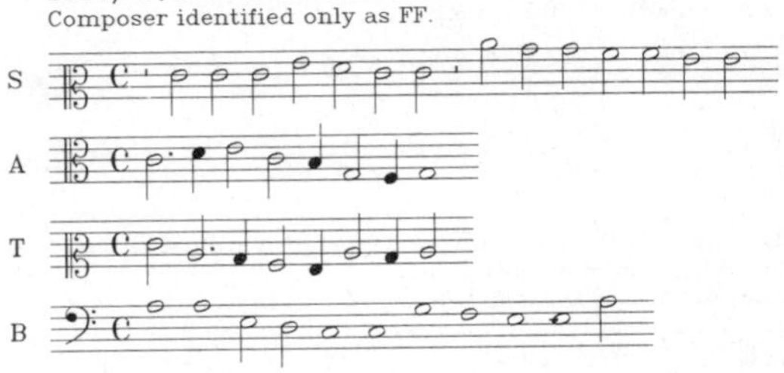

Fabrianese, Tiberio. E quand'ha fato l'ovo la mattina
1550/19, p. 3 Canzona
LA CANZON DELLA GALLINA DI TIBERIO FABRIANESE

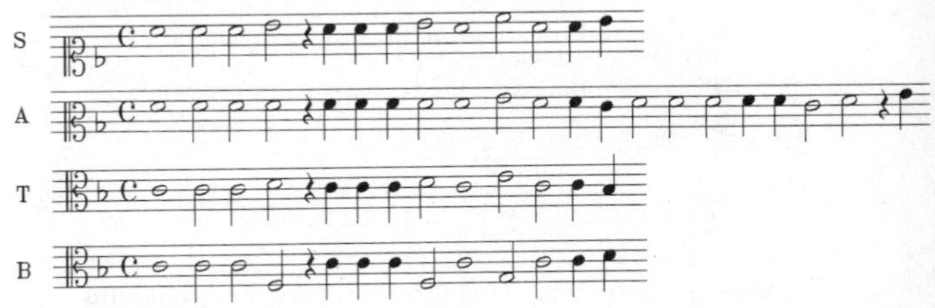

Fabrianese, Tiberio. Miser chi mal'oprando si confida
1549/31, p. 9 Madrigal

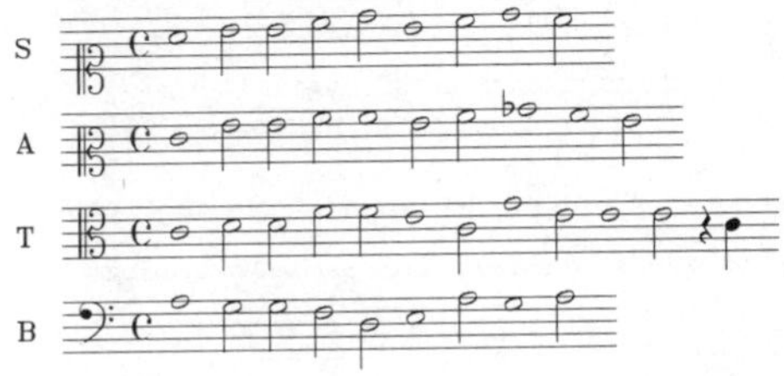

Fabrianese, Tiberio. Zerbin la debil voce rinforzando
1549/31, p. 8 Madrigal

Fabricio, P. Giacom'Antonio. Ahi che novell'e questa
1592/19, p. 26 Villanella

Faignient, Noe. Basciami vita mia
1583/14, f. 5v–6 Madrigal

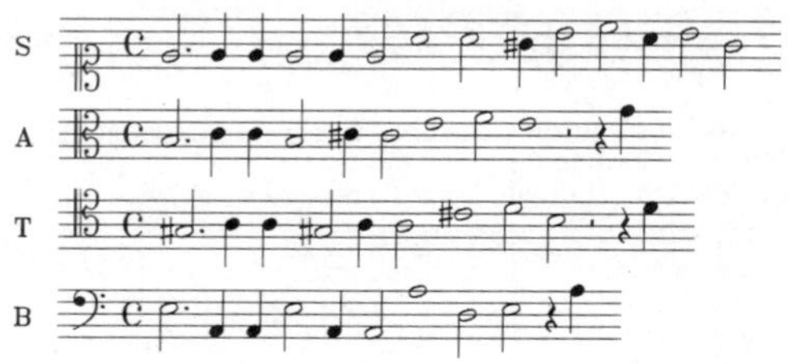

Faignient, Noe. Chi per voi non sospira
1583/15, f. 10 Madrigal

Faignient, Noe. Parmi veder la bella mia
1583/15, f. 15 Madrigal

Faignient, Noe. Questi ch'inditio
1583/14, f. 8v Madrigal

Falcidio, Giovanni B. Ecco ch'io pur dopo l'esilio seggio
1572/08, p. 22 Madrigal
ECCO SECONDO. (Tenor & Quinto partbooks missing.)

Falcidio, Giovanni B. Ma quai sieno le lodi
1572/09, p. 8–9 Madrigal
SESTA PARTE. (Only Tenor partbook extant.))

Falcidio, Giovanni B. Padre eterno del ciel e de la terra
1572/08, p. 6–7 Madrigal
QUINTA STANZA.(Tenor & Quinto partbooks missing.)

Fanello, Giov. Bernadino. Ardo per voi Madonna e mi consumo
1574/06, p. 23 Villanella

Secondo Fare Gli e pur bella questa bella
1526/JEP, f.14v Frottola
Only Cantus extant. See 1526/JEP in Index to Sources.

Farina, Francesco. Moriro cor mio
1594/07, f. 4 Madrigal

Faveretto, Bartolomeo. Amor se leghi e sciogli
1598/07, p. 13 Madrigal

Faveretto, Bartolomeo. Ma desio ben ch'accenda
1598/07, p. 14 Madrigal
SECONDA PARTE.

Faya, Aurelio La. Da poi ch'io viddi vostra falsa fede
1570/25, p. 32 Madrigal
SECONDA PARTE. (Only Tenor partbook extant.)

Faya, Aurelio La. Felice voi che nella patria bella
1570/25, p. 11 Madrigal
Only Tenor partbook extant.

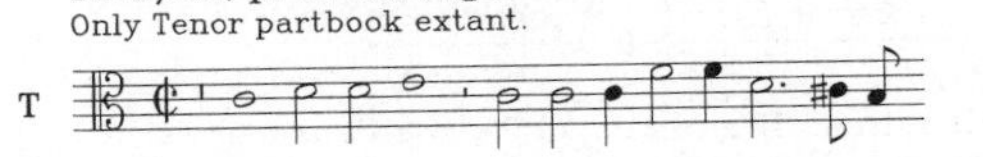

Faya, Aurelio La. Quanto piu v'am'ogn'hor piu bella
1570/25, p. 12 Madrigal
Only Tenor partbook extant.

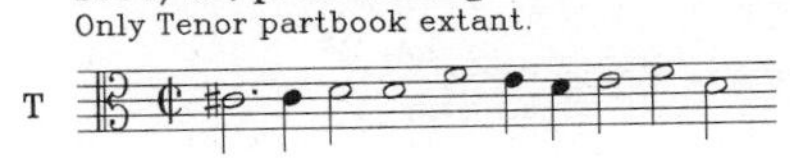

Feliciani, Andrea. Amor mi fa morire
1586/15, p. 10 Madrigal
PRIMA PARTE. (canto, Alto & Bass partbooks missing.)

T

Feliciani, Andrea. Amor se nel tuo seno
1586/15, p. 7 Madrigal
Canto, Alto & Bass partbooks missing.

T

Feliciani, Andrea. Il bel leggiadro viso
1586/15, p. 1 Madrigal
Canto, Alto & Bass partbooks missing.

T

Feliciani, Andrea. La bella pargoletta
1575/12, p. 8 Madrigal

S A T B Q

Feliciani, Andrea. Cuor mio chi ti
1586/15, p. 18 Madrigal
SECONDA PARTE. (Canto, Alto & Bass partbooks missing.)

T
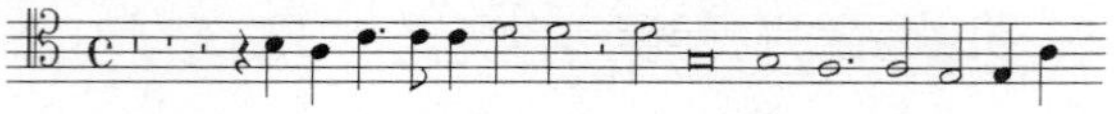

Feliciani, Andrea. Dhe voi ch'udite il mio tristo
1586/15, p. 11 Madrigal
SECONDA PARTE. (Canto, Alto & Bass partbooks missing.)

T

Feliciani, Andrea. Donna la bella mano
1586/15, p. 2 Madrigal
Canto, Alto & Bass partbooks missing.

T
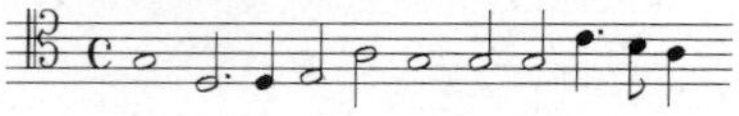

Feliciani, Andrea. Dovea la fredda neve
1586/15, p. 3 Madrigal
Canto, Alto & Bass partbooks missing.

T

Feliciani, Andrea. Ecco l'amata Luna
1586/15, p. 18–19 Madrigal
Canto, Alto & Bass partbooks missing.

T

Feliciani, Andrea. Ecco vezzos'armilla
1586/15, p. 17 Madrigal
Prima parte.

T

Feliciani, Andrea. Erano i capei d'oro a l'aura sparsi
1575/12, p. 2 Madrigal

S A

T B Q

Feliciani, Andrea. Fra i vaghi e bei crin d'oro
1586/15, p. 4 Madrigal
Prima parte.

T

Feliciani, Andrea. Fra i vahgi e bei crin d'oro
1586/07, p. 4 Madrigal
SOPRA I CRINI. (Quintus partbook missing.)

S A T B 6

Feliciani, Andrea. Io per languir mi sfaccio
1586/07, p. 5 Madrigal
SECONDA PARTE (Quintus partbook missing.)

S A T B 6

Feliciani, Andrea. Morendo la mia donna il suo tesoro
1586/15, p. 20 Madrigal
Canto, Alto & Bass partbooks missing.

T

Feliciani, Andrea. Nel dolce seno de la bella Clori
1586/15, p. 14 Madrigal
PRIMA PARTE. (canto, Alto & Bass partbooks missing.)

T

Feliciani, Andrea. Non era l'andar suo cosa mortale
1575/12, p. 3 Madrigal
SECONDA PARTE.

S A T B Q

Feliciani, Andrea. Perche mi piaghi
1586/15, p. 9 Madrigal
RISPOSTA A 6. (Canto, Alto & Bass partbooks missing.)

Feliciani, Andrea. Posi la labbia
1586/15, p. 6 Madrigal
Canto, Alto & Bass partbooks missing.

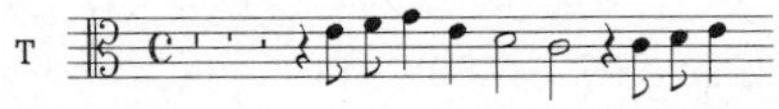

Feliciani, Andrea. Quand'ella ahime ben mio
1586/15, p. 15 Madrigal
SECONDA PARTE. (Canto, Alto & Bass partbooks missing.)

Feliciani, Andrea. Saro cenere fatt'al'hor che voi
1575/12, p. 11 Madrigal
SECONDA PARTE.

Feliciani, Andrea. Si stringe egli soave et sol
1586/15, p. 16 Madrigal
Terza parte.

Feliciani, Andrea. Son di voi l'aure chiome ov'entro
1586/15, p. 12 Madrigal
PRIMA PARTE. (canto, Alto & Bass partbooks missing.)

Feliciani, Andrea. Tal che ben scopre chiar'hoggi
1586/15, p. 13 Madrigal
SECONDA PARTE. (Canto, Alto & Bass partbooks missing.)

Feliciani, Andrea. Vedi vedi che torni
1586/15, p. 8 Madrigal
Proposta a 5.

Feliciani, Andrea. Vivi chiar'e cocenti alteri lumi
1575/12, p. 10 Madrigal

Felis, Stefano. Ahi chi mi romp'il sonno
1583/14, f. 30v Madrigal

Felis, Stefano. Al vostro dolce azzurro
1583/14, f. 24 Madrigal

Felis, Stefano. Almen vedete da l'incendio mio
1579/05, p. 15 Madrigal
Only Sesto partbook extant.

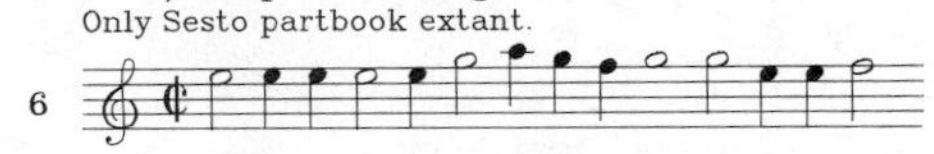

Felis, Stefano. Amor dolce pensier d'amar l'amaro
1579/05, p. 21 Madrigal
Only Sesto partbook extant.

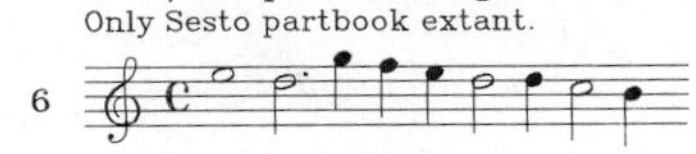

Felis, Stefano. Amor s'e posto in mezo a suoi begli
1591/18, p. 22 Madrigal

Felis, Stefano. Anzi no ch'ombr'e sol o'una fallace
1583/15, f. 24v Madrigal

Q 6

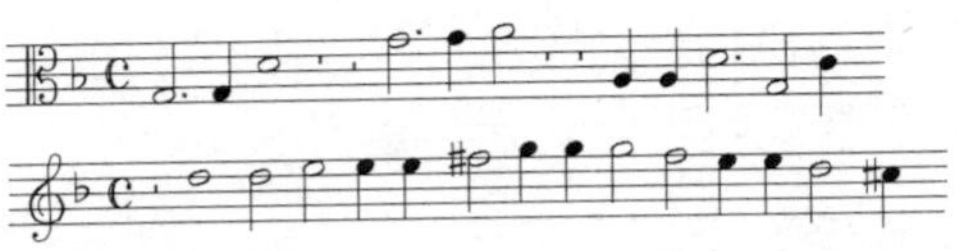

Felis, Stefano. Caronte voltami il tuo legno
1591/18, p. 23 Madrigal

S A T B Q

Felis, Stefano. Cessi pur l'ombra
1583/15, f. 25 Madrigal
TERZA PARTE.

S A T B Q 6

Felis, Stefano. Che dunque i miei dolor
1579/05, p. 26 Madrigal
SECONDA PARTE. (Only Sesto partbook extant.)

6

Felis, Stefano.. Che se gia il tempo
1585/23, p. 14 Madrigal

S T B Q

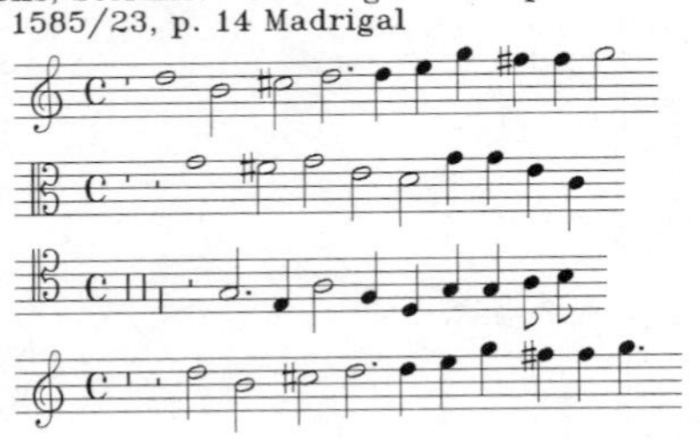

Felis, Stefano. Chiome di mille chor
1579/05, p. 24 Madrigal
RIME DEL FIAMMA SPIRITUALE. (Only Sesto partbook extant.)

6

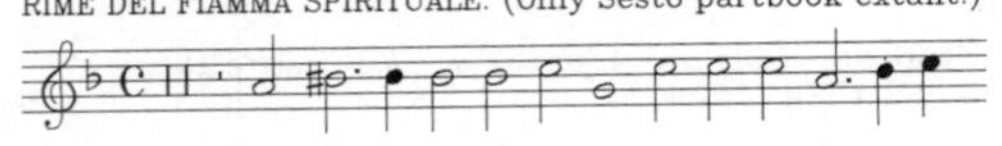

Felis, Stefano. Cosi dolce mio mal per voi mi vivo
1579/05, p. 22 Madrigal
Only Sesto partbook extant.

6

Felis, Stefano. Da l'Arcadia feconda
1583/14, f. 18v Madrigal

S A T B Q

Felis, Stefano. Deh mirate in voi stessa
1579/05, p. 14 Madrigal
Only Sesto partbook extant.

6

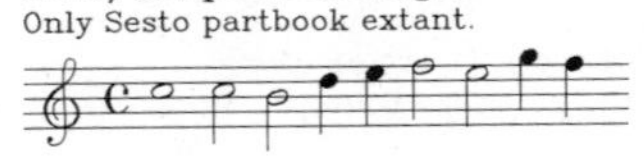

Felis, Stefano. Deh piangete almen
1585/23, p. 5 Madrigal
QUARTA & ULT. STANZA.

S A T B Q

Felis, Stefano. Deh ritorna a te stesso hormai
1579/05, p. 8 Madrigal
Only Sesto partbook extant.

6

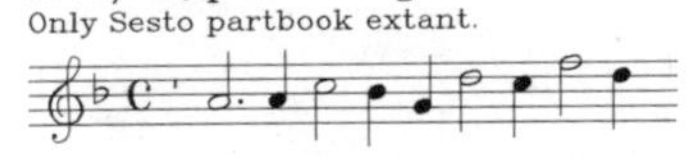

Felis, Stefano. Di ch'ella mosso in guider
1583/14, f. 31 Madrigal
SECONDA PARTE.

S A T B Q 6

Felis, Stefano. Di faville d'amor di riverenza
1583/15, f. 34v Madrigal

S A T B Q

6

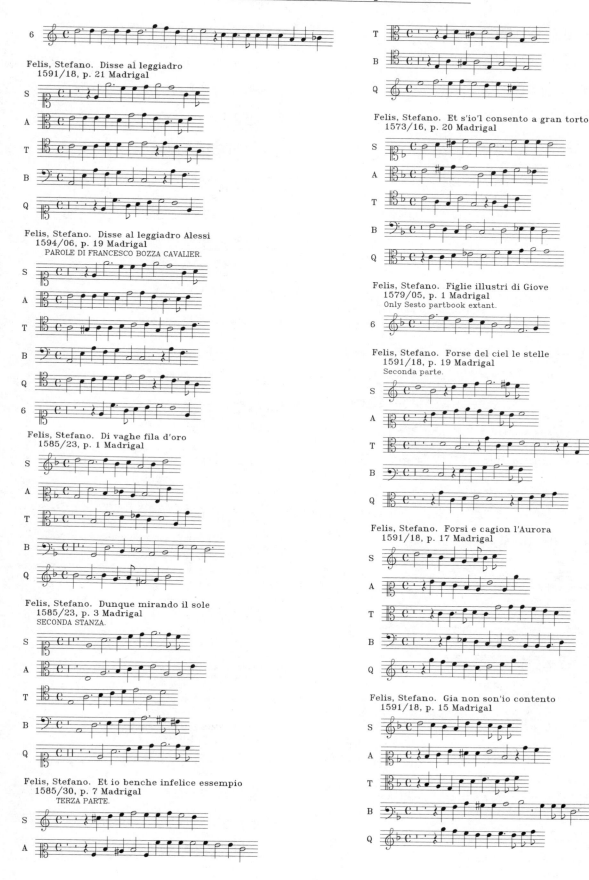

Felis, Stefano. Disse al leggiadro
1591/18, p. 21 Madrigal

S
A
T
B
Q

Felis, Stefano. Disse al leggiadro Alessi
1594/06, p. 19 Madrigal
PAROLE DI FRANCESCO BOZZA CAVALIER.

S
A
T
B
Q
6

Felis, Stefano. Di vaghe fila d'oro
1585/23, p. 1 Madrigal

S
A
T
B
Q

Felis, Stefano. Dunque mirando il sole
1585/23, p. 3 Madrigal
SECONDA STANZA.

S
A
T
B
Q

Felis, Stefano. Et io benche infelice essempio
1585/30, p. 7 Madrigal
TERZA PARTE.

S
A

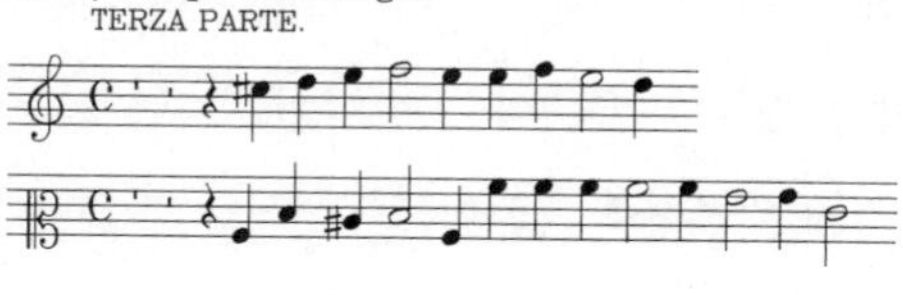

T
B
Q

Felis, Stefano. Et s'io'l consento a gran torto
1573/16, p. 20 Madrigal

S
A
T
B
Q

Felis, Stefano. Figlie illustri di Giove
1579/05, p. 1 Madrigal
Only Sesto partbook extant.

6

Felis, Stefano. Forse del ciel le stelle
1591/18, p. 19 Madrigal
Seconda parte.

S
A
T
B
Q

Felis, Stefano. Forsi e cagion l'Aurora
1591/18, p. 17 Madrigal

S
A
T
B
Q

Felis, Stefano. Gia non son'io contento
1591/18, p. 15 Madrigal

S
A
T
B
Q

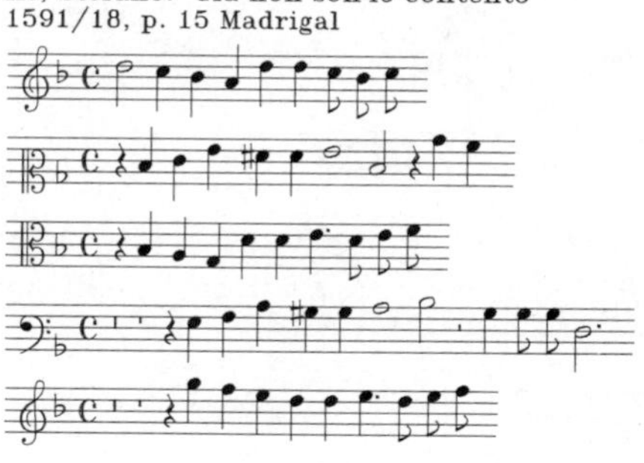

Felis, Stefano. Hor sento quel ch'io sono
1585/23, p. 17 Madrigal

Felis, Stefano. Humano e gentil sete
1579/05, p. 3 Madrigal
Only Sesto partbook extant.

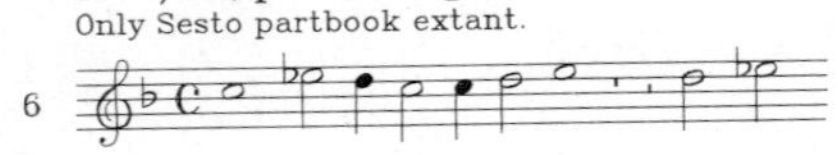

Felis, Stefano. In questa valle
1585/23, p. 20 Madrigal
ECHO A 8.

Felis, Stefano. Infelici occhi miei
1585/23, p. 2 Madrigal
PRIMA STANZA.

Felis, Stefano. Io non posso gioire
1591/18, p. 14 Madrigal

Felis, Stefano. Leggete in cio l'antico mio
1585/23, p. 13 Madrigal
SECONDA STANZA. (Alto voice missing.)

Felis, Stefano. Lume de giorni
1579/05, p. 2 Madrigal
SECONDA PARTE. (Only Sesto partbook extant.)

Felis, Stefano. Lungi da voi ben mio
1591/18, p. 3 Madrigal

Felis, Stefano. Lungi da voi ben mio
1591/18, p. 4 Madrigal

Felis, Stefano. Membra d'ogni gran mal facile & esca
1579/05, p. 24–25 Madrigal
SECONDA PARTE. (Only Sesto partbook extant.)

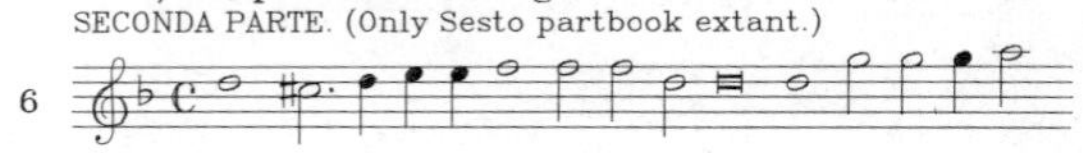

Felis, Stefano. Mentre piango
1579/05, p. 25 Madrigal
Only Sesto partbook extant.

Felis, Stefano. Mira se pur scintilla in te rimane
1579/05, p. 9 Madrigal
SECONDA PARTE. (Only Sesto partbook extant.)

Felis, Stefano. Misero che sperava
1591/18, p. 13 Madrigal
Seconda parte.

Q

Felis, Stefano. Ne v'ingann'il mirar
1585/30, p. 6 Madrigal
SECONDA PARTE. (Bass missing. Compare version in 1585/23.)

S A T Q

Felis, Stefano. Ne v'inganni il mirar
1585/23, p. 10 Madrigal
SECONDA STANZA. (Alto voice missing. Compare version 1585/30

S T B Q

Felis, Stefano. Ninfe ch'adorni il sen
1591/18, p. 6 Madrigal

S A T B Q

Felis, Stefano. Non fos Amor m'inganna
1583/15, f. 24 Madrigal

S A T B Q 6

Felis, Stefano. Non puo longh'uso
1585/23, p. 18 Madrigal

S A T B

Q 6

Felis, Stefano. Non sa s'Amor m'inganna
1579/05, p. 5 Madrigal
RIME DEL SGR. FR. VANNELLI. (Only Sesto partbook extant.)

6

Felis, Stefano. Nova belta somma virtu compresi
1593/04, f. 28v Madrigal

S A T B Q 6

Felis, Stefano. L'onde de miei pensier portano
1579/05, p. 13 Madrigal
Only Sesto partbook extant.

6

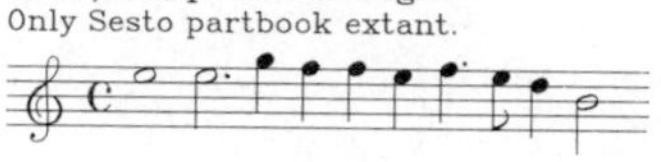

Felis, Stefano. Questo pastor prudente
1583/14, f. 19 Madrigal
SECONDA PARTE.

S A T B Q

Felis, Stefano. S'amor non e che
1573/16, p. 19 Madrigal

S A T B Q

Felis, Stefano. S'avien ch celebrar cerchi
1579/05, p. 3 Madrigal
RIME DI VINCENZO PODIO. (Only Sesto partbook extant.)

6

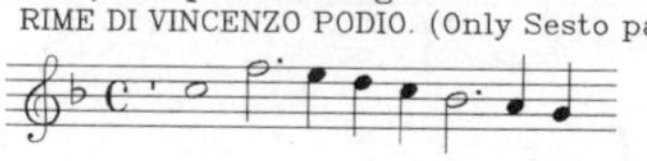

Felis, Stefano. Sarai termine ancora
1591/18, p. 20–21 Madrigal

Felis, Stefano. Schacchier'e deventato lo mio core
1574/05, p. 8 Villanella

Felis, Stefano. Se l'eterno motor v'arde nel viso
1579/05, p. 16 Madrigal
Only Sesto partbook extant.

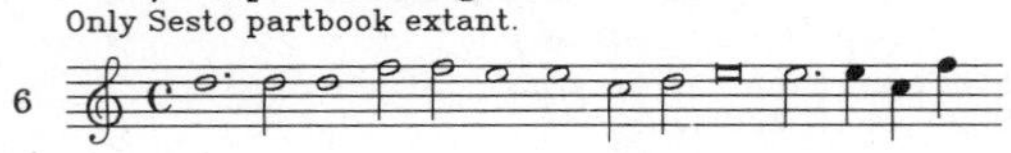

Felis, Stefano. Se le doti cantar
1579/05, p. 4 Madrigal
SECONDA PARTE. (Only Sesto partbook extant.)

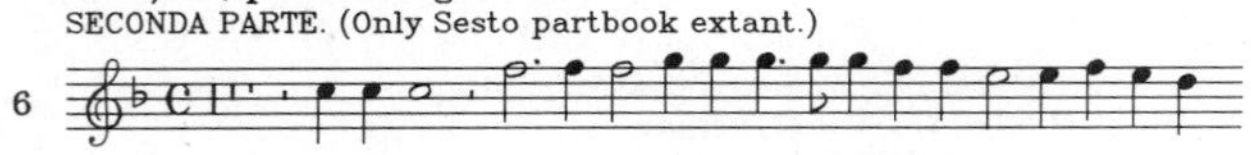

Felis, Stefano. Siepe che gli horti vaghi
1591/18, p. 20 Madrigal

Felis, Stefano. Signora la bellezza e gratia vostra
1574/06, p. 41 Villanella

Felis, Stefano. Sonno scendesti in terra
1585/23, p. 6 Madrigal

Felis, Stefano. Sotto finti d'Amor
1585/23, p. 9 Madrigal
PRIMA STANZA. (Alto voice from 1585/30.)

Felis, Stefano. Sperasti occhi dolenti
1585/23, p. 4 Madrigal
TERZA STANZA.

Felis, Stefano. Un tempo visi in gioia hor vivo
1574/06, p. 33 Villanella

Felis, Stefano. Tirsi al pastor s'inchina
1583/14, f. 19v Madrigal
TERZA PARTE.

Felis, Stefano. Tu la ritorni a riva
1593/05, p. 50 Madrigal
SECONDA PARTE. (Compare P. Nenna in 1582/12.)

Felis, Stefano. Tu perfido Signore tu disleale
1591/18, p. 5 Madrigal

S A T B Q

Felis, Stefano. Le vive voci m'erano interdette
1585/23, p. 16 Madrigal
A SEI VOCI.

S T B Q 6

Felis, Stefano. Voi sete bella ma fallace
1591/18, p. 10 Madrigal

S A T B Q

Felis, Stefano. Voi sete bella ma sdegnosa
1591/18, p. 11 Madrigal

S A T B Q

Felis, Stefano. Voi sete bella ma si dura
1591/18, p. 9 Madrigal

S A T B Q

Felis, Stefano. Voi sete bella mia fugace e presta
1591/18, p. 8 Madrigal

S A T B Q

Felis, Stefano. Voi sete la mia donna
1585/23, p. 12 Madrigal
PRIMA STANZA. (Alto voice missing.)

S T B Q

Ferrabosco, Alfonso. Baciami vita mia baciam'anchora
1554/28, p. 10 Madrigal

S A T B

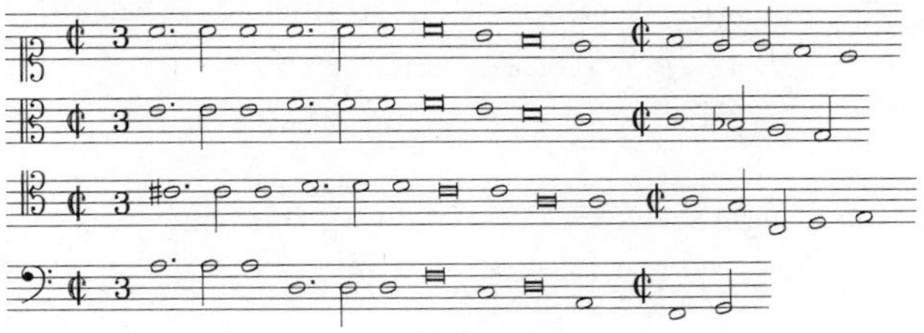

Ferrabosco, Alfonso. Deh ferm'Amor costui che cosi
1554/28, p. 22 Madrigal

S A T B

Ferrabosco, Alfonso. Ero cosi dicea
1588/17, p. 19 Madrigal

S A T B Q

Ferrabosco, Alfonso. Tu dolc'anima mia
1583/14, f. 17v Madrigal

Ferabosco, Domenico. Anime cast'e pure al bel servitio
1542/16, p. 35 Madrigal

Ferabosco, Domenico. Io mi son giovinetta et volontieri
1542/17, no. 28 Madrigal
Text reads "Io son'una giovinetta" in 1574/13.

Ferabosco, Domenico. Io non so dir parole
1543/17, p. 35 Madrigal
Attrib. to Anon. in 1558/11.Text "non so dir.." in 1542/17.

Ferabosco, Domenico. Ma se del mio tormento
1544/17, p. 32 Madrigal
SECONDA PARTE.

Ferabosco, Domenico. Niega tua luce homai gentil specchio
1542/17, no. 37 Madrigal

Ferabosco, Domenico. Piu d'alto piu ch'in mez'un'orto
1544/17, p. 31 Madrigal

Ferabosco, Domenico. Signora se pensate col copriru
1542/16, p. 18 Madrigal

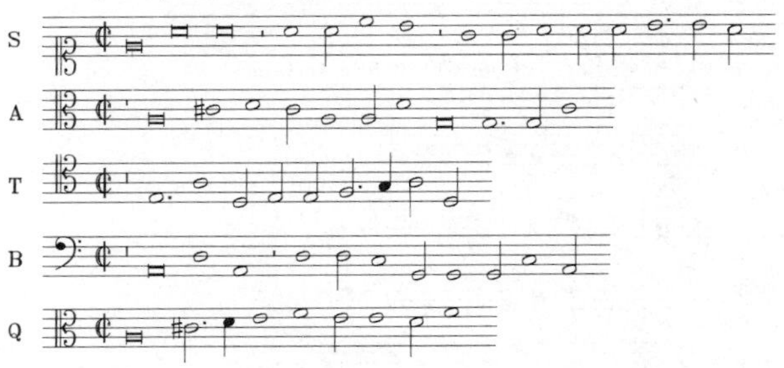

Ferabosco, Domenico. Sta su non mi far male per dio
1542/16, p. 28 Madrigal

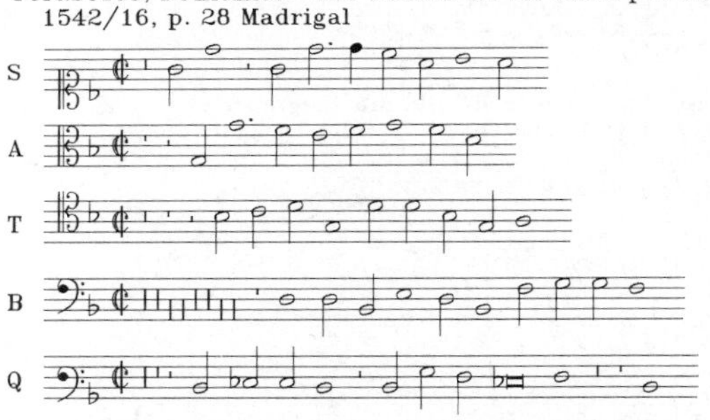

Ferabosco, Domenico. Vergin che debbo far, che mi consigl
1600/05, p. 40 Lauda
A S. MARIA DEL CONSIGLIO E DEL CONFORTO.

Ferrabosco, Matthia. Torna torna pensier
1584/10, p. 23–24 Madrigal

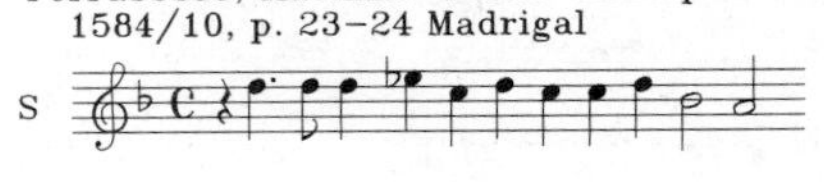

T B

Ferrabosco, Matthia. Vola vola pensier fuor
1584/10, p. 21–22 Madrigal

S T B

Ferrari, Antonio. Percotemi pur ladra del mio cor
1597/15, p. 18 Madrigal

S A T B

Ferrari, Antonio. Se pieta chiedo sol del mio marire
1595/05, p. 9 Madrigal

S A T B

Ferelle, Joan Antonio. Amor lasciami stare
1566/09, p. 31 Canzona

S T B

Ferelle, Joan Antonio. Con le mie mani mi daria la morte
1566/10, p. 6 Canzona

S T B

Ferelle, Joan Antonio. Questa passion d'amore
1566/10, p. 11 Canzona

S T B

Ferretti, Giovanni. Ahi che per dar aita
1586/07, p. 11 Madrigal
SOPRA LA BOCCA. (Quintus partbook missing.)

S

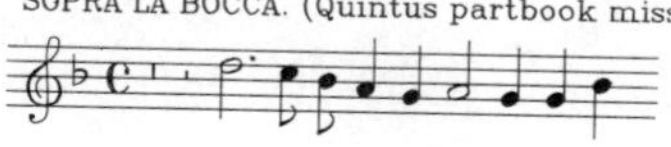

A T B 6

Ferretti, Giovanni. Anchor che la partita
1566/23, p. 16 Madrigal

S A T B Q 6

Ferretti, Giovanni. Angelica tua mano
1589/08, no. 32 Madrigal

S A T B Q 6

Ferretti, Giovanni. Anzi l'ardente face
1586/07, p. 12 Madrigal
SOPRA LE CHIOME. (Quintus partbook missing.)

S A T B 6

Ferretti, Giovanni. Basciami vita mia
1594/08, f. 17 Madrigal
Compare Anonymous "Basciami vita" in 1560/13.

S A T B Q

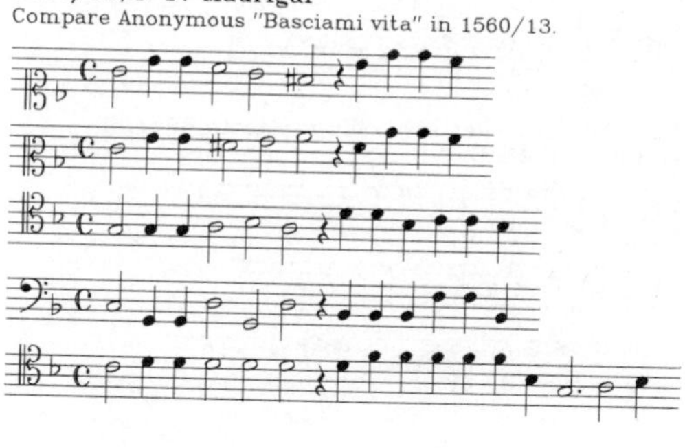

Ferretti, Giovanni. Come poss'io morir se non ho vita
1589/08, no. 56 Madrigal
Compare F. Celano, Come poss'io.. " in 1566/09.

Ferretti, Giovanni. Correte tutti quanti o sventurati
1583/15, f. 30v Madrigal

Ferretti, Giovanni. Dolc'amorose e leggiadrette ninfe
1589/08, no. 28 Madrigal

Ferretti, Giovanni. Donna crudel tu m'hai rubat'il core
1589/08, no. 55 Madrigal
Compare Anonymous "Donna crudel.." (Villotto) in 1560/12.

Ferretti, Giovanni. Far potess'io vendetta di colei
1594/08, f. 21 Madrigal

Ferretti, Giovanni. Fuggimi quanto voi faccia mia bella
1589/08, no. 29 Madrigal
A 6. (Compare setting by R. Rodio in 1589/08.)

Ferretti, Giovanni. Hier sera andai da la mia manza
1589/08, no. 57 Madrigal

Ferretti, Giovanni. Leggiadra Giovinett'anima mia
1594/08, f. 20v Madrigal

Ferretti, Giovanni. Mirate che m'ha fatto sto mio core
1594/08, f. 23v Madrigal

Ferretti, Giovanni. Nasce la gioia mia
1583/14, f. 26 Madrigal
Compare Striggio "Nasce la pena mia" in 1565/19.

S A T B Q 6

Ferretti, Giovanni. O felice o beato o glorioso
1589/08, no. 31 Madrigal

S A T B Q 6

Ferretti, Giovanni. Occhi non occhi ma lucenti stelle
1594/08, f. 25 Madrigal
Compare Anonymous "Occhi non occhi.." in 1566/07.

S A T B Q 6

Ferretti, Giovanni. Pascomi sol di piant'e vive in pene
1594/08, f. 31v Madrigal

S A T B Q 6

Ferretti, Giovanni. Un pastor chies'ad una ninfa amore
1594/08, f. 30v Madrigal
Compare F. Cimelli in 1572/09.

S

A T B Q 6
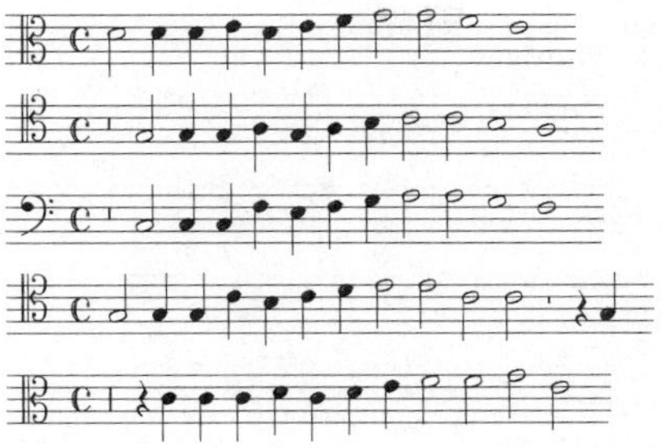

Ferretti, Giovanni. Quando mirai sa bella faccia d'oro
1594/08, f. 36 Madrigal

S A T B Q 6

Ferretti, Giovanni. Questa fera gentil a che scherz'e
1567/13, p. 20 Madrigal

S A T B Q 6

Ferretti, Giovanni. Sei tanto gratiosa e tanto bella
1589/08, no. 54 Madrigal

S A T B Q

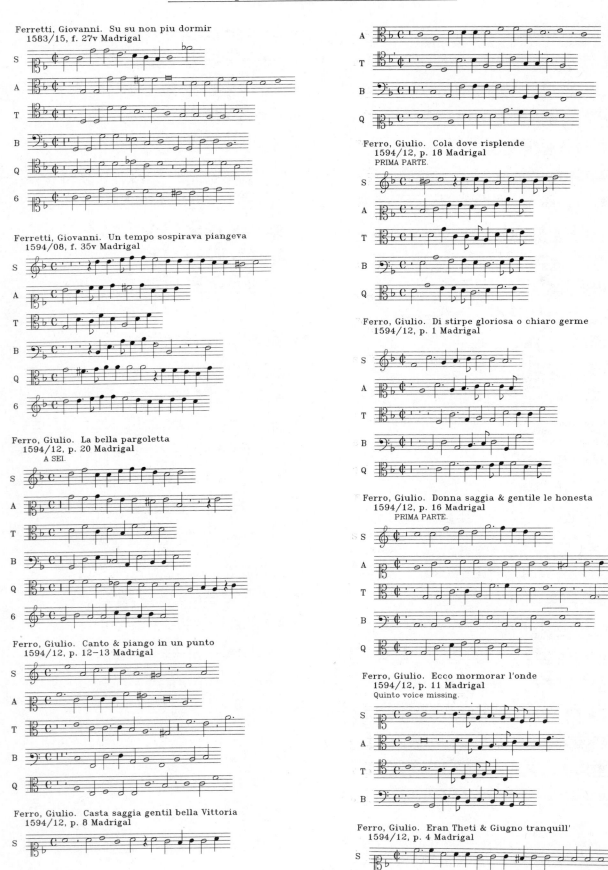

Ferretti, Giovanni. Su su non piu dormir
1583/15, f. 27v Madrigal

Ferretti, Giovanni. Un tempo sospirava piangeva
1594/08, f. 35v Madrigal

Ferro, Giulio. La bella pargoletta
1594/12, p. 20 Madrigal
A SEI.

Ferro, Giulio. Canto & piango in un punto
1594/12, p. 12–13 Madrigal

Ferro, Giulio. Casta saggia gentil bella Vittoria
1594/12, p. 8 Madrigal

Ferro, Giulio. Cola dove risplende
1594/12, p. 18 Madrigal
PRIMA PARTE.

Ferro, Giulio. Di stirpe gloriosa o chiaro germe
1594/12, p. 1 Madrigal

Ferro, Giulio. Donna saggia & gentile le honesta
1594/12, p. 16 Madrigal
PRIMA PARTE.

Ferro, Giulio. Ecco mormorar l'onde
1594/12, p. 11 Madrigal
Quinto voice missing.

Ferro, Giulio. Eran Theti & Giugno tranquill'
1594/12, p. 4 Madrigal

Ferro, Giulio. Et era il bel colore
1594/12, p. 14 Madrigal

Ferro, Giulio. Fra quelle labra belle
1594/12, p. 14 Madrigal

Ferro, Giulio. L'incostantia che seco han le morta
1594/12, p. 13 Madrigal

Ferro, Giulio. Io ardo ahi lasso & sol
1594/12, p. 15 Madrigal

Ferro, Giulio. Mentre quest'occhi lieti
1594/12, p. 10 Madrigal
Quinto voice missing.

Ferro, Giulio. Non e lasso martire
1594/12, p. 9 Madrigal

Ferro, Giulio. O bella & vag'aurora
1594/12, p. 12 Madrigal

Ferro, Giulio. Occhi cagion voi sete
1594/12, p. 2 Madrigal

Ferro, Giulio. Qual forte vincitor d'alta vittoria
1594/12, p. 7 Madrigal

Ferro, Giulio. Quand'altra auror in piu vezzoso
1594/12, p. 5 Madrigal

Ferro, Giulio. Spirto gentil ch'alberghi in si bel
1594/12, p. 3 Madrigal

Ferro, Giulio. Tra tanti & tanti io sol
1594/12, p. 19 Madrigal
SECONDA PARTE.

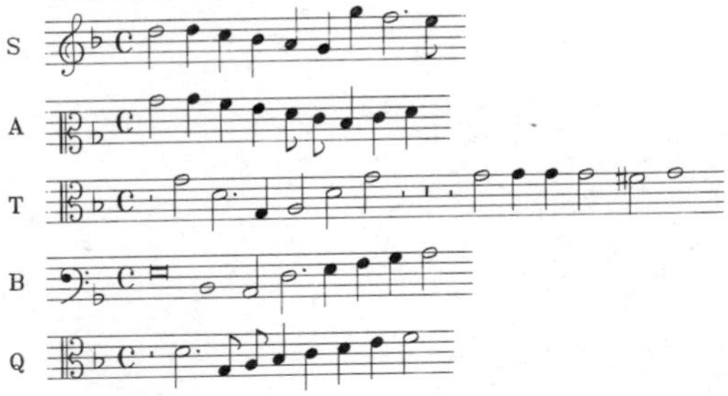

Ferro, Giulio. Voi dissi & sospirando
1594/12, p. 6 Madrigal

Ferro, Pier'Matheo. Non e questa la mano
1594/12, p. 17 Madrigal
SECONDA PARTE.

Ferro, S. B. De. Non resta in questa valle
1510/ ., f. 36v–37 Canzona

Ferro, Vincenzo. Carco di tanti'honori'il signor mio
1559/18, p. 6 Madrigal

Ferro, Vincenzo. Chi brama'udir tra noi
1559/18, p. 10 Madrigal

Ferro, Vincenzo. Chiara si chiaro e de vostr'occhi
1559/18, p. 24 Madrigal
Compare Ferro "porgi.." (1600/05). Attrib. to Ruffo (1569/21.)

Ferro, Vincenzo. Cor mio perche pur piangi
1555/31, p. 17–18 Madrigal
SECONDA Parte.

Ferro, Vincenzo. Deh come bella sete gentil madonna
1559/18, p. 9 Madrigal

B

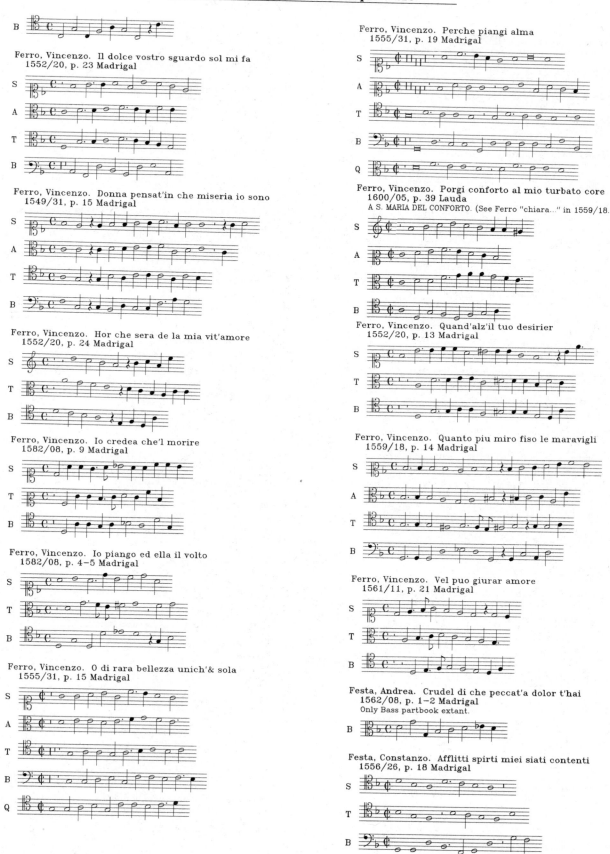

Ferro, Vincenzo. Il dolce vostro sguardo sol mi fa
1552/20, p. 23 Madrigal

S A T B

Ferro, Vincenzo. Donna pensat'in che miseria io sono
1549/31, p. 15 Madrigal

S A T B

Ferro, Vincenzo. Hor che sera de la mia vit'amore
1552/20, p. 24 Madrigal

S T B

Ferro, Vincenzo. Io credea che'l morire
1582/08, p. 9 Madrigal

S T B

Ferro, Vincenzo. Io piango ed ella il volto
1582/08, p. 4–5 Madrigal

S T B
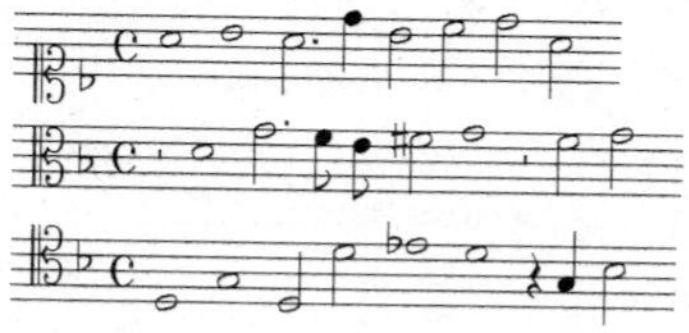

Ferro, Vincenzo. O di rara bellezza unich'& sola
1555/31, p. 15 Madrigal

S A T B Q

Ferro, Vincenzo. Perche piangi alma
1555/31, p. 19 Madrigal

S A T B Q

Ferro, Vincenzo. Porgi conforto al mio turbato core
1600/05, p. 39 Lauda
A S. MARIA DEL CONFORTO. (See Ferro "chiara..." in 1559/18.

S A T B

Ferro, Vincenzo. Quand'alz'il tuo desirier
1552/20, p. 13 Madrigal

S T B

Ferro, Vincenzo. Quanto piu miro fiso le maravigli
1559/18, p. 14 Madrigal

S A T B

Ferro, Vincenzo. Vel puo giurar amore
1561/11, p. 21 Madrigal

S T B

Festa, Andrea. Crudel di che peccat'a dolor t'hai
1562/08, p. 1–2 Madrigal
Only Bass partbook extant.

B
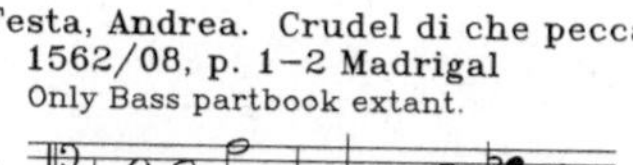

Festa, Constanzo. Afflitti spirti miei siati contenti
1556/26, p. 18 Madrigal

S T B

Festa, Constanzo. Altro non e el mio amor
1534/15, f. 14v–15 Madrigal
Attributed to Anonymous in 1537/08. Tenor from 1537/08.

Festa, Constanzo. Amanti il servir vostro
1541/18, no. 8 Madrigal

Festa, Constanzo. Amanti o lieti amanti
1537/11, no. 10 Madrigal

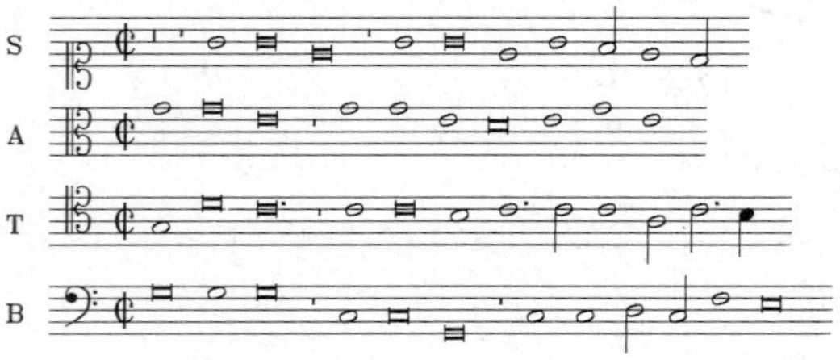

Festa, Constanzo. Amor ben puoi tu hormai
1540/18, p. 23 Madrigal

Festa, Constanzo. Un baciar furioso un dispogliarsi
1549/31, p. 20 Madrigal

Festa, Constanzo. Ben madonna a che
1541/13, p. 30 Madrigal

Festa, Constanzo. Le bianche man con sotilene dita
1541/13, p. 27 Madrigal

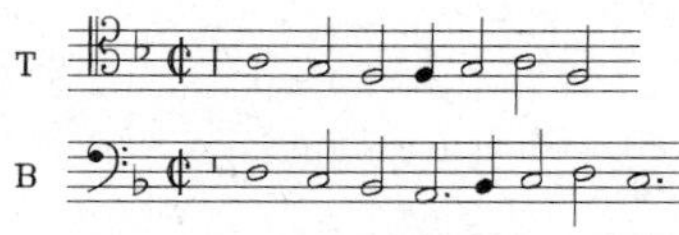

Festa, Constanzo. Che giova saggittar un che si more
1556/26, p. 20 Madrigal
Compare Anonymous "Che giova saggittar.." in 1537/08.

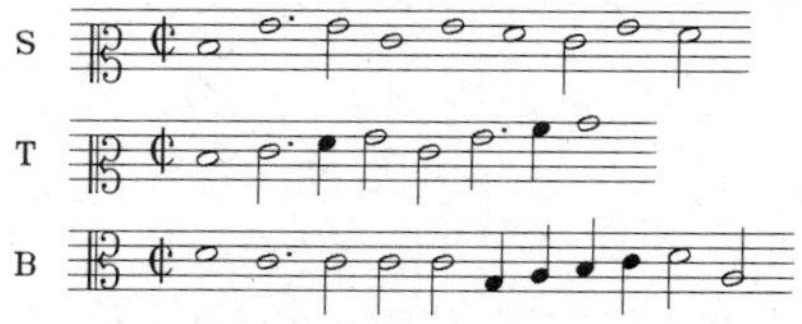

Festa, Constanzo. Che parlo o dove son'o chi m'inganna
1556/26, p. 15 Madrigal
Attributed to Anonymous in 1537/08.

Festa, Constanzo. Che si puo piu vedere
1556/26, p. 10 Madrigal
Attributed to Anonymous in 1537/07.

Festa, Constanzo. Chi vol veder fra noi
1552/20, p. 18 Madrigal

Festa, Constanzo. Chiar'arno'l mio dolore cresce
1541/15, p. 8 Madrigal

Festa, Constanzo. Come ch'il desir segue
1537/07, no. 11 Madrigal
Cantus and Tenor partbooks missing.

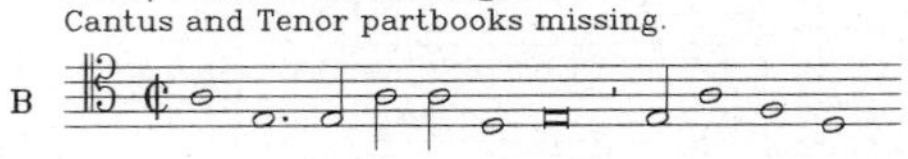

Festa, Constanzo. Come lieta si mostra di cosi bella
1539/25, p. 16 Madrigal

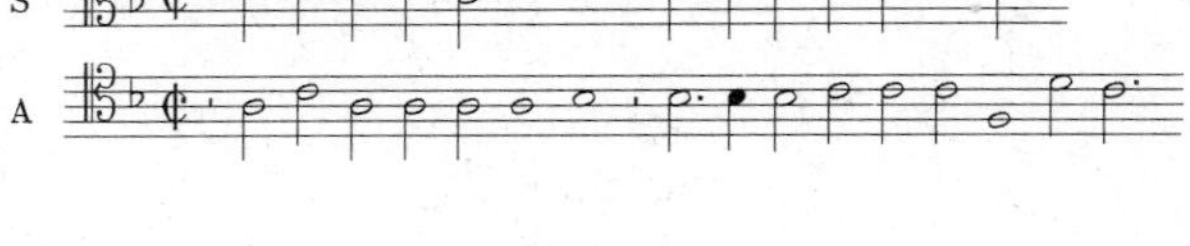

Festa, Constanzo. Constantia'l vo pur dire
1540/18, p. 24 Madrigal

Festa, Constanzo. Coppia d'amici a cui di belta
1541/15, p. 10 Madrigal

Festa, Constanzo. Coppia felice a cui foco gentile
1543/18, p. 15 Madrigal

Festa, Constanzo. Cosi estrema la doglia
1546/19, p. 27 Madrigal

Festa, Constanzo. Cosi soav'el foco et dolce il nodo
1539/24, p. 37 Madrigal
Attributed to Layole in 1541/12.

Festa, Constanzo. D'amor l'ardente face
1541/13, p. 5–6 Madrigal

Festa, Constanzo. D'amor le generose et alte imprese
1537/10, no. 22 Madrigal

Festa, Constanzo. Datemi pace o duri miei pensieri
1543/18, p. 13 Madrigal

Festa, Constanzo. Deh piaccia al cielo
1542/18, p. 13 Madrigal

Festa, Constanzo. Divelto e'l mio bel vivo
1541/11, p. 45 Madrigal
Attributed to Arcadelt in Bass.

Festa, Constanzo. Dolor sta sempre meco
1556/26, p. 28 Madrigal
Attributed to Anonymous in 1537/08

Festa, Constanzo. Una donna l'altrier fissa mirai
1556/26, p. 27 Madrigal

Festa, Constanzo. Donna non fu ne fia
1540/18, p. 25 Madrigal

Festa, Constanzo. Donna s'io vi dicessi el mio martire
1541/15, p. 20 Madrigal

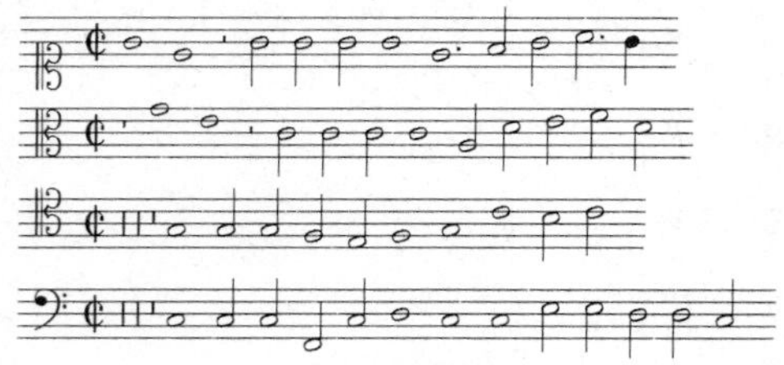

Festa, Constanzo. Donna si vi spaventa
1541/15, p. 16 Madrigal

Festa, Constanzo. Due rose fan contrasto
1542/16, p. 39 Madrigal

Festa, Constanzo. Duro e il partito
1537/10, no. 12 Madrigal

Festa, Constanzo. E per che il duro exilio
1542/18, p. 10 Madrigal
SECONDA PARTE.

Festa, Constanzo. E se per gelosia mi fai
1537/07, no. 19 Madrigal
Cantus and Tenor partbooks missing.

Festa, Constanzo. Hai lasso che spero hormai riposo
1537/07, no. 12 Madrigal
Cantus and Tenor partbooks missing.

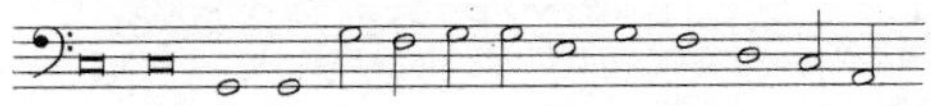

Festa, Constanzo. Hor pensat'al mio mal qual esser
1541/13, p. 35 Madrigal

Festa, Constanzo. I son tal volta donna per morire
1537/10, no. 7 Madrigal
Attributed to A. Willaert in 1541/18.

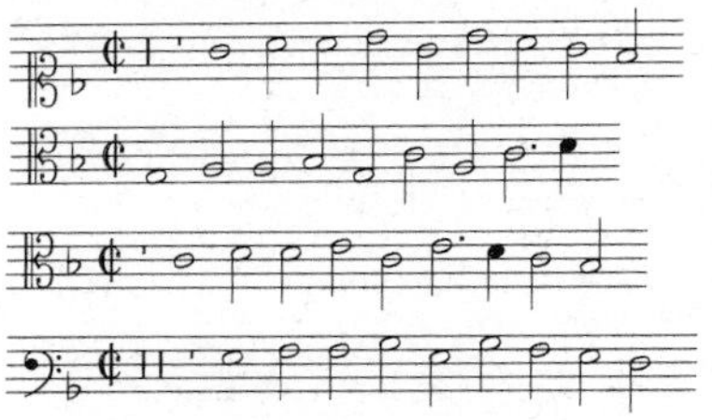

Festa, Constanzo. In un bel prato di fioretti
1541/13, p. 2 Madrigal

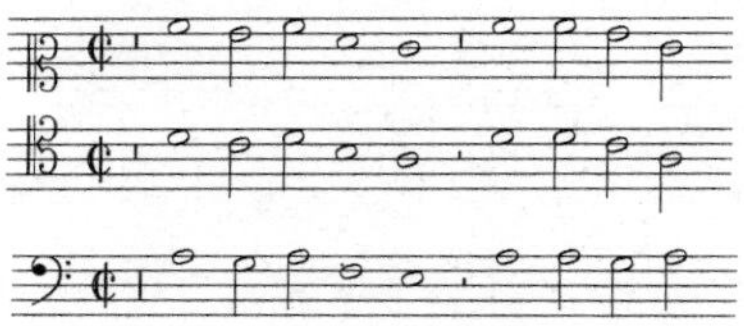

Festa, Constanzo. Ingiustissima amor perche si raro
1556/26, p. 3 Madrigal

Festa, Constanzo. Io penso & nei pensier
1541/13, p. 20 Madrigal

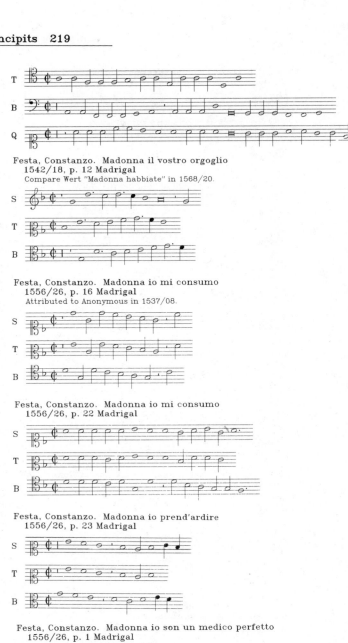

Festa, Constanzo. Io vorrei Dio d'amore
1556/26, p. 28–29 Madrigal
Compare Bass with J. Fogliano in 1537/07.

Festa, Constanzo. Lasso ch'io ardo & altri non me
1541/13, p. 28 Madrigal

Festa, Constanzo. Lasso s'in un sol ponto del mio caro
1541/13, p. 34 Madrigal
Compare Gero in 1541/02.

Festa, Constanzo. Lieti fiori verdi frondi
1534/15, f. 2–2v Madrigal
Tenor partbook missing. Alto from 1530/02.

Festa, Constanzo. Lieto non hebbi mai un giorno
1556/26, p. 8 Madrigal

Festa, Constanzo. Madonna al volto mio pallido
1556/26, p. 7 Madrigal

Festa, Constanzo. Madonna i preghi mei son ch'io saper
1542/16, p. 21 Madrigal

Festa, Constanzo. Madonna il vostro orgoglio
1542/18, p. 12 Madrigal
Compare Wert "Madonna habbiate" in 1568/20.

Festa, Constanzo. Madonna io mi consumo
1556/26, p. 16 Madrigal
Attributed to Anonymous in 1537/08.

Festa, Constanzo. Madonna io mi consumo
1556/26, p. 22 Madrigal

Festa, Constanzo. Madonna io prend'ardire
1556/26, p. 23 Madrigal

Festa, Constanzo. Madonna io son un medico perfetto
1556/26, p. 1 Madrigal

Festa, Constanzo. Madonna io v'amo e taccio
1556/26, p. 9 Madrigal
Attributed to Anonymous in 1537/07.

Festa, Constanzo. Madonna mi consumo & per el gran
1541/13, p. 29 Madrigal

Festa, Constanzo. Mentre nel dubbio petto infuriato
1542/16, p. 20 Madrigal

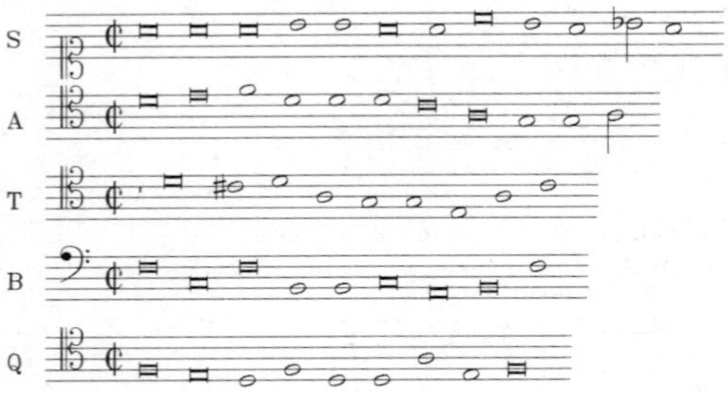

Festa, Constanzo. Nasce fra l'herbe un fiore
1558/11, p. 9 Madrigal
Alto partbook missing.

Festa, Constanzo. Non mi par che sia vero madonna mia
1556/26, p. 17 Madrigal
Attributed to Anonymous in 1537/08.

Festa, Constanzo. Non mi vol il morir donna per voi
1537/07, no. 10 Madrigal
Cantus and Tenor partbooks missing.

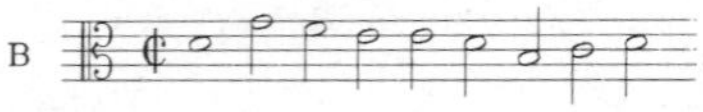

Festa, Constanzo. Il non poter veder il divino volto
1541/13, p. 4 Madrigal

Festa, Constanzo. Non s'incolpa la voglia
1541/17, p. 35 Madrigal

Festa, Constanzo. O felice pensier felic'il giorno
1541/13, p. 18 Madrigal

Festa, Constanzo. O felici color che nott'e giorno
1541/11, p. 39 Madrigal

Festa, Constanzo. O notte madre di miei pensieri
1541/13, p. 3 Madrigal

Festa, Constanzo. O solitario ed a me grate mante
1542/16, p. 20–21 Madrigal

Festa, Constanzo. Ogni belta madonna ch'io veggio
1556/26, p. 14 Madrigal

Festa, Constanzo. Ogni loco m'atrista ov'io non veggio
1542/18, p. 9 Madrigal
Attributed to Anonymous in 1537/07.

Festa, Constanzo. Per inhospita boschi hispiti
1550/15, no. 4 Madrigal
Attributed to Anonymous in 1542/17.

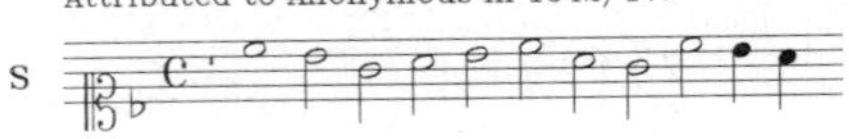

A T B

Festa, Constanzo. Perche madonna io vivo
1541/15, p. 14 Madrigal

S A T B

Festa, Constanzo. Perche mi fai morire donna
1541/13, p. 7 Madrigal
Attributed to Gero in 1541/02.

S T B

Festa, Constanzo. Piu che mai vagh'et bella ardendo
1539/25, p. 10 Madrigal

S A T B

Festa, Constanzo. Piu tempo ho gia seguito
1541/13, p. 9 Madrigal

S T B

Festa, Constanzo. Porta negl'occhi sempr'incendio
1549/31, p. 13 Madrigal

S A T B

Festa, Constanzo. Qual anima ignorante
1542/16, p. 12–13 Madrigal

S A T

B Q

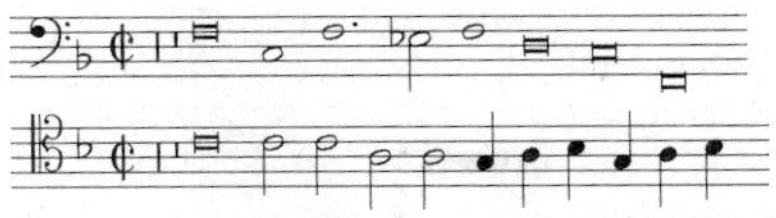

Festa, Constanzo. Qual sara mai si miserabil canto
1542/18, p. 11 Madrigal

S T T B

Festa, Constanzo. Quando ritrovo la mia pastorella
1541/11, p. 33 Madrigal
Attributed (as Villotta) to Anonymous in 1530/01.

S A T B

Festa, Constanzo. Quanto piu m'ard'et piu s'accende
1539/23, p. 12 Madrigal

S A T B

Festa, Constanzo. Quel dolce foco in cui abbruggi
1541/13, p. 33 Madrigal

S T B

Festa, Constanzo. Real natura
1530/01, f. 11–11v Frottola
Only Alto partbook extant.

A

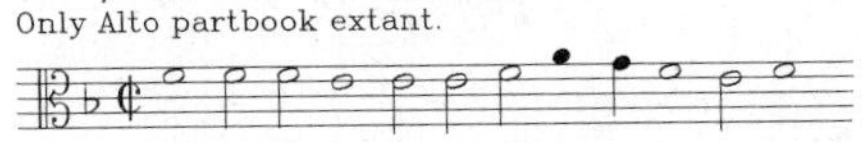

Festa, Constanzo. Ridendo la mia donna un bascio niega
1537/11, no. 12 Madrigal

S A T B

Festa, Constanzo. S'io vi mento madonna
1541/13, p. 21 Madrigal

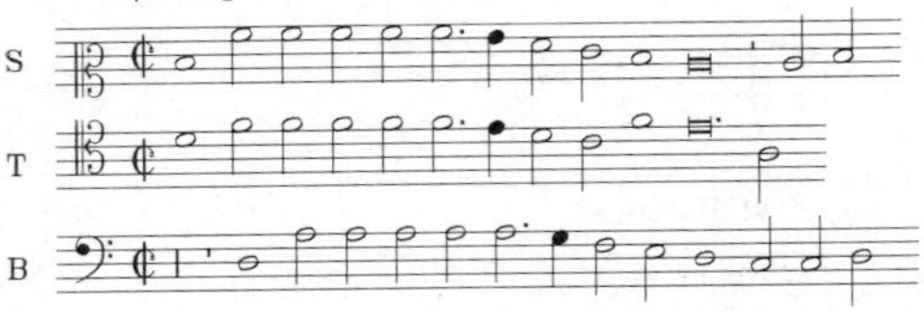

Festa, Constanzo. Sacra pianta da quel arbor
1538/21, p. 10 Madrigal

Festa, Constanzo. Se i sguardi di costei
1539/23, p. 18 Madrigal
Attributed to Arcadelt in 1543/20.

Festa, Constanzo. Se l'humana natura un'altra tale
1541/15, p. 21 Madrigal

Festa, Constanzo. Se mai vedete amanti donna che sopra
1542/18, p. 9 Madrigal

Festa, Constanzo. Se non fosse il sperar
1556/26, p. 18 Madrigal

Festa, Constanzo. Se non fosse il sperar
1556/26, p. 19 Madrigal

Festa, Constanzo. Se per forza di doglia di vita
1542/16, p. 11 Madrigal

Festa, Constanzo. Se'l dolce sdegn'e l'ira
1541/13, p. 16 Madrigal

Festa, Constanzo. Se'l fuoco qual riscalda
1541/13, p. 8 Madrigal

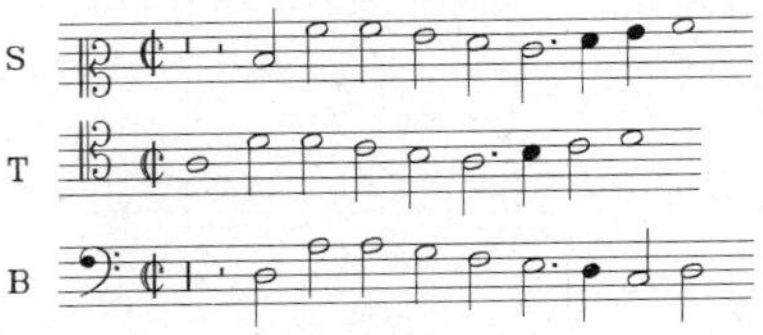

Festa, Constanzo. Si come sete bella gentil madonna
1556/26, p. 13 Madrigal

Festa, Constanzo. Si come seti bella gentil madonna
1537/07, no. 17 Madrigal
Cantus and Tenor partbooks missing.

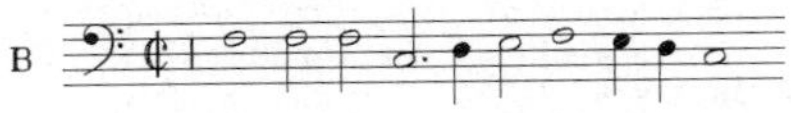

Festa, Constanzo. Si come seti bella gentil madonna
1537/11, no. 3 Madrigal

Festa, Constanzo. Si con sua cetra Orpheo
1541/13, p. 32 Madrigal

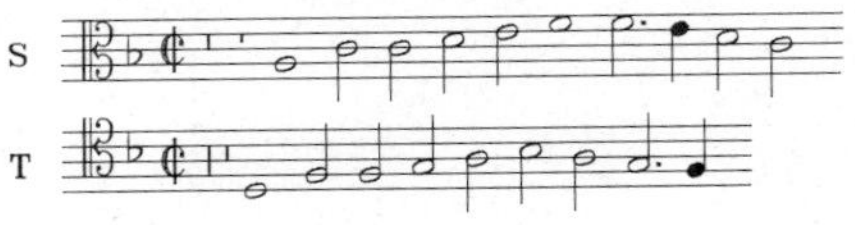

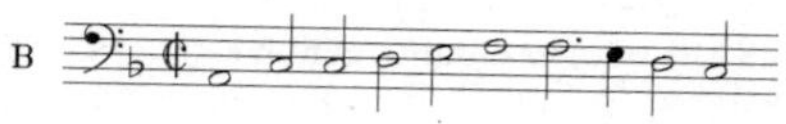

Festa, Constanzo. Si con sua cetra Orpheo
1541/13, p. 32 Madrigal

Festa, Constanzo. Sia benedett'amore
1541/13, p. 9 Madrigal
Attributed to Gero in 1541/02.

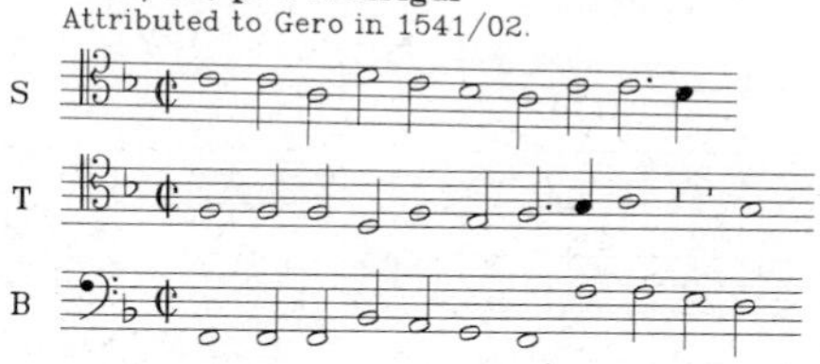

Festa, Constanzo. Sia maledett'amore e chiuinque
1541/13, p. 10 Madrigal

Festa, Constanzo. So che nissun mi credee
1539/23, p. 14 Madrigal

Festa, Constanzo. Sola solett'andava
1541/13, p. 17 Madrigal

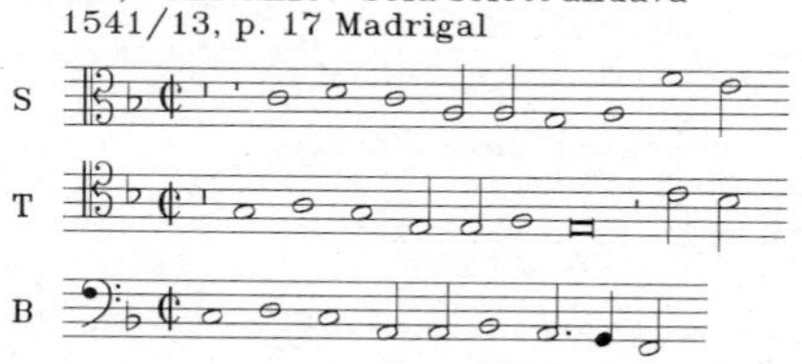

Festa, Constanzo. Sopra una verde e diletosa riva
1556/26, p. 29 Madrigal
Attributed to Anonymous in 1537/07.

Festa, Constanzo. Sospir profondi & voi dirrotti
1541/13, p. 34 Madrigal

Festa, Constanzo. Tanta beltad'e'n voi e leggiadria
1541/13, p. 12 Madrigal

Festa, Constanzo. Vaghe luce sol produtt'in terra
1537/07, no. 18 Madrigal
Cantus and Tenor partbooks missing.

Festa, Constanzo. Valli desert'e sole deserte piaggi
1541/15, p. 29 Madrigal

Festa, Constanzo. Veggi'hor con gli occhi
1549/31, p. 28 Madrigal
Tenor partbook missing.

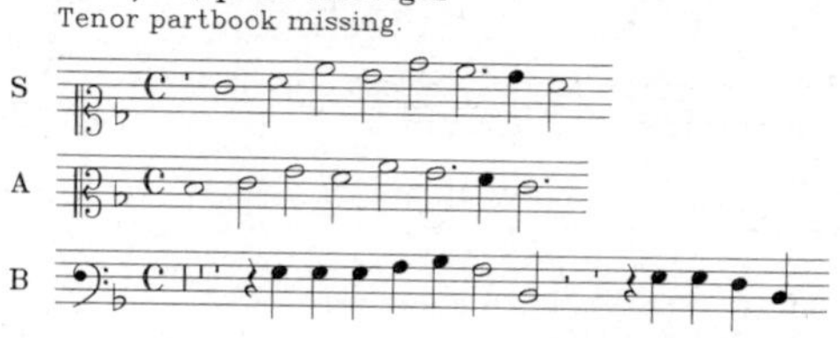

Festa, Constanzo. Venite amanti insieme a pianger
1556/26, p. 12 Madrigal

Festa, Constanzo. Venuta era madonna al mio languire
1556/26, p. 11 Madrigal

Festa, Constanzo. La vita nostra e com'un bel thesoro
1541/13, p. 23 Madrigal

Festa, Sebastian. Amor che me tormenti
1526/06, f. 28v–30 Frottola

Festa, Sebastian. Amor se voi ch'io torni al gioco
1526/06, f. 16v–18 Frottola

Festa, Sebastian. Ben mi credea passar mio tempo
1526/06, f. 22v–24 Frottola

Festa, Sebastian. Canzon se gli e pur vero
1526/06, f. 3v–4 Frottola
SECUNDA PARS

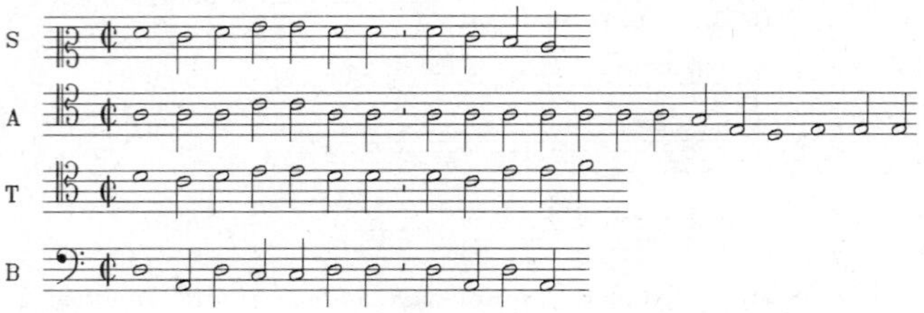

Festa, Sebastian. Come senza costei viver potro
1526/06, f. 24v–25v Frottola

Festa, Sebastian. O passi sparsi o pensier
1526/06, f. 6v–8 Frottola

Festa, Sebastian. Per che al viso d'amor portava
1521/06, nr19 Frottola

Festa, Sebastian. Perche quel che mi trasse
1526/06, f. 10v–11 Frottola

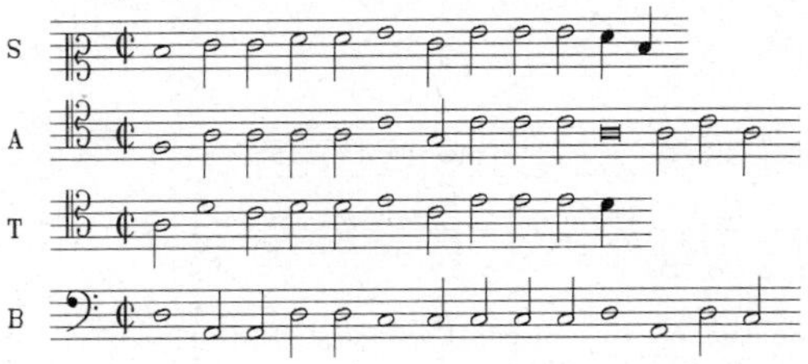

Festa, Sebastian. Se amor qualche remedio ormai
1534/15, f. 13–13v Madrigal
Tenor partbook missing. Alto from 1530/02.

Festa, Sebastian. Se laura porge al'ombra
1534/15, f. 15v–17 Madrigal
CANON. Tenor partbook missing. Alto from 1530/02.

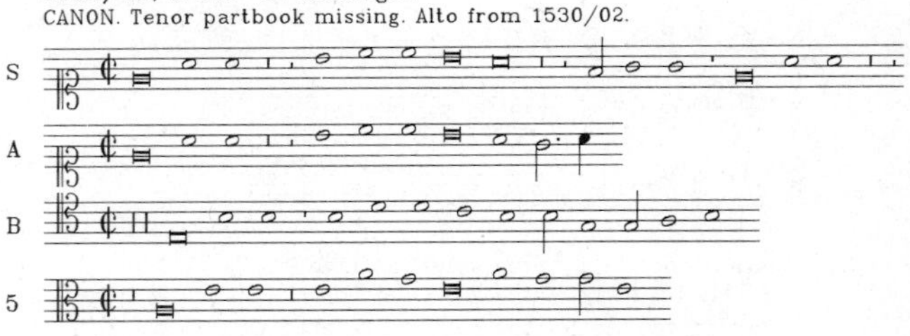

Festa, Sebastian. S'el pensier che mi strugge
1526/06, f. 18v–19v Frottola

Festa, Sebastian. L'ultimo di de maggio un bel matino
1526/06, f. 30v–31 Frottola

Festa, Sebastian. Vergine sacra benedetta
1526/06, f. 2v–3 Frottola

S A T B

Fiamengo, Arnoldo. Ahi pargoletto infante
1599/06, p. 76 Lauda
PIETOSA QUERELA DELLA VERGINE. PER LA DOLOROSA...

A B

Fidelis, Lancilotto. Aura gentil ch'ai piu cocenti ardori
1570/25, p. 18 Madrigal
Only Tenor partbook extant.

T
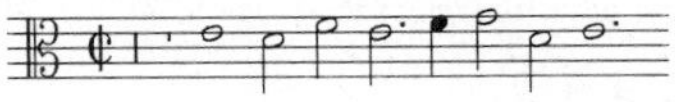

Fidelis, Lancilotto. Aventuroso piu d'altro terreno
1570/25, p. 13 Madrigal
PRIMA PARTE. (Only Tenor partbook extant.)

T
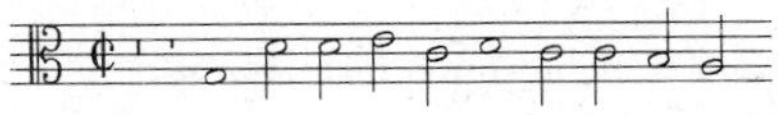

Fidelis, Lancilotto. Chiaro segn'amor pos'a le mie rime
1570/25, p. 8 Madrigal
PRIMA PARTE. (Only Tenor partbook extant.)

T
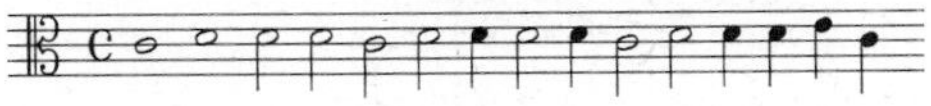

Fidelis, Lancilotto. Col seno pien di rose e de viole
1570/25, p. 16 Madrigal
Only Tenor partbook extant.

T
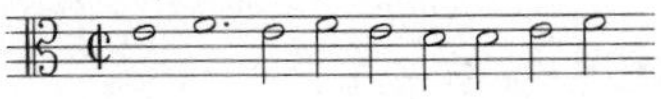

Fidelis, Lancilotto. Deh Clori mia gentil consent'homai
1570/25, p. 28 Madrigal
Prima parte. (Only Tenor partbook extant.)

T
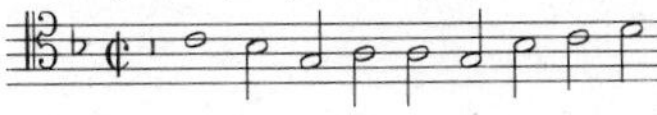

Fidelis, Lancilotto. Deserti campi inhabitati lidi
1570/25, p. 4 Madrigal
Only Tenor partbook extant.

T
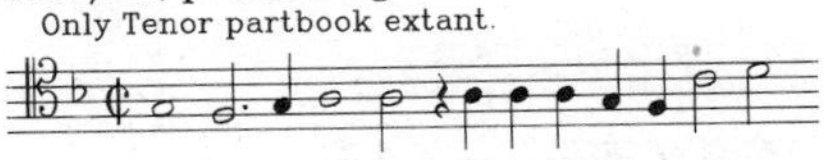

Fidelis, Lancilotto. Dove speranza mia dov'hora sei
1570/25, p. 10 Madrigal
Only Tenor partbook extant.

T
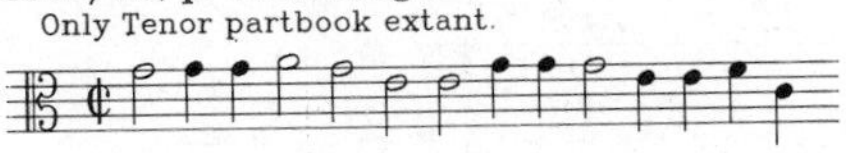

Fidelis, Lancilotto. Forse sia quest'aventuroso tempo
1570/25, p. 6 Madrigal
Only Tenor partbook extant.

T
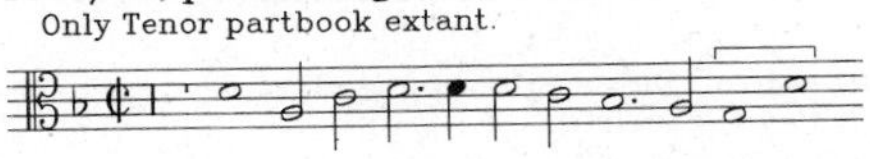

Fidelis, Lancilotto. Fuggito e'l suon'a le mie crude
1570/25, p. 9 Madrigal
SECONDA PARTE. (Only Tenor partbook extant.)

T

Fidelis, Lancilotto. Giovane donna son'un verde lauro
1570/25, p. 5 Madrigal
Only Tenor partbook extant.

T
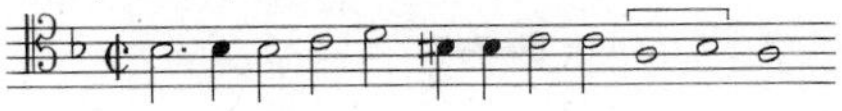

Fidelis, Lancilotto. Madonna il dissi & hor giurando
1570/25, p. 22 Madrigal
SECONDA PARTE. (Only Tenor partbook extant.)

T
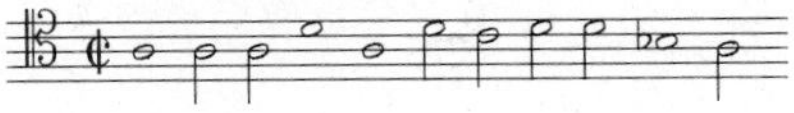

Fidelis, Lancilotto. Mordemi questa lingua e fa vendetta
1570/25, p. 29 Madrigal
SECONDA PARTE. (Only Tenor partbook extant.)

T
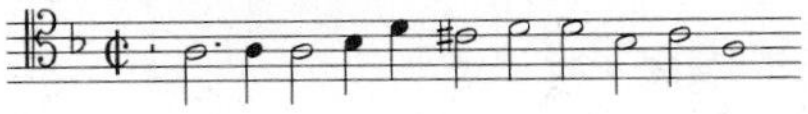

Fidelis, Lancilotto. Ne la verde stagion
1570/25, p. 23 Madrigal
Only Tenor partbook extant.

T

Fidelis, Lancilotto. Ne tante volte ti vedro giamai
1570/25, p. 14 Madrigal
SECONDA PARTE. (Only Tenor partbook extant.)

T

Fidelis, Lancilotto. Non al suo amante piu Diana piacque
1570/25, p. 1 Madrigal
Only Tenor partbook extant.

T

Fidelis, Lancilotto. Occhi miei lassi hora che giunti
1570/25, p. 21 Madrigal
(Only Tenor extant. Compare Roicerrandet in 1566/10.)

T

Fidelis, Lancilotto. Pensai quinci da voi far gia partita
1570/25, p. 20 Madrigal
Only Tenor partbook extant.

T
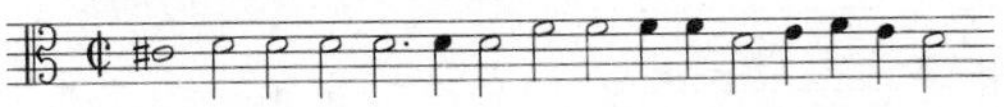

Fidelis, Lancilotto. Quando fia mai quel giorno
1570/25, p. 15 Madrigal
Only Tenor partbook extant.

T

Fidelis, Lancilotto. Quando veggio la man piena d'honore
1570/25, p. 26–27 Madrigal
Only Tenor partbook extant.

T

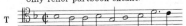

Fidelis, Lancilotto. Questa piaga mi fia sempre nel core
1570/25, p. 25 Madrigal
Only Tenor partbook extant.

T

Fidelis, Lancilotto. S'amor e cieco a che gli'occhi
1570/25, p. 19 Madrigal
Only Tenor partbook extant.

T

Fidelis, Lancilotto. Sia vil a gli'altri e da quel sol
1570/25, p. 7 Madrigal
Only Tenor partbook extant.

T
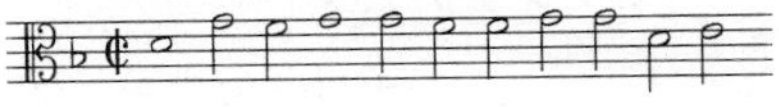

Fidelis, Lancilotto. Tanti fonti in un giorn'
1570/25, p. 17 Madrigal
Only Tenor partbook extant.

T
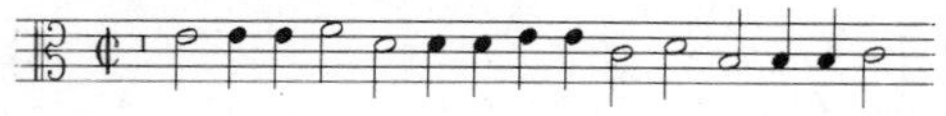

Fidelis, Lancilotto. Tutto quel che felice et infelice
1570/25, p. 24 Madrigal
Only Tenor partbook extant.

T
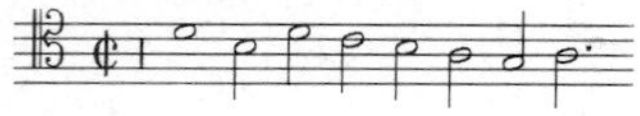

Fidelis, Lancilotto. Valli profonde al sol nemiche rupi
1570/25, p. 3 Madrigal
Only Tenor partbook extant.

T

Fiesco, Giulio. Cor mio bello bello
1571/09, p. 4 Napolitana
ALLA MOLTA HONORANDA MADONNA GENTIL

S T B

Fiesco Forz'e lasso ch'io mora
1570/19, p. 28 Madrigal

S T B

Fiesco, Giulio. No fo di tal belta
1564/16, p. 24 Greghesca

S A T B Q

Fiesco, Giulio. Se voi set'il mio cor la vita mia
1555/27, p. 20–21 Madrigal

S A T B
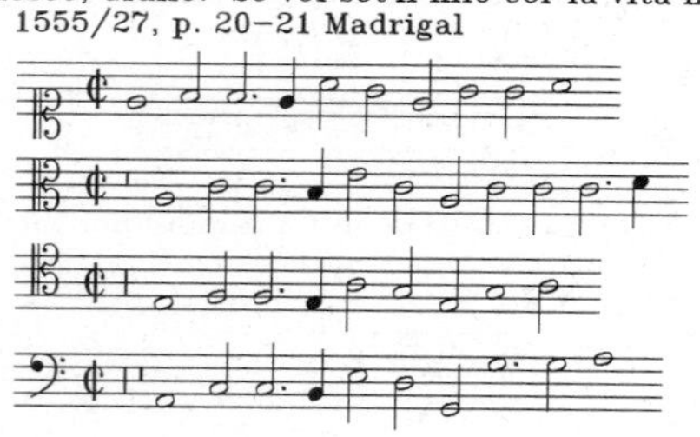

Fiesco, Giulio. Valli vicini e rupi
1562/08, p. 13–14 Madrigal
Only Bass partbook extant.

B
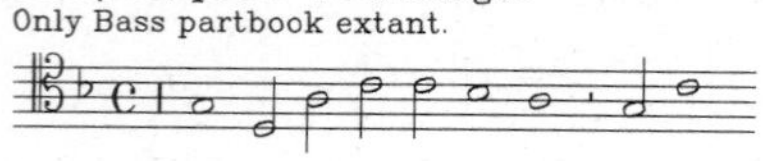

Filippo, Girolamo. Il biondo crin di mille rose adorno
1598/07, p. 17 Madrigal

S

A T B Q

Fiolo, Don. Come viver poss'io senz'il mio sole
1566/10, p. 22 Canzona

S T B

Fiolo, Don. Il di ne port'il mese l'anno
1566/10, p. 8 Canzona

S T B

Fiolo, Don. Quando cosso muscillo fatto de rose
1566/10, p. 23 Canzona

S T B

Fior, Joan Fomenico. Vorria sapere dessi tanti guai
1566/10, p. 29 Canzona

S T B

Fiorino, Hippolito. De l'anima mia gioia infinita
1582/05, p. 3 Madrigal

S A T B Q

Fiorino, Hippolito. Dolce mia amata vista
1591/09, p. 14 Madrigal
Cantus partbook missing.

A T B

Fiorino, Hippolito. Dolci sospiri che tal'hora uscite
1592/14, p. 3 Madrigal

Fiorino, Hippolito. Ero cosi dicea
1588/17, p. 17 Madrigal

Fiorino, Hippolito. Tirsi dolente e mesto
1586/10, p. 1 Madrigal

Fiorino, Hippolito. Tra verdi rami
1583/10, f. 24 Madrigal

Flaccomio, Giov. Pietro. Vaga Filli e leggiadra
1598/12, p. 14 Madrigal
Only Tenor extant.

Florio, Giovanni. Amor compagno eterno
1566/03, p. 8 Madrigal

Florio, Giovanni. Amor e fatto capitano a guerra
1566/07, p. 13 Canzona

Florio, Giovanni. Ardo si ma non t'amo
1585/17, no. 10 Madrigal

Florio, Giovanni. Celeste melodia
1596/11, p. 18 Madrigal
Cantus and Tenor partbooks missing.

Florio, Giovanni. Che fatt'occhi'infelici
1566/02, p. 17 Madrigal

Florio, Giovanni. Donna che quasi Cigno
1566/03, p. 20–21 Madrigal

Florio, Giovanni. Et ben che voi per voi sola
1566/03, p. 21 Madrigal
SECONDA PARTE.

Florio, Giovanni. Gia fu mia dolce speme
1590/18, p. 8 Madrigal

Florio, Giovanni. Io son un spirto che d'amor legato
1566/07, p. 12 Canzona

Florio, Giovanni. Mentre Dafne gentil alla dolc'ombra
1594/06, p. 6 Madrigal
PAROLE DI GIO. BATTISTA ZUCCARINI.

Florio, Giovanni. Parto e porto partendo
1600/16, p. 9 Madrigal
Alto and Tenor partbooks missing.

Florio, Giovanni. Piu trasparente velo
1592/11, p. 19 Madrigal
PAROLE DI GIULIO BENALIO.

Florio, Giovanni. S'alzin l'onde signore
1566/02, p. 17–18 Madrigal
SECONDA PARTE.

Florio, Giovanni. Se ti duoli augelino
1567/16, p. 18 Madrigal
Only Cantus partbook extant.

Fogliano, Giacomo. Alla mia grave pen'al mio tormento
1556/26, p. 24 Madrigal

Fogliano, Giacomo. Amor e questo il fronte dove surge
1547/16, no. 22 Madrigal

Fogliano, Giacomo. Amor e so che sai ch'io vivo in pene
1547/16, no. 13 Madrigal
Quintus part is labeled Tenor Secundus.

Fogliano, Giacomo. Amor e ver che questa quella bianca
1547/16, no. 23 Madrigal

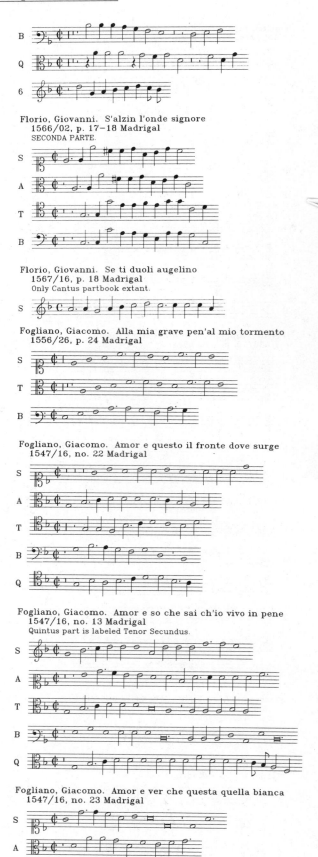

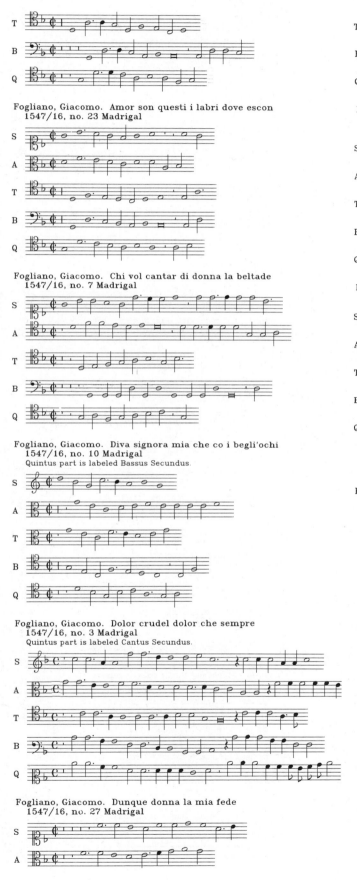

Fogliano, Giacomo. Amor son questi i labri dove escon
1547/16, no. 23 Madrigal

Fogliano, Giacomo. Chi vol cantar di donna la beltade
1547/16, no. 7 Madrigal

Fogliano, Giacomo. Diva signora mia che co i begli'ochi
1547/16, no. 10 Madrigal
Quintus part is labeled Bassus Secundus.

Fogliano, Giacomo. Dolor crudel dolor che sempre
1547/16, no. 3 Madrigal
Quintus part is labeled Cantus Secundus.

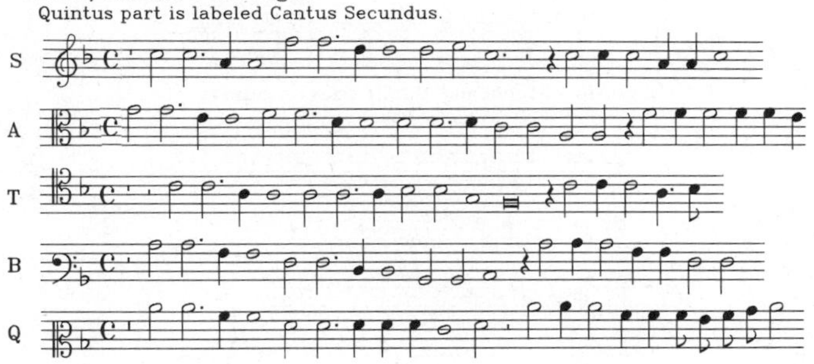

Fogliano, Giacomo. Dunque donna la mia fede
1547/16, no. 27 Madrigal

Fogliano, Giacomo. Fuggite pur fuggite ch'io non curo
1547/16, no. 17 Madrigal
TERZA PARTE.

Fogliano, Giacomo. Gran miracol d'amor che fra la neve
1547/16, no. 6 Madrigal

Fogliano, Giacomo. Io vorrei dio d'amor
1537/07, no. 6 Madrigal
Cantus and Tenor missing. (Attrib. to C.Festa in 1556/26.)

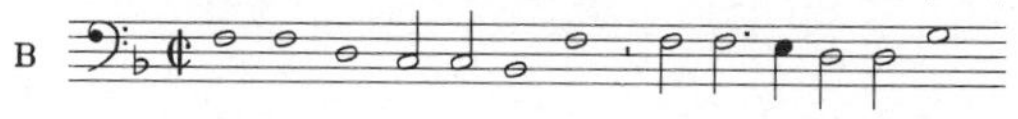

Fogliano, Giacomo. Madonna hor che da fare per farvi
1547/16, no. 9 Madrigal

Fogliano, Giacomo. Madonna i vi vo dire avante
1547/16, no. 5 Madrigal

Fogliano, Giacomo. Madonna la pietate che vi domanda
1547/16, no. 12 Madrigal
Quintus part is labeled Tenor Secundus.

Fogliano, Giacomo. Madonna se'l morire creder facesse
1547/16, no. 11 Madrigal

Fogliano, Giacomo. Madonna sommi acorto
1547/16, no. 16 Madrigal

Fogliano, Giacomo. Mentre mia dura sorte lontan al mio
1542/16, p. 26–27 Madrigal

Fogliano, Giacomo. Miser chi in amar donna il suo cor
1547/16, no. 8 Madrigal

Fogliano, Giacomo. Morte deh vieni hormai
1547/16, no. 20 Madrigal

Fogliano, Giacomo. Non harano mai fin questi martiri
1547/16, no. 4 Madrigal

Fogliano, Giacomo. O invidia nemica di virtute cha bei
1547/16, no. 18 Madrigal
QUARTA PARTE.

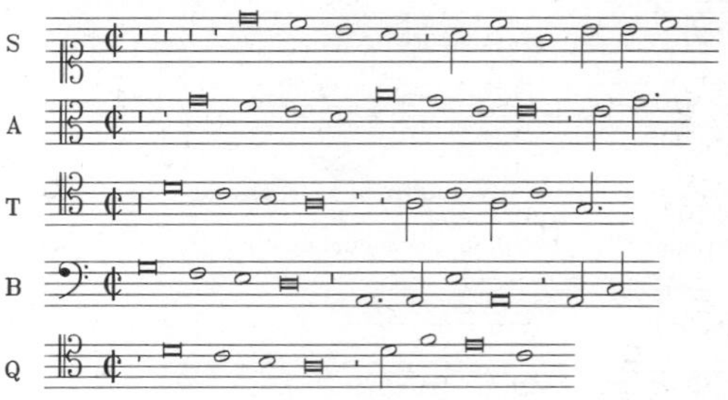

Fogliano, Giacomo. Occhi mei ch'al mirar
1519/04, f. 13v–15 Frottola

Fogliano, Giacomo. Occhi suavi e chiari
1515/02, f. 6v–7 Frottola

Fogliano, Giacomo. Odete aure suavi
1515/02, f. 5v–6 Frottola
Alto & Bass parts missing.

Fogliano, Giacomo. Ogni rivo ogni alto monte
1547/16, no. 26 Madrigal

Fogliano, Giacomo. Perche non posso io dir cantando
1547/16, no. 28 Madrigal

Fogliano, Giacomo. Poich'io viddi le tue superbe frondi
1556/26, p. 21 Madrigal

Fogliano, Giacomo. Pomi in cielo pomi in terra
1547/16, no. 25 Madrigal
SECONDA PARTE.

Fogliano, Giacomo. Quando amor quei begli ochi
1547/16, no. 2 Madrigal

Fogliano, Giacomo. Se in me potesse morte
1542/16, p. 31 Madrigal

Fogliano, Giacomo. Segue cuor e non restare
1507/03, f. 45v–46 Frottola

Fogliano, Giacomo. Si come all'hora in me cresce
1547/16, no. 15 Madrigal

Fogliano, Giacomo. Si come chiar si vede
1547/16, no. 19 Madrigal

Fogliano, Giacomo. So ben che tanta grat'il ciel
1556/26, p. 25 Madrigal

Fogliano, Giacomo. Tanquam aurum in fornace di me prova
1547/16, no. 25 Madrigal

Fogliano, Giacomo. Tanto e l'empio dolor che il cor
1547/16, no. 21 Madrigal

Fogliano, Giacomo. Tua volsi esser sempre mai
1515/02, f. 20v–21 Frottola

Fogliano, Giacomo. Vengo ate madre maria
1508/03, f. 4v–5 Lauda
Compare D. Nicolo "Senza te alta regina" in 1508/03.

Fogliano, Giacomo. Vergine sant'ad ogni gratia piena
1547/16, no. 1 Madrigal

Fogliano, Lodovico. Fortuna d'un gran tempo
1509/02, f. 38v–39 Frottola
Each voice has a different text.

Fontanelli, Alfonzo. Com'esser puo mia vita
1592/14, p. 9 Madrigal

Formica, Antonio. D'un vago prato ardito
1594/17, p. 16 Madrigal
ANTONIO FORMICA DISCEPOLO D'ANTONIO IL VERSO.

Formica, Antonio. Dolce spoglia di lei ch'il core
1592/17, p. 24 Madrigal
ANTONIO FORMICA DISCEPOLO D'ANTONIO IL VERSO. (Canto missing)

Fossa, Johannes Da. Ardo si ma non t'amo
1585/17, no. 21 Madrigal

Franzosino, Bernardino. Amor con ogn'imper'e gran possanza
1570/19, p. 23 Madrigal
AL MOLTO MAG. S. THOMASO MACCHIAVELLI

Freddi, Amadio. Quanto sia il tuo valore
1598/07, p. 18–19 Madrigal

Fregati, Pio. Poi che con le tue man
1591/09, p. 19 Madrigal
Cantus partbook missing. Alto voice missing.

Fronti, Vincenzo. Come hor la terra
1582/05, p. 22 Madrigal

Fuligno, Paolo da. Pensier dicea che'l cor m'agghiacce
1558/13, p. 25 Madrigal

Gabbiani, Massimo. Fa queste sacre carte Archi signore
1598/06, p. 21 Madrigal

Gabbiani, Massimo. Sente d'Amor il Cielo
1598/07, p. 8–9 Madrigal

Gabbiani, Massimiano. Suggea da doi coralli
1598/09, p. 18 Madrigal

Gabrieli, Andrea. A le guancie di rose
1587/16, p. 59 Madrigal
DIALOGO A 8.

Gabrieli, Andrea. Accesa retornar ne bei vostr'occhi
1589/14, no. 10 Madrigal
SECONDA PARTE.

Gabrieli, Andrea. Al chiaro suon dei dolci accenti
1586/07, p. 3 Madrigal
SECONDA PARTE (Quintus part from 1587/16.)

Gabrieli, Andrea. Al dolce volo di Cillenio
1589/14, no. 15 Madrigal

Gabrieli, Andrea. All'hor saı ann'i miei pensier arriva
1568/13, p. 4 Madrigal
seconda parte.

S A T B

Gabrieli, Andrea. Alla battaglia o forti cavalieri
1587/16, p. 68–69 Madrigal
2. PARTE.DELLA BATTAGLIA.

S A T B Q 6 7 8

Gabrieli, Andrea. Ama l'Aquila Giove
1592/15, p. 24 Madrigal

S A T B Q

Gabrieli, Andrea. Aminta mio gentil che si cortese
1566/03, p. 11 Madrigal

S A T B Q

Gabrieli, Andrea. Amor senno valor pie tad'e doglia
1562/06, p. 6 Madrigal

S A T

B Q

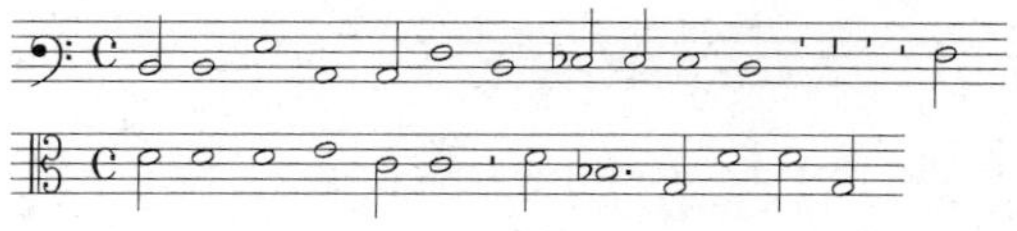

Gabrieli, Andrea. Anchor che col partire
1570/17, p. 16–17 Giustiniana

S T B

Gabrieli, Andrea. Ben possono i poeti hormai lasciare
1579/02, p. 15 Madrigal

S A T B Q 6

Gabrieli, Andrea. Cando pinso al turmendo
1564/16, p. 3 Greghesca

S A T B

Gabrieli, Andrea. Cantiam di Dio cantiamo
1590/11, p. 70 Madrigal
PRIMA PARTE.

S A T B Q 6 7 8 9 10 11

12

Gabrieli, Andrea. Cari cumpagni chie vol dirchie
1564/16, p. 36–37 Greghesca
DIALOGO A 7.

S, A, T, B, T2, 6

Gabrieli, Andrea. Caro dolce ben mio perche fuggire
1589/06, p. 28 Madrigal

S, A, T, B, Q

Gabrieli, Andrea. Ch'inde dara la bose al sol fizar
1570/17, p. 12–13 Giustiniana

S, T, B

Gabrieli, Andrea. Che tal hor rende di sua gratia
1589/06, p. 21 Madrigal
SECONDA PARTE.

S, A, T, B, Q

Gabrieli, Andrea. Chiaro sol di virtute onde deriva
1586/07, p. 2 Madrigal
AL ILLUSTRISSIMO SIG. GIOVANNI BARDI (Quintus from 1587/16.)

S, A, T

B, Q, 6

Gabrieli, Andrea. Chiedendo un bascio'alla mia cara
1568/19, p. 26 Madrigal
PRIMA PARTE.

S, A, T, B, Q

Gabrieli, Andrea. Cinto m'havea tra belle e nude
1594/08, f. 34 Madrigal

S, A, T, B, Q, 6

Gabrieli, Andrea. Come voi tu ch'io viva
1594/08, f. 34v Madrigal

S, A, T, B, Q, 6

Gabrieli, Andrea. Como viver mil posso
1564/16, p. 27 Greghesca

S, A, T, B, Q

Gabrieli, Andrea. Cor mio s'egli e pur vero
1589/14, no. 5 Madrigal

Gabrieli, Andrea. Cosi restai senz'alma & hor sospeso
1568/19, p. 27 Madrigal

Gabrieli, Andrea. Da poi che su'l fiorire veggio
1566/03, p. 12 Madrigal

Gabrieli, Andrea. Del gran Tuonante la sorella
1587/16, p. 72 Madrigal
PRIMA PARTE.

Gabrieli, Andrea. Dentro pur fuoc'et fuor candida neve
1568/13, p. 8 Madrigal
SESTA & ULTIMA PARTE.

Gabrieli, Andrea. Dionorea vien te prego
1570/21, p. 45–46 Villota

Gabrieli, Andrea. Dolcissimo ben mio
1583/14, f. 27v Madrigal

Gabrieli, Andrea. Dunque fia vero o cara mia fenice
1587/16, p. 55 Madrigal
DIALOGO A 7. PRIMA PARTE.

Gabrieli, Andrea. Dunque il consenti Amor
1587/16, p. 56 Madrigal
SECONDA PARTE A 7.

Gabrieli, Andrea. E cert'ancor di cio
1587/16, p. 61 Madrigal
SECONDA PARTE. A 8.

Gabrieli, Andrea. E dove non potea la debil voce
1582/08, p. 14–15 Madrigal

Gabrieli, Andrea. E vu fiumi chie de'n tributo
1564/16, p. 21 Greghesca
SECONDA PARTE.

Gabrieli, Andrea. Ecco la vaga aurora
1587/16, p. 66 Madrigal

Gabrieli, Andrea. Ecco Vinegia bella
1587/16, p. 75 Madrigal

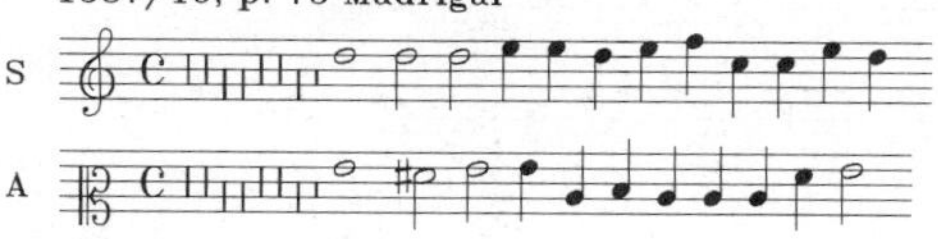

Gabrieli, Andrea. Ella non sa se non invan dolersi
1582/08, p. 5 Madrigal

Gabrieli, Andrea. Una felice etate
1586/11, p. 3–4 Sonetto

Gabrieli, Andrea. Fontana d'eloquenza
1579/02, p. 14 Madrigal

Gabrieli, Andrea. Forestier inamorao aldi quel che m'e
1570/17, p. 20–21 Giustiniana

Gabrieli, Andrea. Giovane donna sott'un verde Lauro
1568/13, p. 3 Madrigal

Gabrieli, Andrea. Gloria Damon dicea
1594/08, f. 35 Madrigal

Gabrieli, Andrea. Hor che nel suo bel seno
1587/16, p. 63 Madrigal

Gabrieli, Andrea. I die in guard'a S Pietro
1586/12, p. 10–11 Madrigal
SECONDA PARTE.

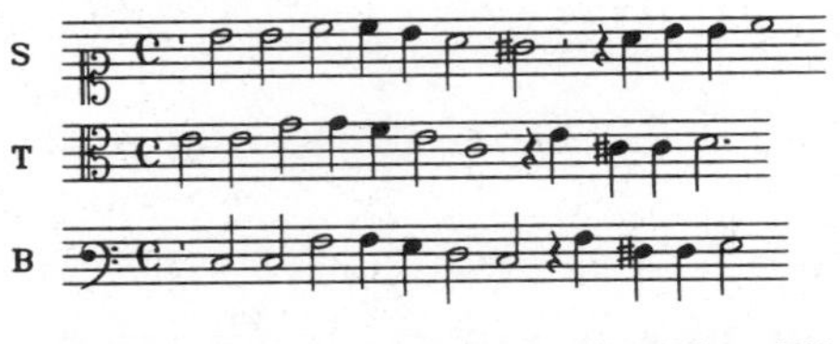

Gabrieli, Andrea. I temo di cangiar pria volt'& chiome
1568/13, p. 7 Madrigal
QUINTA PARTE.

Gabrieli, Andrea. I vid'in terra angeli ci costumi
1562/06, p. 5 Madrigal

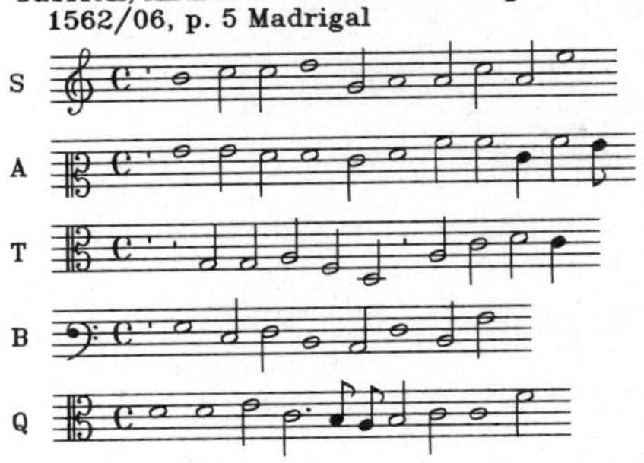

Gabrieli, Andrea. I vo piangendo i miei passati tempi
1562/06, p. 4 Madrigal

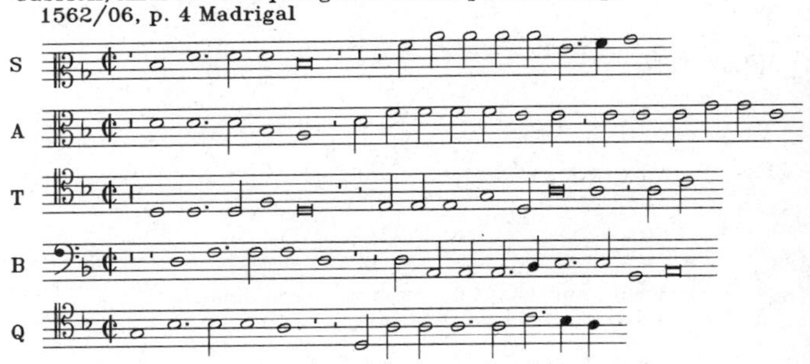

Gabrieli, Andrea. I vo piangendo i miei passati tempi
1587/16, p. 46 Madrigal

Gabrieli, Andrea. I vo piangendo i miei passati tempi
1562/06, p. 4 Madrigal

Gabrieli, Andrea. In Dio qualunqu'ha viva & ferma
1590/11, p. 71 Madrigal
SECONDA PARTE.

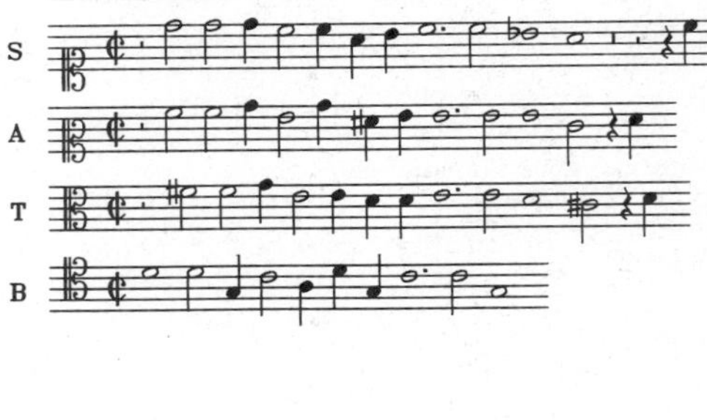

Gabrieli, Andrea. In dar Natura a voi spoglia si cara
1583/12, p. 16 Madrigal
PRIMA PARTE.

Gabrieli, Andrea. In nobil sangue vita humile e queta
1587/16, p. 52 Madrigal
PRIMA PARTE. A 6.

Gabrieli, Andrea. Io mi sento morire
1587/16, p. 54 Madrigal
DIALOGO A 7.

Gabrieli, Andrea. Laura soave vita di mia vita
1593/05, p. 46 Madrigal

Gabrieli, Andrea. Ma da quel atro cor di valor cinto
1570/15, p. 17 Madrigal
NONA STANZA.

Gabrieli, Andrea. Ma mentre ch'ella
1589/14, no. 14 Madrigal
SECONDA PARTE.

Gabrieli, Andrea. Ma perche vola il tempo
1568/13, p. 5 Madrigal
TERZA PARTE.

Gabrieli, Andrea. Ma pria odorate il vicin spico
1587/16, p. 49 Madrigal
SECONDA PARTE.

Gabrieli, Andrea. Mentre io vi miro vorrei piu sapere
1589/14, no. 9 Madrigal
PRIMA PARTE.

Gabrieli, Andrea. Mentre la greggia errando
1589/14, no. 2 Madrigal

Gabrieli, Andrea. Mi xe stao in tutte cande
1564/16, p. 14–15 Greghesca

Gabrieli, Andrea. Mirami vita mia miram'un poco
1597/13, no. 22 Madrigal

Gabrieli, Andrea. Nel bel giardin'entrate
1587/16, p. 48 Madrigal
PRIMA PARTE.

Gabrieli, Andrea. Non cosi bell'appar in Oriente
1589/14, no. 13 Madrigal
PRIMA PARTE.

Gabrieli, Andrea. Non fur giamai veduti
1568/13, p. 6 Madrigal
QUARTA PARTE.

Gabrieli, Andrea. Non ti sdegnar Filli ch'io ti segua
1593/04, f. 32 Madrigal

Gabrieli, Andrea. O Dea, che tra le selve
1587/16, p. 64–65 Madrigal
RISONANZA DI ECHO.

Gabrieli, Andrea. O in primavera eterna
1582/05, p. 9 Madrigal

A T B Q

Gabrieli, Andrea. O passi sparsi
1587/16, p. 76 Madrigal

S A T B Q 6 7 8 9 10 11 12

Gabrieli, Andrea. Occhi sereni angeliche parole
1575/15, p. 26 Madrigal
Compare L. Balbi "Occhi sereni.. " in 1589/12.

S A T B

Gabrieli, Andrea. Ond'io Fiammetta mia
1577/07, p. 9 Madrigal
SECONDA PARTE. (Tenor,Bass & Quinto partbooks missing.)

S A

Gabrieli, Andrea. Onde gran tempo gia mi stringe
1583/12, p. 17 Madrigal
SECONDA PARTE.

S A T

B Q

Gabrieli, Andrea. Perche madonna darne combiana
1570/17, p. 22–23 Giustiniana

S T B

Gabrieli, Andrea. Piangeranno le gratie
1589/14, no. 18 Madrigal

S A T B Q

Gabrieli, Andrea. Pianget'occhi miei lassi
1555/31, p. 29 Madrigal

S A T B Q

Gabrieli, Andrea. Piangi pur Mus'ogn'hor
1589/06, p. 20 Madrigal

S A T B Q

Gabrieli, Andrea. Le piante allo splendor
1589/14, no. 29 Madrigal
SECONDA PARTE.

S A T B Q

Gabrieli, Andrea. Pront'era l'alma mia
1587/16, p. 60 Madrigal
PRIMA PARTE A 8.

Gabrieli, Andrea. Quand'havra fine Amore
1587/16, p. 65 Madrigal

Gabrieli, Andrea. Quei vinto dal furor
1587/16, p. 73 Madrigal
SECONDA PARTE.

Gabrieli, Andrea. Quel gentil fuoco & quella bella
1577/07, p. 8 Madrigal
PRIMA PARTE. (Tenor, Bass & Quinto partbooks missing.)

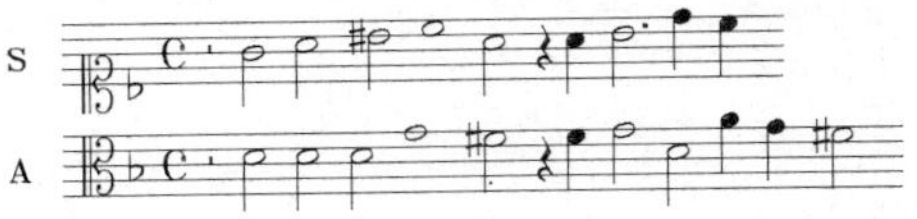

Gabrieli, Andrea. Rimanti amor in sempiterno oblio
1589/06, p. 12 Madrigal

Gabrieli, Andrea. Sa quest'altier ch'io l'amo
1582/08, p. 20 Madrigal

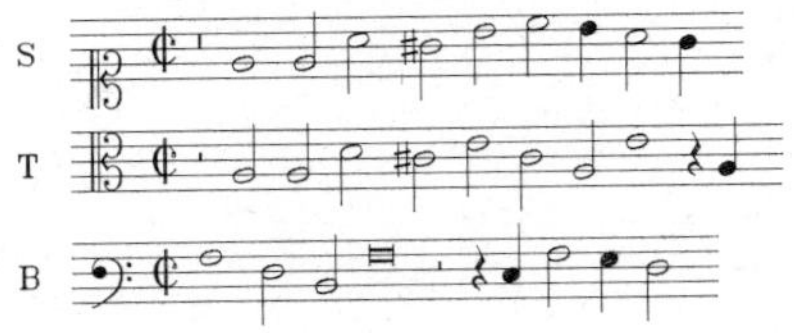

Gabrieli, Andrea. Saranda volde e plio
1564/16, p. 6–7 Greghesca

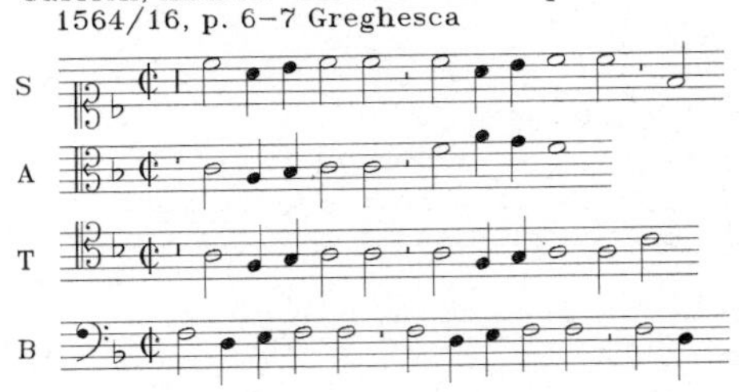

Gabrieli, Andrea. Sassi Palae, Sabbion
1564/16, p. 20 Greghesca
PRIMA PARTE. SOPRA LA MORTE D'ADRIANO.

Gabrieli, Andrea. Se mi degnasti Amore
1589/14, no. 4 Madrigal

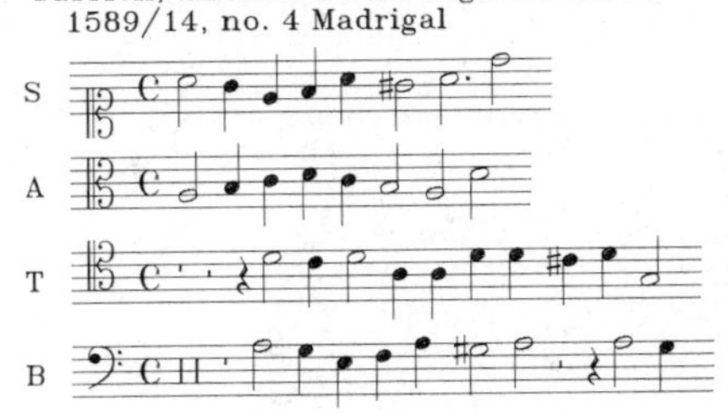

Gabrieli, Andrea. Segno con bianca pietr'il giorno
1586/11, p. 4 Sonetto
SECONDA PARTE.

Gabrieli, Andrea. Sento un rumore ch'al ciel
1587/16, p. 67 Madrigal
PRIMA PARTE DELLA BATTAGLIA A 8.

Gabrieli, Andrea. Si che s'io vissi guerra
1562/06, p. 4–5 Madrigal

Gabrieli, Andrea. Si che s'io vissi in guerra
1587/16, p. 47 Madrigal
SECONDA PARTE.

Gabrieli, Andrea. Signor cui fu gia poco
1589/14, no. 16 Madrigal
PRIMA PARTE.

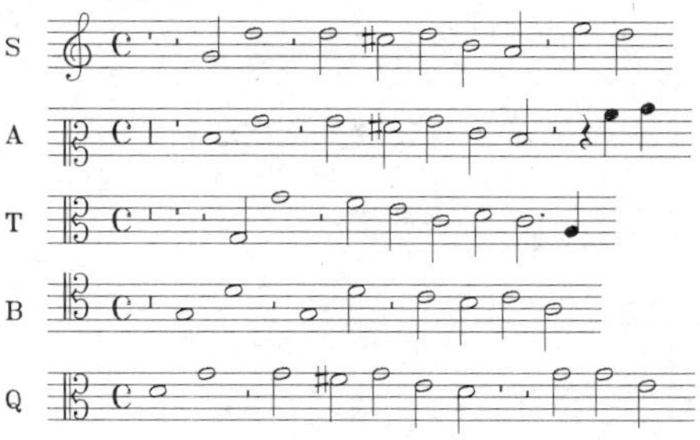

Gabrieli, Andrea. Sonno diletto e caro
1594/08, f. 33v Madrigal

Gabrieli, Andrea. Sperar non si potea
1579/03, p. 5 Madrigal
SESTINA PRIMA PARTE.

Gabrieli, Andrea. Tirsi che fai cosi dolente
1587/16, p. 62 Madrigal
DIALOGO A 8.

Gabrieli, Andrea. Tirsi morir volea
1587/16, p. 56–57 Madrigal
DIALOGO A 7.

S A T B Q 6 7

Gabrieli, Andrea. Tirsi vicino a morte
1589/14, no. 1 Madrigal

S A T B Q

Gabrieli, Andrea. Ut re mi fa sol la la sol fa mi
1570/17, p. 14–15 Giustiniana
SECONDA PARTE.

S T B B

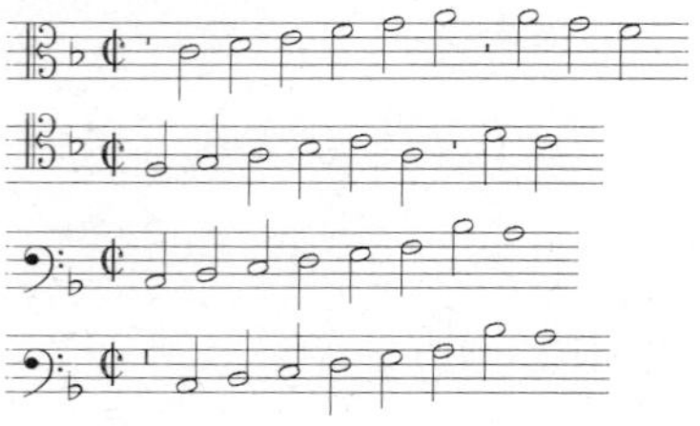

Gabrieli, Andrea. Vergine ancella
1589/14, no. 17 Madrigal
SECONDA PARTE.

S A T B Q

Gabrieli, Andrea. Vezzosa Filli il tuo leggiadr'
1596/08, p. 20 Madrigal
Quinto and Basso II from 1590/11. (Different meter).

S A

T B Q 6 7 8

Gabrieli, Andrea. Vieni Flora gentil
1593/04, f. 29v Madrigal

S A T B Q 6

Gabrieli, Andrea. Vieni Himeneo o felice Himeneo
1596/08, p. 31 Madrigal
Quintus and Bass II parts from 1590/11. (Different meter).

S A T B Q 6 7 8

Gabrieli, Andrea. Vita de la mia vita
1589/14, no. 12 Madrigal

S A T B Q

Gabrieli, Andrea. Voi sete in grand'errore
1586/10, p. 18–19 Madrigal

S

Gabrieli, Giovanni. A Dio, dolce mia vita
1587/16, p. 74 Madrigal
DIALOGO.

Gabrieli, Giovanni. A chi senza te pretiosa
1595/05, p. 7 Madrigal
Same incipits as "Ahi senza te pretiosa Margherita."(1597/15)

Gabrieli, Giovanni. Al discoprire de l'honorata fronte
1589/14, no. 28 Madrigal
PRIMA PARTE.

Gabrieli, Giovanni. Alma Cortes'e bella
1590/18, p. 2 Madrigal

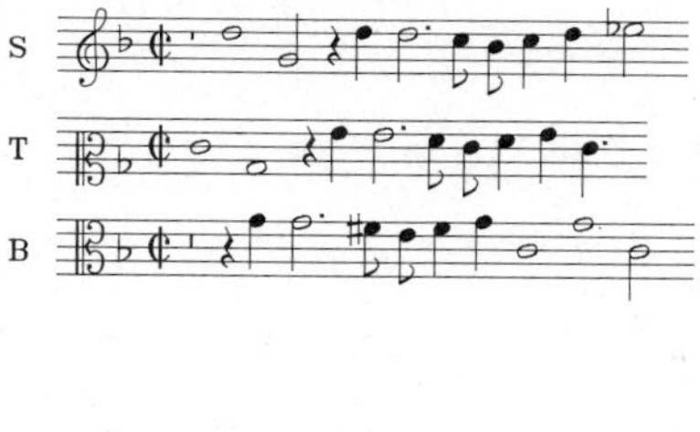

Gabrieli, Giovanni. Amor s'e in lei con honestate
1587/16, p. 53 Madrigal
SECONDA PARTE.

Gabrieli, Giovanni. Amore dove mi guidi?
1590/11, p. 66 Madrigal

Gabrieli, Giovanni. Arbor vittorioso trionfale
1568/16, p. 5 Madrigal

Gabrieli, Giovanni. Chiar'Angioletta sembr'a gl'occhi
1597/13, no. 52 Madrigal
ARIA DA SONAR.

Gabrieli, Giovanni. Da quei begl'occhi ove s'accesse
1589/14, no. 24 Madrigal

Gabrieli, Giovanni. Deh di me non ti cagli amico vero
1597/15, p. 18v Madrigal

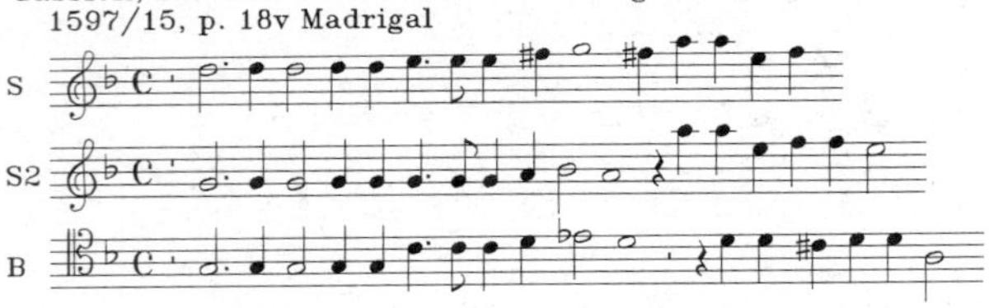

Gabrieli, Giovanni. Dimmi numi ben mio
1589/14, no. 25 Madrigal

Gabrieli, Giovanni. Dolce nemica mia spera caro ben mio
1587/16, p. 58 Madrigal
DIALOGO A7. (Compare L. Leone in 1600/12.)

Gabrieli, Giovanni. Dolci care parole
1589/14, no. 30 Madrigal

Gabrieli, Giovanni. Donna leggiadra e bella
1583/11, p. 5 Madrigal

Gabrieli, Giovanni. Dormiva dolcemente la mia Clori
1596/08, p. 8 Madrigal
Quintus and Bass II parts from 1590/11.

Gabrieli, Giovanni. Fuggi pur se sai
1596/08, p. 28–29 Madrigal
Quintus and Bass II from 1590/11.

6 7 8

Gabrieli, Giovanni. Hor ch'io son gia vecchiarello
1575/11, p. 16 Madrigal
SECONDA PARTE.

S A T B Q

Gabrieli, Giovanni. Labra amorose e care
1597/15, p. 9v–10 Madrigal

S A T B

Gabrieli, Giovanni. Lasso ch'a questi che ristora
1568/16, p. 6 Madrigal
SECONDA PARTE.

S A T B Q

Gabrieli, Giovanni. Lieto godea sedendo
1596/08, p. 30 Madrigal
Quintus and Bass II from 1587/16.

S A T B Q 6 7 8

Gabrieli, Giovanni. Ma ben vegg'hor si com'al popol
1575/15, p. 28 Madrigal
SECONDA PARTE.

S A T B

Gabrieli, Giovanni. O che felice giorno
1597/13, no. 51 Madrigal

S A T B S2 A2 T2 B2

Gabrieli, Giovanni. O ricco mio thesoro
1583/11, p. 15 Madrigal

S A T B Q

Gabrieli, Giovanni. Quand'io ero giovinetto
1575/11, p. 15 Madrigal
PRIMA PARTE.

S A T B Q

Gabrieli, Giovanni. Queste felice herbette
1589/14, no. 27 Madrigal

Gabrieli, Giovanni. S'io t'ho ferito
1591/23, p. 14 Madrigal

Gabrieli, Giovanni. Sacri di Giove augei sacre Fenici
1589/08, no. 1 Madrigal
A 12.

Gabrieli, Giovanni. Sacro tempio d'honor
1586/11, p. 21–22 Sonetto

Gabrieli, Giovanni. Se cantano gli augelli
1592/11, p. 4 Madrigal
PAROLE DI ORATIO GUARGANTE.

Gabrieli, Giovanni. Signor le tue man sante
1586/01, p. 23 Lauda

Gabrieli, Giovanni. Tal di vostra virtute in noi memoria
1586/11, p. 22 Sonetto
SECONDA PARTE.

Gabrieli, Giovanni. Vaghi amorosi e fortunati allori
1597/13, no. 23 Madrigal

Gabrieli, Giovanni. Vergine il cui figliolo glorioso
1586/01, p. 24 Lauda
SECONDA PARTE.

Gabrieli, Giovanni. Voi ch'ascoltate in rime sparse
1575/15, p. 27 Madrigal
PRIMA PARTE.

Gabucci, Giulio Cesare. Ahi che dolcezze amare
1596/11, p. 3 Madrigal
Cantus and Tenor partbooks missing.

Gabucci, Giulio Cesare. Arde il core e la lingu'agghiaccia
1590/13, p. 20–21 r Madrigal
Bass partbook missing.

Gabucci, Giulio Cesare. Cruda e vaga homicida
1596/11, p. 9 Madrigal
Cantus and Tenor partbooks missing.

Gabucci, Giulio Cesare. Il pie vago movea
1590/13, p. 6 r Madrigal
Bass partbook missing.

Gabucci, Giulio Cesare. Queste lagrime mie questi sospiri
1590/13, p. 5 r Madrigal
Bass partbook missing.

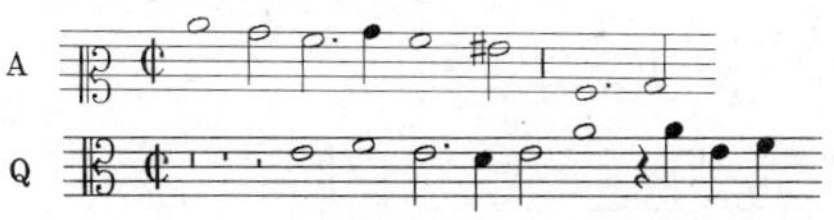

Galletti, Alvise. All'ombra d'un bel faggio
1568/13, p. 9 Madrigal

Gallo, Giovanni Pietro. Amorose faville
1597/20, p. 4 Madrigal

Gallo, Giovanni Pietro. Candide perle e labra di coralli
1597/20, p. 3 Madrigal

Gallo, Giovanni Pietro. Chi vidd'al mondo
1597/20, p. 14 Madrigal

Gallo, Giovanni Pietro. Chi vidde mai cantar
1597/20, p. 5 Madrigal

Gallo, Giovanni Pietro. Cosi m'avien se tue virtu
1596/13, p. 25 Madrigal
SECONDA PARTE (Soprano, Alto, & Bass partbooks missing.)

Gallo, Giovanni Pietro. D'ogni ben casso e privo
1597/20, p. 18 Madrigal

Gallo, Giovanni Pietro. Deh ditemi per Dio
1597/20, p. 15 Madrigal

Gallo, Giovanni Pietro. Gioite hor meco
1597/20, p. 13 Madrigal

Gallo, Giovanni Pietro. Ippolita gentil famos'e chiara
1597/20, p. 1 Madrigal
PRIMA PARTE.

Gallo, Giovanni Pietro. Liquide perl'oriental vid'io
1597/20, p. 9–10 Madrigal

Gallo, Giovanni Pietro. Miracolo non fu ma fu d'Amore
1597/20, p. 7 Madrigal

Gallo, Giovanni Pietro. Non posso dir di te
1597/20, p. 2 Madrigal
SECONDA PARTE.

Gallo, Giovanni Pietro. Non so se'l mio bel Sole
1597/20, p. 8 Madrigal

Gallo, Giovanni Pietro. Nova fiamma d'Amor m'ha punt'il cor
1597/20, p. 11 Madrigal

Gallo, Giovanni Pietro. Piangete occhi dolenti
1597/20, p. 19 Madrigal

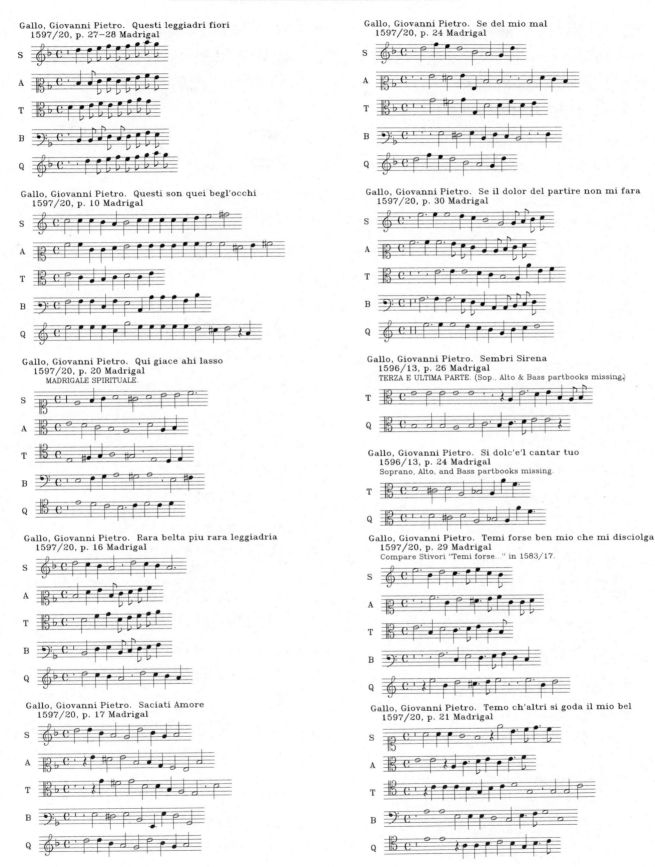

Gallo, Giovanni Pietro. Questi leggiadri fiori
1597/20, p. 27–28 Madrigal

Gallo, Giovanni Pietro. Questi son quei begl'occhi
1597/20, p. 10 Madrigal

Gallo, Giovanni Pietro. Qui giace ahi lasso
1597/20, p. 20 Madrigal
MADRIGALE SPIRITUALE.

Gallo, Giovanni Pietro. Rara belta piu rara leggiadria
1597/20, p. 16 Madrigal

Gallo, Giovanni Pietro. Saciati Amore
1597/20, p. 17 Madrigal

Gallo, Giovanni Pietro. Se del mio mal
1597/20, p. 24 Madrigal

Gallo, Giovanni Pietro. Se il dolor del partire non mi fara
1597/20, p. 30 Madrigal

Gallo, Giovanni Pietro. Sembri Sirena
1596/13, p. 26 Madrigal
TERZA E ULTIMA PARTE. (Sop., Alto & Bass partbooks missing.)

Gallo, Giovanni Pietro. Si dolc'e'l cantar tuo
1596/13, p. 24 Madrigal
Soprano, Alto, and Bass partbooks missing.

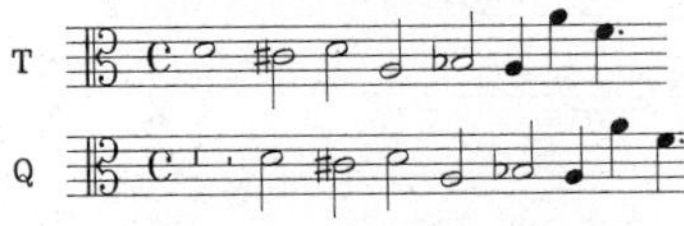

Gallo, Giovanni Pietro. Temi forse ben mio che mi disciolga
1597/20, p. 29 Madrigal
Compare Stivori "Temi forse..." in 1583/17.

Gallo, Giovanni Pietro. Temo ch'altri si goda il mio bel
1597/20, p. 21 Madrigal

Gallo, Giovanni Pietro. Tempo fu ch'io cantai per poggi
1597/20, p. 23–24 Madrigal

Gallo, Giovanni Pietro. Tra vagh'herbette e di novelli fiori
1597/20, p. 6–7 Madrigal

Gallo, Giovanni Pietro. Udite Amant'il bel scherzar
1597/20, p. 12 Madrigal

Gambutti, Placido. Care luci homicide
1598/09, p. 12 Madrigal

Ganassi, Alfonso. Pastorella d'amor non mi fuggir
1559/19, p. 12 Villota
Canto and Alto parts from 1564/15.

Ganassi, Alfonso. Se m'amasti io t'amai
1586/10, p. 10–11 Madrigal

Garulli, Bernardino. Quante gratie a quegl'occhi
1562/06, p. 21 Madrigal

Garulli, Bernardino. Quante gratie vi rend'ami che stelle
1562/06, p. 20 Madrigal

Gastoldi, Giov. Giacomo. A nobil mensa del celeste ardore
1590/20, no. 38 Madrigal

Gastoldi, Giov. Giacomo. Al mormorar de liquidi cristalli
1592/11, p. 27 Madrigal
PAROLE DI PIETRO MALOMBRA.

Gastoldi, Giov. Giacomo. Amor tu che congiungi con lieti
1597/15, p. 12v Madrigal
Tenor part labeled Canto II.

T B

Gastoldi, Giov. Giacomo. Cantiam lieti cantiamo
1597/13, no. 54 Madrigal

S A T B S2 A2 T2 B2

Gastoldi, Giov. Giacomo. Caro soave e desiato bene
1594/07, f. 17 Madrigal

S A T B Q

Gastoldi, Giov. Giacomo. Clori mia pastorella
1594/07, f. 12v Madrigal

S A T B Q

Gastoldi, Giov. Giacomo. Dhe quai stille fur quelle
1598/06, p. 9 Madrigal

S A T B Q

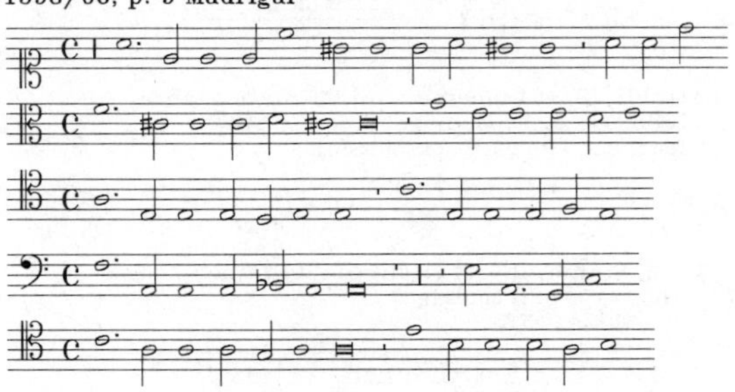

Gastoldi, Giov. Giacomo. Dolce d'Amor Sirena
1590/20, no. 37 Madrigal

S A T B Q

Gastoldi, Giov. Giacomo. Donna l'ardente fiamma
1590/20, no. 42 Madrigal

S A T B Q

Gastoldi, Giov. Giacomo. Ero cosi dicea
1588/17, p. 4 Madrigal

S A T B

Gastoldi, Giov. Giacomo. Filli vezzosa e lieta
1590/20, no. 39 Madrigal

S A T B Q

Gastoldi, Giov. Giacomo. Mentre la donna mia
1596/11, p. 24 Madrigal
A 6. (Cantus and Tenor partbooks missing.)

A B Q 6

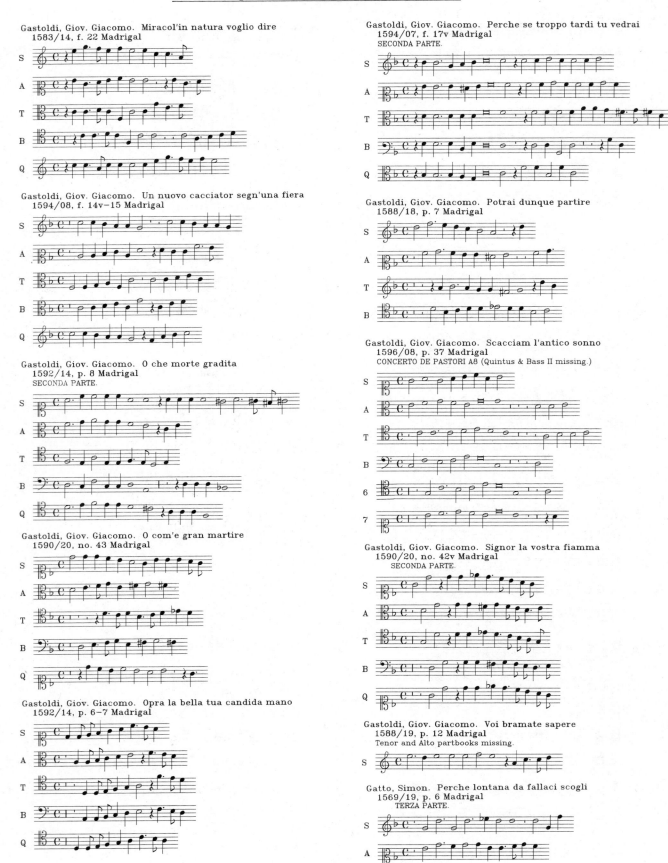

Gastoldi, Giov. Giacomo. Miracol'in natura voglio dire
1583/14, f. 22 Madrigal

Gastoldi, Giov. Giacomo. Un nuovo cacciator segn'una fiera
1594/08, f. 14v–15 Madrigal

Gastoldi, Giov. Giacomo. O che morte gradita
1592/14, p. 8 Madrigal
SECONDA PARTE.

Gastoldi, Giov. Giacomo. O com'e gran martire
1590/20, no. 43 Madrigal

Gastoldi, Giov. Giacomo. Opra la bella tua candida mano
1592/14, p. 6–7 Madrigal

Gastoldi, Giov. Giacomo. Perche se troppo tardi tu vedrai
1594/07, f. 17v Madrigal
SECONDA PARTE.

Gastoldi, Giov. Giacomo. Potrai dunque partire
1588/18, p. 7 Madrigal

Gastoldi, Giov. Giacomo. Scacciam l'antico sonno
1596/08, p. 37 Madrigal
CONCERTO DE PASTORI A8 (Quintus & Bass II missing.)

Gastoldi, Giov. Giacomo. Signor la vostra fiamma
1590/20, no. 42v Madrigal
SECONDA PARTE.

Gastoldi, Giov. Giacomo. Voi bramate sapere
1588/19, p. 12 Madrigal
Tenor and Alto partbooks missing.

Gatto, Simon. Perche lontana da fallaci scogli
1569/19, p. 6 Madrigal
TERZA PARTE.

T
B
Q

Germano, Marc'Antonio. Christo al morir tendea
1599/06, p. 87 Lauda
NEL TEMPO DELLA PASSIONE DEL SIGNORE. AFFETTUOSA..

S
S2
B
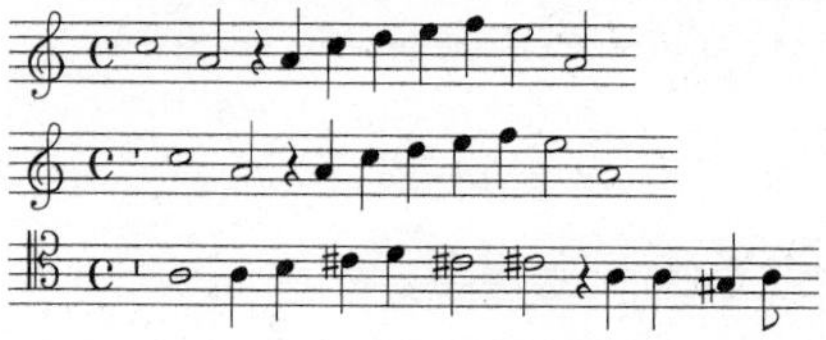

Gero, Jhan. A che voi piu crucciarmi amor
1560/01, p. 34 Madrigal
Only Bass partbook extant.

B

Gero, Jhan. Alla dolc'ombra delle belle frondi
1582/08, p. 13 Madrigal

S
T
B
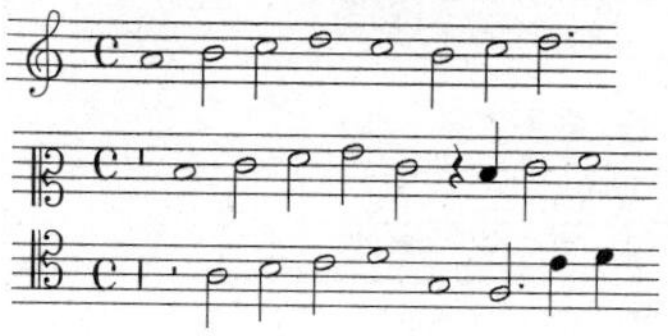

Gero, Jhan. Altro non e il mio amore
1541/02, no. 93 Madrigal

S
T
B

Gero, Jhan. Amor che di mortal ogni cor
1541/14, p. 30 Madrigal

S
T
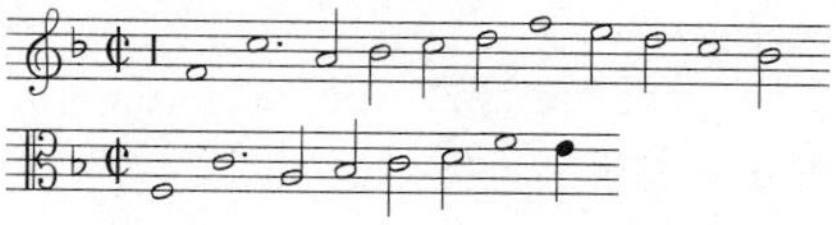

Gero, Jhan. Amor che mi consigli
1541/14, p. 56 Madrigal

S
T
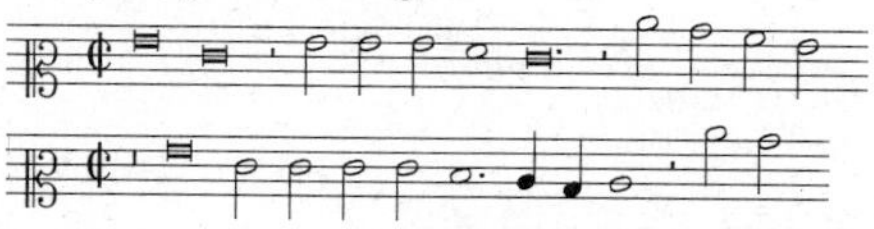

Gero, Jhan. Amor io sento l'alma tornar nel foco
1543/18, p. 29 Madrigal

S
A
T
B

Gero, Jhan. Amor quando fioriva
1541/02, no. 97 Madrigal
Attributed to C. Festa in 1541/13.

S
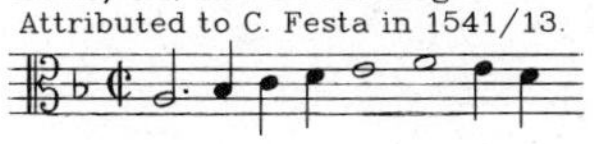

T
B

Gero, Jhan. Amor s'el vede
1543/18, p. 35 Madrigal

S
A
T
B

Gero, Jhan. Le bianche man con sottilette dita
1541/02, no. 95 Madrigal

S
T
B

Gero, Jhan. Che poss'io piu s'el cielo
1541/14, p. 53 Madrigal
A 2.

S
T
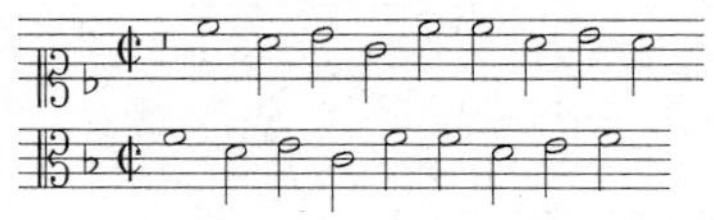

Gero, Jhan. Chi non fa prov'Amore
1561/11, p. 30 Madrigal

S
T
B
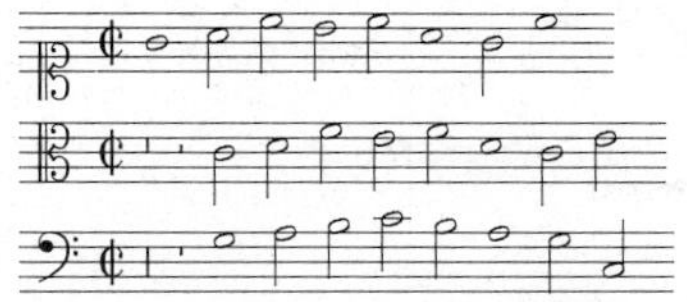

Gero, Jhan. Chi non fa prov'amore
1541/14, p. 44 Madrigal

S
A
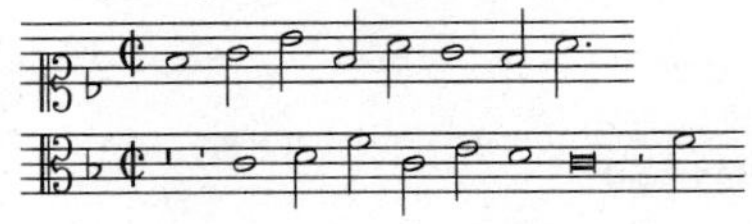

Gero, Jhan. Come viver debb'io se quella
1541/14, p. 24 Madrigal
A 2.

S
T

Gero, Jhan. Cor mio perche pur piangi
1541/14, p. 42 Madrigal
A 2.

S
T

Gero, Jhan. D'amor l'ardente face
1541/02, no. 80 Madrigal

Gero, Jhan. Desio gentil che sopr'ogni desire
1561/11, p. 26 Madrigal

Gero, Jhan. Dolcemente s'adira la donna mia
1541/14, p. 50 Madrigal

Gero, Jhan. Dolor perche mi meni fuor del camin
1543/18, p. 36 Madrigal

Gero, Jhan. Donna chi vi conosce, felice
1541/14, p. 38 Madrigal
A 2.

Gero, Jhan. Felice l'alma che per voi sospira
1549/31, p. 4 Madrigal

Gero, Jhan. Ha che voi piu cruciar m'amor
1541/02, no. 64 Madrigal
Attributed to C. Festa in 1541/02.

Gero, Jhan. L'immens'e alte virtute
1541/02, no. 94 Madrigal
Attributed to C. Festa in 1541/13.

Gero, Jhan. Io mi credea scemare per fuggirai
1543/18, p. 14 Madrigal

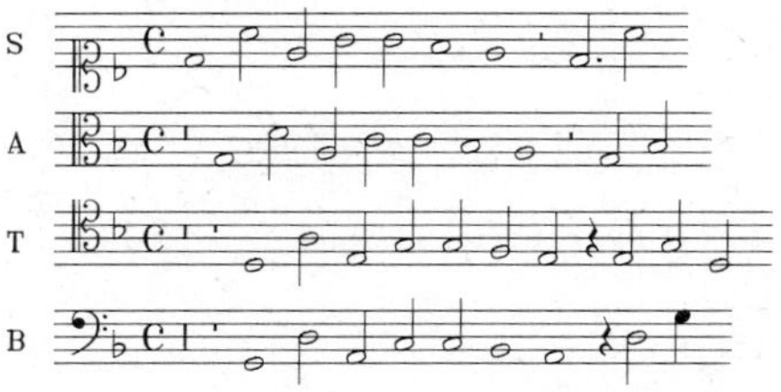

Gero, Jhan. Io non poter veder il divino volto
1541/02, no. 78 Madrigal

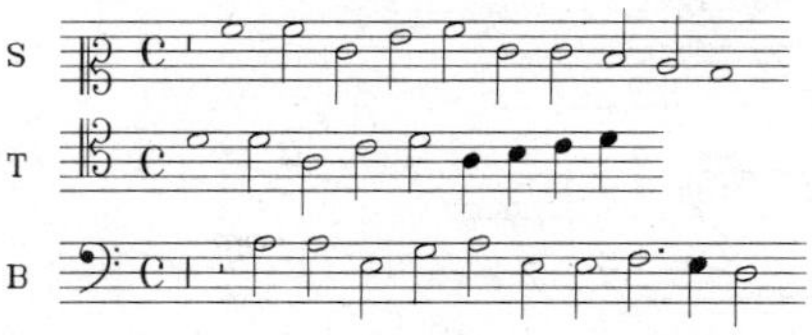

Gero, Jhan. Io v'amo anci v'adoro unica speme
1541/02, no. 79 Madrigal
Attributed to C. Festa in 1541/13.

Gero, Jhan. Lasso ch'io ardo & altri
1541/02, no. 96 Madrigal

Gero, Jhan. Lasso s'in un sol ponto
1541/02, no. 91 Madrigal
Compare C. Festa in 1541/13.

Gero, Jhan. Leggiadri amanti in cui gia come
1561/11, p. 29 Madrigal

Gero, Jhan. Madonn'io ved'espresso
1541/14, p. 36 Madrigal

Gero, Jhan. Madonna alla mia fede
1541/14, p. 43 Madrigal

Gero, Jhan. Madonna con due lettre m'occidete
1541/02, no. 82 Madrigal
Attributed to C. Festa in 1541/13.

Gero, Jhan. Madonna il diro pur benche sia
1541/14, p. 8 Madrigal

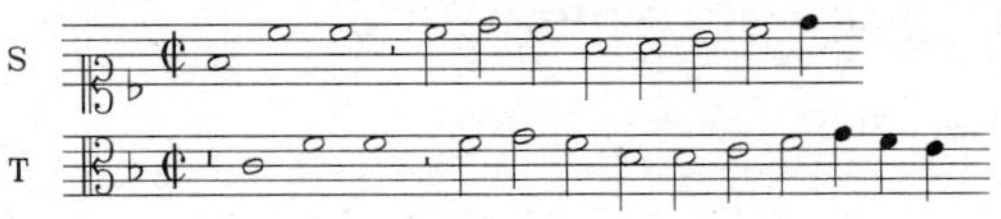

Gero, Jhan. Madonna io v'amo e taccio
1541/02, no. 69 Madrigal

Gero, Jhan. Madonna io vi confesso ch'a seguir
1543/18, p. 30–31 Madrigal

Gero, Jhan. Madonna prego'l ciel che confonda
1541/02, no. 65 Madrigal
Attributed to C. Festa in 1541/13.

Gero, Jhan. Madonna s'io credesti ch'in voi
1541/14, p. 14 Madrigal

Gero, Jhan. Madonna sua merce pur una sera
1541/02, no. 100 Madrigal
Attributed to C. Festa in 1541/13.

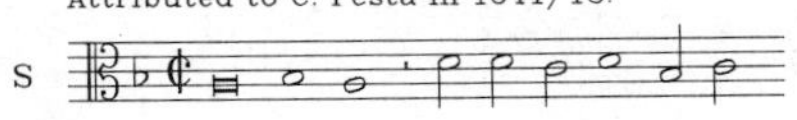

Gero, Jhan. Mentre che la mia donna fu
1541/14, p. 6 Madrigal

Gero, Jhan. Miser quel huomo che ad amor
1540/07, p. 49 Madrigal

Gero, Jhan. Misero me che per amar altrui
1541/14, p. 34 Madrigal

Gero, Jhan. Misero me che per amar altrui
1541/14, p. 34 Madrigal

Gero, Jhan. Non dispregiate donna
1541/14, p. 3 Madrigal

Gero, Jhan. Non fia giamai in quest'o in altr'
1541/02, no. 53 Madrigal
Attributed to C. Festa in 1541/13.

Gero, Jhan. Non si vedra giamai stanca
1541/14, p. 40 Madrigal
Published as a Bicinium in 1590/19.

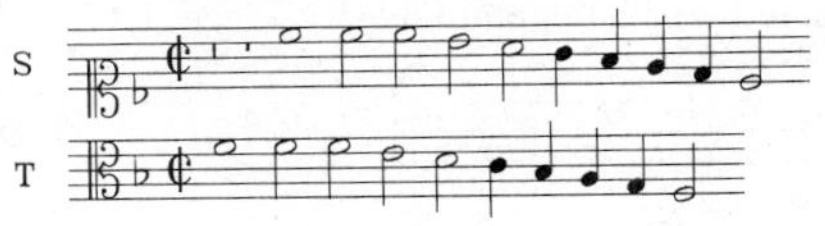

Gero, Jhan. Non sia ch'io tema mai piu
1541/14, p. 5 Madrigal

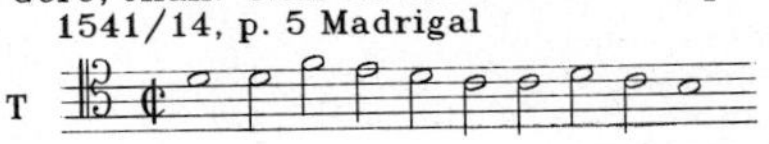

Gero, Jhan. Non volete ch'io viva dolce
1541/14, p. 22 Madrigal

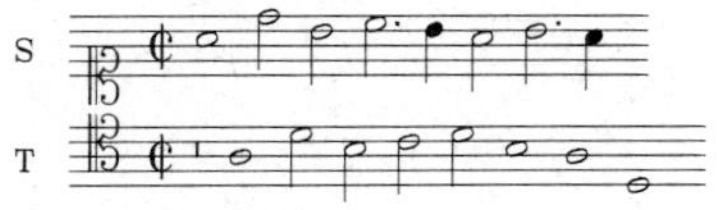

Gero, Jhan. O beati color ch'hanno duoi cori
1541/14, p. 52 Madrigal

Gero, Jhan. O felice pensier felic'il giorno
1541/02, no. 63 Madrigal

Gero, Jhan. O notte madre di tutti pensieri
1541/02, no. 77 Madrigal

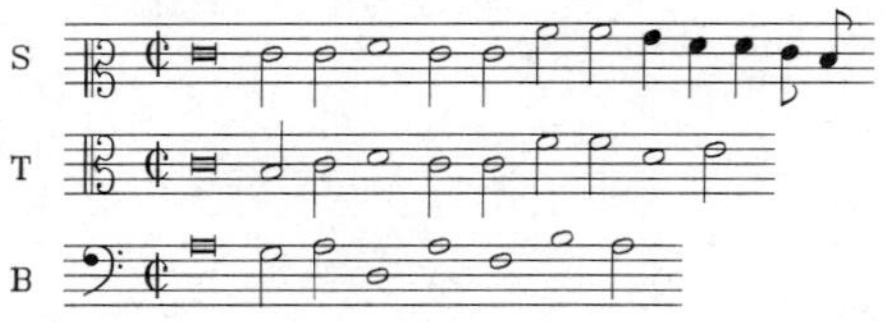

Gero, Jhan. Occhi soav'e belli
1541/14, p. 32 Madrigal

Gero, Jhan. Pensier che sovr'ogn'altro pensier
1561/11, p. 25 Madrigal

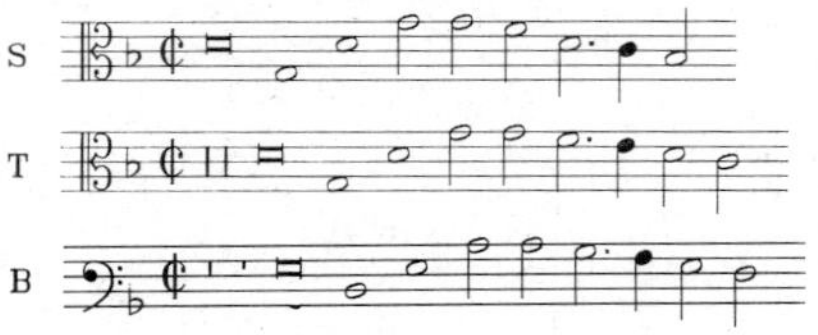

Gero, Jhan. Per amplia strada entrai
1541/02, no. 58 Madrigal
Attributed to C. Festa in 1541/13.

Gero, Jhan. Perch'io piang'ad ogn'hor
1541/14, p. 12 Madrigal

Gero, Jhan. Perche mi fai morire
1541/02, no. 81 Madrigal
Attributed to C. Festa in 1541/13.

Gero, Jhan. Pero ch'amor mi sforza & di saper
1543/18, p. 31 Madrigal

Gero, Jhan. Perseguendomi amor al luogo usato
1543/18, p. 19 Madrigal

Gero, Jhan. Philli da mia piu che
1541/14, p. 16 Madrigal

Gero, Jhan. Piu tempo ho gia seguito
1541/02, no. 89 Madrigal

Gero, Jhan. Poi che per mio destino
1543/18, p. 28–29 Madrigal

Gero, Jhan. Privo di quel che gran tempo
1541/02, no. 68 Madrigal
Attributed to C. Festa in 1541/13.

Gero, Jhan. Purpurei e bianchi fiori che la mia
1543/18, p. 20 Madrigal

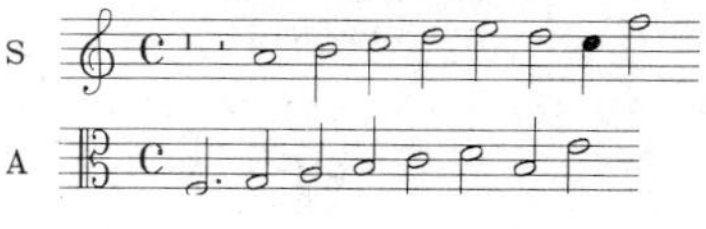

Gero, Jhan. Qual dogli aguagliar
1541/14, p. 20 Madrigal
A 2.

Gero, Jhan. Qual maggior segno del mi'ardor
1541/14, p. 26 Madrigal
A 2.

Gero, Jhan. Quand'amor i begli occhi intorno
1543/18, p. 38–39 Madrigal

Gero, Jhan. Quando madonna gli amorosi sguardi
1541/02, no. 57 Madrigal
Attributed to C. Festa in 1541/13.

Gero, Jhan. Una ragazz'una rozz'una scopetta
1549/31, p. 21 Madrigal

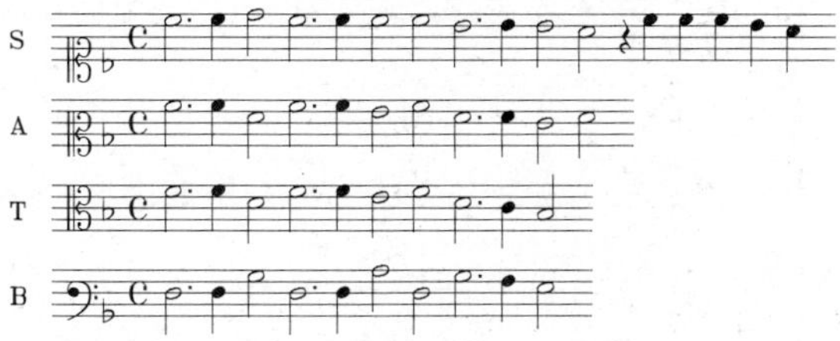

Gero, Jhan. Rare gratie celesti
1582/08, p. 16 Madrigal

Gero, Jhan. S'io credessi per morte essere
1543/18, p. 24 Madrigal

Gero, Jhan. S'io havessi tant'ardire
1541/02, no. 54 Madrigal
Attributed to C. Festa in 1541/13.

Gero, Jhan. S'io vi mento madonna
1541/02, no. 75 Madrigal

Gero, Jhan. Se'l dolce sguardo di costei
1543/18, p. 10–11 Madrigal

Gero, Jhan. Se'l foco qual riscaldi li mei lombi
1541/02, no. 76 Madrigal

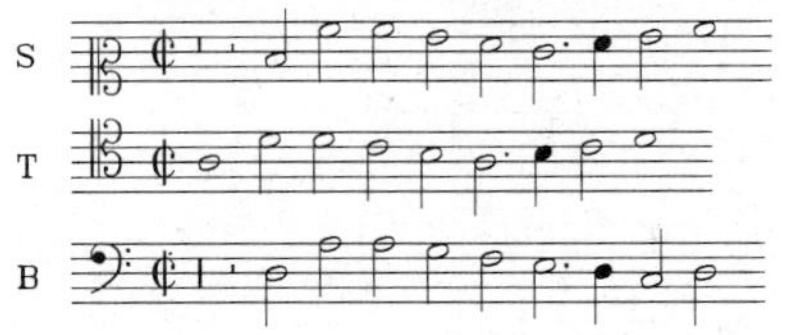

Gero, Jhan. Si bella vi formo donna natura
1541/02, no. 90 Madrigal
Attributed to C. Festa in 1541/13.

Gero, Jhan. Si ch'io l'ho detto sempre che
1541/14, p. 10 Madrigal

Gero, Jhan. Si con sua Cetr'Orpheo mulei
1541/02, no. 98 Madrigal

Gero, Jhan. Si con sua Cetr'Orpheo mulei
1541/02, no. 99 Madrigal

Gero, Jhan. Sia benedetto amore
1560/01, p. 25 Madrigal
Tenor partbook missing.

Gero, Jhan. Sia maledett'amore
1541/02, no. 51 Madrigal

Gero, Jhan. Standomi un giorno solo
1543/18, p. 22 Madrigal
Compare Arcadelt "standomi un giorno" in 1552/20.

Gero, Jhan. Taccia l'ignaro vulgo
1543/18, p. 21 Madrigal

Gero, Jhan. Tanta beltade e in voi
1541/02, no. 52 Madrigal

Gero, Jhan. Tirrhena mia, il cui color
1541/14, p. 18 Madrigal

Gero, Jhan. Le treccie d'or che devrien
1561/11, p. 27 Madrigal

Gero, Jhan. Volgi gli occhi seren'rin quella
1561/11, p. 20 Madrigal

Gherardini, F. Arcang. Anzi meco portando il vostro viso
1585/24, p. 9 Madrigal
TERTIA PARTE. (Bass part damaged. Incipit incomplete.)

Gherardini, F. Arcang. Il bel capo d'or fino
1585/24, p. 2 Madrigal
Bass part damaged. Incipit not legible.

Gherardini, F. Arcang. Cornelia ch'il mio cor in mano
1585/24, p. 11 Madrigal
Bass part damaged. Incipit incomplete.

Gherardini, F. Arcang. Deh d'io v'amo Madonna
1585/24, p. 13 Madrigal
Bass part damaged. Incipit incomplete.

Gherardini, F. Arcang. Dhe sciogli Filli mia
1585/24, p. 6 Madrigal
Bass part damaged. Incipit not legible.

Gherardini, F. Arcang. Donna come tenere ch'altr'Amor
1585/24, p. 20 Madrigal
PRIMA PARTE. (Bass part damaged. Incipit not legible.)

Gherardini, F. Arcang. Gioir fan gli Augelletti a schiera
1585/24, p. 5 Madrigal
Bass part damaged. Incipit incomplete.

Gherardini, F. Arcang. In me riguard'a voi come cristallo
1585/24, p. 10 Madrigal
QUARTA PARTE. (Bass part damaged. Incipit not legible.

Gherardini, F. Arcang. Io vi porto nel cor viva scolpita
1585/24, p. 8 Madrigal
SECONDA PARTE.(Bass part damaged. Incipit not legible.

Gherardini, F. Arcang. Lasso perche mi fuggi
1585/24, p. 17 Madrigal

Gherardini, F. Arcang. Non e questa la mano
1585/24, p. 4 Madrigal
Bass part damaged. Incipit not legible.

Gherardini, F. Arcang. Non mir'il mio bel sole
1585/24, p. 18 Madrigal
Bass part damaged. Incipit not legible.

Gherardini, F. Arcang. O bei occhi o bel viso
1585/24, p. 12 Madrigal
Bass part damaged. Incipit not legible.

Gherardini, F. Arcang. O pur con dolci inganni
1585/24, p. 21 Madrigal
SECONDA PARTE.

Gherardini, F. Arcang. Quasi guerrier'ardito
1585/24, p. 15 Madrigal
Bass part damaged. Incipit incomplete.

Gherardini, F. Arcang. Tosto ch'io vi mirai
1585/24, p. 7 Madrigal
PRIMA PARTE.(Bass part damaged. Incipit incomplete.)

S A T B Q

Gherardini, F. Arcang. Tu moristi in quel seno
1585/24, p. 16 Madrigal
SECONDA PARTE.(Bass part damaged. Incipit not legible.

S A T Q

Gherardini, F. Arcang. Voi che i secreti di Natura
1585/24, p. 3 Madrigal

S A T B Q

Gherardini, F. Arcang. Volete pur ch'io mora
1585/24, p. 14 Madrigal
Bass part damaged. Incipit not legible.

S A T Q

Gherardini, F. Arcang. Vorrei lodarvi ma non so trovar'
1585/24, p. 1 Madrigal
Bass part damaged. Incipit incomplete.

S A T B Q

Ghibellini, Heliseo. E'l ciel vuol pur
1568/16, p. 16 Madrigal
SECONDA PARTE.

S A T B Q

Ghibellini, Heliseo. Icar'incauto sconsolat'e mesto
1568/16, p. 15 Madrigal

S A T B Q

Ghibellini, Heliseo. Irato a sdegn'un giorno scriss'amore
1561/11, p. 22 Madrigal

S T B

Ghibellini, Heliseo. La rabbia che non pur spavent'e
1568/12, p. 6 Madrigal

S A T B Q

Ghibellini, Heliseo. Il suo Titon la ruggiadros'aurora
1568/12, p. 7 Madrigal
SECONDA PARTE.

S A T B Q

Gigli, Giulio. Ardo si ma non t'amo
1585/17, no. 30 Madrigal

S

Giovanelli, Ruggiero. Ahi che faro ben mio
1593/05, p. 18 Madrigal

Giovanelli, Ruggiero. Allhor che di bei fiori
1595/06, f. 9v–10 Madrigal

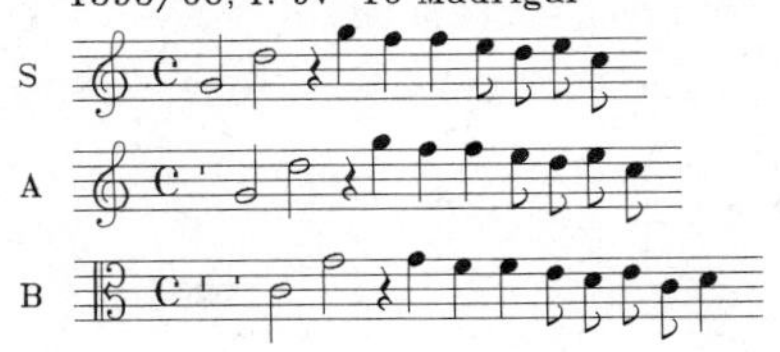

Giovanelli, Ruggiero. Alme ch'ornando'l Ciel
1599/06, p. 58 Lauda
A S.MARIA D'OGNI SANTI.

Giovanelli, Ruggiero. Bella d'amor guerriera e valorosa
1591/12, f. 14v–15 Madrigal

Giovanelli, Ruggiero. Bella nemica mia temprate alquanto
1590/18, p. 15 Madrigal

Giovanelli, Ruggiero. Che puoi tu farmi Amore
1583/12, p. 2 Madrigal

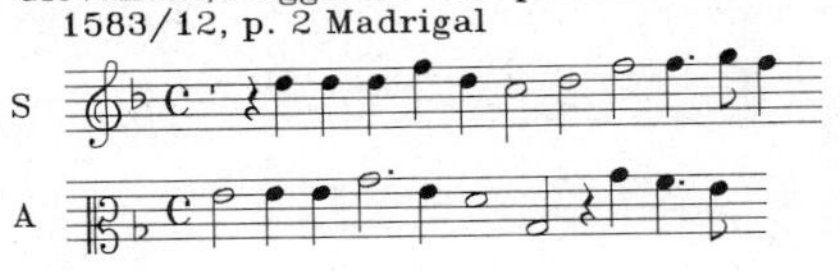

Giovanelli, Ruggiero. Chiara se chiara sete
1593/03, p. 20 Madrigal
Alto, Tenor and Bass partbooks missing.

Giovanelli, Ruggiero. Com'augellin che va di ram'in ramo
1592/13, p. 9 Madrigal
Attributed to Anonymous in 1585/16.

Giovanelli, Ruggiero. Com'havra vita amor la vita mia
1598/08, p. 23 Madrigal

Giovanelli, Ruggiero. Di vaghe fila d'oro
1598/10, p. 13 Madrigal

Giovanelli, Ruggiero. Donna ch'al santo Regno alzata sei
1600/05, p. 28 Lauda
PER LA GLORIOSA ASSUNTIONE.

Giovanelli, Ruggiero. Donna la bella mano che nel donar
1589/07, p. 8 Madrigal

S

A

T

B

Q

Giovanelli, Ruggiero. Donne la pura luce
1596/08, p. 19 Madrigal
Quintus and Bass II parts from 1590/11.

S

A

T

B

Q

6

7

Giovanelli, Ruggiero. E da verdi boschetti
1595/06, f. 10v–11 Madrigal

S

A

B

Giovanelli, Ruggiero. Ero cosi dicea
1588/17, p. 5 Madrigal

S

A

T

B

Giovanelli, Ruggiero. Fugge da gli occhi il sonno
1589/11, p. 12 Madrigal

S

T

B

Giovanelli, Ruggiero. Io seguo l'orme invano
1592/14, p. 19 Madrigal

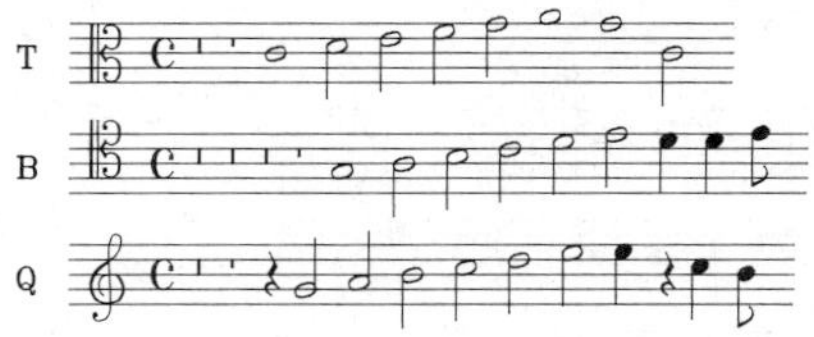

S

A

T

B

Q

Giovanelli, Ruggiero. Luce del'Alma mia fidata scorta
1599/06, p. 35 Lauda
A SANTA MARIA DELL'ARCO GLORIOSA TRA NAPOLI ET NOLA.

S

S2

B

Giovanelli, Ruggiero. Madre Santa e pia
1592/05, no. 6 Lauda
Only Alto voice extant

A

Giovanelli, Ruggiero. Nel foco d'un bel lauro
1582/05, p. 11 Madrigal

S

A

T

B

Q

Giovanelli, Ruggiero. Le Ninfe del mar d'Adriatico
1590/15, p. 7 Madrigal
SETTIMA PARTE.

S

A

T

B

Q

Giovanelli, Ruggiero. Non e questa la mano
1598/10, p. 2 Madrigal

S

T

B

Giovanelli, Ruggiero. Non son risa s'avicednda
1598/08, p. 16 Madrigal
Risposta

S

A

T

Giovanelli, Ruggiero. O madre d'amor santo
1592/05, no. 5 Lauda
Only Alto voice extant

Giovanelli, Ruggiero. Quando apparisti
1592/11, p. 23 Madrigal
PAROLE DI GIO. DO. ALESSANDRI.

Giovanelli, Ruggiero. Quando il di del giuditio
1585/07, p. 18 Canzona

Giovanelli, Ruggiero. Quando la bella mia nemica Amore
1597/15, p. 23 Villota

Giovanelli, Ruggiero. Santi baci
1599/07, p. 11 Lauda

Giovanelli, Ruggiero. Se da tuoi lacci sciolto
1586/10, p. 14 Madrigal

Giovanelli, Ruggiero. Si vaga e la mia fiamma
1589/11, p. 14 Madrigal

Giovanelli, Ruggiero. Son le ris'avicenda
1598/08, p. 15 Madrigal

Giovanelli, Ruggiero. Spargan Flora e Giuonon
1583/10, f. 20 Madrigal

Giovanelli, Ruggiero. Tu nascesti di furto
1592/14, p. 1–2 Madrigal

Giovanelli, Ruggiero. Ut re mi fa sol la ogn'armonia
1598/08, p. 7 Madrigal

Giovanelli, Ruggiero. Vermiglio e vago fiore
1589/11, p. 7 Madrigal

Golin, Guilielmo. No text.
1540/22, no. 17 Madrigal
Only Bass partbook extant.

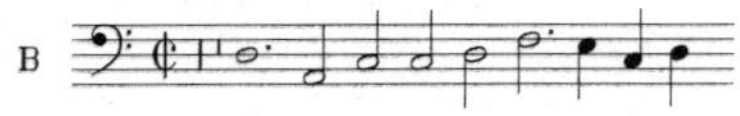

Gombert, Nicolas. S'io veggio sotto l'un'& l'altro
1541/16, p. 4 Madrigal

Gonzaga, Gugliemo. Padre che'l ciel la terra
1568/20, p. 1 Madrigal
Compare Anonymous in 1583/13.

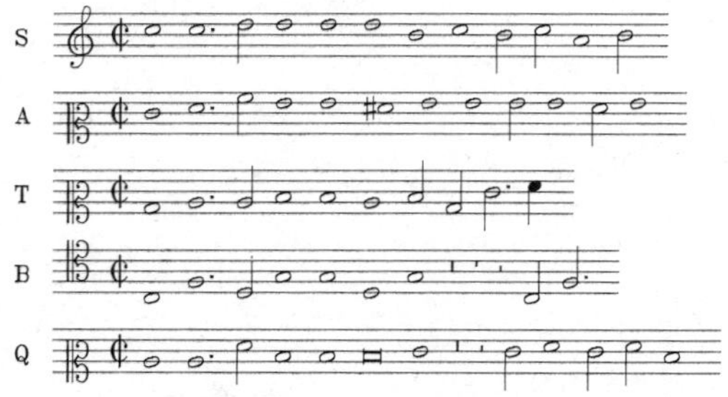

Gonzaga, Scipion. E poi ch'el ciel ci chiama
1562/15, p. 10 Madrigal
SECONDA PARTE. (Bass partbook missing.)

Gonzaga, Scipion. Entro le dolci labra
1562/15, p. 14 Madrigal
Bass partbook missing.

Gonzaga, Scipion. Leggiadra pastorella in treccie
1562/15, p. 9 Madrigal
Bass partbook missing.

Gonzaga, Scipion. Nova fiamma e gradita
1562/15, p. 10 Madrigal
Bass partbook missing.

Gonzaga, Scipion. Tosto ch'in don le chiesi o gigli
1562/15, p. 9 Madrigal
SECONDA PARTE. (Bass partbook missing.)

Gorretti, Antonio. Baci sospiri e voci
1591/09, p. 4 Madrigal
Cantus partbook missing.

Gossvino, Antonio. Io mi trovo inganato
1575/11, p. 18–19 Madrigal
SECONDA PARTE.

Gossvino, Antonio. Non trovo cosa alcuna
1575/11, p. 17 Madrigal

Gostena, Giovanni Batt. A miglior parte uscito de gli fogli
1589/13, p. 20 Madrigal

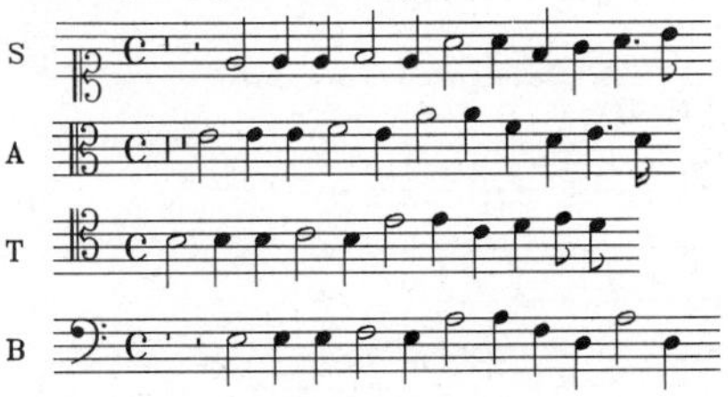

Gostena, Giovanni Batt. Clori mi diede un bacio
1599/15, p. 15 Madrigal

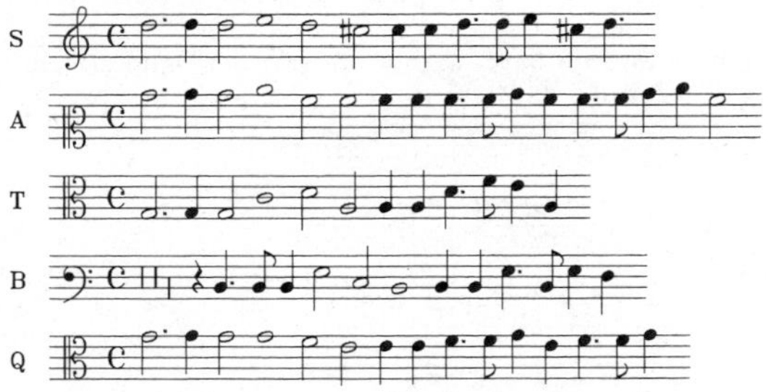

Gostena, Giovanni Batt. Cosi bella vittoria
1596/11, p. 13 Madrigal
Cantus and Tenor partbooks missing.

Gostena, Giovanni Batt. Deh perche non ho io
1589/13, p. 2 Madrigal

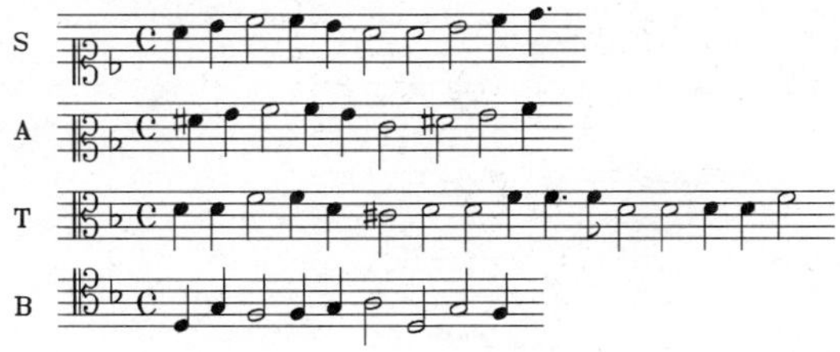

Gostena, Giovanni Batt. Deh s'io potesse dire
1589/13, p. 8 Madrigal

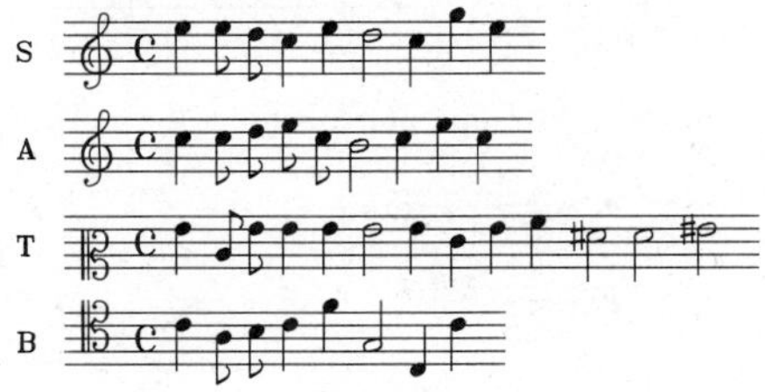

Gostena, Giovanni Batt. Di dove vieni amore
1589/13, p. 4 Madrigal

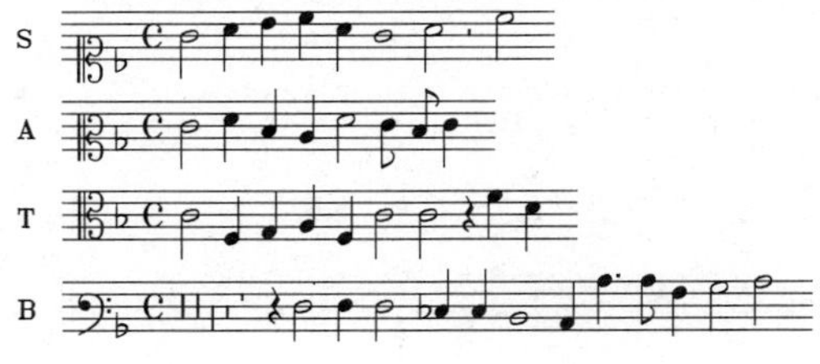

Gostena, Giovanni Batt. Donne deh state a udire e passerete
1589/13, p. 3 Madrigal

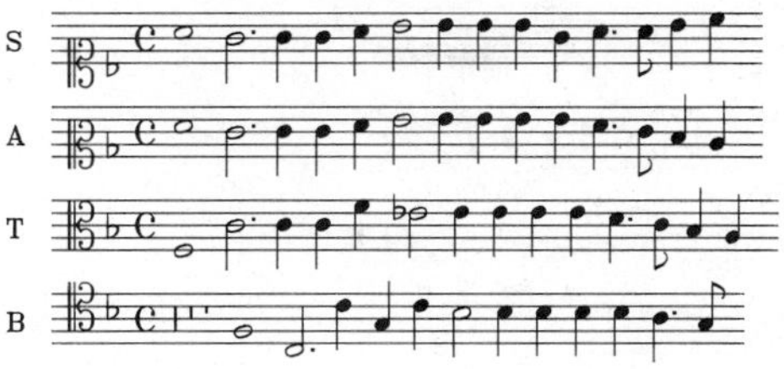

Gostena, Giovanni Batt. Dopo che questo mese se m'entrato
1589/13, p. 10 Madrigal

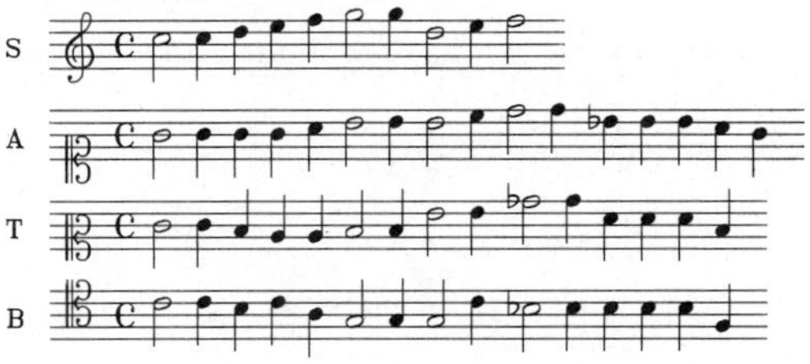

Gostena, Giovanni Batt. Dovero dunque ad ogn'hora
1589/13, p. 6 Madrigal

Gostena, Giovanni Batt. Hor su non cicalate state che ti
1589/13, p. 9 Madrigal

Gostena, Giovanni Batt. Hora da gli occhi verso dogliose
1589/13, p. 19 Madrigal

Gostena, Giovanni Batt. I'hebbi ardir d'abandonar il porto
1589/13, p. 18 Madrigal

Gostena, Giovanni Batt. Lucido animaletto
1599/15, p. 12 Madrigal

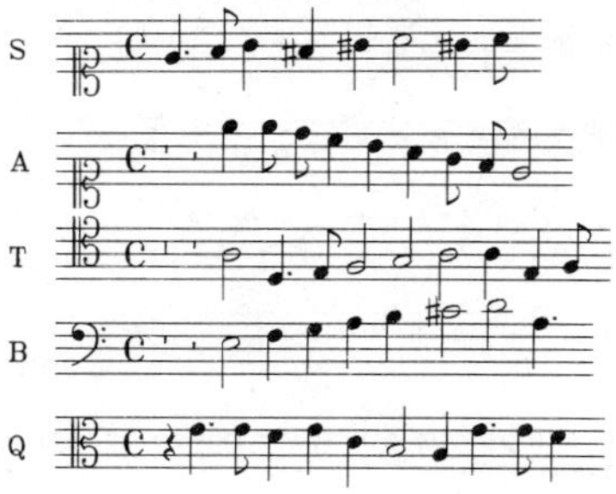

Gostena, Giovanni Batt. Mai non provai piu faticoso corso
1589/13, p. 16 Madrigal

Gostena, Giovanni Batt. Mentre io fui servo d'amore
1589/13, p. 13 Madrigal

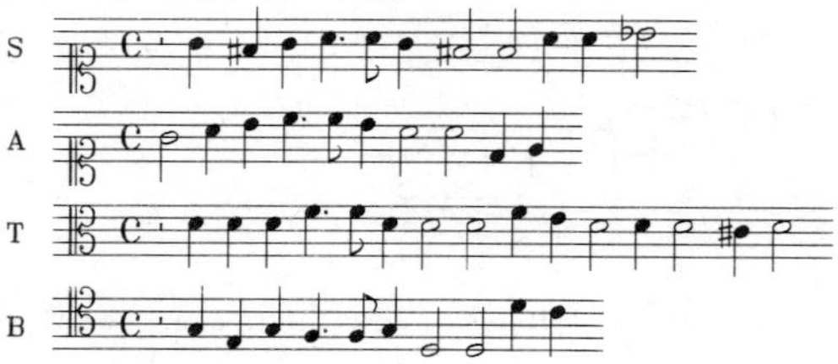

Gostena, Giovanni Batt. Nel foco stride il lauro
1589/13, p. 12 Madrigal

Gostena, Giovanni Batt. Queste state le moscatelle
1589/13, p. 7 Madrigal

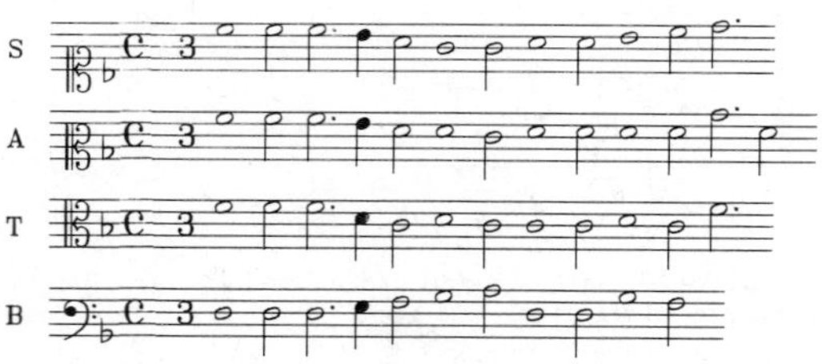

Gostena, Giovanni Batt. Sara pur ver ahime
1589/13, p. 11 Madrigal

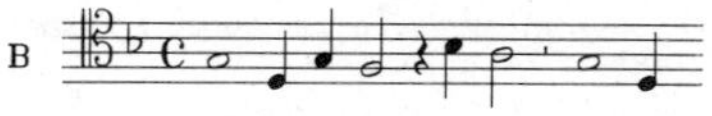

Gostena, Giovanni Batt. Sara pur vero amore
1589/13, p. 14 Madrigal

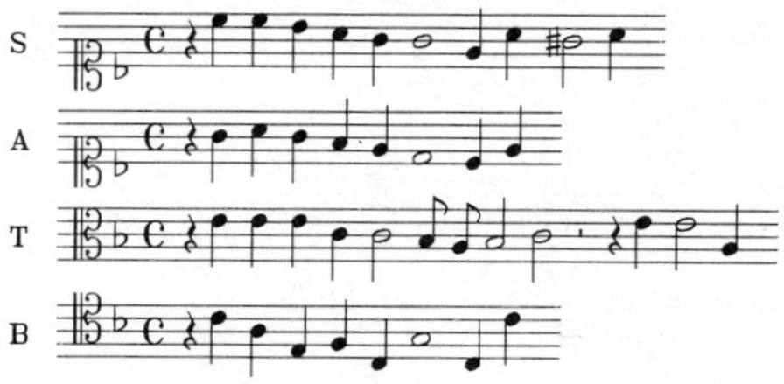

Gostena, Giovanni Batt. Signor che pur col ciglio affreni
1589/13, p. 17 Madrigal

Gostena, Giovanni Batt. Su pastori tessete a la mia clori
1589/13, p. 1 Madrigal

Gostena, Giovanni Batt. Tu che del mio dolor selvaggia fera
1599/15, p. 11 Madrigal

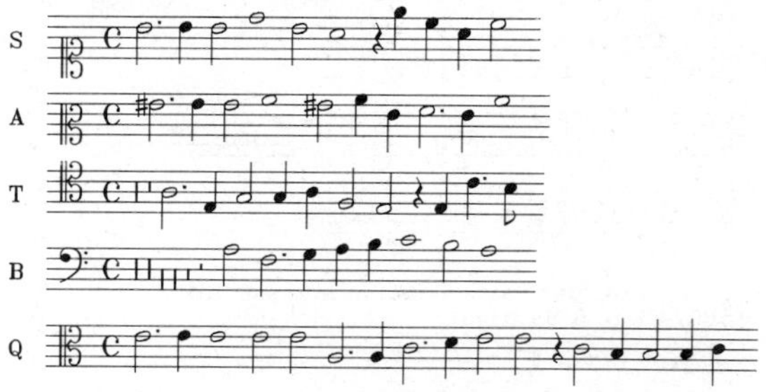

Gostena, Giovanni Batt. Vita mia poi che voi
1589/13, p. 5 Madrigal

Goudeno, Giovanni. Non son le ris'avicenda
1598/08, p. 28 Madrigal
Risposta

Goudeno, Giovanni. Son le ris'avicenda
1598/08, p. 27 Madrigal

Gradenico, Paolo. Se ti nascondi tu mi fai morir'et
1570/30, p. 7 Canzona

Grassi, Ottavio. Questa amorosa Caccia
1592/12, p. 22–23 Madrigal

Greco, Antonio. Forsi ch'ogn'huom che legge
1586/12, p. 13 Madrigal
QUARTA PARTE (Mislabeled Quinta parte.)

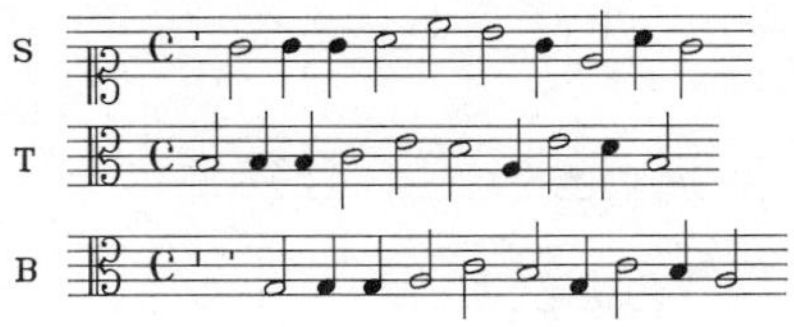

Gregorii, Francesco Di. Lunge da gl'occhi vostri
1590/18, p. 21 Madrigal

Gregorii, Francesco Di. Non fuggir deh non fuggir
1598/10, p. 17 Madrigal

Griffi, Orazio. L'aura soave e l'odorati fiori
1586/09, p. 16 Madrigal

Griffi, Orazio. Dall'alma sospirosa unica spemo
1599/07, p. 10 Madrigal
Attributed to Anonymous in 1591/13.

Griffi, Orazio. Pallidete Viole con tanta
1590/18, p. 7 Madrigal

Griffi, Orazio. S'appresso a questa neve a poco
1589/07, p. 7 Madrigal

Griffi, Orazio. Spesso il canto ad amare
1591/12, f. 8v–9 Madrigal

Grillo, Giov. Batt. Cari e soavi baci
1600/12, p. 18 Madrigal

S
S2
B

Grillo, Giov. Batt. Crudi baci d'Amore
1600/12, p. 19 Madrigal
RISPOSTA.

S
T
B

Grillo, Giov. Batt. Gode l'acuquila il lume
1600/12, p. 6 Madrigal

S
S2
B

Grisonio, Daniel. De passati miei danni piango
1586/12, p. 16 Madrigal
SESTA E ULTIMA PARTE.

S
T
B

Grisonio, Daniel. Ma tu la cui virtu battendo l'ale
1568/16, p. 28 Madrigal
SECONDA PARTE.

S
A
T
B
Q

Grisonio, Daniel. Meste e pensose donne che dolenti
1568/16, p. 30 Madrigal
DIALOGO A 8.

S
A
T
B
S2
A2

T2
B2

Grisonio, Daniel. Poi che son le due luci al pianto
1568/16, p. 27 Madrigal

S
A
T
B
Q

Grisonio, Daniel. Unde straluso fra chel chiare stelle
1564/16, p. 17 Greghesca
SECONDA PARTE.

S
A
T
B
Q

Grisonio, Daniel. Vu ha ben casun del pianzer
1564/16, p. 16 Greghesca
PRIMA APPARITION DEL CAGNOLO

S
A
T
B
Q

Guami, Francesco. Et hor veggio fortun'in mez'il porto
1569/19, p. 8 Madrigal
QUINTA PARTE.

S
A
T
B
Q

Guami, Francesco. Se l'anime piu belle
1575/11, p. 12 Madrigal

S
A
T

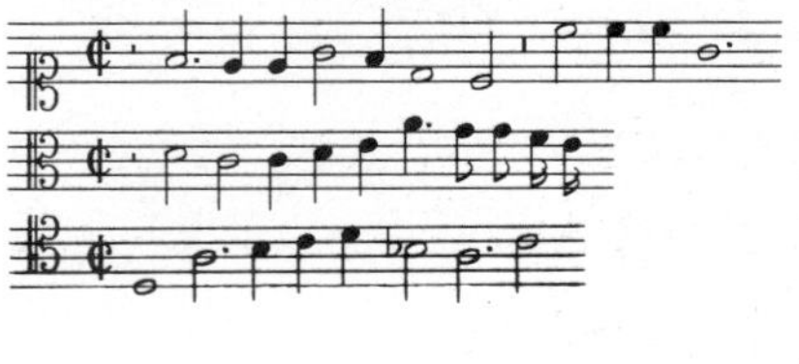

B
Q

Guami, Francesco. Si fe Venere un giorno
1597/15, p. 24 VILLOT

S
A
T
B

Guami, Francesco. Voi volete ch'io muoia
1575/11, p. 10–11 Madrigal

S
A
T
B
Q

Guami, Gioseffo. A la dolce ombra de la nobil piante
1569/19, p. 20 Madrigal
PRIMA PARTE.

S
A
T
B
Q

Guami, Gioseffo. Diletti boschi e rive
1584/04, p. 25 Madrigal
A 10. (Incomplete---one voice missing.)

1
2
3
4
5
6
7
8
9

Guami, Gioseffo. E non conosce Amore
1575/11, p. 6 Madrigal

S
A
T
B
Q

Guami, Gioseffo. Fuggi fuggi dolor fuor del mio petto
1598/10, p. 6 Madrigal

S
T
B

Guami, Gioseffo. Gravi pene in amor si provan molte
1562/06, p. 16 Madrigal

S
A
T
B
Q

Guami, Gioseffo. Mai non si vide piu se ven il cielo
1569/19, p. 5 Madrigal
SECONDA PARTE.

S
A
T
B
Q

Guami, Gioseffo. Miser'hoime chi potra
1569/19, p. 27 Madrigal

S
A
T
B
Q

Guami, Gioseffo. Qual piu scontento amante alberga
1575/11, p. 7 Madrigal

S A T B Q

Guami, Gioseffo. Questa notte sognai dormend'in letto
1566/07, p. 19 Canzona

S T B

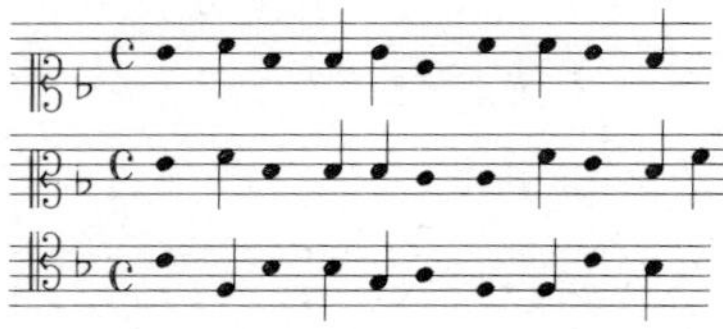

Guami, Gioseffo. Siami tu scort'e guida
1569/19, p. 28 Madrigal

S A T B Q

Guami, Gioseffo. Vago d'un alt'e faticoso pregio
1569/19, p. 21 Madrigal
SECONDA PARTE.

S A T B Q

Guami, Gioseffo. Verzinia chy cercasse tutto'l
1564/16, p. 30 Greghesca

S A T B Q

Guami, Gioseffo. Voi voi dolci occhi sete
1577/07, p. 16 Madrigal
Tenor, Bass & Quinto partbooks missing.

S

A

Guami, Gioseffo. Volzeve cha Pueti in lauranci
1564/16, p. 31 Greghesca
SECONDA PARTE.

S A T B Q

Guami(?), Josepho. Quando mio padre me dette marito
1565/12, p. 28 Canzona

S T B

Guidani, Francesco M. Spezza amor ch'al mondo piu non vali
1573/17, p. 19 Canzona
Alto partbook missing. Canto & Tenor unavailable Zwickau.

B

Hassler, Giovane Leone. Ardi e gela a tua voglia
1597/13, no. 18 Madrigal

S A T B Q

Hassler, Giovane Leone. Ardo si ma non t'amo
1597/13, no. 17 Madrigal

S A T B Q

Hassler, Giovane Leone. Care lagrime mie
1597/13, no. 19 Madrigal

S A T B

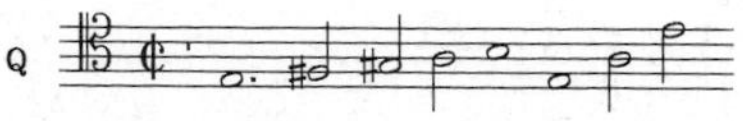

Hassler, Giovane Leone. Chi mi consola ahime son disperato
1597/13, no. 2 Madrigal

Hassler, Giovane Leone. Chi vuol veder se pura baldo ardore
1597/13, no. 50 Madrigal

Hassler, Giovane Leone. Core mio io mi sento morire
1597/13, no. 1 Madrigal

Hassler, Giovane Leone. Io son ferito amore
1597/13, no. 3 Madrigal
Compare Nola, Palestrina, Pizzone, Sabino & Sole.

Hassler, Hans Leo. Ancor che la partita sia la sola
1597/13, no. 46 Madrigal

Hassler, Hans Leo. Mi parto ahi forte ria
1597/13, no. 36 Madrigal

Hauville, Adriano Alma Usanna ben felice e'l core
1570/15, p. 30–32 Madrigal

Hauville, Adriano D'esservi in gratia sol bram'e desio
1570/15, p. 25 Madrigal
SECONDA PARTE.

Hauville, Adriano Non havet'a temer che'l mio pensiero
1570/15, p. 24 Madrigal

Hermann, Mathias. Andand'a spasso sopra d'un monticell
1552/23, p. 11–13 Madrigal
Cantus, Tenor and Bass partbooks missing.

Hermann, Mathias. Cantar voglio una canzon
1552/23, p. 8–9 Madrigal
SECONDA PARTE. (Only Alto partbook extant.)

Hermann, Mathias. El gran duca milanese guarda
1552/23, p. 4–5 Madrigal
SECONDA PARTE. (Only Alto partbook extant.)

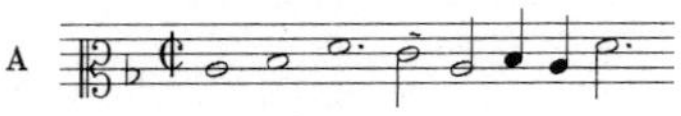

Hermann, Mathias. Et infra l'Aprile el maggio pastor
1552/23, p. 15–17 Madrigal
SECONDA PARTE. (Only Alto partbook extant.)

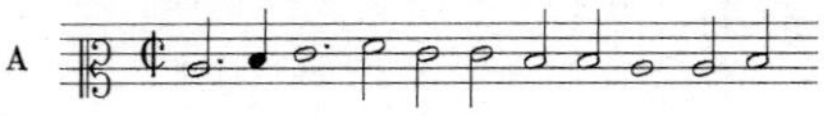

Hermann, Mathias. Hoime de cha vo mori se non ho quel
1552/23, p. 10–11 Madrigal
TERZA PARTE.. (Only Alto partbook extant.)

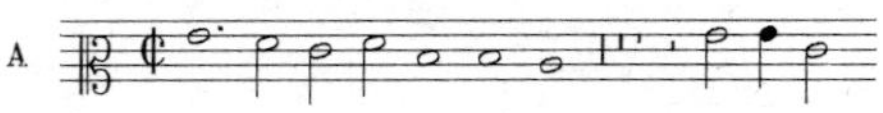

Hermann, Mathias. Hor ved'amor che giovanetta donna
1541/15, p. 12 Madrigal

Hermann, Mathias. Hor su hor su compagni state attenti
1552/23, p. 7–8 Madrigal
Only Alto partbook extant.

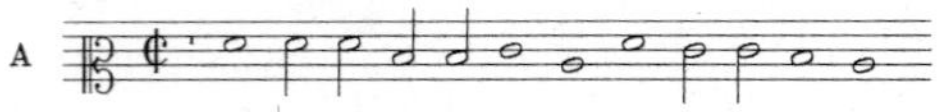

Hermann, Mathias. Hor via di buona voglia che siamo
1552/23, p. 22–24 Madrigal
QUARTA PARTE. (Only Alto partbook extant.)

Hermann, Mathias. Una leggiadr'& bell'& vaga pastorella
1552/23, p. 14–15 Madrigal
Only Alto partbook extant.

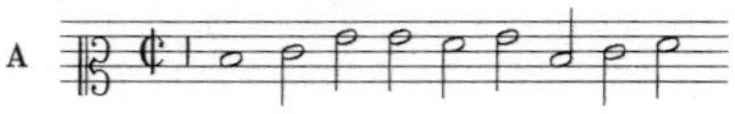

Hermann, Mathias. O signori italiani su su ogn'alemano
1552/23, p. 6–7 Madrigal
TERZA PARTE. (Only Alto partbook extant.)

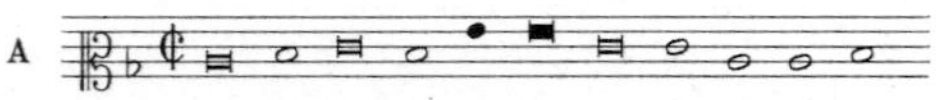

Herman, Matthias. Ridon'i prati e i fiori
1541/15, p. 19 Madrigal

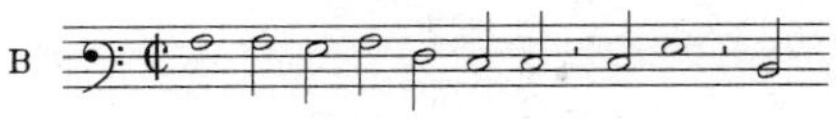

Hermann, Mathias. Sent'in quest'un romore d'huomini
1552/23, p. 18–21 Madrigal
TERZA PARTE. (Only Alto partbook extant.)

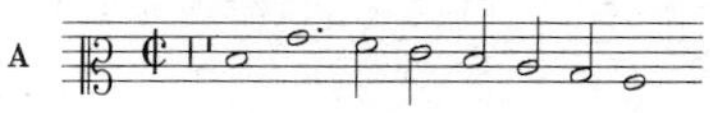

Hermann, Mathias. Signori et cavalieri
1552/23, p. 1–3 Madrigal
Only Alto partbook extant.

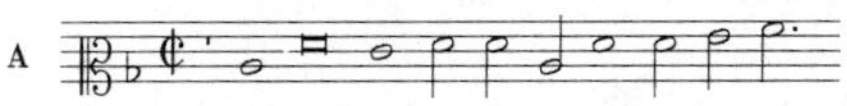

Hesdimdis, Io. Tuc'io il mundo e fantasia
1510/ , f. 2v–3 Canzona

Iacomini, Bernardino. Ma per me lasso tornan'i piu gravi
1592/15, p. 27 Madrigal
SECONDA PARTE.

Iacomini, Bernardino. Zefiro torn'e'l bel tempo rimena
1592/15, p. 26 Madrigal

Iacovelli, Mercurio. A voi non vengo ne venir hor posso
1588/23, p. 20 Madrigal
Tenor partbook missing.

Iacovelli, Mercurio. Bacciala e dissi com'afflitto vivo
1588/23, p. 15 Madrigal
Tenor partbook missing.

Iacovelli, Mercurio. Chi vi ved'e felice
1588/23, p. 6 Madrigal
Tenor partbook missing.

Iacovelli, Mercurio. Contava sospirand'i giorn'e l'amore
1588/23, p. 18 Madrigal
Tenor partbook missing.

Iacovelli, Mercurio. Cosi canto d'amore
1588/23, p. 21 Madrigal
Tenor partbook missing.

Iacovelli, Mercurio. Dimme dolce cupido
1588/23, p. 10 Madrigal
Tenor partbook missing.

Iacovelli, Mercurio. Dolcissima mia vita
1588/23, p. 8 Madrigal
Tenor partbook missing.

Iacovelli, Mercurio. Fiorit'e bella ros'amor ti tolse
1588/23, p. 5 Madrigal
Tenor partbook missing.

Iacovelli, Mercurio. Invidia e verament'un mostr'horrendo
1588/23, p. 19 Madrigal
Tenor partbook missing.

Iacovelli, Mercurio. Io voglio pianger tanto
1588/23, p. 9 Madrigal
Tenor partbook missing.

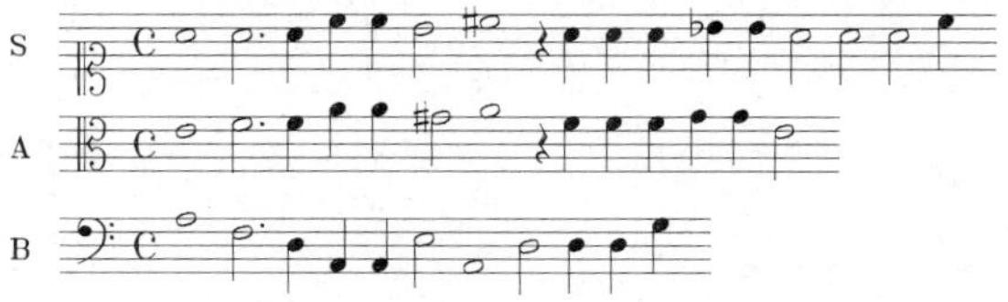

Iacovelli, Mercurio. Mentre l'exercito potente
1588/23, p. 12 Madrigal
Tenor partbook missing.

Iacovelli, Mercurio. Ninfa leggiadra che le belle membra
1588/23, p. 11 Madrigal
Tenor partbook missing.

Iacovelli, Mercurio. Non veggio il mio sole splender
1588/23, p. 16 Madrigal
Tenor partbook missing.

Iacovelli, Mercurio. Olimpia il ciel anchor si chiama
1588/23, p. 7 Madrigal
Tenor partbook missing.

Iacovelli, Mercurio. Poi ch'el ciel vol ch'io non ritorna
1588/23, p. 14 Madrigal
Tenor partbook missing.

Iacovelli, Mercurio. Se ridi ride Amor dentr'al tuo riso
1588/23, p. 17 Madrigal
Tenor partbook missing.

Iacovelli, Mercurio. Senza smontar senza chinar la testa
1588/23, p. 3 Madrigal
Tenor partbook missing.

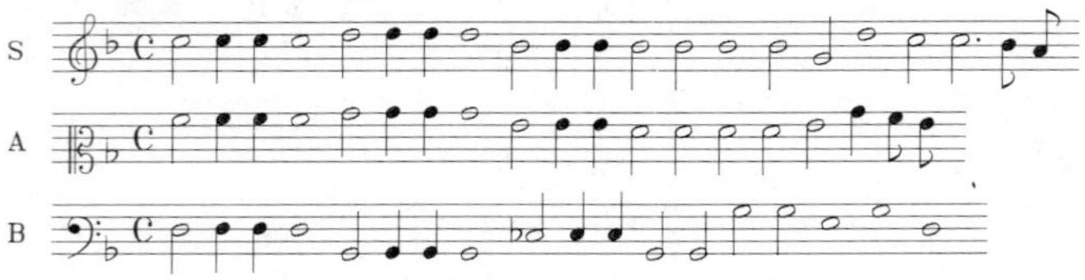

Iacovelli, Mercurio. Un Ape esser vorrei
1588/23, p. 13 Madrigal
Tenor partbook missing.

Iacovelli, Mercurio. Zefiro torn'il bel tempo rimena
1588/23, p. 4 Madrigal
Tenor partbook missing.

Il Rosso, SEE Rossi, Giov. M. (Il Rosso)

Il Verso, Antonio. Al tuo vago pallore
1594/17, p. 21 Madrigal

Il Verso, Antonio. Amor m'ha posto come segno a frale
1594/17, p. 6 Madrigal

Il Verso, Antonio. Che fai alma che pensi?
1594/17, p. 4 Madrigal

Il Verso, Antonio. L'herbetta verde e i fior di color
1594/17, p. 18 Madrigal
SECONDA PARTE.

Il Verso, Antonio. Lasso non e morir l'uscir di vita
1594/17, p. 13 Madrigal

Il Verso, Antonio. Madonna se gli e ver chl perso grave
1594/17, p. 3 Madrigal

Il Verso, Antonio. Mirabil dono di natura e il fiore
1594/17, p. 22 Madrigal

Il Verso, Antonio. Nel bel grembo di Flora
1594/17, p. 20 Madrigal

Il Verso, Antonio. Non fur colti giamai dolci rami
1594/17, p. 9 Madrigal
SECONDA PARTE.

Il Verso, Antonio. Non son queste non son l'amate arene
1594/17, p. 12 Madrigal

Il Verso, Antonio. O verdi poggi o selve ombrose
1594/17, p. 11 Madrigal

Il Verso, Antonio. Pace grid'l mio cor fra i venti
1594/17, p. 8 Madrigal

Il Verso, Antonio. Passa la nave mia colma d'oblio
1594/17, p. 1 Madrigal

Il Verso, Antonio. I pensier son saette
1594/17, p. 7 Madrigal
SECONDA PARTE.

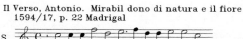

Il Verso, Antonio. Pioggia di lagrimar nebbia di sdegni
1594/17, p. 2 Madrigal
SECONDA PARTE.

Il Verso, Antonio. Quella che'l giovenil mio cor avinse
1594/17, p. 15 Madrigal

Il Verso, Antonio. Questa vostra pietate
1594/17, p. 19 Madrigal

Il Verso, Antonio. Se col vostro partir da me partita
1594/17, p. 14 Madrigal

Il Verso, Antonio. Stiamo Amor a veder la gloria
1594/17, p. 17 Madrigal

Il Verso, Antonio. Talhor tace la lingua
1594/17, p. 5 Madrigal

Il Verso, Antonio. Vivo mio scoglio
1594/17, p. 10 Madrigal

Imola, Baldassar d'. Non vi gloriate donna
1540/18, p. 37 Madrigal

Impuccio, Lucio. Deh s'havesti pietade Donna
1597/20, p. 26 Madrigal
(Bassus voice missing in Kassel copy.)

Impuccio, Lucio. Mentre Aminta bevea l'amoroso
1597/20, p. 28 Madrigal

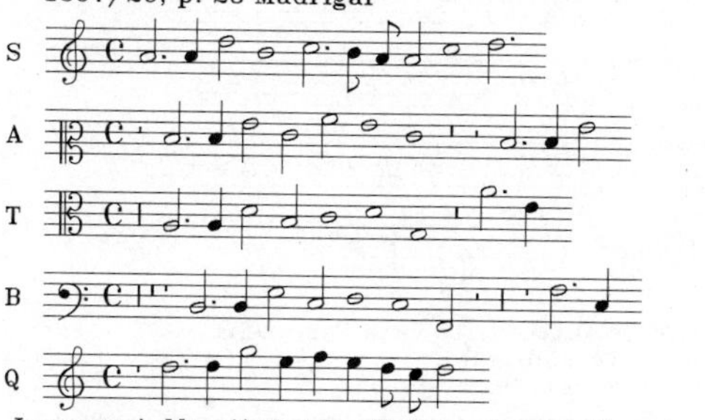

Ingegneri, Marc'Antonio. L'alma piu che ti gusta
1599/07, p. 7 Madrigal
Attributed to Anonymous in 1591/13.

Ingegneri, Marc'Antonio. Amor se pur sei Dio
1583/12, p. 11 Madrigal

Ingegneri, Marc'Antonio. Ardo si ma non t'amo
1585/17, no. 3 Madrigal

Ingegneri, Marc'Antonio. Ero cosi dicea
1588/17, p. 6–7 Madrigal

Ingegneri, Marc'Antonio. Gia non mi maraviglio
1582/05, p. 27 Madrigal

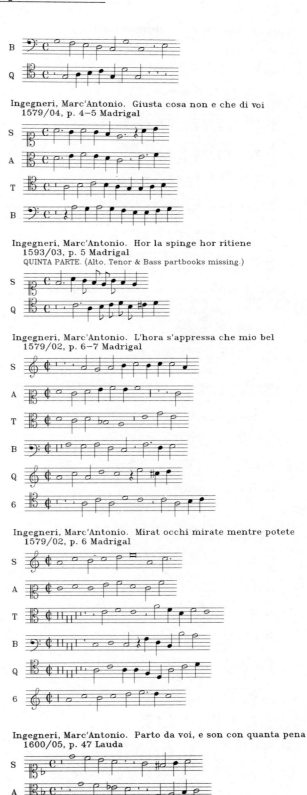

Ingegneri, Marc'Antonio. Giusta cosa non e che di voi
1579/04, p. 4–5 Madrigal

Ingegneri, Marc'Antonio. Hor la spinge hor ritiene
1593/03, p. 5 Madrigal
QUINTA PARTE. (Alto, Tenor & Bass partbooks missing.)

Ingegneri, Marc'Antonio. L'hora s'appressa che mio bel
1579/02, p. 6–7 Madrigal

Ingegneri, Marc'Antonio. Mirat occhi mirate mentre potete
1579/02, p. 6 Madrigal

Ingegneri, Marc'Antonio. Parto da voi, e son con quanta pena
1600/05, p. 47 Lauda

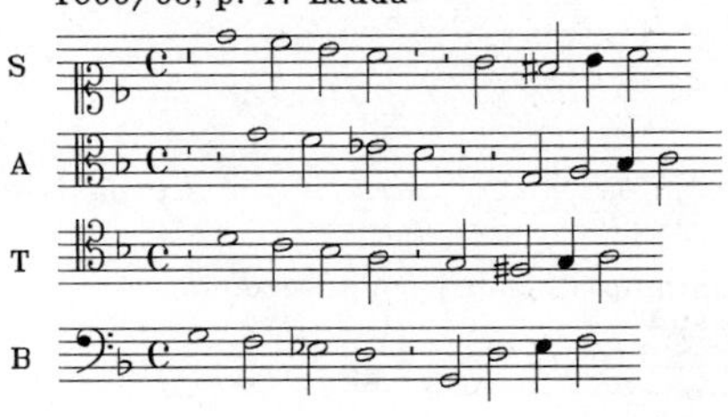

Ingegneri, Marc'Antonio. Perche mi segui ancora
1596/08, p. 14 Madrigal
Quintus and Bass II parts from 1590/11.

Ingegneri, Marc'Antonio. Piu che mai liet'Appoll'hor
1577/07, p. 22 Madrigal
Tenor, Bass & Quinto partbooks missing.

Ingegneri, Marc'Antonio. Poscia che troppo i miei peccati
1600/05, p. 49–50 Lauda

Ingegneri, Marc'Antonio. Quell'acqua esser vorrei
1590/15, p. 15 Madrigal

Ingegneri, Marc'Antonio. Se gia tempo bramai
1597/15, p. 22v Villota

Ingegneri, Marc'Antonio. Signor per noi seconde
1586/01, p. 7 Lauda

Ingegneri, Marc'Antonio. La vaga Pastorella
1594/06, p. 15 Madrigal
PAROLE DI ANDREA STELLA.

Ingegneri, Marc'Antonio. Vedra i biondi capei
1593/05, p. 12–13 Madrigal
SECONDA PARTE.(Compare Rore, "Vedra.. " in 1565/18.)

Ingegneri, Marc'Antonio. Vergine ch'obedisti al santo
1586/01, p. 8 Lauda
SECONDA PARTE.

Ingegneri, Marc'Antonio. La verginella e simile a la rosa
1579/04, p. 4 Madrigal

Intrico Chiedendo un bacio a la mia cara
1566/03, p. 13–14 Madrigal

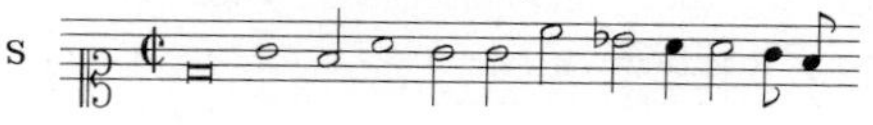

A T B Q

Intrico Cosi restai senz'alm'& hor sospeso
1566/03, p. 14–15 Madrigal
SECONDA PARTE.

S A T B Q

Isnardi, Paolo. A pie d'un lauro
1582/05, p. 12 Madrigal

S A T B Q

Isnardi, Paolo. Cari leggiadri et amorosi augelli
1583/10, f. 28 Madrigal

S A T B Q 6

Isnardi, Paolo. Dolc'Amaranta a Dio
1586/10, p. 16–17 Madrigal

S A T B Q

Isnardi, Paolo. E se queste contrade tenebrose
1570/15, p. 22 Madrigal
SECONDA PARTE.

S A T B Q

Isnardi, Paolo. Ecco ninfe del Po coleo che suole
1584/04, p. 16–17 Madrigal
NINFE DEL MINCIO. (Incomplete---one voice missing.)

1 2 3 4 5 6 7

Isnardi, Paolo. Lume si chiaro al mio bel corso
1586/07, p. 9 Madrigal
SECONDA PARTE. (Quintus partbook missing.)

S A T B 6

Isnardi, Paolo. La mia bella guerriera
1592/14, p. 4 Madrigal

S A T B Q

Isnardi, Paolo. Non ti lagnar cor mio
1570/15, p. 21 Madrigal
PRIMA PARTE.

Isnardi, Paolo. Raggio divin ch'al regno
1586/07, p. 8 Madrigal
SOPRA GL'OCCHI (Quintus partbook missing.)

Isnardi, Paolo. Si mi diceste et io quel dolcissimo
1591/09, p. 18 Madrigal
Cantus partbook missing. Alto voice missing.

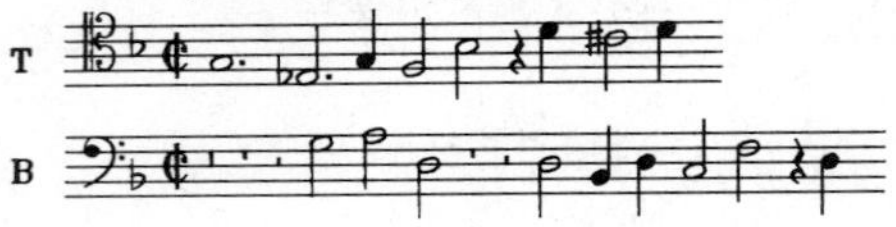

Isnardi, Paolo. Va sconosciuto Amor fra fiori
1590/15, p. 13 Madrigal

Isnardi, Vicenzo. T'amo mia vita la mia cara vita
1591/09, p. 20 Madrigal
Cantus partbook missing. Alto voice missing.

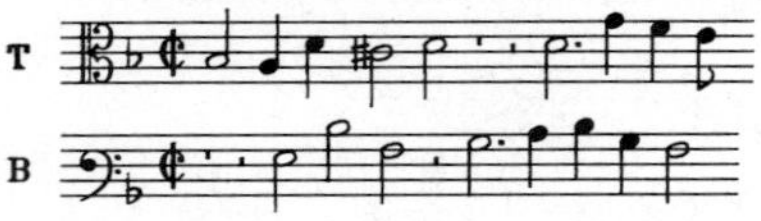

Isorelli, Dorisio. All'hor con gli occhi bassi
1599/06, p. 104 Lauda
PIA QUERELA DELLA MADRE SANTISSIMA PER IL SALVATORE..

Isorelli, Dorisio. Hor non sapevi forse
1599/06, p. 103 Lauda
PIA QUERELA DELLA MADRE SANTISSIMA PER IL SALVATORE...

Isorelli, Dorisio. Mentre a noi vibra il Sol
1599/06, p. 151 Lauda
A SANTA MARIA DELLA NEVE. LI 5. D'AGOSTO.

Isorelli, Dorisio. Perche cosi facesti
1599/06, p. 102 Lauda
PIA QUERELA DELLA MADRE SANTISSIMA PER IL SALVATORE...

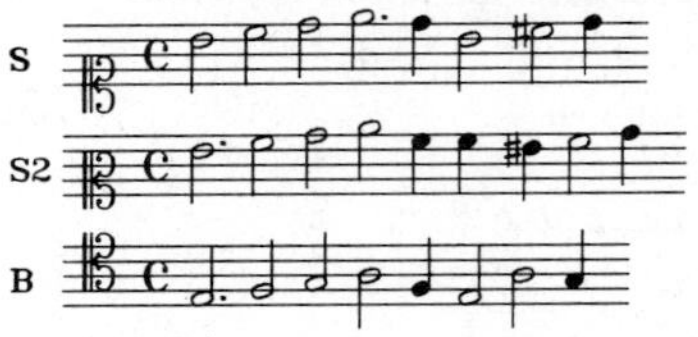

Ivo (de Vento?) Apri la porta hormai dolce
1542/17, no. 10 Madrigal
Attributed to Anonymous in 1558/11.

Ivo (de Vento?) Ben mio chi mi ti toglie
1541/17, p. 26 Madrigal

Vento, Ivo de. Correte amanti sventurati e scuri
1565/12, p. 23 Canzona

Ivo (de Vento?) Deh dolce pastorella vaga
1542/17, no. 13 Madrigal

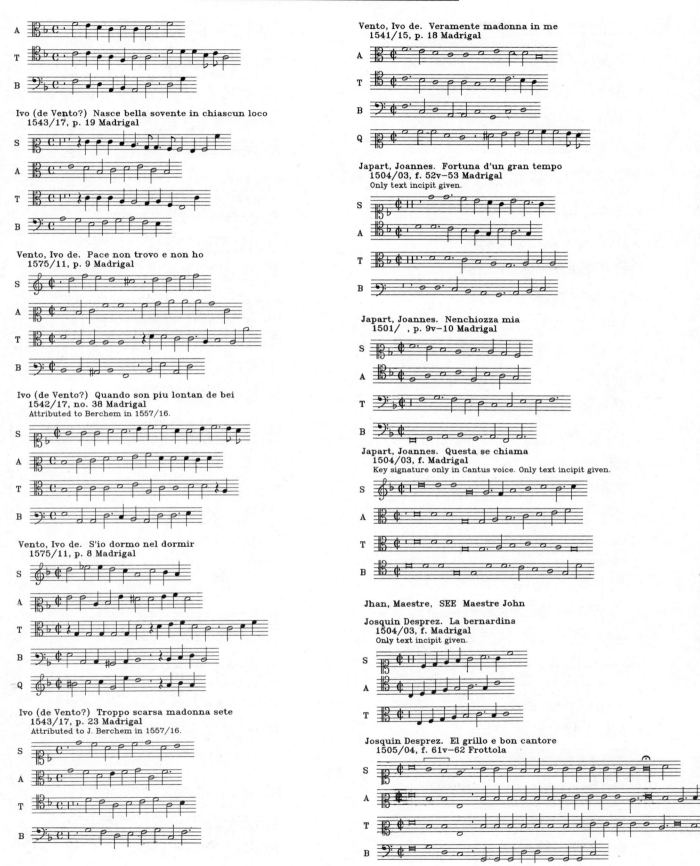

Ivo (de Vento?) Nasce bella sovente in chiascun loco
1543/17, p. 19 Madrigal

Vento, Ivo de. Pace non trovo e non ho
1575/11, p. 9 Madrigal

Ivo (de Vento?) Quando son piu lontan de bei
1542/17, no. 38 Madrigal
Attributed to Berchem in 1557/16.

Vento, Ivo de. S'io dormo nel dormir
1575/11, p. 8 Madrigal

Ivo (de Vento?) Troppo scarsa madonna sete
1543/17, p. 23 Madrigal
Attributed to J. Berchem in 1557/16.

Vento, Ivo de. Veramente madonna in me
1541/15, p. 18 Madrigal

Japart, Joannes. Fortuna d'un gran tempo
1504/03, f. 52v–53 Madrigal
Only text incipit given.

Japart, Joannes. Nenchiozza mia
1501/ , p. 9v–10 Madrigal

Japart, Joannes. Questa se chiama
1504/03, f. Madrigal
Key signature only in Cantus voice. Only text incipit given.

Jhan, Maestre, SEE Maestre John

Josquin Desprez. La bernardina
1504/03, f. Madrigal
Only text incipit given.

Josquin Desprez. El grillo e bon cantore
1505/04, f. 61v–62 Frottola

Josquin Desprez. In te domine speravi
1504/04, f. 49v–50 Frottola
Compare N. Brocco, "Poi che in te donna" in 1507/04.

Josquin Desprez. La spagna
1504/03, f. 147v–148 Madrigal
Only text incipit given.

Kerle, Jacobus De. Come nel mar de tempestosi danni
1561/15, p. 24 Madrigal

Kohc, Luca. Amore l'altro giorno se n'andava
1572/10, p. 19 Canzona

Lagudio, Paolo. Al fin ambo conversi al giusto
1563/10, p. 19 Madrigal
VIGESIMAPRIMA & ULTIMA PARTE (Cantus & Bass partbooks missing.)

Lagudio, Paolo. Anchor'e quest'e quel che tutto
1563/10, p. 17–18 Madrigal
DECIMONONO PARTE.(Cantus & Bass partbooks missing.)

Lagudio, Paolo. Apollo s'ancor vive'l desio
1563/10, p. 2–3 Madrigal
Cantus & Bass partbooks missing.

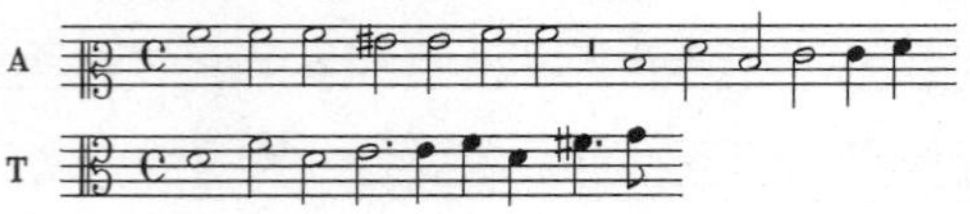

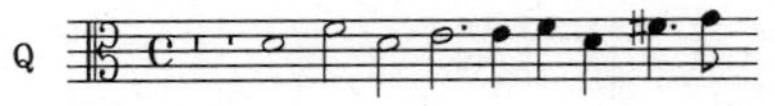

Lagudio, Paolo. Cercar m'ha fatto diversi paesi
1563/10, p. 8–9 Madrigal
SETTIMA PARTE (Cantus & Bass partbooks missing.)

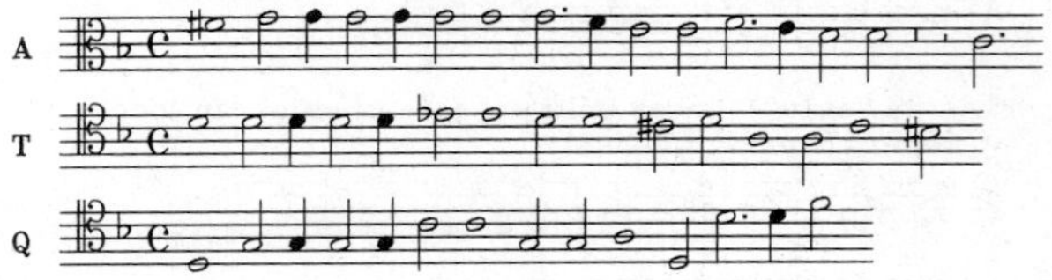

Lagudio, Paolo. Che legno vecchio mai non rose tarlo
1563/10, p. 11 Madrigal
DECIMO PARTE. (Cantus & Bass partbooks missing.)

Lagudio, Paolo. Cosi cos'il mio tempo fin qui
1563/10, p. 5–6 Madrigal
TERZA PARTE. (Cantus & Bass partbooks missing.)

Lagudio, Paolo. E per dir all'estrem'il gran
1563/10, p. 16 Madrigal
DECIMASETTIMA PARTE. (Cantus & Bass partbooks missing.)

Lagudio, Paolo. E per virtu dell'amorosa speme
1563/10, p. 3 Madrigal
SECONDA PARTE.(Cantus & Bass partbooks missing.)

Lagudio, Paolo. E si dolce idioma li died'
1563/10, p. 14 Madrigal
QUARTADECIMA PARTE (Cantus & Bass partbooks missing.)

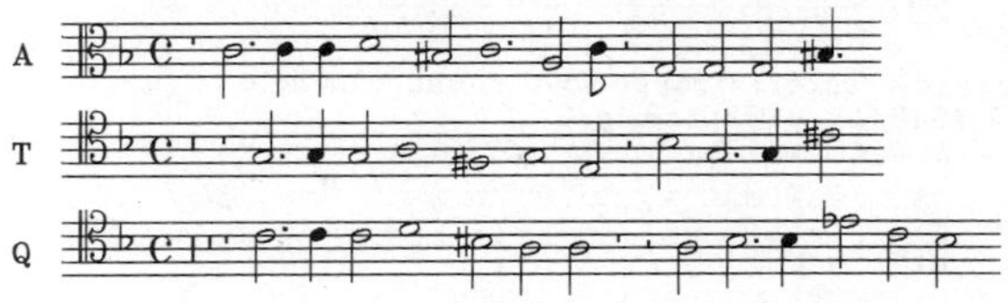

Lagudio, Paolo. E'incomincio madonn'il manco piede
1563/10, p. 4–5 Madrigal
SECONDA PARTE.(Cantus & Bass partbooks missing.)

Q

Lagudio, Paolo. Ei sa, che il grand'Atride
1563/10, p. 13 Madrigal
TERZADECIMA PARTE (Cantus & Bass partbooks missing.)

A, T, Q

Lagudio, Paolo. Gia fiammeggiava l'amorosa stella
1563/10, p. 1 Madrigal
Cantus & Bass partbooks missing.

A, T, Q

Lagudio, Paolo. Hor m'ha post'in
1563/10, p. 18 Madrigal
VIGESIMA PARTE. (Cantus & Bass partbooks missing.)

A, T, Q

Lagudio, Paolo. Il mio aversario con aere rampogne
1563/10, p. 11–12 Madrigal
UNDECIMA PARTE (Cantus & Bass partbooks missing.)

A, T, Q
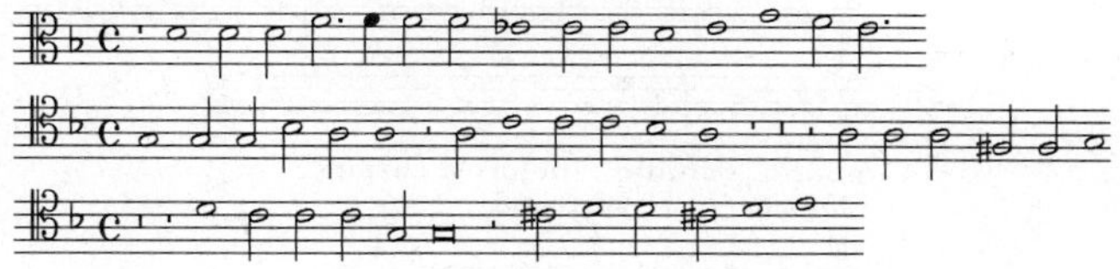

Lagudio, Paolo. Misero a che quel chiaro ingegn'
1563/10, p. 8 Madrigal
SESTA PARTE. (Cantus & Bass partbooks missing.)

A, T, Q

Lagudio, Paolo. Ne costui, ne quell'altra mnemica
1563/10, p. 9–10 Madrigal
OTTAVA PARTE (Cantus & Bass partbooks missing.)

A, T, Q

Lagudio, Paolo. Ne par che si vergogne
1563/10, p. 12–13 Madrigal
DUODECIMA PARTE. (Cantus & Bass partbooks missing.)

A, T
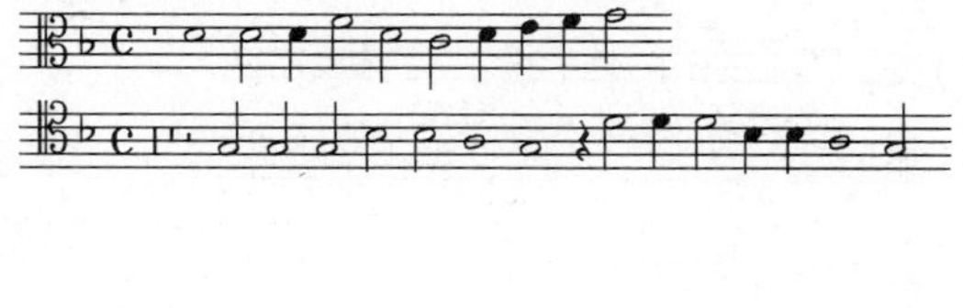

Q
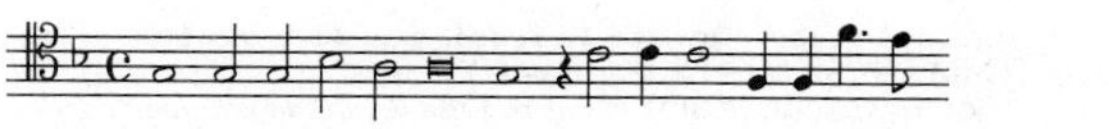

Lagudio, Paolo. O poco mele molt'Aloe con fele
1563/10, p. 6–7 Madrigal
QUARTA PARTE. (Cantus & Bass partbooks missing.)

A, T, Q
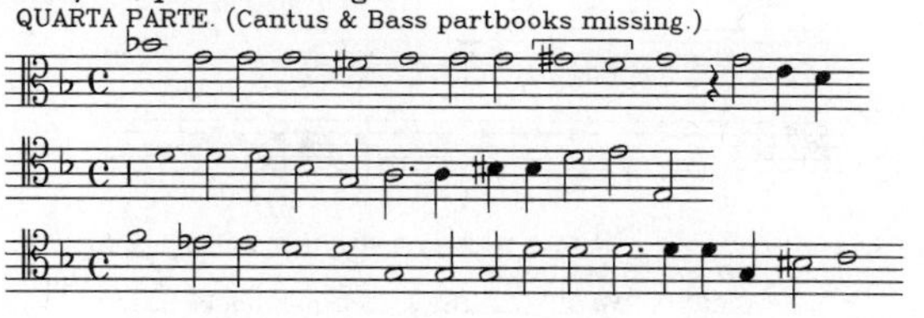

Lagudio, Paolo. Occhio del ciel che con bei raggi
1563/10, p. 20 Madrigal
PRIMA PARTE. (Cantus & Bass partbooks missing.)

A, T, Q
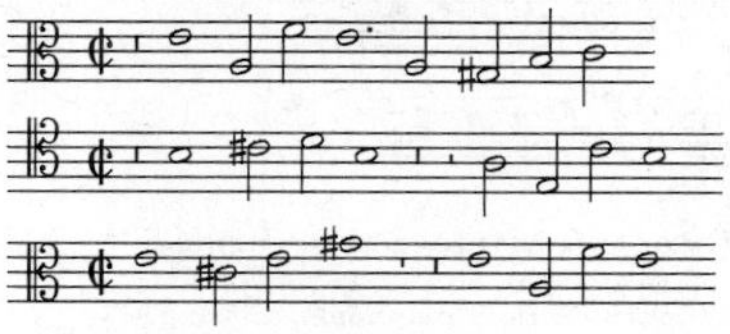

Lagudio, Paolo. Poi che suo fui non bebbi
1563/10, p. 10 Madrigal
NONA PARTE. (Cantus & Bass partbooks missing.)

A, T, Q

Lagudio, Paolo. Quando mia speme gia condott'al
1563/10, p. 2 Madrigal
Cantus & Bass partbooks missing.

A, T, Q

Lagudio, Paolo. Quant'ha pellegrin'e del gentile
1563/10, p. 16–17 Madrigal
DECIMAOTTAVA PARTE.(Cantus & Bass partbooks missing.)

A, T, Q

Lagudio, Paolo. Quel antico mio dolce empio signo
1563/10, p. 4 Madrigal
Cantus & Bass partbooks missing.

A, T, Q
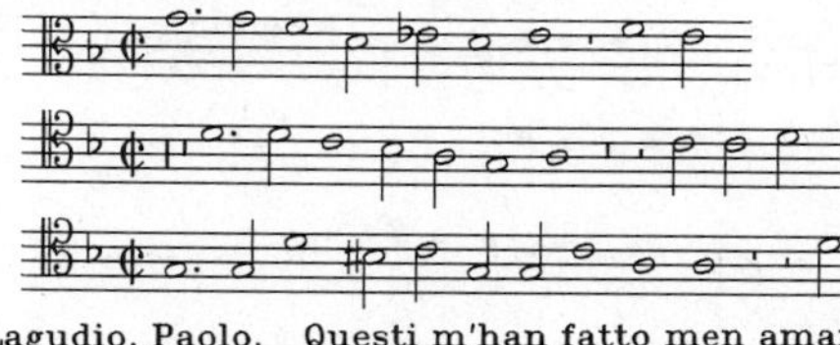

Lagudio, Paolo. Questi m'han fatto men amare
1563/10, p. 7 Madrigal
QUINTA PARTE.(Cantus & Bass partbooks missing.)

A, T, Q
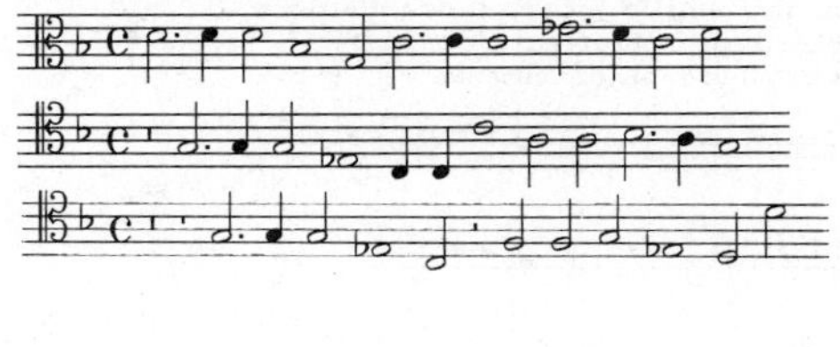

Lagudio, Paolo. Questo fu il fel, questi li sdegni
1563/10, p. 14–15 Madrigal
QUINTADECIMA PARTE (Cantus & Bass partbooks missing.)

Lagudio, Paolo. Il suo nome, e di suoi detti
1563/10, p. 15 Madrigal
SESTADECIMA PARTE. (Cantus & Bass partbooks missing.)

Lagudio, Paolo. Troncasti invidia parca il ricco
1563/10, p. 20–21 Madrigal
SECONDA PARTE. (Cantus & Bass partbooks missing.)

Lambardi, Camillo. Ahi disperata vita
1600/13, p. 14 Madrigal

Lambardi, Camillo. Aventuroso velo
1600/13, p. 5 Madrigal

Lambardi, Camillo. La bella donna ch'io cotant'amavi
1600/13, p. 6 Madrigal

Lambardi, Camillo. Cara ladra d'Amore
1600/13, p. 2 Madrigal
Not listed in Table of Contents.

Lambardi, Camillo. Chi l'armonia del Cielo
1600/13, p. 15 Madrigal

Lambardi, Camillo. Come vag'augellin ch'a poco a poco
1600/13, p. 20 Madrigal

Lambardi, Camillo. Cor mio ben che lontana
1600/13, p. 8 Madrigal

Lambardi, Camillo. Dolorosi sospiri
1600/13, p. 11 Madrigal

Lambardi, Camillo. Donna la bella mano
1600/13, p. 2 Madrigal
PRIMA PARTE

Lambardi, Camillo. Et hor come non more anzi rinasce
1600/13, p. 15 Madrigal
Not listed in Table of Contents.

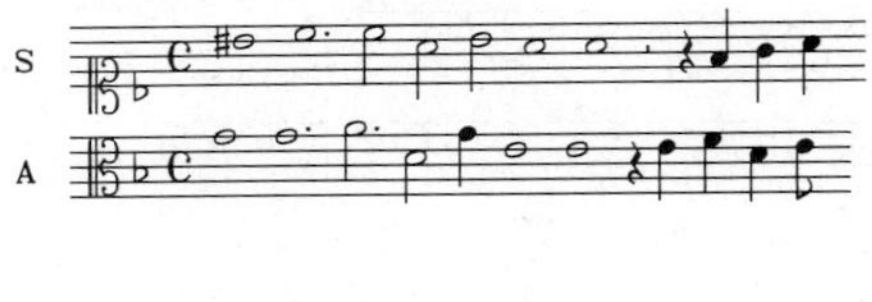

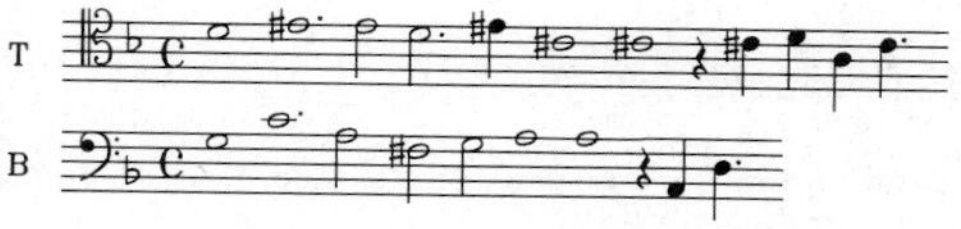

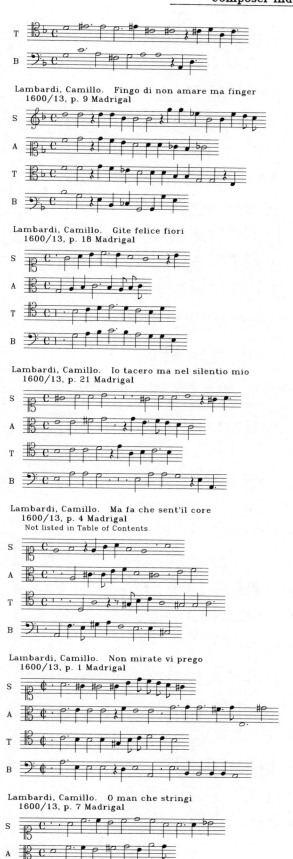

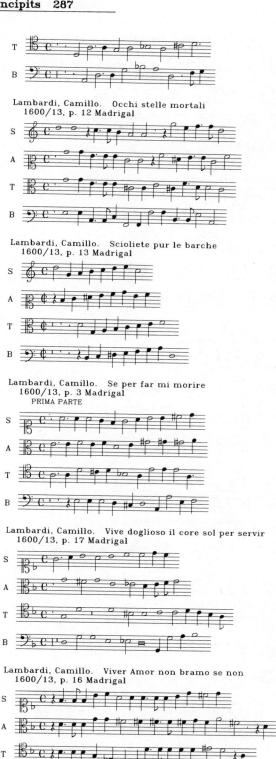

Lambardi, Camillo. Fingo di non amare ma finger
1600/13, p. 9 Madrigal

Lambardi, Camillo. Gite felice fiori
1600/13, p. 18 Madrigal

Lambardi, Camillo. Io tacero ma nel silentio mio
1600/13, p. 21 Madrigal

Lambardi, Camillo. Ma fa che sent'il core
1600/13, p. 4 Madrigal
Not listed in Table of Contents.

Lambardi, Camillo. Non mirate vi prego
1600/13, p. 1 Madrigal

Lambardi, Camillo. O man che stringi
1600/13, p. 7 Madrigal

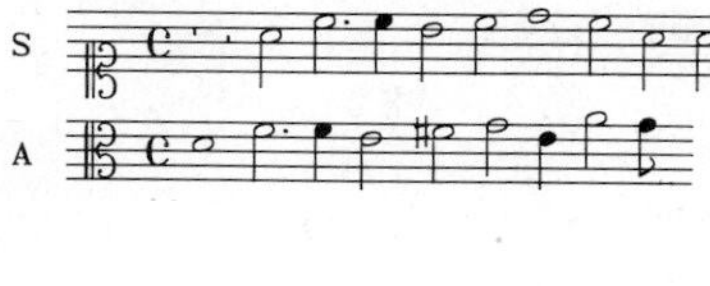

Lambardi, Camillo. Occhi stelle mortali
1600/13, p. 12 Madrigal

Lambardi, Camillo. Scioliete pur le barche
1600/13, p. 13 Madrigal

Lambardi, Camillo. Se per far mi morire
1600/13, p. 3 Madrigal
PRIMA PARTE

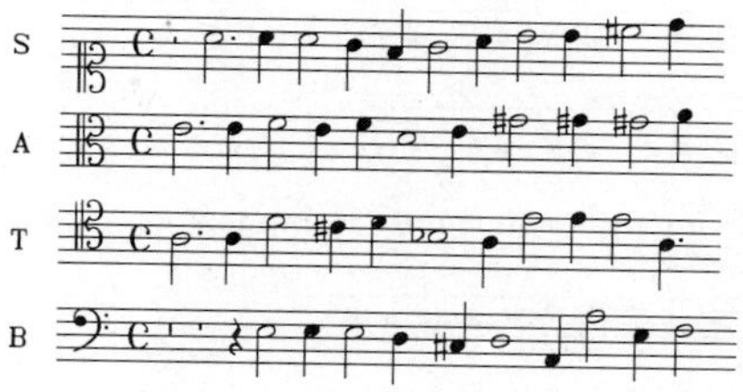

Lambardi, Camillo. Vive doglioso il core sol per servir
1600/13, p. 17 Madrigal

Lambardi, Camillo. Viver Amor non bramo se non
1600/13, p. 16 Madrigal

Lambertini, Giov. Tomaso. Oime dov'el mio sole
1559/18, p. 21 Madrigal

Lambertini, Giov. Tomaso. Vita de la mia vita
1559/19, p. 13 Villota
DON GIOAN THOMASO BOLOGNESE. (Canto & Alto from 1564/15.)

Lando, Stefano. Ben mi promess'amor di darmi pace
1562/07, p. 9 Madrigal

Lando, Stefano. Io mi vivea com'Aquila mirando
1566/09, p. 29 Canzona

Lando, Stefano. Io navigai un tempo per un mare
1566/10, p. 3 Canzona
Attributed to Arpa in 1570/27.

Lando, Stefano. Non e cosa ch'io miri
1570/18, p. 36 Napolitana

Lando, Stefano. Quanto piu posso mi ti raccomando
1570/18, p. 38 Napolitana

Lando, Stefano. Se m'ars'e punse donn'il foco
1562/07, p. 20–21 Madrigal

Lando, Stefano. Voi lo vedere ingrata s'io t'adoro
1566/10, p. 10 Canzona

Largari, Sigismondo. Deh resta anima mia e il cor mio
1588/19, p. 14 Canzona
Tenor and Alto partbooks missing.

L'Arpa, Giovanni de. Bellezza ch'empi il ciel
1565/17, p. 8 Canzona
Attributed to Anonymous in 1570/33.

Lasso, Ferdinando. Ardo si ma non t'amo
1585/17, no. 27 Madrigal

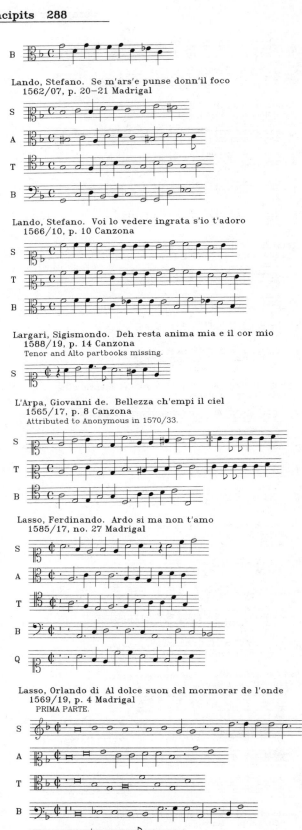

Lasso, Orlando di Al dolce suon del mormorar de l'onde
1569/19, p. 4 Madrigal
PRIMA PARTE.

Lasso, Orlando Di. Al fin vid'io per entro'i fiori
1559/23, p. 6 Madrigal
SESTA PARTE.

Lasso, Orlando di All'hor nel propio ogetto
1566/02, p. 11 Madrigal
QUARTA PARTE.

Lasso, Orlando di Almen nel suo fuggir trovi colei
1575/11, p. 5 Madrigal
SECONDA PARTE.

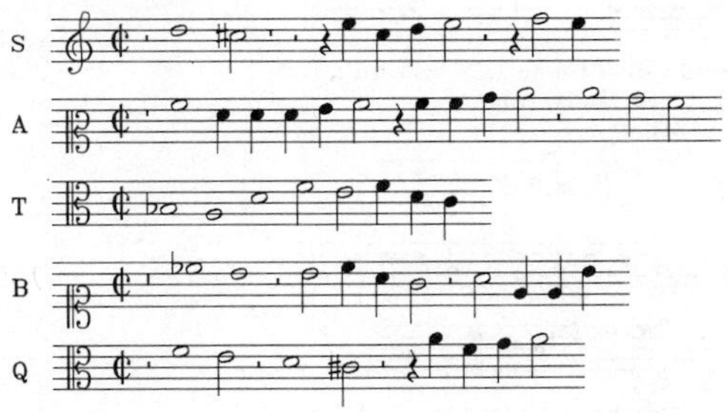

Lasso, Orlando di L'alto signor dinanzi a cui non vale
1563/11, p. 1 Madrigal

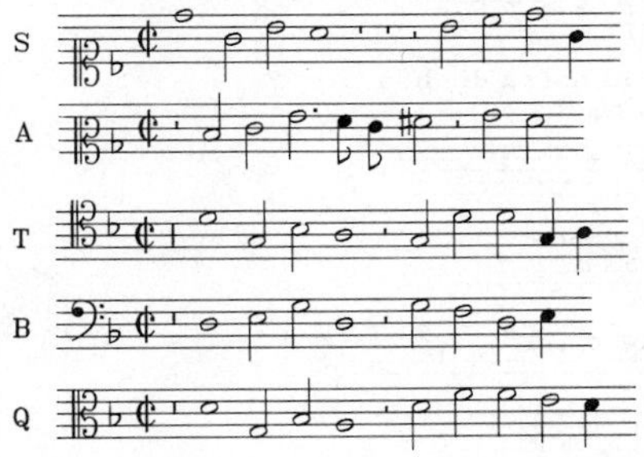

Lasso, Orlando di Altri non vedra mai si chiaro sole
1566/02, p. 12-1 Madrigal
SESTA PARTE.

Lasso, Orlando di Amor che ved'ogni pensier aperto
1563/11, p. 18 Madrigal

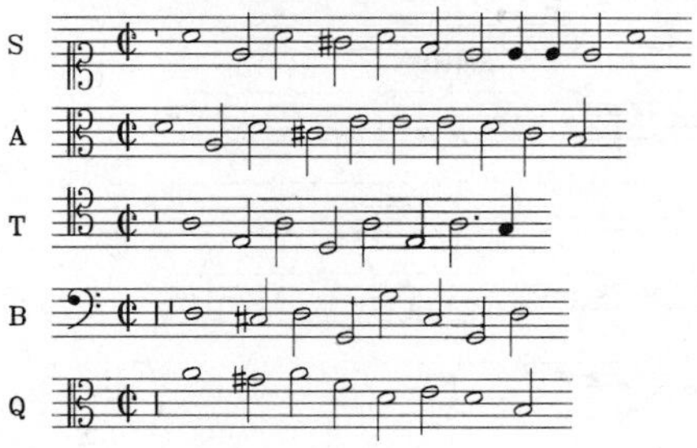

Lasso, Orlando di Amor mi strugge'l cor
1585/18, p. 18 Madrigal

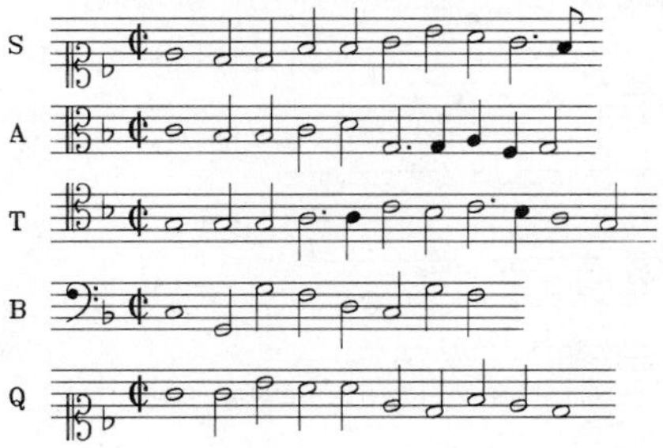

Lasso, Orlando di Appariran per me le stell'in cielo
1593/05, p. 10 Madrigal

Lasso, Orlando di Apri l'uscio per tempo
1588/24, p. 21 Madrigal
SECONDA STANZA.

Lasso, Orlando di Ardo si ma non t'amo
1585/17, no. 20 Madrigal

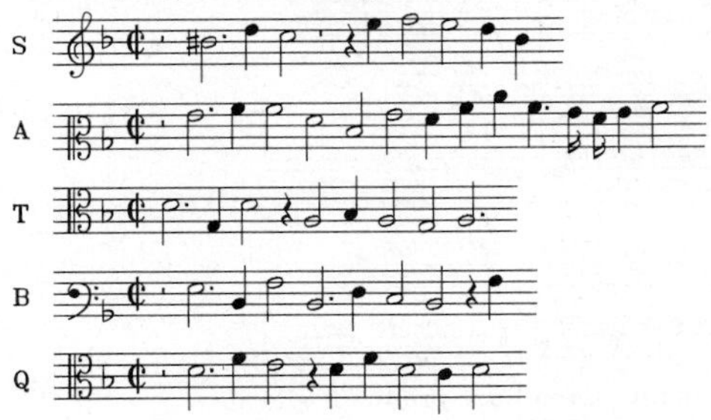

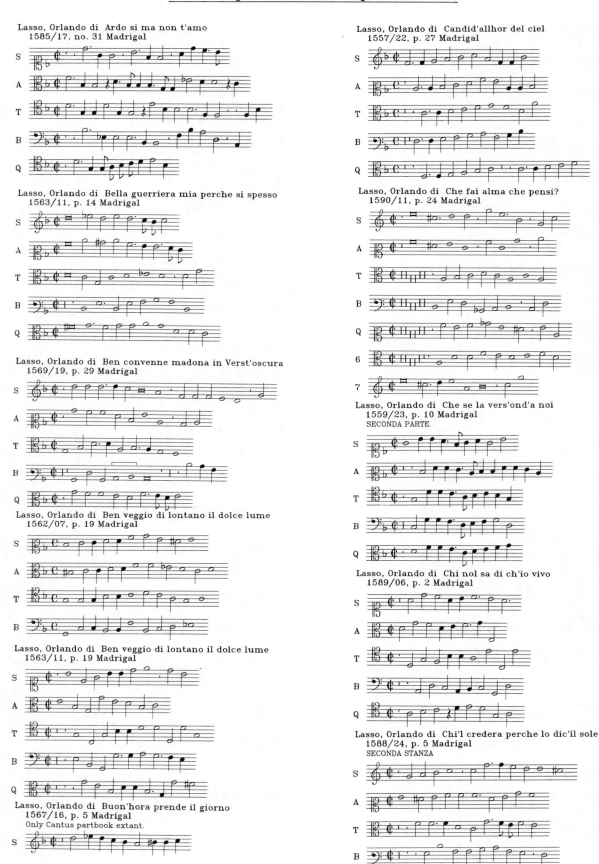

Lasso, Orlando di Ardo si ma non t'amo
1585/17, no. 31 Madrigal

Lasso, Orlando di Bella guerriera mia perche si spesso
1563/11, p. 14 Madrigal

Lasso, Orlando di Ben convenne madona in Verst'oscura
1569/19, p. 29 Madrigal

Lasso, Orlando di Ben veggio di lontano il dolce lume
1562/07, p. 19 Madrigal

Lasso, Orlando di Ben veggio di lontano il dolce lume
1563/11, p. 19 Madrigal

Lasso, Orlando di Buon'hora prende il giorno
1567/16, p. 5 Madrigal
Only Cantus partbook extant.

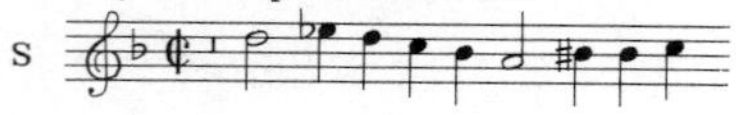

Lasso, Orlando di Candid'allhor del ciel
1557/22, p. 27 Madrigal

Lasso, Orlando di Che fai alma che pensi?
1590/11, p. 24 Madrigal

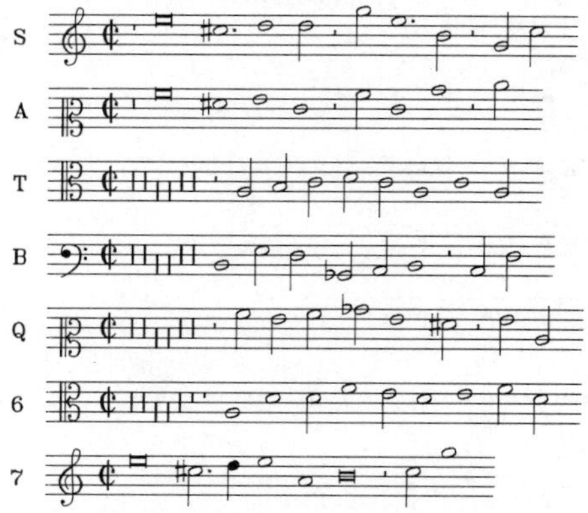

Lasso, Orlando di Che se la vers'ond'a noi
1559/23, p. 10 Madrigal
SECONDA PARTE.

Lasso, Orlando di Chi nol sa di ch'io vivo
1589/06, p. 2 Madrigal

Lasso, Orlando di Chi'l credera perche lo dic'il sole
1588/24, p. 5 Madrigal
SECONDA STANZA

Lasso, Orlando di Chiara fontana in quel medesmo bosco
1559/23, p. 4 Madrigal
QUARTA PARTE. ("Chaira fontana. " in 1557/22.)

Lasso, Orlando di Come non conosch'io l'alma mia diva
1561/10, p. 22 Madrigal

Lasso, Orlando di Come sei stat'o ciel come sei feno
1561/10, p. 13 Madrigal
SECONDA PARTE.

Lasso, Orlando di Come sei stato o ciel
1570/16, p. 11–12 Madrigal
Seconda parte.

Lasso, Orlando di Come'l candido pie per l'herba
1577/07, p. 11 Madrigal
Tenor, Bass & Quinto partbooks missing.

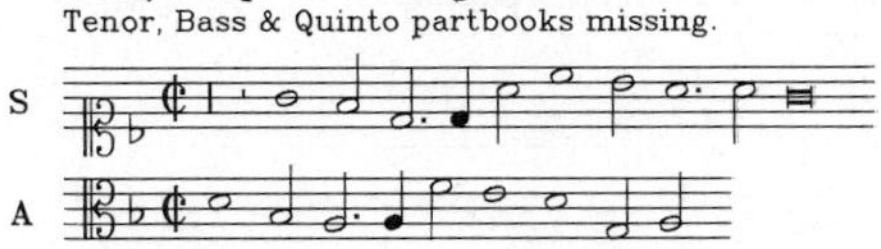

Lasso, Orlando di Cosi aspettando da te ingrat'andail
1559/23, p. 8 Madrigal
SECONDA PARTE.

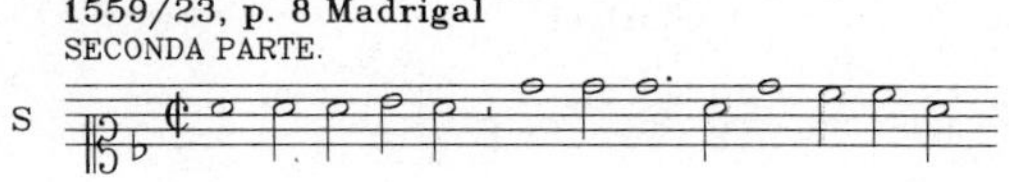

Lasso, Orlando di Deh che foss'io con lei
1563/11, p. 4 Madrigal
QUINTA PARTE.

Lasso, Orlando di Deh hor foss'io co'l vago
1560/10, p. 10 Madrigal

Lasso, Orlando di Del freddo Rheno alla sinistra riva
1588/24, p. 4 Madrigal
CANZON PRIMA PARTE.

Lasso, Orlando di Dentro pur foco & fuor candida neve
1560/18, p. 26 Madrigal
Compare F. Rosselli in 1588/24.

Lasso, Orlando di Di pensier in pensier di monte
1579/02, p. 12–13 Madrigal

Lasso, Orlando di. Di pensier in pensier di monte
1579/02, p. 12–13 Madrigal

Lasso, Orlando di. Dicesi che la morte
1563/11, p. 8 Madrigal

Lasso, Orlando di. Ditemi vita mia
1584/04, p. 5 Madrigal
Canto and Sesto parts from 1590/11.

Lasso, Orlando di. E con l'andar e col soave squardo
1577/07, p. 12 Madrigal
SECONDA PARTE. (Tenor,Bass & Quinto partbooks missing.)

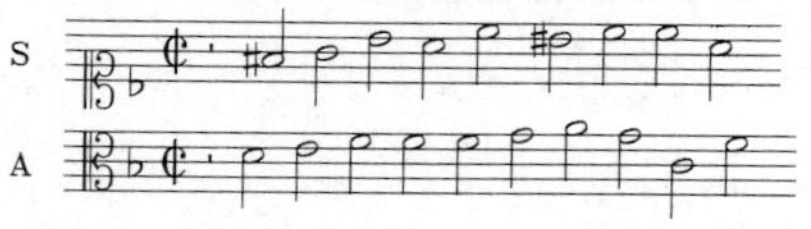

Lasso, Orlando di. Ecco che pur vi lasso
1593/03, p. 2 Madrigal
SECONDA PARTE. (Alto, Tenor, & Bass partbooks missing.)

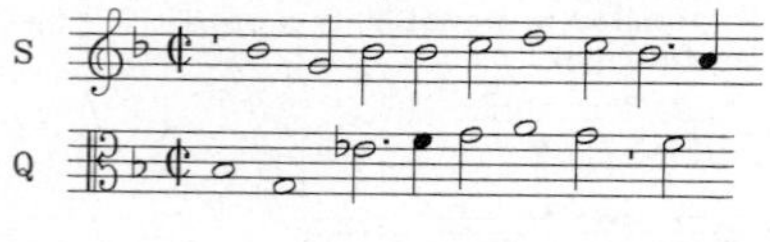

Lasso, Orlando di. Et a noi restara fra sdegni et ire
1559/23, p. 15 Madrigal
SECONDA PARTE.

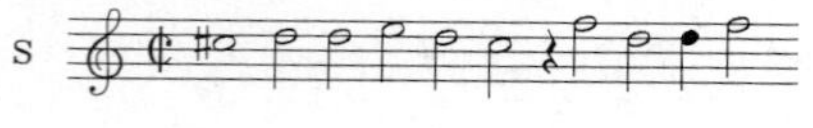

Lasso, Orlando di. Et in sembiante riverent'e humile
1559/23, p. 13 Madrigal
SECONDA PARTE.

Lasso, Orlando di. Et io qual fui restai senza la voce
1588/24, p. 7 Madrigal
QUINTA STANZA.

Lasso, Orlando di. Et mentre piu la terr'accende
1563/11, p. 13 Madrigal
SECONDA PARTE.

Lasso, Orlando di Euro gentil se d'amoroso ardore
1559/23, p. 12 Madrigal

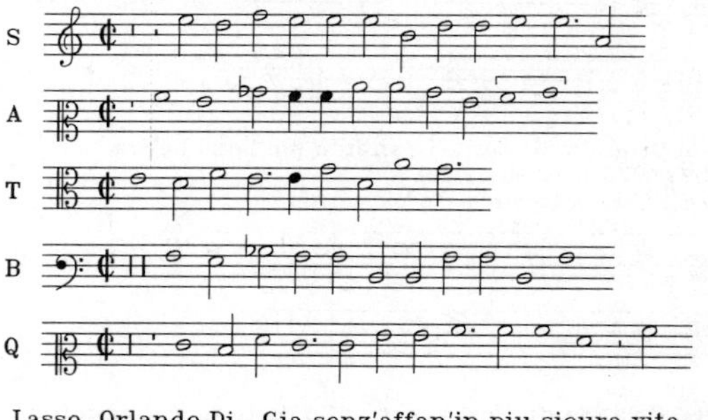

Lasso, Orlando Di. Gia senz'affan'in piu sicura vita
1566/02, p. 11–1 Madrigal
QUINTA PARTE.

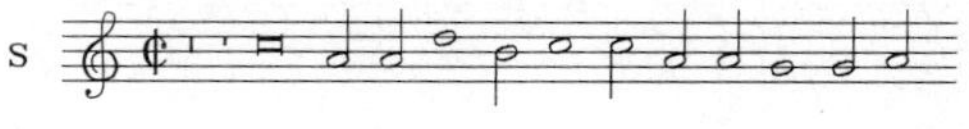

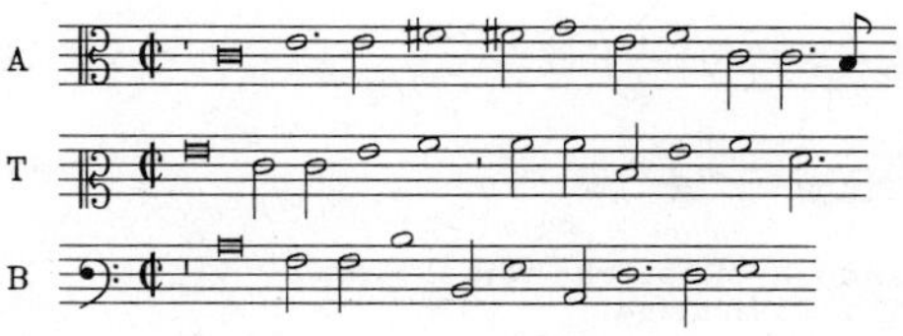

Lasso, Orlando di Hor che la nuova e vaga
1575/11, p. 30 Madrigal
For two choirs.

Lasso, Orlando di Hor su la nuda terr'hora su l'herbe
1588/24, p. 8 Madrigal
ULTIMA STANZA.

Lasso, Orlando di Hora per far le mie dolcezze'amare
1559/23, p. 21 Madrigal
SECONDA PARTE.

Lasso, Orlando di. I. L. il L.I.C lic, illic
1567/13, p. 19 Madrigal
SECONDA PARTE.

Lasso, Orlando di In dubbio di mio stat'hor piango
1562/07, p. 22–23 Madrigal

Lasso, Orlando di In qual parte del ciel In qual idea
1559/23, p. 19 Madrigal

Lasso, Orlando di In questo di giocondo
1588/24, p. 24 Madrigal
QUINTA STANZA A3. (For Alto, Tenor and Bass.)

Lasso, Orlando di In sonn'eterno spero chiuder
1563/11, p. 2 Madrigal
SECONDA PARTE.

Lasso, Orlando di In un boschetto novo i rami santi
1559/23, p. 3 Madrigal
TERZA PARTE.

Lasso, Orlando di Indi per alto mar vidi una nave
1559/23, p. 2 Madrigal
SECONDA PARTE.

S
A
T
B
Q

Lasso, Orlando di Io ho piu tempo un vago ucel
1575/11, p. 4 Madrigal

S
A
T
B
Q

Lasso, Orlando di Io son si stanco sotto il grave peso
1559/23, p. 20 Madrigal
PRIMA PARTE.

S
A
T
B
Q

Lasso, Orlando di Io vo fuggendo per deserte piagge
1560/10, p. 19 Madrigal

S
A
T
B

Lasso, Orlando di Lasso ch'il crederia
1567/16, p. 3 Madrigal
Only Cantus partbook extant.

S

Lasso, Orlando di Ma che morta dico io
1569/19, p. 18 Madrigal
SECONDA PARTE.

S
A
T

B
Q

Lasso, Orlando di Ma perche vola il tempo
1560/18, p. 23 Madrigal
Attributed to F. Rosselli in 1588/24.

S
A
T
B

Lasso, Orlando di Ma saro spento inanzi che quest'onde
1563/11, p. 5 Madrigal
SESTA PARTE.

S
A
T
B
Q
6

Lasso, Orlando di Ma se con l'opr'ond'io
1563/11, p. 15 Madrigal
SECONDA PARTE.

S
A
T
B
Q

Lasso, Orlando di Mentre fia cald'l sol fredda la neve
1560/18, p. 28 Madrigal

S
A
T
B

Lasso, Orlando Di. Mentre fioriv'amor l'alta mia speme
1559/23, p. 7 Madrigal

S
A
T
B

Q
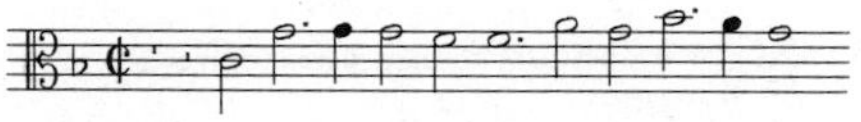

Lasso, Orlando di Mentre per questi monti andran
1560/18, p. 20 Madrigal

S A T B

Lasso, Orlando di Misera che faro diro ch'io moro
1589/06, p. 22 Madrigal

S A T B Q
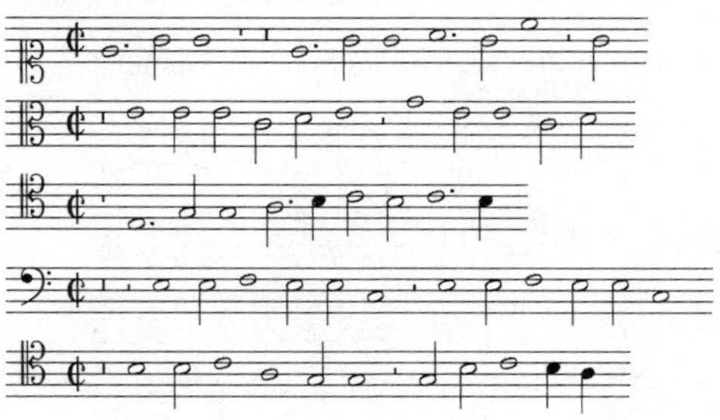

Lasso, Orlando di Nascan herbette e fiori
1588/24, p. 23 Madrigal
QUARTA STANZA.

S A T B

Lasso, Orlando di Nasce'in me dunque ogn'hor
1559/23, p. 11 Madrigal
SECONDA PARTE.

S A T B Q
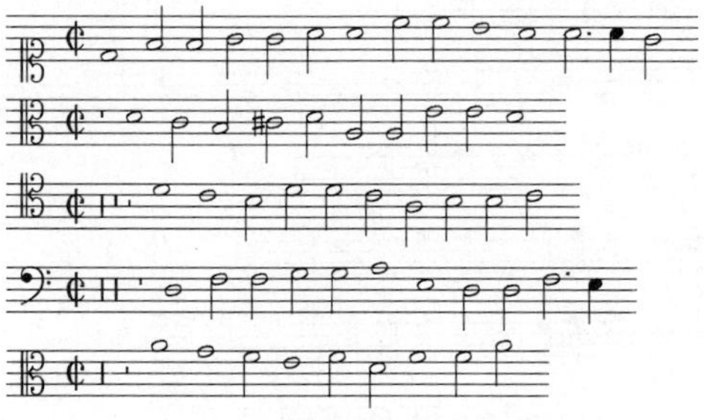

Lasso, Orlando di Non ha tante serene stelle
1563/11, p. 2 Madrigal
SESTINA. STANZA PRIMA.

S A T B Q

Lasso, Orlando di Non s'incolpi'l desire
1563/11, p. 19 Madrigal

S A T B Q

Lasso, Orlando di Non vi vieto per questo c'havrei
1588/24, p. 10 Madrigal

S A T B

Lasso, Orlando di La notte che segui l'horribil caso
1561/10, p. 20 Madrigal

S A T B Q

Lasso, Orlando di. O Lucia miau tu non gabbi chiu
1567/17, p. 42–43 Moresca
MORESCA SECONDA D'ORLANDO

S T B

Lasso, Orlando di O Lucia susa da lieta non dormire
1567/17, p. 44–49 MORSCA
SECONDA PARTE.

S T B

Lasso, Orlando di O la o che bon Echo
1596/08, p. 25 Madrigal
Quintus and Bass II parts from 1590/11.

Lasso, Orlando di O noisa mia vita o dolce stato
1562/07, p. 18–19 Madrigal
SECONDA PARTE.

Lasso, Orlando di O sempre vagh'e piu ch'altri sereni
1566/02, p. 9–10 Madrigal
SECONDA PARTE.

Lasso, Orlando di Occhi piangete accompagnar'il core
1588/24, p. 29–30 Madrigal

Lasso, Orlando di Oh d'amarissim'onde
1570/16, p. 2 Madrigal

Lasso, Orlando di Ov'e condott'il mio amoroso stile
1562/07, p. 18 Madrigal

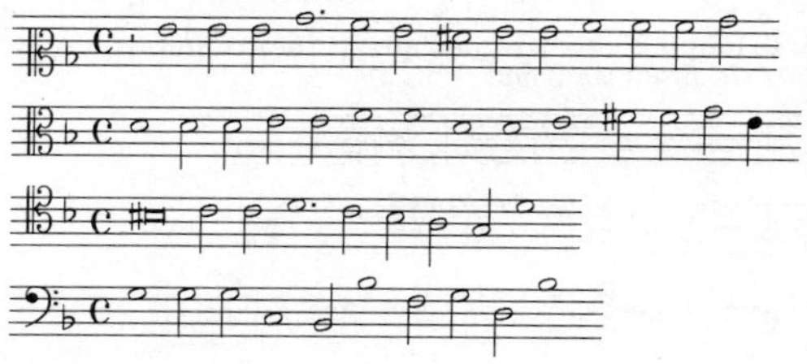

Lasso, Orlando di Ove d'altra montagn'ombra non tocchi
1567/16, p. 4 Madrigal
Only Cantus partbook extant.

Lasso, Orlando di Ove sei vita mia dov'e il tuo loco
1561/10, p. 12 Madrigal

Lasso, Orlando di Passan vostri trionfi
1590/11, p. 61 Madrigal

Lasso, Orlando di Pensier dicea ch'l cor m'aggiaccia
1569/19, p. 19 Madrigal

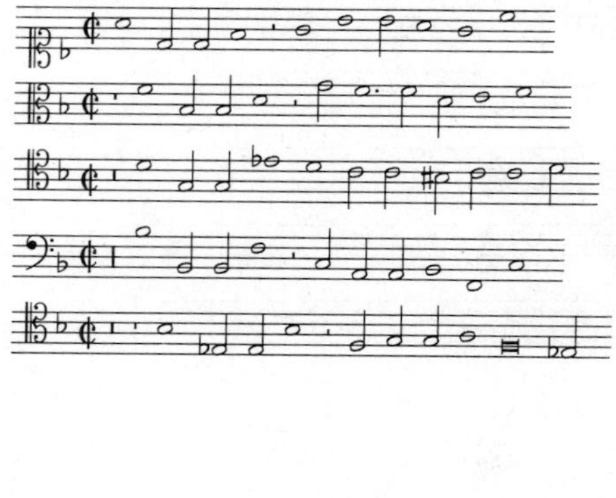

Lasso, Orlando di Per cortesia canzon tu pregherai
1588/24, p. 25 Madrigal
ULTIMA STANZA.

Lasso, Orlando di Per divina bellezza indarno mira
1559/23, p. 20 Madrigal
SECONDA PARTE.

Lasso, Orlando di Per pianto la mia carne
1588/24, p. 2 Madrigal

Lasso, Orlando di Perch'io veggio e mi spiare
1588/24, p. 18 Madrigal

Lasso, Orlando di Poi che'l mio largo pianto
1583/15, f. 2v Madrigal

Lasso, Orlando di Poiche'l mio largo pianto Vergin
1600/05, p. 22 Lauda
A SANTA MARIA DEL PIANTO. (Attrib. to R. Rodio in 1577/08.)

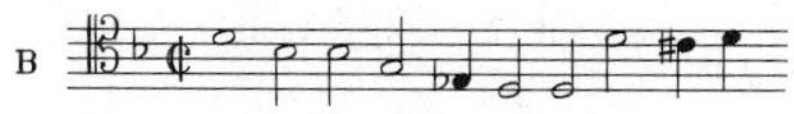

Lasso, Orlando di Quand'han piu fet'i campi
1588/19, p. 5 Madrigal
Tenor and Alto partbooks missing.

Lasso, Orlando di Quant'il mio duol senza conforto
1588/24, p. 12 Madrigal

Lasso, Orlando di Quant'invidia a quell'anime
1563/11, p. 7 Madrigal
SECONDA PARTE.

Lasso, Orlando di Quant'invidia ti porto avara terra
1563/11, p. 6 Madrigal

Lasso, Orlando di Quant'invidia vi port'aure beate
1563/11, p. 12 Madrigal

Lasso, Orlando di Quel chiaro sol che tragge indi
1559/23, p. 9 Madrigal
PRIMA PARTE.

S
A
T
B
Q

Lasso, Orlando di Queste non son piu lagrime
1588/24, p. 4 Madrigal

S
A
T
B

Lasso, Orlando di Questi ch'inditio fan del mio
1559/23, p. 17 Madrigal

S
A
T
B
Q

Lasso, Orlando di Questi son lasso questi
1563/11, p. 9 Madrigal

S
A
T
B
Q

Lasso, Orlando di Riconosci colei che prima torse
1561/10, p. 21 Madrigal
SECONDA PARTE.

S
A
T
B
Q

Lasso, Orlando di Rottav'e pur ver di puro foco
1588/24, p. 6 Madrigal
TERZA STANZA.

S
A
T
B

Lasso, Orlando di S.U. su P.E.R. per, super
1567/13, p. 18 Madrigal

S
A
T
B
Q

Lasso, Orlando di S'io esca vivo de dubbiosi scogli
1579/02, p. 4 Madrigal

S
A
T
B
Q
6

Lasso, Orlando di S'una fed'amorosa
1590/11, p. 42 Madrigal

S
A
T
B
Q
6
7
8

Lasso, Orlando di Scorgo tant'alt'il lume
1563/11, p. 21 Madrigal

S
A

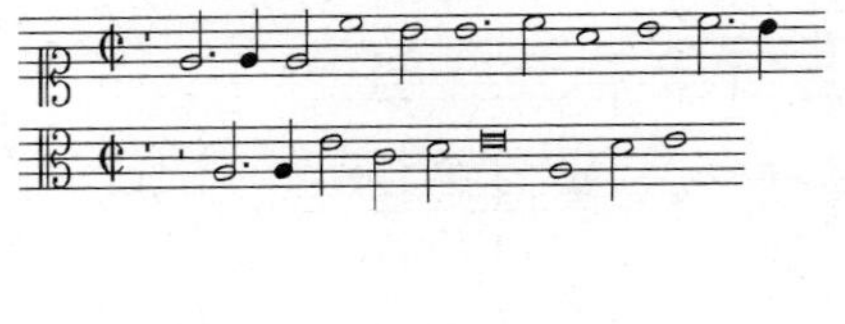

Lasso, Orlando di Se ben l'empia mia forte
1588/24, p. 30–31 Madrigal

Lasso, Orlando di Se si alto pon gir mie stanche rime
1563/11, p. 22 Madrigal

Lasso, Orlando di Secchi vedransi tutt'i verdi boschi
1582/08, p. 2 Madrigal

Lasso, Orlando di Si com'al chiaro giorn'oscura notte
1566/02, p. 9 Madrigal
SESTINA.

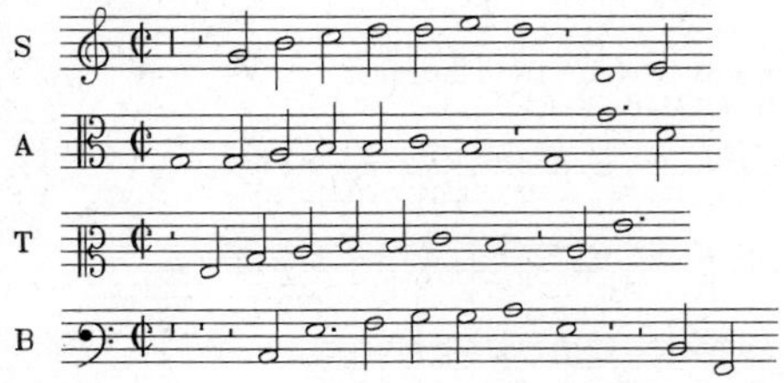

Lasso, Orlando di Si com'i fiori da l'ardente Sole
1570/15, p. 3 Madrigal

Lasso, Orlando di Si se christall'il fium'e'in tale
1588/24, p. 6 Madrigal
QUARTA STANZA.

Lasso, Orlando Di. Silen di rose ha il volto
1594/06, p. 3 Madrigal
PAROLE DI CAMILLO CAMILLI.

Lasso, Orlando di Solo n'andro col mio morta
1569/19, p. 30 Madrigal

Lasso, Orlando di Sovra una verde riva
1560/18, p. 15 Madrigal
Attributed to Anonymous in 1588/24.

Lasso, Orlando di Spent'e d'amor la glori'e spenta
1569/19, p. 17 Madrigal

Lasso, Orlando di Spesso in poveri alberghi
1593/05, p. 25 Madrigal

Lasso, Orlando di Standomi un giorno solo
1559/23, p. 1 Madrigal
PRIMA PARTE.

Lasso, Orlando di Una strana fenice di porpora
1559/23, p. 5 Madrigal
QUINTA PARTE.

Lasso, Orlando di Tal ch'io possa sprezzando
1566/02, p. 10 Madrigal
TERZA PARTE.

Lasso, Orlando di Tu traditora m'hai post'a sto core
1555/30, no. 19 Madrigal
Bass partbook missing. Tenor (1558/16) not found in Leningrad

Lasso, Orlando di Tutto lodi mi dici canta
1596/08, p. 21 Madrigal
Quintus and Bass II parts from 1590/11.

Lasso, Orlando di Valle profonda da i miei lamenti
1584/04, p. 26 Madrigal
ECHO A 10. (Sesto,Ottavo,Nono,& Decimo parts from 1590/11)

Lasso, Orlando di Valli vicini e rupi
1588/24, p. 22 Madrigal
TERZA STANZA. (Attrib. to Anon in 1582/08;Boyleau in 1599/

Lasso, Orlando di Vatene lieta homai
1588/24, p. 19 Madrigal

Lasso, Orlando di La vita fugge et non s'arresta
1563/11, p. 16 Madrigal

Lasso, Orlando di Vivo sol di speranza rimembrando
1588/24, p. 2 Madrigal

Lasso, Orlando di Voi volete ch'io muoia
1577/07, p. 20 Madrigal
Tenor, Bass & Quinto partbooks missing.

Lasso, Orlando di Volgi cor mio la tua speranza
1559/23, p. 14 Madrigal

Lasso, Orlando di Vostro fui, vostro son & saro
1559/23, p. 8 Madrigal

Lasso, Ridolfo. Ardo si ma non t'amo
1585/17, no. 28 Madrigal

Laudis, Francesco de. Dammi pu tanti affanni
1575/11, p. 19 Madrigal

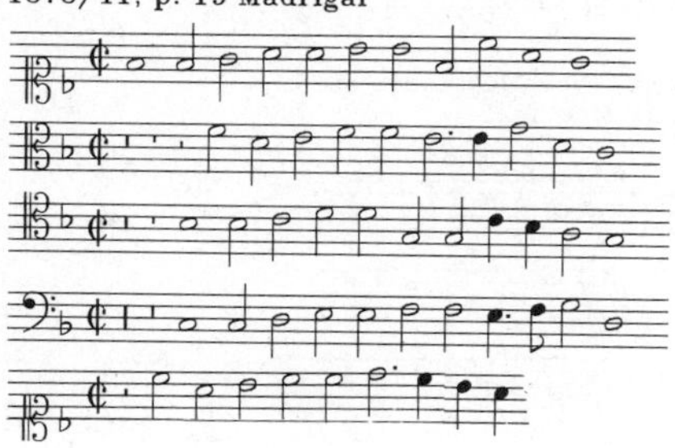

Francesco de Laudis. Dolci colli fiorit'a me si cari
1565/12, p. 6 Canzona
Arioso setting (voice/lute) by Anonymous in 1570/33.

Francesco de Laudis. Et se ti credi abruciar questo core
1575/11, p. 20 Madrigal
SECONDA PARTE.

Francesco de Laudis, Segretario t'ho fatto come sai
1565/12, p. 18 Canzona

Laurano, Philippus de. Io tel voria pur dire
1513/01, f. 49v–50 Frottola

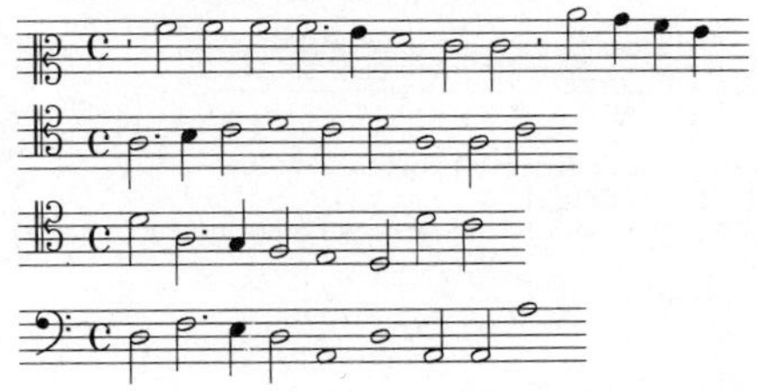

Lauro, Domenico. A voi Signor tutto il dominio
1590/22, p. 18 Madrigal

Lauro, Domenico. Avorio e gemma & ogni pietra dura
1590/22, p. 21 Madrigal
QUATRO PARTE.

Lauro, Domenico. La bella man vi stringo
1590/22, p. 13 Madrigal

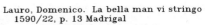

S
T
B

Lauro, Domenico. Che senza ch'assoldiate
1590/22, p. 19 Madrigal
SECONDA PARTE.

S
T
B

Lauro, Domenico. Chi desia di saper la gioia vera
1585/33, p. 16 Madrigal
PRIMA PARTE. (Alto and Bass partbooks missing.)

S
T
Q

Lauro, Domenico. Cor mio mentre vi miro
1590/22, p. 7 Madrigal

S
T
B

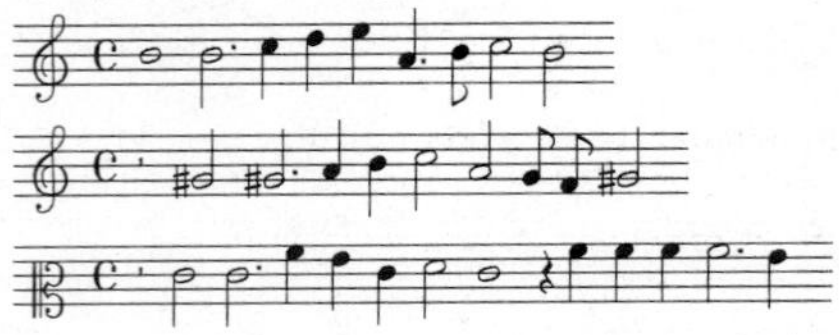

Lauro, Domenico. Del Mincio'l duolo a volto
1585/33, p. 17 Madrigal
SECONDA PARTE. (Alto and Bass partbooks missing.)

S
T
Q

Lauro, Domenico. Dice la mia bellissima Licori
1590/22, p. 12 Madrigal

S
T
B

Lauro, Domenico. Dono Licori a Bacco
1590/22, p. 1 Madrigal

S
C2
B

Lauro, Domenico. Ma di che debbo lamentarmi ahi lassa
1583/17, p. 12 Madrigal
Alto partbook missing.

S
T
B

Lauro, Domenico. La mia leggiadra Clori
1590/22, p. 4 Madrigal

S
T
B

Lauro, Domenico. Mori quasi il mio core
1590/22, p. 5 Madrigal

S
C2
B

Lauro, Domenico. Morir non puo'l mio core
1590/22, p. 6 Madrigal

S
T
B

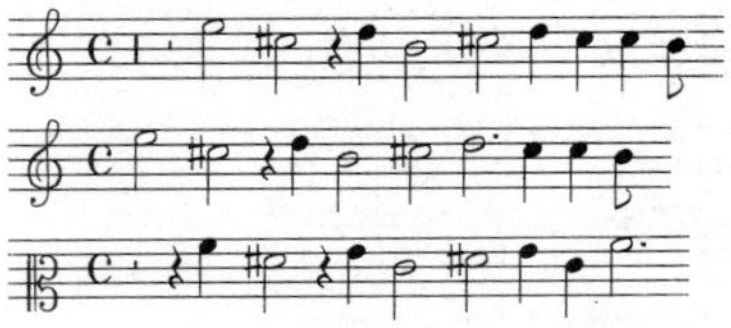

Lauro, Domenico. Non havete a temer ch'n forma nova
1590/22, p. 20 Madrigal
TERZA PARTE.

S
T
B

Lauro, Domenico. Nova leggiadra stella
1594/08, . 2 Madrigal

S
A
T
B

Lauro, Domenico. Nova leggiadra stella
1583/17, p. 13 Madrigal
Alto partbook missing.

S
T
B

Lauro, Domenico. Perche di gemme t'incoroni e d'oro
1585/33, p. 14 Madrigal
Alto and Bass partbooks missing.

Lauro, Domenico. Quel lampo esser vorei
1590/22, p. 14 Madrigal

Lauro, Hieronymo. Almen potess'io far che
1517/02, f. 44v–45 Frottola

Lauro, Hieronymo. Aque stilante e rive
1514/02, f. 69v–70 Frottola

Lauro, Hieronymo. Caso crudel che ogni mortal stupisse
1514/02, f. 65v–66 Frottola

Lauro, Hieronymo. Come havro dunque il frutto
1514/02, f. 66v–67 Frottola

Lauro, Hieronymo. Donne io non so perche
1530/01, f. 8–8v Frottola
Only Alto partbook extant.

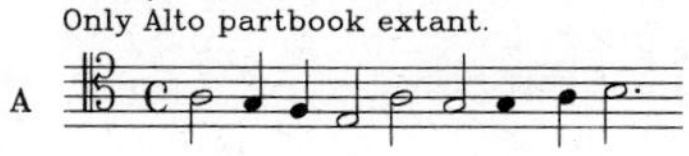

Lauro, Hieronymo. Ecco la notte el ciel tutto
1517/02, f. 35v–37 Frottola

Lauro, Hieronymo. Laura romanis decorata popis
1514/02, f. 64v–65 Frottola

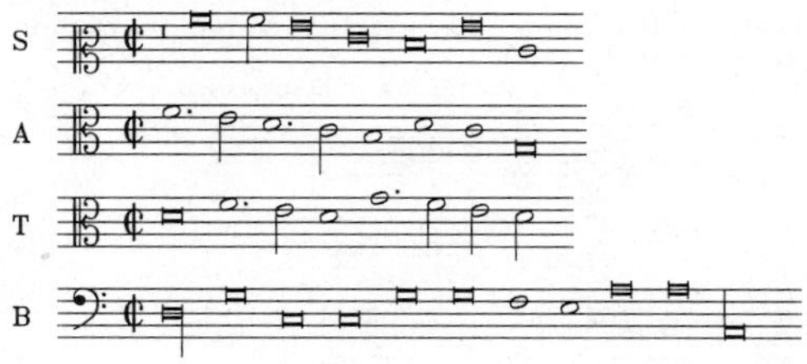

Lauro, Hieronymo. Non me dir che non si po
1517/02, f. 25v–26 Frottola

Lauro, Hieronymo. Non per noiarvi giama per far fede
1517/02, f. 29v–30 Frottola

Lauro, Hieronymo. O voi nel amplo ciel
1517/02, f. 45v–46 Frottola

Lauro, Hieronymo. Va mo va crudele e ingrata
1517/02, f. 18v–20 Frottola

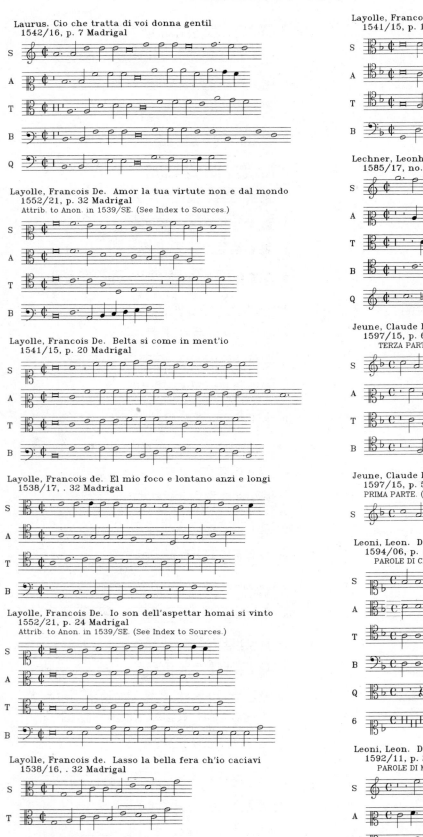

Laurus. Cio che tratta di voi donna gentil
1542/16, p. 7 Madrigal

Layolle, Francois De. Amor la tua virtute non e dal mondo
1552/21, p. 32 Madrigal
Attrib. to Anon. in 1539/SE. (See Index to Sources.)

Layolle, Francois De. Belta si come in ment'io
1541/15, p. 20 Madrigal

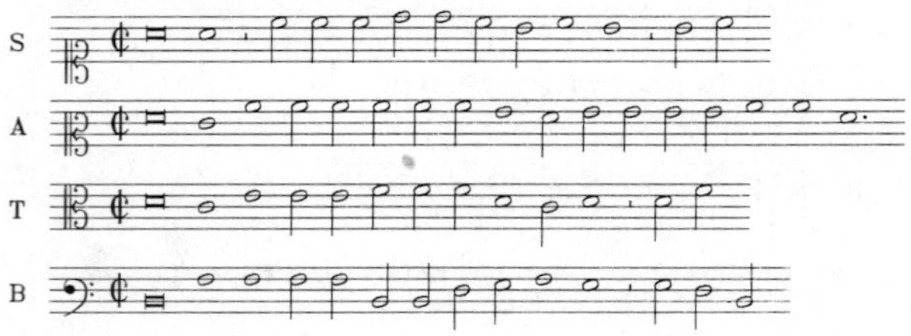

Layolle, Francois de. El mio foco e lontano anzi e longi
1538/17, . 32 Madrigal

Layolle, Francois De. Io son dell'aspettar homai si vinto
1552/21, p. 24 Madrigal
Attrib. to Anon. in 1539/SE. (See Index to Sources.)

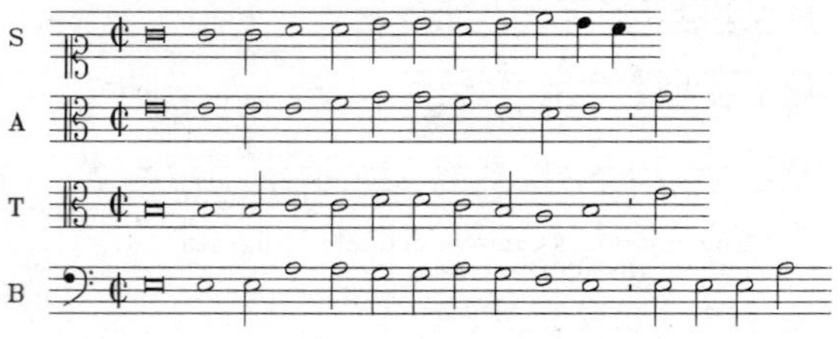

Layolle, Francois de. Lasso la bella fera ch'io caciavi
1538/16, . 32 Madrigal

Layolle, Francois De. Occhi miei lassi mentre
1541/15, p. 15 Madrigal

Lechner, Leonhard. Ardo si ma non t'amo
1585/17, no. 17 Madrigal

Jeune, Claude Le. Ch'io canteria per accordar contene
1597/15, p. 6v Madrigal
TERZA PARTE

Jeune, Claude Le. Vorria che tu cantassi una canzona
1597/15, p. 5v Madrigal
PRIMA PARTE. (Compare Anonymous in 1555/30.)

Leoni, Leon. D'un lauro all'ombra
1594/06, p. 16 Madrigal
PAROLE DI CLAUDIO FORZATE.

Leoni, Leon. Di pastorali accenti
1592/11, p. 20 Madrigal
PAROLE DI MADALENA CAMPIGLIA.

B Q 6

Leoni, Leon. Dolce nemica mia
1600/12, p. 2 Madrigal
Compare G. Gabrieli in 1587/16.

S C2 B

Leoni, Leon. Io mi sento morire
1600/12, p. 9 Madrigal

S C2 B

Leoni, Leon. Io per la via del sangue
1598/06, p. 6 Madrigal

S A T B Q

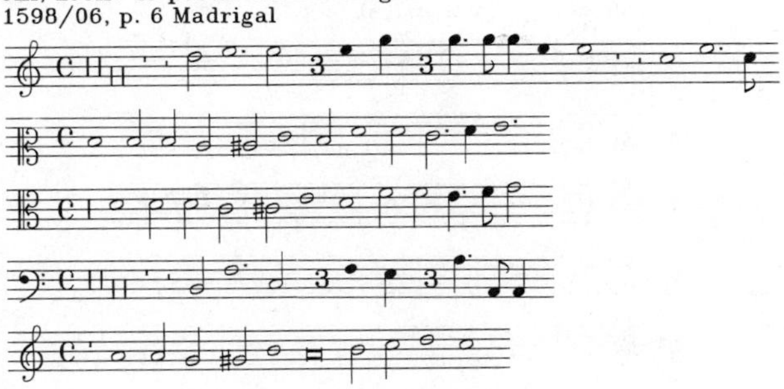

Lerma. Fra bei ginebri e mirti una sera
1558/13, p. 7 Madrigal

S A T B

Lerma. Non m'in cresce madonna
1582/08, p. 7 Madrigal

S T B

Lerma. Quando lascio talhor la donna mia
1562/07, p. 17–18 Madrigal

S A T

B

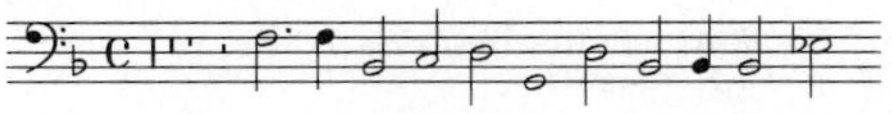

Locatello, Giov. Batt. Amai s'amasti & s'a me desti il core
1590/21, p. 33 Madrigal

S A T B Q 6

Locatello, Giov. Batt. Amor io moro
1590/21, p. 28 Madrigal

S A T B Q 6

Locatello, Giov. Batt. Ardo lungi e dappresso
1589/07, p. 20 Madrigal

S A T B Q

Locatello, Giov. Batt. Baci sospiro e voci
1590/21, p. 10 Madrigal

S A T B

Locatello, Giov. Batt. Bellissima mia Tilla
1590/21, p. 13 Madrigal

Locatello, Giov. Batt. Da begl'occhi ch'adoro
1582/04, p. 20–21 Madrigal

Locatello, Giov. Batt. Deh rest'Amor di saettarmi homai
1590/21, p. 25 Madrigal

Locatello, Giov. Batt. Donna gentil voi siete
1589/11, p. 21 Madrigal

Locatello, Giov. Batt. Gia primavera di vari colori
1594/08, f. 28–29 Madrigal

Locatello, Giov. Batt. Liquide perle in si nova manie
1590/21, p. 31 Madrigal

Locatello, Giov. Batt. Ne lagrime dal cor per gl'occhi
1590/21, p. 32 Madrigal
SECONDA PARTE.

Locatello, Giov. Batt. Nella tua morte ria
1598/06, p. 14 Madrigal

Locatello, Giov. Batt. Le rose frond'e fiori che mi
1590/24, p. 6 Madrigal

Locatello, Giov. Batt. Se'l core in man
1585/29, p. 20 Madrigal

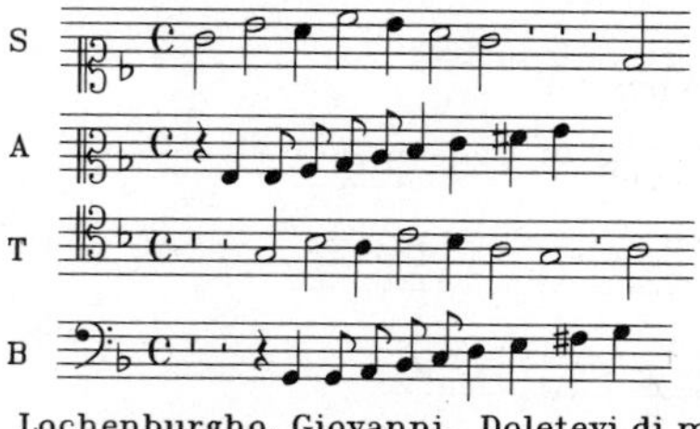

Lochenburgho, Giovanni. Doletevi di mort'acerbe ria
1559/16, p. 8 Madrigal
SECONDA PARTE.

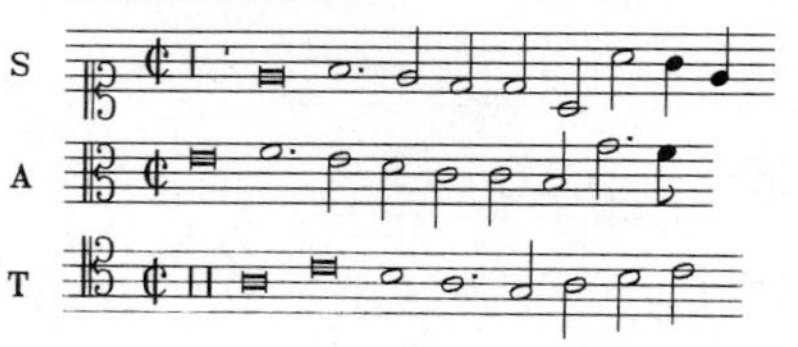

B Q

Lochenburgho, Giovanni. Donna gentil l'alma bellezza
1588/24, p. 16 Madrigal

S A T B

Lochenburgho, Giovanni. Donna s'amor e'in voi fummo desio
1588/24, p. 10 Madrigal

S A T B

Lochenburgho, Giovanni. Piangete o muse e con voi
1559/16, p. 7 Madrigal

S A T B Q

Lochenburgho, Giovanni. Quel si grave dolore
1588/24, p. 13 Madrigal

S A T B

Lochenburgho, Giovanni. Se in voi puo dirsi
1588/24, p. 15 Madrigal

S A T B

Lochenburgho, Giovanni. Se vi fur'et vi son'et saran
1588/24, p. 14 Madrigal

S

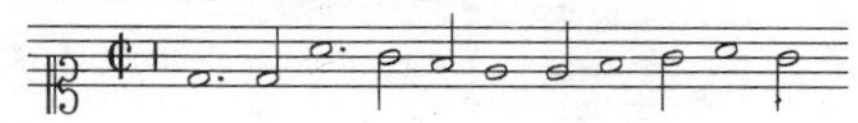

A T B

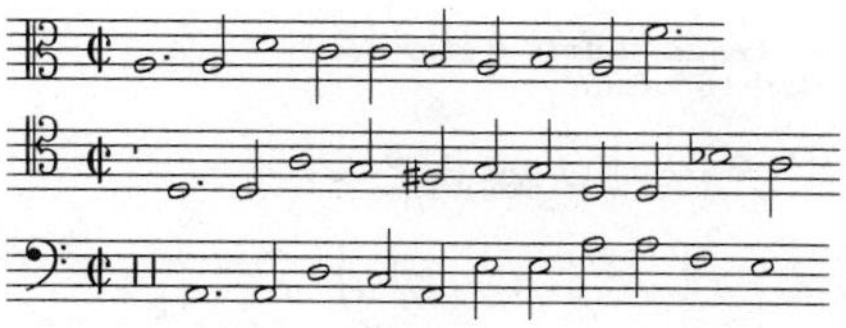

Lodi, Pietro de. El basilischo ha l'ochio
1507/03, f. 47v Frottola

S A T B

Lodi, Pietro de. La belta ch'ogi e divina
1514/02, f. 33v–34 Frottola

S A T B

Lodi, Pietro de. Dhe credete donna a me
1514/02, f. 34v Frottola
Attributed to Anonymous in 1526/05.

S A T B

Lodi, Pietro de. Fui felice un tempo hayme
1514/02, f. 35 Frottola

S A T B

Lodi, Pietro de. Haria voluto alhor
1507/03, f. 51v–52 Frottola

S A T B

Lodi, Pietro de. Legno sancto e glorioso
1508/03, f. 12v–13 Lauda

Lodi, Pietro de. La mia donna e tanto varia
1517/02, f. 48v–49 Frottola

Lodi, Pietro de. Riposarmi in questo porto
1517/02, f. 33v–35 Frottola

Lodi, Pietro de. Stella celi exstirpavit
1508/03, f. 37v–38 Lauda

Lodovi, S. Chiara luce me puo fare
1515/02, f. 19v–20 Frottola

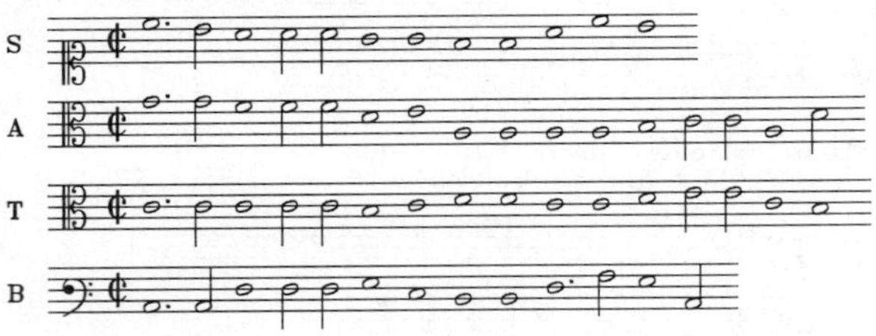

Lodovi, S. S'io non venni non importa
1515/02, f. 27v–28v Frottola

Lombardo, Gieronimo. Non son ris'avicenda
1598/08, p. 3 Madrigal
RISPOSTA

Lombardo, Gieronimo. Ogni donna per te osi'ho in oblio
1574/05, p. 10 Villanella

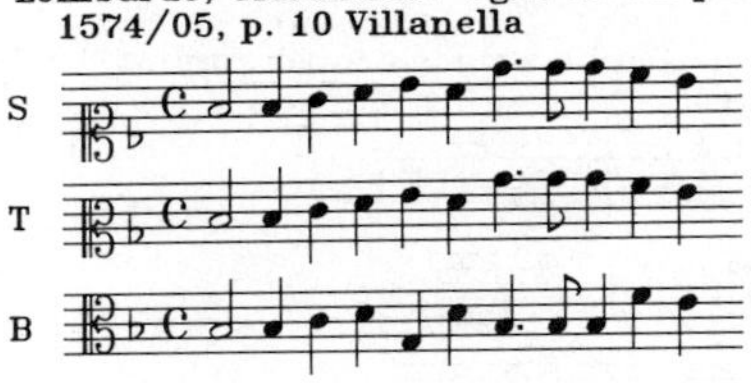

Lombardo, Gieronimo. Son le ris'avicenda
1598/08, p. 2 Madrigal

Londariti, Francesco. Cosi va chi ha ventura
1565/12, p. 21 Canzona

Londariti, Francesco. Ditene o Dei del cielo
1561/15, p. 23 Madrigal

Londariti, Francesco. Era'l bel viso suo qual esser suole
1566/23, p. 21 Madrigal

Londariti, Francesco. Fra piu fioriti colli
1566/03, p. 10–11 Madrigal

Londariti, Francesco. Nel gratioso tempo onde natura
1566/23, p. 22 Madrigal

Londariti, Francesco. Trenta capilli da Castell'amare
1565/12, p. 27 Canzona

Lucenti, Dominico. Se d'ogn'impres'haver bella
1586/15, p. 21 Madrigal
Canto, Alto & Bass partbooks missing.

Lulinus, Joannes Venetus. Amor quando fioriva
1514/02, f. 42v–43 Frottola
Compare tenor with Tromboncino "Amor quando fioriva."

Lulinus, Joannes Venetus. Chi non sa che dolore
1514/02, f. 54v–55 Frottola

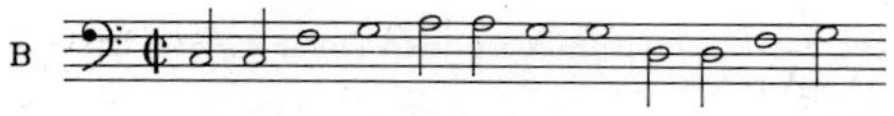

Lulinus, Joannes Venetus. Chiare fresche e dolce acque
1514/02, f. 44v–45v Frottola

Lulinus, Joannes Venetus. Di tempo in tempo mi si fa men dura
1514/02, f. 46v–48 Frottola

Lulinus, Joannes Venetus. Fuga ognun amore protervo
1514/02, f. 58v–59 Frottola

Lulinus, Joannes Venetus. Hay bella liberta come tu mhai
1514/02, f. 51v–52 Frottola

Lulinus, Joannes Venetus. Mentre che gliocchi giro
1514/02, f. 48v–49 Frottola

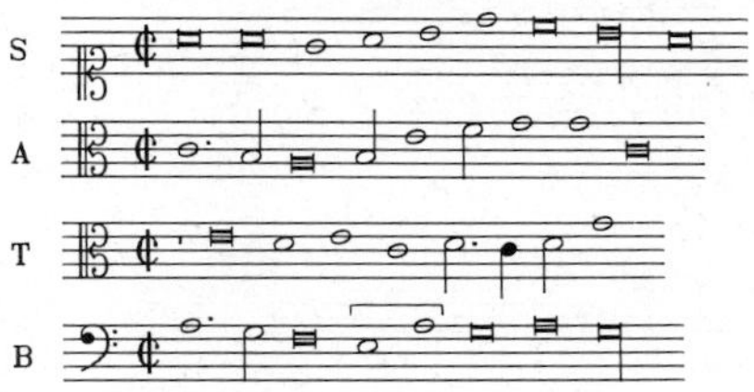

Lulinus, Joannes Venetus. Nel tempo che riveste il verde manto
1514/02, f. 49v–50v Frottola

Lulinus, Joannes Venetus. Non mi pento esser ligato
1514/02, f. 51 Frottola

Lulinus, Joannes Venetus. Non potra mai dir amore
1514/02, f. 59v-60 Frottola

Lulinus, Joannes Venetus. Occhi mei lassi accompagnate il core
1514/02, f. 60v-61 Frottola

Lulinus, Joannes Venetus. Occhi piangete a compagnate il core
1514/02, f. 52v-53 Frottola

Lulinus, Joannes Venetus. Poiche son di speranza al tutto
1514/02, f. 46 Frottola

Lulinus, Joannes Venetus. Rendete amanti le sagite amore
1514/02, f. 53v-54 Frottola

Lulinus, Joannes Venetus. Sel non fusse la speranza
1514/02, f. 55v-56 Frottola

Lulinus, Joannes Venetus. Surge dal orizzonte il biondo appolo
1514/02, f. 56v-57 Frottola

Lulinus, Joannes Venetus. Vale iniqua hor vale
1514/02, f. 57v-58 Frottola

Lupacchino, Bernardino. All'assalir della bramata Rocha
1561/11, p. 7 Madrigal

Lupacchino, Bernardino. Amorose mammelle degne di piu
1559/18, p. 17-18 Madrigal
SECONDA PARTE.

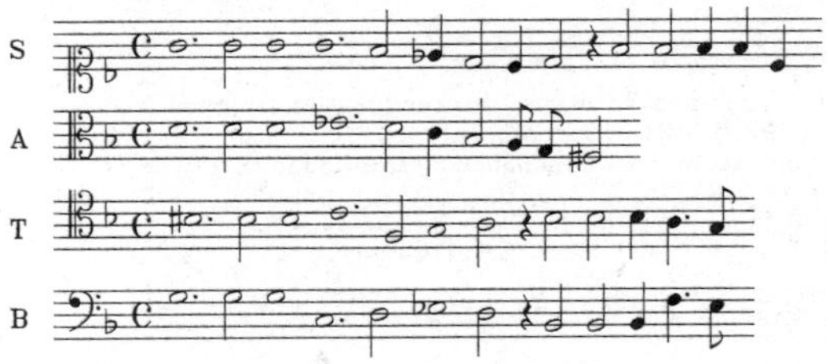

Lupacchino, Bernardino. Ancidetimi pur gravi martiri
1565/15, no. 3
Duo. Only Tenor part extant.

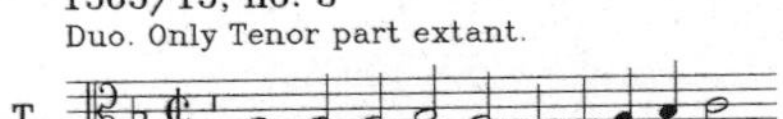

Lupacchino, Bernardino. Il dolce sonno mi promise pace
1559/18, p. 19 Madrigal
Compare L. Balbi, "Il dolce sonno..." in 1589/12.

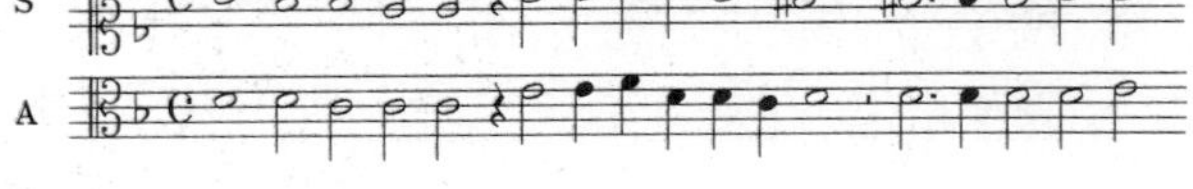

Lupacchino, Bernardino. O dolce mia nemica
1559/18, p. 18 Madrigal
TERZA PARTE. Text is "Dolce mia nemica" in 1557/17.

Lupacchino, Bernardino. Occhi leggiadri amorosetti e gravi
1559/18, p. 17 Madrigal
PRIMA PARTE.

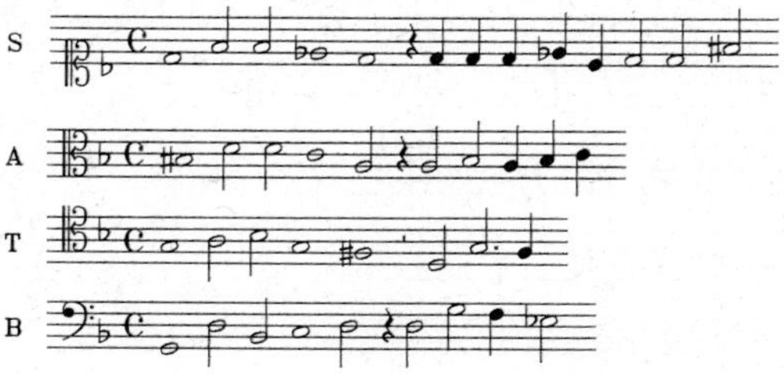

Lupacchino, Bernardino. Perch'al viso d'amor portav'insegna
1561/11, p. 28 Madrigal

Lupacchino, Bernardino. Pungente dardo che'l mio cor consumi
1565/15, no. 7 Duo
SECONDA PARTE. Duo. Only Tenor part extant.

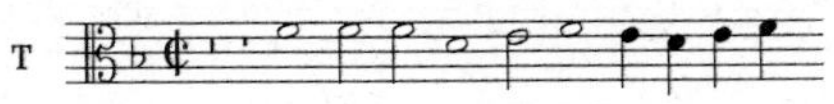

Lupacchino, Bernardino. Qual sventurato mai
1560/10, p. 29 Madrigal
Attributed to P. Animuccia' in 1558/13.

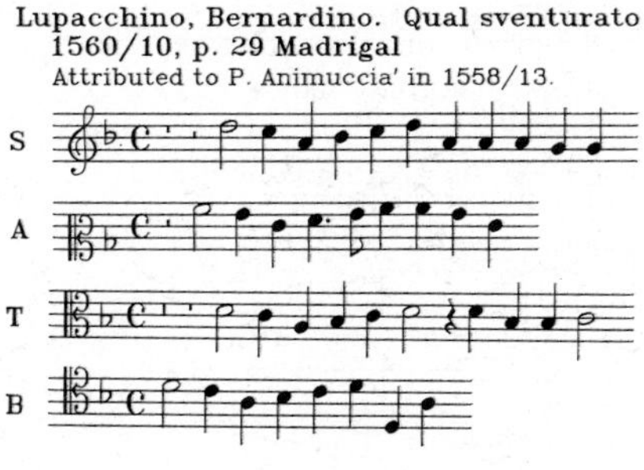

Lupacchino, Bernardino. Voi ven'andat'al Cielo
1565/15, no. 24 Duo
Duo. Only Tenor part extant.

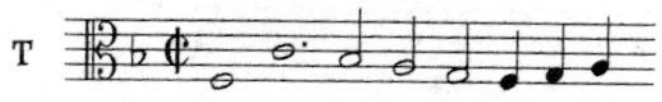

Luppatus, Georgius. Voglio gir chiamando morte
1504/04, f. 54v–55 Frottola

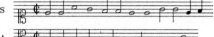

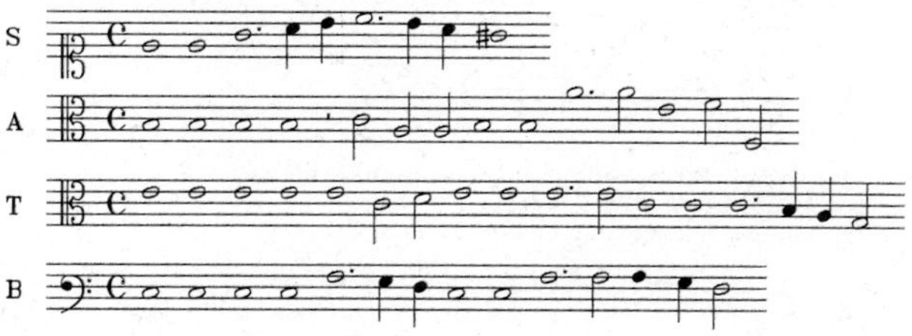

Luprano, Filippo Da. Al di donna non dormire
1505/04, f. 52v–53 Frottola

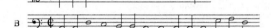

Luprano, Filippo Da. Dammi almen l'ultimo vale
1505/05, f 50v–51 Frottola
Attributed to Tromboncino in 1514/02 ("Damme almen.. ").

Luprano, Filippo Da. De paesi oltramontani
1509/02, f. 39v–40 Frottola

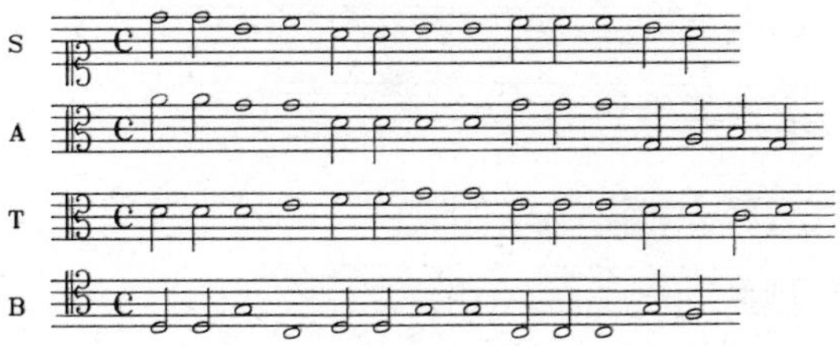

Luprano, Filippo Da. De servirti al tuo dispecto
1505/06, f. 48v Frottola

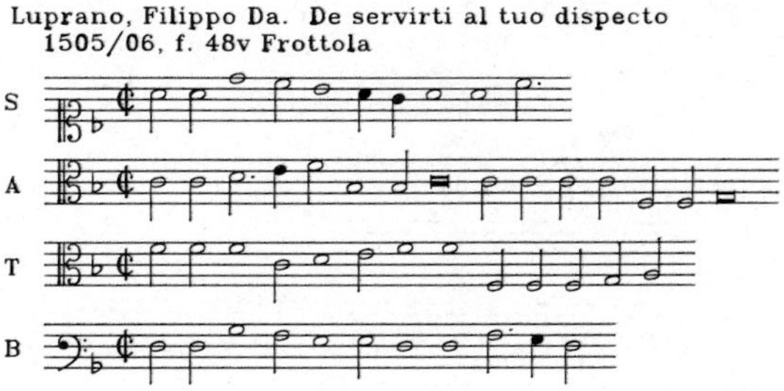

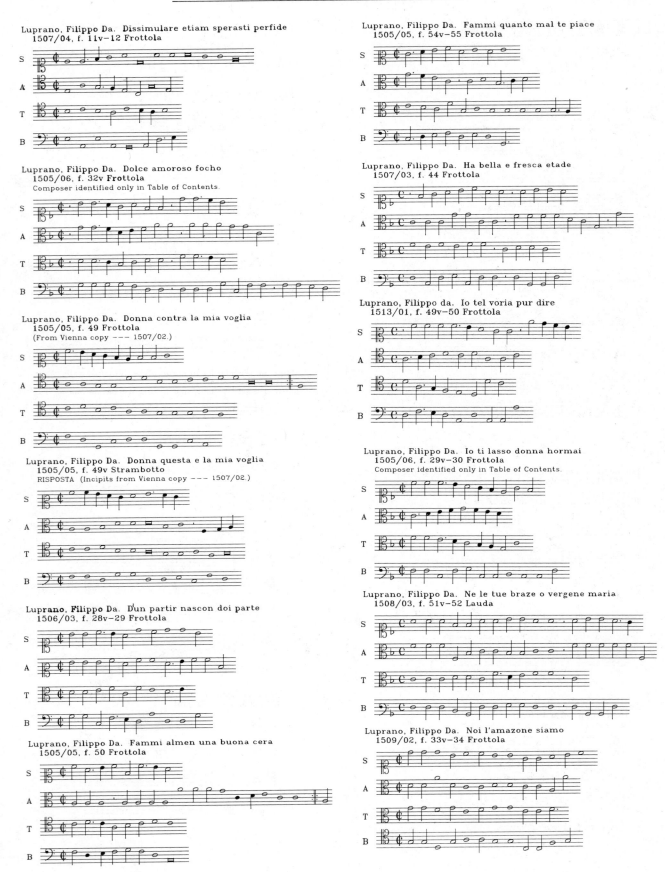

Luprano, Filippo Da. Dissimulare etiam sperasti perfide
1507/04, f. 11v–12 Frottola

Luprano, Filippo Da. Dolce amoroso focho
1505/06, f. 32v Frottola
Composer identified only in Table of Contents.

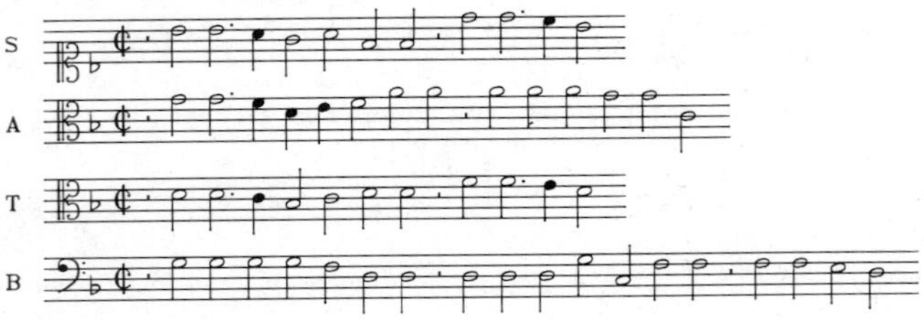

Luprano, Filippo Da. Donna contra la mia voglia
1505/05, f. 49 Frottola
(From Vienna copy --- 1507/02.)

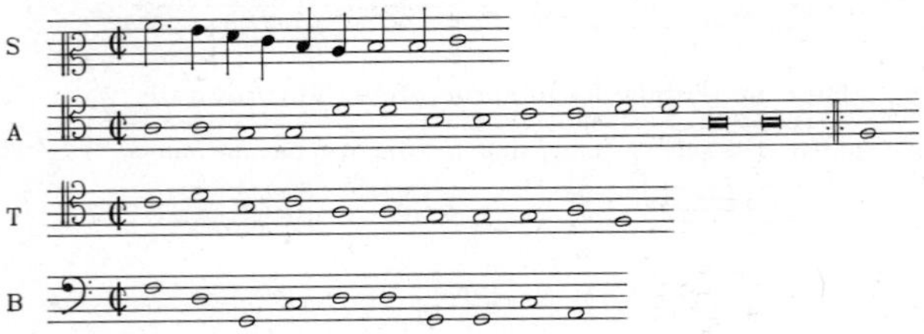

Luprano, Filippo Da. Donna questa e la mia voglia
1505/05, f. 49v Strambotto
RISPOSTA (Incipits from Vienna copy --- 1507/02.)

Luprano, Filippo Da. D'un partir nascon doi parte
1506/03, f. 28v–29 Frottola

Luprano, Filippo Da. Fammi almen una buona cera
1505/05, f. 50 Frottola

Luprano, Filippo Da. Fammi quanto mal te piace
1505/05, f. 54v–55 Frottola

Luprano, Filippo Da. Ha bella e fresca etade
1507/03, f. 44 Frottola

Luprano, Filippo da. Io tel voria pur dire
1513/01, f. 49v–50 Frottola

Luprano, Filippo Da. Io ti lasso donna hormai
1505/06, f. 29v–30 Frottola
Composer identified only in Table of Contents.

Luprano, Filippo Da. Ne le tue braze o vergene maria
1508/03, f. 51v–52 Lauda

Luprano, Filippo Da. Noi l'amazone siamo
1509/02, f. 33v–34 Frottola

Luprano, Filippo Da. Non mi dar piu longhe hormai
1505/05, f. 51v–52 Frottola

Luprano, Filippo Da. Non si po quel che si vole
1506/03, f. 47v–48 Frottola

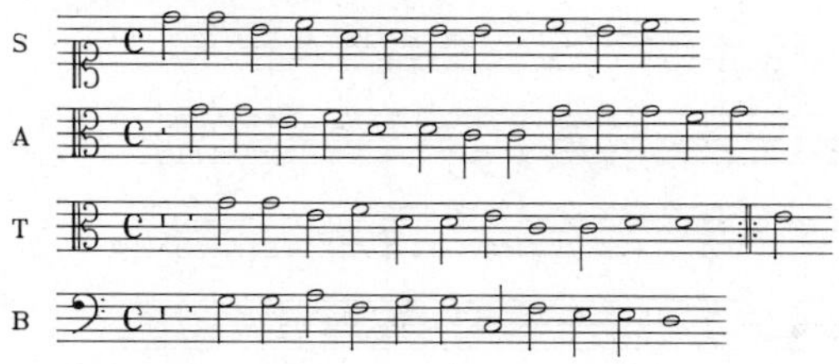

Luprano, Filippo Da. Non son quel che solea
1506/03, f. 2 Frottola

Luprano, Filippo Da. Poi che gionto el tempo
1506/03, f. 16v Frottola

Luprano, Filippo Da. Poi che speranza e morta
1509/02, f. 24 Frottola

Luprano, Filippo Da. Quanto piu donna te dico
1505/05, f. 34 Frottola

Luprano, Filippo Da. Quercus iuncta columna est
1509/02, f. 2 Frottola

Luprano, Filippo Da. Rompe amor questa cathena
1505/05, f. 34v–35 Frottola

Luprano, Filippo Da. Salve sacrata e gloriosa insegna
1508/03, f. 2 Lauda

Luprano, Filippo Da. Se me e grato el tuo tornare
1504/04, f. 53v–54 Frottola

Luprano, Filippo Da. Son fortuna omnipotente
1505/04, f. 4v–5 Frottola

Luprano, Filippo Da. Son tornato e dio el sa
1505/04, f. 51v–52 Frottola

Luprano, Filippo Da. Tutto el mondo chiama e grida
1505/05, f. 35v Frottola

Luprano, Filippo Da. Un solicito amor
1505/05, f. 55v Sonetto
AER DE CAPITULI (no flat in signature in bass part)

Luprano, Filippo Da. Vale hormai con tua durezza
1505/05, f. 53v–54 Frottola

Luprano, Filippo Da. Vale signora vale
1509/02, f. 20 Frottola

Luprano, Filippo Da. Vale valde decora
1509/02, f. 19 Frottola

Luprano, Filippo Da. Vana speranza mia che mai non vene
1505/05, f. 9 Strambotto

Luprano, Filippo Da. Vien da poi la nocte luce
1505/05, f. 52v–53 Frottola

Luprano, Filippo Da. Vivero patiente forte
1505/04, f. 8v Frottola

Lurano, Filippo da, SEE Luprano, Fillipo da

Lusitano, V. All'hor ch'ignuda d'herb'et fior
1562/08, p. 17 Madrigal
Only Bass partbook extant.

Luzzaschi, Luzzasco. Ecco il bel Lauro verdi
1583/10, f. 16 Madrigal

Luzzaschi, Luzzasco. Ero cosi dicea
1588/17, p. 12 Madrigal

Luzzaschi, Luzzasco. Filli al partir del suo caro pastore
1586/10, p. 20 Madrigal

Luzzaschi, Luzzasco. O soave d'Amor leggiadr'aspetto
1591/09, p. 17 Madrigal
Cantus partbook missing. Alto voice missing.

Luzzaschi, Luzzasco. Se'l Lauro e sempre verde
1582/05, p. 8 Madrigal

Luzzaschi, Luzzasco. Sia benedett'amore con la sua face
1597/14, p. 20 Canzona

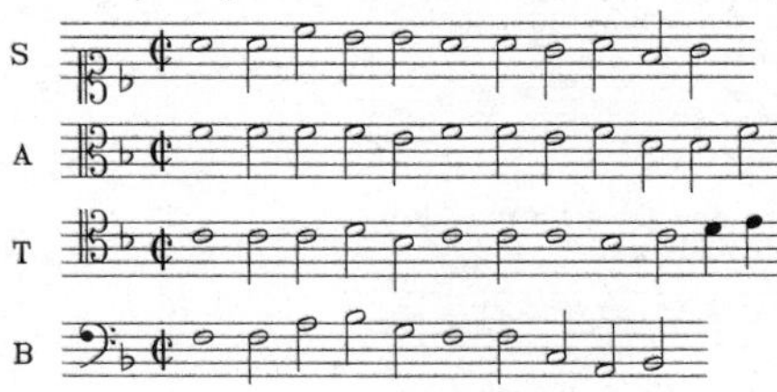

Luzzaschi, Luzzasco. Tra le dolcezze e l'ire
1592/14, p. 10 Madrigal

Luzzaschi, Luzzasco. Tu ribello d'Amore tu di pietade
1590/15, p. 20 Madrigal

Macque, Giovanni de. L'Alto Fattor, che l'Universo
1600/05, p. 7–8 Lauda
PER LA ... NUNCIATA...FIORENZA. (Attrib. to Anon in 1589/02)

Macque, Giovanni de. Amor e'l ver fu meco a dir
1583/15, f. 9 Madrigal

Macque, Giovanni de. Amor io sento un respirar si dolce
1583/14, f. 27 Madrigal

Macque, Giovanni de. Bacciami vita mia
1594/08, f. 33 Madrigal

Macque, Giovanni de. Cosi di Croce armata
1592/05, no. 10 Lauda
Only Alto voice extant

Macque, Giovanni de. Dal suo volto scendea
1583/14, f. 33 Madrigal

Macque, Giovanni de. Di coralli e di perle
1583/15, f. 23 Madrigal

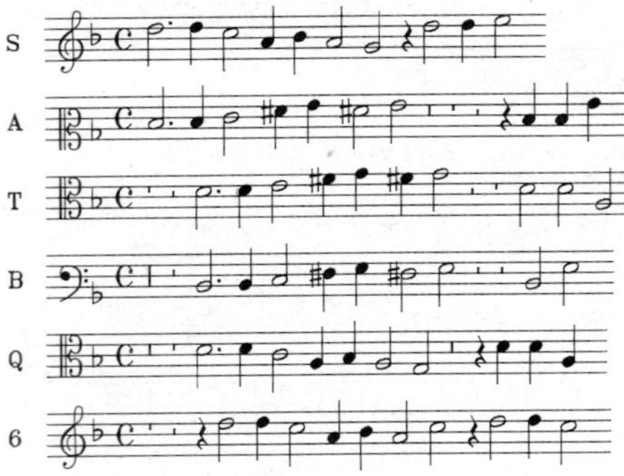

Macque, Giovanni de. Di te la vita nasce
1599/06, p. 26 Lauda
A S. MARIA DEL PARTO.

Macque, Giovanni de. Dolci sdegni e doci ire
1585/23, p. 8 Madrigal
Alto voice missing.

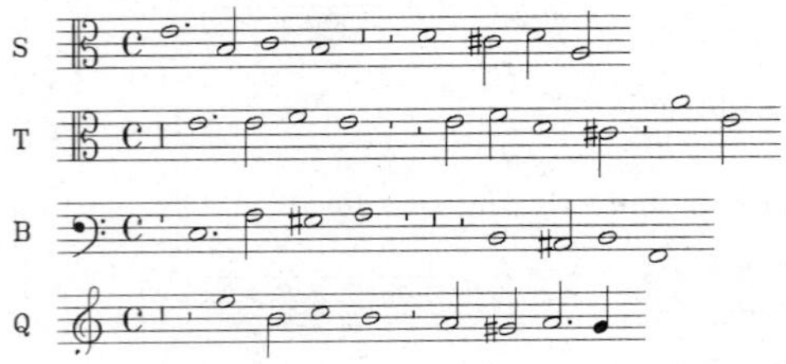

Macque, Giovanni de. Dolcissimo amor mio giesu soavi
1599/07, p. 8 Lauda

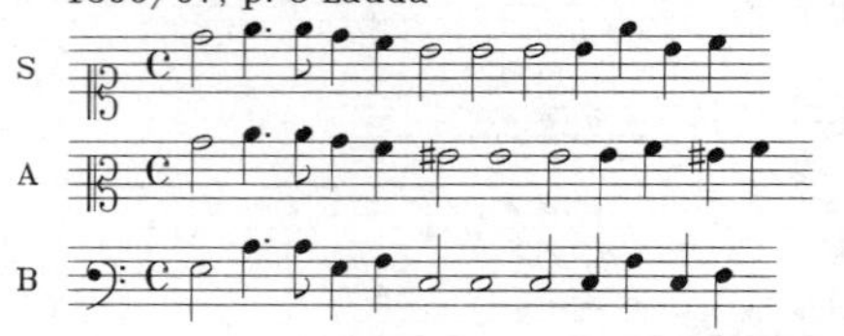

Macque, Giovanni de. E i travagliatiamanti
1595/06, f. 7v–8 Madrigal

Macque, Giovanni de. E sopra gl'arb uscelli
1595/06, f. 6v–7 Madrigal

Macque, Giovanni de. Fa buon giesu ch'io son
1599/07, p. 9 Lauda

Macque, Giovanni de. Fa ch'io rimanga
1592/05, no. 9 Lauda
Only Alto voice extant.

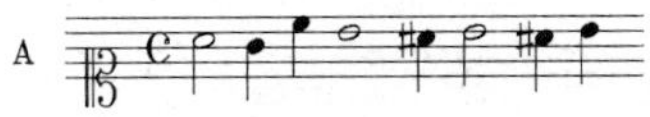

Macque, Giovanni de. Fra belle Ninfe in un bel prato
1583/15, f. 34 Madrigal

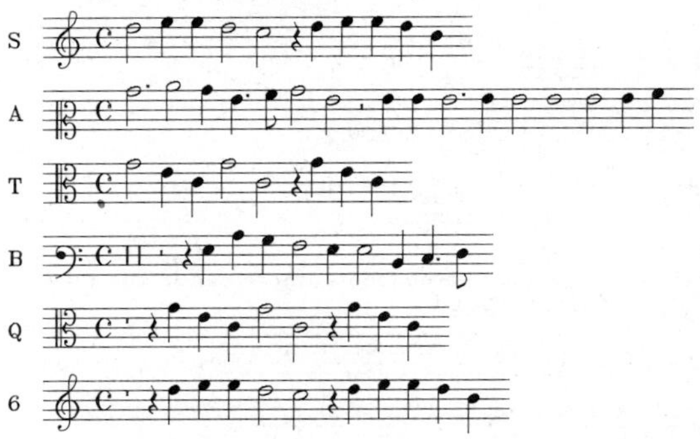

Macque, Giovanni de. Gelo ha madonna
1585/23, p. 15 Madrigal

Macque, Giovanni de. Goditi pur novo Terren
1582/05, p. 31 Madrigal

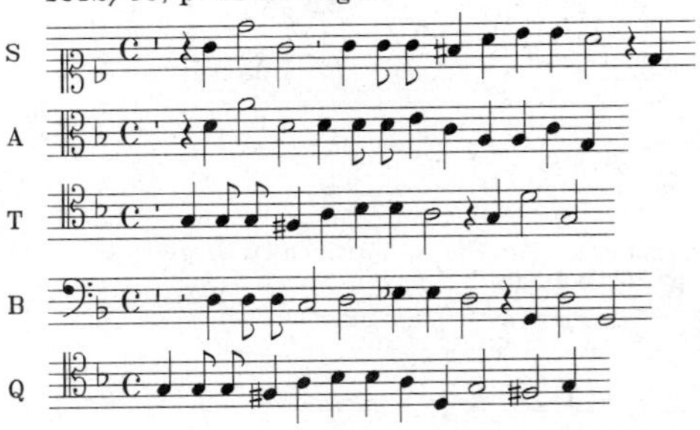

Macque, Giovanni de. Hor un laccio un'ardore
1582/04, p. 6 Madrigal
QUARTE PARTE. (Compare Alto with G.Nanino in 1588/21.)

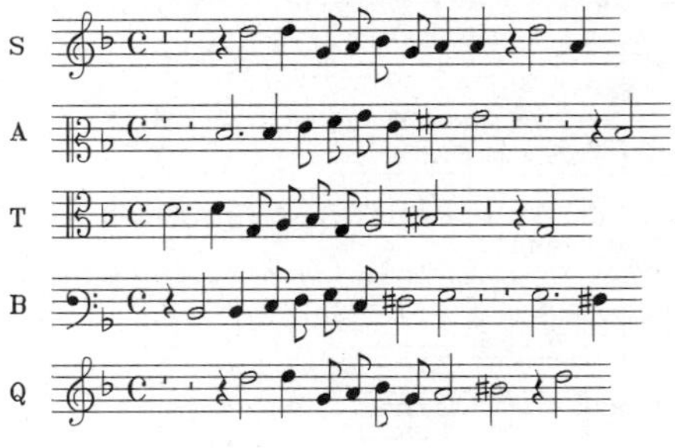

Macque, Giovanni de. Io son di neve al sol
1583/11, p. 24 Madrigal

Macque, Giovanni de. Io vidi Amor con pargoletta
1583/10, f. 7 Madrigal

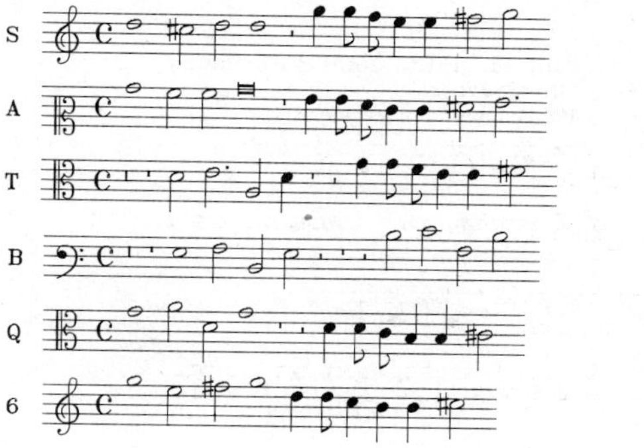

Macque, Giovanni de. La mia leggiadra Clori
1582/04, p. 23 Madrigal

Macque, Giovanni de. Moriro di dolor primo ch'io veggia
1583/15, f. 26 Madrigal

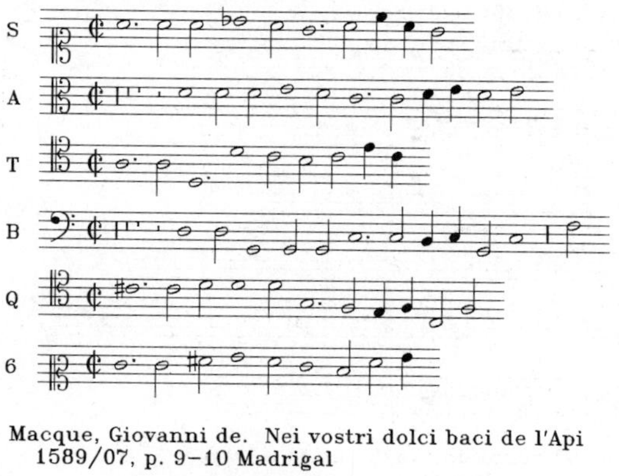

Macque, Giovanni de. Nei vostri dolci baci de l'Api
1589/07, p. 9–10 Madrigal

Macque, Giovanni de. Non al suo amante piu Diana
1583/15, f. 9 Madrigal

Macque, Giovanni de. Non veggio ohime quei leggiadretti
1590/17, f. 8v Madrigal

Macque, Giovanni de. O dolce rimembranza di giesu
1599/07, p. 3 Lauda

Macque, Giovanni de. O donna gloriosa piu sublime
1600/05, p. 27–28 Lauda
PER LA GLORIOSA ASSUNTIONE.

Macque, Giovanni de. Passato e il verno
1600/05, p. 6 Lauda
PER LA DIVOTISSIMA.NUNCIATA DI ROMA.

Macque, Giovanni de. Posso cor mio partire
1583/11, p. 8 Madrigal

Macque, Giovanni de. S'io di te penso e del tuo amor
1600/05, p. 14 Lauda
Altro modo piu comodo a cantare. (Compare Villanova, 1600/05)

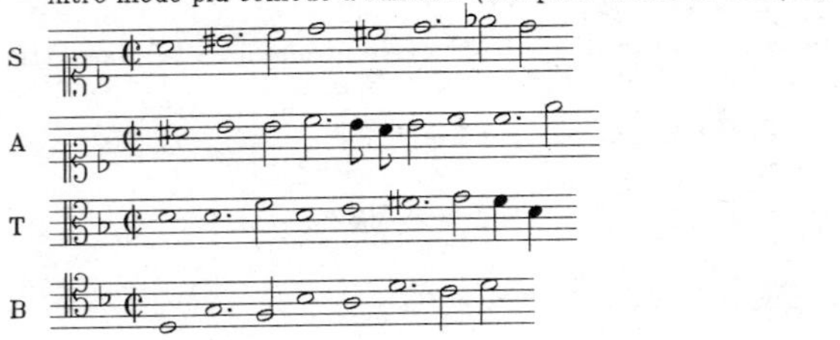

Macque, Giovanni de. Se d'altro mai non vivo
1594/07, f. 8v Madrigal

Macque, Giovanni de. Se dunque il dolce canto
1595/06, f. 8v–9 Madrigal

Macque, Giovanni de. Sedendo in su l'arena d'un bel rio
1583/15, f. 23v Madrigal

Macque, Giovanni de. Spesso il canto ad amare
1595/06, f. 5v–6 Madrigal

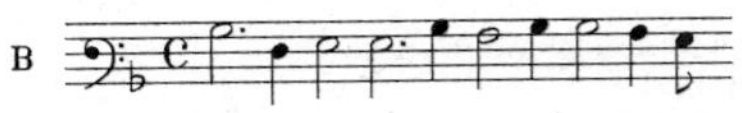

Macque, Giovanni de. Su la selva gentile
1598/08, p. 29 Madrigal

Macque, Giovanni de. Tanta dolcezza prendo
1574/04, p. 28 Madrigal
Bass partbook missing and 6th voice missing.

Macque, Giovanni de. Tre gratiosi amanti
1583/14, f. 34 Madrigal
DIALOGO A 6.

Macque, Giovanni de. Il vagh'e lieto aspetto
1583/15, f. 30v Madrigal

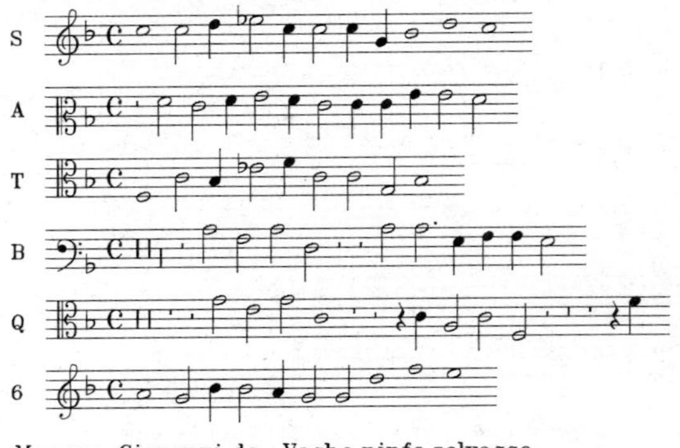

Macque, Giovanni de. Vaghe ninfe selvagge
1592/11, p. 7 Madrigal
PAROLE DI ERASMO VALUASORI.

Macque, Giovanni de. Viv'oriente mio vive dolci faville
1582/06, p. 5 Madrigal

Macque, Giovanni de. Vola vola pensier fuor del mio petto
1588/21, no. 21 Madrigal

Macque, Giovanni de. Vorria saper da voi occhi mortali
1594/08, f. 28 Madrigal

Maffon, Giovanni F. Come viver mil posso
1574/09, p. 22 Madrigal
Greghesca

Maffon, Giovanni F. Ogn'un s'ingannaach'a fortuna crede
1574/09, p. 21 Madrigal

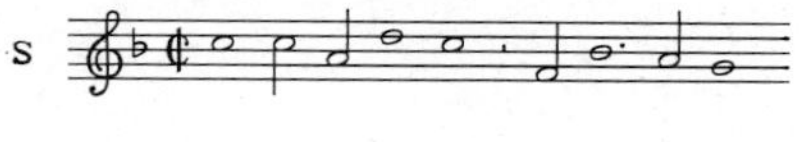

Maio, Giovanni Tomasso di. Agli amanti e ingrato
1519/04, f. 8v–9 Frottola

Maio, Giovanni Tomasso di. Aime cognior cogniosco
1519/04, f. 24v Frottola

Maio, Giovanni Tomasso di. Hor vedi amor che giovinetta
1519/04, f. 15v–17 Frottola

Maio, Giovanni Tomasso di. Io non posso piu'sofrire
1519/04, f. 7v–8 Frottola

Maio, Giovanni Tomasso di. Nasce del mio desir
1519/04, f. 5 Frottola

Maio, Giovanni Tomasso di. Pace pace e non piu guerra
1519/04, f. 20v–21 Frottola

Maio, Giovanni Tomasso di. Sel pensier che mi strugge
1519/04, f. 5v–7 Frottola

Maio, Giovanni Tomasso di. Si tu mi sierres amor
1519/04, f. 12v–13 Frottola

Maio, Giovanni Tomasso di. Tu mi lassi io non ti lasso
1519/04, f. 22v–24 Frottola

Maistre Jhan. Altro non e il mio amor
1538/21, p. 8 Madrigal

Maistre Jhan. Amor non vedi ov'io son giust'omai
1541/15, p. 5 Madrigal

Maistre Jhan. Amor perche tormenti
1541/15, p. 4 Madrigal

Maistre Jhan. Amor se tu sei Dio
1538/21, p. 5 Madrigal

Maistre Jhan. Amor voria donna humana
1537/11, no. 15 Madrigal
Composer listed as Metre Ian.

Maistre Jhan. Cieco fanciful che sei d'anni
1541/15, p. 25 Madrigal

Maistre Jhan. Con doglia e con pieta
1563/07, p. 21 Canzona

Maistre Jhan. Deh perche non e'in voi gentil
1546/19, p. 13 Madrigal

Maistre Jhan. Deh quant'e dolc'amor
1541/15, p. 13 Madrigal

Maistre Jhan. Ecco signor ch'io son
1542/16, p. 6 Madrigal

Maistre Jhan. Hor vedete madonna che fiama
1534/15, f. 4v–5 Madrigal
Attrib. to Arcadelt in 1552/21.Lacks tenor; alto from 1530/02

Maistre Jhan. Lasso che mal acorto fui da prima
1533/02, p. 29 Madrigal
Attributed to Verdelot in 1537/09. Alto incipit from 1537/09.

Maistre Jhan. Madonna i prieghi miei
1541/16, p. 6 Madrigal
Attributed to Maistre Jhan in Basso and Canto.

Maistre Jhan. Madonna i vostri basci son dolci
1541/15, p. 26 Madrigal

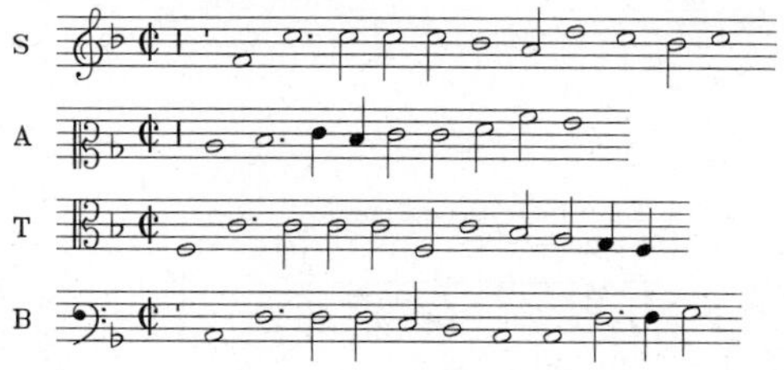

Maistre Jhan. Madonna io v'amo et taccio
1538/21, p. 16 Madrigal

Maistre Jhan. Miser quel huomo che ad amor
1542/16, p. 40 Madrigal

Maistre Jhan. Non vi lassero mai
1546/19, p. 28 Madrigal
Attributed to Anonymous in 1541/16.

Maistre Jhan. Occhi miei vaghi e lieti
1542/16, p. 8 Madrigal

Maistre Jhan. Per aspri boschi esolitario
1538/21, p. 17 Madrigal

Maistre Jhan. Quando nascesti amore
1546/19, p. 4 Madrigal
Attributed to Anonymous in 1541/16.

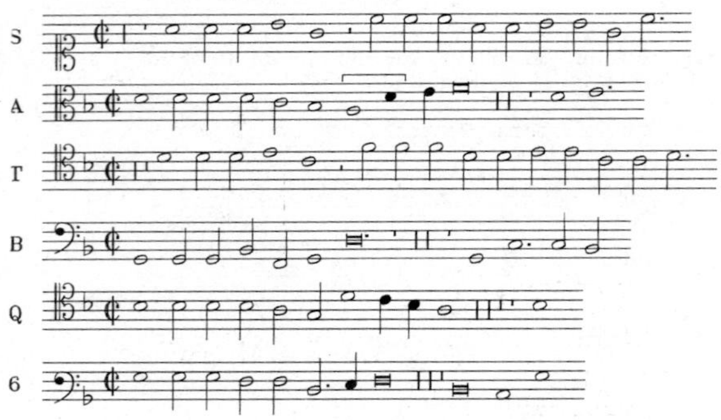

Maistre Jhan. S'amor mi desse ardire di dove
1544/16, p. 18–19 Madrigal

Maistre Jhan. S'io miro ogni bellezza
1538/21, p. 6 Madrigal

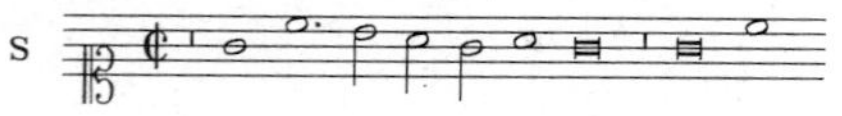

Malpigli, Gentile. Non lagrimar fanciullo i perdutti
1591/09, p. 8 Madrigal
Cantus partbook missing.

Malvezzi, Alberigo. Ahi del bell'Arno torbid'acque
1591/20, p. 17 Madrigal
PRIMA PARTE. (Only Quinto partbook extant.)

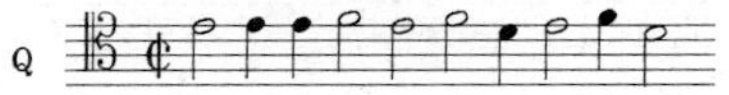

Malvezzi, Alberigo. Al scolar di si vagh'e sereno volto
1591/20, p. 9 Madrigal
TERZA PARTE. (Only Quinto partbook extant.)

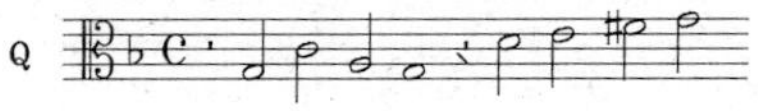

Malvezzi, Alberigo. Cantan gl'augei nei boschi
1591/20, p. 20 Madrigal
SECONDA PARTE. (Only Quinto partbook extant.)

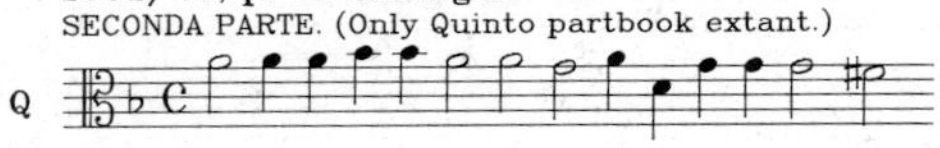

Malvezzi, Alberigo. Chiedendo un bacio alla mia cara
1591/20, p. 13 Madrigal
PRIMA PARTE. (Only Quinto partbook extant.)

Malvezzi, Alberigo. Cosi restai senz'alma
1591/20, p. 14 Madrigal
SECONDA PARTE. (Only Quinto partbook extant.)

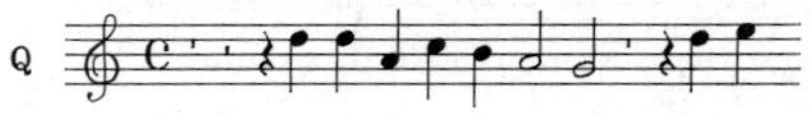

Malvezzi, Alberigo. E quando de'suoi mali
1591/20, p. 16 Madrigal
SECONDA PARTE. (Only Quinto partbook extant.)

Malvezzi, Alberigo. Fanticin'amorosa gradita
1591/20, p. 22–23 Madrigal
Only Quinto partbook extant.

Malvezzi, Alberigo. Gia sparit'era ogni minuta stella
1591/20, p. 5 Madrigal
PRIMA PARTE. (Only Quinto partbook extant.)

Q 

Malvezzi, Alberigo. Godi Flora gentil giubil'e ridi
1591/20, p. 21 Madrigal
NEL NATALE .... PRINCIPE DI TOSCANA. A 6. (Only Quinto extan

Q 

Malvezzi, Alberigo. Grave ne fia da voi partendo morte
1591/20, p. 8 Madrigal
SECONDA PARTE. (Only Quinto partbook extant.)

Q 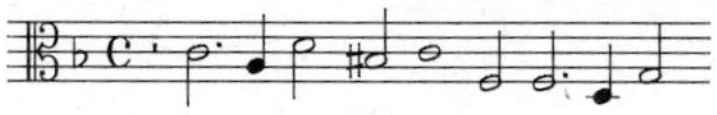

Malvezzi, Alberigo. Hor se da greve duol talvolta
1591/20, p. 10 Madrigal
QUARTA PARTE. (Only Quinto partbook extant.)

Q 

Malvezzi, Alberigo. Mentre dubbioso e di mia vita
1591/20, p. 7 Madrigal
PRIMA PARTE. (Only Quinto partbook extant.)

Q 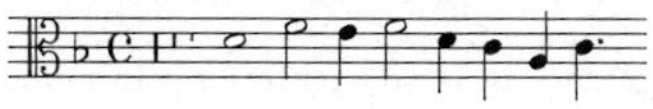

Malvezzi, Alberigo. Ne spero haver mai pace
1591/20, p. 18 Madrigal
Only Quinto partbook extant.

Q 

Malvezzi, Alberigo. Non son Dafni mio bel quest'occhi
1591/20, p. 6 Madrigal
SECONDA PARTE. (Only Quinto partbook extant.)

Q 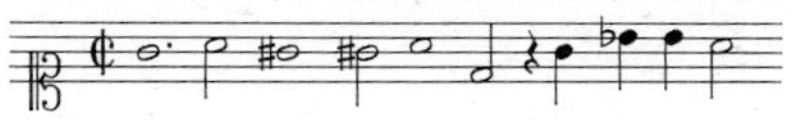

Malvezzi, Alberigo. Questi soavi note ch'a voi
1591/20, p. 2–3 Madrigal

Q 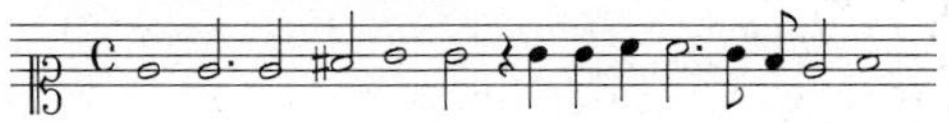

Malvezzi, Alberigo. Scendi gioso al mar limid'e chiaro
1591/20, p. 22 Madrigal
SECONDA PARTE. (Only Quinto partbook extant.)

Q 

Malvezzi, Alberigo. Se voi sete il mio cor, la vita
1591/20, p. 4 Madrigal
SECONDA PARTE. (Only Quinto partbook extant.)

Q 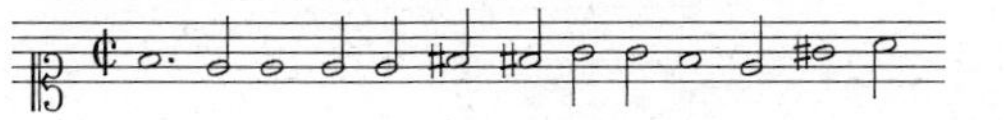

Malvezzi, Alberigo. Se'l sol si scosta e lascia i giorni
1591/20, p. 12 Madrigal
Only Quinto partbook extant.

Q 

Malvezzi, Alberigo. Zeffiro spira e le campagn'in fiora
1591/20, p. 19 Madrigal
PRIMA PARTE. (Only Quinto partbook extant.)

Q 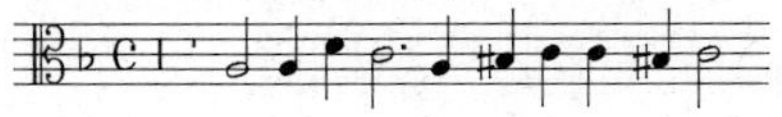

Malvezzi, Cristofano. Ahi che dolcezze amare
1596/11, p. 11 Madrigal
Cantus and Tenor partbooks missing.

A 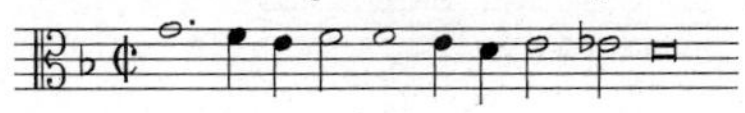

B, Q 

Malvezzi, Cristofano. Al Gran Duce de Toschi
1583/16, p. 2–3 Madrigal

S, A, T, B, Q 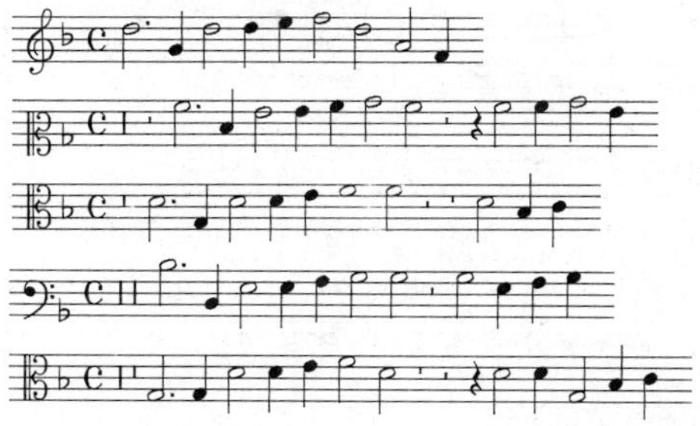

Malvezzi, Cristofano. Caddi al prim'apparir
1583/16, p. 18 Madrigal

S, A, T, B, Q 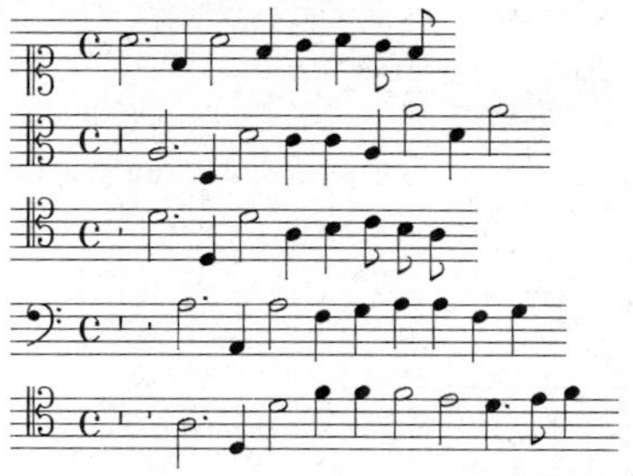

Malvezzi, Cristofano. Una candida cerva sopra l'herba
1583/16, p. 14 Madrigal

S, A, T, B, Q 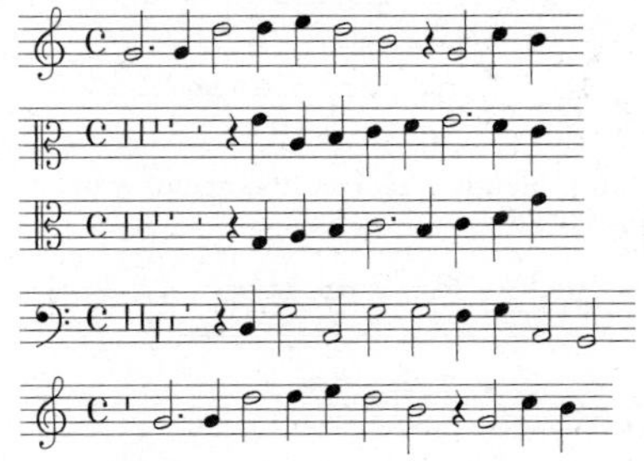

Malvezzi, Cristofano. Che faro dunqu'a quei begl'occhi
1583/16, p. 6 Madrigal
PRIMA PARTE.

S, A, T, B, Q 

Malvezzi, Cristofano. Chiaro segno amor pose a la mia rime
1583/16, p. 20 Madrigal

Malvezzi, Cristofano. Com'e contrario il mio Nuvolo
1589/07, p. 16 Madrigal
Page missing in Alto partbook.

Malvezzi, Cristofano. Come in un punto alla sua gratia
1583/16, p. 12 Madrigal
PRIMA PARTE.

Malvezzi, Cristofano. Crude l'acerba inesorabil morte
1583/16, . 11 Madrigal
SECONDA PARTE.

Malvezzi, Cristofano. I tuoi capelli o Filli
1583/16, p. 22–23 Madrigal

Malvezzi, Cristofano. La vita fugge e non s'arrest'
1583/16, p. 8–9 Madrigal
PRIMA PARTE.

Malvezzi, Cristofano. Mia benigna fortuna e'l viver lietop
1583/16, . 10–11 Madrigal
PRIMA PARTE.

Malvezzi, Cristofano. Ne pur il mio segreto e'l mio riposo
1583/16, p.22 Madrigal
SECONDA PARTE.

Malvezzi, Cristofano. Nessun mi tochi al bel collo
1583/16, p. 15 Madrigal
SECONDA PARTE.

Malvezzi, Cristofano. Non posso al grave duol miser
1583/16, p. 13 Madrigal
SECONDA PARTE.

Malvezzi, Cristofano. O cameretta che gia fusti un porto
1583/16, p. 21 Madrigal
PRIMA PARTE.

Malvezzi, Cristofano. O forse'l piant'haver potria
1583/16, p. 6–7 Madrigal
SECONDA PARTE.

Malvezzi, Cristofano. Occhi miei che vedesti
1583/16, p. 4 Madrigal

Malvezzi, Cristofano. Qui caddi a laccio
1583/16, p. 17 Madrigal

Malvezzi, Cristofano. Son di voi l'aure chiome ov'entro
1586/07, p. 22 Madrigal
SOPRA IL NOME. (Quintus partbook missing.)

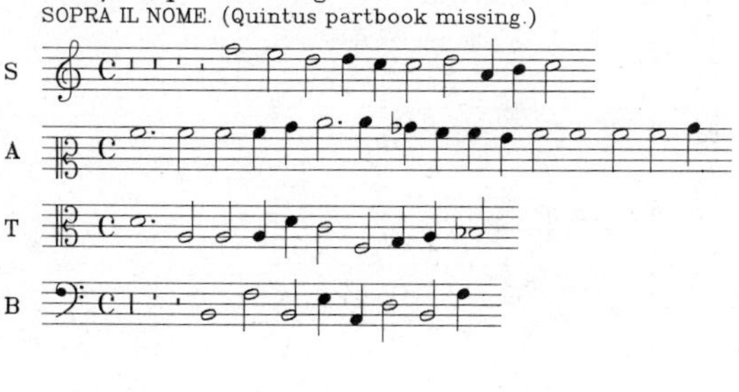

Malvezzi, Cristofano. Tal che ben scopre chiar'hoggi
1586/07, p. 23 Madrigal
SECONDA PARTE (Quintus partbook missing.)

Malvezzi, Cristofano. Torna suono deh torna un'altra volta
1583/16, p. 16 Madrigal

Malvezzi, Cristofano. Tornami avanti s'alcun dolce mai
1583/16, p. 9 Madrigal
SECONDA PARTE.

Malvezzi, Cristofano. Vago dolce e bell'Arno
1583/16, p. 5 Madrigal

Malvezzi, Nicolao. Caro sdegno gentil ben caro quanto
1591/20, p.11 Madrigal
Only Quinto partbook extant.

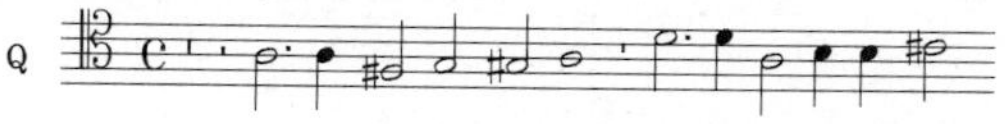

Malvezzi, Nicolao. Signor quando mirate del mio sol
1591/20, p.15 Madrigal
PRIMA PARTE. (Only Quinto partbook extant.)

Manara, Francesco. Al'apparir d'una leggiadra Damma
1591/09, p. 7 Madrigal
Cantus partbook missing.

Manara, Francesco. Amor dentr'al mio cor
1548/08, p. 18 Madrigal

Manara, Francesco. Amor scorta mi fosti a bell'impresa
1548/08, p. 32 Madrigal

Manara, Francesco. Ben s'io non ero di pietat'un raggio
1548/08, p. 6 Madrigal
SECONDA PARTE.

Manara, Francesco. Chi ama vive in core
1582/05, p. 19 Madrigal

Manara, Francesco. Dolce amoroso ardore
1548/08, p. 31 Madrigal

Manara, Francesco. Il fiero passo o ve m'aggions'
1548/08, p. 20 Madrigal

Manara, Francesco. Lasso mi trov'Amore
1548/08, p. 2 Madrigal

Manara, Francesco. Ma perch'ogn'hor m'attempo
1548/08, p. 35 Madrigal

Manara, Francesco. O che lieve e'ingannar
1548/08, p. 36 Madrigal

Manara, Francesco. Pien d'un vago pensier
1548/08, p. 6 Madrigal

Manara, Francesco. Satiati Amor ch'al piu doglios'
1548/08, p. 28 Madrigal

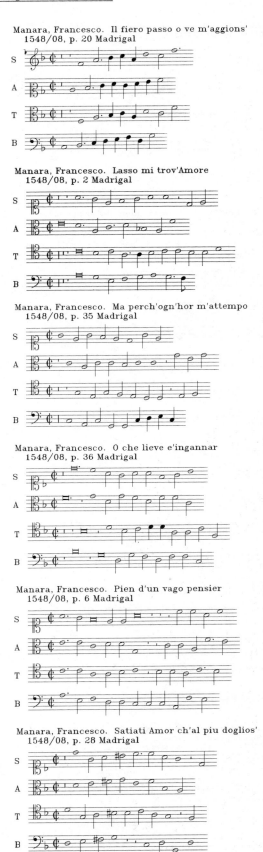

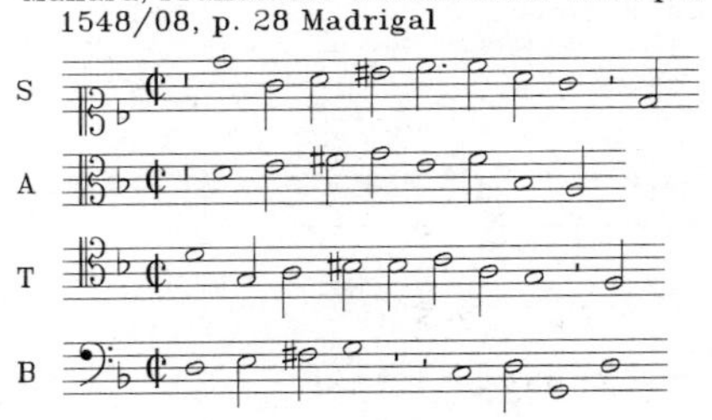

Manara, Francesco. Tal guida fummi il giovi nil desio
1548/08, p. 34 Madrigal

Manara, Francesco. Tal'hor m'assal'in mezz'a tristi
1548/08, p. 9 Madrigal

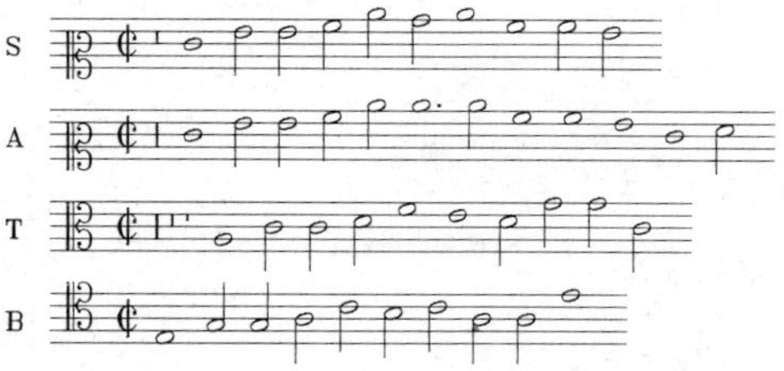

Manara, Francesco. Un si nuovo desio
1548/08, p. 15 Madrigal

Manenti, Gio. Piero Se pensand'al partir pens'al morire
1583/15, f. 29 Madrigal

Manenti, Gio. Piero Vientene Filli & men'i dolci amori
1593/04, f. 29 Madrigal

Mantovano, Alessandro. Ben ben ben che tene pare
1513/01, f. 52v–53v Frottola

Mantovano, Alessandro. Chi se passe di speranza
1513/01, f. 3v–4v Frottola

Mantovano, Alessandro. Consumo la mia vita
1513/01, f. 27v–28 Frottola

Mantovano, Alessandro. Di piu varii pensier
1513/01, f. 43 Frottola
Attributed to M. Cara in 1517/01.

Mantovano, Alessandro. Doglia mia acerbe
1513/01, f. 20v–21 Frottola

Mantovano, Alessandro. Donna io temo dun tuo no
1513/01, f. 40v–41v Frottola

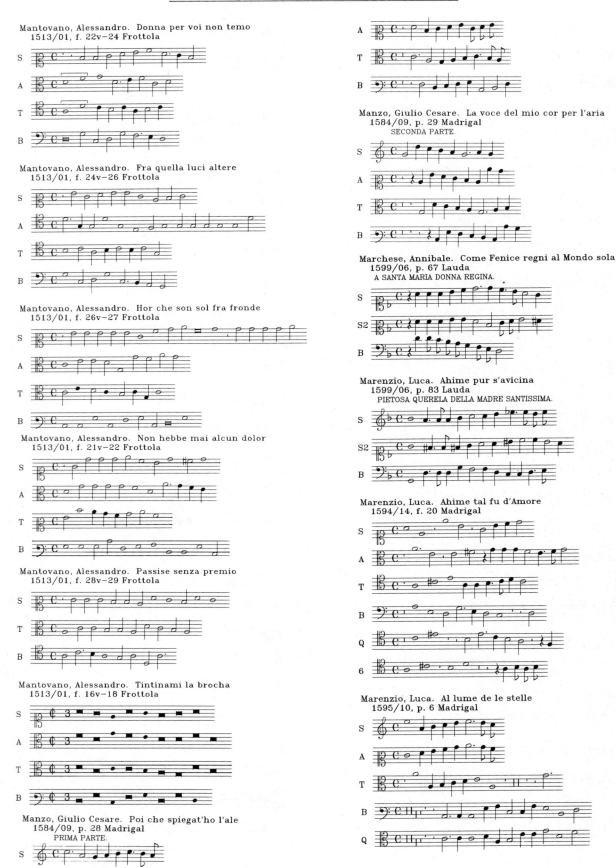

Mantovano, Alessandro. Donna per voi non temo
1513/01, f. 22v–24 Frottola

Mantovano, Alessandro. Fra quella luci altere
1513/01, f. 24v–26 Frottola

Mantovano, Alessandro. Hor che son sol fra fronde
1513/01, f. 26v–27 Frottola

Mantovano, Alessandro. Non hebbe mai alcun dolor
1513/01, f. 21v–22 Frottola

Mantovano, Alessandro. Passise senza premio
1513/01, f. 28v–29 Frottola

Mantovano, Alessandro. Tintinami la brocha
1513/01, f. 16v–18 Frottola

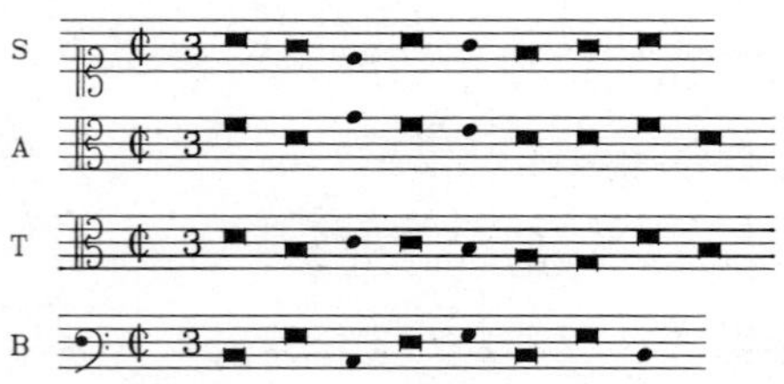

Manzo, Giulio Cesare. Poi che spiegat'ho l'ale
1584/09, p. 28 Madrigal
PRIMA PARTE.

Manzo, Giulio Cesare. La voce del mio cor per l'aria
1584/09, p. 29 Madrigal
SECONDA PARTE.

Marchese, Annibale. Come Fenice regni al Mondo sola
1599/06, p. 67 Lauda
A SANTA MARIA DONNA REGINA.

Marenzio, Luca. Ahime pur s'avicina
1599/06, p. 83 Lauda
PIETOSA QUERELA DELLA MADRE SANTISSIMA.

Marenzio, Luca. Ahime tal fu d'Amore
1594/14, f. 20 Madrigal

Marenzio, Luca. Al lume de le stelle
1595/10, p. 6 Madrigal

Marenzio, Luca. Al suon dele dolcissime parole
1589/08, no. 19 Madrigal
A 6.

S A T B Q 6

Marenzio, Luca. Al vago del mio sole
1589/08, no. 38 Madrigal

S A T B Q

Marenzio, Luca. Alzate novo lauro
1589/08, no. 23 Madrigal
SECONDA PARTE. A 6.

S A T B Q 6

Marenzio, Luca. Alzate oltra le stelle
1583/10, f. 3 Madrigal
SECONDA PARTE

S A T B Q 6

Marenzio, Luca. Amatemi ben mio
1591/21, p. 13 Madrigal

S

A T B Q 6

Marenzio, Luca. Ami Tirsi e me'l nieghi
1595/10, p. 7 Madrigal

S A T B Q

Marenzio, Luca. Amor io non potrei
1589/08, no. 36 Madrigal

S A T B Q

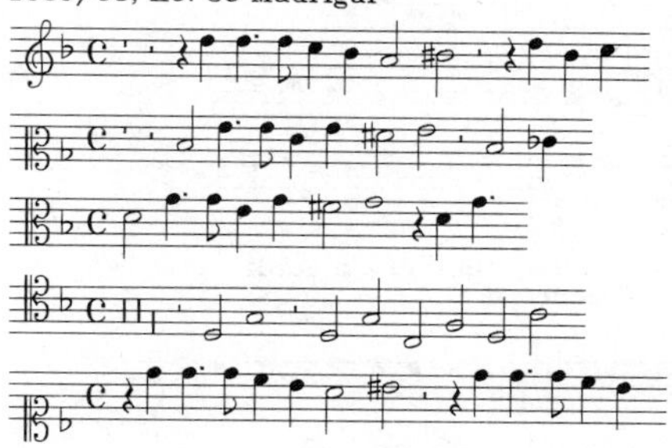

Marenzio, Luca. Amor poiche non vuole
1589/08, no. 39 Madrigal

S A T B Q

Marenzio, Luca. Arda pur sempre o mora
1595/10, p. 11 Madrigal

S A T B Q

Marenzio, Luca. Arsi gran tempo
1594/14, f. 15 Madrigal
PRIMA PARTE.

Marenzio, Luca. L'Aura serena che fra verdi fronde
1589/08, no. 23 Madrigal
PRIMA PARTE. A 6.

Marenzio, Luca. Baci affammati e'n gordi
1591/21, p. 18 Madrigal
TERZA PARTE.

Marenzio, Luca. Baci amorosi e belli
1591/21, p. 17 Madrigal

Marenzio, Luca. Baci cortesi e grati
1591/21, p. 19 Madrigal
QUARTA PARTE.

Marenzio, Luca. Baci ohime non mirate
1591/21, p. 20 Madrigal
QUINTA & ULTIMA PARTE.

Marenzio, Luca. Baci soavi e cari
1591/21, p. 16 Madrigal
CANZONE PRIMA PARTE.(See Marenzio "Vivro .. " in 1591/21.)

Marenzio, Luca. Bascia e ribascia e fugge
1593/03, p. 12 Madrigal
DUODECIMA PARTE. (Alto, Tenor, & Bass partbooks missing.)

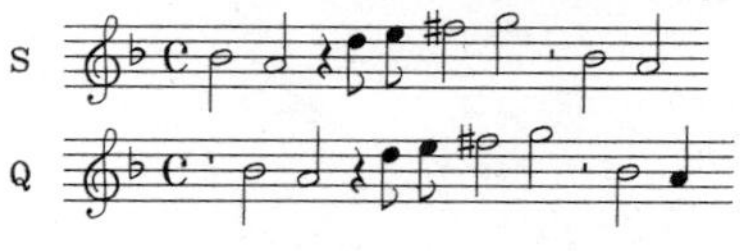

Marenzio, Luca. Basti fin qui le pene
1589/08, no. 5 Madrigal
A 10. (For two 5–v choirs.)

Marenzio, Luca. La bella ninfa mia ch'al Thebro
1588/21, no. 37 Madrigal

Marenzio, Luca. Ben me credetti gia d'esser felice
1594/14, f. 52v Madrigal

Marenzio, Luca. Bianchi Cigni canori
1589/08, no. 24 Madrigal

Marenzio, Luca. Cantai gia lieto
1594/14, f. 3 Madrigal

Marenzio, Luca. Cantate Ninfe leggiadrette e belle
1589/08, no. 22 Madrigal
A 6.

Marenzio, Luca. Cantava la piu vaga pastorella
1588/21, no. 33 Madrigal

Marenzio, Luca. Care mie selve a Dio
1595/10, p. 18 Madrigal
PRIMA PARTE.

Marenzio, Luca. Caro Aminta pur voi
1594/14, f. 19 Madrigal
PRIMA PARTE.

Marenzio, Luca. Cedan l'antiche tue chiare vittorie
1594/14, f. 45v Madrigal
PRIMA PARTE.

Marenzio, Luca. Che fa hoggi il mio sole
1585/18, p. 26 Madrigal

Marenzio, Luca. Che la mia donna altiera
1594/14, f. 3v Madrigal
SECONDA PARTE.

Marenzio, Luca. Chi strinse mai piu bella mano
1589/08, no. 39 Madrigal

Marenzio, Luca. Come due masse d'or fundersi in una
1586/11, p. 11 Sonetto
SECONDA PARTE.

Marenzio, Luca. Come e dolce il gioire
1595/10, p. 17 Madrigal

Marenzio, Luca. Come fuggir per selv'ombrosa
1591/21, p. 5 Madrigal

Marenzio, Luca. Come inanti de l'alba ruggiadosa
1594/14, f. 48v Madrigal

Marenzio, Luca. Con dolce sguard'al quant'acerb'
1594/14, f. 29v Madrigal
PRIMA PARTE.

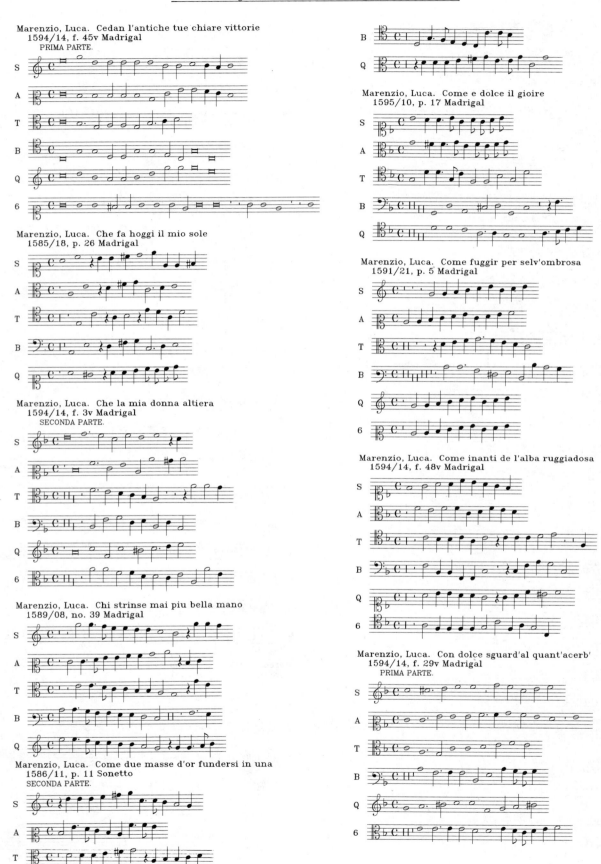

Marenzio, Luca. Con la sua man la mia Madonna
1591/21, p. 15 Madrigal

S A T B Q 6

Marenzio, Luca. Con quella man che tanto desia
1594/14, f. 26v Madrigal
SECONDA PARTE.

S A T B Q 6

Marenzio, Luca. Coppia di donne altera
1592/14, p. 18 Madrigal

S A T B Q

Marenzio, Luca. Cosi ch'il crederia
1595/10, p. 19 Madrigal
SECONDA PARTE.

S A T B Q

Marenzio, Luca. Cosi moriro i fortunati amanti
1583/14, f. 13v Madrigal
TERZA PARTE.

S A T

B Q

Marenzio, Luca. Cosi questa di cui canto gl'honori
1594/14, f. 49 Madrigal
SECONDA PARTE.

S A T B Q 6

Marenzio, Luca. Cruda Amarilli che co'l nome
1595/10, p. 3 Madrigal
PRIMA PARTE.

S A T B Q

Marenzio, Luca. Crudel perche mi fuggi
1594/14, f. 36 Madrigal

S A T B Q 6

Marenzio, Luca. Dai bei labri di rose aura
1594/14, f. 50v Madrigal

S A T B Q 6

Marenzio, Luca. Dal di ch'io presi il corso
1588/21, no. 39v Madrigal
SETTIMA & ULTIMA PARTE.

Marenzio, Luca. Dansava con maniere sopr'humane
1594/14, f. 9 Madrigal
PRIMA PARTE.

Marenzio, Luca. Deggio dunque partire lasso
1588/21, no. 34 Madrigal
PRIMA PARTE. (Tenor from 1591/10.)

Marenzio, Luca. Deh rinforzate il vostro
1594/14, f. 37v Madrigal

Marenzio, Luca. Deh, poi ch'era ne'fati ch'i dovessi
1595/10, p. 1 Madrigal

Marenzio, Luca. Del cibo, onde il signor mio
1594/14, f. 26 Madrigal

Marenzio, Luca. Dhe se potessi anch'io
1595/10, p. 13 Madrigal
SECONDA PARTE.

Marenzio, Luca. Di lagrime indi sparge
1594/14, f. 30 Madrigal
SECONDA PARTE.

Marenzio, Luca. Di nettare amoroso ebro lamente
1597/13, no. 40 Madrigal

Marenzio, Luca. Dice la mia bellissima Licori
1597/13, no. 43 Madrigal

Marenzio, Luca. La dipartita e amara
1597/13, no. 42 Madrigal

Marenzio, Luca. Dissi a l'amata mia lucida stella
1593/05, p. 3 Madrigal

Marenzio, Luca. Dolorosi martir fieri tormenti
1588/21, no. 31 Madrigal

Marenzio, Luca. Donna bella e crudel se sdegni
1577/07, p. 17 Madrigal
Tenor, Bass & Quinto partbooks missing.

Marenzio, Luca. Donna piu d'altri adorna
1594/14, f. 4 Madrigal

Marenzio, Luca. Donna se co'l sguardo tenti
1596/11, p. 7 Madrigal
Cantus and Tenor partbooks missing.

Marenzio, Luca. Donna se nel tuo volto
1589/11, p. 24 Madrigal

Marenzio, Luca. Donne il celeste lume
1597/13, no. 58 Madrigal

Marenzio, Luca. Dono Cinthia a Damone
1594/14, f. 40 Madrigal

Marenzio, Luca. E s'io mi doglio Amore
1594/14, f. 33 Madrigal

Marenzio, Luca. Ecco che mille augei
1591/21, p. 7 Madrigal
SECONDA PARTE.

Marenzio, Luca. Ecco che'l ciel a noi chiar & sereno
1591/21, p. 6 Madrigal
PRIMA PARTE.

Marenzio, Luca. Ella che se n'accorse
1594/14, f. 18v Madrigal
SECONDA PARTE.

Marenzio, Luca. Ero cosi dicea
1588/17, p. 10 Madrigal

Marenzio, Luca. Fallace incerta e momentanea vita
1588/21, no. 39v Madrigal
SECONDA PARTE. A 5.

Marenzio, Luca. Falsa credenza havete Donna
1586/10, p. 8 Madrigal

Marenzio, Luca. Filli mia bella a Dio
1594/14, f. 48 Madrigal

Marenzio, Luca. Fillida mia piu che i ligustri
1589/08, no. 37 Madrigal

Marenzio, Luca. Freno Tirsi il desio
1585/18, p. 24–25 Madrigal
SECONDA PARTE.

S
A
T
B
Q

Marenzio, Luca. Fuggendo tutte di paura piene
1594/14, f. 14v Madrigal
TERZA & ULTIMA PARTE.

S
A
T
B
Q
6

Marenzio, Luca. Fuggi, speme mia, fuggi
1594/14, f. 10v Madrigal

S
A
T
B
Q
6

Marenzio, Luca. Gesu piu risplendete
1599/07, p. 5 Lauda

S
A
B

Marenzio, Luca. Gia le muse e le gratie in bella
1591/21, p. 2 Madrigal
SECONDA PARTE.

S
A
T
B

Q
6

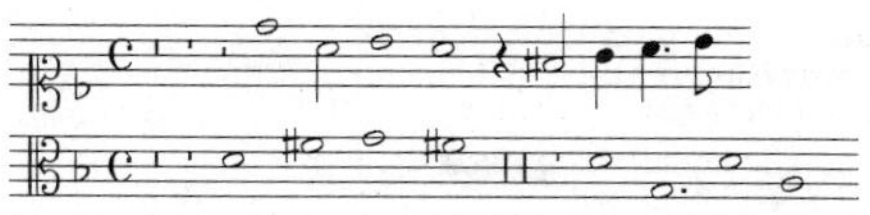

Marenzio, Luca. Gia torna a rallegrar l'aria
1589/08, no. 40 Madrigal

S
A
T
B
Q

Marenzio, Luca. Giunt'a un bel font'io trasmutato o
1591/21, p. 10 Madrigal

S
A
T
B
Q
6

Marenzio, Luca. Guidate dolci et amorosi balli
1583/10, f. 4 Madrigal
TERZA PARTE.

S
A
T
B
Q
6

Marenzio, Luca. Hor perche lasso
1582/05, p. 2 Madrigal
SECONDA PARTE.

S
A
T
B
Q

Marenzio, Luca. Hor pien d'altro desio
1582/04, p. 5 Madrigal
TERZA PARTE.

S A T B Q

Marenzio, Luca. In quel ben nato aventuroso giorno
1582/04, p. 17 Madrigal

S A T B Q

Marenzio, Luca. In un bel bosco di leggiadre fronde
1594/14, f. 31v Madrigal
PRIMA PARTE.

S A T B Q 6

Marenzio, Luca. In un lucido rio
1594/14, f. 32v Madrigal

S A T B Q 6

Marenzio, Luca. Io che forma celeste in terra
1594/14, f. 37 Madrigal
SECONDA PARTE.

S A

T B Q 6

Marenzio, Luca. Io moriro d'amore
1594/14, f. 29 Madrigal

S A T B Q 6

Marenzio, Luca. Io partiro ma'l core
1588/21, no. 34v Madrigal
SECONDA PARTE. A 5.

S A T B Q

Marenzio, Luca. Io viddi gia sotto l'ardente sole
1594/14, f. 12v Madrigal

S A T B Q 6

Marenzio, Luca. Itene all'ombra de gli ameni faggi
1588/21, no. 36 Madrigal

S A T B Q

Marenzio, Luca. Lasso ch'io ardo e'l mio bel sole
1589/08, no. 35 Madrigal

Marenzio, Luca. Lasso e conosco hor ben che quanto
1594/14, f. 15v Madrigal

Marenzio, Luca. Leggiadre Ninfe e Pastorelle
1591/21, p. 3 Madrigal
SECONDA PARTE.

Marenzio, Luca. Leggiadrissima eterna Primavera
1591/21, p. 1 Madrigal

Marenzio, Luca. Liquide perle Amor da gl'occhi
1588/21, no. 28 Madrigal
Attributed to Anonymous in 1583/15.

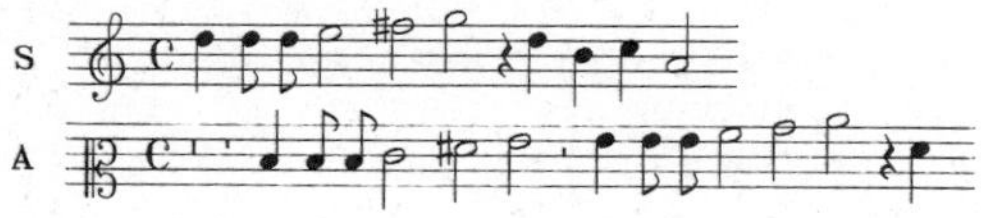

Marenzio, Luca. Lucida perla a cui fu conca il cielo
1597/13, no. 38 Madrigal

Marenzio, Luca. Ma grideran per me le piagge
1595/10, p. 4 Madrigal
SECONDA PARTE.

Marenzio, Luca. Ma lass'io sento, ch'el pungente
1588/21, no. 39v Madrigal
QUARTA PARTE. A 5.

Marenzio, Luca. Ma voi caro ben mio
1588/21, no. 34v Madrigal
TERZA & ULTIMA PARTE. A 5. (Tenor from 1591/10.)

Marenzio, Luca. Madonna mia gentil
1594/08, f. 12 Madrigal

Marenzio, Luca. Madonna poich'uccider mi volete
1583/14, f. 20 Madrigal

Marenzio, Luca. Madonna sua merce per una sera
1597/15, p. 15 Madrigal

Marenzio, Luca. Mentre fia caldo il sol
1594/14, f. 53v–54 Madrigal

Marenzio, Luca. Mentre l'aura spiro nel verde lauro
1589/08, no. 42 Madrigal

Marenzio, Luca. Mentre nel verde Lauro
1582/05, p. 2 Madrigal

Marenzio, Luca. Mentre novella alma Vittoria
1594/14, f. 46 Madrigal
SECONDA PARTE.

Marenzio, Luca. Mentre sul far del giorno
1594/14, f. 35v Madrigal

Marenzio, Luca. La mia Clori e brunetta
1599/12, p. 16 Madrigal
Tenor and Bass partbooks missing.

Marenzio, Luca. Ne fero sdegno
1594/14, f. 23v Madrigal
PRIMA PARTE.

Marenzio, Luca. Nel dolce seno
1591/21, p. 11 Madrigal

Marenzio, Luca. Nel piu fiorito Aprile
1589/08, no. 20 Madrigal
A 6.

Marenzio, Luca. Nessun visse giamai piu di me lieto
1594/14, f. 38 Madrigal

Marenzio, Luca. Noi starem troppo ch'el tempo
1594/14, f. 14 Madrigal
SECONDA PARTE.

Marenzio, Luca. Non al suo amante piu Diana
1594/07, f. 3v Madrigal

Marenzio, Luca. Non e questa la mano
1594/14, f. 39 Madrigal

Marenzio, Luca. Non fu mai cervo si veloce al corso
1588/21, no. 39 Madrigal
SESTINA PRIMA PARTE. A 5.

Marenzio, Luca. Non porta ghiaccio Aprile
1594/14, f. 11 Madrigal

Marenzio, Luca. Non puo Filli piu il core
1594/14, f. 19v Madrigal
SECONDA PARTE. RISPOSTA.

Marenzio, Luca. O che soave e non inteso baccio
1594/14, f. 40v Madrigal

Marenzio, Luca. O da'l ciel questi
1597/13, no. 39 Madrigal

Marenzio, Luca. O disaventurosa acerba sorte
1595/10, p. 5 Madrigal

Marenzio, Luca. O dolce laccio o vaghe reti
1594/14, f. 32 Madrigal
SECONDA PARTE.

Marenzio, Luca. O dolcezze amarissime d'Amore
1595/10, p. 8 Madrigal
PRIMA PARTE.

Marenzio, Luca. O dolorosa sorte
1594/14, f. 17 Madrigal

Marenzio, Luca. O fido, o caro Aminta
1595/10, p. 14 Madrigal

Marenzio, Luca. O Mirtillo anima mia
1595/10, p. 15 Madrigal

Marenzio, Luca. O quante volte in van cor mio
1594/14, f. 4v Madrigal

Marenzio, Luca. O tu che fra le selve occulta vivi
1590/11, p. 34 Madrigal

Marenzio, Luca. Occhi lucenti e belli
1589/08, no. 41 Madrigal

Marenzio, Luca. Occhi sereni e chiari
1589/08, no. 21 Madrigal

Marenzio, Luca. Ombrose e care selve
1595/10, p. 21 Madrigal

Marenzio, Luca. Parto da voi mio sole
1594/14, f. 38v Madrigal

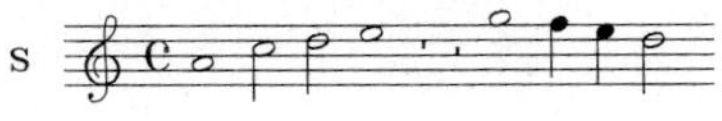

Marenzio, Luca. Passando con pensier
1594/14, f. 13v Madrigal
PRIMA PARTE.

Marenzio, Luca. Per duo coralli ardenti
1594/14, f. 11v Madrigal

Marenzio, Luca. Per piu gradirla co'lascivi amori
1594/14, f. 42 Madrigal
SECONDA PARTE.

Marenzio, Luca. Perche adoprar catene
1583/12, p. 12 Madrigal

Marenzio, Luca. Perche l'una e l'altr'alma
1591/21, p. 12 Madrigal
SECONDA PARTE.

Marenzio, Luca. Piangea Filli e rivolte ambe
1594/14, f. 27 Madrigal

Marenzio, Luca. Posso cor mio partire
1593/04, f. 28 Madrigal

Marenzio, Luca. Potro viver io piu se senza luce
1594/14, f. 41 Madrigal

Marenzio, Luca. Primo che per Giesu spargesti
1585/07, p. 24 Canzona

Marenzio, Luca. Provate la mia fiamma
1599/12, p. 15 Madrigal
Tenor and Bass paratbooks missing.

Marenzio, Luca. Puote aguagliar l'alto piacer
1594/14, f. 45 Madrigal
SECONDA PARTE.

Marenzio, Luca. Qual paura, qual danno
1586/02, f. 3 Madrigal

Marenzio, Luca. Qual per ombrose et verdegianti
1594/14, f. 44v Madrigal
PRIMA PARTE. (Meter 3 after rests in tenor & sextus)

Marenzio, Luca. Qual vive Salamandra in fiamma
1583/14, f. 26v Madrigal

Marenzio, Luca. Le quali ella spargea si dolcemente
1589/08, no. 22 Madrigal

Marenzio, Luca. Quando il mio vivo sol
1588/21, no. 35v Madrigal
SECONDA PARTE. A 5. (Tenor from 1591/10.)

Marenzio, Luca. Quando sorge l'aurora
1588/21, no. 29 Madrigal

Marenzio, Luca. Quel lauro che fu in me
1582/05, p. 32 Madrigal
2 choirs each cattb. (01,02,03,04,05)(06,07,08,09,10)

Marenzio, Luca. Quell'augellin che canta
1595/10, p. 2 Madrigal

Marenzio, Luca. Quell'ombra esser vorrei
1594/14, f. 50 Madrigal

Marenzio, Luca. Questa ordi il laccio
1594/14, f. 51 Madrigal

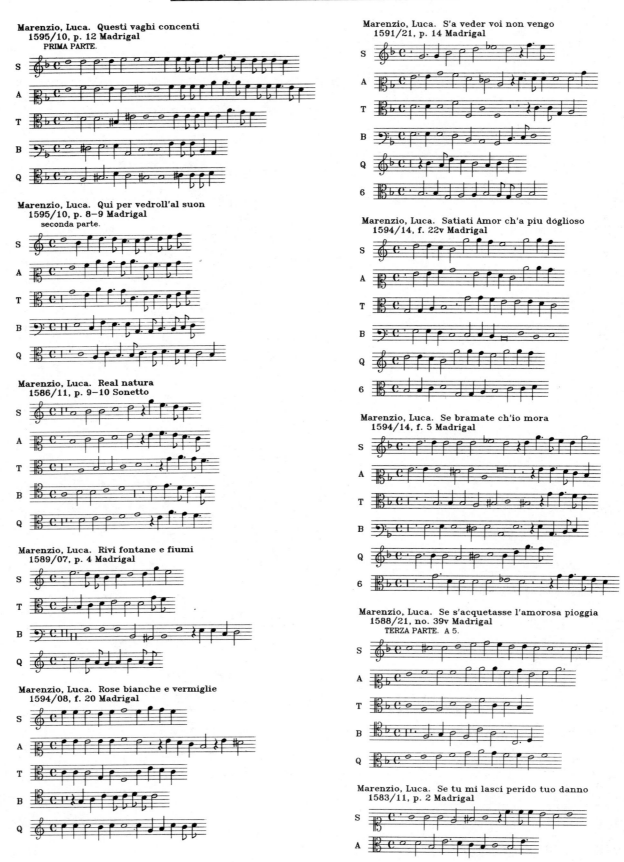

Marenzio, Luca. Questi vaghi concenti
1595/10, p. 12 Madrigal
PRIMA PARTE.

Marenzio, Luca. Qui per vedroll'al suon
1595/10, p. 8–9 Madrigal
seconda parte.

Marenzio, Luca. Real natura
1586/11, p. 9–10 Sonetto

Marenzio, Luca. Rivi fontane e fiumi
1589/07, p. 4 Madrigal

Marenzio, Luca. Rose bianche e vermiglie
1594/08, f. 20 Madrigal

Marenzio, Luca. S'a veder voi non vengo
1591/21, p. 14 Madrigal

Marenzio, Luca. Satiati Amor ch'a piu doglioso
1594/14, f. 22v Madrigal

Marenzio, Luca. Se bramate ch'io mora
1594/14, f. 5 Madrigal

Marenzio, Luca. Se s'acquetasse l'amorosa pioggia
1588/21, no. 39v Madrigal
TERZA PARTE. A 5.

Marenzio, Luca. Se tu mi lasci perido tuo danno
1583/11, p. 2 Madrigal

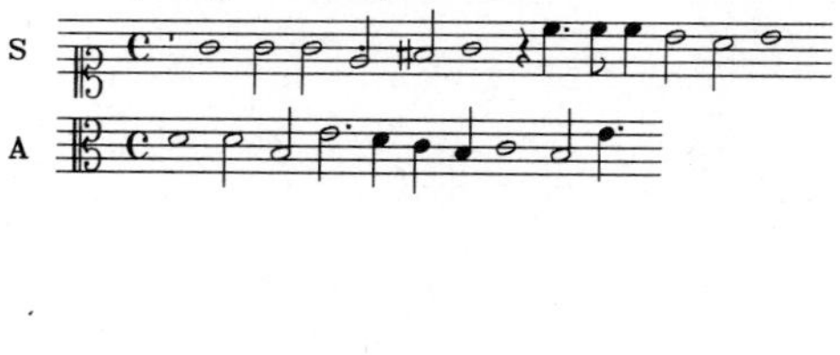

Marenzio, Luca. Se'l pensier che mi strugge
1596/08, p. 15 Madrigal
Quintus and Bass II parts from 1590/11.

Marenzio, Luca. Se'l raggio de vostr'occhi m'arde
1591/12, f. 18v–19 Madrigal

Marenzio, Luca. Serviro il grande Iddio
1585/07, p. 7 Canzona

Marenzio, Luca. Signor che gia te stesso
1586/01, p. 21 Lauda

Marenzio, Luca. Signor tu vedi quanto e oscuro
1588/21, no. 39v Madrigal
SESTA PARTE. A 5.

Marenzio, Luca. Son presa disse e a me rivolse
1594/14, f. 9v Madrigal
SECONDA PARTE.

Marenzio, Luca. Sonar le labra e vi restaro i segni
1597/13, no. 41 Madrigal

Marenzio, Luca. Sospir nato di foco
1595/10, p. 10 Madrigal

Marenzio, Luca. Spiega mondo maligno i tuoi tesori
1586/02, f. 2 Madrigal

Marenzio, Luca. Spiri dolce Favonio
1591/21, p. 8 Madrigal
PRIMA PARTE.

Marenzio, Luca. Spuntavan gia per far il mondo
1588/21, no. 35 Madrigal
PRIMA PARTE. A 5. (Tenor from 1594/07.)

Marenzio, Luca. Strider faceva le zampogne a l'aura
1588/21, no. 38 Madrigal

Marenzio, Luca. Stringeami Galatea
1594/14, f. 18 Madrigal
PRIMA PARTE.

Marenzio, Luca. Strinse Amarilli il vago suo
1594/14, f. 35 Madrigal

Marenzio, Luca. Su l'ampia fronte il cresp'or
1594/14, f. 36v Madrigal
PRIMA PARTE.

Marenzio, Luca. Tacciano i venti & Febo con piu
1591/21, p. 9 Madrigal
SECONDA PARTE.

Marenzio, Luca. Tal hor dal cor si move
1588/21, no. 39v Madrigal
QUINTA PARTE. A 5.

Marenzio, Luca. Talche dovunque vo
1594/07, f. 33v Madrigal
SECONDA PARTE.

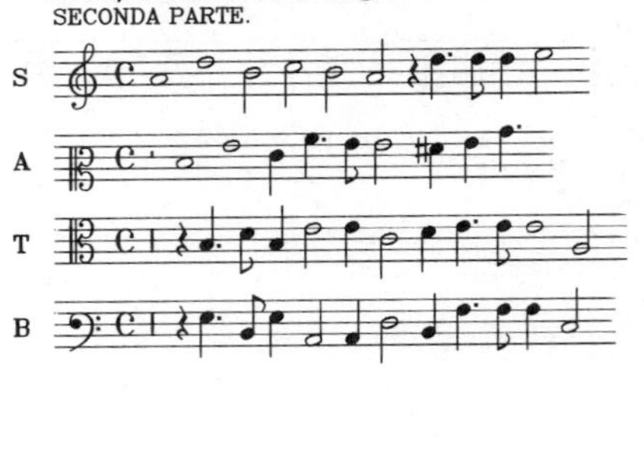

Q
6

Marenzio, Luca. Tigre mia se ti pesa
1594/14, f. 39v Madrigal

S
A
T
B
Q
6

Marenzio, Luca. Tirsi morir volea gl'occhi mirando
1585/18, p. 24 Madrigal
Bass meter signature different from other voices.

S
A
T
B
Q

Marenzio, Luca. Tirsi, mio caro Tirsi
1595/10, p. 20 Madrigal

S
A
T
B
Q

Marenzio, Luca. Tra l'herbe a pie d'un mirto
1594/14, f. 41v Madrigal
PRIMA PARTE.

S
A
T
B
Q
6

Marenzio, Luca. Tutte sue squadre di miserie
1594/14, f. 17v Madrigal

S
A
T
B
Q
6

Marenzio, Luca. Uscite Ninfe da le piu chiar'e
1591/23, p. 18–19 Madrigal

S
A
T
B
Q
6

Marenzio, Luca. Vaghe e lieti fanciulli
1594/14, f. 25v Madrigal

S
A
T
B
Q
6

Marenzio, Luca. Vaghi capelli aurati
1594/14, f. 20v Madrigal

S
A
T
B
Q
6

Marenzio, Luca. Vaneggio od'e pur vero
1594/14, f. 53 Madrigal

Marenzio, Luca. Vattene anima mia
1594/14, f. 30v Madrigal

Marenzio, Luca. Vergine gloriosa e lieta
1586/01, p. 22 Lauda
SECONDA PARTE.

Marenzio, Luca. Vezzosi augelli in fra le verdi
1597/15, p. 16v–17 Madrigal

Marenzio, Luca. Vita de la mia vita
1594/14, f. 49v Madrigal

Marenzio, Luca. Vivro dunque lontano
1591/21, p. 21 Madrigal
Compare Marenzio "Baci soave e cari" in 1591/21.

Maresio, Alessandro. Da bei vostr'occhi donna
1562/07, p. 5–6 Madrigal

Maresio, Alessandro. Da poi ch'amor cagion
1562/07, p. 7–8 Madrigal

Maresio, Alessandro. Hor ved'amor che giovinetta
1562/07, p. 21 Madrigal

Marien, Ambrosio. L'alto Signor dinanzi a cui
1584/09, p. 23 * Madrigal
PRIMA PARTE.

Marien, Ambrosio. Amor e'l ver fu meco a dir
1584/09, p. 8 Madrigal
SECONDA PARTE.

Marien, Ambrosio. Anima bella da quel modo sciolta
1584/09, p. 1 Madrigal
PRIMA PARTE.

Marien, Ambrosio. Anima che diverse cose
1584/09, p. 3 Madrigal
PRIMA PARTE.

Marien, Ambrosio. Chiunque albera tra Garona
1584/09, p. 11 Madrigal
TERZA PARTE.

Marien, Ambrosio. Dunque hora e'l tempo da ritrarre
1584/09, p. 13 Madrigal
QUINTA PARTE.

Marien, Ambrosio. Forse i devoti e gli amorosi preghip
1584/09, . 10 Madrigal
SECONDA PARTE.

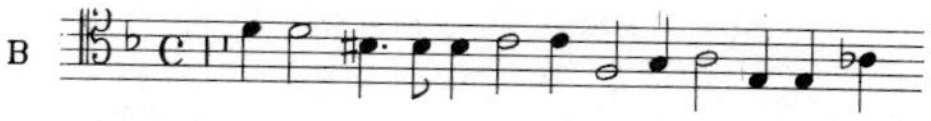

Marien, Ambrosio. Gloriosa Colonna in cui s'appoggia
1584/09, p. 17 Madrigal
PRIMA PARTE.

Marien, Ambrosio. Hor con si chiara luce
1584/09, p. 4 Madrigal
SECONDA PARTE.

Marien, Ambrosio. Hor volge Signor mio l'undecimo
1584/09, p. 26 Madrigal
SECONDA PARTE.

Marien, Ambrosio. Levan di terra al ciel
1584/09, p. 18 Madrigal
SECONDA PARTE.

Marien, Ambrosio. Magnanimo signor
1567/24, p. 29 Madrigal
AMBROSIO MARIEN, DISCEPOLO DI PIETRO VINCI.

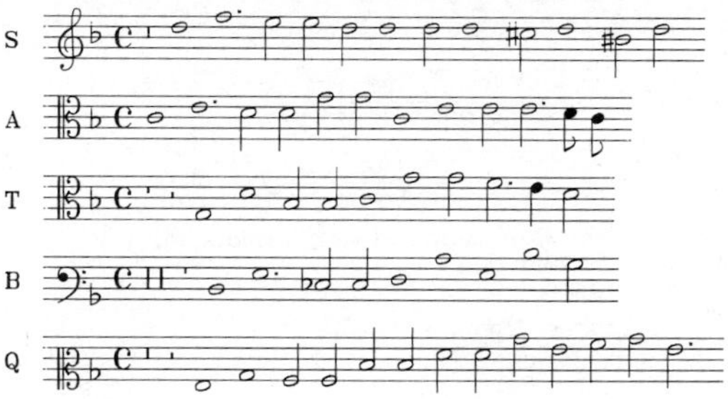

Marien, Ambrosio. Mira il gran sasso donde
1584/09, p. 2 Madrigal
SECONDA PARTE.

Marien, Ambrosio. O aspetata in ciel beata e bella
1584/09, p. 9 Madrigal
CANZONE PRIMA PARTE.

Marien, Ambrosio. Ove che posi gli occhi lassi
1584/09, p. 7 Madrigal
PRIMA PARTE.

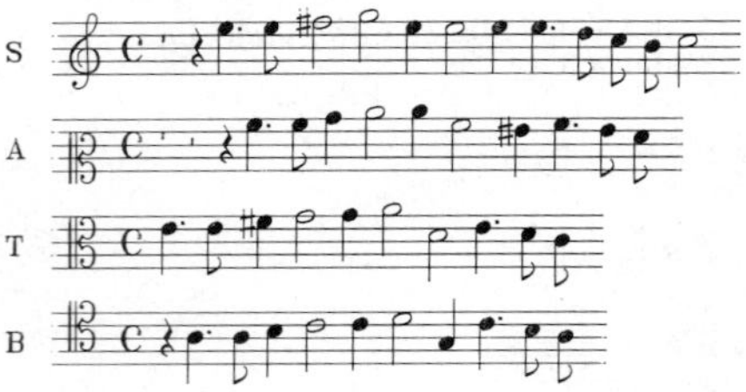

Marien, Ambrosio. Padre del ciel dopo i perduti giorni
1584/09, p. 25 Madrigal
PRIMA PARTE.

Marien, Ambrosio. Una parte del mond'e che si giace
1584/09, p. 12 Madrigal
QUARTA PARTE.

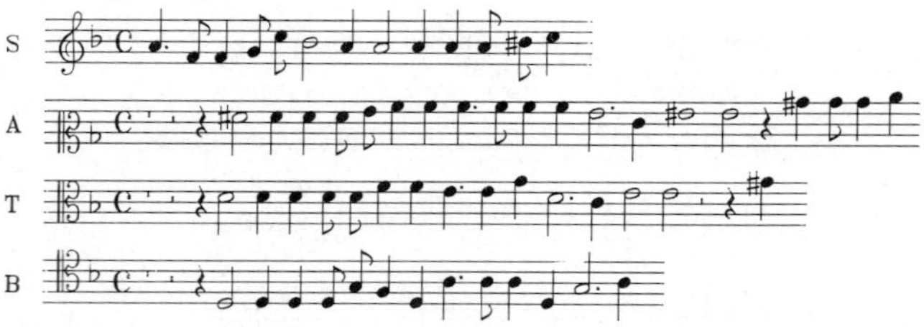

Marien, Ambrosio. Pon mente al temerario ardir
1584/09, p. 15 Madrigal
SETTIMA PARTE.

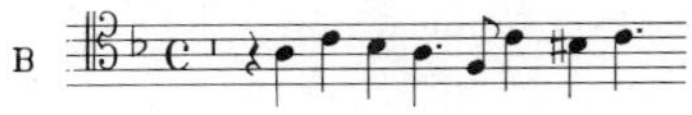

Marien, Ambrosio. Quel ch'infinita providenza & arte
1584/09, p. 26–27 Madrigal

Marien, Ambrosio. Quest'anima gentil che si diparte
1584/09, p. 5 Madrigal
PRIMA PARTE.

Marien, Ambrosio. Se si posasse sotto'l quarto nido
1584/09, p. 6 Madrigal
SECONDA PARTE.

Marien, Ambrosio. Tu c'hai per arrichir d'un bel
1584/09, p. 14 Madrigal
SESTA PARTE.

Marien, Ambrosio. Tu vedrai Italia e l'honorata riva
1584/09, p. 16 Madrigal
OTTAVA, & ULT. PARTE.

Marien, Ambrosio. L'una piaga arde e versa foco
1584/09, p. 24 Madrigal
SECONDA PARTE.

Marien, Ambrosio. Vergine in cui ho tutta mia
1584/09, p. 19 Madrigal

Marien, Ambrosio. Vergine sola al mondo senza esempio
1584/09, p. 20 Madrigal

Marinis, Giovanni De. Le altri vezzosetti
1596/13, p. 12 Madrigal
TERZA PARTE (Soprano, Alto, & Bass partbooks missing.)

Marinis, Giovanni De. La bella man che mi distringe
1597/20, p. 25 Madrigal
(Bassus voice missing in Kassel copy.)

Marinis, Giovanni De. Cantan fra i rami gli augelletti
1596/13, p. 6 Madrigal
TERZA PARTE (Soprano, Alto & Bass partbooks missing.)

Marinis, Giovanni De. Cantava in riv'al fiume
1596/13, p. 15 Madrigal
Soprano, Alto, and Bass partbooks missing.

Marinis, Giovanni De. Deh se pietoso e de la doglia mia
1596/13, p. 17 Madrigal
Soprano, Alto, Bass & Quintus partbooks missing.

Marinis, Giovanni De. Il dolce desiato
1596/13, p. 20 Madrigal
SECONDA PARTE (Soprano, Alto, & Bass partbooks missing.)

Marinis, Giovanni De. Dolcissimo ben mio
1596/13, p. 3 Madrigal
Soprano, Alto, and Bass partbooks missing.

Marinis, Giovanni De. Dovean le miglior trombe
1596/13, p. 1 Madrigal
Soprano, Alto, and Bass partbooks missing.

Marinis, Giovanni De. E quella fiori a pomi
1596/13, p. 8 Madrigal
QUINTA PARTE (Soprano, Alto & Bass partbooks missing.)

Marinis, Giovanni De. Et ci par gli risponda
1596/13, p. 11 Madrigal
SECONDA PARTE (Soprano, Alto, & Bass partbooks missing.)

Marinis, Giovanni De. Hor che l'honor'amando
1596/13, p. 16 Madrigal
SECONDA PARTE (Soprano, Alto, Bass & Quintus missing.

Marinis, Giovanni De. Io disprezzav'amor tua fiamm'ardente
1574/06, p. 17 Villanella

Marinis, Giovanni De. Leggiadre Ninfe e pargoletti Amori
1596/13, p. 19 Madrigal
PRIMA PARTE. (Soprano, Alto & Bass partbooks missing.)

Marinis, Giovanni De. Mentre volgea'l mio sole
1596/13, p. 23 Madrigal
Soprano, Alto, and Bass partbooks missing.

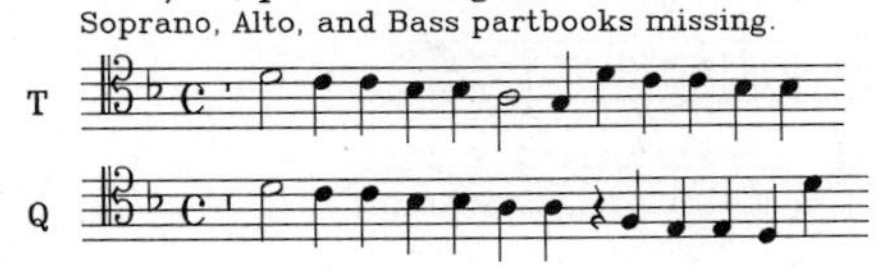

Marinis, Giovanni De. La mia leggiadra Clori
1597/13, no. 33 Madrigal

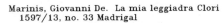

Marinis, Giovanni De. S'in mez'al foco
1596/13, p. 22 Madrigal
Soprano, Alto, and Bass partbooks missing.

Marinis, Giovanni De. Si verdi l'herbe che possend'haverle
1596/13, p. 5 Madrigal
SECONDA PARTE (Soprano, Alto & Bass partbooks missing.)

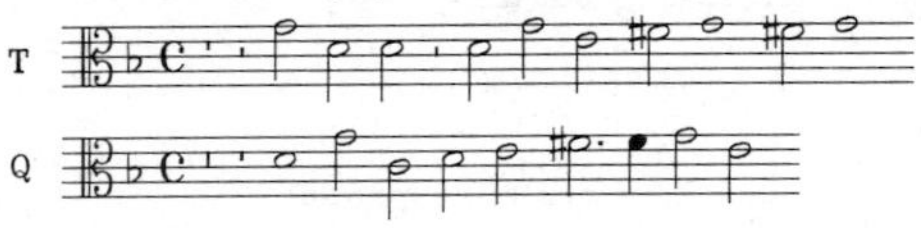

Marinis, Giovanni De. Sorgea ch'access'esser parea
1596/13, p. 9 Madrigal
SESTA PARTE (Soprano, Alto, & Bass partbooks missing.)

Marinis, Giovanni De. Sovra le verdi chiome
1596/13, p. 10–11 Madrigal
Soprano, Alto, and Bass partbooks missing.

Marinis, Giovanni De. Sparte not'alt'obieti & basso
1596/13, p. 2 Madrigal
Soprano, Alto, and Bass partbooks missing.

Marinis, Giovanni De. Sta notte mi sognava o come lieto
1596/13, p. 18 Madrigal
Soprano, Alto, and Bass partbooks missing.

Marinis, Giovanni De. Togli dolce ben mio
1597/13, no. 34 Madrigal

Marinis, Giovanni De. Tra le piu ascose
1596/13, p. 21 Madrigal
Soprano, Alto, and Bass partbooks missing.

Marinis, Giovanni De. Una dolc'aura che ti par
1596/13, p. 7 Madrigal
QUARTA PARTE (Soprano, Alto & Bass partbooks missing.)

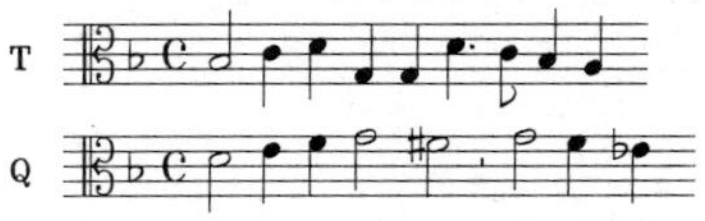

Marinis, Giovanni De. Zafir, rubini & perle
1596/13, p. 4 Madrigal
PRIMA PARTE. (Sop., Alto, Bass & Quinto parts missing.)

Marni, Paolo. A questa mia diana
1592/12, p. 3 Madrigal

Marni, Paolo. Aura dolce e soave
1588/18, p. 10 Madrigal
PRIMA PARTE.

Marni, Paolo. M'ahime che piu m'allacci
1588/18, p. 11 Madrigal
SECONDA PARTE.

Marotta, Erasmo. Non son ris'avicenda
1598/08, p. 25 Madrigal
Risposta.

Marotta, Erasmo. Son le ris'avicenda
1598/08, p. 24 Madrigal

Marri, Ascanio. Gia si distrugg'il gielo
1575/12, p. 9 Madrigal
SECONDA PARTE.

Marri, Ascanio. Per voi coppia gentile
1575/12, p. 9 Madrigal

Marri, Ascanio. Si soav'e l'inganno
1575/12, p. 4 Madrigal

Martiano, Lelio. Gli augeli eletti e l'anime beate
1584/09, p. 21 Madrigal
PRIMA PARTE.

Martiano, Lelio. Ella contenta haver cangiato
1584/09, p. 22 Madrigal
SECONDA PARTE.

Martini, Francesco F. Alta armonia gentile
1599/06, p. 152–153 Lauda
LODASI IN FINE IL FABRICATO TEMPIO.

Martini, Francesco F. Mentre piu coce in su'l meriggio
1599/06, p. 129 Lauda
SECONDA PARTE.

Martini, Francesco F. Qual'Ape al favo da gli amati
1599/06, p. 127–128 Lauda
ALLA MADONNA S.DI LORETO ARDENTE...S.CASA LI X.APR.1598.

Martinengo, Gabriel. Del chiaro sangue di Filippo
1570/15, p. 20–21 Madrigal
UNDECIMA & ULTIMA STANZA.

Martinengo, Gabriel. Dolce mia vit'o moro
1577/07, p. 26–27 Madrigal
Tenor, Bass & Quinto partbooks missing.

Martinengo, Gabriel. Poi ch'io veggio o donna
1548/09, p. 22 Madrigal
Quintus voice is labeled Contratenor.

Martinengo, Gabriel. Quelle fiamme quel foco
1548/09, p. 18 Madrigal
Quintus voice is labeled Contratenor.

Martinengo, Gabriel. Talche mi pascho de la dolce
1548/09, p. 18 Madrigal
SECONDA PARTE. (Quintus voice is labeled contratenor.)

Martini, Joannes. Venecioza
1504/03, f. Madrigal
Only text incipit given.

Martorello, Antonio. Amor alhora che primier amante
1547/17, p. 9 Madrigal
SECONDA PARTE. (Quintus partbook missing.)

Martorello, Antonio. Amor che la consigli che ella
1547/17, p. 2 Madrigal
Quintus partbook missing.

Martorello, Antonio. Amor se'l mio martir cosi t'involgia
1547/17, p. 14 Madrigal
Quintus partbook missing.

Martorello, Antonio. Ben hor gioir mi lice
1547/17, p. 25 Madrigal
SECONDA PARTE. (Quintus partbook missing.)

Martorello, Antonio. Cangiato ho pel homai sotto
1547/17, p. 29 Madrigal
Quintus partbook missing.

Martorello, Antonio. Chi desta di veder il ver'honore
1547/17, p. 3 Madrigal
Quintus partbook missing.

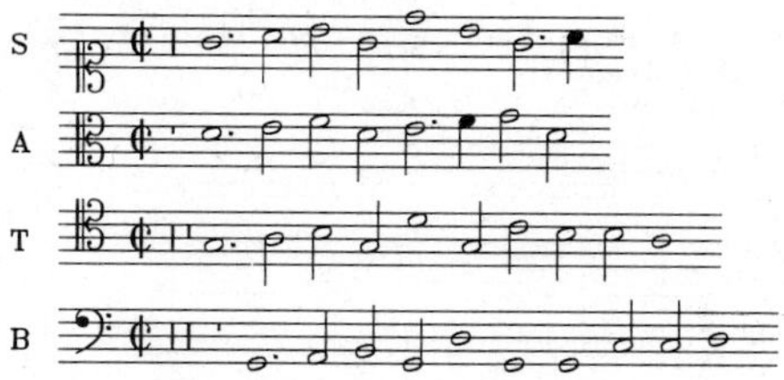

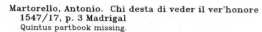

Martorello, Antonio. Chi potra mai consolarm'amore
1547/17, p. 21 Madrigal
Quintus partbook missing.

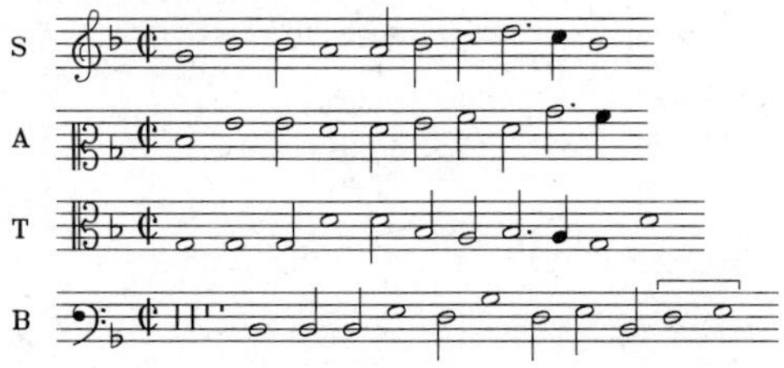

Martorello, Antonio. Cosi cocente e'il foco ch'en cor
1547/17, p. 13 Madrigal
Quintus partbook missing.

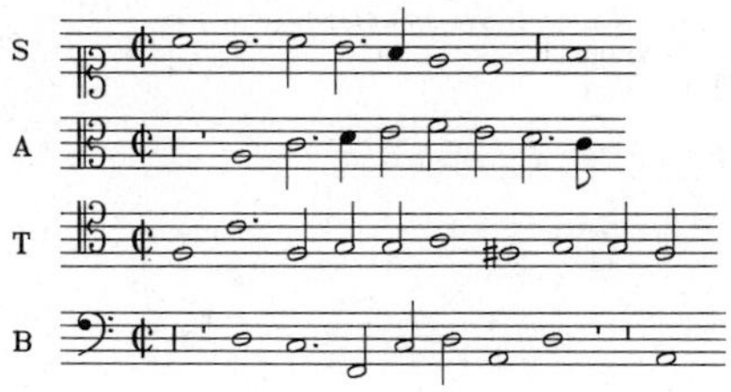

Martorello, Antonio. Da l'arbor onde fuor'uscisti
1547/17, p. 16 Madrigal
Quintus partbook missing.

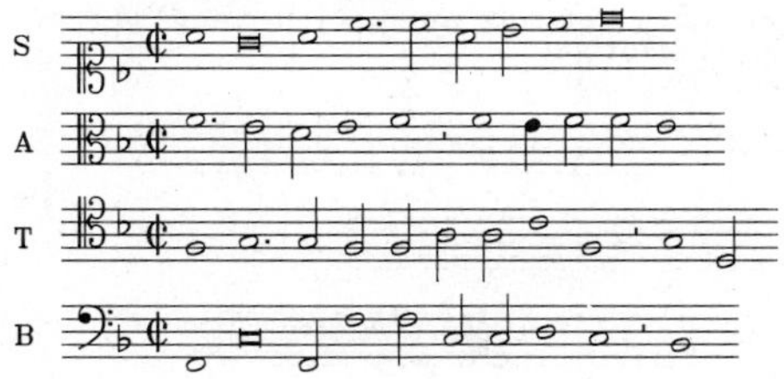

Martorello, Antonio. Da le piu fresche dolci e lucid'
1547/17, p. 28 Madrigal
Quintus partbook missing.

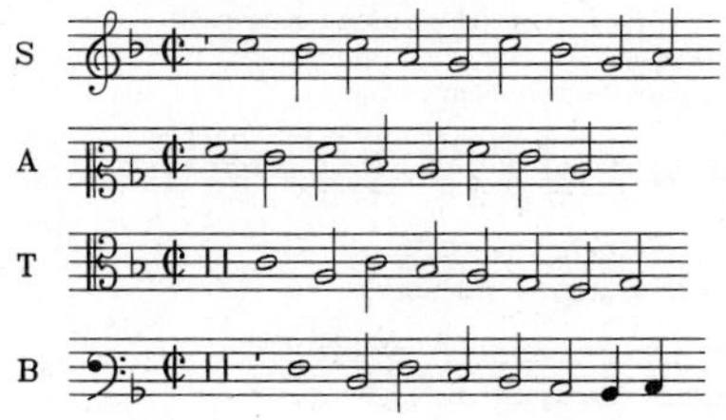

Martorello, Antonio. Datemi tregua homai ostinati
1547/17, p. 8 Madrigal
Quintus partbook missing.

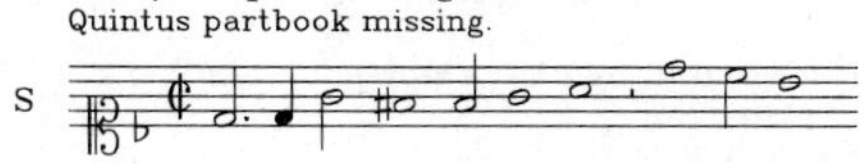

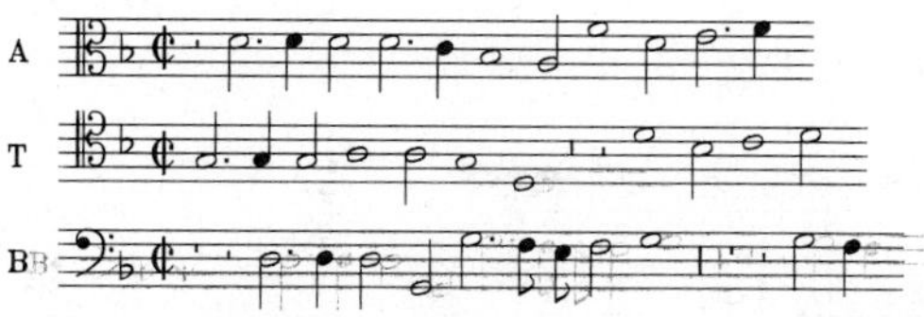

Martorello, Antonio. Di rami in rami e poi di frondi
1547/17, p. 19 Madrigal
Quintus partbook missing.

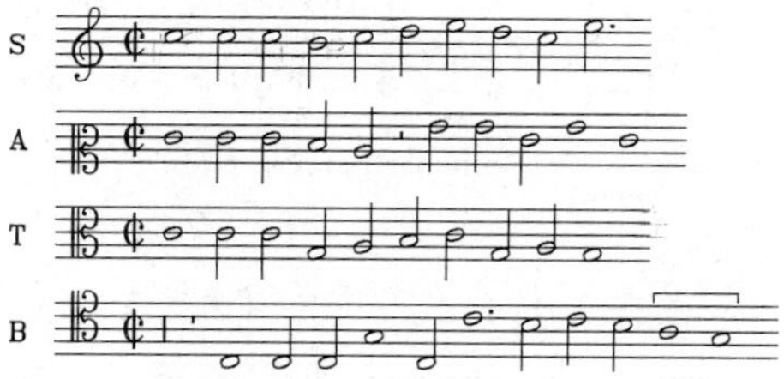

Martorello, Antonio. E laura spira con si dolce gioia
1547/17, p. 19 Madrigal
SECONDA PARTE. (Quintus partbook missing.)

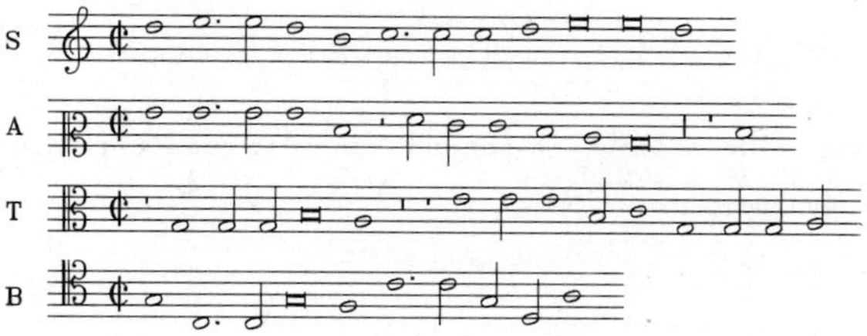

Martorello, Antonio. E quando credo le mie fiamme
1547/17, p. 13 Madrigal
SECONDA PARTE. (Quintus partbook missing.)

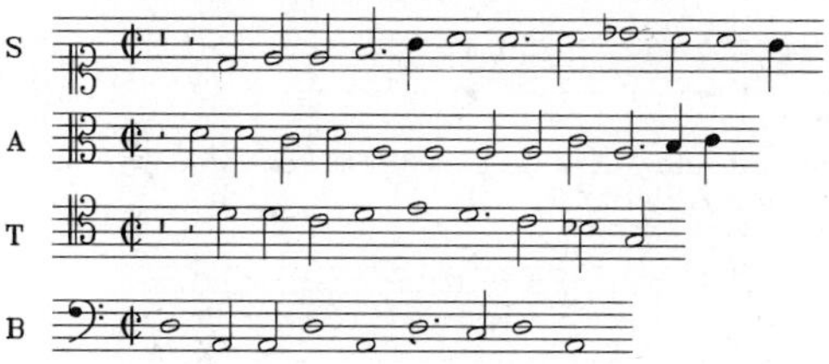

Martorello, Antonio. Gia fui felice Amore contento
1547/17, p. 23 Madrigal
Quintus partbook missing.

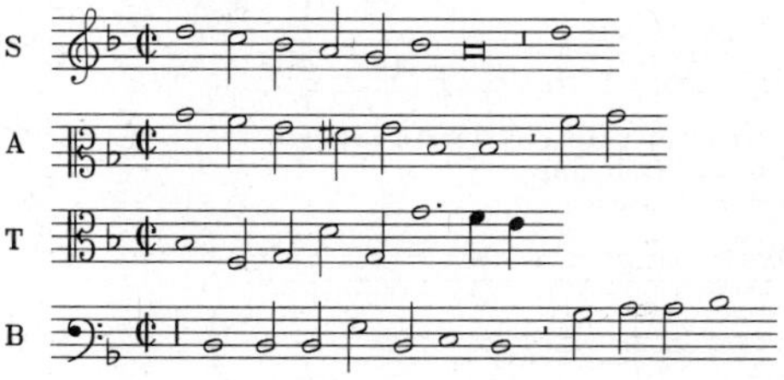

Martorello, Antonio. Hor che del ben sperato le speranze
1547/17, p. 18 Madrigal
Quintus partbook missing.

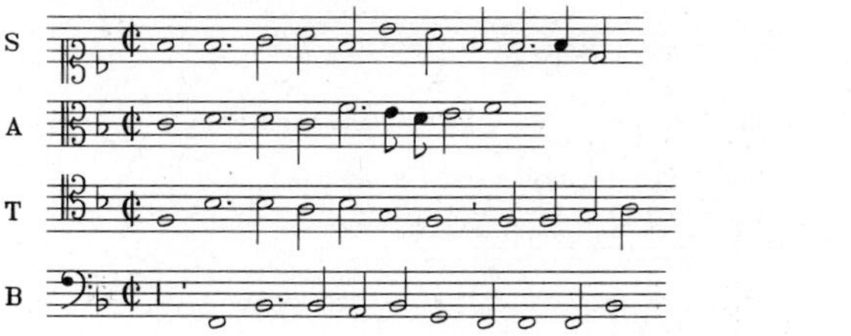

Martorello, Antonio. I ti ringratio amore
1547/17, p. 6 Madrigal
Quintus partbook missing.

Martorello, Antonio. Io veggio ben ch'el mio gioir
1547/17, p. 7 Madrigal
Quintus partbook missing.

Martorello, Antonio. Lagrimando dimostro quanto si dolga
1547/17, p. 9 Madrigal
Quintus partbook missing.

Martorello, Antonio. Leva da gl'occhi tuoi cupido
1547/17, p. 27 Madrigal
Quintus partbook missing.

Martorello, Antonio. Liete e fiorite piaggie
1547/17, p. 25 Madrigal
Quintus partbook missing.

Martorello, Antonio. Ma quel che mi tormenta
1547/17, p. 22 Madrigal
SECONDA PARTE. (Quintus partbook missing.)

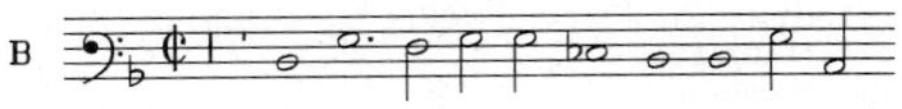

Martorello, Antonio. La man non scrive che la lingua tace
1547/17, p. 18 Madrigal
SECONDA PARTE. (Quintus partbook missing.)

Martorello, Antonio. Mentre ch'io fin ne'l ciec'error
1547/17, p. 6 Madrigal
SECONDA PARTE. (Quintus partbook missing.)

Martorello, Antonio. Non e lasso martire
1547/17, p. 22 Madrigal
Quintus partbook missing.

Martorello, Antonio. Non sete voi quel fonte onde si cria
1547/17, p. 17 Madrigal
Quintus partbook missing.

Martorello, Antonio. O donator de mostri Hercule
1547/17, p. 4 Madrigal
SECONDA PARTE. (Quintus partbook missing.)

Martorello, Antonio. O donna vana hor piu d'altrii
1547/17, p. 7 Madrigal
SECONDA PARTE. (Quintus partbook missing.)

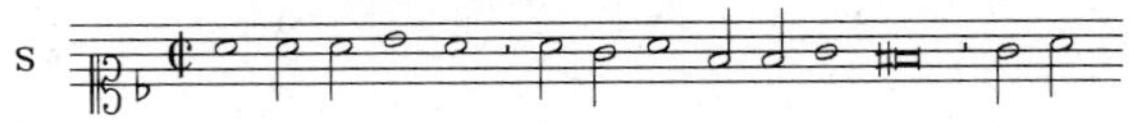

Martorello, Antonio. O piu ch'altra giamai cruda
1547/17, p. 15 Madrigal
Quintus partbook missing.

Martorello, Antonio. Pura e gentil fanciulla
1547/17, p. 15 Madrigal
Quintus partbook missing.

Martorello, Antonio. Qual'al cader de le cortine suole
1547/17, p. 4 Madrigal
Quintus partbook missing.

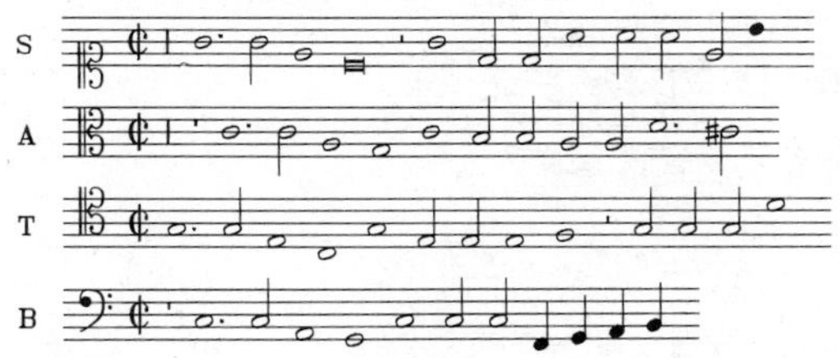

Martorello, Antonio. Quando'l crin d'or fia argento
1547/17, p. 16 Madrigal
Quintus partbook missing.

Martorello, Antonio. Quest dentr'al mio cuor di vena
1547/17, p. 28 Madrigal
SECONDA PARTE. (Quintus partbook missing.)

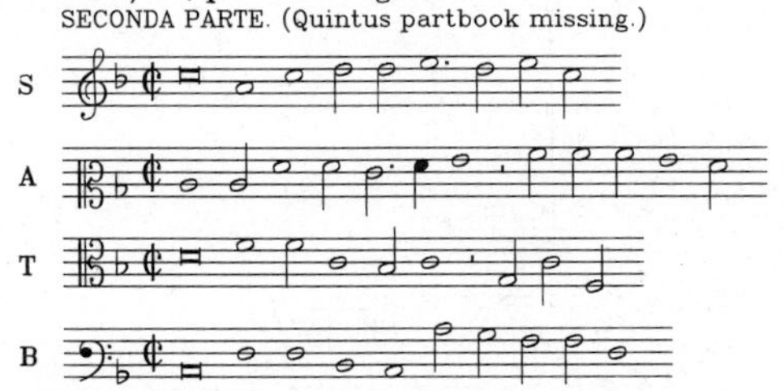

Martorello, Antonio. S'a voi do l'alma mia felice
1547/17, p. 12 Madrigal
Quintus partbook missing.

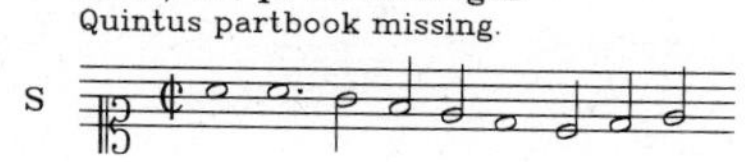

Martorello, Antonio. S'homai di vostra gran acqua
1547/17, p. 17 Madrigal
Quintus partbook missing.

Martorello, Antonio. Se m'amaste crudel come v'am'io
1547/17, p. 11 Madrigal
Quintus partbook missing.

Martorello, Antonio. Se'l dolce sguardo di costei
1547/17, p. 5 Madrigal
Quintus partbook missing.

Martorello, Antonio. Trovo m'amor del tutto di disarmato
1547/17, p. 26 Madrigal
SECONDA PARTE. (Quintus partbook missing.)

Martorello, Antonio. Vivo hor scontento in lagrime
1547/17, p. 23 Madrigal
SECONDA PARTE. (Quintus partbook missing.)

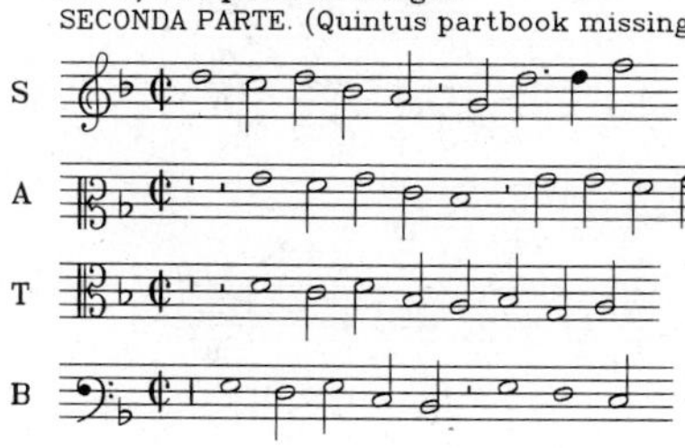

Martoretta, Giandominico. O fortunato augello poiche morir
1544/16, p. 9 Madrigal

Masaconi, G. R. Ecco signor Voltera ecco le nimphe
1539/25, p. 14 Madrigal

Masarenghi, Paola. Quando spiega l'insegn'al sommo
1585/24, p. 19 Madrigal
Bass part damaged. Incomplete.

Masera, Agostino. Con affetto pietoso t'abbraccio
1598/06, p. 17 Madrigal

Masnelli, Paolo. A che torni il ben mio
1586/09, p. 18 Madrigal

Masnelli, Paolo. Ah disleale, ah cruda
1596/14, p. 14 Madrigal
Cantus partbook missing.

Masnelli, Paolo. Ahi le mie fiamme ardenti
1596/14, p. 18 Madrigal
Cantus partbook missing.

Masnelli, Paolo. L'arco i begli occhi e'l sguardo
1582/11, p. 15 Madrigal

Masnelli, Paolo. Ardo si ma non t'amo
1585/17, no. 12 Madrigal

Masnelli, Paolo. Baci Amorosi e belli
1596/14, p. 13 Madrigal
Cantus partbook missing.

Masnelli, Paolo. Baci soavi e cari
1592/13, p. 13 Madrigal

Masnelli, Paolo. Baciai per haver vita
1596/14, p. 11 Madrigal
Cantus partbook missing.

Masnelli, Paolo. Cara mia Tigra amata
1596/14, p. 7 Madrigal
Cantus partbook missing.

Masnelli, Paolo. Ch'io non t'ami cor mio
1596/14, p. 20 Madrigal
Cantus partbook missing.

Masnelli, Paolo. Chi va cercand'Amore
1596/14, p. 5 Madrigal
Cantus partbook missing.

Masnelli, Paolo. Clori vezzosa
1583/11, p. 11 Madrigal

Masnelli, Paolo. Corran da gli occhi miei
1582/11, p. 5 Madrigal
QUINTA PARTE.

Masnelli, Paolo. Cosi con dolci accenti
1582/11, p. 8 Madrigal

Masnelli, Paolo. Crudel perche non v'ami
1595/05, p. 19 Madrigal

Masnelli, Paolo. Dolce del mio cor vita
1582/11, p. 13 Madrigal

Masnelli, Paolo. Dunque tu dei partire & io morire
1596/14, p. 10 Madrigal
Cantus partbook missing.

Masnelli, Paolo. Esser non puo ch'al suon
1582/11, p. 2 Madrigal
SECONDA PARTE.

Masnelli, Paolo. Gia disfatt'ha le nevi
1582/11, p. 1 Madrigal
SESTINA PRIMA PARTE.

Masnelli, Paolo. Gridi pianti sospiri aspre querle
1578/21, p. 31 Madrigal

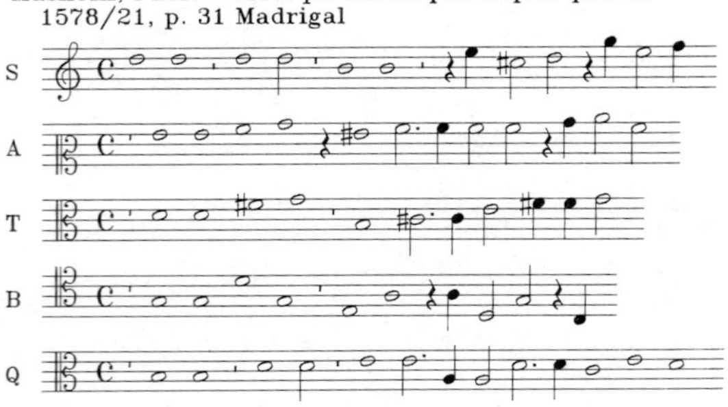

Masnelli, Paolo. I non hebbi gia mai seconde l'aure
1582/11, p. 3 Madrigal
TERZA PARTE.

Masnelli, Paolo. Laura se pur sei l'aura
1596/14, p. 8 Madrigal
Cantus partbook missing.

Masnelli, Paolo. Ma d'estate vedro ne i campi
1582/11, p. 6 Madrigal
SESTA & ULTIMA PARTE.

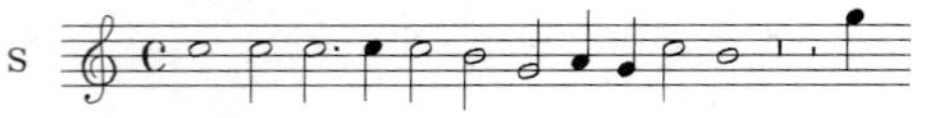

Masnelli, Paolo. Me straccia pur crudele
1596/14, p. 17 Madrigal
SECONDA PARTE. (Cantus partbook missing.)

Masnelli, Paolo. Mi sfidate guerriera
1588/18, p. 17 Madrigal

Masnelli, Paolo. Miser'Alma perche tanto sospiri
1582/11, p. 20 Madrigal
A8 (Primo choro & Secondo choro)

Masnelli, Paolo. Moriro di dolor prima ch'io veggia
1582/11, p. 17 Madrigal

Masnelli, Paolo. Nasce la doglia mia
1582/11, p. 12 Madrigal

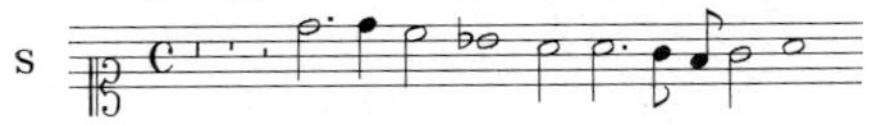

Masnelli, Paolo. Nascon dal vostro petto
1582/11, p. 14 Madrigal

Masnelli, Paolo. Non vi bastava il dardo
1596/14, p. 3 Madrigal
Cantus partbook missing.

Masnelli, Paolo. O belta senz'essempio o celeste alma
1582/11, p. 4 Madrigal
QUARTA PARTE.

Masnelli, Paolo. O dolc'anima mia dunque e pur vero
1596/14, p. 19 Madrigal
Cantus partbook missing.

Masnelli, Paolo. O piangessi almen tanto
1582/11, p. 11 Madrigal
SECONDA PARTE.

Masnelli, Paolo. Occhi cari & amanti
1596/14, p. 2 Madrigal
Cantus partbook missing.

Masnelli, Paolo. Oro son i capelli e gli occhi
1582/11, p. 16 Madrigal

Masnelli, Paolo. Perfida pur potesti
1596/14, p. 9 Madrigal
Cantus partbook missing.

Masnelli, Paolo. Porta gli occhi d'amor
1596/14, p. 6 Madrigal
Cantus partbook missing.

Masnelli, Paolo. Quando nocchier ben saggio su
1578/21, p. 30 Madrigal

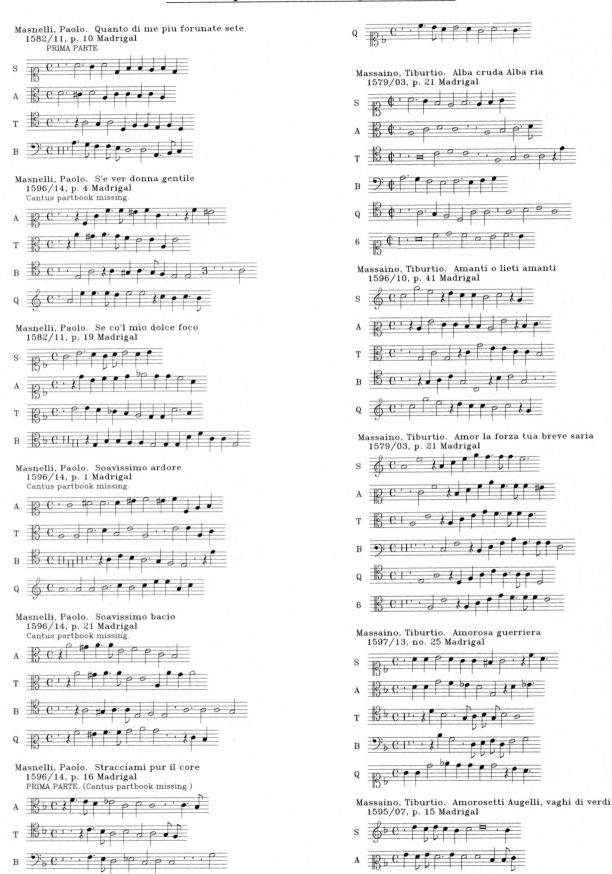

Masnelli, Paolo. Quanto di me piu forunate sete
1582/11, p. 10 Madrigal
PRIMA PARTE.

S A T B

Masnelli, Paolo. S'e ver donna gentile
1596/14, p. 4 Madrigal
Cantus partbook missing.

A T B Q

Masnelli, Paolo. Se co'l mio dolce foco
1582/11, p. 19 Madrigal

S A T B

Masnelli, Paolo. Soavissimo ardore
1596/14, p. 1 Madrigal
Cantus partbook missing.

A T B Q

Masnelli, Paolo. Soavissimo bacio
1596/14, p. 21 Madrigal
Cantus partbook missing.

A T B Q

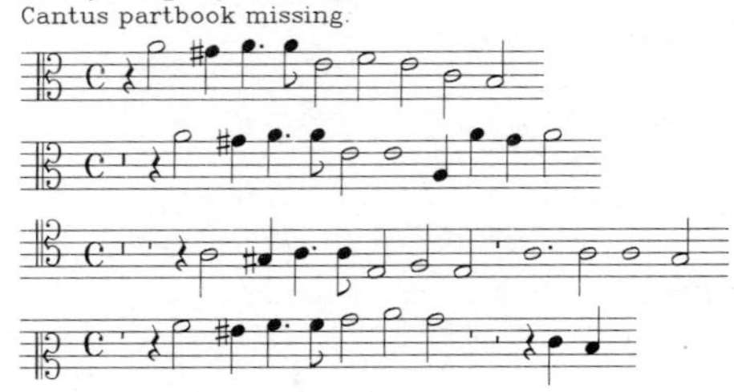

Masnelli, Paolo. Stracciami pur il core
1596/14, p. 16 Madrigal
PRIMA PARTE. (Cantus partbook missing.)

A T B

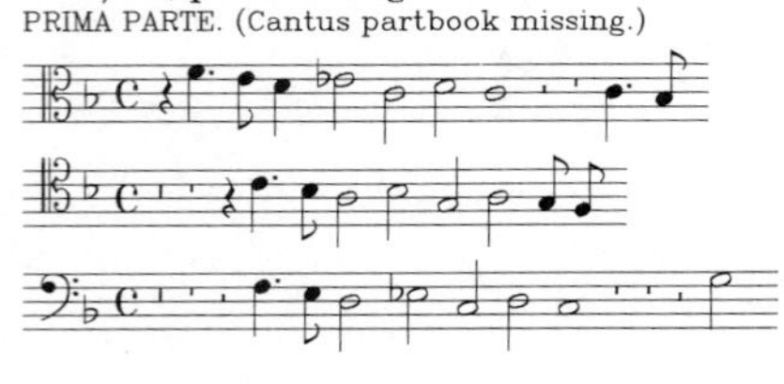

Q

Massaino, Tiburtio. Alba cruda Alba ria
1579/03, p. 21 Madrigal

S A T B Q 6

Massaino, Tiburtio. Amanti o lieti amanti
1596/10, p. 41 Madrigal

S A T B Q

Massaino, Tiburtio. Amor la forza tua breve saria
1579/03, p. 21 Madrigal

S A T B Q 6

Massaino, Tiburtio. Amorosa guerriera
1597/13, no. 25 Madrigal

S A T B Q

Massaino, Tiburtio. Amorosetti Augelli, vaghi di verdi
1595/07, p. 15 Madrigal

S A

Massaino, Tiburtio. Era tranquillo di Nettuno il Regno
1596/10, p. 17 Madrigal

Massaino, Tiburtio. La fiamm c'hai nel petto
1582/05, p. 13 Madrigal

Massaino, Tiburtio. I piango e grido sempre
1579/03, p. 14 Madrigal

Massaino, Tiburtio. Ingrata tu m'uccidi
1579/03, p. 17 Madrigal

Massaino, Tiburtio. Meraviglia e veder la notte
1579/03, p. 22 Madrigal

Masaconi, G. R. Ecco signor Voltera ecco le nimphe
1539/25, p. 14 Madrigal

Massaino, Tiburtio. Ne mai piu vaga in Ciel
1579/03, p. 3 Madrigal
PRIMA PARTE.

Massaino, Tiburtio. Non ha men bianco petto
1579/03, p. 18 Madrigal

Massaino, Tiburtio. Piaccia al'eterno Amor che diede
1579/03, p. 4 Madrigal
SECONDA PARTE.

Massaino, Tiburtio. Poi disse hor che'l tuo amor stima
1579/03, p. 10 Madrigal
ULTIMA STANZA.

Massaino, Tiburtio. Se canti al canto tuo
1579/03, p. 15 Madrigal

Massaino, Tiburtio. Su le fiorite sponde
1592/11, p. 12 Madrigal
PAROLE DI FRANCESCO LAZARONI.

Massaino, Tiburtio. Va Muse inanzi al'Alba
1579/03, p. 11 Madrigal

Massaino, Tiburtio. Vaga ghirlanda, che e tempie infiori
1579/03, p. 15 Madrigal

Massarengo, Giov. Batt. Cercate o Canzonette fra Pastor
1591/22, p. 1 Madrigal

Massarengo, Giov. Batt. Chi si scosto mai tanto
1591/22, p. 11 Madrigal
Alto partbook missing.

Massarengo, Giov. Batt. Come faro cor mio quando mi parto
1591/22, p. 17 Madrigal
Alto partbook missing.

Massarengo, Giov. Batt. Correte amanti aiutarmi tutti quant
1591/22, p. 4 Madrigal

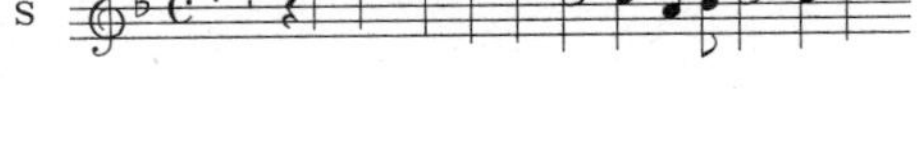

A T B 

Massarengo, Giov. Batt. Dolci colli fioriti a me cari
1591/22, p. 12 Madrigal
Alto partbook missing.

S T B 

Massarengo, Giov. Batt. Donne che a tutti noi havete
1591/22, p. 13 Madrigal
Alto partbook missing.

S T B 

Massarengo, Giov. Batt. Gia l'hora e tarda e le minute
1591/22, p. 18 Madrigal
Alto partbook missing.

S T B 

Massarengo, Giov. Batt. Io ti prometto e giuro in fede mia
1591/22, p. 14 Madrigal
Alto partbook missing.

S T B 

Massarengo, Giov. Batt. Me marite'un huom da ben
1591/22, p. 9 Madrigal
Alto partbook missing.

S T B 

Massarengo, Giov. Batt. Mi voglio fare homai ma sepoltura
1591/22, p. 7 Madrigal
Alto partbook missing.

S T B 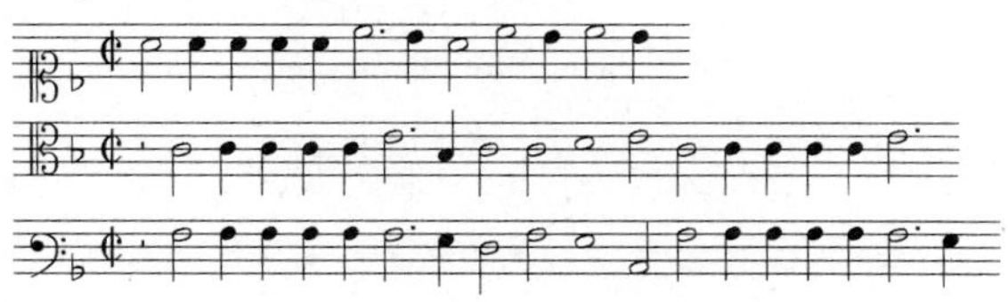

Massarengo, Giov. Batt. No so faccia mia bella la cagione
1591/22, p. 2 Madrigal

S A T B 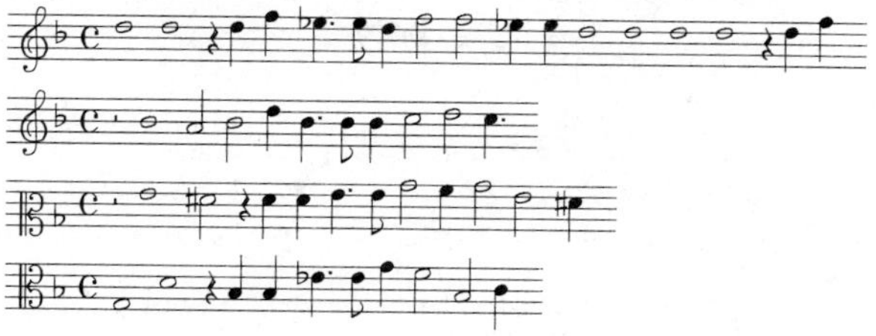

Massarengo, Giov. Batt. La nott'e'l giorno e tutte quante
1591/22, p. 3 Madrigal

S A T B 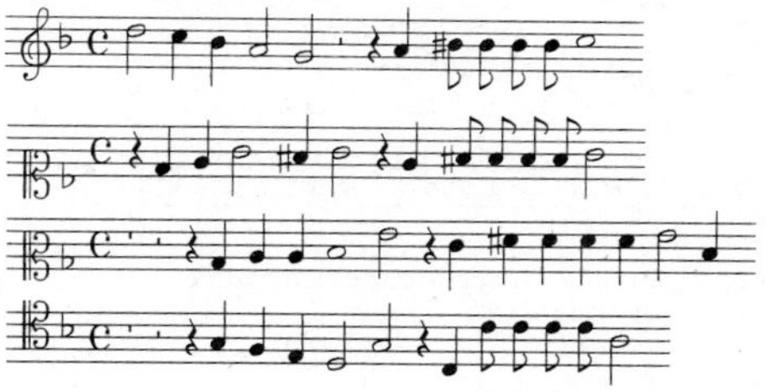

Massarengo, Giov. Batt. O crudimiei sospiri lasciate il cor
1591/22, p. 10 Madrigal
Alto partbook missing.

S T B 

Massarengo, Giov. Batt. Poi che in tutto m'hai privo
1591/22, p. 15 Madrigal
Alto partbook missing.

S T B 

Massarengo, Giov. Batt. Resta resta cor mi d'amar costei
1591/22, p. 16 Madrigal
Alto partbook missing.

S T B 

Massarengo, Giov. Batt. Si da tue treccie d'or legat'i sono
1591/22, p. 6 Madrigal
Alto partbook missing.

S T B 

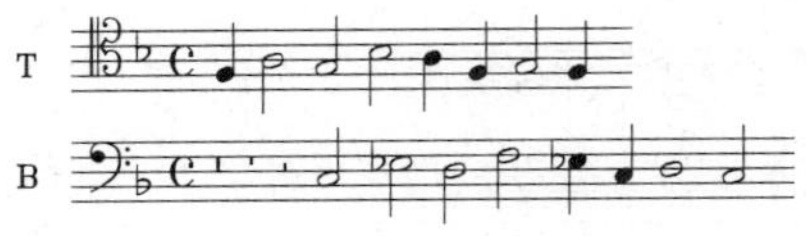

Massarengo, Giov. Batt. Sia noto e manifesto
1591/22, p. 8 Madrigal
Alto partbook missing.

Massarengo, Giov. Batt. Tre siamo che d'Amore
1591/22, p. 20 Madrigal
Alto partbook missing.

Massarengo, Giov. Batt. Vorria crudel tornare
1591/22, p. 5 Madrigal
Alto partbook missing.

Massarengo, Paolo. L'altra Diana in Cervo
1592/12, p. 19 Madrigal

Massi, Luigi. Bella e la donna mia
1591/09, p. 16–17 Madrigal
Cantus partbook missing. Alto voice missing.

Massinoni, Giova. Antonio. A la piu bella donna
1598/09, p. 16 Madrigal

Matelart, Joan. Donna ben saprei io monstrarv'aperta
1562/08, p. 23–24 Madrigal
Only Bass partbook extant.

Matelart, Joan. S'amor crudel'irat' a darmi morte
1558/13, p. 20 Madrigal

Mattee. Me stato posto foco all'mio core
1566/10, p. 31 Canzona

Mattee. Poi che crudel ammazzi le persone
1566/10, p. 30 Canzona

Mathias, M., SEE Hermann, Mathias

Mayo, J. T. de. Passa madonna come el vento gli anni
1546/18, p. 6 Napolitana
Two partbooks (Cantus/Tenor?) missing.

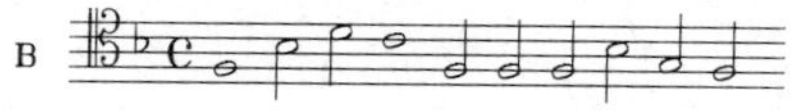

Mazzoni, Don Francesco. Afflitto lo cor mio disventurato
1569/29, p. 12 Madrigal

Mazzoni, Don Francesco. Amor senza tormento non puo stare
1569/29, p. 3 Madrigal

Mazzoni, Don Francesco. Un'ape esser vorrei poi che vi fece
1569/29, p. 28 Madrigal

Mazzoni, Don Francesco. Che far mi deggio amor
1569/29, p. 4 Madrigal

Mazzoni, Don Francesco. Chisso marito tuo che ne voi fare
1569/29, p. 14 Madrigal

Mazzoni, Don Francesco. Di donne non vorrei v'inamorasti
1569/29, p. 2 Madrigal

Mazzoni, Don Francesco. Dov'e la vera fede e'l grand'amore
1569/29, p. 15 Madrigal

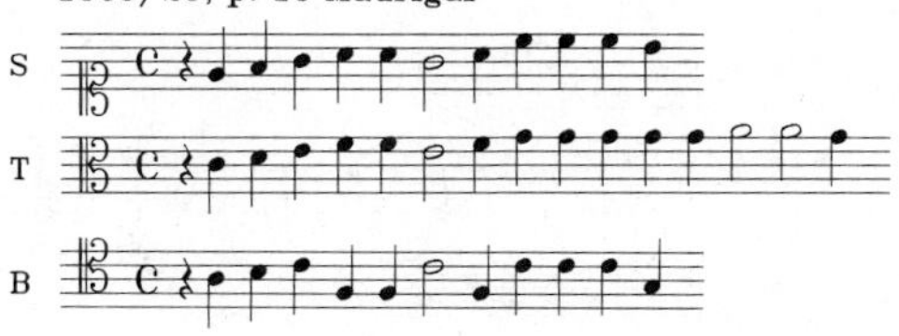

Mazzoni, Don Francesco. Fuggimi pur cor mio quanto tu vuoi
1569/29, p. 25 Madrigal

Mazzoni, Don Francesco. Hoime come poraggio
1569/29, p. 26 Madrigal

Mazzoni, Don Francesco. Liete festose & honorate donne
1569/29, p. 21 Madrigal

Mazzoni, Don Francesco. Madonna tu me fai la scorocciata
1569/29, p. 19 Madrigal

Mazzoni, Don Francesco. Mentre mi stai lontano ogn'hor
1569/29, p. 17 Madrigal
Compare A. Striggio "Mentre l'un Polo" in 1579/03.

Mazzoni, Don Francesco. Ninfa non hebbe mai
1569/29, p. 6 Madrigal

Mazzoni, Don Francesco. Noi siamo tre vecchieti sventurati
1569/29, p. 23 Madrigal

Mazzoni, Don Francesco. Non ti doler d'amore ma de la sorte
1569/29, p. 5 Madrigal

Mazzoni, Don Francesco. O s'io potessi donna palesarti
1569/29, p. 20 Madrigal

Mazzoni, Don Francesco. Pastorella gentil dal bianco armenta
1569/29, p. 13 Madrigal

Mazzoni, Don Francesco. La pastorella mia come s'ha post'
1569/29, p. 22 Madrigal

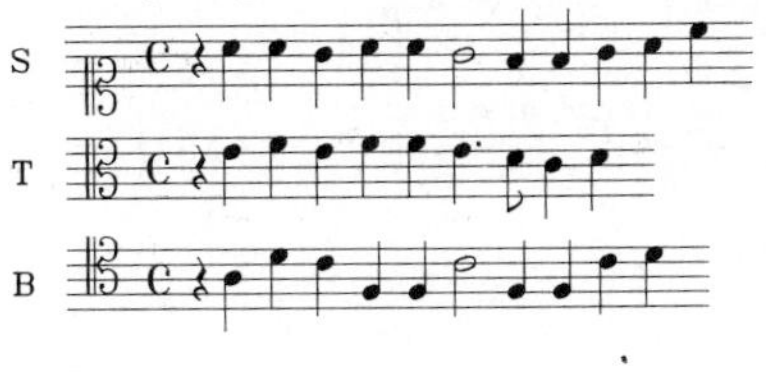

Mazzoni, Don Francesco. Passando per sta strada l'altra sera
1569/29, p. 11 Madrigal

Mazzoni, Don Francesco. Piange del pianger mio moss'ogni
1569/29, p. 7 Madrigal

Mazzoni, Don Francesco. Quest'occhi belli m'han ferit'
1569/29, p. 18 Madrigal

Mazzoni, Don Francesco. Rosa gentil che vaga per natura
1569/29, p. 9 Madrigal

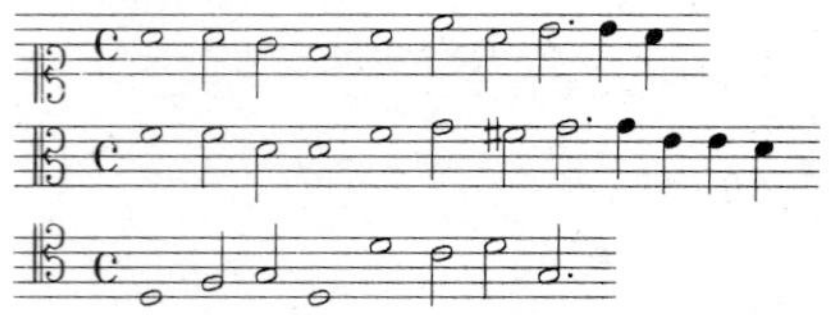

Mazzoni, Don Francesco. Taci & non parlar de le citelle
1569/29, p. 8 Madrigal

Mazzoni, Don Francesco. Vaghi augeletti che tra belle fronde
1569/29, p. 1 Madrigal

Mazzoni, Don Francesco. Viddi stand'a giacer
1569/29, p. 16 Madrigal

Mazzone, Marc'Antonio. Al primo sguardo mi rubast'il core
1570/18, p. 60 Napolitana

Mazzone, Marc'Antonio. Amor m'ha disfidat'alla battaglia
1570/18, p. 64 Napolitana

Mazzone, Marc'Antonio. Amore sia benedetto
1570/18, p. 76 Napolitana
Compare G. Scotto in 1571/11.

Mazzone, Marc'Antonio. Chi cerca navigar per alto mare
1570/18, p. 22 Napolitana

Mazzone, Marc'Antonio. Chi t'ama e chi t'adora
1570/18, p. 4 Napolitana

Mazzone, Marc'Antonio. Con questa bella mano
1570/18, p. 20 Napolitana

Mazzone, Marc'Antonio. Credimi vita mia credim'un poco
1570/18, p. 44 Napolitana
Compare G. Scotto in 1571/11.

Mazzone, Marc'Antonio. Dopoi ch'io viddi
1570/18, p. 32 Napolitana
Attributed to Anonymous (voice and lute) in 1570/33.

Mazzone, Marc'Antonio. Io persi lo mio cor ad un'impresa
1570/18, p. 74 Napolitana

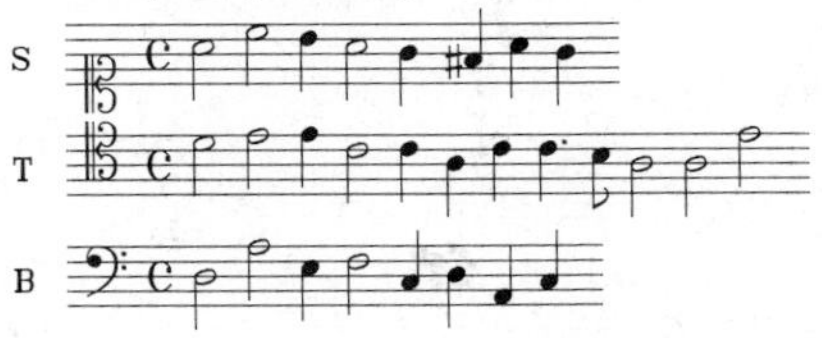

Mazzone, Marc'Antonio. Io vo cercando e mai posso trovare
1570/18, p. 42 Napolitana
Compare G. Scotto, "Io vo cercando" in 1571/11.

Mazzone, Marc'Antonio. O felic'o beato o glorioso
1570/18, p. 8 Napolitana

Mazzone, Marc'Antonio. O saporito volto per te son fatto
1570/18, p. 34 Napolitana

Mazzone, Marc'Antonio. Ognun s'allegra e viv'in feste
1570/18, p. 24 Napolitana

Mazzone, Marc'Antonio. Pascomi sol di pianto e vivo
1570/18, p. 12 Napolitana

Mazzone, Marc'Antonio. Per negarmi mercede
1570/18, p. 66 Napolitana

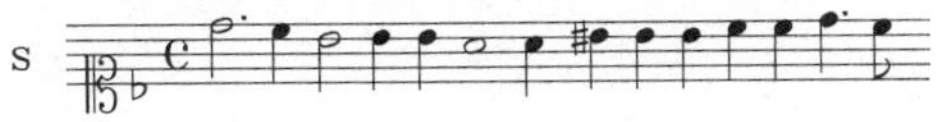

Mazzone, Marc'Antonio. Pria vedrete madonn'arder il mare
1570/18, p. 62 Napolitana

Mazzone, Marc'Antonio. Quando mirai sta bella faccia
1570/18, p. 6 Napolitana
Attributed to Anonymous in 1570/33.

Mazzone, Marc'Antonio. Sdegnat'un giorno quel crudel d'amor
1570/18, p. 10 Napolitana

Mazzone, Marc'Antonio. Se del mio gran tormento
1570/18, p. 78 Madrigal

Mel, Rinaldo Del. Amarillida mia del sol piu chiara
1585/26, p. 9 Madrigal
Alto and Bass partbooks missing.

Mel, Rinaldo Del. Amorsetto Neo che fra le perle
1585/26, p. 5 Madrigal
Alto and Bass partbooks missing.

Mel, Rinaldo Del. Bella sei tu ma cruda
1585/26, p. 16 Madrigal
Alto and Bass partbooks missing.

Mel, Rinaldo Del. Candida e vaga rosa per te
1585/26, p. 10 Madrigal
Alto and Bass partbooks missing.

Mel, Rinaldo Del. Chi non sa com'abrugia lo mio core
1585/26, p. 15 Madrigal
Alto and Bass partbooks missing.

Mel, Rinaldo Del. Crespi dorati crini
1597/15, p. 27 Villota

Mel, Rinaldo Del. Deh lasciam dunque quest'oscura
1586/02, f. 14 Madrigal

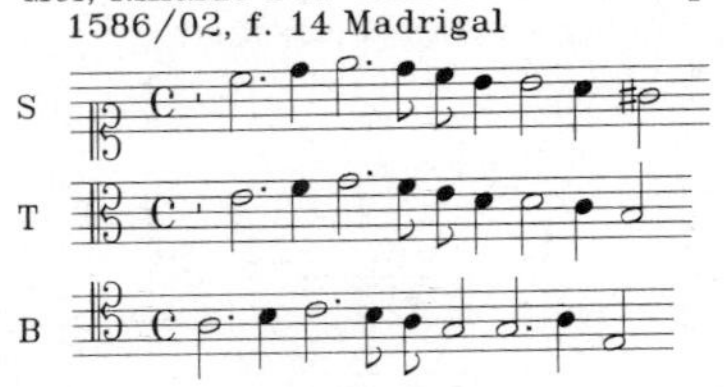

Mel, Rinaldo Del. E le celesti sfere
1595/06, f. 15v–16 Madrigal

Mel, Rinaldo Del. Et altri vezzosetti
1597/13, no. 32 Madrigal

Mel, Rinaldo Del. Fillida mia se lunge men vo
1585/26, p. 23 Madrigal
A 6. Alto and Bass partbooks missing.

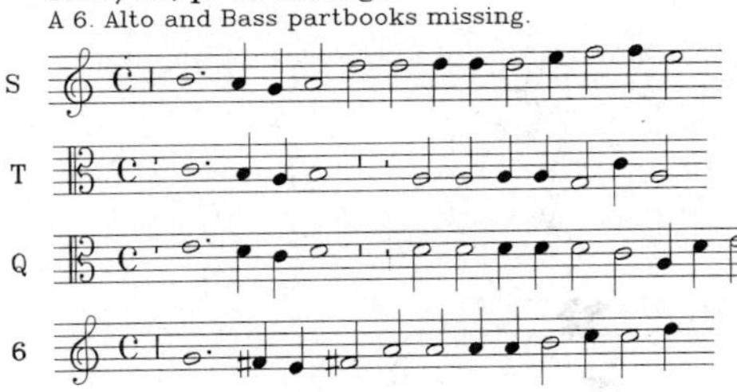

Mel, Rinaldo Del. Gia fu ch'io desai
1585/26, p. 6 Madrigal
Alto and Bass partbooks missing.

Mel, Rinaldo Del. Hor che la saggia figlia
1585/26, p. 18–19 Madrigal
A 6. Alto and Bass partbooks missing.

Mel, Rinaldo Del. Labbia amorose e di dolcezza piene
1597/15, p. 3 Madrigal
SECONDA PARTE.

Mel, Rinaldo Del. Lucida Margherita
1585/26, p. 19 Madrigal
Alto and Bass partbooks missing.

Mel, Rinaldo del. Mentre ??? a voi Vergine
1592/05, no. 12 Lauda
Only Alto voice extant. Text not clear in print.

Mel, Rinaldo Del. Mentre ch'io servo a voi Vergine
1599/06, p. 97 Lauda
IL SERVIR PURAMENTE ALLA BEATISSIMA VERGINE...

Mel, Rinaldo Del. Non e a volerti servire
1585/26, p. 12 Madrigal
Alto and Bass partbooks missing.

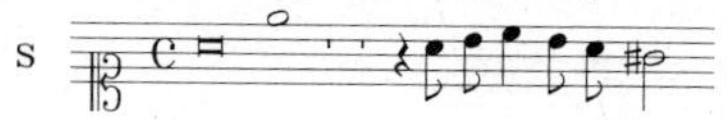

Mel, Rinaldo del. Non e a volerti servire
1585/26, p. 12 Madrigal
Alto and Bass partbooks missing.

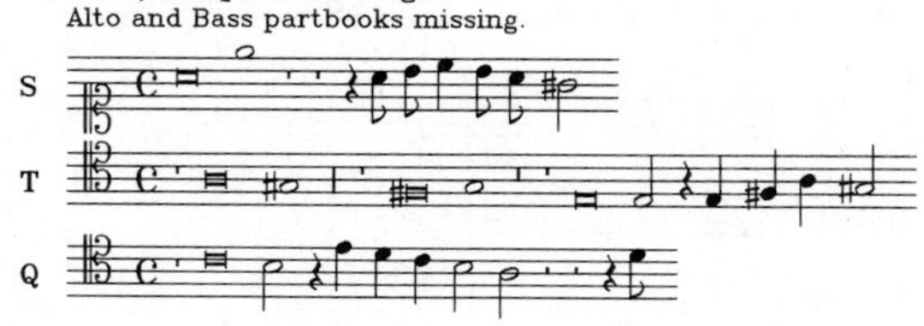

Mel, Rinaldo Del. Non e lasso un morire
1585/26, p. 14 Madrigal
Alto and Bass partbooks missing.

Mel, Rinaldo Del. Il piu divino e piu leggiadro viso
1585/26, p. 7 Madrigal
Alto and Bass partbooks missing.

Mel, Rinaldo Del. Poi ch'al mio gran martire
1585/26, p. 13 Madrigal
Alto and Bass partbooks missing.

Mel, Rinaldo Del. Privo di voi mio sol di voi mia vita
1597/15, p. 2v Madrigal
PRIMA PARTE.

Mel, Rinaldo Del. Quand'il fido pastore
1595/06, f. 12v–13 Madrigal

Mel, Rinaldo Del. Questa gemma Real
1585/26, p. 17 Madrigal
A 6. Alto and Bass partbooks missing.

Mel, Rinaldo Del. Qui fu la bella Ninfa
1585/26, p. 24 Madrigal
Alto and Bass partbooks missing.

Mel, Rinaldo Del. Qui poi ch'a farsi incomincio
1585/26, p. 4 Madrigal
SECONDA PARTE. A 6. (Alto and Bass partbooks missing.)

Mel, Rinaldo Del. Qui venn'al suon de la sampogna mia
1585/26, p. 3 Madrigal
Alto and Bass partbooks missing.

Mel, Rinaldo Del. Se questa valle di miseria piena
1586/02, f. 13v Madrigal

Mel, Rinaldo Del. Se'l pensier che mi struge
1585/26, p. 8 Madrigal
Alto and Bass partbooks missing.

Mel, Rinaldo Del. Sia benedett'Amore
1585/26, p. 11 Madrigal
Alto and Bass partbooks missing.

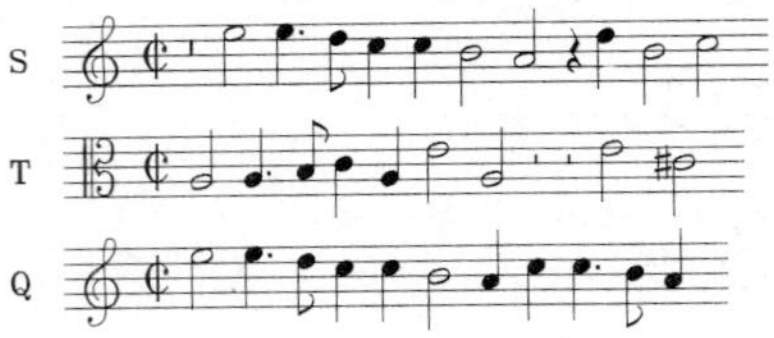

Mel, Rinaldo Del. Sorgea l'Aurora e l'herbe
1585/26, p. 22 Madrigal
A 6. Alto and Bass partbooks missing.

Mel, Rinaldo Del. Sovra le verdi chiome
1597/13, no. 31 Madrigal

Mel, Rinaldo Del. Tanto donna stim'io
1586/10, p. 4 Madrigal

Mel, Rinaldo Del. Tirrhena mia le matutine rose
1594/08, f. 12v Madrigal

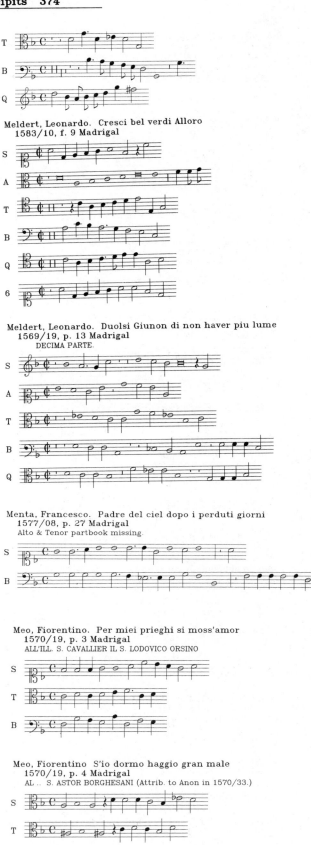

Meldert, Leonardo. Cresci bel verdi Alloro
1583/10, f. 9 Madrigal

Meldert, Leonardo. Duolsi Giunon di non haver piu lume
1569/19, p. 13 Madrigal
DECIMA PARTE.

Menta, Francesco. Padre del ciel dopo i perduti giorni
1577/08, p. 27 Madrigal
Alto & Tenor partbook missing.

Meo, Fiorentino. Per miei prieghi si moss'amor
1570/19, p. 3 Madrigal
ALL'ILL. S. CAVALLIER IL S. LODOVICO ORSINO

Meo, Fiorentino S'io dormo haggio gran male
1570/19, p. 4 Madrigal
AL .. S. ASTOR BORGHESANI (Attrib. to Anon in 1570/33.)

Meo, Fiorentino. Sa ch'io v'amo v'am'ogni sera
1570/19, p. 27 Madrigal
AL MOLTO HONO. VINCENTIO ALBERTI

Mereschallo, Pietro. Le vive fiamm'ardenti
1573/17, p. 23 Canzona
Alto partbook missing.

Merulo, Claudio. Alla Sibilla me ne voglio gire
1565/12, p. 14 Canzona

Merulo, Claudio. Amor co'i strai ferisse
1596/11, p. 10 Madrigal
Cantus and Tenor partbooks missing.

Merulo, Claudio. Amorosetto Neo che tra le perle
1592/15, p. 18 Madrigal

Merulo, Claudio. Anchor ch'i possa dire
1592/17, p. 29 Madrigal
Canto partbook missing.

Merulo, Claudio. Caro amoroso neo
1577/07, p. 25 Madrigal
Tenor, Bass & Quinto partbooks missing.

Merulo, Claudio. Che fia dunque di noi
1568/16, p. 4 Madrigal
SECONDA PARTE.

Merulo, Claudio. Cibo pregiat'e caro
1577/07, p. 5 Madrigal
ULTIMA PARTE. (Tenor,Bass & Quinto partbooks missing.)

Merulo, Claudio. Col suo nume maggior l'unica figlia
1586/11, p. 3 SONET
SECONDA PARTE.

Merulo, Claudio. Cor mio senza cervello
1564/16, p. 38–39 Greghesca

Merulo, Claudio. D'una gioia infinita
1593/03, p. 14 Madrigal
QUARTADECIMA PARTE. (Alto, Tenor, & Bass partbooks missing)

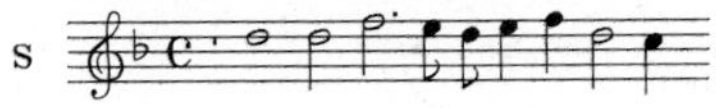

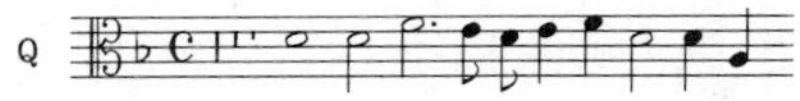

Merulo, Claudio. Da bei raggi lucenti
1567/13, p. 3 Madrigal

Merulo, Claudio. Da le perle e rubini, di cui piu bel
1585/18, p. 11 Madrigal

Merulo, Claudio. Da voi nasce il mio ben
1589/06, p. 19 Madrigal
SECONDA PARTE.

Merulo, Claudio. Deh perche morte mia non date
1589/06, p. 18 Madrigal

Merulo, Claudio. Di neve e fresche rose
1579/02, p. 11 Madrigal

Merulo, Claudio. Il dolc'aspetto del celeste viso
1562/06, p. 19 Madrigal

Merulo, Claudio. Donna se l'occhio mio
1564/16, p. 12 Greghesca

Merulo, Claudio. Ecco che gl'e pur vero
1586/12, p. 4 Madrigal
SECONDA PARTE.

Merulo, Claudio. Ero cosi dicea
1593/05, p. 16 Madrigal

Merulo, Claudio. Fida scorta che speri
1584/04, p. 1 Madrigal
A 7. Incomplete.

Merulo, Claudio. Gelo ha madonna il seno e fiamma
1579/02, p. 3 Madrigal

Merulo, Claudio. Ingiustissimo amor perche si raro
1562/06, p. 18 Madrigal

Merulo, Claudio. Ingrat'Amor a tanta servitume
1570/17, p. 6-7 Giustiniana

Merulo, Claudio. Io non potria goder gioia perfetta
1589/06, p. 6-7 Madrigal

Merulo, Claudio. Lasso che desiando
1578/22, p. 10 Madrigal

Merulo, Claudio. Lieti fiori e felice'e ben nate
1562/06, p. 21-22 Madrigal

Merulo, Claudio. Madonna poiche uccider mi volete
1561/15, p. 21 Madrigal
See L. Balbi "Madonna poi che. " in 1589/12.

Merulo, Claudio. Mai non vo piu cantar
1586/12, p. 8-9 Madrigal
CANZON PRIMA PARTE.

Merulo, Claudio. Mentre il lauro gentil
1582/05, p. 14 Madrigal

Merulo, Claudio. Mentre mia stella miri
1579/02, p. 8 Madrigal

Merulo, Claudio. La mia spietata sorte
1579/02, p. 13 Madrigal

Merulo, Claudio. Mirami vita mia mirami un poco
1583/12, p. 6 Madrigal

Merulo, Claudio. O liete piante o colli ameni
1578/22, p. 5 Madrigal

Merulo, Claudio. O secrete e fresch'ombre
1578/22, p. 6 Madrigal
SECONDA PARTE.

Merulo, Claudio. O soave contrade o puro fiume
1562/06, p. 22 Madrigal
SECONDA PARTE.

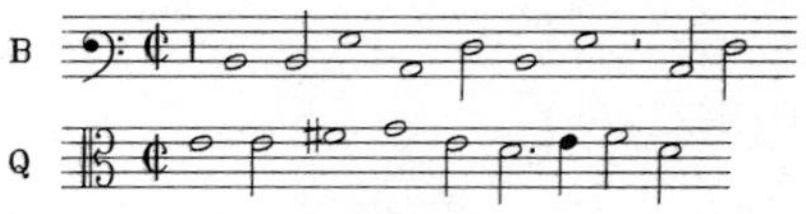

Merulo, Claudio. Occhi che fia di voi
1597/13, no. 53 Madrigal

Merulo, Claudio. Perche sopporti tanto
1584/04, p. 2 Madrigal
A 7.

Merulo, Claudio. Questo ben di dolcezza
1577/07, p. 4 Madrigal
SECONDA PARTE. (Tenor,Bass & Quinto partbooks missing.)

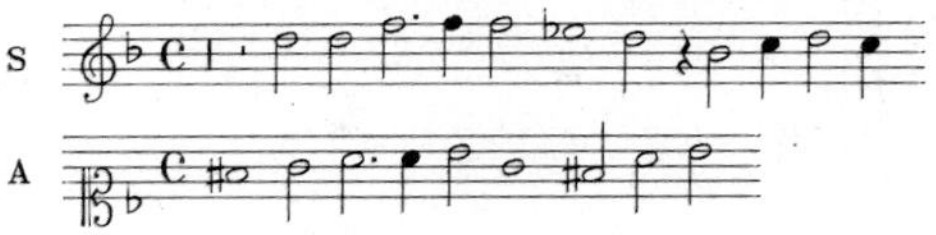

Merulo, Claudio. Quindi giusto desio m'infiamma
1567/13, p. 4 Madrigal

Merulo, Claudio. S'al vostro mal consente l'acceso
1562/06, p. 17 Madrigal

Merulo, Claudio. Se non m'ingann'amore
1586/12, p. 3 Madrigal

Merulo, Claudio. Signor fra tutte l'opre
1586/01, p. 9 Lauda

Merulo, Claudio. Svelt'ha di morte invido
1568/16, p. 3 Madrigal
SECONDA PARTE.

Merulo, Claudio. Tanto t'amo tanto t'adoro o donna
1565/12, p. 5 Canzona

Merulo, Claudio. Tra pure nevi alme purpuree rose
1579/03, p. 6–7 Madrigal
TERZA PARTE.

Merulo, Claudio. Vergine che consoli il mesto core
1586/01, p. 10 Lauda
SECONDA PARTE.

Merulo, Claudio. Vide l'Arno
1586/11, p. 1–2 SONET

Merulo, Claudio. Vivea solo per voi lieta e beata
1570/15, p. 10 Madrigal
SECONDA STANZA.

Merulo, Claudio. Voi foste fatta da l'eterno Giove
1562/06, p. 19–20 Madrigal
SECONDA PARTE.

Merulo, Claudio. Vorrei lasso esser la terra
1583/12, p. 4 Madrigal

S A T B Q

Metallo, Grammatico. A la lappia camocan
1592/19, p. 27–29 Moresca
Listed as a Moresca in Table of Contents.

S T B

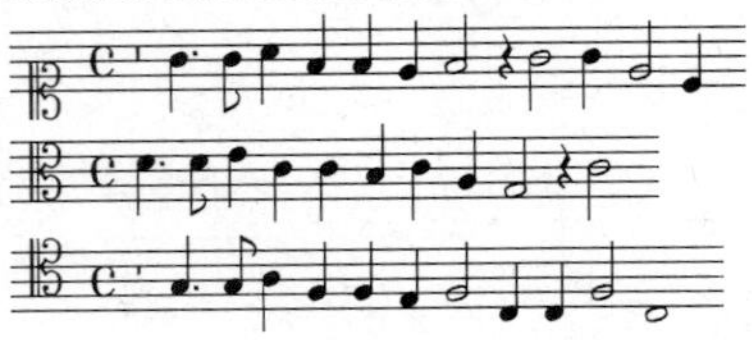

Metallo, Grammatico. Amor gia te pensavi di darmi pene
1577/09, p. 10 Canzona
Only Canto partbook extant.

S

Metallo, Grammatico. Amor io son costretto scacciarte
1577/09, p. 5 Canzona
Only Canto partbook extant.

S

Metallo, Grammatico. Amor mi par amare
1592/19, p. 18 Villanella
ALLA ILLUSTRE SIG. LIVIA CASALE.

S T B

Metallo, Grammatico. Belta non fu complita
1577/09, p. 13 Canzona
Only Canto partbook extant.

S

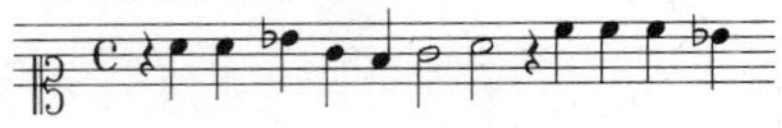

Metallo, Grammatico. Caldi sospiri miei
1592/19, p. 19 Villanella

S T B

Metallo, Grammatico. Che deggio bella donna
1577/09, p. 23 Canzona
Only Canto partbook extant.

S

Metallo, Grammatico. Che faro dunque s'io son amorato
1577/09, p. 11 Canzona
Only Canto partbook extant.

S

Metallo, Grammatico. Chi per salvarsi fugge
1577/09, p. 14 Canzona
Only Canto partbook extant.

S

Metallo, Grammatico. Chi piu di me beato felic'aventurato
1592/19, p. 14 Villanella

S T B

Metallo, Grammatico. Chi piu se fida piu rest'ingannato
1577/09, p. 22 Canzona
Only Canto partbook extant.

S

Metallo, Grammatico. Chi piu si fida piu rest'ingannato
1592/19, p. 12 Villanella

S T B

Metallo, Grammatico. Chi vuole dopo morto entrar
1577/09, p. 7 Canzona
Only Canto partbook extant.

S

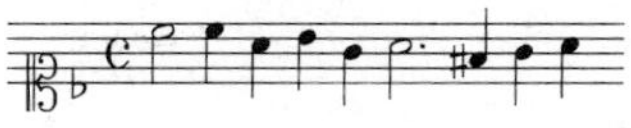

Metallo, Grammatico. Cor mio tu viv'ardend'e si ferito
1592/19, p. 25 Villanella

S T B

Metallo, Grammatico. Crudel ti poi chiamar piu che Neron
1592/19, p. 23 Villanella
Listed as "Crudel non fu" in Table of Contents.

S T B

Metallo, Grammatico. Da che ti viddi sempre t'haggi'amata
1592/19, p. 2 Villanella

S T B

Metallo, Grammatico. Da si capilli d'oro tess'io
1592/19, p. 7 Villanella
ALLA ILLUSTRE SIG. LIONORA REINA.

S

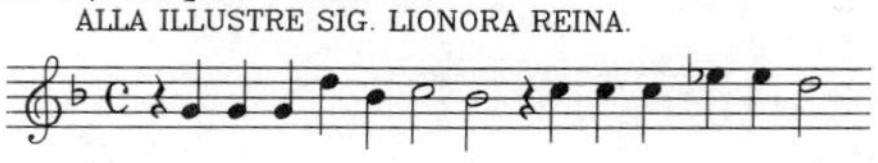

T
B

Metallo, Grammatico. Dal cielo piove ogni grat'e favore
1592/19, p. 4 Villanella
ALLA ILLUSTRISS. SIG. CATERINA VISCONTI.

S
T
B

Metallo, Grammatico. Dal di ch'io da tua belta
1577/09, p. 16 Canzona
Only Canto partbook extant.

S

Metallo, Grammatico. Donna gentil tu m'arrobast'il core
1592/19, p. 1 Villanella

S
T
B

Metallo, Grammatico. Donna leggiadr'e bella
1592/19, p. 8 Villanella
ALLA ILLUSTRE. SIG. MADELENA REINA.

S
T
B

Metallo, Grammatico. Due rose fresche nat'in paradiso
1592/19, p. 5 Villanella

S
T
B

Metallo, Grammatico. Fuggimi quanto vuoi crudel signora
1592/19, p. 13 Villanella

S
T
B

Metallo, Grammatico. Guardando a gli occhi tuoi morir
1577/09, p. 9 Canzona
Only Canto partbook extant.

S

Metallo, Grammatico. Havea pensato de donar t'il core
1592/19, p. 10 Villanella

S
T

B

Metallo, Grammatico. Hor come voglio bella star contento
1577/09, p. 24 Canzona
Only Canto partbook extant.

S

Metallo, Grammatico. In galera li panettieri
1577/09, p. 12 Canzona
Only Canto partbook extant.

S
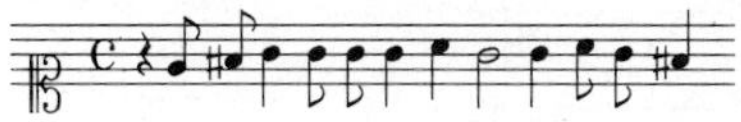

Metallo, Grammatico. Io moro donn'e lo dolor m'occide
1592/19, p. 6 Villanella

S
T
B

Metallo, Grammatico. Madonna tu mi pare tanto brutta
1592/19, p. 11 Villanella

S
T
B
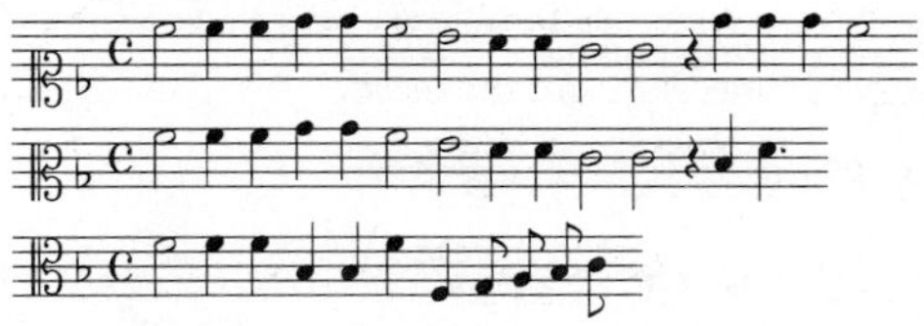

Metallo, Grammatico. Molti squarcioni per la terra vanno
1577/09, p. 8 Canzona
Only Canto partbook extant.

S

Metallo, Grammatico. O Livia o dolce vagho basilico
1592/19, p. 20 Villanella

S
T
B

Metallo, Grammatico. O faccia bella o faccia saporita
1577/09, p. 25 Canzona
Only Canto partbook extant.

S

Metallo, Grammatico. O sol che nel mio petto porgi gioia
1577/09, p. 3 Canzona
Only Canto partbook extant.

S

Metallo, Grammatico. Perche dicete bella ch'io non t'amo
1592/19, p. 24 Villanella

S
T
B

Metallo, Grammatico. Quante n'ha fatte e puro me ne face
1577/09, p. 4 Canzona
Only Canto partbook extant.

Metallo, Grammatico. Quello ch'in te si véde o gran
1592/19, p. 16 Villanella
ALLA ILLUSTRE SIG. VITTURIA CROCE.

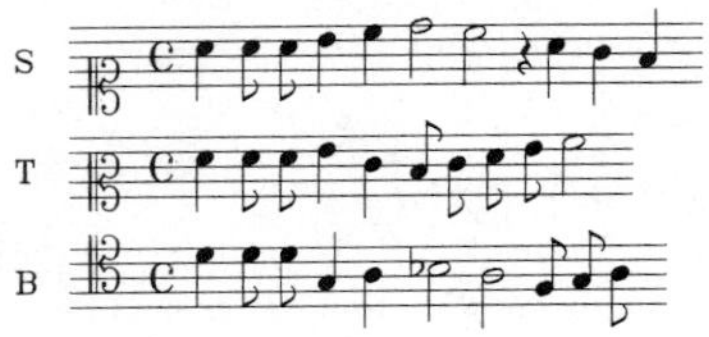

Metallo, Grammatico. S'io ti son fidele perche mi sei
1592/19, p. 21 Villanella

Metallo, Grammatico. Se la fiamma m'ard'e bruggia'l core
1592/19, p. 17 Villanella
ALLA ILLUSTRE SIG. MADALENA CROCE.

Metallo, Grammatico. Si dolce viso & sa boccuzza d'oro
1577/09, p. 6 Canzona
Only Canto partbook extant.

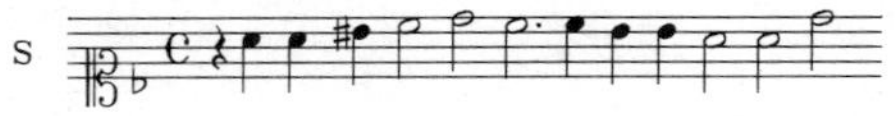

Metallo, Grammatico. Si tu non vuoi ch'io t'ama
1577/09, p. 2 Canzona
Only Canto partbook extant.

Metallo, Grammatico. Signor bella signora saporita
1577/09, p. 21 Canzona
Only Canto partbook extant.

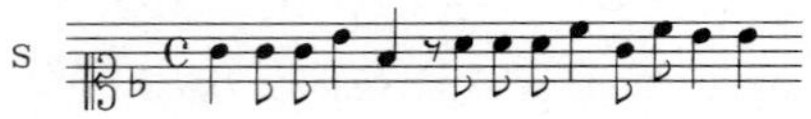

Metallo, Grammatico. Signora bella a rimirar tuo volto
1577/09, p. 20 Canzona
Only Canto partbook extant.

Metallo, Grammatico. Signora bella ne la tua figura
1577/09, p. 19 Canzona
Only Canto partbook extant.

Metallo, Grammatico. Signora bella ne la tua figura
1577/09, p. 18 Canzona
Only Canto partbook extant.

Metallo, Grammatico. Tu sola sola tu lo sai
1592/19, p. 22 Villanella

Metallo, Grammatico. Tutta e pazzia ch'io t'abbandoni mai
1592/19, p. 3 Villanella

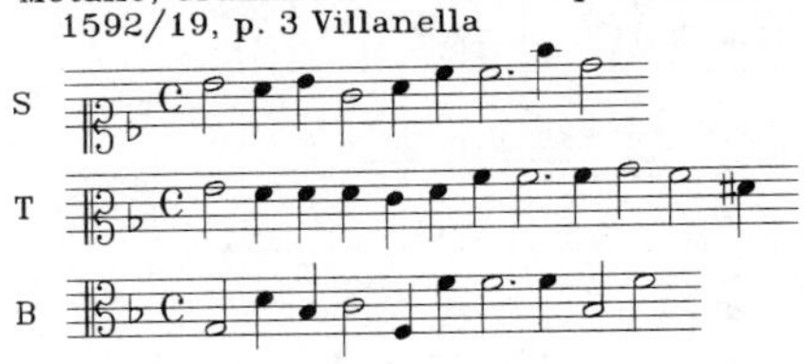

Metallo, Grammatico. Tutta sei bella mac'el quasta gioco
1590/24, p. 7 Madrigal

Metallo, Grammatico. Vattene pur hormai altier'Amore
1592/19, p. 9 Villanella
ALLA ILLUSTRE SIG. CAMILLA REINA.

Metallo, Grammatico. Vien spesso amor sdegnat'in fretta
1577/09, p. 15 Canzona
Only Canto partbook extant.

Mettula, Jacomo. Chara mia pastorella che vivesti
1573/17, p. 8 Canzona
Alto partbook missing. Canto & Tenor unavailable Zwickau.

Michele, dom. Human stille non puo spiegar
1570/15, p. 23 Madrigal
SECONDA PARTE.

Michele, dom. Margarita la cui belta immortale
1570/15, p. 22–23 Madrigal

Michele, Dom. Questo benigno spirto ch'in noi
1577/07, p. 13 Madrigal
Tenor, Bass & Quinto partbooks missing.

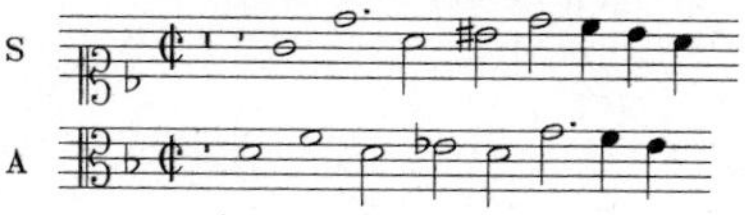

Michele, Dom. Se pur offessa sei e meco guerra
1590/13, p. 2 r Madrigal
Bass partbook missing.

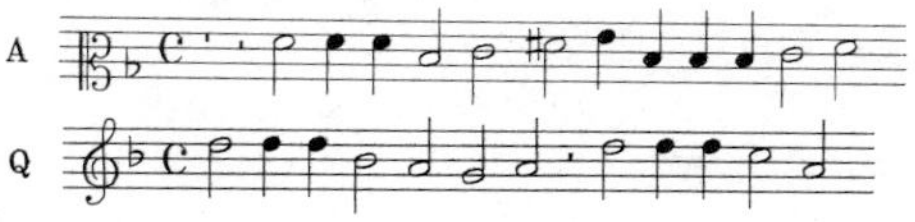

Micheli, Dom. Semo tre vecchi gobi inamorai
1575/14, p. 28–29 Giustiniana

Micheli, Dom. Sol mirando vorrei
1586/09, p. 13 Madrigal

Milanese, Ludovico. Alme celeste che riposo
1507/04, f. 51v Frottola

Milanese, Ludovico. Ameni colli aprici monticelli
1507/04, f. 29v–30 Frottola

Milanese, Ludovico. Ate drizo ogni mio passo
1508/03, f. 48v–49 Lauda

Milanese, Ludovico. Benigno e grave aspecto
1517/02, f. 17v–18 Frottola

Milanese, Ludovico. Haime haime ne mo ne mai
1517/02, f. 24v–25 Frottola

Milanese, Ludovico. Quando mi mostra amor
1507/04, f. 52 Frottola

Milanese, Ludovico. Sera chi per pieta
1507/04, f. 52v–53 Frottola

Milanese, Ludovico. Vinto da passion & ardenti strali
1517/02, f. 4v–5 Frottola

Milleville, Alessandro. Ahi ch'il mio ben mi fura
1593/03, p. 21 Madrigal
Alto, Tenor and Bass partbooks missing.

S Q

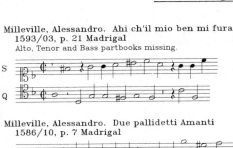

Milleville, Alessandro. Due pallidetti Amanti
1586/10, p. 7 Madrigal

S A T B Q

Milleville, Alessandro. Fermano il corso a i venti
1591/09, p. 2 Madrigal
Cantus partbook missing.

A T B

Milleville, Alessandro. Mentr'io fuggia schernito
1583/10, f. 26 Madrigal

S A T B Q 6

Milleville, Alessandro. Percotendo Vulcan co'l suo martello
1581/05, p. 12 Madrigal
AL REVERDENDO D. LODOVICO AGOSTINI.

S A T B Q 6

Milleville, Alessandro. Tra mille e piu arborscelli
1582/05, p. 10 Madrigal

S

A T B Q

Mira, Leandro. Al fiammeggiar de bei vostr'occhi
1592/15, p. 11 Madrigal

S A T B Q

Mira, Leandro. Amor mi strugge il cor
1583/19, p. 20 Madrigal

S A T B Q 6

Mira, Leandro. Amorosetti augelli ch'al sol cantate
1592/15, p. 10 Madrigal

S A T B Q

Mira, Leandro. Apremi Amor le labbia esci soave
1583/19, p. 19 Madrigal

S A T B Q 6

Mira, Leandro. Come il Lauro non perde
1583/10, f. 31 Madrigal

Mira, Leandro. Donna crudel se'l viver mio
1591/23, p. 15 Madrigal

Mira, Leandro. Donna l'ardente fiamma
1566/23, p. 23 Madrigal

Mira, Leandro. In silentio parole accortee sagge
1586/12, p. 14–15 Madrigal
QUINTA PARTE.

Mira, Leandro. Signor la vostra fiamma e la pena
1566/23, p. 24 Madrigal
SECONDA PARTE.

Mira, Leandro. Tra verdi frondi d'un ginebra
1570/24, p. 23 Madrigal

Mira, Leandro. Vieni Himeneo che gia sen fuggi
1583/19, p. 23 Madrigal

Mitis, Agostino De. Lieva quel vell'ahime dolce Signora
1590/24, p. 8 Madrigal

Mogavero, Antonio. Diva fiamma del cielo
1598/06, p. 20 Madrigal

Molinaro, Simone. A la bocca dolcissima di rose
1599/15, p. 7 Madrigal
PRIMA PARTE.

Molinaro, Simone. Amante troppo ardente
1599/15, p. 14 Madrigal
SECONDA PARTE.

Molinaro, Simone. Amor se brami ch'io
1599/15, p. 13 Madrigal
PRIMA PARTE.

Molinaro, Simone. Aspetto morte al varco
1599/15, p. 22 Madrigal
SETTIMA, & ULTIMA STANZA.

Molinaro, Simone. L'aura che gia di questo fragil
1589/13, p. 15 Madrigal

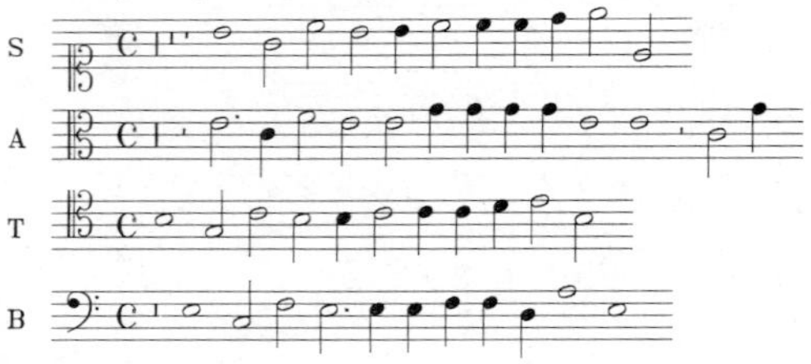

Molinaro, Simone. Baci amorosi e cari
1599/15, p. 4 Madrigal
PRIMA PARTE.

Molinaro, Simone. Ben mi fora bisogno e spirto
1599/15, p. 17 Madrigal
SECONDA STANZA.

Molinaro, Simone. Cantiam Muse cantiamo
1599/15, p. 3 Madrigal

Molinaro, Simone. Deh perche Amor che mi prende
1599/15, p. 19 Madrigal
QUARTA STANZA.

Molinaro, Simone. Dolci soavi e cari
1599/15, p. 5 Madrigal
SECONDA PARTE.

Molinaro, Simone. Indi sovra l'altare
1599/15, p. 2 Madrigal
SECONDA PARTE.

Molinaro, Simone. Ingrata ahi lasso l'amo e tant'ha
1599/15, p. 10 Madrigal
SECONDA PARTE.

Molinaro, Simone. Ingrata e la mia donna
1599/15, p. 9 Madrigal
PRIMA PARTE.

Molinaro, Simone. Ma l'hore i giorni i mesi gl'anni
1599/15, p. 21 Madrigal
SESTA STANZA.

Molinaro, Simone. Ma questo oscuro & intricato bosco
1599/15, p. 18 Madrigal
TERZA STANZA.

Molinaro, Simone. Non le torrei come a la lepre
1599/15, p. 20 Madrigal
QUINTA STANZA.

Molinaro, Simone. O dolcissima bocca
1599/15, p. 8 Madrigal
SECONDA PARTE.

Molinaro, Simone. Pazzo dal volgo
1599/15, p. 6 Madrigal

Molinaro, Simone. Porgetemi la lira
1599/15, p. 1 Madrigal
PRIMA PARTE.

Molinaro, Simone. Stanco e non satio homai di cercar
1599/15, p. 16 Madrigal
SESTINA. PRIMA STANZA.

Molinaro, Simone. Tu che col guardo
1589/13, p. 21 Madrigal

Monino, Giovanni. Vinci che con la musa
1583/20, p. 25 Madrigal

Montagnana, Rinaldo Da. A Voi rivolg' il mio debile stile
1558/17, p. 37 Canzona

Montagnana, Rinaldo da. A qualunque animal alberga
1558/17, p. 1 Canzona
CANZONA PRIMA DI DON RINALDO.

Montagnana, Rinaldo da. Amor tu'l senti
1558/17, p. 15 Canzona

Montagnana, Rinaldo da. Caduta e la tua gloria
1558/17, p. 16 Canzona

Montagnana, Rinaldo da. Che debb'io far che mi consigl'amore
1558/17, p. 14 Canzona
CANZONE III. DI DON RINALDO

Montagnana, Rinaldo da. Che debbo far che mi consigl'Amore
1558/17, p. 35 Canzona

Montagnana, Rinaldo da. Le citta son nemiche amici i boschi
1558/17, p. 11 Canzona

Montagnana, Rinaldo da. Con lei foss'io da che si part'il
1558/17, p. 6 Canzona

Montagnana, Rinaldo da. Consumando mi vo di piaggia
1558/17, p. 10 Canzona

Montagnana, Rinaldo da. Deh hor foss'io co'l vago de la luna
1558/17, p. 12 Canzona

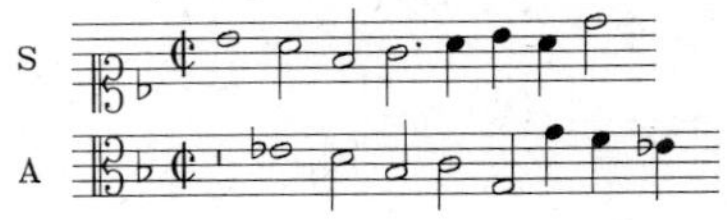

Montagnana, Rinaldo da. Di di in di spero homai l'ultima
1558/17, p. 8 Canzona

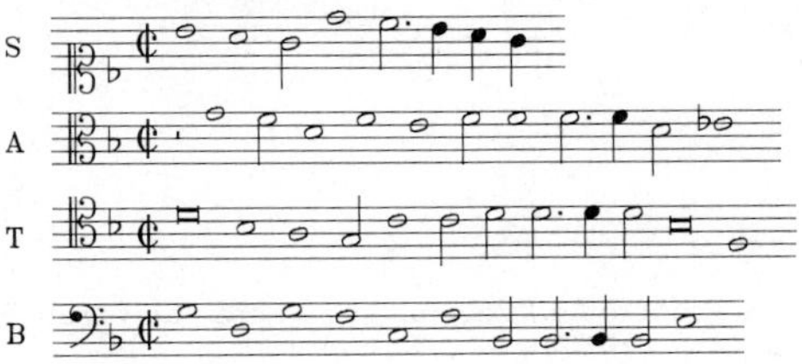

Montagnana, Rinaldo da. Donne voi che mirase sua beltade
1558/17, p. 19 Canzona

Montagnana, Rinaldo da. Et io da che comincia
1558/17, p. 2 Canzona

Montagnana, Rinaldo da. Icaro cadd'e misero nel mare
1558/17, p. 34–35 Canzona

Montagnana, Rinaldo da. In atto & in parole la ringratio
1558/17, p. 22 Canzona

Montagnana, Rinaldo da. Io non hebbi gia mai tranquilla
1558/17, p. 9 Canzona

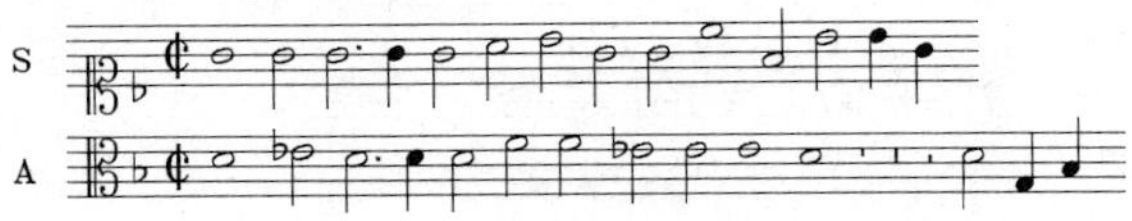

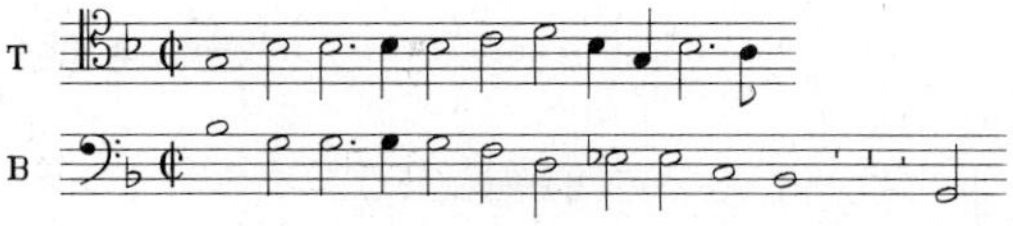

Montagnana, Rinaldo da. Io piango et ella il volto
1558/17, p. 27 Canzona
Quintus part, scored for Alto, is found in Tenor partbook.

Montagnana, Rinaldo da. Ma io che debb'altro che pianger
1558/17, p. 24 Canzona

Montagnana, Rinaldo da. Non credo che pascesse mai per selva
1558/17, p. 4 Canzona

Montagnana, Rinaldo da. Non ha tanti animali il mar
1558/17, p. 7 Canzona
CANZONE II. DI DON RINALDO.

Montagnana, Rinaldo da. Oime terr' e fatto'l suo bel viso
1558/17, p. 17 Canzona
"IL BASSO TACE."

Montagnana, Rinaldo da. Ove sete madonna, iv'e una chiara
1558/17, p. 34 Canzona
MADR. AEROSI.

Montagnana, Rinaldo da. Piu che mai bell'e piu leggiadra
1558/17, p. 18 Canzona

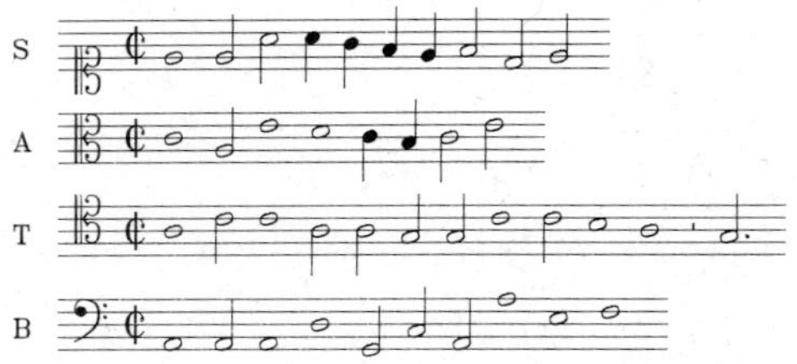

Montagnana, Rinaldo da. Pon fren'al gran dolor
1558/17, p. 20 Canzona
Fifth voice, labeled Tenor, is found in Bass partbook.

Montagnana, Rinaldo da. Prima ch'io torn'a voi lucenti
1558/17, p. 5 Canzona

Montagnana, Rinaldo da. Quand'il soave mio fido conforto
1558/17, p. 21 Canzona
CANZONE IIII. DI DON RINALDO

Montagnana, Rinaldo da. Quando la sera scaccia'l chiaro
1558/17, p. 3 Canzona

Montagnana, Rinaldo Da. Ragion e ben ch'alcuna volt'io canti
1558/17, p. 36 Canzona

Montagnana, Rinaldo Da. Rispond'io all'hora che voglio
1558/17, p. 25 Canzona
Bass part reads "I volea dimandar, Che voglion'importar'."

Montagnana, Rinaldo da. Rispondo, io non piango altro
1558/17, p. 23 Canzona

Montagnana, Rinaldo da. Sa quest'altier ch'io l'amo
1558/17, p. 13 Canzona

Montagnana, Rinaldo da. Scacciato del mio dolc'albergo fuora
1558/17, p. 38 Canzona

Montagnana, Rinaldo da. Son quest'i capei biond'e l'avreo
1558/17, p. 26 Canzona

Montagnana, Rinaldo da. Voi ch'ascoltat'in rime sparse
1558/17, p. 36–37 Canzona

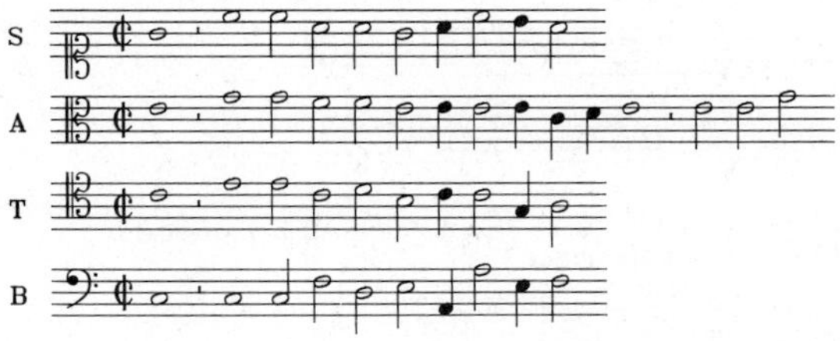

Montanaro, Giovanni Batt. Nel mezzo del camin (Music missing)
1562/08, p. 31–32 Madrigal
Only Bass partbook extant. (Music missing for this piece.)

Monte, Colanardo De. Son inamorato e sentomi morire
1574/05, p. 12 Villanella

Monte, Philippe de. Ahi chi mi rompe il sonno
1585/18, p. 22 Madrigal

Monte, Philippe de. Ahime cor mio hime chi mi t'ha
1568/12, p. 11 Madrigal
TERZA STANZA.

Monte, Philippe de. Aldiscioglier d'un groppo
1591/18, p. 7 Madrigal

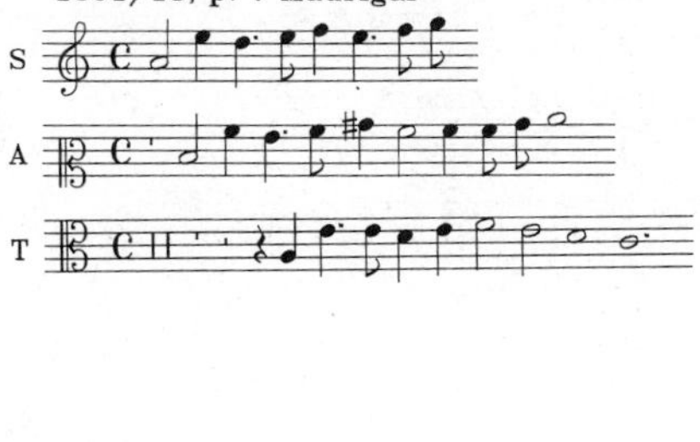

Monte, Philippe de. All'hor gli spirti angelici
1591/23, p. 6 Madrigal
SESTA PARTE.

Monte, Philippe de. Alma ben nata se mi duol e dolce
1583/15, f. 6v Madrigal

Monte, Philippe de. Amor fortuna e la mia mente schiva
1570/25, p. 30 Madrigal
PRIMA PARTE. (Only Tenor partbook extant.)

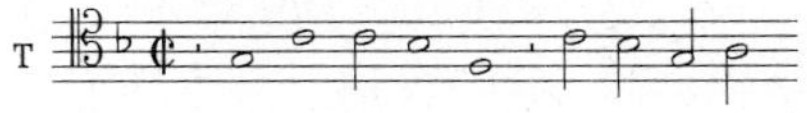

Monte, Philippe de. Amor la mia ventur'e troppo cruda
1568/13, p. 16 Madrigal
QUINTA & ULTIMA PARTE

Monte, Philippe de. Amor m'accende & io d'arder m'appago
1577/07, p. 21 Madrigal
Tenor, Bass & Quinto partbooks missing.

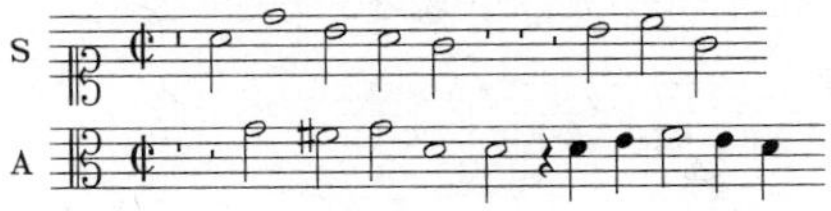

Monte, Philippe de. Amorosi pensieri lagrim'amare mie
1583/15, f. 25 Madrigal

Monte, Philippe de. Anima dove vai dove mi lassi
1583/15, f. 35 Madrigal

Monte, Philippe de. Ardo si ma non t'amo
1585/17, no. 1 Madrigal

Monte, Philippe de. L'Arno illustre d'Etruria
1579/03, p. 19 Madrigal
PRIMA PARTE

Monte, Philippe de. Aspro core e selvaggio
1585/27, p. 13 Madrigal

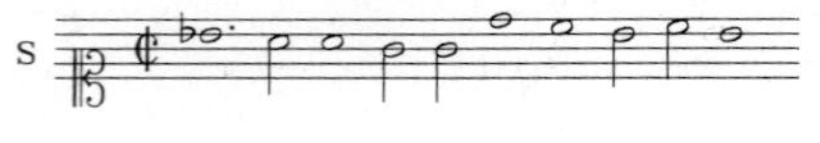

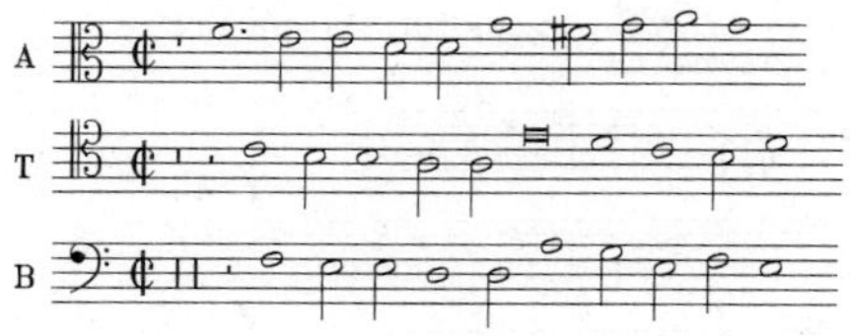

Monte, Philippe de. Aure ch'i dolci verdi bei smeraldi
1561/15, p. 14 Madrigal

Monte, Philippe de. I begl'occhi ond'io fui
1583/14, f. 24v Madrigal

Monte, Philippe de. Bella Clori che sei delle Ninfe
1590/11, p. 2 Madrigal

Monte, Philippe de. Cari scogli dilett'e fide arene
1585/18, p. 14–15 Madrigal

Monte, Philippe de. Caro dolce mio male
1588/19, p. 10 Madrigal
Tenor and Alto partbooks missing.

Monte, Philippe de. Caro pegno del cielo
1577/07, p. 14 Madrigal
Tenor, Bass & Quinto partbooks missing.

Monte, Philippe de. Che fai alma che pensi havrem mai
1585/18, p. 16 Madrigal

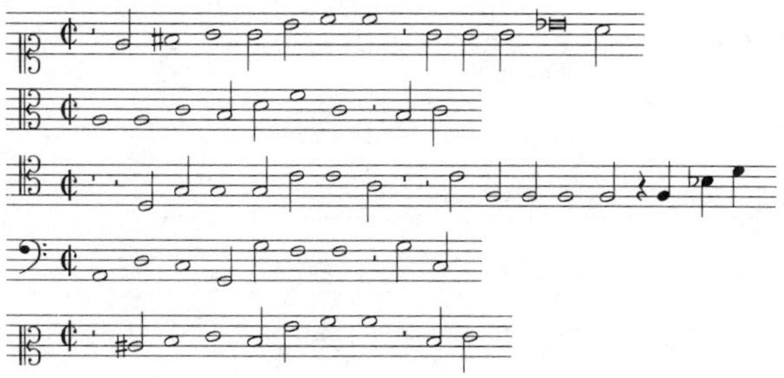

Monte, Philippe de. Che quella voce in fin'al ciel
1585/27, p. 12 Madrigal
SECONDA PARTE.

Monte, Philippe de. Correte fiumi a le vostre alte fonti
1583/14, f. 29v Madrigal

Monte, Philippe de. Cosi il Pastor dicea
1590/11, p. 3 Madrigal

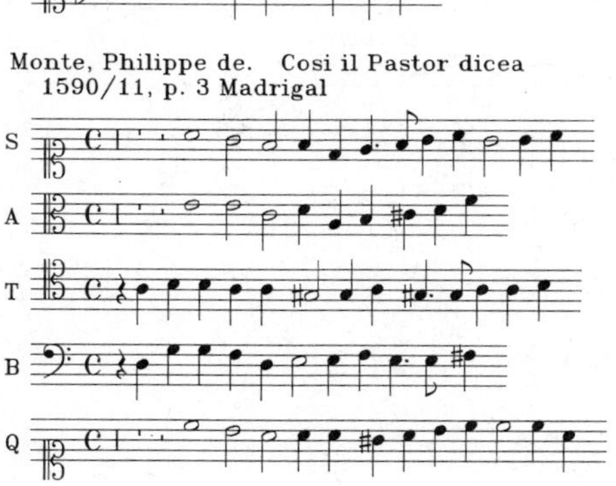

Monte, Philippe de. Crudel aspro dolore ch'in mez'al cor
1597/13, no. 49 Madrigal

Monte, Philippe di. Deh dov'e l'alma mia
1568/12, p. 10 Madrigal
SECONDA STANZA.

Monte, Philippe de. Deh fuss'almen si not'il mio
1568/12, p. 12 Madrigal
QUARTA STANZA.

Monte, Philippe de. Deh perch'amor chi voi con pari
1590/11, p. 62 Madrigal

Monte, Philippe de. Di ch'ella mossa in guideron
1585/18, p. 23 Madrigal
SECONDA PARTE.

Monte, Philippe de. Il dolc'e desiato frutt'ho colto
1583/15, f. 31v Madrigal
SECONDA PARTE.

Monte, Philippe de. La dolce vista e'l bel guardo
1568/13, p. 13 Madrigal
CANZON DI FILIPPO DE MONTE. PRIMA PARTE.

Monte, Philippe de. La dolce vista me si dolcemente
1583/15, f. 28v Madrigal

Monte, Philippe de. Dolci ire dolci sdegni
1585/27, p. 8 Madrigal

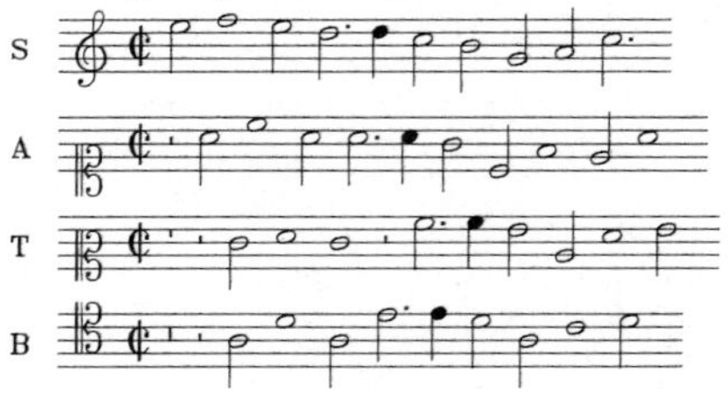

Monte, Philippe de. Dolor lagrime agl'occhi al cor
1568/12, p. 9 Madrigal
CANZONE. PRIMA STANZA.

Monte, Philippe de. Dolorosi martir fieri tormenti
1560/10, p. 17 Madrigal

Monte, Philippe de. E la scorge piu sereno il Cielo
1579/03, p. 20 Madrigal
SECONDA PARTE.

Monte, Philippe de. E se di vero amor
1585/27, p. 21 Madrigal

Monte, Philippe de. E se gia vaga in ogni parte
1586/07, p. 21 Madrigal
SECONDA PARTE. (Quintus partbook missing.)

Monte, Philippe de. Ecco ch'io veggio pur morir
1591/23, p. 1 Madrigal
PRIMA PARTE.

Monte, Philippe de. Ecco ch'un'altra volta
1585/27, p. 20 Madrigal

Monte, Philippe de. Era nell'imbrunir che'l bel sereno
1590/11, p. 58 Madrigal

Monte, Philippe de. Europam puerae
1585/27, p. 29 Madrigal

Monte, Philippe de. Fors'ancor fia chi sospirando
1585/27, p. 9 Madrigal
SECONDA PARTE.

Monte, Philippe de. Gia verde e forte errando vissi
1589/06, p. 8 Madrigal

Monte, Philippe de. Il gran Fattor che regge l'universo
1591/23, p. 7 Madrigal
SETTIMA & ULTIMA PARTE.

Monte, Philippe de. Gratia e bellezza furon l'esce
1585/18, p. 28 Madrigal
SECONDA PARTE.

Monte, Philippe de. L'herbetta verde e i fior di color
1585/27, p. 26 Madrigal

Monte, Philippe de. Hor che ritorn'il Sol con suoi bei
1568/12, p. 8 Madrigal

Monte, Philippe de. Hor son pur solo
1585/27, p. 7 Madrigal

Monte, Philippe de. In quel ben nato avanturoso giorno
1585/27, p. 10 Madrigal

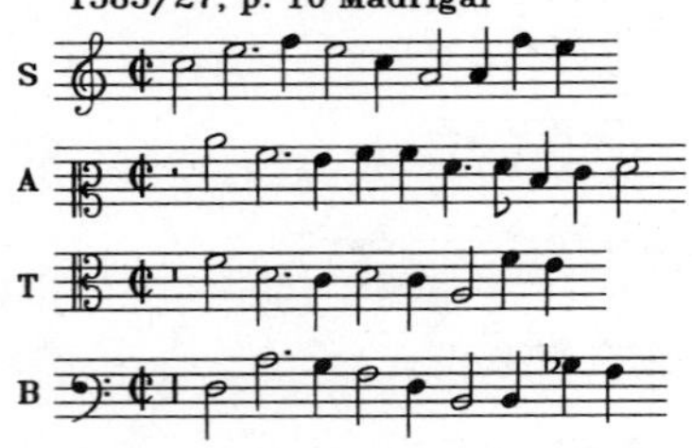

Monte, Philippe de. Inviolabil forme alme bellezze
1591/23, p. 2 Madrigal
SECONDA PARTE.

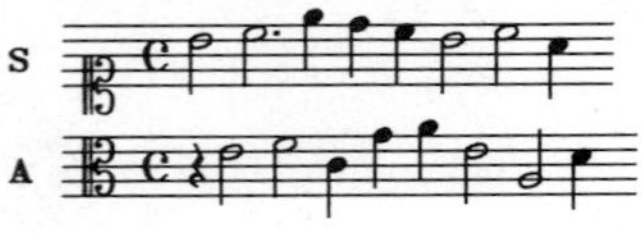

Monte, Philippe de. Io non so se le parti
1585/27, p. 28 Madrigal
SECONDA PARTE.

Monte, Philippe de. Io son si vago de li miei sospiri
1593/05, p. 19 Madrigal

Monte, Philippe de. Io t'ho vedut'in que'begl'occhi
1568/13, p. 14–15 Madrigal
TERZA PARTE.

Monte, Philippe de. Le labra timidette havea di rose
1591/23, p. 3 Madrigal
TERZA PARTE.

Monte, Philippe de. Lasso amor mi trasporta
1585/27, p. 3 Madrigal

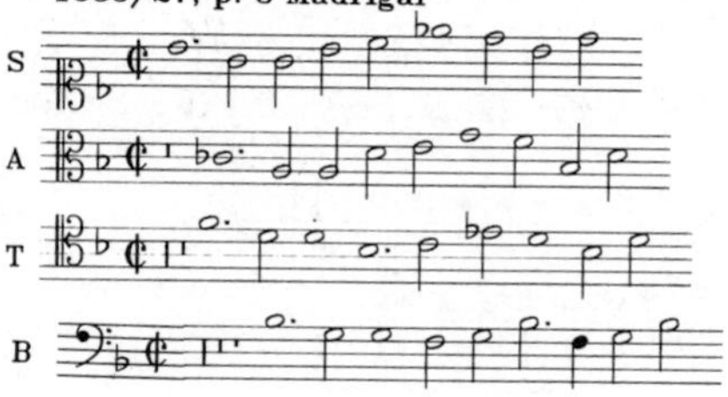

Monte, Philippe de. Lasso nol so
1585/27, p. 6 Madrigal
SECONDA PARTE.

Monte, Philippe de. Leggiadre Nimfe e pargolett'amore
1583/15, f. 31 Madrigal

Monte, Philippe de. Lungo le chiare linfe
1592/11, p. 15 Madrigal
PAROLE DI SEBASTIANO PIZZACOMINO RODIANO BARERA.

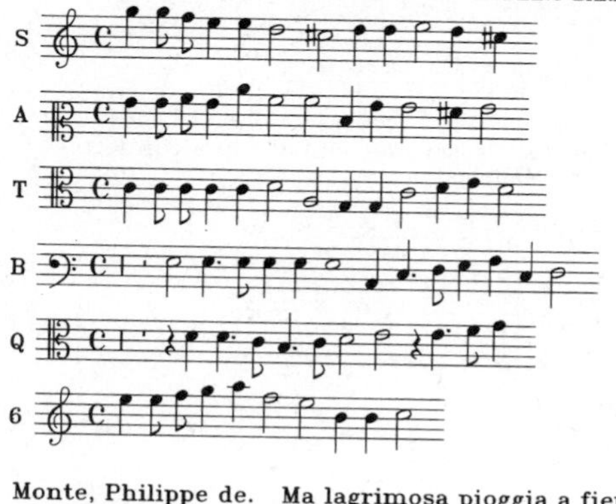

Monte, Philippe de. Ma lagrimosa pioggia a fier
1585/27, p. 4 Madrigal
SECONDA PARTE.

Monte, Philippe de. Ma sia chi vol siam contrario
1568/12, p. 13 Madrigal

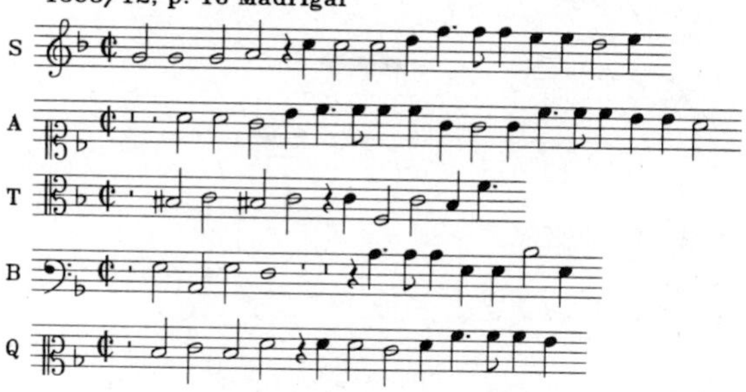

Monte, Philippe de. Ne men dove ch'io vada odo
1573/16, p. 12 Madrigal

Monte, Philippe de. Ne spero'i dolci di tornino
1570/25, p. 31 Madrigal
SECONDA PARTE. (Only Tenor partbook extant.)

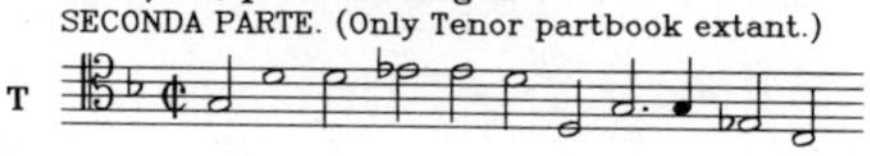

Monte, Philippe de. Nel fin de gl'anni miei l'assenze
1589/06, p. 9 Madrigal
SECONDA PARTE.

Monte, Philippe de. Ninfae parentes
1585/27, p. 30 Madrigal

Monte, Philippe de. Non chiome d'or non fiammeggianti
1586/11, p. 9 SONET
SECONDA PARTE.

Monte, Philippe de. Non mi duol di morire
1585/27, p. 17 Madrigal

Monte, Philippe de. O solitari colli o verdi riva
1585/18, p. 15 Madrigal
SECONDA PARTE.

Monte, Philippe de. Occhi leggiadri ond'io mi sento
1593/05, p. 48 Madrigal
SECONDA PARTE.

Monte, Philippe de. Occhi vagh'amorosi ove risplende
1593/05, p. 47 Madrigal

Monte, Philippe de. Ohime deh perch'amor al primo passo
1568/13, p. 14 Madrigal
SECONDA PARTE.

Monte, Philippe de. L'oro e le perle i fior
1585/27, p. 15 Madrigal

Monte, Philippe de. Pasco la mente d'un si nobil cibo
1585/27, p. 11 Madrigal

Monte, Philippe de. Passa la nave mia colma d'oblio
1585/27, p. 23 Madrigal

Monte, Philippe de. Passer mai solitario in alcun letto
1585/27, p. 18 Madrigal

Monte, Philippe de. Pastori aventurati che da i pensier
1585/27, p. 22 Madrigal

Monte, Philippe de. Perch'al viso d'amor
1589/06, p. 13 Madrigal

Monte, Philippe de. Piangi mi dic'hor piang'hor
1568/12, p. 12–13 Madrigal
QUINTA STANZA.

Monte, Philippe de. Pioggia di lagrimar nebbia di sdegni
1585/27, p. 24 Madrigal

Monte, Philippe de. Poi che le tue ragioni
1586/07, p. 20 Madrigal
DA PACE. (Quintus partbook missing.)

Monte, Philippe de. Poi che piu volt'in vano
1593/03, p. 1 Madrigal
CANZONE. PRIMA PARTE.(Alto, Tenor, Bass partbooks missing)

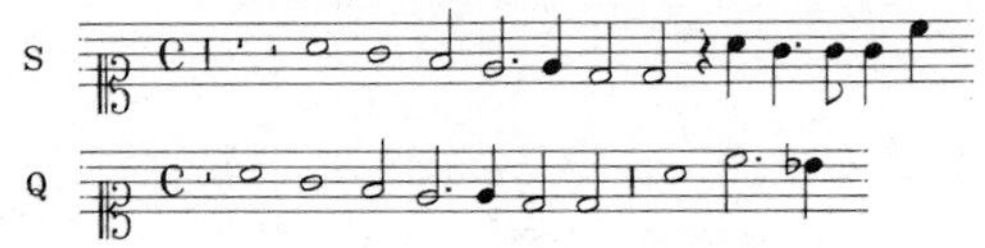

Monte, Philippe de. Poi che'l mio largo pianto
1583/15, f. 29v Madrigal

Monte, Philippe de. Puri lucenti liquidi cristalli
1561/15, p. 15 Madrigal
SECONDA PARTE.

Monte, Philippe de. Quando da gl'occhi
1583/15, f. 8 Madrigal
Attributed to Sessa d'Aranda in 1571/12.

Monte, Philippe de. Quando l'anima bella alfin s'accorse
1591/23, p. 4 Madrigal
QUARTA PARTE.

Monte, Philippe de. Quando pur gentil atto disalute
1568/13, p. 15 Madrigal
QUARTA PARTE.

Monte, Philippe de. Quante montagne ed acque
1585/27, p. 16 Madrigal

Monte, Philippe de. Questi son que'begli occhi
1583/14, f. 25 Madrigal
SECONDA PARTE.

Monte, Philippe de. Se col cieco desir
1585/27, p. 5 Madrigal

Monte, Philippe de. Se non fusse il pensier
1573/16, p. 11 Madrigal

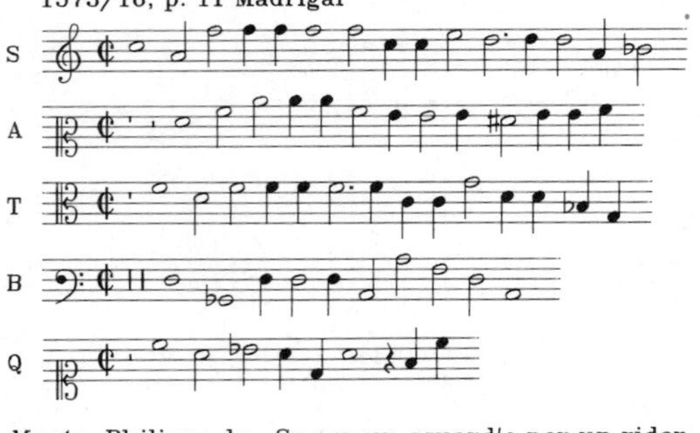

Monte, Philippe de. Se per un sguard'o per un rider
1562/07, p. 7 Madrigal

Monte, Philippe del. Si dolcemente amor del tuo morire
1567/15, p. 22 Madrigal

Monte, Philippe de. Sogliono i chiari spirti
1590/20, no. 49 Madrigal
IN GRATIAM PAULI MELISSI FRANCI.

Monte, Philippe de. Il sonno e veramente
1585/27, p. 19 Madrigal
SECONDA PARTE.

Monte, Philippe de. La spirital virtu
1591/23, p. 5 Madrigal
QUINTA PARTE.

Monte, Philippe de. Stiano amor a veder la gloria
1585/27, p. 25 Madrigal

Monte, Philippe de. Stolto mio cor ove si lieto vai
1590/11, p. 10 Madrigal

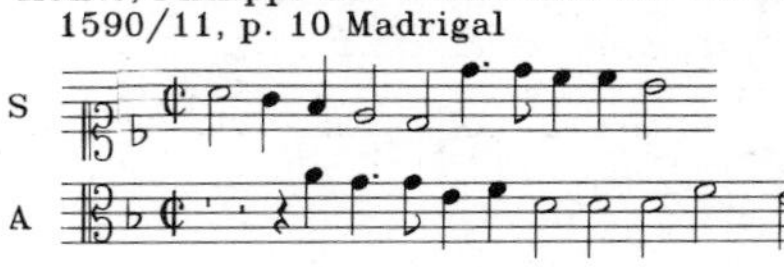

Monte, Philippe de. Tal'hor tace la lingua e'l cor
1585/18, p. 17 Madrigal
SECONDA PARTE.

Monte, Philippe de. Tempr'omai l'ira Amor vince
1583/15, f. 35 Madrigal

Monte, Philippe de. Tirsi morir volea
1589/08, no. 43 Madrigal

Monte, Philippe de. Tu mi piagasti a morte
1596/10, p. 31 Madrigal

Monte, Philippe de. Tutte le gratie
1586/11, p. 7–8 SONET

Monte, Philippe de. Vago augeletto che cantando vai
1585/27, p. 27 Madrigal

Monte, Philippe de. Veramente in amore siprova
1583/14, f. 17 Madrigal

Monte, Philippe de. Verde Lauro e'l mio core
1583/10, f. 8 Madrigal

Monte, Philippe de. Vivo sol di speranza
1585/27, p. 14 Madrigal
SECONDA PARTE.

Monte, Philippe de. Voi mi ponest'in foco
1562/07, p. 19–20 Madrigal

Monte, Philippe de. Volsi hor non voglio e del voler
1585/18, p. 27 Madrigal

Montelli, Giov. Dom. (Mico). Aprimi'l petto e'l core
1599/06, p. 78 Lauda
A SANTA MARIA DEL DOLORE.

Montelli, Giov. Dom. (Mico). Deh tram'in pace homai di tanti
1599/06, p. 37 Lauda
A SANTA MARIA DELLA PACE ET DELLE GRATIE.

Montelli, Giov. Dom. (Mico). O Vergine Maria
1599/06, p. 72 Lauda
A S. MARIA DEL SOCCORSO IN S.MATTHEO IN MERULANA.

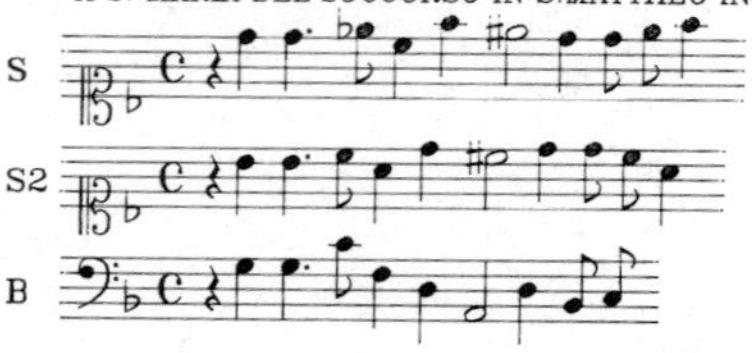

Montelli, Giov. Dom. (Mico). Rifondi a l'alma mia
1599/06, p. 53 Lauda
A SANTA MARIA DE GLI ANGELI IN ASSISI.

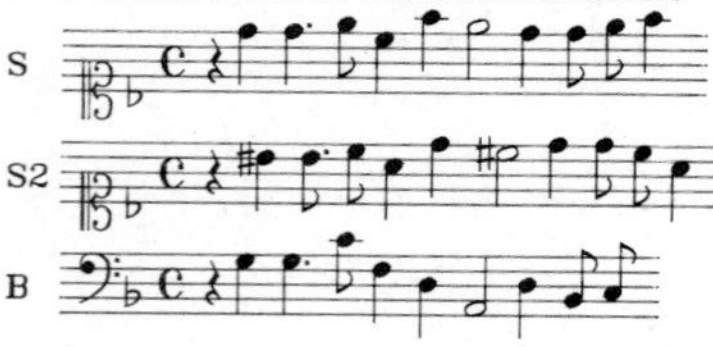

Montelli, Giov. Dom. (Mico). S'al tuo felice sguardo
1599/06, p. 54 Lauda
A SANTA MARIA DE FIORE DI FIORENZE.

Montelli, Mico. Se mai Vergine pia
1600/05, p. 34 Lauda
ALL MADONNA SANCTISSIMA DELL'ORATORIO DI NAPOLI.

Montelli, Giov. Dom. (Mico). Vergin Donna del ciel'alma Regina
1599/06, p. 90 Lauda
PER L'ASSUNTIONE DELLA MADONNA SANTISSIMA.

Montemayor, Cristoforo. De'Cieli alta Regina
1600/05, p. 31 Lauda
PREGRO DEL PECCATORE ALLA B. VERGINE.

Montemayor, Cristoforo. Mira se cosa mai piu vaga e bella
1600/05, p. 9–10 Lauda
PER LA NUNCIATA DI LORETO.

Montemayor, Cristoforo. O Donna gloriosa
1599/06, p. 95 Lauda
PER L'ASSUNTIONE DELLA MADONNA SANTISSIMA.

Montemayor, Cristoforo. Sorgi dal sonno il tuo bel sol
1599/06, p. 27 Lauda
PRIMA PARTE PER STA. MARIA DEL PARTO.

Montemayor, Cristoforo. Il tuo bel sol ch'ogni tua notte
1599/06, p. 28 Lauda
SECONDA PARTE. PER STA. MARIA DEL PARTO.

Montemayor, Cristoforo. Vergine bella del gran Padre eterno
1600/05, p. 5 Lauda

Montemayor, Cristoforo. La vita fugge, e non s'arresta
1600/05, p. 11–12 Lauda
ALLA NUNCIATA D'AVERSA.

Montenegro, Domenico. Madonn'il tuo parlar monte negro
1590/24, p. 5 Madrigal

Montenegro, Domenico. Stratiami piu fedel o dolce piu che
1590/24, p. 21 Madrigal

Montenegro, G. Fuggimi pur cor mio quanto tu voi
1590/24, p. 19 Madrigal

Monteverdi, Claudio. Ahi dolente partita
1597/13, no. 16 Madrigal

Monteverdi, Claudio. Dolcemente dormiva la mia Clori
1597/13, no. 12 Madrigal

Monteverdi, Claudio. E dicea l'una sospirand'all'hora
1597/13, no. 11 Madrigal
SECONDA PARTE.

Monteverdi, Claudio. La giovinetta pianta
1597/13, no. 13 Madrigal

Monteverdi, Claudio. Io ardo si ma'l foco e di tal forte
1594/15, p. 2 Madrigal

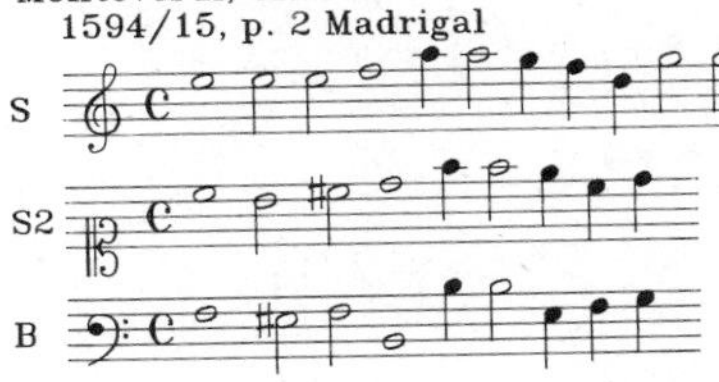

Monteverdi, Claudio. Non si levava ancor l'alba novella
1597/13, no. 10 Madrigal

Monteverdi, Claudio. Occhi miei se mirar piu non debb'io
1594/15, p. 6 Madrigal

Monteverdi, Claudio. Quante son stelle in ciel
1594/15, p. 10 Madrigal

Monteverdi, Claudio. Se non mi date aita
1594/15, p. 14 Madrigal

Monteverdi, Claudio. Sovra tenere herbett'e bianchi fiori
1597/13, no. 14 Madrigal

Monteverdi, Claudio. Stracciami pur il core
1597/13, no. 15 Madrigal

Morales, Cristobal. Ditemi o si o no senza timore
1539/24, p. 9 Madrigal

Morari, Antonio. Ardo si ma non t'amo
1585/17, no. 22 Madrigal

Morari, Antonio. Sara pur forz'un giorno
1575/11, p. 13 Madrigal

Morari, Antonio. Sempre m'han posto
1575/11, p. 14 Madrigal
SECONDA PARTE.

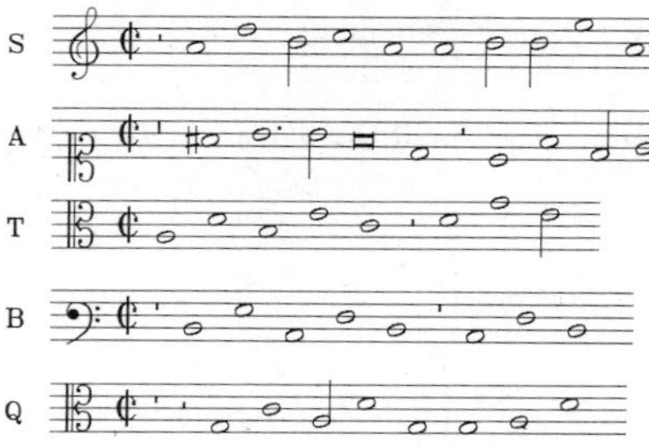

Moro, Giacopo. A pie di questo fonte
1585/28, p. 10 Madrigal

Moro, Giacopo. Alma gentil, splendor del
1585/28, p. 6 Madrigal
PRIMA PARTE. PER L'ILLUSTRISSIMA SIGNORA ..

Moro, Giacopo. Bene mio tu m'hai lasciato
1585/28, p. 16 Madrigal

Moro, Giacopo. Bocca vermiglia e bocca inzucherata
1581/09, p. 11 Madrigal

Moro, Giacopo. Cara la mia vita egli e pur vero
1581/09, p. 5 Madrigal

Moro, Giacopo. Che fai gentil Pastor
1581/09, p. 21 Madrigal

Moro, Giacopo. Che faro lasso ohime
1581/09, p. 12 Madrigal

Moro, Giacopo. Com'esser puo severa
1585/28, p. 1 Madrigal
PER.. LA S. BARBARA SANSEVERINA SANVITALI CONTESSA DI SALA.

Moro, Giacopo. Come faro cor mio quando ti parti
1581/09, p. 20 Madrigal

Moro, Giacopo. Correte ad honorare il nuovo sole
1581/09, p. 7 Madrigal

Moro, Giacopo. Corri, corri ben mio
1585/28, p. 14 Madrigal

Moro, Giacopo. Corri, corri non piu tardar
1585/28, p. 15 Madrigal

Moro, Giacopo. Crudele Alfonso perfido
1581/09, p. 10 Madrigal

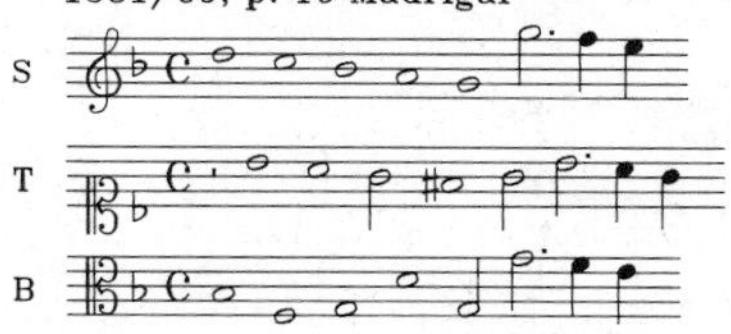

Moro, Giacopo. Ditemi o diva mia
1585/28, p. 17 Madrigal

Moro, Giacopo. Ecco la casta o sacra verginella
1585/28, p. 5 Madrigal
SECONDA PARTE.

Moro, Giacopo. Ecco nova Fenice
1585/28, p. 4 Madrigal
PRIMA PARTE. PER L'ILLUSTRISSIMA SIGNORA..

Moro, Giacopo. Fuggi fuggi cor mio questo crudele
1581/09, p. 2 Madrigal

Moro, Giacopo. Fuggivano le belve in nid'in tana
1592/12, p. 11 Madrigal

Moro, Giacopo. Io ti ringratio Amor
1581/09, p. 16 Madrigal

Moro, Giacopo. Lucilla non vo piu con teco pace
1581/09, p. 9 Madrigal

Moro, Giacopo. Lucilla tu sai pur che l'alm mia
1581/09, p. 4 Madrigal

Moro, Giacopo. La mia signora e si leggiadra
1581/09, p. 13 Madrigal

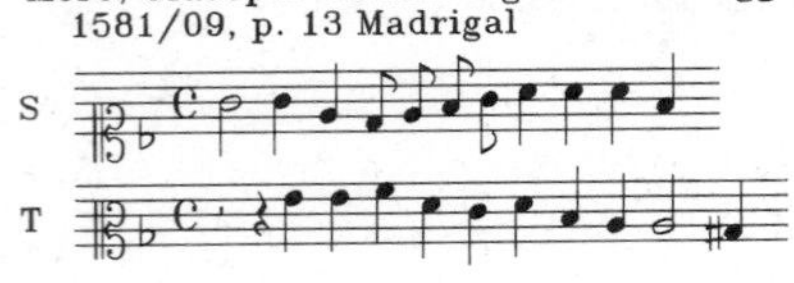

Moro, Giacopo. Morte furommi il bene
1585/28, p. 11 Madrigal

Moro, Giacopo. Non vi spiaccia Signor
1585/28, p. 8 Madrigal
PER L'ILLUSTRISS. & ECCEL. S. MARCHESE CARLO FILIBERTO D'ESTE

Moro, Giacopo. Pero di mille e mille
1585/28, p. 7 Madrigal
SECONDA PARTE.

Moro, Giacopo. Petrovilla gentil cortes'e rara
1581/09, p. 6 Madrigal

Moro, Giacopo. Quando lo gallo chiama la gallina
1581/09, p. 17 Madrigal

Moro, Giacopo. Quando s'odon gl'accenti
1585/28, p. 19 Madrigal

Moro, Giacopo. Quanta ghirlanda di porpurei fiori
1581/09, p. 19 Madrigal

Moro, Giacopo. Questa pura Serena
1585/28, p. 2 Madrigal
PER. DONNA AGNESI D'ARGOT, IN CASA DELLA S. CONTESSA DI SALA

Moro, Giacopo. S'io vi domando aita
1585/28, p. 9 Madrigal
PER MOLTO ILLUSTRE S. MARC'ANTONIO COTTO.

Moro, Giacopo. Sai ch'io faro Leucippe
1581/09, p. 14 Madrigal

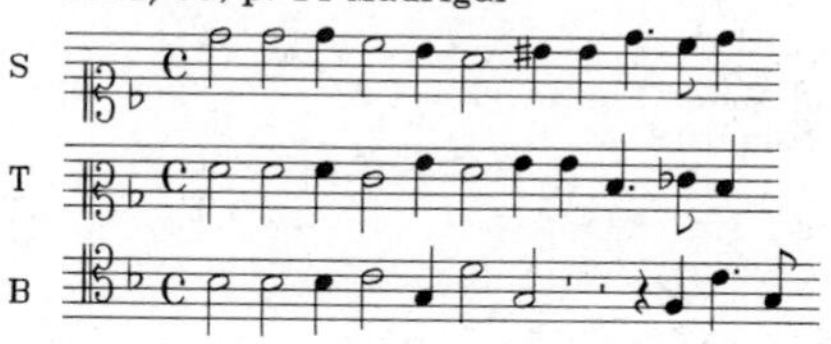

Moro, Giacopo. Se ben onde potea mill'alme
1585/28, p. 3 Madrigal
PER SIGNORA CONTESSA BARBARA D'ESTE.

Moro, Giacopo. Se l'ardente desio
1585/28, p. 18 Madrigal
PER L'ILLSTR. & ECCEL. PRINCIPE, IL S. DON FERNANDO GONZAGA.

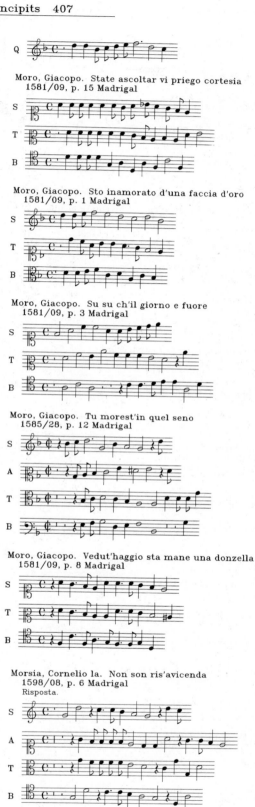

Moro, Giacopo. State ascoltar vi priego cortesia
1581/09, p. 15 Madrigal

Moro, Giacopo. Sto inamorato d'una faccia d'oro
1581/09, p. 1 Madrigal

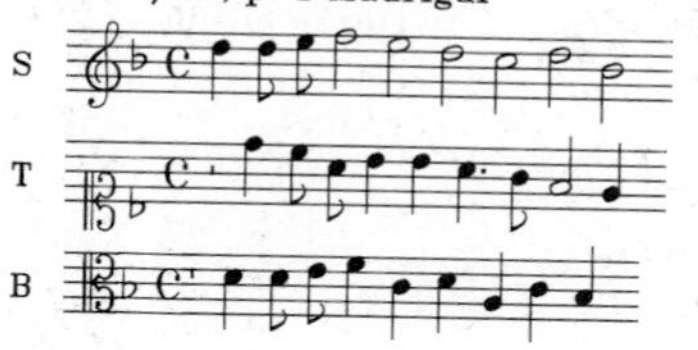

Moro, Giacopo. Su su ch'il giorno e fuore
1581/09, p. 3 Madrigal

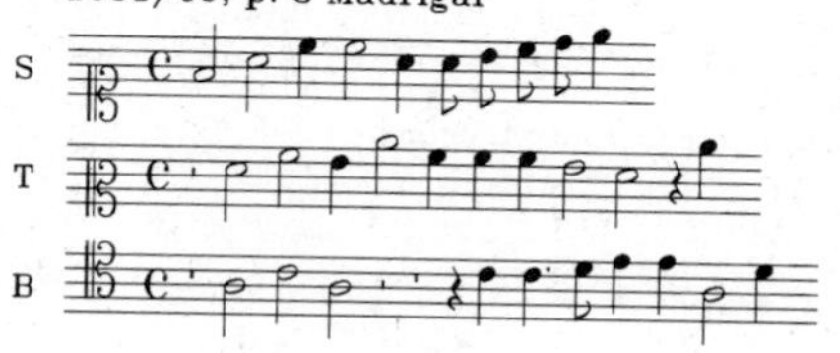

Moro, Giacopo. Tu morest'in quel seno
1585/28, p. 12 Madrigal

Moro, Giacopo. Vedut'haggio sta mane una donzella
1581/09, p. 8 Madrigal

Morsia, Cornelio la. Non son ris'avicenda
1598/08, p. 6 Madrigal
Risposta.

Morsia, Cornelio la. Son le ris'avicenda
1598/08, p. 4–5 Madrigal

Morsolino, Antonio. Come fenice che rinova al fuoco
1594/15, p. 4 Madrigal
AL CLARISSI. SIG. PIERO PRIULI

Morsolino, Antonio. Come lungi da voi dolce mio bene
1594/15, p. 17 Madrigal
AL MEDISIMO. (Sig. Conte Girolamo M. Stampa.)

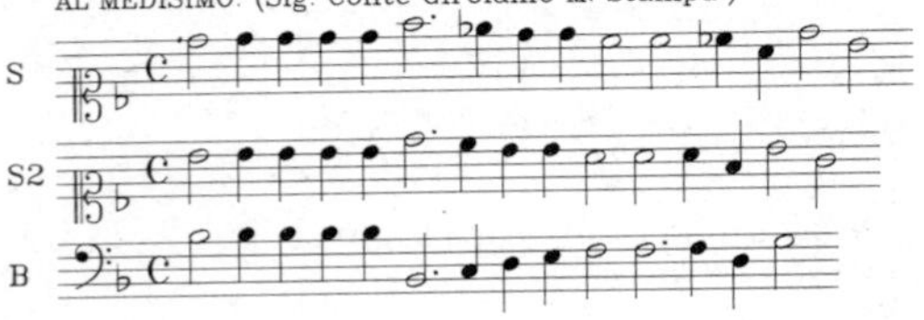

Morsolino, Antonio. Come son vivo ahime dolce ben mio
1594/15, p. 20 Madrigal

Morsolino, Antonio. Come sperar poss'io
1594/15, p. 9 Madrigal

Morsolino, Antonio. Cor mio se per dolore
1594/15, p. 5 Madrigal
AL MEDISIMO. (Clarissi. Sig. Piero Priuli)

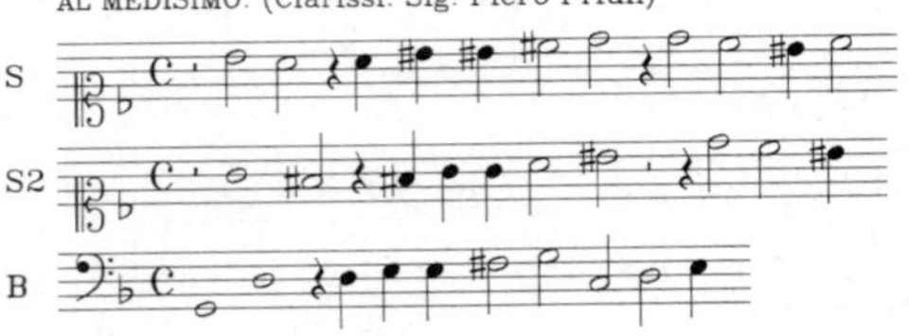

Morsolino, Antonio. Due Ninfe e duo Pastori
1594/15, p. 13 Madrigal

Morsolino, Antonio. Ero cosi dicea
1588/17, p. 18 Madrigal

Morsolino, Antonio. Se del fedel servir nulla n'acquisto
1594/15, p. 19 Madrigal

Morsolino, Antonio. Sospir ch'errando dolorso vai
1594/15, p. 15 Madrigal

Morsolino, Humobuono. Mentre da te mi parto o mio tesoro
1594/15, p. 11 Madrigal

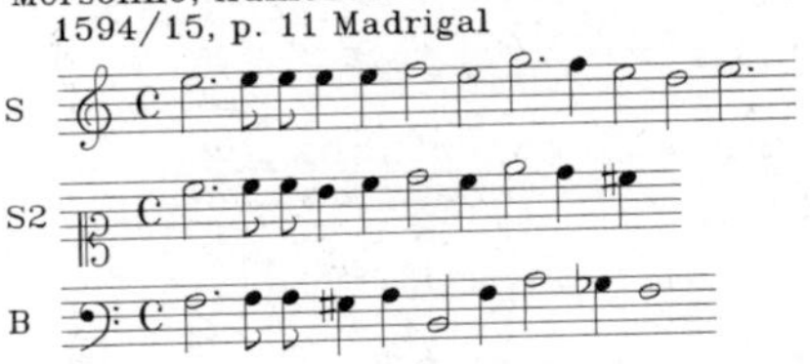

Morsolino, Humobuono. Non morirai Dolcissimo ben mio
1594/15, p. 12 Madrigal
RISPOSTA.

Morsolino, Humobuono. S'io non v'amo cor mio
1594/15, p. 7 Madrigal

Morsolino, Humobuono. Son pur quei tuoi bei lumi
1594/15, p. 3 Madrigal

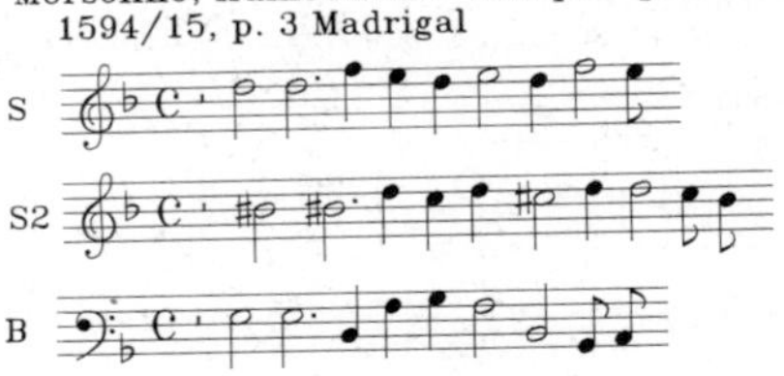

Mortaro, Antonio. Ahi perche non volete
1592/20, p. 17 Madrigal

Mortaro, Antonio. Appar novella Dea
1592/20, p. 11 Madrigal

Mortaro, Antonio. Avida pecchia intenta
1592/20, p. 14 Madrigal

Mortaro, Antonio. Basciami Clori basciami Selvaggio
1599/14, p. 22 Canzona
AL TERGNANI.

Mortaro, Antonio. Che nova porti Amore
1592/20, p. 19 Madrigal

Mortaro, Antonio. Creddo ch'all'hor nasceste
1592/20, p. 5 Madrigal

Mortaro, Antonio. Cruda Celia mi lieghi
1592/20, p. 10 Madrigal

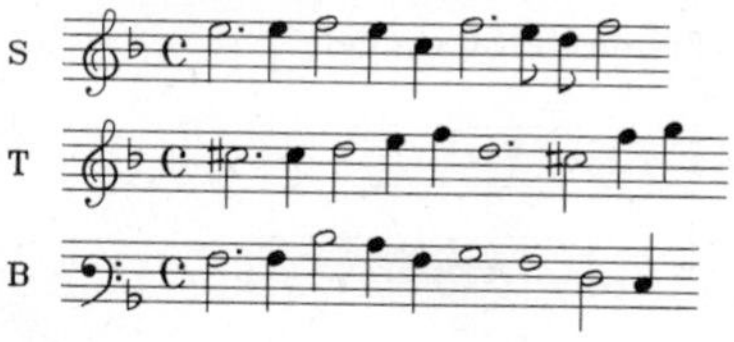

Mortaro, Antonio. Da lucente Cristallo
1592/20, p. 9 Madrigal

Mortaro, Antonio. Di vista torvo Amore e scorucciato
1592/20, p. 16 Madrigal

Mortaro, Antonio. Dolcissimo ben mio
1592/20, p. 1 Madrigal

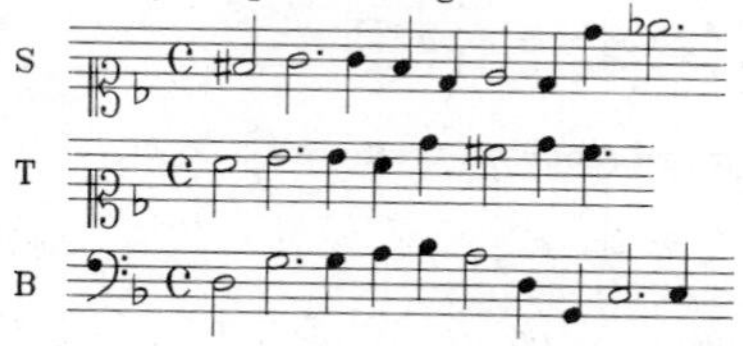

Mortaro, Antonio. Dunque per esse bella
1599/14, p. 21 Canzonetta
AL BELOTTO.

Mortaro, Antonio. Ero cosi dicea
1592/20, p. 20–21 Madrigal

Mortaro, Antonio. Perche sei bella fuggi
1592/20, p. 2 Madrigal

Mortaro, Antonio. Perche'l mio ben togliete
1592/20, p. 7 Madrigal
AL BOLDONI.

Mortaro, Antonio. S'io porto il cor piagato
1592/20, p. 3 Madrigal
AL ZUCCHELLO.

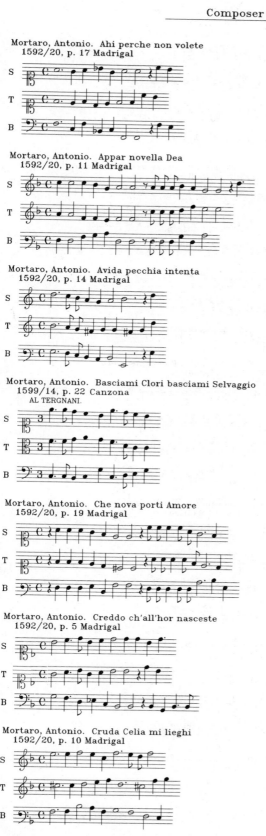

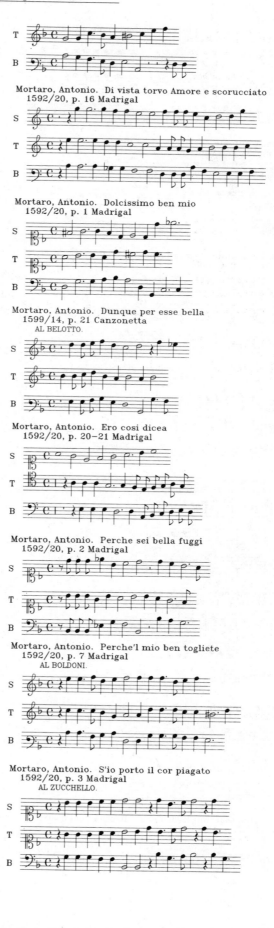

Mortaro, Antonio. Se fornace bollente empia tiranna
1592/20, p. 15 Madrigal

Mortaro, Antonio. Se volete ch'io moia
1592/20, p. 8 Madrigal

Mortaro, Antonio. Sempre Amor mi tormenta
1592/20, p. 6 Madrigal

Mortaro, Antonio. Solea sempre gioire
1592/20, p. 4 Madrigal

Mortaro, Antonio. Sta sempre in fiamma e fuoco
1592/20, p. 12 Madrigal

Mortaro, Antonio. Tese la pania Amore
1592/20, p. 18 Madrigal

Mortaro, Antonio. Voi dite ch'io non v'amo
1592/20, p. 13 Madrigal

Moscaglia, Giovanni B. Benche rallenti a suoi destrieri
1590/15, p. 4 Madrigal
QUARTA PARTE.

Moscaglia, Giovanni B. Del secco incolto Lauro
1583/10, f. 27 Madrigal

Moscaglia, Giovanni B. Due pome acerbe
1585/29, p. 15 Madrigal

Moscaglia, Giovanni B. Due rose fresche
1585/29, p. 13 Madrigal

Moscaglia, Giovanni B. Filli vaga e gentil dolce cor mio
1590/18, p. 14 Madrigal

Moscaglia, Giovanni B. Io moro e voi crudele
1585/29, p. 21 Madrigal

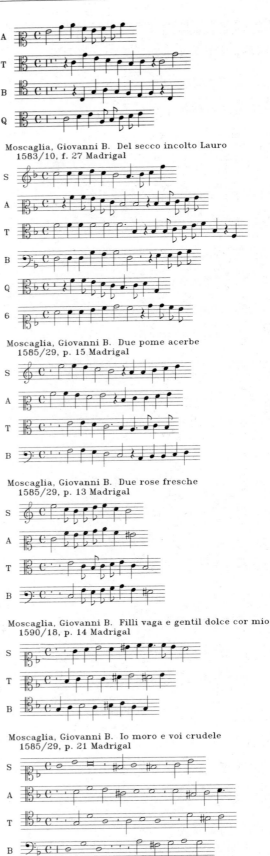

Moscaglia, Giovanni B. Mentre ti fui si grata
1582/04, p. 4 Madrigal
SECONDA PARTE. (Attributed to G. Nanino in 1588/21.)

Moscaglia, Giovanni B. Non voglia Amor
1585/29, p. 2 Madrigal

Moscaglia, Giovanni B. Occhi leggiadri e cari
1585/29, p. 12 Madrigal

Moscaglia, Giovanni B. Partito e'l mano bel Sole
1585/29, p. 17 Madrigal

Moscaglia, Giovanni B. Per rapidissime onde
1582/04, p. 13 Madrigal

Moscaglia, Giovanni B. Se mai piu t'amo e se mai piu
1586/09, p. 21 Madrigal

Moscaglia, Giovanni B. Si dolci son gli sguardi
1585/29, p. 3 Madrigal

Moscaglia, Giovanni B. Si fu possente donna
1585/29, p. 23 Madrigal

Moscaglia, Giovanni B. Solo e pensoso
1585/29, p. 6 Madrigal

Moscaglia, Giovanni B. Tisbe vedendo l'amato suo bene
1585/29, p. 1 Madrigal

Moscaglia, Giovanni B. Voi pur vedete
1585/29, p. 25 Madrigal

Moschini, Baccio. Ecco signor il Tebro
1539/25, p. 22 Madrigal

Moschini, Baccio. Non men ch'ogn'altra lieta'hoggi
1539/25, p. 18 Madrigal

Mosto, Battista. Ardo si ma non t'amo
1585/17, no. 13 Madrigal

Mosto, Battista. Dunque fia vero o cara mia fenice
1583/11, p. 12 Madrigal

Mosto, Battista. Dunque il consenti Amor
1583/11, p. 13 Madrigal
SECONDA PARTE.

Mosto, Francesco. Ola ola chi mi sa dar novella
1575/11, p. 23 Madrigal

Mosto, Francesco. Poch'e signor passo
1575/11, p. 24 Madrigal
SECONDA PARTE.

Mosto, Giovanni. Amor io mor'aime
1584/04, p. 17 Madrigal
DIALOGO. AMANTE, & AMORE.

Mosto, Giovanni. L'aura suave a cui govern'e vela
1578/22, p. 15 Madrigal
SECONDA PARTE. (Tenor partbook missing.)

Mosto, Giovanni. Il bianco e dolce cigno
1590/15, p. 19 Madrigal

A T B Q

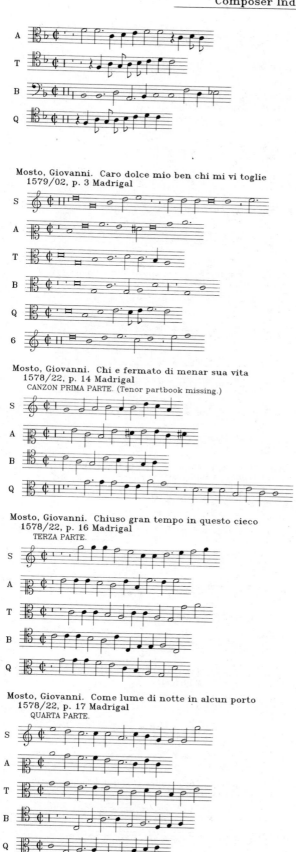

Mosto, Giovanni. Caro dolce mio ben chi mi vi toglie
1579/02, p. 3 Madrigal

S A T B Q 6

Mosto, Giovanni. Chi e fermato di menar sua vita
1578/22, p. 14 Madrigal
CANZON PRIMA PARTE. (Tenor partbook missing.)

S A B Q

Mosto, Giovanni. Chiuso gran tempo in questo cieco
1578/22, p. 16 Madrigal
TERZA PARTE.

S A T B Q

Mosto, Giovanni. Come lume di notte in alcun porto
1578/22, p. 17 Madrigal
QUARTA PARTE.

S A T B Q

Mosto, Giovanni. Cosi dice ridendo il pensier mio
1578/22, p. 4 Madrigal
SECONDA PARTE.

S A T B

Mosto, Giovanni. Dammi pur tanti affanni quanti voi
1577/07, p. 28 Madrigal
Tenor, Bass & Quinto partbooks missing.

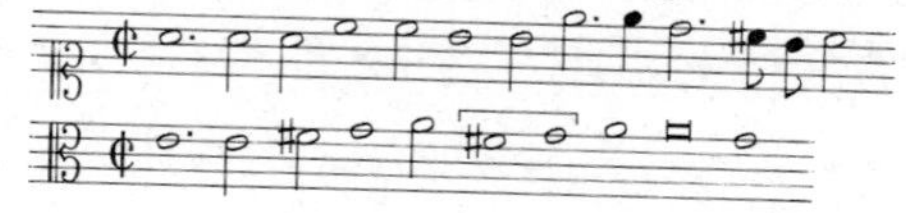
S A

Mosto, Giovanni. Deh chi mi rupe'l sonno
1578/22, p. 9 Madrigal

S A T B Q

Mosto, Giovanni. Il desiderio e la speranz'amore
1577/07, p. 30 Madrigal
DIALOGO A 8. Secondo choro partbooks missing.

S A T B

Mosto, Giovanni. Dolce alpestre parole
1583/11, p. 1 Madrigal

S A T B Q

Mosto, Giovanni. Due rose nate ambe d'un herba
1578/22, p. 12 Madrigal

Mosto, Giovanni. E viver e morire
1589/10, p. 2 Madrigal

Mosto, Giovanni. Ecco s'in questi boschi
1578/22, p. 22 Madrigal
ECCO A 10. CHORO.

Mosto, Giovanni. Farsi padre
1586/11, p. 17–18 SONET

Mosto, Giovanni. Fuor de'lacci quand'il crudel
1578/22, p. 13 Madrigal

Mosto, Giovanni. Harebbe o Leonora l'angelico
1578/22, p. 20 Madrigal

Mosto, Giovanni. Io mi son giovinetta e volontieri
1579/02, p. 10 Madrigal

Mosto, Giovanni. Lieta e contenta Irene
1594/06, p. 4 Madrigal
PAROLE DI ANTONIO FRIZIMELEGA.

Mosto, Giovanni. I lieti amanti e le fanciulle
1589/10, p. 12 Madrigal

Mosto, Giovanni. Locar sopra gl'abissi a fondamenti
1578/22, p. 6 Madrigal

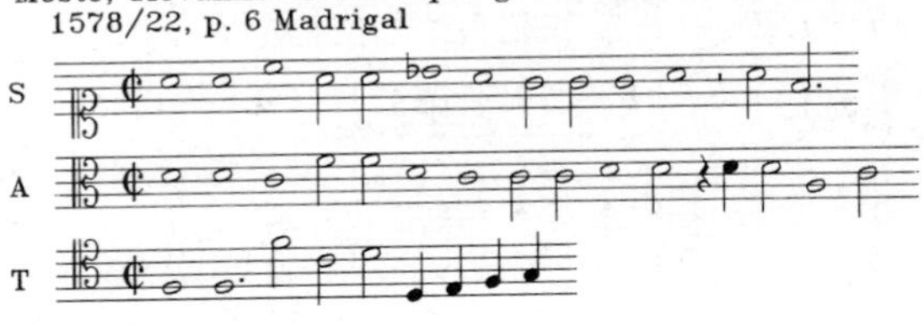

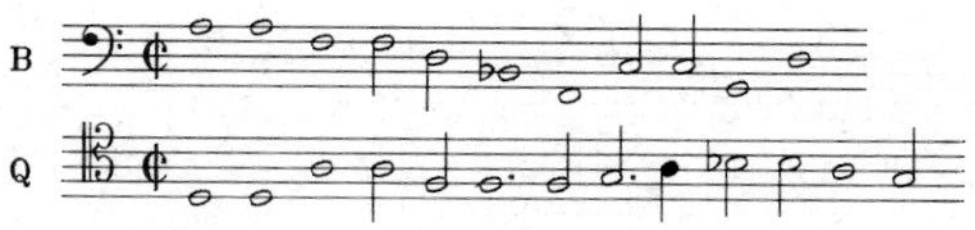

Mosto, Giovanni. Mentre nel vostro seno
1584/04, p. 18 Madrigal
A 8. (Incomplete---one voice missing.)

Mosto, Giovanni. Ne di ferro di fuoc'havra sospetto
1586/11, p. 19 SONET
SECONDA PARTE.

Mosto, Giovanni. Non mi curo che'l mondo mi riprenda
1578/22, p. 4 Madrigal

Mosto, Giovanni. Non perch'io sia securo ancor
1578/22, p. 18 Madrigal
QUINTA PARTE.

Mosto, Giovanni. O dolcissime notti o giorni lieti
1577/07, p. 15 Madrigal
Tenor, Bass & Quinto partbooks missing.

Mosto, Giovanni. Quanto piu cruda sete
1578/22, p. 21 Madrigal

Mosto, Giovanni. Quivi sospiri piant'et alti guai
1578/22, p. 8 Madrigal

Mosto, Giovanni. Rest'il pastor amante
1593/03, p. 7 Madrigal
SETTIMA PARTE. (Alto, Tenor & Bass partbooks missing.)

Mosto, Giovanni. Rugiadose dolcezze in matutini
1578/22, p. 8 Madrigal

Mosto, Giovanni. S'io esca vivo de dubbiosi scogli
1578/22, p. 19 Madrigal
SESTA & ULTIMA PARTE.

Mosto, Giovanni. S'io t'ho ferito non t'ho pero morto
1577/07, p. 26 Madrigal
Tenor, Bass & Quinto partbooks missing.

Mosto, Giovanni. Se voi set'il mio cor la vita
1579/02, p. 7 Madrigal

Mosto, Giovanni. Secco e l'arbor gentile
1582/05, p. 24 Madrigal

Mosto, Giovanni. Si dolce m'e languire amor
1578/22, p. 11 Madrigal

Mosto, Giovanni. Signor con tanta cura
1586/01, p. 11 Lauda

Mosto, Giovanni. Signor fu poc'a la tua gran possanza
1578/22, p. 7 Madrigal
SECONDA PARTE.

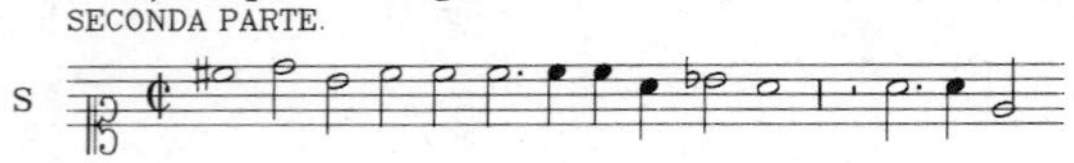

Mosto, Giovanni. Sparg'al girar de l'onde
1578/22, p. 3 Madrigal
AL CLARISSIMO SIGNOR SANTO CONTARINI

Mosto, Giovanni. Spira dalla dolc'aria del bel viso
1592/13, p. 18 Madrigal

Mosto, Giovanni. Vergine a cui natura e'l ciel
1586/01, p. 12 Lauda
SECONDA PARTE.

Mosto, Giovanni. Vieni Flora gentil e discaccia
1583/11, p. 16 Madrigal

Mussotto, A. Ardo si ma non t'amo
1585/17, no. 26 Madrigal

Nadale. Amor che vedi ogni pensier aperto
1561/11, p. 13 Madrigal

Naich, Hubert. L'alta gloria d'amor
1544/17, p. 17 Madrigal

Naich, Hubert. Amor donna gentile da la vostra
1542/16, p. 33 Madrigal

Naich, Hubert. Ben veggio che per certo di tutti
1544/16, p. 26–27 Madrigal

Naich, Hubert. Benche la donna mia non mostr'haver
1543/17, p. 14 Madrigal
Attributed to Anon. in 1542/17 and H. Naich in 1543/17.

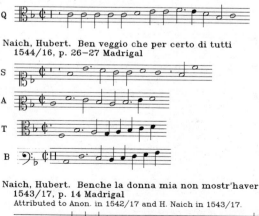

Naich, Hubert. Canti di voi le lode
1543/17, p. 12 Madrigal

Naich, Hubert. Cesarea gentil leggiadr'e bella
1542/17, no. 20 Madrigal

Naich, Hubert. Che dolce piu che piu giocondo
1543/17, p. 15 Madrigal
Attributed to Anonymous in 1542/17 and 1557/16.

Naich, Hubert. Dhe perche non poss'io madonna
1544/16, p. 22 Madrigal

Naich, Hubert. Dolce ire dolci sdegni et dolci paci
1544/17, p. 35 Madrigal

Naich, Hubert. Dolce pensier che spesso che mi
1544/17, p. 36 Madrigal

Naich, Hubert. Gentil almo paese ove de lieti
1544/17, p. 6 Madrigal

Naich, Hubert. Madonna io son un medico perfetto
1557/16, p. 9 Madrigal

Naich, Hubert. Mirate altrove mia che offende
1544/17, p. 16 Madrigal

Naich, Hubert. Per Dio tu sei cortese
1567/15, p. 8 Madrigal
Attributed to Anonymous in 1542/17.

Naich, Hubert. Poscia che'l tempo in vano
1544/17, p. 29 Madrigal

Naich, Hubert. Proverbi'ama chi t'ama
1543/17, p. 20 Madrigal

Naich, Hubert. Qual sia'l dolor nella crudel
1542/17, no. 22 Madrigal
Attributed to Anonymous in 1558/11 and 1546/15.

Naich, Hubert. Rara belta divina leggiadria
1544/16, p. 3 Madrigal

Naich, Hubert. Le rose insieme i gigli & le viole
1544/16, p. 8 Madrigal

Naich, Hubert. S'amor altrove i bei occhi
1544/16, p. 27 Madrigal

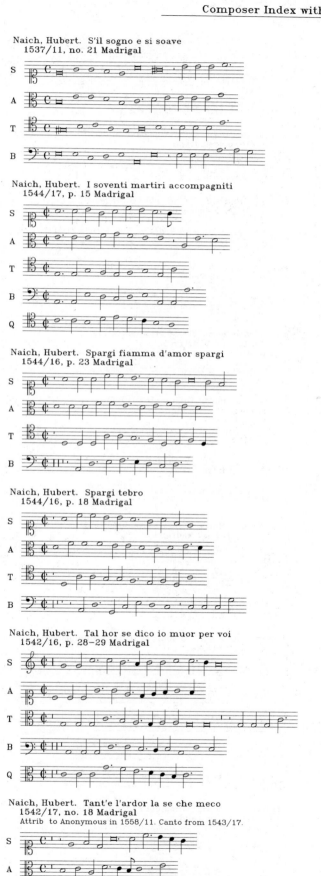

Naich, Hubert. S'il sogno e si soave
1537/11, no. 21 Madrigal

Naich, Hubert. I soventi martiri accompagniti
1544/17, p. 15 Madrigal

Naich, Hubert. Spargi fiamma d'amor spargi
1544/16, p. 23 Madrigal

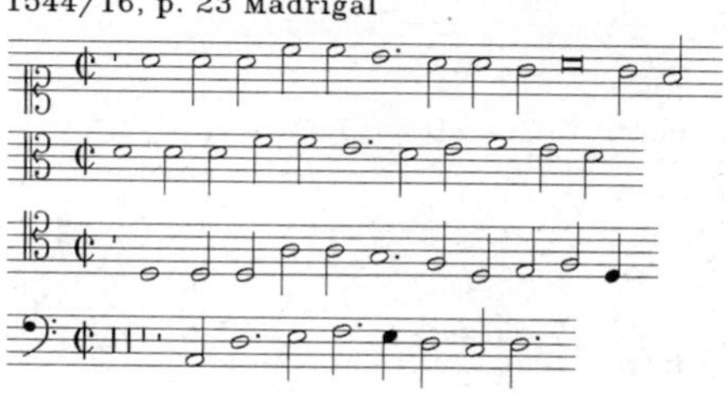

Naich, Hubert. Spargi tebro
1544/16, p. 18 Madrigal

Naich, Hubert. Tal hor se dico io muor per voi
1542/16, p. 28–29 Madrigal

Naich, Hubert. Tant'e l'ardor la se che meco
1542/17, no. 18 Madrigal
Attrib to Anonymous in 1558/11. Canto from 1543/17.

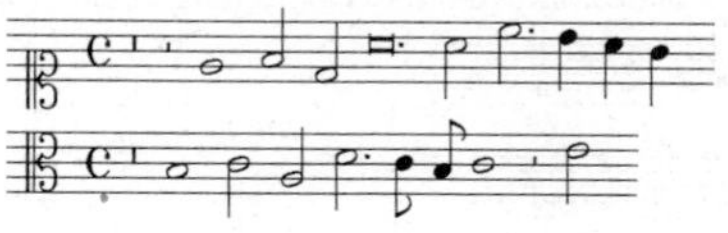

Naich, Hubert. Vezzosi fiori et vaghi dolci
1542/17, no. 11 Madrigal

Naldi, Romulo. Gia moriva il mio core
1590/18, p. 17 Madrigal

Nanino, Gio. Bern. Amor che qui d'intorno
1599/16, p. 20 Madrigal
Only Tenor partbook extant.

Nanino, Gio. Bern. Ben veggio anima mia che tenta
1599/16, p. 3 Madrigal
PRIMA PARTE. (Only Tenor partbooks extant.)

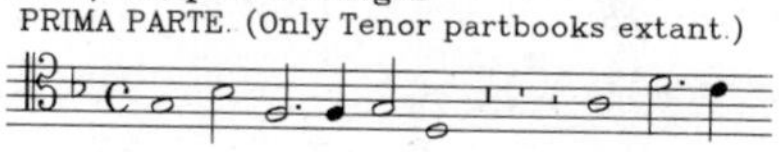

Nanino, Gio. Bern. Caro dolce ben mio perche fuggire
1599/16, p. 23 Madrigal
Only Tenor partbook extant.

Nanino, Gio. Bern. Chi fia mai che mi sleghi
1599/16, p. 6–7 Madrigal
Only Tenor partbook extant.

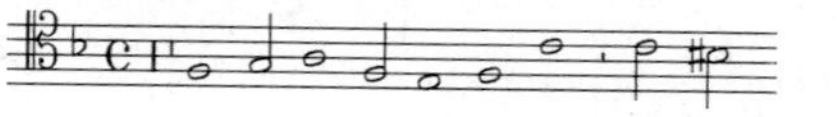

Nanino, Gio. Bern. Com'havra vita Amor la mia vita
1599/16, p. 10 Madrigal
Only Tenor partbook extant.

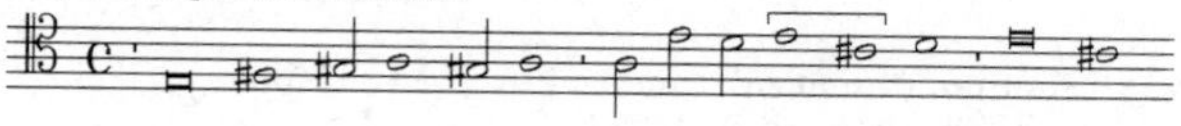

Nanino, Gio. Bern. Dolce Filli mia cara
1599/16, p. 14 Madrigal
Only Tenor partbook extant.

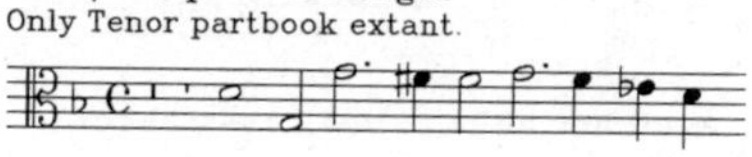

Nanino, Gio. Bern. E voi Muse gradite
1595/06, f. 18v–19 Madrigal

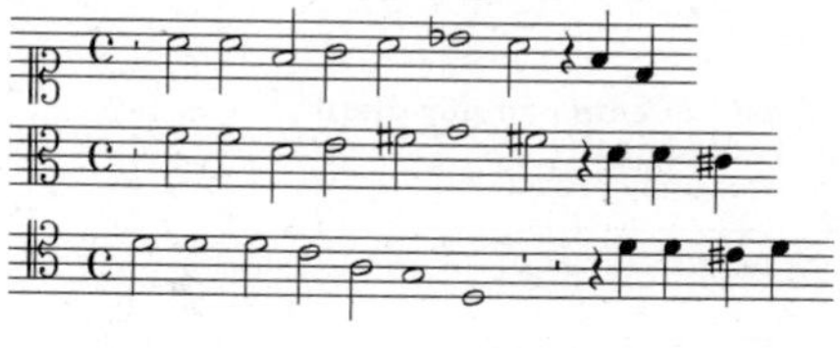

Nanino, Gio. Bern. Gelo ha madonna il seno e fiamma
1599/16, p. 18 Madrigal
Only Tenor partbook extant.

Nanino, Gio. Bern. Io non posso gioire
1599/16, p. 11 Madrigal
Only Tenor partbook extant.

Nanino, Gio. Bern. Mentre mia stella mira
1599/16, p. 18–19 Madrigal
Only Tenor partbook extant.

Nanino, Gio. Bern. Neve e rosa ha nel volto
1599/16, p. 21 Madrigal
Only Tenor partbook extant.

Nanino, Gio. Bern. Non del mio incendio grave
1599/16, p. 9 Madrigal
Only Tenor partbook extant.

Nanino, Gio. Bern. Non mai nell'ampio Mare
1599/16, p. 17 Madrigal
Only Tenor partbook extant.

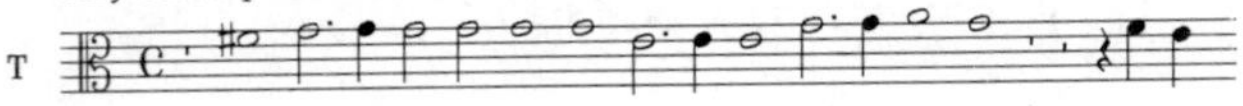

Nanino, Gio. Bern. O leggiadretti e cari occhi
1589/07, p. 19 Madrigal

Nanino, Gio. Bern. Onde perche'l crudel
1599/16, p. 4 Madrigal
SECONDA PARTE. (Only Tenor partbooks extant.)

Nanino, Gio. Bern. Quanto piu presso il foco
1599/16, p. 13 Madrigal
Only Tenor partbook extant.

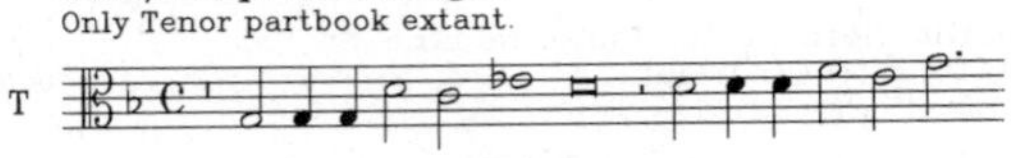

Nanino, Gio. Bern. S'all'hor ch'io piansi havest'il cor
1599/16, p. 22 Madrigal
Only Tenor partbook extant.

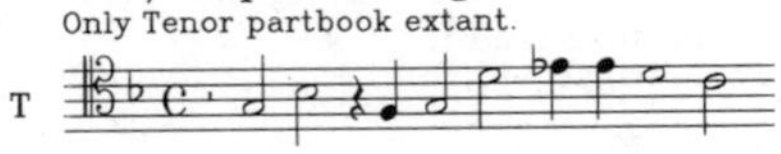

Nanino, Gio. Bern. Si com'ogn'hor distil
1598/08, p. 17 Madrigal
Page misnumbered 15 in cantus

Nanino, Gio. Bern. Sol per bearmi Amor
1599/16, p. 7 Madrigal
Only Tenor partbook extant.

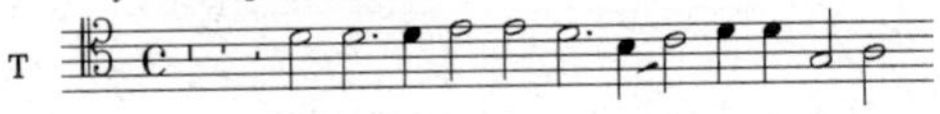

Nanino, Gio. Bern. Tal'hor per trovar pace
1599/16, p. 5 Madrigal
Only Tenor partbook extant.

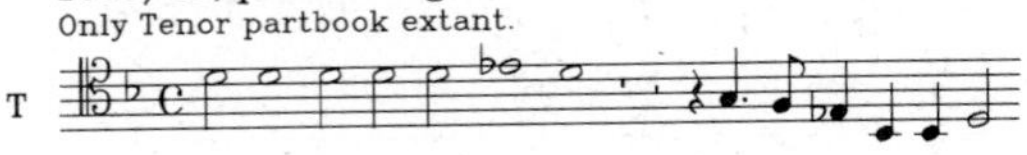

Nanino, Gio. Bern. Vaga amorosa stella
1599/16, p. 12 Madrigal
Only Tenor partbook extant.

Nanino, Gio. Bern. Il vedervi e lasciarmi
1599/16, p. 8 Madrigal
Only Tenor partbook extant.

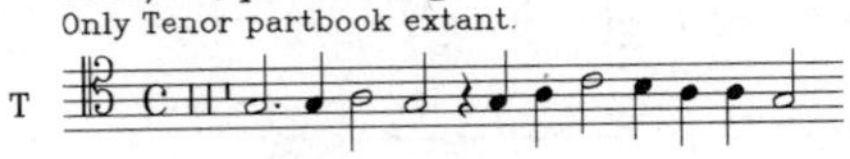

Nanino, Gio. Bern. Volgi pietosa i lumi
1599/06, p. 117 Lauda
QUINTA PARTE.

Nanino, Gio. Maria. Ai dolci e vaghi accenti
1595/06, f. 1v–2 Madrigal

Nanino, Gio. Maria. Al suon de le dolcissime parole
1586/07, p. 13 Madrigal

Nanino, Gio. Maria. Alma del Redentor Madre Maria
1599/06, p. 66 Lauda
A S.MARIA DI PORTA SALVO. L'ANTIFONIA ALMA REDEMPTORIS.

Nanino, Gio. Maria. Alma Vergin gentile
1599/06, p. 113 Lauda
ALLA MADONNA SANTISSIMA DELL'ORATORIO IN VALLICELLA...

Nanino, Gio. Maria. Alt'e pieni sospiri
1593/03, p. 10 Madrigal
DECIMA PARTE. (Alto, Tenor, & Bass partbooks missing.)

Nanino, Gio. Maria. Ami chi vuol'amare
1599/06, p. 91 Lauda
PER L'ASSUNTIONE DELLA MADONNA SANTISSIMA.

Nanino, Gio. Maria. Amor deh dimmi come
1587/10, p. 8 Madrigal

Nanino, Gio. Maria. Amor mi fa morire
1586/18, p. 5 Madrigal

Nanino, Gio. Maria. Amor se i bei rubini
1592/13, p. 4 Madrigal
Attrib. to F. Anerio in 1596/10 and Anonymous in 1585/16.

Nanino, Gio. Maria. Amor se'bei Rubini
1593/05, p. 4 Madrigal

Nanino, Gio. Maria. Aventuroso piu d'ogni altro colle
1587/10, p. 20 Madrigal

Nanino, Gio. Maria. Bastava il chiaro viso
1586/18, p. 19 Madrigal

Nanino, Gio. Maria. La bellezza superna
1592/05, no. 14 Lauda
Only Alto partbook extant.

Nanino, Gio. Maria. Ben so ch'acerbe pene
1599/06, p. 118 Lauda
SESTA PARTE.

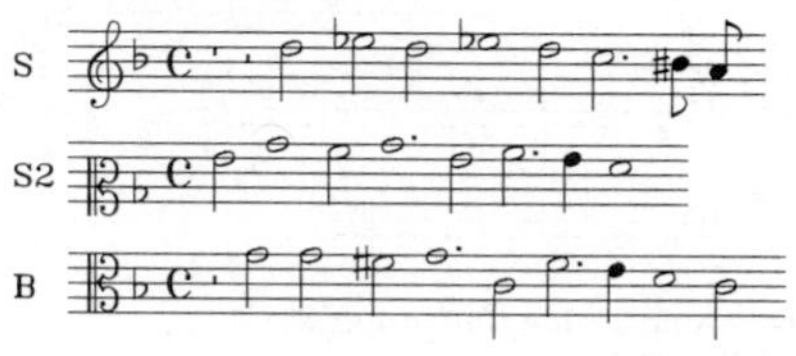

Nanino, Gio. Maria. Benche senza mentire
1588/21, no. 45 Madrigal
Quinto voice missing.

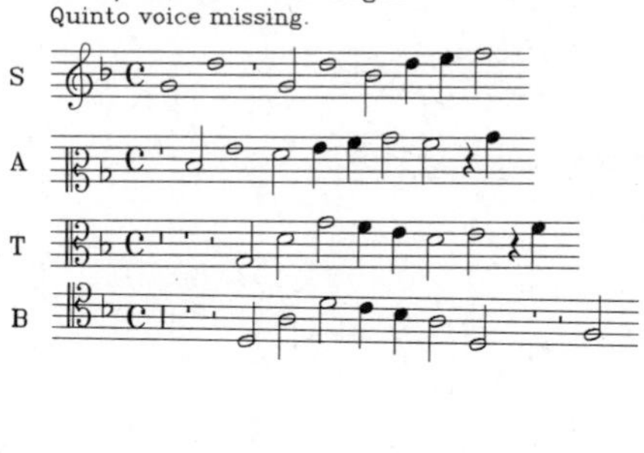

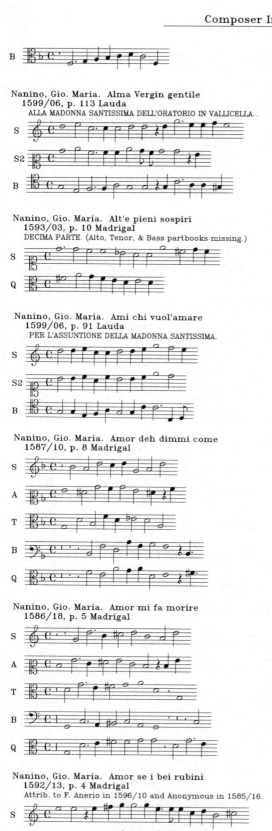

Nanino, Gio. Maria. Bianchi e vermigli fiori
1590/18, p. 12 Madrigal

Nanino, Gio. Maria. Celeste donna in bel sembiat'humano
1588/19, p. 11 Madrigal
Tenor and Alto partbooks missing.

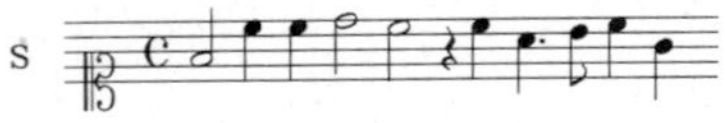

Nanino, Gio. Maria. Chiese Enone a Paris
1594/06, p. 10 Madrigal
PAROLE DI ANGELO GRILLO.

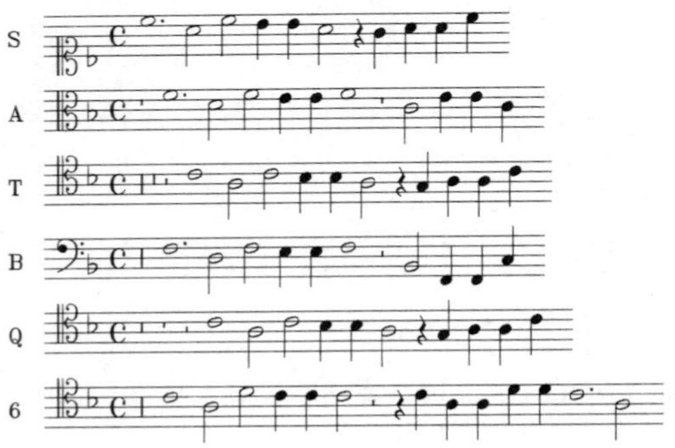

Nanino, Gio. Maria. Il Ciel tutto si vela
1599/06, p. 116 Lauda
QUARTA PARTE.

Nanino, Gio. Maria. Con quella maesta d'ond'ugual
1590/15, p. 8 Madrigal
OTTAVA PARTE.

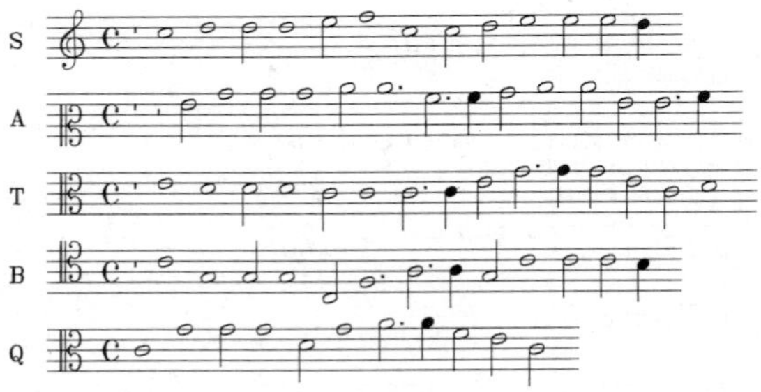

Nanino, Gio. Maria. Cosi un leggiadro canto
1595/06, f. 3v–4 Madrigal

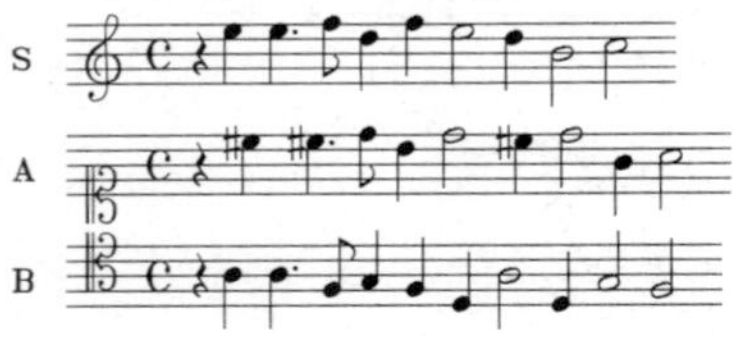

Nanino, Gio. Maria. Credete voi che non sentite amore
1586/18, p. 13 Madrigal

Nanino, Gio. Maria. Da bei vostr'occhi et dal soave riso
1586/18, p. 12 Madrigal

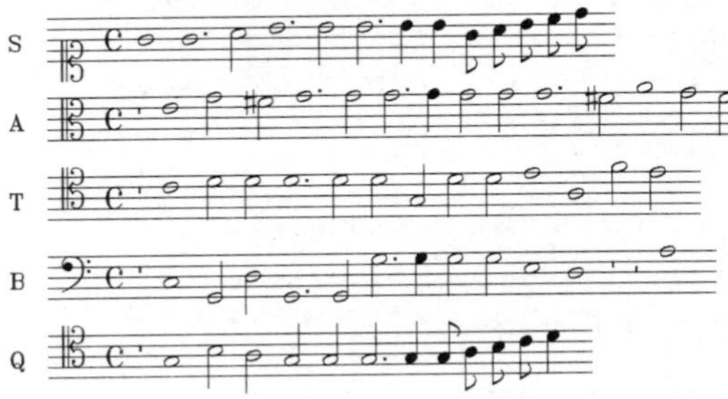

Nanino, Gio. Maria. Da i puri loro e limpidi
1583/10, f. 12 Madrigal

Nanino, Gio. Maria. Da vaghe perle e da vermiglie rose
1586/18, p. 20 Madrigal

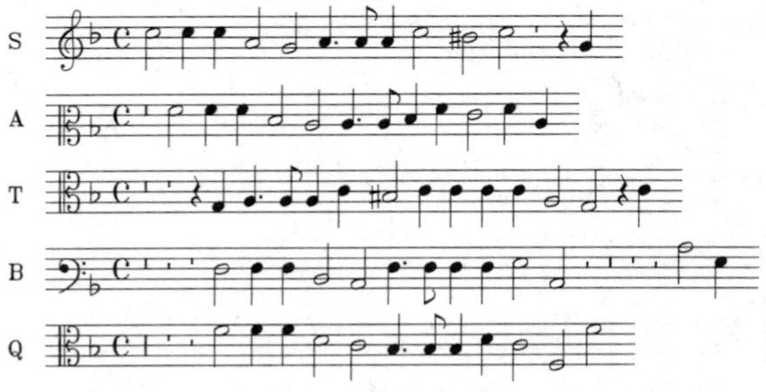

Nanino, Gio. Maria. Deh coralli ridenti
1586/18, p. 4 Madrigal

Nanino, Gio. Maria. Deh movati pietade
1599/06, p. 119 Lauda
SETTIMA & ULTIMA PARTE.

Nanino, Gio. Maria. Di Venere tento gran tempo
1586/18, p. 14 Madrigal

Nanino, Gio. Maria. Di che cor mio paventi
1591/12, f. 12v–13 Madrigal

Nanino, Gio. Maria. Di fior vien carca ogni valle
1586/07, p. 14 Madrigal
SECONDA PARTE. (Quintus partbook missing.)

Nanino, Gio. Maria. Dolce fiamella mia s'hai tanto
1587/10, p. 4 Madrigal

Nanino, Gio. Maria. Dolorosi martir fieri tormenti
1587/10, p. 14 Madrigal

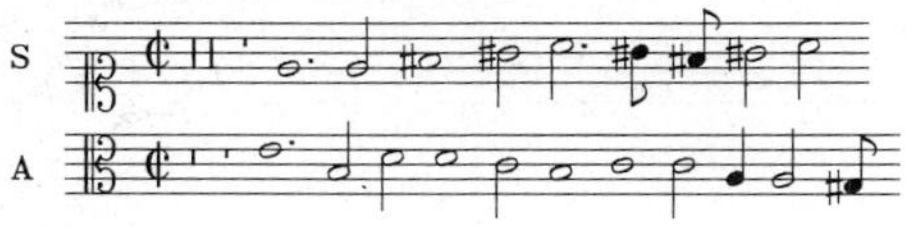

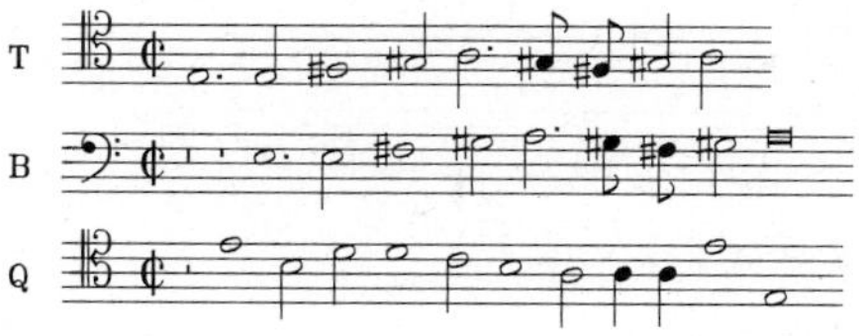

Nanino, Gio. Maria. Dolorosi martir fieri tormenti
1586/18, p. 16 Madrigal

Nanino, Gio. Maria. Donna gentil per farmi piu perfetta
1582/06, p. 4 Madrigal

Nanino, Gio. Maria. Donna vi vidi & arsi
1597/15, p. 13v Madrigal

Nanino, Gio. Maria. Donne vagh'e leggiadre
1596/08, p. 18 Madrigal
Quintus and Bass II parts from 1590/11.

Nanino, Gio. Maria. E con Aminta vai?
1586/09, p. 2 Madrigal

Nanino, Gio. Maria. E l'imagini lor son si cosparte
1586/18, p. 3 Madrigal
SECONDA PARTE.

Nanino, Gio. Maria. E se tal'hor affetti
1595/06, f. 2v–3 Madrigal

Nanino, Gio. Maria. Ecco del canto l'opre
1595/06, f. 17v–18 Madrigal

Nanino, Gio. Maria. Eran disciolt'e sparte
1586/18, p. 17 Madrigal

Nanino, Gio. Maria. Erano i capei d'oro all'aura sparsi
1585/18, p. 6 Madrigal

Nanino, Gio. Maria. Ero cosi dicea
1588/17, p. 8 Madrigal

Nanino, Gio. Maria. Giocond'e crudo fato
1587/10, p. 7 Madrigal

Nanino, Gio. Maria. Godeano in Ciel fra le piu chiare
1587/10, p. 10 Madrigal

Nanino, Gio. Maria. Hoggi che dolce mele
1599/06, p. 114 Lauda
SECONDA PARTE.

Nanino, Gio. Maria. Hor pien d'altro desio seguo l'amata
1588/21, no. 42 Madrigal
TERZA PARTE. A 5.

Nanino, Gio. Maria. Hor un laccio un'ardore
1588/21, no. 43 Madrigal
Compare G. Macque in 1582/04.

Nanino, Gio. Maria. In su la destra parte
1586/18, p. 9 Madrigal

Nanino, Gio. Maria. La dove par ch'ogn'altro si conforte
1589/07, p. 1 Madrigal

Nanino, Gio. Maria. Lascian le fresche linfe
1590/18, p. 1 Madrigal

Nanino, Gio. Maria. Lasso ch'ogni augelletto
1587/10, p. 1 Madrigal

Nanino, Gio. Maria. Lasso dunque che sia
1588/21, no. 44 Madrigal

Nanino, Gio. Maria. Laurora e'l giorn'e'l sole
1586/18, p. 7 Madrigal

Nanino, Gio. Maria. Lego questo mio core
1593/05, p. 22 Madrigal

Nanino, Gio. Maria. Mentre il canoro cigno
1595/06, f. 16v–17 Madrigal

Nanino, Gio. Maria. Mentre ti fui si grato ch'il braccio
1582/04, p. 3 Madrigal
PRIMA PARTE.

Nanino, Gio. Maria. Mira felice Madre
1599/06, p. 115 Lauda
TERZA PARTE.

Nanino, Gio. Maria. Morir non puo'l mio core
1585/18, p. 8 Madrigal
Compare M. Casulana "Morir non puo.." in 1566/02.

Nanino, Gio. Maria. Morir puo il vostro core
1586/18, p. 21 Madrigal

Nanino, Gio. Maria. Ne mai si lieto le chiarisim'onde
1586/18, p. 6 Madrigal

Nanino, Gio. Maria. Non era l'andar suo
1583/15, f. 16 Madrigal
SECONDA PARTE.

Nanino, Gio. Maria. Non have il mar tante minut'arene
1592/13, p. 10 Madrigal

Nanino, Gio. Maria. Non puo lingua narrare
1599/07, p. 14 Madrigal

Nanino, Gio. Maria. Non son le vostre mani
1586/18, p. 8 Madrigal

Nanino, Gio. Maria. Non ti doler ch'il bel del paradiso
1587/10, p. 11 Madrigal
SECONDA PARTE.

Nanino, Gio. Maria. Non veggio ove scampar mi poss'momai
1586/18, p. 2 Madrigal

Nanino, Gio. Maria. O quanto afflita o quanto
1592/05, no. 2 Lauda
Only Alto partbook extant.

Nanino, Gio. Maria. Ond'io da sdegn'accesso a guerrra
1586/18, p. 15 Madrigal
SECONDA PARTE.

Nanino, Gio. Maria. Onde spieghin sue lodi
1595/06, f. 4v–5 Madrigal

Nanino, Gio. Maria. Poi ch'il tuo nodo amore
1598/08, p. 14 Madrigal

Nanino, Gio. Maria. Poi che'lmio Amor v'annoia
1582/04, p. 10 Madrigal

Nanino, Gio. Maria. Qual cor non piango
1592/05, no. 3 Lauda
Only Alto partbook extant.

Nanino, Gio. Maria. Quando accesse Himeneo
1586/11, p. 11–12 Sonetto

Nanino, Gio. Maria. Quando fra bianche perle al canto
1582/06, p. 19 Madrigal
PRIMA PARTE.

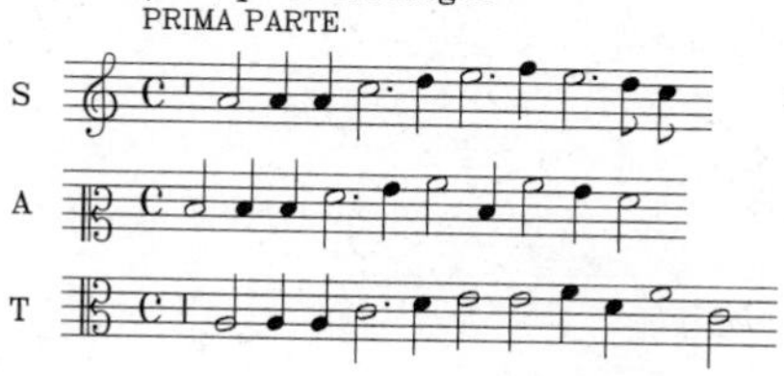

Nanino, Gio. Maria. Questa si bianca neve
1587/10, p. 5 Madrigal

Nanino, Gio. Maria. Questo vostro fuggire
1586/18, p. 1 Madrigal

Nanino, Gio. Maria. Quivi che piu di pura et fredda neve
1586/18, p. 11 Madrigal
SECONDA PARTE.

Nanino, Gio. Maria. S'a l'amorosa doglia
1586/18, p. 18 Madrigal

Nanino, Gio. Maria. Scopriro l'ardor mio
1589/06, p. 5 Madrigal

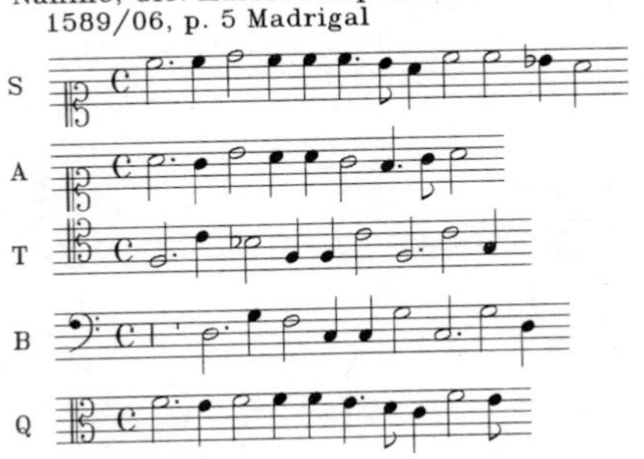

Nanino, Gio. Maria. Se d'uno indegn'et empio
1582/06, p. 6 Madrigal

Nanino, Gio. Maria. Se voi sete il mio sol se per voi
1589/06, p. 6 Madrigal

Nanino, Gio. Maria. Selva che di contenti
1587/10, p. 21 Madrigal

Nanino, Gio. Maria. Sentomi aprirsi tutto il lato
1582/06, p. 20 Madrigal
SECONDA PARTE.

Nanino, Gio. Maria. Sopra il vago Esquilin'un tempio
1586/18, p. 10 Madrigal

Nanino, Gio. Maria. Sorgesti sola e'l tuo splendor
1590/15, p. 2 Madrigal
SECONDA PARTE.

Nanino, Gio. Maria. Stava a pio della croce
1592/05, no. 1 Lauda
Only Alto partbook extant.

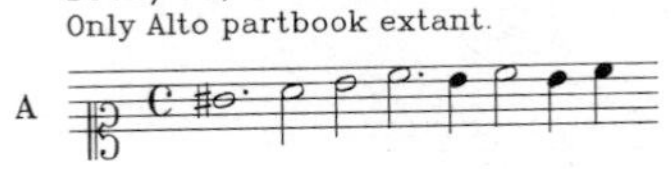

Nanino, Gio. Maria. Il Tebro sospiri sue antiche glorie
1586/11, p. 12 Sonetto
SECONDA PARTE.

Nanino, Gio. Maria. Tua bellezza superna
1599/06, p. 23 Lauda
PER LA NATIVITA.

Nanino, Gio. Maria. Vien'Himeneo deh vieni
1587/10, p. 16–17 Madrigal

Napolitano, Abbate. Vergine Santa pigliati'l cor mio
1599/06, p. 16 Lauda
SANTA MARIA DELL'ORATORIO DI NAPOLI.

Napolitano, Conte de Briaco. Stanco e solingo per disen'
1559/19, p. 9 Villota
CONTE DE BRIACO NAPOLITANO. (Canto & Alto from 1564/15.)

Narducci, Benedetto. Con dolor fiero e forte
1599/06, p. 86 Lauda
COMPASSIONE ALLA MADRE SANTISSIMA.

Narducci, Benedetto. Non son in queste rive
1596/11, p. 5 Madrigal
Cantus and Tenor partbooks missing.

Nascimbeni, Stefano. Cosi d'amor ferito in dolci accenti
1588/18, p. 15 Madrigal
SECONDA PARTE.

Nascimbeni, Stefano. Lucenti rai del Sole
1592/12, p. 17 Madrigal

Nascimbeni, Stefano. Mentr'in soave giro
1588/18, p. 14 Madrigal

Nasco, Giovanni. Alma se stata fosse a pieno accorta
1559/16, p. 27 Madrigal
DIALOGO A OTTO

Nasco, Giovanni. L'aquila che dal mond hoggi
1569/20, p. 30 Madrigal

Nasco, Giovanni. L'aquila tocca di ragion'a Giove
1569/20, p. 31 Madrigal
SECONDA PARTE.

Nasco, Giovanni. Ardo tremando e nel arder aggiaccio
1562/05, p. 18 Madrigal

Nasco, Giovanni. Cedi fortuna hormai
1562/05, p. 21–22 Madrigal

Nasco, Giovanni. Chi vuol veder'a pieno
1554/28, p. 23 Madrigal

Nasco, Giovanni. Com'al partir del caro unico figlio
1567/16, p. 6–7 Madrigal
Prima parte. (Only Cantus partbook extant.)

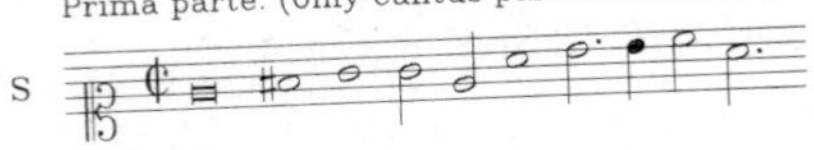

Nasco, Giovanni. Come si m'accendete
1557/25, p. 29 Madrigal

Nasco, Giovanni. Cosi con dolor tal anzi maggiore
1567/16, p. 7 Madrigal
SECONDA PARTE. (Only Cantus partbook extant.)

Nasco, Giovanni. Deh hor foss'io co'l vago
1569/20, p. 25 Madrigal

Nasco, Giovanni. Disse'l divin Salmista
1563/07, p. 3 Madrigal
QUINTA PARTE. A 5.

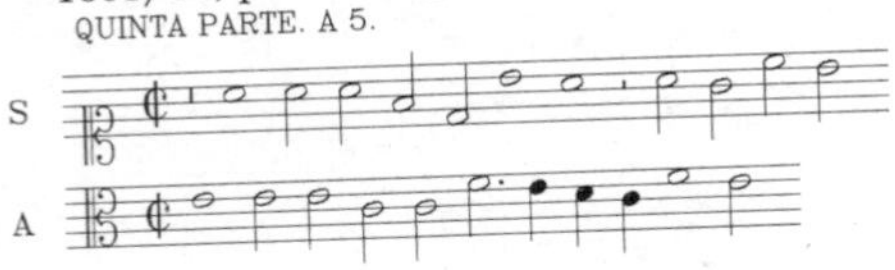

Nasco, Giovanni. Dolci rime leggiadre che nel primier
1561/11, p. 9 Madrigal

Nasco, Giovanni. Duolmi verac'amor che men'ho detto
1563/07, p. 8 Madrigal
TERZADECIMA PARTE. A 6.

Nasco, Giovanni. E come al dipartir del Sol
1567/16, p. 8 Madrigal
TERZA PARTE. (Only Cantus partbook extant.)

Nasco, Giovanni. Et io che sempre desioso e intento
1559/18, p. 28 Madrigal
SECONDA PARTE (Attrib. to G. Nasco in 1557/17.)

Nasco, Giovanni. Felice cor che preso
1563/07, p. 5 Madrigal
OTTAVA PARTE. A CINQUE.

Nasco, Giovanni. Felice puramente
1563/07, p. 5–6 Madrigal
NONA PARTE. A 4.

Nasco, Giovanni. Hoggi la speme degl'elett'ingegni
1562/05, p. 22 Madrigal

Nasco, Giovanni. Hor che sara di noi
1563/07, p. 8 Madrigal
DUODECIMA PARTE. A 6.

Nasco, Giovanni. In bianco lett'all'apparir
1593/05, p. 21 Madrigal

Nasco, Giovanni. Io mi rivolgo indietro a ciascun
1557/23, p. 10 Madrigal
PRIMA PARTE.

Nasco, Giovanni. Io non sapeva gia che foss'amore
1568/19, p. 13 Madrigal

Nasco, Giovanni. Io vorrei pur lodarti signor
1561/16, p. 3 Madrigal

Nasco, Giovanni. Laccio di set'et d'oro vaga donna
1549/31, p. 27 Madrigal

Nasco, Giovanni. Lasso diceva ch'io non ho difesa
1549/31, p. 29 Madrigal
Tenor partbook missing.

Nasco, Giovanni. Laura celeste che si dolcemente
1559/18, p. 27 Madrigal
Attrib. to G. Nasco in 1557/17.

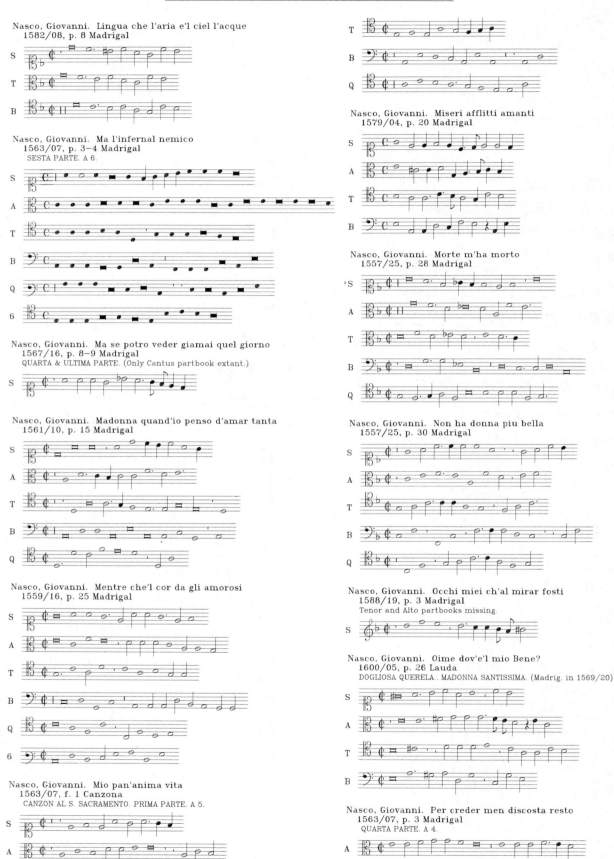

Nasco, Giovanni. Lingua che l'aria e'l ciel l'acque
1582/08, p. 8 Madrigal

Nasco, Giovanni. Ma l'infernal nemico
1563/07, p. 3–4 Madrigal
SESTA PARTE. A 6.

Nasco, Giovanni. Ma se potro veder giamai quel giorno
1567/16, p. 8–9 Madrigal
QUARTA & ULTIMA PARTE. (Only Cantus partbook extant.)

Nasco, Giovanni. Madonna quand'io penso d'amar tanta
1561/10, p. 15 Madrigal

Nasco, Giovanni. Mentre che'l cor da gli amorosi
1559/16, p. 25 Madrigal

Nasco, Giovanni. Mio pan'anima vita
1563/07, f. 1 Canzona
CANZON AL S. SACRAMENTO. PRIMA PARTE. A 5.

Nasco, Giovanni. Miseri afflitti amanti
1579/04, p. 20 Madrigal

Nasco, Giovanni. Morte m'ha morto
1557/25, p. 28 Madrigal

Nasco, Giovanni. Non ha donna piu bella
1557/25, p. 30 Madrigal

Nasco, Giovanni. Occhi miei ch'al mirar fosti
1588/19, p. 3 Madrigal
Tenor and Alto partbooks missing.

Nasco, Giovanni. Oime dov'e'l mio Bene?
1600/05, p. 26 Lauda
DOGLIOSA QUERELA.. MADONNA SANTISSIMA. (Madrig. in 1569/20)

Nasco, Giovanni. Per creder men discosta resto
1563/07, p. 3 Madrigal
QUARTA PARTE. A 4.

Nasco, Giovanni. Per quest'ogn'hor si sforza
1563/07, p. 4 Madrigal
SETTIMA PARTE. A CINQUE.

Nasco, Giovanni. Qual hebb'a pensar mai in terra
1563/07, p. 2 Madrigal
SECONDA PARTE. A 5.

Nasco, Giovanni. Quando nascesti amore
1559/16, p. 29 Madrigal
DIALOGO A OTTO.

Nasco, Giovanni. Quel fuoco e morto e'l copre
1559/16, p. 26 Madrigal
SECONDA PARTE.

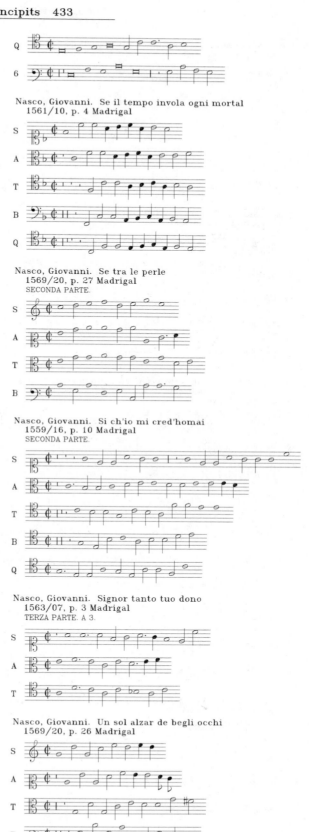

Nasco, Giovanni. Se il tempo invola ogni mortal
1561/10, p. 4 Madrigal

Nasco, Giovanni. Se tra le perle
1569/20, p. 27 Madrigal
SECONDA PARTE.

Nasco, Giovanni. Si ch'io mi cred'homai
1559/16, p. 10 Madrigal
SECONDA PARTE.

Nasco, Giovanni. Signor tanto tuo dono
1563/07, p. 3 Madrigal
TERZA PARTE. A 3.

Nasco, Giovanni. Un sol alzar de begli occhi
1569/20, p. 26 Madrigal

Nasco, Giovanni. Solo e pensoso i piu deserti campi
1559/16, p. 9 Madrigal

Nasco, Giovanni. Il suo rusciell'amato
1557/23, p. 14 Madrigal

Nasco, Giovanni. Talhor m'assale in mezzo a tristi
1557/23, p. 11 Madrigal
SECONDA PARTE.

Nasco, Giovanni. Tu m'hai cor mio lasciat'io
1549/31, p. 18 Madrigal

Nasco, Giovanni. Vita della mia vita
1569/20, p. 28 Madrigal

Nasco, Giovanni. Vivo thesor eterno
1563/07, p. 7–8 Madrigal
DECIMA PARTE. A 3.

Nasco, Giovanni. Vostro e l'alto thesoro
1563/07, p. 7 Madrigal
UNDECIMA PARTE. A 5.

Negro, Paschali Di. Mirate mirate che tormento
1573/17, p. 22 Canzona
Alto partbook missing. Canto & Tenor unavailable Zwickau.

Nenna, Pomponio. A chi vo chieder del mio
1574/06, p. 15 Villanella

Nenna, Pomponio. Amorose faville da duo bei lumi
1582/12, p. 24 Madrigal

Nenna, Pomponio. D'ogni ben casso & privo
1582/12, p. 18 Madrigal
Canto and Alto from 1617/18.

Nenna, Pomponio. Dalla piu bella mano ch'occhio morta
1582/12, p. 9 Madrigal
Canto and Alto from 1617/18.

T B Q

Nenna, Pomponio. Di quella fiamma usciti sia ch'e
1582/12, p. 11 Madrigal
SECONDA PARTE. (Canto and Alto from 1617/18)

S A T B Q

Nenna, Pomponio. Dolce mio foco ardente
1582/12, p. 15 Madrigal
Canto and Alto from 1617/18.

S A T B Q

Nenna, Pomponio. Dolce nemica mia perche mi vieti
1574/05, p. 40 Villanella

S T B

Nenna, Pomponio. Dove giace il mio core
1582/12, p. 21 Madrigal
Canto and Alto from 1617/18.

S A T B Q

Nenna, Pomponio. E ch'entro il arro elette spirti
1582/12, p. 3 Madrigal
TERZA PARTE. (Canto and Alto from 1617/18.)

S A T

B Q

Nenna, Pomponio. E che per segno di letitia a mille
1582/12, p. 4 Madrigal
QUARTA PARTE. (Canto and Alto from 1617/18.)

S A T B Q

Nenna, Pomponio. E dicesi ch'ingiostre et intornei
1582/12, p. 5 Madrigal
QUINTA PARTE. (Canto and Alto from 1617/18.)

S A T B Q

Nenna, Pomponio. Filli dolce ben mio
1582/12, p. 22 Madrigal
Canto and Alto from 1617/18.

S A T B Q

Nenna, Pomponio. Gigli rose et viole
1582/12, p. 17 Madrigal

S A T B Q

Nenna, Pomponio. Iten'o miei sospir ch'accesi
1582/12, p. 10 Madrigal
PRIMA PARTE. (Canto and Alto from 1617/18.)

Nenna, Pomponio. Lieti fiori & felici & ben nate
1582/12, p. 13 Madrigal
PRIMA PARTE. (Canto and Alto from 1617/18.)

Nenna, Pomponio. O soave contrada o puro fiume
1582/12, p. 14 Madrigal
SECONDA PARTE. (Canto and Alto from 1617/18)

Nenna, Pomponio. Poi che legato il pie mi tien
1582/12, p. 1 Madrigal
CANZONE PRIMA PARTE. (Canto and Alto from 1617/18.)

Nenna Pomponio.. Quella ch'in suo poter tien
1574/05, p. 20 Villanella

Nenna, Pomponio. Qui si raggiona che'l di tutto
1582/12, p. 2 Madrigal
SECONDA PARTE. (Canto and Alto from 1617/18)

Nenna, Pomponio. S'il dolor del partire
1582/12, p. 23 Madrigal

Nenna, Pomponio. Signora io penso a quel che tu non
1574/06, p. 35 Villanella

Nenna, Pomponio. Sommo Rettor del giorno
1582/12, p. 12 Madrigal
Canto and Alto from 1617/18.

Nenna, Pomponio. Torna amato mio bene
1594/08, f. 22 Madrigal

Nenna, Pomponio. Tu la ritorni a riva
1582/12, p. 8 Madrigal
SECONDA PARTE. Compare S.Felis,1593/05.)(S&A from 1517/1

Nenna, Pomponio. Vagh'herbe verdi frondi
1585/23, p. 19 Madrigal

Nenna, Pomponio. Vaghe herbe verdi frondi e lieti
1582/12, p. 16 Madrigal
Canto and Alto from 1617/18.

Nenna, Pomponio. Vanne Canzon ch'io gir non posso
1582/12, p. 6 Madrigal
SESTA ET ULTIMA PARTE. (Canto and Alto from 1617/18.)

Nerito, Vincenzo. Un ghiaccio un foc'un sasso
1597/13, no. 4 Madrigal

Nerito, Vincenzo. Se'l mio morir v'e grato
1597/13, no. 6 Madrigal

Nerito, Vincenzo. Torna dolce il mio amore
1597/13, no. 5 Madrigal

Nicodemus Perche la vit'e breve
1560/10, p. 20 Madrigal

Nicoletti, Filippo. Caro augelletto che battendo l'ali
1592/14, p. 14–15 Madrigal

Nicoletti, Filippo. M'e pur forza partire
1591/09, p. 6 Madrigal
Cantus partbook missing.

Nicoletti, Filippo. Quanto felici sete
1583/10, f. 34 Madrigal

Nicoletti, Filippo. Volete voi mia vita
1592/14, p. 11 Madrigal

Nicolo, D. Ben sera crudel e ingrato
1508/03, f. 13v–14 Lauda

Nicolo, D. Salve croce unica speme
1508/03, f. 9v–10 Lauda

Nicolo, D. Senza te alta regina
1508/03, f. 11v–12 Lauda
Compare G. Fogliano, "Vengo ate madre Maria" in 1508/03.

Nola, Giov. Dom. da. Ahi caro mio tesoro vedete ben
1570/27, p. 19 Villanella

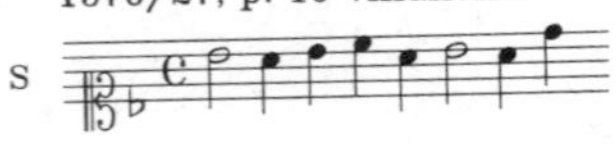

Nola, Giov. Dom. da. Ahi dolce sonno ahi liet'e bel
1566/09, p. 25 Canzona

Nola, Giov. Dom. da. Ahime che co'l partire
1570/27, p. 16 Villanella

Nola, Giov. Dom. da. Amor m'ha fatto diventar fenice
1570/27, p. 23 Villanella

Nola, Giov. Dom. da. Amor rilieva lo mio cor in cielo
1566/09, p. 15 Canzona

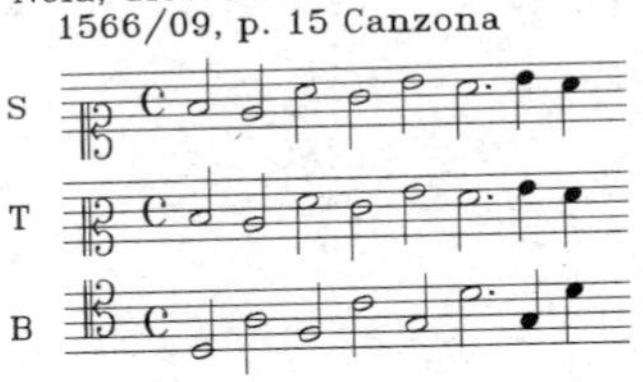

Nola, Giov. Dom. da. Ben mio voria saper dove sei gita
1570/18, p. 50 Napolitana

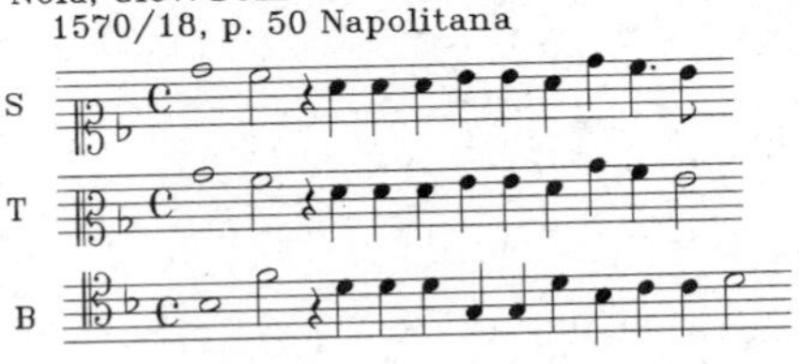

Nola, Giov. Dom. da. Cantare voglio sempr'e star'in gioco
1570/27, p. 10 Villanella

Nola, Giov. Dom. da. Come faro cor mio quando mi parto
1570/27, p. 7 Villanella
Attributed to Anonymous in 1570/33.

Nola, Giov. Dom. da. Cors'a la morte il povero narciso
1570/18, p. 72 Napolitana

Nola, Giov. Dom. da. Credo che'l paradiso al parer mio
1566/09, p. 10 Canzona

Nola, Giov. Dom. da. Dal desiderio nacque l'amor mio
1570/18, p. 70 Napolitana

Nola, Giov. Dom. da. Datemi pace o duri miei pensieri
1573/16, p. 6 Madrigal
See also version for 4 voices in 1570/27.

Nola, Giov. Dom. da. Datemi pace o duri miei pensieri
1570/27, p. 18 Villanella
See also 5 voice version in 1573/16.

Nola, Giov. Dom. da. Deh perche vo le mie piaghe toccando
1562/07, p. 12 Madrigal

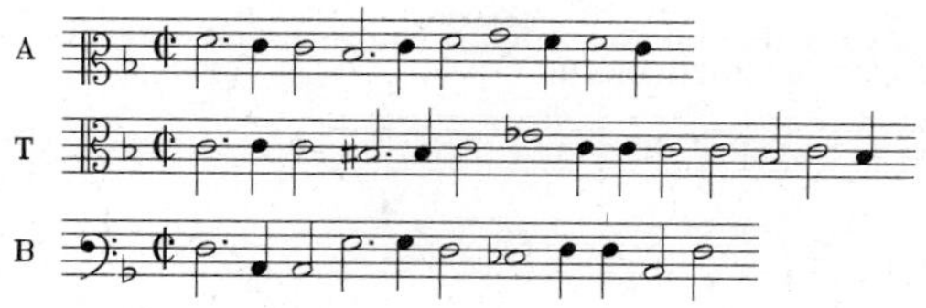

Nola, Giov. Dom. da. E tu mio cor ancor
1573/16, p. 7 Madrigal

Nola, Giov. Dom. da. Faccia mia bella piu che'l sol
1566/10, p. 13 Canzona

Nola, Giov. Dom. da. Fuggit'amor o voi che donn'amate
1570/27, p. 17 Villanella

Nola, Giov. Dom. da. Le gioie dell'amanti sono sospir'
1570/27, p. 22 Villanella

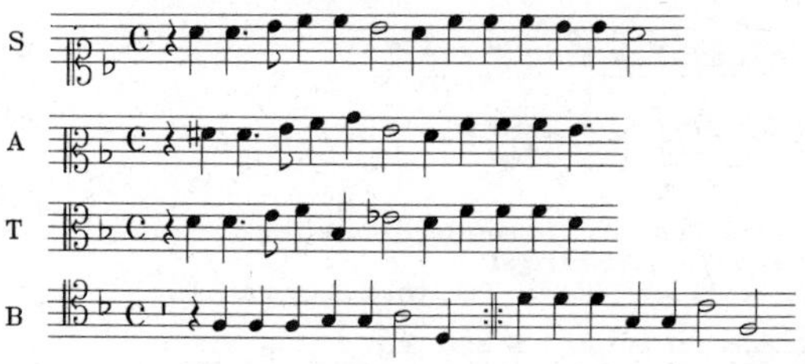

Nola, Giov. Dom. da. Gionto m'hai amor fra bell'e crude
1562/07, p. 14 Madrigal
Attributed to Anonymous in 1583/15.

Nola, Giov. Dom. da. Gran temp'e stato ch'io desiderato
1570/27, p. 30 Villanella

Nola, Giov. Dom. da. In te i secreti suoi messagi Amore
1573/16, p. 8 Madrigal

Nola, Giov. Dom. da. Io procaccio martir per poter poi
1560/10, p. 8 Madrigal

Nola, Giov. Dom. da. Io son farfalla e voi sete la luce
1566/10, p. 4 Napolitana
Compare G. Parati in 1588/25.

Nola, Giov. Dom. da. Io son ferito ahi lasso
1566/03, p. 13 Madrigal
Compare Pizzone, Hassler, Palestrina, Sabino & Sole.

Nola, Giov. Dom. da. Io vo piangendo i miei passati tempi
1552/20, p. 14 Madrigal

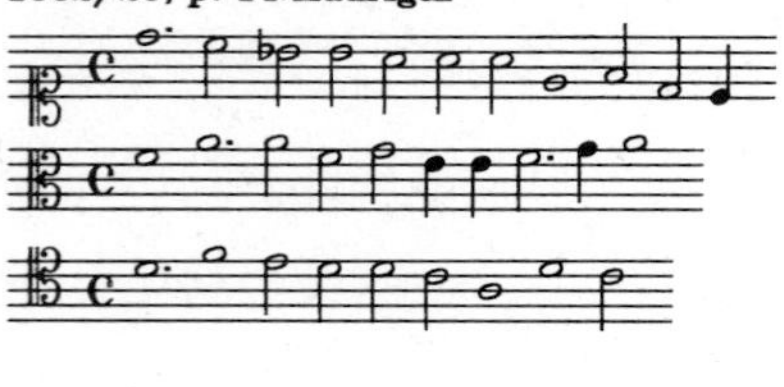

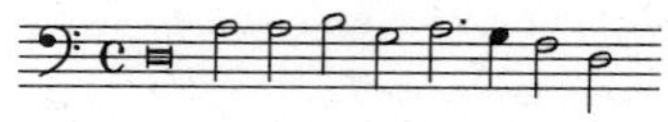

Nola, Giov. Dom. da. Mai rete pres'uccello
1570/27, p. 21 Villanella

Nola, Giov. Dom. da. Menar vo sempre mai mia vit'
1570/27, p. 29 Villanella

Nola, Giov. Dom. da. Mirat'in quante form'amor mi muta
1570/27, p. 14 Villanella

Nola, Giov. Dom. da. Ne tempo mai ne loco
1570/27, p. 20 Villanella

Nola, Giov. Dom. da. Non restaro gia mai di sospirare
1570/18, p. 14 Napolitana

Nola, Giov. Dom. da. O nuova terra e ricca che di rose
1561/10, p. 18 Madrigal
SECONDA PARTE.

Q
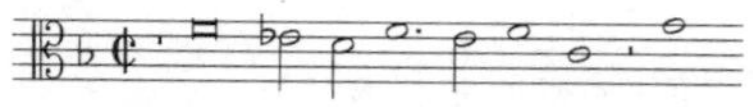

Nola, Giov. Dom. da. O verde amena aprica & alta villa
1561/10, p. 17 Madrigal

S A T B Q
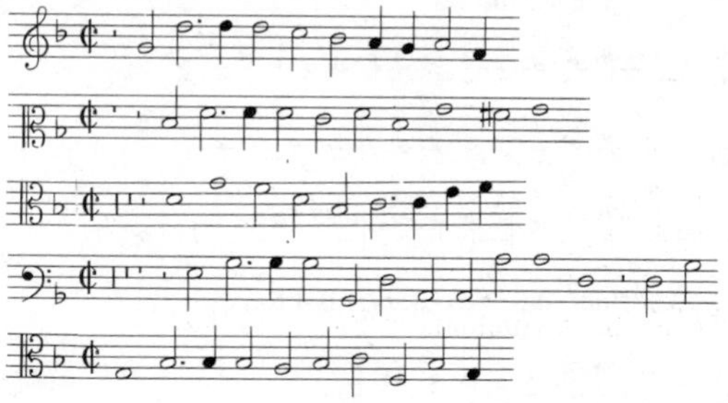

Nola, Giov. Dom. da. Occhi miei ch'al mirar sosti
1566/10, p. 25 Canzona

S T B

Nola, Giov. Dom. da. Occhi miei oscurat'e'l nostro sole
1570/27, p. 3 Villanella

S T B

Nola, Giov. Dom. da. Pensai piu d'ogni amante
1570/18, p. 58 Napolitana

S T B

Nola, Giov. Dom. da. Quando da voi madonna son lontano
1588/24, p. 17 Madrigal

S A T B
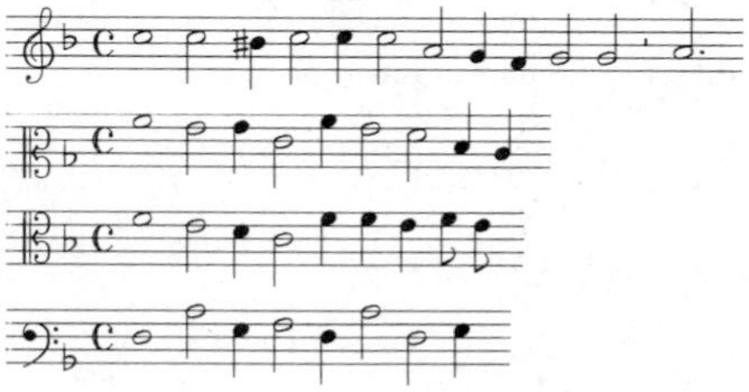

Nola, Giov. Dom. da. Quando vi vegg'andar donn'in caretta
1570/27, p. 27 Villanella

S A T B
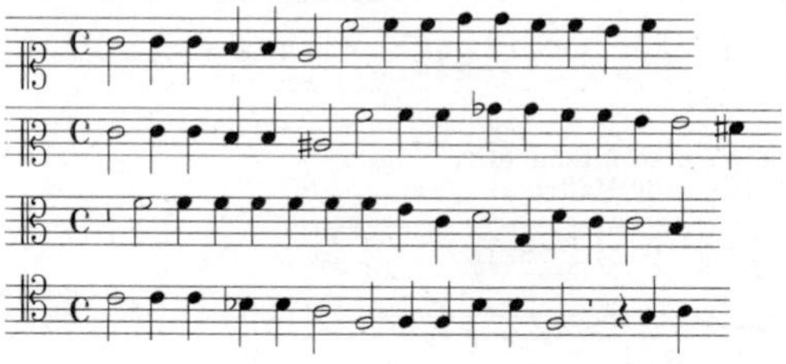

Nola, Giov. Dom. da. Questo mio bene s'assomiglia
1570/18, p. 68 Napolitana

S T B

Nola, Giov. Dom. da. S'e ver quel che si legge
1562/07, p. 10 Madrigal

S A T B

Nola, Giov. Dom. da. S'io cercasse la guerra
1566/10, p. 19 Canzona

S T B

Nola, Giov. Dom. da. S'io mir'ho male
1570/27, p. 24 Villanella

S A T B
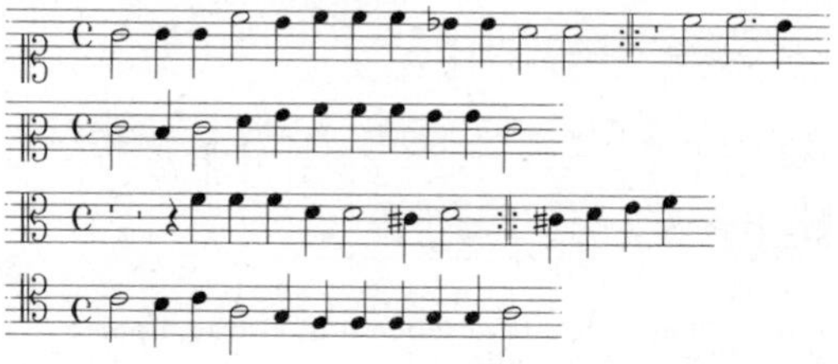

Nola, Giov. Dom. da. Sa che te dic'amore lassame stare
1570/27, p. 6 Villanella

S T B

Nola, Giov. Dom. da. Se subito non facci'o vita mia
1570/27, p. 11 Villanella

S T B

Nola, Giov. Dom. da. Seguit'amor donna gentil e bella
1566/09, p. 9 Napolitana

S T B

Nola, Giov. Dom. da. Si ben voltasse l'oro con la pala
1566/10, p. 20 Canzona

Nola, Giov. Dom. da. Signorella gioia mia
1570/27, p. 15 Villanella
Compare Anonymous "villanella gioia mia" in 1566/09.

Nola, Giov. Dom. da. Sospira core che raggione
1570/18, p. 18 Napolitana

Nola, Giov. Dom. da. St'amaro core mio
1570/27, p. 25 Villanella

Nola, Giov. Dom. da. Stava felice il di al mio diporto
1570/27, p. 13 Villanella

Nola, Giov. Dom. da. Tosto ch'il sol si scopre
1557/17, p. 19 Madrigal

Nola, Giov. Dom. da. Tutt'il di piango ne perche
1562/07, p. 14–15 Madrigal

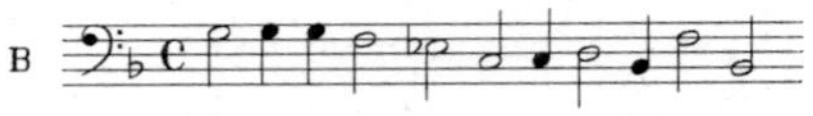

Nola, Giov. Dom. da. Va fidate di donna capriciosa
1570/27, p. 5 Villanella

Nola, Giov. Dom. da. Venga quel bel Narciso
1570/27, p. 26 Villanella

Nola, Giov. Dom. da. Vita mia com'e spento quell'Amore
1566/09, p. 26 Canzona

Nollet. Il dolce sonno mi promise pace
1542/16, p. 10–11 Madrigal

Nollet. Le donne antiche hanno mirabile cose
1542/16, p. 34 Madrigal

Nollet. Io non so dir parole
1542/16, p. 36 Madrigal

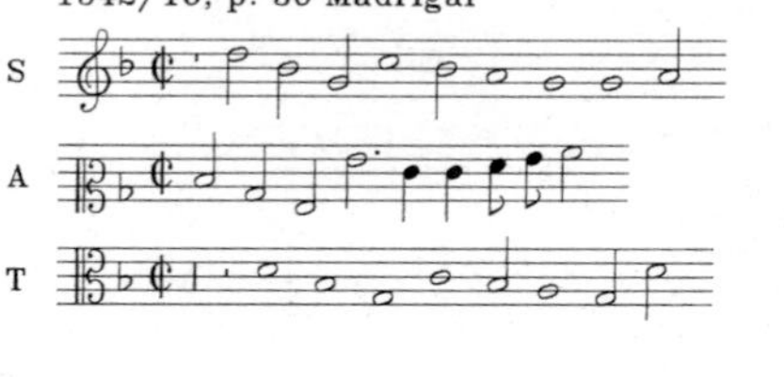

B

Q

Nollet, Non ress'al colp'il core
1541/17, p. 30 Madrigal

S

A

T

B

Q

Nollet, Non siate pero timid'e fastose donne
1541/17, p. 8 Madrigal

S

A

T

B

Q

Nollet. Partomi donna e teco lascio il core
1546/19, p. 16 Madrigal

S

A

T

B

Q

6

Nollet. Qual anima ignorante
1542/17, no. 3 Madrigal
Attributed to Berchem in 1557/16.

S

A

T

B

Nollet. Quant'in mill'anni il ciel dovea
1546/19, p. 2 Madrigal
Same incipits in 1541/16 except Sesto voice.

S

A

T

B

Q

6

Nollet. S'io potessi mirar
1544/22, p. 19 Madrigal

S

A

T

B

Novelli, Fulvio. Alma del Ciel Regina
1600/05, p. 36 Lauda
A SANTA MARIA REGINA COELI.

S

A

T

B

Novelli, Fulvio. Che sia di me non so
1599/06, p. 131 Lauda
QUARTA PARTE.

S

S2

B

Novelli, Fulvio. E pur partir conviemmi
1599/06, p. 130 Lauda
ALLA MADONNA S. DI LORETO ARDENTE.. S.CASA LI XI APR.1598.

S

S2

B

Novelli, Fulvio. Hor che la fredda neve
1600/05, p. 69–70 Madrigal
A SANTA MARIA DEL MONTE DI TURINO A CAPUCCINI.

S

A

T

B

Novelli, Fulvio. Lasso che fia di me
1599/06, p. 131 Lauda
TERZA PARTE.

Novelli, Fulvio. Lungo viver m'e noia in fieri
1599/06, p. 132 Lauda
QUINTA & ULTIMA PARTE.

Novelli, Fulvio. Parto da voi e so con quanta pena
1599/06, p. 130 Lauda
SECONDA PARTE.

Nuvoloni, Alessandro. Non gia de boschi Dea
1592/12, p. 26–27 Madrigal

Obrecht, Jacob. La tortorella
1504/03, f. 90v–91 Madrigal
Only text incipit given.

Occa, Alberto da L'. A Dio mio dolce Aminta
1586/10, p. 13 Madrigal

Occa, Alberto da L'. Lascia pur filli mia ch'il velo
1591/09, p. 1 Madrigal
Cantus partbook missing.

Occa, Alberto da L'. Pero se coronato, e trionfante
1582/05, p. 20 Madrigal

Olivier. Dir si puo ben per voi
1561/11, p. 10 Madrigal
SECONDA PARTE.

Olivier. Ite caldi sospiri al freddo core
1561/11, p. 10 Madrigal

Organista, Petrus. Calde lagrime mie sospir consenti
1539/24, p. 6–7 Madrigal

Orlandini, Antonio. Chi vuol veder nel verde
1583/10, f. 11 Madrigal

Orlandini, Antonio. Taci prend'in man l'arco
1596/10, p. 44 Madrigal

Orologio, Alessandro. Amor per suo diletto
1592/13, p. 5 Madrigal

Orologio, Alessandro. Baci soavie cari
1589/15, p. 1 Madrigal
Quinto missing. Bass partbook missing. (See note in Sources.)

Orologio, Alessandro. Candide piu che cigno e vie
1589/15, p. 20 Madrigal
SECONDA PARTE. (Bass partbook missing.)(See note in Sources.)

Orologio, Alessandro. Cantiamo lieti, e voi Fauni
1589/15, p. 9 Madrigal
Bass partbook missing. (See note in Sources.)

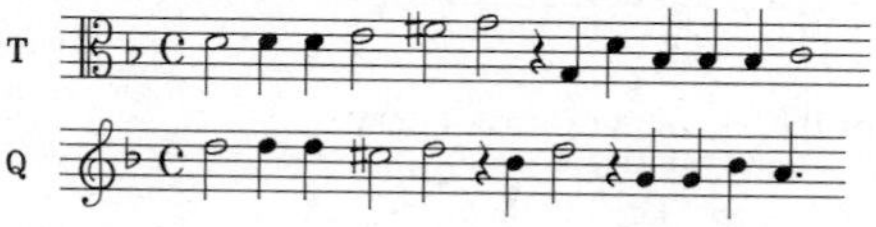

Orologio, Alessandro. Come havra vita amor la vita mia
1589/15, p. 18 Madrigal
Bass partbook missing. (See note in Sources.)

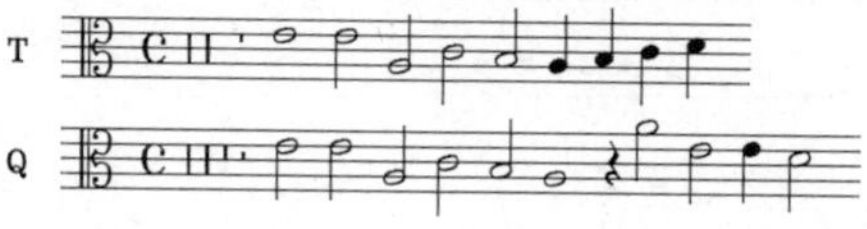

Orologio, Alessandro. Cosi leggiadre e belle
1589/15, p. 5 Madrigal
Bass partbook missing. (See note in Sources.)

Orologio, Alessandro. Dentre a un bagno
1583/11, p. 20 Madrigal

Orologio, Alessandro. Dentro a un bagno di rose
1589/15, p. 7 Madrigal
Bass partbook missing. (See note in Sources.)

Orologio, Alessandro. E incomincio, o sirena, o Nimpha
1589/15, p. 16 Madrigal
SECONDA PARTE. (Bass partbook missing.) (See note in Sources.)

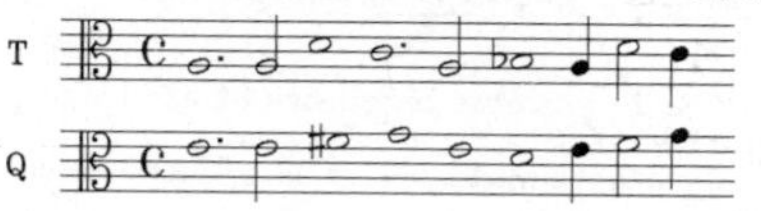

Orologio, Alessandro. Fiamma d'amor che m'hai brusato
1589/15, p. 13 Madrigal
Bass partbook missing. (See note in Sources.)

Orologio, Alessandro. Hor la spinge hor ritiene
1589/15, p. 8 Madrigal
Bass partbook missing. (See note in Sources.)

Orologio, Alessandro. Io son ferito, e chi mi punse
1589/15, p. 17 Madrigal
Bass partbook missing. (See note in Sources.)

Orologio, Alessandro. Laura soave vita de mia vita
1589/15, p. 2 Madrigal
Quinto voice missing. Bass partbook missing.(See note in Sources.)

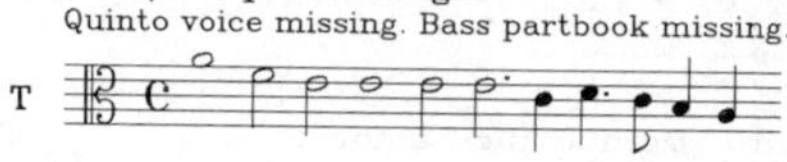

Orologio, Alessandro. Lieto Febo dal mar piu che usato
1597/14, p. 21 Canzona

Orologio, Alessandro. Lucilla io vuol morire
1590/11, p. 4 Madrigal

Orologio, Alessandro. Mentre io mirava fiso
1589/15, p. 11 Madrigal
Bass partbook missing. (See note in Sources.)

Orologio, Alessandro. Nelle guancie leggiadre et amorose
1589/15, p. 19 Madrigal
A6. PRIMA PARTE. (Bass partbook missing.)(See note in Sources.)

Orologio, Alessandro. O novella d'amor fiamma lucente
1589/15, p. 15 Madrigal
PRIMA PARTE. (Bass partbook missing.)(See note in Sources.

Orologio, Alessandro. Occhi sereni angeliche parole
1589/15, p. 6 Madrigal
Bass partbook missing. (See note in Sources.)

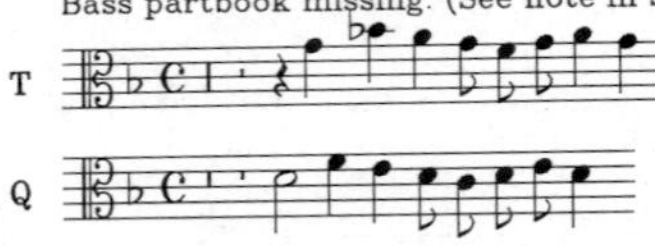

Orologio, Alessandro. Gl'occhi sereni e le stellanti
1589/15, p. 4 Madrigal
Bass partbook missing. (See note in Sources.)

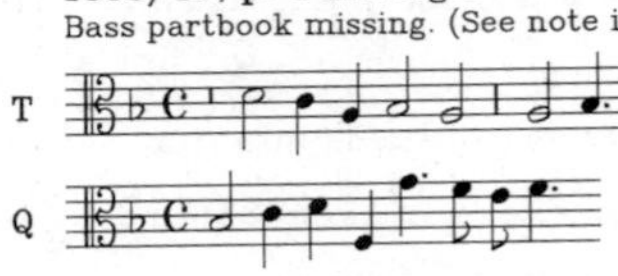

Orologio, Alessandro. Omnia vincit amor
1589/15, p. 21 Madrigal
Bass partbook missing. (See note in Sources.)

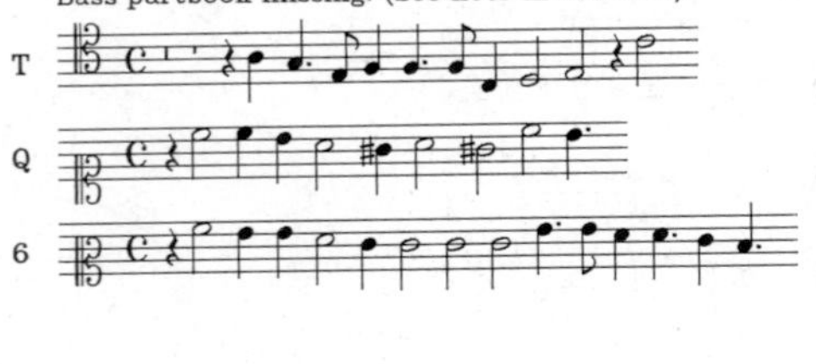

Orologio, Alessandro. Per la dolce, e si cara, gioia
1589/15, p. 12 Madrigal
Bass partbook missing. (See note in Sources.)

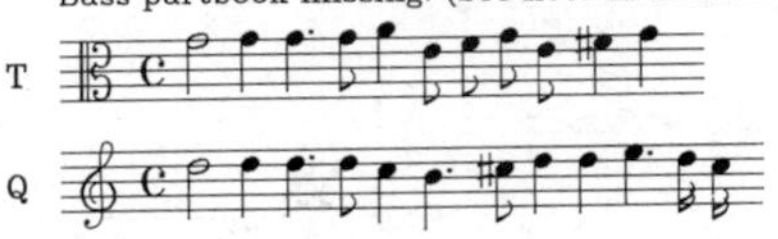

Orologio, Alessandro. Quando mia fera stella
1589/15, p. 10 Madrigal
Bass partbook missing. (See note in Sources.)

Orologio, Alessandro. Quando mia fera stella
1583/11, p. 25 Madrigal

Orologio, Alessandro. Queta era l'aria e'n ciel chiara
1589/15, p. 14 Madrigal
Bass partbook missing. (See note in Sources.)

Ortiz, Diego. Giorno felice e lieto
1573/16, p. 5 Madrigal

Orto, Giovanni Batt. Scopri Cintia gentile
1592/12, p. 31–32 Madrigal

Pace, Antonio. Mi parto vita mia
1583/14, f. 32 Madrigal

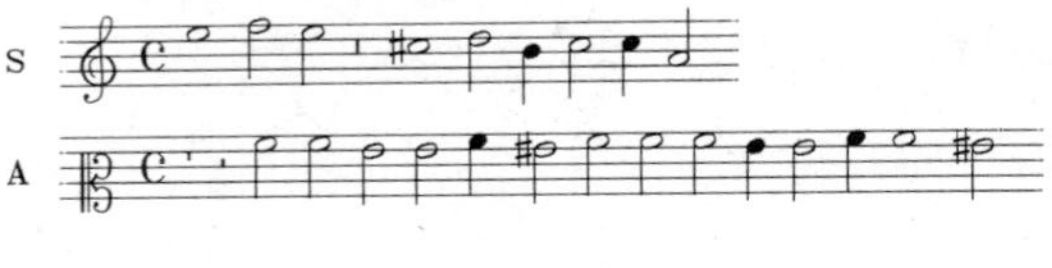

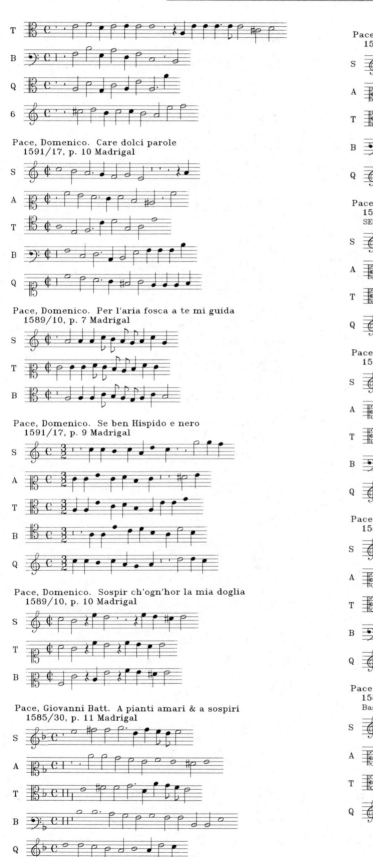

Pace, Domenico. Care dolci parole
1591/17, p. 10 Madrigal

Pace, Domenico. Per l'aria fosca a te mi guida
1589/10, p. 7 Madrigal

Pace, Domenico. Se ben Hispido e nero
1591/17, p. 9 Madrigal

Pace, Domenico. Sospir ch'ogn'hor la mia doglia
1589/10, p. 10 Madrigal

Pace, Giovanni Batt. A pianti amari & a sospiri
1585/30, p. 11 Madrigal

Pace, Giovanni Batt. Amore fra bosch'e solitarie selve
1585/30, p. 16 Madrigal

Pace, Giovanni Batt. Ben sei felice Amore di goder
1585/30, p. 4 Madrigal
SECONDA PARTE. (Bass partbook missing.)

Pace, Giovanni Batt. Corran d'argento i fiumi
1585/30, p. 16–17 Madrigal

Pace, Giovanni Batt. Mentre piango i miei falli
1585/30, p. 20 Madrigal

Pace, Giovanni Batt. Mentre scherzava amore su l'herbe
1585/30, p. 3 Madrigal
Bass partbook missing.

Pace, Giovanni Batt. O com'e bella cosi dolc'e pia
1585/30, p. 21 Madrigal

Pace, Giovanni Batt. Ohime dolce ben mio consenti
1585/30, p. 12 Madrigal
SECONDA PARTE.

Pace, Giovanni Batt. Vostra belta co'i primi raggi
1585/30, p. 13 Madrigal
TERZA PARTE.

Pacelli, Asprilio. Degli beati spiriti il sacro choro
1599/07, p. 12 Lauda
Attributed to Anonymous in 1591/13.

Pacelli, Asprilio. Giesu solo piacer dell'alma
1599/07, p. 6 Lauda
Attributed to Anonymous in 1591/13.

Pacelli, Asprilio. Per suoi figli rubelli
1592/05, no. 4 Lauda
Only Alto voice extant

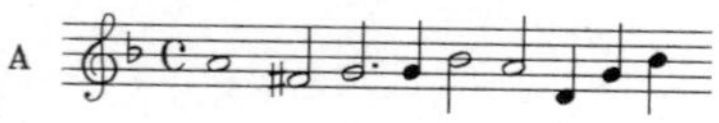

Padovano, Annibale. A qualunque animal alberga in terra
1561/15, p. 4 Madrigal
CANZON PRIMA STANZA.

Padovano, Annibale. Amor e gratios'e dolce voglia
1570/15, p. 7 Madrigal

Padovano, Annibale. Benedetta el gregaria
1564/16, p. 40 Greghesca

Padovano, Annibale. Cinto di chiare palme
1567/16, p. 22 Madrigal
DIALOGO A 8 (Only Cantus partbook extant.)

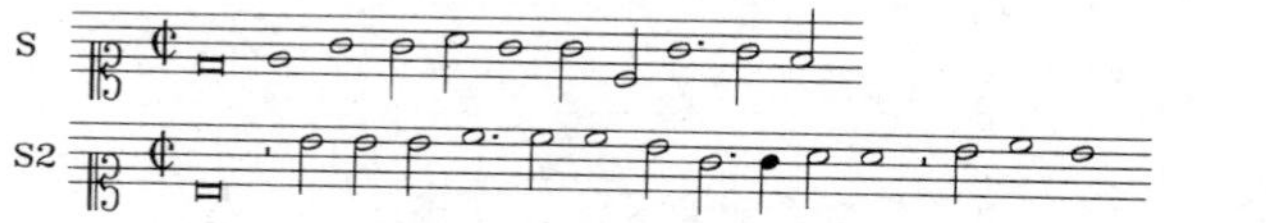

Padovano, Annibale. Con lei foss'io da che si parte
1593/05, p. 2 Madrigal

Padovano, Annibale. Et io da che comincia
1561/15, p. 5 Madrigal
SECONDA STANZA.

Padovano, Annibale. Giovene donna sott'un verde lauro
1562/22, p. 5 Madrigal
Bass and Quinto partbooks missing.

Padovano, Annibale. Hor volge signor mio l'undecimo anno
1562/22, p. 9 Madrigal
SECONDA PARTE. (Bass and Quinto partbooks missing.)

Padovano, Annibale. Hor volge, signor mio, l'undecimo
1562/05, p. 16 Madrigal
SECONDA PARTE.

Padovano, Annibale. Ivi e la spent'e fral terrena
1567/13, p. 8 Madrigal

Padovano, Annibale. Mi ho scritto e sembre scrivo
1564/16, p. 9 Greghesca

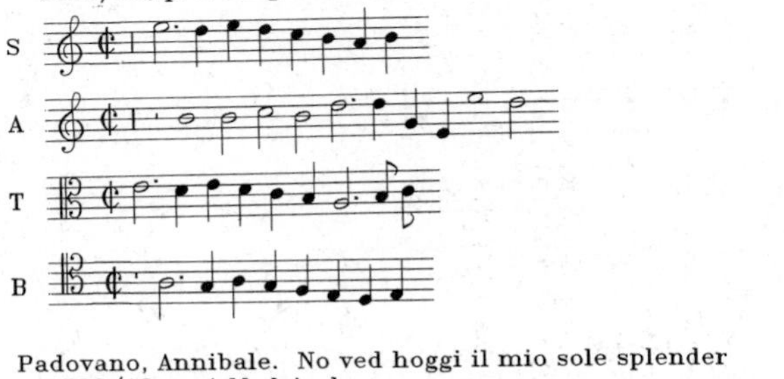

Padovano, Annibale. No ved hoggi il mio sole splender
1589/10, p. 1 Madrigal

Padovano, Annibale. Non credo che pascesse mai per selva
1561/15, p. 7 Madrigal
QUARTA STANZA.

Padovano, Annibale. O felice sarei se gl'occhi
1577/07, p. 6 Madrigal
Tenor, Bass and Quinto partbooks missing.

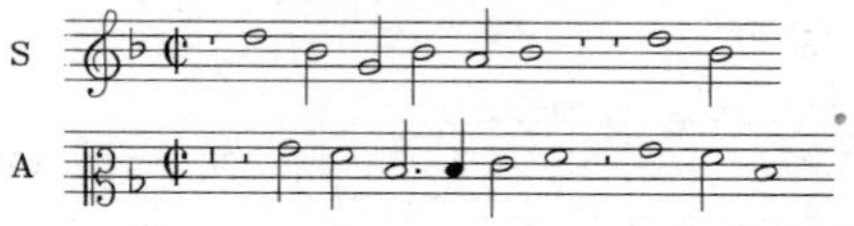

Padovano, Annibale. O vui Greghette belle inamurae
1564/16, p. 40 Greghesca

Padovano, Annibale. Padre del ciel dopo i perduti giorni
1562/05, p. 15 Madrigal

Padovano, Annibale. Padre del ciel dopo i perduti giorni
1562/22, p. 8 Madrigal
Bass and Quinto partbooks missing.

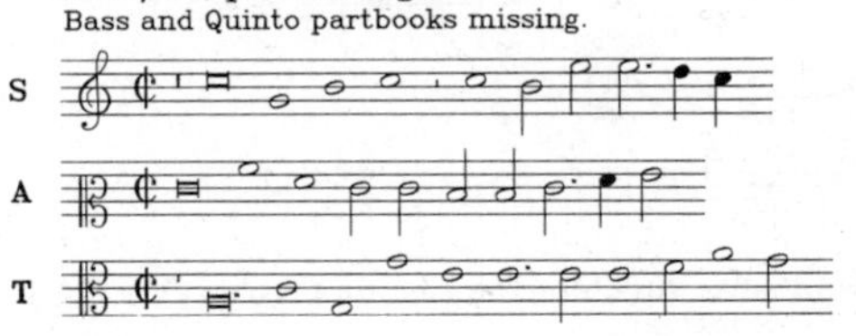

Padovano, Annibale. Pasce la pecorella i verdi campi
1570/15, p. 6 Madrigal

Padovano, Annibale. Prima ch'i torni a voi lucenti
1561/15, p. 8 Madrigal
QUINTA STANZA.

Padovano, Annibale. Quando la sera scaccia il chiaro
1561/15, p. 6 Madrigal
TERZA STANZA.

Padovano, Annibale. Si traviato e'l folle mio desio
1561/15, p. 10 Madrigal

Padovano, Annibale. Spirto Real poi che Real pensiero
1589/06, p. 1 Madrigal

Padovano, Annibale. Voi ch'in vista di duol mesta
1567/13, p. 7 Madrigal

Padovano, Luigi Pace. Amor sonni ch'ardire
1598/07, p. 15 Madrigal
PRIMA PARTE.

Padovano, Luigi Pace. E non s'aveggon essi
1598/07, p. 16 Madrigal
SECONDA PARTE.

Padovano, Luigi Pace. S'hai desio di vendetta
1598/09, p. 8 Madrigal
Tenor and bass partbooks missing.

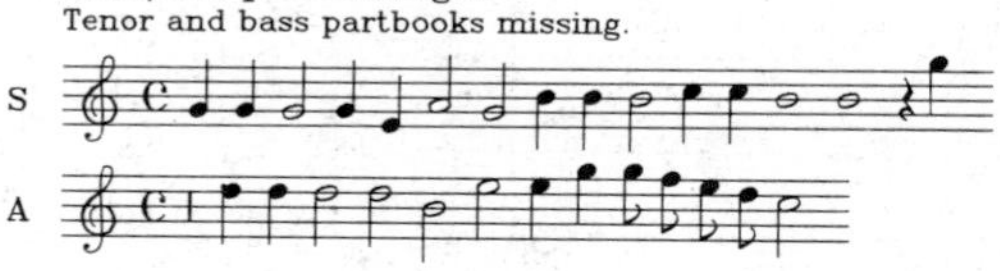

Pagani, Ferdinando. Ardo si ma non t'amo
1585/17, no. 29 Madrigal

Palatio, Paolo G. Grand'el mio duol
1540/20, no. 45 Madrigal

Palatio, Paolo G. Poi ch'amor cosi vuole
1540/20, no. 53 Madrigal

Palatio, Paolo G. Vorrei il mio martire
1540/20, no. 44 Madrigal

Palazzo, Paolo G. Maledetto sia amor e quel che disse
1544/22, p. 16 Madrigal

Palestrina, Giovanni. Ahi che quest'occhi miei
1589/11, p. 1 Madrigal

Palestrina, Giovanni. L'alta cagion del mio fermo pensiero
1557/24, p. 19 Madrigal
UNDECIMA STANZA.

Palestrina, Giovanni. Amo'e non nacque del mi'amor
1557/24, p. 11–12 Madrigal
TERZA STANZA

Palestrina, Giovanni. Amor non volev'io ch'el mio gioire
1557/24, p. 15 Madrigal
SETTIMA STANZA.

Palestrina, Giovanni. Amor se pur sei Dio
1588/19, p. 4 Madrigal
Tenor and Alto partbooks missing.

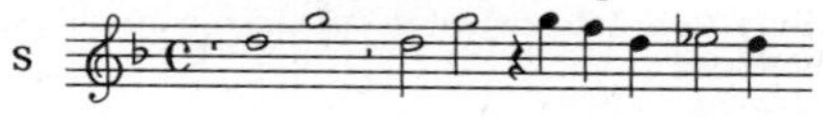

Palestrina, Giovanni. Anima dove sei che pensi homai
1577/07, p. 24 Madrigal
Tenor, Bass & Quinto partbooks missing.

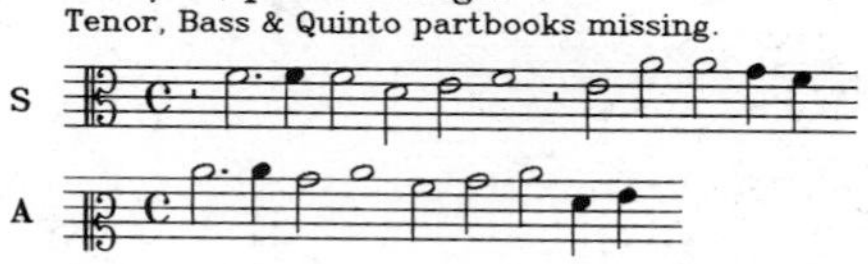

Palestrina, Giovanni. Il Caro e morto & pur lasso
1568/16, p. 25 Madrigal

Palestrina, Giovanni. Che se tant'a voi piace veder'
1560/10, p. 22 Madrigal
TERZA PARTE.

Palestrina, Giovanni. Chiare fresch'e dolc'acque
1560/10, p. 1 Madrigal
PRIMA PARTE.

Palestrina, Giovanni. Com'in piu negre tenebre
1561/10, p. 5 Madrigal
Attributed to G. Cartolaio in 1580/09.

Palestrina, Giovanni. Con dolc'altier' & amoroso cenno
1554/28, p. 2 Madrigal
Cantus partbook missing.

Palestrina, Giovanni. Cosi le chiome mie soavemente
1566/03, p. 9–10 Madrigal
SECONDA PARTE.

Palestrina, Giovanni. Da bei rami scendea
1560/10, p. 4 Madrigal
QUARTA PARTE.

Palestrina, Giovanni. Da fuoco cosi bel nasce il mio ardo
1557/24, p. 10 Madrigal
CANZON DI GIANETTO A 4.

Palestrina, Giovanni. Da l'empia gelosia nasce'il tormento
1557/24, p. 12 Madrigal
QUARTA STANZA.

Palestrina, Giovanni. Da poi ch'io viddi nostra falsa fede
1562/07, p. 16 Madrigal

Palestrina, Giovanni. Di cosi dotta man sei stato
1589/11, p. 2 Madrigal

Palestrina, Giovanni. Dido che giace entro quest'urna
1586/09, p. 15 Madrigal

Palestrina, Giovanni. Il dolce sonno in cui sepolto giace
1561/10, p. 7 Madrigal

Palestrina, Giovanni. Dolor non fu ne sia
1561/10, p. 16 Madrigal

Palestrina, Giovanni. Donna bell'e gentil
1560/24, p. 36 Madrigal

Palestrina, Giovanni. Donna resso al cui viso
1596/11, p. 6 Madrigal
Cantus and Tenor partbooks missing.

Palestrina, Giovanni. Dunque perfido Amante
1589/07, p. 2 Madrigal

Palestrina, Giovanni. Eran le vostre lagrime nel viso
1592/13, p. 2 Madrigal

Palestrina, Giovanni. Et di voi non mi doglio
1560/10, p. 23 Madrigal
QUARTA PARTE.

Palestrina, Giovanni. Febre onde hor per le vene
1583/12, p. 20 Madrigal

Palestrina, Giovanni. Fuggir devriassi se fuggir se puote
1557/24, p. 21 Madrigal
TERTIADECIMA STANZA

Palestrina, Giovanni. Hor che la nobil lingua fredda giace
1568/16, p. 26 Madrigal
SECONDA PARTE.

Palestrina, Giovanni. Io felice sarei se gl'occhi ond'io
1582/06, p. 26 Madrigal

Palestrina, Giovanni. Io non ho lingua e senza gl'occhi
1557/24, p. 18 Madrigal
DECIMA STANZA

Palestrina, Giovanni. Io son ferito ahi lasso
1593/05, p. 31 Madrigal
Compare Hassler, Nola, Pizzone, Sabino and Sole.

Palestrina, Giovanni. Io son ferito hai lasso
1573/16, p. 13 Madrigal
Compare Hassler, Nola, Pizzone, Sabino and Sole.

Palestrina, Giovanni. Io viss'in gioia hor sol di pianto
1562/22, p. 16–17 Madrigal
SECONDA PARTE. (Bass and Quinto partbooks missing.)

Palestrina, Giovanni. Misero stato de gl'amanti
1557/24, p. 20 Madrigal
DUODECIMA STANZA

Palestrina, Giovanni. Mori quasi il mio core
1593/05, p. 20 Madrigal

Palestrina, Giovanni. Non fu gia suon di trombe
1596/11, p. 14 Madrigal
Cantus and Tenor partbooks missing.

Palestrina, Giovanni. Non mi sferr' il crudel
1557/24, p. 16 Madrigal
OTTAVA STANZA

Palestrina, Giovanni. Non son le vostre mani
1593/03, p. 19 Madrigal
Alto, Tenor and Bass partbooks missing.

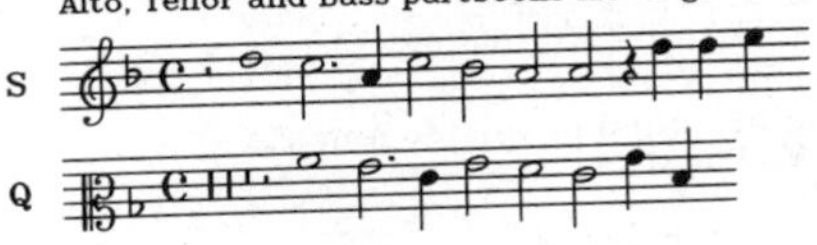

Palestrina, Giovanni. O bella Ninfa mia
1582/04, p. 9 Madrigal

Palestrina, Giovanni. O che splendor de luminosi radi
1597/15, p. 19 Madrigal

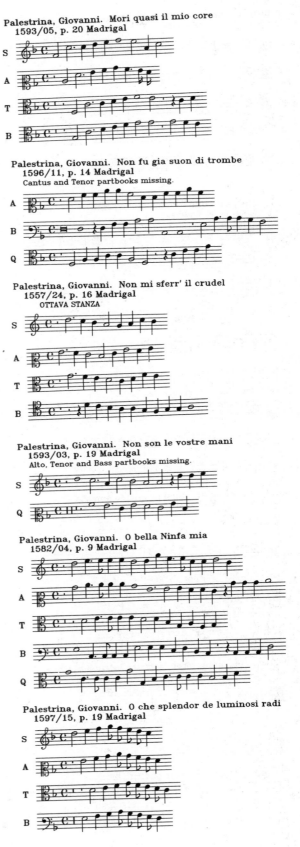

Palestrina, Giovanni. O effetto rio che'l piu felice stato
1557/24, p. 14 Madrigal
SESTA STANZA

Palestrina, Giovanni. O felice hore
1586/11, p. 13–14 Sonetto

Palestrina, Giovanni. Ogni loco mi porge doglia e pianto
1559/16, p. 5 Madrigal
Attributed to Anonymous in 1583/15.

Palestrina, Giovanni. Onde seguendo l'honorat'impressa
1582/06, p. 3–4 Madrigal
SECONDA PARTE.

Palestrina, Giovanni. Per mostrar gioia del conubio vostro
1586/11, p. 14 Sonetto
SECONDA PARTE.

Palestrina, Giovanni. Perch'al viso d'amor portan'insegna
1562/07, p. 16–17 Madrigal

Palestrina, Giovanni. Pero che da l'ardore
1560/10, p. 21–22 Madrigal
SECONDA PARTE.

Palestrina, Giovanni. Placide l'acque
1589/06, p. 29 Madrigal

Palestrina, Giovanni. Poi che la vista del mio caro sole
1557/24, p. 17 Madrigal
NONA STANZA

Palestrina, Giovanni. Poscia che per mio mal
1559/16, p. 6 Madrigal
SECONDA PARTE.(Attributed to Anonymous in 1583/15.)

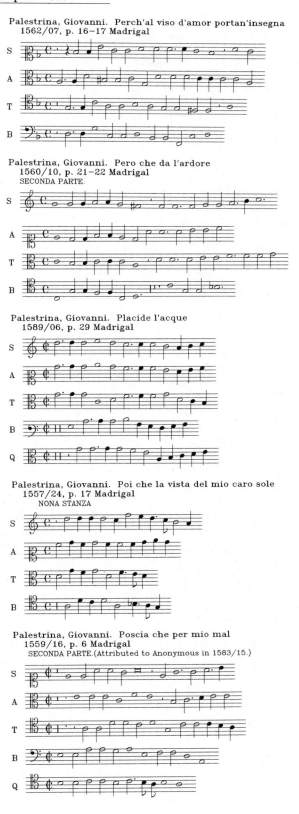

Palestrina, Giovanni. Posso un gran foco nel mio petto
1591/12, f. 9–10 Madrigal

Palestrina, Giovanni. Qual piu crudel martire
1562/07, p. 21–22 Madrigal
Attributed to Anonymous in 1583/15.

Palestrina, Giovanni. Quand'ecco donn'il vostro braccio
1570/15, p. 13 Madrigal
QUINTA STANZA.

Palestrina, Giovanni. Quando dal terzo cielo
1592/11, p. 29 Madrigal
PAROLE DI CORTESE CORTESI.

Palestrina, Giovanni. Quando fe loro impalidir le fronti
1582/06, p. 9 Madrigal
SECONDA PARTE.

Palestrina, Giovanni. Quante volte diss'io
1560/10, p. 5 Madrigal
QUINTA PARTE.

Palestrina, Giovanni. Rapace'ingord'e venenosa fera
1557/24, p. 11 Madrigal
SECONDA STANZA

Palestrina, Giovanni. Saggio Santo Pastor
1582/06, p. 3 Madrigal
PRIMA PARTE.

Palestrina, Giovanni. Satio di tormentarm'amore stassi
1557/24, p. 22 Madrigal
QUARTADECIMA & ULTIMA STANZA

Palestrina, Giovanni. Se ben non veggon gli occhi
1561/10, p. 12 Madrigal

Palestrina, Giovanni. Se da soav'accenti ch'i si dolce
1558/13, p. 28 Madrigal

Palestrina, Giovanni. Se di pianti et di stridi
1582/06, p. 4 Madrigal

Palestrina, Giovanni. Se fra quest'herb'e fiori
1561/10, p. 6 Madrigal

Palestrina, Giovanni. Se gli e pur mio destino
1560/10, p. 2 Madrigal
SECONDA PARTE.

Palestrina, Giovanni. Se lamentar augelli o verde fronde
1561/10, p. 22–23 Madrigal

Palestrina, Giovanni. Si mi vince tal'hor l'aspro martire
1557/24, p. 13 Madrigal
QUINTA STANZA

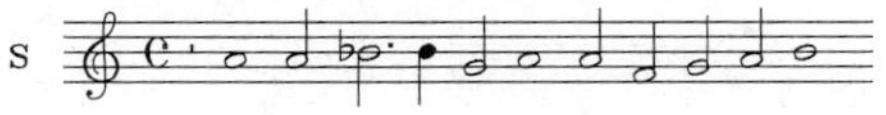

Palestrina, Giovanni. Soave fia'l morir
1589/06, p. 30 Madrigal

Palestrina, Giovanni. Solingo e vagh'augello
1562/22, p. 16 Madrigal
Bass and Quinto partbooks missing.

Palestrina, Giovanni. Struggomi e mi disfaccio
1561/10, p. 18–19 Madrigal

Palestrina, Giovanni. Tempo verr'anchor forse ch'al'usato
1560/10, p. 3 Madrigal
TERZA PARTE.

Palestrina, Giovanni. Il tempo vola e se ne fuggon gl'anni
1568/19, p. 24 Madrigal
PRIMA PARTE.

Palestrina, Giovanni. I vaghi fiori & l'amorose fronde
1597/15, p. 24v Villotta

Palestrina, Giovanni. Vedassi prima senza luce il sole
1591/12, f. 11v–12 Madrigal

Palestrina, Giovanni. Vestiva i coll'e le campagn'intorno
1566/03, p. 8–9 Madrigal

Palestrina, Giovanni. Voi mi ponest'in foco
1560/10, p. 21 Madrigal
CANZON PRIMA PARTE.

Palestrina, Rodolfo. Ahi letitia fugace hai sonno lieve
1582/06, p. 16 Madrigal

Pallavicino, Benedetto. Arsi piansi e cantai
1596/16, p. 22 Madrigal

Pallavicino, Benedetto. Arte mi siano i crini
1596/16, p. 8–9 Madrigal

Pallavicino, Benedetto. Ben e ragion ch'io t'ami
1596/16, p. 8 Madrigal

Pallavicino, Benedetto. Ben l'alme si partiro
1593/03, p. 15 Madrigal
QUINTADECIMA PARTE. (Alto, Tenor, & Bass partbooks missing.)

Pallavicino, Benedetto. I capei de l'aurora
1590/20, no. 17v Madrigal
SECONDA PARTE.

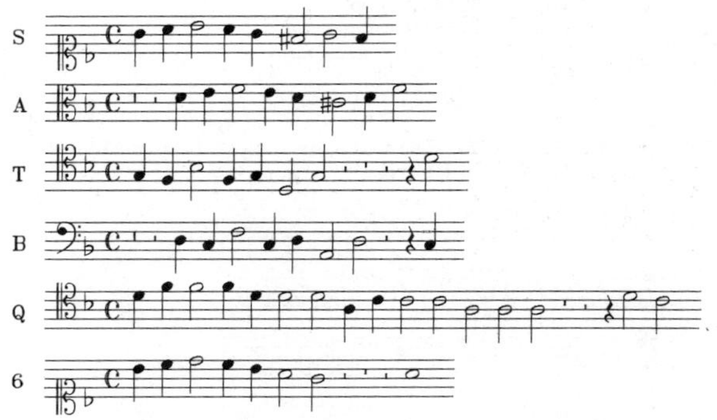

Pallavicino, Benedetto. Cara e dolce mia vita
1586/09, p. 9 Madrigal

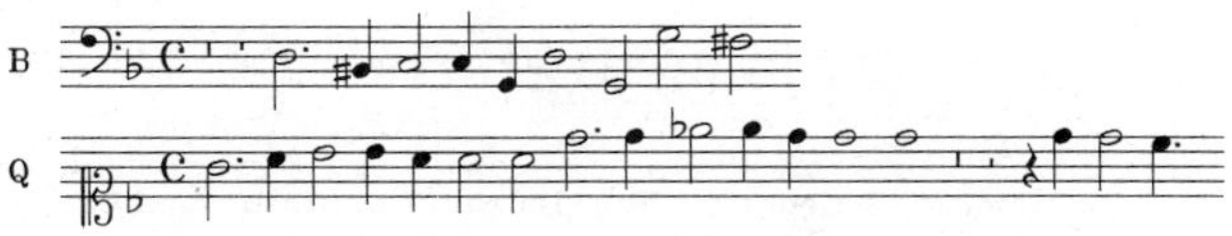

Pallavicino, Benedetto. Chi vuol veder Amore
1597/15, p. 25 Villotta
Labeled a Madrigal in 1588/18.

Pallavicino, Benedetto. Come poss'io madonn'il bel desio
1590/20, no. 21 Madrigal

Pallavicino, Benedetto. Con che soavita labbia odorate
1596/16, p. 10–11 Madrigal

Pallavicino, Benedetto. Cosi moriro i fortunati amanti
1588/21, no. 14 Madrigal
TERZA & ULTIMA PARTE.

Pallavicino, Benedetto. Da ind'in qua tra mille nodi stretto
1590/20, no. 21v Madrigal
SECONDA PARTE.

Pallavicino, Benedetto. Destosi fra il mio gelo
1590/20, no. 20 Madrigal

Pallavicino, Benedetto. Dolce mia cara mano
1590/20, no. 23 Madrigal

Pallavicino, Benedetto. Dunque Aminta mio caro
1596/16, p. 13 Madrigal
RISPOSTA.

Pallavicino, Benedetto. Filli cara & amata
1596/16, p. 12 Madrigal

Pallavicino, Benedetto. Filli tu per sei quella che a Faun
1597/13, no. 26 Madrigal

Pallavicino, Benedetto. Freno Tirsi il desio
1588/21, no. 14 Madrigal
SECONDA PARTE. A 6.

Pallavicino, Benedetto. Giunto che m'hebb'Amore
1596/16, p. 19 Madrigal

Pallavicino, Benedetto. Haime quelli occhi suoi
1590/20, no. 45 Madrigal

Pallavicino, Benedetto. Hor che la bella Clori soavamente
1596/16, p. 18 Madrigal

Pallavicino, Benedetto. Hor che soave l'aura in ogni canto
1586/09, p. 17 Madrigal

Pallavicino, Benedetto. Hor lieto il pesce
1596/16, p. 14 Madrigal

Pallavicino, Benedetto. Hor veggio chiar che ricoperte
1590/20, no. 46 Madrigal

Pallavicino, Benedetto. In dir che sete bella
1590/20, no. 17 Madrigal

Pallavicino, Benedetto. Mentre che qui d'intorno
1596/16, p. 1 Madrigal

Pallavicino, Benedetto. Misero te non veddi ch'io son finta
1590/20, no. 48 Madrigal

Pallavicino, Benedetto. Natura non mi fe com'io vorrei
1590/20, no. 48v Madrigal
SECONDA PARTE.

Pallavicino, Benedetto. Ne lo star ne'l fuggir
1590/20, no. 46v Madrigal
SECONDA PARTE.

Pallavicino, Benedetto. Nebbia non lenta mai di feri sdegni
1596/16, p. 25 Madrigal

Pallavicino, Benedetto. Non dispregiat'i miserelli amanti
1590/20, no. 47 Madrigal

Pallavicino, Benedetto. Non mi ferir piu Amore
1596/16, p. 4–5 Madrigal

Pallavicino, Benedetto. Non mirar non mirare
1596/16, p. 3 Madrigal

Pallavicino, Benedetto. O saette d'amor
1590/20, no. 22 Madrigal

Pallavicino, Benedetto. Occhi un tempo mia vita
1596/16, p. 21 Madrigal

Pallavicino, Benedetto. Passa la nave tua che porta il core
1596/16, p. 24–25 Madrigal
PRIMA PARTE.

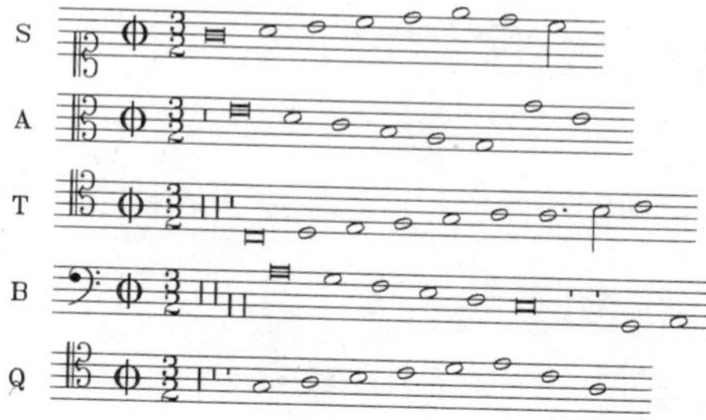

Pallavicino, Benedetto. Perfida pur potesti
1596/16, p. 23 Madrigal

Pallavicino, Benedetto. Quando benigna stella
1583/14, f. 6v Madrigal

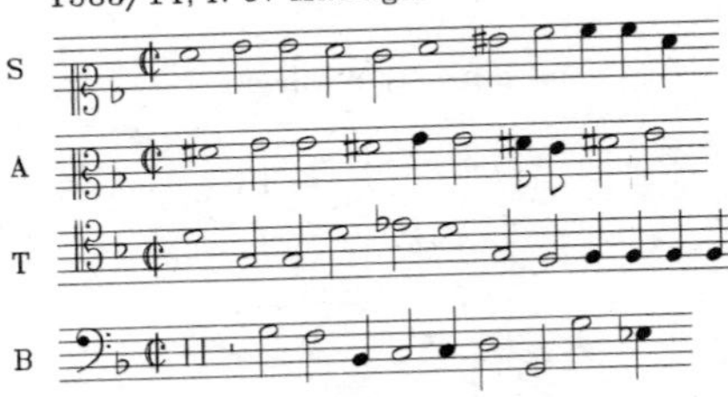

Pallavicino, Benedetto. Rispose egli piu rara
1596/16, p. 17 Madrigal
SECONDA PARTE.

Pallavicino, Benedetto. Se voi sete il mio core
1596/16, p. 15 Madrigal

Pallavicino, Benedetto. Sedea fra gigli e rose
1594/06, p. 2 Madrigal
PAROLE DI FRANCESCO LAZARONI.

Palestrina, Giovanni. Le selve havea d'intorn'al lido
1582/06, p. 8 Madrigal
PRIMA PARTE.

Pallavicino, Benedetto. Si mi dicesti ed'io
1596/16, p. 2 Madrigal

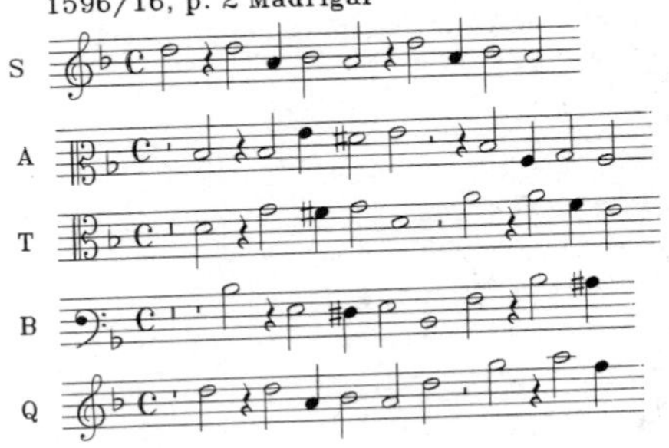

Pallavicino, Benedetto. Taci prendi in man l'arco
1597/15, p. 19v Madrigal
Alto part is labeled Canto II.

Pallavicino, Benedetto. Tante piagh'ha'l mio core
1590/18, p. 10–11 Madrigal

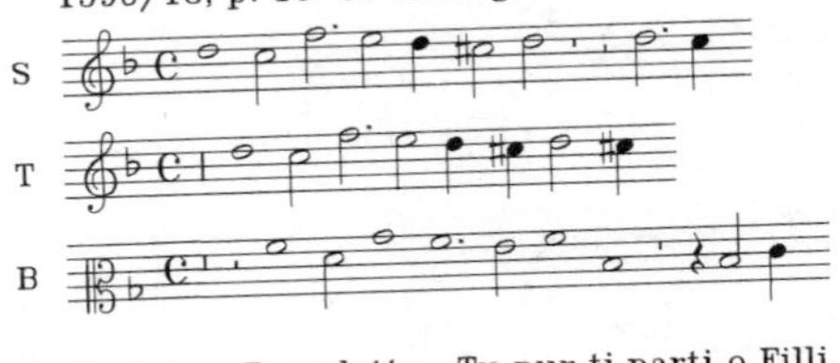

Pallavicino, Benedetto. Tu pur ti parti o Filli
1597/13, no. 27 Madrigal

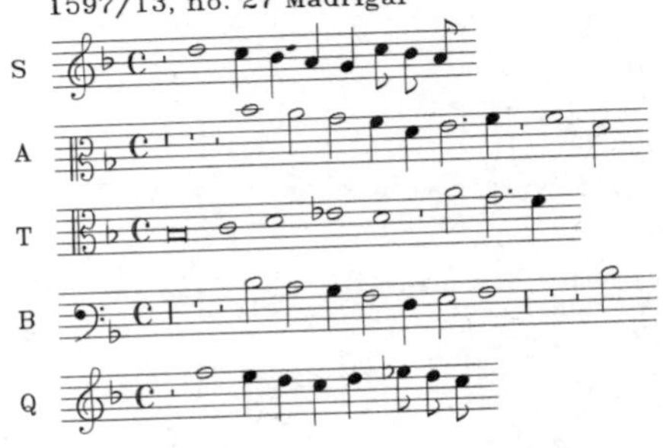

Pallavicino, Benedetto. La tua car'Amarilli
1596/16, p. 16 Madrigal
PRIMA PARTE.

Pallavicino, Benedetto. Tutto eri foco Amore
1596/16, p. 6–7 Madrigal

Pallavacino, Germano. Chi fara in terr'homai
1589/08, no. 60 Madrigal

Pallavacino, Germano. Laura soave vita de mia vita
1589/08, no. 61 Madrigal

Pallavacino, Germano. Vorrei donna scoprirvi
1589/08, no. 59 Madrigal

Palle, Scipione Delle. Dura legge d'amor
1577/08, p. 24 Madrigal
Tenor partbook missing.

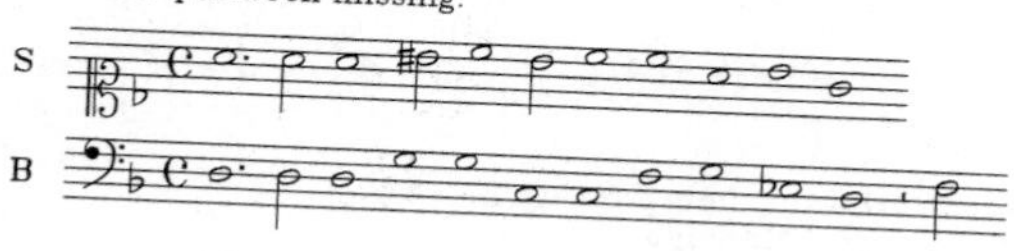

Panico, Ghirardo Da. Adonai con voi lieta brigada
1569/24, p. 4 Villota
EBRAICA DI GHIRARDO DA PANICO BOLOGNESE (Canto & Alto missing.)

Panico, Ghirardo Da. Patrone belle patrone scolt'un poco
1557/18, p. 18 Villota

Papini, Fra Paolo. Madre Vergin, cui veste il chiaro
1600/05, p. 68 Lauda

Papini, Fra Paolo. Per aspri monti viddi girne lieta
1599/06, p. 139 Lauda
PER LA MADONNA DE'MONTI.

Papini, Fra Paolo. Qual delicato, et piu soave odore
1600/05, p. 65 Lauda

Papini, Fra Paolo. Vergin ben posso dire
1600/05, p. 32 Lauda
A SANTA MARIA DI LORETO.

Papini, Fra Paolo. Vergin ben posso dire
1599/06, p. 126 Lauda
ALLA MADONNA S.DI LORETO ARDENTE.. S.CASA LI X.APR.1598.

Parabosco, Girolamo. Cantai mentre ch'io arsi
1544/22, p. 32 Madrigal

Parabosco, Girolamo. Giunto m'ha amor fra belle
1544/22, p. 14 Madrigal
Compare P. Cambio "Giunto m'ha.." in 1546/19.

Parabosco, Girolamo. Non dispregiat'i miserelli amanti
1546/19, p. 24 Madrigal

Parabosco, Girolamo. Pur converra ch'i miei martiri
1544/22, p. 13 Madrigal

Parabosco, Hieronimo. Anima bella da quel nodo sciolta
1544/17, p. 18 Madrigal

Parabosco, Hieronimo. No text.
1540/22, no. 18 Madrigal
Only Bass partbook extant.

Parabosco, Hieronimo. No text.
1540/22, no. 21 Madrigal
DA PACEM. (Only Bass partbook extant.)

Paratico, Giuliano. Il bel viso che farmi
1588/25, no. 14 Madrigal
ALLA SIG. OTTAVIA ROTINGA PORCELLAGA

Paratico, Giuliano. Che mi giova amar donna
1588/25, no. 10 Madrigal
ALLA SIG. TADEA MARTINENGA PORCELLAGA.

Paratico, Giuliano. Chi d'ogni tempo vuole gigli rose
1588/25, no. 13 Madrigal
ALLA SIG. FLAMINIA MARTINENGA

Paratico, Giuliano. Chi vuol veder un bosco
1588/25, no. 18 Madrigal
AL SIG. HORATIO LEUCO

Paratico, Giuliano. Credo che'l paradiso al parer mio
1588/25, no. 15 Madrigal
AL SIG. M. ANTONIO MARTINENGO.

Paratico, Giuliano. Deh per che non ho io
1588/25, no. 6 Madrigal
ALLA SIG. RICCIARDA MARTINENGA

B

Paratico, Giuliano. Di pianti e di sospir nutrisco
1588/25, no. 2 Madrigal
ALLA SIG. LAURA GONZAGA MARTINENGA

S
T
B

Paratico, Giuliano. E quest' e la merce de la mia longa
1588/25, no. 20 Madrigal
AL SIG. POMPEO ROVATO

S
T
B

Paratico, Giuliano. Fin che certo sara lo mio sperare
1588/25, no. 3 Madrigal
AL CLARISSIMO SIG. PIETRO MOROSINI

S
T
B

Paratico, Giuliano. In questo vago e dilettoso prato
1588/25, no. 17 Madrigal
AL SIG. CO. FRANCESCO FORESTI.

S
T
B

Paratico, Giuliano. Io soffriro cor mio ogni soverchio
1588/25, no. 11 Madrigal
AL SIGNOR COSMO MEDICI

S
T
B

Paratico, Giuliano. Io son farfalla e voi sete la luce
1588/25, no. 5 Madrigal
ALLA SIG. MARGARITA MARTINENGA

S
T
B

Paratico, Giuliano. Occhi dove'l mio bene e la miacara
1588/25, no. 7 Madrigal
ALLA SIG. CAMILLA ROTINGA FENAROLA

S
T

B

Paratico, Giuliano. Partir conviemmi ahi lasso
1588/25, no. 12 Madrigal
AL SIG. LELIO ARIGONI

S
T
B

Paratico, Giuliano. Porta nel viso Aprile la mia ninfa
1588/25, no. 1 Madrigal
ALLA SIGNORA FIAMETTA

S
T
B

Paratico, Giuliano. Se li sospiri miei fosser alcosti
1588/25, no. 9 Madrigal
ALLA SIG. GIULIA MARTINENGA.

S
T
B

Paratico, Giuliano. Se nel partir di voi caro mio bene
1588/25, no. 19 Madrigal
AL SIGNOR AURELIO ROVATO

S
T
B

Paratico, Giuliano. Se voi sete'l mio core temprate
1588/25, no. 16 Madrigal
ALLA SIG. CAV. AURELIA PESCHIERA

S
T
B

Paratico, Giuliano. Specchio de gli occhi miei belli
1588/25, no. 8 Madrigal
AL SIGNOR GIROLAMO MARTINENGO

S
T
B

Paratico, Giuliano. Udite in cortesia un novo oltraggio
1588/25, no. 4 Madrigal
AL SIG. CO. ANNIBALE GAMBARA

S
T
B

Parma, Nicolo. La bella Cacciatrice
1592/12, p. 18–19 Madrigal

Parma, Nicolo. Cintia mia dolce e cara
1586/09, p. 4 Madrigal

Parma, Nicolo. Dolce Angioletta mia
1586/09, p. 11 Madrigal

Parma, Nicolo. Gite felici fiori gita alla donna
1584/10, p. 20 Madrigal

Parma, Nicolo. Mentre ch'in chiuso loco
1592/13, p. 21 Madrigal

Pasquini, Hercule. Mentre che la bell'Isse
1596/10, p. 18 Madrigal

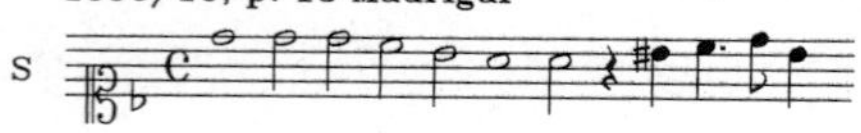

Passetto, Giordano. Audi bone persone audi per cortesia
1552/23, p. 24–26 Madrigal
Only Alto partbook extant.

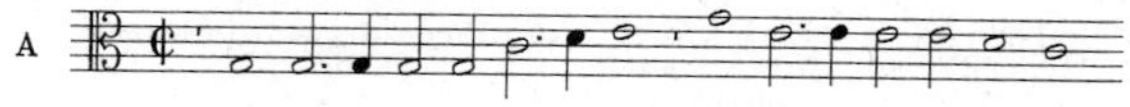

Passetto, Giordano. Damene un poco de quella fugacina
1552/23, p. 29–30 Madrigal
QUARTA PARTE. (Only Alto partbook extant)

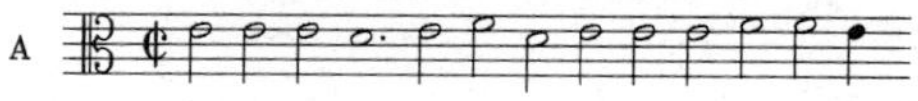

Passetto, Giordano. Il diro pur contar
1552/23, p. 26–27 Madrigal
SECONDA PARTE. (Only Alto partbook extant.)

Passetto, Giordano. Voltate in qua e do bella Rosina
1552/23, p. 28–29 Madrigal
TERZA PARTE. (Only Alto partbook extant.)

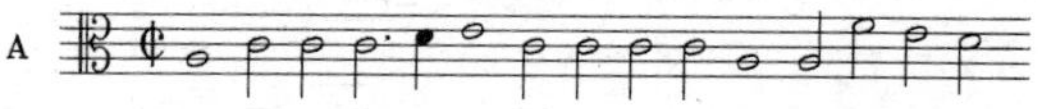

Patavino, Francesco. Un cavalier de spagnia cavalca
1526/06, f. 15v–16 Frottola

Patavino, Francesco. Dilla da l'acqua sta la mia amorosa
1526/06, f. 11v–12 Frottola

Patavino, Francesco. Vrai diu d'amor
1526/06, f. 20v–22 Frottola

Patavino, N. Amor sempre me dimostra
1505/03, f. 49v–50 Frottola

Patavino, N. Non e tempo de tenere
1505/03, f. 51 Frottola

Patavino, N. Se non poi hor ristorarmi
1505/03, f. 55v Frottola

Patricio, Andrea. In quel ben nat'aventuroso giorno
1550/18, p. 19 Villanella

Patricio, Andrea. Madonna quel suav'honesto sguardo
1550/18, p. 20 Villanella

Patricio, Andrea. Solea lontan'in sonno
1550/18, p. 21 Villanella

Patricio, Andrea. Son quest'i bei crin d'oro
1550/18, p. 18 Villanella

Paulo, Signor. Che dici voi me rendere lo core
1546/18, p. 10 Napolitana
Two partbooks (Cantus/Tenor?) missing.

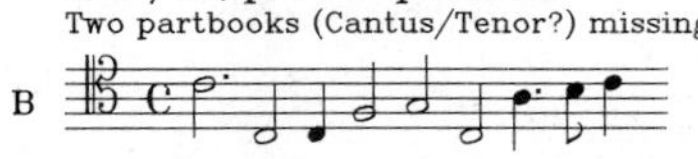

Paulo, Signor. Guarda se prop io fui no sventuato
1546/18, p. 14 Napolitana
Two partbooks (Cantus/Tenor?) missing.

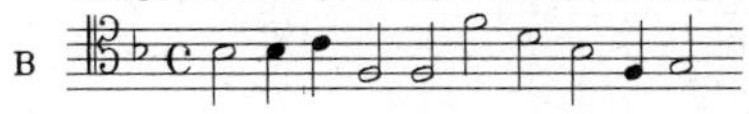

Paulo, Signor. Son molti giorni hayme ch'io persi
1546/18, p. 11 Napolitana
Two partbooks (Cantus/Tenor?) missing.

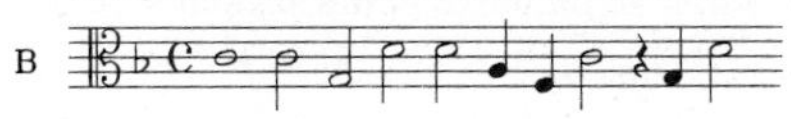

Peetrino, Jacobo. Ardenti miei sospiri
1589/11, p. 6 Madrigal

Peetrino, Jacobo. Poiche mesto e dolente
1589/11, p. 9 Madrigal

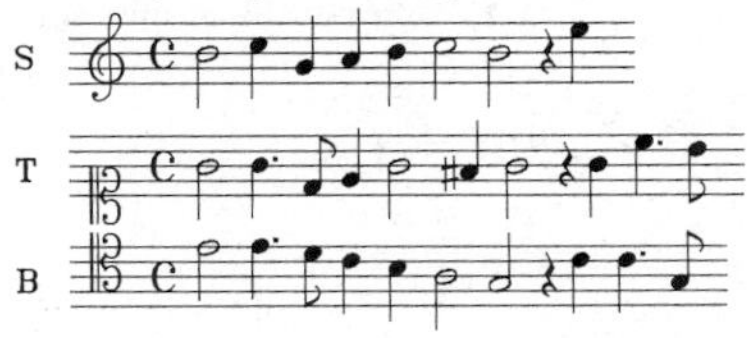

Pellio, Giovanni. Dal bel nero e dal
1585/29, p. 19 Madrigal

Pelusu, Fabio. Amor con quant'inganni
1573/17, p. 25 Canzona
Alto partbook missing. Cantus & Tenor not avail. Zwickau.

Pelusu, Fabio. O fuoco del mio core
1573/17, p. 31 Canzona
Alto partbook missing.Cantus & Tenor not avail. Zwickau.

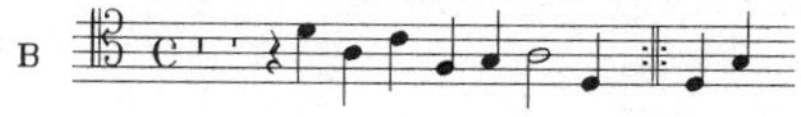

Peri, Jacobo. Caro dolce ben mio per che fuggire
1583/16, p. 19 Madrigal

Perissone, Cambio. Amor da che tu voi pur ch'io
1547/14, p. 24 Madrigal

Perissone, Cambio. Amor m'ha posto come segn'al strale
1548/09, p. 11 Madrigal
Quintus voice is labeled contratenor.

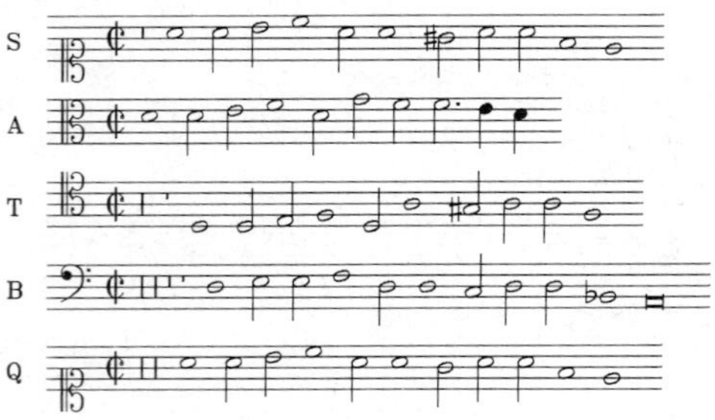

Perissone, Cambio. Bella guerriera mia perche si spesso
1554/28, p. 27 Madrigal

Perissone, Cambio. Ben s'io non ero di pietato secunda
1547/14, p. 23 Madrigal

Perissone, Cambio. Buccucia dolce chiu che cana mielle
1548/11, p. 12 Canzona

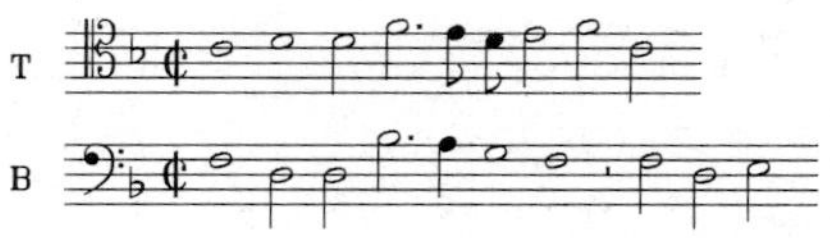

Perissone, Cambio. Cantai mentre ch'i ansi del mio foco
1547/14, p. 13 Madrigal
Alto voice missing.

Perissone, Cambio. Che cos'al mondo far potea natura
1544/17, p. 7 Madrigal

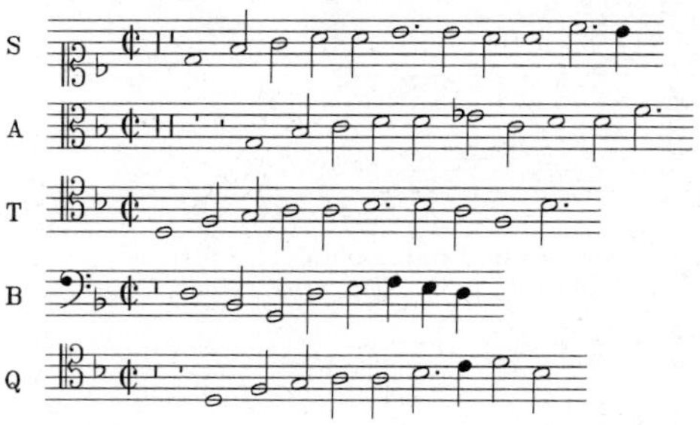

Perissone, Cambio. Che giova posseder citad'e regni
1547/14, p. 5 Madrigal

Perissone, Cambio. Chi desia di veder pietoso e fiero
1561/15, p. 18 Madrigal

Perissone, Cambio. Chi mett'il pie su l'amorosa
1547/14, p. 7 Madrigal

Perissone, Cambio. Chiara luce serena
1547/14, p. 8 Madrigal

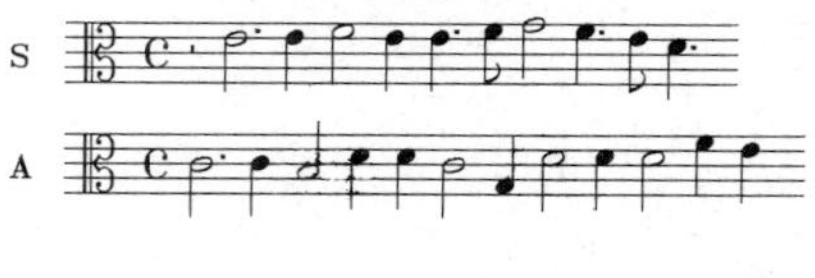

Perissone, Cambio. Como potro fidarmi dite giamai
1547/14, p. 10 Madrigal

Perissone, Cambio. Consumandomi vo di piaggia
1562/08, p. 21–22 Madrigal
Only Bass partbook extant.

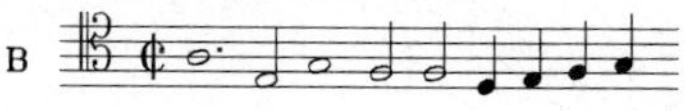

Perissone, Cambio. Da quali angeli moss'e di fual spera
1547/14, p. 19 Madrigal

Perissone, Cambio. Deh dolc'anima mia
1569/20, p. 46 Madrigal

Perissone, Cambio. Dhe perche com'e'il vero al nome
1544/22, p. 24 Madrigal

Perissone, Cambio. Ditemi o Diva mia
1557/25, p. 14 Madrigal

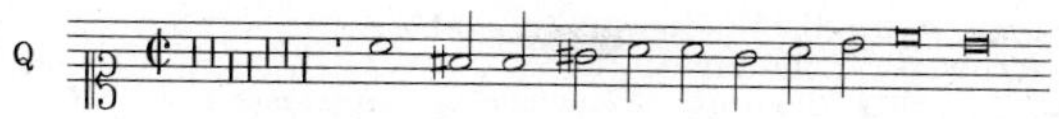

Perissone, Cambio. Duo piu potenti lumi il sol
1547/14, p. 6 Madrigal

Perissone, Cambio. Fresche herbe vaghi fiori ombre
1547/14, p. 29 Madrigal

Perissone, Cambio. Fu del fator mirabil magistero
1544/17, p. 8 Madrigal
SECONDA PARTE.

Perissone, Cambio. Gentil copia eccelente chi vi mira
1547/14, p. 25 Madrigal

Perissone, Cambio. Giunto m'ha amor fra bell'e crude
1546/19, p. 26 Madrigal
Compare G. Parabosco, "Giunto m'ha.." in 1544/22.

Perissone, Cambio. I pensier son saette
1548/09, p. 11 Madrigal
SECONDA PARTE. (Quintus voice is labeled contratenor.)

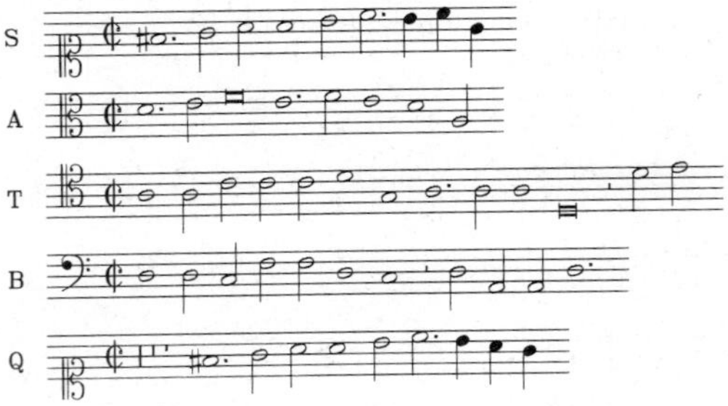

Perissone, Cambio. In qual parte del ciel in qual idea
1547/14, p. 11 Madrigal

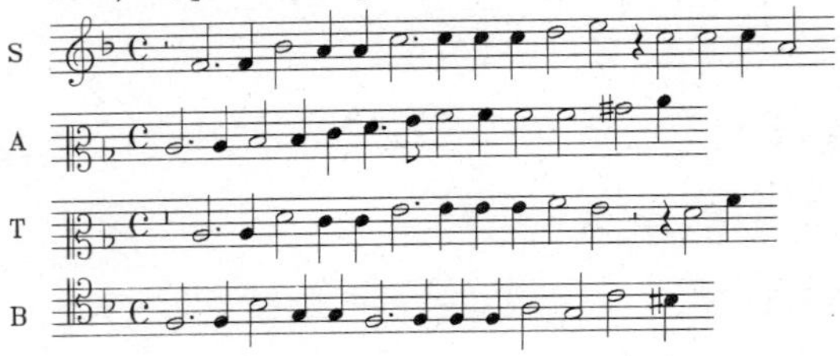

Perissone, Cambio. In quel ben nat'aventuroso giorno
1569/20, p. 45 Madrigal

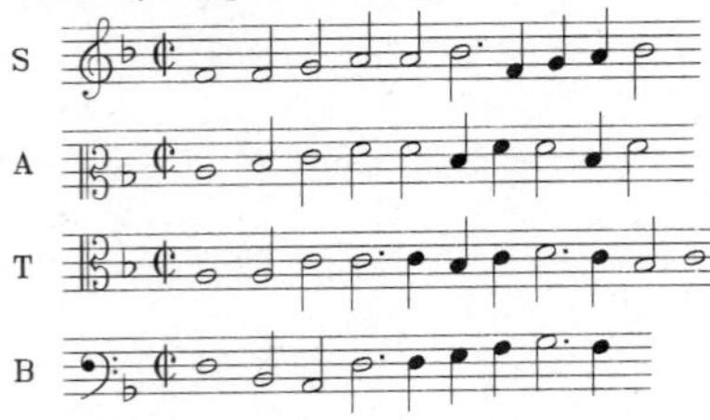

Perissone, Cambio. Io amai sempre et amo fort'anchora
1547/14, p. 2 Madrigal

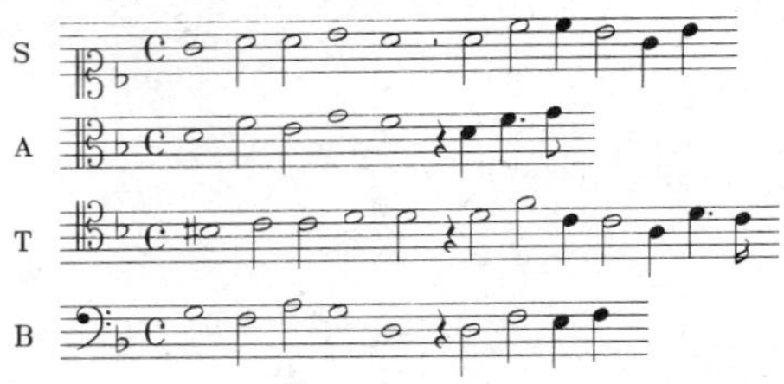

Perissone, Cambio. Io mi son bella e cruda
1547/14, p. 1 Madrigal

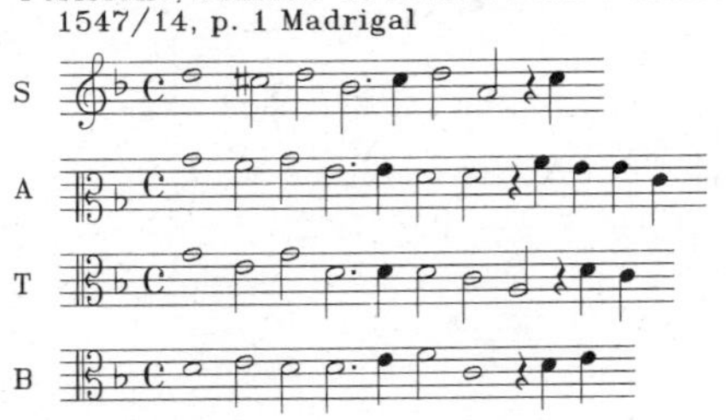

Perissone, Cambio. Ma chi penso veder mai tutt'insieme
1547/14, p. 3 Madrigal

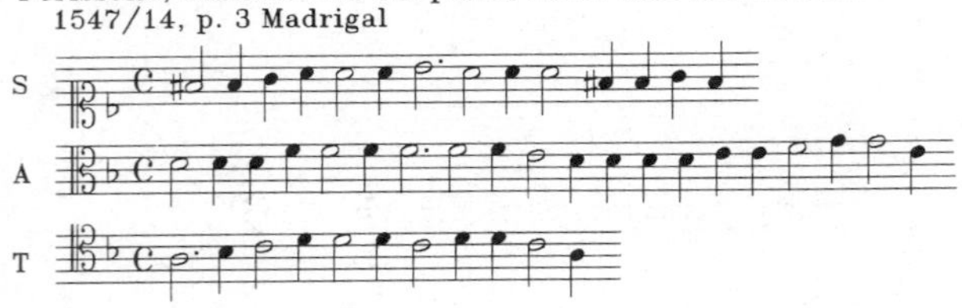

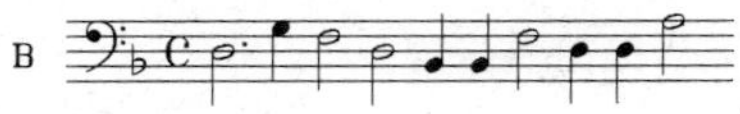

Perissone, Cambio. Nel coglier'e gustare il desiato
1549/31, p. 24 Madrigal

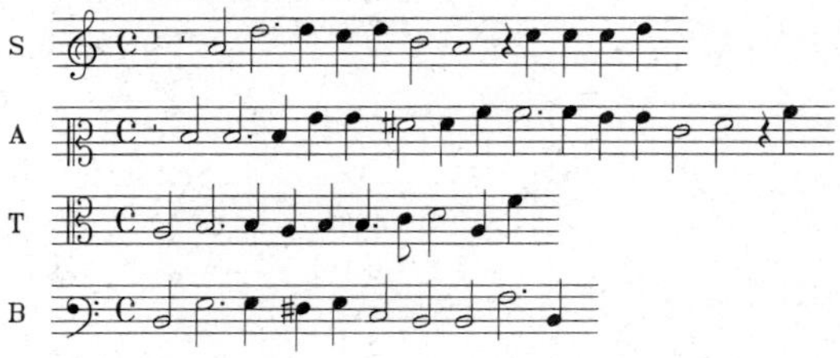

Perissone, Cambio. Nel partir del mio ben
1547/14, p. 17 Madrigal

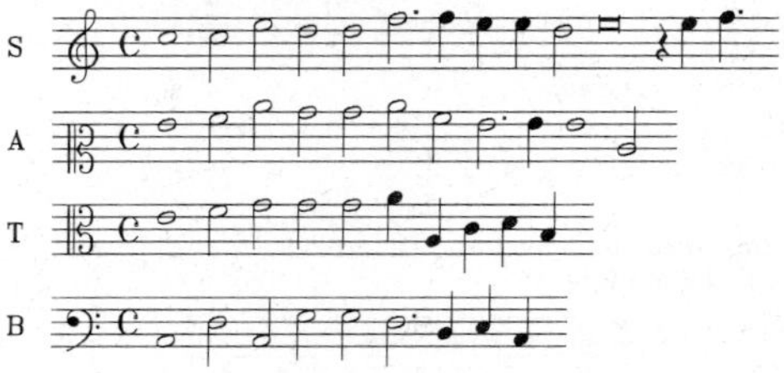

Perissone, Cambio. Nessun visse giamai piu di me lieto
1544/22, p. 25 Madrigal

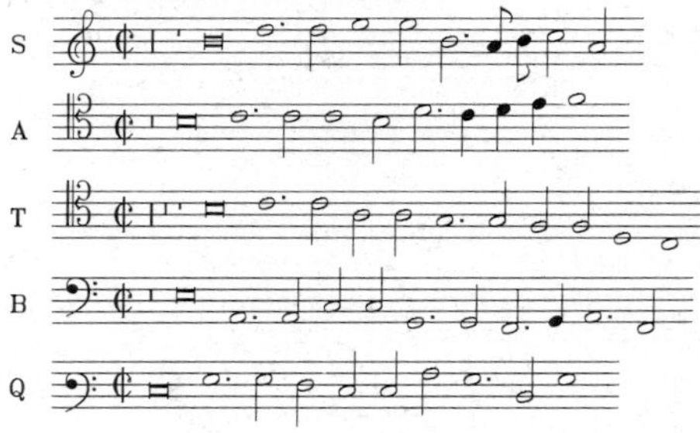

Perissone, Cambio. Non di terrestre donna il chiano
1547/14, p. 20 Madrigal

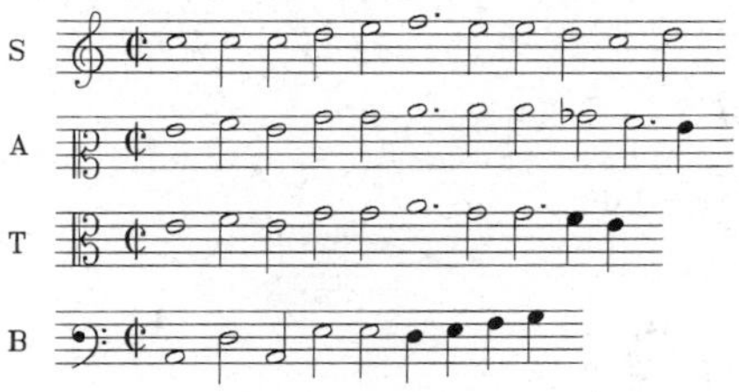

Perissone, Cambio. O leggiadre amorose & care doglie
1561/15, p. 19 Madrigal
SECONDA PARTE.

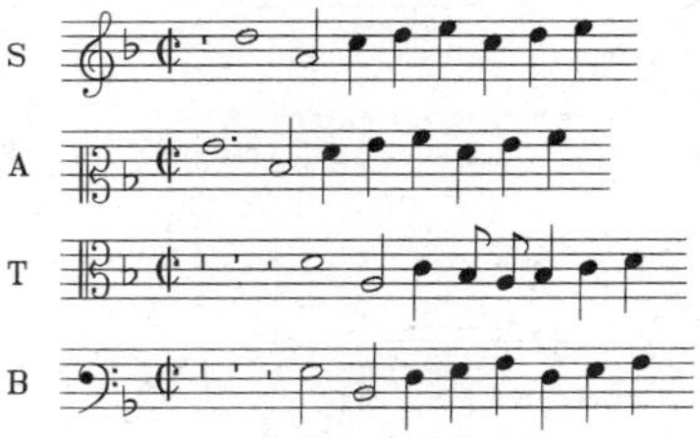

Perissone, Cambio. O perverso d'amor stato empio e nio
1547/14, p. 4 Madrigal

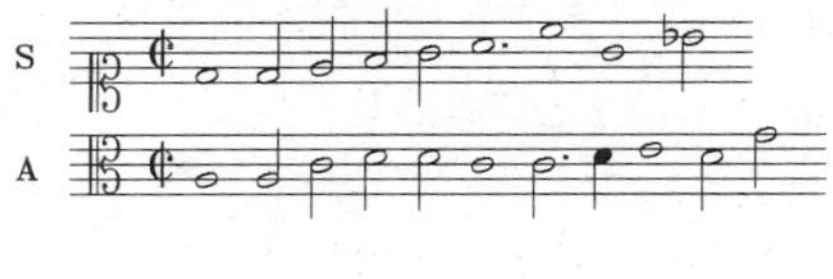

Perissone, Cambio. Occhi leggiadri amorosetti a grani
1547/14, p. 16 Madrigal

Perissone, Cambio. Ond'io non puote mai forman parole
1547/14, p. 15 Madrigal

Perissone, Cambio. Ove cols'amor l'oro e di qual vena
1547/14, p. 18 Madrigal

Perissone, Cambio. Pecca la donn'a dar mort'a l'amante
1561/15, p. 11 Madrigal

Perissone, Cambio. Per divina bellezza bellezz'indorno
1547/14, p. 12 Madrigal
Alto voice missing.

Perissone, Cambio. Perche la vit'e breve e l'ingegno
1547/14, p. 8 Madrigal

Perissone, Cambio. Pien d'un vago pensier
1547/14, p. 22 Madrigal

Perissone, Cambio. Piu volte gia dal bel sembiant
1547/14, p. 14 Madrigal

Perissone, Cambio. S'el ciel donna non vede ne'l sol
1547/14, p. 9 Madrigal

Perissone, Cambio. Sapete amanti perche amor e cieco
1547/14, p. 22 Madrigal

Perissone, Cambio. Se ma fu crud'a mei dolci
1547/14, p. 21 Madrigal

Perissone, Cambio. Se'l sol si šcosta e lascia
1569/20, p. 48 Madrigal

Perissone, Cambio. Standomi un giorno solo
1557/25, p. 11–12 Madrigal

Perissone, Cambio. Vaga tranquilla e lieto gentil
1547/14, p. 2 Madrigal

Perissone, Cambio. Vivo sol di speranza rimembrando
1544/16, p. 24 Madrigal

Perissone, Cambio. Zuccharo porti dentro assa buccuccia
1550/19, p. 4 Villanella

Perissone, Francesco B. Quai divener all'hor
1570/15, p. 14 Madrigal
SESTA STANZA.

Persoens, Josquino. Ardi dolce Signore
1570/28, p. 10 Madrigal

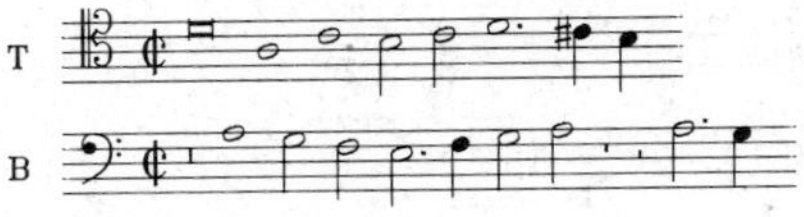

Persoens, Josquino. Ch'io scopro tutt'il bel in voi
1570/28, p. 17 Madrigal
SECONDA PARTE

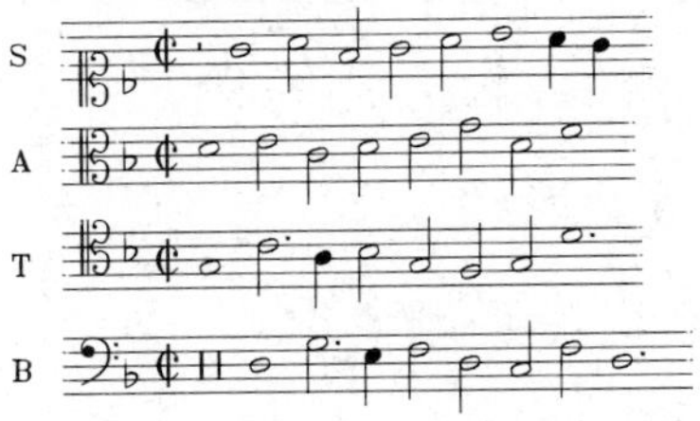

Persoens, Josquino. Deh perche inanzi che sia'n tutt'
1570/28, p. 8 Madrigal

Persoens, Josquino. Dolce de la mia ment'e caro
1570/28, p. 16 Madrigal
PRIMA PARTE

Persoens, Josquino. Fu si benign'a miei desir natura
1570/28, p. 4–5 Madrigal

Persoens, Josquino. Gia sparit'era ogni minuta stella
1570/28, p. 14 Madrigal
PRIMA PARTE. (Compare setting by G. Ferretti.)

Persoens, Josquino. Gioia m'abbonda il cor
1570/28, p. 9 Madrigal

Persoens, Josquino. Hor vedi Amor che giovenetta donna
1570/28, p. 19 Madrigal

Persoens, Josquino. Lassa ond'usci
1570/28, p. 6–7 Madrigal

Persoens, Josquino. Lasso che nel partire
1570/28, p. 11 Madrigal

Persoens, Josquino. Mentre la mia soave Pastorella
1570/28, p. 20 Madrigal

Persoens, Josquino. Nella stagion che'l bel tempo rimen
1570/28, p. 3 Madrigal

Persoens, Josquino. Non son Dafni mio bel quest'occhi
1570/28, p. 15 Madrigal
SECONDA PARTE

Persoens, Josquino. Per lieti prati vaga pastorella
1570/28, p. 21 Madrigal

Persoens, Josquino. Quivi trahendo hor per herbosa riva
1570/28, p. 4 Madrigal

Persoens, Josquino. Signora mia gentile
1570/28, p. 18 Madrigal

Persoens, Josquino. Spesso Diana con le Ninf'a canto
1570/28, p. 6 Madrigal

Persoens, Josquino. Vener lasciando i tempi Citherei
1570/28, p. 5 Madrigal

Persoens, Josquino. Verdeggia un ramo sol con poca
1570/28, p. 7 Madrigal

Perugino, Anscel. All'apparir dell'alba un pastorello
1571/09, p. 17 Napolitana
Compare Cantus with Anonymous "All'apparir" in 1570/33.

Perugino, Anscel. Amor poca pieta lasso tu m'hai poca
1570/19, p. 13 Napolitana
AL VALOROSO CAVALLIERO IL S. MATTHEO MAGNANI

Perugino, Anscel. E ben vero ch'el tormento
1571/09, p. 16 Napolitana

Perugino, Anscel. Fuggi pur fuggi o nuov'e cruda
1570/19, p. 20 Napolitana
AL NOBILE CAVALL. IL S. GIACOMO ALDOBRANDINI

Perugino, Anscel. Gettara prim'amor l'arc'e gli strali
1570/19, p. 30 Napolitana
AL MOLTO MAG. S. FULVIO DAL BO.

Perugino, Anscel. Io mi daria la morte.
1571/09, p. 11 Napolitana

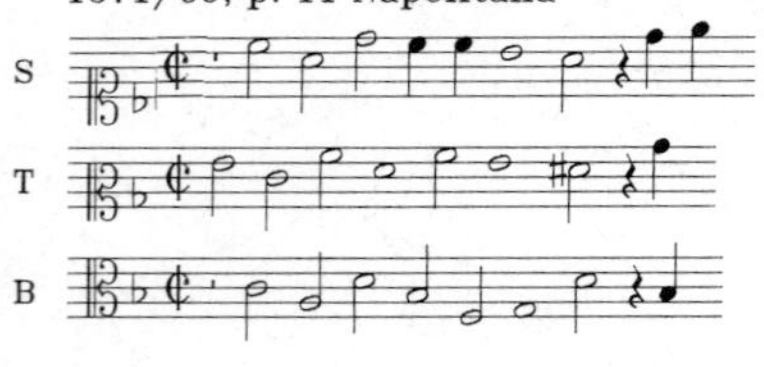

Perugino, Anscel. La state prim'havra a pruina
1570/19, p. 22 Napolitana
AL INGENIOSSISIMO S. BERNARDO ROSSI

Perugino, Anscel. M'e nemico lo cielo
1570/19, p. 11 Napolitana

Perugino, Anscel. Martir e gelosia
1571/09, p. 15 Napolitana

Perugino, Anscel. Poi che pieta non trov'al mio
1570/19, p. 6 Napolitana
AL. M. GIO. PIETRO MANGIONI (Attrib. to Anon. in 1570/33.)

Perugino, Anscel. Quando tal hor di voi ci fate degni
1570/19, p. 29 Napolitana
ALL'ECCELL. PITTORE M. BARTHOLAMEO PASSAROTTI

Perugino, Anscel. Vien meco
1570/19, p. 19 Napolitana
ALL ECCELL. METHASISCO IL GIO. BATT. LIBRAZI

Pervue, Nicolo. Amor s'in lei ch'un ghiaccio
1582/04, p. 18 Madrigal

Pervue, Nicolo. Chi col veder un sole
1583/11, p. 21 Madrigal

Pervue, Nicolo. Dopo le chiome
1585/29, p. 10 Madrigal

Pervue, Nicolo. Pianta gentil che co'bei rami asendi
1583/10, f. 19 Madrigal

Pervue, Nicolo. Qual meraviglia s'io
1582/06, p. 17 Madrigal
SECONDA PARTE.

Pervue, Nicolo. Se tutta fuoco ardente
1582/06, p. 18 Madrigal

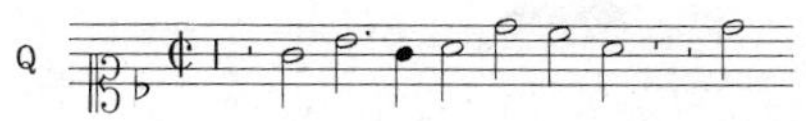

Pervue, Nicolo. Sei tu quel lauro
1582/05, p. 21 Madrigal

Pervue, Nicolo. Tra le piu ascose linfe
1583/11, p. 14 Madrigal
M3 after r2ww in bass

Pervue, Nicolo. Vassene il chiaro
1582/06, p. 13 Madrigal

Pesenti, Michele da Verona. Adio signora adio
1504/04, f. 48v–49 Frottola

Pesenti, Michele da Verona. Aihme ch'io moro Aihme ch'io ardo
1504/04, f. 41v–42 Frottola

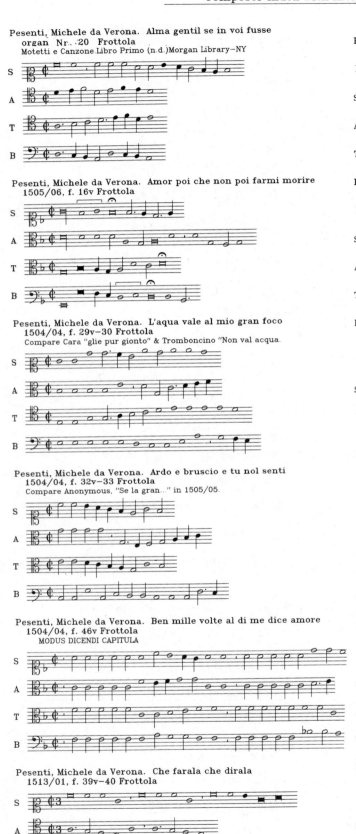

Pesenti, Michele da Verona. Alma gentil se in voi fusse
organ Nr.. 20 Frottola
Motetti e Canzone Libro Primo (n.d.)Morgan Library–NY

Pesenti, Michele da Verona. Amor poi che non poi farmi morire
1505/06, f. 16v Frottola

Pesenti, Michele da Verona. L'aqua vale al mio gran foco
1504/04, f. 29v–30 Frottola
Compare Cara "glie pur gionto" & Tromboncino "Non val acqua.

Pesenti, Michele da Verona. Ardo e bruscio e tu nol senti
1504/04, f. 32v–33 Frottola
Compare Anonymous, "Se la gran..." in 1505/05.

Pesenti, Michele da Verona. Ben mille volte al di me dice amore
1504/04, f. 46v Frottola
MODUS DICENDI CAPITULA

Pesenti, Michele da Verona. Che farala che dirala
1513/01, f. 39v–40 Frottola

Pesenti, Michele da Verona. Dal lecto me levava
1504/04, f. 27v–28 Frottola

Pesenti, Michele da Verona. Deh chi me sa dir novella
1507/04, f. 45v–46 Frottola

Pesenti, Michele da Verona. Dime un pocho che vuol dire
1504/04, f. 33v–34 Frottola
SECONDA PARTE.

Pesenti, Michele da Verona. Fuggir voglio el tuo bel volto
1504/04, f. 38v–39 Frottola
Seconda parte

Pesenti, Michele da Verona. In hospitas per alpes
1504/04, f. 43 Frottola

Pesenti, Michele da Verona. Integer vitae sceleris purus
1504/04, f. 44 Frottola

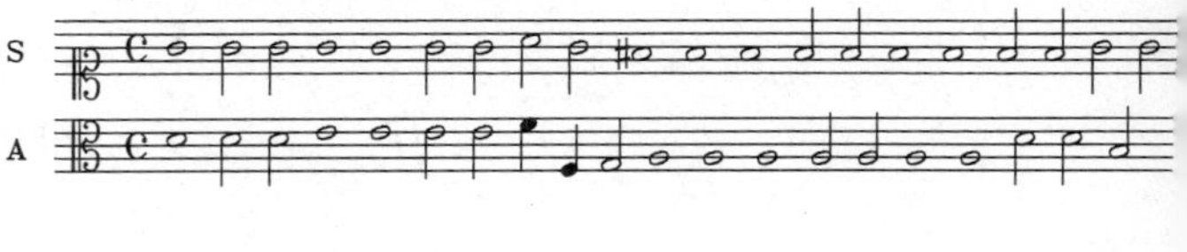

Pesenti, Michele da Verona. Io son l'ocel che con le debil ali
1507/04, f. 49v–50 Frottola

Pesenti, Michele da Verona. Io voria esser cholu
1509/02, f. 20v–21 Frottola

Pesenti, Michele da Verona. Una leggiadra donna
1504/04, f. 46v Frottola

Pesenti, Michele da Verona. Non e pensier che'l mio secreto
1507/04, f. 54v–55 Frottola

Pesenti, Michele da Verona. Non mi doglio gia d'amore
1504/04, f. 42v–43 Frottola

Pesenti, Michele da Verona. O dio che la brunetta mia
1504/04, f. 37v–38 Frottola

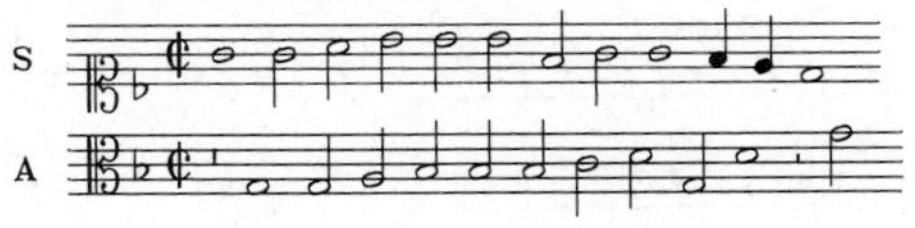

Pesenti, Michele da Verona. Passando per una rezolla
1504/04, f. 44v Frottola
Less than seven intervals in Alto part.

Pesenti, Michele da Verona. Poi che sor del mio
1507/04, f. 46v–47 Frottola
SECUNDA PARS.

Pesenti, Michele da Verona. Poi che'l ciel e la fortuna
1504/04, f. 35v–36 Frottola

Pesenti, Michele da Verona. Questa e mia l'ho fatta mi
1504/04, f. 40v–41 Frottola

Pesenti, M. da Verona. S'io son stato a ritornare
1504/04, f. 36v–37 Frottola
Compare A. Antichi "Questo tuo lento" in 1507/03.

Pesenti, Michele da Verona. Se in tutto hai destinato
1504/04, f. 45v Frottola

Pesenti, Michele da Verona. Sempre le come esser
1504/04, f. 34v–35 Frottola

Pesenti, Michele da Verona. Si me piace el dolce foco
1504/04, f. 39v–40 Frottola
A VOCE MUTATE

Pesenti, Michele da Verona. Sia felice la tua vita
1505/04, f. 9 Frottola

Pesenti, Michele da Verona. So ben che lei non sa
1513/01, f. 12v–14 Frottola

Pesenti, Michele da Verona. Spenta m'hai del pecto amore
1507/03, f. 20v–21 Frottola

Pesenti, Michele da Verona. Trista e noiosa sorte
1504/04, f. 45 Frottola

Pesenti, Michele da Verona. Tu te lamenti a torto
1504/04, f. 47 Frottola

Pesenti, Michele da Verona. Vieni hormai non piu tardare
1504/04, f. 47v–48 Frottola

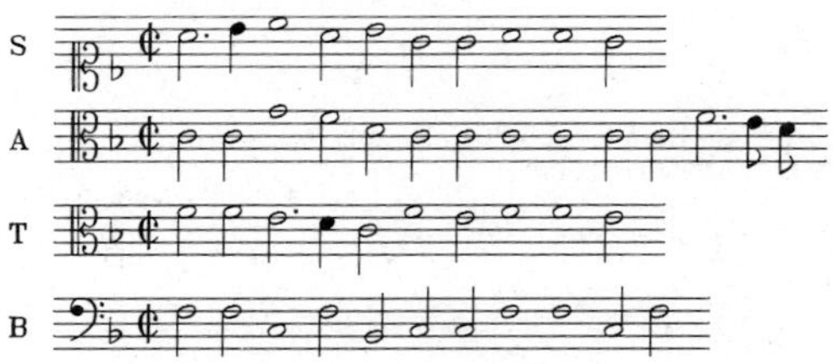

Petrino, Giacomo. Scalda Signor questo gelato core
1586/02, f. 15 Madrigal

Petrus, Frater. Ave maria gratia plena
1508/03, f. 43v–44 Lauda
Compare B. Tromboncino "Nunqua fu" in 1505/04.

Pevernage, Andrea. Amorose faville da duo bei lumi
1593/04, f. 33 Madrigal

Pevernage, Andrea. Ardo donna per voi
1593/04, f. 7v Madrigal

Pevernage, Andrea. Cesar gentil degno da loro
1583/14, f. 23 Madrigal

Pevernage, Andrea. Con humiliato sta fatica mia
1583/14, f. 2 Madrigal

Pevernage, Andrea. Dolce mio foco
1583/14, f. 9v Madrigal

Pevernage, Andrea. Il dolce sonno mi promise pace
1583/14, f. 14 Madrigal

Pevernage, Andrea. Fra l'altre virtu con si grand'ardor
1583/15, f. 2 Madrigal
AL MOLTO MAGNIF. S. GIOV. BATTISTA DI BART. GICILIERE.

Pevernage, Andrea. Misera che faro poi ch'io mi moro
1583/14, f. 15v Madrigal

Pevernage, Andrea. Quando la voce al dolce canto muove
1583/14, f. 1 Madrigal
AL MOLTO MAGNIFCO S.CESARE HOMODEI.

Pevernage, Andrea. Seguita dunque Signor
1583/14, f. 23v Madrigal
SECONDA PARTE.

Pevernage, Andrea. La vita fugge & non s'arest'un hora
1590/19, f. 18 Bicinium

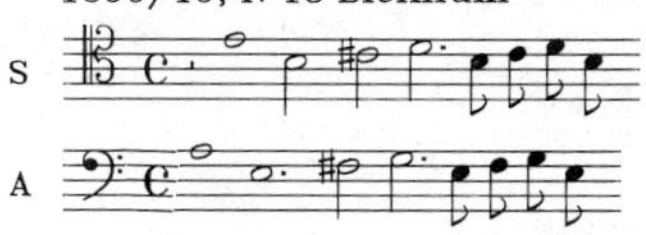

Pezzo, Tarquinio Del. Quando il dolor mi strugge
1577/08, p. 29 Madrigal
Alto & Tenor partbook missing.

Philipps, Peter. Amor che voi ch'io facci
1594/07, f. 23 Madrigal

Philipps, Peter. Amor se i bei rubini
1594/07, f. 7v Madrigal

Philipps, Peter. Ditemi o diva mia
1594/07, f. 36 Madrigal
DIALOGO A 8.

Philipps, Peter. Dolce mio foco & dolce miei ferite
1596/08, p. 24 Madrigal
SECONDA PARTE. (Quintus & Bass II partbooks missing.)

Philipps, Peter. Non herb'e vaghi fiori
1596/10, p. 10 Madrigal

Philipps, Peter. Perche non debbo del mio mal gioire
1596/08, p. 23 Madrigal
PRIMA PARTE (Quintus and Bass II partbooks missing.)

Philipps, Peter. Poi disse lampeggiando un dolce riso
1596/10, p. 11 Madrigal
SECONDA PARTE.

Philipps, Peter. Voi volete ch'io muoia
1594/07, f. 3 Madrigal

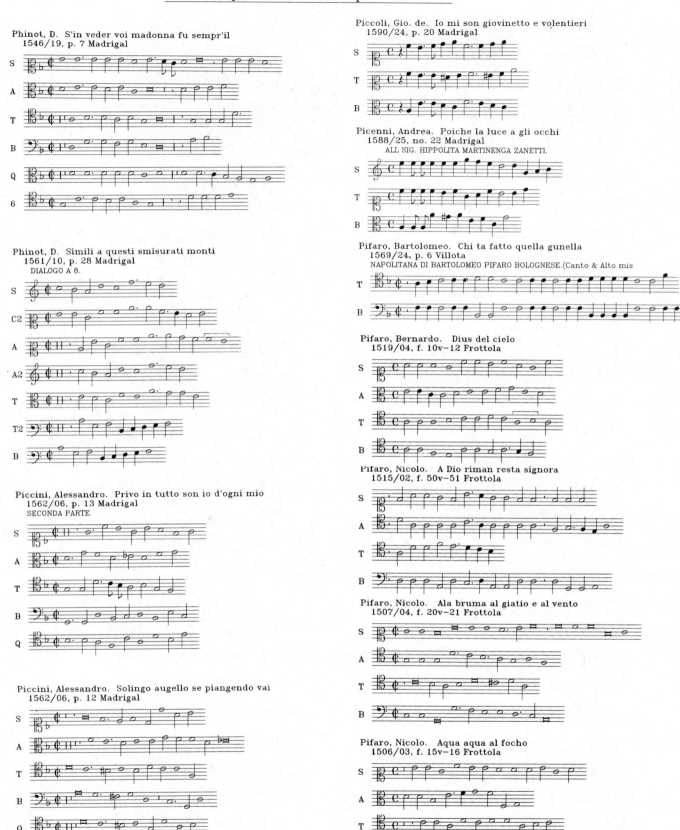

Phinot, D. S'in veder voi madonna fu sempr'il
1546/19, p. 7 Madrigal

Phinot, D. Simili a questi smisurati monti
1561/10, p. 28 Madrigal
DIALOGO A 8.

Piccini, Alessandro. Privo in tutto son io d'ogni mio
1562/06, p. 13 Madrigal
SECONDA PARTE.

Piccini, Alessandro. Solingo augello se piangendo vai
1562/06, p. 12 Madrigal

Piccoli, Gio. de. Io mi son giovinetto e volentieri
1590/24, p. 20 Madrigal

Picenni, Andrea. Poiche la luce a gli occhi
1588/25, no. 22 Madrigal
ALL SIG. HIPPOLITA MARTINENGA ZANETTI.

Pifaro, Bartolomeo. Chi ta fatto quella gunella
1569/24, p. 6 Villota
NAPOLITANA DI BARTOLOMEO PIFARO BOLOGNESE.(Canto & Alto mis

Pifaro, Bernardo. Dius del cielo
1519/04, f. 10v–12 Frottola

Pifaro, Nicolo. A Dio riman resta signora
1515/02, f. 50v–51 Frottola

Pifaro, Nicolo. Ala bruma al giatio e al vento
1507/04, f. 20v–21 Frottola

Pifaro, Nicolo. Aqua aqua al focho
1506/03, f. 15v–16 Frottola

Pifaro, Nicolo. Chi dal ciel non ha favore
1505/04, f. 26v–27 Frottola

Pifaro, Nicolo. La colpa non e mia
1507/04, f. 25v Frottola

Pifaro, Nicolo. D'altro hormai voglio haver cura
1507/03, f. 22v–23 Frottola

Pifaro, Nicolo. Dapoi che cusi pate
1507/04, f. 26v Frottola

Pifaro, Nicolo. Di lassar tuo divo aspecto
1515/02, f. 22v–23 Frottola

Pifaro, Nicolo. Due virtu el mio cor
1515/02, f. 16v–17 Frottola

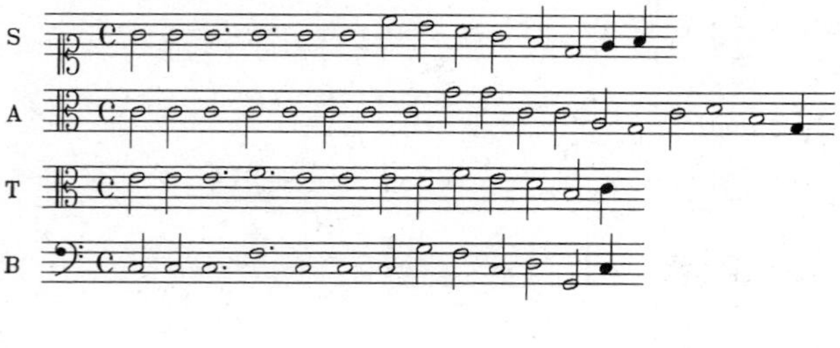

Pifaro, Nicolo. La fiamma che me abruscia
1505/05, f. 17 Strambotto

Pifaro, Nicolo. Fora son d'ogni speranza
1506/03, f. 14v–15 Frottola

Pifaro, Nicolo. Mentre lo sdegno
1515/02, f. 49v–50 Frottola

Pifaro, Nicolo. Mi fa sol o mia dea river in stento
1505/05, f. 18 Strambotto

Pifaro, Nicolo. O sola mia salute
1507/04, f. 26 Frottola

Pifaro, Nicolo. Ogni vermo a'l suo veneno
1505/06, f. 9v–10 Frottola

Pifaro, Nicolo. Pensa donna che'l tempo fuge
1505/05, f. 18v Sonetto

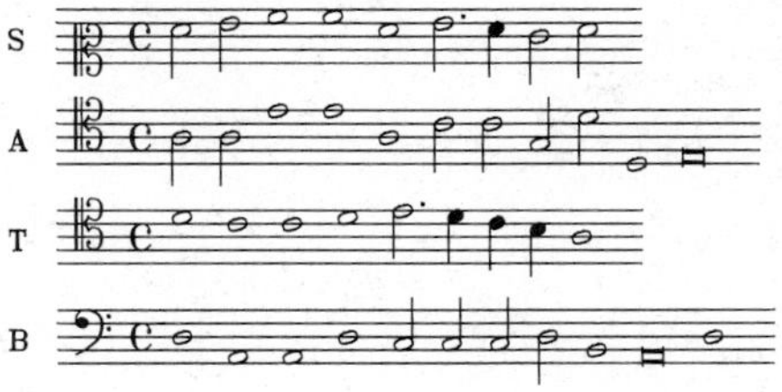

Pifaro, Nicolo. Per amor fata solinga
1507/04, f. 21v–22 Frottola

Pifaro, Nicolo. Per memoria di quel giorno
1507/04, f. 24v–25 Frottola

Pifaro, Nicolo. Piangete i occhi dolenti
1515/02, f. 25 Frottola

Pifaro, Nicolo. S'el te chara la mia vita
1506/03, f. 13v–14 Frottola

Pifaro, Nicolo. S'io fui servo
1515/02, f. 48v–49 Frottola

Pifaro, Nicolo. Se la serena con suo
1515/02, f. 9 Frottola

Pifaro, Nicolo. Se per mio fidel servire
1505/04, f. 25v–26 Frottola

Pifaro, Nicolo. Se'l te grato el mio servire
1515/02, f. 38v–39 Frottola

Pifaro, Nicolo. Son disposto anch'io cantare
1507/04, f. 22v–23 Frottola
SECUNDA PARS.

Pifaro, Nicolo. Son infermo rechaduto
1506/03, f. 18v–19 Frottola

Pifaro, Nicolo. Spero pur mutar mio fato
1515/02, f. 46v–47 Frottola

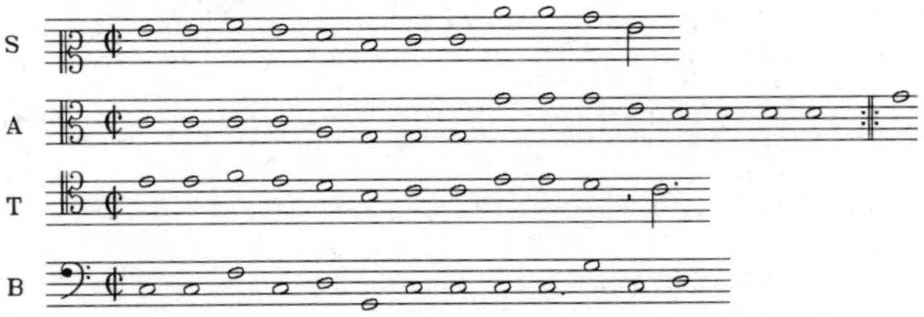

Pifaro, Nicolo. Lo splendente tuo bel viso
1515/02, f. 26v–27 Frottola

Piffari, Bartolomeo. A Dio Titiro mio
1583/12, p. 3 Madrigal

Pigna, Francesco. Come vivro lontan dal mio bei sole
1589/10, p. 19 Madrigal

Pigna, Francesco. Giusto disdegno Amore
1582/05, p. 29 Madrigal

Pigna, Francesco. Se'l sol si scost'e lascia
1569/32, p. 24 Madrigal

Pigna, Francesco. Si vaga e si gentile
1589/10, p. 4 Madrigal

Pinaroi, Joannes. Fortuna desperata
1504/03, f. 68v–69 r Madrigal
Only text incipit given.

Pionnier, Joan. Dunque morte crudel mort'empia
1555/31, p. 25–26 Madrigal

Pitigliano, Abbate. Casto pensier che mi levasti
1600/05, p. 3 Lauda
PER LA MATUNITA DELLA BEATISSIMA VERGINE.

Pitigliano, Abbate. Non veggio al mondo cosa
1600/05, p. 52 Lauda

Pitigliano, Abbate. O de'Beati e Santi
1599/06, p. 6 Lauda
A SANTA MARIA IN VALLICELA.. L'ORATORIO IN CHIESA NUOVA

Pitigliano, Abbate. Ogni giorno m'e notte
1599/06, p. 59 Lauda
LA FESTA DI S. MARIA DELLA NEVE.

Pitigliano, Abbate. Ov'e l'anima mia?
1600/05, p. 25 Lauda
DOGLIOSA QUERELA DELLA MADONNA SANTISSIMA.

Pitigliano, Abbate. Tra ghiaccio, e ardente foco
1600/05, p. 54 Lauda

Pitigliano, Abbate. Vergine bella al nosro Mare stella
1600/05, p. 66 Lauda

Pizzolis, Cola De. Mai piu Donna mi voglio innamorar
1574/05, p. 24 Villanella

Pizzoni, Giovanni. A lo spendor de suoi begl'occhi
1582/13, p. 4 Madrigal

Pizzoni, Giovanni. Amor quando ci penso
1582/13, p. 23 Madrigal

Pizzoni, Giovanni. Amor tu m'hai ferito col tuo strale
1582/14, p. 8 Madrigal
Bass partbook missing.

Pizzoni, Giovanni. Bene mio tu m'hai lasciato
1582/13, p. 7 Madrigal

Pizzoni, Giovanni. Chi non sa come dolce
1582/13, p. 9 Madrigal

Pizzoni, Giovanni. Il desio che d'amar argia in me
1582/14, p. 20 Madrigal
Bass partbook missing.

Pizzoni, Giovanni. Di lagrime e sospir
1582/13, p. 14 Madrigal

Pizzoni, Giovanni. Dolce nemica mia perche mi vieti
1582/13, p. 5 Madrigal

Pizzoni, Giovanni. Donna la bella mano
1582/14, p. 21 Madrigal
PRIMA PARTE (Bass partbook missing.)

Pizzoni, Giovanni. Donna leggiadra e bella
1582/13, p. 12 Madrigal

Pizzoni, Giovanni. Duo begli occhi lucenti
1582/13, p. 11 Madrigal

Pizzoni, Giovanni. Et hor che sciolto son dal forte
1582/14, p. 5 Madrigal
TERZA PARTE. (Bass partbook missing.)

Pizzoni, Giovanni. Et io che volsi far a lei contrasto
1582/14, p. 14 Madrigal
TERZA PARTE (Bass partbook missing.)

Pizzoni, Giovanni. Fillida mia piu che i ligustri
1582/13, p. 21 Madrigal

Pizzoni, Giovanni. Io son ferito ahi lasso
1582/13, p. 20 Madrigal
Compare Hassler, Nola, Palestrina, Sabino & Sole.

Pizzoni, Giovanni. Lasso dal primo giorno ch'io mirai
1582/14, p. 9 Madrigal
Bass partbook missing.

Pizzoni, Giovanni. Leggiadra pastorella in treccie
1582/14, p. 17 Madrigal
Bass partbook missing.

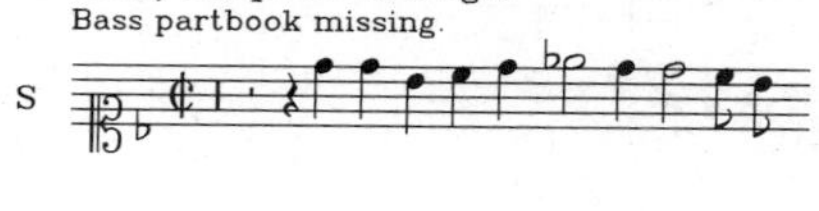

A T Q

Pizzoni, Giovanni. Ma certo voi donate per poter
1582/14, p. 22 Madrigal
SECONDA PARTE. (Bass partbook missing.)

S A T Q

Pizzoni, Giovanni. Ma se per sorte un altra vols'Amore
1582/14, p. 6 Madrigal
QUARTA & ULTIMA PARTE. (Bass partbook missing.)

S A T Q

Pizzoni, Giovanni. Mai voglio pianger piu come solea
1582/14, p. 3 Madrigal
PRIMA PARTE. (Bass partbook missing.)

S A T Q

Pizzoni, Giovanni. Misero me in ch'infelice stato
1582/14, p. 4 Madrigal
SECONDA PARTE. (Bass partbook missing.)

S A T Q

Pizzoni, Giovanni. Non e Amor che mi ferisce
1582/13, p. 17 Madrigal

S A T B Q

Pizzoni, Giovanni. O la o la chi mi sa dar novella
1582/14, p. 12 Madrigal
PRIMA PARTE (Bass partbook missing.)

S A T Q

Pizzoni, Giovanni. Occhi de l'alma mia
1582/13, p. 6 Madrigal

S A T B Q

Pizzoni, Giovanni. Per lieti prati vaga pastorella
1582/13, p. 22 Madrigal

S A T B Q

Pizzoni, Giovanni. Pero si guarda ogn'un da sa crudle
1582/14, p. 15 Madrigal
QUARTA & ULTIMA PARTE (Bass partbook missing.)

S A T Q

Pizzoni, Giovanni. Poco e signor passo per questa
1582/14, p. 13 Madrigal
TERZA PARTE (Bass partbook missing.)

S A T Q

Pizzoni, Giovanni. Poi che bramate a torto
1582/13, p. 16 Madrigal

Pizzoni, Giovanni. Prigion crudel che la mia vita ferri
1582/13, p. 18 Madrigal

Pizzoni, Giovanni. Quand'io mirai sa faccia bella
1582/13, p. 8 Madrigal

Pizzoni, Giovanni. Quando madonna scopr'il suo bel viso
1582/14, p. 16 Madrigal
Bass partbook missing.

Pizzoni, Giovanni. Rendimi il cor o ladra del mio core
1582/14, p. 11 Madrigal
Bass partbook missing.

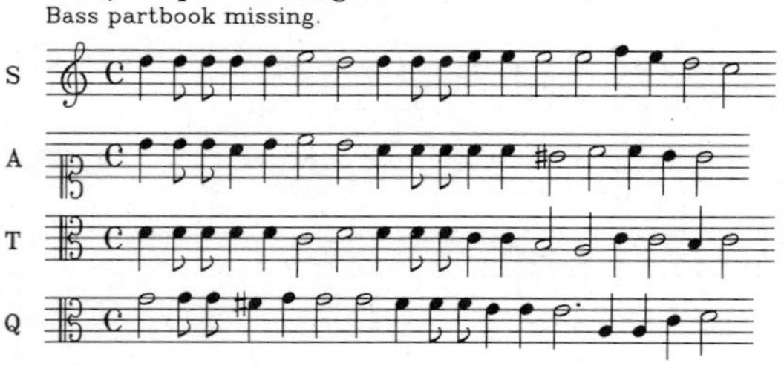

Pizzoni, Giovanni. S'avvien ch'io miri i duoi
1582/13, p. 10 Madrigal

Pizzoni, Giovanni. Se de la vita mia tu sei singora
1582/14, p. 7 Madrigal
Bass partbook missing.

Pizzoni, Giovanni. Se de miei teneri anni
1582/14, p. 19 Madrigal
Bass partbook missing.

Pizzoni, Giovanni. Sta notte mi sognava che in braccio
1582/14, p. 10 Madrigal
Bass partbook missing.

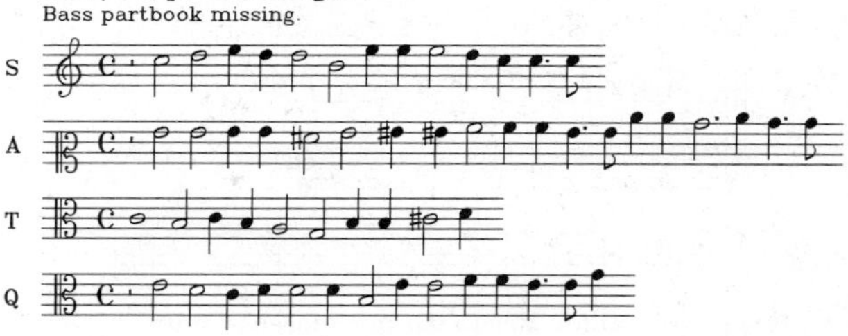

Pizzoni, Giovanni. Tra le piu dolci e piu felici giorni
1582/13, p. 13 Madrigal

Pizzoni, Giovanni. Venite a vagheggiar cortesi amanti
1582/13, p. 3 Madrigal

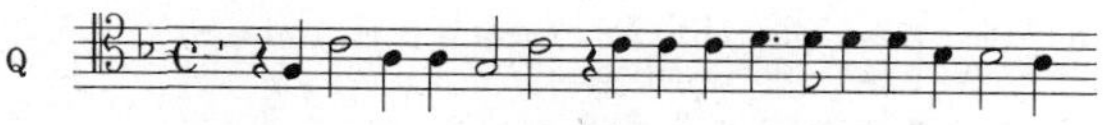

Pizzoni, Giovanni. Volse formar due stelle Amor
1582/14, p. 23 Madrigal
Bass partbook missing.

Podio, Vincenzo. Quando signora il tuo bel viso
1574/05, p. 14 Villanella

Polato, Dionisio. Amore se per morire
1600/12, p. 16 Madrigal

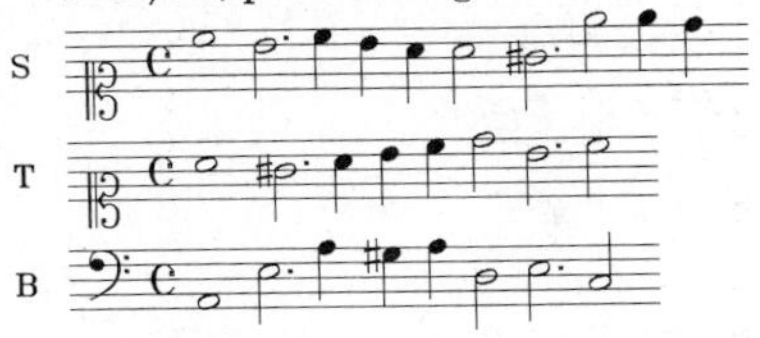

Polato, Dionisio. Il partir si mi preme
1600/12, p. 8 Madrigal

Policretto, Gioseppe. L'altr'hier dalla mia villa
1571/09, p. 26 Napolitana
CANZON PRIMA STANZA. AL R.P.M.HIER.MAINI DA PADOA

Policretto, Gioseppe. Amor ha fatto far una gran crinia
1575/14, p. 14–15 Giustiniana

Policretto, Gioseppe. Cara madonna ve se pregar
1575/14, p. 24–25 Giustiniana

Policretto, Gioseppe. Chi vol veder tutta raccolta insieme
1571/09, p. 8 Napolitana
AL MOLTO REVERENDO P.M.PAOLO RUGOLO

Policretto, Gioseppe. Cor mio tu sei beato
1571/09, p. 14 Napolitana

Policretto, Gioseppe. Cosi piangendo ahime ogn'hora
1571/09, p. 30 Napolitana
QUINTA STANZA.

Policretto, Gioseppe. Donna nu semo boni cantaonori
1575/14, p. 8–9 Giustiniana

Policretto, Gioseppe. E ve zuro Madonna alle vagne
1575/14, p. 3 Giustiniana

Policretto, Gioseppe. E vorave saver collona mia
1575/14, p. 22–23 Giustiniana

Policretto, Gioseppe. E voria cantar d'amor
1575/14, p. 10–11 Giustiniana

Policretto, Gioseppe. Feve un poco alla fenestra
1575/14, p. 16 Giustiniana

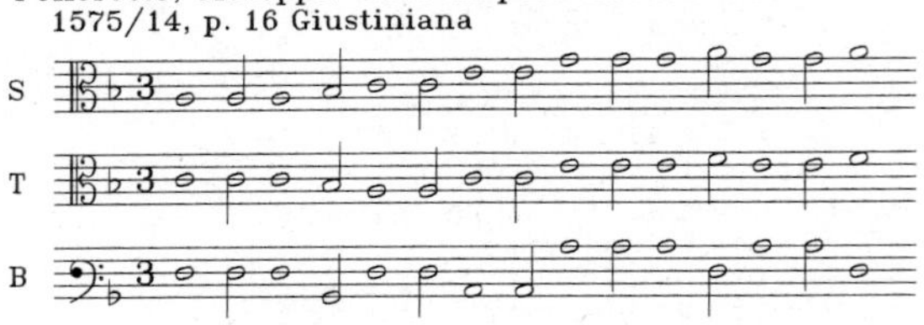

Policretto, Gioseppe. In questo mondo piu non voglio stare
1571/09, p. 6 Napolitana
AL MOLTO MAGNIFICO S. HIERONIMO MENEGALDI

Policretto, Gioseppe. In questo visinao ghe se una ganata
1575/14, p. 13 Giustiniana

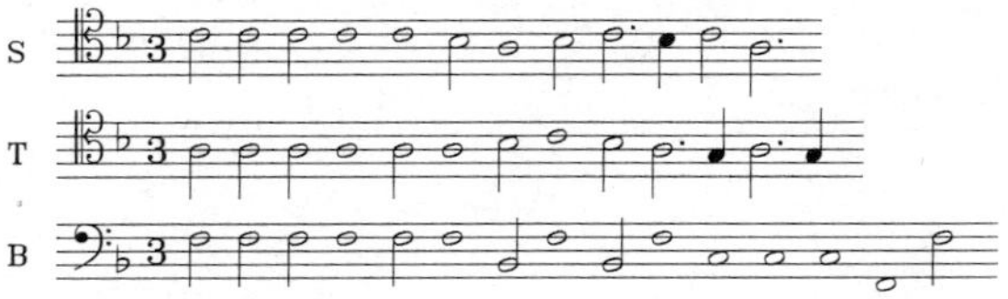

Policretto, Gioseppe. Io piango ei mi ripose lo mio bene
1571/09, p. 28 Napolitana
TERZA STANZA.

Policretto, Gioseppe. Lasseme al manco veder
1575/14, p. 17 Giustiniana

Policretto, Gioseppe. Madonna el vostro viso
1575/14, p. 4–5 Giustiniana

Policretto, Gioseppe. Lo mar i fumi e tutti i boschi
1571/09, p. 24–25 Napolitana

Policretto, Gioseppe. Mi sono innamorato in questa terra
1571/09, p. 5 Napolitana
AL REVERNDO P. BAC. DIONISIO TASSO FERRARESE.

Policretto, Gioseppe. O bocca saporita
1571/09, p. 22–23 Napolitana

Policretto, Gioseppe. O saporito volto per te son fatto
1571/09, p. 9 Napolitana

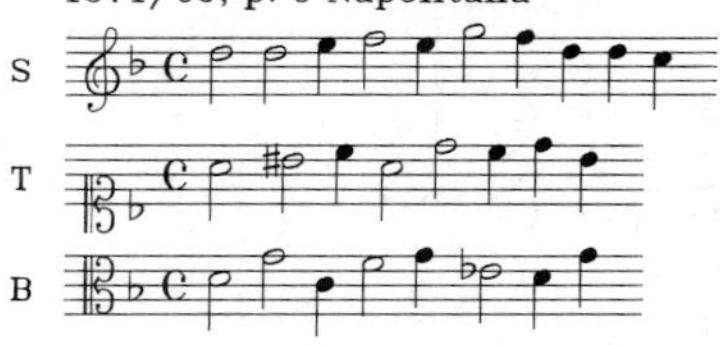

Policretto, Gioseppe. Ond'io pian a lui m'avicinai
1571/09, p. 27 Napolitana
SECONDA STANZA.

Policretto, Gioseppe. Perche non son io bon comandaor
1575/14, p. 18–19 Giustiniana

Policretto, Gioseppe. Piangero dunque infin al suo ritorno
1571/09, p. 31 Napolitana
SESTA STANZA.

A / T / B

Policretto, Gioseppe. Quando passemo sotto de ste signore
1575/14, p. 26–27 Giustiniana

S / T / B

Policretto, Gioseppe. Quest'occhi ladr'e questa faccia
1571/09, p. 3 Napolitana
A gulielmo ferrarese. gio. p.

S / T / B

Policretto, Gioseppe. Qui m'ha lassato afflitto
1571/09, p. 29 Napolitana
QUARTA STANZA.

S / A / T / B

Policretto, Gioseppe. Se me parto da voi
1575/14, p. 21 Giustiniana

S / T / B

Policretto, Gioseppe. Sia benedett'amor l'arco e la frene
1575/14, p. 20 Giustiniana

S / T / B

Policretto, Gioseppe. Signor mentr'io ti miro
1598/06, p. 15 Madrigal

S / A / T / B / Q

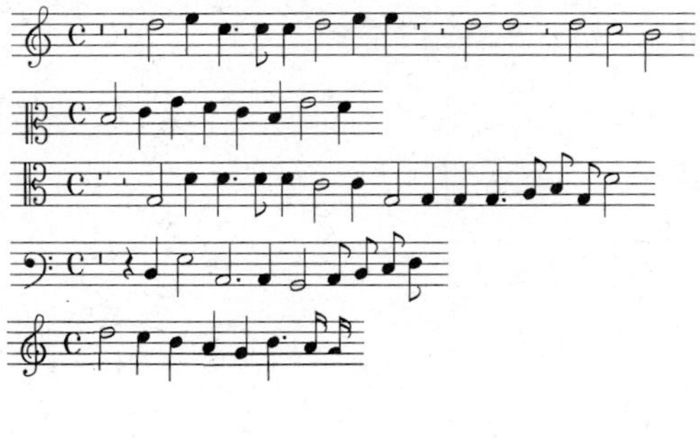

Policretto, Gioseppe. Stando sonora pensier una matina
1575/14, p. 6–7 Giustiniana

S / T / B

Policretto, Gioseppe. Sti visetti de velvo sin de sforza
1575/14, p. 22 Giustiniana

S / T / B

Policretto, Gioseppe. Tira via, va in mal'hora
1575/14, p. 12 Giustiniana

S / T / B

Policretto, Gioseppe. Vita della mia vita
1571/09, p. 7 Napolitana
ALL'ILLUSTRE SIG. CONTE BONIFACCIO.

S / T / B

Ponte, Jacques De. Tant'e l'assentio el sel ch'io rod'
1543/18, p. 32 Madrigal

S / A / T / B

Pontio, Pietro. Vincitrice guerriera
1596/11, p. 4 Madrigal
Cantus and Tenor partbooks missing.

A / B / Q

Pordenon, Marc'Antonio. Ahi chi mi romp'il sonno
1577/07, p. 18 Madrigal
Tenor, Bass & Quinto partbooks missing.

S / A

Pordenon, Marc'Antonio. Amor ch'a mille mille prove
1580/11, p. 15 Madrigal

Pordenon, Marc'Antonio. Canta lo Cuco o donna e cu cu cu
1589/10, p. 6 Madrigal

Pordenon, Marc'Antonio. Chiara face vedea vibrare il foco
1580/11, p. 12 Madrigal

Pordenon, Marc'Antonio. Cosi mi guida Amore
1580/11, p. 14 Madrigal

Pordenon, Marc'Antonio. D'eterna viva luce ardente e chiara
1580/11, p. 11 Madrigal

Pordenon, Marc'Antonio. Dal bel ch'in voi risplende
1580/11, p. 16 Madrigal

Pordenon, Marc'Antonio. Di ch'ella mossa in guider
1577/07, p. 19 Madrigal
SECONDA PARTE. (Tenor, Bass & Quinto partbooks missing.)

Pordenon, Marc'Antonio. Donna la bella mano che per donar
1580/11, p. 4 Madrigal

Pordenon, Marc'Antonio. Entro le dolci labra
1580/11, p. 21 Madrigal

Pordenon, Marc'Antonio. Era il bel viso suo qual esser suole
1580/11, p. 13 Madrigal

Pordenon, Marc'Antonio. Gia mi trovai di Maggio
1563/13, p. 17 Madrigal

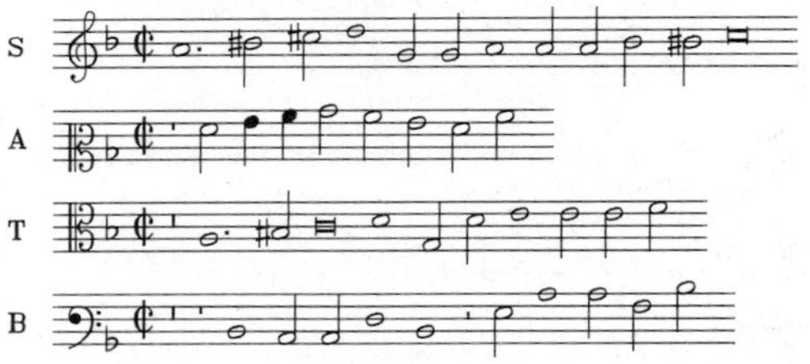

Pordenon, Marc'Antonio. Mentre ch'intorno giri
1583/11, p. 26 Madrigal

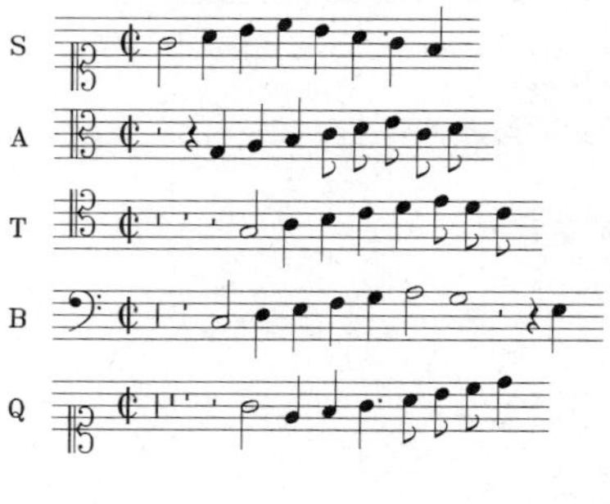

Pordenon, Marc'Antonio. Mentre mia stella miri
1580/11, p. 7 Madrigal

Pordenon, Marc'Antonio. Mi giova occhi miei poco
1580/11, p. 3 Madrigal

Pordenon, Marc'Antonio. Nova Angeletta sovra l'ale accorta
1563/13, p. 18 Madrigal

Pordenon, Marc'Antonio. Occhi leggiadri e belli
1580/11, p. 19 Madrigal

Pordenon, Marc'Antonio. Parto & vi lascio il core
1580/11, p. 22 Madrigal

Pordenon, Marc'Antonio. Pentita al fin del novo alto pensier
1580/11, p. 6 Madrigal
SECONDA PARTE.

Pordenon, Marc'Antonio. Quando per vincer se stessa in voi
1580/11, p. 5 Madrigal

Pordenon, Marc'Antonio. Ripon Madonna'larmii
1580/11, p. 1 Madrigal

Pordenon, Marc'Antonio. Se pur non ti contenti
1580/11, p. 2 Madrigal

Pordenon, Marc'Antonio. Si grand'e il mio gioire
1580/11, p. 18 Madrigal

Pordenon, Marc'Antonio. Soffri mio core l'acerba lontananza
1580/11, p. 20 Madrigal

Pordenon, Marc'Antonio. Sol per fuggir Amore
1580/11, p. 8 Madrigal

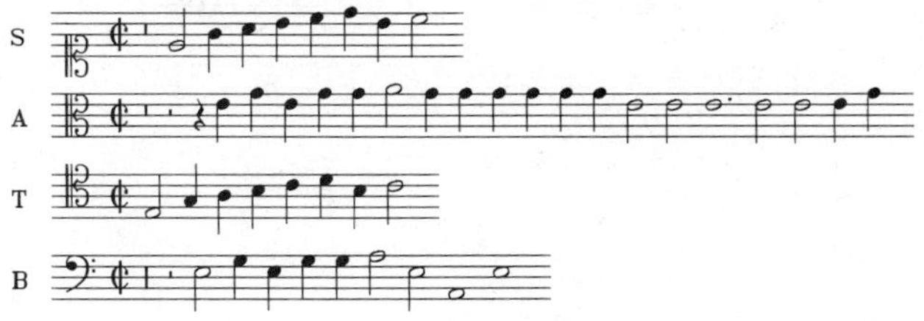

Pordenon, Marc'Antonio. Tu mi piagasti a morte
1580/11, p. 17 Madrigal

Porta, Constanzo. Aguaglia la speranza
1557/16, p. 14 Madrigal
SECONDA PARTE.

Porta, Constanzo. Amorose viole che porta te accolto
1575/15, p. 25 Madrigal

Porta, Constanzo. Ardo si ma non t'amo
1585/17, no. 2 Madrigal

Porta, Constanzo. Bench'inarno i gran pianti
1567/16, p. 19 Madrigal
Only Cantus partbook extant.

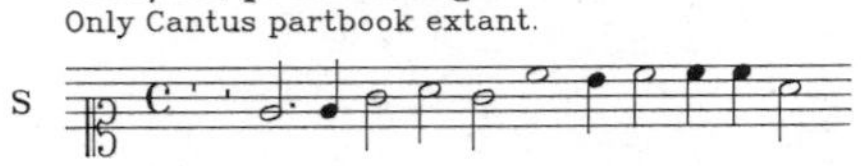

Porta, Constanzo. Il cantar novo e'l pianger
1597/15, p. 21v Madrigal
PRIMA PARTE.

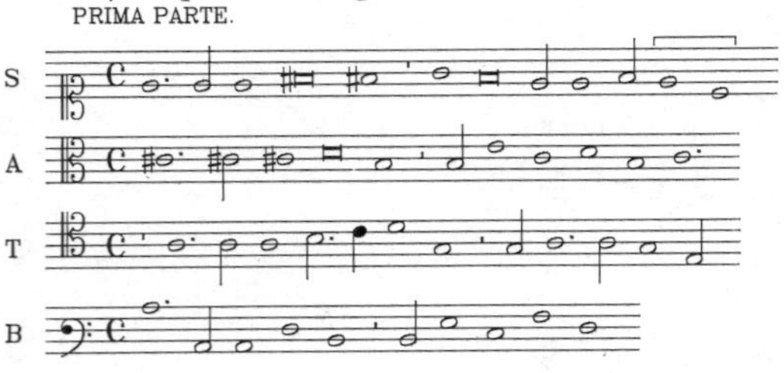

Porta, Constanzo. Che se cio foss'io vincerei
1592/15, p. 15 Madrigal

Porta, Constanzo. Chiese Amarilli dove il buon bacio
1594/06, p. 9 Madrigal
PAROLE DI FRANCESCO PIGNA.

Porta, Constanzo. Cosi mi sveglio a salutar l'aurora
1597/15, p. 22 Villota
SECONDA PARTE.

Porta, Constanzo. Costei che coi begli occhi e col bel
1596/11, p. 1 Madrigal
Cantus and Tenor partbooks missing.

Porta, Constanzo. Cresci pianta novella
1583/10, f. 5 Madrigal

Porta, Constanzo. Da lo spontar de matutini albori
1592/11, p. 28 Madrigal
PAROLE DI PIETRO CRESCI.

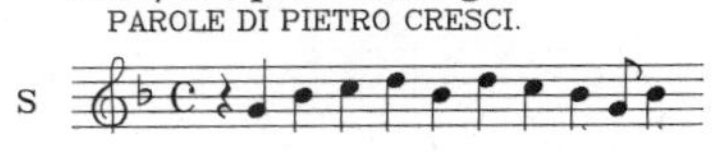

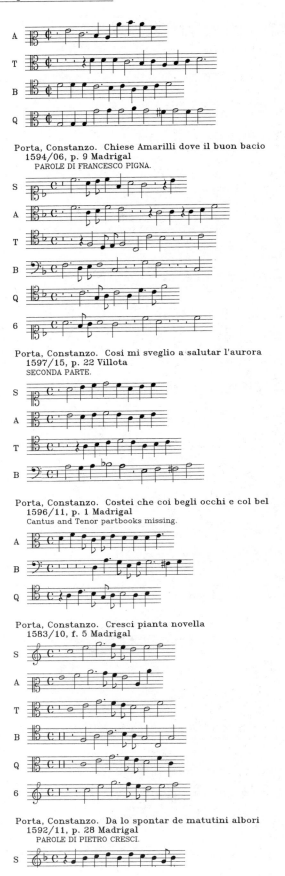

Porta, Constanzo. Donna ben v'ingannate
1586/10, p. 12 Madrigal

Porta, Constanzo. Dunque di mezz'il mar
1559/16, p. 20 Madrigal
SECONDA PARTE.

Porta, Constanzo. Erasi al sole il mio bel sole
1583/12, p. 15 Madrigal

Porta, Constanzo. Ero cosi dicea
1588/17, p. 16 Madrigal

Porta, Constanzo. Fammi sentir di quell'aura gentile
1557/16, p. 13 Madrigal

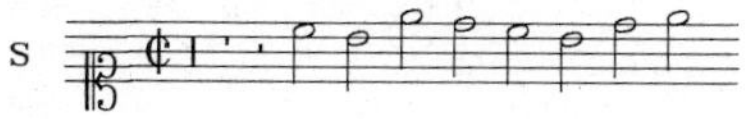

Porta, Constanzo. Fra mille herbette e fiori
1598/09, p. 1 Madrigal
(Tenor and Bass partbooks missing.)

Porta, Constanzo. Giato cacomu tardi el vegneastu
1564/16, p. 11 Greghesca
SECONDA PARTE.

Porta, Constanzo. Giovane illustre alteramente nato
1559/16, p. 19 Madrigal

Porta, Constanzo. Hor ch'allegra e ridente
1583/12, p. 1 Madrigal

Porta, Constanzo. Hor ecco alme superb'
1570/15, p. 18–19 Madrigal
DECIMA STANZA.

Porta, Constanzo. Io che l'occhio del ciel
1586/11, p. 17 Sonetto
SECONDA PARTE.

Porta, Constanzo. Io pensai dolce e grato
1582/05, p. 4 Madrigal

Porta, Constanzo. Ma a che dolermi piu s'in van
1589/06, p. 17 Madrigal
SECONDA PARTE.

Porta, Constanzo. Ma s'ella vi porra nel bianco seno
1575/12, p. 6 Madrigal
SECONDA PARTE.

Porta, Constanzo. Noi siamo Ninfe belle
1596/08, p. 3 Madrigal
Quintus and Bass II partbooks missing.

Porta, Constanzo. Noi siamo Ninfe belle
1590/11, p. 31 Madrigal

Porta, Constanzo. Non esser di me schiva
1598/07, p. 1 Madrigal

Porta, Constanzo. Non potea'l ciel con piu benigna
1575/12, p. 5 Madrigal

Porta, Constanzo. O Cchyrazza glicchi galande e bella
1564/16, p. 10 Greghesca

Porta, Constanzo. O del mio navigar fidata scorta
1588/24, p. 29 Madrigal

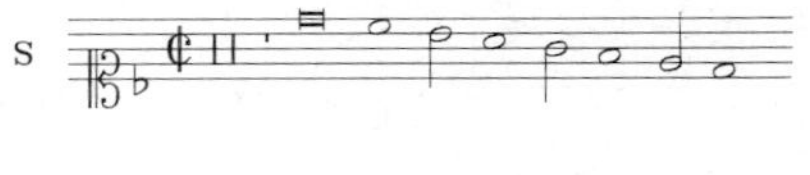

Porta, Constanzo. Poca merced'a si gravi martiri
1562/05, p. 19 Madrigal

Porta, Constanzo. Poi che lasso e stanco mo trov'amor
1562/05, p. 19 Madrigal

Porta, Constanzo. Questa mie rime sparte
1598/06, p. 1 Madrigal

Porta, Constanzo. Se morir si potesse di dolore
1592/15, p. 7 Madrigal

Porta, Constanzo. Se'lampeggiar de l'angelico riso
1586/07, p. 10 Madrigal
SOPRA LE LABBRA. (Quintus partbook missing.)

Porta, Constanzo. Splendea fra i monti all'hora
1593/03, p. 3 Madrigal
TERZA PARTE. (Alto, Tenor & Bass partbooks missing.)

Porta, Constanzo. Tanta pompa real
1586/11, p. 15–16 Sonetto

Porta, Constanzo. Vago augelletto piu ch'altri beato
1592/15, p. 14 Madrigal

Porta, Constanzo. Verra mai'l diche mia pace
1589/06, p. 16 Madrigal

Porta, Constanzo. Voi volete ch'io moia
1596/08, p. 12 Madrigal
Quintus and Bass II from 1590/11.

Porta, G. Della. Se me amasti quanto io te amo
1504/04, f. 51v–52 Frottola

Portinaro, Francesco. L'alta chiarezza mi solle va'l core
1563/13, p. 20 Madrigal
SECONDA PARTE.

Portinaro, Francesco. Apri le porte sole chiaro e lucente
1560/20, p. 5 Madrigal
AL SIGNOR BARTHOLOMEO SALVATICO DOTTORE.

Portinaro, Francesco. Basciami mille volt'e mill all'hora
1563/13, p. 12 Madrigal
SECONDA PARTE.

Portinaro, Francesco. Basciami vita mia basciam'anchora
1563/13, p. 12 Madrigal

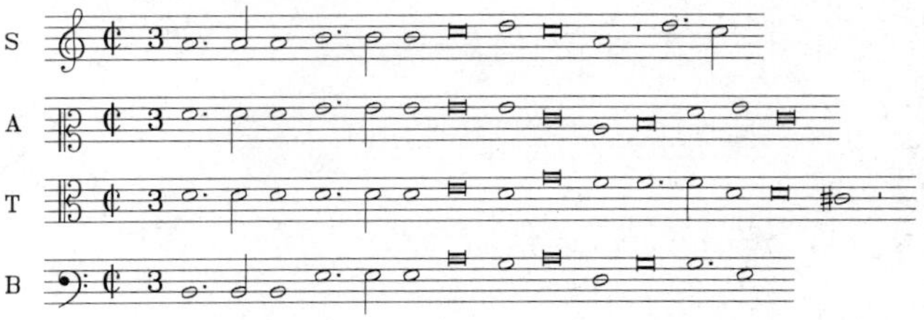

Portinaro, Francesco. Caron caron son amante fidel
1560/20, p. 24 Madrigal
DIALOGO A8. (Tenor voice missing.)

Portinaro, Francesco. Che fat'hor qui ninfe leggiadre
1560/20, p. 26 Madrigal
DIALOGO A 7. MUSE AL SIGNOR ALBERTO BARISON. (Tenor missing.)

Portinaro, Francesco. Chi non fa prov'Amore
1560/20, p. 17 Madrigal

Portinaro, Francesco. Come a raggi del sol
1563/13, p. 9 Madrigal

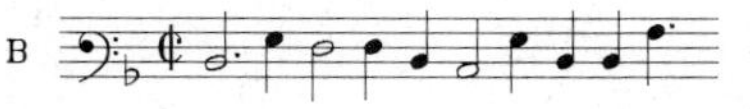

Portinaro, Francesco. Come purpureo e delicato fiore
1560/20, p. 4 Madrigal
AL MAGNIFICO SIGNOR LUDOVICO LEONE DOTTOR & CAVALIER.

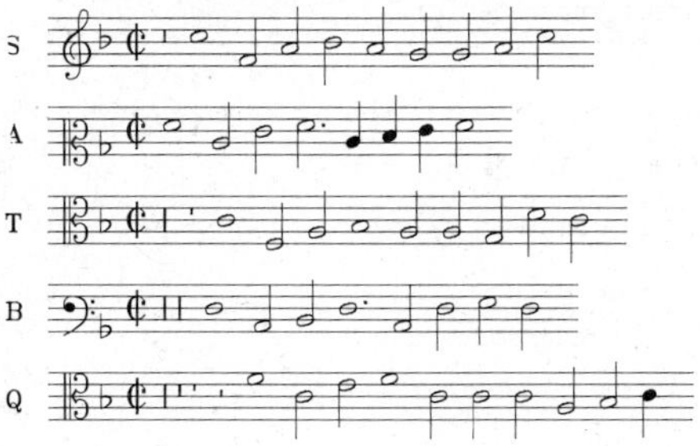

Portinaro, Francesco. Come vagh'augelin ch'a poco a poco
1563/13, p. 6 Madrigal

Portinaro, Francesco. Cosi lungo le vagh'e fresche sponde
1563/13, p. 24 Madrigal
SECONDA PARTE.

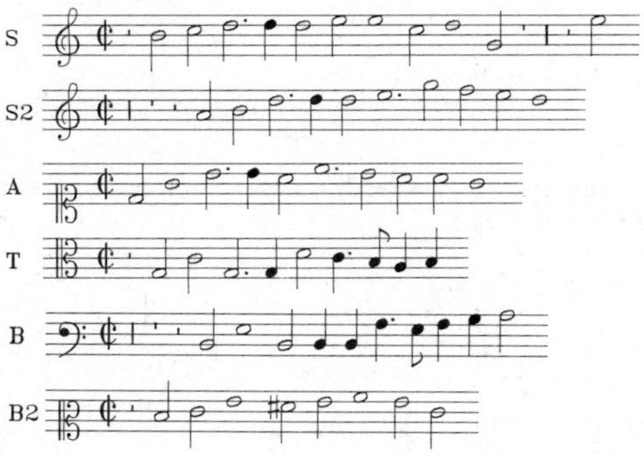

Portinaro, Francesco. Da bei rami scende
1563/13, p. 2 Madrigal

Portinaro, Francesco. Dedal'ardito hora sperar ben puoi
1560/20, p. 7 Madrigal
AL SIGNOR PAGAN DA RIO DOTTORE.

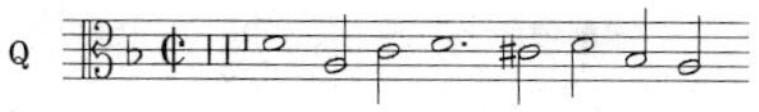

Portinaro, Francesco. Di pensier in pensier di monte
1563/13, p. 1 Madrigal

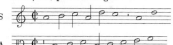

Portinaro, Francesco. I dolci colli brent'altera e bella
1560/20, p. 16 Madrigal
ALLA SIGNORA ALLEGRA AB.

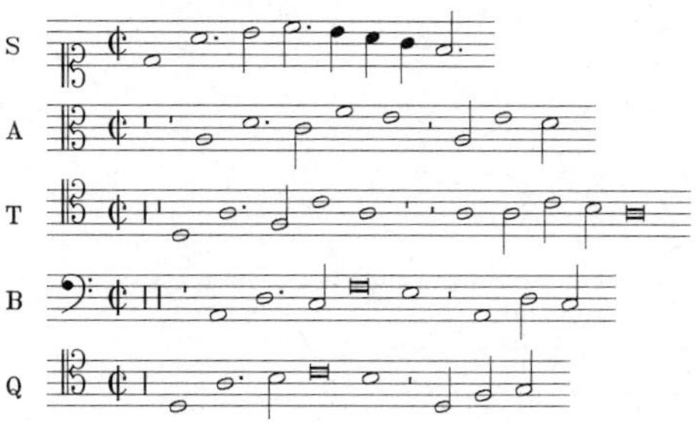

Portinaro, Francesco. Dolci labr'ov'Amore puose quanto
1563/13, p. 7 Madrigal

Portinaro, Francesco. Due ben scese qua giu dal sommo
1562/22, p. 24 Madrigal
Bass and Quinto partbooks missing.

Portinaro, Francesco. Hor al piu alto ciel Dedalo vola
1560/20, p. 12 Madrigal
AL SIGNOR CONTE GENTIL LEONE.

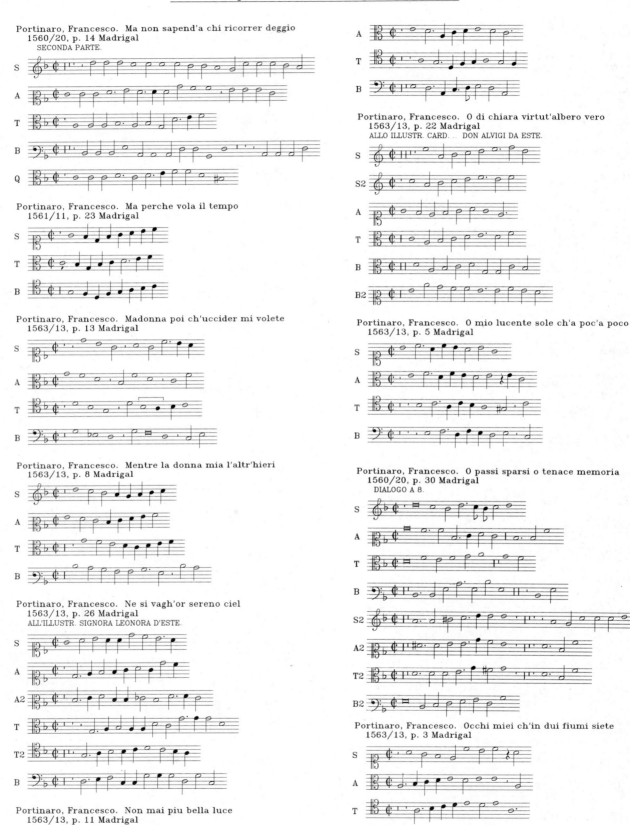

Portinaro, Francesco. Ma non sapend'a chi ricorrer deggio
1560/20, p. 14 Madrigal
SECONDA PARTE.

S
A
T
B
Q

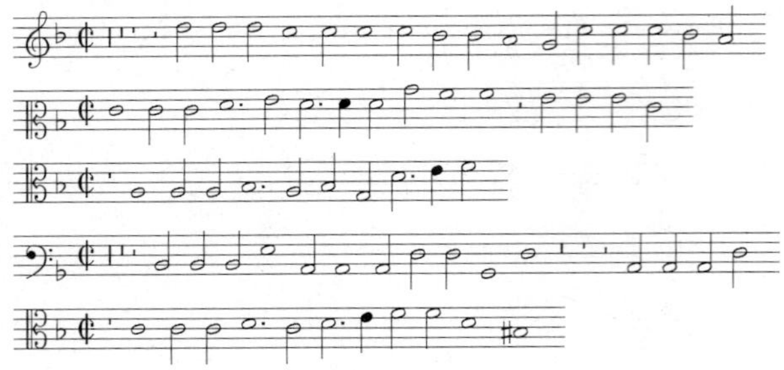

Portinaro, Francesco. Ma perche vola il tempo
1561/11, p. 23 Madrigal

S
T
B

Portinaro, Francesco. Madonna poi ch'uccider mi volete
1563/13, p. 13 Madrigal

S
A
T
B

Portinaro, Francesco. Mentre la donna mia l'altr'hieri
1563/13, p. 8 Madrigal

S
A
T
B

Portinaro, Francesco. Ne si vagh'or sereno ciel
1563/13, p. 26 Madrigal
ALL'ILLUSTR. SIGNORA LEONORA D'ESTE.

S
A
A2
T
T2
B

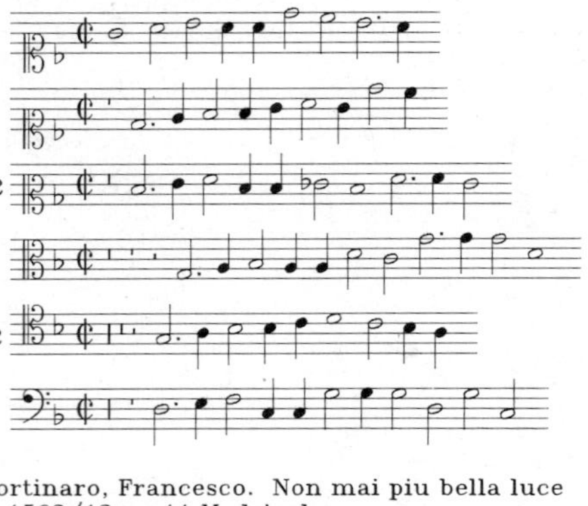

Portinaro, Francesco. Non mai piu bella luce
1563/13, p. 11 Madrigal

S

A
T
B

Portinaro, Francesco. O di chiara virtut'albero vero
1563/13, p. 22 Madrigal
ALLO ILLUSTR. CARD. ... DON ALVIGI DA ESTE.

S
S2
A
T
B
B2

Portinaro, Francesco. O mio lucente sole ch'a poc'a poco
1563/13, p. 5 Madrigal

S
A
T
B

Portinaro, Francesco. O passi sparsi o tenace memoria
1560/20, p. 30 Madrigal
DIALOGO A 8.

S
A
T
B
S2
A2
T2
B2

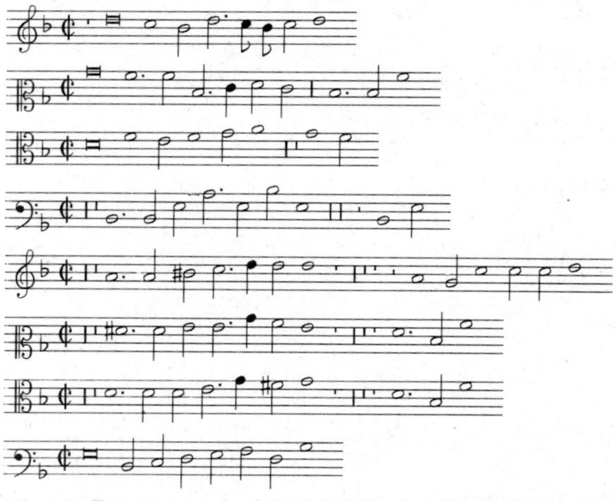

Portinaro, Francesco. Occhi miei ch'in dui fiumi siete
1563/13, p. 3 Madrigal

S
A
T
B

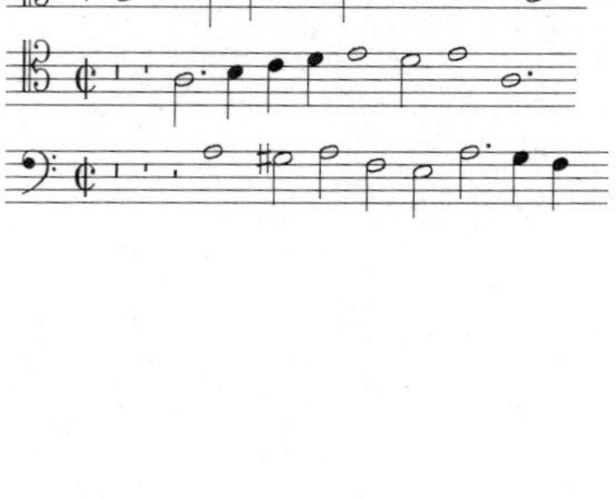

Portinaro, Francesco. Perche l'usato stile
1563/13, p. 16 Madrigal

Portinaro, Francesco. Poscia ch'in gran fortun'
1560/20, p. 13 Madrigal
PRIMA PARTE.

Portinaro, Francesco. Principe glorioso nato in Castalio
1560/20, p. 22 Madrigal
AL SIGNOR BARTOLOMEO ZACCO.

Portinaro, Francesco. Principe raro e'invitto
1560/20, p. 6 Madrigal
AL SIGNOR BARTHOLOMEO ZACCO.

Portinaro, Francesco. Principe unico e raro
1560/20, p. 23 Madrigal
AL SIGNOR CONTE IACOMO ZABBARELA.

Portinaro, Francesco. Pur convera ch'i miei martiri
1563/13, p. 15 Madrigal

Portinaro, Francesco. Quanto piu a l'alma speme cresce
1557/23, p. 23 Madrigal

Portinaro, Francesco. Questa luce d'amor piu che'l sol
1563/13, p. 19 Madrigal

Portinaro, Francesco. Ridon in tant'honor gl'Euganci
1563/13, p. 29 Madrigal
SECONDA PARTE.

Portinaro, Francesco. S'allegro'l ciel che quant'ornar
1562/22, p. 25 Madrigal
SECONDA PARTE. (Bass and Quinto partbooks missing.)

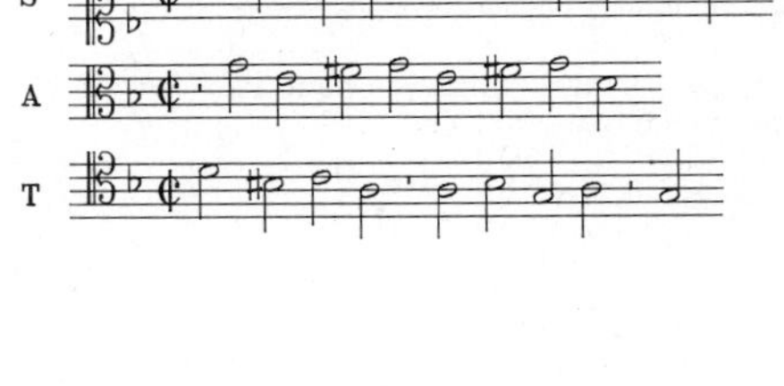

Portinaro, Francesco. S'alteri poi gli gir'altrov'e volge
1563/13, p. 11 Madrigal
SECONDA PARTE.

Portinaro, Francesco. Scopri Giano dal ciel
1560/20, p. 9 Madrigal
AL SIGNOR MARCO ANTONIO SAVIOLO DOTTORE.

Portinaro, Francesco. Se mai quest'occhi tra boschetti
1563/13, p. 14 Madrigal

Portinaro, Francesco. Si come la Fenice un giorn'istesso
1560/20, p. 3 Madrigal
AL SIGNOR FRANCESCO MUSATI.

Portinaro, Francesco. Si fa mio cor sovente fiamme
1563/13, p. 10 Madrigal

Portinaro, Francesco. Sieti mila gros dexo l'art humana
1566/03, p. 23 Madrigal

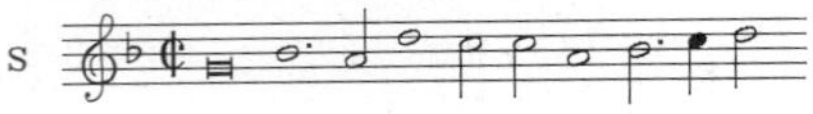

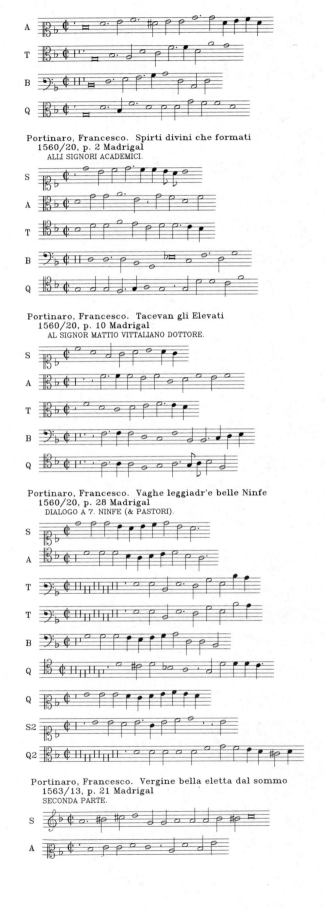

Portinaro, Francesco. Spirti divini che formati
1560/20, p. 2 Madrigal
ALLI SIGNORI ACADEMICI.

Portinaro, Francesco. Tacevan gli Elevati
1560/20, p. 10 Madrigal
AL SIGNOR MATTIO VITTALIANO DOTTORE.

Portinaro, Francesco. Vaghe leggiadr'e belle Ninfe
1560/20, p. 28 Madrigal
DIALOGO A 7. NINFE (& PASTORI).

Portinaro, Francesco. Vergine bella eletta dal sommo
1563/13, p. 21 Madrigal
SECONDA PARTE.

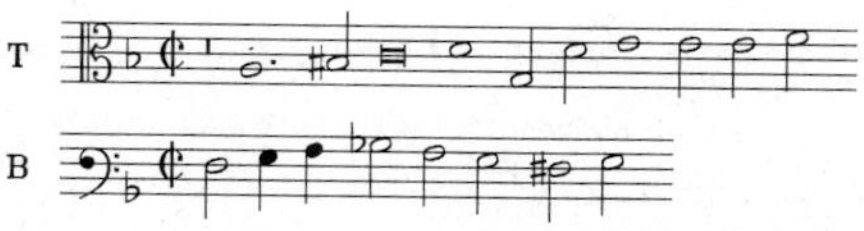

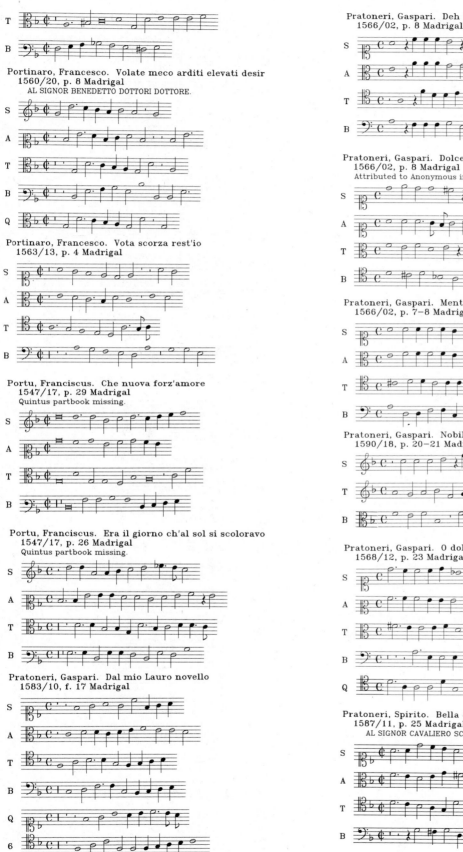

Portinaro, Francesco. Volate meco arditi elevati desir
1560/20, p. 8 Madrigal
AL SIGNOR BENEDETTO DOTTORI DOTTORE.

Portinaro, Francesco. Vota scorza rest'io
1563/13, p. 4 Madrigal

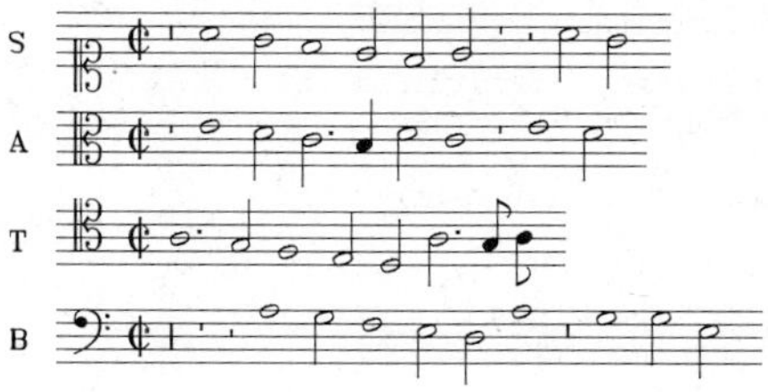

Portu, Franciscus. Che nuova forz'amore
1547/17, p. 29 Madrigal
Quintus partbook missing.

Portu, Franciscus. Era il giorno ch'al sol si scoloravo
1547/17, p. 26 Madrigal
Quintus partbook missing.

Pratoneri, Gaspari. Dal mio Lauro novello
1583/10, f. 17 Madrigal

Pratoneri, Gaspari. Deh disse il sol perche sola
1566/02, p. 8 Madrigal

Pratoneri, Gaspari. Dolce contrade o chius'e cheti valli
1566/02, p. 8 Madrigal
Attributed to Anonymous in 1588/21.

Pratoneri, Gaspari. Mentre da gl'occhi suoi chiare
1566/02, p. 7–8 Madrigal

Pratoneri, Gaspari. Nobil drapel mostrossi a gl'occhi
1590/18, p. 20–21 Madrigal

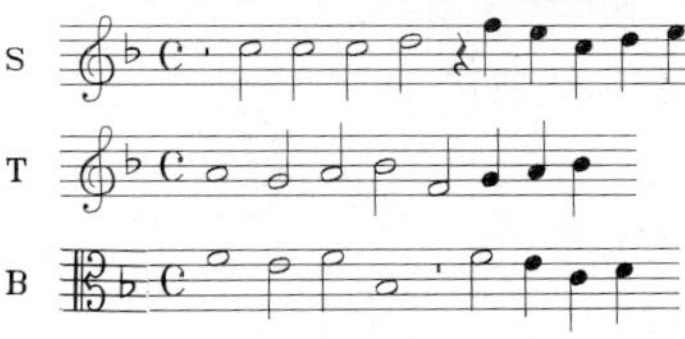

Pratoneri, Gaspari. O dolci basci soavi
1568/12, p. 23 Madrigal

Pratoneri, Spirito. Bella e nobil Signora ben dicesti
1587/11, p. 25 Madrigal
AL SIGNOR CAVALIERO SCARUFFI

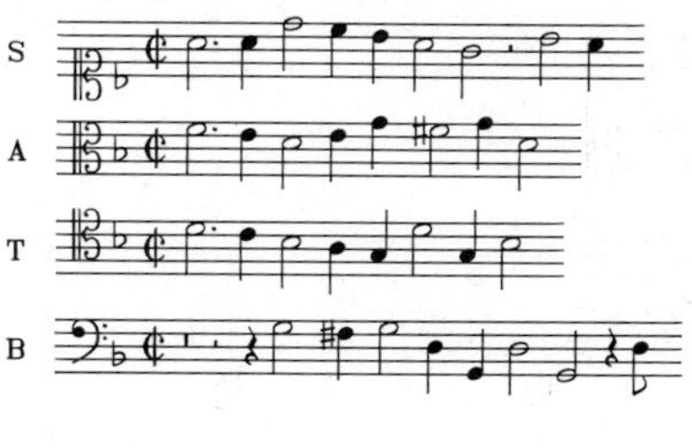

Pratoneri, Spirito. Ben fu ventura Amore
1587/11, p. 19 Madrigal
ALLA SIGNORA ISABELLA CASSUOLI

Pratoneri, Spirito. Canuto e bianco e come neve il pelo
1587/11, p. 15 Madrigal

SPRATON Che giova posseder citad & regni
1598/10, p. 12 Madrigal

Pratoneri, Spirito. Chi brama di veder Amor
1587/11, p. 7 Madrigal

Pratoneri, Spirito. Crudel di che peccat'a dolor t'hai
1587/11, p. 20 Madrigal

Pratoneri, Spirito. Da casta e bella Donna
1587/11, p. 8 Madrigal
NEL PARTO DELLA SIGNORA GIRONIMA SCARUFFI

Pratoneri, Spirito. Dove Ciprigna bella mi guida
1587/11, p. 12 Madrigal
NELLA NOZZE...SIG.CLAUDIO ALESSANDRO & SIG.LAURA MALIGUZZI

Pratoneri, Spirito. Dove tocca costei col santo piede
1587/11, p. 18 Madrigal
ALLA SIGNORA VITTORIA SESSI

Pratoneri, Spirito. Era Laura sparita
1587/11, p. 11 Madrigal
ALLA SIGN. LAUR MALIGUZZI

Pratoneri, Spirito. Fiammeggiavan due stelle
1587/11, p. 23 Madrigal

Pratoneri, Spirito. Hor dunque non importa
1587/11, p. 24 Madrigal

Pratoneri, Spirito. In questo lieto giorno
1587/11, p. 16 Madrigal
ALLA SIGNORA PAOLA MANFREDI

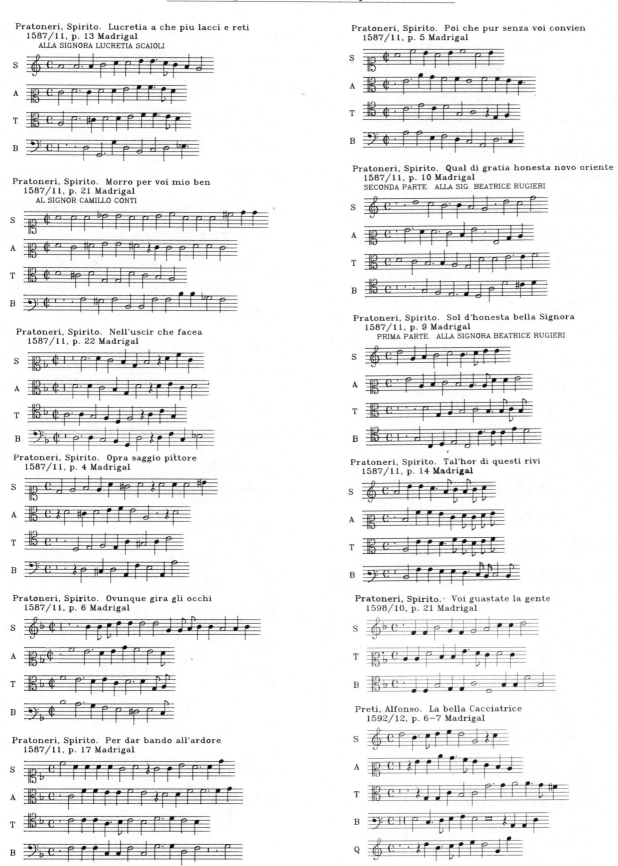

Pratoneri, Spirito. Lucretia a che piu lacci e reti
1587/11, p. 13 Madrigal
ALLA SIGNORA LUCRETIA SCAIOLI

Pratoneri, Spirito. Morro per voi mio ben
1587/11, p. 21 Madrigal
AL SIGNOR CAMILLO CONTI

Pratoneri, Spirito. Nell'uscir che facea
1587/11, p. 22 Madrigal

Pratoneri, Spirito. Opra saggio pittore
1587/11, p. 4 Madrigal

Pratoneri, Spirito. Ovunque gira gli occhi
1587/11, p. 6 Madrigal

Pratoneri, Spirito. Per dar bando all'ardore
1587/11, p. 17 Madrigal

Pratoneri, Spirito. Poi che pur senza voi convien
1587/11, p. 5 Madrigal

Pratoneri, Spirito. Qual di gratia honesta novo oriente
1587/11, p. 10 Madrigal
SECONDA PARTE. ALLA SIG. BEATRICE RUGIERI

Pratoneri, Spirito. Sol d'honesta bella Signora
1587/11, p. 9 Madrigal
PRIMA PARTE. ALLA SIGNORA BEATRICE RUGIERI

Pratoneri, Spirito. Tal'hor di questi rivi
1587/11, p. 14 Madrigal

Pratoneri, Spirito. Voi guastate la gente
1598/10, p. 21 Madrigal

Preti, Alfonso. La bella Cacciatrice
1592/12, p. 6–7 Madrigal

Preti, Alfonso. Ninfe a danzar venite
1592/11, p. 5 Madrigal
PAROLE DI DON VITALIANO GISCAFERIO

Preti, Alfonso. Qual canzon ti debb'io
1596/08, p. 11 Madrigal
Quintus and Bass II voices from 1590/11.

Preti, Alfonso. Tra mille fior gia colti in dolce
1596/16, p. 20 Madrigal

Pretin, Ant. Belta come la vostra
1526/je, f.11–12 Frottola
Only Cantus extant. See 1526/JEP in Index to sources.

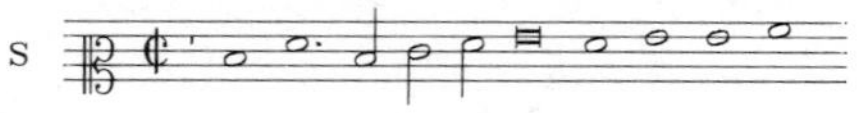

Pretin, Ant. L'aere gravato e l'emportuna nebio
1526/je, f.12v–13 Frottola
Only Cantus extant. See 1526/JEP in Index to sources.

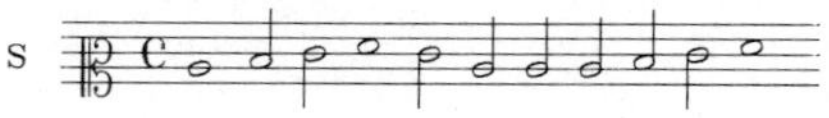

Pretin, Ant. Mia benigna fortuna
1526/je, f.13–13v Frottola
Only Cantus extant. See 1526/JEP in Index to sources.

Primavera, Giovanni L. A cas'un giorno mi guido la sorte
1566/13, p. 3 Madrigal

Primavera, Giovanni L. Al mio infelice stat'alcun non trova
1569/31, p. 19 Napolitana
Bass voice missing.

Primavera, Giovanni L. L'alba risona d'ogni intorno e sento
1565/17, p. 33 Canzona

Primavera, Giovanni L. L'alma che gia soffrisce
1569/31, p. 16 Napolitana
Bass voice missing.

Primavera, Giovanni L. All'arme all'arme o fidi mei
1565/17, p. 31 Canzona
Compare Anonymous "All'arme.. " in 1565/12.

Primavera, Giovanni L. All'arme all'arme o fidi mei
1565/17, p. 34 Canzona

Primavera, Giovanni L. Altri ha prospero venuto
1585/31, p. 27 Madrigal
TERZA STANZA.

B
Q

Primavera, Giovanni L. Amor & io si pien di maraviglia
1565/16, p. 3 Madrigal

S
A
T
B
Q

Primavera, Giovanni L. Amor da i dardi tuoi non chieggio
1566/13, p. 14 Madrigal
RIME DI MONSIGNOR MARTIRANI.

S
A
T
B
Q

Primavera, Giovanni L. Amor fortuna & la mia mente schiva
1565/16, p. 4–5 Madrigal

S
A
T
B
Q

Primavera, Giovanni L. Amor quando m'invia a mirar
1566/02, p. 14 Madrigal
Attributed to Anonymous in 1583/15.

S
A
T
B

Primavera, Giovanni L. Amor sia benedetto
1570/31, p. 5 Villota
Setting for voice and lute in 1570/33.

S
T
B

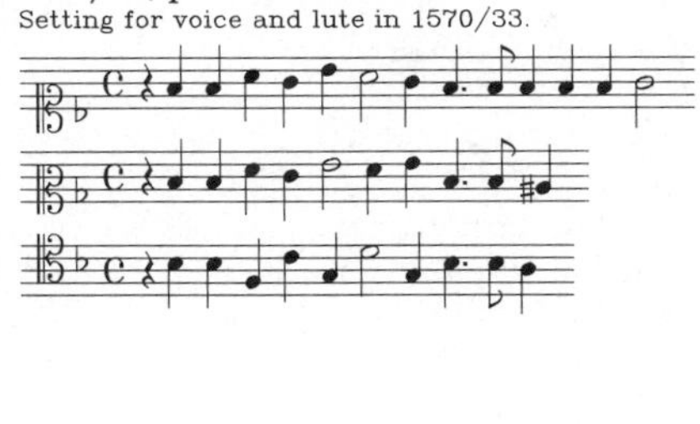

Primavera, Giovanni L. Ardenti miei sospiri
1565/17, p. 4 Canzona

S
T
B

Primavera, Giovanni L. Ardo aghiaccio pavento
1585/31, p. 12 Madrigal
PRIMA PARTE.

S
A
T
B
Q

Primavera, Giovanni L. Ardo, moro, languisco
1565/17, p. 5 Canzona

S
T
B

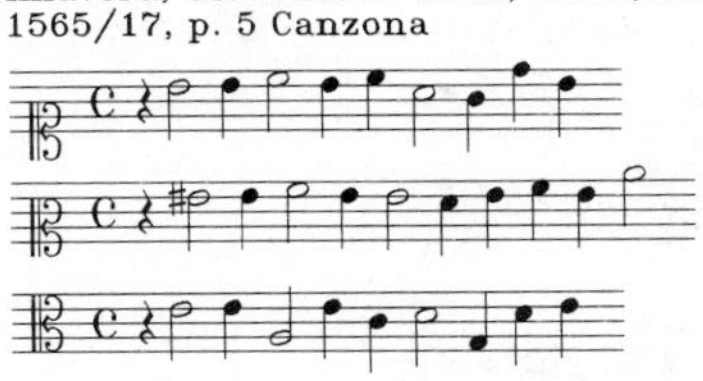

Primavera, Giovanni L. Bella smiralda mia che di colore
1570/30, p. 15 Canzona

S
T
B

Primavera, Giovanni L. Ben poi dolert'adhor mi sento
1566/13, p. 9 Madrigal

S
A
T
B
Q
6

Primavera, Giovanni L. Campare di speranza sempre mai
1570/30, p. 23 Canzona

S
T
B

Primavera, Giovanni L. Che fai qui villanella
1569/31, p. 8 Napolitana
Bass voice missing.

Primavera, Giovanni L. Che seria se la fioretta mia
1570/30, p. 10 Canzona

Primavera, Giovanni L. Chi e fermato di menar sua vita
1585/31, p. 17 Madrigal
SESTINA. PRIMA STANZA.

Primavera, Giovanni L. Con lei fuss'io
1566/13, p. 18 Madrigal
QUINTA PARTE.

Primavera, Giovanni L. Con quel poco di viver che l'avanza
1566/13, p. 5 Madrigal
TERZA STANZA.

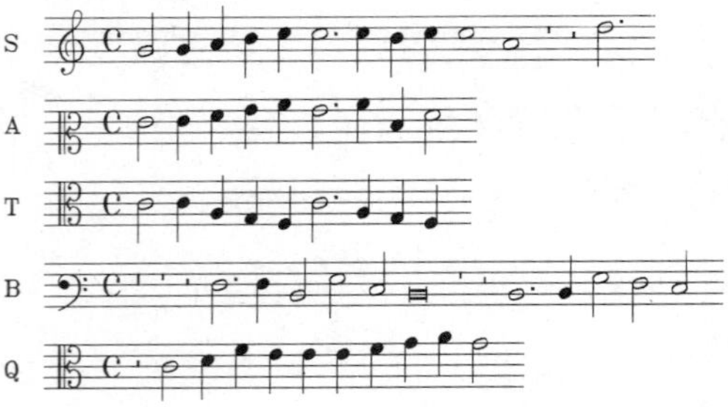

Primavera, Giovanni L. Cor mio ritorn'hormai
1570/31, p. 3 Villota

Primavera, Giovanni L. Correte tutti oscuri amanti correte
1565/17, p. 32 Canzona

Primavera, Giovanni L. Crudel a che mi dai
1570/31, p. 20 Villota

Primavera, Giovanni L. Chi vol veder quantunque puo natura
1570/30, p. 16 Canzona

Primavera, Giovanni L. Chiuso gran tempo
1585/31, p. 19 Madrigal
TERZA STANZA.

Primavera, Giovanni L. Chiuso vegg'ogni guado
1585/31, p. 13 Madrigal
SECONDA PARTE.

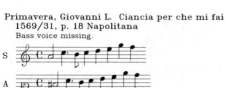

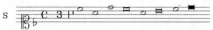

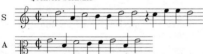

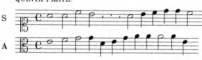

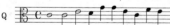

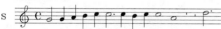

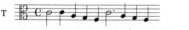

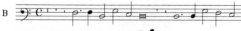

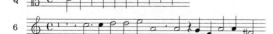

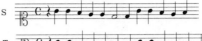

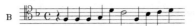

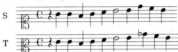

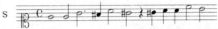

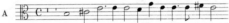

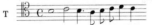

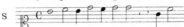

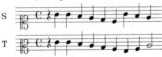

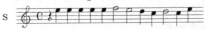

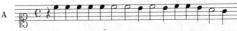

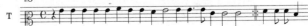

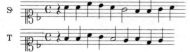

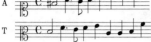

Primavera, Giovanni. Deh lasciatemi stare tanti
1565/17, p. 7 Canzona
Attributed to Anonymous in 1570/33.

Primavera, Giovanni. Deh perche inanzi tempo
1565/16, p. 6–7 Madrigal

Primavera, Giovanni. Diru dirido padrona mia
1570/30, p. 21 Canzona

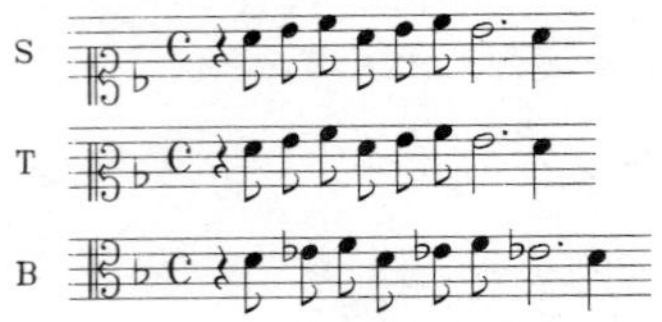

Primavera, Giovanni. Dite o mio caro sole
1570/31, p. 13 Villota

Primavera, Giovanni. Dolce cantar s'udia
1565/16, p. 22 Madrigal

Primavera, Giovanni L. Dolce m'e per tuo amor donna
1570/30, p. 12 Canzona

Primavera, Giovanni L. Dolce miseria uscir d'affann'e pene
1570/30, p. 9 Canzona

Primavera, Giovanni L. Donna gli e ben raggione
1565/17, p. 22 Canzona

Primavera, Giovanni L. Donne leggiadr'e voi vaghe
1565/17, p. 6 Canzona
Text reads "Donna laggiadr'e.. "

Primavera, Giovanni L. E di quanto bene e di quanto
1565/17, p. 21 Canzona

Primavera, Giovanni L. E gionta l'hor'e mi convien partire
1570/30, p. 30 Canzona

Primavera, Giovanni L. Ecco la notte e'l ciel
1585/31, p. 7 Madrigal
QUINTA E ULTIMA STANZA.

Primavera, Giovanni L. Fillida mia piu che i ligustri
1585/31, p. 3 Madrigal
PRIMA STANZA.

Primavera, Giovanni L. Fiora che di belta sei rara
1570/30, p. 24 Canzona

Primavera, Giovanni L. Foll'e ch'al suon d'altrui piante
1566/13, p. 15 Madrigal
SECONDA PARTE.

Primavera, Giovanni L. Foscarina gentil padrona mia
1570/30, p. 18 Canzona

Primavera, Giovanni. Fugend'il mio dolore
1569/31, p. 5 Napolitana
Bass voice missing.

Primavera, Giovanni. Gia mi credea passar mio tempo
1570/31, p. 12 Villota

Primavera, Giovanni. Giva cogliendo fiori una mattina
1570/31, p. 9 Villota

Primavera, Giovanni. Gola che perl'et oro voi portate
1569/31, p. 28 Napolitana
Bass voice missing.

Primavera, Giovanni. Hanno raggion'asse queste citelee
1565/17, p. 30 Canzona

Primavera, Giovanni. Hier ser'andai da la mia manza
1570/30, p. 14 Canzona

Primavera, Giovanni. Hor vogli signor mio l'undecim'anno
1565/16, p. 19 Madrigal
Seconda parte.

Primavera, Giovanni. Hor che son rott'i lacc'e spent'
1569/31, p. 31 Napolitana
Bass voice missing.

Primavera, Giovanni. Hor s'io lo scaccio
1565/16, p. 15 Madrigal
Seconda parte.

Primavera, Giovanni L. Hor tu ch'ai posto te stesso
1565/16, p. 8 Madrigal
SECONDA PARTE.

Primavera, Giovanni. L'imperatore prepara gran guerra
1570/30, p. 3 Canzona

Primavera, Giovanni. Io vo piangendo i miei passati tempi
1565/16, p. 16 Madrigal
SECONDA PARTE.

Primavera, Giovanni. Laura soave a cui governo e vela
1585/31, p. 18 Madrigal
SECONDA STANZA.

Primavera, Giovanni. Ma i pomi un tempo a lui
1565/16, p. 10–11 Madrigal
SECONDA PARTE.

Primavera, Giovanni. Madonna io mi consumo
1569/31, p. 25 Napolitana
Bass voice missing.

Primavera, Giovanni. Mai amo post'in mare tiro pesce
1569/31, p. 29 Napolitana
Bass voice missing.

Primavera, Giovanni. Male per me tanta belta mirai
1570/31, p. 16 Villota

Primavera, Giovanni L. Maraviglia non e s'io fui ferito
1565/17, p. 29 Canzona

Primavera, Giovanni L. Mentre ch'ella le piaghe
1566/13, p. 6 Madrigal
QUARTA STANZA.

Primavera, Giovanni L. Mi porg'un tant'ardor
1570/31, p. 10 Villota

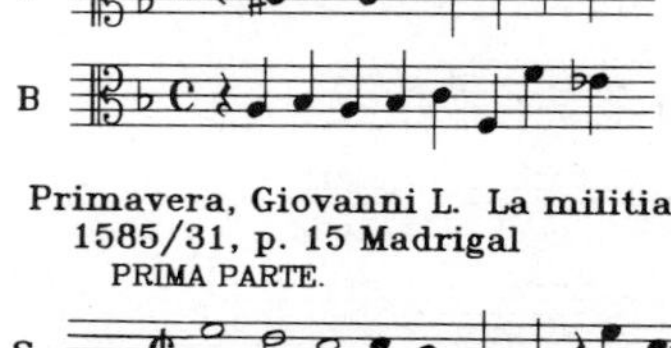

Primavera, Giovanni L. La militia Giovanni pur ribomba
1585/31, p. 15 Madrigal
PRIMA PARTE.

Primavera, Giovanni. Mille fiat'Amore mi promesse
1569/31, p. 9 Napolitana
Bass voice missing.

Primavera, Giovanni. Mille volte dicia trista'e la forte
1565/17, p. 10 Canzona

Primavera, Giovanni. Mira la villanella deh com'abballa
1570/30, p. 20 Canzona

Primavera, Giovanni. Mira quel colle, o fianco mio
1565/16, p. 7 Madrigal

Primavera, Giovanni. Miracolo in natura voglio dire
1569/31, p. 12 Napolitana
Bass voice missing.

Primavera, Giovanni. Miracolo non e se voi legat'a me
1565/17, p. 19 Canzona

Primavera, Giovanni L. Misero me che per titrarm'in porto
1585/31, p. 30 Madrigal
SESTA E ULTIMA STANZA.

Primavera, Giovanni L. Na bella villanella d'Aguilea
1569/31, p. 6 Napolitana
Bass voice missing.

Primavera, Giovanni L. Na vecchiarella al campo
1570/30, p. 8 Canzona

Primavera, Giovanni L. Na vechia tramaiola l'altro giorno
1569/31, p. 10 Napolitana
Bass voice missing.

Primavera, Giovanni L. Nacque morto e sepolto questo core
1585/31, p. 23 Madrigal

Primavera, Giovanni L. Nasce la gioia mia ogni volta
1565/16, p. 21 Madrigal

Primavera, Giovanni L. Ne il mar quieto
1585/31, p. 26 Madrigal
SECONDA STANZA.

Primavera, Giovanni L. Ne spero i dolci di tornino indietro
1565/16, p. 5 Madrigal
SECONDA PARTE.

Primavera, Giovanni L. Noi quattro sventurat'in compagnia
1569/31, p. 3 Napolitana
Bass voice missing.

Primavera, Giovanni L. Non credo che pascesse mai
1566/13, p. 17 Madrigal
QUARTA PARTE.

Primavera, Giovanni L. Non e cosa ch'io miri
1570/31, p. 4 Villota

Primavera, Giovanni L. Non per ch'io sia sicuro anchor
1585/31, p. 21 Madrigal
QUINTA STANZA.

Primavera, Giovanni L. Non ved'un simil par d'amanti
1565/16, p. 23 Madrigal

Primavera, Giovanni L. O Dio perche non vedi
1570/30, p. 19 Canzona

Primavera, Giovanni L. O dio se tu conosci quanto t'amo
1570/30, p. 3 Canzona

Primavera, Giovanni L. O troppo caro o troppo eccelsa
1565/16, p. 12 Madrigal

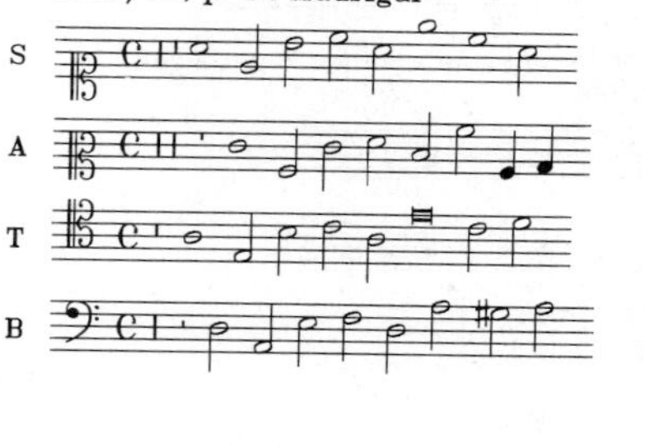

Primavera, Giovanni. Gli occhi la bocca
1570/31, p. 11 Villota

Primavera, Giovanni L. Onde fallaci ha quest'instabil
1585/31, p. 28 Madrigal
QUARTA STANZA.

Primavera, Giovanni L. Padre del ciel dopo i perduti giorni
1565/16, p. 18–19 Madrigal

Primavera, Giovanni L. Pastor che per fuggir
1585/31, p. 6 Madrigal
QUARTA STANZA. (Tenor voice missing.)

Primavera, Giovanni L. Pastor che set'intorno al cantar
1585/31, p. 5 Madrigal
TERZA STANZA.

Primavera, Giovanni L. La pena del mio core
1569/31, p. 20 Napolitana
Bass voice missing.

Primavera, Giovanni L. Per voi vivo mia donna in ghiaccio
1570/30, p. 25 Canzona

Primavera, Giovanni L. La persona che va
1570/31, p. 7 Villota

Primavera, Giovanni L. Porta il buon villanel da strania
1565/16, p. 10 Madrigal

Primavera, Giovanni L. Prima ch'io torn'a voi lucente
1566/13, p. 20 Madrigal
PRIMA STANZA DI SESTINA DEL GALLO.

Primavera, Giovanni L. Prima che stava sciolto d'ogn Amore
1569/31, p. 24 Napolitana
Bass voice missing.

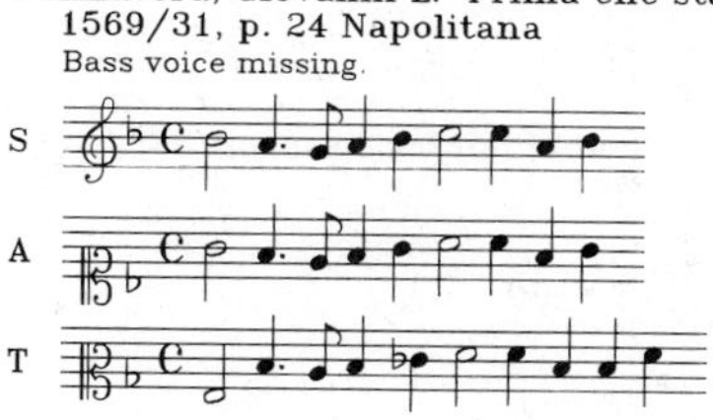

Primavera, Giovanni L. Qual miracolo e quel quando fra
1565/16, p. 4 Madrigal
SECONDA PARTE.

Primavera, Giovanni L. Qual nav'in alto mar tra duri
1585/31, p. 25 Madrigal

Primavera, Giovanni L. Qual sol che d'oceano
1565/16, p. 20 Madrigal

Primavera, Giovanni L. Qual Sol che d'Oceano esce
1566/13, p. 8 Madrigal
Text "Ninfa bianc'et vermiglia" in Cantus & Tenor.

Primavera, Giovanni L. Quando mi lev'e vad'a la fenestra
1569/31, p. 11 Napolitana
Bass voice missing.

Primavera, Giovanni L. Quando miro i capelli
1570/31, p. 2 Villota
Attributed to Anonymous in 1570/33.

Primavera, Giovanni L. Quando quando vidi madonna'i bei
1565/17, p. 26 Canzona

Primavera, Giovanni L. Quando vegosta vecchi a la divisa
1570/30, p. 29 Canzona

Primavera, Giovanni L. Quant'ho vi don'e voi invece
1566/13, p. 2 Madrigal
SECONDA PARTE.

Primavera, Giovanni L. Quanta gratia dal Ciel
1585/31, p. 31 Madrigal

Primavera, Giovanni L. Quanto piu miro la tua gran bellezza
1570/31, p. 23 Villota

Primavera, Giovanni L. Quel che nel mezo de nemic'armati
1585/31, p. 14 Madrigal
PRIMA PARTE.

Primavera, Giovanni L. Quel che vi remota e solitaria
1585/31, p. 29 Madrigal
QUINTA STANZA.

Primavera, Giovanni L. Questa donna crudel che tanto bella
1565/17, p. 14 Canzona

Primavera, Giovanni L. Il Re de Parti visitar con dono
1566/13, p. 1 Madrigal

Primavera, Giovanni L. S'amor nuovo consiglio non m'aporta
1585/31, p. 16 Madrigal
SECONDA PARTE.

Primavera, Giovanni L. S'io esca vivo da dubbiosi scogli
1585/31, p. 22 Madrigal
SESTA E ULTIMA STANZA.

Primavera, Giovanni L. Sciolt'e quella catena
1570/31, p. 15 Villota

Primavera, Giovanni L. Scontrai una fantina ballalilo
1570/30, p. 28 Canzona

Primavera, Giovanni L. Se chi e causa de lo mio tormento
1569/31, p. 27 Napolitana
Bass voice missing.

Primavera, Giovanni L. Se di Verginia la dolc'armonia
1566/13, p. 10 Madrigal
SECONDA PARTE.

Primavera, Giovanni L. Se di lunga mi trovo vita mia
1565/17, p. 18 Canzona

Primavera, Giovanni L. Se lamentar augelli o verdi fronde
1565/16, p. 6 Madrigal
Seconda parte.

Primavera, Giovanni L. Se le lacrime mie gli miei sospiri
1569/31, p. 22 Napolitana
Bass voice missing.

Primavera, Giovanni L. Se'l dolor che io sento lo sentisse
1569/31, p. 30 Napolitana
Bass voice missing.

Primavera, Giovanni L. Se'l foco cui sempr'ardo fosse foco
1566/13, p. 12–13 Madrigal

Primavera, Giovanni L. Se'l sguardo in cui mirai
1569/31, p. 15 Napolitana
Bass voice missing.

Primavera, Giovanni L. Sempr'ho fuggito amore
1565/17, p. 20 Canzona

Primavera, Giovanni L. Sento tal foc'ardente
1570/30, p. 26 Canzona

Primavera, Giovanni L. Sento tal foco e fiamma
1565/17, p. 9 Canzona

Primavera, Giovanni L. La sera desiar odiar l'aurora
1565/16, p. 8–9 Madrigal

Primavera, Giovanni L. Si che s'io vissi in guerra
1565/16, p. 17 Madrigal
Seconda parte.

Primavera, Giovanni L. Si vedra prima l'acqua tornan sasso
1569/31, p. 17 Napolitana
Bass voice missing.

Primavera, Giovanni L. Signora par che'l ciel v'ha fatt'
1570/31, p. 22 Villota

Primavera, Giovanni L. La signoria ha fatt'un gran
1570/30, p. 13 Canzona

Primavera, Giovanni L. Sospira core che raggione
1570/31, p. 17 Villota

Primavera, Giovanni L. Sparga la sant'astrea
1565/16, p. 17–18 Madrigal

Primavera, Giovanni L. Stella gentil nel volger
1569/31, p. 21 Napolitana
Bass voice missing.

Primavera, Giovanni L. Tirenna mia il cui color aguaglia
1585/31, p. 4 Madrigal
SECONDA STANZA.

Primavera, Giovanni L. Tirsi pastor assis'a un tronco
1569/31, p. 4 Napolitana
Bass voice missing.

Primavera, Giovanni L. Tre donne belle fanno gran bataglia
1565/17, p. 17 Canzona

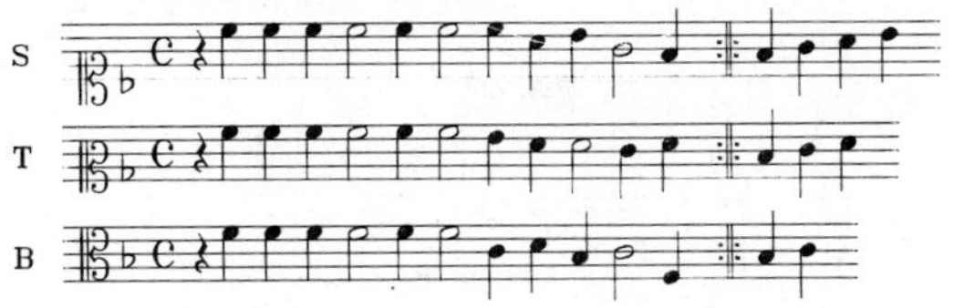

Primavera, Giovanni L. Tre donne belle fanno gran bataglia
1569/31, p. 14 Napolitana
Bass voice missing.

Primavera, Giovanni L. Tre villanelle belle belle belle
1569/31, p. 7 Napolitana
Bass voice missing.

Primavera, Giovanni L. Tu m'hai lassat'alla bon'hora
1570/30, p. 17 Canzona

Primavera, Giovanni L. Turco Giudeo ne Moro
1565/17, p. 3 Canzona

Primavera, Giovanni L. Tutto lo giorno stento e poi la sera
1565/17, p. 35 Canzona

Primavera, Giovanni L. Vaga d'udir con'ogni donna
1566/13, p. 4 Madrigal
SECONDA PARTE.

Primavera, Giovanni L. Il vag'e lieto aspetto
1566/13, p. 16 Madrigal
TERZA PARTE. A LA FRANCESCA RAGOSEA.

Primavera, Giovanni L. Il vago e lieto aspetto
1566/13, p. 21 Madrigal

Primavera, Giovanni L. Vecchia s'havessi n'arco
1569/31, p. 13 Napolitana
Bass voice missing.

Primavera, Giovanni L. Venuto'e'l maggio ch'invit'a cantare
1570/30, p. 27 Canzona
Attributed to Anonymous (Villotta) in 1570/21.

Primavera, Giovanni L. Versino gl'occhi miei si largo
1566/13, p. 19 Madrigal
PRIMA STANZA DI SESTINA DI GALBO.

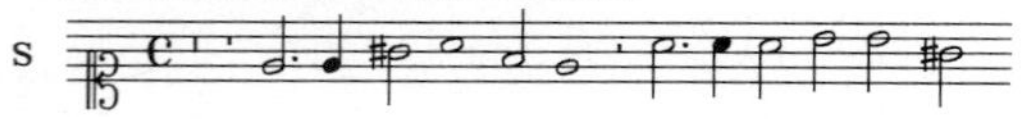

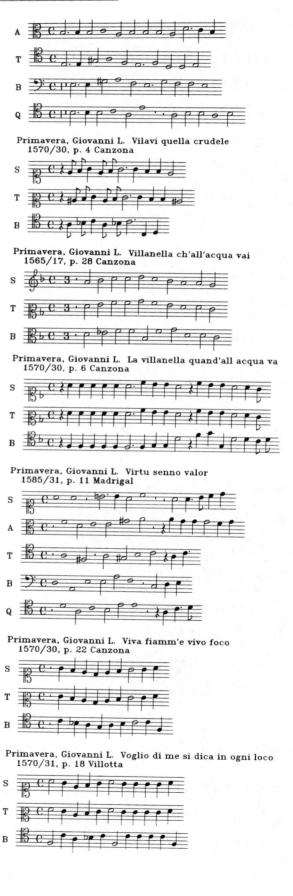

Primavera, Giovanni L. Vilavi quella crudele
1570/30, p. 4 Canzona

Primavera, Giovanni L. Villanella ch'all'acqua vai
1565/17, p. 28 Canzona

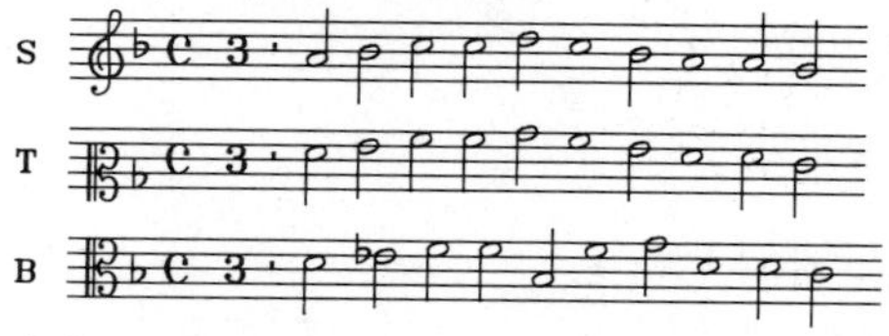

Primavera, Giovanni L. La villanella quand'all acqua va
1570/30, p. 6 Canzona

Primavera, Giovanni L. Virtu senno valor
1585/31, p. 11 Madrigal

Primavera, Giovanni L. Viva fiamm'e vivo foco
1570/30, p. 22 Canzona

Primavera, Giovanni L. Voglio di me si dica in ogni loco
1570/31, p. 18 Villotta

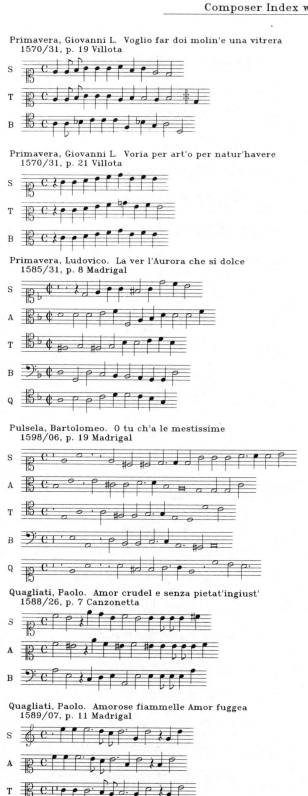

Primavera, Giovanni L. Voglio far doi molin'e una vitrera
1570/31, p. 19 Villota

Primavera, Giovanni L. Voria per art'o per natur'havere
1570/31, p. 21 Villota

Primavera, Ludovico. La ver l'Aurora che si dolce
1585/31, p. 8 Madrigal

Pulsela, Bartolomeo. O tu ch'a le mestissime
1598/06, p. 19 Madrigal

Quagliati, Paolo. Amor crudel e senza pietat'ingiust'
1588/26, p. 7 Canzonetta

Quagliati, Paolo. Amorose fiammelle Amor fuggea
1589/07, p. 11 Madrigal

Quagliati, Paolo. Ancora che tu m'odii anima mia
1589/11, p. 17 Madrigal

Quagliati, Paolo. Bocca di fresche rose ch'ascondi
1588/26, p. 12 Canzonetta

Quagliati, Paolo. Certo ch'un giorno d'esto mondo
1585/07, p. 4 Canzona

Quagliati, Paolo. Contempla nott'e giorno
1599/06, p. 92 Lauda
PER L'ASSUNTIONE DELLA MADONNA SANTISSIMA.

Quagliati, Paolo. Correte o Santi ai pie
1585/07, p. 6 Canzona

Quagliati, Paolo. Crudel m'uccidi e te ne ridi
1588/26, p. 2 Canzonetta
See setting for 5 voices by G. Dragoni in 1588/22.

Quagliati, Paolo. Giesu de l'alma mia refugio e speme
1585/07, p. 1 Canzona

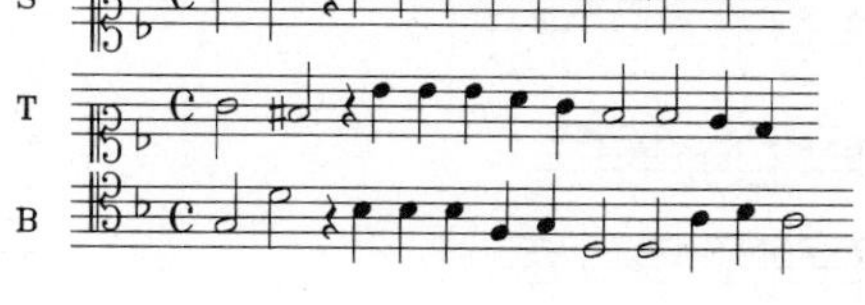

Quagliati, Paolo. Hoime ch'a poco a poco
1585/07, p. 10 Canzona

Quagliati, Paolo. Io credo di morire disperato
1588/26, p. 6 Canzonetta

Quagliati, Paolo. Io veggo ahime gioire altri del mio
1588/26, p. 14 Canzonetta

Quagliati, Paolo. Io voglio sospirare e pianger tanto
1585/07, p. 22 Canzona

Quagliati, Paolo. Lasso per le mie colpe o morto
1585/07, p. 21 Canzona

Quagliati, Paolo. Madre divina del Ciel Regina
1599/06, p. 64 Lauda
A SANTA MARIA DEL REFUGIO.

Quagliati, Paolo. Maraviglia non e donna gentile
1588/26, p. 1 Canzonetta
Version (Madrigal) for 5v. attrib. to G.Dragoni in 1588/22.

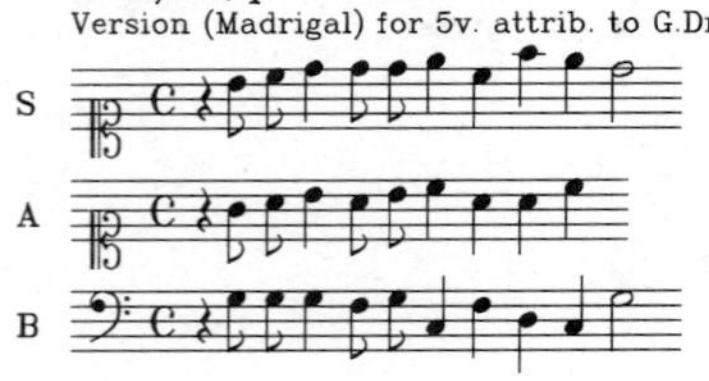

Quagliati, Paolo. Mentr'in gratia di Dio felice io
1585/07, p. 5 Canzona

Quagliati, Paolo. O alma che farai
1585/07, p. 20 Canzona

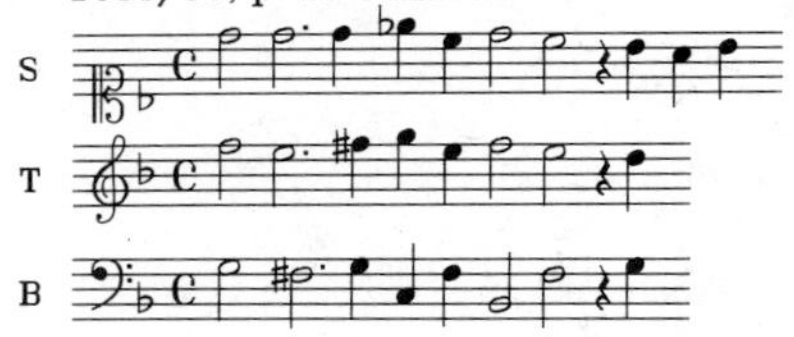

Quagliati, Paolo. O angiol benedetto
1585/07, p. 2 Canzona

Quagliati, Paolo. O begl'occhi sereni d'ogni dolcezza
1588/26, p. 13 Canzonetta

Quagliati, Paolo. O che vita le Zitelle mettiamo
1588/26, p. 17 Canzonetta
ARIA.

Quagliati, Paolo. Oscur nube di terreni assetti
1585/07, p. 9 Canzona

Quagliati, Paolo. Partisi ahi dura forte
1588/26, p. 20 Canzonetta

Quagliati, Paolo. Per esservi madonna ogn'hor presente
1588/26, p. 16 Canzonetta
ARIA.

Quagliati, Paolo. Perche non mi par tempo
1585/07, p. 17 Canzona
RISPOSTA DEL PECCATORE. RIMA PRIMA. m3 after double bar

Quagliati, Paolo. Una piagha mortal mi sent'al core
1588/26, p. 3 Canzonetta

Quagliati, Paolo. La prima volta ch'io vidi tanta
1588/26, p. 18 Canzonetta

Quagliati, Paolo. Quando del mio bel sol
1583/14, f. 36 Madrigal

Quagliati, Paolo. Quando miro il bel volto
1591/12, f. 15v–16 Madrigal

Quagliati, Paolo. Quella lachrime belle e quei dolci
1588/26, p. 9 Canzonetta

Quagliati, Paolo. Se del fedel servir nulla n'acquisto
1588/26, p. 5 Canzonetta

Quagliati, Paolo. Sento cantar da tutte le persone
1588/26, p. 10 Canzonetta

Quagliati, Paolo. Signor mio tu m'hai lasciato
1585/07, p. 13 Canzona

Quagliati, Paolo. Son quest'occhi micidali
1588/26, p. 11 Canzonetta

Quagliati, Paolo. Stiati huomo carnale
1585/07, p. 19 Canzona

Quagliati, Paolo. Tal da vostr'occhi foco
1591/12, f. 16v–17 Madrigal

Quagliati, Paolo. Tra l'asinello el bue
1585/07, p. 25 Canzona

Quagliati, Paolo. Tu parti e'l ciel pur vole
1588/26, p. 19 Canzonetta

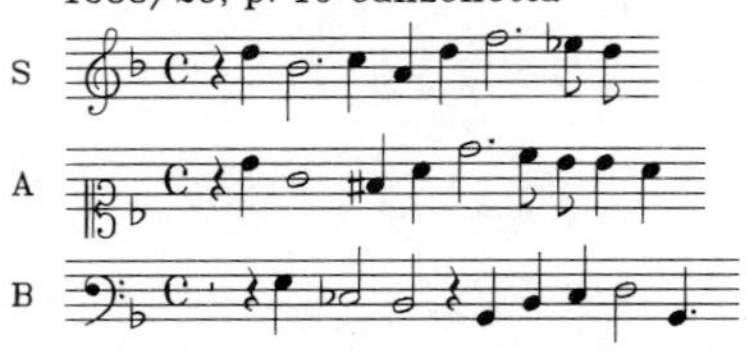

Quagliati, Paolo. Tu sol mi dai martire e sempre pene
1588/26, p. 8 Canzonetta

Quagliati, Paolo. Vaghi miei lumi ond'io
1588/26, p. 21 Canzonetta
MADREGALE A 3

Quagliati, Paolo. Voglio al mondo morire e sola Dio
1585/07, p. 8 Canzona

Quagliati, Paolo. Vorrei fuggire volando
1588/26, p. 4 Canzonetta

Radino, Giov. Maria. D'Eugania almi pastori
1598/09, p. 20 Madrigal
DIALOGO A OTTO. (Tenor and Bass missing.)

Raffaelo Ch'io ti lasci e non t'ami
1598/09, p. 9 Madrigal

Ragno, Pietro. Ardo si ma non t'amo
1585/17, no. 14 Madrigal

Ragno, Pietro. Poi che ti piace Amore
1582/09, p. 15 Canzona

Ragno, Pietro. Sia benedetto ogni sospir
1582/09, p. 15 Canzona
SECONDA PARTE.

Raimondo, Vittorio. Deh perch'oscura e trista
1567/13, p. 25 Madrigal
SECONDA PARTE. (Music missing in Canto partbook.)

Raimondo, Vittorio. Ma io lasso che solo
1567/13, p. 10 Madrigal

Q

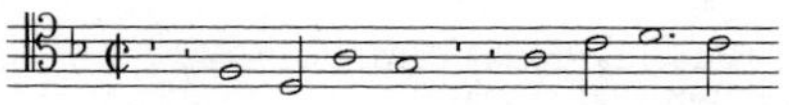

Raimondo, Vittorio. Occhi miei dolci io son ferito
1567/13, p. 10–11 Madrigal

S
A
T

Ramesini, Francesco. Si spesso Cintia cinge
1592/12, p. 20–21 Madrigal

S
A
T
B
Q

Raimondo, Vittorio. S'aiut'in van dal ciel
1568/16, p. 19 Madrigal

S
A
T
B
Q

Raimondo, Vittorio. Solinga Tortorella
1567/13, p. 9 Madrigal

S
A
T
B
Q

Raimondo, Vittorio. Tu'l sai mio caro
1568/16, p. 20 Madrigal
SECONDA PARTE.

S
A
T

B
Q

Rampollini, Mattio. Basciami vita mia si dolcemente
1562/08, p. 2–4 Madrigal
Only Bass partbook extant.

B

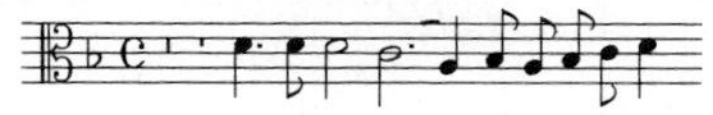

Rampollini, Mattio. Ecco la fida ancella che stanc'un
1539/25, p. 20 Madrigal

S
A
T
B

Rampollini, Mattio. In un boschetto nov'i rami santi
1582/08, p. 10 Madrigal

S
T
B

Rampollini, Mattio. Lieta per honorarte ecco signor
1539/25, p. 12 Madrigal

S
A
T
B

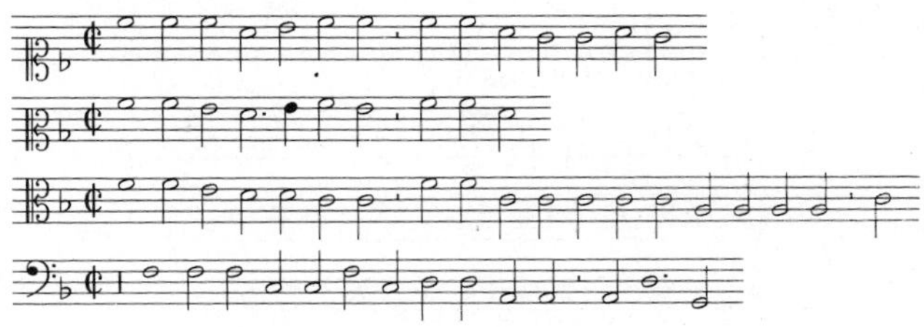

Rampollini, Mattio. Ove porg'ombr'un pin alt'o
1562/08, p. 37–39 Madrigal
Only Bass partbook extant.

B

Rampollini, Mattio. Qual sara mai si miserabil canto
1582/08, p. 17 Madrigal

S
T
B

Ravenna, Bartolomeo Da. Non son nei vaghi prati tanti fiori
1570/19, p. 14 Madrigal
AL MAG. & RE. IL S. LO. MALVEZZI

S T B
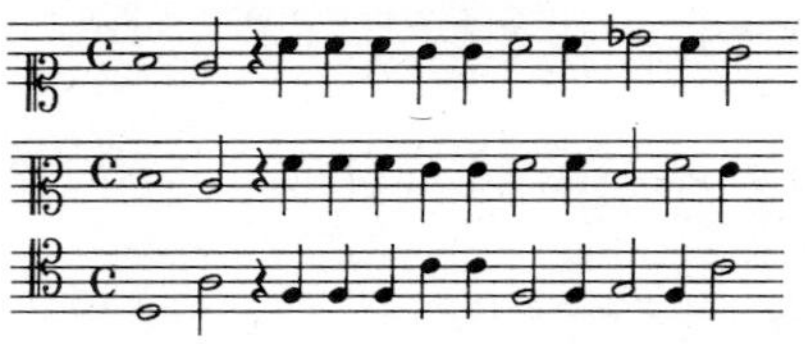

Recalchi, Giovanni Batt. L'ardente sacra face
1596/10, p. 25 Madrigal

S A T B Q

Recalchi, Giovanni Batt. O via piu bianca e fredda
1592/12, p. 28–29 Madrigal

S A T B Q

Recco, Vincenzo. Non e piu certa cosa amaro mene
1574/06, p. 31 Villanella

S T B
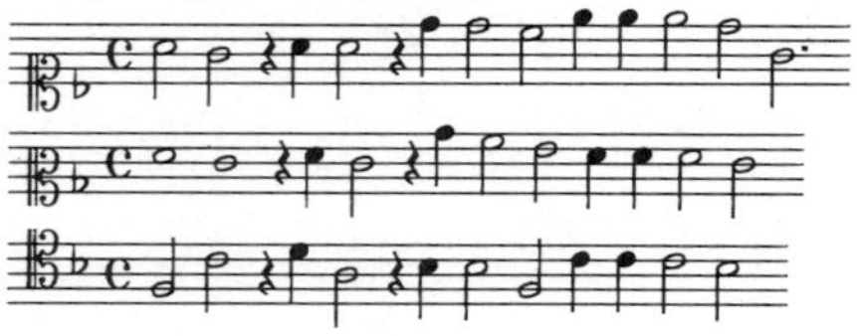

Reggio, Arcangelo Da. Quando quel tuo bel sguard'in me
1570/19, p. 7 Madrigal
AL MAGN. S. PIETRO ALDOBRANDINI

S T B

Reggio, Arcangelo Da. Tant'era dolce'il pianto
1570/19, p. 9 Madrigal
AL MOLTO MAGN. M. GIULIO CESARE STRAPPI

S T B
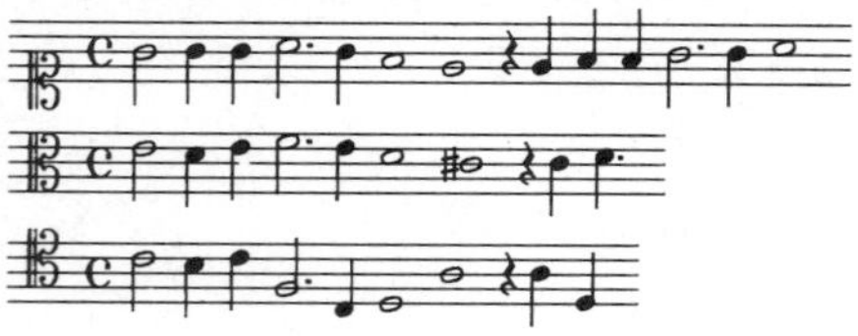

Reggio, Spirito da, SEE Pratoneri, Gaspari

Regiensis, Julius. Muse dal basso centro alzate
1540/07, p. 60 r Madrigal

S A T B

Regnart, Giacomo. Ardo si ma non t'amo
1585/17, no. 8 Madrigal

S A T B Q

Remigio, Dom. Il bel tempo primier seco rimena
1599/06, p. 108 Lauda
SECONDA PARTE.

S S2 B
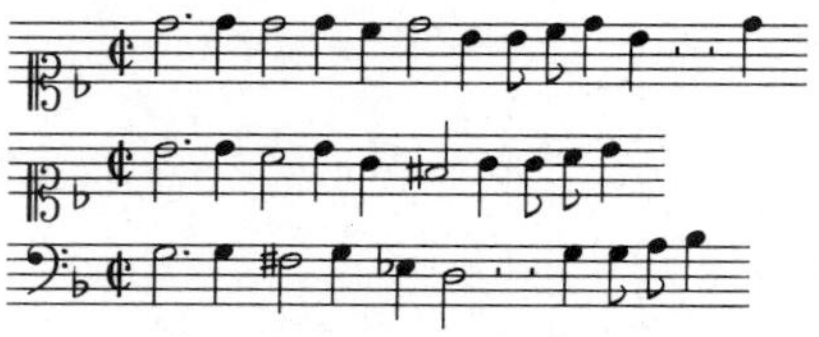

Remigio, Dom. Che luce e questa o Dio
1599/06, p. 14 Lauda
ASSUNTIONE.

S S2 B
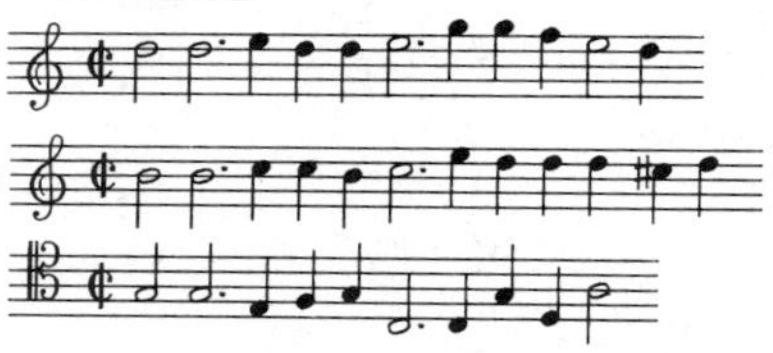

Remigio, Dom. Chiaro gioisce il Tebro
1599/06, p. 108 Lauda
TERZA PARTE.

S S2 B

Remigio, Dom. Di regia stirpe Hebrea
1599/06, p. 7 Lauda
PER L'IMMACOLTA CONCETTIONE.

S S2 B

Remigio, Dom Donna ab eterno eletta
1599/06, p. 15 Lauda
EPILOGO DI TUTTE LE SETTE SOLENNITA.

S

S2
B

Remigio, Dom. E s'ci t'adora humil
1599/06, p. 109 Lauda
QUINTA & ULTIMA PARTE.

S
S2
B

Remigio, Dom. Hor non nasce ciascun figlio
1599/06, p. 8 Lauda
PER LA NATIVITA.m=cut3;m cut after 5 notes

S
S2
B

Remigio, Dom. Indi spirando poi'l'aura
1599/06, p. 106 Lauda

S
S2
B

Remigio, Dom. Lascia la bella Roma a mez'Aprile
1599/06, p. 106 Lauda
A S.MAR.DI LORETO . PASSAGIO DI N.S.PAPA CLEMENTE VIII.

S
S2
B

Remigio, Dom. Mentre del Capricorno intento
1599/06, p. 107 Lauda
PER IL FELICE RITORNO DI S.BEATUDINE DA FERRARA..

S
S2
B

Remigio, Dom. Mira Vergine Madre eccelsa
1599/06, p. 109 Lauda
QUARTA PARTE.

S
A
B
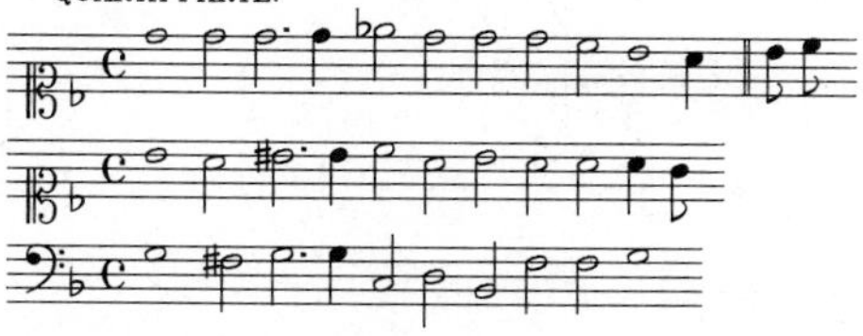

Remigio, Dom. Non piu fasce ne cuna
1599/06, p. 9 Lauda
PRESENTATIONE.

S

S2
B
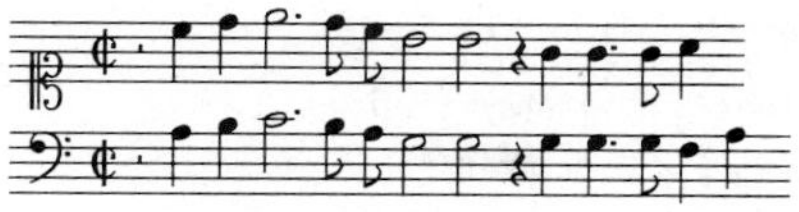

Remigio, Dom. Non piu pappe ne latte
1599/06, p. 10 Lauda

S
S2
B

Remigio, Dom. Piena del verbo eterno
1599/06, p. 12 Lauda
VISITATIONE.

S
S2
B

Remigio, Dom. Pura piu che colomba in bianca
1599/06, p. 13 Lauda
PURIFICATIONE.

S
S2
B

Remigio, Dom. Scende l'Angel dal Cielo
1599/06, p. 11 Lauda
ANNUNCIATIONE.

S
S2
B

Renaldi, Giovanni Maria. Non sai signor quel ch'ha fatt'amore
1589/10, p. 16 Canzonetta

S
T
B

Renaldi, Giovanni Maria. La velenosa vista e'l fiero sguardo
1589/10, p. 8 Madrigal

S
T
B

Renaldi, Giulio. Alto Signor che reggi
1584/04, p. 34 Madrigal
A 12. (Incomplete---four voices missing.)

Renaldi, Giulio. Amanti el vongio diri
1564/16, p. 13 Greghesca

Renaldi, Giulio. Amor io sent'un respirar si dolce
1569/32, p. 20 Madrigal

Renaldi, Giulio. Ben credev'io che nel tuo regno
1569/32, p. 16 Madrigal
PRIMA PARTE.

Renaldi, Giulio. Che se partir potesse alma gradita
1568/16, p. 24 Madrigal
SECONDA PARTE.

Renaldi, Giulio. Chi fia che dal mio cor scombri
1569/32, p. 9 Madrigal
SECONDA PARTE.

Renaldi, Giulio. Com'havro dunque il frutto
1569/32, p. 12 Madrigal

Renaldi, Giulio. Come di voi piu bella
1569/32, p. 22 Madrigal

Renaldi, Giulio. Dal freddo cor di voi mia diva
1569/32, p. 13 Madrigal

Renaldi, Giulio. Deh torna a me mio sol
1569/32, p. 25 Madrigal
SECONDA PARTE.

Renaldi, Giulio. Dolci rosate labbia
1569/32, p. 10 Madrigal

Renaldi, Giulio. E fattasi Reina
1569/32, p. 5 Madrigal
QUINTA PARTE.

Renaldi, Giulio. E quel foco ch'ei prima
1569/32, p. 2 Madrigal
SECONDA PARTE.

Renaldi, Giulio. Ecco piu che non suole
1561/13, p. 25 Madrigal

Renaldi, Giulio. L'empio tuo stral amore
1569/32, p. 26–27 Madrigal

Renaldi, Giulio. Et ei fero'e sdegnoso vago
1569/32, p. 3 Madrigal
TERZA PARTE.

Renaldi, Giulio. Io vivo di dolore
1569/32, p. 23 Madrigal

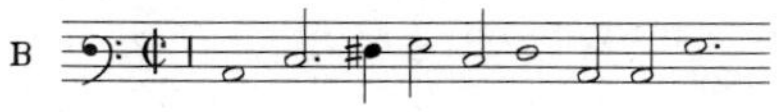

Renaldi, Giulio. Ma se'l caldo cor mio
1569/32, p. 6 Madrigal
SESTA PARTE.

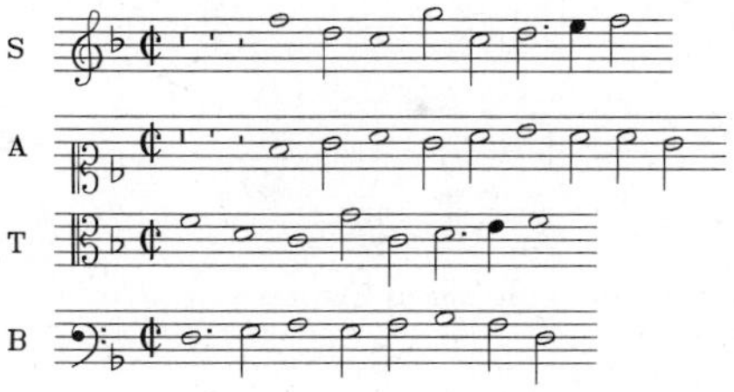

Renaldi, Giulio. Madonna il mio desio
1569/32, p. 11 Madrigal

Renaldi, Giulio. Madonna io ben vorrei
1569/32, p. 18 Madrigal

Renaldi, Giulio. Mentre ch'altero amore
1569/32, p. 1 Madrigal

Renaldi, Giulio. Mi'l vivo sulo del speranza freda
1564/16, p. 33 Greghesca
SECONDA PARTE.

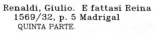

Renaldi, Giulio. Misero a che t'offersi
1569/32, p. 17 Madrigal
SECONDA PARTE.

Renaldi, Giulio. Non puote a Dio servir giamai
1561/13, p. 8 Madrigal

Renaldi, Giulio. Non vedi amore ch'io son quasi morto
1589/10, p. 3 Canzonetta

Renaldi, Giulio. O dolce vita mia perche mi sei tanto
1590/20, no. 41 Madrigal

Renaldi, Giulio. O mio pinsar del gran dulcezza stivo
1564/16, p. 32–33 Greghesca
PRIMA PARTE.

Renaldi, Giulio. Per che come ha nel volto
1569/32, p. 4 Madrigal
QUARTA PARTE.

Renaldi, Giulio. Poi che l'alto valore spiegar
1569/32, p. 28 Madrigal
ALL'ILLUSTRE SIGNOR CONTESSA DI SOLA. A4 OR A8.

Renaldi, Giulio. Quando parla madonna e quando ride
1589/10, p. 14 Madrigal

Renaldi, Giulio. Quanto piu cruda sete donna
1569/32, p. 21 Madrigal

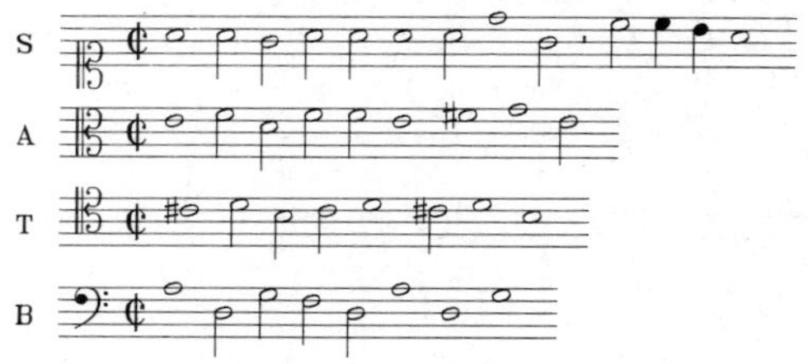

Renaldi, Giulio. S'un sguard'un fa beato
1569/32, p. 15 Madrigal

Renaldi, Giulio. Se di dolor io potessi morire
1590/20, no. 40 Madrigal

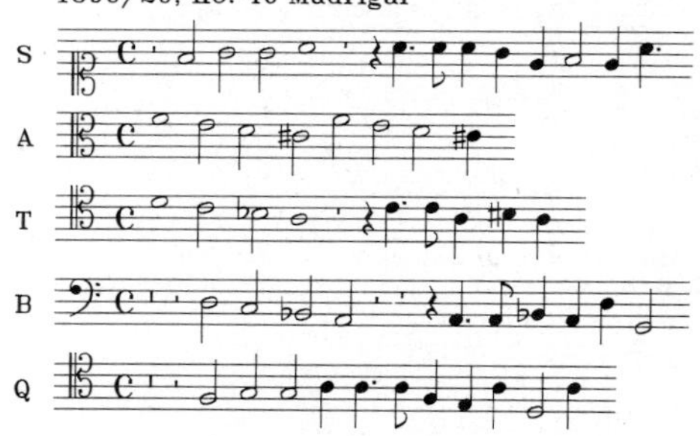

Renaldi, Giulio. Si dolce m'e languire
1569/32, p. 19 Madrigal

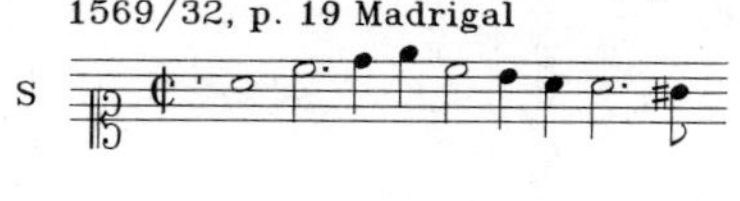

A T B

Renaldi, Giulio. Si dolcemente mi trapassa il core
1569/32, p. 14 Madrigal

S A T B

Renaldi, Giulio. Tu tu Caro ancor piag'il mio
1568/16, p. 23 Madrigal

S A T B Q

Renaldi, Giulio. Vaghi leggiadri lumi
1569/32, p. 8 Madrigal

S A T B

Renaldi, Giulio. Vanne a Madonna humil canzon
1569/32, p. 7 Madrigal
SETTIMA PARTE.

S A T B

Reulx, Anselmo De. Languidetta giacendo quella che
1556/22, p. 3 Madrigal

S A T B

Reulx, Anselmo De. Quando io mi volgo indietro a mir
1549/31, p. 10 Madrigal

S

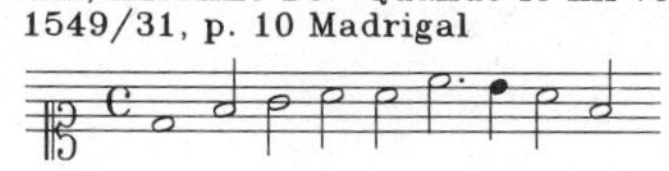

A T B

Reulx, Anselmo De. Quant'era'l meglio Amore
1556/22, p. 2 Madrigal

S A T B

Reulx, Anselmo De. S'altri s'afflige'et duole
1559/18, p. 15 Madrigal

S A T B

Reulx, Anselmo De. S'io credessi per mort'essere
1557/16, p. 8 Madrigal
Attributed to Anonymous in 1542/17 and to Anselmo in 1558/11.

S A T B

Ricci, Flavio. Ardo si ma non t'amo
1585/17, no. 19 Madrigal

S A T B Q

Riccio, Giulio. Ardo si ma non t'amo
1585/17, no. 16 Madrigal

S A T B Q

Riccio, Prete Maria. Lassatemi morire
1544/22, p. 7 Madrigal

Riccio, Teodoro. La vaga pastorella
1590/11, p. 23 Madrigal

Roccia, Francesco. Da gli aspri tuoi martiri
1599/06, p. 80 Lauda
A SANTA MARIA DI MONTE CALVARIO.

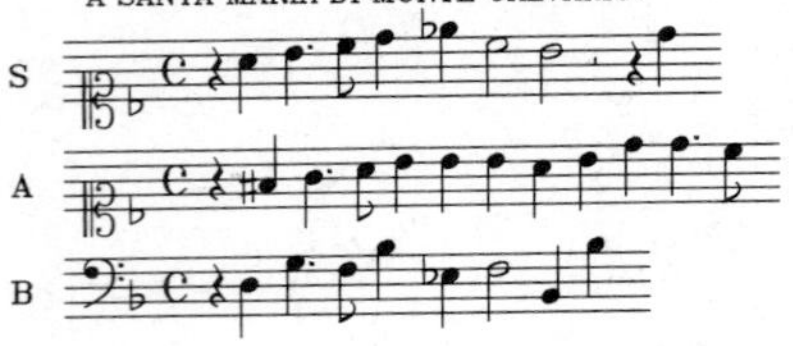

Rigum, Don Antonio. Donna ascolta el tuo amatore
1504/04, f. 50v–51 Frottola

Roccia, Francesco. Hor eccoti'l mio core
1599/06, p. 19 Lauda
AL SANTO ROSARIO DI GIESU MARIA IN NAPOLI.

Roccia, Francesco. O Vergine Reina Donna cui terra
1599/06, p. 50 Lauda
A S.MARIA DEL SOCCOROSO IN S.ANELLO.DI NAPOLI.

Roccia, Francesco. Oime che tal martire
1599/06, p. 84 Lauda
PIETOSA QUERELA DELLA MADRE SANTISSIMA.

Roccia, Francesco. Poiche Vergin di Te
1599/06, p. 18 Lauda
A SANTA MARIA DEL THESORO IN NAPOLI.

Rodaldi, Hermes. S'io fo da voi partita
1590/13, p. 7 Madrigal
Bass partbook missing.

Rodio, Rocca da Bari. Ardo si ma non t'amo
1587/12, p. 10 Madrigal

Rodio, Rocca da Bari. Arsi ardo ardiro sempre
1587/12, p. 9 Madrigal

Rodio, Rocca da Bari. Cantai un tempo
1591/18, p. 12 Madrigal

Rodio, Rocca da Bari. Dolci rubini e perle
1587/12, p. 3 Madrigal

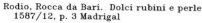

Rodio, Rocca da Bari. Dura legge d'amor
1587/12, p. 25 Madrigal
PRIMA PARTE.

Rodio, Rocca da Bari. E come sono instabili sue rote
1587/12, p. 30 Madrigal
SESTA PARTE.

Rodio, Rocca da Bari. E so come in un punto
1587/12, p. 26 Madrigal
SECONDA PARTE.

Rodio, Rocca da Bari. Fiorite valli'amene
1570/18, p. 52 Napolitana

Rodio, Rocca da Bari. Fuggimi quanto voi faccia mia bella
1570/18, p. 30 Napolitana

Rodio, Rocca da Bari. In somma so come'e
1587/12, p. 31 Madrigal
SETTIMA ET ULT. PARTE.

Rodio, Rocca da Bari. Lungi da voi mia vita
1587/12, p. 5 Madrigal

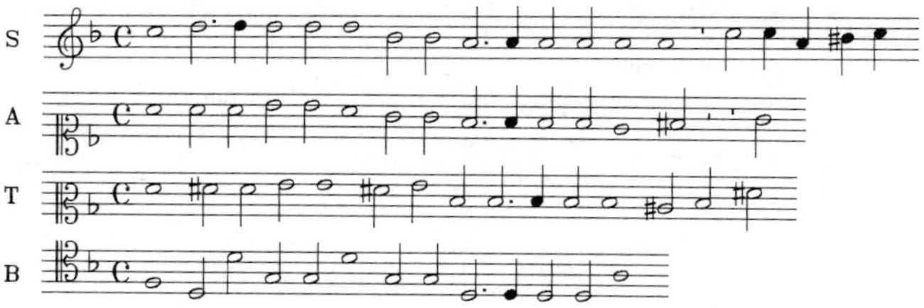

Rodio, Rocca da Bari. M'accio che'l ver sia
1587/12, p. 12 Madrigal
SECONDA PARTE.

Rodio, Rocca da Bari. Ma se consentimento
1587/12, p. 8 Madrigal
SECONDA PARTE.

Rodio, Rocca da Bari. Madonn'il vostro petto
1587/12, p. 21 Madrigal
"DEL GENRE CROMATICO."

Rodio, Rocca da Bari. Mentre di gemm'e d'oro
1587/12, p. 19 Madrigal

Rodio, Rocca da Bari. Ne bel vostr'occhi
1587/12, p. 20 Madrigal

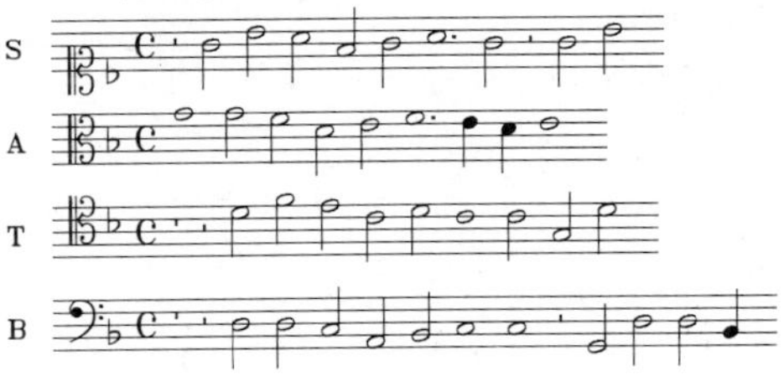

Rodio, Rocca da Bari. Occhi ond'a mille
1587/12, p. 13 Madrigal

Rodio, Rocca da Bari. Pallida no, ma piu che
1587/12, p. 6 Madrigal

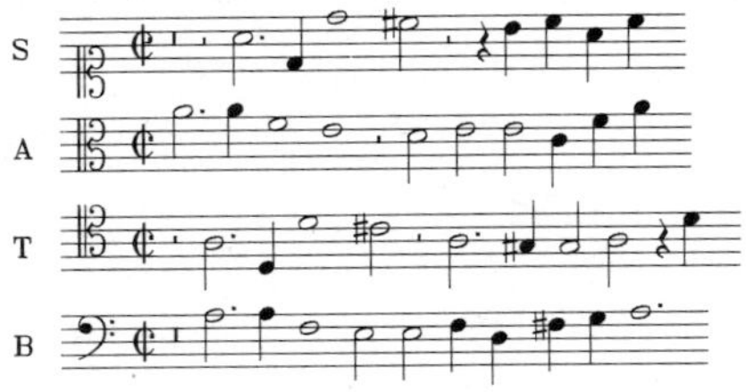

Rodio, Rocca da Bari. Piacesse al ciel
1587/12, p. 11 Madrigal
PRIMA PARTE.

Rodio, Rocca da Bari. Poscia ch'a voi son
1587/12, p. 15 Madrigal
SECONDA PARTE.

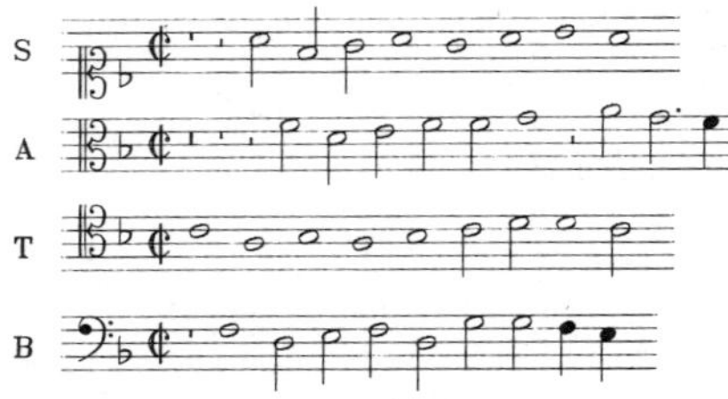

Rodio, Rocca da Bari. Rotta e l'alta colonna
1587/12, p. 7 Madrigal
PRIMA PARTE.

Rodio, Rocca da Bari. S'a voi fosse si nota
1587/12, p. 16 Madrigal

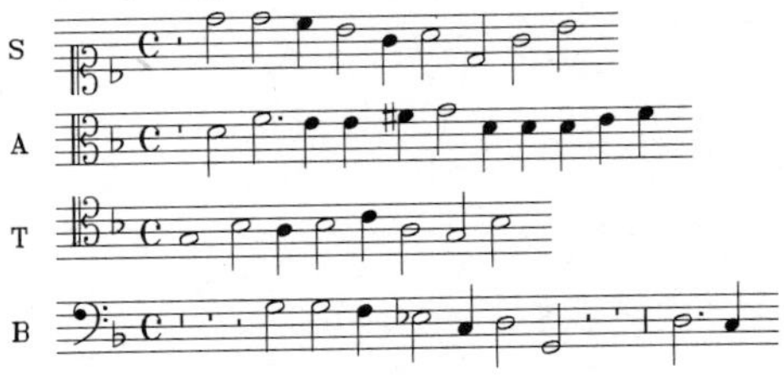

Rodio, Rocca da Bari. Se'l cor miser avampa
1587/12, p. 4 Madrigal

Rodio, Rocca da Bari. So de la mia nemica
1587/12, p. 27 Madrigal
TERZA PARTE.

Rodio, Rocca da Bari. So di che poco
1587/12, p. 29 Madrigal
QUINTA PARTE.

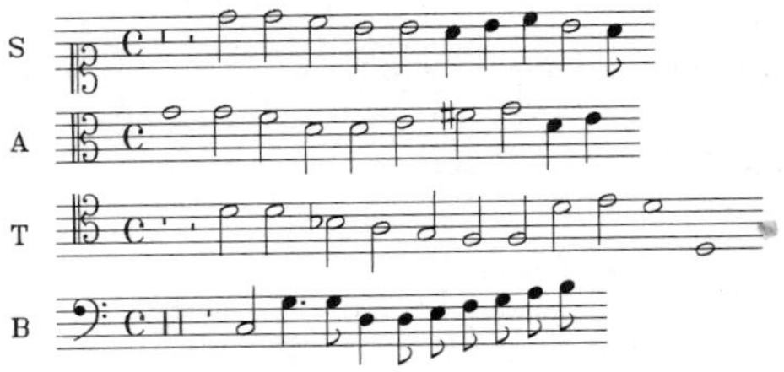

Rodio, Rocca da Bari. So mille volte il di
1587/12, p. 28 Madrigal
QUARTA PARTE.

Rodio, Rocca da Bari. Spess'un pensiero
1587/12, p. 14 Madrigal
PRIMA PARTE.

Rognoni, Giovanni D. Ahime che fa'l mio Sole
1600/17, p. 20 Canzona

Rognoni, Giovanni D. Amat'e cara e mill e mille volte
1600/17, p. 7 Canzona

Rognoni, Giovanni D. Amor deh dimm'il vero
1600/17, p. 2 Canzona
ALL'ILLUSTRISS. SIG. CONTE GIERONIMO SIMONETTA.

Rognoni, Giovanni D. Amor quando fia'l giorno
1600/17, p. 5 Canzona

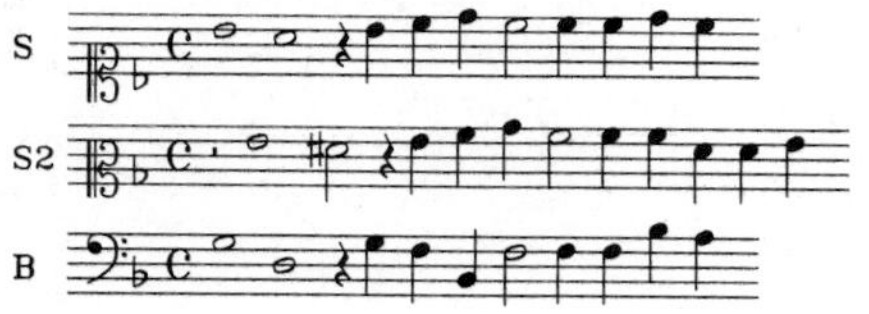

Rognoni, Giovanni D. Cor mio se per dolore
1600/17, p. 24 Canzona

Rognoni, Giovanni D. Lasso crudel'Amore
1600/17, p. 18 Canzona

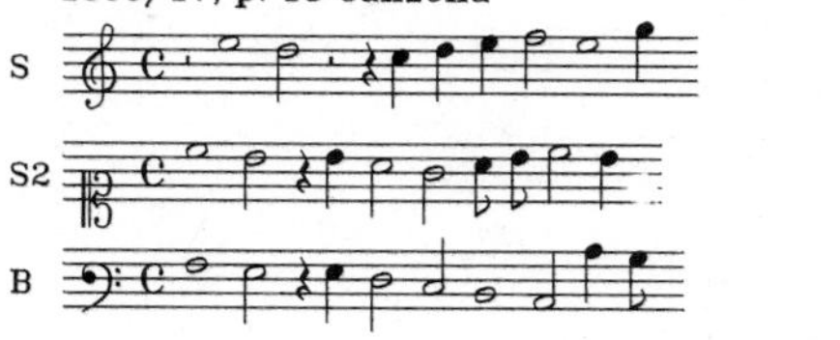

Rognoni, Giovanni D. Liet'e vezzos'Aprile chiamo il bel
1600/17, p. 11 Canzona

Rognoni, Giovanni D. Nel foco de vostr'occhi
1600/17, p. 12 Canzona

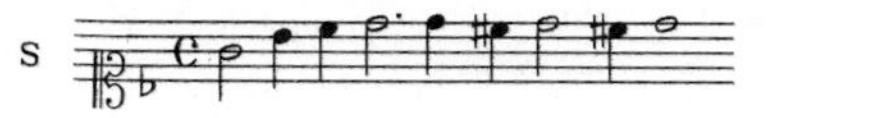

Rognoni, Giovanni D. Poiche le mie parole mia Ninfa
1600/17, p. 22 Canzona

Rognoni, Giovanni D. Se per haverti dato l'alma e'l core
1600/17, p. 8 Canzona

Rognoni, Giovanni D. Strinsem'il petto dolcemente Amore
1600/17, p. 14 Canzona

Rognoni, Giovanni D. Subito nasc'e amore in vano cor
1600/17, p. 15 Canzona

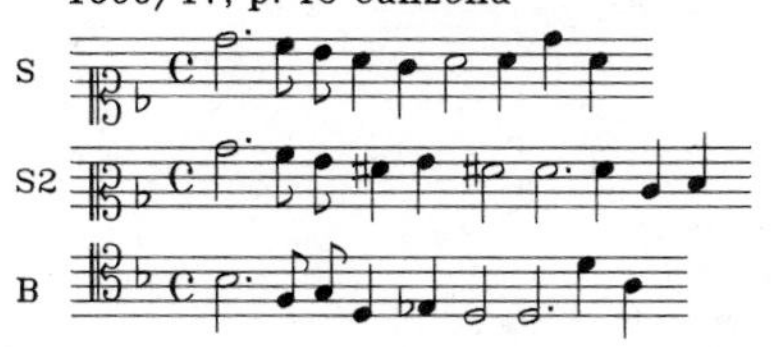

Rognoni, Giovanni D. Vanne mia Canzonetta riverente
1600/17, p. 3 Canzona
ALL'ILLUSTRISS. SIG. CONTE PAOLO SIMONETTA.

Roi, Bartolomeo. Al mormorar della dolce aura
1600/13, p. 4 Madrigal

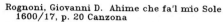

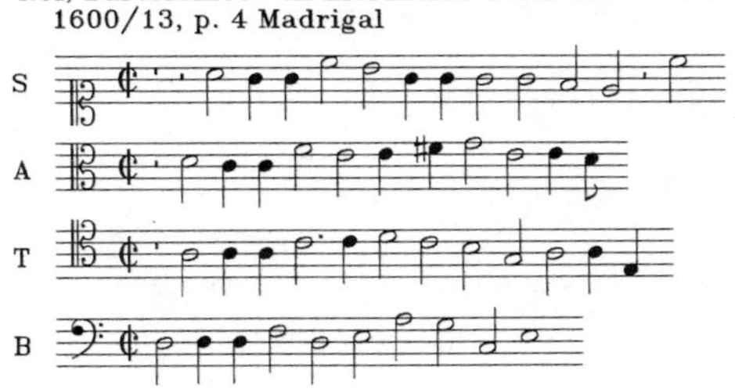

Roi, Bartolomeo. Al suo apparir il Sole
1589/07, p. 18 Madrigal
Page missing in Alto partbook.

Roi, Bartolomeo. Alzando gli occhi al ciel
1599/06, p. 22 Lauda
PER LA NATIVITA.

Roi, Bartolomeo. L'ardor che dentr'i bei vostr'occhi
1582/06, p. 23 Madrigal

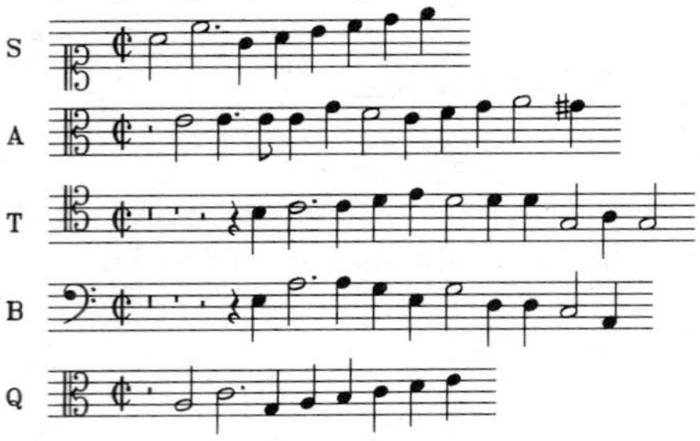

Roi, Bartolomeo. Una bianca cervetta
1582/04, p. 16 Madrigal

Roi, Bartolomeo. D'eh l'altra sera ahimene quella
1566/10, p. 18 Canzona

Roi, Bartolomeo. Fuggend'il mio dolor'io m'era assiso
1566/09, p. 19 Canzona
Similar setting attributed to Anonymous in 1566/05.

Roi, Bartolomeo. Gia torn'a rallegrar
1573/16, p. 16 Madrigal

Roi, Bartolomeo. Lieti fiori verdi frondi
1593/05, p. 23 Madrigal

Roi, Bartolomeo. Mille fiate o dolce mia gueriera
1573/16, p. 15 Madrigal

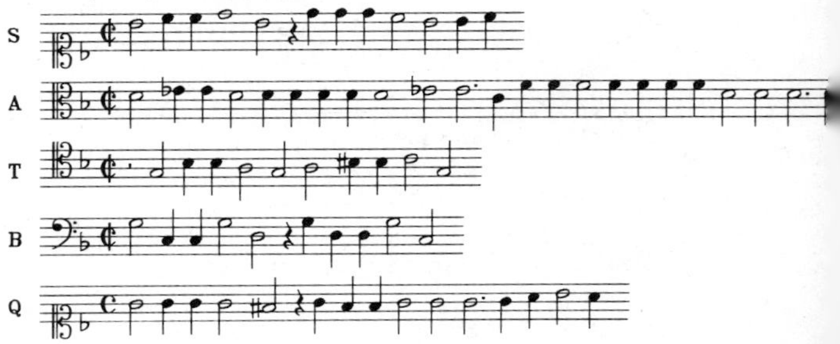

Roi, Bartolomeo. Monti montagne colli boschi e selve
1572/10, p. 17 Canzona

Roi, Bartolomeo. Qual'hor vagh'e ridente
1590/15, p. 14 Madrigal

Roi, Bartolomeo. Quando termineran questi sospiri
1582/06, p. 25 Madrigal

Roi, Bartolomeo. Ragion e ben ch'in questo chiaro
1590/15, p. 16 Madrigal

Roi, Bartolomeo. Se i vostri dolci sguardi
1585/29, p. 8 Madrigal

Roi, Bartolomeo. Tornan gl'augelli all'amorosa guerra
1573/16, p. 17 Madrigal

Roi, Bartolomeo. Verdi piaggie fiorite
1583/10, f. 21 Madrigal

Roi, Bartolomeo. La Vergin Madre pia
1599/06, p. 77 Lauda
A SANTA MARIA DI MONT'OLIVETO.

Roi, Victor. Ardo si ma non t'amo
1585/17, no. 15 Madrigal

Roiccerandet, Nicolo. Givi per acqua allo fiume Giordano
1566/10, p. 24 Canzona

Roiccerandet, Nicolo. O anima mia bella non esser piu
1566/10, p. 26 Canzona

Roiccerandet, Nicolo. Occhi miei lassi che pianget'ogn'
1566/10, p. 28 Canzona
Compare Anonymous "Occhi miei lassi.." in 1570/31.

Roiccerandet, Nicolo. Sappi cor mio che per te al mondo
1566/10, p. 17 Canzona

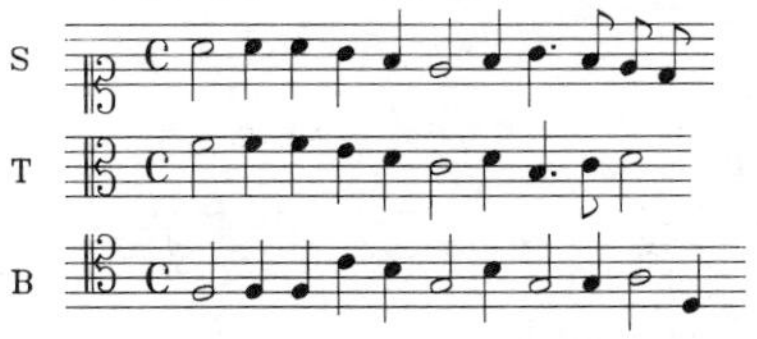

Roiccerandet, Nicolo. Tira tira pensier vatten'a quella
1566/10, p. 27 Canzona
Attributed to G. Nola in 1570/27.

Roince, Luigi. Che soave rapina
1596/11, p. 12–13 Madrigal
Cantus and Tenor partbooks missing.

A / B / Q

Romano, Ridolfo. Talmente ardo per voi ch'altro
1579/05, p. 18 Madrigal
Only Sesto partbook extant.

6

Romano, Abbate. Non pur d'almi splendori
1561/10, p. 1 Madrigal

S / A / T / B / Q

Romano, Abbate. Vergin ch'in questa Valle angusta
1599/06, p. 5 Lauda
A SANTA MARIA IN VALLICELA. L'ORATORIO IN CHIESA NUOVA.

S / S2 / B

Romano, Eustachio D. M. Ben puoi tu lucidar candida aurora
1517/02, f. 50v–51 Frottola

S / A / T / B

Romano, Eustachio D. M. Dolce e amor dolce e el suo foco
1517/02, f. 47v–48 Frottola

S / A / T / B

Romano, Eustachio D. M. Si vosassi di dir
NO. 21 Frottola
Motetti e Canzone.Libro Primo (n.d.)Morgan Library–NY

S / A

T / B

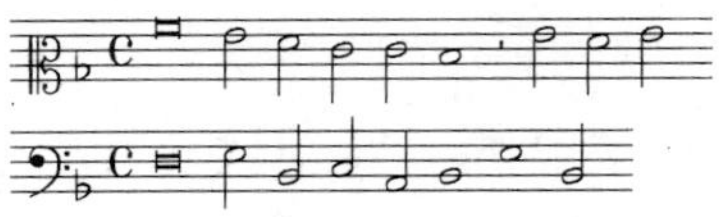

Romano, Eustachio D. M. Tuo vago sguardo
1517/02, f. 49v–50 Frottola

S / A / T / B

Romano, Girolamo. Ne piu riveggio per erbosa scogli
1569/19, p. 12 Madrigal
NONA PARTE.

S / A / T / B / Q

Romano, Marc'Antonio. Donne noi siamo certe a tutta gente
1569/24, p. 9 Villota
MASCHARATA DI MARC'ANTONIO ROMANO. (Canto & Alto missing.)

T / B

Romano, Marc'Antonio. Haggio fin qui patito
1570/19, p. 21 Madrigal
AL GENTILISSIMO M. NICOLA PASOLINI

S / T / B

Romano, Teofilo. S'in me potesse morte
1599/06, p. 49 Lauda
A S.MARIA DEL SOCCORSO. GREGOR. IN S. PIETRO DI ROMA.

S / S2 / B

Rore, Cipriano de. A che con nuovo laccio
1560/21, p. 13 Madrigal

S / A / T

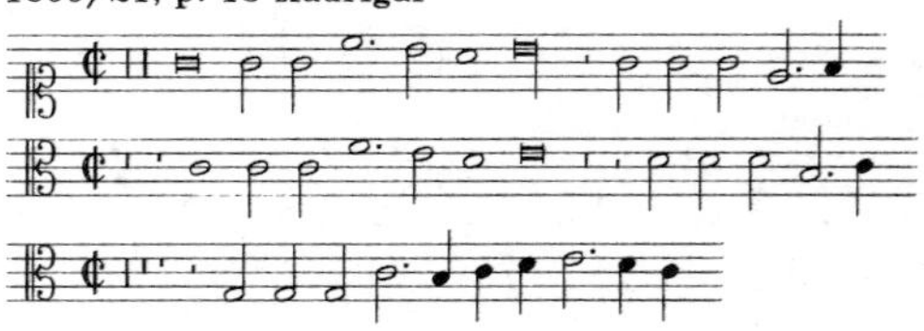

Rore, Cipriano de. Alcun non puo saper da chi sia amato
1557/23, p. 3 Madrigal
CANON (Tenor voice)

Rore, Cipriano de. Alma Real se come fida stella
1565/18, p. 21–22 Madrigal

Rore, Cipriano de. Alma Susanna ben felice e'l core
1568/19, p. 6 Madrigal

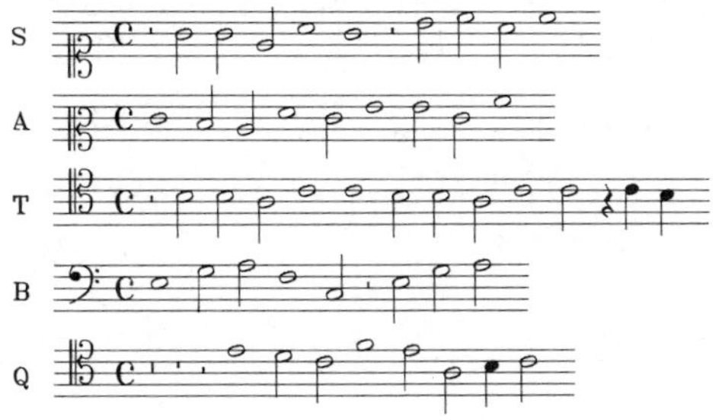

Rore, Cipriano de. Alme gentili che nel ciel vi ornaste
1589/06, p. 26–27 Madrigal

Rore, Cipriano de. L'alto signor dinanzi a cui non vale
1557/23, p. 26 Madrigal

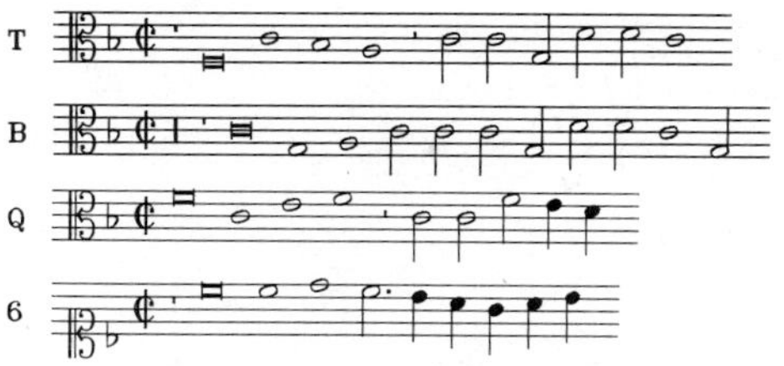

Rore, Cipriano de. Un'altra volta la Germania strida
1557/24, p. 1 Madrigal

Rore, Cipriano de. Amor che vedi ogni
1562/21, p. 7 Madrigal

Rore, Cipriano de. Amore che t'ho fatt'io & a mia
1565/18, p. 17–18 Madrigal

Rore, Cipriano de. Amore se cosi dolce
1557/23, p. 28 Madrigal
DIALOGO A 8

Rore, Cipriano de Ancor che col partire
1548/08, p. 11 Madrigal
Compare Cantus with L. Balbi in 1589/12.

Rore, Cipriano de Ardir senno virtu bellezza e fede
1544/17, p. 20 Madrigal
SECONDA PARTE.

Rore, Cipriano de L'atto d'ogni gentil pietate adorno
1562/21, p. 3–4 Madrigal
SECONDA PARTE.

Rore, Cipriano de L'augel sacro di Giove
1593/06, p. 13 Madrigal
PRIMA PARTE.

Rore, Cipriano de Beato me direi se mi mostrasse
1557/24, p. 4 Madrigal

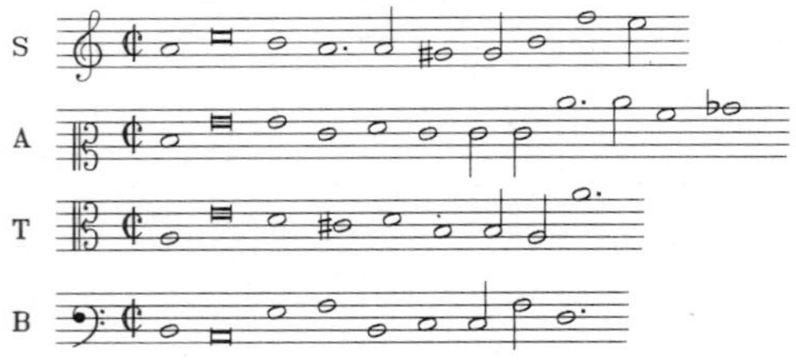

Rore, Cipriano de La bella greca ond'el pastor ideo
1557/23, p. 1 Madrigal

Rore, Cipriano de La bella nett'ignuda & bianca
1548/08, p. 4 Madrigal

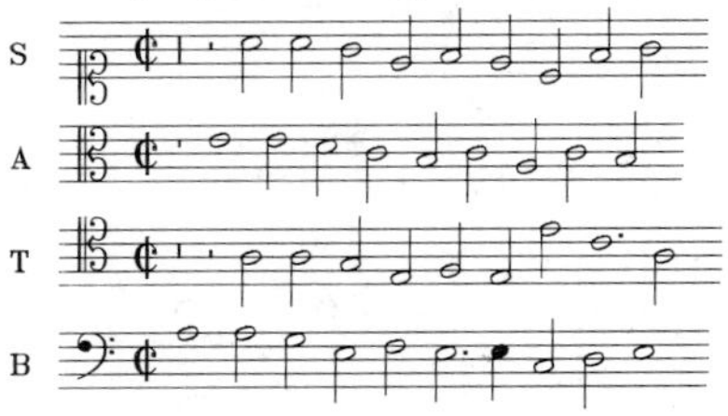

Rore, Cipriano de Ben qui si mostr'il ciel vag'
1562/07, p. 1 Madrigal

Rore, Cipriano de Ben si convien'a voi cosi bel nome
1562/21, p. 10 Madrigal

Rore, Cipriano de Ben veggio di lontano il dolce lume
1562/21, p. 8 Madrigal
SECONDA PARTE.

Rore, Cipriano de Ben voi a piu di mille segni
1557/23, p. 25 Madrigal
SECONDA PARTE.

Rore, Cipriano de. Calami sonum ferentes siculo leve
1561/15, p. 28–29 Madrigal

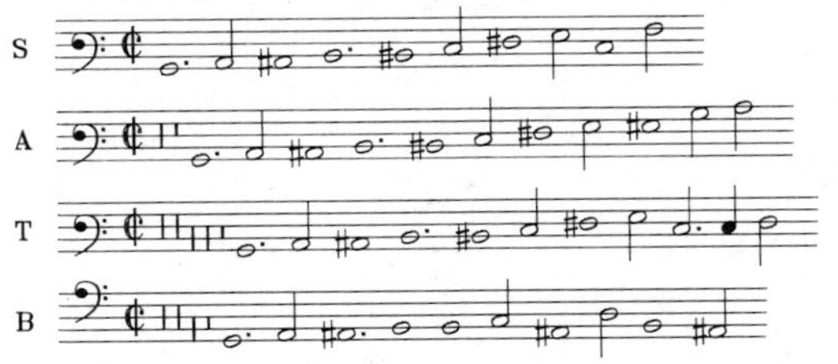

Rore, Cipriano de. Candid'e vago fiore
1565/18, p. 18–19 Madrigal

Rore, Cipriano de. Cantai mentre ch'io arsi
1585/18, p. 10–11 Madrigal

Rore, Cipriano de. Cantiamo lieti il fortunato giorno
1544/17, p. 1 Madrigal

Rore, Cipriano de. Carita di signore
1569/20, p. 15 Madrigal

Rore, Cipriano de. Che gentil pianata
1548/09, p. 23 Madrigal
SECONDA PARTE. (Quintus voice is labeled contratenor.)

Rore, Cipriano de. Che giova dunque perche tutta spalme
1589/06, p. 24–25 Madrigal

Rore, Cipriano de. Chi con eterna legge
1548/08, p. 24 Madrigal

Rore, Cipriano de. Chi non sa com'Amor sprona
1557/24, p. 2 Madrigal

Rore, Cipriano de Chi vol veder tutta raccolt'insieme
1565/18, p. 5–6 Madrigal

Rore, Cipriano de. Com'havran fin le dolorose tempre
1548/08, p. 8 Madrigal

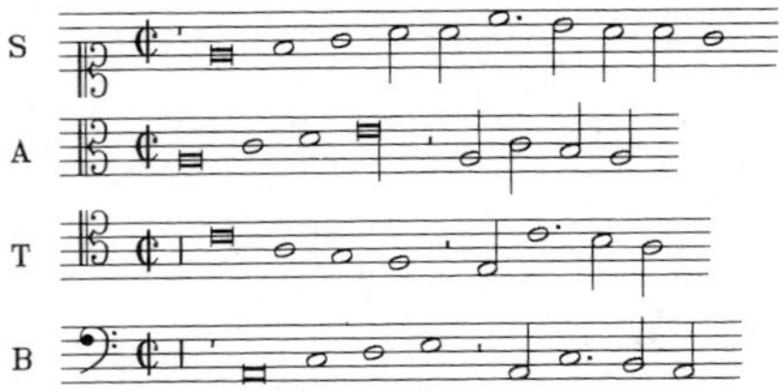

Rore, Cipriano de. Come la notte ogni fiamella e viva
1557/23, p. 7 Madrigal
PRIMA PARTE. CANON(Alto);RESOLUTIO(Cantus)

Rore, Cipriano de. Conobbi alhor si com'in paradiso
1548/09, p. 16 Madrigal
SECONDA PARTE. (Quintus voice is labeled contratenor.)

Rore, Cipriano de. Convien ch'ovunque sia sempre
1568/19, p. 22 Madrigal
CANON. (Resolutio in Quinto.)

Rore, Cipriano de. Cosi'l mio stil qual fe
1557/23, p. 13 Madrigal
SECONDA PARTE.

Rore, Cipriano de. Crudele acerba inexorabil morte
1557/24, p. 9–10 Madrigal

Rore, Cipriano de. Da l'estrem'orizonte la v'e l'orsa
1568/19, p. 23 Madrigal

Rore, Cipriano de. Da le belle contrade d'oriente
1568/19, p. 2 Lauda

Rore, Cipriano de. Da quei bei lumi ond'io sempre
1562/21, p. 1 Madrigal

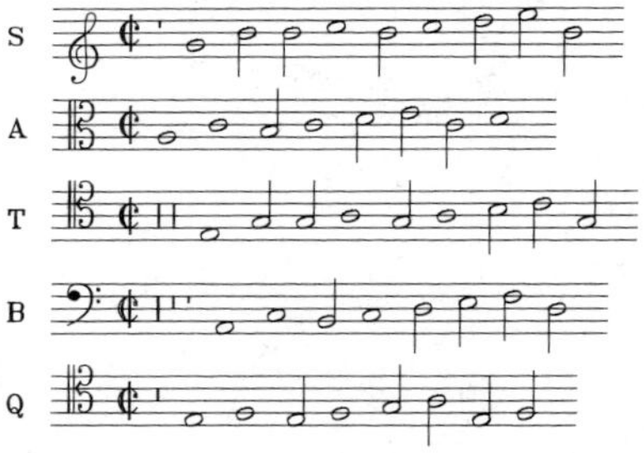

Rore, Cipriano de. Datemi pace o duri miei pensieri
1557/24, p. 7 Madrigal

Rore, Cipriano de. Il desiderio e la speranz'amore
1566/02, p. 3–4 Madrigal

Rore, Cipriano de. Deh hor fuss'io col vago de la luna
1562/21, p. 23 Madrigal

Rore, Cipriano de. Deh se ti strins'amore
1544/17, p. 37 Madrigal

Rore, Cipriano de. Il di s'appressa & non puot'esser
1560/21, p. 11 Madrigal

Rore, Cipriano de. Di virtu di costumi di valore
1557/23, p. 12 Madrigal
PRIMA PARTE.

Rore, Cipriano de. E ne la face de begl'occh'accende
1593/05, p. 6 Madrigal
SECONDA PARTE.

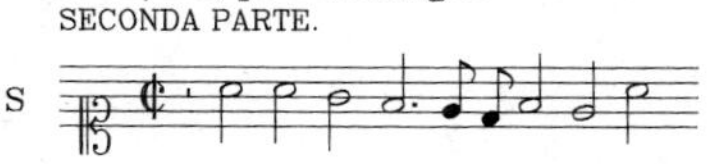

Rore, Cipriano de. E se pur mi mantiene Amor
1565/18, p. 20 Madrigal

Rore, Cipriano de. E se qualche pieta vi par l'inspiri
1562/21, p. 13–14 Madrigal
SECONDA PARTE.

Rore, Cipriano de. Era il bel viso suo qual esser suole
1593/05, p. 5 Madrigal

Rore, Cipriano de. Et parmi che nel cor ella mi dica
1591/23, p. 22 Madrigal
TERZA PARTE.

Rore, Cipriano de Et poi che'l fren per forz'a
1548/09, p. 25 Madrigal
SECONDA PARTE. (Quintus voice is labeled Contratenor.)

Rore, Cipriano de Et se talhor da begli occhi soavi
1544/17, p. 22 Madrigal
SECONDA PARTE.

Rore, Cipriano de Felice sei Trevigi
1565/18, p. 4–5 Madrigal

Rore, Cipriano de Fera gentil che con leggiadro modo
1568/19, p. 15 Madrigal

Rore, Cipriano De. Fontana di dolore albergo d'ira
1557/24, p. 6 Madrigal

Rore, Cipriano de. Fu forse un tempo dolce cosa amore
1544/17, p. 27 Madrigal

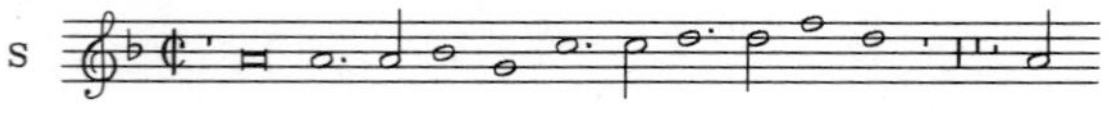

Rore, Cipriano de La giustitia immorrtale
1548/08, p. 5 Madrigal

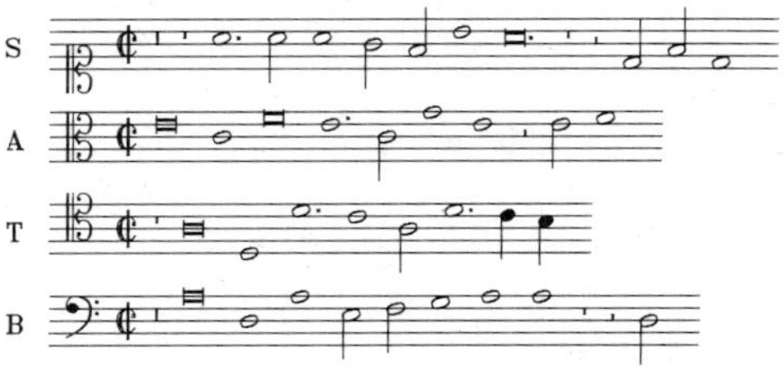

Rore, Cipriano de Gravi pene in amor
1561/11, p. 3 Madrigal

Rore, Cipriano de Hor che l'aria & la terra
1562/21, p. 2 Madrigal

Rore, Cipriano de Hor volge signor mio l'undecim'anno
1544/17, p. 26 Madrigal
SECONDA PARTE.

Rore, Cipriano de I mi vivea di mia sorte contento
1544/17, p. 23 Madrigal

Q
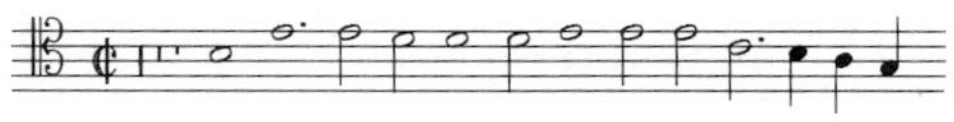

Rore, Cipriano de. L'incostantia che sec'han le morta
1548/08, p. 30 Madrigal

S A T B

Rore, Cipriano de. L'ineffabil bonta del Redentore
1557/23, p. 17 Madrigal

S A T B Q
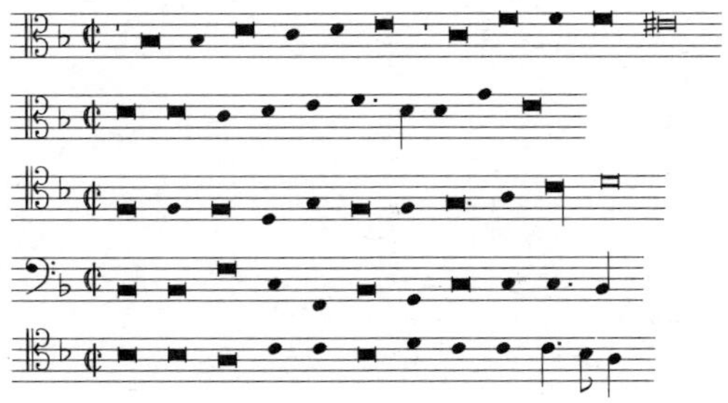

Rore, Cipriano de. Io benedic'il loco el tempo e l'hora
1548/09, p. 12 Madrigal
Quintus voice is labeled Contratenor

S A T B Q

Rore, Cipriano de. Io canterei d'Amor si novamente
1569/20, p. 16 Madrigal

S A T B

Rore, Cipriano de. Io credea ch'el morire
1569/20, p. 12 Madrigal

S A T B

Rore, Cipriano de. Io dicea fra mio cor perche paventi
1562/21, p. 9 Madrigal

S

A T B Q

Rore, Cipriano de. Io dico & dissi & diro finch'io viva
1561/11, p. 4 Madrigal
SECONDA PARTE.

S T B

Rore, Cipriano de. Io qui non miro piu quel che solea
1565/18, p. 13 Madrigal
SECONDA PARTE.

S A T B Q

Rore, Cipriano de. Ite rime dolenti ite sospiri
1562/21, p. 13 Madrigal

S A T B Q

Rore, Cipriano De. Ivi vedrai la gloria ivi l'acquisto
1568/19, p. 25 Madrigal
SECONDA PARTE.

S A T B Q

Rore, Cipriano de. Ivi'l parlar che nulio stilaggua
1548/09, p. 17 Madrigal
SECONDA PARTE. (Quintus voice is labeled Contratenor.)

Rore, Cipriano de. Lasso che mal accorto fui da prima
1548/09, p. 9 Madrigal
Quintus voice is labeled *contratenor.

Rore, Cipriano de. Lasso che pur da l'un al'altro
1561/11, p. 6 Madrigal

Rore, Cipriano de. Lieta vivo e contenta
1591/23, p. 11 Madrigal

Rore, Cipriano de. Ma di tal voglia pur sperando
1591/23, p. 21 Madrigal
SECONDA PARTE

Rore, Cipriano de. Ma poi che vostra altezz'a noi
1557/23, p. 9 Madrigal
SECONDA PARTE.

Rore, Cipriano de. Ma pur te sperar perfetta aita
1568/19, p. 11 Madrigal

Rore, Cipriano de. Ma s'io nol dissi quell'ardente face
1562/21, p. 5–6 Madrigal
SECONDA PARTE.

Rore, Cipriano de. Ma'l ben pensier che suo mal grad'
1562/21, p. 21 Madrigal

Rore, Cipriano de Madonn'hormai mil vedo
1564/16, p. 1 Greghesca

Rore, Cipriano de. Mentre la prima mia novell'etade
1557/24, p. 8 Madrigal

S A T B
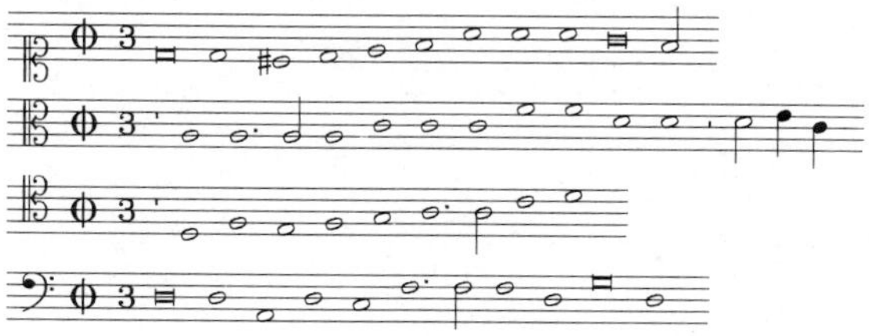

Rore, Cipriano de. Mentre lumi maggior del secol nostro
1568/19, p. 1 Madrigal

S A T B Q

Rore, Cipriano de. Mia benigna fortuna e'l viver lieto
1557/24, p. 9 Madrigal

S A T B

Rore, Cipriano de. Musica dulci sono coelestia numina
1565/18, p. 8 Madrigal

S A T B

Rore, Cipriano de. Ne l'aria in questi di
1568/13, p. 10–11 Madrigal
Attributed to Persoens in 1570/28.

S A T B
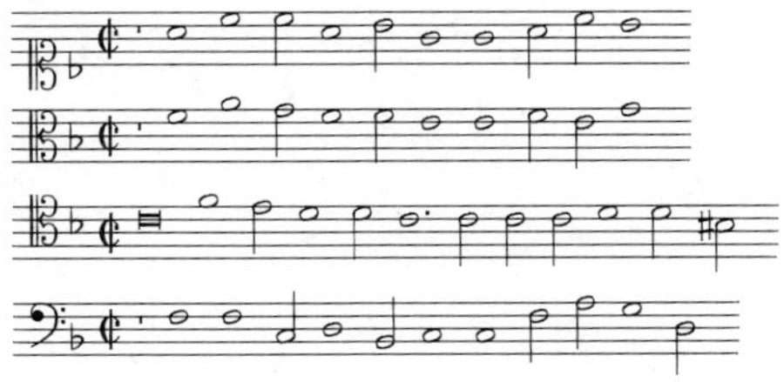

Rore, Cipriano de. Non e lasso martire
1568/19, p. 12 Madrigal

S A T

B Q

Rore, Cipriano de. Non mi toglia il ben mio
1565/18, p. 7 Madrigal
Attributed to M. Ingegneri in 1583/14.

S A T B

Rore, Cipriano de. Novo consiglio
1562/21, p. 19–20 Madrigal
SECONDA PARTE.

S A T B Q

Rore, Cipriano de. O dolci sguardi o paroletie accorte
1544/17, p. 21 Madrigal

S A T B Q
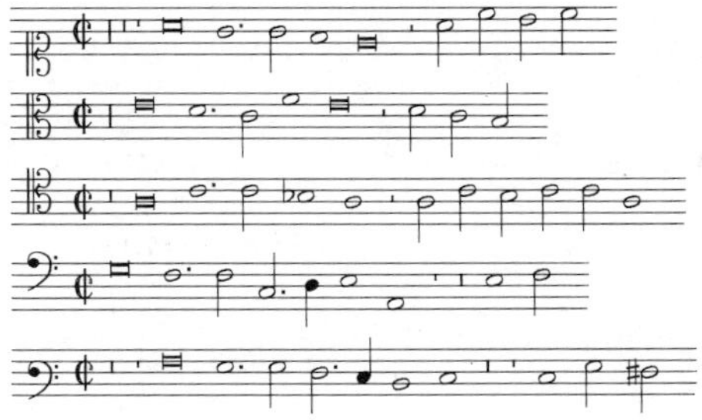

Rore, Cipriano de. O morte eterno fin di tutt'i male
1557/23, p. 2 Madrigal

S A T B Q
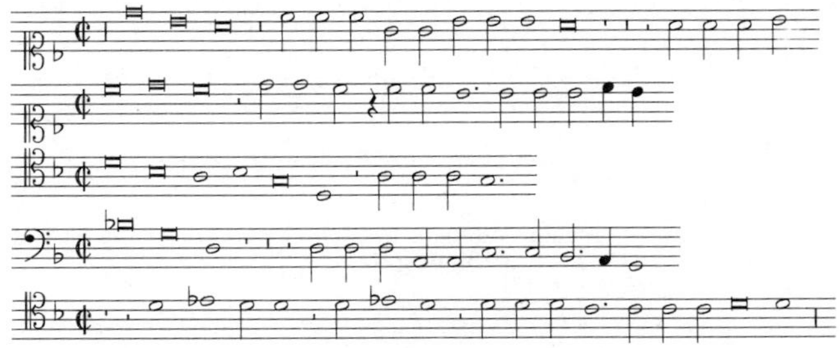

Rore, Cipriano de. O natura pietosa & fera madre
1544/17, p. 24 Madrigal
SECONDA PARTE.

Rore, Cipriano de. O santo fior felice ch'esci
1568/19, p. 17 Madrigal

Rore, Cipriano de. O sonno o della queta humida ombrosa
1557/24, p. 5 Madrigal

Rore, Cipriano de. O voi che sotto l'amorose insegne
1568/19, p. 18 Madrigal
PRIMA PARTE.

Rore, Cipriano de. Ogni mio ben crudel morte m'ha tolto
1544/17, p. 28 Madrigal
SECONDA PARTE.

Rore, Cipriano de. Ond'il bel nome vostro sovra l'all
1593/06, p. 14 Madrigal
SECONDA PARTE.

Rore, Cipriano de. Ond'io ch'al dolce suon
1591/23, p. 23 Madrigal
QUARTA & ULTIMA PARTE.

Rore, Cipriano de. Ond'io spero ch'insin al ciel
1548/09, p. 10 Madrigal
SECONDA PARTE. (Quintus voice is labeled Contratenor.)

Rore, Cipriano de. Ove'l silentio che'l di fugge
1557/24, p. 5 Madrigal
SECONDA PARTE.(of "O sonno.. ", not in Table of Contents)

Rore, Cipriano de. Padre del ciel dopo i perduti giorni
1544/17, p. 25 Madrigal

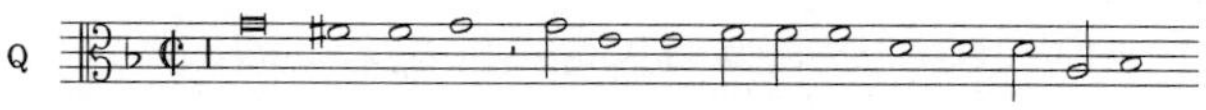

Rore, Cipriano de. Perche con lui cadra quella speranza
1562/21, p. 12 Madrigal
SECONDA PARTE.

Rore, Cipriano de. Perche se strette'e'l nodo
1568/19, p. 16 Madrigal

Rore, Cipriano de. Perseguendom'amor al luogo usato
1562/21, p. 6 Madrigal

Rore, Cipriano de. Poi che m'invit'amore
1565/18, p. 19 Madrigal

Rore, Cipriano de. Pommi ov'il sol occide i fiori
1593/06, p. 20–21 Madrigal

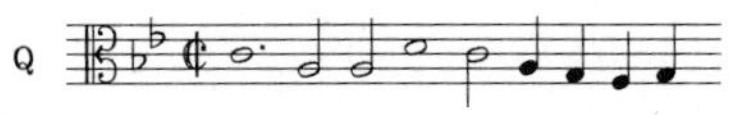

Rore, Cipriano de. Poscia in pensar che senz'udir
1548/10, p. 29 Madrigal
SECONDA PARTE

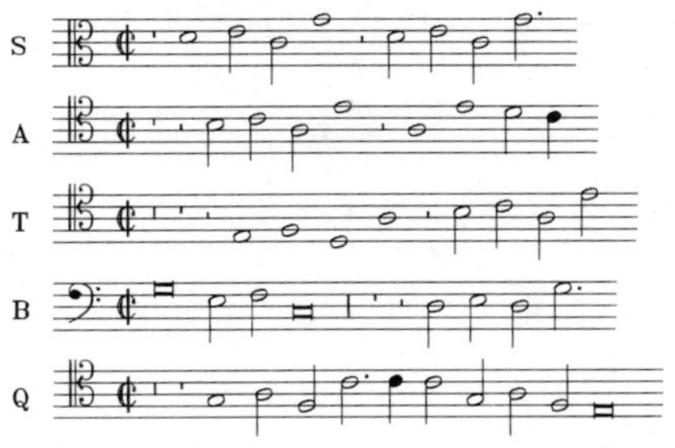

Rore, Cipriano de. Qual donn'attend'a gloriosa
1548/09, p. 17 Madrigal
Quintus voice is labeled Contratenor.

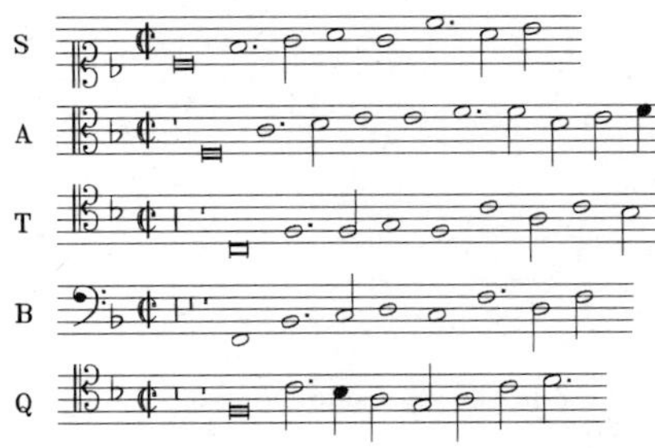

Rore, Cipriano de. Qualhor rivolgo il basso
1568/19, p. 10 Madrigal

Rore, Cipriano de. Quand'io veggio tal'hor al dolce
1548/10, p. 28 Madrigal
A VOCI PARI

Rore, Cipriano de. Quando fra l'altre donne
1548/09, p. 12 Madrigal
Quintus voice is labeled Contratenor.

Rore, Cipriano de. Quando lieta sperai federmi
1560/21, p. 12 Madrigal
Attributed to C. Morales in 1593/05.

Rore, Cipriano de. Quando signor lasciast'entro
1557/23, p. 8 Madrigal
PRIMA PARTE.

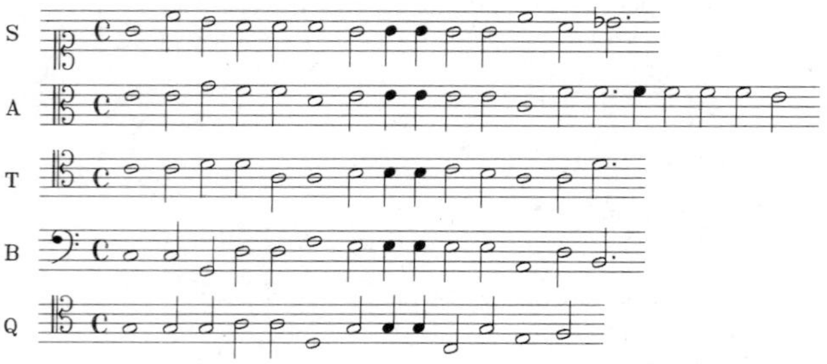

Rore, Cipriano de. Quanto piu m'avicin'al giorno
1562/21, p. 11 Madrigal

Rore, Cipriano de. Quel foco che tant'anni
1548/07, p. 5 Madrigal

Rore, Cipriano de. Quel sempr'acerbo & honorato
1562/21, p. 3 Madrigal

Rore, Cipriano de. Quel vago impallidir
1548/09, p. 16 Madrigal
Quintus voice is labeled Contratenor.

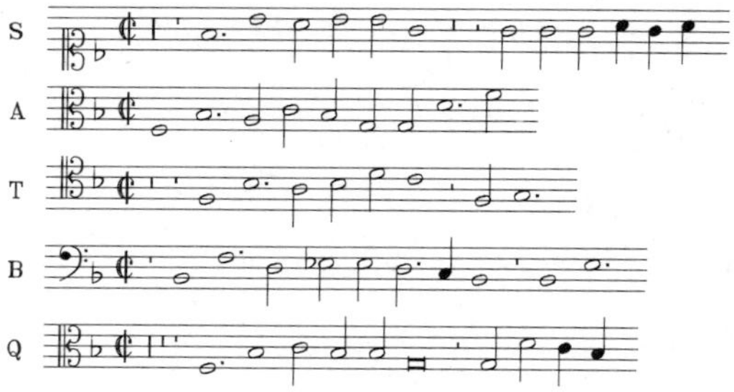

Rore, Cipriano de. Quest'affanato mio doglioso core
1565/18, p. 14–15 Madrigal

Rore, Cipriano de. Rex Asiae & ponti potuit
1565/18, p. 23–24 Madrigal

Rore, Cipriano de. S'amor la viva fiam'hormai
1562/21, p. 19 Madrigal

Rore, Cipriano de. S'egual a la mia voglia
1591/23, p. 20 Madrigal
CANZONE. PRIMA PARTE.

Rore, Cipriano de. S'honest'amor puo meritar mercede
1548/09, p. 10 Madrigal
Quintus voice is labeled Contratenor.

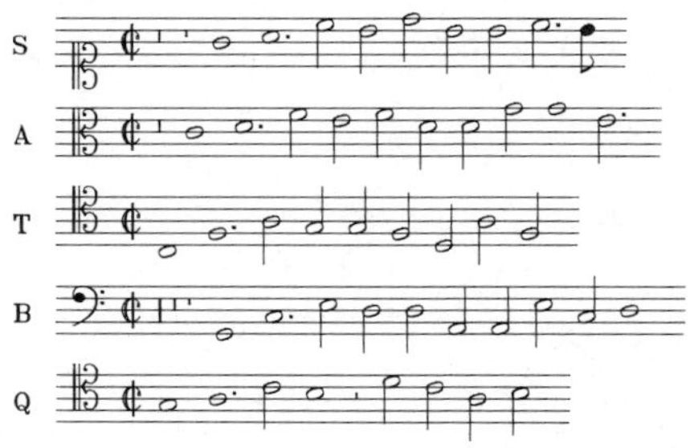

Rore, Cipriano de. S'io'l dissi mai fortun'a me superba
1562/21, p. 5 Madrigal

Rore, Cipriano de. Scarco di doglia e pien di gioia
1562/21, p. 20 Madrigal

Rore, Cipriano de, Schiet'arbuscel di cui ramo
1557/24, p. 3 Madrigal

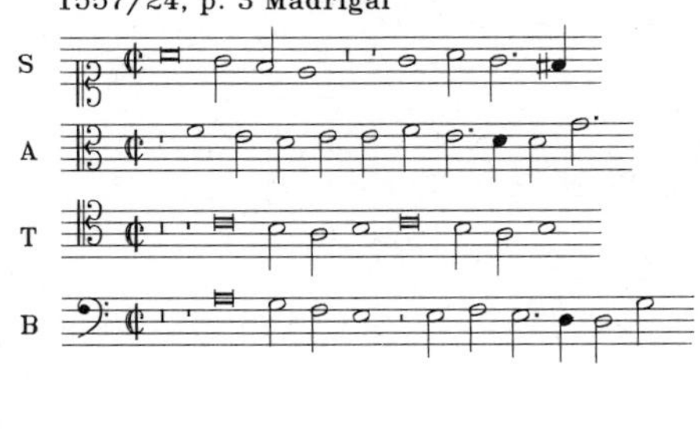

Rore, Cipriano de. Scielgan l'alma sorelle in li orti
1544/17, p. 19 Madrigal

Rore, Cipriano de. Se ben il duol che per voi donna
1557/23, p. 24 Madrigal

Rore, Cipriano de. Se com'il biondo crin
1568/19, p. 2 Madrigal

Rore, Cipriano de. Se qual e'l mio dolore
1575/15, p. 12 Giustiniana

Rore, Cipriano de. Se voi poteste perturbar
1548/09, p. 23 Madrigal
Quintus voice is labeled Contratenor.

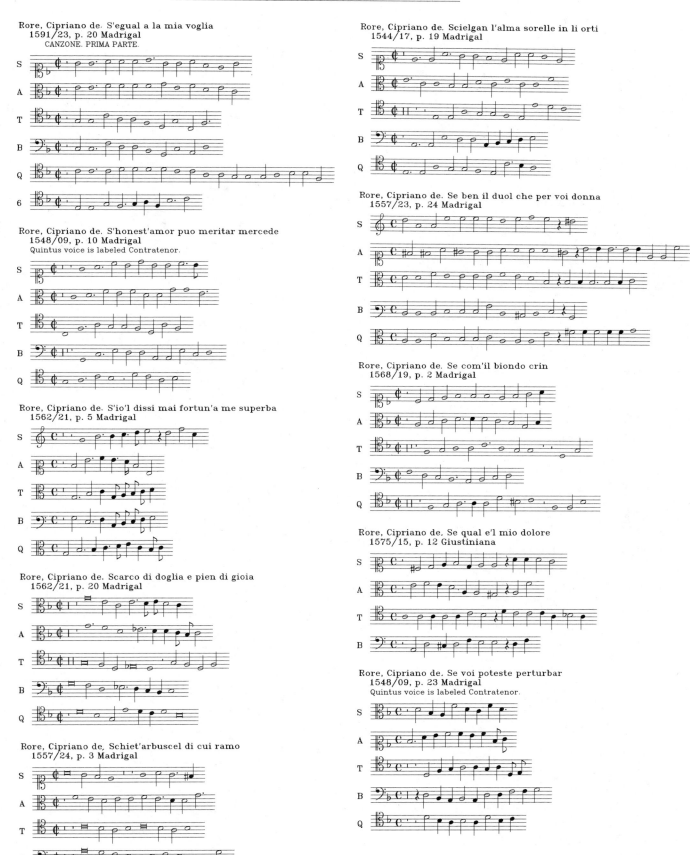

Rore, Cipriano de. Sfrondate o sacre dive
1593/06, p. 20–23 Madrigal

Rore, Cipriano de. Si dira poi ciascun movendo l'ali
1568/19, p. 19 Madrigal
SECONDA PARTE.

Rore, Cipriano de. Si traviato e'l folle mio de
1548/09, p. 25 Madrigal
Quintus voice is labeled Contratenor.

Rore, Cipriano de. Signor mio caro ogni pensier
1569/20, p. 14 Madrigal

Rore, Cipriano de. Sol nel mio pett'ogn'hor lasso
1562/21, p. 2–3 Madrigal
SECONDA PARTE.

Rore, Cipriano de. Spesso in parte del ciel lucente
1565/18, p. 3 Madrigal
Attributed to M. Ingegneri in 1593/05.

Rore, Cipriano de. La terra di novelli & vaghi fiori
1544/17, p. 2 Madrigal
SECONDA PARTE.

Rore, Cipriano de. Tra piu beati e piu sublimi chori
1565/18, p. 12–13 Madrigal

Rore, Cipriano de. Tutto il di piango & poi la notte
1561/11, p. 5 Madrigal

Rore, Cipriano de. L'una piaga ard'e versa foco
1557/23, p. 27 Madrigal
SECONDA PARTE.

Rore, Cipriano de. Vaghi pensieri che mentre
1568/19, p. 4–5 Madrigal
Setting for 4 voices by Rore in 1565/18.

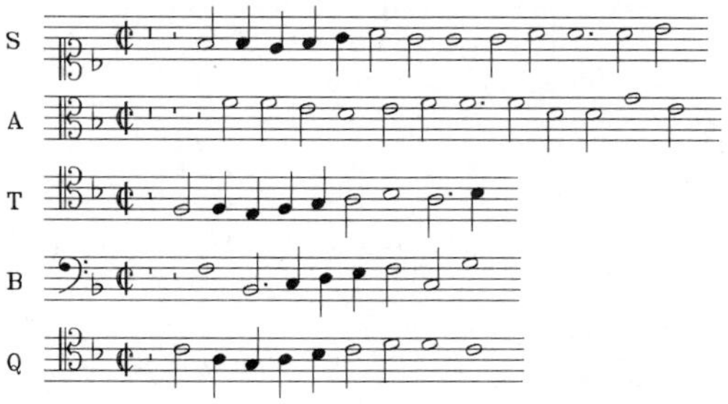

Rore, Cipriano de. Vedrai biondi capei avanzar
1565/18, p. 6–7 Madrigal
Compare M. Ingegneri "Vedra i biondi.. " in 1565/18.

Rore, Cipriano de. Vergine bella che di sol vestita
1548/09, p. 3 Madrigal
Quintus voice is labeled Contratenor.

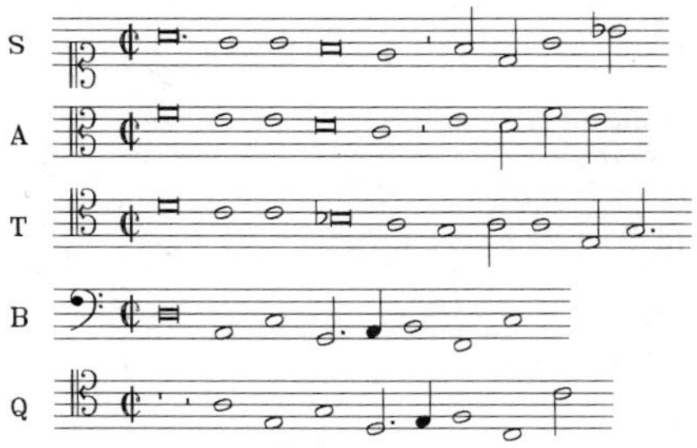

Rore, Cipriano de. Vergine chiara e stabile in eterno
1548/09, p. 8 Madrigal
Quintus voice is labeled Contratenor.

Rore, Cipriano de. Vergine humana e nemica d'oroglio
1560/21, p. 10 Madrigal

Rore, Cipriano de. Vergine in cui ho tutta mia speranza
1560/21, p. 9 Madrigal

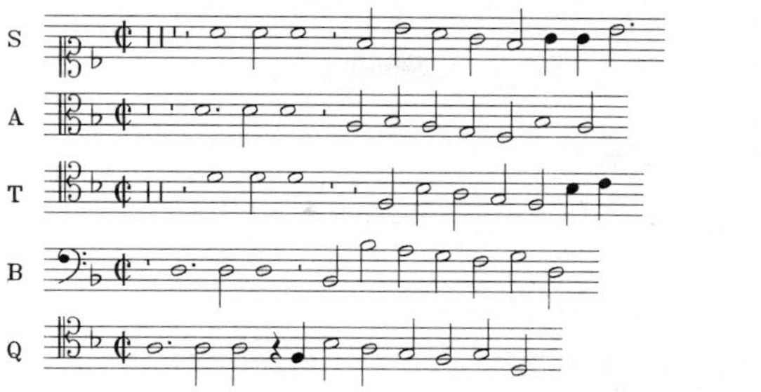

Rore, Cipriano de. Vergine pura d'ogni part'intera
1548/09, p. 5 Madrigal
Quintus voice is labeled Contratenor.

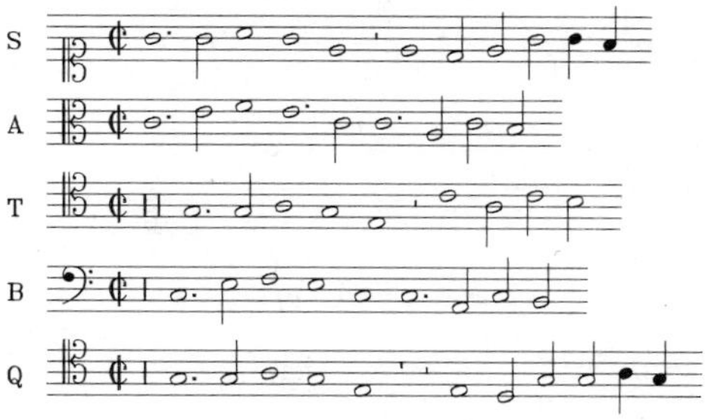

Rore, Cipriano de. Vergine quante lagrim'ho gia sparte
1560/21, p. 7 Madrigal

Rore, Cipriano de. Vergine saggia e del bel numero
1548/09, p. 4 Madrigal
Quintus voice is labeled Contratenor.

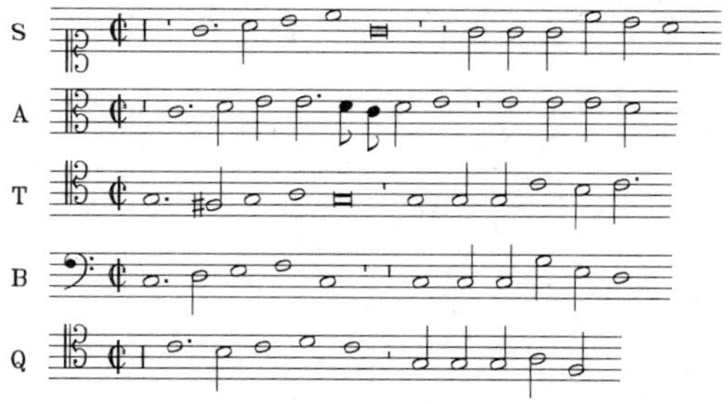

Rore, Cipriano de. Vergine santa d'ogni gratia piena
1548/09, p. 6 Madrigal
Quintus voice is labeled Contratenor.

Rore, Cipriano de. Vergine sol'al mondo senz'essempio
1548/09, p. 7 Madrigal
Quintus voice is labeled Contratenor.

Rore, Cipriano de. Vergine tal'e terra
1560/21, p. 8 Madrigal

Rore, Cipriano de. Volgend'al ciel le luci lagrimose
1562/21, p. 18 Madrigal

Rore, Cipriano de. Volgi'l tuo corso all tua riva manca
1557/23, p. 6–7 Madrigal

Rosello, Francesco, SEE Rousell, Francois

Rosseto, Antonio. Che piu felice sorte
1505/03, f. 28 Frottola

Rossetto, Stefano. All'hor che cantan poi gl'augei
1568/13, p. 19 Madrigal
QUARTA STANZA.

Rossetto, Stefano. Il bel ch'in voi risplende
1586/12, p. 20 Madrigal
QUARTA STANZA.

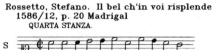

Rossetto, Stefano. Chi non sa com'impiaghi lo stral
1586/12, p. 21 Madrigal
QUINTA STANZA.

Rossetto, Stefano. Con mormorar soave
1567/16, p. 11 Madrigal
SECONDA PARTE. (Only Cantus partbook extant.)

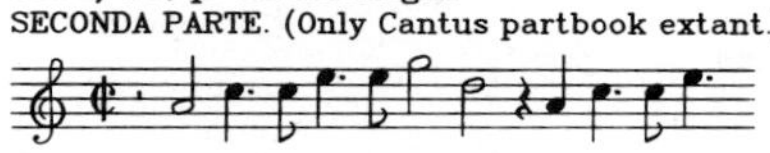

Rossetto, Stefano. Cosi noiand'io vo le selv'ei boschi
1568/13, p. 18–19 Madrigal
terza stanza

Rossetto, Stefano. Cosi'n lieto cantar il tristo pianto
1568/13, p. 20 Madrigal
QUINTA STANZA.

Rossetto, Stefano. Di verdi e nova spoglie
1567/16, p. 13 Madrigal
QUARTA PARTE. (Only Cantus partbook extant.)

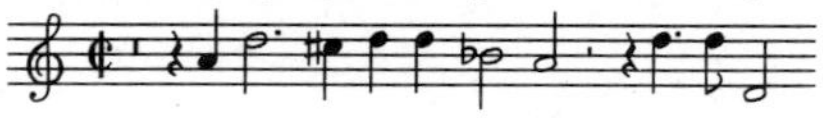

Rossetto, Stefano. Ecco pur riede il sole
1567/16, p. 10 Madrigal
CANZONA PRIMA PARTE. (Only Cantus partbook extant.)

S

Rossetto, Stefano. Hor per ciascun paese
1567/16, p. 15 Madrigal
SESTO & ULTIMA PARTE. (Only Cantus partbook extant.)

S

Rossetto, Stefano. In questa allegra e cara
1567/16, p. 14 Madrigal
QUINTA PARTE. (Only Cantus partbook extant.)

S

Rossetto, Stefano. Io credo che bastar tu debbi sola
1586/12, p. 23 Madrigal

S T B
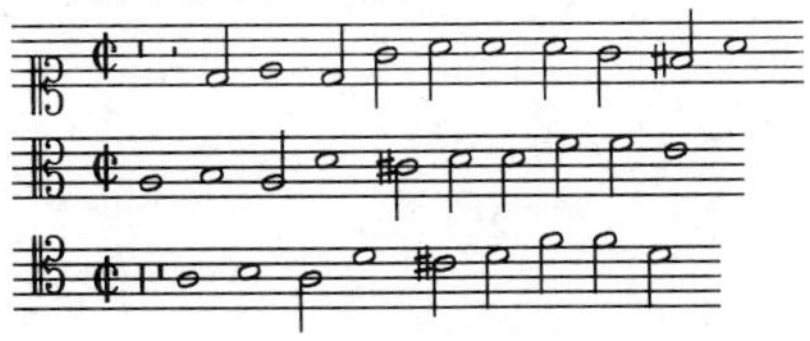

Rossetto, Stefano. Lasso che come veggio aprir al'alba
1568/13, p. 18 Madrigal
SECONDA STANZA.

S A T B

Rossetto, Stefano. Ma si com'e e pur vero
1586/12, p. 18 Madrigal
SECONDA STANZA.

S T B
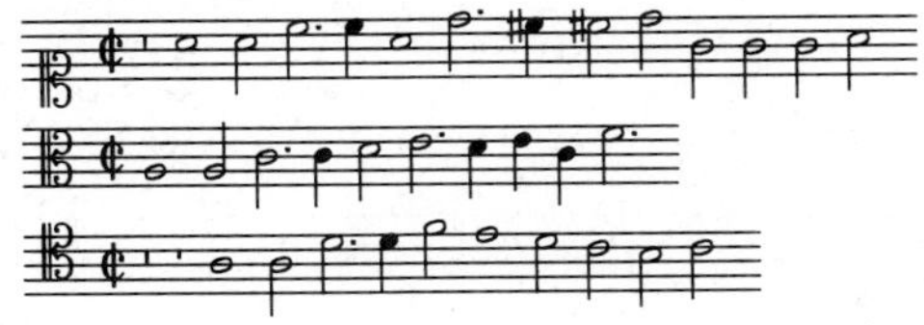

Rossetto, Stefano. Madonn'al mio languir venne
1568/13, p. 20–21 Madrigal
SESTA & ULTIMA STANZA.

S A T B

Rossetto, Stefano. Quando la bell'aurora inanz'al sole
1568/13, p. 17 Madrigal
CANZONE DI STEFANO ROSETTO. PRIMA STANZA.

S A T

B

Rossetto, Stefano. Quante eccelenze de le cose belle
1561/16, p. 30 Madrigal
SECONDA PARTE.

S A T B Q 6

Rossetto, Stefano. Quel lume da cui il ciel togl'il
1561/16, p. 29 Madrigal
PRIMA PARTE.

S A T B Q 6

Rossetto, Stefano. S'io nonv'amo ed adoro
1586/12, p. 17 Madrigal
CANZON PRIMA STANZA.

S T B

Rossetto, Stefano. Se dov'e'l sol che sol te Flor'
1568/13, p. 22 Madrigal
DIALOGO A 8.

S A T B S2 A2 T2 B2
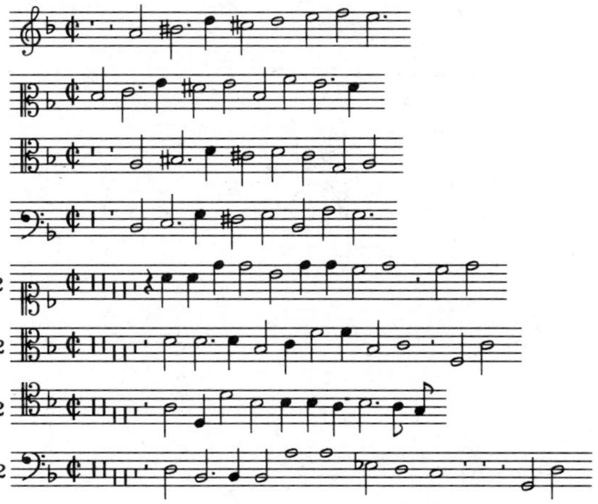

Rossetto, Stefano. Se quando il vago aspetto
1586/12, p. 22–23 Madrigal
SESTA STANZA.

Rossetto, Stefano. Se quando voi tal'hora
1586/12, p. 19 Madrigal
TERZA STANZA.

Rossetto, Stefano. Stavasi il mio bel sol al sol assiso
1567/16, p. 9 Madrigal
Only Cantus partbook extant.

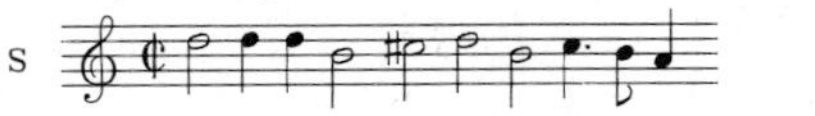

Rossetto, Stefano. Surgon l'herbette
1567/16, p. 12 Madrigal
TERZA PARTE. (Only Cantus partbook extant.)

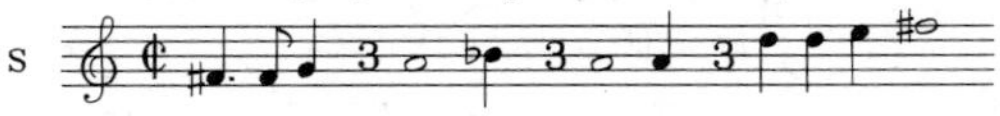

Rossi, Giov. M. (Il Rosso.) L'alta mattin'assai piu del'usato
1560/10, p. 27 Madrigal

Rossi, Giov. M. (Il Rosso.) Donna l'ardente fiamma
1560/10, p. 28 Madrigal

Rossino Mantovano. Ape de la montagna
1507/04, f. 36 Frottola

Rossino Mantovano. Da poi che'l tuo bel viso
1505/03, f. 2 Frottola

Rossino Mantovano. Gnao gnao gnao vo cridido
1505/04, f. 10v–11 Frottola

Rossino Mantovano. Lirum bililirum lirum lirum
1505/03, f. 31v–32 Frottola
UN SONAR DE PIVA IN FACHINESCO

Rossino Mantovano. Perche fai donna el gaton
1505/04, f. 9v–10 Frottola

Rossino Mantovano. Se ogni donna fusse il credo
1505/04, f. 23v–24 Frottola

Rossello Tolse dal ciel due stelle
1582/06, p. 7 Madrigal

Rosso. O facia bella piu che ne la rosa
1546/18, p. 11 Napolitana
Two partbooks (Cantus/Tenor?) missing.

Rotta, Andrea. D'un limpido ruscello
1594/06, p. 5 Madrigal
PAROLE DI GIULIO BENALIO.

Rotta, Andrea. Fallace ardir e troppo stole voglie
1586/10, p. 6 Madrigal

Rotta, Andrea. Fresche vermiglie rose
1598/09, p. 15 Madrigal

Rotta, Andrea. La tua cara Amarilli
1590/13, p. 9 Madrigal
Bass partbook missing.

Roussel, Francois. Alba cruda alba ria che'l mio bel
1562/22, p. 1 Madrigal
Bass and Quinto partbooks missing.

Roussel, Francois. L'aspetto sacro del terra vostra
1559/16, p. 3 Madrigal

Roussel, Francois. Belta si come in mente
1561/10, p. 27 Madrigal

Roussel, Francois. Ben ho del caro oggetto i sensi
1559/16, p. 13 Madrigal

Roussel, Francois. Ben sento di lontan il fresco
1562/22, p. 18 Madrigal
Bass and Quinto partbooks missing.

Roussel, Francois. Cede al splendor del sol
1566/23, p. 4 Madrigal

Roussel, Francois. Celeste d'amor fiamma apparse
1561/10, p. 3 Madrigal

Roussel, Francois. Colei son'io li cui lidi famosi
1562/22, p. 6–7 Madrigal
Bass and Quinto partbooks missing.

Roussel, Francois. Cura che di timor ti nutri
1559/16, p. 11 Madrigal

Roussel, Francois. Da indi in qua sol l'alma nutr'
1561/10, p. 11 Madrigal
SECONDA PARTE.

Roussel, Francois. Dentro pur fuoc'e suo candida neve
1588/24, p. 29 Madrigal
SESTA & ULTIMA STANZA. (Compare F. Rosselli in 1588/24.)

Roussel, Francois. Dille la mia speranza'l mio desi
1559/16, p. 14 Madrigal
SECONDA PARTE.

Roussel, Francois. Dolce parlar ond'io ben provo
1562/22, p. 12–13 Madrigal
SECONDA PARTE. (basso and Quinto partbooks missing.)

Roussel, Francois. E mort'o morte amara
1562/22, p. 28–29 Madrigal
Bass and Quinto partbooks missing.

Roussel, Francois. Fiamma gentil che da begli'occhi
1562/22, p. 26 Madrigal
Bass and Quinto partbooks missing.

Roussel, Francois. Fiorit'e verdi colli
1560/10, p. 16 Madrigal

Roussel, Francois. Giovane donna sott'un verde lauro
1588/24, p. 26 Madrigal
CANZON DI FRANCESCO ROSSELLI. PRIMA STANZA.

Roussel, Francois. Guidommi in part'il ciel ove splende
1561/10, a 10 Madrigal

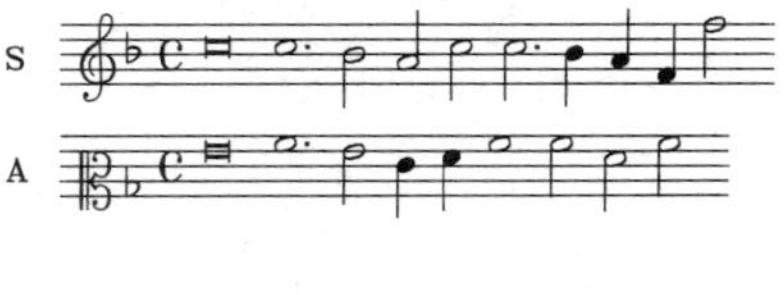

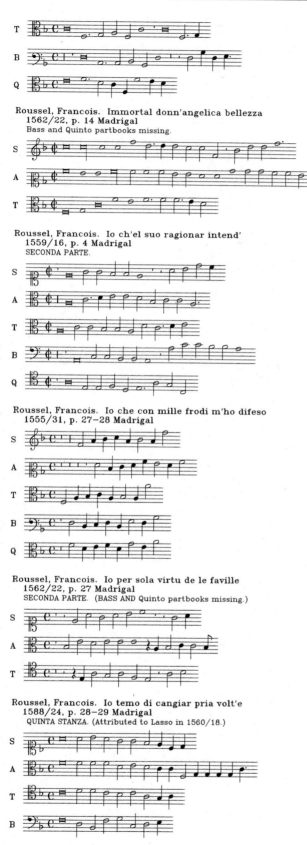

Roussel, Francois. Immortal donn'angelica bellezza
1562/22, p. 14 Madrigal
Bass and Quinto partbooks missing.

Roussel, Francois. Io ch'el suo ragionar intend'
1559/16, p. 4 Madrigal
SECONDA PARTE.

Roussel, Francois. Io che con mille frodi m'ho difeso
1555/31, p. 27–28 Madrigal

Roussel, Francois. Io per sola virtu de le faville
1562/22, p. 27 Madrigal
SECONDA PARTE. (BASS AND Quinto partbooks missing.)

Roussel, Francois. Io temo di cangiar pria volt'e
1588/24, p. 28–29 Madrigal
QUINTA STANZA. (Attributed to Lasso in 1560/18.)

Roussel, Francois. Ivi senza riposo i giorni mena
1559/16, p. 12 Madrigal
SECONDA PARTE.

Roussel, Francois. Misero mond'ove condott'hor sei
1566/13, p. 7 Madrigal

Roussel, Francois. Non fur giamai veduti
1588/24, p. 28 Madrigal
QUARTA STANZA. (Attributed to O. Lasso in 1560/18.)

Roussel, Francois. Non veggio ove scampar
1557/16, p. 4 Madrigal

Roussel, Francois. Occhi miei oscurato e'l nostro sole
1562/22, p. 2–3 Madrigal
Bass and Quinto partbooks missing.

Roussel, Francois. Onde convien ch'io pensi parli
1562/22, p. 19 Madrigal
SECONDA PARTE. (Bass and Quinto partbooks missing.)

Roussel, Francois. Pien di novelli fior luce si bella
1562/07, p. 5 Madrigal

Roussel, Francois. Poi ch'el fiero destin del mondo
1562/22, p. 20–21 Madrigal
Bass and Quinto partbooks missing.

Roussel, Francois. Quand'ai bei labri di madonna aviene
1562/22, p. 21 Madrigal
Bass and Quinto partbooks missing.

Roussel, Francois. Quando la sera scaccia il chiaro
1582/08, p. 21 Madrigal

Roussel, Francois. Qui voi sterili & egre
1561/10, p. 8 Madrigal

Roussel, Francois. Rallegrar mi poss'io
1562/07, p. 24 Madrigal

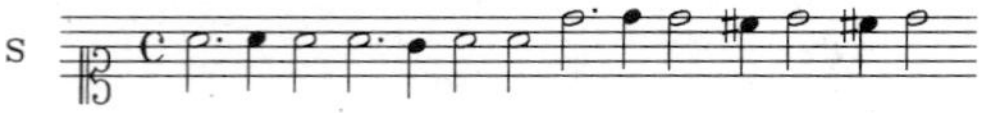

Roussel, Francois. Rosa al sol non caduche e neve dura
1562/22, p. 15 Madrigal
SECONDA PARTE. (Bass and Quinto partbooks missing.)

Roussel, Francois. Salgon'i miei pensier
1562/22, p. 4 Madrigal
Bass and Quinto partbooks missing.

Roussel, Francois. Se mai fuoco per fuoco non si spense
1559/16, p. 17 Madrigal

Roussel, Francois. Se per farmi lasciar la bell'impresa
1559/16, p. 16 Madrigal

Roussel, Francois. Sento laura mia antica e i dolci
1562/22, p. 23 Madrigal
SECONDA PARTE. (Bass and Quinto partbooks missing.)

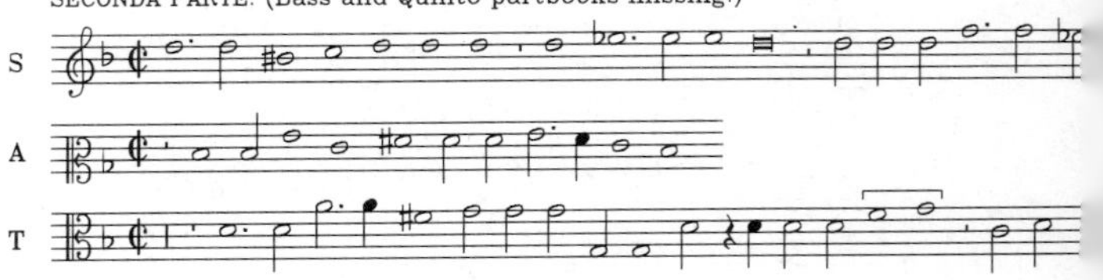

Roussel, Francois. Solea lontan'in sonno
1557/16, p. 10 Madrigal

Roussel, Francois. Sperand'al fin da le soavi piante
1562/22, p. 22 Madrigal
Bass and Quinto partbooks missing.

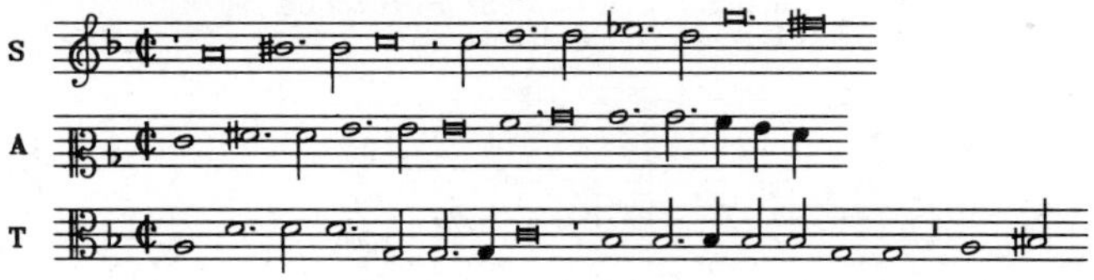

Roussel, Francois. Spirto gentil in cui suo maggior
1562/22, p. 12 Madrigal
Bass and Quinto partbooks missing.

Roussel, Francois. Voi che ricchi di gente e di thesori
1562/22, p. 11 Madrigal
Bass and Quinto partbooks missing.

Rovigo, Francesco. Ardo si ma non t'amo
1585/17, no. 5 Madrigal

Rovigo, Francesco. Liete le Muse e l'ombra
1583/10, f. 15 Madrigal

Rovigo, Francesco. Misera che faro poi che mi moro
1592/12, p. 21 Madrigal

Rovigo, Giovanni. Tutta sareste bella o donna mia
1584/10, p. 19 Madrigal

Ruffin, Fra. Hayme amor hayme fortuna
1521/06, nr17 Frottola

Ruffin, Fra. Non finsi mai d'amarte
1526/06, f. 4v–6 Frottola

Ruffin, Fra. Venite donne belle
1521/06, nr18 Frottola

Ruffo, Vincenzo. Ahi spirito gentil'lassate l'ira
1552/20, p. 8 Madrigal
SECUNDA PARTE

Ruffo, Vincenzo. All'apparir d'una leggiadra fiera
1557/25, p. 13 Madrigal

Ruffo, Vincenzo. L'alta speranza ov'io nodrischo
1552/20, p. 11 Madrigal

Ruffo, Vincenzo. Amor che nel pensier mio viv'e regna
1557/25, p. 21 Madrigal

Ruffo, Vincenzo. Amor poi che mi doni
1557/25, p. 24 Madrigal

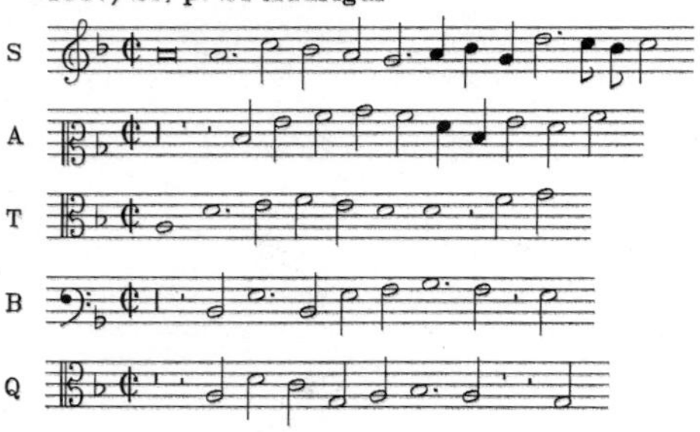

Ruffo, Vincenzo. Ben mille nott'ho gia passato
1594/08, f. 9v Madrigal

Ruffo, Vincenzo. Ben mille volte fra me stesso giuro
1555/31, p. 7–8 Madrigal

Ruffo, Vincenzo. Ben mio chi mi ti toglie
1555/31, p. 11–12 Madrigal

Ruffo, Vincenzo. Cantan fra rami gli augeletti vaghi
1552/20, p. 1 Madrigal

Ruffo, Vincenzo. Caro mio thesoro di sottil fila
1579/04, p. 18 Madrigal

Ruffo, Vincenzo. Chiara gentile e bella
1557/25, p. 25 Madrigal

Ruffo, Vincenzo. Chiudimi gl'occhi'amore
1559/18, p. 22 Madrigal

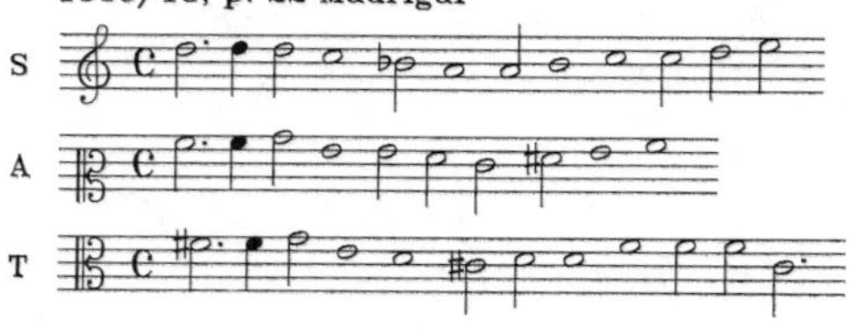

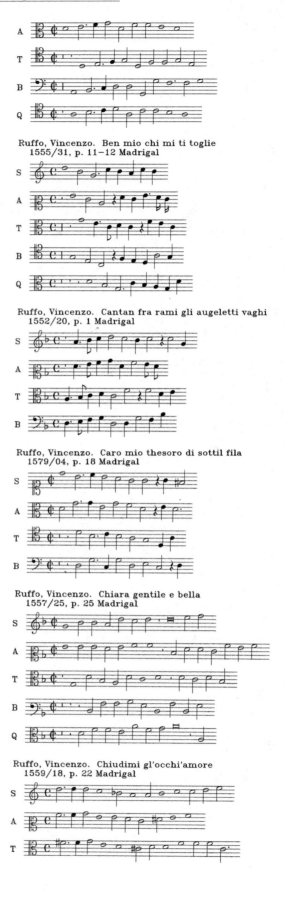

B
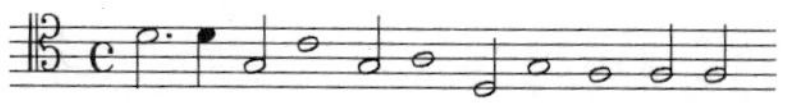

Ruffo, Vincenzo. Chiuso gran temp'in questo cieco
1557/25, p. 26 Madrigal

S A T B Q

Ruffo, Vincenzo. Coi sereni occhi
1579/04, p. 17 Madrigal

S A T B

Ruffo, Vincenzo. Com'esser puot'Amore
1555/31, p. 6 Madrigal

S A T B Q

Ruffo, Vincenzo. Com'havra vit'amor la vita mia
1557/18, p. 25 Villota

S A T B

Ruffo, Vincenzo. Cosi vuol mia ventura over mio fallo
1555/25, p. 12 Madrigal
QUARTA PARTE.

S A T B Q

Ruffo, Vincenzo. D'amore le generose & alt'imprese
1555/31, p. 16 Madrigal

S A T B Q

Ruffo, Vincenzo. Degg'io sempre pennar'in questo
1552/20, p. 8 Madrigal

S A T B

Ruffo, Vincenzo. Deh spargi o miser'alma s'alta pieta
1563/07, p. 17 Canzona

S A T B Q

Ruffo, Vincenzo. Di voi sempre mi doglio
1554/29, p. 3 Madrigal
Cantus partbook missing.

A T B Q
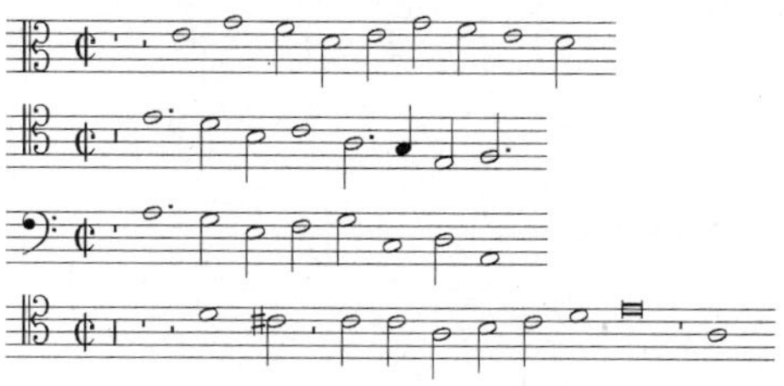

Ruffo, Vincenzo. Dico il bel viso di colei
1557/25, p. 2 Madrigal
SECONDA PARTE.

S A T B Q

Ruffo, Vincenzo. Ditemi aure tranquille
1555/31, p. 4 Madrigal

Ruffo, Vincenzo. E cosi lieto vivo nel'mio sperato
1552/20, p. 11 Madrigal

Ruffo, Vincenzo. Ecco per l'alto mar l'onda rapace
1552/20, p. 9 Madrigal

Ruffo, Vincenzo. Et se tanto di voi non
1555/31, p. 9 Madrigal
SECONDA PARTE.

Ruffo, Vincenzo. Fausti nascon gl'amor
1562/07, p. 10–11 Madrigal

Ruffo, Vincenzo. Fiere silvestre che per lati campi
1585/19, p. xx Madrigal

Ruffo, Vincenzo. Fu ben dur'il partire
1557/25, p. 19–20 Madrigal

Ruffo, Vincenzo. Fugga'l dolor & l'intensi sospiri
1555/31, p. 30 Madrigal

Ruffo, Vincenzo. Hor pensate al mio
1555/25, p. 11 Madrigal
SECONDA PARTE.

Ruffo, Vincenzo. I vo piangendo i miei passati tempi
1563/07, p. 22 Canzona

Ruffo, Vincenzo. Io che di viver sciolto
1555/31, p. 22 Madrigal

B
Q

Ruffo, Vincenzo. Io miro il suo bel viso
1554/29, p. 4 Madrigal
Cantus partbook missing.

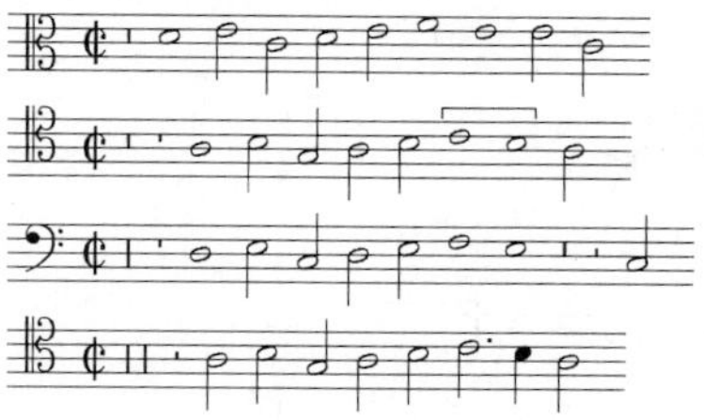

A
T
B
Q

Ruffo, Vincenzo. Io moro & altr'hor'crede ch'io viv'
1552/20, p. 3 Madrigal

S
A
T
B

Ruffo, Vincenzo. Io piango ch'el dolore pianger
1552/20, p. 6 Madrigal

S
A
T
B

Ruffo, Vincenzo. Io sento qui d'intorno
1557/25, p. 16 Madrigal

S
A
T
B
Q

Ruffo, Vincenzo. Lasso ch'io non so ben l'hora
1552/20, p. 4 Madrigal
Attributed to Anonymous in 1557/16.

S
A
T
B

Ruffo, Vincenzo. Lasso prima ch'io spiri i pensier
1552/20, p. 7 Madrigal

S
A
T
B

Ruffo, Vincenzo. Lieti felici spirti ch'ogn'hor
1561/11, p. 14 Madrigal

S
T
B

Ruffo, Vincenzo. Luci del ciel per le qual'io
1557/25, p. 27 Madrigal

S
A
T
B
Q

Ruffo, Vincenzo. Ma di chi debbo lamentarmi
1544/22, p. 5 Madrigal

S
A
T
B

Ruffo, Vincenzo. Madonn'intender'volse la cagion'
1552/20, p. 2 Madrigal
SECUNDA PARTE.

S
A
T
B

Ruffo, Vincenzo. Mentr'in sevra pregione
1552/20, p. 2 Madrigal

S
A
T

Ruffo, Vincenzo. Mentre'il pensier vivea folcand'
1552/20, p. 9 Madrigal

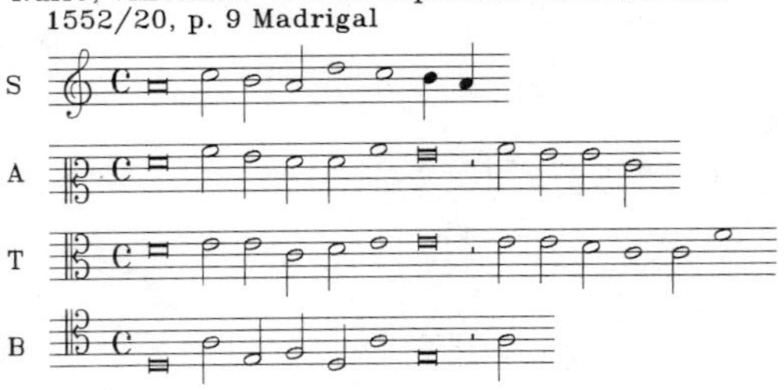

Ruffo, Vincenzo. Nacque nell'alm'in
1555/31, p. 23 Madrigal
SECONDA PARTE.

Ruffo, Vincenzo. Nel gratioso temp'ove natura
1562/07, p. 11 Madrigal

Ruffo, Vincenzo. Non rumor di tamburi
1549/31, p. 22 Madrigal

Ruffo, Vincenzo. Non sei tu quel che sopra al sacro
1555/31, p. 2 Madrigal
SECONDA PARTE.

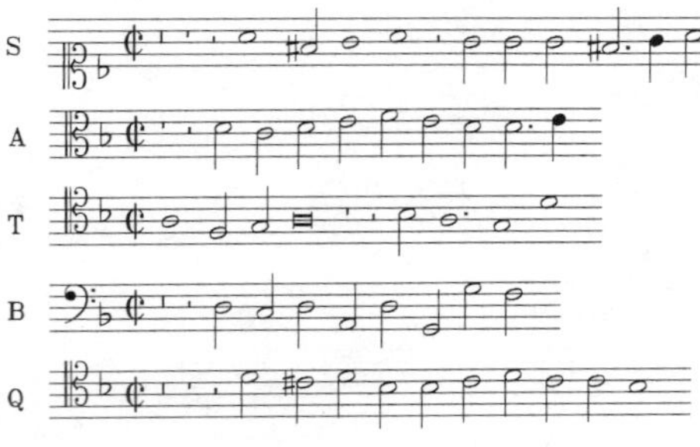

Ruffo, Vincenzo. Nova angioletta sovra l'ale accorta
1588/19, p. 7 Madrigal
Tenor and Alto partbooks missing.

Ruffo, Vincenzo. Nova bellezz'amore
1562/22, p. 10 Madrigal
Bass and Quinto partbooks missing.

Ruffo, Vincenzo. Nuov'angioletta sovra l'ale
1552/20, p. 6 Madrigal

Ruffo, Vincenzo. O desir di quest'occhi
1554/29, p. 14 Madrigal
Cantus partbook missing.

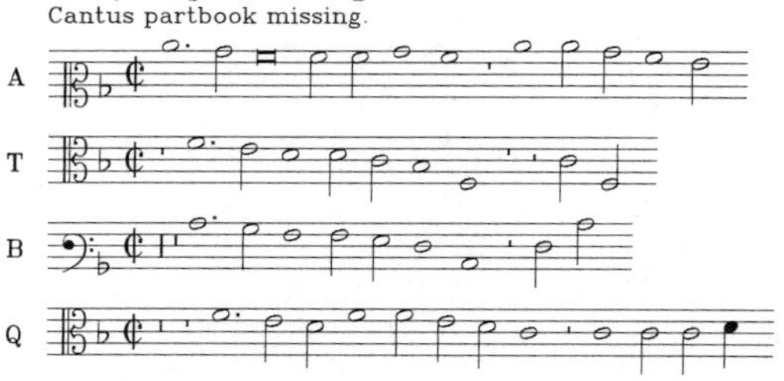

Ruffo, Vincenzo. O sole ov'e quel'sole che gia solo
1552/20, p. 5 Madrigal

Ruffo, Vincenzo. Occhi miei ch'a mirar fosti
1557/25, p. 23 Madrigal

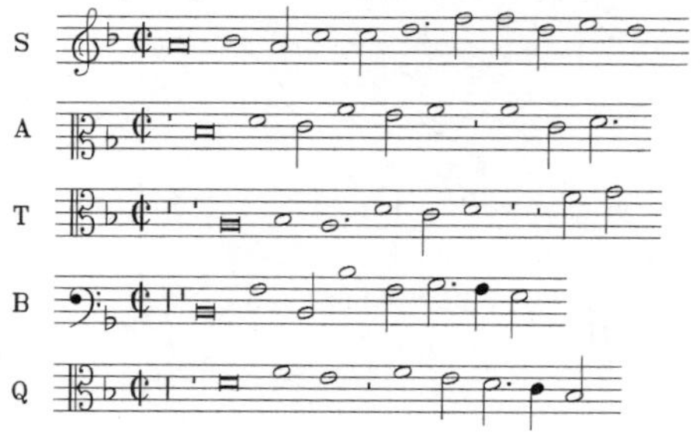

Ruffo, Vincenzo. Ond'Amor paventoso fugge al core
1557/25, p. 22 Madrigal

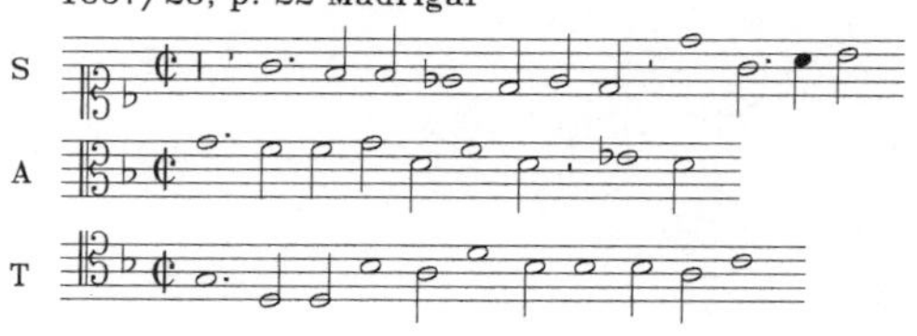

Ruffo, Vincenzo. Ove son quei bei chiari raggi
1557/25, p. 5 Madrigal

Ruffo, Vincenzo. Per pianto la mia carne si distilla
1555/25, p. 11 Madrigal
CANZON PRIMA PARTE A 5

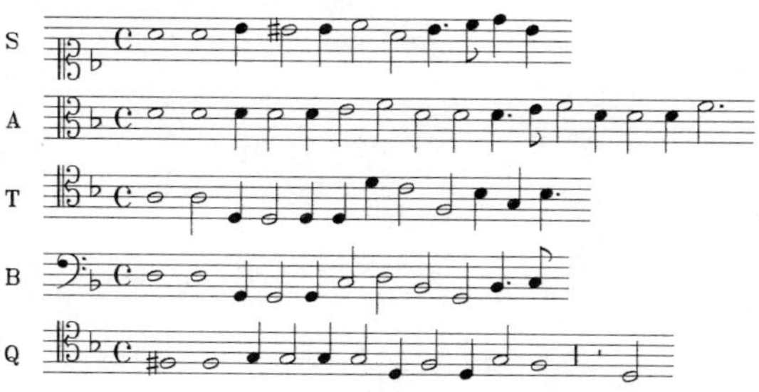

Ruffo, Vincenzo. Poi ch'el camin m'e chiuso
1557/25, p. 7 Madrigal

Ruffo, Vincenzo. Prima che spunt'il sol i vaghi rai
1560/10, p. 26 Madrigal

Ruffo, Vincenzo. Puli chiam'il mio cor quel giorno
1562/06, p. 2 Madrigal

Ruffo, Vincenzo. Qual piu scontento amante
1557/25, p. 20 Madrigal

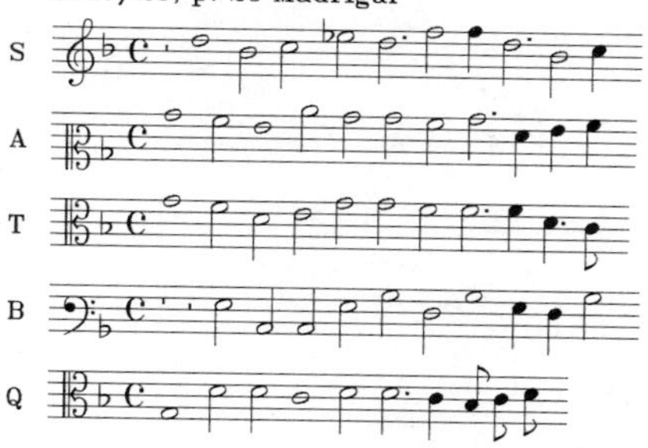

Ruffo, Vincenzo. Qual possanza sia mai d'amor
1555/31, p. 5 Madrigal

Ruffo, Vincenzo. Qual sguardo fia giamai
1598/10, p. 16 Madrigal

Ruffo, Vincenzo. Qual sguardo fia giamai
1557/25, p. 4 Madrigal

Ruffo, Vincenzo. Quando tall'hor il bel viso
1557/25, p. 1 Madrigal

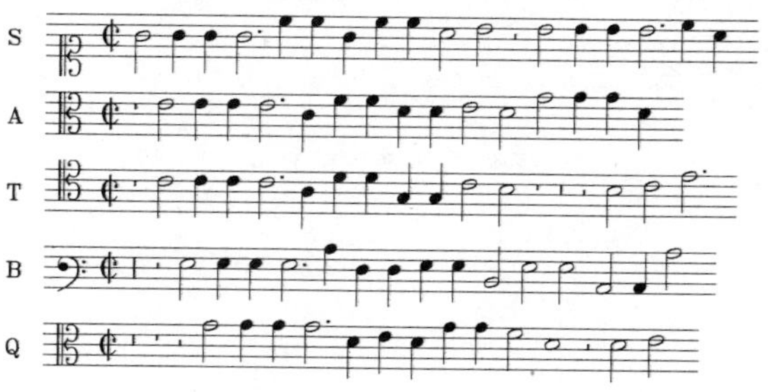

Ruffo, Vincenzo. Quella belta maggiore
1555/31, p. 9–10 Madrigal

Ruffo, Vincenzo. Quella che piu non vuol
1557/25, p. 8 Madrigal
SECONDA PARTE.

Ruffo, Vincenzo. S'io vi son'importun' ad hora
1555/31, p. 13 Madrigal
SECONDA PARTE.

Ruffo, Vincenzo. Salve Hippolite al cui facondo
1555/31, p. 1 Madrigal

Ruffo, Vincenzo. Si che s'io vissi in guerra
1563/07, p. 22–23 Madrigal
SECONDA PARTE.

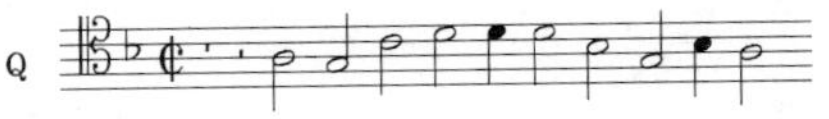

Ruffo, Vincenzo. Si m'e dolc'il tormento e'l pianger
1555/25, p. 12 Madrigal
TERZA PARTE.

Ruffo, Vincenzo. Tanto fu'l tuo fallir
1563/07, p. 18 Madrigal

Ruffo, Vincenzo. Tra bei rubini e perle
1559/16, p. 24 Madrigal

Ruffo, Vincenzo. Tranquillo porto havea mostrato
1557/25, p. 18 Madrigal

Ruffo, Vincenzo. Treccie di bei crin d'or
1557/25, p. 15 Madrigal

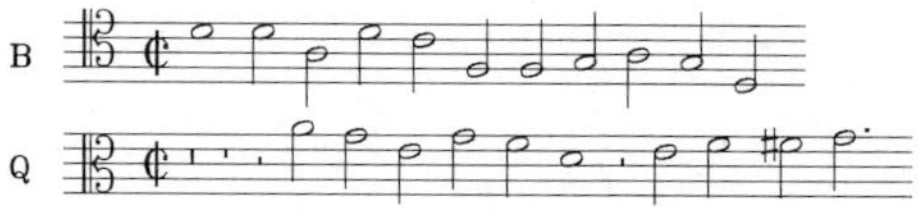

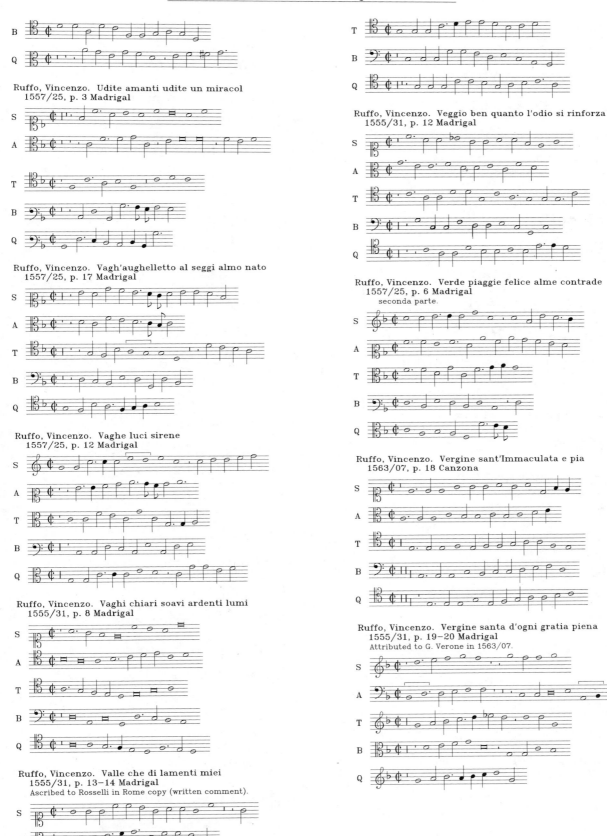

Ruffo, Vincenzo. Udite amanti udite un miracol
1557/25, p. 3 Madrigal

Ruffo, Vincenzo. Vagh'aughelletto al seggi almo nato
1557/25, p. 17 Madrigal

Ruffo, Vincenzo. Vaghe luci sirene
1557/25, p. 12 Madrigal

Ruffo, Vincenzo. Vaghi chiari soavi ardenti lumi
1555/31, p. 8 Madrigal

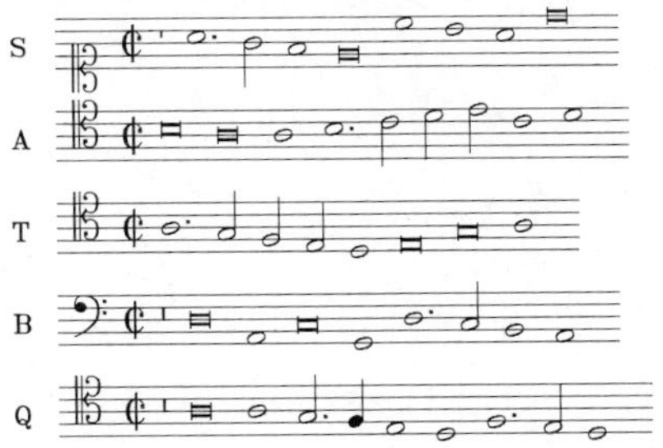

Ruffo, Vincenzo. Valle che di lamenti miei
1555/31, p. 13–14 Madrigal
Ascribed to Rosselli in Rome copy (written comment).

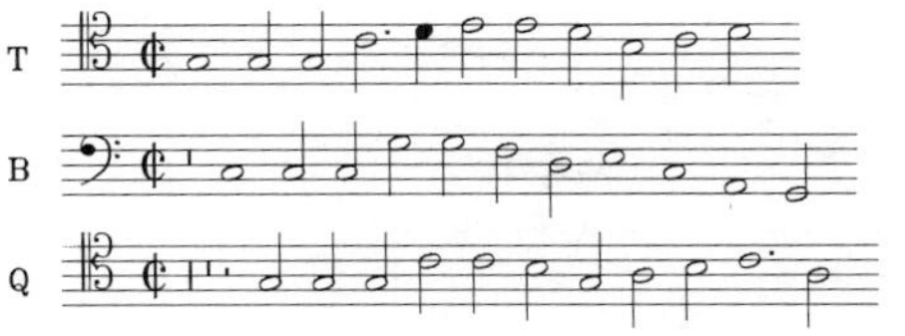

Ruffo, Vincenzo. Veggio ben quanto l'odio si rinforza
1555/31, p. 12 Madrigal

Ruffo, Vincenzo. Verde piaggie felice alme contrade
1557/25, p. 6 Madrigal
seconda parte.

Ruffo, Vincenzo. Vergine sant'Immaculata e pia
1563/07, p. 18 Canzona

Ruffo, Vincenzo. Vergine santa d'ogni gratia piena
1555/31, p. 19–20 Madrigal
Attributed to G. Verone in 1563/07.

Ruffo, Vincenzo. Vergine sol'al mondo senza esempio
1555/31, p. 21–22 Madrigal

Ruffo, Vincenzo. Vostro donn'e'l peccato
1555/31, p. 3–4 Madrigal

Ruffo, Vincenzo. Il vostro gran dolore o voi cinti
1561/11, p. 15 Madrigal

Rugerius O cor negli amorisi laci streto
1526/je, f.12–12v Frottola
Only Cantus extant. See 1526/JEP in Index to sources.

Ruota, Andrea. Hor ch'e giunto il partire
1597/15, p. 2 Madrigal

Ruota, Andrea. Sovra le verdi chiome
1583/10, f. 33 Madrigal

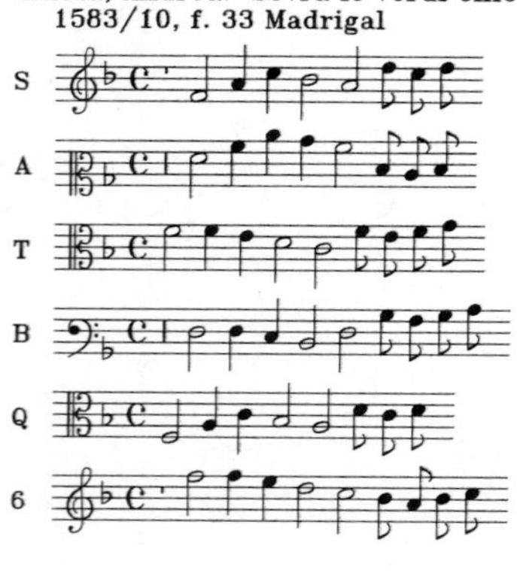

Sabino, Gio. Francesco. Aura dolce e soave
1588/27, p. 3 Madrigal
Bass from 1587/13.

Sabino, Gio. Francesco. Cor mio poi che nel fior de miei
1588/27, p. 4 Madrigal
Bass from 1587/13.

Sabino, Gio. Francesco. Felice primavera
1588/27, p. 12 Madrigal
PRIMA PARTE. (Bass from 1586/13.)

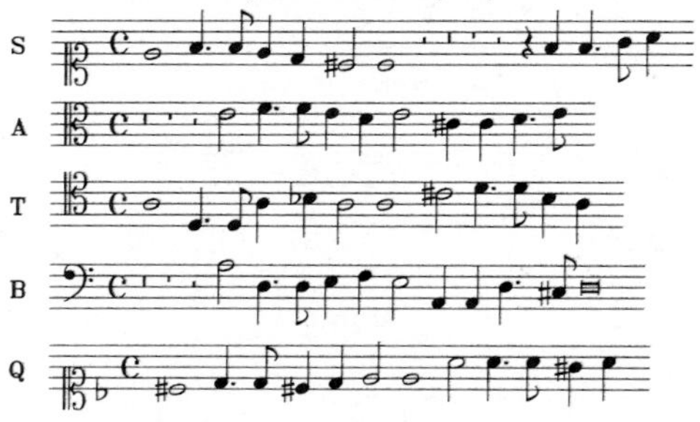

Sabino, Gio. Francesco. Mentre i soavi fiori
1589/16, p. 13 Madrigal

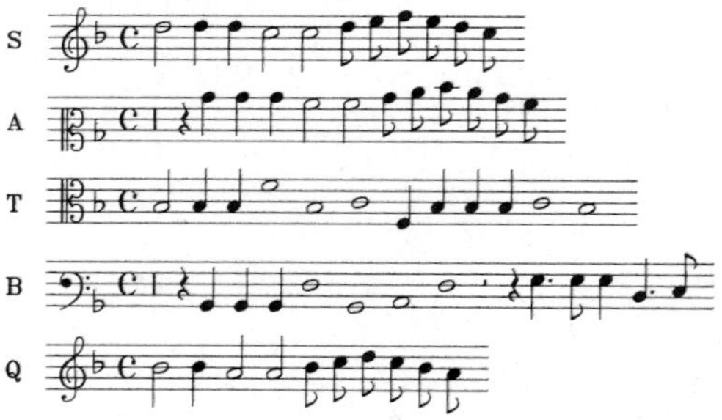

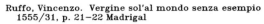

Sabino, Hippolito. Ahi crudo Amor se'l pianto
1589/16, p. 15 Madrigal

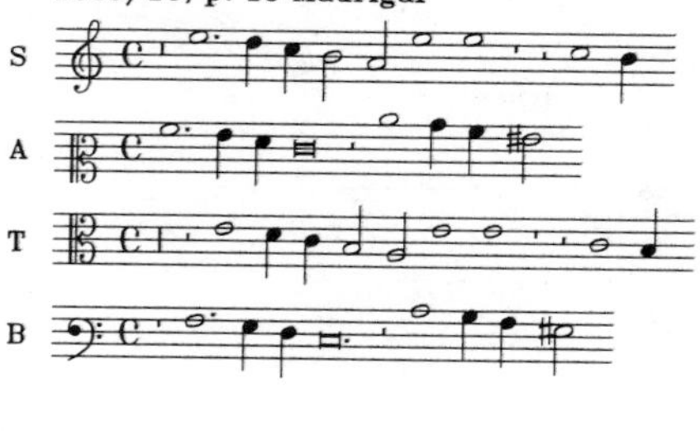

Sabino, Hippolito. All'hor vidi cader il gran l'auoro
1588/27, p. 15 Madrigal
A SEI VOCI. SECONDA PARTE. (Bass from 1587/13.)

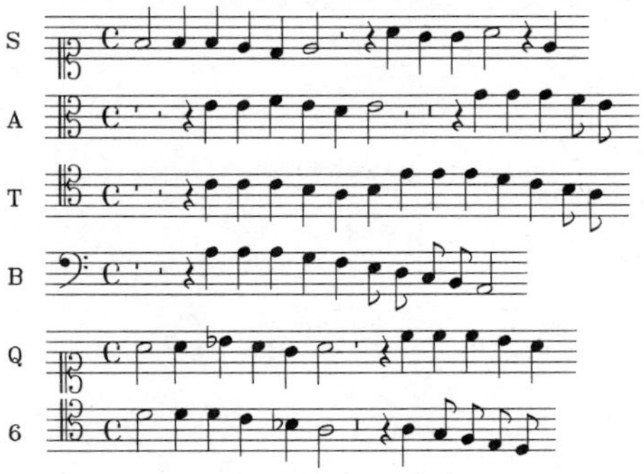

Sabino, Hippolito. Alla dolce ombra de le belle frondi
1581/11, p. 1 Madrigal

Sabino, Hippolito. Ardo si ma non t'amo
1588/27, p. 10 Madrigal
Bass from 1587/13.

Sabino, Hippolito. Arresta all'hor il corso
1589/16, p. 10 Madrigal
SECONDA PARTE.

Sabino, Hippolito. Ballava Tirsi al suono
1588/27, p. 9 Madrigal
Bass from 1587/13.

Sabino, Hippolito. La bocca bacia e questa gote
1581/11, p. 13 Madrigal
SECONDA PARTE.

Sabino, Hippolito. Cingetemi le tempie d'ogn'intorno
1592/15, p. 16 Madrigal

Sabino, Hippolito. Con questi effetti Amore
1589/16, p. 17 Madrigal
SECONDA PARTE. A SEI VOCI.

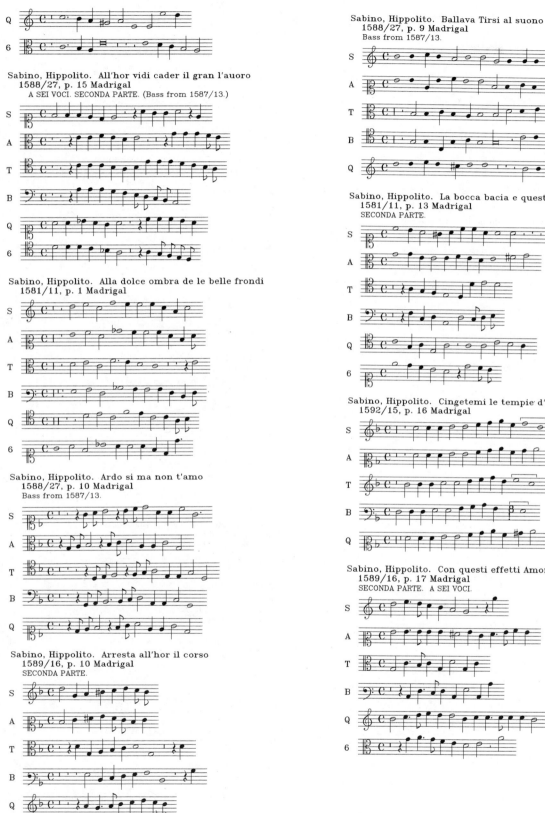

Sabino, Hippolito. Con si contrario effetto
1588/27, p. 18 Madrigal
A SEI VOCI. (Bass from 1587/13.)

Sabino, Hippolito. Cosi le chiome mie soavemente
1594/07, f. 32v Madrigal
SECONDA PARTE.

Sabino, Hippolito. Dai freddi esperii a caldi liti
1588/27, p. 7 Madrigal
SECONDA PARTE. (Bass from 1587/13.)

Sabino, Hippolito. Danzan le Ninfe honeste
1588/27, p. 13 Madrigal
SECONDA PARTE. Bass from 1587/13.)see prf cop for meters

Sabino, Hippolito. Dolci soavi e cari
1589/16, p. 20 Madrigal
A SEI VOCI.

Sabino, Hippolito. Donna gia del tuo amor
1581/11, p. 18 Madrigal

Sabino, Hippolito. Dove gentil mia Clori
1589/16, p. 9 Madrigal

Sabino, Hippolito. Dove sorge piacevole
1592/11, p. 2 Madrigal
PAROLE DI FRANCESCO BOZZA CAVALLIER.

Sabino, Hippolito. Due vaghe pastorelle un giorno
1588/27, p. 2 Madrigal
Bass from 1587/13.

Sabino, Hippolito. Dunque con caldo affetto
1589/16, p. 19 Madrigal
A SEI VOCI.

Sabino, Hippolito. Dunque seguendo'il raggio del bel
1581/11, p. 6 Madrigal
SESTA PARTE.

Sabino, Hippolito. E la mia vita Amara
1589/16, p. 5 Madrigal
PRIMA PARTE.

Sabino, Hippolito. E mentre che n'andran per l'aria
1588/27, p. 8 Madrigal
TERZA PARTE. (Bass from 1587/13.)

Sabino, Hippolito. E se t'agrada pur ch'io venga
1581/11, p. 19 Madrigal
SECONDA PARTE.

Sabino, Hippolito. E'n questo specchio e'n quello
1588/27, p. 21 Madrigal
A SEI VOCI. SECONDA PARTE. (Bass from 1587/13.)

Sabino, Hippolito. Ecco i mi discoloro
1589/16, p. 8 Madrigal
SECONDA PARTE.

Sabino, Hippolito. Et secca o gran pieta
1594/08, f. 24v Madrigal
SECONDA PARTE.

Sabino, Hippolito. Facciansi lieti quanti
1583/14, f. 34 Madrigal
DIALOGO A 7

Sabino, Hippolito. Ferrimmi Amor il fianco
1589/16, p. 4 Madrigal

Sabino, Hippolito. Fioriti colli herbette pien d'odori
1588/27, p. 5 Madrigal
Bass from 1587/13.

Sabino, Hippolito. Formo le rose e i gigli del colore
1581/11, p. 23 Madrigal

Sabino, Hippolito. Le frondi di tua croce
1581/11, p. 7 Madrigal
SETTIMA PARTE.

Sabino, Hippolito. Hor come il pianto el foco
1589/16, p. 16 Madrigal
PRIMA PARTE. A SEI VOCI.

Sabino, Hippolito. Hor ritorni il diletto
1583/14, f. 35 Madrigal
SECONDA PARTE.

Sabino, Hippolito. I piango & ella il volto
1568/19, p. 8 Madrigal

Sabino, Hippolito. I vo piangendo i miei passati tempi
1581/11, p. 16 Madrigal

Sabino, Hippolito. In questo lieto giorno
1588/27, p. 17 Madrigal
A SEI VOCI. SECONDA PARTE. (Bass from 1587/13.)

Sabino, Hippolito. In un boschett'amor di verdi allori
1598/08, p. 1 Madrigal

Sabino, Hippolito. In un boschetto adorno
1588/27, p. 16 Madrigal
A SEI VOCI. PRIMA PARTE. (Bass from 1587/13.)

Sabino, Hippolito. Io duce io cavalier
1592/15, p. 17 Madrigal
SECONDA PARTE.

Sabino, Hippolito. Io son ferito ahi lasso
1581/11, p. 10 Madrigal
Compare Hassler, Nola, Palestrina, Pizzone, & Sole.

Sabino, Hippolito. Ma se di me ti calvolgi le luci
1589/16, p. 6 Madrigal
SECONDA PARTE.

Sabino, Hippolito. Mentre il mesto pastore
1596/08, p. 7 Madrigal
SECONDA PARTE (Quintus and Bass II partbooks missing.)

Sabino, Hippolito. Mentre io veggio apparir
1590/11, p. 20 Madrigal

Sabino, Hippolito. Morto che'l vago giovanetto Adone
1581/11, p. 12 Madrigal

Sabino, Hippolito. Nel mirar gli occhi
1581/11, p. 20 Madrigal

Sabino, Hippolito. Non ha tante herbe Maggio e aprile
1588/27, p. 6 Madrigal
PRIMA PARTE. (Bass from 1587/13.)

Sabino, Hippolito. Non vide alcun mal si leggiadri
1581/11, p. 2 Madrigal
SECONDA PARTE.

Sabino, Hippolito. O di saggio e grand'Auo
1589/16, p. 1 Madrigal
Prima parte. al illust. & eccell. principe di molfetta.

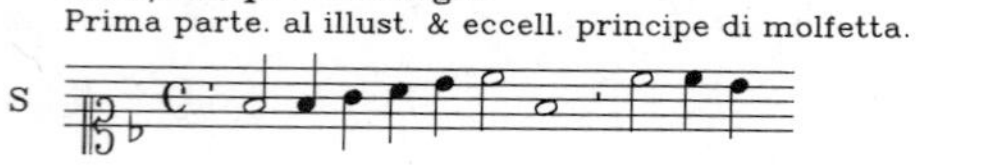

Sabino, Hippolito. O dolce anima mia
1586/09, p. 8 Madrigal

Sabino, Hippolito. Il pastor lasso che da gravi pianti
1581/11, p. 21 Madrigal
SECONDA PARTE.

Sabino, Hippolito. La pastorella mia
1589/16, p. 3 Madrigal

Sabino, Hippolito. Perfido e giunto il fine
1589/16, p. 7 Madrigal
PRIMA PARTE.

Sabino, Hippolito. Pero piu fermo ogn'hor di tempo
1581/11, p. 4 Madrigal
QUARTA PARTE.

Sabino, Hippolito. Pietosi miei lamenti e voi sospiri
1568/19, p. 7 Madrigal

Sabino, Hippolito. Poi d'invidia ripieno
1589/16, p. 12 Madrigal
SECONDA PARTE.

Sabino, Hippolito. Pria che la tromba spaventosa
1588/27, p. 19 Madrigal
A SEI VOCI. (Bass from 1587/13.)

Sabino, Hippolito. Quando con mille vaghe erbete
1588/27, p. 1 Madrigal
Bass from 1587/13.

Sabino, Hippolito. Rendea si lieto il giorno
1589/16, p. 11 Madrigal
PRIMA PARTE.

Sabino, Hippolito. S'io t'ho ferito non t'ho pero morto
1581/11, p. 11 Madrigal
RISPOSTA.

Sabino, Hippolito. Se ben discorro sotto l'alto cielo
1581/11, p. 3 Madrigal
TERZA PARTE.

Sabino, Hippolito. Se non voi che de l'un
1589/16, p. 2 Madrigal
SECONDA PARTE.

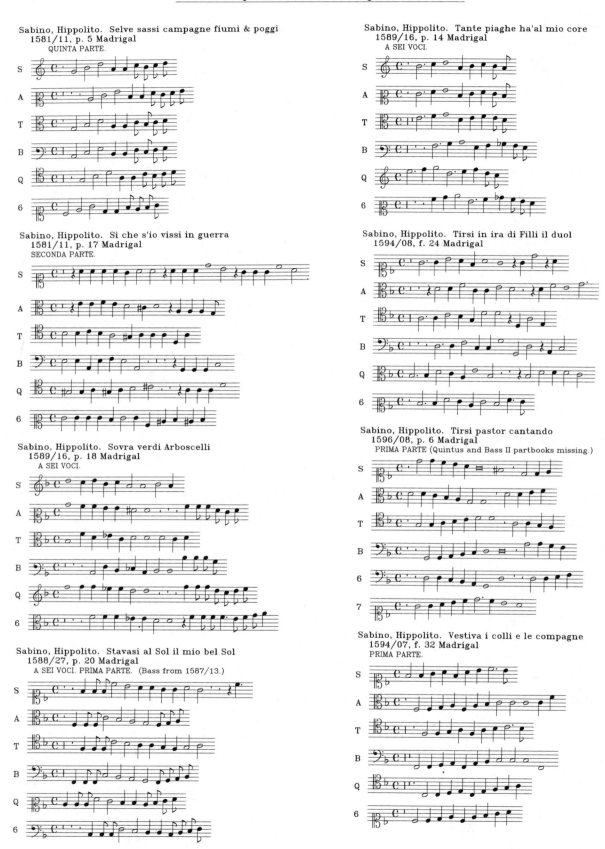

Sabino, Hippolito. Selve sassi campagne fiumi & poggi
1581/11, p. 5 Madrigal
QUINTA PARTE.

Sabino, Hippolito. Si che s'io vissi in guerra
1581/11, p. 17 Madrigal
SECONDA PARTE.

Sabino, Hippolito. Sovra verdi Arboscelli
1589/16, p. 18 Madrigal
A SEI VOCI.

Sabino, Hippolito. Stavasi al Sol il mio bel Sol
1588/27, p. 20 Madrigal
A SEI VOCI. PRIMA PARTE. (Bass from 1587/13.)

Sabino, Hippolito. Tante piaghe ha'al mio core
1589/16, p. 14 Madrigal
A SEI VOCI.

Sabino, Hippolito. Tirsi in ira di Filli il duol
1594/08, f. 24 Madrigal

Sabino, Hippolito. Tirsi pastor cantando
1596/08, p. 6 Madrigal
PRIMA PARTE (Quintus and Bass II partbooks missing.)

Sabino, Hippolito. Vestiva i colli e le compagne
1594/07, f. 32 Madrigal
PRIMA PARTE.

Sabino, Hippolito. Viddi spezzar la fune
1588/27, p. 14 Madrigal
A SEI VOCI. PRIMA PARTE. (Bass fro 1587/13.)

Sala, Josquino della. Le bella arcate ciglia
1585/29, p. 11 Madrigal

Sala, Josquino della. Benedetto lo stral
1585/26, p. 21 Madrigal
SECONDA PARTE. A 6. (Alto and Bass partbooks missing.)

Sala, Josquino della. Ne si dolce com'hor
1585/26, p. 20 Madrigal
A 6. Alto and Bass partbooks missing.

Sales, Franz. Ardo si ma non t'amo
1585/17, no. 18 Madrigal

Salem, Josquino. Ahime quando ch'io penso
1575/11, p. 26 Madrigal
SECONDA PARTE.

Salem, Josquino. Fuggimi pur crudel quanto ti piace
1575/11, p. 25 Madrigal

Saloni, Fede. Come faro cor mio quanto mi parto
1589/10, p. 18 Canzonetta

Saloni, Fede. Con l'ali del pensier io vengo
1580/11, p. 10 Madrigal

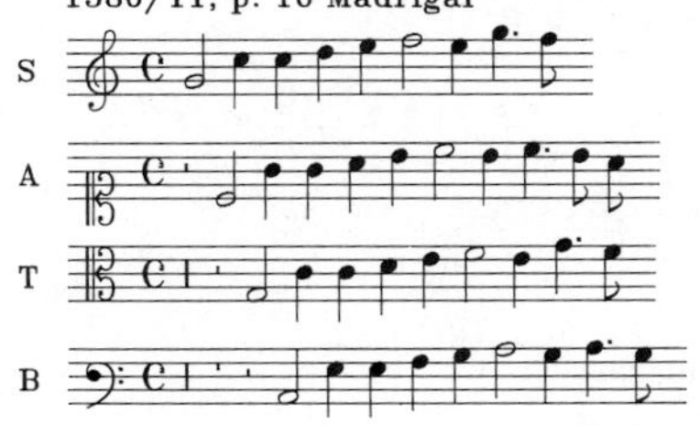

Saloni, Fede. Pregovi donna non l'habbiate
1580/11, p. 9 Madrigal

Sandrin, Pierre. Amor l'arco'e la rete indarno tendi
1557/23, p. 18 Madrigal

Sanguigno, Oratio. Egli e pur vero ch'io moro
1590/24, p. 22 Madrigal

Sanguigno, Oratio. Le pene de gli amanti sariano gioie
1590/24, p. 18 Madrigal

Santini, Marsilio. Quanto piu son traffitte
1598/06, p. 12 Madrigal

Santini, Marsilio. Quest'e'l fonte del riso
1600/12, p. 11 Madrigal

Santini, Marsilio. Queste son quelle rose e quei bei
1600/12, p. 5 Madrigal
RISPOSTA.

Santini, Prospero. Che fai Donna? che guardi?
1600/05, p. 24 Lauda
PIETOSO DIALOGO. (Attrib. to Anon. "Che fai alma", 1598/04

Santini, Prospero. Chiaro viso leggiadro alm'e gentile
1599/06, p. 46 Lauda
A S. MARIA DI FORANO. MONTE FIORE, TRA S. SEVERINO .

Santini, Prospero. Deh se pietosa sei
1600/05, p. 42 Lauda
A S. MARIA DELLA PIETA (Attrib. to Anonymous in 1588/11.)

Santini, Prospero. Empiase'l cor di gioia
1600/05, p. 73 Madrigal

Santini, Prospero. Fa ch'io con pronta voglia
1592/05, no. 7 Lauda
Only Alto voice extant

Santini, Prospero. Giesu Padre et autor
1599/07, p. 13 Lauda

Santini, Prospero. Hor eccoti Laureto
1600/05, p. 62 Lauda

Santini, Prospero. Quando fia che'l sorissa
1592/05, no. 8 Lauda
Only Alto voice extant

Savioli, Alessandro. Acqua non fu che a stile usci
1600/16, p. 4 Madrigal
SECONDO CHORO. (Alto and Tenor partbooks missing.)

Savioli, Alessandro. Amor mi promeste
1600/16, p. 16 Madrigal
AL SIG. D. GIO. GREPPI. (Alto & Tenor partbooks missing.)

Savioli, Alessandro. Amor per tuo diletto
1600/16, p. 11 Madrigal
Alto and Tenor partbooks missing.

Savioli, Alessandro. Ardemmo insieme bella donna
1600/16, p. 2 Madrigal
Alto and Tenor partbooks missing.

Savioli, Alessandro. Ardo si ma non t'amo
1600/16, p. 12 Madrigal
Alto and Tenor partbooks missing.

Savioli, Alessandro. Arsi gia solo e non sosten'il foco
1600/16, p. 20 Madrigal
A8. alto, Alto2, & Tenor missing.

Savioli, Alessandro. Arsi un tempo ed amai
1600/16, p. 10 Madrigal
Alto and Tenor partbooks missing.

Savioli, Alessandro. Bacciai ma che
1600/16, p. 7 Madrigal
Alto and Tenor partbooks missing.

Savioli, Alessandro. Donna se voi m'odiate
1600/16, p. 18 Madrigal
Alto and Tenor partbooks missing.

Savioli, Alessandro. Ecco due gran guerriere
1600/16, p. 13 Madrigal
ALLE... HIPPOLITA, & FIGLIE... AGLIARDE. (Alto/Tenor missing.)

Savioli, Alessandro. Era Tirsi alle man
1600/16, p. 1 Madrigal
Alto and Tenor partbooks missing.

Savioli, Alessandro. Godi felice Hippolita
1600/16, p. 14 Madrigal
SECONDA PARTE. (Alto and Tenor partbooks missing.)

Savioli, Alessandro. Hor co'l canto
1600/16, p. 3 Madrigal
Alto and Tenor partbooks missing.

S
B
Q

Savioli, Alessandro. Mentre campo contento l'arso core
1591/22, p. 19 Madrigal
Alto partbook missing.

S
T
B

Savioli, Alessandro. Non fu senza vendetta
1600/16, p. 8 Madrigal
Alto and Tenor partbooks missing.

S
B
Q

Savioli, Alessandro. Non mi diceste voi
1600/16, p. 6 Madrigal
AL SIG. D. GIO. GREPPI.

S
B
Q

Savioli, Alessandro. Non son piu fiamme e strali
1596/11, p. 15 Madrigal
Cantus and Tenor partbooks missing.

A
B
Q

Savioli, Alessandro. Quando eri pargoletta
1600/16, p. 17 Madrigal
Alto and Tenor partbooks missing.

S
Q

Savioli, Alessandro. Se tu sei cieco Amore
1600/16, p. 5 Madrigal
Alto and Tenor partbooks missing.

S
B
Q

Savioli, Alessandro. Sempre mi disse il core
1600/16, p. 15 Madrigal
Alto and Tenor partbooks missing.

S
B
Q

Savioli, Alessandro. Sola mi fa restar
1600/16, p. 19 Madrigal
Alto and Tenor partbooks missing.

S
B
Q

Scaletta, Oratio. A che cor mio cercate
1597/15, p. 11 Madrigal

S
A
T
B

Scaletta, Oratio. All'hor il buon Pastore colse
1590/25, p.4 Madrigal
SECONDA PARTE.

S
A
T
B
Q

Scaletta, Oratio. Baci soavi e cari
1593/07, p. 10 Madrigal
Only Bass partbook extant.

B

Scaletta, Oratio. Caron Caronte. Chi e st'importun
1590/25, p.22 Madrigal
DIALOGO A 7. CHORO DI CARONTE. (and CHORO DEI AMANTE.)

S
A
T
T2
B
6
7

Scaletta, Oratio. Con voi sempre son io
1593/07, p. 7 Madrigal
RISPOSTA. (Only Bass partbooks extant.)

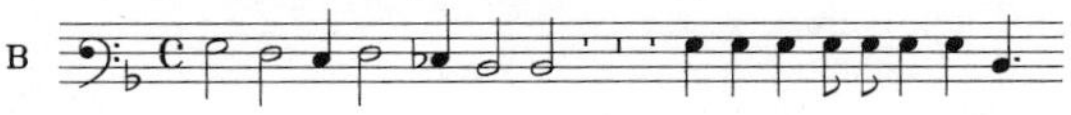

Scaletta, Oratio. Cortese Ninfe e belle
1593/07, p. 1 Madrigal
Only Bass partbook extant.

Scaletta, Oratio. Da la voce piu dolce e piu sonora
1593/07, p. 8 Madrigal
Only Bass partbook extant.

Scaletta, Oratio. Dolcissima mia vita in cui riposto
1590/25, p.13 Madrigal

Scaletta, Oratio. Donna se quel hoime tanto vi piace
1590/25, p.6 Madrigal

Scaletta, Oratio. Donna se vostro cibo e'l mio grave
1593/07, p. 15 Madrigal
Only Bass partbook extant.

Scaletta, Oratio. Dunque Aminta caro non credi
1590/25, p.10 Madrigal
RISPOSTA.

Scaletta, Oratio. Filli cara et amata dimmi
1590/25, p.9 Madrigal
AL MAGNIFICO I. C. IL SIG. GIUSEPPE MANDELLI.

Scaletta, Oratio. Fillide s'io t'abbraccio
1590/25, p.7 Madrigal

Scaletta, Oratio. Fra vostre fila d'oro
1593/07, p. 19 Madrigal
Only Bass partbook extant.

Scaletta, Oratio. Una gentil e vaga pastorella
1590/25, p. 22v Madrigal
Bass voice missing.

Scaletta, Oratio. Godi leggiadra Filli
1593/07, p. 16 Madrigal
Only Bass partbook extant.

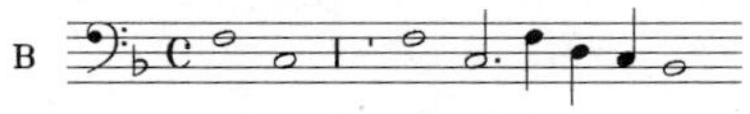

Scaletta, Oratio. Hor ch'alla bella Clori
1590/25, p.5 Madrigal

Scaletta, Oratio. Illustre Catterina alm'e gentile
1593/07, p. 18 Madrigal
Only Bass partbook extant.

Scaletta, Oratio. In Aquario era il Sole
1593/07, p. 12 Madrigal
Only Bass partbook extant.

Scaletta, Oratio. In questa Eccelsa mole
1593/07, p. 20 Madrigal
ALL'ILLUSTR. DONNA MARSISA D'ESTA. A 8 (Only Bass extant.)

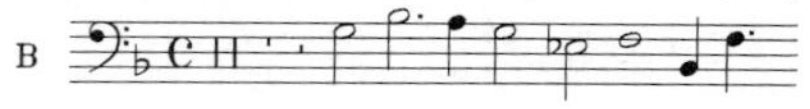

Scaletta, Oratio. Lasciatemi morire
1590/25, p.18 Madrigal

Scaletta, Oratio. Laura se pur sei l'aura
1590/25, p.12 Madrigal
AL MOLTO REVERENDO SIGNOR ANTONIO BIGNAMI.

Scaletta, Oratio. Mentre ch'io guardo fisso
1590/25, p.17 Madrigal

Scaletta, Oratio. Mentre che a la dolce ombra
1593/07, p. 3 Madrigal
Only Bass partbook extant.

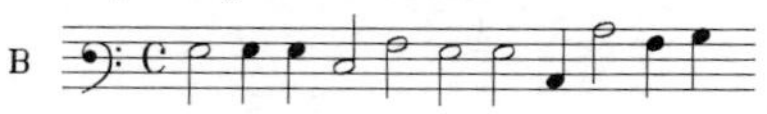

Scaletta, Oratio. Mentre scherzava Clori
1593/07, p. 2 Madrigal
Only Bass partbook extant.

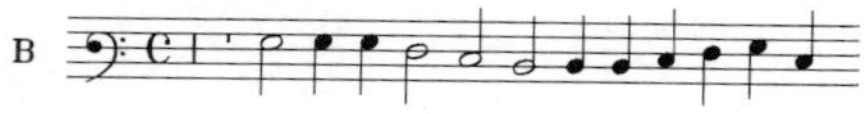

Scaletta, Oratio. Morir puo il vostro core
1590/25, p.11 Madrigal

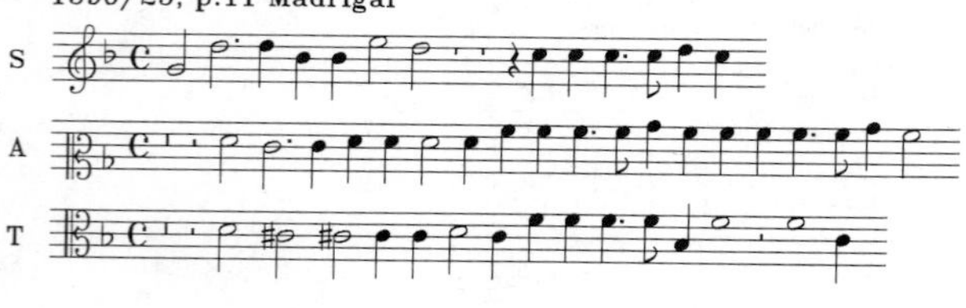

Scaletta, Oratio. Non e mai dicev'io gia sonno
1590/25, p.15 Madrigal
SECONDA PARTE.

Scaletta, Oratio. O felice arboscello
1590/25, p.20–21 Madrigal
SECONDA PARTE.

Scaletta, Oratio. Occhi miei che vedete
1593/07, p. 5 Madrigal
Only Bass partbook extant.

Scaletta, Oratio. Oime il mio ben
1593/07, p. 9 Madrigal
Only Bass partbook extant.

Scaletta, Oratio. Se pur non mi consenti
1593/07, p. 4 Madrigal
ALL'ILLUSTR.CONTE PIRRO BOROMEO. (Only Bass partbook extant

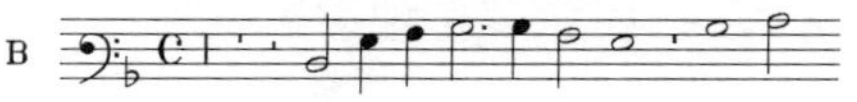

Scaletta, Oratio. Sfidi tu forse ai baci
1593/07, p. 11 Madrigal
Only Bass partbook extant.

Scaletta, Oratio. Tirsi son io quel misero
1590/25, p.16 Madrigal

Scaletta, Oratio. Tu parti a pena giunto
1593/07, p. 6 Madrigal
Only Bass partbook extant.

Scaletta, Oratio. Vedi, Pirini, quante frutti
1590/25, p.8 Madrigal

Scaletta, Oratio. Volea Tirsi morire alla sue Filli
1590/25, p.3 Madrigal
PRIMA PARTE.

Scarabelli, D. Ahi non sia ver mia Clori
1590/13, p. 21–22 Madrigal
Bass partbook missing.

Schaffen, Henricus. Chi potrebbe stimar
1552/20, p. 20 Madrigal

Schaffen, Henricus. Colma d'affanni la mia navicella
1547/17, p. 10 Madrigal
Quintus partbook missing.

Schaffen, Henricus. Come posso dir io lontan da voi
1552/20, p. 30 Madrigal

Schaffen, Henricus. Come s'allegr'il cielo
1549/31, p. 16 Madrigal

Schaffen, Henricus. Liet'e pensose accompagnat'e sole
1552/20, p. 17 Madrigal

Schaffen, Henricus. Non so s'habbia speranza
1549/31, p. 3 Madrigal

Schaffen, Henricus. Ove lass'il bel viso ecco
1552/20, p. 19 Madrigal

Schaffen, Henricus. Perche la vita e breve
1547/17, p. 20 Madrigal
Quintus partbook missing.

Schaffen, Henricus. Quant'il mio mal senza conforto
1552/20, p. 17 Madrigal

Schaffen, Henricus. Se lo sdegno vi piace tanto
1552/20, p. 25 Madrigal
DEL COR MESAGGI... (Cantus)

Schaffen, Henricus. Unica speme mia unico bene
1549/31, p. 14 Madrigal

Schaffen, Henricus. Vinto dal grav'ardore da me si parte
1549/31, p. 12 Madrigal

Schiavetti, G. Appariran per me le stelle in cielo
1562/06, p. 8 Madrigal

Schiavetti, G. Deh non far chie si volo
1564/16, p. 34 Greghesca

Schiavetti, G. Era il bel viso suo qual esser sole
1562/06, p. 10 Madrigal

Schiavetti, G. Giathi tanda fantiga
1564/16, p. 8 Greghesca

Schietti, Cesare. Ben posso dir che sian doi soli
1568/12, p. 14 Madrigal

Schietti, Cesare. Come gia fec'al'hor, ch'i primi rami
1562/05, p. 13 Madrigal
SECONDA PARTE.

Schietti, Cesare. Deh perch'io tec'infra i tuoi
1562/05, p. 11–12 Madrigal
SECONDA PARTE.

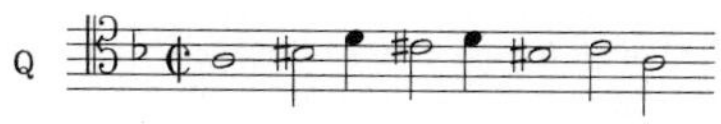

Schietti, Cesare. Era nubil il ciel
1567/13, p. 24 Madrigal

Schietti, Cesare. Et salita ov'e sol degno ricetto
1568/16, p. 8 Madrigal
SECONDA PARTE.

Schietti, Cesare. Lass'amor mi trasporta
1562/05, p. 8–9 Madrigal

i, Cesare. Lasso, nol so, ma si conosc'io bene
1562/05, p. 14–15 Madrigal
SECONDA PARTE.

Schietti, Cesare. Ma lagrimosa pioggi'e fieri venti
1562/05, p. 9–10 Madrigal
SECONDA PARTE.

Schietti, Cesare. Non mi parto da voi dolce mia vita
1567/13, p. 17 Madrigal

Schietti, Cesare. Questo angoscioso core
1598/06, p. 18 Madrigal

Schietti, Cesare. La sera desiar, odiar l'aurora
1562/05, p. 12 Madrigal

Schietti, Cesare. Virtu che in poch'il ciel
1568/16, p. 7 Madrigal

Schietti, Cesare. Laura che giont'al sacro fonte
1562/05, p. 11 Madrigal

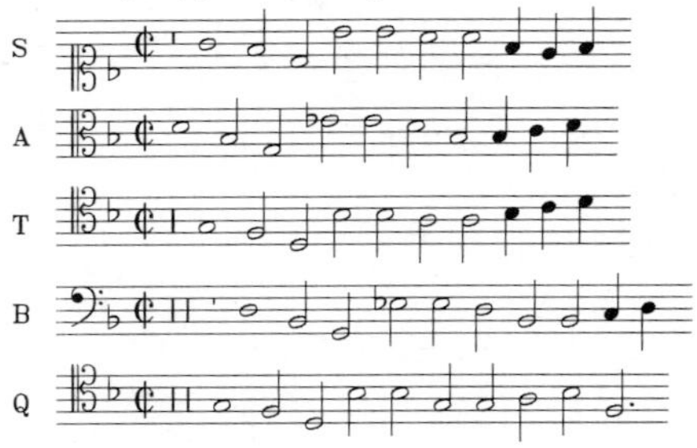

Schietti, Cesare. Se col cieco desir, che'l cor
1562/05, p. 13–14 Madrigal

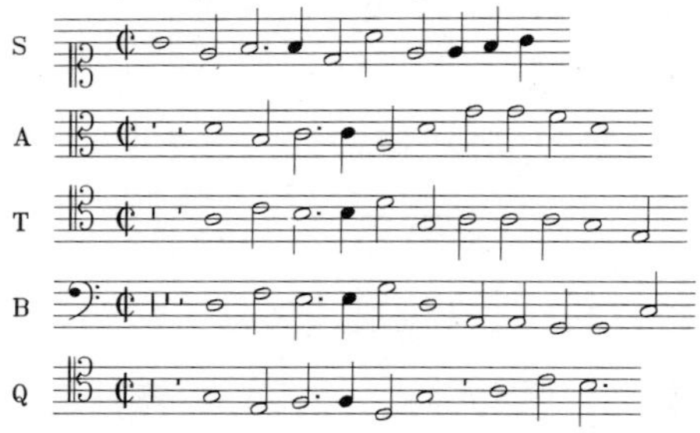

Scotto, Girolamo. L'alto valor del vero ingegno altero
1542/19, p. 12 Madrigal

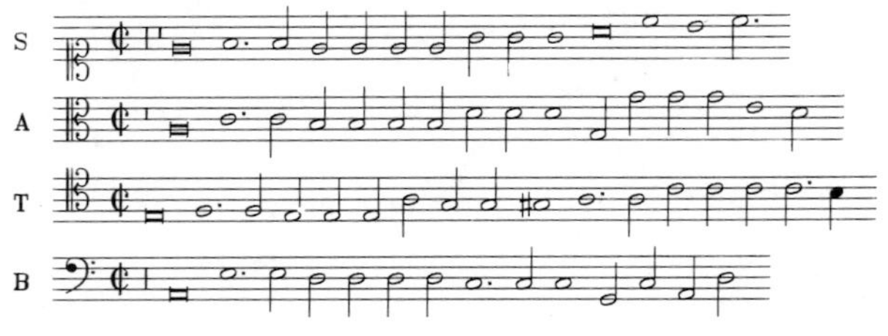

Scotto, Girolamo. Amor lasciami stare
1571/11, p. 5 Canzona

Scotto, Girolamo. Amor mi fa morire
1542/19, p. 6 Madrigal

Scotto, Girolamo. Amor sia benedetto
1571/11, p. 8–9 Canzona
Compare M. Mazzone "Amor sia benedetto" in 1570/18.

Scotto, Girolamo. Amorosi pensieri che di dolore
1542/19, p. 2 Madrigal

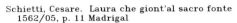

Scotto, Girolamo. Ben credea che'l mio amor puro
1542/19, p. 27–28 Madrigal

Scotto, Girolamo. Che giova saettar un che si more
1542/19, p. 30 Madrigal

Scotto, Girolamo. Credimi vita mia credim'un poco
1571/11, p. 14 Canzona
Compare M. Mazzone "Credimi vita mia.." in 1570/18.

Scotto, Girolamo. Crudel se sai che per te mor'et ardo
1571/11, p. 27 Canzona
Compare Anonymous "Crudel se sai.." (Villotta) in 1560/13.

Scotto, Girolamo. Da che ti pres'amar donna crudele
1571/11, p. 12–13 Canzona

Scotto, Girolamo. Da si felice sorte
1542/19, p. 25 Madrigal

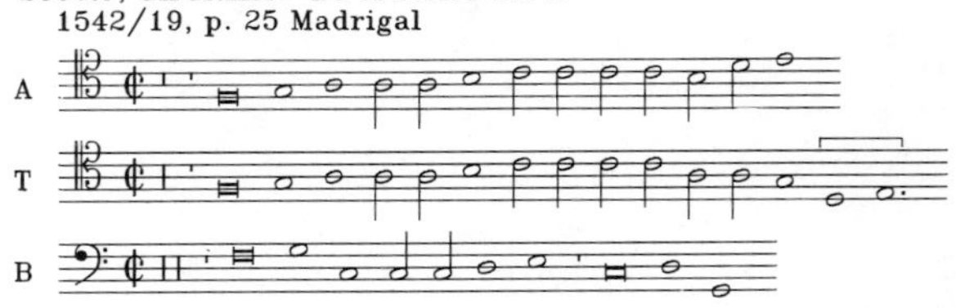

Scotto, Girolamo. Date la vel'al vento
1571/11, p. 4 Canzona

Scotto, Girolamo. Deh se in alma gentil contese
1542/19, p. 10 Madrigal

Scotto, Girolamo. Deh se non vi e molesto
1542/19, p. 2v Madrigal

Scotto, Girolamo. Dolce piu che l'una moscarella
1571/11, p. 21 Canzona
Compare Anon. "O dolce piu.. " Listed as Madrigal in 1557/2

Scotto, Girolamo. E questo di mia fede
1542/19, p. 29 Madrigal

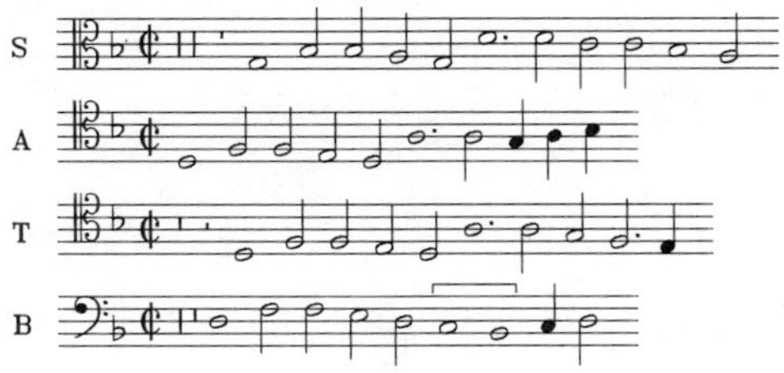

Scotto, Girolamo. Gia mi fu col desir si dolce
1542/19, p. 4 Madrigal

Scotto, Girolamo. Giunto m'ha amor fra belle & crude
1542/19, p. 20 Madrigal

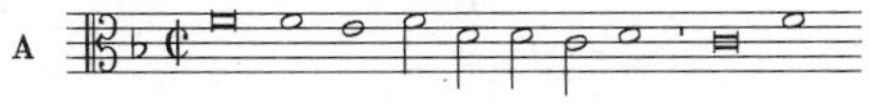

Scotto, Girolamo. Hor e mutato il corso alla mia vita
1542/19, p. 24 Madrigal
SECONDA PARTE

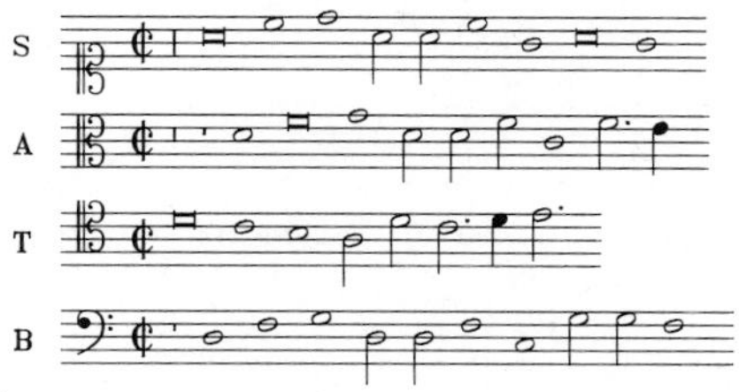

Scotto, Girolamo. I vo piangendo i miei passati tempi
1542/19, p. 3 Madrigal

Scotto, Girolamo. Io vo cercando e mai posso trovare
1571/11, p. 15 Canzona
Compare M. Mazzone "Io vo cercando" in 1570/18.

Scotto, Girolamo. Io vo cercando o belle donn'il cor
1571/11, p. 10–11 Canzona

Scotto, Girolamo. Lagrimando dimostro quanto si dolga
1542/19, p. 22 Madrigal

Scotto, Girolamo. Madonna hor voi vedete
1542/19, p. 16 Madrigal

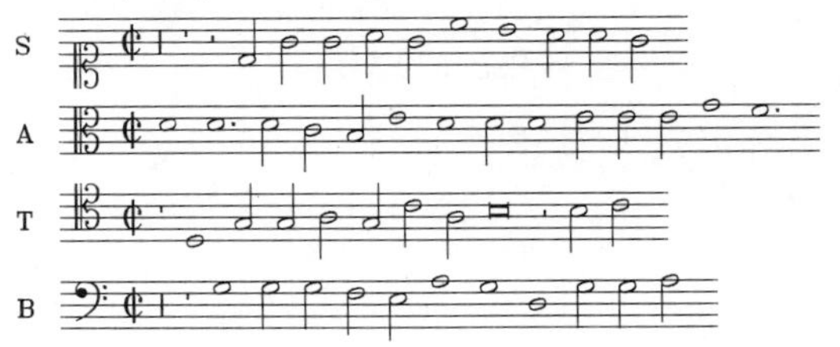

Scotto, Girolamo. Madonna i vostri sdegni
1542/19, p. 17 Madrigal

Scotto, Girolamo. Madonna il diro pur benche sia
1542/19, p. 14 Madrigal

Scotto, Girolamo. Madonna il mio dolore
1542/19, p. 23 Madrigal

Scotto, Girolamo. Madonna udite un poco
1542/19, p. 15 Madrigal

Scotto, Girolamo. Mamma mia cara mama dolc'e bella
1571/11, p. 19 Canzona
Compare Anonymous Mamma mia cara" in 1567/17.

Scotto, Girolamo. Nessun visse giamai piu di mi lieto
1542/19, p. 19 Madrigal

Scotto, Girolamo. O dio che notte'e di sempre
1571/11, p. 22–23 Canzona
Compare Anonymous "O dio che notte.. " (Canzona) in 1560/12

Scotto, Girolamo. O faccia che ralegr'il paradiso
1571/11, p. 18 Canzona
Compare Anonymous O faccia che ralegr.. " in 1567/17.

Scotto, Girolamo. Occhi piangete accompagnate il core
1542/19, p. 13 Madrigal

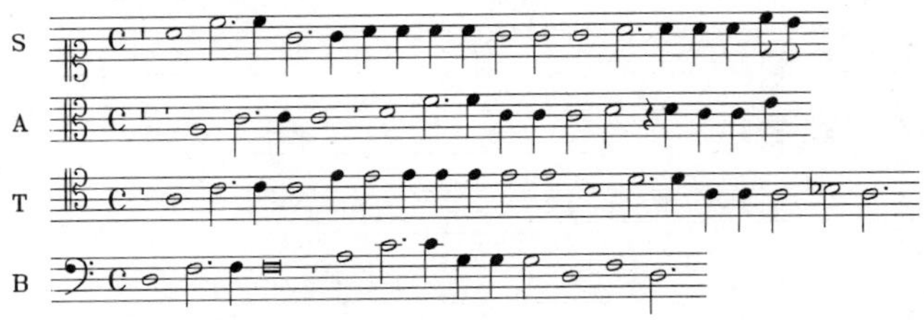

Scotto, Girolamo. Oyme quanto mi doglio
1542/19, p. 5 Madrigal

Scotto, Girolamo. Pensai piu d'ogn'amante
1571/11, p. 6 Canzona
Compare Nola "Pensai piu..." in 1570/18.

Scotto, Girolamo. Perche mi dai martir vita mia d'oro
1571/11, p. 26 Canzona
Attributed to Anonymous in 1560/13.

Scotto, Girolamo. I piu soavi e riposati giorni
1542/19, p. 23–24 Madrigal

Scotto, Girolamo. Poi che del travagliato stato mio
1542/19, p. 26 Madrigal

Scotto, Girolamo. Poi che'l camin m'e chiuso mercedes
1542/19, p. 7 Madrigal

Scotto, Girolamo. Poscia ch'il mio destin fallace
1542/19, p. 31 Madrigal

Scotto, Girolamo. Preso al primo apparir
1542/19, p. 26 Madrigal

Scotto, Girolamo. Qual piu diversa et nova cosa
1542/19, p. 31–32 Madrigal
Compare A. Willaert, "Qual piu diversa" in 1549/31.

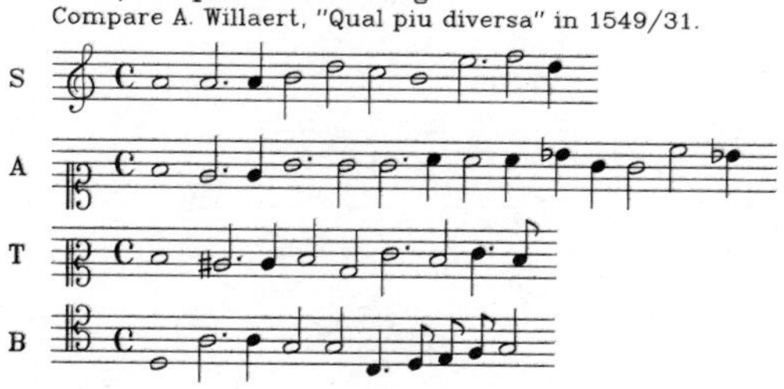

Scotto, Girolamo. Quanto hai lasso il morir
1542/19, p. 9 Madrigal

Scotto, Girolamo. Quiss'occhi quessa bocca
1571/11, p. 28–29 Canzona
Compare Anonymous "Quiss'occhi.." in 1567/17.

Scotto, Girolamo. Saria pur tempo hormai madonna
1542/19, p. 7v Madrigal

Scotto, Girolamo. Sento tal foco e fiama
1571/11, p. 7 Canzona

Scotto, Girolamo. Si che s'io vissi in guerra
1542/19, p. 3v Madrigal
SECONDA PARTE.

Scotto, Girolamo. Siate pur contra me spietata e dura
1542/19, p. 8 Madrigal

Scotto, Girolamo. Solingo augello se piangendo vai
1542/19, p. 21 Madrigal

Scotto, Girolamo. Sospira core che raggione
1571/11, p. 2–3 Canzona

Scotto, Girolamo. Tanto mi si trasuta ne lo core
1571/11, p. 17 Canzona
Similar setting (Villotta) by Anonymous in 1560/12.

Scotto, Girolamo. Tu mi rubasti al primo sguardo
1571/11, p. 24–25 Canzona
Compare Anonymous "Tu m'arobasti" in 1560/12.

Scotto, Girolamo. Vorrei il mio martire
1542/19, p. 18 Madrigal

Scotto, Paolo. Deh prendi hormai conforto
1507/03, f. 49 Frottola

Scotto, Paolo. Jesu summo conforto
1508/03, f. 23v–24 Lauda

Scotto, Paolo. Non temer ch'io ti lassi
1507/03, f. 16 Frottola

Scotto, Paolo. O fallace speranza
1507/04, f. 2 Frottola

Scotto, Paolo. Rotto ho al fin el duro nodo
1507/03, f. 48 Frottola

Scotto, Paolo. Tu lu ru la capra e moza
1507/03, f. 26 Frottola
Text in Bergamese dialect.

Scrivano, Johannes. L'huom terren caduto & frale
1510/ a, f. 8v–9 Canzona

Scrivano, Johannes. Vola il tempo
1510/ a, f. 3v–4 Canzona

Seraglio, Hercule. Occhi vaghi occhi no ma chiaro sole
1591/09, p. 11 Madrigal
Cantus partbook missing.

Sessa d'Arranda. A ciascun rem'un pensier pront'e rio
1571/12, p. 26 Madrigal
SECONDA PARTE.

Sessa d'Arranda. Amor con qual possanza
1571/12, p. 21 Madrigal

Sessa d'Arranda. Ancor che la partita
1571/12, p. 14 Madrigal

Sessa d'Arranda. Chi contempla la front'alt'e serena
1571/12, p. 9 Madrigal

Sessa d'Arranda. D'angosciosi sospir e piant'amaro
1571/12, p. 12–13 Madrigal

Sessa d'Arranda. Deh dove senza
1571/12, p. 2 Madrigal
PRIMA STANZA.

Sessa d'Arranda. Dove speranza mia dov'hora sei
1571/12, p. 3 Madrigal
SECONDA STANZA.

Sessa d'Arranda. Ecco ch'io lasc'il cuore
1571/12, p. 20 Madrigal

Sessa d'Arranda. Et io da che comincia
1571/12, p. 16 Madrigal

Sessa d'Arranda. El fior ch'in ciel potea pormi
1571/12, p. 4 Madrigal
TERZA STANZA.

Sessa d'Arranda. Fu il vincer sempre mai laudabil
1571/12, p. 1 Madrigal

Sessa d'Arranda. Io mi son giovenett'e volentieri
1571/12, p. 18 Madrigal

Sessa d'Arranda. Milla ben mio rispondi dolcemente
1571/12, p. 13 Madrigal

Sessa d'Arranda. O infelice o misero che voglio
1571/12, p. 5 Madrigal
QUARTA STANZA.

Sessa d'Arranda. Occhi cagion del mio languir amato
1571/12, p. 8 Madrigal
SECONDA PARTE.

Sessa d'Arranda. Padre del ciel dopo i perduti giorni
1571/12, p. 27 Madrigal

Sessa d'Arranda. Passa la nave mia colma d'oblio
1571/12, p. 25 Madrigal
PRIMA PARTE.

Sessa d'Arranda. Pensoso piu d'un'hora capo basso
1571/12, p. 11 Madrigal

Sessa d'Arranda. Per monte e selve piu che cerv'o
1571/12, p. 6 Madrigal

Sessa d'Arranda. Poi ch'el mio largo pianto
1571/12, p. 15 Madrigal

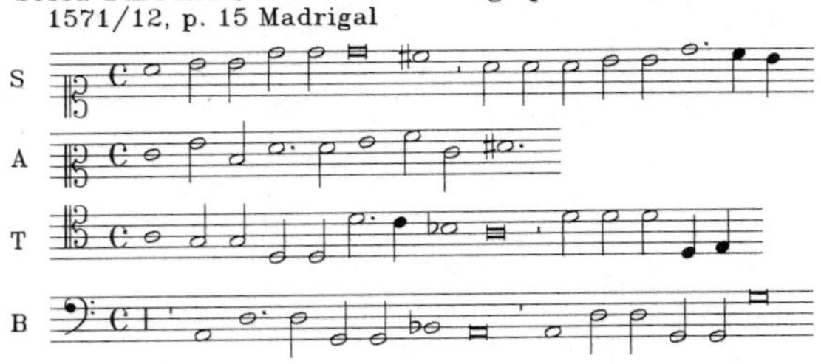

Sessa d'Arranda. Quand'io veggio dal ciel scender
1571/12, p. 10 Madrigal

Sessa d'Arranda. Quando da gli occhi del divin mio
1571/12, p. 19 Madrigal
Attributed to P. Monte in 1583/15.

Sessa d'Arranda. S'e ver che la mia donn'ha tanto
1571/12, p. 7 Madrigal
PRIMA PARTE.

Sessa d'Arranda. S'honest'amor puo meritar mercede
1571/12, p. 17 Madrigal

Sessa d'Arranda. S'in alcun bosco
1571/12, p. 24 Madrigal
CANZON.

Severino, Giulio. Aure che'l trist'e lamentevol
1568/12, p. 24 Madrigal

Severino, Giulio. Aventuroso piu d'altro terreno
1564/20, p. 17 Madrigal
PRIMA PARTE.

Sfoi, Alessandro. Dolor se'l mio dolor altri non crede
1579/04, p. 16 Madrigal
SECONDA PARTE.

Sfoi, Alessandro. Lasso se tanto pianto e tan'ardore
1579/04, p. 15 Madrigal

Sfoi, Alessandro. Sorte crudel e mio perverso fatto
1579/04, p. 13 Madrigal

Signorucci, Pompeo. Crudel s'el mio mal vedi
1594/16, p. 6 Madrigal
POMPEO SIGN. ORGANISTA DEL BORGO S. SEPOLCRO.(Only Cantus.)

Silva, Andrea De. Che sentisti Madonna pensier
1544/20, p. 80 Madrigal

Silva, Andrea De. Madonna io sol vorrei
1533/02, p. 23 Madrigal
Attributed to Verdelot in 1537/09. Alto incipit from 1537/09.

Silvestrino, Francisco. O Dio si vede chiaro che per te
1548/11, p. 9 Canzona
Compare Tenor, Anon. "O Dio se vede.." in 1566/05.

Silvestrino, Francisco. Se mille volte ti vengh'a vedere
1545/20, p. 7 Napolitana

Silvestrino, Francisco. Si come bella sei sosti pietosa
1545/20, p. 9 Napolitana
Meter c+3 in all voices

Simo, Pa. Ogni vil animal
1515/02, f. 41v–42 Frottola

Simo, Pa. Spargo el mio servire
1515/02, f. 42v–43 Frottola

Sole, Francesco. Disse Clori a Mirtillo
1598/07, p. 8 Madrigal

Sole, Francesco. Io son ferito ahi lasso
1589/10, p. 15 Canzonetta
Compare Hassler, Nola, Palestrina, Pizzone & Sabino.

Sole, Francesco. Se voi bramate amore
1594/16, p. 17 Madrigal
Only Cantus partbook extant.

FSOLE2 Hor ch'ai Madonna inante
1598/09, p. 7 Madrigal

Soriano, Francesco. Alta Armonia gentile
1599/06, p. 155 Lauda

Soriano, Francesco. Ameni colli vaghi monticelli
1589/11, p. 3 Madrigal

Soriano, Francesco. Caddi al primo apparir de raggi tuoi
1582/06, p. 15 Madrigal

Soriano, Francesco. Come diro di quel bel lume
1592/21, p. 14 Madrigal
Tenor voice missing.

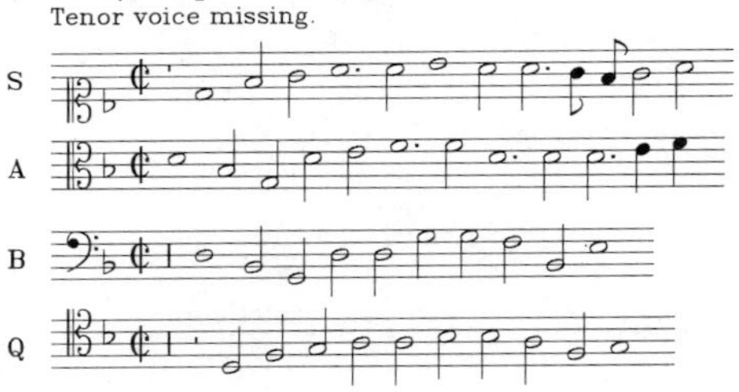

Soriano, Francesco. Come foste fenestre che mandaste
1592/21, p. 9 Madrigal
SECONDA PARTE. (Tenor voice missing.)

Soriano, Francesco. Cruda Sirena ch'ancidendo vai
1592/21, p. 18 Madrigal
Cantus and tenor voices missing.

Soriano, Francesco. Da questo novo Lauro
1583/10, f. 18 Madrigal

Soriano, Francesco. Deh dimmi pria signor
1592/21, p. 1 Madrigal

Soriano, Francesco. Dolcissimo piacere
1592/21, p. 10 Madrigal
Tenor voice missing.

Soriano, Francesco. Dolorosi martir fieri tormenti
1592/21, p. 16 Madrigal
Canto and Tenor voices missing.

Soriano, Francesco. Ecco ch'a voi ne viene
1592/21, p. 17 Madrigal
Canto and Tenor voices missing.

Soriano, Francesco. Gioia mia quanto sei bella
1592/21, p. 19 Madrigal
Canto and Tenor voices missing.

Soriano, Francesco. Lasso dunque che sia
1582/04, p. 7 Madrigal
QUINTA PARTE.

Soriano, Francesco. Lasso non e morir l'uscir di vita
1583/12, p. 7 Madrigal

Soriano, Francesco. Mestissimi concenti
1592/21, p. 13 Madrigal
Tenor voice missing.

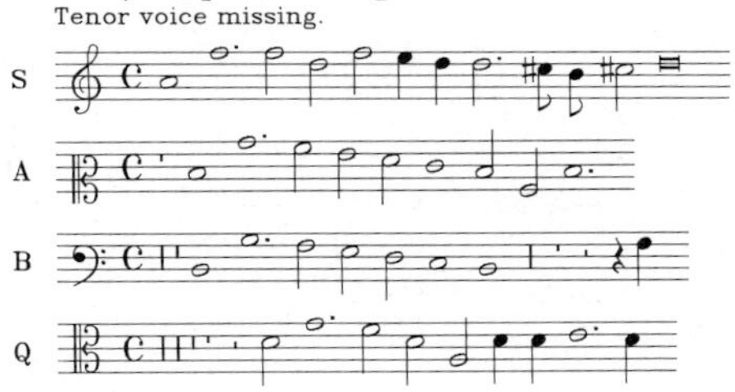

Soriano, Francesco. Ninfa la falsa mano
1592/21, p. 11 Madrigal
Tenor voice missing.

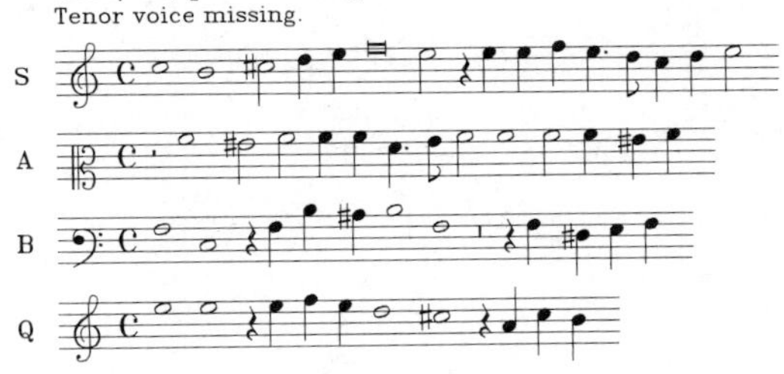

Soriano, Francesco. O gloriosa donna
1586/02, f. 18 Madrigal

Soriano, Francesco. Occhi miei gia non occhi
1592/21, p. 8 Madrigal
PRIMA PARTE. (Tenor voice missing.)

Soriano, Francesco. Ohime l'antica fiamma
1589/07, p. 21 Madrigal

Soriano, Francesco. Oscura notte parmi ovunque miro
1597/13, no. 9 Madrigal

Soriano, Francesco. Perle e rubini i fior vermiglie
1590/15, p. 10 Madrigal
DECIMA PARTE.

Soriano, Francesco. Quando la mesta Italia
1592/21, p. 6 Madrigal

Soriano, Francesco. Quando verga pietade e vera luce
1592/21, p. 12 Madrigal
Tenor voice missing.

Soriano, Francesco. Se dal tuo foco altiero
1591/12, f. 13v–14 Madrigal

Soriano, Francesco. Ultimi i miei sospiri
1592/21, p. 4 Madrigal

Soriano, Francesco. Uscio del ciel tu sei
1586/02, f. 19 Madrigal

Soriano, Francesco. Vaga bellezza e bionde treccie
1592/21, p. 15 Madrigal
Canto and Tenor voices missing.

Soriano, Francesco. Vedo ogni selva rivestir le fronde
1589/11, p. 20 Madrigal

Soriano, Francesco. Vezzosetto fanciullo
1592/21, p. 21 Madrigal
A SEI VOCI. (Canto and Tenor voices missing.)

A, B, Q

Soriano, Francesco. Vibra l'accesa mano
1592/21, p. 5 Madrigal

S, A, T, B, Q

Sorte, Bartolomeo. Io son Amore e Dio
1598/07, p. 4 Madrigal
PRIMA PARTE.

S, A, T, B, Q

Sorte, Bartolomeo. Ma se fedel amante
1598/07, p. 5 Madrigal
SECONDA PARTE.

S, A, T, B, Q

Soto di Langa, Francesco. Al tuo Giesu o Vergin Madre
1600/05, p. 21 Lauda
A SANTA MARIA DEL DOLORO.

S, A, T, B

Soto di Langa, Francesco. Alma Vergin che fai?
1600/05, p. 71 Madrigal

S

A, T, B

Soto di Langa, Francesco. Ave di gratia piena
1600/05, p. 74 Madrigal

S, A, T, B

Soto di Langa, Francesco. Benedit'il Signore
1599/06, p. 3 Lauda
INVITO DI TUTTE LE CREATURE... (Attrib. to anon. in 1588/11.

S, A, B

Soto di Langa, Francesco. Chiostro beato, e santo thalamo
1600/05, p. 15 Lauda
ALLA NUNCIATA DI GAETA. (Attrib. to Anon. in 1591/03.)

S, A, T, B

Soto di Langa, Francesco. Come ti veggio oime di dolor cinta
1600/05, p. 72 Madrigal

S, A, T, B

Soto di Langa, Francesco. Donna celeste che di Dio sei Ma
1599/06, p. 24 Lauda
A SANTA MARIA DEL PARTO.

S, S2, B

Soto di Langa, Francesco. E nato il Grand'Iddio
1599/06, p. 25 Lauda
A STA. MARIA DEL PRESEPIO.

Soto di Langa, Francesco. Giunt'i pastori a l'humile Presep
1600/05, p. 19 Lauda
A SANTA MARIA.. (Compare P.Soto, "nel apparir..", 1599/06

Soto di Langa, Francesco. Godi del Ciel Regina
1600/05, p. 75 Madrigal

Soto di Langa, Francesco. Hoggi al Ciel va vostr'alma
1600/05, p. 59 Lauda

Soto di Langa, Francesco. Nel apparir del sempiterno Sole
1599/06, p. 30 Lauda

Soto di Langa, Francesco. Noi siam rie peccatrici
1600/05, p. 43 Lauda
A S. MARIA DELLE CONVERTITE.(See Anon. "noi siam.." 1593/0

Soto di Langa, Francesco. O glorioso corpo di Maria
1600/05, p. 61 Lauda

Soto di Langa, Francesco. Ond'e che l'aureo crine
1599/06, p. 88 Lauda
PER L'ASSUNTIONE DELLA MADONNA.. (Attrib. to Anon. in 1588/11.)

Soto di Langa, Francesco. Ove vai Donna santa
1599/06, p. 94 Lauda
Attributed to Anonymous in 1598/04.

Soto di Langa, Francesco. Per aspri monti viddi girne lieta
1599/06, p. 140 Lauda
PER LA MADONNA DE'MONTI. (Attrib. to Anon. in 1591/03.)

Soto di Langa, Francesco. Perche non mi consoli o Vergin pi
1599/06, p. 41 Lauda
A S. MARIA DELLA CONSOLATIONE.

Soto di Langa, Francesco. Il pietoso Giesu pendendo in Croce
1599/06, p. 85 Lauda
AFFETUOSO DIALOGO.. (Attrib. to Anon. in 1591/03.)

Soto di Langa, Francesco. L'unico figlio del'Eterno Padre
1599/06, p. 29 Lauda
A SANTA MARIA DEL PARTO. (Attrib. to Anon. in 1583/03.)

Soto di Langa, Francesco. Vergin diletta sposa
1599/06, p. 105 Lauda
A S. MARIA DELL'ORATORIO DI ROMA IN VALLICELLA.

Soto di Langa, Francesco. Vergine Tu del ciel'alma Reina
1599/06, p. 40 Lauda
A S. MARIA DELLA CONSOLATIONE.

Soto di Langa, Francesco. Vergine se ti calse
1599/06, p. 39 Lauda
A S. MARIA DELLA CONSOLATIONE.

Spalenza, Hortensio. Gia si veggon disgombre
1599/06, p. 75 Lauda
A SANTA MARIA DETTA DELLA ROTONDA.

Spalenza, Hortensio. Lungi lung'infelice
1599/06, p. 74 Lauda
A SANTA MARIA DEL ROSARIO NELLA MINERVA.

Spalenza, Hortensio. Non piu Giove ne Marte
1599/06, p. 73 Lauda
A SANTA MARIA D'ARACELI IN ROMA

Spalenza, Pietro A. Amor che si cortese in due begl'
1574/09, p. 9 Madrigal

Spalenza, Pietro A. Cosi ogni vostra voglia donna bram'
1574/09, p. 10 Madrigal

Spalenza, Pietro A. Di che formo volcano tanti strali
1574/09, p. 24 Madrigal
DIALOGO A 7

Spalenza, Pietro A. Dunque Causta gentil potrai
1574/09, p. 7 Madrigal
ALLA MIA CHARISSIMA

Spalenza, Pietro A. Hor che'l destin consente
1574/09, p. 15 Madrigal
CANZON PRIMA PARTE.

Spalenza, Pietro A. Io canterei d'Amor si novamente
1574/09, p. 12 Madrigal

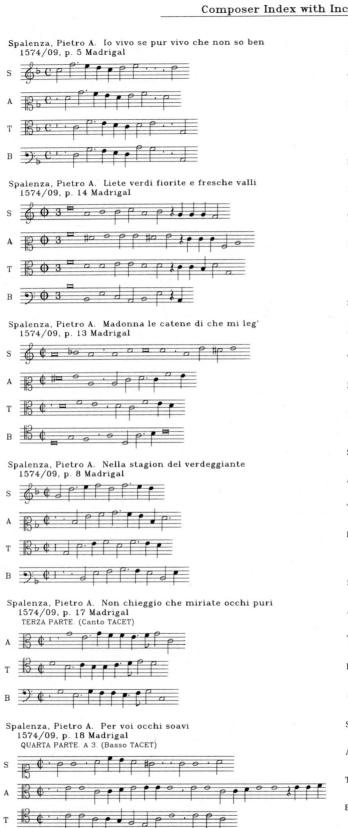

Spalenza, Pietro A. Io vivo se pur vivo che non so ben
1574/09, p. 5 Madrigal

S A T B

Spalenza, Pietro A. Liete verdi fiorite e fresche valli
1574/09, p. 14 Madrigal

S A T B

Spalenza, Pietro A. Madonna le catene di che mi leg'
1574/09, p. 13 Madrigal

S A T B

Spalenza, Pietro A. Nella stagion del verdeggiante
1574/09, p. 8 Madrigal

S A T B

Spalenza, Pietro A. Non chieggio che miriate occhi puri
1574/09, p. 17 Madrigal
TERZA PARTE. (Canto TACET)

A T B

Spalenza, Pietro A. Per voi occhi soavi
1574/09, p. 18 Madrigal
QUARTA PARTE. A 3. (Basso TACET)

S A T

Spalenza, Pietro A. Perch'al viso d'amor portav'insegna
1574/09, p. 1 Madrigal

S

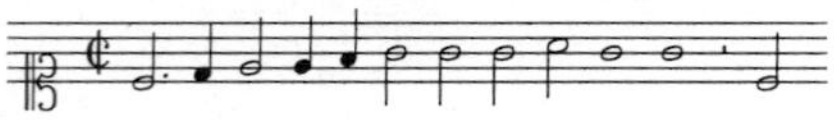

A T B

Spalenza, Pietro A. Quando i vostri begl'occhi
1574/09, p. 6 Madrigal

S A T B

Spalenza, Pietro A. Quando tal'hor un fortunato velo
1574/09, p. 2 Madrigal

S A T B

Spalenza, Pietro A. Quanta bellezza piove
1574/09, p. 16 Madrigal
SECONDA PARTE.

S A T B

Spalenza, Pietro A. Se mai cortese sosti piangi amor
1574/09, p. 3 Madrigal

S A T B

Spalenza, Pietro A. Ser per farmi lasciar la bella
1574/09, p. 11 Madrigal

S A T B

Spalenza, Pietro A. Sguardo possente e altiero
1574/09, p. 19 Madrigal
QUINTA PARTE.

S

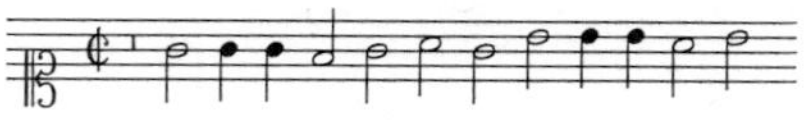

Spalenza, Pietro A. Sia benedetto l'anno, il mese
1574/09, p. 4 Madrigal

Spalenza, Pietro A. Sopra tutti felici aventuro
1574/09, p. 20 Madrigal
SESTA PARTE.

Spataro, G. Tenebre factae sunt
1508/03, f. 3v–4 Lauda

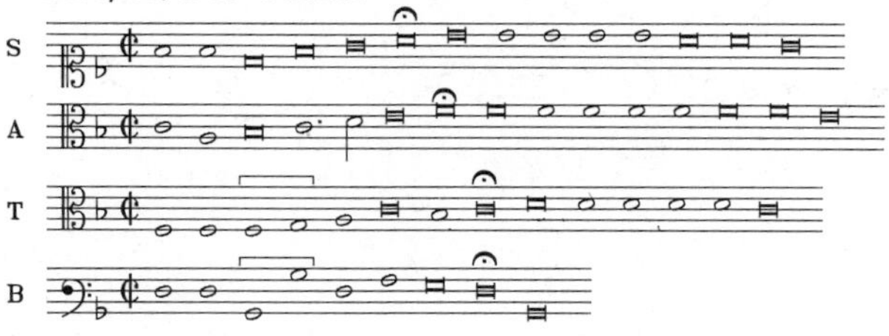

Spontoni, Alessandro. Di mille fiori la mia pastorella
1582/13, p. 15 Madrigal

Spontoni, Alessandro. Misero me che del mio mal m'aveggio
1590/13, p. 17 r Madrigal
Bass partbook missing.

Spontoni, Alessandro. Orsa gentil che la celeste avanzi
1582/13, p. 19 Madrigal

Spontoni, Alessandro. Vaghi fioretti di colori mille
1582/14, p. 18 Madrigal
Bass partbook missing.

Spontone, Bartolomeo. Alma se stata fossi a pieno accorta
1568/19, p. 28 Madrigal
DIALOGO A 7

Spontone, Bartolomeo. Amor e'l ver fur meco
1570/15, p. 27 Madrigal
SECONDA PARTE.

Spontone, Bartolomeo. Beata mort'e cara
1593/03, p. 16 Madrigal
SESTADECIMA PARTE. (Alto, Tenor, & Bass partbooks missing.)

Spontone, Bartolomeo. Ch'io scriva di costei
1590/11, p. 14 Madrigal

Spontone, Bartolomeo. Deh Morte vien'a chi tanto
1584/04, p. 8–9 Madrigal
A 7. (Incomplete---one voice missing.)

Spontone, Bartolomeo. Donna gentil che sopra l'altre bella
1586/12, p. 2 Madrigal

Spontone, Bartolomeo. Donna senza cercar campagn'e boschi
1586/12, p. 4–5 Madrigal

Spontone, Bartolomeo. Eccoti il core o tu che'l vai
1592/15, p. 31 Madrigal
RESPOSTA.

Spontone, Bartolomeo. Fors'e cagion l'Aurora
1592/13, p. 12 Madrigal

Spontone, Bartolomeo. Io vo cercando o belle donne
1592/15, p. 30 Madrigal
NAPOLITANA

Spontone, Bartolomeo. Leggiardra pastorella
1586/09, p. 20 Madrigal

Spontone, Bartolomeo. Madonn'al dolce riso
1589/06, p. 14 Madrigal
SECONDA PARTE.

Spontone, Bartolomeo. Li modi varii
1564/16, p. 25 Greghesca
PRIMA PARTE.

Spontone, Bartolomeo. Ove che posi
1570/15, p. 26 Madrigal
PRIMA PARTE.

Spontone, Bartolomeo. Poi che mio stato accorta
1589/06, p. 15 Madrigal

Spontone, Bartolomeo. Se tutta ghiaccio sete Donna
1568/12, p. 15 Madrigal

Spontone, Bartolomeo. Signor la notte il giorno
1586/01, p. 3 Lauda

Spontone, Bartolomeo. T'amai frondosa pianta
1582/05, p. 23 Madrigal

Spontone, Bartolomeo. Tirrena bella
1594/06, p. 12 Madrigal
PAROLE DI LORENZO GUICCIARDI.

Spontone, Bartolomeo. Il vago e lieto aspetto
1568/12, p. 3 Madrigal

Spontone, Bartolomeo. Vegni vu Cavalleri
1564/16, p. 26–27 Greghesca
SECONDA PARTE.

Spontone, Bartolomeo. Vergine eccelsa che la santa
1586/01, p. 4 Lauda
SECONDA PARTE.

Spontone, Bartolomeo. Vieni felice e lieto
1590/13, p. 4 r Madrigal
Bass partbook missing.

Spontone, Bartolomeo. Vieni soave & dilettoso Maggio
1594/08, f. 6v Madrigal

Spontone, Bartolomeo. La virginella e simile a la rose
1557/18, p. 24 Villota

Stabile, Annibale. L'alto Motor che delle cose belle
1590/15, p. 3 Madrigal
Terza parte.

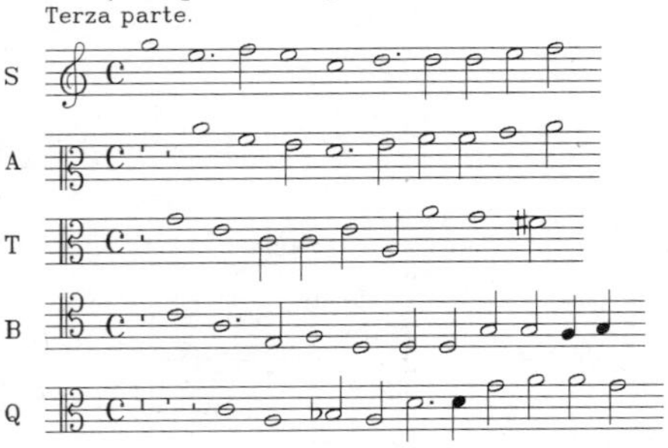

Stabile, Annibale. A questo tuo famoso & sacro tempio
1589/07, p. 5 Madrigal
Page missing in Alto partbook.

Stabile, Annibale. La bella bianca mano
1593/05, p. 17 Madrigal

Stabile, Annibale. Chiari cristalli da begliocchi santi
1587/10, p. 2 Madrigal
PRIMA PARTE.

Stabile, Annibale. Il ciel fermossi ad ascoltar
1587/10, p. 3 Madrigal
SECONDA PARTE.

Stabile, Annibale. Cosi cosi davanti a i colpi
1587/10, p. 13 Madrigal
SECONDA PARTE.

Stabile, Annibale. D'Amor le riche gemme
1587/10, p. 9 Madrigal

Stabile, Annibale. Donna tue chiome d'oro
1589/11, p. 5 Madrigal

Stabile, Annibale. E ben ne fui prefago
1583/11, p. 7 Madrigal
SECONDA PARTE.

B Q

Stabile, Annibale. Fu'l lauro sempre verde
1582/05, p. 28 Madrigal

S A T B Q

Stabile, Annibale. Fuggite amanti Amor
1591/12, f. 6v–7 Madrigal

S A T B

Stabile, Annibale. Io non so come vivo in questo stato
1591/12, f. 5v–6 Madrigal

S A T B

Stabile, Annibale. Lasso fia mia che dopo tante pene
1587/10, p. 15 Madrigal

S A T B Q

Stabile, Annibale. Lasso quand'io sperai
1583/11, p. 6 Madrigal

S A T B Q

Stabile, Annibale. Nel tempo che ritorna
1592/11, p. 10 Madrigal
PAROLE DI LEANDRO SAN VIDO.

S A T B Q 6

Stabile, Annibale. Non m'e la morte strana
1587/10, p. 19 Madrigal

S A T B Q

Stabile, Annibale. Ohime partito e'l mio bel sol
1589/11, p. 11 Madrigal

S T B

Stabile, Annibale. Pur mi concesse al fine
1583/12, p. 19 Madrigal

S A T B Q

Stabile, Annibale. Qual vaga pastorella
1582/04, p. 11 Madrigal

S A T B Q

Stabile, Annibale. Quand'io son tutto volto
1587/10, p. 12 Madrigal
PRIMA PARTE.

Stabile, Annibale. S'ondeggian sparse al'aura
1585/32, p. 10 Madrigal
SECONDA PARTE.

Stabile, Annibale. Va lieta pargoletta alla mia ninfa
1593/03, p. 18 Madrigal
DECIMA OTTAVA & ULTIMA PARTE. (Alto,Tenor & Bass missing.)

Stabile, Annibale. Vaneggio od'e pur vero
1587/10, p. 6 Madrigal

Stabile, Annibale. Verde Lauro gentil
1583/10, f. 14 Madrigal

Stabile, Annibale. Vincono a mezzo di secure il sole
1585/32, p. 9 Madrigal
PRIMA PARTE.

Stabile, Annibale. Volete pur ch'io mora
1587/10, p. 18 Madrigal

Stabile, Pompeo. Ben puo di sua ruina esser contento
1585/32, p. 6 Madrigal

Stabile, Pompeo. Cantin le bianche Ninfe
1585/32, p. 19 Madrigal
SECONDA PARTE.

Stabile, Pompeo. Chi fia lasso mai piu
1585/32, p. 1 Madrigal
PRIMA PARTE.

Stabile, Pompeo. Di gioia e dolcezza
1585/32, p. 7 Madrigal

Stabile, Pompeo. E quel che piu
1585/32, p. 15 Madrigal
SECONDA PARTE.

Stabile, Pompeo. Eran le muse intorno al cantar
1585/32, p. 3 Madrigal
PRIMA PARTE.

Stabile, Pompeo. Forse non lassera de morte
1585/32, p. 2 Madrigal
SECONDA PARTE.

Stabile, Pompeo. Fuggi spirto gentil
1585/32, p. 13 Madrigal

Stabile, Pompeo. Icaro cadde qui quest'onde
1585/32, p. 5 Madrigal
PRIMA PARTE.

Stabile, Pompeo. Io ardo ahi lasso
1585/32, p. 14 Madrigal
PRIMA PARTE.

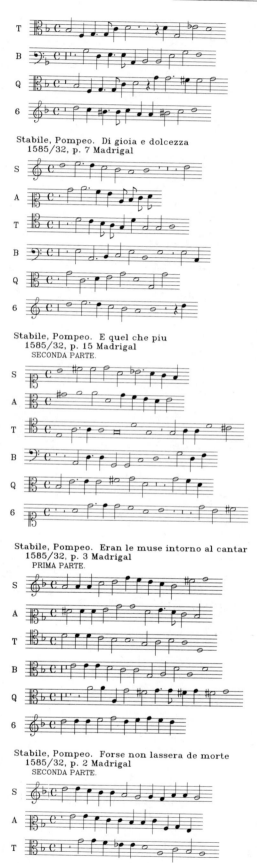

Stabile, Pompeo. I miei occhi mai sempre
1585/32, p. 21 Madrigal

Stabile, Pompeo. Nascan herbette e fiori
1585/32, p. 18 Madrigal

Stabile, Pompeo. Non per viver signor
1585/32, p. 17 Madrigal
SECONDA PARTE.

Stabile, Pompeo. O fere stelle homai datemi pace
1585/32, p. 16 Madrigal

Stabile, Pompeo. O mio soave foco
1591/12, f. 17v–18 Madrigal

Stabile, Pompeo. Onde lieto e contento la bacio
1585/32, p. 8 Madrigal
SECONDA PARTE.

Stabile, Pompeo. Per voi seme gentil del sommo core
1585/32, p. 4 Madrigal
SECONDA PARTE.

Stabile, Pompeo. Quant'era megl'Amore
1585/31, p. 10 Madrigal

Stabile, Pompeo. Usin le stelle e il ciel
1585/32, p. 12 Madrigal

Stabile, Pompeo. Vattene lieta homai coppia d'amici
1585/32, p. 11 Madrigal

Stabile, Pompeo. Voi volete ch'io mora
1585/32, p. 20 Madrigal

Stellatello, C. S'io mirand'il tuo viso
1587/12, p. 18 Madrigal

Stellatello, C. Sento dentr'al cor
1587/12, p. 22 Madrigal

Stivori, Francesco. A che cerchi pastor l'onda
1585/33, p. 18 Madrigal
SECONDA PARTE. (Alto & Bass partbooks missing.)

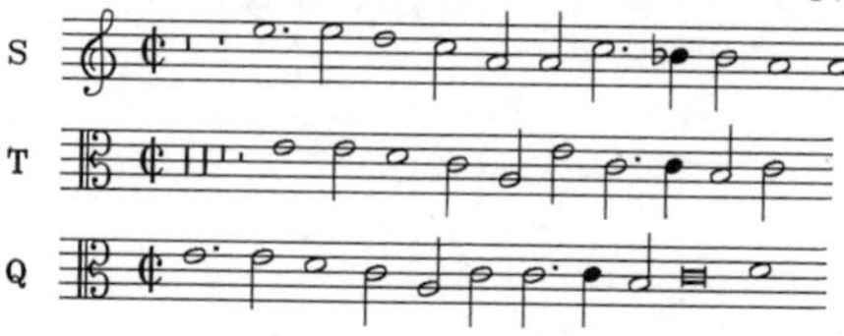

Stivori, Francesco. Alba amorosa che fai scorn'al sole
1595/05, p. 4 Madrigal

Stivori, Francesco. Alma cortese e bella
1585/33, p. 3 Madrigal
Alto and Bass partbooks missing.

Stivori, Francesco. Aura dolce e soave
1590/22, p. 15 Madrigal

Stivori, Francesco. Ben credo ch'ancor tu sospiri o sole
1583/17, p. 19 Madrigal
SESTA, & ULT. PARTE. (Alto partbook missing.)

Stivori, Francesco. Ben mille notti ho gia passato
1585/33, p. 11 Madrigal
Alto and Bass partbooks missing.

Stivori, Francesco. Cantan fra i rami gli augelletti
1590/22, p. 10 Madrigal

Stivori, Francesco. Cantiamo Amor'et canti ancor
1583/17, p. 1 Madrigal
Alto partbook missing.

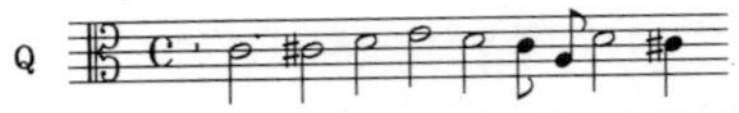

Stivori, Francesco. Canto sovente bench'il mio bel sole
1583/17, p. 6 Madrigal
Alto partbook missing.

Stivori, Francesco. Ch'ami m'insegna Amore
1595/05, p. 8 Madrigal

Stivori, Francesco. Ch'amo la morte mia m'insegna Amore
1597/15, p. 27v Madrigal

Stivori, Francesco. Che deggio far da me si parte
1590/22, p. 11 Madrigal

Stivori, Francesco. Come si m'accendete
1585/33, p. 5 Madrigal
Alto and Bass partbooks missing.

Stivori, Francesco. Con la saetta da la punta d'oro
1585/33, p. 14-15 Madrigal
Alto and Bass partbooks missing.

Stivori, Francesco. Cosi con dolci accenti
1585/33, p. 10 Madrigal
Alto and Bass partbooks missing.

Stivori, Francesco. Credendomi di gir sicuro homai
1590/22, p. 8 Madrigal

Stivori, Francesco. Da cosi caro sguardo
1597/15, p. 11v Madrigal
Tenor part labeled Canto II.

Stivori, Francesco. Di fior'ecco la Madre Primavera
1595/07, p. 17 Madrigal

Stivori, Francesco. Dolce mie leggi ond'io mi glorio
1585/33, p. 15 Madrigal
Alto and Bass partbooks missing.

Stivori, Francesco. Dolce nemica mia
1583/17, p. 2 Madrigal
Alto partbook missing.

Stivori, Francesco. Dormiva dolcemente la mia Clori
1590/18, p. 18 Madrigal

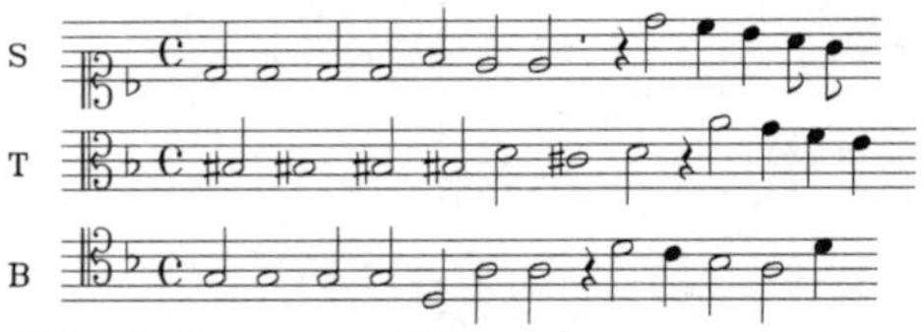

Stivori, Francesco. Felice primavera
1585/33, p. 4 Madrigal
Alto and Bass partbooks missing.

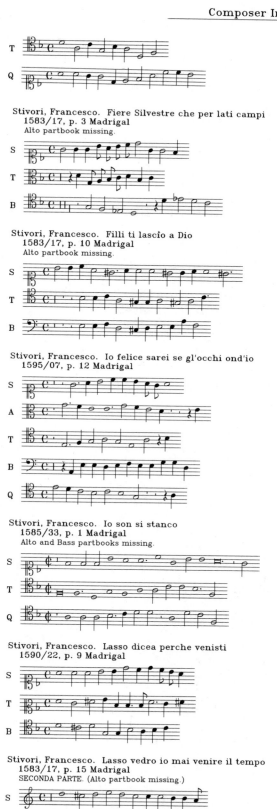

Stivori, Francesco. Fiere Silvestre che per lati campi
1583/17, p. 3 Madrigal
Alto partbook missing.

Stivori, Francesco. Filli ti lascio a Dio
1583/17, p. 10 Madrigal
Alto partbook missing.

Stivori, Francesco. Io felice sarei se gl'occhi ond'io
1595/07, p. 12 Madrigal

Stivori, Francesco. Io son si stanco
1585/33, p. 1 Madrigal
Alto and Bass partbooks missing.

Stivori, Francesco. Lasso dicea perche venisti
1590/22, p. 9 Madrigal

Stivori, Francesco. Lasso vedro io mai venire il tempo
1583/17, p. 15 Madrigal
SECONDA PARTE. (Alto partbook missing.)

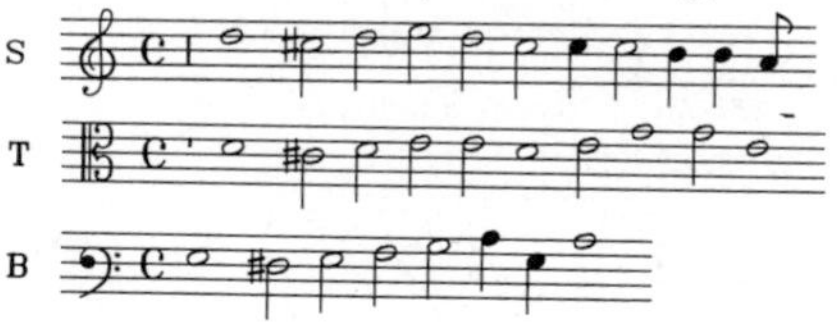

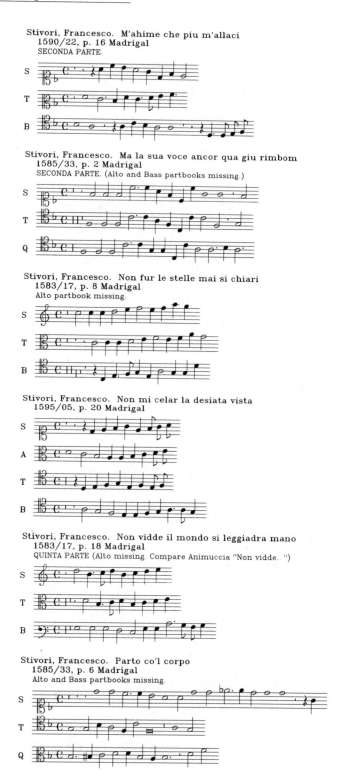

Stivori, Francesco. M'ahime che piu m'allaci
1590/22, p. 16 Madrigal
SECONDA PARTE.

Stivori, Francesco. Ma la sua voce ancor qua giu rimbom
1585/33, p. 2 Madrigal
SECONDA PARTE. (Alto and Bass partbooks missing.)

Stivori, Francesco. Non fur le stelle mai si chiari
1583/17, p. 8 Madrigal
Alto partbook missing.

Stivori, Francesco. Non mi celar la desiata vista
1595/05, p. 20 Madrigal

Stivori, Francesco. Non vidde il mondo si leggiadra mano
1583/17, p. 18 Madrigal
QUINTA PARTE (Alto missing. Compare Animuccia "Non vidde. ")

Stivori, Francesco. Parto co'l corpo
1585/33, p. 6 Madrigal
Alto and Bass partbooks missing.

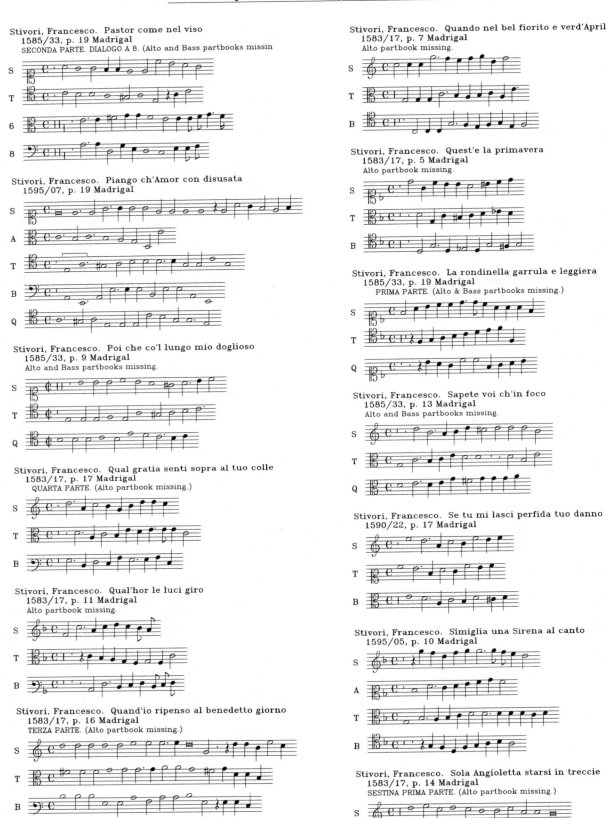

Stivori, Francesco. Pastor come nel viso
1585/33, p. 19 Madrigal
SECONDA PARTE. DIALOGO A 8. (Alto and Bass partbooks missin

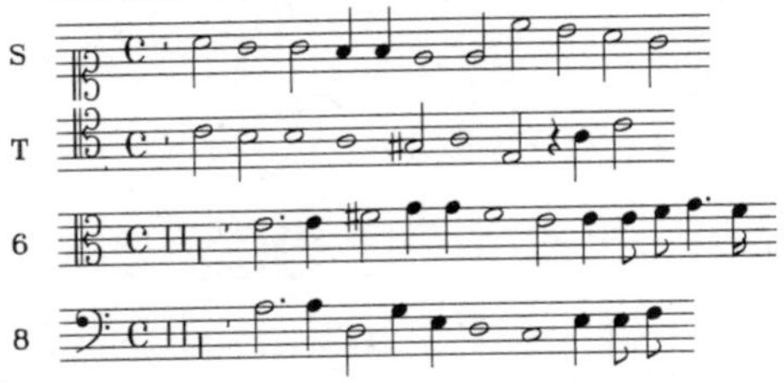

Stivori, Francesco. Piango ch'Amor con disusata
1595/07, p. 19 Madrigal

Stivori, Francesco. Poi che co'l lungo mio doglioso
1585/33, p. 9 Madrigal
Alto and Bass partbooks missing.

Stivori, Francesco. Qual gratia senti sopra al tuo colle
1583/17, p. 17 Madrigal
QUARTA PARTE. (Alto partbook missing.)

Stivori, Francesco. Qual'hor le luci giro
1583/17, p. 11 Madrigal
Alto partbook missing.

Stivori, Francesco. Quand'io ripenso al benedetto giorno
1583/17, p. 16 Madrigal
TERZA PARTE. (Alto partbook missing.)

Stivori, Francesco. Quando nel bel fiorito e verd'April
1583/17, p. 7 Madrigal
Alto partbook missing.

Stivori, Francesco. Quest'e la primavera
1583/17, p. 5 Madrigal
Alto partbook missing.

Stivori, Francesco. La rondinella garrula e leggiera
1585/33, p. 19 Madrigal
PRIMA PARTE. (Alto & Bass partbooks missing.)

Stivori, Francesco. Sapete voi ch'in foco
1585/33, p. 13 Madrigal
Alto and Bass partbooks missing.

Stivori, Francesco. Se tu mi lasci perfida tuo danno
1590/22, p. 17 Madrigal

Stivori, Francesco. Simiglia una Sirena al canto
1595/05, p. 10 Madrigal

Stivori, Francesco. Sola Angioletta starsi in treccie
1583/17, p. 14 Madrigal
SESTINA PRIMA PARTE. (Alto partbook missing.)

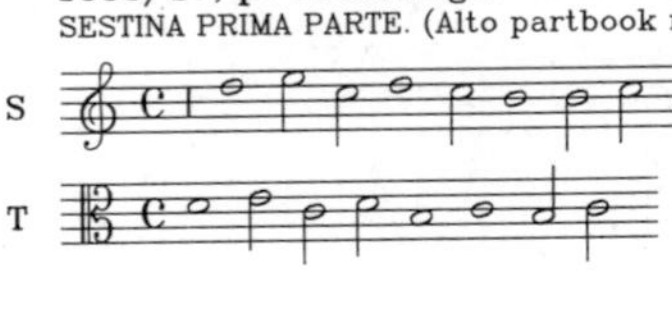

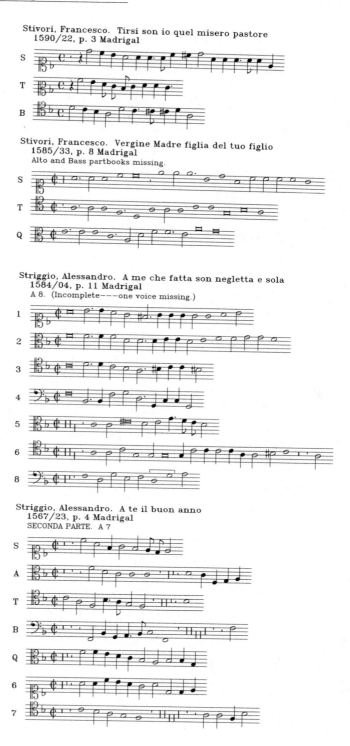

Stivori, Francesco. Spira dalla dolce aria del bel viso
1590/22, p. 2 Madrigal

Stivori, Francesco. Stavasi il mio bel sole
1585/33, p. 12 Madrigal
Alto and Bass partbooks missing.

Stivori, Francesco. Stolto mio cor ove si lieto vai
1583/17, p. 20–21 Madrigal
DIALOGO A8 (Alto partbook missing.)

Stivori, Francesco. Temi forse ben mio che mi disciolga
1583/17, p. 9 Madrigal
Alto partbook missing. Compare Gallo "Temi forse.." in 1597/20.

Stivori, Francesco. Tempo fu ch'io cantai per poggi
1583/17, p. 4 Madrigal
Alto partbook missing.

Stivori, Francesco. Tigre mia se ti pesa
1585/33, p. 7 Madrigal
Alto and Bass partbooks missing.

Stivori, Francesco. Tirsi son io quel misero pastore
1590/22, p. 3 Madrigal

Stivori, Francesco. Vergine Madre figlia del tuo figlio
1585/33, p. 8 Madrigal
Alto and Bass partbooks missing.

Striggio, Alessandro. A me che fatta son negletta e sola
1584/04, p. 11 Madrigal
A 8. (Incomplete---one voice missing.)

Striggio, Alessandro. A te il buon anno
1567/23, p. 4 Madrigal
SECONDA PARTE. A 7

Striggio, Alessandro. Ai gigli e le viole
1560/24, p. 10 Sonetto
SECONDA PARTE.

Striggio, Alessandro. Al'hor che lieta l'alba adduce
1592/15, p. 4 Madrigal

Striggio, Alessandro. Alba cruda alba ria ch'el mio bel
1575/12, p. 14 Madrigal

Striggio, Alessandro. All'apparir della leggiadra figlia
1596/08, p. 27 Madrigal
Quintus and Bass II parts from 1590/11.

Striggio, Alessandro. Alla mia dolce e vaga
1583/15, f. 32 Madrigal

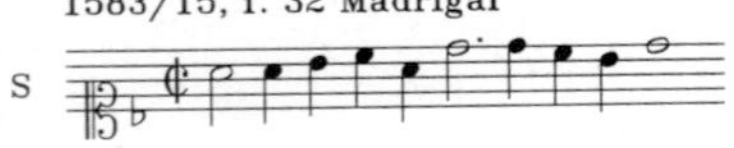

Striggio, Alessandro. Alma reale a cui somm'honesta
1560/24, p. 7 Sonetto
SECONDA PARTE.

Striggio, Alessandro. Altr'io che questo spighe
1584/04, p. 30 Madrigal
A 12. (Incomplete---two voices missing.)

Striggio, Alessandro. Amor m'impenna l'ale tant'in alto
1566/23, p. 17 Madrigal

Striggio, Alessandro. Ardendo i gridi e moro
1560/24, p. 32 Sonetto

Striggio, Alessandro. Arse cosi per voi donna'l mio core
1560/24, p. 25 Sonetto

Striggio, Alessandro. L'avinia se non sete vagha
1560/24, p. 38 Madrigal

Striggio, Alessandro. Caro dolce mio ben che vi toglie
1560/24, p. 5–6 Sonetto

Striggio, Alessandro. Una celeste Nube fu'l mio sole
1560/24, p. 21–22 Sonetto
SECONDA PARTE.

Striggio, Alessandro. Ch'alzato al suon di miei piu chiare
1560/24, p. 34 Madrigal
SECONDA PARTE

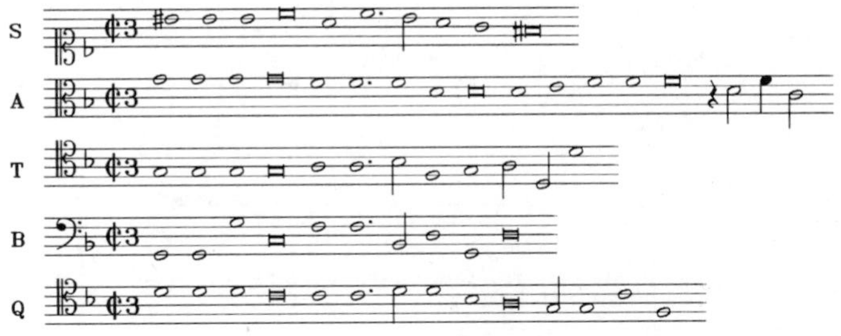

Striggio, Alessandro. Che deggio far
1560/24, p. 24 Sonetto

Striggio, Alessandro. Che questi e quel ch'invola
1560/24, p. 13 Sonetto
QUINTA PARTE.

Striggio, Alessandro. Che s'altri cue desio
1566/23, p. 18 Madrigal
SECONDA PARTE.

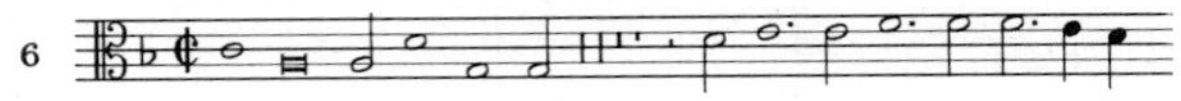

Striggio, Alessandro. Chi brama al maggior caldo
1560/24, p. 14 Sonetto

Striggio, Alessandro. Chi fara fed'al cielo
1566/03, p. 6 Madrigal

Striggio, Alessandro. Con l'aura di sospir
1582/05, p. 15 Madrigal

Striggio, Alessandro. Con pieta vi rimiro
1583/12, p. 10 Madrigal

Striggio, Alessandro. Cosi le sue speranze rinovando
1579/02, p. 23 Madrigal

Striggio, Alessandro. D'un si bel foco belta m'incende
1588/21, no. 3 Madrigal
Bass II missing.

Striggio, Alessandro. Dalle gelate broccia di Titone
1567/23, p. 8–9 Madrigal
PRIMA PARTE. DELLA CACCIA. A4.

Striggio, Alessandro. Degno che dotte historie
1560/24, p. 2 Sonetto
SECONDA PARTE.

Striggio, Alessandro. Di questa bionda e vaga treccia
1567/13, p. 5 Madrigal

Striggio, Alessandro. Ditemi o donna mia
1560/24, p. 25 Sonetto

Striggio, Alessandro. Dolce ritorn'Amor
1567/13, p. 21 Madrigal

Striggio, Alessandro. Dolorosi martir fieri tormenti
1577/07, p. 7 Madrigal
(Tenor, Bass & Quinto partbooks missing.)

Striggio, Alessandro. Donna felice e bella
1560/24, p. 18 Sonetto
PRIMA PARTE.

Striggio, Alessandro. E per dar segno a voi
1584/04, p. 4 Madrigal
SECONDA PARTE. (Sesto & Settimo from 1590/11.)

Striggio, Alessandro. E s'a buon fin la sua merce si viene
1579/02, p. 22 Madrigal
QUINTA PARTE.

Striggio, Alessandro. Ecco ch'al bosco sian vicin
1567/23, p. 11–12 Madrigal
TERZA PARTE. a 6.

Striggio, Alessandro. Ecco ch'ei giung'a noi
1560/24, p. 11 Sonetto
TERZA PARTE.

Striggio, Alessandro. Ecco il sol chiaro
1567/23, p. 15–16 Madrigal
QUINTA PARTE. A 7.

Striggio, Alessandro. Echo che fa chi segue amore
1584/04, p. 14–15 Madrigal
ECHO. A 8. (Incomplete---one voice missing)

Striggio, Alessandro. Entro un gran nuvol'd'or
1568/12, p. 4 Madrigal

Striggio, Alessandro. Era la mia virtu quasi smarita
1560/24, p. 17 Sonetto

Striggio, Alessandro. Era'l bel viso suo qual esser'suole
1560/24, p. 17–18 Sonetto

Striggio, Alessandro. Eran le ninfe e pastori
1592/11, p. 18 Madrigal
PAROLE DI MUTIO MANFREDI.

Striggio, Alessandro. Ero cosi dicea
1588/17, p. 14 Madrigal

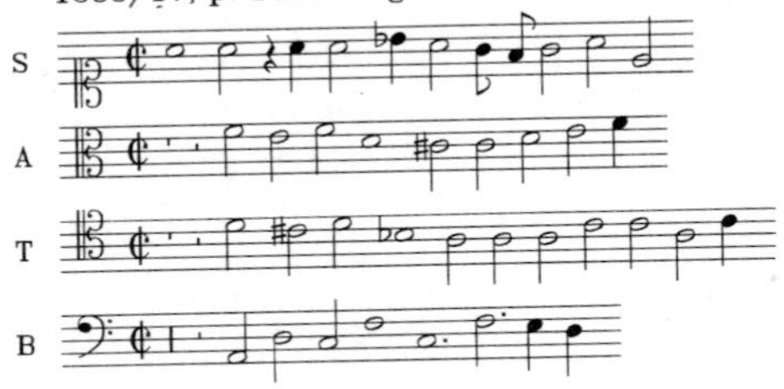

Striggio, Alessandro. Felice l'alma che per voi sospira
1560/24, p. 4 Sonetto

Striggio, Alessandro. Fra i vaghi e bel crin d'oro
1591/23, p. 16 Madrigal

Striggio, Alessandro. Gia Ninfa hor
1596/08, p. 16 Madrigal
Quintus and Bass II partbooks missing.

7
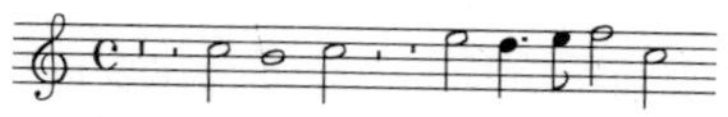

Striggio, Alessandro. Giovane illustre sopri'l Mincio
1560/24, p. 6 Sonetto

S A T B Q

Striggio, Alessandro. Gravi pene in amor si provan molte
1561/15, p. 28 Madrigal

S A T B

Striggio, Alessandro. Herbosi prati e liete valli amene
1593/05, p. 33 Madrigal

S A T B Q

Striggio, Alessandro. Ho udito che la fanta de l'hoste
1567/23, p. 4 Madrigal
TERZA PARTE. A 7.

S A T B Q 6 7

Striggio, Alessandro. Hor che le stelle in cielo
1592/12, p. 2–3 Madrigal

S A
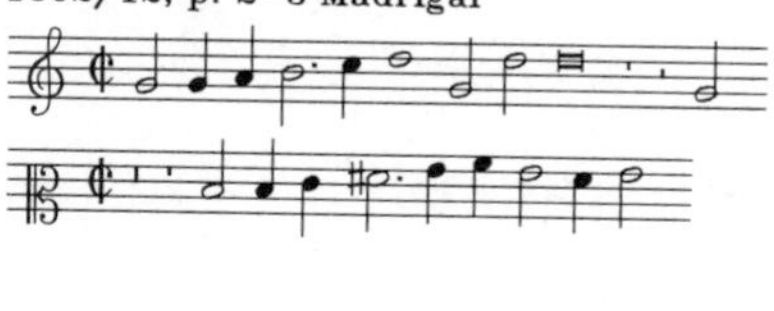

T B Q

Striggio, Alessandro. Hor che lucente e chiara
1560/24, p. 9 SONNET
EPITALAMIO PRIMA PARTE.

S A T B Q

Striggio, Alessandro. Hor mentr'il bel pianeta
1560/24, p. 12 Sonetto
QUARTA PARTE.

S A T B Q

Striggio, Alessandro. Illustre alma gentile
1560/24, p. 26 Sonetto
PRIMA PARTE.

S A T B Q

Striggio, Alessandro. Intesi venni & viddi meravigliai
1575/12, p. 1 Madrigal

S A T B Q

Striggio, Alessandro. Invidioso amor del mio bel stato
1585/18, p. 20–21 Madrigal

Striggio, Alessandro. Io per languir mi sfaccio
1591/23, p. 17 Madrigal
SECONDA PARTE.

Striggio, Alessandro. Madonna il vostro petto
1560/24, p. 20 Sonetto

Striggio, Alessandro. Mentre l'un Polo, e l'altro
1579/03, p. 22–23 Madrigal
Compare F. Mazzoni "Mentre mi stai..." in 1569/29.

Striggio, Alessandro. Mentre la donna, anzi la vita mia
1560/24, p. 5 Sonetto

Striggio, Alessandro. Mentre la greggia sua pascendo giva
1579/02, p. 18 Madrigal

Striggio, Alessandro. Mentre nel piu felice e lieto stato
1589/06, p. 10 Madrigal

Striggio, Alessandro. Mirate a quei Cingiali
1567/23, p. 13–14 Madrigal
QUARTA PARTE. A 6.

Striggio, Alessandro. Misero oime
1560/24, p. 22 Sonetto

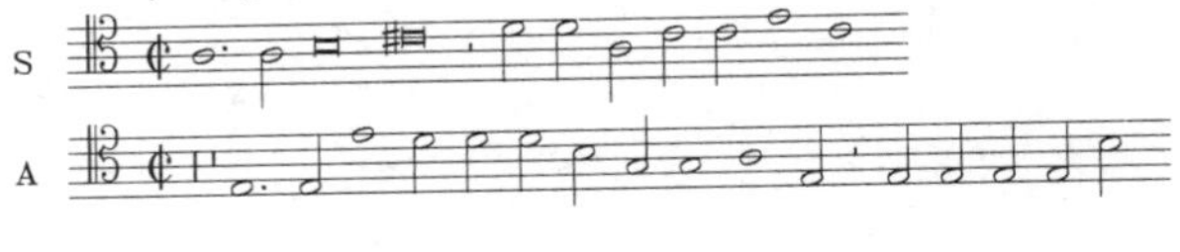

Striggio, Alessandro. Misero piu d'ogn'huom
1560/24, p. 23 Sonetto

Striggio, Alessandro. Movendo apparo con mill'il corso
1565/16, p. 13 Madrigal

Striggio, Alessandro. Nella vaga stagion
1567/23, p. 3 Madrigal
PRIMA PARTE. CANTO TACET.

Striggio, Alessandro. Ninfa che dal superb'Adriatico
1590/15, p. 1 Madrigal
CANZONA PRIMA PARTE.

Striggio, Alessandro. Ninfe leggiadr'e belle
1586/09, p. 7 Madrigal

Striggio, Alessandro. Non fiammeggian'anchor ne l'oriente
1560/24, p. 31 Sonetto

Striggio, Alessandro. Non piu ingegno mortale
1560/24, p. 27 Sonetto
SECONDA PARTE.

Striggio, Alessandro. Non rumor di tamburi o son di trombe
1583/15, f. 33v Madrigal

Striggio, Alessandro. Non ti ricorda quando venni'a marito
1567/23, p. 5-6 Madrigal
QUARTA PARTE. A 7.

Striggio, Alessandro. Non visse la mia vita
1586/10, p. 2 Madrigal

Striggio, Alessandro. Notte felice aventuros'e bella
1560/24, p. 16 Sonetto

Striggio, Alessandro. Notte felic'e care
1570/15, p. 4 Madrigal

Striggio, Alessandro. O de la bella Ertruria
1560/24, p. 1 Sonetto
PRIMA PARTE.

Striggio, Alessandro. O dolce bocca amabile e soave
1579/02, p. 21 Madrigal

Striggio, Alessandro. O fero aspro dolore
1584/04, p. 20 Madrigal
A 9. (Incomplete---one voice missing.)

Striggio, Alessandro. O giovenil ardire
1584/04, p. 24 Madrigal
Sesto, Novo, and Decimo parts from 1590/11.

6
7
8
9
10

Striggio, Alessandro. O passi sparsi o tenace memoria
1584/04, p. 29 Madrigal
A 11. (Sesto, Ottavo, Nono & Decimo parts from 1590/11.)

S
A
T
B
Q
6
7
8
9
10
11

Striggio, Alessandro. O sopra l'altre aventuros'etate
1560/24, p. 8 Sonetto
TERZA PARTE.

S
A
T
B
Q

Striggio, Alessandro. O vaga pastorella
1586/07, p. 16 Madrigal
SECONDA PARTE. (Quintus partbook missing.)

S
A
T

B
6

Striggio, Alessandro. Occhi voi che miraste gl'occhi suoi
1579/02, p. 20 Madrigal

S
A
T
B
Q
6

Striggio, Alessandro. Ondeggiava il crin d'or da l'aura
1568/12, p. 5 Madrigal
SECONDA PARTE.

S
A
T
B
Q

Striggio, Alessandro. Orsu stendiamo questi panni
1567/23, p. 6–7 Madrigal
QUINTA PARTE. A 7.

S
A
T
B
Q
6
7

Striggio, Alessandro. Paghi dunque il mio pianto
1560/24, p. 29–30 Sonetto

S
A
T
B
Q

Striggio, Alessandro. Partiro dunque et perche
1566/23, p. 19–20 Madrigal

Striggio, Alessandro. La pastorella con la verga in mano
1567/13, p. 6 Madrigal

Striggio, Alessandro. Pensai lasso fra quest'alpestri
1560/24, p. 15 Sonetto

Striggio, Alessandro. Pero non e fornita
1586/10, p. 2 Madrigal

Striggio, Alessandro. Poi che mort'e cole
1560/24, p. 35 Sonetto

Striggio, Alessandro. Poiche ti piace amor
1589/06, p. 11 Madrigal
SECONDA PARTE.

Striggio, Alessandro. Poscia fra tanto suo dolce gioire
1579/02, p. 19 Madrigal

Striggio, Alessandro. Qual piu si trova oppressa
1570/15, p. 5 Madrigal

Striggio, Alessandro. Quanto privo di te mia Nub'i veggo
1560/24, p. 30 Sonetto

Striggio, Alessandro. Questi ch'inditio fan del mio
1567/13, p. 22 Madrigal

Striggio, Alessandro. Rallegratevi homai voi che fu'l lido
1584/04, p. 3 Madrigal
PRIMA PARTE. A 7. (Incomplete---one voice missing.)

Striggio, Alessandro. Ridon liete le rive
1560/24, p. 29 Sonetto
PRIMA PARTE.

Striggio, Alessandro. S'io t'ho ferito non t'ho pero morto
1593/05, p. 32 Madrigal

Striggio, Alessandro. Se da vostri begl'occhi il mio mal
1597/15, p. 8 Madrigal

Striggio, Alessandro. Se ne la mente mia
1560/24, p. 19 Sonetto
SECONDA PARTE.

Striggio, Alessandro. Si dolc'e d'amar voi lo mio desio
1560/24, p. 28 Sonetto

Striggio, Alessandro. Si dolcement'il pargolett'Amore
1575/12, p. 19 Madrigal

Striggio, Alessandro. Siringa al bel Narciso
1594/06, p. 1 Madrigal
PAROLE DI CORTESE CORTESI.

Striggio, Alessandro. Spargete Arabi odori
1586/07, p. 15 Madrigal
SOPRA IL PETTO. (Quintus partbook missing.)

S A T B 6

Striggio, Alessandro. Su rapidissim'onda d'atro sangue
1566/23, p. 15 Madrigal

S A T B Q 6

Striggio, Alessandro. Su su presto a la caccia correte
1567/23, p. 9–10 Madrigal
SECONDA PARTE. A 5.

S A T B Q

Striggio, Alessandro. Torbido il Mincio corre
1560/24, p. 21 Sonetto.
PRIMA PARTE.

S A T B Q

Striggio, Alessandro. Le vag'herbett'e l'amorose fronde
1589/06, p. 24 Madrigal

S* A

T B Q

Striggio, Alessandro. Vaten piena di gioia
1579/02, p. 24 Madrigal
CANON ALL TERZA BASSA DOPO TRE TEMPI(On Cantus)

S A T B Q 6 S2

Striggio, Alessandro. Voi se col raggio di virtute ardente
1560/24, p. 33 Madrigal
PRIMA PARTE.

S A T B Q

Stringari, Antonio. Al foco al foco al miser core amore
1514/02, f. 40v–41 Frottola

S A T B

Stringari, Antonio. Chi non sa ch'el cor gli ho dato
1507/04, f. 32v–33 Frottola

S A T B

Stringari, Antonio. Chi non sa ch'el cor gli ho dato
1507/04, f. 30v–31 Frottola

S

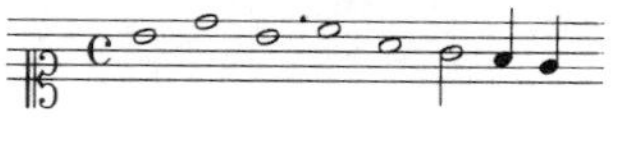

Stringari, Antonio. Chi non sa che io ardo
1507/04, f. 31v–32 Frottola
SECUNDA PARS.

Stringari, Antonio. Datime pace o duri mei
1514/02, f. 37v–38 Frottola
Compare Alto with P. Vinci in 1567/24.

Stringari, Antonio. Discolorato hai morte el piu bel
1514/02, f. 36v–37 Frottola

Stringari, Antonio. Non al suo amante piu diana piacque
1514/02, f. 41v–42 Frottola

Stringari, Antonio. Non piu saette amor non ce piu
1514/02, f. 44 Frottola

Stringari, Antonio. Nui siamo segatori
1507/04, f. 50v–51 Frottola

Stringari, Antonio. Piu speranza non apreggio
1507/04, f. 27v–28 Frottola

Stringari, Antonio. Poi ch'io son in libertate
1507/04, f. 28v–29 Frottola

Stringari, Antonio. Son piu matti in questo mondo
1514/02, f. 39v–40 Frottola

Stringari, Antonio. Valle che de lamenti mei sei piena
1514/02, f. 38v–39 Frottola

Strozzi, Pietro. Io non so se le parti farian pari
1598/11, p. 22 Madrigal
SECONDA PARTE. (Alto partbook missing.)

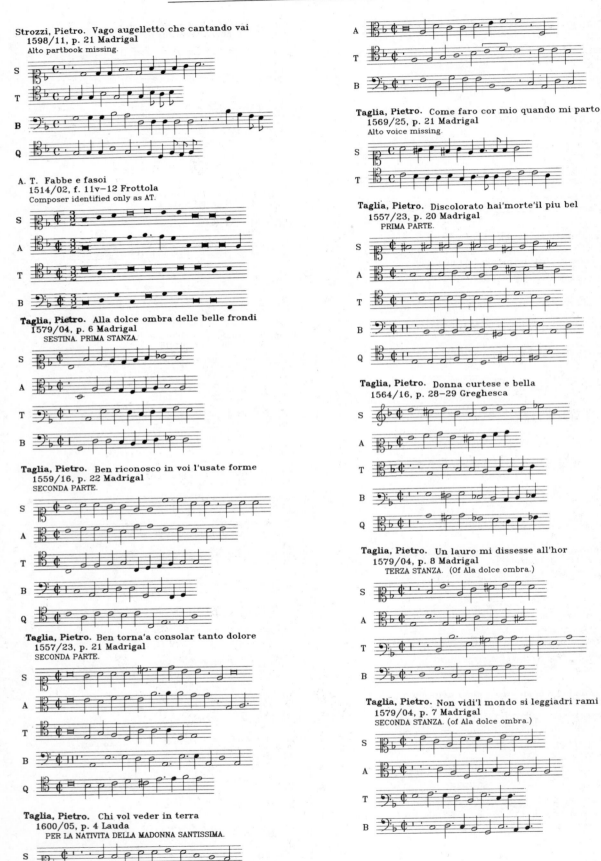

Strozzi, Pietro. Vago augelletto che cantando vai
1598/11, p. 21 Madrigal
Alto partbook missing.

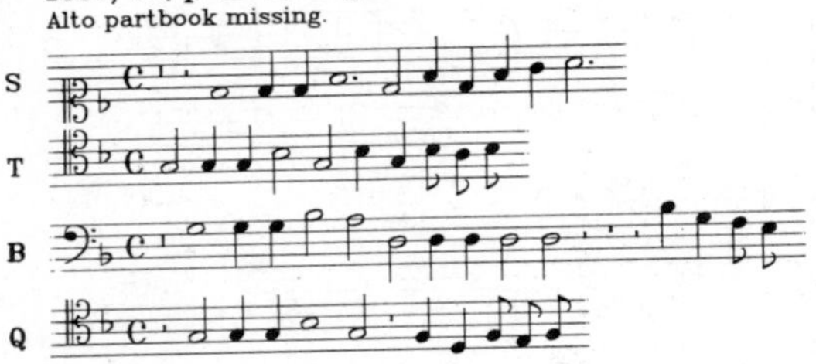

A. T. Fabbe e fasoi
1514/02, f. 11v–12 Frottola
Composer identified only as AT.

Taglia, Pietro. Alla dolce ombra delle belle frondi
1579/04, p. 6 Madrigal
SESTINA. PRIMA STANZA.

Taglia, Pietro. Ben riconosco in voi l'usate forme
1559/16, p. 22 Madrigal
SECONDA PARTE.

Taglia, Pietro. Ben torna'a consolar tanto dolore
1557/23, p. 21 Madrigal
SECONDA PARTE.

Taglia, Pietro. Chi vol veder in terra
1600/05, p. 4 Lauda
PER LA NATIVITA DELLA MADONNA SANTISSIMA.

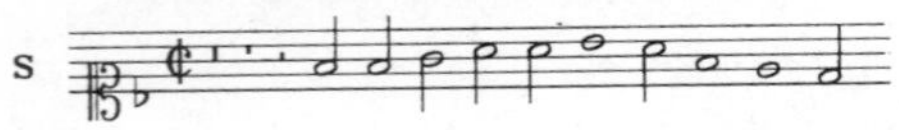

Taglia, Pietro. Come faro cor mio quando mi parto
1569/25, p. 21 Madrigal
Alto voice missing.

Taglia, Pietro. Discolorato hai'morte'il piu bel
1557/23, p. 20 Madrigal
PRIMA PARTE.

Taglia, Pietro. Donna curtese e bella
1564/16, p. 28–29 Greghesca

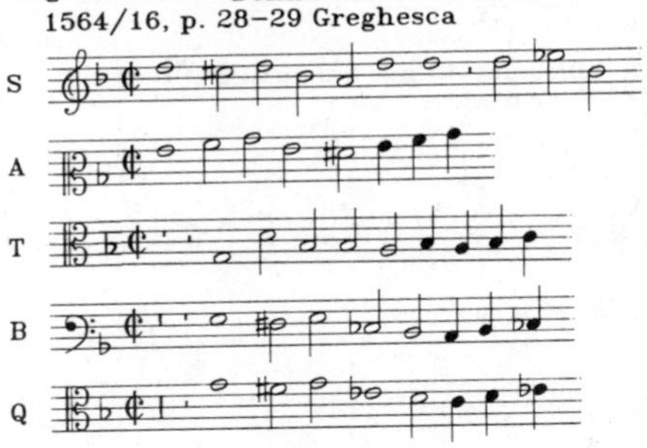

Taglia, Pietro. Un lauro mi dissesse all'hor
1579/04, p. 8 Madrigal
TERZA STANZA. (Of Ala dolce ombra.)

Taglia, Pietro. Non vidi'l mondo si leggiadri rami
1579/04, p. 7 Madrigal
SECONDA STANZA. (of Ala dolce ombra.)

Taglia, Pietro. Pero piu fermo ogn'hor di tempo
1579/04, p. 8–9 Madrigal
STANZA.QUARTA. (Of Ala dolce ombra.)

Taglia, Pietro. Qual donna attende a gloriosa fana
1600/05, p. 17–18 Lauda
PER L'ANNUNCIATIONE ET VISITATION DELLA B.MA VERGINE.

Taglia, Pietro. Seguite amor Donna leggiadra
1569/25, p. 22 Madrigal
Alto voice missing.

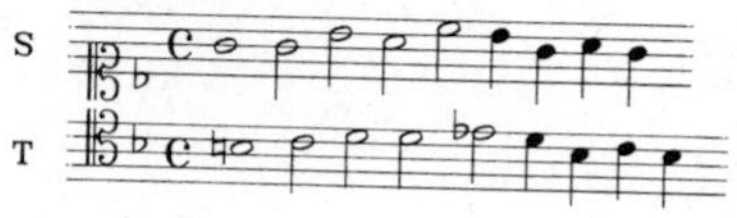

Taglia, Pietro. Selve sassi campagne fiume & poggi
1579/04, p. 9 Madrigal
QUINTA STANZA. (Of Ala dolce ombra.)

Taglia, Pietro. Si da tue treccie d'or legato
1569/25, p. 19 Madrigal
Alto voice missing.

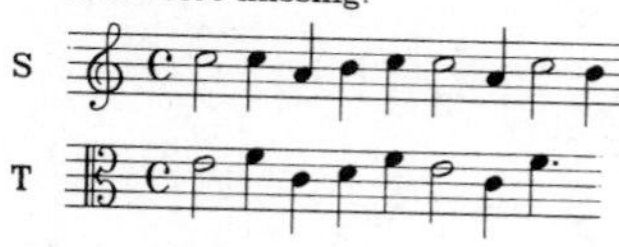

Taglia, Pietro. Si di penne gia mai candide
1567/13, p. 12 Madrigal

Taglia, Pietro. Si gioioso mi fanno i dolor miei
1600/05, p. 22 Lauda
CORDIAL COMPATIMENTO ALLA DOLOROSA MADRE SANTISSIMA.

Taglia, Pietro. Tanto mi piacque prima il dolce lume
1579/04, p. 10 Madrigal
SESTA STANZA. (Of Ala dolce ombra.)

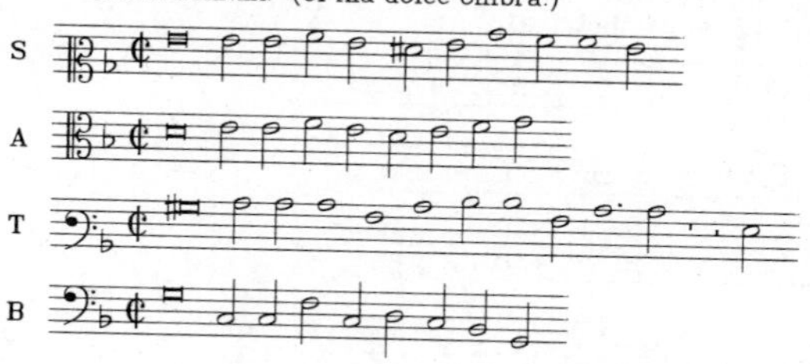

Taglia, Pietro. Tremo Parigi e torbidosi Sena
1579/04, p. 11 Madrigal

Taglia, Pietro. Valle che di lamenti miei
1559/16, p. 21 Madrigal

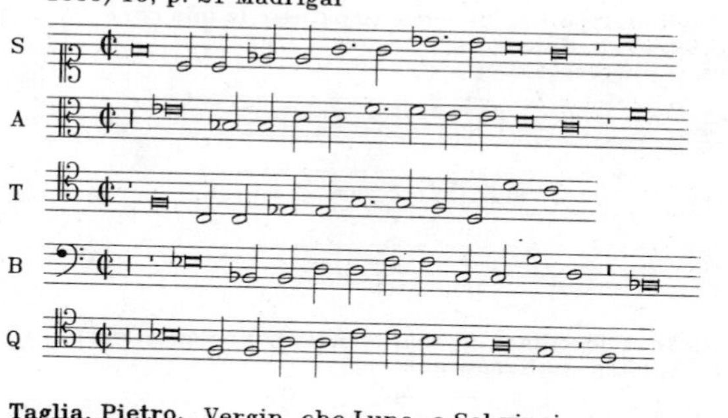

Taglia, Pietro. Vergin, che Luna, e Sol vinci
1600/05, p. 29 Lauda
PER LA GLORIOSA ASSUNTIONE.

Tartaglino, Ippolito. Celeste donna in bel sembiante
1582/04, p. 20 Madrigal

Tartaglino, Ippolito. D'altro ciel io son
1587/12, p. 24 Madrigal

Tartaglino, Ippolito. Hor le tue forz'adopra
1587/12, p. 23 Madrigal
Attributed to Tartaglino in 1600/13.

Tartaglino, Ippolito. Si veder se potesse lo mio core
1592/17, p. 8 Madrigal
Canto partbook missing.

Tastavin, Hieronimo. Se mai pianser per te quest'occhi
1571/09, p. 10 Napolitana

Testori, Guglielmo. Non mi lasciar in su l'estremo passo
1600/05, p. 55 Lauda

Tetis, Carlo. Viver amando e morir disperato
1565/17, p. 25 Canzona

Tho-(Scana?), Jacopo De. Quando mia pastorella
1534/15, f. 9v–10 Madrigal
Tenor partbook missing. Alto from 1530/02.

Tiburtinus, Iulianus. Madonna s'io potessi
1537/11, no. 17 Madrigal

Timoteo, D. Aqua aqua al foco al foco
1509/02, f. 41v–43 Frottola

Timoteo, D. Sento li spirti mei per la doglia
1514/02, f. 61v–62 Frottola

Timoteo, D. Uscirallo o restarallo
1514/02, f. 28v–29 Frottola

Todi, Giovanni Da. Stendi al Popol Roman benigna
1600/05, p. 53 Lauda

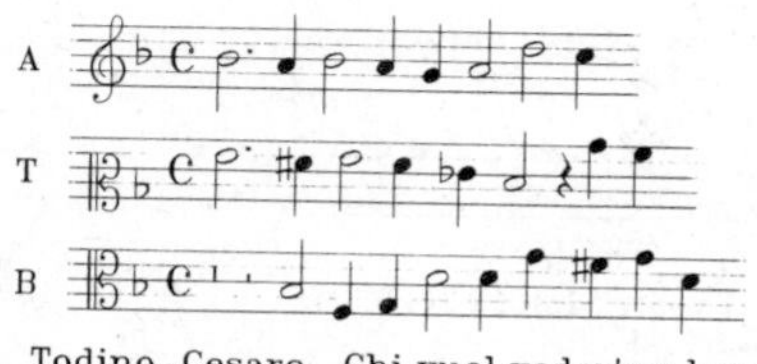

Todino, Cesare. Chi vuol veder'un bosco
1566/09, p. 29 Canzona

Todino, Cesare. Dal giorno ch'io mirai tua face
1566/09, p. 16 Canzona

Todino, Cesare. Laura gentil che rascren'il cielo
1569/29, p. 10 Madrigal

Todino, Cesare. Menando gli anni a pie d'un verde
1566/09, p. 20 Canzona

Todino, Cesare. Non e Amor che mi trapass'il core
1566/10, p. 7 Canzona

Todino, Cesare. Quanto piu penso di m'allontanare
1566/10, p. 9 Canzona

Todino, Cesare. Sappiat'amanti ch'amor fa gran
1566/09, p. 11 Canzona

Todino, Cesare. Se'l ciel non dess'aita a far'ogn'
1566/09, p. 22 Canzona

Todino, Cesare. Tristo che gionge a cosi stretto
1566/09, p. 12 Canzona

Todino, Cesare. Il vostro dolce sguard'ond'io son
1566/09, p. 17 Canzona

Tollio, Giovan d'Amorforte. Chi non ha forza o cuore
1598/07, p. 6 Madrigal

Tollio, Giovan d'Amorforte. Pargoletta che scherzi
1598/09, p. 14 Madrigal

Tomei, Nicolo. Alma che fai che pensi
1581/12, p. 22 Madrigal
DI NICOLO TOMEO CAPO DELLA MUSICA... DEL DUCA DI SAVOIA.

Tomei, Nicolo. Svegliati a dunque pria
1581/12, p. 23 Madrigal
SECONDA PARTE.

Tonello, Antonio. Suggea da duo coralli
1598/09, p. 17 Madrigal

Torelli, Gasparo. All'arme o Dio che vi conviene
1594/16, p. 10 Madrigal
Only Cantus partbook extant.

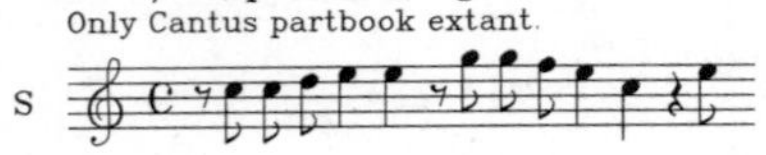

Torelli, Gasparo. Aura mia bella ben felice sei
1594/16, p. 11 Madrigal
Only Cantus partbook extant.

Torelli, Gasparo. Crudel perche nasconde
1594/16, p. 14 Madrigal
Only Cantus partbook extant.

Torelli, Gasparo. Deh qual forza divina
1594/16, p. 19 Madrigal
Only Cantus partbook extant.

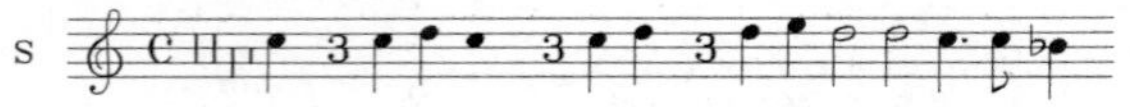

Torelli, Gasparo. Gran cosa a fe mi pare
1594/16, p. 9 Madrigal
Only Cantus partbook extant.

Torelli, Gasparo. Gratia virtu bellezza e leggiadria
1594/16, p. 13 Madrigal
Only Cantus partbook extant.

Torelli, Gasparo. Ladro amator son io
1594/16, p. 16 Madrigal
Only Cantus partbook extant.

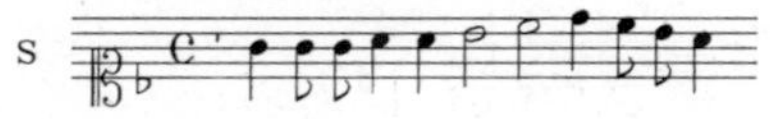

Torelli, Gasparo. Ma s'io havessi saputo
1594/16, p. 5 Madrigal
SECONDA PARTE (Only Cantus partbook extant.)

Torelli, Gasparo. Mentre io del sonno
1594/16, p. 15 Madrigal
Only Cantus partbook extant.

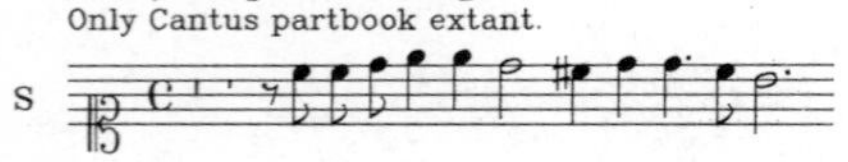

Torelli, Gasparo. Nei bei celesti campi
1594/16, p. 7 Madrigal
Only Cantus partbook extant.

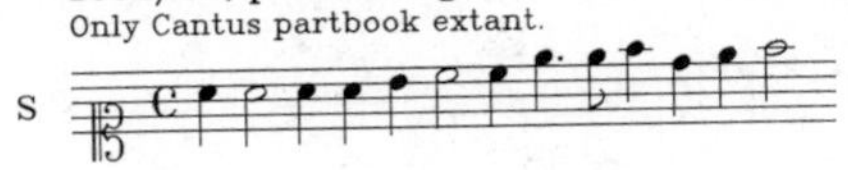

Torelli, Gasparo. Nei vostri dolci baci
1594/16, p. 20 Madrigal

Torelli, Gasparo. O dolci baci che l'ardente fiamina
1594/16, p. 2 Madrigal
Only Cantus partbook extant.

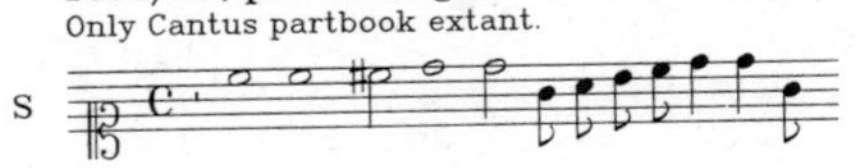

Torelli, Gasparo. Quando deliberai
1594/16, p. 4 Madrigal
PRIMA PARTE (Only Cantus partbook extant.)

Torelli, Gasparo. Scaltro Amor insidioso
1594/16, p. 3 Madrigal
Only Cantus partbook extant.

Torelli, Gasparo. Se le mie fiam'ardenti
1594/16, p. 8 Madrigal
Only Cantus partbook extant.

Torelli, Gasparo. Son queste Fili mia le bionde
1594/16, p. 12 Madrigal
Only Cantus partbook extant.

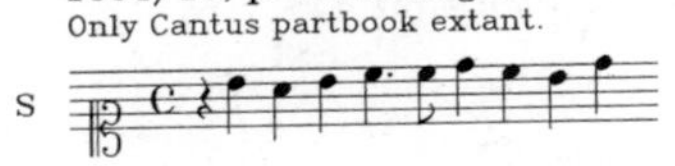

Torelli, Gasparo. Tutto vi dono hor resta il cor
1594/16, p. 1 Madrigal
Only Cantus partbook extant.

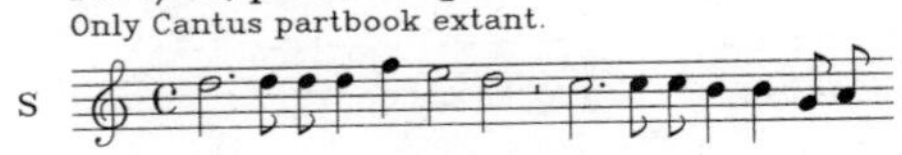

Torti, Ludovico. A la finestra ove il mio sol
1584/10, p. 1–2 Madrigal

Torti, Ludovico. Ah che tanto martire
1584/10, p. 9–10 Madrigal

Torti, Ludovico. Amor dove ne vai penoso e tristo
1584/10, p. 16 Madrigal

Torti, Ludovico. Combattean dolcemente
1584/10, p. 18 Madrigal

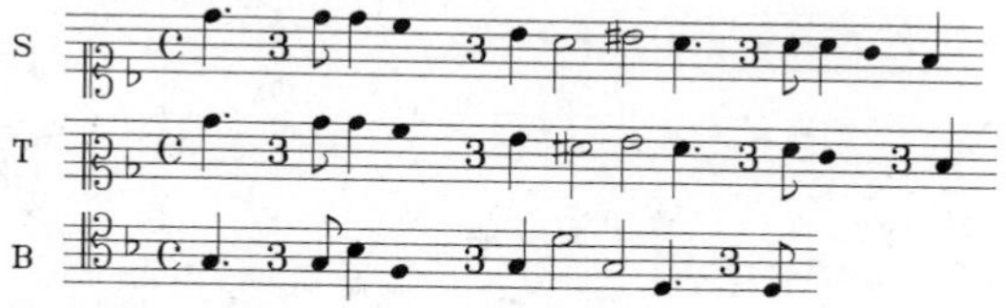

Torti, Ludovico. Corre per forza calamita al ferro
1584/10, p. 11 Madrigal

Torti, Ludovico. Dal primo giorn'ahime
1584/10, p. 17 Madrigal

Torti, Ludovico. Donna bella e gentile
1584/10, p. 13–14 Madrigal

Torti, Ludovico. Ogni vita mi spiace
1584/10, p. 12 Madrigal

Torti, Ludovico. Pensier non piu non piu
1584/10, p. 3–4 Madrigal

Torti, Ludovico. Scherzav'Amore tra begli occhi
1584/10, p. 5–6 Madrigal

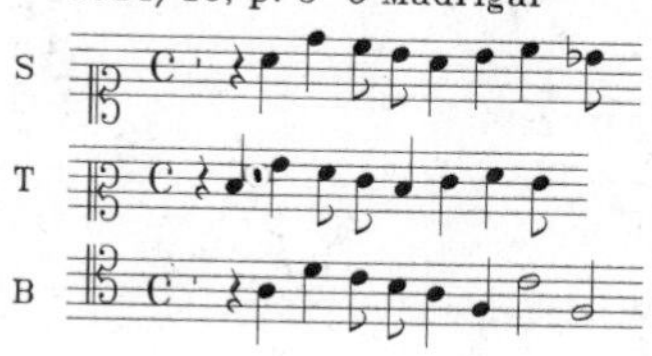

Torti, Ludovico. Se fredda e la mia donna
1584/10, p. 25–26 Madrigal

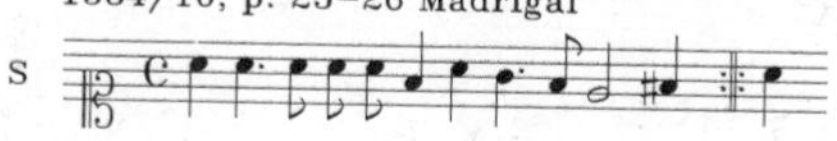

Torti, Ludovico. Vaghe bellezze e bionde treccie
1584/10, p. 15 Madrigal

Torti, Ludovico. Vivo in fiamme d'amor ne mi consumo
1584/10, p. 7–8 Madrigal

Tosoni, Marcello. Press'una verde riva
1586/10, p. 9 Madrigal

Trabaci, Gio. Maria. Vergine piu del Sol
1600/05, p. 62 Lauda

Tresti, Flaminio. O come e gran martire
1597/20, p. 22 Madrigal

Tristabocca, Pasquale. Amor io sento un respirar si dolce
1586/20, p. 12 Madrigal

Tristabocca, Pasquale. Chi pon freno a gl'amanti
1586/20, p. 14 Madrigal

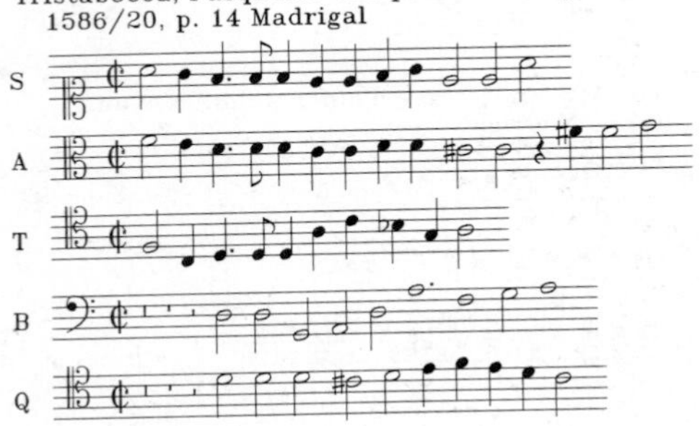

Tristabocca, Pasquale. D'Avorio latte e neve
1586/20, p. 4 Madrigal

Tristabocca, Pasquale. Donna mentre io vi miro
1586/20, p. 21 Madrigal

Tristabocca, Pasquale. E l'imagini lor son si cosparte
1586/20, p. 9 Madrigal
SECONDA PARTE.

Tristabocca, Pasquale. Ecco Flora gentil
1586/20, p. 7 Madrigal

Tristabocca, Pasquale. Filli tu pur sei quella che a Faun
1586/20, p. 5 Madrigal

Tristabocca, Pasquale. Ha Flora Alba la sera
1586/20, p. 3 Madrigal

Tristabocca, Pasquale. Lasso per che mi fuggi
1586/20, p. 22 Madrigal

Tristabocca, Pasquale. Liete e pensose accompagnate e sole
1586/20, p. 13 Madrigal

Tristabocca, Pasquale. Mentre mia stella miri
1586/20, p. 6 Madrigal
Tenor voice missing.

B
Q

Tristabocca, Pasquale. Misera che faro diro ch'io moro
1586/20, p. 10 Madrigal

S
A
T
B
Q

Tristabocca, Pasquale. Misera chi m'ascolta
1586/20, p. 19 Madrigal

S
A
T
B
Q

Tristabocca, Pasquale. Misero ch'io sperava esser in via
1586/20, p. 16 Madrigal
TERZA PARTE.

S
A
T
B
Q

Tristabocca, Pasquale. Non veggio ove scampar mi possa
1586/20, p. 8 Madrigal
PRIMA PARTE. (Tenor voice missing.)

S
A
B
Q

Tristabocca, Pasquale. O benedetta l'Aura
1586/20, p. 23 Madrigal

S
A
T

B
Q

Tristabocca, Pasquale. O fortunato chi rassier'in tanto
1586/20, p. 15 Madrigal
SECONDA PARTE.

S
A
T
B
Q

Tristabocca, Pasquale. Oime lasso & quante volte pensose
1586/20, p. 20 Madrigal
QUINTA, & ULTIMA PARTE.

S
A
T
B
Q

Tristabocca, Pasquale. Se voi sete il mio sol
1586/20, p. 11 Madrigal

S
A
T
B
Q

Tristabocca, Pasquale. Udissi Filomena lamentare
1586/20, p. 18 Madrigal

S
A
T
B
Q

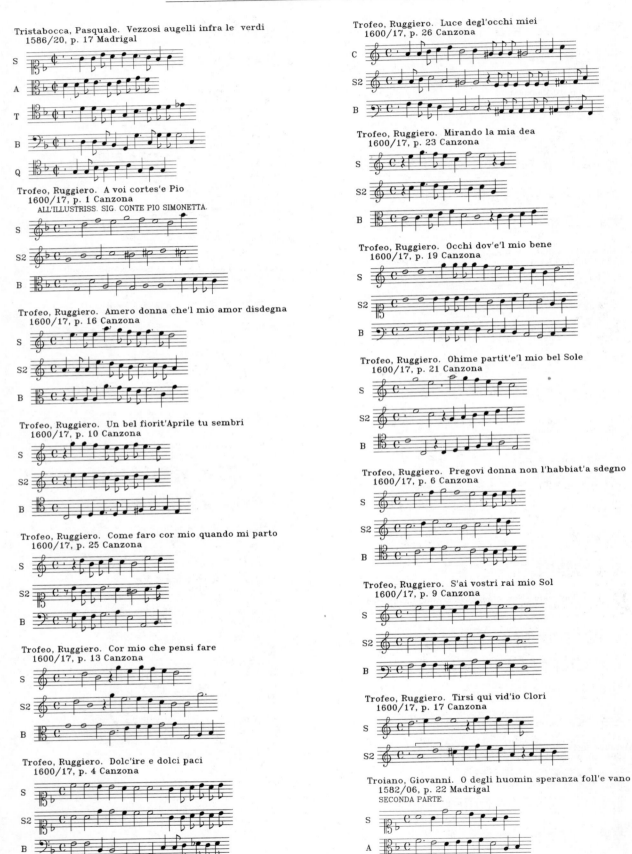

Tristabocca, Pasquale. Vezzosi augelli infra le verdi
1586/20, p. 17 Madrigal

Trofeo, Ruggiero. A voi cortes'e Pio
1600/17, p. 1 Canzona
ALL'ILLUSTRISS. SIG. CONTE PIO SIMONETTA.

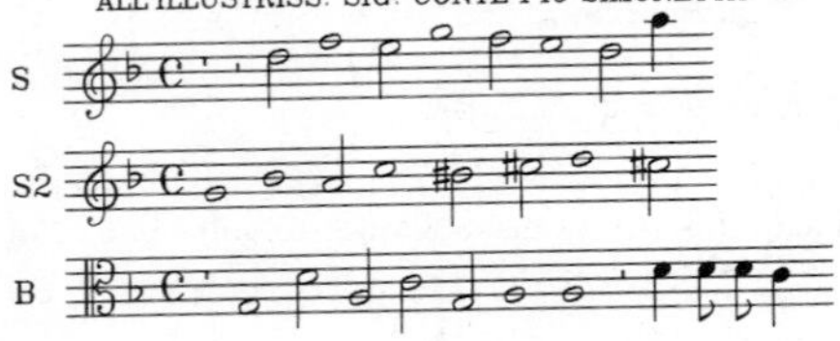

Trofeo, Ruggiero. Amero donna che'l mio amor disdegna
1600/17, p. 16 Canzona

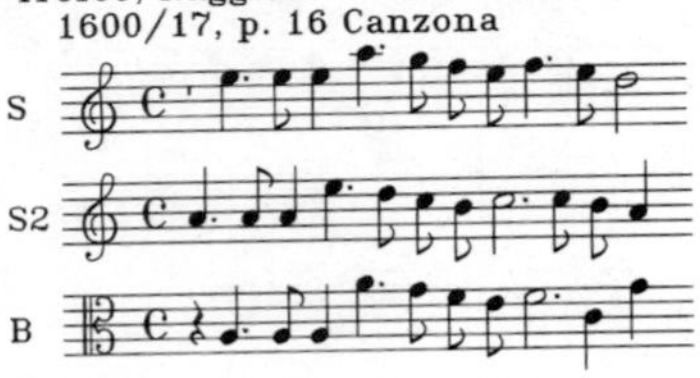

Trofeo, Ruggiero. Un bel fiorit'Aprile tu sembri
1600/17, p. 10 Canzona

Trofeo, Ruggiero. Come faro cor mio quando mi parto
1600/17, p. 25 Canzona

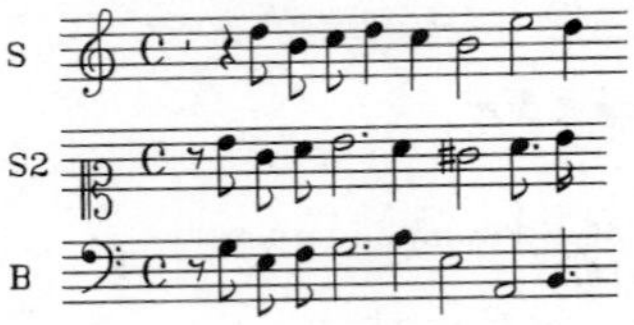

Trofeo, Ruggiero. Cor mio che pensi fare
1600/17, p. 13 Canzona

Trofeo, Ruggiero. Dolc'ire e dolci paci
1600/17, p. 4 Canzona

Trofeo, Ruggiero. Luce degl'occhi miei
1600/17, p. 26 Canzona

Trofeo, Ruggiero. Mirando la mia dea
1600/17, p. 23 Canzona

Trofeo, Ruggiero. Occhi dov'e'l mio bene
1600/17, p. 19 Canzona

Trofeo, Ruggiero. Ohime partit'e'l mio bel Sole
1600/17, p. 21 Canzona

Trofeo, Ruggiero. Pregovi donna non l'habbiat'a sdegno
1600/17, p. 6 Canzona

Trofeo, Ruggiero. S'ai vostri rai mio Sol
1600/17, p. 9 Canzona

Trofeo, Ruggiero. Tirsi qui vid'io Clori
1600/17, p. 17 Canzona

Troiano, Giovanni. O degli huomin speranza foll'e vano
1582/06, p. 22 Madrigal
SECONDA PARTE.

Troiano, Giovanni. Siatemi guid'Angelici concenti
1589/07, p. 13 Madrigal

Troiano, Giovanni. La stanca nave mia colma di fede
1582/06, p. 21 Madrigal

Troiano, Massimo. Datemi pace o duri miei pensieri
1569/29, p. 27 Canzona

Troiano, Massimo. Lungi dal mio tranquille fido porto
1569/19, p. 14 Madrigal
UNDECIMA PARTE.

Troiano, Massimo. Quando de l'alma pianta
1569/19, p. 26 Madrigal
ULTIMA PARTE.

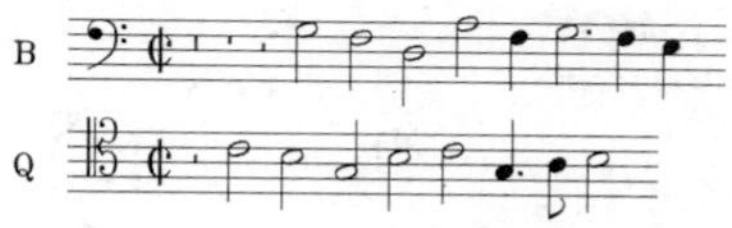

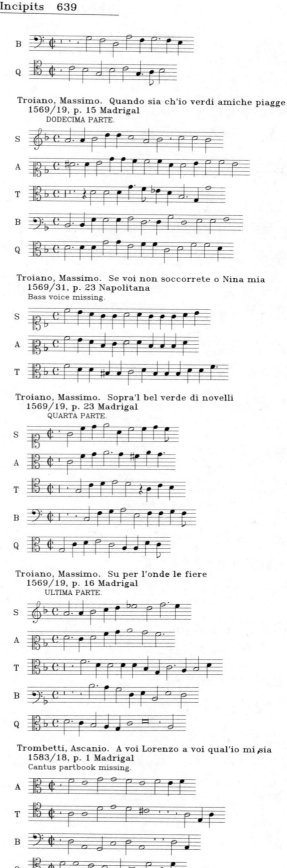

Troiano, Massimo. Quando sia ch'io verdi amiche piagge
1569/19, p. 15 Madrigal
DODECIMA PARTE.

Troiano, Massimo. Se voi non soccorrete o Nina mia
1569/31, p. 23 Napolitana
Bass voice missing.

Troiano, Massimo. Sopra'l bel verde di novelli
1569/19, p. 23 Madrigal
QUARTA PARTE.

Troiano, Massimo. Su per l'onde le fiere
1569/19, p. 16 Madrigal
ULTIMA PARTE.

Trombetti, Ascanio. A voi Lorenzo a voi qual'io mi sia
1583/18, p. 1 Madrigal
Cantus partbook missing.

Trombetti, Ascanio. Affrettati ben mio
1583/18, p. 12–13 Madrigal
Cantus partbook missing.

Trombetti, Ascanio. Al tuo dolce pallore
1583/18, p. 8 Madrigal
PRIMA PARTE (Cantus partbook missing.)

Trombetti, Ascanio. Amor per suo diletto
1586/21, p. 7 Madrigal

Trombetti, Ascanio. Ardi e gela a tua voglia
1586/21, p. 11 Madrigal

Trombetti, Ascanio. Ardo si, ma non t'amo
1586/21, p. 10 Madrigal

Trombetti, Ascanio. Beatissima notte a cui comparte
1590/13, p. 18 Madrigal
Bass partbook missing.

Trombetti, Ascanio. Ben a ragion cint'hai le luci amore
1583/18, p. 21 Madrigal
CANTUS PARTBOOK MISSING.

Trombetti, Ascanio. Chi la fuga non tenta
1583/18, p. 4 Madrigal
Cantus partbook missing.

Trombetti, Ascanio. Chiara mia viva luce
1583/18, p. 7 Madrigal
Cantus partbook missing.

Trombetti, Ascanio. Cosi moriro i fortunati amanti
1586/21, p. 18 Madrigal
TERZA PARTE.

Trombetti, Ascanio. Deh non sdegnate amanti
1586/21, p. 6 Madrigal
QUINTA PARTE.

Trombetti, Ascanio. Deh perche piu martoro
1571/09, p. 12 Napolitana

Trombetti, Ascanio. Ditemi donna cruda
1583/18, p. 8 Madrigal
Cantus partbook missing.

Trombetti, Ascanio. Donna che mille e mille lacci
1583/18, p. 16 Madrigal
PRIMA PARTE. (Cantus partbook missing.)

Trombetti, Ascanio. Donna se voi m'odiate
1586/21, p. 21 Madrigal

Trombetti, Ascanio. Donna voi non sapete
1586/21, p. 14 Madrigal
PRIMA PARTE.

Trombetti, Ascanio. Eran le vostre lagrime nel viso
1583/18, p. 18 Madrigal
PRIMA PARTE. (Cantus partbook missing.)

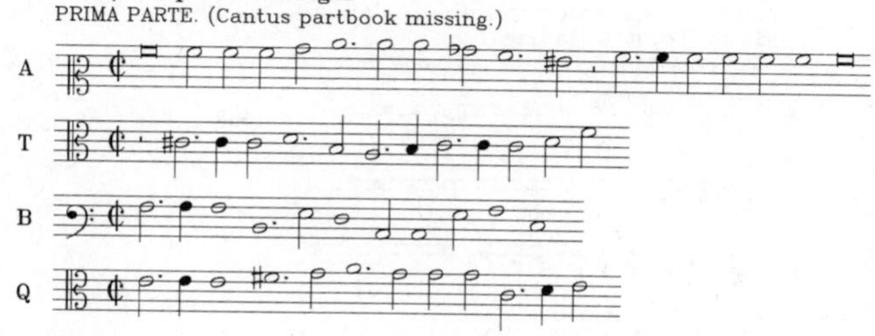

Trombetti, Ascanio. Ethna non e si ardente
1570/19, p. 15 Madrigal
AL MAG. S. PAOLO ALDOBRANDINI

Trombetti, Ascanio. Freno Tirsi il desio
1586/21, p. 17 Madrigal
SECONDA PARTE.

Trombetti, Ascanio. Fugge Madonna e crede
1586/21, p. 1 Madrigal

Trombetti, Ascanio. Gia per te mi credea
1583/18, p. 15 Madrigal
SECONDA PARTE. (Cantus partbook missing.)

Trombetti, Ascanio. Laura che'l verde Lauro
1583/10, f. 23 Madrigal

Trombetti, Ascanio. Mattutina rugiada o puro
1586/21, p. 4 Madrigal
TERZA PARTE.

Trombetti, Ascanio. Miser che far debb'io
1583/18, p. 14 Madrigal
PRIMA PARTE. (Cantus partbook missing.)

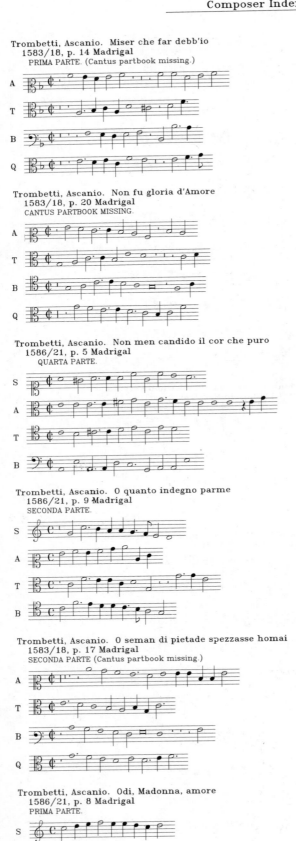

Trombetti, Ascanio. Non fu gloria d'Amore
1583/18, p. 20 Madrigal
CANTUS PARTBOOK MISSING.

Trombetti, Ascanio. Non men candido il cor che puro
1586/21, p. 5 Madrigal
QUARTA PARTE.

Trombetti, Ascanio. O quanto indegno parme
1586/21, p. 9 Madrigal
SECONDA PARTE.

Trombetti, Ascanio. O seman di pietade spezzasse homai
1583/18, p. 17 Madrigal
SECONDA PARTE (Cantus partbook missing.)

Trombetti, Ascanio. Odi, Madonna, amore
1586/21, p. 8 Madrigal
PRIMA PARTE.

Trombetti, Ascanio. Le piu belle zitelle del contado
1586/21, p. 2 Madrigal
CANZONE PRIMA PARTE.

Trombetti, Ascanio. Quando fra'l pianto
1583/18, p. 19 Madrigal
SECONDA PARTE. (Cantus partbook missing.)

Trombetti, Ascanio. Quel di che'l cor mi trassi e a voi
1583/18, p. 10 Madrigal
Cantus partbook missing.

Trombetti, Ascanio. Questo e'l color ch'Amore
1583/18, p. 9 Madrigal
SECONDA PARTE (Cantus partbook missing.)

Trombetti, Ascanio. Qui dunque anch'io tra l'herbe
1583/18, p. 3 Madrigal
SECONDA PARTE. (Cantus partbook missing.)

Trombetti, Ascanio. Qui pria s'assise
1583/18, p. 2 Madrigal
PRIMA PARTE. (Cantus partbook missing.)

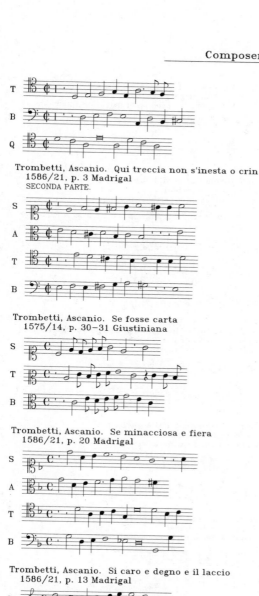

Trombetti, Ascanio. Qui treccia non s'inesta o crin
1586/21, p. 3 Madrigal
SECONDA PARTE.

Trombetti, Ascanio. Se fosse carta
1575/14, p. 30–31 Giustiniana

Trombetti, Ascanio. Se minacciosa e fiera
1586/21, p. 20 Madrigal

Trombetti, Ascanio. Si caro e degno e il laccio
1586/21, p. 13 Madrigal

Trombetti, Ascanio. Si vi potess'apert'il cor
1570/19, p. 18 Madrigal
ALL'ILLUSTRE S GIACOMO GAMPEGGI.

Trombetti, Ascanio. Sola mi fai languire
1570/19, p. 26 Madrigal
AL VIRTUOSISSIMO S. IL S. POMPONIO SPRETI.

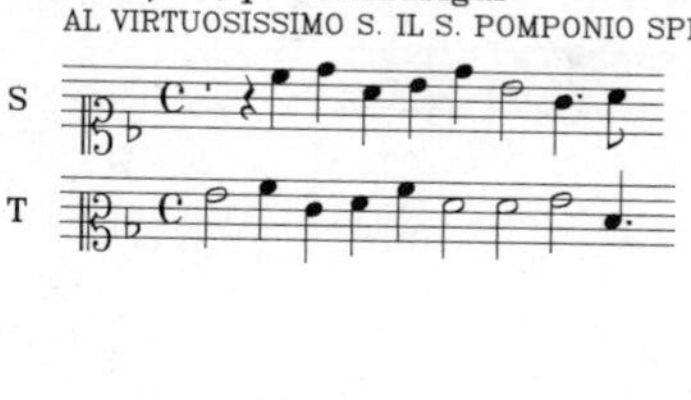

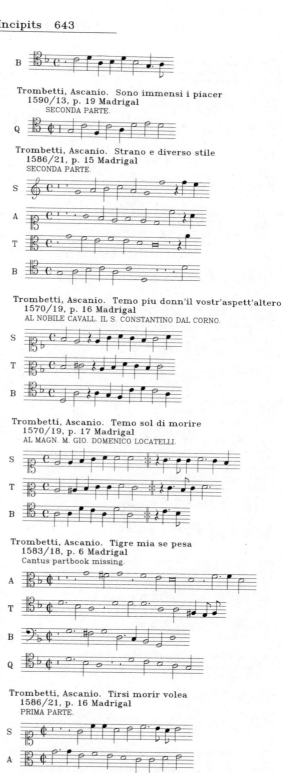

Trombetti, Ascanio. Sono immensi i piacer
1590/13, p. 19 Madrigal
SECONDA PARTE.

Trombetti, Ascanio. Strano e diverso stile
1586/21, p. 15 Madrigal
SECONDA PARTE.

Trombetti, Ascanio. Temo piu donn'il vostr'aspett'altero
1570/19, p. 16 Madrigal
AL NOBILE CAVALL. IL S. CONSTANTINO DAL CORNO.

Trombetti, Ascanio. Temo sol di morire
1570/19, p. 17 Madrigal
AL MAGN. M. GIO. DOMENICO LOCATELLI.

Trombetti, Ascanio. Tigre mia se pesa
1583/18, p. 6 Madrigal
Cantus partbook missing.

Trombetti, Ascanio. Tirsi morir volea
1586/21, p. 16 Madrigal
PRIMA PARTE.

Trombetti, Ascanio. Tu pur mi fuggi ingrato
1583/18, p. 5 Madrigal
Cantus partbook missing.

Trombetti, Girolomo. A che, folle, chiegg'io piu lieto
1590/26, p. 13 Madrigal
Only Alto and Tenor partbooks extant.

Trombetti, Girolomo. Clori leggiadra accetta
1590/26, p. 2 Madrigal
PRIMA PARTE. (Only Alto and Tenor partbooks extant.)

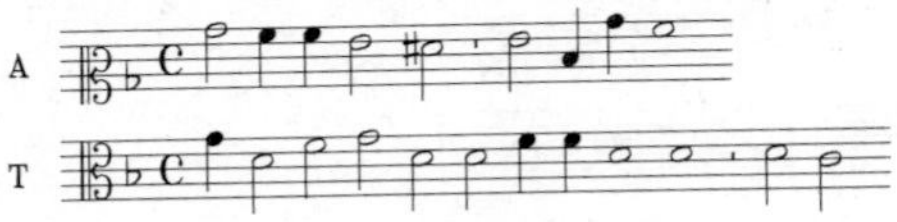

Trombetti, Girolomo. Clori mentre giacea
1590/13, p. 15 Madrigal
Bass partbook missing.

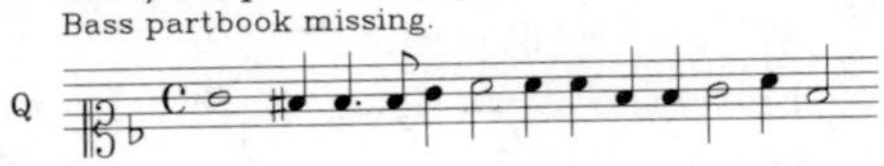

Trombetti, Girolomo. Clori, ben mio, un dolce bacio
1590/26, p. 21 Madrigal
Only Alto and Tenor partbooks extant.

Trombetti, Girolomo. Dicea al suo Tirsi la vezzosa
1590/26, p. 7 Madrigal
Only Alto and Tenor partbooks extant.

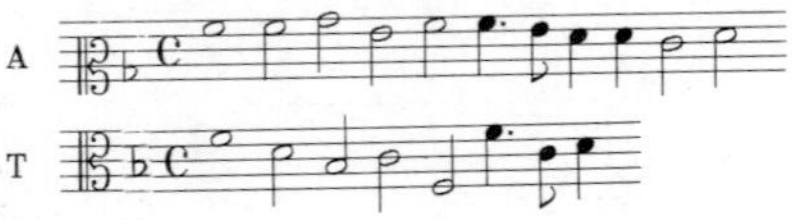

Trombetti, Girolomo. Dolce, Grave, et Acuto
1590/26, p. 8 Madrigal
Only Alto and Tenor partbooks extant.

Trombetti, Girolomo. Dopo ben mille e mille baci ardenti
1583/18, p. 11 Madrigal
PRIMA PARTE. (Cantus partbook missing.)

Trombetti, Girolomo. E se rosa per rosa
1590/26, p. 3 Madrigal
SECONDA PARTE. (Only Alto and Tenor partbooks extant.)

Trombetti, Girolomo. Godi bel Idol mio
1583/18, p. 12 Madrigal
SECONDA PARTE. (Cantus partbook missing.)

Trombetti, Girolomo. Inopinata e troppo acerba morte
1590/26, p. 17 Madrigal
Only Alto and Tenor partbooks extant.

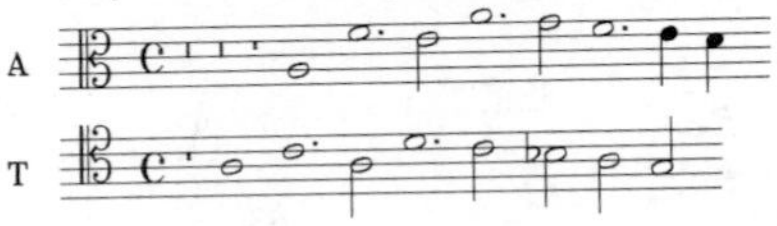

Trombetti, Girolomo. Lucilla quelle rose
1590/26, p. 6 Madrigal
Only Alto and Tenor partbooks extant.

Trombetti, Girolomo. Mentre visse Madonna in fiero
1590/26, p. 1 Madrigal
Only Alto and Tenor partbooks extant.

Trombetti, Girolomo. N'ho due, l'Acuto e il Grave
1590/26, p. 8 Madrigal
SECONDA PARTE. (Only Alto and Tenor partbooks extant.)

Trombetti, Girolomo. Non ape si felice
1590/26, p. 19 Madrigal
Only Alto and Tenor partbooks extant.

Trombetti, Girolomo. Non piu lagrime, no, vezzosa Clori
1590/26, p. 20 Madrigal
Only Alto and Tenor partbooks extant.

Trombetti, Girolamo. Non pote Febo corre
1590/26, p. 18 Madrigal
Only Alto and Tenor partbooks extant.

A
T
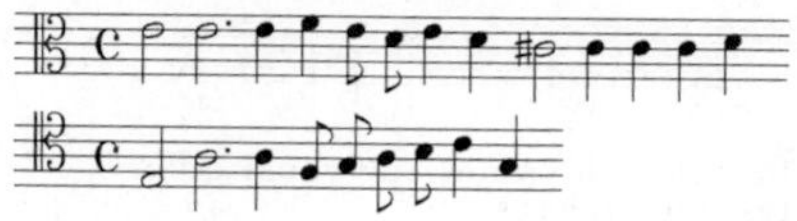

Trombetti, Girolamo. O voi che donna amata
1590/26, p. 16 Madrigal
Only Alto and Tenor partbooks extant.

A
T

Trombetti, Girolamo. Gli occhi sereni e belli
1590/26, p. 9 Madrigal
Only Alto and Tenor partbooks extant.

A
T

Trombetti, Girolamo. Odorifere foglie
1590/26, p. 10 Madrigal
Only Alto and Tenor partbooks extant.

A
T

Trombetti, Girolamo. Pingea con l'ago un fiore
1586/21, p. 19 Madrigal

S
A
T
B

Trombetti, Girolamo. Pose ogn'industria e cura
1590/26, p. 14 Madrigal
Only Alto and Tenor partbooks extant.

A
T

Trombetti, Girolamo. Quant'all'hor v'invidiai
1590/26, p. 11 Madrigal
SECONDA PARTE. (Only Alto and Tenor partbooks extant.)

A
T

Trombetti, Girolamo. Se in grembo a l'erba a i fior
1590/26, p. 22 Madrigal
Only Alto and Tenor partbooks extant.

A
T

Trombetti, Girolamo. Se la nemica mia
1590/26, p. 12 Madrigal
Only Alto and Tenor partbooks extant.

A
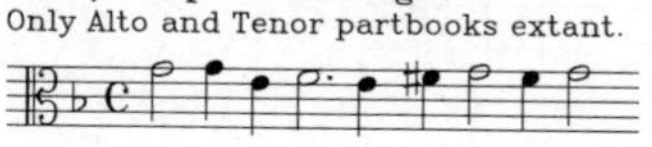

T

Trombetti, Girolamo. Sia tanta in te pieta
1590/26, p. 5 Madrigal
SECONDA PARTE. (Only Alto and Tenor partbooks extant.)

A
T

Trombetti, Girolamo. Sorgi mia bella Clori
1586/21, p. 12 Madrigal

S
A
T
B

Trombetti, Girolamo. Spoglie belle & leggiadre
1590/26, p. 15 Madrigal
Only Alto and Tenor partbooks extant.

A
T

Trombetti, Girolamo. Stillando perle da'begli occhi
1590/26, p. 4 Madrigal
PRIMA PARTE. (Only Alto and Tenor partbooks extant.)

A
T

Tromboncino, Bartolomeo. A che affligi e'l tuo servo alma
1505/05, f. 10v–11 Strambotto
Clefs reversed in Cantus and Bassus in print.

S
A
T
B

Tromboncino, Bartolomeo. A la fama se va per varie schale
1509/02, f. 9 Frottola

S
A
T
B

Tromboncino, Bartolomeo. A la guerra
1504/04, f. 31v–32 Frottola

S A T B

Tromboncino, Bartolomeo. Accio che il tempo e i cieli
1507/03, f. 4 Frottola

S A T B
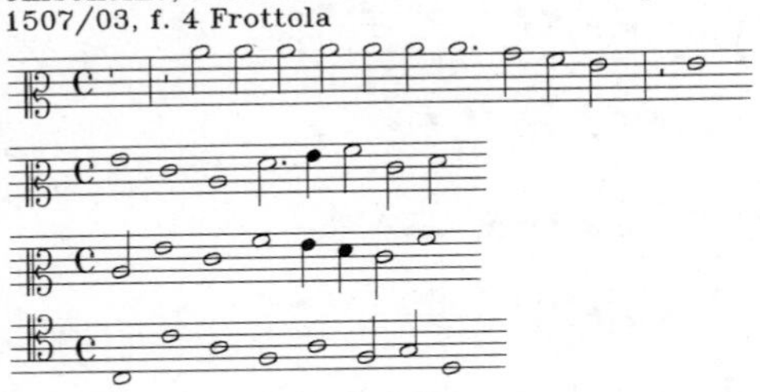

Tromboncino, Bartolomeo. Adoramus te Christe
1508/03, f. 31 Lauda

S A T B

Tromboncino, Bartolomeo. Afflicti spirti miei
1507/03, f. 2v–3 Frottola

S A T B
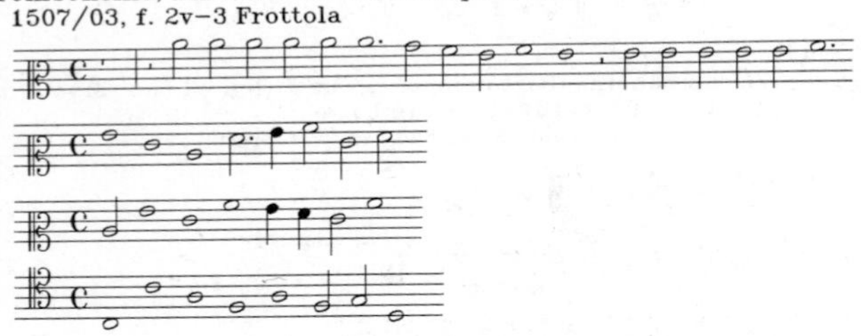

Tromboncino, Bartolomeo. Ah partiale e cruda morte
1504/04, f. 28v–29 Frottola

S A T B

Tromboncino, Bartolomeo. Ai maroni ai bei maroni
1507/04, f. 38v–39 Frottola

S A T B

Tromboncino, Bartolomeo. Almen vedesti el cor
1520/07, f. 8–8v Frottola
Voice and lute.

S

Tromboncino, Bartolomeo. Amor che vuoi ragion
1510/ i, f. 24v–25 Canzona

S A B

Tromboncino, Bartolomeo. Amor quando fioriva
1516/02, f. 2v–4 Frottola
Compare Lulinus "Amor quando fioriva."

S A T B

Tromboncino, Bartolomeo. Amor se voi ch'io torni al gioco
1514/02, f. 12v–13 Frottola

S A T B
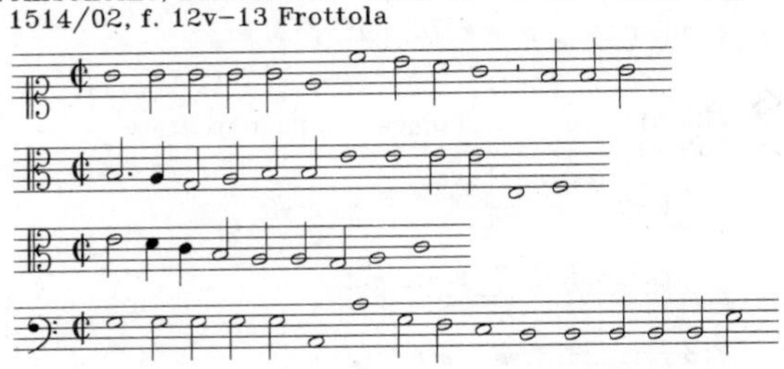

Tromboncino, Bartolomeo. Animoso mio desir
1516/02, f. 13v–14 Frottola

S A T B

Tromboncino, Bartolomeo. Aprender la mia donna ho fatto prova
1507/03, f. 6 Frottola

S A T B

Tromboncino, Bartolomeo. Aqua aqua aiuto al foco io ardo
1509/02, f. 40v Frottola

S A T
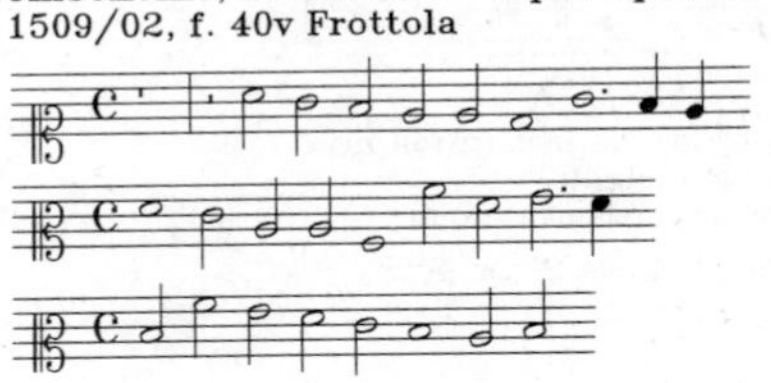

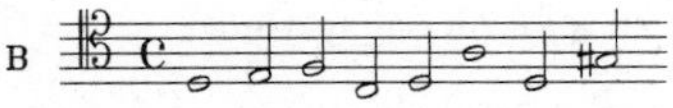

Tromboncino, Bartolomeo. Aqua non e l'humor che verson
1514/02, f. 71v Frottola
Lute version in 1520/07.

Tromboncino, Bartolomeo. Arbor victorioso arbor fecondo
1508/03, f. 9 Lauda

Tromboncino, Bartolomeo. Aspicias utinam
1516/02, f. 49v–52 Frottola

Tromboncino, Bartolomeo. Audi cielo il mio lamento
1516/02, f. 29v–30 Frottola

Tromboncino, Bartolomeo. Ave maria gratia plena
1508/03, f. 46v–47 Lauda
Attrib. to Anon., "Ave Gratia", f. 18v–19.

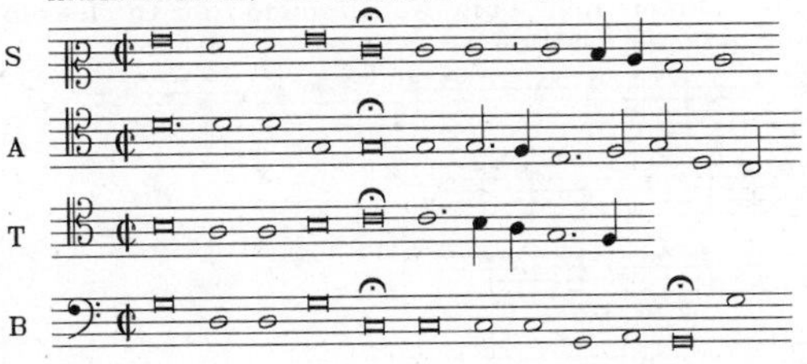

Tromboncino, Bartolomeo. Ave maria gratia plena
1508/03, f. 47v–48 Lauda
Slightly different version, F. 17v–18, attrib. to M.Cara.

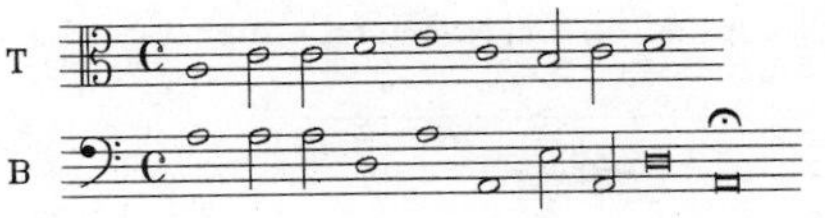

Tromboncino, Bartolomeo. Ave maria gratia plena
1508/03, f. 39v–40 Lauda

Tromboncino, Bartolomeo. Ave maria regina in cielo
1508/03, f. 40v–41 Lauda

Tromboncino, Bartolomeo. Ben ch'el ciel me t'habbi tolto
1509/02, f. 7v–8 Frottola

Tromboncino, Bartolomeo. Ben che amor mi faccia torto
1504/04, f. 26v–27 Frottola

Tromboncino, Bartolomeo. Ben mi credea passar
1514/02, f. 6v–7v Frottola

Tromboncino, Bartolomeo. Ben sera crudel e ingrata
1508/03, f. 2v–3 Lauda

Tromboncino, Bartolomeo. Cade ogni mio pensier
1507/03, f. 46v Frottola

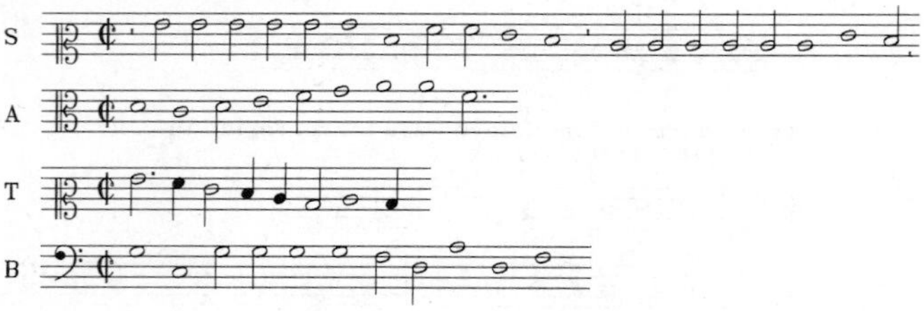

Tromboncino, Bartolomeo. Certo nascer non dovea
1505/03, f. 29v–30 Frottola
SECUNDA PARS. (Compare Tromboncino "La pieta" in 1505/03.)

Tromboncino, Bartolomeo. Che debbio far che mi consigli amore
1507/03, f. 13v–14 Frottola

Tromboncino, Bartolomeo. Chi in pregion crede tornarmi
1507/04, f. 3v–4 Frottola

Tromboncino, Bartolomeo. Chi non sa chi non intende
1506/03, f. 19v–21 Frottola

Tromboncino, Bartolomeo. Chi se fida de fortuna
1505/04, f. 54v–55 Frottola

Tromboncino, Bartolomeo. Chi se pasce de speranza
1505/04, f. 57v–58 Frottola

Tromboncino, Bartolomeo. Chi se po slegar d'amore
1520/07, f. 2v–3 Frottola
Voice and lute.

Tromboncino, Bartolomeo. Chi vi dara piu luce occhi mei lassi
1507/04, f. 54 Frottola

Tromboncino, Bartolomeo. El colpo che me de tuo sguardo
1505/06, f. 50v–51 Frottola
Composer identified only in Table of Contents.

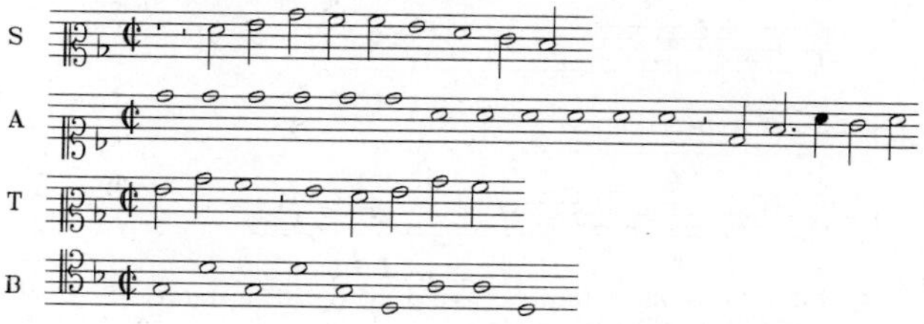

Tromboncino, Bartolomeo. Come va il mondo fuor tu che temo
1507/03, f. 11v–12 Frottola

Tromboncino, Bartolomeo. Consumatum est hormai
1506/03, f. 34v–35 Frottola

Tromboncino, Bartolomeo. El convera ch'io mora
1504/04, f. 25v–26 Frottola

Tromboncino, Bartolomeo. Cresce la pena mia e la speranza
1507/03, f. 8 Frottola

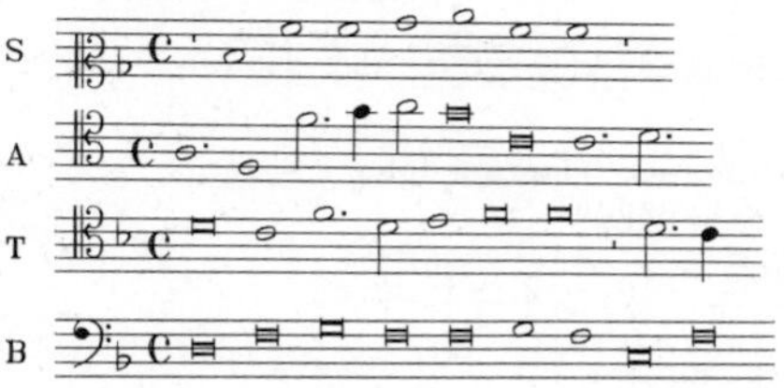

Tromboncino, Bartolomeo. Crudel come mai potesti
1504/04, f. 22v–23 Frottola

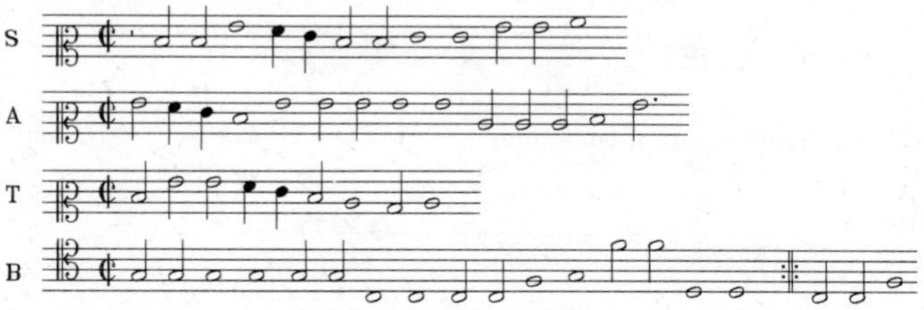

Tromboncino, Bartolomeo. Crudel fugi se sai
1513/01, f. 42v Frottola

Tromboncino, Bartolomeo. Debb'io chieder guerra
1505/04, f. 20v–21 Frottola

Tromboncino, Bartolomeo. Debb'io sperar daver donna
1513/01, f. 33v–35 Frottola

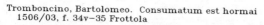

Tromboncino, Bartolomeo. Deh per dio non mi far torto
1504/04, f. 23v–24 Frottola
Listed as a Canzona in 1510.

Tromboncino, Bartolomeo. Del tuo bel volto amor fatto
1505/05, f. 13 Strambotto

Tromboncino, Bartolomeo. Deus in adiutorium meum intende
1505/05, f. 9v Strambotto

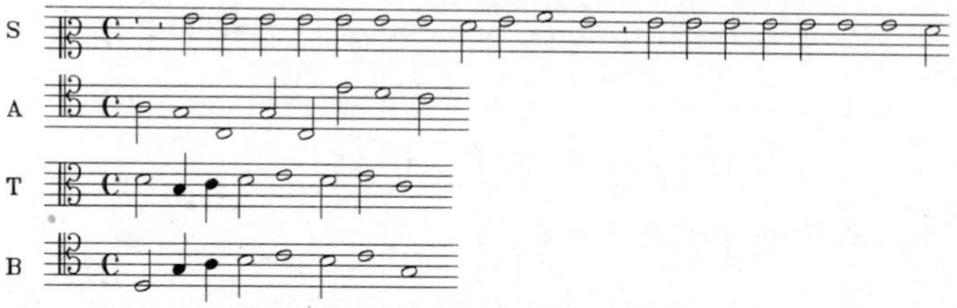

Tromboncino, Bartolomeo. Dhe fusse almen si nota
1514/02, f. 4v–5 Frottola
Setting for voice and lute in 1520/07.

Tromboncino, Bartolomeo. Di focho ardente adesso
1505/05, f. 32 Strambotto
Clef is small o over 3..

Tromboncino, Bartolomeo. Dolci ire dolci sdegni
1510/ i, f. 38v–40 Canzona

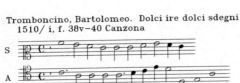

Tromboncino, Bartolomeo. Dolermi sempre voglio
1509/02, f. 3 Frottola

Tromboncino, Bartolomeo. Donna non mi tenete pregion
1514/02, f. 62v–63 Frottola
Same text incipit (lacks music) (Anon. in voice/lute, 1520/07.

Tromboncino, Bartolomeo. Dura passion che per amor soporto
1517/02, f. 30v–31 Frottola
Same text incipit (lacks music)(Anon. in voice/lute, 1520/07.)

Tromboncino, Bartolomeo. E la va come la va
1513/01, f. 36v–38 Frottola

Tromboncino, Bartolomeo. Ecco che per amarte aquel ch'io
1507/03, f. 28 Frottola

Tromboncino, Bartolomeo. Eterno mio signor poi che per me
1508/03, f. 15v–16 Lauda

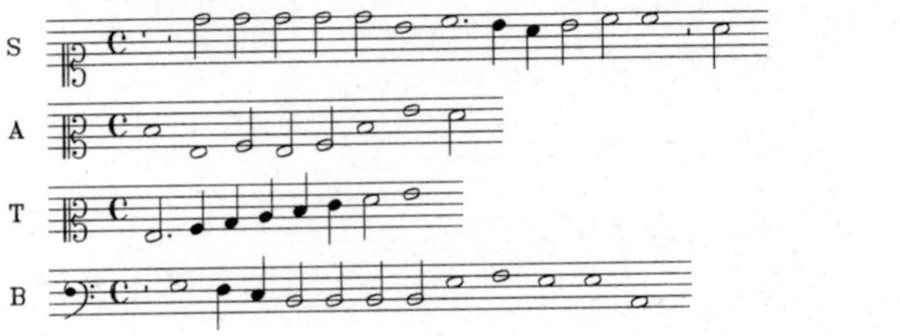

Tromboncino, Bartolomeo. Facto son per affanni
1520/07, f. 29v–? Frottola
Voice and lute.

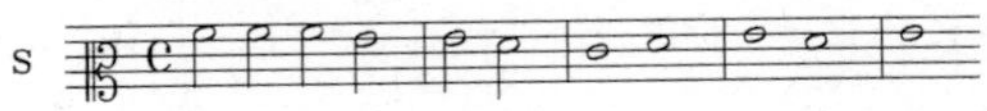

Tromboncino, Bartolomeo. Fate bene gente cortese
1507/04, f. 39v–40 Frottola

Tromboncino, Bartolomeo. Fiamma dolce e soave
1510/ i, f. 37v–38 Canzona

Tromboncino, Bartolomeo. El focho e rinovato
1505/06, f. 24v–25 Frottola
Attributed to Anonymous in 1510.

Tromboncino, Bartolomeo. Forsi e ver forsi che no
1520/07, f. 39v–40 Frottola
Voice and lute.

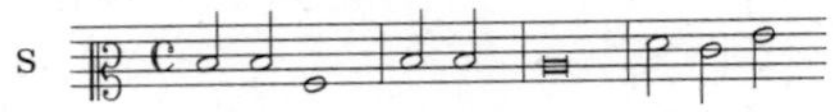

Tromboncino, Bartolomeo. Gentil atto e servar fede
1517/02, f. 13v–14 Frottola

Tromboncino, Bartolomeo. Gentil donna se in voi
1516/02, f. 6v–8 Frottola

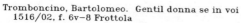

Tromboncino, Bartolomeo. Giogia me abonda al cor tanta e si
1514/02, f. 67v–68 Frottola

Tromboncino, Bartolomeo. Gli e pur cocente el fier desir
1517/02, f. 2v–3 Frottola

Tromboncino, Bartolomeo. Ho scoperto il tanto aperto
1507/04, f. 16v–17 Frottola

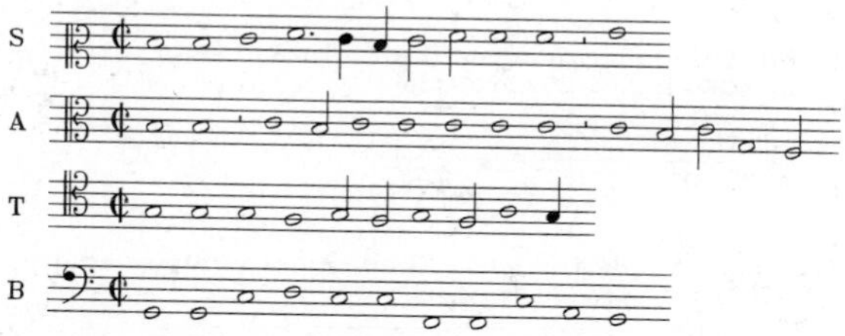

Tromboncino, Bartolomeo. Hor ch'io son de preson fora
1505/06, f. 55v Frottola

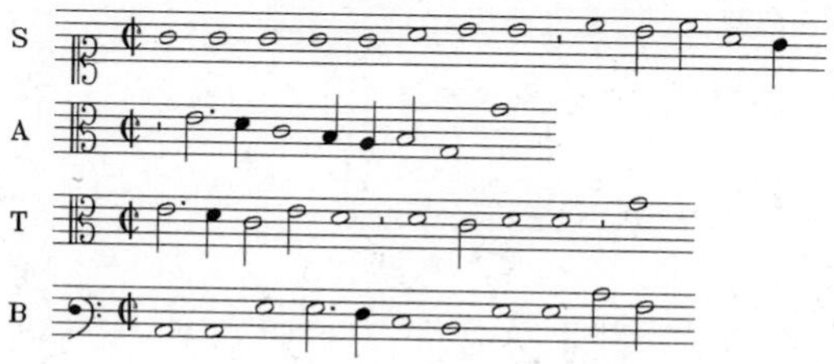

Tromboncino, Bartolomeo. Hor che'l ciel et la terra
1516/02, f. 10v–12 Frottola
Compare B. Tromboncino, "Zephyro spira" in 1507/04.

Tromboncino, Bartolomeo. Hor ivo scoprir el focho
1505/06, f. 49v–50 Frottola
Two flats in Bass signature only.

Tromboncino, Bartolomeo. Hor passata e la speranza
1505/06, f. 6v–8 Frottola

Tromboncino, Bartolomeo. Integer vite
1513/01, f. 30v–31 Frottola

Tromboncino, Bartolomeo. Io cercho pur la insuportabil doglia
1507/03, f. 52v–53 Frottola

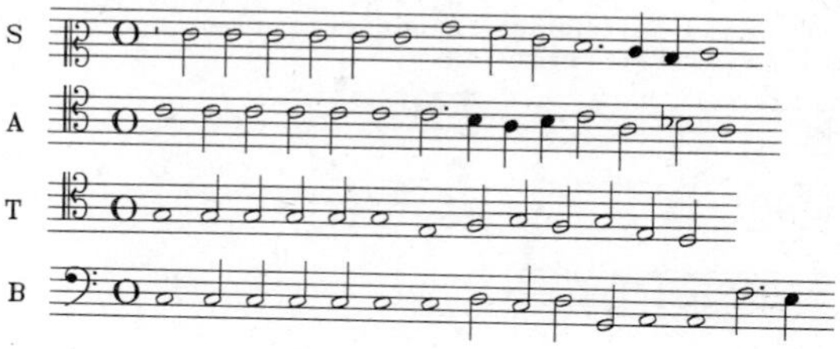

Tromboncino, Bartolomeo. Io so ben quel che so
1513/01, f. 35v–36 Frottola

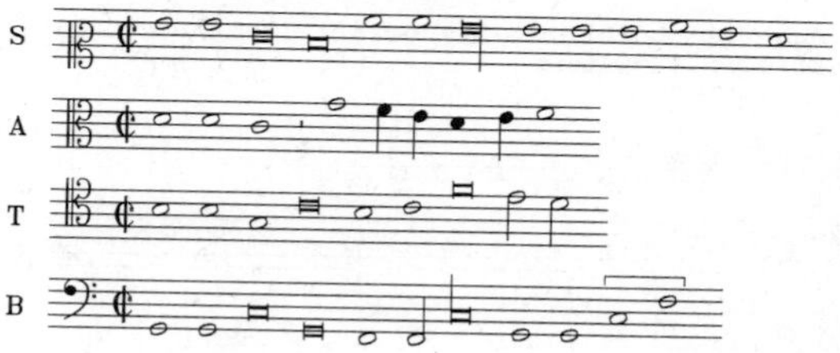

Tromboncino, Bartolomeo. Io son l'ocello
1507/04, f. 45 Frottola

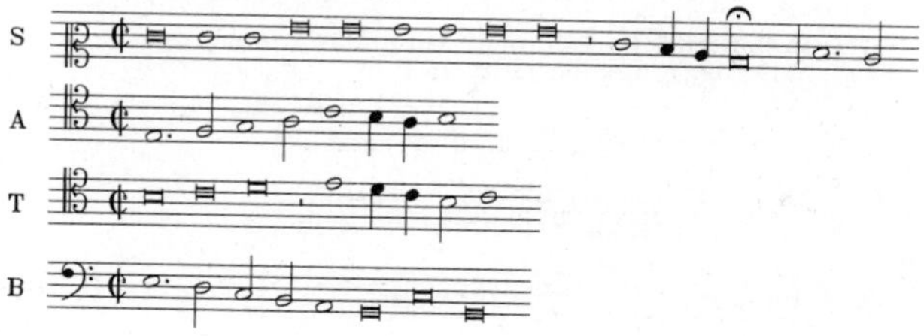

Tromboncino, Bartolomeo. Io son quello che fu mai
1505/06, f. 51v–52 Frottola

Tromboncino, Bartolomeo. Ite caldi o mei suspiri
1509/02, f. 11v–12 Frottola

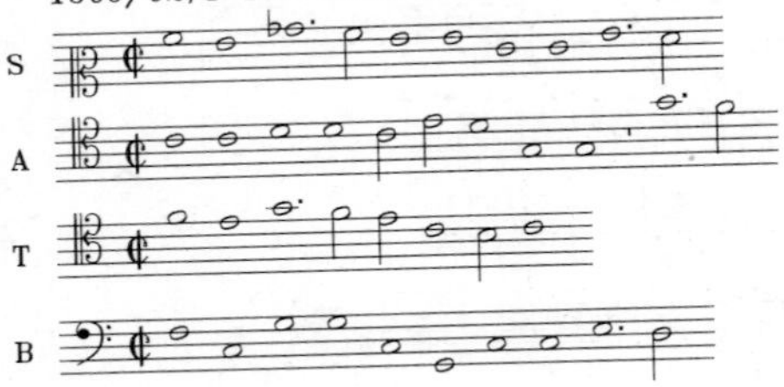

Tromboncino, Bartolomeo. Ite in pace o suspir fieri
1505/06, f. 13v–15 Frottola

Tromboncino, Bartolomeo. La non sta gia ben
1513/01, f. 43v–44 Frottola

Tromboncino, Bartolomeo. La non vol esser piu mia
1514/02, f. 8 Frottola
Attributed to Fogliano in 1515/02.

Tromboncino, Bartolomeo. Longi dal mio bel sol
1517/02, f. 52v–53 Frottola

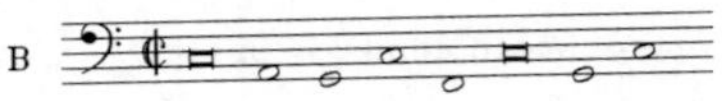

Tromboncino, Bartolomeo. M'ha pur gionto el troppo amarte
1505/04, f. 17v–18 Frottola

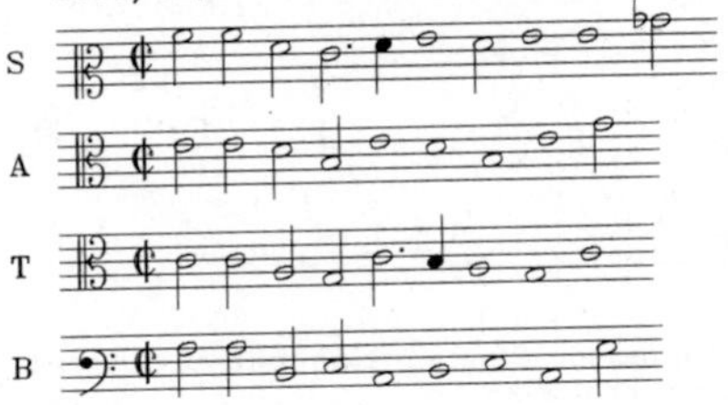

Tromboncino, Bartolomeo. Madonna la pietade
1517/02, f. 8v–10 Frottola
Setting for voice and lute in 1520/07.

Tromboncino, Bartolomeo. Merce merce signora
1513/01, f. 29v–30 Frottola

Tromboncino, Bartolomeo. Mia ventura al venir
1520/07, f. 23v–25v Frottola
Voice and lute.

Tromboncino, Bartolomeo. El mio amor e intiero amore
1509/02, f. 22v–23 Frottola

Tromboncino, Bartolomeo. Morte te prego che de tanti affani
1505/05, f. 8 Strambotto

Tromboncino, Bartolomeo. Movesi il vechiarel
1520/07, f. 28–29 Frottola
Voice and lute.

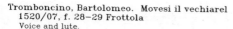

Tromboncino, Bartolomeo. Naque al mondo per amare
1505/04, f. 5v–6 Frottola

Tromboncino, Bartolomeo. Nel foco tremo e ardo
1517/02, f. 39v–40 Frottola
Setting by Anon in Table of Contents (no music) of 1520/07.

Tromboncino, Bartolomeo. Noi siam tutti amartelarti
1509/02, f. 17v–18 Frottola

Tromboncino, Bartolomeo. Non pigliar tanto ardimento
1505/06, f. 11v–13 Frottola

Tromboncino, Bartolomeo. Non piu morte al mio morire
1516/02, f. 15v–16 Frottola
Setting for organ in 1517/03.

Tromboncino, Bartolomeo. Non se muta el mio volere
1505/06, f. 22v–23 Frottola

Tromboncino, Bartolomeo. Non se sa se non se dice
1513/01, f. 38v–39 Frottola

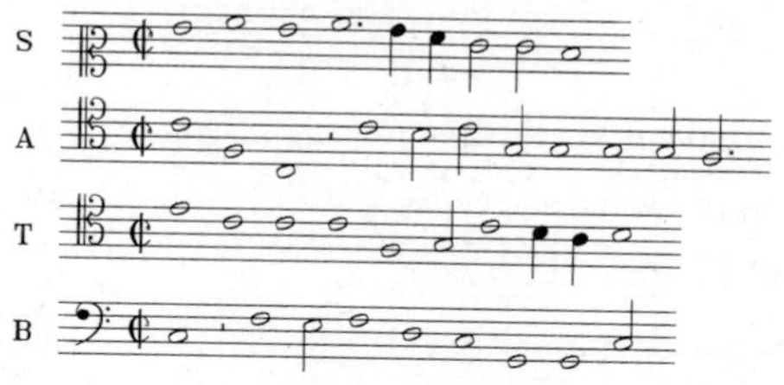

Tromboncino, Bartolomeo. Non so dir quel ch'io vorrei
1517/02, f. 40v–41 Frottola

Tromboncino, Bartolomeo. Non temer del vechio amore
1507/04, f. 4v–5 Frottola

Tromboncino, Bartolomeo. Non temo de brusciar per alcun focho
1505/05, f. 28v Strambotto

Tromboncino, Bartolomeo. Non val aqua al mio gran foco
1504/04, f. 17v–18 Frottola
Compare M. Cara "Gli e pur gionto" in same source.

Tromboncino, Bartolomeo. Nulla fede e piu nel mondo
1516/02, f. 16v–17 Frottola

Tromboncino, Bartolomeo. Nunqua fu pena magiore
1505/04, f. 57 Frottola
Compare Petrus "Ave Maria" in 1508/03.

Tromboncino, Bartolomeo. O che dirala mo
1513/01, f. 7v–8 Frottola
Setting for organ in 1517/03.

Tromboncino, Bartolomeo. Gli ochi toi m'han posto i croce
1505/03, f. 32v–34 Frottola

Tromboncino, Bartolomeo. Occhi mei lassi mentre
1510/ i, f. 41v–42 Frottola
Setting for organ in 1517/03.

Tromboncino, Bartolomeo. Ogni mal d'amor procede
1520/07, f. 26–26v Frottola
Voice and lute.

Tromboncino, Bartolomeo. Ogni volta crudel chio mi lamento
1514/02, f. 3 Frottola

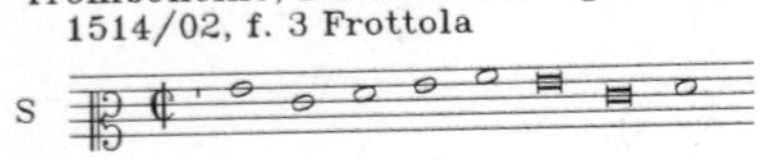

Tromboncino, Bartolomeo. Ostinato vo seguire
1509/02, f. 12v–13 Frottola

Tromboncino, Bartolomeo. Per ben mio ti verderti
1510/ c, f. 40–41 Canzona

Tromboncino, Bartolomeo. Per pietade ho dite hormai
1505/06, f. 39v–40v Frottola
Ascribed to B.T. in Table of Contents.

Tromboncino, Bartolomeo. Per quella cruce
1508/03, f. 7 Lauda

Tromboncino, Bartolomeo. La pieta chiuso ha le porte
1505/03, f. 28v–29 Frottola
Compare Tromboncino, "Certo nascer" in 1505/03.

Tromboncino, Bartolomeo. Piu che mai o sospir fieri
1504/04, f. 30v–31 Frottola

Tromboncino, Bartolomeo. Piu non son pregion d'amore
1507/03, f. 53v–54 Frottola

Tromboncino, Bartolomeo. Pocha pace e molta guerra
1505/06, f. 31v–32 Frottola
Composer identified only in Table of Contents.

Tromboncino, Bartolomeo. Poi ch'el ciel e mia ventura
1507/03, f. 12v–13 Frottola

Tromboncino, Bartolomeo. Poi ch'io vado in altra parte
1507/03, f. 9v–10v Frottola

Tromboncino, Bartolomeo. Poi che lalma per fe molta
1504/04, f. 24v–25 Frottola

Tromboncino, Bartolomeo. Poi che volse la mia stella
1505/04, f. 18v–19 Frottola

Tromboncino, Bartolomeo. Poi che'l ciel contrario
1504/04, f. 21v–22 Frottola

Tromboncino, Bartolomeo. Pregovi fronde fiori acque
1507/03, f. 11 Frottola

Tromboncino, Bartolomeo. Il primo giorno quando amor
1516/02, f. 17v–18 Frottola

Tromboncino, Bartolomeo. Quando fia mai quel di
1510/ i, f. 23v–24 Canzona

Tromboncino, Bartolomeo. Quando la speranza es perdida
1517/02, f. 15v–17 Frottola

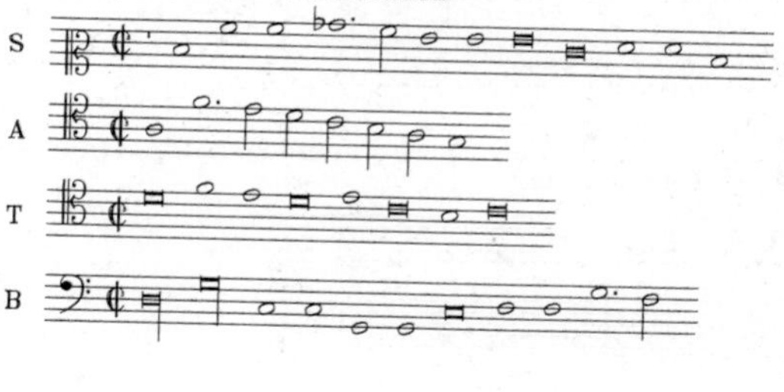

Tromboncino, Bartolomeo. Quando lo pomo vien
1514/02, f. 3v–4 Frottola
Attributed to M. Cara in 1516/02.

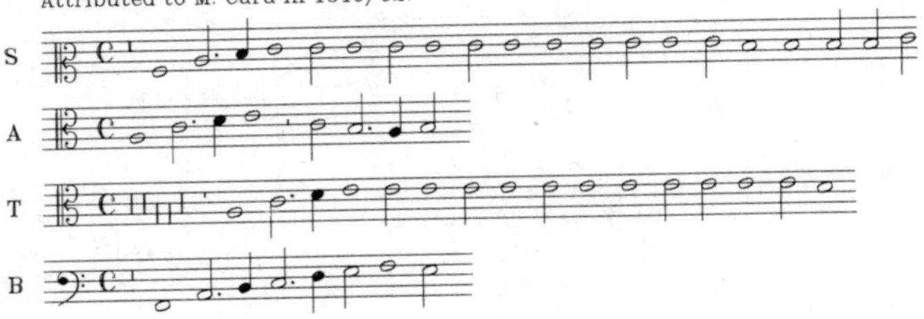

Tromboncino, Bartolomeo. Quanto mai ligiadria
1513/01, f. 46v–49 Frottola

Tromboncino, Bartolomeo. Quel foco che mi pose in cuor
1507/03, f. 36 Frottola

Tromboncino, Bartolomeo. Queste lacrime mie questi suspiri
1514/02, f. 63v–64 Frottola

Tromboncino, Bartolomeo. Queste non son piu lachryme
1517/02, f. 3v–4 Frottola
Setting for voice and lute in 1520/07.

Tromboncino, Bartolomeo. Questo mondo e mal partito
1509/02, f. 6 Frottola

Tromboncino, Bartolomeo. Questo sol giorno almen soglion
1505/05, f. 24 Strambotto

Tromboncino, Bartolomeo. Risvegliate su su piu non dormire
1517/02, f. 27v–28 Frottola

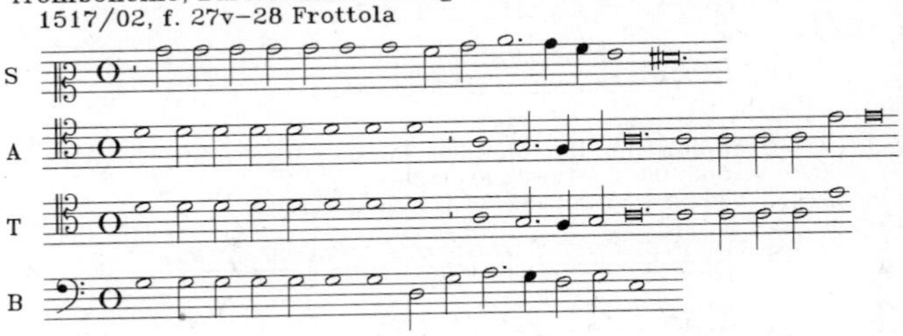

Tromboncino, Bartolomeo. Sacrum convivium in quo christis
1508/03, f. 34v–35 Lauda

Tromboncino, Bartolomeo. Salve croce unica speme
1508/03, f. 10v–11 Lauda

Tromboncino, Bartolomeo. Scopri o lingua el cieco ardore
1504/04, f. 16v–17 Frottola

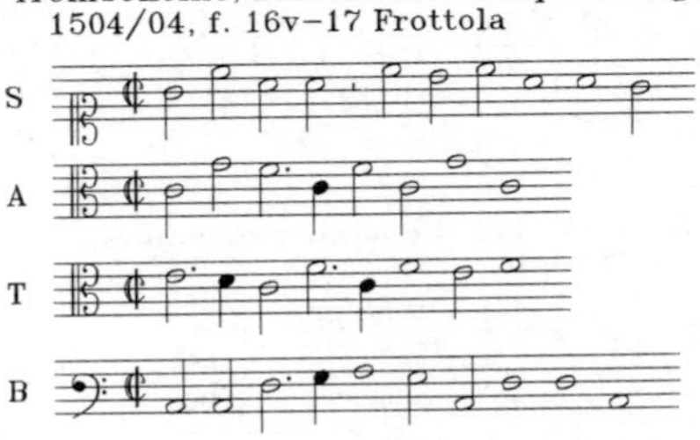

Tromboncino, Bartolomeo. Se a un tuo sguardo son areso
1505/04, f. 16v–17 Frottola

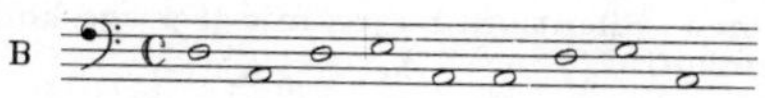

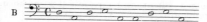

Trombonc ino, Bartolomeo. Se ben fugo e'l tuo bel volto
1506/03, f. 21v–22 Frottola

Tromboncino, Bartolomeo. Se ben hor non scopro el foco
1504/04, f. 18v–19 Frottola

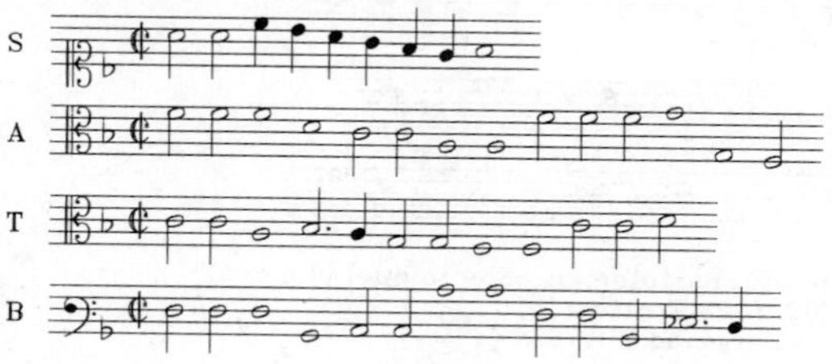

Tromboncino, Bartolomeo. Se col sguardo me dai morte
1506/03, f. 30v–31 Frottola

Tromboncino, Bartolomeo. Se gran festa me mostrasti
1505/06, f. 38v–39 Frottola
Composer identified only in Table of Contents.

Tromboncino, Bartolomeo. Se hogi e un di ch'ogni defunto iace
1505/05, f. 29v Strambotto

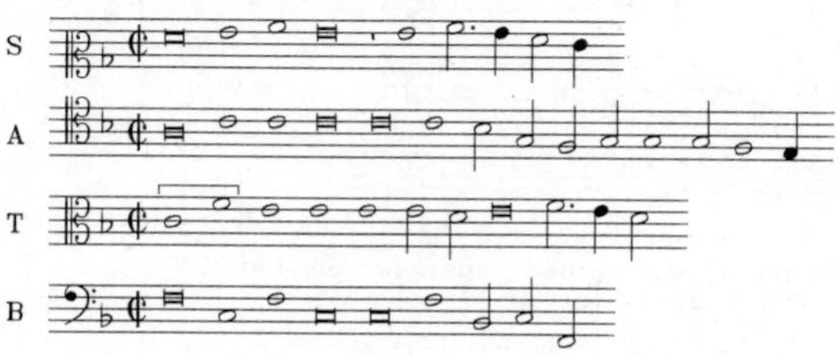

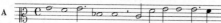

Tromboncino, Bartolomeo. Se il morir mai de gloria
1507/03, f. 3v Frottola

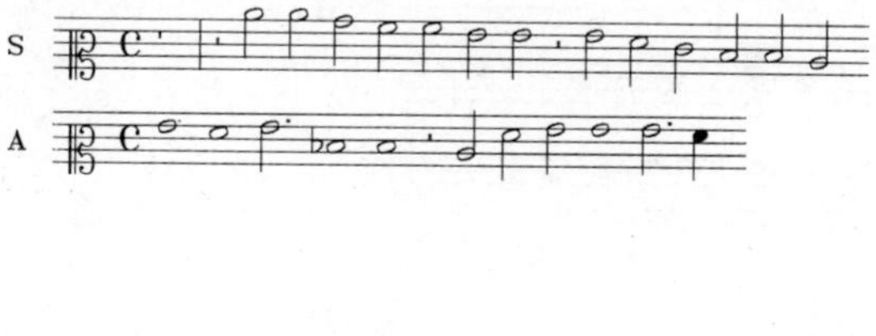

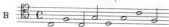

Tromboncino, Bartolomeo. Se io gli el dico che dira
1507/04, f. 2v–3 Frottola

Tromboncino, Bartolomeo. Se io te adimando la promessa mia
1507/03, f. 7v Frottola

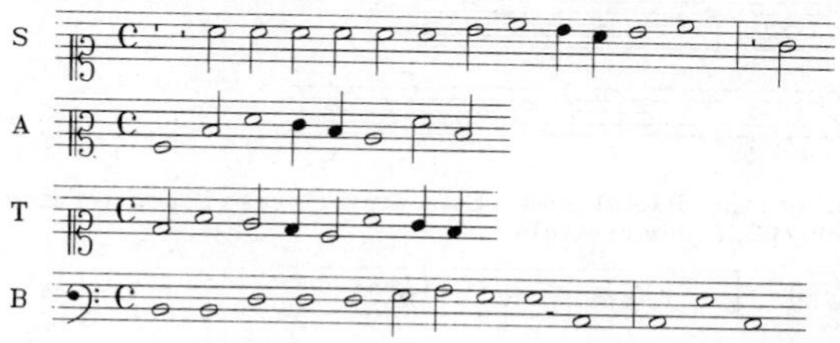

Tromboncino, Bartolomeo. Se la lumacha
1517/02, f. 6v–7 Frottola

Tromboncino, Bartolomeo. Se mai nei mei poch'anni
1507/04, f. 27 Frottola

Tromboncino, Bartolomeo. Se mi duol esser gabato
1505/04, f. 21v–22 Frottola

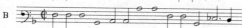

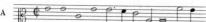

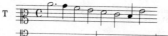

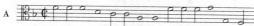

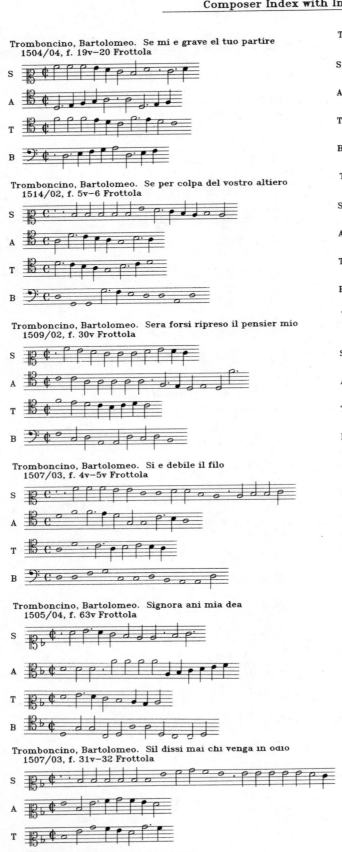

Tromboncino, Bartolomeo. Se mi e grave el tuo partire
1504/04, f. 19v–20 Frottola

Tromboncino, Bartolomeo. Se per colpa del vostro altiero
1514/02, f. 5v–6 Frottola

Tromboncino, Bartolomeo. Sera forsi ripreso il pensier mio
1509/02, f. 30v Frottola

Tromboncino, Bartolomeo. Si e debile il filo
1507/03, f. 4v–5v Frottola

Tromboncino, Bartolomeo. Signora ani mia dea
1505/04, f. 63v Frottola

Tromboncino, Bartolomeo. Sil dissi mai chi venga in odio
1507/03, f. 31v–32 Frottola

Tromboncino, Bartolomeo. Silentium lingua mia ti prego hormai
1505/05, f. 27v Strambotto

Tromboncino, Bartolomeo. Son disposto in tutto hormai
1510/ i, f. 16v–17 Canzona

Tromboncino, Bartolomeo. Son io quel che era
1516/02, f. 28 Frottola
Setting for organ in 1517/03.

Tromboncino, Bartolomeo. La speranza col timore
1505/04, f. 12v–13 Frottola

Tromboncino, Bartolomeo. La speranza in tutto
1517/02, f. 7v–8 Frottola
Same text incipit (lacks music) Anonymous, voice/lute, 1520/07.

Tromboncino, Bartolomeo. Sparzean per l'aria
1507/04, f. 5v–6 Frottola

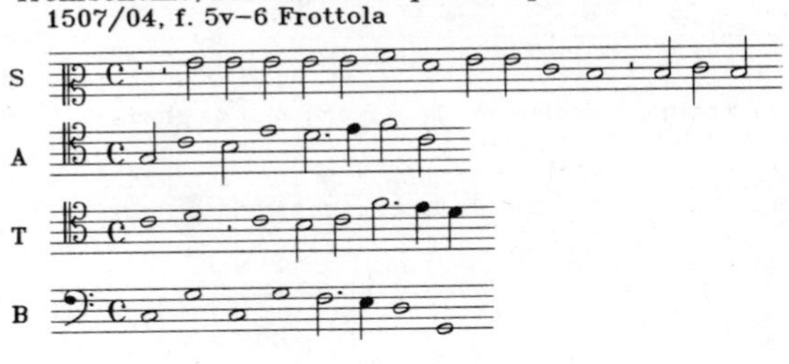

Tromboncino, Bartolomeo. Stavasi amor dormendo sotto un fagio
1514/02, f. 14 Frottola

Tromboncino, Bartolomeo. Su su leva alza e ciglia
1517/02, f. 41v–42 Frottola

Tromboncino, Bartolomeo. Surge cor lasso hormai dal sono
1505/05, f. 26v Strambotto

Tromboncino, Bartolomeo. Suspir io themo ma piu theme il core
1505/06, f. 53v–54 Sonetto

Tromboncino, Bartolomeo. Tema chi teme
1517/02, f. 46v–47 Frottola

Tromboncino, Bartolomeo. Troppo e amara e gran fatica
1505/04, f. 19v–20 Frottola

Tromboncino, Bartolomeo. Tu sei quella advocata de peccanti
1508/03, f. 44v–45 Lauda
Partial signatures: 1 flat in S & T; 2 flats in A & B.

Tromboncino, Bartolomeo. Vale diva mia va in pace
1504/04, f. 20v–21 Frottola

Tromboncino, Bartolomeo. Vana speranza incerta
1506/03, f. 17 Frottola

Tromboncino, Bartolomeo. Vergine bella che di sol vestita
1510/ i, f. 40v–41 Canzona

Tromboncino, Bartolomeo. Vergine fa mercede
1510/ i, f. 41v–42 Frottola

Tromboncino, Bartolomeo. Visto ho piu volte quando apare
1506/03, f. 11 Frottola
Composer given as "T.B." Tromboncino assumed.

Tromboncino, Bartolomeo. Viva amor viva quel focho
1510/ i, f. 13v–14 Canzona

Tromboncino, Bartolomeo. Voi che passati qui fumate el passo
1507/03, f. 19 Frottola

Tromboncino, Bartolomeo. Voi gentil alme accese
1520/07, f. 35v–36v Frottola
Voice and lute.

Tromboncino, Bartolomeo. Un voler e un non volere
1510/ n, f. 5v–6 Canzona

Tromboncino, Bartolomeo. Volsi oime mirar troppo alto
1505/04, f. 3v–4 Frottola

Tromboncino, Bartolomeo. Vox clamantis in deserto
1505/04, f. 59v–60 Frottola

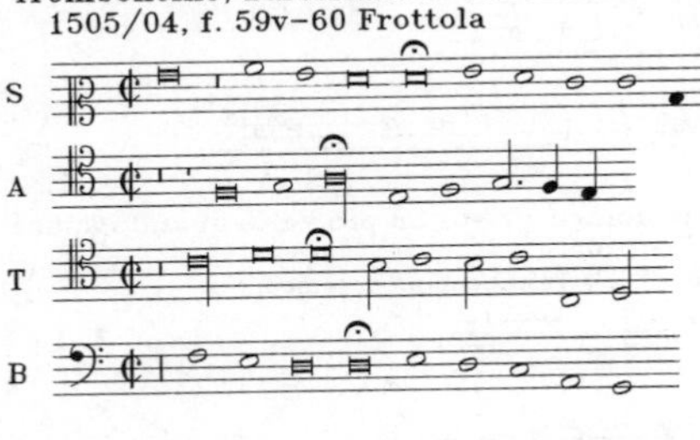

Tromboncino, Bartolomeo. Zephyro spira e il bel tempo rimena
1507/04, f. 6v Frottola
Compare B. Tromboncino "Hor che'l ciel" in 1516/02.

Tudino, Cesare, SEE Todino, Cesare.

Tudual Bella gentil signora che con belli
1541/15, p. 11 Madrigal

Tudual Madonna a dirv'il ver io non
1542/16, p. 25 Madrigal

Tudual Se ben il fin de la mia vita
1538/21, p. 7 Madrigal

Tumeo, Francesco. Non son ris'avicenda
1598/08, p. 9 Madrigal
Risposta.

Tumeo, Francesco. Son le ris'avicenda
1598/08, p. 8 Madrigal

Turnhout, Gerardus. Vorria parlare e dire
1594/07, f. 31 Madrigal

T. V., Hieranimous. Ayme dio che glie pur vero
1515/02, f. 9v–10 Frottola

Ugolino, Vincenzo. Amor ch'e quel ch'io miro
1599/16, p. 16 Madrigal
DI VINCENZO UGOLINO DISCEPOLO DI GIO. ... NANINO. (Only Tenor extant.)

Valla, Pellegrino. Laura gentil e bella
1587/11, p. 2–3 Madrigal
ALLA SIGNORA LAURA VIGORANI

Valla, Pellegrino. Questa novella Aurora
1587/11, p. 2 Madrigal
ALLA SIGN. CAMILLA CALCAGNI.

Valla, Pellegrino. Signor quando lasciaste
1587/11, p. 1 Madrigal
AL SIGNOR FABIO MASCHI. GIRONIMA SCARUFFI

Varotto, Michele. Ardo si ma non t'amo
1586/19, p. 1 Madrigal

Varotto, Michele. Dentro cantar i vidi una leggiadra
1586/19, p. 26 Madrigal
SECONDA PARTE.

Varotto, Michele. Di mirti e d'amaranti coronata
1586/19, p. 27 Madrigal
TERZA PARTE.

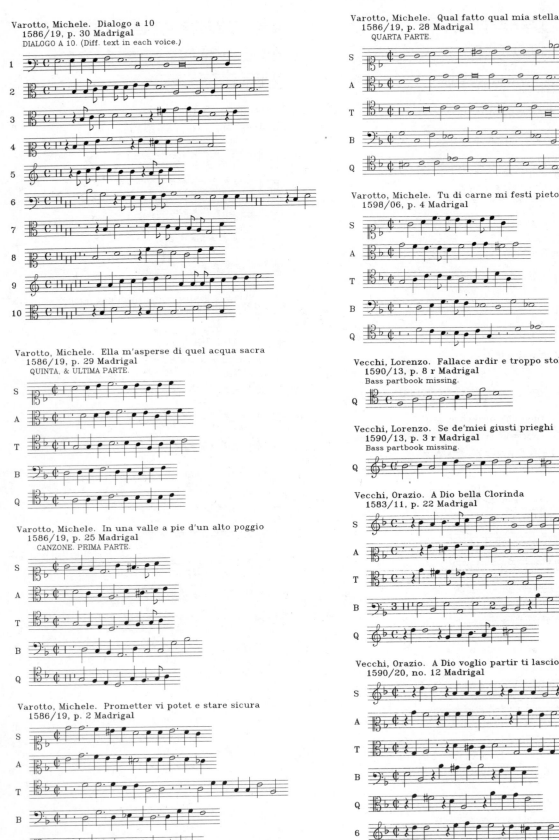

Varotto, Michele. Dialogo a 10
1586/19, p. 30 Madrigal
DIALOGO A 10. (Diff. text in each voice.)

Varotto, Michele. Ella m'asperse di quel acqua sacra
1586/19, p. 29 Madrigal
QUINTA, & ULTIMA PARTE.

Varotto, Michele. In una valle a pie d'un alto poggio
1586/19, p. 25 Madrigal
CANZONE. PRIMA PARTE.

Varotto, Michele. Prometter vi potet e stare sicura
1586/19, p. 2 Madrigal

Varotto, Michele. Qual fatto qual mia stella
1586/19, p. 28 Madrigal
QUARTA PARTE.

Varotto, Michele. Tu di carne mi festi pietoso
1598/06, p. 4 Madrigal

Vecchi, Lorenzo. Fallace ardir e troppo stolte voglie
1590/13, p. 8 r Madrigal
Bass partbook missing.

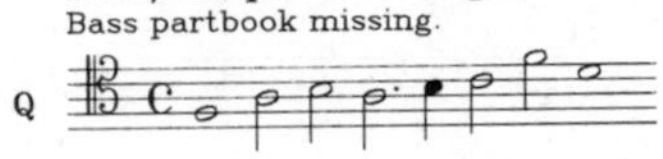

Vecchi, Lorenzo. Se de'miei giusti prieghi
1590/13, p. 3 r Madrigal
Bass partbook missing.

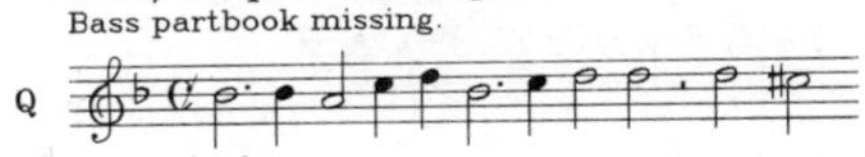

Vecchi, Orazio. A Dio bella Clorinda
1583/11, p. 22 Madrigal

Vecchi, Orazio. A Dio voglio partir ti lascio
1590/20, no. 12 Madrigal

Vecchi, Orazio. Ahi se si grida al foco
1583/12, p. 5 Madrigal

Vecchi, Orazio. Ahi tormentosi abissi
1592/13, p. 16 Madrigal

Vecchi, Orazio. Al tremend'e potente Re
1597/21, p. 8 Madrigal

Vecchi, Orazio. Amante se ti piace
1585/35, p. 17 Madrigal

Vecchi, Orazio. Amor m'ha posto come scogli a l'onda
1575/12, p. 12 Madrigal

Vecchi, Orazio. Amor se uno ch'io porti
1585/35, p. 20 Madrigal

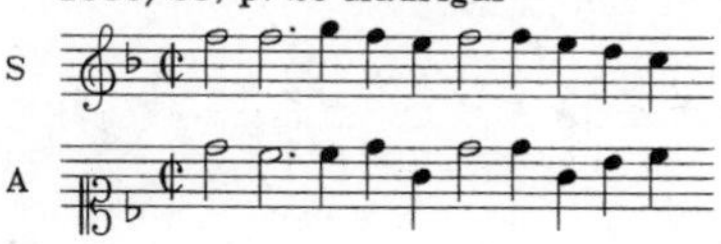

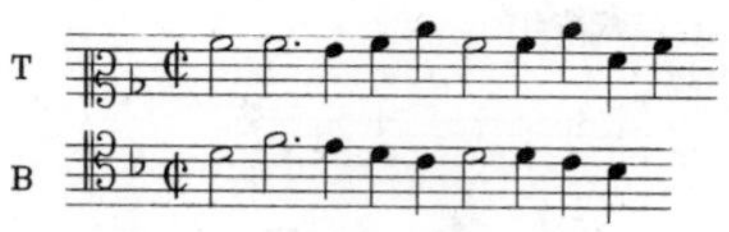

Vecchi, Orazio. L'antiche miei fiammelle
1585/35, p. 15 Madrigal

Vecchi, Orazio. Cantiamo Ninfe i mal graditi ardori
1590/11, p. 69 Madrigal

Vecchi, Orazio. Cara mia Dafne a Dio
1586/10, p. 3 Madrigal

Vecchi, Orazio. Caro dolce mio bene
1585/35, p. 16 Madrigal

Vecchi, Orazio. Che fai dori che pensi
1597/13, no. 7 Madrigal

Vecchi, Orazio. Che mentre d'ogni interno Echo
1586/11, p. 24 Sonetto
SECONDA PARTE.

Vecchi, Orazio. Chi mira gl'occhi tuoi
1588/21, no. 56 Madrigal

Vecchi, Orazio. Il Cocodrillo geme
1585/35, p. 12 Madrigal

Vecchi, Orazio. Come al vago apparir di Primavera
1590/11, p. 68 Madrigal

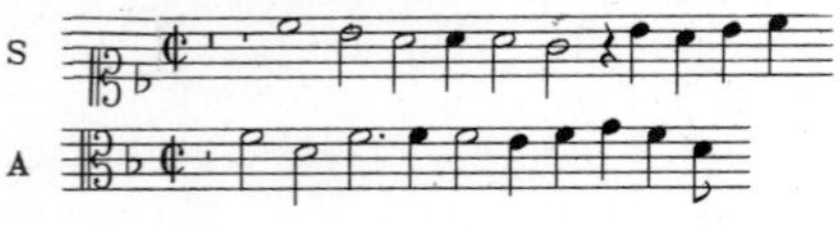

Vecchi, Orazio. Con voce dai sospiri
1585/35, p. 13 Madrigal

Vecchi, Orazio. Il cor che mi rubasti
1597/15, p. 14v Madrigal

Vecchi, Orazio. Core mio tu mi lasciasti
1585/35, p. 2 Madrigal

Vecchi, Orazio. Cosa non vada piu come solea
1597/15, p. 25v Villota

Vecchi, Orazio. De cant'Aminta un'Aria
1597/21, p. 1 Madrigal

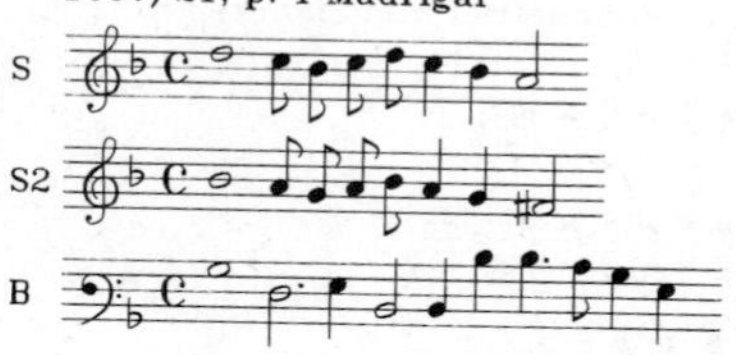

Vecchi, Orazio. Deh lascia Filli i fiori
1590/20, no. 10 Madrigal

Vecchi, Orazio. Deh preg'Amor il Fato
1597/13, no. 8 Madrigal

Vecchi, Orazio. Demonio e carne insiemei
1600/05, p. 44–45 Lauda

Vecchi, Orazio. Dicea Damet'a Clori de piangendo
1590/20, no. 11 Madrigal

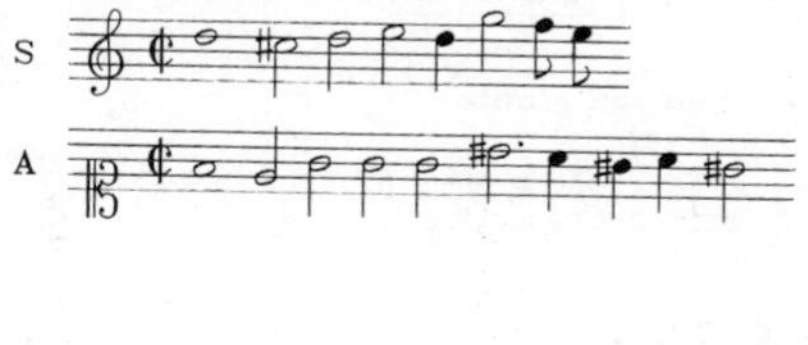

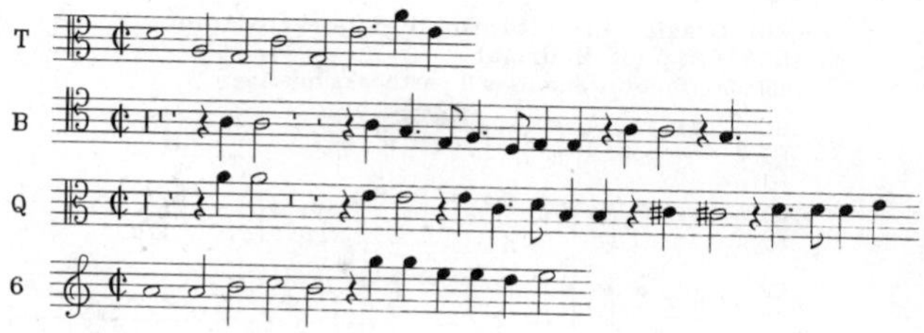

Vecchi, Orazio. Donna se vaga sei ch'io pur mi mora
1585/35, p. 7 Madrigal

Vecchi, Orazio. Dormendo m'insognava che Lidia mia
1584/10, p. 21 Madrigal

Vecchi, Orazio. E tutta qui d'intorno
1590/11, p. 33 Madrigal

Vecchi, Orazio. E vivere e morire
1590/20, no. 15 Madrigal

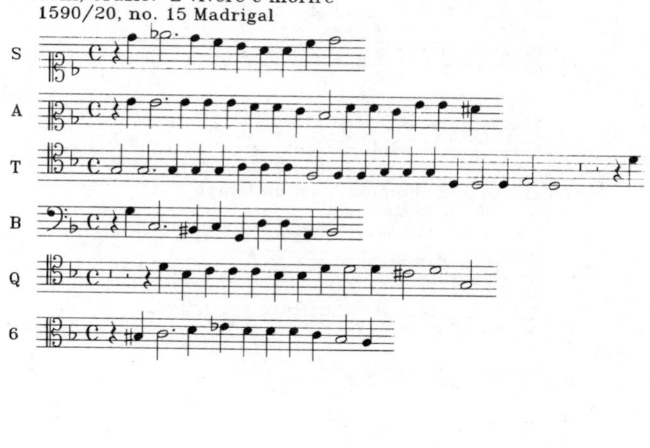

Vecchi, Orazio. Ecco Nuntio di gioia eccov'Amore
1596/08, p. 36 Madrigal
DIALOGO (Quintus and Bass II partbooks missing.)

Vecchi, Orazio. Ecco novello Amor sceso dal cielo
1585/35, p. 21 Madrigal

Vecchi, Orazio. Ecco ridente noi la vaga Aurora
1590/11, p. 67 Madrigal

Vecchi, Orazio. Fummo felici un tempo
1582/05, p. 26 Madrigal
Music missing in Alto partbook.

Vecchi, Orazio. Gia l'ond'e'l vento tace
1597/21, p. 7 Madrigal

Vecchi, Orazio. Gitene Canzonett'al mio Signore
1590/20, no. 8 Madrigal

Vecchi, Orazio. Glorioso immortal chiaro e felice
1586/11, p. 23–24 Sonetto

Vecchi, Orazio. Guerriera mia Costante
1585/35, p. 6 Madrigal

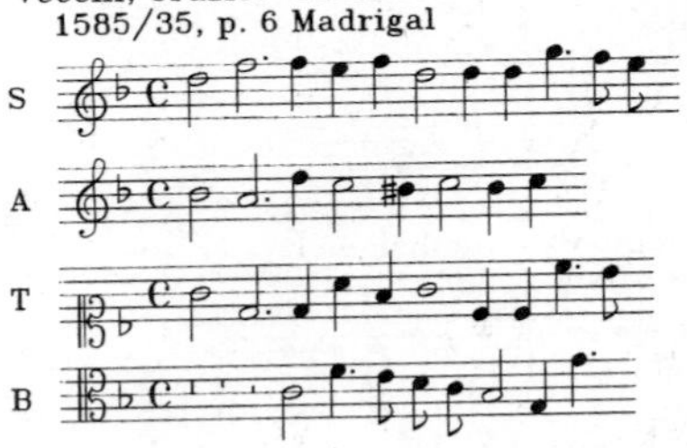

Vecchi, Orazio. Hor ch'e lungi il mio bene
1597/21, p. 17 Madrigal

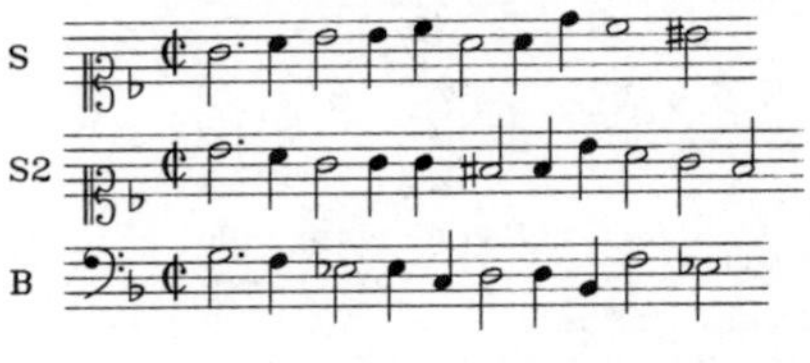

Vecchi, Orazio. Hor ch'io son gionto
1588/21, no. 60 Madrigal

Vecchi, Orazio. Hor che ogni vento tace
1592/11, p. 3 Madrigal
PAROLE DI GIO. BATTISTA ZUCCARINI.

Vecchi, Orazio. Hor che'l garrir de gl'Augelletti
1585/35, p. 1 Madrigal

Vecchi, Orazio. Hora ch'ogn'animal
1597/21, p. 3 Madrigal

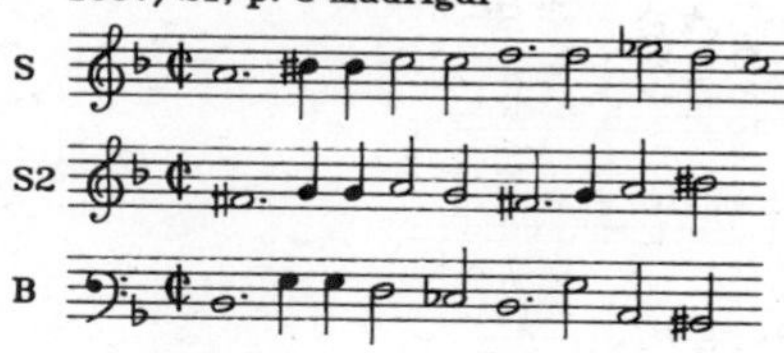

Vecchi, Orazio. Io dissi e dico sempre
1597/21, p. 11 Madrigal
Seconda parte.

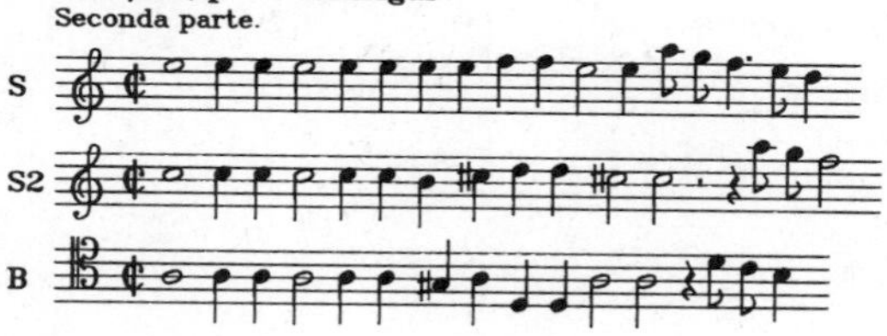

Vecchi, Orazio. Io son restato
1590/20, no. 13 Madrigal

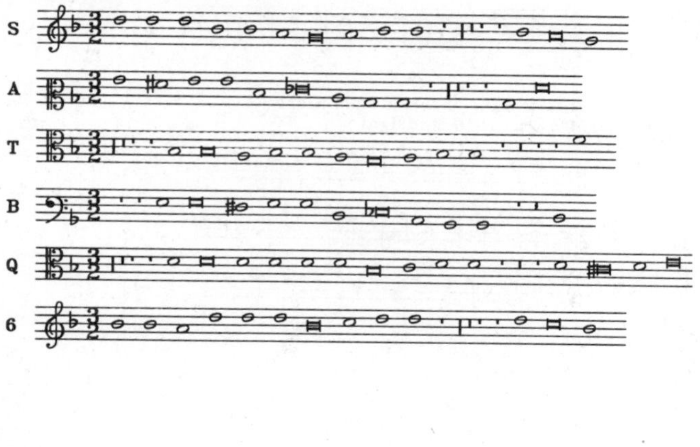

Vecchi, Orazio. Io v'ho servita Dolce mia vita
1590/20, no. 14 Madrigal

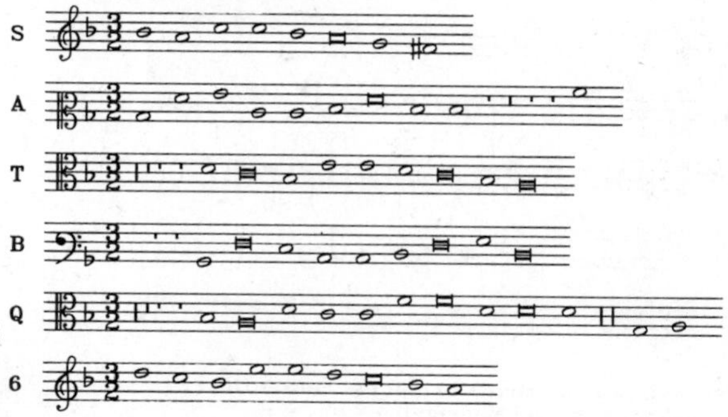

Vecchi, Orazio. Italia bella alta nudrice d'Arno
1579/03, p. 9 Madrigal
QUINTA STANZA.

Vecchi, Orazio. Lascian le fresche linfe
1591/23, p. 9 Madrigal

Vecchi, Orazio. Lucretia mia quelle tue treccie
1585/35, p. 4 Madrigal

Vecchi, Orazio. Il marmo fino del piu forte monte
1597/21, p. 22 Madrigal

Vecchi, Orazio. Mentr'hebb'al bel camin l'aer sereno
1575/12, p. 16 Madrigal

Vecchi, Orazio. Mentr'io campai contento
1588/21, no. 53 Madrigal

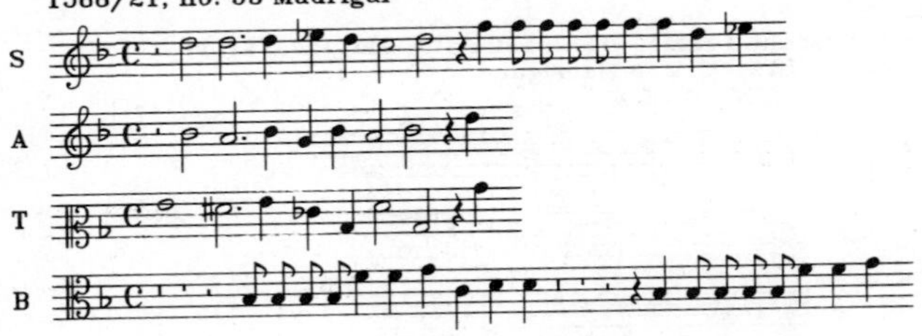

Vecchi, Orazio. Mentre belle signore
1597/21, p. 12 Madrigal

Vecchi, Orazio. Mentre cerco il mio bene
1600/05, p. 41 Lauda
A S. MARIA DELLA CARITA.

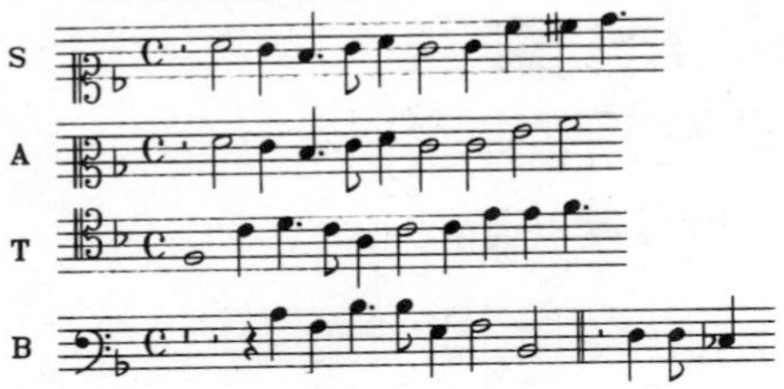

Vecchi, Orazio. Mentre il Cuculo il suo cu cu
1585/35, p. 3 Madrigal

Vecchi, Orazio. Mi vorrei trasformare grillo
1585/35, p. 18 Madrigal

Vecchi, Orazio. La mia candida Ninfa
1579/03, p. 11 Madrigal

Vecchi, Orazio. Non date fede o amanti
1597/21, p. 18 Madrigal

Vecchi, Orazio. Non son ris'avicenda
1598/08, p. 19 Madrigal
RISPOSTA.

Vecchi, Orazio. O di rare eccellenzza al mondo
1586/09, p. 6 Madrigal

Vecchi, Orazio. O felice Nocchiero
1597/21, p. 16 Madrigal

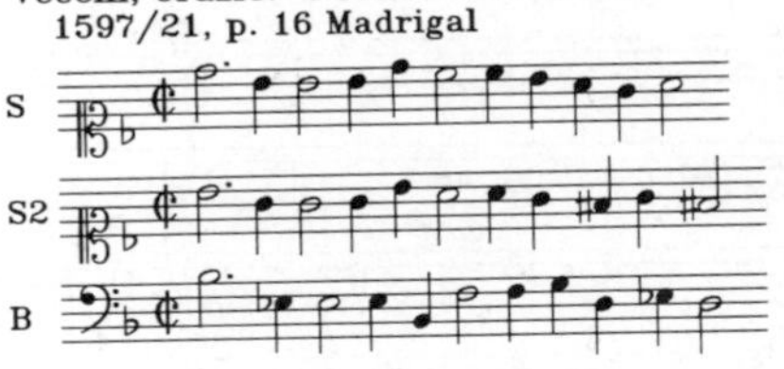

Vecchi, Orazio. O felice Nocchiero
1597/21, p. 16 Madrigal

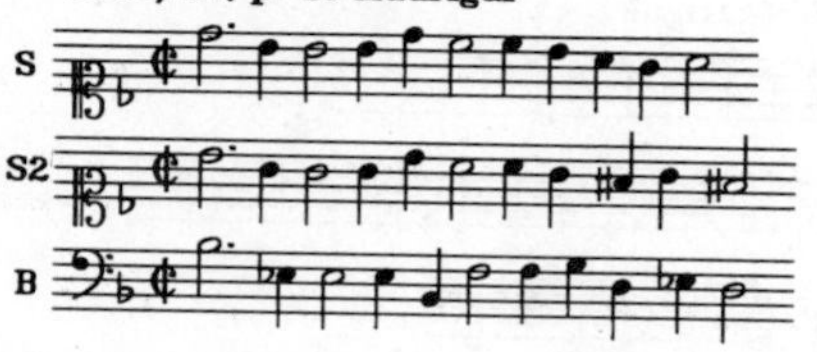

Vecchi, Orazio. O sole, o stelle, o luna
1590/20, no. 16 Madrigal

Vecchi, Orazio. Occhi ridenti io moro
1597/15, p. 20 Madrigal
Alto part labeled Canto II.

Vecchi, Orazio. Odo da tutti dire
1597/21, p. 23 Madrigal

Vecchi, Orazio. Ond'avien che di lagrime
1589/08, no. 11 Madrigal
DIALOGO A 7.

Vecchi, Orazio. L'orgoglio onda mantel'
1575/12, p. 13 Madrigal
SECONDA PARTE.

Vecchi, Orazio. Pastorella gratiosella s'io son
1596/10, p. 13 Madrigal

Vecchi, Orazio. Per l'ottavo miracolo del mondo
1597/21, p. 2 Madrigal

Vecchi, Orazio. Porgimi car Filli
1585/35, p. 14 Madrigal

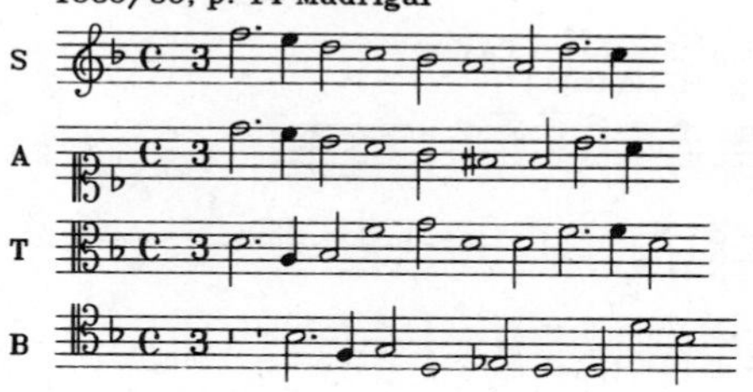

Vecchi, Orazio. Questi nel mio partir ch'escon
1591/23, p. 10 Madrigal

Vecchi, Orazio. Rendemi il gentil viso
1589/08, no. 64 Madrigal

Vecchi, Orazio. Ride Silvia vezzosa
1594/06, p. 8 Madrigal
PAROLE DI HORATIO VECCHI.

Vecchi, Orazio. S'io potessi raccor i miei sospiri
1585/35, p. 5 Madrigal

Vecchi, Orazio. S'udia un Pastor
1597/21, p. 15 Madrigal

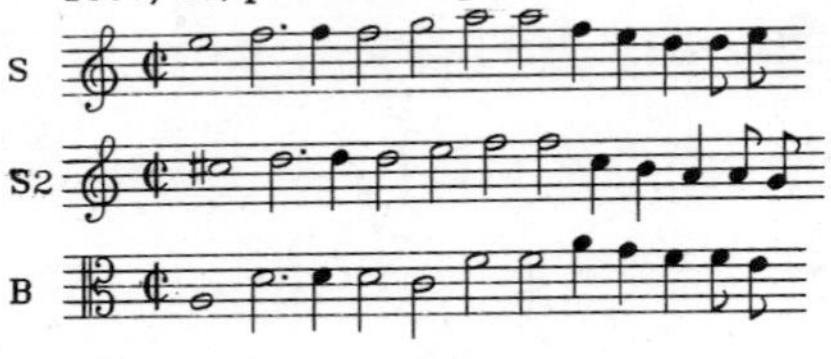

Vecchi, Orazio. Saltavan Ninfe Satiri e Pastori
1590/20, no. 9 Madrigal

Vecchi, Orazio. Sara possibil mai
1585/35, p. 10 Madrigal

Vecchi, Orazio. Se pensand'al partire
1588/21, no. 61 Madrigal
QUARTA PARTE. A 5.

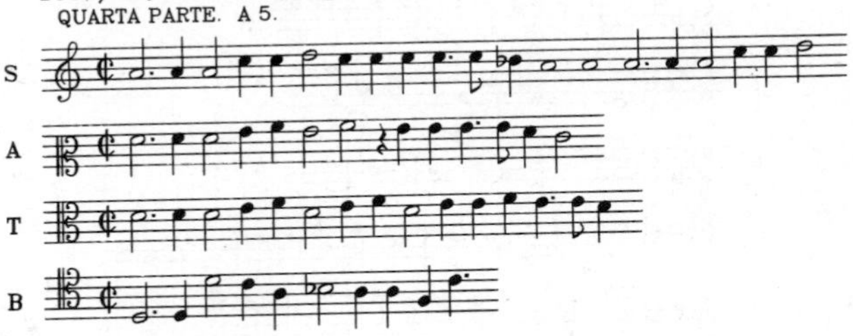

Vecchi, Orazio. Se questa fronte e terso
1579/03, p. 12–13 Madrigal
Not listed in Table of Contents.

Vecchi, Orazio. Se si vede abbrucciare
1585/35, p. 19 Madrigal

Vecchi, Orazio. Se tu voi pur ch'io mora
1585/35, p. 11 Madrigal

Vecchi, Orazio. Sia benedetto Amore
1585/35, p. 9 Madrigal

Vecchi, Orazio. Sia maledetto Amore
1585/35, p. 8 Madrigal

Vecchi, Orazio. Signor cui piacque ornare
1586/01, p. 5 Lauda

Vecchi, Orazio. Son le ris'avicenda
1598/08, p. 18 Madrigal

Vecchi, Orazio. Son questi i crespi crini
1588/21, no. 55 Madrigal

Vecchi, Orazio. Stavasi Aminta con la vaga bella
1590/11, p. 16 Madrigal

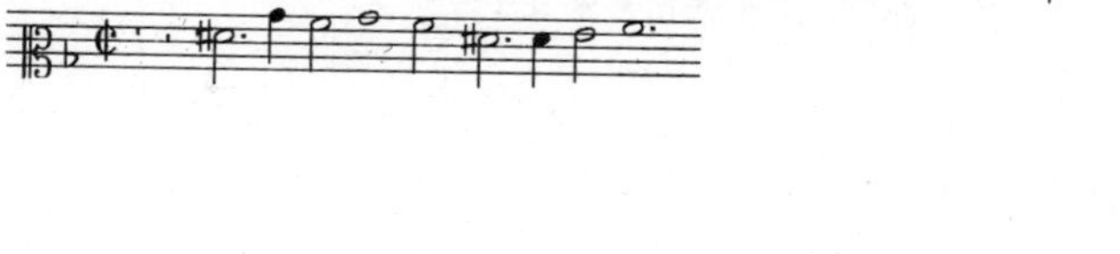

Vecchi, Orazio. Su su Clori e Damone
1590/11, p. 32 Madrigal

Vecchi, Orazio. La sua bara portava
1598/06, p. 11 Madrigal

Vecchi, Orazio. Tibrina bella
1594/15, p. 21–22 Madrigal

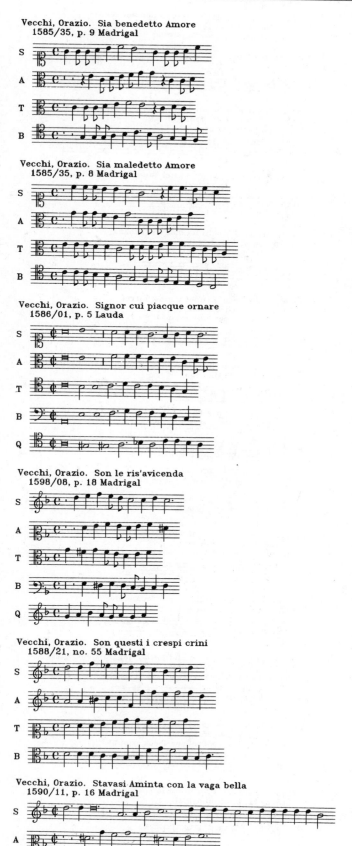

Vecchi, Orazio. Tra mille fiamme & tra mille catene
1583/11, p. 4 Madrigal

Vecchi, Orazio. Tra verdi campi a la stagion novella
1600/05, p. 16 Lauda
ALLA MADONNA DI CAMPI DI FASSANO.

Vecchi, Orazio. Tropp'era il dir cortese
1575/12, p. 17 Madrigal

Vecchi, Orazio. Vaghe ninfe e pastori
1588/21, no. 59 Madrigal

Vecchi, Orazio. Vergine insieme e Madre
1586/01, p. 6 Lauda
SECONDA PARTE.

Vecchi, Orazio. Volgi cor lasso i pensier nostri
1566/08, p. 7 Madrigal
Cantus and Altus partbooks missing.

Vecoli, Francesco Amor con nuova e inusitata foggia
1575/16, p. 28–29 Madrigal
A.6 (Only Canto partbook extant.)

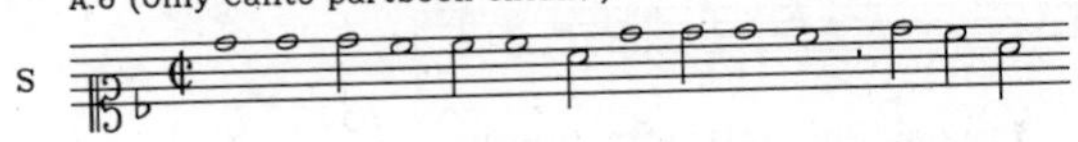

Vecoli, Francesco Amor se nel tuo impero ne lunga
1575/16, p. 22 Madrigal

Vecoli, Francesco Chi ha sua vist'avezza
1575/16, p. 4 Madrigal
Only Canto partbook extant.

Vecoli, Francesco Crudel donna vorrei
1575/16, p. 18–19 Madrigal
A.6 (Only Canto partbook extant.)

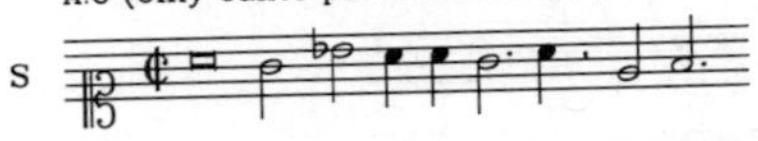

Vecoli, Francesco Danzavan con maniere sopr'humane
1577/10, p. 25 Madrigal

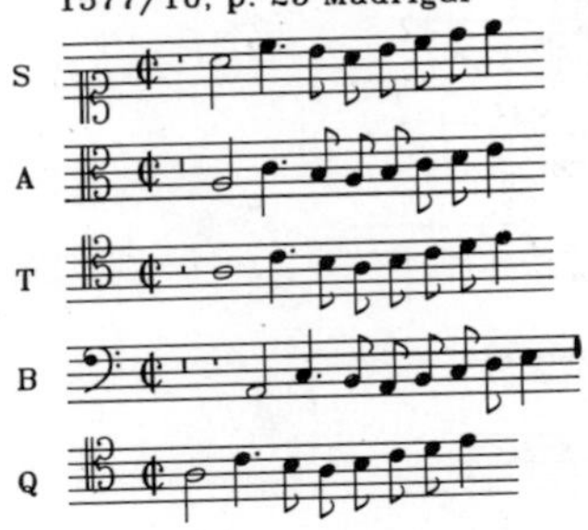

Vecoli, Francesco E non cognosce amore chi non sente
1575/16, p. 18 Madrigal
A.6 (Only Canto partbook extant.)

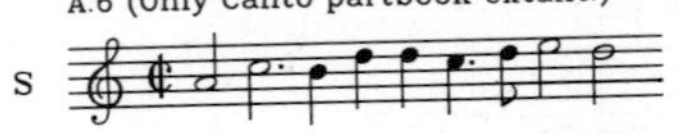

Vecoli, Francesco Il dolor non m'ancide
1575/16, p. 21 Madrigal

Vecoli, Francesco Ecco ch'l parlar saggio e bel volger
1575/16, p. 22–23 Madrigal
PRIMA PARTE. (Only Canto partbook extant.)

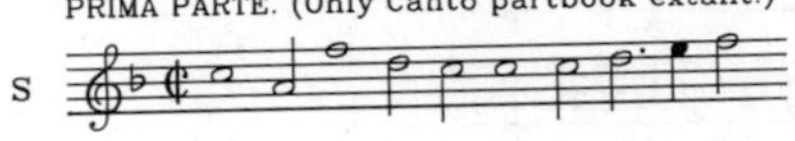

Vecoli, Francesco Ecco gia d'ogn'intorno disgonbra
1575/16, p. 24–25 Madrigal
PRIMA PARTE. (Only Canto partbook extant.)

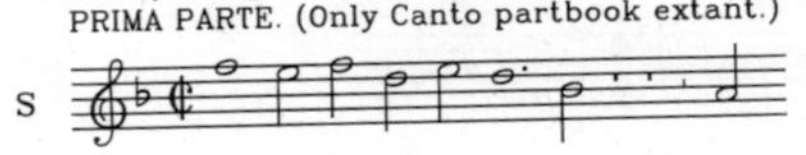

Vecoli, Francesco Fu breve la speranza
1575/16, p. 25 Madrigal
Only Canto partbook extant.

Vecoli, Francesco Hor ch'ascos'e il mio sol
1575/16, p. 9 Madrigal
PRIMA PARTE. (Only Canto partbook extant.)

S 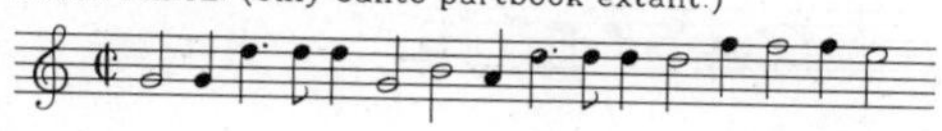

Vecoli, Francesco Hor che cade da gli alti monti
1575/16, p. 13 Madrigal
SECONDA PARTE. (Only Canto partbook extant.)

S 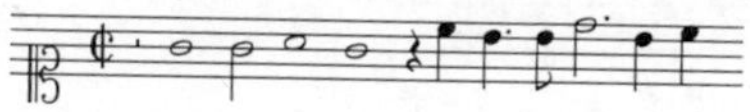

Vecoli, Francesco Hor che l'aer s'inbruna
1575/16, p. 12–13 Madrigal
PRIMA PARTE. (Only Canto partbook extant.)

S 

Vecoli, Francesco Io per me non so dir qual maggior
1575/16, p. 26 Madrigal
SECONDA PARTE. (Only Canto partbook extant.)

S 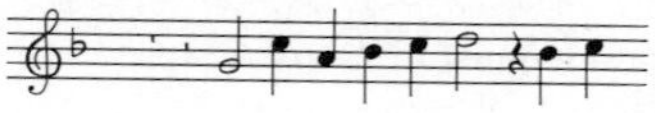

Vecoli, Francesco Io veggio rimirand'il suo bel viso
1575/16, p. 6 Madrigal
SECONDA PARTE. (Only Canto partbook extant.)

S 

Vecoli, Francesco Madonna hoime'l mio core
1575/16, p. 8 Madrigal
Only Canto partbook extant.

S 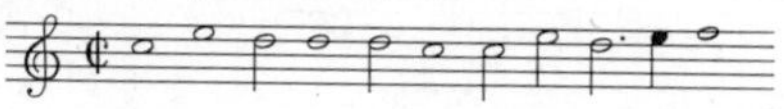

Vecoli, Francesco Mai passi volg'alle felici mura
1575/16, p. 10 Madrigal
SECONDA PARTE. (Only Canto partbook extant.)

S 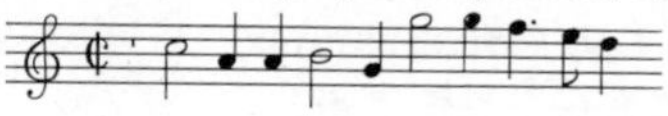

Vecoli, Francesco Padre e pastor che'l gregg'errante
1575/16, p. 29 Madrigal
PRIMA PARTE. (Only Canto partbook extant.)

S 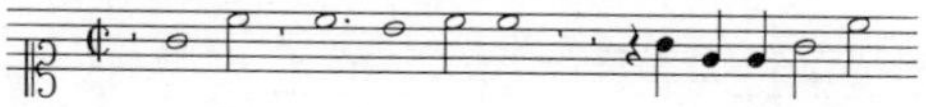

Vecoli, Francesco Pastori nostro socii cantemus
1575/16, p. 31 Madrigal
A.7 (Only Canto partbook extant.)

S 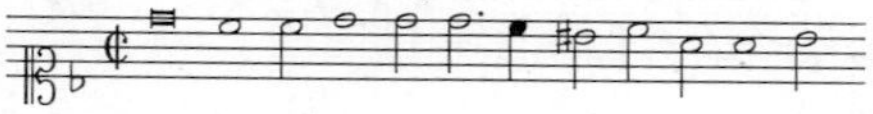

Vecoli, Francesco Poi ch'il camin m'e chiuso
1575/16, p. 7 Madrigal
Only Canto partbook extant.

S 

Vecoli, Francesco Quando guardav'il sol le spal
1575/16, p. 14 Madrigal
PRIMA PARTE. (Only Canto partbook extant.)

S 

Vecoli, Francesco Quando io veggio dal ciel scender
1575/16, p. 10–11 Madrigal
Only Canto partbook extant.

S 

Vecoli, Francesco Quanto piu lei mi scorge
1575/16, p. 15 Madrigal
SECONDA PARTE. (Only Canto partbook extant.)

S 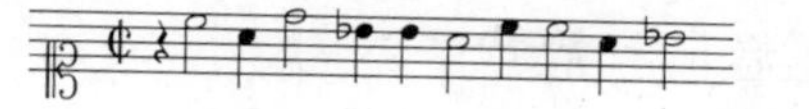

Vecoli, Francesco Quel ch'io divenn'all'hor
1575/16, p. 17 Madrigal
PRIMA PARTE. (Only Canto partbook extant.)

S 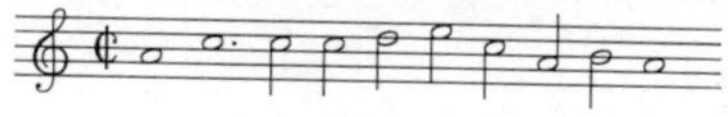

Vecoli, Francesco Smarriss'il cor ghiaccioss'il sangue
1575/16, p. 16 Madrigal
PRIMA PARTE. (Only Canto partbook extant.)

S 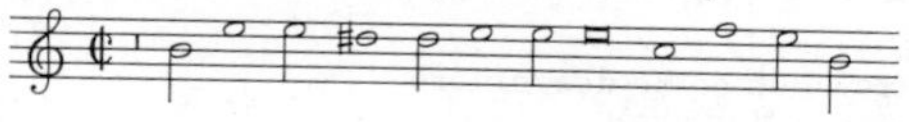

Vecoli, Francesco Il sol e senz'il qual havrei
1575/16, p. 5 Madrigal
PRIMA PARTE. (Only Canto partbook extant.)

S 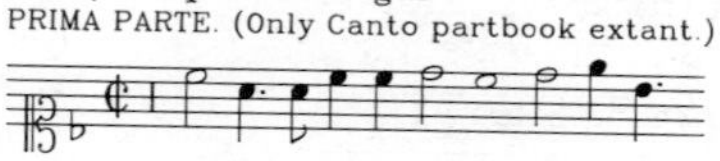

Vecoli, Francesco Stavas'il mio bel sol al sol
1575/16, p. 27 Madrigal
Only Canto partbook extant.

S 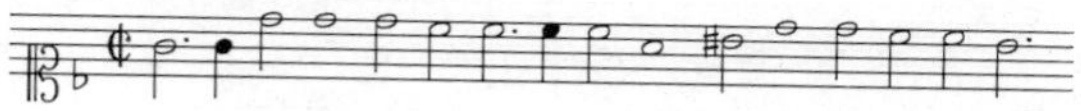

Vecoli, Francesco Torn'il mio sol lucente
1575/16, p. 3 Madrigal
Only Canto partbook extant.

S 

Vecoli, Francesco Tu sostenest'il duro colp'e insieme
1575/16, p. 30 Madrigal
SECONDA PARTE. (Only Canto partbook extant.)

S A 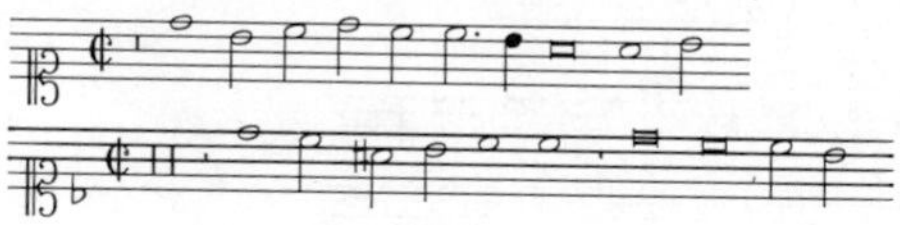

Vecoli, Pietro. Almo Signor e chiaro
1581/12, p. 3 Madrigal
AL MOLTO ILUSTRE SIG. GIO. FRANCESCO...CONTE DE BEYNETTE.

S A T B Q 

Vecoli, Pietro. Baci soavi e cari
1581/12, p. 15 Madrigal

S A T B Q 

Vecoli, Pietro. Cornelia bella al t'ornamento se te
1581/12, p. 19 Madrigal
ALLA MOLTO ILLUSTRE SIGNORA CORNELIA

Vecoli, Pietro. Deh come dest'amore
1581/12, p. 17 Madrigal
AL SIG. HETTORE ALTACOMBA, E.B.G.

Vecoli, Pietro. Deh dolce vita mia
1581/12, p. 11 Madrigal
PRIMA PARTE.

Vecoli, Pietro. Dolce corina mia
1581/12, p. 7 Madrigal
AL MOLTO ILLUSTRE SIG. DOMENICO PROVAN

Vecoli, Pietro. Durin co'i chiari lumi
1581/12, p. 8 Madrigal
AL MOLTO.ILLUSTRE SIG. CONTE ANTONIO.SCARAMPO.

Vecoli, Pietro. E si dolce il gioire
1581/12, p. 14 Madrigal
SECONDA PARTE.

Vecoli, Pietro. Era oscurata e quasi in tutto
1581/12, p. 21 Madrigal
DI NICOLO TOMEI CAPO DELLA MUSICA DEL SEREN. DUCA DI SAVOIA

Vecoli, Pietro. Fiorisce il vostro pett'e i capei
1581/12, p. 6 Madrigal
ALLA ILLUSTRISSIMA MADAMA ISABELLA DE CAVOR.

Vecoli, Pietro. Io piango & ella il volte
1581/12, p. 10 Madrigal

Vecoli, Pietro. Laura mia dolce
1581/12, p. 13 Madrigal
PRIMA PARTE.

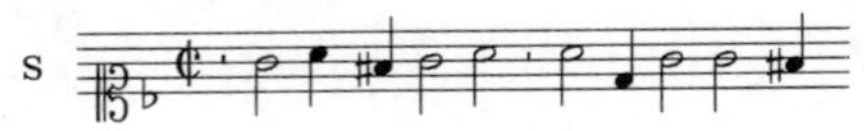

Vecoli, Pietro. Ne per nova altra sorte
1581/12, p. 12 Madrigal
SECONDA PARTE.

Vecoli, Pietro. O dolci sguardi
1581/12, p. 9 Madrigal
AL CLARISSIMO.SIGNOR COSTANTINO.MOLLINO.

Vecoli, Pietro. Per te copia gentile
1581/12, p. 4 Madrigal
PRIMA PARTE. ALLI ...SIGNORI CONTE CLAUDIO DI SALMA ETC.

Vecoli, Pietro. Poiche'l mio largo pianto
1581/12, p. 16 Madrigal

Vecoli, Pietro. Se per un solo scherno
1581/12, p. 18 Madrigal
ALL'ILLUSTRE SIGNOR ANNA DI ANGLURE

Vecoli, Pietro. Se quel romano d'osserva ta fede
1581/12, p. 20 Madrigal
AL MOLTO MAG. SIG. POLITO SANTINI.

Vecoli, Pietro. Voi pargoletti amori
1581/12, p. 5 Madrigal
SECONDA PARTE.

Vecoli, Regolo. Amor fortuna e la mia mente schiva
1577/10, p. 8 Madrigal
PRIMA PARTE.

Vecoli, Regolo. Come la notte ogni fiamella e viva
1577/10, p. 5 Madrigal

Vecoli, Regolo. Come zephiro suole
1577/10, p. 20 Madrigal
PRIMA PARTE.

S A T B Q

Vecoli, Regolo. Degni i begli occhi son
1577/10, p. 28 Madrigal

S A T B Q

Vecoli, Regolo. E pur di fior l'honoro
1577/10, p. 3 Madrigal
SECONDA PARTE.

S A T B Q

Vecoli, Regolo. E se gli avien ch'in quella nobil
1577/10, p. 29 Madrigal
SECONDA PARTE.

S A T B Q

Vecoli, Regolo. E si pietosa e vaga
1577/10, p. 4 Madrigal

S A T B

Q

Vecoli, Regolo. Erano i capei d'oro a l'aura sparsi
1577/10, p. 14 Madrigal
PRIMA PARTE.

S A T B Q

Vecoli, Regolo. Filli dhe non fuggir
1577/10, p. 26 Madrigal
PRIMA PARTE.

S A T B Q

Vecoli, Regolo. Hor che notte l'ombroso velo stende
1577/10, p. 2 Madrigal
PRIMA PARTE.

S A T B Q

Vecoli, Regolo. Io canterei d'amore
1577/10, p. 1 Madrigal

S A T B Q

Vecoli, Regolo. Ma voi ch'or sete vaghe stelle
1577/10, p. 23 Madrigal

S A T

Vecoli, Regolo. Ne spero i dolci di tornino
1577/10, p. 9 Madrigal
SECONDA PARTE.

Vecoli, Regolo. Non cerchi tormi di mia donna
1577/10, p. 12 Madrigal

Vecoli, Regolo. Non era landar suo cosa mortale
1577/10, p. 15 Madrigal
SECONDA PARTE.

Vecoli, Regolo. O miracol gentile olimpio
1577/10, p. 10 Madrigal
PRIMA PARTE.

Vecoli, Regolo. Piangi Amor meco
1577/10, p. 24 Madrigal

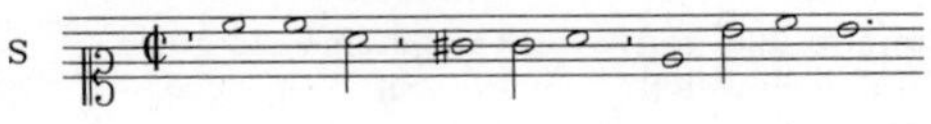

Vecoli, Regolo. La queta notte il suo carro stellato
1577/10, p. 11 Madrigal
SECONDA PARTE.

Vecoli, Regolo. Quanto piu vi segu'io
1577/10, p. 13 Madrigal

Vecoli, Regolo. Rallenta filli oime rallent'il passo
1577/10, p. 27 Madrigal
SECONDA PARTE.

Vecoli, Regolo. Se la fiamm've tutt'ardo
1577/10, p. 7 Madrigal

Vecoli, Regolo. Se piu cosa mortale
1577/10, p. 6 Madrigal

Vecoli, Regolo. Sona crudel che piu bei lumi
1577/10, p. 22 Madrigal
PRIMA PARTE.

Vecoli, Regolo. Temprar potess'in si soavi
1577/10, p. 19 Madrigal

Vecoli, Regolo. Torna il mio sol lucente
1577/10, p. 16 Madrigal

Vecoli, Regolo. Vagho riso, sereno che sgombri nubi
1577/10, p. 21 Madrigal
SECONDA PARTE.

Vecoli, Regolo. La ver l'aurora
1577/10, p. 18 Madrigal

Veggi, Giovan'Agostino. Deh non chinar a terra
1583/12, p. 21 Madrigal

Veggio, Claudio. Amant'io vi so dire
1540/19, p. 10 Madrigal

Veggio, Claudio. Amor s'ogni amar tosco
1540/19, p. 35 Madrigal

Veggio, Claudio. Amor se'l foco cresce
1540/19, p. 27 Madrigal

Veggio, Claudio. Ben mille volte fra me stesso giuro
1540/19, p. 3 Madrigal

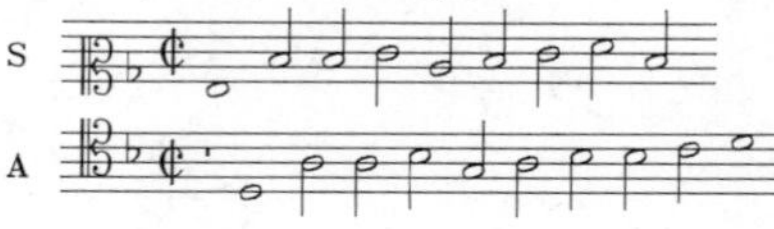

Veggio, Claudio. Bensomigliar mi poss'alla
1540/19, p. 1 Madrigal

Veggio, Claudio. Chi vol veder opra celest'et rara
1540/19, p. 36 Madrigal

Veggio, Claudio. Come un sorver chi'ardire
1540/19, p. 28–29 Madrigal

Veggio, Claudio. Cornelia mia, s'io v'amo
1540/19, p. 14 Madrigal

Veggio, Claudio. Deh perche'n me non e tanta
1540/19, p. 13 Madrigal

Veggio, Claudio. Di voi sempre mi dogli'in questi
1540/19, p. 4 Madrigal

Veggio, Claudio. Donna per Dio vi giuro
1540/19, p. 5 Madrigal

Veggio, Claudio. Donna per acquetar vostro desire
1544/22, p. 4 Madrigal

Veggio, Claudio. Donna quando vi guardo
1540/19, p. 6 Madrigal

Veggio, Claudio. Errai madonna, et il mi'error
1540/19, p. 26–27 Madrigal

Veggio, Claudio. Et se'l viver m'incresce
1540/19, p. 28 Madrigal
No meter signature printed.

Veggio, Claudio. Hippolita s'amor in qual bel viso
1540/19, p. 34 Madrigal

Veggio, Claudio. Hor ved'amor quant'e l'amor
1540/19, p. 2 Madrigal

Veggio, Claudio. Importuni pensier se longo tempo
1540/19, p. 9 Madrigal

Veggio, Claudio. L'infinita bellezza ch'in voi
1540/19, p. 38 Madrigal

Veggio, Claudio. Io son donna disposto di morire
1540/19, p. 31 Madrigal

Veggio, Claudio. Isabellin dolc'animetta mia
1540/19, p. 33 Madrigal

Veggio, Claudio. Lasso quando fia mai ch'amor ralenti
1540/19, p. 30 Madrigal

Veggio, Claudio. Madonna hor che direte
1544/22, p. 46 Madrigal
Compare A. Barre in 1555/25.

Veggio, Claudio. Madonna il mio dolor e tant'e tale
1544/22, p. 18 Madrigal
CANON IN UNISONO.

Veggio, Claudio. Madonna il mio dolor e tant'e tale
1544/22, p. 42 Madrigal
CANON IN UNISONO.

Veggio, Claudio. O dolce servitu, dolce tormento
1540/19, p. 7 Madrigal

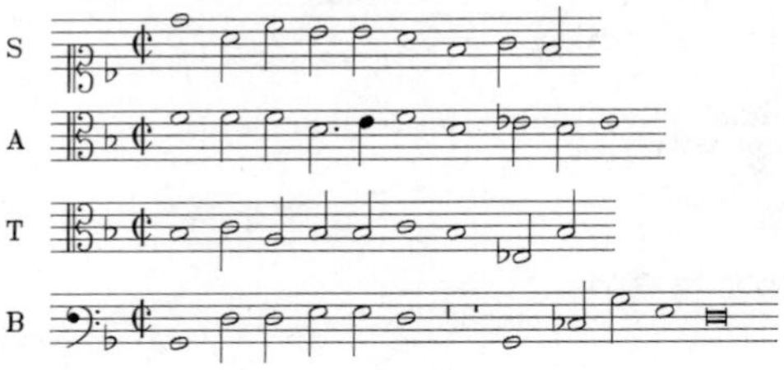

Veggio, Claudio. O vita del cor mio, dolce mia speme
1540/19, p. 21 Madrigal

Veggio, Claudio. Oime che sol mi doglio
1540/19, p. 4–5 Madrigal

Veggio, Claudio. Oime quanto mi doglio di voi donna
1540/19, p. 22 Madrigal

Veggio, Claudio. Ond'io ringratio lui ch'a tempo
1540/19, p. 20 Madrigal

Veggio, Claudio. Per quei begli occh'ove s'anid'amore
1540/19, p. 18 Madrigal

Veggio, Claudio. Poi che mille prove
1540/19, p. 29 Madrigal

Veggio, Claudio. Quando col rozzo stile
1540/19, p. 14–15 Madrigal

Veggio, Claudio. S'el Bembo, il Molza, il Tasso
1540/19, p. 18–19 Madrigal

Veggio, Claudio. S'infinita bellezz'et leggiadria
1540/19, p. 8 Madrigal

Veggio, Claudio. Se giorn'e notte mi consumo
1540/19, p. 32 Madrigal

Veggio, Claudio. Se grand'e l'amor mio
1540/19, p. 13 Madrigal

Veggio, Claudio. Se la natur'amor, e'l ciel vi danno
1540/19, p. 10–11 Madrigal

Veggio, Claudio. Se la pietade che lontana stassi
1540/19, p. 11 Madrigal

Veggio, Claudio. Se madonna non e nata da dei
1540/19, p. 2–3 Madrigal

Veggio, Claudio. Se nel leggiadro viv'et vital nido
1540/19, p. 12 Madrigal

Veggio, Claudio. Si di gioir io bramo
1540/19, p. 15 Madrigal

Veggio, Claudio. Sia benedett'amore
1540/19, p. 19 Madrigal

Veggio, Claudio. Sia maledett'amore
1540/19, p. 20–21 Madrigal

Veggio, Claudio. Lo strale che tal hor il cor
1540/19, p. 37 Madrigal

Veggio, Claudio. Tant'e vostra beltade
1540/19, p. 8–9 Madrigal

Veggio, Gio. Agostino. La misera farfella
1585/28, p. 13 Madrigal

Veggio, Gio. Agostino. Stella del ciel risplende
1585/28, p. 20 Madrigal
PER L'ILLUSTR. S. GIULIO CESARE GONZAGA.

Veggio, Giov. Agostino. Tu mi dai morte e non vuoi ch'io tel
1581/09, p. 18 Madrigal

Vento, Ivo de. Cando la bun caval sente'l trumbetta
1564/16, p. 35 Greghesca
BATAGLIA STRATIOTESCA.

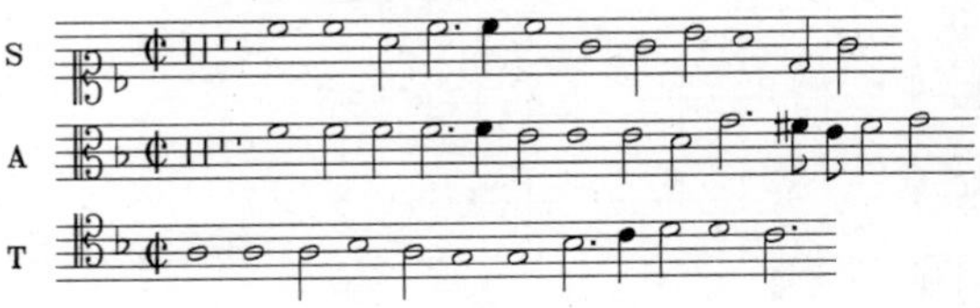

Vento, Ivo de. La mia Chirazza
1566/03, p. 22 Madrigal

Vento, Ivo de. Mille lacciuoli havean le belle
1569/19, p. 22 Madrigal
TERZA PARTE.

Vento, Ivo de. Oscur'abisso mis'e fatt'il cielo
1569/19, p. 11 Madrigal
OTTAVA PARTE.

Venturi del Nibbio, Stefano. A canuto Pastore
1596/17, p. 15–16 Madrigal
Tenor and Bass partbooks missing.

Venturi del Nibbio, Stefano. Argo mirar potea
1596/17, p. 11–12 Madrigal
Tenor and Bass partbooks missing.

Venturi del Nibbio, Stefano. Un bacio t'involai
1598/14, p. 16 Madrigal
SECONDA PARTE (Cantus partbook missing.)

Venturi del Nibbio, Stefano. Baci e pur baci
1598/14, p. 17 Madrigal
Cantus partbook missing.

Venturi del Nibbio, Stefano. Bella Ninfa gentile
1598/14, p. 10–11 Madrigal
DEL SIGNOR FRANCESCO CINI. (Cantus partbook missing.)

Venturi del Nibbio, Stefano. Deh come pur lagnarvi
1598/14, p. 4 Madrigal
Cantus partbook missing.

Venturi del Nibbio, Stefano. Dolcissimo sospiro
1598/14, p. 21–22 Madrigal
Cantus partbook missing.

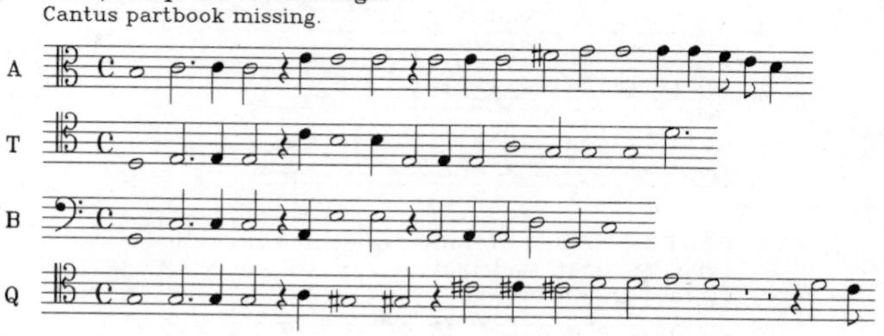

Venturi del Nibbio, Stefano. Duro dunque morire
1598/14, p. 7 Madrigal
Cantus partbook missing.

Venturi del Nibbio, Stefano. Ella content'haver cangiato
1598/14, p. 12–13 Madrigal
SECONDA PARTE (Cantus partbook missing.)

Venturi del Nibbio, Stefano. Filli mia Filli dolce
1598/14, p. 13 Madrigal
Cantus partbook missing.

Venturi del Nibbio, Stefano. Gia desia trapassar le nubi
1596/17, p. 3–4 Madrigal
SECONDA PARTE (Tenor and Bass partbooks missing.)

Venturi del Nibbio, Stefano. Intenerite voi lacrime mie
1596/17, p. 20–21 Madrigal
Tenor and Bass partbooks missing.

Venturi del Nibbio, Stefano. O bacio a me felice
1598/14, p. 15 Madrigal
Cantus partbook missing.

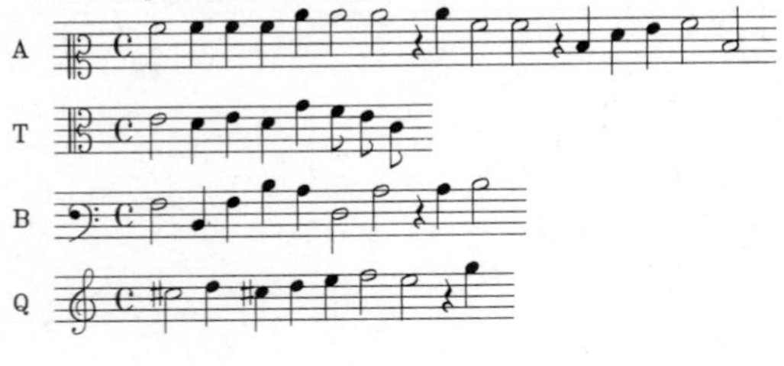

Venturi del Nibbio, Stefano. Occhi e respiri anco'l core
1596/17, p. 19 Madrigal
Tenor and Bass partbooks missing.

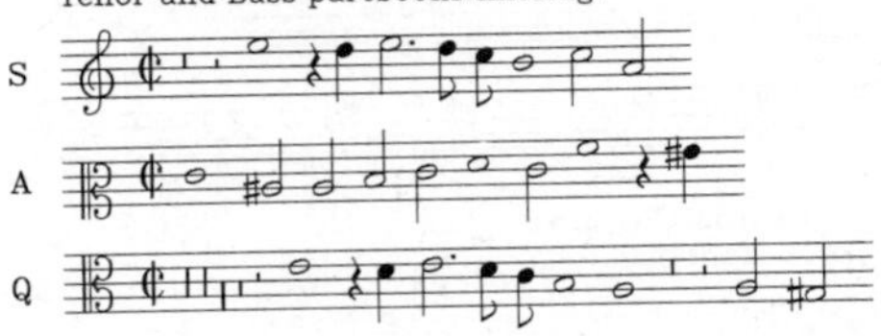

Venturi del Nibbio, Stefano. Occhi piangete poi
1598/14, p. 20–21 Madrigal
Cantus partbook missing.

Venturi del Nibbio, Stefano. Pargolett'e Maria
1596/17, p. 5–6 Madrigal
Tenor and Bass partbooks missing.

Venturi del Nibbio, Stefano. Per dar soccorso al core
1598/14, p. 14 Madrigal
Cantus partbook missing.

Venturi del Nibbio, Stefano. Porta gl'occhi d'Amor nel vago
1598/14, p. 18–19 Madrigal
Cantus partbook missing.

Venturi del Nibbio, Stefano. Quasi tra ros'e gigli
1596/17, p. 17–18 Madrigal
AL SIGNOR IACOPO FRANCESCHI. (Tenor & Bass partbooks missing.)

Venturi del Nibbio, Stefano. Quest'e quell'Aur'ond'io
1596/17, p. 9–10 Madrigal
Tenor, Bass and Quinto partbooks missing.

Venturi del Nibbio, Stefano. Questo canoro Cigno
1596/17, p. 1–2 Madrigal
Tenor and bass voices missing.

Venturi del Nibbio, Stefano. Rasserenat'i lumi
1598/14, p. 5 Madrigal
Cantus partbook missing.

Venturi del Nibbio, Stefano. Sconsolato augellin che mi consoli
1598/14, p. 3 Madrigal
Cantus partbook missing.

Venturi del Nibbio, Stefano. Se cosi crude ria
1598/14, p. 6 Madrigal
Cantus partbook missing.

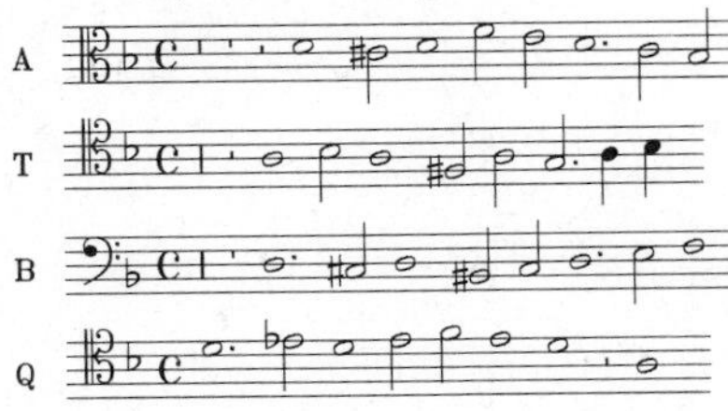

Venturi del Nibbio, Stefano. Se di gigli di ros'e di viole
1596/17, p. 7–8 Madrigal
Tenor and Bass partbooks missing.

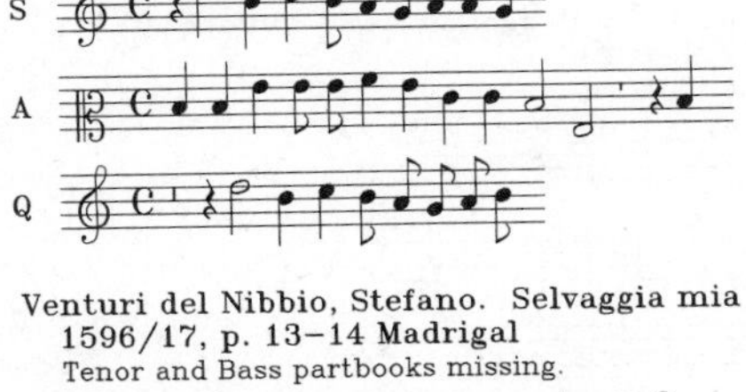

Venturi del Nibbio, Stefano. Selvaggia mia che di bellezza
1596/17, p. 13–14 Madrigal
Tenor and Bass partbooks missing.

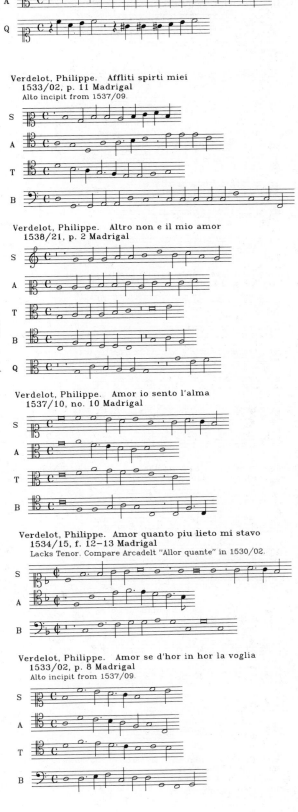

Verdelot, Philippe. Affliti spirti miei
1533/02, p. 11 Madrigal
Alto incipit from 1537/09.

Verdelot, Philippe. Altro non e il mio amor
1538/21, p. 2 Madrigal

Verdelot, Philippe. Amor io sento l'alma
1537/10, no. 10 Madrigal

Verdelot, Philippe. Amor quanto piu lieto mi stavo
1534/15, f. 12–13 Madrigal
Lacks Tenor. Compare Arcadelt "Allor quante" in 1530/02.

Verdelot, Philippe. Amor se d'hor in hor la voglia
1533/02, p. 8 Madrigal
Alto incipit from 1537/09.

Verdelot, Philippe. Amor tante virtute gentilezze
1537/10, no. 25 Madrigal

Verdelot, Philippe. Ardea tutt'a voi presso
1541/18, no. 52 Madrigal

Verdelot, Philippe. Ardenti miei sospiri dal ciel
1541/16, p. 9 Madrigal

Verdelot, Philippe. La bella donna a cui donasti il core
1537/10, no. 20 Madrigal

Verdelot, Philippe. La bella man mi porse
1533/02, p. 26 Madrigal
Alto incipit from 1537/09.

Verdelot, Philippe. Ben che'l misero cose lasso
1533/02, p. 12 Madrigal
Alto incipit from 1537/09.

Verdelot, Philippe. Ben mi e nemico el mio destin
1537/11, no. 24 Madrigal

Verdelot, Philippe. Che sentisti madonna
1537/11, no. 7 Madrigal
Attributed to A. de Silva in 1544/20.

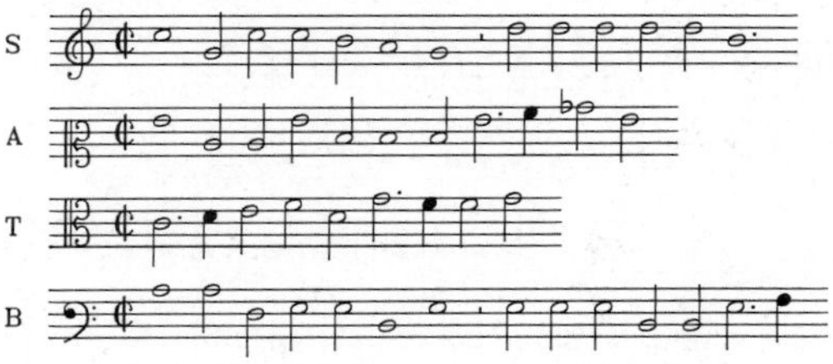

Verdelot, Philippe. Chi bussa chi e tu va via
1541/16, p. 31 Madrigal

Verdelot, Philippe. El ciel se rinovella
1537/11, no. 2 Madrigal

Verdelot, Philippe. Con l'angelico riso a me negasti
1533/02, p. 19 Madrigal
Alto incipit from 1537/09.

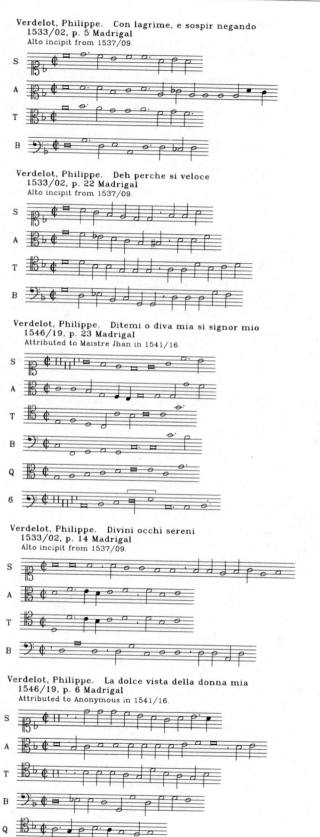

Verdelot, Philippe. Con lagrime, e sospir negando
1533/02, p. 5 Madrigal
Alto incipit from 1537/09.

Verdelot, Philippe. Deh perche si veloce
1533/02, p. 22 Madrigal
Alto incipit from 1537/09.

Verdelot, Philippe. Ditemi o diva mia si signor mio
1546/19, p. 23 Madrigal
Attributed to Maistre Jhan in 1541/16.

Verdelot, Philippe. Divini occhi sereni
1533/02, p. 14 Madrigal
Alto incipit from 1537/09.

Verdelot, Philippe. La dolce vista della donna mia
1546/19, p. 6 Madrigal
Attributed to Anonymous in 1541/16.

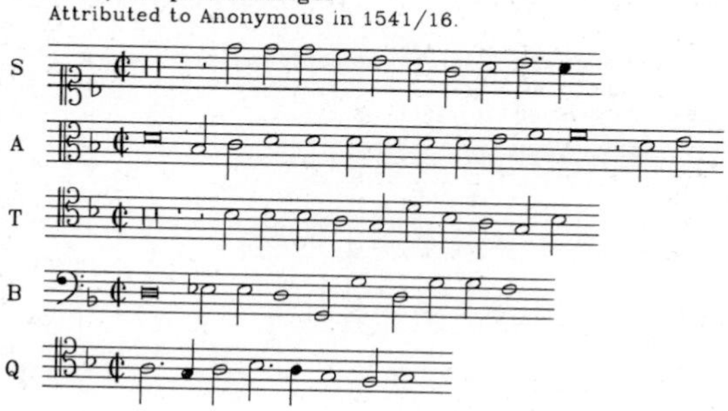

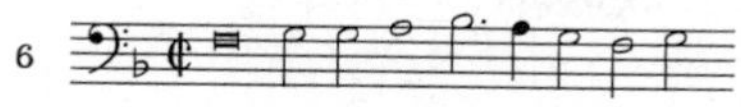

Verdelot, Philippe. La dolce vita e'l bel sguardo
1538/21, p. 15 Madrigal

Verdelot, Philippe. Donna che deggio far s'el gran desi
1546/19, p. 5 Madrigal

Verdelot, Philippe. Donna che sete tra le belle
1533/02, p. 9 Madrigal
Alto incipit from 1537/09.

Verdelot, Philippe. Donna la fiamma sete
1538/21, p. 21 Madrigal

Verdelot, Philippe. Donna leggiadra e bella
1533/02, p. 3 Madrigal
Alto incipit from 1537/09.

S A T B

Verdelot, Philippe. Donna se fiera stella
1541/17, p. 15 Madrigal

S A T B Q

Verdelot, Philippe. Dormendo un giorn'a baia
1541/17, p. 27 Madrigal
Compare Arcadelt "Dormend'un giorno" in 1542/18.

S A T B Q

Verdelot, Philippe. El ciel se rinovella
1537/11, no. 2 Madrigal

S A T B

Verdelot, Philippe. Fidel e bel cagnolo
1530/01, f. 9v-10 Frottola
Bass from 1549/33. Text "Fidel e bel cagnudo" in 1549/33.

A B

Verdelot, Philippe. Fuggi fuggi cor mio
1533/02, p. 6 Madrigal
Alto incipit from 1537/09.

S A

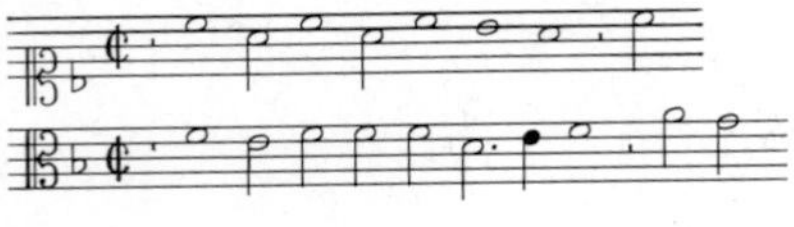

T B

Verdelot, Philippe. Gloriar mi posso io donne
1533/02, p. 17 Madrigal
Alto incipit from 1537/09.

S A T B

Verdelot, Philippe. Gran dolor di mia vita
1537/10, no. 19 Madrigal

S A T B

Verdelot, Philippe. Hoime che la brunetta mia
1546/19, p. 9 Madrigal

S A T B Q 6

Verdelot, Philippe. Igno soave ove il mio foco
1533/02, p. 7 Madrigal
Alto incipit from 1537/09.

S A T B

Verdelot, Philippe. Io son tal volta donna per morire
1539/24, p. 23 Madrigal
Attributed to Arcadelt in 1541/12.

S A T B

Verdelot, Philippe. Italia mia ben chel parlar sia
1538/21, p. 13 Madrigal

Verdelot, Philippe. Ite caldi sospiri al freddo core
1538/21, p. 20 Madrigal

Verdelot, Philippe. Lagrime calde uscian degli occhi
1541/15, p. 7 Madrigal

Verdelot, Philippe. Lasso che se creduto
1533/02, p. 27 Madrigal
Alto incipit from 1537/09.

Verdelot, Philippe. Leggiadr rime, e voi parole
1541/18, no. 54 Madrigal

Verdelot, Philippe. Lieta e madonna et io pu
1537/10, no. 6 Madrigal

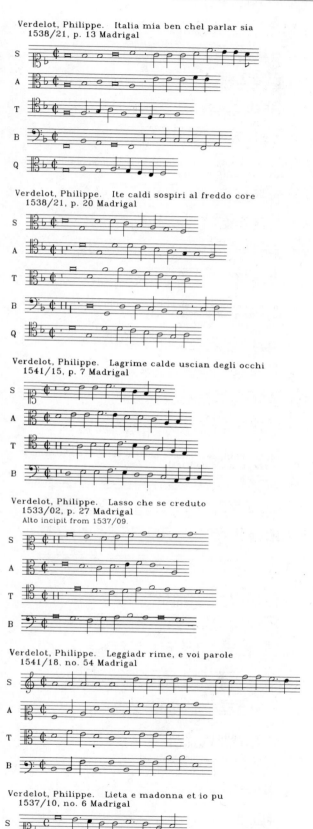

Verdelot, Philippe. Madonna il tuo bel viso
1533/02, p. 13 Madrigal
Alto incipit from 1537/09.

Verdelot, Philippe. Madonna io non so dir tante parole
1541/17, p. 22 Madrigal

Verdelot, Philippe. Madonna io sol vorrei
1541/18, no. 9 Madrigal

Verdelot, Philippe. Madonna io v'amo & taccio
1541/17, p. 32 Madrigal

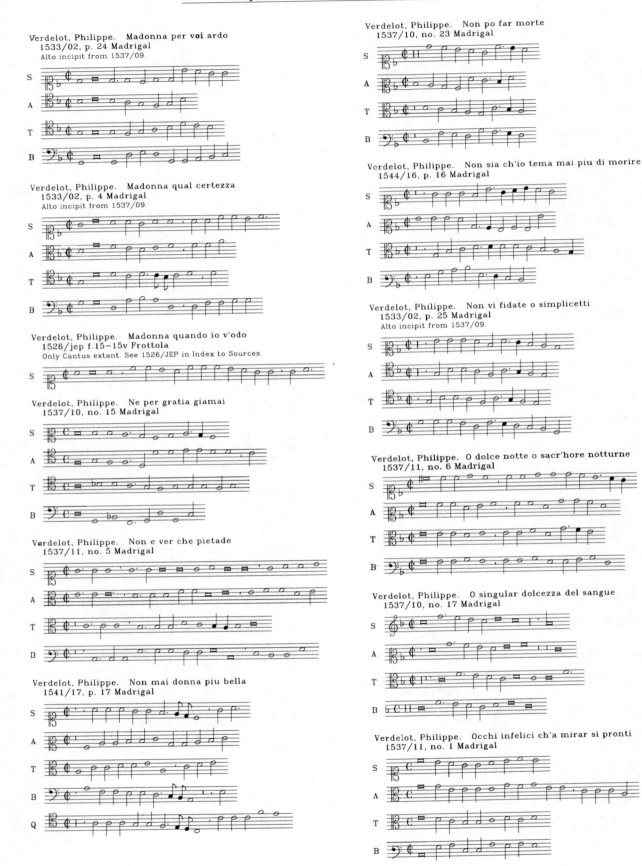

Verdelot, Philippe. Madonna per voi ardo
1533/02, p. 24 Madrigal
Alto incipit from 1537/09.

Verdelot, Philippe. Madonna qual certezza
1533/02, p. 4 Madrigal
Alto incipit from 1537/09.

Verdelot, Philippe. Madonna quando io v'odo
1526/jep f.15–15v Frottola
Only Cantus extant. See 1526/JEP in Index to Sources.

Verdelot, Philippe. Ne per gratia giamai
1537/10, no. 15 Madrigal

Verdelot, Philippe. Non e ver che pietade
1537/11, no. 5 Madrigal

Verdelot, Philippe. Non mai donna piu bella
1541/17, p. 17 Madrigal

Verdelot, Philippe. Non po far morte
1537/10, no. 23 Madrigal

Verdelot, Philippe. Non sia ch'io tema mai piu di morire
1544/16, p. 16 Madrigal

Verdelot, Philippe. Non vi fidate o simplicetti
1533/02, p. 25 Madrigal
Alto incipit from 1537/09.

Verdelot, Philippe. O dolce notte o sacr'hore notturne
1537/11, no. 6 Madrigal

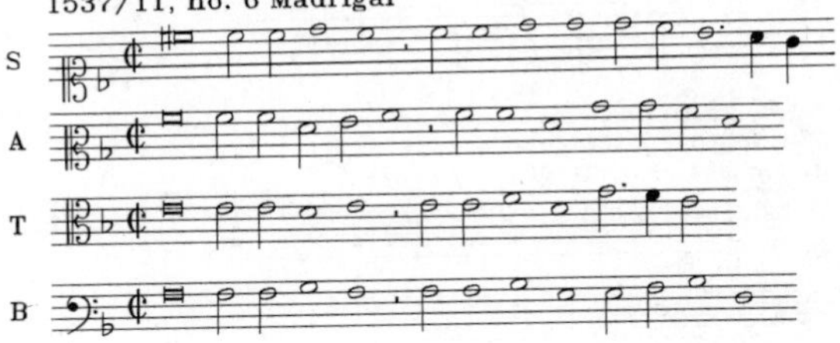

Verdelot, Philippe. O singular dolcezza del sangue
1537/10, no. 17 Madrigal

Verdelot, Philippe. Occhi infelici ch'a mirar si pronti
1537/11, no. 1 Madrigal

Verdelot, Philippe. Ogn'hor per voi sospiro
1537/10, no. 14 Madrigal

Verdelot, Philippe. Passer mai solitari'in alcun
1541/18, no. 38 Madrigal

Verdelot, Philippe. Perche piu acerba set'et piu rubella
1557/16, p. 38 Madrigal

Verdelot, Philippe. Piove da gli occhi della donna mia
1533/02, p. 18 Madrigal
Alto incipit from 1537/09.

Verdelot, Philippe. Pur troppo donna in van
1540/18, p. 33 Madrigal

Verdelot, Philippe. Qual maraviglia o donna
1537/10, no. 21 Madrigal

Verdelot, Philippe. Quando amor i begli occhi
1541/18, no. 27 Madrigal

Verdelot, Philippe. Quando amor i begli occhi
1533/02, p. 2 Madrigal
Alto incipit from 1537/09.

Verdelot, Philippe. Quando benigna stella
1546/19, p. 21 Madrigal
Attributed to Anonymous in 1541/16.

Verdelot, Philippe. Quando havran fin'Amor li affani
1538/21, p. 4 Madrigal

Verdelot, Philippe. Quando maddonn'amor lasso
1541/18, no. 63 Madrigal

Verdelot, Philippe. Quando madonna io vengo
1537/11, no. 4 Madrigal

Verdelot, Philippe. Quando nascesti amore
1546/19, p. 29 Madrigal

Verdelot, Philippe. Quanto hai lasso il morir
1538/21, p. 11 Madrigal

Verdelot, Philippe. Quanto sia lieto il giorno
1533/02, p. 1 Madrigal
Cantus incipit from 1541/18; Alto from 1537/09.

Verdelot, Philippe. Quella che sospirando ogn'or
1534/15, f. 14–14v Madrigal
Tenor from 1541/18. Alto from 1530/02.

Verdelot, Philippe. S'io pensassi madonna che mia morte
1533/02, p. 21 Madrigal
Alto incipit from 1537/09.

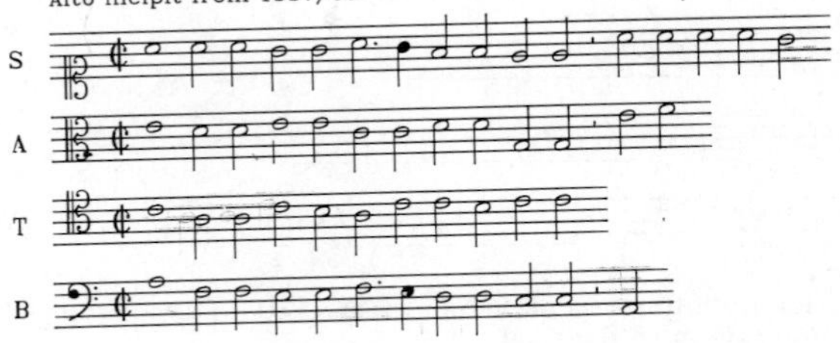

Verdelot, Philippe. Se del mio amor temete
1537/10, no. 24 Madrigal

Verdelot, Philippe. Se del mio amor tenete
1534/15, f. 10v–11 Madrigal
Tenor partbook missing. Alto from 1530/02.

Verdelot, Philippe. Se dimostrarvi a pieno
1537/10, no. 13 Madrigal

Verdelot, Philippe. Se gli occhi ond'io tutt'ardo
1537/11, no. 8 Madrigal

Verdelot, Philippe. Se in voi fosse pieta
1538/21, p. 12 Madrigal

Verdelot, Philippe. Se l'ardor foss'equale
1541/18, no. 14 Madrigal

Verdelot, Philippe Se lieta, e grata morte
1533/02, p. 15 Madrigal
Alto incipit fro 1537/09 text reads "Si lieta.." in 1541/18.

Verdelot, Philippe. Se mai provasti donna qual sia amore
1533/02, p. 10 Madrigal
Alto incipit from 1537/09.

Verdelot, Philippe. Se voi porgesti una sol siata
1533/02, p. 20 Madrigal
Alto incipit from 1537/09.

Verdelot, Philippe. Si come chiar si vede
1540/18, p. 10 Madrigal

Verdelot, Philippe. Trist'amarilli mia dungu'e
1541/18, no. 58 Madrigal

Verdelot, Philippe. Tu che potevi sol in quest'etade
1546/19, p. 8 Madrigal
Attributed to Anonymous in 1541/16.

Verdelot, Philippe. Ultimi miei sospiri che mi lasciate
1546/19, p. 1 Madrigal

Verdelot, Philippe. Vita de la mia vita
1533/02, p. 16 Madrigal
Alto incipit from 1537/09.

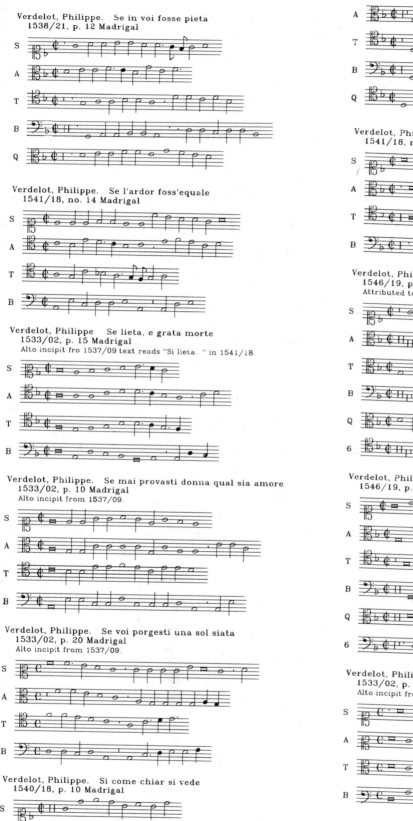

Verdelot, Philippe. I vostri acuti dardi mi fano
1537/10, no. 11 Madrigal

Verdonch, Cornelio. A che piu strali Amor
1594/07, f. 2v Madrigal

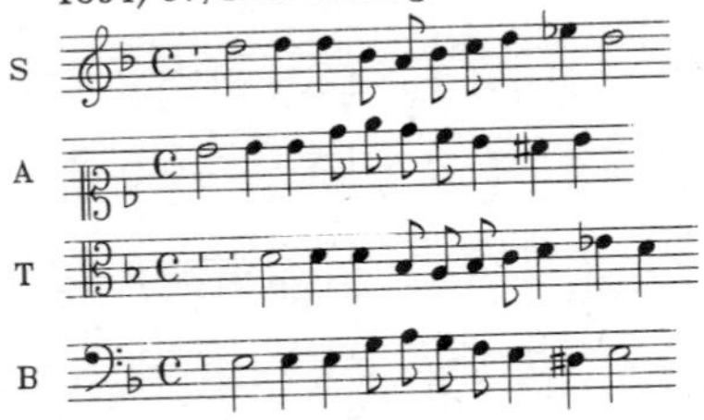

Verdonch, Cornelio. Che giova posseder citadi e regni
1596/08, p. 26 Madrigal
Quintus and Bass II partbooks missing.

Verdonch, Cornelio. Dhe come bella sete gentil madonna
1581/07, p. 50–51 Madrigal
CORNELIO VERDONCK DISCEPLO DELL'AUTORE. (S. Cornet.)(Canto missing.)

Verdonch, Cornelio. Dissi a l'amata mia lucida stella
1590/19, f. 17 Bicinium

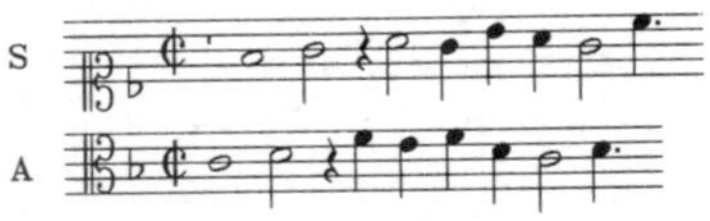

Verdonch, Cornelio. Donna bella e gentile
1594/08, f. 4v Madrigal

Verdonch, Cornelio. Fiammeggiavan due stelle a me
1594/07, f. 14 Madrigal
Bass meter signature differs from other voices.

Verdonch, Cornelio. Lasso che per le piagge
1597/15, p. 15v–16 Madrigal

Verdonch, Cornelio. Lungi da voi mia vita
1590/19, f. 18v–19 Bicinium

Verdonch, Cornelio. Non sia nessun ch'i suoi perduti
1596/10, p. 35 Madrigal

Verdonch, Cornelio. O come e gran martire
1590/19, f. 15v–16 Bicinium

Verdonch, Cornelio. Un Ape esser vorrei
1594/08, f. 29v Madrigal

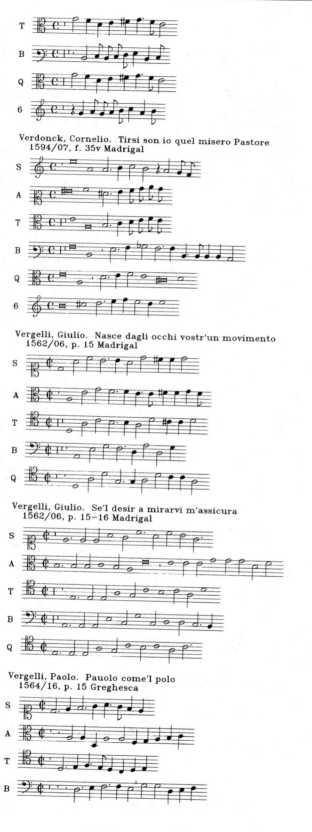

Verdonck, Cornelio. Tirsi son io quel misero Pastore
1594/07, f. 35v Madrigal

Vergelli, Giulio. Nasce dagli occhi vostr'un movimento
1562/06, p. 15 Madrigal

Vergelli, Giulio. Se'l desir a mirarvi m'assicura
1562/06, p. 15–16 Madrigal

Vergelli, Paolo. Pauolo come'l polo
1564/16, p. 15 Greghesca

Verona, Grisostimo da. Ampia viva fornace del divin
1563/07, p. 13–14 Madrigal

Verona, Grisostimo da. Et prego che dinanc'al tuo diletto
1563/07, p. 19 Madrigal

Verona, Grisostimo da. O foss'il mio cor fieno
1563/07, p. 20 Canzona

Verovio, Simone. Gesu sommo conforto
1586/02, f. 10 Canzonetta

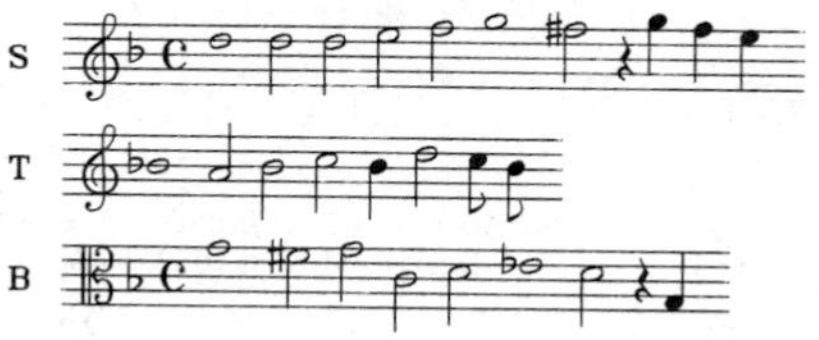

Verrecorenais, Matthias Herman SEE Herman. Matthias

Verso, Antonio il. SEE ALSO Il Verso, Antonio.

Verso, Antonio il. Al'ultimo bisogno o miser alma
1592/17, p. 31 Madrigal
Canto partbook missing.

Verso, Antonio il. Datemi pace o duri miei pensieri
1592/17, p. 15 Madrigal
Canto partbook missing.

Verso, Antonio il. Filli cara & amata
1592/17, p. 11 Madrigal
Canto partbook missing.

Verso, Antonio il. Onde tols'Amor l'oro
1592/17, . 23 Madrigal
ANTONIO IL VERSO DISCEPOLO DEL VINCI. (Canto missing.)

Vespa, Girolamo. Ditemi o diva mia non son questi
1583/15, f. 10v Madrigal

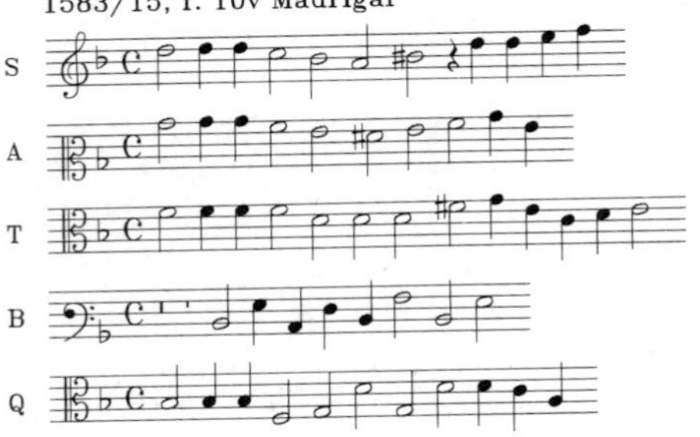

Vespa, Girolamo. Madonna se volete del mio fidel
1583/14, f. 21 Madrigal

Viadana, Lodovico. Mentre vago Augeletto
1598/07, p. 6–7 Madrigal

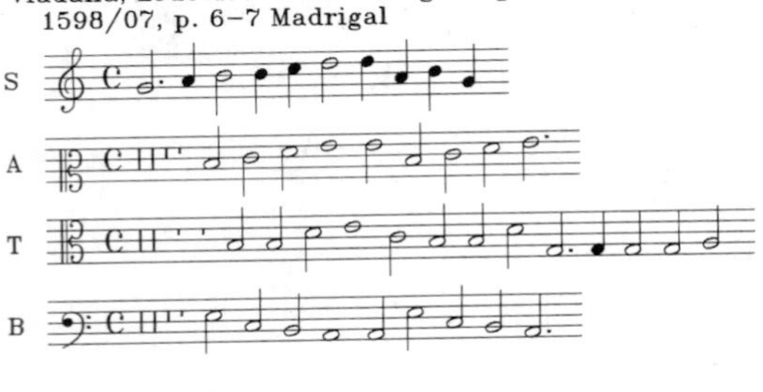

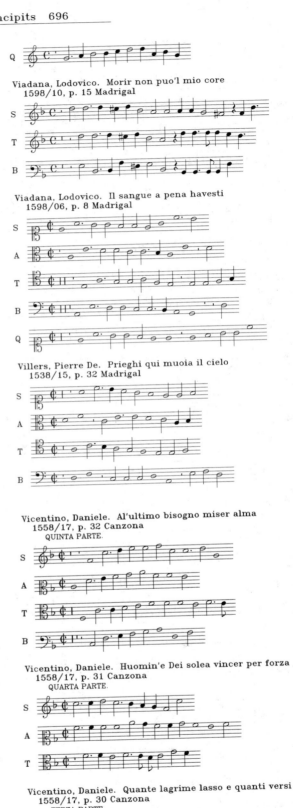

Viadana, Lodovico. Morir non puo'l mio core
1598/10, p. 15 Madrigal

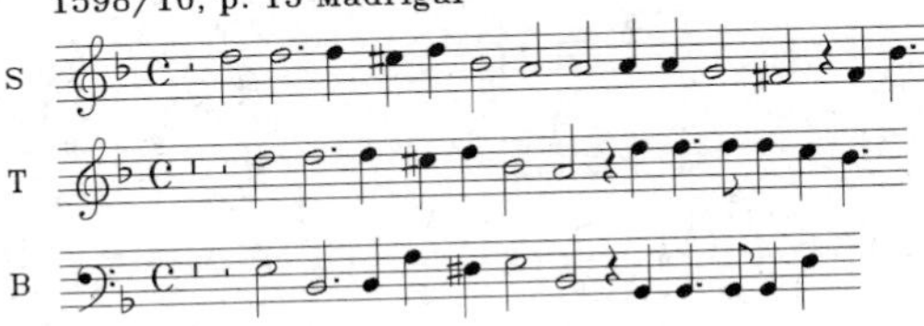

Viadana, Lodovico. Il sangue a pena havesti
1598/06, p. 8 Madrigal

Villers, Pierre De. Prieghi qui muoia il cielo
1538/15, p. 32 Madrigal

Vicentino, Daniele. Al'ultimo bisogno miser alma
1558/17, p. 32 Canzona
QUINTA PARTE.

Vicentino, Daniele. Huomin'e Dei solea vincer per forza
1558/17, p. 31 Canzona
QUARTA PARTE.

Vicentino, Daniele. Quante lagrime lasso e quanti versi
1558/17, p. 30 Canzona
TERZA PARTE.

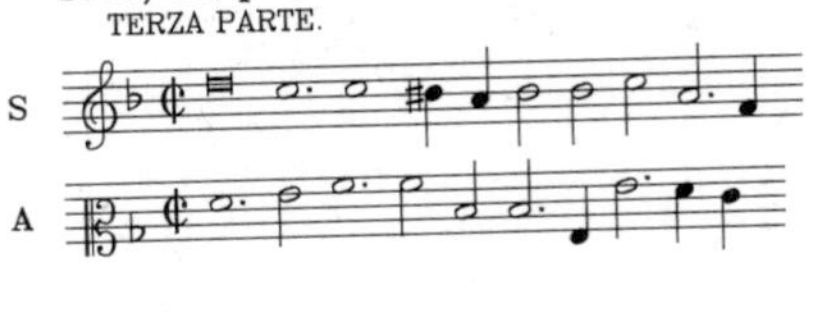

Vicentino, Daniele. Ridon hor per le piagge
1558/17, p. 33 Canzona
SESTA PARTE.

Vicentino, Daniele. Temprar potess'io in si soavi note
1558/17, p. 29 Canzona
SECONDA PARTE.

Vicentino, Daniele. La ver l'aurora che si dolce
1558/17, p. 28 Canzona
CANZON DI FRA DANIELE.

Vicus, A. Amanti lo dico a quei
1530/01, f. 5–6 Frottola
Only Alto partbook extant.

Vidue, Hettore. Baciami filli
1566/23, p. 3 Madrigal

Vidue, Hettore. Ben si vedra se la nemica mia
1559/23, p. 16 Madrigal

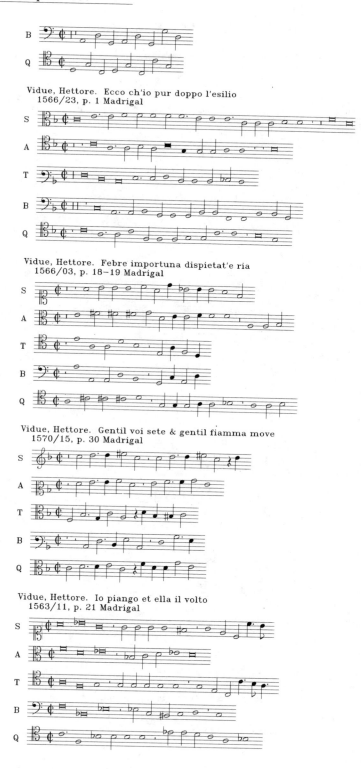

Vidue, Hettore. Ecco ch'io pur doppo l'esilio
1566/23, p. 1 Madrigal

Vidue, Hettore. Febre importuna dispietat'e ria
1566/03, p. 18–19 Madrigal

Vidue, Hettore. Gentil voi sete & gentil fiamma move
1570/15, p. 30 Madrigal

Vidue, Hettore. Io piango et ella il volto
1563/11, p. 21 Madrigal

Vidue, Hettore. Io vo piangendo i miei passati
1566/03, p. 17 Madrigal

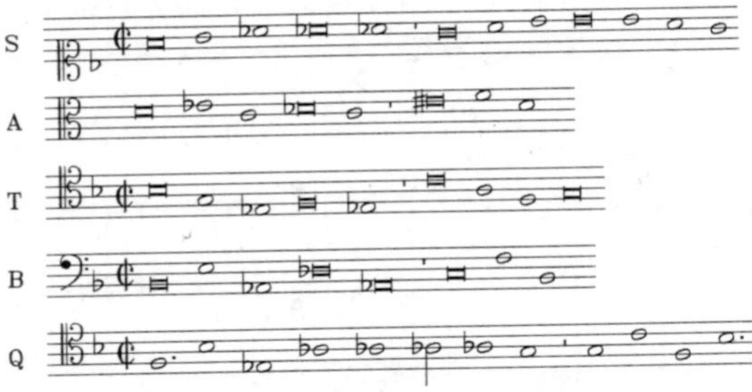

Vidue, Hettore. Laura soave con il lieve fiato
1566/23, p. 2 Madrigal

Vidue, Hettore. Quell'occhi d'eban'ch'in auroio
1566/03, p. 19–20 Madrigal
SECONDA PARTE.

Vidue, Hettore. Si che s'io vissi in guerra
1566/03, p. 18 Madrigal
SECONDA PARTE.

Villanova. S'io di te penso e del tuo amor
1600/05, p. 13 Lauda
ALL NUNCIATA DI NAPOLI. (Compare Macque in 1600/05.)

Villers, Pierre De. Prieghi qui muoia il cielo
1538/15, p. 32 Madrigal

Vinci, Pietro. A l'ultimo bisogn'o miser alma
1567/24, p. 34 Madrigal
STANZA QUINTA.

Vinci, Pietro. A qualunque anima'e alberga in terra
1583/19, p. 9 Madrigal
SESTINA. PRIMA STANZA.

Vinci, Pietro. All'hor riprende ardir
1579/02, p. 16–17 Madrigal

Vinci, Pietro. Alma Isabella l'orchio
1583/20, p. 4 Madrigal
ALL' ILL. SIGNORA DONNA ISABELLA LONDONIA.

B
Q
6

Vinci, Pietro. Amor fortuna e la mia mente schiva
1567/24, p. 15 Madrigal

S
A
T
B
Q

Vinci, Pietro. Amor fra l'herbe una leggiadre
1583/19, p. 15 Madrigal

S
A
T
B
Q
6

Vinci, Pietro. Amor m'ha posto come segn'strale
1564/20, p. 11 Madrigal
PRIMA PARTE.

S
A
T
B
Q

Vinci, Pietro. Amor tacendo la bellezza vostra
1583/20, p. 16 Madrigal

S
A
T
B
Q
6

Vinci, Pietro. Amor tu'l senti ond'io teco
1564/20, p. 2 Madrigal
SECONDA STANZA.

S
A
T
B
Q

Vinci, Pietro. Andra sempre si altiero
1583/20, p. 27 Canzona
SECONDA STANZA.

S
A
T
B
Q
6

Vinci, Pietro. Un'ape esser vorrei
1584/11, p. 25 Madrigal

S
A
T
B
Q

Vinci, Pietro. Bagn'er'io & almo ove solean
1583/20, p. 24 Madrigal
A. M. BENEDETTO BAGNERIO.

S
A
T
B
Q
6

Vinci, Pietro. La bella pargoletta
1584/11, p. 27 Madrigal

Vinci, Pietro. Ben fu l'ape ingegnosa
1583/12, p. 18 Madrigal

Vinci, Pietro. Ben riconosco in voi l'usate forme
1564/20, p. 14 Madrigal
SECONDA PARTE.

Vinci, Pietro. Benigne stelle che campagne sersi
1584/11, p. 22 Madrigal
SETTIMA STANZA.

Vinci, Pietro. Caduta e la tua gloria e tu nol vedi
1564/20, p. 3 Madrigal
TERZA STANZA.

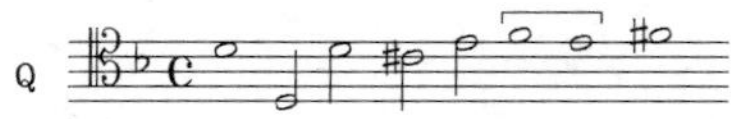

Vinci, Pietro. Caro dolce ben mio perche fuggire
1575/12, p. 21 Madrigal
A 6

Vinci, Pietro. Che com'i miei pensier
1567/24, p. 18 Madrigal
SECONDA PARTE.

Vinci, Pietro. Che debbo far che mi consigli amore
1564/20, p. 1 Madrigal
CANZON PRIMA STANZA.

Vinci, Pietro. Che se'in princip'illustri e cosa
1564/20, p. 10 Madrigal

Vinci, Pietro. Chi fia mai che mi sleghi
1583/20, p. 11 Madrigal

T B Q 6

Vinci, Pietro. Chi non sa che chi v'ama
1583/19, p. 6–7 Madrigal

S A T B Q 6

Vinci, Pietro. Com'esser puo Tiranno ingrato
1583/20, p. 19 Madrigal

S A T B Q 6

Vinci, Pietro. Con lei foss'io da che si parte
1583/19, p. 14 Madrigal
SESTA PARTE.

S A T B Q 6

Vinci, Pietro. Consumando mi vo di piaggia
1567/24, p. 10 Madrigal

S A T

B Q

Vinci, Pietro. Cosi vuol mia ventura over mio fallo
1584/11, p. 31 Madrigal
ULTIMA STANZA.

S A T B Q

Vinci, Pietro. Costei volgendo gl'occh'il paradiso
1564/20, p. 19 Madrigal
SECONDA PARTE.

S A T B Q

Vinci, Pietro. Cresci vago & adorno
1583/20, p. 21 Madrigal

S A T B Q 6

Vinci, Pietro. D'una terrena stella
1583/20, p. 8 Madrigal

S A T B Q 6

Vinci, Pietro. Da me son fatti i miei pensier
1584/11, p. 21 Madrigal
SESTA STANZA.

Vinci, Pietro. Datemi pace o duri miei pensieri
1567/24, p. 25 Madrigal
Compare A. Stringario in 1514/02.

Vinci, Pietro. Del vostro nome se mie rime intese
1564/20, p. 28 Madrigal
SECONDA PARTE.

Vinci, Pietro. Di quanto per amor giamai soffersi
1584/11, p. 18 Madrigal
TERZA STANZA.

Vinci, Pietro. Ditemi o donna mia ditemi un poco
1584/11, p. 24 Madrigal

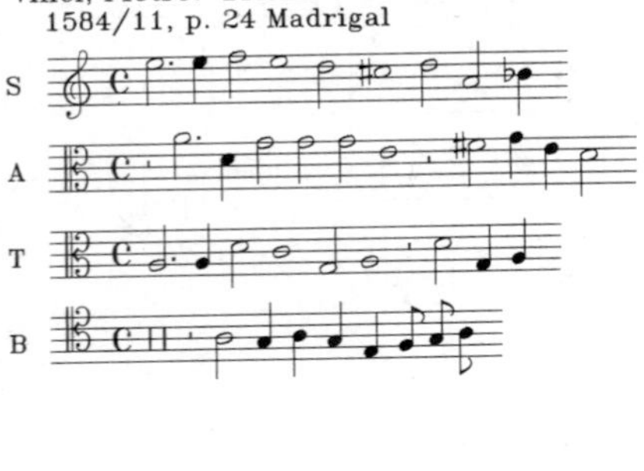

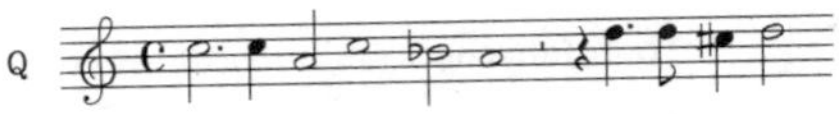

Vinci, Pietro. Donna Reale anzi Dea ver'e pura
1564/20, p. 18 Madrigal
PRIMA PARTE

Vinci, Pietro. Donna voi che miraste sua beltade
1564/20, p. 6 Madrigal
SESTA STANZA.

Vinci, Pietro. Donne leggiadre belle
1584/11, p. 4 Madrigal

Vinci, Pietro. Dunque perche mi date tanta guerra?
1567/24, p. 20 Madrigal
SECONDA PARTE.

Vinci, Pietro. E poi che'l fren per forza
1567/24, p. 6 Madrigal
SECONDA PARTE.

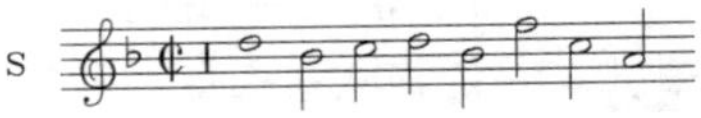

Vinci, Pietro. E'l chiaro lume che sparir fa'l sole
1583/19, p. 16 Madrigal
SECONDA PARTE.

Vinci, Pietro. Ella si tac'e di pieta dipinta
1567/24, p. 22 Madrigal
SECONDA PARTE.

Vinci, Pietro. Es tan grave mi dolor
1583/20, p. 20 Madrigal

Vinci, Pietro. Et io da che comincia la bell'alba
1583/19, p. 10 Madrigal
SECONDA PARTE.

Vinci, Pietro. Et se pur s'arma tal hora a doler
1584/11, p. 17 Madrigal
SECONDA STANZA.

Vinci, Pietro. Fa che'l mio duro scempio
1583/20, p. 27 Canzona
TERZA STANZA.

Vinci, Pietro. Face d'amor non vive
1586/07, p. 19 Madrigal
DI SDEGNO. (Quintus partbook missing.)

Vinci, Pietro. Fede fiamme sospir lagrime e doglie
1584/11, p. 6 Madrigal
CANZONA PRIMA STANZA.

Vinci, Pietro. Fiamm'amorosa e bella
1583/20, p. 14 Madrigal

Vinci, Pietro. Fin che signor in piu robusta estate
1564/20, p. 9–10 Madrigal

Vinci, Pietro. Fuggi'l sereno e'l verde
1564/20, p. 8–9 Madrigal
OTTAVA E ULTIMA STANZA

Vinci, Pietro. Giovinetta gentil alma Grumella
1583/20, p. 15 Madrigal
ALL'ILL. SIGNORA FULVIA GRUMELLA.

Vinci, Pietro. Giunto m'amor
1567/24, p. 23 Madrigal

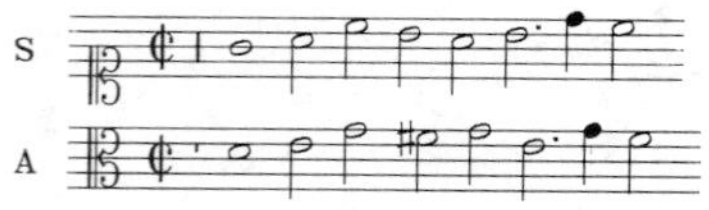

Vinci, Pietro. L'herbetta verde e i fior di color
1567/24, p. 4 Madrigal
SECONDA PARTE.

Vinci, Pietro. Hor pensate al mio mal qual esser
1584/11, p. 29 Madrigal
SECONDA STANZA.

Vinci, Pietro. Huomin'e Dei solea vincer per forza
1567/24, p. 33 Madrigal
STANZA QUARTA.

Vinci, Pietro. I vo piangendo i miei passati tempi
1583/19, p. 22 Madrigal

Vinci, Pietro. Imaginata guida la conduce
1564/20, p. 30 Madrigal

Vinci, Pietro. In te i secreti suoi messagg'Amore
1567/24, p. 26 Madrigal
SECONDA PARTE.

Vinci, Pietro. Io dalla mia virtute
1583/20, p. 28 Canzona
QUARTA STANZA.

Vinci, Pietro. Io felice sarei
1583/20, p. 17 Madrigal

Vinci, Pietro. Io saro sempr'avinto a tutte l'hore
1583/19, p. 8 Madrigal

Vinci, Pietro. Lagrima adunque che da gl'occhi
1584/11, p. 20 Madrigal
QUINTA STANZA.

Vinci, Pietro. Lasciatemi morire
1583/19, p. 6 Madrigal

Vinci, Pietro. Laura che'l verde laur'e l'aureo
1564/20, p. 19–20 Madrigal
PRIMA PARTE.

Vinci, Pietro. Laura gentil che rasserena i pioggi
1564/20, p. 23 Madrigal
PRIMA PARTE.

Vinci, Pietro. Laura mia sara il mio stanco riposo
1567/24, p. 21 Madrigal

S A T B Q

Vinci, Pietro. Laura serena che fra verdi fronde
1564/20, p. 21 Madrigal
PRIMA PARTE.

S A T B Q

Vinci, Pietro. La lira che'l mi pot'hebbe
1567/24, p. 7 Madrigal

S A T B Q

Vinci, Pietro. Lumi de l'alma mia
1584/11, p. 7 Madrigal
SECONDA STANZA.

S A T B Q

Vinci, Pietro. Ma l'hora e'l giorno ch'io le luci
1584/11, p. 19 Madrigal
QUARTA STANZA.

S A T B

Q

Vinci, Pietro. Ma'l suon che di dolcezz'ai sensi
1567/24, p. 14 Madrigal
SECONDA PARTE.

S A T B Q

Vinci, Pietro. Marmo fui che percosso gettai favill
1583/20, p. 13 Madrigal

S A T B Q 6

Vinci, Pietro. Mentre che'l cor da gli amorosi
1564/20, p. 15–16 Madrigal

S A T B Q

Vinci, Pietro. Miracol novo ov'e la tua luce
1583/20, p. 30 Canzona
ALL'ILL. S. DON CARLO LONDONIO. (a 12.)

1 2 3 4 5 6 7 8

Vinci, Pietro. Miser alma perche
1583/20, p. 12 Madrigal

Vinci, Pietro. Muse del sacro Aonio
1583/20, p. 3 Madrigal
AL M. ILL. S. DEA ANT. LONDONIO

Vinci, Pietro. Ne l'eta sua piu bell'e piu fiorita
1567/24, p. 17 Madrigal

Vinci, Pietro. Ne spero i dolci tornino
1567/24, p. 16 Madrigal
SECONDA PARTE.

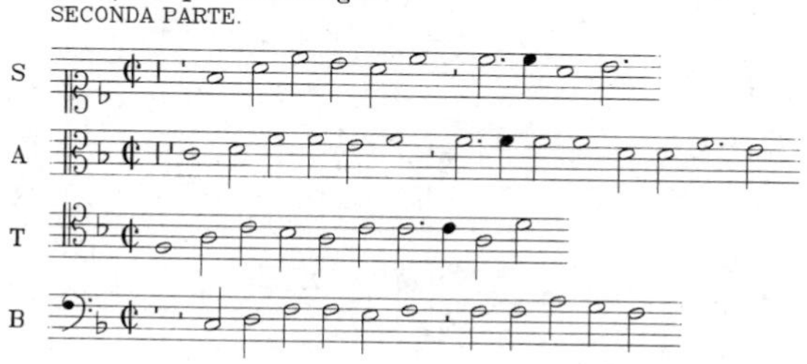

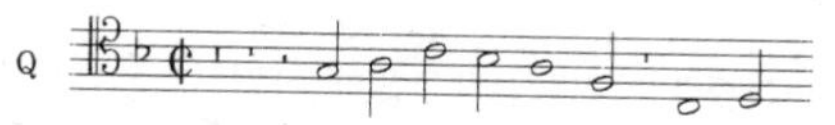

Vinci, Pietro. Ne tante volte ti vedro giamai
1564/20, p. 17–18 Madrigal

Vinci, Pietro. Nel bianco aperto seno
1584/11, p. 11 Madrigal

Vinci, Pietro. Nel qual provo dolcezza tant'e tale
1564/20, p. 24 Madrigal
SECONDA PARTE

Vinci, Pietro. Non credo che pascesse mai
1583/19, p. 12 Madrigal
QUARTA PARTE.

Vinci, Pietro. Non ha'l ciel tante stelle
1584/11, p. 5 Madrigal
SECONDA PARTE.

Vinci, Pietro. Non vid'un simil par d'amant'il sole
1564/20, p. 9 Madrigal

Vinci, Pietro. Nulla posso levar io per mio'ngegno
1567/24, p. 24 Madrigal
SECONDA PARTE.

Vinci, Pietro. O d'ardente virtut'ornat'e calda
1564/20, p. 27 Madrigal
PRIMA PARTE.

Vinci, Pietro. Occhi miei oscurat'e'l nostro sole
1567/24, p. 19 Madrigal

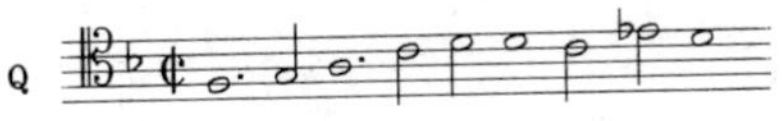

Vinci, Pietro. Oime terra e fatt'il suo bel viso
1564/20, p. 4 Madrigal
QUARTA STANZA.

Vinci, Pietro. Parmi d'udirla udend'i rami
1567/24, p. 28 Madrigal
SECONDA PARTE.

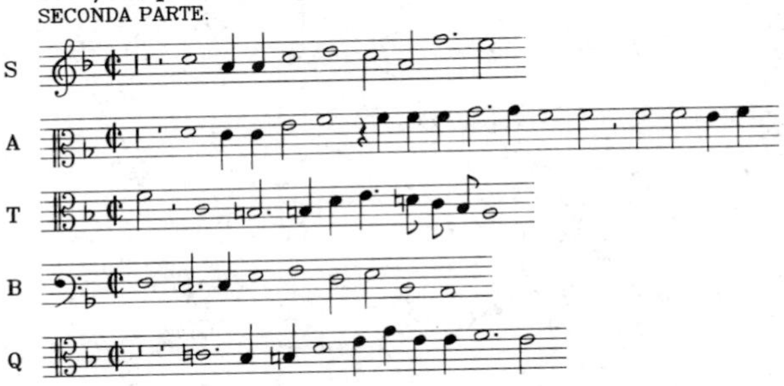

Vinci, Pietro. Passa la nave mia colma d'oblio
1583/19, p. 3 Madrigal

Vinci, Pietro. I pensier son saette
1564/20, p. 12 Madrigal
SECONDA PARTE.

Vinci, Pietro. Penso tal hor come lucente stella
1583/20, p. 9 Madrigal

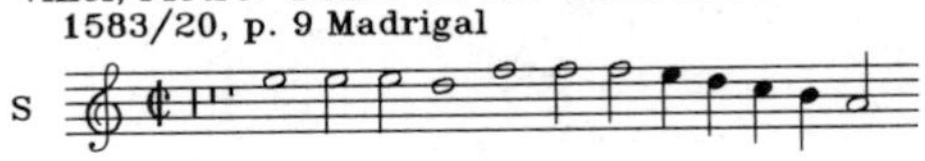

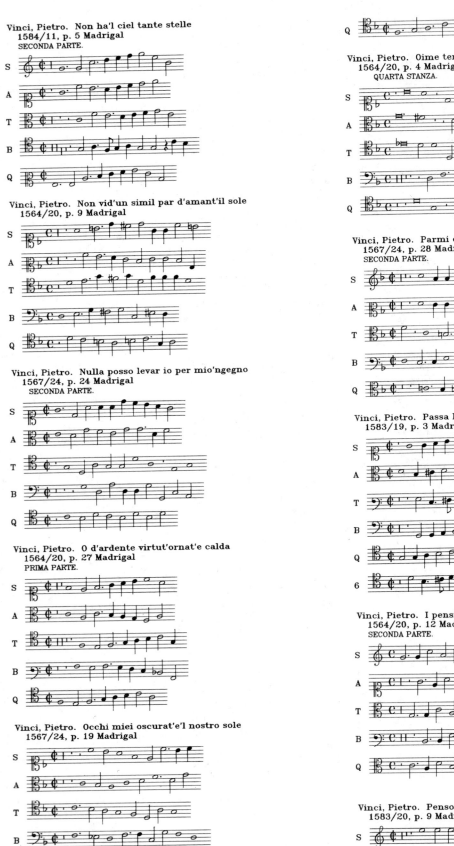

Vinci, Pietro. Per mezz'i bosch'inhospite
1567/24, p. 27 Madrigal

Vinci, Pietro. Per pianto la mia carne si destalla
1584/11, p. 28 Madrigal
CANZONA PRIMA STANZA.

Vinci, Pietro. Perche'n voi vive
1584/11, p. 8 Madrigal
TERZA STANZA.

Vinci, Pietro. Piacciavi adunque far priego riparo
1567/24, p. 2 Madrigal
SECONDA PARTE.

Vinci, Pietro. Il pie vago move a vezzosa pastorell
1583/20, p. 6 Madrigal

Vinci, Pietro. Pioggia di lagrimar nobbia disdegni
1583/19, p. 4 Madrigal
SECONDA PARTE.

Vinci, Pietro. Piu che mai bell'e piu leggiadra
1564/20, p. 5 Madrigal
QUINTA STANZA.

Vinci, Pietro. Pon fren'al gran dolor
1564/20, p. 7 Madrigal
SETTIMA STANZA.

Vinci, Pietro. Prima ch'io torni a voi lucenti
1583/19, p. 13 Madrigal
QUINTA PARTE.

Vinci, Pietro. Pur mi dara tanto baldanz'amore
1564/20, p. 26 Madrigal
SECONDA PARTE.

Vinci, Pietro. Le quali ella spargea si dolcemente
1564/20, p. 22 Madrigal
SECONDA PARTE.

Vinci, Pietro Quand'amor i begl'occh'a terra
1567/24, p. 13 Madrigal

Vinci, Pietro Quand'il mio cor da l'amoros'
1567/24, p. 11 Madrigal

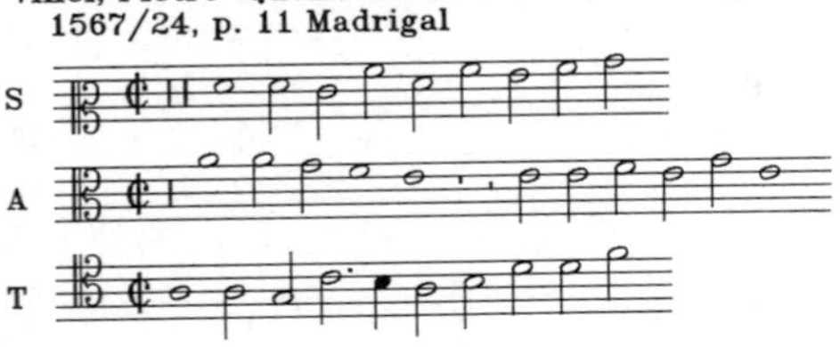

Vinci, Pietro. Quand'io veggio dal ciel scender
1592/17, p. 5 Madrigal
Canto partbook missing.

Vinci, Pietro Quando dal proprio sito si rimove
1579/02, p. 16 Madrigal

Vinci, Pietro Quando havra gioia e pace
1583/20, p. 29 Canzona
QUINTA STANZA.

Vinci, Pietro. Quando la sera sciaccia il chiaro
1583/19, p. 11 Madrigal

Vinci, Pietro Quante lagrime lasso e quanti versi
1567/24, p. 32 Madrigal
STANZA TERZA.

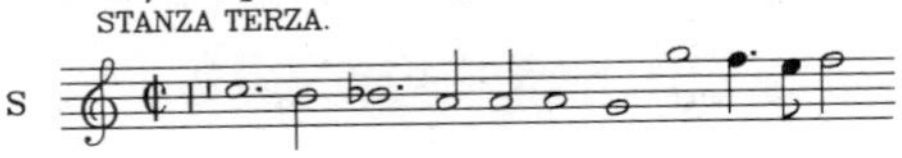

Vinci, Pietro. Quantunque a voi lontano
1583/19, p. 17 Madrigal .
SECONDA PARTE.

Vinci, Pietro Quel foc'e morto e'l copre
1564/20, p. 16 Madrigal

Vinci, Pietro. Questa donna
1583/19, p. 5 Madrigal

Vinci, Pietro Queste mie note in tenebroso nido
1567/24, p. 1 Madrigal

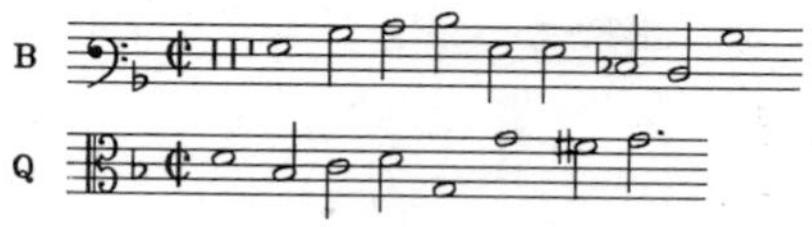

Vinci, Pietro Questo dimando ai mio servir
1584/11, p. 9 Madrigal
ULTIMA STANZA.

Vinci, Pietro Quivi sospir con piant'et alti guai
1584/11, p. 10 Madrigal
AL ILLUSTRE SIGNOR & LA SIGNOR DONNA ISABELLA.

Vinci, Pietro Ridon hor per le piagge
1567/24, p. 35 Madrigal
ULTIMA STANZA.

Vinci, Pietro S'amor novo consiglio non m'apporta
1564/20, p. 29 Madrigal

Vinci, Pietro Sappi signor che Lidia son io
1583/15, f. 19v Madrigal

Vinci, Pietro Scielto fior de gli Heroi
1584/11, p. 3 Madrigal
AL MOLTO ILLUSTRE SIG. DON ANTONIO LONDONIO.

Vinci, Pietro Se la memoria di quei chiari spiri
1567/24, p. 9 Madrigal
SECONDA PARTE.

Vinci, Pietro Se la mia vita da l'aspro tormento
1564/20, p. 25 Madrigal
PRIMA PARTE.

Vinci, Pietro Si ch'io non veggo'il gran publico
1564/20, p. 21 Madrigal
SECONDA PARTE.

Vinci, Pietro. Si che s'io vissi in guerra
1583/19, p. 22 Madrigal
SECONDA PARTE.

Vinci, Pietro Si dolce e d'amar voi lo mio desio
1584/11, p. 26 Madrigal

Vinci, Pietro Si m'e dolce il tormento
1584/11, p. 30 Madrigal
TERZA STANZA.

Vinci, Pietro Si traviato e il folle mio desio
1567/24, p. 5 Madrigal

Vinci, Pietro. So io ben ch'a voler chiuder
1584/11, p. 23 Madrigal
OTTAVA STANZA.

Vinci, Pietro. Sommo Signor e Dio
1583/20, p. 26 Canzona

Vinci, Pietro. Stella lucida e pura
1583/20, p. 7 Madrigal

Vinci, Pietro. Stiamo amor a veder la gloria
1567/24, p. 3 Madrigal

Vinci, Pietro. Tanto piacer prov'io tanta dolcezza
1583/20, p. 5 Madrigal

Vinci, Pietro. Temprar potess'in si soavi
1564/20, p. 31 Madrigal

Vinci, Pietro. Tra le piu belle treccie
1567/24, p. 12 Madrigal
SECONDA PARTE.

Vinci, Pietro. Tuo fiat'e dir l'alte vittori
1567/24, p. 8 Madrigal
SECONDA PARTE.

Vinci, Pietro. Uscia l'aurora gia de l'oriente
1583/20, p. 23 Madrigal

Vinci, Pietro Valle che di lamenti miei
1564/20, p. 13 Madrigal
PRIMA PARTE.

Vinci, Pietro. La ver l'aurora che si dolce Laura
1567/24, p. 30 Madrigal
SESTINA. STANZA PRIMA.

Vinci, Pietro Verdi panni sanguigni
1584/11, p. 16 Madrigal
CANZONA PRIMA STANZA.

Vinci, Pietro Voi sola mi poneste in petto
1583/19, p. 18 Madrigal

Vinci, Pietro. Voi volete ch'io mora
1583/20, p. 18 Madrigal

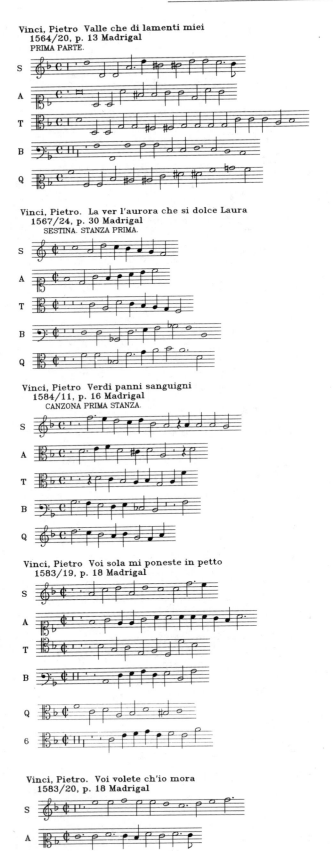

Vinciguerra, Gasparo. E m'ho messo per certo in fanta
1570/17, p. 46–47 Giustiniana

Vinciguerra, Gasparo. L'e una mala cosa
1570/17, p. 43 Giustiniana

Vinciguerra, Gasparo. Vu se la vita mia allegrezza
1570/17, p. 44–45 Giustiniana

Viola, Alfonso Della. A pie d'un chiaro fonte
1542/16, p. 32 Madrigal

Viola, Alfonso Della. Amor mi fa morire
1543/18, p. 4–5 Madrigal

Viola, Alfonso Della. Che dolce piu che piu giocando
1542/16, p. 26 Madrigal

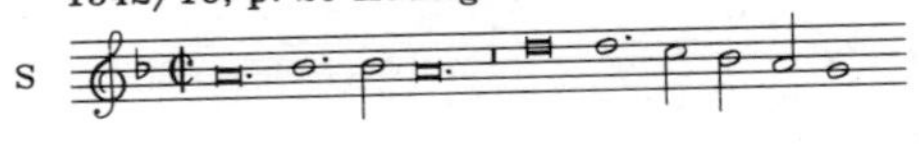

Viola, Alfonso Della. Fra le cose qua giu maravigliose
1542/16, p. 23 Madrigal

Viola, Alfonso Della. Ingiustissimo amor perche si raro
1542/16, p. 15 Madrigal

Viola, Alfonso Della. Non tardar piu
1562/06, p. 11 Madrigal
SECONDA PARTE.

Viola, Alfonso Della. Se'l sol si scost'e lascia
1562/06, p. 3 Madrigal

Viola, Alfonso Della. Vener se per Adon fiamma d'Amore
1562/06, p. 11 Madrigal

Viola, Francesco. Altri con lieti suoni & dolci
1548/08, p. 21 Madrigal

Viola, Francesco. Altro che lagrimar gli occhi
1548/08, p. 7 Madrigal

Viola, Francesco. Chi non conosce Amore
1548/08, p. 17 Madrigal

Viola, Francesco. Cibo dolce et soave
1548/08, p. 1 Madrigal
PRIMA PARTE.

Viola, Francesco. Come poss'io scoprirv'il mio desio
1548/08, p. 3 Madrigal

Viola, Francesco. Deh perche non credete
1548/08, p. 26 Madrigal

Viola, Francesco. Felice chi dispensa il bel don
1548/08, p. 14 Madrigal

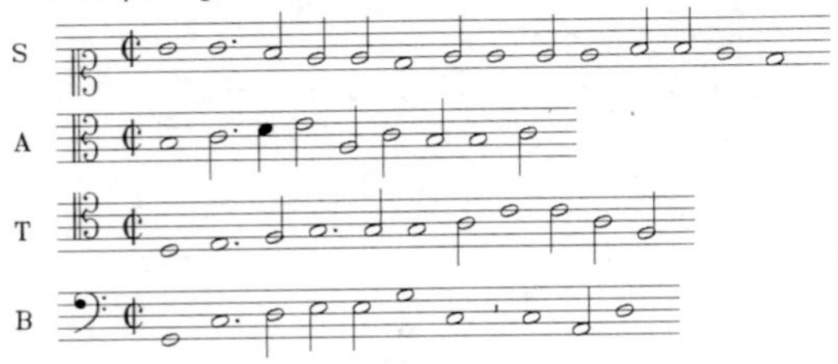

Viola, Francesco. In picciol tempo passa'ogni gran
1548/08, p. 13 Madrigal

Viola, Francesco. Lasso che puo dal'un'al'altro sole
1562/05, p. 15 Madrigal
SECONDA PARTE.

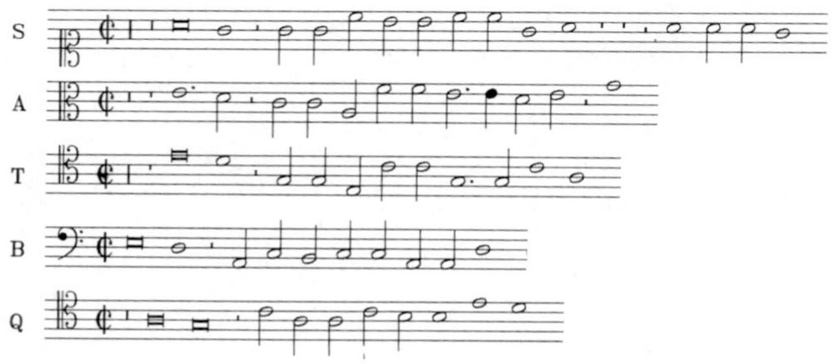

Viola, Francesco. Lasso s'io tremo
1548/08, p. 10 Madrigal

Viola, Francesco. Mirando vostr'angelica bellezza
1548/08, p. 33 Madrigal

Viola, Francesco. O quante volt'avien ch'io pregh
1548/08, p. 12 Madrigal

Viola, Francesco. Occhi sopr'al mortal corso sereni
1548/08, p. 16 Madrigal

Viola, Francesco. Pensai ch'ad ambi havesse tes'amore
1548/08, p. 19 Madrigal

Viola, Francesco. Poiche nostro servir ha per merce
1548/08, p. 25 Madrigal

Viola, Francesco. Se da vostr'occhi nasce'l Paradiso
1548/08, p. 27 Madrigal
SECONDA PARTE.

Viola, Francesco. Si vaga pastorella la veddi
1548/08, p. 22 Madrigal

Viola, Francesco. Siepi ch'il bel giardin
1548/08, p. 27 Madrigal

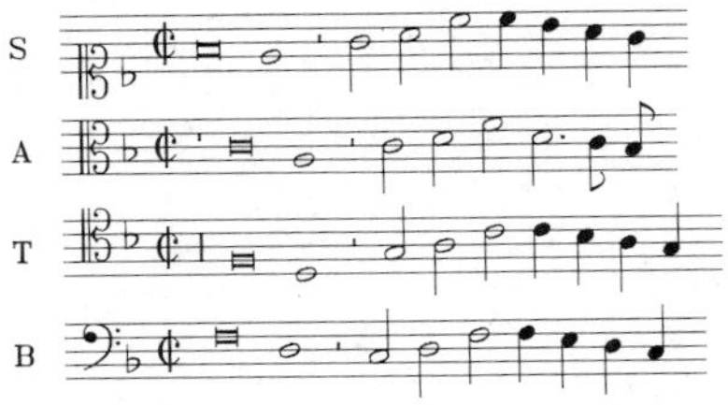

Viola, Francesco. Tutto il di piango & poi la notte
1562/05, p. 17 Madrigal

Viola, Francesco. La verginella e simil a la rosa
1548/08, p. 29 Madrigal

Viola, Francesco. Vivo sol di speranza rimembrando
1548/08, p. 23 Madrigal

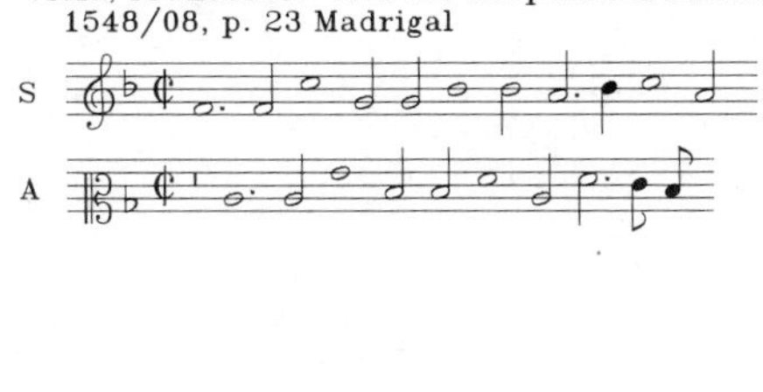

Viola, Francesco. Voi provedete Amore
1548/08, p. 27 Madrigal
SECONDA PARTE.

Violanti, Giovanni. Che t'ho fatto crudel
1574/05, p. 28 Villanella

Violanti, Giovanni. Ma di quel ch'io non spiego in voce
1579/05, p. 19 Madrigal
Only Sesto partbook extant.

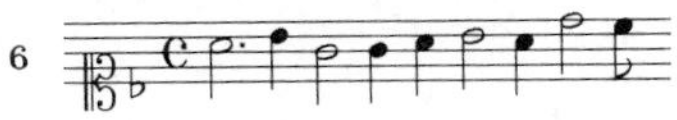

Violanti, Giovanni. O cruda gelosia perche mi victi
1574/06, p. 37 Villanella

Violanti, Giovanni. O saette d'amor
1583/14, f. 16 Madrigal

Violanti, Giovanni. Se fusti del mio amore
1574/05, p. 18 Villanella

Violanti, Giovanni. Vincavi la pieta del vero amore
1574/06, p. 39 Villanella

Violanti, Giovanni. Voi delle rime mie
1579/05, p. 20 Madrigal
Only Sesto partbook extant.

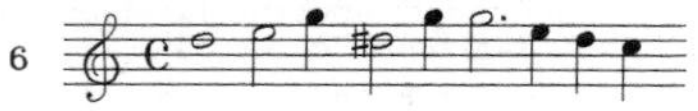

Virchi, Paolo. A Dio Titiro disse a dio rispose
1586/10, p. 15 Madrigal

Virchi, Paolo. Arsi mentre a voi piacque
1582/05, p. 18 Madrigal

Virchi, Paolo. Copre Madonna ad arte
1592/14, p. 17 Madrigal

Virchi, Paolo. Ero cosi dicea
1588/17, p. 13 Madrigal

Virchi, Paolo. Felice primavera
1583/10, f. 25 Madrigal

Vittaliano, Mattio. Zacco desir lodati
1560/20, p. 11 Madrigal
RISPOSTA DEL SIGNOR MATTIO VITTALIANO.

Vopa, Giov. Donato. Ahi strascurato cor ove ne vai
1585/30, p. 18 Madrigal

Vopa, Giov. Donato. Danzan le Ninfe honeste
1585/30, p. 15 Madrigal
SECONDA PARTE.

Vopa, Giov. Donato. Deh fammi degno
1585/30, p. 9 Madrigal
SECONDA PARTE.

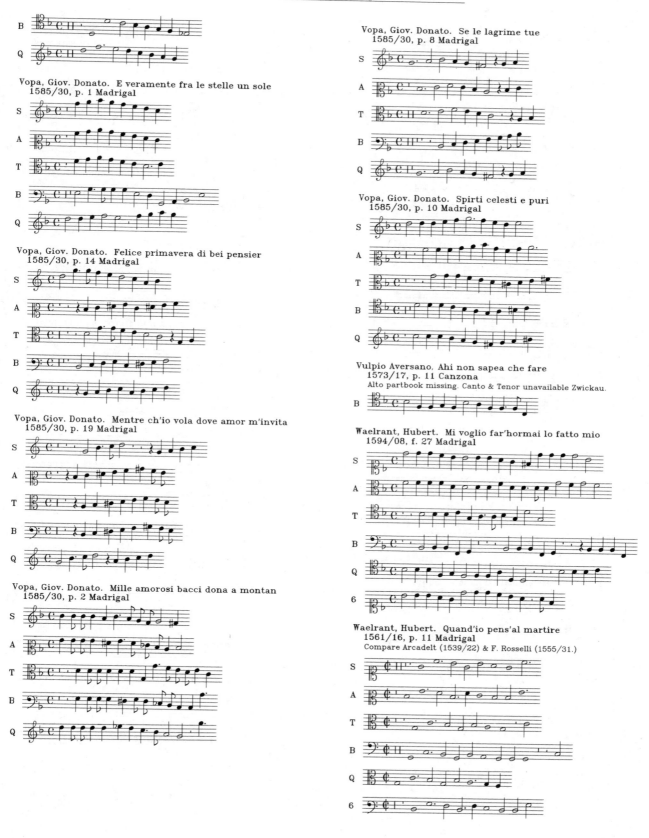

Vopa, Giov. Donato. E veramente fra le stelle un sole
1585/30, p. 1 Madrigal

Vopa, Giov. Donato. Felice primavera di bei pensier
1585/30, p. 14 Madrigal

Vopa, Giov. Donato. Mentre ch'io vola dove amor m'invita
1585/30, p. 19 Madrigal

Vopa, Giov. Donato. Mille amorosi bacci dona a montan
1585/30, p. 2 Madrigal

Vopa, Giov. Donato. Se le lagrime tue
1585/30, p. 8 Madrigal

Vopa, Giov. Donato. Spirti celesti e puri
1585/30, p. 10 Madrigal

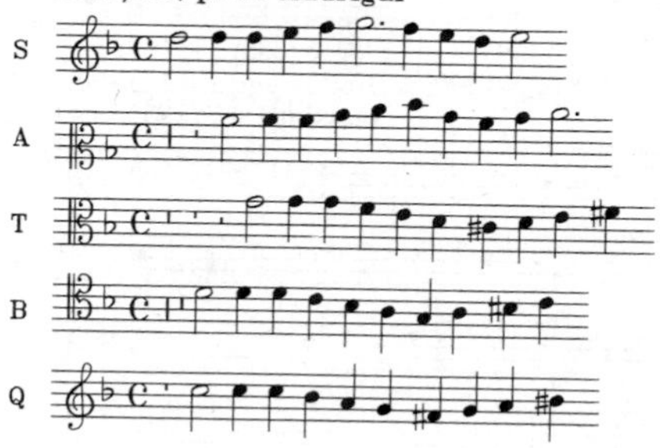

Vulpio Aversano, Ahi non sapea che fare
1573/17, p. 11 Canzona
Alto partbook missing. Canto & Tenor unavailable Zwickau.

Waelrant, Hubert. Mi voglio far'hormai lo fatto mio
1594/08, f. 27 Madrigal

Waelrant, Hubert. Quand'io pens'al martire
1561/16, p. 11 Madrigal
Compare Arcadelt (1539/22) & F. Rosselli (1555/31.)

Waelrant, Hubert. Quanto debb'allegrarse la natura
1594/08, f. 27v Madrigal

Waelrant, Hubert. Tra rumor di tamburi
1594/08, f. 22v–23 Madrigal
AL MOLTO MAG. & HON. SIG. IL SIG. COMELIO DE PREVENEN.

Waelrant, Hubert. Vorria morire per uscir di guai
1594/08, f. 26v Madrigal

Waelrant, Hubert. Vorria morire per uscir di guai
1594/08, f. 8 Madrigal

Wert, Giaches de. A caso un giorno mi guido la sorte
1568/20, p. 25 Madrigal
STANZE. PRIMA PARTE.

Wert, Giaches de. Amorose viole ch'havete il nome
1583/12, p. 8 Madrigal
PRIMA PARTE.

Wert, Giaches de. Un bacio solo a tante pene hai cruda
1590/20, no. 18 Madrigal

Wert, Giaches de. Ben riconosco in voi l'usate forme
1590/20, no. 32v Madrigal
SECONDA PARTE.

Wert, Giaches de. Ben se'l petto talhor mi ripercote
1593/05, p. 41 Madrigal
SECONDA PARTE.

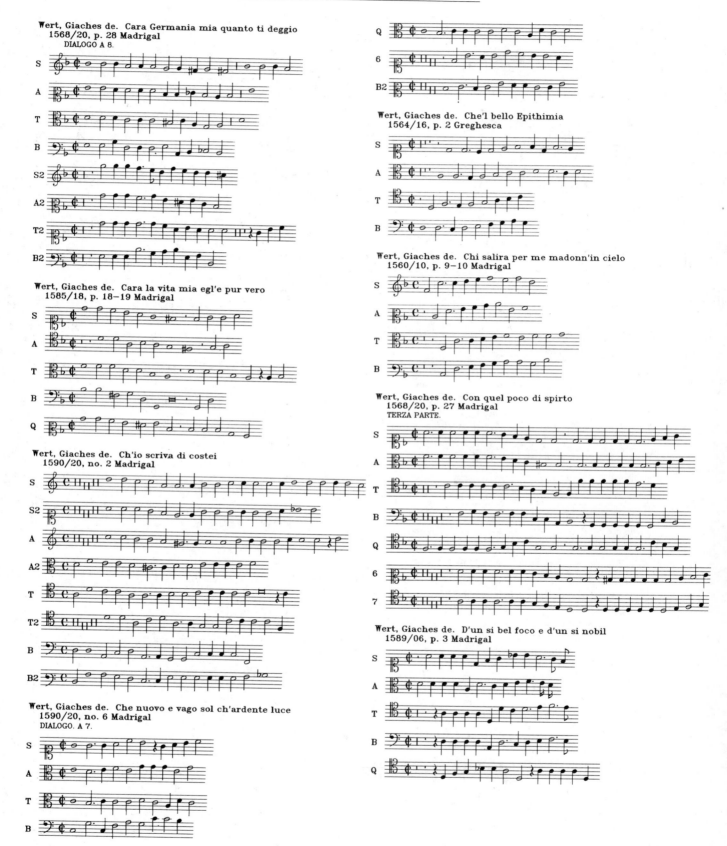

Wert, Giaches de. Cara Germania mia quanto ti deggio
1568/20, p. 28 Madrigal
DIALOGO A 8.

S A T B S2 A2 T2 B2

Wert, Giaches de. Cara la vita mia egl'e pur vero
1585/18, p. 18–19 Madrigal

S A T B Q

Wert, Giaches de. Ch'io scriva di costei
1590/20, no. 2 Madrigal

S S2 A A2 T T2 B B2

Wert, Giaches de. Che nuovo e vago sol ch'ardente luce
1590/20, no. 6 Madrigal
DIALOGO. A 7.

S A T B

Q 6 B2

Wert, Giaches de. Che'l bello Epithimia
1564/16, p. 2 Greghesca

S A T B

Wert, Giaches de. Chi salira per me madonn'in cielo
1560/10, p. 9–10 Madrigal

S A T B

Wert, Giaches de. Con quel poco di spirto
1568/20, p. 27 Madrigal
TERZA PARTE.

S A T B Q 6 7

Wert, Giaches de. D'un si bel foco e d'un si nobil
1589/06, p. 3 Madrigal

S A T B Q

Wert, Giaches de. Di cerchio in cerchio e d'una'in
1568/20, p. 14 Madrigal
PRIMA PARTE.

Wert, Giaches de. Dinanzi a voi qual si convien
1568/20, p. 19 Madrigal
SECONDA PARTE.

Wert, Giaches de. Donna de la real stirpe discesa
1568/20, p. 18 Madrigal
PRIMA PARTE.

Wert, Giaches de. Donna io men vo la dove il fiero
1568/20, p. 2 Madrigal
PRIMA PARTE.

Wert, Giaches de. Donna se ben le chiom'ho gia ripiene
1593/05, p. 40 Madrigal

Wert, Giaches de. E se dal viver mio vita vi viene
1568/20, p. 3 Madrigal
SECONDA PARTE.

Wert, Giaches de. Fra le dorate chiome d'Amarilli
1596/10, p. 39 Madrigal

Wert, Giaches de. Gite negli antr'e nel'oscure selve
1570/15, p. 16 Madrigal
OTTAVA STANZA.

Wert, Giaches de. Hor fuggi infedel'ombra
1582/05, p. 6 Madrigal

Wert, Giaches de. In qual parte si ratto i vanni muove
1589/08, no. 12 Madrigal

Wert, Giaches de. Io non son pero morte
1586/10, p. 16 Madrigal

Wert, Giaches de. Lasso che tal non hanno alpestre
1568/20, p. 20–21 Madrigal
SECONDA PARTE.

Wert, Giaches de. Longo le rive del famoso Tebro
1597/13, no. 48 Madrigal
Music missing in Alto partbook. Found in 1590/11.

Wert, Giaches de. Madonna habbiate cura
1568/20, p. 17 Madrigal
Compare C. Festa "Madonna il vostro.." in 1542/18.

Wert, Giaches de. Mesola il Po da lato
1590/20, no. 19 Madrigal

Wert, Giaches de. Ninfe leggiadre e voi almi
1583/10, f. 13 Madrigal

Wert, Giaches de. Non fu donna giamai gentil e bella
1568/20, p. 16 Madrigal

Wert, Giaches de. Notte felice e care ch'el mio cor
1568/20, p. 8 Madrigal
PRIMA PARTE.

Wert, Giaches de. Ond'io diro che fu fallace inganno
1568/20, p. 7 Madrigal
SECONDA PARTE.

Wert, Giaches de. Onde aviene cor mio ch'in tanti
1590/11, p. 15 Madrigal

Wert, Giaches de. Pace davano i venti a l'aria
1568/20, p. 15 Madrigal
SECONDA PARTE.

Wert, Giaches de. Perche noioso e amare
1568/20, p. 9 Madrigal
SECONDA PARTE.

Wert, Giaches de. Poi che con gl'occh'io veggio
1583/15, f. 14v Madrigal
SECONDA PARTE.

Wert, Giaches de. Poi che si fida scorta
1568/20, p. 12 Madrigal
PRIMA PARTE.

Wert, Giaches de. Pur mi dara tanta baldanz'amore
1568/20, p. 5 Madrigal
SECONDA PARTE.

Wert, Giaches de. Qual nemica fortuna oltra questa
1568/20, p. 20 Madrigal
CANZON PRIMA PARTE.

Wert, Giaches de. Quand'io veggio dal ciel scender
1568/20, p. 10 Madrigal
PRIMA PARTE.

Wert, Giaches de. Quanto lieto vi miro
1583/12, p. 9 Madrigal
SECONDA PARTE.

A
T
B
Q

Wert, Giaches de. Qui dove nacque chi gl'errori
1577/07, p. 10–11 Madrigal
Tenor, Bass & Quinto partbooks missing.

S
A

Wert, Giaches de. Quei pianti quei sospiri
1568/20, p. 6 Madrigal
PRIMA PARTE.

S
A
T
B
Q

Wert, Giaches de. Re degli altri superbo altero fiume
1568/20, p. 24 Madrigal
SESTA & ULTIMA PARTE.

S
A
T
B
Q

Wert, Giaches de. Scendi Himeneo copia dite si degna
1588/21, no. 26v Madrigal
SECONDA PARTE.

S
A
T
B
B
Q

Wert, Giaches de. Scherza nel canto e piace
1596/11, p. 2 Madrigal
Cantus and Tenor partbooks missing.

A

B
Q

Wert, Giaches de. Scorgo tant'alt'il lume
1589/06, p. 4 Madrigal
SECONDA PARTE.

S
A
T
B
Q

Wert, Giaches de. Se la mia vita da l'aspro tormento
1568/20, p. 4 Madrigal
PRIMA PARTE.

S
A
T
B
Q

Wert, Giaches de. Signor pieta ti spinse
1586/01, p. 15 Madrigal

S
A
T
B
Q

Wert, Giaches de. Sol io quanto piu piango in cieca
1568/20, p. 21 Madrigal
TERZA PARTE.

S
A
T
B
Q

Wert, Giaches de. Sorgi e rischiara al tuo apparir
1588/21, no. 26 Madrigal
PRIMA PARTE.

Wert, Giaches de. Talhor dico il suo cor
1568/20, p. 22 Madrigal
QUARTA PARTE.

Wert, Giaches de. Talhor parmi la luce de la luna
1568/20, p. 23 Madrigal
QUINTA PARTE.

Wert, Giaches de. Tirsi morir volea gli occhi mirando
1589/08, no. 13 Madrigal
DIALOGO A 7.

Wert, Giaches de. Torni pur il sereno almo mio sole
1568/20, p. 13 Madrigal

Wert, Giaches de. Vaga d'udir com'ogni donna suole
1568/20, p. 26 Madrigal
SECONDA PARTE.

Wert, Giaches de. Vaghi boschetti di soavi Allori
1594/07, f. 21v Madrigal

Wert, Giaches de. Valle che de lamenti
1590/20, no. 32 Madrigal

Wert, Giaches de. Vergine e Madre a le cui luci
1586/01, p. 16 Madrigal
SECONDA PARTE.

Wert, Giaches de. Vicino a un chiaro
1594/06, p. 21 Madrigal
PAROLE DI MARINO PALMA. A 7.

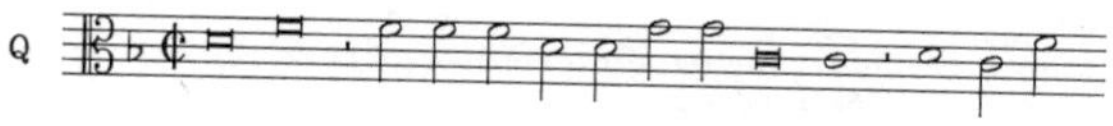

Wert, Giaches De. I vostri dipartir non son si duri
1568/20, p. 11 Madrigal
SECONDA PARTE.

Willaert, Adrian. A quand'havea una vicina
1548/11, p. 10 Canzona
Compare Willaert "A quando a quando..." in 1542/19.

Willaert, Adrian. A quando a quando havera
1542/19, p. 34 Madrigal
IN DIAPASON SI PLACET. (Compare Willaert "A quand.." (1548/11)).

Willaert, Adrian. Amor da che tu
1548/09, p. 14 Madrigal
Quintus voice is labeled contratenor.

Willaert, Adrian. Amor fortuna & la mia mente schiva
1569/20, p. 2 Madrigal

Willaert, Adrian. Amor mi fa morire
1537/10, no. 1 Madrigal

Willaert, Adrian. Ceda nata nel mar Venere e Amore
1562/21, p. 22 Madrigal
SECONDA PARTE.

Willaert, Adrian. Chi mi ti tols'oime forse fu il ciel
1548/09, p. 15 Madrigal
SECONDA PARTE. (Quintus voice is labeled contratenor.)

Willaert, Adrian. Chi volesse saper che cos'e amor
1542/17, no. 6 Madrigal

Willaert, Adrian. Cingari simo venit'a giocare
1548/11, p. 4 Canzona

Willaert, Adrian. Cosi vincet'in terra
1541/18, no. 24 Madrigal
Text reads "Cosi vivete in terra" in 1569/20.

Willaert, Adrian. Dove sei tu mio cor'v mio gentile
1548/09, p. 15 Madrigal
Quintus voice is labeled contratenor.

Willaert, Adrian. Dulce padrun mi ho cognuso
1564/16, p. 18 Greghesca
SECOND'APPARITION DEL CAGNOLO

Willaert, Adrian. Et la dolc'armonia
1541/17, p. 3 Madrigal
SECONDA PARTE

Willaert, Adrian. Et se per gelosia
1541/14, p. 54 Madrigal

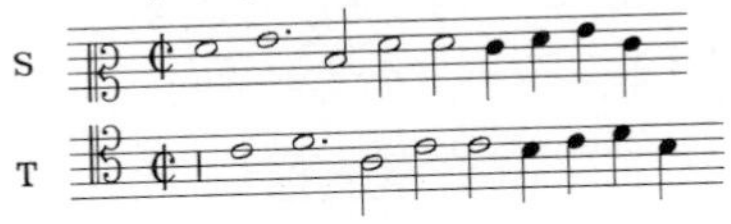

Willaert, Adrian. Gentil copia eccellente
1548/09, p. 14 Madrigal
SECONDA PARTE. (Quintus voice is labeled contratenor.)

Willaert, Adrian. Gia mi godea felice
1541/18, no. 42 Madrigal

Willaert, Adrian. Un giorno mi prego una vedovella
1548/11, p. 8 Canzona

Willaert, Adrian. Grata e benigna donna
1537/10, no. 9 Madrigal

Willaert, Adrian. In te Marte in te Appollo
1548/09, p. 19 Madrigal
SECONDA PARTE. (Quintus voice is labeled contratenor.)

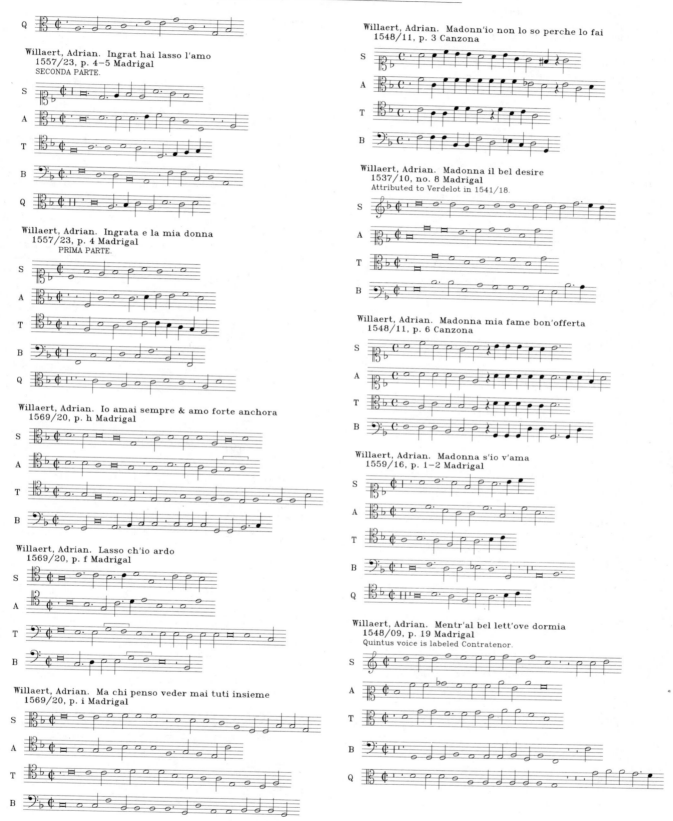

Willaert, Adrian. Ingrat hai lasso l'amo
1557/23, p. 4–5 Madrigal
SECONDA PARTE.

Willaert, Adrian. Ingrata e la mia donna
1557/23, p. 4 Madrigal
PRIMA PARTE.

Willaert, Adrian. Io amai sempre & amo forte anchora
1569/20, p. h Madrigal

Willaert, Adrian. Lasso ch'io ardo
1569/20, p. f Madrigal

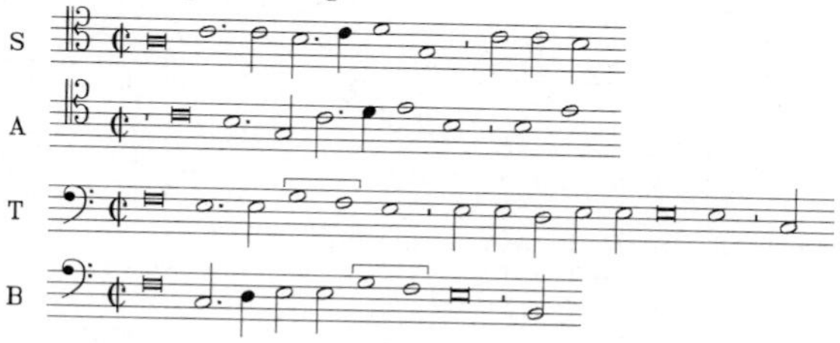

Willaert, Adrian. Ma chi penso veder mai tuti insieme
1569/20, p. i Madrigal

Willaert, Adrian. Madonn'io non lo so perche lo fai
1548/11, p. 3 Canzona

Willaert, Adrian. Madonna il bel desire
1537/10, no. 8 Madrigal
Attributed to Verdelot in 1541/18.

Willaert, Adrian. Madonna mia fame bon'offerta
1548/11, p. 6 Canzona

Willaert, Adrian. Madonna s'io v'ama
1559/16, p. 1–2 Madrigal

Willaert, Adrian. Mentr'al bel lett'ove dormia
1548/09, p. 19 Madrigal
Quintus voice is labeled Contratenor.

Willaert, Adrian. Mi xe sta chel c'ha fado
1564/16, p. 19 Greghesca

Willaert, Adrian. Ne le amar'et fredd'onde
1548/09, p. 24 Madrigal
Quintus voice is labeled Contratenor.

Willaert, Adrian. Ne spero i dolci tornino
1569/20, p. 3 Madrigal
SECONDA PARTE.

Willaert, Adrian. No text.
1540/22, no. 14 Madrigal
Only Bass partbook extant.

Willaert, Adrian. No text.
1540/22, no. 1 Madrigal
Only Bass partbook extant.

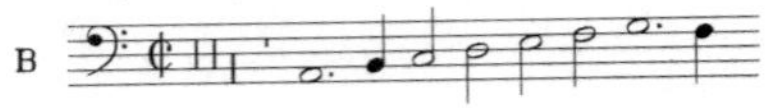

Willaert, Adrian. Non e ghiaccio'l mio
1549/32, p. 3 Madrigal
SECONDA PARTE. (Not listed in Table of Contents.)

Willaert, Adrian. O bene mio fa fam'uno favore
1542/19, p. 33 Madrigal
IN DIAPASON SI PLACET.

Willaert, Adrian. O dolce vita mia che t'haggio fatto
1548/11, P. 5 Canzona
Compare Anonymous "O dolce vita" in 1566/05.

Willaert, Adrian. Oime il bel viso oime'l soave
1569/20, p. 4 Madrigal

Willaert, Adrian. Pianget'egri mortali l'aspra morte
1563/07, p. 13 Canzona

Willaert, Adrian. Qual anima ignorante
1544/17, p. 13 Madrigal
Attributed to Anonymous in 1563/14.

Willaert, Adrian. Qual dolcezza giamai di canto
1541/17, p. 2 Madrigal

Willaert, Adrian. Qual piu diversa et nuova cosa
1549/31, p. 25 Madrigal
Compare G. Scotto, "Qual piu diversa" in 1542/19.

Willaert, Adrian. Qual vista sara occhi miei lassi
1544/17, p. 38 Madrigal

Willaert, Adrian. Quand'i begli occhi
1554/28, p. 29–30 Madrigal

Willaert, Adrian. Quando gionse per gli occhi
1537/10, no. 5 Madrigal
Attributed to Verdelot in 1549/33 as "Quando giunse..."

Willaert, Adrian. Quante volte diss'io
1542/19, p. 35 Madrigal

Willaert, Adrian. Quanto piu m'arde
1542/19, p. 36 Madrigal

Willaert, Adrian. Quanto piu m'arde & piu s'accend'
1541/17, p. 4 Madrigal

Willaert, Adrian. Quest'anima gentil che si diparte
1569/20, p. 1 Madrigal

Willaert, Adrian. Quest'arder mio di che vi tal
1569/20, p. g Madrigal
SECONDA PARTE.

Willaert, Adrian. Rompi de l'empio core il duro
1541/16, p. 10 Madrigal

Willaert, Adrian. Sciocco fu'l tuo desire
1544/17, p. 3 Madrigal

Willaert, Adrian. Se la gratia divina
1548/09, p. 21 Madrigal
Quintus voice is labeled Contratenor.

Willaert, Adrian. Se si posasse sotto el quarto nido
1569/20, p. 1 Madrigal

Willaert, Adrian. Se'l veder voi m'ancide
1561/11, p. 1–2 Madrigal

Willaert, Adrian. Sempre mi ride sta donna
1548/11, p. 1 Canzona

Willaert, Adrian. Signora dolce
1537/10, no. 2 Madrigal

Willaert, Adrian. Son gia molti anni Amore
1562/05, p. 1 Madrigal

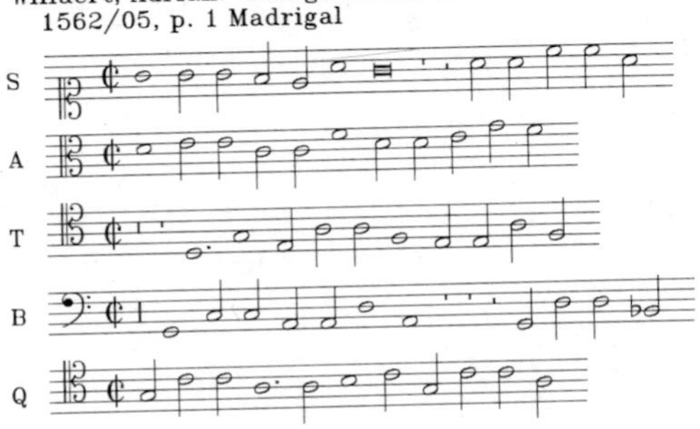

Willaert, Adrian. Son giont'al fin di miei si longhi
1562/05, p. 1 Madrigal
SECONDA PARTE.

Willaert, Adrian. Sospiri miei d'oime dogliorirosi
1548/11, p. 13 Canzona

Willaert, Adrian. Tanto alto sei signor
1538/21, p. 14 Madrigal

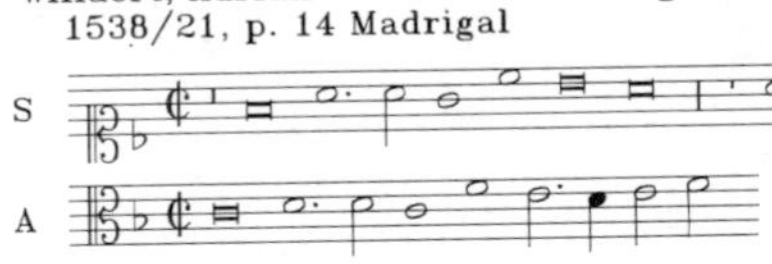

Willaert, Adrian. Vecchie letrose non valete niente
1548/11, p. 7 Canzona

Willaert, Adrian. Le vecchie per invidia sono pazze
1548/11, p. 14 Canzona
Attributed to f. Corteccia in 1545/20.

Willaert, Adrian. Zoia zentil che per secreta via
1548/11, p. 2 Canzona
LA CANZON DI RUZANTE.

Willaert, Alvixe. Fra tandi chie lo pianze
1564/16, p. 23 Greghesca
SECONDA PARTE.

Willaert, Alvixe. Pianza'l Grego Pueta e'l Mantuan
1564/16, p. 22 Greghesca

Ysis, Pietro De. Erano i capei d'oro a l'aura sparsi
1577/08, p. 1 Madrigal
Alto and Tenor partbooks missing.

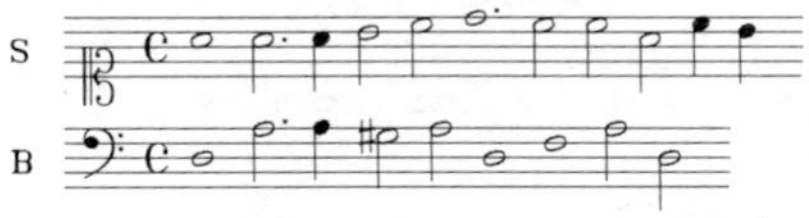

Ysis, Pietro De. Per pianto la mia carne si distilla
1577/08, p. 26 Madrigal
Tenor partbook missing.

Zanin, P. O despiatato tempo
1507/03, f. 50v–51 Frottola

Zanotti, C. Alba in fiorit'e amene
1594/06, p. 17 Madrigal
PAROLE DI CORNELIO FRANGIPANE.

Zaramella, Pandolfo. Signora mia voi sete tanto bella
1570/30, p. 31 Canzona

Zarlino, Gioseffo. Amor mentre dormiva quest'occhi
1562/05, p. 2 Madrigal

Zarlino, Gioseffo. Anzia sue fiamme ahi lasso
1567/16, p. 6 Madrigal
SECONDA PARTE. (Only Cantus partbook extant.)

Zarlino, Gioseffo. Cantin con dolc'e gratio si accenti
1562/05, p. 5–6 Madrigal

Zarlino, Gioseffo. Cantin del Mintio alle sue rive
1562/05, p. 6–7 Madrigal
SECONDA PARTE.

Zarlino, Gioseffo. Cosi passando d'un'all'altra vita
1562/05, p. 2 Madrigal
SECONDA PARTE.

Zarlino, Gioseffo. Donna che quasi cign'alla sacr'onde
1566/23, p. 5 Madrigal

Zarlino, Gioseffo. E forse'l mio ben questo
1562/06, p. 1 Madrigal

Zarlino, Gioseffo. E questo il legno che del santo
1562/05, p. 7–8 Madrigal

Zarlino, Gioseffo. Et ben che voi per voi sola sublime
1566/23, p. 6 Madrigal
SECONDA PARTE.

Zarlino, Gioseffo. Fu sempre all'opre di
1568/16, p. 29 Madrigal
SECONDA PARTE.

Zarlino, Gioseffo. Hor non so come all'amoroso
1562/05, p. 3 Madrigal
SECONDA PARTE.

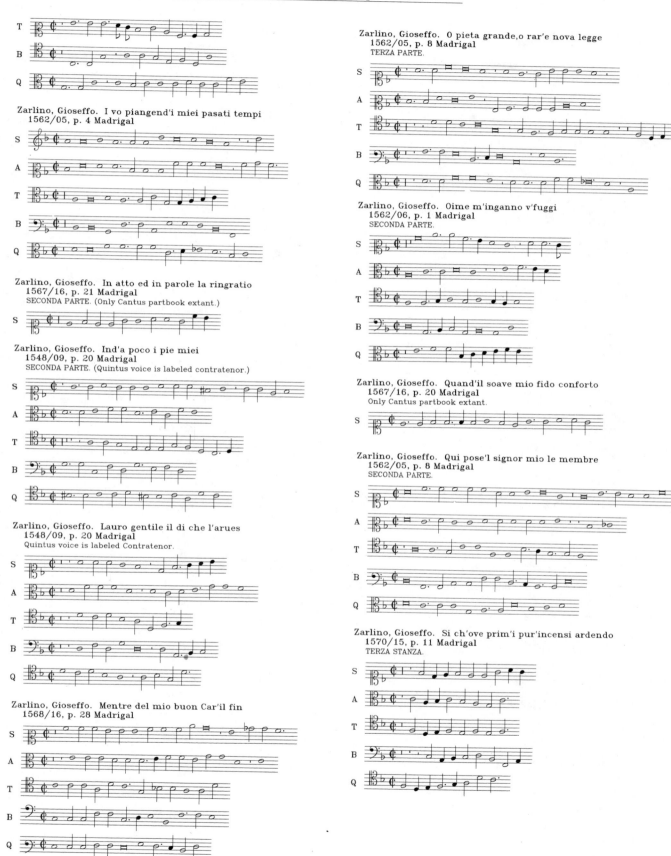

Zarlino, Gioseffo. I vo piangend'i miei pasati tempi
1562/05, p. 4 Madrigal

Zarlino, Gioseffo. In atto ed in parole la ringratio
1567/16, p. 21 Madrigal
SECONDA PARTE. (Only Cantus partbook extant.)

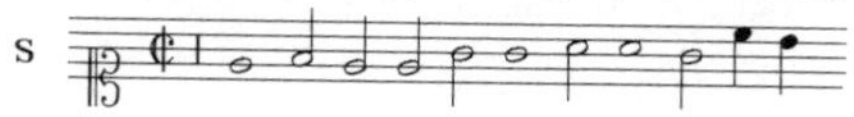

Zarlino, Gioseffo. Ind'a poco i pie miei
1548/09, p. 20 Madrigal
SECONDA PARTE. (Quintus voice is labeled contratenor.)

Zarlino, Gioseffo. Lauro gentile il di che l'arues
1548/09, p. 20 Madrigal
Quintus voice is labeled Contratenor.

Zarlino, Gioseffo. Mentre del mio buon Car'il fin
1568/16, p. 28 Madrigal

Zarlino, Gioseffo. O pieta grande,o rar'e nova legge
1562/05, p. 8 Madrigal
TERZA PARTE.

Zarlino, Gioseffo. Oime m'inganno v'fuggi
1562/06, p. 1 Madrigal
SECONDA PARTE.

Zarlino, Gioseffo. Quand'il soave mio fido conforto
1567/16, p. 20 Madrigal
Only Cantus partbook extant.

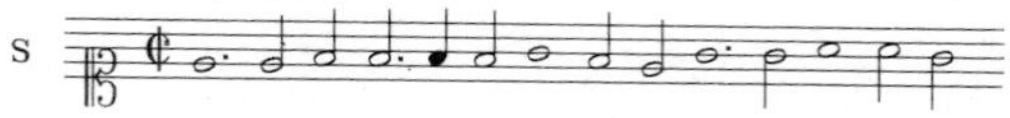

Zarlino, Gioseffo. Qui pose'l signor mio le membre
1562/05, p. 8 Madrigal
SECONDA PARTE.

Zarlino, Gioseffo. Si ch'ove prim'i pur'incensi ardendo
1570/15, p. 11 Madrigal
TERZA STANZA.

Zarlino, Gioseffo. Si che s'io viss'in guerra
1562/05, p. 4–5 Madrigal
SECONDA PARTE.

Zarlino, Gioseffo. Spent'era gia l'ardor'e rotto
1562/05, p. 3 Madrigal

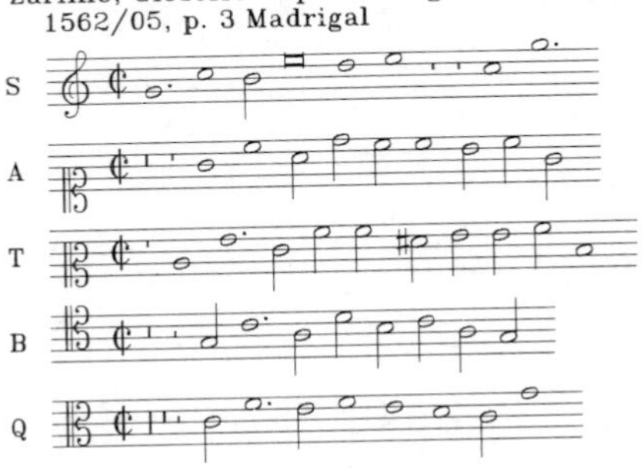

Zerto, Gasparo. L'inargentato lido
1592/11, p. 22 Madrigal
PAROLE DI CESARE ACCELLI.

Zesso, Giovanni Battista. Anima mia diletta
1508/03, f. 38v Lauda

Zesso, Giovanni Battista. D'un bel matin damore che me levava
1507/03, f. 27v Frottola

Zesso, Giovanni Battista. Deh non piu no
1507/04, f. 55 Frottola
AERE DA CAPITULI.

Zesso, Giovanni Battista. E quando quando andaretu al monte
1507/03, f. 55v Frottola

Zesso, Giovanni Battista. Io tho donato il core
1507/03, f. 2 Frottola

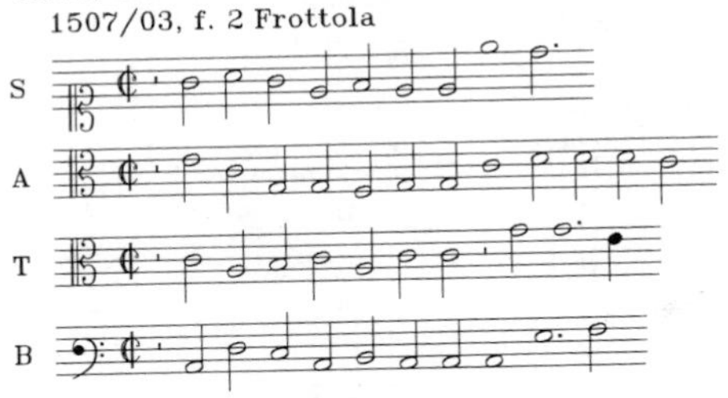

Zesso, Giovanni Battista. Jesu benigno e pio
1508/03, f. 25 Lauda

Zoilo, Annibale. A che cerchi pastor l'onda si spesso
1592/13, p. 7 Madrigal

Zoilo, Annibale. Al tuo rapido corso
1582/06, p. 25 Madrigal

Zoilo, Annibale. Al'apparir del giorno
1567/16, p. 17 Madrigal
Only Cantus partbook extant.

Zoilo, Annibale. Amor se la mia donna per ferirmi
1583/11, p. 17 Madrigal

Zoilo, Annibale. Arde il cor e la lingu'agghiaccia
1589/07, p. 12 Madrigal

Zoilo, Annibale. Benche senza mentire
1582/04, p. 8 Madrigal
SESTA PARTE.

Zoilo, Annibale. Chi per voi non sospira
1582/06, p. 11 Madrigal

Zoilo, Annibale. Clori gentil il vostro vago volto
1586/09, p. 3 Madrigal

Zoilo, Annibale. Cosi diss'egli e'l cielo
1590/15, p. 6 Madrigal
SESTA PARTE.

Zoilo, Annibale. Della sua insegna e de suoi raggi
1586/07, p. 17 Madrigal
SOPRA L'ARME DELLA FAMIGLIA. (Quintus partbook missing.)

Zoïlo, Annibale. Eran le vostre chiome
1585/29, p. 9 Madrigal

Zoilo, Annibale. Ero cosi dicea
1588/17, p. 9 Madrigal

Zoilo, Annibale. Invano ascondi il vero
1582/05, p. 16 Madrigal

Zoilo, Annibale. Ma s'ella opposta al Sol
1586/07, p. 18 Madrigal
SECONDA PARTE. (Quintus partbook missing.)

Zoilo, Annibale. Nasce la pena mia
1562/07, p. 4–5 Madrigal

Zoilo, Annibale. Occhi dolci occhi che sol cagion
1582/04, p. 21–22 Madrigal

Zoilo, Annibale. Qui caddi al laccio
1582/06, p. 11 Madrigal

Zoilo, Annibale. Se in mezo al foco dura
1583/11, p. 9 Madrigal

Zoilo, Annibale. Ultimi miei sospiri
1562/07, p. 4 Madrigal

Zoilo, Annibale. Vaghe luci alzi lumi ardenti faci
1582/04, p. 22–23 Madrigal

Zolini (Bolognese). Para pur quanto voi saette strali
1570/19, p. 24 Madrigal
ALL'ECCELLEN. DOTTORE M. AGOSTINO GALESIO

Zucca, Cesare. Questa vita e la selva
1592/12, p. 30–31 Madrigal

Zucchelli, Giovanni Batt. Mentre l'aquila sta mirando
1589/11, p. 4 Madrigal

Zucchelli, Giovanni Batt. Ohime crudel Amore fece salirmi
1589/11, p. 13 Madrigal

Anonymous Composers

Anonymous. A che prendi Signor
1598/04, f. 28v–29 Lauda

Anonymous. A la fe si a la fe bona
1505/04, f. 50v–51 Frottola

Anonymous. A pie del alta & trionfale Palma
1591/03, f. 47v–50 Lauda
For 4 voices. See also three-voice version in same collection

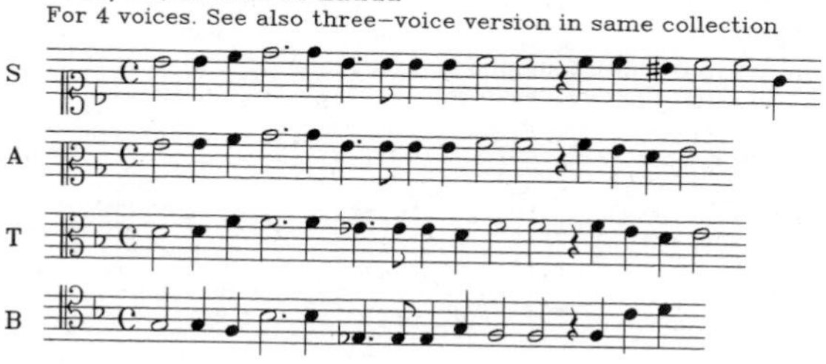

Anonymous. A pie del'alta e trionfale Palma
1591/03, f. 21v–22 Lauda
For 3 voices. See also four-voice version in same collection

Anonymous. A quanti Turchi & Mori & Saracini
1537/08, no. 22 Aria
ARIA NAPOLITANA. (Bass partbook missing.)

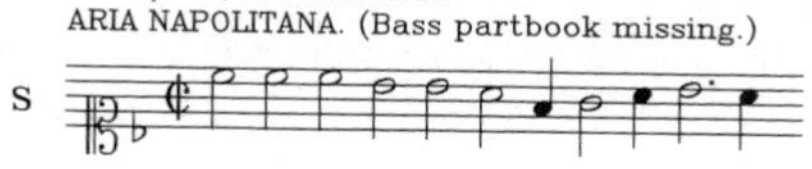

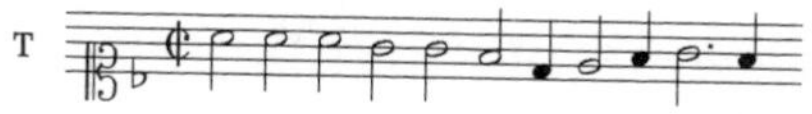

Anonymous. A quisso munno non val il sapere
1537/08, no. 21 Aria
ARIA NAPOLITANA. (Bass partbook missing.)

Anonymous. Acqua vorria tornar perfetta
1571/07, p. 19 Villota

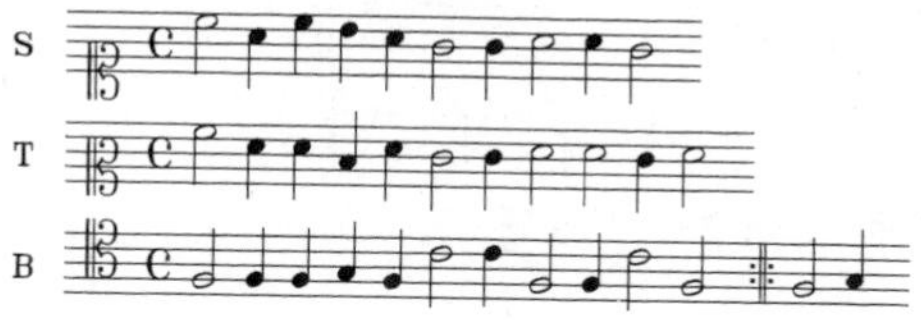

Anonymous. Ad ogn'hor cresce la doglia
1506/03, f. 44v–45 Frottola

Anonymous. Adio siati ch'io me ne vo
1506/03, f. 40v Frottola

Anonymous. Adoramus te Christe
1508/03, f. 26v–27 Lauda

Anonymous. Adoramus te Iesu Christe
1580/05, p. 13v–15 Lauda

Anonymous. Ah che stai cosi mesta
1591/03, f. 41v–42 Lauda
DIALOGO FRA L'ANGELO & L'ANIMA.

Anonymous. Ah chi mi rompe il sonno
1595/03, p. 20 Madrigal

Anonymous. Ah vil cor piglia ardimento
1509/02, f. 27v–28 Frottola

Anonymous. Ahi come potro mai cor mio
1566/02, p. 16 Madrigal

Anonymous. Ahi lasso me ch'io non dovea mirare
1554/28, p. 25 Madrigal

Anonymous. Ahime ch'io spero in vano in donna
1595/03, p. 18 Madrigal
SECONDA PARTE.

Anonymous. Ahime che nel partir mi manc'il core
1566/09, p. 23 Canzona

Anonymous. Aime ch'io son scaciato
1506/03, f. 12 Frottola

Anonymous. Aime cha torto vo biastemando amore
1506/03, f. 4v–5 Frottola

Anonymous. Aime sospiri non trovo pace
1506/03, f. 5v–6 Frottola

Anonymous. Al mio crudo partire partissi l'alma
1595/03, p. 9 Madrigal

Anonymous. Al ombra d'un bel velo
1514/02, f. 26v–27 Frottola

S A T B

Anonymous. Alcun non pur saper da chi sia amato
1543/17, p. 37 Madrigal

S A T B

Anonymous. All'apparir dell'alba
1570/33, p. 3 Napolitana
Voice and lute. Compare Perugino "All'apparir.." in 1571/09.

S

Anonymous. All'arme all'arme o fidi miei
1565/12, p. 29 Canzona

S T B

Anonymous. All'arme all'arme o fidi miei
1566/05, p. 19 Villota

S T B

Anonymous. All'arme all'arme o fidi miei
1565/12, p. 15 Canzona
Compare G. Primavera "All'arme' in 1565/17.

S T B

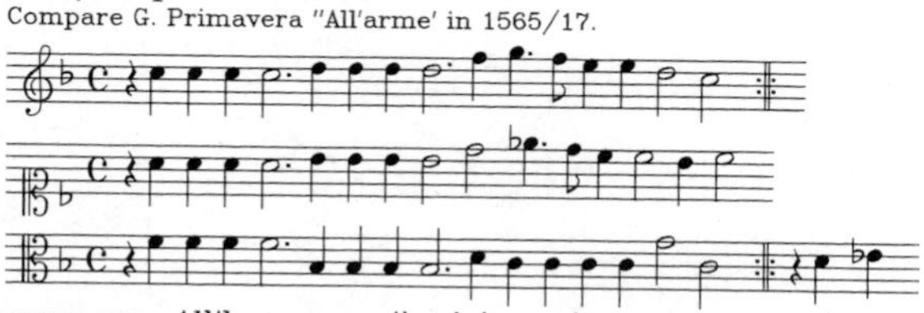

Anonymous. All'hor sarann'i miei pensier
1554/28, p. 16 Madrigal
SECONDA PARTE.

S A T B

Anonymous. Alla fontana quando vai per acqua
1567/17, p. 3 Villota

S T B

Anonymous. Alletandomi amor mostrom'un lauro
1570/15, p. 28 Madrigal
PRIMA PARTE.

S A T B Q

Anonymous. Alma che scarca dal corporeo velo
1563/06, f. 95–96 Lauda

S A T B

Anonymous. Alma dexa la tierra
1588/11, no. 34 Lauda

S S2 A A2

Anonymous. Alma fedel e ricca d'ogni dote
1580/05, p. 22v–23 Lauda

S A T B

Anonymous. Alti sospir che m'uscite dal petto
1599/06, p. 98 Lauda
A S. MARIA DEL CARMINE.

S S2 B

Anonymous. Alto Re delle genti perche tanti
1588/11, no. 5 Lauda

Anonymous. Altri goda al tuo canto gentil vaga
1595/03, p. 10 Madrigal

Anonymous. Ameni e leti colli
1516/02, f. 54 Frottola

Anonymous. Amo na Donna, & e tanto santa stica
1562/10, no. 11 Napolitana
Only Cantus partbook extant.

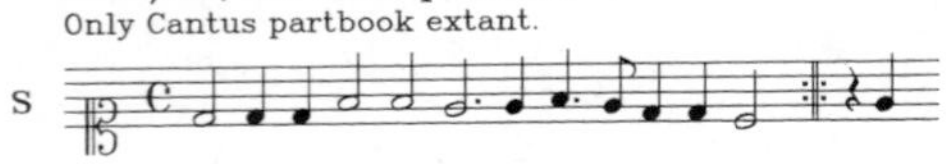

Anonymous. L'amor a me venendo si m'ha ferito
1563/06, f. 42v Lauda

Anonymous. Amor ch'in terra il tuo amor
1563/06, f. 70v–72 Lauda

Anonymous. Amor che deggio far che mi consigli
1583/15, f. 3 Madrigal

Anonymous. Amor che rider suole
1595/03, p. 2 Madrigal

Anonymous. Amor crudel, ingrato, e senza fede
1537/07, no. 15 Madrigal
Cantus and Tenor partbooks missing.

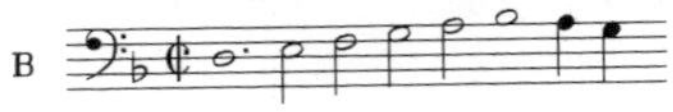

Anonymous. L'amor donna ch'io te porto
1507/03, f. 18v Frottola

Anonymous. Amor e fatto capo a guerra
1570/21, p. 1 Villota

Anonymous. Amor fammi gentile ch'io son di cor
1583/04, f. 40 Lauda

Anonymous. Amor fortuna e la mia mente schiva
1577/08, p. 9 Madrigal
Alto & Tenor partbook missing.

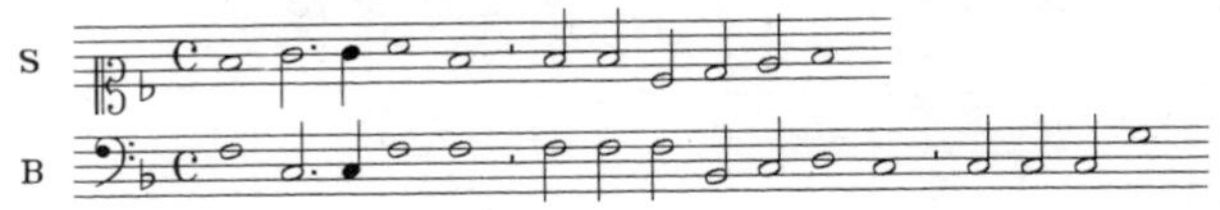

Anonymous. Amor m'impenno l'ali tant'in alto
1577/08, p. 10 Madrigal
Alto & Tenor partbook missing.

Anonymous. Amor mi fea morire
1554/28, p. 12 Madrigal

Anonymous. Amor mi struggo'l cor fortuna
1562/07, p. 1–2 Madrigal

Anonymous. Amor pietad'hormai al mio martire
1555/30, no. 10 Madrigal
Bass partbook missing. Tenor (1583/16) not found in Leningrad

Anonymous. Amor s'e retirato nel suo regno
1570/21, p. 3 Villota

Anonymous. Amor se la mia donna
1519/04, f. 2v–4 Frottola

Anonymous. Amor se voi (No music)
1531/03, f. 34 Frottola
Music missing in 1531/03

Anonymous. Amor senza misura infiammaini
1583/03, f. 10v–11 Lauda

Anonymous. Amores tristes crudeles
1516/02, f. 46v–47 Frottola
Spanish text.

Anonymous. Amorosi pensier sospir ardenti
1594/15, p. 1 Madrigal

Anonymous. Andand'un giorno Dana citella
1570/33, p. 9 Napolitana
Voice & lute.

Anonymous. Andand'un giorno solo sospirando
1566/05, p. 20 Villota

Anonymous. Andar vid'io'l gran Re
1591/03, f. 28v–29 Lauda

Anonymous. Andro di piaggia in piaggia
1598/06, p. 2 Madrigal

Anonymous. Li angelici sembianti
1505/05, f. 8v Sonetto

Anonymous. Angiolett'amorosa se come vaga sei
1595/03, p. 23 Madrigal

Anonymous. Anima che per me dal mondo
1589/02, f. 16v–17 Lauda

Anonymous. Anima christi sanctifica me
1508/03, f. 35v–36 Lauda

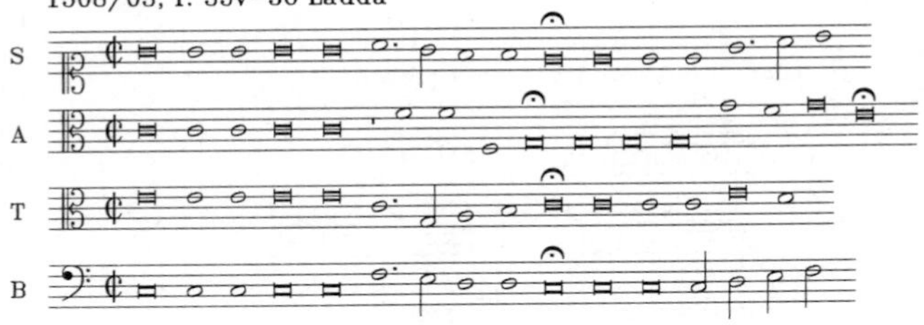

Anonymous. Anima christi sanctifica me
1508/03, f. 42v–43 Lauda

Anonymous. Anima il Signor viene
1598/04, f. 9v–10 Lauda

Anonymous. Anima mia che pensi perche dogliosa
1583/03, f. 16v–17 Lauda
DIALOGO.

Anonymous. Anime Christiane a Dio dilette
1577/03, p. 33–34 Lauda

Anonymous. Anime affaticate
1583/03, f. 21v–22 Lauda

Anonymous. Aprimi amor le labbia esci soave
1544/17, p. 34 Madrigal

Anonymous. Arda el ciel e'l mondo tutto
1505/04, f. 46v–47 Frottola

Anonymous. Gli ardenti miei desiri
1599/06, p. 1 Lauda
DEDICATIONE DEL NUOVO TEMPIO ARMONICO.. NOSTRA SIGNORA

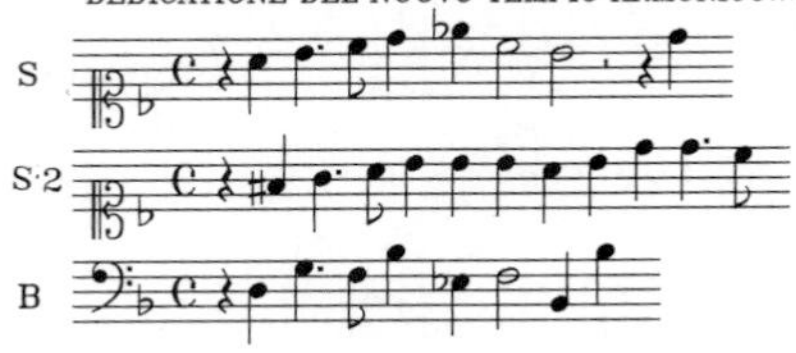

Anonymous. Ardenti miei sospiri dolce parole
1552/20, p. 26 Madrigal

Anonymous. Ardo per voi Madonna ma non ardisco
1538/21, p. 3 Madrigal

Anonymous. Assa buccuccia zuccaro ci tieni
1567/17, p. 5 Villota

Anonymous. Ave del mare stella & vag'Aurora
1599/06, p. 100 Lauda
S. MARIA DEL PARTO.

Anonymous. Ave del mare stella, Maria vergine
1598/04, f. 24v–25 Lauda

Anonymous. Ave Maria gratia plena
1580/05, p. 10v–11 Lauda

Anonymous. Ave maria gratia plena
1580/06, p. 42–43 Lauda

Anonymous. Ave maria gratia plena
1508/03, f. 45v–46 Lauda
Chant incipit (5 notes) in Cantus.

Anonymous. Ave maria gratia plena
1508/03, f. 33v–34 Lauda

Anonymous. Ave nostra salus jesu christe
1508/03, f. 54v–55 Lauda

Anonymous. Ave panis angelorum
1508/03, f. 8v Lauda

Anonymous. Ave Regina celi
1563/06, f. 90–91 Lauda

Anonymous. Ave stella serena
1598/04, no. 1 Lauda

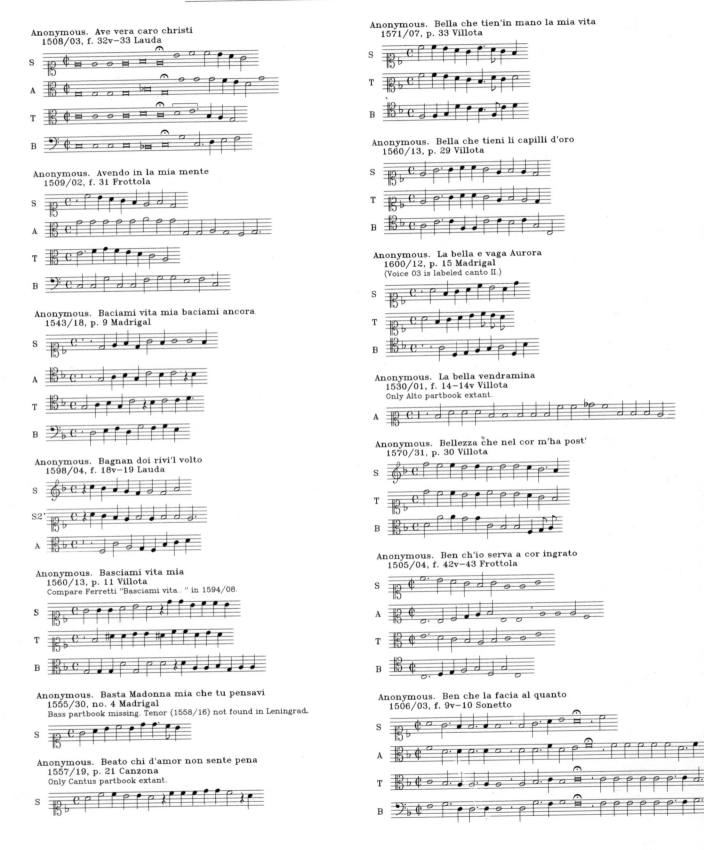

Anonymous. Ave vera caro christi
1508/03, f. 32v–33 Lauda

Anonymous. Avendo in la mia mente
1509/02, f. 31 Frottola

Anonymous. Baciami vita mia baciami ancora
1543/18, p. 9 Madrigal

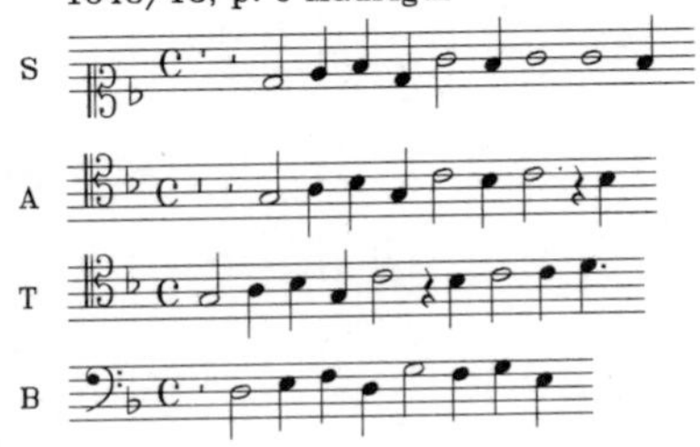

Anonymous. Bagnan doi rivi'l volto
1598/04, f. 18v–19 Lauda

Anonymous. Basciami vita mia
1560/13, p. 11 Villota
Compare Ferretti "Basciami vita.. " in 1594/08.

Anonymous. Basta Madonna mia che tu pensavi
1555/30, no. 4 Madrigal
Bass partbook missing. Tenor (1558/16) not found in Leningrad.

Anonymous. Beato chi d'amor non sente pena
1557/19, p. 21 Canzona
Only Cantus partbook extant.

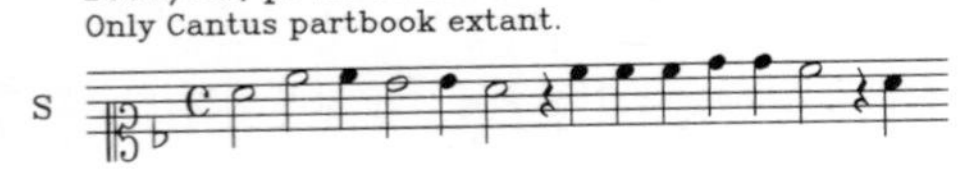

Anonymous. Bella che tien'in mano la mia vita
1571/07, p. 33 Villota

Anonymous. Bella che tieni li capilli d'oro
1560/13, p. 29 Villota

Anonymous. La bella e vaga Aurora
1600/12, p. 15 Madrigal
(Voice 03 is labeled canto II.)

Anonymous. La bella vendramina
1530/01, f. 14–14v Villota
Only Alto partbook extant.

Anonymous. Bellezza che nel cor m'ha post'
1570/31, p. 30 Villota

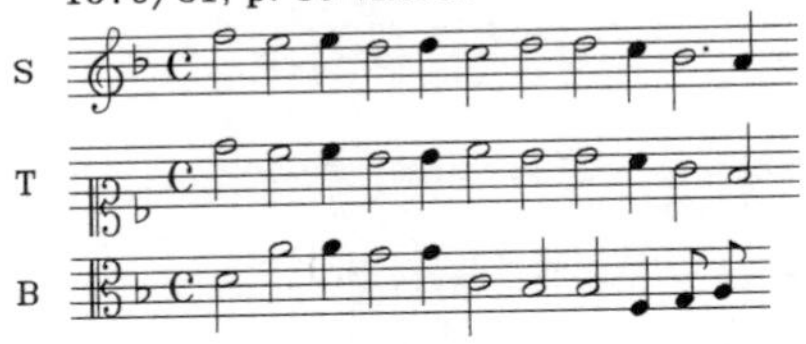

Anonymous. Ben ch'io serva a cor ingrato
1505/04, f. 42v–43 Frottola

Anonymous. Ben che la facia al quanto
1506/03, f. 9v–10 Sonetto

Anonymous. Ben che soletto vado
1505/06, f. 17 Frottola

Anonymous. Ben che'l ciel fortuna amore
1526/je, f.15v Frottola
Only Cantus extant. See 1526/JEP in Index to sources.

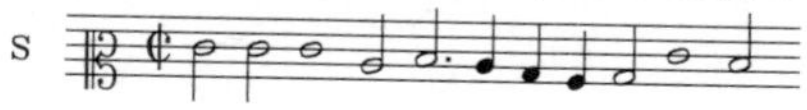

Anonymous. Ben fu il nome fata le fatale
1595/07, p. 21 Madrigal
IN MORTE DEL CAVALLIER PAOLO BELLASIO.

Anonymous. Ben hor m'accorgo quanto
1591/03, f. 36v–37 Lauda

Anonymous. Ben riconosco in voi l'usate forme
1573/16, p. 14 Madrigal

Anonymous. Ben s'io non erro di pietata
1577/08, p. 18 Madrigal
Tenor partbook missing.

Anonymous. Ben sai ch'un si bel piede
1583/13, p. 13 Madrigal
QUINTA PARTE. No meter signature in any voice.

Anonymous. Ben si vedra se la nemica mia
1559/18, p. 12 Madrigal

Anonymous. Benche in doglia sempre stia
1516/02, f. 32v–33 Frottola

Anonymous. Benche inimica e tediosa sei
1505/05, f. 15 Sonetto
SONETTO.

Anonymous. Benedetta la sorte & benedetti
1583/13, p. 6 Madrigal
SECONDA PARTE. (No meter signature in any voice.)

Anonymous. Benedetto chi te adora
1505/06, f. 41 Frottola

Anonymous. Benedetto sei tu dolce signor Giesu
1589/02, f. 19v–20 Lauda

Anonymous. Il benigno Giesu verra tosto
1591/03, f. 89v–90 Madrigal

Anonymous. Bianca et vezzosa
1557/16, p. 15 Madrigal

Anonymous. La biancha neve
1516/02, f. 22v–23v Frottola

Anonymous. Boccuccia d'uno persic'aperturo
1537/05, no. 8 Canzona
Bass partbook missing.

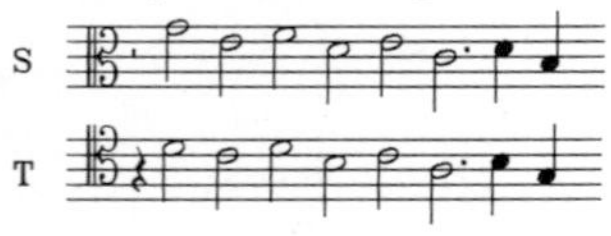

Anonymous. Bon cacciator gia mai non perse
1570/18, p. 54 Napolitana

Anonymous. Bona sera bona sera como stai core
1555/30, no. 18 Madrigal
Bass partbook missing. Tenor (1558/16) not found in Leningrad.

Anonymous. Bondi bondi compagni
1531/03, f. 39 Frottola
Music missing in 1531/03

Anonymous. Canta Paciullo ca fai bello campo
1562/10, no. 21 Napolitana
Only Cantus partbook extant.

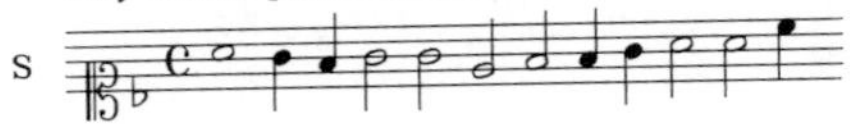

Anonymous. Canta georgia canta che bede
1560/13, p. 42–46 Villota
MORESCA SECONDA.

Anonymous. Cantiam tutti cantiamo o cari
1591/03, f. 19–20v Lauda
LAUDA DEL NATALE.

Anonymous. Canzona mia fame no favore
1555/30, no. 14 Madrigal
Bass partbook missing. Tenor (1558/16) not found in Leningrad.

Anonymous. Cara per la pregiata
1583/13, p. 32 Madrigal
No meter signature in any voice.

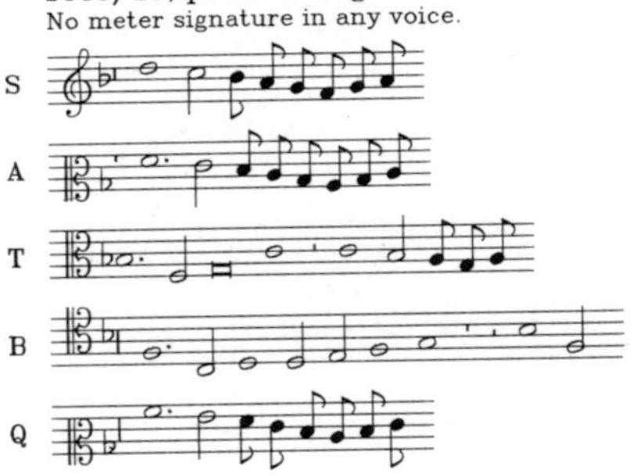

Anonymous. Cari scogli diletti e fide
1577/08, p. 25 Madrigal
Tenor partbook missing.

S
B

Anonymous. La carita e spenta, Amor di Dio
1563/06, f. 44v Lauda

S
T
B

Anonymous. Caron un'amante fedel
1566/23, p. 14 Madrigal

S
A
T
B
Q

Anonymous. Cassandra mia gentil Cassandra
1570/33, p. 30 Napolitana
Voice and lute.

S

Anonymous. Catalina apra finestra se voi senta
1567/17, p. 35–41 MORSCA
MORESCA PRIMA.

S
T
B

Anonymous. Cecilia non son piu
1598/04, no. 7 Lauda

S
S2
A
B

Anonymous. Cert'o felic'amanti
1562/07, p. 6 Madrigal

S
A

T
B

Anonymous. Certo ch'un giorno da st'afflitto
1566/07, p. 21 Canzona

S
T
B

Anonymous. Cesaran yamis clamores
1516/02, f. 22 Frottola

S
A
T
B

Anonymous. Ch'il Paradiso vuole a Maria
1563/06, f. 141v–142 Lauda

S
T
B

Anonymous. Ch'io lassi l'alta impresa e al fin
1509/02, f. 41 Frottola

S
A
T
B

Anonymous. Che bella vita al mondo
1563/06, f. 99 Lauda

S
T
B

Anonymous. Che bene e questo ohime che'l mondo
1591/03, f. 90v–91 Madrigal
ECCO A 8.

S
A
T
B

Anonymous. Che cos'al mondo mai saria piu bella
1570/31, p. 31 Villota

Anonymous. Che fai alma che fai
1514/02, f. 70v–71 Frottola

Anonymous. Che fai che fai che non mi rendi
1557/19, p. 9 Canzona
Only Cantus partbook extant.

Anonymous. Che fanno meco homai questi sospiri
1583/13, p. 22 Madrigal
ALL'ILLUSTRISIMO DUCA DI PARMA

Anonymous. Che fara tu cor mio
1563/06, f. 58v Lauda

Anonymous. Che faralla che diralla
1563/06, f. 92 Lauda

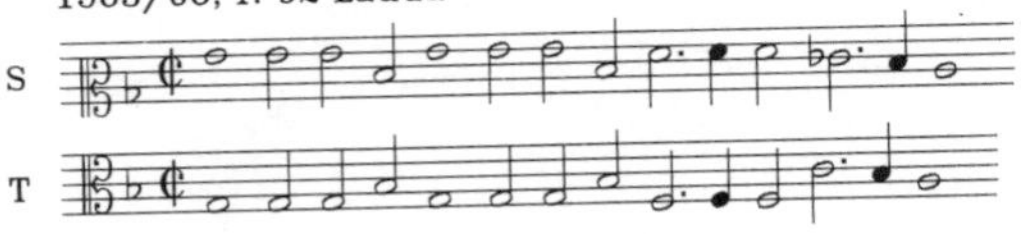

Anonymous. Che giova sagittar un'che si more
1537/08, no. 8 Madrigal
Bass missing. Compare Festa "Che giova.." in 1556/26.

Anonymous. Che non puo far donna leggiadra
1577/08, p. 11 Madrigal
Tenor partbook missing.

Anonymous. Che sera che non sera
1526/05, f. 32 Canzona
Bass partbook missing.

Anonymous. Che sia malditta l'acque sta matina
1537/05, no. 10 Canzona
Bass partbook missing.

Anonymous. Che te giova servir cor mio
1506/03, f. 43 Frottola

Anonymous. Che vol dir che cosi sete
1516/02, f. 55v–56 Frottola

Anonymous. Chi chi li chi v scontienta
1560/13, p. 37–41 Villota
MORESCA PRIMA.

Anonymous. Chi circa de vedere
1537/05, no. 5 Canzona
Bass partbook missing.

Anonymous. Chi crederia tal cosa
1588/19, p. 20 Madrigal
SECONDA PARTE. (Only Canto partbook extant.)

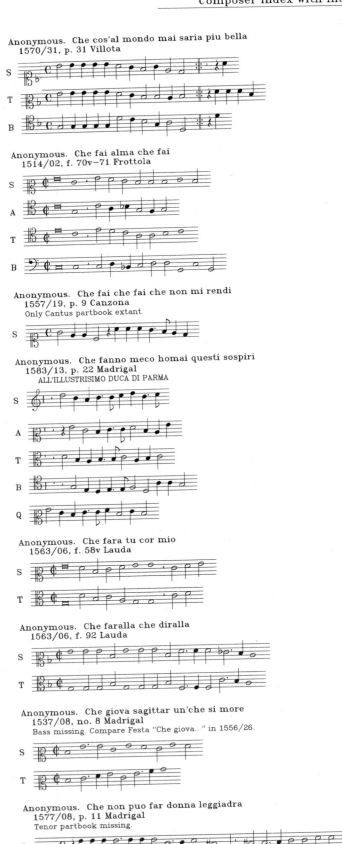

Anonymous. Chi dira mai ch'in donna
1566/05, p. 29 Villota
Compare B. Donato in 1550/19, where labeled a Villanescha.

S T B

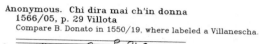

Anonymous. Chi e pregion del ciecho amore
1509/02, f. 54v–55 Frottola

S A T B

Anonymous. Chi fa del cavalier o chi del duca
1565/12, p. 39 Canzona

S T B

Anonymous. Chi mai udi tal cosa
1598/04, f. 17v–18 Lauda

S A B

Anonymous. Chi me l'havesse dett'o vita mia
1555/30, no. 7 Madrigal
Bass missing. Tenor (1558/16) not found in Leningrad.

S

Anonymous. Chi non adora queste trezze d'oro
1565/12, p. 22 Canzona

S T B

Anonymous. Chi non ama te Maria e'l tuo figlio
1563/06, f. 23v–24 Lauda

S T
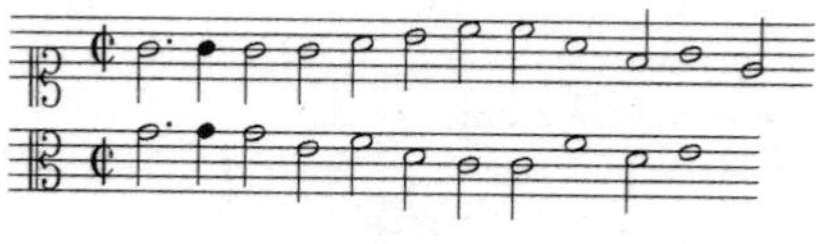

Anonymous. Chi non ha martel suo danno
1507/04, f. 9v–10 Frottola

S A

T B

Anonymous. Chi non ti conoscesse Giesu
1591/03, f. 16v–17 Lauda

S A B
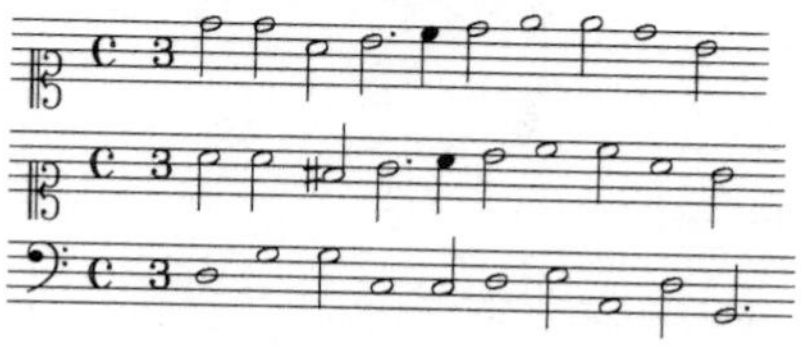

Anonymous. Chi passa per sta strada
1557/19, p. 15 Canzona
Only Cantus partbook extant.

S

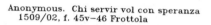

Anonymous. Chi promette e debitore
1507/04, f. 12v–13 Frottola

S A T B

Anonymous. Chi servir vol con speranza
1509/02, f. 45v–46 Frottola

S A T B
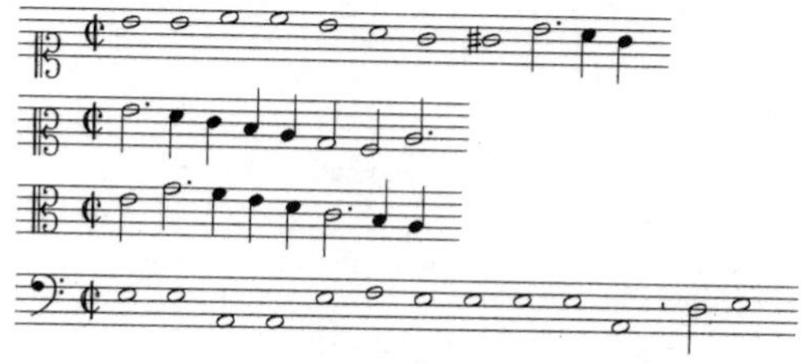

Anonymous. Chi vede gir la mia dea si honesta
1505/05, f. 30 Sonetto

S A T B

Anonymous. Chi vol vedere tutte le bellezze
1571/07, p. 1 Villota

S T B

Anonymous. Chi vuol mirar da man vergine colte
1566/02, p. 13 Madrigal

Anonymous. Chi vuol salir'al cielo
1583/03, f. 1v–2 Lauda

Anonymous. Chi vuol seguir la guerra
1583/03, f. 4v–5 Lauda

Anonymous. Chiamiam'il buon Giesu ver'huom
1580/06, p. 36–37 Lauda

Anonymous. Chiamiam'il buon Giesu ver'huom
1580/05, p. 2v–4 Lauda

Anonymous. Chiar'e lucenti stelle
1592/13, p. 1 Madrigal

Anonymous. Chiari bei raggi ardenti
1599/06, p. 56 Lauda
ALLA MIRACOLOSA MADONNA DI REGIO.

Anonymous. Christi donna per amarte
1515/02, f. 25v–26 Frottola

Anonymous. Christo ver'huomo, e Dio,
1563/06, f. 47v–48 Lauda

Anonymous. Christo vero huom e Dio
1580/06, p. 16–17 Lauda

Anonymous. Christus factus est pro nobis
1508/03, f. 50v Lauda

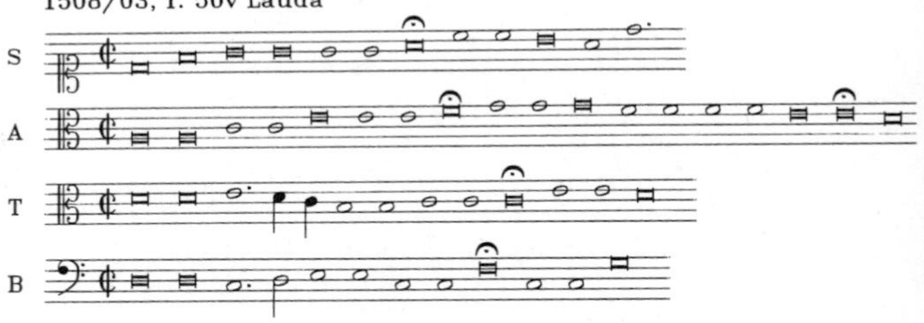

Anonymous. Il ciel amor et io tutt'in un punto
1566/05, p. 22 Villota

Anonymous. Il ciel natura e amore
1505/06, f. 11 Frottola

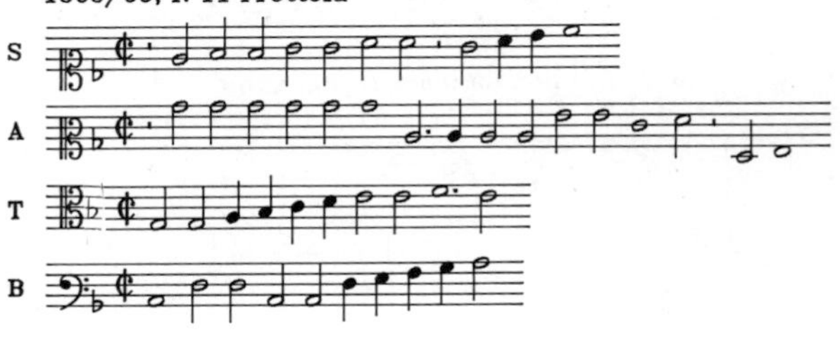

Anonymous. Com'angel che gran tempo
1598/04, no. 8 Lauda

Anonymous. Come assettata cerva ogn'hor
1598/04, no. 2 Lauda

Anonymous. Come corre la Lecor'a la noce
1562/10, no. 6 Napolitana
Only Cantus partbook extant.

Anonymous. Come donna poss'io senza voi
1554/28, p. 3 Madrigal

Anonymous. Come el piombin quel semplice
1506/03, f. 13 Frottola

Anonymous. Come fanciul ch'a pena volge
1583/13, p. 12 Madrigal
QUARTA PARTE. QUINTO TACET. No meter signature in any voice.

Anonymous. Come fenice son che de mia morte
1566/07, p. 10 Canzona

Anonymous. Come la tortorella
1598/04, f. 23–24 Lauda

Anonymous. Come me querra
1516/02, f. 26 Frottola

Anonymous. Come nave ch'in mezo'all'onde sia
1559/18, p. 25–26 Madrigal

Anonymous. Come po far el cielo
1505/05, f. 45 Oda

Anonymous. Come po far el cielo
1510/ y, f. 34 Canzona

Anonymous. Come po tu temer che mai te lassi
1505/05, f. 27 Strambotto

Anonymous. Come posso dir io che si begli occhi
1537/11, no. 18 Madrigal

Anonymous. Come t'haggio lassat'a o vita mia
1555/30, no. 6 Madrigal
Bass missing. Tenor (1558/16) not found in Leningrad.

Anonymous. Come ti sofre il core
1505/06, f. 30v Frottola

Anonymous. Come ti vedo hoime di sangue
1583/03, f. 28v–29 Lauda

Anonymous. Come ti vedo oime di sangue
1588/11, no. 25 Lauda

Anonymous. Con dolor vivo in piacere
1515/02, f. 14v–15 Frottola

Anonymous. Con lei fuss'io da che si parte
1537/08, no. 7 Madrigal
Bass partbook missing.

Anonymous. Con pianto e con dolore
1505/05, f. 42 Oda

Anonymous. Con suave parlar
1540/20, no. 3 Madrigal
Attrib. to Anonymous (Con soave parlar.. ") in 1537/10.

Anonymous. Conosco bene che pel peccato mio
1563/06, f. 137v–138 Lauda

Anonymous. Consumando mi vo di piaggia
1543/18, p. 11 Madrigal

Anonymous. Consumando mi vo di piaggia
1583/13, p. 29 Madrigal
QUARTA PARTE. (No meter signature in any voice.)

Anonymous. Consumato ha amor el dardo
1507/03, f. 23v–24 Frottola

Anonymous. Conto de l'Orco chi ha danar
1560/13, p. 13 Villota

Anonymous. El cor che ben disposto
1505/05, f. 44v Oda
Listed as a Canzona in 1510.

Anonymous. Cor maligno, e pien di fraude
1563/06, f. 28 Lauda
Table of Contents lists as "Cuor maligno.. "

Anonymous. Cor mio che fai che pensi
1595/03, p. 12 Madrigal

Anonymous. Cor mio di gratia non mi far
1567/17, p. 19 Villota

Anonymous. Cor mio dolente e tristo
1589/02, f. 17v–18 Lauda

Anonymous. Cor mio dolente fuggi dal lume
1591/03, f. 86v–87 Madrigal

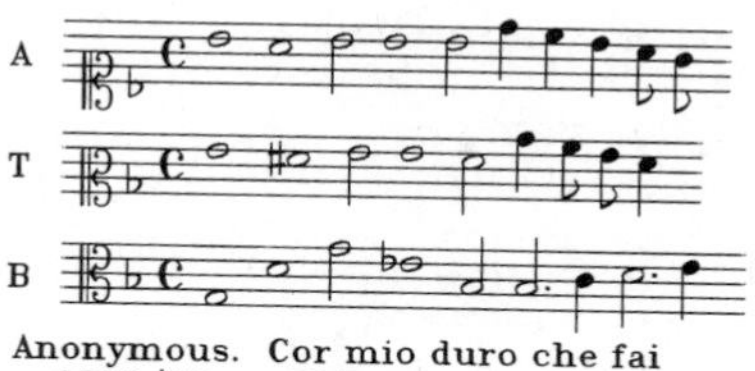

Anonymous. Cor mio duro che fai
1599/06, p. 63 Lauda
A SANTA MARIA DELLA VITA.

Anonymous. Core mio bello cor'inzucherato
1560/13, p. 31 Villota
Listed as a Canzona in 1557/20.

Anonymous. Cosi son'io nel piant'aspr'et amaro
1559/18, p. 26 Madrigal

Anonymous. Cosi vuol mia chiara
1570/33, p. 15 Napolitana
Voice and lute.

Anonymous. Credo sia meglio case risolvimo
1555/30, no. 1 Madrigal
Bass partbook missing. Tenor (1588/16) not found in Leningrad.

Anonymous. Cresci cresci Amor santo
1591/03, f. 15v–16 Lauda

Anonymous. Crescie e discrecie il mar
1507/04, f. 19v–20 Frottola

Anonymous. Crucifixum in carne propter nos
1563/06, f. 61 Lauda

Anonymous. Crudel se sai che per te mor'et
1560/13, p. 33 Villota
Compare G. Scotto, "crudel se.. " (Canzona) in 1571/11.

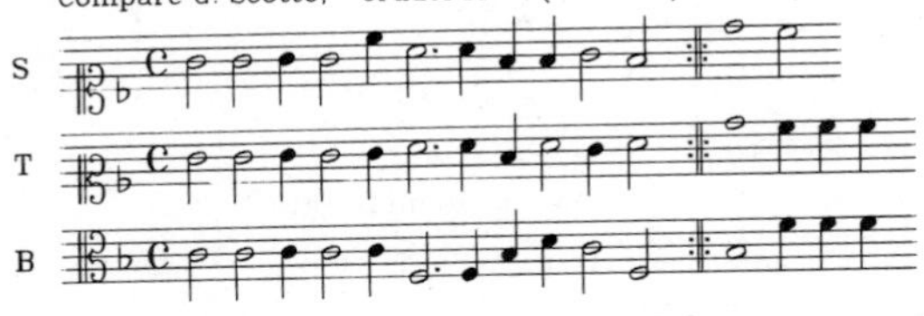

Anonymous. Crudel se sai, ch'io per te mor'
1562/10, no. 14 Napolitana
Only Cantus partbook extant.

Anonymous. Crudel voi lo sentire perche vorria
1567/17, p. 31 Villota

Anonymous. Cui dicese e non l'amare
1506/03, f. 2v–3 Frottola

Anonymous. Cum autem venissent ad locum
1563/06, f. 115 Lauda
Compare Anonymous "Quem autem venissent.. " in 1508/03.

Anonymous. D'amoroso dolor punta
1598/04, no. 12 Lauda

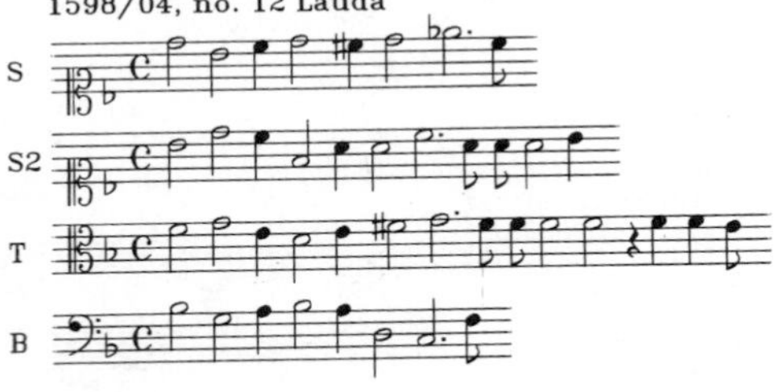

Anonymous. D'una Rosa una Spina
1588/19, p. 19 Madrigal
CANZONETTA PRIMA PARTE. (Only Cantus partbook extant.)

Anonymous. Da che tu m'hai Dio, il cor ferito
1563/06, f. 32v–33 Lauda

Anonymous. Da l'hora ch'io te vidi o brunitella
1570/21, p. 5 Villota

Anonymous. Da noi ti parti nobil peregrina
1598/04, f. 1v–2 Lauda

Anonymous. Da poi ch'io viddi la tua gran
1570/33, p. 7 Napolitana
Voice & lute. Attributed to Anonymous in 1570/18.

Anonymous. Da poi che non si po piu ritrovare
1505/05, f. 31 Strambotto

Anonymous. Da poi nocte vien la luce
1507/04, f. 7v–8 Frottola

Anonymous. Dal bel giardin
1513/01, f. 50v–51v Frottola

Anonymous. Dal orto se ne vien la vilanella
1526/05, f. 31–31v Canzona
Bass partbook missing.

Anonymous. Dal tuo volto beato
1591/03, f. 7v–8 Lauda

Anonymous. Dalla piu alta stella disces'
1563/06, f. 134v–135 Lauda

Anonymous. Dalli miei stanchi e ruggiadosi
1591/03, f. 34v–35 Lauda

Anonymous. Dammi no bascio o bella faccia
1570/21, p. 41 Villota

Anonymous. Dammi no vaso cecca e non foire
1560/12, p. 23 Villota

Anonymous. Dammi pur affann'e pene
1570/31, p. 24 Villota

Anonymous. Dardi d'amor son donna s'occhi tuoi
1571/07, p. 25 Villota

Anonymous. Date la strad'o voi che cosi armati
1570/33, p. 10 Napolitana

Anonymous. Date la vel'al vento
1570/19, p. 25 Madrigal
AL NOBILE S. DOMENICO BURRIGHELLI

Anonymous. De dolce diva mia
1505/04, f. 55v–56 Frottola

Anonymous. De fossela qui mecho
1506/03, f. 48v Frottola

Anonymous. De no de si de no
1505/06, f. 31 Frottola

Anonymous. De speranza hormai son fora
1509/02, f. 25v–26 Frottola

Anonymous. Debbo anchora seguirte
1515/02, f. 43v–44v Frottola

Anonymous. Deh cess'hormai che doppo tanti
1543/18, p. 34 Madrigal
SECUNDA PARS.

Anonymous. Deh chi n'asconde il sole
1575/12, p. 15 Madrigal

Anonymous. Deh dolce Redentore, Giesu
1563/06, f. 132v–133 Lauda

Anonymous. Deh gittami no vaso faccia bella
1560/12, p. 31 Villota

Anonymous. Deh hor foss'io col vago de la luna
1583/13, p. 31 Madrigal
PRIMA PARTE. (No meter signature in any voice.)

Anonymous. Deh perche abandonasti me crudel'
1557/19, p. 4 Canzona
Only Cantus partbook extant.

Anonymous. Deh perche ciel non od'i miei
1559/18, p. 21–22 Madrigal
Attributed to V. Ruffo in 1557/17.

Anonymous. Deh perche non e in voi tante
1541/16, p. 22 Madrigal

Anonymous. Deh piang'anima mia
1583/03, f. 1v Lauda

Anonymous. Deh, quando ti veggio
1537/05, no. 7 Canzona
Bass partbook missing.

Anonymous. Deh venitene pastori, a vedere
1563/06, f. 36 Lauda
Listed as "Venitene pastori" in Table of Contents.

Anonymous. Del crud'amor io sempre mi lamento
1566/09, p. 21 Canzona

Anonymous. Del partir e gionto l'hora
1505/06, f. 27 Frottola

Anonymous. Del piu bel il piu bel tolse natura
1568/13, p. 21 Madrigal

Anonymous. Dentro d'un nobil core
1591/03, f. 33v–34 Lauda

Anonymous. Dentro pur fo'e fuor candida
1554/28, p. 19 Madrigal
SESTA PARTE.

Anonymous. Di Dio Madre Beata
1599/06, p. 93 Lauda
PER L'ASSUNTIONE DELLA MADONNA SANTISSIMA.

Anonymous. Di di in di sper'homai l'ultima
1583/13, p. 27 Madrigal
SECONDA PARTE. (No meter signature in any voice.)

Anonymous. Di nott'e giorno vivo in fiamma
1566/07, p. 27 Canzona

Anonymous. Di nova luce adorna l'alto fattor
1583/03, f. 27v–28 Lauda

Anonymous. Di peccator perche cura non hai
1585/07, p. 16 Canzona
DIALOGO L'ANGELO CUSTODE AL PECCATORE.

Anonymous. Di pensier in pensier, di monte
1510/ y, f. 36 Canzona

Anonymous. Di spietto de sto mese traditore
1557/19, p. 1 Canzona
Tenor and Bass partbooks missing.

Anonymous. Di tempo in tempo mi si fa men dura
1583/13, p. 21 Madrigal
PRIMA PARTE. (No meter signature in any voice.)

Anonymous. Di vedoe me voglio innamorare
1571/07, p. 7 Villota

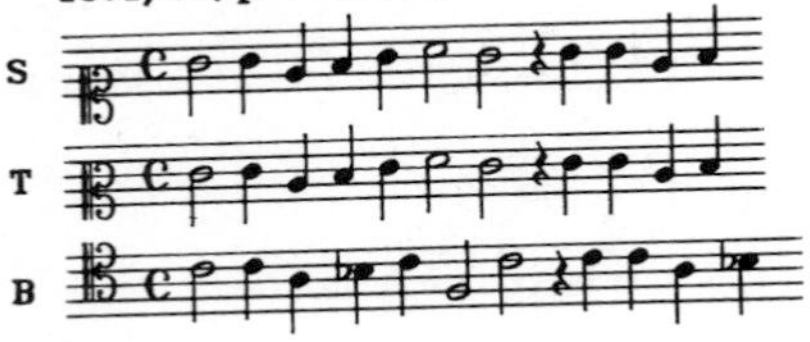

Anonymous. Dica chi vol
1516/02, f. 42v–43 Frottola
Cantus and Tenor partbooks missing.

Anonymous. Dicha ogn'un chi mal dir vole
1505/06, f. 21v–22 Frottola

Anonymous. Dico spesso al mio core
1585/07, p. 11 Canzona

Anonymous. Dimme madonna voi me li prestare
1562/10, no. 18 Napolitana
Only Cantus partbook extant.

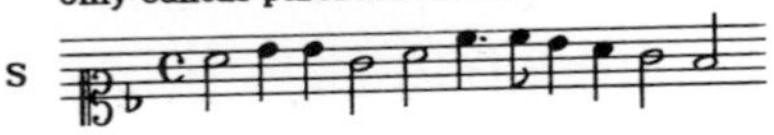

Anonymous. Dimmi dolce Maria, a che pensavi
1563/06, f. 12v–13 Lauda

Anonymous. Dio s'e fatto fanciullo
1591/03, f. 13v–14 Lauda

Anonymous. Dio sa quanto me doglio
1505/03, f. 22v–23 Frottola
Compare A. Capriolo, "Dio lo sa quanto.." in 1505/05.

Anonymous. Disperato fin a morte
1505/06, f. 43v–44 Frottola

Anonymous. Dispost'ho di seguirti Giesu
1580/06, p. 32–33 Lauda

Anonymous. Dispost'ho di sequirti,Giesu
1580/05, p. 7v–8 Lauda

Anonymous. Disposto ho di sequirti Iesu
1583/03, f. 19v–20 Lauda

Anonymous. Ditemi o diva mia non sete voi
1570/33, p. 27 Napolitana
Voice and lute.

Anonymous. Dixit dominius domino meo
1563/06, f. 123 Lauda
L'OTTAVO TUONO IN CONTRAPUNTO.

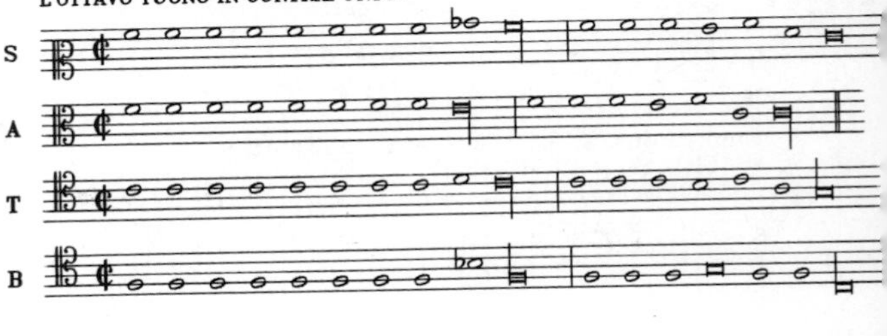

Anonymous. Doglia mia acerba & voi sospir'
1558/13, p. 11 Madrigal

Anonymous. Dolc'amorose e legiadrette ninphe
1565/17, p. 13 Canzona
Setting for voice and lute in 1570/33.

Anonymous. Dolc'e la pace mia
1563/07, p. 13 Canzona

Anonymous. Dolce Dio sommo conforto
1563/06, f. 81 Lauda

Anonymous. Dolce Giesu riposo del mio core
1580/05, p. 17v–18 Lauda

Anonymous. Dolce cara e gradita prigionia
1598/04, no. 11 Lauda

Anonymous. La dolce diva mia
1505/05, f. 46v Oda

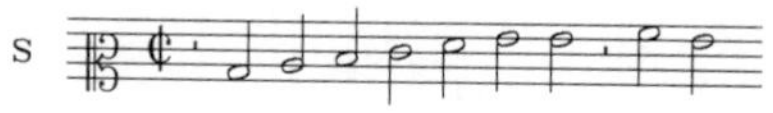

Anonymous. Dolce e felice sogno per cui miro
1556/22, p. 28 Madrigal

Anonymous. Dolce felice e lieta notte
1583/03, f. 17v–18 Lauda

Anonymous. Dolce, felice, lieta, notte
1563/06, f. 36v Lauda

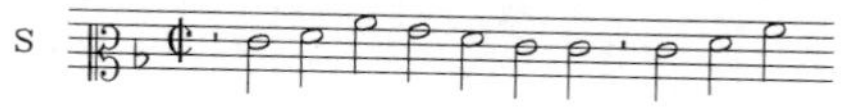

Anonymous. Dolce mia vita poiche faccio da te
1566/07, p. 26 Canzona

Anonymous. Dolce mio ben affacciati no poco
1560/12, p. 37 Villota
Attributed to G. Scotto in 1571/11.

Anonymous. Dolce nemica mia nel cui bel
1546/19, p. 15 Madrigal

Anonymous. Dolce nemica mia o non t'increschi
1541/17, p. 42–43 Madrigal

Anonymous. Dolce ocioso sonno
1516/02, f. 52–53 Frottola

Anonymous. Dolce sospir che m'uscite dal peito
1560/12, p. 7 Villota

Anonymous. Dolci colli fioriti a me si cari
1570/33, p. 17 Napolitana
For voice and lute. Setting by Laudis (3 voices) in 1565/12.

Anonymous. Dolci rime leggiadre
1583/13, p. 11 Madrigal
TERZA PARTE. (No meter signature in any voice.)

Anonymous. Dolcissimo ben mio mentre bramo
1591/09, p. 12 Madrigal
Cantus partbook missing.

Anonymous. Dolor che la mia vita mi forz'ogni
1543/18, p. 33 Madrigal

Anonymous. Dolor e piant'e torment'e martire
1571/07, p. 29 Villota

Anonymous. Dolor, pianto, e penitenza
1563/06, f. 100–101 Lauda

Anonymous. Donna bella el tempo pasa
1509/02, f. 28v–29 Frottola

Anonymous. Donna che avanzi di spendor'le bela
1537/08, no. 16 Aria
ARIA NAPOLITANA. (Bass partbook missing.)

Anonymous. Donna crudel tu m'hai rubat il core
1562/10, no. 10 Napolitana
Only Cantus partbook extant.

Anonymous. Donna crudel tu m'hai rubat il core
1560/12, p. 21 Villota
Compare G. Ferretti "Donna crudel" (Madrigal) in 1589/08.

Anonymous. Donna crudel tu m'hai rubat il core
1562/10, no. 10 Napolitana
Only Cantus partbook extant.

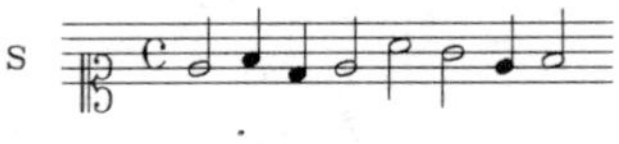

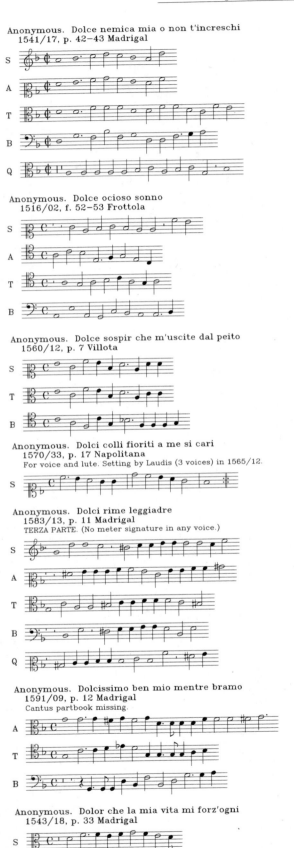

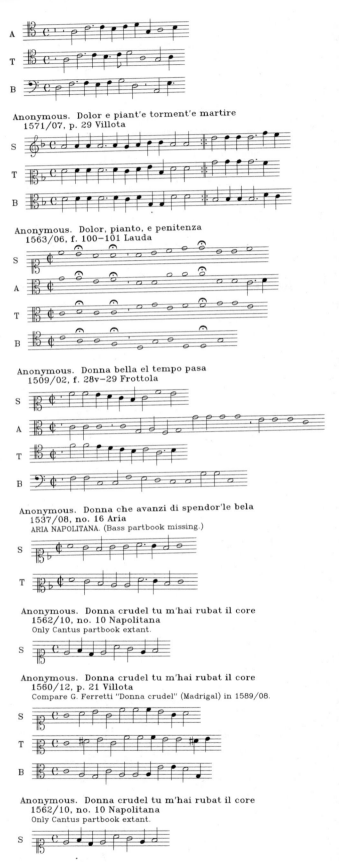

Anonymous. Donna d'altri piu che mia
1506/03, f. 29v–30 Frottola

S A T B

Anonymous. Donna fra l'altre belle com'il sol
1559/16, p. 23 Madrigal

S A T B Q

Anonymous. Donna gentil i bei vostr'occhi
1557/16, p. 19 Madrigal

S A T B

Anonymous. Donna hormai fammi contento
1506/03, f. 17v–18 Frottola

S A T B

Anonymous. Donna hormai non piu dolore
1506/03, f. 33v–34 Frottola

S A T B

Anonymous. Donna mia quanto dispecto
1507/03, f. 22 Frottola

S A T

B

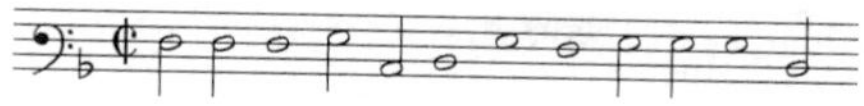

Anonymous. Donna se te prima fra le belle
1562/10, no. 1 Napolitana
Only Cantus partbooks extant.

S

Anonymous. Donna statomi detto che'l mi amore
1571/07, p. 17 Villota

S T B

Anonymous. Donna tu m'hai lasciat'et io sperai
1565/12, p. 26 Canzona

S T B

Anonymous. Donna voi me parete un angiolella
1571/07, p. 11 Villota

S T B

Anonymous. Donne che di bellezz'et honestade
1546/19, p. 22 Madrigal

S A T B Q 6

Anonymous. Donne leggiadr'e voi vaghe citelle
1570/33, p. 28 Napolitana
Voice and lute.

S

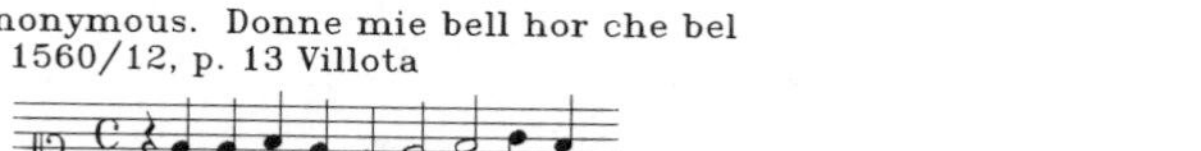

Anonymous. Donne mie bell hor che bel
1560/12, p. 13 Villota

S T B

Anonymous. Doppoi ch'io vidi quei bei lumi
1552/20, p. 27 Madrigal

Anonymous. Dormendo un giorno a Baia
1537/11, no. 22 Madrigal
Compare Arcadelt (1542/18) & Verdelot (1541/17).

Anonymous. Dove nascest'o vis'angelicato
1537/05, no. 9 Canzona
Bass partbook missing.

Anonymous. Due cos'al mondo sono senza pare
1565/12, p. 25 Canzona

Anonymous. Due destrier bionde tirano
1566/07, p. 22 Canzona

Anonymous. Due rose il Mammol mio porta
1599/06, p. 31 Lauda
AMOROSI VEZZI.. AL SALVATORELLO BAMBINO NEL PRESEPIO.

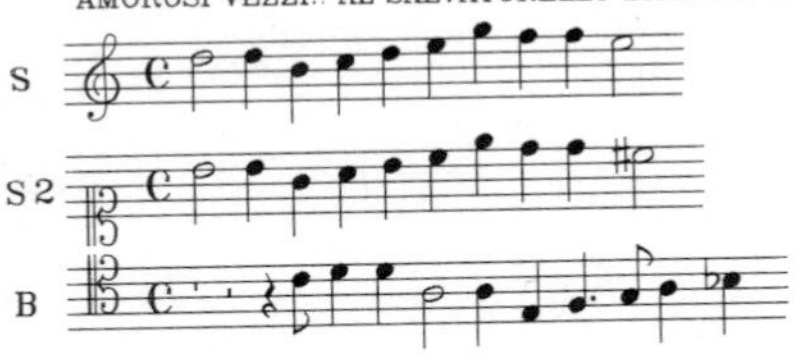

Anonymous. Dulcis amica dei
1508/03, f. 20 Lauda

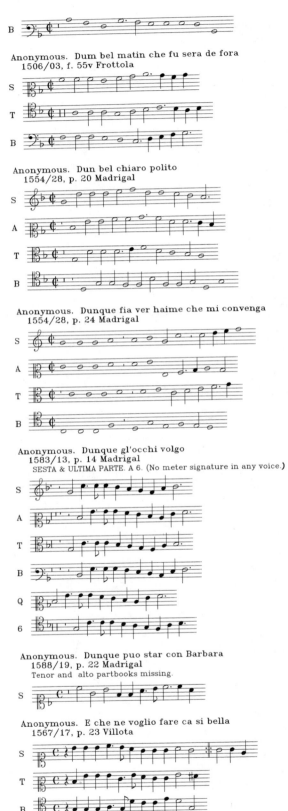

Anonymous. Dum bel matin che fu sera de fora
1506/03, f. 55v Frottola

Anonymous. Dun bel chiaro polito
1554/28, p. 20 Madrigal

Anonymous. Dunque fia ver haime che mi convenga
1554/28, p. 24 Madrigal

Anonymous. Dunque gl'occhi volgo
1583/13, p. 14 Madrigal
SESTA & ULTIMA PARTE. A 6. (No meter signature in any voice.)

Anonymous. Dunque puo star con Barbara
1588/19, p. 22 Madrigal
Tenor and alto partbooks missing.

Anonymous. E che ne voglio fare ca si bella
1567/17, p. 23 Villota

Anonymous. E come t'allegravi o vecchia pazza
1562/10, no. 16 Napolitana
Only Cantus partbook extant.

Anonymous. E dove non potea la debil voce
1577/08, p. 6 Madrigal
Tenor partbook missing.

Anonymous. E la morte di marito aspett'io
1537/08, no. 18 Aria
ARIA NAPOLITANA. (Bass partbook missing.)

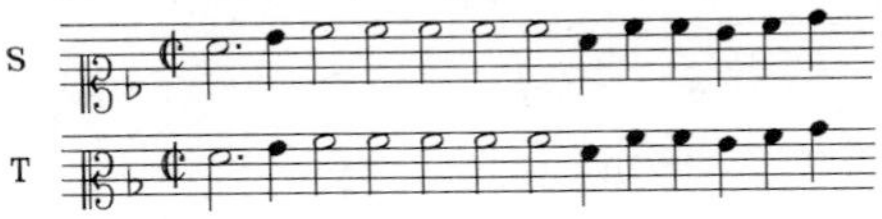

Anonymous. E morta la speranza e vive'l bel
1537/07, no. 14 Madrigal
Only Basso partbook extant.

Anonymous. E quando andaratu al monte
1526/je, f.16–16v Frottola
Only Cantus extant. See 1526/JEP in Index to sources.

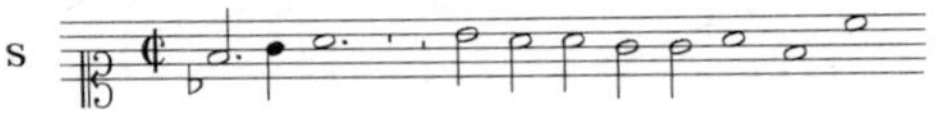

Anonymous. E se viver non so po senza del core
1557/19, p. 2 Canzona
Only Cantus partbook extant.

Anonymous. E si per bizaria
1530/01, f. 12v–13 Villota
Only Alto partbook extant.

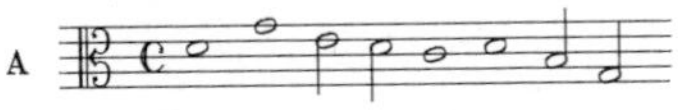

Anonymous. E vorria sapere da te signora
1566/05, p. 15 Villota

Anonymous. Ecce quam bonum & quam incundum
1563/06, f. 116–117 Lauda

Anonymous. Ecce quomodo moritur iustus
1563/06, f. 45v–46 Lauda

Anonymous. Ecco care sorelle il ver Messia
1563/06, f. 126v–127 Lauda

Anonymous. Ecco ch'io lass'l core
1583/15, f. 28 Madrigal

Anonymous. Ecco ch'io pur dopo l'esilio seggio
1572/08, p. 23 Madrigal
ECCO TERZO. (Tenor and Quinto partbooks missing.)

Anonymous. Ecco'il Messia, e la madre sua
1563/06, f. 15v Lauda

Anonymous. Ecco'il Messia, e la madre sua
1563/06, f. 16 Lauda

Anonymous. Eccome qui hormai
1505/05, f. 43v Oda

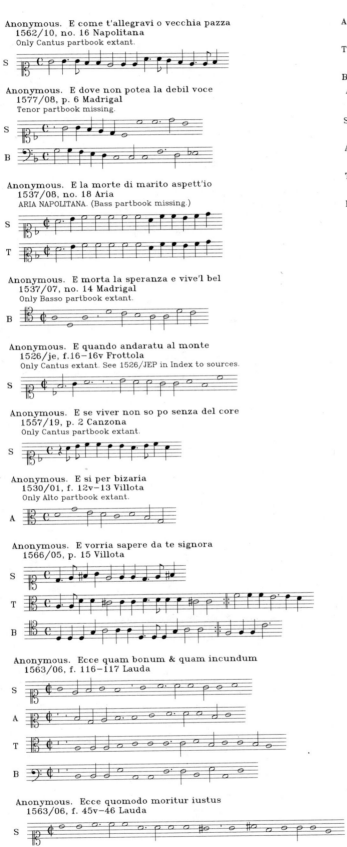

Anonymous. Eccoti il core o tu che'l vai
1566/05, p. 13 Villota

Anonymous. Era il bel viso suo qual esser'suole
1577/08, p. 12 Madrigal
Tenor partbook missing.

Anonymous. Era la mia virtu quasi smarita
1549/31, p. 26 Madrigal

Anonymous. Era scampato per mis bona forte
1583/03, f. 11v–12 Lauda

Anonymous. Ero cosi dicea
1588/17, p. 1 Madrigal

Anonymous. Esclare ci da madre
1583/04, f. 50 Lauda

Anonymous. Et o Re do spagna che it giou'li
1570/21, p. 25 Villota

Anonymous. Et o gratiosa bocca odorosa fronte
1566/07, p. 23 Canzona

Anonymous. Et volendo non te posso abondonare
1537/08, no. 23 Aria
ARIA NAPOLITANA. (Bass partbook missing.)

Anonymous. L'eterno alto motore pasce la vita
1588/11, no. 7 Lauda

Anonymous. Ex ore infantium & lactem
1580/06, p. 1 Lauda

QUINTA PARTE.

Anonymous. Fa bona guardia amore
1516/02, f. 20v–21v Frottola
Music lacking for "Fa buona guardia amore."

Anonymous. Fa ch'io fo hor su fa presto
1505/04, f. 58v–59 Frottola

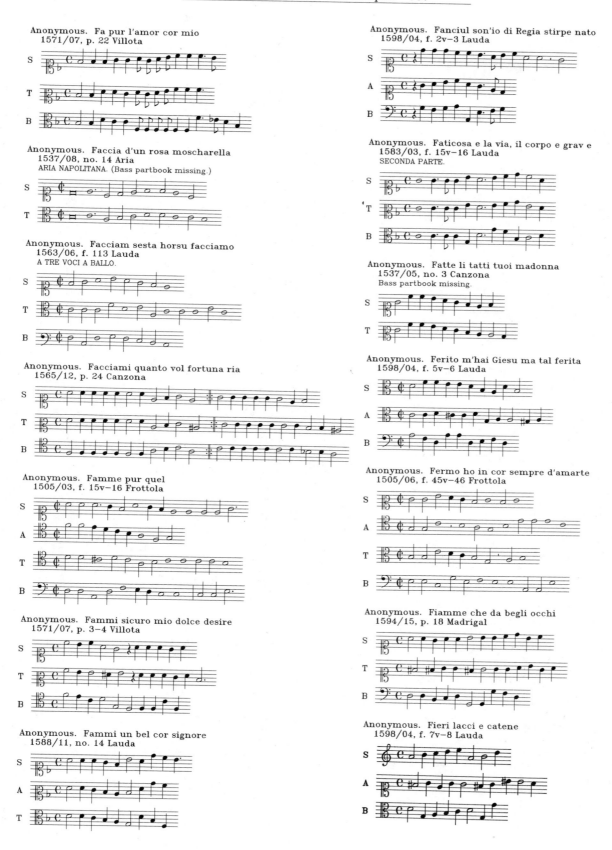

Anonymous. Fa pur l'amor cor mio
1571/07, p. 22 Villota

Anonymous. Faccia d'un rosa moscharella
1537/08, no. 14 Aria
ARIA NAPOLITANA. (Bass partbook missing.)

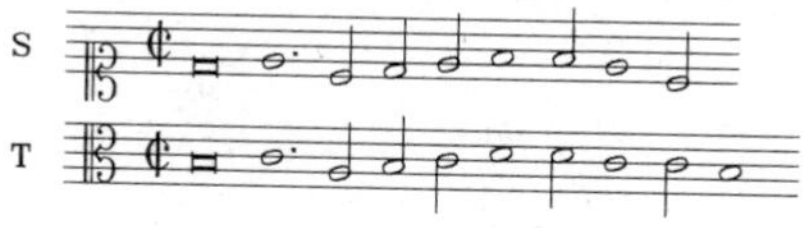

Anonymous. Facciam sesta horsu facciamo
1563/06, f. 113 Lauda
A TRE VOCI A BALLO.

Anonymous. Facciami quanto vol fortuna ria
1565/12, p. 24 Canzona

Anonymous. Famme pur quel
1505/03, f. 15v–16 Frottola

Anonymous. Fammi sicuro mio dolce desire
1571/07, p. 3–4 Villota

Anonymous. Fammi un bel cor signore
1588/11, no. 14 Lauda

Anonymous. Fanciul son'io di Regia stirpe nato
1598/04, f. 2v–3 Lauda

Anonymous. Faticosa e la via, il corpo e grav e
1583/03, f. 15v–16 Lauda
SECONDA PARTE.

Anonymous. Fatte li tatti tuoi madonna
1537/05, no. 3 Canzona
Bass partbook missing.

Anonymous. Ferito m'hai Giesu ma tal ferita
1598/04, f. 5v–6 Lauda

Anonymous. Fermo ho in cor sempre d'amarte
1505/06, f. 45v–46 Frottola

Anonymous. Fiamme che da begli occhi
1594/15, p. 18 Madrigal

Anonymous. Fieri lacci e catene
1598/04, f. 7v–8 Lauda

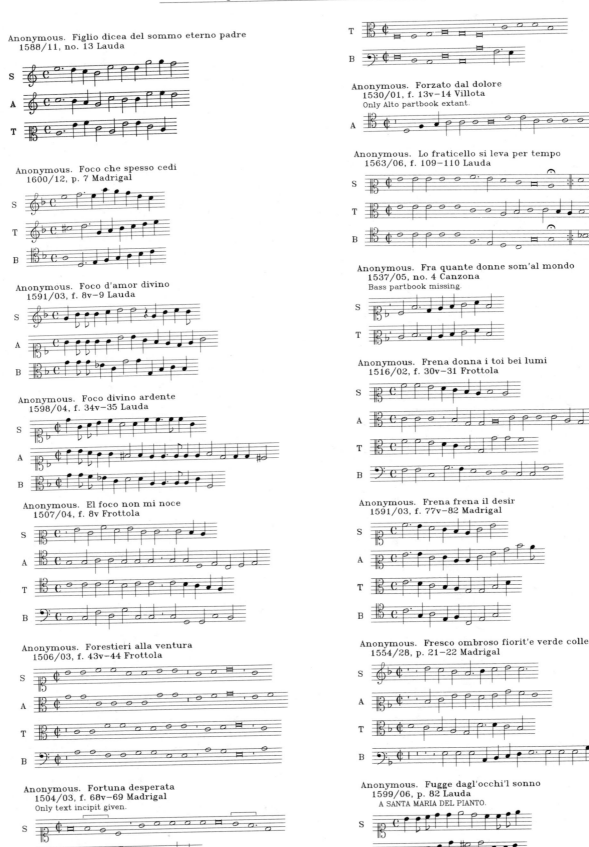

Anonymous. Figlio dicea del sommo eterno padre
1588/11, no. 13 Lauda

Anonymous. Foco che spesso cedi
1600/12, p. 7 Madrigal

Anonymous. Foco d'amor divino
1591/03, f. 8v–9 Lauda

Anonymous. Foco divino ardente
1598/04, f. 34v–35 Lauda

Anonymous. El foco non mi noce
1507/04, f. 8v Frottola

Anonymous. Forestieri alla ventura
1506/03, f. 43v–44 Frottola

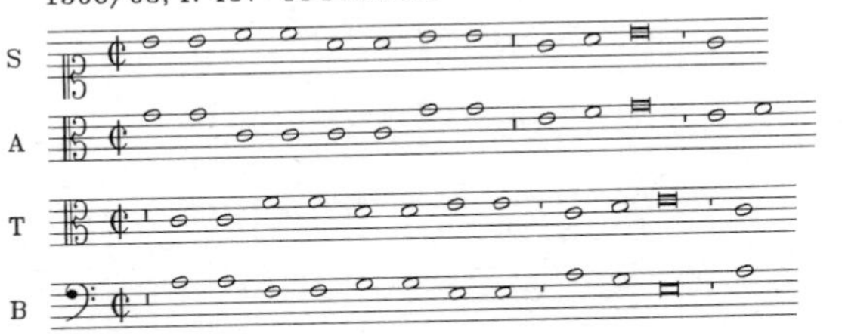

Anonymous. Fortuna desperata
1504/03, f. 68v–69 Madrigal
Only text incipit given.

Anonymous. Forzato dal dolore
1530/01, f. 13v–14 Villota
Only Alto partbook extant.

Anonymous. Lo fraticello si leva per tempo
1563/06, f. 109–110 Lauda

Anonymous. Fra quante donne som'al mondo
1537/05, no. 4 Canzona
Bass partbook missing.

Anonymous. Frena donna i toi bei lumi
1516/02, f. 30v–31 Frottola

Anonymous. Frena frena il desir
1591/03, f. 77v–82 Madrigal

Anonymous. Fresco ombroso fiorit'e verde colle
1554/28, p. 21–22 Madrigal

Anonymous. Fugge dagl'occhi'l sonno
1599/06, p. 82 Lauda
A SANTA MARIA DEL PIANTO.

Anonymous. Fuggit'alme gentil de risguardare
1566/07, p. 24 Canzona

Anonymous. Fuggon i giorn'e i mesi
1589/02, f. 34v–35 Lauda

Anonymous. Gaude flore virginali
1508/03, f. 20v–21 Lauda

Anonymous. Gentil signor'affe ch'io mi moro
1567/17, p. 17 Villota

Anonymous. Gia de la vaga Aurora il crine
1598/04, f. 33v–34 Lauda

Anonymous. Gia felice esser
1515/02, f. 10v–11 Frottola

Anonymous. Gia fiammeggiava l'amorosa stella
1583/13, p. 7 Madrigal
PRIMA PARTE. (No meter signature in any voice.)

Anonymous. Gia fu chi m'hebbe cara volentieri
1583/15, f. 4v Madrigal

Anonymous. Gia fu presa da te, l'anima mia
1563/06, f. 78v–79 Lauda

Anonymous. Gia fui lieto hor gioncto
1506/03, f. 51v–52 Frottola

Anonymous. Giesu clemente e pio
1583/03, f. 23v–24 Lauda

Anonymous. Giesu clemente e pio
1580/06, p. 26–27 Lauda

Anonymous. Giesu dileto sposo se sol pensando
1591/03, f. 23v–24 Lauda

Anonymous. Giesu figliol di Dio
1598/04, no. 10 Lauda

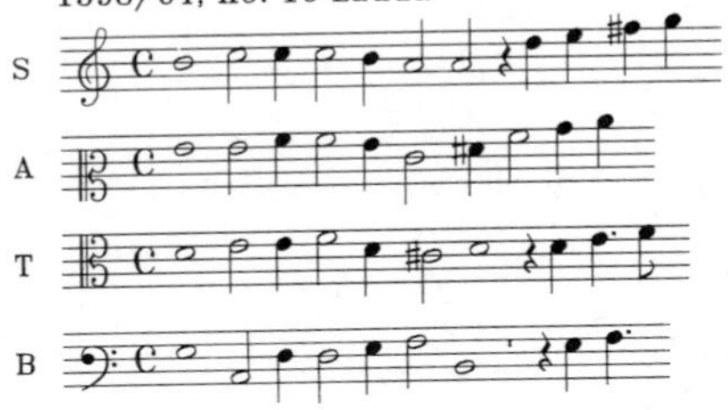

Anonymous. Giesu mio Giesu
1580/06, p. 12–13 Lauda

Anonymous. Giesu mio, Giesu mio, oy deh quanti
1563/06, f. 117 Lauda
IL SEGUENTE CANTO SI CANTA A TRE VOCI. (3v canon)

Anonymous. Giesu nel tuo partire
1591/03, f. 37v–38 Lauda
NELL'ASCENSIONE DEL SIGNORE.

Anonymous. Giesu nostro riscatto, nostr'amor
1583/03, f. 5v–6 Lauda

Anonymous. Giesu ogn'un chiami Giesu
1580/06, p. 10–11 Lauda

Anonymous. Giesu ogn'un chiami Giesu
1580/05, p. 4v–5 Lauda

Anonymous. Giesu ove ne vai che mostri tanti
1591/03, f. 18v–19 Lauda
DIALOGO TRA GIESU & L'ANIMA.

Anonymous. Giesu sommo conforto
1563/06, f. 3v Lauda

Anonymous. Giesu sommo diletto, e vero lume
1563/06, f. 125v–126 Lauda

Anonymous. Giesu, Giesu, Giesu, ogn'un chiama
1563/06, f. 60 Lauda

Anonymous. Gioia ch'avanzi tanto di bellezza
1570/21, p. 13 Villota

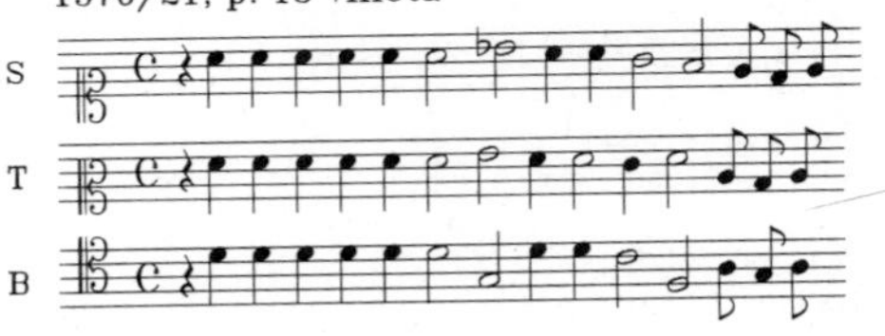

Anonymous. Gioia ch'avanzi tanto di bellezza
1570/31, p. 28 Villota

Anonymous. Gioia et amore sente'l mio core
1598/04, f. 36v–37 Lauda

Anonymous. Gionta e l'hora hormai
1516/02, f. 26v–27v Frottola

Anonymous. Gionti siam ala vechieza
1509/02, f. 29v–30 Frottola

Anonymous. Gionto che fu quel giorno
1588/11, no. 22 Lauda

Anonymous. Gionto d'amor mi trovo
1516/02, f. 31v–32 Frottola

Anonymous. Giovanne donna i vagh'e dolc'accenti
1588/24, p. 3 Madrigal

Anonymous. Giovene donna sott'un verde lauro
1554/28, p. 15 Madrigal
CANZON PRIMA PARTE

Anonymous. Giovenetti con fervore deh fuggite
1577/03, p. 49–50 Lauda

Anonymous. Giu per la mala via l'anima mia
1583/03, f. 13v–14 Lauda

Anonymous. Giu per la mala via l'anima nostra
1580/06, p. 18–19 Lauda

Anonymous. Giunt'i pastori al humile preseppe
1583/04, f. 9 Lauda

Anonymous. Gloria summa Deo
1580/06, p. 44–45 Lauda

Anonymous. Un grand'abismo un otr'abismo
1583/04, f. 48 Lauda

Anonymous. La grata vista e l'engelico viso
1543/18, p. 37 Madrigal

Anonymous. Gratia piu che virtu fa l'homo grato
1509/02, f. 27 Frottola

Anonymous. Grida qual tromba
1583/04, f.1v–2 Lauda

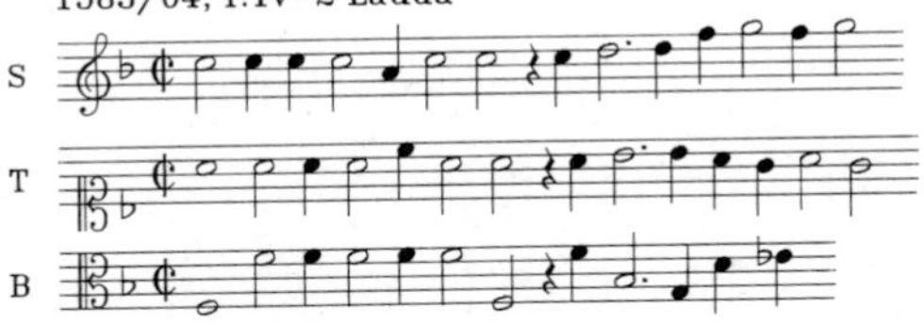

Anonymous. Guarda donna el mio tormento
1505/03, f. 39v–40 Frottola

Anonymous. Guarda si bell'assai ti puoi
1570/21, p. 9 Villota

Anonymous. Guidami o chiare stella al'humil
1591/03, f. 40v–41 Lauda

Anonymous. Ha lucia bona cosa
1571/07, p. 41–45 Moresca
Moresca seconda

Anonymous. Hai lasso come paiuo di me stesso
1537/07, no. 13 Madrigal
Cantus and Tenor partbooks missing.

Anonymous. Hai pretiosa fe si laccerata
1505/05, f. 32v Strambotto

Anonymous. Hai promesse dolce e amare
1505/03, f. 44v–45 Frottola

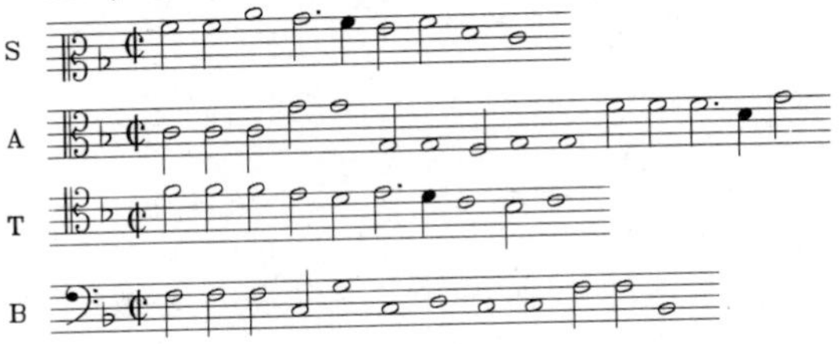

Anonymous. Haime che grave doglia
1505/04, f. 45 Frottola

Anonymous. Haime che non e un giocho
1505/03, f. 40–41 Frottola

Anonymous. Haime per che m'hai privo
1507/03, f. 47 Frottola

Anonymous. Havea na gallina capelluta
1557/19, p. 10 Canzona
Only Cantus partbook extant.

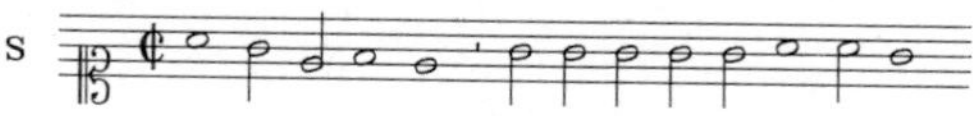

Anonymous. Hay lasso rimenbrando il loco
1514/02, f. 29v–30 Frottola

Anonymous. Herod'il volto mio pallid'e smorto
1563/06, f. 117–118 Lauda
Compare J. Arcadelt "Madonn'il volto.." in 1539/23.

Anonymous. Hoggi che'l Padre eterno introduce
1588/11, no. 11 Lauda

Anonymous. Hoggi liet'e giocondo
1580/06, p. 34–35 Lauda

Anonymous. Hoggi nasce Maria di nostro Mare
1591/03, f. 20v–21 Lauda

Anonymous. Hor ch'io del vostro e del mio foco
1595/03, p. 4 Madrigal

Anonymous. Hor che la fredda neve
1588/11, no. 16 Lauda

Anonymous. Hor che'l ciel'e la terr'e'l vento
1577/08, p. 13 Madrigal
Alto & Tenor partbook missing.

Anonymous. Hor chi mi dara mai voci
1591/03, f. 2v–3 Lauda

Anonymous. Hor credetemi amanti
1546/19, p. 19 Madrigal
Compare Anonymous "Hor credetemi amanti" in 1541/16.

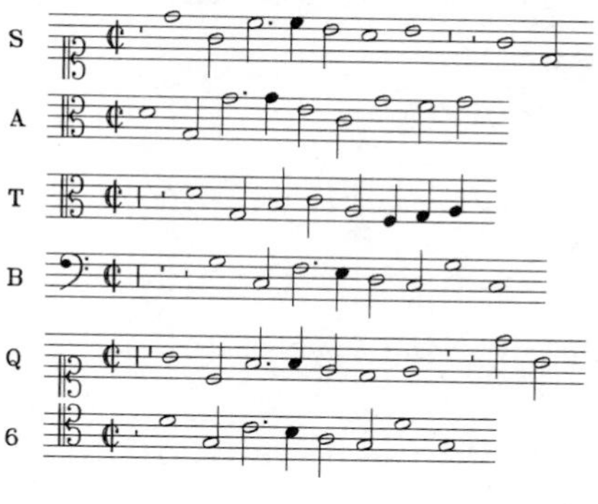

Anonymous. Hor credetemi amanti
1541/16, p. 27 Madrigal
Compare Anonymous "Hor credetemi amanti" in 1546/19.

Anonymous. Hor non nasce ciascun figliol
1591/03, f. 27v–28 Lauda

Anonymous. Hor va canzona mia non dubitare
1560/12, p. 19 Villota

Anonymous. Hor vedi Amor che giovanetta donna
1583/13, p. 24–25 Madrigal
No meter signature in any voice.

Anonymous. Gli horridi monti e le limose valli
1579/04, p. 12–13 Madrigal
Alto voice part damaged.

Anonymous. Horsu correr voglio a morte
1506/03, f. 37v–38 Frottola

Anonymous. Horto felice e ameno
1516/02, f. 36v–38 Frottola

Anonymous. I mi trovo Giesu da te lontano
1563/06, f. 82v–83 Lauda

Anonymous. I non hebbi giamai tranquilla notte
1583/13, p. 28 Madrigal
TERZA PARTE. (No meter signature in any voice.)

Anonymous. I piango & ella il volto
1568/19, p. 9 Madrigal

Anonymous. I piansi un tempo e semmi'l pianto
1600/05, p. 20 Lauda
A SANTA MARIA DEL PIANTO.

Anonymous. I sent'l cor conforto Cecilia
1563/06, f. 29v Lauda

Anonymous. I vo piangendo i miei passati tempi
1595/03, p. 6 Madrigal

B Q

Anonymous. Ianni del luorto
1537/05, no. 13 Canzona
Bass partbook missing.

S T

Anonymous. Ierusalem letare, Ecco'l Signor
1563/06, f. 89 Lauda

S T

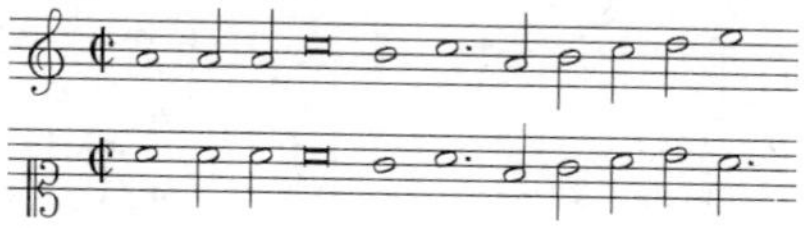

Anonymous. Iesus dulcendo cor dium fons veri
1591/03, f. 9v–10 Lauda

S A B

Anonymous. L'immensa luc'e lo splendor
1598/04, f. 14v–15 Lauda

S A B

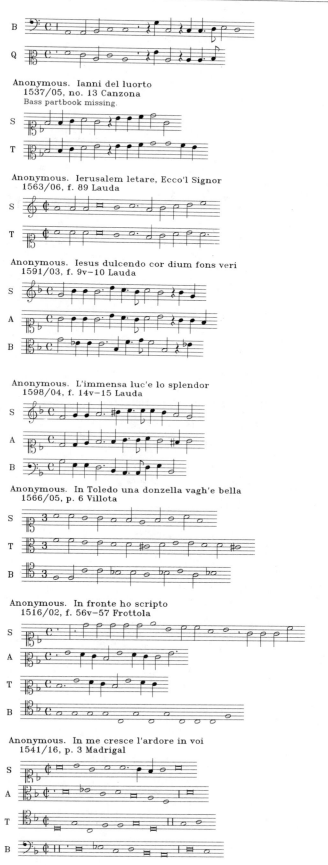

Anonymous. In Toledo una donzella vagh'e bella
1566/05, p. 6 Villota

S T B

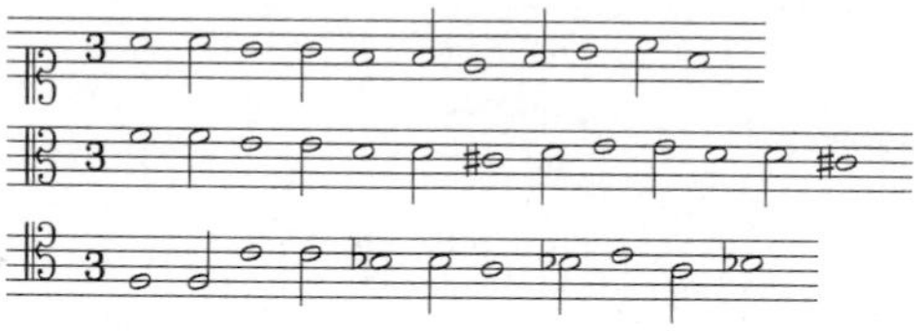

Anonymous. In fronte ho scripto
1516/02, f. 56v–57 Frottola

S A T B

Anonymous. In me cresce l'ardore in voi
1541/16, p. 3 Madrigal

S A T B

Q 6

Anonymous. In mezo un prato di fiorett'adorno
1598/07, p. 3 Madrigal

S A T B Q

Anonymous. In nulla si vuol porre
1563/06, f. 142v Lauda

S T B

Anonymous. In su quel alto monte
1563/06, f. 80 Lauda

S T B

Anonymous. In vita e in morte mia Cantaro
1599/06, p. 4 Lauda
GRAN VENERATIONE, ET RIVERENZA AL SACRO NOME DI MARIA

S S2 B

Anonymous. L'infermo al'hor piu se consuma
1505/05, f. 25v Strambotto

S A T B

Anonymous. Ingrata donna ala mia pura fede
1506/03, f. 27 Sonetto
PER SONETTI.

S A T B

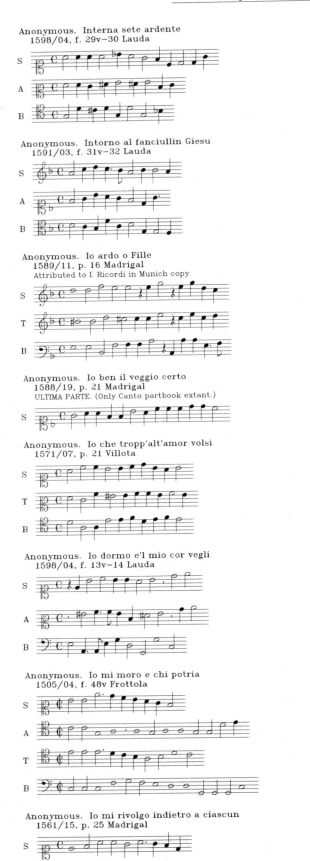

Anonymous. Interna sete ardente
1598/04, f. 29v–30 Lauda

Anonymous. Intorno al fanciullin Giesu
1591/03, f. 31v–32 Lauda

Anonymous. Io ardo o Fille
1589/11, p. 16 Madrigal
Attributed to I. Ricordi in Munich copy.

Anonymous. Io ben il veggio certo
1588/19, p. 21 Madrigal
ULTIMA PARTE. (Only Canto partbook extant.)

Anonymous. Io che tropp'alt'amor volsi
1571/07, p. 21 Villota

Anonymous. Io dormo e'l mio cor vegli
1598/04, f. 13v–14 Lauda

Anonymous. Io mi moro e chi potria
1505/04, f. 48v Frottola

Anonymous. Io mi rivolgo indietro a ciascun
1561/15, p. 25 Madrigal

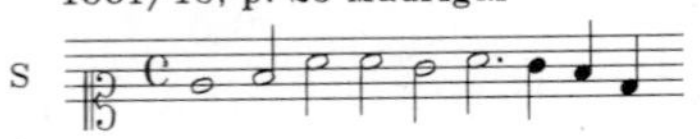

Anonymous. Io mi trovo Giesu da te lontano
1583/03, f. 14v–15 Lauda

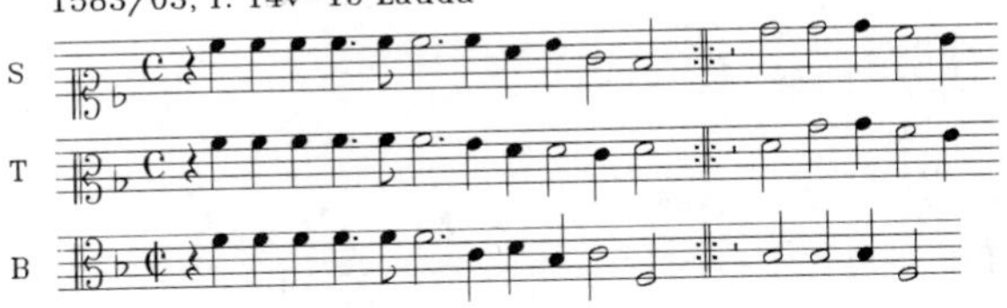

Anonymous. Io nol dissi giamai
1541/17, p. 21 Madrigal

Anonymous. Io parto ahi fier'empia partita
1595/03, p. 16 Madrigal

Anonymous. Io piang'et ell'il volto
1562/07, p. 13–14 Madrigal

Anonymous. Io piango & ella il volto
1595/03, p. 19 Madrigal

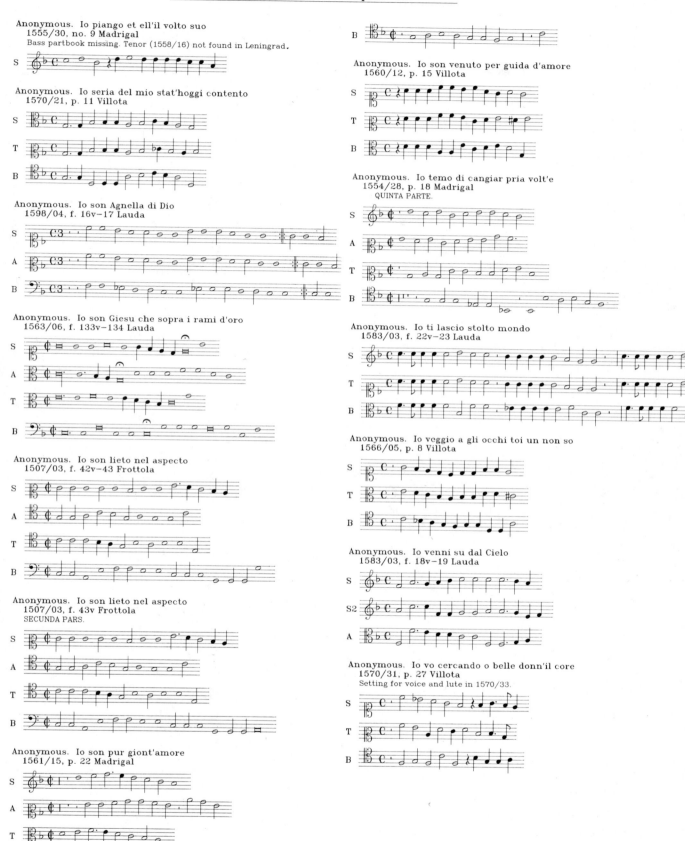

Anonymous. Io piango et ell'il volto suo
1555/30, no. 9 Madrigal
Bass partbook missing. Tenor (1558/16) not found in Leningrad.

S
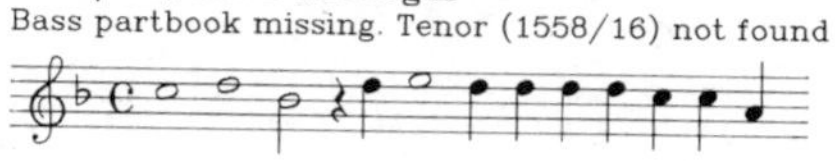

Anonymous. Io seria del mio stat'hoggi contento
1570/21, p. 11 Villota

S
T
B

Anonymous. Io son Agnella di Dio
1598/04, f. 16v–17 Lauda

S
A
B

Anonymous. Io son Giesu che sopra i rami d'oro
1563/06, f. 133v–134 Lauda

S
A
T
B

Anonymous. Io son lieto nel aspecto
1507/03, f. 42v–43 Frottola

S
A
T
B

Anonymous. Io son lieto nel aspecto
1507/03, f. 43v Frottola
SECUNDA PARS.

S
A
T
B
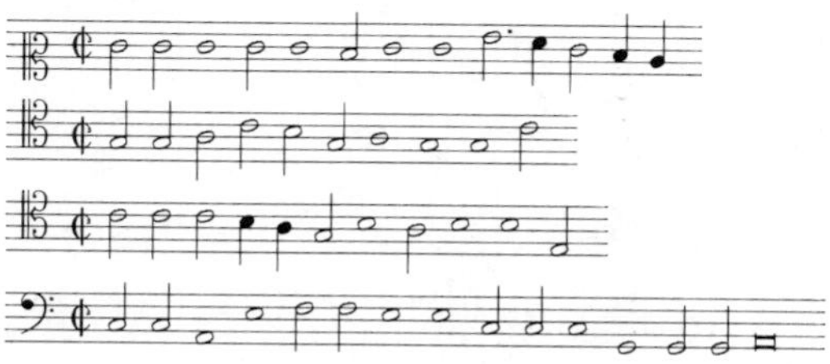

Anonymous. Io son pur giont'amore
1561/15, p. 22 Madrigal

S
A
T

B

Anonymous. Io son venuto per guida d'amore
1560/12, p. 15 Villota

S
T
B

Anonymous. Io temo di cangiar pria volt'e
1554/28, p. 18 Madrigal
QUINTA PARTE.

S
A
T
B

Anonymous. Io ti lascio stolto mondo
1583/03, f. 22v–23 Lauda

S
T
B

Anonymous. Io veggio a gli occhi toi un non so
1566/05, p. 8 Villota

S
T
B

Anonymous. Io venni su dal Cielo
1583/03, f. 18v–19 Lauda

S
S2
A

Anonymous. Io vo cercando o belle donn'il core
1570/31, p. 27 Villota
Setting for voice and lute in 1570/33.

S
T
B
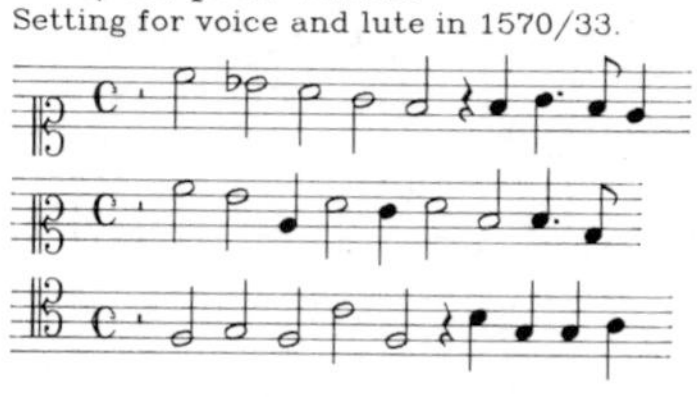

Anonymous. Io vo cercando o belle donn'il core
1566/05, p. 12 Villota
Setting for voice and lute in 1570/33.

Anonymous. Io vo gridando gloria
1598/04, f. 27v–28 Lauda

Anonymous. Io vo vendetta far contra me stesso
1588/11, no. 20 Lauda

Anonymous. Io vorrei mutar vita
1577/03, p. 9–10 Lauda

Anonymous. Io vorria diventar quando potessi
1571/07, p. 35 Villota

Anonymous. Italia che hai si longamente dormito
1538/21, p. 18 Madrigal

Anonymous. Ite a vostro bel aggio
1541/16, p. 15 Madrigal

Anonymous. Ite caldi suspiri mei
1505/03, f. 21v–22 Frottola

Anonymous. Ivi dal cielo aspetta l'aiuto
1591/03, f. 87v–88 Madrigal

Anonymous. Jesus dulcis memoria
1563/06, f. 97 Lauda

Anonymous. Kyrie Eleison, Christe audi nos
1580/05, p. 11v–12 Lauda

Anonymous. Kyrie eleison
1580/06, p. 40–41 Lauda

Anonymous. La dove il sol piu tardi a noi
1557/16, p. 7 Madrigal

Anonymous. La mi fa (No music)
1531/03, f. 33 Frottola
Music missing in 1531/03

Anonymous. La mi fa fa la re
1530/01, f. 15–16 Villota
Only Alto partbook extant.

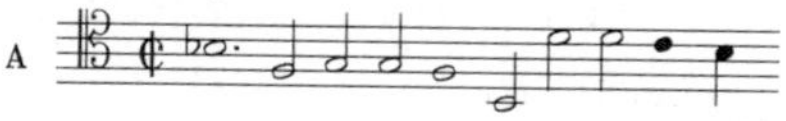

Anonymous. La mi la so la so la mi
1509/02, f. 52v–53 Frottola

Anonymous. Lacci e catene forti
1599/06, p. 20 Lauda
SICURA PROTETTIONE DELLA B. VERGINE NOSTRA SIGNORA.

Anonymous. El laccio che la mane
1505/05, f. 41v Oda

Anonymous. Lachrime e voi suspiri
1505/05, f. 42v Oda

Anonymous. Lamentomi d'amore
1505/03, f. 50v–51 Frottola

Anonymous. Lascio la gloria e il cielo
1583/04, f. 51 Lauda

Anonymous. Lassa donna i dolci sguardi
1506/03, f. 22v–23 Frottola

Anonymous. Lassa el cieco dolor che ti
1505/05, f. 15v Strambotto

Anonymous. Lassa hormai tanto
1510/ o, f. 4v–5 Canzona

Anonymous. Lasso morta (No music)
1531/03, f. 37 Frottola
Music missing in 1531/03

Anonymous. Lasso oyme cudir mi duole
1515/02, f. 21v–22 Frottola

Anonymous. Lasso qual fia giamai del mio acerbo
1544/17, p. 33 Madrigal

Anonymous. Lauda sion salvatorem
1508/03, f. 6v Lauda

Anonymous. Laudata sempre sia la Vergine
1563/06, f. 145v Lauda

Anonymous. Le citta son nemiche amici i boschi
1583/13, p. 30 Madrigal
QUINTA PARTE. (No meter signature in any voice.)

Anonymous. Le donne belle ch'a Venetia
1570/33, p. 16 Napolitana
Voice and lute.

Anonymous. Le pur morto feragu
1530/01, f. 13–13v Villota
Only Alto partbook extant.

Anonymous. Levate su pastori ite a trovar
1583/03, f. 12v–13 Lauda

Anonymous. Levati su homai, Anim'e non dormire
1563/06, f. 37v–38 Lauda

Anonymous. Leviamo i nostri cuori
1563/06, f. 54v–55 Lauda

Anonymous. Leviamo i nostri cuori
1580/06, p. 38–39 Lauda

Anonymous. Leviamo i nostri cuori
1563/06, f. 54v–55 Lauda

Anonymous. Liberta crudele rotte son le catene
1571/07, p. 15 Villota

Anonymous. Liet fiori e felici e ben nat'herbe
1583/13, p. 15 Madrigal
PRIMA PARTE. (No meter signature in any voice.)

B Q

Anonymous. Lodate fanciullett'in suon'e canto
1563/06, f. 1 Lauda

S A B

Anonymous. Lodiam col puro core e con la mente
1563/06, f. 73v–74 Lauda

S T

Anonymous. Lodiamo fratellin' in suono e canto
1580/06, p. 6–7 Lauda

S A T B

Anonymous. Lontan pur mi convien
1515/02, f. 11v–12 Frottola

S A T B

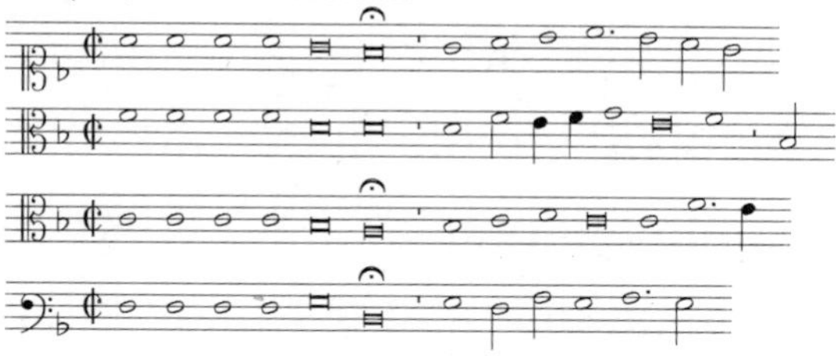

Anonymous. Loremos alma loremos
1516/02, f. 44v–45 Frottola
Spanish text.

S A T B

Anonymous. Luci beati luci de gl'occhi miei
1586/19, p. 23 Madrigal

S A T B

Q

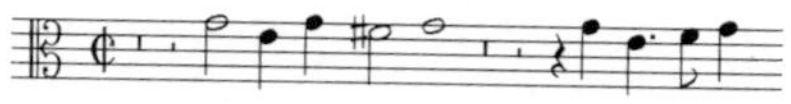

Anonymous. Luci sereni e chiari
1589/08, no. 67 Madrigal

S A T B

Anonymous. Lumi miei cari lumi
1594/07, f. 10v Madrigal

S A T B Q

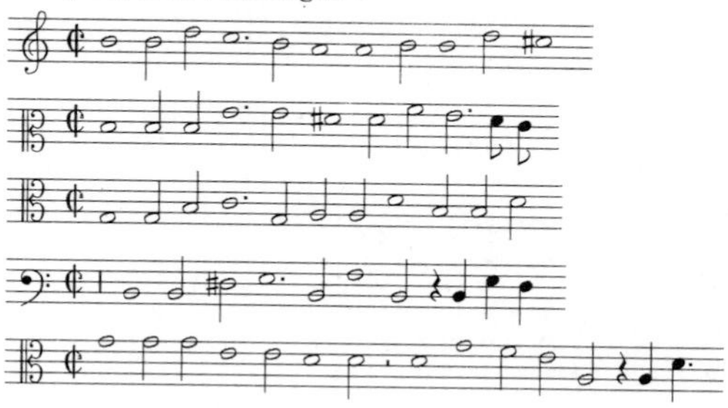

Anonymous. Lydia bella puella candida
1526/05, f. 29–29v Canzona
Bass partbook missing.

S A T

Anonymous. Ma di piaga piu fera mi punse
1595/03, p. 15 Madrigal
SECONDA PARTE.

S A T B Q

Anonymous. Ma perche vola il tempo
1554/28, p. 17 Madrigal
TERZA PARTE.

S A T B

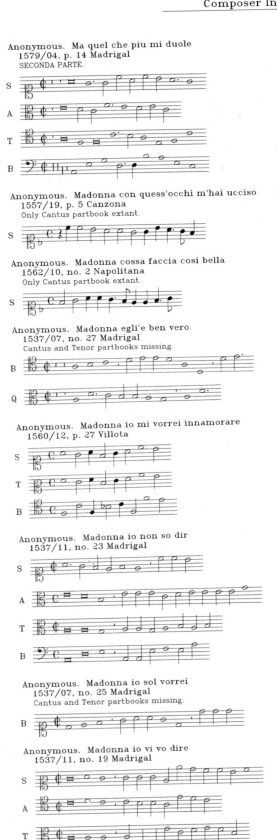

Anonymous. Ma quel che piu mi duole
1579/04, p. 14 Madrigal
SECONDA PARTE.

Anonymous. Madonna con quess'occhi m'hai ucciso
1557/19, p. 5 Canzona
Only Cantus partbook extant.

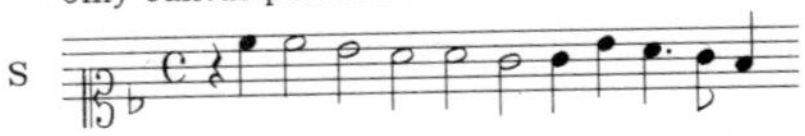

Anonymous. Madonna cossa faccia cosi bella
1562/10, no. 2 Napolitana
Only Cantus partbook extant.

Anonymous. Madonna egli'e ben vero
1537/07, no. 27 Madrigal
Cantus and Tenor partbooks missing.

Anonymous. Madonna io mi vorrei innamorare
1560/12, p. 27 Villota

Anonymous. Madonna io non so dir
1537/11, no. 23 Madrigal

Anonymous. Madonna io sol vorrei
1537/07, no. 25 Madrigal
Cantus and Tenor partbooks missing.

Anonymous. Madonna io vi vo dire
1537/11, no. 19 Madrigal

Anonymous. Madonna no giardin haggio chiantato
1560/12, p. 5 Villota

Anonymous. Madonna o m'ami o no
1562/10, no. 4 Napolitana
Only Cantus partbook extant.

Anonymous. Madonna se voi se te la bellezza
1562/10, no. 17 Napolitana
Only Cantus partbook extant.

Anonymous. Madonna somm'accorto
1538/21, p. 1 Madrigal

Anonymous. Madonna tu mi fai lo scorucciato
1537/05, no. 1 Canzona
Bass partbook missing.

Anonymous. Madonna tu sei intrat'in frenesia
1537/05, no. 2 Canzona
Bass partbook missing.

Anonymous. Madre de peccatori Vergine pura
1563/06, f. 10v–11 Lauda

Anonymous. Mai non vien quel che
1516/02, f. 28v–29 Frottola

Anonymous. Mai riposo alcun non ha, Giesu mio
1563/06, f. 9v–10 Lauda

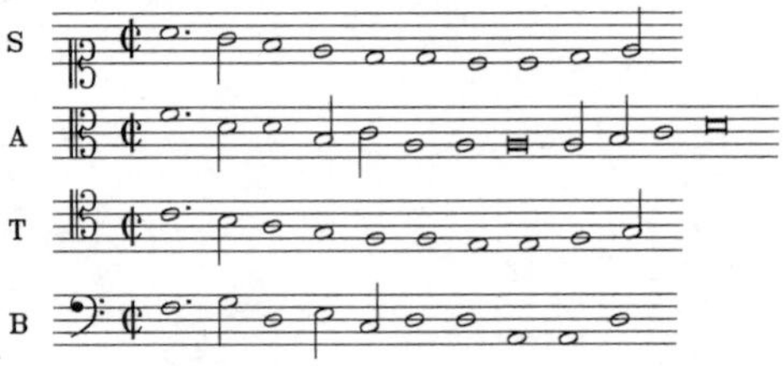

Anonymous. Mal fai signora mia
1505/03, f. 49 Frottola

Anonymous. Maledecto sia la fede
1506/03, f. 7v–8 Frottola

Anonymous. Mamma mia cara mamma dolce bella
1567/17, p. 15 Villota
Compare G. Scotto "Mama mia cara.." in 1571/11.

Anonymous. Mandati qui d'amor noi siam venuti
1546/19, p. 18 Madrigal

Anonymous. Maria vergine bella, scala
1563/06, f. 124–125 Lauda

Anonymous. Marito me m'a ditto ch'io sia bona
1557/19, p. 17 Canzona
Only Cantus partbook extant.

Anonymous. Me bisogna servir questa crudele
1565/12, p. 16 Canzona

Anonymous. Me stesso incolpo e me stesso
1505/05, f. 19v Strambotto
Same incipits as BT/MC, "Ave Maria..." in 1508/03.

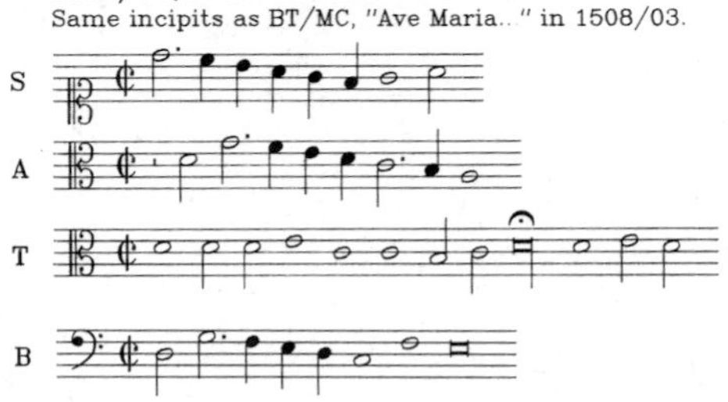

Anonymous. Me voglio far homai lo fatto mio
1560/13, p. 3 Villota
Listed as a Canzona in 1557/20.

Anonymous. Meglio e scoprir l'ardore
1513/01, f. 54 Frottola

Anonymous. Menava gli anni miei gioioso e lieto
1577/08, p. 14 Madrigal
Alto & Tenor partbook missing.

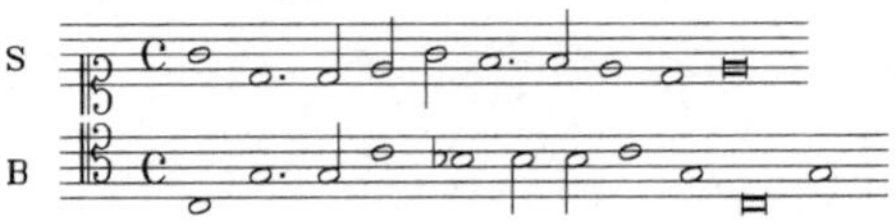

Anonymous. Mentre cor mio vi miro l'alma
1595/03, p. 21 Madrigal

Anonymous. Mentre di gioia pieno
1586/19, p. 22 Madrigal

Anonymous. Mentre lo sposo mio dorm'e riposa
1599/06, p. 65 Lauda
A SANTA MARIA DEL REFUGIO, ET DI PORTO SALVO.

Anonymous. Mentre ti miro tenero bambino
1588/11, no. 2 Lauda

Anonymous. Mentre'l mio spirto langue
1591/03, f. 24v–25 Lauda
DIALOGO TRA GIESU AL TEMPIO.

Anonymous. Mentre'l tuo lume splende
1591/03, f. 5v–6 Lauda

Anonymous. Merce ha per mi spento ogni suo lume
1505/05, f. 20 Strambotto
Partial signature---2 flats in Cantus.

Anonymous. Meschina me con nova la lancella
1555/30, no. 11 Madrigal
Bass partbook missing. Tenor (1588/16) not found in Leningrad.

Anonymous. Mi fai morire quando che tu mi fai
1566/05, p. 23–24 Villota

Anonymous. Mia benigna fortuna e'l viver lieto
1509/02, f. 37v–38 Frottola

Anonymous. La mia impressa e vita biancha
1509/02, f. 43v–44 Frottola

Anonymous. I miei pensieri fatti e le parole
1583/13, p. 3 Madrigal
No meter signature in any voice.

Anonymous. Mill'anni sono che non t'haggio
1557/19, p. 3 Canzona
Only Cantus partbook extant.

Anonymous. Mille fiate o dolce mei querita
1594/07, f. 22 Madrigal

Anonymous. Mille sospir la notte
1559/18, p. 23 Madrigal

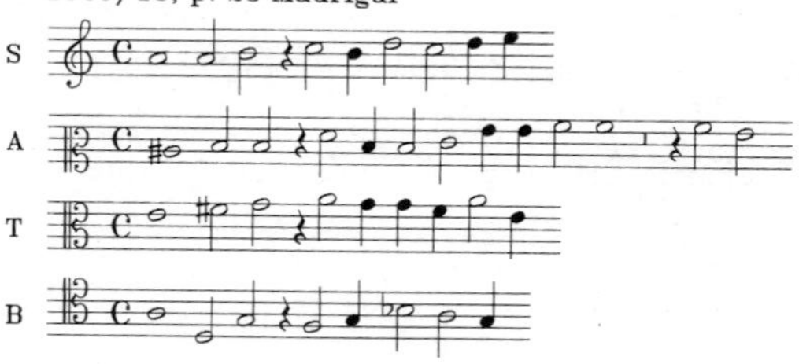

Anonymous. Mira il vergine amante
1591/03, f. 59v–63 Lauda

Anonymous. Miracolo non e se voi legat'a me
1570/31, p. 25 Villota

Anonymous. Mirando fissa & cheta
1591/03, f. 53v–56 Lauda
LAUDE NEL NATALE DEL SIGNORE.

Anonymous. Miser in van mi doglio'e mi la mento
1559/18, p. 13–14 Madrigal
Attributed to G. Tostolo in 1582/07.

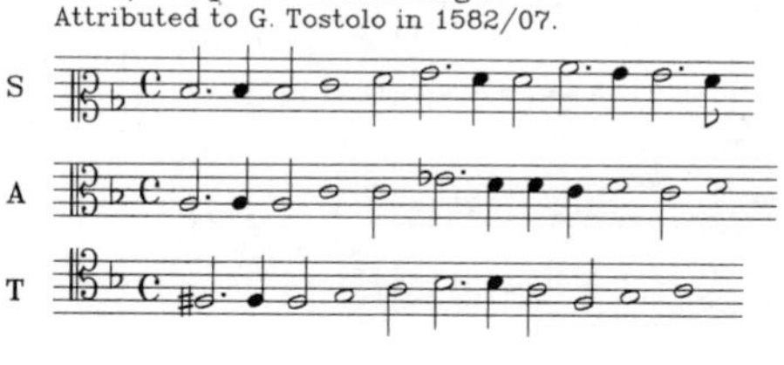

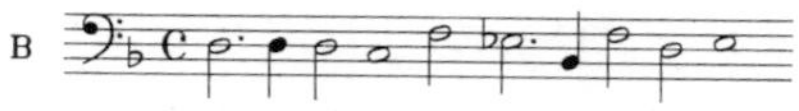

Anonymous. Miserere mei Deus
1580/05, p. 12v–13 Lauda

Anonymous. Misero ch'io sperava fosse insegna
1595/03, p. 17 Madrigal
PRIMA PARTE.

Anonymous. Modo de cantar sonetti (No text)
1505/05, f. 14 Sonetto

Anonymous. Molto piu guerra che pace
1563/06, f. 6v–8 Lauda

Anonymous. Mondo non mi parlar, mondo fallace
1598/04, no. 9 Lauda

Anonymous. Il mondo stolt'e pazzo
1588/11, no. 21 Lauda

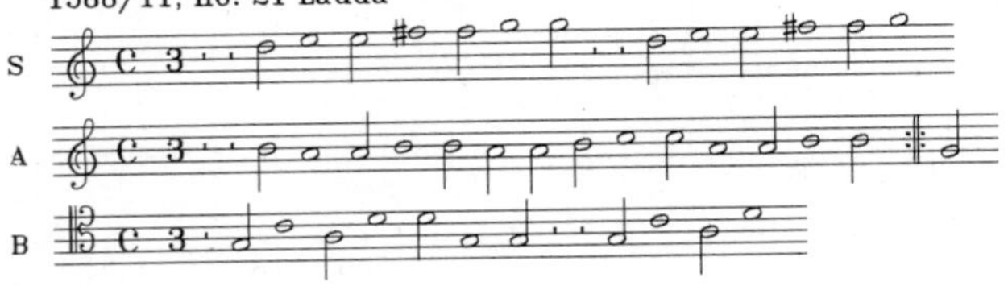

Anonymous. Monti montagne colli e boschi
1571/09, p. 13 Napolitana

Anonymous. Morir non puo'l mio core
1595/03, p. 11 Madrigal

Anonymous. Morir voglio in la mia fede
1505/03, f. 34v–35 Frottola

Anonymous. Moro de doglia
1506/03, f. 3v–4 Frottola

Anonymous. Moro e de la mia morte doverei lieto
1595/03, p. 13 Madrigal

Anonymous. Moro sol per amarvi
1560/10, p. 18 Madrigal

Anonymous. Morte disciols'il laccio
1566/03, p. 15 Madrigal

Anonymous. Morte quanto dolore m'apporti
1566/02, p. 14–1 Madrigal
MAGGIORANA SOPRA LA MORTE DEL REV. & ILLUSTR. CARD. SERIPANDO.

Anonymous. Mostra lieto al tuo amatore
1514/02, f. 31v–32 Frottola

Anonymous. Muncho duole la passion
1516/02, f. 45v–46 Frottola
Spanish text.

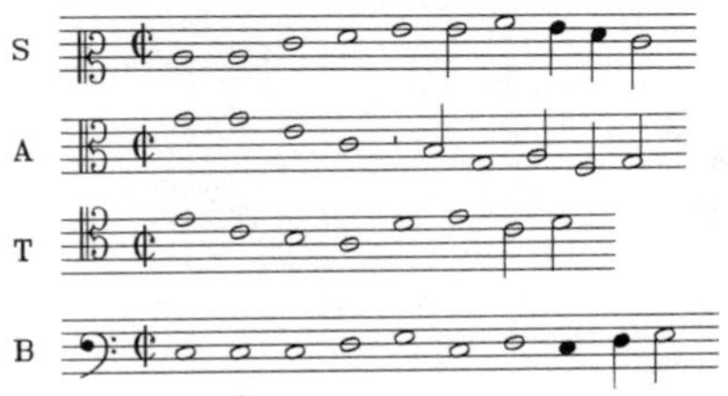

Anonymous. Muor'il giusto & non v'e chi pur
1598/04, f. 22v–23 Lauda

Anonymous. Musillo d'oro e labr'inzuccarate
1560/12, p. 25 Villota

Anonymous. Nacqui sol'io per sopportar
1562/10, no. 19 Napolitana
Only Cantus partbook extant.

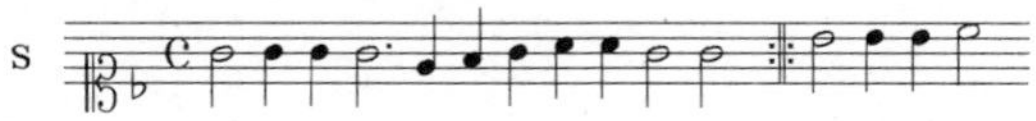

Anonymous. Nasce il mio gaudio interno la gioia
1588/11, no. 15 Lauda

Anonymous. Nascer di spina rosa
1588/19, p. 20–21 Madrigal
TERZA PARTE. (Tenor and Alto partbooks missing.)

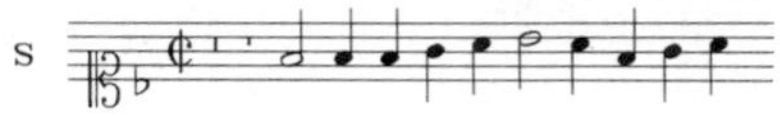

Anonymous. Ne cosi bello'il sol giamai levarsi
1559/18, p. 16 Madrigal

Anonymous. Ne forza d'acqua ne forza di fuoco
1571/07, p. 9 Villota

Anonymous. Ne piu sereno cielo
1591/03, f. 63v–67 Madrigal

Anonymous. Ne si lucente stella da nubbe
1543/18, p. 17 Madrigal

Anonymous. Ne ti partir giamai
1591/03, f. 88v–89 Madrigal

Anonymous. Nel mover de quei dolci lumi sento
1506/03, f. 51 Frottola

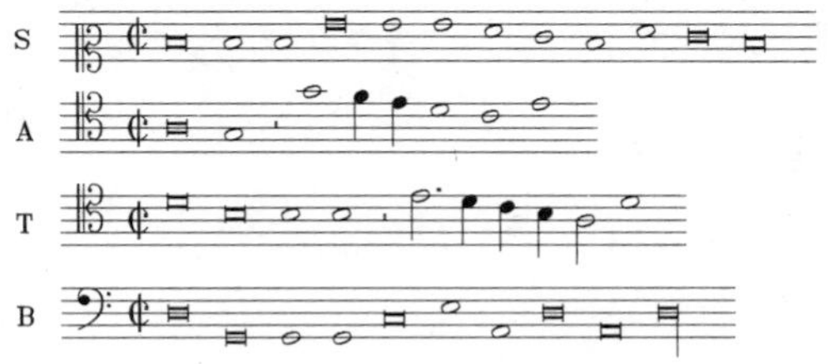

Anonymous. Nel tempo che rinova i miei sospiri
1577/08, p. 8 Madrigal
Alto & Tenor partbook missing.

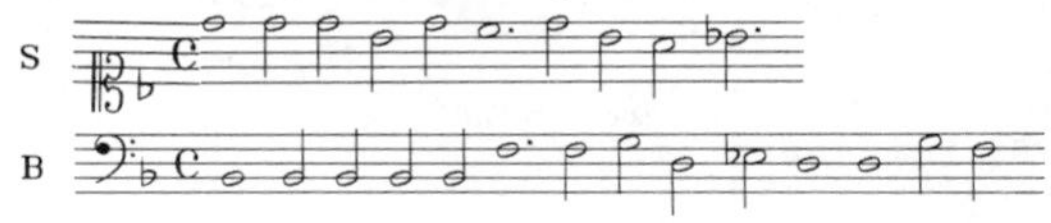

Anonymous. Nell'apparir qui de vostr'occhi
1562/07, p. 13 Madrigal

Anonymous. Nino que hoy nacido has
1598/04, f. 37v–38 Lauda

Anonymous. No gallo co no grillo l'altra sera
1557/19, p. 14 Canzona
Only Cantus partbook extant.

Anonymous. No police m'intrat'intro l'orecchia
1557/19, p. 16 Canzona
Only Cantus partbook extant.

Anonymous. No ves mi Dios quest'alma
1588/11, no. 35 Lauda

Anonymous. La nocte aquieta ogni animale
1505/05, f. 25 Strambotto

Anonymous. La nocte quando ognun riposa e tace
1505/05, f. 33 Strambotto

Anonymous. Noi siam care sorelle
1588/11, no. 28 Lauda
Compare P. Soto "Noi siam rie. " in 1600/05.

Anonymous. Noi v'habbia donne mille nuove
1544/22, p. 12 Madrigal

Anonymous. Non de tardar chi vol a piacer darsi
1505/06, f. 8v Strambotto

Anonymous. Non e alcun mal si forte
1591/03, f. 82v–86 Madrigal

Anonymous. Non e amor che me ferisc'il core
1570/21, p. 15 Villota

Anonymous. Non e cosa ch'io miri
1570/19, p. 5 Madrigal
ALL'ILLUSTRE S. CRISTOFORO POGGI

Anonymous. Non e cosa piu bella
1599/06, p. 61 Lauda
A S. MARIA DE LA STELLA.

Anonymous. Non e perche le vie
1580/05, p. 23v–24 Lauda
No meter signature.

Anonymous. Non fan altro per usanza
1516/02, f. 34v–35 Frottola

Anonymous. Non fu gia ver'amore
1537/11, no. 16 Madrigal

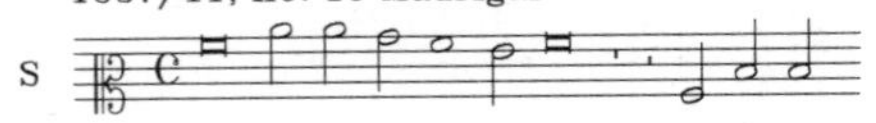

Anonymous. Non fu si crudo el dispartir
1505/05, f. 10 Strambotto

Anonymous. Non fur giamai veduti
1554/28, p. 17–18 Madrigal
QUARTA PARTE.

Anonymous. Non fur mai tutte spente
1583/13, p. 17 Madrigal
SECONDA PARTE. (No meter signature in any voice.)

Anonymous. Non ha tanti animali il mar
1583/13, p. 26 Madrigal
CANZONE PRIMA PARTE. (No meter signature in any voice.)

Anonymous. Non la cetra d'Orfeo
1583/13, p. 2 Madrigal
No meter signature in any voice.

Anonymous. Non mi date torment'o ne piu doglia
1566/07, p. 18 Canzona

Anonymous. Non mi vede e non mi ascolta
1515/02, f. 47v–48 Frottola

Anonymous. Non poi perche non voi
1505/04, f. 44v Frottola

Anonymous. Non posso haver pacientia
1506/03, f. 46v–47 Frottola

Anonymous. Non posso liberarme
1509/02, f. 26v Frottola

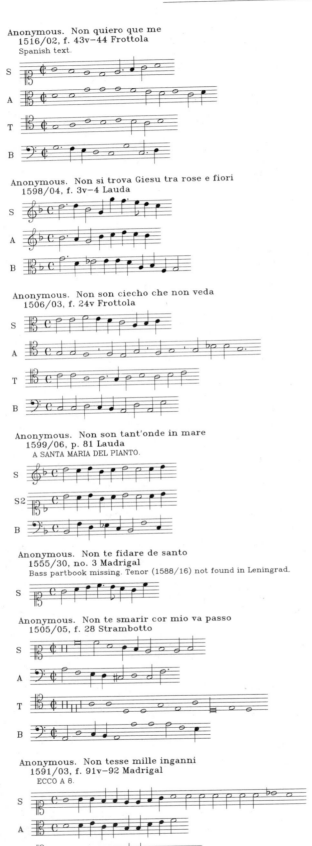

Anonymous. Non quiero que me
1516/02, f. 43v–44 Frottola
Spanish text.

Anonymous. Non si trova Giesu tra rose e fiori
1598/04, f. 3v–4 Lauda

Anonymous. Non son ciecho che non veda
1506/03, f. 24v Frottola

Anonymous. Non son tant'onde in mare
1599/06, p. 81 Lauda
A SANTA MARIA DEL PIANTO.

Anonymous. Non te fidare de santo
1555/30, no. 3 Madrigal
Bass partbook missing. Tenor (1588/16) not found in Leningrad.

Anonymous. Non te smarir cor mio va passo
1505/05, f. 28 Strambotto

Anonymous. Non tesse mille inganni
1591/03, f. 91v–92 Madrigal
ECCO A 8.

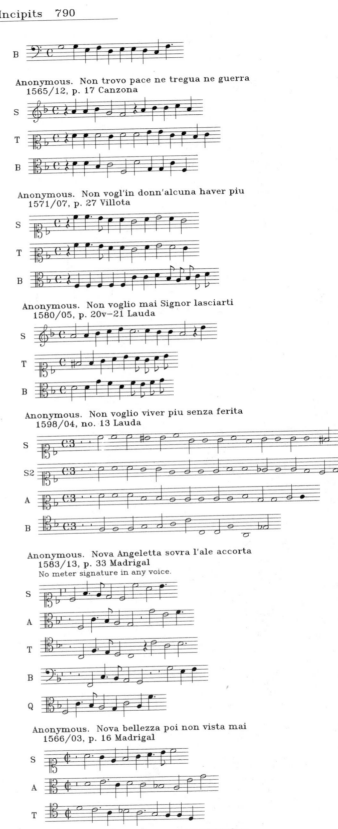

Anonymous. Non trovo pace ne tregua ne guerra
1565/12, p. 17 Canzona

Anonymous. Non vogl'in donn'alcuna haver piu
1571/07, p. 27 Villota

Anonymous. Non voglio mai Signor lasciarti
1580/05, p. 20v–21 Lauda

Anonymous. Non voglio viver piu senza ferita
1598/04, no. 13 Lauda

Anonymous. Nova Angeletta sovra l'ale accorta
1583/13, p. 33 Madrigal
No meter signature in any voice.

Anonymous. Nova bellezza poi non vista mai
1566/03, p. 16 Madrigal

Anonymous. Numquam fue pena maior
1504/03, f. Madrigal
Only text incipit given. Tenor meter signature differs.

Anonymous. Nuov'angioletta sovra l'al'accorta
1542/17, no. 21 Madrigal

Anonymous. O anim'accecata, tu va per mala via
1563/06, f. 46v Lauda

Anonymous. O biancolella come gelfimino
1560/13, p. 23 Villota

Anonymous. O cara libertade
1506/03, f. 49 Frottola

Anonymous. O che dio non m'aiute mai
1506/03, f. 32v Frottola

Anonymous. O conservi d'amor che cosi spesso
1544/22, p. 13 Madrigal

Anonymous. O cor falso nemico
1598/04, f. 35v–36 Lauda

Anonymous. O cor soave o cor del mio Signore
1591/03, f. 30v–31 Lauda

Anonymous. O degli Angeli in Ciel
1599/06, p. 52 Lauda
A SANTA MARIA DE GLI ANGELI IN TUSCULANA.

Anonymous. O di Giesu Madre clement'e pia
1599/06, p. 32 Lauda
A S. MARIA DELLA SPERANZA.

Anonymous. O di Vergine sacra i miei lamenti
1599/06, p. 34 Lauda
ALLA MADONNA SANTISSIMA DI MONTE VERGINE.

Anonymous. O dio che fossi pica
1567/17, p. 13 Villota

Anonymous. O dio che nott'e di sempre
1560/12, p. 39 Villota
Compare G. Scotto "O dio che notte" in 1571/11.

Anonymous. O Dio come possibil che costei
1538/21, p. 19 Madrigal

Anonymous. O dio fammi passar sta fantasia
1557/19, p. 8 Canzona
Only Cantus partbook extant.

Anonymous. O Dio se vede chiaro ch'io per te
1566/05, p. 30 Villota
Compare Silvestro, "O Dio se vede..." in 1548/11.

Anonymous. O dio vorrei na gratia da le stelle
1560/12, p. 33 Villota

Anonymous. O dolce amor Giesu, quando faro,
1563/06, f. 139v–140 Lauda

Anonymous. O dolce e lieto albergo
1505/05, f. 45v Oda

Anonymous. O dolce piu che l'uva moscariella
1560/13, p. 9 Villota
Compare G. Scotto "Dolce piu." Listed as madrigal in 1557/2

Anonymous. O dolce saporita cianciosella
1560/13, p. 17 Villota
Listed as a Madrigal in 1557/20.

Anonymous. O dolce vita mia che t'haggio fatto
1566/05, p. 31 Villota
Compare Willaert in 1548/11.

Anonymous. O dolcezza de gl'angioli e di santi
1591/03, f. 17v–18 Lauda

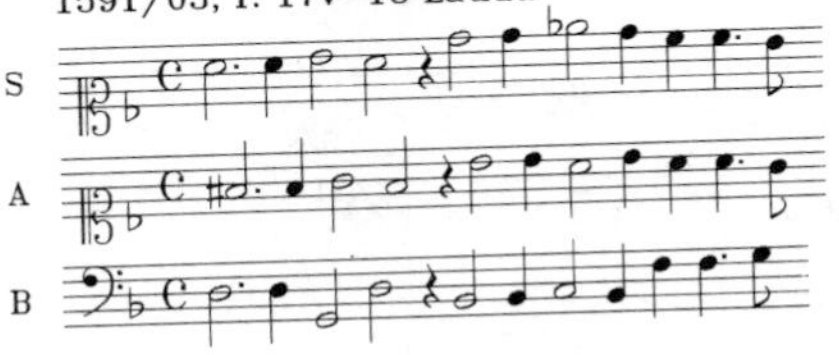

Anonymous. O faccia bella che pintata stai
1567/17, p. 29 Villota

Anonymous. O faccia che rallegra
1567/17, p. 1 Villota
Compare G. Scotto in 1571/11.

Anonymous. O faccia d'una luna
1560/13, p. 15 Villota
Listed as a Canzona in 1557/20.

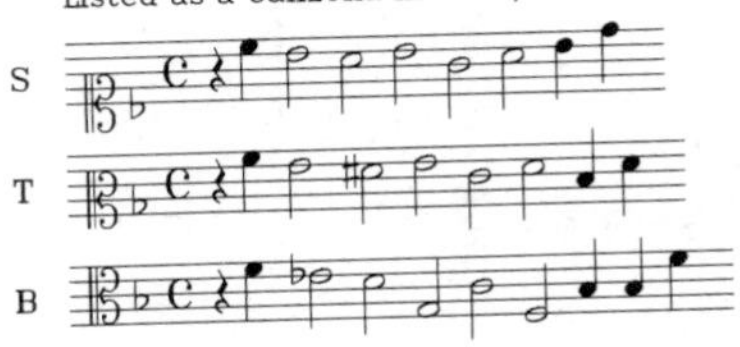

Anonymous. O fanciullin gentile rimirar bramo
1591/03, f. 35v–36 Lauda

Anonymous. O fortunata rosa
1595/03, p. 5 Madrigal

Anonymous. O fra quanti giamai giamai nacquer
1588/11, no. 18 Lauda

Anonymous. O Giesu dolce, o infinit'amore
1563/06, f. 61v–62 Lauda

Anonymous. O Giesu mio Redemtore
1580/05, p. 9v–10 Lauda

Anonymous. O Giesu mio Redentore
1580/06, p. 22–23 Lauda

Anonymous. O gratios'e bella che luci
1570/21, p. 31 Villota

Anonymous. O gratiosa & pia che gl'Angeli
1591/03, f. 26v–27 Lauda

Anonymous. O inextimabilis dilectio caritatis
1508/03, f. 51 Lauda

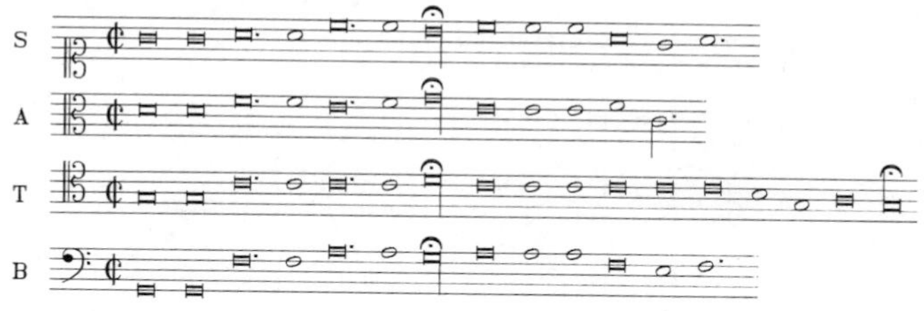

Anonymous. O lancia empia & arroce
1580/05, p. 8v–9 Lauda

Anonymous. O malign'e duro core, fonte
1563/06, f. 68v–69 Lauda

Anonymous. O Maria degna d'honore
1580/06, p. 4–5 Lauda
CANON ALL TERZA BASSA DOPO TRE TEMPI(On Cantus)

Anonymous. O Maria diana stella, che riluci
1563/06, f. 40v–41 Lauda

Anonymous. O Maria tu che sapevi
1588/11, no. 31 Lauda

Anonymous. O mater dei e hominis
1508/03, f. 25v–26 Lauda

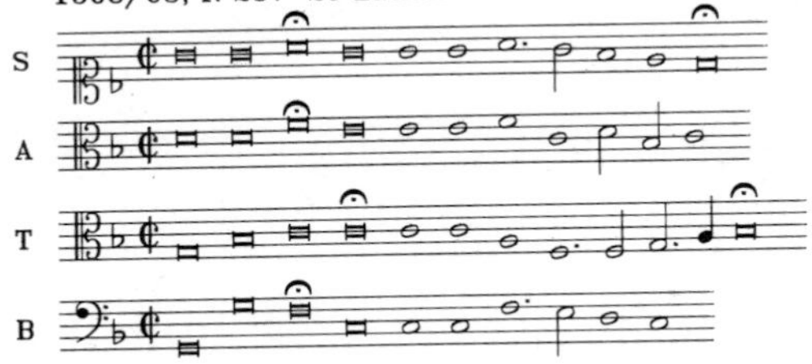

Anonymous. O mia infelice sorte
1505/05, f. 48v Frottola

Anonymous. O mia spietata sorte
1505/05, f. 43 Oda

Anonymous. O mischini o siagurati
1506/03, f. 38v–39 Frottola

Anonymous. O occhi manza mia
1560/13, p. 5 Villota
Listed as a Canzona in 1557/20.

Anonymous. O peccator che fai
1589/02, f. 41v–42 Lauda

Anonymous. O pessimo destino, o iniquia stella
1537/11, no. 26 Madrigal

Anonymous. O primavera mia boccuccia bela
1537/08, no. 15 Aria
ARIA NAPOLITANA. (Bass partbook missing.)

Anonymous. O s'io potesse dir'o fazze bella
1566/07, p. 25 Canzona

Anonymous. O sacrosanto legno
1577/03, p. 13–14 * Lauda

Anonymous. O salutaris ostia
1508/03, f. 30v Lauda

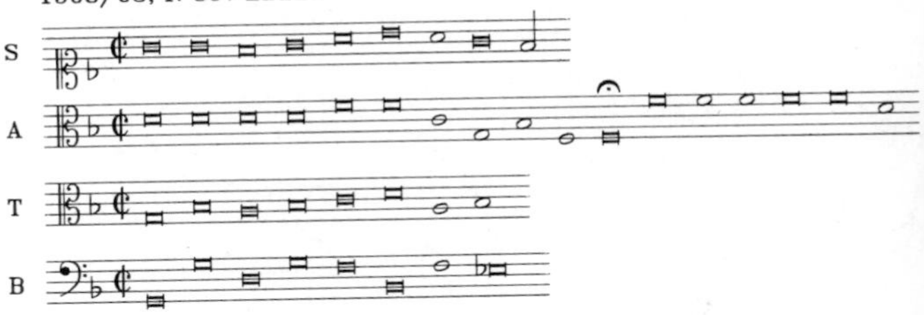

Anonymous. O saporito volto per te son fatto
1565/12, p. 19 Canzona

Anonymous. O selve sparse egregie
1505/06, f. 49 Frottola

Anonymous. O Signor mio deh non m'abbandonare
1563/06, f. 106–107 Lauda

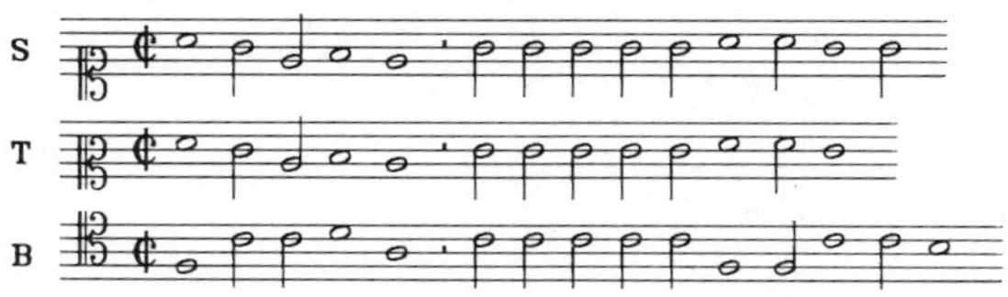

Anonymous. O soave contrada o puro fiume
1583/13, p. 16 Madrigal
SECONDA PARTE. (No meter signature in any voice.)

Anonymous. O suave e dolce Dea
1506/03, f. 11v Frottola
Composer's intitials not legible.

Anonymous. O tanti mei suspiri
1505/05, f. 44 Oda

Anonymous. O tempo o ciel volubil che fugendo
1509/02, f. 8v Frottola

Anonymous. O tu che mi dai guai tanti quanti
1566/05, p. 11 Villota

Anonymous. O vage montanine pastorelle
1526/05, f. 30v–31 Canzona
Bass partbook missing.

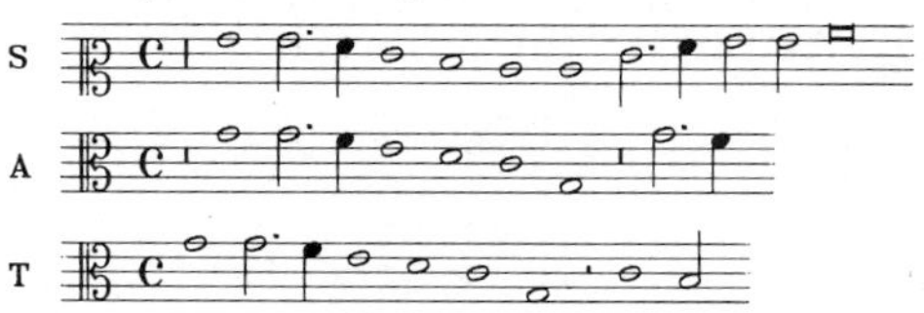

Anonymous. O vecchia tu che guardi
1537/05, no. 15 Canzona
Bass partbook missing.

Anonymous. O venturosa dia
1583/04, f. 27 Lauda

Anonymous. O Vergin santa non m'abbandonare
1563/06, f. 108–109 Lauda

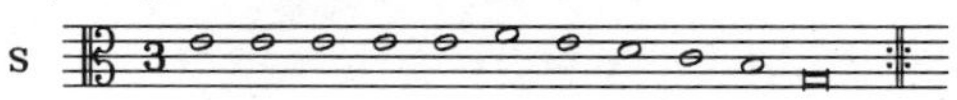

Anonymous. O villanella quand'a l'acqua vai
1560/13, p. 7 Villota
Listed as a Canzona in 1557/20.

Anonymous. O viver mio noioso o adversa sorte
1554/28, p. 30 Madrigal

Anonymous. Occhi leggiadri dov'amor fa nido
1560/12, p. 9 Villota

Anonymous. Occhi leggiadri dov'amor fa nido
1557/19, p. 22 Madrigal
Only Cantus partbook extant.

Anonymous. Occhi mei al pianger nati
1505/03, f. 19v–20 Frottola
SECUNDA PARS.

Anonymous. Occhi miei lassi che pianget'
1570/31, p. 29 Villota
Compare N. Roiccerandet "Occhi miei lassi..." in 1566/10.

Anonymous. Occhi non occhi ma lucente stelle
1566/07, p. 11 Canzona
Compare G. Feretti in 1594/08.

Anonymous. Odi Giesu diletto
1598/04, f. 25v–26 Lauda

Anonymous. Odiar quel ch'altri par
1598/04, f. 10v–11 Lauda

Anonymous. Odo Fanciul che stride
1598/04, f. 31v–32 Lauda

Anonymous. Ogn'herba fate fa sci'allo pagliaro
1557/19, p. 12 Canzona
Only Cantus partbook extant.

Anonymous. Ogni cosa ch'io veggo
1598/04, f. 11v–12 Lauda

Anonymous. Ogni cosa ha el suo locho
1506/03, f. 54v–55 Frottola

Anonymous. Ogni giorno tu mi di Signor
1563/06, f. 75 Lauda

Anonymous. Ogni impresa sia felice
1505/06, f. 17v–18 Frottola

Anonymous. Ogni villano e ric'et io meschino
1555/30, no. 17 Madrigal
Bass partbook missing. Tenor (1558/16) not found in Leningrad.

Anonymous. Ognun driza al ciel el viso
1508/03, f. 39 Lauda

Anonymous. Oime che in pianto amaro
1598/04, f. 15v–16 Lauda

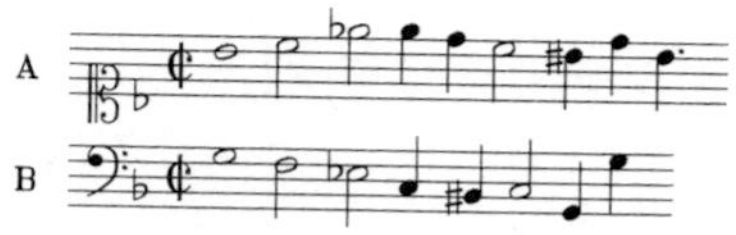

Anonymous. Oime dolente
1566/05, p. 28 Villota

Anonymous. Oime qual fu l'estre m'aspro dolore
1599/06, p. 79 Lauda
A SANTA MARIA DI MONTE CALVARIO.

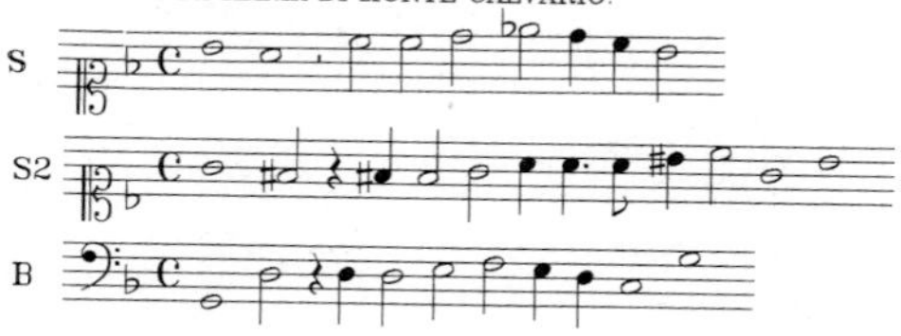

Anonymous. Ombrosa valle di bei fior
1577/08, p. 28 Madrigal
Tenor partbook missing.

Anonymous. Ome, ome, quanto miserose, mondo
1563/06, f. 93v–94 Lauda

Anonymous. Ove lieta ne vai cinta di tanti rai
1591/03, f. 29v–30 Lauda

Anonymous. Pace e gloria al gentil Lauro
1505/04, f. 60v–61 Frottola

Anonymous. Pace hormai che adiscoprire
1505/06, f. 15v–16 Frottola

Anonymous. Pace hormai su non piu guerra
1505/03, f. 36v–37 Frottola

Anonymous. Pace non trovo et non ho di far
1539/24, p. 38–39 Madrigal
Attributed to Yvo in 1541/12 and 1549/31.

Anonymous. Padre che'l ciel la terra
1583/13, p. 1 Madrigal
No meter signature. Compare G. Gonzaga in 1568/20.

Anonymous. Paga el dacie donna
1506/03, f. 25v–26 Frottola

Anonymous. Pan de miglio caldo caldo
1506/03, f. 26v Frottola

Anonymous. Parmi di star la nott'in paradiso
1566/05, p. 17 Villota

Anonymous. Pascomi sol di pianto e vivo
1566/05, p. 3 Villota

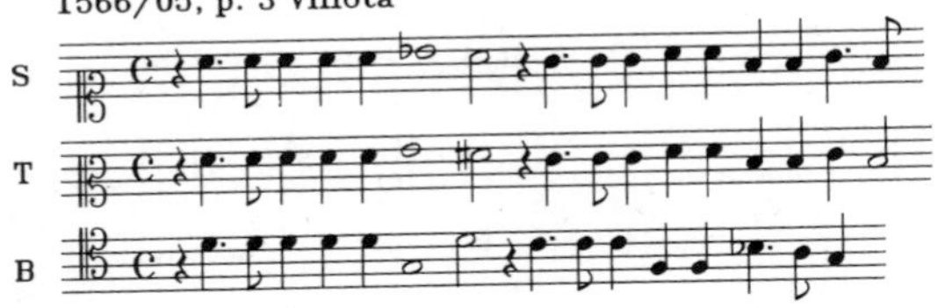

Anonymous. Passa la nave mia colma d'oblio
1577/08, p. 16 Madrigal
Tenor partbook missing.

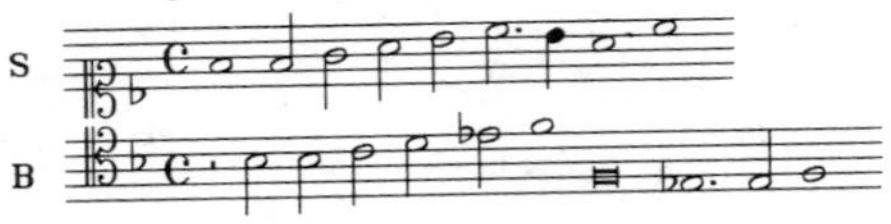

Anonymous. Passano i giorni e i mesi e volan
1599/06, p. 42 Lauda
A S. MARIA DELLA CONSOLATIONE.

Anonymous. Passati sono i giorni oscuri
1598/04, f. 8v–9 Lauda

Anonymous. Passer mai solitario in alcun tetto
1577/08, p. 15 Madrigal
Alto and Tenor partbooks missing.

Anonymous. Passero la vita mia
1506/03, f. 39v–40 Frottola

Anonymous. La pastorella mia senz'altra
1560/12, p. 44 Villota

Anonymous. Peccatori Maria noi siamo
1563/06, f. 86–87 Lauda

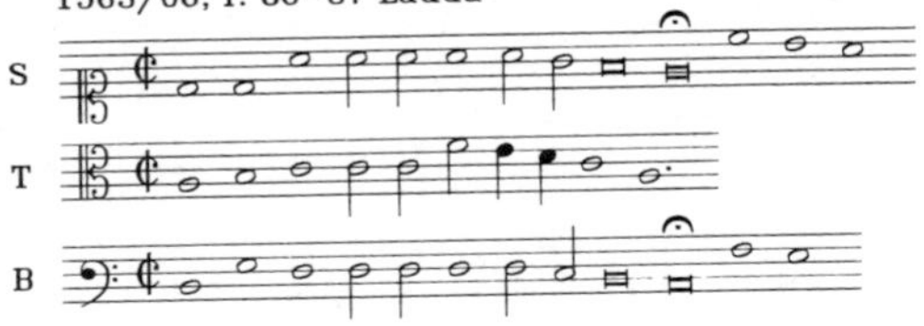

Anonymous. El pensier andra col core
1507/03, f. 38v Frottola

Anonymous. Pensier dicea ch'el cor m'aggiacci
1570/16, p. 22 Madrigal

Anonymous. Per alti monti
1537/10, no. 4 Madrigal

Anonymous. Per l'aria fosc'a te mi guid'amore
1562/10, no. 22 Napolitana
Only Cantus partbook extant.

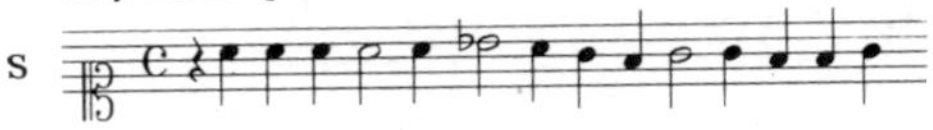

Anonymous. Per mantener amor imperio & regno
1561/15, p. 26 Madrigal

Anonymous. Per mio servir senza timore
1537/11, no. 11 Madrigal

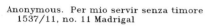

Anonymous. Per servar l'antica usanza
1516/02, f. 40v–42 Frottola
Text only for this piece.

Anonymous. Perch'in aspri dolori
1591/03, f. 1v–2 Lauda

Anonymous. Perche cosi facesti
1591/03, f. 4v–5 Lauda
NEL RITROVO DI GIESU AL TEMPIO.

Anonymous. Perche fai buon Giesu si gran
1598/04, p. 1 Lauda

Anonymous. Perche lasciasti il ciel Giesu
1598/04, no. 4 Lauda

Anonymous. Perche m'hai abandonato
1507/03, f. 17v–18 Frottola

Anonymous. Perche m'inviti pur mondo fallace
1577/03, p. 5–6 Lauda

Anonymous. Perche mi dai martir vita mia d'oro
1557/20, p. 24 Canzona
Only Cantus partbook extant.

Anonymous. Perche rippieno sei cor mio
1583/03, f. 3v–4 Lauda

Anonymous. Perder gl'amici e perder li favori
1583/03, f. 8v–9 Lauda

Anonymous. Pero ch'Amor mi sforza
1583/13, p. 10 Madrigal
SECONDA PARTE. No meter signature in any voice.

Anonymous. Piaccia a Dio ch'andiam'al cielo
1580/06, p. 2–3 Lauda

Anonymous. La piaga ch'ho nel core
1584/10, p. 27 Madrigal

S
A
T
B

Anonymous. La piagha ch'ho nel cor
1589/08, no. 68 Madrigal

S
A
T
B

Anonymous. Pianger e sospirar a tutte l hore
1571/07, p. 13 Villota

S
T
B

Anonymous. Pianger sempre dovrei
1598/04, f. 6v–7 Lauda

S
A
B

Anonymous. Piangero sempre o Dio
1591/03, f. 22v–23 Lauda

S
A
B

Anonymous. Piangete occhi mei lassi
1505/04, f. 8 Frottola

S
A
T
B

Anonymous. Piangeti mecho amanti
1505/03, f. 48v Frottola

S
A

T
B

Anonymous. Piango el mio fidel servire
1505/04, f. 41v–42 Frottola

S
A
T
B

Anonymous. Piansi donna per voi gia molto tempo
1541/16, p. 7 Madrigal

S
A
T
B
Q
6

Anonymous. Piedi beati & santi
1591/03, f. 44v–47 Lauda

S
S2
A
B

Anonymous. Pien d'un vago pensier
1577/08, p. 17 Madrigal
Tenor partbook missing.

S
B

Anonymous. Pien daffani e gelosia
1516/02, f. 33v–34 Frottola

S
A
T
B

Anonymous. Pieta ti mova e giusto amor
1557/19, p. 6 Canzona
Only Cantus partbook extant.

S

Anonymous. Piglia donna un servitore
1516/02, f. 38v–40 Frottola

S A T B

Anonymous. Piglia te l'alma mia catelado
1562/10, no. 8 Napolitana
Only Cantus partbook extant.

S

Anonymous. La piu cianciosa non si vide
1537/08, no. 17 Aria
ARIA NAPOLITANA. (Bass partbook missing.)

S T

Anonymous. Piu non voglio contrastare
1506/03, f. 37 Frottola

S A T B

Anonymous. Piu volte fra me stesso gia pensatho
1505/03, f. 37v–38 Frottola
Attributed to Tromboncino in 1520/07 (Voice and lute).

S A T B

Anonymous. Piu volte me son messo acontomplarte
1505/06, f. 9 Sonetto
PER SONETTI.

S A T B

Anonymous. Po piu un sdegno assai ch'amore
1505/06, f. 26v Frottola

S A

T B

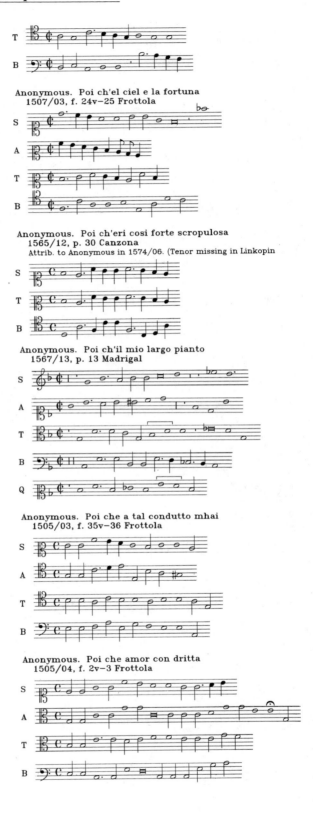

Anonymous. Poi ch'el ciel e la fortuna
1507/03, f. 24v–25 Frottola

S A T B

Anonymous. Poi ch'eri cosi forte scropulosa
1565/12, p. 30 Canzona
Attrib. to Anonymous in 1574/06. (Tenor missing in Linkopin

S T B

Anonymous. Poi ch'il mio largo pianto
1567/13, p. 13 Madrigal

S A T B Q

Anonymous. Poi che a tal condutto mhai
1505/03, f. 35v–36 Frottola

S A T B

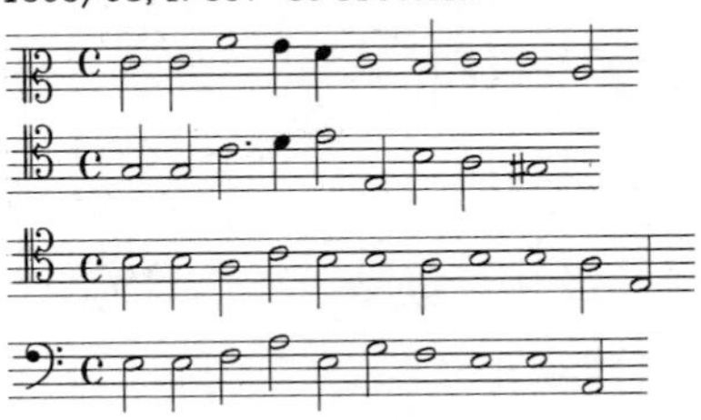

Anonymous. Poi che amor con dritta
1505/04, f. 2v–3 Frottola

S A T B

Anonymous. Poi che ho provato ogn'arte
1505/04, f. 7v Frottola

Anonymous. Poi che pato per te tanto dolore
1560/13, p. 27 Villota

Anonymous. Poi che per ben amar porto tormento
1559/18, p. 13 Madrigal

Anonymous. Poi che tale e la mia sorte
1507/04, f. 7 Frottola

Anonymous. Poi che uscito mi e di man
1507/03, f. 6v–7 Frottola

Anonymous. Poi ch'io son d'amor pregione
1514/02, f. 30v–31 Frottola

Anonymous. Poi cho perso igioven anni
1506/03, f. 52v–53 Frottola

Anonymous. Poiche per mie destino
1515/02, f. 37 Frottola

Anonymous. Poiche per te supporto tal dolore
1580/05, p. 19v–20 Lauda

Anonymous. Popule meus quid feci tibi
1508/03, f. 31v–32 Lauda

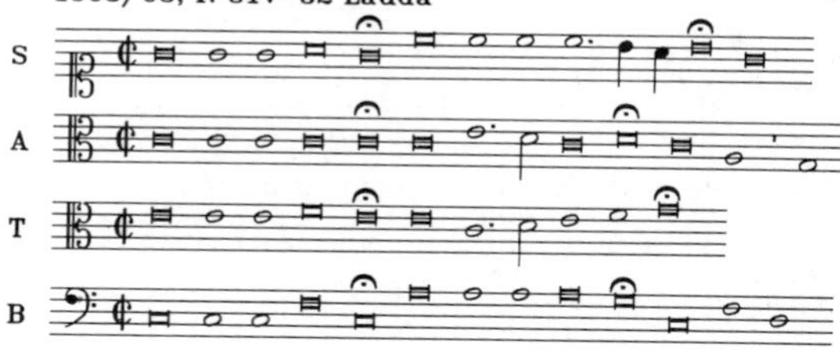

Anonymous. Porta calato dentro del suo petto
1591/03, f. 12v–13 Lauda

Anonymous. Porta ognum al nascimento
1509/02, f. 14v–15 Frottola

Anonymous. Poverta, fatic'e stenti
1563/06, f. 67 Lauda

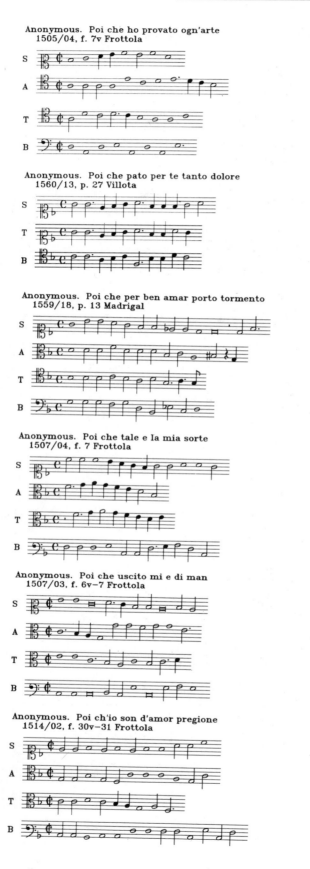

Anonymous. Prendi l'arme ingrato amore
1505/04, f. 49 Frottola

Anonymous. Prudente Verginelle del sommo Re
1591/03, f. 39v–40 Lauda
NELLA PURIFATIONE DELLA MADONNA.

Anonymous. Pues que iamas
1516/02, f. 48v–49 Frottola
Spanish text.

Anonymous. Pur al fin convien scoprire
1505/06, f. 20v–21 Frottola

Anonymous. Pur vivendo veniasi ove deposto
1583/13, p. 35 Madrigal
SECONDA PARTE. (No meter signature in any voice.)

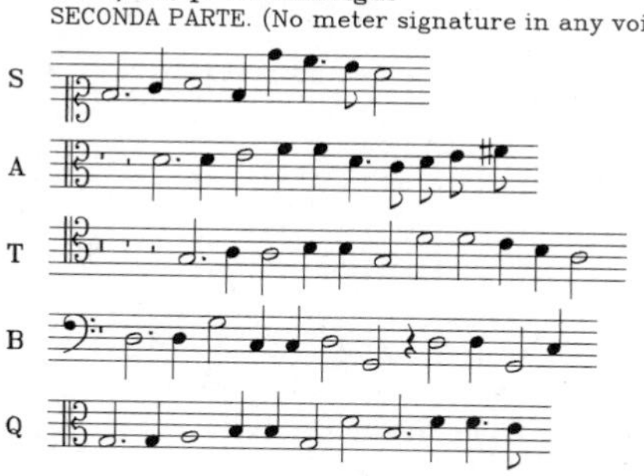

Anonymous. Qual e'l cor non piangesse
1509/02, f. 46v–48 Frottola

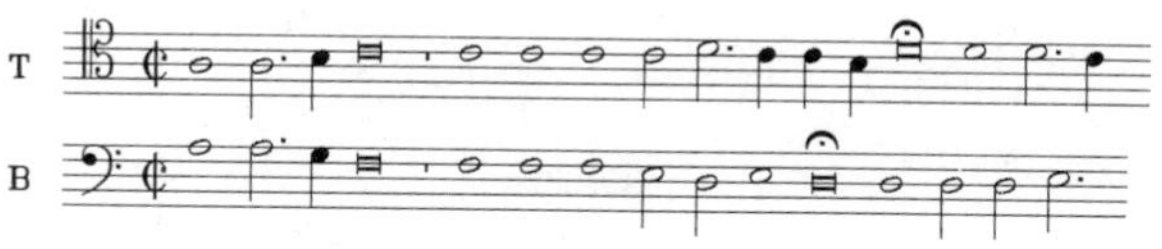

Anonymous. Qual fin fa chi di Dio
1591/03, f. 43v–44 Lauda
ECCO SPIRITUALE.

Anonymous. Qual fuoco non havrian gia spento
1583/13, p. 18 Madrigal
TERZA & ULTIMA PARTE. (No meter signature in any voice.)

Anonymous. Qual gemma oriental
1515/02, f. 30v–31 Frottola

Anonymous. Qual vista sara mai occhi miei
1557/16, p. 2 Madrigal

Anonymous. Qual vive Amante piu di me beato
1595/03, p. 22 Madrigal

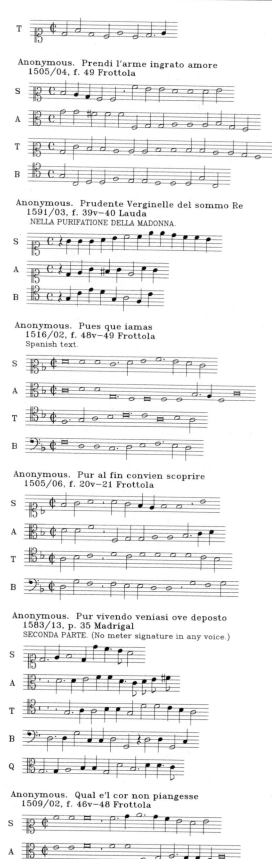

Anonymous. Quand'amor i begl'occhi
1554/28, p. 1–2 Madrigal

Anonymous. Quand'io ripenso a miei mal passati
1588/11, no. 24 Lauda

Anonymous. Quand'io v'odo parlar si dolcemente
1554/28, p. 4 Madrigal

Anonymous. Quand'io veggio tal hora
1544/20, p. 84 Madrigal

Anonymous. Quando io veggio salire mio glorioso
1588/11, no. 33 Lauda

Anonymous. Quando la vaga & risplendente
1591/03, f. 38v–39 Lauda

Anonymous. Quando mia speme gia condott
1583/13, p. 8 Madrigal
SECONDA PARTE. (No meter signature in any voice.)

Anonymous. Quando per darme nel languir
1505/05, f. 46 Strambotto

Anonymous. Quando rimiro'l Ciel cinto di lume
1599/06, p. 89 Lauda
PER L'ASSUNTIONE DELLA MADONNA SANTISSIMA.

Anonymous. Quando ripens'ai miei mal passat'
1589/02, f. 36v–37 Lauda

Anonymous. Quando ti sguardo in croce
1563/06, f. 143v–144 Lauda

Anonymous. Quando vedro di questa mortalluce
1583/03, f. 26v–27 Lauda

Anonymous. Quant'e grande la bellezze di te
1563/06, f. 10v–11 Lauda

Anonymous. Quante lagrim'aime
1537/11, no. 13 Madrigal

Anonymous. Quanti lasso sospir la nott'al vento
1566/09, p. 18 Canzona

Anonymous. Quanto ardor sta chiuso
1506/03, f. 41v–42 Frottola

Anonymous. Quanto e dolc'il piacer
1583/13, p. 36 Madrigal
PRIMA PARTE. (No meter signature in any voice.)

Anonymous. Quanto t'amo e t'adoro tu lo sai
1570/21, p. 19 Villota

Anonymous. Quasi sempre avanti di
1507/03, f. 36v–37v Frottola

Anonymous. Que te dare Senor por tantos dones
1583/04, f. 46 Lauda

Anonymous. Quel ch'io posso io t'ho donato
1505/04, f. 49v–50 Frottola

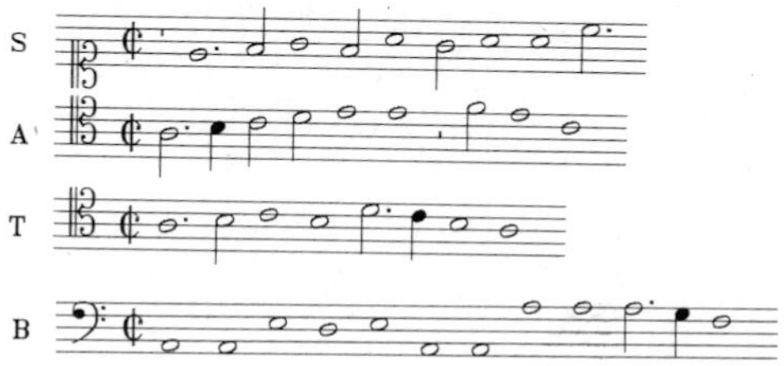

Anonymous. Quel di ch'amor m'avins'in quella
1566/23, p. 12 Madrigal

Anonymous. Quel fanciullin che ved'alma
1591/03, f. 14v–15 Lauda

Anonymous. Quel fuoco ch'io pensai
1583/13, p. 17 Madrigal
PRIMA PARTE. (No meter signature in any voice.)

Anonymous. Quel viso ov'e l'albergo
1559/18, p. 25 Madrigal

Anonymous. Quella che a Babilonia fe la mura
1537/11, no. 14 Madrigal

Anonymous. Quem autem venissem ad locu
1508/03, f. 5v–6 Lauda
Compare Anon., "Cum autem venissent..." in 1563/06.

Anonymous. Quest'occhi ladri
1560/12, p. 3–4 Villota

Anonymous. Questa Vergin Signor come pura
1591/03, f. 67v–71 Madrigal

Anonymous. Questa longa mia speranza
1507/03, f. 29v–30 Frottola

Anonymous. Queste non son piu lagrime
1541/16, p. 13 Madrigal
Also found in 1546/19.

Anonymous. Queste speranza mi sostene
1510/ f. 34 Canzona

Anonymous. Questi tuoi biondi crini ch'Apollo
1594/15, p. 16 Madrigal
ALL'ILLUSTRISSIMO SIG. CONTE GIROLAMO MORON STAMPA.

Anonymous. Questo nobil bambino ch'e nato
1583/03, f. 25v–26 Lauda

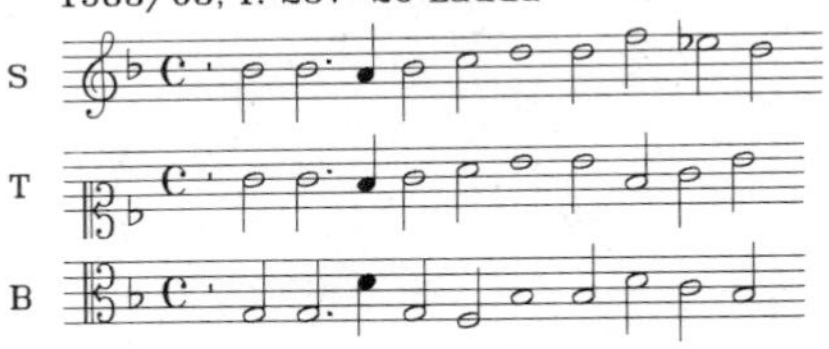

Anonymous. Quiss'occhi e quissa bocca
1567/17, p. 9 Villota
Compare G. Scotto "Quiss'occhi" in 1571/11.

Anonymous. Quiss'occhi qui sa bocca basarella
1557/19, p. 18 Canzona
Only Cantus partbook extant.

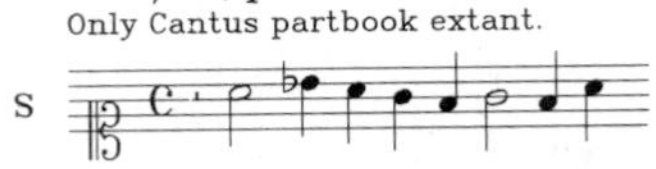

Anonymous. Quiss'occhi toi son latri
1537/08, no. 20 Aria
ARIA NAPOLITANA. (Bass partbook missing.)

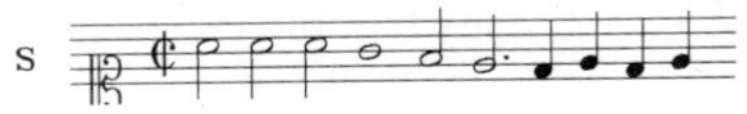

Anonymous. Regi & guidi ogni human stato
1507/03, f. 28v–29 Frottola

Anonymous. Resta in pace diva mia
1505/03, f. 38v–39 Frottola

Anonymous. Resvegliate su su piu non dormire
1506/03, f. 12v Frottola

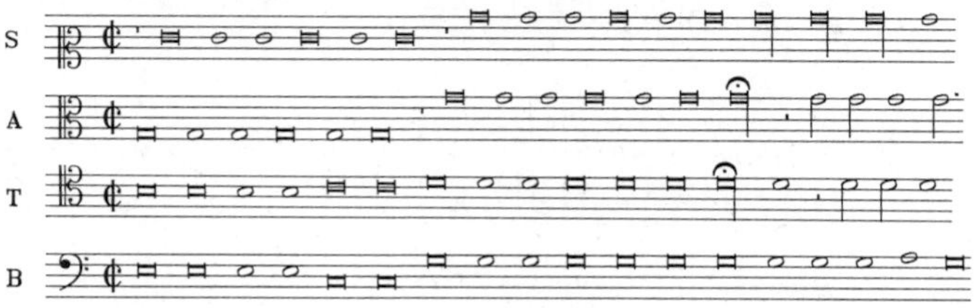

Anonymous. Ridendo mormoro pietosa maga soavi
1595/03, p. 14 Madrigal
PRIMA PARTE.

Anonymous. Ridetti tutti gran pazzia
1570/21, p. 27 Villota

Anonymous. Ringratianti o Giesu buono
1588/11, no. 6 Lauda

Anonymous. Ripos'alcun non trovo, Giesu
1563/06, f. 77 Lauda

Anonymous. Riseno i monti el mar mostroa bonaza
1505/05, f. 26 Strambotto

Anonymous. Risguard'anima mia
1580/06, p. 14–15 Lauda

Anonymous. Risvegliati alma mia
1580/05, p. 18v–19 Lauda

Anonymous. Ritorn'al tuo Pastor
1588/11, no. 30 Lauda

Anonymous. S'a la mia trista vita
1599/06, p. 68 Lauda
A SANTA MARIA DELLA PIETA ET DELLA SPERANZA.

Anonymous. S'a te signora t'hagio dato il core
1571/09, p. 18 Napolitana

Anonymous. S'acceso ha del suo foco
1591/03, f. 32v–33 Lauda

Anonymous. S'all'austrai vento caldo
1598/04, no. 6 Lauda

Anonymous. S'avien che'l volto in quella parte
1583/13, p. 23 Madrigal
TERZA & ULTIMA PARTE. (No meter signature in any voice.)

Anonymous. S'el mio cor piu ch'altra assai
1505/06, f. 23v–24 Frottola

Anonymous. S'el partir m'increbe e dolse
1505/06, f. 25v Frottola

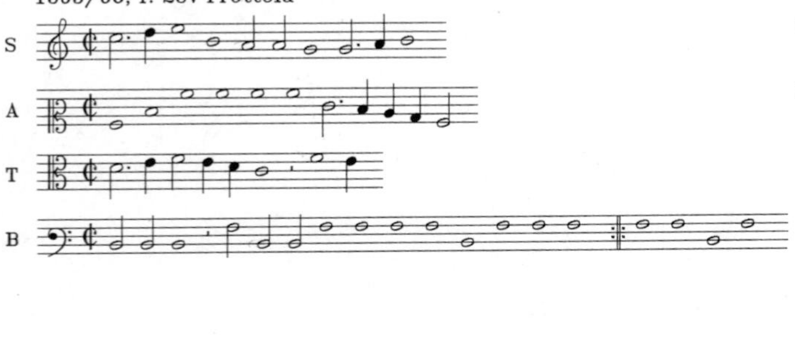

Anonymous. S'el te piaque un tempo farmi
1505/03, f. 51v–52 Frottola
Attributed to N. Patavino by Jeppeson, La Frottola, p.82.

Anonymous. S'hai per cosa gioconda
1591/03, f. 10v–11 Lauda

Anonymous. S'havete gli'occhi de lo basilisco
1562/10, no. 12 Napolitana
Only Cantus partbook extant.

Anonymous. S'io canto e rumi spacci per cicala
1555/30, no. 16 Madrigal
Bass partbook missing. Tenor (1558/16) not found in Leningrad.

Anonymous. S'io dimostro al viso el focho
1506/03, f. 35v–36 Frottola

Anonymous. S'io havessi tantillo di speranza
1570/31, p. 26 Villota

Anonymous. S'io non posso il cor placarte
1505/03, f. 24v–25 Frottola

Anonymous. S'io parto o Madre
1599/06, p. 51 Lauda
A S.MARIA DE GLI ANGELI IN TERME.

Anonymous. S'io pensassi ai piacer del paradiso
1580/06, p. 28–29 Lauda

Anonymous. S'io son da te lontano
1506/03, f. 31v–32 Frottola

Anonymous. S'io ti servo la fede
1530/01, f. 11v–12 Villota
Only Alto partbook extant.

Anonymous. Salve victrice e gloriosa insegna
1508/03, f. 14v–15 Lauda

Anonymous. Sancta Maria, ora pro nobis
1563/06, f. 93 Lauda
LETANIE A TRE VOCI.

Anonymous. Sancta maria ora pro nobis
1508/03, f. 7v–8 Lauda

Anonymous. Sapilo certo ca te vorria bene
1571/07, p. 5–6 Villota

Anonymous. Sappi crudele ch'ormai son mill'anni
1562/10, no. 9 Napolitana
Only Cantus partbook extant.

Anonymous. Sappi madonna ch'io lagio a dispetto
1557/19, p. 19 Canzona
Only Cantus partbook extant.

Anonymous. Scis'a una font'e viddi una citella
1565/12, p. 20 Canzona

Anonymous. Scoltatime madonna
1505/05, f. 41 Oda

Anonymous. Scontento me ne resto
1505/05, f. 19 Strambotto

Anonymous. Scopri lingua el mio martire
1507/04, f. 36v–37 Frottola

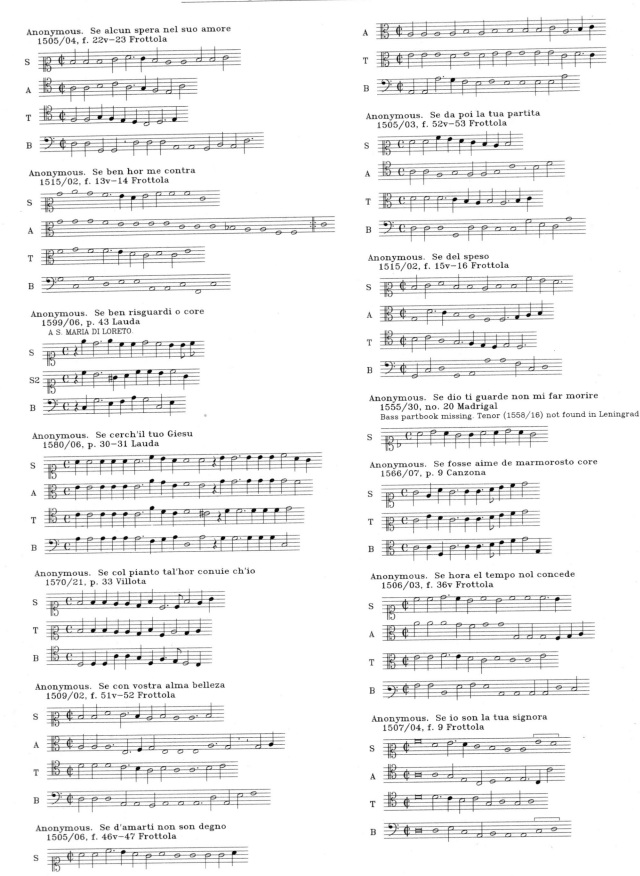

Anonymous. Se alcun spera nel suo amore
1505/04, f. 22v–23 Frottola

Anonymous. Se ben hor me contra
1515/02, f. 13v–14 Frottola

Anonymous. Se ben risguardi o core
1599/06, p. 43 Lauda
A S. MARIA DI LORETO

Anonymous. Se cerch'il tuo Giesu
1580/06, p. 30–31 Lauda

Anonymous. Se col pianto tal'hor conuie ch'io
1570/21, p. 33 Villota

Anonymous. Se con vostra alma belleza
1509/02, f. 51v–52 Frottola

Anonymous. Se d'amarti non son degno
1505/06, f. 46v–47 Frottola

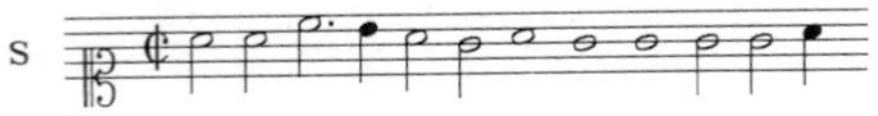

Anonymous. Se da poi la tua partita
1505/03, f. 52v–53 Frottola

Anonymous. Se del speso
1515/02, f. 15v–16 Frottola

Anonymous. Se dio ti guarde non mi far morire
1555/30, no. 20 Madrigal
Bass partbook missing. Tenor (1558/16) not found in Leningrad

Anonymous. Se fosse aime de marmorosto core
1566/07, p. 9 Canzona

Anonymous. Se hora el tempo nol concede
1506/03, f. 36v Frottola

Anonymous. Se io son la tua signora
1507/04, f. 9 Frottola

Anonymous. Se l'amor in te e pocho
1505/03, f. 20v–21 Frottola

Anonymous. Se la gran fiamma ardente
1505/05, f. 7v Oda
Compare M. Pesenti "Ardo e brucio" in 1505/04.

Anonymous. Se la mia vita da l'aspro tormento
1554/28, p. 7 Madrigal

Anonymous. Se la pieta per me gia fosse
1560/13, p. 19 Villota

Anonymous. Se la presentia vostra
1542/17, no. 17 Madrigal
Text reads "Se la presentia nostra" in 1558/11.

Anonymous. Se lontan partir mi fa
1509/02, f. 7 Frottola

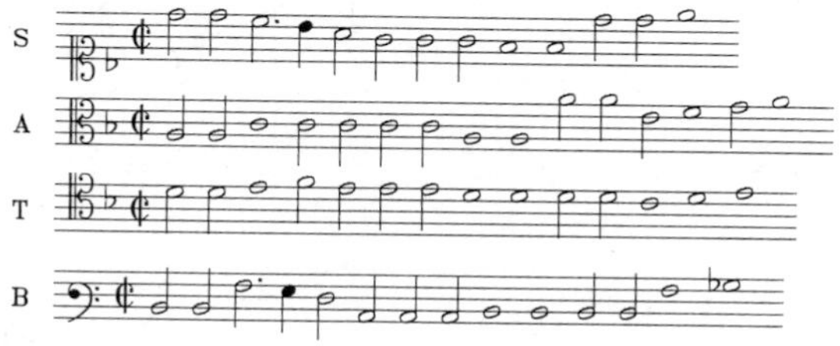

Anonymous. Se mai fo tuo io mene pento
1505/06, f. 18v–19 Frottola

Anonymous. Se mai vedeste amanti
1554/28, p. 26 Madrigal

Anonymous. Se me dol el mio partire
1505/06, f. 19v–20 Frottola

Anonymous. Se negli affanni non crescesse amore
1505/05, f. 33v Strambotto

Anonymous. Se nel mirarvi un tratto il mio bel
1571/09, p. 20–21 Napolitana

Anonymous. Se non dormi donna ascolta
1505/04, f. 53v–54 Frottola

Anonymous. Se non fusse il sperar'
1537/08, no. 13 Madrigal
Bass partbook missing.

Anonymous. Se non voi pensar in tutto
1505/03, f. 53v–54 Frottola

Anonymous. Se pensand'al partir pens al morire
1560/13, p. 21 Villota

Anonymous. Se pensando di te s'infiama il core
1599/06, p. 71 Lauda
ALLA...MADONNA D'ANDRIA. (Compare "Se partendo" in 1588/22.)

Anonymous. Se pensass'ai piacer del paradiso
1580/05, p. 21v–22 Lauda

Anonymous. Se pensass'ai piacer del paradiso
1563/06, f. 51v–53 Lauda

Anonymous. Se per servire il mondo hai sempre
1585/07, p. 12 Canzona

Anonymous. Se per ventura veggio
1538/21, p. 21 Madrigal

Anonymous. Se poi la bionda trecce
1544/20, p. 84–85 Madrigal
SECONDA PARS.

Anonymous. Se pur ti guardo dolc'anima mia
1576/02, p. 19v * Madrigal
For Superius, Contratenor, and Tenor voices.

Anonymous. Se questa valle de miserie piena
1583/03, f. 2v–3 Lauda

Anonymous. Se scior se ved'il laccio
1570/19, p. 12 Madrigal
ALL'ECCELLENTE S. LUCIA MACHIAVELLI. (Arioso in 1570/33.)

Anonymous. Se sei da mi lontano
1506/03, f. 41 Frottola

Anonymous. Se senza cuore non si puo campare
1570/31, p. 14 Villota

Anonymous. Se sol d'amor sei degno
1584/04, p. 19 Madrigal
A 8. (Incomplete---one voice missing.)

Anonymous. Se tu con tanti strat che mi fai
1566/07, p. 20 Canzona

Anonymous. Se tu donasi il core
1563/06, f. 140v Lauda

Anonymous. Se tu non mi voi ben o faccia penta
1555/30, no. 5 Madrigal
Bass partbook missing. Tenor (1588/16) not found in Leningrad

Anonymous. Se tua parola Giesu ne da vita
1563/06, f. 102–103 Lauda

Anonymous. Se voi sete cor mio quanto ben
1586/19, p. 24 Madrigal

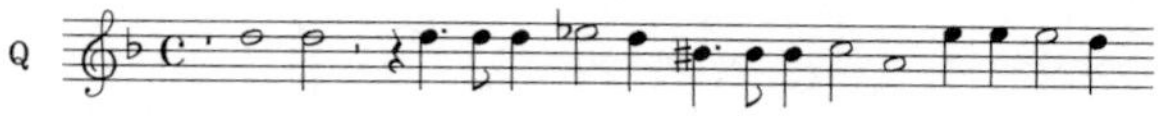

Anonymous. Se'l partir me serra forte
1505/03, f. 18v–19 Frottola

Anonymous. Se'l pensier che mi strugge
1583/13, p. 9 Madrigal
CANZONE. PRIMA PARTE. (No meter signature in any voice.)

Anonymous. Se'l vostro chiaro viso
1599/06, p. 70 Lauda
ALLA MADONNA SANTISSIMA D'ITRIA.

Anonymous. Segui cor l'alta tua impresa
1515/02, f. 40v–41 Frottola

Anonymous. Sei tanto santa Vergin gratiosa
1580/05, p. 16v–17 Lauda

Anonymous. Sempre ch'io veggio sa faccia
1560/13, p. 25 Villota
Listed as a Canzona Villanescha in 1557/20.

Anonymous. Sempre perle rubini e rose
1570/21, p. 29 Villota

S T B

Anonymous. Seria il mio servir felice
1510/ , f. 9v–10 Canzona

S A T B

Anonymous. Serra dura mia partita
1505/03, f. 17v–18 Frottola

S A T B
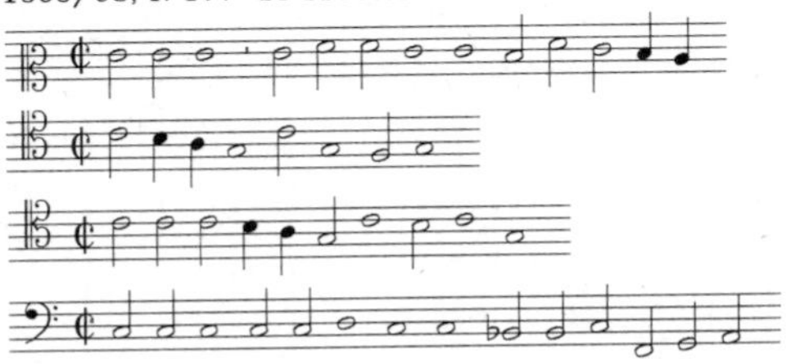

Anonymous. El servo che te adora
1516/02, f. 54v–55 Frottola

S A T B

Anonymous. Si ch'i la vo seguire Maddalena
1563/06, f. 123v Lauda

S T B

Anonymous. Si come fede se depinge biancha
1505/06, f. 2 Strambotto

S A T B

Anonymous. Si morsi donna el tuo labro suave
1505/04, f. 45v–46 Frottola

S

A T B

Anonymous. Si si si tarvo tarvo
1507/03, f. 25v Frottola

S A T B

Anonymous. Si suave mi par el mio dolore
1505/05, f. 12v Strambotto

S A T B

Anonymous. Si tu penas no pruevo
1583/04, f. 29 Lauda

S S2 A

Anonymous. Si vivo e lo splendor donna
1552/20, p. 28 Madrigal

S A T B

Anonymous. Siche s'io viss'in guerra
1595/03, p. 7 Madrigal

S A T B Q

Anonymous. Signor Giesu quando saro io mai
1563/06, f. 132v–133 Lauda

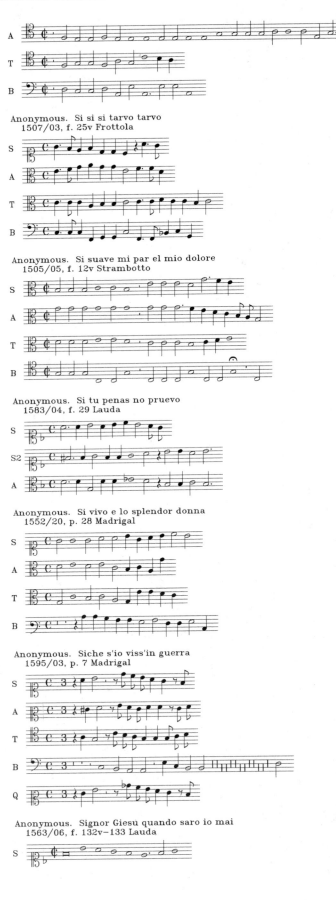

S
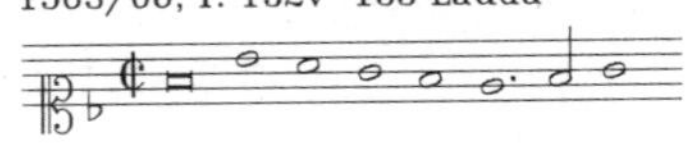

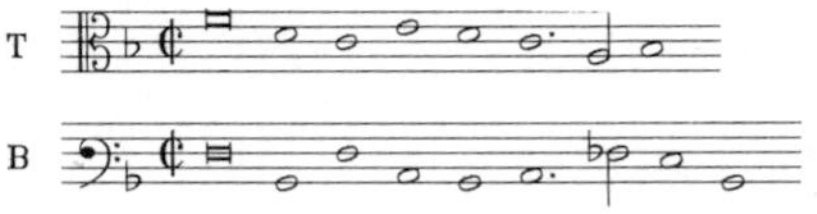

Anonymous. Signor gradit'et raro che per star
1549/31, p. 19 Madrigal

Anonymous. Signor io t'ho confitto
1583/03, f. 9v–10 Lauda

Anonymous. Signor la tua memoria e'l nome adoro
1598/04, f. 4v–5 Lauda

Anonymous. Signor per la tua fe morir voglio
1563/06, f. 104–105 Lauda

Anonymous. Signor per la tua fe morir voglio
1583/03, f. 7v–8 Lauda

Anonymous. Signor per la tua fe morir voglio
1563/06, f. 104–105 Lauda

Anonymous. Signor ti benedico
1583/03, f. 6v–7 Lauda

Anonymous. Signor'io pur vorrei salir al dolce
1563/06, f. 121v–122 Lauda

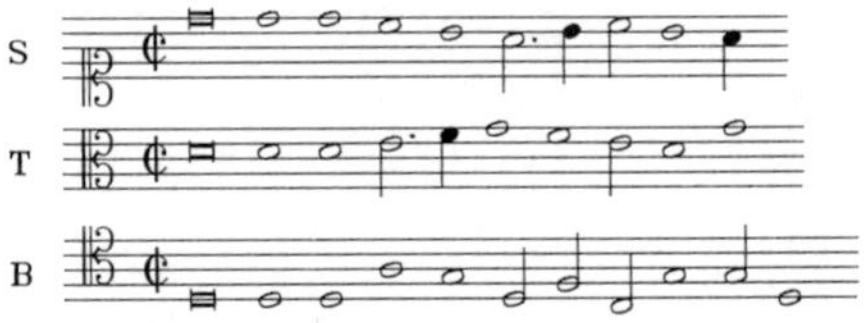

Anonymous. Signora mia non posso piu durare
1570/21, p. 35 Villota

Anonymous. Signore soccorr'alta l'anima mia
1563/06, f. 18v–19 Lauda

Anonymous. Soccoretemi hormai donna crudele
1586/19, p. 21 Madrigal

Anonymous. Sol ad'un herba il mio stato
1537/07, no. 28 Madrigal
Cantus and Tenor partbooks missing.

Anonymous. Sola se ne va piangendo
1598/04, f. 32v–33 Lauda

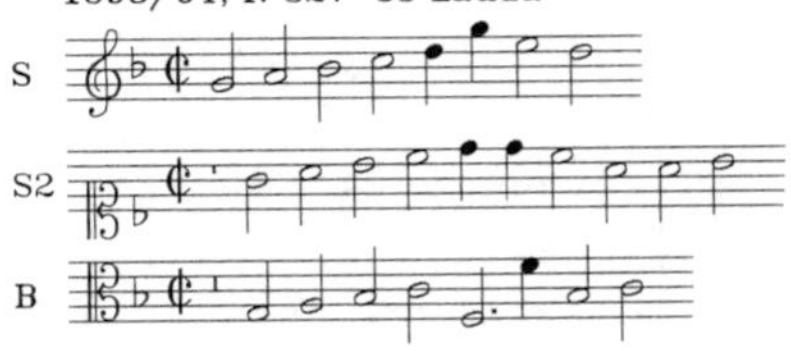

Anonymous. Soldati semo de la santa lega
1573/17, p. 27 Canzona
Alto partbook missing. Canto & Tenor unavailable Zwickau.

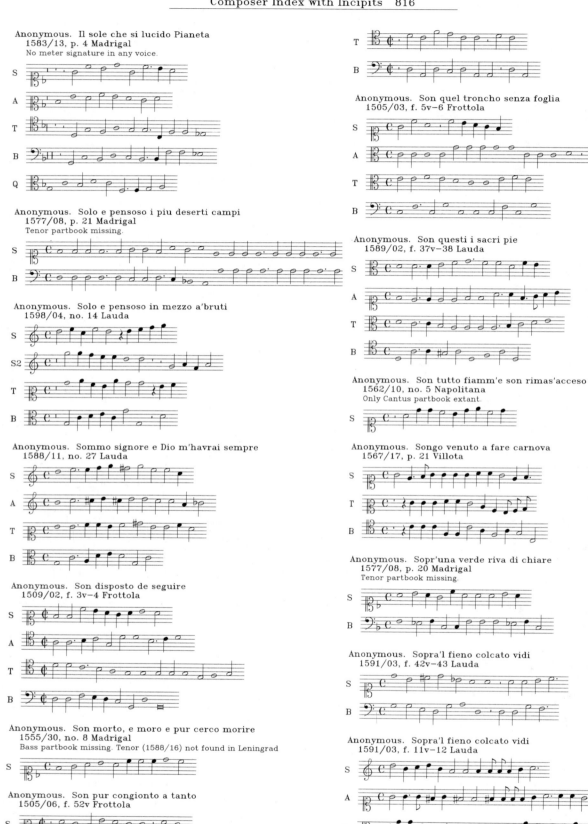

Anonymous. Il sole che si lucido Pianeta
1583/13, p. 4 Madrigal
No meter signature in any voice.

Anonymous. Solo e pensoso i piu deserti campi
1577/08, p. 21 Madrigal
Tenor partbook missing.

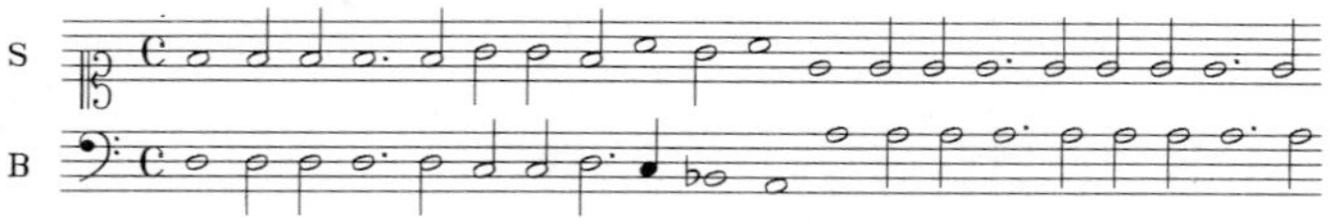

Anonymous. Solo e pensoso in mezzo a'bruti
1598/04, no. 14 Lauda

Anonymous. Sommo signore e Dio m'havrai sempre
1588/11, no. 27 Lauda

Anonymous. Son disposto de seguire
1509/02, f. 3v–4 Frottola

Anonymous. Son morto, e moro e pur cerco morire
1555/30, no. 8 Madrigal
Bass partbook missing. Tenor (1588/16) not found in Leningrad

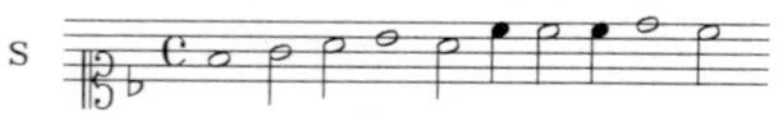

Anonymous. Son pur congionto a tanto
1505/06, f. 52v Frottola

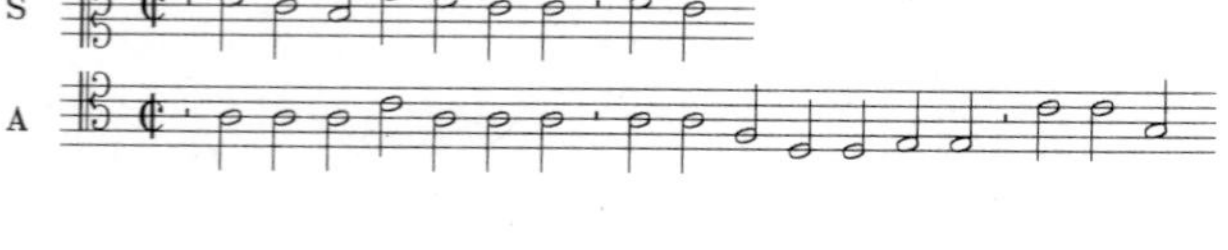

Anonymous. Son quel troncho senza foglia
1505/03, f. 5v–6 Frottola

Anonymous. Son questi i sacri pie
1589/02, f. 37v–38 Lauda

Anonymous. Son tutto fiamm'e son rimas'acceso
1562/10, no. 5 Napolitana
Only Cantus partbook extant.

Anonymous. Songo venuto a fare carnova
1567/17, p. 21 Villota

Anonymous. Sopr'una verde riva di chiare
1577/08, p. 20 Madrigal
Tenor partbook missing.

Anonymous. Sopra'l fieno colcato vidi
1591/03, f. 42v–43 Lauda

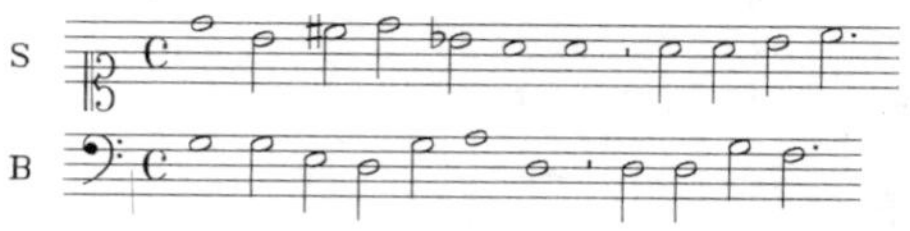

Anonymous. Sopra'l fieno colcato vidi
1591/03, f. 11v–12 Lauda

Anonymous. Sorgi dal sonno sorgi Anima mia
1599/06, p. 45 Lauda
A SANTA MARIA DEL GLORIOSO PRESSO SAN SEVERINO.

Anonymous. Sorgi dal sonno sorgi anima mia
1589/02, f. 20v–21 Lauda

Anonymous. Los sospiro no
1516/02, f. 24 Frottola

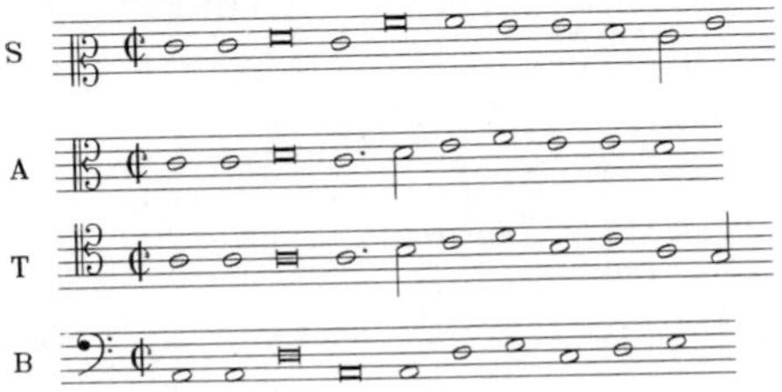

Anonymous. Sospiros no me dexeys
1516/02, f. 47v–48 Frottola
Spanish text.

Anonymous. Spargo indarno el mio lamento
1509/02, f. 44v–45 Frottola

Anonymous. Speme che gli occhi nostri vel'e
1577/08, p. 4 Madrigal
Alto and Tenor partbooks missing.

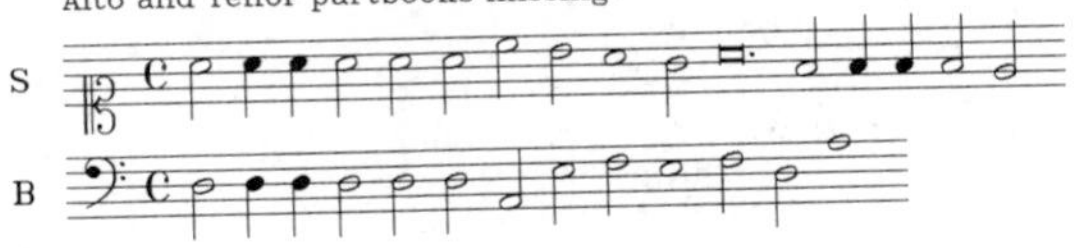

Anonymous. La speranza me tien vivo
1505/04, f. 47v–48 Frottola

Anonymous. Spero haver felicita
1505/03, f. 6v–7 Frottola

Anonymous. Spirito sant'amore
1580/05, p. 1v–2 Lauda

Anonymous. Spirti siam sempre gaudenti
1563/06, f. 63–64 Lauda

Anonymous. Spirto del ciel eletto
1580/06, p. 24–25 Lauda

Anonymous. Sposa cara diletta dell'Angell'
1588/11, no. 29 Lauda

Anonymous. Ssa bocca saporita ess'occhi belli
1570/21, p. 39 Villota

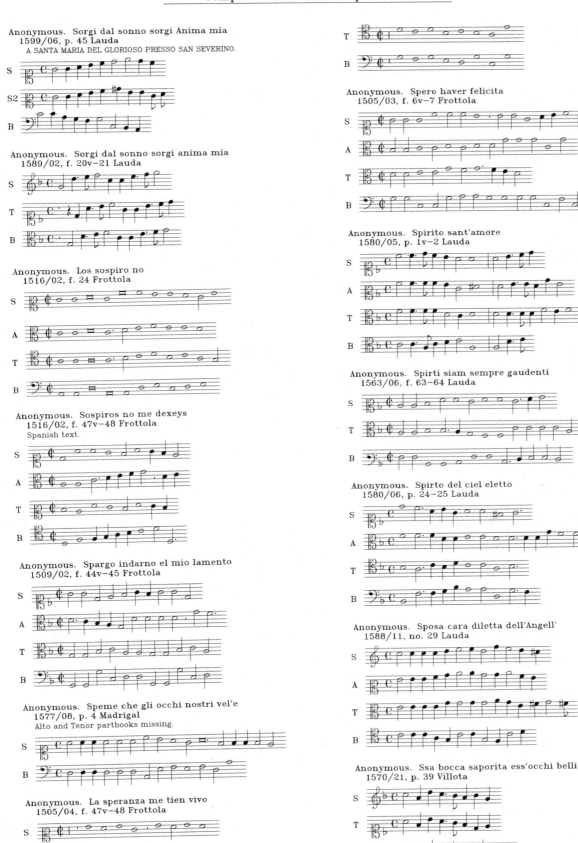

Anonymous. Sta constante cor mio ch'io t'amo
1562/10, no. 3 Napolitana
Only Cantus partbook extant.

Anonymous. Stabat mater dolorsa, iuxta crucem
1563/06, f. 27 Lauda

Anonymous. Stabat mater dolorsa, iuxta crucem
1563/06, f. 26v Lauda

Anonymous. Stabat mater dolorsa, iuxta crucem
1563/06, f. 27 Lauda

Anonymous. Stanca del suo penar mia vita homai
1599/06, p. 38 Lauda
A S. MARIA DELLA CONSOLATIONE.

Anonymous. Stava a pie della croce
1588/11, no. 19 Lauda

Anonymous. Stavasi in porto la mia navicella
1506/03, f. 10v Frottola

Anonymous. Stiamo amor a veder la gloria
1554/28, p. 6 Madrigal

Anonymous. Sto core mio se fosse di diamante
1560/12, p. 17 Villota

Anonymous. Sto mondo traditor tutt'e appetitto
1557/19, p. 20 Canzona
Only Cantus partbook extant.

Anonymous. Stommi qui al monument'ogn'hor
1563/06, f. 109 Lauda

Anonymous. Su alma generosa
1580/06, p. 20–21 Lauda

Anonymous. Superbi colli e voi sacre ruine
1577/08, p. 19 Madrigal
Tenor partbook missing.

Anonymous. Surge la chiara stella
1588/11, no. 3 Lauda
Text reads "Sorge la chiara stella" in 1589/02.

Anonymous. Suspir suavi o mio dolce tormento
1505/05, f. 30v Strambotto
Compare Tromboncino "O suspir suavi" in 1507/03.

B

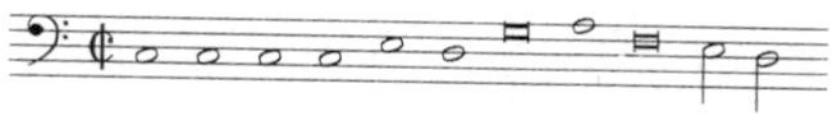

Anonymous. Sventurato gran signore
1573/17, p. 30 Canzona
SECONDA PARTE. (Alto partbook missing.)

B

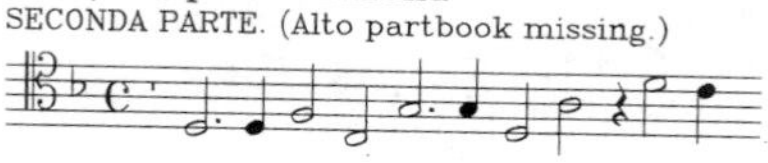

Anonymous. T'haggio voluto'e voglio tanto bene
1570/21, p. 7 Villota

S
T
B

Anonymous. Taci lingua el non e'l tempo
1506/03, f. 53v–54 Frottola

S
A
T
B

Anonymous. Tal par il visco che preso
1555/30, no. 12 Madrigal
Bass partbook missing. Tenor (1588/16) not found in Leningrad

S

Anonymous. Tant'e lo grand'ardore ch'io sento
1566/05, p. 16 Villota

S
T
B

Anonymous. Tanto mi si trasuta
1560/12, p. 35 Villota
Compare setting (Canzone) by G. Scotto in 1571/11.

S
T
B

Anonymous. Tanto piu grato e caro debb'esser
1543/18, p. 23 Madrigal

S
A
T
B

Anonymous. Tanto v'ha fatt'il ciel cortesa
1570/33, p. 18 Napolitana
For voice and lute.

S

Anonymous. Tantum ergo sacramentum
1508/03, f. 29v–30 Lauda

S
A
T
B

Anonymous. Te Deum laudamus
1580/05, p. 15–16 Lauda

S
A
T
B
Q

Anonymous. Te lamenti & io mi doglio
1505/03, f. 54v–55 Frottola

S
A
T
B

Anonymous. Temp'e da'incominciar quel pianto
1557/16, p. 11–12 Madrigal

S
A
T
B

Anonymous. Un temp'ogn'hor piangeva
1566/09, p. 30 Canzona
Compare settings by Arpa in 1565/17 and 1570/27.

S
T
B

Anonymous. Ti par gran maraveglia
1505/05, f. 17v Strambotto

Anonymous. Ti parlo e tu me ridi et poi stai
1557/19, p. 11 Canzona
Only Cantus partbook extant.

Anonymous. Tiche toche tichi toc
1571/07, p. 37–40 Moresca
MORESCA PRIMA.

Anonymous. Li toi capelli m'arobar'il core
1570/21, p. 23–24 Villota

Anonymous. Torela mo vilan
1537/11, no. 20 Madrigal

Anonymous. Torna al freddo cor'onde partito se
1563/06, f. 110 Lauda

Anonymous. Tornando avanti s'alcun dolce mai
1583/13, p. 20 Madrigal
SECONDA PARTE. (No meter signature in any voice.)

Anonymous. Tra l'infelici io viva el piu felice
1537/07, no. 24 Madrigal
Cantus and Tenor partbooks missing.

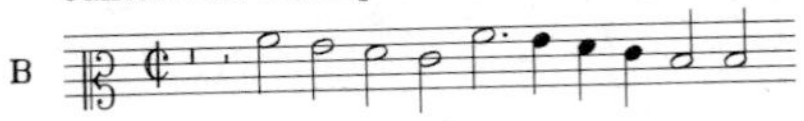

Anonymous. La tra traitora tu mi fai morire
1555/30, no. 22 Madrigal
Bass partbook missing. Tenor (1558/16) not found in Leningrad

Anonymous. Tra i gigli e le viole
1595/03, p. 3 Madrigal

Anonymous. Tra'l volere e non volere
1510/ s, f. 19v–20 Canzona

Anonymous. Traditora me'ai tradito
1515/02, f. 37v–38 Frottola

Anonymous. Tranquillo porto havea mostrato
1583/13, p. 34 Madrigal
PRIMA PARTE. (No meter signature in any voice.)

Anonymous. Tre cose son in terra ch'ogn'hor
1566/05, p. 4 Villota

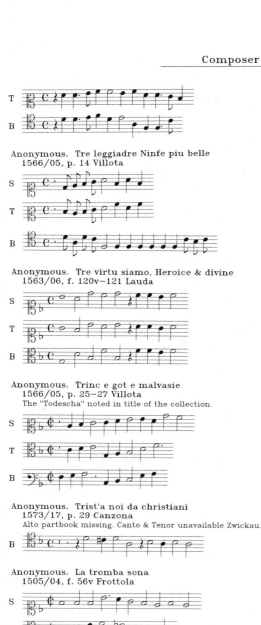

Anonymous. Tre leggiadre Ninfe piu belle
1566/05, p. 14 Villota

Anonymous. Tre virtu siamo, Heroice & divine
1563/06, f. 120v–121 Lauda

Anonymous. Trinc e got e malvasie
1566/05, p. 25–27 Villota
The "Todescha" noted in title of the collection.

Anonymous. Trist'a noi da christiani
1573/17, p. 29 Canzona
Alto partbook missing. Canto & Tenor unavailable Zwickau.

Anonymous. La tromba sona
1505/04, f. 56v Frottola

Anonymous. Troppo stratii mi fai donna crudele
1571/07, p. 31 Villota

Anonymous. La tua carne o Signore
1588/11, no. 10 Lauda

Anonymous. Tu che sei tanto bello
1589/02, f. 18v–19 Lauda

Anonymous. Tu core mio si tanto saporita
1567/17, p. 11–12 Villota

Anonymous. Tu dormi et amor veglia
1560/12, p. 1–2 Villota

Anonymous. Tu dormi io veglio
1506/03, f. 9 Frottola

Anonymous. Tu hai piu anni
1555/30, no. 2 Madrigal
Bass partbook missing. (Tenor (1588/16) not found in Leningrad.)

Anonymous. Tu m'arobasti al primo sguardo
1560/12, p. 41 Villota
Compare G. Scotto "Tu mi rubasti..." in 1571/11.

Anonymous. Tu m'hai privato de riposo e pace
1505/05, f. 16v Strambotto

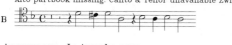

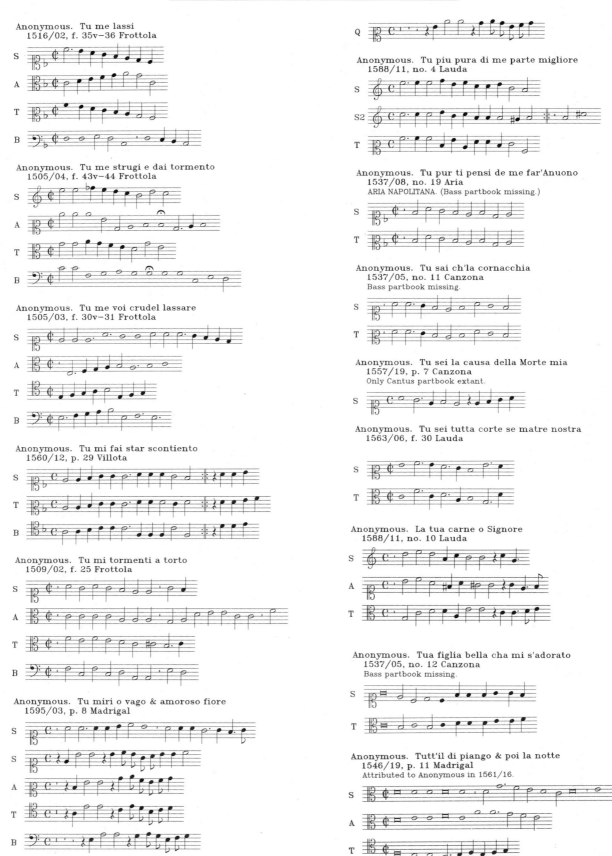

Anonymous. Tu me lassi
1516/02, f. 35v–36 Frottola

Anonymous. Tu me strugi e dai tormento
1505/04, f. 43v–44 Frottola

Anonymous. Tu me voi crudel lassare
1505/03, f. 30v–31 Frottola

Anonymous. Tu mi fai star scontiento
1560/12, p. 29 Villota

Anonymous. Tu mi tormenti a torto
1509/02, f. 25 Frottola

Anonymous. Tu miri o vago & amoroso fiore
1595/03, p. 8 Madrigal

Anonymous. Tu piu pura di me parte migliore
1588/11, no. 4 Lauda

Anonymous. Tu pur ti pensi de me far'Anuono
1537/08, no. 19 Aria
ARIA NAPOLITANA. (Bass partbook missing.)

Anonymous. Tu sai ch'la cornacchia
1537/05, no. 11 Canzona
Bass partbook missing.

Anonymous. Tu sei la causa della Morte mia
1557/19, p. 7 Canzona
Only Cantus partbook extant.

Anonymous. Tu sei tutta corte se matre nostra
1563/06, f. 30 Lauda

Anonymous. La tua carne o Signore
1588/11, no. 10 Lauda

Anonymous. Tua figlia bella cha mi s'adorato
1537/05, no. 12 Canzona
Bass partbook missing.

Anonymous. Tutt'il di piango & poi la notte
1546/19, p. 11 Madrigal
Attributed to Anonymous in 1561/16.

Anonymous. Tutt'il di piango e poi la notte
1577/08, p. 7 Madrigal
Tenor partbook missing.

Anonymous. Tutt'il di piango et poi la notte
1545/18, p. 26 Madrigal

Anonymous. Tutt'ombre son l'amorose speranze
1570/15, p. 29 Madrigal
SECONDA PARTE.

Anonymous. Tutta gentile e bella
1589/11, p. 10 Madrigal
Attributed to Nanino in Munich copy.

Anonymous. Tutta sei bella donna mia gentile
1570/33, p. 13 Napolitana

Anonymous. Tutte le donne portano le perle
1570/31, p. 8 Villota

Anonymous. Unico figlio amato del padre
1588/11, no. 9 Lauda

Anonymous. Va posa l'archo e la pharetra amore
1505/05, f. 7v Sonetto

Anonymous. Vag'Augelletto che cantandova
1599/06, p. 55 Lauda
ALLA MADONNA DI MONTE FOGLIANO IN TOSCANA.

Anonymous. Vagando un giorno
1516/02, f. 57v–58v Frottola

Anonymous. Vaghe lucenti stelle ch'a guisa
1591/03, f. 25v–26 Lauda

Anonymous. Vaghi boschetti di soavi allori
1552/20, p. 29 Madrigal

Anonymous. I vaghi fior e le famose fronde
1554/28, p. 28 Madrigal

Anonymous. I vaghi fiori e l'amorose fronde
1537/11, no. 9 Madrigal

Anonymous. Vaghi pensieri che cosi passo
1543/18, p. 3 Madrigal

Anonymous. Vago augelletto che cantando vai
1577/08, p. 22 Madrigal
Tenor partbook missing.

Anonymous. Vale iniqua e desliale
1506/03, f. 25 Frottola

Anonymous. Vattene lieta o pura verginella
1598/04, f. 30v–31 Lauda

Anonymous. Vattene o pigro
1583/03, f. 20v–21 Lauda

Anonymous. Veder ne tuoi legami
1591/03, f. 6v–7 Lauda

Anonymous. Vedi cor mio a che misero stato
1562/10, no. 15 Napolitana
Only Cantus partbook extant.

Anonymous. Vedo ben ch'io perdo el tempo
1505/03, f. 10v–11 Frottola

Anonymous. Vedo ne gli ochi toi
1509/02, f. 49v–50 Frottola

Anonymous. Veggio quess'occhi tanto risarielli
1567/17, p. 7 Villota

Anonymous. Veneti alme divote al Paradiso
1599/06, p. 101 Lauda
CORTESE INVITO DI CHRISTO N.S. AL GIRADINO...

Anonymous. Venga quel bel Narciso
1566/05, p. 21 Villota

Anonymous. Vengh'ogni cor ardente
1563/06, f. 5 Lauda
For two voices.

Anonymous. Venimus en romeria
1506/03, f. 45v–46 Frottola
Spanish text.

Anonymous. Venisti alfin venisti
1598/04, f. 21v–22 Lauda

Anonymous. Veramente in Amore
1585/21, p. 13 Madrigal

Anonymous. Verbum caro factum est de virgine
1563/06, f. 49v–50 Lauda

Anonymous. Vergin di gratia fonte & d'ogni bene
1600/05, p. 38 Lauda
A S. MARIA D'OGNI BENE DI NAPOLI.

Anonymous. Vergin luce amorosa
1599/06, p. 21 Lauda
A S. MARIA DELLA CONCETTIONE.

Anonymous. Vergin tanta (No music)
1531/03, f. 32 Frottola
Music missing in 1531/03

Anonymous. Vergine bella, che di sol vestita
1563/06, f. 2v–3 Lauda

Anonymous. Vergine degna d'ogni laud'e honore
1580/06, p. 8–9 Lauda

Anonymous. Vergine degna d'ogni laud'e honore
1580/05, p. 5v–7 Lauda

Anonymous. Vergine dolc'e pia
1599/06, p. 69 Lauda
A SANTA MARIA DEL ROSARIO DI TAIZANO.

Anonymous. Vergine piu del Sol lucent'e bella
1599/06, p. 62 Lauda
A SANTA MARIA DELLA STELLA ET DI BOUON PORTO.

Anonymous. Vergine poverella
1598/04, f. 19v–20 Lauda

Anonymous. Vergine pura e chiara
1598/04, f. 26v–27 Lauda

Anonymous. Vergine santa e bella
1598/04, f. 20v–21 Lauda

Anonymous. Vergine santa gloriosa degna
1563/06, f. 144v–145 Lauda

Anonymous. Vergine se ti calsi di mortal prego
1583/04, f. 10 Lauda

Anonymous. La verginella e simile a la rosa
1591/12, f. 21v Madrigal

Anonymous. Vero amore vol ferma fede
1505/06, f. 27v–28 Frottola

Anonymous. Vidi gia ne la sua corte
1505/03, f. 46v–47 Frottola
SECUNDA PARS.

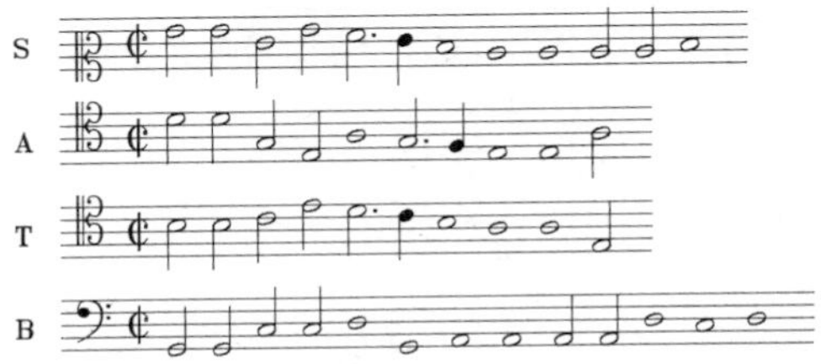

Anonymous. Vidi una verginella che si stava
1588/11, no. 12 Lauda

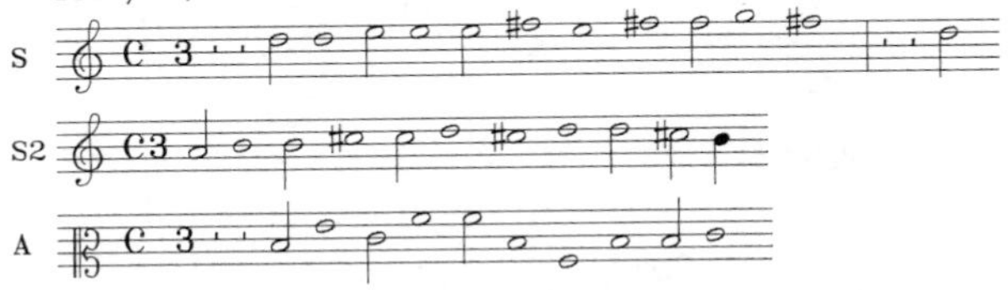

Anonymous. Vilana che sa tu far
1504/03, f. 109v–110 Madrigal
Only text incipit given.

Anonymous. Villanella ch'all'acqua vai
1566/10, p. 5 Canzona

Anonymous. Villanella crudel mi fai morire
1566/05, p. 10 Villota

Anonymous. Villanella gioia mia
1566/09, p. 24 Canzona
Compare G. Nola "Signorella gioia mia" in 1570/27.

Anonymous. Vinto dal gran desio che m'arde
1566/23, p. 13 Madrigal
SECONDA PARTE.

Anonymous. Vita del viver mio e mio thesoro
1562/10, no. 13 Napolitana
Only Cantus partbook extant.

Anonymous. Vita del viver mio se nel tuo core
1588/11, no. 26 Lauda

Anonymous. La vita fugge e non s'arresta
1583/13, p. 19 Madrigal
PRIMA PARTE. (No meter signature in any voice.)

Anonymous. Vita mia bella poi che tanto t'amo
1560/12, p. 11 Villota

Anonymous. Vita mia cara vita saporita
1567/17, p. 27 Villota

Anonymous. Vita non voglio piu eccot'il core
1570/21, p. 17 Villota

Anonymous. Viva in oratione ciaschedun
1563/06, f. 136v–137 Lauda

Anonymous. Viva viva Bacco
1589/08, no. 69 Madrigal

Anonymous. Vivo lieto nel tormento
1505/03, f. 23v–24 Frottola

Anonymous. Vivo o morto io te saraggio
1566/05, p. 2 Villota

Anonymous. Vo gir all'hermo per farmi romito
1563/06, f. 111–112 Lauda

Anonymous. Voglia me vene monacho
1537/05, no. 6 Canzona
Bass partbook missing. (No meter signatures.)

Anonymous. Voglio lodar la mia fortuna sempre
1583/13, p. 5 Madrigal
PRIMA PARTE. (No meter signature in any voice.)

Anonymous. Voi cognosciete
1537/05, no. 14 Canzona
Bass partbook missing. (No meter signatures.)

Anonymous. Voi lo veder ingrata s'io t'adoro
1588/25, no. 21 Madrigal
ALLA SIG. HIPPOLITA FOLLA.

Anonymous. Vorria che tu cantas'una canzone
1555/30, no. 15 Madrigal
Lacks bass. Tenor, 1558/16, not in Leningrad.(See Lejeun)

Anonymous. Vorria madonn'in gabbi'esser
1566/05, p. 18 Villota

Anonymous. Vorria madonna fare a sapere
1567/17, p. 33 Villota

Anonymous. Vorria morire per uscir di guai
1566/05, p. 5 Villota

Anonymous. Vorria saper da voi, figli ribelli
1563/06, f. 107–108 Lauda
Compare Anonymous "Vorria saper..."(Villotta) in 1567/17.

Anonymous. Vorria sto mondo falt'a
1560/13, p. 1 Villota
Listed as a Madrigal in 1557/20.

Anonymous. Vostre Armonie celeste
1538/21, p. 9 Madrigal

PART II

Index to First Lines

Index to First Lines

PART III

Thematic Locator Index

Thematic Locator Index

+2+2+2+2+2+2+2 N. Alberti, *Ape che si soav* 1598/14
+2+2+2+2+2+2+2 Anonymous, *Hay lasso rimenb* 1514/02
+2+2+2+2+2+2+2 Anonymous, *La mi la so la* 1509/02
+2+2+2+2+2+2+2 Anonymous, *Tu m'hai privat* 1505/05
+2+2+2+2+2+2+2 G. Belli, *Vola calda d'Amo* 1592/14
+2+2+2+2+2+2+2 H. Chamatero, *Alza Adige al* 1569/26
+2+2+2+2+2+2+2 H. Chamatero, *Io vo la nott* 1561/13
+2+2+2+2+2+2+2 G. Dragone, *M'ha punto amo* 1588/22
+2+2+2+2+2+2+2 S. Felis, *Cessi pur l'ombr* 1583/15
+2+2+2+2+2+2+2 G. Gallo, *Chi vidd'al mond* 1597/20
+2+2+2+2+2+2+2 J. Gero, *Qual maggior segn* 1541/14
+2+2+2+2+2+2+2 R. Giovanelli, *Io seguo l'o* 1592/14
+2+2+2+2+2+2+2 G. Hassler, *Ardo si ma non* 1597/13
+2+2+2+2+2+2+2 O. Lasso, *Candid'allhor de* 1557/22
+2+2+2+2+2+2+2 G. Locatello, *Se'l core in* 1585/29
+2+2+2+2+2+2+2 J. Lulinus, *Chiare fresche* 1514/02
+2+2+2+2+2+2+2 G. Marinis, *La bella man ch* 1597/20
+2+2+2+2+2+2+2 G. Marinis, *Tra le piu asco* 1596/13
+2+2+2+2+2+2+2 P. Monte, *Correte fiumi a* 1583/14
+2+2+2+2+2+2+2 G. Nanino, *Alma del Redento* 1599/06
+2+2+2+2+2+2+2 B. Pallavicino, *Arsi piansi* 1596/16
+2+2+2+2+2+2+2 B. Pallavicino, *Nebbia non* 1596/16
+2+2+2+2+2+2+2 B. Pallavicino, *Passa la na* 1596/16
+2+2+2+2+2+2+2 B. Pallavicino, *Se voi set* 1596/16
+2+2+2+2+2+2+2 C. Perissone, *In qual part* 1547/14
+2+2+2+2+2+2+2 J. Persoens, *Quivi trahend* 1570/28
+2+2+2+2+2+2+2 M. Pesenti, *S'io son stato* 1504/04
+2+2+2+2+2+2+2 C. Porta, *Erasi al sole il* 1583/12
+2+2+2+2+2+2+2 E. Romano, *De porgi mano al* 1514/02
+2+2+2+2+2+2+2 H. Sabino, *Io duce io caval* 1592/15
+2+2+2+2+2+2+2 F. Sole, *Disse Clori a Mirt* 1598/07
+2+2+2+2+2+2+2 F. Soriano, *Vedo ogni selv* 1589/11
+2+2+2+2+2+2+2 R. Trofeo, *Folgora Cintia* 1592/12
+2+2+2+2+2+2+2 B. Tromboncino, *Che debbio* 1507/03
+2+2+2+2+2+2+2 B. Tromboncino, *Eterno mio* 1508/03
+2+2+2+2+2+2+2 B. Tromboncino, *Pregovi frond* 1507/03
+2+2+2+2+2+2+2 B. Tromboncino, *Quando fia* 1510/
+2+2+2+2+2+2+2 D. Vicentino, *Ridon hor pe* 1558/17
+2+2+2+2+2+2+2 P. Vinci, *Laura serena che* 1564/20
+2+2+2+2+2+2+2 A. Willaert, *No text* 1540/22

+2+2+2+2+2+2-2 Anonymous, *Il ciel natura* 1505/06
+2+2+2+2+2+2-2 Anonymous, *La dolce diva mi* 1505/05
+2+2+2+2+2+2-2 L. Bati, *Da begl'occhi ch'a* 1594/11
+2+2+2+2+2+2-2 J. Berchem, *Pero piu ferm'ogn* 1544/22
+2+2+2+2+2+2-2 H. Borelli, *Questa bella Gu* 1592/12
+2+2+2+2+2+2-2 M. Cancino, *All'hor bench'i* 1590/21
+2+2+2+2+2+2-2 M. Cancino, *Fugite homai pe* 1590/21
+2+2+2+2+2+2-2 H. Chamatero, *Io vo la nott* 1561/13
+2+2+2+2+2+2-2 G. Marinis, *E quella fiori* 1596/13
+2+2+2+2+2+2-2 S. Molinaro, *Ma questo oscuro* 1599/15
+2+2+2+2+2+2-2 J. Persoens, *Quivi trahend* 1570/28
+2+2+2+2+2+2-2 G. Primavera, *Altri ha pros* 1585/31
+2+2+2+2+2+2-2 R. Rodio, *Piacesse al cie* 1587/12
+2+2+2+2+2+2-2 B. Tromboncino, *Hor ivo sco* 1505/06
+2+2+2+2+2+2-2 B. Tromboncino, *Poi ch'io vad* 1507/03
+2+2+2+2+2+2-2 G. Wert, *In qual parte si* 1589/08
+2+2+2+2+2+2-2 A. Willaert, *No text* 1540/22

+2+2+2+2+2+2-3 Anonymous, *Mandati qui d'am* 1546/19
+2+2+2+2+2+2-3 S. Cornetto, *Veramente in* 1581/07
+2+2+2+2+2+2-3 J. Gero, *Le treccie d'or ch* 1561/11
+2+2+2+2+2+2-3 J. Lulinus, *Di tempo in tem* 1514/02
+2+2+2+2+2+2-3 B. Tromboncino, *Merce merc* 1513/01

+2+2+2+2+2+2-4 G. Gostena, *Lucido animalet* 1599/15
+2+2+2+2+2+2-4 L. Marenzio, *Amatemi ben mi* 1591/21
+2+2+2+2+2+2-4 P. Massarenghi, *L'altra Diana* 1592/12

+2+2+2+2+2+2-5 J. Gero, *Le treccie d'or ch* 1561/11
+2+2+2+2+2+2-5 C. Lambardi, *Scioliete pur* 1600/13

+2+2+2+2+2-2+2 Anonymous, *La nocte quando* 1505/05
+2+2+2+2+2-2+2 Anonymous, *Piango el mio fi* 1505/04
+2+2+2+2+2-2+2 H. Chamatero, *Alza Adige al* 1569/26
+2+2+2+2+2-2+2 R. Giovanelli, *Io seguo l'o* 1592/14
+2+2+2+2+2-2+2 Josquin, *La bernardin* 1504/03
+2+2+2+2+2-2+2 B. Pallavicino, *Nebbia non* 1596/16
+2+2+2+2+2-2+2 F. Silvestrino, *O Dio si ved* 1548/11
+2+2+2+2+2-2+2 A. Stabile, *Pur mi concess* 1583/12
+2+2+2+2+2-2+2 B. Tromboncino, *Ave maria* 1508/03

+2+2+2+2+2-2-2 G. Cremona, *Et hor il canto* 1569/19
+2+2+2+2+2-2-2 A. Demophon, *Vogli gli ochi* 1508/03
+2+2+2+2+2-2-2 F. Ana, *Usciro de tanti af* 1507/04
+2+2+2+2+2-2-2 Anonymous, *Amor crudel, ing* 1537/07
+2+2+2+2+2-2-2 Anonymous, *Da poi nocte vie* 1507/04
+2+2+2+2+2-2-2 Anonymous, *Ianni del luort* 1537/05
+2+2+2+2+2-2-2 Anonymous, *La tromba son* 1505/04
+2+2+2+2+2-2-2 Anonymous, *Quasi sempre ava* 1507/03
+2+2+2+2+2-2-2 Anonymous, *Resta in pace di* 1505/03
+2+2+2+2+2-2-2 Anonymous, *Sorgi dal sonno* 1599/06
+2+2+2+2+2-2-2 Anonymous, *Vag'Augelletto* 1599/06
+2+2+2+2+2-2-2 J. Arcadelt, *Viva nel pensi* 1552/21
+2+2+2+2+2-2-2 F. Balabusca, *Ave verum cor* 1508/03
+2+2+2+2+2-2-2 P. Bellasio, *E poich'egli* 1595/07
+2+2+2+2+2-2-2 S. Felis, *S'amor non e ch* 1573/16
+2+2+2+2+2-2-2 A. Gabrieli, *Ut re mi fa so* 1570/17
+2+2+2+2+2-2-2 G. Gastoldi, *Opra la bella* 1592/14
+2+2+2+2+2-2-2 J. Gero, *Amor quando fioriv* 1541/02
+2+2+2+2+2-2-2 J. Gero, *Perch'io piang'ad* 1541/14
+2+2+2+2+2-2-2 J. Gero, *Qual maggior segn* 1541/14
+2+2+2+2+2-2-2 R. Giovanelli, *Io seguo l'o* 1592/14
+2+2+2+2+2-2-2 R. Giovanelli, *Le Ninfe del* 1590/15
+2+2+2+2+2-2-2 R. Giovanelli, *Non e quest* 1598/10
+2+2+2+2+2-2-2 R. Giovanelli, *Ut re mi fa* 1598/08
+2+2+2+2+2-2-2 A. Mantovano, *Consumo la mi* 1513/01
+2+2+2+2+2-2-2 L. Marenzio, *Uscite Ninfe* 1591/23
+2+2+2+2+2-2-2 G. Marinis, *Dovean le migli* 1596/13
+2+2+2+2+2-2-2 A. Martorello, *E quando cre* 1547/17
+2+2+2+2+2-2-2 L. Milanese, *Ameni colli ap* 1507/04
+2+2+2+2+2-2-2 R. Montagnana, *Io piango* 1558/17
+2+2+2+2+2-2-2 P. Monte, *Ecco ch'io veggi* 1591/23
+2+2+2+2+2-2-2 G. Palestrina, *L'alta cagio* 1557/24
+2+2+2+2+2-2-2 B. Pallavicino, *Passa la na* 1596/16
+2+2+2+2+2-2-2 G. Paratico, *Chi d'ogni tem* 1588/25
+2+2+2+2+2-2-2 M. Pesenti, *Spenta m'hai de* 1507/03
+2+2+2+2+2-2-2 T. Pezzo, *Quando il dolor* 1577/08
+2+2+2+2+2-2-2 G. Pizzoni, *Et io che vols* 1582/14
+2+2+2+2+2-2-2 G. Primavera, *Qual nav'in* 1585/31
+2+2+2+2+2-2-2 B. Roi, *Ragion e ben ch'i* 1590/15
+2+2+2+2+2-2-2 P. Santini, *Fa ch'io con pr* 1592/05
+2+2+2+2+2-2-2 A. Senese, *Chi volessi turc* 1515/02
+2+2+2+2+2-2-2 F. Soto, *Hoggi al Ciel va* 1600/05
+2+2+2+2+2-2-2 A. Stringari, *Piu speranza* 1507/04
+2+2+2+2+2-2-2 P. Taglia, *Chi vol veder in* 1600/05
+2+2+2+2+2-2-2 B. Tromboncino, *Ai maroni* 1507/04
+2+2+2+2+2-2-2 P. Vinci, *Fin che signor* 1564/20
+2+2+2+2+2-2-2 G. Wert, *In qual parte si* 1589/08

+2+2+2+2+2-2+3 F. Ana, *Passo passo pian* 1505/05

+2+2+2+2+2-2-3 G. da Nola, *Gran temp'e sta* 1570/27
+2+2+2+2+2-2-3 Anonymous, *Oime che in pian* 1598/04
+2+2+2+2+2-2-3 Anonymous, *Quel ch'io poss* 1505/04
+2+2+2+2+2-2-3 B. Donato, *Viva sempr'in og* 1550/19
+2+2+2+2+2-2-3 G. Dragone, *Un mondo sol* 1590/15
+2+2+2+2+2-2-3 G. Gallo, *Gioite hor mec* 1597/20
+2+2+2+2+2-2-3 D. Grisonio, *Meste e pensos* 1568/16
+2+2+2+2+2-2-3 L. Marenzio, *In quel ben na* 1582/04
+2+2+2+2+2-2-3 P. Masnelli, *Ardo si ma non* 1585/17
+2+2+2+2+2-2-3 G. Moscaglia, *Voi pur vedet* 1585/29
+2+2+2+2+2-2-3 B. Pallavicino, *Con che soa* 1596/16
+2+2+2+2+2-2-3 A. Striggio, *Ecco ch'al bos* 1567/23

+2+2+2+2+2-2+4 M. Cara, *Dela impresa mia* 1509/02
+2+2+2+2+2-2+4 Josquin, *La bernardin* 1504/03
+2+2+2+2+2-2+4 R. Mel, *Se'l pensier che* 1585/26
+2+2+2+2+2-2+4 G. Moscaglia, *Voi pur vedet* 1585/29
+2+2+2+2+2-2+4 E. Romano, *Chiare fresche* 1514/02
+2+2+2+2+2-2+4 A. Stringari, *Chi non sa ch* 1507/04

+2+2+2+2+2-2-5 Anonymous, *Ma di piaga piu* 1595/03
+2+2+2+2+2-2-5 Anonymous, *Tu me lass* 1516/02

+2+2+2+2+2-2-5 M. Cancino, *A le caste fiam* 1590/21
+2+2+2+2+2-2-5 R. Giovanelli, *Io seguo l'o* 1592/14
+2+2+2+2+2-2-5 L. Marenzio, *Cantate Ninfe* 1589/08
+2+2+2+2+2-2-5 L. Marenzio, *Nel piu fiorito* 1589/08
+2+2+2+2+2-2-5 G. Marinis, *Dovean le migli* 1596/13
+2+2+2+2+2-2-5 J. Modena, *No text.* 1540/22
+2+2+2+2+2-2-5 G. Nanino, *Alma del Redento* 1599/06
+2+2+2+2+2-2-5 V. Nerito, *Un ghiaccio un foc* 1597/13
+2+2+2+2+2-2-5 G. Pizzoni, *Poco e signor* 1582/14
+2+2+2+2+2-2-5 R. Rodio, *Dura legge d'amo* 1587/12
+2+2+2+2+2-2-5 B. Roi, *Ragion e ben ch'i* 1590/15
+2+2+2+2+2-2-5 V. Ruffo, *Vergine santa d'o* 1555/31

+2+2+2+2+2-2-8 J. Arcadelt, *Viva nel pensi* 1552/21
+2+2+2+2+2-2-8 G. Porta, *Se me amasti quan* 1504/04

+2+2+2+2+2+3+2 C. Monteverdi, *Ahi dolente* 1597/13
+2+2+2+2+2+3+2 C. Rore, *Calami sonum feren* 1561/15

+2+2+2+2+2+3-2 Don Fiolo, *Il di ne port'i* 1566/10
+2+2+2+2+2+3-2 R. Giovanelli, *Ut re mi fa* 1598/08

+2+2+2+2+2-3+2 Anonymous, *Se mai fo tuo* 1505/06
+2+2+2+2+2-3+2 P. Bellasio, *Nell'arena can* 1578/21
+2+2+2+2+2-3+2 M. Cara, *Se per chieder mer* 1507/04
+2+2+2+2+2-3+2 Domi, *Se per seguire el* 1515/02
+2+2+2+2+2-3+2 C. Lambardi, *Scioliete pur* 1600/13
+2+2+2+2+2-3+2 B. Lupacchino, *No text* 1591/19
+2+2+2+2+2-3+2 G. Paratico, *Se nel partir* 1588/25
+2+2+2+2+2-3+2 M. Pesenti, *Alma gentil se* 1521/06
+2+2+2+2+2-3+2 R. Rodio, *Dura legge d'amo* 1587/12
+2+2+2+2+2-3+2 C. Rore, *Calami sonum feren* 1561/15

+2+2+2+2+2-3-2 Anonymous, *Ma di piaga piu* 1595/03
+2+2+2+2+2-3-2 Anonymous, *Vergine piu del* 1599/06
+2+2+2+2+2-3-2 A. Crivelli, *Qual chi di gr* 1599/06
+2+2+2+2+2-3-2 A. Gabrieli, *Cando pinso* 1564/16
+2+2+2+2+2-3-2 G. Gallo, *Liquide perl'orie* 1597/20
+2+2+2+2+2-3-2 R. Giovanelli, *Io seguo l'o* 1592/14

+2+2+2+2+2-3+3 Anonymous, *Ch'il Paradiso* 1563/06
+2+2+2+2+2-3+3 G. Fogliano, *Chi vol canta* 1547/16
+2+2+2+2+2-3+3 G. Paratico, *Se nel partir* 1588/25

+2+2+2+2+2-3-3 Anonymous, *Vedo ben ch'io* 1505/03
+2+2+2+2+2-3-3 A. Antiqui, *A ti sola ho da* 1505/06
+2+2+2+2+2-3-3 G. Marinis, *Hor che l'honor* 1596/13
+2+2+2+2+2-3-3 B. Pallavicino, *Passa la na* 1596/16

+2+2+2+2+2-3+4 P. Bellasio, *Quant'in me cr* 1578/21
+2+2+2+2+2-3+4 F. Corteccia, *Donna quel fe* 1539/24
+2+2+2+2+2-3+4 F. Manara, *Il fiero passo* 1548/08
+2+2+2+2+2-3+4 P. Nenna, *Vanne Canzon ch'i* 1582/12
+2+2+2+2+2-3+4 C. Rore, *Calami sonum feren* 1561/15

+2+2+2+2+2-3+5 P. Verdelot, *Ditemi o diva* 1546/19

+2+2+2+2+2+4-2 G. Dragone, *Un mondo sol* 1590/15
+2+2+2+2+2+4-2 A. Gabrieli, *Ut re mi fa so* 1570/17

+2+2+2+2+2-4+2 S. Cornetto, *Che non segu'i* 1581/07
+2+2+2+2+2-4+2 Don Fiolo, *Il di ne port'i* 1566/10
+2+2+2+2+2-4+2 S. Molinaro, *Ma questo oscuro* 1599/15
+2+2+2+2+2-4+2 P. Nenna, *Vanne Canzon ch'i* 1582/12

+2+2+2+2+2-4+4 O. Lasso, *Di pensier in pensie* 1579/02
+2+2+2+2+2-4+4 H. Sabino, *Et secca o gran* 1594/08

+2+2+2+2+2-5+2 C. Veggio, *Madonna il mio* 1544/22

+2+2+2+2+2-5+3 R. Montagnana, *Son quest'i* 1558/17

+2+2+2+2+2-5-3 J. Martin, *Venecioza* 1504/03

+2+2+2+2+2-5+8 G. Turnhout, *Vorria parlar* 1594/07

+2+2+2+2+2-7+2 L. Marenzio, *Chi strinse ma* 1589/08

+2+2+2+2-2+2+2 Anonymous, *Tu me voi crude* 1505/03
+2+2+2+2-2+2+2 Anonymous, *Vero amore vol* 1505/06
+2+2+2+2-2+2+2 G. Brocco, *Oyme che io sent* 1505/04
+2+2+2+2-2+2+2 G. Florio, *Donna che quasi* 1566/03

+2+2+2+2-2+2-2 Anonymous, *Esclare ci da ma* 1583/04
+2+2+2+2-2+2-2 Anonymous, *Lassa hormai tan* 1510/
+2+2+2+2-2+2-2 G. Brocco, *La mia fe non ve* 1505/04
+2+2+2+2-2+2-2 M. Cara, *Forsi chi ode no* 1505/04
+2+2+2+2-2+2-2 M. Cara, *Mal un muta per ef* 1507/03
+2+2+2+2-2+2-2 M. Cara, *Per fuggir d'amor* 1516/02
+2+2+2+2-2+2-2 F. Corteccia, *Donna quel fe* 1539/24
+2+2+2+2-2+2-2 J. Gero, *Felice l'alma che* 1549/31
+2+2+2+2-2+2-2 G. Lombardo, *Son le ris'avi* 1598/08
+2+2+2+2-2+2-2 C. Todino, *Se'l ciel non dess'* 1566/09

+2+2+2+2-2+2-3 Anonymous, *Poi che ho prova* 1505/04
+2+2+2+2-2+2-3 M. Cancino, *A Dio Filli mi* 1590/21
+2+2+2+2-2+2-3 Carpentras, *Nova belleza* 1513/01
+2+2+2+2-2+2-3 G. Fogliano, *Segue cuor e* 1507/03
+2+2+2+2-2+2-3 G. Foglia, *Segue cuor e no* 1507/03
+2+2+2+2-2+2-3 M. Pesenti, *Non e pensier che* 1507/04

+2+2+2+2-2+2-4 L. Milanese, *Vinto da passion* 1517/02
+2+2+2+2-2+2-4 C. Perissone, *I pensier so* 1548/09

+2+2+2+2-2+2-5 Anonymous, *Amor che rider* 1595/03
+2+2+2+2-2+2-5 A. Coma, *Dormian Damon e Do* 1585/22
+2+2+2+2-2+2-5 J. Modena, *No text.* 1540/22
+2+2+2+2-2+2-5 F. Portinaro, *Occhi miei ch* 1563/13

+2+2+2+2-2+2-8 N. Brocco, *Se ben fatto* 1517/02

+2+2+2+2-2-2+2 Anonymous, *Come me querr* 1516/02
+2+2+2+2-2-2+2 Anonymous, *L'immensa luc'e* 1598/04
+2+2+2+2-2-2+2 Anonymous, *Occhi mei al pia* 1505/03
+2+2+2+2-2-2+2 Anonymous, *Porta ognum al* 1509/02
+2+2+2+2-2-2+2 Anonymous, *Quando rimiro'l* 1599/06
+2+2+2+2-2-2+2 G. Antiquis, *Tutto lo male* 1574/05
+2+2+2+2-2-2+2 M. Cara, *Dela impresa mia* 1509/02
+2+2+2+2-2-2+2 M. Cara, *Tante volte si si* 1514/02
+2+2+2+2-2-2+2 G. Dragone, *Meraviglia non* 1588/22
+2+2+2+2-2-2+2 L. Marenzio, *Cosi moriro* 1583/14
+2+2+2+2-2-2+2 A. Orologio, *Lieto Febo da* 1597/14
+2+2+2+2-2-2+2 A. Pevernage, *Ardo donna pe* 1593/04
+2+2+2+2-2-2+2 F. Portinaro, *Come a raggi* 1563/13
+2+2+2+2-2-2+2 A. Striggio, *Hor che le ste* 1592/12
+2+2+2+2-2-2+2 C. Verdonck, *Tirsi son io* 1594/07

+2+2+2+2-2-2-2 F. Luprano, *Io ti lasso* 1505/06
+2+2+2+2-2-2-2 G. Aichinger, *Occhi quella* 1597/13
+2+2+2+2-2-2-2 N. Alberti, *Ape che si soav* 1598/14
+2+2+2+2-2-2-2 F. Ana, *Amor con le tue fa* 1505/05
+2+2+2+2-2-2-2 F. Anerio, *Fuggi Filli mia* 1598/08
+2+2+2+2-2-2-2 Anonymous, *Deh dolce Redent* 1563/06
+2+2+2+2-2-2-2 Anonymous, *Hay lasso rimenb* 1514/02
+2+2+2+2-2-2-2 Anonymous, *L'immensa luc'e* 1598/04
+2+2+2+2-2-2-2 Anonymous, *O biancolella co* 1560/13
+2+2+2+2-2-2-2 Anonymous, *Quando rimiro'l* 1599/06
+2+2+2+2-2-2-2 Anonymous, *Se pensand'al pa* 1560/13
+2+2+2+2-2-2-2 G. Arpa, *Gran pena sente l'* 1566/09
+2+2+2+2-2-2-2 I. Baccusi, *Felice in bracc* 1594/08
+2+2+2+2-2-2-2 P. Bellasio, *Nell'arena can* 1578/21
+2+2+2+2-2-2-2 G. Califano, *Fuggi'l sereno* 1584/07
+2+2+2+2-2-2-2 A. Capriolo, *E d'un bel matin* 1514/02
+2+2+2+2-2-2-2 M. Cara, *Ala absentia che* 1505/06
+2+2+2+2-2-2-2 M. Cara, *Amero non amer* 1514/02
+2+2+2+2-2-2-2 M. Cara, *Dela impresa mia* 1509/02
+2+2+2+2-2-2-2 M. Cara, *Ogni ben fa la for* 1505/04
+2+2+2+2-2-2-2 M. Cara, *Rocta e l'aspra mi* 1505/06
+2+2+2+2-2-2-2 M. Carrara, *Se la mia bell* 1598/10
+2+2+2+2-2-2-2 S. Cornetto, *Che non segu'i* 1581/07
+2+2+2+2-2-2-2 Domi, *Se per seguire el* 1515/02
+2+2+2+2-2-2-2 G. Dragone, *M'ha punto amo* 1588/22
+2+2+2+2-2-2-2 R. Giovanelli, *Spargan Flora* 1583/10
+2+2+2+2-2-2-2 D. Grisonio, *Unde straluso* 1564/16
+2+2+2+2-2-2-2 F. Luprano, *Io ti lasso don* 1505/06
+2+2+2+2-2-2-2 L. Marenzio, *Giunt'a un be* 1591/21
+2+2+2+2-2-2-2 L. Marenzio, *Spiri dolce Fa* 1591/21
+2+2+2+2-2-2-2 E. Marotta, *Non son ris'avi* 1598/08
+2+2+2+2-2-2-2 T. Massaino, *Amorosetti Augel* 1595/07
+2+2+2+2-2-2-2 M. Mazzone, *Sdegnat'un gior* 1570/18

+2+2+2+2-2-2-2 A. Mogavero, *Diva fiamma de* 1598/06
+2+2+2+2-2-2-2 P. Monte, *Tirsi morir vole* 1589/08
+2+2+2+2-2-2-2 P. Monte, *Verde Lauro e'l* 1583/10
+2+2+2+2-2-2-2 G. Moro, *Alma gentil, splen* 1585/28
+2+2+2+2-2-2-2 A. Morsolino, *Come fenice* 1594/15
+2+2+2+2-2-2-2 G. Nanino, *Alma del Redento* 1599/06
+2+2+2+2-2-2-2 B. Pallavicino, *Arsi piansi* 1596/16
+2+2+2+2-2-2-2 C. Perissone, *I pensier so* 1548/09
+2+2+2+2-2-2-2 A. Pevernage, *Ardo donna pe* 1593/04
+2+2+2+2-2-2-2 A. Pitigliano, *Vergine bella* 1600/05
+2+2+2+2-2-2-2 G. Pizzoni, *Poco e signor* 1582/14
+2+2+2+2-2-2-2 F. Portinaro, *Ne si vagh'o* 1563/13
+2+2+2+2-2-2-2 G. Primavera, *Non per ch'i* 1585/31
+2+2+2+2-2-2-2 P. Quagliati, *Perche non mi* 1585/07
+2+2+2+2-2-2-2 P. Quagliati, *Perche non* 1585/07
+2+2+2+2-2-2-2 F. Roussel, *Sperand'al fin* 1562/22
+2+2+2+2-2-2-2 A. Striggio, *Spargete Arab* 1586/07
+2+2+2+2-2-2-2 G. Tasso, *No text.* 1591/19
+2+2+2+2-2-2-2 G. Torelli, *Ladro amator so* 1594/16
+2+2+2+2-2-2-2 B. Tromboncino, *Tema chi te* 1517/02
+2+2+2+2-2-2-2 P. Vergelli, *Pauolo come'l* 1564/16
+2+2+2+2-2-2-2 H. Waelrant, *Quanto debb'al* 1594/08

+2+2+2+2-2-2+3 Anonymous, *Passa la nave mi* 1577/08

+2+2+2+2-2-2-3 N. Alberti, *Ape che si soav* 1598/14
+2+2+2+2-2-2-3 Anonymous, *Quand'io v'odo* 1554/28
+2+2+2+2-2-2-3 J. Arcadelt, *Se contra vost* 1539/24
+2+2+2+2-2-2-3 R. Giovanelli, *Son le ris'a* 1598/08
+2+2+2+2-2-2-3 F. Portinaro, *Come a raggi* 1563/13

+2+2+2+2-2-2+4 P. Cesena, *O dolce diva mi* 1505/03

+2+2+2+2-2-2-4 B. Roi, *Verdi piaggie fior* 1583/10

+2+2+2+2-2-2-8 B. Tromboncino, *Io son quel* 1505/06

+2+2+2+2-2+3+2 G. Arpa, *La persona che va* 1570/18

+2+2+2+2-2+3-2 Anonymous, *Questi tuoi bion* 1594/15
+2+2+2+2-2+3-2 H. Chamatero, *Io vo la nott* 1561/13
+2+2+2+2-2+3-2 G. Guami, *Volzeve cha Puet* 1564/16
+2+2+2+2-2+3-2 R. Montagnana, *A Voi rivolg* 1558/17
+2+2+2+2-2+3-2 G. Nanino, *Ond'io da sdegn'* 1586/18
+2+2+2+2-2+3-2 M. Troiano, *Su per l'onde* 1569/19
+2+2+2+2-2+3-2 G. Verona, *Ampia viva forna* 1563/07

+2+2+2+2-2-3+2 G. Ancina, *Stendi al popol* 1599/06
+2+2+2+2-2-3+2 Anonymous, *Sola se ne va pi* 1598/04
+2+2+2+2-2-3+2 D. Benedicti, *Lasso me ch'i* 1584/07
+2+2+2+2-2-3+2 G. Benedicti, *Lasso me ch'i* 1584/07
+2+2+2+2-2-3+2 G. Caimo, *Date la vel'al ve* 1586/19
+2+2+2+2-2-3+2 H. Chamatero, *Non vedi amo* 1561/13

+2+2+2+2-2-3-3 B. Tromboncino, *Debb'io spe* 1513/01

+2+2+2+2-2-3+4 P. Bellasio, *Nell'arena can* 1578/21
+2+2+2+2-2-3+4 A. Morsolino, *Come fenice* 1594/15

+2+2+2+2-2-3+5 O. Lasso, *Candid'allhor de* 1557/22

+2+2+2+2-2+4+2 A. Coma, *Sperando haver la* 1585/22

+2+2+2+2-2+4-2 Anonymous, *Trinc e got e ma* 1566/05
+2+2+2+2-2+4-2 S. Cornetto, *Che non segu'i* 1581/07
+2+2+2+2-2+4-2 L. Marenzio, *Rivi fontane* 1589/07
+2+2+2+2-2+4-2 F. Roussel, *Sperand'al fin* 1562/22

+2+2+2+2-2-4+2 M. Cara, *Ave victorioso e* 1508/03

+2+2+2+2-2-4-2 G. Caimo, *Gioia mia dolc'e* 1586/19
+2+2+2+2-2-4-2 G. Moro, *Alma gentil, splen* 1585/28

+2+2+2+2-2-4+5 Anonymous, *Se'l pensier ch* 1583/13

+2+2+2+2-2-4-5 Anonymous, *Madonna egli'e* 1537/07

+2+2+2+2-2-4+8 Anonymous, *Madonna io sol* 1537/07

+2+2+2+2-2+5-2 F. Portinaro, *Ne si vagh'o* 1563/13

+2+2+2+2-2-5+2 D. Grisonio, *Ma tu la cui* 1568/16
+2+2+2+2-2-5+2 O. Lasso, *Chi nol sa di ch'* 1589/06

+2+2+2+2-2-5+4 O. Lasso, *E con l'andar* 1577/07

+2+2+2+2-2-5+5 S. d'Aranda, *Io mi son gio* 1571/12

+2+2+2+2+3+2+2 G. Ardesi, *Mentre il ciel* 1597/19

+2+2+2+2+3-2+2 G. da Nola, *Credo che'l par* 1566/09
+2+2+2+2+3-2+2 G. Arpa, *La persona che va* 1570/18

+2+2+2+2+3-2-2 G. da Nola, *Credo che'l par* 1566/09
+2+2+2+2+3-2-2 S. Felis, *Deh piangete alme* 1585/23
+2+2+2+2+3-2-2 G. Gastoldi, *Opra la bella* 1592/14
+2+2+2+2+3-2-2 G. Nanino, *Ond'io da sdegn'* 1586/18
+2+2+2+2+3-2-2 P. Vinci, *Fuggi'l sereno e'* 1564/20

+2+2+2+2+3-3-2 O. Lasso, *Ove d'altra monta* 1567/16

+2+2+2+2+3-3-3 F. Viola, *Felice chi dispen* 1548/08

+2+2+2+2+3-4+3 C. Perissone, *O perverso d'* 1547/14

+2+2+2+2-3+2+2 F. Anerio, *Fiamme che da begl* 1589/11
+2+2+2+2-3+2+2 Anonymous, *Laudata sempre* 1563/06
+2+2+2+2-3+2+2 Anonymous, *Scopri lingua* 1507/04
+2+2+2+2-3+2+2 A. Antiqui, *Quel che'l cie* 1507/03
+2+2+2+2-3+2+2 I. Baccusi, *Il sol si part'* 1594/08
+2+2+2+2-3+2+2 G. Califano, *L'aer gravat'e* 1584/07
+2+2+2+2-3+2+2 M. Cara, *Ogni ben fa la for* 1505/04
+2+2+2+2-3+2+2 G. Fogliano, *Occhi suavi* 1515/02
+2+2+2+2-3+2+2 G. Foglia, *Occhi suavi e ch* 1515/02
+2+2+2+2-3+2+2 G. Gallo, *Chi vidd'al mond* 1597/20
+2+2+2+2-3+2+2 M. Iacovelli, *Contava sospira* 1588/23
+2+2+2+2-3+2+2 G. Macque, *La mia leggiadra* 1582/04
+2+2+2+2-3+2+2 L. Marenzio, *Come fuggir pe* 1591/21
+2+2+2+2-3+2+2 L. Marenzio, *Vivro dunque* 1591/21
+2+2+2+2-3+2+2 S. Molinaro, *Porgetemi la* 1599/15
+2+2+2+2-3+2+2 C. Porta, *O Cchyrazza glicc* 1564/16
+2+2+2+2-3+2+2 H. Sabino, *Cingetemi le tem* 1592/15
+2+2+2+2-3+2+2 A. Stabile, *S'ondeggian spa* 1585/32
+2+2+2+2-3+2+2 A. Stringari, *Nui siamo seg* 1507/04
+2+2+2+2-3+2+2 O. Vecchi, *Ahi se si grida* 1583/12

+2+2+2+2-3+2-2 F. Luprano, *Ha bella e* 1507/03
+2+2+2+2-3+2-2 Anonymous, *Pan de miglio ca* 1506/03
+2+2+2+2-3+2-2 Anonymous, *Pues que iama* 1516/02
+2+2+2+2-3+2-2 F. Balabusca, *Ave verum cor* 1508/03
+2+2+2+2-3+2-2 P. Bellasio, *Donna gentil* 1578/21
+2+2+2+2-3+2-2 S. Cornetto, *Ite caldi sosp* 1581/07
+2+2+2+2-3+2-2 M. Hermann, *Cantar voglio* 1552/23
+2+2+2+2-3+2-2 F. Luprano, *Ha bella e fres* 1507/03
+2+2+2+2-3+2-2 P. Monte, *Piangi mi dic'ho* 1568/12
+2+2+2+2-3+2-2 J. Persoens, *Per lieti prat* 1570/28
+2+2+2+2-3+2-2 V. Ruffo, *Dico il bel viso* 1557/25
+2+2+2+2-3+2-2 A. Savioli, *Ardemmo insieme* 1600/16

+2+2+2+2-3+2+3 O. Lasso, *Candid'allhor de* 1557/22
+2+2+2+2-3+2+3 G. Macque, *La mia leggiadra* 1582/04
+2+2+2+2-3+2+3 A. Padovano, *No ved hoggi* 1589/10
+2+2+2+2-3+2+3 B. Tromboncino, *Suspir io* 1505/06

+2+2+2+2-3+2-3 Anonymous, *Sancta Maria, or* 1563/06
+2+2+2+2-3+2-3 B. Donato, *Questo si ch'e* 1570/15
+2+2+2+2-3+2-3 G. Macque, *La mia leggiadra* 1582/04
+2+2+2+2-3+2-3 H. Sabino, *Cingetemi le tem* 1592/15
+2+2+2+2-3+2-3 A. Striggio, *Hor che le ste* 1592/12
+2+2+2+2-3+2-3 G. Tasso, *No text.* 1591/19

+2+2+2+2-3+2-4 B. Donato, *Questo si ch'e* 1570/15
+2+2+2+2-3+2-4 E. Dupre, *Finira giamai mi* 1509/02
+2+2+2+2-3+2-4 R. Montagnana, *A qualunque* 1558/17
+2+2+2+2-3+2-4 D. Vicentino, *Ridon hor pe* 1558/17

+2+2+2+2-3-2+2 A. Barges, *Passan madonna com* 1550/18
+2+2+2+2-3-2+2 M. Cara, *Forsi che si fors* 1505/04
+2+2+2+2-3-2+2 S. Cornetto, *Ite caldi sosp* 1581/07
+2+2+2+2-3-2+2 L. Marenzio, *Cosi moriro* 1583/14
+2+2+2+2-3-2+2 B. Tromboncino, *Debb'io chi* 1505/04

+2+2+2+2-3-2-2 Anonymous, *Giu per la mala* 1580/06
+2+2+2+2-3-2-2 Anonymous, *Taci lingua el* 1506/03
+2+2+2+2-3-2-2 Cariteo, *Amando e desiando* 1509/02
+2+2+2+2-3-2-2 E. Dupre, *Che si fa cosi mi* 1509/02
+2+2+2+2-3-2-2 G. Gallo, *Gioite hor mec* 1597/20
+2+2+2+2-3-2-2 S. Gonzaga, *Tosto ch'in do* 1562/15
+2+2+2+2-3-2-2 G. Gostena, *Dopo che quest* 1589/13
+2+2+2+2-3-2-2 G. Macque, *Non al suo amant* 1583/15
+2+2+2+2-3-2-2 A. Mantovano, *Donna per vo* 1513/01
+2+2+2+2-3-2-2 L. Marenzio, *Uscite Ninfe* 1591/23
+2+2+2+2-3-2-2 Mattee, *Poi che crudel amm* 1566/10
+2+2+2+2-3-2-2 R. Mel, *Amarillida mia de* 1585/26
+2+2+2+2-3-2-2 B. Pallavicino, *Se voi set* 1596/16
+2+2+2+2-3-2-2 N. Parma, *La bella Cacciatr* 1592/12
+2+2+2+2-3-2-2 G. Pellio, *Dal bel nero* 1585/29
+2+2+2+2-3-2-2 G. Pizzoni, *Et io che vols* 1582/14
+2+2+2+2-3-2-2 F. Sole, *Disse Clori a Mirt* 1598/07
+2+2+2+2-3-2-2 A. Stabile, *Quand'io son tu* 1587/10

+2+2+2+2-3-2+3 Anonymous, *Gli ardenti mie* 1599/06
+2+2+2+2-3-2+3 P. Clerico, *Qual focoso des* 1562/15
+2+2+2+2-3-2+3 P. Parma, *Qual focoso desi* 1562/15
+2+2+2+2-3-2+3 C. Perissone, *Sapete amant* 1547/14
+2+2+2+2-3-2+3 M. Pesenti, *Una leggiadra* 1504/04
+2+2+2+2-3-2+3 F. Roccia, *Da gli aspri tuo* 1599/06

+2+2+2+2-3-2-3 G. Nanino, *E l'imagini lor* 1586/18

+2+2+2+2-3-2+4 P. Clerico, *Qual focoso des* 1562/15
+2+2+2+2-3-2+4 P. Nenna, *Iten'o miei sospi* 1582/12
+2+2+2+2-3-2+4 N. Parma, *La bella Cacciatr* 1592/12
+2+2+2+2-3-2+4 P. Parma, *Qual focoso desi* 1562/15
+2+2+2+2-3-2+4 G. Pellio, *Dal bel nero* 1585/29

+2+2+2+2-3-2+5 A. Antiqui, *La insuportabi* 1509/02

+2+2+2+2-3-2-5 G. Croce, *La bella Ninfa su* 1594/07

+2+2+2+2-3-2+8 G. Marinis, *Zafir, rubini* 1596/13

+2+2+2+2-3+3+2 F. Anerio, *Fiamme che da begl* 1589/11
+2+2+2+2-3+3+2 R. Vecoli, *O miracol gentil* 1577/10

+2+2+2+2-3+3-2 G. Arpa, *Giva cogliendo fio* 1570/18
+2+2+2+2-3+3-2 F. Gherardini, *Voi che i se* 1585/24
+2+2+2+2-3+3-2 L. Marenzio, *Nel piu fiorito* 1589/08

+2+2+2+2-3+3-3 Anonymous, *Tre leggiadre Ni* 1566/05
+2+2+2+2-3+3-3 P. Scotto, *O fallace speran* 1507/04

+2+2+2+2-3-3+2 Anonymous, *Sorgi dal sonno* 1599/06
+2+2+2+2-3-3+2 Anonymous, *Stavasi in port* 1506/03
+2+2+2+2-3-3+2 A. Fontanelli, *Com'esser pu* 1592/14
+2+2+2+2-3-3+2 F. Gherardini, *O bei occhi* 1585/24
+2+2+2+2-3-3+2 G. Pizzoni, *Ma se per sort* 1582/14
+2+2+2+2-3-3+2 A. Stabile, *Chiari cristall* 1587/10

+2+2+2+2-3-3-2 S. Cornetto, *Ite caldi sosp* 1581/07

+2+2+2+2-3-3+3 Anonymous, *Piu volte fra* 1505/03

+2+2+2+2-3-3+4 Anonymous, *Ben ch'io serva* 1505/04
+2+2+2+2-3-3+4 O. Lasso, *Candid'allhor de* 1557/22
+2+2+2+2-3-3+4 P. Masnelli, *Ardo si ma non* 1585/17

+2+2+2+2-3+4-2 Anonymous, *Aime sospiri no* 1506/03
+2+2+2+2-3+4-2 M. Cancino, *Era ne la stagi* 1590/21
+2+2+2+2-3+4-2 P. Clerico, *Qual focoso des* 1562/15
+2+2+2+2-3+4-2 G. Dragone, *Perche m'afflig* 1588/22
+2+2+2+2-3+4-2 Fra Ruffin, *Hayme amor hat* 1521/06
+2+2+2+2-3+4-2 A. Gabrieli, *Ut re mi fa so* 1570/17
+2+2+2+2-3+4-2 G. Gostena, *Su pastori tess* 1589/13
+2+2+2+2-3+4-2 C. Merulo, *S'al vostro mal* 1562/06
+2+2+2+2-3+4-2 G. Primavera, *L'alba risona* 1565/17
+2+2+2+2-3+4-2 H. Parabosco, *No text* 1540/22
+2+2+2+2-3+4-2 P. Parma, *Qual focoso desi* 1562/15

+2+2+2+2-3+4-5 B. Tromboncino, *Hor ivo sco* 1505/06

+2+2+2+2-3-4+2 G. Ancina, *Stendi al popol* 1599/06

+2+2+2+2-3-5+4 M. Cancino, *A le caste fiam* 1590/21

+2+2+2+2+4+2-3 O. Vecchi, *Ahi se si grida* 1583/12

+2+2+2+2+4-2+2 R. Mel, *Sovra le verdi chi* 1597/13
+2+2+2+2+4-2+2 P. Nenna, *Iten'o miei sospi* 1582/12
+2+2+2+2+4-2+2 J. Persoens, *Gioia m'abbond* 1570/28
+2+2+2+2+4-2+2 C. Veggio, *Cornelia mia, s'* 1540/19
+2+2+2+2+4-2+2 G. Wert, *Ninfe leggiadre* 1583/10

+2+2+2+2+4-2-2 G. Ancina, *Stendi al popol* 1599/06
+2+2+2+2+4-2-2 G. Croce, *La bella Ninfa su* 1594/07
+2+2+2+2+4-2-2 G. Dragone, *M'ha punto amo* 1588/22

+2+2+2+2+4-2+4 G. Moro, *Alma gentil, splen* 1585/28

+2+2+2+2+4-3+2 G. Mosto, *E viver e morir* 1589/10

+2+2+2+2+4-3-2 Anonymous, *Sola se ne va pi* 1598/04

+2+2+2+2-4+2+2 G. Caimo, *Date la vel'al ve* 1586/19
+2+2+2+2-4+2+2 S. Felis, *Cosi dolce mio ma* 1579/05
+2+2+2+2-4+2+2 G. Gostena, *Dopo che quest* 1589/13
+2+2+2+2-4+2+2 F. Gregorii, *Non fuggir de* 1598/10
+2+2+2+2-4+2+2 B. Lupacchino, *No text* 1591/19
+2+2+2+2-4+2+2 L. Marenzio, *Gia torna a ra* 1589/08
+2+2+2+2-4+2+2 G. Nanino, *E l'imagini lor* 1586/18
+2+2+2+2-4+2+2 A. Perugino, *Fuggi pur fugg* 1570/19
+2+2+2+2-4+2+2 H. Sabino, *Fioriti colli he* 1588/27
+2+2+2+2-4+2+2 B. Tromboncino, *Questo mond* 1509/02
+2+2+2+2-4+2+2 P. Vinci, *Fuggi'l sereno e'* ˉ564/20

+2+2+2+2-4+2-2 L. Marenzio, *In quel ben na* 1582/04

+2+2+2+2-4+2-3 G. Scotto, *Mamma mia cara* 1571/11
+2+2+2+2-4+2-3 L. Viadana, *Mentre vago Aug* 1598/07
+2+2+2+2-4+2-3 D. Vicentino, *Ridon hor pe* 1558/17

+2+2+2+2-4-2-2 G. Trombetti, *Sorgi mia bella* 1586/21

+2+2+2+2-4+3+2 L. Lechner, *Ardo si ma non* 1585/17

+2+2+2+2-4+3-2 Anonymous, *Ma di piaga piu* 1595/03
+2+2+2+2-4+3-2 H. Chamatero, *Laura gentil* 1569/26
+2+2+2+2-4+3-2 L. Lechner, *Ardo si ma non* 1585/17
+2+2+2+2-4+3-2 A. Striggio, *Spargete Arab* 1586/07
+2+2+2+2-4+3-2 P. Vinci, *Fuggi'l sereno e'* 1564/20

+2+2+2+2-4+3-4 H. Sabino, *Ardo si ma non* 1588/27

+2+2+2+2-4+3-8 L. Bertani, *Ardo si ma non* 1585/17

+2+2+2+2-4-3+2 G. Moro, *Alma gentil, splen* 1585/28

+2+2+2+2-4+4+2 H. Chamatero, *Io vo la nott* 1561/13

+2+2+2+2-4+4-2 G. Belli, *Vola calda d'Amo* 1592/14
+2+2+2+2-4+4-2 G. Caimo, *Gioia mia dolc'e* 1586/19
+2+2+2+2-4+4-2 L. Marenzio, *Nel piu fiorito* 1589/08
+2+2+2+2-4+4-2 G. Trombetti, *Sorgi mia bella* 1586/21
+2+2+2+2-4+4-2 D. Vicentino, *Ridon hor pe* 1558/17

+2+2+2+2-4+4-5 Anonymous, *Ben ch'io serva* 1505/04

+2+2+2+2-4-4+2 Anonymous, *Io piango & ell* 1595/03

+2+2+2+2-4-4+3 A. Striggio, *Spargete Arab* 1586/07

+2+2+2+2-4+5-2 F. Gherardini, *Deh d'io v'amo* 1585/24
+2+2+2+2-4+5-2 G. Trombetti, *Sorgi mia bella* 1586/21
+2+2+2+2-4+5-2 P. Vinci, *Fuggi'l sereno e'* 1564/20

+2+2+2+2-4+5-3 L. Marenzio, *Dice la mia be* 1597/13

+2+2+2+2-4+5-5 G. da Nola, *Credo che'l par* 1566/09

+2+2+2+2-4-5+6 P. Monte, *Il gran Fattor ch* 1591/23
+2+2+2+2-4-5+6 A. Stabile, *S'ondeggian spa* 1585/32

+2+2+2+2-4+8-2 G. Califano, *Fuggi'l sereno* 1584/07

+2+2+2-5+2+2 S. d'Aranda, *Et io da che* 1571/12
+2+2+2-5+2+2 Anonymous, *Haime che grave* 1505/04
+2+2+2-5+2+2 Anonymous, *Tu me voi crude* 1505/03
+2+2+2-5+2+2 A. Antiqui, *Questa amara as* 1505/06
+2+2+2-5+2+2 G. Belli, *Vola calda d'Amo* 1592/14
+2+2+2-5+2+2 N. Brocco, *Per servirte per* 1507/04
+2+2+2-5+2+2 M. Cancino, *Cresce la fiamma* 1590/21
+2+2+2-5+2+2 O. Colombano, *Fatto il mesto* 1588/18
+2+2+2-5+2+2 A. Coma, *Ma non han esc* 1585/22
+2+2+2-5+2+2 S. Felis, *Tu la ritorni a* 1593/05
+2+2+2-5+2+2 F. Gregorii, *Non fuggir de* 1598/10
+2+2+2-5+2+2 D. Isorelli, *Hor non sapev* 1599/06
+2+2+2-5+2+2 O. Lasso, *Del freddo Rheno* 1588/24
+2+2+2-5+2+2 B. Lupacchino, *No text* 1591/19
+2+2+2-5+2+2 G. Marinis, *Cantan fra i ra* 1596/13
+2+2+2-5+2+2 G. Massarengo, *Gia l'hora* 1591/22
+2+2+2-5+2+2 G. Moro, *Corri, corri ben* 1585/28
+2+2+2-5+2+2 P. Nenna, *Tu la ritorni a* 1582/12
+2+2+2-5+2+2 J. Persoens, *Gioia m'abbond* 1570/28
+2+2+2-5+2+2 B. Tromboncino, *Se mi e grav* 1504/04
+2+2+2-5+2+2 G. Turnhout, *Vorria parlar* 1594/07

+2+2+2-5+2-2 Anonymous, *Tu me voi crude* 1505/03
+2+2+2-5+2-2 Anonymous, *Vale iniqua e de* 1506/03
+2+2+2-5+2-2 A. Antiqui, *Questa amara as* 1505/06
+2+2+2-5+2-2 J. Arcadelt, *Se contra vost* 1539/24
+2+2+2-5+2-2 G. Mosto, *Io mi son giovine* 1579/02
+2+2+2-5+2-2 G. Wert, *Ninfe leggiadre* 1583/10

+2+2+2-5+2+3 Anonymous, *Fieri lacci e ca* 1598/04
+2+2+2-5+2+3 Anonymous, *Loremos alma lor* 1516/02

+2+2+2-5-2+2 M. Cara, *Ahime lasso ahime* 1505/06
+2+2+2-5-2+2 A. Stabile, *Il ciel fermoss* 1587/10
+2+2+2-5-2+2 G. Torelli, *Gratia virtu be* 1594/16

+2+2+2-5-2-2 Anonymous, *Dica chi vo* 1516/02
+2+2+2-5-2-2 L. Marenzio, *Hor pien d'alt* 1582/04
+2+2+2-5-2-2 H. Sabino, *Con si contrari* 1588/27

+2+2+2-5-2+3 N. Pifaro, *Dapoi che cusi* 1507/04

+2+2+2-5-2-3 L. Marenzio, *Spiri dolce Fa* 1591/21

+2+2+2-5-2+4 R. Coronetta, *Al grato suo* 1598/07
+2+2+2-5-2+4 F. Gherardini, *O pur con do* 1585/24
+2+2+2-5-2+4 G. Petrino, *Scalda Signor* 1586/02

+2+2+2-5+3+2 L. Marenzio, *Perche adopra* 1583/12

+2+2+2-5+3-2 F. Luprano, *Se me e grat* 1504/04
+2+2+2-5+3-2 Anonymous, *Hay lasso rimenb* 1514/02
+2+2+2-5+3-2 M. Cara, *Ahime lasso ahime* 1505/06
+2+2+2-5+3-2 Don Fiolo, *Il di ne port'i* 1566/10
+2+2+2-5+3-2 A. Gabrieli, *Cando pinso* 1564/16
+2+2+2-5+3-2 R. Giovanelli, *Son le ris'a* 1598/08
+2+2+2-5+3-2 F. Luprano, *Se me e grato* 1504/04

+2+2+2-5+3+3 G. Wert, *Ninfe leggiadre* 1583/10

+2+2+2-5+3-3 G. Fogliano, *Occhi suavi* 1515/02
+2+2+2-5+3-3 G. Foglia, *Occhi suavi e ch* 1515/02
+2+2+2-5+3-3 A. Verso, *Amor m'ha posto* 1594/17

+2+2+2-5+3+5 R. Giovanelli, *Spargan Flora* 1583/10

+2+2+2-5-3+2 P. Clerico, *Al dolce vostr* 1562/15
+2+2+2-5-3+2 P. Parma, *Al dolce vostro* 1562/15

+2+2+2-5-3-2 G. Belli, *Vola calda d'Amo* 1592/14

+2+2+2-5-3-3 F. Roccia, *Poiche Vergin di* 1599/06

+2+2+2-5+4+2 G. Croce, *La bella Ninfa su* 1594/07
+2+2+2-5+4+2 G. Fogliano, *Pomi in cielo* 1547/16
+2+2+2-5+4+2 G. Trombetti, *Sorgi mia bella* 1586/21

+2+2+2-5+4-2 H. Chamatero, *Laura gentil* 1569/26
+2+2+2-5+4-2 J. Gero, *Quando madonna gl* 1541/02
+2+2+2-5+4-2 G. Gostena, *Queste state* 1589/13
+2+2+2-5+4-2 G. Hassler, *Care lagrime mi* 1597/13
+2+2+2-5+4-2 L. Marenzio, *Cosi moriro* 1583/14
+2+2+2-5+4-2 A. Stabile, *S'ondeggian spa* 1585/32
+2+2+2-5+4-2 G. Tasso, *No text.* 1591/19
+2+2+2-5+4-2 P. Verdelot, *Ditemi o diva* 1546/19

+2+2+2-5+4+3 G. Wert, *Ninfe leggiadre* 1583/10

+2+2+2-5+4-3 Anonymous, *Piu volte fra* 1505/03
+2+2+2-5+4-3 J. Arcadelt, *Se contra vost* 1539/24

+2+2+2-5+4-4 G. Croce, *La bella Ninfa su* 1594/07
+2+2+2-5+4-4 A. Senese, *Volge fortuna* 1515/02
+2+2+2-5+4-4 P. Vinci, *Fin che signor* 1564/20

+2+2+2-5+4+5 G. Hassler, *Care lagrime mi* 1597/13

+2+2+2-5-4+2 G. Ardesi, *Mentre il ciel* 1597/19
+2+2+2-5-4+2 S. Molinaro, *Ma l'hore i gi* 1599/15
+2+2+2-5-4+2 B. Pallavicino, *Se voi set* 1596/16
+2+2+2-5-4+2 A. Striggio, *Hor che le ste* 1592/12

+2+2+2-5-4+3 R. Giovanelli, *Son le ris'a* 1598/08

+2+2+2-5-4+4 Anonymous, *Aime sospiri no* 1506/03

+2+2+2-5+5-2 Anonymous, *Io parto ahi fier* 1595/03
+2+2+2-5+5-2 S. Felis, *Tu la ritorni a* 1593/05
+2+2+2-5+5-2 G. Gabrieli, *S'io t'ho feri* 1591/23
+2+2+2-5+5-2 P. Monte, *Occhi vagh'amoros* 1593/05
+2+2+2-5+5-2 P. Nenna, *Tu la ritorni a* 1582/12
+2+2+2-5+5-2 B. Roi, *Lieti fiori verdi* 1593/05
+2+2+2-5+5-2 V. Ruffo, *Nacque nell'alm'i* 1555/31
+2+2+2-5+5-2 H. Sabino, *Con si contrari* 1588/27

+2+2+2-5+5+3 R. Giovanelli, *Spargan Flora* 1583/10

+2+2+2-5+5-3 B.(?)b, *Donna s'in questa* 1530/01
+2+2+2-5+5-3 G. Califano, *Fuggi'l sereno* 1584/07
+2+2+2-5+5-3 S. Felis, *Sonno scendesti* 1585/23
+2+2+2-5+5-3 L. Marenzio, *Alzate oltra* 1583/10
+2+2+2-5+5-3 L. Marenzio, *Alzate novo la* 1589/08
+2+2+2-5+5-3 L. Marenzio, *Alzate oltra* 1583/10
+2+2+2-5+5-3 T. Massaino, *Amorosetti Auge* 1595/07
+2+2+2-5+5-3 P. Nenna, *Iten'o miei sospi* 1582/12

+2+2+2-5+5+4 M. Pesenti, *O dio che la br* 1504/04

+2+2+2-5+5+5 B. Tromboncino, *Che debbio* 1507/03

+2+2+2-5+5-5 Anonymous, *La nocte quando* 1505/05
+2+2+2-5+5-5 M. Carrara, *Se la mia bell* 1598/10
+2+2+2-5+5-5 A. Morsolino, *Se del fedel* 1594/15
+2+2+2-5+5-5 A. Striggio, *Hor che le ste* 1592/12

+2+2+2-5-5+2 G. Macque, *Sedendo in su l'* 1583/15

+2+2+2-5-5+4 Anonymous, *Pan de miglio ca* 1506/03

+2+2+2-5+6-2 A. Gabrieli, *Cando pinso* 1564/16
+2+2+2-5+6-2 A. Zoilo, *Arde il cor e la* 1589/07

+2+2+2-5+8+2 P. Monte, *Occhi vagh'amoros* 1593/05

+2+2+2-5+8-2 Anonymous, *Hay lasso rimenb* 1514/02
+2+2+2-5+8-2 J. Arcadelt, *Se contra vost* 1539/24
+2+2+2-5+8-2 G. Croce, *La bella Ninfa su* 1594/07
+2+2+2-5+8-2 J. Lulinus, *Surge dal'orizz* 1514/02
+2+2+2-5+8-2 G. Nanino, *Ond'io da sdegn'* 1586/18
+2+2+2-5+8-2 B. Pallavicino, *Se voi set* 1596/16
+2+2+2-5+8-2 C. Perissone, *Se ma fu crud* 1547/14
+2+2+2-5+8-2 M. Rampollini, *Ove porg'ombr* 1562/08
+2+2+2-5+8-2 A. Senese, *Volge fortuna* 1515/02

+2+2+2-5+8-3 G. Califano, *Fuggi'l sereno* 1584/07
+2+2+2-5+8-3 S. Felis, *Sonno scendesti* 1585/23
+2+2+2-5+8-3 G. Gabrieli, *S'io t'ho feri* 1591/23

+2+2+2-5-8+2 M. Cara, *Amero non amer* 1514/02

+2+2+2+6-2-2 G. Gastoldi, *Opra la bella* 1592/14

+2+2+2+2-8+2+2 Anonymous, *Il iocondo e lie* 1505/06
+2+2+2+2-8+2+2 R. Burno, *Mo grido ad alta* 1546/18
+2+2+2+2-8+2+2 G. Croce, *La bella Ninfa su* 1594/07
+2+2+2+2-8+2+2 F. Gherardini, *Il bel capo* 1585/24
+2+2+2+2-8+2+2 G. Nanino, *E l'imagini lor* 1586/18
+2+2+2+2-8+2+2 B. Pallavicino, *Se voi set* 1596/16
+2+2+2+2-8+2+2 H. Sabino, *Io duce io caval* 1592/15

+2+2+2+2-8-2+2 Anonymous, *Passa la nave mi* 1577/08
+2+2+2+2-8-2+2 G. Arpa, *Civa cogliendo fio* 1570/18

+2+2+2+2-8+4+2 H. Parabosco, *No text* 1540/22

+2+2+2+2-8+4-2 R. Giovanelli, *Spargan Flora* 1583/10

+2+2+2+2-8+4-3 P. Nenna, *Iten'o miei sospi* 1582/12

+2+2+2-2+2+2+2 Anonymous, *Il ciel natura* 1505/06
+2+2+2-2+2+2+2 Anonymous, *Se pensass'ai pi* 1563/06
+2+2+2-2+2+2+2 Anonymous, *Tu mi fai star* 1560/12
+2+2+2-2+2+2+2 G. Ardesi, *Io me ne vo la* 1597/19
+2+2+2-2+2+2+2 A. Barre, *Manda le Nymfe tu* 1555/27
+2+2+2-2+2+2+2 O. Caccini, *Bene mio tu h'h* 1585/21
+2+2+2-2+2+2+2 O. Crisci, *Duo cervi nite* 1581/11
+2+2+2-2+2+2+2 G. Gallo, *Qui giace ahi las* 1597/20
+2+2+2-2+2+2+2 F. Manara, *Il fiero passo* 1548/08
+2+2+2-2+2+2+2 C. Merulo, *S'al vostro mal* 1562/06
+2+2+2-2+2+2+2 C. Perissone, *Bella guerrie* 1554/28
+2+2+2-2+2+2+2 M. Rampollini, *Qual sara ma* 1582/08
+2+2+2-2+2+2+2 C. Rore, *Se com'il biondo* 1568/19
+2+2+2-2+2+2+2 G. Wert, *Di cerchio in cerc* 1568/20
+2+2+2-2+2+2+2 G. Wert, *Vaghi boschetti* 1594/07

+2+2+2-2+2+2-2 G. Ardesi, *Io me ne vo la* 1597/19
+2+2+2-2+2+2-2 Don Remigio, *Indi spirando poi* 1599/06
+2+2+2-2+2+2-2 G. Macque, *S'io di te penso* 1600/05
+2+2+2-2+2+2-2 P. Monte, *Perch'al viso d'a* 1589/06

+2+2+2-2+2+2+3 J. Gero, *S'io havessi tant'* 1541/02

+2+2+2-2+2+2-3 C. Lambardi, *Chi l'armonia* 1600/13
+2+2+2-2+2+2-3 G. Primavera, *Onde fallaci* 1585/31

+2+2+2-2+2+2+4 C. Malvezzi, *Una candida ce* 1583/16

+2+2+2-2+2+2-4 F. Laudis, *Dammi pu tanti* 1575/11

+2+2+2-2+2+2-5 B. Tromboncino, *Naque al mo* 1505/04

+2+2+2-2+2-2+2 Anonymous, *Cecilia non son* 1598/04
+2+2+2-2+2-2+2 Anonymous, *O fortunata ros* 1595/03
+2+2+2-2+2-2+2 Anonymous, *Temp'e da'incomi* 1557/16
+2+2+2-2+2-2+2 J. Arcadelt, *Deh fuggite* 1552/21
+2+2+2-2+2-2+2 A. Coma, *Sorge il pastor d'* 1585/22
+2+2+2-2+2-2+2 R. Mel, *Sovra le verdi chi* 1597/13
+2+2+2-2+2-2+2 G. Nanino, *Stava a pio dell* 1592/05
+2+2+2-2+2-2+2 V. Ruffo, *Vergine santa d'o* 1555/31
+2+2+2-2+2-2+2 B. Tromboncino, *Non se mut* 1505/06

+2+2+2-2+2-2-2 Anonymous, *Ogni cosa ha el* 1506/03
+2+2+2-2+2-2-2 Anonymous, *Pur al fin convi* 1505/06
+2+2+2-2+2-2-2 P. Bellasio, *Foco son di de* 1578/21
+2+2+2-2+2-2-2 O. Caccini, *L'hora ch'io no* 1585/21
+2+2+2-2+2-2-2 B. Donato, *Se sai ch'io t'a* 1550/19
+2+2+2-2+2-2-2 G. Gastoldi, *Clori mia past* 1594/07
+2+2+2-2+2-2-2 G. Marinis, *Una dolc'aura* 1596/13
+2+2+2-2+2-2-2 C. Merulo, *Tanto t'amo tant* 1565/12
+2+2+2-2+2-2-2 G. Metallo, *In galera li pa* 1577/09
+2+2+2-2+2-2-2 R. Montagnana, *Ove sete* 1558/17
+2+2+2-2+2-2-2 G. Moscaglia, *Del secco inc* 1594/07
+2+2+2-2+2-2-2 G. Moscaglia, *Del secco inc* 1583/10
+2+2+2-2+2-2-2 G. Moscaglia, *Del secco inc* 1594/07
+2+2+2-2+2-2-2 G. Moscaglia, *Del secco inc* 1583/10
+2+2+2-2+2-2-2 L. Padovano, *E non s'aveggo* 1598/07
+2+2+2-2+2-2-2 C. Perissone, *Como potro fi* 1547/14
+2+2+2-2+2-2-2 J. Persoens, *Deh perche ina* 1570/28
+2+2+2-2+2-2-2 V. Ruffo, *D'amore le genero* 1555/31
+2+2+2-2+2-2-2 A. Striggio, *Mentre la greg* 1579/02
+2+2+2-2+2-2-2 A. Trombetti, *Temo sol di* 1570/19
+2+2+2-2+2-2-2 O. Vecchi, *Ond'avien che* 1589/08
+2+2+2-2+2-2-2 S. Verovio, *Gesu sommo conf* 1586/02

+2+2+2-2+2-2-2 A. Willaert, *Zoia zentil ch* 1548/11

+2+2+2-2+2-2-3 Anonymous, *Cesaran yamis cl* 1516/02
+2+2+2-2+2-2-3 P. Bellasio, *Suggi da quest* 1595/07
+2+2+2-2+2-2-3 L. Bertani, *Sdegno la fiamm* 1586/10
+2+2+2-2+2-2-3 L. Marenzio, *Baci soavi* 1591/21
+2+2+2-2+2-2-3 C. Perissone, *Ma chi penso* 1547/14
+2+2+2-2+2-2-3 G. Wert, *Scorgo tant'alt'i* 1589/06

+2+2+2-2+2-2-4 Anonymous, *De dolce diva mi* 1505/04

+2+2+2-2+2+3-2 Anonymous, *Gli ardenti mie* 1599/06
+2+2+2-2+2+3-2 Anonymous, *Vago augelletto* 1577/08
+2+2+2-2+2+3-2 I. Baccusi, *Occhi miei che* 1591/23
+2+2+2-2+2+3-2 G. Gastoldi, *Clori mia past* 1594/07
+2+2+2-2+2+3-2 M. Pesenti, *Io voria esser* 1509/02
+2+2+2-2+2+3-2 F. Roccia, *Da gli aspri tuo* 1599/06
+2+2+2-2+2+3-2 A. Striggio, *Mentre la greg* 1579/02

+2+2+2-2+2+3-3 P. Clerico, *Dura legge d'Am* 1562/15
+2+2+2-2+2+3-3 P. Parma, *Dura legge d'Amor* 1562/15

+2+2+2-2+2-3+2 G. Palestrina, *Tempo verr'an* 1560/10
+2+2+2-2+2-3+2 G. Parabosco, *Giunto m'ha* 1544/22
+2+2+2-2+2-3+2 M. Pesenti, *Dime un pocho* 1504/04
+2+2+2-2+2-3+2 C. Rore, *Ond'io ch'al dolc* 1591/23

+2+2+2-2+2-3-2 F. Luprano, *Son tornato* 1505/04
+2+2+2-2+2-3-2 Anonymous, *Che bella vita* 1563/06
+2+2+2-2+2-3-2 Anonymous, *O dolce amor Giesu* 1563/06
+2+2+2-2+2-3-2 P. Fuligno, *Pensier dicea che* 1558/13
+2+2+2-2+2-3-2 G. Gabrieli, *Chiar'Angiolet* 1597/13
+2+2+2-2+2-3-2 F. Luprano, *Son tornato* 1505/04
+2+2+2-2+2-3-2 G. Nanino, *Poi che'l mio Am* 1582/04
+2+2+2-2+2-3-2 V. Ruffo, *D'amore le genero* 1555/31
+2+2+2-2+2-3-2 B. Tromboncino, *Hor ch'io so* 1505/06

+2+2+2-2+2-3-3 A. Striggio, *Poiche ti piac* 1589/06

+2+2+2-2+2-4+2 G. Bassano, *Amore mi sforz'* 1571/11
+2+2+2-2+2-4+2 G. Caimo, *Occhi leggiadri* 1586/19
+2+2+2-2+2-4+2 G. Gabrieli, *Dolce nemica* 1587/16
+2+2+2-2+2-4+2 G. Gallo, *Qui giace ahi las* 1597/20
+2+2+2-2+2-4+2 G. Macque, *Gelo ha madonn* 1585/23

+2+2+2-2+2-4-2 Anonymous, *Gia fui lieto ho* 1506/03
+2+2+2-2+2-4-2 R. Giovanelli, *Com'havra vit* 1598/08
+2+2+2-2+2-4-2 C. Lambardi, *Cor mio ben ch* 1600/13

+2+2+2-2+2-4+3 F. Luprano, *Io tel vori* 1513/01
+2+2+2-2+2-4+3 F. Luprano, *Io tel voria pu* 1513/01

+2+2+2-2+2-4-3 C. Acelli, *O piu bella del* 1592/12
+2+2+2-2+2-4-3 G. Gallo, *Piangete occhi do* 1597/20
+2+2+2-2+2-4-3 R. Giovanelli, *Com'havra vit* 1598/08
+2+2+2-2+2-4-3 L. Lioni, *Dolce nemica mia* 1600/12

+2+2+2-2+2-4+4 J. Arcadelt, *Ardenti miei* 1539/24
+2+2+2-2+2-4+4 G. Ardesi, *Io me ne vo la* 1597/19
+2+2+2-2+2-4+4 M. Cara, *Piangea la donna* 1526/06
+2+2+2-2+2-4+4 G. Macque, *Di coralli e di* 1583/15

+2+2+2-2+2-4-4 S. d'Aranda, *O infelice* 1571/12
+2+2+2-2+2-4-4 G. Macque, *Di coralli e di* 1583/15

+2+2+2-2+2-4+5 L. Marenzio, *Lucida perla* 1597/13

+2+2+2-2+2-4+8 G. Gallo, *Piangete occhi do* 1597/20

+2+2+2-2+2+5-2 G. Ardesi, *Io me ne vo la* 1597/19

+2+2+2-2+2+5-3 G. Gallo, *Piangete occhi do* 1597/20
+2+2+2-2+2+5-3 G. Gostena, *Su pastori tess* 1589/13

+2+2+2-2+2-5+2 M. Comis, *Chi nol sa di ch'* 1568/12
+2+2+2-2+2-5+2 G. Nanino, *Poi che'l mio Am* 1582/04

+2+2+2-2+2-8+2 R. Giovanelli, *Com'havra vit* 1598/08
+2+2+2-2+2-8+2 H. Naich, *Dolce pensier ch* 1544/17
+2+2+2-2+2-8+2 U. Naich, *Dolce pensier ch* 1544/17

+2+2+2-2+3-2-2 L. Agostini, *E tu per corte* 1572/07
+2+2+2-2+3-2-2 Anonymous, *Angiolett'amoros* 1595/03
+2+2+2-2+3-2-2 Anonymous, *Basta Madonna mi* 1555/30
+2+2+2-2+3-2-2 Anonymous, *Chi vol vedere* 1571/07
+2+2+2-2+3-2-2 Anonymous, *Christo ver'huomo* 1563/06
+2+2+2-2+3-2-2 Anonymous, *Miser in van mi* 1559/18
+2+2+2-2+3-2-2 J. Arcadelt, *Io non vo gia* 1552/21
+2+2+2-2+3-2-2 C. Bottegari, *L'altr'hier A* 1575/11
+2+2+2-2+3-2-2 H. Chamatero, *Chi vuol vede* 1561/13
+2+2+2-2+3-2-2 A. Coma, *Sperando haver la* 1585/22
+2+2+2-2+3-2-2 J. Gero, *Felice l'alma che* 1549/31
+2+2+2-2+3-2-2 M. Ingegneri, *Vedra i biondi* 1593/05
+2+2+2-2+3-2-2 G. Nanino, *Ond'io da sdegn'* 1586/18
+2+2+2-2+3-2-2 G. Nasco, *Quel fuoco e mort* 1559/16
+2+2+2-2+3-2-2 C. Perissone, *Se ma fu crud* 1547/14
+2+2+2-2+3-2-2 N. Pervue, *Dopo le chiom* 1585/29
+2+2+2-2+3-2-2 F. Soto, *Ave di gratia pien* 1600/05
+2+2+2-2+3-2-2 F. Soto, *Godi del Ciel Regi* 1600/05

+2+2+2-2+3-2+3 C. Perissone, *Se ma fu crud* 1547/14

+2+2+2-2+3-3+2 Anonymous, *Canta georgia* 1560/13
+2+2+2-2+3-3+2 Anonymous, *S'havete gli'occ* 1562/10
+2+2+2-2+3-3+2 S. Molinaro, *Ingrata e la* 1599/15
+2+2+2-2+3-3+2 A. Orlandini, *Chi vuol vede* 1583/10

+2+2+2-2+3-3-2 E. Romano, *Chiare fresche* 1514/02

+2+2+2-2+3-3+3 G. Croce, *Se da voi m'allon* 1592/14

+2+2+2-2+3-3-3 F. Roussel, *Ben ho del car* 1559/16

+2+2+2-2+3-3+4 G. Primavera, *Non per ch'i* 1585/31
+2+2+2-2+3-3+4 M. Varotto, *Qual fatto qua* 1586/19

+2+2+2-2+3-5+2 C. Perissone, *Piu volte gi* 1547/14
+2+2+2-2+3-5+2 M. Santini, *Quanto piu son* 1598/06

+2+2+2-2+3-5+4 Intrico, *Cosi restai senz'a* 1566/03

+2+2+2-2+3-5+5 C. Bottegari, *L'altr'hier A* 1575/11

+2+2+2-2-3+2+2 Anonymous, *Come la tortorel* 1598/04
+2+2+2-2-3+2+2 Anonymous, *Miser in van mi* 1559/18
+2+2+2-2-3+2+2 O. Caccini, *Una fiammella* 1585/21
+2+2+2-2-3+2+2 G. Caimo, *Bene mio tu m'ha* 1586/19
+2+2+2-2-3+2+2 M. Cancino, *Poiche dunque* 1590/21
+2+2+2-2-3+2+2 M. Cara, *Hor venduto ho la* 1504/04
+2+2+2-2-3+2+2 H. Chamatero, *Mentre Lutio* 1561/13
+2+2+2-2-3+2+2 G. Ferretti, *Hier sera anda* 1589/08
+2+2+2-2-3+2+2 A. Gabrieli, *Al dolce volo di* 1589/14
+2+2+2-2-3+2+2 A. Gabrieli, *O passi spars* 1587/16
+2+2+2-2-3+2+2 D. Isorelli, *Perche cosi fa* 1599/06
+2+2+2-2-3+2+2 P. Monte, *Gratia e bellezz* 1585/18
+2+2+2-2-3+2+2 G. Palavicino, *Laura soave* 1589/08
+2+2+2-2-3+2+2 C. Perissone, *Pien d'un vag* 1547/14
+2+2+2-2-3+2+2 A. Pretin, *L'aere gravato e* 1526/JEP
+2+2+2-2-3+2+2 B. Roi, *Alzando gli occhi* 1599/06
+2+2+2-2-3+2+2 A. Stringari, *Piu speranza* 1507/04

+2+2+2-2-3+2-2 S. Lando, *Io navigai un tem* 1566/10
+2+2+2-2-3+2-2 Anonymous, *Hoggi liet'e gio* 1580/06
+2+2+2-2-3+2-2 J. Arcadelt, *L'aer gravato'e* 1559/18
+2+2+2-2-3+2-2 G. Arpa, *Credeva che la fia* 1570/18
+2+2+2-2-3+2-2 M. Comis, *Mirabil art'et pe* 1568/16
+2+2+2-2-3+2-2 O. Lasso, *Tu traditora m'ha* 1555/30
+2+2+2-2-3+2-2 C. Perissone, *Ma chi penso* 1547/14
+2+2+2-2-3+2-2 P. Taglia, *Seguite amor Don* 1569/25
+2+2+2-2-3+2-2 O. Vecchi, *Sia benedetto Am* 1585/35

+2+2+2-2-3+2+3 G. Dragone, *Sapete amant* 1585/29
+2+2+2-2-3+2+3 G. Palestrina, *Fuggir devri* 1557/24
+2+2+2-2-3+2+3 O. Vecchi, *Sia benedetto Am* 1585/35

+2+2+2-2-3+2-3 Anonymous, *Si si si tarvo* 1507/03
+2+2+2-2-3+2-3 G. Locatello, *Ne lagrime da* 1590/21

+2+2+2-2-3+2+4 M. Pesenti, *Dime un pocho* 1504/04

+2+2+2-2-3-2+2 O. Caccini, *L'hora ch'io no* 1585/21
+2+2+2-2-3-2+2 G. Gallo, *Qui giace ahi las* 1597/20
+2+2+2-2-3-2+2 H. Lauro, *Aque stilante e* 1514/02
+2+2+2-2-3-2+2 C. Porta, *Ardo si ma non t'* 1585/17
+2+2+2-2-3-2+2 M. San germano, *Christo al* 1599/06
+2+2+2-2-3-2+2 G. Wert, *Talhor parmi la lu* 1568/20

+2+2+2-2-3-2-2 N. Alberti, *Quel che nel pr* 1594/11
+2+2+2-2-3-2-2 P. Bellasio, *Foco son di de* 1578/21
+2+2+2-2-3-2-2 J. Berchem, *Chi vuol veder* 1557/16
+2+2+2-2-3-2-2 C. Porta, *Ardo si ma non t'* 1585/17
+2+2+2-2-3-2-2 A. Striggio, *Mentre la greg* 1579/02
+2+2+2-2-3-2-2 P. Taglia, *Chi vol veder in* 1600/05

+2+2+2-2-3+3+2 E. Bonizzoni, *Dolci colli* 1569/25
+2+2+2-2-3+3+2 M. Ingegneri, *Amor se pur sei* 1583/12
+2+2+2-2-3+3+2 L. Padovano, *E non s'aveggo* 1598/07
+2+2+2-2-3+3+2 A. Striggio, *Ninfe leggiadr* 1586/09

+2+2+2-2-3+3-2 P. de Ysis, *Erano i capei* 1577/08
+2+2+2-2-3+3-2 F. Ana, *Occhi dolci ove pr* 1505/03
+2+2+2-2-3+3-2 F. Ana, *S'el mio ben da vo* 1505/03
+2+2+2-2-3+3-2 C. Porta, *Giato cacomu tard* 1564/16
+2+2+2-2-3+3-2 G. Primavera, *Onde fallaci* 1585/31

+2+2+2-2-3+3-3 J. Persoens, *Deh perche ina* 1570/28

+2+2+2-2-3+3+4 G. Contino, *Ah forsenat'e* 1570/15

+2+2+2-2-3-3+2 Don Remigio, *Di regia stirpe* 1599/06

+2+2+2-2-3-3+3 L. Marenzio, *Non al suo ama* 1594/07

+2+2+2-2-3+4+2 F. Stivori, *Io felice sare* 1595/07

+2+2+2-2-3+4-2 L. Marenzio, *L'Aura serena* 1589/08
+2+2+2-2-3+4-2 G. Mosto, *Se voi set'il mi* 1579/02
+2+2+2-2-3+4-2 J. Pionnier, *Dunque morte* 1555/31
+2+2+2-2-3+4-2 F. Portinaro, *Basciami vit* 1563/13
+2+2+2-2-3+4-2 V. Ruffo, *Io che di viver* 1555/31

+2+2+2-2-3+4-3 J. Berchem, *S'amor non e* 1546/19

+2+2+2-2-3+4+5 B. Tromboncino, *Ave maria* 1508/03

+2+2+2-2-3-5+2 Anonymous, *Quando mia spem* 1583/13

+2+2+2-2+4+2+2 F. Baseo, *Io non so vita mi* 1573/17
+2+2+2-2+4+2+2 S. Rossetto, *Surgon l'herbe* 1567/16

+2+2+2-2+4-2+2 F. Ana, *Dal ciel descese* 1505/05
+2+2+2-2+4-2+2 P. Monte, *Tempr'omai l'ira* 1583/15

+2+2+2-2+4-2-2 Anonymous, *Cum autem veniss* 1563/06
+2+2+2-2+4-2-2 Anonymous, *Quem autem venis* 1508/03
+2+2+2-2+4-2-2 V. Bellhaver, *L'e pur forza* 1570/17
+2+2+2-2+4-2-2 P. Lodi, *Haria voluto alho* 1507/03
+2+2+2-2+4-2-2 G. Lombardo, *Ogni donna pe* 1574/05
+2+2+2-2+4-2-2 S. Molinaro, *Ingrata e la* 1599/15
+2+2+2-2+4-2-2 G. Primavera, *Ecco la notte* 1585/31
+2+2+2-2+4-2-2 Villano, *S'io di te penso* 1600/05

+2+2+2-2+4-2-5 C. Merulo, *S'al vostro mal* 1562/06

+2+2+2-2+4-3+2 O. Caccini, *L'hora ch'io no* 1585/21
+2+2+2-2+4-3+2 G. Primavera, *Se chi* 1569/31
+2+2+2-2+4-3+2 G. Nasco, *Quel fuoco e mort* 1559/16
+2+2+2-2+4-3+2 G. Primavera, *Se chi e caus* 1569/31

+2+2+2-2+4-3-2 A. Gabrieli, *Quand'havra fine* 1587/16
+2+2+2-2+4-3-2 G. Primavera, *Onde fallaci* 1585/31
+2+2+2-2+4-3-2 B. Tromboncino, *Noi siam tu* 1509/02

+2+2+2-2+4-3+3 G. Primavera, *Se chi* 1569/31
+2+2+2-2+4-3+3 G. Primavera, *Se chi e caus* 1569/31

+2+2+2-2+4-4+3 C. Veggio, *Quando col rozz* 1540/19

+2+2+2-2+4-6+4 C. Bottegari, *L'altr'hier A* 1575/11

+2+2+2-2-4+2-2 L. Marenzio, *Vivro dunque* 1591/21

+2+2+2-2-4+2+5 A. Striggio, *Herbosi prati* 1593/05

+2+2+2-2-4-2+2 L. Marenzio, *Se'l raggio de* 1591/12

+2+2+2-2-4+3-2 C. Rore, *Che gentil pianat* 1548/09

+2+2+2-2-4+4+2 Anonymous, *Non la cetra d'O* 1583/13

+2+2+2-2-4+4-3 M. Varotto, *Dialogo a* 101586/19

+2+2+2-2-4+5-5 O. Lasso, *Ma che morta dic* 1569/19

+2+2+2-2+5-2-2 B. Pallavicino, *Tu pur ti* 1597/13

+2+2+2-2+5-3+2 Anonymous, *Dolci rime leggi* 1583/13

+2+2+2-2-5+2+2 G. Belli, *Rosa d'amo* 1598/10
+2+2+2-2-5+2+2 G. Guami, *Fuggi fuggi dolo* 1598/10
+2+2+2-2-5+2+2 A. Trombetti, *Eran le vostr* 1583/18
+2+2+2-2-5+2+2 D. Vicentino, *Temprar potess* 1558/17

+2+2+2-2-5+3+2 A. Gabrieli, *Fontana d'eloq* 1579/02

+2+2+2-2-5+4-2 C. Veggio, *Quando col rozz* 1540/19

+2+2+2-2-5+5-2 C. Veggio, *Quando col rozz* 1540/19

+2+2+2-2-5+5-5 C. Veggio, *Quando col rozz* 1540/19

+2+2+2-2-6+4-3 L. Marenzio, *L'Aura serena* 1589/08

+2+2+2-2-8+2+2 G. Primavera, *Onde fallaci* 1585/31

+2+2+2-2-8+4-2 F. Anerio, *Temo ch'altri* 1586/09

+2+2+2+3-2+2-2 S. Felis, *Da l'Arcadia feco* 1583/14
+2+2+2+3-2+2-2 G. Moro, *Tu morest'in quel* 1585/28

+2+2+2+3-2+2-3 M. Cara, *Ave victorioso e* 1508/03

+2+2+2+3-2+2-4 G. Antiquis, *Tutto lo male* 1574/05

+2+2+2+3-2-2+2 B. Tromboncino, *Io son l'oc* 1507/04
+2+2+2+3-2-2+2 G. Zesso, *E quando quando* 1507/03

+2+2+2+3-2-2-2 Anonymous, *Cui dicese e non* 1506/03
+2+2+2+3-2-2-2 Anonymous, *Questi tuoi bion* 1594/15
+2+2+2+3-2-2-2 A. Barre, *Manda le Nymfe tu* 1555/27
+2+2+2+3-2-2-2 O. Caccini, *Bene mio tu h'h* 1585/21
+2+2+2+3-2-2-2 V. Ferro, *Deh come bella se* 1559/18
+2+2+2+3-2-2-2 G. Gabrieli, *Chiar'Angiolet* 1597/13
+2+2+2+3-2-2-2 C. Perissone, *Sapete amant* 1547/14
+2+2+2+3-2-2-2 C. Rore, *Com'havran fin le* 1548/08
+2+2+2+3-2-2-2 C. Rore, *Et poi che'l fren* 1548/09
+2+2+2+3-2-2-2 G. Zesso, *Deh non piu* 1507/04

+2+2+2+3-2-2-4 A. Stabile, *Qual vaga pasto* 1582/04

+2+2+2+3-2-3+2 F. Viola, *Come poss'io scop* 1548/08

+2+2+2+3-2+4-2 Anonymous, *Come po tu teme* 1505/05

+2+2+2+3-2-5+2 O. Lasso, *Candid'allhor de* 1557/22

+2+2+2+3-2-5-2 C. Ardesi, *Quanta invidia* 1597/19

+2+2+2+3-2-5+3 G. Antiquis, *Tutto lo male* 1574/05
+2+2+2+3-2-5+3 G. Dragone, *Se la mia vita* 1588/22

+2+2+2+3-3+2+2 V. Ruffo, *Nacque nell'alm'i* 1555/31

+2+2+2+3-3-2+2 F. Soto, *Come ti veggio oim* 1600/05

+2+2+2+3-3-2-2 R. Mel, *Poi ch'al mio gra* 1585/26

+2+2+2+3-3+3-2 O. Vecchi, *Cara mia Dafne* 1586/10

+2+2+2-3+2+2+2 F. Adriani, *Ma tu come di* 1568/16
+2+2+2-3+2+2+2 J. Arcadelt, *Io mi rivolgo* 1552/21
+2+2+2-3+2+2+2 J. Arcadelt, *Tengan dunque* 1539/24
+2+2+2-3+2+2+2 P. Bellasio, *Una candida ma* 1595/07
+2+2+2-3+2+2+2 S. Felis, *Leggete in cio l'* 1585/23
+2+2+2-3+2+2+2 J. Gero, *Le treccie d'or ch* 1561/11
+2+2+2-3+2+2+2 L. Marenzio, *Amatemi ben mi* 1591/21
+2+2+2-3+2+2+2 S. Molinaro, *Non le torrei* 1599/15
+2+2+2-3+2+2+2 P. Monte, *Occhi leggiadri* 1593/05
+2+2+2-3+2+2+2 A. Striggio, *E s'a buon fi* 1579/02
+2+2+2-3+2+2+2 R. Vecoli, *Se la fiamm've* 1577/10

+2+2+2-3+2+2-2 G. da Nola, *E tu mio cor an* 1573/16
+2+2+2-3+2+2-2 G. Bonagiunta, *Daspuo ch'a* 1565/12
+2+2+2-3+2+2-2 G. Conversi, *Ben poss'Amor* 1594/08
+2+2+2-3+2+2-2 T. Fabrianese, *Miser chi mal* 1549/31
+2+2+2-3+2+2-2 S. Felis, *Sotto finti d'Amo* 1585/23
+2+2+2-3+2+2-2 G. Gallo, *Tra vagh'herbett* 1597/20
+2+2+2-3+2+2-2 G. Macque, *Hor un laccio un* 1582/04
+2+2+2-3+2+2-2 G. Mosto, *Dammi pur tanti* 1577/07
+2+2+2-3+2+2-2 G. Nasco, *Oime dov'e'l mio* 1600/05
+2+2+2-3+2+2-2 H. Sabino, *Fioriti colli he* 1588/27

+2+2+2-3+2+2-3 F. Adriani, *Ma tu come di* 1568/16
+2+2+2-3+2+2-3 Anonymous, *Ben riconosco* 1573/16
+2+2+2-3+2+2-3 Anonymous, *No police m'intrat* 1557/19
+2+2+2-3+2+2-3 Anonymous, *Tu hai piu ann* 1555/30
+2+2+2-3+2+2-3 O. Lasso, *Hor che la nuova* 1575/11
+2+2+2-3+2+2-3 C. Schietti, *Ben posso dir* 1568/12

+2+2+2-3+2+2-4 F. Adriani, *Ma tu come di* 1568/16
+2+2+2-3+2+2-4 G. Macque, *Hor un laccio un* 1582/04
+2+2+2-3+2+2-4 G. Marinis, *Sovra le verdi* 1596/13
+2+2+2-3+2+2-4 G. Palestrina, *Che se tant'a* 1560/10
+2+2+2-3+2+2-4 A. Trombetti, *Donna voi no* 1586/21

+2+2+2-3+2+2+5 F. Adriani, *Ma tu come di* 1568/16

+2+2+2-3+2+2-5 P. Monte, *Correte fiumi a* 1583/14

+2+2+2-3+2+2-8 P. Monte, *Occhi leggiadri* 1593/05

+2+2+2-3+2-2+2 F. Luprano, *Fammi quant* 1505/05
+2+2+2-3+2-2+2 Anonymous, *Se non voi pensa* 1505/03
+2+2+2-3+2-2+2 O. Caccini, *Bianca e vermig* 1585/21
+2+2+2-3+2-2+2 O. Lasso, *Apri l'uscio per* 1588/24
+2+2+2-3+2-2+2 F. Luprano, *Fammi quanto ma* 1505/05
+2+2+2-3+2-2+2 R. Montagnana, *Ove sete madon* 1558/17

+2+2+2-3+2-2-2 Anonymous, *Ecce quam bonum* 1563/06
+2+2+2-3+2-2-2 Anonymous, *Vattene lieta* 1598/04
+2+2+2-3+2-2-2 J. Arcadelt, *Honorata mia* 1544/16
+2+2+2-3+2-2-2 J. Arcadelt, *Io mi rivolgo* 1552/21
+2+2+2-3+2-2-2 F. Corteccia, *Chi ne l'a tolt* 1539/25
+2+2+2-3+2-2-2 A. Crivelli, *Tra duo corall* 1585/29
+2+2+2-3+2-2-2 P. Fuligno, *Pensier dicea che* 1558/13
+2+2+2-3+2-2-2 O. Lasso, *Mentre per quest* 1560/18
+2+2+2-3+2-2-2 C. Merulo, *Da voi nasce il* 1589/06
+2+2+2-3+2-2-2 F. Mosto, *Poch'e signor pas* 1575/11
+2+2+2-3+2-2-2 G. Nasco, *Dolci rime leggia* 1561/11
+2+2+2-3+2-2-2 G. Palestrina, *Che se tant'a* 1560/10
+2+2+2-3+2-2-2 P. Stabile, *Voi volete ch'i* 1585/32
+2+2+2-3+2-2-2 P. Vecoli, *Ne per nova altr* 1581/12
+2+2+2-3+2-2-2 P. Vinci, *Da me son fatti* 1584/11

+2+2+2-3+2-2+3 G. Locatello, *Liquide perl* 1590/21

+2+2+2-3+2-2-3 G. Dragone, *O bel viso legg* 1599/06

+2+2+2-3+2-2+4 V. Ruffo, *Ditemi aure tranq* 1555/31

+2+2+2-3+2-2-5 F. Luprano, *Fammi quant* 1505/05
+2+2+2-3+2-2-5 F. Luprano, *Fammi quanto ma* 1505/05

+2+2+2-3+2+3-2 Anonymous, *A che prendi Sig* 1598/04
+2+2+2-3+2+3-2 P. D'angelo, *Ne fior si ved* 1570/27
+2+2+2-3+2+3-2 A. Gabrieli, *Quel gentil fuoco* 1577/07
+2+2+2-3+2+3-2 R. Rodio, *So mille volte* 1587/12

+2+2+2-3+2-3+2 Anonymous, *Deh, quando ti* 1537/05
+2+2+2-3+2-3+2 Anonymous, *S'a la mia trist* 1599/06
+2+2+2-3+2-3+2 J. Arcadelt, *Deh fuggite* 1552/21
+2+2+2-3+2-3+2 A. Gabrieli, *Si che s'io vi* 1587/16
+2+2+2-3+2-3+2 R. Giovanelli, *Bella d'amor* 1591/12
+2+2+2-3+2-3+2 G. Primavera, *Sento tal* 1565/17

+2+2+2-3+2-3+2 C. Perissone, *Bella guerrie* 1554/28
+2+2+2-3+2-3+2 H. Sabino, *Non vide alcun* 1581/11

+2+2+2-3+2-3-2 Anonymous, *Angiolett'amoros* 1595/03
+2+2+2-3+2-3-2 Anonymous, *Los sospiro* 1516/02
+2+2+2-3+2-3-2 B. Donato, *No pulice no pul* 1550/19

+2+2+2-3+2-3+3 C. Festa, *Nasce fra l'herb* 1558/11
+2+2+2-3+2-3+3 P. Monte, *Occhi leggiadri* 1593/05

+2+2+2-3+2-3-3 F. Soriano, *O gloriosa donn* 1586/02

+2+2+2-3+2-3+4 R. Montagnana, *A qualunque* 1558/17
+2+2+2-3+2-3+4 P. Monte, *Occhi leggiadri* 1593/05

+2+2+2-3+2+4-2 C. Rore, *Se qual e'l mio do* 1575/15

+2+2+2-3+2-4+2 Anonymous, *Ch'io lassi l'al* 1509/02
+2+2+2-3+2-4+2 R. Vecoli, *Torna il mio so* 1577/10
+2+2+2-3+2-4+2 A. Verso, *Mirabil dono di* 1594/17

+2+2+2-3+2-5-2 F. Manara, *Satiati Amor ch'* 1548/08

+2+2+2-3+2-5+4 P. Bellasio, *Suggi da quest* 1595/07

+2+2+2-3+2-5+6 F. Portinaro, *Cosi lungo le* 1563/13

+2+2+2-3+2-7+2 J. Arcadelt, *Tengan dunque* 1539/24

+2+2+2-3-2+2+2 L. Agostini, *E tu per corte* 1572/07
+2+2+2-3-2+2+2 Anonymous, *Deh dolce Redent* 1563/06
+2+2+2-3-2+2+2 Anonymous, *E vorria sapere* 1566/05
+2+2+2-3-2+2+2 P. Cantino, *Un bel vis'e* 1588/18
+2+2+2-3-2+2+2 H. Chamatero, *Chi vuol vede* 1561/13
+2+2+2-3-2+2+2 J. Gero, *Alla dolc'ombra de* 1582/08
+2+2+2-3-2+2+2 D. Isorelli, *Perche cosi fa* 1599/06
+2+2+2-3-2+2+2 A. Mantovano, *Consumo la mi* 1513/01
+2+2+2-3-2+2+2 G. Nanino, *Erano i capei d'* 1585/18
+2+2+2-3-2+2+2 F. Papini, *Qual delicato,* 1600/05
+2+2+2-3-2+2+2 J. Persoens, *Non son Dafni* 1570/28
+2+2+2-3-2+2+2 C. Rore, *Ogni mio ben crude* 1544/17
+2+2+2-3-2+2+2 R. Trofeo, *Mirando la mia* 1600/17

+2+2+2-3-2+2-2 F. Ana, *Usciro de tanti af* 1507/04
+2+2+2-3-2+2-2 F. Baseo, *Non fu si dura* 1573/16
+2+2+2-3-2+2-2 B. Tromboncino, *Gentil atto* 1517/02
+2+2+2-3-2+2-2 P. Vinci, *Consumando mi vo* 1567/24

+2+2+2-3-2+2+3 A. Gabrieli, *Si che s'io vi* 1587/16
+2+2+2-3-2+2+3 G. Gostena, *Di dove vieni* 1589/13
+2+2+2-3-2+2+3 C. Porta, *Se'lampeggiar de* 1586/07

+2+2+2-3-2+2-3 P. Monte, *Amorosi pensieri* 1583/15

+2+2+2-3-2+2-4 A. Crivelli, *Qual chi di gr* 1599/06

+2+2+2-3-2-2+2 S. d'Aranda, *Et io da che* 1571/12
+2+2+2-3-2-2+2 F. Luprano, *De paesi olt* 1509/02
+2+2+2-3-2-2+2 Anonymous, *Et volendo non* 1537/08
+2+2+2-3-2-2+2 G. Califano, *Pero s'io tem* 1584/07
+2+2+2-3-2-2+2 A. Coma, *Come si m'accendet* 1585/22
+2+2+2-3-2-2+2 S. Felis, *Voi sete la mia* 1585/23
+2+2+2-3-2-2+2 F. Luprano, *De paesi oltram* 1509/02
+2+2+2-3-2-2+2 P. Monte, *Il dolc'e desiat* 1583/15
+2+2+2-3-2-2+2 M. Montelli, *Se mai Vergine* 1600/05
+2+2+2-3-2-2+2 G. Nanino, *Poi che'l mio Am* 1582/04
+2+2+2-3-2-2+2 A. Striggio, *Poiche ti piac* 1589/06
+2+2+2-3-2-2+2 B. Tromboncino, *Queste lacr* 1514/02

+2+2+2-3-2-2-2 G. da Nola, *E tu mio cor an* 1573/16
+2+2+2-3-2-2-2 L. Agostini, *Nel bel terren* 1572/07
+2+2+2-3-2-2-2 Anonymous, *Suspir suavi* 1505/05
+2+2+2-3-2-2-2 Anonymous, *Tre cose son in* 1566/05
+2+2+2-3-2-2-2 L. Courtoys, *Ivi senza ripo* 1580/10
+2+2+2-3-2-2-2 G. Hassler, *Care lagrime mi* 1597/13
+2+2+2-3-2-2-2 G. Moscaglia, *Se mai piu t'* 1586/09

+2+2+2-3-2-2+3 Anonymous, *Et volendo non* 1537/08
+2+2+2-3-2-2+3 O. Lasso, *Deh hor foss'io co* 1560/10

+2+2+2-3-2-2-3 Anonymous, *Quanto e dolc'i* 1583/13

+2+2+2-3-2-2+4 F. Ana, *A tuo modo afflig* 1505/03

+2+2+2-3-2-2-4 L. Agostini, *E tu per corte* 1572/07

+2+2+2-3-2-2+5 F. Londariti, *Fra piu fiori* 1566/03
+2+2+2-3-2-2+5 S. Molinaro, *Non le torrei* 1599/15
+2+2+2-3-2-2+5 F. Portinaro, *Di pensier* 1563/13
+2+2+2-3-2-2+5 A. Verso, *Amor m'ha posto* 1594/17

+2+2+2-3-2-2+8 J. Arcadelt, *Io mi rivolgo* 1552/21

+2+2+2-3-2+3+2 G. da Nola, *In te i secret* 1573/16
+2+2+2-3-2+3+2 Anonymous, *Quando ti sguard* 1563/06
+2+2+2-3-2+3+2 Anonymous, *Viva in oration* 1563/06
+2+2+2-3-2+3+2 C. Merulo, *Questo ben di do* 1577/07

+2+2+2-3-2+3-2 G. da Nola, *Le gioie dell'a* 1570/27
+2+2+2-3-2+3-2 Anonymous, *O soave contrad* 1583/13
+2+2+2-3-2+3-2 Anonymous, *Questa longa mi* 1507/03
+2+2+2-3-2+3-2 A. Martorello, *Trovo m'amo* 1547/17
+2+2+2-3-2+3-2 A. Martorello, *Trovo m'amor* 1547/17
+2+2+2-3-2+3-2 A. Martorello, *Trovo m'amo* 1547/17
+2+2+2-3-2+3-2 G. Paratico, *Io soffriro co* 1588/25

+2+2+2-3-2+3-3 Anonymous, *O soave contrad* 1583/13

+2+2+2-3-2+3+4 G. Gallo, *Ippolita gentil* 1597/20

+2+2+2-3-2+3-4 G. Dragone, *Gia s'apre il* 1599/06

+2+2+2-3-2-3+2 J. Arcadelt, *L'aer gravato'e* 1559/18

+2+2+2-3-2-3-2 Anonymous, *Fanciul son'io* 1598/04
+2+2+2-3-2-3-2 J. Bodeo, *Se fussi si pieto* 1554/28
+2+2+2-3-2-3-2 B. Tromboncino, *Se mi duol* 1505/04

+2+2+2-3-2-3+3 A. Capriolo, *Sotto un verd* 1507/04
+2+2+2-3-2-3+3 A. Patricio, *Madonna quel suav* 1550/18

+2+2+2-3-2-3+4 L. Balbi, *Nave afflitta son* 1598/06
+2+2+2-3-2-3+4 L. Courtoys, *Ivi senza ripo* 1580/10
+2+2+2-3-2-3+4 G. Renaldi, *Si dolce m'e la* 1569/32

+2+2+2-3-2-3+6 G. Ferretti, *O felice o bea* 1589/08

+2+2+2-3-2+4+2 Anonymous, *Conosco bene ch* 1563/06
+2+2+2-3-2+4+2 Anonymous, *Non la cetra d'O* 1583/13
+2+2+2-3-2+4+2 H. Fiorino, *Tra verdi ram* 1583/10
+2+2+2-3-2+4+2 P. Vinci, *Donne leggiadre* 1584/11

+2+2+2-3-2+4-2 G. Califano, *L'aer gravat'e* 1584/07
+2+2+2-3-2+4-2 H. Chamatero, *Chi vuol vede* 1561/13
+2+2+2-3-2+4-2 D. Isorelli, *Perche cosi fa* 1599/06
+2+2+2-3-2+4-2 R. Montagnana, *Son quest'i* 1558/17
+2+2+2-3-2+4-2 B. Roi, *Al suo apparir* 1589/07
+2+2+2-3-2+4-2 P. Vinci, *A qualunque anima* 1583/19

+2+2+2-3-2+4+3 G. Gallo, *Ippolita gentil* 1597/20

+2+2+2-3-2+4-3 O. Lasso, *Del freddo Rheno* 1588/24
+2+2+2-3-2+4-3 B. Moschini, *Non men ch'ogn* 1539/25

+2+2+2-3-2-4+4 O. Lasso, *Di pensier in pensie* 1579/02

+2+2+2-3-2+5+2 B. Moschini, *Non men ch'ogn* 1539/25
+2+2+2-3-2+5+2 F. Saloni, *Come faro cor mi* 1589/10

+2+2+2-3-2+5-2 S. Felis, *Ne v'inganni il* 1585/23

+2+2+2-3-2+5-4 L. Agostini, *E tu per corte* 1572/07

+2+2+2-3-2-5+2 Anonymous, *O soave contrad* 1583/13

+2+2+2-3-2-5+3 B. Roi, *Al suo apparir* 1589/07
+2+2+2-3-2-5+3 A. Trombetti, *Affrettati be* 1583/18

+2+2+2-3-2-5+4 J. Arcadelt, *Tengan dunque* 1539/24
+2+2+2-3-2-5+4 A. Verso, *Amor m'ha posto* 1594/17
+2+2+2-3-2-5+4 G. Wert, *Ninfe leggiadre* 1583/10

+2+2+2-3-2-5+8 G. Renaldi, *Si dolce m'e la* 1569/32

+2+2+2-3-2+6-2 A. Savioli, *Ardo si ma non* 1600/16

+2+2+2-3-2-6+3 S. d'Aranda, *Passa la nav* 1571/12

+2+2+2-3-2+7-2 A. Trombetti, *Strano e dive* 1586/21

+2+2+2-3-2+8+2 P. Vinci, *Donne leggiadre* 1584/11

+2+2+2-3-2+8-2 G. Gabrieli, *S'io t'ho feri* 1591/23

+2+2+2-3+3+2+2 Anonymous, *Che giova sagitt* 1537/08
+2+2+2-3+3+2+2 M. Ingegneri, *Quell'acqua* 1590/15
+2+2+2-3+3+2+2 G. Wert, *Di cerchio in cerc* 1568/20

+2+2+2-3+3+2-3 Anonymous, *Pace non trovo* 1539/24

+2+2+2-3+3-2+2 Anonymous, *O biancolella co* 1560/13
+2+2+2-3+3-2+2 G. Bonagiunta, *Con quel poc* 1565/12
+2+2+2-3+3-2+2 C. Merulo, *S'al vostro mal* 1562/06
+2+2+2-3+3-2+2 P. Monte, *Correte fiumi a* 1583/14

+2+2+2-3+3-2-2 S. Dentice, *Non veggio al* 1599/06
+2+2+2-3+3-2-2 P. Monte, *Correte fiumi a* 1583/14
+2+2+2-3+3-2-2 G. Nanino, *Da i puri loro* 1583/10
+2+2+2-3+3-2-2 A. Padovano, *Prima ch'i tor* 1561/15
+2+2+2-3+3-2-2 N. Pervue, *Dopo le chiom* 1585/29

+2+2+2-3+3-2-3 S. Festa, *Perche quel che* 1526/06
+2+2+2-3+3-2-3 A. Mantovano, *Di piu varii* 1513/01

+2+2+2-3+3-2-5 G. Califano, *L'aer gravat'e* 1584/07

+2+2+2-3+3-5+2 Anonymous, *O fortunata ros* 1595/03

+2+2+2-3+3-7+8 A. Trombetti, *Strano e dive* 1586/21

+2+2+2-3-3+2+2 Anonymous, *Et o gratiosa bo* 1566/07
+2+2+2-3-3+2+2 G. Primavera, *Sento tal* 1565/17

+2+2+2-3-3+2+3 R. Trofeo, *Luce degl'occhi* 1600/17

+2+2+2-3-3+2-3 Anonymous, *Chi non ama te M* 1563/06
+2+2+2-3-3+2-3 J. Berchem, *Chi vuol veder* 1557/16

+2+2+2-3-3-2+6 G. Guami, *Miser'hoime chi* 1569/19

+2+2+2-3-3+3-2 M. Comis, *Mirabil art'et pe* 1568/16
+2+2+2-3-3+3-2 G. Nasco, *Oime dov'e'l mio* 1600/05

+2+2+2-3-3-3+4 S. Cornetto, *S'un'animo gen* 1581/07

+2+2+2-3-3-3+8 P. Taglia, *Vergin, che Luna* 1600/05

+2+2+2-3-3+4-2 S. Boyleau, *Nascan herbette* 1599/06

+2+2+2-3+4+2-3 F. Roussel, *Non veggio ove* 1557/16

+2+2+2-3+4-2+2 P. Bellasio, *Donna gentil* 1578/21
+2+2+2-3+4-2+2 M. Cara, *Ave maria gratia* 1508/03

+2+2+2-3+4-2-2 Anonymous, *Angiolett'amoros* 1595/03
+2+2+2-3+4-2-2 Anonymous, *Gionta e l'hora* 1516/02
+2+2+2-3+4-2-2 G. Croce, *Cosi moriro i for* 1594/07
+2+2+2-3+4-2-2 G. Guami, *Verzinia chy cerc* 1564/16
+2+2+2-3+4-2-2 O. Lasso, *Apri l'uscio per* 1588/24
+2+2+2-3+4-2-2 G. Macque, *Non al suo amant* 1583/15
+2+2+2-3+4-2-2 C. Merulo, *O soave contrad* 1562/06
+2+2+2-3+4-2-2 V. Raimondo, *S'aiut'in van* 1568/16
+2+2+2-3+4-2-2 A. Trombetti, *Qui pria s'as* 1583/18

+2+2+2-3+4-2-3 H. Chamatero, *Amor io son* 1561/13

+2+2+2-3+4-2-5 G. Ferretti, *Anzi l'ardent* 1586/07

+2+2+2-3+4-3+2 P. Bozi, *Mentre cogli le ro* 1598/06
+2+2+2-3+4-3+2 P. Vinci, *All'hor riprende ar* 1579/02

+2+2+2-3+4-3-2 H. Angelini, *Questa sera genti* 1594/08
+2+2+2-3+4-3-2 C. Rore, *Calami sonum feren* 1561/15

+2+2+2-3+4-3+3 G. Massarengo, *Chi si scost* 1591/22

+2+2+2-3+4-3-3 G. Moro, *Bene mio tu m'hai* 1585/28

+2+2+2-3+4-5+4 F. Adriani, *Ma tu come di* 1568/16
+2+2+2-3+4-5+4 O. Lasso, *Vostro fui, vostr* 1559/23

+2+2+2-3-4-3+4 O. Lasso, *Del freddo Rheno* 1588/24

+2+2+2-3+5+2+2 H. Fiorino, *Tra verdi ram* 1583/10

+2+2+2-3-5+2+2 J. Arcadelt, *Da si felice* 1552/21

+2+2+2-3-6+5+2 H. Fiorino, *Tra verdi ram* 1583/10

+2+2+2+4-2-2-2 O. Lasso, *Chi'l credera per* 1588/24
+2+2+2+4-2-2-2 P. Monte, *Tempr'omai l'ira* 1583/15

+2+2+2-4+2+2+2 H. Angelini, *Questa sera ge* 1594/08
+2+2+2-4+2+2+2 C. Morales, *Ditemi o si* 1539/24
+2+2+2-4+2+2+2 M. Pesenti, *Tu te lamenti* 1504/04
+2+2+2-4+2+2+2 V. Ruffo, *D'amore le genero* 1555/31
+2+2+2-4+2+2+2 F. Soriano, *Vedo ogni selv* 1589/11
+2+2+2-4+2+2+2 B. Spontone, *Eccoti il cor* 1592/15
+2+2+2-4+2+2+2 L. Viadana, *Mentre vago Aug* 1598/07

+2+2+2-4+2+2-2 G. Caimo, *Gioia mia dolc'e* 1586/19
+2+2+2-4+2+2-2 M. Carrara, *Se la mia bell* 1598/10
+2+2+2-4+2+2-2 G. Nanino, *Con quella maest* 1590/15
+2+2+2-4+2+2-2 J. Persoens, *Quivi trahend* 1570/28
+2+2+2-4+2+2-2 C. Verdonch, *Fiammeggiavan* 1594/07

+2+2+2-4+2+2-3 V. Ferro, *Donna pensat'in* 1549/31

+2+2+2-4+2+2-5 B. Roi, *Verdi piaggie fior* 1583/10

+2+2+2-4+2-2+2 A. Verso, *Amor m'ha posto* 1594/17

+2+2+2-4+2-2-2 A. Gabrieli, *Quand'havra fine* 1587/16

+2+2+2-4+2-2-5 G. Ardesi, *Mentre il ciel* 1597/19

+2+2+2-4+2+3-2 G. Fogliano, *Pomi in cielo* 1547/16
+2+2+2-4+2+3-2 C. Perissone, *Sapete amant* 1547/14

+2+2+2-4+2-3+2 H. Angelini, *Questa sera ge* 1594/08

+2+2+2-4+2-3+5 G. Martinengo, *Del chiaro* 1570/15

+2+2+2-4+2-4+5 B. Donato, *Piu potente e pi* 1600/05
+2+2+2-4+2-4+5 B. Donato, *Piu leggiadr'e* 1550/19
+2+2+2-4+2-4+5 B. Donato, *Piu potente e pi* 1600/05

+2+2+2-4+2-4+8 G. Palestrina, *Hor che la* 1568/16

+2+2+2-4+2-5+2 G. Massarengo, *O crudimiei* 1591/22

+2+2+2-4-2+2+2 R. Montagnana, *Son quest'i* 1558/17

+2+2+2-4-2+2-2 L. Milanese, *Ameni colli ap* 1507/04

+2+2+2-4-2+2+3 P. Quagliati, *Signor mio tu* 1585/07

+2+2+2-4-2+2-4 S. d'Aranda, *Et io da che* 1571/12

+2+2+2-4-2-2+2 G. Mosto, *Quanto piu cruda* 1578/22

+2+2+2-4-2-2-2 M. Cancino, *Cresce la fiamma* 1590/21

+2+2+2-4-2+3-2 F. Ana, *Usciro de tanti af* 1507/04
+2+2+2-4-2+3-2 M. Cara, *Non peccando altr* 1507/03

+2+2+2-4-2+4-2 Anonymous, *Signore soccorr'* 1563/06

+2+2+2-4-2+5+2 G. Mosto, *Il desiderio e* 1577/07

+2+2+2-4+3+2+2 Anonymous, *Ahime ch'io sper* 1595/03

+2+2+2-4+3+2-3 G. da Nola, *E tu mio cor an* 1573/16
+2+2+2-4+3+2-3 V. Ruffo, *Ben mille volte* 1555/31

+2+2+2-4+3-2-2 L. Bellanda, *Scori'l mio de* 1599/13

+2+2+2-4+3-2-2 V. Ruffo, *Ben mille volte* 1555/31

+2+2+2-4+3-2-2 J. Salem, *Fuggimi pur crude* 1575/11

+2+2+2-4+3-2+3 A. Trombetti, *Donna voi no* 1586/21

+2+2+2-4+3-2+4 Anonymous, *Signor la tua me* 1598/04

+2+2+2-4+3-2-4 V. Ruffo, *Valle che di lame* 1555/31

+2+2+2-4-3+2-3 Anonymous, *Se la mia vita* 1554/28

+2+2+2-4-3+2-3 G. Locatello, *Liquide perl* 1590/21

+2+2+2-4-3+3-5 C. Montemayor, *O Donna glor* 1599/06

+2+2+2-4+4+2+2 G. Ardesi, *Mentre il ciel* 1597/19

+2+2+2-4+4-2+2 G. Belli, *Ahi perche l'ucci* 1592/14

+2+2+2-4+4-2+2 C. Malvezzi, *Chiaro segno* 1583/16

+2+2+2-4+4-2+2 G. Martinengo, *Del chiaro* 1570/15

+2+2+2-4+4-2-2 I. Baccusi, *Misera non cred* 1598/10

+2+2+2-4+4-2-2 A. Barre, *Eccoti pur che* 1555/27

+2+2+2-4+4-2-2 L. Bati, *Prendi ti prego qu* 1594/11

+2+2+2-4+4-2-2 G. Martinengo, *Del chiaro* 1570/15

+2+2+2-4+4-2-2 G. Palavicino, *Chi fara in* 1589/08

+2+2+2-4+4-2-2 C. Rore, *Vergine saggia* 1548/09

+2+2+2-4+4-2-2 M. Varotto, *Qual fatto qua* 1586/19

+2+2+2-4+4-2-2 C. Veggio, *Isabellin dolc'a* 1540/19

+2+2+2-4+4-2-2 P. Vinci, *Passa la nave mi* 1583/19

+2+2+2-4+4-2-2 P. Vinci, *Prima ch'io torn* 1583/19

+2+2+2-4+4-2-2 A. Willaert, *Chi mi ti tols* 1548/09

+2+2+2-4+4-2-3 J. Arcadelt, *Col pensier ma* 1539/24

+2+2+2-4+4-4+2 G. Aichinger, *Amorosetti au* 1597/13

+2+2+2-4+4-4+2 A. Coma, *Sperando haver la* 1585/22

+2+2+2-4+4-4+4 P. Nenna, *O soave contrada* 1582/12

+2+2+2-4+4-5+4 Anonymous, *O anim'accecata* 1563/06

+2+2+2-4-4+2+2 C. Perissone, *Ove cols'amor* 1547/14

+2+2+2-4-4+4+2 Anonymous, *Pace non trovo* 1539/24

+2+2+2-4+5-2-2 G. Caimo, *Occhi leggiadri* 1586/19

+2+2+2-4+5-3+2 P. Vinci, *Passa la nave mi* 1583/19

+2+2+2-4+5-3-2 F. Laudis, *Dammi pu tanti* 1575/11

+2+2+2-4+5-3-2 C. Rore, *Vergine saggia* 1548/09

+2+2+2-4+5-4+2 N. Brocco, *Me levava una ma* 1517/02

+2+2+2-4+5-4+3 H. Bologna, *No text.* 1540/22

+2+2+2-4+5-4+3 C. Merulo, *S'al vostro mal* 1562/06

+2+2+2-4+5-5+3 N. Brocco, *Se ben fatto* 1517/02

+2+2+2-4-5+3-2 A. Coma, *Come tutto m'ardet* 1592/12

+2+2+2-4-5+4-2 V. Ruffo, *Vergine santa d'o* 1555/31

+2+2+2-4-5+5-2 F. Corteccia, *Vatten'almo* 1539/25

+2+2+2-4-5+5+4 P. Nenna, *O soave contrada* 1582/12

+2+2+2-4-5+5-5 H. Sabino, *Nel mirar gli oc* 1581/11

+2+2+2-4+6-2-2 L. Courtoys, *Piagata man de* 1563/07

+2+2+2-4+6-2-3 B. Tromboncino, *Audi cielo* 1516/02

+2+2+2-4+8-2+2 G. Martinengo, *Del chiaro* 1570/15

+2+2+2-4+8-2-2 L. Padovano, *E non s'aveggo* 1598/07

+2+2+2-4+8-2-2 C. Verdonch, *Fiammeggiavan* 1594/07

+2+2+2-4+8-4+2 G. Contino, *Sdegna l'idali* 1557/25

+2+2+2-4+8-4+2 P. Vinci, *All'hor riprende ar* 1579/02

+2+2+2+5-3+2+2 Anonymous, *Occhi mei al pia* 1505/03

+2+2+2+5-3+2+2 A. Stabile, *D'Amor le rich* 1587/10

+2+2+2+5-3+2-2 P. Bellasio, *Hor dico che* 1578/21

+2+2+2-5+2+2+2 H. Angelini, *Questa sera ge* 1594/08

+2+2+2-5+2+2+2 G. Ferretti, *Anzi l'ardent* 1586/07

+2+2+2-5+2+2+2 Intrico, *Cosi restai senz'a* 1566/03

+2+2+2-5+2+2+2 A. Mogavero, *Diva fiamma de* 1598/06

+2+2+2-5+2+2+2 F. Portinaro, *Vergine bell* 1563/13

+2+2+2-5+2+2+2 M. Rampollini, *Qual sara ma* 1582/08

+2+2+2-5+2+2-2 C. Lambardi, *Io tacero ma* 1600/13

+2+2+2-5+2+2-2 P. Vinci, *Lagrima adunque* 1584/11

+2+2+2-5+2+2-3 M. Ingegneri, *Amor se pur sei* 1583/12

+2+2+2-5+2-2+2 J. Gero, *Felice l'alma che* 1549/31

+2+2+2-5+2-2-2 A. Marien, *Ove che posi gl* 1584/09A

+2+2+2-5+2+3-2 L. Marenzio, *Sonar le labr* 1597/13

+2+2+2-5+2-5+2 F. Luprano, *De servirti* 1505/06

+2+2+2-5+2-5+2 F. Luprano, *De servirti al* 1505/06

+2+2+2-5+2-5+2 C. Perissone, *Bella guerrie* 1554/28

+2+2+2-5+2-5+5 F. Manara, *Satiati Amor ch'* 1548/08

+2+2+2-5-2-2-2 N. Pifaro, *Ogni vermo a'l* 1505/06

+2+2+2-5-2+5+2 J. Gero, *Alla dolc'ombra de* 1582/08

+2+2+2-5-2+5-4 Anonymous, *Ch'il Paradiso* 1563/06

+2+2+2-5+3-2+2 F. Viola, *Felice chi dispen* 1548/08

+2+2+2-5+3-2-2 G. Arpa, *La persona che va* 1570/18

+2+2+2-5+3-2-3 G. Parabosco, *Giunto m'ha* 1544/22

+2+2+2-5-3+2+2 S. Boyleau, *Nascan herbette* 1599/06

+2+2+2-5-3+5-4 H. Angelini, *Questa sera ge* 1594/08

+2+2+2-5+4-2-2 G. Califano, *Pero s'io tem* 1584/07

+2+2+2-5+4-2-2 J. Gero, *Felice l'alma che* 1549/31

+2+2+2-5+4-2-2 A. Marien, *Ove che posi gl* 1584/09A

+2+2+2-5+4-2-2 Mattee, *Poi che crudel amm* 1566/10

+2+2+2-5+4-2-5 G. Parabosco, *Cantai mentre* 1544/22

+2+2+2-5-4+2+2 Anonymous, *Se pensand'al pa* 1560/13

+2+2+2-5+5+2+2 H. Naich, *Dolce pensier ch* 1544/17

+2+2+2-5+5+2+2 U. Naich, *Dolce pensier ch* 1544/17

+2+2+2-5+5+2+2 F. Portinaro, *Vergine bell* 1563/13

+2+2+2-5+5+2-2 C. Todino, *Se'l ciel non dess'* 1566/09

+2+2+2-5+5-2-2 L. Agostini, *Si amaramente* 1572/07

+2+2+2-5+5-2-2 G. Arpa, *Gran pena sente l'* 1566/09

+2+2+2-5+5-2-2 G. Nanino, *Lego questo mio* 1593/05

+2+2+2-5+5-2-3 F. Luprano, *Dissimulare* 1507/04

+2+2+2-5+5-2-3 Anonymous, *Quando rimiro'l* 1599/06

+2+2+2-5+5-2-3 F. Luprano, *Dissimulare eti* 1507/04

+2+2+2-5+5-3-2 G. Caimo, *Occhi leggiadri* 1586/19

+2+2+2-5+5-5+5 F. Corteccia, *Guardane alm* 1539/25

+2+2+2-5+8-2+2 V. Ruffo, *Ben mille volte* 1555/31

+2+2+2-5+8-5+2 Anonymous, *Sola se ne va pi* 1598/04

+2+2+2-8+2+2+2 F. Corteccia, *Donna quel fe* 1539/24

+2+2+2-8+2+2+2 A. Striggio, *Mirate a quei* 1567/23

+2+2-2-2-2+2+2 A. Anvilla, *Misero me ch'al* 1565/18
+2+2-2-2-2+2+2 J. Arcadelt, *Donna quando* 1552/21
+2+2-2-2-2+2+2 F. Azzaiolo, *Quando la ser* 1557/18
+2+2-2-2-2+2+2 A. Barre, *Ma di che debbo* 1559/18
+2+2-2-2-2+2+2 A. Barre, *Non e pena maggio* 1559/18
+2+2-2-2-2+2+2 G. Caimo, *Vola vola pensie* 1586/19
+2+2-2-2-2+2+2 M. Cara, *Veramente ogni dog* 1531/04
+2+2-2-2-2+2+2 A. Coma, *Canta il candid* 1585/22
+2+2-2-2-2+2+2 Diomedes, *Di gravi error* 1508/03
+2+2-2-2-2+2+2 Don Remigio, *Non piu pappe* 1599/06
+2+2-2-2-2+2+2 G. Dragone, *Io mi sento mor* 1588/22
+2+2-2-2-2+2+2 S. Felis, *Mira se pur scint* 1579/05
+2+2-2-2-2+2+2 A. Gabrieli, *A le guancie* 1587/16
+2+2-2-2-2+2+2 G. Gigli, *Ardo si ma non t'* 1585/17
+2+2-2-2-2+2+2 F. Luprano, *Non son quel ch* 1506/03
+2+2-2-2-2+2+2 C. Malvezzi, *Son di voi l'a* 1586/07
+2+2-2-2-2+2+2 C. Merulo, *Da le perle e ru* 1585/18
+2+2-2-2-2+2+2 C. Merulo, *Occhi che fia* 1597/13
+2+2-2-2-2+2+2 M. Pesenti, *Non e pensier che* 1507/04
+2+2-2-2-2+2+2 H. Spalenza, *Lungi lung'inf* 1599/06
+2+2-2-2-2+2+2 R. Trofeo, *Pregovi donna no* 1600/17
+2+2-2-2-2+2+2 M. Varotto, *Dialogo a* 101586/19
+2+2-2-2-2+2+2 S. Venturi, *Argo mirar potea* 1596/17
+2+2-2-2-2+2+2 P. Vergelli, *Pauolo come'l* 1564/16

+2+2-2-2-2+2-2 Anonymous, *Adoramus te Chri* 1508/03
+2+2-2-2-2+2-2 Anonymous, *Chi non ha marte* 1507/04
+2+2-2-2-2+2-2 Anonymous, *Molto piu guerr* 1563/06
+2+2-2-2-2+2-2 Anonymous, *Pace hormai che* 1505/06
+2+2-2-2-2+2-2 J. Arcadelt, *S'era forsi ri* 1539/24
+2+2-2-2-2+2-2 F. Azzaiolo, *E me levai d'u* 1557/18
+2+2-2-2-2+2-2 F. Azzaiolo, *Mille gentil* 1559/19
+2+2-2-2-2+2-2 I. Baccusi, *Ninfe leggiadr'* 1597/13
+2+2-2-2-2+2-2 G. Bonagiunta, *Un tempo sos* 1566/07
+2+2-2-2-2+2-2 G. Caimo, *Partomi donna e* 1586/19
+2+2-2-2-2+2-2 M. Cara, *Deh non fugir de* 1513/01
+2+2-2-2-2+2-2 A. Coma, *Non fu senza vende* 1585/22
+2+2-2-2-2+2-2 G. Contino, *Il capo levi so* 1561/15
+2+2-2-2-2+2-2 G. Dragone, *Io mi sento mor* 1588/22
+2+2-2-2-2+2-2 A. Ena, *Mentre col dolce* 1590/13
+2+2-2-2-2+2-2 G. Ferretti, *Un tempo sospi* 1594/08
+2+2-2-2-2+2-2 A. Gabrieli, *A le guancie* 1587/16
+2+2-2-2-2+2-2 G. Gastoldi, *Cantiam lieti* 1597/13
+2+2-2-2-2+2-2 D. Grisonio, *Unde straluso* 1564/16
+2+2-2-2-2+2-2 L. Marenzio, *Donna bella* 1577/07
+2+2-2-2-2+2-2 A. Masera, *Con affetto piet* 1598/06
+2+2-2-2-2+2-2 G. Mosto, *Quanto piu cruda* 1578/22
+2+2-2-2-2+2-2 G. Nasco, *Vostro e l'alto* 1563/07
+2+2-2-2-2+2-2 P. Quagliati, *Voglio al mon* 1585/07
+2+2-2-2-2+2-2 E. Romano, *O gloriosa colon* 1514/02
+2+2-2-2-2+2-2 H. Spalenza, *Gia si veggon* 1599/06
+2+2-2-2-2+2-2 O. Vecchi, *Son le ris'avice* 1598/08
+2+2-2-2-2+2-2 G. Wert, *In qual parte si* 1589/08

+2+2-2-2-2+2+3 F. Layolle, *Io son dell'asp* 1552/21
+2+2-2-2-2+2+3 G. Hassler, *Ardi e gela a* 1597/13
+2+2-2-2-2+2+3 L. Marenzio, *Hor pien d'alt* 1582/04
+2+2-2-2-2+2+3 A. Trombetti, *Eran le vostr* 1583/18
+2+2-2-2-2+2+3 B. Tromboncino, *Se col sgua* 1506/03
+2+2-2-2-2+2+3 O. Vecchi, *Mi vorrei trasfo* 1585/35
+2+2-2-2-2+2+3 S. Venturi, *Pargolett'e Mar* 1596/17

+2+2-2-2-2+2-3 Anonymous, *Del crud'amor* 1566/09
+2+2-2-2-2+2-3 Anonymous, *Gia felice esse* 1515/02
+2+2-2-2-2+2-3 F. Baseo, *Non piu non piu* 1573/16
+2+2-2-2-2+2-3 P. Bellasio, *Caro dolce be* 1578/21
+2+2-2-2-2+2-3 M. Cara, *Se per chieder mer* 1507/04
+2+2-2-2-2+2-3 A. Coma, *Canta il candid* 1585/22
+2+2-2-2-2+2-3 L. Marenzio, *Ecco che mill* 1591/21
+2+2-2-2-2+2-3 G. Nasco, *Oime dov'e'l mio* 1600/05
+2+2-2-2-2+2-3 A. Padovano, *O vui Greghett* 1564/16

+2+2-2-2-2+2+4 F. Layolle, *Io son dell'asp* 1552/21
+2+2-2-2-2+2+4 Anonymous, *Io son pur giont* 1561/15
+2+2-2-2-2+2+4 Anonymous, *Pur al fin convi* 1505/06
+2+2-2-2-2+2+4 F. Baseo, *Non piu non piu* 1573/16
+2+2-2-2-2+2+4 S. Cressoni, *Cacciatric'e D* 1592/12

+2+2-2-2-2+2-4 J. Bodeo, *Se fussi si pieto* 1554/28
+2+2-2-2-2+2-4 O. Caccini, *Tanti martir* 1585/21
+2+2-2-2-2+2-4 Caldarino, *Io son si vago* 1557/18
+2+2-2-2-2+2-4 R. Mel, *Deh lasciam dunqu* 1586/02
+2+2-2-2-2+2-4 S. Molinaro, *A la bocca dol* 1599/15

+2+2-2-2-2+2+5 G. Hassler, *Ardi e gela a* 1597/13
+2+2-2-2-2+2+5 S. Molinaro, *A la bocca dol* 1599/15
+2+2-2-2-2+2+5 S. Molinaro, *O dolcissima* 1599/15
+2+2-2-2-2+2+5 G. Palestrina, *Amo'e non na* 1557/24

+2+2-2-2-2+2-5 A. Ena, *Mentre col dolce* 1590/13
+2+2-2-2-2+2-5 G. Nanino, *Volgi pietosa* 1599/06

+2+2-2-2-2+2+8 L. Marenzio, *Hor pien d'alt* 1582/04

+2+2-2-2-2-2+2 F. Luprano, *Dammi almen* 1505/05
+2+2-2-2-2-2+2 Anonymous, *Donna d'altri pi* 1506/03
+2+2-2-2-2-2+2 Anonymous, *Poi che tale e* 1507/04
+2+2-2-2-2-2+2 Anonymous, *Qual e'l cor no* 1509/02
+2+2-2-2-2-2+2 Anonymous, *Scis'a una font'* 1565/12
+2+2-2-2-2-2+2 Anonymous, *Tu miri o vago* 1595/03
+2+2-2-2-2-2+2 G. Belli, *Sospiro la mia Do* 1592/14
+2+2-2-2-2-2+2 C. Borghese, *Morte non m'od* 1568/12
+2+2-2-2-2-2+2 M. Effrem, *Perche non m'am* 1574/06
+2+2-2-2-2-2+2 G. Ferretti, *Un tempo sospi* 1594/08
+2+2-2-2-2-2+2 M. Iacovelli, *Se ridi ride* 1588/23
+2+2-2-2-2-2+2 O. Lasso, *S'io esca vivo* 1579/02
+2+2-2-2-2-2+2 F. Luprano, *Dammi almen l'u* 1505/05
+2+2-2-2-2-2+2 L. Marenzio, *Non al suo ama* 1594/07
+2+2-2-2-2-2+2 C. Merulo, *Da le perle e ru* 1585/18
+2+2-2-2-2-2+2 A. Morsolino, *Come sperar poss* 1594/15
+2+2-2-2-2-2+2 G. Mosto, *Quanto piu cruda* 1578/22
+2+2-2-2-2-2+2 F. Papini, *Qual delicato,* 1600/05
+2+2-2-2-2-2+2 A. Pevernage, *Con humiliat* 1583/14
+2+2-2-2-2-2+2 G. Policretto, *Lo mar i fum* 1571/09
+2+2-2-2-2-2+2 H. Spalenza, *Lungi lung'inf* 1599/06
+2+2-2-2-2-2+2 B. Tromboncino, *La non sta* 1513/01
+2+2-2-2-2-2+2 O. Vecchi, *La sua bara port* 1598/06
+2+2-2-2-2-2+2 R. Vecoli, *E si pietosa e* 1577/10
+2+2-2-2-2-2+2 H. Vidue, *Si che s'io viss* 1566/03
+2+2-2-2-2-2+2 G. Wert, *In qual parte si* 1589/08

+2+2-2-2-2-2-2 Anonymous, *Io son pur giont* 1561/15
+2+2-2-2-2-2-2 Anonymous, *Se la mia vita* 1554/28
+2+2-2-2-2-2-2 J. Arcadelt, *Apri'l mio dol* 1539/24
+2+2-2-2-2-2-2 J. Arcadelt, *Fatto son esc* 1544/16
+2+2-2-2-2-2-2 A. Barre, *Deh ferm'amor cos* 1559/18
+2+2-2-2-2-2-2 L. Bati, *Gia viss'io press* 1594/11
+2+2-2-2-2-2-2 J. Berchem, *Et beato colui ch* 1560/10
+2+2-2-2-2-2-2 E. Bonizzoni, *Poi che madon* 1569/25
+2+2-2-2-2-2-2 A. Capriolo, *Una leggiadra* 1509/02
+2+2-2-2-2-2-2 S. Cressoni, *Cacciatric'e D* 1592/12
+2+2-2-2-2-2-2 A. Gabrieli, *In dar Natura* 1583/12
+2+2-2-2-2-2-2 R. Giovanelli, *Quando il* 1585/07
+2+2-2-2-2-2-2 G. Macque, *Cosi di Croce ar* 1592/05
+2+2-2-2-2-2-2 C. Malvezzi, *Vago dolce e bell* 1583/16
+2+2-2-2-2-2-2 L. Marenzio, *Ero cosi dice* 1588/17
+2+2-2-2-2-2-2 A. Martorello, *Pura e genti* 1547/17
+2+2-2-2-2-2-2 R. Mel, *Deh lasciam dunqu* 1586/02
+2+2-2-2-2-2-2 S. Molinaro, *A la bocca dol* 1599/15
+2+2-2-2-2-2-2 M. Pesenti, *Sempre le come* 1504/04
+2+2-2-2-2-2-2 P. Quagliati, *Voglio al mon* 1585/07
+2+2-2-2-2-2-2 A. Savioli, *Bacciai ma che* 1600/16
+2+2-2-2-2-2-2 A. Striggio, *Dolorosi marti* 1577/07

+2+2-2-2-2-2+3 L. Agostini, *Nel bel terren* 1572/07
+2+2-2-2-2-2+3 Anonymous, *Non e amor che* 1570/21
+2+2-2-2-2-2+3 Anonymous, *Non posso haver* 1506/03
+2+2-2-2-2-2+3 Anonymous, *Piglia te l'alm* 1562/10
+2+2-2-2-2-2+3 Don Remigio, *Non piu fasce* 1599/06
+2+2-2-2-2-2+3 C. Stella, *Sento dentr'al* 1587/12

+2+2-2-2-2-2-3 Anonymous, *Avendo in la mi* 1509/02
+2+2-2-2-2-2-3 Anonymous, *Poi che tale e* 1507/04

+2+2-2-2-2-2+4 Anonymous, *Donna d'altri pi* 1506/03
+2+2-2-2-2-2+4 Anonymous, *Se non voi pensa* 1505/03
+2+2-2-2-2-2+4 G. Gabrieli, *Voi ch'ascolta* 1575/15
+2+2-2-2-2-2+4 O. Vecchi, *Ond'avien che* 1589/08

+2+2-2-2-2-2-4 G. Dragone, *Io mi sento mor* 1588/22

+2+2-2-2-2-2+5 Anonymous, *Un temp'ogn'hor* 1566/09

+2+2-2-2-2-2+5 L. Compere, *Scaramella fa* 1505/05
+2+2-2-2-2-2+5 G. Croce, *Occhi mentre mira* 1598/06

+2+2-2-2-2-2+8 G. Hassler, *Ardi e gela a* 1597/13
+2+2-2-2-2-2+8 G. Lombardo, *Non son ris'av* 1598/08

+2+2-2-2-2+3+2 Don Remigio, *Non piu fasce* 1599/06
+2+2-2-2-2+3+2 G. Macque, *Moriro di dolor* 1583/15
+2+2-2-2-2+3+2 C. Malvezzi, *Vago dolce e bell* 1583/16
+2+2-2-2-2+3+2 C. Perissone, *Perche la vit* 1547/14
+2+2-2-2-2+3+2 G. Renaldi, *Deh torna a me* 1569/32
+2+2-2-2-2+3+2 H. Spalenza, *Lungi lung'inf* 1599/06
+2+2-2-2-2+3+2 A. Striggio, *Poiche ti piac* 1589/06

+2+2-2-2-2+3-2 G. Ancina, *Se dal freddo Aq* 1599/06
+2+2-2-2-2+3-2 Anonymous, *Passero la vita* 1506/03
+2+2-2-2-2+3-2 L. Compere, *Scaramella fa* 1505/05
+2+2-2-2-2+3-2 B. Tromboncino, *Vale diva* 1504/04

+2+2-2-2-2+3+3 N. Brocco, *Per servirte per* 1507/04

+2+2-2-2-2-3+2 Don Remigio, *Non piu fasce* 1599/06
+2+2-2-2-2-3+2 G. Moscaglia, *Occhi leggiad* 1585/29
+2+2-2-2-2-3+2 G. Paratico, *Il bel viso ch* 1588/25
+2+2-2-2-2-3+2 G. Primavera, *Qual nav'in* 1585/31
+2+2-2-2-2-3+2 F. Soto, *O glorioso corpo* 1600/05

+2+2-2-2-2-3+3 Anonymous, *Altri goda al tu* 1595/03
+2+2-2-2-2-3+3 G. Gastoldi, *O che morte gr* 1592/14

+2+2-2-2-2-3-3 G. Gastoldi, *O che morte gr* 1592/14

+2+2-2-2-2+4+2 G. Caimo, *Vola vola pensie* 1586/19
+2+2-2-2-2+4+2 A. Coma, *Rugiadose vid'io V* 1585/22
+2+2-2-2-2+4+2 L. Compere, *Scaramella fa* 1505/05
+2+2-2-2-2+4+2 C. Perissone, *Perche la vit* 1547/14

+2+2-2-2-2+4-2 Anonymous, *S'el partir m'in* 1505/06
+2+2-2-2-2+4-2 F. Azzaiolo, *Da l'horto se* 1557/18
+2+2-2-2-2+4-2 G. Caimo, *Vola vola pensie* 1586/19
+2+2-2-2-2+4-2 G. Croce, *Quand'il cor mi* 1590/15
+2+2-2-2-2+4-2 L. Marenzio, *Ero cosi dice* 1588/17
+2+2-2-2-2+4-2 P. Monte, *Amorosi pensieri* 1583/15
+2+2-2-2-2+4-2 H. Naich, *Dolce pensier ch* 1544/17
+2+2-2-2-2+4-2 U. Naich, *Dolce pensier ch* 1544/17
+2+2-2-2-2+4-2 G. Paratico, *Il bel viso ch* 1588/25

+2+2-2-2-2+4-3 Anonymous, *Non posso haver* 1506/03
+2+2-2-2-2+4-3 Anonymous, *Poi ch'el ciel* 1507/03
+2+2-2-2-2+4-3 A. Capriolo, *Chi propitio* 1509/02
+2+2-2-2-2+4-3 M. Cara, *Pone un basso e l'* 1505/04
+2+2-2-2-2+4-3 G. Dragone, *Io mi sento mor* 1588/22
+2+2-2-2-2+4-3 B. Tromboncino, *Ben mi crede* 1514/02
+2+2-2-2-2+4-3 S. Venturi, *A canuto Pastore* 1596/17

+2+2-2-2-2+4+4 G. Moro, *Tu morest'in quel* 1585/28

+2+2-2-2-2+4-4 G. Ascanio, *Ardo si ma non* 1585/17

+2+2-2-2-2+5-2 G. Ancina, *Se dal freddo Aq* 1599/06

+2+2-2-2-2-5+3 P. Quagliati, *Voglio al mon* 1585/07

+2+2-2-2-2-5+4 Anonymous, *Del crud'amor* 1566/09

+2+2-2-2-2-5+5 G. Dragone, *Io mi sento mor* 1588/22

+2+2-2-2-2-5+6 L. Marenzio, *Hor pien d'alt* 1582/04

+2+2-2-2-2+6-2 G. Croce, *Quand'il cor mi* 1590/15

+2+2-2-2-2-8+8 G. Anerio, *Alta armonia gen* 1599/06

+2+2-2-2+3+2+2 O. Caccini, *Rallegrano il* 1585/21
+2+2-2-2+3+2+2 G. Wert, *Quanto lieto vi mi* 1583/12

+2+2-2-2+3+2-2 J. Arcadelt, *Dolci parole* 1552/21
+2+2-2-2+3+2-2 B. Castellino, *Cangia pensier* 1570/19
+2+2-2-2+3+2-2 O. Vecchi, *Non son ris'avic* 1598/08
+2+2-2-2+3+2-2 G. Zarlino, *Quand'il soave* 1567/16

+2+2-2-2+3+2-3 G. Bassano, *Amore mi sforz'* 1571/11

+2+2-2-2+3-2+2 G. da Nola, *Gran temp'e sta* 1570/27
+2+2-2-2+3-2+2 Anonymous, *Com'angel che gr* 1598/04

+2+2-2-2+3-2-2 G. da Nola, *Le gioie dell'a* 1570/27
+2+2-2-2+3-2-2 B. Tromboncino, *Ostinato* 1509/02

+2+2-2-2+3-2+3 G. Primavera, *Gola che perl* 1569/31

+2+2-2-2+3-2-4 Anonymous, *Noi v'habbia don* 1544/22

+2+2-2-2+3-3+2 C. Ardesi, *Chi crederia ta* 1597/19
+2+2-2-2+3-3+2 P. Monte, *Dolor lagrime agl* 1568/12

+2+2-2-2+3-3-2 G. Conversi, *Quando mi mir* 1583/14

+2+2-2-2+3-3+3 G. Violanti, *O saette d'amo* 1583/14

+2+2-2-2+3-4+2 G. Ascanio, *Ardo si ma non* 1585/17

+2+2-2-2+3-5+2 C. Rore, *Madonn'hormai mil* 1564/16

+2+2-2-2-3+2+2 Anonymous, *Gaude flore virg* 1508/03
+2+2-2-2-3+2+2 G. Florio, *Amor e fatto cap* 1566/07
+2+2-2-2-3+2+2 A. Gabrieli, *Le piante all* 1589/14
+2+2-2-2-3+2+2 R. Mel, *Lucida Margherit* 1585/26

+2+2-2-2-3+2+3 C. Perissone, *Chi mett'il* 1547/14

+2+2-2-2-3-2+2 G. Belli, *Sospiro la mia Do* 1592/14

+2+2-2-2-3-2+4 P. Monte, *Io t'ho vedut'in* 1568/13
+2+2-2-2-3-2+4 G. Torelli, *Scaltro Amor in* 1594/16

+2+2-2-2-3+3+2 A. Barre, *Ma di che debbo* 1559/18

+2+2-2-2-3+3-2 P. Stabile, *Voi volete ch'i* 1585/32

+2+2-2-2-3-3+2 O. Caccini, *Rallegrano il* 1585/21

+2+2-2-2-3+4-2 Caldarino, *Cosi soav'e'l fu* 1559/18
+2+2-2-2-3+4-2 I. Hesdimdis, *Tuc'io il mun* 1510/

+2+2-2-2-3+5-5 G. da Nola, *Mirat'in quant* 1570/27

+2+2-2-2+4+2-2 G. da Nola, *Occhi miei oscurat* 1570/27
+2+2-2-2+4+2-2 G. da Nola, *Tosto ch'il so* 1557/17
+2+2-2-2+4+2-2 G. Caimo, *Bene mio tu m'ha* 1586/19
+2+2-2-2+4+2-2 G. Violanti, *Che t'ho fatt* 1574/05

+2+2-2-2+4-2+2 G. da Nola, *Mirat'in quant* 1570/27
+2+2-2-2+4-2+2 Anonymous, *Ne forza d'acqu* 1571/07
+2+2-2-2+4-2+2 P. Monte, *Alma ben nata se* 1583/15

+2+2-2-2+4-2-2 F. Stivori, *Di fior'ecco la* 1595/07
+2+2-2-2+4-2-2 B. Tromboncino, *Gentil atto* 1517/02

+2+2-2-2+4-2-3 Anonymous, *Io son pur giont* 1561/15

+2+2-2-2+4-2+4 M. Pesenti, *Deh chi me sa* 1507/04

+2+2-2-2+4-2-8 Anonymous, *Pianger e sospir* 1571/07

+2+2-2-2+4-3+2 Anonymous, *Se mai fo tuo* 1505/06
+2+2-2-2+4-3+2 G. Primavera, *Gola che perl* 1569/31
+2+2-2-2+4-3+2 L. Marenzio, *Leggiadrissim* 1591/21
+2+2-2-2+4-3+2 G. Primavera, *Gola che perl* 1569/31

+2+2-2-2+4-3+3 G. da Nola, *Occhi miei oscurat* 1570/27
+2+2-2-2+4-3+3 O. Lasso, *Et a noi restara* 1559/23

+2+2-2-2-4+2+2 E. Bonizzoni, *Misero me ch* 1569/25
+2+2-2-2-4+2+2 C. Monteverdi, *Se non mi dat* 1594/15
+2+2-2-2-4+2+2 C. Rore, *Madonn'hormai mil* 1564/16

+2+2-2-2-4+3-2 C. Rore, *Che gentil pianat* 1548/09

+2+2-2-2-4+4-2 R. Giovanelli, *Bella d'amor* 1591/12

+2+2-2-2-4+4+5 P. Nenna, *Qui si raggiona* 1582/12

+2+2-2-2+5+2+2 C. Veggio, *Cornelia mia, s'* 1540/19

+2+2-2-2+5+2-3 Anonymous, *Fortuna desperat* 1504/03

+2+2-2-2+5-2-2 G. da Nola, *Come faro cor* 1570/27
+2+2-2-2+5-2-2 G. Gorzanis, *Amor tu m'hai* 1570/32

+2+2-2-2+5-8+2 C. Merulo, *Amorosetto Neo* 1592/15

+2+2-2-2-5+3-2 J. Arcadelt, *S'infinita bel* 1544/17

+2+2-2-2-5+4+2 C. Merulo, *Da le perle e ru* 1585/18

+2+2-2-2-5+4-3 P. Clerico, *Al dolce vostr* 1562/15
+2+2-2-2-5+4-3 C. Merulo, *Da le perle e ru* 1585/18
+2+2-2-2-5+4-3 P. Parma, *Al dolce vostro* 1562/15

+2+2-2-2-5+5-2 H. Naich, *I soventi martir* 1544/17
+2+2-2-2-5+5-2 U. Naich, *I soventi martir* 1544/17

+2+2-2-2+8-2-2 G. Violanti, *O saette d'amo* 1583/14

+2+2-2-2-8+2+2 G. Wert, *Quanto lieto vi mi* 1583/12

+2+2-2+3+2+2-2 S. Felis, *Et s'io'l consent* 1573/16

+2+2-2+3+2+2-5 Anonymous, *Ianni del luort* 1537/05

+2+2-2+3-2+2+2 Anonymous, *Mille sospir la* 1559/18
+2+2-2+3-2+2+2 O. Lasso, *Se ben l'empia mi* 1588/24

+2+2-2+3-2+2-2 Anonymous, *Tranquillo port* 1583/13

+2+2-2+3-2+2+3 Anonymous, *Quel ch'io poss* 1505/04

+2+2-2+3-2+2-3 Anonymous, *Tanto mi si tras* 1560/12

+2+2-2+3-2+2-4 S. Venturi, *Gia desia trapa* 1596/17

+2+2-2+3-2-2+2 Anonymous, *Tanto mi si tras* 1560/12
+2+2-2+3-2-2+2 Anonymous, *Vita mia cara vi* 1567/17
+2+2-2+3-2-2+2 B. Donato, *Piu leggiadr'e* 1550/19
+2+2-2+3-2-2+2 B. Donato, *Piu potente e pi* 1600/05
+2+2-2+3-2-2+2 B. Donato, *Piu leggiadr'e* 1550/19
+2+2-2+3-2-2+2 B. Donato, *Piu potente e pi* 1600/05
+2+2-2+3-2-2+2 C. Veggio, *La misera farfel* 1585/28

+2+2-2+3-2-2-2 Anonymous, *Quel ch'io poss* 1505/04
+2+2-2+3-2-2-2 O. Lasso, *Solo n'andro col* 1569/19
+2+2-2+3-2-2-2 S. Molinaro, *A la bocca dol* 1599/15
+2+2-2+3-2-2-2 G. Palestrina, *Se gli e pu* 1560/10
+2+2-2+3-2-2-2 N. Pifaro, *Ogni vermo a'l* 1505/06
+2+2-2+3-2-2-2 C. Rore, *Vedrai biondi cape* 1565/18

+2+2-2+3-2-2+3 B. Tromboncino, *Questo mond* 1509/02
+2+2-2+3-2-2+3 A. Willaert, *Un giorno mi* 1548/11

+2+2-2+3-2-2+4 C. Verdonch, *Dissi a l'amat* 1590/19

+2+2-2+3-2+3+2 C. Verdonch, *Donna bella* 1594/08

+2+2-2+3-2-3-2 G. Policretto, *O saporito* 1571/09

+2+2-2+3-2-3+3 C. Perissone, *Io amai sempr* 1547/14

+2+2-2+3-2-3-3 S. Gonzaga, *Tosto ch'in do* 1562/15

+2+2-2+3-2-3+4 P. Monte, *Si dolcemente amo* 1567/15

+2+2-2+3-3+2+2 S. Cornetto, *Perche mi fai* 1581/07

+2+2-2+3-3-2-2 A. Gabrieli, *Tirsi che fai* 1587/16

+2+2-2+3-3+3-3 A. Bergamasco, *Donna la bel* 1582/04

+2+2-2+3-3-3+3 H. Chamatero, *Al'ultimo bis* 1561/13

+2+2-2+3-4+2+2 P. Vergelli, *Pauolo come'l* 1564/16

+2+2-2+3+5-2-2 A. Bergamasco, *Donna la bel* 1582/04

+2+2-2+3-5-2+6 O. Lasso, *Se ben l'empia mi* 1588/24

+2+2-2-3+2+2+2 G. Gostena, *Deh perche non* 1589/13
+2+2-2-3+2+2+2 F. Portinaro, *Se mai quest'* 1563/13
+2+2-2-3+2+2+2 A. Striggio, *Dolorosi marti* 1577/07
+2+2-2-3+2+2+2 A. Willaert, *Vecchie letros* 1548/11

+2+2-2-3+2+2-2 Anonymous, *Su alma generosa* 1580/06
+2+2-2-3+2+2-2 P. Bellasio, *Quel dolcissim* 1592/14

+2+2-2-3+2+2-3 O. Lasso, *Deh hor foss'io co* 1560/10

+2+2-2-3+2+2-4 A. Barges, *Quando ti vegg'a* 1550/18
+2+2-2-3+2+2-4 G. Gigli, *Ardo si ma non t'* 1585/17

+2+2-2-3+2-2-2 J. Arcadelt, *Amor a talla* 1544/16
+2+2-2-3+2-2-2 S. Baldis, *Guerra guerra ce* 1574/06

+2+2-2-3+2-2-3 B. Tromboncino, *Ogni mal d'* 1520/07

+2+2-2-3+2+3+2 G. Gallo, *Non posso dir di* 1597/20

+2+2-2-3+2+3-2 P. Monte, *Occhi vagh'amoros* 1593/05

+2+2-2-3+2-3+2 Nollet, *Partomi donna e te* 1546/19
+2+2-2-3+2-3+2 H. Sabino, *Cosi le chiome* 1594/07

+2+2-2-3+2-3-2 Anonymous, *All'apparir dell* 1570/33
+2+2-2-3+2-3-2 G. Gorzanis, *Da che si part* 1570/32
+2+2-2-3+2-3-2 P. Monte, *Occhi vagh'amoros* 1593/05
+2+2-2-3+2-3-2 A. Perugino, *All'apparir dell* 1571/09

+2+2-2-3+2-3+5 R. Montagnana, *Prima ch'io* 1558/17

+2+2-2-3+2-4+2 J. Arcadelt, *Perche la vit'* 1559/19

+2+2-2-3-2+2+2 G. Pizzoni, *Poco e signor* 1582/14
+2+2-2-3-2+2+2 A. Trombetti, *Ardi e gela* 1586/21

+2+2-2-3-2-2+2 P. Clerico, *Dura legge d'Am* 1562/15
+2+2-2-3-2-2+2 P. Parma, *Dura legge d'Amor* 1562/15

+2+2-2-3-2+5-2 B. Tromboncino, *E la va com* 1513/01

+2+2-2-3+3+2+2 Anonymous, *Dolci rime leggi* 1583/13
+2+2-2-3+3+2+2 M. Varotto, *Ella m'asperse* 1586/19

+2+2-2-3+3+2-2 T. Angelio, *Un tempo piansi* 1585/21
+2+2-2-3+3+2-2 P. Bellasio, *Quel dolcissim* 1592/14
+2+2-2-3+3+2-2 P. Nenna, *Qui si ragiona* 1582/12

+2+2-2-3+3-2+2 F. Azzaiolo, *E me levai,* 1569/24

+2+2-2-3+3-2-2 J. Arcadelt, *Amor a talla* 1544/16

+2+2-2-3+3+3+2 A. Marien, *Una parte del mond* 1584/09A

+2+2-2-3-3+2+2 B. Tromboncino, *Chi se fida* 1505/04

+2+2-2-3-3+4-2 E. Bonizzoni, *Poi che madon* 1569/25

+2+2-2-3+4-2+2 G. da Nola, *Io procaccio ma* 1560/10
+2+2-2-3+4-2+2 D. Ferabosco, *Ma se del mi* 1544/17

+2+2-2-3+4-2-2 G. Pizzoni, *Sta notte mi so* 1582/14
+2+2-2-3+4-2-2 A. Willaert, *O bene mio fa* 1548/11

+2+2-2-3+4-3+4 F. Portinaro, *Vergine bell* 1563/13

+2+2-2-3-5+5+3 P. Monte, *Ohime deh perch'a* 1568/13

+2+2-2+4+2-2-2 B. Pallavicino, *Cara e dolc* 1586/09

+2+2-2+4+2-5+2 P. Monte, *Che fai alma che* 1585/18

+2+2-2+4-2+2-3 P. Bellasio, *Una candida ma* 1595/07

+2+2-2+4-2-2+2 G. da Nola, *In te i secret* 1573/16
+2+2-2+4-2-2+2 Anonymous, *Chi me l'havess* 1555/30
+2+2-2+4-2-2+2 S. Molinaro, *Ingrata ahi la* 1599/15

+2+2-2+4-2-2+2 N. Pifaro, *Per amor fata so* 1507/04
+2+2-2+4-2-2+2 B. Tromboncino, *Questo mond* 1509/02

+2+2-2+4-2-2-2 Anonymous, *Tutt'il di piango* 1546/19
+2+2-2+4-2-2-2 Anonymous, *Vergine santa gl* 1563/06
+2+2-2+4-2-2-2 F. Portinaro, *Ne si vagh'o* 1563/13
+2+2-2+4-2-2-2 B. Tromboncino, *Ecco che pe* 1507/03
+2+2-2+4-2-2-2 H. Waelrant, *Vorria morire* 1594/08

+2+2-2+4-2-2-3 H. Chamatero, *Mentre Lutio* 1561/13

+2+2-2+4-2-3+2 G. Palestrina, *Se ben non* 1561/10
+2+2-2+4-2-3+2 F. Portinaro, *Questa luce* 1563/13

+2+2-2+4-2+5-4 F. Portinaro, *Ne si vagh'o* 1563/13

+2+2-2+4-3+2-2 Anonymous, *Basciami vita mi* 1560/13
+2+2-2+4-3+2-2 G. Ferretti, *Basciami vita* 1594/08

+2+2-2+4-3+2-5 H. Chamatero, *Mentre Lutio* 1561/13

+2+2-2+4-3-2-2 G. Gabrieli, *Voi ch'ascolta* 1575/15

+2+2-2+4-3-3+2 M. Hermann, *O signori itali* 1552/23

+2+2-2+4-3-3+4 V. Bellhaver, *Cantemo zazer* 1570/17
+2+2-2+4-3-3+4 V. Bellhaver, *E ti Cuffett* 1566/07

+2+2-2+4-3+4-2 A. Gabrieli, *Se mi degnasti* 1589/14

+2+2-2+4+4-2-2 A. Savioli, *Ecco due gran* 1600/16

+2+2-2+4-4+2-3 F. Roussel, *Celeste d'amor* 1561/10

+2+2-2+4-4-3+2 G. Massarengo, *Poi che in tut* 1591/22

+2+2-2+4-4-4-2 Anonymous, *Porta ognum al* 1509/02

+2+2-2+4-5+2+2 G. Pratoneri, *Dal mio Laur* 1583/10

+2+2-2+4-5-3+3 A. Romano, *Non pur d'almi* 1561/10

+2+2-2-4+2+2-2 P. Monte, *Deh dov'e l'alma* 1568/12

+2+2-2-4+2+2-3 M. Cancino, *Chi mi terra po* 1590/21
+2+2-2-4+2+2-3 M. Cancino, *Chi mi terra po* 151590/21

+2+2-2-4+2-2+3 G. Caimo, *Bene mio tu m'ha* 1586/19

+2+2-2-4+3+2-3 G. Primavera, *Misero me ch* 1585/31

+2+2-2-4+3-2-2 M. Cancino, *Era ne la stagi* 1590/21

+2+2-2+5-2-2-2 G. Gigli, *Ardo si ma non t'* 1585/17

+2+2-2+5-3-2-2 P. Bellasio, *E poich'egli* 1595/07

+2+2-2-5+3-4+2 O. Vecchi, *Il Cocodrillo ge* 1585/35

+2+2-2-5+3+5+2 G. da Nola, *Come faro cor* 1570/27

+2+2-2-5+4-2+2 V. Nerito, *Se'l mio morir* 1597/13

+2+2-2-5+4-2-3 C. Festa, *Veggi'hor con gl* 1549/31

+2+2-2-5+4-3+2 A. Trombetti, *Qui pria s'as* 1583/18

+2+2-2-5+5+2+2 A. Trombetti, *Le piu belle* 1586/21

+2+2-2-5+5+2-3 P. Philipps, *Voi volete ch'* 1594/07

+2+2-2-5+5-5+5 P. Lodi, *Dhe credete donna* 1514/02

+2+2-2-5+6-5+2 F. Baseo, *Non so non so ch* 1573/17

+2+2-2-5+8+2-2 J. Modena, *No text.* 1540/22

+2+2-2-5+8-5+4 F. Guidani, *Spezza amor ch'* 1573/17

+2+2-2-8+2+7-2 B. Tromboncino, *La non sta* 1513/01

+2+2+3+2-5+2 C. Rore, *Chi vol veder tutt* 1565/18

+2+2+3+2-2+2-2 G. Palestrina, *Et di voi no* 1560/10

+2+2+3+2-2+2-3 A. Perugino, *M'e nemico lo* 1570/19

+2+2+3+2-2-2-2 Anonymous, *Esclare ci da ma* 1583/04

+2+2+3+2-2+3-2 C. Antegnati, *Dolce mio be* 1589/08
+2+2+3+2-2+3-2 P. Vinci, *Occhi miei oscurat* 1567/24

+2+2+3+2-3+2+2 G. Torelli, *Nei bei celest* 1594/16

+2+2+3+2-3+2-3 G. Dragone, *Partisi ahi du* 1588/22

+2+2+3+2-3-2+2 M. Varotto, *Dialogo a* 101586/19

+2+2+3+2-4-2-2 G. Guami, *Fuggi fuggi dolo* 1598/10

+2+2+3+2-4+3+2 L. Bertani, *La giovinetta* 1583/10

+2+2+3+2-4+3-2 P. Monte, *Che fai alma che* 1585/18

+2+2+3+2-4-3+2 L. Bertani, *La giovinetta* 1583/10

+2+2+3-2+2+2-2 G. Spataro, *Tenebre factae* 1508/03

+2+2+3-2+2-3+2 M. Cara, *Chi l'aria mai cre* 1509/02

+2+2+3-2+2-3-2 Anonymous, *Vergine pura* 1598/04
+2+2+3-2+2-3-2 G. Fogliano, *Pomi in cielo* 1547/16
+2+2+3-2+2-3-2 S. Gonzaga, *Tosto ch'in do* 1562/15

+2+2+3-2+2-3-5 B. Tromboncino, *Deh per di* 1504/04

+2+2+3-2+2-4+2 Anonymous, *Fugge dagl'occhi* 1599/06
+2+2+3-2+2-4+2 Anonymous, *Vergine pura* 1598/04

+2+2+3-2+2-5+2 G. Nanino, *Questa si bianc* 1587/10

+2+2+3-2+2-8-2 B. Tromboncino, *Io son quel* 1505/06

+2+2+3-2-2+2+2 M. Comis, *Chi nol sa di ch'* 1568/12

+2+2+3-2-2+2-2 Anonymous, *Di peccator perc* 1585/07
+2+2+3-2-2+2-2 E. Bonizzoni, *Dolci colli* 1569/25

+2+2+3-2-2+2-3 C. Porta, *Se'lampeggiar de* 1586/07

+2+2+3-2-2-2+2 G. Primavera, *La pena de* 1569/31
+2+2+3-2-2-2+2 L. Marenzio, *Dissi a l'amat* 1593/05
+2+2+3-2-2-2+2 F. Meo, *Per miei prieghi* 1570/19
+2+2+3-2-2-2+2 G. Primavera, *La pena del* 1569/31
+2+2+3-2-2-2+2 P. Vecoli, *Deh come dest'am* 1581/12
+2+2+3-2-2-2+2 C. Veggio, *Come un sorver chi* 1540/19
+2+2+3-2-2-2+2 P. Vinci, *Del vostro nome* 1564/20

+2+2+3-2-2-2-2 Anonymous, *Ave nostra salu* 1508/03
+2+2+3-2-2-2-2 Anonymous, *Come assettata* 1598/04
+2+2+3-2-2-2-2 Anonymous, *T'haggio voluto'* 1570/21
+2+2+3-2-2-2-2 G. Capuano, *Signor par ch'e* 1574/06
+2+2+3-2-2-2-2 M. Cara, *Pone un basso e l'* 1505/04
+2+2+3-2-2-2-2 Diomedes, *Di gravi error* 1508/03
+2+2+3-2-2-2-2 S. Festa, *O passi sparsi* 1526/06
+2+2+3-2-2-2-2 L. Marenzio, *'Bianchi Cigni* 1589/08
+2+2+3-2-2-2-2 A. Padovano, *Prima ch'i tor* 1561/15

+2+2+3-2-2-2-3 G. Coudenno, *Donna la rimem* 1584/11

+2+2+3-2-2-2+4 S. Venturi, *Porta gl'occhi* 1598/14

+2+2+3-2-2-2+8 C. Rore, *Fera gentil che co* 1568/19

+2+2+3-2-2+3+2 J. Gero, *S'io havessi tant'* 1541/02

+2+2+3-2-2+3-2 J. Lulinus, *Vale iniqua ho* 1514/02

+2+2+3-2-2-3+2 Anonymous, *Ben fu il nome* 1595/07
+2+2+3-2-2-3+2 H. Ghibellini, *Il suo Tito* 1568/12
+2+2+3-2-2-3+2 G. Renaldi, *Come di voi pi* 1569/32

+2+2+3-2-2-3-2 A. Morsolino, *Come sperar poss* 1594/15

+2+2+3-2-2-3+3 G. Torelli, *All'arme o Dio* 1594/16

+2+2+3-2-2+4-2 Anonymous, *Occhi mei al pia* 1505/03

+2+2+3-2-2-5+2 O. Lasso, *Chiara fontana* 1559/23

+2+2+3-2-2-5-2 P. Vinci, *Amor tu'l senti* 1564/20

+2+2+3-2-2+6-5 G. Renaldi, *Come di voi pi* 1569/32

+2+2+3-2+3+2-2 H. Chamatero, *Non vedi amo* 1561/13

+2+2+3-2+3-2-2 F. Portinaro, *Da bei rami* 1563/13

+2+2+3-2+3-5-2 P. Monte, *Piangi mi dic'ho* 1568/12

+2+2+3-2+4-3-3 M. Comis, *Chi nol sa di ch'* 1568/12

+2+2+3-2+5-2+2 A. Perugino, *M'e nemico lo* 1570/19

+2+2+3-2+5-5+4 A. Perugino, *M'e nemico lo* 1570/19

+2+2+3-2-5+4-2 A. Antico, *S'il focho in ch* 1513/01

+2+2+3+3-5-4+3 A. Willaert, *In te Marte* 1548/09

+2+2+3-3+2+2+2 F. Anerio, *D'un si bel foc* 1593/05
+2+2+3-3+2+2+2 L. Bati, *Se di cener'il vol* 1594/11

+2+2+3-3+2-2-2 Anonymous, *Al mio crudo par* 1595/03

+2+2+3-3-2+2-2 Anonymous, *O soave contrad* 1583/13

+2+2+3-3-2+2-3 Anonymous, *O soave contrad* 1583/13

+2+2+3-3-2-2+2 C. Rore, *E ne la face de be* 1593/05

+2+2+3-3-2-2-2 O. Griffi, *L'aura soave e* 1586/09

+2+2+3-3-2-3+4 J. Persoens, *Deh perche ina* 1570/28

+2+2+3-3-2-4+4 C. Rore, *Se com'il biondo* 1568/19

+2+2+3-3+3-2-2 A. Martorello, *Amor che mi* 1547/17

+2+2+3-3-3+5-2 L. Marenzio, *Lucida perla* 1597/13

+2+2+3-3+4-2-2 P. Masnelli, *Ardo si ma non* 1585/17

+2+2+3-3-5+4-2 G. Dragone, *Partisi ahi du* 1588/22

+2+2+3-4+2+2-2 C. Lambardi, *Aventuroso vel* 1600/13

+2+2+3-4+2-3+2 S. d'Aranda, *Padre del cie* 1571/12

+2+2+3-4+2-4+3 L. Bati, *A pena potev'io be* 1594/11

+2+2+3-4-3+4-2 C. Perissone, *Io amai sempr* 1547/14

+2+2+3-5-3+2+2 P. Vinci, *Passa la nave mi* 1583/19

+2+2+3-5+4-2+2 S. Molinaro, *Indi sovra l'a* 1599/15

+2+2+3-5+5-2-2 B. Roi, *Al suo apparir* 1589/07

+2+2+3-8+4-6+5 Anonymous, *Non voglio vive* 1598/04

+2+2-3+2+2+2+2 Anonymous, *Da poi nocte vie* 1507/04
+2+2-3+2+2+2+2 Anonymous, *Dunque fia ver* 1554/28
+2+2-3+2+2+2+2 Anonymous, *Non fur mai tutt* 1583/13
+2+2-3+2+2+2+2 Anonymous, *Quando ti sguard* 1563/06
+2+2-3+2+2+2+2 Anonymous, *Seria il mio ser* 1510/
+2+2-3+2+2+2+2 J. Arcadelt, *Donna quando* 1552/21
+2+2-3+2+2+2+2 R. Coronetta, *Al grato suo* 1598/07
+2+2-3+2+2+2+2 L. Marenzio, *Bianchi Cigni* 1589/08
+2+2-3+2+2+2+2 G. Nanino, *Da bei vostr'occ* 1586/18
+2+2-3+2+2+2+2 B. Pallavicino, *Hor che soave* 1586/09
+2+2-3+2+2+2+2 F. Portinaro, *Di pensier* 1563/13
+2+2-3+2+2+2+2 F. Portinaro, *Questa luce* 1563/13
+2+2-3+2+2+2+2 M. Varotto, *Dentro cantar* 1586/19
+2+2-3+2+2+2+2 P. Vinci, *In te i secreti* 1567/24

+2+2-3+2+2+2-2 Anonymous, *Di peccator perc* 1585/07
+2+2-3+2+2+2-2 Anonymous, *Quiss'occhi e qu* 1567/17
+2+2-3+2+2+2-2 J. Arcadelt, *Il bianco et* 1544/22
+2+2-3+2+2+2-2 G. Caimo, *Bene mio tu m'ha* 1586/19
+2+2-3+2+2+2-2 L. Marenzio, *Guidate dolci* 1583/10
+2+2-3+2+2+2-2 L. Marenzio, *Guidate dolci* 1589/08
+2+2-3+2+2+2-2 M. Pesenti, *Una leggiadra* 1504/04
+2+2-3+2+2+2-2 C. Rore, *Musica dulci sono* 1565/18
+2+2-3+2+2+2-2 F. Soriano, *O gloriosa donn* 1586/02
+2+2-3+2+2+2-2 F. Soriano, *Uscio del ciel* 1586/02
+2+2-3+2+2+2-2 G. Tasso, *No text.* 1591/19
+2+2-3+2+2+2-2 G. Tasso, *No text.* 1591/19
+2+2-3+2+2+2-2 G. Tasso, *No text.* 1591/19
+2+2-3+2+2+2-2 G. Tasso, *No text.* 1591/19
+2+2-3+2+2+2-2 G. Wert, *Amorose viole ch'h* 1583/12

+2+2-3+2+2+2+3 L. Marenzio, *Spiri dolce Fa* 1591/21

+2+2-3+2+2+2-3 L. Balbi, *Nave afflitta son* 1598/06
+2+2-3+2+2+2-3 O. Caccini, *Un duro scogli* 1585/21
+2+2-3+2+2+2-3 P. Masnelli, *Gridi pianti* 1578/21
+2+2-3+2+2+2-3 H. Vidue, *Gentil voi sete* 1570/15

+2+2-3+2+2+2-4 G. Bonagiunta, *Se pur ti vo* 1566/07
+2+2-3+2+2+2-4 A. Martorello, *Chi desta* 1547/17
+2+2-3+2+2+2-4 N. Pifaro, *D'altro hormai* 1507/03
+2+2-3+2+2+2-4 P. Quagliati, *Mentr'in grat* 1585/07
+2+2-3+2+2+2-4 B. Tromboncino, *Crudel fug* 1513/01

+2+2-3+2+2+2-5 G. Primavera, *Quanta grati* 1585/31

+2+2-3+2+2-2+2 Anonymous, *S'io non posso* 1505/03
+2+2-3+2+2-2+2 B. Donato, *Piu leggiadr'e* 1550/19
+2+2-3+2+2-2+2 B. Donato, *Piu potente e pi* 1600/05
+2+2-3+2+2-2+2 B. Donato, *Piu leggiadr'e* 1550/19
+2+2-3+2+2-2+2 B. Donato, *Piu potente e pi* 1600/05
+2+2-3+2+2-2+2 O. Lasso, *Io vo fuggendo pe* 1560/10
+2+2-3+2+2-2+2 N. Pifaro, *Mi fa sol o mia* 1505/05

+2+2-3+2+2-2-2 G. Brocco, *Io mi voglio lam* 1505/04
+2+2-3+2+2-2-2 R. Giovanelli, *Le Ninfe del* 1590/15
+2+2-3+2+2-2-2 R. Mel, *Et altri vezzosett* 1597/13
+2+2-3+2+2-2-2 C. Merulo, *Deh perche mort* 1589/06
+2+2-3+2+2-2-2 M. Pesenti, *Alma gentil se* 1521/06
+2+2-3+2+2-2-2 C. Rore, *Ivi vedrai la glor* 1568/19
+2+2-3+2+2-2-2 P. Stabile, *Eran le muse in* 1585/32
+2+2-3+2+2-2-2 O. Vecchi, *O di rare eccell* 1586/09
+2+2-3+2+2-2-2 C. Veggio, *L'infinita belle* 1540/19

+2+2-3+2+2-2-3 J. Arcadelt, *Se io pensass* 1552/21

+2+2-3+2+2+3+2 A. Stabile, *Pur mi concess* 1583/12

+2+2-3+2+2+3-2 Anonymous, *Hor ch'io del vo* 1595/03
+2+2-3+2+2+3-2 G. Massarengo, *Si da tue tr* 1591/22
+2+2-3+2+2+3-2 G. Moro, *Ecco nova Fenic* 1585/28

+2+2-3+2+2+3-3 Villanova, *S'io di te penso* 1600/05

+2+2-3+2+2+3-8 G. Marinis, *Togli dolce be* 1597/13

+2+2-3+2+2-3+2 J. Arcadelt, *Se io pensass* 1552/21
+2+2-3+2+2-3+2 G. Gabrieli, *O che felice* 1597/13
+2+2-3+2+2-3+2 C. Lambardi, *Io tacero ma* 1600/13
+2+2-3+2+2-3+2 C. Montemayor, *Mira se cosa* 1600/05
+2+2-3+2+2-3+2 H. Vidue, *Gentil voi sete* 1570/15

+2+2-3+2+2-3-2 Anonymous, *Sto core mio se* 1560/12
+2+2-3+2+2-3-2 L. Marenzio, *Gia torna a ra* 1589/08
+2+2-3+2+2-3-2 G. Nasco, *Io vorrei pur lod* 1561/16

+2+2-3+2+2-3+3 G. Scotto, *Tu mi rubasti* 1571/11

+2+2-3+2+2-5+2 F. Luprano, *Vien da poi* 1505/05
+2+2-3+2+2-5+2 F. Luprano, *Vien da poi la* 1505/05

+2+2-3+2+2-5+3 J. Arcadelt, *Se io pensass* 1552/21

+2+2-3+2+2-5+4 J. Arcadelt, *Se io pensass* 1552/21

+2+2-3+2-2+2+2 Anonymous, *Com'angel che gr* 1598/04
+2+2-3+2-2+2+2 Anonymous, *Muncho duole la* 1516/02
+2+2-3+2-2+2+2 L. Marenzio, *Freno Tirsi* 1585/18
+2+2-3+2-2+2+2 G. Mosto, *Non perch'io sia* 1578/22
+2+2-3+2-2+2+2 V. Nerito, *Se'l mio morir* 1597/13

+2+2-3+2-2+2-2 M. Cara, *Pone un basso e l'* 1505/04

+2+2-3+2-2+2-3 L. Bati, *Se da quel vago vi* 1594/11
+2+2-3+2-2+2-3 O. Lasso, *Nascan herbette* 1588/24

+2+2-3+2-2+2-4 Anonymous, *Sto core mio se* 1560/12

+2+2-3+2-2-2+2 C. Baselli, *Clorinda ard'il* 1600/12
+2+2-3+2-2-2+2 F. Baseo, *Hor poi che d'alt* 1573/16
+2+2-3+2-2-2+2 G. Nasco, *Qual hebb'a pensa* 1563/07
+2+2-3+2-2-2+2 G. Palestrina, *Con dolc'alti* 1554/28
+2+2-3+2-2-2+2 N. Pifaro, *Pensa donna che'* 1505/05
+2+2-3+2-2-2+2 B. Tromboncino, *Poi che vol* 1505/04

+2+2-3+2-2-2-2 I. Baccusi, *Felice in bracc* 1594/08
+2+2-3+2-2-2-2 Don Remigio, *Pura piu che* 1599/06
+2+2-3+2-2-2-2 C. Lambardi, *Io tacero ma* 1600/13
+2+2-3+2-2-2-2 F. Rovigo, *Liete le Muse a* 1597/13
+2+2-3+2-2-2-2 F. Rovigo, *Liete le Muse e* 1583/10
+2+2-3+2-2-2-2 F. Rovigo, *Liete le Muse a* 1597/13
+2+2-3+2-2-2-2 P. Taglia, *Vergin, che Luna* 1600/05
+2+2-3+2-2-2-2 H. Vidue, *Si che s'io viss* 1566/03
+2+2-3+2-2-2-2 G. Wert, *E se dal viver mi* 1568/20

+2+2-3+2-2-2+3 P. Clerico, *Se grav'il pes* 1562/15
+2+2-3+2-2-2+3 P. Parma, *Se grav'il peso* 1562/15

+2+2-3+2-2-2+4 Anonymous, *Pianger sempre* 1598/04
+2+2-3+2-2-2+4 A. Gabrieli, *I temo di cang* 1568/13

+2+2-3+2-2+3-2 Anonymous, *Leviamo i nostri* 1580/06
+2+2-3+2-2+3-2 J. Arcadelt, *Donna grav'e* 1539/24
+2+2-3+2-2+3-2 C. Perissone, *Amor da che* 1547/14
+2+2-3+2-2+3-2 F. Portinaro, *Ne si vagh'o* 1563/13
+2+2-3+2-2+3-2 G. Primavera, *Nacque morto* 1585/31

+2+2-3+2-2+3-8 C. Rore, *O santo fior felic* 1568/19

+2+2-3+2-2+4-2 G. Nanino, *Volgi pietosa* 1599/06
+2+2-3+2-2+4-2 C. Veggio, *Poi che mille pr* 1540/19

+2+2-3+2-2+4-3 H. Sabino, *Hor ritorni il* 1583/14

+2+2-3+2-2+4-5 P. Monte, *Deh dov'e l'alma* 1568/12

+2+2-3+2-2-4+3 H. Sabino, *Quando con mill* 1588/27

+2+2-3+2-2+5-2 F. Rovigo, *Liete le Muse a* 1597/13
+2+2-3+2-2+5-2 F. Rovigo, *Liete le Muse e* 1583/10
+2+2-3+2-2+5-2 F. Rovigo, *Liete le Muse a* 1597/13

+2+2-3+2-2-5+2 G. Fogliano, *Si come all'ho* 1547/16
+2+2-3+2-2-5+2 F. Viola, *Et come in terso* 1548/08

+2+2-3+2-2+6-2 N. Pifaro, *Se per mio fide* 1505/04

+2+2-3+2-2+8-2 F. Rovigo, *Liete le Muse e* 1583/10
+2+2-3+2-2+8-2 F. Rovigo, *Liete le Muse a* 1597/13
+2+2-3+2-2+8-2 F. Rovigo, *Liete le Muse e* 1583/10
+2+2-3+2-2+8-2 F. Rovigo, *Liete le Muse a* 1597/13

+2+2-3+2+3-2+2 C. Todino, *Dal giorno ch'i* 1566/09

+2+2-3+2+3-2-2 P. Vinci, *Lagrima adunque* 1584/11
+2+2-3+2+3-2-2 G. Wert, *E se dal viver mi* 1568/20

+2+2-3+2+3-2-3 S. Dentice, *Non veggio al* 1599/06
+2+2-3+2+3-2-3 S. Gonzaga, *E poi ch'el cie* 1562/15
+2+2-3+2+3-2-3 A. Willaert, *Quand'i begli* 1554/28

+2+2-3+2+3-2-5 C. Todino, *Dal giorno ch'i* 1566/09

+2+2-3+2-3+2+2 L. Agostini, *Che dolce piu* 1572/07

+2+2-3+2-3+2+2 Anonymous, *Leviamo i nostri cu* 1580/06

+2+2-3+2-3+2-2 L. Fidelis, *Giovane donna son* 1570/25
+2+2-3+2-3+2-2 M. Pesenti, *Vieni hormai no* 1504/04

+2+2-3+2-3+2+3 A. Padovano, *Benedetta el* 1564/16

+2+2-3+2-3+2-3 L. Courtoys, *Crudele di vo* 1580/10
+2+2-3+2-3+2-3 P. Monte, *Ecco ch'io veggi* 1591/23
+2+2-3+2-3+2-3 C. Rore, *S'egual a la mia* 1591/23

+2+2-3+2-3+2+4 H. Vidue, *Ben si vedra se* 1559/23

+2+2-3+2-3+2-5 Anonymous, *Sto core mio se* 1560/12

+2+2-3+2-3-2+2 J. Bodeo, *Come fanciul ch'* 1554/28

+2+2-3+2-3-2-2 L. Agostini, *Nel bel terren* 1572/07
+2+2-3+2-3-2-2 B. Tromboncino, *Stavasi amo* 1514/02

+2+2-3+2-3-2+3 C. Rore, *S'egual a la mia* 1591/23

+2+2-3+2-3-2-3 G. Policretto, *Lo mar i fum* 1571/09

+2+2-3+2-3-2+5 A. Capriolo, *Quella bella* 1507/04

+2+2-3+2-3+3+2 O. Lasso, *Perch'io veggio* 1588/24
+2+2-3+2-3+3+2 M. Varotto, *Ella m'asperse* 1586/19

+2+2-3+2-3-3+2 Anonymous, *O Giesu mio Reden* 1580/06

+2+2-3+2-3+4-2 G. Macque, *O donna gloriosa* 1600/05
+2+2-3+2-3+4-2 C. Perissone, *Chi mett'il* 1547/14
+2+2-3+2-3+4-2 G. Renaldi, *La velenosa vis* 1589/10
+2+2-3+2-3+4-2 G. Zarlino, *Ind'a poco i pi* 1548/09

+2+2-3+2-3+4-3 H. Vidue, *Quell'occhi d'eban* 1566/03

+2+2-3+2-3+5-2 O. Lasso, *Io vo fuggendo pe* 1560/10

+2+2-3+2+4-2-2 Anonymous, *I piansi un temp* 1600/05
+2+2-3+2+4-2-2 Anonymous, *Mentre cor mio* 1595/03
+2+2-3+2+4-2-2 C. Veggio, *S'infinita bellezz* 1540/19

+2+2-3+2+4-3+2 C. Montemayor, *Mira se cosa* 1600/05

+2+2-3+2-4+2+2 J. Arcadelt, *S'advien che* 1544/16
+2+2-3+2-4+2+2 N. Pifaro, *Son disposto anch* 1507/04

+2+2-3+2-4+3+4 O. Caccini, *Tutto il di pia* 1585/21

+2+2-3+2-4+4-5 G. Gostena, *Vita mia poi ch* 1589/13

+2+2-3+2-5+3-3 P. D'angelo, *Ne fior si ved* 1570/27
+2+2-3+2-5+3-3 A. Willaert, *Ne le amar'et* 1548/09

+2+2-3+2-5-3+5 Anonymous, *Tre cose son in* 1566/05

+2+2-3+2-5+8-2 Anonymous, *Donne che di bel* 1546/19

+2+2-3-2+2+2+2 Anonymous, *Benche in dogli* 1516/02
+2+2-3-2+2+2+2 Anonymous, *Giesu figliol di* 1598/04
+2+2-3-2+2+2+2 Anonymous, *Pur vivendo veni* 1583/13
+2+2-3-2+2+2+2 G. Massarengo, *Come faro co* 1591/22
+2+2-3-2+2+2+2 C. Merulo, *Gelo ha madonna* 1579/02
+2+2-3-2+2+2+2 G. Scotto, *Credimi vita mi* 1571/11
+2+2-3-2+2+2+2 P. Taglia, *Donna curtese* 1564/16
+2+2-3-2+2+2+2 M. Varotto, *Dentro cantar* 1586/19

+2+2-3-2+2+2-2 S. Cornetto, *Come d'ogni vi* 1581/07
+2+2-3-2+2+2-2 J. Gero, *Non fia giamai in* 1541/02
+2+2-3-2+2+2-2 A. Striggio, *Io per langui* 1591/23

+2+2-3-2+2+2-3 Anonymous, *Su alma generosa* 1580/06
+2+2-3-2+2+2-3 C. Merulo, *O soave contrad* 1562/06

+2+2-3-2+2+2-5 A. Pevernage, *Seguita dunque* 1583/14

+2+2-3-2+2-2+2 L. Marenzio, *Guidate dolci* 1589/08
+2+2-3-2+2-2+2 L. Marenzio, *Guidate dolci* 1583/10
+2+2-3-2+2-2+2 L. Marenzio, *Guidate dolci* 1589/08

+2+2-3-2+2-2+2 L. Marenzio, *Guidate dolci* 1583/10
+2+2-3-2+2-2+2 H. Sabino, *In un boschetto* 1588/27

+2+2-3-2+2-2-2 A. Marien, *Ove che posi gl* 1584/09A
+2+2-3-2+2-2-2 G. Pizzoni, *Misero me in ch* 1582/14
+2+2-3-2+2-2-2 O. Vecchi, *Questi nel mio* 1591/23

+2+2-3-2+2+3+2 H. Sabino, *In un boschetto* 1588/27

+2+2-3-2+2+3-2 G. Renaldi, *La velenosa vis* 1589/10
+2+2-3-2+2+3-2 R. Trofeo, *Pregovi donna no* 1600/17

+2+2-3-2+2+3-3 G. Gostena, *Deh s'io potess* 1589/13

+2+2-3-2+2-3-2 C. Perissone, *Amor m'ha pos* 1548/09

+2+2-3-2+2+4+2 F. Guami, *Voi volete ch'io* 1575/11

+2+2-3-2+2+4+3 Anonymous, *Mandati qui d'am* 1546/19

+2+2-3-2+2-4+4 P. Vinci, *Verdi panni sangu* 1584/11

+2+2-3-2+2+5-2 Anonymous, *Se del spes* 1515/02

+2+2-3-2+2+6-2 C. Verdonch, *Donna bella* 1594/08

+2+2-3-2-2+2+2 L. Agostini, *Il vostro vago* 1572/07
+2+2-3-2-2+2+2 A. Feliciani, *Posi la labbi* 1586/15
+2+2-3-2-2+2+2 G. Primavera, *Noi quattr* 1569/31
+2+2-3-2-2+2+2 G. Nasco, *Chi vuol veder'a* 1554/28
+2+2-3-2-2+2+2 G. Primavera, *Noi quattro* 1569/31
+2+2-3-2-2+2+2 G. Wert, *Dinanzi a voi qua* 1568/20

+2+2-3-2-2+2-2 P. Bellasio, *E s'indi vuoi* 1592/14
+2+2-3-2-2+2-2 C. Monteverdi, *Quante son* 1594/15

+2+2-3-2-2+2-4 R. Mel, *Et altri vezzosett* 1597/13
+2+2-3-2-2+2-4 A. Trombetti, *Laura che'l* 1583/10

+2+2-3-2-2-2+2 Anonymous, *Lamentomi damor* 1505/03
+2+2-3-2-2-2+2 Anonymous, *Mentre cor mio* 1595/03
+2+2-3-2-2-2+2 J. Bodeo, *Come fanciul ch'* 1554/28
+2+2-3-2-2-2+2 M. Cara, *Poich'io ved* 1516/02
+2+2-3-2-2-2+2 F. Gherardini, *In me riguard* 1585/24
+2+2-3-2-2-2+2 A. Marien, *Ove che posi gl* 1584/09A
+2+2-3-2-2-2+2 C. Merulo, *Amorosetto Neo* 1592/15
+2+2-3-2-2-2+2 G. Nasco, *Qual hebb'a pensa* 1563/07
+2+2-3-2-2-2+2 A. Pevernage, *Con humiliat* 1583/14
+2+2-3-2-2-2+2 N. Pifaro, *Son disposto anch* 1507/04

+2+2-3-2-2-2-2 Anonymous, *Quando per darm* 1505/05
+2+2-3-2-2-2-2 Anonymous, *Resta in pace di* 1505/03
+2+2-3-2-2-2-2 Anonymous, *Tu dormi io vegl* 1506/03
+2+2-3-2-2-2-2 Anonymous, *Vale iniqua e de* 1506/03
+2+2-3-2-2-2-2 G. Regnart, *Ardo si ma non* 1585/17
+2+2-3-2-2-2-2 A. Striggio, *Dalle gelate* 1567/23

+2+2-3-2-2-2+3 G. Pizzoni, *Et hor che scio* 1582/14

+2+2-3-2-2-2+4 Anonymous, *Se alcun spera* 1505/04
+2+2-3-2-2-2+4 M. Cara, *Se amor non e ch* 1517/02
+2+2-3-2-2-2+4 G. Regnart, *Ardo si ma non* 1585/17

+2+2-3-2-2-2+5 E. Bonizzoni, *Poi che madon* 1569/25

+2+2-3-2-2-2+6 G. Regnart, *Ardo si ma non* 1585/17

+2+2-3-2-2-2+8 Anonymous, *Venimus en romer* 1506/03

+2+2-3-2-2+5-2 G. Paratico, *Il bel viso ch* 1588/25

+2+2-3-2-2+5-3 G. Nasco, *Vostro e l'alto* 1563/07

+2+2-3-2-2+6-3 G. Corfini, *Et voi lagrime* 1561/10

+2+2-3-2-2+8-2 G. Paratico, *Chi d'ogni tem* 1588/25

+2+2-3-2+3+2-2 A. Gabrieli, *Quand'havra fine* 1587/16

+2+2-3-2+3-2-2 G. Wert, *Tirsi morir volea* 1589/08

+2+2-3-2+3-3+3 G. Caimo, *Na volta m'hai ga* 1586/19

+2+2-3-2-3+2+2 F. Ana, *Non biancho marmo* 1505/05

+2+2-3-2-3+2-2 Anonymous, *I vo piangendo* 1595/03
+2+2-3-2-3+2-2 F. Nicoletti, *Caro augellet* 1592/14

+2+2-3-2-3+2+3 R. Trofeo, *Luce degl'occhi* 1600/17

+2+2-3-2-3-2+2 FF., *Valle risposte e* 1510/
+2+2-3-2-3-2+2 P. Nenna, *Filli dolce ben* 1582/12

+2+2-3-2-3-2+5 H. Ghibellini, *Il suo Tito* 1568/12

+2+2-3-2-3+4-2 B. Lupacchino, *Occhi leggia* 1559/18
+2+2-3-2-3+4-2 J. Persoens, *Gioia m'abbond* 1570/28

+2+2-3-2-3+6-2 C. Merulo, *Amorosetto Neo* 1592/15

+2+2-3-2-3+8-2 C. Merulo, *Amorosetto Neo* 1592/15

+2+2-3-2+4+2+2 G. Nanino, *E se tal'hor aff* 1595/06

+2+2-3-2+4-2+2 L. Marenzio, *Baci soavi* 1591/21
+2+2-3-2+4-2+2 M. Montelli, *S'al tuo felic* 1599/06

+2+2-3-2+4-2-3 Anonymous, *Horto felice* 1516/02

+2+2-3-2+4-3+2 A. Pitigliano, *Vergine bella* 1600/05
+2+2-3-2+4-3+2 P. Vinci, *L'herbetta verde* 1567/24

+2+2-3-2+4-3+4 S. Cornetto, *Perche mi fai* 1581/07

+2+2-3-2-4+2+3 C. Rore, *Ogni mio ben crude* 1544/17

+2+2-3-2-4+3-2 G. Nasco, *Vostro e l'alto* 1563/07

+2+2-3-2-4+5+2 A. Verso, *Questa vostra pie* 1594/17

+2+2-3-2-5+2+2 C. Rore, *Fera gentil che co* 1568/19

+2+2-3-2-5+6-2 S. Cressoni, *Cacciatric'e D* 1592/12

+2+2-3-2-5+8+2 H. Sabino, *In un boschetto* 1588/27

+2+2-3-2-5+8-3 G. Moro, *Non vi spiaccia Si* 1585/28

+2+2-3-2+6-2-3 Anonymous, *Passano i giorn* 1599/06

+2+2-3-2+8-2-2 D. Grisonio, *Unde straluso* 1564/16

+2+2-3+3+2+2+2 C. Ardesi, *Nova Angioletta* 1597/19
+2+2-3+3+2+2+2 A. Preti, *Tra mille fior gi* 1596/16
+2+2-3+3+2+2+2 H. Sabino, *Vestiva i colli* 1594/07

+2+2-3+3+2+2-2 L. Bati, *Il piu bel Pastore* 1594/11
+2+2-3+3+2+2-2 A. Preti, *Tra mille fior gi* 1596/16
+2+2-3+3+2+2-2 H. Sabino, *Vestiva i colli* 1594/07
+2+2-3+3+2+2-2 G. Tasso, *No text.* 1591/19

+2+2-3+3+2+2-3 A. Preti, *Tra mille fior gi* 1596/16
+2+2-3+3+2+2-3 G. Primavera, *Quanta grati* 1585/31

+2+2-3+3+2+2+4 H. Sabino, *Vestiva i colli* 1594/07

+2+2-3+3+2+2-4 G. Capuano, *Fuggi donna qua* 1574/05

+2+2-3+3+2+2-5 J. Modena, *No text.* 1540/22
+2+2-3+3+2+2-5 H. Sabino, *Vestiva i colli* 1594/07

+2+2-3+3+2-2+2 C. Perissone, *Perche la vit* 1547/14

+2+2-3+3+2-2-2 F. Azzaiolo, *E lev'aime d'u* 1559/19
+2+2-3+3+2-2-2 G. Massarengo, *Io ti promet* 1591/22
+2+2-3+3+2-2-2 H. Naich, *Rara belta divin* 1544/16
+2+2-3+3+2-2-2 U. Naich, *Rara belta divin* 1544/16

+2+2-3+3+2-2-3 F. Bonardo, *Ho inteso dir* 1565/12
+2+2-3+3+2-2-3 G. Hassler, *Core mio io mi* 1597/13

+2+2-3+3-2+2+2 Anonymous, *E la morte di ma* 1537/08

+2+2-3+3-2+2+2 S. Gonzaga, *E poi ch'el cie* 1562/15

+2+2-3+3-2+2-2 F. Menta, *Padre del ciel do* 1577/08

+2+2-3+3-2+2-3 L. Balbi, *Vorrei quelche no* 1570/23

+2+2-3+3-2-2+2 Anonymous, *Mille fiate o do* 1594/07
+2+2-3+3-2-2+2 B. Roi, *Mille fiate o dolc* 1573/16
+2+2-3+3-2-2+2 A. Stabile, *Chiari cristall* 1587/10

+2+2-3+3-2-2-2 Anonymous, *Ma perche vola* 1554/28
+2+2-3+3-2-2-2 Anonymous, *Torna al freddo* 1563/06
+2+2-3+3-2-2-2 J. Arcadelt, *S'advien che* 1544/16
+2+2-3+3-2-2-2 H. Ceruto, *Dell'Aurora del* 1592/12
+2+2-3+3-2-2-2 G. Dragone, *Scopriro l'ardo* 1588/22
+2+2-3+3-2-2-2 S. Rossetto, *Quante eccelen* 1561/16
+2+2-3+3-2-2-2 A. Trombetti, *Ardi e gela* 1586/21
+2+2-3+3-2-2-2 P. Vinci, *Sappi signor che* 1583/15

+2+2-3+3-2-2+3 A. Trombetti, *Non men candi* 1586/21

+2+2-3+3-2+3-3 J. Arcadelt, *Dolci parole* 1552/21

+2+2-3+3-2-3+2 G. Primavera, *Tirenna mia* 1585/31

+2+2-3+3-2+4-5 C. Rore, *Chi vol veder tutt* 1565/18

+2+2-3+3-3+2+2 E. Bonizzoni, *Amor tu sai ch* 1569/25

+2+2-3+3-3+2-2 O. Lasso, *Per cortesia canz* 1588/24

+2+2-3+3-3-2-2 G. Gabrieli, *Voi ch'ascolta* 1575/15

+2+2-3+3-3-2+3 S. Bertoldo, *Misero me che* 1568/16

+2+2-3+3-3-3+2 A. Gabrieli, *Hor che nel su* 1587/16

+2+2-3+3-3-6+2 B. Pallavicino, *Rispose egl* 1596/16

+2+2-3+3-5+2+2 G. Palestrina, *Amo'e non na* 1557/24

+2+2-3+3-5+4-4 G. Ferretti, *O felice o bea* 1589/08

+2+2-3+3-8+4-3 A. Gabrieli, *Hor che nel su* 1587/16

+2+2-3-3+2+2+2 L. Balbi, *Nave afflitta son* 1598/06
+2+2-3-3+2+2+2 G. Corfini, *Et voi lagrime* 1561/10
+2+2-3-3+2+2+2 G. Palestrina, *Soave fia'l* 1589/06
+2+2-3-3+2+2+2 C. Rore, *Et se talhor da be* 1544/17

+2+2-3-3+2+2-2 C. Rore, *Madonn'hormai mil* 1564/16
+2+2-3-3+2+2-2 P. Verdelot, *Hoime che la* 1546/19

+2+2-3-3+2+2-3 J. Gero, *Non fia giamai in* 1541/02
+2+2-3-3+2+2-3 A. Pevernage, *Con humiliat* 1583/14

+2+2-3-3+2+2+4 F. Portinaro, *Da bei rami* 1563/13

+2+2-3-3+2+2-5 J. Arcadelt, *S'infinita bel* 1544/17
+2+2-3-3+2+2-5 A. Senese, *Tu vuoi ch'io di* 1515/02

+2+2-3-3+2-2+4 Anonymous, *Ben riconosco* 1573/16

+2+2-3-3+2-4+4 S. Rossetto, *Quante eccelen* 1561/16

+2+2-3-3-2-2+2 P. Vinci, *Amor tu'l senti* 1564/20

+2+2-3-3-2-3+4 G. Gostena, *Dovero dunque* 1589/13

+2+2-3-3-2+4-2 R. Vecoli, *Quanto piu vi segu* 1577/10

+2+2-3-3+3+2+2 C. Festa, *Un baciar furios* 1549/31

+2+2-3-3+3+2-2 G. Palestrina, *Solingo e vagh* 1562/22

+2+2-3-3+3+2-3 F. Corteccia, *Chi ne l'a tolt* 1539/25

+2+2-3-3+3-2+2 G. Wert, *Dinanzi a voi qua* 1568/20

+2+2-3-3+3-2-2 F. Roussel, *Spirto gentil* 1562/22

+2+2-3-3-3+2+2 C. Veggio, *Tant'e vostra be* 1540/19

+2+2-3-3+4-2+2 A. Romano, *Non pur d'almi* 1561/10

+2+2-3+4+2+2+2 Anonymous, *Dunque fia ver* 1554/28
+2+2-3+4+2+2+2 G. Califano, *All'assalir de* 1584/07

+2+2-3+4+2+2-3 G. Nasco, *Com'al partir de* 1567/16

+2+2-3+4+2-2+2 Anonymous, *Altri goda al tu* 1595/03

+2+2-3+4+2-3+2 G. Brocco, *La mia fe non ve* 1505/04
+2+2-3+4+2-3+2 O. Crisci, *I begli occhi ch* 1581/11

+2+2-3+4+2-3-2 G. Locatello, *Liquide perl* 1590/21

+2+2-3+4-2+2+2 V. Ferro, *O di rara bellezz* 1555/31
+2+2-3+4-2+2+2 H. Sabino, *Non ha tante her* 1588/27
+2+2-3+4-2+2+2 P. Vecoli, *Durin co'i chiar* 1581/12

+2+2-3+4-2+2-2 Anonymous, *Morir non puo'l* 1595/03
+2+2-3+4-2+2-2 J. Arcadelt, *Desio perche* 1552/21
+2+2-3+4-2+2-2 V. Ferro, *O di rara bellezz* 1555/31
+2+2-3+4-2+2-2 C. Lambardi, *Chi l'armonia* 1600/13
+2+2-3+4-2+2-2 B. Tromboncino, *Audi cielo* 1516/02
+2+2-3+4-2+2-2 R. Vecoli, *Vagho riso, sere* 1577/10

+2+2-3+4-2+2+3 A. Trombetti, *Miser che far* 1583/18

+2+2-3+4-2+2-3 M. Cara, *Non peccando altr* 1507/03
+2+2-3+4-2+2-3 H. Chamatero, *Amor io son* 1561/13
+2+2-3+4-2+2-3 C. Perissone, *Fu del fator* 1544/17
+2+2-3+4-2+2-3 G. Policretto, *O saporito* 1571/09
+2+2-3+4-2+2-3 F. Soto, *Al tuo Giesu o Ver* 1600/05

+2+2-3+4-2+2+4 P. Clerico, *Al dolce vostr* 1562/15
+2+2-3+4-2+2+4 P. Parma, *Al dolce vostro* 1562/15

+2+2-3+4-2+2-4 A. Barges, *Passan madonna com* 1550/18
+2+2-3+4-2+2-4 P. Bellasio, *E poich'egli* 1595/07
+2+2-3+4-2+2-4 Carpentras, *S'il pensier ch* 1513/01
+2+2-3+4-2+2-4 R. Vecoli, *Vagho riso, sere* 1577/10

+2+2-3+4-2+2-5 F. Portinaro, *Questa luce* 1563/13

+2+2-3+4-2+2-8 N. Tomei, *Alma che fai che* 1581/12

+2+2-3+4-2-2+2 Anonymous, *Donna crudel tu* 1560/12
+2+2-3+4-2-2+2 O. Lasso, *Al fin vid'io pe* 1559/23
+2+2-3+4-2-2+2 G. Locatello, *Baci sospiro* 1590/21
+2+2-3+4-2-2+2 G. Nasco, *Disse'l divin Sal* 1563/07

+2+2-3+4-2-2-2 Anonymous, *Donne che di bel* 1546/19
+2+2-3+4-2-2-2 Anonymous, *Hor vedi Amor ch* 1583/13
+2+2-3+4-2-2-2 Anonymous, *Occhi leggiadri* 1557/19
+2+2-3+4-2-2-2 G. Antiquis, *Tu m'hai donn* 1574/05
+2+2-3+4-2-2-2 J. Arcadelt, *Da si felice* 1552/21
+2+2-3+4-2-2-2 J. Arcadelt, *S'infinita bel* 1544/17
+2+2-3+4-2-2-2 J. Arcadelt, *Tra freddi monti* 1549/31
+2+2-3+4-2-2-2 A. Barre, *Eccoti pur che* 1555/27
+2+2-3+4-2-2-2 V. Ferro, *O di rara bellezz* 1555/31
+2+2-3+4-2-2-2 S. Festa, *Amor se voi ch'i* 1526/06
+2+2-3+4-2-2-2 G. Palavicino, *Chi fara in* 1589/08
+2+2-3+4-2-2-2 C. Perissone, *Amor m'ha pos* 1548/09
+2+2-3+4-2-2-2 C. Perissone, *Fu del fator* 1544/17

+2+2-3+4-2-2+3 A. Striggio, *Alla mia dolc* 1583/15

+2+2-3+4-2-2+4 F. Portinaro, *Di pensier* 1563/13
+2+2-3+4-2-2+4 B. Roi, *Verdi piaggie fior* 1583/10

+2+2-3+4-2+3-2 O. Lasso, *Sovra una verde* 1560/18
+2+2-3+4-2+3-2 F. Portinaro, *Questa luce* 1563/13

+2+2-3+4-2-3+2 G. Anerio, *Vien'ogni'mal d'* 1599/06
+2+2-3+4-2-3+2 Anonymous, *Donna crudel tu* 1560/12
+2+2-3+4-2-3+2 Anonymous, *Gia fui lieto ho* 1506/03
+2+2-3+4-2-3+2 J. Arcadelt, *Tra freddi monti* 1549/31
+2+2-3+4-2-3+2 H. Chamatero, *Mentre Lutio* 1561/13
+2+2-3+4-2-3+2 G. Ferretti, *Donna crudel tu* 1589/08
+2+2-3+4-2-3+2 M. Mazzone, *Pria vedrete ma* 1570/18

+2+2-3+4-2-3+3 C. Malvezzi, *Chiaro segno* 1583/16
+2+2-3+4-2-3+3 A. Striggio, *Alla mia dolc* 1583/15

+2+2-3+4-2-3-3 A. Martorello, *Hor che del* 1547/17

+2+2-3+4-2-3+4 F. Portinaro, *Di pensier* 1563/13
+2+2-3+4-2-3+4 A. Striggio, *Alla mia dolc* 1583/15

+2+2-3+4-2+4-2 G. Gastoldi, *Un nuovo cacci* 1594/08
+2+2-3+4-2+4-2 P. Vecoli, *Durin co'i chiar* 1581/12

+2+2-3+4-2+4-5 O. Lasso, *Io vo fuggendo pe* 1560/10

+2+2-3+4-2-4+5 C. Perissone, *Fu del fator* 1544/17

+2+2-3+4-2-5+3 B. Tromboncino, *Non se mut* 1505/06

+2+2-3+4-2-8+2 H. Sabino, *Non ha tante her* 1588/27

+2+2-3+4+3-5+2 O. Lasso, *Et a noi restara* 1559/23

+2+2-3+4-3+2-3 J. Arcadelt, *Se'l pensier* 1545/18
+2+2-3+4-3+2-3 A. Gabrieli, *A le guancie* 1587/16

+2+2-3+4-3-2+2 Anonymous, *Donne che di bel* 1546/19
+2+2-3+4-3-2+2 P. Monte, *Aure ch'i dolci* 1561/15

+2+2-3+4-3-2+3 C. Veggio, *Hor ved'amor quant* 1540/19

+2+2-3+4-3-2-3 H. Vidue, *Febre importuna* 1566/03

+2+2-3+4-3-2-4 O. Caccini, *Rallegrano il* 1585/21

+2+2-3+4-3+4-3 H. Vidue, *Gentil voi sete* 1570/15

+2+2-3+4+4-5+2 S. Cornetto, *Perche mi fai* 1581/07

+2+2-3+4-4+2-2 B. Spontone, *Vegni vu Caval* 1564/16

+2+2-3+4-4+2+4 B. Spontone, *Vegni vu Caval* 1564/16
+2+2-3+4-4+2+4 A. Striggio, *Alla mia dolc* 1583/15

+2+2-3+4-4+3+2 H. Sabino, *Non ha tante her* 1588/27

+2+2-3+4-4+4+2 B. Spontone, *Vegni vu Caval* 1564/16

+2+2-3+4-4-4+4 G. Gostena, *Su pastori tess* 1589/13

+2+2-3+4-4+5-3 O. Crisci, *I begli occhi ch* 1581/11

+2+2-3+4-5+4-3 R. Montagnana, *Io non hebb* 1558/17

+2+2-3-4+2+2+2 Anonymous, *Amor fortuna e* 1577/08
+2+2-3-4+2+2+2 P. Vinci, *Amor fortuna e* 1567/24

+2+2-3-4+2+2-3 P. Vinci, *Io saro sempr'avintl* 1583/19
+2+2-3-4+2+2-3 P. Vinci, *Io saro sempr'avi* 1583/19

+2+2-3-4+3+3-2 G. Macque, *Il vagh'e lieto* 1583/15

+2+2-3-4+3-5+2 Anonymous, *Chiamiam'il buon* 1580/06

+2+2-3-4+4-2-2 F. Roussel, *Spirto gentil* 1562/22

+2+2-3-4+5-4+2 Anonymous, *O selve sparse* 1505/06

+2+2-3-4+8-2-2 A. Verso, *Questa vostra pie* 1594/17

+2+2-3+5+2+2-3 G. Gastoldi, *Un nuovo cacci* 1594/08

+2+2-3+5+2-2-5 G. Gostena, *Nel foco strid* 1589/13

+2+2-3+5+2-3+2 C. Rore, *Ivi vedrai la glor* 1568/19

+2+2-3+5+2-3-2 J. Modena, *No text.* 1540/22

+2+2-3+5-2+2-3 C. Perissone, *Amor m'ha pos* 1548/09
+2+2-3+5-2+2-3 V. Ruffo, *Io che di viver* 1555/31

+2+2-3+5-2-2+2 J. Arcadelt, *Tra freddi monti* 1549/31

+2+2-3+5-2-2+2 A. Pevernage, *Seguita dunque* 1583/14
+2+2-3+5-2-2+2 C. Rore, *Fera gentil che co* 1568/19

+2+2-3+5-2-2-2 Anonymous, *Padre che'l cie* 1583/13
+2+2-3+5-2-2-2 Anonymous, *Pur vivendo veni* 1583/13
+2+2-3+5-2-2-2 O. Crisci, *I begli occhi ch* 1581/11
+2+2-3+5-2-2-2 J. Modena, *No text.* 1540/22
+2+2-3+5-2-2-2 A. Pevernage, *Seguita dunque* 1583/14
+2+2-3+5-2-2-2 F. Roussel, *Spirto gentil* 1562/22

+2+2-3+5-2+3-2 O. Lasso, *Io vo fuggendo pe* 1560/10

+2+2-3+5-2-3+3 O. Crisci, *I begli occhi ch* 1581/11

+2+2-3+5-2+5-3 L. Courtoys, *Consumandomi* 1580/10

+2+2-3+5-3+2+2 F. Luprano, *Son fortuna* 1505/04
+2+2-3+5-3+2+2 F. Luprano, *Son fortuna omn* 1505/04

+2+2-3+5-3+2-4 O. Vecchi, *Mi vorrei trasfo* 1585/35

+2+2-3+5-3+3+2 O. Crisci, *I begli occhi ch* 1581/11
+2+2-3+5-3+3+2 A. Pevernage, *Seguita dunque* 1583/14

+2+2-3+5-3+3-2 Anonymous, *Pur vivendo veni* 1583/13

+2+2-3+5-3-3+2 A. Martorello, *Chi desta* 1547/17

+2+2-3+5-3-3+5 G. Ascanio, *Ardo si ma non* 1585/17

+2+2-3+5-3+4-2 C. Antegnati, *Dolce mio be* 1589/08

+2+2-3+5-3+4-3 G. Macque, *Tre gratiosi ama* 1583/14

+2+2-3+5+4-2+2 R. Vecoli, *Quanto piu vi segu* 1577/10

+2+2-3+5+4-2-2 O. Caccini, *Rallegrano il* 1585/21
+2+2-3+5+4-2-2 V. Ruffo, *Vostro donn'e'l* 1555/31

+2+2-3+5+5-3+2 G. Locatello, *Bellissima mia* 1590/21

+2+2-3+5-5+2+2 O. Crisci, *I begli occhi ch* 1581/11
+2+2-3+5-5+2+2 C. Rore, *Et parmi che nel* 1591/23
+2+2-3+5-5+2+2 R. Vecoli, *Quanto piu vi segu* 1577/10

+2+2-3+5-5+2+4 A. Pevernage, *Seguita dunque* 1583/14

+2+2-3+5-5+3+2 G. Gastoldi, *Un nuovo cacci* 1594/08
+2+2-3+5-5+3+2 C. Porta, *Donna ben v'ingan* 1586/10

+2+2-3+5-5-3+2 H. Sabino, *In questo lieto* 1588/27

+2+2-3+5-5+4+2 A. Martorello, *Chi desta* 1547/17

+2+2-3+5-5+4-2 A. Martorello, *Chi desta* 1547/17

+2+2-3+5-5-4+6 F. Ana, *Dal ciel descese* 1505/05

+2+2-3+5-5+5-3 R. Mel, *Sia benedett'Amor* 1585/26

+2+2-3+5-8+2+2 A. Pevernage, *Seguita dunque* 1583/14

+2+2-3+5-8+4+5 C. Borghese, *Morte non m'od* 1568/12

+2+2-3-5+2+2+2 G. Guami, *Fuggi fuggi dolo* 1598/10

+2+2-3-5+5+2+2 P. Bellasio, *Caro dolce be* 1578/21

+2+2-3-5+5+3-2 S. Cornetto, *Perche mi fai* 1581/07

+2+2-3-5+8-4+2 D. Ferabosco, *Ma se del mi* 1544/17

+2+2-3+7-7+5+2 L. Courtoys, *Consumandomi* 1580/10

+2+2-3+8+2+2-3 F. Luprano, *Son fortuna* 1505/04
+2+2-3+8+2+2-3 F. Luprano, *Son fortuna omn* 1505/04

+2+2-3+8-2+2-6 P. Verdelot, *Hoime che la* 1546/19

+2+2-3+8-2-2-2 Anonymous, *Hor vedi Amor ch* 1583/13
+2+2-3+8-2-2-2 Anonymous, *Pur vivendo veni* 1583/13

+2+2-5+5-3+5-2 G. Lombardo, *Ogni donna pe* 1574/05

+2+2-5+5-4+5+2 G. Primavera, *Sempr'ho fu* 1565/17
+2+2-5+5-4+5+2 G. Primavera, *Sempr'ho fugg* 1565/17

+2+2-5+5-5+6+2 Anonymous, *Tu mi fai star* 1560/12
+2+2-5+5-5+6+2 A. Gabrieli, *Mentre la greg* 1589/14

+2+2-5-5+8-2-2 D. Vicentino, *Quante lagrim* 1558/17

+2+2-5+6-2+2-2 O. Lasso, *Quel chiaro sol* 1559/23

+2+2-5+6-2+2-3 O. Lasso, *Quel chiaro sol* 1559/23

+2+2-5+6-2+2-4 O. Lasso, *Quel chiaro sol* 1559/23

+2+2-5+6-2-3+2 O. Lasso, *Quel chiaro sol* 1559/23

+2+2-5+6-2-5+2 O. Lasso, *Quel chiaro sol* 1559/23

+2+2-5+8-2-2-2 P. Monte, *Ardo si ma non t'* 1585/17

+2+2-5+8-2-3+2 P. Marni, *Aura dolce e soav* 1588/18

+2+2-5+8-5+4-5 G. da Nola, *Le gioie dell'a* 1570/27

+2+2+6-3-2 P. Bellasio, *E se per mort* 1578/21
+2+2+6-3-2 P. Bellasio, *E se per mort* 1578/
+2+2+6-3-2 P. Bellasio, *E se per mort* 1578

+2+2-6+2+2+3+2 Anonymous, *Trinc e got e ma* 1566/05

+2+2-6+2+2+3+3 Anonymous, *Trinc e got e ma* 1566/05

+2+2-6+3+2+2-5 G. Lochenburgho, *Piangete* 1559/16

+2+2-8+2+2+2+2 Anonymous, *L'infermo al'ho* 1505/05
+2+2-8+2+2+2+2 F. Bruno, *Son le ris'avicen* 1598/08
+2+2-8+2+2+2+2 A. Morsolino, *Come sperar poss* 1594/15

+2+2-8+2+2+2-2 Anonymous, *Dunque fia ver* 1554/28

+2+2-8+2+2-2-2 G. Moro, *Ecco nova Fenic* 1585/28

+2+2-8+2+2-3+2 G. Brocco, *Ite caldi suspir* 1505/04

+2+2-8+2+2+4+2 M. Pesenti, *Tu te lamenti* 1504/04

+2+2-8+2+2+4-3 M. Pesenti, *Integer vitae* 1504/04

+2+2-8+2+5-2-5 G. Bonagiunta, *Un tempo sos* 1566/07

+2+2-8+2+5-3+2 G. da Nola, *Occhi miei oscurat* 1570/27

+2+2-8+2+5-5+5 J. Fior, *Vorria sapere dess* 1566/10

+2+2-8+3+2+3+3 L. Primavera, *La ver l'Auro* 1585/31

+2+2-8+8-8+2+2 M. Pesenti, *Trista e noios* 1504/04

+2-2+2+2+2+2+2 J. Arcadelt, *Donna quando* 1552/21
+2-2+2+2+2+2+2 A. Hauville, *D'esservi in* 1570/15
+2-2+2+2+2+2+2 G. Palestrina, *Da l'empia* 1557/24

+2-2+2+2+2+2-2 S. d'Aranda, *D'angosciosi* 1571/12
+2-2+2+2+2+2-2 F. Luprano, *Salve sacrat* 1508/03
+2-2+2+2+2+2-2 Anonymous, *Donna fra l'altr* 1559/16
+2-2+2+2+2+2-2 Anonymous, *Ombrosa valle* 1577/08
+2-2+2+2+2+2-2 F. Luprano, *Salve sacrata* 1508/03

+2-2+2+2+2+2-3 G. Ferretti, *Un pastor chies* 1594/08
+2-2+2+2+2+2-3 G. Primavera, *Mai amo post* 1569/31
+2-2+2+2+2+2-3 G. Primavera, *Mai amo post'* 1569/31
+2-2+2+2+2+2-3 G. Verona, *Ampia viva forna* 1563/07

+2-2+2+2+2-2+2 G. da Nola, *Sa che te dic'a* 1570/27
+2-2+2+2+2-2+2 Anonymous, *Dolce nemica mi* 1546/19
+2-2+2+2+2-2+2 Anonymous, *Meglio e scoprir* 1513/01
+2-2+2+2+2-2+2 Anonymous, *Si tu penas no* 1583/04
+2-2+2+2+2-2+2 G. Antiquis, *La carafe ci por* 1574/05
+2-2+2+2+2-2+2 F. Azzaiolo, *Gentil madonn* 1557/18

+2-2+2+2+2-2+2 L. Courtoys, *Hor che del Te* 1580/10
+2-2+2+2+2-2+2 V. Ferro, *O di rara bellezz* 1555/31
+2-2+2+2+2-2+2 G. Gastoldi, *Cantiam lieti* 1597/13
+2-2+2+2+2-2+2 R. Giovanelli, *Si vaga e* 1589/11
+2-2+2+2+2-2+2 A. Trombetti, *Qui treccia* 1586/21
+2-2+2+2+2-2+2 P. Verdelot, *Tu che potevi* 1546/19

+2-2+2+2+2-2-2 Anonymous, *Los sospiro* 1516/02
+2-2+2+2+2-2-2 Anonymous, *Luci beati luci* 1586/19
+2-2+2+2+2-2-2 Anonymous, *Se nel mirarvi* 1571/09
+2-2+2+2+2-2-2 J. Arcadelt, *Apri'l mio dol* 1539/24
+2-2+2+2+2-2-2 A. Barre, *Et nella face de* 1560/10
+2-2+2+2+2-2-2 G. Califano, *Real natura an* 1584/07
+2-2+2+2+2-2-2 P. Cantino, *Vidi spuntar l'Aur* 1588/18
+2-2+2+2+2-2-2 F. Cimelli, *Un pastore chie* 1577/09
+2-2+2+2+2-2-2 A. Coma, *Dormian Damon e Do* 1585/22
+2-2+2+2+2-2-2 G. Ferretti, *Un pastor chies* 1594/08
+2-2+2+2+2-2-2 V. Ferro, *O di rara bellezz* 1555/31
+2-2+2+2+2-2-2 G. Florio, *Amor compagno et* 1566/03
+2-2+2+2+2-2-2 L. Marenzio, *Giunt'a un be* 1591/21
+2-2+2+2+2-2-2 L. Marenzio, *Spiri dolce Fa* 1591/21
+2-2+2+2+2-2-2 A. Martorello, *Cangiato ho* 1547/17
+2-2+2+2+2-2-2 A. Martorello, *I ti ringrati* 1547/17
+2-2+2+2+2-2-2 P. Monte, *Ahi chi mi rompe* 1585/18
+2-2+2+2+2-2-2 P. Monte, *La spirital virt* 1591/23
+2-2+2+2+2-2-2 G. Nanino, *Dolce fiamella* 1587/10
+2-2+2+2+2-2-2 Nollet, *Partomi donna e te* 1546/19
+2-2+2+2+2-2-2 G. Palestrina, *Da l'empia* 1557/24
+2-2+2+2+2-2-2 G. Pratoneri, *Dal mio Laur* 1583/10
+2-2+2+2+2-2-2 H. Sabino, *Facciansi lieti* 1583/14
+2-2+2+2+2-2-2 H. Sabino, *Quando con mill* 1588/27
+2-2+2+2+2-2-2 G. Vespa, *Madonna se volet* 1583/14

+2-2+2+2+2-2+3 Anonymous, *Io parto ahi fier* 1595/03
+2-2+2+2+2-2+3 B. Tromboncino, *Pregovi frond* 1507/03
+2-2+2+2+2-2+3 S. Venturi, *O bacio a me fe* 1598/14

+2-2+2+2+2-2-3 P. Bellasio, *Amor mi strugg* 1578/21
+2-2+2+2+2-2-3 B. Franzosino, *Amor con ogn'* 1570/19
+2-2+2+2+2-2-3 V. Ruffo, *Ma di chi debbo* 1544/22
+2-2+2+2+2-2-3 H. Sabino, *Pero piu fermo ogn* 1581/11
+2-2+2+2+2-2-3 B. Spontone, *Vieni soave &* 1594/08
+2-2+2+2+2-2-3 A. Trombetti, *Qui treccia* 1586/21
+2-2+2+2+2-2-3 C. Veggio, *Come un sorver chi* 1540/19

+2-2+2+2+2-2+4 G. Primavera, *Mai amo post* 1569/31
+2-2+2+2+2-2+4 G. Primavera, *Miracolo* 1569/31
+2-2+2+2+2-2+4 G. Primavera, *Mai amo post'* 1569/31
+2-2+2+2+2-2+4 G. Primavera, *Miracolo in* 1569/31

+2-2+2+2+2-2-4 G. Verona, *Et prego che din* 1563/07

+2-2+2+2+2-2-5 A. Pretin, *Mia benigna fort* 1526/JEP

+2-2+2+2+2+3-2 Anonymous, *Andand'un giorno* 1570/33
+2-2+2+2+2+3-2 G. Gorzanis, *Duca vi vogli* 1570/32
+2-2+2+2+2+3-2 O. Vecchi, *Che fai dori ch* 1597/13
+2-2+2+2+2+3-2 A. Verso, *Se col vostro par* 1594/17

+2-2+2+2+2-3+2 Anonymous, *Fiamme che da be* 1594/15
+2-2+2+2+2-3+2 G. Cavaccio, *Ero cosi dice* 1588/17
+2-2+2+2+2-3+2 G. Gastoldi, *Cantiam lieti* 1597/13
+2-2+2+2+2-3+2 C. Merulo, *Cor mio senza ce* 1564/16
+2-2+2+2+2-3+2 C. Verdonch, *Un Ape esser* 1594/08
+2-2+2+2+2-3+2 A. Verso, *Se col vostro par* 1594/17

+2-2+2+2+2-3-2 Anonymous, *Gaude flore virg* 1508/03
+2-2+2+2+2-3-2 A. Gabrieli, *Quei vinto da* 1587/16
+2-2+2+2+2-3-2 V. Ruffo, *Vergine sant'Imma* 1563/07

+2-2+2+2+2-3+3 M. Cara, *Mai non persi la* 1507/04
+2-2+2+2+2-3+3 R. Mel, *Qui poi ch'a fars* 1585/26

+2-2+2+2+2-3-3 M. Cara, *Discalza e discalz* 1526/06
+2-2+2+2+2-3-3 O. Lasso, *Si se christall'i* 1588/24

+2-2+2+2+2-3+4 H. Sabino, *Si che s'io viss* 1581/11

+2-2+2+2+2-3+8 G. Locatello, *Bellissima mia* 1590/21

+2-2+2+2+2+4-2 R. Mel, *Qui poi ch'a fars* 1585/26

+2-2+2+3-2-3+4 C. Veggio, *Amant'io vi so* 1540/19

+2-2+2+3+3-2-2 V. Ruffo, *Nova bellezz'amor* 1562/22

+2-2+2+3-3+2-2 G. Scotto, *Perche mi dai ma* 1571/11

+2-2+2+3-3+2+4 A. Gabrieli, *Ecco Vinegia* 1587/16
+2-2+2+3-3+2+4 C. Veggio, *Donna per Dio* 1540/19

+2-2+2+3-3+3-2 J. Pionnier, *Dunque morte* 1555/31

+2-2+2+3-3+3-3 A. Gabrieli, *Alla battagli* 1587/16

+2-2+2+3-3-3+4 C. Perissone, *Standomi un* 1557/25

+2-2+2+3-4+2-2 G. Scotto, *Sospira core ch* 1571/11

+2-2+2+3-4+4-4 A. Pitigliano, *Non veggio* 1600/05

+2-2+2+3-5-2-2 G. Dragone, *Crudel m'uccid* 1588/22

+2-2+2-3+2+2+2 J. Arcadelt, *Tronchi la par* 1539/24
+2-2+2-3+2+2+2 O. Lasso, *Standomi un giorn* 1559/23
+2-2+2-3+2+2+2 D. Phinot, *S'in veder voi* 1546/19

+2-2+2-3+2+2-2 Anonymous, *Ripos'alcun non* 1563/06
+2-2+2-3+2+2-2 G. Schiavetti, *Deh non far* 1564/16
+2-2+2-3+2+2-2 A. Striggio, *Fra i vaghi* 1591/23

+2-2+2-3+2+2-3 A. Martorello, *Ma quel che* 1547/17

+2-2+2-3+2-2+2 G. Dragone, *Meraviglia non* 1588/22
+2-2+2-3+2-2+2 G. Pizzoni, *Lasso dal prim* 1582/14
+2-2+2-3+2-2+2 F. Roussel, *Quand'io pens'a* 1555/31

+2-2+2-3+2-2-2 F. Azzaiolo, *E per amor di* 1557/18
+2-2+2-3+2-2-2 G. Dragone, *Tanto v'am* 1588/22
+2-2+2-3+2-2-2 E. Romano, *Chiare fresche* 1514/02

+2-2+2-3+2-2+5 D. Phinot, *S'in veder voi* 1546/19

+2-2+2-3+2+3+2 C. Lambardi, *Se per far mi* 1600/13

+2-2+2-3+2-3+2 L. Courtoys, *Non restar dic* 1580/10
+2-2+2-3+2-3+2 R. Montagnana, *Prima ch'io* 1558/17
+2-2+2-3+2-3+2 G. Zarlino, *Ind'a poco i pi* 1548/09

+2-2+2-3+2+4-2 O. Lasso, *Al dolce suon de* 1569/19
+2-2+2-3+2+4-2 G. Palestrina, *Da bei rami* 1560/10

+2-2+2-3+2+4-3 C. Rore, *Fu forse un tempo* 1544/17

+2-2+2-3+2+4+5 A. Martorello, *O donator* 1547/17

+2-2+2-3+2-4+3 C. Lambardi, *Et hor come non* 1600/13
+2-2+2-3+2-4+3 C. Lambardi, *Et hor come no* 1600/13

+2-2+2-3+2-5+3 A. Gabrieli, *Accesa retorna* 1589/14

+2-2+2-3-2+2+2 Anonymous, *Vengh'ogni cor* 1563/06
+2-2+2-3-2+2+2 S. Bertoldo, *Tu tu Caro se* 1568/16
+2-2+2-3-2+2+2 S. Felis, *In questa vall* 1585/23

+2-2+2-3-2+2-2 B. Tromboncino, *Hor passat* 1505/06

+2-2+2-3-2+2-3 R. Montagnana, *Con lei foss* 1558/17

+2-2+2-3-2+2+5 C. Baselli, *Amor la Donna* 1600/12

+2-2+2-3-2-2-2 Alv. Willaert, *Fra tandi ch* 1564/16

+2-2+2-3-2+3+2 J. Arcadelt, *Quest'e la fed* 1539/24

+2-2+2-3-2+4-2 H. Naich, *L'alta gloria d'a* 1544/17
+2-2+2-3-2+4-2 U. Naich, *L'alta gloria d'a* 1544/17

+2-2+2-3-2+5-3 G. Primavera, *Ardo, moro* 1565/17
+2-2+2-3-2+5-3 G. Primavera, *Ardo, moro,* 1565/17

+2-2+2-3-2+6-4 G. Macque, *Dolci sdegni* 1585/23

+2-2+2-3+3+2-2 G. Caimo, *Partomi donna e* 1586/19

+2-2+2-3+3-2+2 O. Vecchi, *Se si vede abbru* 1585/35

+2-2+2-3+3-2-2 O. Caccini, *Per cittade pe* 1585/21
+2-2+2-3+3-2-2 D. Grisonio, *Meste e pensos* 1568/16
+2-2+2-3+3-2-2 C. Montemayor, *Vergine bella* 1600/05

+2-2+2-3+4-2+2 O. Lasso, *Et in sembiante* 1559/23
+2-2+2-3+4-2+2 N. Pifaro, *D'altro hormai* 1507/03

+2-2+2-3+4-3+2 C. Rore, *Fu forse un tempo* 1544/17

+2-2+2-3+4-3-2 Anonymous, *Mille fiate o do* 1594/07
+2-2+2-3+4-3-2 B. Roi, *Mille fiate o dolc* 1573/16

+2-2+2-3+4-3+4 L. Marenzio, *Falsa credenz* 1586/10

+2-2+2-3-4+2+2 S. Bertoldo, *Tu tu Caro se* 1568/16

+2-2+2-3-4+8-2 F. Baseo, *Hor poi che d'alt* 1573/16

+2-2+2-3+5-2-2 R. Vecoli, *E si pietosa e* 1577/10

+2-2+2-3+5-5+5 A. Martorello, *Lagrimando* 1547/17

+2-2+2-3+6-2+2 Anonymous, *O tanti mei susp* 1505/05

+2-2+2-3+6-2-2 H. Vidue, *Ben si vedra se* 1559/23

+2-2+2+4-2+2-2 G. Gostena, *Mai non provai* 1589/13

+2-2+2+4-3-2-2 B. Tromboncino, *Nulla fede* 1516/02

+2-2+2-4+2+2-2 G. Scotto, *Pensai piu d'ogn* 1571/11

+2-2+2-4+2+2-3 O. Vecchi, *Se si vede abbru* 1585/35

+2-2+2-4+2-2+4 G. Gostena, *Tu che del mio* 1599/15

+2-2+2-4+2-3+3 A. Martorello, *Mentre ch'i* 1547/17

+2-2+2-4+2-4+5 Anonymous, *I piango & ella* 1568/19

+2-2+2-4-2+2+2 E. Bonizzoni, *Quando il gran* 1569/25

+2-2+2-4-2+2+3 M. Pesenti, *Passando per un* 1504/04
+2-2+2-4-2+2+3 R. Rodio, *Lungi da voi mia* 1587/12

+2-2+2+5-3+2-5 R. Mantovano, *Gnao gnao gna* 1505/04

+2-2+2-5+2+2+2 J. Pinaroi, *Fortuna despera* 1504/03

+2-2+2-5+2-2+2 Anonymous, *Ferito m'hai Gie* 1598/04

+2-2+2-5+2+3-2 G. Conversi, *Quando mi mir* 1583/14
+2-2+2-5+2+3-2 P. Monte, *La dolce vista* 1583/15

+2-2+2-5+2+6-2 B. Tromboncino, *Io cercho* 1507/03

+2-2+2-5-2-2+2 M. Cara, *Sonno che gli anim* 1513/01

+2-2+2-5+4+2-2 L. Bati, *Qui con si dolce* 1594/11

+2-2+2-5+4-2-2 S. Felis, *Sotto finti d'Amo* 1585/23

+2-2+2-5+5-2+2 G. Primavera, *Chiuso gran* 1585/31

+2-2+2-5+5-2+5 P. Monte, *Ma sia chi vol si* 1568/12

+2-2+2-8+2+4-2 Anonymous, *Che vol dir che* 1516/02

+2-2-2+2+2 A. Marien, *Anima bella da* 1584/09A
+2-2-2+2+2 A. Marien, *Anima bella da* 1584/09

+2-2-2+2+2+2+2 L. Agostini, *I piango & ell* 1572/07
+2-2-2+2+2+2+2 Anonymous, *Ave Regina cel* 1563/06
+2-2-2+2+2+2+2 Anonymous, *Quanto e dolc'i* 1583/13
+2-2-2+2+2+2+2 J. Arcadelt, *Alma mia luce* 1552/21
+2-2-2+2+2+2+2 J. Arcadelt, *Si com'el sol* 1552/21
+2-2-2+2+2+2+2 P. Bellasio, *Qual duo veltr* 1595/07

+2-2-2+2+2+2+2 M. Cara, *La fortuna vol cos* 1504/04
+2-2-2+2+2+2+2 A. Marien, *Amor e'l ver fu* 1584/09A
+2-2-2+2+2+2+2 G. Palestrina, *Pero che da* 1560/10
+2-2-2+2+2+2+2 C. Perissone, *Amor da che* 1547/14
+2-2-2+2+2+2+2 F. Roussel, *Voi che ricchi* 1562/22
+2-2-2+2+2+2+2 P. Stabile, *O mio soave foc* 1591/12
+2-2-2+2+2+2+2 P. Vecoli, *Durin co'i chiar* 1581/12

+2-2-2+2+2+2-2 L. Agostini, *In questo di* 1572/07
+2-2-2+2+2+2-2 Anonymous, *Donne mie bell* 1560/12
+2-2-2+2+2+2-2 O. Antinori, *Questo viver* 1506/03
+2-2-2+2+2+2-2 V. Gallo, *Quando due vagh'* 1598/08
+2-2-2+2+2+2-2 G. Nanino, *La bellezza supe* 1592/05
+2-2-2+2+2+2-2 G. Nanino, *Tua bellezza sup* 1599/06
+2-2-2+2+2+2-2 G. Primavera, *Da quel duomo* 1585/31
+2-2-2+2+2+2-2 C. Rore, *Cantiamo lieti il* 1544/17
+2-2-2+2+2+2-2 G. Schiavetti, *Deh non far* 1564/16
+2-2-2+2+2+2-2 G. Scotto, *Date la vel'al* 1571/11
+2-2-2+2+2+2-2 H. Waelrant, *Quanto debb'al* 1594/08

+2-2-2+2+2+2+3 Anonymous, *Dolce mia vita* 1566/07

+2-2-2+2+2+2-3 C. Festa, *Come lieta si mos* 1539/25
+2-2-2+2+2+2-3 V. Gallo, *Quando due vagh'* 1598/08
+2-2-2+2+2+2-3 H. Lauro, *Come havro dunqu* 1514/02
+2-2-2+2+2+2-3 G. Palestrina, *Con dolc'alt* 1554/28
+2-2-2+2+2+2-3 B. Pallavicino, *Quando beni* 1583/14

+2-2-2+2+2-2+2 P. Animuccia, *Piangeano i* 1570/15
+2-2-2+2+2-2+2 A. Antiqui, *Questo tuo lent* 1507/03
+2-2-2+2+2-2+2 F. Azzaiolo, *Chi passa per* 1557/18
+2-2-2+2+2-2+2 B. Donato, *O quant'amor* 1550/19
+2-2-2+2+2-2+2 G. Dragone, *Se dal soave ï* 1582/04
+2-2-2+2+2-2+2 F. Gherardini, *Dhe sciogli* 1585/24
+2-2-2+2+2-2+2 G. Macque, *Moriro di dolor* 1583/15
+2-2-2+2+2-2+2 G. Mosto, *Cosi dice ridend* 1578/22

+2-2-2+2+2-2-2 Anonymous, *Se dio ti guard* 1555/30
+2-2-2+2+2-2-2 Anonymous, *Tu che sei tanto* 1589/02
+2-2-2+2+2-2-2 O. Antinori, *Sed libera no* 1506/03
+2-2-2+2+2-2-2 M. Comis, *Mirabil art'et pe* 1568/16
+2-2-2+2+2-2-2 F. Corteccia, *Hor chi mai* 1539/25
+2-2-2+2+2-2-2 G. Ferretti, *Correte tutti* 1583/15
+2-2-2+2+2-2-2 D. Grisonio, *Meste e pensos* 1568/16
+2-2-2+2+2-2-2 J. Lulinus, *Non mi pento es* 1514/02
+2-2-2+2+2-2-2 L. Marenzio, *Donna bella* 1577/07
+2-2-2+2+2-2-2 G. Massarengo, *Sia noto e* 1591/22
+2-2-2+2+2-2-2 O. Vecchi, *Tra verdi campi* 1600/05
+2-2-2+2+2-2-2 P. Vinci, *Lasciatemi morir* 1583/19

+2-2-2+2+2-2+3 J. Arcadelt, *Honorata mia* 1544/16
+2-2-2+2+2-2+3 G. Mosto, *Rugiadose dolcezz* 1578/22

+2-2-2+2+2-2-3 A. Barges, *Tanto fui tard'* 1550/18
+2-2-2+2+2-2-3 G. Macque, *Fra belle Ninfe* 1583/15

+2-2-2+2+2-2+4 G. Caimo, *Con tue lusinghe* 1586/19
+2-2-2+2+2-2+4 M. Cara, *Per dolor mi bagn* 1514/02
+2-2-2+2+2-2+4 G. Primavera, *Ardo, moro* 1565/17
+2-2-2+2+2-2+4 G. Primavera, *Ardo, moro,* 1565/17
+2-2-2+2+2-2+4 R. Vecoli, *Vagho riso, sere* 1577/10

+2-2-2+2+2-2-5 J. Arcadelt, *Amorosi pensie* 1545/18

+2-2-2+2+2-2+6 C. Monteverdi, *Dolcemente* 1597/13

+2-2-2+2+2+3-2 O. Lasso, *Rottav'e pur ver* 1588/24
+2-2-2+2+2+3-2 G. Violanti, *O cruda gelosi* 1574/06

+2-2-2+2+2-3+2 Anonymous, *Mentre di gioia* 1586/19
+2-2-2+2+2-3+2 G. Gostena, *Clori mi diede* 1599/15
+2-2-2+2+2-3+2 A. Marien, *Tu vedrai Itali* 1584/09A
+2-2-2+2+2-3+2 G. Marinis, *Sta notte mi so* 1596/13
+2-2-2+2+2-3+2 G. Nanino, *E con Aminta vai* 1586/09

+2-2-2+2+2-3-4 G. Palestrina, *Se lamentar aug* 1561/10

+2-2-2+2+2-4+2 O. Lasso, *S'io esca vivo* 1579/02

+2-2-2+2-2+2+2 P. Animuccia, *Piangeano i padr* 1570/15
+2-2-2+2-2+2+2 Anonymous, *Date la vel'al* 1570/19

+2-2-2+2-2+2+2 Anonymous, *Due destrier bio* 1566/07
+2-2-2+2-2+2+2 Anonymous, *Piangeti mecho* 1505/03
+2-2-2+2-2+2+2 T. Fabrianese, *E quand'ha fato* 1550/19
+2-2-2+2-2+2+2 C. Porta, *Questa mie rime* 1598/06
+2-2-2+2-2+2+2 G. Schiavetti, *Era il bel* 1562/06
+2-2-2+2-2+2+2 A. Stringari, *Chi non sa ch* 1507/04

+2-2-2+2-2+2-2 Anonymous, *Se hora el temp* 1506/03
+2-2-2+2-2+2-2 F. Azzaiolo, *Al di dolce be* 1557/18
+2-2-2+2-2+2-2 L. Marenzio, *Ecco che'l cie* 1591/21
+2-2-2+2-2+2-2 A. Stabile, *Fuggite amanti* 1591/12

+2-2-2+2-2+2+3 Anonymous, *Chi passa per st* 1557/19
+2-2-2+2-2+2+3 I. Hesdimdis, *Tuc'io il mun* 1510/

+2-2-2+2-2+2-3 Fra Ruffin, *Venite donne* 1521/06

+2-2-2+2-2+2+4 F. Luprano, *Al di donna* 1505/04

+2-2-2+2-2+2-4 M. Cara, *Liber fui un temp* 1505/04

+2-2-2+2-2+2+5 F. Luprano, *Non son que* 1506/03

+2-2-2+2-2-2+2 Anonymous, *Ecco care sorell* 1563/06
+2-2-2+2-2-2+2 G. Brocco, *Io mi voglio lam* 1505/04
+2-2-2+2-2-2+2 M. Cara, *Non peccando altr* 1507/03
+2-2-2+2-2-2+2 O. Crisci, *Cosi fortuna un* 1581/11
+2-2-2+2-2-2+2 G. Pizzoni, *Pero si guarda ogn* 1582/14
+2-2-2+2-2-2+2 G. Policretto, *Ond'io pian* 1571/09
+2-2-2+2-2-2+2 A. Striggio, *Non visse la* 1586/10

+2-2-2+2-2-2-2 Anonymous, *Come fenice son* 1566/07
+2-2-2+2-2-2-2 Anonymous, *Guarda donna el* 1505/03
+2-2-2+2-2-2-2 A. Coma, *I lieti amanti e* 1585/22
+2-2-2+2-2-2-2 H. Hassler, *Ancor che la pa* 1597/13
+2-2-2+2-2-2-2 C. Monte, *Son inamorato e* 1574/05
+2-2-2+2-2-2-2 C. Rore, *Quel foco che tant* 1548/07
+2-2-2+2-2-2-2 A. Savioli, *Mentre campo co* 1591/22
+2-2-2+2-2-2-2 A. Stabile, *Il ciel fermoss* 1587/10
+2-2-2+2-2-2-2 O. Vecchi, *Amor se uno ch'i* 1585/35
+2-2-2+2-2-2-2 P. Verdelot, *Pur troppo don* 1540/18
+2-2-2+2-2-2-2 P. Vinci, *L'herbetta verde* 1567/24

+2-2-2+2-2-2+3 A. Bicci, *Cogli la vaga ros* 1598/14

+2-2-2+2-2-2-4 B. Tromboncino, *Vox clamanti* 1505/04

+2-2-2+2-2+3+2 S. d'Aranda, *A ciascun rem* 1571/12

+2-2-2+2-2-3+4 G. Fogliano, *Si come all'ho* 1547/16

+2-2-2+2-2+4-3 R. Mel, *Hor che la saggia* 1585/26
+2-2-2+2-2+4-3 G. Scotto, *Date la vel'al* 1571/11

+2-2-2+2-2+4-4 G. Scotto, *Date la vel'al* 1571/11

+2-2-2+2-2+5+2 Anonymous, *Vero amore vol* 1505/06

+2-2-2+2-2+5-2 F. Luprano, *Vale signor* 1509/02

+2-2-2+2+3+2-2 C. Baselli, *Come fa della* 1600/12
+2-2-2+2+3+2-2 H. Sabino, *Ballava Tirsi* 1588/27

+2-2-2+2+3-2 G. Macque, *Passato e il ver* 1600/05

+2-2-2+2+3-2-2 Anonymous, *Passer mai solit* 1577/08
+2-2-2+2+3-2-2 Anonymous, *Qual gemma orien* 1515/02
+2-2-2+2+3-2-2 O. Antinori, *Sed libera no* 1506/03
+2-2-2+2+3-2-2 G. Gabrieli, *Arbor vittorio* 1568/16
+2-2-2+2+3-2-2 H. Sabino, *All'hor vidi cad* 1588/27

+2-2-2+2+3-3-2 A. Verso, *Che fai alma che* 1594/17

+2-2-2+2+3-3-3 C. Rore, *Si traviato e'l fo* 1548/09

+2-2-2+2+3-3+4 F. Soto, *Chiostro beato,* 1600/05

+2-2-2+2+3-3-4 H. Chamatero, *Ma voi strad* 1569/26

+2-2-2+2+3-4+2 H. Chamatero, *La ver l'auro* 1561/13

+2-2-2+2-3+2+2 Anonymous, *O Giesu mio* 1580/06
+2-2-2+2-3+2+2 J. Arcadelt, *Deh perche si* 1545/18
+2-2-2+2-3+2+2 F. Baseo, *Non piu non piu* 1573/16
+2-2-2+2-3+2+2 G. Bassano, *O dolce servit* 1571/11
+2-2-2+2-3+2+2 G. Sabino, *Felice primave* 1588/27
+2-2-2+2-3+2+2 C. Monte, *Son inamorato e* 1574/05

+2-2-2+2-3+2-2 Anonymous, *Pascomi sol di* 1566/05
+2-2-2+2-3+2-2 L. Marenzio, *Con la sua ma* 1591/21
+2-2-2+2-3+2-2 A. Martorello, *O donna van* 1547/17
+2-2-2+2-3+2-2 G. Palestrina, *Amor non volev* 1557/24
+2-2-2+2-3+2-2 H. Sabino, *Ballava Tirsi* 1588/27
+2-2-2+2-3+2-2 P. Verdelot, *Con lagrime,* 1533/02

+2-2-2+2-3-2 Anonymous, *Dixit dominius* 1563/06

+2-2-2+2-3-2+2 O. Lasso, *Hor che la nuova* 1575/11
+2-2-2+2-3-2+2 A. Padovano, *O vui Greghett* 1564/16

+2-2-2+2-3-2-2 P. Vecoli, *Dolce corina mi* 1581/12

+2-2-2+2-3-2+3 Anonymous, *O vecchia tu ch* 1537/05

+2-2-2+2-3-2-3 M. Cara, *Alma gentil che* 1526/06

+2-2-2+2-3+3+2 G. Moro, *S'io vi domando ai* 1585/28

+2-2-2+2-3+3-2 Anonymous, *El laccio che* 1505/05
+2-2-2+2-3+3-2 Anonymous, *Scoltatime madon* 1505/05
+2-2-2+2-3+3-2 G. Bassano, *O dolce servit* 1571/11
+2-2-2+2-3+3-2 G. Bonagiunta, *L'amore non* 1566/07

+2-2-2+2-3+3+4 H. Sabino, *S'io t'ho ferit* 1581/11

+2-2-2+2-3-3+2 H. Chamatero, *Ben riconosc* 1569/26

+2-2-2+2-3-3+3 H. Sabino, *Ballava Tirsi* 1588/27

+2-2-2+2-3+4-2 M. Pesenti, *Integer vitae* 1504/04

+2-2-2+2-3+5-2 O. Antinori, *Ben che a me* 1507/04

+2-2-2+2-3+6+2 F. Guami, *Voi volete ch'io* 1575/11

+2-2-2+2+4-2-2 A. Padovano, *No ved hoggi* 1589/10
+2-2-2+2+4-2-2 F. Roussel, *Rosa al sol no* 1562/22
+2-2-2+2+4-2-2 B. Tromboncino, *Sparzean per* 1507/04

+2-2-2+2+4-2-3 G. Moscaglia, *Si fu possent* 1585/29

+2-2-2+2+4-3-2 Baldasar, *O Jesu dolce o si* 1508/03

+2-2-2+2+4-3-3 G. Moscaglia, *Si fu possent* 1585/29

+2-2-2+2-4+2+2 A. Gabrieli, *Il dolce sonn* 1582/08
+2-2-2+2-4+2+2 A. Gabrieli, *Tirsi che fai* 1587/16

+2-2-2+2-4+2-2 G. Coudenno, *Et se ben la* 1584/11

+2-2-2+2-4+5-3 G. Bonagiunta, *Tu mi rubast* 1566/07

+2-2-2+2-4+6 C. Merulo, *Mentre mia stell* 1579/02

+2-2-2+2+5+2-3 Anonymous, *Non fan altro pe* 1516/02

+2-2-2+2+5-2-2 G. Arpa, *Da poi che tu crud* 1570/27

+2-2-2+2-5+2+2 Anonymous, *Se'l partir me* 1505/03
+2-2-2+2-5+2+2 Anonymous, *Serra dura mia* 1505/03
+2-2-2+2-5+2+2 A. Padovano, *A qualunque an* 1561/15
+2-2-2+2-5+2+2 F. Soto, *O glorioso corpo* 1600/05

+2-2-2+2-5+4-2 D. Vicentino, *Temprar potess* 1558/17
+2-2-2+2-5+4-2 G. Wert, *Quei pianti quiei* 1568/20

+2-2-2+2-5+5+2 J. Arcadelt, *Com'esser puo ch* 1552/21
+2-2-2+2-5+5+2 A. Gabrieli, *Tirsi vicino* 1589/14

+2-2-2+2+6-2-2 P. Verdelot, *Madonna per vo* 1533/02

+2-2-2+2+8+2-2 M. Cara, *Io son l'ocel che* 1505/05

+2-2-2+2-8+2+3 J. Arcadelt, *Hor ved'amor* 1540/19

+2-2-2+2-8+4+3 H. Chamatero, *Ben riconosc* 1569/26

+2-2-2-2+2+2+2 Alv. Willaert, *Fra tandi ch* 1564/16
+2-2-2-2+2+2+2 F. Anerio, *Cosi soave stil* 1591/12
+2-2-2-2+2+2+2 Anonymous, *Dolce mia vita* 1566/07
+2-2-2-2+2+2+2 Anonymous, *El servo che te* 1516/02
+2-2-2-2+2+2+2 Anonymous, *Non fan altro pe* 1516/02
+2-2-2-2+2+2+2 Anonymous, *O vecchia tu ch* 1537/05
+2-2-2-2+2+2+2 Anonymous, *Se tu non mi vo* 1555/30
+2-2-2-2+2+2+2 Anonymous, *Si suave mi par* 1505/05
+2-2-2-2+2+2+2 J. Arcadelt, *Si com'el sol* 1552/21
+2-2-2-2+2+2+2 P. Bozzi, *S'adira il mio be* 1589/10
+2-2-2-2+2+2+2 O. Caccini, *Se quanto piu* 1585/21
+2-2-2-2+2+2+2 S. Felis, *Hor sento quel ch* 1585/23
+2-2-2-2+2+2+2 A. Gabrieli, *Io mi sento mo* 1587/16
+2-2-2-2+2+2+2 G. Gastoldi, *Potrai dunque* 1588/18
+2-2-2-2+2+2+2 G. Guami, *Verzinia chy cerc* 1564/16
+2-2-2-2+2+2+2 L. Marenzio, *Con la sua ma* 1591/21
+2-2-2-2+2+2+2 A. Marien, *Hor con si chiar* 1584/09A
+2-2-2-2+2+2+2 G. Palestrina, *Il Caro e morto* 1568/16
+2-2-2-2+2+2+2 M. Pesenti, *Io voria esser* 1509/02
+2-2-2-2+2+2+2 C. Porta, *Se morir si potes* 1592/15
+2-2-2-2+2+2+2 A. Reggio, *Tant'era dolce'i* 1570/19
+2-2-2-2+2+2+2 A. Senese, *Come la nieve* 1515/02
+2-2-2-2+2+2+2 A. Senese, *Ingrata gelosia* 1515/02
+2-2-2-2+2+2+2 A. Senese, *Tu vuoi ch'io di* 1515/02
+2-2-2-2+2+2+2 F. Soto, *Noi siam rie pecca* 1600/05
+2-2-2-2+2+2+2 A. Striggio, *Ho udito che* 1567/23
+2-2-2-2+2+2+2 B. Tromboncino, *Quanto mai* 1513/01
+2-2-2-2+2+2+2 R. Vecoli, *La ver l'auror* 1577/10
+2-2-2-2+2+2+2 P. Verdelot, *Pur troppo don* 1540/18

+2-2-2-2+2+2-2 F. Luprano, *Non son que* 1506/03
+2-2-2-2+2+2-2 L. Agostini, *Il vostro vago* 1572/07
+2-2-2-2+2+2-2 Anonymous, *Consumato ha amo* 1507/03
+2-2-2-2+2+2-2 Anonymous, *La nocte aquiet* 1505/05
+2-2-2-2+2+2-2 Anonymous, *O Maria diana st* 1563/06
+2-2-2-2+2+2-2 A. Antico, *De chi potra pi* 1513/01
+2-2-2-2+2+2-2 A. Barges, *Madonna mia io* 1550/18
+2-2-2-2+2+2-2 H. Chamatero, *Ma voi strad* 1569/26
+2-2-2-2+2+2-2 O. Crisci, *Cosi fortuna un* 1581/11
+2-2-2-2+2+2-2 G. Pizzoni, *Ma se per sort* 1582/14
+2-2-2-2+2+2-2 A. Stabile, *Fuggite amanti* 1591/12
+2-2-2-2+2+2-2 P. Verdelot, *Pur troppo don* 1540/18
+2-2-2-2+2+2-2 P. Vinci, *Benigne stelle ch* 1584/11

+2-2-2-2+2+2+3 A. Gabrieli, *Io mi sento mo* 1587/16
+2-2-2-2+2+2+3 G. Maio, *Sel pensier che* 1519/04
+2-2-2-2+2+2+3 B. Tromboncino, *Ben mi crede* 1514/02

+2-2-2-2+2+2-3 Anonymous, *Vedi cor mio a* 1562/10
+2-2-2-2+2+2-3 M. Pesenti, *Adio signora ad* 1504/04
+2-2-2-2+2+2-3 P. Vinci, *E'l chiaro lume che* 1583/19

+2-2-2-2+2+2+4 A. Martorello, *Lagrimando* 1547/17

+2-2-2-2+2+2-4 A. Striggio, *Ero cosi dice* 1588/17
+2-2-2-2+2+2-4 B. Tromboncino, *Surge cor* 1505/05

+2-2-2-2+2+2-5 Anonymous, *Dolc'e la pace* 1563/07
+2-2-2-2+2+2-5 V. Ruffo, *Salve Hippolite* 1555/31

+2-2-2-2+2-2+2 Anonymous, *Per l'aria fosc'* 1562/10
+2-2-2-2+2-2+2 P. Bellasio, *Martir, dolor* 1595/07
+2-2-2-2+2-2+2 V. Bellhaver, *Habbi pieta* 1570/17
+2-2-2-2+2-2+2 M. Cara, *L'ardor mio grave* 1507/03
+2-2-2-2+2-2+2 M. Cara, *Si come che'l bian* 1504/04
+2-2-2-2+2-2+2 S. Dentice, *Chi sta soggett* 1600/05
+2-2-2-2+2-2+2 A. Marien, *Anima bella da* 1584/09A
+2-2-2-2+2-2+2 N. Pifaro, *Son infermo rech* 1506/03
+2-2-2-2+2-2+2 V. Ruffo, *Com'havra vit'amo* 1557/18
+2-2-2-2+2-2+2 V. Ruffo, *S'io vi son'impor* 1555/31
+2-2-2-2+2-2+2 B. Tromboncino, *Questo sol* 1505/05
+2-2-2-2+2-2+2 P. Vinci, *Perche'n voi viv* 1584/11

+2-2-2-2+2-2-2 Anonymous, *Come fenice son* 1566/07
+2-2-2-2+2-2-2 Anonymous, *Consumato ha amo* 1507/03
+2-2-2-2+2-2-2 Anonymous, *Piu volte me so* 1505/06

+2-2-2-2-2-2-2 M. Cara, *Crudel cor per ch* 1507/03
+2-2-2-2-2-2-2 A. Ferabosco, *Baciami vita* 1554/28
+2-2-2-2-2-2-2 N. Patavino, *Se non poi ho* 1505/03
+2-2-2-2-2-2-2 P. Verdelot, *Gloriar mi pos* 1533/02
+2-2-2-2-2-2-2 P. Verdelot, *Io son tal vol* 1539/24
+2-2-2-2-2-2-2 P. Verdelot, *Madonna il tu* 1533/02

+2-2-2-2-2-2+3 Anonymous, *Paga el dacie do* 1506/03
+2-2-2-2-2-2+3 J. Gero, *Leggiadri amanti* 1561/11
+2-2-2-2-2-2+3 G. Gostena, *Sara pur vero* 1589/13

+2-2-2-2-2-2-3 Anonymous, *Piu volte me so* 1505/06

+2-2-2-2-2-2+4 Anonymous, *Lo fraticello* 1563/06
+2-2-2-2-2-2+4 J. Gero, *Leggiadri amanti* 1561/11
+2-2-2-2-2-2+4 B. Tromboncino, *Morte te pr* 1505/05
+2-2-2-2-2-2+4 F. Viola, *Voi provedete Amo* 1548/08

+2-2-2-2-2-2+5 M. Cara, *Vedo ogni selva ri* 1507/04
+2-2-2-2-2-2+5 S. Felis, *Un tempo visi in* 1574/06
+2-2-2-2-2-2+5 R. Rodio, *Dolci rubini e pe* 1587/12
+2-2-2-2-2-2+5 P. Verdelot, *Madonna il tu* 1533/02
+2-2-2-2-2-2+5 D. Vicentino, *Huomin'e Dei* 1558/17

+2-2-2-2-2-2+8 A. Rossetto, *Che piu felic* 1505/03
+2-2-2-2-2-2+8 C. Veggio, *Amor s'ogni ama* 1540/19

+2-2-2-2-2+3-2 Anonymous, *Tu me strugi* 1505/04
+2-2-2-2-2+3-2 J. Martin, *Venecioza* 1504/03
+2-2-2-2-2+3-2 F. Portinaro, *Basciami mill* 1563/13
+2-2-2-2-2+3-2 G. Rognoni, *Poiche le mie* 1600/17
+2-2-2-2-2+3-2 P. Verdelot, *Madonna il tu* 1533/02

+2-2-2-2-2-3+2 Anonymous, *La verginella* 1591/12

+2-2-2-2-2-3+5 Anonymous, *O Vergin santa* 1563/06

+2-2-2-2-2-3+8 Anonymous, *Lydia bella puel* 1526/05

+2-2-2-2-2+4+2 G. Wert, *Lungo le rive del* 1597/13

+2-2-2-2-2+4-2 Anonymous, *Gia felice esse* 1515/02
+2-2-2-2-2+4-2 Anonymous, *Sol ad'un herba* 1537/07
+2-2-2-2-2+4-2 Anonymous, *Tu sei tutta cor* 1563/06
+2-2-2-2-2+4-2 M. Cara, *Liber fui un temp* 1505/04
+2-2-2-2-2+4-2 C. Merulo, *Svelt'ha di mort* 1568/16

+2-2-2-2-2+4+3 R. Giovanelli, *Ero cosi dic* 1588/17
+2-2-2-2-2+4+3 P. Nenna, *D'ogni ben casso* 1582/12

+2-2-2-2-2+4-3 Anonymous, *Tu me strugi* 1505/04
+2-2-2-2-2+4-3 E. Bonizzoni, *Venga quei bel* 1569/25

+2-2-2-2-2+4-5 Anonymous, *La nocte aquiet* 1505/05

+2-2-2-2-2-4+8 H. Sabino, *E se t'agrada pu* 1581/11

+2-2-2-2-2-5+6 B. Tromboncino, *Queste lacr* 1514/02

+2-2-2-2-2+6-2 R. Mantovano, *Da poi che'l* 1505/03

+2-2-2-2+3+2+2 Anonymous, *Anima christi sa* 1508/03
+2-2-2-2+3+2+2 A. Fontanelli, *Com'esser pu* 1592/14
+2-2-2-2+3+2+2 A. Striggio, *Ho udito che* 1567/23

+2-2-2-2+3+2-2 Anonymous, *De fossela qui* 1506/03
+2-2-2-2+3+2-2 Anonymous, *Ecco'il Messia,* 1563/06
+2-2-2-2+3+2-2 Anonymous, *Son quel tronch* 1505/03
+2-2-2-2+3+2-2 A. Gabrieli, *Vita de la mi* 1589/14

+2-2-2-2+3+2-4 P. Monte, *Quando l'anima be* 1591/23

+2-2-2-2+3-2+2 T. Fabrianese, *Zerbin la de* 1549/31
+2-2-2-2+3-2+2 J. Lulinus, *Di tempo in tem* 1514/02
+2-2-2-2+3-2+2 B. Tromboncino, *Poi che lal* 1504/04

+2-2-2-2+3-2-2 L. Agostini, *Ecco l'eterna* 1572/07
+2-2-2-2+3-2-2 G. Aichinger, *Occhi quella* 1597/13
+2-2-2-2+3-2-2 Anonymous, *Chi servir vol* 1509/02
+2-2-2-2+3-2-2 Anonymous, *L'amor donna ch'* 1507/03

+2-2-2-2+3-2-2 O. Antinori, *Se io ti dico* 1507/04
+2-2-2-2+3-2-2 A. Barges, *Sempre me fing'* 1550/18
+2-2-2-2+3-2-2 G. Bonagiunta, *L'amore non* 1566/07
+2-2-2-2+3-2-2 A. Coma, *I lieti amanti e* 1585/22
+2-2-2-2+3-2-2 J. Gero, *Una ragazz'una roz* 1549/31
+2-2-2-2+3-2-2 G. Porta, *Se me amasti quan* 1504/04

+2-2-2-2+3-2+3 A. Gabrieli, *Como viver mi* 1564/16

+2-2-2-2+3-2-4 P. Quagliati, *Hoime ch'a po* 1585/07

+2-2-2-2+3-3+3 Anonymous, *Si ch'i la vo se* 1563/06

+2-2-2-2+3+4+2 G. Locatello, *Ne lagrime da* 1590/21

+2-2-2-2+3+4-4 O. Caccini, *Amor ecco cole* 1585/21

+2-2-2-2+3-4+2 A. Gabrieli, *Dunque il cons* 1587/16

+2-2-2-2+3-4+3 H. Chamatero, *Dove son quel* 1561/13

+2-2-2-2+3-5+5 M. Cara, *Ave maria gratia* 1508/03
+2-2-2-2+3-5+5 B. Tromboncino, *Ave maria* 1508/03

+2-2-2-2-3+2+2 Anonymous, *Non son ciecho* 1506/03
+2-2-2-2-3+2+2 A. Senese, *Fuggo donna il* 1515/02
+2-2-2-2-3+2+2 P. Vinci, *So io ben ch'a vo* 1584/11

+2-2-2-2-3+2+3 H. Chamatero, *Dove son quel* 1561/13

+2-2-2-2-3-3-3 C. Lambardi, *Fingo di non* 1600/13

+2-2-2-2-3+4-4 Anonymous, *S'a te signora* 1571/09

+2-2-2-2-3+6-2 G. Mosto, *Se voi set'il mi* 1579/02

+2-2-2-2+4+2+2 G. Sabino, *Felice primave* 1588/27
+2-2-2-2+4+2+2 M. Mazzone, *Io vo cercando* 1570/18

+2-2-2-2+4+2-2 H. Sabino, *E se t'agrada pu* 1581/11

+2-2-2-2+4-2+2 N. Pifaro, *Mentre lo sdegn* 1515/02
+2-2-2-2+4-2+2 A. Senese, *La virtu si e no* 1515/02

+2-2-2-2+4-2-2 G. da Nola, *Menar vo sempr* 1570/27
+2-2-2-2+4-2-2 Anonymous, *Dolc'e la pace* 1563/07
+2-2-2-2+4-2-2 J. Arcadelt, *Che poss'io piu* 1540/18
+2-2-2-2+4-2-2 F. Azzaiolo, *Chi vuol vegn* 1569/24
+2-2-2-2+4-2-2 M. Cara, *Mentre che a tua* 1505/05
+2-2-2-2+4-2-2 P. Clerico, *Altri'a cui not* 1562/15
+2-2-2-2+4-2-2 A. Gabrieli, *Al chiaro suo* 1586/07
+2-2-2-2+4-2-2 R. Mel, *Qui venn'al suon* 1585/26

+2-2-2-2+4-3+2 Anonymous, *Canzona mia fam* 1555/30
+2-2-2-2+4-3+2 L. Marenzio, *La dipartita* 1597/13
+2-2-2-2+4-3+2 G. Metallo, *Amor gia te pen* 1577/09
+2-2-2-2+4-3+2 B. Zolini, *Para pur quanto* 1570/19

+2-2-2-2+4-3-2 M. Cancino, *Pur mi pensai ch* 1590/21
+2-2-2-2+4-3-2 F. Cedraro, *Gentil mia Donn* 1571/12

+2-2-2-2+4-3-3 B. Zolini, *Para pur quanto* 1570/19

+2-2-2-2+4-3+4 H. Sabino, *E se t'agrada pu* 1581/11

+2-2-2-2+4-4+5 Anonymous, *Non son ciecho* 1506/03

+2-2-2-2+4-5+2 V. Ruffo, *Quella che piu no* 1557/25

+2-2-2-2-4+2+4 Anonymous, *Interna sete ard* 1598/04

+2-2-2-2+5+2-2 M. Cara, *Mai non persi la* 1507/04
+2-2-2-2+5+2-2 A. Senese, *Come la nieve* 1515/02

+2-2-2-2+5-2-2 G. Arpa, *Da poi che tu crud* 1570/27
+2-2-2-2+5-2-2 N. Brocco, *O tiente a lor* 1507/04

+2-2-2-2+5-3+2 G. Palestrina, *Amor non volev* 1557/24

+2-2-2-2+5-3-2 Anonymous, *Spirti siam semp* 1563/06

+2-2+3+2+2+2-3 G. Nanino, *In su la destra* 1586/18

+2-2+3+2+2-2+2 F. Viola, *Deh perche non cr* 1548/08

+2-2+3+2+2-2+3 C. Veggio, *Oime che sol mi* 1540/19

+2-2+3+2+2-5+4 M. Cara, *Ave maria gratia* 1508/03

+2-2+3+2-2+2+2 G. Wert, *Talhor dico il su* 1568/20

+2-2+3+2-2+2-4 Anonymous, *Christo ver'huomo* 1563/06

+2-2+3+2-2-2+2 G. Bonagiunta, *O bocca dolc* 1565/12
+2-2+3+2-2-2+2 H. Sabino, *Quando con mill* 1588/27

+2-2+3+2-2-2-2 Fra Ruffin, *Venite donne* 1521/06
+2-2+3+2-2-2-2 C. Perissone, *Non di terres* 1547/14
+2-2+3+2-2-2-2 A. Zoilo, *Della sua insegn* 1586/07

+2-2+3+2-2-2+3 F. Meo, *S'io dormo haggio* 1570/19

+2-2+3+2-2-2-3 I. Baccusi, *Ma prego et par* 1572/09

+2-2+3+2-2+4-2 G. Zarlino, *In atto ed in* 1567/16

+2-2+3+2+3-3+2 V. Ruffo, *Occhi miei ch'a* 1557/25

+2-2+3+2-3-2-2 G. Caimo, *Na volta m'hai ga* 1586/19
+2-2+3+2-3-2-2 P. Vinci, *Chi non sa che ch* 1583/19

+2-2+3+2-3-2+3 P. Vinci, *Chi non sa che ch* 1583/19

+2-2+3+2-3-2+4 M. Ingegneri, *Mirat occhi* 1579/02
+2-2+3+2-3-2+4 C. Lambardi, *Ma fa che sent* 1600/13

+2-2+3+2-3-3+2 A. Padovano, *O vui Greghett* 1564/16

+2-2+3+2-4+2-2 R. Vecoli, *Se piu cosa mort* 1577/10

+2-2+3+2-4+3+2 Anonymous, *Non fur mai tutt* 1583/13
+2-2+3+2-4+3+2 C. Rore, *Si traviato e'l fo* 1548/09

+2-2+3+2+5-2-2 P. Vinci, *Questo dimando* 1584/11

+2-2+3-2+2+2+2 C. Perissone, *Nessun visse* 1544/22
+2-2+3-2+2+2+2 P. Vecoli, *Poiche'l mio lar* 1581/12

+2-2+3-2+2-2-2 V. Bellhaver, *Vu la vedev* 1564/16

+2-2+3-2+2+3-2 P. Monte, *Ma sia chi vol si* 1568/12

+2-2+3-2+2-3+2 F. Azzaiolo, *Gia cantai all* 1557/18
+2-2+3-2+2-3+2 J. Gero, *Madonna sua merce* 1541/02

+2-2+3-2+2-3+3 Anonymous, *Donna se te prim* 1562/10

+2-2+3-2+2-4+2 Anonymous, *Solo e pensoso* 1577/08

+2-2+3-2+2-6+2 N. Tomei, *Alma che fai che* 1581/12

+2-2+3-2+2-10 C. Lambardi, *Non mirate vi* 1600/13

+2-2+3-2-2+2+2 F. Ana, *Occhi mei troppo* 1505/03
+2-2+3-2-2+2+2 Anonymous, *Leviamo i nostri* 1580/06
+2-2+3-2-2+2+2 O. Antinori, *Ben che a me* 1507/04

+2-2+3-2-2+2-2 P. Monte, *Si dolcemente amo* 1567/15
+2-2+3-2-2+2-2 V. Ruffo, *Ditemi aure tranq* 1555/31
+2-2+3-2-2+2-2 G. Schiavetti, *Deh non far* 1564/16

+2-2+3-2-2+2+3 M. Comis, *Questi ch'inditi* 1568/13

+2-2+3-2-2+2-4 O. Caccini, *Tutto il di pia* 1585/21

+2-2+3-2-2-2+2 Anonymous, *All'arme all'arm* 1566/05
+2-2+3-2-2-2+2 Anonymous, *Poi cho perso ig* 1506/03
+2-2+3-2-2-2+2 M. Iacovelli, *Bacciala e di* 1588/23
+2-2+3-2-2-2+2 H. Morsolino, *Mentre da te* 1594/15

+2-2+3-2-2-2-2 Anonymous, *Se la mia vita* 1554/28
+2-2+3-2-2-2-2 A. Antiqui, *Questa amara as* 1505/06

+2-2+3-2-2-2-2 L. Courtoys, *Destra di que* 1563/07
+2-2+3-2-2-2-2 B. Sorte, *Ma se fedel amant* 1598/07
+2-2+3-2-2-2-2 B. Spontone, *Li modi vari* 1564/16
+2-2+3-2-2-2-2 G. Wert, *Lungo le rive del* 1597/13
+2-2+3-2-2-2-2 G. Zarlino, *E forse'l mio* 1562/06

+2-2+3-2-2-2+3 N. Pifaro, *Mi fa sol o mia* 1505/05
+2-2+3-2-2-2+3 G. Zarlino, *Mentre del mio* 1568/16

+2-2+3-2-2-2-3 P. Monte, *Il gran Fattor ch* 1591/23

+2-2+3-2-2-2-5 O. Lasso, *Hor che la nuova* 1575/11

+2-2+3-2-2+3+2 A. Gabrieli, *E vu fiumi chie* 1564/16

+2-2+3-2-2-3+3 Anonymous, *Aprimi amor le* 1544/17

+2-2+3-2-2-3-3 J. Arcadelt, *S'advien che* 1544/16

+2-2+3-2-2+4-2 A. Gabrieli, *Al chiaro suo* 1586/07

+2-2+3-2-2-5+3 R. Montagnana, *Io non hebb* 1558/17

+2-2+3-2-2-5+6 D. Grisonio, *Meste e pensos* 1568/16

+2-2+3-2-3+2+3 J. Gero, *Per amplia strada* 1541/02

+2-2+3-2-3+3-3 G. Caimo, *Na volta m'hai ga* 1586/19

+2-2+3-2+4-2-2 Anonymous, *Si morsi donna* 1505/04

+2-2+3-2-5+8-2 B. Tromboncino, *Ite caldi* 1509/02

+2-2+3+3-3+2+2 S. d'Aranda, *D'angosciosi* 1571/12

+2-2+3+3-4+2+2 G. Caimo, *Forz'e ch'io part* 1586/19

+2-2+3+3-5+2-4 A. Martorello, *Da l'arbor* 1547/17

+2-2+3-3+2+2+2 B. Piffari, *A Dio Titiro mi* 1583/12

+2-2+3-3+2+2-3 Anonymous, *Herod'il volto* 1563/06

+2-2+3-3+2-2-2 G. Torelli, *Nei vostri dolc* 1594/16

+2-2+3-3+2-3-3 Anonymous, *Se nel mirarvi* 1571/09

+2-2+3-3-2-2-2 G. Carmeni, *Piu che rea sor* 1570/23
+2-2+3-3-2-2-2 G. Dragone, *Per uscir di ma* 1586/09

+2-2+3-3-2+4+4 G. Verona, *Et prego che din* 1563/07

+2-2+3-3-2-4+5 P. Vinci, *Piu che mai bell'* 1564/20

+2-2+3-3-2-5+6 P. Vinci, *Io saro sempr'avi* 1583/19

+2-2+3-3+3-2-2 G. Wert, *Io non son pero mo* 1586/10

+2-2+3-3+4-2-2 O. Lasso, *Io ho piu tempo* 1575/11

+2-2+3-3+4-5+4 G. Fiesco, *No fo di tal bel* 1564/16

+2-2+3-4+2+2+2 F. Viola, *O quante volt'avi* 1548/08

+2-2+3-4+2+2-3 A. Barges, *Io grido sempre* 1550/18

+2-2+3-4+2-3-2 A. Gabrieli, *Cari cumpagni* 1564/16

+2-2+3-4+2-5+2 J. Lulinus, *Se'l non fusse* 1514/02

+2-2+3-4-2+2-4 M. Cara, *Bona dies bona ser* 1507/03

+2-2+3-4+3-3-2 G. Torelli, *Quando delibera* 1594/16

+2-2+3-5-3+8-2 A. Padovano, *Mi ho scritto* 1564/16

+2-2+3-5+4-2+2 L. Courtoys, *Crudele di vo* 1580/10

+2-2+3-6+2+3+3 N. Tomei, *Alma che fai che* 1581/12

+2-2-3+2+2+2+2 Anonymous, *Popule meus qui* 1508/03

+2-2-3+2+2+2+2 G. Massarengo, *Come faro co* 1591/22
+2-2-3+2+2+2+2 R. Mel, *Qui fu la bella Ni* 1585/26
+2-2-3+2+2+2+2 E. Romano, *Oime il bel vis* 1514/02

+2-2-3+2+2+2-2 F. Luprano, *Fammi almen* 1505/05
+2-2-3+2+2+2-2 F. Azzaiolo, *Bernarde non* 1559/19
+2-2-3+2+2+2-2 E. Bonizzoni, *Mia buona sor* 1569/25
+2-2-3+2+2+2-2 L. Courtoys, *Questo non pro* 1580/10
+2-2-3+2+2+2-2 A. Martorello, *E laura spir* 1547/17

+2-2-3+2+2+2-3 Anonymous, *S'io canto e rum* 1555/30
+2-2-3+2+2+2-3 Anonymous, *Vorria saper da* 1563/06
+2-2-3+2+2+2-3 P. Quagliati, *Ancora che tu* 1589/11

+2-2-3+2+2+2-4 V. Ruffo, *Quella che piu no* 1557/25

+2-2-3+2+2-2+2 Anonymous, *Quanto ardor st* 1506/03
+2-2-3+2+2-2+2 S. Felis, *Le vive voci m'er* 1585/23
+2-2-3+2+2-2+2 C. Porta, *Hor ch'allegra* 1583/12

+2-2-3+2+2-2-2 S. d'Aranda, *S'e ver che* 1571/12
+2-2-3+2+2-2-2 F. Gherardini, *Deh d'io v'amo* 1585/24

+2-2-3+2+2-2+3 N. Dinarelli, *Caro dolce mi* 1589/10
+2-2-3+2+2-2+3 F. Gherardini, *Deh d'io v'amo* 1585/24

+2-2-3+2+2+3+2 A. Striggio, *Entro un gran* 1568/12

+2-2-3+2+2+3-2 P. Bonini, *Come vag'augelle* 1589/10
+2-2-3+2+2+3-2 C. Lambardi, *La bella donna ch* 1600/13

+2-2-3+2+2-3+2 F. Azzaiolo, *Ti parti cor* 1557/18
+2-2-3+2+2-3+2 A. Barre, *Felice poi ch'in* 1555/27
+2-2-3+2+2-3+2 G. Macque, *Non veggio ohim* 1590/17
+2-2-3+2+2-3+2 L. Martiano, *Ella contenta* 1584/09A
+2-2-3+2+2-3+2 C. Montemayor, *Vergine bella* 1600/05
+2-2-3+2+2-3+2 G. Moscaglia, *Solo e pensos* 1585/29

+2-2-3+2+2-3+5 P. Vinci, *E'l chiaro lume che* 1583/19

+2-2-3+2+2+4-2 S. d'Aranda, *S'e ver che* 1571/12

+2-2-3+2+2-4-2 A. Padovano, *O vui Greghett* 1564/16

+2-2-3+2+2-5+2 S. d'Aranda, *S'e ver che* 1571/12

+2-2-3+2+2-5+5 V. Ruffo, *Dico il bel viso* 1557/25

+2-2-3+2+2-5+8 S. d'Aranda, *S'e ver che* 1571/12
+2-2-3+2+2-5+8 S. Felis, *Le vive voci m'er* 1585/23

+2-2-3+2-2+2+2 S. Ferro, *Non resta in ques* 1510/
+2-2-3+2-2+2+2 G. Fogliano, *Tanquam aurum* 1547/16

+2-2-3+2-2+2-2 R. Montagnana, *Scacciato de* 1558/17

+2-2-3+2-2+2+3 B. Spontone, *Il vago e liet* 1568/12

+2-2-3+2-2+2-4 Anonymous, *Dolce nemica mi* 1546/19

+2-2-3+2-2+2+5 P. Lodi, *Stella celi exstir* 1508/03

+2-2-3+2-2-2-2 Anonymous, *Amor mi fea mori* 1554/28
+2-2-3+2-2-2-2 L. Barre, *Lachrime meste &* 1544/16
+2-2-3+2-2-2-2 G. Policretto, *Lo mar i fum* 1571/09

+2-2-3+2-2+3+2 T. Angelio, *Un tempo piansi* 1585/21
+2-2-3+2-2+3+2 G. Gabrieli, *Ma ben vegg'ho* 1575/15

+2-2-3+2-2+3-2 G. Fogliano, *Tanquam aurum* 1547/16
+2-2-3+2-2+3-2 G. Palestrina, *Dido che gia* 1586/09

+2-2-3+2-2-3+4 A. Ganassi, *Se m'amasti io* 1586/10

+2-2-3+2-2+4-2 O. Caccini, *Ne laccio ne ca* 1585/21

+2-2-3+2-2+5-5 F. Gherardini, *Deh d'io v'amo* 1585/24

+2-2-3+2-2+8-2 G. Zesso, *Io t'ho donato* 1507/03

+2-2-3+2-2+8-3 G. Fogliano, *Tanquam aurum* 1547/16

+2-2-3+2+3+2+2 Anonymous, *Giesu figliol di* 1598/04

+2-2-3+2+3-2+2 L. Fidelis, *Non al suo aman* 1570/25
+2-2-3+2+3-2+2 A. Gabrieli, *Si che s'io vi* 1562/06
+2-2-3+2+3-2+2 C. Merulo, *Mirami vita mia* 1583/12
+2-2-3+2+3-2+2 P. Quagliati, *Certo ch'un* 1585/07

+2-2-3+2+3-2-2 F. Azzaiolo, *Tanto sai far* 1557/18
+2-2-3+2+3-2-2 P. Clerico, *Altri'a cui not* 1562/15
+2-2-3+2+3-2-2 P. Lodi, *Haria voluto alho* 1507/03

+2-2-3+2+3-2-3 A. Gabrieli, *Si che s'io vi* 1562/06

+2-2-3+2+3-3+4 A. Willaert, *Amor da che* 1548/09

+2-2-3+2-3+2+2 E. Bonizzoni, *Se quel che* 1569/25

+2-2-3+2-3+2-2 F. Azzaiolo, *Ben staga tutt* 1557/18
+2-2-3+2-3+2-2 J. Gero, *Io v'amo anci v'ad* 1541/02

+2-2-3+2-3+2+3 F. Azzaiolo, *La manza mia* 1557/18

+2-2-3+2-3+2-3 L. Marenzio, *Perche l'una e* 1591/21

+2-2-3+2-3-2+4 H. Chamatero, *Non credo ch* 1569/26
+2-2-3+2-3-2+4 P. Quagliati, *Ancora che tu* 1589/11

+2-2-3+2-3-2+5 G. Arpa, *Lucretia gentil lu* 1565/17
+2-2-3+2-3-2+5 J. Gero, *Io v'amo anci v'ad* 1541/02

+2-2-3+2-3+4-2 Anonymous, *Tutt'il di piang* 1545/18

+2-2-3+2-3+4-3 L. Milanese, *Benigno e grav* 1517/02

+2-2-3+2-3+5-2 Anonymous, *Se voi sete cor* 1586/19

+2-2-3+2-4+4-2 J. Arcadelt, *Madonna ohime ch* 1539/24

+2-2-3+2-4+4+5 H. Ghibellini, *Icar'incaut* 1568/16

+2-2-3+2-5+2+2 T. Fabrianese, *Zerbin la de* 1549/31

+2-2-3-2+2+2+2 I. Baccusi, *Apri i thesori* 1572/09

+2-2-3-2+2+3-2 C. Rore, *Vergine pura d'ogn* 1548/09

+2-2-3-2+2+5-2 P. Monte, *Quando l'anima be* 1591/23

+2-2-3-2-2+2+2 R. Mel, *Hor che la saggia* 1585/26

+2-2-3-2-2+2-3 R. Rodio, *Dolci rubini e pe* 1587/12

+2-2-3-2-2-2+2 H. Hassler, *Mi parto ahi fo* 1597/13

+2-2-3-2-2-2-2 C. Monteverdi, *Ahi dolente* 1597/13

+2-2-3-2-2-2+4 E. Bonizzoni, *Quando il gran* 1569/25

+2-2-3-2-2-2+5 H. Ghibellini, *E'l ciel vuo* 1568/16

+2-2-3-2-2-3+2 P. Lodi, *Dhe credete donna* 1514/02

+2-2-3-2-2+5+2 A. Stringari, *Son piu matt* 1514/02

+2-2-3-2+3+2-2 Anonymous, *Gloria summa De* 1580/06

+2-2-3-2+3-2-2 A. Martorello, *Leva da gl'o* 1547/17

+2-2-3-2+4+2-2 C. Rore, *Vergine pura d'ogn* 1548/09

+2-2-3-2+4-2-2 F. Soriano, *Se dal tuo foco* 1591/12
+2-2-3-2+4-2-2 S. Venturi, *Deh come pur la* 1598/14

+2-2-3-2+4-3+2 A. Morari, *Sempre m'han pos* 1575/11
+2-2-3-2+4-3+2 A. Striggio, *Mirate a quei* 1567/23

+2-2-3-2+4-5+2 Anonymous, *Io vo gridando* 1598/04

+2-2-3-2-5+2+2 A. Ferabosco, *Baciami vita* 1554/28

+2-2-3+3+2-2+2 Anonymous, *Perche lasciast* 1598/04

+2-2-3+3+2-2-3 L. Agostini, *In questo di* 1572/07
+2-2-3+3+2-2-3 Anonymous, *Ahi lasso me ch'* 1554/28
+2-2-3+3+2-2-3 Anonymous, *Ecco'il Messia,* 1563/06
+2-2-3+3+2-2-3 G. Gabrieli, *Ma ben vegg'ho* 1575/15

+2-2-3+3-2+2+2 G. Nasco, *Signor tanto tuo* 1563/07
+2-2-3+3-2+2+2 S. Venturi, *Se cosi crude* 1598/14

+2-2-3+3-2-2+2 A. Gabrieli, *Como viver mi* 1564/16

+2-2-3+3-2-2-2 G. Arpa, *Correte tutti quan* 1570/18
+2-2-3+3-2-2-2 G. Gorzanis, *Lo fior che* 1570/32
+2-2-3+3-2-2-2 P. Verdelot, *Donna leggiadr* 1533/02
+2-2-3+3-2-2-2 G. Wert, *Io non son pero mo* 1586/10

+2-2-3+3-2-3+2 A. Reulx, *S'io credessi pe* 1557/16

+2-2-3+3+3-2-2 G. Croce, *Se da voi m'allon* 1592/14
+2-2-3+3+3-2-2 P. Monte, *Il gran Fattor ch* 1591/23

+2-2-3+3+3-2-3 J. Arcadelt, *Non prima l'au* 1552/21

+2-2-3+3-3+2-3 G. Schiavetti, *Giathi tand* 1564/16

+2-2-3+3-3-2-2 G. Wert, *Io non son pero mo* 1586/10

+2-2-3+3-3+3+2 G. da Nola, *Dal desiderio* 1570/18

+2-2-3+3-5+3-2 G. Arpa, *Correte tutti quan* 1570/18

+2-2-3+3-8+8+2 P. Vecoli, *Per te copia gen* 1581/12

+2-2-3-3+2+2 F. Corteccia, *Sacro e santo* 1539/25

+2-2-3-3+2+2+2 A. Capriolo, *Vaga zoiosa* 1505/05

+2-2-3-3+2-2-2 A. Savioli, *Non mi diceste* 1600/16

+2-2-3-3+2+4+2 A. Willaert, *Dove sei tu mi* 1548/09

+2-2-3-3+5+2+2 P. Vinci, *E'l chiaro lume che* 1583/19

+2-2-3-3+5-2-2 G. Renaldi, *E quel foco ch'* 1569/32

+2-2-3-3+5-4+3 G. Renaldi, *E quel foco ch'* 1569/32

+2-2-3-3+8-8+8 P. Bellasio, *Al piant'a que* 1595/07

+2-2-3+4+2-2-3 M. Cancino, *Madonna Sua mer* 1590/21

+2-2-3+4-2+2-2 G. da Nola, *Sospira core ch* 1570/18

+2-2-3+4-2+2-4 A. Martorello, *S'a voi do* 1547/17

+2-2-3+4-2-2 G. Gorzanis, *Donna gentil* 1570/32

+2-2-3+4-2-2+2 G. da Nola, *Sospira core ch* 1570/18

+2-2-3+4-2-2-2 J. Persoens, *Fu si benign'* 1570/28
+2-2-3+4-2-2-2 B. Tromboncino, *Nulla fede* 1516/02

+2-2-3+4-2-3-2 G. Martinengo, *Talche mi pa* 1548/09

+2-2-3+4-2+4-2 A. Striggio, *Orsu stendiam* 1567/23

+2-2-3+4-4+3+2 P. Vinci, *Quando la sera sc* 1583/19

+2-2-3+4-5+5+3 A. Willaert, *Ne le amar'et* 1548/09

+2-2-3+5-2+2+2 G. Torelli, *Se le mie fiam'* 1594/16

+2-2-3+5-2-2-2 F. Petrus, *Ave maria grati* 1508/03

+2-2-3+5-5+3+2 Anonymous, *Dolce nemica mi* 1546/19

+2-2-3-5+2+2+2 F. Ana, *A tuo modo afflig* 1505/03
+2-2-3-5+2+2+2 L. Marenzio, *Ecco che mill* 1591/21

+2-2-3+6-3+3-2 C. Rore, *Vergine pura d'ogn* 1548/09

+2-2-3+8-2-2-2 A. Viola, *Vener se per Ado* 1562/06

+2-2-3+8-3+2+2 P. Vinci, *Quando la sera sc* 1583/19

+2-2+4+2+2+2+2 F. Portinaro, *Pur convera ch* 1563/13
+2-2+4+2+2+2+2 P. Vinci, *Laura serena che* 1564/20

+2-2+4+2+2-2-2 Anonymous, *Dolce Dio sommo* 1563/06
+2-2+4+2+2-2-2 J. Gero, *Misero me che per* 1541/14
+2-2+4+2+2-2-2 S. Venturi, *Dolcissimo sosp* 1598/14
+2-2+4+2+2-2-2 G. Wert, *Talhor dico il su* 1568/20

+2-2+4+2+2+3-4 C. Verdonch, *Dhe come bell* 1581/07

+2-2+4+2-2+2-2 A. Striggio, *O dolce bocca* 1579/02

+2-2+4+2-2-2+2 G. Renaldi, *Non sai signor* 1589/10

+2-2+4+2-2-2+3 A. Gabrieli, *Mentre io vi* 1589/14

+2-2+4+2-3+2+2 Anonymous, *Dolor, pianto,* 1563/06

+2-2+4-2+2+2+2 G. Fiesco, *Forz'e lasso ch'* 1570/19
+2-2+4-2+2+2+2 J. Gero, *Io v'amo anci v'ad* 1541/02

+2-2+4-2+2+2-2 F. Gherardini, *Non mir'il* 1585/24
+2-2+4-2+2+2-2 M. Mazzone, *Pascomi sol di* 1570/18

+2-2+4-2+2+2-4 F. Roussel, *Alba cruda alb* 1562/22

+2-2+4-2+2+2-5 O. Griffi, *L'aura soave e* 1586/09

+2-2+4-2+2-2+2 B. Tromboncino, *Audi cielo* 1516/02

+2-2+4-2+2-2-2 G. Gorzanis, *Guerra non ho* 1570/32
+2-2+4-2+2-2-2 P. Monte, *Crudel aspro dolo* 1597/13
+2-2+4-2+2-2-2 G. Nasco, *Mio pan'anima vit* 1563/07
+2-2+4-2+2-2-2 C. Veggio, *Amant'io vi so* 1540/19

+2-2+4-2+2-2-3 A. Barges, *Io grido sempre* 1550/18

+2-2+4-2+2+3+2 V. Ruffo, *Occhi miei ch'a* 1557/25

+2-2+4-2+2-3+2 G. Contino, *O chiaro nodo* 1562/06
+2-2+4-2+2-3+2 J. Gero, *Madonna sua merce* 1541/02

+2-2+4-2+2-3-2 R. Montagnana, *Rispondo,* 1558/17
+2-2+4-2+2-3-2 G. Nanino, *In su la destra* 1586/18
+2-2+4-2+2-3-2 R. Vecoli, *Sona crudel che* 1577/10

+2-2+4-2+2-3+3 G. Metallo, *O faccia bella* 1577/09

+2-2+4-2+2-3-3 G. Metallo, *Signora bella* 1577/09

+2-2+4-2+2-4+2 R. Vecoli, *Ne spero i dolc* 1577/10

+2-2+4-2+2-4-2 S. Molinaro, *Amante troppo* 1599/15

+2-2+4-2+2-4+3 R. Vecoli, *Rallenta filli* 1577/10

+2-2+4-2+2-4+4 J. Arcadelt, *Se'l pensier* 1545/18

+2-2+4-2+2-4+6 A. Trombetti, *Quando fra'l* 1583/18

+2-2+4-2+2-5+3 A. Gabrieli, *Ecco Vinegia* 1587/16

+2-2+4-2+2-8+3 A. Trombetti, *Quando fra'l* 1583/18

+2-2+4-2-2+2+2 F. Luprano, *Salve sacrat* 1508/03
+2-2+4-2-2+2+2 A. Martorello, *Hor che del* 1547/17
+2-2+4-2-2+2+2 G. Nasco, *Mio pan'anima vit* 1563/07

+2-2+4-2-2+2-2 H. Chamatero, *I piu soavi* 1569/26
+2-2+4-2-2+2-2 F. Corigliano *Vergin del* 1600/05

+2-2+4-2-2+2-3 Anonymous, *Populе meus qui* 1508/03
+2-2+4-2-2+2-3 G. Contino, *Qual e'l dolce* 1562/06

+2-2+4-2-2-2+2 G. da Nola, *Faccia mia bell* 1566/10
+2-2+4-2-2-2+2 G. Antiquis, *Occhi leggiadr* 1574/06

+2-2+4-2-2-2+2 F. Azzaiolo, *Gia cantai all* 1557/18
+2-2+4-2-2-2+2 M. Cara, *Vedo ogni selva ri* 1507/04
+2-2+4-2-2-2+2 R. Mel, *Non e lasso un mor* 1585/26
+2-2+4-2-2-2+2 S. Molinaro, *Ingrata e la* 1599/15
+2-2+4-2-2-2+2 P. Monte, *Crudel aspro dolo* 1597/13
+2-2+4-2-2-2+2 A. Pitigliano, *Ov'e l'anima* 1600/05

+2-2+4-2-2-2-2 G. Antiquis, *Occhi leggiadr* 1574/06
+2-2+4-2-2-2-2 L. Courtoys, *Piagata man de* 1563/07
+2-2+4-2-2-2-2 J. Gero, *O notte madre di* 1541/02
+2-2+4-2-2-2-2 H. Ghibellini, *Icar'incaut* 1568/16
+2-2+4-2-2-2-2 G. Primavera, *Tirsi pastor* 1569/31
+2-2+4-2-2-2-2 G. Metallo, *Vien spesso amo* 1577/09
+2-2+4-2-2-2-2 A. Morsolino, *Come son viv* 1594/15
+2-2+4-2-2-2-2 P. Verdelot, *Io son tal vol* 1539/24
+2-2+4-2-2-2-2 A. Verso, *Questa vostra pie* 1594/17
+2-2+4-2-2-2-2 P. Vinci, *Imaginata guida* 1564/20
+2-2+4-2-2-2-2 G. Wert, *Lungo le rive del* 1597/13

+2-2+4-2-2-2+3 Anonymous, *Los sospiro* 1516/02

+2-2+4-2-2-2+4 R. Mel, *Qui venn'al suon* 1585/26
+2-2+4-2-2-2+4 C. Veggio, *S'infinita bellezz* 1540/19

+2-2+4-2-2-2-5 H. Schaffen, *Come s'allegr'* 1549/31

+2-2+4-2-2+3-2 B. Donato, *Vergine dolc'e pia* 1600/05

+2-2+4-2-2+3-3 H. Chamatero, *Non credo ch* 1569/26

+2-2+4-2-2-3-2 Anonymous, *Foco che spesso* 1600/12

+2-2+4-2-2+4-2 F. Meo, *S'io dormo haggio* 1570/19

+2-2+4-2-2+4-3 F. Ana, *Con la rete cogl* 1505/03

+2-2+4-2+3+2-4 Anonymous, *Io temo di cangi* 1554/28

+2-2+4-2+3-2-2 A. Gabrieli, *Pianget'occhi* 1555/31
+2-2+4-2+3-2-2 A. Willaert, *Quand'i begli* 1554/28

+2-2+4-2+3-3+2 F. Vecoli, *Hor che cade da* 1575/16

+2-2+4-2-3+2+2 J. Gero, *Per amplia strada* 1541/02

+2-2+4-2-3+2-2 J. Gero, *Madonna con due le* 1541/02
+2-2+4-2-3+2-2 A. Martorello, *Se'l dolce* 1547/17
+2-2+4-2-3+2-2 G. Renaldi, *Che se partir* 1568/16
+2-2+4-2-3+2-2 F. Viola, *Altro che lagrima* 1548/08

+2-2+4-2-3-2-2 J. Arcadelt, *Dal bel suave* 1539/24
+2-2+4-2-3-2-2 P. Vinci, *Amor fortuna e* 1567/24

+2-2+4-2-3+3+2 G. Fiesco, *Se voi set'il mi* 1555/27

+2-2+4-2-3+3-2 C. Perissone, *Vaga tranquil* 1547/14

+2-2+4-2-3+4-2 F. Viola, *Si vaga pastorell* 1548/08

+2-2+4-2+4-2-2 Anonymous, *Si suave mi par* 1505/05

+2-2+4+3-2-2+2 A. Striggio, *Pero non e for* 1586/10

+2-2+4+3-2-2-2 O. Vecchi, *Questi nel mio* 1591/23

+2-2+4+3-2+4-8 R. Vecoli, *Sona crudel che* 1577/10

+2-2+4-3+2+2+2 G. Gostena, *A miglior part* 1589/13

+2-2+4-3+2+2-2 G. Gostena, *A miglior part* 1589/13
+2-2+4-3+2+2-2 A. Striggio, *Orsu stendiam* 1567/23

+2-2+4-3+2+2-4 F. Luprano, *Ne le tue br* 1508/03
+2-2+4-3+2+2-4 V. Ferro, *Io piango ed ell* 1582/08

+2-2+4-3+2+2-5 G. Renaldi, *Tu tu Caro anco* 1568/16

+2-2+4-3+2-2-2 G. Massarengo, *O crudimiei* 1591/22

+2-2+4-3+2-3+2 A. Morsolino, *Come son viv* 1594/15

+2-2+4-3+2-3+3 P. Stabile, *Cantin le bianc* 1585/32

+2-2+4-3+2-3+4 F. Luprano, *Un solicito* 1505/05

+2-2+4-3-2+2+2 Anonymous, *Vergine se ti ca* 1583/04
+2-2+4-3-2+2+2 G. Renaldi, *Che se partir* 1568/16

+2-2+4-3-2+2-2 G. Renaldi, *Che se partir* 1568/16

+2-2+4-3-2+2+3 G. Primavera, *Tirsi pastor* 1569/31

+2-2+4-3-2-2-2 J. Gero, *Madonna con due le* 1541/02

+2-2+4-3-2+4-4 A. Barges, *Madonna mia io* 1550/18

+2-2+4-3-3+2-2 G. Gostena, *A miglior part* 1589/13

+2-2+4-3-3+3-2 M. Ingegneri, *Mirat occhi* 1579/02

+2-2+4-3-3+5-5 G. Gostena, *A miglior part* 1589/13

+2-2+4-3-3+8-2 M. Ingegneri, *Mirat occhi* 1579/02

+2-2+4-3+4-2-2 Anonymous, *Vergine se ti ca* 1583/04

+2-2+4-3+4-3-2 L. Marenzio, *Falsa credenz* 1586/10

+2-2+4+4-2-2-2 C. Lambardi, *Cor mio ben ch* 1600/13

+2-2+4-4+2-2+2 G. Scotto, *Sospira core ch* 1571/11

+2-2+4-4+2-2-2 Anonymous, *Cesaran yamis cl* 1516/02

+2-2+4-4+2-2-3 G. Caimo, *Forz'e ch'io part* 1586/19

+2-2+4-4+2-2+4 R. Mel, *Et altri vezzosett* 1597/13
+2-2+4-4+2-2+4 B. Tromboncino, *Ogni volta* 1514/02

+2-2+4-4+2-3-3 P. Vinci, *Donna Reale anzi* 1564/20

+2-2+4-4+4-2+2 G. Renaldi, *Tu tu Caro anco* 1568/16

+2-2+4-4+4-2-3 A. Coma, *Simile a questa se* 1585/22
+2-2+4-4+4-2-3 H. Hassler, *Mi parto ahi fo* 1597/13
+2-2+4-4+4-2-3 A. Mantovano, *Consumo la mi* 1513/01

+2-2+4-4+4-3+2 P. Vinci, *Donna Reale anzi* 1564/20

+2-2+4-4+4-3+3 H. Sabino, *S'io t'ho ferit* 1581/11

+2-2+4-5-2+3 P. Vinci, *Piu che mai bell'* 1564/20

+2-2-4+2+2-2+2 A. Bicci, *Candide perle e* 1591/21

+2-2-4+2+2-2-3 C. Merulo, *Vorrei lasso ess* 1583/12

+2-2-4+2+2-3+2 Anonymous, *Non poi perche* 1505/04

+2-2-4+2-2+4+2 D. Ferabosco, *Ma se del mi* 1544/17

+2-2-4+2-2-5+4 A. Gabrieli, *Hor che nel su* 1587/16

+2-2-4+2-2-5+8 A. Gabrieli, *Hor che nel su* 1587/16

+2-2-4+2+3+2-2 Aron, *Io non posso piu* 1505/06

+2-2-4+2-3+2+2 Anonymous, *El foco non mi* 1507/04

+2-2-4+2-3+3-2 Nollet, *Quant'in mill'ann* 1546/19

+2-2-4+2+4-2-3 S. Dentice, *Chi sta soggett* 1600/05

+2-2-4-2+2-2+8 G. Paratico, *Di pianti* 1588/25

+2-2-4-2-4+2+2 M. Cara, *Rinforzi ognhor pi* 1505/05

+2-2-4+3+2+3+2 Anonymous, *Io dormo e'l mi* 1598/04

+2-2-4+3+2-3+2 B. Donato, *Vergin Dea, che'* 1600/05

+2-2-4+4+2+2-2 Anonymous, *Dalla piu alta* 1563/06

+2-2-4+4-2-2-2 Anonymous, *Tu me lass* 1516/02
+2-2-4+4-3-2-2 F. Corteccia, *Bacco, bacco* 1539/25
+2-2-4+4-4+2+3 B. Tromboncino, *Non piu mor* 1516/02
+2-2-4+4-5+3-2 Anonymous, *Guarda donna el* 1505/03
+2-2-4+5+2+2-2 A. Verso, *Talhor tace la li* 1594/17
+2-2-4+5+2-2-2 S. Venturi, *Duro dunque mor* 1598/14
+2-2-4+6-2-2-2 A. Verso, *Questa vostra pie* 1594/17
+2-2-4+8-3+2+2 A. Martorello, *Datemi tregu* 1547/17
+2-2-4+8-3-3+2 S. d'Aranda, *Pensoso piu d'un* 1571/12
+2-2+5+2-2+2-2 U. Naich, *Dolce ire dolci* 1544/17
+2-2+5+2-2-2-2 Anonymous, *Ave vera caro ch* 1508/03
+2-2+5+2-2-5+4 M. Mazzone, *O saporito volt* 1570/18
+2-2+5+2-4-5-2 G. Bonagiunta, *E vorave sav* 1565/12
+2-2+5-2-2+2-3 S. Molinaro, *Amante troppo* 1599/15
+2-2+5-2+3-2-3 C. Rore, *La terra di novell* 1544/17
+2-2+5-2+3-2-5 G. Arpa, *Voria crudel torna* 1570/18
+2-2+5-2+3-2-5 C. Merulo, *Svelt'ha di mort* 1568/16
+2-2+5+3-2-2-2 S. Festa, *Per che al viso* 1521/06
+2-2+5+3-5+2+2 Intrico, *Chiedendo un baci* 1566/03
+2-2+5-3+2+2-3 Anonymous, *Ben riconosco* 1573/16
+2-2+5-3+2+2-3 G. Macque, *Non veggio ohim* 1590/17
+2-2+5-3-2-2+8 Anonymous, *Non fan altro pe* 1516/02
+2-2+5-3+4-4+3 P. Monte, *La dolce vista e'* 1568/13
+2-2+5-4+3-2-2 A. Pitigliano, *Non veggio* 1600/05
+2-2+5-5+5+2-2 Anonymous, *Poi che uscito* 1507/03
+2-2+5-5+8-2+2 M. Mazzone, *Io vo cercando* 1570/18
+2-2+5-5+8-2+2 G. Scotto, *Io vo cercando* 1571/11
+2-2+5-5+8-3+3 Anonymous, *Luci beati luci* 1586/19
+2-2+5-8+8-4+3 O. Vecchi, *Mentre il Cucul* 1585/35
+2-2-5+2+2+2+2 Anonymous, *Lydia bella puel* 1526/05
+2-2-5+2+2+2+2 J. Arcadelt, *Che poss'io piu* 1540/18
+2-2-5+2+2+2+2 P. Bellasio, *E con lei poic* 1595/07
+2-2-5+2+2+2+2 F. Corigliano *Vergin del vero* 1600/05
+2-2-5+2+2+2+2 Nollet, *Quant'in mill'ann* 1546/19
+2-2-5+2+2+2+2 V. Ruffo, *Tranquillo porto* 1557/25
+2-2-5+2+2+2-2 O. Grassi, *Questa amorosa C* 1592/12
+2-2-5+2+2-2-5 M. Cara, *Amor se de hor in* 1517/02
+2-2-5+2+2-2+8 B. Tromboncino, *Occhi mei* 1510/
+2-2-5+2+2-3+2 R. Vecoli, *La queta notte* 1577/10
+2-2-5+2-2 H. Sabino, *I piango & ella* 1568
+2-2-5+2-2+8-4 A. Martorello, *O donna van* 1547/17
+2-2-5-2+2+3-3 G. Nanino, *Non ti doler ch'* 1587/10
+2-2-5+3+2+2-3 A. Verso, *Vivo mio scogli* 1594/17
+2-2-5+3+2+5-2 G. Scotto, *O dio che notte'* 1571/11
+2-2-5+4+2+2+2 A. Feliciani, *Nel dolce sen* 1586/15
+2-2-5+4+2-5+4 Anonymous, *Regi & guidi ogn* 1507/03
+2-2-5+4-2+2-2 G. Gostena, *Mai non provai* 1589/13
+2-2-5+4+3-2+2 Carpentras, *Nova belleza* 1513/01
+2-2-5+4-3+5-5 Anonymous, *Dal bel giardi* 1513/01
+2-2-5+5-2+2+2 H. Chamatero, *La ver l'auro* 1561/13
+2-2-5+5+4-4+3 C. Veggio, *Madonna il mio* 1544/22
+2-2-5+5+5-2-2 G. Vinciguerra, *L'e una mal* 1570/17
+2-2-5+5-5+4-2 G. Renaldi, *Madonna io ben* 1569/32
+2-2-5+5-5+8-2 J. Arcadelt, *Si com'el sol* 1552/21
+2-2-5+8-2-3+2 R. Vecoli, *Se piu cosa mort* 1577/10
+2-2-5+8-4+4-2 P. Verdelot, *La dolce vist* 1546/19
+2-2-5+8-5+5-4 F. Baseo, *Basciami vita mi* 1573/16
+2-2+6-3-2+2-2 P. Isnardi, *Dolc'Amaranta* 1586/10
+2-2+8-2+2-2-2 P. Isnardi, *Dolc'Amaranta* 1586/10
+2-2+8-2+2-3-2 J. Arcadelt, *Ite tristi sospi* 1552/21
+2-2+8-2+2-3+3 P. Vinci, *Laura serena che* 1564/20
+2-2+8-2-5-3+3 A. Verso, *Vivo mio scogli* 1594/17
+2-2-8+2-2-2+2 Anonymous, *Avendo in la mi* 1509/02
+2-2-8+2-2+4-2 S. Molinaro, *Amante troppo* 1599/15
+2-2-8+4-4+5+2 G. Massarengo, *Io ti promet* 1591/22
+2+3+2+2-2-2-2 V. Ferro, *Porgi conforto al* 1600/05
+2+3+2+2-2-2-2 S. Venturi, *Dolcissimo sosp* 1598/14
+2+3+2+2-3+3-5 P. Nenna, *Gigli rose et vio* 1582/12
+2+3+2-2+2-2-2 Anonymous, *Lassa donna i do* 1506/03
+2+3+2-2+2-3+4 R. Mantovano, *Perche fai do* 1505/04
+2+3+2-2-2+2-8 S. d'Aranda, *Amor con qua* 1571/12
+2+3+2-2-2-2+2 Anonymous, *All'arme all'arm* 1565/12
+2+3+2-2-2-2-2 Anonymous, *All'arme all'arm* 1565/12
+2+3+2-2-2-2-2 C. Perissone, *Per divina be* 1547/14
+2+3+2-2-3+4-3 G. Scotto, *O faccia che ral* 1571/11
+2+3+2-2-5+5-2 A. Padovano, *Cinto di chiar* 1567/16
+2+3+2+3-2-2+2 P. Monte, *Ma sia chi vol si* 1568/12
+2+3+2+3-2-2-2 F. Portinaro, *Cosi lungo le* 1563/13
+2+3+2-3+2+2+2 N. Pifaro, *Son infermo rech* 1506/03
+2+3+2+4-3-3+2 P. Nenna, *Gigli rose et vio* 1582/12
+2+3+2-5+4-2-2 H. Fiorino, *Dolci sospiri* 1592/14
+2+3-2+2+2+2+2 H. Chamatero, *Con lei foss'* 1569/26
+2+3-2+2+2+2+2 L. Marenzio, *Primo che per* 1585/07
+2+3-2+2+2+2-2 S. Rossetto, *Se dov'e'l so* 1568/13
+2+3-2+2+2+2-2 C. Schietti, *Ben posso dir* 1568/12
+2+3-2+2+2+2+3 Carletto, *Un'altra volta ve* 1577/10
+2+3-2+2+2+2+3 C. Malvezzi, *Nessun mi toch* 1583/16
+2+3-2+2+2+2+3 M. Pordenon, *Nova Angelett* 1563/13

+2+3-2+2+2+2-3 M. Cancino, *Che poi che'l* 1590/21

+2+3-2+2+2-2+2 Anonymous, *Come assettata* 1598/04

+2+3-2+2+2-2-2 Anonymous, *Mondo non mi par* 1598/04
+2+3-2+2+2-2-2 F. Soto, *Alma Vergin che fa* 1600/05

+2+3-2+2+2-2-3 E. Bonizzoni, *Oime dolce be* 1569/25
+2+3-2+2+2-2-3 F. Portinaro, *Cosi lungo le* 1563/13

+2+3-2+2+2+3-2 Anonymous, *Vero amore vol* 1505/06

+2+3-2+2+2-3+2 Carletto, *Un'altra volta ve* 1577/10

+2+3-2+2+2-4+2 G. Antiquis, *Se de la vita* 1574/05

+2+3-2+2+2-5+3 P. Vecoli, *Laura mia dolc* 1581/12

+2+3-2+2+2-5+4 A. Stringari, *Non piu saett* 1514/02

+2+3-2+2-2+2+2 Anonymous, *Spirti siam semp* 1563/06
+2+3-2+2-2+2+2 C. Perissone, *Giunto m'ha* 1546/19

+2+3-2+2-2+2-2 G. Schiavetti, *Giathi tand* 1564/16

+2+3-2+2-2+2-3 F. Anerio, *Hor che vezzosa* 1591/12
+2+3-2+2-2+2-3 N. Pifaro, *Per amor fata so* 1507/04

+2+3-2+2-2+2-4 Anonymous, *Cor mio dolente* 1589/02

+2+3-2+2-2-2+2 Anonymous, *Non quiero que* 1516/02
+2+3-2+2-2-2+2 G. Dragone, *Per uscir di ma* 1586/09

+2+3-2+2-2-2-2 Anonymous, *Spero haver feli* 1505/03
+2+3-2+2-2-2-2 E. Bonizzoni, *Anchor che vi* 1569/25
+2+3-2+2-2-2-2 A. Gabrieli, *Quand'havra fine* 1587/16
+2+3-2+2-2-2-2 J. Gero, *O felice pensier* 1541/02
+2+3-2+2-2-2-2 G. Renaldi, *Ecco piu che no* 1561/13
+2+3-2+2-2-2-2 A. Senese, *El mostrarsi lie* 1515/02
+2+3-2+2-2-2-2 B. Tromboncino, *A che affligi* 1505/05

+2+3-2+2-2-2+3 C. Porta, *Ardo si ma non t'* 1585/17

+2+3-2+2-2-2-3 Anonymous, *Io mi rivolgo in* 1561/15

+2+3-2+2-2-2-4 G. Severino, *Aure che'l trist* 1568/12

+2+3-2+2-2-4+2 S. Rossetto, *Se dov'e'l so* 1568/13

+2+3-2+2+3+2-2 G. Antiquis, *Dove ti stai* 1574/06

+2+3-2+2+3+2-3 G. Bonagiunta, *A cas'un gio* 1565/12

+2+3-2+2+3-2+2 G. Caimo, *Dolci sospir o do* 1586/19
+2+3-2+2+3-2+2 P. Vinci, *Ne tante volte* 1564/20

+2+3-2+2+3-2-2 Anonymous, *Fresco ombroso* 1554/28
+2+3-2+2+3-2-2 P. Vinci, *Ne spero i dolci* 1567/24

+2+3-2+2+3-2-4 C. Stella, *S'io mirand'il* 1587/12

+2+3-2+2+3-3-3 M. Pordenon, *Canta lo Cuco* 1589/10

+2+3-2+2-3+2+2 G. Massarengo, *La nott'e'l* 1591/22

+2+3-2+2-3+2-3 H. Chamatero, *Non v'amirat* 1561/13
+2+3-2+2-3+2-3 M. Iacovelli, *Io voglio pia* 1588/23

+2+3-2+2-3+2-4 O. Caccini, *Tutto il di pia* 1585/21

+2+3-2+2-3-2+2 Anonymous, *Del piu bel il* 1568/13
+2+3-2+2-3-2+2 Anonymous, *O inextimabilis* 1508/03
+2+3-2+2-3-2+2 G. Nanino, *Laurora e'l giorn* 1586/18
+2+3-2+2-3-2+2 A. Padovano, *O vui Greghett* 1564/16
+2+3-2+2-3-2+2 C. Perissone, *Pien d'un vag* 1547/14
+2+3-2+2-3-2+2 C. Verdonch, *Dissi a l'amat* 1590/19
+2+3-2+2-3-2+2 P. Vinci, *Le quali ella spa* 1564/20

+2+3-2+2-3-2-2 R. Mel, *Amorsetto Neo che* 1585/26

+2+3-2+2-3-2+3 J. Gero, *Chi non fa prov'Am* 1561/11

+2+3-2+2-3-2+4 J. Arcadelt, *Dolci parole* 1552/21
+2+3-2+2-3-2+4 J. Gero, *Chi non fa prov'Am* 1561/11
+2+3-2+2-3-2+4 F. Londariti, *Fra piu fiori* 1566/03
+2+3-2+2-3-2+4 G. Nanino, *Da vaghe perle* 1586/18
+2+3-2+2-3-2+4 B. Tromboncino, *Longi dal mi* 1517/02

+2+3-2+2-3-2+5 D(on) Timoteo, *Sento li spi* 1514/02

+2+3-2+2-3-2-5 C. Perissone, *Nel partir de* 1547/14
+2+3-2+2-3-2-5 R. Vecoli, *Erano i capei d'* 1577/10

+2+3-2+2-3+3-2 A. Barges, *Voglia mi venem* 1550/18
+2+3-2+2-3+3-2 M. Pordenon, *Nova Angelett* 1563/13
+2+3-2+2-3+3-2 P. Vinci, *Giunto m'amo* 1567/24
+2+3-2+2-3+3-2 P. Vinci, *Ne spero i dolci* 1567/24

+2+3-2+2-3+3-3 P. Vinci, *Le quali ella spa* 1564/20

+2+3-2+2-3-3-4 P. Vinci, *Le quali ella spa* 1564/20

+2+3-2+2-3+4-3 C. Rore, *S'honest'amor puo* 1548/09

+2+3-2+2-4+2+2 B. Casoni, *A queste due gue* 1598/08
+2+3-2+2-4+2+2 M. Hermann, *Una leggiadr'ε* 151552/23
+2+3-2+2-4+2+2 R. Mel, *Amorsetto Neo che* 1585/26
+2+3-2+2-4+2+2 A. Padovano, *Non credo che* 1561/15

+2+3-2+2-4+2-4 S. Cornetto, *Come d'ogni vi* 1581/07

+2+3-2+2-4-2-2 C. Malvezzi, *Nessun mi toch* 1583/16
+2+3-2+2-4-2-2 P. Nenna, *Poi che legato* 1582/12

+2+3-2+2-4+3-2 P. Vecoli, *Laura mia dolc* 1581/12

+2+3-2+2-4+3-3 P. Vinci, *Non vid'un simil* 1564/20

+2+3-2+2-4-3+2 B. Casoni, *A queste due gue* 1598/08

+2+3-2+2-4-3-2 R. Mel, *Amorsetto Neo che* 1585/26

+2+3-2+2-4-3+3 R. Rodio, *Mentre di gemm'e* 1587/12

+2+3-2+2-4+4+2 G. Renaldi, *Ecco piu che no* 1561/13

+2+3-2+2-4+4-3 J. Arcadelt, *Il bianco et* 1544/22

+2+3-2+2-4+5-2 S. Rossetto, *Se dov'e'l so* 1568/13

+2+3-2+2+5-2-2 G. Nanino, *Non veggio ove* 1586/18

+2+3-2+2+5-3+4 M. Pordenon, *Nova Angelett* 1563/13

+2+3-2+2+5-4+2 P. Nenna, *E ch'entro il arr* 1582/12

+2+3-2+2+5-4-2 P. Nenna, *E ch'entro il arr* 1582/12

+2+3-2+2+5-5+3 C. Ceruti, *Senza voi non son* 1592/12

+2+3-2+2-5+2+2 J. Sala, *Benedetto lo stra* 1585/26
+2+3-2+2-5+2+2 P. Vinci, *Questo dimando* 1584/11
+2+3-2+2-5+2+2 P. Vinci, *S'amor novo consi* 1564/20

+2+3-2+2-5-2+2 P. Vinci, *Ne tante volte* 1564/20

+2+3-2+2-5-2-2 G. Nanino, *Non veggio ove* 1586/18

+2+3-2+2-5+3-2 H. Sabino, *In un boschett'a* 1598/08
+2+3-2+2-5+3-2 P. Vinci, *Non vid'un simil* 1564/20
+2+3-2+2-5+3-2 P. Vinci, *Si che s'io viss* 1583/19

+2+3-2+2-5+4-2 P. Vinci, *Non vid'un simil* 1564/20

+2+3-2+2-5-4+5 G. Nanino, *Non veggio ove* 1586/18

+2+3-2+2-5+5-4 M. Pordenon, *Nova Angelett* 1563/13

+2+3-2+2-6+2-2 H. Sabino, *In un boschett'a* 1598/08

+2+3-2+2-8+5+2 P. Nenna, *Filli dolce ben* 1582/12

+2+3-2+2-8+5-5 P. Nenna, *Poi che legato* 1582/12

+2+3-2-2+2+2-2 Anonymous, *O tempo o ciel* 1509/02
+2+3-2-2+2+2-2 H. Chamatero, *Dhe hor foss'* 1561/13
+2+3-2-2+2+2-2 S. Felis, *Non puo longh'us* 1585/23
+2+3-2-2+2+2-2 A. Gabrieli, *Cari cumpagni* 1564/16
+2+3-2-2+2+2-2 G. Zesso, *D'un bel matin da* 1507/03

+2+3-2-2+2+2-3 J. Berchem, *S'amor non e* 1546/19
+2+3-2-2+2+2-3 P. Stabile, *Voi volete ch'i* 1585/32

+2+3-2-2+2+2-4 Carpentras, *Nova belleza* 1513/01
+2+3-2-2+2+2-4 L. Courtoys, *Ivi senza ripo* 1580/10
+2+3-2-2+2+2-4 S. Felis, *Non puo longh'us* 1585/23
+2+3-2-2+2+2-4 E. Marotta, *Non son ris'avi* 1598/08
+2+3-2-2+2+2-4 C. Perissone, *Buccucia dolc* 1548/11

+2+3-2-2+2+2-8 L. Marenzio, *Lucida perla* 1597/13

+2+3-2-2+2-2 P. Clerico, *Cosi volete vo* 1562/15

+2+3-2-2+2-2+2 G. Gonzaga, *Padre che'l cie* 1568/20
+2+3-2-2+2-2+2 P. Vecoli, *Se per un solo* 1581/12

+2+3-2-2+2-2-2 P. Clerico, *Cosi volete vo* 1562/15

+2+3-2-2+2-2+3 P. Vinci, *Et io da che cominc* 1583/19

+2+3-2-2+2-2+6 P. Vinci, *Et io da che cominc* 1583/19

+2+3-2-2+2+3-2 Anonymous, *Se negli affann* 1505/05
+2+3-2-2+2+3-2 A. Gabrieli, *Ma mentre ch'e* 1589/14
+2+3-2-2+2+3-2 G. Severino, *Aure che'l trist* 1568/12
+2+3-2-2+2+3-2 P. Vinci, *Giunto m'amo* 1567/24

+2+3-2-2+2+3-3 F. Soto, *Ave di gratia pien* 1600/05
+2+3-2-2+2+3-3 F. Soto, *Godi del Ciel Regi* 1600/05

+2+3-2-2+2-3+2 F. Ana, *Da ciel crudo impi* 1505/06
+2+3-2-2+2-3+2 M. Comis, *Si ferma'l ciel* 1568/12
+2+3-2-2+2-3+2 P. Santini, *Empiase'l cor* 1600/05

+2+3-2-2-2+2+2 G. Califano, *Donna non fu* 1584/07
+2+3-2-2-2+2+2 Nollet, *Partomi donna e te* 1546/19

+2+3-2-2-2+2-2 Anonymous, *El pensier andr* 1507/03
+2+3-2-2-2+2-2 Anonymous, *Traditora me'ai* 1515/02
+2+3-2-2-2+2-2 G. Primavera, *All'arme all* 1565/17

+2+3-2-2-2+2+3 Anonymous, *Dolce, felice,* 1563/06
+2+3-2-2-2+2+3 M. Pesenti, *Tu te lamenti* 1504/04
+2+3-2-2-2+2+3 G. Pizzoni, *Lasso dal prim* 1582/14

+2+3-2-2-2+2-3 F. Ana, *Amor a chi non va* 1505/05
+2+3-2-2-2+2-3 G. Antiquis, *Madonna non* 1574/05
+2+3-2-2-2+2-3 P. Monte, *Inviolabil forme* 1591/23

+2+3-2-2-2+2-5 S. Cornetto, *O del chiar'Ar* 1581/07

+2+3-2-2-2-2+2 F. Ana, *Se l'affanato cor* 1505/05
+2+3-2-2-2-2+2 Anonymous, *Ecco care sorell* 1563/06
+2+3-2-2-2-2+2 Anonymous, *Poi cho perso ig* 1506/03
+2+3-2-2-2-2+2 C. Stella, *S'io mirand'il* 1587/12
+2+3-2-2-2-2+2 S. Venturi, *Duro dunque mor* 1598/14

+2+3-2-2-2-2-2 Anonymous, *Hai pretiosa fe* 1505/05
+2+3-2-2-2-2-2 Anonymous, *Siche s'io viss'* 1595/03
+2+3-2-2-2-2-2 A. Capriolo, *Ritornata e* 1505/05
+2+3-2-2-2-2-2 M. Pesenti, *Non e pensier che* 1507/04
+2+3-2-2-2-2-2 B. Tromboncino, *El colpo ch* 1505/06
+2+3-2-2-2-2-2 P. Vinci, *Di quanto per amo* 1584/11

+2+3-2-2-2-2+3 Anonymous, *Amores tristes* 1516/02
+2+3-2-2-2-2+3 A. Trombetti, *Non fu gloria* 1583/18

+2+3-2-2-2-2-3 H. Schaffen, *Unica speme mi* 1549/31

+2+3-2-2-2-2+4 P. Brachario, *Non ved'hoggi* 1557/16

+2+3-2-2-2-2-4 Anonymous, *Vidi gia ne la* 1505/03

+2+3-2-2-2-2-4 O. Antinori, *Segua pur segu* 1505/03

+2+3-2-2-2-2+5 A. Barre, *Quando la bell'auro* 1562/08
+2+3-2-2-2-2+5 P. Brachario, *Non ved'hoggi* 1557/16

+2+3-2-2-2-2+8 Anonymous, *Crescie e discre* 1507/04

+2+3-2-2-2+3+2 J. Arcadelt, *Cosi mi guid'a* 1557/16

+2+3-2-2-2+3-2 J. Gero, *Dolcemente s'adir* 1541/14
+2+3-2-2-2+3-2 G. Primavera, *All'arme all* 1565/17
+2+3-2-2-2+3-2 M. Varotto, *Di mirti e d'am* 1586/19

+2+3-2-2-2+3-3 Anonymous, *Oime che in pian* 1598/04

+2+3-2-2-2-3+2 F. Azzaiolo, *Bernarde non* 1559/19
+2+3-2-2-2-3+2 S. Rossetto, *Quando la bell* 1568/13
+2+3-2-2-2-3+2 P. Vinci, *Di quanto per amo* 1584/11

+2+3-2-2-2-3-2 J. Gero, *Dolcemente s'adir* 1541/14

+2+3-2-2-2-3+4 S. d'Aranda, *Amor con qua* 1571/12

+2+3-2-2-2+4-2 J. Arcadelt, *Cosi mi guid'a* 1557/16
+2+3-2-2-2+4-2 J. Arcadelt, *Gli prieghi mi* 1539/24
+2+3-2-2-2+4-2 L. Balla, *Amor che debbo fa* 1589/10
+2+3-2-2-2+4-2 G. Califano, *Donna non fu* 1584/07
+2+3-2-2-2+4-2 P. Organista, *Calde lagrim* 1539/24
+2+3-2-2-2+4-2 V. Ruffo, *Ove son quei bei* 1557/25

+2+3-2-2-2+4-3 R. Rodio, *Spess'un pensier* 1587/12

+2+3-2-2-2+5+2 S. Festa, *L'ultimo di de ma* 1526/06

+2+3-2-2-2+5-5 S. Rossetto, *Quando la bell* 1568/13

+2+3-2-2-2-5+5 S. Molinaro, *Ben mi fora bi* 1599/15

+2+3-2-2-2-5+8 C. Porta, *Cresci pianta* 1583/10

+2+3-2-2-2+6-2 P. Organista, *Calde lagrim* 1539/24

+2+3-2-2-2-8+4 J. Arcadelt, *Cosi mi guid'a* 1557/16

+2+3-2-2+3+2 V. Ruffo, *Nacque nell'alm'i* 1555/31

+2+3-2-2+3+2-5 J. Persoens, *Hor vedi Amor* 1570/28

+2+3-2-2+3-2+2 Anonymous, *All'arme all'arm* 1566/05

+2+3-2-2+3-2-2 Anonymous, *Amores tristes* 1516/02

+2+3-2-2+3-3+2 A. Gabrieli, *Ma mentre ch'e* 1589/14
+2+3-2-2+3-3+2 A. Savioli, *Ardemmo insieme* 1600/16

+2+3-2-2+3-3+4 A. Verso, *Pioggia di lagrim* 1594/17

+2+3-2-2-3+2+2 G. Renaldi, *Amor io sent'u* 1569/32

+2+3-2-2-3+4+2 C. Monteverdi, *Io ardo si ma* 1594/15

+2+3-2-2-3-4+2 P. Vinci, *Ne spero i dolci* 1567/24

+2+3-2-2+4+2-3 A. Willaert, *Qual piu diver* 1549/31

+2+3-2-2+4-2+2 Anonymous, *Poiche per mie* 1515/02

+2+3-2-2+4-2+3 Anonymous, *O Dio se vede ch* 1566/05
+2+3-2-2+4-2+3 F. Silvestrino, *O Dio si ved* 1548/11

+2+3-2-2+4-2-4 N. Pervue, *Dopo le chiom* 1585/29

+2+3-2-2+4-3+2 A. Gabrieli, *Ma mentre ch'e* 1589/14

+2+3-2-2-4+4-2 S. Molinaro, *Ben mi fora bi* 1599/15

+2+3-2-2-5+2+2 B. Tromboncino, *Ecco che pe* 1507/03

+2+3-2+3+2+2-3 G. Parabosco, *Giunto m'ha* 1544/22
+2+3-2+3+2+2-3 C. Perissone, *Giunto m'ha* 1546/19

+2+3-2+3+2-2+2 P. Stabile, *Onde lieto e co* 1585/32
+2+3-2+3+2-3-2 P. Vinci, *Si che s'io viss* 1583/19
+2+3-2+3-2+2-3 O. Lasso, *E con l'andar* 1577/07
+2+3-2+3-2-2-2 C. Festa, *Veggi'hor con gl* 1549/31
+2+3-2+3-2-2-2 C. Perissone, *Giunto m'ha* 1546/19
+2+3-2+3-2-3+2 C. Rore, *S'honest'amor puo* 1548/09
+2+3-2+3-3+2-2 C. Rore, *S'honest'amor puo* 1548/09
+2+3-2+3-3+4-3 C. Veggio, *Donna quando vi* 1540/19
+2+3-2+3-4+2+2 C. Perissone, *Giunto m'ha* 1546/19
+2+3-2+3-4+2+3 Olivier, *Ite caldi sospiri* 1561/11
+2+3-2+3-4+2-3 P. Stabile, *Onde lieto e co* 1585/32
+2+3-2-3+2+2+2 F. Cornazzani, *Stella non* 1575/11
+2+3-2-3+2+2+2 G. Primavera, *Mille fiat* 1569/31
+2+3-2-3+2+2-2 G. Contino, *Sdegna l'idali* 1557/25
+2+3-2-3+2+2-2 G. Martinengo, *Poi ch'io ve* 1548/09
+2+3-2-3+2+2+3 H. Chamatero, *Dolci alprest* 1561/13
+2+3-2-3+2+2-3 P. Vinci, *Con lei foss'io* 1583/19
+2+3-2-3+2+2-4 B. Tromboncino, *Hor che'l* 1516/02
+2+3-2-3+2-2-2 G. Zarlino, *Fu sempre all'o* 1568/16
+2+3-2-3+2-2+4 Anonymous, *Io son lieto ne* 1507/03
+2+3-2-3+2-2+4 M. Hermann, *El gran duca mi* 1552/23
+2+3-2-3+2+3+2 G. Parabosco, *Non dispregiat* 1546/19
+2+3-2-3+2+3-2 S. d'Aranda, *Poi ch'el mi* 1571/12
+2+3-2-3+2+3-2 B. Roi, *Gia torn'a rallegr* 1573/16
+2+3-2-3-2-2+6 G. Caimo, *Dolci sospir o do* 1586/19
+2+3-2-3+3-2-2 A. Capriolo, *Fui felice in* 1507/04
+2+3-2-3-3+3-2 M. Varotto, *Qual fatto qua* 1586/19
+2+3-2-3+4-2+2 Anonymous, *Mondo non mi par* 1598/04
+2+3-2-3+4-2+2 F. Soto, *Alma Vergin che fa* 1600/05
+2+3-2-3+4-2+2 O. Vecchi, *Cara mia Dafne* 1586/10
+2+3-2-3+4-2-2 F. Ana, *El cor un altra vo* 1505/05
+2+3-2-3+4-2-2 P. Vecoli, *Deh dolce vita* 1581/12
+2+3-2-3+5+2-3 F. Gherardini, *O pur con do* 1585/24
+2+3-2-3+5-3-3 T. Fabrianese, *Miser chi mal* 1549/31
+2+3-2+4-2+2-2 M. Cara, *Si che la vo segui* 1514/02
+2+3-2+4-2-2+2 A. Trombetti, *Non fu gloria* 1583/18
+2+3-2+4-2-2-2 C. Festa, *Cosi soav'el foc* 1539/24
+2+3-2+4-4+2-2 S. Dentice, *Baci soavi e ca* 1587/12
+2+3-2+4-5+3-2 S. Dentice, *Baci soavi e ca* 1587/12
+2+3-2+4-5+4-5 S. Cornetto, *Veramente in* 1581/07
+2+3-2-5+2-4+8 P. Vinci, *Lagrima adunque* 1584/11
+2+3+3-2-2+2-3 M. Pesenti, *Questa e mia l'* 1504/04
+2+3+3-2-5+5-3 G. Renaldi, *Quando parla ma* 1589/10
+2+3-3+2+2+4-2 M. Cancino, *Date pace al mi* 1590/21
+2+3-3+2+2-4-2 M. Cancino, *Date pace al mi* 1590/21

+2+3-3+2+2+5-2 M. Cancino, *Date pace al mi* 1590/21
+2+3-3+2-2+4-2 G. Martinengo, *Talche mi pa* 1548/09
+2+3-3+2-3-2+4 G. da Nola, *St'amaro core* 1570/27
+2+3-3+2-5+2+2 F. Luprano, *Donna quest* 1505/05
+2+3-3-2+2+2+2 G. Guami, *Volzeve cha Puet* 1564/16
+2+3-3-2+2-2+5 C. Perissone, *Ove cols'amor* 1547/14
+2+3-3-2+2+3-2 G. Nasco, *Non ha donna piu* 1557/25
+2+3-3-2+2-3+4 G. Scotto, *O faccia che ral* 1571/11
+2+3-3-2-2-2+2 G. Califano, *Real natura an* 1584/07
+2+3-3-2-2+3+3 G. Nasco, *Non ha donna piu* 1557/25
+2+3-3+3-2+2-2 C. Merulo, *Lieti fiori* 1562/06
+2+3-3+3-2+2-3 C. Merulo, *Lieti fiori* 1562/06
+2+3-3+3-2-3+2 F. Azzaiolo, *Bona via facci* 1559/19
+2+3-3+4-3+2-2 R. Vecoli, *Torna il mio so* 1577/10
+2+3-3+4-5+3-2 G. Martinengo, *Poi ch'io ve* 1548/09
+2+3-4+2+2-2-3 B. Garulli, *Quante gratie* 1562/06
+2+3-4+2-2-2-2 P. Stabile, *Eran le muse in* 1585/32
+2+3-4+2-2-2-2 P. Taglia, *Vergin, che Luna* 1600/05
+2+3-4+2-5+3-2 B. Garulli, *Quante gratie* 1562/06
+2+3-4-2+2+2+2 Anonymous, *Verbum caro fact* 1563/06
+2+3-4-2+2+2+2 H. Chamatero, *Gia con altr* 1569/26
+2+3-4-2+2-2+4 G. Primavera, *Quando mi lev* 1569/31
+2+3-4-2+2+5-5 P. Lodi, *Legno sancto e glo* 1508/03
+2+3-4-2-2-2+2 P. Vinci, *Si che s'io viss* 1583/19
+2+3-4-2-3+2+2 F. Roussel, *Occhi miei oscu* 1562/22
+2+3-4+3+2+2-2 Anonymous, *Hor ch'io del vo* 1595/03
+2+3-4+3-2-2+3 J. Gero, *Chi non fa prov'am* 1541/14
+2+3-4+3-2-2+4 J. Gero, *Chi non fa prov'am* 1541/14
+2+3-4+3-2-2-5 Anonymous, *Poi che a tal co* 1505/03
+2+3-4-3+2-3+5 C. Malvezzi, *Crude l'acerb* 1583/16
+2+3-4-3+4-2-2 V. Ruffo, *Verde piaggie fel* 1557/25
+2+3-4+4-3-2-2 G. Violanti, *Voi delle rim* 1579/05
+2+3-4+5-2+2-5 B. Tromboncino, *Donna non* 1514/02
+2+3-5+3-2+6-2 O. Colombano, *Fatto il mesto* 1588/18
+2+3-5-3+2+2 G. Ferretti, *Basciami vita* 1594/
+2+3-5+5-5-6+3 D. Grisonio, *Ma tu la cui* 1568/16
+2+3-8+5+2+2-3 P. Masnelli, *A che tormi* 1586/09
+2-3+2+2+2+2+2 J. Arcadelt, *Dolcemente s'a* 1539/24
+2-3+2+2+2+2+2 J. Arcadelt, *Sostenete que* 1544/16
+2-3+2+2+2+2+2 O. Caccini, *Quel di ch'io* 1585/21
+2-3+2+2+2+2+2 G. Nasco, *Hor che sara di* 1563/07
+2-3+2+2+2+2+2 S. Venturi, *Un bacio t'invo* 1598/14
+2-3+2+2+2+2-2 F. Luprano, *Rompe amor* 1505/05
+2-3+2+2+2+2-2 G. Florio, *Et ben che voi* 1566/03

+2-3+2+2+2+2-2 P. Nenna, *Di quella fiamma* 1582/12
+2-3+2+2+2+2-2 N. Pifaro, *Son infermo rech* 1506/03
+2-3+2+2+2+2-2 A. Savioli, *Era Tirsi alle* 1600/16
+2-3+2+2+2+2-2 A. Senese, *Chi volessi turc* 1515/02
+2-3+2+2+2+2-2 A. Striggio, *Chi fara fed'a* 1566/03
+2-3+2+2+2+2-2 P. Verdelot, *Tu che potevi* 1546/19

+2-3+2+2+2+2-3 Anonymous, *Fra quante donn* 1537/05
+2-3+2+2+2+2-3 Anonymous, *O primavera mia* 1537/08
+2-3+2+2+2+2-3 V. Ferro, *Cor mio perche pu* 1555/31
+2-3+2+2+2+2-3 P. Stabile, *Onde lieto e co* 1585/32

+2-3+2+2+2+2-4 G. Fogliano, *Chi vol canta* 1547/16

+2-3+2+2+2+2-5 J. Lulinus, *Poiche son di* 1514/02

+2-3+2+2+2-2+2 O. Caccini, *Bianca e vermig* 1585/21
+2-3+2+2+2-2+2 R. Mel, *Il piu divino e pi* 1585/26
+2-3+2+2+2-2+2 C. Monteverdi, *Occhi miei* 1594/15
+2-3+2+2+2-2+2 B. Tromboncino, *Aspicias ut* 1516/02

+2-3+2+2+2-2-2 F. Ana, *La mia vita libera* 1505/03
+2-3+2+2+2-2-2 Anonymous, *Dimmi dolce Maria* 1563/06
+2-3+2+2+2-2-2 Anonymous, *Faccia d'un ros* 1537/08
+2-3+2+2+2-2-2 A. Doni, *Di tre rare eccell* 1544/22
+2-3+2+2+2-2-2 V. Ferro, *Cor mio perche pu* 1555/31
+2-3+2+2+2-2-2 A. Martorello, *Ben hor gioi* 1547/17
+2-3+2+2+2-2-2 J. Persoens, *Ch'io scopro tutt* 1570/28
+2-3+2+2+2-2-2 F. Portinaro, *Si fa mio co* 1563/13
+2-3+2+2+2-2-2 V. Ruffo, *Io miro il suo be* 1554/29

+2-3+2+2+2-2-3 F. Luprano, *Un solicito* 1505/05
+2-3+2+2+2-2-3 Anonymous, *Faccia d'un ros* 1537/08
+2-3+2+2+2-2-3 V. Ruffo, *Io miro il suo be* 1554/29

+2-3+2+2+2+3-2 A. Martorello, *La man non* 1547/17
+2-3+2+2+2+3-2 G. Renaldi, *Poi che l'alto* 1569/32

+2-3+2+2+2+3-3 G. Renaldi, *Poi che l'alto* 1569/32

+2-3+2+2+2-3+2 G. Pizzoni, *Leggiadra pasto* 1582/14

+2-3+2+2+2-3-2 M. Mazzone, *Credimi vita mi* 1570/18

+2-3+2+2+2-3+4 F. Roussel, *Quand'io pens'a* 1555/31

+2-3+2+2+2-3+5 Anonymous, *Maledecto sia* 1506/03

+2-3+2+2+2-3+6 S. Venturi, *Un bacio t'invo* 1598/14

+2-3+2+2+2+4-2 B. Lupacchino, *Perch'al viso* 1561/11

+2-3+2+2-2+2+2 B. Tromboncino, *Crudel fug* 1513/01

+2-3+2+2-2+2-2 A. Striggio, *O dolce bocca* 1579/02

+2-3+2+2-2+2+3 Anonymous, *Po piu un sdegn* 1505/06
+2-3+2+2-2+2+3 A. Mantovano, *Di piu varii* 1513/01

+2-3+2+2-2+2-3 J. Berchem, *S'amor non e* 1546/19
+2-3+2+2-2+2-3 D. Ortiz, *Giorno felice e* 1573/16
+2-3+2+2-2+2-3 G. Renaldi, *Quanto piu crud* 1569/32

+2-3+2+2-2+2-4 G. Califano, *O del mio navi* 1584/07
+2-3+2+2-2+2-4 A. Mantovano, *Fra quella lu* 1513/01

+2-3+2+2-2-2+2 C. Baselli, *Clorinda ard'il* 1600/12
+2-3+2+2-2-2+2 G. Caimo, *Mirate che m'ha* 1586/19
+2-3+2+2-2-2+2 F. Roussel, *Alba cruda alb* 1562/22
+2-3+2+2-2-2+2 A. Savioli, *Arsi un tempo* 1600/16
+2-3+2+2-2-2+2 B. Tromboncino, *Un voler* 1510/

+2-3+2+2-2-2-2 Anonymous, *Se negli affann* 1505/05
+2-3+2+2-2-2-2 M. Cara, *Io so ben che al* 1505/04
+2-3+2+2-2-2-2 H. Chamatero, *Et io da ch'i* 1569/26

+2-3+2+2-2+3+2 G. Zarlino, *E forse'l mio* 1562/06

+2-3+2+2-2+3-2 Anonymous, *Herod'il volto* 1563/06

+2-3+2+2-2-3+3 H. Chamatero, *Con lei foss'* 1561/13

+2-3+2+2-2+4-2 P. Vinci, *Non ha'l ciel tan* 1584/11
+2-3+2+2-2+4-2 G. Violanti, *Ma di quel ch'* 1579/05

+2-3+2+2-2+4+3 V. Raimondo, *S'aiut'in van* 1568/16

+2-3+2+2-2+4-7 M. Cancino, *Chi mi terra po* 151590/21

+2-3+2+2-2-5+5 P. Marni, *A questa mia dian* 1592/12
+2-3+2+2-2-5+5 C. Veggio, *O dolce servitu* 1540/19

+2-3+2+2+3-2+2 P. Vinci, *In te i secreti* 1567/24

+2-3+2+2+3-2-2 R. Montagnana, *Non credo ch* 1558/17

+2-3+2+2+3-3+2 P. Vinci, *Prima ch'io torn* 1583/19

+2-3+2+2+3-4+3 J. Persoens, *Ch'io scopro tutt* 1570/28

+2-3+2+2-3+2+2 Anonymous, *Maledecto sia* 1506/03
+2-3+2+2-3+2+2 Anonymous, *Piangete occhi* 1505/04
+2-3+2+2-3+2+2 L. Martiano, *Gli augeli ele* 1584/09A
+2-3+2+2-3+2+2 A. Striggio, *O dolce bocca* 1579/02
+2-3+2+2-3+2+2 C. Veggio, *S'infinita bellezz* 1540/19

+2-3+2+2-3+2-2 C. Perissone, *Amor da che* 1547/14

+2-3+2+2-3+2+4 L. Martiano, *Gli augeli ele* 1584/09A

+2-3+2+2-3-2-3 P. Vinci, *La bella pargolet* 1584/11

+2-3+2+2-3+4-2 G. Nasco, *Felice cor che pr* 1563/07

+2-3+2+2-3+5-4 L. Martiano, *Gli augeli ele* 1584/09A

+2-3+2+2-4+2+2 L. Courtoys, *Sinistra piant* 1563/07

+2-3+2+2-5+4-2 P. Vecoli, *Laura mia dolc* 1581/12

+2-3+2+2-5+4-4 Anonymous, *Che fai alma ch* 1514/02

+2-3+2-2+2+2+2 L. Luzzaschi, *Sia benedett'* 1597/14
+2-3+2-2+2+2+2 G. Massarengo, *Resta resta* 1591/22
+2-3+2-2+2+2+2 M. Varotto, *Dentro cantar* 1586/19

+2-3+2-2+2+2-3 G. Gostena, *Clori mi diede* 1599/15

+2-3+2-2+2-2-2 G. Pizzoni, *Et hor che scio* 1582/14

+2-3+2-2+2+3-2 Anonymous, *Scoltatime madon* 1505/05

+2-3+2-2+2-3+2 G. Gonzaga, *Padre che'l cie* 1568/20

+2-3+2-2+2-4+3 J. Lulinus, *Non mi pento es* 1514/02

+2-3+2-2+2-8+2 B. Tromboncino, *Vox clamanti* 1505/04

+2-3+2-2-2+2+2 G. Palestrina, *Da fuoco cos* 1557/24
+2-3+2-2-2+2+2 B. Pallavicino, *Hor che soave* 1586/09
+2-3+2-2-2+2+2 V. Ruffo, *Tranquillo porto* 1557/25

+2-3+2-2-2+2-2 A. Gabrieli, *I temo di cang* 1568/13

+2-3+2-2-2+2+3 C. Perissone, *Gentil copia* 1547/14

+2-3+2-2-2+2-3 J. Arcadelt, *Io che di vive* 1540/18

+2-3+2-2-2+2+5 V. Ruffo, *Tranquillo porto* 1557/25

+2-3+2-2-2-2+2 Anonymous, *Bianca et vezzos* 1557/16
+2-3+2-2-2-2+2 Anonymous, *Sappi madonna ch* 1557/19
+2-3+2-2-2-2+2 J. Arcadelt, *Ecco d'oro l'e* 1544/16
+2-3+2-2-2-2+2 G. Califano, *O dolorosa vit* 1584/07
+2-3+2-2-2-2+2 C. Perissone, *Gentil copia* 1547/14
+2-3+2-2-2-2+2 P. Quagliati, *O alma che fa* 1585/07

+2-3+2-2-2-2-2 Anonymous, *El foco non mi* 1507/04
+2-3+2-2-2-2-2 J. Arcadelt, *Io che di vive* 1540/18
+2-3+2-2-2-2-2 J. Bodeo, *Come fanciul ch'* 1554/28
+2-3+2-2-2-2-2 E. Romano, *O bella man che* 1514/02
+2-3+2-2-2-2-2 A. Savioli, *Arsi un tempo* 1600/16

+2-3+2-4+4-2+2 D(on) Timoteo, *Uscirallo* 1514/02

+2-3+2-4+4-2+3 Anonymous, *Debbo anchora se* 1515/02

+2-3+2-4+4+3-2 F. Corteccia, *Guardane alm* 1539/25

+2-3+2-4+4-3-5 L. Courtoys, *Quivi sospiri* 1580/10

+2-3+2-4-5+4-2 F. Anerio, *Pensando che vol* 1589/07

+2-3+2-5+2+2+2 V. Ruffo, *Deh spargi o miser* 1563/07

+2-3+2-5+2+2-3 U. Naich, *Mirate altrove mi* 1544/17

+2-3+2-5+2-3+2 Intrico, *Cosi restai senz'a* 1566/03

+2-3+2-5+2+4-2 Anonymous, *Gia fu presa da te* 1563/06

+2-3+2-5+2+5-3 M. Cara, *O se havesse la mi* 1517/02

+2-3+2-5+3+2-2 G. Palestrina, *Si mi vince tal* 1557/24

+2-3+2-5+4+2+2 J. Arcadelt, *Io che di vive* 1540/18

+2-3+2-5+4-2-2 F. Luprano, *Non si po qu* 1506/03
+2-3+2-5+4-2-2 M. Cara, *O celeste anime sa* 1509/02
+2-3+2-5+4-2-2 U. Naich, *Mirate altrove mi* 1544/17

+2-3+2-5+4-2+4 J. Arcadelt, *Io che di vive* 1540/18
+2-3+2-5+4-2+4 V. Ruffo, *Tranquillo porto* 1557/25

+2-3+2-5+4-4+5 B. Tromboncino, *Dolermi sem* 1509/02

+2-3+2-5+4-4+6 G. Califano, *Liete verde fi* 1584/07

+2-3+2-5-4+4-2 V. Ruffo, *S'io vi son'impor* 1555/31

+2-3+2-5+5+2-3 L. Marenzio, *O da'l ciel qu* 1597/13

+2-3+2-5+5-2-2 A. Senese, *Spiriti gentili* 1515/02

+2-3+2-5+5-3+2 U. Naich, *Mirate altrove mi* 1544/17

+2-3+2-5+5-4+8 F. Gherardini, *Vorrei lodar* 1585/24

+2-3+2-5+6-2-2 A. Morsolino, *Sospir ch'err* 1594/15

+2-3+2-5+8-3+2 U. Naich, *Mirate altrove mi* 1544/17

+2-3+2-5+8-3-3 Anonymous, *Soldati semo de* 1573/17

+2-3+2+7-4+2-8 G. Luppatus, *Voglio gir chi* 1504/04

+2-3+2+8-2-2-2 Anonymous, *Po piu un sdegn* 1505/06

+2-3-2+2+2+2+2 G. Arpa, *Con ceppi e con ca* 1570/18

+2-3-2+2+2+2-2 Anonymous, *D'amoroso dolor* 1598/04
+2-3-2+2+2+2-2 Anonymous, *Me stesso incolp* 1505/05
+2-3-2+2+2+2-2 G. Bonagiunta, *O tu che mi* 1566/07
+2-3-2+2+2+2-2 BT/MC, *Sancta maria ora* 1508/03
+2-3-2+2+2+2-2 M. Cara, *Si che la vo segui* 1514/02

+2-3-2+2+2+2+3 A. Trombetti, *Eran le vostr* 1583/18

+2-3-2+2+2-2+2 G. da Nola, *Io son farfall* 1566/10
+2-3-2+2+2-2+2 G. Paratico, *Io son farfall* 1588/25

+2-3-2+2+2-2-2 A. Willaert, *Mi xe sta chel* 1564/16

+2-3-2+2+2+3-2 Anonymous, *Giesu mio Giesu* 1580/06
+2-3-2+2+2+3-2 G. Metallo, *Belta non fu co* 1577/09
+2-3-2+2+2+3-2 A. Perugino, *E ben vero ch'* 1571/09

+2-3-2+2+2+3-3 Anonymous, *Giesu mio Giesu* 1580/06

+2-3-2+2+2-3-2 O. Caccini, *Credo ben che* 1585/21
+2-3-2+2+2-3-2 O. Caccini, *Tanti martir* 1585/21

+2-3-2+2+2+4+2 P. Cantino, *Perche la mia D* 1592/12

+2-3-2+2+2-4+2 J. Arcadelt, *Com'esser puo ch* 1552/21

+2-3-2+2-2+2-2 S. Ferro, *Non resta in ques* 1510/

+2-3-2+2-2-2-2 C. Perissone, *Da quali ange* 1547/14
+2-3-2+2-2-2-2 V. Podio, *Quando signora* 1574/05

+2-3-2+2-2+3-2 Anonymous, *Sta constante cor* 1562/10
+2-3-2+2-2+3-2 P. Cantino, *Vidi spuntar* 1588/18

+2-3-2+2-2+4-2 R. Mantovano, *Perche fai do* 1505/04

+2-3-2+2+3+2-2 Anonymous, *Perche lasciast* 1598/04

+2-3-2+2+3-2+2 F. Azzaiolo, *Girometta senz* 1559/19
+2-3-2+2+3-2+2 P. Vinci, *Piu che mai bell'* 1564/20

+2-3-2+2+3-2-2 M. Iacovelli, *Senza smonta* 1588/23

+2-3-2+2+3-3+4 G. Primavera, *Na bella vi* 1569/31

+2-3-2+2+4+2+2 J. Lulinus, *Non mi pento es* 1514/02

+2-3-2+2+4-2+2 F. Soto, *Chiostro beato,* 1600/05

+2-3-2+2+4-2-2 Anonymous, *Chi non ha marte* 1507/04
+2-3-2+2+4-2-2 L. Mira, *Donna crudel se'l* 1591/23

+2-3-2+2-4+2-3 L. Mira, *Donna crudel se'l* 1591/23

+2-3-2+2-4+5+2 F. Gherardini, *Vorrei lodar* 1585/24

+2-3-2+2+5-3-2 F. Gherardini, *Vorrei lodar* 1585/24

+2-3-2-2+2+2+2 J. Arcadelt, *Deh perche si* 1545/18
+2-3-2-2+2+2+2 P. D'angelo, *Ne fior si ved* 1570/27
+2-3-2-2+2+2+2 A. Gabrieli, *Vergine ancell* 1589/14

+2-3-2-2+2+2+4 A. Gabrieli, *I vid'in terr* 1562/06

+2-3-2-2+2+2-4 Anonymous, *Tutt'il di piang* 1545/18
+2-3-2-2+2+2-4 C. Festa, *Piu che mai vagh'* 1539/25

+2-3-2-2+2-2+2 Anonymous, *El pensier andr* 1507/03
+2-3-2-2+2-2+2 A. Gabrieli, *O Dea, che tr* 1587/16

+2-3-2-2+2-2+4 G. Primavera, *Stella gen* 1569/31

+2-3-2-2+2+3+4 P. Vinci, *Et se pur s'arma* 1584/11

+2-3-2-2+2-3+2 F. Luprano, *Donna quest* 1505/05

+2-3-2-2+2-4+4 G. Martinengo, *Talche mi pa* 1548/09

+2-3-2-2+2-5+2 P. Vinci, *Et se pur s'arma* 1584/11

+2-3-2-2-2+2+2 M. Cara, *Sonno che gli anim* 1513/01

+2-3-2-2-2+2-2 P. Bellasio, *E s'indi vuoi* 1592/14
+2-3-2-2-2+2-2 A. Capriolo, *Fui felice in* 1507/04

+2-3-2-2-2+2+4 A. Stringari, *Nui siamo seg* 1507/04

+2-3-2-2-2-2+2 Anonymous, *Gionti siam ala* 1509/02
+2-3-2-2-2-2+2 Anonymous, *Se del spes* 1515/02

+2-3-2-2-2-2-2 C. Perissone, *Da quali ange* 1547/14

+2-3-2-2-2+3+3 C. Rore, *Datemi pace o dur* 1557/24

+2-3-2-2-2+4+3 M. Cancino, *O madre univers* 1590/21

+2-3-2-2-2+5+2 A. Gabrieli, *Da poi che su'* 1566/03

+2-3-2-2-2+8+2 M. Cancino, *O madre univers* 1590/21

+2-3-2-2+3+2-2 Anonymous, *O cor falso nemi* 1598/04

+2-3-2-2+3-2+4 G. Nanino, *Credete voi che* 1586/18

+2-3-2-2-3-2+8 C. Perissone, *Nessun visse* 1544/22
+2-3-2-2-3+3+2 A. Stringari, *Non al suo am* 1514/02
+2-3-2-2-3+5-5 H. Chamatero, *A qualunqe an* 1569/26
+2-3-2-2+4-2-2 M. Cara, *O caldi mei suspir* 1505/05
+2-3-2-2+5-2-2 F. Soriano, *Se dal tuo foco* 1591/12
+2-3-2-2-5+2+2 M. Cara, *Se non fusse la sp* 1507/04
+2-3-2+3+2+2-2 G. Animuccia, *Beato il cie* 1574/04
+2-3-2+3+2+2-3 Anonymous, *Non trovo pace* 1565/12
+2-3-2+3+2-2-2 A. Padovano, *Quando la ser* 1561/15
+2-3-2+3-2+2-3 Rugerius, *O cor negli amori* 1526/JEP
+2-3-2+3+3+2-2 G. da Nola, *St'amaro core* 1570/27
+2-3-2+3-3+2+2 A. Barges, *Sempre me fing'* 1550/18
+2-3-2+3-3+2+2 R. Rodio, *Lungi da voi mia* 1587/12
+2-3-2+3-3+3-2 A. Barges, *Sempre me fing'* 1550/18
+2-3-2+3-3-3+2 A. Reulx, *S'io credessi pe* 1557/16
+2-3-2+3-3+4+2 A. Trombetti, *Amor per suo* 1586/21
+2-3-2-3+6-2-2 G. Bonagiunta, *Con quel poc* 1565/12
+2-3-2+4+2+2-2 G. da Nola, *St'amaro core* 1570/27
+2-3-2+4+2-3+2 Anonymous, *Non poi perche* 1505/04
+2-3-2+4-2+2+2 P. Vinci, *Quando la sera sc* 1583/19
+2-3-2+4-2-2+2 Anonymous, *Poiche per mie* 1515/02
+2-3-2+4-2-2+2 G. Gostena, *Di dove vieni* 1589/13
+2-3-2+4-2-2-2 J. Arcadelt, *Madonna ohime ch* 1539/24
+2-3-2+4-2-2+3 G. Guami, *Questa notte sogn* 1566/07
+2-3-2+4-2+3+2 G. Eremita, *Questa vostra* 1600/08
+2-3-2+4-2-3+2 Anonymous, *Solo e pensoso* 1598/04
+2-3-2+4-3-3+4 Anonymous, *Amorosi pensier* 1594/15
+2-3-2+5+2-2+3 R. Montagnana, *Io piango* 1558/17
+2-3-2+5-5+2+4 A. Capriolo, *Vaga zoiosa* 1505/05
+2-3-2-5+2+2+2 T. Angelio, *Se le stelle e* 1585/21
+2-3-2-5+2+2+2 P. Stabile, *Di gioia e dolc* 1585/32
+2-3-2-5+5-3+3 P. Bonini, *Baci sospiri e* 1591/23
+2-3-2-5+8-2-5 G. Dattaro, *Se tu sapessi* 1569/24
+2-3-2+8-2+2+5 P. Verdelot, *Ditemi o diva* 1546/19
+2-3+3+2+2+2-2 O. Vecchi, *Caro dolce mio* 1585/35
+2-3+3+2+2-3+2 A. Verso, *Quella che'l giov* 1594/17
+2-3+3+2-2-2+3 A. Gabrieli, *Ond'io Fiammet* 1577/07
+2-3+3+2-2-2+3 P. Vinci, *Voi sola mi pones* 1583/19
+2-3+3+2-2-2-3 Anonymous, *Io piango et ell* 1555/30
+2-3+3+2-3+2-3 Anonymous, *Oime dolent* 1566/05
+2-3+3-2+2+2+2 Anonymous, *Solo e pensoso* 1598/04
+2-3+3-2+2+2-3 C. Merulo, *Alla Sibilla me* 1565/12
+2-3+3-2+2+2-3 G. Renaldi, *Quanto piu crud* 1569/32
+2-3+3-2+2-2-2 A. Trombetti, *Quando fra'l* 1583/18
+2-3+3-2+2+3-2 Anonymous, *Fieri lacci e ca* 1598/04
+2-3+3-2+2+3-2 H. Schaffen, *Come s'allegr'* 1549/31
+2-3+3-2+2-3+2 Olivier, *Dir si puo ben pe* 1561/11
+2-3+3-2+2-3+5 G. Scotto, *Crudel se sai ch* 1571/11
+2-3+3-2+2-4+4 M. Varotto, *Di mirti e d'am* 1586/19
+2-3+3-2-2+2-2 R. Montagnana, *Icaro cadd'* 1558/17
+2-3+3-2-2+2-3 F. Portinaro, *O mio lucent* 1563/13
+2-3+3-2-2+2-3 G. Renaldi, *Deh torna a me* 1569/32
+2-3+3-2-2+2+4 P. Stabile, *O mio soave foc* 1591/12
+2-3+3-2-2-2+2 G. Pizzoni, *Pero si guarda ogn* 1582/14
+2-3+3-2-2-2-2 P. Verdelot, *Quando nascest* 1546/19
+2-3+3-2-2-2+3 C. Merulo, *Alla Sibilla me* 1565/12
+2-3+3-2-2-2+4 J. Berchem, *Vivo sol di spe* 1561/15
+2-3+3-2-2-2+4 F. Portinaro, *O mio lucent* 1563/13
+2-3+3-2-2+3-2 M. Varotto, *Di mirti e d'am* 1586/19
+2-3+3-2-2+3-3 O. Caccini, *Ne laccio ne ca* 1585/21
+2-3+3-2-2-3+3 B. Tromboncino, *Se col sgua* 1506/03
+2-3+3-2-2+4-2 G. Bonagiunta, *Gia non mi* 1566/07
+2-3+3-2-2+4-3 S. Nascimbeni, *Lucenti rai* 1592/12
+2-3+3-2+3-2-2 R. Montagnana, *Icaro cadd'* 1558/17
+2-3+3-2+3-2-2 C. Rore, *Si traviato e'l fo* 1548/09
+2-3+3-2+3-3+2 L. Courtoys, *Sinistra piant* 1563/07
+2-3+3-2+3-4+3 G. Schiavetti, *Era il bel* 1562/06
+2-3+3-2-3+2+2 C. Festa, *Donna non fu ne* 1540/18
+2-3+3-2-3+2-3 A. Senese, *Ingrata gelosia* 1515/02
+2-3+3-2-3+2-4 R. Montagnana, *Icaro cadd'* 1558/17
+2-3+3-2-3+4-2 Anonymous, *Oime dolent* 1566/05
+2-3+3-2+4-3-2 V. Ruffo, *Amor che nel pens* 1557/25
+2-3+3-2-5+3+2 O. Caccini, *Amor ecco cole* 1585/21
+2-3+3-2-5+4+2 G. Eremita, *Questa vostra* 1600/08
+2-3+3+3+2+2+2 G. Renaldi, *Vanne a Madonn* 1569/32
+2-3+3-3+2+2-5 F. Luprano, *D'un partir* 1506/03
+2-3+3-3-2+2-3 A. Perugino, *All'apparir dell* 1571/09
+2-3+3-3-2+4+2 D. Nicolo, *Ben sera crudel* 1508/03
+2-3+3-3-3+2+2 G. Palestrina, *O effetto rio* 1557/24
+2-3+3-4-2-2-2 C. Rore, *Tutto il di piang* 1561/11
+2-3+3-4+4-2-5 A. Gabrieli, *Si che s'io vi* 1587/16
+2-3+3-5+5+2-3 R. Montagnana, *Icaro cadd'* 1558/17
+2-3-3+2+2+2-2 Anonymous, *O fortunata ros* 1595/03
+2-3-3+2+2+2-2 P. Lodi, *Stella celi exstir* 1508/03
+2-3-3+2-2-2 O. Lasso, *Ma perche vola* 1560/
+2-3-3+2-2+3+2 Anonymous, *Se io son la tu* 1507/04

+2-3-3+2-2+4+2 J. Arcadelt, *Madonna ohime ch* 1539/24
+2-3-3+2+3+2-3 F. Portinaro, *Basciami vit* 1563/13
+2-3-3+2+3-3+8 M. Cara, *Io non compro piu* 1504/04
+2-3-3-2+4-2+3 C. Rore, *Datemi pace o dur* 1557/24
+2-3-3-2+5-2+2 A. Gabrieli, *Mentre io vi* 1589/14
+2-3-3-2+8-2-2 C. Rore, *Ond'io ch'al dolc* 1591/23
+2-3-3+3-2-2+5 M. Mazzone, *Io persi lo mi* 1570/18
+2-3-3-3+4+3-3 A. Gabrieli, *Da poi che su'* 1566/03
+2-3-3+5-2-2-2 M. Iacovelli, *Senza smonta* 1588/23
+2-3-3+5+3+2-2 A. Gabrieli, *I vid'in terr* 1562/06
+2-3-3+5-4+2-4 Anonymous, *Amor m'impenno* 1577/08
+2-3+4+2+3-3-4 C. Rore, *Fu forse un tempo* 1544/17
+2-3+4-2+2+3-2 O. Antinori, *Mi parto a di* 1505/03
+2-3+4-2+2-3+4 R. Vecoli, *Ma voi ch'or set* 1577/10
+2-3+4-2-2+2+2 V. Ferro, *Cor mio perche pu* 1555/31
+2-3+4-2-2+2+2 P. Vinci, *Nel qual provo do* 1564/20
+2-3+4-2-2+2-2 G. Caimo, *Haime meschino* 1586/19
+2-3+4-2-2+2-3 G. Fogliano, *Tanquam aurum* 1547/16
+2-3+4-2-2-2+2 I. Baccusi, *Occhi miei che* 1591/23
+2-3+4-2-2-2+2 L. Balbi, *Liverono gentil* 1570/23
+2-3+4-2-2-2+2 A. Savioli, *Arsi un tempo* 1600/16
+2-3+4-2-2-2+2 P. Verdelot, *Hoime che la* 1546/19
+2-3+4-2-2-2-2 J. Arcadelt, *Non mai sempr* 1540/18
+2-3+4-2-2-2-2 F. Corteccia, *Chi ne l'a tolt* 1539/25
+2-3+4-2-2-2-2 A. Gabrieli, *Piangeranno* 1589/14
+2-3+4-2-2-2-2 C. Merulo, *Svelt'ha di mort* 1568/16
+2-3+4-2-2-2-2 E. Romano, *O bella man che* 1514/02
+2-3+4-2-2-2-2 B. Tromboncino, *Surge cor* 1505/05
+2-3+4-2-2-2+3 H. Sabino, *Alla dolce ombr* 1581/11
+2-3+4-2-2+4-3 G. Policretto, *Cor mio tu* 1571/09
+2-3+4-2-2-5+4 C. Merulo, *Svelt'ha di mort* 1568/16
+2-3+4-2-2-5+8 C. Rore, *Si traviato e'l fo* 1548/09
+2-3+4-2+3-5+2 B. Faveretto, *Ma desio ben ch* 1598/07
+2-3+4-2-3-2+2 F. Portinaro, *Dolci labr'ov* 1563/13
+2-3+4-2-3-3+2 H. Sabino, *Alla dolce ombr* 1581/11
+2-3+4-2-3-3+3 H. Sabino, *Alla dolce ombr* 1581/11
+2-3+4-2-3-3+8 H. Sabino, *Alla dolce ombr* 1581/11
+2-3+4-2+4-2+3 Anonymous, *Bona sera bona* 1555/30
+2-3+4-3+2-2-2 L. Courtoys, *Oltre quell'alpi* 1580/10
+2-3+4-3+2-3+2 M. Jhan, *Quando nascesti am* 1546/19
+2-3+4-3+2-3+4 M. Jhan, *Quando nascesti am* 1546/19
+2-3+4-3-2+2+2 R. Vecoli, *Rallenta filli* 1577/10
+2-3+4-3+4-3+2 C. Montemayor, *Mira se cosa* 1600/05
+2-3+4-4+4+2-2 G. Parabosco, *Non dispregiat* 1546/19
+2-3+4-5+4+2-3 N. Pifaro, *Di lassar tuo di* 1515/02
+2-3-4+3+4+2-2 C. Veggio, *Se la natur'amor* 1540/19
+2-3-4+5-3+3-4 P. Vinci, *Si che s'io viss* 1583/19
+2-3+5+2+2-3+5 C. Rore, *Poscia in pensar* 1548/10
+2-3+5+2-2-2-2 Anonymous, *Te lamenti ï io* 1505/03
+2-3+5-2-2+2-2 L. Marenzio, *O da'l ciel qu* 1597/13
+2-3+5-2-2-2+4 P. Nenna, *E dicesi ch'ingio* 1582/12
+2-3+5-2-3+5-2 F. Portinaro, *Si fa mio co* 1563/13
+2-3+5-3+2+2-2 A. Stabile, *A questo tuo fa* 1589/07
+2-3+5-3-2+3+5 O. Caccini, *Deh parla ardit* 1585/21
+2-3+5-3-3+3-2 V. Ruffo, *Si che s'io viss* 1563/07
+2-3+5-4+2-3-2 C. Rore, *Poscia in pensar* 1548/10
+2-3+5-4+2-3+5 C. Rore, *Poscia in pensar* 1548/10
+2-3+5-5+4+3+2 V. Ruffo, *Amor che nel pens* 1557/25
+2-3+5-5+4-3+2 A. Willaert, *O dolce vita* 1548/11
+2-3+5-5+5-2-2 C. Rore, *Poscia in pensar* 1548/10
+2-3+5-8+4-2-2 P. Vecoli, *O dolci sguard* 1581/12
+2-3-5-3+2+2+2 M. Cara, *Dilecto albergo* 1505/05
+2-3+6-2-3+2-3 F. Portinaro, *Si fa mio co* 1563/13
+2-3+8+2-2-2-4 O. Antinori, *Questo viver* 1506/03
+2+4+2-2-3+2-3 C. Perissone, *Ben s'io non* 1547/14
+2+4+2-2-3-3-4 B. Tromboncino, *Noi siam tu* 1509/02
+2+4+2+3-3-2-3 H. Chamatero, *Se d'Helicon* 1569/26
+2+4+2-3+2-2+5 V. Bellhaver, *Cinto d'arden* 1579/02
+2+4-2+2+2-2+2 C. Malvezzi, *Crude l'acerb* 1583/16
+2+4-2+2-2-2-2 G. Lombardo, *Son le ris'avi* 1598/08
+2+4-2-2-2+4-4 Anonymous, *Tutt'il di piang* 1577/08
+2+4-2-4+4-2-2 B. Tromboncino, *Volsi oime* 1505/04
+2+4-2-5+5-2-2 B. Tromboncino, *Amor quando* 1516/02
+2+4-2-8+2-2+2 G. Maio, *Si tu mi sierres* 1519/04
+2+4-3+2-5+2+3 Anonymous, *Padre che'l cie* 1583/13
+2+4-3-3+2+2+3 F. Bruno, *Non son ris'avice* 1598/08
+2+4+4-2+2-2-2 F. Roussel, *Immortal donn'a* 1562/22
+2+4-5+2-2+2-2 A. Gabrieli, *I temo di cang* 1568/13
+2+4-5+2+3-2+4 A. Willaert, *Chi mi ti tols* 1548/09
+2+4-5+2+3-4+5 Anonymous, *Eccome qui horma* 1505/05
+2+4-5+2+4-5+5 B. Tromboncino, *Arbor victo* 1508/03
+2+4-5+4+2-5+4 B. Tromboncino, *Se mai nei* 1507/04
+2+4-5+4+2-5-5 A. T, *Fabbe e faso* 1514/02
+2+4-5+4-3+4-2 Anonymous, *Quanto e dolc'i* 1583/13
+2+4-5+4-5+3-2 M. Cara, *Deh non fugir de* 1513/01
+2+4-5+4-5+5-2 B. Iacomini, *Ma per me lass* 1592/15

+2+4-5+5-2+2-5 M. Cara, *Bona dies bona ser* 1507/03
+2+4-5+5-3+2-2 Anonymous, *La biancha nev* 1516/02
+2-4+2+2+2-2 Anonymous, *Aime ch'io son* 1506/03
+2-4+2+2+2-2 Anonymous, *Laudata sempre* 1563/06
+2-4+2+2+2-3 A. Antiqui, *Prendi l'arme* 1505/06
+2-4+2+2+2-2-2 F. Anerio, *Cosi soave stil* 1591/12
+2-4+2+2+2-2+4 J. Peetrino, *Poiche mesto* 1589/11
+2-4+2+2+2-3+2 R. Montagnana, *Non credo ch* 1558/17
+2-4+2+2+2-3+2 A. Padovano, *Benedetta el* 1564/16
+2-4+2+2+2-4+2 L. Marenzio, *Ecco che'l cie* 1591/21
+2-4+2+2-2+2-2 F. Azzaiolo, *Al di dolce be* 1557/18
+2-4+2+2-3+3-2 C. Lambardi, *Come vag'augel* 1600/13
+2-4+2+2-3+3-2 U. Naich, *S'amor altrove* 1544/16
+2-4+2+2-3+4-3 R. Montagnana, *A Voi rivolg* 1558/17
+2-4+2+2-4+2+2 A. Crivelli, *Tra duo corall* 1585/29
+2-4+2+2-4+2+3 J. Arcadelt, *Solo & pensos* 1540/19
+2-4+2+2+5+2-3 C. Acelli, *Chiudea al sonn* 1588/18
+2-4+2-2+2-2+3 G. Wert, *Sol io quanto piu* 1568/20
+2-4+2-2+2-3+3 G. Rognoni, *Poiche le mie* 1600/17
+2-4+2-2-2-2+2 P. Quagliati, *Lasso per le* 1585/07
+2-4+2-2+3+2+2 O. Vecchi, *Cara mia Dafne* 1586/10
+2-4+2-2+3-2+2 O. Lasso, *Poiche'l mio larg* 1600/05
+2-4+2-2-3+2-2 M. Cara, *Bona dies bona ser* 1507/03
+2-4+2-2+5+3-2 A. Gabrieli, *E cert'ancor* 1587/16
+2-4+2-2-5+4-3 O. Antinori, *E questa quell* 1505/03
+2-4+2+3+2-8+2 P. Nenna, *E ch'entro il arr* 1582/12
+2-4+2+3-2+2-3 G. Antiquis, *Madonna non* 1574/05
+2-4+2+3-2+2-3 G. Bonagiunta, *Gia non mi* 1566/07
+2-4+2+3-2+2-5 P. Vinci, *S'amor novo consi* 1564/20
+2-4+2+3-2-2-2 H. Chamatero, *Udranda le mi* 1569/26
+2-4+2+3-2+3-2 H. Chamatero, *Udranda le mi* 1569/26
+2-4+2+3-2+3+3 H. Chamatero, *Udranda le mi* 1569/26
+2-4+2+3-2-3+4 P. Taglia, *Si da tue trecci* 1569/25
+2-4+2+3-2-3-4 H. Chamatero, *Udranda le mi* 1569/26
+2-4+2+3-2+4-4 G. Policretto, *Cor mio tu* 1571/09
+2-4+2+3-3+2+2 A. Willaert, *Sciocco fu'l* 1544/17
+2-4+2+3-3+2-4 A. Trombetti, *Sola mi fai* 1570/19
+2-4+2+3-3-3+2 A. Trombetti, *Sola mi fai* 1570/19
+2-4+2-3+2+3-2 A. Trombetti, *Donna voi no* 1586/21
+2-4+2-3+2-3+2 A. Savioli, *Sola mi fa rest* 1600/16
+2-4+2-3+2-3+4 Anonymous, *In fronte ho scr* 1516/02
+2-4+2-3+2+4-4 E. Romano, *Si vosassi di di* 1521/06
+2-4+2-3+2-4+4 Anonymous, *Mai riposo alcu* 1563/06
+2-4+2-3+2-5+8 F. Azzaiolo, *O pur donne be* 1559/19
+2-4+2-3+2+6-2 A. Savioli, *Sola mi fa rest* 1600/16
+2-4+2-3+5-5+2 M. Cara, *Udite voi finestr* 1504/04
+2-4+2+4-2+4-2 C. Perissone, *O perverso d'* 1547/14
+2-4+2+4-3-2+3 F. Corteccia, *O begli anni* 1539/25
+2-4+2-4-2-2-2 V. Gallo, *Quando due vagh'* 1598/08
+2-4+2-4+5+2-4 V. Gallo, *Quando due vagh'* 1598/08
+2-4+2-5+4+2-2 G. Ferretti, *Anzi l'ardent* 1586/07
+2-4-2+2+2+4-5 A. Gabrieli, *Io mi sento mo* 1587/16
+2-4-2+2-3-3-2 Anonymous, *Piu non voglio* 1506/03
+2-4-2-2+2+2+2 L. Fidelis, *Valli profonde* 1570/25
+2-4-2+3-2-2-2 A. Antico, *S'il focho in ch* 1513/01
+2-4-2-4+5-5+4 Josquin, *El grillo e bon ca* 1505/04
+2-4-2+5+2-5+8 P. Vinci, *Nel qual provo do* 1564/20
+2-4-2+5-3+4-2 G. Brocco, *Alma svegliate* 1504/04
+2-4+3+2+2-2-2 Anonymous, *Hor ch'io del vo* 1595/03
+2-4+3+2-2-2-2 G. Zarlino, *Fu sempre all'o* 1568/16
+2-4+3+2-4+3+2 G. Brocco, *Ayme che doglia* 1504/04
+2-4+3-2+2+2-3 A. Willaert, *Et se per gelo* 1541/14
+2-4+3-2+2-3-2 U. Naich, *S'amor altrove* 1544/16
+2-4+3-2+2-4-5 S. Baldis, *Non ti maravigli* 1574/05
+2-4+3-2+2-5-3 C. Perissone, *Pecca la donn* 1561/15
+2-4+3-2-2+2-2 A. Patricio, *Solea lontan'i* 1550/18
+2-4+3-2-2-2+2 L. Agostini, *Questa che'l* 1572/07
+2-4+3-2-2-2+2 C. Festa, *E se per gelosia* 1537/07
+2-4+3-2-2-2-2 Anonymous, *S'io ti servo* 1530/01
+2-4+3-2-2+5-3 D. Grisonio, *Ma tu la cui* 1568/16
+2-4+3-2-2-5+5 C. Veggio, *Ond'io ringrati* 1540/19
+2-4+3+3+2-2-2 O. Vecchi, *Che fai dori ch* 1597/13
+2-4+3+3-2-2-2 S. Cornetto, *O voi ha la be* 1581/07
+2-4+3+3-3+4-2 F. Viola, *Cibo dolce et soa* 1548/08
+2-4+3-3-2+2-3 H. Chamatero, *Udranda le mi* 1569/26
+2-4+3-4+2-2+5 B. Tromboncino, *Dura passio* 1517/02
+2-4+3-4+2-3-2 M. Cara, *In eterno io vogli* 1504/04
+2-4+3-5+3-2+4 P. Monte, *Crudel aspro dolo* 1597/13
+2-4+3-5+5-3+5 R. Burno, *Stato me detto* 1546/18
+2-4+3-5+5-4+4 P. Vinci, *Pioggia di lagrim* 1583/19
+2-4+3-5+8-2-2 V. Ruffo, *S'io vi son'impor* 1555/31
+2-4-3+2+2+2+2 D. Caritheo, *Havea parata* 1546/18
+2-4-3+2-2+5-5 Anonymous, *Andand'un giorn* 1566/05

+2-4-3+3-5+2+4 P. Vinci, *Lasciatemi morir* 1583/19

+2-4+4-2+2-2+2 Anonymous, *Ben che la faci* 1506/03
+2-4+4-2+2-2+2 Anonymous, *Se l'amor in te* 1505/03

+2-4+4-2+2-2-3 A. Barges, *Tanto fui tard'* 1550/18

+2-4+4-2+2-4+4 G. Moro, *Morte furommi il* 1585/28

+2-4+4-2-2+2+2 A. Patricio, *In quel ben nat* 1550/18
+2-4+4-2-2+2+2 G. T. Lambertini, *Vita de la* 1559/19

+2-4+4-2-2+2-2 E. Romano, *Oime il bel vis* 1514/02

+2-4+4-2-2-2+6 A. Patricio, *Solea lontan'i* 1550/18

+2-4+4-2-2-3+3 A. Savioli, *Amor per tuo di* 1600/16

+2-4+4-2+3-2+2 Anonymous, *Lontan pur mi co* 1515/02

+2-4+4-2-3+3-4 F. Manara, *O che lieve e'in* 1548/08

+2-4+4-2-5+2-2 V. Bellhaver, *Fia mia cara* 1570/17

+2-4+4-4-2+3+3 H. Sabino, *Formo le rose* 1581/11

+2-4+4-4+4-4+5 M. Pesenti, *Sia felice la* 1505/04

+2-4+4-5+2+2+2 A. Antiqui, *A ti sola ho da* 1505/06

+2-4+4-5+4-4+4 Anonymous, *Mal fai signora* 1505/03

+2-4+5+2-2+2-4 E. Dupre, *La virtu mi fa gu* 1507/03

+2-4+5+2-2+3+2 O. Vecchi, *Lascian le fresc* 1591/23

+2-4+5+2-2-3-4 O. Vecchi, *Lascian le fresc* 1591/23

+2-4+5+2-4-5+4 P. Monte, *Inviolabil forme* 1591/23

+2-4+5-3-4+8-5 Anonymous, *In nulla si vuo* 1563/06

+2-4+5+4-4-3+2 M. Cara, *Piangea la donna* 1526/06

+2-4+5-5+2-3+4 L. Marenzio, *Posso cor mio* 1593/04

+2-4+5-5+3-2+4 G. Moro, *Pero di mille e mi* 1585/28

+2-4-5+4+2-5+4 O. Antinori, *Resta in pace* 1505/03

+2-4+6-2-4+2-2 I. de Vento, *S'io dormo ne* 1575/11

+2-4+8-3+2+2-2 A. Coma, *Fiori pregiati* 1585/22

+2-4+8-5+2+4-2 Anonymous, *Giesu sommo dile* 1563/06

+2+5+2-2-2+2-3 G. Pizzoni, *Se de la vita* 1582/14

+2+5-2-3-2+2-2 N. Pifaro, *Per amor fata so* 1507/04

+2+5-2-5+4-3+2 Anonymous, *Io vo cercando* 1566/05

+2+5-3+4-2-3+4 M. Cara, *Mia crudele e iniq* 1505/04
+2+5-3+4-2-3+4 M. Cara, *Perso ho in tutto* 1505/04

+2+5-5+2-3+2-2 Anonymous, *Chi fa del caval* 1565/12

+2+5-5+5-5+4-4 M. Cara, *Ave marìa gratia* 1508/03

+2-5+2+2+2+2+2 Anonymous, *Foco che spesso* 1600/12
+2-5+2+2+2+2+2 F. Bruno, *Son le ris'avicen* 1598/08

+2-5+2+2+2+2-2 G. Zarlino, *Oime m'inganno* 1562/06

+2-5+2+2+2+2-5 G. Torelli, *O dolci baci che* 1594/16

+2-5+2+2+2-2+3 A. Coma, *Ma non han esc* 1585/22

+2-5+2+2+2-5+2 J. Arcadelt, *S'io non lodo* 1539/24

+2-5+2+2+2-8-2 M. Cara, *Bona dies bona ser* 1507/03

+2-5+2+2+4+3-2 F. Luprano, *Vivero patie* 1505/04

+2-5+2+2-4+5-4 A. Coma, *Fiori pregiati* 1585/22

+2-5+2-2+2+5-2 P. Cesena, *Non pensar che* 1509/02

+2-5+2-2+4+2-5 G. Zesso, *Jesu benigno e pi* 1508/03

+2-5+2-2+4-3+2 G. Arpa, *Credeva che la fia* 1570/18

+2-5+2+3-2-3+2 Anonymous, *Porta ognum al* 1509/02

+2-5+2-3+2+3-5 B. Tromboncino, *Consumatum* 1506/03

+2-5+2-3+2+8-5 B. Tromboncino, *El focho* 1505/06

+2-5+2+4-2+2-4 Anonymous, *Donna mia quant* 1507/03

+2-5+2+5-5+3+2 Anonymous, *Con pianto e co* 1505/05

+2-5+2-5+8+3-3 F. Azzaiolo, *Girometta senz* 1559/19

+2-5+2+8-2-4-4 A. Patricio, *Solea lontan'i* 1550/18

+2-5+2+8-5-4+8 Anonymous, *Morir voglio in* 1505/03

+2-5-2+2+2+2+2 F. Ana, *Da ciel crudo impi* 1505/06

+2-5-2-2+2+2+2 B. Tromboncino, *El convera ch* 1504/04

+2-5-2+4+2+2-2 S. Gonzaga, *E poi ch'el cie* 1562/15

+2-5-2+4-2-3+5 Anonymous, *Pues que iama* 1516/02

+2-5-2+5-4+4-4 B. Tromboncino, *Amor che vuo* 1510/

+2-5+3-2+2-2+2 A. Patricio, *Solea lontan'i* 1550/18

+2-5+3-2+4-2-2 Anonymous, *Si morsi donna* 1505/04
+2-5+3-2+4-2-2 G. Grillo, *Crudi baci d'Amo* 1600/12

+2-5+3-2+4-5+4 M. Cara, *Sum piu tua che no* 1507/04

+2-5+3+5-2-2-5 Anonymous, *Scopri lingua* 1507/04

+2-5+3-6+4-5+5 M. Cara, *Credo ben puro ch* 1505/04

+2-5+4+2+2+2+2 P. Cesena, *Ochii mei frenat* 1505/03

+2-5+4+2+2-2-5 Anonymous, *S'el te piaque* 1505/03

+2-5+4+2+2-3+2 M. Cara, *Se non soccorri am* 1531/04

+2-5+4+2+2-3-4 Anonymous, *Poi che tale e* 1507/04

+2-5+4+2-2-3+4 Anonymous, *Pien daffani e* 1516/02
+2-5+4+2-2-3+4 C. Malvezzi, *Torna suono de* 1583/16

+2-5+4+2-2+5-2 N. Pifaro, *Se per mio fide* 1505/04

+2-5+4+2-3-3+5 M. Iacovelli, *Contava sospir* 1588/23

+2-5+4+2-4+2+2 F. Viola, *In picciol tempo* 1548/08

+2-5+4+2-5+2-2 G. Scotto, *Quiss'occhi ques* 1571/11

+2-5+4+2-5+4-5 A. Capriolo, *Quella bella* 1507/04

+2-5+4-2+2-2+3 G. Nasco, *Qual hebb'a pensa* 1563/07

+2-5+4-2+2-4+4 A. Willaert, *In te Marte* 1548/09

+2-5+4-2-2+2+2 A. Stringari, *Discolorato* 1514/02
+2-5+4-2-2+2+2 I. Tartaglino, *Hor le tue forz* 1587/12

+2-5+4-2-2-2+2 C. Merulo, *Voi foste fatta* 1562/06
+2-5+4-2-2-2+2 P. Stabile, *E quel che pi* 1585/32

+2-5+4-2-2-2-2 L. Courtoys, *Oltre quell'alpi* 1580/10

+2-5+4-2-3+4-2 Anonymous, *O mia infelice* 1505/05
+2-5+4+3-2-2-5 Anonymous, *Aime cha torto* 1506/03
+2-5+4+3+3-2+4 I. Baccusi, *O incivile e ba* 1572/09
+2-5+4+3-4+2+2 A. Striggio, *Su su presto* 1567/23
+2-5+4-3+2-3+2 C. Lambardi, *Et hor come no* 1600/13
+2-5+4-3-2-3+8 B. Tromboncino, *Se io gli* 1507/04
+2-5+4-3-2+4-5 M. Cara, *Poich'io ved* 1516/02
+2-5+4-3-3+2+2 P. Vecoli, *E si dolce il gi* 1581/12
+2-5+4+4-3-5+5 B. Tromboncino, *Vergine fa* 1510/
+2-5+4-4+2+2+2 O. Crisci, *E nel pensar io* 1581/11
+2-5+4-4+2-2+2 P. Scotto, *Tu lu ru la capr* 1507/03
+2-5+4-5+3-2-4 Anonymous, *Gioia et amore* 1598/04
+2-5-4+4+2+2+2 F. Ana, *La mia vita libera* 1505/03
+2-5+5+2-3+2-5 Nollet, *Partomi donna e te* 1546/19
+2-5+5+2-5+6-2 G. Nanino, *Da bei vostr'occ* 1586/18
+2-5+5-4+4-2+2 Anonymous, *S'io son da te* 1506/03
+2-5+5-4+5-3+2 G. Scotto, *Tanto mi si tras* 1571/11
+2-5+5-4+8-5-4 B. Tromboncino, *Se gran fes* 1505/06
+2-5+5-5-4+2+2 C. Monteverdi, *Se non mi dat* 1594/15
+2-5+6+2-4+3-2 L. Marenzio, *Donne il celes* 1597/13
+2-5+8+2+2-2-2 A. Bicci, *Il dolce mormori* 1598/14
+2-5+8-2+2-4-5 S. d'Aranda, *S'honest'amo* 1571/12
+2-5+8-2-2-2-2 Anonymous, *Te lamenti & io* 1505/03
+2-5+8-3-3-4+2 S. Paulo, *Guarda se prop* 1546/18
+2-5+8-5+6-2+2 C. Lambardi, *Cor mio ben ch* 1600/13
+2+6-2-5+4-2+5 S. Venturi, *Dolcissimo sosp* 1598/14
+2-6-2+2+4-2-2 B. Tromboncino, *A che affligi* 1505/05
+2-6+5+2+3-2+2 M. Cancino, *Pur mi pensai ch* 1590/21
+2-7+3+2+2-5+7 G. Paratico, *Udite in corte* 1588/25
+2+8-2+2-2-2-2 A. L'occa, *A Dio mio dolce* 1586/10
+2-8+2+2+2-2+4 R. Rodio, *M'accio che'l ve* 1587/12
+2-8+2+2-2-2+3 Anonymous, *Qual e'l cor no* 1509/02
+2-8+2-2+2+4-2 B. Tromboncino, *Di focho ar* 1505/05
+2-8+2-3+2+2+2 Carpentras, *Hor vedi amor* 1513/01
+2-8+2-3+4+2+2 Anonymous, *Scontento me ne* 1505/05
+2-8-2+2+2-3+4 M. Pesenti, *Poi che sor de* 1507/04
+2-8+4-4+8-2-2 T. Angelio, *Un tempo piansi* 1585/21

-2+2+2+2+2+2+2 R. Giovanelli, *Donna ch'al* 1600/05
-2+2+2+2+2+2+2 E. Romano, *Candida rosa nat* 1514/02

-2+2+2+2+2+2-2 Anonymous, *Vedo ne gli och* 1509/02
-2+2+2+2+2+2-2 J. Arcadelt, *Deh perche si* 1545/18
-2+2+2+2+2+2-2 R. Giovanelli, *Donna ch'al* 1600/05
-2+2+2+2+2+2-2 E. Marotta, *Son le ris'avic* 1598/08
-2+2+2+2+2+2-2 V. Nerito, *Se'l mio morir* 1597/13
-2+2+2+2+2+2-2 E. Romano, *Candida rosa nat* 1514/02
-2+2+2+2+2+2-2 G. Wert, *Che'l bell Epithim* 1564/16

-2+2+2+2+2+2-3 E. Marotta, *Son le ris'avic* 1598/08
-2+2+2+2+2+2-3 R. Mel, *Tanto donna stim'i* 1586/10
-2+2+2+2+2+2-3 B. Tromboncino, *Cade ogni* 1507/03
-2+2+2+2+2+2-3 P. Vinci, *O d'ardente virtut* 1564/20

-2+2+2+2+2+2-4 P. Bellasio, *Puo ben fortun* 1595/07
-2+2+2+2+2+2-4 P. Vinci, *O d'ardente virtut* 1564/20

-2+2+2+2+2+2-5 P. Nenna, *E che per segno* 1582/12

-2+2+2+2+2-2+2 E. Bonizzoni, *Son'hoggi al* 1569/25
-2+2+2+2+2-2+2 C. Rore, *La terra di novell* 1544/17
-2+2+2+2+2-2+2 A. Striggio, *Vaten piena* 1579/02
-2+2+2+2+2-2+2 G. Wert, *Che'l bell Epithim* 1564/16

-2+2+2+2+2-2-2 Anonymous, *Amor fammi genti* 1583/04
-2+2+2+2+2-2-2 Anonymous, *L'amor a me vene* 1563/06
-2+2+2+2+2-2-2 A. Bicci, *Il dolce mormori* 1598/14
-2+2+2+2+2-2-2 S. Cornetto, *Dolci sospir* 1581/07
-2+2+2+2+2-2-2 G. Maio, *Nasce del mio desi* 1519/04
-2+2+2+2+2-2-2 L. Marenzio, *Baci soavi* 1591/21
-2+2+2+2+2-2-2 C. Merulo, *Donna se l'occhi* 1564/16
-2+2+2+2+2-2-2 A. Striggio, *Vaten piena* 1579/02
-2+2+2+2+2-2-2 P. Verdelot, *Se lieta, e gr* 1533/02

-2+2+2+2+2-2+3 E. Bonizzoni, *Crudel lasci* 1569/25
-2+2+2+2+2-2+3 H. Chamatero, *Temprar potess* 1561/13
-2+2+2+2+2-2+3 C. Monteverdi, *Occhi miei* 1594/15

-2+2+2+2+2-2-3 G. da Nola, *S'io mir'ho mal* 1570/27
-2+2+2+2+2-2-3 J. Arcadelt, *Gli prieghi mi* 1539/24
-2+2+2+2+2-2-3 G. Florio, *Se ti duoli auge* 1567/16
-2+2+2+2+2-2-3 C. Merulo, *Donna se l'occhi* 1564/16

-2+2+2+2+2-3+2 Anonymous, *Fiamme che da be* 1594/15
-2+2+2+2+2-3+2 S. Festa, *Per che al viso* 1521/06
-2+2+2+2+2-3+2 J. Persoens, *Per lieti prat* 1570/28
-2+2+2+2+2-3+2 D. Polato, *Amore se per mor* 1600/12
-2+2+2+2+2-3+2 F. Portinaro, *Ridon in tant* 1563/13
-2+2+2+2+2-3+2 V. Ruffo, *Vaghi chiari soav* 1555/31

-2+2+2+2+2-3-2 Anonymous, *Il ciel amor et* 1566/05
-2+2+2+2+2-3-2 Anonymous, *O dolce e lieto* 1505/05
-2+2+2+2+2-3-2 M. Mazzone, *Quando mirai st* 1570/18
-2+2+2+2+2-3-2 A. Striggio, *Vaten piena* 1579/02

-2+2+2+2+2-4+2 P. Clerico, *Al dolce vostr* 1562/15

-2+2+2+2+2-4-2 E. Bonizzoni, *Poi che sola* 1569/25

-2+2+2+2+2-5+3 Anonymous, *Amor m'impenno* 1577/08

-2+2+2+2+2-5+4 L. Marenzio, *Posso cor mio* 1593/04

-2+2+2+2+2-7+6 R. Mel, *Tanto donna stim'i* 1586/10

-2+2+2+2-2+2+2 Anonymous, *O malign'e duro* 1563/06
-2+2+2+2-2+2+2 A. Coma, *Simile a questa se* 1585/22
-2+2+2+2-2+2+2 R. Coronetta, *Il pastor ch* 1598/07
-2+2+2+2-2+2+2 F. Portinaro, *Ridon in tant* 1563/13

-2+2+2+2-2+2-2 Anonymous, *Che sera che no* 1526/05
-2+2+2+2-2+2-2 Anonymous, *Dal orto se ne* 1526/05
-2+2+2+2-2+2-2 Anonymous, *Gratia piu che* 1509/02
-2+2+2+2-2+2-2 Anonymous, *Voglia me vene* 1537/05
-2+2+2+2-2+2-2 M. Cara, *Discalza e discalz* 1526/06
-2+2+2+2-2+2-2 C. Merulo, *Cor mio senza ce* 1564/16
-2+2+2+2-2+2-2 G. Renaldi, *Madonna io ben* 1569/32
-2+2+2+2-2+2-2 G. Rognoni, *Amor quando fia* 1600/17
-2+2+2+2-2+2-2 P. Scotto, *O fallace speran* 1507/04

-2+2+2+2-2+2+3 L. Marenzio, *Baci amorosi* 1591/21

-2+2+2+2-2+2-3 Anonymous, *De no de si de* 1505/06
-2+2+2+2-2+2-3 F. Azzaiolo, *Qual segno pi* 1557/18
-2+2+2+2-2+2-3 S. Dentice, *Cantai un temp* 1577/08
-2+2+2+2-2+2-3 M. Ingegneri, *L'hora s'appr* 1579/02

-2+2+2+2-2+2-3 F. Soto, *Al tuo Giesu o Ver* 1600/05
-2+2+2+2-2+2-3 B. Tromboncino, *Aqua non e* 1514/02

-2+2+2+2-2+2-4 M. Ingegneri, *L'hora s'appr* 1579/02
-2+2+2+2-2+2-4 C. Malvezzi, *I tuoi capelli o* 1583/16

-2+2+2+2-2-2+2 Anonymous, *Dum bel matin ch* 1506/03
-2+2+2+2-2-2+2 Anonymous, *Mandati qui d'am* 1546/19
-2+2+2+2-2-2+2 C. Baselli, *Di questo vago* 1600/12
-2+2+2+2-2-2+2 G. Bonagiunta, *Parmi di sta* 1566/07
-2+2+2+2-2-2+2 E. Bonizzoni, *Amor tu sai ch* 1569/25
-2+2+2+2-2-2+2 C. Malvezzi, *I tuoi capelli o* 1583/16
-2+2+2+2-2-2+2 L. Marenzio, *Dice la mia be* 1597/13
-2+2+2+2-2-2+2 A. Morari, *Sara pur forz'u* 1575/11
-2+2+2+2-2-2+2 A. Morsolino, *Cor mio se pe* 1594/15
-2+2+2+2-2-2+2 G. Pizzoni, *Ma certo voi do* 1582/14
-2+2+2+2-2-2+2 V. Ruffo, *Non sei tu quel* 1555/31
-2+2+2+2-2-2+2 P. Vecoli, *Per te copia gen* 1581/12

-2+2+2+2-2-2-2 L. Agostini, *Che dolce piu* 1572/07
-2+2+2+2-2-2-2 Anonymous, *Adoramus te Chri* 1508/03
-2+2+2+2-2-2-2 Anonymous, *Dal orto se ne* 1526/05
-2+2+2+2-2-2-2 Anonymous, *Gia de la vaga A* 1598/04
-2+2+2+2-2-2-2 Anonymous, *Laudata sempre* 1563/06
-2+2+2+2-2-2-2 Anonymous, *Lodiamo fratellin* 1580/06
-2+2+2+2-2-2-2 Anonymous, *Madre de peccato* 1563/06
-2+2+2+2-2-2-2 Anonymous, *O salutaris osti* 1508/03
-2+2+2+2-2-2-2 Anonymous, *Pues que iama* 1516/02
-2+2+2+2-2-2-2 J. Arcadelt, *Amorosetto fio* 1544/16
-2+2+2+2-2-2-2 J. Arcadelt, *Mentre gli ard* 1540/19
-2+2+2+2-2-2-2 I. Baccusi, *Rimembrati il* 1572/09
-2+2+2+2-2-2-2 Caldarino, *Io son si vago* 1557/18
-2+2+2+2-2-2-2 M. Cara, *Questa umil fer* 1526/JEP
-2+2+2+2-2-2-2 P. Clerico, *Qual prova Donn* 1562/15
-2+2+2+2-2-2-2 A. Coma, *Caro laccio d'amor* 1585/22
-2+2+2+2-2-2-2 A. Coma, *Donna non sono fio* 1585/22
-2+2+2+2-2-2-2 D(on) Timoteo, *Sento li spi* 1514/02
-2+2+2+2-2-2-2 G. Sabino, *Aura dolce e* 1588/27
-2+2+2+2-2-2-2 G. Gostena, *Sara pur ver ah* 1589/13
-2+2+2+2-2-2-2 G. Locatello, *Donna gentil* 1589/11
-2+2+2+2-2-2-2 L. Marenzio, *Baci affammati* 1591/21
-2+2+2+2-2-2-2 L. Marenzio, *Di nettare amo* 1597/13
-2+2+2+2-2-2-2 A. Martorello, *Amor alhora* 1547/17
-2+2+2+2-2-2-2 G. Massarengo, *Resta resta* 1591/22
-2+2+2+2-2-2-2 R. Mel, *Chi non sa com'abr* 1585/26
-2+2+2+2-2-2-2 S. Molinaro, *Cantiam Muse* 1599/15
-2+2+2+2-2-2-2 G. Nasco, *Per quest'ogn'ho* 1563/07
-2+2+2+2-2-2-2 D. Ortiz, *Giorno felice e* 1573/16
-2+2+2+2-2-2-2 G. Palestrina, *Il Caro e morto* 1568/16
-2+2+2+2-2-2-2 G. Palestrina, *Posso un gra* 1591/12
-2+2+2+2-2-2-2 C. Perissone, *Duo piu poten* 1547/14
-2+2+2+2-2-2-2 G. Pizzoni, *Quando madonna* 1582/14
-2+2+2+2-2-2-2 F. Rovigo, *Misera che faro* 1592/12
-2+2+2+2-2-2-2 H. Schaffen, *Vinto dal grav* 1549/31
-2+2+2+2-2-2-2 O. Vecchi, *Questi nel mio* 1591/23
-2+2+2+2-2-2-2 P. Verdelot, *Con l'angelic* 1533/02

-2+2+2+2-2-2+3 G. Florio, *Donna che quasi* 1566/03
-2+2+2+2-2-2+3 A. Gabrieli, *O Dea, che tr* 1587/16
-2+2+2+2-2-2+3 A. Martorello, *Di rami in* 1547/17
-2+2+2+2-2-2+3 C. Perissone, *Duo piu poten* 1547/14
-2+2+2+2-2-2+3 A. Striggio, *Vaten piena* 1579/02
-2+2+2+2-2-2+3 G. Torelli, *Son queste Fil* 1594/16

-2+2+2+2-2-2-3 G. da Nola, *S'io cercasse* 1566/10
-2+2+2+2-2-2-3 Anonymous, *Lodiamo fratellin* 1580/06
-2+2+2+2-2-2-3 M. Cara, *Non al suo amante* 1526/06

-2+2+2+2-2-2-4 G. Gabrieli, *Dolce nemica* 1587/16

-2+2+2+2-2-3+2 F. Ana, *Passo passo pian* 1505/05
-2+2+2+2-2-3+2 G. Boni, *Chi sei fanciu* 1598/07
-2+2+2+2-2-3+2 R. Mel, *Gia fu ch'io desa* 1585/26
-2+2+2+2-2-3+2 G. Rognoni, *Amor quando fia* 1600/17
-2+2+2+2-2-3+2 B. Tromboncino, *Aqua non e* 1514/02

-2+2+2+2-2-3-2 G. Wert, *Poi che si fida sc* 1568/20

-2+2+2+2-2-3+3 H. Chamatero, *La ver l'auro* 1561/13
-2+2+2+2-2-3+3 L. Marenzio, *Di nettare amo* 1597/13
-2+2+2+2-2-3+3 G. Wert, *Poi che si fida sc* 1568/20

-2+2+2+2-2+4-2 C. Rore, *Quand'io veggio ta* 1548/10

-2+2+2+2-2+4-5 C. Malvezzi, *O cameretta ch* 1583/16

-2+2+2+2-2+5-2 G. Metallo, *Chi per salvars* 1577/09

-2+2+2+2-2+5-3 H. Sabino, *S'io t'ho ferit* 1581/11

-2+2+2+2-2+5-4 A. Coma, *Donna non sono fio* 1585/22

-2+2+2+2-2-5+2 F. Azzaiolo, *Qual segno pi* 1557/18
-2+2+2+2-2-5+2 C. Merulo, *Ingiustissimo am* 1562/06

-2+2+2+2-2-5+4 G. Brocco, *La mia fe non ve* 1505/04
-2+2+2+2-2-5+4 C. Rore, *Quand'io veggio ta* 1548/10

-2+2+2+2+3+2-2 L. Marenzio, *Donna se nel* 1589/11

-2+2+2+2+3-2+2 F. Balabusca, *Ave verum cor* 1508/03

-2+2+2+2+3-2-2 Anonymous, *Tant'e lo grand'* 1566/05
-2+2+2+2+3-2-2 R. Burno, *Si havessi tantil* 1565/17
-2+2+2+2+3-2-2 M. Cancino, *Poiche dunque* 1590/21
-2+2+2+2+3-2-2 G. Primavera, *Hor che son* 1569/31
-2+2+2+2+3-2-2 L. Marenzio, *Donna se nel* 1589/11
-2+2+2+2+3-2-2 A. Morsolino, *Cor mio se pe* 1594/15
-2+2+2+2+3-2-2 C. Rore, *Mentre la prima mi* 1557/24
-2+2+2+2+3-2-2 P. Verdelot, *Madonna per vo* 1533/02

-2+2+2+2+3-2-3 E. Bonizzoni, *Crudel lasci* 1569/25

-2+2+2+2+3-3-2 P. Vecoli, *Baci soavi e car* 1581/12
-2+2+2+2+3-3-2 R. Vecoli, *Non cerchi torm* 1577/10

-2+2+2+2+3-3+3 Anonymous, *Tre leggiadre Ni* 1566/05
-2+2+2+2+3-3+3 G. Massarengo, *Donne che* 1591/22

-2+2+2+2+3-8+4 F. Soriano, *Ohime l'antica* 1589/07

-2+2+2+2-3+2+2 Anonymous, *Il ciel amor et* 1566/05
-2+2+2+2-3+2+2 Anonymous, *Mandati qui d'am* 1546/19
-2+2+2+2-3+2+2 V. Ferro, *Donna pensat'in* 1549/31
-2+2+2+2-3+2+2 M. Mazzone, *Quando mirai st* 1570/18
-2+2+2+2-3+2+2 R. Montagnana, *Ragion e ben ch* 1558/17
-2+2+2+2-3+2+2 F. Portinaro, *Ridon in tant* 1563/13

-2+2+2+2-3+2-2 G. Massarengo, *Me marite'u* 1591/22
-2+2+2+2-3+2-2 N. Pifaro, *La colpa non e* 1507/04

-2+2+2+2-3+2-3 Caldarino, *Io son si vago* 1557/18

-2+2+2+2-3+2-5 G. Gabrieli, *Dolce nemica* 1587/16
-2+2+2+2-3+2-5 G. Renaldi, *E quel foco ch'* 1569/32

-2+2+2+2-3-2+2 G. da Nola, *S'io cercasse* 1566/10
-2+2+2+2-3-2+2 Anonymous, *Dolce ocioso son* 1516/02
-2+2+2+2-3-2+2 E. Bonizzoni, *Poi che sola* 1569/25
-2+2+2+2-3-2+2 H. Chamatero, *Prima ch'io* 1569/26
-2+2+2+2-3-2+2 H. Chamatero, *Se d'Helicon* 1569/26
-2+2+2+2-3-2+2 C. Malvezzi, *Son di voi l'a* 1586/07
-2+2+2+2-3-2+2 A. Mantovano, *Doglia mia ac* 1513/01
-2+2+2+2-3-2+2 R. Montagnana, *Ragion e ben ch* 1558/17
-2+2+2+2-3-2+2 A. Pitigliano, *Tra ghiaccio* 1600/05

-2+2+2+2-3-2+3 A. Trombetti, *Ben a ragion* 1583/18

-2+2+2+2-3+3+2 C. Baselli, *Come fa della* 1600/12

-2+2+2+2-3+3-2 G. Primavera, *Hor che son* 1569/31
-2+2+2+2-3+3-2 L. Marenzio, *Se'l raggio de* 1591/12
-2+2+2+2-3+3-2 A. Striggio, *Vaten piena* 1579/02
-2+2+2+2-3+3-2 A. Trombetti, *Non men candi* 1586/21
-2+2+2+2-3+3-2 G. Wert, *Che'l bell Epithim* 1564/16

-2+2+2+2-3-3+2 G. Scotto, *Amor sia benedet* 1571/11

-2+2+2+2-3-3+3 C. Festa, *Un baciar furios* 1549/31

-2+2+2+2-3+4+2 S. Felis, *Membra d'ogni gra* 1579/05
-2+2+2+2-3+4+2 A. Gabrieli, *Mi xe stao in* 1564/16

-2+2+2+2-3+4+2 A. Striggio, *Vaten piena* 1579/02

-2+2+2+2-3+4-2 R. Montagnana, *Quand'il soa* 1558/17
-2+2+2+2-3+4-2 P. Monte, *Deh fuss'almen* 1568/12
-2+2+2+2-3+4-2 G. Nasco, *E come al diparti* 1567/16

-2+2+2+2-3-4+4 Anonymous, *Del piu bel il* 1568/13

-2+2+2+2-3+5-8 F. Soriano, *Ohime l'antica* 1589/07

-2+2+2+2-3-5+4 G. Massarengo, *Me marite'u* 1591/22

-2+2+2+2-3+6-2 J. Persoens, *Dolce de la mi* 1570/28

-2+2+2+2+4-2-2 J. Persoens, *Lassa ond'usc* 1570/28

-2+2+2+2-4+2+2 H. Chamatero, *Temprar potess* 1561/13
-2+2+2+2-4+2+2 G. Zucchelli, *Mentre l'aqui* 1589/11

-2+2+2+2-4-2-2 V. Ruffo, *Treccie di bei cr* 1557/25

-2+2+2+2-4+3+2 L. Balbi, *Zefiro torna e'l* 1570/23

-2+2+2+2-4+3-2 E. Bonizzoni, *S'io dico il* 1569/25
-2+2+2+2-4+3-2 S. Molinaro, *Ingrata ahi la* 1599/15

-2+2+2+2-4+4-4 A. Coma, *Donna fu il frutt* 1585/22

-2+2+2+2-4-4-2 S. Molinaro, *Ingrata ahi la* 1599/15

-2+2+2+2-4+5+2 Anonymous, *Tant'e lo grand'* 1566/05

-2+2+2+2-5+2+2 R. Vecoli, *Temprar potess'i* 1577/10

-2+2+2+2-5+3+2 C. Perissone, *Duo piu poten* 1547/14

-2+2+2+2-5+3-2 G. da Nola, *S'io cercasse* 1566/10

-2+2+2+2-5+3+3 G. Capuano, *Signor par ch'e* 1574/06

-2+2+2+2-5+4+2 A. Striggio, *Vaten piena* 1579/02

-2+2+2+2-5+5-2 G. Sabino, *Aura dolce e* 1588/27

-2+2+2+2+6-4+4 S. Venturi, *Per dar soccors* 1598/14

-2+2+2+2-8+2+2 G. Locatello, *Donna gentil* 1589/11

-2+2+2+2-8+8-8 F. Soriano, *Ohime l'antica* 1589/07

-2+2+2-2+2+2+2 Anonymous, *Se voi sete cor* 1586/19
-2+2+2-2+2+2+2 G. Nasco, *Felice purament* 1563/07

-2+2+2-2+2+2-2 M. Cara, *O celeste anime sa* 1509/02
-2+2+2-2+2+2-2 L. Marenzio, *Baci ohime no* 1591/21
-2+2+2-2+2+2-2 L. Marenzio, *Nel dolce sen* 1591/21
-2+2+2-2+2+2-2 G. Palestrina, *Ahi che quest* 1589/11
-2+2+2-2+2+2-2 A. Savioli, *Godi felice Hip* 1600/16
-2+2+2-2+2+2-2 O. Vecchi, *Questi nel mio* 1591/23

-2+2+2-2+2+2-3 S. Lodovi, *Chiara luce me* 1515/02
-2+2+2-2+2+2-3 A. Morari, *Sara pur forz'u* 1575/11
-2+2+2-2+2+2-3 G. Palestrina, *Soave fia'l* 1589/06
-2+2+2-2+2+2-3 O. Vecchi, *Sara possibil ma* 1585/35
-2+2+2-2+2+2-3 C. Veggio, *Donna quando vi* 1540/19

-2+2+2-2+2-2+2 Anonymous, *Piango el mio fi* 1505/04
-2+2+2-2+2-2+2 B. Tromboncino, *A la fama* 1509/02

-2+2+2-2+2-2-2 Anonymous, *Haime per che m'* 1507/03
-2+2+2-2+2-2-2 M. Cara, *Su su su su mia sp* 1506/03
-2+2+2-2+2-2-2 P. Clerico, *Che debb'io fa* 1562/15
-2+2+2-2+2-2-2 G. Gostena, *Sara pur ver ah* 1589/13
-2+2+2-2+2-2-2 S. Rossetto, *Cosi noiand'i* 1568/13

-2+2+2-2+2+3+2 J. Arcadelt, *Perche la vit'* 1559/19

-2+2+2-2+2+3-2 G. Antiquis, *La carafe ci por* 1574/05

-2+2+2-2+2-3+2 S. Cornetto, *Quel ben di tu* 1581/07
-2+2+2-2+2-3+2 R. Montagnana, *Rispondo,* 1558/17

-2+2+2-2+2-3+4 H. Chamatero, *Si dolce e quest* 1561/13

-2+2+2-2+2-4+2 Anonymous, *Interna sete ard* 1598/04

-2+2+2-2-2+2+2 Anonymous, *Cor maligno, e* 1563/06
-2+2+2-2-2+2+2 Anonymous, *S'el mio cor pi* 1505/06
-2+2+2-2-2+2+2 P. Clerico, *La dolce vista* 1562/15
-2+2+2-2-2+2+2 S. Festa, *Per che al viso* 1521/06
-2+2+2-2-2+2+2 M. Mazzone, *Pria vedrete ma* 1570/18
-2+2+2-2-2+2+2 S. Molinaro, *Indi sovra l'a* 1599/15
-2+2+2-2-2+2+2 P. Monte, *Crudel aspro dolo* 1597/13
-2+2+2-2-2+2+2 C. Monteverdi, *Dolcemente* 1597/13
-2+2+2-2-2+2+2 G. Scotto, *Da che ti pres'a* 1571/11

-2+2+2-2-2+2-2 O. Antinori, *Viva e morta* 1505/03
-2+2+2-2-2+2-2 J. Arcadelt, *Se tolto m'el* 1544/16
-2+2+2-2-2+2-2 M. Cara, *Deh dolce mia sign* 1507/03
-2+2+2-2-2+2-2 M. Cara, *Forsi che si fors* 1505/04
-2+2+2-2-2+2-2 P. Clerico, *Ond'i piu dotti,* 1562/15
-2+2+2-2-2+2-2 G. Maio, *Aime cognior cogni* 1519/04
-2+2+2-2-2+2-2 B. Pifaro, *Dius del ciel* 1519/04
-2+2+2-2-2+2-2 N. Pifaro, *S'io fui serv* 1515/02
-2+2+2-2-2+2-2 A. Pitigliano, *Tra ghiaccio* 1600/05
-2+2+2-2-2+2-2 B. Tromboncino, *Chi vi dar* 1507/04

-2+2+2-2-2+2-3 F. Corteccia, *Hor chi mai* 1539/25
-2+2+2-2-2+2-3 G. Macque, *L'Alto Fattor,* 1600/05
-2+2+2-2-2+2-3 G. Maio, *Aime cognior cogni* 1519/04
-2+2+2-2-2+2-3 F. Roussel, *E mort'o morte* 1562/22
-2+2+2-2-2+2-3 B. Tromboncino, *Deus in adi* 1505/05
-2+2+2-2-2+2-3 A. Willaert, *Sempre mi rid* 1548/11

-2+2+2-2-2+2+4 F. Azzaiolo, *Poi che volse* 1557/18

-2+2+2-2-2+2-4 F. Portinaro, *Basciami mill* 1563/13
-2+2+2-2-2+2-4 B. Tromboncino, *El convera ch* 1504/04

-2+2+2-2-2-2+2 Anonymous, *Aime sospiri no* 1506/03
-2+2+2-2-2-2+2 Anonymous, *Alma che scarca* 1563/06
-2+2+2-2-2-2+2 Anonymous, *Moro e de la mi* 1595/03
-2+2+2-2-2-2+2 Anonymous, *Sancta Maria, or* 1563/06
-2+2+2-2-2-2+2 Anonymous, *Te lamenti & io* 1505/03
-2+2+2-2-2-2+2 O. Antinori, *El te par che* 1505/03
-2+2+2-2-2-2+2 J. Arcadelt, *Puro ciel Phyl* 1552/21
-2+2+2-2-2-2+2 S. Festa, *Amor se voi ch'i* 1526/06
-2+2+2-2-2-2+2 L. Marenzio, *Ecco che'l cie* 1591/21
-2+2+2-2-2-2+2 Mattee, *Me stato posto foc* 1566/10
-2+2+2-2-2-2+2 G. Nasco, *Per quest'ogn'ho* 1563/07
-2+2+2-2-2-2+2 G. Pizzoni, *Rendimi il cor* 1582/14
-2+2+2-2-2-2+2 A. Reggio, *Tant'era dolce'i* 1570/19
-2+2+2-2-2-2+2 F. Roussel, *E mort'o morte* 1562/22
-2+2+2-2-2-2+2 B. Tromboncino, *Merce merc* 1513/01
-2+2+2-2-2-2+2 P. Verdelot, *La dolce vist* 1546/19
-2+2+2-2-2-2+2 P. Vinci, *Face d'amor non* 1586/07

-2+2+2-2-2-2-2 Anonymous, *Ben che soletto* 1505/06
-2+2+2-2-2-2-2 Anonymous, *Mia benigna fort* 1509/02
-2+2+2-2-2-2-2 Anonymous, *O cara libertad* 1506/03
-2+2+2-2-2-2-2 J. Berchem, *Vivo sol di spe* 1561/15
-2+2+2-2-2-2-2 M. Cara, *Rinforzi ognhor pi* 1505/05
-2+2+2-2-2-2-2 P. Clerico, *La dolce vista* 1562/15
-2+2+2-2-2-2-2 A. Doni, *Di tre rare eccell* 1544/22
-2+2+2-2-2-2-2 S. Festa, *Canzon se gli e* 1526/06
-2+2+2-2-2-2-2 Fra Ruffin, *Hayme amor hat* 1521/06
-2+2+2-2-2-2-2 A. Gabrieli, *Quand'havra fine* 1587/16
-2+2+2-2-2-2-2 G. Gostena, *Donne deh stat* 1589/13
-2+2+2-2-2-2-2 L. Luzzaschi, *Tra le dolcez* 1592/14
-2+2+2-2-2-2-2 L. Marenzio, *Leggiadre Ninf* 1591/21
-2+2+2-2-2-2-2 R. Mel, *Bella sei tu ma cr* 1585/26
-2+2+2-2-2-2-2 C. Merulo, *Gelo ha madonna* 1579/02
-2+2+2-2-2-2-2 P. Monte, *Quando pur genti* 1568/13
-2+2+2-2-2-2-2 G. Nanino, *Di che cor mio* 1591/12
-2+2+2-2-2-2-2 G. Paratico, *Se li sospiri* 1588/25
-2+2+2-2-2-2-2 N. Pifaro, *Pensa donna che'* 1505/05
-2+2+2-2-2-2-2 A. Savioli, *Non mi diceste* 1600/16
-2+2+2-2-2-2-2 A. Striggio, *Occhi voi che* 1579/02
-2+2+2-2-2-2-2 B. Tromboncino, *Ave maria* 1508/03
-2+2+2-2-2-2-2 B. Tromboncino, *Risvegliat* 1517/02

-2+2+2-2-2-2+3 L. Agostini, *Amar un sol am* 1572/07

-2+2+2-2-2-2+3 A. Barges, *Non t'ho possut* 1550/18
-2+2+2-2-2-2+3 M. Iacovelli, *Cosi canto d'* 1588/23
-2+2+2-2-2-2+3 A. Marien, *L'alto Signor di* 1584/09A
-2+2+2-2-2-2+3 G. Metallo, *Amor io son cos* 1577/09

-2+2+2-2-2-2-3 A. Marien, *Vergine in cui* 1584/09A
-2+2+2-2-2-2-3 A. Martorello, *E quando cre* 1547/17

-2+2+2-2-2-2-4 Anonymous, *Amor mi fea mori* 1554/28

-2+2+2-2-2+3+2 S. Festa, *Canzon se gli e* 1526/06
-2+2+2-2-2+3+2 G. Gostena, *Mentre io fui* 1589/13

-2+2+2-2-2+3-2 Anonymous, *Ti par gran mara* 1505/05

-2+2+2-2-2+4+2 Don Fiolo, *Quando cosso mus* 1566/10
-2+2+2-2-2+4+2 P. Nenna, *A chi vo chieder* 1574/06

-2+2+2-2-2+4-2 Anonymous, *Giesu, Giesu, Gi* 1563/06

-2+2+2-2-2+4-3 Don Fiolo, *Quando cosso mus* 1566/10
-2+2+2-2-2+4-3 P. Nenna, *A chi vo chieder* 1574/06

-2+2+2-2-2+5+2 L. Fidelis, *Deserti campi* 1570/25

-2+2+2-2-2-5+2 P. Parma, *Se di tanto troph* 1562/15

-2+2+2-2+3+2+2 Anonymous, *Gloria summa De* 1580/06
-2+2+2-2+3+2+2 J. Arcadelt, *Solo & pensos* 1540/19
-2+2+2-2+3+2+2 G. Policretto, *Piangero dun* 1571/09

-2+2+2-2+3+2-2 S. Rossetto, *Cosi noiand'i* 1568/13

-2+2+2-2+3+2-3 G. Policretto, *Quest'occhi* 1571/09

-2+2+2-2+3+2-5 D. Grisonio, *Unde straluso* 1564/16
-2+2+2-2+3+2-5 F. Viola, *Se da vostr'occh* 1548/08

-2+2+2-2+3-2+2 P. Isnardi, *Dolc'Amaranta* 1586/10
-2+2+2-2+3-2+2 G. Scotto, *Da che ti pres'a* 1571/11

-2+2+2-2+3-2-2 Anonymous, *Dentro pur fo'e* 1554/28
-2+2+2-2+3-2-2 E. Bonizzoni, *Mia buona sor* 1569/25
-2+2+2-2+3-2-2 C. Festa, *Un baciar furios* 1549/31
-2+2+2-2+3-2-2 A. Gabrieli, *Dunque il cons* 1587/16
-2+2+2-2+3-2-2 A. Gabrieli, *Ecco Vinegia* 1587/16
-2+2+2-2+3-2-2 H. Morsolino, *Mentre da te* 1594/15
-2+2+2-2+3-2-2 B. Piffari, *A Dio Titiro mi* 1583/12
-2+2+2-2+3-2-2 Ranieri, *Me lassarai tu* 1517/02
-2+2+2-2+3-2-2 S. Verovio, *Gesu sommo conf* 1586/02

-2+2+2-2+3-2+3 G. Schiavetti, *Era il bel* 1562/06

-2+2+2-2+3-2-3 Anonymous, *Dentro pur fo'e* 1554/28
-2+2+2-2+3-2-3 F. Manara, *Ben s'io non er* 1548/08

-2+2+2-2+3-2-5 B. Tromboncino, *Animoso mi* 1516/02

-2+2+2-2+3-3+2 F. Manara, *Ben s'io non er* 1548/08

-2+2+2-2+3-3-2 M. Rampollini, *Ecco la fid* 1539/25

-2+2+2-2+3-3-3 C. Malvezzi, *Torna suono de* 1583/16

-2+2+2-2+3-3+4 H. Chamatero, *Prima ch'io* 1569/26

-2+2+2-2+3-4+2 G. Zarlino, *Mentre del mio* 1568/16

-2+2+2-2+3-4+5 P. Vecoli, *Baci soavi e car* 1581/12

-2+2+2-2-3+2+2 M. Mazzone, *Amor m'ha disfidat* 1570/18

-2+2+2-2-3+2-3 G. Animuccia, *Beato il cie* 1574/04
-2+2+2-2-3+2-3 H. Chamatero, *Si dolce e quest* 1561/13

-2+2+2-2-3-2+2 V. Bortolusi, *Dona non ho* 1577/07
-2+2+2-2-3-2+2 H. Schaffen, *Vinto dal grav* 1549/31

-2+2+2-2-3-2-2 A. Gabrieli, *Tirsi morir vo* 1587/16

-2+2+2-2-3+3-2 Anonymous, *Giesu clemente* 1580/06

-2+2+2-2-3+3-2 F. Manara, *Ben s'io non er* 1548/08

-2+2+2-2-3+3-3 A. Gabrieli, *Dunque il cons* 1587/16
-2+2+2-2-3+3-3 A. Martorello, *O donna van* 1547/17

-2+2+2-2-3+3+4 A. Gabrieli, *Alla battagli* 1587/16

-2+2+2-2-3-3-2 P. Vinci, *Face d'amor non* 1586/07

-2+2+2-2-3-4+2 O. Vecchi, *Il Cocodrillo ge* 1585/35

-2+2+2-2+4-2+2 M. Mazzone, *Pascomi sol di* 1570/18
-2+2+2-2+4-2+2 G. Nasco, *Felice cor che pr* 1563/07
-2+2+2-2+4-2+2 G. Pizzoni, *Sta notte mi so* 1582/14
-2+2+2-2+4-2+2 C. Rore, *Vergine saggia* 1548/09

-2+2+2-2+4-2-2 Anonymous, *Che sera che no* 1526/05
-2+2+2-2+4-2-2 N. Roiccerandet, *Givi per acq* 1566/10
-2+2+2-2+4-2-2 O. Vecchi, *Il Cocodrillo ge* 1585/35

-2+2+2-2+4-2-3 J. Gero, *Lasso ch'io ardo* 1541/02
-2+2+2-2+4-2-3 F. Manara, *Ben s'io non er* 1548/08

-2+2+2-2+4-3+2 J. Gero, *O notte madre di* 1541/02

-2+2+2-2+4-3+3 G. Renaldi, *Non sai signor* 1589/10

-2+2+2-2-4+2+2 L. Marenzio, *Coppia di donn* 1592/14
-2+2+2-2-4+2+2 C. Merulo, *Gelo ha madonna* 1579/02

-2+2+2-2-4+2-3 C. Rore, *Vergine saggia* 1548/09

-2+2+2-2-4+3+2 A. Marien, *L'alto Signor di* 1584/09A

-2+2+2-2-4+3-2 F. Corteccia, *Hor chi mai* 1539/25

-2+2+2-2-4-3+2 A. Gabrieli, *Le piante all* 1589/14

-2+2+2-2-4+4-4 Anonymous, *Stabat mater dol* 1563/06
-2+2+2-2-4+4-4 P. Clerico, *Almo paese ov'h* 1562/15

-2+2+2-2-4+5-2 Anonymous, *Morte disciols'i* 1566/03

-2+2+2-2-5+2-3 M. Cara, *Ave maria gratia* 1508/03

-2+2+2-2-5-2+2 Anonymous, *Dentro pur fo'e* 1554/28
-2+2+2-2-5-2+2 L. Balbi, *Come va'l mondo* 1570/23

-2+2+2-2-5+3+2 G. Nasco, *Felice cor che pr* 1563/07

-2+2+2-2+6-2-2 F. Corigliano, *Vergin del vero* 1600/05

-2+2+2-2-8+2+5 A. Rigo, *Donna ascolta el* 1504/04

-2+2+2+3+2-2-2 G. Manenti, *Vientene Filli* 1593/04
-2+2+2+3+2-2-2 H. Sabino, *Morto che'l vag* 1581/11

-2+2+2+3-2+2-3 J. Persoens, *Dolce de la mi* 1570/28

-2+2+2+3-2-2-2 Anonymous, *Giesu clemente* 1580/06
-2+2+2+3-2-2-2 Anonymous, *Mia benigna fort* 1509/02
-2+2+2+3-2-2-2 J. Lulinus, *Mentre che gli* 1514/02
-2+2+2+3-2-2-2 G. Nanino, *Di Venere tento* 1586/18
-2+2+2+3-2-2-2 P. Verdelot, *Se lieta, e gr* 1533/02

-2+2+2+3-2-3+2 C. Monteverdi, *Io ardo si ma* 1594/15

-2+2+2+3-3-2+2 Anonymous, *Vergin di gratia* 1600/05

-2+2+2-3+2+2+2 Anonymous, *Venimus en romer* 1506/03
-2+2+2-3+2+2+2 O. Antinori, *Crudel amore* 1507/04
-2+2+2-3+2+2+2 J. Arcadelt, *Quando tal vol* 1552/21
-2+2+2-3+2+2+2 G. Gabrieli, *Al discoprire* 1589/14
-2+2+2-3+2+2+2 A. Gabrieli, *O Dea, che tr* 1587/16
-2+2+2-3+2+2+2 G. Gostena, *Donne deh stat* 1589/13
-2+2+2-3+2+2+2 R. Rodio, *Madonn'il vostro* 1587/12

-2+2+2-3+2+2-2 F. Luprano, *Un solicito* 1505/05
-2+2+2-3+2+2-2 Anonymous, *Crucifixum in ca* 1563/06
-2+2+2-3+2+2-2 B. Moschini, *Non men ch'ogn* 1539/25
-2+2+2-3+2+2-2 G. Passetto, *Damene un poco* 1552/23

-2+2+2-3+2+2-2 H. Sabino, *Fioriti colli he* 1588/27

-2+2+2-3+2+2-3 G. Zarlino, *Fu sempre all'o* 1568/16

-2+2+2-3+2-2+2 C. Merulo, *Cor mio senza ce* 1564/16

-2+2+2-3+2-2-2 Anonymous, *Quando mia spem* 1583/13
-2+2+2-3+2-2-2 C. Festa, *Donna non fu ne* 1540/18
-2+2+2-3+2-2-2 P. Quagliati, *O alma che fa* 1585/07

-2+2+2-3+2-2+4 G. da Nola, *Ahi caro mio te* 1570/27

-2+2+2-3+2+3+2 A. Verso, *Che fai alma che* 1594/17

-2+2+2-3+2+3-2 D. Grisonio, *Vu ha ben casu* 1564/16
-2+2+2-3+2+3-2 P. Quagliati, *Io voglio sos* 1585/07

-2+2+2-3+2-3+2 Anonymous, *Non trovo pace* 1565/12
-2+2+2-3+2-3+2 G. Palestrina, *O effetto rio* 1557/24

-2+2+2-3+2-3-2 L. Marenzio, *Ecco che'l cie* 1591/21

-2+2+2-3+2-3+4 G. Policretto, *In questo mo* 1571/09

-2+2+2-3+2-3+5 G. Nasco, *Per quest'ogn'ho* 1563/07

-2+2+2-3+2+5-2 Anonymous, *Viva in oration* 1563/06

-2+2+2-3+2-5+2 F. Vecoli, *Quando guardav'i* 1575/16

-2+2+2-3+2-5+5 F. Anerio, *Quelle rose che* 1589/07

-2+2+2-3-2+2+2 L. Agostini, *Amar un sol am* 1572/07
-2+2+2-3-2+2+2 Anonymous, *Villanella crude* 1566/05
-2+2+2-3-2+2+2 P. Bellasio, *Al piant'a que* 1595/07
-2+2+2-3-2+2+2 A. Striggio, *Al'hor che lieta* 1592/15

-2+2+2-3-2+2-3 Anonymous, *Va posa l'archo* 1505/05

-2+2+2-3-2-2+2 G. Nanino, *Di Venere tento* 1586/18

-2+2+2-3-2-2-2 Anonymous, *Molto piu guerr* 1563/06
-2+2+2-3-2-2-2 M. Comis, *Valor senno bont* 1568/16

-2+2+2-3-2-2+3 I. Tartaglino, *Hor le tue forz* 1587/12

-2+2+2-3-2-3+4 J. Persoens, *Fu si benign'* 1570/28

-2+2+2-3-2-5+8 F. Soriano, *Lasso non e mor* 1583/12

-2+2+2-3+3-2+2 J. Arcadelt, *Quando tal vol* 1552/21
-2+2+2-3+3-2+2 G. Primavera, *Fugend'il mi* 1569/31
-2+2+2-3+3-2+2 P. Vinci, *Ridon hor per le* 1567/24

-2+2+2-3+3-2-2 P. Vinci, *Ridon hor per le* 1567/24

-2+2+2-3+3-2+3 P. Vinci, *Ridon hor per le* 1567/24

-2+2+2-3+3-2-3 P. Vinci, *Ridon hor per le* 1567/24

-2+2+2-3+3-5+2 V. Ruffo, *Et se tanto di vo* 1555/31

-2+2+2-3-3-2+2 G. da Nola, *Ahi caro mio te* 1570/27

-2+2+2-3-3+3-3 F. Corteccia, *Chi ne l'a tolt* 1539/25

-2+2+2-3-3+3-4 J. Arcadelt, *Mentre gli ard* 1540/19

-2+2+2-3+4-2+2 G. Primavera, *Fugend'il mi* 1569/31
-2+2+2-3+4-2+2 G. Panico, *Adonai con voi* 1569/24

-2+2+2-3+4-2-2 G. Primavera, *Fugend'il mi* 1569/31
-2+2+2-3+4-2-2 G. Massarengo, *Me marite'u* 1591/22
-2+2+2-3+4-2-2 A. Striggio, *E s'a buon fi* 1579/02
-2+2+2-3+4-2-2 P. Vinci, *Laura che'l verd* 1564/20
-2+2+2-3+4-2-2 F. Viola, *Altri con lieti* 1548/08

-2+2+2-3+4+3-2 A. Stabile, *D'Amor le rich* 1587/10

-2+2+2-3+4-3+2 C. Veggio, *Donna quando vi* 1540/19

-2+2+2-3+4-3+3 A. Stabile, *D'Amor le rich* 1587/10

-2+2+2-3+4-3+4 G. Califano, *L'aer gravat'e* 1584/07

-2+2+2-3+4-4+2 G. Nasco, *Morte m'ha mort* 1557/25

-2+2+2-3+4-4+5 Anonymous, *Christus factus* 1508/03

-2+2+2-3+4-5+2 P. Scotto, *Jesu summo confo* 1508/03

-2+2+2-3+4-5-2 B. Tromboncino, *El mio amo* 1509/02

-2+2+2-3+5-4-2 M. Cara, *Poiche in van mia* 1526/06

-2+2+2-3-5+5-2 S. Cornetto, *Dolci sospir* 1581/07

-2+2+2+4+2+2-5 L. Balbi, *E cosi aven che* 1570/23

-2+2+2+4-2-2+2 F. Guami, *Se l'anime piu be* 1575/11

-2+2+2+4-2-2-2 Anonymous, *Se non dormi don* 1505/04
-2+2+2+4-2-2-2 F. Guami, *Se l'anime piu be* 1575/11

-2+2+2+4-3-2-2 L. Luzzaschi, *Tra le dolcez* 1592/14
-2+2+2+4-3-2-2 P. Monte, *Aure ch'i dolci* 1561/15

-2+2+2+4-3-3+4 F. Anerio, *All'hor ch'io pe* 1592/05

-2+2+2-4+2+2+2 G. Rognoni, *Amat'e cara e* 1600/17

-2+2+2-4+2+2-2 Anonymous, *Bianca et vezzos* 1557/16
-2+2+2-4+2+2-2 M. Cancino, *Chi mi terra po* 151590/21

-2+2+2-4+2+3-4 A. Gabrieli, *Ecco Vinegia* 1587/16

-2+2+2-4-2+2-2 A. Antiqui, *Siegua pur chi* 1505/06

-2+2+2-4+3+2-4 G. Scotto, *Pensai piu d'ogn* 1571/11

-2+2+2-4+3-2-2 R. Montagnana, *Che debbo fa* 1558/17

-2+2+2-4+4+2+2 B. Spontone, *Eccoti il cor* 1592/15

-2+2+2-4+4-2-3 C. Festa, *Donna non fu ne* 1540/18

-2+2+2-4+5-2-2 A. Gabrieli, *Le piante all* 1589/14

-2+2+2-5+2+2+2 L. Marenzio, *Posso cor mio* 1593/04

-2+2+2-5+2-2-2 A. Ferabosco, *Deh ferm'Amo* 1554/28

-2+2+2-5+2-5+4 C. Merulo, *Donna se l'occhi* 1564/16

-2+2+2-5+3+2+2 G. Trombetti, *Godi bel Ido* 1583/18

-2+2+2-5+3-2-2 G. Capuano, *Signor par ch'e* 1574/06

-2+2+2-5+3-2+4 V. Ruffo, *Chiara gentile* 1557/25

-2+2+2-5+3-3+3 A. Gabrieli, *Fontana d'eloq* 1579/02

-2+2+2-5-3+5+2 Anonymous, *Gia de la vaga A* 1598/04

-2+2+2-5+4+2-3 M. Cara, *Non e tempo d'aspe* 1504/04

-2+2+2-5+4-2-2 J. Arcadelt, *Ecco d'oro l'e* 1544/16

-2+2+2-5+4-2-3 Anonymous, *Moro e de la mi* 1595/03
-2+2+2-5+4-2-3 R. Vecoli, *Erano i capei d'* 1577/10

-2+2+2-5+5-2-3 J. Berchem, *Vivo sol di spe* 1561/15

-2+2+2-5-5+8-2 Anonymous, *Quando mia spem* 1583/13

-2+2+2-5+8-2-2 R. Burno, *Si havessi tantil* 1565/17

-2+2+2-5+8-2+3 H. Lauro, *Ecco la notte el* 1517/02

-2+2+2-8+2+6+2 M. Pesenti, *Se in tutto ha* 1504/04

-2+2+2-8+5+2+2 Anonymous, *Fanciul son'io* 1598/04

-2+2-2+2+2+2+2 Anonymous, *Tua figlia bell* 1537/05
-2+2-2+2+2+2+2 L. Bati, *Assai viss'io se si* 1594/11
-2+2-2+2+2+2+2 B. Spontone, *Alma se stata* 1568/19

-2+2-2+2+2+2-2 Anonymous, *Amor ch'in terr* 1563/06
-2+2-2+2+2+2-2 Anonymous, *Mille fiate o do* 1594/07
-2+2-2+2+2+2-2 J. Arcadelt, *Come potro fid* 1539/24
-2+2-2+2+2+2-2 M. Cancino, *Mentre nubi di* 1590/21
-2+2-2+2+2+2-2 G. Gabrieli, *Sacri di Giov* 1589/08
-2+2-2+2+2+2-2 A. Il Verso, *Non fur colti* 1594/17
-2+2-2+2+2+2-2 J. Lulinus, *Non potra mai* 1514/02
-2+2-2+2+2+2-2 F. Novelli, *Hor che la fred* 1600/05
-2+2-2+2+2+2-2 B. Roi, *Mille fiate o dolc* 1573/16
-2+2-2+2+2+2-2 M. Varotto, *Dentro cantar* 1586/19
-2+2-2+2+2+2-2 R. Vecoli, *Hor che notte l'* 1577/10

-2+2-2+2+2+2+3 J. Arcadelt, *Dal bel suave* 1539/24

-2+2-2+2+2+2-3 C. Ardesi, *Perche incredul* 1597/19
-2+2-2+2+2+2-3 V. Nerito, *Torna dolce il* 1597/13

-2+2-2+2+2+2+6 A. Coma, *Non fu senza vende* 1585/22

-2+2-2+2+2-2+2 G. Arpa, *Con ceppi e con ca* 1570/18
-2+2-2+2+2-2+2 G. Schiavetti, *Era il bel* 1562/06

-2+2-2+2+2-2-2 J. Arcadelt, *Honorata mia* 1544/16
-2+2-2+2+2-2-2 O. Caccini, *Un duro scogli* 1585/21
-2+2-2+2+2-2-2 B. Iacomini, *Ma per me lass* 1592/15
-2+2-2+2+2-2-2 O. Vecchi, *Sara possibil ma* 1585/35

-2+2-2+2+2-2-3 Anonymous, *Meglio e scoprir* 1513/01

-2+2-2+2+2-3-2 P. Quagliati, *Ancora che tu* 1589/11
-2+2-2+2+2-3-2 P. Quagliati, *Contempla nott* 1599/06
-2+2-2+2+2-3-2 B. Tromboncino, *Vergine fa* 1510/

-2+2-2+2+2-5+3 J. Arcadelt, *Perche la vit'* 1559/19

-2+2-2+2+2-5+4 Anonymous, *Perche lasciast* 1598/04
-2+2-2+2+2-5+4 A. Gabrieli, *O Dea, che tr* 1587/16

-2+2-2+2-2+2+2 G. Carrozza, *Son le ris'avi* 1598/08
-2+2-2+2-2+2+2 S. Felis, *Ahi chi mi romp'i* 1583/14
-2+2-2+2-2+2+2 M. Pesenti, *Se in tutto ha* 1504/04

-2+2-2+2-2+2-2 G. Massarengo, *Donne che* 1591/22
-2+2-2+2-2+2-2 B. Moschini, *Non men ch'ogn* 1539/25
-2+2-2+2-2+2-2 A. Pace, *Mi parto vita mi* 1583/14
-2+2-2+2-2+2-2 O. Vecchi, *Tra verdi campi* 1600/05

-2+2-2+2-2+2+3 T. Massaino, *Amorosetti Augel* 1595/07

-2+2-2+2-2+2-3 Anonymous, *Stabat mater dol* 1563/06

-2+2-2+2-2+2-4 M. Cara, *Aiutami ch'io mor* 1507/03

-2+2-2+2-2-2+2 F. Azzaiolo, *Prima hora del* 1557/18
-2+2-2+2-2-2+2 P. Bellasio, *Alla profonda* 1578/21
-2+2-2+2-2-2+2 G. Mosto, *Signor fu poc'a* 1578/22

-2+2-2+2-2-2-2 Anonymous, *Mostra lieto al* 1514/02
-2+2-2+2-2-2-2 Anonymous, *S'all'austrai ve* 1598/04
-2+2-2+2-2-2-2 M. Cara, *Dilecto albergo* 1505/05
-2+2-2+2-2-2-2 A. Gabrieli, *Tirsi vicino* 1589/14
-2+2-2+2-2-2-2 G. L. Primavera, *Deh flerid* 1569/31
-2+2-2+2-2-2-2 G. Lombardo, *Son le ris'avi* 1598/08
-2+2-2+2-2-2-2 B. Tromboncino, *Hor passat* 1505/06
-2+2-2+2-2-2-2 B. Tromboncino, *Il primo gi* 1516/02

-2+2-2+2-2+3+2 R. Mantovano, *Gnao gnao gna* 1505/04
-2+2-2+2-2+3+2 G. Pizzoni, *Quando madonna* 1582/14

-2+2-2+2-2+3-2 R. Mantovano, *Gnao gnao gna* 1505/04
-2+2-2+2-2+3-2 B. Tromboncino, *Ho scopert* 1507/04

-2+2-2+2-2-3+2 Anonymous, *Tantum ergo sacr* 1508/03
-2+2-2+2-2-3+2 T. Massaino, *Amorosetti Augel* 1595/07
-2+2-2+2-2-3+2 N. Roiccerandet, *O anima mia* 1566/10

-2+2-2+2-2-3+6 P. Parma, *Ond'i piu dotti,* 1562/15

-2+2-2+2-2-5+3 H. Chamatero, *Ma voi strad* 1569/26

-2+2-2+2+3+2-2 L. Bati, *Cessate il piant'o* 1594/11

-2+2-2+2+3-2+2 G. Pizzoni, *Quando madonna* 1582/14

-2+2-2+2+3-2-2 G. Renaldi, *Madonna io ben* 1569/32
-2+2-2+2+3-2-2 N. Roiccerandet, *Givi per acq* 1566/10
-2+2-2+2+3-2-2 G. Violanti, *Vincavi la pie* 1574/06

-2+2-2+2+3-3-2 Anonymous, *Se voi sete cor* 1586/19

-2+2-2+2+3-3+3 Anonymous, *Horto felice* 1516/02

-2+2-2+2-3+2+2 F. Laudis, *Et se ti credi* 1575/11

-2+2-2+2-3+2-2 Anonymous, *Se d'amarti non* 1505/06
-2+2-2+2-3+2-2 Anonymous, *Taci lingua el* 1506/03
-2+2-2+2-3+2-2 B. Tromboncino, *Aspicias ut* 1516/02

-2+2-2+2-3+2-3 M. Cara, *Io so ben che al* 1505/04
-2+2-2+2-3+2-3 M. Cara, *Se de fede hor ven* 1504/04

-2+2-2+2-3+2-5 R. Vecoli, *Filli dhe non fu* 1577/10

-2+2-2+2-3-2+2 A. Gabrieli, *Dolcissimo be* 1583/14
-2+2-2+2-3-2+2 A. Perugino, *Martir e gelos* 1571/09

-2+2-2+2-3-2-2 Ranieri, *Me lassarai tu* 1517/02
-2+2-2+2-3-2-2 A. Stringari, *Chi non sa ch* 1507/04

-2+2-2+2-3-2+3 G. Fogliano, *Tua volsi esse* 1515/02

-2+2-2+2-3-2+6 A. Gabrieli, *Ecco la vaga* 1587/16

-2+2-2+2-3+3-2 L. Luzzaschi, *Sia benedett'* 1597/14
-2+2-2+2-3+3-2 P. Monte, *All'hor gli spirt* 1591/23
-2+2-2+2-3+3-2 B. Pallavicino, *Cara e dolc* 1586/09

-2+2-2+2-3-3+2 G. Arpa, *O belle trezze d'o* 1566/09

-2+2-2+2-3+4-3 G. Manenti, *Se pensand'al part* 1583/15

-2+2-2+2-4 Anonymous, *Dixit dominius* 1563/06

-2+2-2+2-4+2+2 G. da Nola, *Datemi pace* 1570/27
-2+2-2+2-4+2+2 P. Bellasio, *Questi capelli* 1591/12
-2+2-2+2-4+2+2 A. Coma, *I lieti amanti e* 1585/22
-2+2-2+2-4+2+2 A. Gabrieli, *Dolcissimo be* 1583/14
-2+2-2+2-4+2+2 D. Isorelli, *Hor non sapev* 1599/06
-2+2-2+2-4+2+2 G. Locatello, *Nella tua mor* 1598/0
-2+2-2+2-4+2+2 F. Sale, *Ardo si ma non t'a* 1585/17

-2+2-2+2-4+2-2 F. Luprano, *Ha bella e fres* 1507/03

-2+2-2+2-4+3+2 Anonymous, *Ome, ome, quant* 1563/06

-2+2-2+2-4+4+2 J. Arcadelt, *Com'esser puo ch* 1552/21
-2+2-2+2-4+4+2 L. Marenzio, *Io partiro ma* 1594/07

-2+2-2+2-4+4-2 Anonymous, *Amor mi fea mori* 1554/28
-2+2-2+2-4+4-2 A. Gabrieli, *Cor mio s'egl* 1589/14

-2+2-2+2-4+5-2 Anonymous, *Moro de dogli* 1506/03

-2+2-2+2-5+2+2 P. Philipps, *Amor se i bei* 1594/07

-2+2-2-2+2+2+2 Anonymous, *L'infermo al'ho* 1505/05
-2+2-2-2+2+2+2 O. Crisci, *Cosi fortuna un* 1581/11
-2+2-2-2+2+2+2 V. Ferro, *Quanto piu miro* 1559/18
-2+2-2-2+2+2+2 A. Striggio, *Notte felic'e* 1570/15

-2+2-2-2+2+2-2 Anonymous, *Haime che non* 1505/03
-2+2-2-2+2+2-2 P. Bellasio, *Puo ben fortun* 1595/07
-2+2-2-2+2+2-2 A. Bicci, *Cogli la vaga ros* 1598/14
-2+2-2-2+2+2-2 A. Pevernage, *Dolce mio foc* 1583/14
-2+2-2-2+2+2-2 D. Phinot, *S'in veder voi* 1546/19
-2+2-2-2+2+2-2 P. Vecoli, *Baci soavi e car* 1581/12
-2+2-2-2+2+2-2 A. Willaert, *A quand'havea* 1548/11

-2+2-2-2+2+2+3 A. Anvilla, *Queste fur le* 1568/16

-2+2-2-2+2+2-3 B. Donato, *O dolce vita mi* 1550/19
-2+2-2-2+2+2-3 A. Gabrieli, *Tirsi morir vo* 1587/16
-2+2-2-2+2+2-3 T. Massaino, *Amorosetti Augel* 1595/07
-2+2-2-2+2+2-3 G. Pizzoni, *Et hor che scio* 1582/14
-2+2-2-2+2+2-3 B. Tromboncino, *Piu che ma* 1504/04

-2+2-2-2+2+2-4 M. Cara, *Chi l'aria mai cre* 1509/02

-2+2-2-2+2+2-5 F. Gherardini, *Lasso perch* 1585/24
-2+2-2-2+2+2-5 V. Ruffo, *Salve Hippolite* 1555/31

-2+2-2-2+2+2+6 P. Vecoli, *Ne per nova altr* 1581/12

-2+2-2-2+2+2-8 B. Tromboncino, *Deh per di* 1504/04

-2+2-2-2+2-2-2 J. Obrecht, *La tortorell* 1504/03

-2+2-2-2+2+3-2 D. Vicentino, *Huomin'e Dei* 1558/17

-2+2-2-2+2-3+2 A. Gabrieli, *Tirsi che fai* 1587/16
-2+2-2-2+2-3+2 E. Romano, *Candida rosa nat* 1514/02
-2+2-2-2+2-3+2 F. Vecoli, *Pastori nostro* 1575/16

-2+2-2-2+2-3-2 Anonymous, *Pien daffani e* 1516/02
-2+2-2-2+2-3-2 M. Cara, *Cholei che amo cos* 1509/02
-2+2-2-2+2-3-2 P. Quagliati, *Tal da vostr'* 1591/12
-2+2-2-2+2-3-2 B. Tromboncino, *Quel foco* 1507/03

-2+2-2-2+2-3+4 A. demophon, *Vogli gli ochi* 1508/03

-2+2-2-2+2+4-2 G. da Todi, *Stendi al Popol* 1600/05

-2+2-2-2-2+2 M. Pesenti, *Amor poi che no* 1505/06

-2+2-2-2-2+2+2 B. Donato, *E voio criar tan* 1570/17
-2+2-2-2-2+2+2 F. Gherardini, *Donna come* 1585/24
-2+2-2-2-2+2+2 B. Lupacchino, *No text* 1591/19
-2+2-2-2-2+2+2 O. Vecchi, *Son le ris'avice* 1598/08

-2+2-2-2-2+2-2 Anonymous, *All'hor sarann'* 1554/28
-2+2-2-2-2+2-2 I. Baccusi, *Cruda e bella* 1588/18
-2+2-2-2-2+2-2 F. Barbieri, *Ardite e dolc* 1590/13
-2+2-2-2-2+2-2 P. Bellasio, *O miser quel che* 1591/12
-2+2-2-2-2+2-2 M. Cara, *Ave maria gratia* 1508/03
-2+2-2-2-2+2-2 M. Cara, *Gli e pur gionto* 1504/04
-2+2-2-2-2+2-2 M. Cara, *Mal un muta per ef* 1507/03
-2+2-2-2-2+2-2 G. Gabrieli, *Sacri di Giov* 1589/08
-2+2-2-2-2+2-2 P. Isnardi, *E se queste con* 1570/15
-2+2-2-2-2+2-2 D. Nicolo, *Ben sera crudel* 1508/03
-2+2-2-2-2+2-2 B. Tromboncino, *Ave maria* 1508/03
-2+2-2-2-2+2-2 P. Vinci, *Stiamo amor a ved* 1567/24

-2+2-2-2-2+2+3 G. Ardesi, *Deh resta anima* 1597/19
-2+2-2-2-2+2+3 A. Il Verso, *Se col vostro* 1594/17
-2+2-2-2-2+2+3 P. Signorucci, *Crudel s'el* 1594/16
-2+2-2-2-2+2+3 C. Todino, *Il vostro dolce* 1566/09

-2+2-2-2-2+2-3 S. Venturi, *Occhi e respir* 1596/13

-2+2-2-2-2+2+4 Anonymous, *Come po far el* 1505/05
-2+2-2-2-2+2+4 A. Il Verso, *Pioggia di lag* 1594/17

-2+2-2-2-2+2-5 G. da Verona, *Ampia viva fo* 1563/07

-2+2-2-2-2-2+2 Anonymous, *La speranza me* 1505/04
-2+2-2-2-2-2+2 Anonymous, *Tu mi tormenti* 1509/02
-2+2-2-2-2-2+2 A. Antiqui, *Poi che son si* 1505/04
-2+2-2-2-2-2+2 H. Chamatero, *Zefiro torna* 1569/26
-2+2-2-2-2-2+2 A. Coma, *Caro laccio d'amor* 1585/22
-2+2-2-2-2-2+2 G. Dragone, *Tu dunque o Mad* 1599/06
-2+2-2-2-2-2+2 A. Gabrieli, *Anchor che col* 1570/17
-2+2-2-2-2-2+2 G. Lombardo, *Non son ris'av* 1598/08
-2+2-2-2-2-2+2 A. Padovano, *Mi ho scritto* 1564/16
-2+2-2-2-2-2+2 D. Phinot, *S'in veder voi* 1546/19
-2+2-2-2-2-2+2 V. Podio, *Quando signora* 1574/05
-2+2-2-2-2-2+2 V. Ruffo, *Et se tanto di vo* 1555/31
-2+2-2-2-2-2+2 H. Sabino, *I vo piangendo* 1581/11
-2+2-2-2-2-2+2 P. Vecoli, *Poiche'l mio lar* 1581/12

-2+2-2-2-2-2-2 E. Marotta, *Son le ris'avic* 1598/08
-2+2-2-2-2-2-2 G. Nanino, *Bastava i* 1586/18
-2+2-2-2-2-2-2 N. Pifaro, *Son disposto anch* 1507/04
-2+2-2-2-2-2-2 H. Sabino, *I vo piangendo* 1581/11
-2+2-2-2-2-2-2 B. Tromboncino, *Non piglia* 1505/06
-2+2-2-2-2-2-2 B. Tromboncino, *Occhi mei* 1510/
-2+2-2-2-2-2-2 S. Venturi, *Occhi e respir* 1596/17

-2+2-2-2-2-2+3 M. Cancino, *Cresce la fiamma* 1590/21
-2+2-2-2-2-2+3 A. Martorello, *Cosi cocente* 1547/17
-2+2-2-2-2-2+3 R. Vecoli, *O miracol gentil* 1577/10

-2+2-2-2-2-2+4 M. Cara, *Se alcun tempo da* 1513/01
-2+2-2-2-2-2+4 A. Il Verso, *Talhor tace* 1594/17

-2+2-2-2-2-2-4 P. Vinci, *O d'ardente virtut* 1564/20

-2+2-2-2-2-2+5 B. Donato, *Io non trovo me* 1550/19
-2+2-2-2-2-2+5 H. Sabino, *I vo piangendo* 1581/11
-2+2-2-2-2-2+5 A. Senese, *Come la nieve* 1515/02

-2+2-2-2-2-2+8 B. Spontone, *Vieni felice* 1590/13

-2+2-2-2-2+3+2 B. Pallavicino, *La tua car'* 1596/16
-2+2-2-2-2+3+2 M. Pesenti, *Io son l'ocel* 1507/04
-2+2-2-2-2+3+2 G. Pizzoni, *Sta notte mi so* 1582/14

-2+2-2-2-2+3-2 Anonymous, *Tu mi tormenti* 1509/02
-2+2-2-2-2+3-2 A. Antiqui, *Poi che son si* 1505/04
-2+2-2-2-2+3-2 A. Il Verso, *Se col vostro* 1594/17
-2+2-2-2-2+3-2 G. Pizzoni, *Rendimi il cor* 1582/14
-2+2-2-2-2+3-2 B. Tromboncino, *Se gran fes* 1505/06

-2+2-2-2-2+3+3 N. Brocco, *Per servirte per* 1507/04

-2+2-2-2-2+3-3 A. Trombetti, *Tigre mia se* 1583/18

-2+2-2-2-2-3+2 B. Faveretto, *Amor se legh* 1598/07
-2+2-2-2-2-3+2 A. Il Verso, *Se col vostro* 1594/17

-2+2-2-2-2+4+2 P. Bellasio, *Una candida ma* 1595/07
-2+2-2-2-2+4+2 S. Essenga, *Credimi vita mi* 1570/19

-2+2-2-2-2+4-2 Anonymous, *Era il bel viso* 1577/08
-2+2-2-2-2+4-2 Anonymous, *Quem autem venis* 1508/03
-2+2-2-2-2+4-2 F. Azzaiolo, *O vilanella quand* 1559/19
-2+2-2-2-2+4-2 M. Cara, *Se alcun tempo da* 1513/01
-2+2-2-2-2+4-2 S. Essenga, *Credimi vita mi* 1570/19
-2+2-2-2-2+4-2 A. Feliciani, *Io per langui* 1586/07
-2+2-2-2-2+4-2 G. Nanino, *Scopriro l* 1589/06
-2+2-2-2-2+4-2 M. Pesenti, *Poi che'l ciel* 1504/04
-2+2-2-2-2+4-2 A. Trombetti, *Deh non sdegn* 1586/21
-2+2-2-2-2+4-2 B. Tromboncino, *Nel foco tr* 1517/02
-2+2-2-2-2+4-2 P. Verdelot, *S'io pensassi* 1533/02

-2+2-2-2-2+4-3 A. Pevernage, *Quando la voc* 1583/14

-2+2-2-2-2+4-4 M. Cara, *Si bella e la mia* 1531/04
-2+2-2-2-2+4-4 A. Il Verso, *Se col vostro* 1594/17

-2+2-2-2-2+4+5 G. Locatello, *Da begl'occhi ch* 1582/04

-2+2-2-2-2-4+3 P. Parma, *Chi vol veder fr* 1562/15

-2+2-2-2-2-4+9 F. Stivori, *Piango ch'Amor* 1595/07

-2+2-2-2-2+5+2 L. Balbi, *Non fie'l debito* 1570/23
-2+2-2-2-2+5+2 M. Pesenti, *Poi che'l ciel* 1504/04

-2+2-2-2-2-5+2 L. Marenzio, *Hor pien d'alt* 1582/04

-2+2-2-2-2-5+3 B. Pallavicino, *La tua car'* 1596/16

-2+2-2-2-2-5+4 A. Coma, *Non fu senza vende* 1585/22
-2+2-2-2-2-5+4 B. Pallavicino, *Perfida pu* 1596/16

-2+2-2-2-2-5+5 R. Giovanelli, *Tu nascesti* 1592/14

-2+2-2-2-2-5+8 I. Baccusi, *Cruda e bella* 1588/18
-2+2-2-2-2-5+8 A. Coma, *Non fu senza vende* 1585/22

-2+2-2-2-2-5+8 G. Locatello, *Da begl'occhi ch* 1582/04

-2+2-2-2-2+6-2 G. da Todi, *Stendi al Popol* 1600/05
-2+2-2-2-2+6-2 G. Gabrieli, *Dimmi numi be* 1589/14
-2+2-2-2-2+6-2 B. Pallavicino, *Perfida pu* 1596/16
-2+2-2-2-2+6-2 D. Polato, *Amore se per mor* 1600/12

-2+2-2-2-2+6-3 B. Pallavicino, *La tua car'* 1596/16

-2+2-2-2-2+8-2 A. Antiqui, *Io son quel dol* 1505/06
-2+2-2-2-2+8-2 O. Caccini, *Amor che debbo* 1585/21

-2+2-2-2-2+8-5 Anonymous, *Solo e pensoso* 1577/08

-2+2-2-2+3-2+3 P. Parma, *Che debb'io far* 1562/15

-2+2-2-2-3+2-5 G. Lombardo, *Son le ris'avi* 1598/08

-2+2-2-2-3+4+2 C. Antinori, *Son lasso ne* 1589/08

-2+2-2-2-3+8-2 V. Bellhaver, *Pur cosi vuo* 1568/16

-2+2-2-2+4-2-2 F. Roussel, *Immortal donn'a* 1562/22
-2+2-2-2+4-2-2 G. Scotto, *Tanto mi si tras* 1571/11
-2+2-2-2+4-2-2 F. Viola, *Lasso s'io trem* 1548/08

-2+2-2-2-4+2+2 D. Grisonio, *Poi che son* 1568/16

-2+2-2-2+5-2-2 P. Bellasio, *Donna nel vost* 1591/12

-2+2-2-2-5+3+2 G. Pizzoni, *Rendimi il cor* 1582/14

-2+2-2-2-5+6-2 R. Mel, *Tanto donna stim'i* 1586/10

-2+2-2+3+2+2+2 G. Zucchelli, *Mentre l'aqui* 1589/11

-2+2-2+3+2-2-2 M. Cara, *Ave maria gratia* 1508/03

-2+2-2+3+2-2-3 Anonymous, *Vergin di gratia* 1600/05
-2+2-2+3+2-2-3 Anonymous, *O di Giesu Madr* 1599/06

-2+2-2+3+2-4+3 Anonymous, *Si morsi donna* 1505/04

-2+2-2+3-2+2-3 M. Troiano, *Quando de l'alm* 1569/19

-2+2-2+3-2-2+2 C. Antinori, *Son lasso ne* 1589/08

-2+2-2+3-2-2-2 F. Novelli, *Hor che la fred* 1600/05
-2+2-2+3-2-2-2 A. Trombetti, *Ardi e gela* 1586/21

-2+2-2+3-2-3+2 E. Bonizzoni, *Mia buona sor* 1569/25
-2+2-2+3-2-3+2 R. Mantovano, *Gnao gnao gna* 1505/04

-2+2-2+3-3-2-2 A. Gabrieli, *Sonno diletto* 1594/08

-2+2-2+3-3+4-2 P. Vecoli, *Per te copia gen* 1581/12

-2+2-2-3+2+2+2 G. da Nola, *Datemi pace* 1570/27
-2+2-2-3+2+2+2 V. Ruffo, *Vergine sol'al mo* 1555/31
-2+2-2-3+2+2+2 G. Vespa, *Madonna se volet* 1583/14
-2+2-2-3+2+2+2 P. Vinci, *Ditemi o donna mi* 1584/11

-2+2-2-3+2+2-2 Anonymous, *Famme pur que* 1505/03
-2+2-2-3+2+2-2 G. Nanino, *Di che cor mio* 1591/12

-2+2-2-3+2+2-3 Anonymous, *Tutt'il di piang* 1545/18
-2+2-2-3+2+2-3 R. Montagnana, *Scacciato de* 1558/17

-2+2-2-3+2+2-5 G. Palestrina, *Vedassi prima* 1591/12

-2+2-2-3+2-2+2 G. Cavaccio, *Ero cosi dice* 1588/17

-2+2-2-3+2-2+6 P. Bellasio, *Non son certo* 1595/07

-2+2-2-3+2+3+3 Anonymous, *Haime per che m'* 1507/03

-2+2-2-3+2-3+5 A. Stabile, *Vincono a mezz* 1585/32

-2+2-2-3+2+4-5 O. Crisci, *Duo cervi nite* 1581/11

-2+2-2-3-2-2-2 G. Eremita, *Poi che il mio* 1594/07

-2+2-2-3+3-3+5 A. Willaert, *Amor da che* 1548/09

-2+2-2-3-3-2+2 I. Alberti, *Parto da voi be* 1592/14

-2+2-2+4+2-2-2 M. Cara, *Alma gentil che* 1526/06

-2+2-2+4-2+2+2 L. Marenzio, *Perche l'una e* 1591/21

-2+2-2+4-2+2-2 P. Isnardi, *La mia bella gu* 1592/14
-2+2-2+4-2+2-2 F. Soto, *Chiostro beato, e* 1600/05

-2+2-2+4-2+2-3 G. Primavera, *Al mio infeli* 1569/31

-2+2-2+4-2-2+2 Anonymous, *Donna voi me par* 1571/07

-2+2-2+4-2-2-2 G. Macque, *Passato e il ver* 1600/05
-2+2-2+4-2-2-2 S. Molinaro, *Dolci soavi* 1599/15

-2+2-2+4-2-2-3 S. Venturi, *O bacio a me fe* 1598/14

-2+2-2+4-2-2+4 M. Cara, *Quis furor tant* 1513/01

-2+2-2+4-2-3+2 F. Gherardini, *Tosto ch'io* 1585/24

-2+2-2-4+4+2-3 Anonymous, *Guarda donna el* 1505/03

-2+2-2+5-2-2-2 V. Recco, *Non e piu certa* 1574/06

-2+2-2+5-6+2+2 S. Venturi, *Rasserenat'i lu* 1598/14

-2+2-2-5+3+4-4 A. Barges, *Hormai son quas* 1550/18

-2+2-2-5+5-2-2 I. Baccusi, *Cruda e bella* 1588/18

-2+2+3+2+2+2-2 Anonymous, *I vaghi fior e* 1554/28

-2+2+3+2+2-2-2 M. Troiano, *Su per l'onde* 1569/19

-2+2+3+2-2+2-2 G. Bonagiunta, *Se tu non vo* 1566/07
-2+2+3+2-2+2-2 G. Vespa, *Madonna se volet* 1583/14

-2+2+3+2-2+2-3 P. Bellasio, *Al piant'a que* 1595/07

-2+2+3+2-2-2+2 G. da Nola, *Ne tempo mai* 1570/27

-2+2+3+2-2-2-2 F. Londariti, *Ditene o Dei* 1561/15

-2+2+3+2-2-5-4 P. Monte, *Ne men dove ch'i* 1573/16

-2+2+3+2-3+2-2 G. da Nola, *Ne tempo mai* 1570/27

-2+2+3+2-3+4+2 Baldasar, *O Jesu dolce o si* 1508/03

-2+2+3+2-4+3-3 B. Pallavicino, *Filli cara* 1596/16

-2+2+3+2-4-5+3 A. Coma, *Simile a questa se* 1585/22

-2+2+3+2-8+2-3 G. Animuccia, *Beato il cie* 1574/04

-2+2+3+2-8+4+4 L. Milanese, *Vinto da passion* 1517/02

-2+2+3-2+2+2+2 G. D'Arras, *Due rose fresche* 1570/28
-2+2+3-2+2+2+2 C. Veggio, *Deh perche'n me* 1540/19

-2+2+3-2+2-2+2 R. Vecoli, *Hor che notte l'* 1577/10

-2+2+3-2+2-2-2 Anonymous, *Deh perche ciel* 1559/18
-2+2+3-2+2-2-2 O. Bassani, *Poi che mi prieg* 1594/07
-2+2+3-2+2-2-2 L. Marenzio, *Vivro dunque* 1591/21
-2+2+3-2+2-2-2 V. Ruffo, *Ma di chi debbo* 1544/22

-2+2+3-2+2-3+2 Anonymous, *Herod'il volto* 1563/06

-2+2+3-2+2-3-2 G. Belli, *Perche v'allontan* 1592/14
-2+2+3-2+2-3-2 B. Donato, *Se pur ti guard* 1550/19
-2+2+3-2+2-3-2 G. Dragone, *Io son pastor* 1588/22
-2+2+3-2+2-3-2 G. Massarengo, *No so facci* 1591/22
-2+2+3-2+2-3-2 A. Striggio, *Ecco il sol ch* 1567/23

-2+2+3-2-2+2+2 G. Parabosco, *Pur converra ch* 1544/22

-2+2+3-2-2+2-2 L. Marenzio, *Baci soavi* 1591/21

-2+2+3-2-2+2-5 Caldarino, *Mentre con suoi* 1560/10

-2+2+3-2-2-2+2 L. Agostini, *Che dolce piu* 1572/07
-2+2+3-2-2-2+2 Anonymous, *Ben si vedra se* 1559/18
-2+2+3-2-2-2+2 Anonymous, *Ben che soletto* 1505/06
-2+2+3-2-2-2+2 Anonymous, *Tutt'ombre son* 1570/15
-2+2+3-2-2-2+2 J. Arcadelt, *Hor ved'amor* 1540/19
-2+2+3-2-2-2+2 G. Ardesi, *Deh resta anima* 1597/19
-2+2+3-2-2-2+2 G. Arpa, *Amor lasciami star* 1565/17
-2+2+3-2-2-2+2 L. Courtoys, *Sinistra piant* 1563/07
-2+2+3-2-2-2+2 G. D'Arras, *Due rose fresche* 1570/28
-2+2+3-2-2-2+2 C. Festa, *Real natur* 1530/01
-2+2+3-2-2-2+2 A. Gabrieli, *Piangeranno* 1589/14
-2+2+3-2-2-2+2 C. Montemayor, *De'Cieli alta* 1600/05
-2+2+3-2-2-2+2 G. Nasco, *Laccio di set'et* 1549/31
-2+2+3-2-2-2+2 G. Nasco, *Per creder men di* 1563/07
-2+2+3-2-2-2+2 F. Papini, *Vergin ben posso* 1600/05
-2+2+3-2-2-2+2 C. Perissone, *Ditemi o Div* 1557/25
-2+2+3-2-2-2+2 B. Tromboncino, *Non temer* 1507/04
-2+2+3-2-2-2+2 B. Tromboncino, *Tu sei quel* 1508/03
-2+2+3-2-2-2+2 C. Veggio, *Di voi sempre* 1540/19

-2+2+3-2-2-2-2 Anonymous, *Io son lieto ne* 1507/03
-2+2+3-2-2-2-2 Anonymous, *Mostra lieto al* 1514/02
-2+2+3-2-2-2-2 Anonymous, *Vita del viver* 1562/10
-2+2+3-2-2-2-2 G. Arpa, *Amor lasciami star* 1565/17
-2+2+3-2-2-2-2 A. Capriolo, *Questo oime pu* 1505/05
-2+2+3-2-2-2-2 A. Morari, *Ardo si ma non* 1585/17
-2+2+3-2-2-2-2 G. Nanino, *Non ti doler* 1587/10
-2+2+3-2-2-2-2 F. Soto, *E nato il Grand'Id* 1599/06
-2+2+3-2-2-2-2 R. Trofeo, *S'ai vostri rai* 1600/17
-2+2+3-2-2-2-2 S. Venturi, *Se cosi crude* 1598/14

-2+2+3-2-2-2-3 G. Dragone, *Io son pastor* 1588/22

-2+2+3-2-2-2+4 P. Vecoli, *Cornelia bella* 1581/12

-2+2+3-2-2+3-2 H. Chamatero, *Con lei foss'* 1561/13
-2+2+3-2-2+3-2 G. Conversi, *Poi che m'hai* 1589/08
-2+2+3-2-2+3-2 G. Florio, *Ardo si ma non* 1585/17

-2+2+3-2-2-3+2 L. Bati, *Cessate il piant'o* 1594/11

-2+2+3-2-2-3+5 Anonymous, *Moro e de la mi* 1595/03

-2+2+3-2-2+4-2 C. Merulo, *Occhi che fia* 1597/13

-2+2+3-2-2-4-2 G. Nanino, *Non ti doler* 1587/10

-2+2+3-2-2-4+3 F. Gherardini, *Cornelia ch'* 1585/24

-2+2+3-2-2-5+2 R. Giovanelli, *Non son risa* 1598/08

-2+2+3-2+3-4+2 C. Rore, *Alma Real se come* 1565/18

-2+2+3-2-3+2+2 A. Padovano, *Con lei foss'i* 1593/05
-2+2+3-2-3+2+2 J. Persoens, *Vener lasciand* 1570/28

-2+2+3-2-3+4+2 F. Soto, *Ove vai Donna sant* 1599/06

-2+2+3-2+4-2-2 M. Cancino, *Poiche dunque* 1590/21

-2+2+3-2+4-2-3 C. Merulo, *Ingiustissimo am* 1562/06

-2+2+3-2-4+2-2 M. Pesenti, *Adio signora ad* 1504/04

-2+2+3-2-4+2-3 A. Savioli, *Sola mi fa rest* 1600/16

-2+2+3-2-5+2+2 V. Bellhaver, *Ogni stratio* 1568/16

-2+2+3-3+2+2+2 A. Martorello, *Da l'arbor* 1547/17

-2+2+3-3+2+2-2 G. Massarengo, *No so facci* 1591/22
-2+2+3-3+2+2-2 L. Vecchi, *Se de'miei giust* 1590/15

-2+2+3-3+2+2-4 A. Coma, *Simile a questa se* 1585/22

-2+2+3-3+2-2+5 S. Venturi, *Intenerite voi* 1596/17

-2+2+3-3-2+3-2 P. Bellasio, *Piaciati alme* 1578/21

-2+2+3-3-2+4-2 F. Soto, *Ove vai Donna sant* 1599/06

-2+2+3-3+3-5+3 O. Vecchi, *Amor se uno ch'i* 1585/35

-2+2+3-3-3-2-2 G. da Todi, *Stendi al Popol* 1600/05

-2+2+3-3-3+3-2 M. Ingegneri, *Poscia che tr* 1600/05

-2+2+3-3+5+2-2 B. Tromboncino, *Gli e pur* 1517/02

-2+2+3+4-2+3-2 S. Venturi, *Per dar soccors* 1598/14

-2+2+3-4+4-2-2 A. Trombetti, *Non men candi* 1586/21

-2+2+3-4+4-5+3 V. Ruffo, *Ove son quei bei* 1557/25

-2+2-3+2+2+2+2 G. Gabrieli, *A Dio, dolce* 1587/16
-2+2-3+2+2+2+2 A. Il Verso, *Pioggia di lag* 1594/17
-2+2-3+2+2+2+2 O. Lasso, *Perch'io veggio* 1588/24
-2+2-3+2+2+2+2 B. Spontone, *Li modi vari* 1564/16
-2+2-3+2+2+2+2 M. Tosoni, *Press'una verde* 1586/10
-2+2-3+2+2+2+2 S. Venturi, *Se cosi crude* 1598/14
-2+2-3+2+2+2+2 H. Vidue, *Quell'occhi d'eban* 1566/03

-2+2-3+2+2+2-2 Anonymous, *Ierusalem letare* 1563/06
-2+2-3+2+2+2-2 Anonymous, *Stiamo amor a ve* 1554/28
-2+2-3+2+2+2-2 A. Crivelli, *Sovr'una verd* 1589/07
-2+2-3+2+2+2-2 G. Mosto, *L'aura suave a cu* 1578/22
-2+2-3+2+2+2-2 P. Stabile, *Cantin le bianc* 1585/32

-2+2-3+2+2+2+3 A. Padovano, *Benedetta el* 1564/16

-2+2-3+2+2+2-3 S. Felis, *Ne v'inganni il* 1585/23

-2+2-3+2+2-2+2 F. Ana, *Nasce l'aspro mio* 1505/03
-2+2-3+2+2-2+2 Anonymous, *Ave panis angelo* 1508/03
-2+2-3+2+2-2+2 Anonymous, *Donna mia quant* 1507/03
-2+2-3+2+2-2+2 Anonymous, *Non son tant'ond* 1599/06
-2+2-3+2+2-2+2 O. Antinori, *Crudel amore* 1507/04
-2+2-3+2+2-2+2 P. Cesena, *A la fe per la* 1505/06
-2+2-3+2+2-2+2 H. Chamatero, *Vieni soav'di* 1569/26
-2+2-3+2+2-2+2 Diomedes, *Sempre haro quel* 1509/02
-2+2-3+2+2-2+2 A. Fiamengo, *Ahi pargolett* 1599/06
-2+2-3+2+2-2+2 P. Parma, *Gravi sospiri mie* 1562/15
-2+2-3+2+2-2+2 G. Pizzoni, *Volse formar du* 1582/14
-2+2-3+2+2-2+2 R. Vecoli, *E pur di fior l'* 1577/10

-2+2-3+2+2-2-2 Anonymous, *A che prendi Sig* 1598/04
-2+2-3+2+2-2-2 Anonymous, *Haime per che m'* 1507/03
-2+2-3+2+2-2-2 Anonymous, *Io temo di cangi* 1554/28
-2+2-3+2+2-2-2 P. Bellasio, *Non veggi'ove* 1578/21
-2+2-3+2+2-2-2 O. Crisci, *E nel pensar io* 1581/11
-2+2-3+2+2-2-2 G. Dragone, *Donna tu sei* 1588/22
-2+2-3+2+2-2-2 A. Gabrieli, *Ma pria odorat* 1587/16
-2+2-3+2+2-2-2 R. Mel, *Se'l pensier che* 1585/26
-2+2-3+2+2-2-2 P. Parma, *Gravi sospiri mie* 1562/15
-2+2-3+2+2-2-2 C. Perissone, *Ben s'io non* 1547/14
-2+2-3+2+2-2-2 F. Portu, *Che nuova forz'am* 1547/17
-2+2-3+2+2-2-2 V. Ruffo, *Non sei tu quel* 1555/31
-2+2-3+2+2-2-2 G. Wert, *Donna io men vo* 1568/20

-2+2-3+2+2-2+3 P. Bellasio, *Non veggi'ove* 1578/21
-2+2-3+2+2-2+3 F. Manara, *Lasso mi trov'Am* 1548/08

-2+2-3+2+2-2-3 C. Porta, *Ero cosi dice* 1588/17
-2+2-3+2+2-2-3 C. Rore, *Ancor che col part* 1548/08
-2+2-3+2+2-2-3 P. Virchi, *Ero cosi dice* 1588/17

-2+2-3+2+2-2+4 A. Gabrieli, *Ma pria odorat* 1587/16
-2+2-3+2+2-2+4 L. Lioni, *Dolce nemica mia* 1600/12
-2+2-3+2+2-2+4 P. Philipps, *Amor se i bei* 1594/07

-2+2-3+2+2+3-2 Anonymous, *Io temo di cangi* 1554/28
-2+2-3+2+2+3-2 Anonymous, *Madonna io mi vo* 1560/12
-2+2-3+2+2+3-2 G. Ferretti, *Sei tanto grat* 1589/08
-2+2-3+2+2+3-2 P. Verdelot, *Fuggi fuggi co* 1533/02

-2+2-3+2+2+3-8 A. Gabrieli, *Ben possono* 1579/02

-2+2-3+2+2-3+2 F. Luprano, *Noi l'amazone* 1509/02

-2+2-3+2+2-3-2 M. Cara, *Credo ben puro ch* 1505/04
-2+2-3+2+2-3-2 G. Coudenno, *Et se ben la* 1584/11

-2+2-3+2+2-3+3 Don Remigio, *Il bel tempo* 1599/06
-2+2-3+2+2-3+3 R. Vecoli, *E pur di fior l'* 1577/10

-2+2-3+2+2-4+2 S. d'Aranda, *Pensoso piu d'un* 1571/12
-2+2-3+2+2-4+2 G. Califano, *Ma i pomi un* 1584/07
-2+2-3+2+2-4+2 S. Felis, *Ne v'inganni il* 1585/23
-2+2-3+2+2-4+2 S. Felis, *Nova belta somma* 1593/04

-2+2-3+2+2-4+3 S. Felis, *Nova belta somma* 1593/04
-2+2-3+2+2-4+3 C. Perissone, *Io mi son bel* 1547/14

-2+2-3+2+2-4+4 G. Pellio, *Dal bel nero* 1585/29

-2+2-3+2+2-4-5 G. Pizzoni, *Volse formar du* 1582/14

-2+2-3+2+2+5-2 O. Caccini, *Di perle e di* 1585/21

-2+2-3+2+2-5+2 G. Palestrina, *Anima dove* 1577/07

-2+2-3+2+2-5+5 S. Felis, *Di faville d'amo* 1583/15

-2+2-3+2-2+2+2 G. Califano, *Liete verde fi* 1584/07

-2+2-3+2-2+2-2 A. Barre, *Felice poi ch'in* 1555/27

-2+2-3+2-2+2+3 O. Caccini, *Amor che debbo* 1585/21

-2+2-3+2-2+2+4 J. Lulinus, *Mentre che gli* 1514/02

-2+2-3+2-2-2+2 S. d'Aranda, *Ancor che la* 1571/12
-2+2-3+2-2-2+2 Anonymous, *L'amor donna ch'* 1507/03
-2+2-3+2-2-2+2 Anonymous, *Viva viva Bacc* 1589/08
-2+2-3+2-2-2+2 Anonymous, *Se ben risguard* 1599/06
-2+2-3+2-2-2+2 G. Brocco, *Se non son degn* 1505/04
-2+2-3+2-2-2+2 J. Ferelle, *Con le mie man* 1566/10
-2+2-3+2-2-2+2 C. Veggio, *Isabellin dolc'a* 1540/19

-2+2-3+2-2-2-2 G. Gabrieli, *A Dio, dolce* 1587/16
-2+2-3+2-2-2-2 F. Soto, *Perche non mi cons* 1599/06
-2+2-3+2-2-2-2 A. Striggio, *E s'a buon fi* 1579/02
-2+2-3+2-2-2-2 A. Stringari, *Non al suo am* 1514/02

-2+2-3+2-2-2+4 N. Parma, *Dolce Angioletta* 1586/09

-2+2-3+2-2-2+5 Anonymous, *La speranza me* 1505/04

-2+2-3+2-2+3-2 P. Cesena, *A la fe per la* 1505/06

-2+2-3+2-2-3-2 F. Vecoli, *Ecco gia d'ogn'i* 1575/16

-2+2-3+2+3+2+2 M. Cancino, *Chi mi terra po* 151590/21

-2+2-3+2+3-2-2 G. Anerio, *Di che t'ammiri* 1599/06

-2+2-3+2+3-2-4 M. Cara, *Del mio si grande* 1526/06

-2+2-3+2+3-3-2 E. Bonizzoni, *S'ogn'hor ti* 1569/25

-2+2-3+2-3+2+2 B. Faveretto, *Ma desio ben ch* 1598/07
-2+2-3+2-3+2+2 A. Marien, *Quest'anima gent* 1584/09A
-2+2-3+2-3+2+2 R. Montagnana, *Che debbo fa* 1558/17
-2+2-3+2-3+2+2 P. Taglia, *Come faro cor mi* 1569/25

-2+2-3+2-3+2-2 G. Palestrina, *Satio di tor* 1557/24

-2+2-3+2-3+2+3 S. Essenga, *Dhe cosi fuss'i* 1559/16

-2+2-3+2-3+2-3 Anonymous, *Boccuccia d'uno* 1537/05
-2+2-3+2-3+2-3 G. Massarengo, *Gia l'hora* 1591/22
-2+2-3+2-3+2-3 E. Romano, *Cerchato ho semp* 1514/02

-2+2-3+2-3-2+8 B. Tromboncino, *El focho* 1505/06

-2+2-3+2-3+3+2 Anonymous, *Viva viva Bacc* 1589/08

-2+2-3+2-3+3-2 N. Parma, *Dolce Angioletta* 1586/09

-2+2-3+2-3+4+2 L. Marenzio, *Sonar le labr* 1597/13

-2+2-3+2-3+4-2 M. Cara, *Rocta e l'aspra mi* 1505/06

-2+2-3+2-3+4-3 G. Antiquis, *Queste la prim* 1574/05

-2+2-3+2-3-4+2 C. Rore, *Padre del ciel dop* 1544/17

-2+2-3+2-3+5-2 G. Palestrina, *Satio di tor* 1557/24

-2+2-3+2-3+6-3 G. Brocco, *Se non son degn* 1505/04

-2+2-3+2-3+8-3 J. Arcadelt, *Non mai sempr* 1540/18

-2+2-3+2+4-3-3 P. Bellasio, *Non veggi'ove* 1578/21

-2+2-3+2+4-3+4 F. Novelli, *Lungo viver m'* 1599/06

-2+2-3+2-4+4-4 L. Bati, *Mentre l'armento* 1594/11

-2+2-3+2-5+3-4 L. Bati, *Rallenta Filli ohi* 1594/11

-2+2-3+2-5+4-5 M. Comis, *Valor senno bont* 1568/16

-2+2-3+2-5+6+2 P. Verdelot, *S'io pensassi* 1533/02

-2+2-3-2+2+2+2 Anonymous, *Che bella vita* 1563/06
-2+2-3-2+2+2+2 Anonymous, *Se pensass'ai pi* 1563/06
-2+2-3-2+2+2+2 H. Chamatero, *Zefiro torna* 1569/26
-2+2-3-2+2+2+2 Don Remigio, *Il bel tempo* 1599/06
-2+2-3-2+2+2+2 A. Effrem, *Non sia ch'in do* 1574/05
-2+2-3-2+2+2+2 A. Il Verso, *L'herbetta ver* 1594/17
-2+2-3-2+2+2+2 C. Lambardi, *Vive doglioso* 1600/13
-2+2-3-2+2+2+2 A. Martorello, *Cangiato ho* 1547/17
-2+2-3-2+2+2+2 P. Monte, *Ne men dove ch'i* 1573/16
-2+2-3-2+2+2+2 A. Striggio, *Ero cosi dice* 1588/17

-2+2-3-2+2+2-2 G. Costa, *Ardo si ma non t'* 1585/17

-2+2-3-2+2+2-3 G. Palestrina, *Misero stato de* 1557/24

-2+2-3-2+2+2-4 M. Comis, *Valor senno bont* 1568/16

-2+2-3-2+2+2-5 A. Trombetti, *Mattutina rug* 1586/21

-2+2-3-2+2-2+2 Anonymous, *Fammi sicuro mi* 1571/07
-2+2-3-2+2-2+2 C. Ceruti, *Dolce nemica mi* 1585/22
-2+2-3-2+2-2+2 A. Gabrieli, *Fontana d'eloq* 1579/02
-2+2-3-2+2-2+2 H. Lauro, *Ecco la notte el* 1517/02

-2+2-3-2+2-2-2 P. Monte, *Ne men dove ch'i* 1573/16
-2+2-3-2+2-2-2 A. Stabile, *Volete pur ch'i* 1587/10
-2+2-3-2+2-2-2 P. Stabile, *Per voi seme ge* 1585/32

-2+2-3-2+2-2+3 A. Gabrieli, *Ella non sa* 1582/08

-2+2-3-2+2-2+4 G. Bonagiunta, *Se pur ti vo* 1566/07
-2+2-3-2+2-2+4 M. Cancino, *A Dio Filli mi* 1590/21

-2+2-3-2+2+3-2 B. Donato, *E voio criar tan* 1570/17
-2+2-3-2+2+3-2 F. Gherardini, *Cornelia ch'* 1585/24
-2+2-3-2+2+3-2 F. Gherardini, *O bei occhi* 1585/24

-2+2-3-2+2-3+2 Cortolaino, *Non mi lasciar* 1571/09
-2+2-3-2+2-3+2 A. Martorello, *Vivo hor sco* 1547/17
-2+2-3-2+2-3+2 M. Riccio, *Lassatemi morir* 1544/22
-2+2-3-2+2-3+2 A. Striggio, *Mentre nel pi* 1589/06
-2+2-3-2+2-3+2 P. Verdelot, *Donna che set* 1533/02

-2+2-3-2+2-3-2 P. Verdelot, *Donna che set* 1533/02
-2+2-3-2+2-3-2 G. Wert, *Cara Germania mia* 1568/20

-2+2-3-2+2-3+5 G. Zarlino, *Lauro gentile* 1548/09

-2+2-3-2+2-4+2 P. Monte, *Ne men dove ch'i* 1573/16

-2+2-3-2+2-4+4 B. Donato, *Madonna io son* 1550/19

-2+2-3-2+2-4+5 O. Lasso, *Almen nel suo fug* 1575/11

-2+2-3-2+2+5-2 B. Pallavicino, *Hor che la bel* 1596/16

-2+2-3-2-2+2+2 G. da Nola, *S'io mir'ho mal* 1570/27
-2+2-3-2-2+2+2 G. da Nola, *Quando da voi* 1588/24
-2+2-3-2-2+2+2 J. Arcadelt, *Com'esser puot* 1546/19
-2+2-3-2-2+2+2 H. Chamatero, *Si dolce e quest* 1561/13
-2+2-3-2-2+2+2 S. Cornet, *Ma'l bel viso le* 1581/07
-2+2-3-2-2+2+2 A. Il Verso, *L'herbetta ver* 1594/17
-2+2-3-2-2+2+2 G. Macque, *Io vidi Amor co* 1583/10
-2+2-3-2-2+2+2 P. Nenna, *Sommo Rettor del* 1582/12
-2+2-3-2-2+2+2 F. Papini, *Per aspri monti* 1599/06
-2+2-3-2-2+2+2 P. Stabile, *I miei occhi ma* 1585/32
-2+2-3-2-2+2+2 P. Taglia, *Donna curtese* 1564/16

-2+2-3-2-2+2-2 J. Arcadelt, *Com'esser puot* 1546/19

-2+2-3-2-2+2-3 A. Gabrieli, *In dar Natura* 1583/12

-2+2-3-2-2+2+4 Anonymous, *Dolce cara e gra* 1598/04

-2+2-3-2-2+2+8 N. Brocco, *Se mia trista* 1517/02

-2+2-3-2-2-2+2 Anonymous, *S'a te signora* 1571/09
-2+2-3-2-2-2+2 M. Cara, *Cantai mentre nel* 1513/01
-2+2-3-2-2-2+2 M. Pesenti, *Adio signora ad* 1504/04
-2+2-3-2-2-2+2 B. Tromboncino, *Ave maria* 1508/03

-2+2-3-2-2-2-2 Anonymous, *Stiamo amor a ve* 1554/28
-2+2-3-2-2-2-2 F. Ricci, *Ardo si ma non t'* 1585/17
-2+2-3-2-2-2-2 P. Verdelot, *Piove da gli* 1533/02

-2+2-3-2-2-2+4 Anonymous, *Tutta gentile* 1589/11
-2+2-3-2-2-2+4 A. Martorello, *O piu ch'alt* 1547/17
-2+2-3-2-2-2+4 L. Viadana, *Morir non puo'* 1598/10

-2+2-3-2-2+3+2 G. Anerio, *Di che t'ammiri* 1599/06

-2+2-3-2-2+3-2 O. Antinori, *El te par che* 1505/03

-2+2-3-2-2-3+5 G. Nasco, *Duolmi verac'amo* 1563/07

-2+2-3-2-2+4-4 G. Gabrieli, *Al discoprire de* 1589/14

-2+2-3-2-2-4+8 F. Anerio, *Da questa pietra* 1589/07

-2+2-3-2-2+5-2 F. Gherardini, *O bei occhi* 1585/24
-2+2-3-2-2+5-2 G. Gostena, *Lucido animalet* 1599/15

-2+2-3-2-2+5+3 A. Martorello, *Vivo hor sco* 1547/17

-2+2-3-2-2+5-3 V. Ruffo, *Vostro donn'e'l* 1555/31

-2+2-3-2-2+5-4 C. Merulo, *Gelo ha madonna* 1579/02

-2+2-3-2-2+8-2 S. d'Aranda, *Pensoso piu d'un* 1571/12

-2+2-3-2-2+8-3 R. Vecoli, *Non cerchi torm* 1577/10

-2+2-3-2+3+2+2 A. Stabile, *Volete pur ch'i* 1587/10

-2+2-3-2+3-2-2 Anonymous, *O conservi d'amo* 1544/22
-2+2-3-2+3-2-2 Cortolaino, *Non mi lasciar* 1571/09
-2+2-3-2+3-2-2 B. Tromboncino, *El convera ch* 1504/04

-2+2-3-2+3-2-3 C. Perissone, *Io mi son bel* 1547/14

-2+2-3-2+3-3+2 Anonymous, *O conservi d'amo* 1544/22

-2+2-3-2+3-3+3 A. Striggio, *Ero cosi dice* 1588/17

-2+2-3-2+3-4+4 G. Pratoneri, *O dolci basc* 1568/12

-2+2-3-2+3-8+3 G. Gallo, *Deh ditemi per Di* 1597/20

-2+2-3-2-3+2+2 Anonymous, *Benche in dogli* 1516/02
-2+2-3-2-3+2+2 F. Viola, *Et come in terso* 1548/08

-2+2-3-2-3+2-2 P. Bellasio, *Amor che vide* 1583/10

-2+2-3-2-3+2-4 M. Comis, *Valor senno bont* 1568/16

-2+2-3-2-3-3+2 A. Gabrieli, *Chiaro sol di* 1586/07

-2+2-3-2-3-3+8 M. Riccio, *Lassatemi morir* 1544/22

-2+2-3-2-3+6-2 L. Bati, *Rallenta Filli ohi* 1594/11
-2+2-3-2-3+6-2 S. Bertoldo, *Cosi dunque* 1561/15

-2+2-3-2+4+2+2 Anonymous, *Giovene donna sott* 1554/28
-2+2-3-2+4+2+2 Anonymous, *I piansi un temp* 1600/05
-2+2-3-2+4+2+2 Don Remigio, *Il bel tempo* 1599/06
-2+2-3-2+4+2+2 A. Feliciani, *Perche mi pia* 1586/15
-2+2-3-2+4+2+2 A. Gabrieli, *Chiaro sol di* 1586/07
-2+2-3-2+4+2+2 A. Gabrieli, *In dar Natura* 1583/12

-2+2-3-2+4+2-2 F. Sole, *Disse Clori a Mirt* 1598/07

-2+2-3-2+4+2-4 P. Taglia, *Donna curtese* 1564/16

-2+2-3-2+4-2+2 J. Arcadelt, *Se tanta grati* 1544/16
-2+2-3-2+4-2+2 G. Asola, *In questa carne* 1598/0
-2+2-3-2+4-2+2 A. Martorello, *Vivo hor sco* 1547/17
-2+2-3-2+4-2+2 P. Monte, *Verde Lauro e'l* 1583/10

-2+2-3-2+4-2-2 J. Arcadelt, *Donna fra piu* 1539/24
-2+2-3-2+4-2-2 G. Gallo, *Deh ditemi per Di* 1597/20
-2+2-3-2+4-2-2 A. Martorello, *Vivo hor sco* 1547/17
-2+2-3-2+4-2-2 F. Portinaro, *Occhi miei ch* 1563/13
-2+2-3-2+4-2-2 P. Verdelot, *Piove da gli* 1533/02
-2+2-3-2+4-2-2 L. Viadana, *Morir non puo'* 1598/10

-2+2-3-2+4-2-3 A. Martorello, *Da le piu fr* 1547/17

-2+2-3-2+4-2-4 G. Gostena, *Dopo che quest* 1589/13

-2+2-3-2+4+3+2 A. Il Verso, *Pioggia di lag* 1594/17

-2+2-3-2+4-3+2 M. Ingegneri, *L'hora s'appr* 1579/02
-2+2-3-2+4-3+2 G. Massarengo, *Come faro co* 1591/22
-2+2-3-2+4-3+2 F. Soriano, *Perle e rubini* 1590/15

-2+2-3-2+4-3-2 F. Ana, *Usciro de tanti af* 1507/04
-2+2-3-2+4-3-2 F. Sole, *Disse Clori a Mirt* 1598/07

-2+2-3-2+4-3-3 S. Felis, *Che se gia il tem* 1585/23

-2+2-3-2+4-4+2 H. Chamatero, *Si dolce e quest* 1561/13
-2+2-3-2+4-4+2 P. Monte, *Verde Lauro e'l* 1583/10
-2+2-3-2+4-4+2 G. Nanino, *Morir non puo* 1585/18

-2+2-3-2+4+5-2 P. Monte, *Verde Lauro e'l* 1583/10

-2+2-3-2+4+5-3 P. Monte, *Ne men dove ch'i* 1573/16

-2+2-3-2+4-5+3 A. Stabile, *Chiari cristall* 1587/10

-2+2-3-2+4-5+5 Anonymous, *La speranza me* 1505/04
-2+2-3-2+4-5+5 G. Asola, *In questa carne* 1598/0

-2+2-3-2-4+2-3 A. Il Verso, *Pioggia di lag* 1594/17

-2+2-3-2+5-2-2 Anonymous, *Morir voglio in* 1505/03

-2+2-3-2+5+3-3 M. Ingegneri, *L'hora s'appr* 1579/02

-2+2-3-2+5-3+2 F. Azzaiolo, *Girometta senz* 1559/19

-2+2-3-2-5+2+2 V. Nerito, *Se'l mio morir* 1597/13

-2+2-3-2-5+3+2 A. Stabile, *Chiari cristall* 1587/10
-2+2-3-2-5+3+2 G. Zarlino, *Lauro gentile* 1548/09

-2+2-3-2-5+3-2 G. Carmeni, *Ma perch'il mi* 1570/23

-2+2-3-2-5+4+2 J. Arcadelt, *Com'esser puot* 1546/19

-2+2-3-2-5+4-2 S. d'Aranda, *Pensoso piu d'un* 1571/12
-2+2-3-2-5+4-2 A. Effrem, *Non sia ch'in do* 1574/05
-2+2-3-2-5+4-2 A. Stabile, *Pur mi concess* 1583/12

-2+2-3-2-5+4+5 O. Lasso, *Di pensier in pensie* 1579/02

-2+2-3-2-5+5+2 O. Lasso, *Di pensier in pensie* 1579/02

-2+2-3-2-5+5+4 O. Lasso, *Di pensier in pensie* 1579/02

-2+2-3-2-5+8-2 J. Arcadelt, *Com'esser puot* 1546/19
-2+2-3-2-5+8-2 F. Gherardini, *O bei occhi* 1585/24
-2+2-3-2-5+8-2 G. Nanino, *Questa si* 1587/10
-2+2-3-2-5+8-2 A. Stabile, *Chiari cristall* 1587/10
-2+2-3-2-5+8-2 A. Stabile, *Pur mi concess* 1583/12

-2+2-3-2+6-2-2 J. Arcadelt, *Se tanta grati* 1544/16
-2+2-3-2+6-2-2 A. Crivelli, *Io me n'avvedo* 1589/11

-2+2-3-2+6-2-3 G. Policretto, *Cosi piangend* 1571/09

-2+2-3-2+6-4+3 S. Bertoldo, *Misero me che* 1568/16

-2+2-3+3+2+2-2 B. Pallavicino, *Hor che la bel* 1596/16

-2+2-3+3+2+2-3 O. Lasso, *Et io qual fui re* 1588/24

-2+2-3+3+2-3+2 Anonymous, *El cor che ben* 1505/05

-2+2-3+3-2+2+2 A. da Reggio, *Quando quel* 1570/19
-2+2-3+3-2+2+2 Anonymous, *Alma che scarca* 1563/06
-2+2-3+3-2+2+2 C. Rore, *Non mi toglia il* 1565/18

-2+2-3+3-2+2-2 Anonymous, *Alma che scarca* 1563/06
-2+2-3+3-2+2-2 Anonymous, *La speranza me* 1505/04

-2+2-3+3-2+2-3 A. da Reggio, *Quando quel* 1570/19
-2+2-3+3-2+2-3 A. Crivelli, *Sovr'una verd* 1589/07
-2+2-3+3-2+2-3 C. Malvezzi, *Torna suono de* 1583/16

-2+2-3+3-2+2-5 A. Pevernage, *Dolce mio foc* 1583/14

-2+2-3+3-2-2+2 Anonymous, *Bianca et vezzos* 1557/16
-2+2-3+3-2-2+2 M. Iacovelli, *Fiorit'e bella* 1588/23

-2+2-3+3-2-2-2 A. Striggio, *Occhi voi che* 1579/02

-2+2-3+3-2-3+8 P. Cesena, *A la fe per la* 1505/06

-2+2-3+3+3-2+2 B. Donato, *Madonna io son* 1550/19

-2+2-3+3-3+2+2 G. Primavera, *S'io esca viv* 1585/31

-2+2-3+3-4+2+3 A. Gabrieli, *Al chiaro suo* 1586/07

-2+2-3+3-4-2-2 M. Comis, *Valor senno bont* 1568/16

-2+2-3+3-4-3+2 S. Bertoldo, *Cosi dunque* 1561/15

-2+2-3+3-4+4-2 A. Gabrieli, *Alla battagli* 1587/16

-2+2-3+3-4+5-3 B. Tromboncino, *Di focho ar* 1505/05

-2+2-3+3-4-5+8 L. Mira, *Come il Lauro non* 1583/10

-2+2-3+3-5+2+3 F. Corteccia, *Bacco, bacco* 1539/25

-2+2-3-3+2+2+2 J. Arcadelt, *Donna fra piu* 1539/24

-2+2-3-3+2+2-2 L. Agostini, *Se gioioso mi* 1572/07
-2+2-3-3+2+2-2 F. Gherardini, *Volete pur ch* 1585/24

-2+2-3-3+2+2+3 Anonymous, *El servo che te* 1516/02

-2+2-3-3+2+2-3 G. Nanino, *Non ti doler* 1587/10

-2+2-3-3+2-2+2 A. Gabrieli, *Ma pria odorat* 1587/16

-2+2-3-3+2-2+3 J. Arcadelt, *Donna fra piu* 1539/24

-2+2-3-3+2+4-5 P. Bellasio, *Al piant'a que* 1595/07

-2+2-3-3+2-5+8 B. Tromboncino, *Se io gli* 1507/04

-2+2-3-3-2+2-2 M. Cara, *Se quanto in voi* 1530/01

-2+2-3-3+3+2+2 G. Cavaccio, *Ero cosi dice* 1588/17

-2+2-3-3+3-2-2 J. Arcadelt, *Donna fra piu* 1539/24

-2+2-3-3+4-2-3 P. Vinci, *Si dolce e d'ama* 1584/11

-2+2-3-3+5+2-2 M. Riccio, *Lassatemi morir* 1544/22

-2+2-3+4+2+2+2 G. Palestrina, *Pero che da* 1560/10

-2+2-3+4-2+2+2 A. Trombetti, *Miser che far* 1583/18

-2+2-3+4-2+2-2 A. Willaert, *Qual piu diver* 1549/31

-2+2-3+4-2-2+2 G. Manenti, *Se pensand'al* 1583/15
-2+2-3+4-2-2+2 B. Spontone, *Il vago e liet* 1568/12

-2+2-3+4-2-2-2 Anonymous, *Voi lo veder ing* 1588/25
-2+2-3+4-2-2-2 P. Bonini, *Come vag'augelle* 1589/10
-2+2-3+4-2-2-2 B. Tromboncino, *Non so dir qu* 1517/02

-2+2-3+4-2-2+3 A. Trombetti, *Ben a ragion* 1583/18

-2+2-3+4-2-3+2 N. Pifaro, *Chi dal ciel no* 1505/04

-2+2-3+4-2-3-2 G. Cartolaio, *Com'in piu ne* 1570/16
-2+2-3+4-2-3-2 G. Palestrina, *Com'in piu* 1561/10

-2+2-3+4-2-3+3 G. Dragone, *O rossigno* 1588/22

-2+2-3+4-2-5 P. Masnelli, *Ardo si ma non* 1585/17

-2+2-3+4-3+2 R. Vecoli, *La ver l'auror* 1577/10

-2+2-3+4-3+2+2 V. Bellhaver, *Franceschine bel* 1570/17

-2+2-3+4-3-2+3 A. Gabrieli, *Alla battagli* 1587/16

-2+2-3+4-3+4-2 N. Pifaro, *La colpa non e* 1507/04

-2+2-3+4-5+4+3 A. Padovano, *A qualunque an* 1561/15

-2+2-3+4-5+4-3 G. Zarlino, *Fu sempre all'o* 1568/16

-2+2-3-4+2+2+2 B. Tromboncino, *Piu non so* 1507/03

-2+2-3-4+2-3+5 P. Monte, *Puri lucenti liqu* 1561/15

-2+2-3-4+3+4-2 B. Donato, *Credime vita mi* 1550/19

-2+2-3+5-2+2-2 J. Arcadelt, *Dal bel suave* 1539/24

-2+2-3+5-2+2+3 R. Vecoli, *Erano i capei d'* 1577/10

-2+2-3+5-2-2-3 P. Vinci, *Quando la sera sc* 1583/19

-2+2-3+5-2-5+2 D. Grisonio, *Poi che son* 1568/16

-2+2-3+5-2-10O G. Mosto, *L'aura suave a cu* 1578/22

-2+2-3+5-3-2+2 G. Califano, *Ma i pomi un* 1584/07

-2+2-3+5-3+3-2 V. Ruffo, *Verde piaggie fel* 1557/25

-2+2-3+5-3+4-4 P. Bellasio, *Mentre mia ste* 1578/21

-2+2-3+7-4+3-4 P. Parma, *Se grav'il peso* 1562/15

-2+2+4+2-2+2-2 Anonymous, *Regi & guidi ogn* 1507/03

-2+2+4+2-5+3+2 M. Cara, *Per fuggir d'amor* 1516/02

-2+2+4-2+2-3+3 R. Vecoli, *Quanto piu vi segu* 1577/10

-2+2+4-2+2-4+4 M. Cara, *Occhi dolci o che* 1509/02

-2+2+4-2-2+2+2 G. Macque, *Io vidi Amor co* 1583/10
-2+2+4-2-2+2+2 B. Tromboncino, *Giogia me* 1514/02

-2+2+4-2-2-2-2 A. Savioli, *Acqua non fu ch* 1600/16
-2+2+4-2-2-2-2 P. Vinci, *Scielto fior de* 1584/11

-2+2+4-2-2-2-3 O. Lasso, *Queste non son pi* 1588/24

-2+2+4-2-2-2+4 Anonymous, *La nocte aquiet* 1505/05

-2+2+4-2+3-2-2 P. Quagliati, *Quando miro* 1591/12

-2+2+4-2+3-2-5 V. Recco, *Non e piu certa* 1574/06

-2+2+4-2-3+2+3 S. Felis, *Di faville d'amo* 1583/15

-2+2+4-2-3-2-2 S. Cornet, *Se per sentir do* 1581/07

-2+2+4-2-5+5+4 A. Gabrieli, *Ma da quel atr* 1570/15

-2+2+4-2-7+2+2 Ranieri, *Me lassarai tu* 1517/02

-2+2+4-3-2+5-5 P. Vinci, *Et se pur s'arma* 1584/11

-2+2+4-3+3-2-2 L. Balbi, *Quello da cui ogn* 1570/23

-2+2+4-3-3+4-3 H. Sabino, *Si che s'io viss* 1581/11

-2+2+4-3+4-4+2 G. Martinengo, *Talche mi pa* 1548/09

-2+2+4+4-3-5+2 B. Tromboncino, *Nulla fede* 1516/02

-2+2+4-4+4-4+4 G. Ascanio, *Ardo si ma non* 1585/17

-2+2+4-4+5-5+4 Anonymous, *Poi chio son dam* 1514/02

-2+2+4-5+4+2+2 Anonymous, *A la fe si a la* 1505/04

-2+2+4-5+4-2-2 G. Renaldi, *Quanto piu crud* 1569/32

-2+2-4+2+2+2+2 J. Arcadelt, *Felici alme co* 1554/28
-2+2-4+2+2+2+2 S. Cornet, *Ma'l bel viso le* 1581/07
-2+2-4+2+2+2+2 G. Gallo, *Gioite hor mec* 1597/20
-2+2-4+2+2+2+2 R. Giovanelli, *Ero cosi dic* 1588/17
-2+2-4+2+2+2+2 P. Vinci, *Imaginata guida* 1564/20

-2+2-4+2+2+2-2 F. Azzaiolo, *Sentomi la for* 1557/18
-2+2-4+2+2+2-2 P. Bellasio, *Questi capelli* 1591/12
-2+2-4+2+2+2-2 M. Cara, *Sum piu tua che no* 1507/04

-2+2-4+2+2+2+3 G. Ferretti, *Sei tanto grat* 1589/08

-2+2-4+2+2+2-3 P. Monte, *Puri lucenti liqu* 1561/15

-2+2-4+2+2-2+2 F. Gherardini, *Il bel capo* 1585/24

-2+2-4+2+2-2-2 Anonymous, *Ben fu il nome* 1595/07
-2+2-4+2+2-2-2 P. Monte, *Amor m'accende &* 1577/07

-2+2-4+2+2-3+4 G. Manenti, *Se pensand'al* 1583/15

-2+2-4+2-2+2-2 Anonymous, *Trist'a noi da* 1573/17

-2+2-4+2-2-2+2 G. Gabrieli, *Dimmi numi be* 1589/14

-2+2-4+2-2-2-2 G. Fogliano, *Tanquam aurum* 1547/16

-2+2-4+2-2+3+2 R. Vecoli, *Rallenta filli* 1577/10

-2+2-4+2-2+3-2 L. Marenzio, *Guidate dolci* 1589/08

-2+2-4+2-2+4-2 G. Nanino, *Morir puo* 1586/18
-2+2-4+2-2+4-2 G. Primavera, *Quel che nel* 1585/31

-2+2-4+2-2+4-4 F. Luprano, *Non son quel ch* 1506/03

-2+2-4+2-2+5-3 G. Ferretti, *Donna crudel tu* 1589/08

-2+2-4+2-2-5+2 Fra Ruffin, *Venite donne* 1521/06

-2+2-4+2-2-5+5 F. Baseo, *Perduto ha il sce* 1573/17
-2+2-4+2-2-5+5 G. Nanino, *Morir puo* 1586/18

-2+2-4+2-2+7-2 G. Macque, *Su la selva gent* 1598/08

-2+2-4+2-2+8-2 P. Bozi, *Ardo Signor non me* 1593/05

-2+2-4+2-2+8-3 G. Gallo, *Si dolc'e'l canta* 1596/13

-2+2-4+2+3-2+2 M. Cara, *S'io sedo al ombr* 1505/06
-2+2-4+2+3-2+2 L. Marenzio, *Rose bianche* 1594/08
-2+2-4+2+3-2+2 L. Marenzio, *Dissi a l'amat* 1593/05

-2+2-4+2+3-2-2 H. Chamatero, *Amor con qual* 1569/26

-2+2-4+2+3-2+3 A. Picenni, *Poiche la luce* 1588/25

-2+2-4+2+3-4+2 R. Mel, *Hor che la saggia* 1585/26

-2+2-4+2+3-5+5 G. Dragone, *Meraviglia non* 1588/22
-2+2-4+2+3-5+5 G. Dragone, *Mi parto ahi so* 1588/22

-2+2-4+2-3+2+2 S. Cornet, *Ma'l bel viso le* 1581/07

-2+2-4+2-3+2-2 Anonymous, *Non voglio vive* 1598/04
-2+2-4+2-3+2-2 A. Effrem, *Non sia ch'in do* 1574/05

-2+2-4+2-3+2+4 L. Marenzio, *Baci ohime no* 1591/21

-2+2-4+2-3-2-2 G. Veggi, *Deh non chinar* 1583/12

-2+2-4+2-3-2+3 Anonymous, *Morir non puo'l* 1595/03

-2+2-4+2-4+4-3 P. Bellasio, *O miser quel che* 1591/12

-2+2-4-2+2+2-2 R. Vecoli, *Ne spero i dolc* 1577/10

-2+2-4-2+2+3-3 S. Venturi, *Selvaggia mia* 1596/13

-2+2-4-2+2-3+2 B. Spontone, *Vieni soave &* 1594/08

-2+2-4-2+2-5+2 J. Fossa, *Ardo si ma non t'* 1585/17

-2+2-4-2-2+2-3 Anonymous, *Ben fu il nome* 1595/07
-2+2-4-2-2+2-3 S. Molinaro, *Amante troppo* 1599/15

-2+2-4-2-2-2+4 R. Giovanelli, *Tu nascesti* 1592/14

-2+2-4-2-2-3+5 A. Trombetti, *Tigre mia se* 1583/18

-2+2-4-2-3+2-2 G. Gallo, *Tempo fu ch'io ca* 1597/20

-2+2-4-2+4+2-2 B. Tromboncino, *Se il mori* 1507/03

-2+2-4-2-5+4-2 D. Grisonio, *Vu ha ben casu* 1564/16

-2+2-4+3+2+2+2 P. Verdelot, *Se voi porgest* 1533/02
-2+2-4+3+2+2+2 P. Vinci, *Per mezz'i bosch'* 1567/24

-2+2-4+3+2-2+2 G. Conversi, *Poi che m'hai* 1589/08

-2+2-4+3+2-3+2 E. Bonizzoni, *Piu volte t'h* 1569/25

-2+2-4+3+2-4+2 J. Arcadelt, *Lasso che giov* 1539/24

-2+2-4+3-2-2+2 G. Orto, *Scopri Cintia gent* 1592/12

-2+2-4+3-2-2-2 A. Stabile, *Verde Lauro gen* 1583/10

-2+2-4+3-2-2+3 G. Gallo, *Se del mio ma* 1597/20

-2+2-4+3-2-2-3 B. Roi, *La Vergin Madre pi* 1599/06

-2+2-4+3-2-2+4 P. Quagliati, *Tal da vostr'* 1591/12

-2+2-4+3-2-2-5 G. Orto, *Scopri Cintia gent* 1592/12

-2+2-4+3-2-2+6 C. Malvezzi, *Occhi miei ch* 1583/16

-2+2-4+3+3-2+2 A. Gabrieli, *Ecco Vinegia* 1587/16

-2+2-4+3+3-4+3 G. Renaldi, *E quel foco ch'* 1569/32

-2+2-4+3+3-4+4 C. Merulo, *Deh perche mort* 1589/06

-2+2-4+3-3+2+2 A. Martorello, *E quando cre* 1547/17

-2+2-4+3-3+2-2 V. Ruffo, *Ond'Amor paventos* 1557/25
-2+2-4+3-3+4-5 S. Venturi, *Rasserenat'i lu* 1598/14
-2+2-4+3+5-2+2 R. Vecoli, *Hor che notte l'* 1577/10
-2+2-4+3-5+4-4 G. Policretto, *Piangero dun* 1571/09
-2+2-4+3-5+8+2 S. Cornet, *S'Amor non e, ch* 1581/07
-2+2-4-3+2+2-2 M. Cancino, *Madonna Sua mer* 1590/21
-2+2-4-3+2+2+4 A. Il Verso, *Lasso non e mo* 1594/17
-2+2-4-3+2+5-2 A. Il Verso, *Lasso non e mo* 1594/17
-2+2-4-3-2-2+5 G. Gallo, *Saciati Amor* 1597/20
-2+2-4-3+4-2+2 P. Masnelli, *Ardo si ma non* 1585/17
-2+2-4-3+4-3+2 Anonymous, *Poi che per ben* 1559/18
-2+2-4+4-2+2-3 L. Marenzio, *Io partiro ma* 1594/07
-2+2-4+4-2+2-4 Anonymous, *Sopr'una verde* 1577/08
-2+2-4+4-2+2-4 Anonymous, *Tu che sei tanto* 1589/02
-2+2-4+4-2+2-4 A. Gabrieli, *Onde gran temp* 1583/12
-2+2-4+4-2+2-5 A. Gabrieli, *Se mi degnasti* 1589/14
-2+2-4+4-2-2+2 Anonymous, *Tutt'il di piango* 1546/19
-2+2-4+4-2-2-2 Anonymous, *Lascio la glori* 1583/04
-2+2-4+4-2-2-2 F. Luprano, *Vivero patient* 1505/04
-2+2-4+4-2-2-2 B. Tromboncino, *Stavasi amo* 1514/02
-2+2-4+4-2-2-2 P. Verdelot, *Gloriar mi pos* 1533/02
-2+2-4+4-2+3+2 S. Festa, *Come senza coste* 1526/06
-2+2-4+4-2-3+8 B. Tromboncino, *Hor ivo sco* 1505/06
-2+2-4+4-2+4-2 J. Lulinus, *Non potra mai* 1514/02
-2+2-4+4-2+5-4 B. Tromboncino, *Vale diva* 1504/04
-2+2-4+4+3-4+2 Anonymous, *Passer mai solit* 1577/08
-2+2-4+4-3+2+2 A. Bicci, *Candide perle e* 1591/21
-2+2-4+4-3+2+2 A. Mantovano, *Chi se passe* 1513/01
-2+2-4+4-3-2+4 C. Rore, *Ond'io spero ch'in* 1548/09
-2+2-4+4-3+4-3 N. Faignient, *Questi ch'ind* 1583/14
-2+2-4+4+4-5+4 I. de Vento, *Pace non trov* 1575/11
-2+2-4+4+4-8+4 S. Cornet, *Dolci sospir che* 1581/07
-2+2-4+4-4+2-2 J. Arcadelt, *Un di lieto gi* 1540/19
-2+2-4+4-4+2-4 A. Morari, *Ardo si ma non* 1585/17
-2+2-4+4-4+4-2 Anonymous, *Amor se la mia* 1519/04
-2+2-4+4-4+4-4 A. Stringari, *Discolorato* 1514/02
-2+2-4+4-4+8-2 J. Arcadelt, *Donna grav'e* 1539/24
-2+2-4+4-5-2+2 F. Laudis, *Et se ti credi* 1575/11
-2+2-4+4-5+4+3 C. Festa, *Come lieta si mos* 1539/25
-2+2-4+4-5+4+3 R. Rodio, *Madonn'il vostro* 1587/12
-2+2-4+4-5+5-2 G. Palestrina, *Misero stato de* 1557/24
-2+2-4+4-5+8-2 V. Ruffo, *Non sei tu quel* 1555/31
-2+2-4-4+3-2-2 H. Sabino, *E mentre che n'a* 1588/27
-2+2-4-4+5-2+5 A. Trombetti, *Ardi e gela* 1586/21
-2+2-4+5+2-2-2 G. Bonagiunta, *Parmi di sta* 1566/07
-2+2-4+5+2-2-5 R. Montagnana, *Oime terr'* 1558/17
-2+2-4+5+2-3-2 R. Vecoli, *Piangi Amor mec* 1577/10
-2+2-4+5-2-2-2 P. Cesena, *Ben ben ben tu* 1507/03
-2+2-4+5-5+3+2 B. Pallavicino, *Cara e dolc* 1586/09
-2+2-4+5-5+5-5 Anonymous, *Si morsi donna* 1505/04
-2+2-4-5+2+2+2 S. Cornet, *Ma'l bel viso le* 1581/07
-2+2-4-5+2+2+2 L. Marenzio, *Occhi lucenti* 1589/08
-2+2-4-5+2+2-2 S. Molinaro, *Ma questo oscuro* 1599/15
-2+2-4-5+2+7-2 G. Gallo, *Tempo fu ch'io ca* 1597/20
-2+2-4-5+3+2+2 F. Baseo, *S'io sospiro e* 1573/17
-2+2-4-5+4+5-5 L. Mira, *Amorosetti augell* 1592/15
-2+2-4-5+5+2+2 P. Virchi, *Ero cosi dice* 1588/17
-2+2-4-5+5-2-2 H. Sabino, *E mentre che n'a* 1588/27
-2+2-4-5+5+4-2 R. Vecoli, *E pur di fior l'* 1577/10
-2+2-4-5+5-5+5 L. Marenzio, *Occhi lucenti* 1589/08
-2+2-4-5+6+2-3 A. Il Verso, *Quella che'l* 1594/17
-2+2-4-5+8-2-5 G. Gallo, *Saciati Amor* 1597/20
-2+2-4-5+8-3+2 L. Mira, *Amorosetti augell* 1592/15
-2+2-4-5+8-3-2 A. Senese, *Tu vuoi ch'io di* 1515/02
-2+2-4+6-2+3-5 D. Grisonio, *Vu ha ben casu* 1564/16
-2+2-4+6-2-3-3 F. Stivori, *Piango ch'Amor* 1595/07
-2+2-4+6-3-2+2 R. Montagnana, *Oime terr'* 1558/17
-2+2-4+8-2+2-4 P. Vecoli, *Io piango & ell* 1581/12
-2+2-4+8-3+2-3 M. Cancino, *Chi mi terra po* 1590/21
-2+2+5+2+2+2+2 L. Bati, *Da begl'occhi ch'a* 1594/11
-2+2+5+2+2-5+2 Anonymous, *Dolce mia vita* 1566/07
-2+2+5+2-2-5+2 Anonymous, *Merce ha per mi* 1505/05
-2+2+5-2+2-5-4 Anonymous, *Dalla piu alta* 1563/06
-2+2+5-2-2-2-2 R. Giovanelli, *Tu nascesti* 1592/14
-2+2+5-2-2-2-2 L. Marenzio, *Bianchi Cigni* 1589/08
-2+2+5-2+3-2-2 Anonymous, *Quanto e dolc'i* 1583/13
-2+2+5-2-3+2-3 A. Gabrieli, *Ecco la vaga* 1587/16
-2+2+5-5+2+2+2 Anonymous, *Ave vera caro ch* 1508/03
-2+2+5-5+5-2-2 P. Isnardi, *Non ti lagnar* 1570/15
-2+2+5-5+5+4-2 P. Isnardi, *Non ti lagnar* 1570/15
-2+2+5-5+8-2-2 G. Arpa, *Da poi che tu crud* 1570/27
-2+2-5+2+2+2+2 G. Antiquis, *Occhi leggiadr* 1574/06
-2+2-5+2+2+2+2 C. Ardesi, *Hor che vedere* 1597/19
-2+2-5+2+2+2+2 A. Gabrieli, *Al dolce volo di* 1589/14
-2+2-5+2+2+2+2 L. Marenzio, *Leggiadre Ninf* 1591/21
-2+2-5+2+2+2+2 P. Santini, *Chiaro viso leg* 1599/06
-2+2-5+2+2+2+2 B. Spontone, *Il vago e liet* 1568/12
-2+2-5+2+2+2-2 L. Marenzio, *Leggiadrissim* 1591/21
-2+2-5+2+2+2-2 L. Marenzio, *Guidate dolci* 1589/08

-2+2-5+2+2+4 Anonymous, *Qual vive Amant* 1595/03
-2+2-5+2+2-2+2 G. Sabino, *Cor mio poi ch* 1588/27
-2+2-5+2+2-2-5 Anonymous, *Quanto ardor st* 1506/03
-2+2-5+2+2-2-5 P. Isnardi, *Lume si chiaro* 1586/07
-2+2-5+2+2-2-5 S. Verovio, *Gesu sommo conf* 1586/02
-2+2-5+2+2-3+5 A. Trombetti, *Tu pur mi fug* 1583/18
-2+2-5+2+2-3+6 A. Aiolli, *Lasso la rete ch* 1582/08
-2+2-5+2-2+4+2 A. Gabrieli, *Ecco Vinegia* 1587/16
-2+2-5+2+3-2-2 A. Martorello, *Mentre ch'i* 1547/17
-2+2-5+2+3-3-2 C. Monteverdi, *Dolcemente* 1597/13
-2+2-5+2+3-5+5 A. Savioli, *Mentre campo co* 1591/22
-2+2-5+2-3+5+2 Don Remigio, *Mira Vergine M* 1599/06
-2+2-5+2+4-2+2 G. Nanino, *Aventuroso piu* 1587/10
-2+2-5+2+4-2-3 G. Gallo, *Tempo fu ch'io ca* 1597/20
-2+2-5+2+4+3-8 C. Schietti, *Questo angosci* 1598/0
-2+2-5+2+4-3+4 S. Felis, *Sotto finti d'Amo* 1585/23
-2+2-5+2+4+4-2 E. Dupre, *Finira giamai mi* 1509/02
-2+2-5+2+4-4+4 A. Masera, *Con affetto piet* 1598/0
-2+2-5+2+4+5-3 G. Filippo, *Il biondo crin* 1598/07
-2+2-5+2-4+4+5 P. Vecoli, *Per te copia gen* 1581/12
-2+2-5+2+5-2+2 B. Tromboncino, *Pocha pace* 1505/06
-2+2-5+2-5+4+2 M. Cara, *Crudel cor per ch* 1507/03
-2+2-5+2-5+8+2 G. Filippo, *Il biondo crin* 1598/07
-2+2-5+2-5+8-5 G. Costa, *Ardo si ma non t'* 1585/17
-2+2-5+3+2+2+2 P. Vinci, *Per mezz'i bosch'* 1567/24
-2+2-5+3+2+2-2 P. Vinci, *Per mezz'i bosch'* 1567/24
-2+2-5+3+2+2-5 H. Schaffen, *Colma d'affann* 1547/17
-2+2-5+3+2-2+2 H. Sabino, *Si che s'io viss* 1581/11
-2+2-5+3-2-2+2 G. Orto, *Scopri Cintia gent* 1592/12
-2+2-5+3-2-2-2 E. Romano, *Ben puoi tu luci* 1517/02
-2+2-5+3-2-4+6 C. Rore, *Ond'io spero ch'in* 1548/09
-2+2-5-3-2+2+2 P. Vinci, *Scielto fior de* 1584/11
-2+2-5+4+2+2-4 G. Dragone, *La prima volta ch* 1588/22
-2+2-5+4-2+2-3 G. Dragone, *Tanto v'am* 1588/22
-2+2-5+4-2+2-5 Anonymous, *Villanella crude* 1566/05
-2+2-5+4-2+2-5 P. Quagliati, *Madre divina del* 1599/06
-2+2-5+4-2-2-2 G. Nanino, *Ben so ch'acerb* 1599/06
-2+2-5+4-2-2-2 B. Narducci, *Con dolor fier* 1599/06
-2+2-5+4+3-2+2 H. Sabino, *I vo piangendo* 1581/11
-2+2-5+4-3-2+5 G. Dragone, *Meraviglia non* 1588/22
-2+2-5+4-4-4+2 P. Monte, *Amorosi pensieri* 1583/15
-2+2-5+4-4+7-2 P. Monte, *Amorosi pensieri* 1583/15
-2+2-5+4-5+4-2 G. Policretto, *In questo mo* 1571/09
-2+2-5+4-5+5+2 P. Quagliati, *O alma che fa* 1585/07
-2+2-5-4+2+5-5 A. da Reggio, *Tant'era dolce* 1570/19
-2+2-5+5+2+2+2 J. Arcadelt, *Solo & pensos* 1540/19
-2+2-5+5+2+2-2 L. Marenzio, *Leggiadrissim* 1591/21
-2+2-5+5+2-2-2 G. Anerio, *Grida qual Gion* 1599/06
-2+2-5+5+2-2-2 A. Striggio, *E s'a buon fi* 1579/02
-2+2-5+5+2-2-5 G. Anerio, *Grida qual Gion* 1599/06
-2+2-5+5+2+3+2 L. Marenzio, *Nel piu fiorito* 1589/08
-2+2-5+5-2+2+3 Anonymous, *Gloria summa De* 1580/06
-2+2-5+5-2+2-3 G. Gallo, *Non posso dir di* 1597/20
-2+2-5+5-2+2-8 R. Burno, *Tu pur te credi* 1546/18
-2+2-5+5-2-2+2 P. Verdelot, *La bella man* 1533/02
-2+2-5+5-2-2+5 G. Antiquis, *La carafe ci por* 1574/05
-2+2-5+5-2-5+3 P. Bonini, *Come vag'augelle* 1589/10
-2+2-5+5+3-2-2 J. Gero, *Lasso ch'io ardo* 1541/02
-2+2-5+5+3-2-2 P. Isnardi, *Dolc'Amaranta* 1586/10
-2+2-5+5+3-2-2 H. Morsolino, *Mentre da te* 1594/15
-2+2-5+5+3-2-3 J. Gero, *Desio gentil che* 1561/11
-2+2-5+5+3-3-2 J. Gero, *Desio gentil che* 1561/11
-2+2-5+5-3+2-2 G. Renaldi, *Non sai signor* 1589/10
-2+2-5+5-3+3-2 Anonymous, *Dolor e piant'e* 1571/07
-2+2-5+5-3+4-2 J. Gero, *O notte madre di* 1541/02
-2+2-5+5-3+5+2 M. Mazzone, *Pascomi sol di* 1570/18
-2+2-5+5-3+5-4 F. Baseo, *Vita del viver mi* 1573/17
-2+2-5+5+4-2+2 C. Ardesi, *Mentre io parto* 1597/19
-2+2-5+5+4-2+2 A. Martorello, *O donna van* 1547/17
-2+2-5+5-4+4-3 F. Portinaro, *Basciami mill* 1563/13
-2+2-5+5+5-5+5 B. Piffari, *A Dio Titiro mi* 1583/12
-2+2-5+5-5+3+2 O. Vecchi, *Amor se uno ch'i* 1585/35
-2+2-5+5-5+4+2 A. Pevernage, *Il dolce sonn* 1583/14
-2+2-5+5-5+4+3 M. Cara, *Mentre che a tua* 1505/05
-2+2-5+5-5+5+2 P. Philipps, *Amor che voi ch* 1594/07
-2+2-5+5+6-2-2 F. Corigliano, *Vergin del vero* 1600/05
-2+2-5+8-2-2+2 Anonymous, *Vedo ne gli och* 1509/02
-2+2-5+8-3+2+2 A. Il Verso, *Pioggia di lag* 1594/17
-2+2-5+8-5+2+2 C. Monteverdi, *Io ardo si ma* 1594/15
-2+2-6+2-2+4-5 L. Marenzio, *Fillida mia pi* 1589/08
-2+2-7+2+2+2+8 P. Nenna, *E che per segno* 1582/12
-2+2-7+7-3-3+2 P. Quagliati, *Quando miro* 1591/12
-2+2-8+2+2+2+2 Anonymous, *Che vol dir che* 1516/02
-2+2-8+2+2+2+2 P. Nenna, *E che per segno* 1582/12
-2+2-8+2+2+2+2 M. Pesenti, *Dime un pocho* 1504/04
-2+2-8+3+2+2-4 F. Cornazzani, *Qual nave sc* 1569/19

-2+2-8+3+2+2-5 P. Animuccia, *Tu mi ponest'* 1560/10

-2+2-8+4-2-2-2 S. Essenga, *Dhe cosi fuss'i* 1559/16

-2+2-8+5+2+2+2 L. Bati, *Baciami vita mia* 1594/11

-2+2-8+5+2-2-5 L. Bati, *Baciami vita mia* 1594/11

-2+2-8+5+3-2-2 G. Gallo, *Se del mio ma* 1597/20

-2+2-8+5+3-3+2 G. Gallo, *Se del mio ma* 1597/20

-2+2-8+5-3+2+2 G. Ferretti, *Occhi non occh* 1594/08

-2+2-8+5-5+8-2 G. Primavera, *Quel che nel* 1585/31

-2-2+2 F. Azzaiolo, *Chi passa per* 1557/18

-2-2+2+2+2+2 G. Gorzanis, *S'io vegli'o* 1570/32

-2-2+2+2+2+2+2 L. Agostini, *Donne mie car* 1572/07
-2-2+2+2+2+2+2 G. Anerio, *Non temer tu se* 1599/06
-2-2+2+2+2+2+2 Anonymous, *Amor fammi genti* 1583/04
-2-2+2+2+2+2+2 Anonymous, *Cosi vuol mia ch* 1570/33
-2-2+2+2+2+2+2 P. Bellasio, *Donna gentil* 1578/21
-2-2+2+2+2+2+2 G. Dragone, *Un mondo sol* 1590/15
-2-2+2+2+2+2+2 E. Dupre, *La mia vaga torto* 1509/02
-2-2+2+2+2+2+2 G. Gallo, *Questi son quei* 1597/20
-2-2+2+2+2+2+2 C. Lambardi, *Se per far mi* 1600/13
-2-2+2+2+2+2+2 •P. Massarenghi, *L'altra Diana* 1592/12
-2-2+2+2+2+2+2 H. Sabino, *I piango & ella* 1568/19
-2-2+2+2+2+2+2 G. Wert, *Re degli altri sup* 1568/20

-2-2+2+2+2+2-2 Anonymous, *Dimmi dolce Maria* 1563/06
-2-2+2+2+2+2-2 Anonymous, *Lontan pur mi co* 1515/02
-2-2+2+2+2+2-2 A. Antiqui, *Non tardar o di* 1509/02
-2-2+2+2+2+2-2 G. Fogliano, *Dunque donna* 1547/16
-2-2+2+2+2+2-2 G. Fogliano, *Dunque donna* 1547/17
-2-2+2+2+2+2-2 A. Il Verso, *Non fur colti* 1594/17
-2-2+2+2+2+2-2 O. Lasso, *Per pianto la mi* 1588/24
-2-2+2+2+2+2-2 G. Mosto, *Sparg'al girar* 1578/22
-2-2+2+2+2+2-2 G. Nasco, *Ma l'infernal nem* 1563/07

-2-2+2+2+2+2-3 G. Dragone, *Occhi de l'alm* 1588/22
-2-2+2+2+2+2-3 P. Massarenghi, *L'altra Diana* 1592/12

-2-2+2+2+2+2-4 M. Iacovelli, *Cosi canto d'* 1588/23
-2-2+2+2+2+2-4 A. Il Verso, *Non fur colti* 1594/17
-2-2+2+2+2+2-4 P. Massarenghi, *L'altra Diana* 1592/12

-2-2+2+2+2-2+2 V. Bellhaver, *Fia mia cara* 1570/17
-2-2+2+2+2-2+2 B. Donato, *Guarda sciagura ch* 1550/19
-2-2+2+2+2-2+2 T. Fabrianese, *Zerbin la de* 1549/31
-2-2+2+2+2-2+2 F. Gherardini, *Lasso perch* 1585/24
-2-2+2+2+2-2+2 F. Papini, *Vergin ben posso* 1600/05
-2-2+2+2+2-2+2 A. Pevernage, *Amorose favil* 1593/04
-2-2+2+2+2-2+2 G. Primavera, *Stella genti* 1569/31
-2-2+2+2+2-2+2 P. Verdelot, *Lasso che se* 1533/02
-2-2+2+2+2-2+2 G. Wert, *Lasso che tal non* 1568/20

-2-2+2+2+2-2-2 L. Agostini, *Si amaramente* 1572/07
-2-2+2+2+2-2-2 Anonymous, *Anima che per me* 1589/02
-2-2+2+2+2-2-2 Anonymous, *Cui dicese e non* 1506/03
-2-2+2+2+2-2-2 Anonymous, *Morir voglio in* 1505/03
-2-2+2+2+2-2-2 Anonymous, *Se per servire* 1585/07
-2-2+2+2+2-2-2 L. Bati, *Misero che faro pi* 1594/11
-2-2+2+2+2-2-2 P. Bozi, *S'adira il mio be* 1589/10
-2-2+2+2+2-2-2 S. Cornet, *Devota a te s'in* 1581/07
-2-2+2+2+2-2-2 G. Gallo, *Chi vidde mai can* 1597/20
-2-2+2+2+2-2-2 F. Gherardini, *Lasso perch* 1585/24
-2-2+2+2+2-2-2 L. Marenzio, *Tacciano i venti* 1591/21
-2-2+2+2+2-2-2 G. Marinis, *Le altri vezzos* 1596/13
-2-2+2+2+2-2-2 P. Marni, *M'ahime che piu* 1588/18
-2-2+2+2+2-2-2 C. Merulo, *Cibo pregiat'e* 1577/07
-2-2+2+2+2-2-2 P. Monte, *Ecco ch'io veggi* 1591/23
-2-2+2+2+2-2-2 G. Mosto, *I lieti amanti* 1589/10
-2-2+2+2+2-2-2 A. Pevernage, *Amorose favil* 1593/04
-2-2+2+2+2-2-2 A. Striggio, *Vaten piena* 1579/02
-2-2+2+2+2-2-2 P. Verdelot, *Lasso che se* 1533/02
-2-2+2+2+2-2-2 P. Vinci, *Fede fiamme sospi* 1584/11

-2-2+2+2+2-2+3 L. Agostini, *Si amaramente* 1572/07
-2-2+2+2+2-2+3 Anonymous, *Ben che la faci* 1506/03
-2-2+2+2+2-2+3 Anonymous, *Meschina me con* 1555/30
-2-2+2+2+2-2+3 N. Dinarelli, *Caro dolce* 1589/10
-2-2+2+2+2-2+3 G. Rognoni, *Lasso crudel'Am* 1600/17

-2-2+2+2+2-2-3 L. Agostini, *Voi che del pu* 1572/07
-2-2+2+2+2-2-3 Anonymous, *Giesu ogn'un chi* 1580/06
-2-2+2+2+2-2-3 F. Portinaro, *O di chiara* 1563/13
-2-2+2+2+2-2-3 G. Primavera, *Stella genti* 1569/31
-2-2+2+2+2-2-3 H. Sabino, *Facciansi lieti* 1583/14
-2-2+2+2+2-2-3 C. Veggio, *Donna per acquet* 1544/22

-2-2+2+2+2-2+4 Anonymous, *Lontan pur mi co* 1515/02
-2-2+2+2+2-2+4 F. Gherardini, *Lasso perch* 1585/24
-2-2+2+2+2-2+4 A. Trombetti, *Deh perche pi* 1571/09

-2-2+2+2+2-2-5 L. Agostini, *Si amaramente* 1572/07
-2-2+2+2+2-2-5 P. Verdelot, *Lasso che se* 1533/02

-2-2+2+2+2+3+2 C. Tetis, *Viver amando* 1565/17

-2-2+2+2+2+3-2 A. Barges, *Madonna mia io* 1550/18
-2-2+2+2+2+3-2 C. Tetis, *Viver amando* 1565/17

-2-2+2+2+2+3-3 Anonymous, *Amor fammi genti* 1583/04

-2-2+2+2+2-3+2 Anonymous, *Dolor, pianto,* 1563/06
-2-2+2+2+2-3+2 G. Dragone, *Un mondo sol* 1590/15
-2-2+2+2+2-3+2 G. Gabrieli, *S'io t'ho feri* 1591/23
-2-2+2+2+2-3+2 G. Policretto, *Piangero dun* 1571/09
-2-2+2+2+2-3+2 G. Primavera, *Prima che sta* 1569/31
-2-2+2+2+2-3+2 C. Rore, *Rex Asiae & ponti* 1565/18

-2-2+2+2+2-3-2 P. Quagliati, *Mentr'in grat* 1585/07

-2-2+2+2+2-3+4 C. Veggio, *Deh perche'n me* 1540/19

-2-2+2+2+2-3+5 V. Ferro, *Quanto piu miro* 1559/18

-2-2+2+2+2-4-2 Anonymous, *Io piango & ell* 1595/03

-2-2+2+2+2-4+3 F. Gherardini, *Dhe sciogli* 1585/24

-2-2+2+2+2-4-3 O. Vecchi, *Sia maledetto Am* 1585/35

-2-2+2+2+2-4+5 H. Chamatero, *Amor con qual* 1569/26

-2-2+2+2+2-5+2 P. Animuccia, *Tu mi ponest'* 1560/10

-2-2+2+2+2-5+3 A. Gabrieli, *Ma da quel atr* 1570/15

-2-2+2+2+2-5-3 F. Tresti, *O come e* 1597/20

-2-2+2+2+2-5+4 G. Grillo, *Crudi baci d'Amo* 1600/12

-2-2+2+2+2-5+8 A. Crivelli, *Sovr'una verd* 1589/07

-2-2+2+2+2-8+3 G. Primavera, *Chiuso vegg'o* 1585/31

-2-2+2+2-2+2+2 Anonymous, *Te lamenti & io* 1505/03
-2-2+2+2-2+2+2 Anonymous, *Tutt'il di piango* 1546/19
-2-2+2+2-2+2+2 A. Bicci, *Candide perle e* 1591/21
-2-2+2+2-2+2+2 M. Cara, *Se ben el fin de* 1506/03
-2-2+2+2-2+2+2 G. Marinis, *Cantava in riv'* 1596/13
-2-2+2+2-2+2+2 M. Santini, *Queste son quel* 1600/12
-2-2+2+2-2+2+2 B. Spontone, *Se tutta ghiac* 1568/12
-2-2+2+2-2+2+2 G. Wert, *Torni pur il seren* 1568/20

-2-2+2+2-2+2-2 Anonymous, *Ben che la faci* 1506/03
-2-2+2+2-2+2-2 Anonymous, *El cor che ben* 1505/05
-2-2+2+2-2+2-2 C. Baselli, *Le tue dorate* 1600/12
-2-2+2+2-2+2-2 G. Eremita, *Questa vostra* 1600/08
-2-2+2+2-2+2-2 P. Lodi, *Legno sancto e glo* 1508/03
-2-2+2+2-2+2-2 A. Martorello, *Da l'arbor* 1547/17
-2-2+2+2-2+2-2 G. Mosto, *Deh chi mi rupe'* 1578/22
-2-2+2+2-2+2-2 A. Senese, *Spiriti gentili* 1515/02
-2-2+2+2-2+2-2 A. Stringari, *Valle che de* 1514/02
-2-2+2+2-2+2-2 P. Vecoli, *Dolce corina mi* 1581/12

-2-2+2+2-2+2+3 C. Ardesi, *D'una rosa una* 1597/19
-2-2+2+2-2+2+3 A. Capriolo, *Vaga zoiosa* 1505/05
-2-2+2+2-2+2+3 F. Luprano, *Al di donna no* 1505/04
-2-2+2+2-2+2+3 C. Merulo, *Lasso che desian* 1578/22

-2-2+2+2-2+2-3 P. Cesena, *Hai lassa me mes* 1505/03
-2-2+2+2-2+2-3 G. Mosto, *Deh chi mi rupe'* 1578/22
-2-2+2+2-2+2-3 C. Perissone, *Ben s'io non* 1547/14
-2-2+2+2-2+2-3 M. Rampollini, *Lieta per ho* 1539/25
-2-2+2+2-2+2-3 G. Renaldi, *Quando parla ma* 1589/10

-2-2+2+2-2+2-4 F. Ana, *Occhi dolci ove pr* 1505/03
-2-2+2+2-2+2-4 F. Ana, *S'el mio ben da vo* 1505/03
-2-2+2+2-2+2-4 C. Ardesi, *D'una rosa una* 1597/19

-2-2+2+2-2-2+2 G. Anerio, *Non temer tu se* 1599/06
-2-2+2+2-2-2+2 Anonymous, *Donna che avanz* 1537/08
-2-2+2+2-2-2+2 Anonymous, *Madonna no giard* 1560/12
-2-2+2+2-2-2+2 Anonymous, *Qual vive Amant* 1595/03
-2-2+2+2-2-2+2 Anonymous, *Assa buccuccia* 1567/17
-2-2+2+2-2-2+2 F. Azzaiolo, *Prima hora del* 1557/18
-2-2+2+2-2-2+2 V. Bellhaver, *Ogni stratio* 1568/16
-2-2+2+2-2-2+2 S. Felis, *Ne v'inganni il* 1585/23
-2-2+2+2-2-2+2 S. Felis, *Schacchier'e deve* 1574/05
-2-2+2+2-2-2+2 O. Grassi, *Questa amorosa C* 1592/12
-2-2+2+2-2-2+2 L. Marenzio, *Baci affammati* 1591/21
-2-2+2+2-2-2+2 P. Monte, *Ahime cor mio ahi* 1568/12
-2-2+2+2-2-2+2 G. Parabosco, *Pur converra ch* 1544/22
-2-2+2+2-2-2+2 C. Rore, *Schiet'arbuscel* 1557/24
-2-2+2+2-2-2+2 F. Soriano, *Lasso dunque ch* 1582/04
-2-2+2+2-2-2+2 O. Vecchi, *Con voce dai sos* 1585/35
-2-2+2+2-2-2+2 G. Wert, *Torni pur il seren* 1568/20

-2-2+2+2-2-2-2 S. Lando, *Quanto piu posso* 1570/18
-2-2+2+2-2-2-2 Anonymous, *All'hor sarann'* 1554/28
-2-2+2+2-2-2-2 Anonymous, *I non hebbi giam* 1583/13
-2-2+2+2-2-2-2 F. Azzaiolo, *E per amor di* 1557/18
-2-2+2+2-2-2-2 C. Baselli, *Vidi tra spine* 1600/12
-2-2+2+2-2-2-2 V. Bellhaver, *Ogni stratio* 1568/16
-2-2+2+2-2-2-2 M. Cara, *Fugi se sai fugir* 1509/02
-2-2+2+2-2-2-2 P. Cavalieri, *Ahi che gran* 1590/13
-2-2+2+2-2-2-2 O. Crisci, *Duo cervi nite* 1581/11
-2-2+2+2-2-2-2 Don Remigio, *Chiaro gioisc* 1599/06
-2-2+2+2-2-2-2 F. Gherardini, *Dhe sciogli* 1585/24
-2-2+2+2-2-2-2 F. Gherardini, *Il bel capo* 1585/24
-2-2+2+2-2-2-2 Josquin, *El grillo e bon ca* 1505/04
-2-2+2+2-2-2-2 B. Lupacchino, *No text.* 1591/19
-2-2+2+2-2-2-2 L. Milanese, *Quando mi most* 1507/04
-2-2+2+2-2-2-2 R. Montagnana, *Che debbo fa* 1558/17
-2-2+2+2-2-2-2 F. Roussel, *Onde convien ch* 1562/22
-2-2+2+2-2-2-2 F. Soto, *Come ti veggio oim* 1600/05
-2-2+2+2-2-2-2 A. Stringari, *Al foco al fo* 1514/02
-2-2+2+2-2-2-2 B. Tromboncino, *Almen vedest* 1520/07

-2-2+2+2-2-2+3 Anonymous, *Madonna no giard* 1560/12
-2-2+2+2-2-2+3 G. B. Zesso, *Jesu benigno* 1508/03

-2-2+2+2-2-2-3 Anonymous, *Giesu, Giesu, Gi* 1563/06
-2-2+2+2-2-2-3 P. Vinci, *Stiamo amor a ved* 1567/24

-2-2+2+2-2-2+4 G. Califano, *Ma poiche chia* 1584/07
-2-2+2+2-2-2+4 C. Rore, *Schiet'arbuscel* 1557/24

-2-2+2+2-2-2+5 A. Pitigliano, *O de'Beati* 1599/06

-2-2+2+2-2+3+2 O. Vecchi, *Mentre cerco il* 1600/05

-2-2+2+2-2+3-2 P. Nenna, *Signora io penso* 1574/06

-2-2+2+2-2+3-3 G. Mosto, *Deh chi mi rupe'* 1578/22

-2-2+2+2-2-3+2 C. Baselli, *Le tue dorate* 1600/12
-2-2+2+2-2-3+2 C. Monteverdi, *Dolcemente* 1597/13

-2-2+2+2-2-3+3 Anonymous, *Io piango & ell* 1595/03

-2-2+2+2-2-3+4 G. Ascanio, *Ardo si ma non* 1585/17
-2-2+2+2-2-3+4 G. Mosto, *Deh chi mi rupe'* 1578/22
-2-2+2+2-2-3+4 A. Striggio, *S'io t'ho feri* 1593/05

-2-2+2+2-2+4+2 O. Vecchi, *Mentre cerco il* 1600/05

-2-2+2+2-2+4-2 Anonymous, *Dico spesso al* 1585/07
-2-2+2+2-2+4-2 Anonymous, *Donna voi me par* 1571/07
-2-2+2+2-2+4-2 G. Mosto, *Deh chi mi rupe'* 1578/22
-2-2+2+2-2+4-2 F. Soto, *Vergin diletta spo* 1599/06

-2-2+2+2-2+4-3 P. Nenna, *Lieti fiori & fel* 1582/12
-2-2+2+2-2+4-3 A. Trombetti, *Deh perche pi* 1571/09

-2-2+2+2-2-5+3 P. Lodi, *Riposarmi in quest* 1517/02

-2-2+2+2+3+2-2 G. Ascanio, *Ardo si ma non* 1585/17

-2-2+2+2+3-2-2 L. Agostini, *S'io veggio* 1572/07
-2-2+2+2+3-2-2 Anonymous, *Da noi ti parti* 1598/04
-2-2+2+2+3-2-2 Anonymous, *Gratia piu che* 1509/02
-2-2+2+2+3-2-2 P. Bellasio, *Questi capelli* 1591/12
-2-2+2+2+3-2-2 F. Luprano, *Dolce amoroso* 1505/06
-2-2+2+2+3-2-2 L. Mira, *Amor mi strugge* 1583/19
-2-2+2+2+3-2-2 O. Vecchi, *Amante se ti pia* 1585/35
-2-2+2+2+3-2-2 G. Violanti, *Vincavi la pie* 1574/06

-2-2+2+2+3-2+3 B. Pallavicino, *Filli cara* 1596/16

-2-2+2+2+3-2-5 V. Ruffo, *Salve Hippolite* 1555/31

-2-2+2+2+3-3+2 E. Bonizzoni, *Che far mi de* 1569/25

-2-2+2+2+3-3-3 G. Ascanio, *Ardo si ma non* 1585/17

-2-2+2+2-3+2+2 A. demophon, *Vogli gli ochi* 1508/03
-2-2+2+2-3+2+2 Anonymous, *Eccome qui horma* 1505/05
-2-2+2+2-3+2+2 O. Antinori, *Resta in pace* 1505/03
-2-2+2+2-3+2+2 G. Gostena, *Clori mi diede* 1599/15
-2-2+2+2-3+2+2 M. Iacovelli, *Fiorit'e bella* 1588/23
-2-2+2+2-3+2+2 A. Trombetti, *Miser che far* 1583/18

-2-2+2+2-3+2-2 V. Ruffo, *Il vostro gran do* 1561/11
-2-2+2+2-3+2-2 B. Tromboncino, *Io cercho* 1507/03

-2-2+2+2-3+2+3 G. Marinis, *Io disprezzav'a* 1574/06

-2-2+2+2-3+2-3 G. Boni, *Sta notte mi sogna* 1589/10
-2-2+2+2-3+2-3 A. Perugino, *Martir e gelos* 1571/09
-2-2+2+2-3+2-3 G. Rognoni, *Strinsem'il pet* 1600/17
-2-2+2+2-3+2-3 R. Vecoli, *Filli dhe non fu* 1577/10

-2-2+2+2-3-2+2 Anonymous, *Ave maria grati* 1508/03
-2-2+2+2-3-2+2 Anonymous, *Moro e de la mi* 1595/03
-2-2+2+2-3-2+2 F. Azzaiolo, *E d'una viduel* 1557/18
-2-2+2+2-3-2+2 A. Gabrieli, *Che tal hor re* 1589/06
-2-2+2+2-3-2+2 G. Rognoni, *Strinsem'il pet* 1600/17

-2-2+2+2-3-2-2 M. Cara, *Io non compro piu* 1504/04
-2-2+2+2-3-2-2 G. Croce, *Cosi moriro i for* 1594/07
-2-2+2+2-3-2-2 A. Stabile, *A questo tuo fa* 1589/07

-2-2+2+2-3-2+3 P. Parma, *Chi vol veder fr* 1562/15

-2-2+2+2-3-2+4 A. Gabrieli, *Che tal hor re* 1589/06

-2-2+2+2-3+3-2 Anonymous, *Cor mio duro ch* 1599/06

-2-2+2+2-3-3+2 G. Grillo, *Crudi baci d'Amo* 1600/12

-2-2+2+2-3+4-2 J. Arcadelt, *Dov'ito son, chi* 1540/19

-2-2+2+2-3+4-3 C. Rore, *Vaghi pensieri ch* 1568/19

-2-2+2+2+4-2-2 H. Sabino, *I piango & ella* 1568/19
-2-2+2+2+4-2-2 A. Zoilo, *Vaghe luci alzi* 1582/04

-2-2+2+2+4-3+2 S. Molinaro, *Porgetemi la* 1599/15

-2-2+2+2+4-8+2 B. Tromboncino, *Amor se voi ch* 1514/02

-2-2+2+2-4+2+2 M. Santini, *Queste son quel* 1600/12

-2-2+2+2-4+2+3 F. Gherardini, *Anzi meco po* 1585/24

-2-2+2+2-4+2-3 G. Croce, *Quand'il cor mi* 1590/15

-2-2+2+2-4-2-2 H. Sabino, *Facciansi lieti* 1583/14

-2-2+2+2-4+3+2 M. Santini, *Queste son quel* 1600/12
-2-2+2+2-4+3+2 A. Trombetti, *Ardo si, ma non* 1586/21
-2-2+2+2-4+3+2 P. Vecoli, *Ne per nova altr* 1581/12

-2-2+2+2-4+3-2 G. Contino, *Se quel lieto* 1566/03

-2-2+2+2-4-3+2 A. Gabrieli, *Dunque il cons* 1587/16

-2-2+2+2-4+4-3 M. Cara, *Vedo ogni selva ri* 1507/04
-2-2+2+2-4+4-3 B. Lupacchino, *No text* 1591/19

-2-2+2+2-4+5-2 O. Lasso, *Nasce'in me dunqu* 1559/23

-2-2+2+2+5-2-2 S. d'Aranda, *Padre del cie* 1571/12
-2-2+2+2+5-2-2 A. Feliciani, *Morendo la mi* 1586/15

-2-2+2+2-5+2+2 Anonymous, *Donna hormai fam* 1506/03
-2-2+2+2-5+2+2 F. Tresti, *O come e* 1597/20

-2-2+2+2-5+2+4 F. Gherardini, *Dhe sciogli* 1585/24

-2-2+2+2-5-2+2 P. Nenna, *Lieti fiori & fel* 1582/12
-2-2+2+2-5-2+2 C. Rore, *Ove'l silentio che* 1557/24

-2-2+2+2-5-2+4 P. Nenna, *Lieti fiori & fel* 1582/12

-2-2+2+2-5+4+2 F. Bruno, *Son le ris'avicen* 1598/08

-2-2+2+2-5+5-2 C. Napolitano, *Stanco e sol* 1559/19

-2-2+2+2-5+5-3 A. Trombetti, *Deh perche pi* 1571/09

-2-2+2+2-5+8-2 A. Trombetti, *Miser che far* 1583/18

-2-2+2+2-5+8-3 C. Tetis, *Viver amando* 1565/17

-2-2+2+2-5+8-5 G. da Nola, *Tosto ch'il so* 1557/17

-2-2+2+2+6-3-3 C. Rore, *Mia benigna fortun* 1557/24

-2-2+2-2+2+2+2 L. Agostini, *Donne mie car* 1572/07
-2-2+2-2+2+2+2 M. Mazzone, *Ognun s'allegr* 1570/18
-2-2+2-2+2+2+2 M. Pesenti, *Sia felice la* 1505/04
-2-2+2-2+2+2+2 G. Primavera, *Hanno raggion* 1565/17

-2-2+2-2+2+2-2 G. da Nola, *O nuova terra* 1561/10
-2-2+2-2+2+2-2 Anonymous, *Voi cognosciet* 1537/05
-2-2+2-2+2+2-2 S. Felis, *Leggete in cio l'* 1585/23
-2-2+2-2+2+2-2 C. Monteverdi, *Non si levav* 1597/13
-2-2+2-2+2+2-2 A. Striggio, *Entro un gran* 1568/12

-2-2+2-2+2+2-3 P. Animuccia, *Piangeano i padr* 1570/15

-2-2+2-2+2-2+2 Anonymous, *De fossela qui* 1506/03
-2-2+2-2+2-2+2 Anonymous, *Moro de dogli* 1506/03
-2-2+2-2+2-2+2 P. Quagliati, *Amorose fiamm* 1589/07
-2-2+2-2+2-2+2 A. Senese, *Logiamenti noi* 1515/02

-2-2+2-2+2-2-2 Anonymous, *Moro de dogli* 1506/03
-2-2+2-2+2-2-2 M. Cara, *Dilecto albergo* 1505/05
-2-2+2-2+2-2-2 B. Tromboncino, *Pocha pace* 1505/06

-2-2+2-2+2-2+3 Anonymous, *Disperato fin* 1505/06

-2-2+2-2+2-2-3 P. Vecoli, *Cornelia bella* 1581/12

-2-2+2-2+2+3-2 D. Polato, *Il partir si mi* 1600/12

-2-2+2-2+2-3+2 M. Cara, *Credo ben puro ch* 1505/04
-2-2+2-2+2-3+2 B. Tromboncino, *Quel foco* 1507/03

-2-2+2-2+2-3-2 C. Malvezzi, *Occhi miei ch* 1583/16

-2-2+2-2+2-3+4 G. Mosto, *S'io esca vivo* 1578/22

-2-2+2-2+2-5+2 C. Monteverdi, *Non si levav* 1597/13

-2-2+2-2-2+2+2 Anonymous, *Lodiam col puro* 1563/06

-2-2+2-2-2+2+2 Anonymous, *Pero ch'Amor mi* 1583/13
-2-2+2-2-2+2+2 A. Coma, *Mi sfidate guerrie* 1585/22
-2-2+2-2-2+2+2 M. Pesenti, *Sia felice la* 1505/04
-2-2+2-2-2+2+2 G. Renaldi, *Com'havro dunqu* 1569/32
-2-2+2-2-2+2+2 B. Tromboncino, *Quel foco* 1507/03

-2-2+2-2-2+2-2 A. Coma, *Mi sfidate guerrie* 1585/22
-2-2+2-2-2+2-2 G. Conversi, *Se vi spiace ch* 1589/08
-2-2+2-2-2+2-2 G. Pizzoni, *Lasso dal prim* 1582/14
-2-2+2-2-2+2-2 B. Tromboncino, *Certo nasce* 1505/03
-2-2+2-2-2+2-2 B. Tromboncino, *La pieta ch* 1505/03

-2-2+2-2-2+2+3 F. Ana, *Amor con le tue fa* 1505/05
-2-2+2-2-2+2+3 Anonymous, *Kyrie eleison* 1580/06
-2-2+2-2-2+2+3 C. Ardesi, *D'una rosa una* 1597/19
-2-2+2-2-2+2+3 P. Bellasio, *Martir, dolor* 1595/07

-2-2+2-2-2+2-3 Anonymous, *Fammi sicuro mi* 1571/07

-2-2+2-2-2+2-5 G. Contino, *Ah forsenat'e* 1570/15

-2-2+2-2-2+2+6 A. Coma, *Mi sfidate guerrie* 1585/22

-2-2+2-2-2-2+2 Anonymous, *Hai promesse dol* 1505/03
-2-2+2-2-2-2+2 J. Arcadelt, *Parole estrem* 1544/16
-2-2+2-2-2-2+2 M. Cara, *Aiutami ch'io mor* 1507/03
-2-2+2-2-2-2+2 H. Chamatero, *Tempo'e ben* 1561/13
-2-2+2-2-2-2+2 A. Coma, *Mi sfidate guerrie* 1585/22
-2-2+2-2-2-2+2 B. Donato, *Io non trovo me* 1550/19
-2-2+2-2-2-2+2 S. Festa, *S'el pensier che* 1526/06
-2-2+2-2-2-2+2 G. Gabucci, *Il pie vago mov* 1590/13

-2-2+2-2-2-2-2 Anonymous, *Mal fai signora* 1505/03
-2-2+2-2-2-2-2 M. Cara, *Dilecto albergo* 1505/05
-2-2+2-2-2-2-2 M. Cara, *O se havesse la mi* 1517/02
-2-2+2-2-2-2-2 S. Festa, *Amor che me torme* 1526/06
-2-2+2-2-2-2-2 E. Romano, *Dolce e amor dol* 1517/02
-2-2+2-2-2-2-2 G. Wert, *Non fu donna giama* 1568/20

-2-2+2-2-2-2+3 T. Angelio, *Se le stelle e* 1585/21

-2-2+2-2-2-2+5 C. Acelli, *Come cristallo* 1598/10
-2-2+2-2-2-2+5 Anonymous, *Vedo ben ch'io* 1505/03
-2-2+2-2-2-2+5 C. Ardesi, *D'una rosa una* 1597/19

-2-2+2-2-2-2+6 A. Trombetti, *Strano e dive* 1586/21

-2-2+2-2-2+3-2 G. Macque, *Bacciami vita mi* 1594/07

-2-2+2-2-2-3+2 P. Stabile, *Per voi seme ge* 1585/32

-2-2+2-2-2-3-2 B. Tromboncino, *Vox clamanti* 1505/04

-2-2+2-2-2+4-2 J. Arcadelt, *Dov'ito son, chi* 1540/19
-2-2+2-2-2+4-2 A. Coma, *Mi sfidate guerrie* 1585/22
-2-2+2-2-2+4-2 P. Monte, *O solitari colli* 1585/18
-2-2+2-2-2+4-2 P. Parma, *Quand'il tempo ch* 1562/15

-2-2+2-2-2+4-3 R. Mel, *Fillida mia se lun* 1585/26

-2-2+2-2-2+4-4 O. Scaletta., *Con voi sempr* 1593/07

-2-2+2-2-2-4+5 G. Nasco, *Duolmi verac'amo* 1563/07

-2-2+2-2-2+7-3 A. Trombetti, *Strano e dive* 1586/21

-2-2+2-2-2+8-2 C. Acelli, *Porgimi un bacio* 1598/10

-2-2+2-2+3+2+2 D. Isorelli, *Hor non sapev* 1599/06

-2-2+2-2+3-2+2 Anonymous, *Ecco'il Messia,* 1563/06
-2-2+2-2+3-2+2 G. Paratico, *Se voi sete'l* 1588/25

-2-2+2-2+3-2-2 P. Animuccia, *Piangeano i padr* 1570/15
-2-2+2-2+3-2-2 J. Lulinus, *Chiare fresche* 1514/02
-2-2+2-2+3-2-2 M. Pesenti, *Poi che'l ciel* 1504/04
-2-2+2-2+3-2-2 V. Ruffo, *O desir di quest'* 1554/29
-2-2+2-2+3-2-2 B. Tromboncino, *Che debbio* 1507/03
-2-2+2-2+3-2-2 B. Tromboncino, *Hor che'l* 1516/02
-2-2+2-2+3-2-2 B. Tromboncino, *Zephyro spi* 1507/04

-2-2+2-2+3-2-3 G. Metallo, *O sol che nel* 1577/09
-2-2+2-2+3-2-3 N. Roiccerandet, *O anima mi* 1566/10
-2-2+2-2+3-2-3 F. Roussel, *Belta si come* 1561/10

-2-2+2-2+3-2-5 A. Piccini, *Solingo augell* 1562/06

-2-2+2-2+3-4+2 B. Donato, *Viva sempr'in og* 1550/19

-2-2+2-2+3-4+3 G. Scotto, *Io vo cercando* 1571/11

-2-2+2-2-3+2+2 C. Malvezzi, *Occhi miei ch* 1583/16
-2-2+2-2-3+2+2 C. Rore, *Da le belle contra* 1568/19

-2-2+2-2-3+2-2 G. Arpa, *O belle trezze d'o* 1566/09

-2-2+2-2-3+4+2 R. Mel, *Fillida mia se lun* 1585/26

-2-2+2-2-3+5-3 Anonymous, *Pero ch'Amor mi* 1583/13

-2-2+2-2-3+6-2 P. Vinci, *Lumi de l'alma mi* 1584/11

-2-2+2-2+4+2+2 C. Acelli, *Porgimi un bacio* 1598/10
-2-2+2-2+4+2+2 C. Veggio, *Stella del ciel* 1585/28

-2-2+2-2+4-2-2 Anonymous, *Questa longa mi* 1507/03

-2-2+2-2+4-2-3 C. Malvezzi, *Qui caddi a la* 1583/16

-2-2+2-2+4-4+5 P. Quagliati, *Amorose fiamm* 1589/07

-2-2+2-2+4-5+2 A. Barges, *L'amore si m'ha* 1550/18

-2-2+2-2-4-2+2 S. Festa, *Amor che me torme* 1526/06

-2-2+2-2+5-3-3 M. Cara, *Deh non piu deh no* 1507/03

-2-2+2+3+2+2+2 Anonymous, *Giesu sommo dile* 1563/06
-2-2+2+3+2+2+2 R. Mel, *Fillida mia se lun* 1585/26

-2-2+2+3+2-2-2 Anonymous, *Morte disciols'i* 1566/03

-2-2+2+3-2+2+2 C. Rore, *Lasso che pur da* 1561/11

-2-2+2+3-2+2-2 Anonymous, *Passati sono* 1598/04

-2-2+2+3-2+2-4 N. Pifaro, *Ala bruma al gia* 1507/04

-2-2+2+3-2-2-2 Anonymous, *I non hebbi giam* 1583/13
-2-2+2+3-2-2-2 P. Vinci, *Ma l'hora e'l gio* 1584/11

-2-2+2+3-2+3+2 C. Malvezzi, *O forse'l piant* 1583/16

-2-2+2+3-2-3+2 F. Celano, *Donna tanto mi* 1566/10
-2-2+2+3-2-3+2 A. Piccini, *Solingo augell* 1562/06

-2-2+2+3-2-3+3 F. Celano, *Donna tanto mi* 1566/10

-2-2+2+3-2+4+2 A. Capriolo, *O bone Jesu ex* 1508/03

-2-2+2+3-2+4-2 G. Hassler, *Care lagrime mi* 1597/13

-2-2+2+3-2+4-3 M. Comis, *Cosi cangia coste* 1594/08

-2-2+2+3-3+2+2 P. Monte, *Hor che ritorn'i* 1568/12

-2-2+2+3-3-2-2 R. Rodio, *In somma so come'* 1587/12

-2-2+2+3-4+3-3 A. Perugino, *La state prim'* 1570/19

-2-2+2+3-4-3+3 R. Trofeo, *Occhi dov'e'l mi* 1600/17

-2-2+2+3-4+4-2 A. Gabrieli, *I vid'in terr* 1562/06

-2-2+2+3-5+3-2 F. Laudis, *Dolci colli fiorit* 1565/12

-2-2+2-3+2+2+2 Anonymous, *Benche in dogli* 1516/02
-2-2+2-3+2+2+2 Anonymous, *Canta Paciullo* 1562/10
-2-2+2-3+2+2+2 Anonymous, *Quel viso ov'e* 1559/18
-2-2+2-3+2+2+2 J. Berchem, *Lasso che desia* 1544/17
-2-2+2-3+2+2+2 G. Califano, *Liete verde fi* 1584/07
-2-2+2-3+2+2+2 G. Conversi, *Sola solett* 1583/15
-2-2+2-3+2+2+2 A. Ganassi, *Pastorella d'am* 1559/19
-2-2+2-3+2+2+2 R. Giovanelli, *Se da tuoi* 1586/10
-2-2+2-3+2+2+2 B. Iacomini, *Zefiro torn'e'* 1592/15
-2-2+2-3+2+2+2 G. Nanino, *Di fior vi* 1586/07
-2-2+2-3+2+2+2 A. Padovano, *Pasce la pecor* 1570/15
-2-2+2-3+2+2+2 P. Parma, *Che debb'io far* 1562/15
-2-2+2-3+2+2+2 N. Pifaro, *Mentre lo sdegn* 1515/02
-2-2+2-3+2+2+2 C. Porta, *Che se cio fols'i* 1592/15
-2-2+2-3+2+2+2 R. Rodio, *E come sono insta* 1587/12
-2-2+2-3+2+2+2 C. Rore, *Lasso che mal acco* 1548/09
-2-2+2-3+2+2+2 P. Stabile, *Chi fia lasso* 1585/32
-2-2+2-3+2+2+2 C. Verdonch, *O come e gran* 1590/19

-2-2+2-3+2+2-2 Anonymous, *Amorosi pensier* 1594/15
-2-2+2-3+2+2-2 Anonymous, *O che dio non m'* 1506/03
-2-2+2-3+2+2-2 P. Bellasio, *Una candida ma* 1595/07
-2-2+2-3+2+2-2 Cariteo, *Amando e desiando* 1509/02
-2-2+2-3+2+2-2 F. Luprano, *Vale hormai co* 1505/05
-2-2+2-3+2+2-2 B. Tromboncino, *Dolermi sem* 1509/02

-2-2+2-3+2+2+3 Anonymous, *O faccia d'una* 1560/13

-2-2+2-3+2+2-3 O. Antinori, *E questa quell* 1505/03
-2-2+2-3+2+2-3 O. Antinori, *Resta in pace* 1505/03
-2-2+2-3+2+2-3 M. Cara, *Si bella e la mia* 1531/04
-2-2+2-3+2+2-3 G. Cimello, *Non e lasso mar* 1549/31

-2-2+2-3+2-2+2 Anonymous, *Mal fai signora* 1505/03
-2-2+2-3+2-2+2 M. Cancino, *Ave del Ciel Re* 1600/05

-2-2+2-3+2-2-2 R. Giovanelli, *Se da tuoi* 1586/10
-2-2+2-3+2-2-2 P. Nenna, *Torna amato mio* 1594/08
-2-2+2-3+2-2-2 A. Padovano, *Pasce la pecor* 1570/15
-2-2+2-3+2-2-2 P. Scotto, *Tu lu ru la capr* 1507/03
-2-2+2-3+2-2-2 M. Varotto, *Prometter vi po* 1586/19

-2-2+2-3+2-2+3 A. Trombetti, *Qui treccia non* 1586/21
-2-2+2-3+2-2+3 P. Vinci, *Si dolce e d'ama* 1584/11

-2-2+2-3+2-2+4 A. Trombetti, *Qui treccia non* 1586/21

-2-2+2-3+2+3+2 E. Romano, *Voi mi ponesti* 1514/02

-2-2+2-3+2+3-2 F. Bonaldi, *Denime plio sa* 1564/16
-2-2+2-3+2+3-2 G. Florio, *Io son un spirt* 1566/07
-2-2+2-3+2+3-2 R. Mel, *Non e a volerti se* 1585/26

-2-2+2-3+2+3-3 P. Taglia, *Come faro cor mi* 1569/25

-2-2+2-3+2-3+2 F. Soriano, *Lasso non e mor* 1583/12

-2-2+2-3+2-3-2 B. Tromboncino, *Ben che amo* 1504/04

-2-2+2-3+2-3+3 Anonymous, *O faccia d'una* 1560/13

-2-2+2-3+2-3+5 F. Bonaldi, *Denime plio sa* 1564/16
-2-2+2-3+2-3+5 M. Riccio, *Lassatemi morir* 1544/22
-2-2+2-3+2-3+5 P. Vinci, *Si dolce e d'ama* 1584/11

-2-2+2-3+2+4-3 P. Monte, *Ahime cor mio ahi* 1568/12

-2-2+2-3+2+4+4 F. Bonaldi, *Denime plio sa* 1564/16

-2-2+2-3-2+2+2 S. Bertoldo, *Chie val cu* 1564/16
-2-2+2-3-2+2+2 A. Gabrieli, *Dionorea vien* 1570/21

-2-2+2-3-2+2-2 G. Arpa, *O core di diamant* 1570/18

-2-2+2-3-2+2+3 G. Anerio, *Credan sia quest* 1599/06
-2-2+2-3-2+2+3 B. Tromboncino, *Ben che amo* 1504/04

-2-2+2-3-2+2+4 G. Wert, *Cara Germania mia* 1568/20

-2-2+2-3-2+3+2 Anonymous, *Gia fu presa da te* 1563/06

-2-2+2-3-2+4-2 Anonymous, *O che dio non m'* 1506/03
-2-2+2-3-2+4-2 G. Nasco, *Lingua che l'ari* 1582/08

-2-2+2-3-2+4-3 Anonymous, *La dolce diva mi* 1505/05
-2-2+2-3-2+4-3 F. Bonaldi, *Denime plio sa* 1564/16

-2-2+2-3-2+5-3 M. Hermann, *Hoime de cha vo* 1552/23

-2-2+2-3-2+6-2 Anonymous, *Si si si tarvo* 1507/03

-2-2+2-3-2+8-2 F. Baseo, *Basciami vita mi* 1573/16
-2-2+2-3-2+8-2 O. Lasso, *Per pianto la mi* 1588/24
-2-2+2-3-2+8-2 F. Portinaro, *Due ben sces* 1562/22

-2-2+2-3+3+2+3 G. Primavera, *Ardo aghiacci* 1585/31

-2-2+2-3+3-2-2 P. Cesena, *Oyme che ho pers* 1505/03

-2-2+2-3+3-2-3 Anonymous, *Ch'io lassi l'al* 1509/02

-2-2+2-3-3-2-2 A. Gabrieli, *Ben possono* 1579/02

-2-2+2-3+4+2-2 G. Pizzoni, *Sta notte mi so* 1582/14

-2-2+2-3+4-2+2 A. Savioli, *Sempre mi disse* 1600/16
-2-2+2-3+4-2+2 B. Tromboncino, *Se la lumac* 1517/02

-2-2+2-3+4-3+2 G. Antiquis, *Queste la prim* 1574/05

-2-2+2-3+4-5+4 C. Merulo, *Io non potria go* 1589/06

-2-2+2-3+5-2-2 Anonymous, *Ave del mare ste* 1598/04

-2-2+2-3+6-2-2 F. Luprano, *Dolce amoroso* 1505/06

-2-2+2-3+6-3+2 P. Stabile, *Chi fia lasso* 1585/32

-2-2+2-3+6-4+2 H. Parabosco, *Anima bella* 1544/17

-2-2+2-3+8-4+2 A. Piccini, *Solingo augell* 1562/06

-2-2+2-3+8-8+4 A. Feliciani, *Dhe voi ch'ud* 1586/15

-2-2+2+4+2+2-2 R. Mel, *Fillida mia se lun* 1585/26

-2-2+2+4+2+2-5 J. Lulinus, *Mentre che gli* 1514/02

-2-2+2+4+2-3+2 H. Chamatero, *Quante lagrim* 1561/13

-2-2+2+4-2+2+2 G. Primavera, *Al mio infeli* 1569/31

-2-2+2+4-2+2-4 P. Monte, *Ahime cor mio ahi* 1568/12
-2-2+2+4-2+2-4 H. Sabino, *All'hor vidi cad* 1588/27
-2-2+2+4-2+2-4 P. Vinci, *Pioggia di lagrim* 1583/19

-2-2+2+4-2-2+2 Anonymous, *Morte disciols'i* 1566/03
-2-2+2+4-2-2+2 L. Mira, *Vieni Himeneo che* 1583/19

-2-2+2+4-2-2-2 J. Lulinus, *Rendete amanti* 1514/02
-2-2+2+4-2-2-2 S. Molinaro, *Dolci soavi* 1599/15
-2-2+2+4-2-2-2 H. Sabino, *All'hor vidi cad* 1588/27
-2-2+2+4-2-2-2 A. Stabile, *Lasso fia mia* 1587/10

-2-2+2+4-2-3-2 G. Contino, *Qual duo venen* 1562/06

-2-2+2+4-2+4-2 Anonymous, *Mentre cor mio* 1595/03

-2-2+2+4+3-4-3 G. Gostena, *Dopo che quest* 1589/13

-2-2+2+4-3+2+2 M. Cancino, *Era ne la stagi* 1590/21

-2-2+2+4-5+2-2 A. Vicus, *Amanti lo dico* 1530/01

-2-2+2+4-5+2-4 L. Marenzio, *Al suon dele* 1589/08

-2-2+2-4+2+2+2 S. Molinaro, *O dolcissima* 1599/15
-2-2+2-4+2+2+2 G. Moscaglia, *Due pome acer* 1585/29

-2-2+2-4+2-2+2 Anonymous, *Se io son la tu* 1507/04

-2-2+2-4+2-2-2 A. Striggio, *Fra i vaghi* 1591/23

-2-2+2-4+2-2+3 G. Primavera, *Chiuso vegg'o* 1585/31

-2-2+2-4-2+2+2 H. Fiorino, *Ero cosi dice* 1588/17

-2-2+2-4-2-4+5 A. Piccini, *Solingo augell* 1562/06

-2-2+2-4+3+2+2 P. Animuccia, *Tu mi ponest'* 1560/10
-2-2+2-4+3+2+2 A. Padovano, *Non credo che* 1561/15
-2-2+2-4+3+2+2 R. Rodio, *E come sono insta* 1587/12
-2-2+2-4+3+2+2 F. Roussel, *Quand'ai bei la* 1562/22

-2-2+2-4+3-2-2 P. Monte, *O solitari colli* 1585/18

-2-2+2-4-3+2+5 P. Monte, *Hor che ritorn'i* 1568/12

-2-2+2-4+4+3+2 P. Monte, *Tal'hor tace la* 1585/18

-2-2+2-4+4-4+4 P. Quagliati, *Amorose fiamm* 1589/07

-2-2+2-4+5-2-5 P. Quagliati, *Amorose fiamm* 1589/07

-2-2+2-4+5+4-5 P. Vecoli, *Ne per nova altr* 1581/12

-2-2+2-4+5-4+2 A. Piccini, *Solingo augell* 1562/06

-2-2+2-4+8-4+2 C. Lambardi, *Se per far mi* 1600/13

-2-2+2+5+2-2-2 C. Acelli, *Chiudea al sonn* 1588/18

-2-2+2+5-2-2-2 P. Monte, *Dolorosi martir* 1560/10

-2-2+2-5+2-3+2 B. Tromboncino, *Per ben mi* 1510/

-2-2+2-5-2+2+2 G. Romano, *Ne piu riveggio* 1569/19

-2-2+2-5+4-2+2 G. Gallo, *Deh ditemi per Di* 1597/20
-2-2+2-5+4-2+2 G. Palestrina, *Da fuoco cos* 1557/24

-2-2+2-5+4-4+3 P. Vinci, *Lumi de l'alma mi* 1584/11

-2-2+2-5+5-5+5 P. Quagliati, *Amorose fiamm* 1589/07

-2-2+2-5+6-2-2 Anonymous, *Ah chi mi rompe* 1595/03

-2-2+2-5+8+2+2 S. Molinaro, *Ingrata e la* 1599/15

-2-2+2-5+8-2-2 O. Vecchi, *Con voce dai sos* 1585/35

-2-2+2+6-2-2-2 H. Chamatero, *Quante lagrim* 1561/13

-2-2+2-8-2+2+2 Anonymous, *Se hora el temp* 1506/03
-2-2+2-8-2+2+2 B. Tromboncino, *Ben sera cr* 1508/03

-2-2-2+2+2+2+2 L. Agostini, *E s'io veggio* 1572/07
-2-2-2+2+2+2+2 A. Aiolli, *Si dolc'l cant'* 1582/08
-2-2-2+2+2+2+2 Anonymous, *Dum bel matin ch* 1506/03
-2-2-2+2+2+2+2 Anonymous, *Li angelici semb* 1505/05
-2-2-2+2+2+2+2 Anonymous, *Non quiero que* 1516/02
-2-2-2+2+2+2+2 Anonymous, *Questa longa mi* 1507/03
-2-2-2+2+2+2+2 Anonymous, *S'io parto o Mad* 1599/06
-2-2-2+2+2+2+2 A. Antico, *Voi che ascoltat* 1510/
-2-2-2+2+2+2+2 G. Arpa, *Parti canzona mia* 1566/09
-2-2-2+2+2+2+2 C. Bottegari, *Ben fate torto* 1575/11
-2-2-2+2+2+2+2 G. Califano, *Donna non fu* 1584/07
-2-2-2+2+2+2+2 G. Capuano, *Chi vol veder* 1574/06
-2-2-2+2+2+2+2 H. Chamatero, *Laura gentil* 1569/26
-2-2-2+2+2+2+2 G. Dragone, *Un mondo sol* 1590/15
-2-2-2+2+2+2+2 G. Gostena, *Queste state* 1589/13
-2-2-2+2+2+2+2 H. Lauro, *Aque stilante e* 1514/02
-2-2-2+2+2+2+2 L. Lechner, *Ardo si ma non* 1585/17
-2-2-2+2+2+2+2 C. Malvezzi, *Com'e contrari* 1589/07
-2-2-2+2+2+2+2 L. Marenzio, *Spiega mondo* 1586/02
-2-2-2+2+2+2+2 G. Marinis, *Il dolce desiat* 1596/13
-2-2-2+2+2+2+2 A. Martorello, *O piu ch'alt* 1547/17
-2-2-2+2+2+2+2 G. Massarengo, *Cercate o Ca* 1591/22
-2-2-2+2+2+2+2 R. Mel, *Amarillida mia de* 1585/26
-2-2-2+2+2+2+2 R. Mel, *Questa gemma Rea* 1585/26
-2-2-2+2+2+2+2 H. Morsolino, *S'io non v'am* 1594/15
-2-2-2+2+2+2+2 G. Moscaglia, *Se mai piu t'* 1586/09
-2-2-2+2+2+2+2 G. Nanino, *Volgi pietosa* 1599/06
-2-2-2+2+2+2+2 A. Orologio, *Lieto Febo da* 1597/14
-2-2-2+2+2+2+2 F. Portinaro, *Mentre la don* 1563/13
-2-2-2+2+2+2+2 V. Ruffo, *Chiudimi gl'occhi* 1559/18
-2-2-2+2+2+2+2 A. Savioli, *Amor per tuo di* 1600/16
-2-2-2+2+2+2+2 A. Savioli, *Arsi gia solo* 1600/16
-2-2-2+2+2+2+2 B. Tromboncino, *Gli ochi toi* 1505/03

-2-2-2+2+2+2+2 P. Virchi, *Copre Madonna* 1592/14
-2-2-2+2+2+2+2 P. Virchi, *Felice primaver* 1583/10

-2-2-2+2+2+2-2 Anonymous, *Ave maria gratia* 1580/06
-2-2-2+2+2+2-2 Anonymous, *Da che tu m'hai* 1563/06
-2-2-2+2+2+2-2 Anonymous, *Fresco ombroso* 1554/28
-2-2-2+2+2+2-2 Anonymous, *Lauda sion salva* 1508/03
-2-2-2+2+2+2-2 Anonymous, *Madonna o m'ami* 1562/10
-2-2-2+2+2+2-2 Anonymous, *S'el te piaque* 1505/03
-2-2-2+2+2+2-2 Anonymous, *Voi cognosciet* 1537/05
-2-2-2+2+2+2-2 O. Antinori, *E questa quell* 1505/03
-2-2-2+2+2+2-2 L. Bati, *Assai viss'io se si* 1594/11
-2-2-2+2+2+2-2 J. Berchem, *O s'io potesi* 1585/20
-2-2-2+2+2+2-2 G. Bissi, *Oime dolce ben mi* 1589/08
-2-2-2+2+2+2-2 E. Bonizzoni, *O quanto dev* 1569/25
-2-2-2+2+2+2-2 E. Bonizzoni, *Piu volte t'h* 1569/25
-2-2-2+2+2+2-2 G. Brocco, *Oyme che io sent* 1505/04
-2-2-2+2+2+2-2 A. Capriolo, *Ogni amor vol* 1505/05
-2-2-2+2+2+2-2 H. Chamatero, *Prosperina ge* 1561/13
-2-2-2+2+2+2-2 H. Chamatero, *Zefiro torna* 1569/26
-2-2-2+2+2+2-2 G. Dragone, *Se partend* 1588/22
-2-2-2+2+2+2-2 G. Eremita, *Cara la vita mi* 1592/14
-2-2-2+2+2+2-2 S. Festa, *Ben mi credea pas* 1526/06
-2-2-2+2+2+2-2 H. Fiorino, *Ero cosi dice* 1588/17
-2-2-2+2+2+2-2 G. Gallo, *D'ogni ben casso* 1597/20
-2-2-2+2+2+2-2 A. Ganassi, *Pastorella d'am* 1559/19
-2-2-2+2+2+2-2 J. Gero, *Le bianche man co* 1541/02
-2-2-2+2+2+2-2 J. Gero, *O beati color ch'h* 1541/14
-2-2-2+2+2+2-2 C. Malvezzi, *Com'e contrari* 1589/07
-2-2-2+2+2+2-2 L. Marenzio, *Amatemi ben mi* 1591/21
-2-2-2+2+2+2-2 L. Marenzio, *Spiega mondo* 1586/02
-2-2-2+2+2+2-2 L. Marenzio, *Lasso ch'io ardo* 1589/08
-2-2-2+2+2+2-2 M. Mazzone, *Per negarmi mer* 1570/18
-2-2-2+2+2+2-2 C. Merulo, *Mirami vita mia* 1583/12
-2-2-2+2+2+2-2 S. Molinaro, *A la bocca dol* 1599/15
-2-2-2+2+2+2-2 S. Molinaro, *Baci amorosi* 1599/15
-2-2-2+2+2+2-2 G. Nanino, *Deh movati pieta* 1599/06
-2-2-2+2+2+2-2 B. Pallavicino, *Hor lieto* 1596/16
-2-2-2+2+2+2-2 J. Persoens, *Ardi dolce Sig* 1570/28
-2-2-2+2+2+2-2 J. Persoens, *Lasso che nel* 1570/28
-2-2-2+2+2+2-2 G. Renaldi, *O mio pinsar de* 1564/16
-2-2-2+2+2+2-2 G. Rognoni, *Lasso crudel'Am* 1600/17
-2-2-2+2+2+2-2 A. Stabile, *Ohime partito* 1589/11
-2-2-2+2+2+2-2 B. Tromboncino, *Fate bene* 1507/04
-2-2-2+2+2+2-2 P. Vinci, *Quante lagrime la* 1567/24

-2-2-2+2+2+2+3 L. Agostini, *S'io veggio* 1572/07
-2-2-2+2+2+2+3 A. Aiolli, *Si dolc'l cant'* 1582/08
-2-2-2+2+2+2+3 Anonymous, *Conosco bene ch* 1563/06
-2-2-2+2+2+2+3 H. Fiorino, *Ero cosi dice* 1588/17
-2-2-2+2+2+2+3 S. Molinaro, *Indi sovra l'a* 1599/15

-2-2-2+2+2+2-3 Anonymous, *Con lei fuss'io* 1537/08
-2-2-2+2+2+2-3 Anonymous, *In Toledo una do* 1566/05
-2-2-2+2+2+2-3 Anonymous, *O s'io potesse dir* 1566/07
-2-2-2+2+2+2-3 C. Bottegari, *Ben fate torto* 1575/11
-2-2-2+2+2+2-3 G. Gallo, *Candide perle e* 1597/20
-2-2-2+2+2+2-3 J. Gero, *Le bianche man co* 1541/02
-2-2-2+2+2+2-3 F. Gherardini, *Non mir'il* 1585/24
-2-2-2+2+2+2-3 P. Marni, *Aura dolce e soav* 1588/18
-2-2-2+2+2+2-3 R. Mel, *Candida e vaga ros* 1585/26
-2-2-2+2+2+2-3 C. Merulo, *Occhi che fia* 1597/13
-2-2-2+2+2+2-3 G. Moscaglia, *Occhi leggiad* 1585/29
-2-2-2+2+2+2-3 G. Nanino, *Deh movati pieta* 1599/06
-2-2-2+2+2+2-3 N. Pifaro, *Se la serena co* 1515/02
-2-2-2+2+2+2-3 C. Porta, *O del mio naviga* 1588/24
-2-2-2+2+2+2-3 G. Renaldi, *O mio pinsar de* 1564/16
-2-2-2+2+2+2-3 O. Scaletta., *Mentre scherzava* 1593/07
-2-2-2+2+2+2-3 F. Soriano, *Da questo novo* 1583/10
-2-2-2+2+2+2-3 A. Stringari, *Valle che de* 1514/02
-2-2-2+2+2+2-3 G. Vespa, *Ditemi o diva mi* 1583/15

-2-2-2+2+2+2+4 G. Coudenno, *Acceso infiamm* 1584/11

-2-2-2+2+2+2-4 L. Agostini, *Ecco l'eterna* 1572/07
-2-2-2+2+2+2-4 F. Anerio, *Da questa pietra* 1589/07
-2-2-2+2+2+2-4 Anonymous, *S'avien che'l vo* 1583/13
-2-2-2+2+2+2-4 G. Gallo, *Candide perle e* 1597/20
-2-2-2+2+2+2-4 G. Wert, *Tirsi morir volea* 1589/08

-2-2-2+2+2+2-5 F. Anerio, *Da questa pietra* 1589/07
-2-2-2+2+2+2-5 A. Padovano, *Pasce la pecor* 1570/15
-2-2-2+2+2+2-5 F. Soriano, *Lasso dunque ch* 1582/04

-2-2-2+2+2+2-8 P. Bellasio, *La dove inond* 1578/21
-2-2-2+2+2+2-8 G. Gallo, *D'ogni ben casso* 1597/20

-2-2-2+2+2-2 G. Gorzanis, *Non fu mai don* 1570/32

-2-2-2+2+2-2+2 O. Antinori, *Servo haime se* 1506/03
-2-2-2+2+2-2+2 A. Coma, *Sperando haver la* 1585/22
-2-2-2+2+2-2+2 G. Gallo, *Qui giace ahi las* 1597/20
-2-2-2+2+2-2+2 P. Scotto, *Rotto ho al fin* 1507/03
-2-2-2+2+2-2+2 R. Trofeo, *Dolc'ire e dolci* 1600/17
-2-2-2+2+2-2+2 B. Tromboncino, *Ave maria* 1508/03
-2-2-2+2+2-2+2 B. Tromboncino, *Facto son pe* 1520/07
-2-2-2+2+2-2+2 G. Wert, *Ben se'l petto tal* 1593/05

-2-2-2+2+2-2-2 Anonymous, *Donna hormai no* 1506/03
-2-2-2+2+2-2-2 Anonymous, *Gia fu presa da te* 1563/06
-2-2-2+2+2-2-2 Anonymous, *In Toledo una do* 1566/05
-2-2-2+2+2-2-2 Anonymous, *O mischini o sia* 1506/03
-2-2-2+2+2-2-2 Anonymous, *Signor'io pur vo* 1563/06
-2-2-2+2+2-2-2 Anonymous, *Tanto v'ha fatt'* 1570/33
-2-2-2+2+2-2-2 Anonymous, *Non vogl'in donn* 1571/07
-2-2-2+2+2-2-2 F. Azzaiolo, *Poi che volse* 1557/18
-2-2-2+2+2-2-2 M. Cara, *Oime el cor oime* 1504/04
-2-2-2+2+2-2-2 A. Coma, *Tirsi son io quel* 1585/22
-2-2-2+2+2-2-2 G. Conversi, *Ben poss'Amor* 1594/08
-2-2-2+2+2-2-2 D(on) Timoteo, *Uscirallo* 1514/02
-2-2-2+2+2-2-2 Don Remigio, *E s'ci t'ador* 1599/06
-2-2-2+2+2-2-2 E. Dupre, *Se conviene a un* 1505/04
-2-2-2+2+2-2-2 F. Farina, *Moriro cor mi* 1594/07
-2-2-2+2+2-2-2 S. Felis, *Sotto finti d'Amo* 1585/23
-2-2-2+2+2-2-2 R. Giovanelli, *Fugge da gl* 1589/11
-2-2-2+2+2-2-2 J. Guami(?), *Quando mio pad* 1565/12
-2-2-2+2+2-2-2 F. Luprano, *Donna questa* 1505/05
-2-2-2+2+2-2-2 G. Macque, *Su la selva gent* 1598/08
-2-2-2+2+2-2-2 G. Macque, *Di te la vita na* 1599/06
-2-2-2+2+2-2-2 L. Marenzio, *Rivi fontane* 1589/07
-2-2-2+2+2-2-2 L. Marenzio, *Spiega mondo* 1586/02
-2-2-2+2+2-2-2 J. Martin, *Venecioza* 1504/03
-2-2-2+2+2-2-2 G. Massarengo, *Cercate o Ca* 1591/22
-2-2-2+2+2-2-2 A. Milleville, *Mentr'io fug* 1583/10
-2-2-2+2+2-2-2 G. Mosto, *O dolcissime nott* 1577/07
-2-2-2+2+2-2-2 G. Mosto, *Sparg'al girar* 1578/22
-2-2-2+2+2-2-2 B. Pallavicino, *Arsi piansi* 1596/13
-2-2-2+2+2-2-2 B. Pallavicino, *Tu pur ti* 1597/13
-2-2-2+2+2-2-2 F. Patavino, *Dilla da l'acq* 1526/06
-2-2-2+2+2-2-2 A. Pevernage, *Fra l'altre vir* 1583/15
-2-2-2+2+2-2-2 N. Pifaro, *Ogni vermo a'l* 1505/06
-2-2-2+2+2-2-2 R. Rodio, *So di che poc* 1587/12
-2-2-2+2+2-2-2 N. Roiccerandet, *Sappi cor* 1566/10
-2-2-2+2+2-2-2 V. Ruffo, *Ben mille nott'h* 1594/08
-2-2-2+2+2-2-2 A. Savioli, *Quando eri parg* 1600/16
-2-2-2+2+2-2-2 P. Stabile, *O fere stelle* 1585/32
-2-2-2+2+2-2-2 A. Striggio, *Cosi le sue sp* 1579/02
-2-2-2+2+2-2-2 R. Trofeo, *Un bel fiorit'Ap* 1600/17
-2-2-2+2+2-2-2 B. Tromboncino, *Certo nasce* 1505/03
-2-2-2+2+2-2-2 B. Tromboncino, *Dolci ire* 1510/
-2-2-2+2+2-2-2 B. Tromboncino, *La pieta ch* 1505/03
-2-2-2+2+2-2-2 B. Tromboncino, *Sera forsi* 1509/02
-2-2-2+2+2-2-2 O. Vecchi, *Hor che'l garri* 1585/35
-2-2-2+2+2-2-2 F. Viola, *Felice chi dispen* 1548/08
-2-2-2+2+2-2-2 P. Virchi, *Felice primaver* 1583/10

-2-2-2+2+2-2+3 P. Vinci, *Si che s'io viss* 1583/19

-2-2-2+2+2-2-3 Anonymous, *Vattene lieta* 1598/04
-2-2-2+2+2-2-3 F. Soriano, *Oscura notte pa* 1597/13
-2-2-2+2+2-2-3 R. Trofeo, *Un bel fiorit'Ap* 1600/17

-2-2-2+2+2-2+4 O. Vecchi, *Hor che'l garri* 1585/35

-2-2-2+2+2-2-4 G. Eremita, *Arsi del vostr'* 1594/07
-2-2-2+2+2-2-4 G. Marinis, *La mia leggiadra* 1597/13
-2-2-2+2+2-2-4 G. Passetto, *Il diro pur cont* 1552/23

-2-2-2+2+2-2+6 F. Soriano, *Lasso dunque ch* 1582/04

-2-2-2+2+2+3-2 Anonymous, *Vattene lieta* 1598/04
-2-2-2+2+2+3-2 L. Bati, *Assai viss'io se si* 1594/11

-2-2-2+2+2+3-2 M. Carrara, *Gli occhi dell* 1598/10
-2-2-2+2+2+3-2 C. Rore, *E se pur mi mantie* 1565/18
-2-2-2+2+2+3-2 B. Tromboncino, *La speranz* 1505/04

-2-2-2+2+2-3+2 Anonymous, *Dolce e felice* 1556/22
-2-2-2+2+2-3+2 Anonymous, *L'amor donna ch'* 1507/03
-2-2-2+2+2-3+2 Anonymous, *O s'io potesse dir* 1566/07
-2-2-2+2+2-3+2 C. Ardesi, *La Pastorella mi* 1597/19
-2-2-2+2+2-3+2 F. Farina, *Moriro cor mi* 1594/07
-2-2-2+2+2-3+2 G. Gastoldi, *Caro soave* 1594/07
-2-2-2+2+2-3+2 F. Soriano, *Oscura notte pa* 1597/13
-2-2-2+2+2-3+2 C. Veggio, *Importuni pensie* 1540/19
-2-2-2+2+2-3+2 P. Verdelot, *Divini occhi* 1533/02

-2-2-2+2+2-3-2 Anonymous, *Fanciul son'io* 1598/04
-2-2-2+2+2-3-2 G. Palestrina, *Dunque perfido* 1589/07
-2-2-2+2+2-3-2 G. Pizzoni, *Lasso dal prim* 1582/14

-2-2-2+2+2-3+3 G. Renaldi, *O mio pinsar de* 1564/16
-2-2-2+2+2-3+3 F. Soriano, *Oscura notte pa* 1597/13

-2-2-2+2+2-3-3 F. Soriano, *Oscura notte pa* 1597/13
-2-2-2+2+2-3-3 D. Vicentino, *Quante lagrim* 1558/17

-2-2-2+2+2-3+4 Anonymous, *O degli Angeli* 1599/06
-2-2-2+2+2-3+4 L. Marenzio, *Lasso ch'io ardo* 1589/08
-2-2-2+2+2-3+4 F. Soriano, *Lasso dunque ch* 1582/04

-2-2-2+2+2+4-2 G. Policretto, *Io piango* 1571/09
-2-2-2+2+2+4-2 G. Manenti, *Vientene Filli* 1593/04

-2-2-2+2+2+4-3 L. Marenzio, *Rivi fontane* 1589/07

-2-2-2+2+2-4+2 Anonymous, *Come me querr* 1516/02
-2-2-2+2+2-4+2 Anonymous, *Me voglio far ho* 1560/13
-2-2-2+2+2-4+2 F. Farina, *Moriro cor mi* 1594/07
-2-2-2+2+2-4+2 G. Primavera, *Ne il mar qui* 1585/31
-2-2-2+2+2-4+2 P. Vinci, *Non vid'un simil* 1564/20

-2-2-2+2+2-4-2 G. Renaldi, *O mio pinsar de* 1564/16

-2-2-2+2+2-4+5 G. Mosto, *O dolcissime nott* 1577/07
-2-2-2+2+2-4+5 G. Nanino, *Non veggi* 1586/18
-2-2-2+2+2-4+5 G. Renaldi, *O mio pinsar de* 1564/16

-2-2-2+2+2+5-2 J. Persoens, *Lassa ond'usc* 1570/28

-2-2-2+2+2-5+4 J. Persoens, *Lasso che nel* 1570/28

-2-2-2+2+2-5+5 J. Persoens, *Lasso che nel* 1570/28

-2-2-2+2-2+2+2 L. Agostini, *Donna felice* 1572/07
-2-2-2+2-2+2+2 F. Ana, *Tanto po quel far* 1505/04
-2-2-2+2-2+2+2 Anonymous, *Se con vostra al* 1509/02
-2-2-2+2-2+2+2 Anonymous, *Se da poi la tu* 1505/03
-2-2-2+2-2+2+2 Anonymous, *Voi lo veder ing* 1588/25
-2-2-2+2-2+2+2 I. Baccusi, *Come venir poss* 1598/0
-2-2-2+2-2+2+2 G. Bonagiunta, *No no non* 1566/07
-2-2-2+2-2+2+2 A. Capriolo, *Fui felice in* 1507/04
-2-2-2+2-2+2+2 G. Dragone, *Scopriro l'ardo* 1588/22
-2-2-2+2-2+2+2 G. Ferretti, *Ahi che per da* 1586/07
-2-2-2+2-2+2+2 M. Iacovelli, *Non veggio* 1588/23
-2-2-2+2-2+2+2 Josquin, *La spagna* 1504/03
-2-2-2+2-2+2+2 L. Marenzio, *Serviro il gra* 1585/07
-2-2-2+2-2+2+2 R. Mel, *Se questa valle* 1586/02
-2-2-2+2-2+2+2 G. Palavicino, *Chi fara in* 1589/08
-2-2-2+2-2+2+2 F. Patavino, *Un cavalier* 1526/06
-2-2-2+2-2+2+2 G. Petrino, *Scalda Signor* 1586/02
-2-2-2+2-2+2+2 G. Sabino, *Aura dolce e* 1588/27
-2-2-2+2-2+2+2 A. Senese, *Tu vuoi ch'io di* 1515/02
-2-2-2+2-2+2+2 M. Troiano, *Se voi non socc* 1569/31
-2-2-2+2-2+2+2 A. Trombetti, *O seman di pi* 1583/18
-2-2-2+2-2+2+2 B. Tromboncino, *Salve croc* 1508/03
-2-2-2+2-2+2+2 I. Vento, *La mia Chiraz* 1566/03
-2-2-2+2-2+2+2 G. Wert, *Notte felice e car* 1568/20

-2-2-2+2-2+2-2 Anonymous, *Bagnan doi rivi'* 1598/04
-2-2-2+2-2+2-2 Anonymous, *Disperato fin* 1505/06
-2-2-2+2-2+2-2 Anonymous, *O Maria diana st* 1563/06
-2-2-2+2-2+2-2 Anonymous, *Ridendo mormoro* 1595/03
-2-2-2+2-2+2-2 Anonymous, *Veramente in Amo* 1585/21
-2-2-2+2-2+2-2 O. Caccini, *Deh parla ardit* 1585/21
-2-2-2+2-2+2-2 M. Cara, *Ogni ben fa la for* 1505/04
-2-2-2+2-2+2-2 Don Remigio, *E s'ci t'ador* 1599/06
-2-2-2+2-2+2-2 M. Iacovelli, *A voi non ven* 1588/23
-2-2-2+2-2+2-2 J. Lulinus, *Occhi piangete* 1514/02
-2-2-2+2-2+2-2 F. Luprano, *Poi che gionto* 1506/03
-2-2-2+2-2+2-2 M. Mazzone, *Se del mio gra* 1570/18
-2-2-2+2-2+2-2 B. Tromboncino, *Afflicti sp* 1507/03

-2-2-2+2-2+2+3 Anonymous, *Adio siati ch'i* 1506/03
-2-2-2+2-2+2+3 I. Baccusi, *Come venir poss* 1598/0
-2-2-2+2-2+2+3 A. Gossvino, *Io mi trovo in* 1575/11
-2-2-2+2-2+2+3 G. Nasco, *Felice purament* 1563/07
-2-2-2+2-2+2+3 B. Roi, *Verdi piaggie fior* 1583/10

-2-2-2+2-2+2-3 R. Giovanelli, *Ahi che far* 1593/05
-2-2-2+2-2+2-3 G. Hassler, *Chi mi consola* 1597/13
-2-2-2+2-2+2-3 A. Stabile, *S'ondeggian spa* 1585/32

-2-2-2+2-2+2-4 G. Palestrina, *Dunque perfido* 1589/07
-2-2-2+2-2+2-4 G. Wert, *Notte felice e car* 1568/20

-2-2-2+2-2+2+5 E. Dupre, *Chi lo sa e chi* 1507/03
-2-2-2+2-2+2+5 G. Gabrieli, *O che felice* 1597/13
-2-2-2+2-2+2+5 V. Nerito, *Un ghiaccio un foc* 1597/13

-2-2-2+2-2+2-5 Anonymous, *Chi promette* 1507/04

-2-2-2+2-2-2+2 F. Ana, *Ligiermente o cor* 1505/03
-2-2-2+2-2-2+2 F. Ana, *Se per humidita d'* 1505/05
-2-2-2+2-2-2+2 Anonymous, *Marito me m'a di* 1557/19
-2-2-2+2-2-2+2 Anonymous, *O dolce e lieto* 1505/05
-2-2-2+2-2-2+2 J. Arcadelt, *Si grand'e la* 1539/24
-2-2-2+2-2-2+2 F. Azzaiolo, *O spazza cami* 1557/18
-2-2-2+2-2-2+2 F. Bonardo, *Se la na na bel* 1570/17
-2-2-2+2-2-2+2 P. Bozi, *Deh spegni Amor* 1588/18
-2-2-2+2-2-2+2 G. Dragone, *Se la mia vita* 1588/22
-2-2-2+2-2-2+2 M. Iacovelli, *A voi non ven* 1588/23
-2-2-2+2-2-2+2 G. Massarengo, *Correte aman* 1591/22
-2-2-2+2-2-2+2 S. Molinaro, *Pazzo dal volg* 1599/15
-2-2-2+2-2-2+2 G. Nasco, *Lasso diceva ch'i* 1549/31
-2-2-2+2-2-2+2 E. Romano, *Es de tal metal* 1514/02
-2-2-2+2-2-2+2 A. Striggio, *Mentre nel pi* 1589/06
-2-2-2+2-2-2+2 G. Torelli, *Aura mia bella* 1594/16

-2-2-2+2-2-2-2 F. Ana, *Ama pur donna spie* 1505/06
-2-2-2+2-2-2-2 F. Ana, *Se per humidita d'* 1505/05
-2-2-2+2-2-2-2 Anonymous, *Ave maria gratia pl* 1580/06
-2-2-2+2-2-2-2 Anonymous, *S'el te piaque* 1505/03
-2-2-2+2-2-2-2 G. Arpa, *O core di diamant* 1570/18
-2-2-2+2-2-2-2 P. Cesena, *Ochii mei frenat* 1505/03
-2-2-2+2-2-2-2 A. Ferabosco, *Baciami vita* 1554/28
-2-2-2+2-2-2-2 G. Fogliano, *Segue cuor e* 1507/03
-2-2-2+2-2-2-2 A. Gabrieli, *Mirami vita mi* 1597/13
-2-2-2+2-2-2-2 G. Gastoldi, *Caro soave* 1594/07
-2-2-2+2-2-2-2 J. Gero, *O felice pensier* 1541/02
-2-2-2+2-2-2-2 P. Lodi, *El basilischo ha* 1507/03
-2-2-2+2-2-2-2 L. Marenzio, *La dipartita* 1597/13
-2-2-2+2-2-2-2 G. Marinis, *Leggiadre Ninf* 1596/13
-2-2-2+2-2-2-2 P. Monte, *Leggiadre Ninfe* 1583/15
-2-2-2+2-2-2-2 G. Moro, *Ditemi o diva mi* 1585/28
-2-2-2+2-2-2-2 F. Pagani, *Ardo si ma non* 1585/17
-2-2-2+2-2-2-2 B. Pallavicino, *Dunque Amin* 1596/16
-2-2-2+2-2-2-2 F. Papini, *Per aspri monti* 1599/06
-2-2-2+2-2-2-2 M. Pesenti, *Deh chi me sa* 1507/04
-2-2-2+2-2-2-2 H. Sabino, *In questo lieto* 1588/27
-2-2-2+2-2-2-2 B. Tromboncino, *Se la lumac* 1517/02
-2-2-2+2-2-2-2 O. Vecchi, *Rendemi il genti* 1589/08
-2-2-2+2-2-2-2 G. Veggi, *Deh non chinar* 1583/12

-2-2-2+2-2-2+3 S. Molinaro, *Baci amorosi* 1599/15
-2-2-2+2-2-2+3 G. Nanino, *Ero cosi d* 1588/17

-2-2-2+2-2-2+4 C. Rore, *Schiet'arbuscel* 1557/24

-2-2-2+2-2-2+5 P. Monte, *Leggiadre Ninfe* 1583/15
-2-2-2+2-2-2+5 G. Palavicino, *Chi fara in* 1589/08
-2-2-2+2-2-2+5 A. Striggio, *Non ti ricord* 1567/23

-2-2-2+2-2-2+8 S. Molinaro, *Baci amorosi* 1599/15

-2-2-2+2-2+3+2 G. Nanino, *Hoggi che dolce* 1599/06

-2-2-2+2-2+3-2 Anonymous, *Non mi date torm* 1566/07
-2-2-2+2-2+3-2 H. Sabino, *Danzan le Ninfe* 1588/27

-2-2-2+2-2+3+3 A. Stabile, *Vaneggio od'e* 1587/10

-2-2-2+2-2+3-3 A. Stabile, *Vaneggio od'e* 1587/10
-2-2-2+2-2+3-3 P. Vinci, *Quand'il mio cor* 1567/24

-2-2-2+2-2-3+2 Anonymous, *Che te giova ser* 1506/03
-2-2-2+2-2-3+2 G. Conversi, *Io cantero di* 1594/08
-2-2-2+2-2-3+2 G. Palestrina, *Febre onde* 1583/12
-2-2-2+2-2-3+2 C. Rore, *Lasso che pur da* 1561/11
-2-2-2+2-2-3+2 F. Stivori, *Io felice sare* 1595/07

-2-2-2+2-2-3+6 A. Trombetti, *Donna che mil* 1583/18

-2-2-2+2-2+4+2 E. Bonizzoni, *Misero me ch* 1569/25
-2-2-2+2-2+4+2 G. Marinis, *Leggiadre Ninf* 1596/13
-2-2-2+2-2+4+2 B. Spontone, *Se tutta ghiac* 1568/12

-2-2-2+2-2+4-2 F. Anerio, *Mentr'il mio mis* 1589/11
-2-2-2+2-2+4-2 Anonymous, *Ridendo mormoro* 1595/03
-2-2-2+2-2+4-2 Anonymous, *O degli Angeli* 1599/06
-2-2-2+2-2+4-2 I. Baccusi, *Ninfe leggiadr'* 1597/13
-2-2-2+2-2+4-2 B. Roi, *Verdi piaggie fior* 1583/10
-2-2-2+2-2+4-2 V. Ruffo, *Ben mille nott'h* 1594/08
-2-2-2+2-2+4-2 G. Wert, *Cara Germania mia* 1568/20

-2-2-2+2-2+4+3 Anonymous, *Ogni impresa si* 1505/06

-2-2-2+2-2+4-5 A. Stabile, *Io non so come* 1591/12

-2-2-2+2-2-4+2 G. Rognoni, *Subito nasc'e* 1600/17

-2-2-2+2-2-5+2 Anonymous, *Io parto ahi fier* 1595/03

-2-2-2+2-2-5+4 R. Giovanelli, *Ahi che far* 1593/05

-2-2-2+2-2-5+5 S. Molinaro, *Pazzo dal volg* 1599/15

-2-2-2+2-2-5+8 R. Giovanelli, *Ahi che far* 1593/05
-2-2-2+2-2-5+8 L. Marenzio, *Serviro il gra* 1585/07

-2-2-2+2-2+6-2 F. Pagani, *Ardo si ma non* 1585/17
-2-2-2+2-2+6-2 C. Veggio, *Ond'io ringrati* 1540/19

-2-2-2+2-2+7-2 B. Tromboncino, *Nunqua fu* 1505/04

-2-2-2+2-2+8-5 V. Ruffo, *Ond'Amor paventos* 1557/25

-2-2-2+2+3+2+2 P. Marni, *Aura dolce e soav* 1588/18
-2-2-2+2+3+2+2 G. Vespa, *Ditemi o diva mi* 1583/15

-2-2-2+2+3+2-2 G. Antiquis, *Dove ti stai* 1574/06
-2-2-2+2+3+2-2 A. Gabrieli, *E cert'ancor* 1587/16
-2-2-2+2+3+2-2 G. Pizzoni, *Misero me in ch* 1582/14
-2-2-2+2+3+2-2 B. Tromboncino, *El focho* 1505/06

-2-2-2+2+3+2-3 J. Arcadelt, *Giurando'l dis* 1539/24

-2-2-2+2+3-2+2 G. Conversi, *Io cantero di* 1594/08
-2-2-2+2+3-2+2 D(on) Timoteo, *Sento li spi* 1514/02
-2-2-2+2+3-2+2 M. Iacovelli, *Mentre l'exer* 1588/23
-2-2-2+2+3-2+2 J. Lulinus, *Poiche son di* 1514/02
-2-2-2+2+3-2+2 P. Masnelli, *Mi sfidate gue* 1588/18
-2-2-2+2+3-2+2 G. Palestrina, *Non mi sferr* 1557/24
-2-2-2+2+3-2+2 G. Policretto, *Io piango* 1571/09
-2-2-2+2+3-2+2 A. Striggio, *Cosi le sue sp* 1579/02

-2-2-2+2+3-2-2 Anonymous, *Come el piombin* 1506/03
-2-2-2+2+3-2-2 Anonymous, *Se me dol el mi* 1505/06
-2-2-2+2+3-2-2 Anonymous, *Tu sai ch'la cor* 1537/05
-2-2-2+2+3-2-2 Anonymous, *Sapilo certo ca* 1571/07
-2-2-2+2+3-2-2 P. Cesena, *Ochii mei frenat* 1505/03
-2-2-2+2+3-2-2 A. Cossuino, *Qual meravigli* 1569/19
-2-2-2+2+3-2-2 M. Iacovelli, *Mentre l'exer* 1588/23
-2-2-2+2+3-2-2 L. Marenzio, *Amor io non po* 1589/08
-2-2-2+2+3-2-2 C. Merulo, *O liete piante* 1578/22
-2-2-2+2+3-2-2 L. Mira, *Come il Lauro non* 1583/10
-2-2-2+2+3-2-2 P. Nenna, *Tu la ritorni a* 1582/12
-2-2-2+2+3-2-2 A. Padovano, *Giovene donna* 1562/22
-2-2-2+2+3-2-2 F. Pagani, *Ardo si ma non* 1585/17
-2-2-2+2+3-2-2 G. Panico, *Patrone belle pa* 1557/18
-2-2-2+2+3-2-2 N. Pifaro, *S'io fui serv* 1515/02
-2-2-2+2+3-2-2 F. Roussel, *All'hor saran* 1588/24
-2-2-2+2+3-2-2 G. Scotto, *Io vo cercando* 1571/11
-2-2-2+2+3-2-2 C. Stellatello, *Sento dentr* 1587/12
-2-2-2+2+3-2-2 B. Tromboncino, *O che diral* 1513/01
-2-2-2+2+3-2-2 C. Verdonch, *Fiammeggiavan* 1594/07

-2-2-2+2+3-2+3 Anonymous, *O selve sparse* 1505/06
-2-2-2+2+3-2+3 L. Marenzio, *Amatemi ben mi* 1591/21

-2-2-2+2+3-2-3 G. da Nola, *Cors'a la mort* 1570/18
-2-2-2+2+3-2-3 G. Conversi, *Io cantero di* 1594/08
-2-2-2+2+3-2-3 F. Vecoli, *Io veggio rimirand* 1575/16

-2-2-2+2+3-2-4 G. Conversi, *Io cantero di* 1594/08

-2-2-2+2+3+3+2 A. Milleville, *Due pallidetti* 1586/10

-2-2-2+2+3-3+2 L. Marenzio, *Amor io non po* 1589/08
-2-2-2+2+3-3+2 R. Rodio, *Rotta e l'alta co* 1587/12
-2-2-2+2+3-3+2 B. Spontone, *Se tutta ghiac* 1568/12

-2-2-2+2+3-3-2 A. Gabrieli, *Cinto m'havea* 1594/08
-2-2-2+2+3-3-2 C. Rore, *Ma di tal voglia* 1591/23

-2-2-2+2+3-3-3 P. Vinci, *La lira che'l mi* 1567/24

-2-2-2+2+3-3+4 Anonymous, *Veramente in Amo* 1585/21
-2-2-2+2+3-3+4 F. Roccia, *Poiche Vergin di* 1599/06

-2-2-2+2+3-3-4 C. Rore, *Ma di tal voglia* 1591/23
-2-2-2+2+3-3-4 H. Sabino, *La bocca bacia* 1581/11

-2-2-2+2+3+4-2 C. Veggio, *Importuni pensie* 1540/19
-2-2-2+2+3+4-2 P. Verdelot, *Ditemi o diva* 1546/19
-2-2-2+2+3+4-2 G. Wert, *Donna se ben le ch* 1593/05

-2-2-2+2+3-4+2 M. Cara, *Se ben el fin de* 1506/03
-2-2-2+2+3-4+2 L. Mira, *Come il Lauro non* 1583/10
-2-2-2+2+3-4+2 C. Veggio, *Importuni pensie* 1540/19
-2-2-2+2+3-4+2 P. Vinci, *All'hor riprende ar* 1579/02

-2-2-2+2+3-4+5 B. Tromboncino, *Ben mi crede* 1514/02

-2-2-2+2+3-5+2 G. Ardesi, *Deh resta anima* 1597/19

-2-2-2+2+3+6-8 C. Merulo, *O secrete e fresch* 1578/22

-2-2-2+2-3+2+2 Anonymous, *Levati su homai*, 1563/06
-2-2-2+2-3+2+2 J. Arcadelt, *Si grand'e la* 1539/24
-2-2-2+2-3+2+2 H. Chamatero, *Non v'amirat* 1561/13
-2-2-2+2-3+2+2 G. Conversi, *Ben poss'Amor* 1594/08
-2-2-2+2-3+2+2 P. Lodi, *Stella celi exstir* 1508/03
-2-2-2+2-3+2+2 G. Macque, *Tre gratiosi ama* 1583/14
-2-2-2+2-3+2+2 A. Padovano, *Quando la ser* 1561/15
-2-2-2+2-3+2+2 G. Pizzoni, *Volse formar du* 1582/14
-2-2-2+2-3+2+2 G. Primavera, *Tre donne bel* 1565/17
-2-2-2+2-3+2+2 N. Roiccerandet, *Sappi cor* 1566/10
-2-2-2+2-3+2+2 B. Tromboncino, *Merce merc* 1513/01

-2-2-2+2-3+2-2 Anonymous, *Io vo cercando* 1566/05
-2-2-2+2-3+2-2 G. Nasco, *Lasso diceva ch'i* 1549/31
-2-2-2+2-3+2-2 E. Romano, *Di tempo in temp* 1514/02
-2-2-2+2-3+2-2 B. Tromboncino, *Non se mut* 1505/06

-2-2-2+2-3+2-3 Anonymous, *A quisso munno* 1537/08
-2-2-2+2-3+2-3 H. Chamatero, *Non v'amirat* 1561/13

-2-2-2+2-3+2-5 Anonymous, *Cosi son'io nel* 1559/18
-2-2-2+2-3+2-5 A. Gossvino, *Io mi trovo in* 1575/11
-2-2-2+2-3+2-5 H. Naich, *Dhe perche non po* 1544/16

-2-2-2+2-3+2+6 A. Gossvino, *Io mi trovo in* 1575/11
-2-2-2+2-3+2+6 P. Vinci, *Verdi panni sangu* 1584/11

-2-2-2+2-3-2+2 F. Ana, *Ligiermente o cor* 1505/03
-2-2-2+2-3-2+2 Anonymous, *Vergine bella*, 1563/06

-2-2-2+2-3-2+2 E. Bonizzoni, *Seguir mi pia* 1569/25
-2-2-2+2-3-2+2 A. Gossvino, *Io mi trovo in* 1575/11
-2-2-2+2-3-2+2 L. Marenzio, *Lasso ch'io ardo* 1589/08
-2-2-2+2-3-2+2 M. Mazzone, *Dopoi ch'io vid* 1570/18
-2-2-2+2-3-2+2 G. Pizzoni, *Volse formar du* 1582/14

-2-2-2+2-3-2-2 C. Baselli, *Donna gloria d'* 1600/12
-2-2-2+2-3-2-2 P. Cesena, *Ochii mei frenat* 1505/03
-2-2-2+2-3-2-2 M. Pesenti, *Non mi doglio* 1504/04
-2-2-2+2-3-2-2 B. Tromboncino, *Poi che'l* 1504/04
-2-2-2+2-3-2-2 P. Vinci, *Verdi panni sangu* 1584/11

-2-2-2+2-3-2+3 Anonymous, *S'io dimostro* 1506/03
-2-2-2+2-3-2+3 P. Vinci, *Verdi panni sangu* 1584/11

-2-2-2+2-3-2-4 Anonymous, *Voi lo veder ing* 1588/25

-2-2-2+2-3-2+5 P. Vinci, *Verdi panni sangu* 1584/11

-2-2-2+2-3-2+6 G. da Nola, *Non restaro gi* 1570/18

-2-2-2+2-3-2+8 Anonymous, *Poi ch'el ciel* 1507/03

-2-2-2+2-3-2+9 C. Merulo, *O secrete e fresch* 1578/22

-2-2-2+2-3+3+2 C. Rore, *Conobbi alhor si* 1548/09

-2-2-2+2-3+3-2 Anonymous, *Me voglio far ho* 1560/13
-2-2-2+2-3+3-2 Josquin, *La spagna* 1504/03
-2-2-2+2-3+3-2 G. Marinis, *La mia leggiadra* 1597/13
-2-2-2+2-3+3-2 C. Rore, *La bella nett'ignu* 1548/08

-2-2-2+2-3+3+3 O. Lasso, *Nasce'in me dunqu* 1559/23

-2-2-2+2-3+3+4 A. Striggio, *Poscia fra tan* 1579/02

-2-2-2+2-3+4-2 P. Cesena, *Oyme che ho pers* 1505/03
-2-2-2+2-3+4-2 R. Montagnana, *Con lei foss* 1558/17
-2-2-2+2-3+4-2 A. Willaert, *Cingari simo* 1548/11

-2-2-2+2-3+4+3 C. Rore, *Vergine bella che* 1548/09

-2-2-2+2-3+4-3 M. Cancino, *Chi mi terra po* 151590/21
-2-2-2+2-3+4-3 M. Cara, *Fiamma amorosa* 1513/01
-2-2-2+2-3+4-3 F. Luprano, *Poi che gionto* 1506/03

-2-2-2+2-3+5+2 I. Vento, *La mia Chiraz* 1566/03

-2-2-2+2-3+5-2 Anonymous, *Anima che per me* 1589/02
-2-2-2+2-3+5-2 R. Giovanelli, *Non son risa* 1598/08
-2-2-2+2-3+5-2 F. Portinaro, *Mentre la don* 1563/13

-2-2-2+2-3+5-3 G. Locatello, *Baci sospiro* 1590/21
-2-2-2+2-3+5-3 G. Nanino, *Non veggi* 1586/18

-2-2-2+2-3+5+4 C. Merulo, *O secrete e fresch* 1578/22

-2-2-2+2-3+5-5 A. Striggio, *Non ti ricord* 1567/23

-2-2-2+2+4+2+2 R. Mel, *Candida e vaga ros* 1585/26

-2-2-2+2+4-2-3 R. Montagnana, *Consumando* 1558/17

-2-2-2+2+4+3-3 A. Gabrieli, *Alla battagli* 1587/16

-2-2-2+2+4-3-2 G. Gostena, *Queste state* 1589/13

-2-2-2+2-4+2+2 Anonymous, *Se me dol el mi* 1505/06
-2-2-2+2-4+2+2 C. Malvezzi, *Son di voi l'a* 1586/07
-2-2-2+2-4+2+2 G. Wert, *Tirsi morir volea* 1589/08

-2-2-2+2-4+2-2 A. Gabrieli, *Tirsi morir vo* 1587/16

-2-2-2+2-4+2+3 F. Nicoletti, *Quanto felic* 1583/10

-2-2-2+2-4+2-3 M. Effrem, *No no che d'ogn* 1582/12

-2-2-2+2-4+2-4 F. Baseo, *Non mi duol il mo* 1573/16
-2-2-2+2-4+2-4 M. Cara, *Si bella e la mia* 1531/04

-2-2-2+2-4-2-2 Anonymous, *Altri goda al tu* 1595/03

-2-2-2+2-4-2-2 A. Cossuino, *Qual meravigli* 1569/19

-2-2-2+2-4-3-2 G. Wert, *Cara la vita mia egro* 1585/18

-2-2-2+2-4+4+2 S. Molinaro, *Baci amorosi* 1599/15

-2-2-2+2-4+4-2 G. Marinis, *La mia leggiadra* 1597/13
-2-2-2+2-4+4-2 S. Molinaro, *O dolcissima* 1599/15
-2-2-2+2-4+4-2 I. Vento, *La mia Chiraz* 1566/03

-2-2-2+2-4+4+4 G. Gabrieli, *O che felice* 1597/13

-2-2-2+2-4-4-2 G. Conversi, *Io cantero di* 1594/08

-2-2-2+2-4+5+2 A. Martorello, *Gia fui felice* 1547/17

-2-2-2+2-4+5+3 A. Cossuino, *Qual meravigli* 1569/19

-2-2-2+2-4+6-2 S. Molinaro, *Baci amorosi* 1599/15
-2-2-2+2-4+6-2 M. Pesenti, *Spenta m'hai de* 1507/03
-2-2-2+2-4+6-2 G. Trabaci, *Vergine piu del* 1600/05

-2-2-2+2-4+8-5 A. Milleville, *Due pallidetti* 1586/10

-2-2-2+2+5+2-2 A. Gabrieli, *E cert'ancor* 1587/16

-2-2-2+2+5-2-2 F. Pagani, *Ardo si ma non* 1585/17
-2-2-2+2+5-2-2 H. Sabino, *In questo lieto* 1588/27

-2-2-2+2+5-2+6 L. Bati, *Tirsi che sola te* 1594/11

-2-2-2+2+5-3+2 S. Molinaro, *Stanco e non* 1599/15

-2-2-2+2+5-3+3 G. Gabrieli, *A Dio, dolce* 1587/16

-2-2-2+2+5-4+2 M. Effrem, *No no che d'ogn* 1582/12

-2-2-2+2-5+2+2 Anonymous, *Vivo lieto nel* 1505/03

-2-2-2+2-5+2-3 P. Stabile, *Forse non lasse* 1585/32

-2-2-2+2-5+3-2 G. Locatello, *Baci sospiro* 1590/21

-2-2-2+2-5-4+5 S. Cornet, *Almen poi ch'ai* 1581/07

-2-2-2+2+6-2+2 S. Venturi, *Baci e pur bac* 1598/14

-2-2-2+2+8-2-2 B. Tromboncino, *Ave maria* 1508/03

-2-2-2-2+2+2+2 G. da Nola, *Si ben voltasse* 1566/10
-2-2-2-2+2+2+2 G. da Nola, *Va fidate di do* 1570/27
-2-2-2-2+2+2+2 G. da Nola, *Venga quel bel* 1570/27
-2-2-2-2+2+2+2 L. Agostini, *Donna felice* 1572/07
-2-2-2-2+2+2+2 P. Animuccia, *Alla dolc'omb* 1566/03
-2-2-2-2+2+2+2 Anonymous, *De speranza horm* 1509/02
-2-2-2-2+2+2+2 Anonymous, *Di di in di sper* 1583/13
-2-2-2-2+2+2+2 Anonymous, *Gia fiammeggiava* 1583/13
-2-2-2-2+2+2+2 Anonymous, *Morir voglio in* 1505/03
-2-2-2-2+2+2+2 Anonymous, *O anim'accecata* 1563/06
-2-2-2-2+2+2+2 Anonymous, *O mia infelice* 1505/05
-2-2-2-2+2+2+2 P. Bellasio, *Donna gentil* 1578/21
-2-2-2-2+2+2+2 L. Bertani, *Ero cosi dice* 1588/17
-2-2-2-2+2+2+2 G. Brocco, *Alma svegliate* 1504/04
-2-2-2-2+2+2+2 O. Caccini, *Tanti martir* 1585/21
-2-2-2-2+2+2+2 P. Cesena, *Non bisogna che* 1505/04
-2-2-2-2+2+2+2 G. Croce, *Ben mio quando* 1590/15
-2-2-2-2+2+2+2 E. Dupre, *Che si fa cosi mi* 1509/02
-2-2-2-2+2+2+2 A. Gabrieli, *Hor che nel su* 1587/16
-2-2-2-2+2+2+2 G. Gallo, *D'ogni ben casso* 1597/20
-2-2-2-2+2+2+2 G. Gallo, *Piangete occhi do* 1597/20
-2-2-2-2+2+2+2 R. Giovanelli, *Si vaga e* 1589/11
-2-2-2-2+2+2+2 G. Hassler, *Ardo si ma non* 1597/13
-2-2-2-2+2+2+2 G. Hassler, *Chi mi consola* 1597/13
-2-2-2-2+2+2+2 M. Iacovelli, *Dolcissima mi* 1588/23
-2-2-2-2+2+2+2 M. Iacovelli, *Non veggio* 1588/23
-2-2-2-2+2+2+2 Ivo de Vento, *Oscur'abisso mis* 1569/19
-2-2-2-2+2+2+2 J. Japart, *Fortuna d un gra* 1504/03
-2-2-2-2+2+2+2 F. Luprano, *Vale valde deco* 1509/02
-2-2-2-2+2+2+2 G. Macque, *Spesso il canto* 1595/06
-2-2-2-2+2+2+2 L. Marenzio, *Lasso ch'io ardo* 1589/08
-2-2-2-2+2+2+2 G. Massarengo, *Dolci colli* 1591/22

-2-2-2-2+2+2+2 G. Massarengo, *La nott'e'l* 1591/22
-2-2-2-2+2+2+2 M. Mazzone, *Al primo sguard* 1570/18
-2-2-2-2+2+2+2 C. Merulo, *O liete piante* 1578/22
-2-2-2-2+2+2+2 S. Molinaro, *Ben mi fora bi* 1599/15
-2-2-2-2+2+2+2 P. Monte, *Dolorosi martir* 1560/10
-2-2-2-2+2+2+2 G. Moscaglia, *Due pome acer* 1585/29
-2-2-2-2+2+2+2 G. Moscaglia, *Del secco inc* 1583/10
-2-2-2-2+2+2+2 G. Petrino, *Scalda Signor* 1586/02
-2-2-2-2+2+2+2 F. Portinaro, *Mentre la don* 1563/13
-2-2-2-2+2+2+2 E. Romano, *Si vosassi di di* 1521/06
-2-2-2-2+2+2+2 H. Schaffen, *Colma d'affann* 1547/17
-2-2-2-2+2+2+2 P. Stabile, *O fere stelle* 1585/32
-2-2-2-2+2+2+2 B. Tromboncino, *Dolci ire* 1510/
-2-2-2-2+2+2+2 B. Tromboncino, *Non val aqu* 1504/04
-2-2-2-2+2+2+2 B. Tromboncino, *Non piu mor* 1516/02
-2-2-2-2+2+2+2 P. Virchi, *Felice primaver* 1583/10
-2-2-2-2+2+2+2 H. Waelrant, *Quanto debb'al* 1594/08
-2-2-2-2+2+2+2 G. Wert, *Lungo le rive del* 1597/13

-2-2-2-2+2+2-2 G. da Nola, *Va fidate di do* 1570/27
-2-2-2-2+2+2-2 L. Agostini, *Se gioioso mi* 1572/07
-2-2-2-2+2+2-2 Anonymous, *Dolce e felice* 1556/22
-2-2-2-2+2+2-2 Anonymous, *Lasso oyme cudi* 1515/02
-2-2-2-2+2+2-2 Anonymous, *Numquam fue pen* 1504/03
-2-2-2-2+2+2-2 Anonymous, *Ogni giorno tu* 1563/06
-2-2-2-2+2+2-2 Anonymous, *Pace hormai su* 1505/03
-2-2-2-2+2+2-2 Anonymous, *Poi che tale e* 1507/04
-2-2-2-2+2+2-2 Anonymous, *Tu dormi io vegl* 1506/03
-2-2-2-2+2+2-2 Anonymous, *Viva viva Bacc* 1589/08
-2-2-2-2+2+2-2 I. Baccusi, *Questo e quel* 1592/12
-2-2-2-2+2+2-2 M. Cara, *In eterno io vogli* 1504/04
-2-2-2-2+2+2-2 M. Cara, *Tante volte si si* 1514/02
-2-2-2-2+2+2-2 G. Croce, *Ben mio quando* 1590/15
-2-2-2-2+2+2-2 J. Gero, *Se'l dolce sdegno* 1541/02
-2-2-2-2+2+2-2 J. Japart, *Fortuna d un gra* 1504/03
-2-2-2-2+2+2-2 R. Mel, *Quand'il fido past* 1595/06
-2-2-2-2+2+2-2 S. Molinaro, *Porgetemi la* 1599/15
-2-2-2-2+2+2-2 G. Moscaglia, *Due pome acer* 1585/29
-2-2-2-2+2+2-2 H. Naich, *Dhe perche non po* 1544/16
-2-2-2-2+2+2-2 G. Primavera, *Deh lasciatem* 1565/17
-2-2-2-2+2+2-2 C. Rore, *E ne la face de be* 1593/05
-2-2-2-2+2+2-2 G. Rossi, *L'alta mattin'ass* 1560/10
-2-2-2-2+2+2-2 H. Sabino, *Et secca o gran* 1594/08
-2-2-2-2+2+2-2 B. Tromboncino, *Aprender* 1507/03
-2-2-2-2+2+2-2 B. Tromboncino, *Di focho ar* 1505/05
-2-2-2-2+2+2-2 B. Tromboncino, *Sera forsi* 1509/02
-2-2-2-2+2+2-2 P. Verdelot, *La dolce vist* 1546/19

-2-2-2-2+2+2+3 S. d'Aranda, *Ancor che la* 1571/12
-2-2-2-2+2+2+3 Anonymous, *Ben ch'io serva* 1505/04
-2-2-2-2+2+2+3 Anonymous, *S'io dimostro* 1506/03
-2-2-2-2+2+2+3 C. Ardesi, *Fra le tepide br* 1597/19
-2-2-2-2+2+2+3 L. Balbi, *Seco si stringe* 1570/23
-2-2-2-2+2+2+3 P. Bellasio, *Fu morte il mi* 1578/21
-2-2-2-2+2+2+3 C. Ceruti, *Caro dolce mio A* 1585/22
-2-2-2-2+2+2+3 A. Gabrieli, *Hor che nel su* 1587/16
-2-2-2-2+2+2+3 J. Gero, *Se'l dolce sdegno* 1541/02
-2-2-2-2+2+2+3 M. Iacovelli, *Zefiro torn'i* 1588/23
-2-2-2-2+2+2+3 P. Virchi, *Copre Madonna* 1592/14

-2-2-2-2+2+2-3 Anonymous, *Que te dare Seno* 1583/04
-2-2-2-2+2+2-3 Anonymous, *S'el mio cor pi* 1505/06
-2-2-2-2+2+2-3 A. Antico, *De chi potra pi* 1513/01
-2-2-2-2+2+2-3 M. Mazzone, *O saporito volt* 1570/18
-2-2-2-2+2+2-3 E. Romano, *De porgi mano al* 1514/02
-2-2-2-2+2+2-3 P. Stabile, *Nascan herbett* 1585/32
-2-2-2-2+2+2-3 B. Tromboncino, *Chi se pasc* 1505/04

-2-2-2-2+2+2+4 G. Arpa, *Io persi lo mio co* 1566/09
-2-2-2-2+2+2+4 G. Dragone, *Se la mia vita* 1588/22
-2-2-2-2+2+2+4 P. Vinci, *Fede fiamme sospi* 1584/11

-2-2-2-2+2+2-4 Anonymous, *Que te dare Seno* 1583/04
-2-2-2-2+2+2-4 J. Lulinus, *Occhi piangete* 1514/02

-2-2-2-2+2+2-5 C. La Morsia, *Son le ris'av* 1598/08
-2-2-2-2+2+2-5 C. Monteverdi, *Stracciami* 1597/13
-2-2-2-2+2+2-5 G. Moscaglia, *Del secco inc* 1583/10
-2-2-2-2+2+2-5 B. Tromboncino, *Chi non sa* 1506/03

-2-2-2-2+2-2 G. Gorzanis, *Tu m'hai gabba* 1570/32

-2-2-2-2+2-2+2 S. d'Aranda, *Quando da gl* 1571/12
-2-2-2-2+2-2+2 Anonymous, *O dolce amor Giesu* 1563/06
-2-2-2-2+2-2+2 Anonymous, *O fortunata ros* 1595/03
-2-2-2-2+2-2+2 Anonymous, *Qual e'l cor no* 1509/02
-2-2-2-2+2-2+2 Anonymous, *Quando per darm* 1505/05
-2-2-2-2+2-2+2 Anonymous, *Quiss'occhi toi* 1537/08
-2-2-2-2+2-2+2 Anonymous, *Tra'l volere e* 1510/
-2-2-2-2+2-2+2 P. Bozi, *Deh spegni Amor* 1588/18
-2-2-2-2+2-2+2 S. Felis, *Non puo longh'us* 1585/23
-2-2-2-2+2-2+2 R. Giovanelli, *Ahi che far* 1593/05
-2-2-2-2+2-2+2 G. Goudeno, *Son le ris'avic* 1598/08
-2-2-2-2+2-2+2 P. Lodi, *Fui felice un temp* 1514/02
-2-2-2-2+2-2+2 P. Lodi, *Haria voluto alho* 1507/03
-2-2-2-2+2-2+2 J. Lulinus, *Occhi piangete* 1514/02
-2-2-2-2+2-2+2 F. Luprano, *Rompe amor ques* 1505/05
-2-2-2-2+2-2+2 P. Monte, *Quando da gl'occh* 1583/15
-2-2-2-2+2-2+2 B. Tromboncino, *A che affligi* 1505/05
-2-2-2-2+2-2+2 B. Tromboncino, *Consumatum* 1506/03
-2-2-2-2+2-2+2 B. Tromboncino, *Son io que* 1516/02

-2-2-2-2+2-2-2 Anonymous, *Ite caldi suspir* 1505/03
-2-2-2-2+2-2-2 L. Bati, *Prendi ti prego qu* 1594/11
-2-2-2-2+2-2-2 P. Bellasio, *Una candida ma* 1595/07
-2-2-2-2+2-2-2 C. Ceruti, *Caro dolce mio A* 1585/22
-2-2-2-2+2-2-2 G. Fogliano, *Quando amor qu* 1547/16
-2-2-2-2+2-2-2 G. Gastoldi, *Caro soave* 1594/07
-2-2-2-2+2-2-2 D. Michele, *Sol mirando vor* 1586/09
-2-2-2-2+2-2-2 G. Moro, *Com'esser puo seve* 1585/28
-2-2-2-2+2-2-2 G. Zucchelli, *Ohime crudel* 1589/11

-2-2-2-2+2-2+3 F. Ana, *Tanto po quel far* 1505/04
-2-2-2-2+2-2+3 Anonymous, *Bagnan doi rivi'* 1598/04
-2-2-2-2+2-2+3 Anonymous, *Tu m'hai privat* 1505/05
-2-2-2-2+2-2+3 L. Bertani, *Ardo si ma non* 1585/17
-2-2-2-2+2-2+3 G. Dragone, *Scopriro l'ardo* 1588/22
-2-2-2-2+2-2+3 G. Ferretti, *Ahi che per da* 1586/07
-2-2-2-2+2-2+3 G. Gabrieli, *Queste felice* 1589/14
-2-2-2-2+2-2+3 F. Luprano, *Poi che gionto* 1506/03
-2-2-2-2+2-2+3 L. Marenzio, *Serviro il gra* 1585/07
-2-2-2-2+2-2+3 V. Nerito, *Un ghiaccio un foc* 1597/13
-2-2-2-2+2-2+3 A. Trombetti, *O seman di pi* 1583/18

-2-2-2-2+2-2-3 B. Pallavicino, *Hor lieto* 1596/16

-2-2-2-2+2-2+4 O. Caccini, *Deh parla ardit* 1585/21

-2-2-2-2+2-2-4 Anonymous, *Tu m'hai privat* 1505/05
-2-2-2-2+2-2-4 L. Bertani, *Sdegno la fiamm* 1586/10
-2-2-2-2+2-2-4 L. Padovano, *Amor sonni ch'* 1598/07

-2-2-2-2+2-2+5 A. demophon, *Vidi hor cogli* 1507/03
-2-2-2-2+2-2+5 G. Arpa, *Voria crudel torna* 1570/18
-2-2-2-2+2-2+5 L. Bertani, *Sdegno la fiamm* 1586/10
-2-2-2-2+2-2+5 A. Coma, *Tirsi son io quel* 1585/22
-2-2-2-2+2-2+5 G. Ferretti, *Ahi che per da* 1586/07
-2-2-2-2+2-2+5 G. Gabrieli, *O che felice* 1597/13
-2-2-2-2+2-2+5 L. Impuccio, *Deh s'havesti* 1597/20
-2-2-2-2+2-2+5 C. Malvezzi, *Qui caddi a la* 1583/16
-2-2-2-2+2-2+5 J. Modena, *No text.* 1540/22
-2-2-2-2+2-2+5 B. Pallavicino, *Hor lieto* 1596/16
-2-2-2-2+2-2+5 S. Venturi, *Sconsolato auge* 1598/14
-2-2-2-2+2-2+5 C. Zucca, *Questa vita e la* 1592/12

-2-2-2-2+2-2-5 P. Vinci, *Non vid'un simil* 1564/20

-2-2-2-2+2-2+6 Anonymous, *Sto mondo tradit* 1557/19
-2-2-2-2+2-2+6 G. Arpa, *Io persi lo mio co* 1566/09
-2-2-2-2+2-2+6 L. Bertani, *Ardo si ma non* 1585/17

-2-2-2-2+2-2+8 L. Impuccio, *Deh s'havesti* 1597/20

-2-2-2-2+2+3+2 Anonymous, *Gia fiammeggiava* 1583/13
-2-2-2-2+2+3+2 Nollet, *S'io potessi mira* 1544/22
-2-2-2-2+2+3+2 G. Recalchi, *O via piu bia* 1592/12
-2-2-2-2+2+3+2 V. Ruffo, *Vaghi chiari soav* 1555/31

-2-2-2-2+2+3-2 F. Ana, *Tanto po quel far* 1505/04
-2-2-2-2+2+3-2 Anonymous, *Horsu correr vog* 1506/03
-2-2-2-2+2+3-2 Anonymous, *Io mi moro e ch* 1505/04
-2-2-2-2+2+3-2 Anonymous, *Io veggio a gli* 1566/05

-2-2-2-2+2+3-2 Anonymous, *S'io son da te* 1506/03
-2-2-2-2+2+3-2 Anonymous, *Di Dio Madre* 1599/06
-2-2-2-2+2+3-2 G. Palestrina, *Non mi sferr* 1557/24
-2-2-2-2+2+3-2 B. Pallavicino, *Cara e dolc* 1586/09
-2-2-2-2+2+3-2 C. Rore, *O dolci sguardi* 1544/17
-2-2-2-2+2+3-2 B. Spontone, *La virginella* 1557/18
-2-2-2-2+2+3-2 P. Stabile, *Cantin le bianc* 1585/32

-2-2-2-2+2+3-3 Anonymous, *Ahime ch'io sper* 1595/03
-2-2-2-2+2+3-3 B. Pallavicino, *Dunque Amin* 1596/16

-2-2-2-2+2+3-4 B. Lupacchino, *Amorose mam* 1559/18

-2-2-2-2+2-3 O. Lasso, *Ma perche vola* 1560/

-2-2-2-2+2-3+2 Anonymous, *Donna bella el* 1509/02
-2-2-2-2+2-3+2 C. Porta, *O del mio naviga* 1588/24
-2-2-2-2+2-3+2 B. Spontone, *La virginella* 1557/18

-2-2-2-2+2-3-2 Anonymous, *Foco divino arde* 1598/04
-2-2-2-2+2-3-2 G. Palestrina, *Hor che la* 1568/16
-2-2-2-2+2-3-2 G. Paratico, *Che mi giova* 1588/25
-2-2-2-2+2-3-2 N. Patavino, *Amor sempre* 1505/03

-2-2-2-2+2-3+3 Anonymous, *Ben ch'io serva* 1505/04
-2-2-2-2+2-3+3 Anonymous, *Morir non puo'l* 1595/03
-2-2-2-2+2-3+3 S. Festa, *L'ultimo di de ma* 1526/06

-2-2-2-2+2-3+4 G. da Nola, *O nuova terra* 1561/10
-2-2-2-2+2-3+4 Anonymous, *Dal bel giardi* 1513/01
-2-2-2-2+2-3+4 Anonymous, *Gia fiammeggiava* 1583/13
-2-2-2-2+2-3+4 A. Trombetti, *O seman di pi* 1583/18

-2-2-2-2+2-3+8 B. Tromboncino, *Hor ch'io so* 1505/06

-2-2-2-2+2+4+2 G. Gallo, *Piangete occhi do* 1597/20

-2-2-2-2+2+4-2 S. d'Aranda, *Quando da gl* 1571/12
-2-2-2-2+2+4-2 G. da Nola, *Non restaro gi* 1570/18
-2-2-2-2+2+4-2 Anonymous, *Donna bella el* 1509/02
-2-2-2-2+2+4-2 Anonymous, *Se la gran fiamm* 1505/05
-2-2-2-2+2+4-2 I. Baccusi, *Come venir poss* 1598/0
-2-2-2-2+2+4-2 G. Brocco, *Ayme che doglia* 1504/04
-2-2-2-2+2+4-2 H. Lauro, *O voi nel amplo* 1517/02
-2-2-2-2+2+4-2 P. Monte, *Quando da gl'occh* 1583/15
-2-2-2-2+2+4-2 F. Portinaro, *Vota scorza rest* 1563/13
-2-2-2-2+2+4-2 G. Trabaci, *Vergine piu del* 1600/05

-2-2-2-2+2+4-3 I. Baccusi, *Come venir poss* 1598/0
-2-2-2-2+2+4-3 L. Bati, *Tirsi che sola te* 1594/11
-2-2-2-2+2+4-3 G. Wert, *Donna se ben le ch* 1593/05

-2-2-2-2+2+4-4 N. Brocco, *Poi che in te do* 1507/04
-2-2-2-2+2+4-4 G. Dragone, *Se partend* 1588/22
-2-2-2-2+2+4-4 G. Rognoni, *Subito nasc'e* 1600/17

-2-2-2-2+2-4+2 C. Perissone, *Chi desia di* 1561/15

-2-2-2-2+2-4+3 C. Rore, *Vergine bella che* 1548/09

-2-2-2-2+2-4+4 P. Isnardi, *Cari leggiadri* 1583/10
-2-2-2-2+2-4+4 A. Trombetti, *O seman di pi* 1583/18

-2-2-2-2+2-4+5 Anonymous, *Io veggio a gli* 1566/05

-2-2-2-2+2+5-2 P. Virchi, *Copre Madonna* 1592/14

-2-2-2-2+2-5+2 C. Zucca, *Questa vita e la* 1592/12

-2-2-2-2+2-5+4 G. Arpa, *Io persi lo mio co* 1566/09
-2-2-2-2+2-5+4 S. Felis, *Non puo longh'us* 1585/23

-2-2-2-2+2-5+5 G. Ferretti, *Ahi che per da* 1586/07
-2-2-2-2+2-5+5 G. Nasco, *Hor che sara di* 1563/07

-2-2-2-2+2-5+8 S. Felis, *Non puo longh'us* 1585/23
-2-2-2-2+2-5+8 A. Gossvino, *Io mi trovo in* 1575/11
-2-2-2-2+2-5+8 O. Vecchi, *Ecco novello Amo* 1585/35

-2-2-2-2+2+6+2 A. Mussotto, *Ardo si ma non* 1585/17

-2-2-2-2+2+6-2 M. Santini, *Quanto piu son* 1598/0
-2-2-2-2+2+6-2 A. Willaert, *Sempre mi rid* 1548/11

-2-2-2-2+2+8-2 A. Aiolli, *O d'oscura prigi* 1582/08
-2-2-2-2+2+8-2 A. Capriolo, *Fui felice in* 1507/04

-2-2-2-2+2+8-5 Anonymous, *Gia fiammeggiava* 1583/13

-2-2-2-2+2+8-9 A. Feliciani, *Io per langui* 1586/07

-2-2-2-2-2+2+2 Anonymous, *Cara per la preg* 1583/13
-2-2-2-2-2+2+2 Anonymous, *Da poi ch'io vid* 1570/33
-2-2-2-2-2+2+2 Anonymous, *Del partir e gio* 1505/06
-2-2-2-2-2+2+2 Anonymous, *Di pensier in pe* 1510/
-2-2-2-2-2+2+2 Anonymous, *Mai riposo alcu* 1563/06
-2-2-2-2-2+2+2 Anonymous, *Me stesso incolp* 1505/05
-2-2-2-2-2+2+2 Anonymous, *Perche m'hai aba* 1507/03
-2-2-2-2-2+2+2 Anonymous, *Se la gran fiamm* 1505/05
-2-2-2-2-2+2+2 A. Antiqui, *Ochi mei mai no* 1507/03
-2-2-2-2-2+2+2 A. Antiqui, *Prendi l'arme* 1505/06
-2-2-2-2-2+2+2 L. Bati, *Prendi ti prego qu* 1594/11
-2-2-2-2-2+2+2 BT/MC, *Sancta maria ora* 1508/03
-2-2-2-2-2+2+2 A. Capriolo, *Se ho sdegnat* 1505/05
-2-2-2-2-2+2+2 M. Cara, *Fiamma amorosa* 1513/01
-2-2-2-2-2+2+2 A. Coma, *Ond'io per meglio* 1588/18
-2-2-2-2-2+2+2 S. Felis, *Che dunque i mie* 1579/05
-2-2-2-2-2+2+2 S. Felis, *Deh piangete alme* 1585/23
-2-2-2-2-2+2+2 A. Gabrieli, *Le piante all* 1589/14
-2-2-2-2-2+2+2 J. Gero, *Si con sua Cetr'Or* 1541/02
-2-2-2-2-2+2+2 R. Giovanelli, *Se da tuoi* 1586/10
-2-2-2-2-2+2+2 G. Gorzanis, *Chiara piu che* 1570/32
-2-2-2-2-2+2+2 G. Gorzanis, *Di berettino* 1570/32
-2-2-2-2-2+2+2 M. Ingegneri, *Parto da voi,* 1600/05
-2-2-2-2-2+2+2 F. Luprano, *Donna contra* 1505/05
-2-2-2-2-2+2+2 L. Marenzio, *Falsa credenz* 1586/10
-2-2-2-2-2+2+2 L. Marenzio, *Chi strinse ma* 1589/08
-2-2-2-2-2+2+2 A. Martorello, *S'a voi do* 1547/17
-2-2-2-2-2+2+2 G. Martoretta, *O fortunato* 1544/16
-2-2-2-2-2+2+2 M. Mazzone, *Dopoi ch'io vid* 1570/18
-2-2-2-2-2+2+2 C. Merulo, *Mentre mia stell* 1579/02
-2-2-2-2-2+2+2 L. Milanese, *Quando mi most* 1507/04
-2-2-2-2-2+2+2 P. Nenna, *Tu la ritorni a* 1582/12
-2-2-2-2-2+2+2 G. Palestrina, *Non mi sferr* 1557/24
-2-2-2-2-2+2+2 F. Papini, *Vergin ben poss* 1599/06
-2-2-2-2-2+2+2 N. Patavino, *Non e tempo* 1505/03
-2-2-2-2-2+2+2 G. Policretto, *Cosi piangend* 1571/09
-2-2-2-2-2+2+2 A. Ruota, *Sovra le verdi ch* 1583/10
-2-2-2-2-2+2+2 P. Scotto, *Deh prendi horma* 1507/03
-2-2-2-2-2+2+2 B. Spontone, *Poi che mio st* 1589/06
-2-2-2-2-2+2+2 B. Tromboncino, *Vergine fa* 1510/
-2-2-2-2-2+2+2 C. Veggio, *Sia maledett'amo* 1540/19
-2-2-2-2-2+2+2 G. Wert, *Cara la vita mia egro* 1585/18
-2-2-2-2-2+2+2 G. Wert, *Donna se ben le ch* 1593/05

-2-2-2-2-2+2-2 Anonymous, *Frena donna i to* 1516/02
-2-2-2-2-2+2-2 Anonymous, *Vergine poverell* 1598/04
-2-2-2-2-2+2-2 J. Arcadelt, *Tronchi la par* 1539/24
-2-2-2-2-2+2-2 L. Bertani, *La giovinetta* 1583/10
-2-2-2-2-2+2-2 M. Cara, *Fugi se sai fugir* 1509/02
-2-2-2-2-2+2-2 M. Cara, *O se havesse la mi* 1517/02
-2-2-2-2-2+2-2 Don Remigio, *Scende l'Ange* 1599/06
-2-2-2-2-2+2-2 A. Feliciani, *Io per langui* 1586/07
-2-2-2-2-2+2-2 G. Gabrieli, *O che felice* 1597/13
-2-2-2-2-2+2-2 G. Gabrieli, *Queste felice* 1589/14
-2-2-2-2-2+2-2 L. Impuccio, *Deh s'havesti* 1597/20
-2-2-2-2-2+2-2 L. Milanese, *Alme celeste* 1507/04
-2-2-2-2-2+2-2 P. Monte, *Ahime cor mio ahi* 1568/12
-2-2-2-2-2+2-2 P. Quagliati, *Quando miro* 1591/12
-2-2-2-2-2+2-2 B. Tromboncino, *Cade ogni* 1507/03
-2-2-2-2-2+2-2 B. Tromboncino, *Silentium* 1505/05

-2-2-2-2-2+2+3 L. Agostini, *Se quanto in* 1572/07
-2-2-2-2-2+2+3 G. Primavera, *Dapoi che tu* 1565/17
-2-2-2-2-2+2+3 R. Rodio, *Dura legge d'amo* 1587/12
-2-2-2-2-2+2+3 A. Striggio, *O vaga pastore* 1586/07
-2-2-2-2-2+2+3 R. Trofeo, *Occhi dov'e'l mi* 1600/17
-2-2-2-2-2+2+3 B. Tromboncino, *Amor se voi ch* 1514/02

-2-2-2-2-2+2-3 Anonymous, *Avendo in la mi* 1509/02
-2-2-2-2-2+2-3 Anonymous, *Del partir e gio* 1505/06
-2-2-2-2-2+2-3 Anonymous, *Piu volte me so* 1505/06

-2-2-2-2-2+2-3 C. Malvezzi, *O forse'l piant* 1583/16
-2-2-2-2-2+2-3 A. Senese, *Non domandar pie* 1515/02
-2-2-2-2-2+2-3 A. Striggio, *A te il buon* 1567/23

-2-2-2-2-2+2+4 A. Trombetti, *Non fu gloria d'* 1583/18
-2-2-2-2-2+2+4 B. Tromboncino, *Ah partiale* 1504/04

-2-2-2-2-2+2-4 C. Baselli, *Donna gloria d'* 1600/12
-2-2-2-2-2+2-4 O. Lasso, *Quant'il mio duo* 1588/24
-2-2-2-2-2+2-4 C. Malvezzi, *Nessun mi toch* 1583/16
-2-2-2-2-2+2-4 F. Rovigo, *Liete le Muse a* 1597/13
-2-2-2-2-2+2-4 A. Striggio, *Cosi le sue sp* 1579/02
-2-2-2-2-2+2-4 C. Veggio, *Importuni pensie* 1540/19

-2-2-2-2-2+2+5 C. Veggio, *Sia maledett'amo* 1540/19

-2-2-2-2-2+2-5 A. Capriolo, *Se ho sdegnat* 1505/05
-2-2-2-2-2+2-5 F. Soriano, *Vedo ogni selv* 1589/11

-2-2-2-2-2+2+7 G. Dragone, *Tu dunque o Mad* 1599/06

-2-2-2-2-2-2+2 F. Ana, *Nasce l'aspro mio* 1505/03
-2-2-2-2-2-2+2 Anonymous, *Christi donna pe* 1515/02
-2-2-2-2-2-2+2 Anonymous, *Haime che grave* 1505/04
-2-2-2-2-2-2+2 Anonymous, *Piu non voglio* 1506/03
-2-2-2-2-2-2+2 Anonymous, *Qual gemma orien* 1515/02
-2-2-2-2-2-2+2 Anonymous, *Scoltatime madon* 1505/05
-2-2-2-2-2-2+2 O. Antinori, *Se un pone un* 1514/02
-2-2-2-2-2-2+2 J. Arcadelt, *Deh come trist* 1544/16
-2-2-2-2-2-2+2 J. Arcadelt, *Lasso che giov* 1539/24
-2-2-2-2-2-2+2 J. Arcadelt, *Un di lieto gi* 1540/19
-2-2-2-2-2-2+2 G. Bonagiunta, *No no non* 1566/07
-2-2-2-2-2-2+2 A. Capriolo, *Ogni amor vol* 1505/05
-2-2-2-2-2-2+2 E. Dupre, *La virtu mi fa gu* 1507/03
-2-2-2-2-2-2+2 H. Fiorino, *Tirsi dolente* 1586/10
-2-2-2-2-2-2+2 F. Luprano, *Non mi dar piu* 1505/05
-2-2-2-2-2-2+2 G. Macque, *Dal suo volto sc* 1583/14
-2-2-2-2-2-2+2 G. Maio, *Pace pace e non pi* 1519/04
-2-2-2-2-2-2+2 G. Marinis, *La bella man ch* 1597/20
-2-2-2-2-2-2+2 G. Paratico, *Deh per che no* 1588/25
-2-2-2-2-2-2+2 M. Pesenti, *Trista e noios* 1504/04
-2-2-2-2-2-2+2 I. Tartaglino, *D'altro ciel io* 1587/12
-2-2-2-2-2-2+2 B. Tromboncino, *Chi se pasc* 1505/04
-2-2-2-2-2-2+2 B. Tromboncino, *Dura passio* 1517/02
-2-2-2-2-2-2+2 B. Tromboncino, *Piu non so* 1507/03
-2-2-2-2-2-2+2 B. Tromboncino, *Quanto mai* 1513/01
-2-2-2-2-2-2+2 B. Tromboncino, *Visto ho pi* 1506/03
-2-2-2-2-2-2+2 G. Wert, *Non fu donna giama* 1568/20

-2-2-2-2-2-2-2 Anonymous, *Come po far el* 1510/
-2-2-2-2-2-2-2 Anonymous, *Poi ch'el ciel* 1507/03
-2-2-2-2-2-2-2 Anonymous, *Si suave mi par* 1505/05
-2-2-2-2-2-2-2 Anonymous, *Tu me lass* 1516/02
-2-2-2-2-2-2-2 J. Arcadelt, *S'io non lodo* 1539/24
-2-2-2-2-2-2-2 G. Brocco, *Lieta e l'alma* 1505/04
-2-2-2-2-2-2-2 N. Brocco, *Se ben fatto* 1517/02
-2-2-2-2-2-2-2 M. Cancino, *Qui cadd'un be* 1590/21
-2-2-2-2-2-2-2 A. Capriolo, *Poi che mia si* 1505/05
-2-2-2-2-2-2-2 M. Cara, *Ecco colui che m'a* 1517/02
-2-2-2-2-2-2-2 G. Eremita, *Poi che il mio* 1594/07
-2-2-2-2-2-2-2 G. Fogliano, *Quando amor qu* 1547/16
-2-2-2-2-2-2-2 A. Gabrieli, *Ch'inde dara la* 1570/17
-2-2-2-2-2-2-2 J. Gero, *Madonna prego'l ci* 1541/02
-2-2-2-2-2-2-2 J. Gero, *Non si vedra giama* 1541/14
-2-2-2-2-2-2-2 G. Gostena, *Lucido animalet* 1599/15
-2-2-2-2-2-2-2 A. Hauville, *Alma Usanna be* 1570/15
-2-2-2-2-2-2-2 Hieranimous T. V., *Ayme dio* 1515/02
-2-2-2-2-2-2-2 G. Macque, *Dal suo volto sc* 1583/14
-2-2-2-2-2-2-2 A. Marchese, *Come Fenice re* 1599/06
-2-2-2-2-2-2-2 G. Marinis, *La bella man ch* 1597/20
-2-2-2-2-2-2-2 C. Monteverdi, *Stracciami* 1597/13
-2-2-2-2-2-2-2 G. Nanino, *Deh corall* 1586/18
-2-2-2-2-2-2-2 B. Pallavicino, *Nebbia non* 1596/16
-2-2-2-2-2-2-2 F. Patavino, *Vrai diu d'amo* 1526/06
-2-2-2-2-2-2-2 N. Pervue, *Amor s'in lei ch* 1582/04
-2-2-2-2-2-2-2 C. Porta, *O del mio naviga* 1588/24
-2-2-2-2-2-2-2 G. Primavera, *Dapoi che tu* 1565/17
-2-2-2-2-2-2-2 R. Rodio, *Rotta e l'alta co* 1587/12
-2-2-2-2-2-2-2 H. Sabino, *All'hor vidi cad* 1588/27
-2-2-2-2-2-2-2 B. Spontone, *Poi che mio st* 1589/06
-2-2-2-2-2-2-2 I. Tartaglino, *D'altro ciel io* 1587/12
-2-2-2-2-2-2-2 B. Tromboncino, *Ben che amo* 1504/04
-2-2-2-2-2-2-2 B. Tromboncino, *La speranz* 1517/02
-2-2-2-2-2-2-2 B. Tromboncino, *Poi che'l* 1504/04
-2-2-2-2-2-2-2 B. Tromboncino, *Se il mori* 1507/03
-2-2-2-2-2-2-2 B. Tromboncino, *Silentium* 1505/05
-2-2-2-2-2-2-2 O. Vecchi, *Con voce dai sos* 1585/35
-2-2-2-2-2-2-2 O. Vecchi, *Sia maledetto Am* 1585/35
-2-2-2-2-2-2-2 C. Veggio, *Donna per acquet* 1544/22
-2-2-2-2-2-2-2 P. Virchi, *Copre Madonna* 1592/14
-2-2-2-2-2-2-2 G. Wert, *Non fu donna giama* 1568/20
-2-2-2-2-2-2-2 G. Wert, *Quand'io veggio da* 1568/20

-2-2-2-2-2-2+3 Anonymous, *Chi servir vol* 1509/02
-2-2-2-2-2-2+3 N. Brocco, *O tiente a lor* 1507/04
-2-2-2-2-2-2+3 N. Pervue, *Amor s'in lei ch* 1582/04
-2-2-2-2-2-2+3 C. Rore, *Et parmi che nel* 1591/23

-2-2-2-2-2-2+4 Anonymous, *Ameni e leti col* 1516/02
-2-2-2-2-2-2+4 A. Capriolo, *Poi che per fe* 1504/04
-2-2-2-2-2-2+4 F. Cavi, *Al tuo bel tempio* 1599/06
-2-2-2-2-2-2+4 G. Gigli, *Ardo si ma non t'* 1585/17
-2-2-2-2-2-2+4 F. Luprano, *Io ti lasso don* 1505/06
-2-2-2-2-2-2+4 G. Macque, *E i travagliatia* 1595/06
-2-2-2-2-2-2+4 B. Tromboncino, *Ave maria* 1508/03
-2-2-2-2-2-2+4 B. Tromboncino, *Se il mori* 1507/03

-2-2-2-2-2-2+5 Anonymous, *Horsu correr vog* 1506/03
-2-2-2-2-2-2+5 G. B. Zesso, *Jesu benigno* 1508/03
-2-2-2-2-2-2+5 G. Ferretti, *Fuggimi quant* 1589/08

-2-2-2-2-2-2+7 F. Cavi, *Al tuo bel tempio* 1599/06

-2-2-2-2-2-2+8 Anonymous, *Donna mia quant* 1507/03
-2-2-2-2-2-2+8 G. Dragone, *Tu dunque o Mad* 1599/06
-2-2-2-2-2-2+8 R. Mantovano, *Da poi che'l* 1505/03
-2-2-2-2-2-2+8 L. Marenzio, *Coppia di donn* 1592/14

-2-2-2-2-2+3+2 S. d'Aranda, *Deh dove senz* 1571/12
-2-2-2-2-2+3+2 A. Antiqui, *A ti sola ho da* 1505/06
-2-2-2-2-2+3+2 L. Bertani, *La giovinetta* 1583/10
-2-2-2-2-2+3+2 F. Dentice, *Empio cor crud* 1577/08
-2-2-2-2-2+3+2 G. Hassler, *Ardi e gela a* 1597/13
-2-2-2-2-2+3+2 C. Monteverdi, *Ahi dolente* 1597/13
-2-2-2-2-2+3+2 A. Willaert, *Sciocco fu'l* 1544/17

-2-2-2-2-2+3-2 Anonymous, *Ben s'io non err* 1577/08
-2-2-2-2-2+3-2 Anonymous, *Se la gran fiamm* 1505/05
-2-2-2-2-2+3-2 J. Arcadelt, *Deh come trist* 1544/16
-2-2-2-2-2+3-2 I. Baccusi, *Deh per pieta* 1588/18
-2-2-2-2-2+3-2 L. Bati, *Ben sei Tirinto mi* 1594/11
-2-2-2-2-2+3-2 J. Berchem, *O s'io potesi* 1585/20
-2-2-2-2-2+3-2 P. Lodi, *La mia donna e tan* 1517/02
-2-2-2-2-2+3-2 F. Luprano, *Io ti lasso don* 1505/06
-2-2-2-2-2+3-2 L. Marenzio, *Coppia di donn* 1592/14
-2-2-2-2-2+3-2 M. Pesenti, *Ardo e bruscio* 1504/04
-2-2-2-2-2+3-2 P. Stabile, *Forse non lasse* 1585/32
-2-2-2-2-2+3-2 B. Tromboncino, *Queste lacr* 1514/02
-2-2-2-2-2+3-2 G. Zucchelli, *Ohime crudel* 1589/11

-2-2-2-2-2+3+3 Anonymous, *O cara libertad* 1506/03
-2-2-2-2-2+3+3 P. Verdelot, *Deh perche si* 1533/02

-2-2-2-2-2+3-3 O. Antinori, *Viva e morta* 1505/03
-2-2-2-2-2+3-3 G. Eremita, *Cara la vita mi* 1592/14
-2-2-2-2-2+3-3 G. Mosto, *Come lume di nott* 1578/21

-2-2-2-2-2-3+2 Anonymous, *Famme pur que* 1505/03
-2-2-2-2-2-3+2 S. Felis, *Figlie illustri* 1579/05
-2-2-2-2-2-3+2 J. Lulinus, *Se'l non fusse* 1514/02

-2-2-2-2-2-3+3 C. Malvezzi, *O forse'l piant* 1583/16
-2-2-2-2-2-3+3 G. Paratico, *Deh per che no* 1588/25

-2-2-2-2-2-3+8 M. Cancino, *A le caste fiam* 1590/21
-2-2-2-2-2-3+8 F. Luprano, *Quercus iuncta* 1509/02
-2-2-2-2-2-3+8 R. Montagnana, *Consumando* 1558/17

-2-2-2-2-2+4+2 Anonymous, *Di Dio Madre Bea* 1599/06
-2-2-2-2-2+4+2 H. Chamatero, *A qualunqe an* 1569/26
-2-2-2-2-2+4+2 F. Gherardini, *Tu moristi* 1585/24
-2-2-2-2-2+4+2 P. Monte, *Le labra timidett* 1591/23

-2-2-2-2-2+4-2 Anonymous, *Hai pretiosa fe* 1505/05
-2-2-2-2-2+4-2 Anonymous, *Ma di piaga piu* 1595/03
-2-2-2-2-2+4-2 A. Antiqui, *Ochi mei mai no* 1507/03
-2-2-2-2-2+4-2 L. Bertani, *La giovinetta* 1583/10
-2-2-2-2-2+4-2 M. Cara, *Fuggitava mia sper* 1505/04
-2-2-2-2-2+4-2 M. Cara, *In eterno io vogli* 1504/04
-2-2-2-2-2+4-2 H. Lauro, *O voi nel amplo* 1517/02
-2-2-2-2-2+4-2 B. Lupacchino, *No text.* 1591/19
-2-2-2-2-2+4-2 L. Marenzio, *Chi strinse ma* 1589/08
-2-2-2-2-2+4-2 P. Nenna, *O soave contrada* 1582/12
-2-2-2-2-2+4-2 M. Pesenti, *Ardo e bruscio* 1504/04
-2-2-2-2-2+4-2 M. Pesenti, *Dal lecto me le* 1504/04
-2-2-2-2-2+4-2 O. Vecchi, *Porgimi car Fill* 1585/35

-2-2-2-2-2+4+3 G. Macque, *Tre gratiosi ama* 1583/14

-2-2-2-2-2+4-3 A. Perugino, *La state prim'* 1570/19
-2-2-2-2-2+4-3 G. Veggi, *Deh non chinar* 1583/12

-2-2-2-2-2+4-4 J. Peetrino, *Poiche mesto* 1589/11
-2-2-2-2-2+4-4 B. Tromboncino, *Io son l'oc* 1507/04

-2-2-2-2-2+4+5 L. Impuccio, *Deh s'havesti* 1597/20

-2-2-2-2-2+4-8 N. Brocco, *O tiente a lor* 1507/04

-2-2-2-2-2-4+2 Anonymous, *Se non voi pensa* 1505/03
-2-2-2-2-2-4+2 B. Pallavicino, *Passa la na* 1596/16

-2-2-2-2-2-4+4 Anonymous, *Ma di piaga piu* 1595/03

-2-2-2-2-2+5+2 S. Cornet, *Almen poi ch'ai* 1581/07
-2-2-2-2-2+5+2 P. Lodi, *La mia donna e tan* 1517/02
-2-2-2-2-2+5+2 C. Monteverdi, *Sovra tener* 1597/13
-2-2-2-2-2+5+2 N. Patavino, *Non e tempo* 1505/03

-2-2-2-2-2+5-2 G. Scotto, *Io vo cercando* 1571/11

-2-2-2-2-2+5-3 P. Isnardi, *Cari leggiadri* 1583/10

-2-2-2-2-2+5-5 G. Fanello, *Ardo per voi Ma* 1574/06
-2-2-2-2-2+5-5 P. Masnelli, *A che tormi* 1586/09

-2-2-2-2-2-5+2 Anonymous, *S'io dimostro* 1506/03

-2-2-2-2-2-5+3 Anonymous, *Piu non voglio* 1506/03

-2-2-2-2-2-5+8 R. Mel, *Tirrhena mia le ma* 1594/08

-2-2-2-2-2+6+2 Anonymous, *Salve victrice* 1508/03
-2-2-2-2-2+6+2 Anonymous, *Se lontan parti* 1509/02
-2-2-2-2-2+6+2 A. Zoilo, *Ma s'ella oppost* 1586/07

-2-2-2-2-2+6-2 V. Bellhaver, *Semo bel'e despe* 1570/17
-2-2-2-2-2+6-2 L. Bertani, *La giovinetta* 1583/10
-2-2-2-2-2+6-2 M. Cara, *Io son l'ocel che* 1505/05
-2-2-2-2-2+6-2 Don Remigio, *Hor non nasce* 1599/06
-2-2-2-2-2+6-2 L. Marenzio, *Chi strinse ma* 1589/08
-2-2-2-2-2+6-2 C. Merulo, *Mentre mia stell* 1579/02
-2-2-2-2-2+6-2 A. Silva, *Madonna io sol vo* 1533/02

-2-2-2-2-2+6-3 G. Ferretti, *Mirate che m'h* 1594/08
-2-2-2-2-2+6-3 G. Primavera, *La militia Gi* 1585/31
-2-2-2-2-2+6-3 B. Tromboncino, *Del tuo be* 1505/05
-2-2-2-2-2+6-3 H. Waelrant, *Mi voglio far'* 1594/08

-2-2-2-2-2+6-5 G. Eremita, *Arsi del vostr'* 1594/07

-2-2-2-2-2+8-2 A. Aiolli, *O d'oscura prigi* 1582/08
-2-2-2-2-2+8-2 N. Pifaro, *La fiamma che* 1505/05
-2-2-2-2-2+8-2 G. Rognoni, *Lasso crudel'Am* 1600/17
-2-2-2-2-2+8-2 B. Tromboncino, *Son io que* 1516/02

-2-2-2-2-2+8-3 L. Marenzio, *Chi strinse ma* 1589/08
-2-2-2-2-2+8-3 B. Pallavicino, *Passa la na* 1596/16

-2-2-2-2-2+8-4 Anonymous, *Giu per la mala vi* 1580/06

-2-2-2-2+3+2+2 Anonymous, *O vage montanin* 1526/05
-2-2-2-2+3+2+2 P. Bellasio, *Fu morte il mi* 1578/21
-2-2-2-2+3+2+2 G. Gastoldi, *Un nuovo cacci* 1594/08
-2-2-2-2+3+2+2 C. Malvezzi, *O cameretta ch* 1583/16
-2-2-2-2+3+2+2 G. Marinis, *Togli dolce be* 1597/13
-2-2-2-2+3+2+2 B. Tromboncino, *Se per colp* 1514/02

-2-2-2-2+3+2-2 A. Gabrieli, *Chiaro sol di* 1586/07

-2-2-2-2+3+2-3 L. Agostini, *In cosi dura sor* 1572/07

-2-2-2-2+3+2-4 P. Monte, *Di ch'ella mossa* 1585/18

-2-2-2-2+3+2-8 M. Cara, *Sventurati amant* 1516/02

-2-2-2-2+3-2+2 G. da Nola, *Gran temp'e sta* 1570/27
-2-2-2-2+3-2+2 L. Agostini, *In cosi dura sor* 1572/07
-2-2-2-2+3-2+2 Anonymous, *Lasso qual fia* 1544/17
-2-2-2-2+3-2+2 Anonymous, *Bella che tien'i* 1571/07
-2-2-2-2+3-2+2 M. Cara, *Io non compro piu* 1504/04
-2-2-2-2+3-2+2 G. Moro, *Pero di mille e mi* 1585/28
-2-2-2-2+3-2+2 B. Tromboncino, *Se mi e grav* 1504/04

-2-2-2-2+3-2-2 F. Ana, *Se non m'ami a ch* 1505/06
-2-2-2-2+3-2-2 G. Contino, *Se quel lieto* 1566/03
-2-2-2-2+3-2-2 A. Gabrieli, *Ch'inde dara la* 1570/17
-2-2-2-2+3-2-2 J. Japart, *Fortuna d un gra* 1504/03
-2-2-2-2+3-2-2 R. Mel, *Sia benedett'Amor* 1585/26
-2-2-2-2+3-2-2 J. Modena, *No text.* 1540/22
-2-2-2-2+3-2-2 G. Policretto, *Signor mentr* 1598/06
-2-2-2-2+3-2-2 V. Ruffo, *Vaghi chiari soav* 1555/31
-2-2-2-2+3-2-2 B. Tromboncino, *Chi non sa* 1506/03
-2-2-2-2+3-2-2 B. Tromboncino, *Non val aqu* 1504/04
-2-2-2-2+3-2-2 P. Cesena, *Non posso abando* 1505/04
-2-2-2-2+3-2-2 G. Contino, *Se quel lieto* 1566/03

-2-2-2-2+3-2+3 P. Cesena, *Non posso abando* 1505/04
-2-2-2-2+3-2+3 G. Contino, *Se quel lieto* 1566/03

-2-2-2-2+3-2+4 M. Cara, *Piangea la donna* 1526/06
-2-2-2-2+3-2+4 A. Martorello, *Gia fui felice* 1547/17
-2-2-2-2+3-2+4 A. Reulx, *Languidetta giace* 1556/22
-2-2-2-2+3-2+4 C. Rore, *E ne la face de be* 1593/05

-2-2-2-2+3-2-4 H. Lauro, *Laura romanis dec* 1514/02

-2-2-2-2+3-2+7 C. Festa, *Cosi soav'el foc* 1539/24

-2-2-2-2+3+3-2 S. Lodovi, *Chiara luce me* 1515/02
-2-2-2-2+3+3-2 G. Trabaci, *Vergine piu del* 1600/05

-2-2-2-2+3-3-2 C. Malvezzi, *O forse'l piant* 1583/16

-2-2-2-2+3-3+4 A. Striggio, *A te il buon* 1567/23

-2-2-2-2+3-3-4 J. Lulinus, *Surge dal'orizz* 1514/02

-2-2-2-2+3-4+2 M. Cancino, *Era ne la stagi* 1590/21
-2-2-2-2+3-4+2 R. Rodio, *Ardo si ma non t'* 1587/12

-2-2-2-2-3+2+2 Anonymous, *Son disposto de* 1509/02
-2-2-2-2-3+2+2 L. Bati, *Ben sei Tirinto mi* 1594/11
-2-2-2-2-3+2+2 G. Dragone, *Se la mia vita* 1588/22
-2-2-2-2-3+2+2 B. Lupacchino, *No text.* 1591/19
-2-2-2-2-3+2+2 A. Pitigliano, *Ogni giorno* 1599/06
-2-2-2-2-3+2+2 P. Stabile, *O fere stelle* 1585/32

-2-2-2-2-3+3-4 J. Arcadelt, *Si grand'e la* 1539/24

-2-2-2-2-3+4+2 G. Primavera, *La militia Gi* 1585/31

-2-2-2-2-3+4-2 N. Parma, *Cintia mia dolce* 1586/09
-2-2-2-2-3+4-2 A. Trombetti, *Non fu gloria d'* 1583/18

-2-2-2-2-3+5-2 P. Vinci, *Occhi miei oscurat* 1567/24

-2-2-2-2-3+8-2 Anonymous, *Frena donna i to* 1516/02

-2-2-2-2+4+2+2 Anonymous, *Consumando mi* 1583/13
-2-2-2-2+4+2+2 L. Fogliano, *Fortuna d'un* 1509/02

-2-2-2-2+4+2-2 Anonymous, *Aime ch'io son* 1506/03

-2-2-2-2+4+2+3 O. Lasso, *La notte che segu* 1561/10

-2-2-2-2+4+2-4 G. Caimo, *Il cor e l'alma* 1586/19
-2-2-2-2+4+2-4 M. Troiano, *Su per l'onde* 1569/19

-2-2-2-2+4-2 N. Parma, *Cintia mia dolce* 1586/09

-2-2-2-2+4-2+2 Anonymous, *Donna mia quant* 1507/03
-2-2-2-2+4-2+2 G. Macque, *Non al suo amant* 1583/15
-2-2-2-2+4-2+2 E. Romano, *Si vosassi di di* 1521/06

-2-2-2-2+4-2-2 Anonymous, *La nocte quando* 1505/05
-2-2-2-2+4-2-2 Anonymous, *Piu volte fra* 1505/03
-2-2-2-2+4-2-2 Anonymous, *Da poi che non* 1505/05
-2-2-2-2+4-2-2 L. Bati, *Filli deh non fugg* 1594/11
-2-2-2-2+4-2-2 P. Cesena, *Non bisogna che* 1505/04
-2-2-2-2+4-2-2 R. Giovanelli, *Com'havra vit* 1598/08
-2-2-2-2+4-2-2 J. Guami(?), *Quando mio pa* 1565/12
-2-2-2-2+4-2-2 H. Lauro, *Aque stilante e* 1514/02
-2-2-2-2+4-2-2 G. Marinis, *Togli dolce be* 1597/13
-2-2-2-2+4-2-2 B. Pallavicino, *Tu pur ti* 1597/13
-2-2-2-2+4-2-2 N. Pifaro, *Lo splendente tu* 1515/02
-2-2-2-2+4-2-2 A. Pitigliano, *Ogni giorno* 1599/06
-2-2-2-2+4-2-2 H. Sabino, *La bocca bacia* 1581/11
-2-2-2-2+4-2-2 B. Spontone, *La virginella* 1557/18
-2-2-2-2+4-2-2 B. Tromboncino, *Aqua aqua* 1509/02

-2-2-2-2+4-2+3 Anonymous, *Segui cor l'alt* 1515/02

-2-2-2-2+4-2+4 A. Feliciani, *Vedi vedi ch* 1586/15
-2-2-2-2+4-2+4 G. Locatello, *Deh rest'Amo* 1590/21
-2-2-2-2+4-2+4 B. Tromboncino, *Donna non* 1514/02

-2-2-2-2+4-3+2 Anonymous, *E dove non pote* 1577/08
-2-2-2-2+4-3+2 F. Azzaiolo, *E d'una viduel* 1557/18
-2-2-2-2+4-3+2 R. Mel, *Sia benedett'Amor* 1585/26
-2-2-2-2+4-3+2 P. Monte, *Le labra timidett* 1591/23
-2-2-2-2+4-3+2 A. Rigum, *Donna ascolta el* 1504/04
-2-2-2-2+4-3+2 A. Savioli, *Arsi gia solo* 1600/16

-2-2-2-2+4-3-2 G. Massarengo, *Dolci colli* 1591/22

-2-2-2-2+4-3+3 G. Maio, *Pace pace e non pi* 1519/04

-2-2-2-2+4-3-3 F. Layolle, *Amor la tua vir* 1552/21

-2-2-2-2+4-4+2 G. Gallo, *Qui giace ahi las* 1597/20

-2-2-2-2+4-4+4 B. Tromboncino, *Vergine fa* 1510/

-2-2-2-2+4-4+6 Anonymous, *O che dio non m'* 1506/03

-2-2-2-2+4-5+2 B. Tromboncino, *Ave maria* 1508/03

-2-2-2-2+4-5+5 Anonymous, *Aime ch'io son* 1506/03

-2-2-2-2-4+2+3 P. Monte, *Di ch'ella mossa* 1585/18
-2-2-2-2-4+2+3 P. Nenna, *Poi che legato* 1582/12

-2-2-2-2-4+4+2 S. Felis, *Deh piangete alme* 1585/23

-2-2-2-2-4+4-2 Anonymous, *O vage montanin* 1526/05

-2-2-2-2-4+4-3 Anonymous, *Passati sono* 1598/04
-2-2-2-2-4+4-3 A. Coma, *Vidi da duo bei lu* 1598/10

-2-2-2-2-4+4-4 S. Felis, *Deh piangete alme* 1585/23

-2-2-2-2-4+4+5 V. Ruffo, *O desir di quest'* 1554/29

-2-2-2-2-4+5+2 F. Ana, *Se non m'ami a ch* 1505/06

-2-2-2-2-4+5-3 M. Cancino, *A Dio Filli mi* 1590/21

-2-2-2-2-4+5-4 G. Palestrina, *Vedassi prima* 1591/12

-2-2-2-2-4+5-5 V. Ruffo, *O desir di quest'* 1554/29

-2-2-2-2-4+8-2 Anonymous, *O vage montanin* 1526/05
-2-2-2-2-4+8-2 O. Colombano, *Fatto il mesto* 1588/18

-2-2-2-2+5+2+2 Anonymous, *Consumando mi* 1583/13
-2-2-2-2+5+2+2 P. Bellasio, *Cari & amati* 1578/21
-2-2-2-2+5+2+2 A. Stringari, *Chi non sa ch* 1507/04

-2-2-2-2+5+2-2 R. Montagnana, *Consumando* 1558/17
-2-2-2-2+5+2-2 F. Roccia, *Poiche Vergin di* 1599/06
-2-2-2-2+5+2-2 S. Venturi, *Deh come pur la* 1598/14

-2-2-2-2+5+2+3 A. Padovano, *Non credo che* 1561/15

-2-2-2-2+5+2-5 Anonymous, *Gia fiammeggiava* 1583/13

-2-2-2-2+5-2+2 G. Fanello, *Ardo per voi Ma* 1574/06
-2-2-2-2+5-2+2 A. Gabrieli, *Cinto m'havea* 1594/08
-2-2-2-2+5-2+2 F. Portinaro, *Vota scorza rest* 1563/13

-2-2-2-2+5-2-2 Anonymous, *Fresco ombroso* 1554/28
-2-2-2-2+5-2-2 Anonymous, *Alla fontana qua* 1567/17
-2-2-2-2+5-2-2 P. Bellasio, *Caro dolce be* 1578/21
-2-2-2-2+5-2-2 G. Fogliano, *Dunque donna* 1547/16
-2-2-2-2+5-2-2 A. Gabrieli, *Piangeranno* 1589/14
-2-2-2-2+5-2-2 A. Gabrieli, *Ch'inde dara la* 1570/17
-2-2-2-2+5-2-2 G. Gallo, *Chi vidd'al mond* 1597/20
-2-2-2-2+5-2-2 J. Gero, *Madonna prego'l ci* 1541/02
-2-2-2-2+5-2-2 G. Marinis, *Mentre volgea'* 1596/13
-2-2-2-2+5-2-2 G. Massarengo, *Dolci colli* 1591/22
-2-2-2-2+5-2-2 A. Morsolino, *Se del fedel* 1594/15
-2-2-2-2+5-2-2 P. Nenna, *Filli dolce ben* 1582/12
-2-2-2-2+5-2-2 F. Nicoletti, *Quanto felic* 1583/10
-2-2-2-2+5-2-2 A. Padovano, *Non credo che* 1561/15
-2-2-2-2+5-2-2 G. Palestrina, *Vedassi prima* 1591/12
-2-2-2-2+5-2-2 B. Pallavicino, *Tutto eri foco* 1596/16
-2-2-2-2+5-2-2 G. Panico, *Patrone belle pa* 1557/18
-2-2-2-2+5-2-2 G. Paratico, *Occhi dove'l* 1588/25
-2-2-2-2+5-2-2 G. Primavera, *Dapoi che tu* 1565/17
-2-2-2-2+5-2-2 B. Tromboncino, *Del tuo be* 1505/05
-2-2-2-2+5-2-2 O. Vecchi, *Ecco novello Amo* 1585/35

-2-2-2-2+5-2-3 C. Malvezzi, *Come in un pun* 1583/16
-2-2-2-2+5-2-3 F. Portinaro, *Vota scorza rest* 1563/13

-2-2-2-2+5-2-4 C. Malvezzi, *Ne pur il mio* 1583/16

-2-2-2-2+5-2+5 G. Nanino, *Lasso ch'o* 1587/10

-2-2-2-2+5+3+2 P. Bellasio, *Fu morte il mi* 1578/21
-2-2-2-2+5+3+2 C. Malvezzi, *O forse'l piant* 1583/16

-2-2-2-2+5+3-2 A. Trombetti, *Ethna non e* 1570/19

-2-2-2-2+5-3+2 B. Pallavicino, *Tutto eri foco* 1596/16

-2-2-2-2+5-3-2 C. Malvezzi, *Chiaro segno* 1583/16
-2-2-2-2+5-3-2 P. Nenna, *O soave contra a* 1582/12
-2-2-2-2+5-3-2 G. Paratico, *Occhi dove'l* 1588/25
-2-2-2-2+5-3-2 O. Vecchi, *Ecco novello Amo* 1585/35
-2-2-2-2+5-3-2 A. Zoilo, *Arde il cor e la* 1589/07

-2-2-2-2+5+4-2 Anonymous, *Spargo indarno* 1509/02
-2-2-2-2+5+4-2 J. Arcadelt, *Col pensier ma* 1539/24
-2-2-2-2+5+4-2 A. Zoilo, *Arde il cor e la* 1589/07

-2-2-2-2+5+4-3 G. Mosto, *Due rose nate amb* 1578/22

-2-2-2-2+5-4+2 P. Nenna, *Iten'o miei sospi* 1582/12
-2-2-2-2+5-4+2 P. Nenna, *Poi che legato* 1582/12

-2-2-2-2+5-4-2 P. Stabile, *Forse non lasse* 1585/32

-2-2-2-2+5-4+4 F. Gherardini, *Non mir'il* 1585/24

-2-2-2-2+5-5+2 Anonymous, *Non quiero que* 1516/02
-2-2-2-2+5-5+2 P. Bellasio, *La dove inond* 1578/21
-2-2-2-2+5-5+2 C. Malvezzi, *Chiaro segno* 1583/16
-2-2-2-2+5-5+2 H. Sabino, *Con si contrari* 1588/27
-2-2-2-2+5-5+2 P. Stabile, *Di gioia e dolc* 1585/32
-2-2-2-2+5-5+2 P. Vinci, *All'hor riprende ar* 1579/02

-2-2-2-2+5-5-2 M. Cara, *Pieta cara signor* 1504/04

-2-2-2-2+5-5+3 G. Hassler, *Ardo si ma non* 1597/13

-2-2-2-2+5-5+3 C. Veggio, *Stella del ciel* 1585/28

-2-2-2-2+5-5+4 G. Mosto, *Due rose nate amb* 1578/22

-2-2-2-2+5-5+5 P. Bellasio, *Suggi da quest* 1595/07
-2-2-2-2+5-5+5 R. Giovanelli, *Vermiglio* 1589/11
-2-2-2-2+5-5+5 A. Striggio, *Al'hor che lieta* 1592/15

-2-2-2-2+5-8+2 H. Sabino, *Con si contrari* 1588/27

-2-2-2-2+5-8+5 C. La Morsia, *Non son ris'a* 1598/08

-2-2-2-2-5+8+3 G. Zucchelli, *Ohime crudel* 1589/11

-2-2-2-2+6-2+2 L. Agostini, *Dunque il gior* 1572/07

-2-2-2-2+6-2-2 Anonymous, *Mill'anni sono* 1557/19
-2-2-2-2+6-2-2 Anonymous, *Segui cor l'alt* 1515/02

-2-2-2-2+7+2-3 A. Gabrieli, *Caro dolce be* 1589/06

-2-2-2-2+8+2-2 H. Sabino, *La bocca bacia* 1581/11

-2-2-2-2+8+2-3 Anonymous, *E dove non pote* 1577/08

-2-2-2-2+8-2+2 F. Gherardini, *Non mir'il* 1585/24
-2-2-2-2+8-2+2 O. Lasso, *Quant'il mio duo* 1588/24

-2-2-2-2+8-2-2 M. Cara, *Perche piangi alm* 1531/04
-2-2-2-2+8-2-2 G. Gallo, *Chi vidd'al mond* 1597/20
-2-2-2-2+8-2-2 R. Giovanelli, *Donna la bell* 1589/07
-2-2-2-2+8-2-2 R. Giovanelli, *Se da tuoi* 1586/10
-2-2-2-2+8-2-2 R. Giovanelli, *Donna la bell* 1589/07
-2-2-2-2+8-2-2 C. Malvezzi, *O cameretta ch* 1583/16
-2-2-2-2+8-2-2 S. Molinaro, *Ma l'hore i gi* 1599/15
-2-2-2-2+8-2-2 F. Rovigo, *Ardo si ma non* 1585/17
-2-2-2-2+8-2-2 O. Vecchi, *Ecco novello Amo* 1585/35

-2-2-2-2+8-3+2 P. Monte, *Veramente in amor* 1583/14

-2-2-2-2+8-3-2 Carletto, *Un'altra volta ve* 1577/10

-2-2-2-2+8-4+2 G. Gallo, *Se il dolor del* 1597/20

-2-2-2-2+8-8+4 P. Vinci, *All'hor riprende ar* 1579/02

-2-2-2+3+2+2+2 O. Vecchi, *Donna se vaga se* 1585/35

-2-2-2+3+2+2-2 A. Coma, *Io ch'altre volte* 1585/22
-2-2-2+3+2+2-2 S. Rossetto, *Quando la bell* 1568/13

-2-2-2+3+2+2-3 Anonymous, *L'agnellino sant* 1563/06

-2-2-2+3+2+2-4 G. Primavera, *Turco Giudeo ne* 1565/17

-2-2-2+3+2-2+2 C. Baselli, *Donna vorrei sa* 1600/12
-2-2-2+3+2-2+2 C. Ceruti, *Dolce nemica mi* 1585/22
-2-2-2+3+2-2+2 A. Gabrieli, *Ecco la vaga* 1587/16
-2-2-2+3+2-2+2 A. Striggio, *Con pieta vi* 1583/12
-2-2-2+3+2-2+2 M. Varotto, *Tu di carne mi* 1598/06

-2-2-2+3+2-2-2 G. Caimo, *Dolci sospir o do* 1586/19
-2-2-2+3+2-2-2 C. Rore, *Schiet'arbuscel* 1557/24
-2-2-2+3+2-2-2 S. Rossetto, *Quando la bell* 1568/13

-2-2-2+3+2-3+2 Anonymous, *La vita fugge* 1583/13
-2-2-2+3+2-3+2 G. Mosto, *E viver e morir* 1589/10
-2-2-2+3+2-3+2 O. Vecchi, *Lucretia mia que* 1585/35

-2-2-2+3+2-3-3 F. Ana, *Amor a chi non va* 1505/05

-2-2-2+3+2-4+3 C. Monteverdi, *E dicea l'un* 1597/13

-2-2-2+3-2+2+2 Josquin, *El grillo e bon ca* 1505/04
-2-2-2+3-2+2+2 Anonymous, *Ave nostra salu* 1508/03
-2-2-2+3-2+2+2 Anonymous, *O venturosa di* 1583/04
-2-2-2+3-2+2+2 P. Bellasio, *A mezzo del su* 1578/21
-2-2-2+3-2+2+2 B. Pallavicino, *Non mirar* 1596/16
-2-2-2+3-2+2+2 P. Vinci, *Da me son fatti* 1584/11
-2-2-2+3-2+2+2 P. Zanin, *O despiatato temp* 1507/03

-2-2-2+3-2+2-2 Anonymous, *O dolce e lieto* 1505/05
-2-2-2+3-2+2-2 B. Tromboncino, *Se gran fes* 1505/06

-2-2-2+3-2+2+3 L. Marenzio, *Coppia di donn* 1592/14

-2-2-2+3-2+2-3 B. Tromboncino, *Consumatum* 1506/03

-2-2-2+3-2+2-4 A. Coma, *Io ch'altre volte* 1585/22

-2-2-2+3-2+2-5 Anonymous, *Io son lieto ne* 1507/03

-2-2-2+3-2-2+2 P. Bellasio, *A mezzo del su* 1578/21
-2-2-2+3-2-2+2 P. Bracharaio, *Non ved'hoggi* 1557/16
-2-2-2+3-2-2+2 M. Cara, *La fortuna vol cos* 1504/04
-2-2-2+3-2-2+2 M. Cara, *Donna habiati voi* 1507/04
-2-2-2+3-2-2+2 O. Lasso, *Ben convenne ma o* 1569/19
-2-2-2+3-2-2+2 C. Monteverdi, *E dicea l'un* 1597/13
-2-2-2+3-2-2+2 G. Pizzoni, *Pero si guarda ogn* 1582/14
-2-2-2+3-2-2+2 B. Roi, *La Vergin Madre pi* 1599/06
-2-2-2+3-2-2+2 P. Verdelot, *Se voi porgest* 1533/02

-2-2-2+3-2-2-2 Anonymous, *Bella che tien'i* 1571/07
-2-2-2+3-2-2-2 Anonymous, *Vivo o morto io* 1566/05
-2-2-2+3-2-2-2 Anonymous, *Io son Agnella* 1598/04
-2-2-2+3-2-2-2 Anonymous, *Bella che tien'i* 1571/07
-2-2-2+3-2-2-2 Anonymous, *Io son Agnella* 1598/04
-2-2-2+3-2-2-2 Anonymous, *Sancta maria or* 1508/03
-2-2-2+3-2-2-2 Anonymous, *Io son Agnella* 1598/04
-2-2-2+3-2-2-2 Anonymous, *Vivo o morto io* 1566/05
-2-2-2+3-2-2-2 Anonymous, *Vivo lieto nel* 1505/03
-2-2-2+3-2-2-2 Anonymous, *Sancta maria or* 1508/03
-2-2-2+3-2-2-2 Anonymous, *Madonna con quess* 1557/19
-2-2-2+3-2-2-2 A. Antico, *S'il focho in ch* 1513/01
-2-2-2+3-2-2-2 I. Baccusi, *Deh per pieta* 1588/18
-2-2-2+3-2-2-2 L. Balla, *Godiam adesso* 1589/10
-2-2-2+3-2-2-2 A. Barges, *Madonn'io t'haggi* 1550/18
-2-2-2+3-2-2-2 M. Cara, *Se de fede hor ven* 1504/04
-2-2-2+3-2-2-2 P. Cesena, *O dolce diva mi* 1505/03
-2-2-2+3-2-2-2 P. Cesena, *Non bisogna che* 1505/04
-2-2-2+3-2-2-2 A. Coma, *Io ch'altre volte* 1585/22
-2-2-2+3-2-2-2 G. Gastoldi, *Caro soave* 1594/07
-2-2-2+3-2-2-2 B. Lupacchino, *No text* 1591/19
-2-2-2+3-2-2-2 G. Macque, *Bacciami vita mi* 1594/08
-2-2-2+3-2-2-2 L. Marenzio, *Fillida mia pi* 1589/08
-2-2-2+3-2-2-2 R. Mel, *Sorgea l'Aurora* 1585/26
-2-2-2+3-2-2-2 H. Morsolino, *Non morirai D* 1594/15
-2-2-2+3-2-2-2 G. Parabosco, *Pur converra ch* 1544/22
-2-2-2+3-2-2-2 G. Primavera, *Ne il mar qui* 1585/31
-2-2-2+3-2-2-2 A. Striggio, *Le vag'herbett'e* 1589/06
-2-2-2+3-2-2-2 B. Tromboncino, *Surge cor* 1505/05
-2-2-2+3-2-2-2 G. Wert, *Cara Germania mia* 1568/20

-2-2-2+3-2-2+3 A. Antiqui, *Vale iniqua val* 1505/06
-2-2-2+3-2-2+3 P. Bellasio, *A mezzo del su* 1578/21
-2-2-2+3-2-2+3 G. Caimo, *Lo core mio e fatt* 1586/19
-2-2-2+3-2-2+3 B. Lupacchino, *No text* 1591/19
-2-2-2+3-2-2+3 P. Vinci, *Dunque perche mi* 1567/24

-2-2-2+3-2-2-3 G. Contino, *Se quel lieto* 1566/03
-2-2-2+3-2-2-3 G. Ferretti, *Fuggimi quant* 1589/08

-2-2-2+3-2-2+4 C. Malvezzi, *Chiaro segno* 1583/16
-2-2-2+3-2-2+4 G. Palestrina, *Vedassi prima* 1591/12

-2-2-2+3-2-2-4 A. Antiqui, *Vale iniqua val* 1505/06

-2-2-2+3-2-2+5 P. Quagliati, *Perche non* 1585/07

-2-2-2+3-2-2-5 G. Brocco, *Ite caldi suspir* 1505/04

-2-2-2+3-2+3-2 Anonymous, *O venturosa di* 1583/04
-2-2-2+3-2+3-2 F. Portinaro, *Vota scorza rest* 1563/13
-2-2-2+3-2+3-2 C. Rore, *Vergine bella che* 1548/09

-2-2-2+3-2-3+2 Anonymous, *Verbum caro fact* 1563/06
-2-2-2+3-2-3+2 Anonymous, *O dio vorrei na* 1560/12
-2-2-2+3-2-3+2 M. Mazzone, *Con questa bell* 1570/18
-2-2-2+3-2-3+2 C. Rore, *Da le belle contra* 1568/19

-2-2-2+3-2+4-2 A. Willaert, *Cingari simo venit* 1548/11

-2-2-2+3-2-4+5 G. Primavera, *Ne il mar qui* 1585/31

-2-2-2+3-2+5-2 G. Zesso, *Jesu benigno e pi* 1508/03

-2-2-2+3+3-2-2 J. Arcadelt, *Quanto piu di* 1539/24

-2-2-2+3+3-2-4 O. Lasso, *Io son si stanco* 1559/23

-2-2-2+3-3+2-2 A. Coma, *Io ch'altre volte* 1585/22

-2-2-2+3-3-2+2 Anonymous, *O mischini o sia* 1506/03
-2-2-2+3-3-2+2 L. Bati, *Ben sei Tirinto mi* 1594/11

-2-2-2+3-3+3-4 G. Fogliano, *O invidia nemi* 1547/16

-2-2-2+3-3+4-3 Anonymous, *Morir non puo'l* 1595/03

-2-2-2+3-3+8-2 G. Primavera, *Ardo aghiacci* 1585/31

-2-2-2+3+4-2+2 B. Donato, *Vaghi pensier ch* 1550/19

-2-2-2+3-4+2+2 C. Rore, *O natura pietosa* 1544/17

-2-2-2+3-4+3+2 G. Fogliano, *O invidia nemi* 1547/16
-2-2-2+3-4+3+2 G. Primavera, *Ne il mar qui* 1585/31

-2-2-2+3-4+3-2 G. Nanino, *Lasso ch'o* 1587/10

-2-2-2+3-4+4-5 G. Contino, *Se quel lieto* 1566/03

-2-2-2+3-4+5+2 M. Varotto, *Tu di carne mi* 1598/06

-2-2-2+3-5+2+2 A. Reulx, *Languidetta giace* 1556/22

-2-2-2+3-5+2+3 Anonymous, *Debbo anchora se* 1515/02

-2-2-2+3-5+3+2 T. Boldon, *Volse Giove sape* 1598/07

-2-2-2+3-5-3+4 G. Primavera, *Ecco la notte* 1585/31

-2-2-2-3+2+2+2 G. Gallo, *Se il dolor del* 1597/20
-2-2-2-3+2+2+2 F. Luprano, *Se me e grato* 1504/04
-2-2-2-3+2+2+2 G. Massarengo, *Correte aman* 1591/22
-2-2-2-3+2+2+2 S. Molinaro, *Ben mi fora bi* 1599/15
-2-2-2-3+2+2+2 G. Moscaglia, *Due pome acer* 1585/29
-2-2-2-3+2+2+2 R. Rodio, *Ma se consentimen* 1587/12
-2-2-2-3+2+2+2 G. Rossi, *L'alta mattin'ass* 1560/10
-2-2-2-3+2+2+2 A. Stabile, *Lasso fia mia* 1587/10
-2-2-2-3+2+2+2 P. Stabile, *Per voi seme ge* 1585/32

-2-2-2-3+2+2-2 Anonymous, *Come po far el* 1510/
-2-2-2-3+2+2-2 Anonymous, *Disperato fin* 1505/06
-2-2-2-3+2+2-2 C. Merulo, *Amorosetto Neo* 1592/15

-2-2-2-3+2+2-3 B. Pallavicino, *Tu pur ti* 1597/13

-2-2-2-3+2+2+4 B. Pallavicino, *Tu pur ti* 1597/13

-2-2-2-3+2+2-5 L. Bati, *Il piu bel Pastore* 1594/11

-2-2-2-3+2-2+2 A. Stabile, *Volete pur ch'i* 1587/10

-2-2-2-3+2-2+4 S. Molinaro, *Ben mi fora bi* 1599/15

-2-2-2-3+2-2+6 L. Agostini, *Dunque il gior* 1572/07

-2-2-2-3+2+3+2 P. Lodi, *La mia donna e tan* 1517/02

-2-2-2-3+2+3+3 A. Willaert, *Cingari simo venit* 1548/11

-2-2-2-3+2-3+2 O. Lasso, *Quant'il mio duo* 1588/24

-2-2-2-3+2+4-3 B. Donato, *Vaghi pensier ch* 1550/19

-2-2-2-3-2+2-2 P. Verdelot, *Se voi porgest* 1533/02

-2-2-2-3-2+2-3 A. Coma, *Ond'io per meglio* 1588/18

-2-2-2-3-2-2+2 G. Martoretta, *O fortunato* 1544/16

-2-2-2-3-2-2+4 A. Coma, *Ond'io per meglio* 1588/18

-2-2-2-3-2-2+4 O. Lasso, *Ben convenne ma o* 1569/19

-2-2-2-3-2-2+7 A. Coma, *Ond'io per meglio* 1588/18

-2-2-2-3-2-2+8 G. Marinis, *Mentre volgea'* 1596/13

-2-2-2-3-2+3-2 B. Tromboncino, *Ben ch'el* 1509/02

-2-2-2-3+3 B. Tromboncino, *Accio che* 1507/03

-2-2-2-3+3+2+2 Anonymous, *I vaghi fior e* 1554/28
-2-2-2-3+3+2+2 J. Arcadelt, *Quanto piu di* 1539/24
-2-2-2-3+3+2+2 M. Cancino, *Come notturn'au* 1590/21
-2-2-2-3+3+2+2 G. Gallo, *Se il dolor del* 1597/20
-2-2-2-3+3+2+2 P. Verdelot, *Se voi porgest* 1533/02

-2-2-2-3+3+2-2 P. Vecoli, *E si dolce il gi* 1581/12

-2-2-2-3+3-2-2 T. Pezzo, *Quando il dolor* 1577/08

-2-2-2-3+3-3-2 A. Martorello, *Se m'amaste* 1547/17

-2-2-2-3-3+2+2 G. Ancina, *Salce son'io ch'* 1599/06

-2-2-2-3-3+3+4 C. Veggio, *Sia maledett'amo* 1540/19

-2-2-2-3+4+2+2 J. Arcadelt, *Dov'ito son, chi* 1540/19

-2-2-2-3+4-2+2 G. Porta, *Se me amasti quan* 1504/04
-2-2-2-3+4-2+2 G. Croce, *Cosi moriro i for* 1594/07
-2-2-2-3+4-2+2 G. Gostena, *Sara pur vero* 1589/13
-2-2-2-3+4-2+2 E. Romano, *Voi mi ponesti* 1514/02

-2-2-2-3+4-2+4 C. Ardesi, *Quanta invidia* 1597/19
-2-2-2-3+4-2+4 A. Gabrieli, *Onde gran temp* 1583/12
-2-2-2-3+4-2+4 C. Rore, *Datemi pace o dur* 1557/24

-2-2-2-3+4-2+5 C. Ardesi, *Quanta invidia* 1597/19

-2-2-2-3+4+3-2 M. Cancino, *Come notturn'au* 1590/21

-2-2-2-3-4+2+5 L. Bati, *Da begl'occhi ch'a* 1594/11

-2-2-2-3+5+2+2 Anonymous, *Ahime ch'io sper* 1595/03
-2-2-2-3+5+2+2 A. Gabrieli, *Onde gran temp* 1583/12

-2-2-2-3+5+2-3 Anonymous, *All'hor sarann'* 1554/28

-2-2-2-3+5+2-4 Anonymous, *All'hor sarann'* 1554/28

-2-2-2-3+5-4+5 V. Ruffo, *Fu ben dur'il par* 1557/25

-2-2-2-3+5-5+2 S. Cornetto, *O voi ha la be* 1581/07

-2-2-2-3+5-5-3 G. Nanino, *Lasso ch'o* 1587/10

-2-2-2-3+5-5+4 G. Dragone, *Lo spirto affli* 1585/07

-2-2-2-3+6-3+2 C. Rore, *Io benedic'il loc* 1548/09

-2-2-2-3+6-4-3 A. Stringari, *Son piu matt* 1514/02

-2-2-2+4+2+2+2 M. Cara, *Si bella e la mia* 1531/04
-2-2-2+4+2+2+2 L. Marenzio, *Lasso ch'io ardo* 1589/08
-2-2-2+4+2+2+2 H. Sabino, *Viddi spezzar* 1588/27

-2-2-2+4+2+2-2 G. Fogliano, *Segue cuor e* 1507/03
-2-2-2+4+2+2-2 A. Gabrieli, *Occhi sereni* 1575/15
-2-2-2+4+2+2-2 J. Pinaroi, *Fortuna despera* 1504/03
-2-2-2+4+2+2-2 A. Silva, *Madonna io sol vo* 1533/02

-2-2-2+4+2+2-3 A. Capriolo, *Non si vedra* 1507/03
-2-2-2+4+2+2-3 M. Cara, *Occhi dolci o che* 1509/02
-2-2-2+4+2+2-3 M. Jhan, *Quando nascesti am* 1546/19

-2-2-2+4+2-2-2 Anonymous, *Tutta sei bella* 1570/33
-2-2-2+4+2-2-2 Anonymous, *Ch'il Paradiso* 1563/06
-2-2-2+4+2-2-2 Anonymous, *Tutta sei bella* 1570/33
-2-2-2+4+2-2-2 G. Gorzanis, *Che giova far* 1570/32

-2-2-2+4+2-2-5 C. Malvezzi, *Crude l'acerb* 1583/16

-2-2-2+4+2-2-5 B. Tromboncino, *Eterno mio* 1508/03
-2-2-2+4+2-2-5 B. Tromboncino, *Quando fia* 1510/

-2-2-2+4+2+3-2 H. Sabino, *O dolce anima mi* 1586/09

-2-2-2+4+2-3+2 Don Remigio, *Hor non nasce* 1599/06

-2-2-2+4+2-5+2 C. Festa, *Cosi estrema la* 1546/19

-2-2-2+4-2+2 A. Martorello, *Se m'amaste* 1547/17

-2-2-2+4-2+2+2 F. Ana, *Dal ciel descese* 1505/05
-2-2-2+4-2+2+2 F. Ana, *La mia vita libera* 1505/03
-2-2-2+4-2+2+2 M. Cara, *Salve sacrato et* 1517/02
-2-2-2+4-2+2+2 A. Gabrieli, *Occhi sereni* 1575/15
-2-2-2+4-2+2+2 H. Lauro, *Donne io non so* 1530/01
-2-2-2+4-2+2+2 R. Montagnana, *Le citta so* 1558/17
-2-2-2+4-2+2+2 A. Ruota, *Sovra le verdi ch* 1583/10
-2-2-2+4-2+2+2 B. Sorte, *Io son Amore e Di* 1598/07
-2-2-2+4-2+2+2 A. Stabile, *Non m'e la mort* 1587/10
-2-2-2+4-2+2+2 M. Varotto, *In una valle* 1586/19

-2-2-2+4-2+2-2 G. da Nola, *Quando da voi* 1588/24
-2-2-2+4-2+2-2 A. il Verso, *Che fai alma* 1594/17
-2-2-2+4-2+2-2 F. Ana, *Dal ciel descese* 1505/05
-2-2-2+4-2+2-2 M. Carrara, *Gli occhi dell* 1598/10
-2-2-2+4-2+2-2 F. Londariti, *Fra piu fiori* 1566/03
-2-2-2+4-2+2-2 J. Lulinus, *Mentre che gli* 1514/02
-2-2-2+4-2+2-2 A. Martorello, *Quando'l crin* 1547/17
-2-2-2+4-2+2-2 G. Moro, *Morte furommi il* 1585/28
-2-2-2+4-2+2-2 J. Persoens, *Ardi dolce Sig* 1570/28
-2-2-2+4-2+2-2 M. Pesenti, *Vieni hormai no* 1504/04
-2-2-2+4-2+2-2 B. Sorte, *Io son Amore e Di* 1598/07

-2-2-2+4-2+2+3 F. Ana, *A tuo modo afflig* 1505/03
-2-2-2+4-2+2+3 G. Moro, *Morte furommi il* 1585/28
-2-2-2+4-2+2+3 H. Naich, *Dhe perche non po* 1544/16

-2-2-2+4-2+2-3 S. d'Aranda, *Ancor che la* 1571/12
-2-2-2+4-2+2-3 A. Capriolo, *Quella bella* 1507/04
-2-2-2+4-2+2-3 G. Dragone, *Lo spirto affli* 1585/07
-2-2-2+4-2+2-3 O. Vecchi, *Sia maledetto Am* 1585/35

-2-2-2+4-2+2+4 Fra Ruffin, *Hayme amor hat* 1521/06

-2-2-2+4-2+2-4 Anonymous, *Se'l partir me* 1505/03
-2-2-2+4-2+2-4 Anonymous, *Serra dura mia* 1505/03
-2-2-2+4-2+2-4 A. Coma, *Sperando haver la* 1585/22
-2-2-2+4-2+2-4 M. Pesenti, *Si me piace el* 1504/04
-2-2-2+4-2+2-4 B. Sorte, *Io son Amore e Di* 1598/07
-2-2-2+4-2+2-4 A. Striggio, *Cosi le sue sp* 1579/02
-2-2-2+4-2+2-4 B. Tromboncino, *Nel foco tr* 1517/02

-2-2-2+4-2+2-5 L. Milanese, *Sera chi per* 1507/04
-2-2-2+4-2+2-5 P. Stabile, *Forse non lasse* 1585/32

-2-2-2+4-2+2-6 F. Londariti, *Fra piu fiori* 1566/03

-2-2-2+4-2-2+2 Anonymous, *Donna che avanz* 1537/08
-2-2-2+4-2-2+2 Anonymous, *Benedetto chi* 1505/06
-2-2-2+4-2-2+2 Anonymous, *Ave maria grati* 1508/03
-2-2-2+4-2-2+2 Anonymous, *Vorria madonna* 1567/17
-2-2-2+4-2-2+2 A. Barbato, *Un giorno passe* 1589/10
-2-2-2+4-2-2+2 L. Barre, *Lachrime meste &* 1544/16
-2-2-2+4-2-2+2 F. Cedraro, *Gentil mia Donn* 1571/12
-2-2-2+4-2-2+2 F. Londariti, *Trenta capill* 1565/12
-2-2-2+4-2-2+2 F. Luprano, *Vana speranza* 1505/05
-2-2-2+4-2-2+2 C. Merulo, *Io non potria go* 1589/06
-2-2-2+4-2-2+2 G. Primavera, *Correte tutt* 1565/17
-2-2-2+4-2-2+2 C. Rore, *Ma di tal voglia* 1591/23
-2-2-2+4-2-2+2 B. Tromboncino, *Per pieta* 1505/06

-2-2-2+4-2-2-2 Don Remigio, *Scende l'Ange* 1599/06
-2-2-2+4-2-2-2 G. da Nola, *Dal desiderio* 1570/18
-2-2-2+4-2-2-2 Rasmo, *La pieta ha chius* 1509/02
-2-2-2+4-2-2-2 Josquin, *In te domine spera* 1504/04
-2-2-2+4-2-2-2 Anonymous, *Come donna poss'* 1554/28
-2-2-2+4-2-2-2 Anonymous, *Sancta Maria, or* 1563/06
-2-2-2+4-2-2-2 Anonymous, *Ave stella seren* 1598/04
-2-2-2+4-2-2-2 Anonymous, *Vorria madonna* 1567/17
-2-2-2+4-2-2-2 Anonymous, *Tra l'infelici* 1537/07
-2-2-2+4-2-2-2 Anonymous, *Vorria madonna* 1567/17
-2-2-2+4-2-2-2 A. Anvilla, *Misero me ch'al* 1565/18
-2-2-2+4-2-2-2 J. Arcadelt, *Deh sara mai* 1552/21
-2-2-2+4-2-2-2 J. Arcadelt, *Qual ingegno* 1544/16
-2-2-2+4-2-2-2 J. Arcadelt, *Deh sara mai* 1552/21
-2-2-2+4-2-2-2 J. Arcadelt, *Qual ingegno* 1544/16
-2-2-2+4-2-2-2 J. Arcadelt, *Deh sara mai* 1552/21
-2-2-2+4-2-2-2 J. Arcadelt, *Qual ingegno* 1544/16
-2-2-2+4-2-2-2 F. Azzaiolo, *La manza mia* 1557/18
-2-2-2+4-2-2-2 L. Balla, *Amor che debbo fa* 1589/10
-2-2-2+4-2-2-2 P. Bellasio, *Cari & amati* 1578/21
-2-2-2+4-2-2-2 G. Belli, *Ahi perche l'ucci* 1592/14
-2-2-2+4-2-2-2 P. Bellasio, *Cari & amati* 1578/21
-2-2-2+4-2-2-2 P. Bellasio, *Suggi da quest* 1595/07
-2-2-2+4-2-2-2 M. Cara, *S'io sedo al ombr* 1505/06
-2-2-2+4-2-2-2 B. Donato, *O felice colui ch* 1561/11
-2-2-2+4-2-2-2 A. Gabrieli, *Caro dolce be* 1589/06
-2-2-2+4-2-2-2 G. Gallo, *Rara belta piu ra* 1597/20
-2-2-2+4-2-2-2 G. Gastoldi, *Un nuovo cacci* 1594/08
-2-2-2+4-2-2-2 G. Macque, *Vorria saper da* 1594/08
-2-2-2+4-2-2-2 G. Nanino, *Dolce fiam* 1587/10
-2-2-2+4-2-2-2 P. Marni, *M'ahime che piu* 1588/18
-2-2-2+4-2-2-2 M. Mazzone, *Chi t'ama e chi* 1570/18
-2-2-2+4-2-2-2 G. Nasco, *Lasso diceva ch'i* 1549/31
-2-2-2+4-2-2-2 G. Nasco, *Duolmi verac'amo* 1563/07
-2-2-2+4-2-2-2 F. Patavino, *Dilla da l'acq* 1526/06
-2-2-2+4-2-2-2 C. Perissone, *Chi desia di* 1561/15
-2-2-2+4-2-2-2 M. Pesenti, *Alma gentil se* 1521/06
-2-2-2+4-2-2-2 M. Pesenti, *Che faralla ch* 1513/01
-2-2-2+4-2-2-2 M. Pesenti, *Si me piace el* 1504/04
-2-2-2+4-2-2-2 N. Pifaro, *La fiamma che* 1505/05
-2-2-2+4-2-2-2 G. Primavera, *L'alma che gi* 1569/31
-2-2-2+4-2-2-2 G. Primavera, *Correte tutt* 1565/17
-2-2-2+4-2-2-2 G. Renaldi, *Vaghi leggia r* 1569/32
-2-2-2+4-2-2-2 C. Rore, *Ma di tal voglia* 1591/23
-2-2-2+4-2-2-2 J. Salem, *Fuggimi pur crude* 1575/11
-2-2-2+4-2-2-2 A. Savioli, *Amor mi promest* 1600/16
-2-2-2+4-2-2-2 A. Silva, *Madonna io sol vo* 1533/02
-2-2-2+4-2-2-2 P. Stabile, *Chi fia lasso* 1585/32
-2-2-2+4-2-2-2 A. Stabile, *Non m'e la mort* 1587/10
-2-2-2+4-2-2-2 B. Tromboncino, *Aprender* 1507/03
-2-2-2+4-2-2-2 B. Tromboncino, *Se mi e grav* 1504/04
-2-2-2+4-2-2-2 B. Tromboncino, *Gentil donn* 1516/02

-2-2-2+4-2-2+3 Anonymous, *El laccio che* 1505/05
-2-2-2+4-2-2+3 Anonymous, *In fronte ho scr* 1516/02
-2-2-2+4-2-2+3 B. Sorte, *Io son Amore e Di* 1598/07

-2-2-2+4-2-2-3 G. Primavera, *Correte tutt* 1565/17
-2-2-2+4-2-2-3 F. Soriano, *Se dal tuo foc* 1591/12
-2-2-2+4-2-2-3 F. Soriano, *Se dal tuo foco* 1591/12

-2-2-2+4-2-2-4 B. Tromboncino, *Integer vit* 1513/01

-2-2-2+4-2-2+5 H. Rodaldi, *S'io fo da voi* 1590/13

-2-2-2+4-2+3+2 G. Fogliano, *Quando amor qu* 1547/16

-2-2-2+4-2+3-2 A. Stringari, *Nui siamo seg* 1507/04

-2-2-2+4-2-3+2 B. Donato, *Vaghi pensier ch* 1550/19
-2-2-2+4-2-3+2 A. Mantovano, *Chi se passe* 1513/01
-2-2-2+4-2-3+2 B. Roi, *La Vergin Madre pi* 1599/06

-2-2-2+4-2-3+4 J. Arcadelt, *Quanto piu di* 1539/24
-2-2-2+4-2-3+4 N. Parma, *Dolce Angioletta* 1586/09

-2-2-2+4-2-3+6 O. Antinori, *Se io ti dico* 1507/04

-2-2-2+4-2+4-2 Anonymous, *La nocte quando* 1505/05

-2-2-2+4-2+4-3 B. Donato, *O felice colui ch* 1561/11

-2-2-2+4-2+5+3 M. Varotto, *In una valle* 1586/19

-2-2-2+4-2-5-2 P. Vinci, *Quand'il mio cor* 1567/24

-2-2-2+4-2-5+8 C. Ardesi, *Mentre io parto* 1597/19

-2-2-2+4+3+2-3 L. Marenzio, *La dipartita* 1597/13

-2-2-2+4+3+2-4 Anonymous, *Come donna poss'* 1554/28

-2-2-2+4+3-2+2 G. Nasco, *Duolmi verac'amo* 1563/07
-2-2-2+4+3-2+2 B. Pallavicino, *Non mirar* 1596/16
-2-2-2+4+3-2+2 C. Rore, *O dolci sguardi* 1544/17

-2-2-2+4+3-2-2 G. Croce, *Tirsi morir vole* 1594/07
-2-2-2+4+3-2-2 A. Gabrieli, *Dunque fia ver* 1587/16
-2-2-2+4+3-2-2 G. Rossi, *L'alta mattin'ass* 1560/10
-2-2-2+4+3-2-2 M. Jhan *Con doglia e con* 1563/07
-2-2-2+4+3-2-2 A. Trombetti, *Fugge Ma onn* 1586/21

-2-2-2+4+3-2+3 J. Salem, *Fuggimi pur crude* 1575/11

-2-2-2+4+3-2-3 G. Fogliano, *O invidia nemi* 1547/16

-2-2-2+4+3-3+2 A. Gabrieli, *Cinto m'havea* 1594/08

-2-2-2+4+3-3-2 Anonymous, *Ogni impresa si* 1505/06

-2-2-2+4+3-3+3 F. Manara, *Pien d'un vago* 1548/08

-2-2-2+4+3-4+5 C. Rore, *O natura pietosa* 1544/17

-2-2-2+4-3+2+2 M. Cara, *Occhi dolci o che* 1509/02
-2-2-2+4-3+2+2 G. Dragone, *Credi tu per fu* 1588/22
-2-2-2+4-3+2+2 S. Felis, *Lume de giorn* 1579/05
-2-2-2+4-3+2+2 G. Mosto, *E viver e morir* 1589/10

-2-2-2+4-3+2-2 G. Locatello, *Liquide perl* 1590/21

-2-2-2+4-3+2-3 G. Caimo, *Lo core mio e fatt* 1586/19
-2-2-2+4-3+2-3 F. Celano, *Donna quando ti* 1566/10
-2-2-2+4-3+2-3 G. Macque, *Tre gratiosi ama* 1583/14

-2-2-2+4-3+2-4 G. Palestrina, *Dunque perfido* 1589/07
-2-2-2+4-3+2-4 G. Primavera, *Ne il mar qui* 1585/31

-2-2-2+4-3-2+2 F. Layolle, *Amor la tua vir* 1552/21
-2-2-2+4-3-2+2 F. Celano, *Donna quando ti* 1566/10
-2-2-2+4-3-2+2 P. Lodi, *El basilischo ha* 1507/03

-2-2-2+4-3-2-2 M. Cara, *Pieta cara signor* 1504/04

-2-2-2+4-3-2+4 C. Rore, *Da le belle contra* 1568/19

-2-2-2+4-3+3-2 C. Malvezzi, *Nessun mi toch* 1583/16

-2-2-2+4-3+3-4 A. Cossuino, *Qual meravigli* 1569/19

-2-2-2+4-3+6-2 G. Dragone, *Credi tu per fu* 1588/22

-2-2-2+4+4-2-3 N. Faignient, *Chi per voi* 1583/15

-2-2-2+4+4-5+2 Anonymous, *In mezo un prat* 1598/07

-2-2-2+4-4+2-2 C. Malvezzi, *O cameretta ch* 1583/16

-2-2-2+4-4+2-4 Anonymous, *Lasso oyme cudi* 1515/02

-2-2-2+4-4-2+2 Anonymous, *Se'l partir me* 1505/03
-2-2-2+4-4-2+2 Anonymous, *Serra dura mia* 1505/03

-2-2-2+4-4-3+3 M. Rampollini, *Lieta per ho* 1539/25

-2-2-2+4-4+4-2 A. Striggio, *Non ti ricord* 1567/23

-2-2-2+4-4+4-3 A. Capriolo, *Non si vedra* 1507/03

-2-2-2+4-4+4-4 O. Vecchi, *Mentre il Cucul* 1585/35

-2-2-2+4-4+5+2 G. Dragone, *La prima volta ch* 1588/22

-2-2-2+4-4+5-2 G. Renaldi, *Vaghi leggia r* 1569/32

-2-2-2+4-4+5-5 P. Quagliati, *Io voglio sos* 1585/07

-2-2-2+4+5-2-2 J. Arcadelt, *Deh sara mai* 1552/21
-2-2-2+4+5-2-2 G. Marinis, *La mia leggia ra* 1597/13

-2-2-2+4-5+2+2 M. Carrara, *Gli occhi dell* 1598/10

-2-2-2+4-5+2+2 P. Quagliati, *Mentr'in grat* 1585/07

-2-2-2+4-5+2+3 P. Stabile, *Forse non lasse* 1585/32

-2-2-2+4-5+2+4 B. Tromboncino, *Crudel com* 1504/04

-2-2-2+4-5-2+2 P. de Ysis, *Per pianto la* 1577/08

-2-2-2+4-5+4-2 G. Palestrina, *Misero stato de* 1557/24

-2-2-2+4-5+5-5 P. Vinci, *Consumando mi vo* 1567/24

-2-2-2+4-5+8-3 G. Massarengo, *La nott'e'l* 1591/22

-2-2-2+4-8+5-2 C. Ardesi, *La Pastorella mi* 1597/19

-2-2-2-4+2+2+2 G. Belli, *Ahi perche l'ucci* 1592/14

-2-2-2-4+3-2-2 P. Stabile, *Forse non lasse* 1585/32

-2-2-2-4+3-2+3 G. Locatello, *Liquide perl* 1590/21

-2-2-2-4+3-4+8 A. Gabrieli, *Como viver mi* 1564/16

-2-2-2-4+4-3+3 G. Contino, *Qual duo venen* 1562/06

-2-2-2-4+4+5-5 G. Gigli, *Ardo si ma non t'* 1585/17

-2-2-2-4+5-3+2 M. Mazzone, *Con questa bell* 1570/18

-2-2-2-4+5-5+3 G. Fogliano, *O invidia nemi* 1547/16

-2-2-2-4-5+8-5 G. Massarengo, *Chi si scost* 1591/22

-2-2-2-4+7-5+3 G. Primavera, *Turco Giudeo ne* 1565/17

-2-2-2+5+2+2+2 G. Belli, *Ahi perche l'ucci* 1592/14

-2-2-2+5+2-2-2 G. Palestrina, *Dunque perfido* 1589/07

-2-2-2+5+2-2+4 P. Scotto, *Non temer ch'io* 1507/03

-2-2-2+5+2+3-3 A. Striggio, *Non ti ricord* 1567/23

-2-2-2+5+2-3+2 Anonymous, *Me bisogna servi* 1565/12

-2-2-2+5+2-3-2 C. Merulo, *Che fia dunque* 1568/16

-2-2-2+5-2+2+2 P. Vinci, *Scielto fior de* 1584/11

-2-2-2+5-2-2+2 A. Aiolli, *O d'oscura prigi* 1582/08
-2-2-2+5-2-2+2 G. Capuano, *Chi vol veder* 1574/06
-2-2-2+5-2-2+2 G. Contino, *Qual duo venen* 1562/06
-2-2-2+5-2-2+2 G. Turnhout, *Vorria parlar* 1594/07

-2-2-2+5-2-2-2 C. La Morsia, *Non son ris'a* 1598/08
-2-2-2+5-2-2-2 F. Laudis, *Dolci colli fiorit* 1565/12
-2-2-2+5-2-2-2 Anonymous, *Alla fontana qua* 1567/17
-2-2-2+5-2-2-2 Anonymous, *Dolci colli fior* 1570/33
-2-2-2+5-2-2-2 Anonymous, *Alla fontana qua* 1567/17
-2-2-2+5-2-2-2 P. Bellasio, *Donna gentil* 1578/21
-2-2-2+5-2-2-2 T. Boldon, *Volse Giove sape* 1598/07
-2-2-2+5-2-2-2 G. Gorzanis, *Sta vecchia ca* 1570/32
-2-2-2+5-2-2-2 L. Marenzio, *Fillida mia pi* 1589/08
-2-2-2+5-2-2-2 P. Vinci, *Quante lagrime la* 1567/24

-2-2-2+5-2-2-3 J. Arcadelt, *Deh sara mai* 1552/21

-2-2-2+5-2-3+3 G. Fogliano, *O invidia nemi* 1547/16

-2-2-2+5-2+4-2 Anonymous, *Eccome qui horma* 1505/05

-2-2-2+5+3-3-2 Anonymous, *Io son Giesu ch* 1563/06

-2-2-2+5-3+2+2 F. Ana, *Vedo sdegnato amo* 1505/05

-2-2-2+5-3+2-3 B. Tromboncino, *Gli ochi toi* 1505/03

-2-2-2+5-4+3-2 A. Cossuino, *Qual meravigli* 1569/19

-2-2-2+5-4+8-3 B. Tromboncino, *Ben ch'el* 1509/02

-2-2-2+5-5+2+2 C. Rore, *Fontana di dolore* 1557/24

-2-2-2+5-5+3-2 C. Rore, *Et parmi che nel* 1591/23

-2-2-2+5-5+5+2 O. Scaletta, *Tu parti a pen* 1593/07

-2-2-2-5+2+2+2 G. Belli, *Ahi perche l'ucci* 1592/14
-2-2-2-5+2+2+2 M. Ingegneri, *Parto da voi,* 1600/05
-2-2-2-5+2+2+2 L. Milanese, *Sera chi per* 1507/04
-2-2-2-5+2+2+2 H. Sabino, *Viddi spezzar* 1588/27

-2-2-2-5+2-2+2 B. Tromboncino, *Pregovi frond* 1507/03

-2-2-2-5+2-3+3 Anonymous, *Solo e pensoso* 1598/04

-2-2-2-5+3+2+2 C. Rore, *L'incostantia che* 1548/08
-2-2-2-5+3+2+2 B. Spontone, *Poi che mio st* 1589/06

-2-2-2-5+3-2-2 C. Malvezzi, *Qui caddi a la* 1583/16

-2-2-2-5-3+2+2 B. Tromboncino, *Chi se pasc* 1505/04

-2-2-2-5+4-5+5 B. Tromboncino, *Gli ochi toi* 1505/03

-2-2-2-5+5+2+2 G. Bonagiunta, *No no non* 1566/07
-2-2-2-5+5+2+2 M. Ingegneri, *Parto da voi,* 1600/05
-2-2-2-5+5+2+2 G. Turnhout, *Vorria parlar* 1594/07

-2-2-2-5+5-2-2 S. Molinaro, *Pazzo dal volg* 1599/15

-2-2-2-5+5-3+6 G. Gabrieli, *Queste felice* 1589/14

-2-2-2-5+5+4-8 G. Gabrieli, *O che felice* 1597/13

-2-2-2-5+5-5+3 G. Gabrieli, *Queste felice* 1589/14

-2-2-2-5+5-5+4 H. Chamatero, *Quante lagrim* 1561/13

-2-2-2-5+5-5+5 M. Effrem, *No no che d'ogn* 1582/12

-2-2-2-5+5-5+6 G. Gabrieli, *Queste felice* 1589/14

-2-2-2-5+8+2-3 Anonymous, *O selve sparse* 1505/06

-2-2-2-5+8-2+2 Anonymous, *Ecco'il Messia,* 1563/06
-2-2-2-5+8-2+2 C. Ardesi, *La Pastorella mi* 1597/19
-2-2-2-5+8-2+2 R. Rodio, *Rotta e l'alta co* 1587/12

-2-2-2-5+8-2-2 A. il Verso, *Nel bel gremb* 1594/17
-2-2-2-5+8-2-2 L. Courtoys, *Consumandomi* 1580/10
-2-2-2-5+8-2-2 G. Marinis, *La mia leggia ra* 1597/13
-2-2-2-5+8-2-2 P. Stabile, *O fere stelle* 1585/32

-2-2-2+6+2+2-2 M. Ingegneri, *Ardo si ma non* 1585/17

-2-2-2+6+2-2-2 Anonymous, *Salve victrice* 1508/03
-2-2-2+6+2-2-2 F. Soto, *Vergine Tu del cie* 1599/06

-2-2-2+6+2-3-2 G. da Nola, *Cors'a la mort* 1570/18

-2-2-2+6-2+2+2 P. Vinci, *Quante lagrime la* 1567/24

-2-2-2+6-2+2-2 F. Soto, *Vergine Tu del cie* 1599/06

-2-2-2+6-2+2-3 G. Fanello, *Ardo per voi Ma* 1574/06
-2-2-2+6-2+2-3 F. Portinaro, *Occhi miei ch* 1563/13

-2-2-2+6-2+2-4 O. Vecchi, *Ond'avien che* 1589/08

-2-2-2+6-2-2+2 F. Baseo, *Non mi duol il mo* 1573/16
-2-2-2+6-2-2+2 G. Nanino, *Ero cosi dice* 1588/17
-2-2-2+6-2-2+2 P. Nenna, *Torna amato mio* 1594/08

-2-2-2+6-2-2-2 Anonymous, *Con lei fuss'io* 1537/08
-2-2-2+6-2-2-2 A. Barbato, *Un giorno passe* 1589/10
-2-2-2+6-2-2-2 T. Boldon, *Volse Giove sape* 1598/07
-2-2-2+6-2-2-2 S. Cornetto, *Almen poi ch'a* 1581/07
-2-2-2+6-2-2-2 G. Ferretti, *Fuggimi quant* 1589/08
-2-2-2+6-2-2-2 C. Festa, *Cosi estrema la* 1546/19
-2-2-2+6-2-2-2 O. Lasso, *Vivo sol di spera* 1588/24
-2-2-2+6-2-2-2 F. Luprano, *Dammi almen l'u* 1505/05
-2-2-2+6-2-2-2 F. Luprano, *Io tel voria pu* 1513/01
-2-2-2+6-2-2-2 G. Moro, *Ditemi o diva mi* 1585/28
-2-2-2+6-2-2-2 H. Morsolino, *Non morirai D* 1594/15
-2-2-2+6-2-2-2 R. Rodio, *Fuggimi quanto vo* 1570/18
-2-2-2+6-2-2-2 O. Vecchi, *Rendemi il genti* 1589/08
-2-2-2+6-2-2-2 P. Vinci, *Ma l'hora e'l gio* 1584/11
-2-2-2+6-2-2-2 G. Zesso, *Anima mia dilett* 1508/03

-2-2-2+6-2-2+3 G. Nanino, *Ero cosi dice* 1588/17

-2-2-2+6-2-2+4 V. Ruffo, *Vaghi chiari soav* 1555/31

-2-2-2+6-2+3-2 Anonymous, *Mentre cor mio* 1595/03

-2-2-2+6-2+4-2 Anonymous, *Mentre cor mio* 1595/03

-2-2-2+6-2+4-3 M. Ingegneri, *Ardo si ma non* 1585/17

-2-2-2+6+3-2-2 Anonymous, *Vergine santa* 1598/04

-2-2-2+6-3+2+2 O. Lasso, *Almen nel suo fug* 1575/11
-2-2-2+6-3+2+2 A. Martorello, *Datemi tregu* 1547/17

-2-2-2+6-3+2-2 A. Striggio, *Non ti ricord* 1567/23

-2-2-2+6-3+2-3 Anonymous, *Me bisogna servi* 1565/12
-2-2-2+6-3+2-3 G. Gabrieli, *Dolci care par* 1589/14

-2-2-2+6-3-2+2 S. Festa, *Ben mi credea pas* 1526/06

-2-2-2+6-3-2-2 L. Luzzaschi, *Tra le dolcez* 1592/14

-2-2-2+6-3-4+2 P. Stabile, *Deh dimm'Amor ch* 1585/31

-2-2-2+6-4+5+2 C. Perissone, *O perverso d'* 1547/14

-2-2-2+7+2-2-2 L. Bati, *Occhi un tempo mi* 1594/11

-2-2-2+7-2-2-2 A. Coma, *Io ch'altre volte* 1585/22

-2-2-2+7-3+2-3 C. Lambardi, *Occhi stelle* 1600/13

-2-2-2+7-3-2+2 Anonymous, *Come po far el* 1505/05

-2-2-2+8-2+2-3 Anonymous, *Poi che uscito* 1507/03

-2-2-2+8-2-2+2 Anonymous, *Prendi l'arme in* 1505/04
-2-2-2+8-2-2+2 F. Baseo, *Non mi duol il mo* 1573/16
-2-2-2+8-2-2+2 P. Vinci, *Quante lagrime la* 1567/24

-2-2-2+8-2-2-2 A. Anvilla, *Misero me ch'al* 1565/18
-2-2-2+8-2-2-2 J. Arcadelt, *Si grand'e la* 1539/24
-2-2-2+8-2-2-2 L. Balla, *Godiam adesso* 1589/10
-2-2-2+8-2-2-2 S. Felis, *Infelici occhi mi* 1585/23
-2-2-2+8-2-2-2 G. Nasco, *Laccio di set'et* 1549/31

-2-2-2+8-2-2+4 M. Cara, *Fuggitava mia sper* 1505/04

-2-2-2+8-3+2+2 G. Gostena, *Di dove vieni* 1589/13

-2-2-2+8-3+2-4 Anonymous, *Giesu sommo dile* 1563/06
-2-2-2+8-3+2-4 S. Felis, *Infelici occhi mi* 1585/23

-2-2-2+8-3-3+2 R. Rodio, *Rotta e l'alta co* 1587/12

-2-2-2+8-4+2-2 G. Gabrieli, *Dolci care par* 1589/14

-2-2+3+2+2+2-2 Anonymous, *Cum autem veniss* 1563/06
-2-2+3+2+2+2-2 O. Lasso, *Per pianto la mi* 1588/24
-2-2+3+2+2+2-2 G. Palestrina, *Quand'ecco donn* 1570/15
-2-2+3+2+2+2-2 F. Roussel, *Quando la sera* 1582/08

-2-2+3+2+2+2-3 G. da Nola, *Io procaccio ma* 1560/10
-2-2+3+2+2+2-3 L. Agostini, *S'io veggio* 1572/07
-2-2+3+2+2+2-3 Anonymous, *Anima che per me* 1589/02

-2-2+3+2+2-2-2 Anonymous, *Non si trova Gie* 1598/04
-2-2+3+2+2-2-2 C. Rore, *Poi che m'invit'am* 1565/18

-2-2+3+2+2-2+3 A. Trombetti, *Ardo si, ma non* 1586/21

-2-2+3+2+2-2-4 O. Vecchi, *S'io potessi rac* 1585/35

-2-2+3+2+2+3-2 Anonymous, *O mia spietata* 1505/05

-2-2+3+2+2-3-2 Anonymous, *Jesus dulcis mem* 1563/06

-2-2+3+2+2-4+2 L. Marenzio, *Al suon dele* 1589/08

-2-2+3+2+2-4-5 C. Malvezzi, *Non posso al* 1583/16

-2-2+3+2+2-5+3 A. Gabrieli, *Ma da quel atr* 1570/15

-2-2+3+2-2-2+2 B. Lupacchino, *Il dolce son* 1559/18

-2-2+3+2-2-2-2 A. Crivelli, *Sovr'una verd* 1589/07
-2-2+3+2-2-2-2 M. Pesenti, *Se in tutto ha* 1504/04

-2-2+3+2-2-2-3 L. Mira, *Amor mi strugge* 1583/19

-2-2+3+2-2-3+2 E. Bonizzoni, *S'ogn'hor ti* 1569/25
-2-2+3+2-2-3+2 G. Fogliano, *Dunque donna* 1547/16

-2-2+3+2-2+4-3 F. Roussel, *Quando la sera* 1582/08

-2-2+3+2+3-3+2 B. Spontone, *Io vo cercand* 1592/15

-2-2+3+2+3-3+4 P. Vinci, *Occhi miei oscurat* 1567/24

-2-2+3+2-3+2-2 S. Cornetto, *Almen poi ch'a* 1581/07

-2-2+3+2-3+4-2 L. Bati, *Misero che faro pi* 1594/11
-2-2+3+2-3+4-2 G. Florio, *Io son un spirt* 1566/07

-2-2+3+2-3+4+3 A. Gabrieli, *Sonno diletto* 1594/08

-2-2+3+2-4+2+2 E. Dupre, *Chi a martello di* 1507/03

-2-2+3+2-4-2+2 G. Maio, *Sel pensier che* 1519/04

-2-2+3+2-5+2+2 G. Caimo, *Gioia mia dolc'e* 1586/19

-2-2+3+2-5+5-2 J. Persoens, *Gia sparit'er* 1570/28

-2-2+3-2+2+2+2 B. Tromboncino, *Non temer* 1507/04

-2-2+3-2+2+2-3 G. Califano, *Liete verde fi* 1584/07

-2-2+3-2+2-2+2 Anonymous, *Arda el ciel e'* 1505/04
-2-2+3-2+2-2+2 M. Cara, *Io son l'ocel che* 1505/05
-2-2+3-2+2-2+2 H. Chamatero, *Tempo'e ben* 1561/13
-2-2+3-2+2-2+2 G. Maio, *Hor vedi amor che* 1519/04
-2-2+3-2+2-2+2 C. Merulo, *Cibo pregiat'e* 1577/07
-2-2+3-2+2-2+2 M. Pesenti, *Io son l'ocel* 1507/04
-2-2+3-2+2-2+2 G. Renaldi, *Quando parla ma* 1589/10

-2-2+3-2+2-2-2 Anonymous, *Riseno i monti* 1505/05
-2-2+3-2+2-2-2 Anonymous, *Li angelici semb* 1505/05
-2-2+3-2+2-2-2 H. Lauro, *Come havro dunqu* 1514/02
-2-2+3-2+2-2-2 O. Vecchi, *Se tu voi pur ch* 1585/35
-2-2+3-2+2-2-2 P. Vecoli, *Era oscurata e* 1581/12

-2-2+3-2+2-2-4 G. Califano, *Ma poiche chia* 1584/07

-2-2+3-2+2+3-3 Anonymous, *Non son ciecho* 1506/03

-2-2+3-2+2-3+2 P. Parma, *Ond'i piu dotti,* 1562/15
-2-2+3-2+2-3+2 F. Roccia, *O Vergine Reina* 1599/06
-2-2+3-2+2-3+2 F. Roccia, *Hor eccoti'l mi* 1599/06
-2-2+3-2+2-3+2 B. Tromboncino, *Come va il* 1507/03

-2-2+3-2+2-3-2 F. Ana, *Ben cognosco el tu* 1506/03
-2-2+3-2+2-3-2 N. Tomei, *Svegliati a dunqu* 1581/12

-2-2+3-2+2-4+2 F. Roccia, *O Vergine Reina* 1599/06
-2-2+3-2+2-4+2 F. Roccia, *Hor eccoti'l mi* 1599/06

-2-2+3-2+2-4-2 S. dentice, *Vergine dolc'e* 1600/05
-2-2+3-2+2-4-2 S. Dentice, *Alto principio* 1599/06

-2-2+3-2+2-4+3 G. Dragone, *Dolenti sospir* 1598/08

-2-2+3-2+2-4+5 G. da Nola, *O nuova terra* 1561/10

-2-2+3-2+2-4+6 A. Trombetti, *Qui dunque anch* 1583/18

-2-2+3-2+2-8+3 G. Dragone, *Dolenti sospir* 1598/08

-2-2+3-2-2+2+2 P. Stabile, *I miei occhi ma* 1585/32
-2-2+3-2-2+2+2 O. Vecchi, *Core mio tu mi* 1585/35
-2-2+3-2-2+2+2 F. Vecoli, *Quando io veggi* 1575/16

-2-2+3-2-2+2-2 A. Pevernage, *Dolce mio foc* 1583/14
-2-2+3-2-2+2-2 B. Tromboncino, *Salve croc* 1508/03

-2-2+3-2-2+2+3 G. Torelli, *Gran cosa a fe* 1594/16

-2-2+3-2-2+2-3 Anonymous, *Liberta crudele* 1571/07
-2-2+3-2-2+2-3 G. Gallo, *Candide perle e* 1597/20

-2-2+3-2-2+2+4 Anonymous, *Odi Giesu dilett* 1598/04
-2-2+3-2-2+2+4 B. Tromboncino, *Hor ch'io so* 1505/06

-2-2+3-2-2+2-4 P. Stabile, *Deh dimm'Amor ch* 1585/31

-2-2+3-2-2+2-5 H. Lauro, *Almen potess'io* 1517/02

-2-2+3-2-2-2+2 Anonymous, *Ombrosa valle* 1577/08
-2-2+3-2-2-2+2 Anonymous, *In nulla si vuo* 1563/06
-2-2+3-2-2-2+2 Anonymous, *Liberta crudele* 1571/07
-2-2+3-2-2-2+2 Anonymous, *Ave maria grati* 1508/03
-2-2+3-2-2-2+2 Anonymous, *Liberta crudele* 1571/07
-2-2+3-2-2-2+2 S. Baldis, *Non ti maravigli* 1574/05
-2-2+3-2-2-2+2 G. Blotagrio, *Amor io sent'* 1594/07
-2-2+3-2-2-2+2 M. Cara, *Veramente ogni dog* 1531/04
-2-2+3-2-2-2+2 G. Cimello, *Non e lasso mar* 1549/31
-2-2+3-2-2-2+2 S. Cornetto, *Vergine in tut* 1581/07
-2-2+3-2-2-2+2 E. Dupre, *La mia vaga torto* 1509/02
-2-2+3-2-2-2+2 G. Gostena, *Vita mia poi ch* 1589/13
-2-2+3-2-2-2+2 O. Lasso, *Hor su la nuda terr* 1588/24
-2-2+3-2-2-2+2 J. Lulinus, *Se'l non fusse* 1514/02
-2-2+3-2-2-2+2 V. Ruffo, *O desir di quest'* 1554/29
-2-2+3-2-2-2+2 F. Stivori, *Io felice sare* 1595/07
-2-2+3-2-2-2+2 A. Stringari, *Non piu saett* 1514/02

-2-2+3-2-2-2-2 Anonymous, *In nulla si vuo* 1563/06
-2-2+3-2-2-2-2 C. Ardesi, *Vagho pensier ch* 1597/19
-2-2+3-2-2-2-2 F. Azzaiolo, *Ti parti cor* 1557/18
-2-2+3-2-2-2-2 S. Baldis, *Non ti maravigli* 1574/05
-2-2+3-2-2-2-2 S. Dentice, *Alto principio* 1599/06
-2-2+3-2-2-2-2 S. Dentice, *Vergine dolc'e* 1600/05
-2-2+3-2-2-2-2 M. Hermann, *Andand'a spasso* 1552/23
-2-2+3-2-2-2-2 G. Moscaglia, *Per rapidissi* 1582/04
-2-2+3-2-2-2-2 H. Naich, *S'amor altrove* 1544/16
-2-2+3-2-2-2-2 G. Paratico, *In questo vag* 1588/25
-2-2+3-2-2-2-2 B. Tromboncino, *Questo sol* 1505/05
-2-2+3-2-2-2-2 P. Verdelot, *Donna che degg* 1546/19

-2-2+3-2-2-2+3 Anonymous, *Famme pur que* 1505/03

-2-2+3-2-2-2+4 F. Azzaiolo, *Chi'l credera* 1559/19
-2-2+3-2-2-2+4 A. Reulx, *Languidetta giace* 1556/22

-2-2+3-2-2-2-4 C. Rore, *Rex Asiae & ponti* 1565/18

-2-2+3-2-2-2+6 G. Macque, *Bacciami vita mi* 1594/08

-2-2+3-2-2+3+2 A. Reulx, *Languidetta giace* 1556/22

-2-2+3-2-2+3-2 R. Mantovano, *Ape de la mon* 1507/04
-2-2+3-2-2+3-2 A. Striggio, *Con pieta vi* 1583/12

-2-2+3-2-2+3-5 O. Vecchi, *Core mio tu mi* 1585/35

-2-2+3-2-2-3+2 Anonymous, *Liberta crudele* 1571/07

-2-2+3-2-2-3+8 F. Roussel, *Guidommi in part* 1561/10

-2-2+3-2-2+4-2 G. Contino, *Qual duo venen* 1562/06
-2-2+3-2-2+4-2 P. Monte, *O solitari colli* 1585/18

-2-2+3-2-2-4+2 R. Mantovano, *Ape de la mon* 1507/04

-2-2+3-2-2-4+3 D(on) Timoteo, *Uscirallo* 1514/02
-2-2+3-2-2-4+3 D(on) Timoteo, *Uscirallo* 1514/02

-2-2+3-2-2+5-2 C. Merulo, *Deh perche mor* 1589/06

-2-2+3-2-2+5-3 G. Gostena, *Deh s'io pote* 1589/13

-2-2+3-2-2+8-3 B. Spontone, *Io vo cercan* 1592/15

-2-2+3-2+3+2+2 P. Parma, *Altri'a cui not* 1562/15

-2-2+3-2+3+2+3 S. Cornet, *Quel partirl'a* 1581/07

-2-2+3-2+3+2-5 A. Striggio, *S'io t'ho fe* 1593/05

-2-2+3-2+3-2+2 Anonymous, *Ave maria grat* 1508/03

-2-2+3-2+3-2-2 C. Ardesi, *Hor che veder* 1597/19
-2-2+3-2+3-2-2 A. Capriolo, *Ritornata* 1505/05
-2-2+3-2+3-2-2 G. Palestrina, *Quand'ecc* 1570/15

-2-2+3-2+3-2-4 A. Striggio, *Con pieta* 1583/12

-2-2+3-2-3+2+2 O. Lasso, *Nasce'in me dun* 1559/23

-2-2+3-2-3+2+3 L. Bati, *Misero che faro* 1594/11

-2-2+3-2-3-3+2 G. Nasco, *Laura celeste* 1559/18
-2-2+3-2-3-3+2 C. Porta, *Ardo si ma non* 1585/17

-2-2+3-2+4-2-2 C. Rore, *Lieta vivo e con* 1591/23

-2-2+3-2-4 F. Azzaiolo, *O pur donne* 1559/19

-2-2+3-2+5-2+2 B. Tromboncino, *Amor quan* 1516/02

-2-2+3-2-5+2+2 G. da Nola, *O nuova terr* 1561/10

-2-2+3-2-5-2-2 Anonymous, *Non posso libe* 1509/02

-2-2+3-2-5-3+3 J. Arcadelt, *Un di lieto* 1540/19

-2-2+3-2-5+4-2 F. Ana, *Ben cognosco el* 1506/03

-2-2+3-2-5+4-8 L. Milanese, *Alme celest* 1507/04

-2-2+3-2-5+5-3 F. Menta, *Padre del ciel* 1577/08

-2-2+3-2-5+6-2 G. Massarengo, *Mi voglio* 1591/22

-2-2+3+3-2-2-2 F. Gherardini, *Anzi meco* 1585/24

-2-2+3+3-2-2-3 Anonymous, *Giu per la mala* 1580/06

-2-2+3+3-2-2-5 L. Meldaert, *Duolsi Giuno* 1569/19

-2-2+3+3-3-2+2 P. Vinci, *Ma l'hora e'l* 1584/11

-2-2+3+3-3-3+2 G. M. Nanino, *Con quella* 1590/15

-2-2+3+3-4+2+3 Anonymous, *Io piango ed el* 1595/03

-2-2+3-3+2+2+2 G. Eremita, *Cara la vita* 1592/14

-2-2+3-3+2+2-2 G. M. Nanino, *Ne mai si li* 1586/18

-2-2+3-3+2+2+3 P. Verdelot, *Quando nasce* 1546/19

-2-2+3-3+2+2-5 G. M. Nanino, *Ne mai si li* 1586/18

-2-2+3-3+2-3-2 G. M. Nanino, *Ne mai si li* 1586/18

-2-2+3-3-2+2+3 Anonymous, *Ave stella ser* 1598/04
-2-2+3-3-2+2+3 G. Gostena, *Dovero dunqu* 1589/13

-2-2+3-3-2+2-4 F. Gherardini, *Volete pu* 1585/24

-2-2+3-3-2-2+5 G. Dragone, *Donna tu sei* 1588/22

-2-2+3-3-2+3+2 C. Antinori, *Son lasso* 1589/08

-2-2+3-3-2+8+2 G. Mosto, *Chiuso gran tem* 1578/22

-2-2+3-3+3-2+2 M. Pesenti, *Questa e mia* 1504/04

-2-2+3-3+3-2-2 A. Il Verso, *Lasso non* 1594/17

-2-2+3-3+4+2-2 P. Monte, *Gia verde e for* 1589/06

-2-2+3-3+4-4-3 J. Persoens, *Gia sparit'e* 1570/28

-2-2+3-3+5-3+2 L. Barre, *Lachrime meste* 1544/16

-2-2+3+4-2+2+2 A. Ruota, *Sovra le verdi* 1583/10

-2-2+3+4-2-2+2 Anonymous, *Credo sia megl* 1555/30
-2-2+3+4-2-2+2 P. Animuccia, *Non vid'il* 1566/03

-2-2+3+4-2-2-2 M. Cara, *Gli e pur giont* 1504/04
-2-2+3+4-2-2-2 M. Pesenti, *L'aqua vale* 1504/04
-2-2+3+4-2-2-2 A. Senese, *Fuggo donna* 1515/02
-2-2+3+4-2-2-2 B. Tromboncino, *Non val* 1504/04

-2-2+3+4-2-2-3 B. Spontone, *Io vo cercan* 1592/15

-2-2+3+4-3-3+2 G. Califano, *Ma poiche ch* 1584/07
-2-2+3+4-3-3+2 O. Lasso, *Hora per far* 1559/23

-2-2+3-4+2+2+2 L. Bati, *Il piu bel Pasto* 1594/11

-2-2+3-4+2-2+2 B. Spontone, *Ove che pos* 1570/15

-2-2+3-4+2-2+4 L. Marenzio, *Dice la mia* 1597/13

-2-2+3-4+2-3+2 G. Fogliano, *Dunque donn* 1547/16

-2-2+3-4-2+2-2 Anonymous, *Ah vil cor pig* 1509/02

-2-2+3-4+3+2+2 N. Alberti, *Quel che nel* 1594/11
-2-2+3-4+3+2+2 H. Chamatero, *Quando a se* 1569/26

-2-2+3-4+3-2+2 Anonymous, *Se col pianto* 1570/21

-2-2+3-4+3-4-2 H. Chamatero, *Quando a se* 1569/26

-2-2+3-4+3-4+5 H. Chamatero, *Quando a se* 1569/26

-2-2+3-4+4-2+2 Anonymous, *La verginella* 1591/12

-2-2+3-4+4-2-2 P. Animuccia, *Non vid'il* 1566/03
-2-2+3-4+4-2-2 S. Cornet, *Quel partirl'a* 1581/07

-2-2+3-4+4-2+3 Anonymous, *Se col pianto* 1570/21

-2-2+3-4-4+2+2 B. Spontone, *Io vo cercan* 1592/15

-2-2+3-4-4+2+5 S. Cornet, *Quel partirl'a* 1581/07

-2-2+3-4-4+4-3 G. da Nola, *O nuova terr* 1561/10

-2-2+3-4+5-2+2 G. Mosto, *Chiuso gran tem* 1578/22

-2-2+3-4+5-2-3 P. Vinci, *Occhi miei oscur* 1567/24

-2-2+3-4+5-2-4 Anonymous, *Pero ch'Amor* 1583/13

-2-2+3-4+5-2+5 H. Chamatero, *Quando a se* 1569/26

-2-2+3-4+5-2-5 Anonymous, *Pero ch'Amor* 1583/13

-2-2+3-4+5-4-3 H. Chamatero, *Quando a se* 1569/26

-2-2+3-5+2+2+2 L. Bati, *Il piu bel Pasto* 1594/11

-2-2+3-5+2+2+3 O. Vecchi, *Sia maledett* 1585/35

-2-2+3-5+5-3-2 G. Ferretti, *Correte tutt* 1583/15

-2-2+3-8+2+2-3 A. Il Verso, *Lasso non* 1594/17

-2-2+3-8+2-2+4 Anonymous, *Pero ch'Amor* 1583/13

-2-2+3-8+3+2-4 G. Mosto, *Chiuso gran temp* 1578/22

-2-2-3+2+2+2+2 A. il Verso, *Nel bel gremb* 1594/17
-2-2-3+2+2+2+2 A. Formica, *D'un vago prat* 1594/17
-2-2-3+2+2+2+2 L. Lechner, *Ardo si ma non* 1585/17
-2-2-3+2+2+2+2 G. Mosto, *Chiuso gran temp* 1578/22
-2-2-3+2+2+2+2 C. Porta, *Dunque di mezz'i* 1559/16
-2-2-3+2+2+2+2 F. Soriano, *Ameni colli vag* 1589/11

-2-2-3+2+2+2-2 Anonymous, *A quanti Turchi* 1537/08
-2-2-3+2+2+2-2 J. Gero, *O beati color ch'h* 1541/14

-2-2-3+2+2+2-3 G. Gabrieli, *S'io t'ho feri* 1591/23

-2-2-3+2+2-2+2 L. Agostini, *In cosi dura sorte* 1572/07
-2-2-3+2+2-2+2 Anonymous, *Le pur morto fer* 1530/01
-2-2-3+2+2-2+2 A. Gabrieli, *Dionorea vien te* 1570/21
-2-2-3+2+2-2+2 G. Nanino, *Lasso ch'ogni au* 1587/10
-2-2-3+2+2-2+2 M. Santini, *Quanto piu son* 1598/06

-2-2-3+2+2-2-2 F. Ana, *Se le carti me so* 1506/03
-2-2-3+2+2-2-2 Anonymous, *Era il bel viso* 1577/08
-2-2-3+2+2-2-2 C. Lambardi, *Dolorosi sospi* 1600/13
-2-2-3+2+2-2-2 P. Scotto, *Tu lu ru la capr* 1507/03

-2-2-3+2+2-2+3 O. Antinori, *E questa quell* 1505/03

-2-2-3+2+2-2+4 C. Lambardi, *Dolorosi sospi* 1600/13

-2-2-3+2+2-2-5 A. Gabrieli, *Dionorea vien te* 1570/21
-2-2-3+2+2-2-5 P. Stabile, *Eran le muse in* 1585/32

-2-2-3+2+2+3+3 H. Tastavin, *Se mai pianse* 1571/09

-2-2-3+2+2+3+4 M. Ingegneri, *Piu che mai liet'* 1577/07

-2-2-3+2+2+3-5 Anonymous, *O mia spietata* 1505/05

-2-2-3+2+2-3+2 O. Lasso, *Lasso ch'il crede* 1567/16
-2-2-3+2+2-3+2 G. Renaldi, *Come di voi pi* 1569/32
-2-2-3+2+2-3+2 O. Vecchi, *Se tu voi pur ch* 1585/35

-2-2-3+2+2-3-2 Anonymous, *Qual vive Amant* 1595/03
-2-2-3+2+2-3-2 P. Bellasio, *Fu morte il mi* 1578/21
-2-2-3+2+2-3-2 B. Iacomini, *Zefiro torn'e'* 1592/15

-2-2-3+2+2-3+3 M. Troiano, *Se voi non socc* 1569/31

-2-2-3+2+2-3+4 M. Ingegneri, *Piu che mai liet'* 1577/07

-2-2-3+2-2+2+3 M. Cancino, *Date pace al mi* 1590/21

-2-2-3+2-2-2-3 O. Caccini, *Rallegrano il* 1585/21

-2-2-3+2-2+3+2 P. Vinci, *Hor pensate al mi* 1584/11

-2-2-3+2-2+8-2 Anonymous, *Mai non vien que* 1516/02
-2-2-3+2-2+8-2 M. Cancino, *Date pace al mi* 1590/21

-2-2-3+2+3+2-3 F. Soto, *Il pietoso Giesu* 1599/06

-2-2-3+2+3+2-5 C. Rore, *E se pur mi mantie* 1565/18

-2-2-3+2+3-3-2 H. Sabino, *O dolce anima mi* 1586/09

-2-2-3+2-3+2+2 F. Luprano, *Fammi quanto ma* 1505/05
-2-2-3+2-3+2+2 V. Ruffo, *Fu ben dur'il par* 1557/25
-2-2-3+2-3+2+2 S. Venturi, *Duro dunque mor* 1598/14

-2-2-3+2-3+2+3 J. Persoens, *Non son Dafni* 1570/28

-2-2-3+2-3+2-4 R. Trofeo, *Luce degl'occhi* 1600/17

-2-2-3+2+4+2+2 G. Dragone, *O bel viso legg* 1599/06
-2-2-3+2+4+2+2 P. Stabile, *O fere stelle* 1585/32

-2-2-3+2+4-2+2 T. Fabrianese, *Miser chi mal* 1549/31

-2-2-3+2+4-4+4 A. Trombetti, *A voi Lorenz* 1583/18

-2-2-3+2-4+3-4 J. Persoens, *Non son Dafni* 1570/28

-2-2-3+2-4+3-5 Anonymous, *Foco divino arde* 1598/04

-2-2-3+2-4+6-2 P. Bozi, *Ardo Donna per vo* 1593/05

-2-2-3+2+5+2+2 P. Vinci, *Hor pensate al mi* 1584/11

-2-2-3+2-5+4+3 R. Rodio, *S'A voi fosse si* 1587/12

-2-2-3+2-5+5-2 G. Arpa, *O core di diamant* 1570/18
-2-2-3+2-5+5-2 R. Rodio, *S'A voi fosse si* 1587/12

-2-2-3+2-5+5+4 A. Gabrieli, *Gloria Damon* 1594/08

-2-2-3+2-5+8-2 G. Ferretti, *Correte tutti* 1583/15
-2-2-3+2-5+8-2 A. Gabrieli, *Gloria Damon* 1594/08

-2-2-3-2+2+2 P. Masnelli, *A che tormi* 1586/09

-2-2-3-2+2+2+2 G. Nola, *Venga quel bel Nar* 1570/27

-2-2-3-2+2-2+3 B. Tromboncino, *Occhi mei* 1510/

-2-2-3-2+2+3+3 P. Masnelli, *A che tormi* 1586/09

-2-2-3-2+2-3+2 P. Bellasio, *Tacete bella Don* 1595/07

-2-2-3-2+2-4+8 Anonymous, *Oime che in pian* 1598/04

-2-2-3-2-2-2+2 C. Rore, *Vergine santa d'og* 1548/09

-2-2-3-2-2-2+5 G. Mosto, *Chiuso gran temp* 1578/22

-2-2-3-2-2-2+8 G. Guami, *Qual piu scontent* 1575/11

-2-2-3-2-2-3+5 Anonymous, *Se ben hor me co* 1515/02

-2-2-3-2+4-2-2 B. Tromboncino, *La non sta* 1513/01

-2-2-3-2+5-2-2 Anonymous, *Chi promette* 1507/04

-2-2-3-2+5-5-4 M. Cara, *Alma gentil che* 1526/06

-2-2-3-2+5-5+7 G. Belli, *Sospiro la mia Do* 1592/14

-2-2-3-2+6-2+2 P. Vinci, *Occhi miei oscurat* 1567/24

-2-2-3-2+6-2-2 L. Courtoys, *Locar sovra gl* 1580/10

-2-2-3+3+2+2+2 G. Moscaglia, *Se mai piu t'* 1586/09
-2-2-3+3+2+2+2 G. Zarlino, *Lauro gentile* 1548/09

-2-2-3+3+2+2-4 G. Moscaglia, *Se mai piu t'* 1586/09

-2-2-3+3+2-2-2 A. il Verso, *L'herbetta ver* 1594/17

-2-2-3+3-2+2+2 P. Vinci, *Hor pensate al mi* 1584/11

-2-2-3+3-2+2+6 P. Masnelli, *Mi sfidate gue* 1588/18

-2-2-3+3-2-2+2 G. Gostena, *I'hebbi ardir* 1589/13
-2-2-3+3-2-2+2 M. Mazzone, *O felic'o beat* 1570/18

-2-2-3+3-2-2+4 F. Anerio, *D'un si bel foc* 1593/05
-2-2-3+3-2-2+4 G. Gostena, *I'hebbi ardir* 1589/13

-2-2-3+3-2-2-4 G. Gostena, *I'hebbi ardir* 1589/13
-2-2-3+3-2-2-4 G. Gostena, *Su pastori tess* 1589/13

-2-2-3+3-2-2+6 G. Ferretti, *O felice o bea* 1589/08

-2-2-3+3-2+3-4 C. Lambardi, *Ahi disperata* 1600/13

-2-2-3+3-2-3+8 G. Mosto, *Come lume di nott* 1578/22

-2-2-3+3-2+4-2 V. Ruffo, *Fu ben dur'il par* 1557/25
-2-2-3+3-2+4-2 A. Willaert, *Zoia zentil ch* 1548/11

-2-2-3+3-2-4+2 G. Macque, *Dal suo volto sc* 1583/14

-2-2-3+3-2+6-2 V. Ruffo, *Fu ben dur'il par* 1557/25

-2-2-3+3-3+3-3 L. Luzzaschi, *Ero cosi dice* 1588/17

-2-2-3-3+2+2-5 G. Nanino, *Ne mai si lieto* 1586/18

-2-2-3+4+2+2+3 C. Rore, *O natura pietosa* 1544/17

-2-2-3+4-2+2+2 F. Laudis, *Segretario t'ho* 1565/12

-2-2-3+4-2-2-2 Anonymous, *Muor'il giusto* 1598/04
-2-2-3+4-2-2-2 G. Riccio, *Ardo si ma non* 1585/17

-2-2-3+4-2+3-2 M. Effrem, *A che Ninfa gent* 1582/12

-2-2-3+4-2-3-2 C. Rore, *Da le belle contra* 1568/19

-2-2-3+4-3-2+2 F. Laudis, *Segretario t'ho* 1565/12

-2-2-3+4-4+2+2 G. Nola, *Quando vi vegg'and* 1570/27

-2-2-3-4+4+2+2 Anonymous, *Ahime ch'io sper* 1595/03

-2-2-3+5+2+2+2 F. Anerio, *Temo ch'altri* 1586/09

-2-2-3+5+2+2-2 P. Vinci, *Hor pensate al mi* 1584/11

-2-2-3+5+2-2-2 Anonymous, *O venturosa di* 1583/04

-2-2-3+5+2-2+3 P. Bellasio, *Quant'in me cr* 1578/21

-2-2-3+5+2-2-5 Anonymous, *O dolce saporit* 1560/13

-2-2-3+5-2+2-3 B. Tromboncino, *O che diral* 1513/01

-2-2-3+5-2-2+2 Anonymous, *Se tua parola Gi* 1563/06
-2-2-3+5-2-2+2 Anonymous, *Assa buccuccia* 1567/17
-2-2-3+5-2-2+2 F. Roussel, *Belta si come* 1561/10

-2-2-3+5-2-4+5 R. Vecoli, *Se piu cosa mort* 1577/10

-2-2-3+5-3+2+2 P. Masnelli, *Mi sfidate gue* 1588/18

-2-2-3+5-3+2+3 P. Monte, *Crudel aspro dolo* 1597/13

-2-2-3+5+4-5+4 C. Lambardi, *Chi l'armonia* 1600/13

-2-2-3+5-4+2+2 V. Ruffo, *Fu ben dur'il par* 1557/25

-2-2-3+5-5+2+2 G. Caimo, *Gioia mia dolc'e* 1586/19

-2-2-3+5-5-2+2 B. Roi, *Ragion e ben ch'i* 1590/15

-2-2-3+5-5+4-3 R. Rodio, *Dura legge d'amo* 1587/12

-2-2-3+5-5+5+2 G. Renaldi, *Come di voi pi* 1569/32

-2-2-3+5-5+8-2 J. Arcadelt, *Lasso che giov* 1539/24

-2-2-3-5+2+8-3 F. Ana, *Ama pur donna spie* 1505/06

-2-2+4+2+2-3+2 P. Vinci, *Pioggia di lagrim* 1583/19

-2-2+4+2-2+2+3 Anonymous, *Lassa donna i do* 1506/03

-2-2+4+2-2-2-2 G. Gallo, *Candide perle e* 1597/20

-2-2+4+2-2-2-3 L. Meldert, *Duolsi Giunon* 1569/19

-2-2+4+2-3+3-2 A. Trombetti, *Affrettati be* 1583/18

-2-2+4-2+2+2+2 A. Barre, *Mentre la donna, an* 1562/08
-2-2+4-2+2+2+2 A. Capriolo, *Ogni amor vol* 1505/05
-2-2+4-2+2+2+2 G. Primavera, *Chi e fermat* 1585/31

-2-2+4-2+2+2-5 J. Arcadelt, *Come potro fid* 1539/24
-2-2+4-2+2+2-5 G. Conversi, *Sta nott'io* 1589/08

-2-2+4-2+2-2+2 Anonymous, *O dolce saporit* 1560/13
-2-2+4-2+2-2+2 O. Lasso, *Questi ch'inditi* 1559/23

-2-2+4-2+2-2-2 A. il Verso, *O verdi poggi* 1594/17

-2-2+4-2+2-2-2 G. Fogliano, *Odete aure sua* 1515/02
-2-2+4-2+2-2-2 A. Martorello, *Non sete vo* 1547/17
-2-2+4-2+2-2-2 A. Martorello, *Non sete vo* 1547/1
-2-2+4-2+2-2-2 G. Palestrina, *Io son ferit* 1593/05
-2-2+4-2+2-2-2 H. Sabino, *Io son ferito ah* 1581/11
-2-2+4-2+2-2-2 A. Senese, *Spiriti gentili* 1515/02

-2-2+4-2+2-2-3 P. Vinci, *Donna Reale anzi* 1564/20

-2-2+4-2+2+3-2 F. Gherardini, *Volete pur ch* 1585/24

-2-2+4-2+2+3-3 S. d'Aranda, *A ciascun rem'* 1571/12

-2-2+4-2+2-3+2 P. Quagliati, *O angiol bene* 1585/07

-2-2+4-2+2-4-2 B. Tromboncino, *Poi ch'el* 1507/03

-2-2+4-2+2-4+4 P. Simone, *Ogni vil anima* 1515/02

-2-2+4-2+2-5+2 A. il Verso, *O verdi poggi* 1594/17

-2-2+4-2-2+2+2 Yvo de Vento, *Cando la bun* 1564/16
-2-2+4-2-2+2+2 Anonymous, *Vita mia bella poi* 1560/12
-2-2+4-2-2+2+2 A. Anvilla, *Misero me ch'al* 1565/18

-2-2+4-2-2+2-2 Anonymous, *Son pur congiont* 1505/06
-2-2+4-2-2+2-2 Anonymous, *O dolce saporit* 1560/13
-2-2+4-2-2+2-2 Anonymous, *Mentre di gioia* 1586/19
-2-2+4-2-2+2-2 Anonymous, *O dolce saporit* 1560/13
-2-2+4-2-2+2-2 G. Gallo, *Candide perle e* 1597/20
-2-2+4-2-2+2-2 G. Pizzoni, *Ma certo voi do* 1582/14
-2-2+4-2-2+2-2 B. Spontone, *Io vo cercand* 1592/15

-2-2+4-2-2+2-3 C. Monteverdi, *Ahi dolente* 1597/13
-2-2+4-2-2+2-3 A. Striggio, *S'io t'ho feri* 1593/05
-2-2+4-2-2+2-3 B. Tromboncino, *Gentil donn* 1516/02
-2-2+4-2-2+2-3 P. Vinci, *Donna Reale anzi* 1564/20

-2-2+4-2-2+2-4 V. Ruffo, *Qual piu scontent* 1557/25

-2-2+4-2-2-2+2 D(on) Timoteo, *Aqua aqua* 1509/02
-2-2+4-2-2-2+2 Anonymous, *E come t'allegra* 1562/10
-2-2+4-2-2-2+2 Anonymous, *Se tua parola Gi* 1563/06
-2-2+4-2-2-2+2 P. Monte, *Poi che le tue ra* 1586/07
-2-2+4-2-2-2+2 G. Pizzoni, *Ma certo voi do* 1582/14
-2-2+4-2-2-2+2 P. Stabile, *Non per viver* 1585/32

-2-2+4-2-2-2-2 Anonymous, *Tutt'il di piang* 1545/18
-2-2+4-2-2-2-2 Anonymous, *Assa buccuccia* 1567/17
-2-2+4-2-2-2-2 Anonymous, *Tutt'il di piang* 1545/18
-2-2+4-2-2-2-2 Anonymous, *Assa buccuccia* 1567/17
-2-2+4-2-2-2-2 Anonymous, *Ave stella seren* 1598/04
-2-2+4-2-2-2-2 Anonymous, *Tutt'il di piang* 1545/18
-2-2+4-2-2-2-2 Anonymous, *Se tua parola Gi* 1563/06
-2-2+4-2-2-2-2 A. Anvilla, *Deh che simil'* 1568/16
-2-2+4-2-2-2-2 I. Baccusi, *Volgi cor mio* 1572/09
-2-2+4-2-2-2-2 A. Capriolo, *Poi che mia si* 1505/05
-2-2+4-2-2-2-2 P. Cesena, *Non so perche no* 1505/03
-2-2+4-2-2-2-2 J. Gero, *Quando madonna gl* 1541/02
-2-2+4-2-2-2-2 G. Maio, *Sel pensier che* 1519/04
-2-2+4-2-2-2-2 C. Merulo, *Ingrat'Amor a ta* 1570/17
-2-2+4-2-2-2-2 G. Nola, *Io son ferito ahi* 1566/03
-2-2+4-2-2-2-2 G. Palestrina, *Vedassi prima* 1591/12
-2-2+4-2-2-2-2 G. Palestrina, *Io son ferit* 1573/16
-2-2+4-2-2-2-2 C. Rore, *O dolci sguardi* 1544/17
-2-2+4-2-2-2-2 H. Sabino, *S'io t'ho ferit* 1581/11
-2-2+4-2-2-2-2 I. Tartaglino, *D'altro cie* 1587/12
-2-2+4-2-2-2-2 B. Tromboncino, *Amor che vuo* 1510/

-2-2+4-2-2-2-3 Anonymous, *Loremos alma lor* 1516/02

-2-2+4-2-2-2-4 A. il Verso, *O verdi poggi* 1594/17

-2-2+4-2-2-2+5 F. Ana, *Da ciel crudo impi* 1505/06

-2-2+4-2-2+3-2 Anonymous, *Vita mia bella poi* 1560/12
-2-2+4-2-2+3-2 A. Mantovano, *Passise senz* 1513/01
-2-2+4-2-2+3-2 D. Nicolo, *Senza te alta re* 1508/03

-2-2+4-2-2+3+3 Anonymous, *Pieta ti mova* 1557/19

-2-2+4-2-2-3+2 Anonymous, *Conto de l'Orco* 1560/13

-2-2+4-2-2-3-2 G. Nanino, *Morir non puo'l* 1585/18

-2-2+4-2-2+4-2 A. Capriolo, *Questo oime pu* 1505/05
-2-2+4-2-2+4-2 H. Sabino, *Io son ferito ah* 1581/11

-2-2+4-2+3+2-3 G. Nanino, *O quanto afflit* 1592/05

-2-2+4-2+3-2+2 Anonymous, *Anima christi sa* 1508/03
-2-2+4-2+3-2+2 Anonymous, *Ave maria grati* 1508/03

-2-2+4-2+3-2-2 G. Hassler, *Io son ferito* 1597/13
-2-2+4-2+3-2-2 G. Mosto, *S'io t'ho ferito* 1577/07
-2-2+4-2+3-2-2 V. Ruffo, *Qual sguardo fia* 1557/25

-2-2+4-2+3-3+2 B. Donato, *Chi la gagliard* 1550/19

-2-2+4-2+3-3+3 G. Romano, *Ne piu riveggio* 1569/19

-2-2+4-2+3-3+4 C. Rore, *Alma Susanna ben* 1568/19

-2-2+4-2+3-4+2 G. Nola, *Io son ferito ahi* 1566/03
-2-2+4-2+3-4+2 G. Palestrina, *Io son ferit* 1573/16
-2-2+4-2+3-4+2 F. Soto, *Godi del Ciel Regi* 1600/05
-2-2+4-2+3-4+2 F. Soto, *Ave di gratia pien* 1600/05

-2-2+4-2-3+2+2 Anonymous, *Giesu ogn'un chi* 1580/06
-2-2+4-2-3+2+2 C. Merulo, *O secrete e fresch* 1578/22
-2-2+4-2-3+2+2 G. Nola, *Io son ferito ahi* 1566/03
-2-2+4-2-3+2+2 G. Palestrina, *Io son ferit* 1573/16
-2-2+4-2-3+2+2 J. Persoens, *Mentre la mia* 1570/28

-2-2+4-2-3+2-3 O. Vecchi, *Se tu voi pur ch* 1585/35

-2-2+4-2-3+2+4 G. Nola, *Io son ferito ahi* 1566/03
-2-2+4-2-3+2+4 G. Palestrina, *Io son ferit* 1573/16

-2-2+4-2-3-2+2 V. Ruffo, *Tanto fu'l tuo fa* 1563/07

-2-2+4-2-3-2-2 H. Sabino, *Io son ferito ah* 1581/11

-2-2+4-2-3-2+5 Anonymous, *Chi promette* 1507/04

-2-2+4-2-3+5-2 P. Monte, *Aure ch'i dolci* 1561/15

-2-2+4-2-3+5-3 C. Antinori, *Son lasso ne* 1589/08

-2-2+4-2+4-2-2 C. Merulo, *O secrete e fresch* 1578/22
-2-2+4-2+4-2-2 P. Monte, *Gia verde e fort* 1589/06
-2-2+4-2+4-2-2 G. Palestrina, *Io son ferit* 1593/05
-2-2+4-2+4-2-2 D. Phinot, *Simili a questi* 1561/10
-2-2+4-2+4-2-2 P. Vinci, *Donna Reale anzi* 1564/20
-2-2+4-2+4-2-2 F. Viola, *La verginella e* 1548/08

-2-2+4-2+4-2-3 D. Phinot, *Simili a questi* 1561/10
-2-2+4-2+4-2-3 F. Viola, *La verginella e* 1548/08

-2-2+4-2+4-4-5 F. Viola, *La verginella e* 1548/08

-2-2+4-2+4-8+3 B. Tromboncino, *La speranz* 1505/04

-2-2+4-2-4+2+2 H. Sabino, *Io son ferito ah* 1581/11

-2-2+4-2-4+3-2 C. Rore, *O santo fior felic* 1568/19

-2-2+4-2-4+5-2 Anonymous, *Mal fai signora* 1505/03

-2-2+4-2-5+2+2 G. Califano, *O del mio navi* 1584/07
-2-2+4-2-5+2+2 G. Hassler, *Io son ferito* 1597/13
-2-2+4-2-5+2+2 C. Rore, *Alma Susanna ben* 1568/19
-2-2+4-2-5+2+2 H. Sabino, *Io son ferito ah* 1581/11

-2-2+4-2-5+2-2 G. Palestrina, *Io son ferit* 1593/05
-2-2+4-2-5+2-2 H. Sabino, *S'io t'ho ferit* 1581/11

-2-2+4-2-5+3-3 C. Rore, *La giustitia immor* 1548/08

-2-2+4-2-5+4+2 A. Senese, *Logiamenti noi* 1515/02

-2-2+4-2-5+5+2 F. Anerio, *Pensando che vol* 1589/07

-2-2+4-2-5+5-2 G. Palestrina, *Io son ferit* 1593/05

-2-2+4-2-5+5-3 V. Ruffo, *Vagh'aughelletto* 1557/25

-2-2+4-2-5+8+2 F. Anerio, *Pensando che vol* 1589/07

-2-2+4-2-8+4-2 F. Sole, *Io son ferito ahi* 1589/10

-2-2+4+3-2-2-2 Anonymous, *Andand'un giorn* 1566/05

-2-2+4+3-4-2+2 O. Lasso, *Ma che morta dic* 1569/19

-2-2+4-3-2-2-2 G. Renaldi, *Vanne a Ma onn* 1569/32

-2-2+4-3-2+3-2 Anonymous, *Amor che rider* 1595/03

-2-2+4-3-2+3+3 Anonymous, *Amor che rider* 1595/03

-2-2+4-3-2+6-2 O. Vecchi, *Se tu voi pur ch* 1585/35

-2-2+4-3+3-2-2 G. Fogliano, *Vengo ate ma r* 1508/03

-2-2+4-3-3+2+2 B. Lupacchino, *Il dolce son* 1559/18

-2-2+4-3+4-2-2 G. Wert, *Poi che con gl'occ* 1583/15

-2-2+4+4-5+5-4 G. Gastoldi, *Perche se trop* 1594/07

-2-2+4-4+2+3-2 Anonymous, *Andand'un giorn* 1566/05
-2-2+4-4+2+3-2 G. Ferretti, *Occhi non occh* 1594/08

-2-2+4-4+4-2+2 B. Tromboncino, *Scopri o li* 1504/04

-2-2+4-4+5-2+2 P. Monte, *Gia verde e fort* 1589/06

-2-2+4-5+2+2+2 L. Agostini, *E s'io veggio* 1572/07

-2-2+4-5+2-2-2 F. Luprano, *Fammi quanto ma* 1505/05

-2-2+4-5+4-2+2 M. Cara, *Chi la castra la* 1509/02

-2-2+4-5-4+2-3 E. Marotta, *Non son ris'avi* 1598/08

-2-2-4+2+2+2+2 R. Montagnana, *Le citta so* 1558/17

-2-2-4+2+2-2+2 B. Donato, *Credime vita mi* 1550/19

-2-2-4+2+2-5+8 G. Gostena, *Dovero dunque* 1589/13

-2-2-4+2-2+4+2 F. Ana, *Naqui al mondo pe* 1504/04

-2-2-4+2+4-4+4 P. Stabile, *Eran le muse in* 1585/32

-2-2-4+2-4+4-2 M. Troiano, *Su per l'onde* 1569/19

-2-2-4-2+2+4-2 Anonymous, *Dal bel giardi* 1513/01

-2-2-4-2-2+2-3 B. Tromboncino, *Madonna la* 1517/02

-2-2-4+3+2+2+2 A. Feliciani, *Io per langui* 1586/07

-2-2-4+3+2+3-2 C. Rore, *E se pur mi mantie* 1565/18

-2-2-4+3+2-5+5 A. Feliciani, *Io per langui* 1586/07

-2-2-4+3-2-2+4 M. Cara, *Ho che aiuto o ch* 1513/01

-2-2-4+3-3-2+3 B. Tromboncino, *Gentil donn* 1516/02

-2-2-4+4+2+2-4 L. Marenzio, *Al suon dele* 1589/08

-2-2-4+4+2-2-2 A. Striggio, *Ninfa che dal* 1590/15

-2-2-4+4-2+2-4 P. Monte, *Di ch'ella mossa* 1585/18

-2-2-4+4-2+4-2 G. Locatello, *Deh rest'Amo* 1590/21

-2-2-4+4-2-5+4 F. Soto, *Noi siam rie pecca* 1600/05

-2-2-4+4+3-2-5 Anonymous, *Come el piombin* 1506/03

-2-2-4+4+5-2-2 Anonymous, *Chi vede gir la* 1505/05
-2-2-4+4+5-2-2 Anonymous, *Benche inimica* 1505/05

-2-2-4+5+2-3-3 F. Ana, *Amor a chi non va* 1505/05

-2-2-4+5-2+3-2 R. Montagnana, *Deh hor foss'io* 1558/17

-2-2-4+10-2-2-2G. Ferretti, *Mirate che m'h* 1594/08

-2-2+5+2+2+2-2 L. Balbi, *M'l cieco amor* 1570/23
-2-2+5+2+2+2-2 H. Sabino, *Viddi spezzar* 1588/27

-2-2+5+2+2-4+2 B. Tromboncino, *Nel foco tr* 1517/02

-2-2+5+2-2-2-2 Anonymous, *Si come fede se* 1505/06
-2-2+5+2-2-2-2 C. Veggio, *Stella del ciel* 1585/28

-2-2+5+2-2-3-2 C. Veggio, *Stella del ciel* 1585/28

-2-2+5+2-2-4+2 P. Bellasio, *Gelo ha ma onn* 1578/21

-2-2+5+2-2-5+2 Anonymous, *Cecilia non son* 1598/04

-2-2+5+2-2-5+3 G. Caimo, *Dolci sospir o do* 1586/19

-2-2+5+2-4+2+2 C. Rore, *Lasso che pur da* 1561/11

-2-2+5+2-5+2-5 Anonymous, *Li toi capelli m'a* 1570/21

-2-2+5-2+2-2+2 E. Dupre, *La virtu mi fa gu* 1507/03

-2-2+5-2+2-2-2 C. Veggio, *Stella del ciel* 1585/28

-2-2+5-2+2-3-2 G. Guami, *Voi voi dolci occ* 1577/07

-2-2+5-2-2+2-2 G. Caimo, *Dolci sospir o do* 1586/19
-2-2+5-2-2+2-2 G. Pizzoni, *Ma certo voi do* 1582/14
-2-2+5-2-2+2-2 A. Senese, *Volge fortuna* 1515/02

-2-2+5-2-2-2+2 O. Antinori, *Servo haime se* 1506/03
-2-2+5-2-2-2+2 M. Jhan, *Quando nascesti am* 1546/19
-2-2+5-2-2-2+2 J. Lulinus, *Surge dal'orizz* 1514/02

-2-2+5-2-2-2-2 Anonymous, *Ah vil cor pigli* 1509/02
-2-2+5-2-2-2-2 L. Bati, *Baciami vita mia* 1594/11
-2-2+5-2-2-2-2 S. Felis, *In questa vall* 1585/23
-2-2+5-2-2-2-2 R. Montagnana, *Di di in di* 1558/17

-2-2+5-2-2-2-3 H. Waelrant, *Mi voglio far'* 1594/08

-2-2+5-2-2+3+2 A. Gabrieli, *Chiaro sol di* 1586/07

-2-2+5-2-2+3-2 Ivo de Vento, *Oscur'abisso mis* 1569/19

-2-2+5-2-2-3-2 G. Gallo, *Cosi m'avien se* 1596/13

-2-2+5-2-2-4+2 L. Lechner, *Ardo si ma non* 1585/17
-2-2+5-2-2-4+2 L. Meldert, *Duolsi Giunon* 1569/19

-2-2+5-2-2+6+2 G. Gallo, *Cosi m'avien se* 1596/13

-2-2+5-2-4-3+3 L. Meldert, *Duolsi Giunon* 1569/19

-2-2+5-2-4-5+2 B. Tromboncino, *Poi ch'el* 1507/03

-2-2+5-2-5+6-6 M. Cara, *Pensati se fu dogl* 1530/01

-2-2+5-3+2-4+4 Anonymous, *De speranza horm* 1509/02

-2-2+5-3-2-2+3 P. Verdelot, *La dolce vist* 1546/19

-2-2+5-3-2+4-2 Anonymous, *Siche s'io viss'* 1595/03

-2-2+5-3+3-2-2 R. Mantovano, *Se ogni donn* 1505/04

-2-2+5-3+3-3 A. Martorello, *Di rami in* 1547/17

-2-2+5-3-3-2-2 A. Stabile, *Il ciel fermoss* 1587/10

-2-2+5-3-3+4+2 Anonymous, *Ingrata donna al* 1506/03

-2-2+5-3+4-2-2 C. Schietti, *Ben posso dir* 1568/12

-2-2+5-3+5+2-2 G. Nanino, *Erano i capei d'* 1585/18

-2-2+5-3+5-2-2 G. Trabaci, *Vergine piu del* 1600/05

-2-2+5+4-2+2-2 A. Gabrieli, *Mirami vita mi* 1597/13

-2-2+5+4-2-2-2 H. Sabino, *Viddi spezzar* 1588/27

-2-2+5+4-2-3+2 Anonymous, *Come assettata* 1598/04

-2-2+5-4+2+3-3 P. Vinci, *La lira che'l mi* 1567/24

-2-2+5-4+4-2-3 G. Contino, *Dio cio cor mi* 1549/31

-2-2+5-4+4-5+5 P. Vecoli, *Era oscurata e* 1581/12

-2-2+5-4-4+5+4 B. Roi, *Gia torn'a rallegr* 1573/16

-2-2+5-4+5-4+4 V. Ruffo, *Ma di chi debbo* 1544/22

-2-2+5-5+2+2-4 D(on) Timoteo, *Sento li spi* 1514/02

-2-2+5-5+4-2+2 A. Gabrieli, *Mirami vita mi* 1597/13

-2-2+5-5+4-3+2 D. Grisonio, *Vu ha ben casu* 1564/16

-2-2+5-5+5+2-2 P. Monte, *Di ch'ella mossa* 1585/18

-2-2+5-5+5-3+2 P. Santini, *Empiase'l cor* 1600/05

-2-2+5-5+5-8+5 G. Caimo, *Haime meschino* 1586/19

-2-2+5-5+8-5+5 G. Antiquis, *Dove ti stai* 1574/06

-2-2-5+2+2+2+2 G. Palestrina, *Placide l'ac* 1589/06

-2-2-5+2+4+2-2 P. Vinci, *Dunque perche mi* 1567/24

-2-2-5+3-3+3-2 Anonymous, *Piangeti mecho* 1505/03

-2-2-5+4-2+2-2 P. Lodi, *Fui felice un temp* 1514/02

-2-2-5+4+3-2-4 N. Patavino, *Non e tempo* 1505/03

-2-2-5+4-5+4+5 Anonymous, *O faccia d'una* 1560/13

-2-2-5+5+3-2-2 A. Zoilo, *Eran le vostre ch* 1585/29

-2-2-5+5+3-7+5 A. Zoilo, *Eran le vostre ch* 1585/29

-2-2-5+5-4+2-2 A. Hauville, *D'esservi in* 1570/15

-2-2-5+8-8+2+2 G. Zesso, *Anima mia dilett* 1508/03

-2-2+6+2-2-2+2 G. Nola, *Quando vi vegg'and* 1570/27

-2-2+6+2-2-2-2 G. Nola, *Quando vi vegg'and* 1570/27

-2-2+6-2+2-2+2 A. Barges, *Quanto debb'alle* 1550/18

-2-2+6-2-2-3+2 Ivo de Vento, *Oscur'abisso mis* 1569/19

-2-2+6-2-2-4+2 Ivo de Vento, *Oscur'abisso mis* 1569/19

-2-2+6-2-3+2-5 P. Vinci, *Pioggia di lagrim* 1583/19

-2-2+6-2-3-3-2 P. Bellasio, *Alla profonda* 1578/21

-2-2+6-4+2-4+2 G. Locatello, *Deh rest'Amo* 1590/21

-2-2+7-2-2+2-3 B. Tromboncino, *Ave maria* 1508/03

-2-2+7-4+2+2-2 G. Gallo, *Temo ch'altri si* 1597/20

-2-2+8-2-2-2-2 A. Stabile, *Vincono a mezz* 1585/32

-2-2-8+5+2+4-2 B. Tromboncino, *Se la lumac* 1517/02

-2+3+2+2+2-2+2 A. Savioli, *Amor mi promest* 1600/16

-2+3+2+2+2-2-2 M. Cancino, *Canzon di sera* 1590/21

-2+3+2+2-2-2-2 Anonymous, *Oime qual fu l'e* 1599/06

-2+3+2+2-2-2-3 Anonymous, *La piagha ch'ho* 1589/08

-2+3+2+2-2-2+4 L. Marenzio, *Vivro dunque* 1591/21

-2+3+2+2-2+3-2 S. Felis, *Deh mirate in vo* 1579/05

-2+3+2+2-3+3+2 G. Lambertini, *Vita de la mia* 1559/19

-2+3+2+2-3-3+3 S. Felis, *Anzi no ch'ombr'* 1583/15

-2+3+2+2-3+4-2 A. Willaert, *Qual piu diver* 1549/31

-2+3+2+2-4+2-2 C. Rore, *Alma Real se come* 1565/18

-2+3+2+2-4+3-4 Anonymous, *Molto piu guerr* 1563/06

-2+3+2+2-8+2+3 Anonymous, *Suspir suavi* 1505/05

-2+3+2-2+2+2-5 I. Baccusi, *Occhi miei che* 1591/23

-2+3+2-2+2-2+2 G. Primavera, *La pena del* 1569/31

-2+3+2-2+2-2-2 A. Gabrieli, *Mi xe stao in* 1564/16

-2+3+2-2+2-3-2 Anonymous, *Non e cosa piu* 1599/06
-2+3+2-2+2-3-2 A. Willaert, *O dolce vita* 1548/11

-2+3+2-2+2-4+2 G. Ferretti, *Un tempo sospi* 1594/08

-2+3+2-2-2+2+2 Anonymous, *Deh perche cie* 1559/18
-2+3+2-2-2+2+2 F. Soto, *Al tuo Giesu o Ve* 1600/05
-2+3+2-2-2+2+2 A. Trombetti, *Temo piu don* 1570/19

-2+3+2-2-2+2-2 G. Pizzoni, *Amor tu m'hai* 1582/14

-2+3+2-2-2-2+2 A. Savioli, *Amor mi promest* 1600/16

-2+3+2-2-2-2-2 H. Naich, *I soventi martir* 1544/17
-2+3+2-2-2-2-2 R. Vecoli, *Ma voi ch'or set* 1577/10

-2+3+2-2-3+2+2 O. Lasso, *Questi ch'inditi* 1559/23
-2+3+2-2-3+2+2 A. Mussotto, *Ardo si ma non* 1585/17
-2+3+2-2-3+2+2 G. Nasco, *Per creder men di* 1563/07

-2+3+2-2-3+3-2 O. Lasso, *Deh hor foss'io co* 1560/10

-2+3+2-2-3+3-4 G. Dragone, *Gia s'apre il* 1599/06

-2+3+2-2-3-3+2 B. Donato, *Se mai fu crud'* 1550/19

-2+3+2-2-3-3-3 L. Bati, *Da voi da me disgi* 1594/11

-2+3+2+3-2+2-4 P. Vinci, *Piacciavi adunqu* 1567/24

-2+3+2+3-2-2-2 O. Lasso, *Amor mi strugge'* 1585/18
-2+3+2+3-2-2-2 P. Vinci, *Donna voi che mir* 1564/20
-2+3+2+3-2-2-2 F. Viola, *Siepi ch'il bel* 1548/08

-2+3+2+3-3+2-2 P. Vinci, *Parmi d'udirla ud* 1567/24

-2+3+2-3+2+2-2 L. Vecchi, *Se de'miei giust* 1590/13

-2+3+2-3+2+3-2 B. Pallavicino, *Giunto che m'he* 1596/16

-2+3+2-3+2-3+2 N. Pervue, *Pianta gentil ch* 1583/10

-2+3+2-3+2-3-2 V. Ruffo, *Il vostro gran do* 1561/11

-2+3+2-3+2-4-2 P. Vinci, *Parmi d'udirla ud* 1567/24

-2+3+2-3+2-5+2 S. Lodovi, *S'io non venni* 1515/02

-2+3+2-3-2+2+2 B. Lupacchino, *Il dolce son* 1559/18

-2+3+2-3-2+2+5 A. Striggio, *Gravi pene in* 1561/15

-2+3+2-3-2-2-2 V. Raimondo, *Tu'l sai mio* 1568/16

-2+3+2-3+3-2+2 L. Marenzio, *Se'l raggio de* 1591/12

-2+3+2-3+3-2-2 P. Vinci, *Sappi signor che* 1583/15

-2+3+2-4+2+2-5 G. Palestrina, *Tempo verr'anc* 1560/10

-2+3+2-5-2-2+4 A. Feliciani, *Cuor mio chi* 1586/15

-2+3+2-5+3+2+2 P. Monte, *Deh fuss'almen* 1568/12

-2+3-2+2+2+2+2 A. Gabrieli, *Piangi pur Mu* 1589/06
-2+3-2+2+2+2+2 L. Luzzaschi, *Ecco il bel L* 1583/10

-2+3-2+2+2+2-2 L. Lioni, *Io per la via de* 1598/06
-2+3-2+2+2+2-2 L. Lioni, *Io mi sento morir* 1600/12
-2+3-2+2+2+2-2 L. Lioni, *Io per la via de* 1598/06

-2+3-2+2+2-2+2 G. Califano, *Fammi sentir* 1584/07

-2+3-2+2+2-2-2 L. Marenzio, *Nel dolce sen* 1591/21

-2+3-2+2+2-2-8 G. Califano, *Fammi sentir* 1584/07

-2+3-2+2+2-3+2 O. Lasso, *Ma che morta dic* 1569/19

-2+3-2+2+2-5+8 L. Lioni, *Io mi sento morir* 1600/12

-2+3-2+2-2+2+2 E. Bonizzoni, *Amor tu sai ch* 1569/25

-2+3-2+2-2+2-2 M. Cara, *Del mio si grande* 1526/06

-2+3-2+2-2-2 P. Parma, *Gravi sospiri mie* 1562/15

-2+3-2+2-2-2+2 G. Capuano, *Io son ferito* 1574/05
-2+3-2+2-2-2+2 G. Moro, *Pero di mille e mi* 1585/28
-2+3-2+2-2-2+2 G. Primavera, *Quel che vi* 1585/31

-2+3-2+2-2-2-2 A. il Verso, *Talhor tace* 1594/17
-2+3-2+2-2-2-2 M. Cara, *Del mio si grande* 1526/06

-2+3-2+2-2-2+3 G. Dragone, *Crudel m'uccid* 1588/22

-2+3-2+2-2-2-3 P. Vinci, *So io ben ch'a vo* 1584/11

-2+3-2+2-2-2+4 C. Rore, *O santo fior felic* 1568/19

-2+3-2+2-2+3-2 V. Ruffo, *Tanto fu'l tuo fa* 1563/07

-2+3-2+2+3-2-3 C. Antinori, *Giovan real* 1589/08

-2+3-2+2-3+2-3 L. Bati, *Filli deh non fugg* 1594/11

-2+3-2+2-3+3-3 H. Chamatero, *Consumando* 1569/26

-2+3-2+2+5-2-2 R. Mel, *Mentre ??? a* 1592/05
-2+3-2+2+5-2-2 R. Mel, *Mentre ch'io serv* 1599/06

-2+3-2-2+2+2+2 O. Lasso, *Questi ch'inditi* 1559/23
-2+3-2-2+2+2+2 M. Varotto, *Dentro cantar* 1586/19

-2+3-2-2+2+2-4 P. Scotto, *Deh prendi horma* 1507/03

-2+3-2-2+2+2-5 S. Molinaro, *Deh perche Amo* 1599/15

-2+3-2-2+2-2+2 A. Trombetti, *A voi Lorenz* 1583/18
-2+3-2-2+2-2+2 P. Verdelot, *Donna leggia r* 1533/02

-2+3-2-2+2-2-2 B. Pallavicino, *Ben e ragion ch* 1596/16

-2+3-2-2+2-2+3 A. Gabrieli, *Dunque fia ver* 1587/16

-2+3-2-2+2-2+4 A. Martorello, *Lagrimando* 1547/17

-2+3-2-2+2-2-4 Anonymous, *Poi che a tal co* 1505/03

-2+3-2-2+2+3-2 M. Cara, *Ala absentia che* 1505/06
-2+3-2-2+2+3-2 G. Macque, *Passato e il ver* 1600/05
-2+3-2-2+2+3-2 V. Ruffo, *Et se tanto di vo* 1555/31

-2+3-2-2+2-3+2 B. Donato, *Vaghi pensier ch* 1550/19
-2+3-2-2+2-3+2 P. Quagliati, *O angiol bene* 1585/07

-2+3-2-2+2-3+3 C. Porta, *Amorose viole ch* 1575/15

-2+3-2-2+2-4+2 G. Metallo, *Che deggio bell* 1577/09
-2+3-2-2+2-4+2 F. Vecoli, *Crudel donna vor* 1575/16

-2+3-2-2-2+2+2 Anonymous, *Ecco ch'io lass'* 1583/15
-2+3-2-2-2+2+2 Anonymous, *Se l'amor in te* 1505/03
-2+3-2-2-2+2+2 G. Califano, *Se'l dolce sgu* 1584/07
-2+3-2-2-2+2+2 G. Nanino, *Scopriro l'ardo* 1589/06
-2+3-2-2-2+2+2 P. Verdelot, *Donna leggia r* 1533/02
-2+3-2-2-2+2+2 A. Willaert, *A quand'havea* 1548/11

-2+3-2-2-2+2-2 G. Califano, *Se'l dolce sgu* 1584/07

-2+3-2-2-2+2+3 A. Gabrieli, *Quand'havra fine* 1587/16

-2+3-2-2-2+2-3 M. Cara, *Questa speme e un* 1507/04
-2+3-2-2-2+2-3 R. Montagnana, *Scacciato de* 1558/17
-2+3-2-2-2+2-3 B. Pallavicino, *Ben e ragion ch* 1596/16

-2+3-2-2-2-2+2 A. Antiqui, *Io son quel dol* 1505/06
-2+3-2-2-2-2+2 A. Gabrieli, *O passi spars* 1587/16
-2+3-2-2-2-2+2 B. Lupacchino, *No text* 1591/19
-2+3-2-2-2-2+2 A. Martorello, *Non e lasso* 1547/17
-2+3-2-2-2-2+2 H. Sabino, *Se ben discorro* 1581/11
-2+3-2-2-2-2+2 P. Vinci, *Stiamo amor a ved* 1567/24

-2+3-2-2-2-2-2 Anonymous, *Dolce cara e gra* 1598/04
-2+3-2-2-2-2-2 G. Capuano, *Io son ferito* 1574/05
-2+3-2-2-2-2-2 G. Nasco, *Ma se potro vede* 1567/16

-2+3-2-2-2-2+8 F. Anerio, *De la mia donna* 1598/10

-2+3-2-2-2+3-2 Lerma, *Non m'in cresce ma* 1582/08
-2+3-2-2-2+3-2 J. Persoens, *Fu si benign'* 1570/28

-2+3-2-2-2-3+2 A. Willaert, *Qual anima ign* 1544/17

-2+3-2-2-2+4-2 F. Viola, *Lasso s'io trem* 1548/08

-2+3-2-2-2+4-3 S. Cornetto, *Nasci d'Agnel* 1581/07

-2+3-2-2-2-5+5 B. Tromboncino, *Dolermi sem* 1509/02

-2+3-2-2+3-2 C. Rore, *Alma Susanna ben* 1568/19

-2+3-2-2+3-3-2 O. Lasso, *Ove sei vita mia* 1561/10

-2+3-2-2+3-3+3 P. Vinci, *Nulla posso leva* 1567/24

-2+3-2-2-3-2+2 B. Tromboncino, *Ite caldi* 1509/02

-2+3-2-2-3+3+2 A. Willaert, *O dolce vita* 1548/11

-2+3-2-2-3+3-2 B. Tromboncino, *Ite caldi* 1509/02

-2+3-2-2+4-2+2 P. Marni, *M'ahime che piu* 1588/18

-2+3-2-2+4-2-3 A. Striggio, *Vaten piena* 1579/02

-2+3-2-2+4-2+4 C. Rore, *Alme gentili che neo* 1589/06

-2+3-2-2-4+3-2 P. Vinci, *Quand'il mio cor* 1567/24

-2+3-2-2+5+2+2 G. Palestrina, *Pero che da l'* 1560/10

-2+3-2-2+5-2-2 J. Modena, *No text.* 1540/22

-2+3-2-2+5+3-2 G. Macque, *Il vagh'e lieto* 1583/15

-2+3-2-2-5+2+2 P. Vinci, *Imaginata guida* 1564/20

-2+3-2-2-5-2+4 J. Arcadelt, *Sostenete que* 1544/16

-2+3-2-2+6-2-2 Anonymous, *Ecco ch'io lass'* 1583/15

-2+3-2+3+2-2-2 Anonymous, *S'all'austrai ve* 1598/04

-2+3-2+3+2-3+3 O. Lasso, *Euro gentil se d'* 1559/23

-2+3-2+3-2+2+2 L. Lioni, *Io per la via de* 1598/06

-2+3-2+3-2+2-3 O. Lasso, *Spent'e d'amor* 1569/19

-2+3-2+3-2+2-4 O. Crisci, *E nel pensar io* 1581/11

-2+3-2+3-2-2+2 Anonymous, *Ecco ch'io lass'* 1583/15

-2+3-2+3-2-2-2 F. Corteccia, *Vientene alm* 1539/25
-2+3-2+3-2-2-2 R. Mel, *Tanto donna stim'i* 1586/10
-2+3-2+3-2-2-2 V. Ruffo, *Et se tanto di vo* 1555/31
-2+3-2+3-2-2-2 A. Willaert, *Qual anima ign* 1544/17

-2+3-2+3-2+3-2 S. Venturi, *Gia desia trapa* 1596/17

-2+3-2+3-2-3+2 Anonymous, *Spirto del ciel* 1580/06
-2+3-2+3-2-3+2 L. Courtoys, *In somm'amor* 1563/07
-2+3-2+3-2-3+2 O. Lasso, *Euro gentil se d'* 1559/23
-2+3-2+3-2-3+2 G. Primavera, *Chiuso gran* 1585/31

-2+3-2+3-3-2+2 J. Sala, *Benedetto lo stra* 1585/26

-2+3-2+3-3+3-2 V. Ferro, *Donna pensat'in* 1549/31

-2+3-2+3-4+2+3 O. Lasso, *Per divina bellez* 1559/23

-2+3-2+3-4+5-2 O. Lasso, *Euro gentil se d'* 1559/23

-2+3-2-3+2+2-2 J. Arcadelt, *Novo piacer ch* 1557/16
-2+3-2-3+2+2-2 F. Azzaiolo, *Occhio non fu* 1557/18

-2+3-2-3+2+2+3 F. Sale, *Ardo si ma non t'a* 1585/17

-2+3-2-3+2+2-3 A. Gabrieli, *Vieni Flora ge* 1593/04

-2+3-2-3+2+3-2 G. Moro, *S'io vi domando ai* 1585/28

-2+3-2-3+2-3+2 J. Arcadelt, *Novo piacer ch* 1557/16

-2+3-2-3-2+2+2 J. Arcadelt, *Hor ved'amor* 1540/19

-2+3-2-3-2+2+3 A. Willaert, *Sospiri miei* 1511

-2+3-2-3-2+8-4 F. Guami, *Se l'anime piu be* 1575/11

-2+3-2-3+3+2-2 P. Stabile, *I miei occhi ma* 1585/32

-2+3-2-3+3+3-2 L. Luzzaschi, *Ecco il bel L* 1583/10

-2+3-2-3+5-2+2 H. Chamatero, *Dolci alprest* 1561/13

-2+3-2-3+5-4+5 G. Capuano, *Io son ferito* 1574/05

-2+3-2+4-2+2-4 O. Lasso, *Ove sei vita mia* 1561/10

-2+3-2+4-2-2+2 L. Bellanda, *Morte m'ha tes* 1599/13

-2+3-2+4-2-2-2 Anonymous, *Al mio crudo par* 1595/03
-2+3-2+4-2-2-2 B. Donato, *Non t'ho possut* 1550/19
-2+3-2+4-2-2-2 A. Gabrieli, *Perche ma onna* 1570/17

-2+3-2+4-2-2-3 V. Ruffo, *I vo piangendo* 1563/07

-2+3-2+4-2+3-2 Anonymous, *Musillo d'oro* 1560/12

-2+3-2+4-2-3+2 V. Ruffo, *Qual sguardo fia* 1557/25

-2+3-2+4-3-4+6 V. Ruffo, *I vo piangendo* 1563/07

-2+3-2-4+2+2-2 Anonymous, *S'all'austrai ve* 1598/04

-2+3-2-4+2-2-2 B. Tromboncino, *Donna non* 1514/02

-2+3-2-4+2-3+2 P. Bellasio, *Et prima fia* 1578/21

-2+3-2-4+3+2-5 O. Lasso, *Euro gentil se d'* 1559/23

-2+3-2-4+3-2+2 C. Perissone, *Io amai sempr* 1547/14

-2+3-2-4+3-2+3 H. Sabino, *Se ben discorro* 1581/11

-2+3-2-4+3-2-3 C. Antinori, *Giovan real* 1589/08

-2+3-2-4+5+3-2 C. Perissone, *Chiara luce* 1547/14

-2+3-2-5+2+2+2 Lerma, *Non m'in cresce ma* 1582/08
-2+3-2-5+2+2+2 V. Bellhaver, *Ogni stratio* 1568/16

-2+3-2-5+2+2-2 C. Perissone, *Pien d'un vag* 1547/14

-2+3-2-5-2-2-2 A. Stabile, *Lasso fia mia* 1587/10

-2+3-2-5+4+2-3 J. Arcadelt, *Novo piacer ch* 1557/16

-2+3-2-5+5-2+3 G. Moro, *S'io vi domando ai* 1585/28

-2+3-2-5+5-5-4 R. Vecoli, *Come zephiro suo* 1577/10

-2+3-2-5+5-5+5 O. Lasso, *Euro gentil se d'* 1559/23

-2+3-2-5+6-2+2 A. Gabrieli, *Tirsi morir vo* 1587/16

-2+3-2-5+8-4+2 V. Ruffo, *I vo piangendo* 1563/07

-2+3-2-5+8-4+3 R. Vecoli, *Come zephiro suo* 1577/10

-2+3-2-8+4+3-2 C. Lambardi, *Come vag'augel* 1600/13

-2+3+3-2-2-2+2 A. Striggio, *Con pieta vi* 1583/12

-2+3+3-2-2-2-2 C. Lambardi, *Non mirate vi* 1600/13

-2+3+3-2-3+2+5 P. Philipps, *Amor che voi ch* 1594/07

-2+3+3-4+4-2-2 L. Marenzio, *Di nettare amo* 1597/13

-2+3-3+2+2+2+2 Anonymous, *Quando mia spem* 1583/13
-2+3-3+2+2+2+2 B. Spontone, *Madonn'al dolc* 1589/06

-2+3-3+2+2+2-2 O. Lasso, *Almen nel suo fug* 1575/11

-2+3-3+2-2+2-2 F. Gherardini, *Tu moristi* 1585/24

-2+3-3+2-2+2+4 G. Scotto, *Amor lasciami st* 1571/11

-2+3-3+2+3-3-3 C. Festa, *Donna non fu ne* 1540/18

-2+3-3+2+3-4+2 P. Scotto, *Jesu summo confo* 1508/03

-2+3-3+2-3+2+2 F. Viola, *Poiche nostro ser* 1548/08

-2+3-3+2-3-2+2 B. Donato, *O felice colui ch* 1561/11

-2+3-3+2-3-2+5 A. Willaert, *Amor da che* 1548/09

-2+3-3-2+2+2+2 L. Marenzio, *Baci amorosi* 1591/21

-2+3-3-2-3+3-2 P. Cesena, *Hai lassa me mes* 1505/03

-2+3-3-2-3-3+8 O. Lasso, *Hora per far le* 1559/23

-2+3-3-2+4-3+3 F. Rovigo, *Misera che faro* 1592/12

-2+3-3+3+2+2-3 G. Renaldi, *Vanne a Ma onn* 1569/32

-2+3-3+4-2-2+2 Caldarino, *Anchor che co'l* 1559/19

-2+3+4+2-4+4-2 G. Corfini, *Lasso s'anchor* 1561/10

-2+3+4-2-2-2+2 Anonymous, *Chi dira mai ch'* 1566/05

-2+3+4-2-2-2-2 F. Pigna, *Come vivro lonta* 1589/10

-2+3-4+2-2+2+2 I. Baccusi, *Chi vol dunque* 1572/09

-2+3-4+2-2-2+2 I. Alberti, *Parto da voi be* 1592/14

-2+3-4+2-2+4-2 I. Baccusi, *Stolto e sciocc* 1572/09

-2+3-4+2-2+4-3 I. Baccusi, *Questa schiera* 1572/09

-2+3-4-2-2-2+2 L. Fidelis, *Fuggito e'l suon* 1570/25

-2+3-4+3+2+2+2 A. Padovano, *Hor volge sign* 1562/22

-2+3-4+3-4+4-2 C. Perissone, *Zuccharo port* 1550/19

-2+3-4-4+2-5+5 N. Parma, *Dolce Angioletta* 1586/09

-2+3-4+5-2+2-4 Anonymous, *La piagha ch'ho* 1589/08

-2+3-4-5+3+2+2 C. Acelli, *Porgimi un bacio* 1598/10

-2+3-5+2+2+2-3 G. Paratico, *Credo che'l pa* 1588/25

-2+3-5-3-2-2+2 R. Rodio, *Se'l cor miser av* 1587/12

-2+3-6+5+3-3-2 J. Gero, *Desio gentil che* 1561/11

-2-3+2+2+2+2 L. Agostini, *E s'io veggio* 1572/07

-2-3+2+2+2+2+2 Anonymous, *Verbum caro fact* 1563/06
-2-3+2+2+2+2+2 Anonymous, *Nova bellezza po* 1566/03
-2-3+2+2+2+2+2 D. Benedicti, *Lasso me ch'i* 1584/07
-2-3+2+2+2+2+2 H. Chamatero, *Ite caldi sos* 1569/26
-2-3+2+2+2+2+2 S. Cornetto, *Anchor che co* 1581/07
-2-3+2+2+2+2+2 F. Corteccia, *Lasso dove so* 1552/21
-2-3+2+2+2+2+2 M. Pesenti, *Non mi doglio* 1504/04
-2-3+2+2+2+2+2 C. Porta, *Dunque di mezz'i* 1559/16
-2-3+2+2+2+2+2 A. Trombetti, *Chiara mia vi* 1583/18
-2-3+2+2+2+2+2 C. Veggio, *Se nel leggia r* 1540/19
-2-3+2+2+2+2+2 P. Vinci, *Perche'n voi viv* 1584/11
-2-3+2+2+2+2+2 G. Wert, *Re degli altri sup* 1568/20

-2-3+2+2+2+2-2 S. Lando, *Non e cosa ch'io* 1570/18
-2-3+2+2+2+2-2 Anonymous, *Non e cosa ch'i* 1570/19
-2-3+2+2+2+2-2 Anonymous, *Crucifixum in ca* 1563/06
-2-3+2+2+2+2-2 J. Arcadelt, *Sostenete que* 1544/16
-2-3+2+2+2+2-2 G. Nanino, *Godeano in Ciel* 1587/10
-2-3+2+2+2+2-2 P. Vinci, *Fede fiamme sospi* 1584/11

-2-3+2+2+2+2-3 G. Dragone, *Se del fedel se* 1588/22

-2-3+2+2+2+2-5 G. Nasco, *Vostro e l'alto* 1563/07
-2-3+2+2+2+2-5 V. Ruffo, *Di voi sempre mi* 1554/29

-2-3+2+2+2+2-8 A. Marien, *L'una piaga ard* 1584/09A
-2-3+2+2+2+2-8 P. Vinci, *Oime terra e fatt* 1564/20

-2-3+2+2+2-2+2 O. Lasso, *Voi volete ch'io* 1577/07
-2-3+2+2+2-2+2 Anonymous, *Gionto d'amor* 1516/02
-2-3+2+2+2-2+2 S. Cornetto, *Anchor ch'io* 1581/07
-2-3+2+2+2-2+2 J. Persoens, *Mentre la mia* 1570/28
-2-3+2+2+2-2+2 C. Veggio, *Lasso quando fi* 1540/19
-2-3+2+2+2-2+2 G. Wert, *Lasso che tal non* 1568/20

-2-3+2+2+2-2-2 L. Agostini, *Ecco'l mio viv* 1572/07
-2-3+2+2+2-2-2 Anonymous, *Io parto ahi fier* 1595/03
-2-3+2+2+2-2-2 J. Berchem, *Cogliete da le* 1567/15
-2-3+2+2+2-2-2 S. Cornetto, *Devota a te s'* 1581/07
-2-3+2+2+2-2-2 G. D Rognoni, *Ahime che fa* 1600/17
-2-3+2+2+2-2-2 F. Manara, *Lasso mi trov'Am* 1548/08
-2-3+2+2+2-2-2 P. Monte, *Anima dove vai do* 1583/15
-2-3+2+2+2-2-2 P. Monte, *Inviolabil forme* 1591/23
-2-3+2+2+2-2-2 H. Naich, *Gentil almo paes* 1544/17
-2-3+2+2+2-2-2 V. Ruffo, *All'apparir d'un* 1557/25
-2-3+2+2+2-2-2 H. Sabino, *Formo le rose* 1581/11
-2-3+2+2+2-2-2 F. Vecoli, *Tu sostenest'il* 1575/16
-2-3+2+2+2-2-2 C. Veggio, *Se nel leggia r* 1540/19
-2-3+2+2+2-2-2 C. Verdonch, *Un Ape esser* 1594/08
-2-3+2+2+2-2-2 A. Zoilo, *Clori gentil il* 1586/09

-2-3+2+2+2-2+3 Anonymous, *Tutt'il di piang* 1577/08
-2-3+2+2+2-2+3 G. Maio, *Si tu mi sierres* 1519/04

-2-3+2+2+2-2-3 B. Lupacchino, *Qual sventur* 1560/10
-2-3+2+2+2-2-3 A. Padovano, *O felice sare* 1577/07
-2-3+2+2+2-2-3 C. Rore, *Ancor che col part* 1548/08

-2-3+2+2+2-2+4 Anonymous, *Chi non adora qu* 1565/12

-2-3+2+2+2-2+4 R. Montagnana, *Deh hor foss'io* 1558/17
-2-3+2+2+2-2+4 P. Vinci, *La bella pargolet* 1584/11

-2-3+2+2+2+3-2 V. Gallo, *Non si levav'anco* 1598/08
-2-3+2+2+2+3-2 A. Reulx, *Quando io mi volg* 1549/31
-2-3+2+2+2+3-2 C. Rore, *Convien ch'ovunqu* 1568/19

-2-3+2+2+2-3+2 Anonymous, *Che fara tu cor* 1563/06
-2-3+2+2+2-3+2 P. Bellasio, *Alba serena* 1590/15
-2-3+2+2+2-3+2 G. Califano, *Lasciat'hai mo* 1584/07
-2-3+2+2+2-3+2 B. Lupacchino, *Qual sventur* 1560/10
-2-3+2+2+2-3+2 P. Verdelot, *Quando amor* 1533/02

-2-3+2+2+2-3-2 Anonymous, *Se mai vedeste* 1554/28
-2-3+2+2+2-3-2 Anonymous, *Amor che rider* 1595/03
-2-3+2+2+2-3-2 Anonymous, *Se mai vedeste* 1554/28
-2-3+2+2+2-3-2 J. Berchem, *Cogliete da le* 1567/15
-2-3+2+2+2-3-2 G. Califano, *Lasciat'hai mo* 1584/07
-2-3+2+2+2-3-2 G. Gallo, *Liquide perl'orie* 1597/20
-2-3+2+2+2-3-2 J. Modena, *No text.* 1540/22
-2-3+2+2+2-3-2 H. Naich, *Gentil almo paes* 1544/17
-2-3+2+2+2-3-2 G. Nanino, *E se tal'hor aff* 1595/06
-2-3+2+2+2-3-2 N. Pervue, *Pianta gentil ch* 1583/10
-2-3+2+2+2-3-2 G. Renaldi, *Non puote a Di* 1561/13

-2-3+2+2+2-3+3 A. il Verso, *Madonna se gl* 1594/17

-2-3+2+2+2-3+6 F. Viola, *Se da vostr'occh* 1548/08

-2-3+2+2+2+4-2 G. Metallo, *Chi piu se fid* 1577/09

-2-3+2+2+2-4+2 S. Cornetto, *Donna crudel tu* 1581/07
-2-3+2+2+2-4+2 J. Gero, *Piu tempo ho gia* 1541/02
-2-3+2+2+2-4+2 R. Rodio, *So di che poc* 1587/12
-2-3+2+2+2-4+2 V. Ruffo, *Poi ch'el camin* 1557/25
-2-3+2+2+2-4+2 P. Verdelot, *Quando amor* 1533/02

-2-3+2+2+2-4-2 B. Lupacchino, *Qual sventur* 1560/10
-2-3+2+2+2-4-2 N. Parma, *La bella Cacciatr* 1592/12

-2-3+2+2+2-4+3 D. Benedicti, *Lasso me ch'i* 1584/07
-2-3+2+2+2-4+3 G. Nasco, *Et io che sempre* 1559/18
-2-3+2+2+2-4+3 A. Stabile, *D'Amor le rich* 1587/10
-2-3+2+2+2-4+3 A. Striggio, *E s'a buon fi* 1579/02

-2-3+2+2+2-4-3 C. Malvezzi, *Come in un pun* 1583/16
-2-3+2+2+2-4-3 N. Parma, *La bella Cacciatr* 1592/12

-2-3+2+2+2-4+4 L. Agostini, *Ecco'l mio viv* 1572/07
-2-3+2+2+2-4+4 Anonymous, *Se mai vedeste* 1554/28
-2-3+2+2+2-4+4 J. Gero, *Piu tempo ho gia* 1541/02
-2-3+2+2+2-4+4 G. Nanino, *S'a l'amorosa do* 1586/18
-2-3+2+2+2-4+4 M. Romano, *Haggio fin qui* 1570/19

-2-3+2+2+2-4+5 S. Cornetto, *Anchor che co* 1581/07
-2-3+2+2+2-4+5 C. Malvezzi, *Come in un pun* 1583/16
-2-3+2+2+2-4+5 V. Ruffo, *Chiuso gran temp'* 1557/25

-2-3+2+2+2-4-5 A. Stabile, *D'Amor le rich* 1587/10

-2-3+2+2+2-4+6 F. Portinaro, *Non mai piu* 1563/13

-2-3+2+2+2-4+8 J. Gero, *Piu tempo ho gia* 1541/02

-2-3+2+2+2-5+2 F. Manara, *Lasso mi trov'Am* 1548/08
-2-3+2+2+2-5+2 C. Veggio, *Se nel leggia r* 1540/19

-2-3+2+2+2-5+3 G. Nasco, *Et io che sempre* 1559/18

-2-3+2+2+2-5+4 G. Califano, *L'altre maggio* 1584/07
-2-3+2+2+2-5+4 S. Cornetto, *Anchor che co* 1581/07

-2-3+2+2+2-8+5 B. Lupacchino, *Qual sventur* 1560/10

-2-3+2+2+2-8+6 S. Cornetto, *Anchor ch'io* 1581/07

-2-3+2+2-2+2-3 G. Pizzoni, *Et hor che scio* 1582/14

-2-3+2+2-2-2+2 J. Ferelle, *Con le mie man* 1566/10
-2-3+2+2-2-2+2 R. Rodio, *Ne bel vostr'occh* 1587/12
-2-3+2+2-2-2+2 G. Wert, *Donna io men vo* 1568/20

-2-3+2+2-2-2-2 H. Naich, *Gentil almo paes* 1544/17
-2-3+2+2-2-2-2 E. Romano, *O bella man che* 1514/02
-2-3+2+2-2-2-2 A. Zoilo, *Occhi dolci occhi cio* 1582/04

-2-3+2+2-2-2+3 A. Stabile, *La bella bianc* 1593/05

-2-3+2+2-2-2+4 F. Viola, *In picciol tempo* 1548/08

-2-3+2+2-2+4-2 H. Naich, *Gentil almo paes* 1544/17

-2-3+2+2+3+2+2 F. Viola, *In picciol tempo* 1548/08

-2-3+2+2+3-2-2 Anonymous, *Hor va canzona* 1560/12

-2-3+2+2+3-2-5 F. Luprano, *Dolce amoroso* 1505/06

-2-3+2+2+3-3-2 A. Zoilo, *Occhi dolci occhi cio* 1582/04

-2-3+2+2-3-2+3 Anonymous, *O saporito volt* 1565/12

-2-3+2+2-3-2+4 G. Caimo, *Torna torna pensi* 1586/19

-2-3+2+2-3-2+5 M. Jhan, *Quando nascesti am* 1546/19

-2-3+2+2-3+3+2 G. Caimo, *Torna torna pensi* 1586/19
-2-3+2+2-3+3+2 C. Festa, *Nasce fra l'herb* 1558/11

-2-3+2+2-3+3-2 Anonymous, *Hor che'l ciel'* 1577/08
-2-3+2+2-3+3-2 Anonymous, *Lachrime e voi* 1505/05
-2-3+2+2-3+3-2 B. Tromboncino, *Dolermi sem* 1509/02

-2-3+2+2-3-3+2 J. Arcadelt, *Qual mai piu vagh* 1555/31

-2-3+2+2-3+4-2 V. Ruffo, *Chiuso gran temp'* 1557/25

-2-3+2+2-3+4-5 A. Pevernage, *Fra l'altre vir* 1583/15

-2-3+2+2-3+7-2 J. Arcadelt, *Qual mai piu vagh* 1555/31

-2-3+2+2+4-2-2 A. il Verso, *Madonna se gl* 1594/17

-2-3+2+2-4+2+3 Anonymous, *Hor va canzona* 1560/12

-2-3+2+2-4+3-2 G. Palestrina, *Struggomi e mi* 1561/10

-2-3+2+2-4+5-3 R. Rodio, *Ne bel vostr'occh* 1587/12

-2-3+2+2-4-5+2 A. Coma, *Caro dolce mio Amo* 1586/09

-2-3+2+2-5+2-4 V. Ruffo, *Di voi sempre mi* 1554/29

-2-3+2+2-5+3+2 A. Zoilo, *Occhi dolci occhi cio* 1582/04

-2-3+2+2-5+6-2 G. Nasco, *Laura celeste ch* 1559/18

-2-3+2-2+2+2+2 L. Agostini, *Ecco'l mio viv* 1572/07
-2-3+2-2+2+2+2 Anonymous, *Non ha tanti ani* 1583/13
-2-3+2-2+2+2+2 Anonymous, *Tu sei la causa* 1557/19
-2-3+2-2+2+2+2 Anonymous, *Non ha tanti ani* 1583/13
-2-3+2-2+2+2+2 A. Padovano, *Pasce la pecor* 1570/15
-2-3+2-2+2+2+2 M. Rampollini, *Basciami vit* 1562/08
-2-3+2-2+2+2+2 C. Rore, *Lasso che mal acco* 1548/09
-2-3+2-2+2+2+2 A. Stabile, *Io non so come* 1591/12

-2-3+2-2+2+2-2 J. Lulinus, *Hay bella liber* 1514/02
-2-3+2-2+2+2-2 G. Manenti, *Vientene Filli* 1593/04
-2-3+2-2+2+2-2 M. Mazzone, *Amore sia bened* 1570/18
-2-3+2-2+2+2-2 C. Porta, *Hor ch'allegra* 1583/12

-2-3+2-2+2+2+3 C. Ceruti, *Dolce nemica mi* 1585/22

-2-3+2-2+2+2+4 F. Nicoletti, *Caro augellet* 1592/14

-2-3+2-2+2-2+2 P. Stabile, *I miei occhi ma* 1585/32

-2-3+2-2+2-2-2 Anonymous, *Piglia donna un* 1516/02

-2-3+2-2+2-2-3 Anonymous, *O saporito volt* 1565/12

-2-3+2-2+2-8+2 S. Molinaro, *Ma l'hore i gi* 1599/15

-2-3+2+3-2+2-2 A. Gabrieli, *Se mi degnasti* 1589/14

-2-3+2+3-2+2+4 A. Coma, *Come si m'accendet* 1585/22
-2-3+2+3-2+2+4 A. Gabrieli, *Se mi degnasti* 1589/14

-2-3+2+3-2+2-4 S. Lando, *Non e cosa ch'io* 1570/18
-2-3+2+3-2+2-4 Anonymous, *Se ben risguard* 1599/06
-2-3+2+3-2+2-4 S. Ferro, *Non resta in ques* 1510/

-2-3+2+3-2-2+2 Anonymous, *Aprimi amor le* 1544/17
-2-3+2+3-2-2+2 F. Roussel, *Fiamma gentil* 1562/22

-2-3+2+3-2-2-2 Anonymous, *Non mi date torm* 1566/07
-2-3+2+3-2-2-2 Anonymous, *Sapilo certo ca* 1571/07
-2-3+2+3-2-2-2 G. Massarengo, *Io ti promet* 1591/22

-2-3+2+3-2+3+2 A. Zoilo, *Clori gentil il* 1586/09

-2-3+2+3-2-3 A. Martorello, *Quando'l crin* 1547/17

-2-3+2+3-2-3-2 V. Ruffo, *Qual piu scontent* 1557/25

-2-3+2+3-2+4-2 P. Quagliati, *Tra l'asinell* 1585/07

-2-3+2+3+3-2-2 V. Ruffo, *Tanto fu'l tuo fa* 1563/07

-2-3+2+3-3-2-3 Anonymous, *Frena donna i to* 1516/02

-2-3+2+3-4-3+5 M. Montelli, *S'al tuo felic* 1599/06

-2-3+2+3-4+4-3 A. il Verso, *Madonna se gl* 1594/17

-2-3+2-3+2+2-2 G. Antonio, *Io non posso la* 1566/09

-2-3+2-3+2-2+2 Anonymous, *Misero ch'io spe* 1595/03

-2-3+2-3+2-2-2 F. Azzaiolo, *Ben staga tutt* 1557/18
-2-3+2-3+2-2-2 G. Palestrina, *Satio di tor* 1557/24

-2-3+2-3+2-2+4 Anonymous, *Misero ch'io spe* 1595/03

-2-3+2-3+2+3+2 Anonymous, *Gioia et amore* 1598/04
-2-3+2-3+2+3+2 L. Bellanda, *Fu ben la prim* 1599/13

-2-3+2-3+2+3-2 L. Bellanda, *Fu ben la prim* 1599/13

-2-3+2-3+2-3+2 Anonymous, *Spirto del ciel* 1580/06
-2-3+2-3+2-3+2 G. Palestrina, *Posso un gra* 1591/12
-2-3+2-3+2-3+2 F. Soriano, *Lasso non e mor* 1583/12

-2-3+2-3+2+4+2 G. Macque, *O donna gloriosa* 1600/05

-2-3+2-3+2+4-2 G. Palestrina, *Posso un gra* 1591/12

-2-3+2-3-2+2+2 S. d'Aranda, *Quando da gli* 1571/12
-2-3+2-3-2+2+2 J. Gero, *Perche mi fai mori* 1541/02
-2-3+2-3-2+2+2 P. Monte, *Quando da gl'occh* 1583/15
-2-3+2-3-2+2+2 B. Tromboncino, *Si e debile* 1507/03

-2-3+2-3-2+2-2 J. Gero, *Perche mi fai mori* 1541/02

-2-3+2-3-2+2+3 A. Coma, *Come si m'accendet* 1585/22

-2-3+2-3-2+2-4 A. Gabrieli, *Amor senno val* 1562/06

-2-3+2-3-2-3+2 V. Ruffo, *Di voi sempre mi* 1554/29

-2-3+2-3+3+2-5 F. Novelli, *Lungo viver m'* 1599/06

-2-3+2-3+3-2+2 Anonymous, *S'a te signora* 1571/09

-2-3+2-3+3-2+4 A. Willaert, *Gentil copia* 1548/09

-2-3+2-3+3-2+6 A. Willaert, *Gentil copia* 1548/09

-2-3+2-3-3+2-3 G. Anerio, *Capir non puoi* 1599/06

-2-3+2-3+4-2-2 E. Romano, *Di tempo in temp* 1514/02

-2-3+2-3+4-2+3 M. Iacovelli, *Zefiro torn'i* 1588/23

-2-3+2-3+4-5-4 Anonymous, *I vo piangendo* 1595/03

-2-3+2-3+5+2+3 V. Ruffo, *Chiuso gran temp'* 1557/25

-2-3+2-3+8-2-2 F. Vecoli, *Il dolor non m'a* 1575/16

-2-3+2+4+2+2-3 A. Cossuino, *Eolo crudel co* 1569/19

-2-3+2+4-3+2-3 J. Arcadelt, *Giurando'l dis* 1539/24

-2-3+2-4+2+2+2 S. Molinaro, *Ma questo oscuro* 1599/15

-2-3+2-4+2+5+2 S. Molinaro, *Ma questo oscuro* 1599/15

-2-3+2-4+3-3+3 B. Donato, *Tu mi farai morr* 1550/19

-2-3+2-4+4-4+2 V. Ruffo, *Ben mille nott'h* 1594/08

-2-3+2-4+5-2-4 D. Benedicti, *Lasso me ch'i* 1584/07

-2-3+2-4+8-2-2 R. Montagnana, *Deh hor foss'io* 1558/17

-2-3+2-5+2+2-3 S. Lodovi, *Chiara luce me* 1515/02

-2-3+2-5-2+5-5 Anonymous, *Fammi sicuro mi* 1571/07

-2-3+2-5+4-2-3 O. Lasso, *Perch'io veggio* 1588/24

-2-3+2-5+5-2-2 G. Nola, *Quando vi vegg'and* 1570/27

-2-3+2-5+8-2-2 C. Baselli, *Clorinda ard'il* 1600/12

-2-3+2+6-2-2-2 G. Paratico, *Fin che certo* 1588/25

-2-3-2+2+2 C. Rore, *S'egual a la mia* 1591/23

-2-3-2+2+2+2+2 A. Coma, *Ma non han esc* 1585/22

-2-3-2+2+2-2-2 A. Freddi, *Quanto sia il tu* 1598/07

-2-3-2+2+2+3-2 Anonymous, *Leviamo i nostr* 1563/06

-2-3-2+2-2+2+3 M. Cara, *D'ogni altra hari* 1507/03

-2-3-2+2-2+4+2 Anonymous, *La carita e spenta* 1563/06

-2-3-2+2-2+5-3 Anonymous, *Cesaran yamis cl* 1516/02

-2-3-2+2+3+2-4 J. Arcadelt, *Madonna per ol* 1539/24

-2-3-2+2+3-2+2 M. Cara, *Deh non fugir de* 1513/01

-2-3-2+2+3-2-2 F. Soto, *Il pietoso Giesu* 1599/06

-2-3-2+2+3-3+2 B. Iacomini, *Ma per me lass* 1592/15

-2-3-2+2-3+2+3 F. Manara, *O che lieve e'in* 1548/08

-2-3-2+2-3-2+3 B. Donato, *Tutta saressi be* 1550/19

-2-3-2+2+5-4+4 G. Guami, *Volzeve cha Puet* 1564/16

-2-3-2+2+5-5+2 P. Bellasio, *Non son certo* 1595/07

-2-3-2-2+2+2+2 A. Gabrieli, *Da poi che su'* 1566/03
-2-3-2-2+2+2+2 G. Wert, *Lasso che tal non* 1568/20

-2-3-2-2+2+2+4 G. Bonagiunta, *Tu mi rubast* 1566/07

-2-3-2-2+2+2+6 G. Trombetti, *Godi bel Ido* 1583/18

-2-3-2-2+2+3-4 P. Stabile, *Nascan herbett* 1585/32

-2-3-2-2-2+2+3 M. Cara, *O se havesse la mi* 1517/02

-2-3-2-2-2+2-3 G. Massarengo, *Chi si scost* 1591/22

-2-3-2-2-2+3+2 D. Grisonio, *Poi che son* 1568/16

-2-3-2-2+3+2+2 L. Marenzio, *S'a veder voi* 1591/21

-2-3-3+4-5-2+2 O. Lasso, *Ben convenne ma o* 1569/19
-2-3-3+5-3-2+4 F. Portinaro, *Madonna poi ch* 1563/13
-2-3-3+8-3+2-2 B. Tromboncino, *Aqua aqua* 1509/02
-2-3+4+2+2+2+2 P. Vinci, *Quantunque a voi* 1583/19
-2-3+4+2+2-2+2 F. Portinaro, *Ridon in tant* 1563/13
-2-3+4+2+2-3-2 D. Michele, *Sol mirando vor* 1586/09
-2-3+4+2+2-3+4 V. Ruffo, *Ditemi aure tranq* 1555/31
-2-3+4+2+2-4+5 F. Portinaro, *Ridon in tant* 1563/13
-2-3+4+2-2-2-2 P. Bellasio, *Quel dolcissim* 1592/14
-2-3+4+2-2-2+3 C. Merulo, *Che fia dunque* 1568/16
-2-3+4+2+3-2-2 P. Vinci, *Per pianto la mi* 1584/11
-2-3+4+2-3+3+2 E. Bonizzoni, *Son'hoggi al* 1569/25
-2-3+4-2+2-2-3 F. Vecoli, *Amor con nuova* 1575/16
-2-3+4-2+2-4+3 G. Primavera, *Nacque morto* 1585/31
-2-3+4-2-2+2+2 A. Mantovano, *Tintinami la* 1513/01
-2-3+4-2-2+2+2 C. Porta, *Amorose viole ch* 1575/15
-2-3+4-2-2+2+4 G. Gostena, *Vita mia poi ch* 1589/13
-2-3+4-2-2-2+4 J. Persoens, *Ardi dolce Sig* 1570/28
-2-3+4-2-2-3-2 G. Nola, *Quando da voi ma o* 1588/24
-2-3+4-2-2+4-3 Al. Willaert, *Pianza'l Grego* 1564/16
-2-3+4-2-2+6-2 G. Nasco, *Si ch'io mi cred'* 1559/16
-2-3+4-2-3+2-3 V. Ruffo, *Poi ch'el camin* 1557/25
-2-3+4-2-3+3-2 O. Vecchi, *L'antiche miei* 1585/35
-2-3+4-2-3+4+3 B. Tromboncino, *M'ha pur gi* 1505/04
-2-3+4-2+4+2-3 G. D'Arras, *Non ved'un simi* 1570/28
-2-3+4-2+4-3-5 G. D'Arras, *Non ved'un simi* 1570/28
-2-3+4+3-3+3-3 G. Fogliano, *Tua volsi esse* 1515/02
-2-3+4-3+2+2-2 G. Fogliano, *Dunque donna* 1547/16
-2-3+4-3+3-2-2 A. Willaert, *Madonna mia fa* 1548/11
-2-3+4-3+4-2+3 C. Rore, *Ardir senno virtu* 1544/17
-2-3+4-4+2+3-5 J. Persoens, *Nella stagion che* 1570/28
-2-3+4-4+5-2+3 A. Padovano, *Spirto Real po* 1589/06
-2-3+4-4+8-3+2 G. Troiano, *Siatemi guid'An* 1589/07
-2-3+4-5+2+2+2 J. Arcadelt, *Donna per amart* 1540/18
-2-3+4-5+3+2+2 A. Willaert, *Quand'i begli* 1554/28
-2-3+4-5+3+4-3 A. Padovano, *Pasce la pecor* 1570/15
-2-3+4-5+4-2-2 F. Luprano, *Dolce amoroso* 1505/06
-2-3+4-5+4+4-2 P. Vinci, *Quantunque a voi* 1583/19
-2-3+4-5+6-2+2 G. Caimo, *Torna torna pensi* 1586/19
-2-3+4-5+6-2-2 G. Palestrina, *Struggomi e mi* 1561/10
-2-3-4+3+2+2+2 G. Pizzoni, *Misero me in ch* 1582/14
-2-3-4+4-2-2-2 Anonymous, *Ad ogn'hor cresc* 1506/03
-2-3-4+8-5+4+3 G. Primavera, *Nacque morto* 1585/31
-2-3+5+2-2-2-3 Anonymous, *Fortuna desperat* 1504/03
-2-3+5+2-2-2-3 J. Pinaroi, *Fortuna despera* 1504/03
-2-3+5+2-4+2-4 A. Barre, *Deh ferm'amor cos* 1559/18
-2-3+5-2+2+2+2 P. Scotto, *O fallace speran* 1507/04
-2-3+5-2-2-2-2 R. Mel, *Lucida Margherit* 1585/26
-2-3+5-2-3+5-2 H. Chamatero, *Dolci alprest* 1561/13
-2-3+5-2+5-2-8 Anonymous, *De no de si de* 1505/06
-2-3+5+3-2-2-2 O. Lasso, *Come'l candido pi* 1577/07
-2-3+5-3+2-2-2 M. Troiano, *Quando de l'alm* 1569/19
-2-3+5-3+2-4+3 A. Barre, *Sa quest'altier ch* 1559/18
-2-3+5-3+3+2-2 G. Troiano, *Siatemi guid'An* 1589/07
-2-3+5-3+4-3+4 A. Piccini, *Privo in tutto* 1562/06
-2-3+5-5+3+2+3 G. Caimo, *Haime meschino* 1586/19
-2-3+5-5+4-2-3 A. Trombetti, *Qui pria s'as* 1583/18
-2-3+5-5+6-3+2 G. Policretto, *Quest'occhi la r* 1571/09
-2-3-5+2+3-2-2 P. Vinci, *Per pianto la mi* 1584/11
-2-3-5+2+7-2+2 F. Layolle, *Amor la tua vir* 1552/21
-2-3-5+5+2-5 G. Wert, *Tirsi morir volea* 1589/08
-2-3-5+5-5+2+2 Anonymous, *Adio siati ch'i* 1506/03
-2-3-5+8-2-2 R. Vecoli, *La ver l'auror* 1577/10
-2-3-5+8-2-3+2 Anonymous, *Qual gemma orien* 1515/02
-2-3+6-2+2-3-2 S. Cornetto, *O voi ha la be* 1581/07
-2-3+6-2-2+2-3 G. Romano, *Ne piu riveggio* 1569/19
-2-3+6-2-2-2-3 L. Luzzaschi, *Ero cosi dice* 1588/17
-2-3+6-2-3+4-3 F. Viola, *Occhi sopr'al mor* 1548/08
-2-3+6-2-5-3+8 G. Romano, *Ne piu riveggio* 1569/19
-2-3+8-2-2-2-2 G. Coudenno, *Donna la rimem* 1584/11
-2-3+8-2-2-3-2 B. Tromboncino, *Stavasi amo* 1514/02
-2-3+8-2-2+4-2 F. Pigna, *Come vivro lonta* 1589/10
-2+4+2+2+2-4+2 G. Paratico, *Chi d'ogni tem* 1588/25
-2+4+2+2-2-2-2 A. Antiqui, *La insuportabi* 1509/02
-2+4+2+2-2-2-2 A. Gabrieli, *Sassi Palae, S* 1564/16
-2+4+2+2-2-2-2 G. Tasso, *No text.* 1591/19
-2+4+2+2-2-2+3 G. Fogliano, *Amor e questo* 1547/16
-2+4+2+2-2-2-3 G. Belli, *Perche v'allontan* 1592/14
-2+4+2+2-3+2+2 A. Coma, *Donna fu il frutt* 1585/22
-2+4+2+2-3-2+2 C. Merulo, *Che fia dunque* 1568/16
-2+4+2+2-3-2-2 G. Nola, *Datemi pace o dur* 1573/16
-2+4+2+2-3-3-3 B. Roi, *Una bianca cervett* 1582/04
-2+4+2+2-5+3-4 L. Marenzio, *Baci cortesi* 1591/21

-2+4-2-2-2+2-2 P. Quagliati, *Oscur nube* 1585/07
-2+4-2-2-2+2-2 C. Todino, *Non e Amor che* 1566/10
-2+4-2-2-2+2-2 P. Verdelot, *Vita de la mi* 1533/02

-2+4-2-2-2+2+3 Anonymous, *S'io pensassi ai* 1580/06
-2+4-2-2-2+2+3 O. Caccini, *Quel di ch'io* 1585/21
-2+4-2-2-2+2+3 S. Felis, *Non fos Amor m'in* 1583/15
-2+4-2-2-2+2+3 S. Felis, *Non sa s'Amor m'i* 1579/05
-2+4-2-2-2+2+3 L. Marenzio, *S'a veder voi* 1591/21
-2+4-2-2-2+2+3 B. Pallavicino, *Filli tu pe* 1597/13

-2+4-2-2-2+2-3 S. Lando, *Io mi vivea com'A* 1566/09
-2+4-2-2-2+2-3 L. Courtoys, *Pieno d'amoros* 1563/07
-2+4-2-2-2+2-3 G. Pizzoni, *O la o la chi* 1582/14

-2+4-2-2-2+2-4 A. Coma, *Come tutto m'ardet* 1592/12
-2+4-2-2-2+2-4 A. Feliciani, *Ecco vezzos'a* 1586/15
-2+4-2-2-2+2-4 G. Palestrina, *Io son ferit* 1593/05
-2+4-2-2-2+2-4 B. Pallavicino, *Filli tu pe* 1597/13

-2+4-2-2-2+2-5 A. Coma, *Come tutto m'ardet* 1592/12

-2+4-2-2-2-2+2 Nicodemus, *Perche la vit'e* 1560/10
-2+4-2-2-2-2+2 J. Arcadelt, *Lasso che giov* 1539/24
-2+4-2-2-2-2+2 G. Massarengo, *Vorria crude* 1591/22
-2+4-2-2-2-2+2 G. Nasco, *Vivo thesor etern* 1563/07
-2+4-2-2-2-2+2 G. Renaldi, *Misero a che t'* 1569/32
-2+4-2-2-2-2+2 V. Ruffo, *Vagh'aughelletto* 1557/25
-2+4-2-2-2-2+2 H. Spalenza, *Non piu Giove ne* 1599/06
-2+4-2-2-2-2+2 C. Todino, *Non e Amor che* 1566/10
-2+4-2-2-2-2+2 A. Willaert, *Pianget'egri* 1563/07

-2+4-2-2-2-2-2 Anonymous, *Giovanne donna* 1588/24
-2+4-2-2-2-2-2 J. Arcadelt, *Alma mia luce* 1552/21
-2+4-2-2-2-2-2 J. Arcadelt, *Se'l foc'in cu* 1539/24
-2+4-2-2-2-2-2 J. Arcadelt, *Alma mia luce* 1552/21
-2+4-2-2-2-2-2 I. Baccusi, *O nemici piu ch* 1572/09
-2+4-2-2-2-2-2 A. Barges, *L'Amore si m'han* 1550/18
-2+4-2-2-2-2-2 J. Berchem, *Quell'ardente* 1557/16
-2+4-2-2-2-2-2 S. Felis, *Amor dolce pensie* 1579/05
-2+4-2-2-2-2-2 R. Mel, *Mentre ch'io serv* 1599/06
-2+4-2-2-2-2-2 R. Montagnana, *Et io da ch* 1558/17
-2+4-2-2-2-2-2 G. Palestrina, *Poi che la* 1557/24
-2+4-2-2-2-2-2 P. Quagliati, *Giesu de l'al* 1585/07
-2+4-2-2-2-2-2 H. Schaffen, *Non so s'habbi* 1549/31

-2+4-2-2-2-2+3 Nicodemus, *Perche la vit'e* 1560/10
-2+4-2-2-2-2+3 Anonymous, *Lacci e catene* 1599/06
-2+4-2-2-2-2+3 O. Caccini, *Quel di ch'io* 1585/21
-2+4-2-2-2-2+3 B. Tromboncino, *Fate bene* 1507/04
-2+4-2-2-2-2+3 P. Verdelot, *Vita de la mi* 1533/02

-2+4-2-2-2-2-3 S. Molinaro, *Stanco e non* 1599/15
-2+4-2-2-2-2-3 G. Nola, *Datemi pace o dur* 1573/16

-2+4-2-2-2-2+4 R. Mel, *Non e a volerti se* 1585/26

-2+4-2-2-2-2+5 Anonymous, *Io parto ahi fier* 1595/03

-2+4-2-2-2+3+2 Anonymous, *Christo vero huom* 1580/06
-2+4-2-2-2+3+2 C. Porta, *Fammi sentir di* 1557/16

-2+4-2-2-2+3-2 L. Bati, *Filli deh non fugg* 1594/11

-2+4-2-2-2+3-3 H. Sabino, *Danzan le Ninfe* 1588/27

-2+4-2-2-2-3+2 Anonymous, *O dio fammi pass* 1557/19

-2+4-2-2-2-3-2 F. Adriani, *Onde i lumi mag* 1568/12

-2+4-2-2-2+4+2 P. Quagliati, *Tra l'asinell* 1585/07

-2+4-2-2-2+4-2 A. Antiqui, *Senza te sacra* 1508/03
-2+4-2-2-2+4-2 F. Viola, *Lasso s'io trem* 1548/08

-2+4-2-2-2+4-3 O. Lasso, *Voi volete ch'io* 1577/07
-2+4-2-2-2+4-3 F. Adriani, *Onde i lumi mag* 1568/12

-2+4-2-2-2+5-2 G. D Rognoni, *Ahime che fa* 1600/17

-2+4-2-2+3-2-2 Anonymous, *Sospiros no me* 1516/02

-2+4-2-2+3-2-2 A. Crivelli, *Io me n'avvedo* 1589/11
-2+4-2-2+3-2-2 G. Renaldi, *Misero a che t'* 1569/32

-2+4-2-2+3-4+3 P. Vinci, *Nulla posso leva* 1567/24

-2+4-2-2-3+2+2 C. Porta, *Fammi sentir di* 1557/16

-2+4-2-2+4-2-2 Lerma, *Non m'in cresce ma* 1582/08
-2+4-2-2+4-2-2 G. Renaldi, *Poi che l'alto* 1569/32

-2+4-2-2+4-2-3 A. Anvilla, *Queste fur le* 1568/16
-2+4-2-2+4-2-3 G. Renaldi, *Poi che l'alto* 1569/32

-2+4-2-2+4-2+4 G. Renaldi, *Poi che l'alto* 1569/32

-2+4-2-2+4+3-4 G. Renaldi, *Misero a che t'* 1569/32

-2+4-2-2+4-3+2 G. Nanino, *Godeano in Ciel* 1587/10

-2+4-2-2+4-5+2 J. Berchem, *Quell'ardente* 1557/16
-2+4-2-2+4-5+2 N. Pifaro, *Chi dal ciel no* 1505/04

-2+4-2-2-4+2+2 F. Adriani, *Onde i lumi mag* 1568/12

-2+4-2-2-4+8-2 V. Ruffo, *Vagh'aughelletto* 1557/25

-2+4-2-2+5-3+3 Anonymous, *Benedetto chi* 1505/06

-2+4-2+3-2+2-2 G. Nola, *Amor rilieva lo mi* 1566/09

-2+4-2+3-2+2-4 V. Ruffo, *Si che s'io viss* 1563/07

-2+4-2+3-2-2+2 P. Quagliati, *Oscur nube* 1585/07

-2+4-2+3-2-2-2 S. Felis, *Di faville d'amo* 1583/15
-2+4-2+3-2-2-2 G. Primavera, *Se di lunga* 1565/17

-2+4-2+3-4+4-2 L. Bellanda, *O piu rara del* 1599/13

-2+4-2+3-5+4+2 D. Grisonio, *Poi che son* 1568/16

-2+4-2-3+2+2+2 Anonymous, *Occhi non occhi* 1566/07
-2+4-2-3+2+2+2 G. Dragone, *Se dal soave &* 1582/04
-2+4-2-3+2+2+2 G. Ferretti, *Occhi non occh* 1594/08
-2+4-2-3+2+2+2 F. Novelli, *Lasso che fia* 1599/06
-2+4-2-3+2+2+2 V. Ruffo, *Vagh'aughelletto* 1557/25

-2+4-2-3+2+2-2 G. Dragone, *Se dal soave &* 1582/04

-2+4-2-3+2+2-3 J. Berchem, *Quell'ardente* 1557/16
-2+4-2-3+2+2-3 J. Gero, *Lasso s'in un sol* 1541/02

-2+4-2-3+2-2 Anonymous, *Son pur congiont* 1505/06

-2+4-2-3+2-2+2 G. Paratico, *E quest' e la* 1588/25

-2+4-2-3+2-2-2 J. Berchem, *Aspro cor'e sel* 1561/15
-2+4-2-3+2-2-2 J. Gero, *Lasso s'in un sol* 1541/02

-2+4-2-3+2-2-3 G. Dragone, *Se dal soave &* 1582/04

-2+4-2-3+2-2+4 G. Policretto, *Mi sono inna* 1571/09

-2+4-2-3+2+3-3 M. Romano, *Haggio fin qui* 1570/19

-2+4-2-3+2-3+2 G. Metallo, *Hor come vogli* 1577/09

-2+4-2-3+2+6-2 O. Caccini, *Di perle e di* 1585/21

-2+4-2-3-2-2+2 G. Nasco, *Quando nascesti* 1559/16

-2+4-2-3-2-2+6 B. Roi, *Al mormorar della* 1600/13

-2+4-2-3-2+4+2 L. Bati, *Tirsi che sola te* 1594/11

-2+4-2-3+3-2-2 B. Roi, *D'eh l'altra sera* 1566/10
-2+4-2-3+3-2-2 G. Nanino, *Onde spieghin su* 1595/06
-2+4-2-3+3-2-2 B. Roi, *D'eh l'altra sera* 1566/10

-2+4-2-3+3-2+4 J. Arcadelt, *Io vo piangend* 1554/28

-2-4-3+2+2+4-3 Anonymous, *Gionti siam ala* 1509/02
-2-4+4+2-2+2+2 Anonymous, *Ne forza d'acqu* 1571/07
-2-4+4+3+2-2-4 G. Pizzoni, *Se de la vita* 1582/14
-2-4+4-3+2-2+4 A. Willaert, *Sospiri miei* 1548/11
-2-4+4-3-2+2+2 Anonymous, *Ridendo mormoro* 1595/03
-2-4+4-4+3-3+2 G. Violanti, *O saette d'amo* 1583/14
-2-4+4-4+5+4-5 H. Waelrant, *Vorria morire* 1594/08
-2-4+4-8+2+2-3 F. Luprano, *De paesi oltram* 1509/02
-2-4+5+2+2+3-3 P. Verdelot, *Affliti spirt* 1533/02
-2-4+5-2-3+4+2 G. Califano, *O del mio navi* 1584/07
-2-4+5+3-4+5-4 Ivo de Vento, *Oscur'abisso mis* 1569/19
-2-4+5-3+2-3+2 G. Ferretti, *Dolc'amorose* 1589/08
-2-4+5-3+2-3+2 O. Lasso, *Et in sembiante* 1559/23
-2-4+5-3-2+2+2 C. Veggio, *Isabellin dolc'a* 1540/19
-2-4+5+4-2-2-2 H. Sabino, *Hor ritorni il* 1583/14
-2-4+5+4-3+2-3 M. Cara, *Ecco colui che m'a* 1517/02
-2-4+5-4+2+5-2 L. Mira, *Donna crudel se'l* 1591/23
-2-4+5-4+3-3+4 J. Berchem, *Aspro cor'e sel* 1561/15
-2-4+5-4+3+4-4 P. Parma, *Cosi volete voi* 1562/15
-2-4+5-4+4+2-3 V. Alexandrino, *Sia vil a gl* 1559/18
-2-4+5-5+8-4+5 P. Philipps, *Ditemi o diva* 1594/07
-2-4+6-2+2-2-3 G. Romano, *Ne piu riveggio* 1569/19
-2-4+7-3-2+2-3 B. Tromboncino, *Per quella* 1508/03
-2-4+8-2-2-2+4 S. d'Aranda, *Poi ch'el mio* 1571/12
-2+5+2+2-2-2-2 B. Tromboncino, *Debb'io spe* 1513/01
-2+5+2-2-2-2+2 G. Anerio, *Odor ch'india o* 1599/06
-2+5+2-5+2+4-3 C. Rore, *Beato me direi se* 1557/24
-2+5-2+2-2+4-2 L. Agostini, *L'occhi le mani* 1572/07
-2+5-2+2-2+4-3 S. Gonzaga, *E poi ch'el cie* 1562/15
-2+5-2-2+2+2-5 G. Nola, *Si ben voltasse l'* 1566/10
-2+5-2-2-2+2+2 B. Tromboncino, *Io so ben* 1513/01
-2+5-2-2-2+4-2 F. Viola, *Lasso s'io trem* 1548/08
-2+5-2-2+4-2-2 G. Brocco, *Lieta e l'alma* 1505/04
-2+5-2-3-2+2+2 A. Stringari, *Datime pace* 1514/02
-2+5-3+2+2-4-3 F. Luprano, *Donna contra* 1505/05
-2+5-3+3-2-4-2 O. Lasso, *Vostro fui, vostr* 1559/23
-2+5-4+2+2+2+2 A. Antiqui, *Non tardar o di* 1509/02
-2+5-4+2-2-2+2 A. Striggio, *Io per langui* 1591/23
-2+5-4-2+2-3+2 J. Berchem, *Aspro cor'e sel* 1561/15
-2+5-4+5-2-3+3 O. Lasso, *Io son si stanco* 1559/23
-2+5-5+4-3+4-5 M. Cara, *Questa speme e un* 1507/04
-2+5-5+4-5+2-3 R. Vecoli, *Filli dhe non fu* 1577/10
-2+5-5+5-4+4+3 Anonymous, *Lassa el cieco* 1505/05
-2+5-8+2+2+6-4 G. Maio, *Io non posso piu* 1519/04
-2-5+2+2+2+2+2 T. Angelio, *Se le stelle e* 1585/21
-2-5+2+2+2+2+2 B. Pallavicino, *Arsi piansi* 1596/16
-2-5+2+2+2-2-2 A. Gabrieli, *Ben possono* 1579/02
-2-5+2+2+2+3-3 G. Guami, *Miser'hoime chi* 1569/19
-2-5+2+2+2-3+4 B. Spontone, *Ove che pos* 1570/15
-2-5+2+2-2+4-2 B. Tromboncino, *Amor quando* 1516/02
-2-5+2+2+3-6+6 F. Azzaiolo, *D'in su'l verd* 1569/24
-2-5+2+2-3+2-2 H. Sabino, *Morto che'l vag* 1581/11
-2-5+2+2-5+8-3 B. Pallavicino, *Quando beni* 1583/14
-2-5+2+3+2+2-3 A. Striggio, *S'io t'ho feri* 1593/05
-2-5+2+3-2-2+5 P. Scotto, *Rotto ho al fin* 1507/03
-2-5+2+3-5+8-2 G. Palestrina, *Posso un gra* 1591/12
-2-5+2+4-2-3-2 B. Tromboncino, *Amor che vuo* 1510/
-2-5+2+8-2-3-2 Anonymous, *Ad ogn'hor cresc* 1506/03
-2-5-2-2+2-2+8 P. Verdelot, *Non sia ch'io* 1544/16
-2-5+3+2+2-4+2 A. Trombetti, *Freno Tirsi* 1586/21
-2-5+3+2-2+4+2 S. Venturi, *Bella Ninfa gen* 1598/14
-2-5+3+2-3+4-8 O. Antinori, *Servo haime se* 1506/03
-2-5+3+5-2+2-2 B. Tromboncino, *Poi ch'io va* 1507/03
-2-5-3+8-2-3+2 P. Vinci, *Oime terra e fatt* 1564/20
-2-5+4+2-2+3-3 C. Rore, *Padre del ciel dop* 1544/17
-2-5+4-2+2+2+2 F. Londariti, *Trenta capill* 1565/12
-2-5+4-2+3 G. Mosto, *Ecco s'in questi* 1578/
-2-5+4-2+3 G. Mosto, *Ecco s'in questi* 1578/22
-2-5+4+3-2-2-4 C. Montemayor, *Il tuo bel sol* 1599/06
-2-5+4-3+2+2-2 G. Rognoni, *Strinsem'il pet* 1600/17
-2-5+4-3+2-3+2 G. Caimo, *Torna torna pensi* 1586/19
-2-5+4-3+2+4-6 G. Coudenno, *Et se ben la* 1584/11
-2-5+4-5+5-2-2 P. Vinci, *Sappi signor che* 1583/15
-2-5-4+8-3+5-5 P. Monte, *Ohime deh perch'a* 1568/13
-2-5+5+2+2-3+3 Anonymous, *Piangete occhi* 1505/04
-2-5+5+2-2-2-2 B. Donato, *Quattro Dee ch'e* 1550/19
-2-5+5+2-2-2-2 B. Donato, *Vergin Dea, che'* 1600/05
-2-5+5+2-3+2+3 R. Giovanelli, *Non son risa* 1598/08
-2-5+5+2-4+2-2 F. Azzaiolo, *Mille gentil* 1559/19
-2-5+5+2-4-3+5 F. Azzaiolo, *Da l'horto se* 1557/18
-2-5+5+2-4+4-4 A. Martorello, *Cosi cocente* 1547/17
-2-5+5+2-4-5+8 F. Azzaiolo, *Quando la ser* 1557/18
-2-5+5+2-5+2-5 F. Azzaiolo, *E me levai d'u* 1557/18
-2-5+5+2-5+2-5 H. Sabino, *Quando con mill* 1588/27

+3+2+2-3+2-3+2 Anonymous, *Donna gentil* 1557/16
+3+2+2-3+2-3+2 S. Felis, *Nova belta somma* 1593/04

+3+2+2-3+2-3-2 A. Gabrieli, *Tirsi morir vo* 1587/16

+3+2+2-3+2+4-2 P. Monte, *Io son si vago* 1593/05

+3+2+2-3+2-4+2 Anonymous, *Seria il mio ser* 1510/
+3+2+2-3+2-4+2 Anonymous, *Maria vergine be* 1563/06
+3+2+2-3+2-4+2 J. Arcadelt, *In me sol regn* 1544/16

+3+2+2-3+2-4+4 J. Arcadelt, *In me sol regn* 1544/16

+3+2+2-3+2-4+5 B. Roi, *Al suo apparir* 1589/07
+3+2+2-3+2-4+5 G. Renaldi, *Io vivo di dolo* 1569/32
+3+2+2-3+2-4+5 B. Roi, *Al suo apparir* 1589/07
+3+2+2-3+2-4+5 A. Stabile, *Vaneggio od'e* 1587/10

+3+2+2-3+2-4-5 A. Trombetti, *Affrettati be* 1583/18

+3+2+2-3+2-4+8 A. Stabile, *Qual vaga pasto* 1582/04

+3+2+2-3-2+2+2 M. Cara, *Ave maria gratia* 1508/03
+3+2+2-3-2+2+2 G. Hassler, *Chi vuol veder* 1597/13
+3+2+2-3-2+2+2 R. Montagnana, *Quando la se* 1558/17
+3+2+2-3-2+2+2 P. Parma, *I cari bac'ond'i* 1562/15
+3+2+2-3-2+2+2 B. Tromboncino, *Ave maria* 1508/03

+3+2+2-3-2+2-2 G. Fogliano, *Amor e so che* 1547/16

+3+2+2-3-2+2+3 C. Acci, *Chi vuol veder l'A* 1585/35
+3+2+2-3-2+2+3 G. Rognoni, *Nel foco de vostr* 1600/17

+3+2+2-3-2+2-3 R. Montagnana, *Quando la se* 1558/17

+3+2+2-3-2-2+2 B. Tromboncino, *Quando lo* 1514/02

+3+2+2-3-2-2-2 Anonymous, *Piglia donna un* 1516/02
+3+2+2-3-2-2-2 P. Isnardi, *Cari leggia ri* 1583/10
+3+2+2-3-2-2-2 C. Porta, *Giato cacomu tard* 1564/16
+3+2+2-3-2-2-2 G. Renaldi, *Si dolce m'e la* 1569/32
+3+2+2-3-2-2-2 F. Saloni, *Come faro cor mi* 1589/10

+3+2+2-3-2-2+3 G. Renaldi, *Si dolce m'e la* 1569/32

+3+2+2-3-2-2-4 F. Nicoletti, *Volete voi mi* 1592/14

+3+2+2-3-2-2+5 R. Barera, *Ero cosi dice* 1588/17
+3+2+2-3-2-2+5 F. Vecoli, *Fu breve la sper* 1575/16

+3+2+2-3-2-2-5 G. Ferretti, *Nasce la gioi* 1583/14
+3+2+2-3-2-2-5 G. Renaldi, *Dal freddo cor* 1569/32

+3+2+2-3-2+3-2 Anonymous, *Chi mai udi tal* 1598/04
+3+2+2-3-2+3-2 Anonymous, *Signor la tua me* 1598/04
+3+2+2-3-2+3-2 F. Roussel, *Ben ho del car* 1559/16
+3+2+2-3-2+3-2 F. Viola, *Si vaga pastorell* 1548/08

+3+2+2-3-2+4+2 G. Boni, *Sta notte mi sogna* 1589/10
+3+2+2-3-2+4+2 G. Tasso, *No text.* 1591/19

+3+2+2-3-2+4-2 Anonymous, *Amor che deggio* 1583/15
+3+2+2-3-2+4-2 D. Ferabosco, *Vergin che de* 1600/05

+3+2+2-3-2-4+2 C. Acci, *Chi vuol veder l'A* 1585/35

+3+2+2-3-2+5-2 G. Tasso, *No text.* 1591/19

+3+2+2-3-2-5+3 P. Verdelot, *Ben che'l mise* 1533/02

+3+2+2-3-2-5+4 C. Porta, *Hor ch'allegra* 1583/12

+3+2+2-3-2-5+8 G. Rognoni, *Nel foco de vostr* 1600/17

+3+2+2-3+3-2-2 G. Renaldi, *Vaghi leggia r* 1569/32

+3+2+2-3+3-2-3 G. Mosto, *Harebbe o Leonor* 1578/22
+3+2+2-3+3-2-3 G. Renaldi, *Si dolcemente* 1569/32

+3+2+2-3+3-3+2 Anonymous, *Lascio la glori* 1583/04

+3+2+2-3+3-5+5 R. Mel, *Sorgea l'Aurora* 1585/26

+3+2+2-3+3-8+8 R. Mel, *Sorgea l'Aurora* 1585/26

+3+2+2-3-3+2-2 F. Vecoli, *Quel ch'io divenn* 1575/16

+3+2+2-3-3-2-2 L. Bati, *Gia viss'io press* 1594/11

+3+2+2-3-3+3-2 R. Montagnana, *Io non hebb* 1558/17

+3+2+2-3-3+6-2 G. Passetto, *Voltate in qua* 1552/23

+3+2+2-3+4+2-4 Anonymous, *Tornando avanti* 1583/13

+3+2+2-3+4-2+2 Anonymous, *Donna gentil* 1557/16
+3+2+2-3+4-2+2 H. Chamatero, *Amor io son* 1561/13
+3+2+2-3+4-2+2 M. Tosoni, *Press'una verde* 1586/10

+3+2+2-3+4-2-2 R. Rodio, *Occhi ond'a mill* 1587/12
+3+2+2-3+4-2-2 R. Vecoli, *Se la fiamm've* 1577/10
+3+2+2-3+4-2-2 P. Verdelot, *Quando nascest* 1546/19

+3+2+2-3+4-2+3 F. Roussel, *Celeste d'amor* 1561/10
+3+2+2-3+4-2+3 B. Tromboncino, *Voi gentil* 1520/07

+3+2+2-3+4-2+4 F. Manara, *Il fiero passo* 1548/08

+3+2+2-3+4-2-5 J. Modena, *No text.* 1540/22
+3+2+2-3+4-2-5 R. Rodio, *Occhi ond'a mill* 1587/12
+3+2+2-3+4-2-5 H. Sabino, *Non ha tante her* 1588/27
+3+2+2-3+4-2-5 M. Tosoni, *Press'una verde* 1586/10

+3+2+2+4-2+2+2 C. Rore, *Fontana di dolore* 1557/24

+3+2+2+4-2-2-2 G. Hassler, *Chi vuol veder* 1597/13

+3+2+2+4-3+2-3 F. Anerio, *Al tremolar de* 1595/06

+3+2+2+4-3-2-3 H. Sabino, *Dunque seguendo'* 1581/11

+3+2+2-4+2+2+2 G. Fogliano, *Miser chi in* 1547/16
+3+2+2-4+2+2+2 C. Malvezzi, *Tal che ben sc* 1586/07

+3+2+2-4+2+2-5 V. Ruffo, *Vergine santa d'o* 1555/31

+3+2+2-4+2-2+2 J. Arcadelt, *Se'l volto don* 1552/21

+3+2+2-4+2-2-2 G. Severino, *Aventuroso piu* 1564/20

+3+2+2-4+2-2+4 R. Mel, *Sorgea l'Aurora* 1585/26

+3+2+2-4-2+2+2 H. Sabino, *Dunque seguendo'* 1581/11

+3+2+2-4-2+3-2 O. Lasso, *Nasce'in me dunqu* 1559/23

+3+2+2-4-2+4+2 G. Severino, *Aventuroso piu* 1564/20

+3+2+2-4-2+4-2 B. Donato, *Gloriosa felic'alma* 1550/19

+3+2+2-4+3+2+2 F. Bonardo, *Son stato cacci* 1565/12
+3+2+2-4+3+2+2 G. Nola, *Fuggit'amor o voi* 1570/27

+3+2+2-4-3+2+2 J. Arcadelt, *Se'l volto don* 1552/21

+3+2+2-4-3-2-2 G. Hassler, *Chi vuol veder* 1597/13

+3+2+2-4+4-2+2 J. Arcadelt, *Se'l volto don* 1552/21
+3+2+2-4+4-2+2 A. Trombetti, *Quel di che'* 1583/18

+3+2+2-4+4+3-2 G. Fogliano, *Amor e so che* 1547/16

+3+2+2-4+4-3-3 B. Donato, *S'haver altrui* 1548/09

+3+2+2-4+6+2+2 A. Cossuino, *Eolo crudel co* 1569/19

+3+2+2-5+2+2+2 G. Lochenburgho, *Piangete* 1559/16
+3+2+2-5+2+2+2 L. Marenzio, *Alzate oltra* 1583/10
+3+2+2-5+2+2+2 L. Marenzio, *Alzate novo la* 1589/08
+3+2+2-5+2+2+2 L. Marenzio, *Alzate oltra* 1583/10
+3+2+2-5+2+2+2 L. Marenzio, *Alzate novo la* 1589/08
+3+2+2-5+2+2+2 B. Tromboncino, *Non temo* 1505/05

+3+2+2-5+2-2+3 G. Severino, *Aventuroso piu* 1564/20

+3+2+2-5+2+3-2 G. Hassler, *Chi vuol veder* 1597/13

+3+2+2-5+2+3-4 A. Stringari, *Non piu saett* 1514/02

+3+2+2-5-2+2-2 P. Vinci, *Nel bianco apert* 1584/11

+3+2+2-5-2+2-3 Anonymous, *Io vo gridando* 1598/04

+3+2+2-5-2+2-3 B. Tromboncino, *Poi che vol* 1505/04

+3+2+2-5-2+2-4 G. Caimo, *Occhi leggia ri* 1586/19

+3+2+2-5-2-2-2 P. Verdelot, *Non sia ch'io* 1544/16

+3+2+2-5+3+2+2 J. Arcadelt, *Hor ved'amor* 1539/24

+3+2+2-5+3+2+2 G. Gallo, *Udite Amant'il be* 1597/20

+3+2+2-5+3+2+2 M. Varotto, *Dialogo a* 101586/19

+3+2+2-5+3+2-2 Anonymous, *Piglia donna un* 1516/02

+3+2+2-5+3-2-2 G. Lochenburgho, *Quel si grav* 1588/24

+3+2+2-5+3-2-2 C. Malvezzi, *Tal che ben sc* 1586/07

+3+2+2-5+3-2-2 C. Rore, *Com'havran fin le* 1548/08

+3+2+2-5+3+3-2 A. Spontoni, *Vaghi fiorett* 1582/14

+3+2+2-5-3-2+6 P. Vinci, *Queste mie note* 1567/24

+3+2+2-5-3+8-4 P. Vinci, *Quantunque a voi* 1583/19

+3+2+2-5+4+2-3 G. Belli, *Rosa d'amo* 1598/10

+3+2+2-5+4-2+2 P. Isnardi, *Va sconosciuto* 1590/15

+3+2+2-5+4-2-2 A. Barre, *Foco son di desio da* 1562/08

+3+2+2-5+4-2-2 S. Rossetto, *Madonn'al mio* 1568/13

+3+2+2-5+4+3+2 Anonymous, *I miei pensieri* 1583/13

+3+2+2-5+4+3-2 R. Montagnana, *Quando la se* 1558/17

+3+2+2-5+4-3+4 N. Brocco, *Me levava una ma* 1517/02

+3+2+2-5-4+3+2 G. Palestrina, *Il tempo vol* 1568/19

+3+2+2-5-4+5+4 P. Vinci, *Quantunque a voi* 1583/19

+3+2+2-5+5+2+2 A. Spontoni, *Vaghi fiorett* 1582/14

+3+2+2-5+5+2-3 B. Tromboncino, *Non temo* 1505/05

+3+2+2-5+5-2+2 C. Malvezzi, *O cameretta ch* 1583/16

+3+2+2-5+5-2-2 G. Ferretti, *Nasce la gioi* 1583/14

+3+2+2-5+5-2-2 F. Patavino, *Un cavalier* 1526/06

+3+2+2-5+5-2+3 G. Califano, *Port'il buon* 1584/07

+3+2+2-5+5-3+2 C. Malvezzi, *La vita fugge* 1583/16

+3+2+2-5+5-3-3 S. Cornetto, *O del chiar'Ar* 1581/07

+3+2+2-5-5+3+2 Anonymous, *I miei pensieri* 1583/13

+3+2+2-5-5+3+2 P. Isnardi, *Va sconosciuto* 1590/15

+3+2+2-5+6-2-2 R. Montagnana, *Quando la se* 1558/17

+3+2+2-5+8-2-2 Anonymous, *Venisti alfin ve* 1598/04

+3+2+2-5+8-2-2 Anonymous, *Tutta gentile* 1589/11

+3+2+2-5+8-2-2 J. Arcadelt, *Se'l volto don* 1552/21

+3+2+2-5+8-2-2 P. Bellasio, *Donna nel vost* 1591/12

+3+2+2-5+8-2-2 G. Nasco, *Chi vuol veder'a* 1554/28

+3+2+2-5+8-2-2 G. Paratico, *Fin che certo* 1588/25

+3+2+2-5+8-3+3 H. Sabino, *Dunque seguendo'* 1581/11

+3+2+2-5+8-4+2 S. d'Aranda, *Per monte e se* 1571/12

+3+2+2-5+8-4-3 S. d'Aranda, *Per monte e se* 1571/12

+3+2+2-6+2+2+2 P. Monte, *Caro pegno del ci* 1577/07

+3+2+2-8-2+3-2 G. Ferretti, *Nasce la gioi* 1583/14

+3+2+2-8+3+2+2 T. Boldon, *Volse Giove sape* 1598/07

+3+2+2-8+3+2+2 G. Gallo, *Udite Amant'il be* 1597/20

+3+2+2-8+3+2+2 B. Lupacchino, *All'assalir* 1561/11

+3+2+2-8+4-4+3 C. Porta, *Giato cacomu tard* 1564/16

+3+2-2+2+2+2-2 P. Monte, *Poi che'l mio lar* 1583/15

+3+2-2+2+2+2-3 G. Nasco, *Io non sapeva gi* 1568/19

+3+2-2+2+2+2-3 P. Vecoli, *Almo Signor e ch* 1581/12

+3+2-2+2+2+2+4 C. Veggio, *Errai madonna,* 1540/19

+3+2-2+2+2-2+2 B. Roi, *Tornan gl'augelli* 1573/16

+3+2-2+2+2-2+2 C. Ardesi, *Hor che vedere* 1597/19

+3+2-2+2+2-2-2 T. Fabrianese, *Miser chi mal* 1549/31

+3+2-2+2+2-2-2 L. Marenzio, *Perche l'una e* 1591/21

+3+2-2+2+2-2+4 C. Perissone, *O perverso d'* 1547/14

+3+2-2+2+2+3-2 J. Persoens, *Dolce de la mi* 1570/28

+3+2-2+2+2+4-3 L. Vecchi, *Fallace ardir* 1590/13

+3+2-2+2+2-5+2 G. Nola, *In te i secreti su* 1573/16

+3+2-2+2+2-5+4 G. Fogliano, *Vergine sant'a* 1547/16

+3+2-2+2-2+2-2 F. Ana, *Se per humidita d'* 1505/05

+3+2-2+2-2-2-3 A. Gabrieli, *Del gran Tuona* 1587/16

+3+2-2+2-2-2+4 R. Vecoli, *Degni i begli oc* 1577/10

+3+2-2+2-2-3+2 S. d'Aranda, *D'angosciosi* 1571/12

+3+2-2+2-2-3+2 G. Dragone, *Qual pena e qua* 1589/07

+3+2-2+2-2-3+2 G. Dragone, *O bel viso legg* 1599/06

+3+2-2+2-2-3+2 G. Dragone, *Qual pena e qua* 1589/07

+3+2-2+2-2-3+2 G. Dragone, *O bel viso legg* 1599/06

+3+2-2+2-2-3+2 G. Dragone, *Qual pena e qua* 1589/07

+3+2-2+2-2+4-3 Anonymous, *Come assettata* 1598/04

+3+2-2+2-2-4+4 A. Gabrieli, *Del gran Tuona* 1587/16

+3+2-2+2-2-4+4 B. Tromboncino, *Cresce la* 1507/03

+3+2-2+2+3-2+2 C. Schietti, *Ben posso dir* 1568/12

+3+2-2+2-3+2+2 J. Arcadelt, *Deh fuggite* 1552/21

+3+2-2+2-3+2-3 V. Alexandrino, *Sia vil a gl* 1559/18

+3+2-2+2-3-2-2 C. Monteverdi, *La giovinett* 1597/13

+3+2-2+2-3-2+3 A. Barges, *La mi galina quand* 1550/18

+3+2-2+2-3+3-2 S. Felis, *In questa vall* 1585/23

+3+2-2+2-4+5+2 R. Vecoli, *Degni i begli oc* 1577/10

+3+2-2+2+5-2-2 F. Mosto, *Poch'e signor pas* 1575/11

+3+2-2+2-5+2+2 C. Perissone, *S'el ciel don* 1547/14

+3+2-2+2-5+3-2 P. Monte, *Piangi mi dic'ho* 1568/12

+3+2-2+2-5+3-2 V. Ruffo, *Vergine sant'Imma* 1563/07

+3+2-2+2-6+4-2 R. Montagnana, *Rispond'io all* 1558/17

+3+2-2-2+2+2+2 Anonymous, *Vergine degna d'* 1580/06

+3+2-2-2+2+2-2 A. Savioli, *Bacciai ma che* 1600/16

+3+2-2-2+2+2-3 G. Guami, *Gravi pene in amo* 1562/06

+3+2-2-2+2-2-2 G. Dragone, *Pastor li tuoi* 1588/22
+3+2-2-2+2-2-2 R. Vecoli, *E se gli avien ch* 1577/10

+3+2-2-2+2+3-2 R. Montagnana, *Ove sete ma* 1558/17

+3+2-2-2+2-3+2 S. Felis, *Almen vedete da* 1579/05
+3+2-2-2+2-3+2 P. Monte, *Tal'hor tace la* 1585/18
+3+2-2-2+2-3+2 G. Nanino, *Credete voi che* 1586/18
+3+2-2-2+2-3+2 F. Portinaro, *Come a raggi* 1563/13
+3+2-2-2+2-3+2 R. Rodio, *Fiorite valli'ame* 1570/18

+3+2-2-2+2-3-2 E. Bonizzoni, *Anchor che vi* 1569/25

+3+2-2-2+2-3+3 Yvo de Vento, *Mille lacciuo* 1569/19
+3+2-2-2+2-3+3 R. Rodio, *Fiorite valli'ame* 1570/18

+3+2-2-2+2-3+4 A. Willaert, *Un giorno mi* 1548/11

+3+2-2-2+2-5+2 A. il Verso, *Passa la nave* 1594/17

+3+2-2-2-2+2+2 Anonymous, *Amor ch'in terr* 1563/06
+3+2-2-2-2+2+2 M. Cancino, *A Dio Filli mi* 1590/21
+3+2-2-2-2+2+2 G. Contino, *Ardo nel ghiacc* 1562/06
+3+2-2-2-2+2+2 L. Marenzio, *Perche adopra* 1583/12
+3+2-2-2-2+2+2 D. Nicolo, *Salve croce unic* 1508/03
+3+2-2-2-2+2+2 G. Palestrina, *Rapace'ingord* 1557/24

+3+2-2-2-2+2-2 Anonymous, *Due cos'al mond* 1565/12

+3+2-2-2-2+2-3 E. Bonizzoni, *Oime dolce be* 1569/25

+3+2-2-2-2-2+2 Anonymous, *Due cos'al mond* 1565/12
+3+2-2-2-2-2+2 A. Capriolo, *Non si vedra* 1507/03
+3+2-2-2-2-2+2 G. Nola, *Tosto ch'il sol* 1557/17
+3+2-2-2-2-2+2 M. Pesenti, *So ben che lei* 1513/01
+3+2-2-2-2-2+2 A. Senese, *Noi siamo galeot* 1515/02
+3+2-2-2-2-2+2 C. Verdonch, *A che piu strali* 1594/07

+3+2-2-2-2-2-2 Anonymous, *Benedetta la sor* 1583/13
+3+2-2-2-2-2-2 Anonymous, *Horsu correr vog* 1506/03
+3+2-2-2-2-2-2 Anonymous, *Benedetta la sor* 1583/13
+3+2-2-2-2-2-2 G. Palestrina, *Hor che la* 1568/16

+3+2-2-2-2-2-3 F. Bruno, *Son le ris'avicen* 1598/08
+3+2-2-2-2-2-3 P. Vinci, *Nel bianco apert* 1584/11

+3+2-2-2-2+3+2 P. Verdelot, *Se lieta, e gr* 1533/02

+3+2-2-2-2+3-2 A. Willaert, *O bene mio fa* 1548/11

+3+2-2-2-2+3-3 G. Mosto, *Io mi son giovine* 1579/02

+3+2-2-2-2-3+2 A. il Verso, *Passa la nave* 1594/17

+3+2-2-2-2+4+2 C. Ceruti, *Caro dolce mio A* 1585/22
+3+2-2-2-2+4+2 O. Colombano, *Fatto il mesto* 1588/18

+3+2-2-2-2+4-2 A. Antico, *De chi potra pi* 1513/01
+3+2-2-2-2+4-2 G. Nola, *Amor m'ha fatto di* 1570/27

+3+2-2-2-2+5-3 A. il Verso, *Passa la nave* 1594/17

+3+2-2-2-2+5+4 F. Martini, *Mentre piu coc* 1599/06

+3+2-2-2-2-5+5 F. Martini, *Mentre piu coc* 1599/06

+3+2-2-2-2+6-3 C. Ceruti, *Caro dolce mio A* 1585/22

+3+2-2-2+3+2+2 P. Monte, *Tirsi morir vole* 1589/08

+3+2-2-2+3+2-3 P. Vinci, *Nel bianco apert* 1584/11

+3+2-2-2+3-2+3 L. Balbi, *O chiara dolce de* 1570/23

+3+2-2-2-3+2-4 B. Roi, *Al mormorar della* 1600/13

+3+2-2-2-4+2+2 Fra Ruffin, *Non finsi mai* 1526/06

+3+2-2-2-4+3-3 G. Scotto, *Amor sia benedet* 1571/11

+3+2-2-2-4+7-3 P. Monte, *Poi che'l mio lar* 1583/15

+3+2-2-2-5+4-2 P. Vinci, *Laura mia sara* 1567/24

+3+2-2+3+2+2-2 C. Perissone, *Giunto m'ha* 1546/19

+3+2-2+3+2-2-2 G. Zarlino, *Oime m'inganno* 1562/06
+3+2-2+3+2-2-2 A. Zoilo, *Della sua insegn* 1586/07

+3+2-2+3+2-3+2 A. Gabrieli, *Non ti sdegnar* 1593/04

+3+2-2+3-2+2-5 A. Gabrieli, *Cinto m'havea* 1594/08

+3+2-2+3-2-2+2 C. Merulo, *Il dolc'aspetto* 1562/06

+3+2-2+3-2-2-2 A. Senese, *El mostrarsi lie* 1515/02
+3+2-2+3-2-2-2 F. Soriano, *Perle e rubini* 1590/15

+3+2-2+3-2-3+2 Anonymous, *Al mio crudo par* 1595/03

+3+2-2+3-2-5+5 M. Varotto, *Qual fatto qua* 1586/19

+3+2-2+3-3+2-2 Anonymous, *Basciami vita mi* 1560/13

+3+2-2+3-4+4+2 H. Chamatero, *S'un miracol* 1561/13

+3+2-2+3-5+3+2 H. Chamatero, *S'un miracol* 1561/13

+3+2-2+3-6+4-2 A. il Verso, *Passa la nave* 1594/17

+3+2-2-3+2+2-2 Anonymous, *Ahi lasso me ch'* 1554/28
+3+2-2-3+2+2-2 S. Baldis, *Guerra guerra ce* 1574/06
+3+2-2-3+2+2-2 O. Lasso, *Vivo sol di spera* 1588/24
+3+2-2-3+2+2-2 P. Parma, *Cosi volete voi* 1562/15

+3+2-2-3+2-2-9 P. Vinci, *Costei volgendo* 1564/20

+3+2-2-3+2-2-2 Anonymous, *Bella che tieni* 1560/13

+3+2-2-3+2-3-2 F. Ana, *Gli ochi toi m'acc* 1505/03

+3+2-2-3+2-5-2 S. Venturi, *Duro dunque mor* 1598/14

+3+2-2-3+2-5+5 A. Gabrieli, *Del gran Tuona* 1587/16

+3+2-2-3-2+2+2 F. Portinaro, *Come vagh'aug* 1563/13
+3+2-2-3-2+2+2 A. Senese, *Se fixo miri el* 1515/02

+3+2-2-3-2+2-2 A. Pevernage, *Cesar gentil* 1583/14

+3+2-2-3-2+2-3 B. Roi, *Gia torn'a rallegr* 1573/16

+3+2-2-3-2-2-2 C. Rore, *L'incostantia che* 1548/08

+3+2-2-3-2+5-2 F. Lasso, *Ardo si ma non t'* 1585/17

+3+2-2-3+3+2+2 J. Arcadelt, *Madonna per ol* 1539/24
+3+2-2-3+3+2+2 G. Fogliano, *Madonna hor ch* 1547/16

+3+2-2-3+3+2-2 Anonymous, *Lauda sion salva* 1508/03
+3+2-2-3+3+2-2 G. Ferretti, *Pascomi sol* 1594/08

+3+2-2-3+3-2-2 Caldarino, *Anchor che co'l* 1559/19
+3+2-2-3+3-2-2 F. Ana, *Gli ochi toi m'acc* 1505/03
+3+2-2-3+3-2-2 G. Primavera, *Quel che nel* 1585/31
+3+2-2-3+3-2-2 P. Verdelot, *Se mai provast* 1533/02

+3+2-2-3-3+3-2 C. Rore, *Vergine pura d'ogn* 1548/09

+3+2-2-3+4-2-2 F. Lasso, *Ardo si ma non t'* 1585/17

+3+2-2-3+5-2+2 C. Rore, *Cantai mentre ch'i* 1585/18

+3+2-2-3-5+5-4 L. Marenzio, *Gia le muse* 1591/21

+3+2-2+4-2+2-3 C. Porta, *Bench'inarno i gr* 1567/16

+3+2-2+4-2-2+2 L. Marenzio, *Lucida perla* 1597/13

+3+2-2+4-2-2-2 Anonymous, *Ave Regina cel* 1563/06
+3+2-2+4-2-2-2 G. Nanino, *Erano i capei d'* 1585/18

+3-2+2+2+2-2-2 M. Carrara, *Le fiamme acces* 1586/09
+3-2+2+2+2-2-2 G. Fiesco, *No fo di tal bel* 1564/16
+3-2+2+2+2-2-2 G. Gabrieli, *Da quei begl'o* 1589/14
+3-2+2+2+2-2-2 M. Ingegneri, *Mirat occhi* 1579/02
+3-2+2+2+2-2-2 L. Marenzio, *Cantate Ninfe* 1589/08
+3-2+2+2+2-2-2 A. Martorello, *Chi potra ma* 1547/17
+3-2+2+2+2-2-2 S. Molinaro, *Cantiam Muse* 1599/15
+3-2+2+2+2-2-2 F. Ramesini, *Si spesso Cint* 1592/12
+3-2+2+2+2-2-2 H. Sabino, *Due vaghe pastor* 1588/27
+3-2+2+2+2-2-2 A. Trombetti, *Si caro e deg* 1586/21
+3-2+2+2+2-2-2 P. Verdelot, *Con l'angelic* 1533/02
+3-2+2+2+2-2-2 G. Wert, *Qui dove nacque ch* 1577/07

+3-2+2+2+2-2+3 M. Iacovelli, *Olimpia il ci* 1588/23

+3-2+2+2+2-2-3 Anonymous, *Christi donna pe* 1515/02
+3-2+2+2+2-2-3 F. Corteccia, *Non so per qu* 1552/21
+3-2+2+2+2-2-3 P. Verdelot, *Quanto sia lie* 1533/02

+3-2+2+2+2-2+4 C. Malvezzi, *Che faro dunqu* 1583/16

+3-2+2+2+2+3 G. Nasco, *Io non sapeva gi* 1568/19

+3-2+2+2+2+3+2 C. Rore, *Mentre la prima mi* 1557/24

+3-2+2+2+2+3-2 G. Primavera, *Ciancia per* 1569/31
+3-2+2+2+2+3-2 B. Tromboncino, *Chi se po* 1520/07
+3-2+2+2+2+3-2 P. Verdelot, *Quanto sia lie* 1533/02

+3-2+2+2+2+3-5 P. Vinci, *E poi che'l fren* 1567/24

+3-2+2+2+2-3+2 Anonymous, *I mi trovo Gies* 1563/06
+3-2+2+2+2-3+2 G. Moro, *Questa pura Seren* 1585/28
+3-2+2+2+2-3+2 G. Palestrina, *Da l'empia* 1557/24
+3-2+2+2+2-3+2 G. Policretto, *L'altr'hier* 1571/09
+3-2+2+2+2-3+2 G. Verona, *Et prego che din* 1563/07

+3-2+2+2+2-3-2 H. Chamatero, *Gioisce all'a* 1569/26
+3-2+2+2+2-3-2 G. Fogliano, *Amor e questo* 1547/16
+3-2+2+2+2-3-2 M. Iacovelli, *Olimpia il ci* 1588/23
+3-2+2+2+2-3-2 L. Marenzio, *Baci amorosi* 1591/21
+3-2+2+2+2-3-2 F. Pigna, *Si vaga e si gent* 1589/10
+3-2+2+2+2-3-2 A. Striggio, *Cosi le sue sp* 1579/02

+3-2+2+2+2-3+3 H. Chamatero, *Gioisce all'a* 1569/26

+3-2+2+2+2-3-3 G. D'Arras, *Non ved'un simi* 1570/28

+3-2+2+2+2+4-2 P. Monte, *Leggiadre Ninfe* 1583/15

+3-2+2+2+2+4-3 G. D'Arras, *Non ved'un simi* 1570/28

+3-2+2+2+2-4+2 Anonymous, *Quanto e dolc'i* 1583/13
+3-2+2+2+2-4+2 Anonymous, *O salutaris osti* 1508/03
+3-2+2+2+2-4+2 Anonymous, *Quanto e dolc'i* 1583/13
+3-2+2+2+2-4+2 M. Iacovelli, *Olimpia il ci* 1588/23
+3-2+2+2+2-4+2 L. Mira, *Al fiammeggiar de* 1592/15

+3-2+2+2+2-4+3 F. Ramesini, *Si spesso Cint* 1592/12

+3-2+2+2+2-4+4 P. Vinci, *E poi che'l fren* 1567/24

+3-2+2+2+2-4+6 C. Rore, *Ancor che col part* 1548/08

+3-2+2+2+2-5+2 A. Morsolino, *Ero cosi dice* 1588/17
+3-2+2+2+2-5+2 G. Nanino, *Bastava il chiar* 1586/18

+3-2+2+2+2-5-2 G. Rossi, *Donna l'ardente* 1560/10

+3-2+2+2+2-5+3 G. Asola, *In questa carne* 1598/06
+3-2+2+2+2-5+3 J. Berchem, *Cogliete da le* 1567/15
+3-2+2+2+2-5+3 M. Ingegneri, *Mirat occhi* 1579/02
+3-2+2+2+2-5+3 G. Rossi, *Donna l'ardente* 1560/10

+3-2+2+2+2-5+4 G. Asola, *In questa carne* 1598/06
+3-2+2+2+2-5+4 H. Chamatero, *Gioisce all'a* 1569/26

+3-2+2+2+2-5+5 G. Coudenno, *Donna la rimem* 1584/11

+3-2+2+2+2-5+8 G. Rossi, *Donna l'ardente* 1560/10

+3-2+2+2+2-8+2 L. Marenzio, *Che fa hoggi* 1585/18

+3-2+2+2+2-8+4 V. Ruffo, *Treccie di bei cr* 1557/25

+3-2+2+2-2+2-3 Anonymous, *Crudel voi lo se* 1567/17

+3-2+2+2-2+2-4 J. Matelart, *S'amor crudel'irat* 1558/13

+3-2+2+2-2-2+2 F. Laudis, *Et se ti credi* 1575/11
+3-2+2+2-2-2+2 Anonymous, *Noi v'habbia don* 1544/22
+3-2+2+2-2-2+2 Anonymous, *La pastorella mi* 1560/12
+3-2+2+2-2-2+2 Anonymous, *Noi v'habbia don* 1544/22
+3-2+2+2-2-2+2 Anonymous, *Occhi leggia ri* 1560/12
+3-2+2+2-2-2+2 Anonymous, *La pastorella mi* 1560/12
+3-2+2+2-2-2+2 Anonymous, *Io seria del mi* 1570/21
+3-2+2+2-2-2+2 Anonymous, *Noi v'habbia don* 1544/22
+3-2+2+2-2-2+2 Anonymous, *Occhi leggia ri* 1560/12
+3-2+2+2-2-2+2 Anonymous, *Io seria del mi* 1570/21
+3-2+2+2-2-2+2 G. Nola, *Pensai piu d'ogni* 1570/18
+3-2+2+2-2-2+2 A. Trombetti, *Al tuo dolce* 1583/18

+3-2+2+2-2-2-2 G. Cremona, *Di color mill'* 1569/19
+3-2+2+2-2-2-2 Anonymous, *Amor che deggio* 1583/15
+3-2+2+2-2-2-2 Anonymous, *Io seria del mi* 1570/21
+3-2+2+2-2-2-2 Anonymous, *Amor che deggio* 1583/15
+3-2+2+2-2-2-2 Anonymous, *Io seria del mi* 1570/21
+3-2+2+2-2-2-2 M. Cara, *Se gli'l dico che* 1520/07
+3-2+2+2-2-2-2 S. Felis, *Mentre piang* 1579/05
+3-2+2+2-2-2-2 D. Ferabosco, *Vergin che de* 1600/05
+3-2+2+2-2-2-2 G. Gostena, *Signor che pur* 1589/13
+3-2+2+2-2-2-2 R. Lasso, *Ardo si ma non t'* 1585/17
+3-2+2+2-2-2-2 G. Nanino, *Se voi sete il* 1589/06
+3-2+2+2-2-2-2 A. Striggio, *E s'a buon fi* 1579/02
+3-2+2+2-2-2-2 G. Verona, *Ampia viva forna* 1563/07

+3-2+2+2-2-2+3 G. Dragone, *Se del fedel se* 1588/22

+3-2+2+2-2-2-3 A. Trombetti, *Quel di che'* 1583/18

+3-2+2+2-2+3-2 H. Chamatero, *I piu soavi* 1569/26

+3-2+2+2-2-3+2 G. Cremona, *Di color mill'* 1569/19
+3-2+2+2-2-3+2 C. Lambardi, *O man che stri* 1600/13
+3-2+2+2-2-3+2 C. Rore, *Da l'estrem'orizont* 1568/19
+3-2+2+2-2-3+2 P. Santini, *Hor eccoti Laur* 1600/05

+3-2+2+2-2-3-2 P. Santini, *Hor eccoti Laur* 1600/05

+3-2+2+2-2-3+3 G. Dragone, *Se del fedel se* 1588/22
+3-2+2+2-2-3+3 R. Lasso, *Ardo si ma non t'* 1585/17

+3-2+2+2-2+4-2 P. Nenna, *E dicesi ch'ingio* 1582/12

+3-2+2+2-2-5+3 R. Lasso, *Ardo si ma non t'* 1585/17

+3-2+2+2+3-2-5 V. Ruffo, *Deh spargi o miser* 1563/07

+3-2+2+2-3+2+2 F. Adriani, *Gia la vaga sor* 1568/12

+3-2+2+2-3+2+4 G. Primavera, *L'alba risona* 1565/17

+3-2+2+2-3+2-4 Anonymous, *O inextimabilis* 1508/03

+3-2+2+2-3-2+2 Anonymous, *Io che tropp'alt* 1571/07
+3-2+2+2-3-2+2 M. Cancino, *Madonna Sua mer* 1590/21
+3-2+2+2-3-2+2 F. Soto, *Perche non mi cons* 1599/06

+3-2+2+2-3-2-2 O. Antinori, *Se un pone un* 1514/02

+3-2+2+2-3-2+3 R. Rodio, *S'A voi fosse si* 1587/12
+3-2+2+2-3-2+3 F. Soto, *Perche non mi cons* 1599/06

+3-2+2+2-3-2+4 G. Gostena, *Signor che pur* 1589/13

+3-2+2+2-3+4+2 C. Rore, *S'egual a la mia* 1591/23

+3-2+2+2-3+4-2 G. Ferretti, *Basciami vita* 1594/08
+3-2+2+2-3+4-2 C. Lambardi, *O man che stri* 1600/13

+3-2+2+2-3+6-3 P. Bellasio, *Tacete bella Don* 1595/07

+3-2+2+2-4+2+2 R. Rodio, *S'A voi fosse si* 1587/12
+3-2+2+2-4+2-2 Anonymous, *Alletandomi amo* 1570/15
+3-2+2+2-4+2+3 Anonymous, *Alletandomi amo* 1570/15
+3-2+2+2-4-2+2 H. Sabino, *I vo piangendo* 1581/11
+3-2+2+2-4-2-2 B. Pallavicino, *Non mirar* 1596/16
+3-2+2+2-4+3+2 L. Bati, *Ben sei Tirinto mi* 1594/11
+3-2+2+2-4+3+2 S. Felis, *Infelici occhi mi* 1585/23
+3-2+2+2-4+3-2 B. Pallavicino, *Non mirar* 1596/16
+3-2+2+2-4-3+2 P. Stabile, *Quant'era megl'* 1585/31
+3-2+2+2-4-3-3 L. Courtoys, *Donna gloria* 1580/10
+3-2+2+2-4-4+4 V. Ruffo, *Deh spargi o miser* 1563/07
+3-2+2+2-4+5-2 S. Felis, *Infelici occhi mi* 1585/23
+3-2+2+2-4+5-2 B. Pallavicino, *Non mirar* 1596/16
+3-2+2+2-5+2+2 G. Nanino, *Se voi sete il* 1589/06
+3-2+2+2-5+2+5 G. Primavera, *Ciancia per* 1569/31
+3-2+2+2-5+4-3 G. Nola, *O verde amena apri* 1561/10
+3-2+2+2-5+5-2 P. Vinci, *Pon fren'al gran* 1564/20
+3-2+2-2+2+2+2 Anonymous, *Fa pur l'amor co* 1571/07
+3-2+2-2+2+2+2 V. Ruffo, *Vergine sant'Imma* 1563/07
+3-2+2-2+2+2-2 Anonymous, *Se scior se ved'* 1570/19
+3-2+2-2+2+2-3 G. Primavera, *Questa donna* 1565/17
+3-2+2-2+2-2+2 G. Primavera, *La pena del* 1569/31
+3-2+2-2+2-2-2 Anonymous, *Dammi no bascio* 1570/21
+3-2+2-2+2-2-2 H. Morsolino, *Son pur quei* 1594/15
+3-2+2-2+2-2-2 M. Pesenti, *Trista e noios* 1504/04
+3-2+2-2+2-2-2 C. Rore, *Ove'l silentio che* 1557/24
+3-2+2-2+2-2+4 G. Fogliano, *Amor e questo* 1547/16
+3-2+2-2+2+3-2 Anonymous, *Tantum ergo sacr* 1508/03
+3-2+2-2+2+3-2 G. Capuano, *Amor tu che po* 1574/06
+3-2+2-2+2+3-2 R. Giovanelli, *Che puoi tu* 1583/12
+3-2+2-2+2-3+5 M. Cara, *Gli e pur gionto* 1504/04
+3-2+2-2-2+2+2 H. Naich, *Dolce ire dolci* 1544/17
+3-2+2-2-2+2+2 C. Rore, *Mia benigna fortun* 1557/24
+3-2+2-2-2+2+2 P. Verdelot, *La bella man* 1533/02
+3-2+2-2-2+2-2 O. Lasso, *Io ho piu tempo* 1575/11
+3-2+2-2-2+2-2 Anonymous, *Soccoretemi horm* 1586/19
+3-2+2-2-2+2-2 O. Lasso, *Come non conosch'* 1561/10
+3-2+2-2-2+2-2 A. Romano, *Vergin ch'in que* 1599/06
+3-2+2-2-2+2-2 G. Wert, *Donna de la real* 1568/20
+3-2+2-2-2+2-2 A. Willaert, *O bene mio fa famm* 1548/11
+3-2+2-2-2+2+3 A. Coma, *Donna voi sete gia* 1585/22
+3-2+2-2-2+2+4 G. Wert, *I vostri dipartir* 1568/20
+3-2+2-2-2-2+2 Anonymous, *Gionto d'amor* 1516/02
+3-2+2-2-2-2+2 Anonymous, *Un temp'ogn'hor* 1566/09
+3-2+2-2-2-2+2 G. Arpa, *Un temp'ogn'hor pi* 1565/17
+3-2+2-2-2-2+2 O. Caccini, *Per cittade pe* 1585/21
+3-2+2-2-2-2+2 F. Gherardini, *Donna come* 1585/24
+3-2+2-2-2-2+2 J. Lulinus, *Rendete amanti* 1514/02
+3-2+2-2-2-2+2 G. Primavera, *Miracolo non* 1565/17
+3-2+2-2-2-2+2 B. Tromboncino, *Troppo e am* 1505/04
+3-2+2-2-2-2+2 G. Wert, *Talhor parmi la lu* 1568/20
+3-2+2-2-2-2-2 V. Ruffo, *Occhi miei ch'a* 1557/25
+3-2+2-2-2-2+3 Anonymous, *Amo na Donna, &* 1562/10
+3-2+2-2-2-2-3 A. Willaert, *Se la gratia* 1548/09
+3-2+2-2-2+3-2 G. Ferretti, *Come poss'io* 1589/08
+3-2+2-2-2+3-3 A. il Verso, *Pace grid'l mi* 1594/17
+3-2+2-2-2+3-3 D. Nicolo, *Ben sera crudel* 1508/03
+3-2+2-2-2-3+5 A. Padovano, *Et io da che* 1561/15
+3-2+2-2-2-4+2 J. Peetrino, *Ardenti miei* 1589/11
+3-2+2-2-2-5+2 G. Primavera, *Nacque morto* 1585/31
+3-2+2-2-2-8+5 G. Wert, *I vostri dipartir* 1568/20
+3-2+2-2+3-2-2 G. Nanino, *Da bei vostr'occ* 1586/18
+3-2+2-2+3-2-3 C. Malvezzi, *I tuoi capelli* 1583/16
+3-2+2-2-3+2+2 G. Ferretti, *Come poss'io* 1589/08
+3-2+2-2-5+3+3 P. Vinci, *Con lei foss'io* 1583/19
+3-2+2+3-2+2+2 F. Laudis, *Et se ti credi* 1575/11
+3-2+2+3-2+2-3 B. Tromboncino, *Se a un tu* 1505/04
+3-2+2+3-2-2+2 E. Bonizzoni, *Chi vede mai* 1569/25
+3-2+2+3-2-2-2 M. Carrara, *Le fiamme acces* 1586/09
+3-2+2+3-2-2-2 G. Wert, *Donna de la real* 1568/20
+3-2+2+3-2-3+2 B. Roi, *Tornan gl'augelli* 1573/16
+3-2+2+3+3-2+2 G. Renaldi, *Non vedi amore ch* 1589/10
+3-2+2+3-3-2-2 H. Naich, *Rara belta divin* 1544/16
+3-2+2+3-5+4+2 S. Rossetto, *Madonn'al mio* 1568/13
+3-2+2-3+2+2+2 Anonymous, *Ierusalem letare* 1563/06
+3-2+2-3+2+2+2 L. Marenzio, *Freno Tirsi* 1585/18
+3-2+2-3+2+2+2 P. Vinci, *Si dolce e d'ama* 1584/11
+3-2+2-3+2+2-2 Anonymous, *Quiss'occhi e qu* 1567/17
+3-2+2-3+2+2-2 M. Cancino, *Dal di e'l lett* 1590/21
+3-2+2-3+2+2-2 S. Gatto, *Perche lontana* 1569/19
+3-2+2-3+2+2-3 A. Morari, *Sara pur forz'u* 1575/11
+3-2+2-3+2-2+2 G. Nasco, *Io vorrei pur lod* 1561/16
+3-2+2-3+2-2-2 G. Nanino, *Ben so ch'acerb* 1599/06
+3-2+2-3+2-2+3 Anonymous, *Donna fra l'altr* 1559/16
+3-2+2-3+2-2+3 M. Iacovelli, *Io voglio pia* 1588/23
+3-2+2-3+2-3+2 G. Fogliano, *Fuggite pur fu* 1547/16
+3-2+2-3-2+2+2 G. Nola, *Occhi miei ch'al* 1566/10
+3-2+2-3-2+2+2 P. Vinci, *Pon fren'al gran* 1564/20
+3-2+2-3-2+2-2 Anonymous, *Gia fu chi m'heb* 1583/15
+3-2+2-3-2+2-2 Anonymous, *Io son venuto pe* 1560/12
+3-2+2-3-2+2-2 Anonymous, *Gia fu chi m'heb* 1583/15
+3-2+2-3-2+2+3 G. Manenti, *Se pensand'al* 1583/15
+3-2+2-3-2+2+3 P. Vinci, *Chi non sa che ch* 1583/19
+3-2+2-3-2-2+2 A. Pevernage, *O come e gra* 1594/07
+3-2+2-3-2-2-2 A. Gabrieli, *Mentre io vi* 1589/14
+3-2+2-3-2-2-2 H. Sabino, *I vo piangendo* 1581/11
+3-2+2-3-2+3+2 Anonymous, *Risguard'anima* 1580/06
+3-2+2-3-2+3+2 A. Gabrieli, *Onde gran temp* 1583/12
+3-2+2-3-2-3+3 P. Vinci, *Da me son fatti* 1584/11

+3-2+2-3-2-4+5 Anonymous, *Gia fu chi m'heb* 1583/15

+3-2+2-3-2+5-3 B. Donato, *S'una fede amoro* 1548/09

+3-2+2-3+3-2+2 N. Roiccerandet, *Occhi miei las* 1566/10

+3-2+2-3+3-2-2 O. Caccini, *Per cittade pe* 1585/21

+3-2+2-3+3-4+2 A. Willaert, *Mentr'al bel lett* 1548/09

+3-2+2-3+3-4+8 A. Willaert, *Mentr'al bel lett* 1548/09

+3-2+2-3+3-5+2 A. Senese, *El mostrarsi lie* 1515/02

+3-2+2-3-3+2-3 O. Lasso, *Chiara fontana* 1559/23

+3-2+2-3-3-2+3 N. Pifaro, *Dapoi che cusi* 1507/04

+3-2+2-3-3+3+2 F. Viola, *Voi provedete Amo* 1548/08

+3-2+2-3+4-2+2 G. Nola, *O verde amena apri* 1561/10

+3-2+2-3+4-2-2 L. Bati, *Qui con si dolce* 1594/11
+3-2+2-3+4-2-2 G. Contino, *O chiaro nodo* 1562/06
+3-2+2-3+4-2-2 O. Vecchi, *Guerriera mia Co* 1585/35

+3-2+2-3+4-4+3 P. Vinci, *Chi non sa che ch* 1583/19

+3-2+2-3+4-4+5 P. Vinci, *Chi non sa che ch* 1583/19

+3-2+2-3-4+2-4 A. Gabrieli, *Mentre io vi* 1589/14

+3-2+2-3+5+2-2 C. Rore, *Amore che t'ho fatta* 1565/18

+3-2+2-3+5-3-2 V. Raimondo, *Tu'l sai mio* 1568/16

+3-2+2-3+5-5+3 F. Viola, *O quante volt'avi* 1548/08

+3-2+2-4+2+2+3 M. Cara, *Se per chieder mer* 1507/04

+3-2+2-4+2-2+2 C. Rore, *Quest'affanato mi* 151565/18

+3-2+2-4+2-2-2 G. Antiquis, *Voria per art* 1574/06
+3-2+2-4+2-2-2 M. Effrem, *Perche non m'am* 1574/06
+3-2+2-4+2-2-2 B. Pallavicino, *Rispose egl* 1596/16
+3-2+2-4+2-2-2 C. Rore, *Ma pur te sperar* 1568/19

+3-2+2-4+2-2+4 Anonymous, *O mia infelice* 1505/05

+3-2+2-4+2-3+2 Anonymous, *O mater dei e ho* 1508/03

+3-2+2-4+2-4+6 A. Stringari, *Al foco al fo* 1514/02

+3-2+2-4+3-2+2 F. Anerio, *Il giovenil mio* 1594/07

+3-2+2-4+3-3+4 S. d'Aranda, *S'honest'amor* 1571/12

+3-2+2-4+4-2-2 G. Contino, *Dolce mio ben* 1549/31

+3-2+2-4+6-2-4 P. Vecoli, *Poiche'l mio lar* 1581/12

+3-2+2-5+4-3+4 P. Vinci, *Ella si tac'e di* 1567/24

+3-2+2-5+5-5+4 Anonymous, *Crudel voi lo se* 1567/17

+3-2-2+2+2+2 C. Rore, *Cantiamo lieti il* 1544/17

+3-2-2+2+2+2+2 Anonymous, *Se fosse aime* 1566/07
+3-2-2+2+2+2+2 P. Bellasio, *S'humano foco* 1595/07
+3-2-2+2+2+2+2 M. Cancino, *Canzon di sera* 1590/21
+3-2-2+2+2+2+2 A. Coma, *Canta il candid* 1585/22
+3-2-2+2+2+2+2 G. Marinis, *S'in mez'al foc* 1596/13
+3-2-2+2+2+2+2 A. Marien, *Amor e'l ver fu* 1584/09A
+3-2-2+2+2+2+2 G. Marinis, *S'in mez'al foc* 1596/13
+3-2-2+2+2+2+2 A. Marien, *Amor e'l ver fu* 1584/09A
+3-2-2+2+2+2+2 G. Nanino, *Da bei vostr'occ* 1586/18
+3-2-2+2+2+2+2 M. Pesenti, *Dal lecto me le* 1504/04
+3-2-2+2+2+2+2 C. Porta, *Aguaglia la spera* 1557/16
+3-2-2+2+2+2+2 F. Vecoli, *Danzavan con man* 1577/10

+3-2-2+2+2+2-2 Nollet, *Quant'in mill'ann* 1546/19

+3-2-2+2+2+2-2 Anonymous, *Se scior se ved'* 1570/19
+3-2-2+2+2+2-2 P. Bellasio, *S'humano foco* 1595/07
+3-2-2+2+2+2-2 G. Belli, *In due corone io* 1598/06
+3-2-2+2+2+2-2 S. Felis, *Al vostro dolce* 1583/14
+3-2-2+2+2+2-2 J. Gero, *Madonna alla mia* 1541/14
+3-2-2+2+2+2-2 O. Lasso, *Perch'io veggio* 1588/24
+3-2-2+2+2+2-2 G. Nanino, *Non era l'andar* 1583/15

+3-2-2+2+2+2-3 C. Perissone, *Ma chi penso* 1547/14
+3-2-2+2+2+2-3 H. Sabino, *Et secca o gran* 1594/08

+3-2-2+2+2+2-4 B. Roi, *Mille fiate o dolc* 1573/16
+3-2-2+2+2+2-4 Anonymous, *Mille fiate o do* 1594/07
+3-2-2+2+2+2-4 A. Willaert, *Se'l veder voi* 1561/11

+3-2-2+2+2+2-8 J. Arcadelt, *Col pensier ma* 1539/24

+3-2-2+2+2-2+2 S. Felis, *Humano e gentil* 1579/05
+3-2-2+2+2-2+2 C. Merulo, *Cor mio senza ce* 1564/16
+3-2-2+2+2-2+2 G. Wert, *Donna de la real* 1568/20

+3-2-2+2+2-2-2 A. Barges, *Lacciat'all fene* 1550/18
+3-2-2+2+2-2-2 G. Caimo, *Haime meschino* 1586/19
+3-2-2+2+2-2-2 G. Dragone, *Per uscir di ma* 1586/09
+3-2-2+2+2-2-2 O. Lasso, *Solo n'andro col* 1569/19
+3-2-2+2+2-2-2 P. Monte, *Crudel aspro dolo* 1597/13
+3-2-2+2+2-2-2 H. Naich, *Spargi fiamma d'a* 1544/16
+3-2-2+2+2-2-2 G. Wert, *Quei pianti quiei* 1568/20

+3-2-2+2+2-2-3 C. Rore, *Ivi'l parlar che* 1548/09

+3-2-2+2+2-2+4 A. il Verso, *Che fai alma* 1594/17

+3-2-2+2+2+3-2 G. Capuano, *Amor tu che po* 1574/06
+3-2-2+2+2+3-2 F. Meo, *Sa ch'io v'amo v'a* 1570/19

+3-2-2+2+2-3+2 G. Marinis, *S'in mez'al foc* 1596/13
+3-2-2+2+2-3+2 A. Marien, *Tu vedrai Itali* 1584/09A
+3-2-2+2+2-3+2 G. Marinis, *S'in mez'al foc* 1596/13
+3-2-2+2+2-3+2 A. Marien, *Tu vedrai Itali* 1584/09A
+3-2-2+2+2-3+2 P. Verdelot, *Divini occhi* 1533/02

+3-2-2+2+2-3-2 Anonymous, *Se cerch'il tuo* 1580/06

+3-2-2+2+2-3+3 A. il Verso, *Pace grid'l mi* 1594/17

+3-2-2+2+2-3+4 S. Felis, *Non fos Amor m'in* 1583/15
+3-2-2+2+2-3+4 H. Naich, *I soventi martir* 1544/17

+3-2-2+2+2-4+4 S. Felis, *Tirsi al pastor* 1583/14

+3-2-2+2+2-5+3 Anonymous, *Pace hormai su* 1505/03

+3-2-2+2+2-5+4 G. Primavera, *Ecco la notte* 1585/31

+3-2-2+2-2+2+2 Anonymous, *Vergine dolc'e* 1599/06

+3-2-2+2-2+2-3 L. Bati, *Rallenta Filli ohi* 1594/11

+3-2-2+2-2-2+2 Anonymous, *Disperato fin* 1505/06
+3-2-2+2-2-2+2 G. Contino, *Dolce mio ben* 1549/31
+3-2-2+2-2-2+2 A. Trombetti, *Qui dunque anch* 1583/18
+3-2-2+2-2-2+2 P. Vecoli, *Poiche'l mio lar* 1581/12
+3-2-2+2-2-2+2 D. Vicentino, *Huomin'e Dei* 1558/17
+3-2-2+2-2-2+2 P. Virchi, *A Dio Titiro dis* 1586/10

+3-2-2+2-2-2-2 G. Belli, *All'aura d'un dol* 1598/10
+3-2-2+2-2-2-2 B. Donato, *Ho na doglia ne* 1550/19
+3-2-2+2-2-2-2 A. Gabrieli, *Si che s'io vi* 1587/16
+3-2-2+2-2-2-2 C. Merulo, *La mia spietata* 1579/02
+3-2-2+2-2-2-2 S. Rossetto, *Cosi noiand'i* 1568/13
+3-2-2+2-2-2-2 B. Tromboncino, *Chi non sa* 1506/03

+3-2-2+2-2-2-3 A. Barre, *Non e pena maggio* 1559/18
+3-2-2+2-2-2-3 S. Felis, *L'onde de miei pe* 1579/05

+3-2-2+2-2-2+4 G. Nasco, *Hor che sara di* 1563/07

+3-2-2+2-2+3-2 M. Mazzone, *Amor m'ha disfidat* 1570/18
+3-2-2+2-2+3-2 H. Morsolino, *Son pur quei* 1594/15

+3-2-2+2-2-3-2 Anonymous, *Popule meus qui* 1508/03

+3-2-2+2-2-3-3 G. Gastoldi, *Miracol'in nat* 1583/14

+3-2-2+2-2+4+2 G. Caimo, *Con tue lusinghe* 1586/19

+3-2-2+2-2+4-2 G. Caimo, *Con tue lusinghe* 1586/19
+3-2-2+2-2+4-2 M. Cara, *O mia cieca e dur* 1504/04
+3-2-2+2-2+4-2 C. Rore, *Qualhor rivolgo* 1568/19

+3-2-2+2-2+4-3 B. Spontone, *Vegni vu Caval* 1564/16

+3-2-2+2-2-4+2 G. Ancina, *Angel dal Ciel* 1599/06

+3-2-2+2-2+5-2 Anonymous, *El cor che ben* 1505/05

+3-2-2+2-2+5-3 Anonymous, *Ave del mare ste* 1599/06

+3-2-2+2-2-5+2 G. Fogliano, *Chi vol canta* 1547/16
+3-2-2+2-2-5+2 P. Vinci, *Quel foc'e morto* 1564/20

+3-2-2+2+3+2-2 A. Willaert, *Dulce padrun* 1564/16

+3-2-2+2+3+2-3 A. Perugino, *Quando tal ho* 1570/19

+3-2-2+2+3-2+2 G. Bonagiunta, *Tu mi rubast* 1566/07
+3-2-2+2+3-2+2 P. Verdelot, *Madonna qual* 1533/02

+3-2-2+2+3-2-2 Anonymous, *Odo Fanciul che* 1598/04
+3-2-2+2+3-2-2 A. Barre, *Poi che per te co* 1555/27
+3-2-2+2+3-2-2 P. Bellasio, *E poich'egli* 1595/07

+3-2-2+2-3+2+2 Anonymous, *Io vo gridando* 1598/04

+3-2-2+2-3+2-2 C. Acci, *Chi vuol veder l'A* 1585/35

+3-2-2+2-3+2+3 B. Lupacchino, *Occhi leggia* 1559/18

+3-2-2+2-3-2+2 F. Azzaiolo, *Ti parti cor* 1557/18
+3-2-2+2-3-2+2 B. Tromboncino, *Quando la* 1517/02
+3-2-2+2-3-2+2 A. Willaert, *Madonn'io non* 1548/11

+3-2-2+2-3-2-2 F. Papini, *Madre Vergin, cu* 1600/05

+3-2-2+2-3+3+2 G. Contino, *Dio cio cor mi* 1549/31

+3-2-2+2-3+3+3 P. Monte, *Questi son que'be* 1583/14

+3-2-2+2-3+4-2 F. Ana, *Queste quel loco* 1505/03
+3-2-2+2-3+4-2 F. Ana, *Chi vi dara piu lu* 1509/03
+3-2-2+2-3+4-2 V. Ruffo, *All'apparir d'un* 1557/25

+3-2-2+2+4-2+2 M. Pesenti, *Amor poi che no* 1505/06

+3-2-2+2+4-2-3 P. Nenna, *Amorose faville* 1582/12

+3-2-2+2+4-3+4 F. Roussel, *Celeste d'amor* 1561/10

+3-2-2+2-5+3-2 A. Gabrieli, *Cosi restai senz* 1568/19

+3-2-2+2-5+8+2 A. Gabrieli, *Mi xe stao in* 1564/16

+3-2-2-2+2+2+2 I. de Vento, *Pace non trov* 1575/11
+3-2-2-2+2+2+2 F. Anerio, *Al suon non pos* 1589/11
+3-2-2-2+2+2+2 Anonymous, *Quant'e grande* 1563/06
+3-2-2-2+2+2+2 Anonymous, *Veggio quess'occ* 1567/17
+3-2-2-2+2+2+2 J. Arcadelt, *Amorosetto fio* 1544/22
+3-2-2-2+2+2+2 J. Arcadelt, *S'amante fu gi* 1544/22
+3-2-2-2+2+2+2 J. Arcadelt, *Amorosetto fio* 1544/22
+3-2-2-2+2+2+2 J. Arcadelt, *S'amante fu gi* 1544/22
+3-2-2-2+2+2+2 L. Courtoys, *Destra di que* 1563/07
+3-2-2-2+2+2+2 O. Crisci, *Se quei begli oc* 1581/11
+3-2-2-2+2+2+2 G. Lochenburgho, *Doletevi di* 1559/16
+3-2-2-2+2+2+2 A. Marien, *Anima bella da* 1584/09A
+3-2-2-2+2+2+2 F. Meo, *Sa ch'io v'amo v'a* 1570/19
+3-2-2-2+2+2+2 G. Nanino, *Giocond'e crudo* 1587/10
+3-2-2-2+2+2+2 G. Nanino, *O leggiadretti* 1589/07
+3-2-2-2+2+2+2 J. Scrivano, *Vola il temp* 1510/
+3-2-2-2+2+2+2 A. Trombetti, *Fugge Ma onn* 1586/21
+3-2-2-2+2+2+2 P. Vecoli, *E si dolce il gi* 1581/12
+3-2-2-2+2+2+2 P. Vinci, *Pon fren'al gran* 1564/20

+3-2-2-2+2+2+2 G. Wert, *Quei pianti quiei* 1568/20

+3-2-2-2+2+2-2 Anonymous, *O mischini o sia* 1506/03
+3-2-2-2+2+2-2 Anonymous, *Veggio quess'occ* 1567/17
+3-2-2-2+2+2-2 S. Bertoldo, *Chie val cu* 1564/16
+3-2-2-2+2+2-2 L. Compere, *Che fa la ramac* 1505/05
+3-2-2-2+2+2-2 S. Cornetto, *Et s'io'l cons* 1581/07
+3-2-2-2+2+2-2 S. Felis, *Di ch'ella mosso* 1583/14
+3-2-2-2+2+2-2 A. Ferabosco, *Tu dolc'anim* 1583/14
+3-2-2-2+2+2-2 V. Ferro, *Perche piangi alm* 1555/31
+3-2-2-2+2+2-2 G. Fogliano, *Amor son quest* 1547/16
+3-2-2-2+2+2-2 H. Naich, *Spargi tebr* 1544/16
+3-2-2-2+2+2-2 F. Novelli, *Hor che la fred* 1600/05
+3-2-2-2+2+2-2 G. Renaldi, *Ben credev'io* 1569/32
+3-2-2-2+2+2-2 V. Ruffo, *Treccie di bei cr* 1557/25

+3-2-2-2+2+2+3 C. Lambardi, *Donna la bella* 1600/13

+3-2-2-2+2+2-3 O. Crisci, *Se quei begli oc* 1581/11
+3-2-2-2+2+2-3 F. Gherardini, *Io vi porto* 1585/24
+3-2-2-2+2+2-3 G. Moro, *Se ben onde potea* 1585/28
+3-2-2-2+2+2-3 V. Ruffo, *Amor poi che mi* 1557/25

+3-2-2-2+2+2+4 G. Fogliano, *Amor son quest* 1547/16

+3-2-2-2+2+2-5 F. Anerio, *Al suon non pos* 1589/11

+3-2-2-2+2-2+2 Anonymous, *Fermo ho in cor* 1505/06
+3-2-2-2+2-2+2 Anonymous, *Signore soccorr'* 1563/06
+3-2-2-2+2-2+2 Anonymous, *Tu m'hai privat* 1505/05
+3-2-2-2+2-2+2 Anonymous, *Se d'amarti non* 1505/06
+3-2-2-2+2-2+2 Anonymous, *Se con vostra al* 1509/02
+3-2-2-2+2-2+2 F. Azzaiolo, *Qual segno pi* 1557/18
+3-2-2-2+2-2+2 P. Bellasio, *Caro dolce be* 1578/21
+3-2-2-2+2-2+2 E. Bonizzoni, *Venga quei bel* 1569/25
+3-2-2-2+2-2+2 M. Cara, *Le sontre fantinel* 1526/06
+3-2-2-2+2-2+2 G. Fogliano, *Vengo ate ma r* 1508/03
+3-2-2-2+2-2+2 C. Malvezzi, *Qui caddi a la* 1583/16
+3-2-2-2+2-2+2 G. Nasco, *Hor che sara di* 1563/07
+3-2-2-2+2-2+2 D. Nicolo, *Senza te alta re* 1508/03
+3-2-2-2+2-2+2 P. Parma, *La dolce vista* 1562/15
+3-2-2-2+2-2+2 R. Rodio, *Dolci rubini e pe* 1587/12
+3-2-2-2+2-2+2 A. Stringari, *Al foco al fo* 1514/02
+3-2-2-2+2-2+2 C. Veggio, *Sia benedett'amo* 1540/19

+3-2-2-2+2-2-2 Nollet, *Quant'in mill'ann* 1546/19
+3-2-2-2+2-2-2 Anonymous, *Dal bel giardi* 1513/01
+3-2-2-2+2-2-2 Anonymous, *Perche m'hai aba* 1507/03
+3-2-2-2+2-2-2 J. Arcadelt, *Amorosetto fio* 1544/22
+3-2-2-2+2-2-2 G. Boni, *Chi sei fanciu* 1598/07
+3-2-2-2+2-2-2 M. Cara, *Chi la castra la* 1509/02
+3-2-2-2+2-2-2 M. Cara, *Se non fusse la sp* 1507/04
+3-2-2-2+2-2-2 J. Gero, *Non sia ch'io tem* 1541/14
+3-2-2-2+2-2-2 J. Lulinus, *Non potra mai* 1514/02
+3-2-2-2+2-2-2 H. Naich, *Spargi fiamma d'a* 1544/16
+3-2-2-2+2-2-2 C. Rore, *Candid'e vago fiore* 1565/18
+3-2-2-2+2-2-2 A. Stringari, *Poi ch'io so* 1507/04
+3-2-2-2+2-2-2 A. Stringari, *Non al suo am* 1514/02
+3-2-2-2+2-2-2 M. Varotto, *Prometter vi po* 1586/19
+3-2-2-2+2-2-2 O. Vecchi, *Amor se uno ch'i* 1585/35

+3-2-2-2+2-2+3 Domi, *Se per seguire el* 1515/02
+3-2-2-2+2-2+3 A. Reulx, *Quant'era'l megli* 1556/22
+3-2-2-2+2-2+3 C. Rore, *Ne l'aria in quest* 1568/13

+3-2-2-2+2-2-3 C. Rore, *Quel foco che tant* 1548/07

+3-2-2-2+2-2+4 B. Tromboncino, *Hor che'l* 1516/02
+3-2-2-2+2-2+4 P. Vinci, *Perche'n voi viv* 1584/11

+3-2-2-2+2+3 M. Pordenon, *Canta lo Cuco* 1589/10

+3-2-2-2+2+3-2 Anonymous, *Lumi miei cari* 1594/07
+3-2-2-2+2+3-2 B. Donato, *Che val peregrin* 1589/06
+3-2-2-2+2+3-2 G. Dragone, *La prima volta ch* 1588/22
+3-2-2-2+2+3-2 A. Gabrieli, *Aminta mio gen* 1566/03
+3-2-2-2+2+3-2 A. Gabrieli, *Nel bel giardin* 1587/16
+3-2-2-2+2+3-2 D. Pace, *Per l'aria fosca* 1589/10
+3-2-2-2+2+3-2 G. Palestrina, *Se gli e pu* 1560/10
+3-2-2-2+2+3-2 B. Tromboncino, *Come va il* 1507/03
+3-2-2-2+2+3-2 B. Tromboncino, *El colpo ch* 1505/06

+3-2-2-2+2+3-2 P. Vinci, *Un'ape esser vorr* 1584/11

+3-2-2-2+2+3-3 F. Cornazzani, *Ardo si ma non* 1585/17
+3-2-2-2+2+3-3 C. Merulo, *Vorrei lasso ess* 1583/12
+3-2-2-2+2+3-3 J. Scrivano, *L'huom terren* 1510/

+3-2-2-2+2+3-4 D. Pace, *Per l'aria fosca* 1589/10

+3-2-2-2+2-3+2 Anonymous, *La piu ciancios* 1537/08
+3-2-2-2+2-3+2 Anonymous, *Tu pur ti pensi* 1537/08
+3-2-2-2+2-3+2 P. Bellasio, *Piaciati alme* 1578/21
+3-2-2-2+2-3+2 F. Luprano, *Tutto el mondo* 1505/05
+3-2-2-2+2-3+2 F. Luprano, *Vale signora va* 1509/02
+3-2-2-2+2-3+2 L. Luzzaschi, *Sia benedett'* 1597/14
+3-2-2-2+2-3+2 C. Porta, *Amorose viole ch* 1575/15

+3-2-2-2+2-3-2 Anonymous, *Hai promesse dol* 1505/03
+3-2-2-2+2-3-2 Anonymous, *Speme che gli oc* 1577/08
+3-2-2-2+2-3-2 R. Mel, *Non e lasso un mor* 1585/26
+3-2-2-2+2-3-2 H. Naich, *Spargi tebr* 1544/16
+3-2-2-2+2-3-2 B. Tromboncino, *Madonna la* 1517/02

+3-2-2-2+2-3+3 Fra Ruffin, *Venite donne* 1521/06
+3-2-2-2+2-3+3 A. Marien, *Magnanimo signo* 1567/24

+3-2-2-2+2-3-3 Don Remigio, *Mentre del Cap* 1599/06

+3-2-2-2+2-3+4 B. Donato, *O dolce vita mi* 1550/19

+3-2-2-2+2+4+2 P. Monte, *Poi che le tue ra* 1586/07

+3-2-2-2+2+4-2 M. Pesenti, *Ben mille volt* 1504/04
+3-2-2-2+2+4-2 B. Tromboncino, *Su su leva* 1517/02
+3-2-2-2+2+4-2 P. Verdelot, *Vita de la mi* 1533/02
+3-2-2-2+2+4-2 P. Vinci, *Un'ape esser vorr* 1584/11

+3-2-2-2+2-4+2 L. Bati, *Altro da te non ce* 1594/11
+3-2-2-2+2-4+2 G. Fogliano, *Amor son quest* 1547/16
+3-2-2-2+2-4+2 E. Romano, *Tuo vago sguard* 1517/02
+3-2-2-2+2-4+2 G. Tasso, *No text.* 1591/19

+3-2-2-2+2-4+3 P. Verdelot, *Quanto sia lie* 1533/02

+3-2-2-2+2-4-3 G. Fogliano, *Amor e questo* 1547/16

+3-2-2-2+2-4+4 A. Demophon, *Vidi hor cogli* 1507/03
+3-2-2-2+2-4+4 J. Arcadelt, *Amorosetto fio* 1544/22
+3-2-2-2+2-4+4 B. Donato, *Ho na doglia ne* 1550/19
+3-2-2-2+2-4+4 G. Fogliano, *Madonna hor ch* 1547/16
+3-2-2-2+2-4+4 A. Mantovano, *Hor che son* 1513/01
+3-2-2-2+2-4+4 H. Naich, *L'alta gloria d'a* 1544/17
+3-2-2-2+2-4+4 B. Pallavicino, *Mentre che qui* 1596/16
+3-2-2-2+2-4+4 E. Romano, *Ben puoi tu luci* 1517/02
+3-2-2-2+2-4+4 B. Spontone, *Se tutta ghiac* 1568/12
+3-2-2-2+2-4+4 P. Verdelot, *Quanto sia lie* 1533/02

+3-2-2-2+2-4+8 P. Vecoli, *Io piango & ell* 1581/12

+3-2-2-2+2+5-2 G. Tasso, *No text.* 1591/19

+3-2-2-2+2-5+2 B. Pallavicino, *Mentre che qui* 1596/16
+3-2-2-2+2-5+2 A. Striggio, *A te il buon* 1567/23

+3-2-2-2+2-5+5 L. Bati, *Altro da te non ce* 1594/11
+3-2-2-2+2-5+5 J. Lulinus, *Hay bella liber* 1514/02
+3-2-2-2+2-5+5 A. Mantovano, *Passise senz* 1513/01
+3-2-2-2+2-5+5 A. Marien, *Anima bella da* 1584/09A

+3-2-2-2+2+6-2 H. Schaffen, *Non so s'habbi* 1549/31

+3-2-2-2+2-8+2 P. Verdelot, *Pur troppo don* 1540/18

+3-2-2-2+2-8+4 S. Felis, *Tirsi al pastor* 1583/14

+3-2-2-2+2-8+5 C. Veggio, *Sia benedett'amo* 1540/19

+3-2-2-2-2+2+2 A. Demophon, *A che son horm* 1507/03
+3-2-2-2-2+2+2 F. Ana, *Ama pur donna spie* 1505/06
+3-2-2-2-2+2+2 F. Anerio, *Donna se il cor* 1589/11
+3-2-2-2-2+2+2 Anonymous, *I piango & ella* 1568/19
+3-2-2-2-2+2+2 Anonymous, *Non posso libera* 1509/02
+3-2-2-2-2+2+2 Anonymous, *I piango & ella* 1568/19
+3-2-2-2-2+2+2 Anonymous, *Cecilia non son* 1598/04
+3-2-2-2-2+2+2 Anonymous, *I piango & ella* 1568/19
+3-2-2-2-2+2+2 J. Arcadelt, *Non prima l'au* 1552/21
+3-2-2-2-2+2+2 G. Arpa, *Tanti migliara dip* 1565/17
+3-2-2-2-2+2+2 F. Azzaiolo, *Chi'l credera* 1559/19
+3-2-2-2-2+2+2 G. Califano, *Pero s'io tem* 1584/07
+3-2-2-2-2+2+2 M. Cara, *Questa speme e un* 1507/04
+3-2-2-2-2+2+2 F. Corteccia, *Sacro e santo* 1539/25
+3-2-2-2-2+2+2 E. Dupre, *Chi lo sa e chi* 1507/03
+3-2-2-2-2+2+2 P. Lodi, *Riposarmi in quest* 1517/02
+3-2-2-2-2+2+2 J. Lulinus, *Se'l non fusse* 1514/02
+3-2-2-2-2+2+2 J. Lulinus, *Nel tempo che* 1514/02
+3-2-2-2-2+2+2 A. Martorello, *Ma quel che* 1547/17
+3-2-2-2-2+2+2 P. Stabile, *Quant'era megl'* 1585/31
+3-2-2-2-2+2+2 B. Tromboncino, *Quanto mai* 1513/01
+3-2-2-2-2+2+2 B. Tromboncino, *Ite in pac* 1505/06
+3-2-2-2-2+2+2 B. Tromboncino, *Piu che ma* 1504/04
+3-2-2-2-2+2+2 F. Viola, *Chi non conosce A* 1548/08

+3-2-2-2-2+2-2 Anonymous, *Taci lingua el* 1506/03
+3-2-2-2-2+2-2 G. Arpa, *Tanti migliara dip* 1565/17
+3-2-2-2-2+2-2 M. Cara, *Udite voi finestr* 1504/04
+3-2-2-2-2+2-2 M. Cara, *Si ben sto lontan* 1509/02
+3-2-2-2-2+2-2 J. Lulinus, *Hay bella liber* 1514/02
+3-2-2-2-2+2-2 P. Monte, *Quando l'anima be* 1591/23
+3-2-2-2-2+2-2 B. Tromboncino, *A che affligi* 1505/05
+3-2-2-2-2+2-2 B. Tromboncino, *O che diral* 1513/01
+3-2-2-2-2+2-2 P. Verdelot, *Amor se d'hor* 1533/02

+3-2-2-2-2+2+3 G. Nanino, *O leggiadretti* 1589/07

+3-2-2-2-2+2-3 D(on) Timoteo, *Usciralllo* 1514/02
+3-2-2-2-2+2-3 Anonymous, *De fossela qui* 1506/03
+3-2-2-2-2+2-3 Anonymous, *Li toi capelli m'ar* 1570/21
+3-2-2-2-2+2-3 S. Molinaro, *Tu che col gua* 1589/13
+3-2-2-2-2+2-3 C. Rore, *Chi con eterna leg* 1548/08

+3-2-2-2-2+2+4 G. Fogliano, *Madonna hor ch* 1547/16
+3-2-2-2-2+2+4 G. Nasco, *Quando nascesti* 1559/16

+3-2-2-2-2+2-5 G. Arpa, *Tanti migliara dip* 1565/17

+3-2-2-2-2-2+2 Anonymous, *Con pianto e co* 1505/05
+3-2-2-2-2-2+2 Anonymous, *Se da poi la tu* 1505/03
+3-2-2-2-2-2+2 G. Brocco, *La mia fe non ve* 1505/04
+3-2-2-2-2-2+2 E. Dupre, *Finira giamai mi* 1509/02
+3-2-2-2-2-2+2 S. Felis, *Sperasti occhi do* 1585/23
+3-2-2-2-2-2+2 R. Giovanelli, *Bella d'amor* 1591/12
+3-2-2-2-2-2+2 B. Lupacchino, *No text* 1591/19
+3-2-2-2-2-2+2 F. Luprano, *Non mi dar piu* 1505/05
+3-2-2-2-2-2+2 R. Mel, *Non e lasso un mor* 1585/26
+3-2-2-2-2-2+2 S. Molinaro, *Tu che col gua* 1589/13
+3-2-2-2-2-2+2 P. Monte, *Quando l'anima be* 1591/23
+3-2-2-2-2-2+2 G. Nanino, *Giocond'e crudo* 1587/10
+3-2-2-2-2-2+2 A. Rigum, *Donna ascolta el* 1504/04
+3-2-2-2-2-2+2 C. Rore, *Candid'e vago fiore* 1565/18
+3-2-2-2-2-2+2 H. Schaffen, *Vinto dal grav* 1549/31
+3-2-2-2-2-2+2 B. Tromboncino, *Ben ch'el* 1509/02
+3-2-2-2-2-2+2 B. Tromboncino, *Io cercho* 1507/03
+3-2-2-2-2-2+2 B. Tromboncino, *Se ben hor* 1504/04

+3-2-2-2-2-2-2 L. Agostini, *Amar un sol am* 1572/07
+3-2-2-2-2-2-2 Anonymous, *Noi v'habbia don* 1544/22
+3-2-2-2-2-2-2 Anonymous, *Con pianto e co* 1505/05
+3-2-2-2-2-2-2 Anonymous, *Noi v'habbia don* 1544/22
+3-2-2-2-2-2-2 Anonymous, *Ite caldi suspir* 1505/03
+3-2-2-2-2-2-2 Anonymous, *Chi servir vol* 1509/02
+3-2-2-2-2-2-2 Anonymous, *Ite caldi suspir* 1505/03
+3-2-2-2-2-2-2 A. Barre, *Deh ferm'amor cos* 1559/18
+3-2-2-2-2-2-2 M. Cara, *E da poi ch'el so* 1526/06
+3-2-2-2-2-2-2 M. Cara, *Voi che ascoltate* 1526/06
+3-2-2-2-2-2-2 M. Cara, *Se de fede hor ven* 1504/04
+3-2-2-2-2-2-2 M. Cara, *L'ardor mio grave* 1507/03
+3-2-2-2-2-2-2 P. Cesena, *Non pensar che* 1509/02
+3-2-2-2-2-2-2 G. Fogliano, *Madonna hor ch* 1547/16
+3-2-2-2-2-2-2 A. Gabrieli, *I vo piangend* 1587/16
+3-2-2-2-2-2-2 A. Gabrieli, *Nel bel giardin* 1587/16
+3-2-2-2-2-2-2 G. Maio, *Hor vedi amor che* 1519/04
+3-2-2-2-2-2-2 P. Monte, *Caro pegno del ci* 1577/07
+3-2-2-2-2-2-2 G. Nanino, *Giocond'e crudo* 1587/10

+3-2-2-2-2-2-2 N. Pifaro, *La fiamma che* 1505/05
+3-2-2-2-2-2-2 F. Portinaro, *L'alta chiare* 1563/13
+3-2-2-2-2-2-2 B. Sorte, *Ma se fedel amant* 1598/07
+3-2-2-2-2-2-2 B. Tromboncino, *Dura passio* 1517/02

+3-2-2-2-2-2+3 Anonymous, *Poi che per ben* 1559/18
+3-2-2-2-2-2+3 J. Arcadelt, *Amorosetto fio* 1544/22
+3-2-2-2-2-2+3 G. Locatello, *Bellissima mia* 1590/21

+3-2-2-2-2-2-3 P. Bellasio, *La dove inond* 1578/21
+3-2-2-2-2-2-3 M. Cara, *Defecerunt donna* 1504/04
+3-2-2-2-2-2-3 G. Cavaccio, *D'un novo e ve* 1583/10
+3-2-2-2-2-2-3 L. Meldert, *Cresci bel verdi* 1583/10

+3-2-2-2-2-2+4 Anonymous, *Chi vede gir la* 1505/05
+3-2-2-2-2-2+4 Anonymous, *Vagando un giorn* 1516/02
+3-2-2-2-2-2+4 Anonymous, *Benche inimica* 1505/05
+3-2-2-2-2-2+4 M. Cara, *Amor del mio valo* 1509/02
+3-2-2-2-2-2+4 M. Cara, *Chi me dara piu pa* 1504/04
+3-2-2-2-2-2+4 G. Cavaccio, *D'un novo e ve* 1583/10
+3-2-2-2-2-2+4 G. Fogliano, *Madonna la pie* 1547/16
+3-2-2-2-2-2+4 G. Gastoldi, *Potrai dunque* 1588/18
+3-2-2-2-2-2+4 B. Lupacchino, *No text* 1591/19
+3-2-2-2-2-2+4 G. Nasco, *Mio pan'anima vit* 1563/07
+3-2-2-2-2-2+4 C. Porta, *Hor ch'allegra* 1583/12
+3-2-2-2-2-2+4 R. Rodio, *Ma se consentimen* 1587/12
+3-2-2-2-2-2+4 C. Schietti, *Questo angosci* 1598/06

+3-2-2-2-2-2-4 B. Spontone, *Poi che mio st* 1589/06

+3-2-2-2-2-2-5 G. Wert, *Quei pianti quiei* 1568/20

+3-2-2-2-2-2+6 J. Arcadelt, *Felici alme co* 1554/28

+3-2-2-2-2-2+8 G. Cavaccio, *D'un novo e ve* 1583/10
+3-2-2-2-2-2+8 G. Fogliano, *Madonna la pie* 1547/16

+3-2-2-2-2+3+2 F. Ana, *Naqui al mondo pe* 1504/04
+3-2-2-2-2+3+2 L. Milanese, *Ate drizo ogn* 1508/03

+3-2-2-2-2+3-2 A. Antiqui, *Siegua pur chi* 1505/06
+3-2-2-2-2+3-2 M. Cara, *Chi me dara piu pa* 1504/04
+3-2-2-2-2+3-2 L. Marenzio, *Mentre l'aura* 1589/08
+3-2-2-2-2+3-2 M. Mazzone, *Io persi lo mi* 1570/18
+3-2-2-2-2+3-2 P. Monte, *Io son si vago* 1593/05
+3-2-2-2-2+3-2 G. Paratico, *Udite in corte* 1588/25
+3-2-2-2-2+3-2 M. Pesenti, *Aihme ch'io moro* 1504/04
+3-2-2-2-2+3-2 G. Wert, *Ond'io diro che* 1568/20

+3-2-2-2-2+3+3 P. Monte, *Io son si vago* 1593/05
+3-2-2-2-2+3+3 P. Verdelot, *Con l'angelic* 1533/02

+3-2-2-2-2+3-3 F. Luprano, *Quanto piu donn* 1505/05

+3-2-2-2-2-3+2 M. Cara, *L'ardor mio grave* 1507/03
+3-2-2-2-2-3+2 G. Torelli, *Tutto vi dono* 1594/16
+3-2-2-2-2-3+2 B. Tromboncino, *Non val aqu* 1504/04

+3-2-2-2-2-3+4 J. Arcadelt, *Amorosetto fio* 1544/22

+3-2-2-2-2-3+5 G. Florio, *Donna che quasi* 1566/03
+3-2-2-2-2-3+5 A. Marien, *Hor con si chiar* 1584/09A

+3-2-2-2-2+4-2 C. Baselli, *Di questo vago* 1600/12
+3-2-2-2-2+4-2 M. Cara, *Se non fusse la sp* 1507/04
+3-2-2-2-2+4-2 P. Monte, *Amor la mia ventur* 1568/13
+3-2-2-2-2+4-2 B. Tromboncino, *Amor quando* 1516/02

+3-2-2-2-2+4-5 J. Lulinus, *Amor quando fio* 1514/02

+3-2-2-2-2-4+2 P. Vinci, *Quel foc'e morto* 1564/20

+3-2-2-2-2+5+3 R. Rodio, *Ma se consentimen* 1587/12

+3-2-2-2-2+5-4 A. Gabrieli, *Pront'era l'al* 1587/16
+3-2-2-2-2+5-4 C. Rore, *Chi con eterna leg* 1548/08

+3-2-2-2-2-5+8 B. Tromboncino, *Dura passio* 1517/02

+3-2-2-2+3+2+2 A. Trombetti, *Fugge Ma onn* 1586/21
+3-2-2-2+3+2+2 P. Vecoli, *Voi pargoletti* 1581/12

+3-2-2-2+3+2-2 L. Bati, *Filli deh non fugg* 1594/11
+3-2-2-2+3+2-2 G. Croce, *Tirsi morir vole* 1594/07
+3-2-2-2+3+2-2 P. Vecoli, *Voi pargoletti* 1581/12

+3-2-2-2+3-2+2 G. Antiquis, *Qualunche giostr* 1574/05
+3-2-2-2+3-2+2 B. Tromboncino, *Consumatum* 1506/03

+3-2-2-2+3-2-2 S. Venturi, *Un bacio t'invo* 1598/14
+3-2-2-2+3-2-2 G. Wert, *Ond'io diro che* 1568/20

+3-2-2-2+3-2-3 A. Marien, *O aspetata in ci* 1584/09A

+3-2-2-2+3-2-5 S. Rossetto, *All'hor che ca* 1568/13

+3-2-2-2+3-3+2 G. Locatello, *Ne lagrime da* 1590/21

+3-2-2-2+3-3+4 G. Scotto, *Mamma mia cara* 1571/11

+3-2-2-2+3-4+2 A. Marien, *O aspetata in ci* 1584/09A

+3-2-2-2+3+5-2 C. Rore, *Beato me direi se* 1557/24

+3-2-2-2-3+2+2 Anonymous, *Ero cosi dice* 1588/17
+3-2-2-2-3+2+2 N. Brocco, *Se mia trista* 1517/02
+3-2-2-2-3+2+2 G. Locatello, *Bellissima mia* 1590/21
+3-2-2-2-3+2+2 B. Tromboncino, *Naque al mo* 1505/04

+3-2-2-2-3+2-2 J. Arcadelt, *Felici alme co* 1554/28
+3-2-2-2-3+2-2 G. Dragone, *Perche m'afflig* 1588/22

+3-2-2-2-3-2+5 M. Cara, *Crudel cor per ch* 1507/03

+3-2-2-2-3+3-2 Anonymous, *Ad ogn'hor cresc* 1506/03
+3-2-2-2-3+3-2 M. Jhan, *S'amor mi desse ar* 1544/16
+3-2-2-2-3+3-2 M. Montelli, *Aprimi'l petto* 1599/06

+3-2-2-2-3+3+3 G. Fogliano, *Amor e so che* 1547/16

+3-2-2-2-3+4-2 Anonymous, *Meglio e scoprir* 1513/01
+3-2-2-2-3+4-2 A. Gabrieli, *Si che s'io vi* 1562/06

+3-2-2-2-3+4+3 B. Roi, *Una bianca cervett* 1582/04

+3-2-2-2-3+4-3 A. Morsolino, *Come lungi* 1594/15

+3-2-2-2-3+5+2 B. Roi, *Una bianca cervett* 1582/04

+3-2-2-2-3+5-2 A. Demophon, *Vidi hor cogli* 1507/03

+3-2-2-2-3+5+3 C. Perissone, *Chi desia di* 1561/15

+3-2-2-2+4-2+2 Anonymous, *Ero cosi dice* 1588/17
+3-2-2-2+4-2+2 A. Marien, *O aspetata in ci* 1584/09A
+3-2-2-2+4-2+2 S. Molinaro, *Tu che col gua* 1589/13

+3-2-2-2+4-2-2 Anonymous, *Ero cosi dice* 1588/17
+3-2-2-2+4-2-2 G. Brocco, *Ite caldi suspir* 1505/04
+3-2-2-2+4-2-2 A. Coma, *Donna non sono fio* 1585/22
+3-2-2-2+4-2-2 S. Felis, *Le vive voci m'er* 1585/23
+3-2-2-2+4-2-2 B. Tromboncino, *Se io te a* 1507/03
+3-2-2-2+4-2-2 B. Tromboncino, *Adoramus te* 1508/03

+3-2-2-2+4-2-5 J. Arcadelt, *Donna grav'e* 1539/24
+3-2-2-2+4-2-5 J. Gero, *S'io vi mento ma o* 1541/02

+3-2-2-2+4+3-2 G. Ferretti, *Basciami vita* 1594/08

+3-2-2-2+4+3-4 G. Wert, *Ond'io diro che* 1568/20

+3-2-2-2+4-3+2 Anonymous, *Cari scogli dile* 1577/08
+3-2-2-2+4-3+2 G. Dragone, *Perche m'afflig* 1588/22
+3-2-2-2+4-3+2 G. Nasco, *Per quest'ogn'ho* 1563/07

+3-2-2-2+4-4-3 L. Marenzio, *Non al suo ama* 1594/07

+3-2-2-2-4+5-5 Anonymous, *Son disposto de* 1509/02

+3-2-2-2+5+4-2 O. Crisci, *Se quei begli oc* 1581/11

+3-2-2-2+5-4+3 A. Gabrieli, *Dunque il cons* 1587/16

+3-2-2+4-2-2-2 N. Pifaro, *A Dio riman rest* 1515/02
+3-2-2+4-2-2-2 P. Quagliati, *Quando del mi* 1583/14

+3-2-2+4-2-2-4 Anonymous, *Chi fa del caval* 1565/12

+3-2-2+4-2-3+2 Anonymous, *Eccome qui horma* 1505/05

+3-2-2+4-2-3-2 F. Viola, *Mirando vostr'ang* 1548/08
+3-2-2+4-2-3-2 A. Willaert, *Qual vista sar* 1544/17

+3-2-2+4-2-4+2 F. Rovigo, *Misera che faro* 1592/12

+3-2-2+4-2-4+4 C. Perissone, *Nessun visse* 1544/22

+3-2-2+4-4-4-3 O. Crisci, *Se quei begli oc* 1581/11

+3-2-2+4-5+4-3 Anonymous, *Pensier dicea ch* 1570/16
+3-2-2+4-5+4-3 B. Donato, *Pensier dicea ch* 1561/10
+3-2-2+4-5+4-3 A. Gabrieli, *Pianget'occhi* 1555/31

+3-2-2+4-5+5-2 B. Tromboncino, *Non temer* 1507/04

+3-2-2+4-5+5-4 G. Fogliano, *Vengo ate ma r* 1508/03
+3-2-2+4-5+5-4 D. Nicolo, *Senza te alta re* 1508/03

+3-2-2-4+2+2+2 J. Arcadelt, *Amorosetto fio* 1544/22

+3-2-2-4+2+2-2 G. Guami, *Volzeve cha Puet* 1564/16
+3-2-2-4+2+2-2 P. Quagliati, *Stiati huomo* 1585/07

+3-2-2-4+2-2-2 G. Nanino, *Non ti doler ch'* 1587/10

+3-2-2-4-2+2+2 B. Tromboncino, *Fate bene* 1507/04

+3-2-2-4-2+4-5 O. Lasso, *Secchi vedransi* 1582/08

+3-2-2-4+3-2-2 Anonymous, *Se me dol el mi* 1505/06
+3-2-2-4+3-2-2 G. Wert, *Ond'io diro che* 1568/20

+3-2-2-4+4+2+2 R. Vecoli, *Io canterei d'am* 1577/10

+3-2-2-4+4+2-2 O. Lasso, *Et a noi restara* 1559/23

+3-2-2-4+4-2-2 A. Senese, *El mostrarsi lie* 1515/02

+3-2-2-4+4-4+3 E. Romano, *Tuo vago sguard* 1517/02

+3-2-2-4+4-4+8 F. Luprano, *Io tel voria pu* 1513/01

+3-2-2-4+4+5-2 A. Coma, *Cantavan tre leggi* 1588/18

+3-2-2-4+5+2-2 E. Romano, *Ben puoi tu luci* 1517/02

+3-2-2-4+5-4+8 B. Tromboncino, *Questo mond* 1509/02

+3-2-2-4+5-5-3 O. Vecchi, *O di rare eccell* 1586/09

+3-2-2+5+2+2-3 A. Gabrieli, *Pianget'occhi* 1555/31

+3-2-2+5+2-2-2 G. Fogliano, *Vergine sant'a* 1547/16
+3-2-2+5+2-2-2 L. Marenzio, *Dissi a l'amat* 1593/05
+3-2-2+5+2-2-2 G. Nasco, *Ma l'infernal nem* 1563/07

+3-2-2+5-2+2-3 G. Fogliano, *Chi vol canta* 1547/16
+3-2-2+5-2+2-3 A. Perugino, *Quando tal ho* 1570/19

+3-2-2+5-2+2-8 P. Vinci, *Tuo fiat'e dir l'* 1567/24

+3-2-2+5-2-3+2 E. Romano, *Pace non trovo* 1514/02

+3-2-2+5-2-3+3 P. Isnardi, *La mia bella gu* 1592/14

+3-2-2+5+3-2-2 B. Tromboncino, *Ave maria* 1508/03

+3-2-2+5+3-8+2 S. d'Aranda, *Deh dove senz* 1571/12

+3-2-2+5-3+2+2 G. Palestrina, *Se fra quest'he* 1561/10

+3-2-2+5-3+3+3 G. Nanino, *Deh coralli ride* 1586/18

+3-2-2+5-3+3-3 G. Palestrina, *Dolornon fu* 1561/10

+3-2-2+5-3-3+5 G. Macque, *Tanta dolcezza* 1574/04

+3-2-2+5-5+2+2 J. Gero, *O felice pensier* 1541/02

+3-2-2+5-5+3-2 J. Ferelle, *Amor lasciami* 1566/09

+3-2-2+5-5-3+3 R. Rodio, *Mentre di gemm'e* 1587/12

+3-2-2+5-5+4-3 M. Pordenon, *Canta lo Cuco* 1589/10

+3-2-2+5-5+5-2 P. Simone, *Ogni vil anima* 1515/02

+3-2-2+5-5+8-2 A. Martorello, *Quando'l crin* 1547/17

+3-2-2+5-8+4+2 A. Martorello, *Quando'l crin* 1547/17

+3-2-2-5+2-2+4 E. Romano, *Es de tal metal* 1514/02

+3-2-2-5+2+3-2 Anonymous, *Altri goda al tu* 1595/03

+3-2-2-5+2+8+3 G. Wert, *Quei pianti quiei* 1568/20

+3-2-2-5+4-2-2 B. Tromboncino, *Si e debile* 1507/03

+3-2-2-5+4-2+3 A. Gabrieli, *Laura soave vi* 1593/05

+3-2-2-5+4-2+5 Anonymous, *I piango ï ella* 1568/19

+3-2-2-5+4-3-3 M. Pesenti, *Non e pensier che* 1507/04

+3-2-2-5+4-5+8 G. Palestrina, *Se fra quest'he* 1561/10

+3-2-2-5+5+3-3 A. Gabrieli, *Nel bel giardin* 1587/16

+3-2-2-5+5-3+3 C. Malvezzi, *Vago dolce e bel* 1583/16

+3-2-2-5+5-5+5 F. Gherardini, *Volete pur ch* 1585/24

+3-2-2-5+6+2+2 D. Polato, *Il partir si mi* 1600/12

+3-2-2+6-2-2+2 E. Dupre, *Chi a martello di* 1507/03

+3-2-2+6-2-2-2 FF, *Valle risposte e* 1510/

+3-2-2+6-4+3+2 C. Perissone, *Vivo sol di* 1544/16

+3-2-2+8-2-2-2 G. Fogliano, *Vergine sant'a* 1547/16
+3-2-2+8-2-2-2 G. Gostena, *Hora da gli occ* 1589/13

+3-2-2+8+3-2-2 F. Roussel, *Io ch'el suo ra* 1559/16

+3-2-2+8-3+2+2 G. Renaldi, *Ben credev'io* 1569/32

+3-2-2-8+2+2+2 P. Parma, *Se grav'il peso* 1562/15

+3-2+3+2+2+2-2 J. Gero, *Madonna alla mia* 1541/14

+3-2+3+2+2-2-2 J. Gero, *Si con sua Cetr'Or* 1541/02

+3-2+3+2-2+2+2 A. Padovano, *Amor e gratios* 1570/15
+3-2+3+2-2+2+2 G. Palestrina, *Ahi che quest* 1589/11

+3-2+3+2-2+2-3 B. Iacomini, *Ma per me lass* 1592/15
+3-2+3+2-2+2-3 G. Renaldi, *S'un sguard'un* 1569/32

+3-2+3+2-2+2-4 G. Caimo, *Partomi donna e* 1586/19

+3-2+3+2-2-2-3 O. Lasso, *Ardo si ma non t'* 1585/17

+3-2+3+2+3-2-2 M. Jhan, *Non vi lassero ma* 1546/19

+3-2+3+2-3+2+2 S. Festa, *O passi sparsi* 1526/06

+3-2+3+2-3-2+4 C. Rore, *Cantai mentre ch'i* 1585/18

+3-2+3+2-4-2+3 R. Vecoli, *Amor fortuna e* 1577/10

+3-2+3+2-5-2+4 R. Vecoli, *Amor fortuna e* 1577/10

+3-2+3+2-5+3-2 G. Nasco, *Mio pan'anima vit* 1563/07

+3-3+3+2-2-2+5 C. Rore, *Musica dulci sono* 1565/18
+3-3+3+2-2+3-2 Anonymous, *S'io pensassi ai* 1580/06
+3-3+3+2-2-3+3 F. Azzaiolo, *Quando la ser* 1557/18
+3-3+3+2-2+4-4 O. Lasso, *Misera che faro* 1589/06
+3-3+3+2-3+2+2 F. Soriano, *Perle e rubini* 1590/15
+3-3+3-2+2+2+2 C. Montemayor, *La vita fugge* 1600/05
+3-3+3-2+2-2-2 E. Bonizzoni, *Donna l'altr* 1569/25
+3-3+3-2+2+3-2 C. Montemayor, *La vita fugge* 1600/05
+3-3+3-2-2 F. Soto, *Giunt'i pastori a* 1600/05
+3-3+3-2-2+2+2 Anonymous, *Traditora me'ai* 1515/02
+3-3+3-2-2+2-3 P. Monte, *Questi son que'be* 1583/14
+3-3+3-2-2-2+2 G. Gostena, *Mentre io fui* 1589/13
+3-3+3-2-2-2+2 C. Montemayor, *La vita fugge* 1600/05
+3-3+3-2-2-2+2 C. Rore, *Candid'e vago fiore* 1565/18
+3-3+3-2-2-2-2 L. Marenzio, *Le quali ella* 1589/08
+3-3+3-2-2-2-2 G. Martinengo, *Dolce mia vit* 1577/07
+3-3+3-2-2-2-2 C. Merulo, *Ero cosi dice* 1593/05
+3-3+3-2-2-2-3 G. Califano, *Ma i pomi un* 1584/07
+3-3+3-2-2-2+4 Nadal, *Amor che vedi ogn* 1561/11
+3-3+3-2-2+3-2 C. Rore, *Amore che t'ho fatta* 1565/18
+3-3+3-2-2+4-2 G. Croce, *Voi bramate ben* 1598/10
+3-3+3-2-2+5+2 M. Cara, *Fugga pur chi vol* 1507/04
+3-3+3-2-2+5-5 M. Cara, *Fugga pur chi vol* 1507/04
+3-3+3-2-3+2-3 Anonymous, *Giesu sommo conf* 1563/06
+3-3+3-2-3+2+5 S. Venturi, *A canuto Pastore* 1596/17
+3-3+3-2-3+4-8 G. Nasco, *Quel fuoco e mort* 1559/16
+3-3+3+3-2+2+2 P. Vinci, *Piu che mai bell'* 1564/20
+3-3+3-3 Anonymous, *Cor maligno, e* 1563/06
+3-3+3-3-2+2+3 A. Antiqui, *Senza te sacra* 1508/03
+3-3+3-3+3+2-4 M. Varotto, *Dialogo a* 101586/19
+3-3+3-3+3-3-2 G. Primavera, *Gola che perl* 1569/31
+3-3+3-3+3-3-2 B. Tromboncino, *La non vol* 1514/02
+3-3+3-3+3-3+3 F. Azzaiolo, *Da l'horto se* 1557/18
+3-3+3-3+4-2-2 A. Gabrieli, *Sento un rumore* 1587/16
+3-3+3-3+4-2-2 B. Tromboncino, *Aqua non e* 1514/02
+3-3+3-4+2+5-3 Anonymous, *Poiche per mie* 1515/02
+3-3+3-4+3-2-2 A. Zoilo, *Ero cosi dice* 1588/17
+3-3+3-4+5-2-2 Anonymous, *Che faralla che* 1563/06
+3-3+3-5+2+2+3 G. Pizzoni, *Mai voglio pian* 1582/14
+3-3-3+2+2+2+2 A. Striggio, *Ecco il sol ch* 1567/23
+3-3-3+2+2-2+2 A. Capriolo, *Tanto mi e il* 1505/05
+3-3-3+2+3-2-2 A. Barre, *Ma di che debbo* 1559/18
+3-3-3+2-3+2+3 G. Massarengo, *Tre siamo che* 1591/22
+3-3-3+2-3+2-3 Anonymous, *Poi che per ben* 1559/18
+3-3-3+2+4-2-2 Anonymous, *Lasso oyme cudi* 1515/02
+3-3-3-2-2+2+2 R. Rodio, *Se'l cor miser av* 1587/12
+3-3-3-2-2+2+4 O. Lasso, *Cosi aspettando* 1559/23
+3-3-3-2-2+3-2 Al. Willaert, *Fra tandi chi* 1564/16
+3-3-3-2+3+2-5 J. Arcadelt, *Fatto son esc* 1544/16
+3-3-3-2+3-3+4 A. Striggio, *Ecco il sol ch* 1567/23
+3-3-3-2+4-2-2 F. Roussel, *Occhi miei oscu* 1562/22
+3-3-3+3-3+4-4 G. Primavera, *All'arme all'* 1565/17
+3-3-3-3+2+6-4 Anonymous, *Son pur congiont* 1505/06
+3-3-3-3+5-2+3 G. Bissi, *Da indimanti si* 1589/08
+3-3-3-3+5+3+2 M. Ingegneri, *Mirat occhi* 1579/02
+3-3-3-3+8-2-3 I. Baccusi, *Felice in bracc* 1594/08
+3-3-3+4-2-2-2 A. Capriolo, *Tanto mi e il* 1505/05
+3-3+4+2-2+2-3 F. Silvestrino, *O Dio si ved* 1548/11
+3-3+4-2+2-2+2 L. Marenzio, *Qual vive Sala* 1583/14
+3-3+4-2+2-2-2 F. Corteccia, *Con molt'alte* 1540/18
+3-3+4-2+2-2-2 G. Moro, *A pie di questo fo* 1585/28
+3-3+4-2+2+3-2 Anonymous, *Ogni villano e ric* 1555/30
+3-3+4-2+2+3-2 C. Veggio, *Errai madonna,* 1540/19
+3-3+4-2-2+2+2 Anonymous, *Io mi rivolgo in* 1561/15
+3-3+4-2-2+2+2 C. Lambardi, *Avventuroso vel* 1600/13
+3-3+4-2-2+2+2 A. Martorello, *I ti ringrati* 1547/17
+3-3+4-2-2+2+2 G. Primavera, *Se'l sguardo* 1569/31
+3-3+4-2-2-2+2 M. Cara, *Rinforzi ognhor pi* 1505/05
+3-3+4-2-2-2+2 F. Stivori, *Piango ch'Amor* 1595/07
+3-3+4-2-2-2-2 A. Gabrieli, *I vo piangend* 1587/16
+3-3+4-2-2-2-2 C. Rore, *Tra piu beati e piu* 1565/18
+3-3+4-2-2-2-2 P. Vinci, *Si m'e dolce il* 1584/11
+3-3+4-2-2-2+5 G. Martinengo, *Poi ch'io ve* 1548/09
+3-3+4-2+3-3+2 M. Ingegneri, *L'hora s'appr* 1579/02
+3-3+4-2-3+2+2 M. Ingegneri, *L'hora s'appr* 1579/02
+3-3+4-2-3+2+2 C. Rore, *Cantai mentre ch'i* 1585/18
+3-3+4-2-3+2-2 A. Barges, *Passan madonna* 1550/18
+3-3+4-2-3-2-3 C. Montemayor, *Vergine bella* 1600/05
+3-3+4-2-3+3-2 P. Monte, *Nel fin de gl'ann* 1589/06
+3-3+4-2-3+5-3 A. Barges, *Io grido sempre* 1550/18
+3-3+4-2-5+8-5 M. Comis, *Depon Orsa crude* 1568/13
+3-3+4-2-8+2-5 B. Tromboncino, *Nulla fede* 1516/02
+3-3+4-3+2+2-5 L. Marenzio, *Talche dovunqu* 1594/07
+3-3+4-3+2-2+2 M. Cara, *Mentre che a tua* 1505/05
+3-3+4-3+2-3-2 R. Montagnana, *A Voi rivolg* 1558/17
+3-3+4-3-3+3-2 A. Gabrieli, *Alla battagli* 1587/16
+3-3+4-3-4+5-2 A. Stabile, *Cosi cosi davan* 1587/10
+3-3+4-4+3+3+2 G. Contino, *O chiaro nodo* 1562/06

+3-4+2-2+4+3-2 P. Bellasio, *S'humano foco* 1595/07
+3-4+2-2+4-3-3 C. Rore, *Mia benigna fortun* 1557/24
+3-4+2+3-2-2-2 Anonymous, *Mia benigna fort* 1509/02
+3-4+2+3+3-2-2 P. Monte, *Perch'al viso d'a* 1589/06
+3-4+2+3+3-3+2 G. Corfini, *Amor se tua mer* 1583/10
+3-4+2+3-5+4-3 F. Viola, *Mirando vostr'ang* 1548/08
+3-4+2-3-2-2+2 A. Savioli, *Se tu sei cieco* 1600/16
+3-4+2-3-2-2+3 P. Bellasio, *Qual duo veltr* 1595/07
+3-4+2-3-2+8-3 C. Rore, *Cantai mentre ch'i* 1585/18
+3-4+2-3+3-2-2 F. Gherardini, *Anzi meco po* 1585/24
+3-4+2-3-3+3-4 P. Vinci, *Quel foc'e morto* 1564/20
+3-4+2-3-3+4+2 F. Papini, *Madre Vergin, cu* 1600/05
+3-4+2-3+4-4+3 C. Lambardi, *Come vag'augel* 1600/13
+3-4+2+4+2-4+2 M. Varotto, *Prometter vi po* 1586/19
+3-4+2+4-2-3+5 G. Zarlino, *E forse'l mio* 1562/06
+3-4+2+4-5+2+4 Anonymous, *Jesus dulcis mem* 1563/06
+3-4+2+4-5+2-4 A. Pevernage, *Fra l'altre virtu* 1583/15
+3-4+2-4+2-2-2 J. Arcadelt, *Deh come trist* 1544/16
+3-4+2-4+2-3+5 I. Baccusi, *Et a voi rester* 1572/09
+3-4+2-4+3+2-4 C. Perissone, *Chi desia di* 1561/15
+3-4+2-4+3-5+2 F. Roccia, *O Vergine Reina* 1599/06
+3-4+2-4+3-5+2 F. Roccia, *Hor eccoti'l mi* 1599/06
+3-4+2-4+4-2+2 Don Remigio, *E s'ci t'a or* 1599/06
+3-4+2-4+4-2+2 O. Vecchi, *Rendemi il genti* 1589/08
+3-4+2-4+4-2-2 A. Barbato, *Un giorno passe* 1589/10
+3-4+2-4+4-2-2 G. Parabosco, *Pur converra ch* 1544/22
+3-4+2-4+4-2-3 Anonymous, *S'io parto o Ma* 1599/06
+3-4+2-4+4-4+4 M. Cara, *Cangia spera mia* 1517/02
+3-4+2-4+5+4-5 S. Cornetto, *Et s'io'l cons* 1581/07
+3-4+2-4-5+4+2 A. Gabrieli, *Pront'era l'al* 1587/16
+3-4+2-4-5+5+4 A. Gabrieli, *Pront'era l'al* 1587/16
+3-4+2-4+8-2-2 Don Remigio, *Chiaro gioisc* 1599/06
+3-4+2-4+8-2-2 O. Vecchi, *Rendemi il genti* 1589/08
+3-4+2+5-5+4-2 M. Jhan, *Quando nascesti am* 1546/19
+3-4+2+5-5+5-2 F. Anerio, *Mentr'il mio mis* 1589/11
+3-4+2-5+2+2-2 G. Wert, *Cara Germania mia* 1568/20
+3-4+2-5+2-2+4 A. Gabrieli, *O passi spars* 1587/16
+3-4+2-5+2-3+4 C. Merulo, *Io non potria go* 1589/06
+3-4+2-5+2+4+2 G. Moro, *Corri, corri ben* 1585/28
+3-4+2-5+5-2-2 M. Jhan, *S'amor mi desse ar* 1544/16
+3-4+2-5+5-3-3 F. Roussel, *Fiorit'e verdi* 1560/10
+3-4-2+2+2-3-2 M. Cara, *Donna habiati voi* 1507/04
+3-4-2+2-4+4-5 A. Martorello, *Quest dentr'* 1547/17
+3-4-2-2+4-3+2 R. Mel, *Poi ch'al mio gra* 1585/26
+3-4+3+2+2-2-2 A. Trombetti, *Ethna non e* 1570/19
+3-4+3+2+2-2+3 C. Veggio, *Io son donna dis* 1540/19
+3-4+3+2+2-4+2 S. d'Aranda, *Poi ch'el mio* 1571/12
+3-4+3+2+2-5+3 C. Veggio, *Io son donna dis* 1540/19
+3-4+3+2-2-2-5 C. Veggio, *Io son donna dis* 1540/19
+3-4+3+2-2-3+2 C. Veggio, *Io son donna dis* 1540/19
+3-4+3+2+3+3-4 A. Viola, *Non tardar pi* 1562/06
+3-4+3+2-3+3-2 J. Arcadelt, *Quando tal vol* 1552/21
+3-4+3+2-4+2-4 G. Fogliano, *Madonna la pie* 1547/16
+3-4+3-2+2+2+2 G. L'arpa, *Bellezza ch'emp* 1565/17
+3-4+3-2+2+2+2 G. Primavera, *S'amor nuovo* 1585/31
+3-4+3-2+2-3+2 Anonymous, *Signor gradit'e* 1549/31
+3-4+3-2-2+2+2 G. Renaldi, *Chi fia che da* 1569/32
+3-4+3-2-2+2+3 B. Lupacchino, *No text* 1591/19
+3-4+3-2-2+2+3 G. Renaldi, *Chi fia che da* 1569/32
+3-4+3-2-2-2+2 B. Lupacchino, *No text* 1591/19
+3-4+3-2-2-2+4 V. Ruffo, *Si che s'io viss* 1563/07
+3-4+3-2-2-4+2 Nadal, *Amor che vedi ogn* 1561/11
+3-4+3-2+3-2+3 H. Sabino, *Tirsi in ira di* 1594/08
+3-4+3-2+4-4-2 M. Cara, *Donna habiati voi* 1507/04
+3-4+3-2-4+3-2 H. Naich, *Poscia che'l temp* 1544/17
+3-4+3-2-4+3-4 G. Renaldi, *Chi fia che da* 1569/32
+3-4+3-2+5+3-2 H. Naich, *Poscia che'l temp* 1544/17
+3-4+3-2-5+2+3 H. Naich, *Poscia che'l temp* 1544/17
+3-4+3-2-5+3+4 M. Cara, *La non vol perche* 1517/02
+3-4+3+3+2-2-2 J. Arcadelt, *Voi non m'amat* 1552/21
+3-4+3+3-2-2-2 G. Fogliano, *Madonna la pie* 1547/16
+3-4+3+3-2+3+3 V. Ruffo, *Tra bei rubini* 1559/16
+3-4+3+3-4+2+2 V. Ruffo, *Tra bei rubini* 1559/16
+3-4+3+3-4+3+2 J. Arcadelt, *Voi non m'amat* 1552/21
+3-4+3+3-4+3-2 J. Arcadelt, *Voi non m'amat* 1552/21
+3-4+3+3-4+3+3 V. Ruffo, *Tra bei rubini* 1559/16
+3-4+3+3-4+4-2 A. Aiolli, *S'io potessi mir* 1582/08
+3-4+3+3-4+4-2 G. Metallo, *Signor bella si* 1577/09
+3-4+3+3-4+5+3 V. Ruffo, *Tra bei rubini* 1559/16
+3-4+3+3-4+8-2 A. Aiolli, *S'io potessi mir* 1582/08
+3-4+3-4+3+2-2 Anonymous, *Andro di piaggi* 1598/06
+3-4+3-4+3-2-2 B. Donato, *Chi dira mai ch'* 1550/19
+3-4-3-2+8-3+2 P. Vinci, *Oime terra e fatt* 1564/20
+3-4+4-2+2+3-2 F. Portinaro, *Da bei rami* 1563/13

+3-4+4-2-2-2-2 G. Croce, *Occhi mentre mira* 1598/06
+3-4+4-2-2-2-2 A. Gabrieli, *I vo piangend* 1587/16
+3-4+4-2-2-2-2 M. Iacovelli, *Un Ape esser* 1588/23
+3-4+4-2-2-2-2 B. Tromboncino, *Tu sei quel* 1508/03
+3-4+4-2-2-2+4 F. Viola, *Mirando vostr'ang* 1548/08
+3-4+4-2-2-2+8 A. Striggio, *Pero non e for* 1586/10
+3-4+4-3+2+2-3 A. Barges, *Madonna mia piet* 1550/18
+3-4+4-3-2+2-4 R. Vecoli, *Se la fiamm've* 1577/10
+3-4+4-3-2-2+2 P. Parma, *I cari bac'ond'i* 1562/15
+3-4+4-3+3-4+2 A. Willaert, *Chi mi ti tols* 1548/09
+3-4+4-3-3+2-3 G. Masaconi, *Ecco signor Vo* 1539/25
+3-4+4-4+2-4+4 M. Cara, *Se alcun tempo da* 1513/01
+3-4-4+2+3+2-2 Anonymous, *O cara liberta* 1506/03
+3-4-4+3+2+2-4 M. Comis, *Mirabil art'et pe* 1568/16
+3-4-4+3-4+8-3 Anonymous, *O salutaris osti* 1508/03
+3-4-4+5-4-2+3 Anonymous, *S'all'austrai ve* 1598/04
+3-4+5+2-5+2+4 B. Tromboncino, *La pieta ch* 1505/03
+3-4+5+2-5+2+4 B. Tromboncino, *Certo nasce* 1505/03
+3-4+5+2-5+3-4 A. Savioli, *Mentre campo co* 1591/22
+3-4+5-2+2+2+2 J. Arcadelt, *Voi non m'amat* 1552/21
+3-4+5-2+2-2+2 M. Cara, *La non vol perche* 1517/02
+3-4+5-2-2-2+2 L. Luzzaschi, *Ecco il bel L* 1583/10
+3-4+5-2-2-2-2 H. Lauro, *Non me dir che no* 1517/02
+3-4+5-2+3+2-2 A. Striggio, *Non visse la* 1586/10
+3-4+5-3+5-2-2 V. Ruffo, *Com'esser puot'Am* 1555/31
+3-4+5-4+4+2-2 P. Bellasio, *Tacete bella Don* 1595/07
+3-4+5-4+4+3-3 V. Ruffo, *Si che s'io viss* 1563/07
+3-4+5-4+4-4+5 A. Gabrieli, *O passi spars* 1587/16
+3-4+5-4+4-5+2 M. Cara, *Del mio si grande* 1526/06
+3-4+5-4+5-2+2 C. Veggio, *Chi vol veder op* 1540/19
+3-4+5-4+5+4-2 Anonymous, *Sventurato gran* 1573/17
+3-4+5-8+5-4+3 H. Sabino, *Tirsi in ira di* 1594/08
+3-4+8-3+2+3-2 A. Padovano, *Padre del cie* 1562/22
+3-4+8-5+2-4+2 O. Lasso, *Solo n'andro col* 1569/19
+3+5+2-2+2-3+2 G. Pizzoni, *O la o la chi* 1582/14
+3+5-2-2-2-2-2 Anonymous, *Tu dormi io vegl* 1506/03
+3+5-2-2-3-2-2 A. Capriolo, *Una leggia ra* 1509/02
+3+5-3+2-2-5+3 M. Jhan, *Deh perche non e'i* 1546/19
+3+5-3+2-3-2+3 L. Marenzio, *Baci amorosi* 1591/21
+3-5+2+2+2+2-2 A. il Verso, *O verdi poggi* 1594/17
+3-5+2+2+2-3+2 F. Viola, *Mirando vostr'ang* 1548/08
+3-5+2+2+3-2-2 A. Striggio, *Cosi le sue sp* 1579/02
+3-5+2+2-5+2+2 M. Jhan, *Deh perche non e'i* 1546/19
+3-5+2-2+5-3 J. Scrivano, *L'huom terren* 1510/
+3-5+2-4+8-2-2 A. Willaert, *Qual anima ign* 1544/17
+3-5-2+2+3-2+5 P. Vinci, *La lira che'l mi* 1567/24
+3-5-2+2-4+4+2 G. Nanino, *Al suon de le do* 1586/07
+3-5-2-2-2+2+2 M. Cara, *Caro sepulchro mi* 1517/02
+3-5+3+2-2+3-5 A. Barges, *La mi galina quand* 1550/18
+3-5+3+2-2-3+3 A. Stabile, *Cosi cosi davan* 1587/10
+3-5+3+2-2-5+5 F. Ana, *Amor a chi non va* 1505/05
+3-5+3+2-3-2+2 A. Stringari, *Poi ch'io so* 1507/04
+3-5+3-2+2+3-3 F. Viola, *Cibo dolce et soa* 1548/08
+3-5+3-2-2+2-2 G. Contino, *Voi mi dite ma* 1561/15
+3-5+3-2-2+8-2 C. Rore, *O natura pietosa* 1544/17
+3-5+3+3-2-2+2 F. Viola, *Deh perche non cr* 1548/08
+3-5+3-4+3+2+3 G. Croce, *Se da voi m'allon* 1592/14
+3-5+3-4+4+4-2 L. Balbi, *Io piango & ella* 1570/23
+3-5+4+2+2-2-2 Anonymous, *Hor ch'io del vo* 1595/03
+3-5+4-2+2+2-4 L. Marenzio, *Madonna poich'* 1583/14
+3-5+4-2+3-2-2 A. Fontanelli, *Com'esser pu* 1592/14
+3-5+4-2-3+3-5 F. Corteccia, *Come divers'e* 1540/18
+3-5+4-2+4-2-2 P. Philipps, *Ditemi o diva* 1594/07
+3-5+4-3+2+2+2 G. Contino, *Ardo nel ghiacc* 1562/06
+3-5-4+8-2+2-3 P. Monte, *Perch'al viso d'a* 1589/06
+3-5+5+2+3-8+5 P. Stabile, *Icaro cadde qu* 1585/32
+3-5+5+2-4+4+2 A. Pevernage, *Quando la voc* 1583/14
+3-5+5+2-5+2-5 M. Cara, *Cholei che amo cos* 1509/02
+3-5+5-2+2-3+2 M. Cara, *Quicunque ille fui* 1513/01
+3-5+5-2+2-4-5 Anonymous, *Bella che tieni* 1560/13
+3-5+5-2-2-2+2 Anonymous, *Due cos'al mond* 1565/12
+3-5+5-3+4-4+4 M. Cara, *Quis furor tant* 1513/01
+3-5+5-4+5-2+2 G. Nanino, *Selva che di con* 1587/10
+3-5+7-2+2+2-2 G. Mosto, *Quivi sospiri pia* 1578/22
+3-5+8-2+2-3-2 Anonymous, *Cecilia non son* 1598/04
+3-5+8-2+2-8+2 F. Roussel, *Non veggio ove* 1557/16
+3-5+8-4+2+3-3 P. Vinci, *La lira che'l mi* 1567/24
+3-8+2+2+2+2+2 Anonymous, *Pur al fin convi* 1505/06
+3-8+2+2+4-2+2 Anonymous, *Gia fui lieto ho* 1506/03
+3-8+2+2+4+3-2 A. Antico, *De chi potra pi* 1513/01
+3-8+2+2-4+4-5 Anonymous, *Come ti sofre* 1505/06
+3-8+2+3-2-2-2 Anonymous, *Come me querr* 1516/02
+3-8+2+5-3+3+3 G. Ferretti, *Leggiadra Giov* 1594/08

+3-8+2+7-3-5+5 Anonymous, *Aime ch'io son* 1506/03

+3-8+3+2+2+2+2 G. Paratico, *Udite in corte* 1588/25
+3-8+3+2+2+2+2 P. Stabile, *Icaro cadde qu* 1585/32

+3-8+3+4-2+4-2 P. Stabile, *Icaro cadde qu* 1585/32

+3-8+4-2-5+5+4 L. Bati, *Prendi ti prego qu* 1594/11

+3-8+4-3+5-3+2 C. Rore, *Tra piu beati e piu* 1565/18

+3-8+5-4+5-6+5 A. Capriolo, *Chi propitio* 1509/02

+3-8+5-4+8-5+4 G. Nola, *O verde amena apri* 1561/10

+3-8+5-5+5-4+2 L. Marenzio, *S'a veder voi* 1591/21

+3-8+5-5+8+2+2 G. Trombetti, *Godi bel Ido* 1583/18

+3-8+6-2+2-4+4 C. Merulo, *Mentre mia stell* 1579/02

-3 Gherardini, *Gioir fan gli* 1585/24

-3+2+2+2+2+2 Anonymous, *Numquam fue pen* 1504/03
-3+2+2+2+2+2 O. Caccini, *Tanti martir* 1585/21
-3+2+2+2+2+2 B. Garulli, *Quante gratie* 1562/06
-3+2+2+2+2+2 D. Isorelli, *Mentre a noi* 1599/06
-3+2+2+2+2+2 A. Marien, *Chiunque albera* 1584/09A
-3+2+2+2+2+2 J. Persoens, *Lassa ond'usc* 1570/28

-3+2+2+2+2-2 Anonymous, *Tra'l volere e* 1510/
-3+2+2+2+2-2 Anonymous, *Pace hormai su* 1505/03
-3+2+2+2+2-2 Anonymous, *S'io non posso* 1505/03
-3+2+2+2+2-2 G. Califano, *Spirto gentil ch* 1584/07
-3+2+2+2+2-2 H. Chamatero, *Dir si puo be* 1569/26
-3+2+2+2+2-2 G. Spataro, *Tenebre factae* 1508/03
-3+2+2+2+2-2 A. Stabile, *A questo tuo fa* 1589/07
-3+2+2+2+2-2 A. Striggio, *Non visse la* 1586/10

-3+2+2+2+2-3 Anonymous, *La verginella* 1591/12
-3+2+2+2+2-3 H. Chamatero, *Dir si puo be* 1569/26

-3+2+2+2+2-4 A. Padovano, *Prima ch'i tor* 1561/15
-3+2+2+2+2-4 A. Savioli, *Era Tirsi alle* 1600/16

-3+2+2+2+2-8 C. Rore, *Candid'e vago fiore* 1565/18

-3+2+2+2-2+2 G. Croce, *Tirsi morir vole* 1594/07
-3+2+2+2-2+2 G. Gastoldi, *Perche se trop* 1594/07
-3+2+2+2-2+2 J. Pinaroi, *Fortuna despera* 1504/03
-3+2+2+2-2+2 F. Portinaro, *O di chiara virt* 1563/13

-3+2+2+2-2-2 O. Lasso, *Almen nel suo fug* 1575/11
-3+2+2+2-2-2 P. Animuccia, *Donna felic'* 1560/10
-3+2+2+2-2-2 Anonymous, *Di pensier in pe* 1510/
-3+2+2+2-2-2 Anonymous, *La bella e vaga* 1600/12
-3+2+2+2-2-2 M. Cara, *La fortuna vol cos* 1504/04
-3+2+2+2-2-2 G. Gallo, *Amorose favill* 1597/20
-3+2+2+2-2-2 G. Gostena, *Tu che del mio* 1599/15
-3+2+2+2-2-2 L. Marenzio, *Vivro dunque* 1591/21
-3+2+2+2-2-2 G. Nasco, *Come si m'accende* 1557/25
-3+2+2+2-2-2 R. Rodio, *Poscia ch'a voi* 1587/12
-3+2+2+2-2-2 C. Rore, *Ivi vedrai la glor* 1568/19
-3+2+2+2-2-2 B. Tromboncino, *Queste non* 1517/02
-3+2+2+2-2-2 P. Vinci, *Quando la sera sc* 1583/19

-3+2+2+2-2+3 G. Mosto, *Non perch'io sia* 1578/22
-3+2+2+2-2+3 F. Portinaro, *O di chiara virt* 1563/13

-3+2+2+2-2-3 H. Chamatero, *Dir si puo be* 1569/26

-3+2+2+2-2+4 D. Isorelli, *Mentre a noi* 1599/06

-3+2+2+2-2-4 B. Tromboncino, *Son dispost* 1510/

-3+2+2+2+3-3 G. Ferretti, *Leggiadra Giov* 1594/08

-3+2+2+2+3-5 G. Schiavetti, *Appariran pe* 1562/06

-3+2+2+2-3+2 Anonymous, *Ecce quam bonum* 1563/06
-3+2+2+2-3+2 P. Bellasio, *Piaciati alme* 1578/21
-3+2+2+2-3+2 F. Luprano, *Son tornato* 1505/04
-3+2+2+2-3+2 A. Martorello, *Trovo m'amor* 1547/17
-3+2+2+2-3+2 M. Pesenti, *Sia felice la* 1505/04
-3+2+2+2-3+2 R. Rodio, *Ma se consentimen* 1587/12
-3+2+2+2-3+2 B. Spontone, *Vieni felice* 1590/13
-3+2+2+2-3+2 B. Tromboncino, *Noi siam tu* 1509/02
-3+2+2+2-3+2 P. Verdelot, *La dolce vist* 1546/19

-3+2+2+2-3-2 H. Chamatero, *Dir si puo be* 1569/26
-3+2+2+2-3-2 H. Ghibellini, *La rabbia ch* 1568/12
-3+2+2+2-3-2 J. Lulinus, *Surge dal'orizz* 1514/02
-3+2+2+2-3-2 G. Moro, *Se l'ardente desi* 1585/28
-3+2+2+2-3-2 N. Pifaro, *Se la serena co* 1515/02
-3+2+2+2-3-2 C. Rore, *Fera gentil che co* 1568/19

-3+2+2+2-3+3 Anonymous, *La biancha nev* 1516/02
-3+2+2+2-3+3 G. Boni, *Chi sei fanciu* 1598/07
-3+2+2+2-3+3 M. Cara, *Amero non amer* 1514/02
-3+2+2+2-3+3 G. Dragone, *Occhi de l'alm* 1588/22
-3+2+2+2-3+3 P. Nenna, *Vagh'herbe verdi* 1585/23
-3+2+2+2-3+3 F. Portinaro, *Ridon in tant* 1563/13

-3+2+2+2-3-3 R. Coronetta, *Al grato suo* 1598/07
-3+2+2+2-3-3 A. Gabrieli, *Ama l'Aquila G* 1592/15
-3+2+2+2-3-3 B. Garulli, *Quante gratie* 1562/06
-3+2+2+2-3-3 G. Moro, *Se l'ardente desi* 1585/28

-3+2+2+2-3-4 O. Caccini, *Quel di ch'io* 1585/21

-3+2+2+2+4-2 G. Zarlino, *Si ch'ove prim'* 1570/15

-3+2+2+2-4+2 G. Moro, *Se l'ardente desi* 1585/28

-3+2+2+2-4-2 G. Primavera, *Tirenna mia* 1585/31

-3+2+2+2-4+4 P. Monte, *Questi son que'be* 1583/14

-3+2+2+2-5+2 L. Meldert, *Cresci bel verdi* 1583/10
-3+2+2+2-5+2 O. Vecchi, *Sia benedetto Am* 1585/35

-3+2+2+2-5-2 O. Caccini, *Se quanto piu* 1585/21

-3+2+2+2-8+3 H. Ghibellini, *La rabbia ch* 1568/12
-3+2+2+2-8+3 L. Meldert, *Cresci bel verdi* 1583/10

-3+2+2+2-8+5 H. Ghibellini, *La rabbia ch* 1568/12
-3+2+2+2-8+5 L. Marenzio, *Baci cortesi* 1591/21

-3+2+2+2-2+2+2 A. il Verso, *Passa la nave* 1594/17
-3+2+2+2-2+2+2 Anonymous, *Ne cosi bello'i* 1559/18
-3+2+2+2-2+2+2 Anonymous, *Passati sono* 1598/04
-3+2+2+2-2+2+2 Anonymous, *Ne cosi bello'i* 1559/18
-3+2+2+2-2+2+2 H. Lauro, *Non me dir che no* 1517/02
-3+2+2+2-2+2+2 A. Orlandini, *Chi vuol vede* 1583/10
-3+2+2+2-2+2+2 G. Primavera, *Si vedra prima* 1569/31

-3+2+2+2-2+2-2 Anonymous, *La dove il sol* 1557/16
-3+2+2+2-2+2-2 F. Luprano, *Quanto piu donn* 1505/05
-3+2+2+2-2+2-2 F. Papini, *Vergin ben posso* 1600/05
-3+2+2+2-2+2-2 G. Primavera, *Si vedra prima* 1569/31

-3+2+2+2-2+2+3 F. Luprano, *Vale signora va* 1509/02

-3+2+2+2-2+2-3 Anonymous, *Tu core mio si tant* 1567/17
-3+2+2+2-2+2-3 B. Tromboncino, *Deus in a i* 1505/05

-3+2+2+2-2-2+2 Anonymous, *Si si si tarvo* 1507/03
-3+2+2+2-2-2+2 G. Califano, *Spirto gentil ch* 1584/07
-3+2+2+2-2-2+2 A. Gabrieli, *Ma perche vol* 1568/13
-3+2+2+2-2-2+2 J. Gero, *Occhi soav'e bell* 1541/14
-3+2+2+2-2-2+2 G. Primavera, *Hor che son rott* 1569/31
-3+2+2+2-2-2+2 R. Rodio, *Ardo si ma non t'* 1587/12
-3+2+2+2-2-2+2 C. Rore, *Che giova dunque* 151589/06
-3+2+2+2-2-2+2 B. Spontone, *Vegni vu Caval* 1564/16
-3+2+2+2-2-2+2 A. Stringari, *Chi non sa ch* 1507/04
-3+2+2+2-2-2+2 B. Tromboncino, *Longi dal mi* 1517/02

-3+2+2+2-2-2-2 F. Laudis, *Dammi pu tanti* 1575/11
-3+2+2+2-2-2-2 Anonymous, *Ne cosi bello'i* 1559/18
-3+2+2+2-2-2-2 Anonymous, *Vedo ne gli och* 1509/02
-3+2+2+2-2-2-2 Anonymous, *La dove il sol* 1557/16

-3+2+2+2-2-2-2 Anonymous, *Di nott'e giorn* 1566/07
-3+2+2+2-2-2-2 L. Balbi, *Cesare poi che'l* 1570/23
-3+2+2+2-2-2-2 P. Bellasio, *Foco son di de* 1578/21
-3+2+2+2-2-2-2 G. Bonagiunta, *Vaga d'udir* 1565/12
-3+2+2+2-2-2-2 E. Bonizzoni, *S'io dico il* 1569/25
-3+2+2+2-2-2-2 F. Bruno, *Son le ris'avicen* 1598/08
-3+2+2+2-2-2-2 G. Caimo, *Mirate che m'ha* 1586/19
-3+2+2+2-2-2-2 P. Cantino, *Vidi spuntar l'Aur* 1588/18
-3+2+2+2-2-2-2 P. Cantino, *Vidi spuntar l'Aur* 1588/18
-3+2+2+2-2-2-2 F. Celano, *Cosi scolpit* 1566/09
-3+2+2+2-2-2-2 G. Conversi, *Sta nott'io* 1589/08
-3+2+2+2-2-2-2 B. Lupacchino, *No text* 1591/19
-3+2+2+2-2-2-2 L. Milanese, *Ate drizo ogn* 1508/03
-3+2+2+2-2-2-2 G. Moscaglia, *Tisbe vedendo* 1585/29
-3+2+2+2-2-2-2 G. Nola, *Questo mio bene s'* 1570/18
-3+2+2+2-2-2-2 B. Pallavicino, *Mentre che qui* 1596/16
-3+2+2+2-2-2-2 G. Pizzoni, *Leggiadra pasto* 1582/14
-3+2+2+2-2-2-2 G. Primavera, *Tre villanell* 1569/31
-3+2+2+2-2-2-2 G. Renaldi, *Si dolcemente* 1569/32
-3+2+2+2-2-2-2 H. Sabino, *Formo le rose* 1581/11
-3+2+2+2-2-2-2 A. Stabile, *Il ciel fermoss* 1587/10
-3+2+2+2-2-2-2 A. Striggio, *Pero non e for* 1586/10
-3+2+2+2-2-2-2 B. Tromboncino, *Giogia me* 1514/02
-3+2+2+2-2-2-2 P. Vinci, *Passa la nave mi* 1583/19

-3+2+2+2-2-2+3 G. Gostena, *Hor su non cica* 1589/13

-3+2+2+2-2-2-3 F. Cornazzani, *Qual nave sc* 1569/19
-3+2+2+2-2-2-3 B. Pallavicino, *Mentre che qui* 1596/16
-3+2+2+2-2-2-3 B. Tromboncino, *Un voler* 1510/

-3+2+2+2-2-2+4 Anonymous, *Mentre di gioia* 1586/19

-3+2+2+2-2-2-4 G. Mosto, *Non perch'io sia* 1578/22

-3+2+2+2-2-2+5 V. Ruffo, *Non sei tu quel* 1555/31

-3+2+2+2-2+3+2 Anonymous, *Nacqui sol'io pe* 1562/10
-3+2+2+2-2+3+2 C. Perissone, *Cantai mentre ch* 1547/14
-3+2+2+2-2+3+2 P. Verdelot, *Quando benign* 1546/19
-3+2+2+2-2+3+2 P. Vinci, *Laura gentil che* 1564/20

-3+2+2+2-2+3-2 Anonymous, *Dispost'ho di segui* 1580/06
-3+2+2+2-2+3-2 J. Arcadelt, *Parole estrem* 1544/16
-3+2+2+2-2+3-2 G. Primavera, *Se le lacrim* 1569/31

-3+2+2+2-2+3-3 G. Caimo, *Tutte l'offese ch* 1586/19

-3+2+2+2-2-3+2 Anonymous, *Vergine dolc'e* 1599/06
-3+2+2+2-2-3+2 Anonymous, *La dove il sol* 1557/16
-3+2+2+2-2-3+2 Anonymous, *Giesu mio, Gies* 1563/06
-3+2+2+2-2-3+2 Anonymous, *Vergine dolc'e* 1599/06
-3+2+2+2-2-3+2 Anonymous, *O occhi manza mi* 1560/13
-3+2+2+2-2-3+2 Anonymous, *Di vedoe me vogl* 1571/07
-3+2+2+2-2-3+2 Anonymous, *O occhi manza mi* 1560/13
-3+2+2+2-2-3+2 Anonymous, *Di vedoe me vogl* 1571/07
-3+2+2+2-2-3+2 Anonymous, *Songo venuto a* 1567/17
-3+2+2+2-2-3+2 Anonymous, *O occhi manza mi* 1560/13
-3+2+2+2-2-3+2 Anonymous, *Di vedoe me vogl* 1571/07
-3+2+2+2-2-3+2 Anonymous, *O occhi manza mi* 1560/13
-3+2+2+2-2-3+2 Anonymous, *Songo venuto a* 1567/17
-3+2+2+2-2-3+2 F. Azzaiolo, *O spazza cami* 1557/18
-3+2+2+2-2-3+2 L. Balbi, *Chiara si chiaro* 1570/23
-3+2+2+2-2-3+2 G. Dragone, *Crudel m'uccid* 1588/22
-3+2+2+2-2-3+2 G. Gastoldi, *Potrai dunque* 1588/18
-3+2+2+2-2-3+2 G. Gastoldi, *Miracol'in nat* 1583/14
-3+2+2+2-2-3+2 G. Gastoldi, *Potrai dunque* 1588/18
-3+2+2+2-2-3+2 G. Gastoldi, *Miracol'in nat* 1583/14
-3+2+2+2-2-3+2 J. Modena, *No text.* 1540/22
-3+2+2+2-2-3+2 G. Paratico, *Chi vuol vede* 1588/25
-3+2+2+2-2-3+2 B. Tromboncino, *Ogni volta* 1514/02
-3+2+2+2-2-3+2 P. Verdelot, *Quando benign* 1546/19
-3+2+2+2-2-3+2 P. Virchi, *A Dio Titiro dis* 1586/10

-3+2+2+2-2-3-2 Anonymous, *Ben che soletto* 1505/06
-3+2+2+2-2-3-2 G. Ferretti, *Mirate che m'h* 1594/08
-3+2+2+2-2-3-2 J. Modena, *No text.* 1540/22
-3+2+2+2-2-3-2 G. Nanino, *E voi Muse gra i* 1595/06
-3+2+2+2-2-3-2 P. Nenna, *Sommo Rettor del* 1582/12
-3+2+2+2-2-3-2 A. Stabile, *Quand'io son tu* 1587/10

-3+2+2+2-2-3+3 H. Chamatero, *La ver l'auro* 1561/13
-3+2+2+2-2-3+3 G. Primavera, *Na vechia tra* 1569/31

-3+2+2+2-2-3-3 G. Caimo, *Tutte l'offese ch* 1586/19
-3+2+2+2-2-3-3 A. Gabrieli, *Laura soave vi* 1593/05
-3+2+2+2-2-3-3 G. Nanino, *E voi Muse gra i* 1595/06
-3+2+2+2-2-3-3 P. Nenna, *Dalla piu bella* 1582/12
-3+2+2+2-2-3-3 G. Paratico, *Chi vuol vede* 1588/25
-3+2+2+2-2-3-3 P. Vinci, *Passa la nave mi* 1583/19

-3+2+2+2-2-3-4 F. Luprano, *Fammi almen un* 1505/05

-3+2+2+2-2-3+5 A. Orlandini, *Chi vuol vede* 1583/10

-3+2+2+2-2+4-2 A. il Verso, *Passa la nave* 1594/17
-3+2+2+2-2+4-2 R. Mel, *Sovra le verdi chi* 1597/13
-3+2+2+2-2+4-2 G. Metallo, *Guardando a gl* 1577/09
-3+2+2+2-2+4-2 P. Nenna, *Quella ch'in suo* 1574/05
-3+2+2+2-2+4-2 A. Orlandini, *Chi vuol vede* 1583/10
-3+2+2+2-2+4-2 C. Rore, *Quand'io veggio ta* 1548/10
-3+2+2+2-2+4-2 A. Savioli, *Era Tirsi alle* 1600/16
-3+2+2+2-2+4-2 S. Venturi, *Occhi e respir* 1596/17
-3+2+2+2-2+4-2 P. Vinci, *Laura gentil che* 1564/20

-3+2+2+2-2+4-3 O. Lasso, *Sovra una verde* 1560/18
-3+2+2+2-2+4-3 G. Primavera, *Se le lacrim* 1569/31
-3+2+2+2-2+4-3 P. Vinci, *Laura gentil che* 1564/20

-3+2+2+2-2+4-4 P. Bellasio, *Foco son di de* 1578/21

-3+2+2+2-2-4+2 F. Azzaiolo, *Bernarde non* 1559/19
-3+2+2+2-2-4+2 A. Gabrieli, *Ma perche vol* 1568/13
-3+2+2+2-2-4+2 B. Pallavicino, *Mentre che qui* 1596/16

-3+2+2+2-2-5+2 R. Mel, *Qui fu la bella Ni* 1585/26

-3+2+2+2-2-5+3 P. Vinci, *Passa la nave mi* 1583/19

-3+2+2+2-2-5-3 P. Nenna, *Dalla piu bella* 1582/12

-3+2+2+2-2-5+4 A. Preti, *La bella Cacciatr* 1592/12

-3+2+2+2-2-5-4 G. Caimo, *Tutte l'offese ch* 1586/19

-3+2+2+2-2-5+5 C. Rore, *Quand'io veggio ta* 1548/10

-3+2+2+2-2-5+8 F. Luprano, *Vale signora va* 1509/02
-3+2+2+2-2-5+8 A. Preti, *La bella Cacciatr* 1592/12

-3+2+2+2-2-6+2 L. Marenzio, *Tirsi morir vo* 1585/18

-3+2+2+2-2-8+2 G. Paratico, *Chi vuol vede* 1588/25

-3+2+2+2-2-8+4 Anonymous, *Io mi rivolgo in* 1561/15
-3+2+2+2-2-8+4 G. Mosto, *Non perch'io sia* 1578/22

-3+2+2+2+3-2+2 S. Felis, *Che se gia il tem* 1585/23

-3+2+2+2+3-2-2 Anonymous, *Due rose il Mamm* 1599/06
-3+2+2+2+3-2-2 G. Nanino, *La dove par ch'ogn* 1589/07
-3+2+2+2+3-2-2 G. Primavera, *Ardenti miei* 1565/17

-3+2+2+2+3-3+2 Anonymous, *Li angelici semb* 1505/05

-3+2+2+2+3-3-2 G. Caimo, *Tutte l'offese ch* 1586/19

-3+2+2+2+3-5+2 J. Persoens, *Nella stagion che* 1570/28

-3+2+2+2-3+2+2 Anonymous, *Sempre perle rub* 1570/21
-3+2+2+2-3+2+2 Anonymous, *Poi che pato pe* 1560/13
-3+2+2+2-3+2+2 Anonymous, *Sempre perle rub* 1570/21
-3+2+2+2-3+2+2 Anonymous, *Poi che pato pe* 1560/13
-3+2+2+2-3+2+2 G. Manzo, *Poi che spiegat'h* 1584/09A
-3+2+2+2-3+2+2 C. Manzo, *Poi che spiegat'h* 1584/09A

-3+2+2+2-3+2-2 G. Arpa, *O bella man ch'ava* 1566/09
-3+2+2+2-3+2-2 A. Marien, *Gloriosa Colonn* 1584/09A
-3+2+2+2-3+2-2 C. Porta, *O Cchyrazza glicc* 1564/16
-3+2+2+2-3+2-2 G. Primavera, *Maraviglia non* 1565/17

-3+2+2+2-3+2-5 A. Marien, *Gloriosa Colonn* 1584/09A

-3+2+2+2-3-2+2 P. Vinci, *Donne leggia re* 1584/11

-3+2+2+2-3-2-2 Anonymous, *Amor s'e retirat* 1570/21
-3+2+2+2-3-2-2 G. Moscaglia, *Tisbe vedendo* 1585/29

-3+2+2+2-3-2+4 P. Vinci, *Donne leggia re* 1584/11

-3+2+2+2-3-2-4 G. Porta, *Se me amasti quan* 1504/04

-3+2+2+2-3-2+5 Anonymous, *La dove il sol* 1557/16

-3+2+2+2-3+3-2 Anonymous, *I sent'l cor con* 1563/06
-3+2+2+2-3+3-2 Anonymous, *Poi che pato pe* 1560/13
-3+2+2+2-3+3-2 G. Primavera, *Maraviglia non* 1565/17

-3+2+2+2-3-3+4 P. Vinci, *Donne leggia re* 1584/11

-3+2+2+2-3-3+5 C. Rore, *Hor volge signor* 1544/17

-3+2+2+2-3-4+3 G. Zarlino, *Si ch'ove prim'* 1570/15

-3+2+2+2-3+5-2 Anonymous, *Villanella gioi* 1566/09
-3+2+2+2-3+5-2 G. Nola, *Signorella gioia* 1570/27

-3+2+2+2-3+5-3 G. Nola, *Signorella gioia* 1570/27

-3+2+2+2-4+2+2 Anonymous, *Amor e fatto cap* 1570/21
-3+2+2+2-4+2+2 J. Arcadelt, *Il bianco et* 1544/22
-3+2+2+2-4+2+2 D. Michele, *Se pur offessa* 1590/13

-3+2+2+2-4-2+2 O. Vecchi, *L'antiche miei* 1585/35

-3+2+2+2-4+3+2 Anonymous, *Giesu ogn'un chi* 1580/06

-3+2+2+2-4+3-4 P. Monte, *Questi son que'be* 1583/14

-3+2+2+2-4-3+3 B. Tromboncino, *Se gran fes* 1505/06

-3+2+2+2-4-5+2 R. Trofeo, *Come faro cor mi* 1600/17

-3+2+2+2-5+2+2 G. Ardesi, *L'anguisce dentr* 1597/19
-3+2+2+2-5+2+2 O. Caccini, *Una fiammella* 1585/21
-3+2+2+2-5+2+2 A. Stabile, *Non m'e la mort* 1587/10

-3+2+2+2-5+2+3 G. Manzo, *Poi che spiegat'h* 1584/09A

-3+2+2+2-5+4+2 G. Ardesi, *L'anguisce dentr* 1597/19
-3+2+2+2-5+4+2 G. Schiavetti, *Appariran pe* 1562/06

-3+2+2+2-5+4-3 S. Felis, *Tirsi al pastor* 1583/14

-3+2+2+2-8+2+4 M. Pesenti, *Aihme ch'io moro* 1504/04

-3+2+2-2+2+2+2 Anonymous, *La carita e spenta* 1563/06
-3+2+2-2+2+2+2 L. Marenzio, *Basti fin qui* 1589/08
-3+2+2-2+2+2+2 C. Perissone, *Ditemi o Div* 1557/25
-3+2+2-2+2+2+2 F. Portu, *Che nuova forz'am* 1547/17
-3+2+2-2+2+2+2 G. Primavera, *Pastor che set* 1585/31
-3+2+2-2+2+2+2 F. Vecoli, *Poi ch'il camin* 1575/16
-3+2+2-2+2+2+2 P. Virchi, *A Dio Titiro dis* 1586/10

-3+2+2-2+2+2-2 Don Remigio, *Indi spirando poi* 1599/06
-3+2+2-2+2+2-2 Anonymous, *Ecce quam bonum* 1563/06
-3+2+2-2+2+2-2 V. Bellhaver, *Quando sara* 1570/17
-3+2+2-2+2+2-2 O. Lasso, *In un boschetto* 1559/23
-3+2+2-2+2+2-2 A. Martorello, *Ben hor gioi* 1547/17
-3+2+2-2+2+2-2 R. Rodio, *Poscia ch'a voi* 1587/12
-3+2+2-2+2+2-2 P. Vinci, *Laura gentil che* 1564/20

-3+2+2-2+2+2-3 Anonymous, *D'amoroso dolor* 1598/04

-3+2+2-2+2-2+2 R. Montagnana, *Et io da ch* 1558/17
-3+2+2-2+2-2+2 G. Zarlino, *Si ch'ove prim'* 1570/15

-3+2+2-2+2-2-2 Anonymous, *Guarda donna el* 1505/03
-3+2+2-2+2-2-2 C. Festa, *Cosi estrema la* 1546/19
-3+2+2-2+2-2-2 D. Ortiz, *Giorno felice e* 1573/16
-3+2+2-2+2-2-2 M. Pesenti, *In hospitas pe* 1504/04
-3+2+2-2+2-2-2 A. Trombetti, *Gia per te* 1583/18

-3+2+2-2+2+3+2 A. Trombetti, *Gia per te* 1583/18

-3+2+2-2+2+3-2 G. Boni, *Chi sei fanciu* 1598/07
-3+2+2-2+2+3-2 M. Cara, *Fiamma amorosa* 1513/01
-3+2+2-2+2+3-2 G. Zarlino, *Anzia sue fiamm* 1567/16

-3+2+2-2+2+3-5 A. Martorello, *La man non* 1547/17

-3+2+2-2+2-3+2 O. Lasso, *Poiche'l mio larg* 1600/05
-3+2+2-2+2-3+2 Anonymous, *Leviamo i nostr* 1563/06
-3+2+2-2+2-3+2 O. Lasso, *Poi che'l mio lar* 1583/15
-3+2+2-2+2-3+2 A. T, *Fabbe e faso* 1514/02
-3+2+2-2+2-3+2 S. Venturi, *Questo canoro C* 1596/17
-3+2+2-2+2-3+2 P. Virchi, *A Dio Titiro dis* 1586/10

-3+2+2-2+2-3-2 Anonymous, *Dalla piu alta* 1563/06
-3+2+2-2+2-3-2 B. Tromboncino, *Io cercho* 1507/03

-3+2+2-2+2-4+2 C. Perissone, *Ben s'io non* 1547/14
-3+2+2-2+2-4+2 A. Trombetti, *Gia per te* 1583/18

-3+2+2-2+2-4+3 R. Barera, *Ero cosi dice* 1588/17

-3+2+2-2+2-4-3 G. Marinis, *Dolcissimo ben* 1596/13

-3+2+2-2+2-4+4 S. Festa, *Vergine sacra ben* 1526/06

-3+2+2-2+2-4+6 R. Barera, *Ero cosi dice* 1588/17

-3+2+2-2+2+5+2 M. Cara, *Ecco colui che m'a* 1517/02

-3+2+2-2+2-5+5 H. Chamatero, *Ridon'hor pe* 1561/13

-3+2+2-2-2+2+2 M. Cancino, *Chi mi terra po* 1590/21
-3+2+2-2-2+2+2 M. Cancino, *Chi mi terra po* 151590/21
-3+2+2-2-2+2+2 A. Capriolo, *Quella bella* 1507/04
-3+2+2-2-2+2+2 L. Marenzio, *S'a veder voi* 1591/21
-3+2+2-2-2+2+2 G. Nanino, *Vien'Himeneo de* 1587/10
-3+2+2-2-2+2+2 P. Nenna, *Qui si ragiona* 1582/12
-3+2+2-2-2+2+2 J. Persoens, *Nella stagion che* 1570/28
-3+2+2-2-2+2+2 V. Ruffo, *Non sei tu quel* 1555/31
-3+2+2-2-2+2+2 R. Trofeo, *Come faro cor mi* 1600/17
-3+2+2-2-2+2+2 G. Zarlino, *Fu sempre all'o* 1568/16

-3+2+2-2-2+2+3 P. Monte, *Hor che ritorn'i* 1568/12

-3+2+2-2-2+2-3 S. Lando, *Quanto piu posso* 1570/18

-3+2+2-2-2+2-4 R. Vecoli, *Torna il mio so* 1577/10

-3+2+2-2-2-2+2 Anonymous, *Ne cosi bello'i* 1559/18
-3+2+2-2-2-2+2 J. Arcadelt, *Puro ciel Phyl* 1552/21
-3+2+2-2-2-2+2 G. Califano, *Spirto gentil ch* 1584/07
-3+2+2-2-2-2+2 M. Cara, *Udite voi finestr* 1504/04
-3+2+2-2-2-2+2 G. Gallo, *Amorose favill* 1597/20
-3+2+2-2-2-2+2 O. Lasso, *Appariran per me* 1593/05
-3+2+2-2-2-2+2 G. Maio, *Hor vedi amor che* 1519/04
-3+2+2-2-2-2+2 A. Martorello, *Liete e fior* 1547/17
-3+2+2-2-2-2+2 R. Montagnana, *Amor tu'l se* 1558/17
-3+2+2-2-2-2+2 C. Monteverdi, *La giovinett* 1597/13
-3+2+2-2-2-2+2 A. Striggio, *Hor che le ste* 1592/12
-3+2+2-2-2-2+2 F. Vecoli, *Tu sostenest'il* 1575/16
-3+2+2-2-2-2+2 P. Vinci, *Cosi vuol mia ven* 1584/11
-3+2+2-2-2-2+2 G. Zesso, *Deh non piu* 1507/04

-3+2+2-2-2-2-2 J. Arcadelt, *Io nol dissi* 1539/24
-3+2+2-2-2-2-2 S. Boyleau, *In questo di gi* 1599/06
-3+2+2-2-2-2-2 M. Cancino, *Canzon di sera* 1590/21
-3+2+2-2-2-2-2 H. Chamatero, *Ridon'hor pe* 1561/13
-3+2+2-2-2-2-2 B. Faveretto, *Ma desio ben ch* 1598/07
-3+2+2-2-2-2-2 S. Felis, *S'amor non e ch* 1573/16
-3+2+2-2-2-2-2 O. Lasso, *In questo di gioc* 1588/24
-3+2+2-2-2-2-2 J. Lulinus, *Chi non sa che* 1514/02
-3+2+2-2-2-2-2 B. Lupacchino, *O dolce mia* 1559/18
-3+2+2-2-2-2-2 G. Nanino, *Poi ch'il tuo no* 1598/08
-3+2+2-2-2-2-2 M. Rampollini, *In un bosche* 1582/08
-3+2+2-2-2-2-2 R. Rodio, *Dolci rubini e pe* 1587/12
-3+2+2-2-2-2-2 C. Rore, *Che giova dunque* 151589/06
-3+2+2-2-2-2-2 S. Rossetto, *Ecco pur ried* 1567/16

-3+2+2-2-2-2+3 F. Azzaiolo, *O pur donne be* 1559/19

-3+2+2-2-2-2+3 B. Tromboncino, *Ai maroni* 1507/04

-3+2+2-2-2-2+4 G. Boni, *Chi sei fanciu* 1598/07
-3+2+2-2-2-2+4 S. Felis, *S'amor non e ch* 1573/16
-3+2+2-2-2-2+4 G. Zarlino, *Si ch'ove prim'* 1570/15

-3+2+2-2-2-2+6 G. Nasco, *Signor tanto tuo* 1563/07

-3+2+2-2-2+3-2 G. Arpa, *Voria crudel torna* 1570/18
-3+2+2-2-2+3-2 F. Manara, *Pien d'un vago* 1548/08
-3+2+2-2-2+3-2 P. Nenna, *Qui si raggiona* 1582/12
-3+2+2-2-2+3-2 C. Rore, *Che giova dunque* 151589/06

-3+2+2-2-2-3+2 J. Arcadelt, *S'era forsi ri* 1539/24
-3+2+2-2-2-3+2 G. Marinis, *Cantava in riv'* 1596/13
-3+2+2-2-2-3+2 P. Monte, *Il gran Fattor ch* 1591/23
-3+2+2-2-2-3+2 A. Reulx, *S'io credessi pe* 1557/16

-3+2+2-2-2-3-2 L. Marenzio, *In quel ben na* 1582/04

-3+2+2-2-2-3+5 P. Nenna, *Qui si raggiona* 1582/12

-3+2+2-2-2+4+2 R. Montagnana, *Amor tu'l se* 1558/17

-3+2+2-2-2+4-2 G. Califano, *Spirto gentil ch* 1584/07
-3+2+2-2-2+4-2 R. Trofeo, *Come faro cor mi* 1600/17

-3+2+2-2-2-4+5 R. Montagnana, *Amor tu'l se* 1558/17

-3+2+2-2-2+5-3 M. Cara, *Deh dolce mia sign* 1507/03

-3+2+2-2-2+6-2 Anonymous, *Dolce ocioso son* 1516/02
-3+2+2-2-2+6-2 L. Marenzio, *In quel ben na* 1582/04

-3+2+2-2+3+2-2 G. Zarlino, *Si ch'ove prim'* 1570/15

-3+2+2-2+3-2+4 G. Primavera, *Tirenna mia* 1585/31

-3+2+2-2+3-2-5 A. Gabrieli, *Sonno diletto* 1594/08

-3+2+2-2+3-4-2 F. Laudis, *Dammi pu tanti* 1575/11

-3+2+2-2-3+2+2 A. Agostini, *Deh salvator de* 1572/07
-3+2+2-2-3+2+2 P. Bellasio, *Nell'arena can* 1578/21
-3+2+2-2-3+2+2 H. Chamatero, *Ridon'hor pe* 1561/13

-3+2+2-2-3+2+3 G. Contino, *Voi mi dite ma* 1561/15

-3+2+2-2-3+2-3 H. Lauro, *Non per noiarvi* 1517/02

-3+2+2-2-3-2+2 R. Giovanelli, *Alme ch'ornando* 1599/06

-3+2+2-2-3-2-2 G. Fogliano, *Occhi suavi* 1515/02

-3+2+2-2-3-2+5 G. Renaldi, *Si dolcemente* 1569/32

-3+2+2-2-3+3+2 G. Contino, *Voi mi dite ma* 1561/15

-3+2+2-2-3+3-2 M. Montelli, *Aprimi'l petto* 1599/06

-3+2+2-2+4-2+2 Anonymous, *Odi Giesu dilett* 1598/04

-3+2+2-2+4-2-2 A. Coma, *Vidi da duo bei lu* 1598/10
-3+2+2-2+4-2-2 S. Felis, *Hor sento quel ch* 1585/23
-3+2+2-2+4-2-2 G. Palestrina, *Anima dove* 1577/07
-3+2+2-2+4-2-2 V. Ruffo, *Io che di viver* 1555/31

-3+2+2-2+4-3+4 G. Bonagiunta, *O tu che mi* 1566/07

-3+2+2-2-4+2-2 M. Pesenti, *Poi che sor de* 1507/04

-3+2+2-2+5-3+2 G. Califano, *Qual donna can* 1584/07

-3+2+2-2-5+2+4 G. Zesso, *Deh non piu* 1507/04

-3+2+2-2-5-2+2 O. Lasso, *In un boschetto* 1559/23

-3+2+2-2-5-2+4 Anonymous, *D'amoroso dolor* 1598/04

-3+2+2-2-5+3-2 J. Lulinus, *Nel tempo che* 1514/02

-3+2+2-2-5-3+2 A. Coma, *Vidi da duo bei lu* 1598/10

-3+2+2-2-8+2+2 A. Striggio, *Mirate a quei* 1567/23

-3+2+2+3+2+2-2 Don Remigio, *Donna ab etern* 1599/06
-3+2+2+3+2+2-2 G. Policretto, *Chi vol vede* 1571/09

-3+2+2+3+2+2-3 G. Policretto, *Chi vol vede* 1571/09

-3+2+2+3+2+2-5 C. Rore, *Chi vol veder tutt* 1565/18

-3+2+2+3+2-2+2 G. Bonagiunta, *O bocca dolc* 1565/12

-3+2+2+3+2-2-2 N. Pifaro, *Di lassar tuo di* 1515/02

-3+2+2+3+2+3-2 B. Donato, *Quando madonna* 1570/21

-3+2+2+3+2-3+2 G. Bonagiunta, *A cas'un gio* 1565/12

-3+2+2+3+2-3-2 Anonymous, *Eccoti il core* 1566/05

-3+2+2+3+2-3+4 G. Policretto, *Vita della* 1571/09

-3+2+2+3-2-2+2 S. Baldis, *Nel principio ch* 1574/06
-3+2+2+3-2-2+2 H. Chamatero, *Prosperina ge* 1561/13
-3+2+2+3-2-2+2 M. Rampollini, *In un bosche* 1582/08

-3+2+2+3-2-2-2 Anonymous, *La biancha nev* 1516/02
-3+2+2+3-2-2-2 L. Mira, *Amor mi strugge* 1583/19
-3+2+2+3-2-2-2 P. Quagliati, *Tal da vostr'* 1591/12
-3+2+2+3-2-2-2 C. Rore, *Mentre lumi maggio* 1568/19
-3+2+2+3-2-2-2 A. Trombetti, *Si vi potess'ape* 1570/19
-3+2+2+3-2-2-2 B. Tromboncino, *Volsi oime* 1505/04
-3+2+2+3-2-2-2 O. Vecchi, *Con voce dai sos* 1585/35

-3+2+2+3-2-2+3 F. Roussel, *Io che con mill* 1555/31

-3+2+2+3-2-2+4 Anonymous, *La bella e vaga* 1600/12

-3+2+2+3-2-2+5 G. Primavera, *Tirenna mia* 1585/31

-3+2+2+3-2-3+2 S. Baldis, *Nel principio ch* 1574/06

-3+2+2+3-2-8+2 B. Tromboncino, *Dolci ire* 1510/

-3+2+2+3+3-2-2 L. Bati, *O Amarilli che si* 1594/11

-3+2+2+3-3+2+2 P. Vinci, *Donna voi che mir* 1564/20

-3+2+2+3-3-3+2 O. Lasso, *Misera che faro* 1589/06

-3+2+2+3-3-3+3 A. Trombetti, *Si vi potess'ape* 1570/19

-3+2+2+3-4+3-2 A. Martorello, *La man non* 1547/17

-3+2+2+3-4-5+4 Anonymous, *L'amor donna ch'* 1507/03

-3+2+2-3+2+2+2 Anonymous, *Vagando un giorn* 1516/02
-3+2+2-3+2+2+2 B. Donato, *Occhi lucenti as* 1550/19
-3+2+2-3+2+2+2 A. Formica, *D'un vago prat* 1594/17
-3+2+2-3+2+2+2 F. Luprano, *Vien da poi la* 1505/05
-3+2+2-3+2+2+2 F. Luprano, *Vana speranza* 1505/05

-3+2+2-3+2+2-2 G. Conversi, *Poi che m'hai* 1589/08
-3+2+2-3+2+2-2 J. Gero, *Privo di quel che* 1541/02
-3+2+2-3+2+2-2 C. Monteverdi, *E dicea l'un* 1597/13
-3+2+2-3+2+2-2 V. Ruffo, *Tanto fu'l tuo fa* 1563/07
-3+2+2-3+2+2-2 P. Vinci, *Queste mie note* 1567/24

-3+2+2-3+2+2+3 G. Dragone, *La prima volta ch* 1588/22
-3+2+2-3+2+2+3 A. Gabrieli, *Saranda volde* 1564/16

-3+2+2-3+2+2-3 Don Remigio, *Mentre del Cap* 1599/06
-3+2+2-3+2+2-3 P. Cesena, *O dolce diva mi* 1505/03
-3+2+2-3+2+2-3 A. Gabrieli, *Saranda volde* 1564/16
-3+2+2-3+2+2-3 L. Marenzio, *Perche adopra* 1583/12

-3+2+2-3+2+2+4 M. Gabbiani, *Sente d'Amor il* 1598/07
-3+2+2-3+2+2+4 G. Schiavetti, *Appariran pe* 1562/06

-3+2+2-3+2+2-4 C. Porta, *Verra mai'l dich* 1589/06

-3+2+2-5-4+3+2 C. Malvezzi, *La vita fugge* 1583/16

-3+2+2-5+5+2-3 S. Felis, *Di ch'ella mosso* 1583/14

-3+2+2-5+5-2+2 S. Felis, *Di ch'ella mosso* 1583/14

-3+2+2-5+5-2-2 Anonymous, *Di nott'e giorn* 1566/07
-3+2+2-5+5-2-2 F. Celano, *Cosi scolpit* 1566/09
-3+2+2-5+5-2-2 F. Luprano, *Fammi almen un* 1505/05
-3+2+2-5+5-2-2 B. Pallavicino, *Hor lieto* 1596/16
-3+2+2-5+5-2-2 C. Porta, *Non esser di me* 1598/07
-3+2+2-5+5-2-2 G. Primavera, *Tre villanell* 1569/31

-3+2+2-5+5-2+3 G. Gostena, *Hor su non cica* 1589/13

-3+2+2-5+5-2-3 G. Primavera, *Si vedra prima* 1569/31

-3+2+2-5+5-2-5 Anonymous, *Se cerch'il tuo* 1580/06

-3+2+2-5+5+3+2 G. Primavera, *Se le lacrim* 1569/31

-3+2+2-5+5+3-3 G. Moro, *A pie di questo fo* 1585/28

-3+2+2-5+5-3+2 Anonymous, *Di vedoe me vogl* 1571/07
-3+2+2-5+5-3+2 C. Malvezzi, *La vita fugge* 1583/16
-3+2+2-5+5-3+2 P. Nenna, *Dalla piu bella* 1582/12
-3+2+2-5+5-3+2 C. Porta, *Ma a che dolermi* 1589/06
-3+2+2-5+5-3+2 A. Striggio, *Fra i vaghi* 1591/23

-3+2+2-5+5-3+3 G. Primavera, *Na vechia tra* 1569/31

-3+2+2-5+5+4-2 C. Malvezzi, *La vita fugge* 1583/16
-3+2+2-5+5+4-2 R. Vecoli, *Io canterei d'am* 1577/10

-3+2+2-5+5-4+2 G. Califano, *Qual donna can* 1584/07

-3+2+2-5+5-4+5 Don Remigio, *Che luce e que* 1599/06
-3+2+2-5+5-4+5 G. Nanino, *Quivi che piu* 1586/18

-3+2+2-5+5+5-2 Anonymous, *Ogni cosa ch'io* 1598/04

-3+2+2-5+5-5+2 G. Moro, *A pie di questo fo* 1585/28

-3+2+2-5+5-5-3 M. Cara, *La fortuna vol cos* 1504/04

-3+2+2-5+5-5+4 Anonymous, *Tu core mio si* 1567/17

-3+2+2-5+5-5+5 A. Willaert, *Madonna mia fa* 1548/11

-3+2+2-5+5-5+6 F. Gherardini, *In me riguard* 1585/24

-3+2+2-5+5-8+4 P. Nenna, *Dalla piu bella* 1582/12

-3+2+2-5+6-5+4 P. Nenna, *Amorose faville* 1582/12

-3+2+2-5+8-2+2 C. Malvezzi, *Come in un pun* 1583/16
-3+2+2-5+8-2+2 P. Vinci, *Queste mie note* 1567/24

-3+2+2-5+8-2-2 Anonymous, *Resta in pace di* 1505/03
-3+2+2-5+8-2-2 V. Bellhaver, *Pur cosi vuo* 1568/16
-3+2+2-5+8-2-2 G. Califano, *Qual donna can* 1584/07
-3+2+2-5+8-2-2 C. Morales, *Ditemi o si* 1539/24
-3+2+2-5+8-2-2 G. Nasco, *Come si m'accende* 1557/25
-3+2+2-5+8-2-2 G. Primavera, *Ardenti miei* 1565/17
-3+2+2-5+8-2-2 M. Rampollini, *In un bosche* 1582/08
-3+2+2-5+8-2-2 P. Verdelot, *Quando nascest* 1546/19
-3+2+2-5+8-2-2 P. Vinci, *Temprar potess'i* 1564/20

-3+2+2-5+8-2-3 Anonymous, *Fiamme che da be* 1594/15
-3+2+2-5+8-2-3 G. Califano, *Qual donna can* 1584/07

-3+2+2-5+8-2-5 Anonymous, *Stanca del suo* 1599/06

-3+2+2-5+8-3+2 G. Califano, *Qual donna can* 1584/07
-3+2+2-5+8-3+2 S. Molinaro, *Aspetto morte* 1599/15

-3+2+2-5+8-5+2 B. Faveretto, *Ma desio ben ch* 1598/07

-3+2+2-8+2+2+2 A. Bolognese, *Cantare vogli* 1573/17
-3+2+2-8+2+2+2 N. Pifaro, *Mentre lo sdegn* 1515/02

-3+2+2-8+2+2+4 M. Cara, *Poich'io ved* 1516/02

-3+2+2-8+2-2+2 G. Wert, *Gite negli antr'e* 1570/15

-3+2+2-8+2+4-2 Anonymous, *Ne cosi bello'i* 1559/18

-3+2+2-8+2-5+4 S. d'Aranda, *Dove speranza* 1571/12

-3+2+2-8+3+2+3 L. Bati, *O Amarilli che si* 1594/11

-3+2+2-8+3-2-2 P. Monte, *Io son si vago* 1593/05
-3+2+2-8+3-2-2 G. Wert, *Gite negli antr'e* 1570/15

-3+2+2-8+4-2-2 L. Bati, *Da begl'occhi ch'a* 1594/11

-3+2+2-8+4+3+2 Anonymous, *Amor e fatto cap* 1570/21

-3+2+2-8+5-3+2 M. Montelli, *Aprimi'l petto* 1599/06

-3+2-2+2+2+2+2 R. Giovanelli, *Vermiglio* 1589/11

-3+2-2+2+2+2-2 G. Anerio, *Piu larga a pove* 1599/06
-3+2-2+2+2+2-2 G. Primavera, *Tre donne bel* 1569/31
-3+2-2+2+2+2-2 R. Rodio, *Poscia ch'a voi* 1587/12

-3+2-2+2+2+2-3 F. Roussel, *Colei son'io* 1562/22

-3+2-2+2+2-2+2 G. Nola, *Io son farfalla* 1566/10
-3+2-2+2+2-2+2 G. Paratico, *Io son farfall* 1588/25
-3+2-2+2+2-2+2 H. Sabino, *Hor ritorni il* 1583/14
-3+2-2+2+2-2+2 P. Verdelot, *Igno soave ov* 1533/02

-3+2-2+2+2-2-5 G. Paratico, *Io son farfall* 1588/25

-3+2-2+2+2-3+4 A. Barges, *Madonna mia piet* 1550/18

-3+2-2+2+2-4+2 G. Cimello, *Non e lasso mar* 1549/31

-3+2-2+2+2-5+5 G. Primavera, *Tre donne bel* 1569/31

-3+2-2+2-2-2-2 M. Cara, *Vergine inmaculat* 1508/03

-3+2-2+2-2+3-3 L. Marenzio, *Con la sua ma* 1591/21
-3+2-2+2-2+3-3 G. Nola, *Ahi caro mio tesor* 1570/27

-3+2-2+2-2-4+3 A. Stabile, *Donna tue chiome* 1589/11

-3+2-2+2+4-2+3 Anonymous, *Se da poi la tu* 1505/03

-3+2-2+2+4-2-5 Anonymous, *Piangete occhi* 1505/04

-3+2-2+2-4+3+2 G. Primavera, *Chiuso gran* 1585/31

-3+2-2+2-4+5-3 D. Nicolo, *Ben sera crudel* 1508/03

-3+2-2-2+2+2+2 J. Lulinus, *Nel tempo che* 1514/02
-3+2-2-2+2+2+2 A. Nuvoloni, *Non gia de bos* 1592/12
-3+2-2-2+2+2+2 C. Rore, *Gravi pene in amo* 1561/11
-3+2-2-2+2+2+2 H. Sabino, *La bocca bacia* 1581/11

-3+2-2-2+2+2-2 M. Cara, *Piu non t'amo aib* 1509/02
-3+2-2-2+2+2-2 G. Nanino, *Hoggi che dolce* 1599/06
-3+2-2-2+2+2-2 B. Tromboncino, *Vergine bel* 1510/
-3+2-2-2+2+2-2 C. Veggio, *Lo strale che ta* 1540/19

-3+2-2-2+2+2-3 C. Antegnati, *Io mi sento* 1589/08
-3+2-2-2+2+2-3 B. Tromboncino, *Eterno mio* 1508/03
-3+2-2-2+2+2-3 B. Tromboncino, *Quando fia* 1510/

-3+2-2-2+2-2+2 Anonymous, *Tra i gigli e* 1595/03

-3+2-2-2+2-2-2 P. Cantino, *Un bel vis'e* 1588/18
-3+2-2-2+2-2-2 G. Maio, *Tu mi lassi io no* 1519/04
-3+2-2-2+2-2-2 H. Naich, *Dhe perche non po* 1544/16

-3+2-2-2+2-2+3 M. Cara, *Per fuggir d'amor* 1516/02

-3+2-2-2+2-2+4 A. Gabrieli, *Vergine ancell* 1589/14

-3+2-2-2+2-2+5 Anonymous, *Tra i gigli e* 1595/03

-3+2-2-2+2+3+2 G. Brocco, *Se non son degn* 1505/04

-3+2-2-2+2+3-2 A. Nuvoloni, *Non gia de bos* 1592/12

-3+2-2-2+2+3-3 Anonymous, *Amor se la mia* 1519/04

-3+2-2-2+2+3-4 J. Arcadelt, *Cosi mi guid'a* 1557/16

-3+2-2-2+2-3+2 S. Felis, *Signora la bellez* 1574/06
-3+2-2-2+2-3+2 A. Martorello, *Amor che la* 1547/17
-3+2-2-2+2-3+2 C. Rore, *Chi non sa com'Amo* 1557/24

-3+2-2-2+2-3-2 D. Nicolo, *Salve croce unic* 1508/03
-3+2-2-2+2-3-2 A. Striggio, *Poscia fra tan* 1579/02

-3+2-2-2+2-3+3 P. Bellasio, *Donna i begli* 1585/29
-3+2-2-2+2-3+3 S. Bertoldo, *Cosi dunque* 1561/15

-3+2-2-2+2-3+6 G. Gabrieli, *Quand'io ero* 1575/11

-3+2-2-2+2+4-2 C. Rore, *Io qui non miro pi* 1565/18

-3+2-2-2+2+4-3 P. Bellasio, *Donna i begli* 1585/29

-3+2-2-2+2-4+3 Anonymous, *Vergin luce amor* 1599/06

-3+2-2-2-2 G. Gabrieli, *Quand'io ero* 1575/11

-3+2-2-2-2+2+2 L. Barre, *Vaghe faville ang* 1544/17
-3+2-2-2-2+2+2 A. Marien, *Se si posasse so* 1584/09A
-3+2-2-2-2+2+2 G. Policretto, *Cosi piangend* 1571/09
-3+2-2-2-2+2+2 P. Stabile, *Nascan herbett* 1585/32
-3+2-2-2-2+2+2 A. Trombetti, *Tirsi morir* 1586/21
-3+2-2-2-2+2+2 B. Tromboncino, *Hor ivo sco* 1505/06
-3+2-2-2-2+2+2 S. Venturi, *Se di gigli di ros* 1596/17

-3+2-2-2-2+2-2 Anonymous, *Poi che uscito* 1507/03
-3+2-2-2-2+2-2 M. Mazzone, *Se del mio gra* 1570/18
-3+2-2-2-2+2-2 G. Nasco, *Come si m'accende* 1557/25
-3+2-2-2-2+2-2 B. Tromboncino, *Visto ho pi* 1506/03
-3+2-2-2-2+2-2 S. Venturi, *Se di gigli di ros* 1596/17

-3+2-2-2-2+2+4 Anonymous, *Ben che'l ciel* 1526/JEP
-3+2-2-2-2+2+4 F. Luprano, *Poi che speranz* 1509/02

-3+2-2-2-2+2+5 G. Paratico, *Di pianti* 1588/25

-3+2-2-2-2-2+2 Anonymous, *Stiamo amor a ve* 1554/28
-3+2-2-2-2-2+2 Anonymous, *Gionti siam ala* 1509/02
-3+2-2-2-2-2+2 M. Pesenti, *Alma gentil se* 1521/06

-3+2-2-2-2-2-2 N. Patavino, *Amor sempre* 1505/03
-3+2-2-2-2-2-2 M. Pesenti, *Sempre le come* 1504/04

-3+2-2-2-2-2+3 Anonymous, *Modo de cantar* 1505/05

-3+2-2-2-2-2+4 M. Cara, *O caldi mei suspir* 1505/05

-3+2-2-2-2-2+5 Anonymous, *Se io son la tu* 1507/04

-3+2-2-2-2-2+6 L. Milanese, *Alme celeste* 1507/04

-3+2-2-2-2-2+8 F. Ana, *Se non m'ami a ch* 1505/06

-3+2-2-2-2+3+2 L. Bati, *Altro da te non ce* 1594/11

-3+2-2-2-2+3-2 G. Conversi, *Se vi spiace ch* 1589/08
-3+2-2-2-2+3-2 A. Trombetti, *Tirsi morir* 1586/21

-3+2-2-2-2-3+2 F. Roussel, *Ivi senza ripos* 1559/16
-3+2-2-2-2-3+2 A. Senese, *Ingrata gelosia* 1515/02

-3+2-2-2-2-3+4 G. Gabrieli, *Quand'io ero* 1575/11

-3+2-2-2-2+4-3 G. Nola, *Amor m'ha fatto di* 1570/27

-3+2-2-2-2+5+2 C. Ardesi, *Celeste donna in be* 1597/19
-3+2-2-2-2+5+2 B. Tromboncino, *Se ben hor* 1504/04

-3+2-2-2-2+5-2 Anonymous, *Numquam fue pen* 1504/03

-3+2-2-2-2+5-3 Anonymous, *El servo che te* 1516/02
-3+2-2-2-2+5-3 L. Bati, *Altro da te non ce* 1594/11
-3+2-2-2-2+5-3 A. Mantovano, *Tintinami la* 1513/01

-3+2-2-2-2+5-5 G. Conversi, *Se vi spiace ch* 1589/08

-3+2-2-2-2-5 G. Vinciguerra, *Vu se la vi* 1570/17

-3+2-2-2-2+8-3 G. Dragone, *Scherzando l'au* 1586/09
-3+2-2-2-2+8-3 F. Roussel, *Dolce parlar ond* 1562/22

-3+2-2-2+3+2-2 P. Monte, *Puri lucenti liqu* 1561/15

-3+2-2-2-3+3+5 B. Tromboncino, *El focho* 1505/06

-3+2-2-2+4+2-2 C. Ardesi, *Celeste donna in be* 1597/19

-3+2-2-2+4+2+4 P. Vinci, *I vo piangendo* 1583/19

-3+2-2-2+4-2+2 M. Cara, *Poiche in van mia* 1526/06

-3+2-2-2+4-2-2 S. Bertoldo, *Cosi dunque* 1561/15
-3+2-2-2+4-2-2 G. Fogliano, *Si come all'ho* 1547/16

-3+2-2-2+4+3+2 P. Vinci, *I vo piangendo* 1583/19

-3+2-2-2+5-2-2 E. Dupre, *Se conviene a un* 1505/04

-3+2-2-2+5-2-3 F. Roussel, *Dolce parlar ond* 1562/22

-3+2-2-2+5-3+2 H. Chamatero, *Dove son quel* 1561/13

-3+2-2-2+5-5+5 P. Vinci, *I vo piangendo* 1583/19

-3+2-2-2-5+2+4 F. Roussel, *Io temo di cangiar* 1588/24

-3+2-2-2-5+8+2 C. Ardesi, *Celeste donna in be* 1597/19

-3+2-2-2+6-3-2 F. Guami, *Et hor veggio for* 1569/19

-3+2-2+3+2-2-2 F. Azzaiolo, *E d'una viduel* 1557/18
-3+2-2+3+2-2-2 A. Gabrieli, *Non fur giama* 1568/13

-3+2-2+3-2+2+2 A. Willaert, *Dove sei tu mi* 1548/09

-3+2-2+3-2-2+2 Olivier, *Dir si puo ben pe* 1561/11
-3+2-2+3-2-2+2 H. Chamatero, *Da begli occh* 1561/13

-3+2-2+3-2-2-2 A. Striggio, *Mentre nel pi* 1589/06
-3+2-2+3-2-2-2 P. Vinci, *Questa donn* 1583/19

-3+2-2+3-2-2+4 C. Rore, *Io qui non miro pi* 1565/18

-3+2-2+3+3+2-3 L. Agostini, *Donne mie car* 1572/07

-3+2-2+3-3+2+2 O. Caccini, *Se gli occhi tu* 1585/21
-3+2-2+3-3+2+2 G. Conversi, *Poi che m'hai* 1589/08

-3+2-2+3-3+2-2 P. Bellasio, *Saggio Signor* 1578/21
-3+2-2+3-3+2-2 M. Mazzone, *Amore sia bened* 1570/18
-3+2-2+3-3+2-2 P. Vinci, *Questa donn* 1583/19

-3+2-2+3-3-3+2 A. Ganassi, *Pastorella d'am* 1559/19

-3+2-2-3+2+2+2 Anonymous, *Non de tardar ch* 1505/06
-3+2-2-3+2+2+2 F. Luprano, *Noi l'amazone* 1509/02
-3+2-2-3+2+2+2 M. Santini, *Quest'e'l fonte* 1600/12
-3+2-2-3+2+2+2 A. Stabile, *L'alto Motor ch* 1590/15

-3+2-2-3+2+2-3 Anonymous, *Non fu si crudo* 1505/05
-3+2-2-3+2+2-3 B. Pallavicino, *Arte mi sia* 1596/16

-3+2-2-3+2-2-2 A. Stringari, *Non al suo am* 1514/02

-3+2-2-3+3+2+2 C. Perissone, *Pecca la donn* 1561/15

-3+2-2-3+3-2-2 A. Trombetti, *Questo e'l co* 1583/18

-3+2-2-3+3-2-3 A. Senese, *La virtu si e no* 1515/02

-3+2-2-3+5+2-2 L. Milanese, *Vinto da passion* 1517/02

-3+2-2-3+5-5+4 G. Nanino, *Cosi un leggia r* 1595/06
-3+2-2-3+8+2-3 O. Lasso, *Hora per far le* 1559/23
-3+2-2-3+8-2-2 V. Ruffo, *Verde piaggie fel* 1557/25
-3+2-2+4-2+2-3 N. Roiccerandet, *Tira tira* 1566/10
-3+2-2+4-2+2-4 M. Cara, *Discalza e discalz* 1526/06
-3+2-2+4-2-2+2 F. Azzaiolo, *Girometta senz* 1559/19
-3+2-2+4-2+3-2 H. Chamatero, *Dove son quel* 1561/13
-3+2-2+4-2-3+3 Anonymous, *Spirto del ciel* 1580/06
-3+2-2+4-2-3+4 G. Scotto, *O dio che notte'* 1571/11
-3+2-2+4-3+2+2 C. Stellatello, *S'io mirand* 1587/12
-3+2-2+4+4+2-2 A. Stabile, *L'alto Motor ch* 1590/15
-3+2-2-4+4+2-2 P. Nenna, *Torna amato mio* 1594/08
-3+2-2-4+4+3-2 G. Pizzoni, *Quando madonna* 1582/14
-3+2-2-4+4-4+8 A. Marien, *Se si posasse so* 1584/09A
-3+2-2-4+5-2-2 A. Marien, *Se si posasse so* 1584/09A
-3+2-2-5+4-3+2 M. Cara, *Credo ben puro ch* 1505/04
-3+2-2-5+5-3+5 P. Monte, *Se non fusse il* 1573/16
-3+2-2+6+2-2-4 P. Bellasio, *Saggio Signor* 1578/21
-3+2-2+6-2+2+2 C. Ardesi, *Hor che vedere* 1597/19
-3+2-2+6-2-2-2 G. Ferretti, *Sei tanto grat* 1589/08
-3+2+3+2-2-2+2 G. Primavera, *Virtu senno* 1585/31
-3+2+3-2+2-2-3 M. Cara, *Poiche in van mia* 1526/06
-3+2+3-2+2+3-2 F. Soto, *Benedit'il Signor* 1599/06
-3+2+3-2+2+3-3 F. Luprano, *Tutto el mondo* 1505/05
-3+2+3-2+2-3+2 Anonymous, *Come corre la Le* 1562/10
-3+2+3-2-2+2+2 Anonymous, *Lassa el cieco* 1505/05
-3+2+3-2-2+2-2 Anonymous, *Lassa el cieco* 1505/05
-3+2+3-2-2+2-2 O. Vecchi, *Sara possibil ma* 1585/35
-3+2+3-2-2+2-3 C. Perissone, *Ditemi o Div* 1557/25
-3+2+3-2-2+2-4 P. Vinci, *Scielto fior de* 1584/11
-3+2+3-2-2+2-5 A. Stabile, *Vincono a mezz* 1585/32
-3+2+3-2-2-2+2 Anonymous, *Li toi capelli* 1570/21
-3+2+3-2-2-2+2 P. Monte, *Ardo si ma non t'* 1585/17
-3+2+3-2-2-2-2 Anonymous, *Maledecto sia* 1506/03
-3+2+3-2-2-2-2 G. Blotagrio, *Amor io non* 1594/07
-3+2+3-2+3-3-3 V. Ruffo, *Qual piu scontent* 1557/25
-3+2+3-2+3+4-2 F. Sole, *Se voi bramate amo* 1594/16
-3+2+3-2-3+2-4 C. Merulo, *Ingiustissimo am* 1562/06
-3+2+3-2+4-3+2 G. Rognoni, *Liet'e vezzos'A* 1600/17
-3+2+3-2+4-3-2 G. Nanino, *Alma Vergin gent* 1599/06
-3+2+3-2+4-8+2 G. Nanino, *Ami chi vuol'ama* 1599/06
-3+2+3-2+5-3+2 P. Monte, *Gia verde e fort* 1589/06
-3+2+3-2-5+4+3 A. Pacelli, *Per suoi figli* 1592/05
-3+2+3-2-5+8-2 F. Soto, *Benedit'il Signor* 1599/06
-3+2+3-2-5+8-5 F. Luprano, *Tutto el mondo* 1505/05
-3+2+3-2+6-3 G. Rognoni, *Liet'e vezzos'A* 1600/17
-3+2+3+3-2-3-2 R. Montagnana, *Donne voi ch* 1558/17
-3+2+3-3+2+2-2 E. Bonizzoni, *S'io dico il* 1569/25
-3+2+3-3+2+2-3 A. Perugino, *Gettara prim'a* 1570/19
-3+2+3-3+3-2-2 G. Pizzoni, *Pero si guarda ogn* 1582/14
-3+2+3-4+3-2-2 G. Caimo, *Torna torna pensi* 1586/19
-3+2-3+2+2+2+2 J. Arcadelt, *Sostenete que* 1544/16
-3+2-3+2+2+2+2 P. Vinci, *Et se pur s'arma* 1584/11
-3+2-3+2+2+2-2 Anonymous, *Da poi nocte vie* 1507/04
-3+2-3+2+2+2-2 C. Todino, *Quanto piu pens* 1566/10
-3+2-3+2+2+2-3 Anonymous, *Che non puo far* 1577/08
-3+2-3+2+2-2+2 Anonymous, *Levati su homai,* 1563/06
-3+2-3+2+2-2+2 Anonymous, *Lamentomi damor* 1505/03
-3+2-3+2+2-2+2 F. Luprano, *Non si po quel* 1506/03
-3+2-3+2+2-2+2 P. Monte, *Anima dove vai do* 1583/15
-3+2-3+2+2-2+2 C. Rore, *Io benedic'il loc* 1548/09
-3+2-3+2+2-2+2 B. Tromboncino, *Debb'io spe* 1513/01
-3+2-3+2+2-2-2 Anonymous, *Di spietto de st* 1557/19
-3+2-3+2+2-2-2 L. Fogliano, *Fortuna d'un* 1509/02
-3+2-3+2+2-2-3 C. Rore, *Io benedic'il loc* 1548/09
-3+2-3+2+2-3+2 N. Brocco, *Me levava una ma* 1517/02
-3+2-3+2+2-3+2 B. Lupacchino, *No text.* 1591/19
-3+2-3+2+2-3+3 G. Nasco, *Alma se stata fos* 1559/16
-3+2-3+2-2+2+2 S. Dentice, *Del Sol e d'ogn* 1599/06
-3+2-3+2-2+2+3 S. d'Aranda, *Occhi cagion* 1571/12
-3+2-3+2-2+2+3 V. Ruffo, *S'io vi son'impor* 1555/31
-3+2-3+2-2-2+2 G. Nanino, *Mentre ti fui* 1582/04
-3+2-3+2-2-2-3 J. Arcadelt, *Quel si grave* 1557/16
-3+2-3+2-2-2+5 G. Nanino, *Mentre ti fui* 1582/04
-3+2-3+2-2+3-3 Anonymous, *Gia fu presa da te* 1563/06
-3+2-3+2-2+4-3 C. Rore, *Ardir senno virtu* 1544/17
-3+2-3+2+3+2-3 H. Chamatero, *Da begli occh* 1561/13
-3+2-3+2+3-2+2 A. Willaert, *Dove sei tu mi* 1548/09
-3+2-3+2+3-2-2 F. Celano, *Non mi pensava* 1566/10
-3+2-3+2+3+3-2 G. Dragone, *Credi tu per fu* 1588/22
-3+2-3+2+3+4-4 H. Tastavin, *Se mai pianse* 1571/09
-3+2-3+2-3+2+2 I. Baccusi, *Dir si suol fel* 1572/09
-3+2-3+2-3+2+2 F. Luprano, *Non si po quel* 1506/03
-3+2-3+2-3+2+2 G. Massarengo, *Correte aman* 1591/22
-3+2-3+2-3+2+2 G. Metallo, *Chi vuole dopo* 1577/09
-3+2-3+2-3+2-2 F. Portinaro, *S'allegro'l* 1562/22
-3+2-3+2-3+2-3 Anonymous, *Boccuccia d'uno* 1537/05
-3+2-3+2-3+2-3 L. Bati, *O Amarilli che si* 1594/11
-3+2-3+2-3+2-3 A. Dueto, *Nel mezzo del gia* 1590/17
-3+2-3+2-3+2-3 F. Gherardini, *Non e quest* 1585/24
-3+2-3+2-3+2-3 S. Venturi, *Occhi piangete* 1598/14

-3+2-3+2-3+2-4 A. Dueto, *Nel mezzo del gia* 1590/17

-3+2-3+2-3+2-5 L. Marenzio, *Nel piu fiorito* 1589/08

-3+2-3+2-3+2+8 G. Macque, *E i travagliatia* 1595/06

-3+2-3+2-3-2+2 S. Festa, *S'el pensier che* 1526/06

-3+2-3+2-3-2+3 Anonymous, *Mai non vien que* 1516/02
-3+2-3+2-3-2+3 V. Ruffo, *Veggio ben quant* 1555/31

-3+2-3+2-3+3+2 Anonymous, *Perche fai buon* 1598/04

-3+2-3+2-3+4-3 V. Ruffo, *Veggio ben quant* 1555/31

-3+2-3+2-3+5-2 A. Morsolino, *Sospir ch'err* 1594/15

-3+2-3+2+4+2-3 P. Vinci, *Datemi pace o dur* 1567/24

-3+2-3+2+4-2-2 L. Marenzio, *Con la sua ma* 1591/21

-3+2-3+2-4+4-2 H. Parabosco, *Anima bella* 1544/17

-3+2-3+2+5-2-2 O. Antinori, *Mi parto a di* 1505/03

-3+2-3+2-5+3+2 A. Dueto, *Nel mezzo del gia* 1590/17

-3+2-3+2-5+3-2 G. Califano, *Non mi toglia* 1584/07

-3+2-3-2+2+2+2 Anonymous, *Stommi qui al mo* 1563/06
-3+2-3-2+2+2+2 Anonymous, *Ingrata donna al* 1506/03
-3+2-3-2+2+2+2 G. Ferretti, *Dolc'amorose* 1589/08
-3+2-3-2+2+2+2 C. Montemayor, *O Donna glor* 1599/06
-3+2-3-2+2+2+2 G. Nasco, *Solo e pensoso* 1559/16
-3+2-3-2+2+2+2 G. Primavera, *Tre donne bel* 1565/17
-3+2-3-2+2+2+2 B. Tromboncino, *Se ben fugo* 1506/03

-3+2-3-2+2+2-2 S. Cornetto, *Occhi piangete* 1581/07
-3+2-3-2+2+2-2 B. Lupacchino, *No text* 1591/19

-3+2-3-2+2+2-3 A. Gabrieli, *Giovane donna* 1568/13
-3+2-3-2+2+2-3 G. Lombardo, *Non son ris'av* 1598/08

-3+2-3-2+2-2+2 Anonymous, *Come t'haggio la* 1555/30

-3+2-3-2+2-2-2 Anonymous, *Cosi son'io nel* 1559/18
-3+2-3-2+2-2-2 Anonymous, *Veramente in Amo* 1585/21
-3+2-3-2+2-2-2 Anonymous, *Cosi son'io nel* 1559/18
-3+2-3-2+2-2-2 B. Tromboncino, *Animoso mi* 1516/02

-3+2-3-2+2-2+4 S. Venturi, *Baci e pur bac* 1598/14

-3+2-3-2+2-2-4 B. Pallavicino, *Non mi ferir* 1596/16

-3+2-3-2+2-2+5 B. Pallavicino, *Non mi ferir* 1596/16

-3+2-3-2+2-3+2 S. Venturi, *Occhi piangete* 1598/14

-3+2-3-2+2-3-3 F. Luprano, *Vale valde deco* 1509/02

-3+2-3-2+2-5+2 P. Monte, *La dolce vista* 1583/15

-3+2-3-2-2+6-2 P. Monte, *Ahi chi mi rompe* 1585/18
-3+2-3-2-2+6-2 B. Tromboncino, *Ben sera cr* 1508/03

-3+2-3-2+3-2-2 A. Martorello, *O piu ch'alt* 1547/17

-3+2-3-2-3+6-2 G. Fogliano, *Dolor crudel* 1547/16

-3+2-3-2+4+2+2 A. Marien, *Levan di terra* 1584/09A

-3+2-3-2+4-2+4 F. Luprano, *Poi che speranz* 1509/02

-3+2-3-2+4-3+2 Anonymous, *Chi non ama te M* 1563/06

-3+2-3-2+4-3+4 Alardino, *Passa la nave mi* 1561/16

-3+2-3-2+4-3+5 A. Gabrieli, *I vid'in terr* 1562/06

-3+2-3-2+4-3+8 A. Gossvino, *Non trovo cos* 1575/11

-3+2-3-2-4+2-2 C. Rore, *Io benedic'il loc* 1548/09

-3+2-3-2-4+4-4 R. Giovanelli, *E da verdi* 1595/06

-3+2-3-2-4+4-5 G. Ferretti, *Dolc'amorose* 1589/08

-3+2-3-2-4+8-3 G. Croce, *Ben mio quando* 1590/15

-3+2-3-2+5+2+2 Anonymous, *Dolc'amorose e* 1565/17
-3+2-3-2+5+2+2 B. Tromboncino, *Se mai nei* 1507/04

-3+2-3-2+5+2-2 Alardino, *Passa la nave mi* 1561/16

-3+2-3-2+5-2+2 F. Luprano, *Non si po quel* 1506/03

-3+2-3-2+5-3+2 G. Antiquis, *Donne noi siam* 1574/06
-3+2-3-2+5-3+2 G. Fogliano, *Dolor crudel* 1547/16

-3+2-3-2+5-3+3 G. Ferretti, *Dolc'amorose* 1589/08

-3+2-3-2+5-3-4 G. Primavera, *S'io esca viv* 1585/31

-3+2-3-2+5-4+2 P. Monte, *La dolce vista* 1583/15

-3+2-3-2+6+3-2 G. Primavera, *Noi quattro* 1569/31

-3+2-3-2+8-2+2 P. Stabile, *Fuggi spirto ge* 1585/32

-3+2-3+3+2+2+3 C. Rore, *Io qui non miro pi* 1565/18

-3+2-3+3-2-2-2 L. Bellanda, *O piu bella de* 1599/13
-3+2-3+3-2-2-2 C. Rore, *Io qui non miro pi* 1565/18

-3+2-3-3+2+2-2 B. Donato, *Credime vita mi* 1550/19

-3+2-3-3+2+2-3 N. Parma, *Cintia mia dolce* 1586/09

-3+2-3-3+2-3+2 A. Striggio, *Pero non e for* 1586/10

-3+2-3-3+3+3-2 P. Parma, *Ma perche cruda* 1562/15

-3+2-3-3+8+2+2 V. Ruffo, *Non rumor di tamb* 1549/31

-3+2-3+4+2+2-4 O. Vecchi, *Donna se vaga se* 1585/35

-3+2-3+4+2-3+2 G. Macque, *Amor e'l ver fu* 1583/15

-3+2-3+4-2+2+2 J. Arcadelt, *Quest'e la fed* 1539/24

-3+2-3+4-2+2+3 N. Pifaro, *Se per mio fide* 1505/04

-3+2-3+4-2+2-8 L. Balbi, *Nave afflitta son* 1598/06

-3+2-3+4-2-2+2 B. Faveretto, *Ma desio ben ch* 1598/07
-3+2-3+4-2-2+2 V. Ruffo, *Qual sguardo fia* 1598/10

-3+2-3+4-2-2-2 M. Hermann, *Hor su hor su* 1552/23
-3+2-3+4-2-2-2 O. Lasso, *Vostro fui, vostr* 1559/23

-3+2-3+4-2+3-3 G. Palestrina, *Dido che gia* 1586/09

-3+2-3+4-2-3+3 H. Chamatero, *Da begli occh* 1561/13

-3+2-3+4-2-3+4 Anonymous, *Forestieri alla* 1506/03

-3+2-3+4-2-4+5 H. Chamatero, *Da begli occh* 1561/13

-3+2-3+4-3+2+2 J. Gero, *Che poss'io piu s'* 1541/14

-3+2-3+4-3+2-2 J. Gero, *Che poss'io piu s'* 1541/14

-3+2-3+4-3-2+4 C. Rore, *Ardir senno virtu* 1544/17

-3+2-3+4-3+4-2 C. Rore, *Ond'io ch'al dolc* 1591/23

-3+2-3+4-3+4-4 A. Gabrieli, *Giovane donna so* 1568/13

-3+2-3+4+4-5-3 S. Cornetto, *Occhi piangete* 1581/07

-3+2-3+4-5+2+2 P. Vinci, *Datemi pace dur* 1567/24

-3+2-3+4-5+4-5 M. Varotto, *Prometter vi po* 1586/19

-3+2-3-4+2+2-4 P. Clerico, *Quand'il tempo ch* 1562/15

-3+2-3-4+4-2-3 N. Parma, *Cintia mia dolce* 1586/09

-3+2-3+5-3-4+4 F. Portinaro, *Dolci labr'ov'* 1563/13

-3+2-3+5-5+8-2 F. Baseo, *S'io t'hagio amat* 1573/17

-3+2-3-5+2+4-2 S. Venturi, *Occhi piangete* 1598/14

-3+2-3+6-2-2-2 Anonymous, *Ben sai ch'un* 1583/13

-3+2-3+6-2-2-5 Anonymous, *Ben sai ch'un* 1583/13

-3+2-3+7-2-2-2 G. Gabrieli, *Dolci care par* 1589/14

-3+2-3+8-2-2-2 F. Vecoli, *Mai passi volg'a* 1575/16

-3+2-3+8-3+2-3 V. Ruffo, *Non rumor di tamb* 1549/31

-3+2+4+2+2-2-5 I. de Vento, *Pace non trov* 1575/11

-3+2+4+2+2-3+2 O. Lasso, *Hor che la nuova* 1575/11

-3+2+4+2-2-2+2 C. Merulo, *Vivea solo per* 1570/15

-3+2+4+2-2-4+4 L. Marenzio, *Qual vive Sala* 1583/14

-3+2+4+2-4+5-2 M. Cara, *Amor del mio valo* 1509/02

-3+2+4-2+2-3+3 G. Animuccia, *Beato il cie* 1574/04

-3+2+4-2-2+2+2 A. Marien, *Una parte del* 1584/09A

-3+2+4-2-2-2-2 Anonymous, *Fortuna desperat* 1504/03

-3+2+4-3+2-3+2 A. Marien, *Tu c'hai per arr* 1584/09A

-3+2+4-3+2-3-3 B. Tromboncino, *Integer vit* 1513/01

-3+2+4-3-2+5-3 A. Marien, *Tu c'hai per arr* 1584/09A

-3+2+4-3-3+5-2 A. Marien, *Tu c'hai per arr* 1584/09A

-3+2+4-4-2+8-3 A. Willaert, *Dulce padrun* 1564/16

-3+2+4-5+2+2-2 G. da Nola, *Datemi pace* 1573/16

-3+2+4-5+2-5+5 S. Rossetto, *Se dov'e'l so* 1568/13

-3+2-4+2+2-2+2 L. Courtoys, *In somm'amor* 1563/07

-3+2-4+2+2-2+4 C. Rore, *Poscia in pensar* 1548/10

-3+2-4+2+2-3+2 G. Marinis, *Tra le piu asco* 1596/13
-3+2-4+2+2-3+2 P. Nenna, *Di quella fiamma* 1582/12

-3+2-4+2+2-3+5 P. Nenna, *D'ogni ben casso* 1582/12
-3+2-4+2+2-3+5 C. Rore, *Datemi pace o dur* 1557/24

-3+2-4+2-2+2-2 B. Tromboncino, *Su su leva* 1517/02

-3+2-4+2-2+5-3 M. Cara, *Si ben sto lontan* 1509/02

-3+2-4+2-3+8-3 P. Vinci, *Voi sola mi pones* 1583/19

-3+2-4+2+4+2+2 P. Vinci, *Benigne stelle ch* 1584/11

-3+2-4+2+4+3-3 L. Marenzio, *Cantate Ninfe* 1589/08

-3+2-4-2+2+2+2 G. Veggio, *Deh non chinar* 1583/12

-3+2-4-2+2-3+2 G. Veggio, *Deh non chinar* 1583/12

-3+2-4+4-3-3+2 Anonymous, *Amorosi pensier* 1594/15

-3+2-4+4+4-3+2 G. Anerio, *Credan sia quest* 1599/06

-3+2-4+5+2-2-2 P. Verdelot, *Quando nascest* 1546/19

-3+2-4+5-2-2-2 A. Martorello, *La man non* 1547/17

-3+2-4+5+3-3-2 S. Cornetto, *S'Amor non e,* 1581/07

-3+2-4+5-5+5+3 A. Gabrieli, *Nel bel giardin* 1587/16

-3+2-4+5-5+8-2 B. Pallavicino, *Cara e dolc* 1586/09

-3+2+5-2-2-2-3 Anonymous, *Po piu un sdegn* 1505/06

-3+2+5-2-5+5-2 Anonymous, *Se tu con tanti* 1566/07

-3+2+5-3-3+3+2 A. Gossvino, *Non trovo cos* 1575/11

-3+2+5-5+2+2-4 O. Antinori, *Mi parto di* 1505/03

-3+2+5-8+3+2+2 C. Porta, *Ma a che dolermi* 1589/06

-3+2-5+2+2+2+2 R. Giovanelli, *Non son risa* 1598/08

-3+2-5+2+2-4+4 A. Marien, *Forse i devoti* 1584/09A

-3+2-5+2+2-5+5 A. Romano, *Vergin ch'in que* 1599/06

-3+2-5+2-2+2-2 F. Ana, *Occhi mei troppo* 1505/03

-3+2-5+2+3-2-2 G. Ferretti, *Occhi non occh* 1594/08
-3+2-5+2+3-2-2 A. Martorello, *Cangiato ho* 1547/17

-3+2-5+2+5-2-2 H. Fiorino, *Tirsi dolente* 1586/10

-3+2-5+2+5-5+5 S. Baldis, *Nel principio ch* 1574/06

-3+2-5-2+2+2+4 N. Pifaro, *Piangete i occh* 1515/02

-3+2-5-2-3+2-4 G. Ferretti, *Occhi non occh* 1594/08

-3+2-5+3+2+2+2 F. Gherardini, *Io vi porto* 1585/24

-3+2-5+4+2+2-4 N. Pervue, *Pianta gentil ch* 1583/10

-3+2-5+4+3+2-2 R. Vecoli, *E se gli avien ch* 1577/10

-3+2-5+4+3-3+2 G. Renaldi, *Dolci rosate la* 1569/32

-3+2-5+4-3+6-2 F. Manara, *Pien d'un vago* 1548/08

-3+2-5+4-4+5-2 C. Malvezzi, *Non posso al* 1583/16

-3+2-5+4+5-4-4 L. Bati, *Cessate il piant'o* 1594/11

-3+2-5+5+2+2-3 G. Arpa, *Con ceppi e con ca* 1570/18

-3+2-5+5+2+3-2 A. Gabrieli, *Piangeranno* 1589/14

-3+2-5+5-3+4-2 C. Rore, *Conobbi alhor si* 1548/09

-3+2-5+6-5+4-5 Anonymous, *Non trovo pace* 1565/12

-3+2-5+8-2-2-2 P. Clerico, *Ma perche crud* 1562/15

-3+2-5+8-3+2-5 G. da Nola, *Datemi pace* 1570/27

-3+2+8-3-2-2+5 F. Ana, *Ma de cancher le* 1505/06

-3-2+2+2+2+2+2 L. Agostini, *I piango & ell* 1572/07
-3-2+2+2+2+2+2 A. Gabrieli, *Che tal hor re* 1589/06

-3-2+2+2+2+2-2 L. Bati, *Il piu bel Pastore* 1594/11
-3-2+2+2+2+2-2 J. Gero, *Quando madonna gl* 1541/02
-3-2+2+2+2+2-2 R. Montagnano, *Quand'il soa* 1558/17
-3-2+2+2+2+2-2 C. Rore, *Vaghi pensieri ch* 1568/19
-3-2+2+2+2+2-2 C. Verdonch, *A che piu strali* 1594/07

-3-2+2+2+2+2-3 H. Chamatero, *Ite caldi sos* 1569/26
-3-2+2+2+2+2-3 F. Sole, *Disse Clori a Mirt* 1598/07

-3-2+2+2+2+2-5 Anonymous, *S'el te piaque* 1505/03

-3-2+2+3+2+2-2 L. Agostini, *Donna felice* 1572/07
-3-2+2+3+2+2-2 Anonymous, *Dolc'amorose* 1565/17

-3-2+2+3+2-2-2 Anonymous, *Come po far el* 1510/

-3-2+2+3-2+2-2 C. Rore, *Chi con eterna leg* 1548/08

-3-2+2+3-2+2-3 G. Nanino, *Laurora e'l giorn* 1586/18
-3-2+2+3-2+2-3 P. Vinci, *Piacciavi adunqu* 1567/24

-3-2+2+3-2+2+4 G. Nanino, *Laurora e'l giorn* 1586/18

-3-2+2+3-2+2-4 G. Nanino, *Da vaghe perle* 1586/18
-3-2+2+3-2+2-4 C. Rore, *Chi con eterna leg* 1548/08

-3-2+2+3-2+2-8 G. Nanino, *Laurora e'l giorn* 1586/18

-3-2+2+3-2-2+2 G. Nasco, *Come si m'accende* 1557/25
-3-2+2+3-2-2+2 G. Paratico, *Fin che certo* 1588/25

-3-2+2+3-2-2-2 Anonymous, *Se mai fo tuo* 1505/06
-3-2+2+3-2-2-2 L. Bellanda, *O Musa tu che* 1599/13
-3-2+2+3-2-2-2 G. Caimo, *Partomi donna* 1586/19
-3-2+2+3-2-2-2 J. Gero, *Donna chi vi conos* 1541/14
-3-2+2+3-2-2-2 F. Viola, *Siepi ch'il bel* 1548/08

-3-2+2+3-2-3+2 N. Pifaro, *Fora son d'ogni* 1506/03

-3-2+2+3+3-2+3 B. Donato, *Quanto debb'alle* 1550/19

-3-2+2+3-3+2+2 G. Antiquis, *Donne noi siam* 1574/06

-3-2+2+3-3-2+2 Anonymous, *S'io son da te* 1506/03

-3-2+2+3-4+2+2 G. Pizzoni, *Misero me in ch* 1582/14

-3-2+2+3+5-3-3 E. Dupre, *Chi lo sa e chi* 1507/03

-3-2+2+3-8+5-4 I. de Vento, *Mille lacciuo* 1569/19

-3-2+2-3+2+2-2 G. Antonio, *Io non posso la* 1566/09

-3-2+2-3+2-2 Anonymous, *Non voglio vive* 1598/04

-3-2+2-3+2+3+2 E. Romano, *Es de tal metal* 1514/02

-3-2+2-3+2+4+2 O. Vecchi, *Amante se ti pia* 1585/35

-3-2+2-3+2+4-3 H. Lauro, *Ecco la notte el* 1517/02

-3-2+2-3+2-5+4 J. Bodeo, *Se fussi si pieto* 1554/28
-3-2+2-3+2-5+4 G. Brocco, *Se non son degn* 1505/04

-3-2+2-3-2+2+2 B. Tromboncino, *Poi ch'el* 1507/03

-3-2+2-3+3+2+2 R. Rodio, *Pallida no, ma pi* 1587/12
-3-2+2-3+3+2+2 B. Spontone, *Amor e'l ver* 1570/15

-3-2+2-3+5-3+5 L. Bati, *Qui con si dolce* 1594/11

-3-2+2+4+2-3+4 Anonymous, *Tu mi tormenti* 1509/02

-3-2+2+4+2-5-2 G. Gabrieli, *O che felice* 1597/13

-3-2+2+4-2+3-2 G. Primavera, *Noi quattro* 1569/31

-3-2+2+4-2+4-5 F. Lasso, *Ardo si ma non t'* 1585/17

-3-2+2+4-2-5+3 A. Barges, *Quando ti vegg'a* 1550/18

-3-2+2-4 F. Gherardini, *Quasi guerrier* 1585/24

-3-2+2-4+2+2+3 Anonymous, *Ah chi mi rompe* 1595/03

-3-2+2-4+2+3-2 Anonymous, *Tra'l volere* 1510/

-3-2+2-4+3-4+2 Anonymous, *Ah chi mi rompe* 1595/03

-3-2+2-4+4+3-4 Anonymous, *Perche fai buon* 1598/04

-3-2+2-4+5+2-2 R. Vecoli, *Piangi Amor mec* 1577/10

-3-2+2-4+8-4+2 G. Primavera, *Ecco la notte* 1585/31

-3-2+2+5+2+2-2 B. Pallavicino, *Dunque Amin* 1596/16

-3-2+2+5-4-2+2 G. Gastoldi, *Dhe quai still* 1598/06

-3-2+2-5+3-4+2 L. Bati, *Se di cener'il vol* 1594/11

-3-2+2-5+4-3+2 Anonymous, *Chi promette* 1507/04

-3-2+2-6+4-3-2 A. Willaert, *Mi xe sta chel* 1564/16

-3-2+2+8-3-3+2 M. Cara, *Si ben sto lontan* 1509/02

-3-2-2+2+2+2+2 F. Anerio, *Fiamme che da begl* 1589/11
-3-2-2+2+2+2+2 O. Crisci, *Cio che'l Tago* 1581/11
-3-2-2+2+2+2+2 C. Merulo, *Caro amoroso ne* 1577/07
-3-2-2+2+2+2+2 P. Nenna, *E che per segno* 1582/12
-3-2-2+2+2+2+2 C. Perissone, *Che giova pos* 1547/14
-3-2-2+2+2+2+2 J. Sala, *Le bella arcate ci* 1585/29
-3-2-2+2+2+2+2 A. Stabile, *L'alto Motor ch* 1590/15
-3-2-2+2+2+2+2 S. Venturi, *Selvaggia mia che* 1596/17

-3-2-2+2+2+2-3 G. Palestrina, *Struggomi mi* 1561/10

-3-2-2+2+2-2+2 Anonymous, *Ave maria gratia* 1580/06

-3-2-2+2+2-2-2 E. Romano, *Tuo vago sguard* 1517/02

-3-2-2+2+2-2+3 C. Porta, *Questa mie rime* 1598/06

-3-2-2+2+2-2+4 A. Trombetti, *Donna che mil* 1583/18

-3-2-2+2+2+3-2 M. Cancino, *Pur mi pensai ch* 1590/21
-3-2-2+2+2+3-2 G. Scotto, *Amor lasciami st* 1571/11

-3-2-2+2+2+3-5 G. Gostena, *Sara pur vero* 1589/13

-3-2-2+2+2-3+2 V. Ruffo, *Salve Hippolite* 1555/31

-3-2-2+2+2-3+3 A. Gabrieli, *Tirsi vicino* 1589/14

-3-2-2+2-2+2+2 A. Savioli, *Arsi gia solo* 1600/16

-3-2-2+2-2+2-2 F. Ana, *Ligiermente o cor* 1505/03

-3-2-2+2-2+4+2 Anonymous, *O mia infelice* 1505/05

-3-2-2+2-2+4-2 Anonymous, *Ridendo mormoro* 1595/03

-3-2-2+2+3-2-2 P. Vinci, *Per pianto la mi* 1584/11

-3-2-2+2+3+3+2 B. Lupacchino, *O dolce mia* 1559/18

-3-2-2+2-3+2+2 Anonymous, *O dio che fossi* 1567/17

-3-2-2+2-3+2-2 Anonymous, *O dio che fossi* 1567/17

-3-2-2+2-3+2-3 G. Scotto, *Sento tal foco* 1571/11

-3-2-2+2-3-2+2 C. Baselli, *Faggi Pini & Ab* 1600/12

-3-2-2+2-3+4+3 R. Rodio, *Pallida no, ma pi* 1587/12

-3-2-2+2+4-2-3 D. Michele, *Se pur offessa* 1590/13

-3-2-2+2+4-4+4 G. Mosto, *Harebbe o Leonor* 1578/22

-3-2-2+2-4+2-3 B. Tromboncino, *Queste lacr* 1514/02

-3-2-2+2+5-5+8 G. Turnhout, *Vorria parlar* 1594/07

-3-2-2+2-5+2+2 Anonymous, *Ogni cosa ha el* 1506/03

-3-2-2+2-5-2-2 Anonymous, *Sorgi dal sonno* 1599/06

-3-2-2+2-5+5-3 F. Gherardini, *Non e quest* 1585/24

-3-2-2+2-5+8-2 R. Rodio, *M'accio che'l ve* 1587/12

-3-2-2+2-5+8-2 R. Vecoli, *Io canterei d'am* 1577/10

-3-2-2-2+2+2+2 G. Guami, *Qual piu scontent* 1575/11
-3-2-2-2+2+2+2 G. Mosto, *Si dolce m'e lang* 1578/22
-3-2-2-2+2+2+2 C. Rore, *Se com'il biondo* 1568/19

-3-2-2-2+2+2-2 S. Festa, *S'el pensier che* 1526/06
-3-2-2-2+2+2-2 B. Tromboncino, *Madonna la* 1517/02

-3-2-2-2+2+2+3 A. Gabrieli, *Vita de la mi* 1589/14

-3-2-2-2+2+2+4 F. Tumeo, *Non son ris'avice* 1598/08

-3-2-2-2+2+2-4 B. Tromboncino, *Poi che vol* 1505/04

-3-2-2-2+2-2+2 Anonymous, *Non te smarir co* 1505/05
-3-2-2-2+2-2+2 P. Bozi, *Smarrit'havea'l su* 1588/18

-3-2-2-2+2-2-2 Anonymous, *Chi e pregion de* 1509/02

-3-2-2-2+2-2+4 Anonymous, *Non te smarir co* 1505/05

-3-2-2-2+2-3+2 P. Stabile, *Deh dimm'Amor ch* 1585/31

-3-2-2-2+2+4-2 G. Mosto, *Ecco s'in questi* 1578/22

-3-2-2-2+2+4-4 A. Gabrieli, *Gloria Damon* 1594/08

-3-2-2-2+2+4-5 Anonymous, *Riseno i monti* 1505/05

-3-2-2-2+2-4-2 Anonymous, *Riseno i monti* 1505/05

-3-2-2-2+2-4+4 P. Nenna, *Vagh'herbe verdi* 1585/23

-3-2-2-2+2+5+3 P. Bozi, *Smarrit'havea'l su* 1588/18

-3-2-2-2+2+5-5 A. Gabrieli, *Gloria Damon* 1594/08
-3-2-2-2+2+5-5 R. Giovanelli, *Di vaghe fila* 1598/10

-3-2-2-2+2+8-2 J. Gero, *Amor che mi consig* 1541/14

-3-2-2-2-2+2+2 M. Cara, *Cangia spera mia* 1517/02
-3-2-2-2-2+2+2 G. Carrozza, *Son le ris'avi* 1598/08
-3-2-2-2-2+2+2 G. Foglia, *Vengo ate madre* 1508/03
-3-2-2-2-2+2+2 D. Nicolo, *Senza te alta re* 1508/03
-3-2-2-2-2+2+2 P. Verdelot, *Affliti spirt* 1533/02

-3-2-2-2-2+2+4 S. Molinaro, *Ma l'hore gi* 1599/15

-3-2-2-2-2-2+2 A. Striggio, *O vaga pastore* 1586/07

-3-2-2-2-2+4+2 M. Cara, *Fuggitava mia sper* 1505/04

-3-2-2-2-2+4-2 Anonymous, *Ave maria grati* 1508/03

-3-2-2-2-2+4-3 G. Maio, *Nasce del mio desi* 1519/04

-3-2-2-2-2+5+2 A. Mantovano, *Donna io temo* 1513/01

-3-2-2-2+3+2+2 S. Cornetto, *Gionto m'amor* 1581/07
-3-2-2-2+3+2+2 G. Ferretti, *Hier sera anda* 1589/08

-3-2-2-2+3-2+4 B. Tromboncino, *Chi non sa* 1506/03

-3-2-2-2+3-3+2 C. Rore, *O sonno o della qu* 1557/24

-3-2-2-2-3+8-3 A. Barges, *Passan madonna* 1550/18

-3-2-2-2+4-2+2 FF *Valle risposte e* 1510/
-3-2-2-2+4-2+2 V. Ruffo, *Qual sguardo fia* 1598/10

-3-2-2-2+4-2-2 Anonymous, *Anima christi sa* 1508/03
-3-2-2-2+4-2-2 Anonymous, *Come ti sofre* 1505/06

-3-2-2-2+4+3-5 Anonymous, *Laudata sempre* 1563/06

-3-2-2-2+4+4-3 A. Antico, *Voi che ascoltat* 1510/

-3-2-2-2+5+2+2 O. Lasso, *La notte che segu* 1561/10

-3-2-2-2+5+2-2 O. Lasso, *Io ho piu tempo* 1575/11

-3-2-2-2+5-2-2 Anonymous, *Muor'il giusto* 1598/04

-3-2-2-2+5+4+2 C. Acelli, *Chiudea al sonn* 1588/18

-3-2-2-2+5-5-3 L. Bati, *Questo fonte genti* 1594/11

-3-2-2-2-5+2+4 Anonymous, *Come ti sofre* 1505/06

-3-2-2-2-5+2+6 M. Cara, *In eterno io vogli* 1504/04

-3-2-2-2+6+2-2 R. Rodio, *So di che poc* 1587/12

-3-2-2-2+6-2-2 H. Fiorino, *Tirsi dolente* 1586/10
-3-2-2-2+6-2-2 C. Rore, *Com'havran fin le* 1548/08

-3-2-2+3+2+2+2 G. Dragone, *La prima volta ch* 1588/22

-3-2-2+3+2+2-5 F. Cornazzani, *Ardo si ma non* 1585/17

-3-2-2+3-2+2+2 Anonymous, *Si ch'i la vo se* 1563/06
-3-2-2+3-2+2+2 Anonymous, *Poi che uscito* 1507/03

-3-2-2+3-2+2+3 P. Nenna, *Dolce nemica mia* 1574/05

-3-2-2+3-2+2+5 F. Perissone, *Quai divener all* 1570/15

-3-2-2+3-2-2+4 A. Padovano, *Giovene donna so* 1562/22

-3-2-2+3-2-2-4 A. Stringari, *Non piu saett* 1514/02

-3-2-2+3-2-5-2 B. Tromboncino, *Vergine bel* 1510/

-3-2-2+3-2-5+8 G. Nanino, *Da vaghe perle* 1586/18

-3-2-2+3-4+2+5 R. Rodio, *Occhi ond'a mill* 1587/12

-3-2-2+3-4+3+2 A. Striggio, *Ecco ch'al bos* 1567/23

-3-2-2-3+2+2+2 J. Martin, *Venecioza* 1504/03

-3-2-2-3+2+5+2 R. Vecoli, *Non era landar* 1577/10

-3-2-2+4+2-3+2 Anonymous, *Muncho duole la* 1516/02

-3-2-2+4+2-3-4 R. Montagnano, *Di di in di* 1558/17

-3-2-2+4-2+2+2 G. Primavera, *Chi e fermat* 1585/31
-3-2-2+4-2+2+2 F. Roussel, *Ben sento di lo* 1562/22

-3-2-2+4-2+2-4 D(on) Timoteo, *Aqua aqua* 1509/02

-3-2-2+4-2-2+2 Anonymous, *Amor che rider* 1595/03
-3-2-2+4-2-2+2 Anonymous, *Con dolor vivo* 1515/02
-3-2-2+4-2-2+2 Anonymous, *Pien daffani* 1516/02
-3-2-2+4-2-2+2 N. Pifaro, *S'el te chara* 1506/03

-3-2-2+4-2-2+4 G. da Nola, *Cantare voglio* 1570/27

-3-2-2+4-3+2+2 G. Bonagiunta, *O tu che mi* 1566/07

-3-2-2+4-3-2+2 F. Roussel, *Ben sento di lo* 1562/22

-3-2-2-4+2+2+2 Anonymous, *Amores tristes* 1516/02

-3-2-2-4-2+8-4 M. Cara, *Occhi mei lassi po* 1505/05

-3-2-2-4+4+2+2 M. Cancino, *Che poi che'l* 1590/21

-3-2-2-4+4+2-5 O. Caccini, *L'hora ch'io* 1585/21

-3-2-2-4+5+2+3 O. Caccini, *L'hora ch'io* 1585/21

-3-2-2+5+2+2+2 P. Verdelot, *Quando benign* 1546/19

-3-2-2+5+2-2-2 R. Montagnano, *Et io da che* 1558/17
-3-2-2+5+2-2-2 B. Tromboncino, *Ben sera cr* 1508/03

-3-2-2+5+2-2+3 Anonymous, *Ne forza d'acqu* 1571/07

-3-2-2+5+2-2-5 P. Simoone, *Spargo el mio* 1515/02

-3-2-2+5-2-2-2 P. Verdelot, *Quando benign* 1546/19
-3-2-2+5-2-2+4 G. Foglia, *Io vorrei dio d'* 1537/07
-3-2-2+5-2-2+6 G. Paratico, *Partir conviem* 1588/25
-3-2-2+5-3-2-2 L. Marenzio, *Io partiro ma* 1594/07
-3-2-2+5-3-2-2 M. Pesenti, *Spenta m'hai de* 1507/03
-3-2-2+5-3-2-2 L. Viadani, *Mentre vago Aug* 1598/07
-3-2-2+5-3+3+4 L. Marenzio, *Io partiro ma* 1594/07
-3-2-2+5-3-3+2 G. Gallo, *Saciati Amor* 1597/20
-3-2-2+5+4-2-2 P. Stabile, *Vattene lieta* 1585/32
-3-2-2+5-4+4-2 O. Vecchi, *Sara possibil ma* 1585/35
-3-2-2+5-4+4+4 A. Striggio, *Non visse la* 1586/10
-3-2-2+5+5-2-2 F. Portinaro, *Come vagh'aug* 1563/13
-3-2-2+5-5+2+2 Anonymous, *O dolce amor Gie* 1563/06
-3-2-2+5-5+2-5 P. Stabile, *Vattene lieta* 1585/32
-3-2-2-5+2+2-2 R. Vecoli, *Torna il mio so* 1577/10
-3-2-2-5+2+3-5 P. Stabile, *Vattene lieta* 1585/32
-3-2-2+6-2-3-2 P. Stabile, *Vattene lieta* 1585/32
-3-2-2+6-3-2-2 G. da Nola, *Cantare voglio* 1570/27
-3-2-2+8+2-2-3 C. Porta, *Che se cio fols'i* 1592/15
-3-2-2+8-2-2+2 G. Renaldi, *L'empio tuo stral* 1569/32
-3-2-2+8-2-2-3 Anonymous, *Questi tuoi bion* 1594/15
-3-2-2+8-2-3+2 P. Stabile, *Vattene lieta* 1585/32
-3-2-2+8-2-5+2 L. Marenzio, *Io partiro ma* 1594/07
-3-2-2+8+3-2-2 P. Stabile, *Vattene lieta* 1585/32
-3-2-2+8-3+3+2 L. Bati, *O Amarilli che si* 1594/11
-3-2-2+8-4+3-2 F. Cornazzani, *Ardo si ma non* 1585/17
-3-2+3+2-3-2+2 A. Rossetto, *Che piu felic* 1505/03
-3-2+3+2-3-2+3 Anonymous, *Morir non puo'l* 1595/03
-3-2+3+2-3-2+3 A. Gabrieli, *A le guancie* 1587/16
-3-2+3+2-3-2+4 P. Vinci, *Chi non sa che ch* 1583/19
-3-2+3-2+2+2+2 A. Zoilo, *Vaghe luci alzi lumf* 1582/04
-3-2+3-2-2-2+2 P. Stabile, *Nascan herbette* 1585/32
-3-2+3-2-2-3+2 Anonymous, *Signor Giesu qua* 1563/06
-3-2+3-2-2+4-3 G. Dragone, *Crudel m'uccid* 1588/22
-3-2+3-2-2+5-2 Anonymous, *Ah chi mi rompe* 1595/03
-3-2+3-2+3-3+4 C. Rore, *Scielgan l'alma so* 1544/17
-3-2+3-2-3+4-2 P. Vinci, *Dunque perche mi* 1567/24
-3-2+3+3+2-5-5 N. Faignient, *Parmi veder* 1583/15
-3-2+3+3+2-5-5 P. Monte, *Ahi chi mi rompe* 1585/18
-3-2+3+4-3-2-2 H. Fiorino, *Dolci sospiri* 1592/14
-3-2+3-5+3+2-2 Anonymous, *Ridendo mormoro* 1595/03
-3-2-3+2+2+2-2 Nollet, *S'io potessi mira* 1544/22
-3-2-3+2-2+3-3 B. Tromboncino, *Per ben mi* 1510/
-3-2-3+2+3-2+2 F. Ana, *Vedo sdegnato amo* 1505/05
-3-2-3+2-3+2-3 M. Montelli, *Deh tram'in pa* 1599/06
-3-2-3+2-3-2-3 R. Montagnano, *Io non hebb* 1558/17
-3-2-3+2+4-3+2 Anonymous, *Ave del mare ste* 1598/04
-3-2-3-2-2-2-2 J. Arcadelt, *Qual senza mot* 1539/24
-3-2-3-2+4+2-4 Anonymous, *L'immensa luc'e* 1598/04
-3-2-3-2+8-2-2 S. Molinaro, *Ma l'hore gi* 1599/15
-3-2-3+3+2-3+2 R. Montagnano, *Con lei foss* 1558/17
-3-2-3+3-3+4-3 M. Cara, *Cangia spera mia* 1517/02
-3-2-3+4-2+2-3 A. Mantovano, *Doglia mia ac* 1513/01
-3-2-3+4-5+4+2 G. Nanino, *E l'imagini lor* 1586/18
-3-2-3+4-5+4-3 G. Nanino, *E l'imagini lor* 1586/18
-3-2-3+6+2-8-2 B. Tromboncino, *Se ben hor* 1504/04
-3-2-3+6-3+4+2 P. Vinci, *Che se'in princip* 1564/20
-3-2-3+8-2+2-2 M. Jhan, *Deh perche non e'i* 1546/19
-3-2+4+2+2+3-5 G. da Nola, *Io procaccio ma* 1560/10
-3-2+4+2+2+3-5 R. Montagnano, *Quand'il soa* 1558/17
-3-2+4+2+2-3+2 P. Bellasio, *E se per mort* 1578/21
-3-2+4+2+2-3-2 F. Viola, *Deh perche non cr* 1548/08
-3-2+4+2-2+2-2 P. Quagliati, *Quando del mi* 1583/14
-3-2+4+2-2-2+2 Anonymous, *O Giesu dolce,* 1563/06
-3-2+4+2-2-2-2 Anonymous, *Deh dolce Redent* 1563/06
-3-2+4+2-2-2-2 M. Cara, *Occhi mei lassi po* 1505/05
-3-2+4+2-2-5+5 A. Barges, *La manzi mia si* 1550/18
-3-2+4+2-3+2-2 S. d'Aranda, *Occhi cagion* 1571/12
-3-2+4+2-3+2-3 J. Arcadelt, *Giurando'l dis* 1539/24
-3-2+4+2-3-2+3 G. Renaldi, *Dolci rosate la* 1569/32
-3-2+4+2-3+4-3 Baldasar, *O Jesu dolce si* 1508/03
-3-2+4+2-4+4-5 H. Lauro, *Non me dir che no* 1517/02
-3-2+4+2-5+4-5 C. Schietti, *Ben posso dir* 1568/12
-3-2+4+2-5+8-4 G. Nanino, *Da vaghe perle* 1586/18
-3-2+4-2+2+2 S. Cornetto, *O del chiar'Ar* 1581/07
-3-2+4-2+2+2-2 L. Marenzio, *Guidate dolci* 1589/08
-3-2+4-2+2-2-2 M. Cara, *Per fugir la mia* 1520/07
-3-2+4-2+2-2-5 A. Stabile, *Cosi cosi davan* 1587/10
-3-2+4-2+2+3-2 B. Tromboncino, *Gli e pur* 1517/02
-3-2+4-2+2+3-3 C. Veggio, *Sia benedett'amo* 1540/19
-3-2+4-2+2-3+2 G. Mosto, *Chi e fermato di* 1578/22
-3-2+4-2+2-4+2 C. Malvezzi, *Tal che ben sc* 1586/07
-3-2+4-2+2-4+2 G. Mosto, *Chi e fermato di* 1578/22
-3-2+4-2+2-4+2 G. Nasco, *Cosi con dolor ta* 1567/16
-3-2+4-2+2-4+2 A. Willaert, *Dulce padrun* 1564/16

-3-2+5-2-2+2-2 O. Lasso, *Chi'l credera per* 1588/24
-3-2+5-2+4-4+2 O. Griffi, *Spesso il canto* 1591/12
-3-2+5+4-8+4+4 A. Cossuino, *Eolo crudel co* 1569/19
-3-2+5-4+3-5-3 V. Ruffo, *Qual sguardo fia* 1557/25
-3-2+5-5+2+2+2 G. Renaldi, *Ma se'l caldo* 1569/32
-3-2+5-5+4+2-4 Anonymous, *Scis'a una font'* 1565/12
-3-2+5-5+4+2-5 F. Ana, *Ma de cancher le* 1505/06
-3-2+5-5+8-3-2 G. Renaldi, *Non vedi amore ch* 1589/10
-3-2-5+2+2+2+2 L. Marenzio, *Bianchi Cigni* 1589/08
-3-2-5+3+2-2+6 L. Vecchi, *Fallace ardir* 1590/13
-3-2-5+3+3+4-2 Anonymous, *Un grand'abismo* 1583/04
-3-2-5+3+4+2-8 Anonymous, *Un grand'abismo* 1583/04
-3-2-5+3-4+4-5 A. Agostini, *Deh salvator de* 1572/07
-3-2-5+4+3-6+5 P. Quagliati, *Quando del mi* 1583/14
-3-2-5+5+3-2+2 L. Luzzaschi, *Filli al part* 1586/10
-3-2-5+5+4-5+2 Lerma, *Fra bei ginebri* 1558/13
-3-2-5+8-3-2-2 D. Caritheo, *Ogniuno dice* 1546/18
-3-2-5+8-3-3+2 C. Veggio, *Tant'e vostra be* 1540/19
-3-2-5+8-4+2-3 G. Massarengo, *Correte aman* 1591/22
-3-2+6-2-2-2+2 P. Vinci, *Queste mie note* 1567/24
-3-2+6-2-2-5+2 O. Lasso, *Come'l candido pi* 1577/07
-3-2+6-3-2+4-3 C. Rore, *Se voi poteste per* 1548/09
-3-2+6-3+3-4-2 G. Corfini, *Amor se tua mer* 1583/10
-3-2+6-3-3+2+2 F. Lasso, *Ardo si ma non t'* 1585/17
-3-2+8-2+2-4-4 R. Rodio, *Ardo si ma non t'* 1587/12
-3-2+8-2-2+2+2 P. Vecoli, *Io piango & ell* 1581/12
-3-2+8-2-3+2-2 C. Rore, *Ond'io spero ch'in* 1548/09
-3-2+8-3-2+4-3 N. Pifaro, *Spero pur mutar* 1515/02
-3-2+8-3+3-2-2 I. de Vento, *Mille lacciuo* 1569/19
-3-2+8-3+3-8+2 A. Willaert, *Chi mi ti tols* 1548/09
-3-2+8-5+4-2-2 P. Vinci, *Prima ch'io torn* 1583/19
-3+3+2+2+2-2-8 S. Cornetto, *Nasci d'Agnel* 1581/07
-3+3+2+2+2-2+2 G. Dragone, *Credi tu per fu* 1588/22
-3+3+2+2+2-2-2 P. Bellasio, *Amor che vide* 1583/10
-3+3+2+2+2-2-2 F. Roussel, *Solea lontan'i* 1557/16
-3+3+2+2+2-2-2 G. Spataro, *Tenebre factae* 1508/03
-3+3+2+2+2-2-2 A. Stabile, *Quand'io son tu* 1587/10
-3+3+2+2+2-2-3 L. Marenzio, *Donne il celes* 1597/13
-3+3+2+2+2-2-3 F. Roussel, *Occhi miei oscu* 1562/22
-3+3+2+2+2-2-3 A. Trombetti, *Ethna non* 1570/19
-3+3+2+2+2-2-5 M. Germano, *Christo al mori* 1599/06
-3+3+2+2+2-4-2 R. Vecoli, *Erano i capei d'* 1577/10
-3+3+2+2+2-4+4 A. Rota, *La tua cara Amaril* 1590/13
-3+3+2+2+2-4-5 F. Portinaro, *Come vagh'aug* 1563/13
-3+3+2+2-2+2+2 V. Bellhaver, *Quando sara* 1570/17
-3+3+2+2-2+2-3 A. Martorello, *Quest dentr'* 1547/17
-3+3+2+2-2-2-2 M. Rampollini, *Ecco la fid* 1539/25
-3+3+2+2-2-2-2 A. Verso, *Stiamo Amor ved* 1594/17
-3+3+2+2-3+2-2 C. Merulo, *Lasso che desian* 1578/22
-3+3+2+2-3+2-2 G. Zesso, *Anima mia dilett* 1508/03
-3+3+2+2-3+2-3 A. Verso, *Stiamo Amor ved* 1594/17
-3+3+2+2-3-2-2 F. Luprano, *Vien da poi* 1505/05
-3+3+2+2-3-3+3 A. Barges, *Madonna mia io* 1550/18
-3+3+2-2+2+2+2 G. Primavera, *Madonna io* 1569/31
-3+3+2-2+2+2-2 A. Gabrieli, *Quei vinto da* 1587/16
-3+3+2-2+2+2-2 G. Mosto, *Caro dolce mio be* 1579/02
-3+3+2-2+2+2-4 F. Vecoli, *Il sol e senz'i* 1575/16
-3+3+2-2+2-2-2 F. Luprano, *Ne le tue br* 1508/03
-3+3+2-2-2+2+2 Anonymous, *Ave nostra salu* 1508/03
-3+3+2-2-2+2+3 H. Chamatero, *Prima ch'io* 1569/26
-3+3+2-2-2+2-3 B. Lupacchino, *No text* 1591/19
-3+3+2-2-2+2-4 A. Stabile, *Donna tue chiome* 1589/11
-3+3+2-2-2-2-2 G. Foglia, *Ogni rivo ogni* 1547/16
-3+3+2-2-2+3+2 H. Chamatero, *Prima ch'io* 1569/26
-3+3+2-2+3-2+2 J. Arcadelt, *Ite tristi sospi* 1552/21
-3+3+2-2+3-2-2 B. Donato, *Viva sempr'in og* 1550/19
-3+3+2-2-3+2+2 G. Anerio, *Due grandi abiss* 1599/06
-3+3+2-2-3+2-2 Anonymous, *Cosi son'io nel* 1559/18
-3+3+2-2-3+2-2 G. Foglia, *Ogni rivo ogni* 1547/16
-3+3+2-2-3+3-2 A. Perugino, *Gettara prim'a* 1570/19
-3+3+2-2-3+4-2 P. Bellasio, *Hor che non s'* 1578/21
-3+3+2-2-3+6-2 P. Vinci, *Parmi d'udirla ud* 1567/24
-3+3+2-2+4-2-2 B. Lupacchino, *No text* 1591/19
-3+3+2-2-4+3-2 Anonymous, *Vergin luce amor* 1599/06
-3+3+2-2-5+5-2 G. Foglia, *Ogni rivo ogni* 1547/16
-3+3+2-2-5+5-5 L. Mira, *Vieni Himeneo che* 1583/19
-3+3+2+3+2-2+2 Anonymous, *Grida qual tromb* 1583/04
-3+3+2+3-2+2+2 P. Vinci, *Piacciavi adunqu* 1567/24
-3+3+2+3-2+2-2 G. Maio, *Tu mi lassi io no* 1519/04
-3+3+2+3-2-2-2 J. Gero, *Donna chi vi conos* 1541/14
-3+3+2+3-2-2-2 A. Savioli, *Godi felice Hip* 1600/16
-3+3+2+3-2-5+7 A. Savioli, *Godi felice Hip* 1600/16
-3+3+2+3-3-2-2 F. Viola, *Siepi ch'il bel* 1548/08
-3+3+2+3-4-3-5 P. Vinci, *Piacciavi adunqu* 1567/24
-3+3+2-3+2+2+2 G. Mosto, *Caro dolce mio be* 1579/02
-3+3+2-3+2+2-2 G. Primavera, *Vecchia s'hav* 1569/31

-3+3+2-3+2-2+2 G. Mosto, *Fuor de'lacci qua* 1578/22

-3+3+2-3+2-3+2 F. Luprano, *Dammi almen* 1505/05

-3+3+2-3+3+2+2 O. Antinori, *Questo viver* 1506/03

-3+3+2-3+3-2+2 G. Primavera, *Vecchia s'hav* 1569/31

-3+3+2-3-3+2+2 G. Vespa, *Ditemi o diva mi* 1583/15

-3+3+2-3-4+2+2 C. Rore, *Vergine chiara* 1548/09

-3+3+2-3+5+2-2 C. Rore, *Ond'io spero ch'in* 1548/09

-3+3+2+4-3-2+2 M. Comis, *Si ferma'l ciel* 1568/12

-3+3+2+4-8+4-2 I. Baccusi, *Poi che'l mio* 1583/14

-3+3+2-4-3+3-2 P. Bonini, *Baci sospiri* 1591/23

-3+3+2-4+4+4-2 A. Barbato, *Mi pensava cor* 1589/10

-3+3+2-5+4+2+2 L. Courtoys, *Signor fu poc* 1580/10

-3+3+2-5+4-5+2 P. Taglia, *Ben riconosco* 1559/16

-3+3-2+2+2+2+2 O. Vecchi, *Hor che'l garri* 1585/35

-3+3-2+2+2+2-2 G. Fiesco, *Forz'e lasso ch'* 1570/19

-3+3-2+2+2+2-3 P. Verdelot, *Affliti spirt* 1533/02
-3+3-2+2+2+2-3 F. Viola, *Si vaga pastorell* 1548/08

-3+3-2+2+2-2-2 M. Cara, *Si come che'l bian* 1504/04
-3+3-2+2+2-2-2 C. Lambardi, *Cara ladra d'A* 1600/13
-3+3-2+2+2-2-2 R. Mel, *Se'l pensier che* 1585/26
-3+3-2+2+2-2-2 G. Metallo, *Quante n'ha fat* 1577/09

-3+3-2+2+2-2-3 A. Barges, *La manzi mia si* 1550/18

-3+3-2+2+2-3+2 Anonymous, *Lontan pur mi co* 1515/02
-3+3-2+2+2-3+2 G. Nasco, *Tu m'hai cor mio* 1549/31

-3+3-2+2+2-3-2 C. Todino, *Menando gli ann* 1566/09

-3+3-2+2+2-5+4 C. Verdonch, *Dhe come bell* 1581/07

-3+3-2+2-2+2+2 A. Gabrieli, *Il dolce sonn* 1582/08

-3+3-2+2-2+2-2 Anonymous, *Kyrie eleison* 1580/06
-3+3-2+2-2+2-2 Anonymous, *A la fe si la* 1505/04
-3+3-2+2-2+2-2 F. Azzaiolo, *Prima hora del* 1557/18
-3+3-2+2-2+2-2 E. Romano, *O gloriosa colon* 1514/02

-3+3-2+2-2+2-3 M. Mazzone, *O saporito volt* 1570/18
-3+3-2+2-2+2-3 C. Merulo, *Vivea solo per* 1570/15

-3+3-2+2-2+2-4 V. Ferro, *Chi brama'udir tr* 1559/18

-3+3-2+2-2-2+2 S. Felis, *Sonno scendesti* 1585/23
-3+3-2+2-2-2+2 G. Violanti, *Se fusti del* 1574/05

-3+3-2+2-2-2-2 G. Conversi, *Quando mi mir* 1583/14
-3+3-2+2-2-2-2 P. Vinci, *Ben fu l'ape inge* 1583/12

-3+3-2+2-2+3-2 M. Cara, *Deh si deh no deh* 1504/04

-3+3-2+2-2-3+3 B. Pallavicino, *Arte mi sia* 1596/16

-3+3-2+2+3+2+2 B. Tromboncino, *Chi in preg* 1507/04

-3+3-2+2+3+2-3 G. Policretto, *Vita della* 1571/09

-3+3-2+2+3-2+2 Anonymous, *Io vorria divent* 1571/07
-3+3-2+2+3-2+2 B. Donato, *Quando madonna* 1570/21
-3+3-2+2+3-2+2 M. Mazzone, *Io vo cercando* 1570/18
-3+3-2+2+3-2+2 G. Scotto, *Io vo cercando* 1571/11

-3+3-2+2+3-3+2 Anonymous, *Eccoti il core* 1566/05

-3+3-2+2-3+2+2 Anonymous, *Luci beati luci* 1586/19

-3+3-2+2-3+2-2 O. Lasso, *Sovra una verde* 1560/18

-3+3-2+2-3-2+2 Anonymous, *Da l'hora ch'io* 1570/21
-3+3-2+2-3-2+2 Anonymous, *Nel tempo che ri* 1577/08
-3+3-2+2-3-2+2 J. Gero, *Una ragazz'una roz* 1549/31
-3+3-2+2-3-2+2 P. Monte, *Anima dove vai do* 1583/15

-3+3-2+2-3-2-2 J. Gero, *Una ragazz'una roz* 1549/31

-3+3-2+2-3-2+4 G. Nasco, *Tu m'hai cor mio* 1549/31

-3+3-2+2-3-2+5 F. Manara, *Dolce amoroso ar* 1548/08
-3+3-2+2-3-2+5 A. Marien, *Vergine sola al* 1584/09A

-3+3-2+2-3+3-2 S. Ansano, *La virtu si no* 1515/02
-3+3-2+2-3+3-2 B. Donato, *O quant'amor* 1550/19

-3+3-2+2-3+4-2 A. Willaert, *Sempre mi rid* 1548/11

-3+3-2+2+4-2+2 J. Arcadelt, *Ite tristi sospi* 1552/21

-3+3-2+2-4+2+3 M. Mazzone, *O felic'o beat* 1570/18

-3+3-2+2-4+3+2 P. Vinci, *Quand'amor i begl* 1567/24

-3+3-2+2-4+4+2 A. Marien, *Vergine sola al* 1584/09A

-3+3-2+2-4+4-3 Anonymous, *Quest'occhi ladr* 1560/12
-3+3-2+2-4+4-3 V. Ferro, *Chi brama'udir tr* 1559/18

-3+3-2+2-4+8-2 G. Gostena, *Mentre io fui* 1589/13

-3+3-2+2+5-3+3 F. Manara, *Ma perch'ogn'hor* 1548/08

-3+3-2+2-5+5-5 Anonymous, *Aprimi amor le* 1544/17

-3+3-2+2-8+3+4 P. Taglia, *Ben riconosco* 1559/16

-3+3-2-2+2+2+2 A. Martorello, *O donator* 1547/17
-3+3-2-2+2+2+2 P. Vinci, *Amor m'ha posto* 1564/20

-3+3-2-2+2+2-2 G. Foglia, *Non harano mai* 1547/16
-3+3-2-2+2+2-2 A. Gabrieli, *Hor che nel su* 1587/16
-3+3-2-2+2+2-2 S. Molinaro, *Deh perche Amo* 1599/15

-3+3-2-2+2+2+3 P. Vecoli, *Dolce corina mi* 1581/12
-3+3-2-2+2+2+3 G. Violanti, *Se fusti del* 1574/05

-3+3-2-2+2+2-3 L. Agostini, *Se quanto in* 1572/07
-3+3-2-2+2+2-3 P. Bellasio, *O miser quel che* 1591/12
-3+3-2-2+2+2-3 A. Gabrieli, *Che tal hor re* 1589/06
-3+3-2-2+2+2-3 A. Martorello, *Non sete vo* 1547/17

-3+3-2-2+2+2-4 A. Gabrieli, *Hor che nel su* 1587/16

-3+3-2-2+2+2+5 A. Martorello, *O donator* 1547/17

-3+3-2-2+2+2-5 S. Molinaro, *Deh perche Amo* 1599/15

-3+3-2-2+2-2+2 B. Tromboncino, *Fiamma dolc* 1510/
-3+3-2-2+2-2+2 G. Wert, *Pace davano i vent* 1568/20

-3+3-2-2+2-2-2 A. Striggio, *Invidioso amor* 1585/18

-3+3-2-2+2-2+3 F. Roussel, *Poi ch'el fier* 1562/22

-3+3-2-2+2-3+2 B. Tromboncino, *Ogni volta* 1514/02
-3+3-2-2+2-3+2 P. Vinci, *Amor m'ha posto* 1564/20

-3+3-2-2+2-3-2 S. d'Aranda, *Io mi son gio* 1571/12

-3+3-2-2-2+2+2 Anonymous, *Guarda si bell'a* 1570/21
-3+3-2-2-2+2+2 S. Ansano, *Non piu promiss* 1515/02
-3+3-2-2-2+2+2 G. Dragone, *Scherzando l'au* 1586/09
-3+3-2-2-2+2+2 G. Macque, *Se dunque il dol* 1595/06
-3+3-2-2-2+2+2 F. Manara, *Ma perch'ogn'hor* 1548/08
-3+3-2-2-2+2+2 S. Molinaro, *Deh perche Amo* 1599/15
-3+3-2-2-2+2+2 C. Perissone, *Ond'io non pu* 1547/14
-3+3-2-2-2+2+2 C. Rore, *Vergine chiara* 1548/09

-3+3-2-2-2+2-2 Anonymous, *Acqua vorria tor* 1571/07
-3+3-2-2-2+2-2 Anonymous, *Che fai alma ch* 1514/02
-3+3-2-2-2+2-2 Anonymous, *Acqua vorria tor* 1571/07
-3+3-2-2-2+2-2 J. Arcadelt, *Quando i vostr* 1539/24
-3+3-2-2-2+2-2 V. Ferro, *Chi brama'udir tr* 1559/18
-3+3-2-2-2+2-2 G. Nasco, *Tu m'hai cor mio* 1549/31
-3+3-2-2-2+2-2 M. Rampollini, *Ecco la fid* 1539/25

-3+3-2-2-2+2+3 F. Cedraro, *Gentil mia Donn* 1571/12
-3+3-2-2-2+2+3 S. Felis, *Questo pastor pru* 1583/14
-3+3-2-2-2+2+3 G. Foglia, *Morte deh vieni* 1547/16
-3+3-2-2-2+2+3 L. Marenzio, *La dipartita* 1597/13
-3+3-2-2-2+2+3 P. Nenna, *Dolce nemica mia* 1574/05
-3+3-2-2-2+2+3 C. Rore, *Non mi toglia il* 1565/18
-3+3-2-2-2+2+3 A. Stabile, *Quand'io son tu* 1587/10
-3+3-2-2-2+2+3 P. Vinci, *Ben fu l'ape inge* 1583/12

-3+3-2-2-2+2-3 G. Primavera, *Donna gli* 1565/17
-3+3-2-2-2+2-3 G. Renaldi, *Amanti el vongi* 1564/16

-3+3-2-2-2+2+4 J. Gero, *Ha che voi piu cru* 1541/02

-3+3-2-2-2+2-4 J. Arcadelt, *Quando i vostr* 1539/24
-3+3-2-2-2+2-4 P. Nenna, *Dove giace il mi* 1582/12

-3+3-2-2-2-2+2 Anonymous, *Vidi gia ne la* 1505/03
-3+3-2-2-2-2+2 O. Antinori, *Segua pur segu* 1505/03
-3+3-2-2-2-2+2 J. Arcadelt, *Quando i vostr* 1539/24
-3+3-2-2-2-2+2 H. Chamatero, *Sia benedett* 1561/13
-3+3-2-2-2-2+2 G. Dragone, *Scherzando l'au* 1586/09
-3+3-2-2-2-2+2 S. Felis, *Sonno scendesti* 1585/23
-3+3-2-2-2-2+2 G. Florio, *Parto e porto pa* 1600/16
-3+3-2-2-2-2+2 G. Foglia, *Non harano mai* 1547/16
-3+3-2-2-2-2+2 G. Gabrieli, *A Dio, dolce* 1587/16
-3+3-2-2-2-2+2 A. Martorello, *Da le piu fr* 1547/17
-3+3-2-2-2-2+2 A. Martorello, *Non e lasso* 1547/17

-3+3-2-2-2-2-2 G. Macque, *Se dunque il dol* 1595/06
-3+3-2-2-2-2-2 L. Marenzio, *Le quali ella* 1589/08
-3+3-2-2-2-2-2 A. Striggio, *Invidioso amor* 1585/18
-3+3-2-2-2-2-2 B. Tromboncino, *Chi in preg* 1507/04

-3+3-2-2-2-2+3 Anonymous, *Se tu con tanti* 1566/07
-3+3-2-2-2-2+3 J. Arcadelt, *Quando i vostr* 1539/24
-3+3-2-2-2-2+3 G. Ferelle, *Amor lasciami* 1566/09
-3+3-2-2-2-2+3 P. Nenna, *Dove giace il mi* 1582/12
-3+3-2-2-2-2+3 B. Pallavicino, *La tua car'* 1596/16
-3+3-2-2-2-2+3 C. Perissone, *Ond'io non pu* 1547/14
-3+3-2-2-2-2+3 R. Rodio, *Mentre di gemm'e* 1587/12
-3+3-2-2-2-2+3 G. Vinciguerra, *Vu se la vi* 1570/17
-3+3-2-2-2-2+3 P. Vinci, *O d'ardente virtut* 1564/20

-3+3-2-2-2-2-3 G. Florio, *Parto e porto pa* 1600/16
-3+3-2-2-2-2-3 C. Perissone, *Ond'io non pu* 1547/14

-3+3-2-2-2-2+4 G. Primavera, *Che fai qui* 1569/31
-3+3-2-2-2-2+4 G. Primavera, *Donna gli* 1565/17
-3+3-2-2-2-2+4 A. Striggio, *Invidioso amor* 1585/18

-3+3-2-2-2-2+5 S. Felis, *Sonno scendesti* 1585/23
-3+3-2-2-2-2+5 G. Gabrieli, *A Dio, dolce* 1587/16
-3+3-2-2-2-2+5 J. Gero, *Ha che voi piu cru* 1541/02
-3+3-2-2-2-2+5 A. Morsolino, *Due Ninfe duo* 1594/15
-3+3-2-2-2-2+5 P. Nenna, *Dove giace il mi* 1582/12
-3+3-2-2-2-2+5 C. Veggio, *O vita del cor mio* 1540/19
-3+3-2-2-2-2+5 G. Vinciguerra, *Vu se la vi* 1570/17

-3+3-2-2-2-2+8 S. d'Aranda, *Ecco ch'io lasc* 1571/12
-3+3-2-2-2-2+8 H. Chamatero, *Sia benedett* 1561/13
-3+3-2-2-2-2+8 R. Rodio, *Mentre di gemm'e* 1587/12
-3+3-2-2-2-2+8 A. Zoilo, *Al'apparir del gi* 1567/16

-3+3-2-2-2+3+2 S. Cornetto, *Nasci d'Agnel* 1581/07
-3+3-2-2-2+3+2 G. Primavera, *Mille volte* 1565/17

-3+3-2-2-2+3-2 G. Primavera, *Mille volte* 1565/17

-3+3-2-2-2-3+3 G. Bonagiunta, *E vorave sav* 1565/12

-3+3-2-2-2+4-2 G. Foglia, *Non harano mai* 1547/16
-3+3-2-2-2+4-2 J. Gero, *Ha che voi piu cru* 1541/02

-3+3-2-2-2+4-2 C. Veggio, *O vita del cor mio* 1540/19

-3+3-2-2-2+4-3 H. Chamatero, *Vieni soav'di* 1569/26
-3+3-2-2-2+4-3 M. Comis, *Depon Orsa crude* 1568/13
-3+3-2-2-2+4-3 F. Manara, *Ma perch'ogn'hor* 1548/08

-3+3-2-2-2+5-2 C. Veggio, *O vita del cor mio* 1540/19

-3+3-2-2-2-5+2 G. Primavera, *Donna gli* 1565/17

-3+3-2-2-2-5+8 G. Renaldi, *Amanti el vongi* 1564/16

-3+3-2-2+3-2+2 P. Verdelot, *S'io pensassi* 1533/02

-3+3-2-2+3-3+2 S. Ansano, *Non piu promiss* 1515/02
-3+3-2-2+3-3+2 P. Vinci, *Amor m'ha posto* 1564/20

-3+3-2-2-3+2+2 Anonymous, *Che fai alma ch* 1514/02
-3+3-2-2-3+2+2 G. Foglia, *Si come all'hor* 1547/16
-3+3-2-2-3+2+2 F. Soto, *Ond'e che l'aureo* 1599/06

-3+3-2-2-3+2-2 M. Comis, *Depon Orsa crude* 1568/13

-3+3-2-2+4-2+2 P. Vinci, *Ditemi o donna mi* 1584/11
-3+3-2-2+4-2+2 A. Willaert, *Madonna mia fa* 1548/11

-3+3-2-2+4-2+3 J. Persoens, *Hor vedi Amor* 1570/28

-3+3-2-2+4-4 F. Azzaiolo, *O pur donne be* 1559/19

-3+3-2-2+4-4+2 L. Barre, *Vaghe faville ang* 1544/17

-3+3-2-2+5-2-2 L. Barre, *Vaghe faville ang* 1544/17

-3+3-2-2+5-5+3 R. Burno, *Tu sai como minga* 1546/18

-3+3-2-2+6-2-2 J. Gero, *Amor che mi consig* 1541/14
-3+3-2-2+6-2-2 F. Tresti, *O come e gran ma* 1597/20

-3+3-2+3+2-3+3 G. Primavera, *Virtu senno* 1585/31

-3+3-2+3+2-3-3 Anonymous, *Misero ch'io spe* 1595/03

-3+3-2+3-2-2+2 G. Contino, *Ah forsenat'e* 1570/15

-3+3-2+3-2-2-2 Anonymous, *Chi mai udi tal* 1598/04
-3+3-2+3-2-2-2 O. Antinori, *Questo viver* 1506/03

-3+3-2+3-2-2+3 P. Santini, *Deh se pietosa* 1600/05

-3+3-2+3-2-3-2 Anonymous, *O dio vorrei na* 1560/12

-3+3-2+3-3+3-3 O. Vecchi, *Mentre il Cucul* 1585/35

-3+3-2+3-4+3-2 Anonymous, *Alti sospir che* 1599/06

-3+3-2-3+2+2+2 Anonymous, *Nino que hoy nac* 1598/04
-3+3-2-3+2+2+2 G. Palestrina, *Febre onde* 1583/12

-3+3-2-3+2-2-3 A. Ferabosco, *Deh ferm'Amo* 1554/28

-3+3-2-3+2-3+5 A. Gabrieli, *Laura soave vi* 1593/05

-3+3-2-3-2+2+2 B. Tromboncino, *Dhe fusse* 1514/02

-3+3-2-3-2+2-2 A. Ferabosco, *Deh ferm'Amo* 1554/28

-3+3-2-3+3+2-3 S. Festa, *Come senza coste* 1526/06

-3+3-2-3+4-3-2 C. Perissone, *Ond'io non pu* 1547/14

-3+3-2-3+8-2-4 P. Vinci, *I vo piangendo* 1583/19

-3+3-2+4+2-2-2 F. Petrus, *Ave maria grati* 1508/03

-3+3-2+4-2+4-2 R. Vecoli, *Quanto piu vi segu* 1577/10

-3+3-2+4-3-3-2 F. Manara, *Dolce amoroso ar* 1548/08

-3+3-2-4+3-2+2 S. d'Aranda, *Io mi son gio* 1571/12

-3+3-2-4+5-2-2 A. Capriolo, *Tanto mi il* 1505/05
-3+3-2-5+2+3-2 C. Rore, *Ond'io ch'al dolc* 1591/23
-3+3-2+6-2-2-2 C. Rore, *Gravi pene in amo* 1561/11
-3+3+3+2+2-3-2 G. Primavera, *Pastor che pe* 1585/31
-3+3+3-2-2+2-3 B. Donato, *Non t'ho possut* 1550/19
-3+3+3-2-2-2-2 R. Trofeo, *S'ai vostri rai* 1600/17
-3+3+3+3-2+2-3 P. Vinci, *Piacciavi adunqu* 1567/24
-3+3+3+3-2-2+2 G. Gastoldi, *Miracol'in nat* 1583/14
-3+3+3-3+2-3+2 G. Conversi, *Io vo gridand* 1583/14
-3+3+3-3-3+3+3 A. Striggio, *Non rumor di* 1583/15
-3+3-3+2+2+2+2 A. Striggio, *Ho udito che* 1567/23
-3+3-3+2+2+2-2 G. Panico, *Patrone belle pa* 1557/18
-3+3-3+2+2-3+3 Anonymous, *Ben che la faci* 1506/03
-3+3-3+2+2+4-3 P. Verdelot, *Fuggi fuggi co* 1533/02
-3+3-3+2+2-4+5 G. Dancherts, *Fedel qual se* 1559/18
-3+3-3+2-2+3-2 G. Caimo, *Lo core mio fatt* 1586/19
-3+3-3+2-2+4-2 G. Caimo, *Mirate che m'ha* 1586/19
-3+3-3+2+5-4+3 A. Verso, *Stiamo Amor ved* 1594/17
-3+3-3-2+2-2+4 G. Dragone, *Pastor li tuoi* 1588/22
-3+3-3+3+2+2+2 L. Marenzio, *Donne il celes* 1597/13
-3+3-3+3+2-2+2 P. Quagliati, *Correte San* 1585/07
-3+3-3+3+2-2-2 P. Quagliati, *Correte San* 1585/07
-3+3-3+3-2+2-3 G. da Nola, *Amor m'ha fatt* 1570/27
-3+3-3+3-2-2+3 C. Rore, *Alme gentili che* 1589/06
-3+3-3+3-2-2+3 P. Verdelot, *Fuggi fuggi co* 1533/02
-3+3-3+3-2+3-2 B. Moschini, *Ecco signor il* 1539/25
-3+3-3+3-2+3-3 F. Azzaiolo, *O vilanella quand* 1559/19
-3+3-3+3-3-2+4 A. Barges, *Non t'ho possut* 1550/18
-3+3-3+3-3+3-3 F. Patavinio, *Dilla da l'ac* 1526/06
-3+3-3+3+4-2+2 I. de Vento, *Correte amant* 1565/12
-3+3-3-3+2+2+2 L. Marenzio, *Donne il celes* 1597/13
-3+3-3-3+2+2+3 I. de Vento, *Correte amant* 1565/12
-3+3-3+4-2+2-2 H. Waelrant, *Mi voglio far'* 1594/08
-3+3-3+4-2-4+2 G. Caimo, *Na volta m'hai ga* 1586/19
-3+3-3+4-3+2-3 B. Moschini, *Ecco signor il* 1539/25
-3+3-3+4-4+3+3 G. Conversi, *Io vo gridand* 1583/14
-3+3-3+4-4+3-4 F. Patavinio, *Un cavalier* 1526/06
-3+3-3+5+2-2-2 B. Moschini, *Ecco signor il* 1539/25
-3+3-3-5+5-2-3 A. Barges, *Madonn'io t'haggi* 1550/18
-3+3+4-2+2-2-3 F. Luprano, *Non mi dar* 1505/05
-3+3+4-2-2-2-2 A. Gabrieli, *Sassi Palae,* 1564/16
-3+3+4-2-2-2-2 F. Soto, *Come ti veggio oim* 1600/05
-3+3+4-2-2+3-4 A. Barges, *Quanto debb'alle* 1550/18
-3+3+4-4-3-3+2 Anonymous, *Dal orto se ne* 1526/05
-3+3-4+2+2+2-2 G. Paratico, *In questo vag* 1588/25
-3+3-4+2+3-2-5 Anonymous, *La biancha nev* 1516/02
-3+3-4+2-3-2+3 H. Chamatero, *Vieni soav'di* 1569/26
-3+3-4+2-3+5+2 Anonymous, *Quel viso ov'e* 1559/18
-3+3-4+2-3+5-4 L. Barre, *Lachrime meste ï* 1544/16
-3+3-4+2-4+6-4 G. da Nola, *Dal desiderio* 1570/18
-3+3-4-2-3+4-2 C. Perissone, *Io mi son bel* 1547/14
-3+3-4-2+5+2-3 P. Santini, *Deh se pietosa* 1600/05
-3+3-4+3+2-2+2 F. Corteccia, *Bacco, bacco* 1539/25
-3+3-4+3-2-5+4 I. de Vento, *Cando la bun* 1564/16
-3+3-4+3-4+4+3 G. Nasco, *Tu m'hai cor mio* 1549/31
-3+3-4+4+2+2-3 F. Manara, *Ma perch'ogn'hor* 1548/08
-3+3-4+5-2-2+2 P. Lodi, *Fui felice un temp* 1514/02
-3+3-4+5-2-2-2 S. Cornetto, *Nasci d'Agnel* 1581/07
-3+3-4+5-4-3-3 P. Monte, *Se non fusse il* 1573/16
-3+3-4-5+5-5+8 R. Mel, *Hor che la saggia* 1585/26
-3+3-5+2+2+3-3 A. Rota, *Fallace ardir tr* 1586/10
-3+3-5+2-2-4+4 G. Maio, *Tu mi lassi io no* 1519/04
-3+3-5-3+2+2+2 P. Zanin, *O despiatato temp* 1507/03
-3+3-5-3+3-5+8 G. Macque, *Il vagh'e lieto* 1583/15
-3+3-5+4-2-2+5 B. Tromboncino, *Morte te pr* 1505/05
-3+3-5+4-5+8-3 H. Parabasco, *Anima bella* 1544/17
-3+3-5+5-4+2-2 G. Macque, *Il vagh'e lieto* 1583/15
-3+3-5+5-4+4-5 A. Barges, *Tanto fui tard'* 1550/18
-3+3-5+6-2+3-3 R. Montagnano, *Oime terr'* 1558/17
-3-3+2+2+2+2+2 A. Antiqui, *Io mi parto el* 1509/02
-3-3+2+2+2+2+2 R. Coronetta, *Al grato suo* 1598/07
-3-3+2+2+2+2+2 G. Primavera, *La militia Gi* 1585/31
-3-3+2+2+2+2-2 Nollet, *Partomi donna te* 1546/19
-3-3+2+2+2+2-2 A. Agostini, *Deh salvator de* 1572/07
-3-3+2+2+2+2-2 A. Striggio, *O vaga pastore* 1586/07
-3-3+2+2+2+2+3 Anonymous, *Se negli affann* 1505/05
-3-3+2+2+2+2+3 G. Renaldi, *Et ei fero'e sd* 1569/32
-3-3+2+2+2+2-4 G. Renaldi, *Et ei fero'e sd* 1569/32
-3-3+2+2+2+2-5 H. Chamatero, *Ite caldi sos* 1569/26
-3-3+2+2+2+2-8 G. Moscaglia, *Mentre ti fu* 1582/04
-3-3+2+2+2-2+2 Anonymous, *Vorria sto mond* 1560/13
-3-3+2+2+2-2+2 A. Antiqui, *Resta horsu mad* 1505/06
-3-3+2+2+2-2+2 G. Foglia, *Diva signora mi* 1547/16
-3-3+2+2+2-2-2 Anonymous, *Dulcis amica de* 1508/03
-3-3+2+2+2-2-2 H. Chamatero, *Livia se all'* 1561/13
-3-3+2+2+2-2-2 V. Ruffo, *Poi ch'el camin* 1557/25
-3-3+2+2+2-2-2 J. Sala, *Ne si dolce com'ho* 1585/26

-3-3-2+2+3-4+2 G. Primavera, *La militia Gi* 1585/31

-3-3-2+2+5-3-2 G. Foglia, *Dolor crudel dol* 1547/16
-3-3-2+2+5-3-2 G. Mosto, *Si dolce m'e lang* 1578/22

-3-3-2-2+2+2+3 F. Gherardini, *Non e quest* 1585/24

-3-3-2-2+2-2+10B. Tromboncino, *Sera forsi ri* 1509/02

-3-3-2-2-2-2+2 Anonymous, *Vilana che sa* 1504/03

-3-3-2-2-2-2-2 B. Roi, *Lieti fiori verdi* 1593/05

-3-3-2-2-2+4-2 A. Capriolo, *Fuggi pur da* 1505/05

-3-3-2-2-2+4+3 G. Massarengo, *O crudimiei* 1591/22

-3-3-2-2+4+3-2 M. Mazzone, *Al primo sguard* 1570/18

-3-3-2-2+5+3-5 F. Azzaiolo, *Vorrei che tu* 1557/18

-3-3-2-3+2-3+2 Anonymous, *Muncho duole la* 1516/02

-3-3-2-3+2-3+3 F. Roussel, *Solea lontan'i* 1557/16

-3-3-2-3+3+4+2 P. Vinci, *Che se'in princip* 1564/20

-3-3-2-3+5-2-4 B. Tromboncino, *A la guerr* 1504/04

-3-3-2+4-3+2+4 O. Lasso, *Occhi piangete acco* 1588/24

-3-3-2+4-3-2+2 G. Wert, *Cara la vita mia* 1585/18

-3-3-2-4+2+2+2 L. Bati, *Gia viss'io press* 1594/11

-3-3-2+8+2-2-4 C. Lambardi, *Viver Amor non* 1600/13

-3-3+3+2+2+2-2 B. Roi, *Lieti fiori verdi* 1593/05

-3-3+3+2+2-2-2 G. Moro, *Fuggivano le belv* 1592/12

-3-3+3+2+2-3+2 F. Novelli, *Parto da voi* 1599/06

-3-3+3+2+2-3-2 P. Bellasio, *Alba serena* 1590/15
-3-3+3+2+2-3-2 A. Capriolo, *Fuggi pur da* 1505/05
-3-3+3+2+2-3-2 G. Moro, *Fuggivano le belv* 1592/12

-3-3+3+2+2-3+3 G. Vinciguerra, *E m'ho messo* 1570/17

-3-3+3+2+2-3-3 G. Vinciguerra, *E m'ho messo* 1570/17

-3-3+3+2+2-5+2 J. Arcadelt, *Donna, s'ogni* 1539/24
-3-3+3+2+2-5+2 P. Bellasio, *Alba serena* 1590/15

-3-3+3+2+2-5-2 Anonymous, *Hor che'l ciel'* 1577/08

-3-3+3+2+2-5+3 J. Arcadelt, *Donna, s'ogni* 1539/24

-3-3+3+2+2-5+8 J. Arcadelt, *Donna, s'ogni* 1539/24

-3-3+3+2-2+2-2 O. Crisci, *Cio che'l Tago* 1581/11

-3-3+3+2+3+2-3 L. Courtoys, *Tra i duri sco* 1580/10

-3-3+3+2-3-2+2 G. Foglia, *Diva signora mi* 1547/16

-3-3+3-2+2+2+2 T. Bargonio, *Alma mia fiamm* 1544/22

-3-3+3-2+2-2+2 Anonymous, *Acqua vorria tor* 1571/07

-3-3+3-2+2+3+3 Anonymous, *Se'l vostro chia* 1599/06

-3-3+3-2+2+3-3 A. Padovano, *O felice sare* 1577/07

-3-3+3-2+2-3+3 S. Felis, *Signora la bellez* 1574/06

-3-3+3-2+2+5-3 S. Felis, *Questo pastor pru* 1583/14

-3-3+3-2-2+2+2 P. Vinci, *Quand'amor i begl* 1567/24

-3-3+3-2-2+2-2 G. Hassler, *Chi mi consola* 1597/13

-3-3+3-2-2-2-2 B. Tromboncino, *A la guerr* 1504/04

-3-3+3-2-2+3-2 S. Cornetto, *Se per sentir* 1581/07

-3-3+3-2-2-3+3 B. Donato, *Chi la gagliard* 1550/19

-3-3+3-2-2+5-2 A. Striggio, *Ecco ch'al bos* 1567/23

-3-3+3-2-2+5-4 G. Eremita, *Arsi del vostr'* 1594/07

-3-3+3-2+3-2-2 A. Striggio, *Ecco ch'al bos* 1567/23

-3-3+3-2+4-2+2 O. Crisci, *Cio che'l Tago* 1581/11

-3-3+3+3+2-2+2 T. Angelio, *Un tempo piansi* 1585/21

-3-3+3+3-4-2-2 B. Tromboncino, *Se mai nei* 1507/04

-3-3+3-3+2-2+2 F. Gherardini, *Non e quest* 1585/24

-3-3+3-3+2-4+2 Anonymous, *Ben fu il nome* 1595/07

-3-3+3-3+4-3-2 C. Lambardi, *Occhi stelle* 1600/13

-3-3+3-3+5+3-2 O. Crisci, *Cio che'l Tago* 1581/11

-3-3+3-3+8-3-4 M. Cara, *Aiutami ch'io mor* 1507/03

-3-3+3-4+2-4+4 B. Tromboncino, *A la guerr* 1504/04

-3-3+3-5+8-2-2 A. Stabile, *L'alto Motor ch* 1590/15

-3-3+3-6+8-3-3 O. Lasso, *Oh d'amarissim'on* 1570/16

-3-3-3+2-3+2-3 F. Roussel, *Solea lontan'i* 1557/16

-3-3-3-2+8-2+2 O. Lasso, *Poi che'l mio lar* 1583/15
-3-3-3-2+8-2+2 O. Lasso, *Poiche'l mio larg* 1600/05

-3-3-3+3-2-2+2 S. Felis, *Questo pastor pru* 1583/14

-3-3-3+3+3-2-2 A. Hauville, *Alma Usanna ben* 1570/15

-3-3-3-3+2+8-3 G. Foglia, *Dolor crudel dol* 1547/16

-3-3-3+4+2-2-5 B. Tromboncino, *Sacrum conv* 1508/03

-3-3-3+4+2-5+4 Anonymous, *Dolor, pianto,* 1563/06

-3-3-3+4-2-2-2 R. Giovanelli, *Donna la bell* 1589/07

-3-3-3+4-3+2+3 M. Troiano, *Su per l'onde* 1569/19

-3-3-3-4+5-4+5 G. Mosto, *Locar sopra gl'ab* 1578/22

-3-3-3+5+2+4-2 A. Stabile, *Cosi cosi davan* 1587/10

-3-3-3+8-2-2-2 M. Cara, *Udite voi finestr* 1504/04
-3-3-3+8-2-2-2 R. Giovanelli, *Donna la bell* 1589/07

-3-3+4+2+2-2+2 H. Chamatero, *Con lei foss'* 1569/26

-3-3+4+2+2-4+2 B. Tromboncino, *Afflicti sp* 1507/03
-3-3+4+2+2-4+2 B. Tromboncino, *Accio che* 1507/03

-3-3+4+2+4-2-2 G. Ferretti, *Sei tanto grat* 1589/08

-3-3+4+2-4+4-4 P. Vecoli, *Se per un solo* 1581/12

-3-3+4+2-5+2+4 M. Cara, *Io non l'ho perch* 1507/03

-3-3+4+2-5+4-2 J. Arcadelt, *Donna quando* 1552/21

-3-3+4+2-5-4+2 G. da Nola, *Se subito non* 1570/27

-3-3+4-2+2+2-2 G. Moro, *Quando s'odon gl'a* 1585/28

-3-3+4-2+2-2+2 P. Vinci, *Si ch'io non veggo* 1564/20

-3-3+4-2+2-3+2 N. Pifaro, *O sola mia salut* 1507/04

-3-3+4-2-2+2+2 C. Festa, *Porta negl'occhi* 1549/31

-3-3+4-2-2+2+3 G. Foglia, *Diva signora mi* 1547/16

-3-3+4-2-2+2-3 G. Foglia, *Diva signora mi* 1547/16
-3-3+4-2-2+2-3 F. Gherardini, *O pur con do* 1585/24

-3-3+4-2-2-2+2 J. Arcadelt, *Donna i vostr* 1539/24
-3-3+4-2-2-2+2 J. Arcadelt, *Apri'l mio dol* 1539/24
-3-3+4-2-2-2+2 S. Lodovi, *S'io non venni* 1515/02
-3-3+4-2-2-2+2 F. Novelli, *Parto da voi* 1599/06
-3-3+4-2-2-2+2 P. Vecoli, *Se per un solo* 1581/12

-3-3+4-2-2-2-2 Anonymous, *Di di in di sper* 1583/13
-3-3+4-2-2-2-2 Anonymous, *Dulcis amica de* 1508/03
-3-3+4-2-2-2-2 A. Antiqui, *Io mi parto el* 1509/02
-3-3+4-2-2-2-2 J. Arcadelt, *Donna i vostr* 1539/24
-3-3+4-2-2-2-2 A. Dueto, *Non sia chi pens* 1590/17
-3-3+4-2-2-2-2 S. Lodovi, *S'io non venni* 1515/02
-3-3+4-2-2-2-2 G. Moro, *Quando s'odon gl'a* 1585/28

-3-3+4-2-2-2+4 G. Foglia, *Diva signora mi* 1547/16
-3-3+4-2-2-2+4 A. Striggio, *A te il buon* 1567/23

-3-3+4-2-2-2+5 O. Lasso, *Oh d'amarissim'on* 1570/16
-3-3+4-2-2-2+5 V. Ruffo, *Ben mio chi mi* 1555/31

-3-3+4-2-2-2-5 Anonymous, *Dulcis amica de* 1508/03

-3-3+4-2-2+3+2 C. Todino, *Menando gli ann* 1566/09

-3-3+4-2-2+3-2 V. Ruffo, *Ben mio chi mi* 1555/31

-3-3+4-2-2+5-2 V. Ruffo, *Ben mio chi mi* 1555/31

-3-3+4-2-2-5+4 N. Pifaro, *Aqua aqua al foc* 1506/03

-3-3+4-2+3-2+2 G. Caimo, *Questa crudel ch'* 1586/19

-3-3+4-2+3-2-2 V. Ruffo, *Ben mio chi mi* 1555/31

-3-3+4-2+3-3+2 Anonymous, *Di di in di sper* 1583/13

-3-3+4-2+3-3-2 G. Marinis, *Togli dolce be* 1597/13

-3-3+4-2+3-3-3 O. Lasso, *Oh d'amarissim'on* 1570/16

-3-3+4-2+3-5+8 G. Califano, *L'altre maggio* 1584/07

-3-3+4-2-3+4+2 C. Veggio, *S'infinita bellezz* 1540/19

-3-3+4-2+4-2-4 A. Perugino, *Gettara prim'a* 1570/19

-3-3+4-2-4+2+2 I. Baccusi, *Poi che'l mio* 1583/14

-3-3+4-3+2+2+2 P. Vecoli, *Se per un solo* 1581/12

-3-3+4-3+2+2-2 G. Anerio, *Per la Citta ch* 1599/06

-3-3+4-3+2+2-3 F. Roussel, *Salgon'i miei* 1562/22

-3-3+4-3+2-3+2 F. Roussel, *Salgon'i miei* 1562/22

-3-3+4-3+2-3+4 C. Lambardi, *Occhi stelle* 1600/13

-3-3+4-3-2+2+2 C. Festa, *Porta negl'occhi* 1549/31

-3-3+4-3-2-3+6 J. Arcadelt, *Qual senza mot* 1539/24

-3-3+4-3+3-2-2 C. Festa, *Porta negl'occhi* 1549/31

-3-3+4-3+4-3+2 F. Roussel, *Salgon'i miei* 1562/22

-3-3+4-4+2-5+8 G. Moro, *Quando s'odon gl'a* 1585/28

-3-3+4-4-2+2-2 B. Tromboncino, *Sacrum conv* 1508/03

-3-3+4-4+3+3-2 F. Laudis, *Segretario t'ho* 1565/12

-3-3+4-4+4+2+2 G. Moro, *Quando s'odon gl'a* 1585/28

-3-3+4-4+4-3+2 G. Moro, *Quando s'odon gl'a* 1585/28

-3-3+4-4+5-3-3 D. Ferabosco, *Piu d'alto piu* 1544/17

-3-3+4-4+8-2-2 G. Anerio, *Che se non foss* 1599/06
-3-3+4-4+8-2-2 C. Festa, *Porta negl'occhi* 1549/31

-3-3+4-5+4+3-2 A. Antiqui, *Resta horsu mad* 1505/06

-3-3+4-5+4-4+2 A. Pevernage, *Con humiliat* 1583/14

-3-3+4+6-2-2-2 M. Cara, *Io non l'ho perch* 1507/03

-3-3-4+2-4+8-3 C. Lambardi, *Fingo di non* 1600/13

-3-3-4-2+2+2+2 A. Trombetti, *Tu pur mi fug* 1583/18

-3-3-4+3+3+3-8 Anonymous, *Un grand'abismo* 1583/04

-3-3-4+4+3+3+3 Anonymous, *Un grand'abismo* 1583/04

-3-3-4+5-5+4-2 I. Baccusi, *Poi che'l mio* 1583/14

-3-3-4+5-5+4+4 M. Iacovelli, *Io voglio piang* 1588/23

-3-3-4+5-5+8-5 C. Merulo, *Vivea solo per* 1570/15

-3-3-4+8-3-2-2 A. Rota, *Fallace ardir tr* 1586/10

-3-3-4+8-4-2+2 H. Sabino, *Pria che la trom* 1588/27

-3-3+5+2+2+2+2 O. Lasso, *Oh d'amarissim'on* 1570/16

-3-3+5+2+2+2-2 P. Vinci, *Temprar potess'i* 1564/20

-3-3+5+2+2+2-4 S. d'Aranda, *El fior ch'i* 1571/12
-3-3+5+2+2+2-4 P. Bellasio, *Alla bell'ombr* 1595/07

-3-3+5+2+2+2-5 S. Bertoldo, *Chie val cu* 1564/16

-3-3+5+2+2-2-2 P. Bellasio, *Alla bell'ombr* 1595/07
-3-3+5+2+2-2-2 C. Perissone, *Che cos'al mo* 1544/17

-3-3+5+2+2-2+4 G. Moscaglia, *Mentre ti fu* 1582/04

-3-3+5+2+2-3-5 G. Moscaglia, *Mentre ti fu* 1582/04

-3-3+5+2-2+2+2 G. Asola, *Vezzosi augelli* 1598/10

-3-3+5+2-2+2+3 L. Marenzio, *Occhi sereni* 1589/08

-3-3+5+2-2-2+2 G. Asola, *Vezzosi augelli* 1598/10

-3-3+5+2-2-2-2 G. Asola, *Vezzosi augelli* 1598/10

-3-3+5+2-2-2+3 F. Gherardini, *Gioir fan gli* 1585/24

-3-3+5+2-2-2-4 B. d'Imola, *Non vi gloriat* 1540/18

-3-3+5+2-2-4+2 Alardi, *Passa la nave mia* 1561/16

-3-3+5+2-2-4+3 A. Stabile, *Donna tue chiome* 1589/11

-3-3+5+2-2-5+2 H. Chamatero, *Vieni soav'di* 1569/26

-3-3+5+2-2-5+5 F. Luprano, *Ne le tue br* 1508/03

-3-3+5+2-2-5+8 G. Violanti, *O cruda gelosi* 1574/06

-3-3+5+2+3-2+2 H. Chamatero, *Non credo ch* 1569/26

-3-3+5+2+3-2-3 H. Chamatero, *Non credo ch* 1569/26

-3-3+5+2+3-5+2 P. Vinci, *Temprar potess'i* 1564/20

-3-3+5+2-5+2+2 F. Roussel, *Io temo di cangiar* 1588/24

-3-3+5-2+2+2+2 G. Califano, *L'altre maggio* 1584/07
-3-3+5-2+2+2+2 O. Lasso, *Si se christall'i* 1588/24

-3-3+5-2+2+2+2 A. Trombetti, *Tu pur mi fug* 1583/18

-3-3+5-2+2-2+2 C. Perissone, *Occhi leggiad* 1547/14

-3-3+5-2+2-3+2 G. Primavera, *Quando quand* 1565/17

-3-3+5-2+2-3-3 G. Troiano, *Siatemi guid'An* 1589/07

-3-3+5-2+2-4-3 P. Vinci, *Si ch'io non veggo* 1564/20

-3-3+5-2-2+2+2 L. Marenzio, *Lucida perla* 1597/13

-3-3+5-2-2-2-2 B. Roi, *Lieti fiori verdi* 1593/05
-3-3+5-2-2-2-2 A. Savioli, *Ardemmo insieme* 1600/16

-3-3+5-2-2-2+3 G. Tasso, *No text.* 1591/19

-3-3+5-2-2-2+4 Anonymous, *Dulcis amica de* 1508/03
-3-3+5-2-2-2+4 A. Martorello, *Amor che la* 1547/17
-3-3+5-2-2-2+4 R. Mel, *E le celesti sfere* 1595/06
-3-3+5-2-2-2+4 C. Perissone, *Occhi leggiad* 1547/14
-3-3+5-2-2-2+4 C. Perissone, *Ditemi o Div* 1557/25
-3-3+5-2-2-2+4 B. Tromboncino, *A la guerr* 1504/04

-3-3+5-2-2+3-3 P. Bellasio, *Alla bell'ombr* 1595/07

-3-3+5-2-2-3+2 Anonymous, *Ssa bocca sapori* 1570/21

-3-3+5-2-2-5+4 Anonymous, *Vorria madonn'i* 1566/05

-3-3+5-2+4+4-2 G. Palestrina, *Da l'empia* 1557/24

-3-3+5+3-2+2-3 L. Luzzaschi, *Filli al part* 1586/10

-3-3+5-3+2+2+2 F. Luprano, *Poi che speran* 1509/02
-3-3+5-3+2+2+2 I. Baccusi, *Ma se fu amor ch* 1572/09

-3-3+5-3+2+2-2 F. Manara, *Amor dentr'al mi* 1548/08
-3-3+5-3+2+2-2 F. Portu, *Era il giorno ch'* 1547/17

-3-3+5-3+2+2+5 A. Martorello, *Qual'al cade* 1547/17

-3-3+5-3+2+2-5 G. Primavera, *Se'l dolor ch* 1569/31

-3-3+5-3-2+2+2 G. Filippo, *Il biondo crin* 1598/07
-3-3+5-3-2+2+2 F. Portinaro, *Madonna poi ch* 1563/13

-3-3+5-3-2+2-3 F. Mosto, *Ola ola chi mi* 1575/11

-3-3+5-3-2-2+3 F. Viola, *Chi non conosce A* 1548/08

-3-3+5-3-2-2-4 S. Cornetto, *O del chiar'Ar* 1581/07

-3-3+5-3-2+4-2 B. Spontone, *Amor e'l ver* 1570/15

-3-3+5-3-2+4-4 F. Viola, *Deh perche non cr* 1548/08

-3-3+5-3-2+5+2 G. Troiano, *Siatemi guid'An* 1589/07

-3-3+5-3+3-3+2 G. Troiano, *Siatemi guid'An* 1589/07

-3-3+5-3-3-2+2 G. Macque, *Tanta dolcezza* 1574/04

-3-3+5-3-3+5-2 J. Arcadelt, *Hor ved'amor* 1539/24
-3-3+5-3-3+5-2 P. Vinci, *Si ch'io non veggo* 1564/20

-3-3+5-3-3+5-3 H. Sabino, *Pria che la trom* 1588/27

-3-3+5-3-3+5-5 G. Scotto, *Sospira core ch* 1571/11

-3-3+5-3+4-2-2 A. Martorello, *Pura e genti* 1547/17

-3-3+5-3+5-3+2 S. Baldis, *Il prim'assalto* 1574/05

-3-3+5-3+6-4+2 L. Marenzio, *Occhi sereni* 1589/08

-3-3+5+4-2+2-8 G. Filippo, *Il biondo crin* 1598/07

-3-3+5+4-2-2-2 H. Chamatero, *Non credo ch* 1569/26

-3-3+5+4-2-3-2 G. Palestrina, *L'alta cagio* 1557/24

-3-3+5-4+2+2+2 G. Califano, *L'altre maggio* 1584/07
-3-3+5-4+2+2+2 G. Filippo, *Il biondo crin* 1598/07

-3-3+5-4+2+3-3 G. Macque, *Tanta dolcezza* 1574/04

-3-3+5-4+3-4+2 Anonymous, *Dolce sospir che* 1560/12

-3-3+5-4+4-2-2 A. Gabrieli, *Sa quest'altier* 1582/08

-3-3+5-4+4-4+3 Anonymous, *Vergin luce amor* 1599/06

-3-3+5-4+4-5+4 L. Marenzio, *Occhi sereni* 1589/08

-3-3+5-4+4-5+5 O. Crisci, *Cio che'l Tago* 1581/11

-3-3+5-4+5-4+5 A. Martorello, *Qual'al cade* 1547/17

-3-3+5-4+6+2+2 G. Caimo, *Questa crudel ch'* 1586/19

-3-3+5-4+8-2-3 C. Rore, *Cantiamo lieti il* 1544/17

-3-3+5+5-2-2-2 B. Tromboncino, *Ogni volta* 1514/02

-3-3+5-5+2+2+2 A. Capriolo, *Fuggi pur da* 1505/05

-3-3+5-5+2+2-3 Anonymous, *Ferito m'hai Gie* 1598/04

-3-3+5-5+2+4+3 B. Donato, *Te parlo tu me* 1550/19

-3-3+5-5-2-2-3 G. Bissi, *Da indimanti si* 1589/08

-3-3+5-5+3+2-2 G. Bissi, *Da indimanti si* 1589/08

-3-3+5-5-4+5-3 L. Marenzio, *Occhi sereni* 1589/08

-3-3+5-5-4+8-5 A. Capriolo, *Fuggi pur da* 1505/05

-3-3+5-5+5-3-2 G. Ferretti, *Hier sera anda* 1589/08

-3-3+5-5+5-3+3 A. Gabrieli, *Quei vinto da* 1587/16

-3-3+5-5+5-3-3 A. Gabrieli, *Quei vinto da* 1587/16
-3-3+5-5+5-3-3 G. Macque, *Fra belle Ninfe* 1583/15

-3-3+5-5+8-2-5 F. Baseo, *Altro sol, altro* 1573/17

-3-3+5-5+8-3+2 R. Mel, *Qui fu la bella Ni* 1585/26

-3-3+5-5+8-3-3 G. Palestrina, *Ogni loco* 1559/16

-3-3+5-5+8-8+5 C. Malvezzi, *Che faro dunqu* 1583/16

-3-3+5-8+4-3+2 G. Nasco, *Mentre che'l cor* 1559/16

-3-3+6-2-2+2+2 S. Rossetto, *Quel lume da cui* 1561/16

-3-3+6-2-2+2+4 J. Arcadelt, *Tante son le* 1544/16

-3-3+6-2-2+2-5 G. Gaimo, *Questa crudel ch'* 1586/19

-3-3+6-2-2-2-2 Anonymous, *Che fai che fai* 1557/19
-3-3+6-2-2-2-2 J. Arcadelt, *Tante son le* 1544/16
-3-3+6-2-2-2-2 B. Tromboncino, *Per quella* 1508/03

-3-3+6-2-2-2+5 G. Nasco, *Disse'l divin Sal* 1563/07

-3-3+6-2-2+3-2 S. Rossetto, *Quel lume da cui* 1561/16

-3-3+6-2-2+4-2 J. Arcadelt, *Tante son le* 1544/16
-3-3+6-2-2+4-2 G. Nasco, *Disse'l divin Sal* 1563/07

-3-3+6-2-2+5-3 S. Rossetto, *Quel lume da cui* 1561/16

-3-3+6-2+3-3+2 G. Caimo, *Questa crudel ch'* 1586/19

-3-3+6-2-3-3+6 L. Luzzaschi, *Ero cosi dice* 1588/17

-3-3+6-2-5+3-2 R. Montagnano, *Et io da che* 1588/17

-3-3+6-2-5+5-3 I. de Vento, *Correte amant* 1565/12

-3-3+6-2-8+6+3 G. Contino, *O chiaro nodo* 1562/06

-3-3+6-4+2+2-2 S. Rossetto, *Quel lume da cui* 1561/16

-3-3+8-2+2+3-2 R. Vecoli, *Non cerchi torm* 1577/10

-3-3+8-2+2-3-2 P. Vinci, *Si ch'io non veggo* 1564/20

-3-3+8-2-2+2+2 G. Caimo, *Questa crudel ch'* 1586/19

-3-3+8-2-2-2-2 Anonymous, *Non si trova Gie* 1598/04
-3-3+8-2-2-2-2 A. Antiqui, *Io mi parto el* 1509/02
-3-3+8-2-2-2-2 L. Courtoys, *Tra i duri sco* 1580/10
-3-3+8-2-2-2-2 R. Montagnano, *Rispond'io all* 1558/17

-3-3+8-2-3-2+2 F. Mosto, *Ola ola chi mi* 1575/11

-3-3+8-3+2+2-3 H. Chamatero, *Con lei foss'* 1569/26

-3-3+8-3+2-2-2 B. Tromboncino, *Sacrum conv* 1508/03

-3-3+8-3-2+2-3 S. d'Aranda, *El fior ch'i* 1571/12

-3-3+8-3-2-2-2 O. Lasso, *Hor su la nuda terr* 1588/24

-3-3+8-3-3+2-3 O. Lasso, *Hor su la nuda terr* 1588/24

-3-3+8-3-3-2-2 S. d'Aranda, *El fior ch'i* 1571/12

-3-3+8-3-3+3+4 Anonymous, *Ha lucia bona co* 1571/07

-3-3+8-3-3+4-2 Anonymous, *Ha lucia bona co* 1571/07

-3-3+8-3-3+5-8 Anonymous, *Ha lucia bona co* 1571/07

-3-3+8-3-4+2-3 P. Vinci, *Si ch'io non veggo* 1564/20

-3-3+8-4+2-3-2 C. Malvezzi, *Che faro dunqu* 1583/16

-3-3+8-5+2+2+2 G. Moro, *Non vi spiaccia Si* 1585/28

-3+4+2+2+2-2 P. Bellasio, *E con lei poic* 1595/07
-3+4+2+2+2+2-2 G. Guami, *Vago d'un alt'e* 1569/19
-3+4+2+2+2+2-2 B. Sorte, *Ma se fedel amante* 1598/07

-3+4+2+2+2-5-3 P. Bellasio, *E con lei poic* 1595/07

-3+4+2+2-2+2-2 M. Gabbia, *Fa queste sacre* 1598/06

-3+4+2+2-2+2-3 Anonymous, *Era la mia virt* 1549/31

-3+4+2+2-2+2-4 P. Bellasio, *E con lei poic* 1595/07

-3+4+2+2-2-2-2 N. Patavino, *Se non poi ho* 1505/03

-3+4+2+2-2-5+3 M. Gabbia, *Fa queste sacre* 1598/06

-3+4+2+2-2-8+2 N. Pifaro, *Aqua aqua al foc* 1506/03

-3+4+2+2-3+2+2 A. Mantovano, *Hor che son* 1513/01
-3+4+2+2-3+2+2 F. Rovigo, *Ardo si ma non* 1585/17

-3+4+2+2-3-2-2 F. Rovigo, *Ardo si ma non* 1585/17

-3+4+2+2-3+3-2 F. Rovigo, *Ardo si ma non* 1585/17

-3+4+2+2-8+8-2 F. Rovigo, *Ardo si ma non* 1585/17

-3+4+2-2-2-2-2 P. Vinci, *Huomin'e Dei sole* 1567/24

-3+4+2+3-2-2-2 F. Viola, *Siepi ch'il bel* 1548/08

-3+4+2-3-4+5-2 P. Vinci, *Huomin'e Dei sole* 1567/24

-3+4-2+2+2+2+2 Anonymous, *Se fosse aime* 1566/07
-3+4-2+2+2+2+2 P. Vinci, *La ver l'aurora* 1567/24

-3+4-2+2+2+2-2 M. Cancino, *Mentre nubi di* 1590/21

-3+4-2+2+2+2-4 S. Molinaro, *L'aura che gi* 1589/13

-3+4-2+2+2+2-8 S. Molinaro, *L'aura che gi* 1589/13
-3+4-2+2+2+2-8 P. Taglia, *Chi vol veder in* 1600/05

-3+4-2+2+2-2-2 Anonymous, *Dispost'ho di segui* 1580/06

-3+4-2+2+2-5+2 Anonymous, *Quando ti sguard* 1563/06

-3+4-2+2+2-5-2 G. Ferretti, *Hier sera anda* 1589/08

-3+4-2+2-2+2+2 A. Gabrieli, *Quei vinto da* 1587/16

-3+4-2+2-2+2+3 G. Violanti, *O cruda gelosi* 1574/06

-3+4-2+2-2-2-2 H. Chamatero, *Al'ultimo bis* 1561/13

-3+4-2+2+3-3+2 G. Primavera, *Laura soave* 1585/31

-3+4-2+2-3+2+2 G. Primavera, *Quel che vi* 1585/31

-3+4-2+2-3+2-3 A. Willaert, *Madonn'io non* 1548/11

-3+4-2+2-3-2+8 E. Dupre, *Finira giamai mi* 1509/02

-3+4-2+2-3+5-4 S. Molinaro, *L'aura che gi* 1589/13

-3+4-2+2+4-2-2 B. Tromboncino, *Io so ben* 1513/01

-3+4-2+2-4+2+2 F. Anerio, *Cosi soave stil* 1591/12
-3+4-2+2-4+2+2 N. Pifaro, *Aqua aqua al foc* 1506/03

-3+4-2+2-4+4-2 F. Corteccia, *O begli anni de* 1539/25

-3+4-2+2-4+4-4 A. Barges, *Non t'ho possut* 1550/18

-3+4-2+2-5+4-3 G. Dragone, *Donna se lo mi* 1588/22

-3+4-2-2+2+2+2 A. Gabrieli, *Non cosi bell'* 1589/14
-3+4-2-2+2+2+2 G. Renaldi, *Mentre ch'alter* 1569/32

-3+4-2-2+2+2-2 Anonymous, *Madonna tu sei* 1537/05
-3+4-2-2+2+2-2 C. Antegnati, *Io mi sento* 1589/08
-3+4-2-2+2+2-2 A. Antiqui, *Questo tuo lent* 1507/03
-3+4-2-2+2+2-2 S. Cornetto, *Se per sentir* 1581/07
-3+4-2-2+2+2-2 A. Gabrieli, *Vergine ancell* 1589/14
-3+4-2-2+2+2-2 S. Molinaro, *Deh perche Amo* 1599/15
-3+4-2-2+2+2-2 M. Pesenti, *S'io son stato* 1504/04
-3+4-2-2+2+2-2 P. Vecoli, *O dolci sguard* 1581/12

-3+4-2-2+2+2-3 Anonymous, *Madonna tu sei* 1537/05
-3+4-2-2+2+2-3 G. Primavera, *Quando quand* 1565/17

-3+4-2-2+2+2-4 C. Lambardi, *La bella donna* 1600/13

-3+4-2-2+2+2-5 S. Venturi, *Quasi tra ros'e* 1596/17

-3+4-2-2+2-2-2 S. Venturi, *Quasi tra ros'e* 1596/17

-3+4-2-2+2-3+2 Anonymous, *Ogn'herba fate* 1557/19
-3+4-2-2+2-3+2 Anonymous, *Ti parlo e tu* 1557/19
-3+4-2-2+2-3+2 Anonymous, *Se non dormi don* 1505/04
-3+4-2-2+2-3+2 N. Pifaro, *Aqua aqua al foc* 1506/03
-3+4-2-2+2-3+2 N. Pifaro, *O sola mia salut* 1507/04
-3+4-2-2+2-3+2 G. Primavera, *Quando quand* 1565/17

-3+4-2-2+2-3+4 A. Gabrieli, *Non cosi bell'* 1589/14

-3+4-2-2+2-5+4 C. Rore, *Non mi toglia il* 1565/18

-3+4-2-2-2+2+2 M. Effrem, *No no che d'ogn* 1582/12
-3+4-2-2-2+2+2 P. Nenna, *Amorose faville* 1582/12
-3+4-2-2-2+2+2 A. Patricio, *Son quest'i be* 1550/18
-3+4-2-2-2+2+2 A. Striggio, *Herbosi prati* 1593/05

-3+4-2-2-2+2+3 O. Lasso, *Al fin vid'io pe* 1559/23

-3+4-2-2-2+2-3 Anonymous, *Vorria madonn'i* 1566/05
-3+4-2-2-2+2-3 Anonymous, *Ssa bocca sapori* 1570/21
-3+4-2-2-2+2-3 Anonymous, *Vorria madonn'i* 1566/05
-3+4-2-2-2+2-3 F. Azzaiolo, *E lev'aime d'u* 1559/19

-3+4-2-2-2+2-4 B. Tromboncino, *Vana speranz* 1506/03

-3+4-2-2-2-2+2 C. Festa, *Cosi estrema la* 1546/19
-3+4-2-2-2-2+2 G. Maio, *Nasce del mio desi* 1519/04
-3+4-2-2-2-2+2 A. Marien, *Quel ch'infinit* 1584/09A
-3+4-2-2-2-2+2 A. Zoilo, *Arde il cor la* 1589/07

-3+4-2-2-2-2-2 I. Baccusi, *Ma che squallid* 1598/10
-3+4-2-2-2-2-2 P. Bozi, *Deh spegni Amor* 1588/18
-3+4-2-2-2-2-2 P. Cantino, *Perche la mia D* 1592/12
-3+4-2-2-2-2-2 R. Trofeo, *Ohime partit'e'l* 1600/17
-3+4-2-2-2-2-2 P. Vinci, *La ver l'aurora* 1567/24

-3+4-2-2-2-2+3 N. Patavino, *Se non poi ho* 1505/03

-3+4-2-2-2-2-3 A. Gabrieli, *Vergine ancell* 1589/14

-3+4-2-2-2-2+4 Anonymous, *Nel mover de que* 1506/03
-3+4-2-2-2-2+4 R. Rodio, *Ardo si ma non t'* 1587/12

-3+4-2-2-2+3+2 G. Maio, *Io non posso piu* 1519/04

-3+4-2-2-2+3-2 Anonymous, *Vorria che tu ca* 1555/30
-3+4-2-2-2+3-2 J. Arcadelt, *Come potro fid* 1539/24
-3+4-2-2-2+3-2 F. Azzaiolo, *Vorrei che tu* 1557/18
-3+4-2-2-2+3-2 M. Cara, *Deh dolce mia sign* 1507/03
-3+4-2-2-2+3-2 P. Cesena, *Non so perche no* 1505/03

-3+4-2-2-2+3-3 A. Mantovano, *Tintinami la* 1513/01

-3+4-2-2-2-3+2 Anonymous, *Ssa bocca sapori* 1570/21
-3+4-2-2-2-3+2 L. Bati, *Mentre l'armento* 1594/11

-3+4-2-2-2-3-2 G. Nasco, *Mentre che'l cor* 1559/16

-3+4-2-2-2-3+5 Anonymous, *Chi e pregion de* 1509/02
-3+4-2-2-2-3+5 V. Ruffo, *Lieti felici spir* 1561/11

-3+4-2-2-2+4+2 A. Perugino, *Io mi daria la* 1571/09

-3+4-2-2-2+4-2 G. Caimo, *Forz'e ch'io part* 1586/19
-3+4-2-2-2+4-2 A. Mantovano, *Ben ben ben* 1513/01
-3+4-2-2-2+4-2 G. Nasco, *Disse'l divin Sal* 1563/07

-3+4-2-2-3+2+2 G. Corona, *Alle fiorite gua* 1569/26

-3+4-2-2-3+4-3 M. Comis, *Depon Orsa crude* 1568/13

-3+4-2-2+4-2-2 N. Pifaro, *D'altro hormai* 1507/03

-3+4-2-2+4-3+4 C. Rore, *Chi non sa com'Amo* 1557/24

-3+4-2-2+4-5+2 Anonymous, *Se non dormi don* 1505/04

-3+4-2-2-4+5-5 D. Nicolo, *Salve croce unic* 1508/03

-3+4-2-2+5-4+2 P. Bellasio, *Hor che non s'* 1578/21

-3+4-2-2+5-5+2 H. Chamatero, *Non vedi amo* 1561/13

-3+4-2+3+2+2-4 P. Vinci, *Non credo che pas* 1583/19

-3+4-2+3+2-3+3 C. Rore, *Alma Susanna ben* 1568/19

-3+4-2+3-2-3+2 B. Donato, *Te parlo tu me* 1550/19

-3+4-2+3-2+4-2 C. Antegnati, *Dolce mio be* 1589/08

-3+4-2+3-2-4+4 A. Gabrieli, *Sento un rumore* 1587/16

-3+4-2+3+3-2-5 A. Willaert, *Dove sei tu mi* 1548/09

-3+4-2+3-3-3+5 S. Molinaro, *L'aura che gi* 1589/13

-3+4-2+3-3-4+2 G. Martinengo, *Quelle fiamm* 1548/09

-3+4-2-3+2+2+2 G. Anerio, *Vien'ogni'mal d'* 1599/06
-3+4-2-3+2+2+2 P. Bellasio, *Cosi sol per* 1578/21
-3+4-2-3+2+2+2 M. Cancino, *Al germ onde s'* 1590/21
-3+4-2-3+2+2+2 F. Celano, *Nuovo e strano* 1566/10
-3+4-2-3+2+2+2 G. Primavera, *Se'l dolor ch* 1569/31

-3+4-2-3+2+2-2 G. Scotto, *Quiss'occhi ques* 1571/11

-3+4-2-3+2+2-3 A. Trombetti, *Gia per te* 1583/18

-3+4-2-3+2+2+4 P. Bellasio, *Cosi sol per* 1578/21

-3+4-2-3+2+2-5 P. Bellasio, *Cosi sol per* 1578/21
-3+4-2-3+2+2-5 R. Mel, *Il piu divino pi* 1585/26

-3+4-2-3+2-2-2 C. Perissone, *Buccucia dolc* 1548/11

-3+4-2-3+2-2+3 G. Dancherts, *Scarpello si* 1559/18
-3+4-2-3+2-2+3 G. Dancherts, *Fedel qual se* 1559/18

-3+4-2-3+2-2+4 M. Cancino, *Al germ onde s'* 1590/21

-3+4-2-3+2-3-2 M. Romano, *Donne noi siamo* 1569/24

-3+4-2-3-2+2+2 B. Donato, *Quanto debb'alle* 1550/19

-3+4-2-3-2-2+5 F. Azzaiolo, *Tanto sai far* 1557/18
-3+4-2-3-2-2+5 C. Rore, *Non mi toglia il* 1565/18

-3+4-2-3+3+2+2 F. Roussel, *Non fur giamai* 1588/24

-3+4-2-3+3-2+3 F. Ana, *Non pigliar madonn* 1507/04

-3+4-2-3+3-2-3 F. Corteccia, *O begli anni de* 1539/25

-3+4-2-3+3-4+3 A. Barges, *Quando ti vegg'a* 1550/18

-3+4-2-3+3-4+4 V. Ruffo, *Verde piaggie fel* 1557/25

-3+4-2-3+4-2+2 B. Donato, *Te parlo tu me* 1550/19

-3+4-2-3+4-2-3 V. Ruffo, *Lieti felici spir* 1561/11

-3+4-2-3+4-2+4 G. Nasco, *Si ch'io mi cred'* 1559/16

-3+4-2-3+4-3+5 G. Nasco, *Si ch'io mi cred'* 1559/16

-3+4-2-3+4-4+2 P. Bellasio, *Cosi sol per* 1578/21

-3+4-2-3+4-4+3 G. Contino, *Qual e'l dolce* 1562/06

-3+4-2-3+5-3+2 C. Rore, *La giustitia immor* 1548/08

-3+4-2+4+2-2-3 G. Pizzoni, *Leggiadra pasto* 1582/14

-3+4-2+4-2+2+2 C. Antegnati, *Dolce mio be* 1589/08

-3+4-2+4-2+2-3 S. Baldis, *Il prim'assalto* 1574/05

-3+4-2+4-2-2+2 S. Baldis, *Il prim'assalto* 1574/05

-3+4-2+4-2-3+2 B. Roi, *Alzando gli occhi* 1599/06

-3+4-2+4-3-2-2 F. Adriani, *Onde i lumi mag* 1568/12
-3+4-2+4-3-2-2 F. Roussel, *Non fur giamai* 1588/24

-3+4-2+4-3-2-3 P. Bellasio, *Cosi sol per* 1578/21

-3+4-2+4-3+4-2 S. Molinaro, *Aspetto morte* 1599/15

-3+4-2-4+2+2+2 A. Gabrieli, *Non cosi bell'* 1589/14
-3+4-2-4+2+2+2 G. Palestrina, *Poscia che* 1559/16

-3+4-2-4+3-2+4 G. Zarlino, *Mentre del mio* 1568/16

-3+4-2-4+3-4+3 Anonymous, *Alti sospir che* 1599/06
-3+4-2-4+3-4+3 Anonymous, *Dolce sospir che* 1560/12

-3+4-2-4+3-4+4 Anonymous, *Dolce sospir che* 1560/12

-3+4-2-4+4+2-2 A. Barges, *Voglia mi venem* 1550/18

-3+4-2-4+4-2+2 P. Vinci, *Ella si tac'e di* 1567/24

-3+4-2-4+4-3-3 B. Donato, *O quant'amor* 1550/19

-3+4-2-4+4-5+2 A. Martorello, *Leva da gl'o* 1547/17

-3+4-2+5+2-2-2 L. Courtoys, *Signor fu poc* 1580/10

-3+4-2+5-2-2-5 F. Roussel, *Non fur giamai* 1588/24

-3+4-2-5+2+2+2 M. Ingegneri, *Vedra i biondi* 1593/05
-3+4-2-5+2+2+2 C. Rore, *Vedrai biondi cape* 1565/18

-3+4-2-5-3+4-3 P. Taglia, *Chi vol veder in* 1600/05

-3+4-2-5-3+6-2 G. Nasco, *Alma se stata fos* 1559/16

-3+4-2-5+4-4+5 G. Martinengo, *Quelle fiamm* 1548/09

-3+4-2-5+4-5+4 M. Pesenti, *S'io son stato* 1504/04

-3+4-2-5+5+2-3 P. Vecoli, *O dolci sguard* 1581/12

-3+4-2-5+5-3+2 Anonymous, *O occhi manza mi* 1560/13

-3+4-2-5+5-3+4 Anonymous, *Era la mia virt* 1549/31

-3+4-2-5+5+4-2 J. Berchem, *S'amor non* 1546/19

-3+4-2-5+8-2+2 V. Ruffo, *Fiere silvestre* 1585/19
-3+4-2-5+8-2+2 D. Vicentino, *La ver l'auro* 1558/17

-3+4-2-5+8-3+2 O. Scaletta, *Mentre che* 1593/07

-3+4-2-5+8-3+4 S. Venturi, *Baci e pur bac* 1598/14

-3+4-2-5+9+2-3 P. Vecoli, *O dolci sguard* 1581/12

-3+4-2-8+5-4+5 Anonymous, *Chi mai udi tal* 1598/04

-3+4+3-2+2-4-2 G. Ferretti, *Dolc'amorose* 1589/08

-3+4+3-3-2-2+2 D. Phinot, *Simili a questi* 1561/10

-3+4+3-3-3+2-5 C. Rore, *Et parmi che nel* 1591/23

-3+4-3+2+2+2+2 P. Vinci, *I pensier son sae* 1564/20

-3+4-3+2+2+2-3 V. Ruffo, *Fiere silvestre* 1585/19

-3+4-3+2+2-2+2 P. Vinci, *Per mezz'i bosch'* 1567/24

-3+4-3+2+2+3-3 G. da Nola, *Se subito non* 1570/27

-3+4-3+2+2-3-4 H. Chamatero, *Huomin'e Dei* 1561/13

-3+4-3+2+2-5+2 G. Dancherts, *Scarpello si* 1559/18

-3+4-3+2+2-5-3 I. Tartaglino, *Hor le tue forz* 1587/12

-3+4-3+2-2+2+2 F. Novelli, *Che sia di me* 1599/06

-3+4-3+2-2-2+5 G. Wert, *Pace davano i vent* 1568/20

-3+4-3+2-2+4-2 V. Ruffo, *Veggio ben quant* 1555/31

-3+4-3+2-2+4-4 V. Ruffo, *Quando tall'hor* 1557/25

-3+4-3+2-2-4+5 F. Corteccia, *Chi ne l'a tolt* 1539/25

-3+4-3+2-3+2+2 P. Vinci, *I pensier son sae* 1564/20
-3+4-3+2-3+2+2 A. Willaert, *Dove sei tu mi* 1548/09

-3+4-3+2-3+2-2 Anonymous, *Chi circa de ved* 1537/05

-3+4-3+2-3+2+3 H. Sabino, *E se t'agrada pu* 1581/11

-3+4-3+2-3+2-4 Anonymous, *Chi circa de ved* 1537/05

-3+4-3+2-3-2-2 Anonymous, *El foco non mi* 1507/04

-3+4-3+2+4-3+2 P. Masnelli, *Gridi pianti* 1578/21

-3+4-3+2+4-3+4 G. Califano, *Non mi toglia* 1584/07

-3+4-3+2-5+2+4 G. Califano, *Non mi toglia* 1584/07

-3+4-3+2-5+5-3 F. Corteccia, *O begli anni de* 1539/25

-3+4-3+2-5+8-3 F. Baseo, *Non mi duol il mo* 1573/16
-3+4-3+2-5+8-3 G. Califano, *Non mi toglia* 1584/07

-3+4-3-2+2+2+2 A. Coma, *Dormian Damon Do* 1585/22

-3+4-3-2+2-2-2 O. Lasso, *Vostro fui, vostr* 1559/23

-3+4-3-2+2-3+2 O. Vecchi, *Deh preg'Amor il* 1597/13

-3+4-3-2-2+5-3 A. Verso, *O verdi poggi* 1594/17

-3+4-3-2+3+2-2 G. Corona, *Alle fiorite gua* 1569/26

-3+4-3-2+3-3+2 F. Vecoli, *Quanto piu lei* 1575/16

-3+4-3-2+3-4+3 Anonymous, *Alti sospir che* 1599/06

-3+4-3-2+4-2+2 G. Guami, *Vago d'un alt'e* 1569/19

-3+4-3+3-2+2+3 G. da Nola, *Se subito non* 1570/27

-3+4-3+3-2-2+4 A. Perugino, *Io mi daria la* 1571/09

-3+4-3-3+2+2-2 F. Novelli, *Che sia di me* 1599/06

-3+4-3-3+3-2-3 B. Tromboncino, *Animoso mi* 1516/02

-3+4-3-3+4+2+2 S. Felis, *Che se gia il tem* 1585/23

-3+4-3-3+4-2+2 V. Ruffo, *Fiere silvestre* 1585/19

-3+4-3-3+4-2-2 R. Giovanelli, *Donna la bell* 1589/07
-3+4-3-3+4-2-2 F. Novelli, *Che sia di me* 1599/06

-3+4-3-3+4-3+2 V. Ruffo, *Fiere silvestre* 1585/19

-3+4-3-3+5-2-2 R. Giovanelli, *Donna la bell* 1589/07

-3+4-3-4+2+5-3 A. Perugino, *Io mi daria la* 1571/09

-3+4+4-2-2+2+2 P. Vinci, *Huomin'e Dei sole* 1567/24

-3+4+4-3-3+2-2 M. Cara, *O bon egli bo* 1505/06

-3+4-4+2+2+2+2 C. Rore, *Gravi pene in amo* 1561/11

-3+4-4+2-3+4-3 F. Luprano, *Donna quest* 1505/05

-3+4-4+5-8+6-5 P. Bellasio, *Gelo ha madonn* 1578/21

-3+4-5+2+2+2+2 Olivier, *Dir si puo ben pe* 1561/11

-3+4-5+2-2+2+2 C. Rore, *Et parmi che nel* 1591/23

-3+4-5+2-2+8-5 Anonymous, *Scoltatime madon* 1505/05

-3+4-5+2+5+2-2 F. Bonardi, *Ho inteso dir* 1565/12

-3+4-5+2-5+3-2 O. Vecchi, *Mentre cerco il* 1600/05

-3+4-5+2-5+4-3 G. Califano, *Non mi toglia* 1584/07

-3+4-5-2+2+2+2 M. Cara, *Sum piu tua che no* 1507/04

-3+4-5-2+2+5+2 M. Mazzone, *Chi cerca navig* 1570/18

-3+4-5+3+2-2-2 P. Monte, *La dolce vista e'* 1568/13

-3+4-5+3-2-2+5 G. da Nola, *Stava felice* 1570/27

-3+4-5+4+2+2-2 V. Ruffo, *Verde piaggie fel* 1557/25

-3+4-5+4-2+2+3 V. Ruffo, *Quando tall'hor* 1557/25

-3+4-5+4-2-3+2 C. Perissone, *Buccucia dolc* 1548/11

-3+4-5+4-3-2+4 V. Ruffo, *Veggio ben quant* 1555/31

-3+5-3+2-5+8-5 G. Coudenno, *Et se ben la* 1584/11
-3+5-3-2-2+2-4 G. Gallo, *Questi son quei* 1597/20
-3+5-3-2-2-2+2 A. Marien, *Quel ch'infinit* 1584/09A
-3+5-3-2-2+3+4 G. Guami, *E non conosce Amo* 1575/11
-3+5-3+4+2+2-3 A. Striggio, *Ecco il sol ch* 1567/23
-3+5-3+5-2+2-3 G. Ferretti, *Fuggimi quant* 1589/08
-3+5-3+6-2-2-4 G. Bonagiunta, *Li Saracini* 1566/07
-3+5+4-2+2-4-5 Anonymous, *Vag'Augelletto* 1599/06
-3+5+4-3-5+2+2 A. Striggio, *Occhi voi che* 1579/02
-3+5-4+2+2+2-4 F. Bonardi, *Madonna tu te* 1565/12
-3+5-4-2+5+2-2 Anonymous, *Ahime che nel pa* 1566/09
-3+5-4+4-2-2-3 G. Gabrieli, *Sacri di Giov* 1589/08
-3+5-5-2+2+2+2 G. Bonagiunta, *Mentre ch'el* 1565/12
-3+5-5+3-2-2-2 J. Arcadelt, *S'io non lodo* 1539/24
-3+5-5+4-5+4-2 F. Manara, *Amor dentr'al mi* 1548/08
-3+5-5+5-5-2+4 B. Tromboncino, *Integer vit* 1513/01
-3-5+2+2+2+2-3 A. Agostini, *Deh salvator de* 1572/07
-3-5+2+2+2-3+2 G. Martoretta, *O fortunato* 1544/16
-3-5+2+4-2-2+2 B. Tromboncino, *Non se sa* 1513/01
-3-5+2+6-2+2-3 O. Lasso, *Poi che'l mio lar* 1583/15
-3-5+2+6-2+2-3 O. Lasso, *Poiche'l mio larg* 1600/05
-3-5+2+8-3-5+2 Anonymous, *S'el mio cor pi* 1505/06
-3-5+4+2-5+4-3 F. Luprano, *Donna contr* 1505/05
-3-5+4+4-2-2-2 M. Cara, *O caldi mei suspir* 1505/05
-3-5+5+2+2-2-2 P. Monte, *Anima dove vai do* 1583/15
-3-5+5+2-3+2+2 Josquin, *El grillo e bon ca* 1505/04
-3-5+5-3+5-5+4 N. Roiccerandet, *Tira tira* 1566/10
-3-5+5-5+3-2+2 O. Antinori, *Resta in pace* 1505/03
-3-5+8+3-5-2+3 O. Lasso, *Una strana fenic* 1559/23
-3+6+2-4-2+3-2 M. Cara, *O bon egli bo* 1505/06
-3+6-2+2+2+2-3 V. Ruffo, *Puli chiam'il mi* 1562/06
-3+6-2+2-3-2-3 A. Barges, *La mi galina quand* 1550/18
-3+6-2-2+2+2-3 P. Vinci, *Datemi pace dur* 1567/24
-3+6-2-2+2-2-2 L. Bati, *Questo fonte genti* 1594/11
-3+6-2-2+2-3+2 O. Lasso, *Spesso in poveri* 1593/05
-3+6-2-2-2+2-2 A. Stringari, *Datime pace* 1514/02
-3+6-2-2-2-2+2 A. Stabile, *Quand'io son tu* 1587/10
-3+6-2-2-2-2+2 B. Tromboncino, *Amor se voi* 1514/02
-3+6-2-2-2-2+2 B. Tromboncino, *Per quella* 1508/03
-3+6-2-2-2-2-2 L. Bati, *Mentre l'armento* 1594/11
-3+6-2-2-2-2-2 A. Perugino, *Amor poca piet* 1570/19
-3+6-2-2-2-3+2 C. Perissone, *Buccucia dolc* 1548/11
-3+6-2-2-2+4-3 M. Cara, *Io non l'ho perch* 1507/03
-3+6-2-2+3-3-2 L. Bati, *Questo fonte genti* 1594/11
-3+6-2-2-4+3-3 A. Barges, *Quanto debb'alle* 1550/18
-3+6-2-3+4-3-2 F. Bruno, *Non son ris'avice* 1598/08
-3+6-2-5+2+2-3 A. Patricio, *Madonna quel suav* 1550/18
-3+6-3+2+2-3+2 L. Agostini, *Hor che lungi* 1572/07
-3+6-3+2+2-3-3 G. Nasco, *Alma se stata fos* 1559/16
-3+6-3+2+2-3+4 L. Agostini, *Hor che lungi* 1572/07
-3+6-3+2-3-3+3 G. Foglia, *Dolor crudel dol* 1547/16
-3+6-3-2+2+2+2 F. Vecoli, *Ecco ch'l parla* 1575/16
-3+6-3-2-2-2+6 R. Trofeo, *Cor mio che pens* 1600/17
-3+6-3-2-3+6-3 F. Bruno, *Non son ris'avice* 1598/08
-3+6-3+3+2+2-2 L. Agostini, *Hor che lungi* 1572/07
-3+6-3+3-2-2-2 R. Trofeo, *Cor mio che pens* 1600/17
-3+6-3-3-3+2 F. Rovigo, *Ardo si ma non* 1585/17
-3+6-3-3-3+2+2 F. Rovigo, *Ardo si ma non* 1585/17
-3+6-3-3-3+8-2 F. Rovigo, *Ardo si ma non* 1585/17
-3+6-3-3+4-4-3 G. Renaldi, *Amor io sent'u* 1569/32
-3+6-3+4-2-2-2 F. Bruno, *Non son ris'avice* 1598/08
-3+6-3+4-2-3+3 P. Clerico, *Dhe perche tant* 1562/15
-3+6-3+4-3+2-4 P. Clerico, *Dhe perche tant* 1562/15
-3+6-3+4-4-2+3 L. Agostini, *Hor che lungi* 1572/07
-3+6-3-4+4-2-2 C. Lambardi, *Fingo di non* 1600/13
-3+6-3-4+4-5+6 R. Montagnano, *Ma io che debb* 1558/17
-3+6-3+5-5-3+2 P. Bellasio, *Amor che vide* 1583/10
-3+6-4+2-3+2+2 G. Nasco, *Alma se stata fos* 1559/16
-3+6-4+3-2-4+2 P. Monte, *Se non fusse il* 1573/16
-3-6-2+2+2-2+8 A. Gabrieli, *Ma da quel atr* 1570/15
-3+7-2+2-4+2-5 Anonymous, *Odiar quel ch'al* 1598/04
-3+7-4-2-2-4+5 S. Rossetto, *Se dov'e'l so* 1568/13
-3+8+2+2-2-5+2 B. Tromboncino, *Cresce la* 1507/03
-3+8+2-5+4-3-3 O. Lasso, *La notte che segu* 1561/10
-3+8-2-2+2-2-5 A. Barges, *Quanto debb'alle* 1550/18
-3+8-2-2-2+2-3 A. de Reulx, *Quant'era'l me* 1556/22
-3+8-2-2-2-2+2 G. Nanino, *Selva che di con* 1587/10
-3+8-2-2-2-2-2 Anonymous, *Resta in pace di* 1505/03
-3+8-2-4+5-5+5 P. Cesena, *Oyme che ho pers* 1505/03
-3+8-2-5+4-2-3 F. Roussel, *Non fur giamai* 1588/24
-3+8-4+4-5+5-5 M. Cara, *Piu non t'amo aib* 1509/02
-3+8-5+2-5+8-3 F. Baseo, *Non fu si dura* 1573/16
-3+8-5+5-5-4+5 R. Rodio, *Lungi da voi mia* 1587/12

+4+2+2-2-5+4-4 B. Tromboncino, *Scopri li* 1504/04

+4+2+2-2-5+5+2 J. Arcadelt, *Com'esser puo ch* 1552/21
+4+2+2-2-5+5+2 J. Arcadelt, *Deh perche si* 1545/18
+4+2+2-2-5+5+2 G. Maio, *Sel pensier che* 1519/04

+4+2+2-2-5+5-2 Anonymous, *Superbi colli* 1577/08

+4+2+2-2-5+5-5 J. Arcadelt, *Amor quanto pi* 1539/24

+4+2+2-2+6-2-2 Anonymous, *Moro sol per ama* 1560/10

+4+2+2-2-8+4-3 A. Savioli, *Ecco due gran* 1600/16

+4+2+2+3+2-2-2 P. Vecoli, *Io piango ï ell* 1581/12

+4+2+2+3-2+2+2 G. Nanino, *Sopra il vago Es* 1586/18

+4+2+2+3-2-2+2 M. Comis, *Quando fuori del* 1568/12

+4+2+2+3-2-2-2 G. Gabrieli, *Chiar'Angiolet* 1597/13
+4+2+2+3-2-2-2 G. Nanino, *Sopra il vago Es* 1586/18
+4+2+2+3-2-2-2 G. Palestrina, *Voi mi ponest* 1560/10

+4+2+2+3-2-2+3 G. Gabrieli, *Chiar'Angiolet* 1597/13

+4+2+2+3-2-2+4 G. Nanino, *Sopra il vago Es* 1586/18

+4+2+2+3-3-2-2 G. Passetto, *Audi bone persone* 1552/23

+4+2+2+3-3-3+2 G. Nasco, *Non ha donna piu* 1557/25

+4+2+2+3-4+4-2 F. Soriano, *Se dal tuo foco* 1591/12

+4+2+2+3-5-3+4 F. Viola, *Felice chi dispen* 1548/08

+4+2+2-3+2+2-2 C. Porta, *Giato cacomu tard* 1564/16

+4+2+2-3+2-2-2 A. Marien, *Forse i devoti* 1584/09A

+4+2+2-3+2-2-4 A. Stringari, *Valle che de* 1514/02

+4+2+2-3+2-3+2 J. Berchem, *A la dolc'ombr* 1544/22
+4+2+2-3+2-3+2 P. Monte, *Occhi leggiadri* 1593/05

+4+2+2-3+2+4-2 G. Martinengo, *Talche mi pa* 1548/09

+4+2+2-3+2+4-3 G. Macque, *Nei vostri dolc* 1589/07

+4+2+2-3+2-4+5 P. Vinci, *Voi sola mi pones* 1583/19

+4+2+2-3+2-5+2 P. Vecoli, *Durin co'i chiar* 1581/12

+4+2+2-3-2+2-2 C. Veggio, *Per quei begli* 1540/19

+4+2+2-3-2+2+4 C. Veggio, *Per quei begli* 1540/19

+4+2+2-3-2+2-4 C. Merulo, *Di neve e fresch* 1579/02

+4+2+2-3-2+2+5 F. Nicoletti, *Volete voi mia* 1592/14
+4+2+2-3-2+2+5 J. Arcadelt, *Hor tregu'havr* 1544/16

+4+2+2-3-2+2-5 A. Gabrieli, *Mirami vita mi* 1597/13

+4+2+2-3-2-2+2 Anonymous, *Non la cetra d'O* 1583/13

+4+2+2-3-2-2-2 J. Arcadelt, *Hor tregu'havr* 1544/16
+4+2+2-3-2-2-2 A. Barre, *Sorgi superbo Tebr* 1555/27
+4+2+2-3-2-2-2 J. Berchem, *Amar un sol'amant* 1557/16
+4+2+2-3-2-2-2 A. Marien, *Forse i devoti* 1584/09A
+4+2+2-3-2-2-2 R. Vecoli, *Se la fiamm've* 1577/10
+4+2+2-3-2-2-2 P. Vinci, *Cosi vuol mia ven* 1584/11

+4+2+2-3-2+4-2 C. Malvezzi, *Occhi miei ch* 1583/16

+4+2+2-3+3+2+3 Anonymous, *Non la cetra d'O* 1583/13

+4+2+2-3+3-2-2 G. Nanino, *Da i puri loro* 1583/10

+4+2+2-3+3-2+4 A. Doni, *Chiaro leggiadro* 1544/22

+4+2+2-3+3-2-5 S. Cornetto, *S'Amor non e,* 1581/07

+4+2+2-3-3+2+2 A. Barre, *Et simil'ai parent* 1555/27

+4+2+2-3-3+4-2 M. Troiano, *Sopra'l bel ver* 1569/19

+4+2+2-3+4-2-3 J. Berchem, *Il sol giamai* 1546/19

+4+2+2-3+4-3-2 O. Lasso, *Del freddo Rheno* 1588/24

+4+2+2-3+4-4+2 J. Persoens, *Per lieti prat* 1570/28

+4+2+2-3-4+2+2 C. Rore, *Si dira poi ciascun* 1568/19

+4+2+2-3-4+4-4 S. Felis, *Voi sete la mia* 1585/23

+4+2+2-3-4+5-5 C. Rore, *Spesso in parte de* 1565/18

+4+2+2-3+5-2-2 Anonymous, *Non la cetra d'O* 1583/13
+4+2+2-3+5-2-2 A. Feliciani, *Amor se nel tuo* 1586/15

+4+2+2-3+5-4+3 G. Lochenburgho, *Se in voi pu* 1588/24

+4+2+2-3+5-4+4 J. Berchem, *Pero piu ferm'ogn* 1544/22

+4+2+2-3+5-5+5 S. Felis, *Voi sete la mia* 1585/23

+4+2+2-3+5-8+5 Anonymous, *Solo e pensoso* 1598/04

+4+2+2-4+2+2-2 M. Troiano, *Sopra'l bel ver* 1569/19

+4+2+2-4+2-2-2 Anonymous, *Ogni giorno tu* 1563/06

+4+2+2-4+2+3-2 A. Patricio, *In quel ben nat* 1550/18

+4+2+2-4+2-4+2 A. Striggio, *Dalle gelate* 1567/23

+4+2+2-4-3+4-2 A. Patricio, *Madonna quel suav* 1550/18

+4+2+2-4+4-2-3 P. Stabile, *E quel che piu* 1585/32

+4+2+2-4+4-3-2 A. Patricio, *In quel ben nat* 1550/18

+4+2+2-4+5-2-2 A. Antiqui, *La insuportabi* 1509/02

+4+2+2-4+5-4-5 M. Pesenti, *Deh chi me sa* 1507/04

+4+2+2-5+3+2-2 M. Troiano, *Sopra'l bel ver* 1569/19

+4+2+2-5+4-2-2 Anonymous, *Tutt'il di piang* 1545/18

+4+2+2-5+5-2-3 M. Cara, *Forsi chi ode no* 1505/04

+4+2+2-5+5-3-4 P. Nenna, *Quella ch'in suo* 1574/05

+4+2+2-8+2+2+2 L. Bati, *Vago monte fiorit* 1594/11

+4+2+2-8+4+4-3 L. Marenzio, *Basti fin qui* 1589/08

+4+2+2-8+5-2-2 Anonymous, *Poi che a tal co* 1505/03

+4+2+2-8+5-3+2 B. Tromboncino, *Nunqua fu* 1505/04

+4+2-2+2+2+2+2 G. Renaldi, *E fattasi Rein* 1569/32

+4+2-2+2+2+2-2 J. Persoens, *Gia sparit'er* 1570/28

+4+2-2+2+3-4+3 V. Ruffo, *Io che di viver* 1555/31

+4+2-2+2-3+2-5 B. Tromboncino, *Quel foco* 1507/03

+4+2-2-2+2+2+2 J. Gero, *Volgi gli occhi se* 1561/11

+4+2-2-2+2+2-3 G. Moscaglia, *Si dolci son* 1585/29

+4+2-2-2+2+2-5 J. Gero, *Volgi gli occhi se* 1561/11

+4+2-2-2+2-2-2 S. Felis, *Se le doti canta* 1579/05

+4+2-2-2+2+3+2 G. Mosto, *Caro dolce mio be* 1579/02

+4+2-2-2+2-3+3 G. Moscaglia, *Si dolci son* 1585/29

+4+2-2-2+2+4+2 P. Vinci, *Et io da che cominc* 1583/19

+4+2-2-2+2-5-3 S. Venturi, *Rasserenat'i lu* 1598/14

+4+2-2-2-2+2+2 G. Renaldi, *E fattasi Rein* 1569/32

+4+2-2-2-2+2+3 G. Torelli, *Crudel perche* 1594/16

+4+2-2-2-2-2+2 G. Anerio, *Che se non foss* 1599/06

+4+2-2-2-2-2-2 J. Berchem, *Et beato colui ch* 1560/10

+4+2-2-2-2-2-2 A. Gabrieli, *Cari cumpagni* 1564/16

+4+2-2-2-2-2+4 N. Alberti, *Quel che nel pr* 1594/11

+4+2-2-2-2+4-2 G. Renaldi, *Deh torna me* 1569/32

+4+2-2-2-2-5+2 Anonymous, *Molto piu guerr* 1563/06

+4+2-2-2-2-5+4 Anonymous, *Io mi moro ch* 1505/04

+4+2-2-2-3+2-2 Anonymous, *O inextimabilis* 1508/03

+4+2-2-2-3+3-3 A. Martorello, *Amor alhora* 1547/17

+4+2-2-2-3-4+4 A. Trombetti, *A voi Lorenz* 1583/18

+4+2-2-3+2+2+2 J. Gero, *Madonna il diro pu* 1541/14

+4+2-2-3-2-2-2 O. Lasso, *S'io esca vivo* 1579/02

+4+2-2-3-2-5+5 S. Venturi, *Se di gigli di ros* 1596/17

+4+2-2-3+4-5+5 Fra. Ruffin, *Non finsi mai* 1526/06

+4+2-2-3+5-2-2 C. Rore, *Quel vago impallid* 1548/09

+4+2-2+4-2-2-2 G. Palestrina, *O effetto rio* 1557/24

+4+2-2-4+4-5+4 P. Lodi, *Stella celi exstir* 1508/03

+4+2-2-4+5-3+2 G. Florio, *Amor compagno et* 1566/03

+4+2-2+5-3+3-2 C. Rore, *Qual donn'attend'* 1548/09

+4+2-2-5+5-3-2 B. Tromboncino, *Ho scopert* 1507/04

+4+2+3-2+2+2+2 C. Veggio, *Per quei begli* 1540/19

+4+2+3-2+2+2-2 C. Rore, *Ma pur te sperar* 1568/19

+4+2+3-2+2+2-2 P. Vinci, *Ne tante volte* 1564/20

+4+2+3-2-2+2+2 F. Manara, *Amor scorta mi* 1548/08

+4+2+3-2-2+2-2 A. Barre, *Et simil'ai parent* 1555/27

+4+2+3-2-2+2-4 F. Manara, *Amor scorta mi* 1548/08

+4+2+3-2-2-2-2 Anonymous, *Moro sol per ama* 1560/10

+4+2+3-2-2-2-2 H. Sabino, *Pero piu fermo ogn* 1581/11

+4+2+3-2-2-2-2 P. Vinci, *Et io da che cominc* 1583/19

+4+2+3-2-2-2+3 J. Gero, *Sia maledett'amor* 1541/02

+4+2+3-2-2-4+2 P. Bellasio, *Mentre Tirsi* 1590/15

+4+2+3-2-3-2+2 F. Portinaro, *Come vagh'aug* 1563/13

+4+2+3-4-2+2-2 P. Vinci, *Ne tante volte* 1564/20

+4+2-3+2+2+2+2 A. Marien, *Anima che divers* 1584/09A

+4+2-3+2+2-2-2 G. Foglia, *Segue cuor no* 1507/03

+4+2-3+2+2-2-5 Anonymous, *Ch'io lassi l'al* 1509/02

+4+2-3+2+2-5+5 C. Todino, *Quanto piu pens* 1566/10

+4+2-3+2-2+2+2 J. Gero, *Tanta beltade* 1541/02

+4+2-3+2+3-2+2 C. Lambardi, *Viver Amor non* 1600/13

+4+2-3+2-3+2-3 G. Foglia, *Gran miracol d'a* 1547/16

+4+2-3+2+4-2-2 F. Roussel, *Da indi in qua* 1561/10

+4+2-3+2-4+3-4 H. Lauro, *Va mo va crudele* 1517/02

+4+2-3+2-5-2+6 A. Willaert, *Ne le amar'et* 1548/09

+4+2-3-2+2+2-5 A. Gallet, *All'ombra d'un be* 1568/13

+4+2-3-2+2-3+3 F. Corteccia, *Sacro e santo* 1539/25

+4+2-3-2+2-4+4 A. Gabrieli, *Ond'io Fiammet* 1577/07

+4+2-3-2-2+2+4 P. Londariti, *Ditene o Dei* 1561/15

+4+2-3-2-2+3-2 F. Corteccia, *Guardane alm* 1539/25

+4+2-3-2+3+3-2 S. Lodovi, *Chiara luce me* 1515/02

+4+2-3+3+2+2-2 H. Chamatero, *Giovan France* 1569/26

+4+2-3+3+2+2-4 H. Chamatero, *Giovan France* 1569/26

+4+2-3-3+4+2-5 B. Tromboncino, *Se mi duol* 1505/04

+4+2-3-3+5-3-2 A. Zoilo, *Ma s'ella oppost* 1586/07

+4+2-3-3+5-5+4 L. Courtoys, *Qual novo Auge* 1580/10

+4+2-3+4+2-2-2 J. Gero, *Altro non e il mi* 1541/02

+4+2-3+4-2-2-2 C. Merulo, *Di neve e fresch* 1579/02

+4+2-3+4-3+4-2 J. Gero, *Altro non e il mi* 1541/02

+4+2-3+4-4+2+2 M. Troiano, *Quando sia ch'i* 1569/19

+4+2+4-2-2-2+2 R. Romano, *Talmente ardo pe* 1579/05

+4+2+4-3+8-2+2 Anonymous, *Amores tristes* 1516/02

+4+2+4-8-2+2+2 P. Vinci, *Ne tante volte* 1564/20

+4+2+4-8+4+3-2 O. Lasso, *Et io qual fui re* 1588/24

+4+2-4+2+2-2+2 V. Ruffo, *Nova bellezz'amor* 1562/22

+4+2-4+2-2-5+4 Anonymous, *O Maria diana st* 1563/06

+4+2-4+2-2+7-2 S. Molinaro, *O dolcissima* 1599/15

+4+2-4-2-2+2+2 G. Palestrina, *Placide l'ac* 1589/06

+4+2-4+3-4+4-4 M. Cara, *Pieta cara signor* 1504/04

+4+2-4+3-4+5-5 A. Willaert, *Ne le amar'et* 1548/09

+4+2-4+4+3-2-5 G. Gostena, *Clori mi diede* 1599/15

+4+2-4+4+4-5+4 G. Foglia, *Fuggite pur fugg* 1547/16

+4+2-4+4-4+4-5 B. Tromboncino, *Fiamma dolc* 1510/

+4+2-4+4-5-2+4 A. Stringari, *Poi ch'io so* 1507/04

+4+2-4+5-5+4-2 Anonymous, *Lassa hormai tan* 1510/

+4+2-5+2+2+2+2 P. Taglia, *Ben riconosco* 1559/16

+4+2-5+2+2+2-2 S. d'Aranda, *Fu il vincer* 1571/12

+4+2-5+2+2+2-8 Intrico, *Cosi restai senz'a* 1566/03

+4+2-5+2-3+2+5 F. Ana, *Se l'affanato cor* 1505/05

+4+2-5+2+4-2+2 Anonymous, *Vidi gia ne la* 1505/03

+4+2-5+2+4-2+2 O. Antinori, *Segua pur segu* 1505/03

+4+2-5+2+8-3-4 Anonymous, *Se del spes* 1515/02

+4+2-5+2+8-5-2 B. Tromboncino, *Poi che vol* 1505/04

+4+2-5-2+4+2-5 M. Cara, *Fiamma amorosa* 1513/01

+4+2-5-2+5-5+5 A. Martorello, *Leva da gl'o* 1547/17

+4+2-5+3+2-2+2 S. d'Aranda, *Fu il vincer* 1571/12
+4+2-5+3+2-2+2 V. Ruffo, *Udite amanti udit* 1557/25

+4+2-5-3-2+4+3 Intrico, *Cosi restai senz'a* 1566/03

+4+2-5+4+2+2-2 O. Caccini, *Bene mio tu h'hai* 1585/21
+4+2-5+4+2+2-2 N. Pifaro, *Di lassar tuo di* 1515/02

+4+2-5+4+2-5+4 Anonymous, *Tiche toche tichi* 1571/07

+4+2-5+4+2-5+5 A. Capriolo, *Sotto un verd* 1507/04

+4+2-5+4-2+2-3 A. Mantovano, *Doglia mia ac* 1513/01

+4+2-5+4-2-2-2 Diomedes, *Sempre haro quel* 1509/02

+4+2-5+4+3-2-5 M. Cara, *Chi me dara piu pa* 1504/04

+4+2-5+4-3+4-2 H. Sabino, *Non vide alcun* 1581/11

+4+2-5+4-4+2-2 J. Berchem, *Pero piu ferm'ogn* 1544/22

+4+2-5+4-4+5-3 G. Ferretti, *Donna crudel tu* 1589/08

+4+2-5+4-5+4+2 N. Brocco, *Me levava una ma* 1517/02

+4+2-5+5+2-5+2 H. Sabino, *Non vide alcun* 1581/11

+4+2-5+5-2-2-2 V. Podio, *Quando signora* 1574/05

+4+2-5+5-2-3+2 A. Trombetti, *Cosi moriro* 1586/21

+4+2-5+5-3-2+2 A. Willaert, *Ne le amar'et* 1548/09

+4+2-5+5-5+5+2 P. Cesena, *Non bisogna che* 1505/04

+4+2-5+8-2-2-2 Anonymous, *Sapilo certo ca* 1571/07
+4+2-5+8-2-2-2 A. Orologio, *Lieto Febo da* 1597/14

+4+2-5+8-3-3+5 S. Cornetto, *Donna crudel tu* 1581/07

+4+2-8+2+2+2+2 A. Antiqui, *Non tardar di* 1509/02

+4-2+2+2+2+2+2 S. Gonzaga, *Nova fiamma* 1562/15
+4-2+2+2+2+2+2 G. Locatello, *Amai s'amasti ï* 1590/21
+4-2+2+2+2+2+2 P. Monte, *Le labra timidett* 1591/23

+4-2+2+2+2+2-4 I. Baccusi, *Vag'Angeletta* 1572/09
+4-2+2+2+2+2-4 P. Monte, *Le labra timidett* 1591/23

+4-2+2+2+2-2+2 C. la Morsia, *Son le ris'av* 1598/08
+4-2+2+2+2-2+2 Anonymous, *Donna fra l'altr* 1559/16
+4-2+2+2+2-2+2 G. Croce, *Cosi moriro for* 1594/07
+4-2+2+2+2-2+2 H. Ghibellini, *E'l ciel vuol* 1568/16
+4-2+2+2+2-2+2 L. Marenzio, *Giunt'a un be* 1591/21
+4-2+2+2+2-2+2 G. Palavicino, *Vorrei donn* 1589/08
+4-2+2+2+2-2+2 J. Persoens, *Verdeggia un* 1570/28
+4-2+2+2+2-2+2 B. Tromboncino, *Naque al mo* 1505/04
+4-2+2+2+2-2+2 A. Zoilo, *Benche senza ment* 1582/04

+4-2+2+2+2-2-2 J. Arcadelt, *S'amante fu gi* 1544/22
+4-2+2+2+2-2-2 J. Berchem, *Un lauro mi dif* 1544/22
+4-2+2+2+2-2-2 P. Bozi, *Nell'erto colle am* 1588/18
+4-2+2+2+2-2-2 G. Califano, *Ecco l'aurora* 1584/07
+4-2+2+2+2-2-2 G. Conversi, *Ma se tempo gi* 1589/08
+4-2+2+2+2-2-2 G. Ferretti, *Un pastor chies* 1594/08
+4-2+2+2+2-2-2 A. Martorello, *Quest dentr'* 1547/17
+4-2+2+2+2-2-2 R. Mel, *Tirrhena mia le ma* 1594/08
+4-2+2+2+2-2-2 G. Orto, *Scopri Cintia gent* 1592/12
+4-2+2+2+2-2-2 A. Padovano, *Si traviato e'* 1561/15
+4-2+2+2+2-2-2 G. Rossi, *Donna l'ardente* 1560/10
+4-2+2+2+2-2-2 C. Veggio, *L'infinita belle* 1540/19
+4-2+2+2+2-2-2 C. Veggio, *Se la pietade ch* 1540/19
+4-2+2+2+2-2-2 G. Wert, *Qui dove nacque ch* 1577/07

+4-2+2+2+2-2+3 F. Ramesini, *Si spesso Cint* 1592/12

+4-2+2+2+2-2-3 C. Ardesi, *Quando han piu* 1597/19
+4-2+2+2+2-2-3 G. Florio, *Amor compagno et* 1566/03
+4-2+2+2+2-2-3 L. Marenzio, *Giunt'a un be* 1591/21

+4-2+2+2+2-2+4 S. Pratoneri, *Che giova posse* 1598/10
+4-2+2+2+2-2+4 P. Bozi, *Smarrit'havea'l su* 1588/18
+4-2+2+2+2-2+4 G. Conversi, *Ma se tempo gi* 1589/08
+4-2+2+2+2-2+4 F. Gherardini, *Gioir fan gli* 1585/24
+4-2+2+2+2-2+4 C. Schietti, *Virtu che in poch* 1568/16
+4-2+2+2+2-2+4 F. Soriano, *Da questo novo* 1583/10

+4-2+2+2+2-2-5 P. Bozi, *Nell'erto colle am* 1588/18
+4-2+2+2+2-2-5 P. Bozi, *Smarrit'havea'l su* 1588/18
+4-2+2+2+2-2-5 C. Montemayor, *De'Cieli alta* 1600/05
+4-2+2+2+2-2-5 G. Palavicino, *Vorrei donn* 1589/08
+4-2+2+2+2-2-5 V. Ruffo, *Io sento qui d'in* 1557/25
+4-2+2+2+2-2-5 G. Wert, *Madonna habbiate* 1568/20

+4-2+2+2+2-2-8 G. Conversi, *Ma se tempo gi* 1589/08

+4-2+2+2+2+3-5 G. Wert, *Madonna habbiate* 1568/20

+4-2+2+2+2-3+2 H. Angelini, *Tra le chiome de* 1594/08
+4-2+2+2+2-3+2 A. Doni, *Chiaro leggiadro* 1544/22
+4-2+2+2+2-3+2 J. Gero, *Privo di quel che* 1541/02
+4-2+2+2+2-3+2 G. Nasco, *Felice purament* 1563/07
+4-2+2+2+2-3+2 H. Sabino, *Morto che'l vag* 1581/11

+4-2+2+2+2-3-2 G. Moscaglia, *Due rose fres* 1585/29

+4-2+2+2+2-3+3 A. Doni, *Chiaro leggiadro* 1544/22
+4-2+2+2+2-3+3 G. Policretto, *L'altr'hier* 1571/09

+4-2+2+2+2-3+4 M. Gabbia, *Sente d'Amor il* 1598/07
+4-2+2+2+2-3+4 N. Pervue, *Amor s'in lei ch* 1582/04

+4-2+2+2+2-3-4 L. Courtoys, *Qual novo Auge* 1580/10
+4-2+2+2+2-3-4 G. Ferretti, *Un pastor chies* 1594/08

+4-2+2+2+2-4+2 F. Roussel, *Io per sola vir* 1562/22

+4-2+2+2+2-4-3 F. Sole, *Io son ferito ahi* 1589/10

+4-2+2+2+2-4+4 P. Monte, *Le labra timidett* 1591/23

+4-2+2+2+2-5+2 F. Portinaro, *Pur convera ch* 1563/13

+4-2+2+2-2+2+2 O. Lasso, *Standomi un giorn* 1559/23

+4-2+2+2-2+2-2 H. Sabino, *Pero piu fermo ogn* 1581/11

+4-2+2+2-2+2-3 M. Cara, *O celeste anime sa* 1509/02

+4-2+2+2-2-2+2 G. Anerio, *Odor ch'india* 1599/06
+4-2+2+2-2-2+2 A. Capriolo, *Anima christi* 1508/03
+4-2+2+2-2-2+2 S. Felis, *Al vostro dolce* 1583/14
+4-2+2+2-2-2+2 A. Martorello, *Io veggio ben* 1547/17

+4-2+2+2-2-2-2 F. Luprano, *Salve sacrat* 1508/03
+4-2+2+2-2-2-2 Anonymous, *Amor che deggio* 1583/15
+4-2+2+2-2-2-2 F. Ana, *Non biancho marmo* 1505/05
+4-2+2+2-2-2-2 H. Sabino, *Due vaghe pastor* 1588/27

+4-2+2+2-2-2+4 B. Pallavicino, *Nebbia non* 1596/16
+4-2+2+2-2-2+4 P. Scotto, *Rotto ho al fin* 1507/03

+4-2+2+2-2+3-2 Anonymous, *Poi che amor co* 1505/04
+4-2+2+2-2+3-2 G. Gabrieli, *Vaghi amorosi* 1597/13

+4-2+2+2-2+3-5 G. Gabrieli, *Vaghi amorosi* 1597/13

+4-2+2+2-2-3+3 S. Felis, *In questa vall* 1585/23

+4-2+2+2-2-4+4 Anonymous, *Dolci rime leggi* 1583/13

+4-2+2+2-2-5+5 J. Arcadelt, *Desio perche* 1552/21

+4-2+2+2+3-2+2 G. Primavera, *Da quel duomo* 1585/31

+4-2+2+2+3-3+2 P. Bellasio, *Tacete bella Don* 1595/07

+4-2+2+2+3-3-2 M. Cara, *O mia cieca e dur* 1504/04

+4-2+2+2-3+2-2 S. Felis, *In questa vall* 1585/23
+4-2+2+2-3+2-2 G. Nasco, *Se il tempo invol* 1561/10

+4-2+2+2-3+2-4 P. Bellasio, *All'apparir de* 1578/21

+4-2+2+2-3+2-5 G. Primavera, *Quanta grati* 1585/31

+4-2+2+2-3+3-2 S. Festa, *Perche quel che* 1526/06

+4-2+2+2-3+4-2 A. Martorello, *Chi potra ma* 1547/17

+4-2+2+2-3+4-3 P. Bellasio, *All'apparir de* 1578/21

+4-2+2+2-3+4-4 F. Stivori, *Piango ch'Amor* 1595/07

+4-2+2+2+4-2-2 A. Martorello, *Datemi tregu* 1547/17

+4-2+2+2-4+2+2 P. Monte, *La spirital virt* 1591/23

+4-2+2+2-4+3-2 Anonymous, *Alletandomi amo* 1570/15

+4-2+2+2-4+4-2 H. Ghibellini, *Il suo Tito* 1568/12
+4-2+2+2-4+4-2 O. Lasso, *Volgi cor mio la* 1559/23

+4-2+2+2-5+2+2 M. Pesenti, *Ben mille volt* 1504/04

+4-2+2+2-5-2-2 P. Bellasio, *Amor mi strugg* 1578/21

+4-2+2+2-5+4-2 L. Courtoys, *Perche crudel* 1580/10
+4-2+2+2-5+4-2 G. Gostena, *Deh perche non* 1589/13
+4-2+2+2-5+4-2 G. Nanino, *In su la destra* 1586/18
+4-2+2+2-5+4-2 H. Sabino, *Cosi le chiome* 1594/07

+4-2+2+2-5+4-3 G. Palestrina, *Se fra quest* 1561/10

+4-2+2+2-5+5+2 H. Ghibellini, *Il suo Tito* 1568/12

+4-2+2+2-5+5-2 R. Vecoli, *Non era landar* 1577/10

+4-2+2+2-5+5-5 V. Lusitano, *All'hor ch'ignuda* 1562/08

+4-2+2+2-5+8-2 G. Gallo, *Non posso dir di* 1597/20

+4-2+2+2-5+8-5 Anonymous, *Alletandomi amo* 1570/15
+4-2+2+2-5+8-5 L. Courtoys, *Fresco fiorit* 1580/10
+4-2+2+2-5+8-5 H. Sabino, *Cosi le chiome* 1594/07

+4-2+2-2+2+2+2 S. Calabrese, *Ben scorgi* 1599/06
+4-2+2-2+2+2+2 S. Calabrese, *Hor'eccoti pr* 1599/06
+4-2+2-2+2+2+2 H. Lauro, *Non per noiarvi* 1517/02
+4-2+2-2+2+2+2 B. Mosto, *Ardo si ma non t'* 1585/17
+4-2+2-2+2+2+2 G. Palestrina, *Se da soav'a* 1558/13
+4-2+2-2+2+2+2 V. Ruffo, *Qual possanza si* 1555/31

+4-2+2-2+2-2+2 M. Cara, *Perso ho in tutto* 1505/04
+4-2+2-2+2-2+2 M. Cara, *Mia crudele e iniq* 1505/04

+4-2+2-2+2-2-2 M. Cara, *Si che la vo segui* 1514/02
+4-2+2-2+2-2-2 A. Stringari, *Chi non sa ch* 1507/04

+4-2+2-2+2-2-3 A. Striggio, *Cosi le sue sp* 1579/02

+4-2+2-2+2+3-2 B. Tromboncino, *La non vol* 1514/02

+4-2+2-2+2+3-3 Anonymous, *Ave del mare ste* 1599/06

+4-2+2-2+2-3+2 M. Cara, *Deh non piu deh no* 1507/03

+4-2+2-2+2-4+2 L. Fidelis, *Sia vil a gli'a* 1570/25

+4-2+2-2+2-4+4 Anonymous, *Vergine degna d'* 1580/06

+4-2+2-2+2-8+5 G. Palestrina, *Se da soav'a* 1558/13

+4-2+2-2-2+2-2 P. Monte, *I begl'occhi ond'* 1583/14

+4-2+2-2-2+2-3 A. Coma, *Donna voi sete gia* 1585/22

+4-2+2-2-2+2+4 P. Quagliati, *Io voglio sos* 1585/07

+4-2+2-2-2-2+2 V. Bellhaver, *Cantemo zazer* 1570/17
+4-2+2-2-2-2+2 V. Bellhaver, *E ti Cuffett* 1566/07
+4-2+2-2-2-2+2 G. Bonagiunta, *Mentre ch'el* 1565/12
+4-2+2-2-2-2+2 F. Bonaldi, *Amur se mi tel* 1564/16
+4-2+2-2-2-2+2 J. Gero, *D'amor l'ardente* 1541/02
+4-2+2-2-2-2+2 C. Porta, *Vago augelletto* 1592/15

+4-2+2-2-2-2-2 Anonymous, *Tu me voi crude* 1505/03
+4-2+2-2-2-2-2 Anonymous, *Ave Regina cel* 1563/06
+4-2+2-2-2-2-2 M. Cara, *Perche piangi alm* 1531/04
+4-2+2-2-2-2-2 G. Gabrieli, *Amor s'e in le* 1587/16
+4-2+2-2-2-2-2 O. Lasso, *S'io esca vivo* 1579/02
+4-2+2-2-2-2-2 G. Nanino, *Bastava il chiar* 1586/18

+4-2+2-2-2-2+3 Anonymous, *Poi che ho prova* 1505/04
+4-2+2-2-2-2+3 Anonymous, *Quasi sempre ava* 1507/03
+4-2+2-2-2-2+3 F. Soto, *Alma Vergin che fa* 1600/05

+4-2+2-2-2-2-3 F. Corteccia, *Ingredere fel* 1539/25

+4-2+2-2-2-2+4 F. Layolle, *Io son dell'asp* 1552/21
+4-2+2-2-2-2+4 C. Veggio, *Di voi sempre* 1540/19

+4-2+2-2-2-2-5 F. Roussel, *Da indi in qua* 1561/10
+4-2+2-2-2-2-5 H. Sabino, *Et secca o gran* 1594/08

+4-2+2-2-2+3-2 G. da Nola, *S'io mir'ho mal* 1570/27
+4-2+2-2-2+3-2 Anonymous, *Benedetto chi* 1505/06

+4-2+2-2-2+3-4 F. Corteccia, *Vatten'almo* 1539/25

+4-2+2-2+3-2-2 Anonymous, *O tanti mei susp* 1505/05

+4-2+2-2+3-3-3 C. Lambardi, *Viver Amor non* 1600/13

+4-2+2-2-3+2+2 Anonymous, *Tu miri o vago* 1595/03
+4-2+2-2-3+2+2 J. Arcadelt, *Se tolto m'el* 1544/16

+4-2+2-2-3+2-2 Anonymous, *I piansi un temp* 1600/05

+4-2+2-2-3+3-2 P. Isnardi, *La mia bella gu* 1592/14

+4-2+2-2-3-5+8 O. Vecchi, *Demonio e carne* 1600/05

+4-2+2-2-4+2-2 C. Perissone, *Fu del fator* 1544/17

+4-2+2-2+5-2+2 B. Tromboncino, *Son dispost* 1510/

+4-2+2+3+2+2-4 L. Marenzio, *Baci ohime no* 1591/21

+4-2+2+3-2+2+2 C. Schietti, *Virtu che in poch* 1568/16

+4-2+2+3-2+2-2 L. Agostini, *L'occhi le mani* 1572/07
+4-2+2+3-2+2-2 J. Arcadelt, *A pie d'un chi* 1544/16
+4-2+2+3-2+2-2 M. Gabbia, *Sente d'Amor il* 1598/07

+4-2+2+3-2+2+3 C. Ardesi, *Chi crederia ta* 1597/19

+4-2+2+3-2-2+2 G. Nanino, *Non era l'andar* 1583/15
+4-2+2+3-2-2+2 G. Primavera, *Misero me ch* 1585/31
+4-2+2+3-2-2+2 E. Romano, *O gloriosa colon* 1514/02

+4-2+2+3-2-2-2 D. Ferabosco, *Vergin che de* 1600/05
+4-2+2+3-2-2-2 N. Pifaro, *Lo splendente tu* 1515/02

+4-2+2+3-2-2+3 G. Paratico, *Partir conviem* 1588/25
+4-2+2+3-2-2+3 C. Rore, *Se qual e'l mio do* 1575/15

+4-2+2+3-2-2-4 F. Baseo, *Hor poi che d'alt* 1573/16

+4-2+2+3-2-2+5 G. Paratico, *Partir conviem* 1588/25

+4-2+2+3-2+3+2 B. Spontone, *Leggiardra pas* 1586/09

+4-2+2+3-2+3-3 N. Faignient, *Questi ch'ind* 1583/14

+4-2+2+3-2-3+2 L. Bati, *A pena potev'io be* 1594/11
+4-2+2+3-2-3+2 N. Tomei, *Svegliati a dunqu* 1581/12

+4-2+2+3-2-3+4 M. Gabbia, *Sente d'Amor* 1598/07

+4-2+2+3-2+4-2 G. Foglia, *Madonna i vi vo* 1547/16
+4-2+2+3-2+4-2 G. Palestrina, *Solingo vagh* 1562/22

+4-2+2+3-2-4+2 J. Arcadelt, *A pie d'un chi* 1544/16

+4-2+2+3-2-5+2 A. Martorello, *Amor che mi* 1547/17
+4-2+2+3-2-5+2 C. Rore, *Quel vago impallid* 1548/09
+4-2+2+3-2-5+2 C. Schietti, *Virtu che in poch* 1568/16

+4-2+2+3-2-5-2 G. Palestrina, *Solingo vagh* 1562/22

+4-2+2+3-2-5+4 G. Antiquis, *Tu m'hai donn* 1574/05
+4-2+2+3-2-5+4 J. Arcadelt, *A pie d'un chi* 1544/16
+4-2+2+3-2-5+4 L. Courtoys, *Qual novo Auge* 1580/10
+4-2+2+3-2-5+4 G. Florio, *Amor compagno et* 1566/03

+4-2+2+3-2-5+5 A. Pitigliano, *Non veggio al* 1600/05
+4-2+2+3-2-5+5 C. Verdonch, *Dhe come bell* 1581/07

+4-2+2+3-2-5+8 G. Conversi, *Quando mi mir* 1583/14
+4-2+2+3-2-5+8 A. Martorello, *Amor che mi* 1547/17
+4-2+2+3-2-5+8 V. Ruffo, *Nova bellezz'amor* 1562/22

+4-2+2+3+3-2-3 O. Lasso, *In qual parte de* 1559/23

+4-2+2+3-3-2+2 H. Sabino, *Il pastor lasso* 1581/11

+4-2+2+3-4+2-4 G. Aichinger, *Occhi quella* 1597/13

+4-2+2-3+2+2+2 G. Renaldi, *Tu tu Caro anco* 1568/16

+4-2+2-3+2+2-2 A. Martorello, *S'homai di* 1547/17
+4-2+2-3+2+2-2 B. Tromboncino, *El mio amo* 1509/02

+4-2+2-3+2+2-3 S. Felis, *Da l'Arcadia feco* 1583/14
+4-2+2-3+2+2-3 B. Tromboncino, *Chi vi dar* 1507/04

+4-2+2-3+2-2+2 C. Rore, *Quel vago impallid* 1548/09

+4-2+2-3+2+3-2 O. Lasso, *In qual parte de* 1559/23

+4-2+2-3+2-3+5 L. Marenzio, *Falsa credenz* 1586/10

+4-2+2-3+2+4-2 B. Tromboncino, *Debb'io chi* 1505/04

+4-2+2-3+2+4-3 A. Striggio, *Entro un gran* 1568/12

+4-2+2-3-2+2+2 A. Martorello, *Hor che del* 1547/17
+4-2+2-3-2+2+2 L. Viadani, *Il sangue pen* 1598/06
+4-2+2-3-2+2+2 P. Vinci, *A qualunque anima* 1583/19
+4-2+2-3-2+2+2 P. Vinci, *Face d'amor non* 1586/07

+4-2+2-3-2+2-2 S. Baldis, *Guerra guerra ce* 1574/06

+4-2+2-3-2+2+3 P. Vinci, *S'amor novo consi* 1564/20

+4-2+2-3-2-2+2 J. Arcadelt, *Hor vedette ma* 1552/21
+4-2+2-3-2-2+2 A. Gabrieli, *Accesa retorna* 1589/14
+4-2+2-3-2-2+2 P. Stabile, *Fuggi spirto* 1585/32

+4-2+2-3-2-2-2 G. Gallo, *Non posso dir di* 1597/20
+4-2+2-3-2-2-2 O. Lasso, *Standomi un giorn* 1559/23
+4-2+2-3-2-2-2 C. Rore, *I mi vivea di mia* 1544/17

+4-2+2-3-2-2-3 M. Mazzone, *Credimi vita mi* 1570/18
+4-2+2-3-2-2-3 J. Persoens, *Verdeggia un* 1570/28

+4-2+2-3-2-2+5 B. Roi, *Se i vostri dolci* 1585/29

+4-2+2-3-2+3+2 C. Perissone, *Nel coglier'* 1549/31

+4-2+2-3-2-3+2 C. Baselli, *Amor la Donna* 1600/12

+4-2+2-3-2-3-2 A. Martorello, *Ma quel che* 1547/17

+4-2+2-3-2-3+4 Alv. Willaert, *Fra tandi ch* 1564/16
+4-2+2-3-2-3+4 R. Mel, *Qui poi ch'a fars* 1585/26

+4-2+2-3-2+4 A. Martorello, *Hor che del* 1547/17

+4-2+2-3-2+4+2 J. Arcadelt, *Se'l pensier* 1545/18
+4-2+2-3-2+4+2 A. Martorello, *I ti ringrati* 1547/17
+4-2+2-3-2+4+2 A. Martorello, *O donator* 1547/17
+4-2+2-3-2+4+2 G. Renaldi, *Io vivo di dolo* 1569/32
+4-2+2-3-2+4+2 F. Roussel, *Io per sola vir* 1562/22

+4-2+2-3-2+4-2 G. Foglia, *Madonna i vi vo* 1547/16
+4-2+2-3-2+4-2 A. Gabrieli, *Rimanti amor* 1589/06
+4-2+2-3-2+4-2 J. Gero, *D'amor l'ardente* 1541/02
+4-2+2-3-2+4-2 A. Padovano, *Si traviato e'* 1561/15
+4-2+2-3-2+4-2 G. Renaldi, *Io vivo di dolo* 1569/32

+4-2+2-3-2+4+3 Alv. Willaert, *Fra tandi ch* 1564/16

+4-2+2-3-2+4-3 L. Courtoys, *Non restar dic* 1580/10
+4-2+2-3-2+4-3 A. Gabrieli, *Signor cui fu* 1589/14

+4-2+2-3-2+4+4 H. Sabino, *Pietosi miei lam* 1568/19

+4-2+2-3-2+4-5 O. Lasso, *Standomi un giorn* 1559/23
+4-2+2-3-2+4-5 A. Martorello, *Ma quel che* 1547/17
+4-2+2-3-2+4-5 H. Sabino, *Pietosi miei lam* 1568/19

+4-2+2-3-2+4-8 S. Rossetto, *Di verdi nov* 1567/16

+4-2+2-3-2-4+2 A. Gabrieli, *Accesa retorna* 1589/14

+4-2+2-3-2-4+4 L. Courtoys, *Non restar dic* 1580/10
+4-2+2-3-2-4+4 B. Tromboncino, *Non se sa* 1513/01

+4-2+2-3-2+5+2 A. Gabrieli, *Signor cui fu* 1589/14
+4-2+2-3-2+5+2 D. Phinot, *S'in veder voi* 1546/19

+4-2+2-3-2+5-2 J. Berchem, *Il sol giamai* 1546/19
+4-2+2-3-2+5-2 P. Vinci, *A qualunque anima* 1583/19

+4-2+2-3-2+5-3 J. Berchem, *Il sol giamai* 1546/19
+4-2+2-3-2+5-3 L. Courtoys, *Non restar dic* 1580/10

+4-2+2-3-2+5+4 G. Palestrina, *Et di voi no* 1560/10

+4-2+2-3-2+5-5 C. Lambardi, *Se per far mi* 1600/13
+4-2+2-3-2+5-5 C. Perissone, *Nel coglier'* 1549/31

+4-2+2-3-2-5+5 G. Foglia, *Madonna i vi vo* 1547/16

+4-2+2-3-2-5+8 P. Vinci, *La bella pargolet* 1584/11

+4-2+2-3+3-4+3 C. Verdonch, *Dhe come bell* 1581/07

+4-2+2-3-3+2-2 G. Parabosco, *Cantai mentre* 1544/22

+4-2+2-3-3+4 G. Gabrieli, *Dolce nemica* 1587/16

+4-2+2-3-3+5-5 A. Gabrieli, *E cert'ancor* 1587/16

+4-2+2-3+4+2-3 C. Perissone, *Standomi un* 1557/25

+4-2+2-3+4-2+2 P. Bellasio, *Amor mi strugg* 1578/21

+4-2+2-3+4-2-3 P. Vinci, *So io ben ch'a vo* 1584/11

+4-2+2-3+4-2-4 F. Vecoli, *Smarriss'il cor* 1575/16

+4-2+2-3+4-2-8 V. Ruffo, *Amor che nel pens* 1557/25

+4-2+2-3+4-3-3 A. Willaert, *Mentr'al bel lett* 1548/09

+4-2+2-3+4-5-4 C. Perissone, *Standomi un* 1557/25

+4-2+2-3+7-2-2 G. Locatello, *Amai s'amasti &* 1590/21

+4-2+2+4-2+2-3 S. Cornetto, *Donna crudel tu* 1581/07

+4-2+2+4-2-3+4 C. Veggio, *Madonna il mio* 1544/22

+4-2+2+4+3-2-2 D. Michele, *Margarita la cui* 1570/15

+4-2+2-4+2+2+2 S. Felis, *Ahi chi mi romp'i* 1583/14
+4-2+2-4+2+2+2 G. Macque, *Su la selva gent* 1598/08
+4-2+2-4+2+2+2 G. Moscaglia, *Del secco inc* 1583/10
+4-2+2-4+2+2+2 G. Moscaglia, *Del secco inc* 1594/07

+4-2+2-4+2+2+3 G. Contino, *Col seno pien* 1561/15

+4-2+2-4+2+2-3 G. Renaldi, *Tu tu Caro anco* 1568/16

+4-2+2-4+2-2+2 S. Felis, *Hor sento quel ch* 1585/23

+4-2+2-4+2-2-2 G. Palestrina, *Poi che la* 1557/24
+4-2+2-4+2-2-2 V. Ruffo, *S'io vi son'impor* 1555/31
+4-2+2-4+2-2-2 C. Veggio, *Et se'l viver m'* 1540/19
+4-2+2-4+2-2-2 C. Veggio, *Amor se'l foco* 1540/19

+4-2+2-4+2-2+3 S. Felis, *Hor sento quel ch* 1585/23

+4-2+2-4+2-2-3 A. Striggio, *Fra i vaghi* 1591/23

+4-2+2-4+2-2+4 A. Martorello, *Liete e fior* 1547/17
+4-2+2-4+2-2+4 A. Striggio, *Fra i vaghi* 1591/23

+4-2+2-4+2-2-5 A. Martorello, *Liete e fior* 1547/17
+4-2+2-4+2-2-5 C. Veggio, *Et se'l viver m'* 1540/19
+4-2+2-4+2-2-5 C. Veggio, *Amor se'l foco* 1540/19

+4-2+2-4+2-2+6 C. Rore, *Poi che m'invit'am* 1565/18

+4-2+2-4+2+3-2 C. Perissone, *Standomi un* 1557/25

+4-2+2-4+2-3+2 Anonymous, *Vedo ben ch'io* 1505/03

+4-2+2-4+2-3+4 C. Rore, *I mi vivea di mia* 1544/17

+4-2+2-4+2-3-4 G. Palestrina, *Poscia che* 1559/16

+4-2+2-4+2-3+5 G. Macque, *Vorria saper da* 1594/08

+4-2+2-4+2+4+3 A. Zoilo, *Cosi diss'egli e'* 1590/15

+4-2+2-4+2-4+3 A. Striggio, *Ho udito che* 1567/23

+4-2+2-4-2+2+3 P. Animuccia, *S'all'hor ch* 1559/18

+4-2+2-4-2-2-2 C. Festa, *Constantia'l vo* 1540/18
+4-2+2-4-2-2-2 G. Macque, *Vorria saper da* 1594/08
+4-2+2-4-2-2-2 B. Tromboncino, *Chi in preg* 1507/04

+4-2+2-4-2+5-2 G. Violanti, *Che t'ho fatt* 1574/05

+4-2+2-4-2+8-2 N. Alberti, *Quel che nel pr* 1594/11

+4-2+2-4+3+2+2 G. Palestrina, *Poscia che* 1559/16
+4-2+2-4+3+2+2 C. Perissone, *Occhi leggiad* 1547/14
+4-2+2-4+3+2+2 V. Ruffo, *Io sento qui d'in* 1557/25

+4-2+2-4+3+2-2 I. Alberti, *A Dio bella Str* 1586/10
+4-2+2-4+3+2-2 L. Marenzio, *Occhi sereni* 1589/08

+4-2+2-4+3+2-3 R. Vecoli, *Come la notte og* 1577/10

+4-2+2-4+3-2-2 J. Arcadelt, *Dolce nimica* 1539/24
+4-2+2-4+3-2-2 G. Palestrina, *Poi che la* 1557/24

+4-2+2-4+3-3+3 P. Monte, *Perch'al viso d'a* 1589/06

+4-2+2-4+3-4+2 S. Felis, *Ahi chi mi romp'i* 1583/14

+4-2+2-4-3+3+4 F. Vecoli, *Padre e pastor che* 1575/16

+4-2+2-4-3-3+4 G. Macque, *Vorria saper da* 1594/08

+4-2+2-4+4+2+2 M. Hermann, *Signori et cava* 1552/23

+4-2+2-4+4-2 A. Martorello, *Non e lasso* 1547/17

+4-2+2-4+4-2+2 M. Jhan, *Con doglia e con* 1563/07
+4-2+2-4+4-2+2 G. Macque, *Vorria saper da* 1594/08

+4-2+2-4+4-2+2 P. Nenna, *Vagh'herbe verdi* 1585/23
+4-2+2-4+4-2+2 P. Nenna, *Dolce mio foco ar* 1582/12

+4-2+2-4+4-2-2 A. Barre, *Ma di che debbo* 1559/18

+4-2+2-4+4-2-3 P. Verdelot, *La bella man* 1533/02

+4-2+2-4+4-2+5 P. Clerico, *S'in quest'huma* 1562/15

+4-2+2-4+4-2-5 F. Bonardi, *Ier'sera andai* 1565/12

+4-2+2-4+4+3-2 P. Vinci, *Tra le piu belle* 1567/24

+4-2+2-4+4-3+2 Caldarino, *Cosi soav'e'l fu* 1559/18

+4-2+2-4+4-4+4 Anonymous, *Veramente in Amo* 1585/21
+4-2+2-4+4-4+4 Anonymous, *El servo che te* 1516/02

+4-2+2-4+4-4+5 M. Cara, *Pone un basso l'* 1505/04

+4-2+2-4+4-5+2 S. Felis, *Ahi chi mi romp'i* 1583/14
+4-2+2-4+4-5+2 M. Pesenti, *Sempre le come* 1504/04

+4-2+2-4+4-5+5 C. Veggio, *Lo strale che ta* 1540/19

+4-2+2-4-4+2-2 B. Pallavicino, *Si mi dicesti* 1596/16
+4-2+2-4-4+2-2 S. Venturi, *Per dar soccors* 1598/14
+4-2+2-4-4+2-2 A. Zoilo, *Cosi diss'egli e'* 1590/15

+4-2+2-4-4+3+2 P. Vinci, *A l'ultimo bisogn* 1567/24

+4-2+2-4-4+8-2 A. Mantovano, *Donna io temo* 1513/01

+4-2+2-4+5+2-2 P. Clerico, *S'in quest'huma* 1562/15
+4-2+2-4+5+2-2 V. Ruffo, *Quella belta magg* 1555/31

+4-2+2-4+5+2-3 G. Locatello, *Ne lagrime da* 1590/21

+4-2+2-4+5-2-2 G. Bonagiunta, *Se tu non vo* 1566/07
+4-2+2-4+5-2-2 A. Gabrieli, *Quel gentil fuoco* 1577/07
+4-2+2-4+5-2-2 G. Violanti, *O saette d'amo* 1583/14

+4-2+2-4+5-3-2 B. Pallavicino, *Si mi dicesti* 1596/16

+4-2+2-4+5-5+3 A. Gabrieli, *Fontana d'eloq* 1579/02

+4-2+2-4-5+3-4 G. Mosto, *Se voi set'il mi* 1579/02

+4-2+2-4-5+4+2 O. Lasso, *Standomi un giorn* 1559/23

+4-2+2-4-5+5-2 A. Coma, *Donna voi sete gia* 1585/22

+4-2+2-4-5+5-5 P. Nenna, *Dolce mio foco ar* 1582/12
+4-2+2-4-5+5-5 O. Vecchi, *Demonio e carne* 1600/05

+4-2+2-4-6+3+2 B. Spontone, *Leggiardra pas* 1586/09

+4-2+2-4+8-2-5 Anonymous, *Dispost'ho di segui* 1580/06

+4-2+2-4+8-3+2 P. Clerico, *S'in quest'huma* 1562/15

+4-2+2-4+8-4+3 P. Vinci, *Tra le piu belle* 1567/24

+4-2+2+5+2-2-2 A. Preti, *La bella Cac* 1592/12

+4-2+2+5-2-3-4 M. Cara, *O celeste anime sa* 1509/02

+4-2+2+5-4+2-2 G. Locatello, *Amor io moro* 1590/21

+4-2+2-5+2+2-2 C. Merulo, *Occhi che fia* 1597/13
+4-2+2-5+2+2-2 P. Quagliati, *Lasso per le* 1585/07
+4-2+2-5+2+2-2 F. Roussel, *Io per sola vir* 1562/22

+4-2+2-5+2+2-3 G. Mosto, *Ecco s'in questi* 1578/22

+4-2+2-5+2-2+2 S. d'Aranda, *Deh dove senz* 1571/12
+4-2+2-5+2-2+2 M. Cara, *Vergine inmaculat* 1508/03

+4-2+2-5+2+3+2 S. Bertoldo, *Tu tu Caro se* 1568/16
+4-2+2-5+2+3+2 F. Corteccia, *Vientene alm* 1539/25
+4-2+2-5+2+3+2 C. Veggio, *L'infinita belle* 1540/19

+4-2+2-5+2+3-2 R. Montagnano, *Prima ch'io to* 1558/17

+4-2+2-5+2+3-3 F. Soto, *O glorioso corpo* 1600/05

+4-2+2-5+2-3+2 A. Martorello, *S'homai di* 1547/17
+4-2+2-5+2-3+2 C. Veggio, *Lo strale che ta* 1540/19

+4-2+2-5+2-3-2 Anonymous, *Quando per darm* 1505/05

+4-2+2-5+2+4-4 M. Pesenti, *Una leggiadra* 1504/04

+4-2+2-5+2-4+2 O. Antinori, *Se un pone un* 1514/02

+4-2+2-5+2-4+5 R. Vecoli, *E si pietosa* 1577/10

+4-2+2-5+2-5+5 C. Monteverdi, *Sovra tener* 1597/13

+4-2+2-5-2+2-4 G. Macque, *Dolci sdegni* 1585/23

+4-2+2-5-2+4-2 H. Chamatero, *Al'ultimo bis* 1561/13

+4-2+2-5+3-4+5 R. Vecoli, *E si pietosa* 1577/10

+4-2+2-5+4+2+2 H. Sabino, *Pero piu fermo ogn* 1581/11

+4-2+2-5+4+2-2 A. Willaert, *Pianget'egri* 1563/07

+4-2+2-5+4-2-2 G. Palestrina, *Poscia che* 1559/16

+4-2+2-5+4-3+2 R. Giovanelli, *Alme ch'ornando* 1599/06

+4-2+2-5+4-3-3 C. Rore, *Fu forse un tempo* 1544/17

+4-2+2-5+4-4+6 R. Vecoli, *Io canterei d'am* 1577/10

+4-2+2-5+4-5+5 G. Nasco, *Oime dov'e'l mio* 1600/05

+4-2+2-5+4-8+2 G. Palestrina, *Se ben non* 1561/10

+4-2+2-5-4+4+3 G. Guami, *Siami tu scort'e* 1569/19

+4-2+2-5+5+2+2 R. Vecoli, *Sona crudel che* 1577/10

+4-2+2-5+5+2-2 P. Bellasio, *Mentre Tirsi* 1590/15

+4-2+2-5+5-2-3 G. Verona, *O foss'il mio co* 1563/07

+4-2+2-5+5-2-5 O. Vecchi, *Se si vede abbru* 1585/35

+4-2+2-5+5+3+2 C. Veggio, *Poi che mille pr* 1540/19

+4-2+2-5+5-4 S. Cornetto, *O voi ha la be* 1581/07

+4-2+2-5+5-4+4 Anonymous, *Passero la vita* 1506/03

+4-2+2-5+8-2-2 P. Monte, *Tempr'omai l'ira* 1583/15

+4-2+2-8+2+2+2 M. Effrem, *A che Ninfa gent* 1582/12
+4-2+2-8+2+2+2 G. Nanino, *Questo vostro fu* 1586/18
+4-2+2-8+2+2+2 P. Nenna, *S'il dolor del pa* 1582/12

+4-2+2-8+2+4+5 G. Nanino, *Al suon de le do* 1586/07

+4-2+2-8+3+2+2 Anonymous, *Gionto d'amor* 1516/02

+4-2+2-8+5-2+2 P. Vinci, *Quel foc'e morto* 1564/20

+4-2+2-8+5-2-2 S. Felis, *Hor sento quel ch* 1585/23

+4-2+2-8+5-5+8 R. Vecoli, *Io canterei d'am* 1577/10

+4-2-2+2 G. Mosto, *Ecco s'in questi* 1578/22

+4-2-2+2+2+2+2 J. Arcadelt, *Pietose rime* 1544/16
+4-2-2+2+2+2+2 P. Bellasio, *Qual duo veltr* 1595/07
+4-2-2+2+2+2+2 P. Clerico, *Mentre cingo con* 1562/15
+4-2-2+2+2+2+2 C. Festa, *Come lieta si mos* 1539/25
+4-2-2+2+2+2+2 J. Gero, *Philli da mia piu* 1541/14
+4-2-2+2+2+2+2 G. Lombardo, *Non son ris'av* 1598/08
+4-2-2+2+2+2+2 U. Naich, *Ben veggio che pe* 1544/16
+4-2-2+2+2+2+2 F. Roussel, *Voi che ricchi* 1562/22
+4-2-2+2+2+2+2 A. Savioli, *Amor per tuo di* 1600/16
+4-2-2+2+2+2+2 P. Vinci, *Non ha'l ciel tan* 1584/11

+4-2-2+2+2+2-2 Anonymous, *Dalla piu alta* 1563/06
+4-2-2+2+2+2-2 F. Portu, *Era il giorno ch'* 1547/17
+4-2-2+2+2+2-2 P. Vecoli, *O dolci sguard* 1581/12

+4-2-2+2+2+2-3 S. Felis, *In questa vall* 1585/23
+4-2-2+2+2+2-3 G. Ferretti, *Come poss'io* 1589/08
+4-2-2+2+2+2-3 G. Palestrina, *Con dolc'altie* 1554/28
+4-2-2+2+2+2-3 P. Vinci, *Non ha'l ciel tan* 1584/11

+4-2-2+2+2+2-5 A. Barre, *Spirto gentil ch'* 1555/27

+4-2-2+2+2+2-6 P. Verdelot, *Donna che degg* 1546/19

+4-2-2+2+2-2+2 F. Dentice, *Ahi crudel stato* 1594/07
+4-2-2+2+2-2+2 V. Ferro, *Io piango ed ell* 1582/08
+4-2-2+2+2-2+2 C. Merulo, *Cor mio senza ce* 1564/16
+4-2-2+2+2-2+2 B. Pifaro, *Dius del ciel* 1519/04

+4-2-2+2+2-2-2 Anonymous, *Numquam fue pen* 1504/03
+4-2-2+2+2-2-2 P. Clerico, *Figlia di Giov'* 1562/15
+4-2-2+2+2-2-2 N. Pifaro, *D'altro hormai* 1507/03
+4-2-2+2+2-2-2 B. Spontone, *Madonn'al dolc* 1589/06
+4-2-2+2+2-2-2 B. Tromboncino, *Se hogi un di* 1505/05
+4-2-2+2+2-2-2 R. Vecoli, *Come zephiro suo* 1577/10

+4-2-2+2+2-2-3 J. Arcadelt, *Pietose rime* 1544/16

+4-2-2+2+2+3-2 J. Arcadelt, *Gli prieghi mi* 1539/24
+4-2-2+2+2+3-2 I. Baccusi, *Se fra quest'* 1572/09
+4-2-2+2+2+3-2 G. Palestrina, *Se lamentar aug* 1561/10
+4-2-2+2+2+3-2 B. Tromboncino, *Troppo am* 1505/04

+4-2-2+2+2+3-3 L. Courtoys, *Piagata man de* 1563/07

+4-2-2+2+2-3+2 F. Adriani, *Hor che spolgi'* 1568/16
+4-2-2+2+2-3+2 G. Nanino, *E con Aminta vai* 1586/09

+4-2-2+2+2-3-2 S. d'Aranda, *Padre del cie* 1571/12
+4-2-2+2+2-3-2 M. Cara, *Cantai mentre nel* 1513/01
+4-2-2+2+2-3-2 O. Lasso, *Dentro pur foco* 1560/18
+4-2-2+2+2-3-2 L. Milanese, *Ameni colli ap* 1507/04
+4-2-2+2+2-3-2 G. Palestrina, *Dolornon fu* 1561/10
+4-2-2+2+2-3-2 F. Portinaro, *S'alteri poi* 1563/13
+4-2-2+2+2-3-2 F. Roussel, *Dentro pur fuoc* 1588/24

+4-2-2+2+2-3-4 P. Clerico, *Figlia di Giov'* 1562/15

+4-2-2+2+2+4-2 U. Naich, *Dolce ire dolci* 1544/17

+4-2-2+2+2-4+2 P. Isnardi, *Lume si chiaro* 1586/07

+4-2-2+2+2-4-2 H. Sabino, *Il pastor lasso* 1581/11

+4-2-2+2+2-4+3 Anonymous, *Vivo lieto nel* 1505/03
+4-2-2+2+2-4+3 L. Courtoys, *Fresco fiorit* 1580/10

+4-2-2+2+2-4+4 A. Martorello, *Amor se'l mi* 1547/17
+4-2-2+2+2-4+4 H. Sabino, *Il pastor lasso* 1581/11
+4-2-2+2+2-4+4 B. Spontone, *Amor e'l ver* 1570/15

+4-2-2+2+2-5+2 U. Naich, *Dolce ire dolci* 1544/17

+4-2-2+2+2-5+4 A. Marien, *Amor e'l ver fu* 1584/09A

+4-2-2+2+2-5+5 L. Courtoys, *La bella Flor* 1580/10

+4-2-2+2-2+2-2 Carpentras, *Hor vedi amor* 1513/01
+4-2-2+2-2+2-2 A. Martorello, *Se'l dolce* 1547/17
+4-2-2+2-2+2-2 C. Merulo, *Deh perche mort* 1589/06

+4-2-2+2-2+2+3 A. Stringari, *Discolorato* 1514/02

+4-2-2+2-2+2-3 J. Lulinus, *Amor quando fio* 1514/02

+4-2-2+2-2-2+2 Anonymous, *Vedo ben ch'io* 1505/03
+4-2-2+2-2-2+2 J. Arcadelt, *Del piu leggia* 1552/21

+4-2-2+2-2-2-2 Anonymous, *Io mi rivolgo in* 1561/15
+4-2-2+2-2-2-2 Anonymous, *Prendi l'arme in* 1505/04
+4-2-2+2-2-2-2 H. Ghibellini, *Irato a sdegn* 1561/11
+4-2-2+2-2-2-2 G. Primavera, *Quel che vi* 1585/31

+4-2-2+2-2-2+3 C. Rore, *Quel foco che tant* 1548/07

+4-2-2+2-2-2+5 U. Naich, *Ben veggio che pe* 1544/16

+4-2-2+2-2+3+2 A. Striggio, *Mentre nel pi* 1589/06

+4-2-2+2-2+3-2 F. Roussel, *Belta si come* 1561/10

+4-2-2+2-2+4-2 S. Calabrese, *Ben scorgi* 1599/06
+4-2-2+2-2+4-2 S. Calabrese, *Hor'eccoti pr* 1599/06

+4-2-2+2+3+2+2 E. Marotta, *Non son ris'avi* 1598/08

+4-2-2+2+3-2+2 C. Merulo, *Madonna poiche* 1561/15

+4-2-2+2+3+4-2 G. Renaldi, *Non vedi amore ch* 1589/10

+4-2-2+2-3+2+2 G. Califano, *O dolorosa vit* 1584/07
+4-2-2+2-3+2+2 A. Gabrieli, *Cari cumpagni* 1564/16
+4-2-2+2-3+2+2 H. Ghibellini, *Irato a sdegn* 1561/11
+4-2-2+2-3+2+2 A. Mantovano, *Donna per vo* 1513/01
+4-2-2+2-3+2+2 M. Mazzone, *Chi cerca navig* 1570/18

+4-2-2+2-3+2-2 L. Mira, *Vieni Himeneo che* 1583/19

+4-2-2+2-3+2-4 M. Gabbia, *Sente d'Amor* 1598/07

+4-2-2+2-3+2-5 Anonymous, *O dio che fossi* 1567/17

+4-2-2+2-3-2+2 G. Nanino, *Credete voi che* 1586/18
+4-2-2+2-3-2+2 A. Trombetti, *Freno Tirsi* 1586/21

+4-2-2+2-3-2-2 G. Antiquis, *Voria per art* 1574/06

+4-2-2+2-3+3-4 S. d'Aranda, *Milla ben mi* 1571/12

+4-2-2+2-3+4-2 F. Corteccia, *Vatten'almo* 1539/25
+4-2-2+2-3+4-2 P. Vinci, *Io saro sempr'avi* 1583/19

+4-2-2+2-3+6-2 P. Vinci, *Io saro sempr'avi* 1583/19

+4-2-2+2-3+8-2 Anonymous, *Cesaran yamis cl* 1516/02

+4-2-2+2+4-2-8 Anonymous, *L'infermo al'ho* 1505/05

+4-2-2+2+4-3+2 G. Nasco, *Madonna quand'io* 1561/10

+4-2-2+2-4+2+4 B. Donato, *Chi dira mai ch'* 1550/19

+4-2-2+2-4+4+2 M. Mazzone, *Chi cerca navig* 1570/18

+4-2-2+2-4+4-2 P. Vinci, *Io saro sempr'avi* 1583/19

+4-2-2+2-5+5-4 Anonymous, *Come el piombin* 1506/03

+4-2-2+2-8+5-2 P. Verdelot, *Donna che degg* 1546/19

+4-2-2-2+2+2+2 S. d'Aranda, *Milla ben mi* 1571/12
+4-2-2-2+2+2+2 Anonymous, *Anima christi sa* 1508/03
+4-2-2-2+2+2+2 Anonymous, *Et o Re do spagna* 1570/21
+4-2-2-2+2+2+2 Anonymous, *O conservi d'amo* 1544/22
+4-2-2-2+2+2+2 Anonymous, *Vengh'ogni cor* 1563/06
+4-2-2-2+2+2+2 J. Arcadelt, *Quanto dolce* 1552/21
+4-2-2-2+2+2+2 J. Arcadelt, *Pietose rime* 1544/16
+4-2-2-2+2+2+2 J. Arcadelt, *Quanto dolce* 1552/21
+4-2-2-2+2+2+2 I. Baccusi, *Ninfe leggiadr'* 1597/133
+4-2-2-2+2+2+2 L. Courtoys, *Hor che del Te* 1580/10
+4-2-2-2+2+2+2 G. Gallo, *Non so se'l mio* 1597/20
+4-2-2-2+2+2+2 J. Gero, *Si bella vi formo* 1541/02
+4-2-2-2+2+2+2 J. Gero, *Se'l foco qual ris* 1541/02
+4-2-2-2+2+2+2 H. Ghibellini, *Irato a sdegn* 1561/11
+4-2-2-2+2+2+2 O. Griffi, *Spesso il canto* 1591/12
+4-2-2-2+2+2+2 U. Naich, *Ben veggio che pe* 1544/16
+4-2-2-2+2+2+2 G. Nanino, *E con Aminta vai* 1586/09
+4-2-2-2+2+2+2 C. Porta, *Se morir si potes* 1592/15
+4-2-2-2+2+2+2 P. Quagliati, *Signor mio tu* 1585/07

+4-2-2-2+2+2+2 H. Sabino, *Stavasi al Sol* 1588/27
+4-2-2-2+2+2+2 P. Stabile, *Io ardo ahi lasso* 1585/32
+4-2-2-2+2+2+2 B. Tromboncino, *Integer vit* 1513/01
+4-2-2-2+2+2+2 B. Tromboncino, *Queste non* 1517/02
+4-2-2-2+2+2+2 F. Tumeo, *Non son ris'avice* 1598/08
+4-2-2-2+2+2+2 S. Venturi, *Pargolett'e Mar* 1596/17

+4-2-2-2+2+2-2 P. Animuccia, *Valle vicini* 1561/11
+4-2-2-2+2+2-2 A. Gabrieli, *E cert'ancor* 1587/16
+4-2-2-2+2+2-2 C. Malvezzi, *Non posso al* 1583/16
+4-2-2-2+2+2-2 P. Stabile, *Io ardo ahi lasso* 1585/32

+4-2-2-2+2+2+3 P. Verdelot, *Madonna qual* 1533/02

+4-2-2-2+2+2-3 P. Animuccia, *Valle vicini* 1561/11
+4-2-2-2+2+2-3 Anonymous, *O viver mio noio* 1554/28
+4-2-2-2+2+2-3 J. Arcadelt, *Quanto dolce* 1552/21
+4-2-2-2+2+2-3 G. Belli, *Ha Laura il crin* 1592/14

+4-2-2-2+2+2+4 M. Effrem, *No no che d'ogn* 1582/12
+4-2-2-2+2+2+4 P. Nenna, *Amorose faville* 1582/12
+4-2-2-2+2+2+4 L. Viadani, *Il sangue pen* 1598/06

+4-2-2-2+2+2-5 Anonymous, *O viver mio noio* 1554/28

+4-2-2-2+2-2+2 F. Luprano, *Rompe amor* 1505/05
+4-2-2-2+2-2+2 Anonymous, *Giunt'i pastori* 1583/04
+4-2-2-2+2-2+2 J. Berchem, *Il sol giamai* 1546/19
+4-2-2-2+2-2+2 F. Soto, *Nel apparir del se* 1599/06
+4-2-2-2+2-2+2 F. Soto, *Giunt'i pastori* 1600/05
+4-2-2-2+2-2+2 F. Soto, *Nel apparir del se* 1599/06
+4-2-2-2+2-2+2 F. Soto, *Giunt'i pastori* 1600/05
+4-2-2-2+2-2+2 F. Soto, *Nel apparir del se* 1599/06

+4-2-2-2+2-2-2 Anonymous, *Scontento me ne* 1505/05
+4-2-2-2+2-2-2 M. Cara, *Pieta cara signor* 1504/04
+4-2-2-2+2-2-2 G. Costa, *Se fredda e la mi* 1589/11
+4-2-2-2+2-2-2 C. Festa, *Amor ben puoi tu* 1540/18
+4-2-2-2+2-2-2 G. Gallo, *Nova fiamma d'Amo* 1597/20
+4-2-2-2+2-2-2 F. Portinaro, *O di chiara virt* 1563/13
+4-2-2-2+2-2-2 C. Porta, *Giovane illustre* 1559/16
+4-2-2-2+2-2-2 C. Rore, *Fontana di dolore* 1557/24
+4-2-2-2+2-2-2 R. Trofeo, *Amero donna che'* 1600/17
+4-2-2-2+2-2-2 P. Verdelot, *Tu che potevi* 1546/19

+4-2-2-2+2-2+3 Anonymous, *Christo ver'huomo* 1563/06

+4-2-2-2+2-2-3 A. Perugino, *La state prim'* 1570/19

+4-2-2-2+2-2+5 M. Hermann, *Hor via di buona* 1552/23

+4-2-2-2+2-2-5 R. Mel, *Tirrhena mia le ma* 1594/08

+4-2-2-2+2-2+6 G. Lochenburgho, *Se vi fur'* 1588/24

+4-2-2-2+2-2+8 P. Animuccia, *Valle vicini* 1561/11

+4-2-2-2+2+3+2 B. Tromboncino, *Crudel com* 1504/04

+4-2-2-2+2+3-2 Anonymous, *Chi vede gir la* 1505/05
+4-2-2-2+2+3-2 Anonymous, *Benche inimica* 1505/05
+4-2-2-2+2+3-2 J. Arcadelt, *Quanto dolce* 1552/21
+4-2-2-2+2+3-2 M. Cara, *Perche piangi alm* 1531/04
+4-2-2-2+2+3-2 F. Cedraro, *Non puo'l mio* 1571/12
+4-2-2-2+2+3-2 G. Foglia, *Tanto e l'empio* 1547/16
+4-2-2-2+2+3-2 A. Perugino, *Amor poca piet* 1570/19
+4-2-2-2+2+3-2 C. Rore, *Ivi'l parlar che* 1548/09

+4-2-2-2+2+3-4 P. Stabile, *Io ardo ahi lasso* 1585/32

+4-2-2-2+2-3 C. Rore, *Ne l'aria in quest* 1568/13

+4-2-2-2+2-3+2 Anonymous, *Non quiero que* 1516/02
+4-2-2-2+2-3+2 J. Arcadelt, *Tronchi la par* 1539/24
+4-2-2-2+2-3+2 J. Arcadelt, *Del piu leggia* 1552/21
+4-2-2-2+2-3+2 S. Gonzaga, *Nova fiamma* 1562/15
+4-2-2-2+2-3+2 R. Montagnano, *Piu che mai be* 1558/17
+4-2-2-2+2-3+2 C. Veggio, *Oime che sol mi* 1540/19

+4-2-2-2+2-3-2 A. Demophon, *A che son horm* 1507/03
+4-2-2-2+2-3-2 S. Gonzaga, *Nova fiamma* 1562/15

+4-2-2-2+2-3+4 C. Perissone, *Fresche herb* 1547/14

+4-2-2-2+2-3+8 M. Cancino, *Non e si chiara* 1590/21

+4-2-2-2+2+4-5 J. Berchem, *S'amor non* 1546/19

+4-2-2-2+2-4+2 H. Sabino, *Il pastor lasso* 1581/11

+4-2-2-2-2+2+2 Anonymous, *Signor Giesu qua* 1563/06
+4-2-2-2-2+2+2 Anonymous, *Mandati qui d'am* 1546/19
+4-2-2-2-2+2+2 Anonymous, *Tutt'il di piango* 1546/19
+4-2-2-2-2+2+2 Anonymous, *Mandati qui d'am* 1546/19
+4-2-2-2-2+2+2 Anonymous, *Tutt'il di piango* 1546/19
+4-2-2-2-2+2+2 S. Felis, *Di ch'ella mosso* 1583/14
+4-2-2-2-2+2+2 A. Gabrieli, *Cosi restai senz* 1568/19
+4-2-2-2-2+2+2 A. Gabrieli, *Del gran Tuona* 1587/16
+4-2-2-2-2+2+2 A. Gabrieli, *Cosi restai senz* 1568/19
+4-2-2-2-2+2+2 F. Portinaro, *Perche l'usat* 1563/13
+4-2-2-2-2+2+2 F. Portinaro, *S'alteri poi* 1563/13
+4-2-2-2-2+2+2 P. Stabile, *Io ardo ahi lasso* 1585/32
+4-2-2-2-2+2+2 A. Trombetti, *Quel di che'* 1583/18
+4-2-2-2-2+2+2 B. Tromboncino, *Visto ho pi* 1506/03
+4-2-2-2-2+2+2 G. Trombetti, *Pingea con l'* 1586/21
+4-2-2-2-2+2+2 S. Venturi, *Bella Ninfa gen* 1598/14
+4-2-2-2-2+2+2 P. Verdelot, *Tu che potevi* 1546/19

+4-2-2-2-2+2-2 G. da Nola, *Mai rete pres'u* 1570/27
+4-2-2-2-2+2-2 Anonymous, *Vergine poverell* 1598/04
+4-2-2-2-2+2-2 Anonymous, *La tromba son* 1505/04
+4-2-2-2-2+2-2 J. Arcadelt, *Amanti, o liet* 1540/19
+4-2-2-2-2+2-2 G. Renaldi, *Mi'l vivo sulo* 1564/16
+4-2-2-2-2+2-2 H. Sabino, *Le frondi di tu* 1581/11
+4-2-2-2-2+2-2 B. Tromboncino, *Se per colp* 1514/02
+4-2-2-2-2+2-2 B. Tromboncino, *Nunqua fu* 1505/04

+4-2-2-2-2+2+3 F. Luprano, *De servirti al* 1505/06

+4-2-2-2-2+2-3 Anonymous, *Poi che a tal co* 1505/03
+4-2-2-2-2+2-3 F. Dentice, *Ahi crudel stato* 1594/07

+4-2-2-2-2+2+4 Anonymous, *Se non fusse il* 1537/08
+4-2-2-2-2+2+4 J. Arcadelt, *Che poss'io piu* 1540/18
+4-2-2-2-2+2+4 C. Festa, *Amor ben puoi tu* 1540/18
+4-2-2-2-2+2+4 G. Foglia, *Madonna sommi ac* 1547/16
+4-2-2-2-2+2+4 G. Gallo, *Miracolo non fu* 1597/20
+4-2-2-2-2+2+4 A. Mantovano, *Ben ben ben* 1513/01
+4-2-2-2-2+2+4 A. Willaert, *Sciocco fu'l* 1544/17

+4-2-2-2-2+2-4 Anonymous, *Se negli affann* 1505/05
+4-2-2-2-2+2-4 H. Sabino, *Le frondi di tu* 1581/11

+4-2-2-2-2+2+5 M. Pesenti, *Trista e noios* 1504/04

+4-2-2-2-2+2-5 A. Gabrieli, *Del gran Tuona* 1587/16
+4-2-2-2-2+2-5 G. Renaldi, *Mi'l vivo sulo* 1564/16

+4-2-2-2-2-2+2 G. Cremona, *Et hor il canto* 1569/19
+4-2-2-2-2-2+2 F. Luprano, *Vale hormai* 1505/05
+4-2-2-2-2-2+2 Anonymous, *Fatte li tatti* 1537/05
+4-2-2-2-2-2+2 Anonymous, *Segui cor l'alt* 1515/02
+4-2-2-2-2-2+2 M. Cara, *Voi che ascoltate* 1526/06
+4-2-2-2-2-2+2 G. Gallo, *Nova fiamma d'Amo* 1597/20
+4-2-2-2-2-2+2 A. Marien, *Mira il gran sas* 1584/09A
+4-2-2-2-2-2+2 A. Stringari, *Valle che de* 1514/02
+4-2-2-2-2-2+2 B. Tromboncino, *Crudel com* 1504/04
+4-2-2-2-2-2+2 B. Tromboncino, *Del tuo be* 1505/05

+4-2-2-2-2-2-2 Anonymous, *Arda el ciel e'* 1505/04
+4-2-2-2-2-2-2 Anonymous, *Fatte li tatti* 1537/05
+4-2-2-2-2-2-2 Anonymous, *Io mi moro ch* 1505/04
+4-2-2-2-2-2-2 Anonymous, *Me stesso incolp* 1505/05
+4-2-2-2-2-2-2 O. Antinori, *Servo haime se* 1506/03
+4-2-2-2-2-2-2 J. Arcadelt, *Io nol dissi* 1539/24
+4-2-2-2-2-2-2 L. Balbi, *Lieto augelletto* 1570/23
+4-2-2-2-2-2-2 M. Cancino, *Fuggi il sereno* 1590/21
+4-2-2-2-2-2-2 A. Capriolo, *Poi che per fe* 1504/04
+4-2-2-2-2-2-2 A. Capriolo, *Ritornata* 1505/05
+4-2-2-2-2-2-2 M. Cara, *Mai non persi la* 1507/04
+4-2-2-2-2-2-2 A. Corona, *Spargend'iva d'i* 1593/07
+4-2-2-2-2-2-2 S. Felis, *S'avien ch celebr* 1579/05
+4-2-2-2-2-2-2 G. Foglia, *Tanto e l'empio* 1547/16
+4-2-2-2-2-2-2 M. Hermann, *Sent'in quest'u* 1552/23
+4-2-2-2-2-2-2 P. Isnardi, *E se queste con* 1570/15
+4-2-2-2-2-2-2 C. Monte, *Son inamorato* 1574/05
+4-2-2-2-2-2-2 C. Monteverdi, *Stracciami* 1597/13
+4-2-2-2-2-2-2 BT/MC, *Sancta maria ora* 1508/03
+4-2-2-2-2-2-2 G. Palestrina, *Voi mi ponest* 1560/10
+4-2-2-2-2-2-2 A. Savioli, *Acqua non fu ch* 1600/16
+4-2-2-2-2-2-2 H. Schaffen, *Perche la vit* 1547/17
+4-2-2-2-2-2-2 P. Stabile, *Ben puo di sua* 1585/32
+4-2-2-2-2-2-2 B. Tromboncino, *Mia ventur* 1520/07
+4-2-2-2-2-2-2 A. Trombetti, *Chi la fuga* 1583/18
+4-2-2-2-2-2-2 A. Trombetti, *O quanto inde* 1586/21

+4-2-2-2-2-2+3 A. Marien, *Mira il gran sas* 1584/09A
+4-2-2-2-2-2+3 F. Sole, *Io son ferito ahi* 1589/10
+4-2-2-2-2-2+3 R. Trofeo, *Occhi dov'e'l mi* 1600/17

+4-2-2-2-2-2-3 P. Isnardi, *E se queste con* 1570/15
+4-2-2-2-2-2-3 L. Milanese, *Quando mi most* 1507/04
+4-2-2-2-2-2-3 R. Vecoli, *E se gli avien ch* 1577/10
+4-2-2-2-2-2-3 R. Vecoli, *Temprar potess'i* 1577/10
+4-2-2-2-2-2-3 G. Verona, *O foss'il mio co* 1563/07

+4-2-2-2-2-2+4 F. Luprano, *Rompe amor* 1505/05
+4-2-2-2-2-2+4 Anonymous, *Fa ch'io fo hor* 1505/04

+4-2-2-2-2-2+5 M. Cara, *Amor del mio valo* 1509/02

+4-2-2-2-2-2+6 E. Romano, *Voi mi ponesti* 1514/02

+4-2-2-2-2-2+8 C. Porta, *Se morir si potes* 1592/15

+4-2-2-2-2+3+2 Anonymous, *Dunque gl'occhi* 1583/13

+4-2-2-2-2+3-2 G. Palestrina, *Rapace'ingord* 1557/24
+4-2-2-2-2+3-2 B. Tromboncino, *Se per colp* 1514/02

+4-2-2-2-2-3+2 N. Pifaro, *Due virtu el mi* 1515/02

+4-2-2-2-2-3+3 J. Arcadelt, *Pietose rime* 1544/16

+4-2-2-2-2-3+4 M. Cancino, *Fuggi il sereno* 1590/21
+4-2-2-2-2-3+4 C. Rore, *Hor volge signor* 1544/17

+4-2-2-2-2-3+8 O. Vecchi, *Guerriera mia Co* 1585/35

+4-2-2-2-2+4+2 H. Lauro, *Come havro dunqu* 1514/02

+4-2-2-2-2+4-2 Anonymous, *Me stesso incolp* 1505/05
+4-2-2-2-2+4-2 M. Cara, *Sventurati amant* 1516/02
+4-2-2-2-2+4-2 BT/MC, *Sancta maria ora* 1508/03
+4-2-2-2-2+4-2 G. Tasso, *No text.* 1591/19
+4-2-2-2-2+4-2 B. Tromboncino, *La speranz* 1517/02

+4-2-2-2-2-4+5 Anonymous, *Se pensass'ai pi* 1563/06
+4-2-2-2-2-4+5 M. Cara, *Sventurati amant* 1516/02

+4-2-2-2-2+5+2 Anonymous, *O suave e dolce* 1506/03

+4-2-2-2-2+5-2 F. Cedraro, *Non puo'l mio* 1571/12
+4-2-2-2-2+5-2 G. Gabrieli, *Arbor vittorio* 1568/16
+4-2-2-2-2+5-2 P. Monte, *Amor la mia ventur* 1568/13

+4-2-2-2-2+5-3 G. Gallo, *Miracolo non fu* 1597/20
+4-2-2-2-2+5-3 P. Verdelot, *Tu che potevi* 1546/19

+4-2-2-2-2+5-4 Anonymous, *Vale iniqua de* 1506/03

+4-2-2-2-2+5-5 G. Gallo, *Non so se'l mio* 1597/20
+4-2-2-2-2+5-5 B. Tromboncino, *Io son quel* 1505/06

+4-2-2-2-2+6-2 Anonymous, *Peccatori Maria* 1563/06
+4-2-2-2-2+6-2 G. Gallo, *Non so se'l mio* 1597/20

+4-2-2-2-2+7-2 C. Porta, *Erasi al sole il* 1583/12

+4-2-2-2+3+2+2 J. Arcadelt, *Amorosi pensier* 1545/18
+4-2-2-2+3+2+2 M. Cara, *Sventurati amanti* 1516/02

+4-2-2-2+3+2-2 M. Pesenti, *Si mi piace el* 1504/04

+4-2-2-2+4-4+2 B. Garulli, *Quante gratie* 1562/06
+4-2-2-2+4-4+2 R. Montagnano, *A qualunque* 1558/17

+4-2-2-2+4-4+3 J. Arcadelt, *Io nol dissi* 1539/24
+4-2-2-2+4-4+3 B. Donato, *Che val peregrin* 1589/06

+4-2-2-2+4-4+5 J. Pionnier, *Dunque morte* 1555/31
+4-2-2-2+4-4+5 P. Verdelot, *Tu che potevi* 1546/19

+4-2-2-2+4-5+2 G. Gallo, *Non so se'l mio* 1597/20

+4-2-2-2+4-5-2 J. Arcadelt, *Del piu leggia* 1552/21

+4-2-2-2-4+2+2 G. Macque, *Fra belle Ninfe* 1583/15

+4-2-2-2-4+4+2 F. Dentice, *Ahi crudel stat* 1594/07

+4-2-2-2-4+4-2 F. Cedraro, *Non puo'l mio* 1571/12

+4-2-2-2+5+2+2 G. Fogliano, *Tanto e l'empi* 1547/16

+4-2-2-2+5+2-2 Anonymous, *Chi e pregion de* 1509/02
+4-2-2-2+5+2-2 V. Ruffo, *Prima che spunt'i* 1560/10

+4-2-2-2+5+2-3 F. Luprano, *Al di donna no* 1505/04

+4-2-2-2+5-2+2 B. Tromboncino, *El mio amo* 1509/02

+4-2-2-2+5-3+2 V. Ruffo, *Prima che spunt'i* 1560/10

+4-2-2-2+5-3-3 G. Palestrina, *Quante volte* 1560/10

+4-2-2-2+5-3+5 G. d'Arras, *Due rose fresche* 1570/28

+4-2-2-2+5+4-2 C. Festa, *Amor ben puoi tu* 1540/18

+4-2-2-2+5+4-3 C. Festa, *Amor ben puoi tu* 1540/18

+4-2-2-2+5-5+2 J. Arcadelt, *Quanto dolce* 1552/21
+4-2-2-2+5-5+2 V. Ruffo, *Prima che spunt'i* 1560/10

+4-2-2-2+5-5+3 V. Ruffo, *Prima che spunt'i* 1560/10
+4-2-2-2+5-5+3 B. Tromboncino, *Per pietad* 1505/06

+4-2-2-2+5-8+2 Carletto, *Un'altra volta ve* 1577/10

+4-2-2-2-5+2+2 J. Gero, *Philli da mia piu* 1541/14
+4-2-2-2-5+2+2 A. Martorello, *I ti ringrati* 1547/17
+4-2-2-2-5+2+2 P. Verdelot, *Pur troppo don* 1540/18

+4-2-2-2-5+2+4 Anonymous, *Ah vil cor pigli* 1509/02
+4-2-2-2-5+2+4 Anonymous, *Fa ch'io fo hor* 1505/04

+4-2-2-2-5+4-2 F. Dentice, *Ahi crudel stat* 1594/07

+4-2-2-2-5+4-3 O. Lasso, *Hor che la nuova* 1575/11

+4-2-2-2-5+5+2 T. Massaino, *Amorosa guerri* 1597/13

+4-2-2-2+6-2-2 C. Rore, *Scielgan l'alma so* 1544/17

+4-2-2-2+8-2-2 J. Arcadelt, *Amanti, o liet* 1540/19
+4-2-2-2+8-2-2 C. Rore, *Scielgan l'alma so* 1544/17

+4-2-2-2+8-3+2 Anonymous, *Nova Angeletta* 1583/13

+4-2-2-2+8-3-2 Anonymous, *Non te smarir co* 1505/05
+4-2-2-2+8-3-2 P. Stabile, *Fuggi spirto ge* 1585/32

+4-2-2-2+8-4+3 G. d'Arras, *Due rose fresche* 1570/28
+4-2-2-2+8-4+3 L. Courtoys, *Hor che del Te* 1580/10

+4-2-2+3+2-2+2 A. Barre, *Poi che per te co* 1555/27

+4-2-2+3+2-2-3 L. Marenzio, *Madonna mia ge* 1594/08

+4-2-2+3+2-3+2 Anonymous, *Son tutto fiamm'* 1562/10

+4-2-2+3-2+2+2 L. Agostini, *Voi che del pu* 1572/07
+4-2-2+3-2+2+2 G. Renaldi, *Com'havro dunqu* 1569/32

+4-2-2+3-2+2-2 R. Giovanelli, *O madre d'am* 1592/05

+4-2-2+3-2+2-4 G. Renaldi, *Com'havro dunqu* 1569/32

+4-2-2+3-2-2-2 G. Blotagrio, *Amor io sent'* 1594/07
+4-2-2+3-2-2-2 G. Dragone, *Sapete amant* 1585/29
+4-2-2+3-2-2-2 A. Perugino, *Vien mec* 1570/19

+4-2-2+3+3-3-2 C. Rore, *Tra piu beati* 1565/18

+4-2-2+3-4+2-2 A. Feliciani, *Il bel leggia* 1586/15

+4-2-2+3-4-5+2 G. Gallo, *Ippolita gentil* 1597/20

+4-2-2-3+2+2+2 J. Arcadelt, *Amanti, o liet* 1540/19

+4-2-2-3+2+2-5 B. Tromboncino, *Ben ch'el* 1509/02

+4-2-2-3+2-2+2 Anonymous, *Dio sa quanto* 1505/03
+4-2-2-3+2-2+2 A. Capriolo, *Dio lo sa quan* 1505/05

+4-2-2-3+2+4-2 P. Monte, *Piangi mi dic'ho* 1568/12
+4-2-2-3+2+4-2 C. Veggio, *Amor s'ogni ama* 1540/19

+4-2-2-3+2+4-3 F. Soto, *Hoggi al Ciel va* 1600/05

+4-2-2-3+2+4-4 C. Ceruti, *Dolce nemica mi* 1585/22

+4-2-2-3+2+4+5 G. da Verona, *O foss'il mi* 1563/07

+4-2-2-3+2-4+4 Anonymous, *Che te giova ser* 1506/03

+4-2-2-3+2+5+2 A. Fontanelli, *Com'esser pu* 1592/14

+4-2-2-3+2-5+5 P. Parma, *Figlia di Giov'e* 1562/15

+4-2-2-3+2-5+8 L. Marenzio, *Madonna poich'* 1583/14

+4-2-2-3-2+2+2 G. Contino, *Il capo levi so* 1561/15

+4-2-2-3-2-2-2 G. Wert, *Pur mi dara tanta* 1568/20

+4-2-2-3+3+2+2 A. Gabrieli, *Al dolce volo di* 1589/14

+4-2-2-3+4-2-2 A. Aiolli, *Chi cantera la* 1582/08

+4-2-2-3+5-2-2 A. Perugino, *Vien mec* 1570/19

+4-2-2+4+2-2-2 C. Merulo, *Ingiustissimo am* 1562/06

+4-2-2+4-2+2-4 C. Perissone, *Vivo sol di* 1544/16

+4-2-2+4-2-2+2 L. Marenzio, *Qual paura, qu* 1586/02

+4-2-2+4-2-2-2 A. Aiolli, *Chi cantera la* 1582/08
+4-2-2+4-2-2-2 A. Perugino, *Amor poca piet* 1570/19

+4-2-2+4-2-2-4 A. Aiolli, *Chi cantera la* 1582/08

+4-2-2+4-2-3+2 G. Parabosco, *Non dispregiat* 1546/19

+4-2-2+4-2-4+2 D(on) Timoteo, *Aqua aqua* 1509/02

+4-2-2+4-3+2-3 Anonymous, *De no de si de* 1505/06

+4-2-2+4-3+4-5 L. Marenzio, *Qual paura, qu* 1586/02

+4-2-2+4-4-2+5 Anonymous, *Esclare ci da ma* 1583/04

+4-2-2+4-5+3-2 F. Meo, *Per miei prieghi* 1570/19

+4-2-2+4-5+4-2 C. Rore, *Io dico & dissi &* 1561/11

+4-2-2-4+2+2+2 P. Vinci, *So io ben ch'a vo* 1584/11

+4-2-2-4+2+2+4 G. Nanino, *O leggiadretti* 1589/07

+4-2-2-4+4-4+4 Anonymous, *El pensier andr* 1507/03

+4-2-2+5-2+2-2 G. Scotto, *Dolce piu che l'* 1571/11

+4-2-3+2-2+3-4 G. Gostena, *Hor su non cica* 1589/13

+4-2-3+2-2+3-5 A. Ganassi, *Se m'amasti io* 1586/10

+4-2-3+2-2-3+8 C. Ardesi, *Io ben il veggi* 1597/19

+4-2-3+2-2+4-2 G. Mosto, *Rugiadose dolcezz* 1578/22
+4-2-3+2-2+4-2 G. Renaldi, *Per che come* 1569/32
+4-2-3+2-2+4-2 B. Tromboncino, *Quanto mai* 1513/01

+4-2-3+2-2+4-4 V. Ruffo, *Valle che di lame* 1555/31

+4-2-3+2-2+4-5 L. Bati, *Se da quel vago vi* 1594/11

+4-2-3+2-2-4+4 C. Ardesi, *Io ben il veggi* 1597/19
+4-2-3+2-2-4+4 G. Palestrina, *Da bei rami* 1560/10

+4-2-3+2-2-4+5 C. Veggio, *Amant'io vi so* 1540/19

+4-2-3+2-2+5+2 G. B. Zesso, *Io t'ho donat* 1507/03
+4-2-3+2-2+5+2 J. Gero, *S'io havessi tant'* 1541/02

+4-2-3+2-2+5-2 P. Verdelot, *Ultimi miei so* 1546/19

+4-2-3+2-2+5-3 J. Arcadelt, *Non prima l'au* 1552/21
+4-2-3+2-2+5-3 J. Arcadelt, *Hor vedette ma* 1552/21

+4-2-3+2-2-5+4 G. Massarengo, *Poi che in tut* 1591/22

+4-2-3+2-2-5+8 J. Arcadelt, *Non prima l'au* 1552/21

+4-2-3+2-2+8-2 A. Ganassi, *Se m'amasti io* 1586/10

+4-2-3+2+3-2+2 Carpentras, *Nova belleza* 1513/01
+4-2-3+2+3-2+2 G. L. Primavera, *Laura soave* 1585/31
+4-2-3+2+3-2+2 G. Wert, *Vaga d'udir com'og* 1568/20

+4-2-3+2+3-3+2 P. Stabile, *E quel che pi* 1585/32

+4-2-3+2+3-3-2 G. Fogliano, *Perche non pos* 1547/16

+4-2-3+2+3-8+2 P. Stabile, *Fuggi spirto ge* 1585/32

+4-2-3+2-3+2-2 R. Giovanelli, *Bella d'amor* 1591/12

+4-2-3+2-3-3+2 S. Felis, *Di faville d'amo* 1583/15

+4-2-3+2-3+4-3 L. Courtoys, *Destra di que* 1563/07

+4-2-3+2+4+2+2 O. Lasso, *Volgi cor mio la* 1559/23

+4-2-3+2+4-3+2 O. Lasso, *Volgi cor mio la* 1559/23

+4-2-3+2-5+4-4 R. Vecoli, *Erano i capei d'* 1577/10

+4-2-3+2-5+8-3 A. Trombetti, *O quanto inde* 1586/21

+4-2-3-2+2+2-2 G. Guami, *E non conosce Amo* 1575/11

+4-2-3-2+2-2-2 L. Agostini, *Se quanto in* 1572/07

+4-2-3-2+2+3-2 O. Vecchi, *Lucretia mia que* 1585/35

+4-2-3-2+2-3+3 A. Martorello, *Pura e genti* 1547/17

+4-2-3-2+2-4+5 C. Veggio, *Et se'l viver m'* 1540/19
+4-2-3-2+2-4+5 C. Veggio, *Amor se'l foco* 1540/19

+4-2-3-2+2-5+2 P. Monte, *Cari scogli dil* 1585/18

+4-2-3-2-2-3+5 C. Rore, *O voi che sotto l'* 1568/19

+4-2-3-2-3+2+2 G. Pizzoni, *Se de la vita* 1582/14

+4-2-3-2+5-4+5 F. Portinaro, *Come a raggi* 1563/13

+4-2-3-2-5+4+5 F. Portinaro, *Da bei rami* 1563/13

+4-2-3+3+2+2+2 A. Barre, *Spirto gentil ch'* 1555/27

+4-2-3+3+2+2-2 G. Palestrina, *Vestiva i coll* 1566/03

+4-2-3+3+2+2-2 G. Paratico, *Specchio de gl* 1588/25

+4-2-3+3+2+2+3 A. Barre, *Spirto gentil ch'* 1555/27

+4-2-3+3+2+2-3 G. L. Primavera, *Pastor ch* 1585/31
+4-2-3+3+2+2-3 G. Palestrina, *Vestiva i coll* 1566/03
+4-2-3+3+2+2-3 G. Tasso, *No text.* 1591/19

+4-2-3+3+2+2-5 A. Barre, *Spirto gentil ch'* 1555/27
+4-2-3+3+2+2-5 P. Masnelli, *A che tormi* 1586/09

+4-2-3+3-2+2-2 Anonymous, *Lasso qual fia* 1544/17
+4-2-3+3-2+2-2 J. Arcadelt, *Dolcemente s'a* 1539/24

+4-2-3+3-2-2+2 P. Animuccia, *Non vid'il mo* 1566/03
+4-2-3+3-2-2+2 F. Roussel, *Quand'io pens'a* 1555/31

+4-2-3+3-2-2-2 Anonymous, *Quand'amor i begl* 1554/28
+4-2-3+3-2-2-2 J. Arcadelt, *Se per amar vo* 1552/21
+4-2-3+3-2-2-2 I. Baccusi, *Ninfe leggiadr'* 1597/13
+4-2-3+3-2-2-2 G. Cremona, *Di color mill'* 1569/19
+4-2-3+3-2-2-2 G. Ferretti, *Angelica tua* 1589/08
+4-2-3+3-2-2-2 F. Roussel, *Quand'io pens'a* 1555/31
+4-2-3+3-2-2-2 G. Tasso, *No text.* 1591/19
+4-2-3+3-2-2-2 H. Waelrant, *Quand'io pens'* 1561/16

+4-2-3+3-2-2+3 G. Nasco, *Signor tanto tuo* 1563/07
+4-2-3+3-2-2+3 F. Roussel, *Quand'io pens'a* 1555/31

+4-2-3+3-2-2-3 Anonymous, *Gia fui lieto ho* 1506/03
+4-2-3+3-2-2-3 C. Rore, *Quel foco che tant* 1548/07

+4-2-3+3-2-2+4 Anonymous, *Bon cacciator gi* 1570/18
+4-2-3+3-2-2+4 F. Gherardini, *Io vi porto* 1585/24
+4-2-3+3-2-2+4 O. Lasso, *Dentro pur foco* 1560/18
+4-2-3+3-2-2+4 F. Roussel, *Dentro pur fuoc* 1588/24
+4-2-3+3-2-2+4 H. Waelrant, *Quand'io pens'* 1561/16

+4-2-3+3-2-2+5 M. Ingegneri, *Amor se pur sei* 1583/12

+4-2-3+3-2-3+2 A. Piccini, *Privo in tutto* 1562/06

+4-2-3+3-2-3+3 P. Santini, *Quando fia che'* 1592/05

+4-2-3+3-2+4-2 G. Renaldi, *Madonna il mio* 1569/32

+4-2-3+3+3-2+2 M. Jhan, *Non vi lassero ma* 1546/19

+4-2-3+3+3+4-3 M. Comis, *Gioia al mondo no* 1594/08

+4-2-3+3-3-2+3 A. Gabrieli, *Pront'era l'al* 1587/16

+4-2-3+3-3-3-3 L. Luzzaschi, *Ero cosi dice* 1588/17

+4-2-3+3+4-2-2 R. Vecoli, *E se gli avien ch* 1577/10

+4-2-3-3+2+3+2 G. da Nola, *O verde amena* 1561/10

+4-2-3-3-3+5+2 B. Pallavicino, *Hor che la bel* 1596/16

+4-2-3-3+5-2-2 A. Marien, *Dunque hora e'l* 1584/09A

+4-2-3-3+5-3+2 A. Marien, *Dunque hora e'l* 1584/09A

+4-2-3-3+5-3-2 A. Marien, *Dunque hora e'l* 1584/09A

+4-2-3-3+5-3+5 C. Perissone, *Ma chi penso* 1547/14

+4-2-3-3+5-4+2 A. Marien, *Dunque hora e'l* 1584/09A

+4-2-3+4-2+2+2 C. Porta, *Erasi al sole il* 1583/12
+4-2-3+4-2+2+2 P. Vinci, *A qualunque anima* 1583/19

+4-2-3+4-2+2-3 A. Gabrieli, *Accesa retorna* 1589/14

+4-2-3+4-2-2+2 P. Vecoli, *Deh dolce vita* 1581/12

+4-2-3+4-2-2-2 M. Jhan, *Non vi lassero ma* 1546/19
+4-2-3+4-2-2-2 P. Vinci, *Lagrima adunque* 1584/11

+4-2-3+4-2-3+2 G. Nasco, *Quando nascesti* 1559/16

+4-2-3+4-2-3-5 C. Lambardi, *Io tacero ma* 1600/13

+4-2-3+4-2+4-2 Anonymous, *Pensier dicea ch* 1570/16
+4-2-3+4-2+4-2 B. Donato, *Pensier dicea ch* 1561/10
+4-2-3+4-2+4-2 A. Viola, *Non tardar pi* 1562/06

+4-2-3+4-2-5+2 B. Mosto, *Ardo si ma non t'* 1585/17

+4-2-3+4+3-2-5 F. Corteccia, *Guardane alm* 1539/25

+4-2-3+4-3+2+2 G. Renaldi, *Per che come* 1569/32

+4-2-3+4-4+3-2 A. Trombetti, *Temo sol di* 1570/19

+4-2-3+4-4-3-2 M. Comis, *Gioia al mondo no* 1594/08

+4-2-3-4-2+4-2 O. Lasso, *Chiara fontana* 1559/23

+4-2-3+5+2-3+2 S. Cornet, *Crudel tu dormi*, 1581/07

+4-2-3+5-2-2-2 A. Mantovano, *Non hebbe ma* 1513/01

+4-2-3+5-2-2+4 R. Montagnano, *A qualunque* 1558/17

+4-2-3+5-2+3-3 P. Taglia, *Si gioioso mi fa* 1600/05

+4-2-3+5-3+2-4 A. Barre, *Porgimi quella* 1562/08
+4-2-3+5-3+2-4 P. Vinci, *A l'ultimo bisogn* 1567/24

+4-2-3+5-3+2+6 D. Michele, *Margarita la cui* 1570/15

+4-2-3+5-3+2-8 D. Michele, *Margarita la cui* 1570/15

+4-2-3+5-3-2 G. Croce, *Occhi mentre mira* 1598/06

+4-2-3+5-3-2-3 A. Trombetti, *Cosi moriro* 1586/21

+4-2-3+5-3+3+2 M. Comis, *Gioia al mondo no* 1594/08

+4-2-3+5+4-2+2 Anonymous, *Dolce Dio sommo* 1563/06

+4-2-3+5+4-2-5 G. Fiesco, *Forz'e lasso ch'* 1570/19

+4-2-3+5+4-3-2 G. Lochenburgho, *Se vi fur'* 1588/24

+4-2-3+5-4+3-2 M. Iacovelli, *Poi ch'el cie* 1588/23

+4-2-3+5-5+2+2 H. Naich, *Dolce pensier ch* 1544/17

+4-2-3+5-5+3-4 A. Gabrieli, *O passi spars* 1587/16

+4-2-3+5-5+4 G. Renaldi, *Quanto piu crud* 1569/32

+4-2-3+5-5+4+2 A. Marien, *Una parte del* 1584/09A
+4-2-3+5-5+4+2 V. Ruffo, *Vaghe luci siren* 1557/25

+4-2-3+5-5-4+2 V. Ruffo, *Vaghe luci siren* 1557/25

+4-2-3-5+2+4+5 G. Riccio, *Ardo si ma non* 1585/17

+4-2-3-5+5+4-2 M. Cara, *E da poi ch'el so* 1526/06

+4-2-3-5+5-4+3 H. Fiorino, *Dolci sospiri* 1592/14

+4-2-3+6-2-2+3 F. Viola, *Altro che lagrima* 1548/08

+4-2-3+6-3+2+2 C. Porta, *Verra mai'l dich* 1589/06

+4-2-3+6-3+3-2 P. Vinci, *Io saro sempr'avi* 1583/19

+4-2-3-6+5+2-4 H. Hassler, *Mi parto ahi fo* 1597/13

+4-2-3+7-4-5+7 J. Salem, *Fuggimi pur crude* 1575/11

+4-2-3+8-2-2+2 P. Animuccia, *Non vid'il mo* 1566/03

+4-2-3+8-3+2+2 C. Veggio, *Se giorn'e nott* 1540/19

+4-2+4+2+2-2+2 F. Viola, *Pensai ch'ad amb* 1548/08

+4-2+4+2+2-2-2 A. Stringari, *Piu speranza* 1507/04

+4-2+4-2+2+2-2 J. Gero, *L'immens'e alte vi* 1541/02

+4-2+4-2+2+2-4 B. Tromboncino, *Sparzean per* 1507/04

+4-2+4-2+2-2+2 J. Arcadelt, *Che poss'io piu* 1540/18

+4-2+4-2+2+3-2 B. Tromboncino, *Tu sei quell* 1508/03

+4-2+4-2+2-3+3 G. Vergelli, *Se'l desir a mira* 1562/06

+4-2+4-2+2-3+4 G. Vergelli, *Se'l desir a mira* 1562/06

+4-2+4-2-2+2+2 V. Ruffo, *Com'havra vit'amo* 1557/18

+4-2+4-2-2+2-2 L. Agostini, *Porgettemi la* 1572/07
+4-2+4-2-2+2-2 P. Stabile, *Io ardo ahi las* 1585/32

+4-2+4-2-2+2-3 L. Agostini, *Porgettemi la* 1572/07

+4-2+4-2-2-2+2 H. Chamatero, *Prosperina ge* 1561/13
+4-2+4-2-2-2+2 G. Palestrina, *Rapace'ingord* 1557/24
+4-2+4-2-2-2+2 C. Veggio, *Hor ved'amor quant* 1540/19

+4-2+4-2-2-2-2 Anonymous, *Non fu si crudo* 1505/05
+4-2+4-2-2-2-2 H. Ghibellini, *Icar'incaut* 1568/16
+4-2+4-2-2-2-2 G. Nanino, *Selva che di con* 1587/10
+4-2+4-2-2-2-2 N. Pifaro, *A Dio riman rest* 1515/02
+4-2+4-2-2-2-2 F. Roussel, *Voi che ricchi* 1562/22
+4-2+4-2-2-2-2 A. Viola, *Vener se per Ado* 1562/06

+4-2+4-2-2-2-3 S. d'Aranda, *Milla ben mio* 1571/12

+4-2+4-2-2-2+4 C. Veggio, *Se madonna non* 1540/19

+4-2+4-2-2+3-2 G. Palestrina, *Il Caro e morto* 1568/16

+4-2+4-2-2+4-2 J. Arcadelt, *Desio perche* 1552/21

+4-2+4-2-2+4-5 V. Ruffo, *Nacque nell'alm'i* 1555/31

+4-2+4-2-2-4+2 V. Ruffo, *Com'havra vit'amo* 1557/18

+4-2+4-2-3+2+3 G. L. Primavera, *Fillida mia* 1585/31

+4-2+4-2-3+2-4 G. Fogliano, *Occhi suavi* 1515/02
+4-2+4-2-3+2-4 J. Gero, *L'immens'e alte vi* 1541/02

+4-2+4-2-3+2-5 G. L. Primavera, *Fillida mia* 1585/31

+4-2+4-2-3-3+2 Don Remigio, *Di regia stirpe* 1599/06

+4-2+4-2-3-3+4 M. Cara, *Ave victorioso e* 1508/03

+4-2+4-2+4-2+2 G. Macque, *S'io di te penso* 1600/05
+4-2+4-2+4-2+2 Villanova, *S'io di te penso* 1600/05

+4-2+4-2+4-2-2 J. Gero, *L'immens'e alte vi* 1541/02
+4-2+4-2+4-2-2 H. Ghibellini, *Icar'incaut* 1568/16

+4-2+4-2+4-3+2 C. Veggio, *Hippolita s'amo* 1540/19

+4-2+4-2+4-4+3 G. Moscaglia, *Voi pur vedet* 1585/29
+4-2+4-2+4-4+3 C. Veggio, *Madonna il mio* 1544/22

+4-2+4-2-4+3+2 F. Anerio, *Pensando che vol* 1589/07

+4-2+4-2-4+4-2 R. Vecoli, *Non era landar* 1577/10

+4-2+4-2+5-8+8 O. Lasso, *Chi nol sa di ch'* 1589/06

+4-2+4-2-5+2-2 C. Veggio, *Hippolita s'amo* 1540/19

+4-2+4-2-5-2-2 A. Mantovano, *Donna io temo* 1513/01

+4-2+4-2-5+3 C. Veggio, *Hippolita s'amo* 1540/19

+4-2+4-2-5+3+2 G. Palestrina, *Il Caro e morto* 1568/16
+4-2+4-2-5+3+2 C. Veggio, *Se madonna non* 1540/19

+4+3-2+2+2+2-3 B. Donato, *Questo si ch'e* 1570/15

+4+3-2+2+2+2-5 M. Cara, *Donna habiati voi* 1507/04

+4+3-2+2+2-3+4 F. Roussel, *Dille la mia sp* 1559/16

+4+3-2+2-2+2-3 F. Anerio, *Hor che vezzosa* 1591/12

+4+3-2+2-2-2+2 P. Vinci, *Ben fu l'ape inge* 1583/12

+4+3-2+2-2-2-2 P. Vinci, *Ben fu l'ape inge* 1583/12

+4+3-2+2-2-3+2 A. Hauville, *Non havet'a te* 1570/15

+4+3-2+2-3+2+2 P. Bellasio, *Amor non te'l* 1595/07
+4+3-2+2-3+2+2 V. Ruffo, *Vaghe luci siren* 1557/25

+4+3-2+2-3-2+5 Anonymous, *Stavasi in port* 1506/03

+4+3-2+2-3-4+4 P. Bellasio, *Amor non te'l* 1595/07

+4+3-2-2+2+2+2 A. Crivelli, *Sol di lume im* 1590/15

+4+3-2-2+2+2-2 R. Montagnano, *Che debb'io* 1558/17
+4+3-2-2+2+2-2 J. Persoens, *Hor vedi Amor* 1570/28

+4+3-2-2+2-2+2 A. Hauville, *Non havet'a te* 1570/15

+4+3-2-2+2-2-2 F. Roussel, *L'aspetto sacr* 1559/16

+4+3-2-2+2+3-4 A. Gabrieli, *Ma mentre ch'e* 1589/14

+4+3-2-2+2-3-3 P. Lodi, *Haria voluto alho* 1507/03

+4+3-2-2+2-4+5 P. Vinci, *Et io da che cominc* 1583/19

+4+3-2-2+2-4+8 P. Vinci, *Et io da che cominc* 1583/19

+4+3-2-2-2+2+2 A. Demophon, *Vidi hor cogli* 1507/03

+4+3-2-2-2+2-2 G. Gabrieli, *A Dio, dolce* 1587/16
+4+3-2-2-2+2-2 A. Hauville, *Non havet'a te* 1570/15

+4+3-2-2-2+2+3 B. Piffari, *A Dio Titiro mi* 1583/12

+4+3-2-2-2+2-4 G. Palestrina, *Se ben non* 1561/10
+4+3-2-2-2+2-4 P. Stabile, *Usin le stelle* 1585/32

+4+3-2-2-2-2+2 H. Courtoys, *Signor la vost* 1580/10

+4+3-2-2-2-2-2 H. Chamatero, *Unica speme* 1561/13
+4+3-2-2-2-2-2 O. Lasso, *Hor che la nuova* 1575/11
+4+3-2-2-2-2-2 F. Roussel, *L'aspetto sacr* 1559/16
+4+3-2-2-2-2-2 P. Vinci, *Ben riconosco in* 1564/20

+4+3-2-2-2+3+4 P. Vinci, *Di quanto per amo* 1584/11

+4+3-2-2-2+4-2 B. Tromboncino, *Sil dissi ma* 1507/03
+4+3-2-2-2+4-2 P. Vinci, *Di quanto per amo* 1584/11

+4+3-2-2-2+4-3 B. Tromboncino, *Se io te ad* 1507/03
+4+3-2-2-2+4-3 B. Tromboncino, *Adoramus te* 1508/03

+4+3-2-2-2+4-8 G. Contino, *Il capo levi so* 1561/15

+4+3-2-2-2-5+2 B. Lupacchino, *Perch'al viso* 1561/11

+4+3-2-2-2-5+5 O. Scaletta, *In Aquario er* 1593/07

+4+3-2-2-2+6+2 P. Vinci, *Di quanto per amo* 1584/11

+4+3-2-2+3+2+2 A. Crivelli, *Sol di lume im* 1590/15

+4+3-2-2+3-2+2 F. Anerio, *Hor che vezzosa* 1591/12

+4+3-2-2+3-2-2 L. Bati, *Da voi da me disgi* 1594/11
+4+3-2-2+3-2-2 P. Vinci, *Pur mi dara tant* 1564/20

+4+3-2-2+3-3+2 A. Gabrieli, *Ma mentre ch'e* 1589/14

+4+3-2-2-3+5-3 C. Rore, *S'honest'amor puo* 1548/09

+4+3-2-2+4-3-2 H. Fiorino, *Dolci sospiri* 1592/14
+4+3-2-2+4-3-2 A. Gabrieli, *Chiedendo un* 1568/19

+4+3-2-2-4+2+2 J. Regnart, *Ardo si ma non* 1585/17

+4+3-2-2-4+2+4 A. Hauville, *Non havet'a te* 1570/15

+4+3-2-2-4+4-2 S. Ansano, *La virtu si e no* 1515/02

+4+3-2-2-4+4+3 P. Stabile, *Usin le stelle* 1585/32

+4+3-2-2-4+5+2 G. Croce, *Tirsi morir vole* 1594/07

+4+3-2-2+5-2+2 F. Roussel, *Dille la mia sp* 1559/16

+4+3-2-2+5-2-2 H. Naich, *Le rose insieme* 1544/16

+4+3-2-2+5-3+2 V. Ruffo, *Vaghe luci siren* 1557/25

+4+3-2-2+5-5-3 P. Vinci, *Pioggia di lagrim* 1583/19

+4+3-2-2+5-5+4 P. Vinci, *Pioggia di lagrim* 1583/19

+4+3-2-2+5-8+2 G. Rognoni, *Vanne mia Canzo* 1600/17

+4+3-2-2-8+3-2 G. Contino, *Il capo levi so* 1561/15

+4+3-2+3+2-2-2 H. Naich, *Le rose insieme* 1544/16

+4+3-2+3+2-8+4 P. Stabile, *Usin le stelle* 1585/32

+4+3-2+3-2-2+2 A. Hauville, *Non havet'a te* 1570/15

+4+3-2+3-2-2-2 F. Portinaro, *Cosi lungo le* 1563/13

+4+3-2-3+2+2-4 A. Barre, *Quanto piu v'am'o* 1559/23

+4+3-2-3+2-3-2 N. Tomei, *Svegliati a dunqu* 1581/12

+4+3-2-3+2-4+4 G. Nanino, *In su la destra* 1586/18

+4+3-2-3+2-4+5 J. Arcadelt, *Dolci parole* 1552/21

+4+3-2-3-2-2+4 S. Gonzaga, *Entro le dolci* 1562/15

+4+3-2-3+4-2-3 G. Wert, *Ninfe leggiadre* 1583/10

+4+3-2+4-2-2+2 P. Vinci, *Tuo fiat'e dir l'* 1567/24

+4+3-2+4-2-2-2 G. Locatello, *Nella tua mor* 1598/06
+4+3-2+4-2-2-2 P. Stabile, *Usin le stelle* 1585/32

+4+3-2+4-2-3-2 A. Gabrieli, *Chiedendo un* 1568/19

+4+3-2+4-3-5+4 A. Striggio, *Chi fara fed'a* 1566/03

+4+3-2+4-5+2-5 A. Barre, *Manda le Nymfe tu* 1555/27

+4+3-2-4+3-4+5 Anonymous, *All'arme all'arm* 1566/05

+4+3-2-4+5-3+2 C. Rore, *S'honest'amor puo* 1548/09

+4+3-2-4+7-2-2 B. Donato, *Quando madonna* 1570/21

+4+3-2-5+2+2-3 B. Donato, *Questo si ch'e* 1570/15

+4+3-2-5+2+3-2 C. Lambardi, *Viver Amor non* 1600/13

+4+3-2-5+2+4-5 G. Locatello, *Nella tua mor* 1598/06

+4+3-2-5-2+2-3 F. Anerio, *Hor che vezzosa* 1591/12

+4+3-2-5+4+2+3 P. Vinci, *Se la mia vita* 1564/20

+4+3-2-5+4+2-4 B. Donato, *Questo si ch'e* 1570/15

+4+3-2-5+4+2+5 Rosso, *O facia bella piu* 1546/18

+4+3-2-5+4-2-2 S. Cornet, *Come d'ogni virt* 1581/07

+4-3-2+2+3-2-2 R. Montagnano, *Voi ch'ascol* 1558/17

+4-3-2+2-3-2-2 G. Locatello, *Amai s'amasti* 1590/21

+4-3-2+2+4-2-2 C. Perissone, *Standomi un* 1557/25

+4-3-2-2+2+2+2 A. Padovano, *Padre del cie* 1562/22
+4-3-2-2+2+2+2 P. Simone, *Spargo el mio se* 1515/02
+4-3-2-2+2+2+2 A. Viola, *Se'l sol si scost* 1562/06

+4-3-2-2+2+3-3 H. Ghibellini, *E'l ciel vuo* 1568/16

+4-3-2-2+2-3-3 Anonymous, *E si per bizari* 1530/01

+4-3-2-2+2+4-2 A. de Reulx, *Quando io mi* 1549/31

+4-3-2-2+2+4-4 P. Simone, *Spargo el mio se* 1515/02

+4-3-2-2+2-4+5 G. Califano, *Real natura an* 1584/07

+4-3-2-2-2+2+2 L. Marenzio, *Tirsi morir vo* 1585/18

+4-3-2-2-2-2-2 Anonymous, *Deh gittami no* 1560/12

+4-3-2-2-2-2+4 Anonymous, *Madonna tu mi fa* 1537/05

+4-3-2-2-2+3+2 N. Pifaro, *Di lassar tuo di* 1515/02

+4-3-2-2-2+4-3 S. Ansano, *Se fixo miri el* 1515/02

+4-3-2-2+3+2-4 P. Monte, *Amor m'accende ï* 1577/07

+4-3-2-2+3-2+2 P. Monte, *Poi che'l mio lar* 1583/15

+4-3-2-2+4+2+2 D. Isorelli, *Mentre a noi* 1599/06

+4-3-2+3-2+4-2 C. Perissone, *In qual part* 1547/14

+4-3-2+3-3+2+2 Anonymous, *Cor mio che fai* 1595/03

+4-3-2+3+4-3+2 C. Porta, *Verra mai'l dich* 1589/06

+4-3-2+3-5+3-2 C. Porta, *Verra mai'l dich* 1589/06

+4-3-2-3+2+2+2 C. Rore, *Conobbi alhor si* 1548/09
+4-3-2-3+2+2+2 A. Willaert, *Zoia zentil ch* 1548/11

+4-3-2-3+2-3+8 F. Ana, *Se l'affanato cor* 1505/05

+4-3-2-3-2-2-4 B. Donato, *Occhi lucenti as* 1550/19

+4-3-2-3+3-2-2 Anonymous, *Date la strad'o* 1570/33
+4-3-2-3+3-2-2 G. Gorzanis, *Lasso dal prim* 1570/32

+4-3-2-3+3+5-3 C. Perissone, *S'el ciel don* 1547/14

+4-3-2-3+4-2-5 L. Agostini, *Si chiara e pe* 1572/07

+4-3-2-3+8-2+2 S. Venturi, *Ella content'ha* 1598/14

+4-3-2-3+8-2-2 Anonymous, *Con pianto e co* 1505/05

+4-3-2+4+2+2+2 G. Mosto, *Cosi dice ridend* 1578/22

+4-3-2+4+2+2-2 P. Vinci, *Nel qual provo do* 1564/20

+4-3-2+4+2-5+5 A. Striggio, *Spargete Arab* 1586/07

+4-3-2+4-2+2-2 G. Gostena, *Nel foco strid* 1589/13

+4-3-2+4-2+2-4 G. M. Nanino, *Il Ciel tutt* 1599/06
+4-3-2+4-2+2-4 G. Moscaglia, *Partito e'l* 1585/29

+4-3-2+4-2-2+2 P. Simone, *Ogni vil anima* 1515/02
+4-3-2+4-2-2+2 A. Viola, *Se'l sol si scost* 1562/06

+4-3-2+4-2-2-2 Anonymous, *Qual fuoco non* 1583/13

+4-3-2+4-2+3-2 Diomedes, *Dolores morti* 1508/03

+4-3-2+4-2-3+3 H. Chamatero, *Con lei foss'* 1561/13

+4-3-2+4-2-3+4 I. Alberti, *A Dio bella Str* 1586/10

+4-3-2+4-2-3-5 C. Malvezzi, *Mia benigna fo* 1583/16

+4-3-2+4-2-5+4 M. Cara, *Ave victorioso e* 1508/03

+4-3-2+4-3-2+2 G. Ferretti, *Far potess'io* 1594/08

+4-3-2+4-3-3+5 V. Ruffo, *Com'esser puot'Am* 1555/31

+4-3-2+4-3+5-2 Anonymous, *Quanto e dolc'i* 1583/13

+4-3-2+4+4-3+2 A. Barre, *Era il bel viso* 1558/13

+4-3-2+4-4+2-5 B. Tromboncino, *Un voler* 1510/

+4-3-2+4-4+3-2 C. Malvezzi, *Mia benigna fo* 1583/16

+4-3-2+4-4+4+2 B. Tromboncino, *Crudel fug* 1513/01

+4-3-2+4-4+4-2 G. Gostena, *Clori mi diede* 1599/15

+4-3-2+4-5+2+4 C. Rore, *Deh se ti strins'a* 1544/17

+4-3-2+4-5+5-3 G. Nasco, *Felice cor che pr* 1563/07

+4-3-2+4-5+6-3 V. Ruffo, *Amor che nel pens* 1557/25

+4-3-2-4+4-3-2 A. Barre, *Cosi havess'io* 1562/08

+4-3-2+5+2+2-3 C. Veggio, *Bensomigliar mi* 1540/19

+4-3-2+5+2-2-5 J. Pionnier, *Dunque morte* 1555/31

+4-3-2+5+2-3+2 C. Veggio, *Bensomigliar mi* 1540/19

+4-3-2+5-2-3+5 C. Rore, *Conobbi alhor si* 1548/09

+4-3-2+5-3+2-3 G. Parabosco, *Non dispregiat* 1546/19

+4-3-2+5-3+4-2 O. Lasso, *Per cortesia canz* 1588/24

+4-3-2+5-4+2+2 O. Vecchi, *Core mio tu mi* 1585/35

+4-3-2+5-5+2+2 G. Wert, *Scorgo tant'alt'i* 1589/06

+4-3-2+5-5+4+2 O. Caccini, *Una fiammella* 1585/21

+4-3-2+5-5+4-2 G. Martinengo, *Poi ch'io ve* 1548/09

+4-3-2+5-5+5+2 G. Martinengo, *Poi ch'io ve* 1548/09

+4-3-2+5-5+6-5 G. Corona, *Alle fiorite gua* 1569/26

+4-3-2-5+2-3+8 G. L. Primavera, *Pastor ch* 1585/31

+4-3-2-5+4+3+3 F. Roussel, *Immortal donn'a* 1562/22

+4-3-2-5+4-3+5 B. Spontone, *Eccoti il cor* 1592/15

+4-3-2-5+4-4+2 M. Cara, *L'ardor mio grave* 1507/03

+4-3-2-5+5+2-5 G. Caimo, *Mirate che m'ha* 1586/19

+4-3-2-5+5-3+2 P. Nenna, *S'il dolor del pa* 1582/12

+4-3-2-5+6-2-3 A. Willaert, *Mi xe sta chel* 1564/16

+4-3-2-5+8+2+2 C. Lambardi, *Vive doglioso* 1600/13

+4-3-2+6-2-5+5 V. Ruffo, *Com'esser puot'Am* 1555/31

+4-3-2+8-2+2-3 A. Barre, *Felice poi ch'in* 1555/27

+4-3-2+8-2-2+2 L. Courtoys, *Donna gloria* 1580/10

+4-3-2+8-2-2-3 A. Martorello, *Quest dentr'* 1547/17

+4-3-2+8-2-2-4 A. Martorello, *Non sete vo* 1547/17

+4-3+4-2-3+2-3 G. Nasco, *Mentre che'l cor* 1559/16
+4-3+4-2-3-2+4 L. Impuccio, *Mentre Aminta* 1597/20
+4-3+4-2-3-2+8 C. Perissone, *Se ma fu crud* 1547/14
+4-3+4-2-3+6-3 G. Nasco, *Alma se stata fos* 1559/16
+4-3+4-2+4+2+2 A. Striggio, *Qual piu si tr* 1570/15
+4-3+4-3+2+2+2 H. Sabino, *Donna gia del tu* 1581/11
+4-3+4-3+2+2-2 A. Mantovano, *Ben ben ben* 1513/01
+4-3+4-3+2+2-2 A. Trombetti, *Amor per suo* 1586/21
+4-3+4-3+2+2-5 H. Sabino, *Donna gia del tu* 1581/11
+4-3+4-3+2-2+2 A. Capriolo, *Ognun fuga amo* 1505/05
+4-3+4-3+2-2-2 Anonymous, *Dunque fia ver* 1554/28
+4-3+4-3+2-2-2 C. Veggio, *S'el Bembo, il M* 1540/19
+4-3+4-3+2+4-3 A. Morari, *Sempre m'han pos* 1575/11
+4-3+4-3+2-5+4 C. Perissone, *Fresche herb* 1547/14
+4-3+4-3-2+3-2 N. Pifaro, *Per memoria di* 1507/04
+4-3+4-3-2-3+5 V. Ruffo, *Io che di viver* 1555/31
+4-3+4-3+3+2-3 F. Corteccia, *Sacro e santo* 1539/25
+4-3+4-3+3-2+2 H. Sabino, *Donna gia del tu* 1581/11
+4-3+4-3+3+4-3 A. Capriolo, *Ognun fuga amo* 1505/05
+4-3+4-3+4-2-4 H. Sabino, *Donna gia del tu* 1581/11
+4-3+4-3+4-3+2 V. Bellhaver, *Nu semo tre* 1566/07
+4-3+4-3+4-3+2 G. Ferretti, *Far potess'io* 1594/08
+4-3+4-3+4-3+2 A. Il Verso, *Mirabil dono* 1594/17
+4-3+4-3+4-3+2 C. Veggio, *S'el Bembo, il M* 1540/19
+4-3+4-3+4-3+2 H. Vidue, *Gentil voi sete* 1570/15
+4-3+4-3+4-3+4 V. Bellhaver, *Cantemo zazer* 1570/17
+4-3+4-3+4-3+4 V. Bellhaver, *E ti Cuffett* 1566/07
+4-3+4-3+4+4-2 V. Bellhaver, *Nu semo tre* 1566/07
+4-3+4-3+4-5+8 C. Veggio, *S'el Bembo, il M* 1540/19
+4-3+4-3+6-2-2 A. Il Verso, *Mirabil dono* 1594/17
+4-3+4+4-3+2-2 M. Cara, *O bon egli bo* 1505/06
+4-3+4+4-8+4+4 A. Capriolo, *Ognun fuga amo* 1505/05
+4-3+4-4+2-3+2 F. Baseo, *Non piu non piu* 1573/16
+4-3+4-4+4-5+4 Anonymous, *Padre che'l cie* 1583/13
+4-3+4-4+4-5+4 G. Gonzaga, *Padre che'l cie* 1568/20
+4-3+4-5+2+3+2 P. Monte, *Il dolc'e desiat* 1583/15
+4-3+4-5+2-3+8 L. Courtoys, *Cura che di ti* 1580/10
+4-3+4-5+2+4 A. Morari, *Sempre m'han pos* 1575/11
+4-3+4-5-2+3-2 C. Merulo, *Da voi nasce il* 1589/06
+4-3+4-5+3+2+4 H. Chamatero, *Con lei foss'* 1569/26
+4-3+4-5+3-2+2 Anonymous, *Ben riconosco* 1573/16
+4-3+4-5+4+2+2 A. Barre, *Sorgi superbo Tebr* 1555/27
+4-3+4-5+4+2+2 V. Ruffo, *Quella che piu no* 1557/25
+4-3+4-5+4+2-4 C. Merulo, *Da voi nasce il* 1589/06
+4-3+4-5+4+2-5 Anonymous, *Come nave ch'in* 1559/18
+4-3+4-5+4-2+2 P. Vecoli, *Voi pargoletti* 1581/12
+4-3+4-5+4-2-2 Anonymous, *Gionta e l'hora* 1516/02
+4-3+4-5+4-2-2 A. Capriolo, *Ognun fuga amo* 1505/05
+4-3+4-5+4-2-2 N. Pifaro, *Per memoria di* 1507/04
+4-3+4-5+4-3+2 N. Pifaro, *Per memoria di* 1507/04
+4-3+4-5+4-3-2 S. d'Aranda, *Et io da che* 1571/12
+4-3+4-5+4-3+4 Anonymous, *Ben riconosco* 1573/16
+4-3+4-5+4+4-3 H. Chamatero, *Con lei foss'* 1569/26
+4-3+4-5+4+4-3 G. Coppola, *Benedetto sta* 1588/23
+4-3+4-5+4+4-3 H. Vidue, *Gentil voi sete* 1570/15
+4-3+4-5+4+4-4 A. Striggio, *O dolce bocca* 1579/02
+4-3+4-5+4+4-5 F. Roussel, *Cura che di tim* 1559/16
+4-3+4-5+4-4+2 M. Cara, *O bon egli bo* 1505/06
+4-3+4-5+4-4+5 H. Courtoys, *Signor la vost* 1580/10
+4-3+4-5+4+5-5 S. Pratoneri, *Voi guastate* 1598/10
+4-3+4-5-4+4-2 Anonymous, *El foco non mi* 1507/04
+4-3+4-5+5-2+2 O. Lasso, *Vatene lieta homa* 1588/24
+4-3+4-5+5+4-3 H. Sabino, *Donna gia del tu* 1581/11
+4-3+4-5+5-5-3 G. Moscaglia, *Non voglia Am* 1585/29
+4-3+4-5+5-5+4 D. Ferabosco, *Ma se del mi* 1544/17
+4-3+4-5-5+5-5 F. Baseo, *Non piu non piu* 1573/16
+4-3+4-5+8-3+2 L. Courtoys, *Oltre quell'alpi* 1580/10
+4-3+4-5+8-3-3 S. d'Aranda, *Occhi cagion* 1571/12
+4-3-4+2+2-2+2 R. Montagnano, *Ma io che debb* 1558/17
+4-3-4+2+2-4+3 L. Marenzio, *Gia le muse* 1591/21
+4-3-4+3+2+2-3 G. Califano, *Real natura an* 1584/07
+4-3-4+3-2+2-4 G. Nasco, *Morte m'ha mort* 1557/25
+4-3-4+4+4-5+4 P. Vinci, *Non credo che pas* 1583/19
+4-3-4+5-5+2+2 C. Merulo, *Mirami vita mia* 1583/12
+4-3-4+6-5+2-3 G. B. Zesso, *Deh non piu* 1507/04
+4-3+5+2-2-5+4 G. da Nola, *Gran temp'e sta* 1570/27
+4-3+5+2-8+3+3 A. Gabrieli, *Sento un rumore* 1587/16
+4-3+5-2-3+2-3 A. Padovano, *O vui Greghett* 1564/16
+4-3+5-3+2-5+4 F. Baseo, *Se gl'occhi tuoi* 1573/17
+4-3+5+4-2-5-4 G. Anerio, *Piu larga a pove* 1599/06
+4-3+5-4+4-5+4 G. Caimo, *Forz'e ch'io part* 1586/19
+4-3+5-5-2+2+2 Fra Ruffin, *Non finsi mai* 1526/06
+4-3+5-5+4-5+4 S. Venturi, *Dolcissimo sosp* 1598/14
+4-3+5-5+5-2-3 O. Lasso, *In qual parte de* 1559/23
+4-3-5+4-5+2+2 Anonymous, *Ameni e leti col* 1516/02
+4-3+6-3-2-2-4 F. Manara, *Tal guida fummi* 1548/08
+4-3+7+2+2-3+2 G. Policretto, *Chi vol vede* 1571/09
+4+4-2+2-4+4-2 G. Wert, *Dinanzi a voi qua* 1568/20

+4+4-2+2-5+4-3 F. Portinaro, *Basciami vit* 1563/13
+4+4-2-2-2-2-2 J. Berchem, *Misero lui sopr* 1560/10
+4+4-2-2-2-2+4 P. Stabile, *Ben puo di sua* 1585/32
+4+4-2+3-4-5+3 G. Ferretti, *Un tempo sospi* 1594/08
+4+4-2-3-2-2-2 M. Cara, *Amor del mio valo* 1509/02
+4+4-2-3+3-2+3 A. Il Verso, *L'herbetta ver* 1594/17
+4+4+3-2-5+3+2 C. Lambardi, *O man che stri* 1600/13
+4+4-3+2-2-2-2 B. Spontone, *Alma se stata* 1568/19
+4+4-3+3-5+4+3 P. Monte, *Che fai alma che* 1585/18
+4+4-3-5+4+2+2 J. Berchem, *Misero lui sopr* 1560/10
+4+4-5+2-4+4-2 G. Wert, *Dinanzi a voi qua* 1568/20
+4+4-5-4+6+4-2 L. Marenzio, *Basti fin qui* 1589/08
+4+4-8+4-2-2+5 A. Stringari, *Nui siamo seg* 1507/04
+4-4+2+2+2+2+2 A. Crivelli, *Da ch'a noi ri* 1599/06
+4-4+2+2+2+2-2 C. Rore, *Cantiamo lieti il* 1544/17
+4-4+2+2+2+2+3 R. Rodio, *M'accio che'l ve* 1587/12
+4-4+2+2+2+2-4 B. Garulli, *Quante gratie* 1562/06
+4-4+2+2+2+2-5 Anonymous, *Crescie e discre* 1507/04
+4-4+2+2+2+2-5 A. Capriolo, *Poi che mia si* 1505/05
+4-4+2+2+2+2-8 F. Roussel, *Solea lontan'i* 1557/16
+4-4+2+2+2-3+4 D. Vicentino, *Temprar potess* 1558/17
+4-4+2+2+3-2-4 B. Tromboncino, *A la fama* 1509/02
+4-4+2+2+3-4+4 A. Gabrieli, *Dunque il cons* 1587/16
+4-4+2+2-3+2-2 G. Renaldi, *E fattasi Rein* 1569/32
+4-4+2+2-3+5-2 B. Tromboncino, *Vale diva* 1504/04
+4-4+2+2-4+5-2 G. Zarlino, *Mentre del mio* 1568/16
+4-4+2+2-5+8-3 A. Crivelli, *Qual chi di gr* 1599/06
+4-4+2-2+2-2+2 P. Verdelot, *Igno soave ov* 1533/02
+4-4+2-2+2-2-2 M. Cara, *Hor venduto ho la* 1504/04
+4-4+2-2+2-3+3 G. L. Primavera, *All'arme all* 1565/17
+4-4+2-2-2-2+2 A. Martorello, *Amor che la* 1547/17
+4-4+2-2-3+2+2 Anonymous, *Dolc'e la pace* 1563/07
+4-4+2-2+4-2-3 G. Ferretti, *Angelica tua* 1589/08
+4-4+2-2+4-3+2 S. Ansano, *Se fixo miri el* 1515/02
+4-4+2-2+4-3+5 A. Barges, *Lacciat'all fene* 1550/18
+4-4+2-2+4-5-2 A. Gabrieli, *Vita de la mi* 1589/14
+4-4+2-2-4 Anonymous, *Dixit dominius* 1563/06
+4-4+2-2-4+2+2 Anonymous, *Si ch'i la vo se* 1563/06
+4-4+2-2-4+5-5 A. Gabrieli, *Del gran Tuona* 1587/16
+4-4+2-2+5-2+2 O. Caccini, *Amor ecco cole* 1585/21
+4-4+2-2+5-3-2 A. Gabrieli, *Vita de la mi* 1589/14
+4-4+2-2+6+2+2 A. Martorello, *Gia fui felice* 1547/17
+4-4+2+3+2+2-3 A. Capriolo, *Anima christi* 1508/03
+4-4+2+3-2+2-4 G. Renaldi, *Amanti el vongi* 1564/16
+4-4+2+3-2+2-5 G. Renaldi, *Amanti el vongi* 1564/16
+4-4+2+3-2-4+2 G. Scotto, *Crudel se sai ch* 1571/11
+4-4+2+3-4-3+4 F. Corteccia, *Sacro e santo* 1539/25
+4-4+2+3-4-5+6 B. Pallavicino, *Ben e ragion* 1596/16
+4-4+2+3-5+2+5 F. Ana, *Non pigliar madonn* 1507/04
+4-4+2-3+2+3-3 Anonymous, *Dolc'e la pace* 1563/07
+4-4+2-3+2-3+2 P. Quagliati, *Quando miro* 1591/12
+4-4+2-3+2+4-2 M. Varotto, *Prometter vi po* 1586/19
+4-4+2-3+2+5-4 R. Mantovano, *Da poi che'l* 1505/03
+4-4+2-3-2-3+3 M. Cara, *Nasce la speme mi* 1509/02
+4-4+2-3+8-2-2 A. Martorello, *Amor se'l mi* 1547/17
+4-4+2+4-5+2-2 Anonymous, *El laccio che* 1505/05
+4-4+2+4-5+8-3 H. Chamatero, *Ben riconosc* 1569/26
+4-4+2-4+2-3+5 Anonymous, *Tu sei tutta cor* 1563/06
+4-4+2-4+4-2+4 P. Monte, *Ecco ch'io veggi* 1591/23
+4-4+2-4+8-3+2 G. da Nola, *Amor m'ha fatt* 1570/27
+4-4+2-5+2+4-2 L. Marenzio, *Con la sua ma* 1591/21
+4-4+2-5+2+6-2 S. Felis, *Di faville d'amo* 1583/15
+4-4+2-5+2+8-9 H. T V, *Ayme dio che glie* 1515/02
+4-4+2-5+4+2-5 Anonymous, *Paga el dacie do* 1506/03
+4-4+2-5+4-2+2 P. Verdelot, *Con lagrime,* 1533/02
+4-4+2-5+4+3+2 H. Chamatero, *Ben riconosc* 1569/26
+4-4+2-5+4+3-4 P. Monte, *La dolce vista e'* 1568/13
+4-4+2-5+4+4-5 N. Pifaro, *Fora son d'ogni* 1506/03
+4-4+2-5+4+5-5 N. Pifaro, *Spero pur mutar* 1515/02
+4-4-2+2+2+2+2 Anonymous, *Dio sa quanto* 1505/03
+4-4-2+2+2+2+2 A. Capriolo, *Dio lo sa quan* 1505/05
+4-4-2+2-2-2+2 F. Ana, *Ma de cancher le* 1505/06
+4-4-2+2+4-2-2 B. Tromboncino, *Chi vi dar* 1507/04
+4-4-2-2+2+2+2 O. Antinori, *Crudel amore* 1507/04
+4-4-2-2-2-2+2 Anonymous, *Dolce nemica mi* 1546/19
+4-4-2-2-2+4+3 M. Cara, *Questa speme e un* 1507/04
+4-4-2-2-3+2+2 G. Gabrieli, *A Dio, dolce* 1587/16
+4-4-2+5-4+4+4 B. Tromboncino, *Io so ben* 1513/01
+4-4-2+5-5+2+8 M. Cara, *Occhi mei lassi po* 1505/05
+4-4+3+2+2-2-2 P. Bellasio, *Se l'anime pi* 1578/21
+4-4+3+2-2+2-2 P. Vinci, *Ma'l suon che di* 1567/24
+4-4+3+2-2-2-2 S. Cornet, *Io son dell'aspe* 1581/07

+4-4+3+2-3+2+2 C. Rore, *Perche se strette'* 1568/19

+4-4+3+2-3-2-2 C. Rore, *Perche se strette'* 1568/19
+4-4+3+2-3-2-2 A. Stabile, *S'ondeggian spa* 1585/32

+4-4+3+2-3-2+5 P. Bellasio, *Et mentre piu* 1578/21
+4-4+3+2-3-2+5 T. Fabrianese, *Zerbin la de* 1549/31

+4-4+3+2-4+4-2 H. Chamatero, *Ma voi strad* 1569/26

+4-4+3+2-5+5-4 F. Silvestrino, *O Dio si ved* 1548/11

+4-4+3-2-2+2+2 P. Bellasio, *Martir, dolor* 1595/07

+4-4+3-2-2-4-3 B. Donato, *S'una fede amoro* 1548/09

+4-4+3-2-2+5+2 P. Bellasio, *Martir, dolor* 1595/07

+4-4+3-2-3+2+4 O. Vecchi, *S'io potessi rac* 1585/35

+4-4+3-2-5+4-2 C. Baselli, *Faggi Pini & Ab* 1600/12

+4-4+3+3-4-2+5 A. Stabile, *S'ondeggian spa* 1585/32

+4-4+3-3+3-2-2 A. Barges, *L'Amore si m'han* 1550/18

+4-4+3-3+4-5+4 O. Caccini, *Se gli occhi tu* 1585/21

+4-4+3-4+2+2+2 Intrico, *Chiedendo un baci* 1566/03

+4-4+3-4+2-3+2 G. Palestrina, *Amor non volev* 1557/24

+4-4+3-4+2-4+2 F. Azzaiolo, *Ascolta che dolc* 1569/24

+4-4+3-4+8-4+2 Intrico, *Chiedendo un baci* 1566/03
+4-4+3-4+8-4+2 O. Lasso, *Mentre fioriv'amo* 1559/23

+4-4-3+2-2+2+2 P. Cesena, *Hai lassa me mes* 1505/03

+4-4-3+2+4+2+2 B. Pulsela, *O Tu ch'a le me* 1598/06

+4-4-3+2+4-3+4 Anonymous, *Soccoretemi horm* 1586/19

+4-4-3-2-2+2-2 C. Ardesi, *Perche incredul* 1597/19

+4-4-3+4-2-2-2 F. Ana, *Gli ochi toi m'acc* 1505/03
+4-4-3+4-2-2-2 S. Cornet, *Io son dell'aspe* 1581/07

+4-4-3-4+5+4-8 A. Striggio, *Pero non e for* 1586/10

+4-4+4+2+2+2+2 Anonymous, *Il ciel natura* 1505/06

+4-4+4+2+2+2-3 P. Vinci, *Laura mia sara* 1567/24

+4-4+4+2+2-2-2 P. Bellasio, *Et prima fia* 1578/21
+4-4+4+2+2-2-2 V. Ruffo, *Amor poi che mi* 1557/25

+4-4+4+2+2+4-2 P. Isnardi, *Raggio divin ch* 1586/07

+4-4+4+2-2-2+2 A. Coma, *Quel labro che le* 1585/22

+4-4+4+2-3+2+2 Anonymous, *Los sospiro* 1516/02

+4-4+4+2-5+4-2 H. Naich, *L'alta gloria d'a* 1544/17

+4-4+4+2-5+4+3 S. Ansano, *Non domandar pie* 1515/02

+4-4+4+2-5+4-4 B. Tromboncino, *Audi cielo* 1516/02

+4-4+4+2-5+4-5 G. Maio, *Agli amanti e ingr* 1519/04

+4-4+4+2-5+7-2 Anonymous, *La dolce diva mi* 1505/05

+4-4+4+2-5+8-2 M. Cara, *Lor fur quelli ch* 1505/04
+4-4+4+2-5+8-2 M. Cara, *Quei che sempre ha* 1505/04

+4-4+4-2+2+2-5 V. Raimondo, *S'aiut'in van* 1568/16

+4-4+4-2+2-2-2 Anonymous, *Modo de cantar* 1505/05

+4-4+4-2+2-2-4 Anonymous, *Poiche per mie* 1515/02

+4-4+4-2+2-4 G. Dragone, *Mentr'io fuggi* 1591/12

+4-4+4-2-2-2+2 B. Tromboncino, *Aprender* 1507/03

+4-4+4-2-2-2-2 A. Mantovano, *Di piu varii* 1513/01
+4-4+4-2-2-2-2 M. Pesenti, *Passando per un* 1504/04

+4-4+4-2-2+3-3 A. Gabrieli, *Sento un rumore* 1587/16

+4-4+4-2-2+4-2 F. Ana, *Ma de cancher le* 1505/06

+4-4+4-2-3+2-5 P. Verdelot, *Igno soave ov* 1533/02

+4-4+4-2-3-2+2 F. Corteccia, *Che son io se* 1540/18

+4-4+4-2-3+5+2 P. Monte, *Nel fin de gl'ann* 1589/06

+4-4+4-2-3-5+2 F. Azzaiolo, *Ascolta che dolc* 1569/24

+4-4+4-2-5+5-5 F. Azzaiolo, *Gentil madonn* 1557/18

+4-4+4+3-2-2-4 Anonymous, *Dica chi vo* 1516/02

+4-4+4+3-2-5-4 G. Palestrina, *Dido che gia* 1586/09

+4-4+4+3-3+2-2 A. Gabrieli, *Non ti sdegnar* 1593/04

+4-4+4-3+2+2-3 V. Ruffo, *Quando tall'hor* 1557/25

+4-4+4-3-2+2+4 B. Tromboncino, *Poi ch'el* 1507/03

+4-4+4-3-2-4+4 Anonymous, *Che vol dir che* 1516/02

+4-4+4-3-2+5-5 B. Tromboncino, *Suspir io* 1505/06

+4-4+4+4-3-5+3 M. Cara, *Sonno che gli anim* 1513/01

+4-4+4-4+2-2-2 G. Tollio, *Chi non ha forz* 1598/07

+4-4+4-4-2-5+3 A. Coma, *Quel labro che le* 1585/22

+4-4+4-4+3+3-2 G. Brocco, *Alma svegliate* 1504/04

+4-4+4-4+3-4+2 G. Ferretti, *Pascomi sol* 1594/08

+4-4+4-4-3+2+5 Anonymous, *Non posso haver* 1506/03

+4-4+4-4+4-2+2 A. Striggio, *Non rumor di* 1583/15

+4-4+4-4+4-4+4 G. Brocco, *Ayme che doglia* 1504/04
+4-4+4-4+4-4+4 M. Cara, *Vedo ogni selva ri* 1507/04
+4-4+4-4+4-4+4 B. Tromboncino, *Ai maroni* 1507/04

+4-4+4-4+4-5+4 Anonymous, *De dolce diva mi* 1505/04
+4-4+4-4+4-5+4 M. Cara, *Caro sepulchro mi* 1517/02

+4-4+4-4+5-2+2 A. Mantovano, *Donna io temo* 1513/01

+4-4+4-4+5-4+2 M. Cara, *Hor venduto ho la* 1504/04

+4-4+4-4+5-5+4 Anonymous, *Vagando un giorn* 1516/02

+4-4+4-4+6+2-3 Anonymous, *Se sei da mi lon* 1506/03

+4-4+4-4+6-2-2 G. Tollio, *Chi non ha forz* 1598/07

+4-4+4-4+8-2-2 M. Pesenti, *Deh chi me sa* 1507/04

+4-4+4-5+2+2-2 Anonymous, *Piu volte me so* 1505/06

+4-4+4-5+2+4-3 L. Milanese, *Ate drizo ogn* 1508/03

+4-4+4-5+2+4-4 J. Arcadelt, *Quest'e la fed* 1539/24

+4-4+4-5-3+3+2 M. Cara, *Non peccando altr* 1507/03

+4-4+4-5+4+2+2 Anonymous, *Da poi nocte vie* 1507/04
+4-4+4-5+4+2+2 M. Cara, *Dela impresa mia* 1509/02

+4-4+4-5+4-3+5 L. Marenzio, *Amor io non po* 1589/08
+4-4+4-5+4-5+5 M. Cara, *Fuggitava mia sper* 1505/04
+4-4+4-5+5-5+2 G. L. Primavera, *All'arme all* 1565/17
+4-4+4-5+5-5+4 L. Milanese, *Ameni colli ap* 1507/04
+4-4+4-5+8+2-2 Anonymous, *O tanti mei susp* 1505/05
+4-4-4-2+2+3-3 G. Ferretti, *Pascomi sol* 1594/08
+4-4-4+4+2-2+4 G. L. Primavera, *Che fai qu* 1569/31
+4-4-4+4-3-2+3 F. Corteccia, *Ingredere fel* 1539/25
+4-4-4+4-4+4-2 R. Mantovano, *Lirum bililir* 1505/03
+4-4-4+4-4+4-4 P. Lodi, *Dhe credete donna* 1514/02
+4-4+5+2+2-2-3 G. Belli, *All'aura d'un dol* 1598/10
+4-4+5+2+2-4+2 V. Bellhaver, *Cinto d'arden* 1579/02
+4-4+5+2-2+3-4 M. Cara, *Deh si deh no deh* 1504/04
+4-4+5+2-2-3+3 H. Chamatero, *Ma voi strad* 1569/26
+4-4+5+2-2-5+2 O. Crisci, *Cosi fortuna un* 1581/11
+4-4+5+2-2-5+2 P. Verdelot, *Madonna per vo* 1533/02
+4-4+5+2-2-5+4 A. Gabrieli, *Sento un rumore* 1587/16
+4-4+5+2-2-5+8 G. Violanti, *Se fusti de* 1574/05
+4-4+5+2-2-5+8 P. Vecoli, *Deh dolce vita* 1581/12
+4-4+5-2+2+2+2 C. Perissone, *Non di terres* 1547/14
+4-4+5-2+2+2+2 F. Portinaro, *Cosi lungo le* 1563/13
+4-4+5-2+2-2-5 M. Cara, *Forsi che si fors* 1505/04
+4-4+5-2+2+4-3 A. Zoilo, *Della sua insegn* 1586/07
+4-4+5-2+2-4+2 H. Hassler, *Mi parto ahi fo* 1597/13
+4-4+5-2+2-5+4 Anonymous, *Io son Giesu ch* 1563/06
+4-4+5-2-2-2+2 M. Cara, *Le sontre fantinel* 1526/06
+4-4+5-2-2-2+2 F. Portinaro, *Cosi lungo le* 1563/13
+4-4+5-2-2-2-2 A. Willaert, *Sciocco fu'l* 1544/17
+4-4+5-2-2+3-3 G. L. Primavera, *Mille volt* 1565/17
+4-4+5-2-2-3+2 B. Donato, *S'una fede amoro* 1548/09
+4-4+5-2-3+2-3 C. Perissone, *Nel partir de* 1547/14
+4-4+5-2+4+2-5 G. Macque, *L'Alto Fattor*, 1600/05
+4-4+5-2-4+2-5 N. Pifaro, *Due virtu el mi* 1515/02
+4-4+5-3+2+2-2 G. Moscaglia, *Io moro e vo* 1585/29
+4-4+5-3+2+2-5 C. Rore, *Amore che t'ho* 1565/18
+4-4+5-3-2+4-2 B. Tromboncino, *Dhe fusse* 1514/02
+4-4+5-3-3+6-2 P. Lodi, *La belta ch'ogi* 1514/02
+4-4+5-3+4-2-5 A. Il Verso, *Che fai alma* 1594/17
+4-4+5-3+4-2-5 O. Lasso, *Sovra una verde* 1560/18
+4-4+5+4-2-3+5 A. Gabrieli, *Ecco Vinegia* 1587/16
+4-4+5+4+3-2-5 M. Comis, *Si ferma'l ciel* 1568/12
+4-4+5+4-3-3+5 B. Donato, *Mill'anni sono* 1550/19
+4-4+5+4-5+2-5 B. Tromboncino, *Noi siam tutti* 1509/02
+4-4+5-4+2-5+5 P. Negro, *Mirate mirate ch* 1573/17
+4-4+5-4-2+5-4 O. Lasso, *In qual parte de* 1559/23
+4-4+5-4+3-4+4 F. Corteccia, *Ingredere fel* 1539/25
+4-4+5-4+4-2-3 H. Chamatero, *I piu soavi* 1569/26
+4-4+5-4+4-2-3 A. Striggio, *Invidioso amor* 1585/18
+4-4+5-4+4-3-3 G. Schiavetti, *Deh non far* 1564/16
+4-4+5-4+4+4-5 B. Tromboncino, *Se il mori* 1507/03
+4-4+5-4+4-5+2 A. Ferabosco, *Deh ferm'Amo* 1554/28
+4-4+5-4+4-5+8 A. Padovano, *Spirto Real po* 1589/06
+4-4+5-4+5-2-5 A. Bicci, *Candide perle e* 1591/21
+4-4+5-5+2+2+2 O. Caccini, *Bene mio tu h'h* 1585/21
+4-4+5-5-2+2+5 Anonymous, *Come po tu teme* 1505/05
+4-4+5-5+3-4+2 G. Nasco, *Madonna quand'io* 1561/10
+4-4+5-5-3+6-3 H. Courtoys, *Donna l'ardent* 1580/10
+4-4+5-5+4+2-4 G. Caimo, *Na volta m'hai ga* 1586/19
+4-4+5-5+4-2-2 J. Gero, *Una ragazz'una roz* 1549/31
+4-4+5-5+4-2-2 M. Mazzone, *O felic'o beat* 1570/18
+4-4+5-5+4-3-2 G. Ferretti, *O felice o bea* 1589/08
+4-4+5-5+4-3+4 G. Guami, *Verzinia chy cerc* 1564/16
+4-4+5-5+4-4+4 G. B. Zesso, *E quando quand* 1507/03
+4-4+5-5+4-4+5 Anonymous, *Son quel tronch* 1505/03
+4-4+5-5+4+5+2 P. Simone, *Ogni vil anima* 1515/02
+4-4+5-5+5+3-3 O. Griffi, *L'aura soave e* 1586/09
+4-4+5-5+5-4+4 G. Caimo, *Il cor e l'alma* 1586/19
+4-4+5-5+5-5+8 E. Dupre, *Chi a martello di* 1507/03
+4-4+5-5-5+5+2 Anonymous, *Il iocondo e lie* 1505/06
+4-4+5-5+8-2+2 G. Renaldi, *Madonna il mio* 1569/32
+4-4-5+4-4+5-5 A. Striggio, *O dolce bocca* 1579/02
+4-4-5+5+2-2-4 A. Gabrieli, *Del gran Tuona* 1587/16
+4-4-5+5-3-3+2 G. Mosto, *Se voi set'il mi* 1579/02
+4-4-5+5+4-4+4 F. Azzaiolo, *Chi passa per* 1557/18
+4-4-5+5-5-4+2 B. Roi, *Qual'hor vagh'e ri* 1590/15
+4-4-5+5-5+5+3 F. Azzaiolo, *Non t'aricord* 1569/24
+4-4+6-2-2-2+2 A. Coma, *Quel labro che le* 1585/22
+4-4+6-2-3+2+5 G. Mosto, *Quivi sospiri pia* 1578/22
+4-4+6-2-5+4-3 Anonymous, *Populе meus qui* 1508/03
+4-4+6-3+2+4+2 G. Mosto, *Quivi sospiri pia* 1578/22
+4-4+6-4+2-4-2 A. Martorello, *S'a voi do* 1547/17
+4-4+6-6+4+3-2 O. Vecchi, *Mi vorrei trasfo* 1585/35
+4-4+8+2-2-5+3 V. Ferro, *Io piango ed ell* 1582/08
+4-4+8+2-2-8+4 R. Vecoli, *Ne spero i dolc* 1577/10
+4-4+8-2+2-2-2 S. Cressoni, *Cacciatric'e D* 1592/12

+4-4+8-2+2-5-4 R. Vecoli, *Ne spero i dolc* 1577/10
+4-4+8-2-2-2-2 A. Zoilo, *Della sua insegn* 1586/07
+4-4+8-2-4+2-3 P. Monte, *Il gran Fattor ch* 1591/23
+4-4+8-2-5+4-3 E. Romano, *Oime il bel vis* 1514/02
+4-4+8-5+2+2+2 G. Boni, *Lodi ogni Ninf* 1598/07
+4-4+8-5+5-5-4 A. Gabrieli, *E vu fiumi chie* 1564/16
+4-4+8-8+4-4+5 G. Conversi, *Io vo gridand* 1583/14
+4+5-2-2-2-2-2 G. B. Zesso, *E quando quand* 1507/03
+4+5-2-2-2-2+4 B. Roi, *Qual'hor vagh'e ri* 1590/15
+4+5-3+2+2-3-2 A. Bergamasco, *Donna la bel* 1582/04
+4+5-3-2+4-2-2 A. Pitigliano, *Ov'e l'anima* 1600/05
+4+5-4-2-2-2-2 Anonymous, *S'el partir m'in* 1505/06
+4+5-5+2-2-2+2 G. Severino, *Aure che'l trist* 1568/12
+4+5-5+2-2-2-2 A. Striggio, *Occhi voi che* 1579/02
+4+5-5+2+4-3-6 Anonymous, *Poi che amor co* 1505/04
+4+5-5-4+2+2-3 O. Caccini, *Un duro scogli* 1585/21
+4+5-5+5-2-2-2 Anonymous, *Si come fede se* 1505/06
+4+5-5+8-4-5+2 O. Vecchi, *Se si vede abbru* 1585/35
+4+5-8+4+5-3+3 A. Gabrieli, *Sento un rumore* 1587/16
+4-5+2+2+2+2-3 G. Marinis, *Si verdi l'herb* 1596/13
+4-5+2+2+2-2-2 C. Verdonch, *Fiammeggiavan* 1594/07
+4-5+2+2+2-3-4 Anonymous, *Gia felice esse* 1515/02
+4-5+2+2+2-3-5 O. Lasso, *Hor che la nuova* 1575/11
+4-5+2+2-2+2+4 B. Tromboncino, *Vana speranz* 1506/03
+4-5+2+2-2-2-2 V. Ruffo, *Luci del ciel pe* 1557/25
+4-5+2+2-2-5+8 A. Martorello, *Pura e genti* 1547/17
+4-5+2+2+3-3+2 C. Rore, *Ond'io ch'al dolc* 1591/23
+4-5+2+2-3+5+2 B. Tromboncino, *Crudel fug* 1513/01
+4-5+2+2-5+4-5 A. Mantovano, *Non hebbe ma* 1513/01
+4-5+2-2-2+2+6 P. Monte, *Tirsi morir vole* 1589/08
+4-5+2-2-2-2-2 S. Rossetto, *Cosi'n lieto* 1568/13
+4-5+2+3+2-4-8 C. Merulo, *Svelt'ha di mort* 1568/16
+4-5+2+3-3-5+4 C. Rore, *Si traviato e'l fo* 1548/09
+4-5+2-3+2+2+2 A. Striggio, *Io per langui* 1591/23
+4-5+2+4-2+2-2 C. Montemayor, *O Donna glor* 1599/06
+4-5+2+4-2-2-2 A. Mantovano, *Donna per vo* 1513/01
+4-5+2+4-2-4+5 D. Grisonio, *Ma tu la cui* 1568/16
+4-5+2+4-2+5-4 O. Caccini, *Deh parla ardit* 1585/21
+4-5+2+4-3-2-5 B. Tromboncino, *Ah partiale* 1504/04
+4-5+2+4-4+8-2 P. Vinci, *Perche'n voi viv* 1584/11
+4-5+2+4-5+2+4 Anonymous, *De fossela qui* 1506/03
+4-5+2+4-5+4+2 Anonymous, *O che dio non m'* 1506/03
+4-5+2+4-5+5+2 V. Ruffo, *Vostro donn'e'l* 1555/31
+4-5+2+4-5+5-2 F. Luprano, *De paesi oltram* 1509/02
+4-5+2+4-5+8-4 H. Vidue, *Ben si vedra se* 1559/23
+4-5+2-4+4+4-5 Anonymous, *Segui cor l'alt* 1515/02
+4-5+2-4+4-5+4 Anonymous, *Con dolor vivo* 1515/02
+4-5+2-4+4-5+4 N. Pifaro, *S'el te chara* 1506/03
+4-5+2-4+4-5+8 V. Ruffo, *Quando tall'hor* 1557/25
+4-5+2+5-5-2+2 B. Tromboncino, *Signora an* 1505/04
+4-5+2+5-5+4-5 G. Massarengo, *Tre siamo che* 1591/22
+4-5+2-5+2+2+3 Don Remigio, *Pura piu che* 1599/06
+4-5+2-5+5-5+4 Anonymous, *Pur vivendo veni* 1583/13
+4-5+2+6-8+5-5 G. Caimo, *Lo core mio e fatt* 1586/19
+4-5+2+8-3+2+2 F. Baseo, *Che debbio far ch* 1573/17
+4-5-2+2+2+2+2 G. Policretto, *Signor mentr* 1598/06
+4-5-2+2-4+5 C. Rore, *Non e lasso martir* 1568/19
+4-5-2+2+5-5+4 G. Nanino, *S'a l'amorosa do* 1586/18
+4-5+3-2-2+5-2 P. Vinci, *Se la memoria di* 1567/24
+4-5+3-2-3+3-2 F. Corteccia, *Come divers'e* 1540/18
+4-5+3-2+4-5+4 C. Perissone, *Fu del fator* 1544/17
+4-5+3-2+4-5+8 S. d'Aranda, *Poi ch'el mio* 1571/12
+4-5+3-2+8-5-2 O. Vecchi, *Che fai dori ch* 1597/13
+4-5+3-4+5+2-3 G. L. Primavera, *Misero me* 1585/31
+4-5-3-4+4-3+2 M. Montelli, *O Vergine Mari* 1599/06
+4-5-3-4+4-3+2 M. Montelli, *Rifondi a l'al* 1599/06
+4-5+4+2+2+2-2 Anonymous, *Ma perche vola* 1554/28
+4-5+4+2+2-2-4 Anonymous, *Occhi mei al pia* 1505/03
+4-5+4+2+2-3+2 P. Vinci, *Laura mia sara* 1567/24
+4-5+4+2+2-3+5 L. Courtoys, *Pieno d'amoros* 1563/07
+4-5+4+2+2-5+4 Anonymous, *Su alma generosa* 1580/06
+4-5+4+2+2-5+5 D. Michele, *Sol mirando vor* 1586/09
+4-5+4+2+2-5+5 G. Nasco, *Vostro e l'alto* 1563/07
+4-5+4+2+2-5+8 A. Savioli, *Sempre mi disse* 1600/16
+4-5+4+2-2+2-4 G. da Nola, *E tu mio cor an* 1573/16
+4-5+4+2-2-2-2 G. Fogliano, *Fuggite pur fu* 1547/16
+4-5+4+2-3-2+3 S. Palle, *Dura legge d'amo* 1577/08
+4-5+4+2-3-2+4 G. Policretto, *O saporito* 1571/09
+4-5+4+2+4-4+3 P. Stabile, *E quel che pi* 1585/32
+4-5+4+2-4+2+2 G. Massarengo, *Cercate o Ca* 1591/22
+4-5+4+2-4+4-4 A. Mantovano, *Tintinami la* 1513/01
+4-5+4-2+2+2+3 J. Persoens, *Deh perche ina* 1570/28

+4-5+4-2+2+3-4 L. Marenzio, *Occhi lucenti* 1589/08
+4-5+4-2-2-2+2 L. Courtoys, *Com'in novel P* 1580/10
+4-5+4-2-2-2+4 C. Borghese, *Morte non m'od* 1568/12
+4-5+4-2-2+5-2 F. Gherardini, *O pur con do* 1585/24
+4-5+4-2+3+4+2 G. Parabosco, *Cantai mentre* 1544/22
+4-5+4-2+4-5+4 H. Vidue, *Io vo piangendo* 1566/03
+4-5+4-2+5-4+3 A. Striggio, *Poiche ti piac* 1589/06
+4-5+4+3-2-2+5 H. Naich, *Spargi tebr* 1544/16
+4-5+4+3-2-5+4 S. Gonzaga, *Tosto ch'in do* 1562/15
+4-5+4-3+2+2+2 P. Cesena, *Ben ben ben tu* 1507/03
+4-5+4-3+2+2+2 C. Merulo, *O soave contrad* 1562/06
+4-5+4-3+2+2-3 C. Merulo, *Voi foste fatta da* 1562/06
+4-5+4-3+2-2+2 C. Veggio, *Se grand'e l'amo* 1540/19
+4-5+4-3+2-2+3 A. Gabrieli, *Amor senno val* 1562/06
+4-5+4-3+2-2+5 B. Tromboncino, *Ben sera cr* 1508/03
+4-5+4-3+2-3+5 G. Corfini, *Et voi lagrime* 1561/10
+4-5+4-3+2+4-2 M. Pordenon, *Di ch'ella mos* 1577/07
+4-5+4-3+2-4+3 L. Agostini, *Il vostro vago* 1572/07
+4-5+4-3-2-2+2 G. Palestrina, *Da fuoco cos* 1557/24
+4-5+4-3-2-3+2 Anonymous, *Nova bellezza po* 1566/03
+4-5+4-3-2+4-3 A. Morari, *Sempre m'han pos* 1575/11
+4-5+4-3-3+4-2 G. Palestrina, *Si mi vince tal* 1557/24
+4-5+4-3-3+5-5 B. Roi, *Tornan gl'augelli* 1573/16
+4-5+4-3+4+2-5 J. Arcadelt, *Donna per amart* 1540/18
+4-5+4-3+4-2-3 G. Nasco, *Disse'l divin Sal* 1563/07
+4-5+4-3+4-2-3 C. Rore, *Ardir senno virtu* 1544/17
+4-5+4-3+4-3+2 L. Agostini, *Nel bel terren* 1572/07
+4-5+4-3+4-3+4 A. Morari, *Sara pur forz'u* 1575/11
+4-5+4-3+4-5+2 C. Montemayor, *Mira se cosa* 1600/05
+4-5+4-3+4-5+4 Anonymous, *Ecce quam bonum* 1563/06
+4-5+4-3+4-5+4 L. Courtoys, *Quivi sospiri* 1580/10
+4-5+4-3+4-5+4 C. Merulo, *O soave contrad* 1562/06
+4-5+4-3+4-8+5 B. Donato, *E tu faccia che* 1550/19
+4-5+4-3-4+2-2 P. Vinci, *Amor tu'l senti* 1564/20
+4-5+4-3-4+5-4 L. Agostini, *Quando sara ch* 1572/07
+4-5+4-3+5-3+2 A. Patricio, *Son quest'i be* 1550/18
+4-5+4-3+5-3-3 G. da Nola, *E tu mio cor an* 1573/16
+4-5+4-3+5-5+4 A. Striggio, *Chi fara fed'a* 1566/03
+4-5+4-3+5-5+4 G. Vespa, *Ditemi o diva mi* 1583/15
+4-5+4-3+5-5+8 A. Pace, *Mi parto vita mi* 1583/14
+4-5+4-3+8-4+2 R. Montagnano, *Piu che mai* 1558/17
+4-5+4+4-2-5+4 M. Mazzone, *Pria vedrete ma* 1570/18
+4-5+4-4+2+2-2 P. Bellasio, *E s'indi vuoi* 1592/14
+4-5+4-4+2-4+4 C. Perissone, *Perche la vit* 1547/14
+4-5+4-4+2+8-5 A. Gabrieli, *Da poi che su'* 1566/03
+4-5+4-4+3+4-5 H. Vidue, *Io vo piangendo* 1566/03
+4-5+4-4-3+4-5 B. Donato, *Se mai fu crud'* 1550/19
+4-5+4-4+5+2+2 D. Grisonio, *Unde straluso* 1564/16
+4-5+4-4+6-2-3 P. Vinci, *L'herbetta verde* 1567/24
+4-5+4-5+2+2+2 J. Bodeo, *Come fanciul ch'* 1554/28
+4-5+4-5+2+2+2 F. Papini, *Qual delicato,* 1600/05
+4-5+4-5+3-4-2 A. Pace, *Mi parto vita mi* 1583/14
+4-5+4-5-3+4+2 S. Cornet, *Veramente in amo* 1581/07
+4-5+4-5+4-3+2 L. Mira, *Amor mi strugge* 1583/19
+4-5+4-5+4-3+2 G. Palestrina, *Se lamentar* 1561/10
+4-5+4-5+4-3+4 H. Vidue, *Quell'occhi d'eban* 1566/03
+4-5+4-5+4-3-4 G. Wert, *Poi che con gl'occ* 1583/15
+4-5+4-5+5+2-4 S. Felis, *Anzi no ch'ombr'* 1583/15
+4-5+4-5+5+2-5 G. Mosto, *Signor fu poc'a* 1578/22
+4-5+4-5+5+3+2 S. Bertoldo, *Misero me che* 1568/16
+4-5+4-5+5-5+8 V. Bellhaver, *Cinto d'arden* 1579/02
+4-5+4-5+8-2-2 S. d'Aranda, *Chi contempla* 1571/12
+4-5+4-5+8-4+2 G. Mosto, *Signor fu poc'a* 1578/22
+4-5+4-8+4-3+5 L. Mira, *Amor mi strugge* 1583/19
+4-5-4+4+2+4-2 B. Tromboncino, *Quando la* 1517/02
+4-5-4+5-4+4-2 S. Cornet, *Veramente in amo* 1581/07
+4-5+5+2-2+4-2 V. Ruffo, *Quella belta magg* 1555/31
+4-5+5+2-3+3-2 H. Hassler, *Ancor che la pa* 1597/13
+4-5+5+2-4-3+2 S. Ansano, *Ingrata gelosia* 1515/02
+4-5+5+2-4-3-4 G. Renaldi, *Deh torna a me* 1569/32
+4-5+5-2+2-5-2 C. Malvezzi, *Una candida ce* 1583/16
+4-5+5-2-2+4-8 H. Lauro, *Laura romanis dec* 1514/02
+4-5+5-2-2+5-2 O. Antinori, *Mi parto a di* 1505/03
+4-5+5-2+3+2+2 L. Marenzio, *Posso cor mio* 1593/04
+4-5+5-2-3+2-3 F. Corteccia, *Come divers'e* 1540/18
+4-5+5-2-3+5-5 A. Padovano, *Amor e gratios* 1570/15
+4-5+5-2-5-2+2 O. Vecchi, *Cara mia Dafne* 1586/10
+4-5+5+3-3+2+2 C. Rore, *O voi che sotto l'* 1568/19
+4-5+5+3-8+4-2 C. Rore, *Tutto il di piang* 1561/11
+4-5+5-3+2-3+4 H. Naich, *L'alta gloria d'a* 1544/17
+4-5+5-3-2-2-3 P. Vinci, *S'amor novo consi* 1564/20
+4-5+5-3-2+3+2 G. Eremita, *Questa vostra* 1600/08
+4-5+5-3-2+5-2 F. Corteccia, *Che son io se* 1540/18
+4-5+5-3-3+4-2 O. Lasso, *Hora per far le* 1559/23
+4-5+5-3+4+2-2 A. Trombetti, *Sono immensi* 1590/13

+4-5+5+4-4-4+5 T. Angelio, *Un tempo piansi* 1585/21

+4-5+5-4+2-2-2 C. Rore, *Non e lasso martir* 1568/19

+4-5+5-4+2+4-5 L. Milanese, *Benigno e grav* 1517/02

+4-5+5-4+4-4+4 V. Ruffo, *Quella belta magg* 1555/31

+4-5+5-5+2+2+2 G. Renaldi, *Amor io sent'u* 1569/32

+4-5+5-5+2+5-5 B. Tromboncino, *La speranz* 1517/02

+4-5+5-5-3+4+4 Anonymous, *O dolce vita mi* 1566/05

+4-5+5-5+5-4+4 G. Guami, *Miser'hoime chi* 1569/19

+4-5+8-2-2+2-2 V. Ruffo, *Udite amanti udit* 1557/25

+4-5+8-2-2-2+3 S. Felis, *Al vostro dolce* 1583/14

+4-5+8-2-2-2-4 B. Spontone, *Li modi vari* 1564/16

+4-5+8-2-2-2-5 V. Ruffo, *Vergine sol'al mo* 1555/31

+4-8+2+8-2+2-3 Anonymous, *Anima christi sa* 1508/03

+4-8+2+8-2-2-2 C. Merulo, *O liete piante* 1578/22

+4-8+3+2+2+2-2 A. Festa, *Crudel di che pec* 1562/08

+4-8+3+2+2-5+2 G. Gatto, *Perche lontana* 1569/19

+4-8+4-2+4-2-2 J. Arcadelt, *Che poss'io piu* 1540/18

+4-8+5+2+3-2+2 M. Cancino, *Pur mi pensai ch* 1590/21

+4-8+5+2-3-2-3 G. Nasco, *Quando nascesti* 1559/16

+4-8+5-2-3+2-2 F. Corteccia, *Come divers'e* 1540/18

+4-8+5+4-3-2+4 G. Nasco, *Non ha donna piu* 1557/25

-4+2+2+2 A. Gherardini, *Tosto ch'io* 1585/24

-4+2+2+2+2+2+2 M. Cancino, *In bel mattino* 1590/21
-4+2+2+2+2+2+2 C. Malvezzi, *Ne pur il mio* 1583/16
-4+2+2+2+2+2+2 L. Meldaert, *Cresci bel verdi* 1583/10
-4+2+2+2+2+2+2 C. Merulo, *Lasso che desian* 1578/22
-4+2+2+2+2+2+2 P. Mereschallo, *Le vive fiamm* 1573/17
-4+2+2+2+2+2+2 C. Merulo, *Lasso che desian* 1578/22
-4+2+2+2+2+2+2 G. Nanino, *Eran disciolt'e* 1586/18
-4+2+2+2+2+2+2 A. Pitigliano, *Casto pensie* 1600/05
-4+2+2+2+2+2+2 A. Striggio, *Ninfa che dal* 1590/15

-4+2+2+2+2+2-2 G. Boni, *Lodi ogni Ninf* 1598/07
-4+2+2+2+2+2-2 A. Gabrieli, *All'hor sarann* 1568/13
-4+2+2+2+2+2-2 B. Garulli, *Quante gratie* 1562/06
-4+2+2+2+2+2-2 P. Isnardi, *Raggio divin ch* 1586/07
-4+2+2+2+2+2-2 L. Marenzio, *Baci affammati* 1591/21
-4+2+2+2+2+2-2 F. Meo, *Sa ch'io v'amo v'a* 1570/19
-4+2+2+2+2+2-2 M. Pesenti, *Fuggir voglio* 1504/04

-4+2+2+2+2+2-3 G. Mosto, *Se voi set'il mi* 1579/02

-4+2+2+2+2+2-4 A. Gabrieli, *Voi sete in grand* 1586/10

-4+2+2+2+2-2+2 L. Marenzio, *Baci affammati* 1591/21
-4+2+2+2+2-2+2 A. Trombetti, *Donna che mil* 1583/18
-4+2+2+2+2-2+2 A. Willaert, *Pianget'egri* 1563/07

-4+2+2+2+2-2-2 Anonymous, *Maria vergine be* 1563/06
-4+2+2+2+2-2-2 G. Bonagiunta, *Corr'al bel* 1566/03
-4+2+2+2+2-2-2 D. Lauro, *Nova leggiadra st* 1594/08
-4+2+2+2+2-2-2 F. Portu, *Era il giorno ch'* 1547/17
-4+2+2+2+2-2-2 F. Stivori, *Di fior'ecco la* 1595/07
-4+2+2+2+2-2-2 A. Trombetti, *Se minaccios* 1586/21

-4+2+2+2+2-2-3 A. Gabrieli, *All'hor sarann* 1568/13

-4+2+2+2+2-2-5 R. Giovanelli, *Di vaghe fila* 1598/10

-4+2+2+2+2-2-5 C. Veggio, *Donna per acquet* 1544/22

-4+2+2+2+2+3-4 G. da Nola, *Vita mia com'e* 1566/09
-4+2+2+2+2+3-4 Anonymous, *Cara per la preg* 1583/13

-4+2+2+2+2-3+2 Anonymous, *Donna hormai fam* 1506/03
-4+2+2+2+2-3+2 L. Bellanda, *Tu che l'inter* 1599/13
-4+2+2+2+2-3+2 B. Lupacchino, *No text* 1591/19

-4+2+2+2+2-3-2 C. Rore, *Da le belle contra* 1568/19

-4+2+2+2+2-3-4 G. Caimo, *Date la vel'al ve* 1586/19

-4+2+2+2+2+4-2 F. Baseo, *Deh s'io fusse na* 1573/17
-4+2+2+2+2+4-2 B. Donato, *Che val peregrin* 1589/06

-4+2+2+2+2-4-2 L. Marenzio, *Nel dolce sen* 1591/21

-4+2+2+2+2-4+4 A. Gabrieli, *All'hor sarann* 1568/13

-4+2+2+2+2-5-2 Cariteo, *Amando e desiando* 1509/02

-4+2+2+2+2-5+3 F. Anerio, *Donna se il cor* 1589/11

-4+2+2+2+2-5+5 A. Gabrieli, *All'hor sarann* 1568/13
-4+2+2+2+2-5+5 S. Rossetto, *Quante eccelen* 1561/16

-4+2+2+2+2-8+2 G. Caimo, *Date la vel'al ve* 1586/19

-4+2+2+2-2+2+2 Anonymous, *O malign'e duro* 1563/06
-4+2+2+2-2+2+2 S. Nascimbeni, *Mentr'in soa* 1588/18
-4+2+2+2-2+2+2 N. Pifaro, *Piangete i occh* 1515/02

-4+2+2+2-2+2-2 Anonymous, *Superbi colli* 1577/08
-4+2+2+2-2+2-2 A. Antiqui, *Vale iniqua val* 1505/06

-4+2+2+2-2+2+3 H. Chamatero, *Consumando* 1569/26
-4+2+2+2-2+2+3 A. Morsolino, *Due Ninfe e duo* 1594/15

-4+2+2+2-2+2-3 M. Cara, *Le sontre fantinel* 1526/06

-4+2+2+2-2+2-4 G. da Nola, *Io son ferito* 1566/03
-4+2+2+2-2+2-4 Anonymous, *Spargo indarno* 1509/02
-4+2+2+2-2+2-4 G. Palestrina, *Io son ferit* 1573/16

-4+2+2+2-2+2-5 A. Gabrieli, *In dar Natura* 1583/12

-4+2+2+2-2-2-2 A. Coma, *Donna non sono fio* 1585/22
-4+2+2+2-2-2-2 C. Festa, *Si come seti bell* 1537/07
-4+2+2+2-2-2-2 G. Moscaglia, *Tisbe vedendo* 1585/29
-4+2+2+2-2-2-2 N. Pifaro, *Dapoi che cusi* 1507/04
-4+2+2+2-2-2-2 P. Stabile, *Nascan herbett* 1585/32

-4+2+2+2-2+3+2 O. Lasso, *Volgi cor mio la* 1559/23

-4+2+2+2-2-3+2 Anonymous, *Vergine santa gl* 1563/06
-4+2+2+2-2-3+2 R. Montagnano, *In atto &* 1558/17

-4+2+2+2-2-3+4 Anonymous, *Anima il Signor* 1598/04

-4+2+2+2-2-5+2 C. Baselli, *Le tue dorate* 1600/12

-4+2+2+2-2-5+4 G. da Nola, *Venga quel bel* 1570/27

-4+2+2+2+3-2-2 C. Porta, *Donna ben v'ingan* 1586/10

-4+2+2+2+3-2-2 Anonymous, *Se tu donasi il* 1563/06
-4+2+2+2+3-2-2 G. Bonagiunta, *Corr'al bel* 1566/03

-4+2+2+2+3+3-2 C. Malvezzi, *Mia benigna fo* 1583/16

-4+2+2+2-3+2+2 Carpentras, *Hor vedi amor* 1513/01
-4+2+2+2-3+2+2 G. Gallo, *Questi son quei* 1597/20

-4+2+2+2-3+2-2 P. Stabile, *Voi volete ch'i* 1585/32

-4+2+2+2-3+2-3 Anonymous, *Core mio bello cor* 1560/13

-4+2+2+2-3-2+2 Anonymous, *Se pensando di* 1599/06
-4+2+2+2-3-2+2 H. Lauro, *Caso crudel che* 1514/02

-4+2+2+2-3-2-2 F. Ana, *Gli ochi toi m'acc* 1505/03

-4+2+2+2-3-2-3 G. Maio, *Agli amanti e ingr* 1519/04

-4+2+2+2-3-3+3 P. Vecoli, *Deh come dest'am* 1581/12

-4+2+2+2+4-2-3 P. Scotto, *Non temer ch'io* 1507/03

-4+2+2+2+4-2-4 C. Rore, *Hor volge signor* 1544/17

-4+2+2+2-4+2+2 A. Gabrieli, *A le guancie* 1587/16
-4+2+2+2-4+2+2 M. Pesenti, *Ben mille volt* 1504/04

-4+2+2+2-4+2-2 Anonymous, *Se pensando di* 1599/06
-4+2+2+2-4+2-2 Anonymous, *Lasso oyme cudi* 1515/02
-4+2+2+2-4+2-2 G. Dragone, *Se partend* 1588/22
-4+2+2+2-4+2-2 A. Martorello, *Di rami in* 1547/17
-4+2+2+2-4+2-2 G. Mosto, *Il bianco e dolc* 1590/15

-4+2+2+2-4+3-5 C. Rore, *Hor volge signor* 1544/17

-4+2+2+2-4+4-2 R. Mantovano, *Lirum bililir* 1505/03

-4+2+2+2-4+4-3 B. Donato, *Che val peregrin* 1589/06

-4+2+2+2-4+5-2 S. Venturi, *Intenerite voi* 1596/17

-4+2+2+2-4+6-3 C. Malvezzi, *Mia benigna fo* 1583/16

-4+2+2+2-4+6-4 M. Pesenti, *Che faralla ch* 1513/01

-4+2+2+2+5-3-3 B. Donato, *Gloriosa felic'alma* 1550/19

-4+2+2+2-5-2+2 A. Gabrieli, *In dar Natura* 1583/12

-4+2+2+2-5-2+8 R. Montagnano, *In atto &* 1558/17

-4+2+2+2-5+4-2 F. Portinaro, *O di chiara* 1563/13

-4+2+2+2-5+5-2 C. Rore, *Vergine santa d'og* 1548/09

-4+2+2+2-5+5-5 Anonymous, *La mia impressa* 1509/02

-4+2+2+2-5+8+2 Anonymous, *Odo Fanciul che* 1598/04

-4+2+2+2-5+8-3 Anonymous, *O suave e dolce* 1506/03

-4+2+2+2-8+2+2 F. Luprano, *De servirti al* 1505/06

-4+2+2-2+2-3+2 G. da Nola, *Ahime che co'l* 1570/27

-4+2+2-2-2+2+2 Anonymous, *Core mio bello cor* 1560/13
-4+2+2-2-2+2+2 F. Soriano, *Alta Armonia ge* 1599/06

-4+2+2-2-2+2-2 G. da Nola, *Ahime che co'l* 1570/27
-4+2+2-2-2+2-2 Anonymous, *Se pensando di* 1599/06
-4+2+2-2-2+2-2 G. Dragone, *Se partend* 1588/22
-4+2+2-2-2+2-2 M. Iacovelli, *Dolcissima mi* 1588/23

-4+2+2-2-2+2+3 L. Mira, *Apremi Amor le lab* 1583/19

-4+2+2-2-2+2-4 C. Malvezzi, *Mia benigna fo* 1583/16

-4+2+2-2-2-2+2 G. Aichinger, *Amorosetti au* 1597/13
-4+2+2-2-2-2+2 Anonymous, *O gratios'e bell* 1570/21
-4+2+2-2-2-2+2 G. Dragone, *Se partend* 1588/22
-4+2+2-2-2-2+2 A. Trombetti, *Se minaccios* 1586/21

-4+2+2-2-2-2-2 Anonymous, *Non posso libera* 1509/02

-4+2+2-2-2-2+5 G. Aichinger, *Amorosetti au* 1597/13
-4+2+2-2-2-2+5 O. Antinori, *Viva e morta* 1505/03
-4+2+2-2-2-2+5 C. Veggio, *La misera farfel* 1585/28

-4+2+2-2-2-3+2 Anonymous, *Chiari bei ragg* 1599/06

-4+2+2-2-2+4-2 A. Gabrieli, *O passi spars* 1587/16

-4+2+2-2-2+4-5 Anonymous, *Con dolor vivo* 1515/02
-4+2+2-2-2+4-5 N. Pifaro, *S'el te chara* 1506/03

-4+2+2-2-2-5+8 A. Trombetti, *Se minaccios* 1586/21

-4+2+2-2-3+4-2 C. Porta, *Donna ben v'ingan* 1586/10

-4+2+2-2+4-3+2 S. Dentice, *Chi sta soggett* 1600/05

-4+2+2+3+2-3+4 R. Montagnano, *In atto &* 1558/17

-4+2+2+3+2-4+4 G. Pizzoni, *Il desio che d'* 1582/14

-4+2+2-3+2+2-3 A. Pevernage, *La vita fugge* 1590/19

-4+2+2-3+2-2+2 C. Veggio, *Oime quanto mi* 1540/19

-4+2+2-3+2-2-2 C. Rore, *Qualhor rivolgo* 1568/19

-4+2+2-3+2-2+4 C. Veggio, *Oime quanto mi* 1540/19
-4+2+2-3+2-2+4 G. Zarlino, *Oime m'inganno* 1562/06

-4+2+2-3+2-3+2 Anonymous, *Core mio bello cor* 1560/13
-4+2+2-3+2-3+2 F. Roussel, *All'hor saran* 1588/24

-4+2+2-3-2+2+2 M. Pordenon, *Ahi chi mi romp* 1577/07

-4+2+2-3-2+2-3 V. Ruffo, *Vostro donn'e'l* 1555/31

-4+2+2-3-2-2+6 C. Ardesi, *Fiamma son fatt* 1597/19

-4+2+2-3-2-2+8 C. Ardesi, *Fiamma son fatt* 1597/19

-4+2+2-3-2+3-2 M. Pordenon, *Ahi chi mi romp* 1577/07

-4+2+2-3-2+5-3 G. Massarengo, *Vorria crude* 1591/22

-4+2+2-3-2+5-4 C. Veggio, *La misera farfel* 1585/28

-4+2+2-3+3-2-2 C. Rore, *Qualhor rivolgo* 1568/19

-4+2+2-3+4-2+2 Anonymous, *Se con vostra al* 1509/02
-4+2+2-3+4-2+2 G. Croce, *Cosi moriro i for* 1594/07

-4+2+2-3+4-2-2 A. Marien, *Hor volge Signo* 1584/09A

-4+2+2-3+4-2-3 A. Gabrieli, *O Dea, che tr* 1587/16

-4+2+2-3+4-2+4 P. Vinci, *Non credo che pas* 1583/19
-4+2+2-3+4-2+4 F. Viola, *Altri con lieti* 1548/08

-4+2+2-3+4+3-3 P. Vinci, *Non credo che pas* 1583/19

-4+2+2-3+4-4+4 A. Pitigliano, *O de'Beati* 1599/06

-4+2+2-3+5-2-2 A. Marien, *Hor volge Signo* 1584/09A

-4+2+2-3+5-2-3 C. Rore, *O santo fior felic* 1568/19

-4+2+2-3+5-5+2 M. Cara, *Oime el cor oime* 1504/04

-4+2+2-3+5-5+4 A. Il Verso, *Nel bel gremb* 1594/17

-4+2+2-4+2+2+2 Anonymous, *Quel fuoco ch'i* 1583/13
-4+2+2-4+2+2+2 G. Nasco, *Duolmi verac'amo* 1563/07

-4+2+2-4+2-4+4 A. Ferabosco, *Tu dolc'anim* 1583/14

-4+2+2-4+3+3-5 P. Stabile, *Per voi seme ge* 1585/32

-4+2+2-4+4+2+2 G. Guami, *Mai non si vide* 1569/19

-4+2+2-4+4-2 P. Parma, *Chi vol veder fr* 1562/15

-4+2+2-4+4-2+2 A. Pitigliano, *O de'Beati* 1599/06

-4+2+2-4-4+2+2 G. Marinis, *E quella fiori* 1596/13

-4+2+2-4+5-2+2 P. Stabile, *Per voi seme ge* 1585/32

-4+2+2-4+5-3+2 A. Trombetti, *Se minaccios* 1586/21

-4+2+2-4+5-3-2 C. Veggio, *La misera farfel* 1585/28

-4+2+2-4+5-4+3 O. Lasso, *Quant'il mio duo* 1588/24

-4+2+2-4+5-5+2 L. Agostini, *In cosi dura* 1572/07

-4+2+2+5-2+2-2 R. Vecoli, *La queta notte* 1577/10

-4+2+2-5+2-2+5 Anonymous, *Cor mio duro ch* 1599/06

-4+2+2-5+6+2-4 S. Molinaro, *Dolci soavi* 1599/15

-4+2-2+2+2+2+2 C. Rore, *Lieta vivo e conte* 1591/23

-4+2-2+2+2+2-2 G. Goudeno, *Non son le ris'* 1598/08

-4+2-2+2+2+2-3 G. Gabrieli, *Sacri di Giov* 1589/08

-4+2-2+2+2+2-4 F. Ana, *Non pigliar madonn* 1507/04

-4+2-2+2+2+2-5 A. Striggio, *Nella vaga sta* 1567/23

-4+2-2+2+2-2+2 L. Marenzio, *Gia le muse* 1591/21

-4+2-2+2+2-2+3 O. Caccini, *Se gli occhi tu* 1585/21

-4+2-2+2-2+2+2 O. Vecchi, *Core mio tu mi* 1585/35

-4+2-2+2-2+2-2 B. Tromboncino, *Ite in pac* 1505/06

-4+2-2+2-2-2+5 G. Gostena, *Mai non provai* 1589/13

-4+2-2+2-2-3+2 Anonymous, *Misero ch'io spe* 1595/03

-4+2-2+2-2+5+2 Anonymous, *Io mi moro e ch* 1505/04

-4+2-2+2+3-3-3 F. Viola, *Altro che lagrima* 1548/08

-4+2-2+2-3+3-2 M. Pesenti, *Poi che sor de* 1507/04

-4+2-2+2+6+2-5 A. Antiqui, *Siegua pur chi* 1505/06

-4+2-2-2+2+2+2 G. Nanino, *Questo vostro fu* 1586/18

-4+2-2-2+2+2-2 B. Tromboncino, *Vana speranz* 1506/03

-4+2-2-2+2-2+4 G. Nanino, *Questo vostro fu* 1586/18

-4+2-2-2+2-2+5 G. Nanino, *Questo vostro fu* 1586/18

-4+2-2-2+2+3-4 R. Rodio, *In somma so come'* 1587/12

-4+2-2-2-2+2+2 B. Tromboncino, *La speranz* 1505/04
-4+2-2-2-2+2+2 G. Wert, *Cara la vita mia* 1585/18

-4+2-2-2-2+2-2 G. Macque, *Dolci sdegni* 1585/23

-4+2-2-2-2+2-4 Anonymous, *Non mi vede e no* 1515/02

-4+2-2-2-2-2-2 Anonymous, *Stiamo amor a ve* 1554/28

-4+2-2-2-2+3+4 C. Rore, *E se pur mi mantie* 1565/18

-4+2-2-2-2-4+4 C. Rore, *E se pur mi mantie* 1565/18

-4+2-2-2-3+5+2 J. Arcadelt, *Quel si grave* 1557/16

-4+2-2-2+5+2-2 G. Gallo, *Tempo fu ch'io* 1597/20

-4+2-2-2+5+3-3 S. Dentice, *Baci soavi e ca* 1587/12

-4+2-2-2+5+4+3 S. Dentice, *Baci soavi e ca* 1587/12

-4+2-2-2+5-4+2 G. Gallo, *Tempo fu ch'io* 1597/20

-4+2-2+3+2+3-2 P. Vinci, *Quivi sospir con* 1584/11

-4+2-2+3-2+2+2 F. Viola, *Come poss'io scop* 1548/08

-4+2-2+3-2+2-4 G. Macque, *Dolci sdegni* 1585/23

-4+2-2+3-2-2-2 A. Antico, *S'il focho in ch* 1513/01

-4+2-2+3-2-2+4 Anonymous, *Quel viso ov'e* 1559/18

-4+2-2+3-4+5-2 H. Fiorino, *Tirsi dolente* 1586/10

-4+2-2+3-5+6+2 H. Waelrant, *Mi voglio far'* 1594/08

-4+2-2-3+2+2+2 P. Isnardi, *Raggio divin ch* 1586/07
-4+2-2-3+2+2+2 L. Marenzio, *Gia le muse* 1591/21

-4+2-2-3-2+4-3 F. Mosto, *Ola ola chi mi* 1575/11

-4+2-2-3-2+4+4 F. Tresti, *O come e gran ma* 1597/20

-4+2-2-3+4+2+2 F. Viola, *Come poss'io scop* 1548/08

-4+2-2-3+4-2-2 J. Lulinus, *Occhi piangete* 1514/02

-4+2-2+4+2+2-3 Anonymous, *Dispost'ho di* 1580/06

-4+2-2+4-2+2+4 F. Ana, *Tanto po quel far* 1505/04

-4+2-2+4-2+2-4 C. Ardesi, *Mentre io parto* 1597/19

-4+2-2+4-2-2+2 O. Ballis, *Se Giove se Plut* 1598/07

-4+2-2+4-2-2-2 G. Macque, *Su la selva gent* 1598/08
-4+2-2+4-2-2-2 P. Zanin, *O despiatato temp* 1507/03

-4+2-2+4-2-2-3 A. Gabrieli, *Aminta mio gen* 1566/03

-4+2-2+4-2-3+2 V. Ruffo, *Quando tall'hor* 1557/25

-4+2-2+4-2-3-4 V. Aversano, *Ahi non sapea* 1573/17

-4+2-2+4+3+4-2 A. Zoilo, *Cosi diss'egli e'* 1590/15

-4+2-2+4-3+2-3 S. d'Aranda, *O infelice* 1571/12

-4+2-2+4-3-3-2 R. Montagnano, *Rispond'io all* 1558/17

-4+2-2+4+4+2-3 B. Pallavicino, *Si mi dicesti* 1596/16

-4+2-2+4+4-2+2 A. Zoilo, *Cosi diss'egli e'* 1590/15

-4+2-2+4-4+2-2 B. Pallavicino, *Si mi dicesti* 1596/16

-4+2-2+4-4-2+2 G. Ascanio, *Ardo si ma non* 1585/17

-4+2-2+4-4+4-2 S. Festa, *Per che al viso* 1521/06

-4+2-2+4-4+4-4 Anonymous, *In su quel alto* 1563/06

-4+2-2+4-4+5-5 Anonymous, *El cor che ben* 1505/05

-4+2-2+4-4+8-5 G. Mosto, *Io mi son giovine* 1579/02

-4+2-2+4-5+3-2 M. Pesenti, *Poi che sor de* 1507/04

-4+2-2+4-5-4+10 A. Gabrieli, *Aminta mio gen* 1566/03

-4+2-2-4+2-4+2 Anonymous, *Non si trova Gie* 1598/04

-4+2-2-4+4-4+4 P. Lodi, *Fui felice un temp* 1514/02

-4+2-2+5+2-3-2 O. Lasso, *Ove sei vita mia* 1561/10

-4+2-2+5-3+2-3 G. B. Zesso, *Anima mia dile* 1508/03

-4+2-2+5-3-2+2 G. Gastoldi, *Dhe quai still* 1598/06

-4+2-2-5+5-2+2 A. Zoilo, *Cosi diss'egli e'* 1590/15

-4+2-2-5+8-2-5 Anonymous, *Ave del mare ste* 1599/06

-4+2-2-5+8-3-2 J. Scrivano, *L'huom terren* 1510/

-4+2-2-5+10-2-2 Anonymous, *La mi fa fa la* 1530/01

-4+2-2+8-2-2-2 P. Vinci, *Quivi sospir con* 1584/11

-4+2+3+2+2+2-2 B. Donato, *Tutta saressi be* 1550/19

-4+2-3+8-2-2+2 Anonymous, *Deh hor foss'io* 1583/13

-4+2-3+8-2-2-2 P. Parma, *Quand'il tempo ch* 1562/15

-4+2+4+2+4-2+2 P. Stabile, *Chi fia lasso* 1585/32

-4+2+4+2+4-2-2 P. Nenna, *Torna amato mio* 1594/08

-4+2+4+2-5+6-2 P. Stabile, *Chi fia lasso* 1585/32

-4+2+4-2+2-5+8 A. Striggio, *E s'a buon fi* 1579/02

-4+2+4-2-2-2+2 Anonymous, *Cara per la preg* 1583/13

-4+2+4-2-2-2+4 L. Marenzio, *Dice la mia be* 1597/13

-4+2+4-2-2+3-4 L. Mira, *Amor mi strugge* 1583/19

-4+2+4-2+4-2-2 A. Feliciani, *Donna la bell* 1586/15

-4+2+4-2-4+5-2 A. Pevernage, *Il dolce sonn* 1583/14

-4+2+4-3+2-4+3 G. Nanino, *Morir non puo'l* 1585/18

-4+2+4-4-5-2-3 Aron, *Io non posso piu* 1505/06

-4+2+4-5+4-2-3 P. Isnardi, *Lume si chiaro* 1586/07

-4+2-4+2+2+2+2 Anonymous, *Di di in di sper* 1583/13
-4+2-4+2+2+2+2 P. Santini, *Hor eccoti Laur* 1600/05

-4+2-4+2+2-2-2 G. Locatello, *Deh rest'Amo* 1590/21

-4+2-4+2+2-5+8 G. L. Primavera, *La militia Gi* 1585/31

-4+2-4+2-2+2-2 Don Remigio, *Scende l'Ange* 1599/06

-4+2-4+2-2-2-2 J. Gero, *Si con sua Cetr'Or* 1541/02

-4+2-4+2-2+4-2 L. Agostini, *Donna felice* 1572/07
-4+2-4+2-2+4-2 G. Dragone, *Scopriro l'ardo* 1588/22

-4+2-4+2-2+4+3 G. Gabrieli, *O che felice* 1597/13

-4+2-4+2-2+4+4 M. Iacovelli, *Non veggio* 1588/23

-4+2-4+2-2+4-5 G. Hassler, *Chi mi consola* 1597/13
-4+2-4+2-2+4-5 G. Martoretta, *O fortunato* 1544/16
-4+2-4+2-2+4-5 B. Pallavicino, *Dunque Amin* 1596/16

-4+2-4+2-2+5-2 B. Pallavicino, *Dunque Amin* 1596/16

-4+2-4+2-2+8-3 O. Vecchi, *Porgimi car Fill* 1585/35

-4+2-4+2-2+8-4 G. Rognoni, *Subito nasc'e* 1600/17

-4+2-4+2+3+2+2 G. Mosto, *Come lume di nott* 1578/22

-4+2-4+2+3-2-2 R. Mel, *Tanto donna stim'i* 1586/10

-4+2-4+2+3+3-3 A. Hauville, *Alma Usanna ben* 1570/15

-4+2-4+2+3-3+2 P. Vinci, *Voi sola mi pones* 1583/19

-4+2-4+2-3+5+2 G. Marinis, *Togli dolce be* 1597/13

-4+2-4+2-3+5-2 G. Marinis, *Togli dolce be* 1597/13

-4+2-4+2-4+2+2 S. Cornet, *Quel partirl'alt* 1581/07

-4+2-4+2-4+2-4 A. Hauville, *Alma Usanna ben* 1570/15

-4+2-4+2-4+5+4 P. Verdelot, *Deh perche si* 1533/02

-4+2-4+2-4+8-4 G. Gostena, *Hor su non cica* 1589/13

-4+2-4+3+2-2-3 A. Willaert, *Le vecchie pe* 1548/11

-4+2-4+3-4+2+4 H. Sabino, *Danzan le Ninfe* 1588/27

-4+2-4+3-4+5-5 G. Ferretti, *Fuggimi quant* 1589/08

-4+2-4-3+2+2+2 G. Moro, *Ditemi o diva mi* 1585/28

-4+2-4-3+2+4-5 G. Paratico, *Se li sospiri* 1588/25

-4+2-4+4+2+2+2 Anonymous, *Donna hormai no* 1506/03

-4+2-4+4-2+2+2 H. Morsolino, *S'io non v'am* 1594/15
-4+2-4+4-2+2+2 H. Sabino, *La bocca bacia* 1581/11

-4+2-4+4-2+2-3 B. Tromboncino, *Sera forsi* 1509/02
-4+2-4+4-2+2-3 B. Tromboncino, *Dolci ire* 1510/

-4+2-4+4-2+2-4 F. Patavino, *Dilla da l'acq* 1526/06

-4+2-4+4-2+2-5 M. Mazzone, *Al primo sguard* 1570/18
-4+2-4+4-2+2-5 F. Patavino, *Un cavalier* 1526/06

-4+2-4+4-2-2-3 G. G. Ancina, *Salce son'io ch* 1599/06

-4+2-4+4-2+3-2 A. Antico, *Voi che ascoltat* 1510/

-4+2-4+4-2-3+4 Anonymous, *Que te dare Seno* 1583/04

-4+2-4+4-2+4-4 H. Chamatero, *Zefiro torna* 1569/26

-4+2-4+4-2-4+5 G. F.Violanti, *O saette d'a* 1583/14

-4+2-4+4-2-4+8 J. Persoens, *Lassa ond'usc* 1570/28

-4+2-4+4+3-2-2 H. Sabino, *La bocca bacia* 1581/11

-4+2-4+4+3-4+2 G. Panico, *Patrone belle pa* 1557/18

-4+2-4+4-3+5+2 M. Iacovelli, *A voi non ven* 1588/23

-4+2-4+4-4+4+2 G. Wert, *Notte felice e car* 1568/20

-4+2-4+4-4+4-2 Anonymous, *Di pensier in pe* 1510/

-4+2-4+4-5+5-4 M. Mazzone, *Amore sia bened* 1570/18
-4+2-4+4-5+5-4 G. Scotto, *Amor sia benedet* 1571/11

-4+2-4+5+2+3-2 C. Monteverdi, *E dicea l'un* 1597/13

-4+2-4+5-4-5+8 O. Lasso, *Hor su la nuda terr* 1588/24

-4+2-4+5-5+4+2 G. Moro, *Se ben onde potea* 1585/28

-4+2-4+5-5+6-2 P. Bellasio, *Suggi da quest* 1595/07

-4+2-4+5-5+8-2 F. Papini, *Vergin ben poss* 1599/06

-4+2-4-5+5-5+5 G. Wert, *Cara la vita mia* 1585/18

-4+2-4+6-2+2+2 P. Scotto, *Deh prendi horma* 1507/03

-4+2-4+6-3+5-5 G. da Nola, *Menar vo sempr* 1570/27

-4+2-4+6+4-2-5 G. Caimo, *Lo core mio e fatt* 1586/19

-4+2-4+8-2-2-2 G. G. Ancina, *Salce son'io ch* 1599/06

-4+2-4+9-2-2-2 G. Ferretti, *Fuggimi quant* 1589/08

-4+2+5+2-2-2+2 Anonymous, *Ave maria gratia* 1580/06

-4+2+5+2-2-2-2 M. Cara, *Su su su su mia sp* 1506/03

-4+2+5+2-2-3+2 P. Bozi, *Deh spegni Amor* 1588/18

-4+2+5+2-4+3-3 O. Vecchi, *Porgimi car Fill* 1585/35

-4+2+5-2+2+2-2 G. L. Primavera, *Deh lascia* 1565/17

-4+2+5-2-2-3-2 P. Cesena, *Non posso abando* 1505/04

-4+2+5+3-2-2-2 Anonymous, *Vivo o morto io* 1566/05

-4+2+5+3-2-2-3 M. Mazzone, *Per negarmi mer* 1570/18

-4+2+5+3-3+3-5 G. Moro, *Ditemi o diva mi* 1585/28

-4+2+5-3+4-5+5 G. da Nola, *Cors'a la mort* 1570/18

-4+2+5-3-4+2-2 P. Cesena, *O dolce diva mi* 1505/03

-4+2+5-3+5-5+2 G. Moro, *Morte furommi il* 1585/28

-4+2+5+4-2+2-4 G. da Todi, *Stendi al Popol* 1600/05

-4+2+5-4+4-5+5 O. Lasso, *La notte che segu* 1561/10

-4+2+5-5+2-5+4 C. Antinori, *Son lasso ne* 1589/08

-4+2+5-5+3+5-3 L. Agostini, *L'occhi le mani* 1572/07

-4+2+5-5+4-5+4 R. Mel, *Candida e vaga ros* 1585/26

-4+2+5-5+5+2-2 Anonymous, *Veramente in Amo* 1585/21

-4+2+5-5+5-2-3 G. Vespa, *Ditemi o diva mi* 1583/15

-4+2+5-5+5-3+2 G. Eremita, *Cara la vita mi* 1592/14

-4+2+5-5+8-2-2 A. Martorello, *Gia fui felice* 1547/17

-4+2-5+2+2+2+2 D. Phinot, *Simili a questi* 1561/10

-4+2-5+2+3-3+4 P. Nenna, *Torna amato mio* 1594/08

-4+2-5+2+4+3-2 P. Stabile, *Chi fia lasso* 1585/32

-4+2-5+2+4-5+4 G. Cimello, *Non e lasso mar* 1549/31

-4+2-5+3-2+8-3 S. Festa, *S'el pensier che* 1526/06

-4+2-5+4+2-2-2 A. Trombetti, *Freno Tirsi* 1586/21

-4+2-5+4+2-3-2 P. Vinci, *Lumi de l'alma mi* 1584/11

-4+2-5+4+2-4-5 Anonymous, *Del partir e gio* 1505/06

-4+2-5+4+3-2-2 P. Monte, *Hor che ritorn'i* 1568/12

-4+2-5+4+4-2-2 G. Maio, *Pace pace e non pi* 1519/04

-4+2-5+4+4-4+5 P. Monte, *Hor che ritorn'i* 1568/12

-4+2-5+4-5+5+2 D. Vicentino, *Quante lagrim* 1558/17

-4+2-5+5+2-3+2 G. da Nola, *Ahime che co'l* 1570/27

-4+2-5+5-2-2+4 Anonymous, *Giesu ogn'un chi* 1580/06

-4+2-5+5-2+4-2 L. Agostini, *Donne mie car* 1572/07

-4+2-5+5+3-2+2 G. Paratico, *Se voi sete'l* 1588/25

-4+2-5+5-6+5-3 A. Il Verso, *O verdi poggi* 1594/17

-4+2-5+6+2-4+4 L. Marenzio, *Donne il celes* 1597/13

-4+2+6-2+3-3-2 H. Sabino, *O dolce anima mi* 1586/09

-4+2+6-2+4-3 H. Sabino, *O dolce anima mi* 1586/09

-4+2-8+5+2-3+2 Anonymous, *O degli Angeli* 1599/06

-4-2+2+2+2+2+2 F. Tumeo, *Son le ris'avicen* 1598/08

-4-2+2+2+2-2+2 F. Tumeo, *Son le ris'avicen* 1598/08

-4-2+2+2+2-2-2 Anonymous, *Se per servire* 1585/07

-4-2+2+2+2-3+4 B. Tromboncino, *Ah partiale* 1504/04

-4-2+2+2+2-3+4 F. Tumeo, *Son le ris'avicen* 1598/08

-4-2+2+2+2-3+5 F. Tumeo, *Son le ris'avicen* 1598/08

-4-2+2+2+2-4+6 A. Bicci, *Il dolce mormori* 1598/14

-4-2+2+2+2-5-2 F. Tumeo, *Son le ris'avicen* 1598/08

-4-2+2+2+2-8+2 M. Cara, *Vergine inmaculat* 1508/03

-4-2+2+2-2-3+4 Anonymous, *Dico spesso al* 1585/07

-4-2+2+2-2-3+4 F. Soto, *Vergin diletta spo* 1599/06

-4-2+2+2+3-4-3 M. Pesenti, *Io voria esser* 1509/02

-4-2+2+2+4-5-2 N. Pifaro, *O sola mia salut* 1507/04

-4-2+2-2+2+3-2 Anonymous, *Pace e gloria* 1505/04

-4-2+2-2+3-2-2 Anonymous, *Vilana che sa* 1504/03

-4-2+2+3-3 M. Pesenti, *Passando per un* 1504/04

-4-2+2-3+3+2-2 E. Romano, *Di tempo in temp* 1514/02

-4-2+2+4-3-2-2 F. Luprano, *Son tornato* 1505/04

-4-2+2+4-4+5+2 Anonymous, *Se con vostra al* 1509/02

-4-2+2+4-5-2+2 M. Pesenti, *Amor poi che no* 1505/06

-4-2+2+4-5+3-2 P. Cesena, *Hai lassa me mes* 1505/03

-4-2+2-4+4-3+2 C. Rore, *Ove'l silentio che* 1557/24

-4-2+2-4+4-3-3 P. Scotto, *Tu lu ru la capr* 1507/03

-4-2+2-4+8-5+4 R. Rodio, *Fiorite valli'ame* 1570/18

-4-2+2+5-2+2-3 B. Pifaro, *Dius del ciel* 1519/04

-4-2+2-5+5-4-2 C. Lambardi, *Non mirate vi* 1600/13

-4-2+2+6-6+2-2 G. Gastoldi, *Dhe quai still* 1598/06

-4-2-2+2+2-4-2 Anonymous, *Se me dol el mi* 1505/06

-4-2-2+2-3+3-2 G. Gabrieli, *Al discoprire* 1589/14

-4-2-2-2+2-2+2 G. F. Sabino, *Aura dolce e* 1588/27

-4-2-2-2-2+2+2 S. Molinaro, *Indi sovra l'a* 1599/15

-4-2-2-2-2+8-2 F. Luprano, *Io tel voria pu* 1513/01

-4-2-2-2+3+2-5 C. Rore, *O sonno o della qu* 1557/24

-4-2-2-2+6+2-3 O. Vecchi, *Lucretia mia que* 1585/35

-4-2-2+3+2+2-5 G. Gallo, *Temo ch'altri si* 1597/20

-4-2-2+4-2-2-2 B. Tromboncino, *Suspir io* 1505/06

-4-2-2+5-2-2+4 FF, *Valle risposte e* 1510/

-4-2-2+5-3+4-3 G. Nasco, *Et io che sempre* 1559/18

-4-2+3+2+2+2-2 G. Grillo, *Cari e soavi bac* 1600/12

-4-2+3+2+2-4+4 P. Virchi, *Ero cosi dice* 1588/17

-4-2+3+2-2-2-2 P. Vinci, *Parmi d'udirla ud* 1567/24

-4-2+3-2+4+3-2 V. Ferro, *Donna pensat'in* 1549/31

-4-2+3+3-4+4-4 A. Willaert, *A quand'havea* 1548/11

-4-2-3+2+2+2+2 G. Palestrina, *Febre onde* 1583/12

-4-2-3-2-2-2+2 M. Cara, *Cantai mentre nel* 1513/01

-4-2+4+2-2-5+5 L. Marenzio, *Nel dolce sen* 1591/21

-4-2+4+2-4+4-4 A. Trombetti, *A voi Lorenz* 1583/18

-4-2+4-2+2+2+2 L. Marenzio, *Di nettare amo* 1597/13

-4-3-2-2+5-2+2 G. D. Rognoni, *Ahime che fa* 1600/17

-4-3+3+2+2+2-4 F. Roccia, *Oime che tal mar* 1599/06

-4-3+3+2-2-5+8 A. Barges, *Hormai son quas* 1550/18

-4-3+3-2+2+2+3 P. Stabile, *Icaro cadde qu* 1585/32

-4-3-3+4-4+5+4 G. da Nola, *Datemi pace* 1573/16

-4-3+4-4+4-2-5 O. Scaletta, *Occhi miei ch* 1593/07

-4-3+5+2-2-5+4 Anonymous, *S'io pensassi ai* 1580/06

-4-3+5-3+2+2+2 F. Novelli, *Lasso che fia* 1599/06

-4-3+5-3+4-3+2 G. Massarengo, *Vorria crude* 1591/22

-4-3+5-4+2+2-2 P. Quagliati, *Oscur nube* 1585/07

-4-3+5-5+4-3+2 G. Ferretti, *Leggiadra Giov* 1594/08
-4-3+5-5+4-3+2 P. Stabile, *Voi volete ch'i* 1585/32

-4-3+8-4+2-4+5 G. Trombetti, *Dopo ben mill* 1583/18

-4+4+2+2+2+2-3 P. Isnardi, *Raggio divin ch* 1586/07

-4+4+2+2+2+2-4 Anonymous, *Liet fiori e fel* 1583/13

-4+4+2+2+2+2-5 Anonymous, *Liet fiori e fel* 1583/13
-4+4+2+2+2+2-5 G. Gabrieli, *Sacri di Giov* 1589/08
-4+4+2+2+2+2-5 B. Tromboncino, *Troppo e am* 1505/04

-4+4+2+2+2-2-5 J. Lulinus, *Occhi mei lass* 1514/02

-4+4+2+2+2-8+4 A. Trombetti, *Laura che'l* 1583/10

-4+4+2+2-2+2-3 Anonymous, *Traditora me'ai* 1515/02

-4+4+2+2-2-2-2 G. Moro, *Se l'ardente desi* 1585/28
-4+4+2+2-2-2-2 A. Savioli, *Hor co'l canto* 1600/16
-4+4+2+2-2-2-2 B. Tromboncino, *Sil dissi ma* 1507/03

-4+4+2+2-2-2-4 Anonymous, *Debbo anchora se* 1515/02
-4+4+2+2-2-2-4 A. Coma, *Donna fu il frutt* 1585/22

-4+4+2+2-2-5+4 O. Antinori, *El te par che* 1505/03
-4+4+2+2-2-5+4 M. Cara, *Mal un muta per ef* 1507/03

-4+4+2+2+3+2-2 A. Il Verso, *Stiamo Amor* 1594/17

-4+4+2+2+3-2-2 A. Il Verso, *Pace grid'l mi* 1594/17
-4+4+2+2+3-2-2 A. Il Verso, *Stiamo Amor* 1594/17

-4+4+2+2-3+2+3 P. Vinci, *Fede fiamme sospi* 1584/11

-4+4+2+2-3+2-5 L. Marenzio, *Baci amorosi* 1591/21

-4+4+2+2-3-2+4 H. Lauro, *Non per noiarvi* 1517/02

-4+4+2+2-3-4+5 B. Donato, *S'haver altrui* 1548/09

-4+4+2+2-3+5-2 G. Nasco, *In bianco lett'all* 1593/05

-4+4+2+2-5+2-5 L. Marenzio, *Baci cortesi* 1591/21

-4+4+2-2+2+2+2 P. Verdelot, *Fuggi fuggi co* 1533/02

-4+4+2-2+2-5+4 G. Maio, *Hor vedi amor che* 1519/04

-4+4+2-2-2+2+2 P. Vinci, *Sappi signor che* 1583/15

-4+4+2-2-2+2-2 Anonymous, *Amor se la mia* 1519/04

-4+4+2-2-2+2-3 B. Tromboncino, *Risvegliat* 1517/02

-4+4+2-2-2+2-5 B. Tromboncino, *A la fama* 1509/02

-4+4+2-2-2-2-2 Anonymous, *Facciam sesta ho* 1563/06

-4+4+2-2-3+2-2 G. L. Primavera, *Se'l sguard* 1569/31

-4+4+2-2-3+3-2 C. Veggio, *Deh perche'n me* 1540/19

-4+4+2-2+4-4+4 L. Milanese, *Sera chi per* 1507/04

-4+4+2-2+4-4-4 B. Tromboncino, *Giogia me* 1514/02

-4+4+2-2-4+4+2 B. Pifaro, *Dius del ciel* 1519/04

-4+4+2-2-4+4-5 F. Ana, *Nasce l'aspro mio* 1505/03

-4+4+2-2-5+4+2 F. Luprano, *Noi l'amazone* 1509/02

-4+4+2-2-5+4-2 Anonymous, *Haime per che m'* 1507/03

-4+4+2-2-5+5-4 Ranieri, *Me lassarai tu* 1517/02
-4+4+2-2-5+5-4 H. Waelrant, *Vorria morire* 1594/08

-4+4+2-3+2-5+4 N. Pifaro, *Chi dal ciel no* 1505/04

-4+4+2-4-5+2-3 S. Cornet, *Se per sentir do* 1581/07

-4+4+2-5+2-2+4 F. Luprano, *Io ti lasso don* 1505/06

-4+4+2-5+2-3+3 F. Roussel, *Ivi senza ripos* 1559/16

-4+4+2-5+4+2-5 B. Tromboncino, *Se a un tu* 1505/04

-4+4+2-5+4-2+2 N. Pifaro, *La colpa non e* 1507/04

-4+4+2-5+4+3-2 Anonymous, *Quanti lasso sos* 1566/09

-4+4+2-5+4-4+4 M. Cara, *Rocta e l'aspra mi* 1505/06
-4+4+2-5+4-4+4 B. Tromboncino, *Chi vi dar* 1507/04
-4+4+2-5+4-4+4 B. Tromboncino, *Debb'io chi* 1505/04

-4+4+2-5+4-4+5 Anonymous, *Poi che ho prova* 1505/04
-4+4+2-5+4-4+5 P. Lodi, *Riposarmi in quest* 1517/02

-4+4+2-5+4-5+4 M. Cara, *Chi l'aria mai cre* 1509/02

-4+4+2-5+4-5+5 S. Baldis, *Guerra guerra ce* 1574/06
-4+4+2-5+4-5+5 F. Luprano, *Ha bella e fres* 1507/03

-4+4+2-5+8-2+2 Anonymous, *Haime che non* 1505/03

-4+4+2-8-3+2+2 N. Patavino, *Amor sempre* 1505/03

-4+4-2+2+2+2+2 A. Gabrieli, *Dunque il cons* 1587/16
-4+4-2+2+2+2+2 C. Merulo, *Occhi che fia* 1597/13
-4+4-2+2+2+2+2 S. Molinaro, *Stanco e non* 1599/15

-4+4-2+2+2+2-2 P. Bozi, *Ardo Donna per vo* 1593/05
-4+4-2+2+2+2-2 A. Coma, *Cantavan tre leggi* 1588/18
-4+4-2+2+2+2-2 G. Wert, *D'un si bel foco* 1589/06

-4+4-2+2+2+2-4 F. Novelli, *Hor che la fred* 1600/05

-4+4-2+2+2-2-2 G. Pizzoni, *Se de miei tene* 1582/14

-4+4-2+2+2-4+3 G. Palestrina, *Soave fia'l* 1589/06

-4+4-2+2+2-5-5 G. Moro, *Pero di mille e mi* 1585/28

-4+4-2+2-2+2+2 B. Spontone, *Alma se stata* 1568/19

-4+4-2+2-2+2-4 Anonymous, *La mi la so la* 1509/02

-4+4-2+2-2-2-2 G. Gabrieli, *Sacri di Giov* 1589/08
-4+4-2+2-2-2-2 H. Lauro, *Almen potess'io* 1517/02

-4+4-2+2-2-2-3 G. Ferretti, *O felice o bea* 1589/08

-4+4-2+2-2-2+4 B. Tromboncino, *Se a un tu* 1505/04

-4+4-2+2-2-3+2 F. Roussel, *Qui voi sterili* 1561/10

-4+4-2+2+3-2+2 B. Tromboncino, *Poi ch'io vad* 1507/03
-4+4-2+2+3-2+2 R. Vecoli, *Temprar potess'i* 1577/10

-4+4-2+2+3-2-2 M. Cara, *Nasce la speme mi* 1509/02
-4+4-2+2+3-2-2 A. Padovano, *Si traviato e'* 1561/15

-4+4-2+2+3-2-3 E. Romano, *Dolce e amor dol* 1517/02

-4+4-2+2-3-2+4 N. Pifaro, *Pensa donna che'* 1505/05

-4+4-2+2-3-3+3 G. L. Primavera, *Vecchia s'* 1569/31

-4+4-2+2+4-3-2 S. Cornet, *Cosi venuti son* 1581/07

-4+4-2+2-4+2+2 P. Monte, *Occhi vagh'amoros* 1593/05

-4+4-2+2-4+2-2 A. Barges, *Tanto fui tard'* 1550/18

-4+4-2+2-4+2-3 S. Lando, *Quanto piu posso* 1570/18

-4+4-2+2-4+3+2 L. Marenzio, *Baci cortesi* 1591/21

-4+4-2+2-4-3-2 G. Fogliano, *Morte deh vien* 1547/16

-4+4-2+2-4+4+2 S. Festa, *Amor se voi ch'i* 1526/06

-4+4-2+2-4+4-2 Anonymous, *Cor maligno, e* 1563/06
-4+4-2+2-4+4-2 S. Festa, *Perche quel che* 1526/06
-4+4-2+2-4+4-2 J. Lulinus, *Vale iniqua ho* 1514/02
-4+4-2+2-4+4-2 J. Lulinus, *Nel tempo che* 1514/02

-4+4-2+2-4+4+3 O. Antinori, *Viva e morta* 1505/03

-4+4-2+2-4+4-4 Anonymous, *Son pur congiont* 1505/06
-4+4-2+2-4+4-4 M. Cara, *Oime el cor oime* 1504/04
-4+4-2+2-4+4-4 P. Cesena, *Ben ben ben tu* 1507/03
-4+4-2+2-4+4-4 S. Festa, *Canzon se gli e* 1526/06
-4+4-2+2-4+4-4 M. Mazzone, *Amor m'ha disfid* 1570/18

-4+4-2+2-4+4-5 G. Maio, *Aime cognior cogni* 1519/04
-4+4-2+2-4+4-5 N. Pifaro, *A Dio riman rest* 1515/02
-4+4-2+2-4+4-5 J. Scrivano, *Vola il temp* 1510/
-4+4-2+2-4+4-5 B. Tromboncino, *Gentil donn* 1516/02

-4+4-2+2-4+5-2 P. Bellasio, *Donna nel vost* 1591/12

-4+4-2+2-4+5-3 Anonymous, *Ti par gran mara* 1505/05

-4+4-2+2-4-5+4 F. Soto, *L'unico figlio del* 1599/06

-4+4-2+2-4+6-2 A. Capriolo, *Questo oime pu* 1505/05

-4+4-2+2+5-3-2 J. Arcadelt, *Ite tristi sospi* 1552/21

-4+4-2+2-5+4+2 V. Ferro, *Carco di tanti'ho* 1559/18

-4+4-2+2-5+5-2 B. Tromboncino, *Poi che'l* 1504/04

-4+4-2+2-8+2-2 G. Fogliano, *Morte deh vien* 1547/16

-4+4-2-2+2+2+2 O. Scaletta, *Fra vostre fila* 1593/07

-4+4-2-2+2+2-2 B. Tromboncino, *Hor che'l* 1516/02
-4+4-2-2+2+2-2 B. Tromboncino, *Zephyro spir* 1507/04

-4+4-2-2+2+2-3 G. Guami, *Verzinia chy cerc* 1564/16

-4+4-2-2+2+2-4 R. Rodio, *In somma so come'* 1587/12

-4+4-2-2+2+2-8 R. Rodio, *In somma so come'* 1587/12

-4+4-2-2+2-3+2 A. Willaert, *Madonn'io non* 1548/11

-4+4-2-2-2+2+2 N. Pifaro, *Ogni vermo a'l* 1505/06

-4+4-2-2-2+2-2 Anonymous, *Horsu correr vog* 1506/03
-4+4-2-2-2+2-2 J. Lulinus, *Poiche son di* 1514/02

-4+4-2-2-2+2-3 A. Il Verso, *Non son quest* 1594/17

-4+4-2-2-2+2-4 E. Romano, *Tuo vago sguard* 1517/02

-4+4-2-2-2-2+2 M. Pesenti, *Dime un pocho* 1504/04
-4+4-2-2-2-2+2 G. Scotto, *Sento tal foco* 1571/11

-4+4-2-2-2-2+2 G. Wert, *Amorose viole ch'h* 1583/12

-4+4-2-2-2-2-2 M. Cara, *Ho che aiuto o ch* 1513/01
-4+4-2-2-2-2-2 G. Eremita, *Poi che il mio* 1594/07

-4+4-2-2-2+3+2 A. Bicci, *Cogli la vaga ros* 1598/14

-4+4-2-2-2+4+2 E. Dupre, *Chi lo sa e chi* 1507/03

-4+4-2-2-2+4-2 A. Il Verso, *Non son quest* 1594/17

-4+4-2-2-2+5+2 A. Il Verso, *Non son quest* 1594/17

-4+4-2-2-2+5-5 Anonymous, *Donna bella el* 1509/02

-4+4-2-2-2-5+8 A. Il Verso, *Non son quest* 1594/17

-4+4-2-2-2+6-2 G. Gabrieli, *Dimmi numi be* 1589/14

-4+4-2-2-3+2-2 M. Cara, *Quis furor tant* 1513/01

-4+4-2-2-3+2+4 P. Verdelot, *Se lieta, e gr* 1533/02

-4+4-2-2-3+5+3 M. Cara, *Si trovase una don* 1530/01

-4+4-2-2-3+8-2 G. Gabrieli, *Sacri di Giov* 1589/08

-4+4-2-2+4-2+2 A. Striggio, *Al'hor che lieta* 1592/15

-4+4-2-2+5-3+4 J. Persoens, *Dolce de la mi* 1570/28

-4+4-2+3-2+4+2 F. Portinaro, *Dolci labr'ov'* 1563/13

-4+4-2-3+2+2+2 H. Schaffen, *Vinto dal grav* 1549/31
-4+4-2-3+2+2+2 P. Verdelot, *Perche piu ace* 1557/16

-4+4-2-3+2-2+2 J. Gero, *Madonna io v'amo* 1541/02

-4+4-2-3+2-2-2 Anonymous, *Luci beati luci* 1586/19

-4+4-2-3+2-2+4 P. Bellasio, *Non son certo* 1595/07
-4+4-2-3+2-2+4 G. Cavaccio, *Ardo si ma non* 1585/17

-4+4-2-3+2-2+8 I. de Vento, *Pace non trov* 1575/11
-4+4-2-3+2-2+8 G. Cavaccio, *Ardo si ma non* 1585/17

-4+4-2-3+2-3+2 G. Manenti, *Se pensand'al* 1583/15

-4+4-2-3+2-3+5 A. Gabrieli, *Ama l'Aquila G* 1592/15

-4+4-2-3+2+4-2 A. Gabrieli, *Ma pria odorat* 1587/16

-4+4-2-3-2-2+2 L. Marenzio, *Posso cor mio* 1593/04

-4+4-2-3-2-2+8 G. M. Nanino, *Ai dolci e va* 1595/06

-4+4-2-3-2+5-3 F. Roussel, *Fiorit'e verdi* 1560/10

-4+4-2-3+4+2+2 G. Lochenburgho, *Donna s'amor* 1588/24

-4+4-2-3+4+2-2 P. Virchi, *Ero cosi dice* 1588/17

-4+4-2-3+4-2+2 N. Pifaro, *Lo splendente tu* 1515/02

-4+4-2-3+4-2-2 O. Grassi, *Questa amorosa C* 1592/12

-4+4-2-3+4-2+4 F. Portu, *Era il giorno ch'* 1547/17

-4+4-2-3+4+3-2 F. Balabusca, *Ave verum cor* 1508/03

-4+4-2-3+4-3+2 P. Monte, *Questi son que'be* 1583/14

-4+4-2-3+4-4+4 Anonymous, *Mia benigna fort* 1509/02
-4+4-2-3+4-4+4 A. Pitigliano, *Tra ghiaccio* 1600/05

-4+4-2-3+5+4-3 G. Boni, *Chi sei fanciu* 1598/07

-4+4-2-3+5-5+2 A. Barre, *Dunque fia ver di* 1559/18

-4+4-2-3+5-5+3 J. Arcadelt, *Mentre gli ard* 1540/19

-4+4-2-3+5-5+4 A. Morari, *Sara pur forz'u* 1575/11

-4+4-2-3+6-4-4 P. Monte, *Questi son que'be* 1583/14

-4+4-2+4+2-4+2 G. Ferretti, *Quando mirai sa* 1594/08

-4+4-2+4-2+2-3 G. Dragone, *Occhi de l'alm* 1588/22
-4+4-2+4-2+2-3 R. Giovanelli, *Luce del'Alm* 1599/06
-4+4-2+4-2+2-3 R. Giovanelli, *Donna ch'al* 1600/05

-4+4-2+4-2-2+2 F. Roussel, *Se per farmi la* 1559/16

-4+4-2+4-2-2-4 G. Gostena, *Sara pur ver ah* 1589/13

-4+4-2+4-2-2-5 B. Tromboncino, *Per pietad* 1505/06

-4+4-2+4-2+4-3 G. Ferretti, *Quando mirai sa* 1594/08

-4+4-2+4+3+2-3 G. Bonagiunta, *Parmi di sta* 1566/07

-4+4-2+4-3+2+2 C. Rore, *Era il bel viso su* 1593/05

-4+4-2+4-3+4-4 C. Rore, *Mentre la prima mi* 1557/24

-4+4-2+4-3-5+4 E. Romano, *Es de tal metal* 1514/02

-4+4-2+4-4+2+2 G. Florio, *Donna che quasi* 1566/03
-4+4-2+4-4+2+2 L. Marenzio, *Mentre l'aura* 1589/08

-4+4-2+4-4+2-3 Anonymous, *Lodiamo fratellin* 1580/06

-4+4-2+4-4+2-4 Anonymous, *Madre de peccato* 1563/06
-4+4-2+4-4+2-4 L. Marenzio, *Qual vive Sala* 1583/14

-4+4-2+4-4+2-5 M. Cara, *Non al suo amante* 1526/06

-4+4-2+4-4-3+2 G. Wert, *Poi che si fida sc* 1568/20

-4+4-2+4-4+4-3 B. Tromboncino, *Aqua non e* 1514/02

-4+4-2+4-4-4+4 C. Malvezzi, *I tuoi capelli* 1583/16

-4+4-2+4-5-4+5 G. Policretto, *L'altr'hier* 1571/09

-4+4-2+4-5+5-5 A. Willaert, *Pianget'egri* 1563/07

-4+4-2-4+2+2-2 O. Lasso, *Mentre fia cald'* 1560/18
-4+4-2-4+2+2-2 G. Nanino, *Di Venere tento* 1586/18

-4+4-2-4+2+4-2 I. Alberti, *Parto da voi be* 1592/14

-4+4-2-4+2-4+5 L. Agostini, *Amar un sol am* 1572/07

-4+4-2-4+3-2+4 V. Ruffo, *Luci del ciel pe* 1557/25

-4+4-2-4+4+2+2 J. Arcadelt, *Quando tal vol* 1552/21
-4+4-2-4+4+2+2 S. Cornet, *Quel ben di tutt* 1581/07

-4+4-2-4+4-3+6 V. Bellhaver, *Cinto d'arden* 1579/02

-4+4-2-4+4-5+4 R. Montagnano, *Di di in di* 1558/17

-4+4-2-4+5+2-2 Anonymous, *Giesu clemente* 1580/06
-4+4-2-4+5+2-2 S. Rossetto, *Cosi noiand'i* 1568/13

-4+4-2-4+5-4+5 P. Parma, *La dolce vista* 1562/15

-4+4-2-4+5-5+4 A. Capriolo, *O bone Jesu ex* 1508/03

-4+4-2+5-3+2-4 P. Quagliati, *Tal da vostr'* 1591/12

-4+4-2+5-5+2+4 B. Tromboncino, *Pocha pace* 1505/06

-4+4-2-5+2+2+2 Anonymous, *Quand'io v'odo* 1554/28
-4+4-2-5+2+2+2 F. Azzaiolo, *Qual segno pi* 1557/18
-4+4-2-5+2+2+2 C. Malvezzi, *Son di voi l'a* 1586/07

-4+4-2-5+2+2-2 V. Ruffo, *Treccie di bei cr* 1557/25

-4+4-2-5+2+2+4 P. Verdelot, *Con l'angelic* 1533/02

-4+4-2-5+2+2-5 Caldarino, *Io son si vago* 1557/18

-4+4-2-5+4-3+5 R. Montagnano, *Ragion e ben* 1558/17
-4+4-2-5+4-3+5 P. Philips, *Ditemi o diva* 1594/07

-4+4-2-5+4-4+5 Don Remigio, *Lascia la bella* 1599/06

-4+4-2-5+5-2+2 Anonymous, *Tre leggiadre Ni* 1566/05

-4+4-2-5+5-3+2 G. Wert, *Donna io men vo* 1568/20

-4+4-2-5+5-3+4 G. Bissi, *Oime dolce ben mi* 1589/08

-4+4-2-5+5+4-2 G. Rognoni, *Amor quando fia* 1600/17

-4+4-2-5+5+4-4 G. Gastoldi, *Perche se trop* 1594/07

-4+4-2-5+8-2-2 L. Marenzio, *Donna se nel* 1589/11

-4+4-2-5+8-3+4 G. Gallo, *Questi son quei* 1597/20

-4+4-2-6+2+2-3 P. Vecoli, *Cornelia bella* 1581/12

-4+4+3+2-2-3-3 F. Corteccia, *Sacro e santo* 1539/25

-4+4+3+2-5+2-2 B. Tromboncino, *Come va il* 1507/03

-4+4+3-2+2+2+2 J. Berchem, *Lasso che desia* 1544/17

-4+4+3-2-2-2+2 A. Pevernage, *Quando la voc* 1583/14

-4+4+3-2-2-2-2 F. Novelli, *Lasso che fia* 1599/06

-4+4+3-2-2-2+3 Anonymous, *Famme pur que* 1505/03

-4+4+3-2-2+3-2 J. Gero, *Mentre che la mia* 1541/14
-4+4+3-2-2+3-2 J. Lulinus, *Vale iniqua ho* 1514/02

-4+4+3-2-2-4+3 C. Lambardi, *Donna la bella* 1600/13

-4+4+3-2-2-4+5 F. Soto, *E nato il Grand'Id* 1599/06

-4+4+3-2-2+5-2 G. Ferretti, *Sei tanto grat* 1589/08
-4+4+3-2-2+5-2 M. Pesenti, *Poi che'l ciel* 1504/04

-4+4+3-2-4+5+2 V. Ruffo, *Ove son quei bei* 1557/25

-4+4+3-2-5+4-2 H. Lauro, *Va,mo va crudele* 1517/02

-4+4+3-2-5+4-4 E. Romano, *Ben puoi tu luci* 1517/02

-4+4+3-2-5+8-2 P. Vecoli, *Per te copia gen* 1581/12

-4+4+3-3+2-2+2 A. Il Verso, *Lasso non e mo* 1594/17

-4+4+3-3+4-2-2 A. Il Verso, *Vivo mio scogl* 1594/17

-4+4+3-3+4-2-3 A. Il Verso, *Vivo mio scogl* 1594/17

-4+4+3-4+5-3-2 R. Mel, *Chi non sa com'abr* 1585/26

-4+4+3-4-5-2+2 G. Conversi, *Poi che m'hai* 1589/08

-4+4-3+2+2-2+2 H. Chamatero, *Temprar potess* 1561/13
-4+4-3+2+2-2+2 G. Marinis, *Dolcissimo ben* 1596/13

-4+4-3+2+2-4+4 G. Mosto, *Non mi curo che'* 1578/22

-4+4-3+2-2-3+2 L. Barre, *Come potro fidarm* 1544/16

-4+4-3+2-3-2+2 Anonymous, *Che fai alma ch* 1514/02

-4+4-3+2-3-4+8 A. Gabrieli, *Ecco la vaga* 1587/16

-4+4-3+2-4+5-4 P. Vecoli, *Baci soavi e car* 1581/12

-4+4-3+2-5+2+2 R. Vecoli, *Temprar potess'i* 1577/10

-4+4-3+2-5+2-4 M. Cara, *Nasce la speme mi* 1509/02

-4+4-3-2+4+2-5 F. Corteccia, *Sacro e santo* 1539/25

-4+4-3-2+4-2-2 A. Gabrieli, *Quei vinto da* 1587/16
-4+4-3-2+4-2-2 A. Gabrieli, *Vieni Flora ge* 1593/04

-4+4-3-2+4-2-5 G. Zuccehlli, *Mentre l'aqui* 1589/11

-4+4-3-2+4+3-4 A. Striggio, *Cosi le sue sp* 1579/02

-4+4-3-2+4-3-2 C. Festa, *Un baciar furios* 1549/31
-4+4-3-2+4-3-2 B. Tromboncino, *Chi in preg* 1507/04

-4+4-3-2+4-3+4 F. Viola, *Se da vostr'occh* 1548/08

-4+4-3-2+4-4+4 S. Venturi, *Per dar soccorso* 1598/14

-4+4-3-2+6-2-2 L. Marenzio, *Baci amorosi* 1591/21

-4+4-3+3+2-2+2 G. L. Primavera, *S'io esca viv* 1585/31

-4+4-3+3-2-3+2 A. Gabrieli, *Vieni Flora ge* 1593/04

-4+4-3+3-8+4 A. Viola, *Non tardar pi* 1562/06

-4+4-3+3-3-2+2 G. Fogliano, *Morte deh vien* 1547/16

-4+4-3-3+2+4-4 A. Gabrieli, *Sonno diletto* 1594/08

-4+4-3-3-2-3+5 G. Grillo, *Code l'acuquila* 1600/12

-4+4-3-3+5-4+2 M. Romano, *Donne noi siamo* 1569/24

-4+4-3-3+5-5+4 O. Vecchi, *Questi nel mio* 1591/23

-4+4-3+4-2-2-2 M. Pesenti, *Adio signora ad* 1504/04

-4+4-3+4-3+2+2 V. Ruffo, *Puli chiam'il mi* 1562/06

-4+4-3+4-3-2+2 F. Bruno, *Non son ris'avice* 1598/08

-4+4-3+4-4-3+5 P. Monte, *Io t'ho vedut'in* 1568/13

-4+4-3+4-5+4+3 Anonymous, *A che prendi Sig* 1598/04

-4+4-3+4-5+4-3 F. Novelli, *Lungo viver m'* 1599/06

-4+4-3-4+2+5-5 M. Cara, *Aiutami ch'io mor* 1507/03

-4+4-3-4+5-5+6 O. Vecchi, *Tra verdi campi* 1600/05

-4+4-3+5-2-2-2 P. Vinci, *Ma l'hora e'l gio* 1584/11

-4+4+4+2-3+4-2 A. Gabrieli, *O Dea, che tr* 1587/16

-4+4+4-2+2+2-3 M. Pesenti, *Questa e mia l'* 1504/04

-4+4+4-2+2-4-5 P. Monte, *Cari scogli dilet* 1585/18

-4+4+4-2-2-2-2 J. Gero, *Pensier che sovr'o* 1561/11
-4+4+4-2-2-2-2 L. Marenzio, *Basti fin qui* 1589/08

-4+4+4-2-2-5+4 J. Lulinus, *Di tempo in tem* 1514/02

-4+4+4-2-3-4+8 M. Cancino, *Poiche dunque* 1590/21

-4+4+4+3-2-5+8 L. Marenzio, *Baci ohime no* 1591/21

-4+4+4-3+2+3-4 F. Londariti, *Ditene o Dei* 1561/15

-4+4+4-3+2-3+2 L. Marenzio, *Ecco che'l cie* 1591/21

-4+4+4-3-2+2+2 Anonymous, *Quando mia spem* 1583/13

-4+4+4-3-2-2+4 F. Luprano, *Dammi almen l'u* 1505/05

-4+4+4-4+2-5+4 M. Cara, *Alma gentil che* 1526/06

-4+4+4-4+4-4-4 P. Parma, *Che debb'io far* 1562/15

-4+4+4-5+2-3+6 Anonymous, *Quanto ardor st* 1506/03

-4+4+4-5+2-4+4 M. Cara, *Veramente ogni dog* 1531/04

-4+4-4+2+2+2+2 S. Ansano, *Noi siamo galeot* 1515/02

-4+4-4+2+2+2-2 P. Bonini, *Baci sospiri e* 1591/23

-4+4-4+2-2+4-2 E. Romano, *O gloriosa colon* 1514/02

-4+4-4+2+3+4-3 Anonymous, *Come po far el* 1505/05

-4+4-4+2+3-4-5 G. Florio, *Parto e porto pa* 1600/16

-4+4-4+2-4+4-2 M. Ingegneri, *Poscia che tr* 1600/05

-4+4-4+2-4+4-5 M. Rampollini, *Lieta per ho* 1539/25

-4+4-4+2-4+5-2 Anonymous, *Tu mi tormenti* 1509/02
-4+4-4+2-4+5-2 A. Antiqui, *Poi che son si* 1505/04

-4+4-4-2+2+4-4 M. Cara, *D'ogni altra hari* 1507/03

-4+4-4-2+5-4+4 E. Romano, *Dolce e amor dol* 1517/02

-4+4-4+3-2-2-2 Anonymous, *Che faralla che* 1563/06

-4+4-4+3-4+2-3 A. Mantovano, *Chi se passe* 1513/01

-4+4-4+3-4+8-3 R. Montagnano, *Io piango* 1558/17

-4+4-4+4+2-5+4 H. Lauro, *Caso crudel che* 1514/02

-4+4-4+4-2+2+3 M. Jhan, *Non vi lassero ma* 1546/19

-4+4-4+4-2+2-4 A. Martorello, *E quando cre* 1547/17

-4+4-4+4-2+2-5 Anonymous, *Meglio e scoprir* 1513/01

-4+4-4+4-2-2+2 Anonymous, *Modo de cantar* 1505/05

-4+4-4+4-2-2-2 C. Festa, *Vaghe luce sol pr* 1537/07

-4+4-4+4-2-3+2 M. Pesenti, *Che faralla ch* 1513/01

-4+4-4+4-2+4+2 P. Bellasio, *Puo ben fortun* 1595/07
-4+4-4+4-2+4+2 N. Pifaro, *Se la serena co* 1515/02

-4+4-4+4-2+4-4 B. Tromboncino, *Non temer* 1507/04

-4+4-4+4+3-2-2 Anonymous, *Tantum ergo sacr* 1508/03

-4+4-4+4+3+3-2 Anonymous, *Se sei da mi lon* 1506/03

-4+4-4+4-3+2-3 B. Moschini, *Ecco signor il* 1539/25

-4+4-4+4-3-2-2 O. Scaletta, *Godi leggiadra* 1593/07

-4+4-4+4-4-2+2 M. Pesenti, *In hospitas pe* 1504/04

-4+4-4+4-4-2-2 Anonymous, *Va posa l'archo* 1505/05

-4+4-4+4-4-2+5 N. Brocco, *Per servirte per* 1507/04

-4+4-4+4-4-3-3 P. Cesena, *Non so perche no* 1505/03

-4+4-4+4-4+4-2 B. Tromboncino, *La non vol* 10514/02

-4+4-4+4-4+4-4 Anonymous, *Non posso haver* 1506/03
-4+4-4+4-4+4-4 Anonymous, *Adio siati ch'i* 1506/03
-4+4-4+4-4+4-4 B. Tromboncino, *Ite in pac* 1505/06

-4+4-4+4-5+2+4 G. Fogliano, *Tua volsi esse* 1515/02

-4+4-4+4-5+2-5 B. Tromboncino, *Se hogi e un* 1505/05

-4+4-4+5-2+2-4 Anonymous, *Vergine santa gl* 1563/06

-4+4-4+5-2+5-3 B. Tromboncino, *Fate bene* 13507/04

-4+4-4+5-5+4-4 Anonymous, *Deh venitene pas* 1563/06

-4+4-4+5-5+4-5 B. Tromboncino, *Deh per di* 1504/04

-4+4-4+5-5+6-3 H. Lauro, *Almen potess'io* 1517/02

-4+4-4+7-2-2-2 Anonymous, *Tutt'il di piango* 1546/19

-4+4+5-4+4-5-4 F. Stivori, *Piango ch'Amor* 1595/07

-4+4+5-5+3-2+2 A. Gabrieli, *Tirsi che fai* 1587/16

-4+4-5+2+2+2+2 P. Vinci, *Scielto fior de* 1584/11

-4+4-5+2+2+2-4 C. Veggio, *Isabellin dolc'a* 1540/19

-4+4-5+2+2+2-5 A. Bicci, *Il dolce mormori* 1598/14

-4+4-5+2+2-2-2 A. Stringari, *Chi non sa ch* 1507/04

-4+4-5+2+2-2+4 S. d'Aranda, *O infelice* 1571/12

-4+4-5+2+2-2+5 Anonymous, *Amor fortuna e* 1577/08

-4+4-5+2+2+3-2 P. Bonini, *Baci sospiri e* 1591/23

-4+4-5+2+2-4+6 G. Renaldi, *Dolci rosate la* 1569/32

-4+4-5+2+3-2+4 G. Pratoneri, *O dolci basc* 1568/12

-4+4-5+2-3+5-5 J. Arcadelt, *Parole estrem* 1544/16

-4+4-5+2+4+2-2 O. Antinori, *Crudel amore* 1507/04

-4+4-5+2+4+2+4 Anonymous, *Amor mi fea mori* 1554/28

-4+4-5+2+4-2+2 Anonymous, *Crucifixum in ca* 1563/06

-4+4-5+2+4-2+3 Anonymous, *Benche in dogli* 1516/02

-4+4-5+2+4-2-3 B. Tromboncino, *Madonna la* 15017/02

-4+4-5+2+4-3-3 C. Festa, *Come ch'il desir* 1537/07

-4+4-5+2+4-3+4 S. d'Aranda, *Ecco ch'io lasc* 1571/12

-4+4-5+2+4-4+4 Diomedes, *Sempre haro quel* 1509/02
-4+4-5+2+4-4+4 M. Pesenti, *Vieni hormai no* 1504/04
-4+4-5+2+4-4+4 B. Tromboncino, *El mio amor* 16509/02

-4+4-5+2+4-4+5 R. Montagnano, *Ove sete* 1558/17

-4+4-5+2+4-5+2 P. Cesena, *A la fe per la* 1505/06

-4+4-5+2+4-5+5 Anonymous, *Va posa l'archo* 1505/05

-4+4-5+2-4+2+2 M. Cara, *Cantai mentre nel* 1513/01

-4+4-5+2-4+4+4 B. Tromboncino, *Non piu mor* 18016/02

-4+4-5+2-5+4-2 M. Cara, *Deh non piu deh no* 1507/03

-4+4-5+2-5+8+2 Anonymous, *Viva in oration* 1563/06

-4+4-5+2-5+8-2 Anonymous, *Conosco bene ch* 1563/06

-4+4-5+2+8-2-2 M. Pesenti, *Non mi doglio* 1504/04

-4+4-5-2+2+5+2 G. Aichinger, *Amorosetti au* 1597/13

-4+4-5-2+2+5+4 Anonymous, *Mentre di gioia* 1586/19
-4+4-5-2+2+5+4 G. Vespa, *Madonna se volet* 1583/14

-4+4-5+4+2-4+4 C. Merulo, *Che fia dunque* 1568/16

-4+4-5+4+2-4-5 Anonymous, *Viva viva Bacc* 1589/08

-4+4-5+4+2-5+4 C. Monteverdi, *E dicea l'un* 1597/13

-4+4-5+4-2+2-5 B. Pallavicino, *Con che soa* 1596/16

-4+4-5+4-2-2-2 Anonymous, *Non posso libera* 1509/02
-4+4-5+4-2-2-2 A. Stringari, *Chi non sa ch* 1507/04

-4+4-5+4-2-2+5 Anonymous, *Modo de cantar* 1505/05

-4+4-5+4-2-4+4 P. Parma, *Gravi sospiri mie* 1562/15

-4+4-5+4-3+4-4 C. Rore, *Padre del ciel dop* 1544/17

-4+4-5+4-3+5-4 L. Marenzio, *Talche dovunqu* 1594/07

-4+4-5+4-3+5-5 B. Tromboncino, *Stavasi amo* 1514/02

-4+4-5+4-4+5-4 A. Gabrieli, *Ecco Vinegia* 1587/16

-4+4-5+4+5+2-4 A. Striggio, *E s'a buon fi* 1579/02

-4+4-5+4-5+4-4 G. Conversi, *Sta nott'io* 1589/08

-4+4-5-4+2-2+8 B. Tromboncino, *Ave maria* 19508/03

-4+4-5-4+5+2-4 P. Monte, *Quando pur genti* 1568/13

-4+4-5+5+2-4+3 D. Caritheo, *Mi stava no vi* 1546/18

-4+4-5+5-2+2-4 H. Naich, *Rara belta divin* 1544/16

-4+4-5+5-2-2-2 B. Spontone, *Vieni soave ï* 1594/08

-4+4-5+5-2+4-5 C. Festa, *Donna non fu ne* 1540/18

-4+4-5+5+3+2+2 A. Gabrieli, *Ecco Vinegia* 1587/16

-4+4-5+5+3-2-2 L. Marenzio, *Rose bianche* 1594/08

-4+4-5+5-3-2-2 N. Brocco, *Se ben fatto* 1517/02

-4+4-5+5-3+5-2 V. Ruffo, *Tanto fu'l tuo fa* 1563/07

-4+4-5+5-4+2-2 L. Marenzio, *Guidate dolci* 1589/08

-4+4-5+5-4+2-3 L. Marenzio, *Guidate dolci* 1583/10

-4+4-5+5-4-2+5 A. Stabile, *Volete pur ch'i* 1587/10

-4+4-5+5-4+3+2 H. Chamatero, *Temprar potess* 1561/13

-4+4-5+5-4+3-5 A. Striggio, *Ecco ch'al bos* 1567/23

-4+4-5+5-4+4-5 Anonymous, *Alma che scarca* 1563/06

-4+4-5+5-4+6-4 Anonymous, *Lodate fanciullett* 1563/06

-4+4-5+5-5+2+5 Anonymous, *Se voi sete cor* 1586/19

-4+4-5+5-5-4+4 G. Pratoneri, *O dolci basc* 1568/12

-4+4-5+5-5+5+2 A. Stabile, *Vincono a mezz* 1585/32

-4+4-5+5-5+8-2 Anonymous, *Se pensass'ai pi* 1563/06

-4+4-5+8-2+3-2 R. Vecoli, *Temprar potess'i* 1577/10

-4+4-5+8-3-2-5 O. Lasso, *Si com'i fiori* 1570/15

-4-4+3-4+3+2+2 F. Roussel, *Belta si come* 1561/10

-4-4+4+2-4+4+3 O. Lasso, *Una strana fenic* 1559/23

-4-4+4+3-2-2-2 Al. Willaert, *Pianza'l Grego* 1564/16

-4-4+4-5+2+4-5 M. Cara, *D'ogni altra hari* 1507/03

-4-4+5+3-3-4+2 Anonymous, *Ave stella seren* 1598/04

-4-4+5-4+3+2-5 P. Cesena, *Non posso abando* 1505/04

-4-4+5-4+4-5+5 A. Willaert, *Cingari simo* 1548/11

-4-4+5-5+7-4-4 G. Dragone, *Crudel m'uccid* 1588/22

-4+5+2+2-2-2-5 Anonymous, *Io seria del mi* 1570/21

-4+5+2-2+2-3+5 Anonymous, *Speme che gli oc* 1577/08

-4+5-3+5+2-4-3 Anonymous, *Cor mio di grati* 1567/17
-4+5-3+5-3-2+2 G. Antiquis, *Che posso far* 1574/06
-4+5-3+5-4+5-2 Anonymous, *Vorria morire pe* 1566/05
-4+5-3+5-5+4-2 A. Perugino, *Poi che pieta* 1570/19
-4+5+4-2+2-4-3 G. Nanino, *Aventuroso piu* 1587/10
-4+5+4-2-2-2-2 P. Vinci, *Nulla posso leva* 1567/24
-4+5+4-2+3-2-2 B. Tromboncino, *Arbor victo* 1508/03
-4+5+4-3+4-5+4 H. Chamatero, *Amor con qual* 1569/26
-4+5+4-3-4+2+2 G. L. Primavera, *Virtu senn* 1585/31
-4+5+4-3-4+2-4 A. Gabrieli, *Mentre io vi* 1589/14
-4+5+4-4+3-5+2 C. Malvezzi, *Occhi miei ch* 1583/16
-4+5-4+3-3+2+2 G. Eremita, *Cara la vita mi* 1592/14
-4+5-4+3-4+4-3 V. Ruffo, *Qual sguardo fia* 1557/25
-4+5-4+3-5-3+5 G. Guami, *Gravi pene in amo* 1562/06
-4+5-4-3+3+3-4 L. Courtoys, *Locar sovra gl* 1580/10
-4+5-4-3+5-4+5 S. Paulo, *Son molti giorni* 1546/18
-4+5-4+4-2+2-5 C. Rore, *Rex Asiae & ponti* 1565/18
-4+5-4+4-2-2+2 Anonymous, *Al ombra d'un be* 1514/02
-4+5-4+4-2-2+4 Anonymous, *Donna hormai no* 1506/03
-4+5-4+4-2+4-2 C. Rore, *Ivi'l parlar che* 1548/09
-4+5-4+4-5+4-2 O. Lasso, *Spent'e d'amor* 1569/19
-4+5-4-4+3-4+4 L. Courtoys, *Locar sovra gl* 1580/10
-4+5-4+5-2+5-2 O. Lasso, *Ove sei vita mia* 1561/10
-4+5-4+5-4+2-4 P. Vinci, *Ma l'hora e'l gio* 1584/11
-4+5-4+5-4-4+2 O. Lasso, *S'io esca vivo* 1579/02
-4+5-4-5+4-3+2 P. Quagliati, *O angiol bene* 1585/07
-4+5-4+8-2-4+2 H. Chamatero, *Gia con altr* 1569/26
-4+5-4+8-2-4+3 O. Lasso, *Questi ch'inditi* 1559/23
-4+5-5+2+2-4+5 G. Nanino, *Questa si bianc* 1587/10
-4+5-5+2-2+4-5 Anonymous, *Hai promesse dol* 1505/03
-4+5-5+2+5-3+2 Don Fiolo, *Come viver poss'* 1566/10
-4+5-5-2+3+3-3 C. Rore, *Rex Asiae & ponti* 1565/18
-4+5-5-2+4+3+2 F. Laudis, *Et se ti credi* 1575/11
-4+5-5+3-2-2+5 O. Lasso, *Ardo si ma non t'* 1585/17
-4+5-5+3+5-8+2 F. Baseo, *Vita non voglio* 1573/17
-4+5-5+4+2+2-2 H. Chamatero, *I piu soavi* 1569/26
-4+5-5+4-2-2-3 M. Effrem, *Perche non m'am* 1574/06
-4+5-5+4-2-2-3 S. Molinaro, *Porgetemi la* 1599/15
-4+5-5+4-2+5-2 C. Todino, *Tristo che giong* 1566/09
-4+5-5+4-3+5-4 C. Rore, *O sonno o della qu* 1557/24
-4+5-5+4-4+2+2 G. Ferretti, *Come poss'io* 1589/08
-4+5-5+4-4+2-3 M. Cara, *S'io sedo al ombr* 1505/06
-4+5-5+4-4+4-2 Anonymous, *Arda el ciel e'* 1505/04
-4+5-5+4-5+8-5 A. Willaert, *Dulce padrun* 1564/16
-4+5-5+4-8+4-3 P. Vinci, *Nulla posso leva* 1567/24
-4+5-5-4+4+3-2 B. Tromboncino, *Ite caldi* 1509/02
-4+5-5+5+2+2-3 G. L. Primavera, *Questa donn* 1565/17
-4+5-5+5-3+5-5 G. Ferretti, *Basciami vita* 1594/08
-4+5-5+5-5+8-2 G. Belli, *Ha Laura il crin* 1592/14
-4+5-5+8-2+2-5 P. Quagliati, *Stiati huomo* 1585/07
-4+5-5+8-3-2+5 G. Nanino, *Da bei vostr'occ* 1586/18
-4+5-5+8-3-3+2 M. Cara, *Se de fede hor ven* 1504/04
-4-5+2+2+2+2-5 M. Cara, *E da poi ch'el so* 1526/06
-4-5+2+2-2-2+3 O. Crisci, *Cio che'l Tago* 1581/11
-4-5+2+2-3+2+4 P. Bellasio, *Non son certo* 1595/07
-4-5+2+3+2-2+3 Anonymous, *Dolce nemica mi* 1546/19
-4-5+3-2+2+2+2 L. Bati, *Se da quel vago vi* 1594/11
-4-5+3+3-2+2-5 B. Tromboncino, *El colpo ch* 1505/06
-4-5+4+2+2+2+2 A. Il Verso, *Pace grid'l mi* 1594/17
-4-5+4-2-2-2+5 B. Tromboncino, *Poi che'l* 1504/04
-4-5+4-2+4+2+2 J. Persoens, *Mentre la mia* 1570/28
-4-5+4-2-4+5-5 V. Gallo, *Quando due vagh'* 1598/08
-4-5+4-2-5+8+2 L. Marenzio, *Baci affammati* 1591/21
-4-5+4+3-2+4-2 G. M. Nanino, *Con quella ma* 1590/15
-4-5+4-3+5-3+2 G. Dragone, *O rossigno* 1588/22
-4-5+4+5-8+4-5 G. Gabrieli, *Sacri di Giov* 1589/08
-4-5-4+4+4-2-3 C. Borghese, *Misero a che* 1568/12
-4-5+5+2-4+4-2 A. Trombetti, *Deh non sdegn* 1586/21
-4-5+5-3-3+2-2 A. Gabrieli, *Ecco la vaga* 1587/16
-4-5+5-3-3+3-3 H. Waelrant, *Tra rumor di* 1594/08
-4-5+5-4+5-6+2 P. Stabile, *Icaro cadde qu* 1585/32
-4-5+5-5+6-2+2 A. Gabrieli, *Tirsi che fai* 1587/16
-4-5+8-3-2-4+5 F. Soto, *Per aspri monti vi* 1599/06
-4-5+8-3-2-5+5 B. Spontone, *Amor e'l ver* 1570/15
-4+6+2-2+2-2-2 M. Troiano, *Lungi dal mio* 1569/19
-4+6-2+2-2-3+2 P. Bellasio, *Non son certo* 1595/07
-4+6-2+2-4+4-2 O. Lasso, *La notte che segu* 1561/10
-4+6-2-2+2-2+4 F. Ana, *Vedo sdegnato amo* 1505/05
-4+6-2-2-2+2-5 F. Cornazzani, *Io vissi un* 1575/11
-4+6-2-2+3-2-2 H. Chamatero, *Huomin'e Dei* 1561/13
-4+6-2-2-3-3+8 F. Cornazzani, *Io vissi un* 1575/11

-4+6-2-2-4+7-4 L. Marenzio, *Baci ohime no* 1591/21
-4+6-2-2-4+8-4 R. Vecoli, *Degni i begli oc* 1577/10
-4+6-2-3+2+2+2 P. Monte, *Aure ch'i dolci* 1561/15
-4+6-2+4-3-2+3 V. Ruffo, *Ond'Amor paventos* 1557/25
-4+6-2+5-2-2+2 P. Vinci, *Tuo fiat'e dir l'* 1567/24
-4+6-2-5+3-2+2 P. Vinci, *Mentre che'l cor* 1564/20
-4+6-2-5+4-2-4 P. Vinci, *Mentre che'l cor* 1564/20
-4+6-3+2+2-2-2 L. Agostini, *A quel strano* 1572/07
-4+6-3+2+2-2+4 L. Agostini, *A quel strano* 1572/07
-4+6-3+2-4+3-2 H. Chamatero, *Valle che di* 1569/26
-4+6-3+2-5+3+4 B. Pallavicino, *Occhi un te* 1596/16
-4+6-3+2-5+4-5 O. Lasso, *Riconosci colei* 1561/10
-4+6-3+3-2-3-3 O. Lasso, *Riconosci colei* 1561/10
-4+6-3-4+2-3+2 M. Troiano, *Lungi dal mio* 1569/19
-4+6-4+2-2+2+4 G. Gastoldi, *Dhe quai still* 1598/06
-4+6-4+2-5+5+4 N. Dinarelli, *Caro dolce mi* 1589/10
-4-6+2+2-3+2+2 Anonymous, *Tu me strugi* 1505/04
-4+7-4+3-2-2+2 J. Gero, *Madonna io v'amo* 1541/02
-4+8-2+2-3+3-2 C. Festa, *Hai lasso che spe* 1537/07
-4+8-2+2-4+2+2 S. Molinaro, *Stanco e non* 1599/15
-4+8-2+2-4-2+3 G. Moro, *Bene mio tu m'hai* 1585/28
-4+8-2+2-5+4-4 Anonymous, *Canta georgia* 1560/13
-4+8-2-2+2+2+2 Anonymous, *Morte disciols'i* 1566/03
-4+8-2-2-2-2+2 S. Molinaro, *Indi sovra l'a* 1599/15
-4+8-2-2-2-2-2 R. Rodio, *So de la mia nemi* 1587/12
-4+8-2-2-2-2-3 N. Pifaro, *Ala bruma al gia* 1507/04
-4+8-2-2-2+3-2 R. Mel, *Mentre ch'io serv* 1599/06
-4+8-2-2-2+3-4 L. Courtoys, *Signor fu poc* 1580/10
-4+8-2-2-2-5+4 C. Veggio, *Deh perche'n me* 1540/19
-4+8-2-2+5+2-5 H. Sabino, *Morto che'l vag* 1581/11
-4+8-2-3+2-3+8 G. Guami, *Gravi pene in amo* 1562/06
-4+8-2-3-2+5-2 O. Lasso, *Amor mi strugge'* 1585/18
-4+8-2-4+4-3+2 A. Trombetti, *Ben a ragion* 1583/18
-4+8-2-4+5-3+2 A. Gabrieli, *Alla battagli* 1587/16
-4+8-3+2+2-2-2 M. Cancino, *Mentre nubi di* 1590/21
-4+8-3+2+2-2-2 G. Macque, *Amor io sento* 1583/14
-4+8-3+2+2-2-3 M. Musotto, *Ardo si ma non* 1585/17
-4+8-3+2+2-5+3 C. Porta, *Ero cosi dice* 1588/17
-4+8-3-2+2-2+4 V. Ruffo, *Puli chiam'il mi* 1562/06
-4+8-3-2-2-2-2 C. Verdonch, *Lungi da voi* 1590/19
-4+8-3+3-2-2-2 G. Mosto, *Fuor de'lacci qua* 1578/22
-4+8-3+3-4+2+2 G. Mosto, *Fuor de'lacci qua* 1578/22
-4+8-3-3+2-5+4 A. Gabrieli, *Ecco la vaga* 1587/16
-4+8-3-3-2+3+2 H. Sabino, *Pria che la trom* 1588/27
-4+8-3-3+3-2-2 A. Trombetti, *Donna se voi* 1586/21
-4+8-3-3+3+3-4 H. Sabino, *Pria che la trom* 1588/27
-4+8-4+2-2-5+4 J. Peri, *Caro dolce ben mi* 1583/16
-4+8-4+3-4+2+2 A. Doni, *Di tre rare eccell* 1544/22
-4+8-4+3-4+4-3 M. Iacovelli, *Dimme dolce* 1588/23
-4+8-4+4-2-2-2 G. Gostena, *Donne deh stat* 1589/13
-4+8-5+3-2-5+2 Anonymous, *Tutt'ombre son* 1570/15
-4+8-5+3-2-5+4 B. Donato, *Tutta saressi be* 1550/19
-4+8-5+4-2+2+3 G. Mosto, *Io mi son giovine* 1579/02
-4+8-5+5-4+6-2 R. Vecoli, *Degni i begli oc* 1577/10
+5+2+2+2+2-3+2 J. Berchem, *Lasso che desia* 1544/17
+5+2+2+2-2+2+2 G. Wert, *Chi salira per me* 1560/10
+5+2+2+2-2+2-2 D. Vicentino, *Al'ultimo bis* 1558/17
+5+2+2+2-2+2-3 G. Wert, *Chi salira per me* 1560/10
+5+2+2+2-2+2-4 A. Trombetti, *Al tuo dolce* 1583/18
+5+2+2+2-2-2-2 S. d'Aranda, *Fu il vincer* 1571/12
+5+2+2+2-2-2-2 G. F. Sabino, *Cor mio poi ch* 1588/27
+5+2+2+2-2-2-2 G. Florio, *Amor compagno et* 1566/03
+5+2+2+2-2-2-2 A. Striggio, *Ninfa che dal* 1590/15
+5+2+2+2-2-2+3 M. Comis, *Quando fuori del* 1568/12
+5+2+2+2-2-3+2 G. Palestrina, *Mori quasi* 1593/05
+5+2+2+2-2-3+2 F. Roussel, *Dille la mia sp* 1559/16
+5+2+2+2-2-3+2 H. Sabino, *Cosi le chiome* 1594/07
+5+2+2+2-2-5+3 G. Palestrina, *Mori quasi* 1593/05
+5+2+2+2-3+2+2 C. Rore, *Qual donn'attend'* 1548/09
+5+2+2+2-3-2+3 F. Guami, *Se l'anime piu be* 1575/11
+5+2+2+2-3-2-3 G. Guami, *E non conosce Amo* 1575/11
+5+2+2+2-3-2-5 G. Boni, *Sta notte mi sogna* 1589/10
+5+2+2+2-3-4-4 F. Guami, *Se l'anime piu be* 1575/11
+5+2+2+2-4+2-5 I. Baccusi, *Alma gloria del* 1572/09
+5+2+2+2-4+2-5 D. Vicentino, *Al'ultimo bis* 1558/17
+5+2+2+2-4-3-3 C. Rore, *Ancor che col part* 1548/08
+5+2+2+2-4+4-3 G. Nanino, *Amor mi fa morir* 1586/18
+5+2+2+2-4-4+2 A. Martorello, *Se m'amaste* 1547/17
+5+2+2+2-4-4-2 A. Stabile, *Qual vaga pasto* 1582/04
+5+2+2+2-4+5-5 F. Roussel, *Dille la mia sp* 1559/16
+5+2+2+2-5+2+2 A. Morsolino, *Cor mio se pe* 1594/15
+5+2+2-2+2+2+2 G. Conversi, *Alma guidott'a* 1589/08
+5+2+2-2+2-2-2 J. Arcadelt, *L'alma mia don* 1554/28
+5+2+2-2-2+2+2 J. Sala, *Ne si dolce com'* 1585/26
+5+2+2-2-2-2+2 Anonymous, *Non fur giamai* 1554/28

+5+2-3+2+2+2+2 M. Cancino, *Ave del Mare St* 1600/05
+5+2-3+2+2+2+2 J. Gero, *Tanta beltade e* 1541/02
+5+2-3+2+2+2+2 C. Veggio, *Ben mille volte* 1540/19

+5+2-3+2+2+2-2 M. Cancino, *Ave del Mare St* 1600/05
+5+2-3+2+2+2-2 C. Veggio, *Ben mille volte* 1540/19

+5+2-3+2+2+2-3 C. Veggio, *Ben mille volte* 1540/19

+5+2-3+2+2-2+3 G. Guami, *Voi voi dolci occ* 1577/07

+5+2-3+2+2-2-5 S. Nascimbeni, *Lucenti rai* 1592/12

+5+2-3+2-2-2-2 C. Merulo, *Il dolc'aspetto* 1562/06

+5+2-3+2-2+5-2 J. Gero, *Tanta beltade e* 1541/02

+5+2-3+2+3+2-2 S. Gonzaga, *Entro le dolci* 1562/15

+5+2-3+2+3+2-3 F. Roussel, *Poi ch'el fier* 1562/22

+5+2-3+2-5+4-2 G. Fogliano, *Gran miracol* 1547/16

+5+2-3+2-5+5-3 Anonymous, *Lassa hormai tan* 1510/
+5+2-3+2-5+5-3 G. Ferretti, *Su su non piu* 1583/15

+5+2-3+2-5+8-2 J. Arcadelt, *Non mai sempr* 1540/18

+5+2-3-2+2+2+2 Anonymous, *Non vogl'in donn* 1571/07
+5+2-3-2+2+2+2 P. Vinci, *Pur mi dara tant* 1564/20

+5+2-3-2+2+2-5 G. da Nola, *Datemi pace* 1570/27

+5+2-3-2-2-2+2 J. Arcadelt, *Dolcemente s'a* 1539/24

+5+2-3-2-2+4-3 A. Galletti, *All'ombra d'u* 1568/13

+5+2-3-2-2+5+2 G. Nanino, *Dolce fiamella* 1587/10

+5+2-3-2+3-2+2 A. Mantovano, *Non hebbe ma* 1513/01

+5+2-3-2-3+3-4 H. Chamatero, *Ite caldi sos* 1569/26

+5+2-3-2-3+4-3 F. Celano, *Donna quando ti* 1566/10

+5+2-3-2+4-2+4 G. Renaldi, *S'un sguard'un* 1569/32

+5+2-3-2+5-2-2 Anonymous, *Odi Giesu dilett* 1598/04

+5+2-3+3-2-5+4 Anonymous, *O gratios'e bell* 1570/21

+5+2-3+4-5-3+5 P. Bellasio, *Amor non te'l* 1595/07

+5+2-3-4+2-2+3 G. Renaldi, *Tu tu Caro anco* 1568/16

+5+2-3-4+5-5+4 V. Ruffo, *Chiara gentile* 1557/25

+5+2-3+5-2-2-2 P. Vinci, *Se la mia vita* 1564/20

+5+2-3+5-4+2-3 P. Philips, *Amor che voi ch* 1594/07

+5+2-3+5-4+4-3 G. Renaldi, *Poi che l'alto* 1569/32

+5+2-3+5-4-5+3 G. Renaldi, *Poi che l'alto* 1569/32

+5+2-4+2+2-5+2 P. Lodi, *El basilischo ha* 1507/03

+5+2-4+2+2-5+5 G. Dragone, *Credi tu per fu* 1588/22

+5+2-4+2-2+3-5 Anonymous, *Ben s'io non err* 1577/08

+5+2-4+2-2+4-2 Anonymous, *Nel tempo che ri* 1577/08

+5+2-4+2-2+5-2 J. Berchem, *O s'io potesi* 1585/20

+5+2-4+2-2-5-2 D. Caritheo, *O dio che foss* 1546/18

+5+2-4+2-2-5+8 A. Pitigliano, *Ov'e l'anima* 1600/05

+5+2-4+2-2+6-8 A. Galletti, *All'ombra d'u* 1568/13

+5+2-4+2-3+2+2 G. Mosto, *Come lume di nott* 1578/22

+5+2-4+2-4+5-2 V. Recco, *Non e piu certa* 1574/06

+5+2-4+2-4+5-3 A. Viola, *Se'l sol si scost* 1562/06

+5+2-4+3+2+2-3 J. Arcadelt, *Quanto piu di* 1539/24

+5+2-4+3-2+2+2 A. Padovano, *Hor volge sign* 1562/22

+5+2-4+3+3-2-2 C. Rore, *Vergine santa d'og* 1548/09

+5+2-4+3-3+4-5 Anonymous, *Me bisogna servi* 1565/12

+5+2-4+3-4+2-4 P. Monte, *I begl'occhi ond'* 1583/14

+5+2-4+3-5+5-2 Anonymous, *O Signor mio de* 1563/06

+5+2-4-3+5+2-4 L. Marenzio, *Ecco che'l cie* 1591/21

+5+2-4-3+5-2-2 C. Festa, *Cosi estrema la* 1546/19

+5+2-4-3+5-5+2 C. Bottegari, *Ben fate torto* 1575/11

+5+2-4+4-2-2-2 G. Macque, *Di te la vita na* 1599/06

+5+2-4+4-2-3+2 G. Moscaglia, *Occhi leggiad* 1585/29

+5+2-4+4-2-5+5 A. Stabile, *Ohime partito* 1589/11

+5+2-4+4-2-8+2 A. Coma, *Tirsi son io quel* 1585/22

+5+2-4+4-3+2-4 G. Dragone, *Se la mia vita* 1588/22

+5+2-4+4-4+4+2 F. Dentice, *Empio cor crud* 1577/08

+5+2-4+5+2-3 Anonymous, *S'el mio cor piu* 1505/06

+5+2-4-5-2+2+2 J. Guami(?), *Quando mio pad* 1565/12

+5+2-4-5+3-4+2 J. Mettula, *Chara mia pasto* 1573/17

+5+2-4-5+4-2+2 M. Mazzone, *Dopoi ch'io vid* 1570/18

+5+2-4-5+8-3+2 S. Molinaro, *Dolci soavi* 1599/15

+5+2-4+6-2-2-2 R. Rodio, *Fuggimi quanto vo* 1570/18

+5+2-5+2+4-2-5 F. Azzaiolo, *E d'una viduel* 1557/18
+5+2-5+2+4-2-5 A. Ganassi, *Pastorella d'am* 1559/19

+5+2-5+2-5+2+2 B. Iacomini, *Zefiro torn'e'* 1592/15

+5+2-5-2+2-2-2 B. Tromboncino, *Chi se pasce* 1505/04

+5+2-5-2+8-5+4 L. Marenzio, *Al suon dele* 1589/08

+5+2-5+4-4-2+2 P. Bellasio, *Amor che vide* 1583/10

+5+2-5+4-5+2+2 F. Luprano, *Vale hormai co* 1505/05

+5+2-6+5-5+5-4 R. Vecoli, *Piangi Amor mec* 1577/10

+5+2-8+5+2-3+2 Don Remigio, *Hor non nasce* 1599/06

+5+2-8+5-3+5+2 M. Mazzone, *Chi t'ama e chi* 1570/18

+5+2-8+5-3+5-2 Anonymous, *Vorria madonna* 1567/17

+5-2+2+2+2+2-2 G. Nanino, *Se voi sete il* 1589/06
+5-2+2+2+2+2-2 G. Wert, *Madonna habbiate* 1568/20

+5-2+2+2+2+2-4 G. Califano, *Ecco l'aurora* 1584/07

+5-2+2+2+2-2-2 G. Califano, *Ecco l'aurora* 1584/07
+5-2+2+2+2-2-2 M. Carrara, *Le fiamme acces* 1586/09
+5-2+2+2+2-2-2 G. Palavicino, *Vorrei donn* 1589/08
+5-2+2+2+2-2-2 G. Wert, *Madonna habbiate* 1568/20

+5-2+2+2+2-3+3 G. L. Primavera, *Prima che* 1569/31

+5-3+2+2-5+4-2 G. Califano, *Ma i pomi un* 1584/07

+5-3+2+2-5+5-2 G. Califano, *Ma i pomi un* 1584/07
+5-3+2+2-5+5-2 F. Corteccia, *Che son io se* 1540/18
+5-3+2+2-5+5-2 P. Monte, *All'hor gli spirt* 1591/23
+5-3+2+2-5+5-2 G. Nanino, *Non son le vostr* 1586/18

+5-3+2+2-5+5+3 C. Porta, *Non esser di me* 1598/07

+5-3+2+2-5+5-3 G. Policretto, *Mi sono inna* 1571/09

+5-3+2+2-5+5+4 Anonymous, *Chi non adora qu* 1565/12
+5-3+2+2-5+5+4 G. Nanino, *Morir puo il vos* 1586/18

+5-3+2+2-5+5-5 C. Ceruti, *Dolce nemica mi* 1585/22

+5-3+2+2-5+8-4 G. Mosto, *Non mi curo che'* 1578/22
+5-3+2+2-5+8-4 Nicodemus, *Perche la vit'e* 1560/10

+5-3+2+2-6+6-2 Anonymous, *Lasso qual fia* 1544/17

+5-3+2+2-8+2-2 R. Vecoli, *La ver l'auror* 1577/10

+5-3+2-2+2+2+2 G. da Nola, *Seguit'amor don* 1566/09

+5-3+2-2+2-4+4 Anonymous, *Lachrime e voi* 1505/05

+5-3+2-2+2-5+2 N. Pifaro, *Se'l te grato* 1515/02

+5-3+2-2-2-2+2 G. Califano, *O dolorosa vit* 1584/07
+5-3+2-2-2-2+2 Diomedes, *Sempre haro quel* 1509/02
+5-3+2-2-2-2+2 G. Nanino, *Si com'ogn'hor* 1598/08

+5-3+2-2-2-2+4 C. Rore, *Quel vago impallid* 1548/09

+5-3+2-2-2-2-4 A. Gabrieli, *Ella non sa* 1582/08
+5-3+2-2-2-2-4 C. Merulo, *La mia spietata* 1579/02

+5-3+2-2-2-2+5 A. Feliciani, *Amor mi fa mo* 1586/15

+5-3+2-2-2+4+2 F. Viola, *Pensai ch'ad amb* 1548/08

+5-3+2-2+3-2-2 V. Ruffo, *Udite amanti udit* 1557/25

+5-3+2-2-3+2-4 L. Marenzio, *Al suon dele* 1589/08

+5-3+2-2-3+5-5 P. Vinci, *Amor fra l'herbe* 1583/19

+5-3+2-2+4-2+2 R. Vecoli, *E pur di fior l'* 1577/10

+5-3+2-2+4-5+3 F. Manara, *Tal guida fummi* 1548/08

+5-3+2-2-4+5-4 B. Tromboncino, *Il primo gior* 1516/02

+5-3+2-2-5+5-3 G. Gallo, *Deh ditemi per Di* 1597/20

+5-3+2+3-2+2-2 M. Cara, *Caro sepulchro mi* 1517/02

+5-3+2+3-2+2-3 A. Il Verso, *Madonna se gl* 1594/17

+5-3+2+3-2-2+3 F. Manara, *Un si nuovo desi* 1548/08

+5-3+2+3-2+3+2 A. Il Verso, *Madonna se gl* 1594/17

+5-3+2+3-2+3-2 F. Manara, *Un si nuovo desi* 1548/08

+5-3+2+3-2-4+2 A. Il Verso, *L'herbetta ver* 1594/17
+5-3+2+3-2-4+2 A. Il Verso, *Madonna se gl* 1594/17

+5-3+2+3-2-5+2 B. Spontone, *Ove che pos* 1570/15

+5-3+2+3-2-5+3 Anonymous, *Se ben risguard* 1599/06

+5-3+2+3-2-5+4 S. Lando, *Non e cosa ch'io* 1570/18
+5-3+2+3-2-5+4 A. Il Verso, *L'herbetta ver* 1594/17

+5-3+2+3-2-5+5 P. Bellasio, *Felice che vi* 1595/07
+5-3+2+3-2-5+5 A. Il Verso, *Quella che'l* 1594/17

+5-3+2+3-2-5+8 G. Nanino, *Non era l'andar* 1583/15
+5-3+2+3-2-5+8 G. Nasco, *Vivo thesor etern* 1563/07

+5-3+2+3-2-5+8 B. Pallavicino, *Hor che la* 1596/16

+5-3+2+3-4-5+4 B. Pallavicino, *Hor che la* 1596/16

+5-3+2-3+2-2+4 Anonymous, *Cor mio che fai* 1595/03

+5-3+2-3+2+3-7 G. Ferretti, *Su su non piu* 1583/15

+5-3+2-3+2-3+2 P. Vinci, *Che debbo far ch* 1564/20

+5-3+2-3+2-5+5 Anonymous, *O saporito volt* 1565/12

+5-3+2-3-2+2+2 M. Cara, *Salve sacrato et* 1517/02
+5-3+2-3-2+2+2 A. Il Verso, *Non fur colti* 1594/17
+5-3+2-3-2+2+2 P. Vinci, *In te i secreti* 1567/24

+5-3+2-3-2-2-3 B. Roi, *Se i vostri dolci* 1585/29

+5-3+2-3-2+3+2 A. Il Verso, *Non fur colti* 1594/17

+5-3+2-3-2-3+2 F. Viola, *Pensai ch'ad amb* 1548/08

+5-3+2-3-2+4+2 Anonymous, *Che fara tu cor* 1563/06
+5-3+2-3-2+4+2 J. Arcadelt, *Dolce nimica* 1539/24

+5-3+2-3-2+4-2 G. Croce, *Voi bramate ben* 1598/10

+5-3+2-3-2+5+2 G. Dragone, *Donna tu sei* 1588/22

+5-3+2-3-2+5-4 Anonymous, *Non son tant'ond* 1599/06

+5-3+2-3-2+5-8 A. Fiamengo, *Ahi pargolett* 1599/06

+5-3+2-3+4+2-2 R. Montagnano, *Non ha tant* 1558/17

+5-3+2-3+5+3-2 B. Tromboncino, *Volsi oime* 1505/04

+5-3+2-3+6-2-2 R. Montagnano, *Non ha tant* 1558/17

+5-3+2-4+2+2+2 B. Faveretto, *Amor se legh* 1598/07

+5-3+2-4+2-3+2 A. Barre, *Quanto piu v'am'o* 1559/23

+5-3+2-4+3-2-2 B. Tromboncino, *Piu non so* 1507/03

+5-3+2-4+3-4+4 A. Barges, *L'amore si m'ha* 1550/18

+5-3+2-4+4+2+2 R. Vecoli, *Non cerchi torm* 1577/10

+5-3+2-4+4-4+2 P. Stabile, *Per voi seme ge* 1585/32

+5-3+2-4-4+4-2 G. Gallo, *Deh ditemi per Di* 1597/20

+5-3+2-4+5+2+2 L. Bati, *Da voi da me disgi* 1594/11

+5-3+2-4+5+2-2 V. Ruffo, *Udite amanti udit* 1557/25

+5-3+2-4+5-2-2 G. Gabrieli, *Hor ch'io son* 1575/11

+5-3+2-4+5-2-4 F. Corteccia, *Guardane alm* 1539/25

+5-3+2-4+5-3+4 G. Renaldi, *Per che come* 1569/32

+5-3+2-4+5-5+2 G. Mosto, *L'aura suave a cu* 1578/22

+5-3+2-4+5-5+3 F. Baseo, *Questo tiranno am* 1573/17

+5-3+2-4+5-5+4 S. Felis, *Non fos Amor m'in* 1583/15
+5-3+2-4+5-5+4 A. Gabrieli, *Chiaro sol di* 1586/07

+5-3+2-4+5-5+5 Anonymous, *Lacci e catene* 1599/06

+5-3+2-4+5-5+8 S. Felis, *Non fos Amor m'in* 1583/15

+5-3+2-4-5+5+2 A. Gabrieli, *Chiaro sol di* 1586/07

+5-3+2-4+8-3+2 P. Vinci, *Amor fra l'herbe* 1583/19

+5-3+2+5-2-2+2 C. Merulo, *La mia spietata* 1579/02

+5-3+2+5-2-2-2 A. Marien, *Magnanimo signo* 1567/24

+5-3+2-5+2+2+2 G. Califano, *Liete verde fi* 1584/07

+5-3+2-5+2+3-3 E. Romano, *Di tempo in temp* 1514/02

+5-3+2-5+3-2-3 Anonymous, *Tu dormi io vegl* 1506/03

+5-3+2-5+4-2-2 A. Gabrieli, *Ben possono* 1579/02

+5-3+2-5+4-3+4 G. Antiquis, *Queste la prim* 1574/05

+5-3+2-5+4+4-2 Anonymous, *Poi ch'el ciel* 1507/03

+5-3+2-5+5-2+2 G. Ferelle, *Con le mie man* 1566/10

+5-3+2-5+5-2-3 G. L. Primavera, *Nacque mor* 1585/31

+5-3-2+2+2+2+4 F. Soriano, *Ohime l'antica* 1589/07

+5-3-2+2+2+2-4 G. Trombetti, *Pingea con l'* 1586/21

+5-3-2+2+2+2-5 A. Martorello, *Amor se'l mi* 1547/17

+5-3-2+2-2+2+2 P. Taglia, *Donna curtese* 1564/16

+5-3-2+2-2-2-2 G. Trombetti, *Pingea con l'* 1586/21

+5-3-2+2-2-2+3 C. Porta, *Giovane illustre* 1559/16

+5-3-2+2-2-2+5 A. Martorello, *Chi potra ma* 1547/17

+5-3-2+2+3-2-2 G. Locatello, *Amai s'amasti* 1590/21

+5-3-2+2-3+2-2 G. Renaldi, *Mi'l vivo sulo* 1564/16

+5-3-2+2-3+3-2 Anonymous, *Pensier dicea ch* 1570/16
+5-3-2+2-3+3-2 B. Donato, *Pensier dicea ch* 1561/10

+5-3-2+2-3+3+3 J. Sala, *Ne si dolce com'ho* 1585/26

+5-3-2+2-4+2-2 A. Gabrieli, *In nobil sangu* 1587/16

+5-3-2+2-4+2-3 A. Gabrieli, *In nobil sangu* 1587/16

+5-3-2+2-5+4-5 O. Lasso, *Dentro pur foco* 1560/18
+5-3-2+2-5+4-5 F. Roussel, *Dentro pur fuoc* 1588/24

+5-3-2-2+2+2+2 L. Agostini, *Si chiara e pe* 1572/07
+5-3-2-2+2+2+2 F. Mosto, *Poch'e signor pas* 1575/11
+5-3-2-2+2+2+2 G. Renaldi, *Mi'l vivo sulo* 1564/16

+5-3-2-2+2+2-2 G. Wert, *Vaga d'udir com'og* 1568/20

+5-3-2-2+2+2+3 G. Scotto, *Amor lasciami st* 1571/11

+5-3-2-2+2+2-3 F. Portinaro, *Perche l'usat* 1563/13

+5-3-2-2+2+2-4 H. Sabino, *Il pastor lasso* 1581/11

+5-3-2-2+2-3+2 G. Gastoldi, *Clori mia past* 1594/07

+5-3-2-2-2+2+2 G. Palestrina, *Posso un gra* 1591/12
+5-3-2-2-2+2+2 P. Vinci, *Che debbo far ch* 1564/20

+5-3-2-2-2+2-2 L. Padovano, *Amor sonni ch'* 1598/07
+5-3-2-2-2+2-2 V. Ruffo, *Qual possanza si* 1555/31

+5-3-2-2-2+2-3 J. Lulinus, *Fuga ognun amor* 1514/02

+5-3-2-2-2+2-4 O. Ballis, *Se Giove se Plut* 1598/07

+5-3-2-2-2+2+5 G. Moscaglia, *Benche rallen* 1590/15

+5-3-2-2-2+2+6 G. Ferretti, *Su su non piu* 1583/15

+5-3-2-2+3+2+2 L. Agostini, *Si chiara e pe* 1572/07

+5-3-2-2+3+2-3 P. Simone, *Spargo el mio se* 1515/02

+5-3-2-2+3-3+2 P. Vinci, *Amor fra l'herbe* 1583/19

+5-3-2-2-3+2+2 M. Cara, *Non e tempo d'aspe* 1504/04
+5-3-2-2-3+2+2 P. Vinci, *Amor fra l'herbe* 1583/19

+5-3-2-2-3-2-2 F. Azzaiolo, *Sentomi la for* 1557/18

+5-3-2-2-3+5-2 G. Renaldi, *Per che come* 1569/32

+5-3-2-2+4+2+2 Anonymous, *Bagnan doi rivi'* 1598/04
+5-3-2-2+4+2+2 M. Pesenti, *Se in tutto ha* 1504/04

+5-3-2-2+4-4+5 A. Martorello, *Amor se'l mi* 1547/17

+5-3-2-2+5+2-2 G. Wert, *Vaga d'udir com'og* 1568/20

+5-3-2-2+5+2-3 G. Gastoldi, *Clori mia past* 1594/07

+5-3-2-2+5+2-4 G. Hassler, *Core mio io mi* 1597/13

+5-3-2-2+5-3+2 P. Quagliati, *Tra l'asinell* 1585/07

+5-3-2-2+5-5+2 Don Remigio, *Piena del verb* 1599/06

+5-3-2-2+5-5+4 V. Bellhaver, *Cinto d'arden* 1579/02

+5-3-2-2+6-2-2 H. Sabino, *Il pastor lasso* 1581/11

+5-3-2-2+8-2+2 P. Bozi, *Nell'erto colle am* 1588/18
+5-3-2-2+8-2+2 R. Vecoli, *Non cerchi torm* 1577/10

+5-3-2+3-2+2+2 G. M. Nanino, *Il Ciel tutt* 1599/06

+5-3-2+3-2-2-2 G. M. Nanino, *Il Ciel tutt* 1599/06

+5-3-2+3-4-2+2 Anonymous, *La dolce diva mi* 1505/05

+5-3-2-3+2+2-5 G. Fogliano, *Gran miracol* 1547/16

+5-3-2+4+2+2-4 C. Rore, *O voi che sotto l'* 1568/19

+5-3-2+4+2-4-2 Anonymous, *Quanto e dolc'i* 1583/13

+5-3-2+4+2-4+5 B. Casoni, *A queste due gue* 1598/08

+5-3-2+4-2+2-2 V. Ruffo, *Chiara gentile* 1557/25

+5-3-2+4-2-2-2 O. Lasso, *Dentro pur foco* 1560/18
+5-3-2+4-2-2-2 F. Roussel, *Dentro pur fuoc* 1588/24

+5-3-2+4-2-2+3 P. Vinci, *Ne l'eta sua piu* 1567/24

+5-3-2+4-2-3+2 P. Bellasio, *Se l'anime pi* 1578/21

+5-3-2+4-2+4-2 Anonymous, *Pensier dicea ch* 1570/16
+5-3-2+4-2+4-2 B. Donato, *Pensier dicea ch* 1561/10

+5-3-2+4-3-2+2 I. Alberti, *A Dio bella Str* 1586/10

+5-3-2+4-3-2-2 P. Parma, *S'in quest'human* 1562/15

+5-3-2+4-3-3+2 F. Mosto, *Poch'e signor pas* 1575/11

+5-3-2+4-3+4-2 F. Corteccia, *Chi ne l'a tolt* 1539/25

+5-3-2+4-4+2-2 A. Gabrieli, *Cor mio s'egl* 1589/14

+5-3-2+4-5+4-2 B. Spontone, *Eccoti il cor* 1592/15

+5-3-2-5+4-2+2 M. Effrem, *A che Ninfa gent* 1582/12
+5-3-2-5+4-2+2 P. Nenna, *S'il dolor del pa* 1582/12

+5-3+3+2-2-2+2 Anonymous, *Voglio lodar la* 1583/13

+5-3+3+2-2-2-2 Anonymous, *Voglio lodar la* 1583/13

+5-3+3+2-2-2-4 I. Alberti, *A Dio bella Str* 1586/10

+5-3+3+2-2+3+2 M. Cancino, *Al germ onde s'* 1590/21

+5-3+3+2-2-3+2 L. Agostini, *Voi che del pu* 1572/07
+5-3+3+2-2-3+2 M. Cancino, *Al germ onde s'* 1590/21

+5-3+3+2-3+2-3 A. Barre, *Poi che per te co* 1555/27
+5-3+3+2-4+3-5 D. Ferabosco, *Piu d'alto piu* 1544/17
+5-3+3-2+2-3-2 H. Sabino, *Non vide alcun* 1581/11
+5-3+3-2+2-3+4 G. Contino, *Col seno pien* 1561/15
+5-3+3-2+2-3-4 P. Vinci, *A l'ultimo bisogn* 1567/24
+5-3+3-2-2-2+2 A. Viola, *Vener se per Ado* 1562/06
+5-3+3-2-2-2+4 G. M. Nanino, *Amor se'bei R* 1593/05
+5-3+3-2-2+3-2 F. Corteccia, *Che son io se* 1540/18
+5-3+3-2-3+2+2 Anonymous, *Tu miri o vago* 1595/03
+5-3+3+3+2-2-3 A. Martorello, *Io veggio ben* 1547/17
+5-3+3+3-2-2+2 C. Rore, *Perche se strette'* 1568/19
+5-3+3+3-3-2-4 C. Rore, *Perche se strette'* 1568/19
+5-3+3-3+2+2+2 B. Tromboncino, *Per pietad* 1505/06
+5-3+3-3-2-2+2 L. Marenzio, *Gia torna a ra* 1589/08
+5-3+3-3+3-5+2 M. Cara, *Defecerunt donna* 1504/04
+5-3+3+4-2+2-3 O. Lasso, *O Lucia miau tu* 1567/17
+5-3+3-4+3-2-2 F. Corteccia, *Ingredere fel* 1539/25
+5-3+3-8+4+3-4 H. Sabino, *Danzan le Ninfe* 1588/27
+5-3-3+2+2+2+2 J. Lulinus, *Fuga ognun amor* 1514/02
+5-3-3+2+2+2-2 M. Cara, *Non e tempo d'aspe* 1504/04
+5-3-3+2+2+2-2 G. Scotto, *Tu mi rubasti* 1571/11
+5-3-3+2+2+3+4 A. Ganassi, *Se m'amasti io* 1586/10
+5-3-3+2-2+6-2 A. Gabrieli, *Aminta mio gen* 1566/03
+5-3-3+2-3+2+2 A. Il Verso, *Pace grid'l mi* 1594/17
+5-3-3+2+4-5 Anonymous, *Tutt'il di piango* 1546/19
+5-3-3-2+2-2-2 B. Tromboncino, *Vergine bell* 1510/
+5-3-3-2-2+2+2 B. Tromboncino, *Se mai nei* 1507/04
+5-3-3-2-2-2-2 Anonymous, *Perche m'hai aba* 1507/03
+5-3-3-2-2-2-2 R. Rodio, *Se'l cor miser av* 1587/12
+5-3-3-2+6-2-2 Anonymous, *Chi e pregion de* 1509/02
+5-3-3+3+2+2+4 G. Asola, *Hor che la terra* 1590/19
+5-3-3+4-2-2-2 S. Molinaro, *Amor se brami ch* 1599/15
+5-3-3+4-3+4-3 V. Bellhaver, *Nu semo tre* 1566/07
+5-3-3+4-4+4+5 C. Rore, *Deh se ti strins'a* 1544/17
+5-3-3+5-2+2-2 P. Bozi, *Nell'erto colle am* 1588/18
+5-3-3+5-3+3-3 Anonymous, *Catalina apra fi* 1567/17
+5-3-3+5-3-3-2 Anonymous, *Catalina apra fi* 1567/17
+5-3-3+5-3-3-2 C. Schietti, *Virtu che in* 1568/16
+5-3-3+5-3-3+5 L. Marenzio, *Gia torna a ra* 1589/08
+5-3-3+5-4+2+2 Anonymous, *Lasso qual fia* 1544/17
+5-3-3+5-4+5-5 J. Berchem, *A la dolc'ombr* 1544/22
+5-3-3+5-5+4+2 O. Lasso, *O Lucia miau tu* 1567/17

+5-3-3+6-2+2-2 C. Rore, *O voi che sotto l'* 1568/19
+5-3+4+2-3+2-5 Anonymous, *Signora mia non* 1570/21
+5-3+4-2+2+3-3 L. Balbi, *Sara forsi ripres* 1570/23
+5-3+4-2+2+3-4 J. Sala, *Ne si dolce com'ho* 1585/26
+5-3+4-2-2-2+2 J. Arcadelt, *Hor vedette ma* 1552/21
+5-3+4-2-2-2-2 G. Nasco, *Quando nascesti* 1559/16
+5-3+4-2-2-2+4 B. Tromboncino, *Afflicti sp* 1507/03
+5-3+4-2-2-2+4 B. Tromboncino, *Accio che* 1507/03
+5-3+4-2+3+2-2 S. d'Aranda, *Chi contempla* 1571/12
+5-3+4-2+3+2-2 G. Palestrina, *Il Caro e mor* 1568/16
+5-3+4-2-3+2+2 C. Rore, *Spesso in parte de* 1565/18
+5-3+4-2-3+2+2 C. Veggio, *Se la pietade ch* 1540/19
+5-3+4-2-3+3+4 L. Agostini, *Porgettemi la* 1572/07
+5-3+4-2+4-2-2 Caldarino, *Anchor che co'l* 1559/19
+5-3+4-2+4-3+2 S. d'Aranda, *Chi contempla* 1571/12
+5-3+4-2-4+2+2 Anonymous, *Hoggi liet'e gio* 1580/06
+5-3+4-2-5+4-2 S. Venturi, *Bella Ninfa gen* 1598/14
+5-3+4-2-5+5-2 C. Veggio, *Se la pietade ch* 1540/19
+5-3+4-2-5+8+2 L. Agostini, *Porgettemi la* 1572/07
+5-3+4+3-2-2-2 D. Phinot, *Simili a questi* 1561/10
+5-3+4+3-2-5+2 G. Massarengo, *No so facci* 1591/22
+5-3+4-3+2-5+5 G. Rognoni, *Amor deh dimm'i* 1600/17
+5-3+4-3+2-5+8 G. Massarengo, *Tre siamo che* 1591/22
+5-3+4-3+2-5+8 F. Pelusu, *Amor con quant'i* 1573/17
+5-3+4-3-2-2-4 A. Savioli, *Arsi gia solo* 1600/16
+5-3+4-3-2+5-4 G. Nasco, *Laccio di set'et* 1549/31
+5-3+4-3+5-5-4 V. Ruffo, *Ditemi aure tranq* 1555/31
+5-3+4-4+2-4+5 P. Verdelot, *Se mai provast* 1533/02
+5-3-4+2-2-3+4 S. Dentice, *Vorrei Vergine* 1599/06
+5-3-4+2-4+5+2 P. Quagliati, *Giesu de l'al* 1585/07
+5-3-4+4+3-2-2 I. Tartaglino, *Celeste donn* 1582/04
+5-3-4+4-4+4-3 B. Tromboncino, *Aspicias ut* 1516/02
+5-3+5+2-2-2+2 D. Pace, *Sospir ch'ogn'hor* 1589/10
+5-3+5+2-2-5+4 P. Cantino, *Perche la mia D* 1592/12
+5-3+5+2-4+2-2 C. Todino, *Non e Amor che* 1566/10
+5-3+5-2+2+2-4 G. Baviero, *Qual sara mai* 1562/22
+5-3+5-2-2+2+2 Anonymous, *Donna statomi de* 1571/07
+5-3+5-2-2+2-3 S. Lando, *Io mi vivea com'A* 1566/09
+5-3+5-2-2-2-2 A. Gabrieli, *I vo piangend* 1587/16
+5-3+5-3+2+2+2 G. Rognoni, *Cor mio se per* 1600/17
+5-3+5-3+2-2-4 G. Nanino, *Amor deh dimmi* 1587/10
+5-3+5-3+2-2-5 G. Nanino, *Amor deh dimmi* 1587/10
+5-3+5-3-2-2+2 G. Paratico, *E quest' e la* 1588/25

+5+4-5+5-4-4+4 B. Tromboncino, *Pregovi frond* 1507/03
+5+4-8+2+2+4 A. Striggio, *Non rumor di* 1583/15
+5+4-8+5+4-3+2 F. Soriano, *Ohime l'antica* 1589/07
+5-4 Anonymous, *Ogni impresa si* 1505/06
+5-4+2+2+2+2 R. Rodio, *So di che poc* 1587/12
+5-4+2+2+2+2-3 Anonymous, *Musillo d'oro* 1560/12
+5-4+2+2+2+2-3 A. Pevernage, *Amorose favil* 1593/04
+5-4+2+2+2-2-2 M. Ingegneri, *Amor se pur sei* 1583/12
+5-4+2+2+2-3-2 P. Vinci, *Ma'l suon che di* 1567/24
+5-4+2+2+2-5+2 G. Mosto, *Ecco s'in questi* 1578/22
+5-4+2+2+2-5+5 G. Dragone, *Se del fedel se* 1588/22
+5-4+2+2+2-5+5 P. Parma, *Deh perche'l cie* 1562/15
+5-4+2+2+2-8+4 P. Nenna, *S'il dolor del pa* 1582/12
+5-4+2+2-2+2-5 M. Cara, *Forsi che si fors* 1505/04
+5-4+2+2-2-3+2 A. Spontoni, *Vaghi fiorett* 1582/14
+5-4+2+2-2-3+3 N. Pifaro, *La colpa non e* 1507/04
+5-4+2+2-3-2-2 O. Lasso, *Chi'l credera per* 1588/24
+5-4+2+2-4+2-5 P. Monte, *Dolor lagrime agl* 1568/12
+5-4+2+2-4-3-2 M. Cara, *Chi la castra la* 1509/02
+5-4+2+2-4+5-4 B. Tromboncino, *O che diral* 1513/01
+5-4+2+2-5+5-3 G. Contino, *Dolce mio ben* 1549/31
+5-4+2-2-2+2+2 R. Vecoli, *Come la notte og* 1577/10
+5-4+2-2-2+3-3 G. Nasco, *Laura celeste ch* 1559/18
+5-4+2-2-2+4-2 G. Wert, *Se la mia vita da* 1568/20
+5-4+2-2+3-2-2 G. Wert, *Se la mia vita da* 1568/20
+5-4+2-2+4-2-2 G. Locatello, *Amor io mor* 1590/21
+5-4+2-2+4-2-2 A. Striggio, *Notte felic'e* 1570/15
+5-4+2-2+4+3-2 G. Wert, *Se la mia vita da* 1568/20
+5-4+2-2+4-3+2 G. Moscaglia, *Io moro e vo* 1585/29
+5-4+2-2+4+4-3 G. Locatello, *Amor io mor* 1590/21
+5-4+2-2-5+8-2 R. Vecoli, *Ma voi ch'or set* 1577/10
+5-4+2+3-2-2-2 D. Michele, *Questo benigno* 1577/07
+5-4+2+3-4+4+4 B. Pallavicino, *Ben e ragion* 1596/16
+5-4+2-3+2+2-2 S. d'Aranda, *Quando da gli* 1571/12
+5-4+2-3+2+2-2 P. Monte, *Quando da gl'occh* 1583/15
+5-4+2-3+2+2-2 P. Quagliati, *Quando del mi* 1583/14
+5-4+2-3+2+4-2 C. Rore, *Cantai mentre ch'i* 1585/18
+5-4+2-3-2+2+2 P. Vinci, *Se la memoria di* 1567/24
+5-4+2-3-2+2-2 P. Vinci, *Se la memoria di* 1567/24
+5-4+2-3-2+4+2 P. Vinci, *Se la memoria di* 1567/24
+5-4+2-3-2+5-4 P. Vinci, *Se la memoria di* 1567/24
+5-4+2-3+3+2+2 A. Il Verso, *Amor m'ha post* 1594/17
+5-4+2-3+5-2+2 A. Il Verso, *Amor m'ha post* 1594/17
+5-4+2-3+5-5+2 G. da Nola, *Quando da voi* 1588/24
+5-4+2-3+5-5-4 P. Verdelot, *Donna leggiadr* 1533/02
+5-4+2-3+8-2-2 V. Ruffo, *Ben mille nott'h* 1594/08
+5-4+2+4-2-5-2 B. Tromboncino, *Se a un tu* 1505/04
+5-4+2-4+2-4+3 M. Mazzone, *Io persi lo mi* 1570/18
+5-4+2-4+2-5+2 I. Baccusi, *O che letitia* 1572/09
+5-4+2-5+4-5+2 A. Corona, *Furando a Fili* 1593/07
+5-4+2-5+5+3-8 C. Perissone, *S'el ciel don* 1547/14
+5-4-2+2+2+2+2 P. Vecoli, *E si dolce il gi* 1581/12
+5-4-2+2+2+2-2 P. Vecoli, *E si dolce il gi* 1581/12
+5-4-2+4-5+2+2 L. Marenzio, *Madonna mia ge* 1594/08
+5-4+3+2+2+2+2 F. Viola, *Vivo sol di spera* 1548/08
+5-4+3+2+2-3+2 J. Persoens, *Fu si benign'* 1570/28
+5-4+3+2-3-2+4 A. Morsolino, *Ero cosi dice* 1588/17
+5-4+3-2+2+2+2 C. Veggio, *Madonna il mio* 1544/22
+5-4+3-2+2+2+2 F. Viola, *Vivo sol di spera* 1548/08
+5-4+3-2+2+2-3 F. Viola, *Vivo sol di spera* 1548/08
+5-4+3-2-2+2+2 Anonymous, *L'amor a me vene* 1563/06
+5-4+3-2-2+2+2 C. Veggio, *Madonna il mio* 1544/22
+5-4+3-2-2+2-2 C. Veggio, *Madonna il mio* 1544/22
+5-4+3-2-2-2+2 P. Bellasio, *Martir, dolor* 1595/07
+5-4+3-2-2+4+2 A. Zoilo, *Ero cosi dice* 1588/17
+5-4+3-2-2+5-4 C. Veggio, *Madonna il mio* 1544/22
+5-4+3-2+3-4+4 C. Perissone, *S'el ciel don* 1547/14
+5-4+3+3-2-5+5 G. Califano, *Ma poiche chia* 1584/07
+5-4+3-3+4+2+2 F. Corteccia, *Come divers'e* 1540/18
+5-4+3-4+2+4-2 R. Trofeo, *A voi cortes'e P* 1600/17
+5-4+3-4+2+4+3 S. Molinaro, *Pazzo dal volg* 1599/15
+5-4+3-4+2-5+4 A. Zoilo, *Ero cosi dice* 1588/17
+5-4+3-4+3+2+2 F. Roussel, *Belta si come* 1561/10
+5-4+3-4-3-2+4 L. Agostini, *S'io veggio* 1572/07
+5-4+3-4+4-2-2 F. Viola, *Vivo sol di spera* 1548/08
+5-4+3-4-4+5+2 L. Bati, *Baciami vita mia* 1594/11
+5-4+3-4+5-2-2 F. Corteccia, *Ingredere fel* 1539/25
+5-4+3-4+5+3-2 S. Rossetto, *All'hor che ca* 1568/13
+5-4+3-4+5-3+4 F. Corteccia, *Ingredere fel* 1539/25
+5-4+3-4-5+5-5 G. Macque, *Bacciami vita mi* 1594/08
+5-4-3+3-3+2+2 P. Philips, *Amor che voi ch* 1594/07
+5-4-3+8-3+5-5 R. Vecoli, *E pur di fior l'* 1577/10
+5-4+4+2-3-2-3 G. M. Nanino, *Con quella ma* 1590/15
+5-4+4-2+2-4+4 B. Tromboncino, *Ecco che pe* 1507/03
+5-4+4-2-3+3+2 A. Martorello, *Se'l dolce* 1547/17

+5-5+5-2-2-2-5 B. Tromboncino, *Sparzean per* 1507/04

+5-5+5-2-3+2-5 C. Todino, *Il vostro dolce* 1566/09

+5-5+5-3+2+2-5 G. Lochenburgho, *Piangete* 1559/16
+5-5+5-3+2+2-5 C. Rore, *Amore che t'ho* 1565/18

+5-5+5-3+2-4+5 M. Cara, *Gli e pur gionto* 1504/04

+5-5+5-3+3+2+2 A. Zoilo, *Benche senza ment* 1582/04

+5-5+5-3+3-5+5 A. Martorello, *Amor alhora* 1547/17

+5-5+5+4+2+2-3 F. Nicoletti, *Volete voi mi* 1592/14

+5-5+5+4-2+2-3 C. Merulo, *Madonna poiche* 1561/15

+5-5+5+4-2-2+2 G. Belli, *In due corone io* 1598/06

+5-5+5+4-2-4+2 Anonymous, *Gaude flore virg* 1508/03

+5-5+5+4-3-3+2 F. Roussel, *Celeste d'amor* 1561/10

+5-5+5+4-5+2+2 P. Monte, *Leggiadre Ninfe* 1583/15

+5-5+5-4+2-2-2 P. Verdelot, *Donna che degg* 1546/19

+5-5+5-4+2-3+2 Anonymous, *Basciami vita mi* 1560/13

+5-5+5-4+2-4+3 A. Willaert, *O bene mio fa* 1548/11

+5-5+5-4-3-3+2 A. Coma, *Donna voi sete gia* 1585/22

+5-5+5-4+4-2-4 G. Manenti, *Vientene Filli* 1593/04

+5-5+5-5+2+2+2 G. Gabrieli, *Sacri di Giov* 1589/08

+5-5+5-5+2+4-2 M. Cara, *Se per chieder mer* 1507/04

+5-5+5-5+3+2-4 G. Mosto, *Ecco s'in questi* 1578/22

+5-5+5-5-4+4-4 Anonymous, *Benedetto chi* 1505/06

+5-5+5-5-4+5-5 B. Tromboncino, *El colpo ch* 1505/06

+5-5+5-5+5-2-2 Anonymous, *O malign'e duro* 1563/06

+5-5+5-5+5-4+4 Anonymous, *Benedetto chi* 1505/06

+5-5+5-5+5-5+5 Anonymous, *S'el partir m'in* 1505/06
+5-5+5-5+5-5+5 G. Fogliano, *Chi vol canta* 1547/16

+5-5+5-8+2+5+4 S. Essenga, *Credimi vita mi* 1570/19

+5-5+8+2+2-2-5 P. Vecoli, *Io piango ï ell* 1581/12

+5-5+8-2+2-2-2 A. Martorello, *Di rami in* 1547/17

+5-5+8-2+2-3-3 M. Cancino, *Madonna Sua mer* 1590/21

+5-5+8-2+2-5+2 C. Schietti, *Virtu che in* 1568/16

+5-5+8-2-2+2-3 G. Locatello, *Amai s'amasti* 1590/21

+5-5+8-2-2-2-5 G. Ardesi, *Deh resta anima* 1597/19
+5-5+8-2-2-2-5 F. Baseo, *Hor poi che d'alt* 1573/16
+5-5+8-2-2-2-5 G. Dragone, *Io son pastor* 1588/22

+5-5+8-2-2-4+4 B. Donato, *E voio criar tan* 1570/17

+5-5+8-2-3+2+2 P. Parma, *Deh perche'l cie* 1562/15

+5-5+8-2-3-4+2 G. Coudenno, *Donna la rimem* 1584/11

+5-5+8-3+2-3-2 F. Portinaro, *S'alteri poi* 1563/13

+5-5+8-3-2-5+4 A. Crivelli, *Sovr'una verd* 1589/07

+5-5+8-3-3-5-4 O. Lasso, *Si com'i fiori* 1570/15

+5-5+8-4+2-2-2 A. Martorello, *Da l'arbor* 1547/17

+5-5+8-4+2-2-2 V. Ruffo, *Occhi miei ch'a* 1557/25

+5-5+8-5+2-3+2 F. Soto, *Ove vai Donna sant* 1599/06

+5+6-2-2-2+2-2 L. Padovano, *Amor sonni ch'* 1598/07

+5-8+2+2+2+2+2 B. Tromboncino, *Signora an* 1505/04

+5-8+2-2+2+4+3 D(on) Timoteo, *Aqua aqua* 1509/02

+5-8+2+3-4+4-5 S. Cornet, *Io son dell'aspe* 1581/07

+5-8+2+5-3+5+2 F. Londariti, *Trenta capill* 1565/12

+5-8-2+2+7-3+4 Anonymous, *Hai promesse dol* 1505/03

+5-8+4-4+4+5-5 C. Ardesi, *Perche incredul* 1597/19

+5-8+5-2+3-3+2 F. Corteccia, *Ingredere fel* 1539/25

+5-8+5+4-2+2-2 A. Zoilo, *Vaghe luci alzi* 1582/04

+5-8+8-3-2-2+2 B. Spontone, *Amor e'l ver* 1570/15

-5+2+2+2+2+2+2 Anonymous, *Foco che spesso* 1600/12
-5+2+2+2+2+2+2 S. Ansano, *Chi volessi turc* 1515/02
-5+2+2+2+2+2+2 A. Antiqui, *Io son quel dol* 1505/06
-5+2+2+2+2+2+2 I. Baccusi, *Occhi miei che* 1591/23
-5+2+2+2+2+2+2 Carpentras, *Hor vedi amor* 1513/01
-5+2+2+2+2+2+2 G. Coudenno, *Acceso infiamm* 1584/11
-5+2+2+2+2+2+2 A. Gabrieli, *Voi sete in* 1586/10
-5+2+2+2+2+2+2 J. Japart, *Questa se chiam* 1504/03
-5+2+2+2+2+2+2 G. L. Primavera, *Altri ha* 1585/31
-5+2+2+2+2+2+2 C. Lambardi, *Scioliete pur* 1600/13
-5+2+2+2+2+2+2 D. Lauro, *Nova leggiadra st* 1594/08
-5+2+2+2+2+2+2 C. Malvezzi, *Ne pur il mio* 1583/16
-5+2+2+2+2+2+2 A. Marien, *Chiunque albera* 1584/09A
-5+2+2+2+2+2+2 A. Marien, *Padre del ciel* 1584/09A
-5+2+2+2+2+2+2 B. Pallavicino, *Tutto eri* 1596/16
-5+2+2+2+2+2+2 F. Stivori, *Di fior'ecco la* 1595/07
-5+2+2+2+2+2+2 A. Stringari, *Nui siamo seg* 1507/04
-5+2+2+2+2+2+2 S. Venturi, *Questo canoro C* 1596/17

-5+2+2+2+2+2-2 Anonymous, *Quasi sempre ava* 1507/03
-5+2+2+2+2+2-2 A. Antiqui, *A ti sola ho da* 1505/06
-5+2+2+2+2+2-2 P. Bellasio, *Mentre s'imperla* 1582/04
-5+2+2+2+2+2-2 G. Verdonch, *Tirsi son io* 1594/07
-5+2+2+2+2+2-2 G. Wert, *Io non son pero mo* 1586/10

-5+2+2+2+2+2-3 C. Lambardi, *Scioliete pur* 1600/13
-5+2+2+2+2+2-3 F. Portinaro, *O di chiara* 1563/13

-5+2+2+2+2+2-4 O. Lasso, *Ardo si ma non t'* 1585/17

-5+2+2+2+2+2-5 S. d'Aranda, *Amor con qual* 1571/12
-5+2+2+2+2+2-5 A. Gossvino, *Non trovo cos* 1575/11

-5+2+2+2+2-2+2 G. Cavaccio, *D'un novo e ve* 1583/10
-5+2+2+2+2-2+2 A. Gabrieli, *Voi sete in* 1586/10
-5+2+2+2+2-2+2 G. L. Primavera, *Altri ha* 1585/31
-5+2+2+2+2-2+2 P. Masarenghi, *Quando spiega* 1585/24
-5+2+2+2+2-2+2 G. Nanino, *Eran disciolt'e* 1586/18
-5+2+2+2+2-2+2 A. Pitigliano, *Casto pensie* 1600/05
-5+2+2+2+2-2+2 C. Porta, *Questa mie rime* 1598/06
-5+2+2+2+2-2+2 F. Stivori, *Di fior'ecco la* 1595/07

-5+2+2+2+2-2-2 G. Bonagiunta, *O bocca dolc* 1565/12
-5+2+2+2+2-2-2 G. Gallo, *Chi vidde mai can* 1597/20
-5+2+2+2+2-2-2 G. Hassler, *Io son ferito* 1597/13
-5+2+2+2+2-2-2 F. Luprano, *Se me e grato* 1504/04
-5+2+2+2+2-2-2 C. Malvezzi, *Una candida ce* 1583/16
-5+2+2+2+2-2-2 G. Nanino, *Eran disciolt'e* 1586/18
-5+2+2+2+2-2-2 H. Sabino, *E'n questo specc* 1588/27

-5+2+2+2+2-2+3 M. Cancino, *O madre univers* 1590/21

-5+2+2+2+2-2-3 L. Bellanda, *Tu spira al pe* 1599/13
-5+2+2+2+2-2-3 G. L. Primavera, *Altri ha* 1585/31

-5+2+2+2+2-2+4 P. Masarenghi, *Quando spiega* 1585/24

-5+2+2-2+5-2+5 P. Bellasio, *Hor che non s'* 1578/21

-5+2+2-2-5+3-2 Anonymous, *Tu me strugi* 1505/04

-5+2+2-2-5+4-2 G. F. Sabino, *Felice primave* 1588/27

-5+2+2-2-5+4-3 L. Marenzio, *L'Aura serena* 1589/08

-5+2+2-2-5+8-5 Anonymous, *Leviamo i nostr* 1563/06

-5+2+2-2+8+3-3 S. Cornet, *Et s'io'l consen* 1581/07

-5+2+2+3+2+2+2 G. Conversi, *Sola solett* 1583/15

-5+2+2+3+2-2-4 L. Agostini, *In questo di* 1572/07

-5+2+2+3+2-4+2 C. Veggio, *Tant'e vostra be* 1540/19

-5+2+2+3-2+2-5 Anonymous, *Vagando un giorn* 1516/02

-5+2+2+3-2-3+2 G. Pizzoni, *Il desio che d'* 1582/14

-5+2+2+3-2-5+2 C. Rore, *Et parmi che nel* 1591/23

-5+2+2+3+4-2-2 G. Pizzoni, *Il desio che d'* 1582/14

-5+2+2+3-4+2+2 G. Pizzoni, *Il desio che d'* 1582/14

-5+2+2+3-4+4-5 P. Stabile, *Di gioia e dolc* 1585/32

-5+2+2+3-4-5+2 G. Macque, *Bacciami vita mi* 1594/08

-5+2+2+3-4-5+8 P. Stabile, *Di gioia e dolc* 1585/32

-5+2+2-3+2+2-2 H. Sabino, *Fioriti colli he* 1588/27

-5+2+2-3+2+2+3 G. Macque, *Hor un laccio un* 1582/04

-5+2+2-3+2+2-3 G. Macque, *Hor un laccio un* 1582/04

-5+2+2-3+2-2-2 A. Feliciani, *Dovea la fred* 1586/15

-5+2+2-3+2-2-4 Anonymous, *Piu non voglio* 1506/03

-5+2+2-3+2-2+8 S. Ansano, *Fuggo donna il* 1515/02

-5+2+2-3+2+4+2 G. Bonagiunta, *Daspuo ch'a* 1565/12

-5+2+2-3+2+4-4 G. Macque, *Hor un laccio un* 1582/04

-5+2+2-3+2-5+4 A. Stabile, *Volete pur ch'i* 1587/10

-5+2+2-3-2+2+5 F. Nicoletti, *Volete voi mi* 1592/14

-5+2+2-3-2-2+2 F. Ana, *Amor con le tue fa* 1505/05

-5+2+2-3-2+5-3 Caldarino, *Mentre con suoi* 1560/10

-5+2+2-3+3-2-5 G. Bonagiunta, *Con quel poc* 1565/12

-5+2+2-3+4+2+2 Alarrdino, *Passa la nave mi* 1561/16

-5+2+2-3+4-2+3 S. Felis, *Voi sete la mia* 1585/23
-5+2+2-3+4-2+3 P. Vinci, *Non credo che pas* 1583/19

-5+2+2-3+4-2+4 P. Vinci, *Non credo che pas* 1583/19

-5+2+2-3+5-2-2 G. Eremita, *Arsi del vostr'* 1594/07
-5+2+2-3+5-2-2 C. Rore, *Et poi che'l fren* 1548/09

-5+2+2-3+5-2-3 C. Rore, *Et poi che'l fren* 1548/09

-5+2+2-3+5+4-3 G. Gostena, *Di dove vieni* 1589/13

-5+2+2-3+5-4+3 S. Nascimbeni, *Lucenti rai del* 1592/12

-5+2+2-3+5-5+2 G. Bonagiunta, *Corr'al bel* 1566/03
-5+2+2-3+5-5+2 F. Roussel, *Guidommi in part* 1561/10

-5+2+2-3+7-2-2 S. Bertoldo, *Misero me che* 1568/16

-5+2+2+4-2-2-2 L. Bati, *Cessate il piant'o* 1594/11

-5+2+2+4-2-3+4 F. Luprano, *Poi che speranz* 1509/02

-5+2+2+4-2-5+5 G. Maio, *Nasce del mio desi* 1519/04

-5+2+2-4+2+2+2 A. Martorello, *S'a voi do* 1547/17

-5+2+2-4+2-2+4 A. de Reulx, *S'io credessi* 1557/16

-5+2+2-4+4+2-3 Anonymous, *Ingrata donna al* 1506/03

-5+2+2-4+4+3-2 O. Vecchi, *Ond'avien che* 1589/08

-5+2+2-5+7-5+2 F. Azzaiolo, *Ti parti cor* 1557/18

-5+2+2-5+8-4+5 Anonymous, *Mondo non mi par* 1598/04
-5+2+2-5+8-4+5 F. Soto, *Alma Vergin che fa* 1600/05

-5+2+2+6-3-3-2 R. Montagnano, *Rispondo,* 1558/17

-5+2-2+2-2+5-3 Anonymous, *Queste speranza* 1510/

-5+2-2+2-3-2-3 S. Ansano, *Logiamenti noi* 1515/02

-5+2-2+2+4+4-2 B. Tromboncino, *Eterno mio* 1508/03
-5+2-2+2+4+4-2 B. Tromboncino, *Quando fia* 1510/

-5+2-2+2+5-5+2 Anonymous, *Ave maria grati* 1508/03

-5+2-2-2+2+4+2 L. Marenzio, *Tirsi morir vo* 1585/18

-5+2-2+3-2+2-3 G. Scotto, *Tanto mi si tras* 1571/11

-5+2-2+4+2-5+4 Carpentras, *S'il pensier ch* 1513/01

-5+2-2+4-3+2-5 A. Perugino, *All'apparir dell* 1571/09

-5+2-2+5-3-4+2 P. Quagliati, *Quando del mi* 1583/14

-5+2+3+2-2+2-4 C. Ceruti, *Senza voi non son* 1592/12

-5+2+3+2-4+2+2 G. Wert, *Lungo le rive del* 1597/13

-5+2+3+2-4-2-2 G. Palestrina, *Placide l'ac* 1589/06

-5+2+3+2-4-5+7 Anonymous, *Deh gittami no* 1560/12

-5+2+3+2-5+2+3 M. Cara, *Voi che ascoltate* 1526/06

-5+2+3-2-2+4-5 Anonymous, *Prendi l'arme in* 1505/04
-5+2+3-2-2+4-5 P. Vinci, *Quando dal propri* 1579/02

-5+2+3-2-2-5+4 R. Rodio, *M'accio che'l ve* 1587/12

-5+2+3-2+3+2+2 A. Coma, *Ma non han esc* 1585/22

-5+2+3-2+3+2-2 P. Masnelli, *Quando nocchie* 1578/21

-5+2+3-3-2+2-3 A. Willaert, *In te Marte* 1548/09

-5+2+3-4+5-3-2 G. Moscaglia, *Non voglia Am* 1585/29

-5+2+3-5+3+2-3 G. Nasco, *Et io che sempre* 1559/18

-5+2+3-5+4-2-2 G. Bassano, *O dolce servit* 1571/11

-5+2-3+2+2+2+2 Anonymous, *Di peccator perc* 1585/07

-5+2-3+2+2-2-2 C. Veggio, *Hor ved'amor quant* 1540/19

-5+2-3+2+2+3-5 L. Courtoys, *Com'in novel P* 1580/10

-5+2-3+2+2-3+5 B. Tromboncino, *M'ha pur gi* 1505/04

-5+2-3+2+2-5+3 A. Savioli, *Donna se voi m'* 1600/16

-5+2-3+2+3+2+2 P. Vinci, *Dunque perche mi* 1567/24

-5+2-3+2-3+2+3 O. Lasso, *Spesso in poveri* 1593/05

-5+2-3+2-4+4-2 Anonymous, *Pianger sempre* 1598/04
-5+2-3+2-4+4-5 G. Bissi, *Oime dolce ben mi* 1589/08
-5+2+4+2+2+2-3 G. Contino, *Sdegna l'idali* 1557/25
-5+2+4+2+2-2+2 Diomedes, *Dolores morti* 1508/03
-5+2+4+2+2-3-2 R. Vecoli, *Rallenta filli* 1577/10
-5+2+4+2+2-3-4 H. Lauro, *Come havro dunqu* 1514/02
-5+2+4+2-3+2+3 Anonymous, *Luci sereni e ch* 1589/08
-5+2+4+2-5+4+3 J. de Turnhout, *Vorria parl* 1594/07
-5+2+4+2-5+5-2 F. Adriani, *Onde i lumi mag* 1568/12
-5+2+4+2-5+5-3 O. Caccini, *Bianca e vermig* 1585/21
-5+2+4-2+2+2+2 O. Lasso, *Hor che la nuova* 1575/11
-5+2+4-2+2+2-3 I. de Vento, *S'io dormo ne* 1575/11
-5+2+4-2+2+3-2 Anonymous, *Herod'il volto* 1563/06
-5+2+4-2-2-2-2 J. Arcadelt, *Honorata mia* 1544/16
-5+2+4-2-2-2+4 O. Antinori, *Se io ti dico* 1507/04
-5+2+4-2-2-2-5 B. Tromboncino, *Occhi mei* 1510/
-5+2+4-2-3+4-2 B. Tromboncino, *Queste non* 1517/02
-5+2+4-2-3+4+4 V. Ruffo, *Ditemi aure tranq* 1555/31
-5+2+4-2-3+5-3 F. Roussel, *Ben ho del car* 1559/16
-5+2+4-2+4-4-5 P. Verdelot, *Affliti spirt* 1533/02
-5+2+4-2+4-5+2 A. Feliciani, *Quand'ella ah* 1586/15
-5+2+4-3-2+4+3 G. Macque, *Sedendo in su l'* 1583/15
-5+2+4-3-2+4+4 A. Cossuino, *Eolo crudel co* 1569/19
-5+2+4-3+4-3-2 O. Lasso, *Et in sembiante* 1559/23
-5+2+4-3+4-5+4 J. Arcadelt, *Giurando'l dis* 1539/24
-5+2+4-4+2+2-2 Anonymous, *Spirti siam semp* 1563/06
-5+2+4-4+4-3-3 Anonymous, *Ave panis angelo* 1508/03
-5+2+4-4+5-5+2 A. Zoilo, *Ma s'ella oppost* 1586/07
-5+2+4-5+2+2-2 Josquin, *In te domine spera* 1504/04
-5+2+4-5+2+2-2 F. Viola, *Et come in terso* 1548/08
-5+2+4-5+2+4-4 C. Perissone, *Amor da che* 1547/14
-5+2+4-5+2+4-5 A. Mantovano, *Di piu varii* 1513/01
-5+2+4-5+2+4-5 B. Moschini, *Ecco signor il* 1539/25
-5+2+4-5-2-2-2 A. Mantovano, *Fra quella lu* 1513/01
-5+2+4-5+4+2-4 Anonymous, *Si si si tarvo* 1507/03
-5+2+4-5+5+4-4 M. Cara, *Ecco colui che m'a* 1517/02
-5+2+4-5+5-5+4 A. Capriolo, *Ogni amor vol* 1505/05
-5+2-4+4-2+2-4 B. Tromboncino, *Silentium* 1505/05
-5+2-4+4+3-4+2 B. Tromboncino, *Surge cor* 1505/05
-5+2-4+4-4+4-2 G. Wert, *Pace davano i vent* 1568/20
-5+2-4+4-4+4-5 G. Wert, *Pace davano i vent* 1568/20
-5+2+5+2+2-4-4 P. Vinci, *Lasciatemi morir* 1583/19

-5+2+5+2-2-5+4 M. Iacovelli, *Dolcissima mi* 1588/23
-5+2+5-2+2+2+2 Anonymous, *Scontento me ne* 1505/05
-5+2+5-3+2+2-2 G. Nanino, *Credete voi che* 1586/18
-5+2+5-3+2-5+5 G. Califano, *O del mio navi* 1584/07
-5+2-5+2+2-3+4 M. Mazzone, *Credimi vita mi* 1570/18
-5+2-5+2+2-3+4 G. Scotto, *Credimi vita mi* 1571/11
-5+2-5+2+2-4+5 A. Bicci, *Cogli la vaga ros* 1598/14
-5+2-5+2-3+2+4 B. Tromboncino, *Del tuo be* 1505/05
-5+2-5+3+2+2+4 A. Morsolino, *Due Ninfe e duo* 1594/15
-5+2-5+3+3-5+6 A. Capriolo, *Tanto mi e il* 1505/05
-5+2-5+4+2-5+8 J. Arcadelt, *Madonna ohime ch* 1539/24
-5+2-5+4+3-2-5 S. Ferro, *Non resta in ques* 1510/
-5+2-5+5-2+2-4 M. Montelli, *Vergin Donna* 1599/06
-5+2-5+8-2+2-4 Anonymous, *Salve victrice* 1508/03
-5+2-5+8-2-2-2 A. Capriolo, *Vaga zoiosa* 1505/05
-5+2-5+8-2-2-2 P. Verdelot, *Gloriar mi pos* 1533/02
-5+2-5+8-3+2-3 G. Caimo, *Mirate che m'ha* 1586/19
-5+2-5+8-3-6+4 A. Gabrieli, *O Dea, che tr* 1587/16
-5+2-5+8-5+4+2 Don Remigio, *Donna ab etern* 1599/06
-5+2-5+8-8+5-5 Anonymous, *Perche fai buon* 1598/04
-5+2+6-5+3-4+2 Anonymous, *Cor mio che fai* 1595/03
-5+2+8-5+2-5-2 Anonymous, *Se tu donasi il* 1563/06
-5+2+8-5-5+4-2 Anonymous, *Come po far el* 1510/
-5+2+8-5-5+4-2 B. Tromboncino, *Se ben hor* 1504/04
-5-2+2+2+2+2+2 O. Vecchi, *Caro dolce mio* 1585/35
-5-2+2+2+2+2-3 I. de Vento, *S'io dormo ne* 1575/11
-5-2+2+2+2-2+2 Cariteo, *Amando e desiando* 1509/02
-5-2+2+2+2-2-2 L. Marenzio, *Tacciano i venti* 1591/21
-5-2+2+2+2-5+4 G. Rognoni, *Poiche le mie* 1600/17
-5-2+2+2+2-5+8 Anonymous, *Loremos alma lor* 1516/02
-5-2+2+2-2-2+2 G. Guami, *Qual piu scontent* 1575/11
-5-2+2-2-2+2-4 P. Vinci, *Quivi sospir con* 1584/11
-5-2+2-2+4-2-3 O. Vecchi, *Amante se ti pia* 1585/35
-5-2+2+3-2-2-2 A. Savioli, *Bacciai ma che* 1600/16
-5-2+2-4+4+2+2 F. Gherardini, *Donna come* 1585/24
-5-2+2-4+5+4-2 B. Pallavicino, *Si mi dicesti* 1596/16
-5-2+2-4+5-5+6 Anonymous, *Se'l vostro chia* 1599/06
-5-2+2+5-2-2+3 F. Gherardini, *Cornelia ch'* 1585/24
-5-2+2+5-2-3+2 L. Marenzio, *Rivi fontane* 1589/07
-5-2+2+5-4+2+2 A. Coma, *Fiori pregiati* 1585/22
-5-2+2+5-5+3+2 F. Soto, *Noi siam rie pecca* 1600/05
-5-2-2+2+2+2-5 L. Bertani, *Ero cosi dice* 1588/17

-5+3-2-2-4+5-5 P. Nenna, *E ch'entro il arr* 1582/12

-5+3-2-2+5+2-2 H. Ceruto, *Quanto della tu* 1588/18

-5+3-2-2+5+2+3 H. Sabino, *In un boschett'a* 1598/08
-5+3-2-2+5+2+3 P. Vecoli, *Laura mia dolc* 1581/12
-5+3-2-2+5+2+3 P. Vinci, *Mentre che'l cor* 1564/20

-5+3-2-2+5+2-3 P. Vinci, *Giunto m'amo* 1567/24

-5+3-2-2+5-2+2 P. Vinci, *Giunto m'amo* 1567/24

-5+3-2-2+5-2-2 A. Striggio, *S'io t'ho feri* 1593/05

-5+3-2-2+5+3-2 H. Fiorino, *Tirsi dolente* 1586/10

-5+3-2-2+5-3+2 G. Antiquis, *Madonna non* 1574/05
-5+3-2-2+5-3+2 P. Vinci, *Giunto m'amo* 1567/24

-5+3-2-2+5-4+5 R. Rodio, *Spess'un pensier* 1587/12

-5+3-2-2+5-5+4 Anonymous, *Tu dormi et amo* 1560/12

-5+3-2-2+5-5+8 H. Courtoys, *Donna l'ardent* 1580/10

-5+3-2-2+6-2-3 O. Lasso, *Queste non son pi* 1588/24

-5+3-2-2+6-2-5 F. Roussel, *Qui voi sterili* 1561/10

-5+3-2-2+8-2+2 P. Nenna, *E ch'entro il arr* 1582/12

-5+3-2+3+4-2-2 C. Veggio, *Poi che mille pr* 1540/19

-5+3-2+3-5+2+3 O. Lasso, *Occhi piangete* 1588/24

-5+3-2-3+2+2+2 C. Lambardi, *Cara ladra d'A* 1600/13

-5+3-2-3+2-4+5 H. Naich, *S'amor altrove* 1544/16

-5+3-2+4+2+2-2 L. Bertani, *Ero cosi dice* 1588/17

-5+3-2+4+2+3-2 Carletto, *Un'altra volta ve* 1577/10

-5+3-2+4-2+2-2 B. Tromboncino, *Ostinato* 1509/02

-5+3-2+4-2+2-3 D. Ferabosco, *Piu d'alto piu* 1544/17

-5+3-2+4-2+2-8 F. Cornazzani, *Stella non* 1575/11

-5+3-2+4-2-3+2 F. Cornazzani, *Stella non* 1575/11

-5+3-2+4-2-5+2 A. Feliciani, *Si stringe eg* 1586/15

-5+3-2+4-3+2-3 L. Marenzio, *Primo che per* 1585/07

-5+3-2+4-4+2-3 P. Bonini, *Baci sospiri e* 1591/23

-5+3-2+4-4+4+3 O. Caccini, *Tutto il di pia* 1585/21

-5+3-2+4-5-2-2 M. Cara, *Ahime lasso ahime* 1505/06

-5+3-2+4-5+3-2 S. Cornet, *Gionto m'amor fr* 1581/07

-5+3-2+4-5+4+3 O. Caccini, *Tutto il di pia* 1585/21

-5+3-2+5-2-4+5 B. Pallavicino, *Giunto che* 1596/16

-5+3-2+5-5+4-5 A. Capriolo, *Ritornata e* 1505/05

-5+3-2-5+2+2+2 Anonymous, *Se la mia vita* 1554/28

-5+3-2-5+2+3-4 Anonymous, *Hai pretiosa fe* 1505/05

-5+3-2-5+3+2-4 A. Padovano, *Con lei foss'i* 1593/05

-5+3-2-5+4+2+2 G. Dragone, *Non ved'hog'il* 1588/22

-5+3-2-5+5-5+5 A. Striggio, *Notte felic'e* 1570/15

-5+3-2-5+8-2-2 A. Barre, *Eccoti pur che* 1555/27

-5+3-2+8+2-4+2 B. Pallavicino, *Giunto che* 1596/16

-5+3-2+8-2-2-2 A. Antiqui, *Prendi l'arme* 1505/06

-5+3+3-2+2+3-2 C. Merulo, *Vivea solo per* 1570/15
-5+3+3-2+2+3-2 E. Romano, *Pace non trovo* 1514/02

-5+3+3-2-2-3+3 C. Lambardi, *Donna la bella* 1600/13

-5+3+3-2-5+4-2 J. Arcadelt, *S'advien che* 1544/16

-5+3-3+2-2+5+2 M. Cancino, *Date pace al mi* 1590/21

-5+3-3+2-5+5-2 F. Baseo, *Basciami vita mi* 1573/16

-5+3-3-2-2-2+8 M. Pesenti, *Sempre le come* 1504/04

-5+3-3-3+6-2-2 O. Lasso, *Ardo si ma non t'* 1585/17

-5+3+4-2-3+2+2 O. Lasso, *Pensier dicea ch'* 1569/19

-5+3+4-3-2-2-4 H. Chamatero, *Valle che di* 1569/26

-5+3-4+2-3-2+4 S. Felis, *Nova belta somma* 1593/04

-5+3-4+2-4-2+2 Anonymous, *Muor'il giusto* 1598/04

-5+3-4+2-4-3+2 A. Ferabosco, *Baciami vita* 1554/28

-5+3-4+2+5-3-3 A. Martorello, *Non e lasso* 1547/17

-5+3-4+2+5-5+4 C. Merulo, *Mirami vita mia* 1583/12

-5+3-4-2+2+2-3 C. Perissone, *Nessun visse* 1544/22

-5+3-4-2+4+4-5 B. Spontone, *Il vago e liet* 1568/12

-5+3-4+3+4-2-2 O. Lasso, *Ardo si ma non t'* 1585/17

-5+3-4-3+5+2-2 C. Veggio, *Ond'io ringrati* 1540/19

-5+3-4+4-2-2+2 A. Gabrieli, *O passi spars* 1587/16

-5+3-4+4-5+4+4 A. Striggio, *Entro un gran* 1568/12

-5+3-4+5+4-5+4 G. Contino, *Dio cio cor mi* 1549/31

-5+3-4+8-3-4+4 P. Monte, *Crudel aspro dolo* 1597/13

-5+3-5+2-2-2-2 A. Savioli, *Acqua non fu ch* 1600/16

-5+3-5+8-5+4-5 C. Lambardi, *Occhi stelle* 1600/13

-5-3+2+2+2+2-3 P. Vinci, *Quivi sospir con* 1584/11

-5-3+2-3+8-4-3 R. Mantovano, *Da poi che'l* 1505/03

-5-3+4-2-2-2+4 Anonymous, *Vidi gia ne la* 1505/03
-5-3+4-2-2-2+4 O. Antinori, *Segua pur segu* 1505/03

-5-3+4-4+4-4+5 B. Tromboncino, *Animoso mio* 1516/02

-5-3+4-4+5-4+2 A. Barges, *Sempre me fing'* 1550/18

-5-3+5+2+2+2-2 S. Venturi, *Deh come pur lag* 1598/14

-5-3+6-2+2+2+2 S. Venturi, *Deh come pur lag* 1598/14

-5+4+2+2+2+2-2 F. Vecoli, *Hor che l'aer s'* 1575/16

-5+4+2+2+2-2-2 J. Arcadelt, *Dolcemente s'a* 1539/24
-5+4+2+2+2-2-2 S. Cornet, *Quel ben di tutt* 1581/07

-5+4+2+2-2+2+2 Anonymous, *O faccia che ral* 1567/17
-5+4+2+2-2+2+2 G. Scotto, *O faccia che ral* 1571/11

-5+4+2+2-2+2-3 C. Malvezzi, *Al Gran Duce de* 1583/16

-5+4+2+2-2-3+2 A. Gabrieli, *E vu fiumi* 1564/16
-5+4+2+2-2-3+2 G. Verdonch, *Tirsi son io* 1594/07

-5+4+2+2-2+4-2 G. Parabosco, *Giunto m'ha* 1544/22

-5+4+2+2-2-4+2 P. Monte, *Tirsi morir vole* 1589/08

-5+4+2+2-2-5+2 F. Guami, *Voi volete ch'io* 1575/11

-5+4+2+2-2-5-2 G. Verdonch, *Tirsi son io* 1594/07

-5+4+2+2-2-5+4 M. Cara, *Poiche in van mia* 1526/06

-5+4+2+2-3+2-2 A. Gabrieli, *Dentro pur fuoc* 1568/13

-5+4+2+2-5+4+2 Anonymous, *Giesu figliol di* 1598/04

-5+4+2-2+2-3-4 R. Mantovano, *Perche fai do* 1505/04

-5+4+2-2+2-5+4 C. Perissone, *Pecca la donn* 1561/15

-5+4+2-2-2-2+2 G. Brocco, *Io mi voglio lam* 1505/04

-5+4+2-2-5+4-2 Anonymous, *Se hora el temp* 1506/03

-5+4+2-2-5+5-5 Anonymous, *Giesu mio Giesu* 1580/06

-5+4+2+3-2-2-2 P. Vinci, *Donna voi che mir* 1564/20

-5+4+2-3+2-3+3 R. Montagnano, *Non credo ch* 1558/17

-5+4+2-3-2+4-2 H. Lauro, *Aque stilante e* 1514/02

-5+4+2+4-3-5+2 B. Tromboncino, *Per quella* 1508/03

-5+4+2-4+2-2+4 F. Luprano, *Vale valde deco* 1509/02

-5+4+2-4+2-3+5 G. Anerio, *Dopp'Osea i tre* 1599/06

-5+4+2-4-2+2+2 R. Mel, *Et altri vezzosett* 1597/13

-5+4+2-4-2+2-3 Anonymous, *O Giesu mio Red* 1580/06

-5+4+2-4-2-2+4 Anonymous, *Chiamiam'il buon* 1580/06

-5+4+2-4+4+2-2 J. Lulinus, *Hay bella liber* 1514/02

-5+4+2-4+4+4-4 A. Capriolo, *Non si vedra* 1507/03

-5+4+2-4+4-4+4 J. Lulinus, *Amor quando fio* 1514/02

-5+4+2-5+2+4-5 H. Sabino, *Hor ritorni il* 1583/14

-5+4+2-5-2+2+2 P. Monte, *Anima dove vai do* 1583/15

-5+4+2-5-2+2+4 B. Tromboncino, *Debb'io spe* 1513/01

-5+4+2-5+3+2-3 P. Monte, *Ecco ch'io veggi* 1591/23

-5+4+2-5+4-3-2 O. Lasso, *Vostro fui, vostr* 1559/23

-5+4+2-5+4+5-3 G. Massarengo, *Si da tue tr* 1591/22

-5+4+2-5+6-2-2 R. Mel, *Et altri vezzosett* 1597/13

-5+4+2+7-10-2+4 B. Tromboncino, *Crudel come* 1504/04

-5+4-2+2+2+2+2 P. Vinci, *Quivi sospir con* 1584/11

-5+4-2+2+2-2-2 P. Monte, *Veramente in amor* 1583/14

-5+4-2+2+3-2-2 Anonymous, *Mille sospir la* 1559/18

-5+4-2+2-3+3+2 A. Gabrieli, *Dentro pur fuoc* 1568/13

-5+4-2+2-4+2+2 O. Caccini, *Credo ben che* 1585/21

-5+4-2+2-4+4+4 G. Macque, *Moriro di dolor* 1583/15

-5+4-2+2-4+8-3 H. Chamatero, *Et io da ch'i* 1569/26

-5+4-2-2+2+2+2 N. Patavino, *Amor sempre* 1505/03

-5+4-2-2+2-3+4 M. Pesenti, *Integer vitae* 1504/04

-5+4-2-2+2-3+4 F. Roussel, *Qui voi sterili* 1561/10

-5+4-2-2+2-3-4 Anonymous, *Hor credetemi am* 1546/19

-5+4-2-2+2+4-2 A. Striggio, *Qual piu si tr* 1570/15

-5+4-2-2+2-4+2 C. Rore, *Mentre lumi maggio* 1568/19

-5+4-2-2+2+7-5 Anonymous, *Hor credetemi am* 1546/19

-5+4-2-2-2+2+2 Anonymous, *Tranquillo port* 1583/13
-5+4-2-2-2+2+2 F. Martini, *Alta armonia ge* 1599/06

-5+4-2-2-2+2-2 Anonymous, *Porta ognum al* 1509/02

-5+4-2-2-2+2+4 J. Berchem, *Ite caldi sospi* 1540/18

-5+4-2-2-2+2-4 G. da Nola, *St'amaro core* 1570/27

-5+4-2-2-2-2+2 J. Berchem, *Ite caldi sospi* 1540/18

-5+4-2-2-2+4+3 J. Berchem, *Ite caldi sospi* 1540/18
-5+4-2-2-2+4+3 G. Locatello, *Bellissima mia* 1590/21

-5+4-2-2-2-4+8 O. Vecchi, *Deh preg'Amor il* 1597/13

-5+4-2-2-2+5+2 M. Cara, *Mai non persi la* 1507/04
-5+4-2-2-2+5+2 G. Pizzoni, *Amor tu m'hai* 1582/14

-5+4-2-2-2+5-2 P. Bozi, *Ardo Donna per vo* 1593/05

-5+4-2-2-2+5-5 Anonymous, *Hor credetemi am* 1546/19
-5+4-2-2-2+5-5 Anonymous, *Tranquillo port* 1583/13
-5+4-2-2-2+5-5 Anonymous, *Hor credetemi am* 1546/19
-5+4-2-2-2+5-5 L. Mira, *Apremi Amor le lab* 1583/19

-5+4-2-2-2-5+5 G. Nasco, *Come si m'accende* 1557/25

-5+4-2-2-2+8-2 L. Milanese, *Vinto da passion* 1517/02

-5+4-2-2+3+2-5 Anonymous, *Chi non ha marte* 1507/04

-5+4-2-2+3-2+3 P. Masnelli, *Quando nocchie* 1578/21

-5+4-2-2+4+2-3 S. Cornet, *Et s'io'l consen* 1581/07

-5+4-2-2+4-2-2 Anonymous, *O cor falso nemi* 1598/04

-5+4-2-2+4-5+5 A. Capriolo, *Poi che per fe* 1504/04

-5+4-2-2-4+2+2 G. Contino, *Ardo nel ghiacc* 1562/06

-5+4-2-2+5-5+4 F. Luprano, *D'un partir nas* 1506/03

-5+4-2+3+2-2-2 C. Perissone, *Da quali ange* 1547/14

-5+4-2+3-2-2-2 M. Pesenti, *Aihme ch'io moro* 1504/04

-5+4-2+3+3-3-2 P. Vinci, *Mentre che'l cor* 1564/20

-5+4-2+3-5+2-4 G. Bonagiunta, *Gia non mi* 1566/07

-5+4-2-3+3+2+2 V. Ferro, *Chiara si chiaro* 1559/18
-5+4-2-3+3+2+2 V. Ferro, *Porgi conforto al* 1600/05

-5+4-2-3-4+8-2 J. Berchem, *Ite caldi sospi* 1540/18

-5+4-2-3+5+2-3 P. Fuligno, *Pensier dicea che* 1558/13

-5+4-2-3+5-2+2 Anonymous, *Benedetta la sor* 1583/13
-5+4-2-3+5-2+2 L. Courtoys, *Sinistra piant* 1563/07

-5+4-2-3+5-3-4 M. Varotto, *Qual fatto qua* 1586/19

-5+4-2-3+5+4-2 V. Ruffo, *Nacque nell'alm'i* 1555/31

-5+4-2-3+5-5+4 V. Ruffo, *D'amore le genero* 1555/31

-5+4-2-3+5-5+5 Anonymous, *Temp'e da'incomi* 1557/16
-5+4-2-3+5-5+5 H. Schaffen, *Come s'allegr'* 1549/31

-5+4-4+5-5+5-5 P. Cesena, *Oyme che ho pers* 1505/03
-5+4-4+5-5+8-5 O. Caccini, *Ne laccio ne ca* 1585/21
-5+4-4+8-3+3-4 M. Iacovelli, *Senza smonta* 1588/23
-5+4-4+8-4+2-5 G. Mosto, *S'io esca vivo* 1578/22
-5+4+5-4+5+2-2 P. Monte, *Si dolcemente amo* 1567/15
-5+4-5+2+2+2+3 B. Lupacchino, *O dolce mia* 1559/18
-5+4-5+2+2+4-5 P. Vecoli, *Deh come dest'am* 1581/12
-5+4-5+2+2-4+4 Anonymous, *Mentre lo sposo* 1599/06
-5+4-5+2-5+4-3 C. Perissone, *Chi mett'il* 1547/14
-5+4-5+2-5+5+2 P. Monte, *Deh dov'e l'alma* 1568/12
-5+4-5+2-5+8+2 P. Monte, *Deh dov'e l'alma* 1568/12
-5+4-5-2-2+4-4 E. Romano, *O bella man che* 1514/02
-5+4-5+4+2+2-5 B. Pallavicino, *Hor che soave* 1586/09
-5+4-5+4+2+3-6 Anonymous, *Monti montagne* 1571/09
-5+4-5+4+2-4+2 A. Martorello, *Ben hor gioi* 1547/17
-5+4-5+4+3-2-5 Anonymous, *Dardi d'amor so* 1571/07
-5+4-5+4-3+2+6 G. Wert, *Tirsi morir volea* 1589/08
-5+4-5+4-3+5-5 O. Caccini, *Se gli occhi tu* 1585/21
-5+4-5+4-4+2+2 B. Pallavicino, *Hor che soave* 1586/09
-5+4-5+4-4+2-3 G. Policretto, *Ond'io pian* 1571/09
-5+4-5+4-5+4-3 L. Marenzio, *Sonar le labr* 1597/13
-5+4-5+5-2-3+2 Anonymous, *Troppo stratii* 1571/07
-5+4-5+5-3+4-2 G. Massarengo, *Resta resta* 1591/22
-5+4-5+5-5+3+4 G. da Nola, *In te i secret* 1573/16
-5+4-5+6-8+5+4 L. Bati, *Gia viss'io press* 1594/11
-5+4-5+8-2-2+2 Anonymous, *Dolce mio ben af* 1560/12
-5+4-5+8-3-2-5 H. Parabosco, *Anima bella* 1544/17
-5+4-5+8-4+2+2 G. Palestrina, *Amo'e non na* 1557/24
-5-4+2-2+4+3-2 O. Lasso, *Non vi vieto per* 1588/24
-5-4+2-2+4-4+5 B. Tromboncino, *Che debbio* 1507/03
-5-4+2+3-2+2+2 G. Locatello, *Ardo lungi* 1589/07
-5-4+3+2-4+8-8 A. Antiqui, *Quel che'l cie* 1507/03
-5-4+3-4+5-3-2 P. Vinci, *Oime terra e fatt* 1564/20
-5-4+4-4+4-4+8 Anonymous, *Ahi lasso me ch'* 1554/28
-5-4+4-5+4-2-2 A. Stringari, *Chi non sa ch* 1507/04
-5-4+5+2+2-2+2 R. Trofeo, *Dolc'ire e dolci* 1600/17
-5-4+5+2-2-2-2 G. Locatello, *Amor io mor* 1590/21
-5-4+5-2+2-3-3 P. Vinci, *Con lei foss'io* 1583/19
-5-4+5-3+4-2+4 S. Felis, *In questa vall* 1585/23
-5-4+5+4-2-5-4 O. Lasso, *Ardo si ma non t'* 1585/17
-5-4+5+4-4+3-4 P. Vinci, *Con lei foss'io* 1583/19
-5-4+5+4-4-5+4 P. Vinci, *Quand'amor i begl* 1567/24
-5-4+5-4+5-4+4 L. Agostini, *Ecco l'eterna* 1572/07
-5-4+5+5-4+5-2 A. Bicci, *Candide perle e* 1591/21
-5-4+5-5+4-4+4 A. Rossetto, *Che piu felic* 1505/03
-5-4+8-2+2-4-2 B. Tromboncino, *Non se sa* 1513/01
-5+5+2+2+2+2-2 Anonymous, *Liet fiori e fel* 1583/13
-5+5+2+2+2+2-3 Anonymous, *Liet fiori e fel* 1583/13
-5+5+2+2+2+2-5 Anonymous, *Liet fiori e fel* 1583/13
-5+5+2+2+2+2-8 Anonymous, *Se fosse aime* 1566/07
-5+5+2+2+2-2-5 M. Iacovelli, *Bacciala e di* 1588/23
-5+5+2+2+2-2-5 P. Vinci, *La ver l'aurora* 1567/24
-5+5+2+2+2-4-5 G. Moro, *Com'esser puo seve* 1585/28
-5+5+2+2+2-5+4 A. Trombetti, *Laura che'l* 1583/10
-5+5+2+2-2-2+2 M. Santini, *Quanto piu son* 1598/06
-5+5+2+2-2-2-2 G. Mosto, *Sparg'al girar* 1578/22
-5+5+2+2-2-5+4 S. Baldis, *Guerra guerra ce* 1574/06
-5+5+2+2-3+2-2 G. Lochenburgho, *Donna s'am* 1588/24
-5+5+2+2-3-3+2 C. Malvezzi, *Al Gran Duce de* 1583/16
-5+5+2+2-3-4-3 C. Malvezzi, *Al Gran Duce de* 1583/16
-5+5+2+2-3+5-2 P. Bellasio, *Puo ben fortun* 1595/07
-5+5+2+2-5+4-5 A. Padovano, *Benedetta el* 1564/16
-5+5+2+2-5+8-3 A. Savioli, *Hor co'l canto* 1600/16
-5+5+2-2-2-2+2 L. Agostini, *Se gioioso mi* 1572/07
-5+5+2-2-2-2+2 P. Monte, *Ahi chi mi rompe* 1585/18
-5+5+2-2-2-2-2 P. Bellasio, *Forse sia ques* 1578/21
-5+5+2-2+3+2-3 G. F. Sabino, *Felice primave* 1588/27
-5+5+2-2-3+2+2 F. Azzaiolo, *Bona via facci* 1559/19
-5+5+2-2-3+2-2 Anonymous, *Si tu penas no* 1583/04
-5+5+2-2+4-2+2 F. Luprano, *Salve sacrata* 1508/03
-5+5+2-2+4-2-2 P. Bellasio, *Forse sia ques* 1578/21
-5+5+2-2+4-2-2 L. Courtoys, *Questo non pro* 1580/10
-5+5+2-2+4-2-2 P. Monte, *La spirital virt* 1591/23
-5+5+2-2+4-3-3 L. Agostini, *I piango & ell* 1572/07
-5+5+2-2+4-5+5 H. Sabino, *Ballava Tirsi* 1588/27
-5+5+2-2-4+2+2 Anonymous, *Odo Fanciul che* 1598/04
-5+5+2-2-4+2-2 H. Sabino, *Ballava Tirsi* 1588/27
-5+5+2-2-4+2+3 A. Coma, *I lieti amanti e* 1585/22
-5+5+2-2-4+4-5 Anonymous, *Kyrie eleison* 1580/06
-5+5+2-2-5-2+2 Anonymous, *Donne mie bell* 1560/12
-5+5+2-2-5-2+4 H. Sabino, *Si che s'io viss* 1581/11
-5+5+2-2-5-2+5 B. Pallavicino, *Quando beni* 1583/14
-5+5+2-2-5+3+2 Anonymous, *Anima il Signor* 1598/04

-5+5+2-2-5+4+2 Anonymous, *Chi servir vol* 1509/02
-5+5+2-2-5+4+2 H. Hassler, *Ancor che la pa* 1597/13

-5+5+2-2-5+4-4 Anonymous, *Spero haver feli* 1505/03

-5+5+2-2-5+5+2 M. Cara, *Si che la vo segui* 1514/02

-5+5+2-2-5+8-2 G. Caimo, *Con tue lusinghe* 1586/19

-5+5+2-2-8+2+2 G. Dragone, *Pastor li tuoi* 1588/22

-5+5+2+3-2+2-4 G. Locatello, *Ardo lungi* 1589/07

-5+5+2+3+3-2+3 P. Vinci, *Caduta e la tua* 1564/20

-5+5+2-3+2+2-3 M. Cara, *Perso ho in tutto* 1505/04
-5+5+2-3+2+2-3 M. Cara, *Mia crudele e iniq* 1505/04

-5+5+2-3+2-5+4 C. Veggio, *Errai madonna,* 1540/19

-5+5+2-3-2+2+2 P. Cavali, *Mentre sola bene* 1590/13

-5+5+2-3-2-4+4 D. Grisonio, *Meste e pensos* 1568/16

-5+5+2-4-3+2+2 P. Monte, *E se gia vaga in* 1586/07

-5+5+2-4-3+4-3 B. Zolini, *Para pur quanto* 1570/19

-5+5+2-4+4-4+4 V. Bellhaver, *Habbi pieta* 1570/17

-5+5+2-4+4-5+4 F. Azzaiolo, *E lev'aime d'u* 1559/19

-5+5+2-4-5+4-2 H. Sabino, *E se t'agrada pu* 1581/11

-5+5+2-4-5+4-5 H. Sabino, *E se t'agrada pu* 1581/11

-5+5+2-4+6-4+2 F. Azzaiolo, *Chi vuol vegn* 1569/24

-5+5+2-5+2-2+4 G. da Nola, *Sa che te dic'a* 1570/27

-5+5+2-5+2-3+2 F. Roussel, *Ivi senza ripos* 1559/16

-5+5+2-5-2+2-2 Anonymous, *Piangeti mecho* 1505/03

-5+5+2-5+6-2-2 P. Lodi, *La belta ch'ogi* 1514/02

-5+5+2-6+3+4-5 H. Sabino, *Hor ritorni il* 1583/14

-5+5-2+2+2-2+3 C. Rore, *La terra di novell* 1544/17

-5+5-2+2-2+2+2 Anonymous, *Due destrier bio* 1566/07

-5+5-2+2-4+2-3 H. Chamatero, *Et io da ch'i* 1569/26

-5+5-2+2-4-2+2 G. Gallo, *Sembri Siren* 1596/13

-5+5-2+2-4+3-2 F. Roussel, *Rosa al sol no* 1562/22

-5+5-2+2-4+4-5 Anonymous, *O mischini o sia* 1506/03

-5+5-2+2-4-4+4 O. Antinori, *Sed libera no* 1506/03

-5+5-2+2-4-5+8 S. Felis, *Un tempo visi in* 1574/06

-5+5-2+2+5-4-2 B. Tromboncino, *Non piglia* 1505/06

-5+5-2-2+2+2-2 A. Spontoni, *Misero me che* 1590/13

-5+5-2-2+2+2-5 G. Gabrieli, *Dimmi numi be* 1589/14

-5+5-2-2+2-3+2 G. Manenti, *Vientene Filli* 1593/04

-5+5-2-2+2-5+2 J. Lulinus, *Non potra mai* 1514/02

-5+5-2-2-2+2+2 Anonymous, *In vita e in mor* 1599/06
-5+5-2-2-2+2+2 G. M. Nanino, *Tua bellezza* 1599/06
-5+5-2-2-2+2+2 L. Mira, *Al fiammeggiar de* 1592/15

-5+5-2-2-2+2-2 G. Gabrieli, *Dimmi numi be* 1589/14

-5+5-2-2-2+2+3 Anonymous, *Dammi no vaso ce* 1560/12
-5+5-2-2-2+2+3 V. Nerito, *Torna dolce il* 1597/13

-5+5-2-2-2+2-3 S. Dentice, *Chi sta soggett* 1600/05
-5+5-2-2-2+2-3 F. Roussel, *Onde convien ch* 1562/22

-5+5-2-2-2-2+2 J. Gero, *Rare gratie celest* 1582/08

-5+5-2-2-2-2-2 C. Malvezzi, *Vago dolce e bel* 1583/16
-5+5-2-2-2-2-2 G. Moro, *Ecco nova Fenic* 1585/28

-5+5-2-2-2-2+3 J. Gero, *Rare gratie celest* 1582/08
-5+5-2-2-2-2+3 M. Ingegneri, *Ero cosi dice* 1588/17
-5+5-2-2-2-2+3 P. Marni, *Aura dolce e soav* 1588/18
-5+5-2-2-2-2+3 G. Moro, *Ecco nova Fenic* 1585/28

-5+5-2-2-2-2+4 J. Gero, *Rare gratie celest* 1582/08

-5+5-2-2-2-2+5 G. Antiquis, *Donna perche* 1574/06
-5+5-2-2-2-2+5 M. Ingegneri, *Ero cosi dice* 1588/17
-5+5-2-2-2-2+5 J. Japart, *Questa se chiam* 1504/03
-5+5-2-2-2-2+5 G. Lochenburgho, *Quel si grav* 1588/24
-5+5-2-2-2-2+5 L. Primavera, *La ver l'Auro* 1585/31

-5+5-2-2-2+3+3 Anonymous, *Ah vil cor pigli* 1509/02

-5+5-2-2-2+4-2 J. Gero, *Madonna sua merce* 1541/02

-5+5-2-2-2+4-5 B. Tromboncino, *Poi che lal* 1504/04

-5+5-2-2-2-5+2 B. Tromboncino, *Dhe fusse* 1514/02

-5+5-2-2-2-5+5 Anonymous, *Vergine poverell* 1598/04

-5+5-2-2+3-3-3 G. da Nola, *Menar vo sempr* 1570/27

-5+5-2-2+3-5+5 A. Gabrieli, *Ama l'Aquila G* 1592/15
-5+5-2-2+3-5+5 G. Maio, *Io non posso piu* 1519/04

-5+5-2-2-3+2+2 Anonymous, *Se la pieta per* 1560/13

-5+5-2-2+4-2-2 M. Cara, *Si come che'l bian* 1504/04

-5+5-2-2+4-5+2 Aron, *Io non posso piu* 1505/06

-5+5-2-2+5-5+3 I. Baccusi, *Occhi miei che* 1591/23

-5+5-2-2-5+5-2 Anonymous, *Villanella ch'all* 1566/10

-5+5-2-2-5+8-2 B. Tromboncino, *Se col sgua* 1506/03

-5+5-2+3-2-3+2 M. Jhan, *Lasso che mal acor* 1533/02

-5+5-2+3-3-5 P. Monte, *Poi che'l mio lar* 1583/15

-5+5-2-3+2+2+2 J. Gero, *Per amplia strada* 1541/02

-5+5-2-3+2-2+2 J. Gero, *Madonna io v'amo* 1541/02

-5+5-2-3+2+3-2 G. Bonagiunta, *L'amore non* 1566/07

-5+5-2-3+2-3+5 A. Gabrieli, *Ama l'Aquila G* 1592/15

-5+5-2-3+2+4-2 L. Marenzio, *Tacciano i venti* 1591/21

-5+5-2-3-2+3+2 P. Philips, *Perche non poss* 1594/07

-5+5-2-3+4-5-3 G. Maio, *Agli amanti e ingr* 1519/04

-5+5-2-3+5+3-4 O. Lasso, *Non vi vieto per* 1588/24

-5+5-2-3+5-5+3 B. Tromboncino, *Cade ogni* 15507/03

-5+5-2+4-2+2-2 C. Porta, *Hor ch'allegra* 1583/12

-5+5-2+4-2-2+3 G. Pizzoni, *Se de miei tene* 1582/14

-5+5-2+4-5+5+2 H. Sabino, *Quando con mill* 1588/27

-5+5-2-4+2+4-3 G. Schiavetti, *Deh non far* 1564/16

-5+5+4+2+2-3-2 G. Gabrieli, *Ma ben vegg'ho* 1575/15

-5+5+4-2+2+2+2 G. Pizzoni, *Se de miei tene* 1582/14

-5+5+4-2+2-2-2 G. Gostena, *Mai non provai* 1589/13
-5+5+4-2+2-2-2 G. Marinis, *Sparte not'alt'* 1596/13

-5+5+4-2+2-2-3 F. Gherardini, *Tosto ch'io* 1585/24

-5+5+4-2+2-4-5 L. Marenzio, *Tirsi morir vo* 1585/18

-5+5+4-2+2-5+2 A. Gabrieli, *Da poi che su'* 1566/03
-5+5+4-2+2-5+2 A. Gabrieli, *Non ti sdegnar* 1593/04

-5+5+4-2+2-7+7 G. Marinis, *Sparte not'alt'* 1596/13

-5+5+4-2-2-2+2 Anonymous, *Ave Regina cel* 1563/06

-5+5+4-2-2-2-2 F. Baseo, *S'amor m'ha pres'* 1573/17
-5+5+4-2-2-2-2 J. Gero, *Pensier che sovr'o* 1561/11

-5+5+4-2-2-2+4 Anonymous, *E morta la spera* 1537/07
-5+5+4-2-2-2+4 C. Veggio, *Donna per Dio* 1540/19

-5+5+4-2-2-5+4 M. Cara, *Se ben el fin de* 1506/03

-5+5+4-2-3-2+2 S. d'Aranda, *D'angosciosi* 1571/12

-5+5+4-2-3-2-2 J. Gero, *Pensier che sovr'o* 1561/11

-5+5+4-2-5+5+2 S. Venturi, *O bacio a me fel* 1598/14

-5+5+4-2-5+5-2 D. Caritheo, *Se non mi diss* 1546/18

-5+5+4+3-2-5+2 J. Berchem, *Il sol giamai* 1546/19

-5+5+4-3-4+3-4 L. Marenzio, *Gia le muse* 1591/21

-5+5+4-4+2+3-2 P. Nenna, *Sommo Rettor del* 1582/12

-5+5-4+2+2+2-5 C. Rore, *La giustitia immor* 1548/08

-5+5-4+2+2-3-2 O. Lasso, *Pensier dicea ch'* 1569/19

-5+5-4+2+2-5+2 Anonymous, *Come po tu teme* 1505/05

-5+5-4+2-2+2-3 N. Brocco, *O tiente a lor* 1507/04

-5+5-4+2-2-2+2 O. Lasso, *Ardo si ma non t'* 1585/17

-5+5-4+2-2+4-2 G. Gabrieli, *Ma ben vegg'ho* 1575/15

-5+5-4+2-2+4+4 R. Vecoli, *O miracol gentil* 1577/10

-5+5-4+2-2+4-4 P. Cesena, *Non so perche no* 1505/03

-5+5-4+2+3-4-2 E. Romano, *Chiare fresche* 1514/02

-5+5-4+2-3+2+4 F. Azzaiolo, *O spazza cami* 1557/18

-5+5-4+2-3+2-5 F. Azzaiolo, *Ben staga tutt* 1557/18
-5+5-4+2-3+2-5 F. Azzaiolo, *La manza mia* 1557/18

-5+5-4+2-3+4+2 S. Essenga, *Dhe cosi fuss'i* 1559/16

-5+5-4+2-3+5-3 G. L. Primavera, *Donne leggia* 1565/17

-5+5-4+2-3+5-4 P. Parma, *Altri'a cui nota* 1562/15

-5+5-4+2-3-5+5 V. Ruffo, *Ond'Amor paventos* 1557/25

-5+5-4+2+4-5+4 Anonymous, *Che te giova ser* 1506/03

-5+5-4+2-4+2-5 J. Persoens, *Lasso che nel* 1570/28

-5+5-4+2-5+3-5 Anonymous, *Se ben hor me co* 1515/02

-5+5-4-2+2-2-3 J. Lulinus, *Chi non sa che* 1514/02

-5+5-4-2+2+4-2 Anonymous, *Signor Giesu qua* 1563/06

-5+5-4-2+2+4-2 M. Cara, *Deh si deh no deh* 1504/04

-5+5-4-2+3-2+4 Anonymous, *Se alcun spera* 1505/04

-5+5-4+3+2-2-5 A. Stabile, *Fuggite amanti* 1591/12

-5+5-4+3-5+3-4 S. d'Aranda, *A ciascun rem'* 1571/12

-5+5-4-3+2+2+4 Anonymous, *Aprimi amor le* 1544/17

-5+5-4-3+2-2-2 A. Padovano, *A qualunque an* 1561/15

-5+5-4+4+2+2-2 S. Festa, *L'ultimo di de ma* 1526/06

-5+5-4+4+2+5-2 H. Sabino, *Facciansi lieti* 1583/14

-5+5-4+4-2+2+2 F. Azzaiolo, *Poi che volse* 1557/18

-5+5-4+4-2+2-4 M. Cara, *O mia cieca e dur* 1504/04
-5+5-4+4-2+2-4 B. Tromboncino, *Gli e pur co* 1517/02

-5+5-4+4-2-2 P. Verdelot, *Fidel e bel cagn* 1530/01

-5+5-4+4-2-2-2 Anonymous, *Ecco care sorell* 1563/06

-5+5-4+4-2+3-2 Anonymous, *O tempo o ciel* 1509/02

-5+5-4+4+3+2-2 F. Ana, *El cor un altra vo* 1505/05

-5+5-4+4-3-2-5 Anonymous, *Vergine degna d'* 1580/06

-5+5-4+4-4+2+3 G. Gabrieli, *Quand'io ero* 1575/11

-5+5-4+4-4+4-2 Anonymous, *Pace hormai che* 1505/06
-5+5-4+4-4+4-2 Anonymous, *A la fe si a la* 1505/04

-5+5-4+4-4+4-5 Anonymous, *Mille fiate o do* 1594/07
-5+5-4+4-4+4-5 B. Roi, *Mille fiate o dolc* 1573/16

-5+5-4+4-4-5+5 H. Hassler, *Mi parto ahi fo* 1597/13

-5+5-4+4-4+8-5 A. Stringari, *Son piu matt* 1514/02

-5+5-4+4+5-5+2 A. Zoilo, *Della sua insegn* 1586/07

-5+5-4+4-5+2+2 G. da Verona, *Ampia viva fo* 1563/07

-5+5-4+4-5+2-5 G. Gabrieli, *Quand'io ero* 1575/11
-5+5-4+4-5+2-5 H. Sabino, *Facciansi lieti* 1583/14

-5+5-4+4-5+3+2 F. Portinaro, *Due ben sces* 1562/22

-5+5-4+4-5+5-4 M. Pesenti, *Si me piace el* 1504/04

-5+5-4+4-5+8-2 S. Festa, *Come senza coste* 1526/06

-5+5-4+4-8+5-5 P. Philips, *Voi volete ch'i* 1594/07

-5+5-4+5+2-2-5 Anonymous, *Leviamo i nostri* 1580/06
-5+5-4+5+2-2-5 F. Celano, *Come poss'io mor* 1566/09

-5+5-4+5-2-2+2 R. Vecoli, *O miracol gentil* 1577/10

-5+5-4+5-5+4-5 F. Azzaiolo, *Gia cantai all* 1557/18
-5+5-4+5-5+4-5 H. Schaffen, *Unica speme mi* 1549/31

-5+5-4-5+4-3-2 P. Monte, *Anima dove vai do* 1583/15

-5+5-4-5+5+3+2 A. Pevernage, *Cesar gentil* 1583/14

-5+5-4-5+8-4+4 B. Donato, *Se pur ti guard* 1550/19

-5+5-4-5+8-5+5 Anonymous, *Ecco'il Messia,* 1563/06

-5+5-4+6-3-3+2 F. Ana, *Queste quel loco* 1505/03

-5+5-4+8-2-2-2 C. Perissone, *Vaga tranquil* 1547/14

-5+5-4+8-3-3-4 P. Monte, *Se non fusse il* 1573/16

-5+5+5+2-2-2-2 G. Locatello, *Amor io mor* 1590/21

+8-2+2-4+3-3+2 G. Ferretti, *Su su non piu* 1583/15
+8-2+2-4+5-2-2 A. Pevernage, *O come e gra* 1594/07
+8-2+2-5+2-5+8 F. Baseo, *Dunque fia ver ch* 1573/17
+8-2+2-5-4+8+3 G. Croce, *Se da voi m'allon* 1592/14
+8-2+2-5+5-2+2 L. Bati, *Qui con si dolce* 1594/11
+8-2+2-5+5-4+3 G. da Nola, *Pensai piu d'og* 1570/18
+8-2+2-5+5-5+3 G. Scotto, *Pensai piu d'ogn* 1571/11
+8-2-2+2+2-3+2 P. Verdelot, *Divini occhi* 1533/02
+8-2-2+2+2-3-2 Anonymous, *Fa ch'io fo hor* 1505/04
+8-2-2+2+2-3-2 J. Arcadelt, *Tra freddi monti* 1549/31
+8-2-2+2-2-2-2 F. Portinaro, *S'alteri poi* 1563/13
+8-2-2+2-2-2+4 H. Sabino, *Le frondi di tu* 1581/11
+8-2-2+2-2-2+5 H. Sabino, *Le frondi di tu* 1581/11
+8-2-2-2+2+2+2 Anonymous, *Piango el mio fi* 1505/04
+8-2-2-2+2-2-3 M. Pesenti, *Amor poi che no* 1505/06
+8-2-2-2+2-2+4 Anonymous, *Se d'amarti non* 1505/06
+8-2-2-2+2-2+4 E. Marotta, *Non son ris'avi* 1598/08
+8-2-2-2+2-4+5 R. Trofeo, *Amero donna che'* 1600/17
+8-2-2-2-2+2+2 M. Cancino, *Lunge dagl'occh* 1590/21
+8-2-2-2-2-2-2 Anonymous, *Mandati qui d'am* 1546/19
+8-2-2-2-2-2-2 M. Cancino, *Lunge dagl'occh* 1590/21
+8-2-2-2-2-2-2 G. Fogliano, *Quando amor qu* 1547/16
+8-2-2-2-2-2-3 F. Martini, *Mentre piu coc* 1599/06
+8-2-2-2-2+3+2 P. Stabile, *Ben puo di sua* 1585/32
+8-2-2-2-2+3+3 F. Ana, *S'el mio ben da vo* 1505/03
+8-2-2-2-2+3+3 F. Ana, *Occhi dolci ove pr* 1505/03
+8-2-2-2-2-4+5 Anonymous, *Tra'l volere e* 1510/
+8-2-2-2-2+5+2 G. Capuano, *Chi vol veder* 1574/06
+8-2-2-2-2-5+4 M. Cancino, *Lunge dagl'occh* 1590/21
+8-2-2-2+3-2-2 F. Anerio, *Scorgo tanto alt* 1593/05
+8-2-2-2+3-2-2 B. Roi, *Qual'hor vagh'e ri* 1590/15
+8-2-2-2-3+2-5 P. Vecoli, *Cornelia bella* 1581/12
+8-2-2-2+4-2-2 F. Anerio, *Scorgo tanto alt* 1593/05
+8-2-2-2+4-2-2 P. Bellasio, *Et mentre piu* 1578/21
+8-2-2-2+4-2-2 C. Malvezzi, *Crude l'acerb* 1583/16
+8-2-2-2+4-2-2 A. Trombetti, *Fugge Madonn* 1586/21
+8-2-2-2+4-2-2 G. Wert, *Pur mi dara tanta* 1568/20
+8-2-2-2-4+4+2 P. Vecoli, *Cornelia bella* 1581/12
+8-2-2-2-5+4+2 P. Monte, *Crudel aspro dolo* 1597/13
+8-2-2-2-5+8-2 C. Baselli, *Come fa della* 1600/12
+8-2-2-2-5+8-5 Anonymous, *Seria il mio ser* 1510/
+8-2-2+3-2-5+2 O. Vecchi, *S'io potessi rac* 1585/35
+8-2-2+3-3-5+2 F. Ana, *Passo passo pian* 1505/05
+8-2-2+3-4+2+2 P. Vecoli, *Voi pargoletti* 1581/12
+8-2-2-3+2-2-3 A. Gabrieli, *Signor cui fu* 1589/14
+8-2-2-3+2-5+4 G. Nanino, *Erano i capei d'* 1585/18
+8-2-2-3+3+2-2 L. Balbi, *Fra monti hormai* 1570/23
+8-2-2-4+4-2-2 H. Lauro, *O voi nel amplo* 1517/02
+8-2-2-4+5-4+2 A. Il Verso, *Talhor tace* 1594/17
+8-2+3-2-2+2+2 J. Arcadelt, *Desio perche* 1552/21
+8-2-3+2-2-2+5 L. Bati, *Da voi da me disgi* 1594/11
+8-2-3+2-2-3+2 O. Vecchi, *O di rare eccell* 1586/09
+8-2-3+2-2-4+4 P. Verdelot, *Ultimi miei so* 1546/19
+8-2-3+3+2-2-2 A. Barre, *Poi che per te co* 1555/27
+8-2-3-3+5+2-4 F. Ana, *Queste quel loco* 1505/03
+8-2-3+4-3-2-2 F. Luprano, *Quercus iuncta* 1509/02
+8-2-3+4-5-4+4 M. Cara, *Tante volte si si* 1514/02
+8-2-3-5+4+3-2 P. Bellasio, *Mentre il gran* 1595/07
+8-2+4-2-2-8+5 G. Nasco, *Madonna quand'io* 1561/10
+8-2-4+4-2-2-2 Anonymous, *O mater dei e ho* 1508/03
+8-2-4+4-5+2+2 G. Wert, *Talhor parmi la lu* 1568/20
+8-2-5+2+2-3-3 F. Luprano, *Fammi almen un* 1505/05
+8-2-5+4-3+2-5 J. Lulinus, *Rendete amanti* 1514/02
+8+3-2+2-3+2-5 P. Vinci, *In te i secreti* 1567/24
+8+3-2-2-2-2-3 B. Tromboncino, *Voi che pas* 1507/03
+8-3+2+2+2-3+2 P. Bellasio, *Mentre il gran* 1595/07
+8-3+2+2-3-2+2 P. Bellasio, *Mentre il gran* 1595/07
+8-3+2+2-3-2-4 M. Cara, *Su su su su mia sp* 1506/03
+8-3+2+2-3+4-2 Anonymous, *Resvegliate su* 1506/03
+8-3+2+2-5+5-2 G. M. Nanino, *Lego questo* 1593/05
+8-3+2+2-5+5-5 D. Michele, *Human stille no* 1570/15
+8-3+2+2-8+4+2 G. Mosto, *I lieti amanti* 1589/10
+8-3+2-2+2+2-5 G. da Nola, *Seguit'amor don* 1566/09
+8-3+2-2+2-3+3 G. Contino, *Col seno pien* 1561/15
+8-3+2-2-2+2-2 P. Bellasio, *Mentre il gran* 1595/07
+8-3+2-3+2-2+2 P. Bellasio, *Mentre il gran* 1595/07
+8-3+2-3-2-2+4 G. Ferretti, *Su su non piu* 1583/15
+8-3+2-3-2-5+3 G. Contino, *Col seno pien* 1561/15
+8-3+2-4+5-2-2 A. Padovano, *Et io da che* 1561/15
+8-3+2-5+4+3-2 A. Gabrieli, *Ben possono* 1579/02
+8-3-2-2+2+2-2 G. Wert, *Vaga d'udir com'og* 1568/20
+8-3-2-2+2-4+3 H. Fiorino, *Dolci sospiri* 1592/14
+8-3-2-2-2+2+3 A. Trombetti, *Chi la fuga* 1583/18
+8-3-2-2-2+2-4 A. Trombetti, *Chi la fuga* 1583/18
+8-3-2-2+3-2-2 B. Faveretto, *Amor se legh* 1598/07
+8-3-2-4+8-3+2 S. Cornet, *Cosi venuti son* 1581/07

+8-3-2-5+2+2+2 O. Caccini, *Un duro scogli* 1585/21
+8-3-2-5+2+4-5 Anonymous, *Ave panis angelo* 1508/03
+8-3-2-5+4+2+2 P. Vinci, *Del vostro nome* 1564/20
+8-3+3-2-2-2-2 G. Anerio, *E perche lungi* 1599/06
+8-3+3-2-2+4-2 G. Anerio, *E perche lungi* 1599/06
+8-3+3-2-3+2-2 P. Vinci, *Amor fra l'herbe* 1583/19
+8-3+3-5+3-5+8 G. Anerio, *E perche lungi* 1599/06
+8-3-3+2-2+2+2 R. Rodio, *E so come in un* 1587/12
+8-3-3+2-5+5-3 G. Ferretti, *Su su non piu* 1583/15
+8-3-3+3-3+2-4 B. Tromboncino, *Accio che* 1507/03
+8-3-3+3-3+2-4 B. Tromboncino, *Afflicti sp* 1507/03
+8-3+4-2+2+2+2 A. Trombetti, *Amor per suo* 1586/21
+8-3+4-2-2-2+2 C. Porta, *Vago augelletto* 1592/15
+8-3-4+2+2-2+3 F. Ana, *Amor con le tue fa* 1505/05
+8-3-6+6+3-3-3 Anonymous, *Catalina apra fi* 1567/17
+8-4+2+2+2-4+4 P. Vinci, *Ma'l suon che di* 1567/24
+8-4+2-2+3-2-2 G. Wert, *Se la mia vita da* 1568/20
+8-4+2+3-4-3+2 S. Molinaro, *Cantiam Muse* 1599/15
+8-4+2-3-2+2+2 O. Scaletta, *Illustre Catte* 1593/07
+8-4+2-3+5-2-2 P. Vinci, *Ma'l suon che di* 1567/24
+8-4+2-3+5-4+2 P. Vinci, *Ma'l suon che di* 1567/24
+8-4+2-8+2+2+2 G. Mosto, *Locar sopra gl'ab* 1578/22
+8-4+3+2-3-2-2 C. Rore, *Perche se strette'* 1568/19
+8-4+3+2-4+4-2 F. Anerio, *Al suon non pos* 1589/11
+8-4+3+2-4+5-3 C. Porta, *Non esser di me* 1598/07
+8-4+3-2-2-2+2 A. Zoilo, *Ero cosi dice* 1588/17
+8-4-3+2+2-5+8 P. Monte, *All'hor gli spirt* 1591/23
+8-4-3-3+2+2+2 H. Sabino, *Pria che la trom* 1588/27
+8-4+4-2+2-4-2 R. Trofeo, *Tirsi qui vid'io* 1600/17
+8-4+4-2-3+4-2 Anonymous, *I mi trovo Gies* 1563/06
+8-4+4-2-5+5+2 Anonymous, *Adoramus te Chri* 1508/03
+8-4+4-2-5+5-2 Anonymous, *O salutaris osti* 1508/03
+8-4+4-5+4+2+2 Anonymous, *Amor che deggio* 1583/15
+8-4+4-5+4+2+2 D. Ferabosco, *Vergin che de* 1600/05
+8-5+2+2+2+2-4 P. Isnardi, *Raggio divin ch* 1586/07
+8-5+2+2-2+2-2 A. Coma, *Donna fu il frutt* 1585/22
+8-5+2+2-2+2+3 S. Cornet, *Io son dell'aspe* 1581/07
+8-5+2+2-3+2+4 G. Gabrieli, *Sacri di Giov* 1589/08
+8-5+2+4-2-2-5 M. Cara, *Amor se de hor in* 1517/02
+8-5+2-4+4-3+6 G. Gabrieli, *Hor ch'io son* 1575/11
+8-5+2-5+2+2+2 G. Masaconi, *Ecco signor Vo* 1539/25
+8-5+2-5+4-5+4 A. Milleville, *Due pallidetti* 1586/10
+8-5+2-5+5+2-2 M. Mazzone, *Se del mio gra* 1570/18
+8-5+2-5+5+2-3 F. Ana, *A tuo modo afflig* 1505/03
+8-5+2-5+8-5+2 Anonymous, *Spargo indarno* 1509/02
+8-5+3-2+4-3-2 M. Santini, *Quest'e'l fonte* 1600/12
+8-5-4+4+4-4+5 S. Felis, *In questa vall* 1585/23
+8-5-4+5+4-4+2 Anonymous, *Signore soccorr'* 1563/06
+8-5+5-4-2+2-5 Anonymous, *Amor ch'in terr* 1563/06
+8-5+5-4+5-5+2 G. Gabrieli, *Hor ch'io son* 1575/11
+8-5+5-4-5+5-3 O. Vecchi, *Tibrina bell* 1594/15
+8-5+5-5+3+2-2 P. Vinci, *Costei volgendo gl* 1564/20
+8-8+2+2+2+2-3 Anonymous, *Si come fede se* 1505/06
+8-8+3+2+2-5+4 G. Gatto, *Perche lontana* 1569/19
+8-8+4+2-2-5+4 C. Monteverdi, *Quante son* 1594/15
+8-8+5-3-3+2+2 A. Viola, *Se'l sol si scost* 1562/06
+8-8+5-5+5+4-2 G. Nanino, *Al suon de le do* 1586/07
+8-8+8-5-3+5+2 Anonymous, *Grida qual tromb* 1583/04
-8+2+2+2+2+2-2 M. Cancino, *Lunge dagl'occh* 1590/21
-8+2+2+2+2+2-2 M. Cara, *O caldi mei suspir* 1505/05
-8+2+2+2+2+2-2 F. Luprano, *Quanto piu donn* 1505/05
-8+2+2+2+2+2-2 C. Porta, *Donna ben v'ingan* 1586/10
-8+2+2+2+2+2-4 R. Trofeo, *Ohime partit'e'l* 1600/17
-8+2+2+2+2-3+4 A. Morsolino, *Come lungi* 1594/15
-8+2+2+2+2-5+8 O. Vecchi, *Ahi se si grida* 1583/12
-8+2+2+2-2+2+3 A. Coma, *Sorge il pastor d'* 1585/22
-8+2+2+2-2-2+2 R. Mel, *Se questa valle* 1586/02
-8+2+2+2+5-2-2 E. Dupre, *Che si fa cosi mi* 1509/02
-8+2+2-2+2-2-2 Anonymous, *Taci lingua el* 1506/03
-8+2+2-2+2-4-2 P. Cesena, *Non pensar che* 1509/02
-8+2+2-2+4+4-8 B. Tromboncino, *Longi dal mi* 1517/02
-8+2+2-3+4+5+2 Anonymous, *Vergine dolc'e* 1599/06
-8+2-2+2+2-2+2 F. Luprano, *Vana speranza* 1505/05
-8+2-2+2+5-2+2 B. Tromboncino, *Morte te pr* 1505/05
-8+2-2+4-2+4-2 R. Mel, *Se questa valle* 1586/02
-8+2-2+5-5+4+3 S. Felis, *Signora la bellez* 1574/06
-8+2-2+5-5+5-3 S. d'Aranda, *Ecco ch'io lasc* 1571/12
-8+2-2+5-5+5-3 S. Felis, *Questo pastor pru* 1583/14
-8+2-2+5-5+8-2 P. Nenna, *Dolce nemica mia* 1574/05
-8+2-2+5-5+8-5 S. Felis, *Questo pastor pru* 1583/14
-8+2-3+2+2+8-2 A. Antiqui, *Vale iniqua val* 1505/06
-8+2+4-2+2-5+8 F. Roussel, *Colei son'io* 1562/22
-8+2+5-3+2-5+2 S. d'Aranda, *Io mi son giov* 1571/12
-8+2+5-3+5+2-2 Anonymous, *Vita mia bella poi* 1560/12

PART IV

Index to Sources

Index to Sources

1501 *Harmonice Musices Odhecaton A.*, Venezia, O. Petrucci, 1501. I Bc
1503/03 n. st.) *Canti B numero cinquanta*, Venezia, O. Petrucci, 1503. A Wn
1504/03 (n. st.) *Canti C No. cento cinquanta*, Venezia, O. Petrucci, 1504. D Mbs
1504/04 *Frottole libro primo*, Venezia, O. Petrucci, 1504. D Mbs
1505/03 *Frottole libro secondo*, Venezia, O. Petrucci, 1504. D Mbs
1505/04 (n. st.) *Frottole libro tertio*, Venezia, O. Petrucci, 1504. D Mbs
1505/05 *Strambotti, ode, (etc.)*, Venezia, O. Petrucci, 1505. D Mbs
1505/06 *Frottole libro quinto*, Venezia, O. Petrucci, 1505. D Mbs
1506/03 (n. st.) *Frottole libro sexto*, Venezia, O. Petrucci, 1506. D Mbs
1507/03 *Frottole libro septimo*, Venezia, O. Petrucci, 1507. D Mbs
1507/04 *Frottole libro octavo*, Venezia, O. Petrucci, 1507. D Mbs
1508/03 *Laude libro secondo*, Venezia, O. Petrucci, 1507. E S
1509/02 (n. st.) *Frottole libro nono*, Venezia, O. Petrucci, 1508. D Mbs
1509/03 *Tenori e contrabassi intabulati*, Venezia, O. Petrucci, 1509. A Wn
1510 *Canzoni nove*, Roma, A. Antico, 1510. CH Bu
1511 *Tenori e contrabassi intabulati*, Venezia, [Fossombrone], O. Petrucci, 1511 I Mb
1513/01 *Canzoni sonetti ... libro tertio*, Roma, A. Antico, 1513. (=1517)
1514/02 *Frottole libro undecimo*, Venezia [Fossombrone], O. Petrucci, 1514. E S
1515/02 *Canzone sonetti...libro primo*, Siena, P. Sambonetti, 1515. I Fn
1516/02 *Frottole libro secondo*, Napoli, G. A. de Caneto, 1516. I Fm
1517/01 *Frottole libro tertio*, Roma, A. Antico, 1517. (=1513) I Fm
1517/02 *Canzoni sonetti...libro quarto*, Roma, Antico & Giudici, 1517. I Fn
1517/03 *Frottole intabulate...organi, Libro primo*, Roma, A. Antico, 1517. I Mpol
1519/04 *Fioretti di frottole...libro secondo*, Napoli, G. A. de Caneto, 1519. I Fm
1520/05 *Frottole libro quarto*, Venezia, A. Antico, 1520. (=1517/02)
1520/07 *Frottole de ...Tromboncino et...Carra*, Roma, L.A. Giunta, (s.d.) I Fe
[1521/06] *Motetti e Canzone. Libro Primo.* (No date; no publisher.) US NYpm
1526/JEP *Messi motteti Canzoni ... Libro Primo.* [Roma, 1526]. See Jeppeson, *La Frottola*, 1968, p. 138. E PAp (C)
[1526/05] *Fior de motetti e Canzoni...* Roma, G. Giunta, (s.d.). A Wn
1526/06 *Canzoni frottole et capitoli...*, Roma, G. G. Pasoti et V. Dorico, 1526. A Wn
[1530/01] *Libro primo de la fortuna A*, Venezia, Giunta?, (s.d.). I Bc
1530/02 *Madrigali...libro primo de la serena*, Roma, 1530. (See 1534/15.) E S (A)
[1531/03] *Canzoni frottole....Libro secondo de la Croce*, Roma, V. Dorico, 15..(?). I Bc
1533/02 *Il primo libro de madrigali di Verdelotto*, Venezia, A. Antico, 1533. F Pthibault
1534/12 *Vingt et huyt chansons musicalles a quatre parties*, Paris, P. Attaingnant, 1534. D Mbs
1534/15 *Madrigali novi...Libro primo de la serena*, Roma, V. Dorico, 1533. (Dated 1533 in Basso.) (Alto from 1530/02.) D Mbs (SB)
1534/16 *Il secondo libro de madrigali di Verdelot*, Venezia, A. Antico, 1534. F Pthibault (B)
1536/07 *Il secondo libro de madrigali di Verdelot...Adriano...Festa...*, Venezia, G. Scotto, 1536. (=1534/16)
1537/05 *Canzone villanesche all napolitana. Libro primo.* Napoli, G. da Colonia, 1537. D W (ST)
1538/16 *Le Parangon des chansons. Second livre...*, Lyon, J. Moderne, 1538. A Wn
1537/07 *Delli madrigali a tre voci*, Venezia, O. Scotto, 1537. I Bc (B)
1537/08 *Madrigali a tre et arie Napolitane*, (S.l.n.d.), D W (ST)
1537/10 *Il secondo libro de madrigali di Verdelotto...,Venezia, O. Scotto*, 1537. (=1536/07)
1537/11 *Il terzo libro de madrigali di Verdelotto... Festa...* Venezia, O. Scotto, 1537. D Mbs
1538/14 *Le Parangon des chansons. Cinquiesme livre...XXVIII Chansons...* Paris, P. Attaingnant et H. Jullet, 1538. D W
[1538/15] *Le Parangon des chansons*, Lyon, J. Moderne, (s.d.). GB Lbm
1538/16 *Le Parangon des chansons*, Lyon, J. Moderne, 1538. A Wn
1538/17 *Le Parangon des chansons. Tiers livre...*, Lyon, J. Moderne, 1538. GB Lbm
1538/20 *Di Verdelot le dotte et eccellente...*, Venezia, A. Gardane (s.d.). (All in other editions.)
1538/21 *De i madrigali di Verdelotto...libro secondo.* Venezia, O. Scotto, 1538. D Mbs
1539/SE *Il secondo libro de madrigali, 4vv.* Cited in A. Seay, "Jacques Arcadelt," GROVE6, I/549.
1539/22 *Il primo libro di madrigali d'Archadelt...* Venezia, A. Gardane, 1539. D Mbs
1539/24 *Il quarto libro di madrigali d'Archadelt...* Venezia, A. Gardane, 1539. D Mbs
1539/25 *Musiche fatte nelle nozze...Duca di Firenze...Cosimo de Medici...*Venezia, A. Gardane, 1539. A Wn
1540/07 *Selectissimae necnon familiarissimae...* Augsburg, M. Kriesstein, 1540. D Mbs
1540/18 *Le dotte, et eccellente ... madrigali a cinque voci...*Venezia, G. Scotto, 1540. D Mbs
1540/19 *Madrigali a quattro...Claudio Veggio... Arcadelth...*Venezia, G. Scotto, 1540. A Wn
1540/20 *Di Verdelotto tutti li madrigali del primo, et secondo libro...*, Venezia, G. Scotto, 1540. D Mbs
1541/02 *Trium vocum cantiones centum...Tomi primi*, Nürnberg, J. Petreius, 1541. GB Lbm
1541/09 *Il primo libro de i madrigali d'Archadelt a quatro...*Venezia, A. Gardane, 1541. A Wn (=1550/16).
1541/11 *Il terzo libro dei madrigali novissimi di Archadelt a quattro...* Venezia, A. Gardane, 1541. A Wn
1541/12 *Il quarto libro di madrigali d'Archadelt, a quattro voci...* Venezia, A. Gardane, 1541. A Wn
1541/13 *Di Constantio Festa il primo libro de madrigali a tre voci, con la gionta de quaranta madrigali di Gero...*Venezia, A. Gardane, 1541. I VEaf
1541/14 *Ihan Gero il primo libro de madrigali Italiani...a due voci...*Venezia, A. Gardane, 1541. A Wn
1541/15 *Il primo libro de i madrigali di Maistre Jhan...e de altri eccellentissimi auttori...* Venezia, A. Gardane, 1541. A Wgm
1541/16 *La piu divina...madrigali a sei voci... Composti per lo eccellentissimo Verdelot. Et altri musici...*Venezia, A. Gardane, 1541. A Wn

1541/17 *La Dotte et eccellente compositioni de i madrigali di Verdelot, a cinque voci...* Venezia, A. Gardane, 1541. US Wc
et secondo libro, a quatro voci...con la gionta de i madrigali del medesimo auttore. Aggiontovi anchora altri...da Messer Adriano et altri...Venezia, A. Gardane, 1541. A Wn
1542/16 *D. autori il primo libro d'i madregali... a cinque voci*. Venezia, A. Gardane, 1542. A Wn
1542/17 *Il primo libro d'i madrigali de diversi... quatuor vocum*. Venezia, A. Gardane, 1542. A Wn
1542/18 *Primo libro di madrigali d'Archadelt a tre voci insieme alcuni di Const. Festa...* Venezia, A. Gardane, 1542. I VEaf
1542/19 *Madrigali a quatro voce di Geronimo Scotto... Libro primo*. Venezia, G. Scotto, 1542. A Wn
1543/17 *De diversi autori il primo libro d'i madrigali a quatro voci*. Venezia, A. Gardane, 1543. A Wn
1543/18 *Il secondo libro de li madrigali...a quatro voci*. Venezia, A. Gardane, 1543. A Wn
1543/20 *Il terzo libro d'i madrigali d'Archadelt a quatro voci insieme alcuni di Const. Festa et altri...a quatro voci*...Venezia, A. Gardane, 1543. GB Ge
1543/21 *Primo libro di madrigali d'Archadelt a tre voci*...Venezia, A. Gardane, 1543. A Wn
1543/23 *Quaranta madrigali di Jhan Gero...a tre voci*. Venezia, A. Gardane, 1543. D E (T) (See 1541/14.)
1544/16 *Il quinto libro di madrigali di Archadelt a quatro voci*...Venezia, A. Gardane, 1544. I VEaf
1544/17 *Di Cipriano il secondo libro de madregali a cinque voci insieme alcuni di M. Adriano et altri...a cinque voci*. Venezia, A. Gardane, 1544. GB Lbm
1544/19 *Guter seltzamer, und künstreicher Gesang*... Nürnberg, J. Petreius, 1544. GB Lbm
1544/20 *Hundert und funfftzehen guter newer Liedlein*...Nürnberg, J. Ott, 1544. GB Lbm
1544/22 *Dialogo della musica di M. Anton-francesco Doni*...Venezia, G. Scotto, 1544. I Bc
1545/18 *Quarto libro di madrigali a quatro voci d'Archadelt insieme...altri...a quatro voci*. Venezia, A. Gardane, 1545. I Bc
1545/20 *Canzone villanesche all napolitana di ...Adriano...Silvestrino...Corteccia... Primo libro a quatro voci*. Venezia, A. Gardane, 1545. D Mbs
1546/15 *Il primo libro d'i madrigali de diversi autori* ...Venezia, A. Gardane, 1546. I Bc (B)
1546/18 *Elletione de canzone alla napoletana a tre voci...Libro primo*. (no publisher) 1546. E Bim (B) (Incomplete)
1546/19 *Madrigali di Verdelot et de altri...a sei voci*... Venezia, A. Gardane, 1546. D Mbs
1547/13 *Il primo libro di madrigali di diversi*... Venezia, A. Gardane, 1547. I Bc (B) (All in other editions.)
1547/14 *Primo libro di madrigali a quatro voci di Perissone Cambio con alcuni di Cipriano Rore*, Venezia, A. Gardane, 1547. D Mbs
1547/15 *Il vero libro di madrigali a tre voci di Constantio Festa....Jacomo Fogliano ï de altri*...Venezia, 1547. EBim (B) I TR (T incomplete)
1547/16 *Madrigali a cinque voci il primo libro*... Missier Fogliano... (s.l.) 1547. D LUh
1547/17 *Il primo libro di madrigali a cinque voci di Antonio Martorello milanese*. -(s.l.) 1547. I Bc (SAB) VEaf (T)
1548/07 *Madrigali de la fama a quatro voci*... Venezia, A. Gardane, 1548.
1548/08 *Madrigali de la fama a quattro voce composti novamente*. ...Venezia, G. Scotto, 1548. D Mbs
1548/09 *Di Cipriano Rore et di altri...musici il terzo libro di madrigali a cinque voci*...Venezia, G. Scotto, 1548 B Br (SAB); S Uu (T)
1548/10 *Musica di Cipriano Rore sopra le stanze del Petrarcha in laude della Madonna, e cinque madrigali di due parte*... A. Gardane, 1548. D Mbs
1548/11 *Canzon villanesche alla napolitana di messer Adriano a quattro voci con la canzon di Ruzante*. Libro primo. Venezia, G.Scotto, 1548. A Wn
1549/30 *Libro terzo de...autori...a quatro voce*. Venezia, G. Scotto, 1549. (All found in 1552/20 or 1554/20.)
1549/31 *Il vero terzo libro di madrigali de diversi a quatro voci. Venezia, A. Gardano*, 1549. I Bc
1549/32 *Le dotte, et eccellente compositioni de i madrigali di Verdelot, a cinque voci*...Venezia, A. Gardano, 1549. GB Lbm
1549/33 *Verdelot tutti li madrigali del primo, et secondo... Venezia, G. Scotto 1549. (All* found in other editions.)
1550/16 *Primo cinquanta et sei madrigali a quatro voci...Archadelt... Libro Primo*... Venezia, A. Gardane, 1550. =1541/09.
1550/18 *Di Antonio Barges...primo libro de villotte a quatro voci ...Venezia, A. Gardane*, 1550. D W
[1550/19] *Di Baldassara Donato il primo libro di canzon villanesche...a quattro voci*... Venezia, A. Gardane, (s.d.). I Bc
1550/20 *Di Baldissara Donato il primo libro di canzon villanesche...a quattro voci*... Venezia, A. Gardane, 1550. =1550/19
1552/20 *De diversi autori...madrigali a quatro voci a notte negre ...libro terzo*. Venezia, G. Scotto, 1552. I Bc
1552/21 *Il secondo libro di madrigali d'Archadelt a quatro voci*... Venezia, A. Gardane, 1552. I Bc
1552/23 *La bataglia taliana composta da M. Mathias ...a quatro voci*. Venezia, A. Gardane, 1552. I Bc (A)
1553/28 *Di Vicenzo Ruffo il secondo libro di madrigali a cinque voci*... Venezia, A. Gardane (s.d). = 1557/25
1554/28 *De diversi autori il quarto libro de madrigali a quatro voci a note bianche*... Venezia, A. Gardane, 1554. D Mbs
1554/29 *Di Vinzentio Ruffo...li madrigali a cinque voci...Scielta seconda*... Venezia, G. Scotto, 1554. I Bc (ATB 5)
1555/25 *Il primo libro de le Muse a cinque voci*... Venezia, A. Gardane, 1555. DMbs
1555/26 *Primo libro delle muse a cinque voci* ... Roma, A. Barre, 1555. (=1555/25)
1555/27 *Primo libro delle muse, a quattro voci*... Roma, A. Barre, 1555 E V
1555/30 *Villanelle...di Lassus...libro secondo*. Roma, V. Dorico, 1555. D LEm (S)
1555/31 *Di Vicenzo Ruffo il terzo libro di madrigali a cinque voci*... Pesaro, B. Cesano, 1555 I MO (SAB 5) Rsc (T)
1556/22 *Il terzo libro di madrigali d'Archadelt a quattro voci*...Venezia, A. Gardano, 1556. D Mbs
[c.1556/23] [*Terzo libro di madrigali a 4 voci di Archadelt... (S. l. n.d.)* (All found in other editions.)
1556/26 *Di Costantio Festa il primo libro ... a tre voci*...Venezia, A. Gardano, 1556. D Mbs
1557/16 *De diversi autori il primo libro de madregali a quatro voci*...Venezia, A. Gardano, 1557. A Wn

1557/17 *Madregali ariosi a quatro voci... Libro Primo delle Muse a quatro voci.* Venezia, A. Gardano, 1557. I Vnm (STB)

1557/18 *Il primo libro de Villotte con alcune napolitane a quatro voci....*Venezia, A. Gardano, 1557. I Bc

1557/19 *Canzoni alla napolitana...Libro primo.* Roma, V. Dorico, 1557. D LEm (S)

1557/20 *Secondo libro delle muse a tre voci. Canzon villanesche alla napolitana...* Roma, A. Barre, 1557. D LEm (S)

1557/21 *Primo cinquanta et sei madrigali a quattro voci...*Venezia, P. Pietrasanta, 1557. (All in other editions.)

1557/22 *Secondo libro delle muse, a cinque voci...* Roma, A. Barre, 1557. I Bc

1557/23 *Di Cipriano de Rore il quarto libro d'i madregali a cinque voci...* Venezia, A. Gardano, 1557. D Mbs

1557/24 *Di Cipriano de Rore il secondo libro de madregali a quatro voci...* Venezia, A. Gardano, 1557. D Usche

1558/11 *Il primo libro de madrigali, a quatro voci...* Venezia, G. Scotto, 1558. GB Lbm (STB)

1558/12 *Madrigali aierosi a quatro voci...Libro delle Muse...*Venezia, G. Scotto, 1558. GB Lbm (STB) (All found in 1559/18.)

1558/13 *Secondo libro delle muse, a quattro voci. Madrigali ariosi...* Roma, A. Barre, 1558. I Bc

1558/14 *Di Archadelt il primo libro...a quatro voci...*Venezia, A. Gardano, 1558. (All found in other sources.)

1558/16 *Villanelle d'Orlando di Lassus...Libro secondo.* Roma, V. Dorico, 1558 Lsc (T) (Not found in Leningrad.)

1558/17 *Delle canzone di Don Rinaldo da Montagnana ...libro primo...*Venezia, G Scotto, 1558. I Bc

1559/16 *Il secondo libro de le Muse a cinque Venezia, A. Gardano, 1559. US Wc*

1559/17 *Secondo libro delle muse a quattro voci...* Venezia, G. Scotto, 1559. D Mu (T) (All found in 1558/13.)

1559/18 *Madregali ariosi a quatro voci... Libro primo delle Muse ...* Venezia, A. Gardano, 1559. A Wn

1559/19 *Il secondo libro de villotte del fiore alla padoana a quatro voci...*Venezia, A. Gardano, 1559. I Bc (TB) (All found in 1564/15.)

1559/20 *Madrigali a tre voci...*Venezia, G. Scotto, 1559. I Bc (B)

1559/21 *Il primo libro di madrigali d'Archadelt a tre voci...*Venezia, A. Gardano, 1559. D Mbs

1559/23 *Di Orlando di Lassusil secondo libro di madrigali a cinque voci...* Venezia, A. Gardano, 1559. GB Lbm

1560/10 *Madregali ariosi a quatro voci... libro secondo.* Venezia, A. Gardano, 1560. A Wn

1560/11 *Il primo libro de villotte alla padoana...*Venezia, G. Scotto, 1560. D Mbs (All found in 1557/18.)

1560/18 *Il primo libro delli madrigali d'Orlando di Lassus...a quattro voci.* Roma, V. Dorico, 1560. US Wc

1560/20 *Di Francesco Portinaro. Il quarto libro de madrigali a cinque voci.... Libro quarto.* Venezia, A Gardano, 1560. I VEaf

1560/21 *Di Cipriano Rore il terzo libro di madregali...*Venezia, A. Gardano, 1560. D Mbs

1560/24 *Madrigali a cinque voci d'Alessandro Striggio... Libro primo.* Venezia, G. Scotto, 1560. I Rsc

1561/10 *Il terzo libro delle Muse a cinque voci...*Venezia, A. Gardano, 1561. I Bc

1561/11 *Madregali a tre voci di diversi...* Venezia, A. Gardano, 1561. D Mbs

1561/13 *Di Hipolito Chamatero il primo libro di madregali a quatro voci...* Venezia, A. Gardano, 1561. A Wn

1561/14 *Il terzo libro de madregali a cinque voci di Nicolo Dorati...* Venezia, A. Gardano, 1561. I VEaf

1561/15 *Di Cipriano et Annibale madrigali a quatro voci...*Venezia, A. Gardano, 1561. GB Lbm

1561/16 *Madregali di Verdelot...*Venezia, A. Gardano, 1561. US Wc

1562/05 *I dolci et harmoniosi concenti... a cinque voci. Libro primo...*Venezia, G. Scotto, 1562. D As

1562/06 *I dolci et harmoniosi concenti... a cinque voci. Libro secondo...* Venezia, G. Scotto, 1562. D As

1562/07 *Il terzo libro delle Muse a quattro voci...*Roma, A Barre, 1562. GB Lbm (TB)

1562/08 *Il primo libro delle muse, a tre voci...*Venezia, G. Scotto, 1562. D Bds (B)

1562/10 *De diversi autori canzoni alla napolitana a tre voci...*Milano, F. Moscheni, 1562. PL Kj (S)

1562/15 *Di Paolo CLerico da Parma li madrigali a cinque voci libro secondo...*Venezia, G. Scotto, 1562. I MOe (SAT 5)

1562/20 *Di Cipriano Rore li madrigali a cinque voci libro secondo...*Venezia, G. Scotto, 1562. B Br (All found in other editions.)

1562/21 *Di Cipriano Rore li madrigali a cinque voci libro quarto.* Venezia, G. Scotto, 1562. I Fn

1562/22 *Di Francesco Rosselli il primo libro de madrigali a cinque voci...*Venezia, A. Gardano, 1562. F Pc (S); I VEaf (AT)

1563/06 *Libro primo delle laudi spirituali da diversi...*Venezia, R. Rampazetto, 1563. I Rsc

1563/07 *Musica spirtuale libro primo di canzon et madrigali a cinque voci...*Venezia, G. Scotto, 1563. E V

1563/10 *Di Paolo Lagudio il primo libro di madrigali a cinque voci...*Venezia, G. Scotto, 1563. I VEaf (ATQ)

1563/11 *Il terzo libro delli madrigali a cinque voci d'Orlando di Lassus...* Roma, A. Barre, 1563. I Rsc

1563/13 *Il primo libro de madrigali a quattro voci. Di Francesco Portenaro...*Venezia, G. Scotto, 1563. GB Lbm

1563/15 *Di Cipriano de Rore il quarto libro di madrigali a cinque voci...*Venezia, A. Gardano, 1563. GB Lbm

1563/16 *Di Pietro Vinci...il primo libro di madrigali a cinque voci...*Venezia, G. Scotto, 1563. PLc

1564/15 *Il secondo libro de villotte alla padoana, a quattro voci...*Venezia, G. Scotto, 1564. (All found in 1559/19.)

1564/16 *Di Manoli Blessi il primo libro delle Greghesche...*Venezia, A. Gardano, 1564. A Wn

1564/20 *Di Pietro Vinci...il primo libro de madrigali a cinque voci...*Venezia, A. Gardano, 1564. I VEaf

1565/11 *Li quattro libri delle villotte alla napolitana a tre voci....*Venezia, G. Scotto, 1565. A Wn (=1560/12 + 1566/06 + 1562/11 + 1571/07.)

1565/12 *Il primo libro de canzon napolitane a tre voci...*Venezia, G. Scotto, 1565. S Ll

1565/15 *Il primo libro a note negre a due voci... per Bernardin Lupachino dal Vasto, con alcuni di Gian Maria Tasso*...Venezia, G. Scotto, 1565. I Bc (T)
1565/16 *Il primo et secondo libro de madrigali a cinque et a sei voci*...Venezia, G. Scotto, 1565. D Bhm (6); Kl
1565/17 *Il primo libro de canzone napolitane a tre voci, di Io Leonardo Primavera*...Venezia, G. Scotto, 1565. S Ll
1565/18 *Le vive fiamme de' vaghe e dilettevoli madrigali...Cipriano Rore, a quattro et cinque voci*...Venezia, G.Scotto, 1565. D Rp
1565/19 *Di Alessandro Striggio...Il primo libro de madrigali a sei voci*...Venezia, A. Gardane, 1565. I Bc
1566/02 *Primo libro de diversi...a quattro voci, intitolato il Desiderio*...Venezia, G. Scotto, 1566. D Mbs
1566/03 *Il Desiderio secondo libro de madrigali a cinque voci*...Venezia, G. Scotto, 1566. D Mbs
1566/05 *Villotte alla napoletana a tre voci con una Todescha*...Venezia, G. Scotto, 1566. I Bc
1566/07 *Canzone napolitane a tre voci. Secondo* libro di Giulio Bonagionta...*Venezia*, G. Scotto, 1566. S Ll
1566/08 *Di Salvador Essenga il primo libro di madrigali a quatro voci*...Venezia, A. Gardano, 1566. I Bc
1566/09 *Canzon napolitane a tre voci, di L'arpa, Cesare Todino, Joan Dominico da Nola*... Venezia, G. Scotto, 1566. I Bc
1566/10 *Canzon napolitane a tre voci, libro secondo*...Venezia, G. Scotto, 1566. I Bc
1566/13 *Il terzo libro de madrigali a cinque et a sei voci*...Venezia, F. Rampazetto, 1566. D Mbs
1566/14 *Il primo libro de canzone napolitane a tre voci, di Io. Leonardo Primavera*... Venezia, G. Scotto, 1566. (All found in 1565/17.)
1566/17 *Di Cipriano de Rore il quinto libro di madrigali a cinque voci*...Venezia, A. Gardano, 1566. (All found in 1568/19.)
1566/19 *Di Alessandro Striggio...il primo libro delli madrigali a sei voci*...Venezia, G. Scotto, 1566. (All found in other editions.)
1566/21 *Di Alessandro Striggio...il primo libro delli madrigali a cinque voci*...Venezia, G. Scotto, 1566. (All found in other editions.)
1566/23 *Di Hettor Vidue et d'Alessandro Striggio*... Venezia, F. Rampazetto, 1566. S Uu
1566/24 *Di Pietro Vinci...il primo libro de madrigali a cinque voci*...Venezia, G. Scotto, 1566. I MOe
1567/14 *Il primo libro de madrigali de diversi*... Venezia, G. Scotto, 1567. D W (All found in other editions.)
1567/15 *Il secondo libro de madrigali de diversi delli autori...quatro voci*...Venezia, G. Scotto, 1567. D W
1567/16 *Terzo libro del desiderio. Madrigali a quattro voci*...Venezia, G. Scotto, 1567. I Bc (S)
1567/17 *Il terzo libro delle villotte alla napoletana* ...Venezia, A. Gardano, 1567. A Wn
1567/21 *Il primo libro di madrigali a cinque voci di Antonio Martorello*...(s. l.), 1567. I MOe (B)
1567/23 *Il Cicalamento delle donne al bucato*... Venezia, G.Scotto, 1567. B Br
1567/24 *Di Pietro Vinci...il secondo libro de madrigali a cinque voci*...Venezia, F. Rampazetto, 1567. I Bc
1568/12 *Il terzo libro delle fiamme...a cinque voci*...Venezia, G. Scotto, 1568. D Mbs
1568/13 *Gli amorosi concenti primo libro delli madrigali...a quattro voci*...Venezia, G. Scotto, 1568. US SM
1568/14 *Di Archadelt il primo libro...a quattro voci*...Venezia, G. Scotto, 1568. (All found in other editions.)
1568/15 *Di Archadelt il primo libro...a quattro voci*...Venezià, F. Rampazetto, 1568. F Pc - I Bc (AT)
1568/16 *Corona della morte*...Venezia, G. Scotto, 1568. EIR Dm STB 5) GB Lbm (AB)
1568/18 *Di Bernardino Lupacchino et di Gio. Maria Tasso, il primo libro a due voci*... Venezia, Claudio da Correggio, 1568. S Uu (T)
1568/19 *Di Cipriano de Rore il quinto libro di madrigali a cinque voci*...Venezia, A. Gardano, 1568. I Bc
1568/20 *Di Giaches de Wert il quarto libro de madrigali a cinque voci*...Venezia, A. Gardano, 1568. I MOe
1569/18 *Il terzo libro delle muse a cinque voci*... Venezia, A. Gardano, 1569. (All found in other editions.)
1569/19 *Musica de'virtuosi della florida capella... a cinque voci*...Venezia, G. Scotto, 1569. EIR Dm (STB 5) - GB Lbm (A)
1569/20 *La eletta di tutta la musica intitolata Corona*...Venezia, [Zorzi?], 1569. D Mbs
1569/21 *Madregali ariosi a quatro voci*...Venezia, A. Gardano, 1569. (All in other editions.)
1569/24 *Di Filippo Azzaiolo bolognese il terzo libro delle villotte.* Venezia, A. Gardano, 1569. I Bc (TB)
1569/25 *Il primo libro delle canzoni a quattro voci*...Venezia, G. Scotto., 1569. A Wn (SAT). (No response to inquiries of D Z.)
1569/26 *Di Hippolito Chamatero...Il secondo libro ...a cinque voci*...Venezia, G. Scotto, 1569. D Kl
1569/29 *Di Don Francesco Mazzoni...il primo libro delle canzoni a tre voci*...Venezia, G. Scotto, 1569. A Wn
1569/31 *Il primo libro de le napolitane, a quattro voci, di Gio. Leonardo Primavera da Barletta*...Venezia, G. Scotto, 1569. A Wn (SAT)
1569/32 *Di Giulio Renaldi padovano il primo libro de madrigali a quatro voci*...Venezia, A. Gardano, 1569. D Mbs
1570/14 *Il secondo libro delle fiamme*...Venezia, G. Scotto, 1570. D Mbs
1570/15 *I dolci frutti primo libro de...madrigali ...a cinque voci.* Venezia, G. Scotto, 1570. I Vnm
1570/16 *Prima Stella. De madrigali a cinque voci*... Venezia, G. Scotto, 1570. EIR Dm (STB 5) - GB Lbm (A)
1570/17 *Il primo libro delle justiniane a tre voci* ...Venezia, G. Scotto, 1570. BG Lbm (S) - I Bc (B)
1570/18 *Corona delle napolitane a tre et a quattro voci*...Venezia, G. Scotto, 1570. A Wn
1570/19 *Il primo libro della raccolta di napolitane a tre voci*...Venezia, G. Scotto, 1570. I Bc (STB)
1570/21 *Il sesto libro delle villottee alla napoletana*...Venezia, figliuoli di A. Gardano, 1570. A Wn
1570/23 *Di Ludovico Balbi...il primo libro de madrigali a quatro voci*...Venezia, figliuoli di A. Gardano, 1570. I Bc (A)
1570/24 *Di Madalena Casulana il secondo libro de madrigali a quattro voci*...Venezia, G. Scotto, 1570. D Mbs
1570/25 *Il primo libro di madrigali aerosi a quatro voci di Lancilotto Fidelis*...Venezia, figliuoli di A Gardano, 1570. I Bc (T)

1570/27 *Di D. Gio. Domenico da Nola, il primo libro delle villanelle alla napolitana, a tre i a quattro voci*. Venezia, G. Scotto, 1570. D Mbs

1570/28 *Libro primo de' madrigali a quattro voci di Josquino Persoens*...Parma, S. Viotto, 1570. I Tn

1570/29 *Il primo libro de canzone napolitane a tre voci*...Venezia, G. Scotto, 1570. (All found in 1565/12.)

1570/30 *Il secondo libro de canzone napolitane a tre voci di Gioan Leonardo Primavera*. Venezia, G. Scotto, 1570. A Wn

1570/31 *Di Gioan Leonardo Primavera, il terzo libro delle villotte alla napolitana a tre voci*. Venezia, G. Scotto, 1570. A Wn

1570/33 *Il Turturino. Il primo libro delle napolitane*...Venezia, G. Scotto, 1570. I Fn

1571/05 *Il primo libro delle villotte alla napoletana...a tre voci*. Venezia, figliuoli di A. Gardano, 1571. A Wn

1571/06 *Il secondo libro delle villotte alla napoletana...a tre voci*. Venezia, figliuoli di A. Gardano, 1571. A Wn

1571/07 *Il quarto libro delle villotte alla napoletana...a tre voci*. Venezia, figliuolo di A. Gardano, 1571. A Wn

1571/09 *Il primo libro delle napolitane a tre voci, di Giosef Policretto*...Venezia, G. Scotto, 1571. A Wn

1571/11 *Corona, il terzo libro delle canzoni alla napolitana, a tre voci*...Venezia, G. Scotto, 1571. A Wn

1571/12 *Del Sessa d'Aranda il primo libro de madrigali a quatro voci...libro primo*. Venezia, figliuoli di A. Gardano, 1571. D Mbs

1572/07 *Musica di Don Lodovico Agostini...libro secondo...a quattro voci*...Venezia, figliuoli di A. Gardano, 1572. GB Lbm

1572/08 *Di Hipolito Baccusi...il secondo libro de madrigali a sei voci*...Venezia, G. Scotto, 1572. I Bc (B) - VEaf (SAB 6)

1572/09 *Di Hippolito Baccusi...il secondo libro dei madrigali a cinque voci*...Venezia, G. Scotto, 1572. I VEaf (T)

1572/10 *Il primo libro delle canzoni napolitane a tre voci. Di Pier' Antonio Bianchi*... Venezia, G. Scotto, 1572. A Wn

1573/16 *Primo libro de madrigali a cinque voci*... Venezia, figl. di A. Gardano, 1573. E V

1573/17 *Il primo libro delle canzoni villanesche alla napolitana a quattro voci*...Venezia, G. Scotto, 1573. D Z (ST) - GB Cu (B). (S & T not available from D Z.)

1573/18 *Il primo libro de madrigali a quattro voci*... Venezia, herede di G. Scotto, 1573. PL GD

1573/19 *La nobilita di Roma...et le vilanelle a tre voci*...Venezia, G. Scotto, 1573. (Same contents as 1571/08.)

1574/04 *Il quarto libro delle muse a cinque voci*... Venezia, figl. di A. Gardano, 1574. A Wn

1574/05 *Il primo libro delle villanelle alla napolitana a tre voci*. Venezia, fig. di A. Gardano, 1574. D Mbs

1574/06 *Il secondo libro delle villanelle alla napolitana a tre voci* ...Venezia, fig. di A. Gardano, 1574. D Mbs

1574/09 *Il primo libro di madrigali a quattro voci, di Pietr'Antonio Spalenza...Libro primo*. Venezia, figliuoli di A. Gardano, 1574. I Bc

1575/11 *Il secondo libro de madrigali a cinque voci de floridi virtuosi*...Venezia, herede di G. Scotto, 1575. D Mbs

1575/12 *Il quinto libro delle Muse, madrigali a cinque voci*...Venezia, figliuoli A. Gardano, 1575. I VEc

1575/13 *Di Archadelt il primo libro de' madrigali a quattro voci*...Venezia, Giuseppe Guglielmo, 1575. F Pc (SAT) - PL WRu (S)

1575/14 *Il secondo libro delle giustiniane a tre voci*...Venezia, herede di G. Scotto, 1575. F Pc (T) - I Bc (S); Vnm (B)

1575/15 *Di Cipriano et Annibale madrigali a quattro voci*...Venezia, figliuoli di A. Gardano, 1575. D Mbs

1575/16 *Il primo libro de madrigali a cinque voci, di Francesco Vecoli*...Venezia, herede di G. Scotto, 1575. I Bc (S)

1577/03A *Il terzo libro delle laudi spirituali*... Roma, heredi di A. Blado, 1577. I Bc

1577/07 *Il primo fiore della ghirlanda musicale a cinque voci*...Venezia, herede di G. Scotto, 1577. I Bc (SA)

1577/08 *Aeri racolti ...dove si cantano sonetti stanze et terze rime...Napoli, G. Cacchio dell' Aquila, 1577. I Bc (SB)*

1577/09 *Del Metallo il secondo libro de canzoni a tre et quattro voci*...Napoli, M. Cancer, +1577. I Bc (S)

1577/10 *Il primo libro de madrigali a cinque voci, di Regolo Vecoli*...Lyon, C. Baudin, 1577. D Mbs

1578/21 *Di Paolo Bellasio veronese il primo libro de madrigali a cinque voci*...Venezia, erede di G. Scotto, 1578. I Bc (SA)

1578/22 *Di Gio. Battista Mosto. Il primo libro de madrigali a cinque voci*...Venezia, herede di G. Scotto, 1578. GB Lbm

1578/23 *Il primo libro delli madrigali a sei voci di M. Alessandro Striggio*...Venezia, herede di G. SCotto, 1578. D Kl

1579/02 *Corona de madrigali a sei voci...Libro primo*. Venezia, herede di G. Scotto, 1579. D Mbs

1579/03 *Trionfo di musica di diversi. A sei voci. Libro primo*. Venezia, erede di G. Scotto, 1579. D Kl

1579/04 *Giardino de madregali a quattro voci*... Verona, S. & G. dalle Donne, 1579. I VE c

1579/05 *Il primo libro de madrigali a sei voci di Stefano Felis*...Venezia, Ang. Gardano, 1579. D Mbs (6)

1580/05 *Li Canti o Arie conforme alle Lodi spirituali*...Torino, herede del Bevilaqua, 1580. F Pn

1580/06 *Lodi spirituali novamente composte*... Venezia, A. Gardano, 1580. A Wn

1580/09 *Il terzo libro delle muse a cinque voci*... Venezia, A. Gardano, 1580. (All found in other editions.)

1580/10 *Lambert Courtoys...madrigali a cinque*... Venezia, heredi F. Rampazetto, 1580. I MOe (TB 5)

1580/11 *Di Marc'Antonio Pordenon il primo libro de madrigali a quattro voci*...Venezia, Ang. Gardano, 1580. I Bc

1580/12 *Di Cipriano de Rore il quarto libro de madrigali a cinque voci*...Venezia, Ang. Gardano, 1580. (All found in other editons.)

1581/05 *L'Echo et enigmi musicali a sei voci...Libro secondo*. Venezia, Al.Gardano, 1581. I Bc

1581/06 *Di Archadelt il primo libro de madrigali* ...Venezia, A. Gardano, 1581. (All found in other editions.)

1581/07 *Madrigali a cinque, 6, 7, et 8 voci di Severino Corneti*...Antwerpen, C. Plantin, 1581. E V (6) - F Pn (SATB)

1581/09 *Canzonette alla napolitana, di Giacopo Moro da Viadana. Il primo libro a tre voci*. Venezia, Al. Gardano, 1581. I Bc (STB)

1581/11 *Il secondo libro de madrigali a sei voci di M. Hippolito Sabino*...Venezia, A. Gardano, 1581. D Mbs

1581/12 *Madrigali di Pietro Vecoli...Il primo libro a cinque voci*. Torino, heredi N. Bevil'aqua, 1581. D Mbs

1582/04 *Dolci affetti madrigali a cinque voci...* Venezia, herede di G. Scotto, 1582. US Wc
1582/05 *Il lauro secco. Libro primo di madrigali a cinque voci*...Ferrara, V. Baldini, 1582...I Bc
1582/06 *Il quarto libro delle Muse a cinque voci...* Venezia, Ang. Gardano, 1582. I Bc
1582/07 *Madrigali ariosi a quattro voci...Libro primo*. Venezia, A. Gardano, 1582. I A
1582/08 *Della scelta di madrigali...a tre voci. Libro primo*. Firenze, G. Marescotti, 1582. US Cn
1582/09 *Il primo libro de madrigali a quattro voci di Pietro Antonio Bianco*...Venezia, Ang. Gardano, 1582. I Bc
1582/11 *Madregali di Paolo Masnelli...Libro primo a quattro voci*. Venezia, Ang. Gardano, 1582. VEaf
1582/12 *Di Pomponio Nenna ...il primo libro de madrigali a cinque voci*...Venezia, Ang. Gardano, 1582. D Mbs (TB 5)
1582/13 *Di Giovanni Pizzoni il terzo libro delle canzoni a cinque voci*...Venezia, herede G. Scotto, 1582. I Bc
1582/14 *Di Giovan Pizzoni il quarto libro delle canzoni a cinque voci*...Venezia, erede di G. Scotto, 1582. I Bc
1583/03 *Il primo libro delle laude spirituali a tre voci*...Roma, Al. Gardano, 1583. GB Lbm
1583/04 *Il secondo libro delle laude spirituali a tre et a quattro voci*...Roma, Al. Gardano, 1583. GB Lbm
1583/10 *Il lauro verde, madrigali a sei voci...* Ferrara, V. Baldini, 1583. (All found in other editions.)
1583/11 *De floridi virtuosi d'Italia il primo libro de madrigali a cinque voci*...Venezia, G. Vincenzi & R. Amadino, 1583. I MOe
1583/12 *Li amorosi ardori...libro primo a cinque voci*. Venezia, Ang. Gardano, 1583. I Bc
1583/13 *Madrigali a cinque voci*...Venezia, Ang. Gardano, 1583. I MOe
1583/14 *Harmonia celeste di diversi*...Antwerpen, P. Phalese & J. Bellere, 1583. D Mbs
1583/15 *Music divina di XIX. autori illustri, a IIII. V. VI. et VII voci*...Antwerpen, P. Phalese et J. Bellere, 1583. US Wc
1583/16 *Di M. Christofano Malvezzi...il primo libro delli madrigali a cinque voci...* Venezia, herede di G. Scotto, 1583. PL GD
1583/17 *Di Francesco Stivori...primo libro de madrigali a quattro voci*...Venezia, G. Vincenti & R. Amadino, 1583. I Vnm (STB)
1583/18 *Di Ascanio Trombetti...il primo libro de madrigali a cinque voci*...Venezia, A. Gardano, 1583. I Bc (ATB 5)
1583/20 *Di Pietro Vinci...secondo libro de madregali a sei voci*... Venezia, herede di G. Scotto, 1583. GB Lbm
1584/04 *Musica de diversi auttori...libro primo*. Venezia, G. Vincenti et R. Amadino, 1584. D Mbs - I VEaf
1584/05 *Spoglia amorosa. Madrigali a cinque voci..* Venezia, erede di G. Scotto, 1584. (All found in 1585/18.)
1584/07 *Di Gio. Battista Califano...il primo libro de madrigali a cinque voci*...Venezia, Vincenzi & Amadino, 1584. D Mbs
1584/09 *Di Bernardino Lupacchino et di Gioan Maria Tasso, il primo libro a due voci*...Venezia, G. Vincenzi et R. Amadino, 1584. (All found in 1591/19.)
1584/10 *Il secondo libro delle canzoni a tre voci di Lodovico Torti*...Venezia, G. Vincenzi & R. Amadino, 1584. A Wn
1584/11 *Di Pietro Vinci...il sesto libro de madrigali a cinque voci*...Venezia, erede di G. Scotto, 1584. I Bc(SAB 5); MOe (ST)
1585/07 *Canzonette spirituali ...a tre voci. Libro primo*. Roma, Al. Gardano, 1585. D Mbs
1585/08 *Madrigali spirituali, a tre voci*...Brescia, V. Sabbio, 1585. I Vnm (S)
1585/16 *De floridi virtuosi d'Italia il secondo libro de madrigali a cinque voci*...Venezia, G. Vincenzi et R. Amadino, 1585. (All found in other editions. *cf* 1592/13.)
1585/17 *Sdegnosi ardori...a cinque voci...* München, A. Berg, 1585. D Mbs
1585/18 *Spoglia amorosa madrigali a cinque voci...* Venezia, herede di G. Scotto, 1585. I Rsc
1585/19 *Symphonia angelica*...Antwerpen, P. Phalese & J. Bellere, 1585. D Mbs
1585/20 *Archadelt primo libro de madrigali a quattro voci*...Venezia, G. Vincenzi et R. Amadino, 1585. E V
1585/21 *Madrigali et canzonette a cinque voci*...Venezia, G. Vincenzi, et R. Amadino, 1585. I MOe (compl., T mq. p. 1-6)
1585/22 *Di Aniballe Coma il terzo libro de madrigali a cinque voci*...Venezia, Vincenzi e Amadino, 1585. I MOe
1585/23 *Di Stefano Felis...il quarto libro de madrigali a cinque voci*...Venezia, G. Vincenzi & R. Amadino, 1585. PL GD
1585/24 *Il primo libro de madrigali a cinque voci di F. Arcangelo Gherardini*...Ferrara, V. Baldini, 1585. I MOe (B damaged)
1585/26 *Il primo libro di madrigali a cinque et sei voci, di Rinaldo del Mel*...Venezia, herede di G. Scotto, 1585. A Wn
1585/27 *Il terzo libro di madrigali a quattro voci di Filippo di Monte*...Venezia, herede di G. Scotto, 1585. A Wn
1585/28 *Gli encomii musicali del Moro a quattro et a cinque voci*...Venezia, G. Vincenzi e R. Amadino, 1585. PL GD
1585/29 *Di Gio. Battista Moscaglia, il secondo libro de madrigali a quattro voci*... Venezia, G. Vincenzi et R. Amadino, 1585. PL GD
1585/30 *Il primo libro de madrigali a cinque voci di Gio. Battista Pace, et Giovan donato Vopa*...Venezia, Ang. Gardano, 1585. GB (Lbm (SATB inc., 5)
1585/31 *Il settimo libro de madrigali a cinque voci del S. Gio Leonardo Primavera*...Venezia, herede di G. Scotto, 1585. GB Lbm
1585/32 *Di Pompeo Stabile il primo libro de madrigali a sei voci*...Venezia, Ang. Gardano, 1585. PL GD
1585/33 *Il primo libro de madrigali a cinque voci di Francesco Stivori*...Venezia, G. Vincenzi et R. Amadino, 1585. A Wn
1585/35 *Canzonette di Horatio Vecchi da Modona. Libro terzo a quattro voci*...Venezia, A. Gardano, 1585. I Bc
1586/01 *Musica spirituale ...a cinque voci...* Venezia, Ang. Gardano, 1586. PL GD
1586/02 *Diletto spirtuale canzonette a tre et a quatro voci*...Roma, M. van Buyten, 1586. I Bc
1586/03 *Diletto spirtuale canzonette a tre et a quattro voci*...Roma, 1586. (All pieces also found in 1586/02.)
1586/07 *Armonia di scelti authori a sei voci...* Venezia, herede di G. Scotto, 1586. D Rp (6) - PL GD (SATB)
1586/08 *De floridi virtuosi d'Italia, il primo libro de madrigali a cinque voci...* Venezia, G. Vincenzi et R. Amadino, 1586. (All pieces found in 1583/11.)
1586/09 *De floridi virtuosi d'Italia, il terzo libro de madrigali a cinque voci*...Venezia, G. Vincenzi et R. Amadino, 1586. I Rsc
1586/10 *I lieti amanti primo libro de madrigali a cinque voci*...Venezia, G. Vincenzi et R. Amadino, 1586. I Bc

1586/11 *Corona di dodici sonetti di Gio. Battista Zuccarini...a cinque voci.* Venezia, A. Gardano, 1586. I Bc
1586/12 *Il gaudio primo libro de madrigali...a tre voci...*Venezia, herede di G. Scotto, 1586. D Bds
1586/15 *Di Andrea Feliciani...il primo libro di madrigali a sei voci...*Venezia, G. Vincenzi e R. Amadino, 1586. I Sc (T) Sd (56 - not obtainable.)
1586/18 *Di Gio. Maria NBnino...il terzo libro de madrigali a cinque voci...*Venezia, Ang. Gardano, 1586. I Bc
1586/20 *Di Pasquale Trista Bocca da l'Aquila il secondo libro di madrigali a cinque voci* ...Venezia, herede di G. Scotto, 1586. GB Lbm (all voices)
1586/21 *Di Ascanio Trombetti...il primo libro de madrigali a quattro voci...*Venezia, Ang. Gardano, 1586. I Bc
1587/05 *Il quarto libro delle Muse a cinque voci...* Milano, Francesco et herede di S. Tini, 1587. H Bu (B) (All pieces found in other editions.)
1587/07 *Canzonette a tre voci...libro primo...* Venezia, R. Amadino, 1587. PL GD
1587/10 *Madrigali a cinque voci di Giovan Maria Nanino et di Annibal Stabile...*Venezia, Ang. Gardano, 1587. I Bc
1587/11 *Madrigali ariosi del sig. Spirito Pratoneri a quattro voci...Venezia, G. Vincenzi,* 1587. D W
1587/12 *Di Rocco Rodio il secondo libro di madrigali a quattro voci...Venezia, S. Riccio* (Scotto), 1587. PL GD
1587/13 *Di Hippolito Sabino il sesto libro de madrigali a cinque et a sei voci...*Venezia, G. Vincenti, 1587. I MOe (B)
1587/16 *Concerti di Andrea, et di Gio. Gabrieli...* Venezia, A. Gardano, 1587. I Bc
1588/11 *Il terzo libro delle laudi spirituali a tre e a quattro voci...*Roma, Al. Gardano, 1588. US Wc
1588/17 *l'Amorosa Ero rappresentata da' piu celebri musici d'Italia.* Brescia, V. Sabbio, 1588. I Rv
1588/18 *Novelli ardori. Primo libro de madrigali a quatro voci...*Venezia, R. Amadino, 1588. PL GD
1588/19 *Giardinetto de madrigali et canzonette a tre voci...Libro Primo.* Venezia, R. Amadino, 1588. I Vnm (S)
1588/21 *Gemma musicalis...(vulgo Italis madrigali et napolitane dicuntur)...Liber primus.* Nürnberg, C. Gerlach, 1588. PL GD (lacks T); D Mbs (T)
1588/23 *Di Mercurio Iacovelli da Rieti il primo libro de canzonette a quattro voci...* Venezia, herede di G. Scotto, 1588. A Wn (SA) - I Bc (B)
1588/24 *Di Orlando di Lassus il primo libro de madrigali a quattro voci...*Venezia, herede di G. Scotto, 1588. I Bc
1588/25 *Canzonette a tre voci, di Giuliano Paratico. Libro secondo.* Brescia, P. M. Marchetti, 1588. I Bc (STB)
1588/26 *Canzonette di Paolo Quagliati a tre voci... Libro secondo.* Roma, Al. Gardano, 1588. A Wn
1589/02 *Libro delle laudi spirituali...*Roma, Al. Gardano e F. Coattino compagni, 1589. GB Lbm
1589/06 *Musica di tredeci autori illustri a cinque voci...*Venezia A. Gardano, 1589. I Bc
1589/07 *Le gioie. Madrigali a cinque voci...Libro primo.* Venezia, R. Amadino, 1589. I Bc
1589/08 *Liber secundus Gemmae musicalis...*Nürnberg, C. Gerlach, 1589. D Mbs
1589/10 *Canzonette a tre voci...*Venezia, R. Amadino, 1589. I Bc
1589/11 *Ghirlanda di fioretti musicali...a 3 voci con l'intavolatura del cimablo, et liuto...* Roma, [S. Verovio], 1589. D Mbs
1589/12 *Musicale essercitio di Ludovico Balbi... a cinque voci...*Venezia, A. Gardano, 1589. PL GD
1589/13 *Il secondo libro di canzonette a quattro voci, di Gio. Battista dalla Gostena...* Venezia, G. Vincenti, 1589. D Kl
1589/14 *Di Andrea Gabrielli il terzo libro de madrigali a cinque voci...*Venezia, Ang. Gardano, 1589. B Br
1589/15 *Di Alessandro Orologio il secondo libro de madrigali a quatro, a cinque, ed a sei voci* ...Dresden, Typis elect. Saxoniae, 1589. GB Lbm (T 5); SAT (not available Zwickau.)
1589/16 *Di Hippolito Sabino il settimo libro de madrigali a cinque voci...*Venezia, G. Vincenti, 1589. I Bc
1590/11 *Dialoghi musicali de diversi...*Venezia, A. Gardano, 1590. B Br
1590/13 *Le Gemme, madrigali a cinque* ...Milano, Francesco et heredi di S. Tini, 1590. GB Lbm (5) - I LOc (SAT) (Not available from Lodi.)
1590/15 *Novi frutti musicali madrigali a cinque voci...*Venezia, G. Vincenti, 1590. GB Lbm
1590/17 *Symphonia angelica...*Antwerpen, P. Phalese et J. Bellere, 1590. D Mbs
1590/18 *Fiori musicali di diversi auttori a tre voci. Libro primo...*Venezia, G. Vincenti, 1590. US SM
1590/19 *Bicinia, sive cantiones...*Antwerpen, P. Phalese et J. Bellere, 1590. D As
1590/20 *Tertius Gemmae musicalis...*Nürnberg, C. Gerlach, 1590. D Mbs
1590/21 *Il libro primo de madrigali di Michel' Angelo Cancineo...*Venezia, Ang. Gardano, 1590. I Bc
1590/22 *Madrigali a tre voci di Dominico Lauro et di Francesco Stivori...Libro primo.* Venezia, R. Amadino, 1590. I VE af (STB)
1590/23 *Di B. Lupachino et G.M. Tasso il primo libro a due voci...*Milano, Francesco & heredi di S. Tini, 1590 (All found in 1591/19.)
1590/24 *Il primo libro delle villanelle a tre voci di Domenico Monte Negro...*Venezia, G. Vincenti, 1590. A Wn
1590/25 *Amorosi Pensieri. Il secondo libro de madrigaletti a cinque voci...*Venezia, herede G. Scotto, 1590. GB Lbm
1590/26 *Di Girolamo Trombetti...primo libro de madrigali a cinque voci...*Venezia, Ang. Gardano, 1590. I Bc (AT)
1591/03 *Il quarto libro delle laudi a tre et quatro voci...*Roma, Al. Gardano (G. Donangeli), 1591. GB Lbm
1591/08 *Il lauro verde madrigali a sei voci...* Antwerpen, P. Phalese et J. Bellere, 1591. (All found in other editions.)
1591/09 *Giardino de musici ferraresi madrigali a cinque voci.* Venezia, G. Vincenti, 1591. I MOe (ATB)
1591/12 *Canzonette a quattro voci...*Roma, S. Verovio, 1591. I Bc
1591/13 *Canzonette spirituali a 3 voci...*Roma, [Verovio], 1591. GB Lbm (A) - I Bc (B)
1591/17 *Il primo libro de madrigali a cinque voci* ...Venezia, Ang. Gardano, 1591. B Br
1591/18 *De Stefano Felis...il sesto libro de madrigali a cinque voci...*Venezia, herede di G. Scotto, 1591. GB Lbm
1591/19 *Di Bernardino Lupacchino et di Gio. Maria Tasso. Il primo libro a due voci...* Venezia, G. Vincenti, 1591. I Bc
1591/20 *D'Alberigo Malvezzi...il primo libro de madrigali a cinque voci...*Venezia, herede di G. Scotto, 1591. I Fm (5)
1591/21 *Il quinto libro de madrigali a sei voci di Luca Marenzio...*Venezia, Ang. Gardano, 1591. I Bc

1591/22 *Canzonette alla napolitana di Gio. Battista Massarengo Libro primo a quattro voci...* Venezia, R. Amadino, 1591. D Rp

1591/23 *La ruzina canzone di Filippo de Monte... a sei voci...*Venezia, Ang. Gardano, 1591. D As

1592/05 *Il devoto pianto della gloriosa Vergine... a 3 voci...*Roma, [S. Verovio], 1592. GB Lbm (A)

1592/11 *Il trionfo di dori...a sei voci...*Venezia, Ang. Gardano, 1592. I Bc

1592/12 *L'Amorosa caccia...a cinque voci...* Venezia, Ang. Gardano, 1592. GB Lcm

1592/13 *De'floridi virtuosi d'Italia. Il secondo libro de madrigali a cinque voci...* Venezia, G. Vincenti, 1592. B Br

1592/14 *La gloria musicale...a cinque voci.* Venezia, R. Amadino, 1592. I MOe

1592/15 *Spoglia amorosa. Madrigali a cinque voci..*Venezia, Ang. Gardano, 1592. B Br

1592/17 *Di Archadelt il primo libro de madrigali a quatro voci...*Palermo, G. A. de Franceschi, 1592. B Br

1592/19 *Del Metallo villanelle alla napolitana a tre voci...*G. Vincenti, 1592. A Wn

1592/20 *Il terzo libro delle fiammelle amorose di Antonio Mortaro...A tre voci....*Venezia, R. Amadino, 1592. A Wn

1592/21 *Di Francesco Soriano...il secondo libro de madrigali a cinque voci...*Roma, F. Coattino, 1592. I Bc (Incomplete)

1593/03 *Florindo, e Armilla canzon pastorale... a cinque voci.* Venezia, R. Amadino, 1593. I VEaf (S 5)

1593/04 *Harmonia celeste di diversi...*Antwerpen, P. Phalese et J. Bellere, 1593. B Br

1593/05 *Nuova spoglia amorosa...a quattro, et cinque voci...*Venezia, G. Vincenti, 1593. CH Bu

1593/06 *Di Cipriano de Rore il terzo libro di madrigali a cinque voci...*Venezia, Ang. Gardano, 1593. B Br

1593/07 *Diletto musicale. Primo libro de madrigali a quatro voci...*Venezia, R. Amadino, 1593. I Bc (B)

1594/06 *Madrigali pastorali...*Venezia, Ang. Gardano, 1594. D Kl

1594/07 *Melodia olympica...*Antwerpen, P. Phalese & J. Bellere, 1594. GB Lbm

1594/08 *Symphonia angelica...*Antwerpen, P. Phalese & J. Bellere, 1594. GB Lbm

1594/11 *Il primo libro de madrigali a cinque voci di Luca Bati...*Venezia, A. Gardano, 1594. GB Lbm

1594/12 *Il primo libro de madrigali a cinque voci di Giulio Ferro...*Venezia, R. Amadino, 1594. I Bc

1594/14 *Di Luca Marenzio...madrigali a sei foci...* Antwerpen, P. Phalese et J. Bellere, 1594. GB Lbm

1594/15 *Il primo libro delle Canzonette a tre voci, Antonio Morsolino...*Venezia, R. Amadino, 1594. GB Lbm

1594/16 *Di Guasparri Torelli...il secondo libro delle canzonette a tre, et a quatro voci* ...Venezia, R. Amadino, 1594. I Bc (S)

1594/17 *Il primo libro de' madrigali a sei voci di Antonio il verso...*Venezia, G. Vincenti, 1594. D Rp

1595/03 *Primo libro di madrigali senza nome. A cinque voci.* Ferrara, V. Baldini, 1595. F Pn

1595/05 *Di XII autori...madrigali a quatro voci...* Venezia, R. Amadino, 1595. D Rp

1595/07 *Il quinto libro de madrigali a cinque. Del Cavallier Paolo Bellasio.* Verona, F. Dalle Donne, 1595. I VEcap

1595/10 *Di Luca Marenzio il settimo libro de madrigali a cinque voci...*Venezia, A. Gardano, 1595. GB Lbm

1595/11 *Effetti d'amore.* (Note. Not used --- not a collection as defined by RISM. Composer Alvise not found.)

1596/08 *Madrigali a otto voci.* Antwerpen, P. Phalese, 1596. GB Lbm (T)

1596/10 *Paradiso musicale di madrigali et canzoni a cinque voci.* Antwerpen, P. Phalese, 1596. F Pc

1596/11 *Vittoria amorosa de diversi authori a cinque voci.* Venezia, G. Vincenti, 1596. A Wn (AB 5)

1596/13 *Il primo libro de madrigali, a sei voci di Giovanni de Marinis...*Venezia, R. Amadino, 1596. I VEaf (T 5 (inc.)

1596/14 *Di Paolo Masnelli ...Madrigali a cinque libro secondo.* Venezia, R. Amadino, 1596. I VEaf (ATB 5)

1596/16 *Di Benedetto Pallavicino...il quarto libro de madrigali a cinque voci...*Venezia, Ang. Gardano, 1596. GB Lbm

1596/17 *Il terzo libro de madrigali a cinque di Stefan Venturi del Nibbio.* Firenze, G. Marescotti, 1596. GB Lbm (SA 5)

1597/12 *Madrigali a otto voci...*Antwerpen, P. Phalese, 1597. D W (STB)

1597/13 *Fiori del giardino...a quattro, cinque, sei, sette, otto et novi voci...*Nürnberg, P. Kaufmann, 1597. US BU

1597/14 *Canzonette a quattro voci...*Venezia, G. Vincenti, 1597. D Kl

1597/15 *Il vago alboreto di madrigali et canzoni a quattro voci...*Antwerpen, P. Phalese, 1597. B Br

1597/19 *Di Carlo Ardesi...Il primo libro de madrigali a quattro voci...*Venezia, G. Vincenti, 1597. D Kl

1597/20 *Il primo libro di madrigali a cinque voci di Gio. Pietro Gallo da Bari...*Venezia, G. Vincenti, 1597. D Kl

1597/21 *Canzonette a tre voci...*Venezia, Ang. Gardano, 1597. I Bc

1598/04 *Il quinto libro delle laudi spirituali... Del Reverendo P. Francesco Soto...* Ferrara, V. Baldini, 1598. GB Lbm

1598/06 *Delli pietosi affetti del...Padre D. Angelo Grillo..A cinque voci.* Venezia, G. Vincenti, 1598. D LEm

1598/07 *Laudi d'amore...madrigali a cinque voci...*Venezia, R. Amadino, 1598. D LEm

1598/08 *Le risa a vicenda...madrigali a cinque voci...*Venezia, R. Amadino, 1598. I FEc

1598/09 *Madrigali de diversi a quattro voci...* Venezia, R. Amadino, 1598. A Wn (SA)

1598/11 *Il secondo libro de madrigali a cinque voci di Luca Bati...*Venezia, Ang. Gardano, 1598. D Kl (SB); I Vnm (T)

1598/12 *Di Gio. Dominico Carrozza...primo libro de madrigali a cinque voci...*Venezia, G. Vincenti, 1598. I Vnm (T)

1598/13 *Di Gio. Giacomo Gastoldi...il primo libro delle musica a due voci.* Milano, herede di G. F. Besozzi & S. Tini, 1598. [Not used. All motets.]

1598/14 *Di Stefano Venturi del Nibbio il quarto libro de madrigali a cinque voci...*Venezia, herede di G. Scotto, 1598. I Fd (ATB 5)

1599/06 *Tempio armonico...prima parte a tre voci.* Roma, N. Mutii, 1599. GB Lbm

1599/07 *Canzonette spirituali a 3 voci...*Roma, [Verovio], 1599. I Bc (S)

1599/12 *Canzonette, arie, et madrigali a tre, et a quattro voci...*Venezia, R. Amadino, 1599. A Wn (SA)

1599/13 *Canzonette spirituali a due voci con altre a tre, et a quattro...*Verona, F. Dalle Donne e S. Vargnano, 1599. I VEcap (ST)

1599/14 *Il quarto libro delle canzonette a 3 voci di Valerio Bona*...Milano, erede di S. Tini et F. Besozzi, 1599. I VCd
1599/15 *Di Simone Molinaro...primo libro de madrigali*...Milano, herede di S. Tini et F. Besozzi, 1599. I Bc
1599/16 *Di Gio. Bernardo Nanino...secondo libro de madrigali a cinque voci*...Venezia, herede di G. Scotto, 1599. I Vnm (T)
1600/05 *Nuove laudi ariose della Beat.Vergine... a quattro voci*...Roma, N Mutii, 1600. I Rv
1600/08 *De floridi virtuosi d'Italia madrigali a cinque voci*...Antwerpen, P. Phalese, 1600. GB Lcm
1600/12 *Il secondo libro delle canzonette a tre voci*...Venezia, R. Amadino, 1600. A Wn
1600/13 *Di Camillo Lambardi...il primo libro di madrigali a quattro voci*. Napoli, G. J. Carlino, 1600. I Nc
1600/16 *Madrigali a cinque voci di Alessandro Savioli...Libro terzo*...Venezia, R. Amadino, 1600. A Wn (SB); I Fm (5)
1600/17 *Canzonette leggiadre a tre voci*...Milano, herede di S. Tini et F. Besozzi, 1600. GB Och